SEITE 50

REISEZIELE IN SPANIEN

ALLE ZIELE AUF EINEN BLICK
Fundierte Einblicke, detaillierte Adressen, Insidertipps und mehr

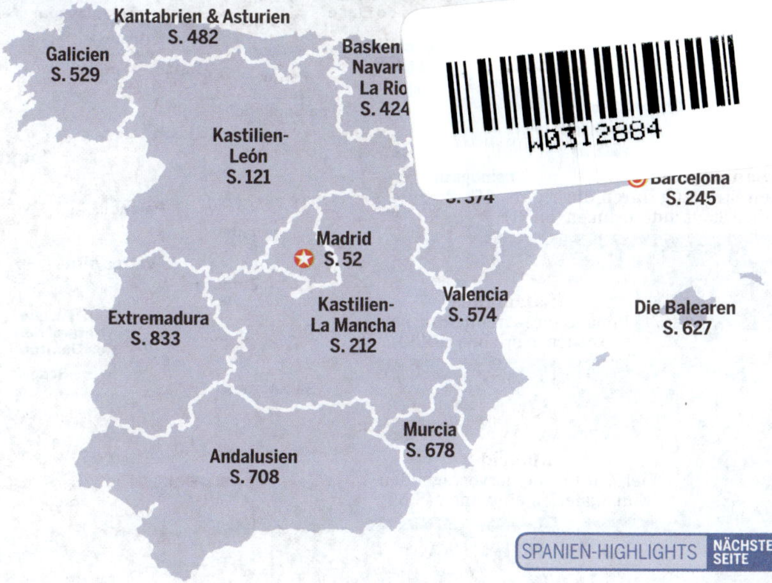

SPANIEN-HIGHLIGHTS NÄCHSTE SEITE

SEITE 921

PRAKTISCHE INFORMATIONEN

SCHNELL NACHGESCHLAGEN
Tipps für Unterkünfte, sicheres Reisen, Small Talk und mehr

Anthony Ham

Stuart Butler, John Noble, Zora O'Neill, Josephine Quintero,

Miles Roddis, Brendan Sainsbury, Damien Simonis

› Spanien

10°W
9°W
8°W
7°W
6°W
5°W
4°W
Picos de Europa
Spaniens beeindruckendstes Gebirgsmassiv bezwingen (S. 518)
Golf von Biskaya
ATLANTISCHER OZEAN
Costa da Morte
Ferrol
A Coruña
Parque Natural Fragas do Eume
Avilés
Gijón
Oviedo
Santander
Torrelavega
Linares
Bilbao (Bilbo)
43°N
Lugo
Santiago de Compostela
Parque Natural de Somiedo
Cordillera Cantábrica
Miranda de Ebro
Pontevedra
León
Ourense
Río Sil
Burgos
Santiago de Compostela
Einen Streifzug durch diese ehrwürdige Stadt unternehmen (S. 531)
Palencia
Benavente
Aranda de Duero
Valladolid
Zamora
Río Duero
Salamanca
Renaissance-Architektur par excellence erleben (S. 130)
Parque Natural del Hoz Duratón
41°N
Segovia
Salamanca
Cordillera Central
Guadalajara
Ávila
Madrid
Viel Zeit für die hervorragenden Kunstgalerien einplanen (S. 69)
Madrid
Sierra de Gredos
40°N
Plasencia
Aranjuez
PORTUGAL
Toledo
Río Tajo
Toledo
Zeichen der religiös vielfältigen Vergangenheit aufspüren (S. 213)
Río Guadiana
39°N
Ciudad Real
Lisbon
Badajoz
Mérida
Córdoba
Über die Vollkommenheit der islamischen Architektur staunen (S. 789)
Zafra
Los Pedroches
Parque Natural Sierra de Andújar
38°N
Linares
Sierra Morena
Sevilla
An den mitreißenden Feierlichkeiten rund um Ostern teilnehmen (S. 793)
Parque Natural Sierra Norte
Córdoba
Cordillera Bética
Parque Natural Sierra Nevada
Huelva
Sevilla
Granada
Sierra Nevada
37°N
Granada
Die einzigartige Alhambra bewundern (S. 799)
Parque Natural Los Alcornocales
Málaga
Cádiz
Algeciras
Straße von Gibraltar
Ceuta (Spanien)
9°W
8°W
MAROKKO
Tangier
4°W

Highlights ›

2°W
San Sebastián
Sich durch Spaniens kulinarische Hauptstadt schlemmen (S. 440)
FRANKREICH
Aragonische Pyrenäen
Wanderungen durch das Hochland unternehmen (S. 392)
Nîmes
Montpellier
Biarritz
San Sebastián
Pamplona (Iruña)
Logroño
Pyrenees
Perpignan
ANDORRA
Andorra la Vella
Figueras
Girona
Golfe du Lion
Costa Brava
Parc Natural del Montseny
Río Segre
Zaragoza
Lleida
Barcelona
La Riojia
Spaniens wichtigste Weinbauregion erkunden (S. 477)
Río Ebro
Costa Daurada
Golfo de Valencia
Barcelona
Die außergewöhnliche Sagrada Família bestaunen (S. 267)
Teruel
Costa del Azahar
Menorca
Cuenca
Río Júcar
Río Turia
Valencia
Imposante moderne Bauten entdecken (S. 576)
Palma de Mallorca
Valencia
Mallorca
Balearen (Islas Baleares)
Río Cabriel
Ibiza
Albacete
Menorca
An den schönsten Sandstränden des Mittelmeers relaxen (S. 676)
Parque Natural Sierras de Cazorla, Segura y las Villas
Formentera
Alicante (Alicant)
Costa Blanca
Río Segura
Elche (Elx)
MITTELMEER
Murcia
Cartagena
HÖHE
2700 m
2400 m
2100 m
1500 m
1200 m
900 m
600 m
300 m
0
Costa Cálida
Almería
Parque Natural de Cabo de Gata-Níjar
ALGERIEN
N
0
100 km

28 HIGHLIGHTS

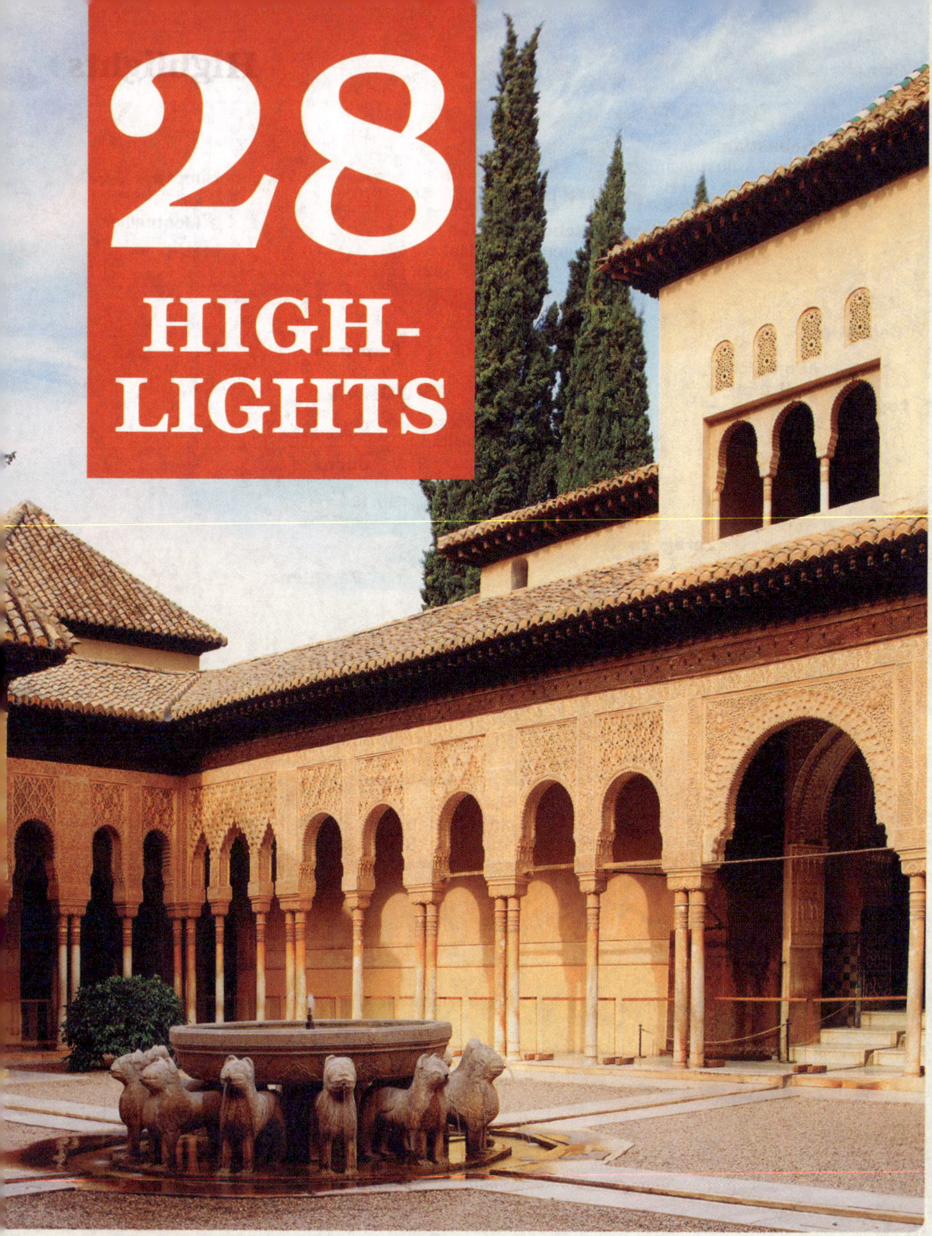

SHAUN EGAN/PHOTOLIBRARY

Alhambra

1 Die Alhambra (S. 799), der Palastkomplex in Granada, ist ein nahezu perfektes architektonisches Meisterwerk, das vielleicht eindrucksvollste Beispiel islamischer Baukunst weltweit und das beständigste Symbol für die 800-jährige Herrschaft der Mauren im damaligen Al-Andalus. Die roten Festungstürme vor der Kulisse der schneebedeckten Gipfel der Sierra Nevada dominieren die Skyline der Stadt. Abgerundet wird das Bild von den herrlichen Gärten und den Palacios Nazaríes. Kurz gesagt: Es handelt sich um das schönste Baudenkmal Spaniens.

La Sagrada Família

2 Dieses atemberaubende Gebäude wurde von dem Modernisten Antoni Gaudí erdacht und ist auch mehr als 80 Jahre nach dessen Tod noch immer nicht fertig. Die Kathedrale in Barcelona ist fantasievoll und vielschichtig, von Mutter Natur inspiriert und dem gotischen Stil zum Trotz ausschweifend gestaltet. Sie wirkt (S. 267) gleichermaßen majestätisch und verspielt und die Abkehr von architektonischen Konventionen mit schrägen Winkeln und Ecken lässt einen ungläubig den Kopf schütteln. Man kann Stunden damit zubringen, die verschnörkelten Elemente zu studieren.

DALE BUCKTON

Mezquita

3 Zweifellos ist die 785 errichtete Mezquita (S. 791) in Córdoba die schönste Moschee auf europäischem Boden. Zudem nimmt sie es problemlos mit den prächtigsten Gebetshäusern in der islamischen Welt auf. In der wichtigsten Stadt des islamischen Imperiums Al-Andalus spielte sie eine derart bedeutende Rolle, dass ihr ein Kalif nach dem anderen seinen Stempel aufdrückte. Als besonders außergewöhnliche Anbauten gelten die Bogengänge und Kuppeln des königlichen Gebetsbereichs aus dem 10. Jh. Dies ist maurische Architektur vom Feinsten.

JEAN-PIERRE LESCOURRET

RICHARD ROSS

Ostern in Sevilla

4 Sevillas christliche Wurzeln werden im Rahmen der aufwendigen Feierlichkeiten zur Semana Santa (S. 721) offenbar. Mitglieder religiöser Bruderschaften tragen kunstvolle *pasos* (Figuren) von Christus und der Jungfrau Maria durch die Stadt und werden dabei bejubelt. Die berühmteste Prozession ist die *madrugada* (früher Morgen) am Karfreitag: Sie vereint Prunk, Feierlichkeit und tiefen Glauben auf exotische und regelrecht verführerische Weise. In ganz Spanien finden Osterumzüge statt, doch die schönsten sind in Sevilla zu sehen.

Madrider Nachtleben

5 Tolle Ausgehmöglichkeiten hat man natürlich auch in anderen europäischen Städten, doch das Nachtleben in der Hauptstadt (S. 98 und S. 102) gilt als besonders intensiv und bietet jede Menge Trubel unter freiem Himmel. Ernest Hemingway beschrieb es so: „In Madrid geht niemand schlafen, bevor er nicht die Nacht umgebracht hat". Hier reiht sich eine Kneipe an die nächste, es gibt kleine Clubs, Livebühnen, Cocktailbars und Diskos, die von A-Promis frequentiert werden. Die Auswahl ist riesig, insbesondere in Huertas, Malasaña, Chueca oder La Latina.

Why-Not?-Bar (s. Kasten S. 90)

KRZYSZTOF DYDYNSKI

DALLAS STRIBLEY

Pintxos in San Sebastián

6 San Sebastiáns (S. 433) Köche haben aus der Zubereitung der kleinen Barsnacks eine Kunstform gemacht. Dementsprechend bezeichnet man die baskischen Tapas oft als „feinste Küche im kleinen Stil". Wer zum ersten Mal eine der entspannten Bars im Zentrum von San Sebastián (S. 432) betritt, wird von der *pintxo*-Auswahl an der Theke förmlich erschlagen und darf sich auf ein unvergessliches kulinarisches Erlebnis freuen. Zudem werden emsig neue, immer köstlichere Geschmackskombinationen getestet (eine typisch baskische Eigenheit).

GREG ELMS

Ciudad de las Artes y las Ciencias

7 Santiago Calatrava, einer der Stararchitekten Spaniens, ist der Schöpfer der „Stadt der Künste und Wissenschaften"(S. 576). Das großartige Beispiel moderner Baukunst hat Valencia neues Leben eingehaucht: Der Komplex beherbergt ein hypermodernes Theater (Palau de les Arts Reina Sofía), ein riesiges Aquarium (Oceanogràfic), ein Planetarium (Hemisfèric) und ein Wissenschaftsmuseum (Museo de las Ciencias Príncipe Felipe).

Weinregion La Rioja

8 In La Rioja (S. 477) könnte man wochenlang auf der Suche nach dem edelsten Tropfen durch ruhige Straßen wandeln. Highlights der Region sind Bodegas, in denen Weinproben durchgeführt werden, und malerische Dörfer mit hervorragenden Museen. Das von Frank Gehry gestaltete Hotel Marqués de Riscal (S. 480) in der Nähe von Elciego bildet das Zentrum des Weintourismus und wird aufgrund seiner beeindruckenden Architektur in einem Atemzug mit dem Guggenheim-Museum in Bilbao genannt.

OLIVIER CIRENDINI

Renaissance-Baukunst in Salamanca

9 Die elegante Plaza Mayor (S. 131) ist der wahrscheinlich schönste Hauptplatz in ganz Spanien, doch Salamanca wartet noch mit viel mehr Sehenswürdigkeiten auf: Vor allem die architektonische Klasse ist kaum zu überbieten. Außerdem befindet sich hier eine der ältesten und angesehensten europäischen Universitäten und die vielen Studenten sorgen für ein tolles Nachtleben. Salamanca ist schön, dynamisch und erhält von zahlreichen Besuchern das Prädikat „Lieblingsstadt".

WAYNE WALTON

ALFREDO MAIQUEZ

Sierra Nevada & Las Alpujarras

10 Der höchste Berg auf dem spanischen Festland, der majestätische Mulhacén (3479 m), ist Teil der Sierra Nevada (S. 812). In seinem Schatten liegt die schöne Stadt Granada. Im Winter kann man Ski fahren, im Sommer wandern, zudem locken die Dörfer von Las Alpujarras (S. 812), die wohl schönste Ansammlung von *pueblos blancos* (weiße Dörfer) in ganz Andalusien. Die alten maurischen Siedlungen lassen einen an Nordafrika denken. Sie erstrecken sich wie Oasen inmitten von Wäldern und tiefen Schluchten.

Kunst in Madrid

11 Madrid besticht mit einer außergewöhnlichen Auswahl an Galerien, in denen Werke von Goya, Velázquez, El Greco und anderen europäischen Meistern untergebracht sind. Als Paradestück gilt das Museo del Prado (S. 70), aber auch das nahe gelegene Centro de Arte Reina Sofía (S. 69) mit Picassos *Guernica* und Arbeiten von Dalí und Miró sowie das Museo Thyssen-Bornemisza (S. 72) – dort sind alle großen Namen aus verschiedenen Epochen vertreten – können sich sehen lassen.

GUY MOBERLY

Museo del Prado (S. 70)

MATTHEW SCHOENFELDER

Asturische Küste

12 Es heißt, dass die smaragdgrüne Region Asturien (S. 499) im Norden Spaniens mit stolzen 211 Stränden aufwartet! Der kühle Atlantik wird Sonnenanbeter vielleicht abschrecken, doch die wilde Schönheit der häufig völlig unberührten Küstenstreifen raubt einem den Atem. Hinzu kommt, dass die Dörfer am Meer und im Hinterland zu den malerischsten Orten des ganzen Landes zählen und das hiesige Essen in allen Regionen berühmt ist.

Küste bei Llanes (S. 512)

Flamenco in Andalusien

13 Der Flamenco (S. 916), erhebend und melancholisch zugleich, berührt die Seele. Er kommt aus Andalusien und wird hier, im südlichen Spanien, formvollendet präsentiert. In den Flamenco-Hochburgen Sevilla, Cádiz und Jerez de la Frontera gibt's abendliche Vorführungen, die sämtliche Zuschauer in den Bann ziehen und sich ihnen ins Gedächtnis brennen. Das Angebot an Bühnen ist in Sevilla besonders groß.

PAUL BERNHARDT

ALEX SCHLEIF/ALAMY

Wandern in den Aragonischen Pyrenäen

14 Trekkingfans schätzen Spanien als tolles, abwechslungsreiches Ziel. Unserer Meinung nach sind die Aragonischen Pyrenäen das beste Wandergebiet. Eines der Highlights und einer der höchsten Punkte des Gebirgszugs mit dem Monte Perdido (3348 m) ist der Parque Nacional de Ordesa y Monte Perdido (S. 392). Dort hat man ausreichend Möglichkeiten, anspruchsvolle Touren entlang großartiger Felswände und Kargletscher zu unternehmen und dabei die eine oder andere Gams zu erspähen.

In einem Parador übernachten

15 Nirgendwo wird mehr Luxus geboten als in den staatlich betriebenen *paradores* (S. 934), ehemaligen Burgen, Palästen und Klöstern. Die insgesamt 86 Herbergen verteilen sich über das ganze Land und zählen zu den stimmungsvollsten Übernachtungsmöglichkeiten in Europa. Sie warten oftmals mit Top-Standorten auf (z. B. auf dem Gelände der Alhambra in Granada) und die Preise sind weniger hoch, als so mancher denkt, vor allem dann, wenn man online oder weit im Voraus reserviert. Parador de Ronda (S. 784)

DAVID TOMLINSON

MATTHEW SCHOENFELDER

Picos de Europa

16 Kompakt und wuchtig ragen sie gleich hinter der rauen Küste von Kantabrien und Asturien auf: die Picos (S. 518) de Europa. Sie bestehen aus drei Kalksteinmassiven, ähneln geologisch den Alpen und sind von traumhaft schönen Wanderwegen durchzogen. Die Bergkämme gelten als Markenzeichen des zweitgrößten Nationalparks Spaniens und als eine der schönsten Berglandschaften Spaniens. Keine Frage – die Picos können locker mit den Pyrenäen und der Sierra Nevada mithalten.

GUY MOBERLY

Menorcas Strände

17 Die spanische Mittelmeerregion steht zwar für Massentourismus, doch Menorca bildet eine Ausnahme, weil ein Großteil der Insel zum Biosphärenreservat der Unesco erklärt wurde. Hier sind die Strände so schön, dass man keine treffenden Worte dafür findet. Manche sagen, dass man sich ihnen am besten in einem Boot nähert, doch bei einem Spaziergang ganz zufällig auf einen Sandstreifen zu stoßen ist ähnlich erhebend. Besonders sehenswert: Cala Macarelleta (S. 676) und Cala en Turqueta (S. 676).

CRAIG PERSHOUSE

Santiago de Compostela

18 Santiago de Compostela (S. 531) im Nordwesten von Galicien gilt als letzte Ruhestätte des heiligen Jakobus, einer der zwölf Apostel. Die Kathedrale besticht durch ihre ungewöhnlich reich verzierte romanische Fassade und verschiedene Spitztürme. Sie ist das Ziel unzähliger Pilger, die auf dem Jakobsweg (Camino de Santiago) durch den Norden Spaniens wandern. Darüber hinaus findet man jenseits des Gotteshauses ein paar mit Gold verzierte Denkmäler und eine besondere Esskultur – die Essenz Galiciens – vor.

HANNAH LEVY

Las Fallas

19 Das lauteste spanische Fest ist gleichzeitig das spektakulärste: Jeden März steigen in Valencia die Frühjahrsfeierlichkeiten zu Las Fallas (s. Kasten, S. 586), eine Party mit Musik, Freudenfeuern und Feuerwerk, das den Himmel fast eine Woche erhellt. Das Fest ist tief in der Kultur verankert und zeugt von enormem Ideenreichtum, denn die verschiedenen Stadtviertel treten in einen Wettstreit um die originellsten Pappmaché-Skulpturen, die schließlich beim großen Finale in Flammen aufgehen.

Den besten Jamón kosten

20 *Jamón* (S. 902) ist eine kulinarische Konstante auf spanischen Speisekarten und wird in sämtlichen Regionen zubereitet. Wenn es so etwas wie ein Nationalgericht gibt, dann ist es der gepökelte Schinken. Er wird in fast jeder Bar und jedem Restaurant angeboten, z. B. als Schweinebein in einem speziellen Holzgestell, der *jamónera*. Hauchdünne Scheiben des besten Schinkens (als *jamón ibérico de bellota* bezeichnet, obwohl es mehrere Arten gibt) sind einfach umschlagbar.

KRZYSZTOF DYDYNSKI

MAN/IMAGEBROKER

Cabo de Gata

21 Der Cabo de Gata (S. 829), ein urtümlich-wilder Streifen geschützter Küste östlich von Almería, genießt unter Spaniern einen legendären Ruf. Einen Großteil des Jahres sind die Strände zwischen den beeindruckenden Klippen nahezu verwaist. Sie ziehen vor allem Taucher und Spaziergänger an. Zweifellos ist der Cabo de Gata eine Art Oase, denn es gibt hier kein Resort weit und breit! Und so fühlt man sich rasch in eine Zeit zurückversetzt, als die Costa del Sol noch ein Geheimtipp an der andalusischen Küste war. Playa de Mónsul (S. 830)

ROBERTO SONCIN GEROMETTA

Jakobsweg

22 Jedes Jahr machen sich Tausende von Pilgern und Wanderern auf den Weg durch den Norden Spaniens. Ihr Ziel ist Santiago de Compostela, ein Ort mit unermesslicher Bedeutung für das Christentum . Die Anziehungskraft des Jakobswegs (S. 37) geht jedoch weit über religiöse Motive hinaus. Zahlreiche Routen winden sich durch das Land und laden dazu ein, Spanien auf den Puls zu fühlen sowie den Zauber und die Launen der Natur zu erleben. Selbst auf einer kurzen Tour wird man Unmengen von Eindrücken sammeln. Kurz vor Espinal (s. Kasten, S. 458)

Segovia

23 Segovia (S. 144) ist eine der schönsten mittelgroßen Städte Spaniens. Sie besticht durch ihre tolle Lage auf einer Felszunge vor einer Kulisse aus schneebedeckten Gipfeln und wartet mit der üblichen Ansammlung typisch kastilischer Kirchen auf. Zwei Gebäude fallen allerdings aus dem Rahmen: Der Alcázar mit seinen zig Türmen inspirierte Walt Disney zu diversen Schlossentwürfen und im Herzen der Stadt trotzt das gigantische römische Aquädukt aus Granitblöcken schon seit fast 2000 Jahren Wind und Wetter. Kathedrale von Segovia (S. 145)

STEPHEN SAKS

PAUL BERNHARDT

Cádiz

24 Cádiz (S. 740) verströmt eine entspannte Atmosphäre nach dem Motto „Lebe für den Moment". In das etwas verfallene Zentrum aus dem 18. Jh. kann man sich schnell verlieben. Die Einheimischen feiern in heißen Sommernächten auf den Plätzen der Altstadt sowie in Bars am Ufer und die Karnevalpartys sind im ganzen Land für ihren hohen Spaßfaktor bekannt. Darüber hinaus lockt der Ort mit faszinierenden historischen Denkmälern, weiß getünchten Häusern an verwinkelten Gassen, tollen Aussichtspunkten mit Panoramablicken und einem prächtigen Kathedralenplatz

Galiciens Costa da Morte & Cabo Ortegal

25 Die Atlantiksteilküsten entlang der galicischen Küste erinnern uns daran, wie klein und unbedeutend wir sind. Am Cabo Ortegal (S. 548) pfeift einem der Wind um die Ohren und die gewaltigen Wellen krachen gegen die Wände des Kaps. Entlang der Costa da Morte (S. 550; Todesküste) sind schon unzählige Schiffe auf Grund gelaufen. Dort findet man lange, einsame Sandstrände, die von rauen Felszungen unterbrochen werden. Wenn doch die gesamte spanische Küste so herrlich unberührt wäre!

BRUCE ESBIN

NEIL SETCHFIELD

Shoppen in Barcelona

26 Barcelona ist bereits seit Jahrzehnten eine europäische Stilikone und die Modedesigner arbeiten kontinuierlich an der Bewahrung dieses Rufs. Kein Wunder also, dass es sich um eine der weltweit besten Einkaufsstädte handelt. Auf den Boulevards (Passeig de Gràcia, Rambla de Catalunya und Avinguda Diagonal), in den zahllosen Independent-Läden sowie den hübschen, kleinen Boutiquen im Barri Gòtic, rund um den Passeig del Born und in Gràcia (S. 303) ist Shoppen bis zum Umfallen angesagt. Custo Barcelona (S. 304)

Drei Kulturen in Toledo

27 Toledo (S. 213), die symbolische Heimat der Katholischen Kirche Spaniens und des Militärs, ist auch als Stadt der drei Kulturen bekannt: Einst lebten hier Muslime, Juden und Christen Seite an Seite. Im mittelalterlichen Kern drängen sich Moscheen, Synagogen und Kirchen, von denen Letztere noch immer viel genutzt werden. Die Kathedrale ist übrigens eine der imposantesten in ganz Spanien. Manchmal wird Toledo von Tagesausflüglern aus Madrid überschwemmt. Am besten bleibt man über Nacht, dann lernt man das wahre Gesicht der Stadt kennen.

CHRISTOPHER GROENHOUT

Costa Brava

28 Die Costa Brava (S. 317) in Katalonien, eine unserer Lieblingsecken am Mittelmeer, erreicht man problemlos auf dem Landweg oder mit dem Flugzeug. In dieser Gegend befinden sich jene Orte, auf denen sich die Vorliebe der Nordeuropäer für die spanische Küste gründet. Hier ist noch der Geist Salvador Dalís lebendig und verleiht der Küste Persönlichkeit sowie jede Menge gewollter Exzentrik. Man kann das frühere Heim des Künstlers in Cadaqués (S. 335), Dalí-„Stätten" in Figueres (S. 339) oder das Castell De Púbol (S. 326) besuchen. Sa Tuna (S. 325)

Willkommen in Spanien

Leidenschaft, Kultur und Lust am Leben – Spanien präsentiert sich einerseits als fleischgewordenes Klischee, andererseits überrascht es mit einem enormen Facettenreichtum.

Ein episches Land

Spaniens vielfältige Landschaften ziehen den Betrachter unweigerlich in ihren Bann. Die Pyrenäen und die Picos de Europa zählen zu den beeindruckendsten Gebirgen Europas und die Sierra Nevada ragt mit ihren schneebedeckten Gipfeln mitten aus den trockenen Ebenen Andalusiens empor – Wanderliebhaber finden hier traumhafte Bedingungen vor. Die fantastischen wilden Felsformationen am Atlantik im Nordwesten bilden die Kulisse für eine der spektakulärsten Küstenstraßen Europas, wobei das Mittelmeer mit seinen malerischen Buchten immer noch das beliebteste Reiseziel zahlreicher Spanienurlauber ist. Trotz jahrzehntelanger intensiver Bebauung gibt's auch dort noch eine Menge idyllische Ecken. Doch ganz egal, welches Reiseziel man hat, überall entdeckt man kleine, unverwüstliche Dörfer von zeitloser Schönheit. In diesen Orten sollte man möglichst lange verweilen.

Kulinarisches Kulturgut

Essen und Wein sind quasi spanisches Kulturgut – aus gutem Grund. Altbekannte Klassiker wie Paella, Tapas, *jamón* und Olivenöl bilden nur die Spitze des Eisbergs und so erobert die spanische Küche die kulinarische Welt weiterhin im Sturm. Dabei ist das Erfolgsrezept erstaunlich simpel: eine reichhaltige Auswahl, traditionelle Gerichte, die von Generation zu Generation weitergegeben werden, und die ungebremste Lust darauf, Neues auszuprobieren. Unvergessliche Geschmackserlebnisse warten sowohl in einer uriggeselligen Tapas-Bar als auch im schicken Sternerestaurant eines gefeierten Meisterkochs auf einen. Ohne Zweifel wird der Facettenreichtum der spanischen Küche jeden Traveller beeindrucken.

Kunst im Alltag

Spaniens Geschichte ist eng mit Kunst und Architektur in besonders kreativer Ausprägung verknüpft. Verfallene römische Ruinen, prächtige Kathedralen und einzigartige maurische Bauten erzählen von einem Land, in dem bedeutende Hochkulturen Aufstieg und Niedergang erlebten. Wirft man einen Blick auf die Neuzeit, fallen rebellische, einfallsreiche Geister wie Salvador Dalí, Pablo Picasso oder Antoni Gaudí ins Auge, die wohl in keinem anderen Land eine solch umfassende Integration ins öffentliche Leben erfahren hätten. Eindrucksvolle Monumente früherer Zeiten erheben sich neben architektonischen Gebäuden von derartiger Kühnheit, dass man sich um Spaniens Zukunft in puncto Originalität keine Sorgen machen muss: Sie wird der Vergangenheit sicherlich in nichts nachstehen. In der Zwischenzeit genießen die Einheimischen ihr Leben in vollen Zügen. Das merkt man z. B., wenn man sich weit nach Mitternacht auf der Straße unter das feiernde Volk mischt oder von einer Flamenco-Aufführung ganz tief im Herzen berührt wird. Irgendwann auf seiner Reise spürt man es jedenfalls ganz bestimmt: *Das* ist Spanien.

Gut zu wissen

Währung

» Euro (€)

Sprache

» Spanisch (Kastilisch). Außerdem Katalanisch, Baskisch und Galicisch.

Reisezeit

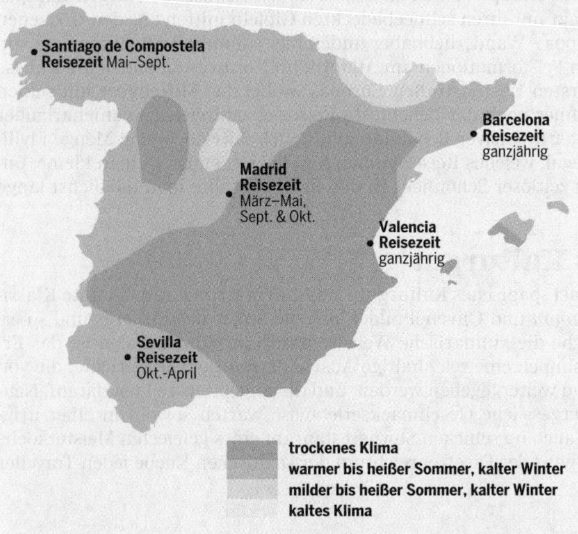

Hauptsaison
(Juni–Aug., öffentliche Feiertage)

» Unterkünfte sind oft ausgebucht. Die Preise steigen um bis zu 50 %.

» Nachsaison in Teilen des Landesinneren.

» Es ist warm, trocken und sonnig und in Küstengebieten etwas feuchter.

Zwischensaison
(März–Mai, Sept. & Okt.)

» Eine gute Reisezeit: Traveller können sich auf mildes, klares Wetter freuen, außerdem ist das Land nicht so überfüllt.

» Wenn regionale Festivals stattfinden, schießen die Preise oftmals in die Höhe.

Nachsaison
(Nov.–Feb.)

» Kalt in Zentralspanien, Regen im Norden und Nordwesten.

» In Andalusien und an der Mittelmeerküste herrschen milde Temperaturen.

» Hauptsaison in den Skigebieten.

Tagesbudget

Günstig – unter

70 €

» Bett im Schlafsaal: 15–20 €

» Doppelzimmer in *hostales:* 45–60 €

» In Supermärkten einkaufen und mittags ein *menú del día* wählen

» Museen und Galerien an Tagen mit freiem Eintritt besuchen

Mittelteuer

70–150 €

» Zimmer im Mittelklassehotel: 60–120 €

» Mittag- und/oder Abendessen im Restaurant

» Auto: ab 25 € pro Tag

Teuer – mehr als

150 €

» Zimmer im Luxushotel: ab 120 € (in Madrid und Barcelona ab 200 €)

» Mittag- und/oder Abendessen in gehobenen Restaurants

» Regelmäßige Übernachtungen in *paradores*

Geld

» Geldautomaten sind weit verbreitet. Die meisten Hotels, Restaurants und Geschäfte akzeptieren Kreditkarten.

Reisedokumente

» Deutsche, Österreicher und Schweizer benötigen für die Einreise einen gültigen Personalausweis oder einen Reisepass.

Handys

» In Spanien bekommt man problemlos lokale SIM-Karten.

Straßenverkehr

» Rechtsverkehr

Websites

» **Fiestas.net** (www.fiestas.net) Liste von Festivals im ganzen Land.

» **LonelyPlanet.de** (www.lonelyplanet.de) Infos zu Reisezielen und Reiseforen.

» **Renfe** (Red Nacional de los Ferrocarriles Españoles; www.renfe.com) Internetseite der spanischen Bahn.

» **Spanien-ABC** (www.spanien-abc.com) Ausführliche Informationen für Traveller.

» **Turespaña** (www.spain.info) Seite der spanischen Touristeninformation.

Wechselkurse

Schweiz	1 SFr	0,77 €

Aktuelle Wechselkurse siehe www.xe.com.

Wichtige Telefonnummern

Es gibt in Spanien keine Ortsvorwahlen.

Zugangscode für internationale Gespräche	+00
Landesvorwahl	+34
Internationale Auskunft	+11825
Vermittlung für Inlandsgespräche	+1009
Nationale Auskunft	+11818
Notruf	+112

Ankunft in Spanien

» **Flughafen Barajas, Madrid (S. 112)**

Metro & Busse: 2 €; alle 5 bis 10 Min. von 6.05 bis 2 Uhr; Fahrzeit zum Zentrum 30 bis 40 Min. Taxis: 25 bis 35 €; Fahrzeit zum Zentrum 20 Min.

» **Aeroport del Prat, Barcelona (S. 307)**

Busse: 5 €; alle 6 bis 15 Min. von 6.05 bis 1.05 Uhr; Fahrzeit zum Zentrum 30 bis 40 Min. Züge: 3 €; von 6.08 bis 23.38 Uhr; Fahrzeit zum Zentrum 35 Min. Taxis:20 bis 25 €; Fahrzeit zum Zentrum 30 Min.

In Kontakt bleiben

Der Internetzugang in Spanien funktioniert in der Regel unkompliziert. Einige Cafés, die meisten Hotels und sogar manche Budgetunterkünfte bieten ihren Gästen kostenloses WLAN. Vorsicht bei Hotels mit kabellosem Internetzugang im Zimmer: Die Verbindung kann von Raum zu Raum ganz unterschiedlich sein, deshalb sollte man bei der Reservierung angeben, dass man ein Zimmer mit schneller Verbindung möchte. Auf gute Internetcafés stößt man leider immer seltener. Viele *locutorios* (kleine private Telefoncenter) haben hinten ein paar Computer. Die mit Abstand billigste Variante für einen Anruf in der Heimat sind Telefonate über das Internet (z. B. Skype). Telefonkarten gelten als zweitbeste Wahl (in den *locutorios* gibt's die größte Auswahl). Wer mit dem Handy telefonieren möchte, kommt mit einer spanischen Prepaid-SIM-Karte um einiges besser weg als mit den (häufig exorbitanten) Roaming-Gebühren.

Was gibt's Neues?

Für diesen Spanienband haben sich unsere Autoren auf die Suche nach allem begeben, was neu, spannend und angesagt ist. Hier nun ihre persönlichen Highlights. Noch aktuellere Infos gibt's unter lonelyplanet.com/spain.

Grünes Sevilla

1 Dank der Einführung eines neuen Metro-Netzes und des Umbaus vieler Straßen zu Fußgängerzonen lässt sich Sevilla wunderbar erkunden. Darüber hinaus sind die Denkmäler jetzt schön sauber (s. Kasten S. 730).

Neues Flamenco-Museum, Sevilla

2 Sevillas Museo del Baile Flamenco ist in einem Schloss aus dem 18. Jh. untergebracht und wartet mit verschiedenen Exponaten, authentischem Flamenco-Flair sowie Kursen (S. 719) auf. Gestaltet wurde es von Cristina Hoyos, einer berühmten lokalen Tänzerin.

Baskisch kochen lernen

3 Aus San Sebastián möchten viele Besucher gar nicht mehr weg, aber immerhin können sie jetzt das Geheimnis der legendären *pintxos* mit nach Hause nehmen: Die Touristeninformation bietet Tapas-Kochkurse an (S. 444).

Museu del Modernisme Català, Barcelona

4 In einem eleganten Jugendstilbau stellt das Museum Kunstwerke und Möbel verschiedener Koryphäen des Modernismus aus. Es passt bestens zu den vielen anderen architektonischen Meisterwerken Barcelonas (S. 271).

Museo Teatro Romano, Cartagena

5 Der Pritzker-Preisträger Rafael Moneo hat dieses Museum eröffnet, das u. a. über Galerien mit römischen Skulpturen und Artefakten sowie über ein kürzlich restauriertes römisches Theater (S. 685) verfügt.

La Conservera Centro de Arte Contemporáneo, Ceutá

6 Das interessante Museum ist Teil eines neuen Kulturzentrums. In der ehemaligen Dosenfabrik werden Werke von lokalen sowie internationalen zeitgenössischen Künstlern und Bildhauern ausgestellt (s. Kasten S. 690).

Benidorm – ein Hauch von Luxus

7 Benidorms luxuriöses Fünf-Sterne-Hotel Villa Venecia mit seinem traumhaften Anblick erinnert daran, warum der Ort einst als Urlaubsziel entdeckt wurde (S. 610).

Schnellzug nach Valencia

8 Seit Dezember 2010 verkehrt der AVE-Schnellzug zwischen Madrid und Valencia. Dadurch hat sich die Reisezeit von der Hauptstadt bis zum Mittelmeer inzwischen auf 95 Minuten verkürzt (S. 943).

Real Casino de Murcia, Murcia

9 Dieses prachtvolle Kasino aus dem 19. Jh. wurde im November 2009 von König Juan Carlos wiedereröffnet. Es wartet mit einem Stilmix verschiedener Kulturen und Länder auf und verfügt beispielsweise über einen maurisch gestalteten Patio sowie einen prächtigen Ballsaal (S. 680).

Hotels in Mérida

10 In Mérida findet man zwei Unterkünfte, die als gute Anlaufstellen für Besucher der hiesigen römischen Ausgrabungsstätten gelten: das preisgünstige La Flor de al-Andalus und das herrlich luxuriöse Hotel Adealba (S. 856).

Wie wär's mit ...

Kunstgalerien

Spaniens Kunsttradition zählt zu den vielfältigsten und ursprünglichsten in Europa und hat Meister wie Goya, Velázquez, Picasso und Dalí hervorgebracht. Sie wird von der königlichen Familie gefördert, dank der auch Werke von Künstlern aus ganz Europa ein Zuhause in Spanien fanden, sodass es hier sehr vielseitige Galerien gibt.

Museo del Prado, Madrid Eine tolle Galerie (S. 70)

Centro de Arte Reina Sofía, Madrid Picassos *Guernica*, Dalí und Miró (S. 69)

Museo-Thyssen-Bornemisza, Madrid Gemälde von vielen europäischen Meistern (S. 72)

Museo Picasso Málaga Über 200 Werke von Picasso, dem Lieblingssohn Málagas (S. 771)

Museu Picasso, Barcelona Konkurrenzlose Sammlung aus Picassos jungen Jahren (S. 260)

Teatre-Museu Dalí, Figueres Skurril und wundervoll wie Salvador Dalí selbst (S. 339)

Museo Guggenheim, Bilbao Vorzeige-Architektur und erstklassige zeitgenössische Kunst (S. 428)

Museo de Bellas Artes, Valencia Eine beeindruckende Galerie mit großen Namen (S. 581)

Islamische Architektur

Ein Großteil des Landes wurde fast 700 Jahre von muslimischen Kalifen beherrscht, die hier die schönste islamische Architektur in ganz Europa hinterließen. Bedeutende Zeugnisse dieser Zeit entdeckt man im früheren maurischen Zentrum Al-Andalus (Andalusien), vor allem in den Unesco-Welterbestätten Granada, Córdoba und Sevilla.

Alhambra, Granada Denkmal der Extravaganz von Al-Andalus (S. 799)

Mezquita, Córdoba Die großartige Moschee ist ein Meisterwerk islamischer Baukunst (S. 791)

Albaicín, Granada Ein altes maurisches Viertel, das sich an den Berg schmiegt (S. 808)

Alcázar, Sevilla Exquisite Details in einem perfekt proportionierten Ganzen (S. 715)

Giralda, Sevilla Das Minarett ist eines der höchsten Bauwerke in Sevilla (S. 713)

Aljafería, Zaragoza Ein seltenes maurisches Juwel im Norden (S. 378)

Alcazaba, Málaga Die palastartige Festung stammt aus dem 11. Jh. (S. 771)

Römische Ruinen

Spanien oder Hispanien, wie es einst hieß, war fast 500 Jahre lang ein Teil des Römischen Reiches und wartet deshalb mit außergewöhnlichen Bauwerken auf. Dort, wo über den antiken Stätten moderne Städte errichtet wurden, findet heute ein interessantes Zusammenspiel zwischen den alten Ruinen und der Hektik der Gegenwart statt. Die ihrem Schicksal überlassenen Stätten auf dem Land zeugen von einer fernen Vergangenheit.

Mérida Die weitläufigsten römischen Ruinen des Landes (S. 854)

Tarragona Große öffentliche Bauwerke erheben sich neben neuen Gebäuden (S. 366)

Segovia Eine Stadt voll beeindruckender römischer Aquädukte (S. 144)

Lugo Spaniens am besten erhaltene römische Mauern (S. 570)

Itálica Die älteste römische Stadt Iberias verfügt über ein schönes Amphitheater (s. Kasten S. 731)

Baelo Claudia, Bolonia Eine bis heute intakte römische Stadt mit Blick auf Afrika (S. 761)

OLIVER STREWE

» Museo Guggenheim (S. 428), Bilbao

Kathedralen

Die Bedeutung des Katholizismus für die spanische Identität ist immens. Jahrhundertelang bildeten die Kathedralen das spirituelle Zentrum der hiesigen Städte, in denen der tiefe Glauben viele architektonische Stilrichtungen hervorgebracht hat. Somit verkörpern die hohen Kirchen die Geschichte des Landes.

La Sagrada Família, Barcelona Gaudís unvollendetes Meisterwerk erhebt sich wie ein Gespenst über Barcelona (S. 267)

Catedral de Santiago de Compostela Eine der heiligsten (und schönsten) Stätten in Spanien (S. 533)

León-Kathedrale Perfekt proportionierte, beeindruckende Buntglasfenster (S. 166)

Catedral, Burgos Ein gotischer Höhepunkt mit Legenden von El Cid (S. 176)

Catedral Nueva & Catedral Vieja, Salamanca Gotische und römische Sandsteinpracht (S. 131)

Catedral de Toledo Extravagantes Zeugnis der Macht des katholischen Spaniens (S. 215)

Capilla Real, Granada Eine gotische Fantasie neben der Hauptkathedrale (S. 803)

Strände

Jedes Jahr kommen fast 50 Millionen ausländische Touristen nach Spanien. Die meisten verbringen den Sommer ebenso wie zahlreiche Einheimische an den herrlichen, aber leider oftmals übervollen Mittelmeerstränden. Doch wenn man weiß, wo man suchen muss, kann man seine Reise in vollen Zügen genießen.

Cabo de Gata, Almería Die Schönheit des Cabo de Gata erinnert an die einstige Wildheit der andalusischen Küste (S. 829)

Costa de la Luz, Andalucía Ein unversehrter Sandstreifen in einer wunderschönen Gegend (S. 758)

Playa de la Concha, San Sebastián Einer der tollsten Stadtstrände der Welt (S. 440)

Menorca Die Balearen erleben, wie sie früher einmal waren, und verstehen, warum hier der Massentourismus einzog (s. Kasten S. 670)

Rías Altas, Galicia Spaniens atemberaubendste Küste mit Klippen und abgelegenen Stränden (S. 540)

Nachtleben

Die scheinbar endlosen Nächte sind eines der Symbole des spanischen Lebens und ein vielfältiges, unermüdliches sowie ansteckendes Phänomen. Es gibt jede Menge schicke Cocktailbars und Strand-*chiringuitos* (Bars) und in den Sommernächten tanzt die Jugend bis zum Morgengrauen in Clubs oder vertreibt sich ihre Zeit in Freiluft-*terrazas* (Straßencafés). Selbst die kleinsten Dörfer haben eigene *marcha*-Zentren. Die im Folgenden aufgelisteten Orte trumpfen mit Feiermöglichkeiten von fast schon legendärer Qualität auf.

Ibiza Das europäische Club- und Chill-out-Zentrum (S. 651)

Madrid Bars, Clubs, Livemusik und Party ohne Ende (S. 98 & 102)

Valencia Die Atmosphäre im Barrio del Carmen ist in ganz Spanien berühmt (S. 590)

Barcelona Glamouröse und lässige Ausgehmöglichkeiten für ein internationales Publikum (S. 299)

Salamanca Mit den zahlreichen Studenten unter lichtüberfluteten Renaissance-Bauwerken feiern (S. 138)

Wie wär's mit ...
unberührten Küsten?
Galiciens Atlantikküste, besonders die Costa da Morte (S. 550), besticht durch ihre wilde Schönheit

Wie wär's mit ...
Flamenco?
Sevilla ist der beste Ort für Flamenco-Darbietungen (S. 727)

Spanisches Essen

Die spanische Küche hat die Welt im Sturm erobert und so bieten erstklassige Köche in vielen Ländern eine tolle Kombination aus Paella, Tapas und *jamón* (Räucherschinken) an. Es gilt jedoch als eine ganz besondere Erfahrung, die Kreationen im Herkunftsland zu genießen. Für die Einwohner ist das Essen geradezu eine Obsession. Sowohl die Küchenchefs als auch ihr Publikum probieren gern etwas Neues, achten dabei aber darauf, sich nie zu weit von ihrer kulinarischen Tradition zu entfernen, die eine der vielfältigsten in Europa ist. Mehr dazu siehe S. 899.

Pintxos in San Sebastián Spaniens Gourmet-Hauptstadt hat die besten *pintxos* (Tapas; S. 447) und mehr Michelin-Sterne als Paris

Paella in Valencia Im Geburtsort der Paella bekommt man die authentischste Version (S. 588)

Katalanische Küche in Barcelona Barcelona ist die Heimatstadt der legendären katalanischen Küche (S. 291)

Tapas in La Latina, Madrid Hier gibt's die leckersten Tapas in ganz Spanien (S. 92)

Spanischer Wein

Spanische Weine sind weltberühmt und haben in vielen Regionen ihre internationalen Konkurrenten verdrängt: Die Einheimischen genießen nämlich lieber die landeseigenen Tropfen. La Rioja ist die Königin der hiesigen Anbaugebiete, doch auch in Ribera del Duero (Kastilien-León), Somontano (Aragonien) und Penedès (bei Barcelona) werden tolle Weine gekeltert. Mehr zu diesem Thema siehe S. 909.

La Rioja Bodegas, Museen und Weinberge bis zum Horizont (S. 477)

Cava-Bodegas, Weinland Penedès Die prickelnden Tropfen sind das beliebteste Weihnachtsgetränk der Spanier (S. 314)

Sherry-Bodegas, El Puerto de Santa María Eine der Sherry-Hauptstädte der Welt (S. 746)

Cidre aus Asturias Die Einheimischen lieben dieses direkt aus dem Fass geschöpfte Getränk (s. Kasten, S. 504)

Zalacaín, Madrid Drei Michelin-Sterne, 35 000 Flaschen und 800 verschiedene Weine (S. 98)

Wandern

Der Lärm des modernen Spanien scheint überall zu sein, dabei ist die unberührte Wildnis oft nur eine kurze Reise entfernt. Spanien gilt als eines der schönsten Wanderziele Europas und wartet von den Pyrenäen im Norden bis zu den friedlichen Hügeln und Tälern von Andalusien im Süden mit vielfältigen Landschaften auf. Die reiche Tierwelt wird z. B. in Nationalparks geschützt.

Parque Nacional de Ordesa y Monte Perdido Das Hochland der Pyrenäen von seiner spektakulärsten Seite (S. 392)

Jakobsweg Die Tour auf dem wohl berühmtesten Wanderweg der Welt kann mehrere Tage oder Wochen in Anspruch nehmen (S. 37)

Picos de Europa Zerklüftete Gipfel und steile Pfade führen vom Golf von Biskaya landeinwärts (S. 518)

Serra de Tramuntana Die besten Wanderwege auf den Balearen (S. 637)

Sierra Nevada Wilde Tiere und tolle Ausblicke im Schatten von Spaniens höchstem Berg (S. 812)

Sierra de Grazalema Weiße Dörfer und steile Berge in Andalusien (S. 755)

Monat für Monat

Top-Events

1 **1 Semana Santa (Karwoche),** März oder April

2 **2 Las Fallas,** März

3 **3 Bienal de Flamenco,** September

4 **4 Carnaval (Karneval),** Februar oder März

5 **5 Feria de Abril,** April

Januar

In den Skigebieten der Pyrenäen im Nordosten und der Sierra Nevada nahe Granada im Süden herrscht Hochbetrieb. Die Schulferien dauern etwa bis zum 8. Januar, deshalb sollte man im Voraus buchen.

Heilige Drei Könige

Der Día de los Reyes Magos (Tag der Heiligen Drei Könige) – oder einfach Reyes – am 6. Januar ist für die spanischen Kinder der beliebteste Tag des Jahres. Am Vorabend verkleiden sich in vielen Städten drei lokale Politiker als die Weisen des Morgenlandes und führen den Umzug der Cabalgata de Reyes durch das Ortszentrum an, bei dem massenweise Süßigkeiten verteilt werden.

Februar

Oftmals der kälteste Monat in Spanien. Vor allem im Norden und in Inlandgebieten wie Madrid nähern sich die Temperaturen dem Gefrierpunkt. Wer zu Karneval anreist, muss für seine Unterkunft in Cádiz, Sitges und Ciudad Rodrigo mit Preisaufschlägen rechnen.

Das Leben ist ein Karneval

Der Carnaval endet 47 Tage vor dem Ostersonntag und ist ein verrücktes Vergnügen mit Paraden und verschiedenen Festivitäten. Am wildesten geht's in Cádiz (S. 743), Sitges (S. 309) und Ciudad Rodrigo (S. 139) zu. Mit besonders kuriosen Feierlichkeiten warten Vilanova i La Geltrú (S. 365) und Solsona auf (S. 361).

Rückkehr ins Mittelalter

In Teruel, einer der kältesten Ecken Spaniens, legen die Einwohner ihre modernen Klamotten ab und lassen während der Fiesta Medieval (S. 407) mit Märkten, Essensständen und der Aufführung einer örtlichen Liebessage das Mittelalter aufleben.

Messe für moderne Kunst

Eine der größten europäischen Messen für zeitgenössische Kunst, Madrids Feria Internacional de Arte Contemporánea (Arco; S. 84), zieht Aussteller und Besucher aus der ganzen Welt an. Sie bildet einen spannenden Kontrapunkt zu den alten Meistern, die in den Museen der spanischen Hauptstadt zu sehen sind.

März

Mit der Ankunft des Frühlings kommen auch wärmere Temperaturen. Nun schütteln die Spanier den Winterblues ab und träumen von einem Sommer am Strand.

Las Fallas

Bei diesem außergewöhnlichen Fest wird mehrere Nächte hindurch getanzt und getrunken. Vom 15. bis zum 19. März kommt man zudem in den Genuss erstklassiger Feuerwerke und Prozessionen. Wichtigster Veranstaltungsort ist die Stadt Valencia (s. Kasten S. 586). Dort kulminieren die Feierlichkeiten in der rituellen Verbrennung von Figuren.

April

Der spanische Frühling zeichnet sich durch sprießende Wildblumen und

ein beeindruckendes Osterfest auf. Da die Schulferien in diese Zeit fallen, ist zwar etwas Planung nötig (man muss z. B. im Voraus buchen), aber dafür handelt es sich um eine wunderbare Zeit, um das Land zu besuchen.

Semana Santa (Karwoche)

Ostern gibt's Umzüge mit *pasos* (Heiligenfiguren), verhüllten Büßern und riesigen Menschenmengen. Besonders extravagant wird in Sevilla (S.721), Málaga (S.775), Córdoba (S.793), Toledo (S.218), Ávila (S.126), Cuenca (S.235), Lorca (S.688) und Zamora (S.161) gefeiert.

Totentanz

Die Dansa de la Mort am Gründonnerstag im katalanischen Dorf Verges (S.331) ist ein schauriges Erlebnis. Im Zentrum der österlichen Feierlichkeiten steht der nächtliche Tanz der als Skelette verkleideten Gestalten.

Los Empalaos

Villanueva de la Vera im Nordosten der Extremadura wird am Gründonnerstag zum Schauplatz einer außergewöhnlichen Darbietung. Vielen Zuschauern stockt angesichts der Hingabe und selbst zugefügten Leiden der barfüßigen Büßer der Atem. Mehr dazu siehe Kasten S.835.

Moros y Cristianos (Mauren & Christen)

Farbenfrohe Paraden und Schaukämpfe zwischen christlichen und muslimischen „Armeen" machen dieses Ende April in Alcoy (s. Kasten S.622) stattfindende Fest zu einem der spektakulärsten der zahlreichen Events in den Provinzen Valencia und Alicante.

Feria de Abril (April-Messe)

Andalusiens größte Messe ist eine einwöchige Party (S.721), die in der zweiten Aprilhälfte in Sevilla gefeiert wird. Tagsüber sieht man viele *sevillanos* auf ihren Pferden und in aufwendig geschmückten Pferdekutschen, nachts kann man sie in festlichen traditionellen Trachten beim Tanz bewundern.

Feria del Queso (Käsemesse)

Das mittelalterliche Trujillo in der Extramadura ist am letzten Aprilwochenende (manchmal auch Anfang Mai) Gastgeber einer Messe (S.849) mit Käsesorten aus ganz Spanien.

Romería de la Virgen

Am letzten Sonntag im April pilgern Hunderttausende zum Santuario de la Virgen de la Cabeza unweit von Andújar in der Provinz Jaén. Unter leidenschaftlicher Anteilnahme wird hier eine kleine Statue der Jungfrau Maria zur Schau gestellt.

Mai

In dieser herrlichen Zeit ist das Land mit großflächigen Teppichen aus Wildblumen bedeckt und das Wetter kann sich schon so anfühlen, als ob der Sommer vor der Tür steht. In Jerez de la Frontera findet mit der Feria de Caballo eines der berühmtesten Festivals Spaniens statt. Seine Unterkunft muss man allerdings Wochen, wenn nicht Monate Im Voraus buchen.

Feria del Caballo (Pferdefest)

Das farbenfrohe Spektakel in Jerez de la Frontera (S.751), Andalusiens Hauptstadt der Pferde, ist eines der prächtigsten Feste Andalusiens. Zu diesem Anlass gibt's Paraden, Pferdeshows sowie jede Menge Musik und Tanz.

World Music in Cáceres

Drei Tage lang wird Cáceres vom musikalischen Wirbel des Womad-Festivals (World of Music, Arts and Dance; S.845) beherrscht. Auf den Bühnen und mittelalterlichen Plätzen der Stadt treten Künstler aus der ganzen Welt auf.

Öffnung von Córdobas Innenhöfen

Viele der schönen privaten Innenhöfe Córdobas sind während des Concursos de Patios Cordobeses (S.793) zwei Wochen lang öffentlich zugänglich. Eine seltene Gelegenheit, die ansonsten verborgene Seite der Stadt zu sehen – frisch gestrichen und blumenübersät.

Muslimische Piraten

Sóller im Norden Mallorcas wird Anfang Mai von muslimischen Piraten überfallen. In der darauffolgenden Schlacht zwischen den Einwohnern und

Eindringlingen (s. Kasten S. 641), die als Es Firó bekannt ist, wird ein berüchtigter (und erfolgloser) Angriff auf die Stadt im 16. Jh. nachgespielt.

Fiesta de San Isidro

Madrids größte Fiesta (S. 84) lässt den Schutzheiligen der Stadt mit Stierkämpfen, Umzügen, Konzerten und anderen Events hochleben. Die Einwohner tragen traditionelle Kleidung und manche Ereignisse wie die Stierkampfsaison dauern einen ganzen Monat.

Juni

Nun schüttelt auch der Norden die Winterkälte ab und der Jakobsweg füllt sich. Im Süden wird es immer wärmer und die Badeorte an der Küste rüsten sich für den sommerlichen Ansturm.

Romería del Rocío

An Pfingsten, dem siebten Wochenende nach Ostern, ziehen bis zu einer Million Gläubige in einem festlichen Pilgerzug zum Schrein der Jungfrau in El Rocío (S. 735). Hier zeigt sich die katholische Tradition Andalusiens von ihrer merkwürdigsten und zugleich faszinierendsten Seite.

Corpus Cristi

Am Donnerstag der neunten Woche nach Ostern finden in Toledo (S. 218) und anderen Städten religiöse Prozessionen und Feiern statt. Die wohl seltsamste dieser Feierlichkeiten ist das traditionelle Babyspringen in Castrillo de Murcia (s. Kasten S. 178).

Lagerfeuer & Feuerwerk

Zur Mittsommernacht gibt's am Vorabend der Fiesta de San Juan (24. Juni; Dia de Sant Joan) Lagerfeuer und Feuerwerk, vor allem entlang der Mittelmeerküste, darunter Barcelona (S. 285) und Ciutadella auf Menorca (S. 672), wo man auf zahlreichen Paraden großartige Reiterkunststücke erleben kann.

Electronica-Festival

Barcelonas zweitägiges Sónar-Festival (S. 286) – angeblich das größte Festival seiner Art in ganz Europa – ist der elektronischen Musik gewidmet und zieht jede Menge Künstler und Zuschauer aus der ganzen Welt an. Die Termine variieren jedes Jahr.

Weinschlacht

Am 29. Juni findet in Haro, einer der führenden Weinstädte in La Rioja, die Batalla del Vino (S. 478) statt. Dabei wird in einem der chaotischsten Schaukämpfe Spaniens reichlich Wein verschüttet. Eine Pause gibt's nur, um gelegentlich einen Schluck von dem edlen Rebensaft zu trinken.

Juli

Die Temperaturen in Andalusien und großen Teilen des Landesinneren können ins schier Unerträgliche steigen, doch für den Strand ist jetzt die richtige Zeit. Darüber hinaus gilt der Juli als einer der besten Monate für eine Wanderung in den Pyrenäen.

Festival Internacional de Guitarra

Auf diesem ausgezeichneten internationalen Gitarrenfestival (S. 793), Córdobas Beitrag zu Spaniens beeindruckender Liste musikalischer Events, reicht das Spektrum von Flamenco über Klassik bis zu Rock und Blues. Die Spitzenkünstler treten abends in den Gärten des Alcázars auf.

Stierlauf

Die Fiesta de San Fermín (Sanfermines) ist ein einwöchiges Festival in Pamplona (s. Kasten S. 462), bei dem rund um die Uhr Party gemacht wird. Im Mittelpunkt steht der tägliche *encierro* (Stierlauf). Ähnliche Veranstaltungen gibt's auch in anderen Orten.

Festival de Ortigueira

Selbst aus dem fernen Nova Scotia reisen Gruppen an, um während dieses Musikfestivals (s. Kasten S. 549) in Galicien ihre keltischen Wurzeln gemeinsam mit den *gallegos* zu feiern – natürlich mit Dudelsack und Fiedel.

Día de la Virgen del Carmen

Um den 16. Juli herum wird in vielen Küstenstädten, insbesondere in einigen Teilen Andalusiens, die Figur der Schutzpatronin der Fischer in die Fluten getragen oder in einer Prozession kleiner Boote über das Meer gefahren.

Tag des heiligen Jakobus

Der Día de Santiago, Tag des spanischen Nationalheiligen, wird in Santiago de Compostela (S. 536), Galicien, auf spektakuläre Weise gefeiert. In der Stadt, die nun die beiden festlichsten Wochen des Jahres erlebt, wimmelt es zu dieser Zeit von Pilgern.

Festival Internacional de Jazz e Blues de Pontevedra

Ende Juli treten in der hübschen galicischen Stadt Pontevedra erstklassige Jazz- und Bluesmusiker auf. In den Tagen vor dem internationalen Event finden Konzerte lokaler Bands statt.

Festival Internacional de Benicàssim

Vor allem im Sommer gibt's zahlreiche Openair-Musikfestivals, die große Namen aus dem In- und Ausland anlocken. Das in Benicàssim (S. 600), Provinz Valencia, zählt zu den ältesten und besten.

August

Spanier und europäische Urlauber strömen in Scharen an das Mittelmeer. Der Nordosten bietet einen abwechslungsreicheren Sommer, wobei das Wetter hier unvorhersehbar sein kann.

Festival de Teatro Clásico

In Mérida (S. 855), Extremadura, werden im einzigartigen römischen Theater sowie im Amphitheater klassische Stücke des antiken Griechenlands und Roms und gelegentlicher „jüngerer" Dramatiker wie William Shakespeare gespielt. Die Aufführungen sind vor allem an Abenden im Juli und August zu sehen.

Noch mehr muslimische Piraten

Pollença (S. 642) im Nordwesten Mallorcas bildet während der Festes de la Patrona die Kulisse für einen heißblütigen Schaukampf zwischen einfallenden muslimischen Piraten und Einwohnern der Stadt. Der Prozession am Nachmittag und dem Kampf in den Straßen geht eine ausgelassene Nacht voran.

La Tomatina

Die gewaltige Tomatenschlacht (s. Kasten S. 596), die sich Ende August in Buñol abspielt, dürfte eines der schmierigsten Events des Landes sein: Tausende Teilnehmer bewerfen sich in nur etwa einer Stunde mit rund 100 Tonnen Tomaten!

Alles rund um den Käse

Nach Arenas de Cabrales (S. 524) am Fuße der Picos de Europa kommen Käseliebhaber zum Probieren, Herstellen und Bewerten. In dieser Gegend lebt man regelrecht für den Käse und den Cidre – beides gibt's im Überfluss.

Der Jungfrau danken

In Morella treffen sich alle sechs Jahre (das nächste Mal 2012) Gläubige zum Sexenni, neun Tagen voll überschwänglicher barocker Feierlichkeiten (S. 604). Mit dem Fest danken sie der Jungfrau Maria dafür, dass sie Morella 1672 vor der Pest beschützt hat.

Cidre-Fest

Die Fiesta de la Sidra Natural in Gijón (S. 507) verleiht der asturischen Leidenschaft für sidra Ausdruck. Neben Konzerten gibt's sogar einen jährlichen Weltrekordversuch für die größte Zahl an Personen, die gleichzeitig an einem Ort Cidre trinken.

September

In diesem Monat kehren die Spanier nach einem scheinbar endlosen Sommer zur Arbeit zurück. Meistens bleibt es bis mindestens Ende September warm – ein Umstand, den zahlreiche Festivals nutzen.

Bienal de Flamenco

Flamenco-Festivals finden das ganze Jahr über statt, doch dieses ist das berühmteste. In den geraden Jahren wird es in Sevilla (S. 721) veranstaltet und in den ungeraden in Málaga. Es bringt die berühmtesten Künstler des Genres auf die Bühne.

Fiesta de la Virgen de Guadalupe

Die schöne Stadt Guadalupe in der Extremadura feiert die Heilige Jungfrau auf ihre Art (S. 853). An den Abenden des 6. und 8. Septembers – dem regionalen Feiertag der Extremadura – wird in einer Prozession eine Marienstatue durch die Straßen getragen.

Feria de Pedro Romero

Die Ehrung von Pedro Romero, einer der Legenden des Stierkampfs, bietet den Einwohnern von Ronda einen guten Grund, mehrere Wochen lang zu feiern (S. 783). Zu den Höhepunkten gehören ein Flamenco-Festival, ein ungewöhnliches Stierkampfprogramm und zahlreiche nächtliche Partys.

Weinlese in La Rioja

Logroño ehrt den Gedenktag des heiligen Matthäus (Fiesta de San Mateo) und die jährliche Weinlese (S. 473) mit Zeremonien des Traubentretens und einer Menge Gelegenheiten, die edlen Tropfen zu kosten.

Festes de la Mercè

Barcelona feiert das Ende des Sommers mit vier Tagen voller Paraden, Konzerten, Theateraufführungen, Feuerläufen und mehr (S. 285). Ein Besuch der Stadt macht immer Spaß, aber dieses Fest ist etwas ganz Besonderes.

Filmfestival in San Sebastián

Es ist vielleicht nicht gerade Cannes, doch dieses zweiwöchige Event in San Sebastián (S. 445) gilt als eines des wichtigsten europäischen Filmfestivals. Bereits seit 1957 wird es jedes Jahr in der zweiten Septemberhälfte ausgerichtet.

Römer & Karthager

Während der Fiesta Carthagineses y Romanos (S. 686) in der zweiten Septemberhälfte verkleiden sich Cartagenas Einwohner, um eine Schlacht der Antike nachzuspielen. Es ist einer der originelleren vieler Schaukämpfe in Spanien, die an die Vergangenheit erinnern sollen.

Oktober

Der Herbst in Spanien kann einfach wunderbar sein. Normalerweise sind die Temperaturen im ganzen Land noch mild, allerdings kündigt sich in den zentralen und nördlichen Landesteilen manchmal schon der Winter an.

Día de Nuestra Señora del Pilar

Am 12. Oktober mischen sich in Zaragoza Gläubige mit Hedonisten, um dieses Festival zu Ehren der Heiligen Jungfrau der Säule (S. 380) zu feiern. Der Pfeiler, an dem sie erschienen sein soll, befindet sich in der Kathedrale, doch ein Großteil der Festivitäten spielt sich in den umliegenden Bars ab.

Fiesta de Santa Teresa

Das zehntägige Fest rund um den Gedenktag der Schutzheiligen von Ávila (S. 126) ehrt Teresa mit Prozessionen, Konzerten und Feuerwerk. Hinter den mittelalterlichen Mauern der Stadt wird der mächtige Personenkult um Ávilas berühmteste Tochter zum Leben erweckt.

November

Der November ist kühl und die Veranstaltungskalender bleiben ziemlich leer. Normalerweise wird jetzt die Skisaison in den Pyrenäen und in der Sierra Nevada eröffnet.

Festival Jazz Madrid

Das zunehmend prestigeträchtige Festival (S. 85), eines der beiden jährlichen Events dieser Art in Madrid (das andere ist im Frühling), findet in berühmten Jazzclubs und größeren Theatern statt.

Reise-routen

Die folgenden Routen dienen als Orientierungshilfen für eine unvergessliche Reise, egal, ob man nun sechs oder 60 Tage zur Verfügung hat. Mehr Inspirationen gefällig? Auf www.lonelyplanet.de/forum kann man sich mit anderen Travellern austauschen.

Ein Monat

Die große Tour

Ausgangspunkt vieler Traveller ist **Barcelona** mit jeder Menge Architektur und leckerem Essen, bevor es entlang der Küste zu **Tarragonas** römischen Ruinen und **Peñíscolas** Strand geht. Außerdem stehen das rege Nachtleben und die wunderbare Ciudad de las Artes y las Ciencias von **Valencia** auf dem Programm. Als Nächstes führt die Route nach Kastilien-La Mancha in das zerklüftete **Cuenca**, die lebensfrohe, museenreiche Hauptstadt **Madrid** und das mittelalterliche **Toledo**. Danach geht's durch Ebenen und Olivenhaine nach **Consuegra**, wo man Windmühlen à la Don Quichotte sieht. Im charmanten **Almagro** kann man auf Almodóvars Spuren wandeln und über die A4 nach **Jaén** mit seiner wunderschönen Kathedrale fahren. Ganz in der Nähe befinden sich **Baeza** und **Úbeda**, zwei Renaissance-Schätze. **Granada** und **Córdoba** mit ihrem prachtvollen maurischen Erbe sind nur eine kurze Tour Richtung Süden bzw. Westen entfernt und **Sevilla**, die farbenfrohe Hauptstadt des Südens, darf natürlich ebenfalls nicht fehlen. Lust auf einen Abstecher nach Afrika? Dann sollte man **Cádiz** ansteuern und von dort gen Osten ins zauberhafte **Tarifa** reisen, wo Schiffe nach Marokko ablegen.

Ein Monat

Andalusisches Abenteuer

In **Málaga**, dem Ausgangspunkt für alle Andalusienbesucher, die per Flugzeug nach Spanien kommen, sollte man sich das Museo Picasso nicht entgehen lassen. Nördlich davon lockt **Antequera** mit seiner bemerkenswerten Mudéjar-Architektur. Weiter östlich stößt man auf **Granada**, die erste der drei andalusischen Städte (neben Sevilla und Córdoba), deren Sehenswürdigkeiten zum Unesco-Welterbe gehören. Hier kann man die einzigartige Alhambra und die goldene Capilla Real bewundern und einen Streifzug durch das mittelalterliche maurische Viertel Albayzín unternehmen. Ein Abstecher Richtung Südosten führt zu den Tälern von **Las Alpujarras** mit ihrer wunderschönen Berglandschaft und den im nordafrikanischen Stil erbauten Dörfern. Wer genug Zeit und Energie mitbringt, erkundet die Gegend am besten zu Fuß. Noch weiter im Südosten liegen das charmante **Almería** und **Cabo de Gata**, das mit einer der malerischsten Küstenlandschaften des spanischen Mittelmeers beeindruckt und einen wohltuenden Kontrast zu der ansonsten stark bebauten Region bildet.

Anschließend geht's wieder zurück nach Granada und von dort aus nach **Córdoba** mit der wunderbaren Mezquita und der bezaubernden *judería* (jüdisches Viertel). Der nächste Stopp ist **Sevilla**, das Herz Andalusiens. Die Stadt wartet mit grandiosen Bauwerken – darunter vor allem der Alcázar und die Kathedrale – sowie köstlichen Tapas und mitreißenden Flamenco-Shows auf. In **Jerez de la Frontera** kommen Besucher in den Genuss von noch mehr Flamenco sowie andalusischer Reitkunst. **Cádiz** gilt als älteste Siedlung Europas und Spaßmetropole, besonders zu Karneval. Eines der hübschesten Bergdörfer der Gegend ist das auf einem Fels thronende **Arcos de la Frontera**, ein Paradebeispiel für Andalusiens *pueblos blancos* (weiße Dörfer). Nach einem Ausflug hierher geht's Richtung Osten auf ruhigen Landstraßen durch hübsche Dörfer und entlang der Bergpfade des **Parque Natural Sierra de Grazalema** bis nach **Ronda**, dessen prachtvoller, an einem steil abfallenden Felsen gelegener *parador* zu einer der besten Unterkünfte Spaniens gehört. **Vejer de la Frontera** ist ein weiteres großartiges Bergdorf. Dann entspannt man sich erst einmal an den feinen Sandstränden der **Costa de la Luz**. Den Abschluss der Reise bildet ein Abstecher ins hippe **Tarifa**, die perfekte Adresse im Sommer für Walbeobachtungstouren, Windsurfing und relaxte Strandtage.

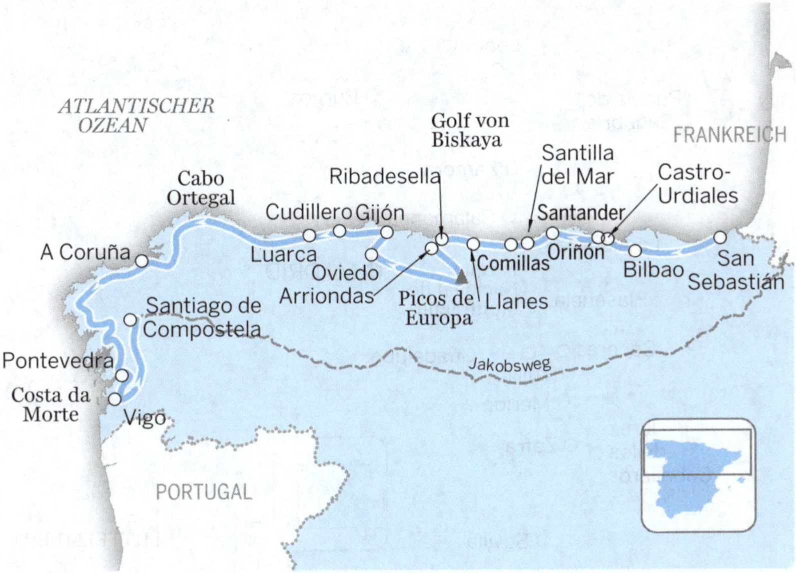

Ein Monat

Der Nordosten

› Spaniens feuchte Nordküste mit ihrer schroffen, schönen Landschaft bildet vor der Kulisse der Cordillera Cantábrica ein grünes Band, das sich vom Baskenland bis nach Galicien erstreckt. Die hier beschriebene Route verläuft an der spektakulärsten und am wenigsten bebauten Küste des Landes entlang, vorbei an malerischen Dörfern, in denen kulinarische Leckerbissen warten.

San Sebastián, dessen zwei Landzungen in eine halbmondförmige Bucht übergehen, ist ein toller Ausgangspunkt für jede Spanien-Tour. Die Altstadt gilt als unumstrittene Seele der spanischen Tapas-Kultur (die Leckerbissen werden hier übrigens *pintxos* genannt), deshalb sollte man unbedingt einen Streifzug durch die Bars unternehmen. Im weiter westlich gelegenen **Bilbao** ist das Guggenheim-Museum die Hauptattraktion. Von dort aus geht's weiter Richtung Westen an die Küste von Kantabrien und Asturien, wo man die Altstadt von **Castro Urdiales** erkunden, bei **Oriñón** surfen und in **Santander** auf der Strandpromenade herumspazieren kann. An der kantabrischen Ostküste locken das mittelalterliche **Santillana del Mar** mit kopfsteingepflasterten Straßen und **Comillas** mit seinen Jugendstilbauten. Asturiens Ostküste bereist man am besten per Zug und legt dabei Zwischenstopps in **Llanes** und **Ribadesella** ein. Als Nächstes folgt **Arriondas**, von wo aus man in die majestätischen **Picos de Europa** mit ihren schwindelerregenden Felswänden und den hervorragenden Wanderwegen gelangt. Danach geht's nach **Oviedo**, Asturiens Hauptstadt voller vorrömischer Architektur, sowie in die bedeutende, für ihren Apfelwein bekannte Hafenstadt **Gijón**. Westlich davon erstrecken sich zwischen **Cudillero** und **Luarca** abgeschiedene Strände. Galiciens Küste, durchzogen von einsamen Fischerdörfern und steilen Klippen, zählt zu den eindrucksvollsten Naturlandschaften des Landes. Hier stehen Abstecher zum **Cabo Ortegal**, nach **A Coruña** und zur **Costa da Morte** auf dem Plan. Folgt man der Küstenlinie, stößt man nahe der portugiesischen Grenze auf **Pontevedra** und **Vigo**, zwei lohnenswerte Ausflugsziele. Anschließend macht man sich nach **Santiago de Compostela** auf, eine Pilgerstätte und galicische Vorzeigestadt, die mit einer feinen Küche und einer Kathedrale aufwartet.

Wer genug Zeit mitbringt, kann das letzte Stück entlang des Camino Portugues, Teil des **Jakobswegs**, zu Fuß zurücklegen. Alternativ nimmt man den Transcantábrico-Zug.

Drei Wochen

Ganz im Westen

Von **Madrid** führt diese Route nordwärts zu den Kathedralenstädten **Burgos** und **León** sowie durch das verwunschene mittelalterliche Örtchen **Puebla de Sanabria**, eines der bestgehüteten Geheimnisse Spaniens und das Herz Kastilien-Leóns. Die nur wenig besuchte römisch geprägte Stadt **Zamora** dient als Ausgangspunkt ins herrliche **Salamanca**: Ein nächtlicher Spaziergang durch die belebten Straßen der dynamischen Universitätsstadt mit ihren prachtvollen, beleuchteten Gebäuden im plateresken Stil ist ein echtes Erlebnis. Zudem gelangt man über Salamanca – wenn man sich denn davon losreißen kann – in einige der ursprünglichsten Dörfer des spanischen Hinterlandes, insbesondere in der unberührten Sierra de Francia. Zu den schönsten Orten gehört **La Alberca**. Heute ist es nur noch schwer vorstellbar, dass diese ruhige, ländliche Region vor nicht allzu langer Zeit eine der ärmsten des Landes war.

Hier steigt die Straße weiter an, um dann plötzlich zur Extremadura abzufallen. Sie führt in die einst ebenso verarmte Region Las Hurdes und nach **Plasencia** im Südosten. Das Städtchen voller vornehmer Gebäude, Kirchen und Klöster war jahrhundertelang der wichtigste Ort der Region und ist eine gute Basis für Ausflüge in die nordöstlichen Täler. Von Plasencia geht's zum vogelreichen **Parque Nacional de Monfragüe** und in das zauberhafte Bergdorf **Guadalupe**, eine bekannte, von einer Klosteranlage beherrschte Pilgerstätte. Westlich davon liegt die mittelalterliche Stadt **Trujillo** mit ihren vielen Kopfsteinpflastergassen, Kirchen und jüngeren Renaissancebauten. Nach einer kurzen Fahrt erreicht man noch weiter westlich das ockerfarbene, mittelalterliche **Cáceres**, eine Stadt mit einer lebendigen Studentenszene. Im Süden wartet **Mérida** mit einigen beeindruckenden römischen Ruinen auf. Jenseits der trockenen Ebenen befindet sich die weiße Stadt **Zafra**, die sowohl kulturell als auch geografisch gesehen ein Vorbote Andalusiens ist. Bevor schließlich das zauberhafte **Sevilla** auf dem Programm steht, lohnt sich noch ein Abstecher nach Westen in die Bergstadt **Jerez de los Caballeros**.

Zwei bis drei Wochen

Von Madrid nach El Maestrazgo

Gleich zu Beginn der Tour heißt es raus aus **Madrid** und auf nach **Segovia**, wo man ein bis zwei Nächte verbringt und den märchenschlossgleichen Alcázar sowie das römische Aquädukt erkundet. Danach geht's zu den perfekt erhaltenen, mittelalterlichen Mauern in **Ávila**. Das monumentale und im Sommer brütend heiße **Toledo** erkundet man am besten, wenn die Tagesausflügler bereits auf dem Heimweg sind, denn dann wirken die geheimnisvollen Legenden der bewegten Vergangenheit besonders lebendig. Abseits der üblichen Touristenpfade reist man Richtung Süden nach **Orgaz** sowie **Consuegra** und **Almagro**, wo man es gut ein bis zwei Tage aushält. Ab Almagro führt die Route gen Osten zum **Parque Natural de las Lagunas de Ruidera** und zurück nach Nordwesten in das Land von Don Quichotte mit **Campo de Criptana**, **El Toboso** und **Mota del Cuervo**. Dann geht's ostwärts nach **Belmonte**, das mit einer Burg aufwartet. Wer eine Nacht in solch einem alten Gemäuer verbringen möchte, sollte **Alarcón** ansteuern.

Im Südosten stößt man auf das am eindrucksvollen Río Júcar gelegene **Alcalá del Júcar**. Richtung Norden lockt **Cuenca** mit seinen hängenden Häusern. Von dort verläuft eine hübsche Uferstrecke auf der CM2105-Straße weiter in das hügelige Gebiet der Serranía de Cuenca und ostwärts zur ockerfarbenen Stadt **Albarracín** mit ihren maurischen Wurzeln. Letztere wird von einer Stadtmauer eingefasst, die sich über die umliegenden Bergkämme erstreckt – eine schönere Ortschaft findet man wohl in ganz Spanien nicht. Nächster Stopp ist **Teruel**, vor allem bekannt für seine Mudéjar-Architektur und weit entfernt von den üblichen Touristenrouten. Im Februar wird hier die Fiesta Medieval veranstaltet, bei der sich die Stadt trotz der Kälte von ihrer besten Seite präsentiert. Entlang wenig bereister Straßen im Osten passiert man ein paar kleine Dörfer und erreicht schließlich das Hochland von Maestrazgo mit dem spektakulär gelegenen **Cantavieja** und dem ruhigen **Mirambel**, das sich scheinbar in der abgeschiedensten Ecke des spanischen Hinterlandes befindet. Zum Ende der Reise lockt die Region Valencia mit der hübschen, burgenreichen Stadt **Morella** und dem Küstenort **Peñíscola**.

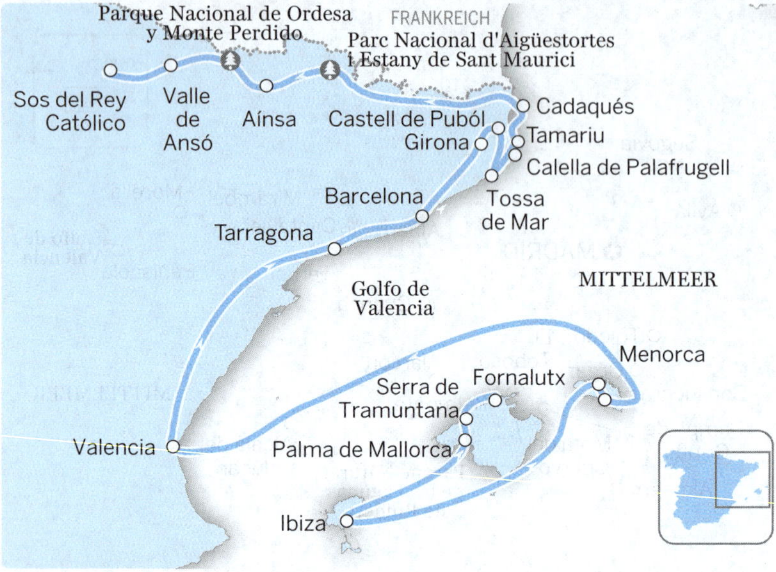

Ein Monat

Von den Balearen zu den Pyrenäen

Mit der Erkundung der Balearen kann man problemlos Wochen verbringen. Die Reise beginnt im allseits beliebten Urlaubsziel **Palma de Mallorca** mit seiner eindrucksvollen Kathedrale. Danach sollte man sich unbedingt Zeit für eine Tour abseits der Touristenpfade in die **Serra de Tramuntana** nehmen und die Dörfer der mallorquinischen Nordwestküste wie **Fornalutx** sowie die schöne Küstenlandschaft am Cap de Formentor erkunden. Hinterher geht's per Fähre nach **Ibiza** und mitten hinein in das berühmte Nachtleben, bevor die nächste Insel, **Menorca**, mit ihren wunderschönen Stränden im Süden auf dem Programm steht.

Hat man genug relaxt, reist man mit der Fähre nach **Valencia**, wo man sich direkt am Meer eine Paella schmecken lassen, die eindrucksvolle Ciudad de las Artes y las Ciencias bewundern und im Barrio del Carmen feiern kann. Als Nächstes führt die Route Richtung Nordosten an der Mittelmeerküste entlang nach **Tarragona**, einer der bedeutendsten römischen Stätten des Landes. Dann reist man entlang der Costa Brava nach **Barcelona** sowie ins Landesinnere nach **Girona** und zu Salvador Dalís fantastischem **Castell de Puból**. Auf dem Weg zurück zur Küste lohnen sich kurze Abstecher in hübsche Orte wie **Tossa de Mar**, **Calella de Palafrugell** oder **Tamariu**, bevor man das Fischerdorf **Cadaqués**, Dalís wunderschönes einstiges Zuhause, ansteuert.

Schließlich lässt man das Mittelmeer hinter sich, denn es geht hinauf in die Pyrenäen und durch die spektakulären nordwestlichen Täler zum **Parc Nacional d'Aigüestortes i Estany de Sant Maurici** sowie in die Provinz Aragonien. Das mittelalterliche, aus Stein erbaute **Aínsa** ist das schönste vieler am Fuß der Berge gelegener Dörfer. Hier kann man gut ein oder zwei Tage verbringen, bevor man schließlich zum **Parque Nacional de Ordesa y Monte Perdido** mit der vielleicht atemberaubendsten Berglandschaft auf der spanischen Seite des Gebirges aufbricht. Die herrliche Gegend eignet sich wunderbar für Wandertouren und wartet aufgrund der limitierten Besucherzahlen mit einer wilden, unberührten Natur auf. Im Schatten schneebedeckter Gipfel geht's nun noch in das **Valle de Ansó** und das idyllische Bergdorf **Sos del Rey Católico**, dem Endpunkt der Tour.

Outdoor-Aktivitäten

Die besten Spots für einen Adrenalinkick

Tarifa (S. 760) Hervorragendes Wind- und Kitesurfing-Zentrum.

Espot (S. 353) Das Tor zu erstklassigen Trekkingmöglichkeiten in den Pyrenäen.

Las Alpujarras (S. 814) Schneeweiße Dörfer, umgeben von Skihängen und Wanderrouten.

L'Estartit (S. 332) Eines der farbenprächtigsten Tauchreviere im Mittelmeer.

Torla (S. 395) Ausgangspunkt zu hervorragenden Trekkingtouren durch die Pyrenäen.

Mundaka (S. 438) Bester Surfspot in Europa.

Vall de la Noguera Pallaresa (S. 352) Wilde Raftingtrips.

Cangas de Onís (S. 521) Kanutouren, Canyoning, Reiten und Höhlenexkursionen im Herzen der Picos.

El Rocío (S. 734) Reiten sowie Wildtiere und Vögel beobachten in Spaniens Vorzeige-Nationalpark.

Nur wenige europäische Länder sind landschaftlich ähnlich abwechslungsreich wie Spanien. Während die Küste scheinbar endlos ist und *rías* (Meeresarme) das raue Galicien prägen, erstrecken sich jenseits der Mittelmeerstrände Olivenhaine und gezackte Gebirgszüge wie die Sierra Nevada in Andalusien oder die Gipfel der Pyrenäen im Norden. Spanien ist eine Art großer Abenteuerspielplatz, der für fast jeden etwas Passendes bietet, ganz gleich, wie alt oder fit man auch sein mag.

Es gibt hier fantastische Wanderrouten, die von den schneebedeckten Pyrenäen und Picos de Europa bis zu dem Cabo-de-Gata-Küstenpfad im schwülen Andalusien verlaufen. Keine ist jedoch so berühmt wie der Jakobsweg (Camino de Santiago) zur Kathedrale in Santiago de Compostela, Galicien.

Darüber hinaus kann man an den Stränden wunderbar Wassersportarten nachgehen, egal, ob man in Mundaka surft oder beim Tauchen in Katalonien Riffe erkundet.

Zu den weiteren Möglichkeiten gehören tolle Skipisten, Fahrradtouren und Rafting sowie das Beobachten von Wildtieren in zahlreichen herrlichen Nationalparks.

WANDERN

Spanien ist ein wunderbares Reiseziel für Fans von Wandertouren: Den höchsten Gipfel des Festlands, den Mulhacén (3479 m; S. 812) zu erklimmen, bringt ebenso viel Spaß wie den Spuren von Karl V. in der Ex-

BÜCHER ÜBER DEN JAKOBSWEG

Es gibt eine Menge Literatur über den Jakobsweg. Hier einige Vorschläge:

» Einen guten Überblick bietet das Buch *Jakobsweg: Geschichte und Kultur einer Pilgerfahrt* von Klaus Herbers.

» David Gitlitz und Linda Davidsons hervorragendes Werk *The Pilgrimage Road to Santiago*: *The Complete Cultural Handbook* ist nur auf Englisch erhältlich.

» In *Ich bin dann mal weg* gibt Hape Kerkeling wunderbar amüsant seine Erlebnisse auf dem Jakobsweg wieder.

» *Das Ziel ist der Weg: Auf dem Jakobsweg nach Santiago de Compostela* von Ulrich Hagenmeyer wartet mit tollen Fotos, Erfahrungsberichten des Autors, spirituellen Texten und kulturgeschichtlichen Informationen auf.

» Paulo Coelhos mystische Reise, beschrieben in dem Buch *Auf dem Jakobsweg: Tagebuch einer Pilgerreise nach Santiago de Compostela*, ist ein internationaler Bestseller.

tremadura zu folgen (S. 837), die Costa da Morte (Todesküste; S. 550) in Galicien zu erkunden oder über die Bergwiesen der Pyrenäen zu spazieren.

Reisezeit

Spanien umfasst eine Reihe verschiedener Klimazonen, weshalb man hier das ganze Jahr über wandern kann. In Andalusien herrschen von März bis Juni sowie im September und Oktober die besten Bedingungen, während es im Hochsommer unerträglich heiß ist. Abgesehen vom Hochgebirge bleiben im Winter die meisten Wege geöffnet. Wer in den Sommermonaten wandern will, sollte sich nach den Einheimischen richten, die zu dieser Zeit traditionell in den Norden flüchten. Für Trekkingtouren von Juni bis September eignen sich vor allem das Baskenland, Asturien, Kantabrien und Galicien. Ab Mitte Juni sind die Pyrenäen ein gutes Ziel, während Juli und August als ideale Monate für die hohen Lagen der Sierra Nevada gelten. Am vollsten wird es im August. Wenn man beliebte Nationalparks besuchen und in *refugios* (Schutzhütten) übernachten möchte, sollte man im Voraus buchen.

Die besten Wandergebiete

Aus gutem Grund erfreuen sich die Pyrenäen der größten Beliebtheit. Die Gebirgskette zwischen Spanien und Frankreich ist traumhaft schön und im Vergleich mit anderen europäischen Höhenzügen relativ urtümlich. Insbesondere die Höhenlagen sind wild und kahl. Hier erstrecken sich zwei herrliche Nationalparks: der Aigüestortes i Estany de Sant Maurici (S. 354) und der Ordesa y Monte Perdido (S. 392). Darüber hinaus führt der spektakuläre GR 11 (Senda Pirenáica) durch das Gebirge und verbindet den Atlantik (bei Hondarribia im Baskenland) mit dem Mittelmeer (Cap de Creus in Katalonien). Die komplette 45-tägige Wandertour ist eine einmalige Herausforderung, aber man kann in den Nationalparks und anderswo auch gut Tagesausflüge unternehmen.

Bei den Picos de Europa (S. 518), Spaniens erstem Nationalpark, handelt es sich um ein atemberaubend schönes Kalksteinmassiv mit zerklüfteten Gipfeln, das sich auf dem Gebiet der Provinzen Kantabrien, Asturien und León erstreckt. Es zieht jede Menge Kletterer an und genießt den Ruf, Spaniens beste Gegend für Wanderer zu sein. Weniger bekannt, aber genauso schön sind das Gebiet um Els Ports (S. 603) in Valencia sowie die Sierra de Cazorla (S. 825) und die Sierra de Grazalema (S. 755) in Andalusien.

Wer gerne eine Trekkingtour durch Bergdörfer unternehmen möchte, sollte die Alpujarras (S. 814) in der Nähe des Parque Nacional Sierra Nevada, Andalusien, ansteuern.

Es gibt auch viele tolle Küstenrouten, sogar in den eher überlaufenen Gebieten im Süden (z. B. am Cabo de Gata, S. 829) und auf Mallorca (S. 637).

Praktische Informationen

Auf dem deutschsprachigen Buchmarkt gibt's eine Vielzahl von Wanderführern, z. B. von **MairDumont** (www.mairdumont.

com), **Kompass** (www.kompass.at) und dem **Bergverlag Rother** (www.rother.de). **La Tienda Verde** (www.tiendaverde.es; Calle de Maudes 23 & 38, Madrid) und **Librería Desnivel** (www.libreriadesnivel.com, auf Spanisch; Plaza de Matute 6, Madrid), zwei spanischen Verlage, bieten ebenfalls gute Karten und Reiseführer an. Die Website www.andarines.com enthält Wegbeschreibungen auf Spanisch sowie zahlreiche nützliche Links für Bücher, Sportgeschäfte und Bergsteigervereinigungen.

Jakobsweg (Camino de Santiago)

> *Die Tür steht allen offen, ob krank oder gesund, Katholik, Heide, Jude, Ketzer oder Vagabund.*

So heißt es in einem Gedicht aus dem 13. Jh. über den Pilgerweg nach Santiago. 800 Jahre danach hat sich das Motto noch nicht geändert. Seit über 1000 Jahren begeben sich die Menschen mit den traditionellen Symbolen – Jakobsmuschel und Stab – auf den Camino de Santiago (Jakobsweg), um zum Grab des Apostels Jakobus in Santiago de Compostela zu pilgern, das im äußersten Nordwesten der Iberischen Halbinsel liegt.

Der Fernwanderweg, der von Roncesvalles an der Grenze zu Frankreich über 783 km durch Nordspanien verläuft, zieht Wanderer jeglichen Alters und Hintergrunds aus aller Herren Länder an. Kein Wunder, wartet er doch mit zahlreichen kulturellen, historischen und landschaftlichen Attraktionen auf. Er ist nicht nur Europas erster Kulturweg und gehört zum Unesco-Welterbe, sondern hat auch eine ebenso große Bedeutung wie der Pilgerweg nach Jerusalem. Wer den Camino de Santiago gegangen ist, muss nicht um sein Seelenheil besorgt sein und somit das Fegefeuer nicht fürchten.

Der Weg kann dabei vieles sein, egal, ob man nun Nordspaniens Vielfalt mit allen Sinnen aufnehmen möchte, ihn als sportliche Herausforderung ansieht oder als einmalige Möglichkeit nutzt, um Einblicke in Dörfer und Städte zu bekommen und andere Menschen kennenzulernen. „Die Tür steht allen offen" – man muss nur noch eintreten.

PILGERHERBERGEN

Am Jakobsweg liegen rund 300 *refugios*, die den Gemeinden, „Freunden des Wegs", Vereinen, Privatleuten, Rathäusern oder der jeweiligen regionalen Regierung gehören. Früher wurden sie mit Spendengeldern betrieben und boten kaum mehr als warmes Wasser und eine Schlafgelegenheit. Heute bezahlen die Übernachtungsgäste oft 5 bis 10 € und dürfen sich dafür auf eine Dusche, eine Küche und eine Waschmaschine freuen. Manches hat sich dennoch nicht geändert: Die *refugios* funktionieren immer noch nach dem Motto „Wer zuerst kommt, mahlt zuerst" und sind nur für Pilger gedacht.

Jakobsweg

DAS STEINBOOT DES MAURENTÖTERS

Zweifellos hat der Jakobsweg Nordspanien stark geprägt. Eine Frage bleibt jedoch unbeantwortet: Was hatten die Überreste von Jakobus, der 44 v. Chr. in Jerusalem als Märtyrer starb, im Nordwesten der iberischen Halbinsel zu suchen? Der Legende zufolge kam der Apostel und einer der ersten Jünger Jesu nach dessen Kreuzigung hierher und versuchte die Bewohner von Zaragoza zum Christentum zu bekehren. Aufgrund des mangelnden Erfolgs gab Jakobus sein Vorhaben auf und kehrte in den Nahen Osten zurück, wo er wegen seines Glaubens geköpft wurde. Daraufhin luden zwei seiner Anhänger die Überreste des Apostels in ein steinernes Boot, das durch die Meerenge von Gibraltar zum Mittelmeer bis in den Hafen des heutigen Padrón, Galicien, getrieben wurde. Jakobus' Gebeine wurden 17 km entfernt in einem Wald namens Libredon (dem heutigen Compostela) begraben und gerieten in Vergessenheit, bis Pelayo schließlich den Stern sah.

Bei den Kämpfen zwischen Spaniern und Moslems spielte der christliche Heilige und Held der Reconquista (Rückeroberung) ebenfalls eine wichtige Rolle, da er mehrmals in Gestalt des Matamoros (Maurentöters) auf bedeutenden Schlachtfeldern erschien – er entstieg den Wolken mit gezücktem Schwert und auf einem weißen Streitross. So sicherte er den Christen den Sieg.

Als sei das alles noch nicht genug, ist Jakobus auch Spaniens erster Reiseführer zu verdanken. Das mittelalterliche Werk bietet sowohl praktische Hinweise zum Pilgerweg als auch Informationen zu Land und Leuten und verrät am Beispiel eines denkwürdigen Vorkommnisses, wie die Basken ihre Maultiere mit Keuschheitsgürteln vor den Avancen der Nachbarn schützen mussten.

Geschichte

Glaubt man den Überlieferungen, geschah vor langer Zeit etwas Bemerkenswertes im kargen iberischen Hinterland: Im 9. Jh. folgte ein religiöser Einsiedler namens Pelayo einem leuchtenden Stern und stieß so auf das Grab des Apostels Jakobus (auf Spanisch: Santiago). Die Echtheit der Gebeine wurde zunächst vom örtlichen Bischof, dann vom asturischen König und später sogar vom Papst bestätigt. Bald nachdem sich die Nachricht der Entdeckung ausgebreitet hatte, reisten ganze Hundertschaften von Christen auf der Suche nach Absolution zum Fundort.

Compostela wurde nun nach Rom und Jerusalem zum bedeutendsten Pilgerziel der Christenheit. Die Beliebtheit des Ortes stieg noch mehr, nachdem der Papst im 11. Jh. das Heilige Jahr einführte, in dem Pilgern die vollständige Absolution – also der Freispruch von allen ihren Sünden für das ganze Leben – gewährt wurde. In einem solchen Jahr (das nächste ist erst 2021) fällt der 25. Juli, der Tag des Apostels Jakobus, auf einen Sonntag.

Die Blütezeit des Pilgerwegs war im 11. und 12. Jh. Während der Reformation stellte man die katholischen Wallfahrten jedoch in Frage und im 19. Jh. hatte der Camino de Santiago fast keine Bedeutung mehr. Ende des 20. Jh. begann dann sein überraschendes Revival, das bis heute andauert. Inzwischen kommen die Leute allerdings eher aus persönlich-spirituellen als aus religiösen Gründen hierher.

Wege

In Spanien gibt's zahlreiche *caminos* (Wege) nach Santiago. Der beliebteste ist der Camino Francés. Er beginnt in Frankreich, überquert die Pyrenäen in Roncesvalles und verläuft dann 783 km Richtung Westen durch die Regionen Navarra, La Rioja, Kastilien-León und Galicien.

Die mit zahlreichen gelben Pfeilen und Jakobsmuscheln beschilderte Route ist eine Mischung aus miteinander verbundenen Forstwegen, asphaltierten Nebenstraßen und Pfaden.

Von Roncevalles aus brauchen Radfahrer für den Camino Francés zwei und Fußgänger fünf Wochen.

Viele Pilger legen nur die letzten 100 km von Sarria in Galicien nach Santiago zu Fuß zurück. Bei dieser Entfernung handelt es sich um die erforderliche Mindeststrecke, die man bewältigen muss, um ein Zertifikat für den Jakobsweg zu bekommen; dieses wird in der Kathedrale von Santiago de Compostela ausgestellt.

Praktische Informationen

Mehr über die verschiedenen Etappen erfährt man in den Kastentexten auf S. 458, S. 173 und S. 571.

Infos zum Pilgerausweis und -Zertifikat gibt's in der **Oficina de Acogida de Peregrinos** (Pilgerbüro; www.peregrinossantiago.es; Rúa do Vilar 1, Santiago de Compostela).

Zudem bieten zahlreiche Websites hilfreiche Tipps, darunter z. B. www.mundicamino.com mit detaillierten Beschreibungen und einer Karte zu allen Jakobswegen sowie die private Seite www.jakobus-info.de.

Reisezeit

Wanderer und Fahrradfahrer sind das ganze Jahr über auf dem Camino de Santiago unterwegs. Im Mai und Juni zeigt sich die Lanschaft von ihrer besonders schönen Seite, denn dann sieht man überall Wildblumen und scheinbar endlose Getreidefelder, deren Farbe sich von Grün in Goldgelb ändert. Der Juli und der August bringen scharenweise Sommerurlauber sowie eine drückende Hitze, vor allem in Kastilien-León. Im September herrscht weniger Gedränge und das Wetter ist in der Regel gut. Von November bis Mai kommen nicht mehr so viele Menschen her, da die Jahreszeit von Schnee, Regen und scharfen Winden geprägt ist. Der Tag des heiligen Jakobus (25. Juli) wird von zahlreichen Pilgern für einen Besuch Santiago de Compostelas genutzt.

Natur- & Nationalparks

Ein Großteil von Spaniens spektakulärer und ökologisch bedeutsamer Landschaft – ca. 40 000 km² bzw. 8 % des ganzen Landes inklusive der nationalen Jagdgebiete – steht offiziell unter Naturschutz und ist zumindest teilweise für Wanderer, Naturfreunde und Fans von Outdoor-Aktivitäten geöffnet. Schutzgrad und Zugänglichkeit variieren allerdings.

Die *parques nacionales* sind für den Naturschutz sehr wichtig und zählen zu den am strengsten überwachten Gebieten des Landes. Spanien hat insgesamt 14 Nationalparks: neun auf dem Festland, vier auf den Kanarischen Inseln und einen auf den Balearen. Hunderte weiterer Schutzgebiete werden in mindestens 16 Kategorien eingeordnet und variieren in ihrer Größe von 100 m² großen Felsen vor den Balearen bis zum 2140 m² großen Parque Natural de Cazorla in Andalusien.

NOCH MEHR AKTIVITÄTEN

Auch für Wandermuffel hat Spanien einiges zu bieten. Besucher können z. B. einen Berg erklimmen und dann auf Skiern wieder hinabsausen, einen Drachenflug unternehmen, die Unterwasserwelt erkunden, surfen oder Kajak fahren.

Radfahren

Spanien bietet zahlreiche Möglichkeiten, die von Familienausflügen bis zu anspruchsvollen zweiwöchigen Expeditionen reichen. Außerhalb der Städte, in denen das Radfahren ziemlich nervenaufreibend sein kann, findet man gute Bedingungen vor. Autofahrer sind daran gewöhnt, die Landstraßen mit Scharen von in Lycra gehüllten Radlern zu teilen. Dank einem hervorragenden Netz aus Nebenstraßen mit ausreichend breiten Seitenstreifen werden die Touren zu einem echten Vergnügen.

Praktische Information

Wer die spanische Sprache beherrscht, findet auf www.amigosdelciclismo.com unentbehrliche Informationen zu Beschränkungen, neue Gesetze und Wegenutzungsbestimmungen, Kontaktdaten von Radclubs, Listen mit Tourenführern und nach Regionen geordneten Streckenbeschreibungen, die für ein ganzes Radlerleben ausreichen.

DIE BESTEN GEBIETE FÜR RADFAHRER

In allen Regionen gibt's geeignete Strecken für Mountainbikes (auf Spanisch: BTT, von *bici todo terreno*) und einfache Räder. Mit Ersteren kannn man fast jede *sierra* (Bergkette) und die zahlreichen *pistas forestales* (Forst- und Waldwege) nutzen. Eine empfehlenswerte und anspruchsvolle Route führt durch die verschneite Sierra Nevada (S. 812). Zu den klassischen Langstreckentouren gehören z. B. der Jakobsweg (S. 37), die Ruta de la Plata (s. Kasten S. 847) und der 600 km lange Camino del Cid, der den Spuren des epischen Heldes von Burgos nach Valencia folgt.

DIE BESTEN PARKS

PARK	MERKMALE	AKTIVITÄTEN	BESTE BESUCHSZEIT	SEITE
Parc Nacional d'Aigüestortes i Estany de Sant Maurici	Schöne Seenregion in den Pyrenäen	Wandern, Wildtiere beobachten	Juni–Sept.	354
Parque Nacional de Doñana	Lebensraum für Vögel und Säugetiere im Guadalquivir-Delta	Jeeptouren, Wandern, Wildtiere beobachten, Reiten	Ganzjährig	634
Parque Nacional de Ordesa y Monte Perdido	Spektakuläres Gebiet in den Pyrenäen mit Gämsen, Raubvögeln und vielfältiger Vegetation	Wandern, Klettern	Mitte Juni–Juli & Mitte Aug.–Sept.	392
Parque Nacional de los Picos de Europa	Hübsches Bergrefugium für Gämsen sowie einige Wölfe und Bären	Wandern, Klettern, Höhlenexkursionen	Mai–Juli & Sept.	518
Parques Nacional & Natural Sierra Nevada	Höchstes Gebirge des spanischen Festlands mit Steinböcken, 60 endemischen Pflanzenarten und den schönen Tälern der Alpujarras an den Südhängen	Wandern, Klettern, Mountainbiken, Skifahren, Reiten	Ganzjährig (je nach Aktivität)	812
Parque Natural de Cazorla	Reiche Tierwelt, 2300 Pflanzenarten und schöne Berglandschaft	Wandern, Autofahren, Mountainbiken, Wildtiere beobachten, Jeeptouren	April–Okt.	825
Áreas Naturales Serra de Tramuntana	Atemberaubende Gebirgskette auf Mallorca	Wandern, Vögel beobachten	Ende Feb.–Anfang Okt.	637
Parque Nacional de Monfragüe	Beeindruckende Raubvögel	Vögel beobachten	März–Okt.	841
Parque Natural Sierra de Grazalema	Herrliche grüne Berglandschaft mit zahlreichen Vogelarten	Wandern, Höhlenexkursionen, Canyoning, Vögel beobachten, Paragliding, Klettern	Sept.–Juni	755
Parc Natural del Cadí-Moixeró	Steile Vorgebirgskette der Pyrenäen	Klettern, Wandern	Juni–Sept.	350
Parc Natural de la Zona Volcànica de la Garrotxa	Schöne bewaldete Region mit 30 Vulkankratern	Wandern	April–Okt.	343
Parque Natural Sierra de Gredos	Bergregion, Heimat von Spaniens größter Steinbockpopulation	Wandern, Klettern, Mountainbiken	März–Mai & Sept.– Nov.	128
Parque Natural de Somiedo	Dramatischer Abschnitt der Cordillera Cantábrica	Wandern	Juli–Sept.	517
Parque Natural de Cabo de Gata-Níjar	Sandstrände, Vulkanklippen, Flamingokolonie und Halbwüstenvegetation	Schwimmen, Vögel beobachten, Wandern, Reiten, Tauchen, Schnorcheln	Ganzjährig	829

Außerdem gibt's jede Menge Tourenführer (überwiegend auf Spanisch). *España en Bici* von Paco Tortosa und María del Mar Fornés bietet einen guten Überblick, ist aber nur schwer zu bekommen. Deutsche Verlage wie **Esterbauer** (www.esterbauer.com) verfügen über eine ganze Reihe von Führern zu einzelnen spanischen Gebieten.

Wichtiges zum Fahrradkauf und -transport siehe S. 941. **Bike Spain** (S. 81) in Madrid organisiert Radtouren.

Skifahren & Snowboarden

Spanische Skifahrer, darunter auch die Königsfamilie, steuern am liebsten die Pyrenäen in Aragonien und Katalonien an. Außerhalb der Hauptzeiten (Anfang Dezember, 20. Dezember bis 6. Januar, Karneval und Semana Santa) sind die bekanntesten Wintersportorte des Landes im Vergleich mit der Konkurrenz in den Alpen ruhig, billig und warm. Die Skisaison dauert von Dezember bis April, aber Januar und Februar sind normalerweise die besten und schneesichersten Monate. In den letzten Jahren waren die Schneefälle allerdings etwas unberechenbar.

Die besten Wintersportgebiete

Formigal (S. 385) und Candanchú (S. 385) sind zwei beliebte Skigebiete in Aragonien. Das oberhalb des Ortes Jaca gelegene Candanchú verfügt über 42 km Abfahrtsstrecken verteilt auf 51 Pisten (plus 35 km Langlaufloipen). In Katalonien zieht La Molina (S. 349), Spaniens erste Wintersportadresse, nach wie vor zahlreiche Skifans an. Der Ort eignet sich besonders für Familien und Anfänger. Den besten Schnee in den Pyrenäen hat wahrscheinlich das 72-Pisten-Gebiet Baqueira-Beret (S. 358), das darüber hinaus mit über 30 modernen Skiliften sowie 104 km Abfahrtsstrecken in allen Schwierigkeitsgraden aufwartet.

Die Sierra Nevada (S. 812) bei Granada ist ebenfalls eine gute Anlaufstelle sowie das südlichste Skigebiet Europas. Auf den insgesamt 80 km langen Pisten drängeln sich im März besonders viele Leute. Die Hänge eignen sich hervorragend für Familien, Anfänger und mittelgute Skifahrer.

Praktische Informationen

Skifans ohne eigene Ausrüstung können sich diese im jeweiligen Wintersportort leihen und dort bei Bedarf auch Kurse buchen. Liftkarten kosten 35 bis 40 € pro Tag für Erwachsene und 25 bis 30 € für Kinder; die Tagesgebühr für die Ausrüstung liegt bei 20 €. Die hiesigen Reisebüros bieten oft erschwingliche Ein- und Mehrtagespakete inklusive Schlafmöglichkeit an. Eine tolle Infoquelle für Skifahrer und Snowboarder in Spanien sowie im übrigen Europa ist die Website www.skisnowboardeurope.com.

DRACHENFLIEGEN & PARAGLIDEN

Wer Lust auf *ala delta* (Drachenfliegen) oder *parapente* ((Paragliding) hat, kann sich an eine Reihe spezialisierter Clubs und Veranstalter von Abenteuertouren wenden. Die **Real Federación Aeronáutica España** (www.rfae.org, auf Spanisch) informiert über anerkannte Flugschulen, Clubs und Events.

Wassersport

Tauchen & Schnorcheln

Spanien hat noch viel mehr zu bieten als das, was man auf den ersten Blick sieht. Wer an einem beliebigen Punkt entlang der 5000 km langen Küste abtaucht, entdeckt ein fremdartiges neues Land, in dem es von Meeresbewohnern nur so wimmelt. Die Unterwasserwelt besticht darüber hinaus mit Schiffswracks, steilen Wänden und langen Höhlen. Zahlreiche Tauchzentren am Mittelmeer sind auf ausländische Besucher ausgerichtet und warten mit Ein- oder Mehrtagestrips, der nötigen Ausrüstung und Kursen auf. Anbieter am Atlantik (in San Sebastián, Santander und A Coruña) haben sich eher auf Einheimische spezialisiert. Wer die Sprache beherrscht, dem versprechen die kälteren Meeresgewässer allerdings ein tolles Erlebnis.

Ein guter Startpunkt sind die Riffe an der Costa Brava, besonders rund um das Meeresschutzgebiet Illes Medes (S. 332) vor L'Estartit (nahe Girona). Veranstalter an der Costa del Sol (S. 779) steuern Tauchspots wie die Herradura Wall, das Wrack der *Motril* oder die Höhle Cerro Gordo an. Großer Beliebtheit erfreuen sich auch die Balearen mit ihren hervorragenden Einrichtungen.

In Paco Nadals *Buceo en España* sind die Informationen über Tauchzentren und Anbieter von Ausrüstungen nach Provinzen geordnet, außerdem wird darin die Beschaffenheit des Meeresbodens in den unterschiedlichen Gebieten beschrieben.

Surfen

In vielen spanischen Küstenregionen ist der Ritt auf den Wellen sowohl für Anfänger als auch für Könner ein Highlight.

Die Nordküste – das Surfermekka auf dem europäischen Festland – wartet mit jeder Menge hervorragender Spots auf. Andalusiens Atlantikküste ist vor allem im Winter ein gutes Ziel. Im Sommer kommen Surfer von überallher mit ihren Kleinbussen ins Land, dabei sind die Wellen eigentlich von Herbst bis Frühling am besten (Topmonat: Oktober). Beeindruckend ist auch die Bandbreite an unterschiedlichen Spots. In den Sommermonaten steuert man am besten offene, ungeschützte Strände an, während in der kälteren, stürmischeren Jahreszeit an den Riffen und Landspitzen gute Bedingungen herrschen.

Die besten Surfspots

Als Spaniens berühmteste Welle gilt der Lefthander an der Flussmündung in Mundaka (S. 438). Er ist zwar nicht sehr beständig, aber an guten Tagen besteht dennoch kein Zweifel, dass es sich um eine der besten Wellen der Welt handelt! Dann ist hier allerdings der Teufel los und es kann ziemlich ungemütlich werden.

Im Baskenland herrschen überall gute Bedingungen, aber man findet auch in den benachbarten Regionen Kantabrien und Asturien eine Reihe toller Spots, darunter z. B. Rodiles in Asturien (S. 510) und Liencres in Kantabrien. Für alle, die ihre Ruhe haben möchten: Einige abgelegene Strände an der schönen galicischen Costa da Morte (S. 550) bleiben selbst im Sommer menschenleer. Im Südwesten Andalusiens gibt's im Winter etliche Strände mit kräftiger Brandung und bei Conil de la Frontera (nordwestlich von Cabo de Trafalgar, S. 759) kann es herrlich einsam sein.

Praktische Informationen

In der Sommerhitze ist ein kurzer Neoprenanzug (bzw. Boardshorts im Baskenland) eine gute Wahl. Eine Ausnahme bildet die galicische Küste, weil sie im Einflussbereich der kühlen Kanarenströmung liegt. Hier braucht man einen leichten Ganzkörperanzug.

SPANIENS TOP-STRÄNDE

Bei 4964 km Küstenlinie (inklusive der Inseln) und einer scheinbar unendlichen Vielfalt an Kieselbuchten, Sandstreifen sowie versteckten Buchten wird wohl jede Diskussion über Spaniens beste Strände zu Meinungsverschiedenheiten führen.

» **Playa de la Concha** (S. 441) Der muschelförmige Sandstreifen im Herzen von San Sebastián ist vielleicht auch der schönste Stadtstrand Europas.

» **Playa del Silencio** (S. 514) Eine lange Sandbucht vor einem natürlichen Amphitheater aus Felsen in Asturien.

» **Praia de Lourido** (S. 551) Wer lange Wanderungen an einem nebelverhangenen Strand unternehmen möchte, ist hier richtig. Schwimmen kann man vor Galiciens ungeschützter Costa da Morte allerdings nicht.

» **Illas Cíes** (S. 563) Dieser naturgeschützte winzige Archipel wartet mit überwältigenden Stränden auf.

» **Aiguablava** (S. 325) und **Fornells** (S. 325) Die benachbarten Strände an der Costa Brava sind derart fantastisch, dass wir uns nicht zwischen ihnen entscheiden können.

» **Benidorm** (S. 610) Vielleicht ist das Highlight unter den Pauschalurlaubsstränden nicht jedermanns Sache, aber bei mehr als zwei Millionen Besuchern pro Jahr muss er etwas an sich haben.

» **Menorcas Nordküste** (S. 674) Zerklüftet, felsig und von hübschen Buchten durchsetzt – typisch für die Balearen vor dem Tourismusboom.

» **Cabo de Gata** (S. 829) Andalusiens spektakulärste und abgeschiedenste Ecke am Mittelmeer.

» **Zahara de los Atunes** (S. 760) Eine verfallene alte Burg und ungefähr 12 km ruhiger Strand machen diesen Ort zum Besten, was Andalusiens Atlantikküste zu bieten hat.

In den beliebten Surfgegenden gibt's zahlreiche Shops inklusive Ausrüstungsverleih. Wenn man einen Kurs belegt, sollte man seinen Lehrer darum bitten, die Regeln genau zu erklären und die Übungsstunden in sicherer Entfernung von den Profis abzuhalten.

Zu den empfehlenswerten Surf-Führern für Spanien gehören Stuart Butlers *Big Blue Surf Guide: Spain*, José Pellóns *Guía del Surf en España* und Bruce Sutherlands *Stormrider Guide: Europe*.

Windsurfen & Kitesurfen

Ein Großteil der spanischen Mittelmeerküste bietet hervorragende Bedingungen zum Wind- und Kitesurfen.

Die besten Windsurf- und Kitesurf-Spots

Rund um Tarifa (S. 760) findet man jede Menge tolle Stellen zum Wind- und Kitesurfen. Dafür ist der kräftige und beständige Wind verantwortlich, der angeblich schon so manch einen in den Wahnsinn getrieben hat und die Schuld an der ehemals sehr hohen Selstmordrate tragen soll. Ob das stimmt, sei dahingestellt. Eines ist jedenfalls sicher: Die 10 km langen Sandstrände und die ganzjährig erstklassigen Windverhältnisse haben Tarifa den Status *der* europäischen Windsurferstadt beschert. Es wimmelt hier nur so von Fachgeschäften, Surfschulen und Wassersportlern. Leider macht jener Wind, der Profiherzen höher schlagen lässt, Anfängern das Leben schwer.

Von März bis Juli herrschen auch im weniger bekannten katalonischen Empuriabrava gute Bedingungen, ebenso wie im Familienbadeort Oliva bei Valencia und in Galicien an Spaniens Nordwestküste.

Praktische Informationen

Ein toller Führer für Surf- und Kitesurfspots in Spanien und weiteren europäischen Ländern ist der bei Stoked Publications erschienene *The Kite and Windsurfing Guide: Europe*. Die spanischsprachige Website www.windsurfesp.com bietet sehr detaillierte Beschreibungen zu den unterschiedlichen Gebieten, Bedingungen und Schulen in ganz Spanien.

KLETTERN

Wer sich nicht fürs Bergwandern begeistern kann, hat zahlreiche Möglichkeiten, sich Berge und Schluchten aus der Vertikalen anzusehen.

Einen Überblick zum Thema Klettern bieten die Websites von **Rockfax** (www.rockfax.com) und **Climb Europe** (www.climb-europe.com/De/home-deutsch.html). Auf beiden findet man Infos zu den besten Kletterspots des Landes. Rockfax gibt zudem zahlreiche Führer zu Spanien heraus.

Kajakfahren, Kanufahren & Rafting

Dank der 1800 größeren und kleineren Flüsse gibt's jede Menge Gelegenheiten für Adrenalinkicks. Da viele Flüsse aufgrund der Energiegewinnung irgendwo aufgestaut werden, können Kanu- und Kajakfahrer auf den meisten Stauseen herumpaddeln (die Ausrüstung kann man ausleihen).

Die Monate Mai und Juni eignen sich wunderbar für Kajak-, Kanu- und Raftingtouren sowie für Hydrospeed-Fahrten (dabei wird man liegend auf einem schlittenähnlichen Gerät durchs Wasser gezogen). Zu den besten Wildwasserflüssen gehören die turbulente Noguera Pallaresa (S. 352) in Katalonien, der Gállego in Aragonien, die Carasa in Kantabrien und der Miño in Galicien. Ein großer Spaß ist auch das Kanurennen Descenso Internacional del Sella (S. 520) von Arriondas in Asturien bis nach Ribadesella an der Küste (22 km), das am ersten Augustwochenende stattfindet. Ein Paddelvergnügen für die ganze Familie verspricht der Parque Natural Fragas do Eume (S. 547). Dort kann man mit dem Kajak durch dichte atlantische Wälder fahren.

In Patrick Santals *White Water Pyrenees* werden 85 Flüsse in Frankreich und Spanien für Wassersportfans beschrieben.

Spanien im Überblick

Madrid

Galerien ✓✓✓
Nachtleben ✓✓✓
Essen ✓✓

Goldene Kunstmeile

Madrid ist eine der internationalen Topadressen für Kunst. Im Schatten des Museo del Prado, Centro de Arte Reina Sofía und Museo Thyssen-Bornemisza haben sich ein paar Galerien von Weltformat angesiedelt. Die drei Gebäude sind jeweils nur einen kurzen Fußmarsch voneinander entfernt, warten mit Arbeiten der großen Meister auf und erlauben Besuchern, eine faszinierende Reise in die Tiefen der spanischen Seele anzutreten.

Die Nacht zum Tag machen

Clubs, die erst ab 3 Uhr morgens voll werden, schicke Cocktailbars, in denen man neben A-Promis Mojitos schlürfen kann, und eine Livemusikszene mit Flamenco, Jazz & Co.: Nirgendwo gibt's mehr Bars als in dieser Stadt. Das Madrider Nachtleben ist absolut legendär, denn die Einwohner feiern für ihr Leben gern.

Spanische Gaumenfreuden

Um regionale Spezialitäten zu kosten, kann man ganz Spanien bereisen oder kommt einfach nach Madrid. Die hiesige traditionelle Küche haut einen zwar nicht gerade vom Hocker, aber dafür findet man in der Hauptstadt die besten regionaltypischen und internationalen Restaurants. Mit einer besonders tollen Auswahl an Tapas-Bars wartet das Viertel La Latina auf.

S.52

Kastilien-León

Mittelalterstädte ✓✓
Dörfer ✓✓✓
Essen ✓✓

Die Stadt als Kunstwerk

Das Herz des alten Kastiliens ist reich an Geschichte, Kathedralen und anderen Denkmälern und beherbergt wunderschöne mittelgroße Städte wie Salamanca, Ávila, Segovia, León sowie Burgos.

Ruhige Pueblos

Von der Sierra de Francia ganz im Südwesten bis zu ruhigen, mittelalterlichen Dörfern wie Covarrubias, Puebla de Sanabria und Calatañazor erinnert in Kastilien-León alles an das Spanien vor dem Massentourismus sowie an eine Zeit, als die moderne Welt die iberische Küste noch nicht erreicht hatte.

Herzhafte Küche

Das Fleisch schmeckt hier so gut, dass Spanier aus dem ganzen Land extra deshalb in die Region kommen. *Jamón* und anderes Pökelfleisch sind eine weitere typische Leidenschaft der Einheimischen und ein echtes geschmackliches Highlight.

S.121

Kastilien-La Mancha

Geschichte ✓✓
Literatur ✓✓✓
Dörfer & Burgen ✓

Stadt der drei Religionen
Im Mittelalter zählte Toledo zu den weltoffensten Städten Spaniens. Davon zeugen faszinierende Baudenkmäler wie die Moschee, jüdische Stätten und eine Kathedrale, die mit Werken von El Greco und Velázquez geschmückt ist.

Kampf gegen Windmühlen
Der Don-Quichotte-Weg bietet eine seltene Gelegenheit, auf den Spuren der exzentrischen literarischen Figur zu wandeln. Windmühlen und weite Ebenen erwecken Cervantes' Geschichte zum Leben. Fast rechnet man damit, Sancho Panza zu begegnen.

Wunderschöne Dörfer
In La Mancha kann man fast ungehindert bis zum Horizont blicken. Nur selten rücken hübsche Dörfer und Kleinstädte ins Blickfeld. Cuenca, Almagro, Sigüenza und Alcalá del Júcar sind unsere Favoriten. Zu den weiteren Highlights zählen die vielen Burgen.

S. 212

Barcelona

Architektur ✓✓✓
Essen ✓✓✓
Kunst ✓✓

Genialer Architekt
Barcelona definiert sich über seine Bauwerke. Antoni Gaudís ausgefallene Schöpfungen wie die Sagrada Família, die Casa Batlló und der Park Güell gelten als Höhepunkte der modernistischen Architektur. Tatsächlich findet man aber an so ziemlich jeder Straßenecke ein Meisterwerk aus Stein.

Essen als Kunstwerk
Die katalonische Küche hat ihren erstklassigen Ruf vor allem den Restaurants in Barcelona zu verdanken, in denen Köche traditionelle Rezepte mit viel Kreativität neu interpretieren. Eine besonders gute Anlaufstelle ist das am Meer gelegene Viertel La Barceloneta.

Großartige Galerien
Barcelona ist ein Traumziel passionierter Kunstliebhaber. Hier gibt's ein tolles Picasso-Museum und Galerien mit katalanischen sowie europäischen Werken aus den unterschiedlichsten Epochen.

S. 245

Katalonien

Essen ✓✓✓
Strände ✓✓
Wandern ✓✓

Katalanische Küche
Katalonien und das Baskenland konkurrieren um den ersten Platz in Sachen höchste Pro-Kopf-Rate an Sterneköchen. Kein Wunder, dass die Region eine Art Pilgerstätte für Gourmets ist. Allerorts werden Früchte des Meeres und des Bodens miteinander kombiniert, und selbst bei innovativen, neuen Ansätzen hält man immer der kulinarischen Tradition die Treue.

Die Küste
Entlang der Costa Brava und der Costa Daurada erstrecken sich hübsche Dörfer und Strände, an denen weniger los ist als an südlicher gelegenen Sandstreifen. Außerdem kann man sich auf den Spuren von Salvador Dalí zu römischen Stätten und Orten aufmachen.

Die Pyrenäen
Der Norden wird von den Pyrenäen geprägt, einem der besten Wandergebiete des Landes mit wohlgeformten Gipfeln und stillen Tälern.

S. 316

Aragonien

Berge ✓✓✓
Dörfer ✓✓
Geschichte ✓

Auf in die Hügel
Die hübscheste Ecke der Pyrenäen befindet sich im Norden Aragoniens. Dort wechseln sich hohe Gipfel und tiefe Täler ab, die von unzähligen Wanderwegen durchzogen sind. Der Parque Nacional de Ordesa y Monte Perdido ist vielleicht das malerischste Naturschutzgebiet Spaniens.

Steinerne Dörfer
In der Region gibt's einige heiße Anwärter auf den Titel „schönstes Dorf des Landes", darunter Aínsa, Sos del Rey Católico und Albarracín. Viele liegen vor dem Hintergrund schneebedeckter Gipfel in den Vorbergen der Pyrenäen.

Römer, Mauren & Christen
Aragonien war einst eines der bedeutendsten Königreiche des Landes und wartet deshalb mit Andenken an große Zivilisationen aus antiker und mittelalterlicher Zeit auf. Besonders schöne Beispiele dafür sind Zaragoza und Mudéjar Teruel.

S. 374

Baskenland, Navarra & La Rioja

Essen ✓✓✓
Weine ✓✓✓
Dörfer ✓✓

Spaniens kulinarische Hauptstadt
Wer verstehen möchte, warum die spanische Küche so beliebt ist, sollte San Sebastián besuchen, die *pintxo*-(baskische Tapas) und Sternekoch-Hochburg des Landes. Doch auch im übrigen Baskenland kann man hervorragend speisen, vor allem Fisch und Meeresfrüchte sowie köstlich zubereitetes Fleisch.

Ein feiner Tropfen
Wenn das Baskenland das Gourmetparadies ist, muss man La Rioja mit seinen vielen Weingütern, -proben und -museen als Himmel für Weinliebhaber bezeichnen. Der edle Traubensaft wird zu jeder Mahlzeit genossen, egal ob beim Picknicken, in einer Bar oder im schicken Restaurant.

Dörfer
Die traumhaft schönen Siedlungen in den Vorbergen der Pyrenäen und den Hochtälern von Navarra nehmen es spielend mit den hübschesten Orten Frankreichs und Spaniens auf.

S. 424

Kantabrien & Asturien

Küste ✓✓✓
Berge ✓✓✓
Essen ✓✓

Malerische Küste
„Gewöhnliche" Strandfans zieht es ans Mittelmeer, doch wer etwas Besonderes sucht, sollte Kantabrien oder Asturien ansteuern. Dort dreht sich alles um dramatische Landschaften, bildschöne Dörfer und Attraktionen des Hinterlands, z. B. die faszinierende Cueva de Altamira.

Picos de Europa
Die schwindelerregend hohen Picos de Europa sind nicht die größte Gebirgskette Spaniens, aber vermutlich die schönste. Zerklüftete Gipfel und Bergkämme ziehen sowohl passionierte Wanderer als auch Tagesausflügler an.

Käse & Apfelwein
Wer einem Spanier gegenüber erwähnt, dass Asturien auf seinem Reiseprogramm steht, wird sich wahrscheinlich prompt ein Loblied auf die dortige Küche anhören müssen. Der scharfe Cabrales-Käse ist einfach köstlich, ebenso wie Cidre vom Fass.

S. 482

Santiago de Compostela & Galicien

Küste ✓✓✓
Essen ✓✓✓
Geschichte ✓✓

Die wilde Küste
Kaum eine europäische Küste ist so wild wie die galicische: Hohe Klippen ragen aus dem Atlantik und bieten einsamen Fischerdörfern sowie verlassenen Stränden von überwältigender Schönheit Schutz.

Früchte des Meeres
In Galicien dreht sich mehr noch als in den anderen Regionen Spaniens alles ums Essen. Von großer Bedeutung ist auch die Fischerei, da Fischerflotten die Bevölkerung stets mit Nahrung versorgt haben. Dementsprechend stehen bei einem Großteil der hiesigen Festivals Gaumenfreuden im Mittelpunkt.

Religiöse Vergangenheit
Es gibt in Spanien keine heiligere Stätte als Santiago de Compostela, den angeblichen Geburtsort von Jakobus und das Ziel des Jakobswegs. Ebenfalls eine Reise wert ist das von prächtigen Mauern aus römischer Zeit umgebene Lugo.

S.529

Valencia

Fiestas ✓✓✓
Küche ✓
Strände ✓✓

Stiere, Feuer & Ritter
Die größte und lauteste Party des Landes, Las Fallas, wird im März in Valencia-Stadt gefeiert. Daneben hat so ziemlich jedes *pueblo* eine eigene Fiesta mit Feuerwerk und oftmals auch Stierkämpfen. Im Süden erwarten einen besonders viel Pomp, prächtige Kostüme und *moros-y-cristianos*-Umzüge.

Reis & Meeresfrüchte
Spaniens erste Paella wurde in Valencia zubereitet. Reis- oder *fideuá*-Gerichte (Fadennudeln) bekommt man überall. Sie werden mit Fisch und Meeresfrüchten aus dem Mittelmeer sowie frischem Gemüse von den fruchtbaren Küstenstreifen zubereitet.

Strände & felsige Buchten
Hier findet man auf jeden Fall einen Platz für sein Badehandtuch, ob man nun eine der zahlreichen Felsenbuchten, kilometerlange Strände oder die Sandstreifen von Denia oder Benidorm ansteuert.

S.574

Die Balearen

Strände ✓✓
Wandern & Radfahren ✓✓
Nachtleben ✓✓

Strände
Es ist alles da, was man so braucht: weißer und schwarzer Sand, Kieselsteine und felsige Buchten. Die feinen Sandstrände erstrecken sich im Süden, während die Nordküste schroffer beschaffen ist.

Outdoor-Abenteuer
In allen größeren Badeorten kann man segeln, windsurfen, tauchen oder einfach im Meer plantschen. Tramuntana, ein Gebirgszug im Norden Mallorcas, lockt Wanderfans an, Spaziergänger kommen in den Hügeln Menorcas auf ihre Kosten. Darüber hinaus gibt's auf allen vier Inseln gute Fahrradrouten.

Für Nachteulen
Nicht nur die Mega-Clubs auf Ibiza sind bis in die Morgenstunden geöffnet. Viele Nachtschwärmer zieht es auch nach Ciutadella auf Menorca. Die Einheimischen schwören auf Palma de Mallorca, und die kleineren Musikbars auf Formentera sind ebenfalls nicht zu verachten.

S.627

Murcia

Geschichte ✓✓
Feste & Events ✓✓
Essen ✓

Römer & Karthager

Die Gegend rund um Cartagena war eines der am frühesten besiedelten Gebiete auf der iberischen Halbinsel. In der Stadt selbst wimmelt es von Ruinen, außerdem gibt's dort ein tolles neues Museum.

Karwoche & Schlachten

Während der Karwoche gilt Lorca als gute, häufig weniger überlaufene Alternative zu den Städten Andalusiens. Von den zahlreichen Festivals in Cartagena ist besonders die Schlacht zwischen Römern und Karthagern im September hervorzuheben.

Der Brotkorb Spaniens

Oft wird die Region als Spaniens *huerta* (Garten) bezeichnet. Die Erzeugnisse, die auf den Feldern dieser Region wachsen, landen ganz frisch auf den Restauranttischen der Gegend. Zudem wartet Murcia-Stadt mit einer tollen, aber häufig unterschätzten Tapas-Szene auf.

S.678

Andalusien

Architektur ✓✓✓
Feste & Events ✓✓✓
Nationalparks ✓✓

Die Schätze von Al-Andalus

Zu den schönsten Welterbestätten der Unesco in Spanien gehören die Alhambra in Granada und die Mezquita in Córdoba. Dies sind jedoch nur zwei der zahlreichen Schmuckstücke, die von 700 Jahren maurischen Einflusses auf spanischem Boden zeugen.

Fiestas & Festivals

Andalusien ist die Heimat vieler reizvoller Elemente der spanischen Kultur. Das schlägt sich auch in einem bunten Veranstaltungskalender voller Fiestas und *ferias* wie die weltberühmten Semana-Santa-Prozessionen und Flamenco-Festivals nieder.

Ab in die Wildnis

Fernab der Hektik der Städte erstreckt sich ein Netz aus Wanderwegen. Wer es betritt, entdeckt viele der für die Region typischen *pueblos blancos* (weiße Dörfer) und trifft wahrscheinlich auf zahlreiche spanische Wildtiere.

S.708

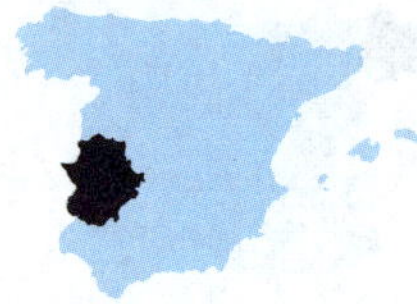

Extremadura

Mittelalterstädte ✓✓
Römische Stätten ✓✓
Vergessene Ecken ✓

Mittelalterliche Schauplätze

In Spanien gibt's eine Menge wunderbar erhaltener Städte aus dem Mittelalter. Zu den schönsten zählen Cáceres und Trujillo. Ein Spaziergang durch die kopfsteingepflasterten Gassen ist wie eine Reise in die Vergangenheit.

Römisches Mérida

Das schönste römische Theater, die längste Brücke aus römischer Zeit, ein wunderbares Museum und zahlreiche faszinierende Ruinen – all das bietet Emerita Augusta, das heutige Mérida.

Abseits ausgetretener Pfade

In der Extremadura sind weit weniger Touristen unterwegs als in den übrigen Regionen, deshalb ist dies eine der urtümlichsten Ecken des Landes. Zwischen Zafra im Süden und La Vera, Las Hurdes sowie der Sierra de Gata im Norden erstreckt sich ein ganz unverfälschtes Stück Spanien.

S.833

Türklopfer an der Mezquita (S. 791), Córdoba, Andalusien
Die Mezquita in Córdoba ist ein ungewöhnliches Bauwerk und einer der wenigen Orte dieser Welt, wo man die christliche Messe in einer Moschee feiern kann.

Empfehlungen von Lonely Planet:

LP TIPP – Das empfiehlt unser Autor

Nachhaltig und umweltverträglich

GRATIS – Hier bezahlt man nichts

Im Register findet man eine vollständige Übersicht aller Reiseziele in diesem Buch.

Reiseziele

Madrid

Inhalt »

Gut essen

» Restaurante Sobrino de Botín (S. 91)

» Estado Puro (S. 94)

» Sula Madrid (S. 95)

» La Musa (S. 96)

» Mercado de San Miguel (S. 91)

Schön übernachten

» Hotel Meninas (S. 86)

» Hotel Óscar (S. 89)

» Hotel Urban (S. 87)

» Cat's Hostel (S. 88)

» Hotel Abalú (S. 89)

Auf nach Madrid

Diese Stadt strotzt nur so vor Energie und strahlt eine ganz einfache Botschaft aus: Genieße das Leben!

Vielleicht hat Madrid nicht den Charme von Paris, Roms monumentale Bauwerke oder Barcelonas Lässigkeit, doch wenn man erst einmal eine Weile hier war und die Vielfalt sowie die gegensätzlichen Impulse in den unterschiedlichen *barrios* (Viertel) kennengelernt hat, lässt einen die Metropole – die stellvertretend für das leidenschaftliche Land steht – nicht mehr los.

Heute gilt die Stadt als wichtigster Trendsetter Spaniens und wartet mit hervorragenden Kunstmuseen, einem pulsierenden Nachtleben, zahlreichen guten Restaurants und Tapas-Bars sowie einer Bevölkerung auf, die extrem viel Lebensfreude versprüht. Madrid hat wirklich eine Menge zu bieten.

Reisezeit

Madrid

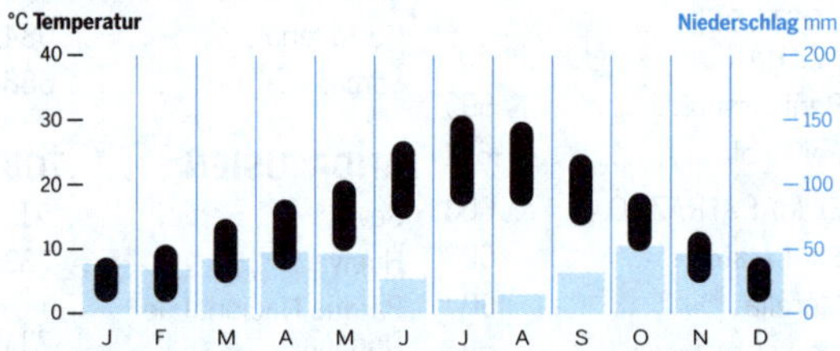

Februar Fünf Tage den besten Flamenco Spaniens beim Festival Flamenco Caja Madrid erleben

Mai Zwei der größten Feste in Madrid: die Fiesta de la Comunidad de Madrid und die Fiesta de San Isidro

September Die Stadt wirft ihre Sommertracht ab und bietet schönes Herbstwetter (meistens jedenfalls)

Madrider Barock

Der Beitrag der spanischen Hauptstadt zur Weltarchitektur ist als *barroco madrileño* (Madrid-Barock) bekannt. Geprägt wurde dieser Begriff von Juan de Herrera (1530–97), dem vielleicht größten Vertreter der spanischen Renaissance. Er vereinte die Strenge des Renaissancestils mit dem sinnlicheren, dekorativen Barock. Als berühmteste Beispiele dafür gelten die Plaza Mayor, das frühere *ayuntamiento* (Rathaus) auf der Plaza de la Villa und das Convento de la Encarnación.

DIE STADTVIERTEL IM ÜBERBLICK

Los Austrias, Sol und Centro sind die ältesten Viertel der Stadt. Hier findet man die größten Baudenkmäler sowie jede Menge Kneipen, Restaurants und Hotels. Nebenan erstrecken sich **La Latina und Lavapiés** mit schmalen mittelalterlichen Straßen, Tapas-Bars, Ausgehmöglichkeiten und Lokalen. Weiter im Osten liegen **Huertas und Atocha**, das Ziel für Nachtschwärmer und Standort des Centro de Arte Reina Sofía.

Hügelabwärts und scheinbar eine ganze Welt von diesen Gegenden entfernt stößt man auf **Paseo del Prado und El Retiro**, die grünsten Viertel der Madrider Innenstadt. Am Ufer des Paseo gibt's erstklassige Galerien und hügelaufwärts im Osten lockt der Parque del Buen Retiro. Im luxuriösen **Salamanca** ist der alte Geldadel zu Hause, außerdem reihen sich dort internationale Designerboutiquen aneinander. **Malasaña und Chueca**, zwei innerstädtische *barrios*, warten mit einem bunten Nachtleben, Restaurants und wunderbaren Einkaufsmöglichkeiten auf. Außerdem ist Chueca das Herz der Madrider Schwulenszene.

Nördlich davon befinden sich fernab vom Touristentrubel die beiden Wohnviertel **Chamberí und Argüelles**. Im **Norden**, dem Sitz des Fußballclubs Real Madrid, gibt's erstklassige Restaurants.

Die besten Kunstmuseen

» **Museo del Prado** (S. 70) Eine der besten Gemäldegalerien der Welt; zu den Highlights zählen Goya und Velázquez.

» **Centro de Arte Reina Sofía** (S. 69) In dem beeindruckenden Kunstzentrum ist Picassos *Guernica* zu sehen.

» **Museo Thyssen-Bornemisza** (S. 72) Privates Kunstmuseum mit Meistern aus jeder Epoche.

» **Real Academia de Bellas Artes de San Fernando** (S. 63) Goya, Picasso, Velázquez, Rubens und viele mehr

» **Ermita de San Antonio de la Florida** (S. 77) Goya-Fresken in originaler Umgebung.

NICHT VERSÄUMEN

La Latina gehört mit den vielen mittelalterlichen Straßen südwestlich der Plaza Mayor zu den besten Anlaufstellen Spaniens für exquisite Tapas. Am besten beginnt man die kulinarische Suche an der Calle de la Cava Baja und beendet sie mit einem Mojito auf der Plaza de la Paja.

Kurzinfos

» Einwohner: 3,6 Mio. (Stadt), 6,2 Mio. (Comunidad)

» Fläche: 505 km² (Stadt), 7995 km² (Comunidad)

» Besucherzahl (2009): 7,2 Mio.

» Jahreseinkommen pro Kopf: 22 870 €

Reiseplanung

» Unterkünfte kann man auf http://hotels.lonelyplanet.com buchen.

» Um Wartezeit zu vermeiden, sollte man die Tickets für das Museo del Prado online reservieren (www.museodelprado.es).

» Am besten besorgt man Tickets für eines der überaus beliebten Spiele von Real Madrid (S. 108) im Voraus.

Infos im Internet

» Tourismus in Madrid (www.turismomadrid.es/de)

» Blog eines Einwanderers (www.inundummadrid.com)

Highlights

1. Die Meisterwerke von Velázquez und Goya im weltberühmten **Museo del Prado** (S. 70) bewundern
2. Sonntags auf dem **Flohmarkt El Rastro** (S. 64) nach Schätzen suchen und sich im **Parque del Buen Retiro** (S. 73) unter die Leute mischen
3. Den Trubel auf der **Plaza de Santa Ana** (S. 68) bei einer *caña* (kleines Bier) oder spanischem Rotwein genießen
4. Im mittelalterlichen *barrio* (Viertel) La Latina durch die **Tapas-Bars** (S. 94) ziehen
5. Frühmorgens *chocolate con churros* (frittierte Krapfenstreifen, die in heiße Schokolade getaucht werden) in der **Chocolatería de San Ginés** (S. 98) bestellen
6. Eine sportliche Pilgerreise zum **Estadio Santiago Bernabéu** unternehmen und den Stars von Real Madrid zujubeln (S. 108)
7. In den weltberühmten **Clubs** (S. 103) der Stadt die ganze Nacht hindurch tanzen
8. Spanferkel im **Café de la Iberia** (S. 118) essen

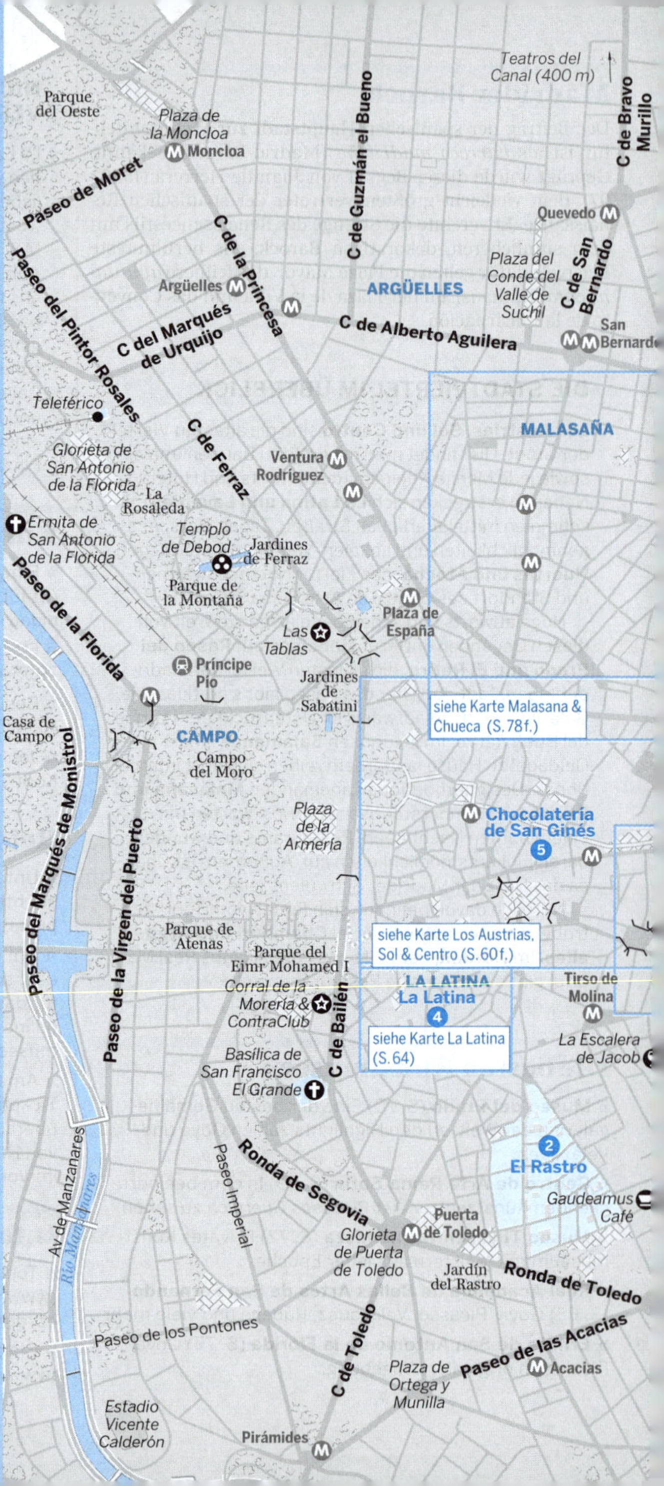

Glorieta del General Alvarez de Castro
Gregorio Marañón
Santceloni (200 m); Estadio Santiago Bernabéu (2 km)
C de María de Molina
Av de América
0
0,4 km
CASTELLANA
C de Francisco Silvela
Iglesia
Paseo del General Martínez Campos
Glorieta de Emilio Castelar
C de Eloy Gonzalo
CHAMBERÍ
Paseo de Eduardo Dato
C de Juan Bravo
Diego de León
Clamores
C de Santa Engracia
ALMAGRO
SALAMANCA
Bilbao
C de Luchana
Paseo de la Castellana
C del Príncipe de Vergara
Núñez de Balboa
Lista
Plaza de Toros Monumental de Las Ventas (150 m)
Goya
RECOLETOS
C de Goya
C de Alcalá
GOYA
Príncipe de Vergara
CHUECA
JUSTICIA
C de O'Donnell
siehe Karte Salamanca (S. 76)
Banco de España
Sevilla
Ibiza
By Bike
Parque del Buen Retiro
2
RETIRO
Av de Menéndez Pelayo
Plaza de Santa Ana
3
Jardines del Arquitecto Herrero Palacios
1
Museo del Prado
siehe Karte Huertas (S. 66)
Mad Hostel
Antón Martín
siehe Karte Paseo del Prado El Retiro (S. 71)
La Rosaleda (Rosengarten)
Plaza del Niño Jesús
La Inquilina
LAVAPIÉS
Lavapiés
Atocha Renfe
siehe Karte Atocha (S. 68)
Paseo de la Reina Cristina
Av de Menéndez Pelayo
Av del Mediterráneo
Ronda de Valencia
Estación de Atocha
Av de la Ciudad de Barcelona
C de Cavanilles
Embajadores
Paseo de Santa María de la Cabeza
Palos de la Frontera
Paseo de las Delicias
C de Méndez Álvaro
Menéndez Pelayo
C de Embajadores
C de Ancora
Pacífico
C del Doctor Esquerdo

LA MOVIDA MADRILEÑA

Wer nach dem Auszug von zu Hause erst einmal ordentlich über die Stränge geschlagen hat, kann sich wahrscheinlich mühelos mit der *movida madrileña* („Madrider Szene") identifizieren. Nach den langen, dunklen Jahren der Franco-Diktatur und des konservativen Katholizismus zog es viele Spanier – insbesondere die Einwohner Madrids – auf die Straßen. Nichts schien mehr tabu zu sein, als die jungen *madrileños* die 1960er-, 70er- und frühen 80er-Jahre für sich entdeckten. Sex und Alkohol waren auf einmal erlaubt, durchfeierte Nächte normal und Cannabis praktisch legal. Und so befand sich die ganze Stadt eine Zeit lang quasi im Fiebertaumel.

Bemerkenswert an der *movida* war vor allem ihr Anführer Enrique Tierno Galván, ein ehemaliger Universitätsprofessor. Unter Franco spielte der Sozialist eine wichtige Rolle in der Opposition. Überall im Land nannte man ihn liebevoll „alter Lehrer". 1979 wurde Galván Bürgermeister und gab für viele den Startschuss zur *movida*, als er vor versammelter Zuhörerschaft sagte: *„A colocarse y ponerse al loro"*, was frei übersetzt so viel bedeutet wie: „Macht so viel Party, wie ihr könnt." Es überrascht nicht, dass er zu Madrids populärstem Bürgermeister überhaupt wurde. Als Galván 1986 starb, kamen eine Million madrileños zu seiner Beerdigung.

Doch bei der *movida* ging es nicht nur darum, die spanische Kunst des *salir de copas* (einen trinken gehen) wieder zu entdecken, und so wurde sie von vielen kreativen Musikern, Designern und Filmemachern begleitet. Pedro Almodóvar war und ist der einflussreichste Regisseur der Bewegung. Seine Werke fangen die Stimmung perfekt ein und zeigen überlebensgroße Charaktere, die die Grenzen von Sex- und Drogenkonsum sehr großzügig auslegten. Wenn er mal nicht arbeitete, gab sich Almodóvar selbst dem Geist der *movida* hin und trat als Travestiestar in verrauchten Bars auf. Ebenfalls bis heute bekannt ist die Designerin Agatha Ruiz de la Prada. Sobald ein Song von Alaska, Los Rebeldes, Radio Futura oder Nacha Pop aufgelegt wird, bekommen die *madrileños* feuchte Augen vor Nostalgie.

Geschichte

Als die iberischen Christen ihre Reconquista (722 n. Chr.) starteten – den mehrere Jahrhunderte dauernden Feldzug gegen die muslimische Herrschaft auf der Iberischen Halbinsel –, errichteten die Muslime von Al-Andalus eine Reihe von Festungsanlagen. Eine davon baute Muhammed I., der Emir von Córdoba, 854 an dem Ort, der später einmal Madrid werden sollte. Die neue Siedlung wurde Mayrit oder Magerit genannt, abgeleitet von *majira* (arabisch für „Wasserlauf").

EINE WÜRDIGE HAUPTSTADT?

Aufgrund ihrer strategisch günstigen Lage im Zentrum der Halbinsel war die neue Siedlung heiß begehrt und fiel immer wieder in andere Hände. Doch erst 1309 tagte hier schließlich der wandernde Cortes (Königshof und Parlament). Obwohl sie mehr und mehr in den Blickpunkt des Königshauses geriet, blieb die mittelalterliche Stadt doch bettelarm und winzig klein: „In Madrid ist nichts – außer dem, was man selbst mitbringt", urteilte ein Schriftsteller im 15. Jh. Der Ort hielt damals keinem Vergleich mit anderen großen spanischen – geschweige denn mit europäischen – Städten stand.

Als Felipe II. 1556 den spanischen Thron bestieg, war Madrid von Mauern mit über 130 Wachttürmen und sechs steinernen Eingangstoren umgeben. Die Bauten bestanden allerdings größtenteils aus Lehm und hatten eher eine abschreckende Wirkung, als dass sie einen nennenswerten Schutz boten. Trotzdem erkor Felipe II. Madrid 1561 zur Hauptstadt Spaniens.

Die Stadt brauchte viele Jahrhunderte, um in ihre neue Rolle hineinzuwachsen. Trotz einer Handvoll eleganter Kirchen, dem imposanten Alcázar und einigen Adelssitzen bestand sie größtenteils aus einfachen, weiß getünchten Häuschen. Der monumentale Paseo del Prado, der Madrid heute sein großstädtisches Flair verleiht, war damals nur eine schmale Gasse.

Im 17. Jh. sah Madrid dann allmählich wie eine richtige Hauptstadt aus und bot 175 000 Menschen eine Heimat. Damit war es die fünftgrößte Stadt Europas (nach London, Paris, Konstantinopel und Neapel).

Carlos III. (reg. 1759–88) galt als relativ besonnener Herrscher. Nach einer grundlegenden Säuberung der Stadt gab er den Palacio Real in Auftrag, weihte den Real Jardín Botánico ein und veranlasste noch eine Reihe weiterer öffentlicher Baumaßnahmen. Dadurch erwarb er sich seinen Ruf als Madrids bester „Bürgermeister" aller Zeiten.

Als Napoleon 1805 zuerst die Stadt und anschließend auch das Land besetzte, waren die *madrileños* natürlich alles andere als begeistert. Am 2. Mai 1808 griffen sie die französischen Truppen rund um den Palacio Real und die heutige Plaza del Dos de Mayo an, doch die aussichtslose Rebellion wurde von Napoleons Schwager Joachim Murat und einigen mächtigen militärischen Führern niedergeschlagen.

KRIEG, FRANCO & TERRORISMUS

Auch danach blieb Madrid vom Pech verfolgt. Den Karlskriegen im 19. Jh. folgte eine zweieinhalbjährige Belagerung durch Francos Nationalisten, während der die Hauptstadt dauerhaft von der Casa de Campo abgetrennt war.

Nach Francos Tod 1975 und der anschließenden Demokratisierung des Landes entwickelte sich die Metropole zum Inbegriff des neuen Spaniens, vor allem dank des Bürgermeisters Enrique Tierno Galván. Der sozialistische Professor setzte besonders bei jungen Leuten eine unbändige Energie frei. Während der Jahre der *movida* (S. 56) wurde die Stadt von einer Art Nonstop-Party sowie einer Welle von Kreativität und Toleranz überrollt, die teilweise bis heute anhält.

Am 11. März 2004, nur drei Tage vor den Parlamentswahlen, erschütterten Madrid zehn Bomben, die zur Hauptverkehrszeit in vier Nahverkehrszügen auf dem Weg zum städtischen Atocha-Bahnhof explodierten. 191 Menschen starben und 1755 wurden verletzt, viele davon schwer. Die Stadt stand unter Schock und für mehr als 24 Stunden wurde es hier sehr still. Doch dann, 36 Stunden nach den Anschlägen, gingen mehr als drei Millionen Einwohner auf die Straße, um während der bislang größten Demonstration in Madrids Geschichte gegen die Anschläge zu protestieren. Dadurch wurde trotz des tief sitzenden Traumas ein Heilungsprozess in Gang gesetzt. Inzwischen hat die Metropole wieder zur Normalität zurückgefunden.

Vor einigen Jahren wurde Madrid beinahe zum Austragungsort der Olympischen Sommerspiele ernannt: Für 2012 musste es sich London und Paris geschlagen geben und für 2016 Rio. Noch ist eine erneute Kandidatur unklar, allerdings hoffen viele Einwohner, dass ihre Stadt beim dritten Mal Glück hat. Als das spanische Fußballteam im Juli 2010 den Weltmeisterpokal nach Hause holen konnte, war sie zudem der Schauplatz eines der größten Feste in der spanischen Geschichte.

Sehenswertes

In Madrid befinden sich drei der weltweit schönsten Kunstmuseen, und wenn es so etwas wie eine Goldene Kunstmeile gibt, so ist die Kombination aus Museo del Prado, Centro de Arte Reina Sofía und Museo Thyssen-Bornemisza ein heißer Anwär-

MADRID IN ZWEI TAGEN

Der Stadtrundgang beginnt auf der trubeligen **Plaza Mayor** mit ihren herrlichen *terrazas* (Cafés oder Bars mit Tischen im Außenbereich). Von hier aus läuft man die Calle Mayor entlang zum **Palacio Real** und passiert unterwegs die schöne **Plaza de la Villa**. Für eine Pause gibt's wohl keinen besseren Ort als die **Plaza de Oriente**. Dann geht's zurück in Richtung **Puerta del Sol** und **Plaza de Santa Ana**, dem idealen Ort für ein langes, feuchtfröhliches Mittagessen. Anschließend schlendert man den Hügel hinab zum unvergleichlichen **Museo del Prado**, einer der besten Gemäldegalerien der Welt. Wer abends ausgehen will, ruht sich vorher im **Parque del Buen Retiro** aus und steuert hinterher **Chueca** oder **Malasaña** an, die mit tollen Restaurants aufwarten. Nach einem leckeren Essen kann man noch ein fantastisches Jazzkonzert besuchen.

Am zweiten Tag macht man alles, was man am ersten nicht geschafft hat. Nach dem Besuch im **Centro de Arte Reina Sofía** oder im **Museo Thyssen-Bornemisza** unternimmt man eine kurze Fahrt mit der Metro, um sich die beeindruckenden Goya-Fresken der **Ermita de San Antonio de la Florida** anzusehen. Abends gibt's Tapas in **La Latina** und Drinks im **Museo Chicote**.

MADRID CARD

Die **Madrid Card** (☎91 588 29 00, 91 360 47 72; www.madridcard.com) eignet sich für alle Traveller, die Madrid möglichst intensiv erkunden möchten und deshalb häufig öffentliche Verkehrsmittel nutzen. Sie bietet freien Eintritt in über 40 Museen (darunter das Museo del Prado, Museo Thyssen-Bornemisza, Centro de Arte Reina Sofía, Estadio Santiago Bernabéu und der Palacio Real) sowie die kostenlose Teilnahme an Descubre-Madrid-Stadtspaziergängen. Außerdem bekommt man Preisnachlässe für Fahrten mit öffentlichen Verkehrsmitteln und dem Touristenbus Madrid Visión sowie in bestimmten Shops und Restaurants. Das Ticket gilt für einen, zwei oder drei Tage (47/60/74 €). Es gibt auch eine günstigere Variante (31/35/39 €), die allerdings nur die Kulturhighlights abdeckt. Bestellen kann man die Madrid Card online, per Telefon, in den Touristeninformationen an der Plaza Mayor und in der Calle del Duque de Medinaceli sowie in einigen Tabakläden und Hotels; im Internet findet man eine Liste mit Verkaufsstellen.

ter auf diesen Titel. Rund um die Museen locken schöne Plazas mit einem Mix aus beeindruckender Architektur und mediterranem Lebensgefühl. Die *terrazas* (Cafés mit Tischen im Freien) bieten Logenplätze mit Blick auf das quirlige Treiben auf seinen Straßen. Hinzu kommen noch einige außergewöhnlich schöne Parks, darunter vor allem der Parque del Buen Retiro, und Bezirke wie Chueca, Malasaña, Lavapiés und Salamanca. Jede Gegend hat so viel zu bieten, dass sich die meisten Besucher am Ende fragen, wieso sie eigentlich nicht länger bleiben.

LOS AUSTRIAS, SOL & CENTRO

In diesen Vierteln begann Madrids Geschichte. Als Sitz königlicher Macht fand hier das kolonialzeitliche Spanien seinen pompösesten und der Katholizismus seinen frommsten Ausdruck, davon zeugen weitläufige Paläste, noble Privatvillen, alte Kirchen und imposante Klöster inmitten vom modernen Großstadttreiben.

Nirgendwo zeigt sich die Stadt von einer abwechslungsreicheren Seite: Bergab verläuft das Straßengewirr von Madrid de Los Austrias (benannt nach der Habsburger Dynastie, die Spanien von 1517 bis 1700 beherrschte), außerdem gibt's da noch die lebhaften Geschäftsstraßen rund um die Plaza de la Puerta del Sol (bekannter als Puerta del Sol, das Sonnentor) und die monumentale Gran Vía als nördliche Begrenzung des Zentrums. Während andere *barrios* ihren jeweils eigenen Charakter haben, stehen Los Austrias, Sol und Centro für die Stadtatmosphäre als Ganzes und ziehen damit zahlreiche *madrileños*, Touristen und Zugezogene an.

Plaza Mayor PLATZ

(Karte S. 60; Ⓜ Sol) Die wunderschöne, 1619 von Juan Gómez de Mora entworfene Plaza Mayor wartet mit eindrucksvollen Bauten auf und ist ein toller Treffpunkt. Besucher können sich an die Tische der *terrazas* setzen oder es den vielen Studenten gleichtun, die es sich an sonnigen Tagen auf dem Kopfsteinpflaster gemütlich machen.

Die erste öffentliche Feier vor Ort war die Seligsprechung von San Isidro Labrador, Spaniens Schutzpatron. Bis 1878 fanden auf der Plaza regelmäßig Stierkämpfe mit bis zu 50 000 Zuschauern statt, außerdem hielt man hier die Autodafés (Verurteilungen von Ketzern) der spanischen Inquisition ab. 1790 zerstörte ein Feuer einen großen Teil des Platzes, der später wieder aufgebaut wurde. Danach diente er als Marktplatz und wurde eines der Zentren des Stadtlebens. Heute kann man hier ockerfarbene Apartments mit schmiedeeisernen Balkonen und die im 17. Jh. errichtete **Real Casa de la Panadería** (Königliche Bäckerei) mit ihren exquisiten Fresken bewundern.

Palacio Real KÖNIGSPALAST

(Königspalast; www.patrimonionacional.es; Calle de Bailén; Erw./Kind, Student & Rentner aus der EU 10/3,50 €, Erw. ohne Führung 8 €, EU-Bürger Mi Eintritt frei; ⏲April–Sept. Mo–Sa 9–18, So & Feiertage 9–15 Uhr; Ⓜ Ópera) Der prunkvolle Palacio Real ist ein echtes Schmuckstück, wird aber nur gelegentlich für royale Zeremonien genutzt. Die Königsfamilie zog schon vor Jahren in den bescheideneren Palacio de la Zarzuela um.

Als der Alcázar Weihnachten 1734 niederbrannte, beschloss Felipe V., der erste der Bourbonenkönige, einen Palast zu errichten, der seine europäischen Gegenstücke in den Schatten stellen sollte. Allerdings starb er vor der Fertigstellung des Bauwerks. Vielleicht ist das der Grund, warum der Barockkoloss im italienischen Stil „nur" 2800 Räume hat – gerade mal ein Viertel so viel wie ursprünglich geplant.

Die offizielle Tour führt durch 50 Palasträume, in denen eine ganz passable Auswahl an Gemälden von Goya sowie 215 überreich verzierte Uhren und fünf Stradivaris hängen, die für Konzerte und Bälle benutzt werden. Die **Haupttreppe** ist ein grandioses Bekenntnis zur imperialen Macht. Sie führt in den Salon der Leibgarde und in den prunkvollen **Salón del Trono** (Thronsaal), dessen Wände mit scharlachrotem Samt bespannt sind und dessen Decke von Tiepolo gestaltet wurde. Direkt dahinter liegt der **Salón de Gasparini** mit einer erlesenen Stuckdecke und einer Wandbespannung aus bestickter Seide.

Einen Besuch wert ist auch die **Farmacia Real** (Königliche Apotheke) am Südende des Patios, der als **Plaza de la Armería** (oder Plaza de Armas) bekannt ist. Auf der Westseite des Platzes befindet sich die **Armería Real** (Königliche Waffensammlung), eine glänzende Sammlung von Rüstungen und Waffen. Viele Exponate stammen aus dem 16. und 17. Jh.

Plaza de Oriente — ÖFFENTLICHER PLATZ

(Karte S. 60; Ⓜ Ópera) Ein Königspalast, der einst im Stil eines spanischen Versailles errichtet wurde, elegante Cafés mit darüberliegenden, teuren Apartments, das Opernhaus **Teatro Real**, eines der kulturellen Highlights des Landes, dazu ein herrlicher Ausblick bei Sonnenuntergang: Willkommen auf der Plaza de Oriente, der glorreichen, lebendigen Verkörperung des imperialen Madrids.

Mitten auf dem Platz vor dem Palast befindet sich die von Velázquez entworfene **Reiterstatue von Felipe IV**. Viele Menschen erstaunt, dass die schwere Figur nur auf zwei Beinen steht und trotzdem das Gleichgewicht behält. Das funktioniert deshalb, weil die stützenden Hinterbeine des Pferdes massiv sind und die Vorderläufe hohl. Die Idee stammt von Galileo Galilei.

In der Nähe verteilen sich rund 20 Marmorstatuen von früheren Monarchen und Adligen. Eine Legende besagt, dass sie nachts von ihren Sockeln steigen und sich die Beine vertreten.

Einen besonders schönen Blick auf den Sonnenuntergang bieten die angeschlossenen **Jardines Cabo Naval**.

Campo del Moro & Jardines de Sabatini — ÖFFENTLICHE GARTENANLAGE

Rund um den Palacio Real erstrecken sich großzügige Parkanlagen und nördlich davon stößt man auf die französischen Gärten **Jardines de Sabatini** (Mai–Sept. 9–21 Uhr; Ⓜ Ópera). Gleich hinter dem Palast plätschern die Springbrunnen des **Campo del Moro** (Paseo de la Virgen del Puerto; April–Sept. Mo–Sa 10–20, So & Feiertage 9–20 Uhr; Ⓜ Príncipe Pío). Die Grünanlage wird so genannt, weil hier im 12. Jh. die maurische Armee kampierte, bevor sie ihren Angriff auf den Alcázar startete. Heute sind schattige Pfade, eine strohgedeckte Pagode und die wunderschöne Aussicht auf den Palast die Hauptattraktionen.

Catedral de Nuestra Señora de la Almudena — KATHEDRALE, AUSSICHTSPUNKT

(Calle de Bailén; 9–20.30 Uhr; Ⓜ Ópera) Paris hat Notre Dame und Rom den Petersdom: Tatsächlich besitzt fast jede europäische Stadt, die etwas auf sich hält, eine Kathedrale als Markenzeichen und pompöses Denkmal seiner glorreichen christlichen Vergangenheit. Nicht so Madrid. Die Catedral de Nuestra Señora de la Almudena südlich des Palacio Real hat etwas Düsteres und ist wenig anziehend. Auch die moderne, farbige Deckengestaltung dient nicht gerade dazu, dem Gebäude etwas von der altertümlichen Würde zu verleihen, die für andere große Kirchen der Welt typisch ist.

Carlos I. schlug bereits 1518 vor, an dieser Stelle eine Kathedrale zu errichten, doch man begann erst in den 1880er-Jahren mit dem Bau und beendete ihn 1992 – also sehr viel später. Das karge, strahlend weiße neogotische Innere des Gotteshauses kommt bei den *madrileños* übrigens nicht sonderlich gut an.

Oben eröffnet sich ein herrlicher Ausblick. Wer hinaufklettern will, muss durch das Kirchenmuseum. Den Eingang findet man, wenn man den Ausschilderungen zum **Museo de la Catedral y Cúpola** (Erw./Kind 6/4 €; Mo–Sa 10–14.30 Uhr) an der Nordfassade gegenüber dem Palacio Real folgt.

Muralla Árabe — STADTMAUERN

(Arabische Mauer; Ⓜ Ópera) Hinter der Apsis der Kathedrale in der Cuesta de la Vega ist ein kurzer Abschnitt der Muralla Árabe zu sehen, die von Madrids frühmittelalterlichen maurischen Herrschern errichtet wurde. Ein Teil davon stammt noch aus dem 9. Jh., als die ursprüngliche maurische Fes-

Los Austrias, Sol & Centro

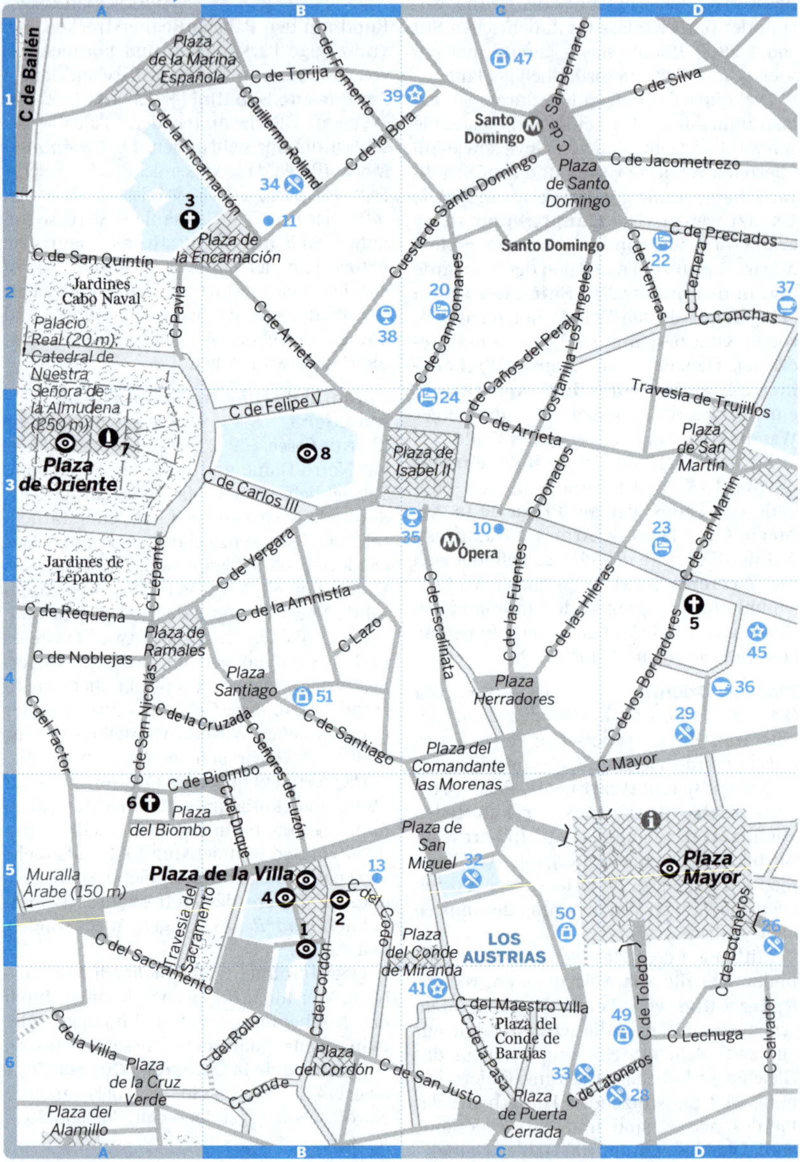

tung entstand. Andere Teile datieren ins 12. und 13. Jh.; damals war die Stadt schon in christlicher Hand.

Plaza de la Villa ÖFFENTLICHER PLATZ

(Karte S. 60; Ⓜ Ópera) Die gemütliche Plaza de la Villa ist zwar nicht sehr groß, gehört aber mit ihren wunderbar erhaltenen Beispielen des Madrider Barocks (*barroco madrileño;* 17. Jh.) – eine ansprechende Kombination von Ziegeln, freigelegtem Mauerwerk und Schmiedeeisen – zu den schönsten Plätzen der Metropole. Der Stadtrat resi-

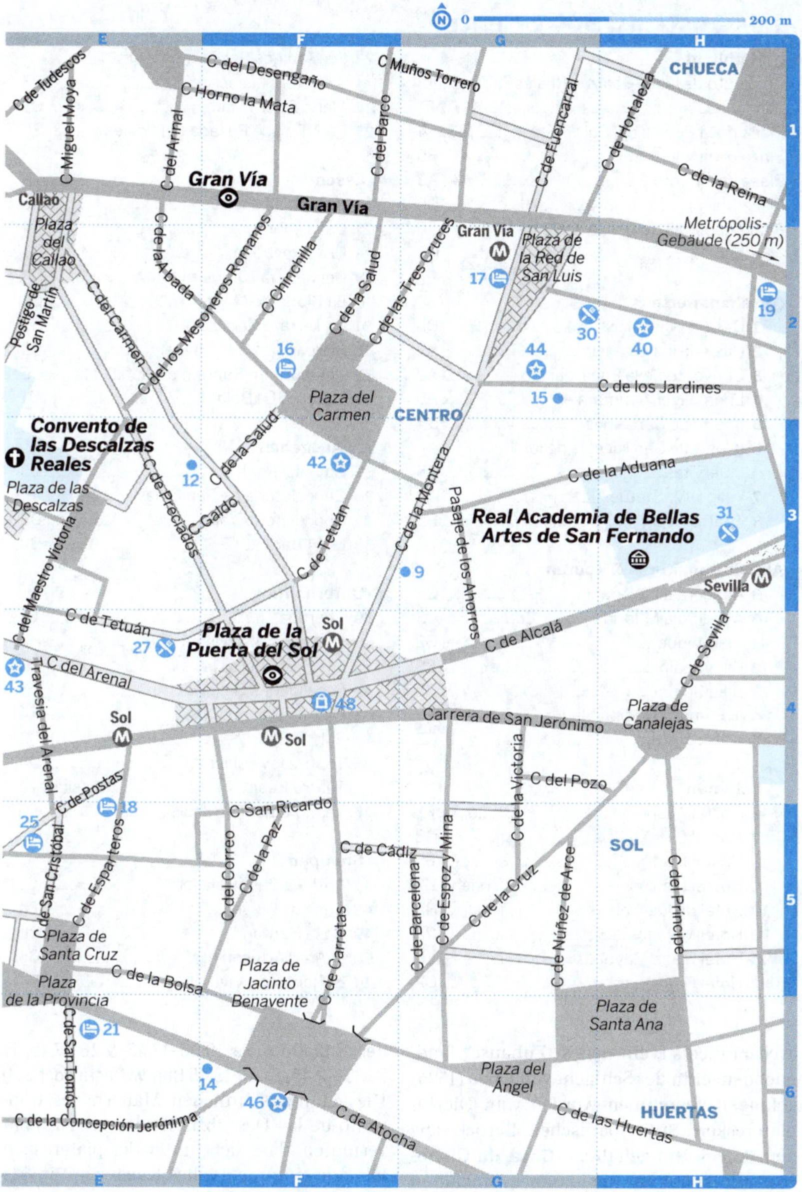

dierte hier bereits im Mittelalter, ist inzwischen jedoch in den großen Palacio de Comunicaciones auf der Plaza de la Cibeles umgezogen.

Das im 17. Jh. im Habsburger Barockstil errichtete **ayuntamiento** (Rathaus) verfügt über schiefergedeckte Spitztürme im Herrera-Stil und befindet sich auf der Westseite des Platzes. Auf der gegenüberliegenden Seite sieht man die gotisch inspirierte **Casa de los Lujanes**, in deren Backsteinturm angeblich der inhaftierte französische Mon-

Los Austrias, Sol & Centro

arch François I. ein neues „Zuhause" fand, nachdem er in der Schlacht von Pavia (1525) gefangen genommen worden war. Die im plateresken Stil (spanischer Barock aus dem 15./16. Jh.) gehaltene **Casa de Cisneros** mit späteren Renaissance-Umbauten ist ebenfalls ein Hingucker.

Convento de las Descalzas Reales

KLOSTER

(Konvent der königlichen Barfüßerinnen; Karte S. 60; www.patrimonionacional.es; Plaza de las Descalzas 3; Erw./Kind 5/2,50 €, inkl. Convento de la Encarnación 6/3,40 €, EU-Bürger Mi Eintritt frei; ⌚Di–Do & Sa 10.30–12.45 & 16–17.45, Fr 10.30–12.45, So 11–13.45 Uhr; Ⓜ Ópera oder Sol) Die gefängnisähnlichen Mauern des Convento de las Descalzas Reales lassen nicht vermuten, dass sich hinter der plateresken Fassade ein prachtvolles Kloster mit insgesamt 33 Kapellen verbirgt.

1559 wurde es von Juana von Österreich, der verwitweten Tochter von Spaniens König Carlos I., gegründet. Die Gaben von Juanas adligen Freunden machten es schnell zu einem der prunkvollsten religiösen Bauten des Landes. Bei der Führung sieht man ein mit farbenfrohen Fresken verziertes

Renaissance-Treppenhaus, aufwendig bestickte Gobelins nach Kunstwerken von Rubens und ein wunderschönes Gemälde mit dem Titel *Der Zug der 11 000 Jungfrauen*. Heute leben hier noch 33 Nonnen.

Convento de la Encarnación

KLOSTER

(Konvent der Inkarnation; Karte S. 60; Plaza de la Encarnación; Erw./Kind 3,60/2 €, inkl. Convento de las Descalzas Reales 6/3,40 €, Mi EU-Bürger Eintritt frei; ⌚Di–Sa 10.30–12.45, So 11–13.45 Uhr; Ⓜ Ópera) Der Convento de la Encarnación wurde von Kaiserin Margarete von Österreich gegründet und ist in einem Herrenhaus aus dem 17. Jh. untergebracht. Nach wie vor leben dort einige Nonnen des Augustinerordens (Agustinas Recoletas). Das Kloster verfügt über eine einzigartige Sammlung von Skulpturen und Gemälden aus dem 17. und 18. Jh. sowie ein paar Silber- und Goldreliquien. Die berühmteste enthält das Blut des heiligen Pantaleón, das sich angeblich jedes Jahr am 27. Juni verflüssigt und damit Scharen von Neugierigen und Gläubigen anlockt.

Iglesia de San Nicolás de los Servitas

KIRCHE

(Karte S. 60; Plaza de San Nicolás 6; ⌚Mo 8–13.30 & 17.30–20.30, Di–Sa 8–9.30 & 18.30–20.30, So & Feiertage 9.30–14 & 18.30–21 Uhr; Ⓜ Ópera) Die Iglesia de San Nicolás de los Servitas gilt als eine der ältesten Kirchen Spaniens und wurde möglicherweise am früheren Standort der zweitgrößten Moschee von Magerit erbaut. Sie ist eines der seltenen Beispiele in der Stadt für mittelalterliche Bauwerke. Wenn man mal von dem restaurierten Glockenturm im Mudéjar-Stil absieht, stammt das Gebäude aus dem 15. Jh.

Iglesia de San Ginés

KIRCHE

(Karte S. 60; Calle del Arenal 13; Ⓜ Sol oder Ópera) Nördlich der Plaza Mayor stößt man auf eine weitere alte Kirche, die im 14. Jh. errichtete Iglesia de San Ginés. Ihre heutige Form erhielt sie 1645, allerdings musste sie nach einem Brand im Jahre 1824 weitgehend rekonstruiert werden. Innen befinden sich einige wertvolle Gemälde wie El Grecos *Vertreibung der Geldwechsler aus dem Tempel* (1614). Weil das Sicherheitsglas fast direkt auf dem jeweiligen Bild liegt, können Besucher die Werke bewundern, ohne von lästigen Reflektionen gestört zu werden. Leider ist die Kirche nur während der Gottesdienste öffentlich zugänglich; die genauen Zeiten hängen an der Tür aus.

Plaza de la Puerta del Sol

ÖFFENTLICHER PLATZ

(Karte S. 60; Ⓜ Sol) Spaniens trubeliges offizielles Zentrum ist ein anmutiger, halbrunder Platz mit eleganten Häusern und ein Verkehrsknotenpunkt – egal, ob man nun zu Fuß, mit der Metro (drei Linien kreuzen sich unter dem Platz) oder mit dem Bus (viele Linien starten oder halten hier) unterwegs ist. In Madrids Anfangstagen diente das **Puerta del Sol** (Sonnentor) als Eingang im Osten. Ganz in seinem Element zeigt sich die Plaza am Silvesterabend, wenn sich hier Zehntausende *madrileños* versammeln und darauf warten, dass endlich das neue Jahr beginnt. Viele Spanier sehen sich das Spektakel auch im Fernsehen an. Sehenswert ist auch das Wahrzeichen der Stadt: die Statue eines Bären, der an einem *madroño* (Erdbeerbaum) knabbert.

Real Academia de Bellas Artes de San Fernando

GEMÄLDEGALERIE

(Karte S. 60; http://rabasf.insde.es, auf Spanisch; Calle de Alcalá 13; Erw./Rentner & unter 18 J. 3 €/ frei; ⌚Sept.–Juni Di–Sa 9–17, So & Mo 9–14.30 Uhr, Juli & Aug. variierende Öffnungszeiten; Ⓜ Sevilla) In jeder anderen Stadt wäre die Real Academia de Bellas Artes de San Fernando eine Riesenattraktion, doch in Madrid gerät sie neben all den anderen Kunsttempeln wie Prado, Thyssen oder

DIE SCHÖNSTEN PLÄTZE

» **Plaza Mayor** (S. 58) Madrids elegantes Herz.

» **Plaza de Oriente** (S. 59) Das glorreiche Zentrum des imperialen Madrids.

» **Plaza de Santa Ana** (S. 68) Huertas kultureller, pulsierender Mittelpunkt.

» **Plaza de la Villa** (S. 60) Ein kleiner Platz, umgeben von beeindruckenden Bauwerken.

» **Plaza de la Paja** (S. 67) Verbreitet eine dorfähnliche Stimmung mitten in der Altstadt.

» **Plaza de la Puerta del Sol** (S. 63) Lauter Verkehrsknotenpunkt im Stadtzentrum.

» **Plaza de la Cibeles** (S. 74) Zeugt von Madrids Hang zu Exzessen und Extravaganz.

La Latina

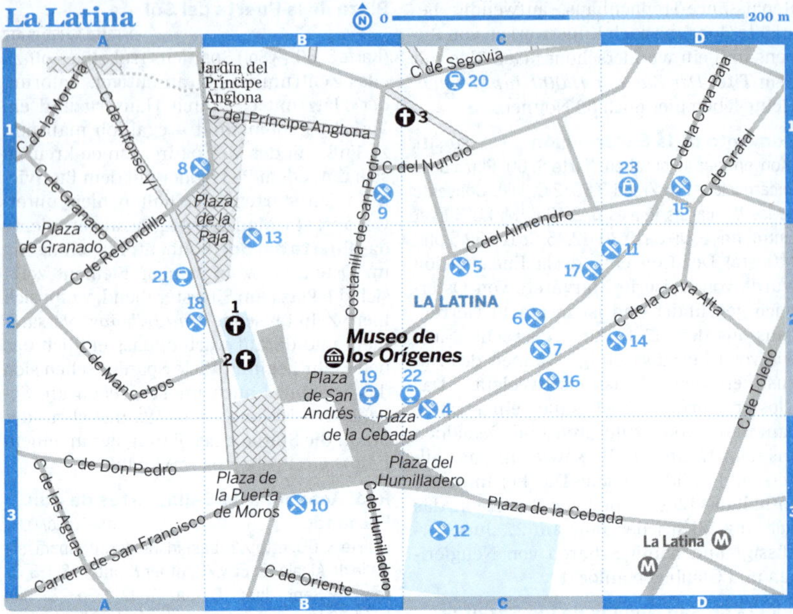

Reina Sofía fast in Vergessenheit. Bereits seit ihrer Gründung durch Fernando VI. im 18. Jh. zieht sie aufsteigende Sterne am Kunsthimmel an: Sowohl Picasso als auch Dalí haben hier studiert. Die Galerie verfügt über einige kleinere Porträts von Velázquez, ein paar Zeichnungen von Picasso und Werke der bekanntesten alten Meister, darunter beeindruckende Gemälde von Zurbarán, El Greco, Rubens, Tintoretto, Goya, Sorolla und Juan Gris.

Gran Vía — BOULEVARD

Madrid scheint kaum vorstellbar ohne seinen großen Boulevard, der von der Plaza de España bis zur Calle de Alcalá durch das Stadtzentrum verläuft. Dabei gibt's die Straße erst seit 1911, als sie wie eine Schneise durch ein verschlungenes Labyrinth von alten Gassen geschlagen wurde. Auf einer Anhöhe nach etwa einem Drittel der Strecke stößt man auf das **Telefónica-Gebäude** (Edificio Telefónica; Karte S. 78) aus den 1920er-Jahren, jahrelang das höchste Haus der Stadt. Während des Bürgerkriegs nannte man die Gran Vía vorübergehend „Haubitzenallee“, weil Francos Truppen Bomben auf die Casa de Campo abwarfen. Am Südende des Boulevards ragt das im französischen Stil gehaltene, beeindruckende **Metrópolis-Gebäude** (Edificio Metrópolis; 1905) empor, auf dessen Kuppel eine geflügelte Siegesstatue thront.

LA LATINA & LAVAPIÉS

La Latina kombiniert einige der schönsten Dinge in Madrid: eine hervorragende Auswahl an Tapas-Bars und ein mittelalterliches Stadtbild voller eleganter Kirchen. Das Zentrum des *barrios* liegt in der Gegend zwischen der beliebten Calle de la Cava Baja und der schönen Plaza de la Paja.

Im Gegensatz dazu hat das skurrile, alternative und ständig im Wandel begriffene Lavapiés nur wenig mit der modernen Eleganz der Stadt zu tun. Es ist eines der ältesten und traditionellsten Viertel der Metropole sowie Heimat der meisten Immigranten. Je nach Perspektive gilt es einerseits als absolut angesagt, andererseits aber auch als Bezirk, den man besser meiden sollte.

El Rastro — FLOHMARKT

(So 8–15 Uhr; M La Latina) Für viele Einwohner ist ein Sonntagsbesuch auf Europas größtem Flohmarkt ein Muss. El Rastro (wörtlich: der Fleck) verdankt seinen Namen dem Blut, das einst von den Schlachthäusern am Berg die Straßen hinunterrann. Hier wird bereits seit einem halben Jahrtausend ein Markt unter freiem Himmel abgehalten.

La Latina

Highlights
Museo de los Orígenes B2

Sehenswertes
1 Capilla del Obispo B2
2 Iglesia de San Andrés B2
3 Iglesia de San Pedro El Viejo C1

Essen
4 Alma de Ibérico C2
5 Almendro 13 .... C2
6 Casa Lucas C2
7 Casa Lucio C2
8 El Estragón A1
9 Ene Restaurante B1
10 Juanalaloca B3
11 La Chata D2
12 Mercado de la Cebada C3
13 Naïa Restaurante B2
14 Nunc est Bibendum D2
15 Posada de la Villa D1
16 Taberna Matritum C2
17 Txacolina C2
18 Viva La Vida A2

Ausgehen
19 Bonanno B2
20 Café del Nuncio C1
21 Delic A2
22 Taberna Tempranillo C2

Shoppen
23 Helena Rohner D1

Das hektische Treiben beginnt unweit der Metrostation La Latina an der Plaza de Cascorro. Besucher können einen ganzen Vormittag damit verbringen, sich einen Weg durch die Calle de la Ribera de Curtidores und das Labyrinth ihrer Seitenstraßen zu bahnen.

Günstige Klamotten, Koffer, Antiquitäten, alte Fotos von der Stadt, abgenutzte Flamenco-Platten, nachgemachte Designer-Portemonnaies, T-Shirts im Grunge-Look, Haushaltswaren und Elektronik machen das Hauptangebot aus, aber auf zehn Ramschartikel kommt fast immer ein echtes Schmuckstück. Der beste Teil von El Rastro beginnt für viele *madrileños* jedoch erst, wenn die Stände geschlossen sind und die Leute in eine der nahe gelegenen Bars auf einen *aperitivo* (Wermut und Tapas) strömen. Diese Tradition macht das Viertel zum Schauplatz einer spontanen sonntäglichen Fiesta.

Achtung: Auch bei Taschendieben erfreut sich El Rastro großer Beliebtheit.

Viaducto & Jardines de las Vistillas
VIADUKT, GARTENANLAGE

Mit einem tollen Blick nach Westen hin wird man belohnt, wenn man die Calle de Segovia hinunter zum *viaducto* (Viadukt) schlendert. Eine gute Sicht auf die Sierra de Guadarrama bieten auch die Tische der benachbarten Jardines de las Vistillas. Im Bürgerkrieg bombardierten Nationalisten Las Vistillas von der Casa de Campo und die Republikaner reagierten darauf mit Granatfeuer.

La Morería
MAURISCHES VIERTEL

Die Gegend südlich des Viadukts und südöstlich der Iglesia de San Andrés war das Herz der *morería* (maurisches Viertel). Nach wie vor spürt man in dem Labyrinth aus gewundenen Straßen und hügeligen Gassen einen Hauch von nordafrikanischer Medina. Hier lebte Magerits maurische Gemeinde, als im 11. Jh. die christliche Rückeroberung der Stadt in Angriff genommen wurde.

Basílica de San Francisco El Grande
KIRCHE

(Plaza de San Francisco 1; Erw./Rentner & Kind 3/2 €; Gottesdienst Mo–Sa 8–10.30 Uhr, Museum Mo–Sa 10.30–12.30 & 16–18 Uhr; M La Latina oder Puerta de Toledo) Diese imposante barocke Kirche beherrscht die Skyline im Süden von La Latina. Ihre mit extravaganten Fresken geschmückte 56 m hohe und 33 m breite Kuppel soll die größte Spaniens und die viertgrößte der Welt sein. Ebenso beeindruckend sind die aufwendig von Francisco Bayeu verzierten Kapellendecken. In der Capilla de San Bernardino kann man zudem Goyas *Predigt des heiligen Bernhardin von Siena für den König von Aragonien* bestaunen. Laut der Legende wurde das Gebäude an der Stelle errichtet, wo Franz von Assisi 1217 eine Kapelle errichten ließ.

Während der Gottesdienste muss man keinen Eintritt zahlen. Allerdings ist das Museum zu der Zeit geschlossen, außerdem kann man die Capilla de San Bernardino auf diese Weise leider nur im unbeleuchteten Zustand sehen.

Huertas

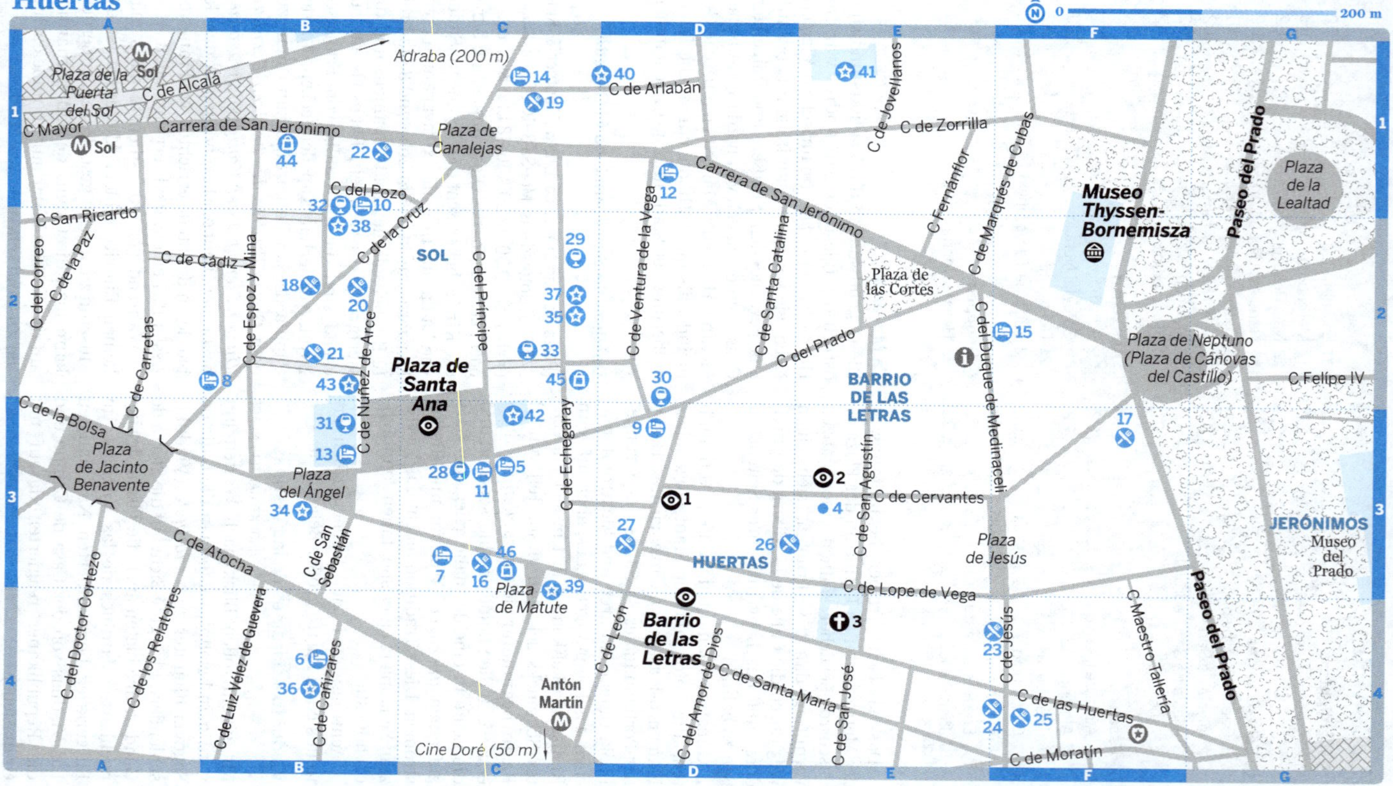
0 200 m
Plaza de la Puerta del Sol
Sol
C de Alcalá
C Mayor
Sol
Carrera de San Jerónimo
Adraba (200 m)
Plaza de Canalejas
C de Arlabán
C San Ricardo
C del Correo
C de la Paz
C de Cádiz
C de Espoz y Mina
C del Pozo
C de la Cruz
SOL
C del Príncipe
C de Carretas
C de Núñez de Arce
Plaza de Santa Ana
C de la Bolsa
Plaza de Jacinto Benavente
Plaza del Ángel
C de San Sebastián
C de Atocha
C del Doctor Cortezo
C de los Relatores
C de Luiz Vélez de Guevera
C de Cañizares
C de Echegaray
C de Ventura de la Vega
C de Santa Catalina
C del Prado
Plaza de las Cortes
C de Jovellanos
C de Zorrilla
C Fernánflor
C de Marqués de Cubas
C del Duque de Medinaceli
Museo Thyssen-Bornemisza
Paseo del Prado
Plaza de la Lealtad
Plaza de Neptuno (Plaza de Cánovas del Castillo)
C Felipe IV
JERÓNIMOS
Museo del Prado
BARRIO DE LAS LETRAS
C de Cervantes
C de San Agustín
Plaza de Jesús
HUERTAS
C de Lope de Vega
Plaza de Matute
Barrio de las Letras
C de León
C del Amor de Dios
C de Santa María
C de San José
C de Jesús
C Maestro Tallería
C de las Huertas
C de Moratín
Antón Martín
Cine Doré (50 m)
A
B
C
D
E
F
G
1
2
3
4
1 2 3 4 5 6 7 8 9 10 11 12 13 14 15 16 17 18 19 20 21 22 23 24 25 26 27 28 29 30 31 32 33 34 35 36 37 38 39 40 41 42 43 44 45 46

Huertas

Highlights
Barrio de las Letras ... D4
Museo Thyssen-Bornemisza ... F2
Plaza de Santa Ana ... C3

Sehenswertes
1 Calle de Cervantes 2 ... D3
2 Casa de Lope de Vega ... E3
3 Convento de las Trinitarias ... E4

Aktivitäten, Kurse & Touren
Fundación Conservatorio Casa Patas ... (siehe 36)
4 Seg City Tours ... E3

Schlafen
5 Alicia Room Mate ... C3
6 Cat's Hostel ... B4
7 Chic & Basic Colours ... C3
Hostal Adria Santa Ana ... (siehe 8)
8 Hostal Adriano ... B2
9 Hostal Sardinero ... D3
10 Hotel El Pasaje ... B1
11 Hotel Miau ... C3
12 Hotel Urban ... D1
13 Me by Melía ... B3
14 Quo ... C1
15 Westin Palace ... F2

Essen
16 Casa Alberto ... C3
17 Estado Puro ... F3
18 La Casa del Abuelo ... B2
19 La Finca de Susana ... C1
20 La Trucha ... B2
21 Las Bravas ... B2
22 Lhardy ... B1
23 Los Gatos ... F4
24 Maceiras ... F4
25 Maceiras ... F4
26 Sidrería Vasca Zeraín ... D3
27 Vinos Gonzalez ... D3

Ausgehen
28 Cervecería Alemana ... C3
El Imperfecto ... (siehe 39)
29 La Venencia ... C2
30 Ølsen ... D2
31 Penthouse ... B3
32 Taberna Alhambra ... B1
33 Viva Madrid ... C2

Unterhaltung
34 Café Central ... B3
35 Cardamomo ... C2
36 Casa Patas ... B4
37 La Boca del Lobo ... C2
38 Stierkampf-Ticketschalter La Central ... B2
39 Populart ... C3
40 Stella ... D1
41 Teatro de la Zarzuela ... E1
42 Teatro Español ... C3
43 Villa Rosa ... B2

Shoppen
44 Gil ... B1
45 María Cabello ... C2
46 México ... C3

Iglesia de San Andrés & Umgebung KIRCHE, MUSEUM
(Karte S. 64; Plaza de San Andrés 1; ⏲Mo–Sa 8–13 & 18–20, So 8–13 Uhr; Ⓜ La Latina) Die staatliche Kirche bildet eine herrliche Kulisse für spontane Sonntagnachmittag-Partys, wenn die Besuchermassen vom Flohmarkt El Rastro hierher strömen. Während des Bürgerkriegs wurde das Gebäude komplett zerstört, inzwischen ist es aber in alter Pracht wiederhergestellt worden. Von seiner besten Seite zeigt sich das Gotteshaus nachts bei voller Beleuchtung. Direkt hinter der Kirche befindet sich die hübsche **Plaza de la Paja** mit der **Capilla del Obispo**: Madrids schönste Renaissancekirche, die streng genommen gar nicht aus dieser Zeit stammt, verfügt über gotische Deckengewölbe, platereske Grabsteine und exquisite Renaissance-Altarbilder. Bei Redaktionsschluss war ihre Restaurierung fast abgeschlossen.

Das nahe gelegene **Museo de los Orígenes** (Karte S. 64; ☎91 366 74 15; www.munimadrid.es/museosanisidro, auf Spanisch; Plaza de San Andrés 2; Eintritt frei; ⏲Di–Fr 10–20, Sa & So 10–14 Uhr; Ⓜ La Latina) befindet sich an der Stelle, wo San Isidro Labrador (Madrids Stadtpatron) um 1172 gestorben sein soll. Hier werden archäologische Funde aus der Römerzeit sowie unterschiedlich alte Karten, Modelle, Gemälde und Fotos der Stadt präsentiert. Als besonderes Highlight gilt das Modell, das auf Pedro Teixeiras berühmter Madrid-Karte aus dem Jahr 1656 basiert. Da umfassende Restaurierungsarbeiten geplant sind, können sich die Öffnungszeiten ändern.

Iglesia de San Pedro El Viejo KIRCHE
(Karte S. 64; Costanilla de San Pedro; Ⓜ La Latina) Mit ihrem Glockenturm im Mudéjar-Stil ist die Iglesia de San Pedro El Viejo eines der wenigen erhaltenen Bauwerke aus dem Mittelalter. Die Kirche befindet sich auf dem früheren Gelände der Mezquita de la Morería (Moschee des muslimischen Viertels).

HUERTAS & ATOCHA

Huertas ist vor allem für sein pulsierendes Nachtleben bekannt, bietet aber noch einiges mehr. Am besten trinkt man erst einmal einen Kaffee auf der herrlichen Plaza de Santa Ana und schlendert dann ganz entspannt durch den Barrio de las Letras hinunter zum Centro de Arte Reina Sofía, einem der besten zeitgenössischen Kunstmuseen in Europa. Über die Plaza del Emperador Carlos V. gelangt man von dem Kunstzentrum zur Antigua Estación de Atocha am Beginn des Atocha-Viertels.

Plaza de Santa Ana ÖFFENTLICHER PLATZ
(Karte S. 66; Ⓜ Sol, Sevilla oder Antón Martín) Eine fantastische Verbindung von eleganter Architektur und unbändiger Energie.

Atocha

Atocha

Highlights

Antigua Estación de Atocha B2
Centro de Arte Reina Sofía A2

Essen

1 El Brillante A2

Unterhaltung

2 Kapital A1

Zwar ist die Plaza de Santa Ana nicht sehr alt (sie wurde 1810 während der Regentschaft von Joseph Bonaparte angelegt, um dem bis dahin besonders eng gebauten Viertel Raum zum Atmen zu geben), gilt dafür aber als Hochburg des intellektuellen Lebens in Huertas. Hier befinden sich das Teatro Español und jede Menge Bühnen für Livemusik.

Barrio de las Letras LITERATURVIERTEL
Die Gegend rund um die Plaza de Santa Ana wird oft als Barrio de las Letras (Literaturviertel) bezeichnet, da hier im 16. und 17. Jh. zahlreiche Schriftsteller lebten, unter ihnen auch Miguel de Cervantes Saavedra (1547–1616). Der Autor von *Don Quichotte* verbrachte einen Großteil seines Lebens in Madrid. Er lebte und starb in der **Calle de Cervantes 2** (Karte S. 66; Ⓜ Antón Martín). Das ursprüngliche Gebäude wurde im frühen 19. Jh. abgerissen, doch über der Haustür hängt bis heute die 1834 angebrachte Gedenktafel. Cervantes wurde im nahe gelegenen **Convento de las Trinitarias** (Karte S. 66; Calle de Lope de Vega 16; Ⓜ Antón Martín) bestattet, der ebenfalls mit einer Gedenktafel aufwartet. Weil dort nach wie vor Nonnen leben, ist das Kloster nicht für die Öffentlichkeit zugänglich. Das erspart den Behörden übrigens viele Peinlichkeiten, da niemand weiß, wo genau im Kloster die Knochen des Schriftstellers liegen. Im Andenken an ihn wird immer zu seinem Todestag am 23. April eine Gedenkmesse abgehalten.

Ein weiteres bedeutendes Bauwerk, die **Casa de Lope de Vega** (Karte S. 66; Calle de Cervantes 11; Eintritt frei; ⏲ Führungen alle 30 Min. von Di–Sa 10–14 Uhr; Ⓜ Antón Martín), wurde von Félix Lope de Vega (1562–1635), dem berühmtesten Dramatiker Spaniens, bewohnt. Inzwischen beherbergt sie ein Museum mit Erinnerungsstücken an den Dichter.

Antigua Estación de Atocha GARTENANLAGE
(Alter Bahnhof Atocha; Karte S. 68; Plaza del Emperador Carlos V; Ⓜ Atocha Renfe) Die Antigua Estación de Atocha ist eine hoch aufragende Stahl-Glas-Konstruktion aus dem 19. Jh. 1992 wurde sie in einen eindrucksvollen Tropengarten mit über 500 verschiedenen Pflanzensorten umgewandelt. Mittlerweile sieht der Bau eher wie ein opulentes Treibhaus und nicht wie eine Verkehrsdrehscheibe aus, obwohl die hohen Decken noch immer an Europas frühere große Bahnhöfe erinnern.

KUNSTWERKE IM CENTRO DE ARTE REINA SOFÍA

» **Guernica** (Pablo Picasso; 1937; Raum 206)
» **Naturaleza Muerta** (Pablo Picasso; 1912)
» **El Gran Masturbador** (Salvador Dalí; 1929)
» **Muchacha en la Ventana** (Salvador Dalí; 1925)
» **Monumento Imperial a la Mujer Niña** (Salvador Dalí; 1929)
» **Pastorale** (Joan Miró; 1923–24)
» **Danseuse Espagnole** (Joan Miró; 1928)
» **L'atelier aux Sculptures** (Miquel Barceló; 1993)
» **Los Cuatro Dictadores** (Eduardo Arroyo; 1963)
» **Retrato de Josette** (Juan Gris; 1916)
» **Cartes et Dés** (Georges Braque; 1914)
» **El Peine del Viento I** (Eduardo Chillida; 1962)
» **Homenaje a Mallarmé** (Jorge Oteiza; 1958)
» **Pintura** (Antoni Tàpies; 1955)
» **Otoños** (Pablo Palazuelo; 1952)

Centro de Arte Reina Sofía KUNSTMUSEUM
(Karte S. 68; www.museoreinasofia.es; Calle de Santa Isabel 52; Erw./Stud., unter 18 J. & Erw. über 65 J. 6 €/frei, So Eintritt frei, Mo & Mi–Fr 19–21, Sa 14.30–21 Uhr, Audioguide pro Erw./Stud. 4/3 €; ⏲Mo & Mi–Sa 10–21, So 10–14.30 Uhr; Ⓜ Atocha) Das Centro de Arte Reina Sofía verfügt über die bedeutendste Sammlung zeitgenössischer Kunst in Madrid. Hier kann man Picassos *Guernica,* das wahrscheinlich bekannteste Gemälde des Landes, sowie Werke zahlreicher weiterer spanischer Meister bewundern. Die Ausstellung umfasst hauptsächlich Arbeiten aus dem 20. Jh. bis zu den 1980er-Jahren (modernere Bilder sind im Museo Municipal de Arte Contemporáneo zu sehen).

Neben *Guernica,* das schon alleine den Eintrittspreis wert ist, werden rund um Raum 206 Picassos zeichnerische Entwürfe präsentiert. Wer den kubistischen Stil des Künstlers liebt, mag meist auch die Arbeiten des Madriders Juan Gris (1887–1927) und von Georges Braque (1882–1963).

Joan Mirós (1893–1983) Werke sind von fröhlichen, hellen Grundfarben gekennzeichnet, außerdem besitzt das Museum einige seiner skurrilen Skulpturen. 1992 dienten Mirós Bilder als Symbol der Olympischen Spiele in Barcelona.

In der Reina Sofía werden rund 20 Werke von Salvador Dalí gezeigt, darunter das extravagante surrealistische Gemälde *El Gran Masturbador* (1929).

Besuchern, die sich von den großen Namen losreißen können, bietet das Zentrum tolle Möglichkeiten, auch weniger bekannte Künstler des 20. Jhs. kennenzulernen. Dazu zählen: Miquel Barceló (geb. 1957); der *madrileño* José Gutiérrez Solana (1886–1945); der baskische Maler Ignazio Zuloaga (1870–1945); Benjamin Palencia (1894–1980), dessen Arbeiten die Turbulenzen Spaniens in den 1930er-Jahren einfangen; der aus Barcelona stammende Maler Antoni Tàpies (geb. 1923) und der Pop-Art-Künstler Eduardo Arroyo (geb. 1937). Darüber hinaus entdeckt man abstrakte Maler wie Eusebio Sempere (1923–85) und Mitglieder der Gruppe Equipo 57 (1957 von spanischen Künstlern während ihres Exils in Paris gegründet), z. B. Pablo Palazuelo (1916–2007). Obwohl er besser als Poet und Bühnenautor bekannt war, verfügt das Museum über einige Zeichnungen von Federico García Lorca (1898–1936).

Unter den Bildhauern ist besonders Pablo Gargallo (1881–1934) zu nennen. Unter seinen Bronzeskulpturen befindet sich auch eine Picasso-Büste. Die Werke der baskischen Bildhauer Jorge Oteiza (1908–2003) und Eduardo Chillida (1924–2002) sind ebenfalls sehr sehenswert.

PASEO DEL PRADO & EL RETIRO

Wer bergab von Huertas hierherkommt, fühlt sich, als ließe er ein Tollhaus hinter sich und betrete eine Oase voller Grünpflanzen, Frischluft und Kultur. Das Museo del Prado und das Museo Thyssen-Bornemisza gehören zu den schönsten Kunstmuseen der Welt, außerdem locken in den eleganten Straßen direkt hinter dem Prado viele weitere Museen. Auf dem Hügel östlich davon erstrecken sich die staatlichen Gärten des herrlichen Parque del Buen Retiro.

Museo del Prado GEMÄLDEGALERIE

(Karte S. 71; www.museodelprado.es; Paseo del Prado; Erw./unter 18 J. & EU-Rentner über 65 J. 8 €/frei, Di–Sa 18–20 & So 17–20 Uhr Eintritt frei, Audioguide 3,50 €; ⌚Di–So 9–20 Uhr; Ⓜ Banco de España) Willkommen in einem der besten Kunstmuseen der Welt! Die 7000 Gemälde der Sammlung (davon sind etwa 1500 ausgestellt) sind ein historisches Spiegelbild der spanischen Seele: Großartig und erhaben wirken die Königsbilder von Velázquez, aufwühlend finster die *Pinturas Negras* von Goya und weltgewandt die hervorragenden Werke aus ganz Europa. Man sollte so lange wie möglich im Prado verweilen oder besser noch gleich mehrere Besuche einplanen. Wer nämlich versucht, alles an einem einzigen Tag zu sehen, ist von der Vielfalt schnell erschlagen.

In das Gebäude gelangt man über die östliche Puerta de los Jerónimos oder die nördliche Puerta de Goya. Eintrittskarten bekommt man im Ticketbüro am Nordende. Bis 2012 wollen die Kuratoren des Prado die Sammlung neu zusammenstellen, deshalb werden sich einige Raumnummern ändern. Am besten nimmt man den kostenlosen Plan mit, den es im Ticketbüro oder am Infoschalter gibt: Er beschreibt den Standort der 50 bekanntesten Werke und nennt die Räume, in denen die größten Künstler ausgestellt sind.

Der Westflügel (Edificio Villanueva) und der neoklassische Palacio de Villanueva wurden 1785 fertiggestellt. Zwischen 1808 und 1813 degradierte Napoleon das ursprünglich als Wissenschaftszentrum konzipierte Gebäude während der Besatzung von Madrid zur Kavalleriekaserne. 1814 beschloss Fernando VII., den Palast in ein Museum zu verwandeln. Fünf Jahre später wurde der Ausstellungsbereich mit 311 spanischen Gemälden eröffnet.

Der Ostflügel (Edificio Jerónimos) gehört zum modernen Anbau, der 2007 seine Türen geöffnet hat. Hier sind die Wechselausstellungen, ein gut ausgestatteter Buchladen und ein Café untergebracht. Als besonders beeindruckend gelten die 1672 errichteten Kreuzgänge im 2. Stock. Sie bestehen aus lokalem Granit und befanden sich bis vor Kurzem in der nahe gelegenen Iglesia de San Jerónimo El Real.

Goya

Werke von Francisco José de Goya y Lucientes sind in allen drei Etagen zu sehen. In den Räumen 64 und 65 hängen zwei besonders symbolträchtige Gemälde: *El Dos de Mayo* und *El Tres de Mayo*. Sie zeigen die Revolte der Hauptstadt gegen die Franzosen im Jahre 1808 sowie die anschließende Hinrichtung der Rebellen. In den Sälen 66 und 67 stößt man auf die finstersten und verstörendsten Arbeiten des Künstlers: *Las Pinturas Negras*. Ihren Namen erhielten sie aufgrund der vielen dunkelbraunen und schwarzen Farbtöne sowie des verzerrten und animalischen Erscheinungsbildes ihrer Charaktere.

In den Räumen 32 und 34 bis 38 (1. OG) werden weitere Bilder präsentiert, darunter (in Nr. 36) zwei faszinierende Ölgemälde: *La Maja Vestida* und *La Maja Desnuda*. Die Porträts zeigen eine unbekannte Frau, bei der es sich angeblich um die Duquesa de Alba (wahrscheinlich Goyas Liebhaberin) handelt. Sie sind fast identisch, allerdings ist die Frau auf dem zweiten Werk unbekleidet. Zu den weiteren im Museum ausgestellten Werken gehört z. B. *Der Sonnenschirm* (Raum 85, im obersten Stock).

NICHT VERSÄUMEN

GEMÄLDE IM MUSEO DEL PRADO

» **Las Meninas** (Velázquez)

» **La Rendición de Breda** (Velázquez)

» **La Maja Desnuda & La Maja Vestida** (Goya)

» **El Tres de Mayo** (Goya)

» **Las Pinturas Negras** (Goya)

» **Der Garten der Lüste** (*El Jardín de las Delicias*, Hieronymus Bosch)

» **Adam & Eva** (Adán y Eva, Dürer)

» **El Lavatorio** (Tintoretto)

» **La Trinidad** (El Greco)

» **David Vencedor de Goliath** (Caravaggio)

» **El Sueño de Jacob** (Ribera)

» **Die drei Grazien** (*Las Tres Gracias*, Rubens)

Paseo del Prado El Retiro

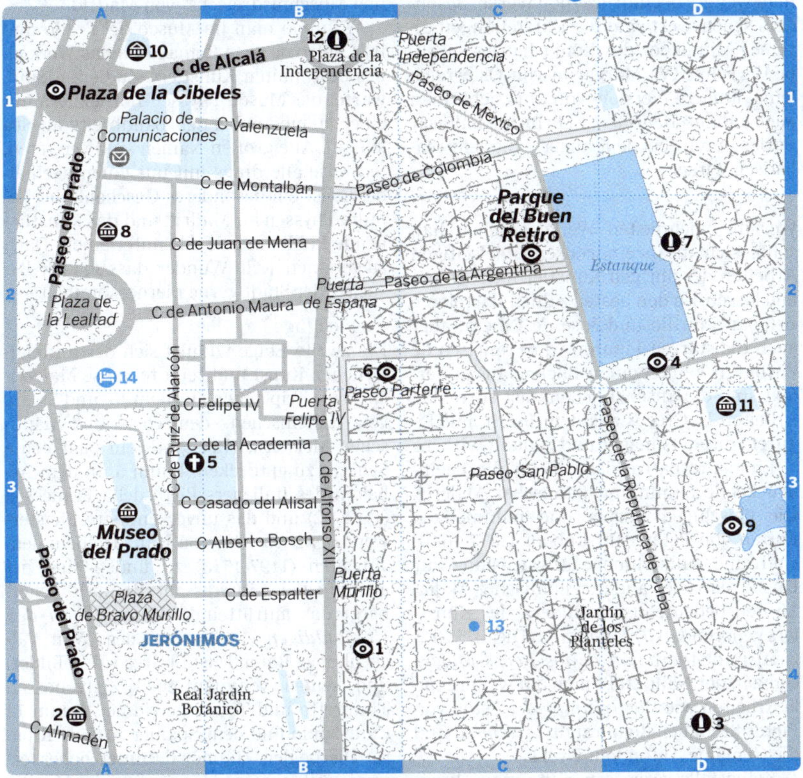

Paseo del Prado & El Retiro

Highlights

- Museo del Prado A3
- Parque del Buen Retiro C2
- Plaza de la Cibeles A1

Sehenswertes

- **1** Bosque del Recuerdo B4
- **2** CaixaForum A4
- Casa de América .... (siehe 10)
- **3** El Ángel Caído D4
- **4** Fuente Egipcia D2
- **5** Iglesia de San Jerónimo el Real A3
- **6** Madrids ältester Baum (Ahuehuete) ... B2
- **7** Alfonso-XII.-Denkmal D2
- **8** Museo Naval A2
- **9** Palacio de Cristal D3
- **10** Palacio de Linares A1
- **11** Palacio de Velázquez D3
- **12** Puerta de Alcalá B1

Aktivitäten, Kurse & Touren

- **13** Polideportivo La Chopera C4

Schlafen

- **14** Hotel Ritz A2

Velázquez

Diego Rodriguez de Silva y Velázquez ist ein ebenso großer Meister der spanischen Kunst wie der viel gerühmte Goya. Unter seinen vielen Bildern im Prado gilt *Las Meninas* als Hauptattraktion. Das Gemälde wurde 1656 fertiggestellt und ist unter dem Namen *La Família de Felipe IV.* (Die Familie von Felipe IV.) bekannt. Der beeindruckende Umgang des Malers mit Licht und Farben zeigt sich nirgendwo so deutlich wie hier.

In den Räumen 14, 15, 16 und 18 entdeckt man weitere beeindruckende Werke. Besonders sehenswert sind die Darstellungen diverser Mitglieder des Königshauses – Felipe II., Felipe IV., Margarita von Österreich (eine jüngere Version von ihr sieht man auch auf *Las Meninas*), El Príncipe Baltasar Carlos und Isabel de Francia –, die sehr realistisch wirken.

Andere Künstler

Wer die wichtigsten Werke gesehen hat, sollte sich die beeindruckend vielseitigen Arbeiten der übrigen Künstler nicht entgehen lassen. Zu den besten zählen Bartolomé Esteban Murillo und José de Ribera, aber auch die starren Figuren von Francisco de Zurbarán lohnen einen Blick. Nahezu perfekt sind die anschaulichen, fast surrealen Arbeiten El Grecos aus dem 16. Jh. mit Figuren, die stets mager und gequält wirken.

Eine Alternative dazu bietet die beeindruckende Sammlung flämischer Malerei. Die fleischigen Körper und pummeligen Putten von Peter Paul Rubens (1577–1640) sind eine willkommene Abwechslung zur Düsternis vieler anderer flämischer Maler. Zu den bedeutendsten Bildern des Künstlers gehören *Las Tres Gracias* (Die drei Grazien) und *Adoración de los Reyes Magos*. Ganz in der Nähe stößt man auf weitere tolle Arbeiten wie *Der Triumph des Todes* von Pieter Breughel, Rembrandts *Artemisa* und die Gemälde Anton Van Dycks.

Keinesfalls verpassen sollte man Hieronymus Boschs (1450–1516) bizarres, aber wunderbares Werk *Der Garten der Lüste*. Bisher konnte niemand das halluzinatorische Gemälde erklären, obwohl viele es versucht haben. Während diese Arbeit zweifellos die Hauptattraktion der fantastischen Bosch-Sammlung des Prado ist, verdienen auch seine anderen Bilder Aufmerksamkeit, insbesondere *Die sieben Todsünden:* Je länger man das Werk betrachtet, umso mehr hat man das Gefühl, dass der Maler unter dem Einfluss von Drogen stand.

Dürer, Rafael, Tizian, Tintoretto, Sorolla, Gainsborough, Fra Angelico und Tiepolo sind nur ein paar der weiteren Künstler, deren Arbeiten man hier bewundern kann.

Museo Thyssen-Bornemisza

GEMÄLDEGALERIE

(Karte S. 66; www.museothyssen.org; Paseo del Prado 8; Erw./unter 12 J. 8 €/frei, Audioguide 5 €; ⌚Di–So 10–19 Uhr; Ⓜ Banco de España) Eine der außergewöhnlichsten Privatsammlungen der Welt mit vorrangig europäischen Werken und ein würdiges Mitglied des „Goldenen Museumsdreiecks" von Madrid.

Während man im Museo del Prado und im Centro de Arte Reina Sofía das Werk eines bestimmten Künstlers studieren kann, wartet das Museo Thyssen-Bornemisza mit einer atemberaubenden Bandbreite an Stilen auf. Alle großen Namen sind vertreten, teilweise allerdings mit nur einem Gemälde. Es ist ein besonderes Geschenk der Familie Thyssen an Madrid und das kunstliebende Publikum, sie alle unter einem Dach zu vereinen. Kein Wunder, dass so viele Besucher der Stadt gerne hierherkommen.

Zweite Etage

Die zweite Etage widmet sich der mittelalterlichen Kunst und zeigt religiöse Malereien sowie Triptychen aus dem 13. und 14. Jh. von italienischen, deutschen und flämischen Meistern. Hier gibt's ein paar echte Schätze zu entdecken. Raum 5, in dem Arbeiten des Italieners Piero della Francesca (1410–92) und das unverkennbare Meisterwerk *Heinrich VIII.* von Hans Holbein dem Jüngeren (1497–1543) zu finden sind, ist auch für Laien interessant. Raum 10 beherbergt das aufrüttelnde *Massaker an den Unschuldigen* (1586) von Lucas Van Valckenberch. Raum 11 ist El Greco (drei Bilder) und seinen venezianischen Zeitgenossen Tintoretto und Tizian gewidmet, Raum 12 Caravaggio und dem Spanier José de Ribera. Die beiden Zimmer dahinter beherbergen jeweils ein Gemälde der Spanier Murillo und Zurbarán. Ebenso wenig verpassen sollte man die außergewöhnlichen Venedig-Bilder von Canaletto (1697–1768).

Das Beste auf diesem Stockwerk ist allerdings der Anbau (Räume A–H) mit der Sammlung von Carmen Thyssen-Bornemisza. In Raum C hängen Gemälde von Canaletto, Constable und Van Gogh, in Raum H Monet, Sisley, Renoir, Pissarro und Degas.

Bevor es nach unten geht, sollten Bewunderer holländischer und flämischer Meister des 17. Jhs. noch einen Abstecher zu den Räumen 19 bis 21 unternehmen. Dort sind u. a. Anton van Dyck, Jan Breughel der Ältere, Rubens und Rembrandt (ein Bild) zu sehen.

Erste Etage

Auch wenn das alles schon sehr beeindruckend ist, zeigt sich erst eine Etage weiter unten die ganze Klasse des Museums. In Raum 28 hängt beispielsweise ein Gainsborough, in Raum 31 ein Goya. Wer bisher alles eher oberflächlich gestreift hat, sollte sich für Raum 32 viel Zeit nehmen. Van Goghs *Les Vessenots* ist ein Meisterwerk für sich, doch das gilt auch für Manets *Frau in Reitkleidung*, Monets *Tauwetter in Vétheuil*, Renoirs *Frau mit Schirm im Garten* und das typisch pariserische *Rue Saint-Honoré am Nachmittag* von Pissarro. Raum 33 mit Cézanne, Gauguin, Toulouse-Lautrec und Degas ist ebenfalls sehr beeindruckend. Die großen Meister findet man in den Räumen 34 (Picasso, Matisse und Modigliani) und 35 (Edvard Munch und Egon Schiele).

Im Anbau (Räume I bis P) sprechen die Namen für sich. Raum K wartet mit Arbeiten von Monet, Pissaro, Sorolla und Sisley auf, Raum L widmet sich Gauguin (darunter auch sein *Mata Mua*), Degas und Toulouse-Lautrec. Die Räume M (Munch), N (Kandinsky), O (Matisse und Georges Braque) und P (Picasso, Matisse, Edward Hopper und Juan Gris) präsentieren eine vielseitige Sammlung alter Meister. Auf dem Weg zur Treppe stößt man auf Edward Hoppers *Hotelzimmer*.

Erdgeschoss

Das Erdgeschoss verfügt über eine erlesene Gemäldeauswahl von Kubismus bis Pop Art.

In Raum 41 stößt man auf drei große Namen des Kubismus: Picasso, Georges Braque und den Madrider Juan Gris. Aber auch andere Zeitgenossen dieser Künstler sind hier vertreten. Kandinsky ist die Hauptattraktion von Raum 43 und in Raum 44 hängen ein früher Salvador Dalí sowie Werke von Max Ernst und Paul Klee. Picasso taucht erneut in Raum 45 auf. Zu den größten Schätzen gehören Arbeiten von Marc Chagall und Dalís halluzinatorisches Gemälde *Traum, verursacht durch den Flug einer Biene um einen Granatapfel, eine Sekunde vor dem Erwachen*.

Raum 46 bietet ebenfalls Interessantes: Joan Mirós *Katalanischer Bauer mit Gitarre*, die verrückten Farbklecksereien eines Jackson Pollock *(Braun und Silber I)* und das vermeintlich simple *Grün auf Kastanie* von Mark Rothko. In Raum 47 und 48 erreicht die Thyssen-Ausstellung schließlich ihren beeindruckenden Höhepunkt mit Francis Bacon, Roy Lichtenstein, Henry Moore und Lucian Freud (Sigmund Freuds in Berlin geborener Enkel).

Parque del Buen Retiro ÖFFENTLICHER PARK

(Karte S. 71; ⏲Mai–Sept. 6–24 Uhr, Okt.–April 6–23 Uhr; Ⓜ Retiro, Príncipe de Vergara, Ibiza oder Atocha) Unter der Woche geht's in den üppigen Gärten mit Marmordenkmälern, aufwendig gestalteten Rasenflächen, zahlreichen Pflanzen und ein paar eleganten Gebäuden eher ruhig und beschaulich zu, am Wochenende erwacht der Park jedoch zum Leben. Der Retiro ist definitiv einer unserer Lieblingsplätze in Madrid.

Früher einmal war die im 17. Jh. von Felipe IV. errichtete Anlage der Königsfamilie und ihrem Hofstaat vorbehalten. 1868 wurde sie dann für die Öffentlichkeit zugänglich gemacht. Seitdem strömen bei gutem Wetter und an den Wochenenden zahlreiche *madrileños* aus der ganzen Stadt herbei, um spazierenzugehen, die Sonntagszeitung zu lesen, Bootsausflüge zu unternehmen oder ein kühles Getränk auf einer den zahlreichen Freiluft-*terrazas* zu genießen.

Das Herz des Parks bildet der künstliche See *(estanque)*. An seiner Ostseite thront das massive, reich verzierte **Alfonso-XII.-Denkmal**, das von Marmorlöwen bewacht wird, und an seiner Südseite befindet sich der mit Sphingen verzierte **Fuente Egipcia** (Ägyptischer Springbrunnen). Der Legende nach hat Felipe IV. Mitte des 18. Jhs. in der Nähe des Brunnens einen gewaltigen Schatz vergraben. Südlich des Sees liegt hinter Bäumen versteckt der **Palacio de Cristal**, eine interessante Stahl-Glas-Konstruktion und eines der schönsten architektonischen Monumente des Parks. Er wurde 1887 als Wintergarten für exotische Blumen erbaut. Heute dient er als Standort für Wechselausstellungen vom Centro de Arte Reina Sofía. Nördlich davon stößt man auf den 1883 errichteten **Palacio de Velázquez**, der ebenfalls für Wechselausstellungen genutzt wird.

Am südlichen Ende des Parks, unweit von **La Rosaleda** (Rosengarten) mit über 4000 Rosen, erhebt sich der **Ángel Caído** (Gefallener Engel alias Luzifer). Dabei handelt es sich um eine der wenigen Statuen auf der Welt, die den Teufel darstellen. Interessanterweise befindet sie sich genau 666 m über dem Meeresspiegel ...

Richtung Westen entdeckt man den **Bosque del Recuerdo** (Wald der Erinnerung), eine weithin unterschätzte Gedenkstätte für die 191 Opfer der Bombenanschläge auf die Madrider Züge am 11. März 2004. Für jeden Toten wurde ein Olivenbaum oder eine Zypresse gepflanzt. Weiter nördlich steht direkt an der Puerta de Felipe IV der angeblich **älteste Baum Madrids**, eine mexikanische, 1633 gepflanzte Konifere *(ahuehuete)*.

Im Nordosten liegen die schönen Überreste der **Ermita de San Isidro**, einer kleinen Landkapelle, die als eines der wenigen, wenn auch einfachen Beispiele romanischer Architektur in Madrid gilt. Als sie errichtet wurde, war Madrid noch ein kleines, 2 km entferntes Dorf.

Real Jardín Botánico BOTANISCHER GARTEN

(Königlicher Botanischer Garten; Karte S. 71; ☎91 420 30 17; Plaza de Bravo Murillo 2; Erw./erm./Kind 2,50/1,25 €/frei; ⏲Mai–Aug. 10–21 Uhr; Ⓜ Atocha) Der wunderbare Real Jardín Botánico verfügt über hübsche Blumenbeete und gepflegte Wege und ist etwas heimeliger als der Retiro. 1755 erstreckte sich der Garten noch am Ufer des Río Manzanares, wurde 1781 aber von Carlos III. an den heutigen Standort verlegt. Hier können Tausende verschiedener Pflanzensorten bestaunt werden.

GRATIS **CaixaForum** MULTIMEDIAZENTRUM

(Karte S. 71; www.fundacio.lacaixa.es, auf Spanisch; Paseo del Prado 36; ⏲10–20 Uhr; Ⓜ Atocha) Das 2008 eröffnete extravagante Ziegelgebäude ist eine bemerkenswerte architektonische Neuheit in der Stadt. Es scheint über dem Boden zu schweben und trägt eine faszinierende Kuppel aus rostigem Eisen. Gleich daneben erhebt sich der *jardín colgante* (hängender Garten), eine mit üppigem Grün bewachsene vertikale Fläche. Auf den vier Stockwerken finden regelmäßig Ausstellungen und Vorführungen statt. Die Themen wechseln von Fotografie über Multimedia bis zu Retrospektiven großer zeitgenössischer Maler.

DIE BESTEN MUSEEN FÜR SPANISCHE KÜNSTLER

» **Museo del Prado** (S. 70) Goya, Velázquez, Zurbarán …

» **Centro de Arte Reina Sofía** (S. 69) Picasso, Dalí, Miró …

» **Real Academia de Bellas Artes de San Fernando** (S. 63) Goya, Velázquez, Picasso, Juan Gris

» **Ermita de San Antonio de la Florida** (S. 77) Goya

» **Museo Sorolla** (S. 80) Joaquín Sorolla

» **Museo Municipal de Arte Contemporáneo de Madrid** (S. 77) Zeitgenössische Künstler

Plaza de la Cibeles VERKEHRSINSEL

(Karte S. 71; Ⓜ Banco de España) Von allen großen Verkehrsinseln des eleganten Paseo del Prado erinnert die Plaza de la Cibeles wohl am eindrucksvollsten an den Glanz der Kolonialzeit.

Schmuckstück des Platzes ist der wunderbare **Palacio de Comunicaciones**. Er wurde 1917 von Antonio Palacios, Madrids bestem Architekten der Belle Époque, erbaut und kombiniert Elemente des nordafrikanischen Baustils dieser Zeit mit gotischen sowie Renaissance-Elementen. Inzwischen wird er als Rathaus *(ayuntamiento)* genutzt und beherbergt zudem das Hauptpostamt (in der südwestlichen Ecke). Zu den weiteren bedeutenden Gebäuden rund um die Plaza gehören der **Palacio de Linares**, die **Casa de América**, der **Palacio de Buenavista**, die **Casa de las Siete Chimeneas** und der **Banco de España**. Der Ausblick nach Osten auf die **Puerta de Alcalá** und nach Westen auf das **Metrópolis-Gebäude** ist einfach herrlich.

Toll anzusehen ist auch der spektakuläre Springbrunnen der Göttin Kybele in der Mitte des Platzes, der 1780 von Ventura Rodríguez errichtet wurde. Carlos III. wollte ihn in die Gärten Granja de San Ildefonso (bei Segovia) verlegen, doch die *madrileños* protestierten so heftig dagegen, dass er die Idee schließlich wieder verwarf. Der Brunnen dient bereits seit Langem als Treffpunkt feuchtfröhlicher (oft eskalierender) Feiern der Fans von Real Madrid, wann immer der Verein einen nennenswerten Sieg davongetragen hat.

GRATIS **Museo Naval** MARINEMUSEUM

(Karte S. 71; www.museonavalmadrid.com, auf Spanisch; Paseo del Prado 5; ⏲Di–So 10–14 Uhr; Ⓜ Banco de España) Einen Block südlich der Plaza de la Cibeles stößt man auf ein Museum, das vor allem Schiffsliebhaber anspricht. Hier erfährt man, wie die Spanische Armada wirklich aussah, und kann außergewöhnliche Schiffsmodelle aus den frühen Tagen der spanischen Marinegeschichte bis zum 20. Jh. bewundern. Fans antiker Karten werden sich z. B. über Juan de la Cosas Pergamentkarte der um 1500 bekannten Welt freuen. Die akkurate Darstellung von Europa und Afrika ist erstaunlich, außerdem handelt es sich wahrscheinlich um die erste Karte, auf der Nord- und Südamerika abgebildet sind – auch wenn de la Cosas Aufzeichnungen eher auf Fantasie als auf Fakten beruhen.

Iglesia de San Jerónimo el Real KIRCHE

(Karte S. 71; Calle de Ruiz de Alarcón 19; Okt.–Juni Mo–Sa 10–13 & 17–20.30 Uhr, Juli–Sept. variierende Öffnungszeiten; M Atocha oder Banco de España) Hinter dem Museo del Prado versteckt sich diese reich verzierte, früher von der spanischen Königsfamilie bevorzugt genutzte Kapelle. Nach dem Tod Francos wurde hier 1975 König Juan Carlos I. gekrönt. Die teils nüchterne, teils üppige pseudoisabellinische Inneneinrichtung stammt aus dem 19. Jh. und ist von der Iglesia de San Juan de los Reyes in Toledo inspiriert worden. Während des Unabhängigkeitskriegs wurde fast die gesamte Originaleinrichtung zerstört.

Puerta de Alcalá MONUMENTALES TOR

(Karte S. 71; Plaza de la Independencia; M Retiro) Das 1599 errichtete pompöse Tor gefiel Carlos III. nicht, deshalb ließ er es 1764 niederreißen und durch das heutige Bauwerk ersetzen. Zweimal im Jahr, jeweils im Frühling und im Herbst, werden die Autos von hier verbannt, denn dann treiben Schäfer ihre Herden nach einem uralten Brauch durch das Stadttor zu ihren Sommer- bzw. Winterweiden.

SALAMANCA

In diesem exklusiven und eleganten Stadtviertel mit den schönen Spazierwegen zwischen den herrlichen Museen und Parks zeigen sich die Leute gerne in ihrer besten und teuersten Kleidung, vor allem auf der Calle de Serrano und der Calle de José Ortega y Gasset. In den luxuriösen Läden wird selbstverständlich nicht nach dem Preis gefragt.

Museo Arqueológico Nacional ARCHÄOLOGISCHES MUSEUM

(Karte S. 76; http://man.mcu.es, auf Spanisch; Calle de Serrano 13; bis zum Abschluss der Renovierungsarbeiten Eintritt frei; Di–Sa 9.30–20, So & Feiertage 9.30–15 Uhr; M Serrano) Salamancas Vorzeigeobjekt, das Nationale Archäologiemuseum, wartet hinter seiner gewaltigen Fassade mit beeindruckenden Artefakten auf. Zu der großen Sammlung gehören Mosaiken aus römischen Villen, aufwendiges Kunsthandwerk im muslimischen und im Mudéjar-Stil und kleine Skulpturen wie die *Dama de Ibiza* und die *Dama de Elche*. Neben Beispielen romanischer und gotischer Architektur wird auch eine unvollständige Kopie der prähistorischen Höhlenmalereien von Altamira (Cantabria) gezeigt.

Leider können Besucher bis 2012 (wahrscheinlich sogar bis 2013) nur einen kleinen Teil des Museums besichtigen, denn das Gebäude wurde bei Redaktionsschluss umfassend renoviert.

Museo Lázaro Galdiano PRIVATMUSEUM

(www.flg.es, auf Spanisch; Calle de Serrano 122; Erw./Stud. 4/3 €, So frei; Mi–Mo 10–16.30 Uhr; M Gregorio Marañón) Der imposante Steinbau im italienischen Stil stammt aus dem frühen 20. Jh. und beherbergt rund 13 000 Kunstwerke sowie -objekte, darunter Arbeiten von Bosch, Zurbarán, Goya, Claudio Coello, El Greco und Constable. Zusammengenommen wirkt das Ganze wie eine willkürliche Mischung aus allem, was auf irgendeine Art und Weise sammelwürdig erscheint. In Raum 14 kann man einige von Goyas bekannteren Werken – z. B. *La Maja* und die Fresken der Ermita de San Antonio de la Florida – sehen, die zu einer Art Collage zusammengestellt worden sind.

Museo de la Escultura Abstracta OPEN-AIR-GALERIE

(Karte S. 76; www.munimadrid.es/museoairelibre/; M Rubén Darío) Die faszinierende Sammlung umfasst 17 abstrakte Skulpturen, die vom renommierten baskischen Künstler Eduardo Chillida, dem katalanischen Meister Joan Miró, Eusebio Sempere und Alberto Sánchez, einem bedeutenden spanischen Bildhauer des 20. Jhs., angefertigt wurden und unter der Überführung stehen, in deren Nähe sich der Paseo de Eduardo Dato und der Paseo de la Castellana kreuzen. Der Verkehrslärm und der Taubendreck machen sie aber nur noch interessanter. Bis auf eine befinden sich alle Arbeiten auf der Ostseite des Paseo de la Castellana.

MALASAÑA & CHUECA

Malasaña und Chueca repräsentieren das volksnahe Madrid, denn hier lernt man das Alltagsleben der *madrileños* kennen. Ihre tollen Museen und Bauwerke haben die Stadt bekannt gemacht, erzählen allerdings nur die halbe Geschichte. Die innerstädtischen *barrios* sind persönlichere Orte, in denen man wunderbar Feiern, Shoppen und Restaurants besuchen kann. Malasaña wirkt gewieft und bodenständig, während Chueca, das Zentrum der Schwulenszene, stilvoll und extravagant daherkommt.

Museo de Historia MUSEUM

(Karte S. 78; www.munimadrid.es/museomunicipal, auf Spanisch; Calle de Fuencarral 78; M Tribu-

Salamanca

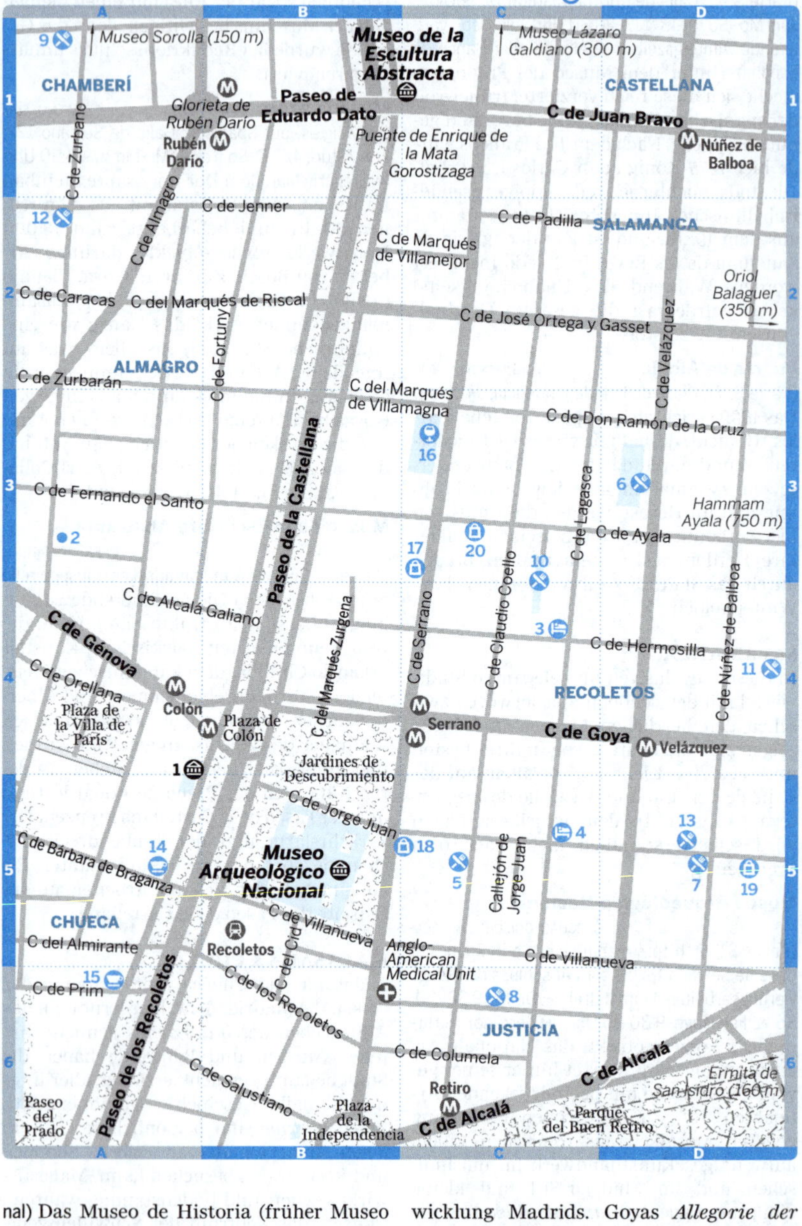

nal) Das Museo de Historia (früher Museo Municipal genannt) besitzt einen prunkvollen, restaurierten Barockeingang, der 1721 von Pedro de Ribera errichtet wurde. Die hier präsentierten Gemälde und Erinnerungsstücke zeigen die historische Entwicklung Madrids. Goyas *Allegorie der Stadt Madrid* gilt als Highlight der Sammlung. Sehenswert ist auch das in den 1830er-Jahren entstandene Modell der Stadt im Erdgeschoss. Bei Redaktionsschluss wurde das Museum gerade reno-

Salamanca

Highlights
Museo Arqueológico Nacional B5
Museo de la Escultura Abstracta C1

Sehenswertes
1 Museo de Cera A4

Aktivitäten, Kurse & Touren
2 International House A3

Schlafen
3 Hesperia Hermosilla C4
4 Petit Palace Art Gallery C5

Essen
5 Biotza C5
6 El Lateral D3
7 La Colonial de Goya D5
8 La Galette C6
9 Las Tortillas de Gabino A1
Mantequería Bravo ..... (siehe 20)
10 Mercado de la Paz C3
11 Restaurante Estay D4
12 Sergi Arola Gastro A2
13 Sula Madrid D5

Ausgehen
14 Café-Restaurante El Espejo A5
15 Gran Café de Gijón A6
16 Serrano 41 ..... C3

Shoppen
17 Agatha Ruiz de la Prada C3
18 Camper C5
19 Gallery D5
20 Mantequería Bravo C3

viert – wenn dieses Buch erschienen ist, hat es seine Türen aber eventuell schon wieder geöffnet.

Sociedad General de Autores y Editores
MODERNISTISCHE ARCHITEKTUR

(Vereinigung der Autoren & Herausgeber; Karte S. 78; Calle de Fernando VI 4; M Alonso Martínez) Der ausgefallene, an eine leicht verrutschte Zuckerbäckertorte erinnernde Bau der Sociedad General de Autores y Editores ist Madrids größtes Zugeständnis an den Stil von Antoni Gaudí und eine fröhlich-selbstverliebte Ode an den spanischen Modernisme. Von der Straße sieht er wesentlich eindrucksvoller aus, deshalb ist es auch nicht so tragisch, dass er nur am ersten Montag im Oktober (Internationaler Tag der Architektur) und während der Noche-en-Blanco-Festivitäten seine Pforten öffnet.

Antiguo Cuartel del Conde Duque
EHEMALIGE KASERNEN

(Karte S. 78; Calle del Conde Duque 9; M Plaza de España, Ventura Rodríguez oder San Bernardo) Hinter der 228 m langen Fassade beherbergen die am Westrand von Malasaña aufragenden ehemaligen Kasernen Regierungsarchive, Bibliotheken, die Hemeroteca Municipal (die größte Sammlung von Zeitungen und Zeitschriften in Spanien) und das **Museo Municipal de Arte Contemporáneo de Madrid** (Karte S. 78; www.munimadrid.es/museoartecontemporaneo, auf Spanisch; Eintritt frei; ⌚Di–Sa 10–14 & 17.30–21, So 10.30–14.30 Uhr) mit zeitgenössischen spanischen sowie internationalen Gemälden, Skulpturen, Fotografien und Grafiken.

CHAMBERÍ & ARGÜELLES

Chamberí und Argüelles besucht man nicht wegen der Sehenswürdigkeiten, wobei es durchaus schöne Museen sowie tolle Restaurants, Bars und Livebühnen gibt. Beide Viertel sind recht wohlhabend (Argüelles weniger als Chamberí), wirken aber nicht so hochnäsig wie Salamanca. Hier erleben Traveller vielleicht besser als irgendwo anders in der Stadt, wie sich *madrileños* fern von Touristenmengen verhalten.

Ermita de San Antonio de la Florida
KIRCHE, GALERIE

(Glorieta de San Antonio de la Florida 5; ⌚Sept.–Juni Di–Fr 9.30–20, Sa & So 10–14 Uhr, Juli & Aug. variierende Öffnungszeiten; M Príncipe Pío) Als echter Geheimtipp gelten die freskenverzierten Decken der Ermita de San Antonio de la Florida. Die südlichere der beiden kleinen Kapellen ist auch als Panteón de Goya bekannt und einer der wenigen Orte, wo Goyas Werke an einem Originalschauplatz bestaunt werden können. 1798 fertigte sie der Maler im Auftrag von Carlos IV. an.

Die Fresken zeigen, wie der heilige Antonius einen jungen Mann aus dem Grab auferstehen lässt, damit er seinen Vater, der zu Unrecht des Mordes an seinem Sohn beschuldigt wurde, von dessen Schuld lossprechen kann. Ringsherum tummelt sich eine typische Madrider Menschenmenge.

Malasana & Chueca

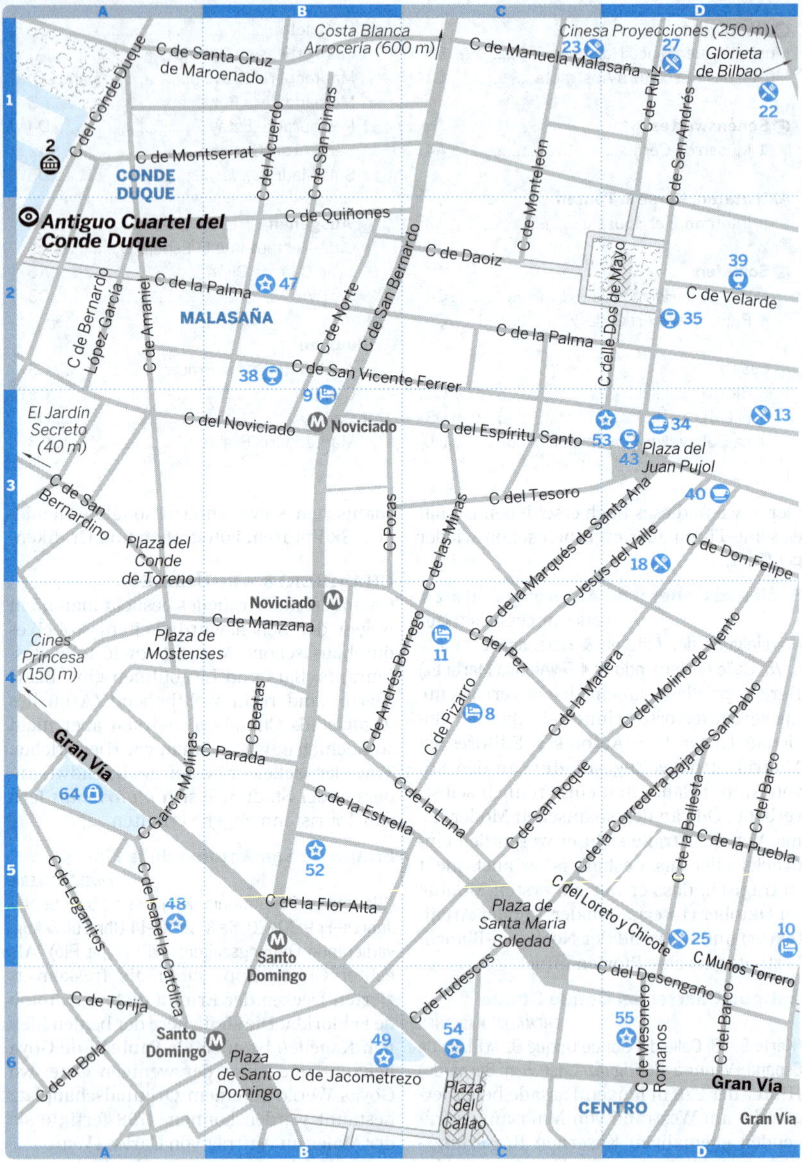

Goyas Grab befindet sich vor dem Altar. Seine sterblichen Überreste wurden 1919 aus dem französischen Bordeaux, wo er 1828 im selbst gewählten Exil gestorben war, hierher überführt – ohne den vermissten Kopf.

GRATIS **Templo de Debod** ÄGYPTISCHER TEMPEL
(www.munimadrid.es/templodebod, auf Spanisch; Paseo del Pintor Rosales; ⌚April–Sept. Di–Fr 10–14, Sa & So 18–20 Uhr; Ⓜ Ventura Rodríguez) Erstaunlicherweise erhebt sich mitten im Parque de la Montaña ein ägyp-

tischer Tempel aus dem 4. Jh. v. Chr. Er wurde vor der Überflutung durch den ansteigenden Wasserspiegel des Nassersees gerettet, der durch den Assuan-Staudamm entstanden war, und 1968 Stein für Stein nach Spanien verfrachtet.

Vom Park hat man einen tollen Blick zum Palacio Real.

Museo de América KOLONIALMUSEUM (http://museodeamerica.mcu.es, auf Spanisch; Avenida de los Reyes Católicos 6; Erw./Kind 3 €/ frei, So Eintritt frei; ⌚Di, Mi, Fr & Sa 9.30–15, Do

Malasaña & Chueca

9.30–15 & 16–19, So & Feiertage 10–15 Uhr; Ⓜ Moncloa) Handelsreisen nach Amerika waren von 1492 bis ins frühe 20. Jh. ein zentraler Bestandteil der spanischen Wirtschaft und Kultur. Das Museum präsentiert Keramiken, Statuen, Schmuck, Jagd-, Fischfang- und Kriegsutensilien sowie einige Erinnerungsstücke, die von Kolonialisten mitgebracht wurden. Besondere Hingucker sind die Schrumpfköpfe und die kolumbianische Goldsammlung aus dem 2. Jh.

Museo Sorolla KUNSTMUSEUM
(http://museosorolla.mcu.es, auf Spanisch; Paseo del General Martínez Campos 37; Erw./unter 18 J. & Rentner 3 €/frei, So Eintritt frei; ⏲Di–Sa 9.30–20, Mi 9.30–18, So & Feiertage 10–15 Uhr;

Ⓜ Iglesia oder Gregorio Marañón) Der aus Valencia stammende Künstler Joaquín Sorolla hielt in seinen Bildern das klare, mediterrane Licht der Strände seiner Heimatstadt fest. Er besaß ein Haus in Madrid, das zu einem Museum umfunktioniert wurde und eine der größten Sammlungen von Sorollas Werke enthält. Im Erdgeschoss befindet sich ein kühler *patio cordobés* (andalusischer Innenhof), von dem ein Raum mit Sorollas Zeichnungen abgeht. Drei Räume im ersten Stock wurden von dem Künstler als Atelier genutzt und deshalb auch weitgehend von ihm selbst eingerichtet. Im zweiten Stock kann man einige von Sorollas Strandbildern bewundern, während in der obersten Etage Werke ausgestellt sind, die alle Schaffensperioden des Malers abdecken.

AUSSERHALB DES ZENTRUMS

Casa de Campo PARK

(Ⓜ Batán) Dieser rund 1700 ha große verwilderte Park erstreckt sich westlich des Río Manzanares. Es gibt sicher hübschere und zentralere Grünanlagen, dennoch kommen jedes Wochenende fast eine halbe Million *madrileños* hierher. Auf den kreuz und quer verlaufenden Pfaden tummeln sich dann jede Menge Radfahrer, Wanderer und Picknickfans.

Innerhalb der Casa de Campo liegen das **Zoo Aquarium de Madrid** (www.zoomadrid.com; Erw./Kinder zw. 3–7 J. & Rentner 18,65/15,10 €; ⌚variierende Öffnungszeiten; Ⓜ Casa de Campo) mit ungefähr 3000 Tieren und der wunderbar für Kinder geeignete Vergnügungspark **Parque de Atracciones** (www.parquedeatracciones.es, auf Spanisch; Eintritt 10,60 €, inkl. unbegrenzter Fahrten Erw./Kind unter 7 J. 29/22 €; ⌚variierende Öffnungszeiten; Ⓜ Batan).

Sehr viel Spaß macht auch die Anfahrt zur Casa de Campo mit der **Teleférico** (cable car; www.teleferico.com, auf Spanisch; Erw. einfach/hin- & zurück 3,50/5 €, Kind 3–7 J. einfach/hin & zurück 3,55/5,15 €; ⌚variierende Öffnungszeiten; Ⓜ Argüelles). Sie startet an der Ecke Paseo del Pintor Rosales und Calle del Marqués de Urquijo und endet auf einer hoch gelegenen Station mitten im Park.

Aktivitäten

Madrid ist zwar nicht gerade die fahrradfreundlichste Stadt Europas, doch ein Nachmittagsausflug durch die Casa de Campo oder El Retiro gilt trotzdem als toller Zeitvertreib.

Eine Tageskarte in einer der vielen öffentlichen Sporteinrichtungen kostet zwischen 3,50 und 7 €. Private Fitnesszentren sind teurer (10–15 €), haben dafür aber weniger überfüllte Trainingsräume.

Madrid Xanadú SKIZENTRUM

(www.madridsnowzone.com, auf Spanisch; Calle Puerto de Navacerrada, Arroyomolinos; Erw./Kind 1 Std. 19/16 €, Tagespass 33/30 €, Ausrüstung 36/50 € pro Std./Tag; ⌚Fr & Sa 10–24 Uhr) Europas größtes überdachtes Skisportzentrum ist ganzjährig geöffnet und wird konstant auf einer Temperatur von -2 °C gehalten. In der Anlage sind ein riesiges Shoppingcenter, Kinos, eine Kartbahn und ein Vergnügungspark untergebracht. Das Madrid Xanadú liegt etwa 23 km westlich von Madrid direkt an der A5. Die Busse 528 und 534 fahren vom Intercambiador de Príncipe Pío hierher.

Hammam Medina Mayrit HAMAM

(Karte S. 60; www.medinamayrit.com; Calle de Atocha 14; ⌚10–24 Uhr; Ⓜ Sol) Ein traditionelles arabisches Badehaus; im Voraus buchen.

Hammam Ayala HAMAM

(www.hammamayala.com, auf Spanisch; Calle de Ayala 126; ⌚Di & Do 10–20, Mi, Fr & Sa 13–22, So 13–20 Uhr; Ⓜ Manuel Becerra) Ein weiteres Badehaus im arabischen Stil.

Spa Relajarse TAGESSPA

(Karte S. 78; www.sparelajarse.es, auf Spanisch; Calle de Barquillo 43; ⌚Mo–Sa 11–23, So 13–21 Uhr; Ⓜ Chueca)

By Bike FAHRRADVERLEIH

(www.bybike.info; Avenida de Menédez Pelayo 35; 4/20 € pro Std./Tag; ⌚Juni–Sept. Mo–Fr 10–21, Sa & So 9.30–21.30 Uhr; Ⓜ Ibiza) Ideal gelegen für eine Tour zum Parque del Buen Retiro.

Bike Spain FAHRRADVERLEIH

(Karte S. 60; www.bikespain.info; Plaza de la Villa 1 (Calle del Codo); halber/ganzer Tag/Wochenende 10/15/30 €; ⌚Mo–Fr 10–14 & 16–19 Uhr; Ⓜ Ópera) Organisiert auch Radtouren.

Trixi.com FAHRRADVERLEIH

(Karte S. 60; www.trixi.com; Calle de los Jardines 12; 4/8/24 Std. 8/12/15 €, Helm 2,50 €; ⌚März–Okt. Mo–Fr 10–14 & 16–20, Sa & So 10–20 Uhr; Ⓜ Gran Vía)

Polideportivo La Chopera SPORTZENTRUM

(Karte S. 71; Parque del Buen Retiro; 1/10 Sessions 4,35/37 €; ⌚Mo–Sa 9–21, So 9–15 Uhr, im Aug. geschl.; Ⓜ Atocha) Eines der besten

Sportzentren in Madrid. Es liegt an El Retiros südwestlicher Ecke und wartet mit einem neuen Trainingsbereich auf.

Casa de Campo SCHWIMMBAD
(Avenida Ángel; Eintritt 4,50 €; ⌚Mai–Sept. 11.30–21 Uhr; Ⓜ Batán) Hat Innen- und Außenbecken.

Canal de Isabel II SCHWIMMBAD
(Avenida de Filipinas 54; Eintritt 4 €; ⌚Juni–Anf. Sept. 11–20 Uhr; Ⓜ Ríos Rosas oder Canal) Wer sich von der trockenen Hitze des spanischen Sommers erholen will, sollte das riesige Freibad im Norden Madrids ansteuern.

Kurse

Madrid bietet unzählige Sprachkurse an. Wer kein EU-Bürger ist und an einer spanischen Universität oder Sprachschule studieren möchte, braucht ein Studienvisum. Folgende Einrichtungen sind empfehlenswert:

Academia Inhispania SPRACHE
(Karte S. 60; www.inhispania.com; Calle de la Montera 10–12; Ⓜ Sol)

Academia Madrid Plus SPRACHE
(Karte S. 60; www.madridplus.es; 6. OG, Calle del Arenal 21; Ⓜ Ópera)

International House SPRACHE
(Karte S. 76; www.ihmadrid.es; Calle de Zurbano 8; Ⓜ Alonso Martínez)

Universidad Complutense SPRACHE
(www.ucm.es/info/cextran/Index.htm; Secretaria de los Cursos para Extranjeros, Facultadole Filologia [Edificio A] Universidad Complutense, Cuidad Universitaria; Ⓜ Cuidad Universitaria)

Weitere gute Kurse:

Fundación Conservatorio Casa Patas FLAMENCO
(Karte S. 66; www.conservatorioflamenco.org, auf Spanisch; Calle de Cañizares 10; Ⓜ Antón Martín oder Tirso de Molina) Der beste Ort, um *sevillanas* (ein beliebter Tanz mit hohen, wirbelnden Armbewegungen) oder das Gitarrespielen zu lernen.

Alambique KOCHEN
(Karte S. 60; www.alambique.com; Plaza de la Encarnación 2; Ⓜ Ópera oder Santo Domingo) Kochkurse kosten mindestens 50 €. Es gibt auch ein paar englischsprachige Angebote.

Apunto – Centro Cultural del Gusto KOCHEN
(Karte S. 78; www.apuntolibreria.com, auf Spanisch; Calle de Pelayo 60; Ⓜ Chueca) Bei den Kursen (ab 25 €) werden Gerichte aus verschiedenen Regionen zubereitet.

LESER REDEN MIT

Wer ein tolles Restaurant entdeckt hat, mit unseren Empfehlungen nicht einverstanden ist oder einfach nur von seiner letzten Reise erzählen möchte, kann das auf www.lonelyplanet.de und www.lonelyplanet.com tun. Hier hat man die Möglichkeit, im Forum Fragen zu stellen oder zu beantworten, Blog-Kommentare zu schreiben, Fotos und Tipps zu veröffentlichen oder einfach nur mit gleichgesinnten Travellern zu chatten. Also, los geht's!

Geführte Touren

Wer wenig Zeit hat und so viel wie möglich sehen will, sollte an geführten Touren teilnehmen.

Descubre Madrid STADTSPAZIERGANG
(Madrid entdecken; ☎91 588 29 06; www.esmadrid.com/descubremadrid; Rundgang Erw./erm. 3,90/3,12 €, Bustouren 6,45/5,05 €, Fahrradtouren 3,90/3,12 € plus Leihradgebühr 6 €) Madrids Touristeninformation bietet 20 Stadtspaziergänge sowie Fahrrad- und Bustouren an.

Wellington Society STADTSPAZIERGANG
(☎609 143 203; www.wellsoc.org; geführte Touren ab 60 €) Hat eine Handvoll skurriler historischer Touren im Programm, die von dem einzigartigen Stephen Drake-Jones geleitet werden. Zur Auswahl stehen Führungen mit Themen wie „Stierkampf", „Hemingway" sowie „Kuriositäten und Anekdoten aus dem alten Madrid".

Letango Tours STADTSPAZIERGANG
(☎91 369 47 52; www.letango.com; Mo–Fr/Sa & So 95/135 €) Spaziergänge durch Madrid, z. B. zu Tapas-Bars, sowie Ausflüge nach San Lorenzo El Escorial, Segovia und Toledo.

Insider's Madrid STADTSPAZIERGANG
(☎91 447 38 66; www.insidersmadrid.com; geführte Touren ab 55 €) Maßgeschneiderte Touren inklusive Stadtrundgang, Tapas, Flamenco und Stierkampf.

Madrid Bike Tours FAHRRADTOUR
(☎680 581 782; www.madridbiketours.com; 4-stündige Touren 55 €) Der Londoner Mike

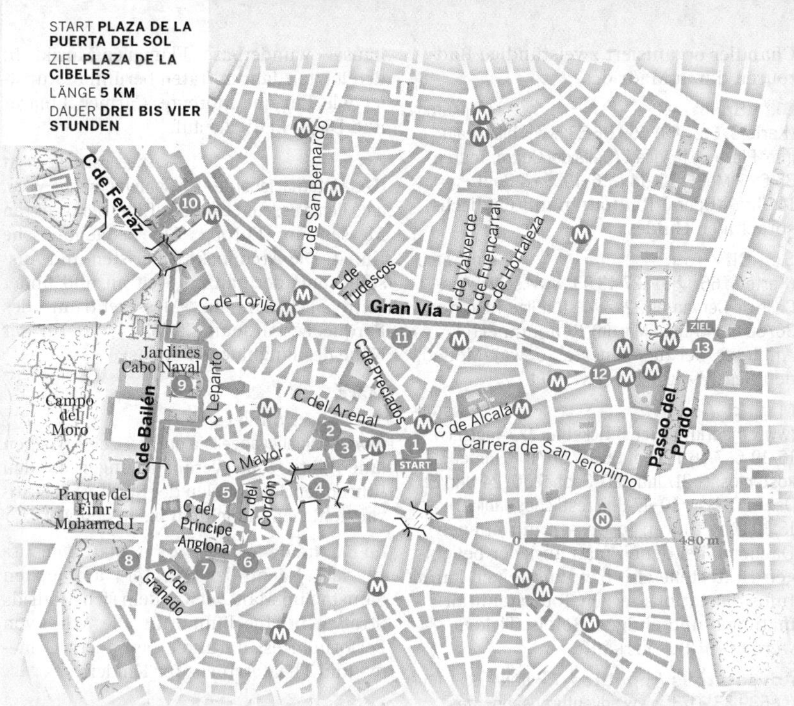

Stadtspaziergang

Historisches Madrid

Der Spaziergang beginnt an der ❶ **Plaza de la Puerta del Sol**, Spaniens pulsierendem geografischem Zentrum. Von dort führt die Route Richtung Nordwesten die Calle del Arenal entlang bis zur alten christlichen ❷ **Iglesia de San Ginés**. Gleich dahinter liegt die wunderbare ❸ **Chocolatería de San Ginés**, in der man *chocolate con churros* (frittierte Krapfenstangen, die in heiße Schokolade getunkt werden) genießen kann.

Als Nächstes geht's über die Calle Mayor bis zur ❹ **Plaza Mayor** und zur ❺ **Plaza de la Villa**, wo einige der ältesten noch erhaltenen Gebäude der Stadt stehen.

Anschließend biegt man in die Straße links von der Casa de Cisneros ab, geht über die Calle del Sacramento, nimmt die Treppen hinunter und überquert die kopfsteingepflasterte Calle del Cordón, bis man die Calle de Segovia erreicht. Fast direkt gegenüber erhebt sich der im 15. Jh. errichtete Mudéjar-Turm der ❻ **Iglesia de San Pedro El Viejo**. Wer nun die Costanilla de San Pedro hinaufläuft, kann sich unterwegs die charmante ❼ **Plaza de la Paja** ansehen.

Danach geht's durch die Gassen von La Morería zur Calle de Bailén und den herrlichen, aber ziemlich teuren *terrazas* (Cafés mit Außentischen) am Rand der ❽ **Jardines de las Vistillas**. Nach einem kühlen *cerveza* (Bier) schlendert man auf der Calle de Bailén an der Kathedrale und dem Königspalast vorbei zur eleganten ❾ **Plaza de Oriente**.

Zurück auf der Westseite des Platzes geht's über die Verlängerung der Calle de Bailén zur ❿ **Plaza de España** mit ihren monumentalen Türmen. An der Ostseite der Plaza de España beginnt die ⓫ **Gran Vía**: Spaniens Antwort auf den Pariser Boulevard Haussmann wurde zwischen 1910 und 1920 wie eine Schneise durch die verfallenen Elendsquartiere geschlagen. Über einen Hügel und an eleganten Häuserfassaden vorbei führt einen die Route bis zur wunderschönen Kuppel des ⓬ **Metrópolis-Gebäudes**, wo die Gran Vía auf die Calle de Alcalá trifft. Wer danach noch den Weg hügelabwärts nimmt, gelangt zur ⓭ **Plaza de la Cibeles**, Madrids schönstem Kreisverkehr.

Chandler organisiert zweistündige Radtouren durch Madrid.

Bike Spain FAHRRADTOUR
(Karte S. 60; ☎91 559 06 53; www.bikespain.info; Plaza de la Villa 1 (Calle del Codo); Touren 35 €; ⏲Mo–Fr 10–14 & 16–19, Sa & So 10–14 Uhr; Ⓜ Ópera) Radtouren mit englischsprachigen Guides.

Seg City Tours SEGWAY-TOUR
(Karte S. 66; ☎91 127 43 93; www.segcity.es; Calle de Cervantes 22; 2-/4-stündige Touren ab 36/60 €; Ⓜ Antón Martín) Renommierter Anbieter, der das neueste Segway-Modell, den Segway i2 PT, verwendet.

Madrid Vision BUSTOUR
(www.madridvision.es; Ticket für 1/2 Tage Erw. 16/19 €, 7–16 J./über 65 J. 7,50/10 €, unter 7 J. kostenlos; ⏲21. Juni–20. Sept. 9.30–24 Uhr, 21. Dez.–20. März 10–17 Uhr, restliches Jahr 10–18.30 Uhr) Touren in Bussen mit offenen Dächern, bei denen man an jeder beliebigen Haltestelle ein- bzw. aussteigen kann. Infos dazu gibt's in den Touristeninformationen und einigen Hotels. Tickets werden im Bus verkauft.

Adventurous Appetites KULINARISCHE TOUR
(☎639 331 073; www.adventurousappetites.com; 4-stündige Touren 50 €; ⏲Mo–Sa 20–24 Uhr) Englischsprachige Tapas-Touren durch das Zentrum von Madrid. Im Preis ist das erste Getränk inbegriffen, das Essen muss man extra zahlen.

Alambique KULINARISCHE TOUR
(Karte S. 60; ☎91 547 42 20; www.alambique.com; 3½-stündige Touren ab 50 €; Plaza de la Encarnación 2; Ⓜ Ópera oder Santo Domingo) Die „Foodies Walking Tour" führt zu traditionellen Bäckereien und dem Mercado de San Miguel. Auf Wunsch kann der Ausflug um ein Mittagessen und einen Kochkurs erweitert werden.

Feste & Events

Die Madrider feiern überaus gern und dafür ist ihnen fast jeder Vorwand recht. Mehr über nationale Feiertage und Events siehe S. 24. Die nachfolgend aufgelisteten Veranstaltungen in der Stadt sollte man sich auf jeden Fall rot im Kalender anstreichen. Details gibt's online auf www.esmadrid.com.

Februar

Festival Flamenco Caja Madrid FLAMENCO
Fünf Tage lang (die Daten variieren) erschallt in einem der städtischen Theaterhäuser wunderbare Flamenco-Musik. In den letzten Jahren traten berühmte Künstler wie Enrique Morente, Carmen Linares und Diego El Cigala auf.

Arco ZEITGENÖSSISCHE KUNST
(Feria Internacional de Arte Contemporánea; www.arco.ifema.es, auf Spanisch) Eine der größten Messen in Europa für zeitgenössische Kunst. Die Arco lockt Galeristen und Aussteller aus der ganzen Welt an und findet Mitte Februar im Messezentrum des Parque Ferial Juan Carlos I. statt (in der Nähe des Flughafens Barajas).

März

Jazz es Primavera JAZZ
(www.sanjuanevangelista.org) Drei Wochen lang gibt's tolle Veranstaltungen in den führenden Jazzlokalen der Stadt. Das Festival zieht sich manchmal bis in den April.

La Noche de los Teatros STRASSENTHEATER
In der „Nacht der Theater" am letzten Samstag im März verwandeln sich Madrids Straßen in eine Bühne für alle Arten von Performances, darunter besonders Comedy- und Theaterstücke für Kinder.

Mai & Juni

Fiesta de la Comunidad de Madrid STADTFEST
Am 2. Mai 1808 schlugen Napoleons Truppen einen Aufstand in Madrid nieder. Dieser Gedenktag bietet Einwohnern und Besuchern einen willkommenen Anlass zum Feiern. Besonders wild geht's zumeist in den Bars des Viertels Malasaña zu.

Fiesta de San Isidro STADTPATRON
Madrids Schutzpatron wird ab dem 15. Mai mit einer Woche Dauerprozessionen, Partys und Stierkämpfen geehrt. Überall in der Stadt finden kostenlose Konzerte statt. Darüber hinaus ist das Fest der offizielle Auftakt der Stierkampfsaison.

Festimad INDIE-MUSIK
(www.festimad.es, auf Spanisch) Nationale und internationale Bands treten zwei Tage lang in Móstoles oder Leganés (mit der Metro zu erreichen) auf. Obwohl das Indie-Festival normalerweise im Mai steigt, beginnt es manchmal schon im April oder zieht sich bis in den Juni.

Fiesta de Otoño en Primavera MUSIK, THEATER
(www.esmadrid.com) Das „Herbstfestival im Frühling" bietet ein abwechslungsreiches Programm mit Musik und Theater.

MADRID MIT KINDERN

Madrid hat eine Menge zu bieten, das kleine Racker bei Laune hält. Die **Casa de Campo** (S. 81) ist ein guter Ausgangspunkt, denn hier befinden sich sowohl ein Schwimmbad als auch das Zoo Aquarium de Madrid und der Parque de Atracciones mit einer „Zona Infantil" mit weniger halsbrecherischen Fahrgeschäften. Zur Casa de Campo gelangt man mit dem *teleférico,* einer der ebensten Seilbahnen der Welt. Sie zuckelt von den Hängen von La Rosaleda aus 2,5 km nach Westen.

Toll für Kinder ist auch die **Faunia** (www.faunia.es, auf Spanisch; Avenida de las Comunidades 28; Erw./unter 12 J. 24,90/19,10 €; ⌚variierende Öffnungszeiten; Ⓜ Valdebernardo). Der moderne Tier-Themenpark mit „Amazonasdschungel" und „Polarökosystem" liegt etwa 7 km vom Stadtzentrum östlich der M-40.

Im **Museo del Ferrocarril** (Eisenbahnmuseum; www.museodelferrocarril.org; Paseo de las Delicias 61; Erw./Kind 4,50/3 €; ⌚Sept.–Juli Di–So 10–15 Uhr; Ⓜ Delicias) werden alte Waggons, Lokomotiven und vieles mehr gezeigt. Das kostenlose **Museo Naval** (S. 74) zieht vor allem Fans von Schiffen an.

Madrids Miniaturausgabe von Madame Tussauds, das **Museo de Cera** (Wachsmuseum; Karte S. 76; www.museoceramadrid.com; Paseo de los Recoletos 41; Erw./unter 10 J. 16/12 €; ⌚Mo–Fr 10–14.30 & 16.30–20.30, Sa & So 10–20.30 Uhr; Ⓜ Colón), wartet mit mehr als 450 Wachsfiguren auf.

Zu den weiteren Attraktionen für Kids gehören der Besuch eines Spiels von Real Madrid im **Estadio Santiago Bernabéu** (S. 108), Spaziergänge im **Parque del Buen Retiro** (S. 73), wo man im Sommer beim Puppentheater zusehen und Bootsfahrten unternehmen kann, und ein Ausflug ins überdachte Skizentrum **Madrid Xanadú** (S. 81).

Suma Flamenca FLAMENCO
(www.madrid.org/sumaflamenca, www.teatrosdelcanal.org) Ein weiteres stimmungsvolles Flamenco-Festival, das im Juni stattfindet und einige der größten Namen des Genres in die Teatros del Canal zieht.

Día del Orgullo de Gays, Lesbianas y Transexuales SCHWULENPARADE
(www.orgullogay.org, auf Spanisch, www.gayprid emadrid.com) Dieses kunterbunte Fest ist ein wahrhaft ohrenbetäubendes Vergnügen: Die schrille Schwulenparade beginnt frühabends am letzten Samstag im Juni an der Puerta de Alcalá und endet an der Puerta del Sol.

Juli & August

Veranos de la Villa KULTUR
(www.esmadrid.com/veranosdelavilla) Das Rathaus organisiert eine Reihe kultureller Events, Shows und Ausstellungen, die auch als „Summers in the City" bekannt sind.

Sommerfeste STADTFESTE
Kurze, aber amüsante Feste in den Stadtvierteln (darunter z. B. das San Cayetano in Lavapiés oder das San Lorenzo und La Paloma in La Latina) sorgen von Mitte August bis September für tolle, preiswerte Unterhaltung.

September–November

La Noche en Blanco NACHTFESTIVAL
Während der „Weißen Nacht" im September werden an über 120 Veranstaltungsorten extravagante Konzerte und andere Festivitäten geboten.

Festival Jazz Madrid JAZZ
(www.esmadrid.com/festivaljazz) Die Madrider lieben den Jazz zu sehr, um sich auf ein einziges Festival festzulegen. Nach dem „Jazz es Primavera" im Frühling findet deshalb im November das prestigeträchtigere Festival „Jazz Madrid" statt. Zu diesem Anlass kommen Bands aus aller Welt in die Hauptstadt und treten an zahlreichen Standorten auf.

Schlafen

Madrid hat tolle Unterkünfte in allen Preisklassen und für jeden Geschmack. Beim Erleben der Stadt spielt es eine wichtige Rolle, in welchem Viertel man unterkommt. Los Austrias, Sol und Centro bilden das Herz des geschäftigen Zentrums, während La Latina (der beste *barrio* für Tapas), Lavapiés und Huertas (bietet ein reges Nachtleben) das Richtige für Nachtschwärmer sind, die es in den Morgenstunden nicht zu weit zum Hotel haben möchten. Fans von Museen quartieren sich am besten in der

Nähe des Paseo del Prado ein. Wer gerne shoppen geht, wird sich im ruhigen, eleganten Salamanca wohlfühlen. Homosexualität ist in Chueca kein Muss, doch Schwule fühlen sich dort besonders wohl. Das Altstadtviertel Malasaña wartet mit guten Restaurants und Bars auf.

LOS AUSTRIAS, SOL & CENTRO

LP TIPP **Hotel Meninas** BOUTIQUE-HOTEL €€
(Karte S. 60; ☎91 541 28 05; www.hotelmeninas.com; Calle de Campomanes 7; EZ/DZ ab 109/129 €; ❄📶; Ⓜ Ópera) Mit diesem Hotel hat der Innenarchitekt ein echtes Meisterwerk des minimalistischen Luxus geschaffen. Die vorherrschenden Farben sind Schwarz, Weiß und Grau, es gibt dunkle Holzböden und Elemente aus Fuchsia und Limonengrün. Jedes Zimmer verfügt über Flachbildfernseher, topmoderne Bäder und Internetzugänge (in manchen Zimmern gibt's sogar Laptops). Alles zusammen ergibt ein stimmiges Erscheinungsbild aus klaren Linien und neuester Technik.

Hostal Madrid HOSTAL, APARTMENTS €
(Karte S. 60; ☎91 522 00 60; www.hostal-madrid.info; 2. OG, Calle de Esparteros 6; EZ 40–60 €, DZ 50–78 €, Apt. pro Nacht/Monat 60–150 €/1200–2100 €; Ⓜ Sol) Die 19 exzellenten Apartments sind zwischen 33 und 200 m² groß und haben voll ausgestattete Küchen, eigene Sitzbereiche, Bäder und teilweise sogar große Terrassen mit gutem Ausblick auf die Dächer der Stadt. Die Doppelzimmer des *hostal* (Budgethotel) sind ebenfalls komfortabel und geräumig und der Service ist sehr freundlich.

Hotel Plaza Mayor HOTEL €€
(Karte S. 60; ☎91 360 06 06; www.h-plazamayor.com; Calle de Atocha 2; EZ 50–70 €, DZ 60–130 €; ❄; Ⓜ Sol oder Tirso de Molina) Gegenüber der Plaza Mayor. Das 150 Jahre alte Gebäude mit stilvollem Dekor, charmanten, original erhaltenen Elementen und hilfsbereiten Angestellten besitzt attraktive, teilweise in hellen Farben gehaltene Zimmer mit schmiedeeisernen Betten. Die Luxuszimmer im Designerstil haben hübsche kleine Terrassen und bieten einen tollen Blick über die Dächer der Innenstadt.

Los Amigos Sol Backpackers' Hostel HOSTEL €
(Karte S. 60; ☎91 559 24 72; www.losamigoshostel.com; Calle de Arenal 26, 4. OG; B inkl. Frühstück 17–20 €; @; Ⓜ Ópera oder Sol) Wer Gesellschaft sucht, sollte hier übernachten: Das Hostel zieht jede Menge Studenten an, die Angestellten sind sehr hilfreich und sprechen Englisch, außerdem gibt's helle Schlafsäle mit kostenlosen Schließfächern und eine Gemeinschaftsküche. Die Preise verstehen sich inklusive Frühstück. Der ständige Strom wiederkehrender Besucher ist die beste Empfehlung für das Amigos.

Hotel de Las Letras HOTEL €€
(Karte S. 60; ☎91 523 79 80; www.hoteldelasletras.com; Gran Vía 11; DZ ab 100 €; Ⓜ Gran Vía) Ein aufsehenerregendes modernes Hotel mit einer Dachbar, von der man einen tollen Blick auf die Stadt genießt. Viele neue Unterkünfte in Madrid haben Dachterrassen, doch das Hotel de las Letras hat die Welle erst losgestoßen. Außerdem überzeugen die individuell eingerichteten Zimmer, an deren Wänden Zitate berühmter Schriftsteller hängen.

Mario Room Mate BOUTIQUE-HOTEL €€
(Karte S. 60; ☎91 548 85 48; www.room-matehoteles.com; Calle de Campomanes 4; EZ 90–120 €, DZ 100–140 €; ❄📶; Ⓜ Ópera) Wer dieses schicke Boutique-Hotel betritt, fühlt sich wie in einem angesagten Nachtclub: Die Angestellten sind ganz in Schwarz gehüllt und auch die rot beleuchtete Lobby ist dunkel gehalten. Manche Zimmer fallen recht klein aus, haben aber alle hohe Decken und schlichtes Mobiliar. Die hellen Farben dieser Räume bilden einen wunderbaren Kontrast zu den gedämpften Tönen und dunklen Oberflächen; einige sind ganz in Weiß gehalten, andere farbenfroh mit verrückten Wandbildern eingerichtet. Das Mario ist das erste Hotel der Kette Room Mate und bezeichnet sich selbst als „intimes, elegantes und heiteres Haus" – das können wir nur bestätigen.

Hostal Luis XV HOSTAL €
(Karte S. 60; ☎91 522 10 21; www.hrluisxv.net, auf Spanisch; 8. OG, Calle de la Montera 47; EZ/DZ ab 45/59 €; Ⓜ Gran Vía) Alles in dem familiengeführten Hotel – die Aussicht, die geräumigen Zimmer und der Blick fürs Detail – erweckt den Eindruck, teuer zu sein, doch die Preise sprechen für sich. Die Außenräume haben Balkone (einen besonders schönen Blick bietet übrigens das Dreibettzimmer 820). Wer hier untergekommen ist, wird die Unterkunft wahrscheinlich nur ungern wieder verlassen.

Hostal Acapulco HOSTAL €
(Karte S. 60; ☎91 531 19 45; www.hostalacapulco.com; Calle de la Salud 13, 4. OG; EZ/DZ 52/62 €;

❄📶; Ⓜ Gran Vía) Ein makelloses kleines *hostal* mit Marmorböden, frisch renovierten Bädern, doppelverglasten Fenstern und komfortablen Betten. Die lichtdurchfluteten Zimmer zur Straße hin haben Balkone mit Blick auf die Plaza del Carmen.

Petit Palace Posada del Peine BOUTIQUE-HOTEL €€

(Karte S. 60; ☎91 523 81 51; www.hthoteles.com; Calle de Postas 17; DZ ab 130 €; ❄📶; Ⓜ Sol) Das hervorragende Hotel ist in einem 1610 errichteten Gebäude untergebracht und verbindet eine brillante Lage (nur 50 m von der Plaza Mayor) mit modernem Hightech. Die Bäder verfügen über eine exzellente Ausstattung und im öffentlichen Bereich sind noch viele historische Elemente zu finden. Leider fallen einige Zimmer recht klein aus.

Hotel Preciados BUSINESSHOTEL €€

(Karte S. 60; ☎91 454 44 00; www.preciadoshotel.com; Calle de Preciados 37; DZ ab 125 €; ❄📶; Ⓜ Santo Domingo oder Callao) Stilvoller als die meisten anderen Unterkünfte dieser Art und für einen guten Service bekannt. In den gemütlichen Zimmern dominieren helle Farben und viel Glas.

Hostel Metropol HOSTEL €

(Karte S. 60; ☎91 521 29 35; www.metropolhostel.com; Calle de la Montera 47, 1. OG; B 16–21 €, EZ/DZ 45/60 €; @; Ⓜ Gran Vía) Ein entspanntes Hostel, das junge Traveller anzieht – nicht wegen seiner einfachen, etwas charakterlosen Zimmer, sondern wegen des gewissen Etwas, das nur wenige Bleiben dieser Art bieten: Schwung und eine fröhliche Einstellung.

LA LATINA & LAVAPIÉS

Mad Hostel HOSTEL €

(☎91 506 48 40; www.madhostel.com; Calle de Cabeza 24; B ab 15 €; ❄@; Ⓜ Antón Martín) Diese fröhliche, belebte Unterkunft wird von denselben Leuten wie das Cat's Hostel geführt. Auf dem Hof im ersten Obergeschoss (mit ausfahrbarem Dach) kann man sich wunderbar entspannen. Die Zimmer für vier bis acht Personen sind klein, aber neu und sauber. Ganz oben befindet sich ein kleines Fitnessstudio mit hochmodernen Geräten.

HUERTAS & ATOCHA

LP TIPP **Alicia Room Mate** BOUTIQUE-HOTEL €€

(Karte S. 66; ☎91 389 60 95; www.roommatehoteles.com; Calle del Prado 2; DZ 105–165 €, Suite ab 200 €; ❄📶; Ⓜ Sol oder Antón Martín) Eine der beeindruckendsten Anlagen der Room-Mate-Kette. Das Designerhotel mit Blick auf die Plaza de Santa Ana verfügt über wunderschöne, geräumige Zimmer. Sein Stil (eine Arbeit von Pascua Ortega) ist etwas bescheidener als der der anderen Room-Mate-Hotels, doch dafür wartet das Haus mit einem supermodernen Erscheinungsbild, einer coolen Bar im Erdgeschoss und jungen, eifrigen Angestellten auf.

LP TIPP **Quo** BOUTIQUE-HOTEL €€

(Karte S. 66; ☎91 532 90 49; www.hotelesquo.com; Calle de Sevilla 4; DZ 90–217 €; ❄📶; Ⓜ Sevilla) Das altbewährte Boutique-Hotel ist zu Recht beliebt. Die in Rot und Schwarz gehaltenen Zimmer besitzen helle, minimalistische Designermöbel, hohe Decken und riesige Fenster, die viel Licht hereinlassen. Toll sind auch die Bäder mit Glastüren, Glasbänken und rostfreien Stahlbecken. Darüber hinaus können sich die Gäste über Flachbildfernseher, dunkle Holzfußböden, gemütliche Sessel und Schwarz-Weiß-Fotos von Madrid freuen. Die Zimmer im siebten Stock punkten mit Jacuzzis und privaten Terrassen, von denen man einen herrlichen Ausblick auf die Stadt genießt.

Hotel Urban LUXUSHOTEL €€€

(Karte S. 66; ☎91 787 77 70; www.derbyhotels.com; Carrera de San Jerónimo 34; DZ/Suite ab 190/250 €; ❄📶🏊; Ⓜ Sevilla) Der hoch aufragende Glasbau gilt als Inbegriff des kunstvollen, stylishen Designerluxus. Mit der sauberen Bettwäsche, modernen Kunstwerken und Antiquitäten aus aller Welt setzt sich das Urban vom klassischen Charme vieler Fünf-Sterne-Hotels in Madrid ab. Die dunklen Holzfußböden und Wände werden duch viel Licht aufgehellt und die Bäder haben eine wundervolle Designerausstattung (man beachte die grandiosen Waschbecken). Auf dem Dach erstreckt sich der beste Swimmingpool der Stadt, außerdem gibt's hier eine zauberhafte Terrasse, die an Sommerabenden mit Kerzen beleuchtet wird.

Chic & Basic Colors HOSTEL €€

(Karte S. 66; ☎91 429 69 35; www.chicandbasic.com; Calle de las Huertas 14, 2. OG; EZ/DZ/Apt. ab 62/78/96 €; ❄📶🏊; Ⓜ Antón Martín) Die Zimmer des tollen kleinen Hotels sind weiß eingerichtet und verfügen über kostenlosen Internetzugang, Flachbildfernseher sowie dunkle Holzfußböden, die in jedem Raum mit Mustern in einem anderen Farbton versehen wurden. Alles wirkt sehr komfortabel, modern und lässig. Freitags und samstags steigen die Preise um 10 €. Außerdem gibt's Apartments.

Cat's Hostel HOSTEL €

(Karte S. 66; ☎91 369 28 07; www.catshostel.com; Calle de Cañizares 6; B/DZ ab 15/42 €; ❄@; Ⓜ Antón Martín) Das Hostel ist in einem Palast aus dem 17. Jh. untergebracht, der den schönsten Innenhof der ganzen Stadt besitzt. Rund um den Hof mit aufwendigen andalusischen Fliesenarbeiten, einem Brunnen, einer spektakulären Glasdecke und dem beeindruckenden islamischen Dekor verläuft ein offener Balkon. Im Erdgeschoss befindet sich eine coole Bar mit kostenlosem Internetzugang, in der oft Livemusik gespielt wird.

Hostal Adriano HOSTAL €

(Karte S. 66; ☎91 521 13 39; www.hostaladriano.com; Calle de la Cruz 26, 4. OG; EZ/DZ 53/65 €; Ⓜ Sol) Ein besseres *hostal* wird man in Madrid nicht finden. Die helle, fröhliche Unterkunft zwischen Sol und Huertas bietet geräumige Zimmer, von denen jedes in einem anderen Farbton gehalten ist.

Hostal Sardinero HOSTAL €

(Karte S. 66; ☎91 429 57 56; www.hostalsardinero.com; Calle del Prado 16; EZ/DZ ab 42/50 €; ❄; Ⓜ Sol oder Antón Martín) Der Besitzerwechsel hat dieser Bleibe mehr als nur einen frischen Farbanstrich sowie neue Matratzen und Fernseher gebracht. Dank der fröhlichen, aufmerksamen Inhaber Nieves und Jimmy sind die Zimmer mit Klimaanlagen, Safes, Föhnen und renovierten Bädern ausgestattet.

Hostal Adria Santa Ana HOSTAL €€

(Karte S. 66; ☎91 521 13 39; www.hostaladriasantaana.com; Calle de la Cruz 26, 4. OG; EZ/DZ 60/70 €; Ⓜ Sol) Hat dieselben Besitzer wie das Hostal Adriano und liegt auf derselben Etage, ist aber etwas teurer, stilvoller und luxuriöser. Man sollte beide *hostales* zusammenlegen – das wäre eine tolle Kombination.

Me by Melía HOTEL €€€

(Karte S. 66; ☎91 701 60 00; www.me-by-melia.com; Plaza de Santa Ana 14; DZ ohne/mit Blick auf die Plaza ab 182/230 €; Ⓜ Sol oder Antón Martín) Früher sind im legendären Gran-Victoria-Hotel viele berühmte Stierkämpfer abgestiegen, heute gilt die Unterkunft jedoch als neues und kühnes Wahrzeichen ganz anderer Art. Das Luxushotel am westlichen Rand der Plaza de Santa Ana ist in minimalistischem Weiß gehalten und mit allem Komfort ausgestattet. Es lohnt sich, für ein Zimmer mit Aussicht etwas mehr zu zahlen.

Hotel Miau BOUTIQUE-HOTEL €€

(Karte S. 66; ☎91 369 71 20; www.hotelmiau.com; Calle del Príncipe 26; EZ/DZ inkl. Frühstück 85/95 €; ❄@; Ⓜ Sol oder Antón Martín) Wer in der Nähe des Nachtlebens in Huertas wohnen möchte oder sich nicht von der wunderschönen Plaza de Santa Ana losreißen kann, sollte im Miau übernachten. Helle Töne, frische Farbelemente und elegante, moderne Kunstwerke schmücken die großen, gut ausgestatteten Zimmer. Es kann laut werden, aber das darf einen in diesem Stadtviertel eigentlich nicht überraschen ...

Hotel El Pasaje HOTEL €€

(Karte S. 66; ☎91 521 29 95; www.elpasajehs.com; Calle del Pozo 4; DZ inkl. Frühstück 91–113 €; Ⓜ Sol) Wenn man die ideale Bleibe in Huertas sucht, ist das Hotel El Pasaje kaum zu schlagen. Es liegt in einer ruhigen Gasse fast ohne Bars und ist gleichzeitig ganz nah an der Plaza de la Puerta del Sol. Dadurch bietet es sowohl eine zentrale Lage als auch einen für Huertas vergleichbar ruhigen Schlaf. Darüber hinaus herrscht hier eine intime und moderne Atmosphäre (nur die Bettüberzüge sind trist). Die Zimmer verfügen über gute Bäder, Minibars und genug Platz, um nicht über den eigenen Koffer zu stolpern.

PASEO DEL PRADO & EL RETIRO

Hotel Ritz LUXUSHOTEL €€€

(Karte S. 71; ☎91 701 67 67; www.ritzmadrid.com; Plaza de la Lealtad 5; DZ ab 280 €, Suite 1100–5000 €; ❄📶; Ⓜ Banco de España) Das Ritz verspricht das höchste der Gefühle in Sachen Exklusivität. An den klassischen Stil und exzellenten Service dieses prunkvollen Gebäudes reicht kein anderes Hotel heran. Deshalb überrascht es kaum, dass man hier Präsidenten, gekrönte Häupter und weltberühmte Promis trifft. Antiquitäten schmücken die palastähnlichen Gemeinschaftsbereiche und die Zimmer sind sehr geräumig, opulent ausgestattet sowie äußerst komfortabel.

Westin Palace LUXUSHOTEL €€€

(Karte S. 66; ☎91 360 80 00; www.westinpalacemadrid.com; Plaza de las Cortes 7; DZ ab 215 €, Suite ab 650 €; ❄📶; Ⓜ Banco de España oder Antón Martín) Ein echter Klassiker, der seinen Namen aus gutem Grund besitzt. 1911 wurde der ehemalige Palast des Duque de Lerma in ein Hotel umfunktioniert, das seither als Spaniens zweitbeste Luxusbleibe bekannt ist und ebenso lange auch seinen Erzrivalen, das Ritz, vor Augen hat. Diese

Unterkunft bietet alle Extravaganzen, die man von ihr erwartet.

SALAMANCA

LP TIPP Petit Palace Art Gallery

KUNSTHOTEL €€

(Karte S. 76; ☎91 435 54 11; www.hthoteles.com; Calle de Jorge Juan 17; DZ 120–220 €; ❄📶; Ⓜ Serrano) Das zauberhafte Designerhotel befindet sich in einem prächtigen Haus aus dem 19. Jh. und bietet sowohl modernste Einrichtungen als auch ein künstlerisches Erscheinungsbild. In den Gemeinschaftsbereichen und einigen Zimmern hängen zahlreiche Originalwerke. Viele Räume warten zudem mit Hydro-Massageduschen, Laptops und modernen Trainingsgeräten (Räder) auf. In dieser Unterkunft bekommt man das Beste, was Salamanca zu bieten hat.

Hesperia Hermosilla

HOTEL €€

(Karte S. 76; ☎91 246 88 00; www.hesperia.com; Calle de Hermosilla 23; DZ ab 84 €; ❄📶; Ⓜ Serrano) Wer nach Madrid kommt, um in Salamanca shoppen zu gehen und ruhige, exklusive Straßen abseits von Madrids Innenstadttrubel zu schätzen weiß, trifft mit dieser Unterkunft die richtige Wahl. Das moderne und zurückhaltend elegante Hotel besticht durch minimalistische Möblierung, vor allen in den Gemeinschaftsbereichen. LCD-Flachbildschirme und andere Annehmlichkeiten sind in dieser Preisklasse ein seltener Luxus.

MALASAÑA & CHUECA

LP TIPP Hotel Óscar

BOUTIQUE-HOTEL €€

(Karte S. 78; ☎91 701 11 73; www.room-matehoteles.com; Plaza de Vázquez de Mella 12; DZ 90–200 €, Suite 150–280 €; ❄📶🏊; Ⓜ Gran Vía) Ein wunderbares Hotel mit edlen Designerzimmern: Manche haben Wandbilder vom Boden bis zur Decke, außerdem ist die Beleuchtung irre und die Farbpalette reicht von Pink bis Zitronengrün, Orange und minimalistischem Schwarz-Weiß. Die Fassade ist mit Tausenden Coca-Cola-Flaschen behängt und ein auffallendes Wahrzeichen des Viertels. Es gibt eine Tapas-Bar im Erdgeschoss und eine Dachterrasse.

LP TIPP Antigua Posada del Pez

HOTEL €€

(Karte S. 78; ☎91 531 42 96; www.antiguaposadadelpez.com; Calle de Pizarro 16; EZ 40–120 €, DZ 50–150 €; Ⓜ Noviciado) Wenn doch nur alle Unterkünfte so gut wären! Das Antigua Posada del Pez ist in einem historischen Gebäude untergebracht und beherbergt raffinierte, topmoderne Zimmer mit Designerbädern. Man wohnt nur ein paar Schritte hügelaufwärts von der Calle del Pez, einer der beliebtesten Straßen von Malasaña. Das Preis-Leistungs-Verhältnis ist außergewöhnlich gut, auch wenn man langsam tiefer in die Tasche greifen muss.

Hotel Abalú

BOUTIQUE-HOTEL €€

(Karte S. 78; ☎91 531 47 44; www.hotelabalu.com; Calle del Pez 19; EZ/DZ/Suite ab 74/90/140 €; ❄📶; Ⓜ Noviciado) Malasañas außergewöhnliches Boutique-Hotel gilt als echte Stiloase in dem eher in die Jahre gekommenen Viertel. Jedes der individuell eingerichteten Zimmer wurde nach der Vorstellung von Luis Delgado gestaltet: Von Retro-Chintz bis Zen, von Barock bis zu puren Weißtönen. Einige der Suiten warten zudem mit Jacuzzis und Großbildschirmen auf. Man wohnt hier in der Nähe der Gran Vía, ist aber weit genug weg vom Touristenrummel.

Hostal La Zona

HOSTAL €

(Karte S. 78; ☎91 521 99 04; www.hostallazona.com; Calle de Valverde 7, 1. OG; EZ/DZ 50/60 €; ❄📶; Ⓜ Gran Vía) Eine schicke Bleibe, die vor allem schwule Gäste anzieht und durch freigelegte Backsteinmauern, Holzbalken sowie fein abgestimmte Farbkombinationen besticht. Besonderes Plus: Ausschlafen ist ausdrücklich erlaubt, denn die Frühstückszeit (Frühstück ist im Preis inklusive) geht von 9 bis 12 Uhr. Genau das Richtige also für alle, die Madrids Nachtleben auskosten möchten. Zu den weiteren Highlights gehören der freie Internetzugang, hilfsbereites Personal und Klimaanlagen bzw. Heizungen in allen Zimmern.

Albergue Juvenil

HOSTEL €

(Karte S. 78; ☎91 593 96 88; www.ajmadrid.es; Calle de Mejía Lequerica 21; B inkl. Frühstück 19–25 €; ❄@📶; Ⓜ Bilbao oder Alonso Martínez) Wem ein Schlafsaal zum Übernachten reicht, sollte unbedingt in diesem Hostel einchecken. Es wurde 2007 eröffnet und bietet makellose Zimmer, von denen keines mehr als sechs Betten (jedes mit eigenem Bad) hat. Zu den supermodernen Einrichtungen gehören ein Billardtisch, ein Fitnessraum, Rollstuhlzugang, kostenloses Internet, Waschmaschinen und ein TV-/DVD-Raum mit Filmauswahl.

Flat 5 Madrid

HOSTAL €

(Karte S. 78; ☎91 127 24 00; www.flat5madrid.com; Calle de San Bernardo 55, 5. OG; DZ ohne Bad 40–60 €, mit Bad 60–100 €; ❄📶; Ⓜ Noviciado)

MADRID FÜR SCHWULE & LESBEN

Madrid ist eine der schwulenfreundlichsten Städte in Europa. Im innerstädtischen *barrio* (Viertel) Chueca fühlen sich Homosexuelle besonders wohl, denn die ehemals heruntergekommene Gegend strotzt nur so vor Lebensfreude und zieht ein bunt gemischtes Publikum an. Ein besonders guter Termin für einen Besuch der Stadt ist der letzte Samstag im Juni, wenn die Schwulen- und Lesbenparade stattfindet (S. 85).

In Chueca gibt's jede Menge einschlägige Bars, Restaurants und Geschäfte. Die **Librería Berkana** (Karte S. 78; ☎91 522 55 99; www.libreriaberkana.com, auf Spanisch; Calle de Hortaleza 64; ⏲Mo–Fr 10.30–21, Sa 11.30–21, So 12–14 & 17–21 Uhr; Ⓜ Chueca) dient als inoffizielles Informationszentrum. Hier bekommt man das zweiwöchentlich erscheinende Magazin *Shanguide*, das mit Veranstaltungstipps und Kontaktanzeigen vollgestopft ist, und kann Bücher, Magazine und Videos kaufen. Die Buchhandlung **A Different Life** (Karte S. 78; www.adifferentlife.es, auf Spanisch; Calle de Pelayo 30; ⏲Mo–Fr 11–22, Sa 11–24, So 11–15 & 17–22 Uhr; Ⓜ Chueca) ist eine weitere gute Anlaufstelle.

Wer das Neueste über das Abendprogramm in der Stadt wissen möchte, steuert das relaxte **Mamá Inés** (Karte S. 78; www.mamaines.com, auf Spanisch; Calle de Hortaleza 22; ⏲So–Do 10–14, Fr & Sa 10–15 Uhr; Ⓜ Gran Vía oder Chueca) an. Das **Café Acuarela** (Karte S. 78; Calle de Gravina 10; ⏲So–Do 11–14, Fr & Sa 11–15 Uhr; Ⓜ Chueca) gilt als schummrig beleuchtetes Herzstück des schwulen Madrids und wird von der hünenhaften Statue eines nackten männlichen Engels bewacht. Einen ungezwungenen Abend außer Haus verspricht auch das schicke **Café La Troje** (Karte S. 78; Calle de Pelayo 26; ⏲14–2 Uhr; Ⓜ Chueca).

Zu den beliebtesten Nachtclubs in Chueca gehören das **Club 54 Studio** (Karte S. 78; www.studio54madrid.com, auf Spanisch; Calle de Barbieri 7; ⏲Do–Sa 11.30–15.30 Uhr; Ⓜ Chueca), das dem berühmten New Yorker Club Studio 54 nachempfunden ist, und das **Liquid Madrid** (Karte S. 78; www.liquid.es; Calle de Barbieri 7; ⏲Mo–Do 9–3, Fr & Sa 9–3.30 Uhr; Ⓜ Chueca). Länger geöffnet hat das **Why Not?** (Karte S. 78; Calle de San Bartolomé 7; ⏲22.30–6 Uhr; Eintritt 10 €; Ⓜ Chueca). Die Gäste der meist brechend vollen Bar überlassen nichts der Fantasie und sind sehr zeigefreudig – egal, ob schwul oder hetero.

Eine Menge Spaß kann man auch im **Sala Bash/Ohm** (Karte S. 78; Plaza del Callao 4; ⏲Fr & Sa 24–6 Uhr; Ⓜ Callao), **Black & White** (Karte S. 78; www.discoblack-white.net; Calle de la Libertad 34; ⏲So–Do 22–5.30, Fr & Sa 22–6 Uhr; Ⓜ Chueca) und an den Samstagabenden im **Cool** (S. 103) haben. Diese Clubs ziehen ebenso wie das hervorragende **Hostal La Zona** (S. 89) vor allem Schwule an.

Anders als in vielen anderen *hostales*, deren Charme von der mehr oder weniger veralteten Einrichtung abhängt, punktet das Flat 5 mit seinem frischen, sauberen Erscheinungsbild. Die hellen Zimmer verfügen über Flachbildfernseher, kostenloses WLAN, Klimaanlagen und Blumenkästen. Selbst die Räume zum Hof hin bieten oftmals einen Ausblick über die Dächer. Wenn die Zimmer und Bäder größer wären, würden wir glatt für immer einziehen.

AUSSERHALB DES ZENTRUMS

Hotel Puerta América DESIGNERHOTEL €€
(☎91 744 54 00; www.hotelpuertamerica.com; Avenida de América 41; DZ/Suite ab 117/235 €; Ⓟ❄📶; Ⓜ Cartagena) Als sich die Besitzer des Hotels die Lage des Hauses zwischen der Stadt und dem Flughafen ansahen, wussten sie, dass sie sich etwas Besonderes einfallen lassen mussten. Ihre Idee? Sie verpflichteten einige der innovativsten Architekten der Welt und gaben jedem eine Etage zur freien Gestaltung. Das Ergebnis ist ein extravaganter Mix aus verschiedenen Stilen, der von kurvigem Minimalismus über verrückte Montagen im Stil der 1980er-Jahre bis zu hellroten Bädern reicht, die wie Ankleideräume eines Filmstars aussehen. Auch die Bar („ein Tempel für die Liturgie des Genusses"), das Restaurant, die Fassade, die Beleuchtung und die Parkgarage wurden von unterschiedlichen Architekten entworfen (darunter Jean Nouvel, Ron Arad, David Chipperfield, Sir Norman Foster und Zaha Hadid).

Essen

Über Jahrhunderte war die madrilenische Küche kaum von Bedeutung, u. a. deshalb, weil die Bewohner wenig Freude an Experimenten und Innovationen hatten. Inzwischen gehört Madrid aber zu Europas kulinarischen Hochburgen.

Hier bekommt man alles, was das Herz begehrt. Das ist nicht zuletzt der Vielfalt regionaler Spezialitäten zu verdanken. Es gibt kein *barrio*, in dem man nicht wunderbar essen gehen kann. Die Restaurants in Malasaña, Chueca und Huertas reichen von berühmten alten *tabernas* (Tavernen) bis zu schicken Designerlokalen. Wer es eher klassisch mag, entdeckt in Salamanca und im Norden teure und qualitativ hochwertige Lokale für besondere Anlässe, die zudem Anlaufstellen von Adligen und Promis sind. Eine Menge unterschiedliche Möglichkeiten bieten die zentralen *barrios* Los Austrias, Sol und Centro. Auf hervorragende Tapas-Bars stösst man an fast jeder Ecke, doch die in La Latina sind besonders gut.

LOS AUSTRIAS, SOL & CENTRO

LP TIPP Mercado de San Miguel

TAPAS, DELIKATESSEN €€

(Karte S. 60; www.casinodemadrid.es; Plaza de San Miguel; Mahlzeiten 15–35 €; ⌚So–Mi 10–24, Do–Sa 10–2 Uhr; Ⓜ Sol) Der Mercado de San Miguel ist einer der ältesten und schönsten Märkte in Madrid. Seit seiner umfassenden Renovierung bezeichnet er sich selbst als „kulinarisches Kulturzentrum". Innerhalb der Glasmauern aus dem 20. Jh. eröffnet sich ein einladender Bereich mit (meist überfüllten) Tischen, an denen man frische Speisen und Getränke genießen kann. Es gibt eine Ecke für Frischfisch, außerdem werden an vielen Ständen auch Tapas verkauft.

LP TIPP Restaurante Sobrino de Botín

GEBRATENES FLEISCH €€

(Karte S. 60; ☎91 366 42 17; www.botin.es; Calle de los Cuchilleros 17; Mahlzeiten 40–45 €; Ⓜ La Latina oder Sol) Man kann nicht jeden Tag im ältesten Restaurant der Welt (1725) speisen! Außerdem wird das Sobrino de Botín in vielen Romanen über Madrid erwähnt, u. a. in Hemingways *Fiesta*. Das Geheimnis seiner jahrelangen Beliebtheit sind in Holzfeueröfen zubereitetes *cochinillo* (Spanferkel; 22,90 €) und *cordero asado* (gebratenes Lamm; 22,90 €). Ein Essen in dem Gewölbekeller ist ein wahrer Genuss!

La Terraza del Casino

SPANISCHE NOUVELLE CUISINE €€€

(Karte S. 60; ☎91 521 87 00; www.casinodemadrid.es; Calle de Alcalá 15; Mahlzeiten 100–140 €; ⌚Mo–Fr Mittag- & Abendessen, Sa Abendessen; Ⓜ Sevilla) Dieser Tempel der Haute Cuisine liegt oberhalb des charakteristischen Casino de Madrid und wird – leider nur aus der Ferne – von Fernan Adrìa (Spaniens berühmtesten Küchenchef) geleitet. Vor Ort sorgt Adrias Assistent Paco Roncero für Ordnung. Auf der Speisekarte stehen ständig neue Gerichte, je nachdem, was bei den kulinarischen Experimenten der Köche gerade herausgekommen ist. Wer sich einen Besuch in diesem exklusiven Laden gönnt, wird begeistert sein.

Cervecería 100 Montaditos

BOCADILLOS €

(Karte S. 60; www.cerveceria100montaditos.com; Calle Mayor 22; Mahlzeiten 5–10 €; Ⓜ Sol) Die Bar hat Filialen in der ganzen Stadt und bietet ganze 100 Sorten Mini-*bocadillos* (gefüllte Brötchen ohne Butter) mit Zutaten wie Chorizo, *jamón,* Tortilla, Käse und Meeresfrüchten. Jedes Brötchen kostet zwischen 1 und 2 €; nach vier Stück sind die meisten Leute satt. Man füllt einfach einen der Bestellzettel aus, bringt ihn zum Schalter und wartet dann darauf, dass sein Name ausgerufen wird.

La Gloria de Montera

TRADITIONELL, FUSIONSKÜCHE €€

(Karte S. 60; Calle del Caballero de Gracia 10; Mahlzeiten 25–30 €; Ⓜ Gran Vía) La Gloria de Montera verbindet ein stilvolles Dekor mit vernünftigen Preisen. Das Essen ist zwar nicht besonders kreativ, aber sehr frisch, außerdem bekommt man eine gute Einführung in die spanische Küche. Weil das Restaurant keine Reservierungen entgegennimmt, sollte man früh genug da sein oder sich darauf einstellen, dass man warten muss.

Taberna La Bola

TRADITIONELL €€

(Karte S. 60; ☎91 547 69 30; www.labola.es; Calle de la Bola 5; Mahlzeiten 30–35 €; ⌚Mo–Sa Mittag- & Abendessen, So Mittagessen, im Aug. geschl.; Ⓜ Santo Domingo) Einheimische Fans der traditionellen Madrider Küche – und wir schließen uns dieser Meinung an – schwören auf die Taberna La Bola. Der erfolgreiche Laden wurde 1870 gegründet und wird nun bereits in der sechsten Generation von der Verdasco-Familie geführt. Wer einmal *cocido a la madrileña* (19 €) probieren will, ist hier am richtigen Ort. Das Restaurant ist belebt, laut und typisch für die Stadt. Es serviert auch Spezialitäten wie *callos* (Kutteln) und *sopa castellana* (Knoblauchsuppe).

LP TIPP **Naïa Restaurante** FUSIONSKÜCHE €€
(Karte S. 64; ☎91 366 27 83; www.naiarestaurante.com, auf Spanisch; Plaza de la Paja 3; Mahlzeiten 30–35 €; ⏲Di–So Mittag- & Abendessen; Ⓜ La Latina) Das Lokal mit einem von Carlos López Reyes geleiteten Kochlabor und einer Chill-out-Lounge im Edgeschoss liegt an der zauberhaften Plaza de la Paja. Auf der Karte stehen köstliche moderne, spanische Gerichte, die aus natürlichen Zutaten zubereitet werden. Die Köche legen viel Wert auf eine gesunde Küche und aufregende Geschmacksrichtungen.

DIE BESTEN RESTAURANTS FÜR ...

Cocido a la Madrileña (Eintopf mit Fleisch & Kichererbsen)

Taberna La Bola

Lhardy (S. 93)

Gebratenes Lamm oder Spanferkel

Restaurante Sobrino de Botín

Posada de la Villa

Tortilla de patatas (Omelett mit Kartoffeln & Zwiebeln)

Juanalaloca (Kasten S. 94)

Bodega de La Ardosa (Kasten S. 95)

Estado Puro (S. 94)

Las Tortillas de Gabino (S. 97)

Croquetas

Casa Julio (Kasten S. 95)

Casa Labra (Kasten S. 94)

Casa Alberto (S. 93)

Baco y Beto (Kasten S. 95)

Las Tortillas de Gabino (S. 97)

Patatas bravas (Röstkartoffeln in würziger Tomatensoße)

Las Bravas (Kasten S. 94)

Le Cabrera (Kasten S. 95)

Bodega de la Ardosa (Kasten S. 95)

Huevos rotos (Spiegeleier mit Kartoffeln & Schinken)

Almendro 13 (Kasten S. 94)

Casa Lucio

Reis & Paella

Costa Blanca Arrocería (S. 97)

La Paella de la Reina (S. 97)

Chocolate con churros

Chocolatería de San Ginés (S. 98)

Chocolatería Valor (S. 98)

El Brillante (S. 93)

Viva La Vida VEGETARISCH €
(Karte S. 64; www.vivalavida.vg; Costanilla de San Andrés 16; Büfett 2,10 € pro 100 g; ⏲12–24 Uhr; 🖉; Ⓜ La Latina) In diesem Bio-Restaurant an der Spitze der Plaza de la Paja gibt's ein verlockendes vegetarisches Büfett mit warmen und kalten Speisen. Hier herrscht eine entspannte Atmosphäre, außerdem bekommt man auch außerhalb der üblichen spanischen Essenszeiten etwas in den Magen.

El Estragón VEGETARISCH €€
(Karte S. 64; ☎91 365 89 82; Plaza de la Paja 10; Mahlzeiten 20–25 €; 🖉; Ⓜ La Latina) Ein toller Platz für Crêpes und andere vegetarische Spezialitäten. Zweifellos ist das Estragón eines der besten vegetarischen Lokale in Madrid. Veganer sind allerdings wahrscheinlich nicht damit einverstanden, dass Butter verwendet wird. Abgesehen davon haben wir bisher noch kein schlechtes Wort über den Laden gehört. Das *menú del día* (Tagesmenü; ab 8 €) ist ein echtes Schnäppchen.

Casa Lucio TRADITIONELL €€
(Karte S. 64; ☎91 365 32 52; www.casalucio.es, auf Spanisch; Calle de la Cava Baja 35; Mahlzeiten 45–50 €; ⏲So–Fr Mittag- & Abendessen, Sa Abendessen, im Aug. geschl.; Ⓜ La Latina) Lucio begeistert die *madrileños* bereits seit vielen Jahren mit seinen leichten Gerichten, hochwertigen Zutaten und lokaler Hausmannskost. Auf der Speisekarte stehen Meeresfrüchte, gebratenes Fleisch und Eier (eine Spezialität des Hauses). Das Restaurant zieht ein erlauchtes, immer gut gekleidetes Publikum an: Hier haben schon der König von Spanien, Bill Clinton und Penélope Cruz gespeist.

Posada de la Villa TRADITIONELL €€€
(Karte S. 64; ☎91 366 18 60; Calle de la Cava Baja 9; Mahlzeiten 50–55 €; ⏲Mo–Sa Mittag- & Abendessen, So Mittagessen, im Aug. geschl.; Ⓜ La Latina) Diese wundervoll restaurierte *posada* (Gasthof) aus dem 17. Jh. ist eine Art Wahrzeichen der Gegend. Die Atmo-

sphäre ist formell, das Dekor dunkel und traditionell (schweres Holz- und Mauerwerk) und die Küche entschieden lokal inspiriert: Es gibt gebratenes Fleisch, *cocido* (Eintopf mit Fleisch und Kichererbsen), *callos* und *sopa de ajo*.

Nunc est Bibendum SPANISCH, INTERNATIONAL €€

(Karte S. 64; ☎91 366 52 10; Calle de la Cava Alta 13; Mahlzeiten 30–35 €; ⌚Mo–Sa Mittag- & Abendessen, So Mittagessen; Ⓜ La Latina) Bietet einen klassischen Look mit klaren Linien und eine vielseitige Speisekarte ohne Kategorisierung – manche Gerichte sind baskisch, andere stammen aus dem Süden oder aus Frankreich –, aber das Essen schmeckt immer. Die Weinliste umfasst sorgfältig ausgewählte Tropfen, darunter auch einige eher unbekannte Sorten.

Ene Restaurante TAPAS, FUSION €€

(Karte S. 64; ☎91 366 25 91; www.enerestaurate.com; Calle del Nuncio 19; Mahlzeiten 35–40 €; Ⓜ La Latina) Gegenüber der Iglesia de San Pedro El Viejo, einer der ältesten Kirchen Madrids, liegt das topmoderne Ene, in dem Rot- und Lilatöne dominieren. Zu den Klängen von Lounge-Musik werden spanisch-asiatische Fusionsgerichte und eine große Auswahl von *pintxos* (baskische Tapas) serviert. Die Liegen zum Entspannen im Erdgeschoss eignen sich großartig für einen Cocktail oder sogar zum Essen selbst, obwohl sie immer weit im Voraus ausgebucht sind.

HUERTAS & ATOCHA

LP TIPP **Vinos Gonzalez** TAPAS, DELIKATESSEN €€

(Karte S. 66; Calle de León 12; Mahlzeiten 20–25 €; ⌚Di–Do 9–24, Fr & Sa 9–1 Uhr; Ⓜ Antón Martín) Ein Delikatessenladen, in dem man sich einen leckeren Happen aussuchen und gleich vor Ort verspeisen kann. Es gibt eine verlockende Auswahl an Käsesorten, Räucherfleisch und anderen typisch spanischen Leckereien sowie ein All-you-can-eat-Büfett (10 €, Di–Fr 13–16 Uhr).

LP TIPP **Casa Alberto** TRADITIONELL €€

(Karte S. 66; ☎91 429 93 56; www.casaalberto.es, auf Spanisch; Calle de las Huertas 18; Mahlzeiten 25–30 €; ⌚Di–Sa 12–1.30, So 12–16 Uhr; Ⓜ Antón Martín) Die 1827 gegründete stimmungsvolle *taberna* mit dem antiken, holzverkleideten Dekor ist in einem Gebäude untergebracht, in dem Cervantes eines seiner Bücher geschrieben haben soll. Das Geheimnis ihrer langjährigen Beliebtheit ist offensichtlich, kommt man doch in den Genuss exzellenter Tapas und köstlicher Gerichte. *Rabo de toro* (Stierschwanz) ist eine besonders gute Wahl. Die *raciones* (große Tapas-Platten) enthalten vor allem *jamón,* Manchego-Käse und *croquetas* und sind weniger aufgerüscht als viele moderne spanische Tapas.

Maceiras GALICISCH €€

(Karte S. 66; ☎91 429 15 84; Calle de las Huertas 66; Mahlzeiten 20–30 €; Ⓜ Antón Martín) Galicische Tapas (Tintenfisch, grüne Paprika etc.) schmecken wohl nirgendwo so gut wie in dieser rustikalen Bar am Fuße des Hügels in Huertas, besonders wenn sie mit einem klaren weißen Ribeiro heruntergespült werden. Die einfachen Holztische, zahlreiche Stammkunden und die gute Lage sorgen für eine tolle Atmosphäre. Eine weitere Filiale findet man an der Ecke Calle de Jesús 7 (gleiche Öffnungszeiten).

Sidrería Vasca Zeraín BASKISCH €€

(Karte S. 66; ☎91 429 79 09; Calle Quevedo 3; Mahlzeiten 35–40 €; ⌚Mo–Sa Mittag- & Abendessen, im Aug. geschl.; Ⓜ Antón Martín) Im Herzen des Barrio de las Letras liegt dieses stilvolle baskische Restaurant, einer der besten Plätze, um die regionale Küche zu testen. Auf der Speisekarte stehen Cidre, *bacalao* (Dorsch) und wunderbare Steaks (das Geheimnis liegt in der Sauce). Wir empfehlen besonders das Menú Sidrería (Cidre-Hausmenü; 36,50 €).

Lhardy TRADITIONELL MADRILEÑO €€€

(Karte S. 66; ☎91 521 33 85; www.lhardy.com; Carrera de San Jerónimo 8; Mahlzeiten 60–70 €; ⌚Mo–Sa Mittag- & Abendessen, So Mittagessen, im Aug. geschl.; Ⓜ Sol oder Sevilla) Im Obergeschoss des 1839 eröffneten eleganten Lokals gibt's Spezialitäten des Hauses wie *callos, cocido,* Taube in Traubensauce und Limonensoufflé sowie Gourmettapas zum Mitnehmen. Das Essen ist teuer, aber die Qualität und der Service sind unschlagbar. Hier haben wahrscheinlich schon alle prominenten Persönlichkeiten der Stadt gespeist.

El Brillante BOCADILLOS, CHURROS €

(Karte S. 68; Calle del Doctor Drumén 7; bocadillos 4,50–6,50 €, raciones 6–10 €; ⌚6.30–0.30 Uhr; Ⓜ Atocha) Das schnörkellose Bar-Lokal am Centro de Arte Reina Sofía gilt als Institution für *bocadillos* (insbesondere *bocadillo de calamares)* und andere Snacks. Darüber hinaus ist das Brillante für seine

EINE TAPAS-TOUR DURCH MADRID

La Latina

Madrids erste Adresse für Tapas ist das Viertel La Latina, vor allem entlang der Calle de la Cava Baja und in den nahe liegenden Straßen. Hervorragende traditionelle spanische Häppchen bekommt man z. B. im **Almendro 13** (Karte S. 64; Calle del Almendro 13; Mahlzeiten 15–20 €; Ⓜ La Latina). Zu den Spezialitäten des Hauses gehören Räucherfleisch, Käse, Tortillas und *huevos rotos* (wörtlich „zerbrochene Eier"). Die Calle de la Cava Baja herunter bietet die **Txacolina** (Karte S. 64; Calle de la Cava Baja 26; Mahlzeiten 15–20 €; ⌚Sa Mittag- & Abendessen, Mo & Mi–Fr Abendessen; Ⓜ La Latina) hohe baskische Kochkunst. Hier gibt's die größten *pintxos* (baskische Tapas) weit und breit, die mit einem *txacoli*, einem scharfen baskischen Weißen, heruntergespült werden. In derselben Straße stößt man auf die beliebten Lokale **Casa Lucas** (Karte S. 64; Calle de la Cava Baja 30; Mahlzeiten 20–30 €; ⌚Do–Di Mittag- & Abendessen, Mi Abendessen; Ⓜ La Latina) und **La Chata** (Karte S. 64; Calle de la Cava Baja 24; Mahlzeiten 25–30 €; ⌚Do–Mo Mittag- & Abendessen, Mi Abendessen; Ⓜ La Latina). Ganz in der Nähe serviert das **Juanalaloca** (Karte S. 64; Plaza de la Puerta de Moros 4; Mahlzeiten 25–35 €; ⌚Di–So Mittag- & Abendessen, Mo Abendessen; Ⓜ La Latina) herrliche *tortilla de patatas* (Omelett mit Kartoffeln und Zwiebeln). Die **Taberna Matritum** (Karte S. 64; Calle de la Cava Alta 17; Mahlzeiten 25–30 €; ⌚Do–So Mittag- & Abendessen, Mo–Mi Abendessen; Ⓜ La Latina) wartet mit großartigen Tapas und Desserts des Meister-Chocolatiers Oriol Balaguer auf.

Los Austrias, Sol & Centro

In den angrenzenden Vierteln Los Austrias, Sol und Centro gibt's ebenfalls tolle Tapas-Bars. Das **Amaya** (Karte S. 60; Plaza de la Provincia 3; Mahlzeiten 25–30 €; ⌚Di–Sa 12–17 & 20 Uhr–open end, So 12–17 Uhr; Ⓜ Sol) kombiniert Traditionelles mit überraschenden Elementen. Wer *bacalao* (Dorsch) mag, sollte die 1860 eröffnete **Casa Labra** (Karte S. 60; Calle de Tetuán 11; Mahlzeiten 15–20 €; ⌚11–15.30 & 18–23 Uhr; Ⓜ Sol) ansteuern. Sie war einst das Lieblingslokal des Poeten Federico García Lorca. Viele *madrileños* essen ihren Dorsch jedoch nur in der **Casa Revuelta** (Karte S. 60; Calle de Latoneros 3; Mahlzeiten 15–20 €; ⌚Mo & Mi–Sa 10.30–16 & 19–23, So 10.30–16 Uhr, im Aug. geschl.; Ⓜ La Latina oder Sol), weil der Besitzer hier morgens wirklich jede einzelne Fischgräte entfernt.

Huertas

La Casa del Abuelo (Karte S. 66; Calle de la Victoria 12; Mahlzeiten 15–25 €; ⌚8.30–24 Uhr; Ⓜ Sol) ist berühmt für ihre *gambas a la plancha* (gegrillte Garnelen) und *gambas al ajillo* (brutzelnde Garnelen in Knoblauch auf kleinen Keramikplatten) – an einem guten Tag werden hier über 200 kg zubereitet. Zum Herunterspülen gibt's ein *chato* (kleines Glas) des schweren, süßen Rotweins El Abuelo. Tolle *patatas bravas* (Bratkartoffeln in würziger Tomatensoße) bekommt man im **Las Bravas** (Karte S. 66; Callejón de Álvarez Gato 3; Mahlzeiten 15 €; Ⓜ Sol), während das **La Trucha** (Karte S. 66; Calle de Núñez de Arce 6; Mahlzeiten

chocolate con churros oder *porras* (frittierte Krapfenstreifen) berühmt.

La Finca de Susana

SPANISCHE & MEDITERRANE KÜCHE €€

(Karte S. 66; www.lafinca-restaurant.com; Calle de Arlabán 4; Mahlzeiten 20–25 €; Ⓜ Sevilla) Eine bessere Kombination von Preis, Qualitätsküche und eleganter Atmosphäre lässt sich in Huertas kaum finden. Der sanft beleuchtete Speiseraum ist ganz in Grün gehalten und das teils innovative, teils traditionelle Essen zieht ein hippes junges Publikum an. Leider werden keine Reservierungen entgegengenommen.

PASEO DEL PRADO & EL RETIRO

Estado Puro

TAPAS €€

(Karte S. 66; ☎91 330 24 00; www.tapasenestadopuro.com, auf Spanisch; Plaza de Cánovas del Castillo 4; Tapas 1,95–9,50 €; ⌚Di–Sa 11–1, So 11–16 Uhr; Ⓜ Banco de España oder Atocha) Viele Restaurants am bzw. rund um den Paseo del Prado sind entweder Touristenfallen oder Luxustempel, doch das Estudo Puro fällt aus dem Rahmen. Die stilvolle, lässige

20–25 €; ⌚Di–Sa Mittag- & Abendessen; Ⓜ Sol) mit einem Tresen voller verlockender andalusischer Tapas und 95 weiteren Häppchen auftrumpft. Mit seinem luxuriösen Dekor und wundervollen Kanapees ist auch das **Los Gatos** (Karte S. 66; Calle de Jesús 2; Mahlzeiten 25–30 €; ⌚12–1 Uhr; Ⓜ Antón Martín) am Fuße des Hügels von Huertas eine gute Wahl.

Paseo del Prado & Salamanca

Auf dem Paseo del Prado gibt's nur ein einziges Tapas-Lokal, das dafür aber das Beste der Stadt ist: **Estado Puro** (S. 94). Salamanca bietet mehrere Möglichkeiten. Das stilvolle **Biotza** (Karte S. 76; Calle de Claudio Coello 27; ⌚Mo–Sa 9–24 Uhr; Ⓜ Serrano) kredenzt kreative baskische *pintxos*, während das **Colonial de Goya** (Karte S. 76; Calle de Jorge Juan 34; Mahlzeiten 30–35 €; ⌚Mo–Sa 13–24 Uhr; Ⓜ Velázquez) mit einer riesigen Auswahl punktet, darunter 63 verschiedene Kanapees. Tolle Anlaufstellen sind auch das **Restaurante Estay** (Karte S. 76; Calle de Hermosilla 46; Mahlzeiten 20–30 €; ⌚Mo–Sa 8–0.30 Uhr; Ⓜ Velázquez) und **El Lateral** (Karte S. 76; www.cadenalateral.es; Calle de Velázquez 57; Mahlzeiten 20–30 €; ⌚13–24 Uhr; Ⓜ Velázquez oder Nuñez de Balboa).

Chueca

Ein weiterer guter *barrio* (Viertel) für Tapas. Im **Bocaito** (Karte S. 78; Calle de la Libertad 4–6; Mahlzeiten 20–25 €; ⌚Mo–Fr Mittag- & Abendessen, Sa Abendessen; Ⓜ Chueca), einem der Lieblingslokale des Filmemachers Pedro Almodóvar, gibt's andalusischen *jamón* (Schinken) und Meeresfrüchte. Die **Bodega de La Ardosa** (Karte S. 78; Calle de Colón 13; Mahlzeiten 15–25 €; ⌚8.30–1 Uhr; Ⓜ Tribunal) ist für ihre *salmorejo, croquetas, patatas bravas* und *tortilla de patatas* bekannt und in der **Casa Julio** (Karte S. 78; Calle de la Madera 37; Mahlzeiten 10–15 €; ⌚Mo–Sa Mittag- & Abendessen; Ⓜ Tribunal) werden die besten *croquetas* der Stadt zubereitet. Ebenso empfehlenswert sind **Le Cabrera** (Karte S. 78; www.lecabrera.com, auf Spanisch; Calle de Bárbara de Braganza; Mahlzeiten 25–35 €; ⌚Di–Sa Mittag- & Abendessen; Ⓜ Colón oder Alonso Martínez), das **Baco y Beto** (Karte S. 78; www.bacoybeto.com, auf Spanisch; Calle de Pelayo 24; Mahlzeiten 20–25 €; ⌚Fr & Sa Mittag- & Abendessen, Mo–Do Abendessen; Ⓜ Chueca) und das **Gastromaquia** (Karte S. 78; Calle de Pelayo 8; Mahlzeiten 15–20 €; ⌚Di–Do & Sa Mittag- & Abendessen, Mo Mittagessen, Fr Abendessen; Ⓜ Chueca).

Chamberí

Hervorragende baskische *pintxos* serviert das **Sagaretxe** (Calle de Eloy Gonzalo 26; Mahlzeiten 15–25 €; ⌚12–17 & 19–1 Uhr; Ⓜ Iglesia). Die verlockenden Häppchen sind an der Bar aufgereiht; das *surtido de pintxos* (Auswahl an 8/12 Tapas) kostet 14/20 €. Ein weiterer Klassiker in Chamberí ist die **Bodega de La Ardosa** (Calle de Santa Engracia 70; Mahlzeiten 10–15 €; ⌚Do–Di 9–15 & 18–23.30 Uhr; Ⓜ Iglesia) mit einer extravagant gefliesten Fassade (die Granatsplitter stammen noch aus dem Spanischen Bürgerkrieg). Es gibt Wermut vom Fass und einige der besten traditionellen spanischen *patatas bravas* in ganz Madrid.

Bar kredenzt fantastische Tapas. Fast alle Rezepte dafür stammen aus dem weltberühmten katalanischen Restaurant El Bulli, darunter die in einem Glas servierte *tortilla española siglo XXI.* (spanisches Omelett des 21. Jhs.). Paco Roncero, der Chef der La Terraza del Casino und ehemaliger Lehrling des Meisterkochs Ferran Adrìa, leitet die Küche. Die meisten Tapas sind spektakuläre Variationen traditioneller spanischer Rezepte. Es gibt einen schicken Innenbereich und Außentische (oft ausgebucht und teurer als die Plätze drinnen).

SALAMANCA

LP TIPP **Sula Madrid**

SPANISCHE FUSIONSKÜCHE €€€

(Karte S. 76; ☎91 781 61 97; www.sula.es; Calle de Jorge Juan 33; Mahlzeiten 60–70 €; ⌚Mo–Sa Mittag- & Abendessen; Ⓜ Velázquez) Ein Gastronomietempel mit echter Sterneküche und geradliniger Eleganz. Der Delikatessenladen dient gleichzeitig als stylishe Tapas-Bar und Luxusrestaurant und ist eines unserer Lieblinglokale dieser Kategorie in Madrid. Hier gehen die Promis ein und aus. Das Zepter in der Küche schwingt das Wunderkind Quique Dacosta (wurde 2005 zum besten Koch Spaniens gewählt), der dort eine große Auswahl an mediterranen Köstlichkeiten kreiert. Einige der Speisen sind traditionell, andere äußerst kreativ: Gerichte wie diese findet man nirgendwo sonst. Dank der Designerelemente von Amaya Arzuaga ist das ganz in Schwarz gehaltene Restaurant eine der coolsten Locations der Stadt.

La Galette VEGETARISCH, EUROPÄISCH €€
(Karte S. 76; ☎91 576 06 41; Calle del Conde de Aranda 11; Mahlzeiten 30–35 €; ⏲Mo–Sa Mittag- & Abendessen, So Mittagessen; ✎; Ⓜ Retiro) Das zauberhafte kleine Restaurant verfügt über einen intimen Essbereich mit karierten Tischdecken und eine Küche, die der Besitzer als „vegetarischen Barock" beschreibt. Das Essen ist eine Offenbarung: Es gibt kreative Gerichte mit Betonung auf traditioneller Hausmannskost. Eine Spezialität des Hauses sind *croquetas de manzana* (Apfelkroketten), alles andere auf der langen Speisekarte schmeckt jedoch ebenfalls ausgezeichnet. Leider stehen die Tische zu nahe aneinander.

MALASAÑA & CHUECA

LP TIPP **La Musa** SPANISCHE FUSIONSKÜCHE €€
(Karte S. 78; ☎91 448 75 58; www.lamusa.com.es; Calle de Manuela Malasaña 18; Mahlzeiten 25–30 €; ⏲9–1.30 Uhr; Ⓜ San Bernardo) Gemütlich, laut und besonders bei hippen Jugendlichen beliebt. Das Restaurant im Designerstil besitzt ein tolles Soundsystem und spielt Lounge-Musik. Es gibt drei verschiedene Typen von Tapas – warme, kalte und gegrillte. Zu den besten warmen Gerichten gehört das fantastische *jabalí con ali-oli de miel y sobrasada* (Wildschwein mit Mayonnaise aus Honig und Sobrasada). Weil man nicht reservieren kann, macht man es sich an der Bar bequem, lässt seinen Namen auf die Warteliste setzen und genießt das stilvolle Ambiente.

Bazaar SPANISCHE NOUVELLE CUISINE €€
(Karte S. 78; www.restaurantbazaar.com; Calle de la Libertad 21; Mahlzeiten 20–25 €; Ⓜ Chueca) Die große Beliebtheit dieses Ladens unter den Reichen und Berühmten der Stadt nimmt nicht ab. Obwohl die makellose weiße Designereinrichtung mit Theaterbeleuchtung jede Menge Leute anzieht, die aussehen, als wären sie direkt der Zeitschrift *¡Hola!* entsprungen, ist das innovative Essen sehr preisgünstig. Reservierungen werden nicht akzeptiert, deshalb sollte man früh kommen und sich darauf vorbereiten, warten zu müssen – egal, ob man berühmt ist oder nicht.

Nina MEDITERRANE FUSIONSKÜCHE €€
(Karte S. 78; ☎91 591 00 46; Calle de Manuela Malasaña 10; Mahlzeiten 30–40 €; Ⓜ Bilbao) Elegant, intim und absolut angesagt! Es gibt eine lange Speisekarte (auch auf Englisch) mit kreativen Gerichten der mediterranen Nouvelle Cuisine. Die Dekoration, die freigelegten Ziegelmauern und die sanfte Beleuchtung sind einfach toll, außerdem schmeckt hier wirklich jedes Gericht. Unser Favorit ist das gegrillte, mit Honig und Sobrasada glasierte Straußensteak samt Lachs- und Himbeerkruste. Weniger gut finden wir die Vorgabe, um 21.15 und 23.30 Uhr seinen Tisch für nachfolgende Gäste freigeben zu müssen. Der Brunch am Wochenende (21,90 €, Sa & So 12–17.30 Uhr) ist hervorragend.

La Tasquita de Enfrente
TRADITIONELL, FUSIONSKÜCHE €€€
(Karte S. 78; ☎91 532 54 49; www.latasquitadeenfrente.com, auf Spanisch; Calle de la Ballesta 6; Mahlzeiten 70 €; Ⓜ Gran Vía) Um auf internationaler Ebene überleben zu können, müssen die spanischen Küchenchefs experimentieren. In der Heimat bleiben sie jedoch zuerst ihren traditionellen Wurzeln treu, bevor sie eine neue Richtung einschlagen – und genau darin liegt ihr Erfolg. Dieses von Juanjo López geführte Restaurant ist eines der beliebtesten unter den Kennern der Madrider Gastronomieszene. Seine saisonale Speisekarte birgt immer neue Überraschungen (bei unserem Besuch bereitete er gerade eine Crème aus Erbsensuppe mit Kaviar sowie Hamburger mit Foie Gras und Trüffeln zu), bietet aber auch einfache spanische Gerichte wie Tintenfisch mit Saubohnen. Das *menú degustación* (48 €) und das *menú de Juanjo* (65 €) sind besonders empfehlenswert für alle, die hier zum ersten Mal speisen. Reservierung erforderlich.

A Dos Velas SPANISCH, INTERNATIONAL €€
(Karte S. 78; ☎91 446 18 63; www.adosvelas.net, auf Spanisch; Calle de San Vicente Ferrer 16; Mahlzeiten 20–30 €; ⏲Mo–Sa Mittag- & Abendessen; Ⓜ Tribunal) Die hier servierte kreative mediterrane Kost wird gelegentlich mit indischem bzw. argentinischen Einschlag versehen. Es gibt einen schönen Speiseraum mit sanftem Licht und Backsteinmauern sowie einen aufmerksamen, unaufdringlichen Service.

La Isla del Tesoro VEGETARISCH €€

(Karte S. 78; ☎91 593 14 40; www.isladeltesoro.net; Calle de Manuela Malasaña 3; Mahlzeiten 30–40 €; ; Ⓜ Bilbao) Das Restaurant verströmt einen leicht schrulligen Charme. Der Essbereich wirkt, als hätte jemand seine Vorstellungen von einem Fantasiegarten verwirklicht, und die leckeren Gerichte sind vielfältig beeinflusst. So passt etwa der Dschungelburger prima zu der überraschenden Speisekarte. Das wöchentliche Mittagsmenü *menú del día* (10 €) ist sehr abwechslungsreich. Leider sind die ansonsten freundlichen Kellner an den Wochenenden etwas zu sehr bestrebt, die Tische für neue Gäste freizumachen.

El Original TRADITIONELL €€

(Karte S. 78; ☎91 522 90 69; www.eloriginal.es, auf Spanisch; Calle de las Infantas 44; Mahlzeiten 25–30 €; ⏲Mo–Sa Mittag- & Abendessen; Ⓜ Chueca oder Banco de España) Die hervorragenden Produkte und Gerichte aus allen Regionen Spaniens verleiten dazu, diesen Laden als Bastion des Traditionellen anzusehen. Auch die Besitzer selbst beschreiben ihre Küche als landestypisch. Überraschend sind dagegen die Bäume mitten im gepflegten Speisezimmer.

La Paella de la Reina REISGERICHTE €€

(Karte S. 78; ☎91 531 18 85; www.lapaelladelareina.com, auf Spanisch; Calle de la Reina 39; Mahlzeiten 25–30 €; Ⓜ Banco de España) Madrid ist nicht gerade für seine Paella berühmt, aber die hier lebenden *valencianos* (dort gibt's die beste Paella in ganz Spanien) besuchen gerne dieses Restaurant. Wie in solchen Lokalen üblich, kann man erst ab zwei Personen eine Bestellung aufgeben, hat dann jedoch eine große Auswahl. Die typische Valencianer Paella wird mit Bohnen, Hühner- und Kaninchenfleisch zubereitet, aber es gibt auch eine Variante mit Meeresfrüchten, z. B. *arroz negro* (schwarzer Reis, der mit Tintenfischtinte gefärbt wird).

Fresc Co BÜFETT €

(Karte S. 78; www.frescco.com; Calle de Sagasta 30; Mahlzeiten ab 8,95 €; ⏲12–17 & 20–23.30 Uhr; Ⓜ Alonso Martínez) Wer keine Lust mehr auf spanische Küche hat oder dringend einen frischen, selbst zusammengestellten Salat essen möchte, steuert das preiswerte Fresc Co mit einem All-you-can-eat-Büfett an. Im Angebot sind Salate, Suppen, Pasta und Pizza, außerdem ist im Preis ein Getränk inbegriffen. Zur Mittagszeit herrscht besonders großer Andrang.

CHAMBERÍ & ARGÜELLES

LP TIPP **Sergi Arola Gastro** SPANISCHE NOUVELLE CUISINE €€€

(Karte S. 76; ☎91 310 21 69; www.sergiarola.es; Calle de Zurbano 31; Mahlzeiten 95–235 €; ⏲Mo–Fr Mittag- & Abendessen, Sa Abendessen; Ⓜ Alonso Martínez) Sergi Arola, ein junger katalanischer Gefolgsmann des weltbekannten Kochs Ferran Adrià, hat seinen ganz persönlichen Tempel eröffnet und bietet innovative spanische Köstlichkeiten. In dem Laden zahlt man allein für das Privileg, hier essen zu dürfen: Das Menú Gastro kostet 160 € – und das ohne Wein und Steuern – und das „Basico"-Menü mit sieben einzigartigen Gerichten 105 €. Dafür kommt man aber in den Genuss feinster kulinarischer Genüsse, denn das Restaurant ist ein Ort, wo Kreativität, Präsentation und Geschmack alles bedeuten.

Las Tortillas de Gabino TRADITIONELL €€

(Karte S. 76; ☎91 319 75 05; www.lastortillasdegabino.com, auf Spanisch; Calle de Rafael Calvo 20; Mahlzeiten 35–40 €; ⏲Mo–Fr Mittag- & Abendessen, Sa Abendessen; Ⓜ Iglesia) Küchenchefs, die sich an die legendäre *tortilla de patatas* wagen, sind mutig, doch das Ergebnis in diesem Restaurant kann sich wirklich sehen lassen. Das Gericht gibt's mit Muscheln, Tintenfisch und vielen weiteren überraschenden Zutaten. Darüber hinaus erhält das Tortillas de Gabino gute Bewertungen für seine *croquetas*. Der Service ist exzellent und der helle, elegante Essbereich ergänzt die kulinarischen Erfahrungen, die man hier macht, auf wunderbare Weise. Unbedingt vorher reservieren!

Costa Blanca Arrocería REISGERICHTE €€

(☎91 448 58 32; Calle de Bravo Murillo 3; Mahlzeiten 20–30 €; Ⓜ Quevedo) Auch wer nicht plant, nach Chamberí zu kommen, sollte wissen, dass dieses lässige Bar-Restaurant den Weg durch die Stadt wert ist. Auf der Karte stehen hervorragende Reisgerichte, darunter auch Paella, die nur rund 11 € pro Person kosten. Am besten startet man mit *almejas a la marinera* (Babymuscheln) und bestellt als Hauptspeise *paella de marisco* (Paella mit Meeresfrüchten). Wie immer in solchen Lokalen, muss man mindestens zu zweit sein, um etwas bestellen zu können.

IM NORDEN

LP TIPP **Santceloni** KATALANISCH €€€

(☎91 210 88 40; www.restaurantesantceloni.com; Paseo de la Castellana 57; Mahlzeiten ab

125 €, Menüs 132–165 €; ⌚Mo–Fr Mittag- & Abendessen, Sa Abendessen; Ⓜ Gregorio Marañón) Das mit einem Michelinstern ausgezeichnete Santceloni wurde vom Star-Innenarchitekten Pascual Ortega eingerichtet und wartet mit der Nouvelle Cuisine des katalanischen Meisterkochs Santi Santamaría auf. Mittlerweise hat Óscar Velasco, einer von Santamarías Assistenten, die Aufsicht über die Küche übernommen, wodurch die Qualität aber keineswegs gesunken ist. Die reichen und berühmten Einwohner Salamancas schauen hier regelmäßig vorbei. Kein Wunder, denn es schmeckt jedes Gericht und die Speisekarte wechselt je nach Saison. Wir empfehlen eines der *menús gastronómicos*, um die gesamte Bandbreite der angebotenen Leckereien auszuprobieren.

Zalacaín BASKISCH, NAVARRISCH €€€
(☎91 561 48 40; www.restaurantezalacain.com; Calle de Álvarez de Baena 4; Mahlzeiten 90–100 €; ⌚Mo–Fr Mittag- & Abendessen, Sa Abendessen, im Aug. geschl.; Ⓜ Gregorio Marañón) Während die meisten Luxusrestaurants auf Innovationen setzen, ist das Zalacaín eine Bastion des Traditionellen mit einer kultivierten Atmosphäre und einem loyalen Publikum. Jeder in Madrid, der etwas auf sich hält – darunter auch der König –, hat hier schon gespeist. Das 1973 eröffnete Lokal war das erste spanische Restaurant, das drei Michelinsterne erhielt. Zu den Spezialitäten des Hauses zählen Schweinefüße mit Pilz- und Lammfüllung und Hummersalat. Die hervorragende Weinkarte umfasst 800 verschiedene Sorten und im Lager werden rund 35 000 Flaschen aufbewahrt. Wer im Zalacaín speisen möchte, sollte sich gut kleiden: Männer brauchen eine Krawatte und ein Jackett.

SELBSTVERSORGER

Gute Lebensmittelmärkte:

Mercado de la Cebada (Karte S. 64; Plaza de la Cebada; ⌚Mo–Fr 9–14 & 17.30–20.30, Sa 9–14.30 Uhr; Ⓜ La Latina) Soll bald umfassend renoviert werden.

Mercado de la Paz (Karte S. 76; abseits der Calle de Ayala; ⌚Mo–Sa 9–20 Uhr; Ⓜ Serrano)

Gute Anlaufstellen sind auch das **Mantequería Bravo** (S. 110) und das **Alma de Ibérico** (Karte S. 64; www.julianbecerro.com, auf Spanisch; Calle de la Cava Baja 41; ⌚10–22 Uhr; Ⓜ La Latina). Spanische und andere europäische Käsesorten bekommt man bei **Poncelet** (Karte S. 78; ☎91 308 02 21; www.poncelet.es; Calle de Argensola 27; ⌚Mo–Sa 10.30–20.30 Uhr; Ⓜ Alonso Martínez).

Ausgehen

Einen Eindruck davon, wie gern *madrileños* ausgehen und sich amüsieren, liefert eine nüchterne Statistik: In Madrid gibt's mehr Bars als in jeder anderen Stadt der Welt; auf 100 Einwohner kommen ganze sechs Kneipen.

LOS AUSTRIAS, SOL & CENTRO

Im Zentrum stößt man auf viele alte Tavernen und das eine oder andere Schmuckstück der Kneipenszene. Die Preise fallen, je weiter man sich von der Plaza Mayor entfernt. Parallel dazu sinkt auch die Zahl der Touristen.

LP TIPP **Chocolatería de San Ginés** CHURROS-CAFÉ
(Karte S. 60; Pasadizo de San Ginés 5; ⌚9.30–7 Uhr; Ⓜ Sol) Diese Madrider Institution ist für ihre *chocolate con churros* berühmt. Morgens zwischen 3 und 6 Uhr herrscht in dem Café besonders viel Andrang, wenn die zahlreichen Nachtschwärmer auf dem Weg nach Hause etwas Stärkendes zu sich nehmen wollen.

Café del Real CAFÉ-BAR
(Karte S. 60; Plaza de Isabel II 2; ⌚Mo–Do 9–1, Fr & Sa 9–3 Uhr; Ⓜ Ópera) Eines der schönsten Cafés im Zentrum. Zu entspannender Hintergrundmusik servieren die Kellner eine große Vielfalt an Kaffeevariationen sowie einige Cocktails. Die besten Plätze zum Ausruhen am Nachmittag gibt's im Obergeschoss mit den niedrigen Decken, dem Holzgebälk und den Lederstühlen.

Chocolatería Valor CHURROS-CAFÉ
(Karte S. 60; Postigo de San Martín; ⌚So 9–22.30, Mo–Do 8–22.30, Fr 8–1, Sa 9–1 Uhr; Ⓜ Callao) Es ist eine madrilenische Tradition, auf dem Heimweg vom Nachtclub die kalorienreiche Spezialität *chocolate con churros* zu genießen. Wer dagegen andere Tageszeiten bevorzugt, sollte das Valor, die beste *chocolatería* der Stadt, ansteuern. Neben leckeren *churros* wartet der Laden mit einer riesigen Auswahl an Schokolade auf.

El 44 Bar BAR
(Karte S. 60; Cuesta de Santo Domingo 8; ⌚Di–Sa 20–2.30 Uhr; Ⓜ Ópera oder Santo Domingo) Versteckt in einer ruhigen Straße in Richtung Opernhaus liegt das intime El 44, eine unserer bevorzugten Kneipen im Stadtzentrum. Die Cocktails sind preiswert (5–7 €) und authentisch (es gibt z. B. *caipipretas,* eine Art Caipirinha mit schwarzem Rum, der aus Lissabon stammt) und aus den Boxen ertönen Hits aus den 1970er- und -80er-Jahren, Lounge-Klänge (Gotan Project scheint hier sehr beliebt zu sein), brasilianischer Jazz sowie Deep House. Je später die Stunde, umso lauter und lustiger wird der Abend.

LA LATINA & LAVAPIÉS

In den meisten Nächten (und sonntagnachmittags) strömen Scharen gut gelaunter *madrileños* durch La Latina. Weil die angesagten Kneipen des Viertels von anspruchsvollen 20- bis 30-jährigen Gästen bevölkert werden, findet man dort kaum noch einen freien Platz. Dagegen ist in den konkurrierenden Läden kaum etwas los, sodass diese eine dementsprechend kurze Überlebensdauer haben. Etwas mehr Abwechslung verspricht die Menge, die sonntags vom Rastro-Flohmarkt aus die Kneipen stürmt. Besonders viel Betrieb herrscht entlang der Calle de la Cava Baja (wo die Grenzen zwischen Kneipe und Tapas-Bar verschwimmen), am westlichen Ende der Calle del Almendro und an der Plaza de la Paja. Das multikulturelle Lavapiés kommt da ganz anders daher: Unkonventionelle Bars mit Persönlichkeit ziehen vor allem Alternative und Bohemiens an. Diesen Stadtteil mag nicht jeder, aber wir finden ihn toll.

LP TIPP **Delic** CAFÉ-BAR
(Karte S. 64; Costanilla de San Andrés 14; ⌚Fr–So & Di–Do 11–2, Mo 19–2 Uhr; Ⓜ La Latina) Wir könnten viel über diese langlebige Bar schreiben, reduzieren es aber auf das Wesentliche: Es ist ein wahrer Genuss, einen oder mehrere der hervorragenden Mojitos (8 €) zu probieren, vor allem wenn man an einem warmen Sommerabend draußen auf dem wunderschönen Altstadtplatz sitzt. Der Außenbereich schließt um Mitternacht, doch das intime Interieur des Cafés kann sich ebenfalls sehen lassen.

LP TIPP **Gaudeamus Café** CAFÉ
(www.gaudeamuscafe.com, auf Spanisch; Calle de Tribulete 14, 4. OG; ⌚Mo–Fr 15–24, Sa 18–24 Uhr; Ⓜ Lavapiés) Der Laden verfügt über eine helle, luftige Deko mit Pop-Art-Postern von Audrey Hepburn und James Bond sowie eine große Terrasse mit Blick über die Dächer von Lavapiés. In das Café ist eine Kirchenruine integriert. Es gibt großartige Snacks und wunderbare Tee- bzw. Kaffeesorten.

La Escalera de Jacob COCKTAILBAR
(Calle de Lavapiés 11; ⌚18–2 Uhr; Ⓜ Antón Martín oder Tirso de Molina) Mit regelmäßigen Zaubershows, Märchenerzählern, Kindertheater (Sa & So 12 Uhr) sowie Jazz- und anderen Musikkonzerten ist die „Jakobsleiter" eine der originellsten Bars von Madrid. Außerdem werden hier kreative Cocktails serviert, die man nirgendwo sonst findet, etwa der *fray aguacate* (Frangelico, Wodka, Honig, Avocado und Vanille).

Bonanno WEINBAR
(Karte S. 64; Plaza del Humilladero 4; ⌚12–2 Uhr; Ⓜ La Latina) Das Bonanno ist für alle ein Tipp, denen das Nachtleben zu spät losgeht. Es hat sich einen Namen als Cocktailbar gemacht, aber es kommen auch viele Leute wegen der großartigen Weine hierher. Oft ist der Laden schon in den frühen Abendstunden voll mit jungen berufstätigen *madrileños.* Wer einen Platz an der Bar möchte, muss sich irgendwo dazwischenquetschen.

Café del Nuncio CAFÉ-BAR
(Karte S. 64; Calle de Segovia 9; ⌚So–Do 12–2, Fr & Sa 12–3 Uhr; Ⓜ La Latina) An der Treppe zur Calle de Segovia gelegen. Getränke gibt's drinnen oder im Außenbereich, den ein lokaler Gast einmal als „kleines Stück von Rom" beschrieben hat. Tagsüber ist das Nuncio ein stilvolles Café und nachts eine der besten Bars im *barrio.*

La Inquilina BAR
(Calle del Ave María 39; ⌚Di–Do 19–1.30, Fr & Sa 19–2.30, So 13–1 Uhr; Ⓜ Lavapiés) Einer unserer Favoriten. Das locker-lässige Ambiente der Bar spiegelt die Seele des Viertels wider. An den Wänden hängen zeitgenössische Werke von jungen Künstlern aus der Umgebung. Gäste können sich entweder an die Theke setzen oder es sich im hinteren Bereich gemütlich machen. Das Inquilina ist ein stilvoller Ort in einem Viertel, das nicht gerade für seine Eleganz bekannt ist.

Taberna Tempranillo WEINBAR
(Karte S. 64; Calle de la Cava Baja 38; ⌚Di–So 13–15.30 & 20–24, Mo 20–24 Uhr; Ⓜ La Latina) Tapas und hervorragende Weine. Die Auswahl ist besser als in zahlreichen anderen spanischen Bars. Zwar ist die Taverne kein

Ziel für späte Stunden, am frühen Abend und sonntags nach dem El-Rastro-Markt aber sehr belebt.

HUERTAS & ATOCHA

In Huerta geht's gleich nach Einbruch der Dunkelheit bis zum Sonnenaufgang voll zur Sache. Bars gibt's quasi an jeder Ecke, von Sol bis hinunter zum Paseo del Prado, doch am meisten los ist an der Plaza de Santa Ana und entlang der Calle de las Huertas.

LP TIPP Penthouse
DACHBAR

(Karte S. 66; Plaza de Santa Ana 14, 7. OG; ⌚Mo–Do 21–1.30, Fr & Sa 21–2.30, So 17–1.30 Uhr; Ⓜ Antón Martín oder Sol) Hoch über der Plaza de Santa Ana (im 7. OG) liegt diese genusssüchtige Cocktail-Dachbar mit einem tollen Ausblick auf die Stadt. Es handelt sich um einen Ort für kultivierte Leute mit Entspannungsbereichen voller Kissen, tollen DJs und einem Dresscode – wobei es nicht so streng zugeht, wenn wenig los ist. Wer an Höhenangst leidet, sollte das ebenso stilvolle **Midnight Rose** im Erdgeschoss ansteuern.

LP TIPP La Venencia
SHERRY-BAR

(Karte S. 66; Calle de Echegaray 7; ⌚13–15.30 & 19.30–1.30 Uhr; Ⓜ Sol) Genau so sollten Sherry-Lokale sein: Altmodisch und gediegen, mit Drinks direkt aus angestaubten Holzfässern und ohne jegliche frenetische Aktivität, für die Huertas sonst so berühmt ist. Dieser Klassiker im *barrio* wartet mit gutem Sherry aus Sanlúcar und *manzanilla* aus Jeréz auf. Es gibt weder eine musikalische Untermalung noch überflüssiges Dekor. Stattdessen geht's ums Wesentliche – den *fino* (Sherry) und gute Freunde.

El Imperfecto
BAR

(Karte S. 66; Plaza de Matute 2; ⌚So–Do 15–2, Fr & Sa 15–3 Uhr; Ⓜ Antón Martín) Anders als der Name suggeriert, ist das Imperfecto keineswegs unvollkommen, sondern eine richtig tolle Bar. Dienstags werden Jazzkonzerte veranstaltet und es gibt eine wunderbare Getränkekarte mit Cocktails für 6,50 €, Schnäpsen, Milchshakes, Tee und vielen Kaffeesorten.

Taberna Alhambra
FLAMENCO-BAR

(Karte S. 66; www.tabernaalhambra.es, auf Spanisch; Calle de la Victoria 9; ⌚So–Do 11–1.30, Fr & Sa 11–2.30 Uhr; Ⓜ Sol) Da sich die Bars zwischen Sol und Huertas sehr ähneln, sticht diese schöne alte und lässige *taberna* umso mehr heraus. Ihre Fassade und das exquisite Ziegelstein-Interieur sind ansprechend, allerdings ist es drinnen etwas stickig. In lebhafter Atmosphäre werden Tapas aufgetischt und spät in der Nacht hört man hier gute Flamenco-Musik.

Cervecería Alemana
BIERBAR

(Karte S. 66; Plaza de Santa Ana 6; ⌚So–Do 11–0.30, Fr & Sa 11–2 Uhr, im Aug. geschl.; Ⓜ Antón Martín oder Sol) Wer nur Zeit für eine Bar auf der Plaza de Santa Ana hat, sollte sich für diese klassische *cervecería* (Bierbar) entscheiden, in der kühles, schaumgekröntes Bier serviert wird. Drinnen ist es auch nett, aber wer an einem Sommerabend draußen auf dem Platz einen Tisch ergattern kann, gibt ihn nicht kampflos auf. Das Lokal gehörte zu Hemingways Lieblingsplätzen und seither hat sich weder an der holzgetäfelten Bar noch an den Kellnern mit Fliege etwas geändert.

Viva Madrid
BAR

(Karte S. 66; www.barvivamadrid.com; Calle de Manuel Fernández y González 7; ⌚13–2 Uhr; Ⓜ Antón Martín oder Sol) Die geflieste Fassade der lässig-freundlichen Bar ist eine der schönsten Madrids sowie ein Wahrzeichen Huertas'. An den Wochenenden platzt das Viva Madrid aus allen Nähten. Wir empfehlen vor allem die Mojitos.

Ølsen
WODKA-BAR

(Karte S. 66; www.olsenmadrid.com; Calle del Prado 15; ⌚Di–So 13–16 & 20–2 Uhr; Ⓜ Antón Martín) Eine stilvolle Bar mit klassischen Linien. Das Ølsen ist eine Hommage an den nordischen Minimalismus und erwacht erst zum Leben, wenn das skandinavische Restaurant auf seiner Rückseite schließt. 80 Sorten Wodka reichen wohl aus, um selbst die ausgefallensten Wünsche zu befriedigen. Am nächsten Tag schwören sich die meisten, das Getränk nie wieder anzurühren, aber schließlich lautet die Devise der Stadt: Leben für den Augenblick.

MALASAÑA & CHUECA

In Malasaña und Chueca auszugehen, ist wie eine Reise durch Madrids facettenreiche Vergangenheit. Rund um die Glorieta de Bilbao und entlang des Paseo de los Recoletos stößt man auf stattliche alte Literaturcafés, die nach wie vor eine Erhabenheit wie aus dem späten 19. Jh. ausstrahlen. Fans von Rockmusik werden in Malasaña an fast jeder Ecke fündig, da es hier zahlreiche Kneipen der 1970er- und 80er-Jahre gibt. Für eine etwas modernere Seite mit Chill-out-Lokalen und eleganten Designerbars steht das Schwulenviertel Chueca.

LP TIPP **Museo Chicote** COCKTAILBAR
(Karte S. 78; www.museo-chicote.com; Gran Vía 12; ⌚Mo–Do 18–3, Fr & Sa 18–3.30 Uhr; Ⓜ Gran Vía) Angeblich hat der Gründer des Chicote über 100 Cocktails erfunden, die einst Besucher wie Hemingway, Ava Gardner, Grace Kelly, Sophia Loren und Frank Sinatra begeisterten. Noch immer trifft man hier auf Filmstars und Promis. Am besten kommt man nach Mitternacht, wenn auf den Bänken gekuschelt wird und die besten DJs auflegen. Das Interieur aus den 1930er-Jahren trägt nur noch mehr zum entspannten Flair bei.

LP TIPP **Café Comercial** LITERATURCAFÉ
(Karte S. 78; Glorieta de Bilbao 7; ⌚Mo–Do 7.30–24, Fr 7.30–2, Sa 8.30–2, So 9–24 Uhr; Ⓜ Bilbao) Mit seinen schweren Ledersitzen, viel Marmor und altmodisch gekleideten Kellnern wehrt sich das glorreiche alte Café tapfer gegen den Zeitgeist. Früher einmal ging es hier ähnlich zu wie in Pariser Intellektuellencafés, doch heute sind die Gäste im Café Comercial zu unterschiedlich, um sich in Kategorien einordnen zu lassen.

Splash Óscar DACHBAR
(Karte S. 78; Plaza de Vázquez de Mella 12; ⌚16.30–0.30 Uhr; Ⓜ Gran Vía) Eine beeindruckende Dachterrasse mit einem kleinen Swimmingpool. Die entspannte Bar befindet sich auf dem Hotel Óscar, bietet einen tollen Blick auf die Skyline und gilt als Favorit der Madrider A-Prominenz.

Kabokla BRASILIANISCHE BAR
(Karte S. 78; www.kabokla.es, auf Spanisch; Calle de San Vicente Ferrer 55; ⌚Di–Do 22–1, Fr 18–3, Sa 14.30–18.30 & 22.30–3.30, So 14.30–22 Uhr; Ⓜ Noviciado) Diese wunderbare Bar wird von Brasilianern geführt und huldigt der brasilianischen Lebensart. In manchen Nächten (ab 22 Uhr) treten Livebands auf, deren Spektrum von Percussion über Samba bis Chico-Buarque-Cover reicht. Ansonsten bringen DJs die Leute zum Tanzen. Im Kabokla werden die besten Caipirinhas der Stadt serviert. Außerhalb der Öffnungszeiten finden Samba- und Capoeira-Kurse statt.

El Jardín Secreto CAFÉ-BAR
(Calle de Conde Duque 2; ⌚So–Do 17.30–0.30, Fr & Sa 18.30–2.30 Uhr; Ⓜ Plaza de España) In einem *barrio*, der zu den bestgehüteten Geheimnissen der Stadt zählt, bietet der „Geheime Garten“ ein intimes und romantisches Ambiente. Spanische Designerkerzen sorgen für warmes Licht, die Deko besteht aus indischem Organza und es gibt Schokolade aus der Karibik. An Sommerabenden ist es in der Café-Bar besonders schön, doch ein Besuch lohnt sich auch sonst jederzeit. Der Jardín Secreto zieht vor allem junge Berufstätige an.

COCKTAILBARS IN CHUECA

In Chueca befinden sich die elegantesten Cocktailbars der Stadt. Sie sind vor allem bei A-Promis beliebt. Als weitere tolle Anlaufstelle neben dem **Museo Chicote** gilt z. B. das **Del Diego** (Karte S. 78; Calle de la Reina 16; ⌚20–3 Uhr; Ⓜ Gran Vía), dessen Interieur eine Mischung aus stilvollem Kaffeehaus und einer New Yorker Bar ist und das 75 Cocktails im Angebot hat. Einen Besuch lohnen auch die stilvolle **Bar Cock** (Karte S. 78; Calle de la Reina 16; ⌚20–3 Uhr; Ⓜ Gran Vía), das superschicke **Le Cabrera** (Karte S. 78; www.lecabrera.com, auf Spanisch; Calle de Bárbara de Braganza 2; ⌚Mo–Sa 16–2.30 Uhr; Ⓜ Colón oder Alonso Martínez) und das **Stromboli** (Karte S. 78; Calle de Hortaleza 96; ⌚Mo–Sa 18–3 Uhr; Ⓜ Chueca oder Tribunal).

Café Belén CHILL-OUT-BAR
(Karte S. 78; Calle de Belén 5; ⌚15.30–3 Uhr; Ⓜ Chueca) Eine stilvolle Bar mit coolen Extras. Die lässigen Gäste entspannen zu Lounge- und Chill-out-Klängen, die Beleuchtung ist schummrig und die Getränke sind vielfältig (die Mojitos schmecken besonders gut). Um es kurz zu machen: Das Belén ist eine unserer Lieblingsbars in Chueca.

La Vía Láctea BAR-NACHTCLUB
(Karte S. 78; Calle de Velarde 18; ⌚21–3 Uhr; Ⓜ Tribunal) Dieses beliebte, leicht grungige Relikt der *movida* ist für ein lockeres Publikum, das noch in den 1980er-Jahren zu leben scheint, einer der Favoriten in Malasaña. Hier bekommt man Rock, Pop, Garage, Rockabilly und Indie zu hören. Außerdem gibt's eine große Auswahl an Drinks. Samstagnachts ist quasi alles möglich. An den Wochenenden muss man mit langen Schlangen rechnen.

Café-Restaurante El Espejo LITERATURCAFÉ
(Karte S. 76; Paseo de los Recoletos 31; ⌚So–Do 11–2, Fr & Sa 11–3 Uhr; Ⓜ Colón) Früher einmal

war das architektonische Juwel, eine Mischung aus modernistischem und Art-déco-Stil, ein Treffpunkt für Literaten und Intellektuelle. Das Interieur mit all seinen Spiegeln, Kronleuchtern und dem altmodischen Service aus einer anderen Zeit kann einen fast überwältigen. Obwohl das Lokal neben dem eleganten Glaspavillon am Paseo de los Recoletos liegt, herrscht hier eine ruhige und kultivierte Atmosphäre.

Café Pepe Botella CAFÉ-BAR
(Karte S. 78; Calle de San Andrés 12; ⏲12–2 Uhr; Ⓜ Bilbao oder Tribunal) Das Pepe Botella hat die richtige Formel für den Erfolg gefunden. In den frühen Morgenstunden ist die stilvolle Bar mit ihren grünen Samtbänken, schweren Marmortischen, alten Fotos und Spiegeln ebenso anziehend wie am Nachmittag, wenn Gäste mit Laptops herkommen, um kostenlos im Internet zu surfen. Seine verblichene Eleganz verleiht dem Café einen wunderbaren Charme und macht es so zu einer beliebten Anlaufstelle im *barrio*.

Areia BAR, NACHTCLUB
(Karte S. 78; www.areiachillout.com, auf Spanisch; Calle de Hortaleza 92; ⏲13–3 Uhr; Ⓜ Chueca oder Alonso Martínez) Bei Tag ist das Areia mit seinen dicken Kissen, Musik zum Entspannen sowie dunklen, gemütlichen Ecken, aus denen leise schmatzende Kussgeräusche dringen, die ultimative Lounge-Bar. Doch auch abends lohnt sich der Besuch, denn dann legen angesagte DJs (So–Mi ab 23, sonst ab 21 Uhr) House, Chill-out-Musik, New Jazz, Bossa Nova und Elektronisches auf. Diese Bar ist cool, unkonventionell und einigermaßen günstig.

Gran Café de Gijón LITERATURCAFÉ
(Karte S. 76; Paseo de los Recoletos 21; ⏲7–1.30 Uhr; Ⓜ Chueca oder Banco de España) In dem 1888 eröffneten einstigen Lieblingslokal der Madrider Literaten werden Kaffee und Speisen serviert. Hierher kamen sämtliche großen spanischen Schriftsteller des 20. Jhs., um über ihre und andere Werke zu diskutieren. Das heutige Publikum besteht aus Intellektuellen, konservativen Franco-Anhängern und jungen *madrileños*, die in Ruhe etwas trinken wollen.

Ojalá Awareness Club CHILL-OUT-BAR
(Karte S. 78; Calle de San Andrés 1; ⏲So–Mi 8.30–1, Do–Sa 8.30–2 Uhr; Ⓜ Tribunal) Das Ojalá ist extrem angesagt, deshalb kann man den Laden zu jeder Zeit ansteuern und sich z. B. einen leckeren Daiquiri genehmigen. Limonengrüne Farne, der Sandboden, Kissen, eine verrückte Beleuchtung und das hippe Flair machen den Club zu etwas Besonderem.

Café Manuela CAFÉ
(Karte S. 78; Calle de San Vicente Ferrer 29; ⏲Mo–Fr 16–2, Sa 12–3, So 12–2 Uhr; Ⓜ Tribunal) Wer das restaurierte Café betritt, fühlt sich prompt in die 1950er-Jahre zurückversetzt. Das Manuela liegt versteckt in einer dunklen Straße in Malasaña. Nachts ist es wunderbar beleuchtet und wie so viele Cafés in Madrid sehr vielfältig: Es gibt Cocktails, köstliche Milchshakes und Brettspiele (an den Marmortischen), falls einem tatsächlich mal langweilig werden sollte.

Lolina Vintage Café CAFÉ
(Karte S. 78; Calle del Espíritu Santo 9; ⏲So–Di 10–1, Mi–Sa 10–2 Uhr; Ⓜ Tribunal) Unsere neueste Entdeckung in Malasaña. Das Lolina Vintage Café scheint den Charakter des *barrios* auf engstem Raum einzufangen. Mit seinem Retrolook – gemütliche, altmodische Stühle und Sofas, vergoldete Spiegel und Tapeten aus den 1970er-Jahren – zeigt es, dass das Viertel seinen Stil nicht verloren hat, sondern noch eleganter geworden ist.

✩ Unterhaltung

Aktuelle Termine von Konzerten, Theateraufführungen, Filmen und anderen Events findet man hier:

EsMadrid Magazine (www.esmadrid.com) Bietet eine monatliche Auflistung vieler Konzerte und Veranstaltungen und ist in den Touristeninformationen, einigen Hotels sowie online erhältlich.

Guía del Ocio (www.guiadelocio.com, auf Spanisch) Spanisches Wochenmagazin, das man für 1 € am Kiosk bekommt.

In Madrid (www.in-madrid.com) Die monatliche, von Einwanderern herausgegebene englischsprachige Publikation liegt kostenlos in manchen Hotels aus (werden auf der Website genannt) und informiert über zahlreiche Events und Sehenswürdigkeiten der Stadt.

La Netro (http://madrid.lanetro.com, auf Spanisch) Umfangreiches Onlineportal über Veranstaltungen in Madrid.

Metropoli (www.elmundo.es/metropolis, auf Spanisch) Die Freitagsbeilage der Tageszeitung *El Mundo* wartet mit einem guten Wochenüberblick auf.

On Madrid (www.elpais.com, auf Spanisch) *El País* legt seiner Freitagsausgabe ebenfalls einen Wochenüberblick bei.

What's on When (www.whatsonwhen.com) Listet die Highlights aus Sport und Kultur auf und informiert über den Kauf von Tickets.

Nachtclubs

Es gibt in Madrid kein Stadtviertel ohne anständigen Club oder gute Disko, aber die beliebtesten Locations liegen im Zentrum. Hier und andernorts ist vor 1 Uhr noch nichts los und teilweise wird es sogar erst um 3 Uhr voll, wenn die Bars der Umgebung schon alle dichtgemacht haben.

Die Eintrittspreise variieren je nach Uhrzeit, Kleidung und Anzahl der Gäste. Normalerweise zahlt man etwa 10 € und bekommt ein kostenloses Getränk, wobei man für Megaclubs und schickere Lokale tiefer in die Tasche greifen muss. Es bringt übrigens wenig, sich am Eintrittspreis zu orientieren, denn gerade da, wo man umsonst hineindarf, sind die Drinks oft besonders teuer.

LOS AUSTRIAS, SOL & CENTRO

LP TIPP **Teatro Joy Eslava** NACHTCLUB
(Karte S. 60; www.joy-eslava.com; Calle del Arenal 11; Eintritt 12–15 €; ⏲23.30–6 Uhr; Ⓜ Sol) Eine bunte Musik- und Gästemischung erwartet einen in diesem tollen alten Club. Er ist in einem ehemaligen Theater aus dem 19. Jh. untergebracht und war angeblich in den letzten 29 Jahren an keinem einzigen Tag geschlossen. Hierher kommen Einheimische, Touristen und gelegentlich auch ein paar *famosos* (Prominente).

Cool NACHTCLUB
(Karte S. 78; www.fsmgroup.es; Calle de Isabel la Católica 6; Eintritt ab 10 €; ⏲Do–Sa 23–6 Uhr; Ⓜ Santo Domingo) Phillipe Starck ist für das kurvige weiße Design des angesagten Clubs verantwortlich. Die diskreten Lounge-Stühle in den dunklen Ecken und der pulsierende Tanzbereich werden von einem lässigen Publikum in tollen Klamotten frequentiert (dafür sorgen die strengen Türsteher). Donnerstags steigen die „Sunflower Dance Sessions" (House-Musik und nach der neusten Mode gekleidete Partygäste), freitags ist „Stardust-Night" (Electronica und Techno) und samstags locken die „Royal"-Nächte mit topaktueller House-Musik und vielen schwulen Besuchern. Vor 3 Uhr morgens ist kaum was los.

Charada NACHTCLUB
(Karte S. 60; www.charadaclubdebaile.com, auf Spanisch; Calle de la Bola 13; Eintritt 10–15 €; ⏲Do–Sa 0–6 Uhr; Ⓜ Santo Domingo) Dieser 2009 eröffnete Laden hat die Clubszene im Sturm erobert und zieht reiche, oft berühmte Gäste an. Das Dekor ist im New Yorker Stil gehalten und erinnert in keinster Weise mehr daran, dass das Charada mal ein Bordell war. Die Cocktails sind authentisch, zudem legen hier die besten DJs der Stadt House auf. Donnerstags kann man sich auf unsere Lieblingspartys, die wunderbaren „Future Disco Jams" (Disco-Funk), freuen.

Palacio Gaviria NACHTCLUB
(Karte S. 60; www.palaciogaviria.com; Calle del Arenal 9; Eintritt 10–15 €; ⏲0–6 Uhr; Ⓜ Sol) Der kürzlich renovierte Palast wurde in einen beliebten Club umfunktioniert. Nun feiern hier viele junge, ausgelassene Besucher, die für dieses Vergnügen teilweise richtig lange anstehen. Nicht entgehen lassen sollte man sich die Party am Donnerstag: Dann ist internationaler Studententag und gleichzeitig House-Nacht.

HUERTAS & ATOCHA

LP TIPP **Adraba** NACHTCLUB
(www.fsmgroup.es, auf Spanisch; Calle de Alcalá 20; Eintritt 15–18 €; ⏲Mi–So 0–6 Uhr; Ⓜ Sevilla) Bis es 1983 niederbrannte (dabei starben 81 Gäste) war das Adraba einer der berühmtesten Clubs der *movida madrileña*. 2010 wurde es mit viel Tamtam wiedereröffnet und hat sich schnell wieder als eine der besten Locations der Stadt etabliert. Die Sicherheitsvorkehrungen sind streng. An fünf Tagen in der Woche zieht der Laden ein stilvolles Publikum an. Donnerstags feiert man zu Lounge-Klängen die „Vanité"-Nacht (mit dem Untertitel „The Most Fashion Night"). Freitags und samstags wird man durch die letzten drei Jahrzehnte der Tanzmusik geführt. Als Ergänzung zu den langen Wochenenden steigen mittwochs die „Fever"-Nächte (mit Musik von den 1970er- bis -80er-Jahren) und sonntags Elitepartys („Queen's Club", mit Türstehern). Doch egal, wann man herkommt – hier legen immer die besten DJs auf.

Kapital NACHTCLUB
(Karte S. 68; www.grupo-kapital.com, auf Spanisch; Calle de Atocha 125; Eintritt 20 €; ⏲Do–So 18–22 & 0–6 Uhr; Ⓜ Atocha) Der siebenstöckige Megaclub bietet für jeden etwas: Cocktails, Tanzmusik, Karaoke, Salsa, Hip-Hop und ruhigere Räume mit Blues und Soul.

Außerdem gibt's einen Bereich mit spanischer Musik. Das Kapital ist riesig und zieht einen guten Querschnitt der Madrider Gesellschaft an, darunter auch VIPs und Spieler von Real Madrid.

Stella NACHTCLUB
(Karte S. 66; www.theroomclub.com; Calle de Arlabán 7; Eintritt 13–15 €; ⏲Do–Sa 0.30–6 Uhr; Ⓜ Sevilla) Nachts um 3 Uhr gibt's hier keinen einzigen Platz mehr. Viele Gäste bleiben bis zum Morgengrauen. Die großartigen Videoprojektionen machen einen regelrecht schwindlig, wenn dafür nicht schon die Musik gesorgt hat: Donnerstags und samstags („Mondo", Elektronik-Musik) sorgen tolle DJs für Stimmung und freitags („The Room") legt der berühmte Madrider Ángel García Platten auf.

SALAMANCA

Serrano 41 NACHTCLUB
(Karte S. 76; ✆91 578 18 65; www.serrano41.com, auf Spanisch; Calle de Serrano 41; Eintritt 10 €; ⏲Mi–So 23–5.30 Uhr; Ⓜ Serrano) Im Serrano 41 trifft man auf Stierkämpfer, Fußballstars und andere A-Promis, die sich nicht von diesem Stadtviertel losreißen können. Der größten Beliebtheit erfreuen sich die Freitage und Samstage, wenn tanzbare Popmusik gespielt wird; sonntags wirds funky und donnerstags ist Indie-Nacht. Die Türsteher sind sehr streng.

MALASAÑA & CHUECA

Mehr über die Nachtclubs in Chueca siehe Kasten S. 90.

Morocco NACHTCLUB
(Karte S. 78; www.morocco-madrid.com, auf Spanisch; Calle del Marqués de Leganés 7; Eintritt 10 €; ⏲Fr & Sa 0–6 Uhr; Ⓜ Santo Domingo oder Noviciado) Das Morocco wird von der leicht verrückten Band Alaska, dem musikalischen Aushängeschild der *movida,* betrieben. Sein Dekor ist so kitschig wie cool. Zu hören gibt's in erster Linie spanische Hits der 1980er-Jahre und internationale Klänge. Die Türsteher sind nicht sonderlich gut drauf, aber sie üben ja auch keinen sehr liebenswürdigen Beruf aus.

Nasti Club NACHTCLUB
(Karte S. 78; www.nasti.es, auf Spanisch; Calle de San Vicente Ferrer 33; Eintritt frei–10 €; ⏲Do–Sa 23–5.30 Uhr; Ⓜ Tribunal) Dieser Club ist in einem verlassen wirkenden Gebäude voller Graffitis untergebracht und hat den wohl hässlichsten Eingang, den man sich vorstellen kann. Die Grunge-Musik aus den 1970er-Jahren (Pop, Rock und Punk) passt wunderbar zu dem abgerissenen Dekor, trotzdem ist der Laden nicht so schlimm, wie unsere Beschreibung vermuten lässt. Er zieht Hippies, Prominente der Madrider Underground-Szene und sogar ein paar respektable Leute an und beschreibt sich zu Recht selbst als cool. Hier spielen oft Bands, von denen noch nie jemand etwas gehört hat, bis sie dann zwei Jahre später berühmt werden. Das sagt eigentlich schon alles. Typisch Malasaña.

Sala Flamingo NACHTCLUB
(Karte S. 78; Calle de Mesonero Romanos 13; Eintritt 10 €; ⏲Do, Fr & Sa 0–5.30 Uhr; Ⓜ Callao oder Gran Vía) Seit vielen Jahren einer der angesagtesten Clubs der Stadt. Freitags gibt's die „OchoyMedia"-Sessions, bei denen eine ungezwungene Mischung aus Indie-Rock und Electronica gespielt wird. Daraus ist sogar ein eigenes Genre namens *rockotrónica* entstanden. In diesen Nächten stürmen viele lokale Berühmtheiten den Club. Ganz andere Rhythmen und Gäste erlebt man samstags zur „Darkhole"-Nacht mit Black Music und Gothic-Klängen und donnerstags zur „Playback"-Nacht, wenn es vor allem lässig und locker zugeht.

Tupperware BAR-NACHTCLUB
(Karte S. 78; Corredera Alta de San Pablo 26; ⏲21–3 Uhr; Ⓜ Tribunal) Ein Kandidat für die Bar, die Malasañas Rocker-Geist am besten einfangen kann. Das alteingesessene Tupperware bietet seinen treuen, meist über 30-jährigen Fans Indie, Rock, Soul und Klassiker aus den 1960ern und -70ern sowie jede Menge Kitsch (Augäpfel-Stuck an der Decke und Plastikfernseher mit Actionfigur-Dioramen, die hinter der Bar aufgereiht sind). Die Einheimischen sprechen den Clubnamen übrigens wie „Tupper-warry" aus.

Kinos

Cine Doré KINO
(Calle de Santa Isabel 3; ⏲Di–So; Ⓜ Antón Martín) Die Nationale Filmbibliothek zeigt in diesem Kino viele hervorragende Klassiker und Avantgarde-Filme für gerade einmal 2,50 €.

Cinesa Proyecciones KINO
(✆902 33 32 31; www.cinesa.es, auf Spanisch; Calle de Fuencarral 136; Ⓜ Bilbao oder Quevedo) Ein modernes Kino in einem wunderbaren Jugendstilhaus.

La Enana Marrón KINO
(Karte S. 78; www.laenanamarron.org; Travesía de San Mateo 8; Ⓜ Alonso Martínez) Das

künstlerische, alternative Lichtspielhaus ist unschlagbar. Hier werden Dokumentationen, Zeichentrickfilme, internationale Streifen und Oldies gezeigt.

Cines Princesa KINO
(www.cinesrenoir.com, auf Spanisch; Calle de la Princesa 3; ⓂPlaza de España) Über die Leinwand des Cines Princesa flimmert so ziemlich alles von Hollywood-Blockbustern bis zu Autorenfilmen, was in Originalversion zu kriegen ist.

Yelmo Cineplex Ideal KINO
(Karte S. 60; www.yelmocines.es, auf Spanisch; Calle del Doctor Cortezo 6; ⓂSol oder Tirso de Molina) Das Kino in der Nähe der Plaza Mayor bietet eine große Auswahl an Filmen.

Theater & Tanz

Theaterfans kommen in Madrid das ganze Jahr über auf ihre Kosten. Die meisten Vorstellungen gibt's nur auf Spanisch, aber Musicals bzw. die spanische Variante *zarzuela* lohnen sich auch für Besucher, die kein Wort verstehen. Eintrittskarten kosten zwischen 10 und 50 €.

Compañía Nacional de Danza TANZGRUPPE
(☎91 354 50 53; http://cndanza.mcu.es) Diese dynamische Tanztruppe unter der Leitung von Nacho Duato tritt auch im Ausland auf und erntet in der Regel begeisterte Kritiken für ihre innovative, technisch meisterhafte Performance und ihren Stil. Das hauptsächlich aus ausländischen Tänzern bestehende Ensemble zeigt originelle, zeitgenössische Stücke und gilt in der internationalen Szene als eine der führenden Gruppen. Bei ihren seltenen Aufführungen in der Stadt treten die Künstler an verschiedenen Orten auf, etwa im Teatro de la Zarzuela.

Ballet Nacional de España BALLETTGRUPPE
(☎91 517 99 99; balletnacional.mcu.es) Eine klassische Gruppe, die für ihre einzigartige Mischung aus Ballett und traditionellen spanischen Tänzen wie beispielsweise Flamenco und *zarzuela* bekannt ist. Wenn sie in Madrid ist, tritt sie meistens im Teatro Real oder im Teatro de la Zarzuela auf.

Teatro de la Zarzuela THEATER
(Karte S. 66; ☎91 524 54 00; teatrodelazarzuela.mcu.es; Calle de Jovellanos 4; ⓂBanco de España) Die beste Adresse für *zarzuela*. In dem 1856 errichteten Theater finden auch klassische Musikkonzerte und Opernaufführungen sowie Auftritte der innovativen Compañía Nacional de Danza statt.

Teatro Español THEATER
(Karte S. 66; ☎91 360 14 84; www.esmadrid.com/teatroespanol; Calle del Príncipe 25; ⓂSevilla, Sol oder Antón Martín) Das Theater stammt aus dem 16. Jh. und gilt noch immer als eine der besten Bühnen, um sich spanische Mainstream-Stücke anzusehen, ob es sich nun um ein Werk aus der Feder von Lope de Vega oder eines zeitgenössischen Bühnenautors handelt.

Teatros del Canal THEATER
(☎91 308 99 99; www.teatrosdelcanal.org, auf Spanisch; Calle de Cea Bermúdez 1; ⓂCanal) 2009 wurde dieser hochmoderne Theaterkomplex eröffnet. Hier erlebt man große Aufführungen, Musicals, Tanzkonzerte und das Festival Suma Flamenca (S. 85).

Livemusik

FLAMENCO

Madrid gilt zwar nicht gerade als spirituelle Heimat des Flamencos und die großen Tänzer fühlen sich wahrscheinlich eher in den Tavernen Andalusiens zu Hause, trotzdem ist die Hauptstadt eine der besten Adressen für Darbietungen dieser Art.

Bis auf wenige Ausnahmen sind die Shows recht teuer. Eintrittskarten für *tablaos* (kleine Bühnen, oft mit dazugehörigen Restaurants) kosten zwischen 25 und 35 €. Im Preis ist der erste Drink inbegriffen, nicht aber das häufig nicht gerade empfehlenswerte Essen. Deshalb kauft man besser nur ein Ticket für die Aufführung und stärkt sich vorher woanders. Dafür muss man allerdings in Kauf nehmen, dass es keinen Platz mehr in der ersten Reihe gibt. Viele Shows werden speziell für Touristen gemacht. Das ist kein Zeichen von geringer Qualität – oft sind die Darbietungen sogar ausgezeichnet –, doch es gehen schon mal die echten, rohen Emotionen des Flamencos verloren, weil nur ein sachkundiges Publikum dazu in der Lage ist, die Künstler zu Höchstleistungen anzuspornen.

LP TIPP **Corral de la Morería** FLAMENCO
(☎91 365 84 46; www.corraldelamoreria.com; Calle de la Morería 17; Eintritt 27–37 €; ⏲So–Fr 20.30–2.30, Shows 22 Uhr & Mitternacht, Sa 19, 22 Uhr & Mitternacht; ⓂÓpera) Eine angesehene Adresse mit einem rustikalen Ambiente und eng beieinanderstehenden Tischen. Der Laden blickt auf eine 50-jährige Flamenco-Tradition zurück und bietet zumeist

sehr gute Vorstellungen. Das Essen im Restaurant ist überteuert (43 €), aber die Vorstellungen sind sehr hochwertig. Zahlreiche internationale Stars wie Marlene Dietrich, Marlon Brando, Muhammad Ali und Omar Sharif haben sich hier schon Shows angesehen.

Las Carboneras FLAMENCO
(Karte S. 60; ☎91 542 86 77; www.tablaolascarboneras.com, auf Spanisch; Plaza del Conde de Miranda 1; Eintritt 30–35 €; ⌚Shows Mo–Do 22.30, Fr & Sa 20.30 & 23 Uhr; Ⓜ Sol oder La Latina) Ebenso wie viele andere *tablaos* der Stadt wird das Carboneras eher von Touristen als von Einheimischen besucht, doch die Qualität leidet darunter nicht. Dies ist nicht der Platz für aufwühlende Spontanität, aber dafür bekommt man eine exzellente Einführung in den Flamenco. Außerdem haben sich bisher nur wenige Kenner des Tanzes über den Laden beschwert.

Las Tablas FLAMENCO
(☎91 542 05 20; www.lastablasmadrid.com; Plaza de España 9; Eintritt 24 €; ⌚Shows So–Do 22.30, Fr & Sa 20 & 22 Uhr; Ⓜ Plaza de España) Das Tablas hat sich schnell einen guten Namen gemacht. In den meisten Nächten werden klassische Shows mit kehligem Gesang und ausdrucksstarken Tänzern geboten. Antonia Moya und Marisol Navarro, die führenden Stars der Flamenco-Szene, treten hier regelmäßig auf.

Casa Patas FLAMENCO
(Karte S. 66; ☎91 369 04 96; www.casapatas.com, auf Spanisch; Calle de Cañizares 10; Eintritt 30–35 €; ⌚Shows Mo–Do 22.30, Fr & Sa 21 & 24 Uhr; Ⓜ Antón Martín oder Tirso de Molina) Eine der besten Flamenco-Bühnen der Stadt. Die Vorführungen sind von unschlagbarer Qualität und eignen sich gut als Einführung in diese Kunstform. Leider ist das Personal nicht besonders freundlich, insbesondere wenn man nur wegen der Show da ist. Darüber hinaus herrscht hier ein ziemliches Gedränge.

KLASSISCHE MUSIK & OPER

Auditorio Nacional de Música KONZERTHAUS
(☎91 337 01 40; www.auditorionacional.mcu.es; Calle del Príncipe de Vergara 146; Ⓜ Cruz del Rayo) Der Veranstaltungskalender dieses modernen Konzerthauses ist gut gefüllt. Die klassischen Konzerte werden oft von Madrids Orquesta Sinfonía (www.osm.es) interpretiert, das von Dirigenten aus aller Welt geleitet wird.

Teatro Real OPERNHAUS
(Karte S. 60; ☎902 24 48 48; www.teatro-real.com; Plaza de Oriente; Ⓜ Ópera) Von der technischen Austattung her kann sich das Teatro Real mit jedem anderen Konzertsaal in Europa messen. Es handelt sich um Madrids beste Bühne für große Opern und Ballett. Die Eintrittspreise starten bei 15 €, allerdings für einen Platz, der so weit von der Bühne entfernt liegt, dass man beinahe ein Teleskop braucht. Immerhin ist die Akustik überall gleich gut. Richtig gute Plätze sind nicht unter 127 € zu haben.

JAZZ

In den 1920er-Jahren war Madrid eine der führenden Jazzmetropolen Europas. Es hat zwar eine Weile gedauert, aber inzwischen gehört die Stadt wieder zur Elite in Sachen Livemusik. Eine Vorführung kostet rund 10 €, für spezielle Konzerte zahlt man mindestens 20 €.

LP TIPP **Café Central** JAZZCLUB
(Karte S. 66; ☎91 369 41 43; www.cafecentralmadrid.com, auf Spanisch; Plaza del Ángel 10; Eintritt 10–15 €; ⌚So–Do 13–2.30, Fr & Sa 13.30–3.30 Uhr; Ⓜ Antón Martín oder Sol) Die Art-déco-Bar haben bereits viele Magazine als eine der besten Jazzadressen weltweit aufgelistet. Kein Wunder, denn mit mehr als 9000 Gigs wurde hier wahrlich schon jede Menge geboten, darunter Latin Jazz, Fusion, Tango und klassischer Jazz sowie große internationale Namen wie Chano Domínguez, Tal Farlow und Wynton Marsalis. Normalerweise bleiben die Künstler eine Woche und ziehen dann weiter, deshalb bekommt man für die Auftritte unter der Woche meistens auch noch kurzfristig ein Ticket. An den Wochenenden sieht die Sache allerdings anders aus. Die Shows beginnen um 22 Uhr und Eintrittskarten werden ab eine Stunde vor Beginn verkauft.

GRATIS **Populart** JAZZCLUB
(Karte S. 66; ☎91 429 84 07; www.populart.es, auf Spanisch; Calle de las Huertas 22; ⌚So–Fr 18–2.30, Fr & Sa 18–3.30 Uhr; Ⓜ Antón Martín oder Sol) Gehört zu den klassischen Madrider Jazzclubs. Das Populart wartet mit einer entspannten Atmosphäre und hoher musikalischer Qualität auf. Meistens gibt's Jazz, gelegentlich auch Blues, Swing und sogar Flamenco. Wer Compay Segundo, Sonny Fortune und die Canal Street Jazz Band kennt, ahnt schon, welche Qualität geboten wird. Jeweils um 22.15 Uhr geht's los, allerdings muss man für einen Sitzplatz schon früh kommen.

El Berlín Jazz Club JAZZCLUB
(Karte S. 78; ☎91 521 57 52; www.cafeberlin.es, auf Spanisch; Calle de Jacometrezo 4; Eintritt 6–10 €; ⏲Di–So 19–2.30 Uhr; Ⓜ Callao oder Santo Domingo) Für so manch einen Jazzfan ist das in den 1950er-Jahren gegründete Berlín der authentischste Club der Stadt. Alles dreht sich um klassischen Jazz, deshalb gibt's auch keine Fusion-Konzerte. Das Interieur im Jugendstil trägt noch mehr zum Charme des Ladens bei und die Künstler, die hier spielen, lesen sich wie das Who's who der internationalen Musikszene. Die Hauptkonzerte finden freitags und samstags ab 23.30 Uhr statt, unter der Woche gibt's weitere Gigs.

GRATIS **El Junco Jazz Club** JAZZCLUB
(Karte S. 78; ☎91 319 20 81; Plaza de Santa Bárbara 10; ⏲23–6 Uhr; Ⓜ Alonso Martínez) Dank der erstklassigen Livegigs spanischer und internationaler Jazzbands hat sich das Junco einen festen Platz in der hiesigen Nachtclubszene erkämpft. Die Konzerte starten täglich um 23.30 Uhr, danach legen DJs Funk, Soul Nu Jazz und innovativ groovigen Sound auf. Dienstags (Jazz) und sonntags (Blues) gibt's um diese Uhrzeit Jamsessions.

NOCH MEHR LIVEMUSIK

LP TIPP **Costello Café & Niteclub** LIVEMUSIK
(Karte S. 60; www.costelloclub.com; Calle del Caballero de Gracia 10; Eintritt 5–10 €; ⏲So–Mi 18–1, Do–Sa 18–2.30 Uhr; Ⓜ Gran Vía) In diesem supercoolen Club mit der seidenweichen Atmosphäre und einer an Andy Warhol erinnernden Einrichtung werden Pop, Rock und Fusion gespielt. Außer sonntags kommen die Gäste jeden Tag in den Genuss von Livemusik (21.30 Uhr). Von Donnerstag bis Samstag halten einen DJs bis zum frühen Morgen auf Trab. Obwohl der Laden keine speziellen Events ausrichtet, ist er ein toller Treffpunkt für anspruchsvolle Leute, darunter auch lokale Berühmtheiten.

LP TIPP **Sala El Sol** LIVEMUSIK
(Karte S. 60; ☎91 532 64 90; www.elsolmad.com, auf Spanisch; Calle de los Jardines 3; Eintritt 8–25 €; ⏲Juli–Sept. Di–Sa 23–5.30 Uhr; Ⓜ Gran Vía) Die beliebte Sala El Sol wurde 1979 eröffnet – gerade rechtzeitig zur *movida* – und etablierte sich schnell zur führenden Bühne für damalige Ikonen wie Nacha Pop und Alaska y los Pegamoides. Inzwischen ist die *movida* vorbei, doch sie lebt immer noch im El Sol weiter, wo vor allem Hits aus den 1970er- und -80er-Jahren sowie Soul und Funk aufgelegt werden. Die Öffnungszeiten variieren: Viele Konzerte beginnen gegen 23 Uhr, manche Gigs starten allerdings „schon" um 22 Uhr. Auf der Website findet man alle aktuellen bzw. zukünftigen Konzerttermine und kann zudem Tickets buchen.

ContraClub LIVEMUSIK
(☎91 365 55 45; www.contraclub.es, auf Spanisch; Calle de Bailén 16; Eintritt 6–12 €; ⏲Mi–Sa 22–6 Uhr; Ⓜ La Latina) Ein Veranstaltungsort für Livekonzerte und Nachtclub. Mittwochs gibt's Live-Flamenco und donnerstags bis sonntags einen vielseitigen Mix (Jazz, Blues, Mainstream und Rock). Nach den Konzerten (die um 22.30 Uhr beginnen) legen einheimische DJs ähnlich abwechslungsreiche Beats auf (Indie, Pop, Funk und Soul).

Café La Palma LIVEMUSIK
(Karte S. 78; ☎91 522 50 31; www.cafelapalma.com, auf Spanisch; Calle de la Palma 62; Eintritt frei–12 €; ⏲16.30–3 Uhr; Ⓜ Noviciado) Es ist beeindruckend, wie viel Unterhaltung das Palma bietet. Liveshows angesagter lokaler Bands finden im hinteren Bereich statt, während sich weiter vorne DJs austoben. Livemusik gibt's zu allen möglichen Terminen, immer aber von Donnerstag bis Sonntag um 22 und 24 Uhr.

Clamores LIVEMUSIK
(☎91 445 79 38; www.clamores.es, auf Spanisch; Calle de Alburquerque 14; Eintritt 5–15 €; ⏲18–3 Uhr; Ⓜ Bilbao) Das einstige Jazzcafé hat sich zu einer der vielfältigsten Livebühnen der Stadt entwickelt. Neben Mainstream, Flamenco, Soul-Fusion, Pop und Rock ist aber nach wie vor auch Jazz gefragt. Die Auftritte beginnen teilweise schon um 21 Uhr.

GRATIS **Honky Tonk** LIVEROCK
(☎91 445 61 91; www.clubhonky.com, auf Spanisch; Calle de Covarrubias 24; ⏲21–5 Uhr; Ⓜ Alonso Martínez) Ein toller Platz, um lokale Rock'n'Roll-Bands zu erleben, obwohl viele Künstler auch Country oder Blues spielen. Der in den 1980er-Jahren eröffnete kleine Club punktet vor allem mit seinem fröhlichen Ambiente. Man sollte früh da sein, da sich der Laden schnell füllt.

La Boca del Lobo LIVEMUSIK
(Karte S. 66; ☎91 429 70 13; www.labocadellobo.com, auf Spanisch; Calle de Echegaray 11; Eintritt frei–10 €; ⏲21–3 Uhr; Ⓜ Sevilla) Mittlerweile finden im „Wolfsschlund" – der klassische Jazzclub ist genauso düster wie es

sein Name suggeriert – nicht mehr nur Rock- und Indie-Konzerte statt, sondern man bekommt auch Roots, Reggae, Jazz, Soul, Ska sowie Flamenco, Funk und Fusion zu hören. Mittwochs um 23 Uhr gibt's Roots- und Groove-Musik sowie Jamsessions, während sonntags Soul angesagt ist. Die Veranstaltungen beginnen zwischen 21.30 und 23 Uhr (siehe Website), danach legen DJs auf.

Sport

FUSSBALL

Das **Estadio Santiago Bernabéu** (☎91 398 43 00; www.realmadrid.com; Avenida de Concha Espina 1; Rundgang Erw./unter 14 J. 15/10 €; ⏲Mo–Sa 10–19 Uhr; Ⓜ Santiago Bernabéu) , eine Art Tempel für Fussballfans und eines der größten Sportstadien überhaupt, ist die Heimat von **Real Madrid**. Die Mannschaft bietet Fußballkunst vom Feinsten, deshalb sind bei den Spielen auch stets alle 80 000 Plätze besetzt. Wer das Glück hat, in der Stadt zu sein, wenn der Club einen großen Preis abräumt, sollte gemeinsam mit den Fans auf der Plaza de la Cibeles feiern.

Das nach dem langjährigen Präsidenten des Clubs benannte Stadion zieht *madridistas* (Fans von Real Madrid) auf der ganzen Welt an. Tickets für eine Erkundung auf eigene Faust werden am Schalter 10 (neben Tor 7) verkauft. Dann geht's vorbei an der beeindruckenden **Exposición de Trofeos** (Trophäen-Ausstellung), durch die Präsidentenbox, den Presseraum, die Umkleiden und den Spielertunnel bis auf das Feld. An Spieltagen kann man das Stadion bis fünf Stunden vor Veranstaltungsbeginn besuchen, wobei die Exposición de Trofeos bis zwei Stunden vor dem Spiel geöffnet ist.

Die günstigsten Eintrittskarten für ein Spiel kosten mindestens 40 €, können aber je nach Wichtigkeit auch um einiges teurer sein. Wer das Ticket nicht über eine Agentur kauft, sollte möglichst früh in der Woche vor dem Spiel zum Schalter an Tor 42 (Avenida de Concha Espina) kommen. Die Nummer für Buchungen (das Ticket holt man später an Tor 42 ab) lautet ☎902 32 43 24 und ist nur innerhalb des Landes erreichbar. Wer vom Ausland aus buchen möchte und online kein Glück hat, kann **Localidades Galicia** (Karte S. 60; ☎91 531 91 31; www.bullfightticketsmadrid.com; Plaza del Carmen 1; ⏲Mo–Sa 9.30–13 & 16.30–19, So 9.30–13 Uhr; Ⓜ Sol) kontaktieren. Außerdem kann man auf vielen Internetseiten Karten bestellen, z. B. bei www.madrid-tickets.net, www.madrid-tickets.com und www.ticket-finders.com.

Atlético de Madrid, der zweite große Fußballclub der Stadt, stand lange im Schatten seines schillernden Rivalen, obwohl es eines der erfolgreichsten Teams der spanischen Fußballgeschichte ist: U. a. hat es die Europa League im Jahre 2010 gewonnen. Heimatstation des Vereins ist das **Estadio Vicente Calderón** (☎91 366 47 07; www.clubatleticodemadrid.com; Paseo de la Virgin del Puerto; Ⓜ Pirámides). Es bietet zwar nur Platz für 60 000 Zuschauer, macht seine geringere Größe aber durch eine ausgelassene Party-Atmosphäre mehr als wett. Karten für Spiele erhält man telefonisch unter ☎91 366 47 07 oder ☎902 530 500, aber auch wer ein paar Tage vor dem Spiel aufkreuzt, hat noch gute Aussichten auf ein Ticket.

STIERKAMPF

Von der Fiesta de San Isidro Mitte Mai bis Ende Oktober schwenken Spaniens Stars unter den Stierkämpfern ihre roten Tücher auf der **Plaza de Toros Monumental de Las Ventas** (☎91 356 22 00; www.las-ventas.com, auf Spanisch; Calle de Alcalá 237; Ⓜ Ventas), einer der größten Stierkampfarenen der Welt. Der Außenbau ist im grandiosen Mudéjar-Stil gehalten, während das Innere an das Kolosseum erinnert. In der sechswöchigen Hauptsaison (ab Mai) finden fast jeden Tag *corridas* (Stierkämpfe) statt.

Eintrittskarten gibt's für die Kategorien *sol* und *sombra* (Sonnen- und Schattenplätze). Erstere sind deutlich günstiger, das gilt vor allem für einen Stehplatz (5 €). An einem brütend heißen Sommertag sollte man sich allerdings besser einen Schattenplatz gönnen (9 €). Die besten Plätze in der ersten Reihe liegen im Schatten und sind Promis vorbehalten. Sie kosten über 100 €.

Einige Tage vor dem Kampf beginnt am **Ticketschalter** (⏲10–14 & 17–20 Uhr) auf der Plaza de Toros Monumental de Las Ventas der Vorverkauf. Einige Verkaufsstellen bieten noch früher Eintrittskarten an, nehmen dafür aber 20 % mehr. Zu den besten Agenturen gehört **Localidades Galicia** (Karte S. 60; ☎91 531 91 31; www.bullfightticketsmadrid.com; Plaza del Carmen 1; ⏲Mo–Sa 9.30–13 & 16.30–19, So 9.30–13 Uhr; Ⓜ Sol). Beim **Stierkampf-Ticketschalter La Central** (Karte S. 66; ☎91 531 33 66; Calle de la Victoria) bekommt man ebenfalls Tickets.

Mehr zum kontrovers diskutierten Thema Stierkampf siehe S. 912.

Shoppen

Lust, den Look zu verändern, weil einem der lässige, aber dennoch elegante Stil der Spanier gefällt? Genug von Postkarten mit Stieren und kitschigen Flamenco-Postern? Haben die Freunde in der Heimat einen anspruchsvolleren Geschmack als ein gepunktetes Flamenco-Kleid als Souvenir? Kein Problem, denn hier findet man alles, wonach man sucht. Madrid ist eine fantastische Stadt zum Shoppen und die *madrileños* gelten als wahre Meister dieser Kunst.

Die besten Möglichkeiten bieten die *rebajas* (Winter- oder Sommerschlussverkauf), wenn fast alle Preise heruntergesetzt sind. Um den 7. Januar beginnt der Winterschlussverkauf, der bis lange in den Februar hineinreicht. Der Sommerschlussverkauf startet Anfang Juli und dauert bis August.

Viele Läden haben jeweils am ersten Sonntag jedes Monats und den ganzen Dezember über geöffnet.

LOS AUSTRIAS, SOL & CENTRO

LP TIPP Antigua Casa Talavera TRADITIONELLE KERAMIK

(Karte S. 60; Calle de Isabel la Católica 2; ⏲Mo–Fr 10–13.30 & 17–20 Uhr, Sa 10–13.30 Uhr; Ⓜ Santo Domingo) Hinter der außergewöhnlichen gefliesten Fassade dieses alten Ladens verbirgt sich ein Paradies voller Keramik aus ganz Spanien. Hier bekommt man keine Massenprodukte für Touristen, sondern Einzelstücke von kleinen Familientöpfereien aus Andalusien und Toledo. Es gibt eine große Auswahl an dekorativer Keramik (Fliesen) und praktischen Dingen (Teller, Tassen und andere Küchenutensilien).

LP TIPP El Arco Artesanía MODERNE SOUVENIRS

(Karte S. 60; www.elarcoartesania.com; Plaza Mayor 9; ⏲11–21 Uhr; Ⓜ Sol oder La Latina) Der originelle Shop in der südwestlichen Ecke der Plaza Mayor verfügt über eine riesige Auswahl an hausgemachten Designersouvenirs: Von Stein- und Glasarbeiten bis hin zu Schmuck und Wohnaccessoires ist alles dabei. Die Figuren aus Pappmaché sind zauberhaft, aber es gibt auch noch zahlreiche andere schöne Dinge.

El Flamenco Vive FLAMENCO

(Karte S. 60; www.elflamencovive.es; Calle Conde de Lemos 7; ⏲Mo–Sa 10–14 & 17–21 Uhr; Ⓜ Ópera) In diesem Flamenco-Tempel findet man Gitarren, Liederbücher und preiswerte CDs, gepunktete Kostüme, Schuhe, bunten Plastikschmuck und themenbezogene Literatur. Der Laden zieht sowohl Neugierige als auch eingefleischte Fans dieser Kunstform an.

Casa de Diego SPANISCHE FÄCHER

(Karte S. 60; www.casadediego.com; Plaza de la Puerta del Sol 12; ⏲Mo–Sa 9.30–20 Uhr; Ⓜ Sol) Verkauf bzw. Reparatur von spanischen Fächern, Schals, Regenschirmen und Spazierstöcken. Der Service des 1858 eröffneten Shops ist altmodisch und die Angestellten sind manchmal mürrisch, aber die Fächer gelten als antike Kunstwerke.

Salvador Bachiller LEDERWAREN

(Karte S. 78; www.salvadorbachiller.com; Gran Vía 65; ⏲Mo–Sa 10–21.30 Uhr; Ⓜ Plaza de España oder Santo Domingo) Stilvolle, hochwertige Ledertaschen, Portemonnaies, Koffer und weitere Accessoires von Salvador Bachiller – dieser Laden ist ein Muss für alle Shoppingfans. Hier gibt's jede Menge Leder in hellen Pink-, Gelb- und Grüntönen. Klingt grell? Sobald man den Laden betritt, sieht man das anders.

Casa Hernanz ESPADRILLES

(Karte S. 60; Calle de Toledo 18; ⏲Mo–Fr 9–13.30 & 16.30–20, Sa 10–14 Uhr; Ⓜ La Latina oder Sol) Die bequemen, strickbesohlten *alpargatas* (Espadrillos), traditionelle spanische Schuhe, werden von vielen Einheimischen getragen – selbst vom König. In dieser Werkstatt werden sie seit Generationen von Hand hergestellt. Entweder kauft man eines der vorhandenen Paare oder gibt eines in Auftrag. Die Preisspanne reicht dabei von 5 bis 40 €. Sobald es wärmer wird, stehen die Leute vor dem Laden Schlange.

LA LATINA & LAVAPIÉS

LP TIPP El Rastro FLOHMARKT

(Calle de la Ribera de Curtidores; ⏲So 8–15 Uhr; Ⓜ La Latina, Puerta de Toledo oder Tirso de Molina) Es ist in Madrid Tradition, den Sonntagmorgen auf dem Rastro zu verbringen, der auf der Calle de la Ribera de Curtidores und zahlreichen umliegenden Straßen veranstaltet wird. Die vielen Verkäufer bieten z. B. billige Kleidung, Taschen, alte Flamenco-Platten und alte Fotografien der Stadt an, außerdem gibt's jede Menge gefälschte Designertaschen, schmuddelige T-Shirts sowie Haushalts- und Elektrowaren. Wer gut sucht, findet manchmal sogar echte Schätze wie ein verlorenes Meisterwerk oder eine Underwood-Schreibmaschine.

Achtung: Taschendiebe fühlen sich auf dem Flohmarkt sehr wohl, deshalb sollte man seine Habseligkeiten eng am Körper tragen und Wertsachen sicher aufbewahren.

Helena Rohner SCHMUCK

(Karte S. 64; www.helenarohner.com; Calle del Almendro 4; ⏲Mo–Fr 8–20.30, Sa 12–14.30 & 15.30–20, So 12–15 Uhr; Ⓜ La Latina oder Tirso de Molina) Helena Rohner, eine der kreativsten Schmuckdesignerinnen der Welt, betreibt in La Latina eine große Boutique. Ihre innovativen Stücke bestehen aus Silber, Edelsteinen, Porzellan, Holz und Muranoglas und werden regelmäßig auf den Pariser Laufstegen präsentiert. Mit ihren Kreationen möchte die Künstlerin laut eigener Aussage „die Magie von Florenz, die Vitalität Londons und die Leuchtkraft Madrids" einfangen. Seit einiger Zeit fertigt sie auch Wohnaccessoires an.

HUERTAS & ATOCHA

LP TIPP **Gil** SPANISCHE SCHALS

(Karte S. 66; Carrera de San Jerónimo 2; ⏲Mo–Sa 9.30–13.30 & 16.30–20 Uhr; Ⓜ Sol) Heute sieht man sie nicht mehr oft, aber die fransigen und bestickten *mantones* und *mantoncillos* (traditionelle spanische Schals und Stolen, die Frauen bei festlichen Anlässen tragen) sowie die zarten *mantillas* (spanische Spitzenschleier) sind tolle, ungewöhnliche Souvenirs. Darüber hinaus kann man im Gil auch *abanicos* (spanische Fächer) kaufen. In dem dunklen Geschäft wird man noch wie in den 1880er-Jahren bedient, und das ist auch gut so.

María Cabello WEIN

(Karte S. 66; Calle de Echegaray 19; ⏲Mo–Fr 9.30–14.30 & 17.30–21, Sa 10–14.30 & 18.30–21.30 Uhr; Ⓜ Sevilla oder Antón Martín) Wenn doch alle Weinläden wie dieser wären ... Die Inhaber dieses familiengeführten Eckladens sind echte Kenner, zudem hat sich die Deko – Holzregale und ein verblichenes Deckenfresko – seit 1913 kaum verändert. Das Angebot umfasst etwa 500 edle Tropfen (meist spanisch, aber auch ein paar ausländische Sorten).

SALAMANCA

LP TIPP **Agatha Ruiz de la Prada** KLEIDUNG

(Karte S. 76; www.agatharuizdelaprada.com; Calle de Serrano 27; ⏲Mo–Sa 10–20.30 Uhr; Ⓜ Serrano) In dieser Boutique dominieren die Farben Pink, Gelb und Orange. Die Mode ist witzig, ausgefallen und durchaus ernst zu nehmen. Agatha Ruiz de la Prada gilt als eine der größten Ikonen während Madrids kreativer Hochphase – der *movida madrileña* – in den 1980er-Jahren.

Gallery HERRENMODE

(Karte S. 76; www.gallerymadrid.com; Calle de Jorge Juan 38; ⏲Mo–Sa 10.30–20.30 Uhr; Ⓜ Príncipe de Vergara oder Velázquez) Ein Modegeschäft mit stilvoller, markenbewusster Kleidung und wunderbaren Accessoires (Schuhe, Taschen, Gürtel). Mit seinem von Tomas Alia gestalteten Interieur ist das Gallery der coolste Shop für Männer in der ganzen Stadt.

Oriol Balaguer SCHOKOLADE

(www.oriolbalaguer.com; Calle de José Ortega y Gasset 44; ⏲Mo–Sa 9–21, So 9–14.30 Uhr; Ⓜ Nuñez de Balboa) Der katalanische Konditormeister Oriol Balaguer hat einen beeindruckenden Lebenslauf. Er arbeitete schon mit Ferran Adrià zusammen und erhielt 2001 den Preis für das weltbeste Dessert. Seine Schokoladen-Boutique wurde im März 2008 eröffnet und ist eine Kombination aus kleiner Kunstgalerie und Modegeschäft – nur dass sie sich statt Kleidung exquisiten Schokoladenkreationen und Kuchen widmet. Nach einem Besuch dieses Ladens wird man niemals mehr normale Schokolade genießen können.

Camper SCHUHE

(Karte S. 76; www.camper.es; Calle de Serrano 24; ⏲Mo–Sa 10–20.30 Uhr; Ⓜ Serrano) In nahezu jedem Viertel stößt man auf eine Filiale der weltberühmten skurrilen Schuhmarke aus Mallorca. Die Treter sind sportlich, schick sowie mit farbenfrohen Details versehen und darüber hinaus auch noch sehr bequem. Weitere Adressen findet man auf der Website.

Mantequería Bravo LEBENSMITTEL, WEIN

(Karte S. 76; Calle de Ayala 24; ⏲Mo–Fr 9.30–14.30 & 17.30–20.30, Sa 9.30–14.30 Uhr; Ⓜ Serrano) Hinter der schönen alten Fassade befindet sich ein echtes Gourmetparadies. Die Produkte – lokal hergestellter Käse, Würstchen, Weine und Kaffee – eignen sich großartig als Geschenke, schmecken aber so gut, dass man sie am liebsten nicht teilen möchte. 2007 wurde das Mantequería Bravo sogar zum besten Delikatessenladen der Stadt gekrönt.

MALASAÑA & CHUECA

LP TIPP **Mercado de Fuencarral** KLEIDUNG

(Karte S. 78; www.mdf.es, auf Spanisch; Calle de Fuencarral 45; ⏲Mo–Sa 11–21 Uhr; Ⓜ Tribunal) Ein überaus beliebter Markt für alternative Clubmode, der eine Art rebellischen Snobismus zelebriert. Shops wie Fuck, Ugly Shop und Black Kiss bieten flippige, grungige Kleidung und sind bis an die Decke mit zerrissenen T-Shirts sowie schwarzen Leder- und Silberwaren vollgestopft. Der Mercado de Fuencarral ist eine Institution, deshalb gab es fast einen Aufstand, als er 2008 schließen sollte.

Patrimonio Comunal Olivarero OLIVENÖL
(Karte S. 78; Calle de Mejía Lequerica 1; ⏲Mo–Fr 10–14 & 17–20, Sa 10–14 Uhr; Ⓜ Alonso Martínez) Der perfekte Ort, um die wahre Essenz spanischer Olivenöle kennenzulernen. Man könnte Jahre damit verbringen, sich für eine der unzähligen Sorten zu entscheiden. Die Angestellten kennen sich gut aus und helfen einem gern weiter, wenn man etwas Spanisch spricht.

CHAMBERÍ & ARGÜELLES

Diedro KLEIDUNG, ACCESSOIRES
(Karte S. 78; www.diedro.com; Calle de Sagasta 17; ⏲Mo–Sa 10–22, So 12–22 Uhr; Ⓜ Bilbao oder Alonso Martínez) In dem innovativen Geschenkeladen bekommt man Designerschmuck und -mode sowie Wohnaccessoires. Der Laden breitet sich über drei Etagen aus, und wer Designerwaren liebt, wird garantiert fündig. Zu den führenden Labels gehören Calvin Klein, Pandora, Guess, Bodum und Alessi.

IM NORDEN

Tienda Real Madrid FUSSBALL-SOUVENIRS
(Tor 57, Estadio Santiago Bernabéu, Avenida de Concha Espina 1; ⏲10–20.30 Uhr; Ⓜ Santiago Bernabéu) Der Fanshop von Real Madrid verkauft T-Shirts, Poster, Mützen und zahlreiche andere Dinge, an denen man das Clublogo befestigen kann. Vom Fenster des Ladens hat man einen tollen Blick auf das Stadion.

ℹ Praktische Informationen

Gefahren & Ärgernisse

Madrid gilt als sichere Stadt, trotzdem muss man sich vor Taschendieben in Acht nehmen, besonders im Stadtzentrum, in der Metro und rund um touristische Sehenswürdigkeiten. Vorsicht ist auch in gut besuchten Gegenden wie der Plaza Mayor und den umliegenden Straßen, der Puerta del Sol, auf dem El Rastro und im Museo del Prado angebracht. Oft „arbeiten" die Diebe in Zweierteams (oder auch in größeren Gruppen). Während man beispielsweise von einer attraktiven Frau ablenkt wird, leert ihr Partner einem die Taschen. Doch man sollte nicht paranoid werden: Viele Traveller haben hier nämlich noch nie ein Problem gehabt.

Eher beunruhigend als gefährlich war lange Zeit die Calle de la Montera, in der sich Prostituierte, Zuhälter und schräge Typen aufhielten. Mittlerweile wurde die Straße aber zur Fußgängerzone umfunktioniert und mit Überwachungskameras sowie einer Polizeistation ausgestattet.

Der *barrio* Lavapiés ist ein etwas düsterer, multikultureller Schmelztiegel, sehr attraktiv, aber mit Problemen wie Drogenkriminalität behaftet. Wer nachts alleine unterwegs ist, sollte das Viertel besser meiden.

Internetzugang

In Zeiten von WLAN und Laptops bleiben viele gute Internetcafés auf der Strecke. An nahezu jeder Straßenecke stößt man auf kleine *locutorios* (Läden, die Telefonkarten verkaufen und günstige Telefonate anbieten), in denen man häufig auch ein paar Computer findet. Wir listen sie hier nicht alle auf, da ständig neue Shops öffnen bzw. wieder schließen. Zu den besten Optionen in der Innenstadt zählen:

Centro de Turismo de Madrid (S. 112) Die Filiale auf der Plaza Mayor bietet für bis zu 15 Minuten kostenlosen Internetzugang, während man in der Zweigstelle auf der Plaza de Colón sogar unbegrenzt gratis surfen kann.

Café Comercial (Glorieta de Bilbao 7; 1 € pro 50 Min.; ⏲Mo 7.30–24, Di–Do 7.30–1, Fr 7.30–2, Sa 8.30–2, So 9–24 Uhr; Ⓜ Bilbao) Ein wunderbares altes Café mit Internetzugang im Obergeschoss.

Medien

Europäische Zeitungen bekommt man in fast allen Kiosken.

ABC (www.abc.es, auf Spanisch) Rechtsorientierte spanischsprachige Tageszeitung.

El Mundo (www.elmundo.es, auf Spanisch) Mitte-rechts-orientierte spanischsprachige Tageszeitung.

El País (www.elpais.com, auf Spanisch) Mitte-links-orientierte spanischsprachige Tageszeitung; die Zeitung mit der größten Auflage in Spanien.

InMadrid (www.in-madrid.com) Kostenlose englischsprachige Monatszeitung mit einem Veranstaltungsprogramm, die in einigen Hotels, Bars und Touristeninformationen ausliegt.

International Herald Tribune (www.iht.com) Mit einem achtseitigen ins Englische übersetzten Anhang von Artikeln aus der Zeitung *El País* (www.elpais.com/misc/herald/herald.pdf).

Madriz (www.madriz.com) Zweisprachige Zeitschrift über Madrid (erscheint zweimal jährlich).

Marca (www.marca.com, auf Spanisch) Spanischsprachige Tageszeitung zum Thema Sport.

Medizinische Versorgung

Anglo-American Medical Unit (Unidad Medica; ☎91 435 18 23; www.unidadmedica.com; Calle del Conde de Aranda 1; ⌚Notruf Mo–Fr 9–20, Sa 10–1 Uhr; Ⓜ Retiro) Privatklinik mit spanisch- und englischsprachigen Angestellten. Eine ärztliche Beratung kostet etwa 125 €.

Farmacia Mayor (☎91 366; Calle Mayor 13; ⌚24 Std.; Ⓜ Sol)

Farmacia Velázquez 70 (☎91 575 60 28; Calle de Velázquez 70; ⌚24 Std.; Ⓜ Velázquez)

Hospital General Gregorio Marañón (☎91 586 80 00; www.hggm.es, auf Spanisch; Calle del Doctor Esquerdo 46; Ⓜ Sáinz de Baranda oder O'Donnell) Eines der größten Krankenhäuser der Stadt.

Notfall

Notruf (☎112)

Policía Nacional (☎091)

Servicio de Atención al Turista Extranjero (Hilfsservice für Touristen; ☎91 548 85 37/80 08; www.esmadrid.com/satemadrid; Calle de Leganitos 19; ⌚9–22 Uhr; Ⓜ Plaza de España oder Santo Domingo) Die beste Anlaufstelle zur Meldung von Diebstählen, Sperrung von Kreditkarten oder um die Botschaft zu kontaktieren.

Teléfono de la Víctima (☎902 180 995) Hotline für Opfer rassistischer oder sexueller Gewalt.

Post

Hauptpost (www.correos.es; Paseo del Prado 1; Ⓜ Banco de España)

Touristeninformation

Centro de Turismo de Madrid (Karte S. 60; ☎91 588 16 36 51; www.esmadrid.com; Plaza Mayor 27; ⌚9.30–20.30 Uhr; Ⓜ Sol) Exzellente Touristeninformation mit einem kleineren Büro unterhalb der Plaza de Colón und Infoschaltern auf der Plaza de la Cibeles, der Plaza de Callao, vor dem Centro de Arte Reina Sofía und im T4-Terminal am Flughafen Barajas.

Comunidad de Madrid Regional Information Line (☎012, nur auf Spanisch)

Rathaus-Hotline (☎010 oder 91 540 40 10, nur auf Spanisch) Auskünfte zu öffentlichen Verkehrsmitteln, Veranstaltungen und vielem mehr.

Regionale Touristeninformation (Karte S. 66; ☎91 429 49 51, 902 10 00 07; www.turismomadrid.es; Calle del Duque de Medinaceli 2; ⌚Mo–Sa 8–20, So 9–2 Uhr; Ⓜ Banco de España) Hat weitere Büros im Flughafen Barajas (T1 und T4) sowie in den Bahnhöfen Chamartín und Atocha.

NOCH MEHR INFOS?

Detaillierte Informationen, Artikel und Tipps übers Handy gibt's im Apple-Store. Hier kann man eine iPhone-App mit dem Lonely Planet Stadtführer *Madrid* (bisher nur auf Englisch erhältlich) kaufen.

Auf der englischsprachigen Website von **Lonely Planet** (www.lonelyplanet.com/spain/madrid) findet man ebenfalls einiges zur Reiseplanung sowie Insidertipps von den Autoren und Travellern.

Websites

EsMadrid.com (www.esmadrid.com) Toller Internetauftritt des *ayuntamiento* inklusive einer Veranstaltungsliste.

In Madrid (www.in-madrid.com) Zuwanderer informieren über Events, geben Ausgehtipps und schreiben Artikel. Außerdem gibt's ein Forum und Kleinanzeigen.

Le Cool (www.lecool.com) Wöchentliche Updates zu Veranstaltungen mit Betonung auf der alternativen und der Avantgarde-Szene.

Madrid Infos für Touristen (www.inundummadrid.com) Blog eines deutschen Einwanderers.

Turismo Madrid (www.turismomadrid.es/de) Portal der regionalen Touristeninformation. Bietet auch Infos zu Regionen außerhalb der Stadt, die zur Comunidad de Madrid gehören.

Vive Madrid (www.guiavivemadrid.com) Eine private Seite mit guten Tipps zu Bars, Restaurants, Hotels und Verkehrsmitteln sowie einem Buchungsservice.

An- & Weiterreise

Auto & Motorrad

Die Stadt ist von zwei großen Ringstraßen umgeben, der äußeren M-40 und der inneren M-30. Zusätzlich gibt's noch zwei partielle Ringstraßen, die M-45 und die weiter entfernte M-50. Die R-5 und R-3 gehören zu einer Reihe von Mautstraßen und wurden gebaut, um Staus zu umgehen.

In Madrid haben alle bekannten Autovermietungen Filialen. Hertz und Europcar betreiben außerdem einen Schalter am Flughafen und teilweise auch an den Bahnhöfen Atocha und Chamartín. Empfehlenswerte Unternehmen:

Avis (☎902 180 854; www.avis.es; Gran Vía 60; Ⓜ Santo Domingo oder Plaza de España)

Europcar (☎902 105 055; www.europcar.es; Calle de San Leonardo de Dios 8; Ⓜ Plaza de España)

Hertz (☎902 402 405; www.hertz.es; Edificio de España, Plaza de España 18; Ⓜ Plaza de España)

National/Atesa (☎902 100 101; www.atesa.es; Tiefgarage, Plaza de España; Ⓜ Plaza de España)

Pepecar (☎807 414 243; www.pepecar.com; Tiefgarage, Plaza de España; Ⓜ Plaza de España)

Bus

Die **Estación Sur de Autobuses** (☎91 468 42 00; www.estaciondeautobuses.com, auf Spanisch; Calle de Méndez Álvaro 83; Ⓜ Méndez Álvaro) gleich südlich der Ringstraße M30 ist der wichtigste Busbahnhof der Stadt. Von hier aus werden viele Ziele im Süden und zahlreiche andere Landesregionen bedient. Fast alle Busgesellschaften haben hier Büros, selbst wenn ihre Fahrzeuge von anderen Busbahnhöfen starten.

Große Unternehmen:

ALSA (☎902 422 242; www.alsa.es)

Avanzabus (☎902 020 052; www.avanzabus.com)

Flugzeug

Der **Aeropuerto des Barajas** (☎902 40 47 04; www.aena.es) liegt 15 km nordöstlich der Stadt. Er ist einer der belebtesten Flughäfen Europas (über 52 Mio. Passagiere jährlich) und bedient u. a. Frankfurt.

Passagiere können in den Abflugterminals und teilweise auch in der Metrostation Nuevos Ministerios einchecken *(facturación;* einfach bei der jeweiligen Fluggesellschaft erkundigen).

Eine vollständige Liste der Airlines (mit Infos darüber, welche der vier Terminals sie nutzen) gibt's auf www.aena.es (Abschnitt Madrid-Barajas); dazu auf „Airlines" klicken. Einige der größten Gesellschaften:

Air Berlin (☎902 320 737; www.airberlin.com)

Air Europa (☎902 401 501; www.aireuropa.com)

Air France (☎902 207 090; www.airfrance.com)

Andalus (☎902 887 300; www.andalus.es)

Austrian Airlines ☎902 551 257; www.aua.com)

British Airways (☎902 111 333; www.britishairways.com)

EasyJet (☎807 260 026; www.easyjet.com)

German Wings (☎807 070 025; www.germanwings.com)

Iberia (☎902 400 500; www.iberia.es)

KLM (☎902 222 747; www.klm.com)

Lufthansa (☎902 883 882; www.lufthansa.com)

Ryanair (☎807 220 032; www.ryanair.com)

Spanair (☎902 131 415; www.spanair.com)

Swiss International Airlines (☎901 116 712; www.swiss.com)

TAP Air Portugal (☎901 116 718; www.flytap.com)

Vueling (☎807 200 200; www.vueling.com)

Zug

Madrid hat zwei Hauptbahnhöfe. Am südlichen Ende des Stadtzentrums liegt der größere von beiden, **Puerta de Atocha** (Karte S. 68; Ⓜ Atocha Renfe), während der **Chamartín-Bahnhof** (Ⓜ Chamartín) im Norden der Stadt zu finden ist. Viele innerspanische Züge fahren von Atocha los, vor allem die Richtung Süden. Internationale Züge starten bzw. enden zumeist in Chamartín. Reservierungen können über **Renfe** (☎902 24 02 02; www.renfe.es) vorgenommen werden.

Der Hochgeschwindigkeitszug Tren de Alta Velocidad Española (AVE) verbindet Madrid mit Sevilla (über Córdoba), Valladolid (über Segovia), Toledo, Valencia, Málaga und Barcelona (via Zaragoza und Tarragona). Fast alle Schnellzüge fahren vom Bahnhof Puerta de Atocha ab. Der Zug Madrid–Segovia/Valladolid startet am Bahnhof Chamartín.

ℹ Unterwegs vor Ort

Madrid wartet mit einem ausgezeichneten, schnell wachsenden Metronetz sowie guten Busverbindungen auf. Darüber hinaus pendeln *cercanías* (Lokalzüge) zwischen den im Norden und Süden gelegenen Bahnhöfen Chamartín und Atocha. Taxifahrten sind nicht teuer.

Bus

Empresa Municipal de Transportes de Madrid (EMT; ☎902 50 78 50; www.emtmadrid.es, auf Spanisch) bedient zwischen 6.30 und 23.30 Uhr fast die gesamte Stadt. Von Mitternacht bis 6 Uhr verkehren 26 Nachtlinien (*búhos, auf Deutsch: Eulen*), die alle an der Plaza de la Cibeles starten.

Cercanías

Die regionalen Kurzstreckenzüge von **Renfe** (www.renfe.es/cercanias, auf Spanisch) fahren bis nach El Escorial, Alcalá de Henares, Aranjuez und in andere Orte innerhalb der Comunidad de Madrid. Tickets kosten je nach Strecke zwischen 1,25 und 4,25 €. Weil die *cercanías* auch zwischen den Bahnhöfen Chamartín und Atocha (mit Halt in Nuevos Ministerios und Sol) verkehren, sind sie sehr praktisch.

Vom/zum Flughafen

Metro (www.metromadrid.es, auf Spanisch; Zugang in T2 & T4) Die Metro 8 verkehrt zwischen 6.05 und 2 Uhr und steuert die

Station Nuevos Ministerios an, wo Anschluss an die Linien 10 und 6 besteht. Eine Einzelfahrkarte kostet 1 €, das Zehnerticket Metrobús 9 €. Für Verbindungen vom/zum Flughafen muss man 1 € extra zahlen. Die Fahrt nach Nuevos Ministerios dauert etwa 15 Minuten und vom T4 rund 25 Minuten.

Bus Linie 200 pendelt zwischen dem T1, T2 und T3 sowie dem Intercambiador de Avenida de América (Umstieg an der Avenida de América). Vom T4 nimmt man Bus 204. Die Preise sind dieselben wie für die Metro. Ein kostenloser Shuttle verkehrt zwischen den vier Terminals.

AeroCITY (☎91 747 75 70; www.aerocity.com; 5–19 € pro Person) Der private Minibus pendelt zwischen dem Zentrum und dem Flughafen.

Taxi Je nach Verkehrslage und Tageszeit kostet ein Taxi ins Zentrum etwa 25 € (vom T4 aus zahlt man bis zu 35 €); zusätzlich zum Betrag auf dem Taxameter werden 5,50 € Flughafenzulage berechnet.

Metro

Madrids moderne **Metro** (☎902 444 403; www.metromadrid.es), Europas zweitgrößtes U-Bahn-Netz, ist schnell, effizient, sicher und unkomplizierter als Busse. Es gibt neben den elf farblich gekennzeichneten Linien noch das moderne MetroSur-System sowie Verbindungen nach Osten zu den größeren Vororten Pozuelo und Boadilla del Monte. Farbige Karten findet man in jeder Station. Die Metro verkehrt zwischen 6.05 und 2 Uhr. Eine einfache Fahrt kostet 1 €, das Zehnerticket Metrobús 9 €.

Taxi

Taxistände gibt's überall in Madrid, alternativ winkt man einfach eins heran. Der Grundpreis von 2,05 € gilt täglich von 6 bis 22 Uhr. Sonntags bis freitags von 22 bis 6 Uhr sind es 2,20 €, samstags bis sonntags von 22 bis 6 Uhr 3,10 €. Pro Kilometer werden je nach Tageszeit zwischen 0,98 und 1,18 € berechnet. Dazu kommen diverse Zuschläge, die normalerweise am Armaturenbrett des Taxis ausgehängt sind – etwa 5,50 € zum/vom Flughafen, 2,95 € für Taxis, die an Zug- oder Busbahnhöfen stehen, und 2,95 € zum/vom Parque Ferial Juan Carlos I. Für Gepäck wird kein Aufpreis verlangt.

Empfehlenswerte Unternehmen:

Radio-Teléfono Taxi (☎91 547 82 00, 91 547 82 00; www.radiotelefono-taxi.com)

Tele-Taxi (☎91 371 21 31, 902 501 130)

RUND UM MADRID

Obwohl die Comunidad de Madrid klein ist, gilt sie als tolles Ausflugsziel für Traveller, die dem hektischen Treiben der Großstadt entfliehen möchten, ohne dabei allzu weit fahren zu müssen. Das imposante San Lorenzo de El Escorial und das anmutige Aranjuez bilden die westlichen und südlichen Vorposten der Metropole. Ebenfalls im Süden liegt das betörend schöne Städtchen Chinchón, ein absolutes Muss für Besucher der Gegend. Östlich der Hauptstadt stößt man auf Alcalá de Henares, ein beeindruckendes Universitätszentrum. In der Sierra de Guadarrama und Sierra del Pobre im Norden locken zudem zahlreiche malerische Dörfer und Skiorte.

San Lorenzo de El Escorial

17 100 EW. / 1032 M

San Lorenzo de El Escorial ist ein beeindruckender Palast- und Klosterkomplex auf den untersten Gipfeln des Bergzugs, der Madrid nach Norden und Westen hin abschirmt. Früher diente er als Ausflugsziel für Könige, heute beherbergt er zahlreiche originelle Geschäfte, Restaurants und Hotels für die zahlreichen Wochenendausflügler aus der nahe gelegenen Metropole. Die frische, kühle Luft zieht bereits Besucher an, seit der Komplex im 16. Jh. von Felipe II. in Auftrag gegeben wurde. Viele Traveller kommen für einen Tagesausflug her.

Geschichte

Nachdem Felipe II. in der Schlacht von St. Quentin am 10. August 1557 – dem Laurentiustag – einen entscheidenden Sieg gegen die Franzosen errungen hatte, gab er zum Dank den Bau des Komplexes in Auftrag, der heute den Namen des heiligen Laurentius trägt und über dem Dörfchen El Escorial thront. Um Platz für das riesige Kloster, den Königspalast und das Mausoleum von Felipes Eltern Carlos I. und Isabel zu schaffen, mussten einige Ortschaften plattgewalzt werden – alles streng bewacht vom Architekten Juan de Herrera, einem der bedeutendsten Baumeister der spanischen Renaissance.

Das Palastkloster wurde zu einem wichtigen intellektuellen Zentrum mit einer ausgedehnten Bibliothek und Kunstsammlung. Es gab sogar ein Labor, in dem Wissenschaftler ihre alchimistischen Experimente durchführen konnten. Felipe II. starb hier am 13. September 1598.

1854 mussten die Mönche des Hieronymus-Ordens, die ursprünglich in dem Kloster gelebt hatten, ihr Heim wegen einer Konfiszierungswelle von religiösem

Comunidad de Madrid

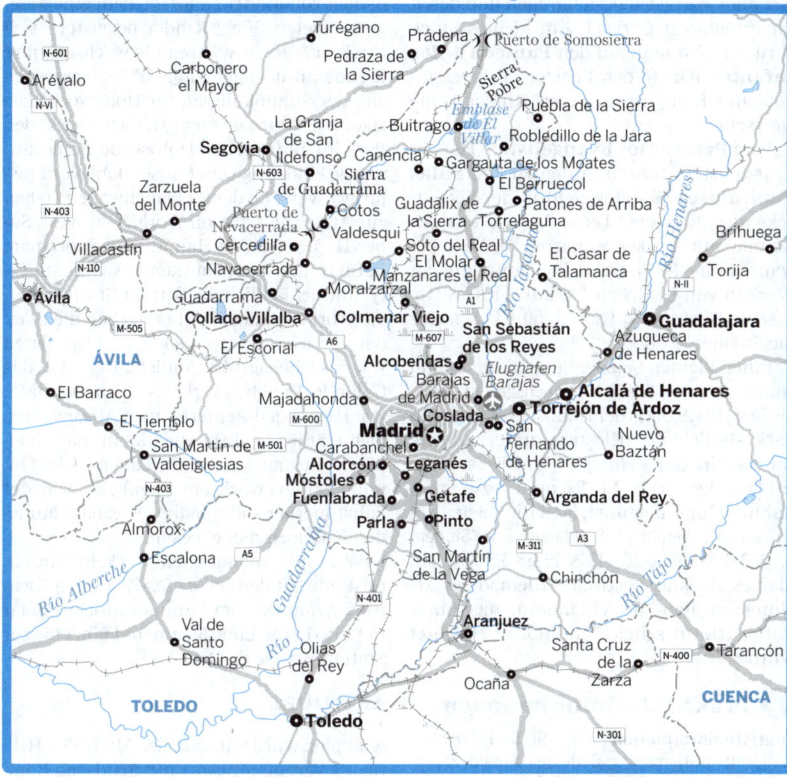

Eigentum durch den spanischen Staat verlassen. 30 Jahre später zog hier der Augustinerorden ein.

Sehenswertes

Der Haupteingang zum **Real Monasterio de San Lorenzo** (www.patrimonionacional.es; Eintritt 8 €, EU-Bürger Mi Eintritt frei; April–Sept. 10–18 Uhr, Okt.–März 10–17 Uhr, Mo geschl.) befindet sich an der Wue des heiligen Laurentius Wache, die ein Folterinstrument in der Hand hat (einen Eisenrost, auf dem der Heilige bei lebendigem Leib gegrillt wurde). Von dort aus geht's als Erstes in den **Patio de los Reyes** mit den Denkmälern von sechs biblischen Königen.

Direkt davor befindet sich die düstere **Basilika** mit einer ungewöhnlich niedrigen Gewölbedecke über dem Chorgestühl. In der Kirche selbst biegt man links ab, um zu der von Benvenuto Cellini geschaffenen Statue des gekreuzigten Christus aus weißem Carrara-Marmor (1576) zu gelangen.

Die Überreste des Erdgeschosses beherbergen mehrere Schätze, darunter auch einige Wandteppiche und ein beeindruckendes Gemälde von El Greco. El Greco hat jedoch nicht den gesamten Komplex gestaltet, auch wenn dies sein großer Traum war. Treppabwärts kommt man in den nordöstlichen Teil des Komplexes mit dem **Museo de Arquitectura** und dem **Museo de Pintura**. Das Architekturmuseum erzählt von der Entstehungsgeschichte des Komplexes (auf Spanisch) und in der Gemäldegalerie gibt's eine Auswahl italienischer, spanischer und flämischer Kunst aus dem 16. und 17. Jh.

Wenn man die Treppe hinaufgeht, gelangt man in eine weitere Galerie rund um den östlichen Anbau, den **Palacio de Felipe II** bzw. **Palacio de los Austrias**. Unten befindet sich der **Panteón de los Reyes**

(Königsgruft) aus dem 17. Jh., Ruhestätte fast aller spanischen Monarchen und deren Ehefrauen seit Carlos I. Ein kleines Stück zurück stösst man auf den **Panteón de los Infantes** (Gruft der Prinzen, Prinzessinnen und Königinnen, deren Kinder keine Herrscher wurden).

Vom **Patio de los Evangelistas** (Hof der Evangelisten) führen Stufen zu den **Salas Capitulares** (Kapitelsälen) in der Südostecke des Klosters. Diese hellen, luftigen Räume mit freskenverzierten Decken bewahren eine kostbare kleine Sammlung an Werken von El Greco, Tizian, Tintoretto, José de Ribera und Hieronymus Bosch (für die Spanier „El Bosco").

Einen kleinen Spaziergang kann man im **Huerta de los Frailes** (Mönchsgarten; ⏲April–Sept. 10–19 Uhr), dem hübsch angelegten Park südlich des Klosters, unternehmen. Im **Jardín del Príncipe** (⏲April–Sept. 10–19 Uhr), der nach El Escorial bzw. zum Bahnhof hinunterführt, liegt die **Casita del Príncipe** (geführter Rundgang Erw./Student 3,60/2 €; ⏲Di–So 10 –13 & 16–18.30 Uhr), ein kleines, neoklassizistisches Kleinod des Architekten Juan de Villanueva, das unter Carlos III. für seinen Thronfolger errichtet wurde.

ℹ Praktische Informationen

Touristeninformation (☎91 890 53 13; www.sanlorenzoturismo.org; Calle de Grimaldi 2; ⏲Di–Sa 10–14 & 15–18, So 10–14 Uhr)

ℹ An- & Weiterreise

Alle 15 Minuten (an Wochenenden alle 30 Minuten) starten die Busse 661 und 664 von **Herranz** (☎91 890 41 00) nach El Escorial (3,35 €, 1 Std.). Los geht's von Plattform 30 im Intercambiador de Autobuses de Moncloa in Madrid.

San Lorenzo de El Escorial liegt 59 km nordwestlich der Hauptstadt und ist in 40 Autominuten zu erreichen. Dafür nimmt man die A6 bis zur M600 und folgt dann den Ausschilderungen nach El Escorial.

Täglich verkehren zahlreiche C8-*cercanías*-Züge der Firma **Renfe** (☎902 24 02 02; www.renfe.es) von den Madrider Bahnhöfen Atocha und Chamartín nach El Escorial (1,25 €, 1 Std.).

Südlich von Madrid

Warner Brothers Movie World THEMENPARK
(☎902 024 100; www.parquewarner.com; San Martín de la Vega; Erw./Kind 38/29 €; ⏲variierende Öffnungszeiten) Disney World ist das hier zwar nicht, aber der Filmpark 25 km südöstlich von Madrid hat trotzdem eine Menge zu bieten. Viele Kinder begeistern sich für Tom & Jerry, während Erwachsene ihre Freude an nachgebauten Wildwestszenerien oder Studiokulissen für Hollywoodklassiker wie *Police Academy* haben. Der in den Park hineinführende Hollywood Boulevard wurde eindeutig vom Sunset Boulevard inspiriert. Verschiedene Themenwelten stehen zur Auswahl: Cartoon World, Old West, Super Heroes (in den Hauptrollen Superman, Batman und die Schurken aus Gotham City) und schließlich die Warner Brothers Movie World Studios. Dort erwachen die Stars der Leinwand zum Leben und spazieren z. B. als lebensgroße Comicfiguren über das Gelände. Daneben verheißen Fahrgeschäfte wie Highspeed-Achterbahnen Abwechlung. Sich stärken und shoppen kann man in einigen Restaurants und Läden. Die Öffnungszeiten wechseln häufig – vor der Fahrt hierher sollte man sie deshalb auf jeden Fall noch mal checken!

Wer mit öffentlichen Verkehrsmitteln reist, nimmt den *cercanías*-Zug C3 in Richtung Aranjuez vom Bahnhof Atocha, steigt in Pinto in die Linie 3a um und fährt bis zur Station Parque de Ocio.

ARANJUEZ

49 100 EW.

Aranjuez wurde abseits der Madrider Hektik als Vergnügungsort für spanische Könige gegründet. Heute ist die Stadt eine Oase für alle, die dem Stadtleben entfliehen wollen. Das Schloss kommt imposant daher, aber wir waren am meisten von der frischen Luft und den ausgedehnten Parks beeindruckt.

◉ Sehenswertes

Palacio Real PALAST
(www.patrimonionacional.es; Erw./Kind, EU-Rentner & Student 5/2,55 €, EU-Bürger Mi Eintritt frei, Gärten Eintritt frei; ⏲Palast April–Sept. Di–So 10–18.15 Uhr, Gärten Mitte Juni–Mitte Aug. 8–20.30 Uhr) Bis mehrere Monarchen im 18. Jh. viel Geld in das Schloss steckten und sich dabei vom französischen Versailles inspirieren ließen, diente die Anlage zunächst als eine der bescheideneren Sommerresidenzen von Felipe II. Der ausgedehnte, schachtelförmige Palast beherbergt mehr als 300 Räume und eine Fülle von Zierrat. Von allen Herrschern, die hier ihre Zeit verbrachten, hinterließen Carlos III. und Isabel II. die deutlichsten Spuren.

Einblicke in die Geschichte des Gebäudes und die Kunstwerke gibt die Führung in spanischer Sprache. Verschiedene Spazierwege verlaufen durch die üppigen **Gärten**, die mit einer bunten Mischung aus endemischen und exotischen Pflanzen aufwarten – die Samen wurden von spanischen Botanikern und Entdeckungsreisenden im 19. Jh. aus aller Welt mitgebracht – und vom Palast aus ein paar Kilometer weit reichen. Mitten im Park stößt man auf die **Casa de Marinos** mit dem **Museo de Falúas** (Eintritt 3 €; ⏲Okt.–März 10–16 Uhr, April–Sept. 10–18.15 Uhr), eine Ausstellung königlicher Segelboote aus längst vergangenen Zeiten. Die im 18. Jh. erbaute, neoklassische **Casa del Labrador** (Erw./Kind, Rentner oder Student 5/2,50 €; ⏲April–Sept. Di–So 10–18 Uhr) ist ebenfalls einen Besuch wert. Weiter weg, in Richtung Chinchón, erstreckt sich der **Jardín del Príncipe**, eine Erweiterung der riesigen Anlage.

Der kleine Touristenzug **Chiquitren** (www.arantour.com; Erw./Kind 5/3 €; ⏲März–Sept. Di–So 10–20 Uhr) hält an allen wichtigen Sehenswürdigkeiten.

Essen

Casa José LOKALE KÜCHE €€€
(☎91 891 14 88; www.casajose.es; Calle de Abastos 32; Mahlzeiten 50–60 €; ⏲Di–Sa Mittag- & Abendessen, So Mittagessen) Die ruhige, elegante Casa José ist mit einem Michelinstern ausgezeichnet worden. An den Wochenenden kommen viele *madrileños*, um die leckeren Fleischgerichte und regionalen Spezialitäten zu kosten.

Pabelete TAPAS €€
(Calle de Stuart 108; Mahlzeiten 25–30 €; ⏲Mi–Mo Mittag- & Abendessen) Seit 1946 hat diese lässige Tapas-Bar eine treue Kundschaft, die auch von außerhalb anreist. Am beliebtesten sind die *croquetas* und der gefüllte Tintenfisch. Hier dreht sich alles um exquisite traditionelle Speisen ohne allzu viele Schnörkel.

Praktische Informationen

Touristeninformation (☎91 891 04 27; www.aranjuez.es, auf Spanisch; Antigua Carretera de Andalucía; ⏲Mai–Okt. 10–20.30 Uhr)

An- & Weiterreise

Wer mit dem Auto von Madrid aus anreist, nimmt die N-IV nach Süden bis zur M-305, die ins Ortszentrum führt.

Das **Busunternehmen AISA** (☎902 198 788; www.aisa-grupo.com, auf Spanisch) bietet von Madrids Estación Sur etwa alle 15 Minuten Verbindungen nach Aranjuez (über die Route 423). Die 45-minütige Fahrt kostet 3,35 €.

Von Madrids Bahnhof Atocha starten alle 15 bis 20 Minuten C3-*cercanías*-Züge nach Aranjuez. Die Fahrt dauert 45 Minuten und kostet 3,20 €.

CHINCHÓN

5100 EW.

Chinchón liegt nur 45 km von Madrid entfernt, scheint aber aus einer völlig anderen Welt zu stammen. Obwohl es über seine alten Grenzen hinausgewachsen ist, bedeutet ein Besuch des alten Dorfkerns noch immer eine Zeitreise in eine längst vergessene Ära. Aus diesem Grund lohnt es sich, für eine

DER ERDBEERZUG

Es fährt zwar auch ein ganz gewöhnlicher Zug von Madrid nach Aranjuez, doch Romantikerherzen schlagen für den **Tren de la Fresa** (Erdbeerzug; ☎902 240 202, 902 228 822; www.museodelferrocarril.org, auf Spanisch; Hin- & Rückfahrt Erw./Kind 26/18 €; ⏲Mai–Okt.), der bereits seit 1985 auf dieser Route verkehrt. Madrids erste bzw. Spaniens dritte Bahnstrecke wurde in den 1850er-Jahren in Betrieb genommen und der Erdbeerzug dient als Erinnerung an die Zeit, als die spanische Königsfamilie vor der Sommerhitze in ihren Königspalast in Aranjuez flüchtete.

Um 10 Uhr (Anfang Mai–Ende Okt. Sa & So) startet die alte Dampflok vom Typ Mikado 141F-2413 vom Madrider Museo del Ferrocarril (s. Kasten S. 85). Sie zieht vier Passagierwaggons, die aus dem frühen 20. Jh. stammen und noch altmodische Vorder- sowie Hecktrittbretter haben. Auf der 50-minütigen Fahrt serviert das Bahnpersonal in passendem Outfit Kostproben einheimischer Erdbeersorten. Ursprünglicher Zweck des Zugs war es u. a., die Königsfamilie mit Sommererdbeeren von den Plantagen in Aranjuez zu versorgen. Im Fahrpreis enthalten ist eine Führung durch den Palacio Real, das Museo de Falúas und andere Sehenswürdigkeiten in Aranjuez. Außerdem werden Besucher mit noch mehr Erdbeeren verwöhnt. Der Zug verlässt Aranjuez um 18.25 Uhr und fährt wieder in Richtung Hauptstadt.

Nacht zu bleiben. Keinesfalls verpassen sollte man zudem ein Mittagessen in einem der *méson*-(Tavernen-)artigen Restaurants rund um den Hauptplatz.

Sehenswertes

Chincóns Ortskern ist einzigartig: Verwitterte, schmiedeeiserne Balkone umgeben die fast kreisförmige **Plaza Mayor**, einen wunderbar stimmungsvollen Platz – vielleicht sogar der schönste in Spanien. Im Sommer verwandelt er sich in eine Stierkampfarena und an Ostern dient er als Bühne für das volkstümliche Passionsspiel.

Es gibt zwar nicht viele historische Gebäude, aber die im 16. Jh. entstandene **Iglesia de la Asunción** an der Plaza Mayor und das aus dem 16. Jh. stammende **Castillo de los Condes** im Renaissancestil, das etwas außerhalb des Ortes im Süden liegt, sind trotzdem einen Blick wert. Die Burg wird bereits seit dem 18. Jh. nicht mehr bewohnt und ist zuletzt als Spirituosenfabrik genutzt worden. Die Öffnungszeiten erfährt man in der Touristeninformation.

Feste & Events

Fiesta Mayor DORFFEST

Vom 12. bis 18. August verwandelt sich die Plaza Mayor in eine Stierkampfarena.

Schlafen

Hostal Chinchón HOSTAL €

(☎91 893 53 98; www.hostalchinchon.com, auf Spanisch; Calle Grande 16; EZ/DZ 40/48 €;) Die öffentlichen Bereiche dieser Bleibe sind schöner als die kleinen, sauberen, aber ziemlich abgenutzten Zimmer. Der Dachpool mit Blick auf die Plaza Mayor ist ein überraschendes Highlight.

Parador Nacional PARADOR €€

(☎91 894 08 36; www.parador.es; Avenida Generalísimo 1; B ab 137 €) Heutzutage beherbergt der frühere Convento de Agustinos (Augustinerkloster) einen Parador Nacional und gilt als eines der wichtigsten historischen Gebäude des Ortes. Wer hier unterkommt, kann sich auf puren Luxus freuen. Ein Besuch lohnt sich auch für einen kurzen Abstecher zum Essen oder auf einen Kaffee.

Essen

In Chinchón gibt's zahlreiche traditionelle Tavernen, in denen *cordero asado* (Lammbraten) zubereitet wird. Wer Appetit auf etwas Leichteres hat, kann auf der Plaza Mayor ein paar Tapas und Drinks genießen.

Mesón Cuevas del Vino LOKALE KÜCHE €€

(☎91 894 02 06; www.cuevasdelvino.com; Calle Benito Hortelano 13; Mahlzeiten 35–40 €; ⌚Mi–Sa & Mo Mittag- & Abendessen, So Mittagessen) Einfach alles von den riesigen Ziegenfellbeuteln voller Wein über die Weinfässer mit Autogrammen bis zum Keller im Untergeschoss ist unvergesslich. Außerdem schmeckt das Essen hervorragend.

Café de la Iberia FLEISCHBRATEN €€

(☎91 894 08 47; www.cafedelaiberia.com; Plaza Mayor 17; Mahlzeiten 35–40 €) Unser Favorit unter den *mesones* rund um die Plaza Mayor. Die Gerichte sind wunderbar, der Service ist zuvorkommend und die Atmosphäre hervorragend. Gäste essen im lichtdurchfluteten Innenhof (den schon Goya besucht haben soll) oder auf den Balkonen. Spezialität des Hauses ist *cochinillo asado* (geröstetes Spanferkel).

Praktische Informationen

Touristeninformation (☎91 893 53 23; www.ciudad-chinchon.com; Plaza Mayor 6; ⌚10–19 Uhr)

An- & Weiterreise

La Veloz (☎91 409 76 02) bietet alle 30 Minuten Busverbindungen (Linie 337) nach Chinchón (3,35 €, 50 Min.). Los geht's an der Avenida del Mediterráneo 100 m östlich der Plaza del Conde de Casal.

Chinchón liegt nur 45 km südöstlich von Madrid und ist problemlos mit dem Auto zu erreichen. Man nimmt die Autobahn N-IV und biegt auf die M404 ab, die direkt zum Zielort führt.

Alcalá de Henares

199 500 EW.

Das östlich von Madrid gelegene Alcalá de Henares bietet einiges an Überraschungen: jede Menge historische Sandsteingebäude, ein paar schöne, sonnige Plätze und eine geradezu legendäre Universität. Alles in allem handelt es sich um einen tollen Ort, um dem Großstadtgetümmel ein paar Stunden zu entfliehen.

Sehenswertes

GRATIS **Universität** UNIVERSITÄT

(☎91 883 43 84; kostenlose Führungen Mo–Fr 6-mal tgl., Sa & So 11-mal tgl.; ⌚9–21 Uhr) Die 1486 von Kardinal Cisneros gegründete Universität ist eine der bedeutendsten Hochschulen Spaniens. Auf einer Führung erfährt man Spannendes über die **Kapelle** im Mudéjar-Stil und das beeindruckende

Auditorium **Paraninfo**, wo der König und die Königin jedes Jahr den renommierten Preis „Premio Cervantes" verleihen.

GRATIS **Museo Casa Natal de Miguel de Cervantes** MUSEUM
(www.museo-casa-natal-cervantes.org; Calle Mayor 48; ⌚Di–So 10–18 Uhr) Weil der bedeutende Autor Miguel de Cervantes Saavedra aus dieser Stadt stammt, wird sie von den meisten Spaniern verehrt. Genau an der Stelle, wo Cervantes das Licht der Welt erblickt haben soll, wurde ein aufschlussreiches Museum gebaut. Es liegt an der schönen, von Säulen gesäumten Calle Mayor.

Essen

Barataría TAPAS €€
(☎91 888 59 25; Calle de los Cerrajeros 18; Mahlzeiten 25–35 €; ⌚Mo–Sa Mittag- & Abendessen, So Mittagessen) Weinschenke, Tapas-Bar und Restaurant in einem. Die Spezialität dieses wunderbaren Restaurants ist Grillfleisch. Rippchen mit Honig zählen zu den Favoriten der Einheimischen.

Hostería del Estudiante KASTILIANISCH €€
(☎91 888 03 30; Calle de los Colegios 3; menú 40–50 €) Das charmante Lokal ist im *parador* untergebracht und serviert köstliche kastilianische Küche. Im Speiseraum mit Artefakten aus der illustren Geschichte der Stadt herrscht ein stilvolles Ambiente.

Praktische Informationen

Touristeninformation (☎91 881 06 34; www.turismo-alcala.com, auf Spanisch; Plaza de los Santos Niños; ⌚Juni–Sept. 10–14 & 17–19.30 Uhr)

An- & Weiterreise

Alcalá de Henares liegt nur 35 km östlich von Madrid in Richtung Zaragoza an der A2.

Von Madrids Intercambiador de Avenida de América fahren regelmäßig Busse (alle 5–15 Min., 1 Std., 2,99 €) hierher.

Außerdem wird der Ort täglich von den *cercanías*-Zügen C2 und C7 (50 Min., 1,25 €) angesteuert.

Sierra de Guadarrama

Das beliebte Wintersportgebiet nördlich von Madrid wartet mit einigen hübschen kleinen Städtchen auf. In **Manzanares El Real** kann man z. B. das kleine, im 15. Jh. errichtete **Castillo de los Mendoza** (Manzanares El Real; Eintritt inkl. Führung 2,50 €; ⌚April–Sept. Di–So 10–14 & 15–18 Uhr, Okt.–März Di–So 10–17 Uhr) erkunden, ein Märchenschloss mit Rundtürmchen und einem gotischen Innenhof.

Cercedilla gilt als idealer Ausgangspunkt für Wanderer und Mountainbiker. Hier erstrecken sich mehrere ausgeschilderte Wanderwege, darunter die Hauptroute namens **Cuerda Larga** oder **Cuerda Castellana**. Die wunderbare Waldstrecke führt über 55 Berggipfel vom **Puerto de Somosierra** im Norden bis zum **Puerto de la Cruz Verde** im Südwesten. Kleine Skiresorts wie **Valdesquí** (www.valdesqui.es, auf Spanisch; Puerto de Cotos; Tages-/Nachmittagspass 36/21 €; ⌚9–16 Uhr) und **Navacerrada** (www.puertonavacerrada.com, auf Spanisch; Liftpass 25–30 €; ⌚9.30–17 Uhr) heißen Skifahrer aus der Hauptstadt willkommen.

Von Madrids Bahnhof Chamartín fahren die C8B-*cercanías* nach Puerto de Navacerrada (1,85 €, 2 Std. mit Umstieg in Cercedilla, 4-mal tgl.). Alternativ nimmt man den regelmäßig verkehrenden Bus 691 ab Plattform 14 von Madrids Intercambiador de Autobuses de Moncloa (2,75 €, 1 Std.).

Praktische Informationen

Centro de Información Valle de la Fuenfría (☎91 852 22 13; Carretera de las Dehesas; ⌚10–18 Uhr) 2 km außerhalb von Cercedilla an der M614.

Touristeninformation Navacerrada (☎91 856 03 08; www.navacerrada.es, auf Spanisch)

An- & Weiterreise

Wer mit dem Wagen von Madrid aus anreist, nimmt die Autobahn A-6 nach Cercedilla.

Bus 724 fährt von der Plaza de Castilla in Madrid nach Manzanares El Real (2,90 €, 45 Min.). Am Intercambiador de Autobuses de Moncloa geht's mit dem Bus 691 nach Navacerrada (3,70 €, 1 Std.) und mit der Linie 684 nach Cercedilla (3,70 €, 1 Std.).

Vom Bahnhof Chamartín gelangt man nach Puerto de Navacerrada (*cercanías* C8B; 6 €, 2 Std. mit Umstieg in Cercedilla, 4-mal tgl.) und Cercedilla (*cercanías* C2; 3,20 €, 1 Std. 20 Min., 15-mal tgl.).

Palacio Real de El Pardo

Der im 15. Jh. erbaute und im 17. Jh. umgestaltete, opulente **Palast** (www.patrimonionacional.es; Calle de Manuel Alonso; Eintritt inkl. Führung 4 €; ⌚April–Sept. Mo–Sa 10.30–17.45, So 9.30–13.30 Uhr) war Francos Lieblingsresidenz. Er ist von einem großzügigen Park umgeben und füllt sich an Sonntagen mit vielen Madrider Familien auf der Suche nach frischer Luft und einem deftigen Mittagessen. Besonders sehenswert sind die Wandbehänge, insbesondere jene, die auf Goya-Skizzen zurückgehen.

Mit dem Auto geht's von Madrid aus auf der Autobahn M40 zur C601, die direkt nach El Pardo führt. Die 13 km lange Fahrt dauert nur 15 Minuten. Alternativ dazu nimmt man den Bus 601 (1,40 €, 25 Min.), der alle fünf bis zehn Minuten von Madrids Intercambiador de Autobuses de Moncloa aus startet.

Buitrago & Sierra Pobre

Die „Arme Sierra" ist eine abgemilderte Version ihres eleganteren westlichen Nachbarn, der Sierra de Guadarrama. Besonders großer Beliebtheit erfreut sich die Gegend bei Wanderern und anderen Naturfreunden, die nicht viel Schnickschnack brauchen. Gegenüber der Tourismusindustrie der angrenzenden Gebiete hat die verschlafene Sierra Pobre noch einiges aufzuholen – aber gerade das macht sie so liebenswert.

In **Buitrago**, dem größten Ort in der Region, kann man die **Stadtmauer** bewundern und die **Iglesia de Santa María del Castillo** (15. Jh.) im Mudéjar- und romanischen Stil besuchen. Das kleine **Picasso-Museum** (Plaza Picasso 1; Eintritt frei; ⌚Di, Do & Fr 11–13.45 & 16–18, Mi 11–13.45, Sa 10–14 & 16–19, So 10–14 Uhr) zeigt eine Reihe von Werken, die Picasso seinem früheren Friseur, Eugenio Arias, vermachte.

Darüber hinaus stößt man in der Gegend auf viele winzige Dörfer. Einige davon, etwa das **Puebla de la Sierra** und **El Atazar**, sind hübsche Ausflugsziele und eignen sich als Ausgangspunkte für Bergwanderungen.

Essen

El Arco LOKALE KÜCHE €€
(☎91 868 09 11; Calle Arco 6; Mahlzeiten 35–45 €; ⌚Mitte Sept.–Mitte Juni Fr–So Mittagessen, Mitte Juni–Mitte Sept. Di–Sa Mittag- & Abendessen, So Mittagessen) Das beste Restaurant der Region liegt in Villavieja del Lozoya, unweit von Buitrago, und ist für seine frische, kreative Küche bekannt, die auf lokalen Zutaten und traditionellen nordspanischen Gerichten basiert. Auch die Desserts und Weine sind hervorragend.

Praktische Informationen

Touristeninformation Buitrago (☎91 868 16 15; ⌚Juli–Sept. 9–15 Uhr)

An- & Weiterreise

Wer mit dem Auto aus Madrid anreist, nimmt die N-I-Autobahn nach Buitrago.

Busse der Linie 191 fahren stündlich von der Madrider Plaza de la Castilla hierher (4,90 €, 1½ Std.).

Kastilien-León

Inhalt »

Gut essen

» Restaurante El Fogón Sefardí (S. 150)

» El Caballo de Troya (S. 155)

» El Llar (S. 170)

Schön übernachten

» El Milano Real (S. 130)

» Hotel El Rastro (S. 126)

» Hospedería La Gran Casa Mudéjar (S. 149)

Auf nach Kastilien-León

Kastilien-Léon steht mit seinen weiten Ebenen, spektakulären Berggipfeln und mittelalterlichen Städten für das echte Spanien ohne die üblichen Klischees. Hier locken Orte wie Salamanca mit seiner lebhaften Studentenatmosphäre und Segovia, dessen Märchenburg Vorbild für das Dornröschenschloss in Disneyland war. Ebenso sehenswert sind die Stadtmauer von Ávila mit ihren vielen Türmen und die erhabenen Kathedralen von León und Burgos.

Die Geschichte der Region erzählen aber auch die stillen Landstraßen, winzigen Dörfchen aus Fachwerkhäusern und imposanten Burgen. Von der schönen Sierra de Francia im Südwesten bis zu den Orten Covarrubias, Calatañazor und Medinaceli im Osten erlebt man ein verborgenes Spanien, von dessen Existenz viele Traveller nichts ahnen.

Kastilien-León ist ein Paradies für Fleischesser und zieht mit seinen regionalen Köstlichkeiten wie Lammbraten und Spanferkel Spanier aus dem ganzen Land an.

Reisezeit

León

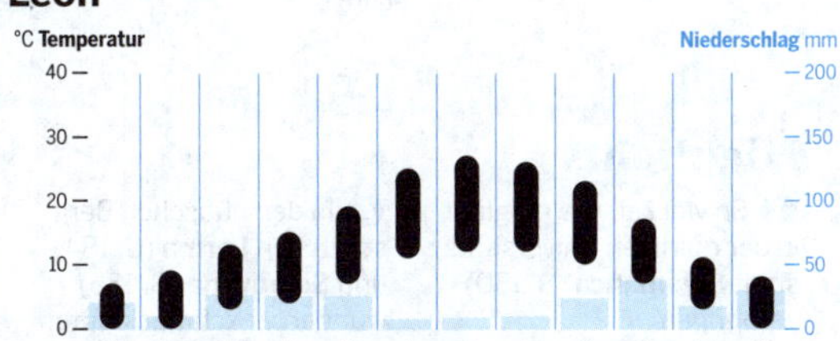

März–April Die blühende Landschaft bewundern und in der Karwoche Prozessionen erleben.

Juni Während der jährlichen Fiesta-Zeit in Burgos, Soria und Segovia in Urlaubsstimmung kommen.

September In Salamanca und anderen Universitätsstädten die lebhafte Atmosphäre genießen.

DER SÜDWESTEN

In dieser faszinierenden Gegend können Traveller mühelos eine Woche oder länger verbringen. Salamanca und Ávila sind überaus reizvoll, außerdem versprechen die schöne Sierra de Gredos und die alten Dörfer der Sierra de Francia und Sierra de Béjar eine herrliche Pause vom Stadtleben.

Ávila

56 900 EW. / 1130 M

Rund um die Altstadt erstreckt sich eine der besterhaltenen mittelalterlichen Bastionen des Landes: Ávilas Mauer beeindruckt mit acht gewaltigen Toren, 88 Wachttürmen und mehr als 2500 Erkern.

Highlights

1. So viel Zeit wie möglich in der quirligen Universitätsstadt **Salamanca** (S. 130) verbringen

2. Die **Kathedrale** von León (S. 166), eine Kaleidoskop-Vision aus Glas und Stein, bewundern

3. Eine Reise in die uralten Dörfer der **Sierra de Francia** (S. 141) unternehmen

4. In den hübschen Bergstädtchen **Lerma** (S. 184) und **Sepúlveda** (S. 185) wunderbar schmackhaften *cordero asado* (Lammbraten) kosten

5. Bei einem Besuch des bezaubernden historischen Dorfs **Covarrubias** (S. 182) dem hektischen Stadtleben entfliehen

6. Durch die stillen Kopfsteinpflastergassen in **Medinaceli** (S. 192) schlendern

7. Im klassischen Labyrinth des Parks **La Granja de San Ildefonso** (S. 151) Verstecken spielen

8. Auf dem Samstagsmarkt im malerischen **La Alberca** (S. 141) Honig und andere lokale Köstlichkeiten kaufen

Im Winter scheint sich der Ort regelrecht dahinter zusammenzukauern, als suche er Schutz vor dem unwirschen Klima. Wenn die Mauer nachts angestrahlt wird, fühlen sich jedoch viele Besucher wie in einer fernen Märchenwelt.

Innerhalb der Stadt scheint die Zeit stehen geblieben zu sein. Seit Jahrhunderten zieht die Kultstätte der heiligen Teresa mit ihren vielen Kirchen, Klöstern und Palästen Pilger an. Der Ort ist die Seele Kastiliens, eine Verkörperung des alten Spaniens.

Geschichte

Der Legende nach gründete ein Sohn Herkules' Ávila. In Wahrheit waren dafür jedoch obskure iberische Volksgruppen verantwortlich, die später romanisiert und schließlich christianisiert wurden. Fast 300 Jahre lang wechselten sich Muslime und Christen mit der Herrschaft über den Ort ab, bis Toledo 1085 an Alfonso VI. fiel. Das „Ávila der Ritter" wurde ein wichtiges Handelszentrum mit einer fest etablierten Adelsklasse, obwohl es durch das Edikt von 1492, das alle Juden aus Spanien verscheuchte, einen Großteil seiner Lebenskraft einbüßte.

Sehenswertes

Fast alle wichtigen Sehenswürdigkeiten liegen im alten Zentrum westlich der *catedral* (Kathedrale).

Murallas FESTUNGSMAUER

(Erw./Kind 4/2,50 €) Ávilas im 11. und 12. Jh. errichtete Stadtmauer ist bis zu 12 m hoch und eine der besterhaltenen mittelalterlichen Verteidigungsanlagen der Welt. Sie erstreckt sich über eine Länge von etwa 2,5 km auf den Überresten früherer römischer und muslimischer Festungsmauern. In der Dämmerung zieht sie Scharen von Schwalben an.

Die **Puerta del Alcázar** und die **Puerta de los Leales** (⌚Di–So beide 10–20 Uhr) dienen als Zugänge. Von hier aus kann man 300 bzw. 1200 m über die Mauer laufen. Ein Ticket ist für beide Abschnitte gültig. Letzter Einlass ist um 19.30 Uhr.

GRATIS **Convento de Santa Teresa** KLOSTER

(Plaza de la Santa; ⌚Di–So 8.45–13.30 & 15.30–21 Uhr) Das 1636 über dem Geburtsort Teresas errichtete Kloster gilt als Zentrum des Kultes um die Heilige. Dort, wo sie 1515 das Licht der Welt erblickte, befindet sich heute eine goldverzierte Kapelle mit einem Barockaltar von Gregorio Fernández und einer Statue der Heiligen. Der angrenzende **Reliquiensaal** (⌚10–14 & 16–19 Uhr) ist vollgestopft mit teilweise sehr makabren Dingen, darunter einer von Teresas Fingern samt Ring – Franco bewahrte das grausige Stück während seiner Regierungszeit im eigenen Nachttisch auf. Es gibt auch ein kleines **Museum** (Eintritt 2 €; ⌚10–14 & 16–19 Uhr), das von der Calle Aizpuru aus zugänglich ist.

Monasterio de la Encarnación KLOSTER

(Calle de la Encarnación; Eintritt 1,70 €; ⌚9.30–13.30 & 15.30–18 Uhr) Teresa lebte ganze 27 Jahre in diesem schmucklosen Kloster nördlich der Stadtmauer. Der im 18. Jh. renovierte Renaissancebau beherbergt persönliche Dinge der Heiligen sowie eine Nachbildung ihrer spartanischen Zelle. Den Eingang erreicht man, indem man der Calle de la Encarnación von der Plaza de Fuente el Sol etwa 500 m folgt.

Iglesia de Santo Tomé El Viejo KIRCHE

(Plaza de Italia; Eintritt 1,20 €; ⌚Di–Sa 10–14 & 16–19, So 10–14 Uhr) Von der Kanzel der im 13. Jh. errichteten Kirche wurde Teresa am heftigsten für ihre Reformen angegriffen. Das sorgsam restaurierte Gebäude wartet mit römischen Grundsteinen und einem wundervollen Bodenmosaik auf.

Los Cuatro Postes BESTER AUSSICHTSPUNKT

An diesem Aussichtspunkt nordwestlich der Stadt an der Straße nach Salamanca genießt man einen herrlichen Blick auf die Stadtmauer, insbesondere abends. Hier griff Teresas Onkel sie und ihren Bruder bei ihrem Versuch auf, von zu Hause fortzulaufen, um im Kampf gegen die Muslime zu Märtyrern zu werden.

Real Monasterio de Santo Tomás KLOSTER

(www.monasteriosantotomas.com; Plaza de Granada 1; Eintritt 3 €; ⌚10–13 & 16–20 Uhr) Zwar liegt das Kloster gut zehn Gehminuten südöstlich der Stadtmauer, doch ein Besuch lohnt sich. Es wurde von den Reyes Católicos (Katholische Könige), Ferndinand und Isabella, in Auftrag gegeben und 1492 fertiggestellt. Das Gebäude gilt als herausragendes Beispiel isabellinischer Architektur. Drei miteinander verbundene Kreuzgänge führen zur Kirche, in der sich das Alabastergrabmal von Don Juan, dem einzigen Sohn des Königspaares, befindet. Dahinter sieht man den von Pedro de Berruguete geschaffenen Altaraufsatz mit Szenen aus dem Leben des heiligen Thomas von Aquin.

Ávila

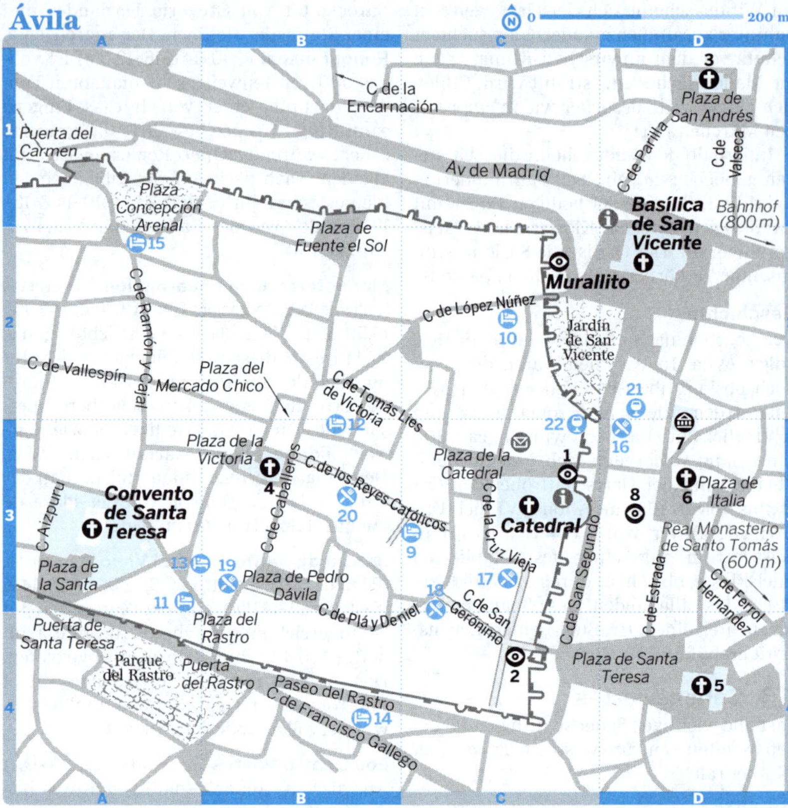

Ávila

Highlights

Basílica de San Vicente D2
Catedral C3
Convento de Santa Teresa A3
Murallito C2

Sehenswertes

1 Eingang Stadtmauer: Puerta de los Leales C3
2 Eingang Stadtmauer: Puerta del Alcázar C4
3 Iglesia de San Andrés D1
4 Iglesia de San Juan Bautista B3
5 Iglesia de San Pedro D4
6 Iglesia de Santo Tomé El Viejo D3
7 Museo Provincial D3
8 Palacio Los Serrano D3

Schlafen

9 Hospedería La Sinagoga C3
10 Hostal Arco San Vicente C2
11 Hostal El Rastro A3
12 Hostal San Juan B3
Hostería Las Cancelas .... (siehe 17)
13 Hotel El Rastro A3
14 Hotel Las Leyendas B4
15 Parador Raimundo de Borgoña A2

Essen

16 Casa de Postas D3
17 Hostería Las Cancelas C3
18 La Flor de Castilla C3
Mesón del Rastro .... (siehe 11)
19 Posada de la Fruta B3
20 Restaurante Reyes Católicos B3

Ausgehen

21 Café del Adarve D2
22 La Bodeguita de San Segundo C3

WER WAR DIE HEILIGE TERESA?

Teresa de Cepeda y Ahumada wurde am 28. März 1515 als eines von zehn Kindern einer Kaufmannsfamilie geboren und ist vermutlich die bedeutendste Frau in der Geschichte der katholischen Kirche in Spanien. Nach dem Tod ihrer Mutter wurde sie von Augustinernonnen aufgezogen und trat im Alter von 20 Jahren dem Karmeliterorden bei. Kurze Zeit später erlag sie beinahe einer mysteriösen Krankheit, die ihre Beine für drei Jahre lähmte. Nachdem sie einige Zeit als Nonne gelebt hatte, führte ihr 1560 eine Vision von der Hölle ein neues Ziel vor Augen: die Reformation der Karmeliten.

Teresas Pläne standen im krassen Gegensatz zum Prunk der spanischen Kirche im 16. Jh. und bedeuteten eine Rückkehr zu den Wurzeln, also zum Leiden und einfachen Lebensstil Jesu Christi. Karmeliten forderten absolute Frömmigkeit, liefen *descalzadas* (barfuß) umher, lebten in extrem einfachen Verhältnissen und geißelten sich, um für ihre Sünden zu büßen. Bei der breiten Masse kam das natürlich nicht so gut an.

Mithilfe vieler Anhänger gründete Teresa zahlreiche Klöster der Carmelitas Descalzas (Unbeschuhte Karmeliterinnen). San Juan de la Cruz (Johannes vom Kreuz) schloss sich ihr an und führte eine ähnliche Reform im männlichen Orden durch, was ihm mehrere Aufenthalte im Gefängnis einbrachte. 1588 wurden die schriftlichen Aufzeichnungen Teresas erstmals veröffentlicht. Sie waren sehr beliebt, vielleicht auch aufgrund ihrer direkten Sprache. Teresa starb 1582 in Alba de Tormes, wo sie auch beigesetzt wurde. 1622 sprach Papst Gregor XV. sie heilig.

Kein Wunder also, dass Teresa einen langen Schatten auf Ávila wirft. Vom Kloster, Platz und Tor, die ihren Namen tragen, bis zu den leckeren *yemas de Santa Teresa* (Kekse aus Eigelb, die angeblich von der Heiligen erfunden wurden) folgt man ihren Spuren in der Stadt auf Schritt und Tritt.

Das prächtige Chorgestühl im Stil der flämischen Gotik ist vom oberen Geschoss des dritten Kreuzganges aus zugänglich, dem Claustro de los Reyes (hier wohnten Ferdinand und Isabella oft der Messe bei). In der Sakristei soll Großinquisitor Toquemada begraben sein. Mit dem Ticket gelangt man auch in die beiden Museen des Klosterkomplexes, das beeindruckende **Museo Oriental** (Orientalisches Museum), das in elf Galerien Kunstwerke aus dem Nahen Osten zeigt, sowie das etwas bescheidenere **Museo de Historia Natural** (Naturhistorisches Museum). Wer das Real Monasterio de Santo Tomás besichtigen möchte, geht vom Jardín de San Vicente entlang der Calle de Ferrol Hernandez und der Avenida del Alférez Provisional Richtung Südosten.

Ávila Catedral
KATHEDRALE

(Plaza de la Catedral; Eintritt 4 €; ⌚Mo–Sa 10–19, So 12–18 Uhr) Die Kathedrale aus dem 12. Jh. ist nicht nur ein Haus Gottes, sondern auch eine raffinierte Festung: Ihre stämmige Granitapsis bildet das mittlere Bollwerk der stark befestigten Ostmauer der Stadt. Obwohl die Hauptfassade die romanischen Ursprünge der Kirche aus dem 12. Jh. erahnen lässt, wurde sie 400 Jahre später in gotischem Stil fertiggestellt und gilt somit als früheste gotische Kathedrale Spaniens. Dem grauen, nüchternen Hauptportal sieht man einige Missgriffe aus dem 18. Jh. an.

Anders sieht es im Inneren aus, das mit verspielten rot-weißen Kalksteinsäulen und einem langen, schmalen Schiff aufwartet. Zu den Highlights gehören ein mit Schnitzereien verziertes Walnussholz-Chorgestühl aus der Renaissance und ein glänzendes, von Pedro de Berruguete begonnenes Altarbild mit 24 Szenen aus dem Leben Jesu. Neben dem Kreuzgang befindet sich ein kleines Museum mit einem Gemälde von El Greco und einer prächtigen Silbermonstranz von Juan de Arfe.

Basílica de San Vicente
ROMANISCHE KIRCHE

(www.basilicasanvicente.com; Plaza de San Vicente; Eintritt 2 €; ⌚10–13.30 & 16–18 Uhr) Ávilas Sakralbauten kommen häufig nachdenklich und düster daher. Diese anmutige romanische Kirche ist dagegen ein Meisterwerk dezenter Eleganz im romanischen Stil. Vom warmen Sandstein des Originalgebäudes heben sich mehrere zumeist gotische Umbauten in nüchternem Granit ab. Die Arbeiten in der Basilika begannen im 11. Jh. angeblich an der Stelle, wo drei Märtyrer, San Vicente und seine beiden Schwestern, Anfang des 4. Jhs. von den Römern ermordet wurden. Das von einem Baldachin überdachte Ehrengrab gilt als grandioses Zeugnis romanischer Kunst mit gotischen Zügen. Auf keinen Fall sollte man sich die Krypta entgehen lassen. Einst war der **Jardín de San Vicente** auf der anderen Straßenseite ein römischer Friedhof.

GRATIS **Iglesia de San Juan Bautista** KIRCHE

(Plaza de la Victoria; ⏲vor & nach der Messe) In der Kirche aus dem 16. Jh. befindet sich das Taufbecken, in dem Santa Teresa getauft wurde.

Iglesia de San Pedro KIRCHE

(Plaza de Santa Teresa; ⏲10.30–12 & 19–20 Uhr) Der helle Sandstein dieser Kirche, die zu den jüngeren Ávilas zählt, bildet einen angenehmen Kontrast zur granitenen Strenge innerhalb der Stadtmauern. Ein hässlicher moderner Bürokomplex an der angrenzenden Seite der Plaza rief unter den Einwohnern Empörung hervor, weil er hier so völlig unpassend ist.

Iglesia de San Andrés ÄLTESTE KIRCHE

(Plaza de San Andrés; ⏲ Mo–Sa 10–14 & 16–18 Uhr) Nördlich der Altstadt liegt die älteste Kirche der Stadt. Sie wurde im 12. Jh. errichtet und ist ein unverfälschtes Zeugnis romanischer Architektur.

GRATIS **Palacio Los Serrano** KULTURZENTRUM

(Plaza de Italia; ⏲Mo–Fr 7.30–21.30, Sa & So 12–14 & 19.30–21.30 Uhr) Das Kulturzentrum wird gelegentlich auch für Ausstellungen zeitgenössischer Kunst genutzt.

Museo Provincial PROVINZMUSEUM

(Eintritt 1,20 €, Sa & So frei; ⏲ Di–Sa 10–14 & 17–19, So 10–14 Uhr) Zeigt u. a. römische Arte- fakte und einige schöne mittelalterliche Gemälde.

Murallito TOURISTENZUG

(www.murallitoavila.com, auf Spanisch; Erw./Kind 4/3 €; 👪) Der Touristenzug dreht eine komplette Runde entlang der Stadtmauer und passiert dabei einige Sehenswürdigkeiten.

Feste & Events

In Ávila gibt's zwei wichtige Feste:

Semana Santa KARWOCHE

Ávila ist eine der besten Städte in Kastilien-León, um sich die feierlichen Osterumzüge anzusehen. Die Festivitäten beginnen am Gründonnerstag. Als eindrucksvollstes Ereignis gilt die Prozession am Karfreitag, bei der frühmorgens gegen 5 Uhr die Stadtmauer umrundet wird.

Fiesta de Santa Teresa SCHUTZHEILIGE

In der zweiten Oktoberwoche wird die Schutzheilige der Stadt mit Prozessionen, Konzerten und Feuerwerk geehrt.

Schlafen

Wer innerhalb der historischen Stadtmauer übernachtet, erlebt die mittelalterliche Ruhe, die so typisch für die Stadt ist.

LP TIPP **Hotel Las Leyendas** HISTORISCHES HOTEL €€

(☎920 35 20 42; www.lasleyendas.es; Calle de Francisco Gallego 3; EZ/DZ 69/89 €; ❄📶) Das gemütliche Hotel ist im Haus einer Adelsfamilie aus dem 16. Jh. untergebracht. Der alte Stil (Holzbalken und angedeutetes Mauerwerk) wurde belassen und mit modernen Annehmlichkeiten versehen. Manche Zimmer bieten einen tollen Blick in die Ebene, andere gehen zum Innengarten heraus. Im zugehörigen Restaurant **La Bruja** (www.la-bruja.es) gibt's verlockende Vorspeisen, darunter eine *selección de quesos artesanos* (Auswahl lokaler Käsesorten; 14 €).

Hotel El Rastro HISTORISCHES HOTEL €€

(☎920 35 22 25; www.elrastroavila.com; Calle Cepedas; EZ/DZ ab 55/65 €; ❄📶) Dieses hervorragende Hotel ist nicht zu verwechseln mit dem gleichnamigen *hostal*, also dem Budgethotel, das von denselben Besitzern geführt wird. Es befindet sich in einem ehemaligen Palast aus dem 16. Jh. und strahlt mit seinen Natursteinen, freiliegendem Mauerwerk und warmen Erdfarben eine ruhige, angenehm zurückhaltende Eleganz aus. Die Zimmer sind geräumig und überaus stilvoll.

Hostal Arco San Vicente BUDGETHOTEL €€

(☎920 22 24 98; www.arcosanvicente.com; Calle de López Núñez 6; EZ/DZ 55/65 €; P📶) Das Hostal Arco San Vicente verfügt über hell gestrichene, mit blauem Teppich und schmiedeeisernen Betten versehene kleine Zimmer. Pluspunkte gibt's für die Lage in der Altstadt gleich an der Puerta de San Vincente und die Parkmöglichkeit (10 €).

Parador Raimundo de Borgoña HISTORISCHER PARADOR €€€

(☎920 21 13 40; www.parador.es; Marques de Canales y Chozas 2; DZ/Suite 150/285 €; ❄📶) In dem Palast aus dem 16. Jh. an der Stadtmauer im Norden der Altstadt genießen die Gäste alle wichtigen Vorzüge eines *parador*: elegante öffentliche Bereiche, hilfsbereites Personal und stilvoll eingerichtete Zimmer.

Hostal San Juan BUDGETHOTEL €
(☎920 25 14 75; www.hostalsanjuan.es; Calle de los Comuneros de Castilla 3; EZ/DZ 30/48 €;) Die in warmen Farbtönen gehaltene Bleibe in zentraler Lage ist angenehm und freundlich. Darüber hinaus wartet sie mit einem kürzlich ergänzten, toll ausgestatteten Fitnessraum auf – ein in der Budgetkategorie einmaliges Extra.

Hospedería La Sinagoga BOUTIQUE-HOTEL €€
(☎920 35 23 21; Calle de los Reyes Católicos 22; EZ/DZ/3BZ 53/74/106 €;) Das zauberhafte kleine Hotel verfügt über eine Innenausstattung, in die Elemente der Hauptsynagoge Ávilas aus dem 15. Jh. eingearbeitet wurden. Einige Zimmer sind ein bisschen dunkel, deshalb sollte man seine Entscheidung nicht vorschnell treffen.

Hostería Las Cancelas KLASSISCHES HOTEL €€
(☎920 21 22 49; www.lascancelas.com; Calle de la Cruz Vieja 6; EZ/DZ/3BZ 53/76/107 €; ⏲Feb.–Dez.) Ein nettes Hotel, das sich hinter der Kathedrale versteckt und mit großen, traditionell eingerichteten Zimmern sowie einem tollen Restaurant aufwartet.

Hostal El Rastro BUDGETHOTEL €
(☎920 21 12 18; www.elrastroavila.com; Plaza del Rastro 4; EZ/DZ 33/50 €;) Mit seinen sieben gemütlichen Zimmern, die auf einen stillen Platz hinausgehen, verströmt diese wunderbare Unterkunft den Charme der alten Welt.

Essen

Ávila ist berühmt für *chuleton de Ávila* (T-Bone-Steak) und *judías del barco de Ávila* (weiße Bohnen in einer dicken Sauce, oft mit Chorizo). Innerhalb der historischen Stadmauern und entlang der Calle de San Segundo – besonders rund um die Puerta de los Leales – gibt's eine große Auswahl an Restaurants.

Hostería Las Cancelas GEHOBENE REGIONALE KÜCHE €€
(☎920 21 22 49; www.lascancelas.com; Calle de la Cruz Vieja 6; Mahlzeiten 30–40 €; ⏲Feb.–Dez.) Das renommierte Restaurant ist Teil des gleichnamigen Hotels und befindet sich in einem bezaubernden Innenhof aus dem 15. Jh. Die traditionellen Speisen werden mit großer Liebe zum Detail zubereitet. Eine Reservierung ist empfehlenswert.

La Flor de Castilla LEICHTE SPEISEN €
(Calle de San Gerónimo; ⏲9–22 Uhr; Mahlzeiten 15–20 €;) Die Patisserie mit Restaurant eignet sich nicht nur hervorragend, um *yema de Santa Teresa* (klebrige, sehr süße Kekse aus Eigelb und Zucker) zu kaufen, sondern bietet mit Gerichten wie Quiches und Fettucine auch eine seltene Alternative zum roten Fleisch.

Mesón del Rastro TRADITIONELL KASTILISCH €€
(Plaza del Rastro 1; menú del día 12 €; ⏲Do–Sa, So–Mi nur Mittagessen) Dank der dunklen Holzbalken im Inneren erkennt man sofort, dass man in einer Bastion der typisch kastilischen Küche gelandet ist. Hier werden köstliche Hauptgerichte aus der Region wie *judías del barco de Ávila* und *cordero asado* (Lammbraten) serviert. Leider erfreut sich der Laden bei Reisebusgesellschaften großer Beliebtheit.

Restaurante Reyes Católicos INNOVATIVE REGIONALE KÜCHE €€
(www.restaurante-reyescatolicos.com, auf Spanisch; Calle de los Reyes Católicos 6; menú del día 15 €, Mahlzeiten 25–35 €) Vorne befindet sich die Tapas-Bar, dahinter das farbenfroh eingerichtete Restaurant mit einer versierten Küche, in der traditionelle Speisen erfolgreich mit kreativen Ideen variiert werden.

Posada de la Fruta TRADITIONELL KASTILISCH €
(www.posadadelafruta.com, auf Spanisch; Plaza de Pedro Dávila 8; Mahlzeiten 10–15 €) Im lichtdurchfluteten überdachten Innenhof wird einfaches, leckeres Essen serviert, während im *comedor* (Speisesaal) konservative Gaumen auf ihre Kosten kommen.

Casa de Postas TRADITIONELL KASTILISCH €
(www.casadepostas.com, auf Spanisch; Calle de San Segundo 40; menú del día 12 €, Mahlzeiten 30–35 €; ⏲Mi–Mo) Die lebendige Taverne wartet mit Tapas auf und das elegante Lokal oben bietet kräftige traditionelle Speisen.

Ausgehen

Ávila hat es zwar eindeutig drauf, wenn es um Heilige geht, aber nicht, was Diskos anbelangt. Das Nachtleben ist nicht sehr aufregend, trotzdem gibt's ein paar ganz gute Kneipen.

LP TIPP **La Bodeguita de San Segundo** WEINBAR
(www.vinoavila.com, auf Spanisch; Calle de San Segundo 19; ⏲Do–Di 11–24 Uhr) Eine hervorragende Weinbar, die in der Casa de la Miseri-

WAS ISST MAN IN KASTILIEN-LEÓN?

Die hiesige Küche ist dem Wetter angepasst. Es gibt wohl kaum etwas Besseres als *cordero asado* (Lammbraten), um sich gegen die bitterkalten Winter des Hochplateaus zu rüsten. Dieses typische Gericht bekommt man von Sepúlveda bis Burgos in jedem Lokal. *Cochinillo asado* (gebratenes Spanferkel) ist eine Spezialität aus Segovia. Zu den weiteren regionalen Köstlichkeiten gehören z. B. *morcilla de Burgos (mit Reis vermischte Blutwurst aus Burgos)*, *chuleton de Ávila* (T-Bone-Steak aus Ávila) und *embutidos* (geräucherte Wurstwaren wie *jamón* und Chorizo). Der *jamón* aus Guijelo südlich von Salamanca gilt in ganz Spanien als einer der besten Schinken überhaupt. Vegetarier haben es hier schwer, obwohl die meisten Restaurants auch Salate, Käse, Omeletts und *menestra de verduras* (Gemüseeintopf) anbieten. Letztere kann allerdings Schinken beinhalten. Veganer dürften sehr hungrig werden ...

cordia aus dem 16. Jh. untergebracht ist. An den meisten Abenden platzt sie aus allen Nähten, sodass viele Gäste stehen müssen. Nachmittags geht's ruhiger zu, dann kann man es sich auf den Stühlen nahe der Küche bequem machen und ungewöhnliche *raciones* (große Tapas) wie das Vier-Käse-Fondue genießen.

Café del Adarve MUSIKBAR
(Calle de San Segundo 40; ⌚17–3 Uhr) Mit seiner skurrilen Einrichtung und den ungewöhnlichen Kunstausstellungen gilt das Café del Adarve als Höhepunkt des lokalen Nachtlebens. An den Wochenenden legen DJs auf und donnerstags wird regelmäßig Jazz geboten. Im Sommer kann man auf der Terrasse feiern.

ℹ Praktische Informationen

Offizielle Website der Stadt ist www.avila.es.

Centro de Recepción de Visitantes (Touristeninformation; ☎902 10 21 21; www.avilaturismo.com; Avenida de Madrid 39; ⌚8–20 Uhr) Hat Karten und Broschüren.

Regionale Touristeninformation (☎920 21 13 87; www.turismocastillayleon.com; Calle San Segundo 17; ⌚ So–Do 9–20, Fr & Sa 9–21 Uhr).

ℹ An- & Weiterreise

AUTO & MOTORRAD Von Madrid aus dauert die Fahrt etwa eine Stunde, die Maut beträgt 7,45 €.

BUS Vom Busbahnhof bestehen häufige Verbindungen nach Segovia (5,45 €, 55 Min.) und Salamanca (6,76 €, 1½ Std.). Zudem steuern täglich ein paar Linien die wichtigsten Städte in der Sierra de Gredos an.

ZUG Jeden Tag fahren mindestens 30 Züge nach Madrid (ab 8,25 €, 1¼–2 Std.) und Salamanca (9,65 €, 1–1½ Std., 9-mal täglich).

ℹ Unterwegs vor Ort

Bus 1 fährt am Bahnhof vorbei zur Plaza de la Catedral. Außerhalb der Stadtmauer befinden sich mehrere gut ausgeschilderte Parkplätze. Der Touristenzug Murallito ist eine weitere Möglichkeit zur Erkundung der Stadt.

Sierra de Gredos

Westlich von Madrid und südlich von Ávila gehen die kastilischen Ebenen in die steile Sierra de Gredos über – eine geheimnisvolle Welt aus Seen und Granitbergen, die sich bis zum Pico de Almanzor (2592 m) als höchstem Gipfel erhebt. Obwohl hier und da eine Burg oder eine Kapelle ins Auge fällt, macht die Landschaft den eigentlichen Reiz der Sierra aus. Sie erfreut sich besonders bei Wanderern, Mountainbikern und Kletterern großer Beliebtheit. Am besten kommt man im Frühjahr und Herbst hierher, denn im Sommer kann es ziemlich stickig sein und im Winter sind die Wege mit Schnee bedeckt. An den Wochenenden wird die Gegend von spanischen Touristen regelrecht überrannt, auf ausländische Besucher trifft man dagegen nur selten.

Die Anbindung der Sierra de Gredos an das öffentliche Verkehrsnetz ist recht löchrig und an Wochenenden quasi nicht existent, sodass man die schönsten Orte nur mit dem (Leih-)Wagen erkunden kann. Es gibt drei Hauptrouten. Die N520 verläuft in nordsüdlicher Richtung parallel zu einer alten Römerstraße (die zum Teil noch sichtbar ist) durch ein steiles Tal, die C500 durchzieht die fruchtbaren Ausläufer der Sierra und bietet schöne Ausblicke auf die Berge, und die C501 folgt der Südflanke und führt in Richtung La Vera, Extremadura, durch wunderbare Landschaften.

ARENAS DE SAN PEDRO & UMGEBUNG

Arenas de San Pedro (6778 Ew., 620 m) hat ein paar sehr schöne Ecken, ist aber eher ein günstig gelegener Ausgangspunkt zur südlichen Sierra de Gredos als ein lohnendes Besuchsziel.

Im Ortszentrum gibt's ein paar Sehenswürdigkeiten, die einen kurzen Blick wert sind: das stämmige **Castillo de la Triste Condesa** aus dem 15. Jh., die nüchterne gotische **Pfarrkirche** und die **römische Brücke**. Zehn Gehminuten nach Norden stößt man auf den neoklassizistischen **Palacio del Infante Don Luis de Borbón**, ein goldener Käfig für den gefangen gehaltenen Bruder von Carlos III.

Ganz in der Nähe von Arenas de San Pedro liegen **Guisando**, **El Hornillo** und **El Arenal**, ein Trio von Dörfern in 5, 6 bzw. 9 km Entfernung mit Zugängen zu schönen Wanderwegen. Alle drei sind an Werktagen mit einem Bus zu erreichen.

Ein beliebter **Wanderweg** verläuft von El Arenal nach Puerto de la Cabrilla. Er gewinnt über eine Strecke von 4,5 km etwa 1000 Höhenmeter und verspricht eine ziemlich anstrengende fünf- bis siebenstündige Tour.

Schlafen & Essen

El Fogon de Gredos LANDHOTEL €
(☎920 37 40 18; Carretera Linarejos, Guisando; EZ/DZ/Suite 28/52/100 €) Guisandos attraktivste Unterkunft verfügt über hübsche, geräumige Zimmer mit weiten Blicken auf kiefernbedeckte Berge. Die Suite ist allerdings überteuert. Im zugehörigen renommierten Restaurant (Mahlzeiten 20 €) werden leckere, fleischlastige lokale Speisen serviert. Das Hotel liegt ca. 1,5 km hinter dem Ortszentrum am Rio Pelayo und ist ausgeschildert.

Camping Los Galayos ZELTPLATZ €
(☎920 37 40 21; www.campinglosgalayos.com; Carretera Linarejos, Guisando; Erw./Stellplatz/Auto 3,90/3,80/3,60 €, 4-Pers.-Bungalow 93 €; 👪) Beim Camping Los Galayos handelt es sich um einen der besten Zeltplätze der Region mit einer großartigen Lage am Rio Pelayo und einem tollen Blick auf die Berge. Er ist ideal für Familien, denn ein kleiner Wasserfall und kleinkinderfreundliche flache Teiche mit türkisfarbenem Wasser sind leicht zugänglich. Für Übernachtungsgäste bietet das Restaurant ein Menü zum ermäßigten Preis (9,90 €).

Hostal El Castillo BUDGETHOTEL €
(☎920 37 00 91; Carretera de Candeleda 2, Arenas de San Pedro; EZ/DZ 28/38 €) Das *hostal* an der Hauptstraße von Arenas de San Pedro hat einfache, saubere Zimmern, die eine wahrhaft königliche Aussicht bieten.

ℹ Praktische Informationen

Touristeninformation (☎920 37 23 68; www.turismocastillayleon.com; Plaza de San Pedro, Arenas; ⌚10–13 & 16–20 Uhr) Hier gibt's ebenso wie in der regionalen Touristeninformation von Ávila Wandervorschläge.

ℹ An- & Weiterreise

BUS Außer sonntags fahren täglich Busse von Arenas de San Pedro nach Madrid (11,10 €, 2½ Std., 2-mal tgl.) und Ávila (5,90 €, 1¼ Std.).

NORDFLANKE DER SIERRA DE GREDOS

Wer das Gedränge am Wochenende und im Sommer lieber umgehen möchte, sollte die weniger besuchte und zumeist bis Ostern schneebedeckte Nordflanke der Sierra de Gredos ansteuern. Die Gebirgskette ist für ihre spektakulären Panoramen, schönen Wanderwege und exzellenten Hotels berühmt. Allerdings braucht man ein eigenes Fahrzeug, da hier öffentliche Verkehrsmittel noch seltener sind als weiter südlich.

Nicht weit vom Puerto de Pico geht die landschaftlich reizvolle C500 von der N502 Richtung Westen ab und verläuft über Navarredonda de Gredos nach Hoyos del Espino, wo die kleine AV931 in die Sierra hineinführt und nach 12 km in La Platforma endet. Dort befindet sich der Startpunkt für eine herrliche Wanderung zur **Laguna Grande**, einem glasklaren Bergsee im Schatten des Pico de Almanzor. Die einfache bis mittelschwere Tour auf einem gut markierten, 8 km langen Weg dauert 2½ Stunden in jede Richtung. Am See stößt man auf ein oft volles *refugio* (Schutzhütte) und gute Möglichkeiten zum Zelten. Von dieser Stelle aus kann man in etwa zwei Stunden den Gipfel des **Pico de Almanzor** (2592 m; schwer) besteigen oder sich zwei Stunden nach Westen zum **Circo de Cinco Lagunas** (einfach bis mittelschwer) aufmachen. Anschließend geht man entweder einfach zurück oder steigt durch das Garganta del Pinar zum Ort Navalperral de Tormes hinunter, was ziemlich anstrengend ist und bis zu fünf Stunden dauert.

Wer Interesse an Aktivitäten wie **Reiten**, **Trekking** und **Abseilen** hat, wendet sich am besten an **Alternativas en el Medio Natural** (☎920 34 83 85; www.amngredos.com; km 0,2, Hoyos del Espino).

Schlafen & Essen

Navarredonda de Gredos ist zwar nicht sonderlich schön, bietet dafür aber die besten Übernachtungsmöglichkeiten. Das schickere Hoyos del Espino gilt ebenfalls als eine gute Wahl.

LP TIPP **El Milano Real** WELLNESSHOTEL €€
(☎920 34 91 08; www.elmilanoreal.com; Calle de Toledo, Hoyos del Espino; Suite 110 €; P ⊖ ❄ 📶 ≋) Eine wunderbare Unterkunft mit großartiger Aussicht, einer ruhigen Lage und einem empfehlenswerten Restaurant (Mahlzeiten kosten ca. 35 €). Hinter der alten Holzfassade verbergen sich äußerst stilvolle Zimmer, deren Gestaltung jeweils einem eigenen Thema folgt. Das japanische Zimmer vermittelt Zen-Atmosphäre, die Manhattan-Suite ist minimalistisch gestaltet und die englische Suite mit Blumenstoffen im Landhausgartenstil dekoriert. Alle Räume verfügen über luxuriöse Extras wie Badewannen mit Hydromassage oder DVD-Player, und das Frühstück ist etwas für Gourmets. Es gibt auch ein Spa. Unter der Woche muss man weniger zahlen.

La Casa de Arriba RUSTIKALES HOTEL €€
(☎920 34 80 24; www.casadearriba.com; Calle de la Cruz 19, Navarredonda de Gredos; EZ/DZ 67/79 €; 📶) Auf dem höchsten Punkt des Ortes thront dieses reizende Hotel, das mit seinen Holzbalken und -böden, den antiken Möbeln und dicken Steinmauern jede Menge rustikalen Charme verströmt. Der Weg hierher ist gut ausgeschildert und das zugehörige Restaurant genießt einen ausgezeichneten Ruf.

Albergue Juvenil JUGENDHERBERGE €
(☎920 34 80 05; www.juventud.jcyl.es; km 10,5, Navarredonda de Gredos; B unter/über 30 J. 8,50/11,60 €, Vollpension 15,70/21,10 €; ⏲15. März–15. Dez.; ≋) Dieses Hostel liegt gleich hinter dem *parador* und bietet makellose Zimmer, einen eigenen großen Pool, einen Tennisplatz sowie atemberaubende Ausblicke auf die Berge.

ℹ Praktische Informationen

Karten und genauere Auskünfte zu Wanderungen in der Gegend gibt's bei den Touristeninformationen in Arenas de San Pedro und Ávila sowie online unter www.naverredondadegredos.net.

Salamanca

156 000 EW.

Ob im abendlichen Scheinwerferlicht oder in der strahlenden Mittagssonne – Salamanca ist einfach ein Traumziel. Die Stadt wartet mit einem seltenen architektonischen Reichtum auf, der von goldenen Sandsteingebäuden mit ockerfarbenen Andeutungen lateinischer Inschriften bis zu wunderbaren Bauwerken im plateresken und Renaissancestil reicht. Es gibt zahlreiche schöne Flecken wie die außergewöhnliche Plaza Mayor, die nachts beleuchtet wird und einen unvergesslichen Anblick bietet. Darüber hinaus ist Salamanca Kastiliens lebendigste Stadt, da auf ihren Straßen nachts viele spanische und ausländische Studenten feiern, die ihr Jugend und Vitalität verleihen.

Geschichte

220 v. Chr. wurde das keltiberische Salamanca von Hannibal belagert. Später, unter römischer Herrschaft, war es ein wichtiger Stützpunkt auf der Via Lata (Ruta de la Plat bzw. Silberstraße) von den Minen in Asturien bis Andalusien. Nach der Eroberung Spaniens durch die Mauren stand es unter wechselnder Herrschaft. Den größten Wendepunkt in der Geschichte der Stadt bildete die Gründung der Universität 1218: Sie wurde so bedeutend wie die in Oxford und Bologna und entwickelte sich bis Ende des 15. Jhs. zu einem künstlerischen Zentrum des Landes. Im 17. Jh. folgte Salamanca dem Rest der Region in den Abstieg, aber als Spaniens Held der Literatur, Miguel de Unamuno, 1900 als Rektor der Universität antrat, hatte sich der Ort bereits mehr oder weniger erholt. Im 20. Jh., vor allem während des Bürgerkriegs und der folgenden, knapp 40 Jahre währenden Herrschaft Francos, wurde die Hochschule zum Zentrum des liberalen Widerstands gegen den Faschismus. Franco versuchte ihr daraufhin eine mit seinem Regime konform gehende Universitätsphilosophie aufzuzwingen. In kleinem Ausmaß spürt man die Spannung zwischen den Liberalen und den Konservativen noch heute; sie prägt den Charakter der Stadt.

Sehenswertes & Aktivitäten

Salamanca kann man leicht zu Fuß erkunden. Einen guten Überblick bekommt man aber auch an Bord des **Tren Turístico** (Touristenzug; Plaza Anaya; Erw./Kind 3,75/1,75 €;

⌚10–14 & 16–20 Uhr; 👪). Eine Fahrt dauert 20 Minuten, im Sommer verkehrt der Zug länger. Viele wichtige Sehenswürdigkeiten liegen in der Nähe der Plaza Mayor.

Plaza Mayor — HAUPTPLATZ

Die zwischen 1729 und 1755 angelegte einzigartige Plaza Mayor gilt als Spaniens schönster Platz und übertrifft sogar ihr Pendant in Madrid. In der abendlichen Beleuchtung (bis Mitternacht) sieht sie besonders toll aus. Sie wurde von Alberto Churriguera entworfen und ist ein außergewöhnlich harmonisches und maßvolles Barockensemble. Die um den Platz herum angebrachten Medaillons zeigen berühmte Persönlichkeiten. In der Nordostecke befindet sich die umstrittene Büste Francos. Sie sieht anders aus als die anderen, denn da sie regelmäßig zum Ziel von Vandalismus wird, besteht sie aus einem speziellen, leicht zu reinigenden Kunststoff. Bis weit ins 19. Jh. hinein fanden hier auch Stierkämpfe statt; die letzte zeremonielle *corrida* (Stierkampf) 1992. Um für eine Weile die vorbeiziehenden Menschen zu beobachten und die herrliche Architektur auf sich wirken zu lassen, setzt man sich am besten in eines der Straßencafés. Die armen Studenten aus der Gegend können sich hier allerdings keinen Drink leisten, darum versammeln sie sich in fröhlichen Grüppchen auf dem Boden. Mit etwas Glück spielen *Tunas* (in Renaissancekostüme gekleidete Musikstudenten) zur Unterhaltung auf.

Ein bisschen abseits des Platzes stößt man auf die zwischen Häusern eingezwängte, hübsche romanische **Iglesia de San Martín** (Plaza del Corrillo; ⌚Di–So 11–14 & 16–19 Uhr).

Universidad Civil — UNIVERSITÄT

(Calle de los Libreros; Erw./Kind 4/2 €, Mo vormittags frei; ⌚Mo–Sa 9.30–13 & 16–18.30, So 10–13 Uhr; 👪) Die Eingangsfassade der Universität ist ein wahrer Augenschmaus. Sie besteht aus Sandstein und ist über und über mit Darstellungen mythischer Helden, religiöser Szenen sowie Wappen versehen. In ihrer Mitte befinden sich die Büsten von Ferdinand und Isabella. Viele Touristen suchen in erster Linie nach dem gut versteckten Frosch (s. Kasten S. 136), doch man sollte sich durch ihn trotzdem nicht ganz von der Pracht der Fassade ablenken lassen.

Aus dem 1218 gegründeten sogenannten Estudio Generál wurde 1254 die Universität, die im 15. und 16. Jh. ihre größte Bedeutung erlangte. Im Inneren erwartet einen zwischen ein paar ansonsten recht bescheidenen Zimmern im Obergeschoss ein weiteres Highlight: die außergewöhnliche **Universitätsbibliothek**, eine der ältesten Europas. Etwa 2800 Manuskripte ziehen auf diesem Friedhof der vergessenen Bücher Staub an. Man beachte außerdem die spätgotische Ausstattung und die wunderschöne *techumbre* (geschnitzte Holzdecke).

Einer der kleinen Hörsäle um den Innenhof im Erdgeschoss, die **Aula de Fray Luis de León**, wurde nach dem gefeierten Theologen und Schriftsteller des 16. Jhs. benannt, dessen Statue den Patio de las Escuelas Menores schmückt. Im Hörsaal stehen noch die Originalbänke und das Originalpult aus Bruder Luis' Tagen. Der Theologe wurde von der Inquisition verhaftet, weil er das Hohelied Salomons ins Spanische übersetzt hatte. Seine erste Vorlesung nach fünf Jahren Haft begann er mit den Worten: „Wie wir gestern sagten ...". Hier war es auch, wo der berühmte spanische Philosoph und Essayist Miguel de Unamuno verkündete, dass der nationalistische Aufstand „notwendig ist, um die westliche Zivilisation zu retten", und von Francos Ehefrau vor den aufgebrachten Massen in Sicherheit gebracht wurde.

Im Geländer der **Escalera de la Universidad** (Universitätstreppe) sind eingeschnitzte Symbole zu sehen, die für das Streben nach Wissen stehen sollen.

Catedral Nueva — NEUE KATHEDRALE

(Plaza de Anaya; ⌚9–20 Uhr) Salamancas Zentrum wird vom Turm der spätgotischen Catedral Nueva beherrscht. Seine beeindruckende Kuppel im Stil des *churrigueresco* (schnörkelhafter Barockstil) ist von fast jeder Stelle sichtbar. Herausragend sind vor allem die herrlichen Renaissanceportale, besonders die **Puerta del Nacimiento** in der Wesfassade – eines der sieben aus dem Sandstein der Stadt geschnitzten Wunder. Die **Puerta de Ramos** an der Plaza Anaya hält eine Zugabe zum Fröschefinden-Wettbewerb bereit, der vor der Universitätsfassade stattfindet (s. Kasten S. 136). Besucher sollten Ausschau nach dem kleinen Astronauten und der Eiswaffel halten, die bei Renovierungsarbeiten ins Portal gemeißelt wurden.

Im Inneren sollte man das reich verzierte Chorgestühl, die Hauptkuppel und den Retrochor beachten, die wir dem produktiven José Churriguera zu verdanken haben. Auch die Gewölbe sind außergewöhnlich.

Salamanca

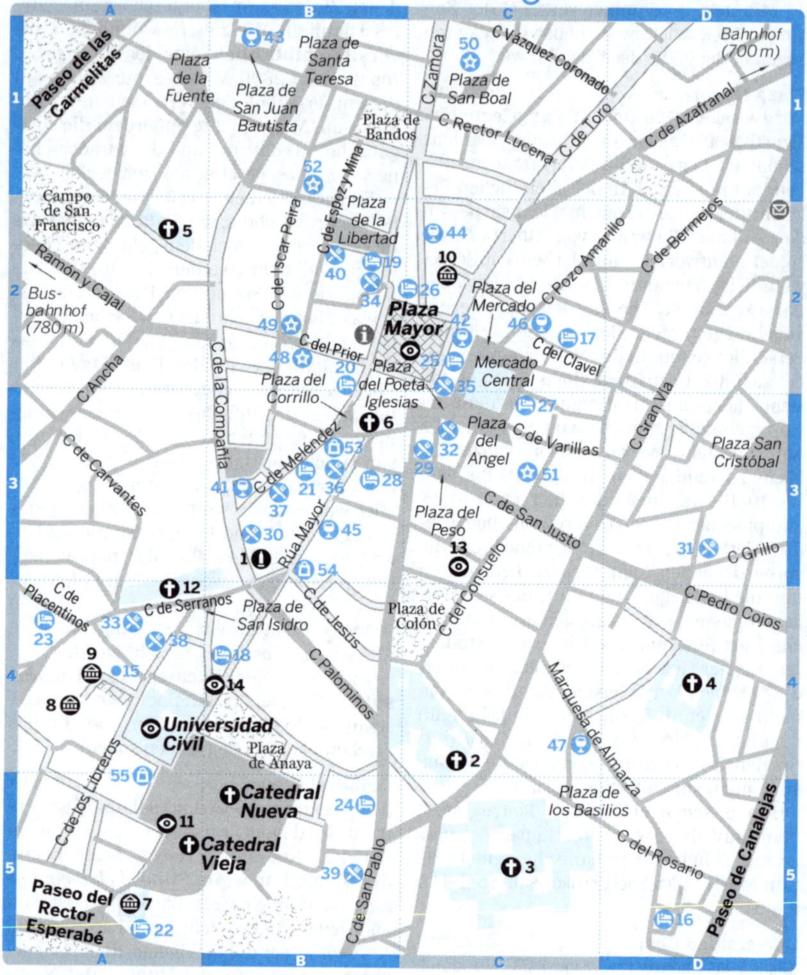

Catedral Vieja

ALTE KATHEDRALE

(Eintritt 4,75 €; ⏲10–19.30 Uhr) Die vorwiegend romanische Vorgängerin der Catedral Nueva wartet mit einem exquisiten Retabel aus dem 15. Jh. auf, dessen 53 Tafeln Szenen aus dem Leben Christi und Mariä zeigen und das von einer Darstellung des Jüngsten Gerichts gekrönt wird. Es handelt sich um einen der schönsten Renaissance-Altaraufsätze außerhalb Italiens. 1120 begann man mit dem Bau der Kathedrale. Sie birgt Elemente verschiedener Stile (z. B. gotische) und weist an der ungewöhnlichen Kuppel, dem Torre del Gallo, byzantinische Einflüsse auf. Vom Kreuzgang ist seit dem Erdbeben 1755 nicht mehr viel übrig, doch dafür sieht man in der Capiila de Anaya ein extravagantes Alabastergrab und eine der ältesten Orgeln der Welt, ein Mudejár-Kunstwerk aus dem 16. Jh. Der Eingang befindet sich in der Catedral Nueva.

Puerta de la Torre

AUSSICHT

(Jeronimus; Plaza de Juan XXIII; Eintritt 3,25 €; ⏲10–19.15 Uhr; 👪) Wer einen schönen Blick über die Altstadt genießen möchte, sollte sich zur Puerta de la Torre an der südwestlichen Fassade der Catedral Nueva begeben. Von hier aus führen Treppen hoch in den

Salamanca

Highlights

Catedral Nueva	B5
Catedral Vieja	A5
Plaza Mayor	C2
Universidad Civil	A4

Sehenswertes

1 Casa de las Conchas	B3
2 Convento de las Dueñas	C4
3 Convento de San Esteban	C5
4 Convento de Santa Clara	D4
5 Convento y Museo de las Úrsulas	A2
6 Iglesia de San Martín	B3
7 Museo de Art Nouveau y Art Decó	A5
8 Museo de la Universidad	A4
9 Museo de Salamanca	A4
10 Museo Taurino	C2
11 Puerta de la Torre	A5
12 Real Clericía de San Marcos	A4
13 Torre del Clavero	C3
14 Tren Turístico	B4

Aktivitäten

15 Universität (Curso Internacionales)	A4

Schlafen

16 Albergue Juvenil	D5
17 Aparthotel El Toboso	C2
18 Hostal Catedral	B4
19 Hostal Concejo	B2
20 Hostal Plaza Mayor	B2
21 Hostal Sara	B3
22 Hotel Rector	A5
23 Microtel Placentinos	A4
24 NH Palacio de Castellanos	B5
25 Pensión Los Ángeles	C2
26 Petit Palace Las Torres	C2
27 RoomMate Vega Hotel	C3
28 Rúa Hotel	B3

Essen

29 Casa Paca	C3
30 El Bardo	B3
31 El Grillo Azul	D3
32 El Pecado	C3
33 Mandala Café	A4
34 Mater Asturias	B2
35 Mesón Cervantes	C2
36 Mesón Las Conchas	B3
37 Patio Chico	B3
38 Restaurante La Luna	A4
39 Victor Gutierrez	B5
40 Zazu Bistro	B2

Ausgehen

41 Café El Corrillo	B3
42 Chido's Bar	C2
43 Litre Bars	B1
44 O'Hara's	C2
45 Taberna La Rayuela	B3
46 Tío Vivo	C2
47 Vinodiario	C4

Unterhaltung

48 Cum Laude	B2
49 Garamond	B2
50 Posada de las Almas	C1
51 Potemkin	C3
52 Sala Klimt Gallery	B1

Shoppen

53 El Fotografo	B3
54 La Despensa	B3
55 Universitatis Salamantinae Mercatus	A5

Turm. Vorbei an einer labyrinthischen, aber gut präsentierten Ausstellung zur Geschichte der Kathedrale geht's an der Innengalerie der Altarbereiche von Catedral Nueva und Catedral Vieja entlang und hinaus auf die Außengalerie. In der Catedral Vieja gibt's einen weiteren Zugang.

Convento de San Esteban KLOSTER
(Plaza de los Basilios; Erw./erm. 3/2 €; ⏲10–13.15 & 16–17.15 Uhr) Der Convento de San Esteban ragt über der südöstlichen Altstadt empor. Die zugehörige Kirche verfügt über eine ungewöhnliche altarähnliche Fassade, deren zentrales Motiv die Steinigung des San Esteban (heiliger Stephanus) ist. Innen widmet sich ein gut gestaltetes Museum den Dominikanern und ihrer Missionsarbeit in Amerika. Im herrlichen gotischen Renaissance-Kreuzgang bringen die strategisch geschickt platzierten Spiegel die Schönheit der Decken voll zur Geltung.

Convento y Museo de las Úrsulas KLOSTER
(Calle de las Úrsulas 2; Museum Eintritt 2 €; ⏲Di–So 11–13 & 16.30–18 Uhr) 1512 wurde das spätgotische Nonnenkloster von Erzbischof Alonso de Fonseca gegründet. Das Museum ist eher uninteressant, aber das von Diego de Siloé geschaffene prächtige Marmorgrab in der Kirche sollte man sich keinesfalls entgehen lassen.

GRATIS **Casa de las Conchas** HISTORISCHES GEBÄUDE

(Calle de la Compañia 2; ⌚Mo–Fr 9–21, Sa 9–14 & 16–19, So 10–14 & 16–19 Uhr) Dieses Gebäude ist eines der charmantesten der Stadt und wurde nach den Jakobsmuscheln an seiner Fassade benannt. Der ursprüngliche Besitzer, Dr. Rodrigo Maldonado de Talavera, war Arzt an Isabellas Hof und Mitglied des Jakobsordens, als dessen Symbol die Muschel dient. Heute befindet sich hier die Stadtbibliothek, die man über einen reizenden zweigeschossigen Innenhof betritt.

Museo de Salamanca STADTMUSEUM

(Patio de las Escuelas Menores 2; Eintritt 1,20 €, Sa & So frei; ⌚Di–Sa 10–14 & 16–19, So 10–14 Uhr) Das Museum in der ehemaligen Residenz von Isabellas Leibarzt ist nicht so sehr wegen seiner Gemälde und Skulpturen interessant, sondern weil es einen Eindruck vom ruhigen häuslichen Leben der Innenhöfe in Salamanca vermittelt.

Museo de la Universidad UNIVERSITÄTSMUSEUM

(Patio de las Escuelas Menores; inkl. Universidad Civil 3 €; ⌚Mo–Sa 9.30–13 & 16–18.30, So 10–13 Uhr) Größte Attraktion des Museums ist das schöne zartblaue Deckenfresko der Tierkreiszeichen. Am besten nimmt man sich ein paar Minuten Zeit, um sich an das Licht zu gewöhnen, ehe man nach oben schaut.

Convento de Santa Clara KLOSTERMUSEUM

(Eintritt 3 €; ⌚Mo–Fr 9.30–14 & 16.15–19, Sa & So 9.30–15 Uhr) Das ursprünglich romanische, oft umgebaute Gebäude beherbergt ein kleines Museum mit hübschen Fresken. Wer die Treppen hinaufsteigt, kann den Mudéjar-Stil des *artesonado* (hölzerne Kassettendecke) aus dem 14. und 15. Jh. von Nahem bewundern.

Colegio del Arzobispo Fonseca HISTORISCHES GEBÄUDE

(Plaza de Fonseca 4; Eintritt 2 €; ⌚10–14 & 16–19 Uhr) Das Colegio aus dem 16. Jh. hat eine platereske Fassade, einen hübschen Innenhof und ein Lokal (Mahlzeiten 40 €).

Convento de las Dueñas KLOSTER

(Calle Gran Vía; Eintritt 2 €; ⌚Mo–Sa 11–12.45 & 16.30–18.45 Uhr) In dem Dominikanerkloster befindet sich der schönste Kreuzgang der Stadt mit einigen ziemlich makabren Schnitzereien an den Kapitellen.

Museo de Art Nouveau y Art Decó MUSEUM

(Casa Lis; Calle de El Expolio 14; Erw./erm. 3/2 €, Do vormittags frei; ⌚Di–Fr 11–14 & 17–21, Sa & So 11–21 Uhr) Widmet sich beiden Kunstrichtungen und ist in einem Haus im katalanischen Jugendstil untergebracht.

Real Clericía de San Marcos BAROCKKIRCHE

(Universidad Pontificia; Calle de la Compañia; Eintritt 3 €; ⌚Di–Fr 10.30–12.45 & 17–18.30, Sa 10–13 & 17–19.15, So 10–13 Uhr) Eine Besichtigung der gewaltigen Barockkirche ist nur mit einer Führung möglich (alle 45 Min.).

Torre del Clavero HISTORISCHER TURM

(Calle del Consuelo) Achteckige Festung aus dem 15. Jh. mit einem ungewöhnlichen quadratischen Sockel und kleineren, zylindrischen Türmen.

Museo Taurino STIERKAMPFMUSEUM

(Calle de Doctor Piñuela 5–7; Erw./Kind 3 €/frei; ⌚Di–Sa 11.30–13.30 & 18–20, So 11.30–13.30 Uhr;) Mit Exponaten zum Thema Stierkampf vollgestopft.

Kurse

Wer Spanisch lernen möchten, trifft mit Salamanca eine gute Wahl. Die **Universität** (Cursos Internacionales, Universidad Civil; ☎923 29 44 18; www.usal.es; Patio de las Escuelas Menores) ist eine angesehene Sprachschule und bietet Kurse von zwei Wochen mit 15 Wochenstunden (365 €) bis zu zehn Wochen mit 25 Wochenstunden (1650 €) an. Eine Unterkunft kann ebenfalls arrangiert werden.

Bei der städtischen Touristeninformation bekommt man eine Liste mit anerkannten Privatschulen.

Schlafen

In Salamanca gibt's hervorragende Unterkünfte, besonders in der Mittelklasse. Am Wochenende steigen die Preise fast überall.

LP TIPP **Microtel Placentinos** BOUTIQUE-HOTEL €€

(☎923 28 15 31; www.microtelplacentinos.com; Calle de Placentinos 9; EZ/DZ inkl. Frühstück 80/95 €;) Versteckt in einer ruhigen Straße bietet das Microtel Placentinos Zimmer mit freigelegtem Mauerwerk und Holzbalken. Der Service ist tadellos, die Atmosphäre intim. Alle Zimmer sind mit Duschen oder Hydromassagewannen ausgestattet. Im Sommer gibt's draußen einen Whirlpool.

Aparthotel El Toboso APARTMENTS €

(☎923 27 14 62; www.hoteltoboso.com; Calle del Clavel 7; EZ/DZ ab 30/52 €, 3-/5-Pers.-Apartment für Selbstversorger 76/93 €;) Hier fühlt man sich wie zu Hause. Das Preis-Leis-

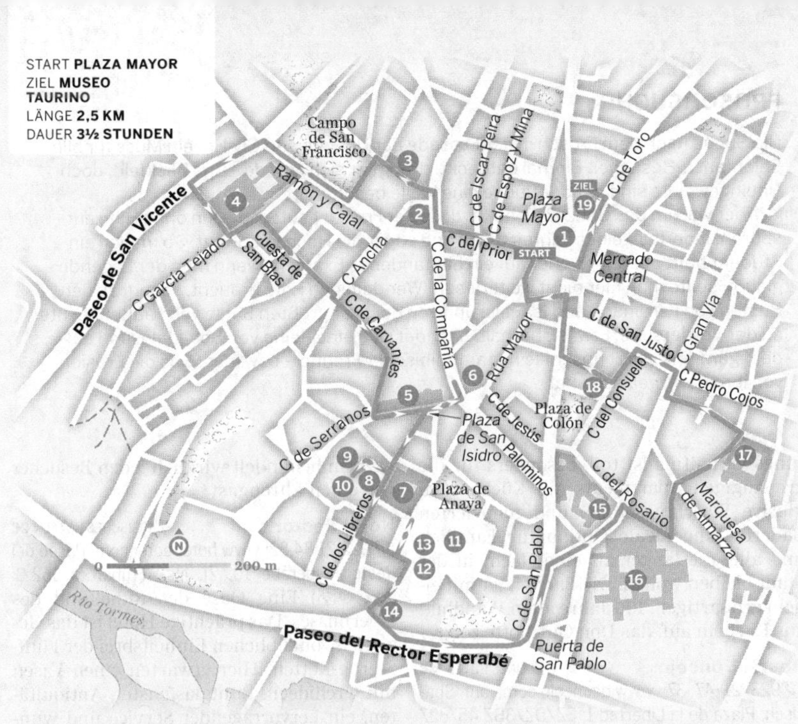

Stadtspaziergang

Salamancas historische Highlights

Der Spaziergang beginnt an der unvergleichlichen ❶ **Plaza Mayor**. Von der Südwestecke des Platzes verläuft die Calle del Prior nach Westen zum ❷ **Palacio de Monterrey**, einem Ferienhaus der Herzöge von Alba (Duques de Alba) aus dem 16. Jh., das als richtungsweisend dür die spanische Renaissancearchitektur gilt. Es ist nicht öffentlich zugänglich, aber seine Fassade verlockt zum ausgiebigen Betrachten. Ein kurzer Schlenker nach Norden führt zum ❸ **Convento y Museo de las Úrsulas**. Ein Stückchen weiter stößt man auf den Campo de San Francisco mit dem gegenüberliegenden ❹ **Colegio del Arzobispo Fonseca**.

Durch die Cuesta de San Blas geht's Richtung Südosten abwärts zur ❺ **Real Clericía de San Marcos** sowie zur ❻ **Casa de las Conchas**.

Von der Plaza de San Isidro folgt man der Calle de los Libreros nach Südwesten zur ❼ **Universidad Civil**. Am ❽ **Patio de las Escuelas Menores**, einem kleinen Platz, befindet sich auch das ❾ **Museo de Salamanca**. Ganz in der Nähe zweigt von einem kleinen Kreuzgang das ❿ **Museo de la Universidad** ab.

Nach einem Besuch der ⓫ **Catedral Nueva** und der ⓬ **Catedral Vieja** sowie der Besteigung des Turms durch die ⓭ **Puerta de la Torre** geht's bergab zum ⓮ **Museo de Art Nouveau y Art Decó**.

Auf dem Paseo del Rector Esperabé hält man sich nun Richtung Osten und spaziert weiter auf der Calle de San Pablo nach Norden, bis man den ⓯ **Convento de las Dueñas** und den erhabenen ⓰ **Convento de San Esteban** erreicht. Über ruhige Straßen gen Nordosten gelangt man in ein ärmeres, bei Amateur-Graffitikünstlern beliebtes Stadtviertel. Hier befindet sich auch der ⓱ **Convento de Santa Clara**.

Auf dem Rückweg in die Altstadt, die jetzt in nordwestlicher Richtung liegt, legt man am ⓲ **Torre del Clavero** eine Pause ein, ehe man auf der Calle de San Pablo weitergeht und an der Plaza Mayor vorbei zum ⓳ **Museo Taurino** kommt.

NICHT VERSÄUMEN

FROSCHSUCHE

Die Suche nach dem Frosch in der Fassade der Universidad Civil ist ein Muss für alle Salamanca-Besucher. Einmal entdeckt, drängt er sich geradezu ins Blickfeld, doch Uneingeweihte sind mit der Suche eine Weile beschäftigt.

Aber warum das Ganze? Es heißt, dass der Frosch Leuten, die ihn ohne Hilfe aufspüren, innerhalb eines Jahres Glück und sogar die Hochzeit bringt. So manch ein Student hofft allerdings eher auf ein bestandenes Examen. Wenn man der Legende glaubt, sollte man hier nicht weiterlesen! Wer dagegen Hilfe braucht, schaut zu den Büsten von Ferdinand und Isabella und von dort zur größten Säule ganz außen rechts an der Vorderseite. Etwas oberhalb befindet sich eine Reihe von Schädeln, und auf dem ganz links sitzt unser kleiner amphibischer Freund – bzw. das, was die Erosion von ihm übrig gelassen hat.

tungs-Verhältnis ist toll, besonders für die großzügigen Apartments mit Küchen (inklusive Waschmaschine) und renovierten Bädern. Eine ideale Option für Familien und alle, die länger als eine Nacht in der Stadt bleiben wollen. Die Bar wartet mit einem großartigen, 100 Jahre alten Wandbild aus Kacheln auf, das Don Quichotte zeigt.

Hostal Concejo KLEINES HOTEL €€
(☎923 21 47 37; www.hconcejo.com, auf Spanisch; Plaza de la Libertad 1; EZ/DZ/3BZ 45/62/80 €; P ❄ @ ᯤ) Mit seinen polierten Holzfußböden, der geschmackvollen Möblierung und der zentralen Lage ist das stilvolle Concejo einen Tick besser als ein typisches *hostal*. Man sollte versuchen eines der Eckzimmer (z. B. die Nr. 104) zu bekommen, da sie über traditionelle verglaste Balkone samt Tisch und Stühlen verfügen. Von ihnen genießt man einen guten Blick auf das Treiben unten. Parken kostet 8 €.

Pensión Los Ángeles BUDGETHOTEL €
(☎923 21 81 66; Plaza Mayor 10; EZ/DZ ohne Bad 18/30 €, mit Bad 28/35 €) Dank der tollen Lage an der Plaza Mayor und den günstigen Preisen ist die Pension ein echter Hit. Die Zimmern punkten mit ihren farbenfrohen Bodenfliesen, und die großen Räume für drei bis fünf Personen (bis zu 95 €) haben Balkone mit Aussicht auf die Plaza. Wenn man schweres Gepäck hat, ist der steile Weg allerdings ein Nachteil.

Hostal Catedral BUDGETHOTEL €
(☎923 27 06 14; Rúa Mayor 46; EZ/DZ 30/48 €; ❄) Das nette *hostal* gegenüber den Kathedralen bietet sechs außerordentlich hübsche, saubere und helle Zimmer inklusive Dusche, die alle auf die Straße oder die Kathedrale hinausgehen. Die mütterliche Besitzerin behandelt wirklich jeden Besucher wie einen Ehrengast.

Hotel Rector KLASSISCHES HOTEL €€€
(☎923 21 84 82; www.hotelrector.com; Paseo del Rector Esperabé 10; Zi. inkl. Frühstück 152 €; P ❄ @ ᯤ) Eine Oase der Ruhe und des Überflusses. Das prächtige Hotel ist das Gegenteil vom üblichen Einheitsbrei der Fünf-Sterne-Ketten. Hier erwarten einen Vasen mit Orchideen, Buntglasfenster, Antiquitäten, ein hervorragender Service und wunderbare, mit Teppichen ausgelegte Zimmer.

Albergue Juvenil JUGENDHERBERGE €
(☎923 26 91 41; www.alberguesalamanca.com; Calle de Escoto 13–15; B/EZ/DZ 14/28/38 €) Die beliebte, gut geführte Unterkunft verfügt über große saubere Mehrbettzimmer. Von der Altstadt bis hierher braucht man zehn Gehminuten; der Weg führt bergab.

Petit Palace Las Torres MODERNES HOTEL €€
(☎923 21 21 00; www.hthotels.com; Calle de Concejo 4–6; DZ ab 85 €; ❄ @ ᯤ) Schicke Unterkunft einer Hightech-Qualitätskette mit Designerlampen, Computern und einer noblen Atmosphäre. Für ein Zimmer mit Blick auf die Plaza Mayor muss man allerdings recht tief in die Tasche greifen und einige zum Innenhof gelegene Räume sind ziemlich klein. Gäste dürfen kostenlos die hoteleigenen Fahrräder benutzen.

Hostal Sara KLEINES HOTEL €€
(☎923 28 11 40; www.hostalsara.org; Calle de Meléndez 11; EZ/DZ 53/60 €, DZ mit Küche ab 65 €; ❄) Freundliches Personal, große, schön eingerichtete Zimmer, geschmackvolle, weißblau geflieste Bäder und eine sehr gute Lage. Bei längeren Aufenthalten macht sich die geringfügige Extraausgabe für die schlichte Küche schnell bezahlt.

RoomMate Vega Hotel MODERNES HOTEL €€
(☎923 27 22 50; www.room-matehotels.com; Plaza del Mercado 16; Zi. inkl. Frühstück 80 €;) Gehört zu einer stylishen Hotelkette.

Rúa Hotel KLEINES HOTEL €€
(☎923 27 22 72; www.hotelrua.com; Calle de Sánchez Barbero 11; EZ/DZ inkl. Frühstück 80/100 €;) Die früheren Apartments wurden in geräumige Zimmer umgewandelt. Helle Holzböden, pastellfarbene Wände und Kunstdrucke.

NH Palacio de Castellanos KLASSISCHES HOTEL €€€
(☎923 26 18 18; www.nh-hotels.com; Calle de San Pablo 58–64; EZ ab 99 €, DZ 130 €;) Vornehme Patios und antike Treppen.

Hostal Plaza Mayor BUDGETHOTEL €
(☎923 26 20 20; www.hostalplazamayor.es, auf Spanisch; Plaza del Corrillo 20; EZ/DZ 36/60 €; P) Unweit der Plaza Mayor punktet dieses *hostal* mit stilvollen Zimmern in hellem Pfirsichton, der einen hübschen Kontrast zu den dunklen Holzmöbeln und Balken bildet.

Essen

Salamanca hat etwas für jeden Geldbeutel zu bieten. Die Lokale an der Plaza Mayor und Umgebung sind auf gegrilltes Fleisch spezialisiert und eher teuer, dafür ist die Qualität meist hervorragend. Je weiter die Restaurants vom Platz entfernt liegen, desto günstiger wird es. In den Fußgängerstraßen Calle Meléndez und Rúa Mayor gibt's erschwingliche Läden mit Tischen im Freien, und in den Straßen rund um die Universtität, darunter die Calle de Serranos, kann man gut und preiswert essen. Hierher kommen vor allem Studenten.

Mesón Las Conchas GRILLFLEISCH €€
(Rúa Mayor 16; Mahlzeiten 25–30 €) Gäste können in der stimmungsvollen Bar, oben im mit Holzbalken verzierten Speisesaal oder draußen (im Sommer) Platz nehmen. Die Bar ist vor allem etwas für einheimische Liebhaber von *embutidos* (Wurstwaren). Ansonsten kann man sich auf eine gute Mischung aus Braten, *platos combinados* und *raciones* freuen.

Mesón Cervantes TRADITIONELL KASTILISCH €€
(Plaza Mayor 15; Mahlzeiten 15–20 €; 10–24 Uhr) Es gibt zwar auch draußen Plätze, trotzdem sollte man sich die dunklen Holzbalken und die lebhafte Atmosphäre im Lokal in der ersten Etage nicht entgehen lassen. Auf der Karte stehen verschiedene *platos combinados,* Salate und *raciones.*

El Pecado MODERN & KREATIV €€
(☎923 26 65 58; Plaza de Poeta Iglesias 12; Mahlzeiten 40 €, menú de degustación 45 €;) Das angesagte El Pecado („Die Sünde") zieht regelmäßig spanische Berühmtheiten wie Pedro Almodóvar und Ferran Adrià an. Es wartet mit einem gemütlichen Speiseraum und einer außergewöhnlichen, kreativen Karte auf. Sein Markenzeichen sind frische Geschmacksrichtungen, verführerische Kombinationen und je nach Saison wechselnde Gerichte. Reservierung empfohlen.

El Grillo Azul VEGETARISCH €
(Calle Grillo 1; menú de día 9 €, Mahlzeiten 15–20 €; Di–Sa, So nur Mittagessen;) Fleischverächter können sich über eine Rarität in kastilischen Städten freuen, denn dies ist ein echtes vegetarisches Restaurant. Das belebte, in blau-weißen Farben eingerichtete Lokal verfügt über eine kreative Karte, auf der man u. a. ein *plato degustación* (11,50 €) mit kleinen Portionen verschiedener Gerichte wie gegrillter Seitan oder Tofu, Gemüsesoufflé, Wildpilze und einfallsreiche Salate findet.

Restaurante La Luna MODERN & GEHOBEN €
(Calle de los Libreros 4; Mahlzeiten 15 €; Di–So, Mo nur Mittagessen;) Vebreitet eine fröhliche, jugendliche Atmosphäre. Im Hintergrund läuft Jazz. Die interessanten Speisen weichen vom üblichen Angebot ab. Es gibt z. B. verschiedene Lachsgerichte und gegrilltes Gemüse wie Auberginen mit Käse. Unten ist es voll und gemütlich, oben hell und modern.

Zazu Bistro MODERN & EUROPÄISCH €€
(www.restaurantezazu.com, auf Spanisch; Plaza de la Libertad 8; Mahlzeiten 25–30 €) Zur sanften Musik werden italienisch beeinflusste Gerichte serviert. Auf der Karte stehen beispielsweise leckere Risottos mit Wildpilzen. Außerdem erwarten einen Überraschungen wie der britische Klassiker Sticky Toffee Pudding.

Mandala Café MODERN & MEDITERRAN €
(Calle de Serranos 9–11; menú 10 €;) Dieses entspannte Lokal hat sich auf ein hervorragendes Tagesmenü spezialisiert. Dazu gehört z. B. schwarzer Reis mit Garnelen und *calamares* (Tintenfisch) oder vegetarische Moussaka. Man kann aber auch Salate, Kuchen und tolle Eissorten bestellen.

Mater Asturias ASTURISCH €€
(Calle de Concejo 3; menú asturiano 22 €, Mahlzeiten 20–25 €) Das Essen schmeckt frisch und kommt direkt von Spaniens Nordküste, ein kleiner Teil stammt auch aus Asturien. Besonders empfehlenswert ist das Angeot an *brochetas* (Spießen), Pâtés und Toasts.

Casa Paca GRILLFLEISCH €€
(☎923 21 89 93; Plaza del Peso 10; Mahlzeiten 40–50 €) Angeblich kehrt in der 1928 eröffneten Casa Paca sogar der König ein, wenn er in der Stadt ist. Sowohl das Restaurant als auch sein berühmtester Gast sind für ihre Liebe zu herzhaften Gerichten wie *cochinillo asado* (gegrilltes Spanferkel) bekannt. Reservierung erforderlich.

Victor Gutierrez MODERN €€€
(☎923 26 29 73; Calle de San Pablo 66–80; Mahlzeiten 50 €) In dem Lokal herrscht eine exklusive Atmosphäre. Die Betonung liegt auf innovativen Speisen mit zahlreichen farbenfrohen Akzenten. Reservierung erforderlich.

El Bardo TAPAS €€
(Calle de la Compañía 8; Tapas 2,50 €, menú del día 15 €) Hochwertige Tapas und ein verlässliches, auf die Einheimischen zugeschnittenes Tagesmenü.

Patio Chico REGIONALE KÜCHE €€
(Calle de Meléndez 13; menú del día 12 €, Mahlzeiten 20–25 €) Günstige, gute lokale Gerichte und ein schneller Service.

Ausgehen

Mit ihren zahlreichen Möglichkeiten und jungen Leuten ist die Stadt ein Paradies für Nachtschwärmer, allerdings geht's erst sehr spät los: Viele Kneipen füllen sich erst nach Mitternacht. Die Studenten treffen sich besonders gerne in den sogenannten „Liter-Bars" an der Plaza de San Juan Bautista – sie haben offenkundig Besseres zu tun, als ihre Nasen in Büchern zu vergraben.

LP TIPP **Tío Vivo** MUSIKBAR
(Calle del Clavel 3; ⏲16 Uhr–open end) Drinks bei Kerzenlicht, eine skurrile Dekoration mit Karussellpferden und alle möglichen Antiquitäten. Dazu läuft Musik der 1980er-Jahre. Dienstags bis donnerstags gibt's ab Mitternacht Livemusik.

Chido's Bar COCKTAILBAR
(Plaza del Mercado 26; ⏲11 Uhr–open end) Zieht vor allem amerikanische Studenten an, die nach Tex-Mex gieren, Tacos, Nachos und Guacomole essen und dazu Cocktails oder Corona-Bier trinken. Vom Untergeschoss geht's durch einen Tunnel zur Plaza Mayor.

Vinodiario WEINBAR
(Plaza de los Basilios 1; ⏲10–1 Uhr) In der wunderbar kühlen Weinbar weit weg von den Massen der Altstadt arbeiten sachkundige Angestellte. Hier trifft man viele Einheimische. An Sommerabenden kann man wunderbar draußen sitzen. Die Tapas sind einfallsreich und sehr lecker.

Café El Corrillo LIVEMUSIK
(www.cafecorrillo.com, auf Spanisch; Calle de Meléndez 18; ⏲8.30 Uhr–open end) Das Bier und die Tapas in diesem Laden schmecken immer. Freitags kommt man ab 23.30 Uhr in den Genuss von Livemusik. Die *terraza* (Terrasse) im hinteren Bereich ist an warmen Sommerabenden einfach toll.

O'Hara's IRISH PUB
(Calle Zamora 14; ⏲11 Uhr–open end) Donnerstags und samstags wird ab 23 Uhr Livemusik geboten.

Taberna La Ruyuela BAR
(Rúa Mayor 19; ⏲So–Do 18–1, Fr & Sa 18–2 Uhr) In dieser lebhaften Bar feiern vor allem 20- bis 30-Jährige.

☆ Unterhaltung

Viele Café-Bars verwandeln sich nach Mitternacht in Clubs. Der Eintritt ist normalerweise kostenlos.

Posada de las Almas CLUB
(Plaza de San Boal; ⏲18 Uhr–open end) Der Laden zieht mit seiner merkwürdigen Mischung aus großen Pappmachéfiguren, Puppenhäusern und Samtvorhängen ein buntes Publikum an.

Potemkin LIVEMUSIK
(Calle del Consuelo; ⏲23 Uhr–open end) Die Alternative zu Salamancas schicken Läden. Im Potemkin kommt man oft in den Genuss von Rockmusik. In der Gegend ist lockere Kleidung angesagt. Die benachbarten Bars sind dieser Kneipe sehr ähnlich.

Cum Laude CLUB
(Calle del Prior 7; ⏲Di–So 22 Uhr–open end) Üppiges Pseudo-Palastinterieur.

Garamond CLUB
(Calle del Prior 24; ⏲21 Uhr–open end) Mittelalterliches Ambiente.

Sala Klimt Gallery CLUB
(Calle de Iscar Peira 30; ⏲ Fr & Sa 24–6 Uhr) Hier hört man House, Elektro und Techno. Es gibt zwei Tanzflächen.

Shoppen

In der Stadt gibt's jede Menge Souvenirshops mit Artikeln, die von Kitsch bis Kunst reichen.

Universitatis Salamantinae Mercatus SOUVENIRS

(Calle de Cardenal Pla y Deniel) Der Universitätsshop wartet mit einem beeindruckenden Angebot an Schreibwaren, ledergebundenen Büchern und anderen sorgfältig ausgewählten Erinnerungen an den Besuch in Salamanca auf.

La Despensa DELIKATESSEN

(Rua Mayor 23) In diesem kleinen Delikatessenladen bekommt man erstklassigen Schinken, Chorizo und Käse sowie Schachteln mit *yemas,* einer traditionellen Süßigkeit, die von Nonnen aus Salamanca hergestellt wird.

El Fotografo FOTOGRAFIE

(Calle de Meléndez 5) Wer schöne Schwarz-Weiß-Fotos von Salamanca, Bildbände und Fotoausrüstung sucht, ist in diesem Geschäft an der richtigen Stelle.

Praktische Informationen

Auf www.aboutsalamanca.com findet man viele gute Infos und aktuelle Veranstaltungshinweise.

Ciberplace (Plaza Mayor 10; 1,50 €/Std.; Mo–Fr 11–24, Sa & So 12–24 Uhr) Internetzugang.

Regionale Touristeninformation (923 26 85 71; www.turismocastillayleon.com; Casa de las Conchas, Rúa Mayor; So–Do 9–20, Fr & Sa 9–21 Uhr)

Städtische Touristeninformation (923 21 83 42; www.salamanca.es; Plaza Mayor 14; Mo–Fr 9–14 & 16.30–20, Sa 10–20, So 10–14 Uhr)

Beide Touristeninformationen veranstalten mehrsprachige Stadtführungen, die täglich um 12 Uhr beginnen, etwa 1½ Stunden dauern und 8 € kosten. Eine vorherige Reservierung ist erforderlich.

An- & Weiterreise

Von der Kathedrale sind es fünf Gehminuten in nordwestlicher Richtung zum Busbahnhof und zehn Gehminuten in nordöstlicher Richtung zum Bahnhof (beide liegen in der Neustadt).

BUS Zum **Busbahnhof** (Avenida de Filiberto Villalobos 71–85) gelangt man über die Calle Ramón y Cajal. Es bestehen stündliche Verbindungen nach Madrid (regulär/Express 14,80/21,90 €, 3/2½ Std.), außerdem starten regelmäßig Busse in andere Städte wie Ávila (6,76 €, 1½ Std., Mo–Fr 4-mal tgl., Sa & So 1–2-mal tgl.) und Segovia (10,96 €, 2¾ Std., 2-mal tgl.). Kleinere Orte werden seltener angesteuert. Nach La Alberca (5,10 €, ca. 1½ Std.) verkehrt täglich außer Sonntag ein Bus, der unterwegs in Dörfern der Sierra de Francia wie Mogarraz und San Martín del Castañar hält.

ZUG Täglich fahren bis zu acht Züge über Ávila (9,65 €, 1 Std.) zum Madrider Bahnhof Chamartín (19,10 €, 2½ Std.). Darüber hinaus gibt's häufige Verbindungen nach Valladolid (ab 8,25 €, 1½ Std.). Der Bahnhof liegt 600 m hinter der Plaza de España.

Unterwegs vor Ort

AUTO & MOTORRAD Parkhäuser (9–13 € für 12 Std.) findet man in der Altstadt, darunter eines in der Nähe des Paseo del Rector Esperabé.

BUS Die Linie 4 fährt am Busbahnhof vorbei und rund um die Altstadt bis zur Calle Gran Vía. Vom Bahnhof nimmt man am besten den Bus 1, der über die Calle de Azafranal das Zentrum ansteuert. In die umgekehrte Richtung kann man z. B. am Mercado Central einsteigen.

Rund um Salamanca

Alba de Tormes bietet sich als interessanter und einfacher Halbtagesausflug von Salamanca an. Einheimische und Touristen strömen von nah und fern hierher, um der heiligen Teresa die Ehre zu erweisen. Sie liegt im **Convento de las Carmelitas** begraben, den sie 1570 gegründet hat. In dem Ort steht auch der trutzige und weithin sichtbare **Torreón**, das einzige Überbleibsel der früheren Burg der Herzöge von Alba. Vom Busbahnhof in Salamanca fahren regelmäßig Busse (am Wochenende alle zwei Stunden) nach Alba de Tormes.

Ciudad Rodrigo

14 100 EW.

Unweit der portugiesischen Grenze und abseits der ausgetretenen Touristenpfade liegt das verschlafene Ciudad Rodrigo, einer der hübscheren Orte im westlichen Kastilien-León. Er ist ein gutes Ziel für einen einfachen Tagesausflug vom 80 km entfernten Salamanca aus. Wer länger bleibt und innerhalb der schützenden Mauern dieses Städtchens übernachtet, kann den mittelalterlichen Charme der Stadt um einiges besser genießen und hat die abschüssige Plaza Mayor ganz für sich allein, wenn sich die Touristenmassen erst einmal verzogen haben.

Die elegante **Kathedrale** (Plaza de San Salvador; Eintritt 3 €, So nachmittags frei; ⌚Di–Sa 11.45–14 & 16–19, So 12.45–14 & 16–18 Uhr), mit deren Bau 1165 begonnen wurde, thront über der ummauerten Altstadt. Als besonders sehenswert gelten die Puerta de las Cadenas, deren gotische Reliefs Figuren aus dem Alten Testament aufweisen, der elegante Pórtico del Perdón und im Inneren das mit sehr schönen Schnitzereien verzierte Chorgestühl aus Eichenholz.

Ebenfalls nicht verpassen sollte man die **Correos** (Post; Calle de Dámaso Ledesma 12) mit dem herrlichen *artesonado* (hölzerne Mudéjar-Decke) und die Galerie im ersten Stock des **ayuntamiento** (Rathaus), die einen tollen Blick auf die Plaza Mayor bietet. Lohnend ist auch der Besuch der **Iglesia de San Isidoro** wegen der Verschmelzung romanischer und Mudéjar-Elemente des 12. Jhs. mit späteren gotischen Modifikationen. Die Säulengänge im Kreuzgang warten mit 1994 entdeckten Reliefs einer römischen Königin, eines arabischen Königs und eines katholischen Bischofs aus dem 12. Jh. auf und der **Palacio de los Castro** (Plaza del Conde 3; ⌚Mo–Sa 9–19 Uhr) verfügt über eine der attraktivsten plateresken Fassaden des Ortes. Leider ist nur der Innenhof öffentlich zugänglich.

Auf der **Stadtmauer** bietet sich die Gelegenheit, 2,2 km um die Stadt herumzugehen und die wunderbare Aussicht auf die umliegenden Ebenen zu genießen.

Feste & Events

Carnaval FEST

Zum Karneval im Februar wird besonders ausgelassen gefeiert. Besucher können nicht nur alle möglichen Kostüme bestaunen, sondern auch beim farbenfrohen *encierro* (Stierrennen) und den *capeas* (Amateurstierkampf) zuschauen – oder sogar selbst mitmachen.

Schlafen

LP TIPP **Hotel Conde Rodrigo 1** HISTORISCHES HOTEL €€

(☎923 46 14 08; www.hotelesciudadrodrigo.com; Plaza de San Salvador 9; Zi. 70 €; P ⊜ ❄ ᯤ) Das Hotel ist in einem prächtigen Palast aus dem 16. Jh. untergebracht und bietet renovierte, in hellem Gelb gestrichene Zimmer mit dunklen Holzmöbeln, Parkettboden und burgunderroten sowie weißen Textilien. Für den Preis sind der große Flachbildfernseher, die Minibar und das gut ausgestattete Bad nicht selbstverständlich.

Parador Enrique II PARADOR €€

(☎923 46 01 50; www.parador.es; Plaza del Castillo 1; Zi. 100 €; P ❄ @ ᯤ) Gilt als erste Adresse in Ciudad Rodrigo. Das vornehme Kastell ist in die westliche Stadtmauer integriert und wurde 1931 in einen *parador* verwandelt – der drittälteste in Spanien. Es punktet mit einer tollen Aussicht, atmosphärischen Zimmern und einem hervorragenden Restaurant. Von den terrassierten Gärten blickt man auf den Rio Agueda.

Hospedería Audiencia Real HISTORISCHES HOTEL €€

(☎923 49 84 98; www.audienciareal.com, auf Spanisch; Plaza Mayor 17; DZ 80 €; ❄) Direkt an der Plaza Mayor liegt eine schöne *hospedería* (Gasthof) aus dem 16. Jh. Sie wurde ansprechend umgebaut und hat ihr spürbares historisches Flair bewahrt. Die Zimmer verfügen über schmiedeeiserne Möbel und freigelegtes Mauerwerk und einige haben einen Balkon zur Plaza hin.

Hostal Puerta del Sol KLEINES HOTEL €€

(☎923 46 06 71; www.puertadelsolhostal.com; Rúa del Sol 33; EZ/DZ 50/60 €) Die hellen und komfortablen Zimmer des attraktiven *hostal* warten mit modernen Kiefernmöbeln, sonnengelben Wänden und eleganten cremefarbenen Stoffen auf. Alle Bäder wurden aufwendig in natürlichen Farben marmoriert.

Essen & Ausgehen

Die beste Auswahl an Restaurants gibt's an der Plaza Mayor, in der Rúa del Sol und in den umliegenden Fußgängerstraßen.

Mayton TRADITIONELL KASTILISCH €€

(Calle Colada 9; menú del día 12 €, Mahlzeiten 25 €) Für einen Besuch des in einer alten steinernen Villa untergebrachten Mayton muss man weniger tief in die Tasche greifen, als man denken könnte. Das Restaurant bietet hochwertige traditionelle Gerichte wie die *embutidos*, eine herausragende regionale Spezialität, und *cordero* (Lamm) und besitzt einen bis zum Rand gefüllten Weinkeller.

El Sanatorio TRADITIONELLE BAR €

(Plaza Mayor 12; Tapas 1,10 €, raciones 4,50 €; ⌚11 Uhr–open end) Das Innere der 1937 eröffneten Bar gibt einen faszinierenden Einblick in die Sozialgeschichte der Stadt. Die Wände sind vom Boden bis zur Decke mit Schwarz-Weiß-Fotos bedeckt, die bis ins Jahr 1928 zurückreichen und vor allem dem Thema Karneval gewidmet sind, bei dem

NICHT VERSÄUMEN

DIE SACHE MIT DEM DRINGENDEN BEDÜRFNIS

Nachttöpfe, Toilettenstühle, Bettpfannen ... Das **Museo del Orinal** (Nachttopfmuseum; Plaza de Herrasti: Mo–Mi & Fr 11–14, Sa & So 11–14 & 16–19 Uhr; Eintritt 2 €;) liegt zwar gegenüber der Kathedrale, dennoch geht's hier um eine entschieden irdische Angelegenheit. Ciudad Rodrigo besitzt das einzige Museum in Spanien (und vielleicht sogar weltweit), das sich dem Thema Nachttopf widmet. Die Privatsammlung des früheren Einwohners José Maria del Arco umfasst unglaubliche 1300 Exponate aus 27 Ländern, darunter historische Stücke wie die im 12. Jh. genutzte islamische Version aus Cordoba. Sehenswert sind auch der wie ein BH geformte französische Nachttopf aus dem 19. Jh. und das auf Reisbooten benutzte chinesische Exemplar mit einer engen Öffnung. José Marias Frau stammt aus Wales, was die beträchtliche Anzahl britischer Nachttöpfe in der Sammlung erklärt. Es gibt z. B. schön bemalte viktorianische Keramiknachttöpfe und rustikalere mit hölzernem Sitz. Wen hier selbst ein dringendes Bedürfnis überkommt, der muss allerdings woanders hingehen, öffentliche Toiletten hat das Museo del Orinal nämlich nicht.

die Plaza früher als Stierkampfarena genutzt wurde. Am besten bestellt man ein Bier und betrachtet die Bilder ganz in Ruhe. Dazu kann man sich auch Tapas und *raciones* gönnen.

La Artesa TAPAS €

(Rúa del Sol 1; pinchos 1 €;) Wer hungrig ist und wenig ausgeben möchte, sollte die supergünstigen *pinchos* (kleine Scheiben Brot mit verschiedenem Belag für 1 €) bestellen. Man kann aus 20 Varianten von *pulpo a la vinagreta* (Tintenfisch in einer Vinaigrette) bis zu *patatas al roquefort* (Bratkartoffeln in einer Roquefort-Sauce) wählen. Die Portionen sind großzügig und der Hauswein (1 € pro Glas) schmeckt überraschend gut.

Praktische Informationen

Touristeninformation (923 49 84 00; www.aytociudadrodrigo.es; Plaza Mayor 27; Di–So 10–13.30 & 16–19 Uhr) Sehr hilfsbereite Angestellte und viele Broschüren.

An- & Weiterreise

BUS Vom **Busbahnhof** (Campo de Toledo) bestehen täglich bis zu zwölf Verbindungen (am Wochenende sind es weniger) nach Salamanca (6 €, 1½ Std.). Wer die Sierra de Francia zum Ziel hat, muss ebenfalls über Salamanca fahren.

Sierra de Francia

In einer abgelegenen Ecke des südwestlichen Kastilien-León erstreckt sich ein bis vor Kurzem gut gehütetes Geheimnis: die bewaldete Sierra de Francia mit hübschen Dörfern aus Stein und Holz. Ruhige Bergstraßen verbinden die Ortschaften, deren Erkundung einige Tage dauern kann und die scheinbar kaum von der Moderne berührt sind. Hier wurde die Architektur noch nicht wie bei einigen anderen ehemals idyllischen Flecken durch Erschließungsprojekte verschandelt.

Lange handelt es sich um eines der gottverlassensten Gebiete Spaniens. Bis zum Anfang des 20. Jhs. von der Malaria verseucht, hatte sich die Region auch 1932 noch nicht richtig erholt, als Luís Buñuel hier den Film *Las Hurdes – Terre Sans Pain* (Land ohne Brot) drehte. König Alfonso XIII. konnten die Bewohner bei seinem Besuch im Juni 1922 sogar nur Muttermilch anbieten! Von der abgrundtiefen Armut berührt oder auch in der Hoffnung, bei seinem nächsten Besuch kulinarisch besser versorgt zu werden, soll er daraufhin dafür gesorgt haben, dass die Leute ihre ersten Kühe bekamen.

La Alberca

1160 EW. / 1048 M

La Alberca ist eines der größten und am besten erhaltenen Dörfer der Sierra de Francia, ein historisches, harmonisches Gewirr enger Gassen mit wackeligen Häusern aus Stein, Holzbalken und Mörtel. Über den Türen sind die Jahreszahlen ihres Baus ins Holz geschnitzt (häufig um 1794). An zahlreichen Ständen werden lokale Produkte wie *jamón* und *turrón* (Nougat), aber auch Körbe und die unvermeidlichen kitschigen Souvenirs verkauft. Das Zentrum sieht aus wie aus dem Bilderbuch; samstagmorgens findet hier ein Markt statt. Wer mit dem oder der Liebsten in einem Heißluftballon über das Dorf schweben möchte, kann sich an **Las Batuecas** (☎923 42 31 07; Carretera Mogarraz; 312 € für 2 Pers.) wenden.

Schlafen & Essen

An den Wochenenden wird der Ort von spanischen Ausflüglern gestürmt, deshalb lohnt sich ein Übernachtungsbesuch eher unter der Woche. Dann erlebt man La Alberca von seiner besten Seite. Viele Restaurants und Hotels sind rund um die Plaza Mayor zu finden.

Hotel Doña Teresa MODERNES HOTEL €€
(☎923 41 53 08; www.hoteldeteresa.com, auf Spanisch; Carretera Mogarraz; EZ/DZ 60/90 €; P ❄ 📶) Ein paar Schritte von der Plaza Mayor stößt man auf ein Hotel, das den dörflichen Charme der alten Welt in seiner modernisierten Variante verkörpert. Die großen Zimmer mit ihren Holzbalken und angedeutetem Mauerwerk sind atmosphärisch und bieten zudem alle wichtigen Annehmlichkeiten. Darüber hinaus gibt's ein kleines Fitnesscenter mit Sauna und Türkischem Bad sowie ein Restaurant. Leider erfreut es sich bei spanischen Reisegruppen großer Beliebtheit.

Hostal La Alberca KLEINES HOTEL €
(☎923 41 51 16; www.hostallaalberca.com; Plaza Padre Arsenio; EZ/DZ/3BZ 29/35/49 €) Das charmante *hostal* ist in einem der stimmungsvollsten Fachwerkhäuser des Ortes untergebracht. Es wartet mit komfortablen renovierten Zimmern auf, deren kleine Balkone auf die Plaza hinausgehen, und verfügt außerdem über ein nettes Restaurant mit einer Bar.

El Sopotal TRADITIONELL KASTILISCH €
(Plaza Mayor 7; Mahlzeiten 15–20 €) In diesem zentral gelegenen Lokal bekommt man eine deftige *parrillada* (Grillteller) mit verschiedenen Fleischsorten sowie Kartoffeln und Paprika (24 € für 2 Pers.) .

An & Weiterreise

An Werktagen verkehren täglich zwei Busse zwischen La Alberca und Salamanca (5,10 €, ca. 30 Min.). Samstag und Sonntag gibt's je eine Verbindung.

Valle de las Batuecas

Die Fahrt in die Extremadura durch dieses verträumte Tal ist spektakulär. Gleich hinter La Alberca eröffnet sich ein weites Panorama niedriger Bergketten. Zunächst geht's auf der kurvigen Straße hinab ins Valle de las Batuecas und dann durch eine Landschaft, deren Schönheit schon von diversen Dichtern sowie dem Schriftsteller und Gelehrten Miguel de Unamuno gepriesen wurde. Am besten kommt man im Frühling hierher, wenn die Hügel mit purpurfarbenem Heidekraut und leuchtend gelbem Raps bedeckt sind.

Peña de Francia

Wer von La Alberca auf der C512 Richtung Norden fährt, kommt bald an die Abzweigung, die zur höchsten Erhebung der Ge-

DORFIDYLLE

Wer ein Auto hat, kann in die Atmosphäre friedlicher Dörfer wie **Mogarraz** östlich von La Alberca eintauchen. Der für seine *embutidos* (Wurstwaren) bekannte Ort wartet mit einigen der schönsten alten Häuser der ganzen Region auf. Ähnlich interessant ist das noch weiter östlich gelegene **Miranda del Castañar**. **San Martín del Castañar** bezaubert mit seinen Fachwerkhäusern, den vor Blumen überquellenden Balkonkästen, einem sprudelnden Bach und einer kleinen Stierkampfarena neben einer Burgruine (heute ein Friedhof).

In der Umgebung gibt's zwar nur wenige Hotels, aber man stößt in jedem Dorf auf ein paar *casas rurales* (ländliche Unterkünfte). Alternativ quartiert man sich in der wunderbaren **La Posada de San Martín** (☎923 43 70 36; laposadadesanmartin@gmail.com; Calle Largo 1; Zi. inkl. Frühstück 50 €; @) in San Martín del Castañar ein. Die Zimmer in dem Gebäude aus dem 14. Jh. sind mit viel warmem Holz und bäuerlichen Kacheln ausgestattet.

Karten des Gebiets und Auskünfte bekommt man in den Touristeninformationen in Salamanca und Ciudad Rodrigo.

NICHT VERSÄUMEN

BILDERBUCHDÖRFER

» **San Martín del Castañar** (siehe Kasten S. 142) Das schönste Dorf der Sierra de Francia.

» **Candelario** (siehe unten) Dieses Örtchen aus Stein und Holz erstreckt sich unterhalb der Sierra de Béjar

» **Pedraza de la Sierra** (S. 152) Über dem hübschen, von einer Stadtmauer umgebenen Dorf thront eine Burg.

» **Puebla de Sanabria** (S. 162) In dem mittelalterlichen Straßengeflecht fühlt man sich wie in einer längst vergangenen Zeit.

» **Castrillo de los Polvazares** (Kasten S. 175) Die rustikalen Steinhäuser sind typisch für den Nordwesten.

» **Covarrubias** (S. 182) Kastilien-Leóns wohl zauberhaftestes Dorf sollte man sich nicht entgehen lassen.

» **Santo Domingo de Silos** (S. 183) Ruhige Straßen, ein beeindruckender Kreuzgang und gregorianische Gesänge im Hinterland von Burgos.

» **Peñaranda de Duero** (S. 185) Ein Palast, Kirchen und eine Burgruine am Ufer des Río Duero.

» **Calatañazor** (S. 192) Das charmante, kopfsteingepflasterte Dorf liegt direkt neben der Autobahn und ist doch Welten davon entfernt.

» **Medinaceli** (S. 192) Dieser Ort hoch oben im östlichen Kastilien-León strahlt die wunderbare Atmosphäre der alten Welt aus.

gend, der Peña de Francia (1732 m) führt. Sie wird von einem Kloster gekrönt und ist über eine Straße zu erreichen, die bei Regen gefährlich sein kann. Hier bietet sich ein herrlicher Ausblick auf die Sierra de Gredos (Osten), die Extremadura (Süden) und Portugal (Westen).

Sierra de Béjar

Zwischen der Sierra de Francia und der Sierra de Gredos erstreckt sich die Sierra de Béjar, die mit noch mehr hübschen Dörfern und bis weit nach Ostern mit schneebedeckten Gipfeln aufwartet. Die Gegend eignet sich hervorragend für alle möglichen Outdoor-Aktivitäten.

Béjar bildet das Zentrum der Region. Die teilweise von einer Mauer umgebenen alten Viertel des Ortes reihen sich am Westende eines hohen Kamms aneinander. Westlich der Plaza Mayor stößt man auf den auffälligen **Palacio Ducal** aus dem 16. Jh. Wer hier übernachten möchte, quartiert sich am besten in der **Hospedaría Real de Béjar** (☎923 40 84 94; www.hospederiarealdebejar.com; Plaza de la Piedad 34; EZ/DZ 80/100 €; P ❄ WLAN) ein, die mit eleganten Zimmern und einem Restaurant (mittägliches *menú* 10 €) aufwartet. Parken kostet 10 €.

Gleich östlich der Berge führt die C500 nach **El Barco de Ávila**, das am Río Tormes liegt und von einer stolzen, aber zerfallenen Burg überragt wird.

5 km von Béjar entfernt schmiegt sich **Candelario** (1020 Ew.), das schönste Dorf in dieser Gegend, an einen steilen Berghang. Die aus Sandstein und Holz im Gebirgsstil gebauten Häuser stehen eng zusammen, um der harschen Witterung im Winter zu trotzen. Der beliebte Sommerferienort ist ein guter Ausgangspunkt für Wanderungen: **Tormes** (☎923 40 80 89; www.aventur.es; Calle Tormes 7, Béjar) bietet organisierte Trekkingtouren und andere Aktivitäten an.

Das friedliche **Hotel Cinco Castaños** (☎923 41 32 04; www.candelariohotel.com; Carretera de la Sierra; EZ/DZ 54/60 €, Stellplätze 19 €/Pers., 4-Pers.-Bungalow 90 €; P Pool Kinder) befindet sich in Gehweite zum Dorf. Es verfügt über freundliche, mit Kiefernmöbeln eingerichtete Zimmer, ein gutes Restaurant (*menú del día* 15 €) und einen Spielplatz. Außerdem können sich die Gäste dank der Lage in den Hügeln über eine grandiose Aussicht freuen.

Von Salamanca und anderen Städten wie Madrid und Plasencia bestehen sporadische Busverbindungen nach Béjar und Candelario.

DIE KASTILISCHE HOCHEBENE

In der scheinbar endlosen, beeindruckenden *meseta* (Hochebene) liegen Kastilien-Leóns schönste Städte: das zauberhafte Segovia, das energiegeladene Valladolid, Zamora mit seinen romanischen Bauwerken und Palencia mit der einmaligen Kathedrale.

Segovia

56 100 EW. / 1002 M

Die Unesco-Welterbestätte hatte schon immer etwas Mythisches an sich. Wahrscheinlich liegt das nicht zuletzt daran, dass Segovia von Herkules oder dem Sohn Noahs gegründet worden sein soll. Es kann seinen Grund natürlich auch darin haben, dass nirgendwo anders in Spanien ein römisches Bauwerk – der riesige Aquädukt – von solch einmaliger Erhabenheit mitten im Herzen einer pulsierenden, modernen Stadt überlebt hat. Oder vielleicht liegt es daran, dass Sehenswürdigkeiten der Stadt als Motiv in der Kunst aufgegriffen wurden: Angeblich hat Walt Disney sein Disneyland-Dornröschenschloss dem Alcázar nachempfunden. Was immer es genau sein mag: Segovia ist einfach wunderbar.

Geschichte

Segovia wurde von keltiberischen Stämmen gegründet, 80 v. Chr. von den Römern eingenommen und zu einer wichtigen Stadt im römischen Hispanien. Als sich das christliche Spanien vom anfänglichen Schock nach dem Einfall der Mauren erholte, war der Ort so etwas wie eine Grenzstadt, bis die Eindringlinge 1085 endgültig vertrieben wurden. Später diente er als bevorzugte Residenz des umherziehenden kastilischen Königshauses, zudem unterstützten die Einwohner Isabella, die 1474 in der Iglesia de San Miguel zur Königin ernannt wurde. Nachdem Segovia in der Guerra de las Comunidades (Comuneros-Aufstand) auf der Verliererseite gestanden hatte, verfiel es langsam in Bedeutungslosigkeit, bis es schließlich in den 1960er-Jahren vom Tourismus wiederentdeckt und die Altstadt sowie der Aquädukt 1985 in die Liste der Uno-Welterbestätten aufgenommen wurden. Seither zieht der Ort zahlreiche Besucher an.

Sehenswertes

Segovias Altstadt erstreckt sich auf einem Felshügel und findet im Westen mit den eindrucksvollen Türmen des Alcázars (maurische Burg) ihren Abschluss. Die autofreie Calle de Juan Bravo zwischen der Plaza Mayor und dem Aquädukt wird von den Einheimischen Calle Real genannt. Herz der Altstadt ist die schattige Plaza Mayor mit ihrer bunten Mischung aus Gebäuden, Arkaden und Cafés und einem offenen Pavillon in der Mitte. Fast alle Sehenswürdigkeiten liegen dicht im historischen Zentrum beieinander, sodass man sie bequem zu Fuß erreichen kann.

El Acueducto AQUÄDUKT

Der römische Aquädukt gilt als wichtigstes Wahrzeichen der Stadt und ist eine fantastische Meisterleistung der Ingenieurskunst von 894 m Länge, das wie ein riesiger in den Ort gesteckter Kamm aussieht. Es wurde von den Römern aus über 20 000 unebenen Granitblöcken und ohne einen einzigen Tropfen Mörtel gebaut, hat 163 Bögen und misst an seinem höchsten Punkt an der Plaza del Azoguejo ganze 28 m. Vermutlich wurde es 50 n. Chr. als Teil eines komplexen Systems von Aquädukten und unterirdischen Kanälen gebaut, durch die man einst Wasser aus den über 15 km entfernten Bergen geleitet hat. Angeblich führte es sogar

EIN WERK DES TEUFELS

Es zweifelt wohl niemand wirklich daran, dass die Römer den Aquädukt errichtet haben. Der Legende nach schwor jedoch vor 2000 Jahren ein junges Mädchen, seine Seele dem Teufel zu verschreiben, wenn es ab dem nächsten Tag nicht mehr mühsam am Brunnen Wasser holen müsse. Gesagt, getan. Der Teufel arbeitete die ganze Nacht hindurch, während das Mädchen seinen Schwur zurücknahm und Gott um Vergebung bat. Daraufhin ließ Gott die Sonne früher als gewöhnlich aufgehen, sodass dem fertigen Bauwerk nur noch ein einziger Stein fehlte. Damit war die Seele des Mädchens gerettet und zudem auch noch sein Wunsch erfüllt. Vielleicht brachte Gott es einfach nicht übers Herz, den Aquädukt niederzureißen.

DER BESTE BLICK AUF DIE STADT

Um ein besonders tolles Foto von Segovia zu schießen, sollte man einen Punkt ungefähr 2 km nördlich der Stadt in Richtung Cuéllar aufsuchen. Hier genießt man eine geradezu magische Aussicht wie in einem Film mit dem Aquädukt als Star.

bis zum Alcázar. Sein hervorragender Zustand ist einem großen Restaurierungsprojekt in den 1990er-Jahren zu verdanken. Leider wird der Aquädukt, ebenso wie einige andere Bauwerke, nur an den Wochenenden und zu Ostern abends angeleuchtet.

Alcázar BURG

(www.alcazardesegovia.com; Plaza de la Reina Victoria Eugenia; Erw./erm. 4/3 €, Turm 2 €, EU-Bürger an jedem 3. Di des Monats frei; ⌚10–19 Uhr; 👪) Rapunzeltürme, von schiefen Hexenhüten gekrönte Türmchen und ein tiefer Graben auf der Rückseite machen das Bauwerk zum Urtyp einer Märchenburg: Kein Wunder also, dass es Walt Disney zu seinem Dornröschenschloss inspiriert haben soll. Sein Name stammt vom arabischen Wort für Festung, *al-qasr*. Im 13. und 14. Jh. wurde der Alcázar um- und ausgebaut, aber 1862 durch ein Feuer vollständig zerstört. Was man heute sieht, ist eine fantasievolle Rekonstruktion.

Zu den Höhepunkten zählen die **Sala de las Piñas** mit ihrer Decke aus 392 ananasförmigen „Stalaktiten" und die **Sala de Reyes**: Ihr dreidimensionaler Fries enthält 52 Skulpturen von Königen, die in der Reconquista gekämpft haben. Der Ausblick von der Spitze des **Torre de Juan II** ist fantastisch, denn die Hügellage der Altstadt kommt hier erst richtig zur Geltung.

Iglesia de la Vera Cruz KIRCHE

(Carretera de Zamarramala; Eintritt 1,75 €; ⌚Di–So 10.30–13.30 & 16–19 Uhr, im Nov. geschl.) Dieses zwölfseitige Gebäude ist eine der interessantesten Kirchen Segovias und das besterhaltene seiner Art in ganz Europa. Es wurde im 13. Jh. nach dem Vorbild der Grabeskirche in Jerusalem von den Tempelrittern errichtet und bewahrte für lange Zeit ein Stück des Vera Cruz (Wahres Kreuz), das sich jetzt in der Kirche des nahe gelegenen Dorfes Zamarramala befindet und nur zu Ostern gezeigt wird. In der merkwürdigen zweistöckigen Kammer des runden Hauptschiffs tagten die Tempelritter und hielten vor der heiligen Reliquie Wache. Wer heute hinter dem Gebäude 1 km bergauf spaziert, wird mit fantastischen Ausblicken auf die Stadt und die Sierra de Guadarrama belohnt.

Plaza de San Martín BEDEUTENDER PLATZ

Ein kleines Stück von der Plaza Mayor entfernt liegt die hübsche kleine Plaza de San Martín mit einer Statue Juan Bravos und dem **Torreón de Lozoya** (Eintritt frei; ⌚Di–Fr 17–21; Sa–So 12–14 & 17–21 Uhr) aus dem 14. Jh., einstmals eine Waffenkammer und heute ein Schauplatz für Ausstellungen.

Museo de Arte Contemporáneo Esteban Vicente MUSEUM FÜR ZEITGENÖSSISCHE KUNST

(www.museoestebanvicente.es; Plazuela de las Bellas Artes; Erw./erm. 3/1,50 €, Do Eintritt frei; ⌚Di & Mi 10–14 & 16–19, Do & Fr 11–14 & 16–20, Sa 11–20, So 11–15 Uhr) Das Museum ist in einem beeindruckenden Palast Enriques IV. aus dem 15. Jh. untergebracht. 153 abstrakte Gemälde, Lithografien und Skulpturen des in Segovia geborenen Künstlers Esteban Vicente (1903–2000) bilden den Kern der Ausstellung. Der exzellente Maler des abstrakten Expressionismus verbrachte den größten Teil seines Lebens auf Long Island in den USA, verfügte aber in seinem Testament, dass alle von ihm gefertigten Kunstwerke in seine Heimatstadt gebracht werden sollten.

Casa-Museo de Antonio Machado LITERATURMUSEUM

(Calle de los Desamparados 5; Eintritt 1,50 €, Mi Eintritt frei; ⌚ Mi–So 11–14 & 16.30–19.30 Uhr) Auch dieses Museum erinnert an einen Sohn der Stadt: Antonio Machado, einer der bedeutendsten spanischen Dichter des 20. Jhs, lebte hier von 1919 bis 1932. Sein früheres Zuhause enthält noch immer viele seiner Möbel und persönlichen Sachen.

Catedral KATHEDRALE

(Plaza Mayor; Erw./erm. 3/2 €, So 9.30–13.15 Uhr Eintritt frei; ⌚9.30–18.30 Uhr) Nachdem der romanische Vorgängerbau beim Comuneros-Aufstand abgebrannt war, begann man 1525 mit der Errichtung der Kathedrale, die zu einem prächtigen Bauwerk der gotischen Architektur in Spanien wurde. Ihre Vollendung dauerte fast 200 Jahre. Der strenge dreischiffige Kirchenraum wartet mit einem beeindruckenden Chor und 20 Kapellen auf. Die **Capilla del Cristo del Consuelo** verfügt über ein großartiges

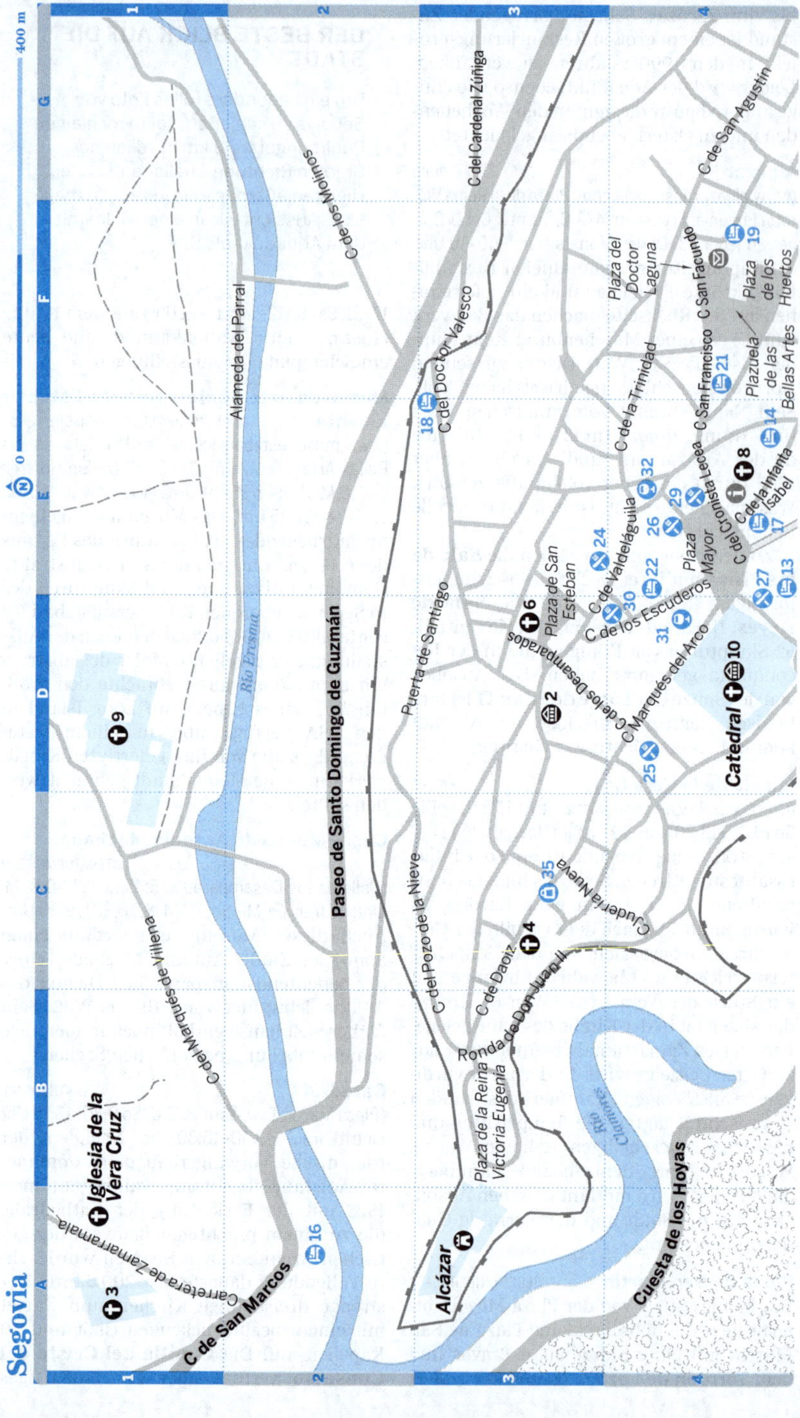
Segovia
0
400 m
C de San Marcos
Carretera de Zamarramala
Iglesia de la Vera Cruz
Alcázar
Cuesta de los Hoyas
Río Clamores
Plaza de la Reina Victoria Eugenia
Ronda de Don Juan II
C de Daoiz
C del Pozo de la Nieve
Paseo de Santo Domingo de Guzmán
Río Eresma
C del Marqués de Villena
Alameda del Parral
C de los Molinos
C del Cardenal Zúñiga
C del Doctor Velasco
Puerta de Santiago
Judería Nueva
C de los Desamparados
Plaza de San Esteban
C Marqués del Arco
C de los Escuderos
C de Valdeláguila
Plaza Mayor
C del Cronista Lecea
C de la Infanta Isabel
C de la Trinidad
C San Francisco
C San Facundo
Plaza del Doctor Laguna
Plaza de los Huertos
Plazuela de las Bellas Artes
C de San Agustín
Catedral

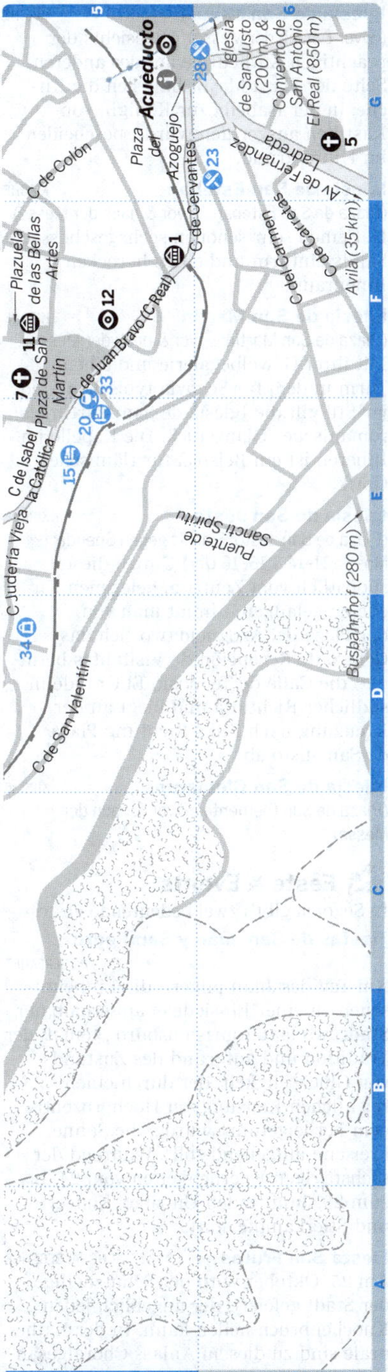

Segovia

Highlights

Acueducto G5
Alcázar A3
Catedral D4
Iglesia de la Vera Cruz A1

Sehenswertes

1 Casa de los Picos F5
2 Casa-Museo de Antonio Machado D3
3 Convento de los Carmelitas Descalzos A1
4 Iglesia de San Andrés C3
5 Iglesia de San Clemente G6
6 Iglesia de San Esteban D3
7 Iglesia de San Martín F5
8 Iglesia de San Miguel E4
9 Monasterio del Parral D1
10 Museo Catedralicio D4
11 Museo de Arte Contemporáneo Esteban Vicente F5
12 Torreón de Lozoya F5

Schlafen

13 Hospedería La Gran Casa Mudéjar E4
14 Hostal Fornos E4
15 Hostal Juan Bravo E5
16 Hotel Alcázar A2
17 Hotel Infanta Isabel E4
18 Hotel Los Linajes E3
19 Hotel Palacio San Facundo F4
20 Las Sirenas E5
21 Natura – La Hostería F4
22 Pensión Odeón E4

Essen

23 Casa Duque G6
24 Di Vino E3
25 La Almuzara D4
26 La Taurino E4
27 Limón y Menta E4
28 Mesón de Cándido G6
29 Mesón José María E4
Restaurante El Fogón Sefardí (siehe 13)
30 Zarzamora D4

Ausgehen

31 Buddha Bar D4
32 La Tasquina E4
33 Sala Joplin F5

Shoppen

34 Artesanía La Gárgola D5
35 Montón de Trigo Montón de Paja C3

romanisches Portal, das aus dem früheren Gebäude herübergerettet wurde, während die **Capilla de la Piedad** einen wichtigen Altar von Juan de Juni beherbergt. Äußerst sehenswert sind auch die **Capilla del Cristo Yacente** und die **Capilla del Santísimo Sacramento** sowie der gotische Kreuzgang. Das angeschlossenen **Museo Catedralicio** spricht vor allem Besucher an, die sich für Sakralkunst interessieren.

Convento de los Carmelitas Descalzos KLOSTER

(Carretera de Zamarramala; Eintritt gegen Spende; ⏲Mo 16–19 Uhr, Di–So 10–13.30 & 16–19, im Winter 1 Std. früher) Auf dem Klostergelände liegt San Juan de la Cruz begraben. Südlich des Gebäudes hat man eine tolle Aussicht zum Alcázar hinauf.

Monasterio del Parral KLOSTER

(Calle Del Marqués de Villena; Eintritt gegen Spende; ⏲ Mo–Sa 10–12.30 & 16.15–18.30, So 10–11.30 & 16.15–18.30 Uhr). Wer einen Teil des Kreuzgangs und der Kirche sehen möchte, muss am Portal klingeln. Sonntags um 12 Uhr und im Sommer täglich um 13 Uhr kommen Besucher der Kirche – ein stolzer Bau im gotischen Flamboyantstil – in den Genuss einer von den Mönchen gesungenen gregorianischen Messe.

Convento de San Antonio El Real KLOSTER

(abseits der Avenida de Padre Claret; Erw./Kind 3 €/frei, So 9.30–13.15 Uhr Eintritt frei; ⏲ Di–Sa 10–14 & 16–19, So 9.30–14 Uhr) 1,3 km südöstlich des Aquädukts stößt man auf die einstige Sommerresidenz Enriques IV. Die Kirche im gotischen und Mudéjar-Stil wartet mit einer grandiosen Decke auf.

Casa de los Picos VILLA

(Calle de Juan Bravo; ⏲Mo–Fr 12–14 & 19–21 Uhr) In der prächtigen Renaissancevilla mit Diamantquaderfassade ist mittlerweile eine Kunstgewerbeschule untergebracht, darüber hinaus finden hier kostenlose Ausstellungen zeitgenössischer Kunst statt.

Es gibt in Segovia einige sehenswerte romanische Kirchen:

Iglesia de San Millán KIRCHE

Ein schönes Beispiel für den romanischen Stil, der für diese Stadt typisch ist. Die vom Zahn der Zeit gezeichnete Kirche in der Nähe der Avenida de Fernández Ladreda verfügt über Säulengänge und einen Mudéjar-Glockenturm.

Iglesia de San Miguel KIRCHE

(⏲vor & nach der Messe) Angesichts der prächtigen Kathedrale auf der anderen Seite der Plaza Mayor hält sich die Kirche, in der Isabella zur Königin von Kastilien ausgerufen wurde, bescheiden im Hintergrund.

Iglesia de San Esteban KIRCHE

(Plaza de San Esteban; ⏲vor & nach der Messe) Hat einen sehr schönen sechsgeschossigen Sandsteinturm und einen barocken Innenraum.

Iglesia de San Martín KIRCHE

(Plaza de San Martín; ⏲vor & nach der Messe) Mit ihrer Gewölbegalerie und einem Turm in dem für Segovia typischen Mudéjar-Stil gilt die Iglesia de San Martín als romanisches Glanzstück. Die Kapelle im Inneren ist ein Beispiel für flämische Gotik.

Iglesia de San Justo KIRCHE

(Plaza de San Justo; Eintritt gegen Spende; ⏲ Mo–Sa 11–14 & 16–16 Uhr) Um zu dieser südöstlich vom Zentrum gelegenen Kirche zu gelangen, nimmt man von der Plaza del Azoguejo (wo sich das Centro de Recepción de Visitantes befindet) die Calle de Teodosio El Grande in südlicher Richtung und biegt an der Kreuzung nach links Richtung Plaza de San Justo ab.

Iglesia de San Clemente KIRCHE

(Plaza de San Clemente; ⏲vor & nach der Messe)

Feste & Events

In Segovia gibt's zwei bedeutende Feste.

Fiestas de San Juan y San Pedro PILGERFAHRT

Am Tag des Juan pilgern die Einheimischen zu einer Einsiedelei außerhalb der Stadt, wo laut Tourismusbüro „gemäß der Tradition und aufgrund des Zustands von Glückseligkeit, der durch einen reichlichen Konsum von Hochprozentigem herbeigeführt wurde, die Sonne kreisend aufgehend soll". Während der sechstägigen Feierlichkeiten vom 24. bis zum 29. Juni finden Umzüge, Konzerte und Stierkämpfe statt.

Fiesta San Frutos CHORALGESÄNGE

Am 25. Oktober wird der Schutzheilige der Stadt gefeiert, der angeblich jeden Knochenbruch heilen kann. In der Kathedrale sind zu diesem Anlass Choralgesänge zu hören.

Schlafen

Die Unterkünfte verbessern sich konstant, vor allem im Mittelklassebereich. Fast alle Hotels liegen in der Altstadt.

Hospedería La Gran Casa Mudéjar HISTORISCHES HOTEL €€
(☎921 46 62 50; www.lacasamudejar.com; Calle de Isabel La Católica 8; Zi. 90 €; ❄@📶) In manchen Zimmern der beiden wunderbar renovierten Hotelgebäude treffen echte Mudéjar-Decken aus dem 15. Jh. auf modernste Annehmlichkeiten. Im neueren Flügel aus dem 19. Jh. bieten die Zimmer der obersten Etage einen herrlichen Blick über die Dächer des alten jüdischen Viertels hinweg in die Berge. Sehr empfehlenswert.

Hotel Alcázar BOUTIQUE-HOTEL €€€
(☎921 43 85 68; www.alcazar-hotel.com; Calle de San Marcos 5; EZ/DZ inkl. Frühstück 135/163 €; ❄📶) Eine tolle Option für Gäste, die es klassisch-luxuriös und ruhig mögen. Die charmante kleine Unterkunft am Fluss in einem Tal unterhalb des Alcázars verfügt über schön eingerichtete Zimmer. Das Frühstück wird auf der Terrasse im hinteren Bereich serviert. Sehr gemütlich und elegant.

Las Sirenas KLASSISCHES HOTEL €€
(☎921 46 26 63; www.hotelsirenas.com; Calle de Juan Bravo 30; EZ/DZ 58/75 €; P❄📶) Mit den ursprünglichen Bodenfliesen, den kitschigen Polstersesseln, den Kronleuchtern und einer behäbigen Standuhr scheinen die öffentlichen Bereiche dieses Hotels aus den 1950er-Jahren aus einer längst vergangenen Welt zu stammen. Die moderneren Zimmer warten mit einer angenehmen Kombination aus hellen Farben und dunklen Möbeln auf. Parken kostet 15 €.

Hostal Fornos KLEINES HOTEL €
(☎921 46 01 98; www.hostalfornos.com, auf Spanisch; Calle de la Infanta Isabel 13; EZ/DZ 41/55 €; ❄) Das saubere *hostal* bietet etwas mehr Komfort als andere Bleiben in dieser Preisklasse und punktet mit einer freundlichen Atmosphäre. In den unterschiedlich großen Zimmern gibt's weiße Bettwäsche und Korbmöbel. Das Preis-Leistungs-Verhältnis ist unschlagbar.

Natura – La Hostería KLEINES HOTEL €
(☎921 46 67 10; www.naturadesegovia.com, auf Spanisch; Calle de Colón 5–7; Zi. 60 €; ❄📶) Ein paar Straßen von der Plaza Mayor entfernt stößt man auf das ausgefallene Natura, dessen Besitzer ganz offensichtlich ein Fan von Dalí ist. Mit ihren klotzigen Holzmöbeln und herrlich leuchtenden Farben kommen die Zimmer ausgesprochen charaktervoll daher.

Hotel Palacio San Facundo HISTORISCHES HOTEL €€
(☎921 46 30 61; www.hotelpalaciosanfacundo.com; Plaza San Facundo 4; EZ/DZ 82/102 €; ❄@📶) Segovias Hotels sind sehr geübt darin, stilvoll eingerichtete moderne Zimmer mit jahrhundertealter Architektur in Einklang zu bringen – und diese Unterkunft ist eine der erfolgreichsten. Sie verfügt über einen schönen von Säulen gerahmten Innenhof, warme Farben, einen freundlichen Service und eine zentrale Lage.

Hostal Juan Bravo BUDGETHOTEL €
(☎921 46 34 13; Calle de Juan Bravo 12; DZ mit Waschbecken/Bad 35/43 €) Das *hostal* überzeugt mit einem tollen Preis-Leistungs-Verhältnis. Die hübschen Zimmer sind mit Bettüberwürfen aus Chenille und fröhlichen Kunstdrucken ausgestattet. Von einigen der hinteren Räume genießt man eine fantastische Aussicht auf die Sierra de Guadarrama. Der Besitzer ist freundlich und die Lage hervorragend.

Hotel Infanta Isabel HISTORISCHES HOTEL €€
(☎921 46 13 00; www.hotelinfantaisabel.com; Plaza Mayor 12; EZ/DZ 85/95 €; P❄📶) In vielen der geräumigen Zimmer stehen antike Möbel. Parken kostet 13 €.

Pension Odeón BUDGETHOTEL €€
(☎664 886644; www.pensionodeon.com; Calle de los Escuderos 10; EZ/DZ 30/39 €) Im Erd-geschoss dieses alten Gebäudes befinden sich geschmackvoll möblierte und in kräftigen Farben gestrichene wunderbare Zimmer.

Hotel Los Linajes HISTORISCHES HOTEL €€
(☎921 46 04 75; www.hotelloslinajes.com; Calle del Doctor Valesco 9; EZ/DZ 86/117 €; ❄📶) Von den wunderbaren großen Zimmer hat man einen tollen Blick auf die Hügel und teilweise auch auf die Kathedrale und/oder den Alcázar.

Essen

Die Einheimischen verbindet eine fast schon obsessive Liebe zu Schweinefleisch. Nahezu jedes Restaurant verfügt über einen *horno de asar* (Grillofen) und serviert die hiesige Spezialität *cochinillo asado* (Spanferkel). Oft stehen auch *judiones de la granja* (Butterbohnen mit Schweinefleisch) auf der Karte. Eine gute Auswahl an Lokalen findet man an der Plaza de San Martín und der Plaza Mayor sowie in den kleinen Gassen dazwischen und rings um die beiden Plätze. Dazu gehört auch die Calle Infanta Isabel mit etwas preiswerteren Läden.

LP TIPP **Restaurante El Fogón Sefardí** SEPHARDISCH €€
(☎921 46 62 50; www.lacasamudejar.com; Calle de Isabel La Católica 8; Mahlzeiten 30–40 €; 👪) Eines der originellsten Lokale der Stadt. Das Restaurante El Fogón Sefardí ist in der Hospedería La Gran Casa Mudéjar untergebracht und bietet sephardische Gerichte an, die entweder im kleinen Patio oder im prächtigen Speisesaal mit originalen Mudéjar-Verzierungen aus dem 15. Jh. serviert werden. In der Bar gibt's Köstlichkeiten aus allen Kontinenten, darunter beispielsweise afrikanischen Couscous und argentinisches Steak. Reservierung empfohlen.

Di Vino MODERN & GEHOBEN €€
(☎921 46 16 50; www.restaurantedivino.com; Calle Valdeláguila 7; Mahlzeiten 25 €; ⌚Mi–Mo Mittag- & Abendessen; 👪) In flotter, moderner Atmosphäre kommen Gerichte auf den Tisch, die Traditionelles wie *pierna de cabrito al horno* (gebratene Lammkeule) mit innovativen Ideen kombinieren, darunter Speisen wie *bacalau bloody mary* (Bloody Mary mit Kabeljau) oder Risotto mit Artischocken und Garnelen. Das Di Vino ist stolz auf seine umfangreiche Weinkarte. Reservierung empfohlen.

Casa Duque GRILLFLEISCH €€
(☎921 46 24 87; www.restauranteduque.es; Calle de Cervantes 12; menús del día 21–40 €, Mahlzeiten 25–35 €) *Cochinillo asado* gehört hier bereits seit den 1890er-Jahren zum Angebot. Neulinge sollten mit dem *menú segoviano* (31 €) starten oder das *menú gastronómico* (40 €) bestellen. In der zwanglosen *cueva* (Höhle) im Untergeschoss gibt's Tapas und reichhaltige *cazuelas* (Eintöpfe). Reservierung empfohlen.

Mesón de Cándido GRILLFLEISCH €€
(☎921 42 81 03; www.mesondecandido.es; Plaza del Azoguejo 5; Mahlzeiten 30–40 €; 👪) Das Restaurant ist in einem herrlichen Gebäude aus dem 18. Jh. untergebracht und liegt im Schatten des Aquädukts. Dank des wunderbar zubereiteten Spanferkels und des leckeren Wildschweingerichts mit Apfel ist es in ganz Spanien bekannt. Reservierung empfohlen.

La Almuzara MODERN & LEICHT €
(Calle Marqués del Arco 3; Mahlzeiten 15 €; ⌚Di–Sa, So nur Abendessen; 🚭🥗) Vegetarier müssen sich in dieser fleischfanatischen Stadt nicht als Aussätzige fühlen, denn im Amuzara kommen sie in den Genuss zahlreicher toller Gerichte, darunter Pasta und Salate. Die Atmosphäre ist herzlich und künst-lerisch angehaucht.

Mesón José María GRILLFLEISCH €€
(www.rtejosemaria.com, auf Spanisch; Calle del Cronista Lecea 11; Mahlzeiten 30–40 €) In der Bar gibt's leckere Tapas, während in den fünf Speisesälen hervorragendes *cochinillo* und andere lokale Spezialitäten kredenzt werden.

La Taurina GRILLFLEISCH €€
(Plaza Mayor 8; Mahlzeiten 20 €; 👪) Seit 1939 steht im Taurina herzhaftes traditionelles Essen auf der Karte. Der Stierkopf an der Wand verrät, wie viel Wert hier auf Fleisch gelegt wird.

Zarzamora HAUSMANNSKOST €
(Calle de Valdeláguila; Mahlzeiten 10–15 €; ⌚Di–So 6–24 Uhr) Gesunde Nudel- und Fleischgerichte, Obstkuchen und Hausmannskost – fast wie in der eigenen gemütlichen Küche.

Ausgehen & Unterhaltung

Bei gutem Wetter kann man auf der Plaza Mayor wunderbar andere Leute beobachten. Die Calle de la Infanta Isabel ist eine jener spanischen Straßen, die man schon lange hört, bevor man sie sieht. Einheimi-

NICHT VERSÄUMEN

SÜSSE LECKERBISSEN

Wer zu denen gehört, die immer gleich das Marzipan von der Torte naschen, der wird Segovias *ponche segoviano* (wörtlich: Segovia-Punsch) lieben: Dabei handelt es sich nicht um ein Getränk, sondern um eine reichhaltige Biskuittorte mit Zitronengeschmack und Marzipanglasur, die mit charakteristischen Mustern aus Puderzucker verziert ist. Besonders leckeren *ponche* gibt's in der Patisserie **Limón y Menta** (Calle de Isabel La Católica 2; ⌚8–23 Uhr) bei der Plaza Mayor.

sche nennen sie „Calle de los Bares“ (Straße der Bars). Unterhaltung bietet auch die nahe gelegene Calle de los Escuderos mit ihren zahlreichen Kneipen und Clubs.

La Tasquina WEINBAR
(Calle de Valdeláguila 3; ⌚21 Uhr–open end) Weil die Bar eine Menge Gäste anzieht, stellen sich viele Besucher einfach auf die Straße und genießen dort den einen oder anderen edlen Tropfen, *cava* (Schaumwein) und Käse.

Sala Joplin LIVEMUSIK
(Calle de Juan Bravo 11; ⌚ Do–Sa 10.30 Uhr–open end) Einer der wenigen Orte der Stadt, an dem regelmäßig Livebands auftreten.

Buddha Bar CLUB
(Calle de los Escuderos 3; ⌚21 Uhr–open end) Hier wird Lounge-Musik gespielt, die sich im Laufe der Nacht in Richtung House verändern kann.

Shoppen

Artesanía La Gárgola KUNSTHANDWERK
(www.gargolart.com, auf Spanisch; Calle Judería Vieja 4) Viele Geschäfte in Segovia sind interssant, doch dieser Laden ist wirklich ungewöhnlich. Hier bekommt man hochwertige Handarbeiten sowie Souvenirs aus Keramik, Holz und Textilien.

Montón de Trigo Montón de Paja SOUVENIRS
(www.montondetrigomontondepaja.com; Plaza de la Merced 1) Kreative Geschenke wie handgefertigte Handtaschen, Blockdrucke von Segovia und Produkte, die in der Gegend hergestellt wurden.

Praktische Informationen

Centro de Recepción de Visitantes (Touristeninformation; ☎921 46 67 20; www.turismodesegovia.com; Plaza del Azoguejo 1; ⌚So–Fr 10–19, Sa 10–20 Uhr). Stadtführungen finden täglich um 11.15 Uhr statt (12 € pro Pers.; 2¼ Std.), wenn mindestens vier Personen teilnehmen.

InternetCaf (Calle de Teodosio El Grande 10; 2 € pro Std.; ⌚Mo–Fr 9–13.30 & 15–19 Uhr, Sa 12–16 Uhr) Internetzugang.

Regionale Touristeninformation (☎921 46 03 34; www.segoviaturismo.es; Plaza Mayor 10; ⌚So–Do 9–20, Fr & Sa 9–21 Uhr)

An- & Weiterreise

AUTO & MOTORRAD Von den beiden Hauptstrecken hinunter zur AP6, die Madrid mit Galicien verbindet, ist die N603 die schönere Route. Alternativ nimmt man die N110 Richtung Südwesten nach Ávila bzw. Richtung Nordosten zur Autobahn Madrid–Burgos. Die dem historischen Zentrum nächstgelegene Tiefgarage befindet sich an der Plaza de la Artillería in der Nähe des Aquädukts.

BUS Der Busbahnhof liegt gleich beim Paseo de Ezequiel González, unweit der Avenida de Fernández Ladreda. Busse fahren im Halbstundentakt von Segovia zur Haltestelle Paseo de la Florida in Madrid (6,70 €, 1½ Std.). Außerdem gibt's Verbindungen nach Ávila (5,45 €, 1¼ Std., 5-mal tgl.) und Salamanca (10,96 €, 2¾ Std., 2-mal tgl.). Valladolid (8,05 €, 2¾ Std.) wird etwa alle 60 Minuten angesteuert, sonntags fahren allerdings nur sechs Busse.

ZUG Jeden Tag verkehren bis zu neun Züge von Madrid nach Segovia (einfache Fahrt 6,50 €, 2 Std.). Sie halten 2,5 km vom Aquädukt entfernt am Hauptbahnhof. Mit dem Hochgeschwindigkeitszug AVE (einfache Fahrt 9,90 €, 35 Min.), der den neueren Bahnhof Segovia-Guiomar 5 km vom Aquädukt ansteuert, kommt man um einiges schneller voran.

SEGOVIA MIT DEM FAHRRAD

Segovia lässt sich hervorragend mit dem Fahrrad erkunden. Dank **Segovia de bicio** (http://segovia.onroll.info/) gibt's an acht Standorten im Zentrum Leih- bzw. Abgabestationen für Räder. Pro Tag werden 3 € und pro Woche sogar nur 6 € verlangt. Dafür muss man sich lediglich bei der Touristeninformation anmelden und einen Ausweis vorzeigen – und schon kann man durch eine der fahrradfreundlichsten Städte Spaniens kurven.

Unterwegs vor Ort

BUS Die Linie 9 (1 €, alle 30 Min., 10–13 & 16.30–19 Uhr) startet hinter dem Aquädukt und macht einen großen Bogen durch die Altstadt. Bus 8 (1 €, alle 15 Min., 6.45–21.45 Uhr) fährt vom Bahnhof Segovia-Guiomar zum Aquädukt und zurück.

Rund um Segovia

LA GRANJA DE SAN ILDEFONSO

Schon auf den ersten Blick wird klar, warum Bourbonenkönig Felipe V. diesen Ort aussuchte, um seine Miniversion von Versailles, dem Palast seines französischen Großvaters Louis XIV., errichten zu lassen. 1720 begannen französische Architekten und Gärtner mit italienischer Unterstützung die kunstvollen barocken **Gärten** (Eintritt frei; ⌚10–20 Uhr;) 12 km südöstlich von Segovia in den Ausläufern der Sierra de Guadamarra anzulegen. Besonders berühmt ist La Granja für seine 28 extravaganten Brunnen, die alte Mythen wie *Apollo und Diana* abbilden. Ein Labyrinth darf natürlich ebenso wenig fehlen. Am besten kommt man mittwochs, samstags oder sonntags um 17.30 Uhr, denn dann sind die Brunnen in Betrieb (Erw./Kind 3,40/1,70 €).

Der etwa 300 Räume umfassende **Palacio Real** (www.patrimonionacional.es; Erw./Kind 5/2,50 €) mit dem farbenprächtigen **Museo de Tapices** (Teppichmuseum) war einst die bevorzugte Sommerresidenz der spanischen Könige. Er wurde nach einem Feuer 1918 restauriert und ist sehr beeindruckend, nimmt aber hinter La Granja nur den zweiten Platz ein.

Bis zu zwölf Busse täglich fahren vom Hauptbusbahnhof in Segovia nach La Granja (1,35 €, 20 Min.).

PEDRAZA DE LA SIERRA

120 EW.

In dem faszinierenden ummauerten Dorf 37 km nordöstlich von Segovia geht's unter der Woche sehr ruhig zu. Die beträchtliche Zahl an Restaurants, Kneipen und unterschiedlichen Geschäften erwacht erst durch die Schwärme von Wochenendbesuchern zum Leben. Am oberen Ende des Orts erhebt sich das einsame **Castillo de Pedraza** (Eintritt 5 €; ⌚11–14 & 17–20 Uhr), dessen Außenmauer ungewöhnlich gut erhalten ist. Sehenswert ist auch die im 14. Jh. errichtete Plaza Mayor mit ihren alten Säulenarkaden. Ein wunderbares ländliches Shoppingerlebnis bietet **De Natura** (www.casayjardin.es/denatura.htm, auf Spanisch; Calle Calzada 8), eine dreistöckige Scheune voller hochwertiger kastilischer Kleinigkeiten, darunter auch Möbel sowie traditionelles Ton- und Porzellangeschirr.

Am ersten und zweiten Samstag im Monat finden in Pedraza die stimmungsvollen **Conciertos de las Velas** statt. Dann wird der Strom abgeschaltet und es treten Livebands auf. Nun wird das Dorf nur von Kerzen beleuchtet.

Die hervorragende **Hospedería de Santo Domingo** (921 50 99 71; www.hospederiadesantodomingo.com; Calle Matadero 3; EZ/DZ 95/114 €;) hat tolle Zimmer in warmen Ocker- und Erdfarben. Viele davon verfügen über eine große Terrasse mit Ausblick auf niedrige Hügel, die kreuz und quer von Trockenmauern durchzogen sind. Das nahe gelegene **El Hotel de la Villa** (921 50 86 53; www.elhoteldelavilla.com; Calle Calzada 5; EZ/DZ 90/120 €;) ist ähnlich stilvoll.

Busse bedienen Pedraza allenfalls sporadisch.

TURÉGANO

1160 EW.

Turégano liegt etwa 30 km nördlich von Segovia und wartet mit einer einzigartigen **Kirchenfestung** aus dem 15. Jh. auf, die von Segovias Erzbischof Juan Arias Dávila in Auftrag gegeben wurde. Die einerseits kitschigen, andererseits respekteinflößenden Burgmauern mit ihren massiven Wällen und runden Türmchen erstrecken sich rund um die Iglesia de San Miguel. Kaputte Teile der Mauer findet man nahezu überall in der umliegenden Landschaft.

COCA

2100 EW.

Dieses typische staubige, in sich selbst gekehrte kastilische Dorf 50 km nordwestlich von Segovia wird von einer beeindruckenden Backsteinburg (Führungen 2,70€; ⌚Führungen 10.30–13 & 16.30–19 Uhr) überragt, die eine virtuose Mischung aus gotischer und Mudéjar-Architektur darstellt. Die Festung entstand 1453 im Auftrag von der mächtigen Familie Fonseca und ist von einem tiefen Wassergraben umgeben. Heute dient zwar ein Teil des Gebäudes als Forstwirtschaftsschule, trotzdem kann man es im Rahmen einer Führung besichtigen. Rundgänge starten immer dann, sobald genug Teilnehmer zusammengekommen sind. Im Winter schließt die Burg eine Stunde früher. Zwischen Coca und Segovia pendeln täglich bis zu fünf Busse (3,45 €, 1 Std.).

Valladolid

316 600 EW.

Die aufstrebende Stadt ist per Flugzeug sowie mit dem Schnellzug von Madrid aus zu erreichen und eignet sich wunderbar als Ausgangspunkt für Reisen nach Nordspanien. Sie verströmt typisch spanisches Flair und verfügt über ein paar erstklassige Baudenkmäler, eine schöne Plaza Mayor und hervorragende Museen. Spätabends lebt Valladolid richtig auf, denn dann drängeln sich die vielen Studenten in die übervollen lauten Kneipen.

Sehenswertes

Museo Nacional de Escultura SKULPTURENMUSEUM

(www.mne.es; Calle de San Gregorio 2; Erw./erm. 3/1,50 €, Sa nachmittags & So frei; ⌚Di–Sa 10–14 & 16–21, So 10–14 Uhr) Spaniens wichtigstes Museum für polychrome Holzskulpturen befindet sich im ehemaligen Colegio de San Gregorio (1496), einem extravaganten Beispiel isabellinischer gotischer Architektur. Die Ausstellungsräume liegen rings um einen prächtigen, von Galerien gesäumten zweistöckigen Innenhof.

Als Highlights gelten die Werke von Alonso de Berruguete, Juan de Juní und Gregorio Fernández, darunter vor allem einige Fragmente von Berruguetes Hochaltar für die Iglesia de San Benito in Valladolid. Unten sieht man einen kleinen Flügel, der Fernández zugeordnet wird. Die melodramatische Intensität des Künstlers spiegelt sich besonders eindrücklich in der schmerzhaft lebensechten Skulptur des toten Christus wider.

Plaza de San Pablo HISTORISCHER PLATZ

Dieser offene Platz ganz in der Nähe des Museo Nacional de Escultura wird von der schönen **Iglesia de San Pablo** dominiert, deren Hauptfassade ein extravagantes Meisterwerk isabellinischer Gotik darstellt: Jeder Quadratmeter wurde bis ins kleinste Detail bildhauerisch gestaltet. Am Platz liegt außerdem der **Palacio de Pimentel**, in dem am 12. Juli 1527 Felipe II. das Licht der Welt erblickte. In der Eingangshalle ist ein gefliestes Wandgemälde mit Szenen aus dem Leben des Königs zu sehen. Manchmal finden hier auch Ausstellungen statt.

Museo Patio Herreriano KUNSTMUSEUM

(www.museopatioherreriano.org, auf Spanisch; Calle de Jorge Guillén 6; Erw./erm. 3/2 €, Mi 1 €; ⌚Di–Fr 11–20, Sa 10–20, So 10–15 Uhr) Das Museum widmet sich der spanischen Kunst nach dem Ersten Weltkrieg und zeigt in den Kreuzgängen eines ehemaligen Klosters Arbeiten von Salvador Dalí, Joan Miró, dem baskischen Bildhauer Eduardo Chillida, Jorge Oteiza, Antoni Tápies sowie Esteban Vicente.

Casa-Museo de Colón HISTORISCHES MUSEUM

(Calle de Colón; Erw./Kind 2 €/frei, Mi 1 €; ⌚Di–So 10–14 & 17–20.30 Uhr; 👪) Ein hervorragendes Museum, das sich über vier Etagen erstreckt und mit interaktiven Ausstellungen aufwartet. Wunderbare alte Karten nehmen Besucher mit auf Christoph Kolumbus' (auf Spanisch: Cristóbal Colón) Reise nach Amerika. In der oberen Etage wird gezeigt, wie Valladolid zur Zeit des großen Entdeckers aussah, der hier 1506 starb. Leider gibt's nur spanischsprachige Beschriftungen.

Catedral KATHEDRALE

(Calle de Arribas 1; Museum Eintritt 2,50 €; ⌚Di–Fr 10–13.30 & 16.30–19, Sa & So 10–14 Uhr). Valladolids im 16. Jh. erbaute Kathedrale ist zwar nicht die schönste Kastiliens, aber dafür wartet sie mit einem kunstvollen Hochaltar von Juní und einer Prozessionsmonstranz im angeschlossenen **Museo Diocesano y Catedralicio** auf. Viele finden die **Ruinen** der alten Stiftskirche aus dem 13. Jh. an der Nordostseite interessanter. Auf ihrem Fundament wurde die neue Kathedrale errichtet.

Casa de Cervantes CERVANTES' HAUS

(Calle del Rastro; Erw./Kind 3 €/frei, So frei; ⌚Di–Sa 9.30–15, So 10–15 Uhr) Cervantes war für kurze Zeit in Valladolid inhaftiert. Glücklicherweise blieb sein Haus mit dem friedlichen kleinen Garten erhalten.

GRATIS **Colegio de Santa Cruz** HISTORISCHES GEBÄUDE

(Calle Cardenal Mendoza; ⌚unregelmäßig) Hier gibt's einen Innenhof mit Kolonnaden und eine Kapelle mit der realistischen Skulptur *Cristo de la Luz*. Das Colegio liegt gleich östlich der Plaza de Santa Cruz.

Iglesia de Santa María la Antigua KIRCHE

(Calle Antigua 1; ⌚vor & nach der Messe) Eine beeindruckende gotische Kirche aus dem 14. Jh. mit einem eleganten romanischen Turm.

Schlafen

Weil in Valladolids Hotels unter der Woche mehr Geschäftsleute als Touristen übernachten, senken viele Häuser ihre Preise von Freitag bis Sonntag.

Hostal París BOUTIQUE-HOTEL €€

(☎983 37 06 25; www.hostalparis.com; Calle de la Especería 2; EZ/DZ 51/69 €; ❄📶) Die Zimmer dieses Hotels bieten mit ihren hellen Pastellfarben, auffälligen Kunsttafeln, großen Schreibtischen und Flachbildfernsehern eine gelungene Kombination aus Komfort und Service für Geschäftsleute. Parkplätze findet man ganz in der Nähe an der Plaza Mayor.

Valladolid

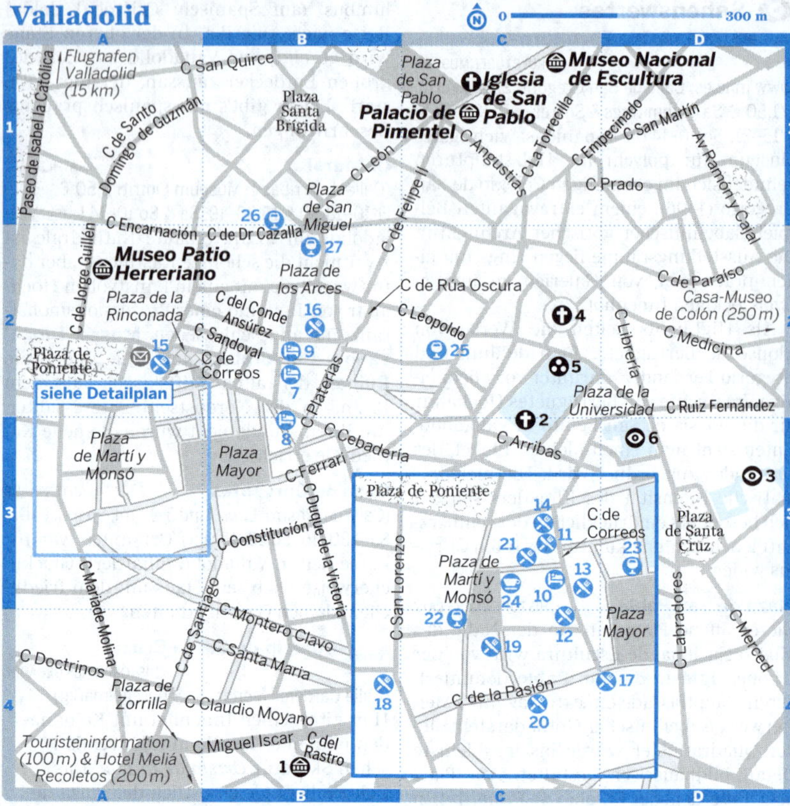

Hotel Meliá Recoletos KLASSISCHES HOTEL €€
(☎983 21 62 00; www.solmelia.com; Acera de Recoletos 13; EZ/DZ 75/100 €; P ❄ @ ☎) Dieses exzellente Vier-Sterne-Hotel verströmt einen Hauch von Luxus, der es von den anderen Unterkünften dieser Preisklasse absetzt. Es gehört zu einer Kette, bietet aber die Intimität eines Boutique-Hotels, geräumige, luxuriöse Zimmer und einen tadellosen Service. Da vor allem Geschäftsreisende zu den Kunden zählen, fallen die Preise zwischen Freitag und Sonntag beträchtlich. Ein Parkplatz kostet 14 €.

Hostal Del Val BUDGETHOTEL €
(☎983 37 57 52; Plaza del Val 6; EZ/DZ mit Waschbecken 18/33 €, mit Bad 33/42 €) Weil es in dem alten Gebäude keinen Fahrstuhl gibt, sollten Gäste mit schwerem Gepäck auf ein weiter unten gelegenes Zimmer bestehen. Die kleinen, komfortablen Räume sind rosa gestrichen und haben traditionelle verglaste Terrassen mit Blick auf einen ruhigen Platz. Der Besitzer betreibt in der Nähe ein weiteres *hostal* mit ähnlichen Preisen.

Hotel El Nogal MODERNES HOTEL €€
(☎983 34 03 33; www.hotelelnogal.com, auf Spanisch; Calle del Conde Ansúrez 10–12; EZ/DZ 50/72 €; P ❄) Dank ihrer Renovierung warten die Zimmer nun mit polierten Böden, leuchtend roten Vorhängen und modernen Bädern auf (die meisten mit Duschen mit Hydromassage). Alle gehen entweder auf eine Plaza oder eine ruhige Straße raus. Parken kostet 11 €.

Hotel Imperial KLASSISCHES HOTEL €€
(☎983 33 03 00; www.himperial.com, auf Spanisch; Calle Peso 4; EZ/DZ 60/70 €; ❄ ☎) Die öffentlichen Bereiche dieses soliden, komfortablen Hotels wirken warm und altmodisch, während die Zimmer moderner daherkommen. Sie sind mit Teppich ausgelegt, in Creme- und Gelbtönen gestrichen und mit geräumigen Bädern ausgestattet.

Valladolid

Highlights

Iglesia de San Pablo	C1
Museo Nacional de Escultura	C1
Museo Patio Herreriano	A2
Palacio de Pimentel	C1

Sehenswertes

1	Casa de Cervantes	B4
2	Catedral	C3
3	Colegio de Santa Cruz	D3
4	Iglesia de Santa María la Antigua	C2
	Museo Diocesano y Catedralicio	(siehe 2)
5	Ruinen der Stiftskirche	C2
6	Universidad	D3

Schlafen

7	Hostal Del Val	B2
8	Hostal París	B3
9	Hotel El Nogal	B2
10	Hotel Imperial	C3

Essen

11	Bar Zamora	C3
12	El Caballo de Troya	C4
13	El Corcho	C3
14	Herbe	C3
15	Jero	A2
16	La Jamónería	B2
17	La Mejillonera	D4
18	La Parrilla de San Lorenzo	B4
19	La Tasquita II	C4
20	Los Zagales de Abadía	C4
21	Vinotinto	C3
	Vinotinto Joven	(siehe 24)

Ausgehen

22	Be Bop	C4
23	Café Continental	D3
24	Cafe de la Comedia	C3
25	El Minuto	C2
26	El Soportal	B1
27	Harlem Music Club	B2

Essen

Westlich der Plaza Mayor, vor allem rund um die Plaza Martí y Monsó, bekommt man hervorragende Tapas, aus denen man leicht eine ganze Mahlzeit machen kann. Viele dieser Bars haben auch förmlichere *comedores* (Speisesäle), außerdem gibt's in der Gegend zahlreiche Restaurants.

LP TIPP El Caballo de Troya

REGIONALE GERICHTE €€

(☎983 33 93 55; Calle de Correos 1; Mahlzeiten 30–45 €; ⌚Mo–Sa) Das „Trojanische Pferd" ist ein hübsches Lokal mit einem fantastischen Innenhof im Renaissancestil. In der *taberna* (Schenke) werden hervorragende *raciones* angeboten; am besten entscheidet man sich für die abwechslungsreiche *bandeja surtidas* (Probierplatte). Die Auswahl im Restaurant mit seinem klassischen Speiseraum kann sich ebenfalls sehen lassen. Reservierung empfohlen.

Herbe

REGIONALE GERICHTE €

(Calle de Correos 6; Menü 12 €, Mahlzeiten 15 €; ⌚Mo–Sa) Etwas bodenständiger als seine vornehmen Nachbarn. Das Menü ist sowohl mittags als auch abends im Angebot. Gewöhnlich besteht es aus einer Vorspeise wie *menestra de verduras* (frischer Gemüseeintopf), gefolgt von einem Hauptgericht mit Fisch oder Fleisch und einem Dessert. Am Hauswein für 6 € gibt's nichts auszusetzen, darüber hinaus ist der freundliche Service eine wahre Freude.

Vinotinto

GRILLFLEISCH €€

(www.vinotinto.es, auf Spanisch; Calle de Campanas 4; Mahlzeiten 25–30 €) Weinbar trifft Steakhaus. Abends tauchen viele Einheimischen in die höhlenartige Kneipenatmosphäre ein und geben sich bei Spare Ribs sowie anderem gegrillten Fleisch dem lokalen Tratsch und Klatsch hin. Unser Tipp: der lokal hergestellte *jamón ibérico;* er wird hauchdünn geschnitten und zergeht förmlich auf der Zunge. Das Vinotino Joven gegenüber wirkt intimer und jugendlicher.

La Parrilla de San Lorenzo

GEHOBENE KASTILISCHE KÜCHE €€

(☎983 33 50 88; Calle de Pedro Niño; Mahlzeiten 25–35 €; ⌚Bar 10.30 Uhr–open end, Restaurant Mo–Sa, So Mittagessen) Dieses vielgepriesene Restaurant dient gleichzeitig auch als Stehbar. Es ist in einem früheren Kloster untergebracht und auf gehobene kastilische Küche spezialisiert (herzhafte Eintöpfe, Hülsenfrüchte und Steaks). Reservierung empfohlen.

Los Zagales de Abadía

GEHOBENE KASTILISCHE KÜCHE €€

(☎983 38 08 92; www.loszagales.com; Calle de la Pasión 13; Mahlzeiten 25–30 €; ⌚Mo–Sa, So Mittagessen) In der Bar hängen jede Menge lokale Fleischprodukte von der Decke, die

DIE TREIBENDE KRAFT DER INQUISITION

Es gab nur wenige Vertreter der Spanischen Inquisition, die berüchtigter waren als Tomás de Torquemada (1420–98). Der als Sohn wohlhabender *conversos* (zum Christentum konvertierte Juden) in Valladolid geborene Fanatiker wurde in Dostojewksis *Brüder Karamasow* als redegewandter Großinquisitor unsterblich, der Jesus den Prozess macht, während man ihn in *Monty Python's Flying Circus* satirisch aufs Korn nahm. Königin Isabella ernannte den Dominikaner 1479 zu ihrem persönlichen Beichtvater und vier Jahre später erkor Papst Sixtus IV. Fray Tomás zum Leiter der kastilischen Inquisition.

Torquemada war zutiefst vom spanischen Kult des *sangre limpia* (reines Blut) beeinflusst, einer rassistischen Ideologie, die Grundlage für das 800 Jahre andauernde Bestreben war, Nichtchristen aus Spanien zu vertreiben. Er spürte erbittert *conversos* und andere „Häretiker" auf. Sein beliebtestes Ziel waren die *marranos* (Juden), die angeblich nur vorgaben, konvertiert zu sein, aber im Geheimen weiter ihren eigenen Glauben praktizierten.

Das Eigentum dieser „Sünder" wurde konfisziert und für die Finanzierung der Reconquista-Feldzüge gegen die Muslime benutzt. Um sie zu demütigen, führte man sie durch die Stadt und ließ sie dabei einen *sambenito* tragen: Das mit Kreuzen geschmückte gelbe Hemd war so kurz, dass die Genitalien sichtbar waren. Zum Schluss brachte man die Juden zur örtlichen Kirche und peitschte sie aus.

Ganz Unglückliche wurden unvorstellbaren Foltern unterzogen, bevor sie sich einem *auto de fé* (Schauprozess) aussetzen mussten und auf dem Scheiterhaufen verbrannt wurden. Wer seinem „Irrglauben" abschwor und das heilige Kreuz küsste, wurde erdrosselt, bevor man das Feuer entzündete. Diejenigen, die nur widerriefen, „belohnte" man mit trockenem Holz, sodass sie relativ schnell starben. Wer jedoch standhaft blieb und seine Religion nicht leugnete, musste sich auf einen qualvollen Tod einstellen, weil man grünes, langsam brennendes Holz verwendete.

In den 15 Jahren, in denen Torquemada Großinquisitor der kastilischen Inquisition war, kam es zu rund 100 000 Verfahren. Etwa 2000 Menschen wurden auf dem Scheiterhaufen verbrannt. Viele Prozesse fanden auf der Plaza Mayor in Valladolid und die Hinrichtungen auf der Plaza de Zorilla statt. Am 31. März 1492 erließen Ferdinand und Isabella auf Drängen Torquemadas ihr Vertreibungsedikt, das alle Juden unter Androhung der Todesstrafe zwang, Spanien innerhalb von zwei Monaten zu verlassen.

Im folgenden Jahr zog sich Torquemada in das Kloster Santo Tomás in Ávila zurück, von wo er weiter die Geschicke der Inquisition lenkte. In seinen letzten Lebensjahren entwickelte er eine panische Angst davor, vergiftet zu werden, und weigerte sich, etwas zu essen, wenn er nicht das Horn eines Einhorns als (so glaubte er zumindest) Gegenmittel griffbereit in der Nähe hatte. Im Gegensatz zu vielen seiner Opfer starb er 1498 friedlich im Schlaf.

sich in den auf der Theke präsentierten preisgekrönten Tapas wiederfinden. Noch größerer Beliebtheit erfreut sich jedoch das Restaurant, das großzügige Portionen und hervorragende Speisen anbietet. Reservierung empfohlen.

Neben den nachfolgend aufgelisteten hervorragenden Optionen betreiben auch viele der bereits erwähnten Lokale zwanglose Tapas-Bars im eigenen Haus.

Bar Zamora TAPAS €€

(Calle de Correos 5; ⌚Do–Di) Das preisgekrönte Zamora lockt mit dem Geschmack des westlichen Kastiliens.

El Corcho TAPAS €

(Calle de Correos 2) Eine schlichte Bar wenige Häuser hinter dem Zamora mit einer tollen Auswahl an *tostas* (Toasts) ab 1,40 €.

La Mejillonera MEERESFRÜCHTE-TAPAS €

(Calle de la Pasión 13) Angeblich verspeisen die Spanier jährlich 30 Millionen Kilogramm Muscheln – und ein beträchtlicher Teil davon wird mit ziemlicher Sicherheit hier verputzt.

La Tasquita II TAPAS €

(Calle Caridad 2; ⌚Di–So) Bietet ebenfalls eine große Auswahl an *tostas*.

Jero TAPAS €
(Calle de Correos 11) Wartet mit einer hervorragenden Palette an *pinchos* im baskischen Stil auf, darunter so innovative wie *crema de yogur con gambas y melocotón* (cremiger Joghurt mit Garnelen und Pfirsich).

La Jamónería TAPAS €
(Calle del Conde Ansúrez 11) Wer zurück zu den Wurzeln will, sollte diese Bar ansteuern, die wegen ihrer Fleisch- und Wurstwaren beliebt ist.

Ausgehen

Im Zentrum wimmelt es von einladenden Bars und Cafés.

El Minuto CAFÉ-BAR
(Calle de Macias Picavea 15; ⌚9 Uhr–open end) Das Minuto in der Nähe der Kathedrale zieht viele Studenten an. Rund um die Café-Bar gibt's noch mehrere andere Läden. Lieblingstreffpunkt der Studenten für einen Drink am frühen Abend ist die nahe gelegene Calle de Librería.

Café Continental CLUB
(Plaza Mayor 23; ⌚8 Uhr–open end) In dem hippen Club wird an den meisten Abenden Livemusik geboten.

El Soportal BAR
(Plaza de San Miguel; ⌚So–Do 16–1, Fr & Sa 16–3 Uhr) Ein großes, abwechslungsreiches Lokal für Besucher aller Altersgruppen.

Harlem Music Club CLUB
(Calle de San Antonio de Padua; ⌚So–Do 16–1, Fr & Sa 16–3 Uhr) Schimmernde schwarze Deko und Musik aus dem Süden der USA.

Café de la Comedia CLUB
(Plaza de Martí y Monsó; ⌚10–1 Uhr) Bietet eine bestechende Kombination aus geselliger Atmosphäre und fantastischen Cocktails.

Be Bop CLUB
(Plaza de Martí y Monsó; ⌚16 Uhr– open end) Pinkfarbene Stilettos und ein supercooles Publikum geben den Ton an.

Praktische Informationen

Die unabhängige Website www.vallodolidturismo.com bietet nützliche und aktuelle Informationen zur Stadt.

Touristeninformation (☎983 21 93 10; www.asomateavalladolid.org; Acera de Recoletos; ⌚9–14 & 17–20 Uhr) Gute Tipps zu Sehenswürdigkeiten und Aktivitäten, außerdem bekommt man hier einen Stadtplan.

An- & Weiterreise

AUTO & MOTORRAD An der Plaza Mayor gibt's eine praktische Tiefgarage.

BUS Weil die Zugverbindungen so gut sind, lohnt sich eine Busfahrt kaum. Für alle Fälle: Zwischen 6.30 und 21.30 Uhr starten fast jede Stunde Busse nach Madrid (12,95 €, 2¼ Std.), darüber hinaus bestehen stündliche Verbindungen nach Palencia (3,80 €, 45 Min.).

FLUGZEUG **Ryanair** (www.ryanair.com) fliegt beispielsweise von Düsseldorf (Weeze) nach Valladolid.

Iberia (www.iberia.es) bietet täglich fünf Flüge nach Barcelona sowie Anschlussverbindungen in andere spanische Städte.

ZUG Fünf AVE-Hochgeschwindigkeitszüge verkehren täglich zwischen Valladolid und Madrid (35,10 €, 1 Std.), es gibt aber auch langsamere Verbindungen (2½ Std.) für nur 16,20 €. Darüber hinaus geht's regelmäßig nach León (ab 12,15 €, ca. 2 Std.), Burgos (ab 9 €, ca. 1½ Std.) und Salamanca (ab 8,25 €, 1½ Std.).

Unterwegs vor Ort

Der Flughafen liegt 15 km nordwestlich vom Zentrum. Busse von **Linecar** (www.linecar.es) steuern ihn bis zu fünfmal täglich von Valladolid aus an (3,80 €). Ein Taxi zwischen dem Flughafen und dem Stadtzentrum kostet etwa 20 €, an Sonn- und Feiertagen etwas mehr.

Die Stadtbusse 2 und 10 fahren auf ihrem Weg zur Plaza de España am Bahnhof und am Busbahnhof vorbei.

Rund um Valladolid

MEDINA DE RIOSECO

5010 EW.

Medina de Rioseco, früher einmal eine reiche Handelsstadt, verströmt noch immer eine spürbare mittelalterliche Atmosphäre, besonders in der engen Fußgängerzone mit ihren Arkaden, die von uralten hölzernen Säulen getragen werden. Am besten nimmt man sich etwas Zeit für einen Spaziergang; Ortspläne gibt's bei der Touristeninformation.

Sehenswertes

Iglesia de Santa María de Mediavilla KIRCHE
(⌚Di–So 11–14 & 17–20 Uhr) Ein großartiges Bauwerk der isabellinischen Gotik mit drei von Sternengewölben überragten Kirchenschiffen und der berühmten **Capilla de los Benavente**. Diese enthält einen von Juan de Juní gestalteten grandiosen Altar und wird manchmal als „Kastiliens Sixtinische Kapelle" bezeichnet.

ES HÄTTE SO ANDERS KOMMEN KÖNNEN

Warum hatten eigentlich so viele der wichtigsten Figuren der spanischen Geschichte – El Cid, Cervantes, Christoph Kolumbus und der gnadenlose Inquisitor General Fray Tomás de Torquemada – etwas mit Valladolid zu tun? Ganz einfach deshalb, weil dieser Ort einst ein heißer Anwärter auf den Titel der spanischen Hauptstadt war.

Ferdinand von Aragonien und Isabella von Kastilien (die Reyes Católicos bzw. Katholischen Monarchen) heirateten hier 1469 und verschafften Valladolid als Spaniens mächtigstes Herrscherpärchen aller Zeiten großen Ruhm. Darüber hinaus war die hiesige Universität die dynamischste der Iberischen Halbinsel. Carlos I. bestimmte Valladolid zum Sitz der königlichen Regierung. Felipe II. wurde hier zwar 1527 geboren, erkor 34 Jahre später jedoch trotzdem das deutlich kleinere Madrid zur Hauptstadt. Valladolid, das mittlerweile mächtiger geworden war, als es der Stadt gut tat, zeigte sich zutiefst bestürzt. 1601 verlagerte Felipe III. den Königshof hierher zurück, allerdings wurde dieser Umzug so negativ aufgenommen, dass der Hof sich wieder Madrid zuwendete und seither dort blieb.

Als sich in Spanien 1975 die Demokratie durchsetzte, mussten die *vallasoletanos* damit zufrieden sein, dass ihre Stadt ab jetzt Verwaltungssitz der Autonomía de Castilla y León war.

Museo de Semana Santa MUSEUM
(www.museos-medinaderioseco.com; Calle de Lázaro Alonso; Eintritt 3 €; Di–So 11–14 & 16–19 Uhr) Medina de Rioseco ist für seine Osterprozessionen berühmt. Wer den Ort nicht während der Karwoche besucht, bekommt im Museum einen Einblick in die Feierlichkeiten. Ebenso wie das Schwestermuseum in Zamora widmet es sich den *pasos* (Figuren, die während der Prozessionen getragen werden) sowie einer großen Auswahl an weiterem Osterzubehör.

Iglesia de Santiago KIRCHE
(Eintritt 1,80 €; Okt.–April Di–So 11–14 & 16–19 Uhr, Mai–Sept. 11–14 & 17–20 Uhr) Wenn man von der Iglesia de Santa María bergab geht, stößt man auf diese lichtdurchflutete Kirche, deren Portale gotische, klassizistische und platereske Elemente vereinen.

Schlafen & Essen

Vittoria Colonna MODERNES HOTEL €€
(983 72 50 87; www.hotelvittoriacolonna.es; EZ/DZ 55/75 €;) Das 2009 eröffnete, außerordentlich elegante Hotel verfügt über moderne, luxuriöse Zimmer mit stilvollen Möbeln und grau-weißen Bädern.

Hostal Duque de Osuna BUDGETHOTEL €
(983 70 01 79; www.hostalduquedeosuna.com; Avenida de Castilviejo 16; EZ/DZ 20/35 €; @) Saubere, einfach eingerichtete Zimmer und eine günstige Lage zum Busbahnhof.

Restaurante Pasos TRADITIONELL KASTILISCH €€
(983 72 00 21; Calle de Lázaro Alonso 44; Mahlzeiten 20 €) In Medina de Riosecos bestem Restaurant gibt's typische kastilische Gerichte von hoher Qualität und mit verschiedenen geschmacklichen Noten. Reservierung empfohlen.

Der Ort ist für seine köstlichen Kekse und Kuchen berühmt, die man in der zentral gelegenen **La Espiga** (Calle Lázaro Alonso 30) probieren kann.

Praktische Informationen

Touristeninformation (983 72 03 19; www.medinaderioseco.com, auf Spanisch; Paseo de San Francisco 1; Di–Sa 10–14 & 17–20, So 10–14 Uhr) Die in einem alten Kloster untergebrachte Touristeninformation hat Ortspläne und beantwortet Fragen zu den Sehenswürdigkeiten.

An- & Weiterreise

Jeden Tag fahren bis zu acht Busse nach León (6,40 €, 1¼ Std.) und bis zu zehn Busse nach Valladolid (4,10 €, 30 Min.).

TORDESILLAS

8710 EW.

Das charmante kleine Städtchen auf einem Hügel am Nordufer des Río Duero hat eine historische Bedeutung, die seiner jetzigen Größe spottet. In der Vergangenheit spielte der römische Ort eine bedeutende Rolle in der Weltgeschichte: Hier setzten sich 1494 die Katholischen Könige Isabella und Ferdinand mit den Portugiesen zusammen, um den berühmten Vertrag auszuhandeln, der die Einflusssphären beider Länder in Lateinamerika absicherte. Portugal erhielt Brasilien, Spanien fast den ganzen Rest.

Sehenswertes

Die hübsche, von Säulengängen umgebene **Plaza Mayor** ist das Herz der Stadt. Ihre senfgelben Fassaden bilden einen schönen Kontrast mit dem dunkelbraunen Holz und den schwarzen Balkongittern.

Real Convento de Santa Clara KLOSTER
(Erw./erm. 3,60/2 €, EU-Bürger Mi frei ⌚Di–Sa 10–13.15 & 15.45–17.45, So 10.30–13.15 Uhr) Tordesillas Geschichte wurde von diesem Kloster bestimmt, in dem nach wie vor einige Franziskanernonnen in völliger Abgeschiedenheit leben. Das 1340 errichtete Gebäude diente urpsrünglich als Palast für Alfonso XI., außerdem wurde hier 1494 der Vertrag von Tordesillas unterzeichnet. Auf der Führung (im Eintrittspreis enthalten) besichtigt man einige bemerkenswerte Räume, u. a. einen wundervollen Mudéjar-Innenhof und eine Kirche mit einem fantastischen *techumbre* (Dach). Ebenso sehenswert sind die Mudéjar-Tür, die gotischen Bögen, die arabischen Inschriften und die **Arabischen Bäder** (☎983 77 00 71; Eintritt 2,25 €, inkl. Kloster 4,60 €; ⌚Termin ausmachen).

Museo del Tratado del Tordesillas MUSEUM
(Calle de Casas del Tratado; Eintritt frei; ⌚Di–Sa 10–13.30 & 17–19.30, So 10–14 Uhr) Das Museum ist dem 1494 geschlossenen Vertrag von Tordesillas gewidmet. Informativen Ausstellungen zeigen, wie die Welt davor und danach aussah. Die Reproduktion des Vertrags und eine Karte verdeutlichen, wie vorteilhaft die Übereinkunft für Spanien war.

GRATIS **Museo de La Radio** RADIOMUSEUM
(Calle San Antón 1; ⌚ Fr 17.30–19.30, Sa 12.30–14.30 & 17.30–19.30, So 12.30–14.30 Uhr) In dem ungewöhnlichen Museum sind mehr als 450 Radios aus der Zeit von 1916 bis 1980 zu sehen.

Schlafen & Essen

Parador de Tordesillas PARADOR €€
(☎983 77 00 51; www.parador.es; Carretera de Salamanca 5; Zi. 135 €; P❄📶) Tordesillas vornehmstes Hotel. Die niedrige ockerfarbene, von Pinien umgebene Unterkunft gleich außerhalb der Stadt ist eines der Aushängeschilder des *parador*-Verbands und jeden Euro wert. Das feste Menü kostet 31 €.

Hostal San Antolín KLEINES HOTEL €
(☎983 79 67 71; www.hostalsanantolin.com; Calle San Antolín 8; EZ/DZ 30/45 €; ❄📶) Auch wenn es insgesamt modern wirkt, gilt das *hostal* in der Nähe der Plaza Mayor als beste Bleibe in der Altstadt. Großer Beliebtheit erfreut sich auch das zugehörige Restaurant namens **Mesón San Antolín**. Unten werden gute *raciones* serviert und oben gibt's einen schönen, mit Blumen geschmückten Innenhof sowie einen schicken Speisesaal.

Rund um die Plaza Mayor verteilen sich nette Cafés und Lokale wie das **Don Pancho** (Plaza Mayor 9; menú 10 €, Mahlzeiten 20–25 €) mit einer stimmungsvollen gekachelten Bar und Hausmannskost, z. B. im Holzfeuerofen zubereitetes Fleisch. Wer Lust auf Tapas hat, kann das **Viky** (Plaza Mayor 14; raciones 5–7 €, Mahlzeiten 20 €; ⌚Di–So) ansteuern.

Shoppen

Muelas de Tordesillas WEINGESCHÄFT
(Calle Santa Maria 3–5) In der Haupteinkaufsstraße bei der Plaza Mayor stößt man auf eine Bodega, in der hervorragende Weine der Familienmarke verkauft werden (Flasche ab 4,50 €). Eine Verkostung ist möglich.

Praktische Informationen

Touristeninformation (☎983 77 10 67; www.tordesillas.net; ⌚Mai–Sept. Di–Sa 10–13.30 & 17–19.30, So 10–14 Uhr) Befindet sich in der Casas del Tratado unweit der Iglesia de San Antolín.

An- & Weiterreise

Der **Busbahnhof** (Avenida de Valladolid) liegt in der Nähe der Calle de Santa María. Es gibt regelmäßige Verbindungen nach Madrid (11,25 €, 2¼ Std.), Salamanca (6,15 €, 1¼ Std.), Valladolid (3,35 €, 30 Min.) und Zamora (5,75 €, 1 Std.).

TORO

9740 EW.

Toro ist ein typisch kastilischer Ort, und das nicht nur wegen des Namens. Sein moderner Teil liegt nördlich vom Río Duero, doch seine historische Bedeutung stellt die Gegenwart locker in den Schatten: Ferdinand und Isabella zementierten hier in der Schlacht von 1476 ihre Herrschaft über das christliche Spanien. Seitdem hat sich die Stadt bequem mit der Provinzialität im Herzen der beliebten Weinregion arrangiert. Sie verfügt über ein charmantes historisches Zentrum mit einigen architektonischen Schmuckstücken.

Sehenswertes

Hier scheint an jeder Straßenecke eine romanische Kirche zu stehen.

Colegiata Santa María La Mayor KIRCHE
(Eintritt 1 €; ⌚Di–So 10.30–14 & 17–19.30 Uhr) Die im 12. Jh. errichtete Kirche wartet mit

NICHT VERSÄUMEN

WEINVERKOSTUNG

Möglicherweise sind die großartigen Vintage-Weine aus **Ribero del Duero** – mit etwa 9229 ha die größte Weinanbauregion Kastilien-Leóns – die ältesten Spaniens. Ihr sinnlicher Reiz ist jedenfalls bestens bekannt. Enormer Beliebtheit erfreuen sich die Rebsorten Tempranillo, Cabernet-Sauvignon, Malbec und Merlot. Spaniens am meisten gefeierter (und teuerster) Wein, der Vega Sicilia, kommt ebenfalls von hier. Leider sind nicht alle der mehr als 200 Weingüter für Führungen und Verkostungen geöffnet (darunter auch der Vega Sicilia). Wer an Rundgängen interessiert ist, findet auf www.rutasdevino.com/enoturismo/riberabodegas.htm eine umfangreiche Liste. Wenn man in einem Restaurant oder einer Bar Wein bestellt, sollte man nicht auf Nummer sicher gehen und Rioja-Weine wählen, sondern stattdessen lieber Sorten aus Ribero del Duero versuchen. Der *vino de la casa* (Hauswein) kommt in der Regel aus der Region und ist ein guter Tipp.

ihrem großartigen romanisch-gotischen **Pórtico de la Majestad** und einem berühmten Gemälde aus dem 15. Jh., dem *Virgen de la Mosca* (Jungfrau mit der Fliege), auf: Das Insekt sitzt übrigens auf der Robe des Mädchens. Hinter dem Gebäude bietet sich ein toller Ausblick nach Süden bis zur romischen Brücke über den Río Duero.

Monasterio Sancti Spiritus KLOSTER
(Eintritt 4,50 €; ⌚Führungen Di–So 10.30–12.30 & 16.30–18.30 Uhr) Südwestlich des Ortes stößt man auf dieses Kloster mit einem schönen Renaissance-Kreuzgang und dem auffallenden Alabastergrabmal Beatrix' von Portugal, Gattin von Juan I. Während der angegebenen Zeiten finden regelmäßig Führungen statt.

Der **Alcázar** in der Nähe der Colegiata stammt aus dem 10. Jh.; seine Mauern und sieben Türme sind noch erhalten.

Schlafen & Essen

An der Plaza Mayor und in den Straßen rund um den Platz gibt's zahlreiche Möglichkeiten zu essen und die lokalen Weine zu probieren.

Hotel Juan II KLASSISCHES HOTEL €€
(☎980 69 03 00; http://hoteljuanii.com; Paseo del Espolón 1; EZ/DZ ab 51/72 €; P ❄ 📶 ≋) Zimmer 201 hat gleich zwei tolle Aussichten: auf den Río Duero zur einen Seite und auf die Colegiata zur anderen. Alle Gästeräume sind mit warmen Terrakottaböden, dunklen Holzmöbeln und Terrassen ausgestattet. Das Restaurant zählt zu den besten der Stadt.

Zaravencia BUDGETHOTEL €
(☎980 69 49 98; Plaza Mayor 17; EZ/DZ inkl. Frühstück 45/60 €; ❄) Dieses freundliche Hotel mit Blick auf den Hauptplatz verfügt über große Zimmer, die etwas blutarm mit hellen Kiefernmöbeln und cremefarbenen Wänden eingerichtet sind. Unten befindet sich ein Bar-Restaurant.

Praktische Informationen

Touristeninformation (☎980 69 47 47; www.turismocastillayleon.com; Plaza Mayor 6; ⌚Di–Sa 10–14 & 16–19, So 10–14 Uhr) Allgemeine Infos über Toro und Stadtpläne.

An- & Weiterreise

Es gibt regelmäßige Busverbindungen nach Valladolid (4,50 €, 1 Std.) und Zamora (2 €, 30 Min.), darüber hinaus fahren an Werktagen zwei Direktbusse nach Salamanca (5,40 €, 1½ Std.).

Zamora

66 200 EW.

Wie in so vielen spanischen Städten fällt wahrscheinlich auch im provinziellen Zamora der erste Blick auf nichtssagende Apartmentblöcke. Davon sollte man sich jedoch nicht abschrecken lassen, denn der *casco historico* (Altstadt) ist einfach unvergesslich schön. Seine prächtigen mittelalterlichen Bauwerke brachten Zamora den Spitznamen „Romanisches Museum" ein. Der Ort erinnert an die monumentale Pracht Salamancas. Als besonders tolle Zeit für einen Besuch gilt die Semana Santa (Karwoche).

Sehenswertes

Catedral KATHEDRALE
(Erw./erm. 3/1,50 €; ⌚10–14 & 17–20 Uhr) Die im 12. Jh. errichtete, größtenteils romanische Kathedrale am südwestlichsten Punkt

des mittelalterlichen Zamoras wartet mit einem quadratischen Glockenturm, einer ungewöhnlichen, von Türmchen umgebenen Kuppel im byzantinischen Stil und der reich geschmückten Puerta del Obispo auf. Um hineinzugelangen, muss man erst durch das **Museo Catedralicio** (Öffnungszeiten s. S. 160), dessen Hauptattraktion, eine Sammlung flämischer Teppiche, im 2. Obergeschoss zu finden ist. Der älteste Teppich stammt aus dem 15. Jh. und zeigt den Trojanischen Krieg.

Ein wahres Meisterwerk der Kathedrale ist das Chorgestühl aus der Frührenaissance, dessen Schnitzereien z. B. Geistliche, Tiere und eine nicht jugendfreie Begegnung zwischen einem Mönch und einer Nonne abbilden. Zu den weiteren Highlights zählen die **Capilla de San Ildefonso** mit ihren großartigen gotischen Fresken und einige schöne flämische Teppiche im angrenzenden Vorzimmer.

Museo de Semana Santa OSTERMUSEUM
(Plaza de Santa María La Nueva; Erw./erm. 3/1,50 €; Di–Sa 10–14 & 17–20, So 10–14 Uhr) Das Museum bringt Besuchern die seltsam-wunderbaren Osterrituale der Spanier näher. Es präsentiert geschnitzte und bemalte *pasos*, die während der farbenfrohen Prozessionen durch die Stadt getragen werden. Die verhüllten Figuren sehen erschreckend echt aus.

Kirchen KIRCHEN
(Di–So 10–13 & 17–20 Uhr) Zamoras Kirchen sind romanischen Ursprungs, weisen aber alle auch andere Einflüsse auf. Auf ihren vielen Türmen haben sich etliche Störche niedergelassen. Zu den Gotteshäusern, die noch etwas von ihrem romanischen Charme bewahrt haben, gehören die **Iglesia de San Pedro y San Ildefonso** (mit gotischen Anklängen), die **Iglesia de la Magdalena** (das Südportal mit seinen vorwiegend floralen Motiven gilt als das schönste der Stadt) und die **Iglesia de San Juan de Puerta Nueva** an der Plaza Mayor. Die **Iglesia de Santa María La Nueva** (Calle de San Martín Carniceros) ist eigentlich ein mittelalterlicher Nachbau einer Kirche aus dem 17. Jh., die 1158 bei einem Brand zerstört wurde.

Im Januar und Februar kann es hier *extrem* kalt werden. Während dieser Zeit sind die meisten Kirchen geschlossen und die Verwaltungen legen die künftigen Öffnungszeiten fest. Mehr dazu erfährt man in beiden Touristeninformationen.

GRATIS **Castillo** BURG
(Di–So 11–14 & 18–22 Uhr) Die prachtvolle Burg aus dem 11. Jh. war jahrelang geschlossen, doch dann rückten endlich die Restauratoren an und machten sie wieder öffentlich zugänglich. Bei Redaktionsschluss gab es hier Ausstellungen regionaler Skulpturen, außerdem konnten Besucher den Turm besteigen und auf der Befestigungsmauer entlanggehen. Ambitionierte Pläne, die u. a. ein Museum beinhalten, sind noch in Vorbereitung. Wer mehr darüber wissen will, kann sich an die Touristeninformation wenden.

Feste & Events

Semana Santa OSTERWOCHE
Wer über Ostern in Spanien weilt, sollte einen Besuch dieser Stadt in Erwägung ziehen, die für ihre aufwendigen Feierlichkeiten und Prozessionen berühmt ist. Wenn die verhüllten Büßer durch die historischen Straßen ziehen, herrscht manchmal absolute Stille – eine unvergessliche Erfahrung. Zu jeder anderen Zeit bekommt man im Museo de Semana Santa einen guten Einblick in die Osterrituale.

Schlafen

Es gibt hier eine gute Auswahl an Unterkünften. Während der Semana Santa können sich die Preise allerdings verdoppeln.

NH Palacio del Duero MODERNES HOTEL €€
(980 50 82 62; www.nh-hotels.com; Plaza de la Horta 1; EZ/DZ 65/75 €; P) Wie gewohnt hat sich NH für eines seiner jüngsten Hotels eine fantastische Lage gesichert. In das moderne, neben einer reizenden romanischen Kirche gelegene Gebäude wurde ein Teil des früheren Kloster sowie bizarrerweise ein Kraftwerk aus den 1940er-Jahren integriert. Der hohe gemauerte Schornstein ist dabei erhalten geblieben. Alle Zimmer sind geräumig und stilvoll eingerichtet.

Parador Condes de Alba y Aliste HISTORISCHER PARADOR €€€
(980 51 44 97; www.parador.es; Plaza Viriato 5; EZ/DZ 125/160 €) In diesem prächtigen Palast aus dem 15. Jh. (zu den früheren „Gästen" zählen Isabella und Ferdinand) trifft heutiger Luxus auf historische Details, besonders in den öffentlichen Bereichen. Hinter dem Haus gibt's einen Pool, und im Gegensatz zu vielen anderen *paradores* befindet sich diese Unterkunft direkt im Zentrum. Leider können hier höchstens acht Autos parken.

Hotel Dos Infantas MODERNES HOTEL €€
(☎980 50 98 98; www.hoteldosinfantas.com, auf Spanisch; Calle Cortinas de San Miguel 3; EZ/DZ 60/80 €; P ❄ wifi) Die Zimmer werden zwar keinen Designpreis gewinnen, sind aber groß und komfortabel, und zur Altstadt ist es auch nicht allzu weit. Parken kostet 8 €.

Essen & Ausgehen

An der Plaza Mayor und in den Seitenstraßen rund um die Calle Santa Clara stößt man auf etliche Café-Restaurants. Gute Tapas-Bars findet man rund um die Plaza del Maestro.

Restaurante París GRILLFLEISCH €€
(☎980 51 43 25; Avenida de Portugal 14; menú del día 15 €, menú turístico 24 €; ⌚Mo–Sa) Vor einiger Zeit wurde das París zu einem der 1000 besten Lokale in Spanien ernannt. Das klingt vielleicht nicht gerade aufregend, allerdings sollte man an die ungeheure Zahl von Restaurants in diesem essbegierigen Land denken! Hier kommen in erster Linie kastilische Spezialitäten (Steaks, Salate und Braten) sowie *arroz a la zamorana* (ein lokales Reisgericht mit Schweinefleisch und Schinken) auf den Tisch. Reservierung empfohlen.

Restaurante El Rincón de Antonio GEHOBENE KASTILISCHE KÜCHE €€
(☎980 53 53 70; www.elrincondeantonio.com, auf Spanisch; Rúa de los Francos 6; Mahlzeiten 28–50 €; ⌚Mo–Sa, So Mittagessen) Ein weiteres tolles Restaurant. Das Rincón de Antonio besitzt einen Michelin-Stern und bietet Tapas sowie gediegene Mahlzeiten im stilvollen, sanft beleuchteten Speiseraum an. À la carte zu essen kann teuer sein, es gibt aber auch einige preiswertere Angebote, darunter eine leckere *ración* regionaler Käsesorten (15 €) und das köstliche Vier-Tapas-Menü (11 € inkl. ein Glas Wein). Reservierung empfohlen.

Die Plaza Mayor und die von ihr wegführenden Straßen werden von Cafés und Bars gesäumt. Besonders lebhaft geht's abends in der **Calle de los Herreros** zu. Das zur Plaza Mayor herausgehende **Café Marlene** (Calle de la Reina 1; ⌚16–1 Uhr) ist ebenfalls eine gute Option.

Praktische Informationen

Regionale Touristeninformation (☎980 53 18 45; www.zamora.es; Avenida Príncipe de Asturias 1; ⌚ So–Do 9–20, Fr & Sa9–21 Uhr) Organisiert Führungen (kostenlos bis 5 €). Die genauen Zeiten erfährt man hier.

Städtische Touristeninformation (☎980 54 82 00; www.turismocastillayleon.com; Plaza de Arias Gonzalo; ⌚Okt.–März 10–14 & 16–19 Uhr, April–Sept.10–14 & 17–20 Uhr)

An- & Weiterreise

BUS Fast jede Stunde fahren Busse von/nach Salamanca (4,95 €, 1 Std.), am Wochenende verkehren sie seltener. Darüber hinaus gibt's regelmäßige Verbindungen nach León (7,75€, 1½ Std.), Valladolid (7,20 €, 1½ Std.), Burgos (15,10 €, 4½ Std.) und in andere Orte.

ZUG Es bestehen Verbindungen nach Valladolid (9,75 €, 1½ Std., 1-mal tgl.), Madrid (29,10 €, 3¾ Std., 3-mal tgl.) und Ávila (21,40 €, 2 Std., 2-mal tgl.).

Rund um Zamora

SAN PEDRO DE LA NAVE

Diese einsame, im 17. Jh. errichtete **Kirche** (⌚Di–So 10–13 & 17–20 Uhr) 24 km nordwestlich von Zamora ist ein seltenes und außergewöhnliches Beispiel westgotischer Architektur mit keltischen, germanischen und byzantinischen Formelementen. Ihre fein gearbeiteten Kapitelle sind besonders beeindruckend. Die Kirche wurde während des Baus des Eslastausees 1930 an ihren jetzigen Standort in Campillo versetzt. Von Zamora gelangt man über die N122 und dann den Schildern nach Campillo folgend hierher.

PUEBLA DE SANABRIA

1620 EW.

Zwischen der Sierra de la Culebra und der Sierra de la Cabrera und unweit der portugiesischen Grenze erstreckt sich dieses faszinierende Dorf voller mittelalterlicher Gassen, die sich um eine öffentlich zugängliche Burg aus dem 15. Jh. bergab winden. Es dient zudem als Ausgangspunkt zum Lago de Sanabria, Spaniens größtem Gletschersee mit einer Tiefe von 55 m. An Sommerwochenende ist dieser hübsche Fleck 15 km nördlich des Ortes ziemlich überlaufen. Die **Posada Real la Cartería** (☎980 62 03 12; www.lacarteria.com; Calle de Rúa 16; Zi. 125 €; ❄ wifi), eines der besten Hotels in dieser Region, verfügt über schöne, geräumige Zimmer mit Steinmauern und Holzbalken und bietet eine tolle Mischung aus modernem Komfort und der altmodischen Atmosphäre des Ortes. Darüber hinaus punktet es mit einem Fitnessraum, einem guten Restaurant und dem professionellen Service.

Im Ort befindet sich eine hilfreiche **Touristeninformation** (☎980 62 07 34; www.pueblasanabria.org, auf Spanisch; Calle de Rúa 3; ⏲11–14 & 17–20 Uhr).

Von Zamora aus bestehen sporadische Busverbindungen nach Puebla de Sanabria (ab 7 €, 1¼ Std.).

Palencia

82 300 EW.

In der ruhigen Stadt erhebt sich eine riesige gotische Kathedrale, deren nüchternes Äußeres nichts über die außerordentlichen Schätze verrät, die einen im Inneren erwarten; daher stammt wohl auch ihr weithin bekannter Beiname „La Bella Desconocida" (Unbekannte Schönheit). Außerdem wartet Palencia mit einigen hübschen Plätzen, einer von Kolonnaden gesäumten Hauptstraße und einer Reihe weiterer Kirchen auf. 1208 gründete König Alfonso VIII. hier Spaniens erste Universität.

Sehenswertes

Catedral

KATHEDRALE

(Calle Mayor Antigua 29; Eintritt 2 €; ⏲Mo–Fr 10–13.30 & 16.30–19.30, Sa 10–14 & 16–17.30, So 16.30–20 Uhr) Die **Puerta del Obispo** (Bischofstür) gilt als Highlight der Fassade dieses eindrucksvollen Gebäudes, das mit 130 m Länge, 56 m Breite und 30 m Höhe eine der größten Kathedralen Kastiliens ist. Innen befinden sich zahlreiche Kunstschätze sowie faszinierende Kapellen. Der bis zur Decke aufragende Hochaltar der **Capilla El Sagrario** erzählt die Geschichte Jesus in Dutzenden meisterlich geschnitzten und gemalten Feldern. Das Steingitter hinter dem Chorgestühl, der *trascoro*, ist ein Meisterwerk des Flachreliefs, das Gil de Siloé zugeschrieben wird und von vielen für den schönsten Retrochor Spaniens gehalten wird.

Von hier führt eine platereske Treppe hinunter zur **Krypta**, einem Überbleibsel der ursprünglichen westgotischen Kirche aus dem 7. Jh. und eines späteren romanischen Nachfolgebaus. Neben der Treppe erblickt man die Eichenkanzel mit schönen Holzschnitzarbeiten von Juan de Ortiz, die die Evangelisten zeigen.

Das angeschlossene **Museo Catedralicio** (Führungen 3 €; ⏲9–14 & 16–20 Uhr) präsentiert einige hübsche flämische Teppiche und ein Gemälde des heiligen Sebastians, das vom deutschen Maler Lucas Cranach dem Älteren gefertigt wurde. Von vorne sieht es wie eine surreale Traumlandschaft aus, die Dalí um 400 Jahre vorwegnimmt; erst von der Seite betrachtet erschließt sich das eigentliche Bild – ein Porträt Carlos V. Führungen finden stündlich statt und dauern 45 Minuten.

Iglesia de San Miguel

KIRCHE

(Calle de Mayor Antigua; ⏲9.30–13.30 & 18–19.30 Uhr) Die Kirche fällt durch ihren hohen gotischen Turm mit festungsartiger Mauerkrone ins Auge. Innen ist sie schmucklos und von strenger Schönheit, eine willkommene Abwechslung zur extravaganten Inneneinrichtung anderer kastilischer Gotteshäuser. Der Legende nach wurde hier El Cid mit seiner Doña Jimena verheiratet.

Museo Diocesano

KUNSTMUSEUM

(Calle de Mayor Antigua; Führungen 2 €; ⏲Führungen 10–13.30 & 16.30–19.30 Uhr) Kunst vom Mittelalter bis zur Renaissance zeigt dieses im Palacio Episcopal aus dem 18. Jh. untergebrachte Museum. Im Mittelpunkt stehen Werke von Pedro de Berruguete und ein Altaraufsatz mit einer Darstellung der Jungfrau Maria, die Diego de Siloé zugeschrieben wird.

Modernistische Architektur

ARCHITEKTONISCHE SCHMUCKSTÜCKE

Palencia trumpft mit einigen wahren architektonischen Prachtstücken auf. Eine nummerierte Route, die man an den großen rechteckigen Schildern mit der Aufschrift **Reencuentra La Belleza** (die Schönheit wiederentdecken) erkennt, führt durch das Zentrum, z. B. zum **Mercado de Abastos** (Lebensmittelmarkt), einem modernistischen Gebäude aus dem 19. Jh., sowie in die Calle Burgos zum außergewöhnlich kunstvollen **Palacio Provincial** im neoplateresken Stil. In der Lobby kann man den 1904 vom örtlichen Künstler Eugenio Oliva gestalteten Deckenfries bewundern, der den Angriff römischer Legionen auf die Stadt zeigt. Mehr dazu erfährt man bei der Touristeninformation.

Iglesia de San Pablo

KIRCHE

(Plaza de San Pablo; ⏲7.30–12.30 & 18.30–20.15 Uhr) Eine Kirche mit Renaissance-Fassade und einem großen plateresken Altaraufsatz in der Hauptkapelle.

Schlafen

LP TIPP **Hotel Colón 27**

MODERNES HOTEL €

(☎979 74 07 00; www.hotelcolon27.com; Calle de Colón 27; EZ/DZ 33/45 €; ❄📶) Die Zimmer sind mit Teppichboden, hellen Kiefermöbeln, festen Matratzen sowie kleinen Flachbildfernsehern ausgestattet und bieten ein hervorragendes Preis-Leistungs-Verhältnis.

Hotel Plaza Jardinillos BUDGETHOTEL €
(☎979 75 00 22; www.palencia.com/hotelplazajardinillos.com; Calle de Eduardo Dato 2; EZ/DZ 30/36 €; P ❄) Ein bisschen liebevolle Wartung und ein frischer Anstrich würden nicht schaden, aber immerhin sind die Zimmer groß und sauber. Pluspunkte gibt's für die günstigen Parkplätze (5 €) sowie die gute Lage unweit der Fußgängerstraße Calle Mayor und der Kathedrale.

Diana Palace MODERNES HOTEL €€
(☎979 01 80 50; www.eurostarsdianapalace.com; Avenida Santander 12; EZ/DZ inkl. Frühstück 60/80 €; P ❄ 📶) Moderner, komfortabler Hotelblock in Laufweite zum Zentrum.

Essen & Ausgehen

Einer der angenehmsten Orte, um sich zu stärken und dabei andere Leute zu beobachten, ist die Plaza Mayor. In den umliegenden Straßen entdeckt man viele gehobene Restaurants.

Restaurante Casa Lucio
KASTILISCHE SPEZIALITÄTEN €€
(☎979 74 81 90; Calle de Don Sancho 2; Mahlzeiten 30–35 €; ⏲So geschl.) In der berühmten Casa Lucio lebt die große spanische Tradition einer überfüllten Tapas-Bar weiter, hinter der sich ein ruhigeres und eleganteres Restaurant befindet. Wir empfehlen sowohl die kreativen Häppchen als auch die kastilische Spezialität *cordero asado* (41 € für 2 Pers.). Am besten reserviert man vorher.

Casa Damian REGIONALE GERICHTE €€
(Calle de Martínez de Azcoita 9; Mahlzeiten 20–25 €; ⏲Mittagessen Di, Mi & So, Mittag- & Abendessen Do–Sa) Ein zeitloses Restaurant mit mehreren älteren, gut gekleideten Kellnern, einem schönen holzgetäfelten Speisesaal und einer Karte voller klassischer lokaler Gerichte. Die Spezialität des Hauses, *menestra Damien* (frischer Gemüseeintopf), dem ein Hauptgericht mit Grillfleisch folgt, zieht Feinschmecker aus allen Himmelsrichtungen an.

Ponte Vecchio ITALIENISCH €€
(Calle de Doctrinus 1; Mahlzeiten 20–25 €; ⏲Di–So) Wem der Sinn nach knuspriger Pizza und guter Pasta steht, sollte das Ponte Vecchio ansteuern. Die niedrigen Decken, das gedämpfte Licht und die warmen Farben sind wie geschaffen für ein romantisches Dinner. Donnerstags gibt's Livemusik; das Spektrum reicht von Flamenco bis Jazz. Vorsicht: Wenn man Fleisch oder Fisch bestellt, wird die Rechnung schnell doppelt so teuer.

El Templo del Café KAFFEE AUS ALLER WELT €
(Calle de Martínez de Azcoita 5; ⏲Di–So) Exotische Kaffee- und Teesorten, köstliche Kuchen, Cocktails, die einem den Kopf verdrehen, einfache, aber unwiderstehliche Gaumenfreuden wie *chocolate con churros* (süße Krapfenstreifen, die in heiße Schokolade getunkt werden; 3 €) und regelmäßige Kunstausstellungen – das alles bietet El Templo del Café.

Taberna Plaza Mayor RACIONES €
(Plaza Mayor 8; menú del diá 10 €, Mahlzeiten 20 €) Am besten sucht man sich draußen einen guten Platz und entscheidet sich dann für einige der *raciones*, die von mit Schinken gefüllten Sardinen bis zu einer herzhaften Schüssel Linseneintopf reichen. Die Tapas und der Hauswein sind ebenso empfehlenswert.

Praktische Informationen

Locutorio (Calle de Eduardo Dato 1; 1 €/Std.) Internetzugang und Telefonkabinen.

Patronato de Turismo (☎979 70 65 23; www.palencia.es; Calle Mayor 31; ⏲Mo–Sa 9–14 & 17–20, So 9–14 Uhr) Informationen über die Region.

Städtische Touristeninformation (☎979 74 99 74; www.palencia-turismo.com; Plaza de San Pablo; ⏲10.30–14 & 17–20.30 Uhr) Umfassende Auskünfte zu Palencia, außerdem gibt's einen Stadtplan.

An- & Weiterreise

BUS Vom **Busbahnhof** (Carerra del Cementerio) geht's regelmäßig nach Valladolid (3,80 €, 45 Min.), Madrid (15,95 €, 3¼ Std.), Aguilar de Campóo (5,30 €, 1½ Std.), Frómista (3,15 €, 30 Min.) und Paredes de Nava (1,45 €, 25 Min.).

ZUG Es fahren häufig Züge nach Madrid (20,20 €, 3¼ Std.), Burgos (ab 4,85 €, 1 Std.), León (ab 7,85 €, 1¾ Std.) und Valladolid (4,05 €, 45 Min.).

Rund um Palencia

BAÑOS DE CERRATO

Ganz in der Nähe des einzigartig unattraktiven Eisenbahnknotenpunkts Venta de Baños liegt Baños de Cerrato mit Spaniens ältester Kirche, der **Basílica de San Juan** (Eintritt 1 €, Mi frei; ⏲Di–So 10.30–13.30 & 16–

18 Uhr) aus dem 7. Jh. Die Stein- und Terrakottafassade des 661 von den Westgoten erbauten und seitdem oft veränderten Gotteshauses verströmt eine angenehme strenge Einfachheit. Drinnen befindet sich eine Alabasterstatue von Johannes dem Täufer. Man erreicht den Ort von Palencia aus mit dem Zug, die letzten 2 km bis zur Kirche geht man zu Fuß.

PAREDES DE NAVA
2150 EW.
1488 wurde hier der bedeutende Bildhauer Alonso de Berruguete geboren. Abgesehen von der im 13. Jh. errichteten **Iglesia de Santa Eulalia** (Plaza de España; Eintritt 2 €; ⏲März–Sept. 10.30–13.30 & 16–19 Uhr, im restl. Jahr nach Terminabsprache) mit ihrem hübschen Turm, den Bogenfenstern und einem Musem, in dem einige wichtige Werke des Künstlers gezeigt werden, sind leider viele Kirchen des Ortes nicht gut in Schuss.

Jeden Tag fahren mehrere Züge (2,55 €, 15 Min.) und Busse (1,75 €) nach Palencia.

FRÓMISTA
840 EW.
Der wichtigste – und manche würden sogar sagen der einzige – Grund, hier einen Stopp einzulegen, ist die außergewöhnliche romanische **Iglesia de San Martín** (Eintritt 1 €; ⏲9–14 & 16.30–20 Uhr). Das harmonisch proportionierte Gebäude stammt aus dem Jahr 1066 und wurde im frühen 20. Jh. restauriert. Direkt unter dem Dachgesims zieren es zahlreiche menschliche Figuren und Tiere. Auch die Kapitelle im Inneren sind reich geschmückt.

Wer Hunger bekommt oder hier übernachten muss, kann sich in der **Pensión Marisa** (☎979 81 00 23; Plaza Obispo Almaraz 2; EZ/DZ ohne Bad 18/30 €; menú del día 9 €) über helle saubere Zimmer und tolle Hausmannskost freuen.

Frómista wird täglich von zwei Bussen aus Palencia (3,15 €, 30 Min.) angesteuert.

Montaña Palentina

Diese Bergregion im hohen Norden von Kastilien-León bietet einen schönen Vorgeschmack auf die Cordillera Cantábrica, die Kastilien von Spaniens Regionen am Nordatlantik trennt.

AGUILAR DE CAMPÓO
7270 EW.
Aguilar de Campóo wird wahrscheinlich niemals einen Schönheitswettbewerb gewinnen, hat aber immerhin eine mittelalterliche **Burg** und gilt zudem als gute Ausgangsbasis, um die Region zu erkunden. In der kühlen, hügeligen Landschaft verteilen sich ganze 55 romanische Kirchen.

Die längliche Plaza de España wird an ihrer östlichen Seite von der **Colegiata de San Miguel** begrenzt, einer gotischen Kirche aus dem 14. Jh. mit einem schönen romanischen Eingang.

Wenn man von der Burg den Hügel hinabgeht, gelangt man zu der anmutigen **Ermita de Santa Cecilia**. Gleich außerhalb der Stadt stößt man an der Straße nach Cervera de Pisuerga auf das restaurierte **Monasterio de Santa María la Real** (Carretera de Cervera; Eintritt 5 €; ⏲10.30–14 & 16.30–20 Uhr), das romanischen Ursprungs ist. Der gotische Kreuzgang aus dem 13. Jh. mit kunstvollen Kapitellen ist ein Meisterwerk.

Im Ort gibt's eine Menge Unterkünfte, außerdem finden sich an der Plaza zahlreiche Cafés und Bars sowie einige Restaurants. Das weitläufige, zentral gelegene **Hotel Restaurante Valentín** (☎979 12 21 25; www.hotelvalentin.com; Avenida Ronda 23; EZ/DZ 44/60 €; P ❄ 📶) mit seinen großen, komfortablen Zimmern ist die beste Wahl. Parken kostet 6 €.

Mehr über die Möglichkeiten in der Stadt können einem die Angestellten der **Touristeninformation** (www.turismocastillayleon.com; Plaza de España 30; ⏲Di–Sa 10–13.45 & 16–17.45, So 10–13.45 Uhr) erzählen.

Von Aguilar de Campóo bestehen regelmäßige Zugverbindungen nach Palencia (5,30 €, 1¼ Std.), allerdings liegt der Bahn-

DIE BESTEN ORTE FÜR ...

» **Mittelalterliche Mauern** Ávila (S. 123)

» **Kathedralen** León (S. 166), Burgos (S. 176), Palencia (S. 163) und Salamanca (S. 131)

» **Architektur** Salamanca (S. 131), Zamora (S. 160) und Segovia (S. 144)

» **Restaurants und Nachtleben** Salamanca (S. 137), León (S. 170), Segovia (S. 149) und Valladolid (S. 155)

» **Plazas** Salamanca (S. 131) und Valladolid (S. 153)

» **Provinzielle Atmosphäre** Soria (S. 189)

hof 4 km außerhalb der Stadt. Busse nach Burgos, Palencia und Santander fahren mindestens einmal täglich.

ROMANISCHE RUNDFAHRT

Die Gegend rund um Aguilar ist mit kleinen Dörfern und Kirchen gesprenkelt. In **Olleros de Pisuerga** wurde eine kleine Kirche in den Fels gebaut. Richtung Süden entdeckt man an einer ruhigen Nebenstraße das Benediktinerkloster **Monasterio de Santa María de Mave** (Eintritt frei; ⌚Di–So 10–14 & 16–19 Uhr) mit einer interessanten romanischen Kirche aus dem 13. Jh. Ein echtes romanisches Schmuckstück ist auch das **Monasterio de San Andrés de Arroyo** (Führungen 2,50 €; ⌚10–12.30 & 15–18 Uhr), das gilt vor allem für den Kreuzgang aus dem 13. Jh. Führungen finden stündlich statt.

An der C627 in Richtung **Cervera de Pisuerga** befinden sich weitere kleine Kirchen, die teilweise aus dem 12. Jh. stammen. Cervera de Pisuerga selbst wartet mit einem beeindruckenden spätgotischen Gotteshaus auf, der **Iglesia de Santa María del Castillo**.

Die N621 von Cervera Richtung Norden ist eine hübsche Strecke nach Kantabrien und zur Südseite der Picos de Europa.

DER NORDWESTEN

Die Stadt León steht wie eine Art Wachsoldat am Rand des großen kastilischen Kernlandes. Ihre eindrucksvolle Kathedrale gilt als wichtiger Anlaufpunkt für Pilger auf dem Jakobsweg, bevor dieser sich die Berge in Richtung Westen hinaufwindet. Das Hinterland ist voller Highlights wie Astorga und die außergewöhnliche Minenlandschaft von Las Médulas.

León

135 000 EW. / 527 M

León ist eine wunderbare Stadt mit faszinierenden historischen Bauwerken und einer schier unbändigen Energie. Seine Kathedrale zählt zu den schönsten Gotteshäusern des ganzen Landes. Tagsüber zeigt sich Besuchern ein tief in Nordkastilien verwurzelter Ort mit großartigen Bauwerken sowie einer starken Loyalität zur katholischen Kirche und zu seiner Rolle als wichtige Jakobswegstation. Abends ist León fest in den Händen der Studenten, die sich bis spät in die Nacht amüsieren und die engen Straßen und Plätze der malerischen Altstadt, des Barrio Húmedo, bevölkern. Eine fantastische Mischung.

Geschichte

70 n. Chr. errichtete eine römische Legion ihr Lager an dieser Stelle, um die Goldminen von Las Médulas zu kontrollieren. Im 10. Jh. verlegt der asturische König Ordoño II. seine Hauptstadt von Oviedo hierher. Obwohl der Ort später von der maurischen Armee Al-Mansours eingenommen wurde, blieb León der Regierungssitz des wachsenden Königreichs von Alfonso V. Als sich das Machtzentrum nach Süden verlagerte, begann der Niedergang der Stadt. Im 19. Jh. erweckte der Bergbau León wieder zum Leben und über das ganze 20. Jh. war es eine wichtige Station auf dem Jakobsweg. 1983 wurde der Ort in die neue autonome Region Kastilien-León eingegliedert, was einige Einwohner wegen ihrer stolzen, unabhängigen Geschichte als Beleidigung empfanden.

Sehenswertes

Catedral KATHEDRALE

(www.catedraldeleon.org, auf Spanisch; ⌚Mo–Sa 8.30–13.30 & 16–20, So 8.30–14.30 & 17–20 Uhr) Leóns Kathedrale aus dem 13. Jh. gilt mit ihren hoch aufragenden Türmen, dem mächtigen Strebewerk und ihrem atemberaubenden Inneren als spirituelles Herz der Stadt. Ob in das wunderbare Sonnenlicht des Nordens gebadet oder abends in Scheinwerferlicht getaucht – Spaniens vielleicht schönstes gotisches Meisterwerk zeichnet sich durch eine fast leuchtende Strahlkraft aus.

An der außergewöhnlichen Westfassade sieht man eine Fensterrose, drei reich verzierte Portale und zwei eindrucksvolle Türme. Wer durch das Hauptportal mit seiner Darstellung des Abendmahls ins Innere tritt, kann sich auf zahlreiche Glasmalereien freuen. Die *vidrieras* (Buntglasfenster) sind französisch inspiriert, stammen größtenteils aus dem 13. bis 16. Jh. und erzeugen eine Atmosphäre, die in spanischen Kathedralen ihresgleichen sucht; das bunte Licht schafft einen tollen Kontrast zu dem ansonsten düsteren Innenraum. Es gibt hier insgesamt 128 Fenster mit einer Gesamtfläche von 1800 m².

Zu den weiteren Schätzen gehört eine Silberurne von Enrique de Arfe mit den sterblichen Überresten des heiligen Froilán, dem Schutzheiligen Leóns; sie steht auf dem Altar. Bemerkenswert sind auch das großartige Chorgestühl und die reich ausgestatteten Kapellen im Chorumgang, besonders die mit dem Grabmal Ordoños II.

Der friedvolle, lichtdurchflutete **claustro** (Kreuzgang; Eintritt 1 €) mit Fresken aus dem 15. Jh. ist eine perfekte Ergänzung zum Chorraum der Kirche und ein essentieller Bestandteil der Kathedrale. Abseits des Kreuzgangs befindet sich das **Museo Catedralicio–Diocesano** (Eintritt inkl. Kreuzgang 3,50 €; ⏲Mo–Sa 9.30–13.30 & 16–19.30 Uhr). Neben einer beeindruckenden Sammlung frühromanischer Holzstatuen der Jugfrau Maria präsentiert es auch erstklassige Werke von Juní und Gaspar Becerra.

Real Basílica de San Isidoro

ROMANISCHE KIRCHE

Noch älter als die gotische Kathedrale ist ihr auffallendes romanisches Gegenbild, die Real Basílica de San Isidoro. Ferdinand I. und Doña Sancha ließen sie 1063 als Aufbewahrungsort für die sterblichen Überreste des Heiligen, ihrer selbst und 21 anderer Herrscher errichten. Trotz der Plünderung durch Napoleons Truppen Anfang des 19. Jhs., nach der nur wenige Sarkophage zurückblieben, birgt die Kirche immer noch genug Bestaunenswertes.

Die Hauptbasilika ist ein Sammelsurium an Stilen, aber beide Hauptportale an der Südfassade sind rein romanisch. Man beachte besonders die **Puerta del Perdón** (rechter Hand); sie wird Maestro Mateo, dem Genie hinter der Kathedrale in Santiago de Compostela, zugeschrieben. Dank eines königlichen Edikts ist die Kirche Tag und Nacht geöffnet.

Das **Panteón Real** (Eintritt 4 €, Do nachmittags frei; ⏲Mo–Sa 10–13.30 & 16–18.30 Uhr, So 10–13.30 Uhr) beherbergt die verbleibenden Sarkophage. Sie ruhen unter einem Baldachin aus wunderschönen romanischen Fresken. Die Gewölbe und Bögen dieses einzigartigen Saales – getragen von Marmorsäulen mit fein verzierten Kapitellen – sind durchgehend mit farbigen Darstellungen überzogen. Es dominieren biblische Szenen wie Mariä Verkündigung, König Herodes' Kindermord und das letzte Abendmahl. Darüber hinaus gibt's eine beeindruckende Darstellung von Christus als Weltenherrscher und einen großartigen landwirtschaftlichen Kalender auf einem der Bögen zu sehen.

Im Pantheon, das früher die Säulenhalle der Originalkirche bildete, befindet sich auch ein kleines **Museum**. Hier kann man den Schrein des heiligen Isidors, einen mumifizierten Finger des Heiligen und andere Kleinode bewundern. In der **Bibliothek** wird eine unbezahlbare Sammlung von Manuskripten aufbewahrt.

An die südwestliche Ecke der Basilika grenzend stößt man auf ein Fragment der alten **muralla** (Stadtmauer), eine Mischung aus original römischen Abschnitten und mittelalterlichen Umbauten.

Barrio Gótico

HISTORISCHES VIERTEL

Am Rande der Altstadt, auch Barrio Gótico genannt, liegt das an der Plaza de San Marcelo in einem charmanten Renaissancepalast untergebrachte **ayuntamiento** (Rathaus). Ebenfalls von der Renaissance geprägt ist der **Palacio de los Guzmanes** (1560) mit seiner herausragenden Fassade und dem schönen Innenhof. Nebenan steht Antoni Gaudís Beitrag zur Skyline von León, die burgähnliche neogotische **Casa de Botines** (1893). Der geniale Architekt, der durch seine Werke in Barcelona berühmt wurde, scheint durch das nüchterne León etwas gebändigt worden zu sein.

Von hier aus hügelabwärts erstreckt sich die hübsche **Plaza de Santa María del Camino** (auch Plaza del Grano genannt), die wie ein kopfsteingepflasterter kastilischer Dorfplatz wirkt. Auf ihr thront die romanische **Iglesia de Santa María del Mercado**.

Am nordöstlichen Ende der Altstadt befindet sich die wunderbare, vom Zahn der Zeit gezeichnete **Plaza Mayor** aus dem 17. Jh. Der verschlafene Platz, der auf drei Seiten von Arkaden eingerahmt wird, ist mittwochs und samstags Schauplatz eines lebendigen Obst- und Gemüsemarktes. An seiner Westseite sieht man das prächtige barocke **alte Rathaus** aus dem 17. Jh.

GRATIS Museo de Arte Contemporáneo

KUNSTMUSEUM

(Musac; www.musac.org.es; Avenida de los Reyes Leóneses 24; ⏲Di–Do 11–20, Fr 11–21, Sa & So 10–21 Uhr) Leóns Vorzeigestück, das Museo de Arte Contemporáneo, wurde im Zuge einer neuen Welle innovativer spanischer Architektur errichtet. Das gefällige quadratisch-rhombische Gebäude aus buntem Glas und Stahl hat vor ein paar Jahren den nationalen Architekturpreis gewonnen, u. a. wegen seiner Fassade aus Glas in 37 Schattierungen: Die Farben entstanden bei der Pixelierung eines Fragmentes der Buntglasfenster in der Kathedrale von León. Obwohl das Museum über eine ständige Sammlung verfügt, zeigt es zumeist Wech-

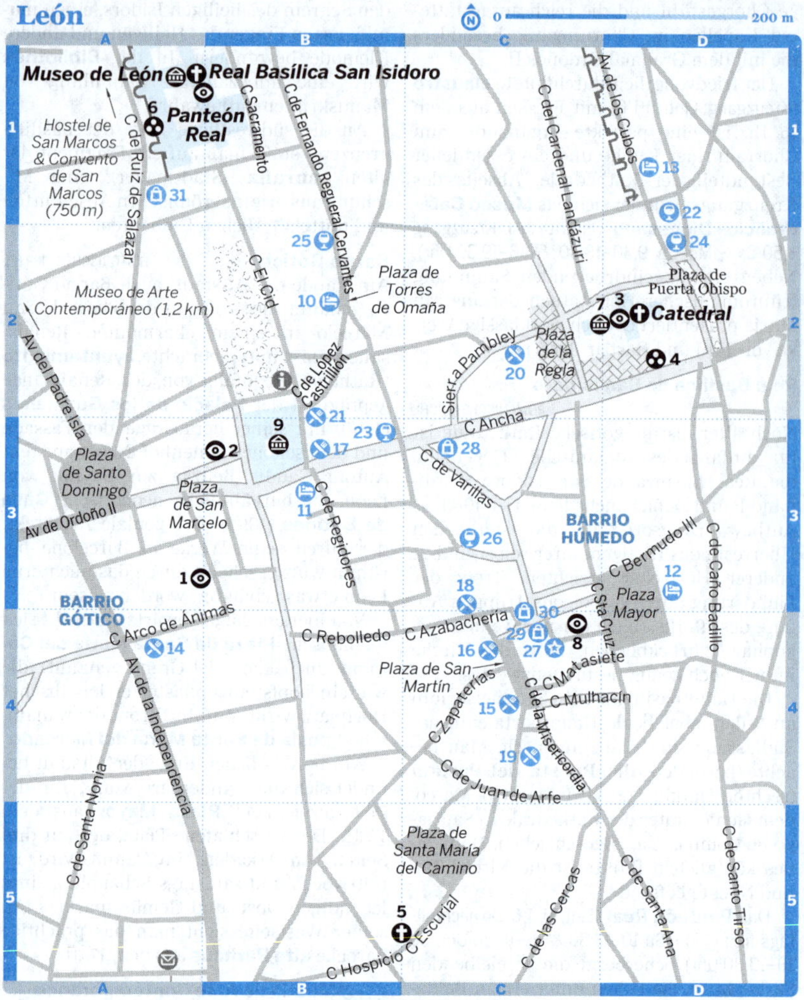

selausstellungen mit zeitgenössischer spanischer und internationaler Fotografie, Videoinstallationen und ähnlichen Kunstformen. Viele finden das Gebäude ansprechender als die hier präsentierten Werke. Im Musac, das sich rasch zu einem der dynamischsten Kulturzentren Spaniens entwickelt hat, werden auch Konzerte gegeben. Gruppenführungen können nach vorheriger Anmeldung arrangiert werden. Das Museum ist ausgeschildert; man gelangt dorthin, indem man der Avenida del Padre Isla vom Zentrum aus in nordwestlicher Richtung folgt.

Museo de León STADTMUSEUM

(Plaza de Santo Domingo 8; Eintritt 1,20 €, Sa & So frei; ⌚Di–Sa 10–14 & 16–19 Uhr) Viele Jahre suchte man nach einem passenden Gebäude für das Museo de León und nun hat es endlich eine der Geschichte der Stadt angemessene Heimat gefunden. Die hervorragende Ausstellung erstreckt sich über vier Stockwerke. Sie beginnt mit beeindruckenden steinernen Exponaten im Erdgeschoss und führt weiter durchs Mittelalter bis ins 19. Jh. Die informativen Begleittexte gibt's sowohl auf Spanisch als auch auf Englisch.

León

Highlights

Catedral	D2
Museo de León	A1
Panteón Real	A1
Real Basílica San Isidoro	A1

Sehenswertes

1	Ayuntamiento	A3
2	Casa de Botines	B3
3	Claustro (Kreuzgänge)	D2
4	Cripta de Puerta Obispo	D2
5	Iglesia de Santa María del Mercado	C5
6	Muralla	A1
7	Museo Catedralicio-Diocesano	C2
8	Altes Rathaus	C4
9	Palacio de los Guzmanes	B3
	Puerta Obispo	(siehe 4)

Schlafen

10	Hostal San Martín	B2
11	La Posada Regia	B3
12	NH Plaza Mayor	D3
13	QH	D1

Essen

14	Alfonso Valderas	A4
15	El Llar	C4
16	El Tizón	C4
17	Estrella de Galicia	B3
18	La Parrilla del Humedo	C3
19	Palacio Jabal Quinto	C4
20	Restaurante Zuloaga	C2
21	Susi	B2

Ausgehen

22	Big John's	D1
23	Capitán Haddock	B3
24	Ébanno	D2
25	Ékole Café	B2
26	Molly Malone's	C3
	Rebote	(siehe 15)

Unterhaltung

27	Club Danzatoria	C4

Shoppen

28	Farmacia Alonso Nuñez	C3
29	Iguazú	C4
30	La Casa de los Quesos	C4
31	Tejuelo	A1

Convento de San Marcos KLOSTER
Das über 100 m lange und mit einer wunderbaren Fassade versehene Kloster gleicht eher einem Palast als einem Pilgerhospiz, als das es ab 1173 genutzt wurde. Seit 1513 zeichnet sich das Gebäude durch seinen plateresken Stil sowie schlanke Säulen aus und ist mit feinen Medaillons und Friesen geschmückt. Zu dieser Zeit war es im Besitz der Jakobsritter. Heute beherbergt es einen eleganten *parador*, das Hostal de San Marcos. Nichtgäste können den ehemaligen Kapitelsaal und den **Kreuzgang** (Erw erm 0,60 €/frei, Do frei; Di–Sa 10–14 & 16–19 Uhr, So 10–14 Uhr) besuchen.

GRATIS **Cripta de Puerta Obispo** KRYPTA
(Calle Ancha) Unter dem Fußweg gleich unterhalb der Südfassade der Kathedrale liegt die Cripta de Puerta Obispo. Hier befand sich das Nordtor des römischen Lagers und hier wurde León gegründet. Da die Ausgrabungsarbeiten andauern, werden die Öffnungszeiten häufig geändert. Unmittelbar östlich der Krypta stößt man auf die Fundamente der **Puerta Obispo**, die zu Zeiten der Römer eines der wichtigsten Stadttore war.

Feste & Events

León ist für seine Prozessionen vermummter Gläubiger während der **Semana Santa** berühmt. Bei den **Fiestas de San Juan y San Pedro** vom 21. bis zum 30. Juni wird besonders wild gefeiert.

Schlafen

Die Stadt hat ein gutes Angebot an zentral gelegenen Unterkünften. Wer lieber etwas weiter auf dem Land übernachten möchte, kann sich auf www.castillayleonesvida.com informieren.

LP TIPP **Hostal San Martín** HISTORISCHES HOTEL €
(987 87 51 87; www.sanmartinhostales.com; 2. OG, Plaza de Torres de Omaña 1; EZ ohne Bad 20 €, EZ/DZ mit Bad 31/43 €) Das kürzlich renovierte Gebäude aus dem 18. Jh. wartet mit einer wunderbar zentralen Lage und hellen, bonbonfarbenen Zimmern inklusive kleinen Terrassen auf. Weitere Pluspunkte sammelt das Hotel mit den kräftigen Duschen und Badewannen sowie einer gemütlichen Sitzecke. Der Besitzer steht seinen Gästen gerne mit Rat und Tat zur Vefügung und verteilt bei Bedarf auch Stadtpläne.

La Posada Regia HISTORISCHES HOTEL €€
(☎987 21 31 73; www.regialeon.com, auf Spanisch; Calle de Regidores 9–11; EZ/DZ 65/120 €; ❄📶) Eine bessere Bleibe als diese wird man in Nordspanien kaum entdecken. Das fantastisch restaurierte Gebäude aus dem 14. Jh. ist mit Holzbalken, angedeutetem Mauerwerk und antiken Möbeln ausgestattet, außerdem verströmt es eine tolle Atmosphäre. Alle Zimmer sind individuell gestaltet und verfügen über komfortable Betten und Bäder. Die Kunstwerke wurden sorgfältig ausgewählt und umfassen sowohl abstrakte als auch klassische Stile.

QH WELLNESSHOTEL €€
(☎987 87 55 80; www.qhhoteles.com; Avenida de los Cubos 6; EZ/DZ 45/60 €; ❄📶) In direkter Nachbarschaft zur Kathedrale öffnete im März 2010 das Boutique-Wellnesshotel QH seine Pforten. Das Gebäude aus dem 19. Jh. bietet einen angemessenen ästhetischen Hintergrund für die moderne Inneneinrichtung. Von den Zimmern, die mit kräftigen Farbakzenten und stahlgrauen Bädern aufwarten, blickt man direkt auf die Kirche. Wer den Wellnessbereich nutzen möchte und Behandlungen in Anspruch nimmt, muss mehr zahlen als hier angegeben.

Hostal de San Marcos HISTORISCHER PARADOR €€€
(☎987 23 73 00; www.parador.es; Plaza de San Marcos 7; DZ ab 198 €; ❄@📶) Mit seinen palastartigen Räumen und dem Charme der alten Welt ist das Hostal de San Marcos eines der Vorzeigehotels der *parador*-Kette und eine der besten Unterkünfte Spaniens. Darüber hinaus beherbergt er das Convento de San Marcos.

Hostal Bayón BUDGETHOTEL €
(☎987 23 14 46; Calle del Alcázar de Toledo 6; EZ/DZ mit Waschbecken 15/30 €, mit Dusche 25/37 €) In dem beliebten, von einem entspannten Besitzer geführten Hotel können sich die Gäste über einladende, funktionale Zimmer mit leuchtenden Stoffen und Kiefernmöbel freuen. Obwohl das *hostal* im modernen Teil Leóns liegt, sind es bis zur Altstadt nur fünf Gehminuten. Von der Plaza de Santo Domingo nimmt man die Avenida de Ordoño II Richtung Westen und biegt an der Calle del Alcázar de Toledo rechts ab; das Bayón befindet sich auf der rechten Straßenseite.

NH Plaza Mayor KLASSISCHES HOTEL €€
(☎987 34 43 57; www.nh-hoteles.es; Plaza Mayor 15; EZ/DZ 67/87 €; ❄@📶) Dieses Hotel gehört zur stilvollen NH-Kette, die ein Händchen für tolle Standorte hat. Es bietet die perfekte Kombination aus Komfort, gedämpften Farben, tollem Service und einer intimen Atmosphäre. Die funkelnden Bäder sind mit Wannen, Duschen und zwei Waschbecken ausgestattet. Von insgesamt neunzehn Zimmern genießt man einen Ausblick direkt auf die Plaza.

Essen

Als stimmungsvollstes Stadtviertel zum Essen gilt der Barrio Húmedo gleich südlich der Kathedrale, wo man sich den Bauch mit Tapas vollschlagen kann. Wer etwas Substanzielleres essen möchte, findet zudem eine gute Auswahl an Restaurants, insbesondere an der Plaza de San Martín.

La Parrilla del Humedo TRADITIONELLE TAPAS €
(Calle Azabacheria 6; raciones 7–13 €) In diesem Laden herrscht immer großer Andrang. Sparsame *leonéses* kommen wegen des bemerkenswert guten Hausweins her, der mit kostenlosen Tapas und zum Schnäppchenpreis von 1,50 € gereicht wird. Es gibt z. B. Bratkartoffeln mit *alioli* (Knoblauchmayonnaise) und sautierte Pilze. Im Speisesaal bekommt man Gerichte wie die berühmte Spezialität der Stadt, *el morcilla de León* (Blutwurst auf Leóner Art), oder auch einen Teller schmackhafter *pimientos de padrón* (kleine gebratene Paprikaschoten) für weniger Hungrige.

LP TIPP **El Llar** TRADITIONELLE TAPAS €€
(Plaza de San Martín 9; Mahlzeiten 25–30 €; 🍷) Die alte *taberna* lockt mit köstlichen Tapas und einer innovativen Auswahl an *raciones*, darunter mit Wildpilzen gefüllte Backkartoffeln und gratinierte Garnelen. Im klassischen Restaurant oben werden auch vegetarische Gerichte wie frischer Porree in Blätterteig und sieben verschiedene Salate sowie tolle Weine angeboten.

Estrella de Galicia SPANISCH €
(Calle Ancha 20; menú del día 11 €, Mahlzeiten 15 €; ⏲Di–So) Dank seiner Lage in der Mitte einer beliebten Einkaufsstraße zieht das weitläufige, moderne Lokal sowohl Geschäftsleute als auch Shoppingfans an. Hier sind alle Hochgenüsse des spanischen Nordwestens zu haben: galicische Meeresfrüchte, kantabrischer Fisch und Wurstwaren aus dem Landesinneren. Der *pulpo* (Tintenfisch) schmeckt besonders gut, doch es gibt auch Salate, Minibrötchen und eine Auswahl an *raciones*.

Alfonso Valderas MEERESFRÜCHTE €€
(☎987 20 05 05; Calle Arco de Ánimas 1; Mahlzeiten 35–40 €) Im Alfonso Valderas bekommt man den besten *bacalao* (gesalzener Kabeljau) der Stadt. Der Fisch wird auf rund 20 verschiedene Arten zubereitet, etwa *al pil-pil* (mit einer scharfen Chilisauce), mit dem in der Gegend hergestellten Käse *queso valdeón* oder mit *salsa de oricios* (Seeigel-Sauce). Darüber hinaus kann man Hauptgerichte mit Fleisch, anderem Fisch und Reis bestellen. Der elegante Speisesaal ist mit einer prachtvollen Standuhr und einer verblüffenden Vitrine mit altertümlichen Schuhen ausgestattet. Reservierung empfohlen.

El Tizón REGIONALE SPEZIALITÄTEN €€
(☎987 25 60 49; Plaza de San Martín 1; raciones 10–15 €, Mahlzeiten 25–30 €; ⌚Mo–Sa, So Mittagessen) Die Tapas sind gut, aber das kleine Lokal ist noch besser. Es bietet eine große Auswahl an *raciones* und einige Spezialitäten nach Art des Hauses wie *embutidos*. Abenteuerlustigere können *caracoles* (Schnecken) oder *ancas de rana* (Froschschenkel) probieren. Die Weinkarte ist sehr lang. Reservierung empfohlen.

Restaurante Zuloaga GEHOBEN & MODERN €€
(☎987 23 78 14; Sierra Pambley 3; Mahlzeiten 35–40 €; ⌚Di–Sa) Das gehobene Restaurant im Gewölbe eines Palastes aus dem frühen 20. Jh. hat einen gut bestückten Weinkeller und eine erstklassige Speisekarte. Als Vorspeisen gibt's z. B. Truthahnsalat nach andalusischer Art, als Hauptspeise Entenconfit mit getrockneten Früchten. Reservierung empfohlen.

Susi ZEITGENÖSSISCHE KÜCHE €€
(☎987 27 39 96; Calle de López Castrillión 1; Mahlzeiten 25–30 €) Die Atmosphäre ist intim, die Küche kreativ. Reservierung empfohlen.

Palacio Jabal Quinto MODERNES RESTAURANT €€
(☎987 21 53 22; www.palaciojabalquinto.com, auf Spanisch; Calle de Juan de Arfe 2; Mahlzeiten 35 €; ⌚Di–Sa) Gehört zu den edleren Restaurants der Stadt und ist in einem renovierten Palast aus dem 17. Jh. untergebracht. Reservierung empfohlen.

Ausgehen & Unterhaltung

Wer gerne feiert, sollte die Plaza de San Martín im Barrio Húmedo ansteuern. Dann muss man sich nur noch für eine der vielen Bars hier oder in den umliegenden Straßen (besonders in der Calle de Juan de Arfe und Calle de la Misericordia) entscheiden und sich bis zur Theke vorkämpfen – meist bleibt man nun von ganz allein bis zum Ladenschluss. Welche Läden angesagt sind, erkennt man an der Menschenmenge. Ein guter Abend könnte z. B. im **Rebote** (Plaza de San Martín 9; ⌚Mo–Sa 20–1 Uhr) beginnen, bei Livemusik und Guinness vom Fass im **Molly Malone's** (Calle Cardiles 2; ⌚11 Uhr–open end) weitergehen und im **Club Danzatoria** (Calle de Ramirez III 9; ⌚Mi–Sa 23–3 Uhr) enden.

Hinter der Kathedrale Richtung Osten liegen das **Big John's** (Avenida de los Cubos 4; ⌚19–2 Uhr), eine Jazzkneipe mit dynamischer Musikmischung, zu der auch Beebop, Latin und Dixieland gehören, und das angrenzende noble **Ébanno** (Avenida de los Cubos 2; ⌚16 Uhr–open end), das sowohl Businesstypen als auch erfahrene Nachtschwärmern anzieht.

Ebenso großer Beliebtheit erfreut sich das **Ékole Café** (Plaza de Torres de Omaña; ⌚So–Do 16.30–1.30, Fr & Sa 16.30–3.30 Uhr), das Erinnerungen ans alte Paris weckt. Es wartet mit einem reizenden Innenhof auf und serviert Cocktails (5 €), Eis sowie heiße Getränke.

Das **Capitán Haddock** (Calle Ancha 8; ⌚12 Uhr–open end) ist immer toll für einen Drink, egal ob tagsüber oder nachts. Es lockt mit roten Samtvorhängen, Kerzenlicht, Spiegeln und einer Atmosphäre irgendwo zwischen Boudoir und Retro.

Shoppen

Die Calle Ancha ist die Haupteinkaufsstraße in der Fußgängerzone. Auf keinen Fall sollte man die fabelhafte, opulent ausgestattete **Farmacia Alonso Nuñez** in der Nr. 3 verpassen. Sie wurde 1827 eröffnet und hat sich seitdem nicht verändert, von den Auslagen mit Antifaltencremes und Kondomen mal abgesehen.

La Casa de los Quesos KÄSE
(Calle Plegarias 14) Käseliebhaber werden diesen Laden lieben, denn es gibt alle nur vorstellbaren Sorten, darunter auch fettarme Varianten.

Tejuelo SCHREIBWAREN
(Calle de Ruiz de Salazar 18) Handgefertigte Papierprodukte, Füllfederhalter, ledergebundene Bücher und ein kleines, schönes Sortiment an edlen Schreibwaren machen das Tejuelo zu etwas Besonderem.

DEFTIGE PARKGEBÜHREN

Die Tiefgaragen im Zentrum sind alle in Privatbesitz und überdurchschnittlich teuer: Parken kostet 1,35 € pro Std., selbst über Nacht. Aus diesem Grund lohnt es sich, Hotels mit hauseigenen Parkplätzen in Erwägung zu ziehen.

Iguazú REISELITERATUR
(Calle de Plegarias 7; ⌚Mo–Fr 10–14 & 17–20.30, Sa 10.30–14.30 Uhr) Ein toller kleiner Laden für Reiseliteratur.

Praktische Informationen

Locutorio La Rua (Calle de Varillas 3; 2/5 € pro 1/5 Std.; ⌚Mo–Fr 9.30–21.30, Sa 10.30–14.30 & 17.30–21.30 Uhr) Internetzugang.

Touristeninformation (☎987 23 70 82; www.turismocastillayleon.com; Calle el Cid 2; ⌚9–20 Uhr) Die Angestellten der Touristeninformation empfehlen Anbieter von geführten Touren.

An- & Weiterreise

Bahnhof und Busbahnhof liegen am Westufer des Río Bernesga.

AUTO & MOTORRAD Parkgaragen (9–13 € für 12 Std.) findet man in den Straßen rund um die Plaza de Santo Domingo.

BUS Vom **Busbahnhof** (Paseo del Ingeniero Sáez de Miera) gibt's jeden Tag zahlreiche Verbindungen nach Madrid (22 €, 3½ Std.), Burgos (14,10 €, 3¾ Std.), Ponferrada (8,15 €, 2 Std.) und Valladolid (9,25 €, 2 Std.).

ZUG Es fahren regelmäßig Züge nach Valladolid (ab 12,15 €, 2 Std.), Burgos (ab 20,10 €, 2 Std.), Oviedo (ab 18,80 €, 2 Std.), Madrid (ab 28.30 €, 4¼ Std.) und Barcelona (ab 68,40 €, 9 Std.).

Östlich von León

IGLESIA DE SAN MIGUEL DE ESCALADA

Die wunderbar einfache **Kirche** (⌚Di–So 10.15–14 & 14.30–20 Uhr) wurde im 9. Jh. von aus Córdoba geflüchteten Mönchen auf den spärlichen Überresten eines dem Erzengel Michael gewidmeten westgotischen Gotteshauses gebaut. Ihre islamisch inspirierten Hufeisenbögen sind so weit im Norden Spaniens nur sehr selten zu sehen. Der anmutige Säulenportikus draußen findet seine Entsprechung in den beeindruckenden Marmorsäulen drinnen und der Eingangsbereich stammt aus dem 11. Jh. Wer das Gebäude besichtigen möchte, fährt von León aus auf der N601 Richtung Südosten. Nach etwa 14 km biegt man auf die kleinere LE213 in Richtung Osten ab; von der Kreuzung sind es noch 16 km bis zur Kirche.

SAHAGÚN

2850 EW. / 807 M

Heute erscheint es nicht sonderlich bemerkenswert, doch früher einmal war Sahagún Sitz einer der mächtigeren Abteien Spaniens. Das kleine **Museo Benedictinas** (Eintritt mit Spende; ⌚Di–Sa 10–12 & 16–18, So 10–12 Uhr) präsentiert einige Überreste.

Neben der ehemaligen Abtei erhebt sich die **Iglesia de San Tirso** (⌚Mi–Sa 10.15–14 & 16.30–20, So 10.15–14 Uhr) aus dem frühen 12. Jh., eine wichtige Station auf dem Jakobsweg und bekannt für ihren unverfälschten romanischen Stil sowie ihren Mudéjar-Glockenturm mit den Rundbögen. Die **Iglesia San Lorenzo** etwas nördlich der Plaza Mayor hat einen ähnlichen Glockenturm.

Gegenüber der lokalen Touristeninformation liegt das herrlich komfortable **Hostal La Codorniz** (☎987 78 02 76; www.hostallacodorniz.com; Avenida de la Constitución 97–99; EZ/DZ 40/50 €; ❄) mit einem traditionellen Restaurant, dessen ursprüngliche Mudéjar-Decke erhalten ist und das als wunderbare Abwechslung zum staubigen Jakobsweg gilt.

Die **Touristeninformation** (☎987 78 21 17; www.sahagun.org; Calle del Arco 87; ⌚10–14 & 16.30–19 Uhr) ist in der Pilgerherberge Albergue de Peregrinos untergebracht.

Von León (4,85€, 40 Min.) und Palencia (4,30 €, 35 Min.) fahren den ganzen Tag über Züge nach Sahagún.

Westlich von León

ASTORGA

12 200 EW. / 870 M

Astorga liegt auf einem Hügel an der Grenze zwischen den kargen Ebenen Nordkastiliens und den Bergen, die sich im Westen Richtung Galicien erheben. Die faszinierende Stadt hat eine Vielzahl von Attraktionen, die völlig unproportional zu ihrer Größe sind. Neben der schönen Kathedrale wartet sie mit einem von Gaudí entworfenen Palast und ein paar römischen Ruinen auf. Prägend für den Charakter des Ortes ist auch der Jakobsweg.

GESCHICHTE

Hier, am Ende der Ruta del Oro, errichteten die Römer ihre erste Siedlung: Astúrica Augusta. Diese war im Mittelalter eine feste Station auf einer der wichtigsten Pilgerrouten Europas und hatte bis zum 15. Jh. eine so große Bedeutung erlangt, dass eine Kathedrale errichtet und die Stadtmauer aus dem 3. Jh. wiederaufgebaut wurde.

Sehenswertes

Catedral KATHEDRALE

(Plaza de la Catedral; 9.30–12 & 17–18.30 Uhr) Die auffällige Südfassade der Kathedrale im plateresken Stil besteht aus karamellfarbenem Sandstein, der mit kunstvollen bildhauerischen Details verziert ist. 1471 begannen die Arbeiten an dem Gebäude. Da diese über die folgenden drei Jahrhunderte nur

DER JAKOBSWEG

Von Burgos nach León

Viele Pilger schenken sich diesen Abschnitt des Jakobswegs und nehmen den Bus, was wirklich schade ist, da sie ein einzigartiges Naturerlebnis verpassen: das subtile, sich ständig verändernde Farbenspiel auf der *meseta*. Entgegen der allgemeinen Auffassung ist das Hochplateau von Zentralspanien nämlich keineswegs flach. Kleine Dörfer erstrecken sich unten in den langen Tälern, durch die manchmal Flüsse fließen und die sich bis nach oben auf die karge Hochebene ziehen. Überall gibt's große Sandsteinfelsen und malerische Ausblicke auf abgeschiedene Ortschaften aus Lehmhäusern oder auf vereinzelte Schafherden. Der Jakobsweg führt durch das von einer Burg beherrschte Castrojeriz und das bekanntere Frómista, dessen Iglesia de San Martín mit ihren 315 gut erhaltenen Balkenköpfen und den schönen Kapitellen im Inneren als Perle der frühen romanischen Architektur gilt. Zwischen Carrión de los Condes and Calzadilla de la Cueza verläuft die Route entlang einer römischen Straße. Später erreicht man Sahagún, das im 12. Jh. ein mächtiges und wohlhabendes Zentrum der Benediktiner war, auch wenn man heute nicht mehr viel davon sieht. Die vom Mudéjar-Stil beeinflussten romanischen Backsteinkirchen lohnen einen Besuch, besonders wegen ihrer Hufeisenbögen und der cleveren Anordnung der Ziegel in geometrischen Mustern. Wenn man sich León nähert, wird der Jakobsweg monoton und windet sich entlang viel befahrener Asphaltstraßen durch mehrere Dörfer.

Tagestour

Wer nur für einen Tag Pilger sein möchte, kann sich die relativ kurze Etappe zwischen Rabé de las Calzadas und Hontanas (18,8 km/5 Std.) vornehmen. Die Wanderung durch die hügelige *meseta* ist im Frühling am schönsten. Sie führt durch einsame Weizenfelder und ermöglicht eine einzigartige Erfahrung der Abgeschiedenheit dieser Landschaft und der Dörfer.

Jakobsweg in Kastilien-León

sporadisch fortgesetzt wurden, hatten sie ein Stilgemisch zur Folge. Das Innere mit hochaufstrebenden Decken ist überwiegend gotisch und besticht mit einem großartigen Altaraufsatz von Gaspar Becerra aus dem 16. Jh. Im zugehörigen **Museo Catedralicio** (Eintritt 2,50 €, inkl. Museo de los Caminos 4 €; ⌚10–14 & 16–20 Uhr) werden die üblichen sakralen Kunstgegenstände, Dokumente und Objekte gezeigt.

Palacio Episcopal BISCHOFSPALAST
(Calle de Los Sitios; ⌚Di–Sa 10–14 & 16–20, So 10–14 Uhr) Antoni Gaudí mag Spaniens Hauptstadt Madrid verschmäht haben, doch dafür hinterließ der katalanische Architekt deutliche Spuren in Astorga, wo er für den Palacio Episcopal Märchentürme, eine verschnörkelte Fassade und zahlreiche überraschende Details entwarf. Der Palast wurde ab Ende des 19. Jhs. für den hiesigen Bischof errichtet und beherbergt mittlerweile das **Museo de los Caminos** (Eintritt 2,50 €, inkl. Museo Catedralicio 4 €) mit einer bunt zusammengewürfelten Sammlung. Im Untergeschoss sieht man römische Gegenstände und Münzen, in der obersten Etage zeitgenössische Malerei und im Erdgeschoss sowie in der ersten Etage mittelalterliche Skulpturen, gotische Grabmäler und Silberkreuze. Highlight des Prachtbaus ist die Kapelle mit ihren faszinierenden Wandgemälden, Kacheln und Buntglasfenstern.

Museo del Chocolate
SCHOKOLADENMUSEUM
(Calle de José María Goy 5; Eintritt 1 €; ⌚Di–Sa 10.30–14 & 16–18, So 11–14 Uhr; 👪) Das skurrile kleine Privatmuseum ist der Beweis dafür, dass Astorga nicht nur Pilger anspricht. Wie die vielfältige Sammlung alter Maschinen, bunter Werbeplakate und faszinierender Lithografien offenbart, war der Handel mit Schokolade für die Wirtschaft der Stadt im 18. und 19. Jh. überaus wichtig. Museumsbesucher erwartet eine erfrischende, genießerische und sündhafte Abwechslung zu Kastiliens religiöser Kunst. Und am Ende gibt's sogar noch Gratisproben!

Feste & Events

Festividad de Santa Marta SCHUTZHEILIGE
In der letzten Augustwoche erwacht Astorga aus seinem tiefen Schlaf, um die Schutzheilige der Stadt mit beeindruckenden Feuerwerken und Stierkämpfen zu feiern.

Schlafen

Casa de Tepa HISTORISCHES HOTEL €€
(☎987 60 32 99; www.casadetepa.com; Calle de Santiago Postas 2; EZ/DZ 80/100 €; P ❄ @ 📶) Das stattliche Gebäude aus dem 18. Jh. hat sich mehrmals neu erfunden. Ursprünglich diente es als Residenz des Grafen von Tepas, dann als Kloster und schließlich als Pilgerherberge. Die restaurierte und üppig mit Antiquitäten, noblen Stoffen sowie geschmackvollen Kunstwerken eingerichtete *posada* verfügt über luxuriöse Zimmer.

Hotel Gaudí KLASSISCHES HOTEL €€
(☎987 61 56 54; www.hotelgaudiastorga.com; Calle de Eduardo de Castro 6; EZ/DZ ab 48/65 €; ❄📶) Es gibt nur wenige Hotels mit Blick auf ein Werk Gaudís, deshalb sollte man nach einem Zimmer zur Straße hin fragen. Seit ihrer Renovierung warten die geräumigen Zimmer mit polierten Holzfußböden, weißen Bettüberwürfen und hellen Kiefernmöbeln auf. Die Café-Bar im Erdgeschoss könnte mit ihrem schwarzen Leder und der Ausstattung aus dunklem Holz auch ein einladender Club sein.

Hotel Astur Plaza MODERNES HOTEL €€
(☎987 61 89 00; www.asturplaza.com; Plaza de España 2; EZ/DZ/Suite ab 65/90/100 €; ❄@📶) Ein überaus modernes, komfortables Hotel. Einige Zimmer gehen auf die hübsche Plaza de España hinaus. Zum Frühstück steuert man am besten die Taverna Los Hornas an, wo man auf Nachfrage sogar Eier und Speck bekommt – eine Seltenheit in Spanien.

Essen

Cocido maragato, ein Eintopf aus Kichererbsen, verschiedenen Fleischsorten, Kartoffeln und Kohl, ist die Spezialität des Ortes. Die riesigen Portionen machen in der Regel zwei Leute satt. In vielen Geschäften wird das für Astorga typische Schmalzgebäck *mantecadas* verkauft.

Restaurante Serrano
MEDITERRANE GOURMETKÜCHE €€
(☎987 61 78 66; www.restauranteserrano.es; Calle de la Portería 2; Mahlzeiten 30 €; ⌚Di–So) Das Serrano hebt sich etwas von Astorgas schlichten Restaurants ab. Auf der Karte mit deutlichen Gourmet-Anklängen stehen Vorspeisen wie *ensalada de mango y centollo con vinagreta de frambuesa* (Mango- und Krabbensalat mit Himbeervinaigrette) sowie innovative Fleisch- und Fischgerichte und zahlreiche verführerische Schokoladendesserts. Reservierung empfohlen.

ABSTECHER

HISTORISCHE DÖRFER

Für einen unverdorbenen Eindruck vom Kastilien des 17. Jhs. verlässt man Astorga auf dem Jakobsweg gen Westen und folgt den Schildern in Richtung Castrillo de los Polvazares. Nach etwa 4,5 km gelangt man zu dem winzigen Weiler **Murias de Rechivaldo** mit einer bestechend schönen Kirche rechts von der wohl bescheidensten Plaza Mayor im ganzen Land. Gleich dahinter erstreckt sich ein reizender Picknickplatz am Fluss. Man kann aber auch die **Casa Botas** (Plaza Mayor 4; Mahlzeiten ab 8 €) mit ihrer prächtigen weinumrankten Terrasse aufsuchen, in der herzhafte lokale Gerichte serviert werden. Dann geht's nach **Castrillo de los Polvazares**, einem größeren Weiler aus dem 17. Jh. Er wurde aus eisenhaltigen Steinen errichtet, deren gedämpftes Orange einen auffälligen Kontrast zu den in leuchtendem Grün gestrichenen Türen und Fensterrahmen bildet. An den Wochenenden zieht der Ort jede Menge Städter an, die sich in Restaurants wie der **Hostería Cuca La Vaina** (☎987 69 10 34; www.cucalavaina.com; Calle de Jardín; Mahlzeiten 25 €; DZ 55 €) die lokale Spezialität *cocido maragato* gönnen (man sollte die Plätze im Voraus reservieren) und in einem der komfortablen Zimmer übernachten. Vom Busbahnhof in Astorga fahren relativ regelmäßig Busse hierher (1,10 €, 15 Min.).

Restaurante Las Termas REGIONALE KÜCHE €€
(Calle de Santiago Postas 1; Mahlzeiten ab 20 €; ⌚Di–So;) Gäste des Las Termas erwartet ein schönes Steingbäude aus dem 18. Jh. mit einem einladenden Speisesaal in warmen Ocker- und Gelbtönen. Der Besitzer Santiago (ein häufiger Name in der Gegend) ist ein charmanter Gastgeber und die Küche genießt einen guten Ruf für die Qualität seines *cocido* und der *ensalada maragata* (Salat mit Kichererbsen und Kabeljau).

Cervecería La Esquina BIERHAUS €
(Plaza de España 5; Mahlzeiten 10–20 €) Am besten bestellt man lokale Tapas-Spezialitäten wie die unübertroffenen *patatas esquinadas* (gewürzte Kartoffelscheiben) und genehmigt sich dazu ein Bier – man hat die Qual der Wahl aus 18 verschiedenen Sorten.

La Peseta REGIONALE KÜCHE €
(www.restaurantelapeseta.com; Plaza de San Bartolomé 3; Mahlzeiten 20 €) Hier gibt's regionale Gerichte, preiswertere *menús* für Pilger und Zimmer (DZ ab 55 €).

ℹ Praktische Informationen

Touristeninformation (☎987 61 82 22; www.turismocastillayleon.com; ⌚10–14 & 16–20 Uhr) In der nordwestlichen Ecke der Altstadt.

ℹ An- & Weiterreise

Busse verbinden Astorga mit León (3,50 €, 45 Min., bis zu 16-mal tgl.) und Madrid (21,60 €, 4½ Std., 5-mal tgl.). Der Bahnhof liegt ungünstig einige Kilometer nördlich der Stadt.

PONFERRADA

66 900 EW. / 508 M

Ponferrada liegt etwa 60 km westlich von Astorga. Es ist zwar nicht die einladendste Stadt der Gegend, aber die Burg und die Überreste der Altstadt (rund um den steinernen Glockenturm) lohnen einen Zwischenstopp auf dem Weg von oder nach Galicien.

Hoch über dem Río Sil erheben sich die Mauern der im 13. Jh. von Tempelrittern errichteten Klosterfestung **Castillo Templario** (Erw./erm. 3/1,50 €; ⌚Di–Sa 11–14 & 17–21, So 11–14 Uhr) mit ihren quadratischen, zinnenbewehrten Türmen. Die Burg macht einen einsamen und uneinnehmbaren Eindruck und setzt in der ansonsten eher öden Stadtlandschaft ein auffallendes Ausrufezeichen.

Das beeindruckendste Gotteshaus vor Ort ist die gotische Renaissancekirche **Basílica de Nuestra Señora de la Encina** (⌚9–14 & 16.30–20.30 Uhr), die man erreicht, indem man von der Touristeninformation den Berg hinaufgeht. Sie verfügt über ein im 17. Jh. entstandenes bemaltes Holzretabel aus der Schule von Gregorio Fernández.

Was das leibliche Wohl betrifft, so ist das noble, für seine unkonventionelle Zubereitung traditioneller Zutaten berühmte **Menta y Canela** (☎987 40 32 89; Calle Alonso Cana 10; Mahlzeiten 40 €) eine gute Anlaufstelle. Reservierung empfohlen.

Zwischen Ponferrada und León (8,15 €, 2 Std.) bzw. Madrid (25,20 €, 5 Std., 7-mal tgl.) verkehren regelmäßige Busse.

LAS MÉDULAS

Einst waren Las Médulas' alte römische Goldminen 20 km südwestlich von Ponferrada die wichtigste Goldquelle des gesamten Römischen Reiches – die Gesamtausbeute belief sich auf drei Millionen Kilogramm! Eine Armee von Sklaven musste überall in der Gegend Kanäle und Tunnel (einige sind über 40 km lang) anlegen, durch die Wasser gepumpt wurde, um den Fels aufzubrechen und das Edelmetall zu gewinnen. Das Resultat ist ein einzigartiges unnatürliches Naturphänomen und eine der bizarrsten Landschaften Spaniens, besonders bei Sonnenuntergang.

Um zum Herzen der ehemaligen Steinbrüche zu gelangen, fährt man durch das Dorf Las Médulas (4 km südlich von Carucedo und der N536). Mehrere Pfade verlaufen zwischen Kastanienbäumen und den bizarren von den Bergarbeitern geschaffenen Formationen.

DER OSTEN

Im östlichen Kastilien-León lässt man das touristische Spanien hinter sich und taucht in eine Welt voller charmanter Dörfer, abgelegener Klöster und Burgen, ruhiger Straßen und malerischer Landschaften ein. Das schöne Burgos und das provinzielle Soria begrenzen die Region an beiden Enden.

Burgos

174 000 EW. / 861 M

Die außergewöhnliche gotische Kathedrale, deren Silhouette hoch über die Stadt hinausragt, gilt als eine der schillerndsten Perlen der sakralen Architektur Spaniens. Auf den ersten Blick erscheint das konservative Burgos mit seiner strengen grauen Steinarchitektur, der herzhaften Küche der *meseta* (Hochebene) und dem extremen Klima alle Stereotypen nordspanischer Ortschaften zu verkörpern. Doch die Stadt ist eine genauere Erkundung wert: Hier pulsiert das Nachtleben, es gibt gute Restaurants, und wenn die Sonne scheint, bietet sich ein schönes Straßenbild. Zudem liegt unter den majestätischen Türmen der Kathedrale Burgos' meistgeliebter und wildester Sohn El Cid begraben.

Geschichte

Burgos begann sein Dasein 884 als strategisch angelegte Festung. Diese trennte die Mauren und das rivalisierende Königreich Navarra voneinander. Rund um den Ort verteilten sich mehrere *burgos* (Weiler), die allmählich verschmolzen und so den Kern einer neuen Stadt bildeten. Jahrhunderte später erreichte Burgos seine Blüte als Pilgerstation auf dem Jakobsweg sowie als Drehscheibe des Handels zwischen dem Landesinneren und den Häfen des Nordens. Während des spanischen Bürgerkrieges wählte General Franco die Stadt als Standort für seine zukünftige Regierung.

Sehenswertes

Altstadt — HISTORISCHES STADTVIERTEL

Das alte Viertel am Nordufer des Río Arlanzón ist wie so viele Kathedralenstädte im alten Kastilien von strenger Eleganz. Von Süden aus gelangt man über zwei Hauptbrücken in den Ort. Eine davon ist die **Puente de San Pablo**, auf deren Altstadtseite eine romantisierte **Statue von El Cid** mit wirbelndem Mantel und gezücktem Schwert steht. 300 m weiter westlich führt die **Puente de Santa María** zum prächtigen **Arco de Santa María** (Di–Sa 11–13.50 & 17–21, So 11–13.50 Uhr), einst das Haupttor zum Ortskern und Teil der Stadtmauer aus dem 14. Jh. Inzwischen sind dort wechselnde Ausstellungen zu bewundern. Zwischen beiden Brücken erstreckt sich der **Paseo del Espolón**, eine hübsche, von Bäumen gesäumten Fußgängerzone, und direkt hinter dem *paseo* (Promenade) liegt die sonderbar geformte **Plaza Mayor** mit schönen Häuserfronten.

Catedral — KATHEDRALE

(Plaza del Rey Fernando; Erw./Kind 5/2,50 €; 9.30–18.30 Uhr) Die Unesco-Welterbestätte ist ein wahres Meisterwerk und rechtfertigt schon für sich allein genommen eine Reise nach Burgos. Aufbauend auf den bescheidenen Ursprüngen einer kleinen romanischen Kirche begannen die Bauarbeiten 1221 im großen Stil. 40 Jahre später war bereits ein großer Teil der Kathedrale im Stil der französischen Gotik fertiggestellt. Beide Türme, die erst im 15. Jh. errichtet wurden, sind 84 m hohe, reich verzierte Fantasiebilder und von vielen ähnlichen reich geschmückten Türmchen umgeben. Das wahrscheinlich beeindruckendste Portal, die **Puerta del Sarmental**, dient als Haupteingang für Besucher. Allerdings könnte auch die **Puerta de la Coronería** auf der Nordwestseite, die einen von den Evangelisten umgebenen Christus zeigt, diese Ehre für sich beanspruchen.

Burgos

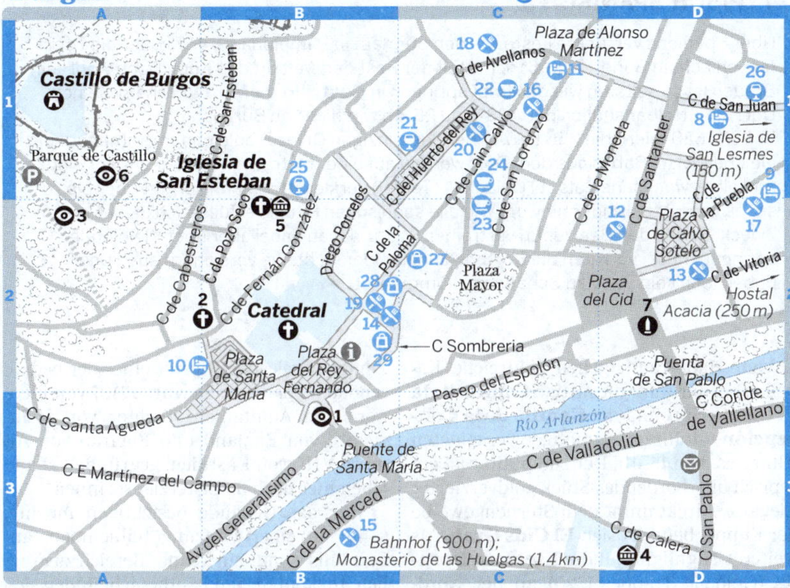

Burgos

Highlights

- Castillo de Burgos ... A1
- Catedral ... B2
- Iglesia de San Esteban ... B2

Sehenswertes

1 Arco de Santa María ... B3
2 Iglesia de San Nicolás ... B2
3 Mirador ... A2
4 Museo de Burgos ... D3
5 Museo del Retablo ... B2
6 Parque de Castillo ... A1
7 El-Cid-Statue ... D2

Schlafen

8 Hotel Jacobeo ... D1
9 Hotel La Puebla ... D1
10 Hotel Meson del Cid ... B2
11 Hotel Norte y Londres ... C1

Essen

12 Casa Babylon ... D2
13 Casa Ojeda ... D2
14 Cervecería Morito ... B2
15 El Jardín del Ecocentro ... B3
16 La Comidilla de San Lorenzo ... C1
17 La Fabula ... D2
18 La Favorita ... C1
19 La Mejillonera ... B2
20 Royal ... C1

Ausgehen

21 Buddha ... C1
22 Café de las Artes ... C1
23 Café España ... C2
24 Café Latino ... C1
Café Marmedi ... (siehe 9)
25 Chocolatería Candilejas ... B1
26 El Bosque Encantado ... D1

Shoppen

27 Casa Quintanilla ... C2
28 Jorge Revilla ... B2
29 Teodoro ... B2

Wer das Gebäude von der Plaza de Santa María her betritt, muss zwar keinen Eintritt zahlen, lässt sich auf diese Weise aber die besten Bereiche entgehen. Immerhin hat man Zugang zur **Capilla del Santísimo Cristo**, in der ein mit Büffelleder überzogenes Kreuz aus dem 13. Jh. (als *Cristo de Burgos* bekannt) hängt, sowie zur **Capilla de Santa Tecla** mit ihrer einzigartigen Decke.

TYPISCH SPANISCH ...

Über Spaniens verrückte Feste wie den Stierlauf in Pamplona (S. 457) oder die Tomatenschlacht in Buñol (S. 596) schüttelt der Rest der Welt oft den Kopf. Doch wohl kein Brauch ist so seltsam wie das Babyspringen in **Castrillo de Murcia**, einem kleinen Dorf unmittelbar südlich der A231 und 25 km westlich von Burgos.

Seit 1620 feiern die 250 Einwohner des winzigen Ortes Fronleichnam immer auf die gleiche Weise: Babys aus dem Dorf werden auf einer Matratze nebeneinander gelegt, und ein erwachsener, als „El Colacho" (Teufel) verkleideter Mann springt über bis zu sechs verdutzte Kinder hinweg. Wie alle spanischen Rituale erfüllt auch dieses einen Zweck: Es soll den Beelzebub vertreiben. Warum man dabei aber über Kleinkinder springen muss, verraten die Dorfbewohner leider nicht. Sie versichern aber, dass dabei noch kein Baby zu Schaden gekommen ist.

Vom Hauptraum gehen zahlreiche Kapellen ab, darunter die luftige **Capilla de la Presentación** und die **Capilla de la Concepción** mit ihrem einmaligen vergoldeten Altar aus dem 15. Jh. Der Hauptaltar ist ein typisch überbordendes Stück goldverzierter Eleganz. Direkt unter dem Sternengewölbe der Kuppel befindet sich **El Cids Grab**. Als weiteres Highlight gilt die **Escalera Dorada** (Goldene Treppe; 1520) an der Nordwestseite der Kathedrale, eine Arbeit von Diego de Siloé.

Die bemerkenswerte **Capilla del Condestable** auf der Ostseite des Chorumgangs hinter dem Hauptaltar stammt aus dem 15. Jh. und verbindet gotische sowie platereske Stilelemente. Zu ihren Höhepunkten zählen drei Altäre unter einem ungewöhnlichen Sternengewölbe. Echte Meisterwerke der Steinbildhauerei aus dem 15. und 16. Jh. sind die dem Kapelleneingang zugewandten Skulpturen; sie stellen die Passion, den Tod, die Auferstehung und die Himmelfahrt Christi dar.

Ebenso sehenswert ist der friedliche **Kreuzgang** mit den kunstvoll geformten mittelalterlichen Grabmälern. Hier zweigt die **Capilla de Corpus Cristi** ab, wo hoch oben an der Nordwestwand der Sarg von El Cid hängt.

Das benachbarte **Museo Catedralicio** präsentiert eine Vielzahl von Ölgemälden, Tapisserien sowie reich verzierten Kelchen. Im Kreuzgang eine Etage tiefer erfährt man alles Wichtige über die Entwicklung der Kathedrale, u. a. mithilfe eines maßstabgetreuen **Modells**.

Monasterio de las Huelgas — KLOSTER

(Calle Compases; Führungen Erw./erm. 5/2,50 €, Mi frei; ⌚Di–Sa 10–13 & 15.45–17.30, So 10.30–14 Uhr) Früher einmal war das westlich vom Zentrum gelegene Kloster eines der bedeutendsten Spaniens. Es wurde 1187 von Eleonore von Aquitanien, Tochter von Heinrich II. von England und Ehefrau von Alfonso VIII. von Kastilien, gegründet. Heute leben hier noch 35 Zisterzienserinnen.

Wer das Gebäude besichtigen möchte, sollte an einer Führung teilnehmen, andernfalls ist nur ein kleiner Bereich zugänglich. Im königlichen Pantheon befinden sich die Grabmäler zahlreicher Könige und Königinnen sowie ein spektakulärer vergoldeter Renaissancealtar, der von einem überlebensgroßen Christus bei der Kreuzabnahme gekrönt wird. Den Höhepunkt bildet jedoch das **Museo de Ricas Telas**, das von dem schönen romanischen Kreuzgang Las Claustrillas abzweigt. Dort sind mit Juwelen besetzte Roben und königliche Gewänder zu sehen.

Man erreicht das Kloster, indem man der Calle de la Merced und der Avenida de Palencia am Südufer des Río Arlanzón folgt und an der Calle Reina Leonor links abbiegt (ungefähr 30 Gehminuten). Es ist ausgeschildert.

Iglesia de San Esteban — GOTISCHE KIRCHE

(Calle de Pozo Seco; Eintritt inkl. Museum 2 €; ⌚10–14 & 17–20 Uhr) Gleich westlich der Kathedrale erhebt sich diese solide gotische Kirche aus dem 14. Jh. mit einem ungewöhnlichen Vorbau und dem **Museo del Retablo** (Altarmuseum; ⌚Öffnungszeiten siehe oben), in dem etwa 15 Altäre aus dem 15. bis 18. Jh. ausgestellt sind.

Cartuja de Miraflores — KLOSTER

(⌚10.15–15 & 16–18 Uhr) In einem friedlichen Wald 4 km östlich vom Stadtzentrum stößt man auf die Cartuja de Miraflores mit drei Meisterwerken von Gil de Siloé aus dem 15. Jh. Der Spaziergang entlang des Río Arlanzón hierhin dauert etwa eine Stunde. Man folgt dem parallel zum Fluss verlaufenden Paseo de la Quinta Richtung Norden; das Kloster ist ausgeschildert.

Castillo de Burgos BURG

(Erw./erm.3,70/2,60 €; ⌚Sa & So 11–14 & 16–19 Uhr; 👪) Am höchsten Punkt des baumreichen **Parque de Castillo** erstrecken sich die massiven Befestigungsanlagen des wiederaufgebauten Castillo de Burgos. Die Burg stammt aus dem 9. Jh. und blickt auf eine turbulente Vergangenheit zurück. 1736 wurde sie von einem Feuer heimgesucht und 1813 von Napoleons Truppen zerstört. Ein kleines **Museum** widmet sich der Geschichte der Stadt, und dank der jüngsten Ausgrabungsarbeiten sind einige Fundamente der Festung zu sehen. Südlich vom Parkplatz befindet sich ein **mirador** (Aussichtspunkt).

Museo de Burgos MUSEUM

(Calle de Calera 25; Eintritt 1,20 €, Sa & So frei; ⌚Di–Sa 10–14 & 17–20, So 10–14 Uhr) Das Museum in der Casa de Miranda aus dem 16. Jh. wartet mit einigen schönen gotischen Grabmälern und weiteren archäologischen Fundstücken auf.

Iglesia de San Nicólas KIRCHE

(Calle de San Nicolás; ⌚12–13.30 & 17–19 Uhr) Die Kirche besitzt einen riesigen steinernen Altar von Francisco de Colonia mit Szenen aus dem Leben des heiligen Nikolaus.

Iglesia de San Lesmes KIRCHE

(Plaza de San Juan; ⌚vor & nach der Messe) Ein rustikal-charmantes Gebäude aus dem 15. Jh. mit drei bemerkenswerten Kirchenschiffen.

Feste & Events

Ende Juni bzw. Anfang Juli werden in der Stadt große Feste gefeiert. Die **Festividad de San Pedro y San Pablo** (Peter- und Paulsfest) lockt mit Stierkämpfen, Prozessionen und allerlei Vergnügungen, insbesondere am ersten Sonntag im Juli, dem **Día de las Peñas**. Etwas ruhiger geht's auf der **Festividad de San Lesmes** zu Ehren des Schutzpatrons der Stadt am 30. Januar zu.

Schlafen

LP TIPP **Hotel Norte y Londres** HISTORISCHES HOTEL €€

(☎947 26 41 25; www.hotelnorteylondres.com; Plaza de Alonso Martínez 10; EZ/DZ 66/100 €; P @ 📶) Wer sich für das schöne Hotel in einem umgebauten Palast aus dem 16. Jh. entscheidet, kann sich über geräumige Zimmer mit antiken Möbeln, polierten Holzfußböden, hübschen Balkonen und ausgesprochen großen Bädern freuen. Die Zimmer in

EL CID: DER HELDENHAFTE SÖLDNER

Nur wenige Namen der spanischen Geschichte haben einen solchen Klang wie der von El Cid, einem Glücksritter und Abenteurer aus dem 11. Jh., dessen Geschichte von den turbulenten Jahren erzählt, als das Land in muslimische und christliche Herrschaftsgebiete aufgeteilt war. Dass El Cid eine romantische, idealisierte historische Figur wurde, die für unverbrüchliche Loyalität und übermenschliche Stärke steht, ist hauptsächlich dem 1961 gedrehten Film mit Charlton Heston und Sophia Loren zu verdanken. Die Realität sah jedoch anders aus.

El Cid (vom arabischen „*sidi*" für „Herr") wurde 1043 als Rodrígo Diaz in Vivar geboren, einem Dorf 10 km nördlich von Burgos. Nach dem Tod Ferdinands I. tauchte er in die dunkle Welt der Erbfolgekämpfe ab, was 1076 zu seiner Verbannung aus Kastilien führte. Er hatte kaum Skrupel, seine Dienste den unterschiedlichsten Herrschern anzubieten, egal ob Christen oder Muslimen, und wurde mit jeder Schlacht mächtiger und reicher.

Man weiß nicht, ob er plötzlich eine Loyalität zum christlichen Königtum entwickelte oder einfach die Zeichen der Zeit erkannte, die Spanien eine christliche Zukunft verhießen. Als er jedenfalls hörte, dass die Mauren Valencia erobert und die Einwohner vertrieben hatten, marschierte er dorthin und wurde nach einer erfolgreichen, aber verheerenden Belagerung 1094 Oberhaupt der Stadt. Auf dem Höhepunkt seiner Macht und seines Ansehens setzte sich der auch als El Campeador (Champion) bekannte Söldner zur Ruhe, um seinen Lebensabend in Valencia zu verbringen, wo er 1099 starb. Seine sterblichen Überreste wurden nach Burgos gebracht, wo er in der Kathedrale neben seiner Frau Jimena begraben liegt.

der 4. Etage sind am modernsten und der Service ist außerordentlich effizient. Parken kostet 11,50 €.

Hotel Jacobeo KLEINES HOTEL €
(☎947 26 01 02; www.hoteljacobeo.com; Calle de San Juan 24; EZ/DZ inkl. Frühstück 47/58 €;) Ein stilvolles Hotel. Die burgunderrot und weiß gestrichenen Zimmer warten mit Terrakottafliesen und Parkettboden sowie gut ausgestatteten, etwas zu klein geratenen Bädern auf. Alle öffentlichen Bereiche sind geschmackvoll mit vergoldeten Spiegeln, historischen Ölgemälden und warmen Lila- bzw. Rosatönen dekoriert.

Hotel Meson del Cid HISTORISCHES HOTEL €€
(☎947 20 87 15; www.mesondelcid.es; Plaza de Santa María 8; EZ/DZ 70/100 €; P) Die Zimmer im ältesten privaten Gebäude der Stadt (aus dem Jahr 1483) sind mit burgunderroten und cremefarbenen Stoffen im Regency-Stil geschmückt, die gut zu den dunklen Holzmöbeln und den Terrakottafliesen passen. Von den meisten Räumen genießt man einen großartigen Blick auf die Kathedrale. In Kürze sollten die etwas veralteten Bäder gründlich erneuert werden. Parken kostet 12 €.

Hotel La Puebla BOUTIQUE-HOTEL €€
(☎947 20 00 11; www.hotellapuebla.com; Calle de la Puebla 20; EZ/DZ 70/95 €; P@) Diese hübsche Unterkunft bereichert Burgos' Hotelszene. Die Räume fallen nicht allzu groß aus und bieten auch keine besonders schöne Aussicht, punkten aber mit einer dezenten Beleuchtung und ihrem außerordentlichen Komfort. Stilistisch sind sie ganz unterschiedlich von farbenfroh bis zu minimalistischem Schwarz-Weiß eingerichtet. Parken kostet 10 €.

Hostal Acacia BUDGETHOTEL €
(☎947 20 51 34; www.hostalacacia.com; Calle de Bernabé Perez Ortiz 1; EZ/DZ mit Bad 25/59 €) Bei Pilgern erfreut sich das *hostal* besonders großer Beliebtheit. Die einfachen Zimmer verfügen über Tagesdecken, renovierte Bäder und teilweise auch über ockerfarben gestrichene Wände. Es gibt hier einen Fahrradverleih.

Essen

Burgos ist berühmt für *queso*, *morcilla* und *cordero asado* und wartet mit einer hervorragenden Auswahl an Restaurants auf, vor allem rund um die Plaza de Calvo Sotelo, die Plaza de Alonso Martínez und die Plaza Mayor. Die besten Tapas-Bars findet man unweit der Kathedrale in der Calle de San Lorenzo, der Calle de Avellanos und der Calle de la Paloma.

Cervecería Morito TRADITIONELLE TAPAS €
(Calle de la Sombrerería 27; Tapas 3 €, raciones 5–7 €) Weil die Cervecería Morito als der unumstrittene Star der hiesigen Tapas-Bars gilt, platzt der Laden fast immer aus allen Nähten. Zu den typischen Gerichten gehören *alpargata* (geräucherter Schinken mit Brot, Tomaten und Olivenöl) und *calamares fritos* (Tintenfischringe). Das Essen wird überraschend modern präsentiert, besonders die Salate sind ein Fest für die Augen.

LP TIPP **La Fabula** MODERNE KASTILISCHE KÜCHE €€
(☎947 26 30 92; Calle de la Puebla 18; menú del día 15 €, Mahlzeiten 25–30 €;) Hier schwingt die örtliche Berühmtheit Isabel Alvarez das Zepter und bietet ihren Gästen bei klassischer Musik innovative Köstlichkeiten in einem hellen, modernen Saal. Auf der Karte stehen leckere Reisgerichte und Sommerspeisen wie knusprige vegetarische Frühlingsrollen. Zum Glück lässt die leichte Küche viel Platz für eines der köstlichen Desserts, etwa das Schokoladensoufflé mit Mangoeis und die Joghurt-Mousse. Unbedingt reservieren!

La Comidilla de San Lorenzo
MODERNE KASTILISCHE KÜCHE €€
(Calle San Lorenzo 29; Mahlzeiten 18–25 €) In dem Anfang 2010 eröffneten Restaurant herrscht eine junge, fröhliche Atmosphäre. Die Einrichtung ist cool und modern und es finden Kunstausstellungen statt. Hier kann man altbewährte und innovative Gerichte wie *secreto con salsa de frambuesa* (Steak mit Himbeersauce) und *tacos de atun con puré de patatas y pimiento* (Thunfisch-Tacos mit Kartoffelpüree und Paprika) bestellen.

El Jardín del Ecocentro VEGETARISCH €
(☎947 25 54 81; Calle de la Merced 19; Mahlzeiten 15 €; ⏲Di–Mi 13.30–15, Do–Sa 9.30–23 Uhr;) Ein wunderbares Ökozentrum, in dem einfache, leckere vegetarische *platos combinados,* frische Obst- und Gemüsesäfte und andere gesunde Köstlichkeiten zubereitet werden. Daneben gehören Yoga, Pilates und ayurvedische Massagen zum Angebot.

La Mejillonera MUSCHELN €
(Calle de la Paloma 33; Muscheln 2,35 € pro Portion) In diesem ebenfalls sehr beliebten Stehlokal gibt's tolle Muscheln. Weitere

gern gewählte Gerichte sind *patatas bravas* (Kartoffeln mit einer scharfen Tomatensauce) und *calamares*.

Casa Ojeda LAMMBRATEN €€
(☎947 20 90 52; www.grupojeda.com, auf Spanisch; Calle de Vitoria 5; Mahlzeiten 30–40 €; ⌚Mo–Sa, So Mittagessen) Diese Institution in Burgos stammt aus dem Jahr 1912, ist ganz in dunklem Holz gehalten und hat herrliche Fenster. Es handelt sich um eines der besten Restaurants der Stadt, um *cordero asado* zu probieren. Oben im Speisesaal kommt man in den Genuss von ausgezeichneten Gerichten und einem tadellosen Service. In der Bar unten wird eine begrenztere Auswahl an *platos combinados* geboten. Reservierung empfohlen.

La Favorita GERÄUCHERTES FLEISCH €€
(www.lafavorita-taberna.com, auf Spanisch; Calle de Avellanos 8; Mahlzeiten 18–25 €) In der Nähe der Kathedrale und ein Stückchen von den Tapas-Bars entfernt stößt man auf ein Lokal, dessen Innenraum mit Mauerwerk und Holzbalken an eine Scheune erinnert. Mittags zieht es zahlreiche geschniegelte Geschäftsleute mit gegeltem Haar an. Der Schwerpunkt liegt auf lokalen geräucherten Wurstwaren und Käse. Wein ist ab 1,50 € pro Glas zu haben.

Casa Babylon FUSIONSKÜCHE €€
(www.casababylon.es; Plaza de Santo Domingo 3; menús 15–20 €;) Gut zubereitete Gerichte asiatischer Herkunft (auch Sushi), Tex-Mex und italienische Spezialitäten wie Risotto.

Royal LEICHTE SPEISEN €
(Calle del Huerto del Rey 23; Mahlzeiten 10–15 €) Wer sich an dem hell erleuchteten Essbereich im Retrostil der 1970er-Jahre nicht stört, findet im Royal zwischen bewährten kulinarischen Klassikern auch erstaunliche Anflüge von Gourmetküche.

Ausgehen

Mit seiner altmodischen Eleganz zieht das **Café España** (Calle de Lain Calvo 12; ⌚10–23 Uhr) seit mehr als 80 Jahren Gäste an. An den Wochenenden spielt hier ein Jazzpianist. Einen Besuch lohnen auch das **Café Latino** (Calle de Lain Calvo 16; ⌚10–23 Uhr) und das künstlerisch angehauchte **Café de las Artes** (Calle de Lain Calvo 31; ⌚10–24 Uhr), in dem ebenfalls manchmal Livemusik geboten wird. In der **Chocolatería Candilejas** (Calle de Fernán González 36; ⌚Do–Mo 18.30–23 Uhr;) gibt's tolle Milchshakes, darunter so ungewöhnliche Geschmacksrichtungen wie Himbeere-Walnuss!

Am frühen Abend konzentriert sich das Nachtleben auf die Gegend zwischen der Calle de San Juan und der Calle de la Puebla. Zur Einstimmung kann man z. B. das kitschige **El Bosque Encantado** (Calle de San Juan 31; ⌚16.30–1 Uhr) ansteuern oder sich im **Café Marmedi** (Calle de le Puebla 20; ⌚16–1 Uhr) einen Mojito genehmigen.

Später (das gilt jedenfalls für die Wochenenden) sind die vielen Bars in der Calle del Huerto del Rey nordöstlich der Kathedrale eine gute Anlaufstelle, allen voran das **Buddha** (Calle del Huerto del Rey 8; ⌚Do–Sa 23–4 Uhr).

Wer wissen will, was in der Stadt los ist, holt sich bei der Touristeninformation einfach eine Ausgabe der *Go!* (www.laguiago.com, auf Spanisch).

Shoppen

Jorge Revilla SCHMUCK
(www.jorgerevilla.com; Calle de la Paloma 29; ⌚Mo–Fr 10–14 & 17–20, Sa 10–14 Uhr) Schmuckdesigner Jorge Revilla stammt aus Burgos und macht sich mit seinem exquisiten, edlen Silberschmuck inzwischen auch international einen Namen.

Casa Quintanilla DELIKATESSEN
(Calle de la Paloma 22; ⌚Mo–Sa 10–20.30, So 10–14 Uhr) Das beste der vielen Geschäfte im Zentrum, die lokale Produkte (z. B. für ein Picknick oder als Mitbringsel) verkaufen.

Teodoro HÜTE
(Calle Sombreria 4; ⌚Mo–Fr 10–14 & 17–20, Sa 10–14 Uhr) In diesem 1860 eröffneten Hutladen taucht man in eine andere Zeit ein. Die Innenausstattung ist noch original erhalten, einschließlich der prächtigen in Amerika hergestellten Registrierkasse. Der Inhaber Teodor, ein älterer Herr, ist ein echter Charmeur, außerdem sind die Hüte einfach herrlich anzusehen.

Praktische Informationen

Ciber-Café Cabaret (Calle de la Puebla 21; ab 2,50 €/Std.; ⌚ So–Do 12–1, Fr & Sa 19–4 Uhr) Internetzugang.

Regionale Touristeninformation (☎947 20 31 25; www.turismocastillayleon.com; Plaza de Alonso Martínez 7; ⌚So–Do 9–20,Fr & Sa 9–21 Uhr)

Städtische Touristeninformation (☎947 28 88 74; www.aytoburgos.es, auf Spanisch; Plaza del Rey Fernando 2; ⌚Mo–Fr 10–14 & 16.30–19.30, Sa & So 10–13.30 & 16–19.30 Uhr)

An- & Weiterreise

Busbahnhof und Bahnhof liegen südlich vom Fluss im neuen Teil der Stadt.

AUTO & MOTORRAD Es gibt mehrere Tiefgaragen, z. B. an der Plaza Mayor.

BUS Vom **Busbahhof** (Calle de Miranda 4) werden regelmäßig größere spanische Städte wie Madrid (16,25 €, 2¾ Std.), Bilbao (11,86 €, 2 Std.) und León (14,10 €, 3¾ Std.) angesteuert. Das nationale Bahnunternehmen **Renfe** (Red Nacional de los Ferrocarriles Españoles; Calle de la Moneda 21; Mo–Fr 9.30–13.30 & 16.30–19.30, Sa 9.30–13.30 Uhr) betreibt ein günstig gelegenes Ticketbüro im Zentrum von Burgos.

ZUG Es gibt Verbindungen in mehrere größere Städte, etwa nach Madrid (ab 25,60 €, 4 Std., bis zu 7-mal tgl.), Bilbao (ab 18,70 €, 3 Std., 5-mal tgl.), León (ab 20,10 €, 2 Std., 4-mal tgl.) und Salamanca (ab 20,90 €, 2½ Std., 3-mal tgl.).

Rund um Burgos

ERMITA DE SANTA MARÍA DE LARA

35 km südöstlich von Burgos liegt ganz in der Nähe von Quintanilla de las Viñas die Ermita de Santa María de Lara, ein lohnenswerter Stopp an der N234. Die bescheidene westgotische Einsiedelei aus dem 7. Jh. hat an ihren Außenmauern einige herrliche Flachreliefs, die zu den schönsten erhaltenen Beispielen sakraler Kunst in dieser Region gehören.

COVARRUBIAS

640 EW. / 975 M

Der malerische Weiler an den schattigen Ufern des Río Arlanza ist eines der versteckten Kleinode Kastilien-Leóns. Er zeichnet sich durch auffällige arkadengesäumte Fachwerkhäuser aus, die an kleinen kopfsteingepflasterten Plätzen stehen.

Am besten kommt man am zweiten Wochenende im Juli nach Covarrubias, denn dann finden hier der **Mittelaltermarkt** und das **Kirschenfest** statt.

Sehenswertes

Hier kann man wunderbar durch die kopfsteingepflasterten Gassen streifen und ein paar Sehenswürdigkeiten besuchen.

Torreón de Doña Urraca TURM

Dieser wuchtige Turm aus dem 10. Jh. thront auf den Überresten der mittelalterlichen Stadtmauer.

Colegiata de San Cosme y Damián KIRCHE

(Eintritt 2 €; Mi–Mo 10.30–14 & 16–19 Uhr) In dem spätgotischen Gebäude befinden sich Kastiliens älteste noch funktionierende Kirchenorgel, ein schöner Kreuzgang und das steinerne Grabmal von Fernán González, der Kastilien im 10. Jh. begründete.

Schlafen & Essen

Casa Galín KLEINES HOTEL €

(947 40 65 52; www.casagalin.com, auf Spanisch; Plaza de Doña Urraca 4; EZ/DZ 25/42 €) Mit den gemütlichen, in Pastellfarben gestrichenen Zimmern, die in einem altmodischen Fachwerkhaus mit Blick auf den Hauptplatz liegen, bietet die Casa Galín mehr als viele andere *hostales* in der kastilischen Provinz. Im zugehörigen **Restaurant** gibt's Tapas, Fisch und gebratenes Fleisch sowie ein preisgünstiges *menú* (10 €).

Hotel Rey Chindasvinto KLASSISCHES HOTEL €

(947 40 65 60; hotelchindas@wanadoo.es; Plaza del Rey Chindasvinto 5; EZ/DZ inkl. Frühstück 35/55 €;) Das edelste Hotel der Stadt ist in der Hand freundlicher Besitzer und hat hübsche geräumige Zimmer mit Holzbalken und unverputzten Mauern sowie ein gutes Restaurant.

La Posada del Conde CASA RURAL €

(609 406698; www.laposadadelconde.es; Calle Fernán González 8; EZ/DZ inkl. Frühstück 50/60 €;) Alle Zimmer in dieser 2010 eröffneten *casa rural* sind geräumig und hell gestrichen und die Bäder haben sogar einen Designertouch. Der Aufenthaltsraum ist groß und gemütlich, auch wenn die Wolfsköpfe an der Wand nicht jedermanns Sache sein mögen. Hier können verschiedene Aktivitäten von Bergsteigen bis zu Angelausflügen organisiert werden.

Restaurante de Galo TRADITIONELLE GERICHTE €€

(Plaza Mayor; menú 10,50 €, Mahlzeiten 20–25 €) Eine gute Wahl. Das Restaurant im Herzen des Dorfes serviert traditionelle Gerichte aus dem Holzfeuerofen, darunter die regionale Spezialität *cordero asado*.

Shoppen

La Alacena DELIKATESSEN

(Calle de Monseñor Vargas 8; Di–So 10–14 & 17–19.30 Uhr) Hausgemachte Schokolade, Honig aus der Region und andere Delikatessen.

Praktische Informationen

Touristeninformation (947 40 64 61; www.ecovarrubias.com, auf Spanisch; Calle de Monseñor Vargas; Di–Sa 10.30–14 & 16–19, So 11–14.30 Uhr) Die Touristeninformation befindet sich unter den Bögen des beeindruckenden Nordtors. Hier gibt's die kostenlose handliche Broschüre *Covarrubias: Castile Birthplace*, einen Führer zu den Sehenswürdigkeiten in der Stadt.

An- & Weiterreise

An Wochentagen pendeln zwei Busse zwischen Burgos und Covarrubias, am Samstag einer (2,95 €, 1 Std.).

SANTO DOMINGO DE SILOS

320 EW.

Das ruhige, hübsche Dorf liegt eingebettet in die welligen Hügel südlich von Burgos und kann sich eines ungewöhnlichen Grundes für seine Bekanntheit rühmen: Mitte der 1990er-Jahre kamen die Mönche des hiesigen Klosters mit Aufnahmen gregorianischer Gesänge in die britischen Hitparaden. Das Kloster ist eines der berühmtesten in Zentralspanien und vor allem wegen seines fantastischen Kreuzgangs bekannt.

Sehenswertes

Schöne Ausblicke auf die Stadt bieten sich vom grasbewachsenen Hügel mit der **Ermita del Camino y Via Crucis**, die man durch den **Arco de San Juan** erreicht.

Kirche KIRCHE

(6–14 & 16.30–22 Uhr) In dieser angenehm schlichten romanischen Kirche mit einer mehrkuppeligen Decke kann man den **Gesängen** (Eintritt frei; Mo–Fr 9, Sa 13, So 12 Uhr) der Mönche lauschen.

Kreuzgang KREUZGANG

(Eintritt 3 €; Führungen Di–Sa 10–13 & 16.30–18, So 16.30–18 Uhr) Der zweigeschossige Kreuzgang des Klosters ist ein ausgesprochen fantasievolles Schatzkästchen romanischer Kunst und die Kapitelle sind von besonders exquisiter Schönheit. Zwischen den floralen und geometrischen Motiven, die vom Einfluss der islamischen Kunst in Spanien zeugen, sind Löwen zu sehen. Ebenso bemerkenswert ist die ungewöhnlich gedrehte Säule an der Westseite. An den Eckpfeilern finden sich Darstellungen von Episoden aus dem Leben Jesu und die Galerien warten mit Mudéjar-Decken aus dem 14. Jh. auf. In der Nordostecke entdeckt man eine in Stein gehauene Darstellung der Jungfrau Maria aus dem 13. Jh. und gleich daneben die Begräbnisstätte des Santo Domingo de Silos.

Das Kloster ist zwar nur in Teilen öffentlich zugänglich, aber bei der obligatorischen Führung kann man die **botica** (Apotheke) aus dem 17. Jh. sowie ein kleines **Museum** mit sakraler Kunst, flämischen Gobelins und einigen mittelalterlichen Sarkophagen besichtigen. Rundgänge finden innerhalb der angegebenen Öffnungszeiten statt und beginnen, sobald genug Teilnehmer da sind.

Schlafen & Essen

Hotel Tres Coronas HISTORISCHES HOTEL €€

(947 39 00 47; www.hoteltrescoronasdesilos.com, auf Spanisch; Plaza Mayor 6; EZ/DZ inkl. Frühstück 57/72 €;) Das in einem ehemaligen Palast aus dem 17. Jh. untergebrachte Hotel versprüht historisches Flair, z. B. mit der Ritterrüstung oben an der prächtigen Treppe. Altmodischen Charme besitzen auch die Zimmer. Sie verfügen über dicke Steinmauern und bieten teilweise eine Aussicht auf die Plaza.

Hotel Santo Domingo de Silos HOSTAL, HOTEL €€€

(947 39 00 53; www.hotelsantodomingodesilos.com, auf Spanisch; Calle de Santo Domingo; hostal EZ/DZ 36/52 €, Hotel EZ/DZ 52/62 €;) Gegenüber dem Kloster befinden sich ein einfaches *hostal* und ein Drei-Sterne-Hotel mit großen luxuriösen Zimmern (einige sind mit Whirlpool-Badewannen ausgestattet). Beide erfreuen sich großer Beliebtheit, deshalb sollte man im Voraus buchen.

Hostal Cruces BUDGETHOTEL €

(947 39 00 64; Plaza Mayor 2; EZ/DZ 23/42 €) Ordentliche, wenn auch recht einfache Zimmer – die billigsten in der Stadt – und die freundlichen Inhaber machen diese Unterkunft zu einer guten Wahl im Herzen des Dorfes.

Padre Hospedero KLOSTER €

(947 39 00 68, Zi. mit Verpflegung 30 €) Männer können im Kloster beheizte Zimmer für einen Aufenthalt von drei bis zu zehn Tagen mieten, müssen allerdings lange im Voraus buchen. Anrufe werden von montags bis freitags zwischen 10 und 13.30 Uhr entgegengenommen.

Das beste und teuerste Restaurant des Ortes liegt im **Hotel Tres Coronas** (Mahlzeiten 20–30 €), doch das preiswertere **Hotel Santo Domingo de Silos** (Mahlzeiten 15–20 €) ist auch nicht schlecht.

Praktische Informationen

Touristeninformation (947 39 00 70; www.turismocastillayleon.com; Calle de Cuatro Cantones 10; Di–So 10–13.30 & 16–18 Uhr) Zentral gelegen und sehr hilfreich.

An- & Weiterreise

Montag bis Samstag fährt täglich ein Bus von Burgos nach Santo Domingo de Silos (5,70 €, 1½ Std.).

DESFILADERO DE YECLA

Nur 1,3 km von Santo Domingo eröffnet sich an der Nebenstraße (BU911) nach Caleruega der spektakuäre Desfiladero de Yecla, eine großartige Schlucht mit Kalksteinklippen. Sie kann dank eines Fußweges leicht besichtigt werden; die Treppen führen gleich hinter dem Tunnelausgang nach unten.

Richtung Süden zum Río Duero

LERMA

2720 EW. / 827 M

Auf der landschaftlich eher uninteressanten Strecke zwischen Burgos und Madrid ist Lerma für viele ein echter Lichtblick.

Die uralte Siedlung erlangte im 17. Jh. unerwartete Bekanntheit, als Großherzog Don Francisco de Rojas y Sandoval, ein Minister unter Felipe II., das ehrgeizige Projekt auf die Welt brachte, ein zweites Escorial (s. S. 114) zu schaffen. Seine Pläne schlugen fehl, doch die kopfsteingepflasterten Straßen und reizenden Plätze der Altstadt können noch heute bewundert werden.

Sehenswertes

Wer den Ort etwas genauer erkunden möchte, sollte die Hauptstraße nach Burgos verlassen und durch das **Arco de la Cárcel** (Gefängnistor) sowie die lange Calle del General Mola hinauf zur großen **Plaza Mayor** schlendern. Hier erhebt sich der übergroße **Palacio Ducal**, heute ein *parador* mit bemerkenswerten Innenhöfen und 210 Balkonen. Rechts vom Platz liegt das Dominikanerinnenkloster **Convento de San Blas**, das im Rahmen einer Führung der Touristeninformation besichtigt werden kann.

Etwas nordwestlich der Plaza verläuft eine hübsche Gasse zum **Mirador de los Arcos** mit Blick auf den Río Arlanza. Bögen führen von dem Aussichtspunkt zum **Convento de Santa Teresa** aus dem 17. Jh.

Der **Pasadizo de Duque de Lerma** (Eintritt 2 €) stammt ebenfalls aus dem 17. Jh. und ist ein restaurierter unterirdischer Gang, der den Palast mit der **Iglesia Colegial de San Pedro Apóstol** verbindet; Eintrittskarten erhält man bei der Touristeninformation.

Schlafen & Essen

Posada La Hacienda de Mi Señor HISTORISCHES HOTEL €€
(947 17 70 52; www.lahaciendademisenor.com, auf Spanisch; Calle El Barco 6; EZ/DZ mit Frühstück 50/75 €;) Neben einigen über den alten Ortskern verteilten *casas rurales* ist dies die beste Mittelklasseunterkunft. Das renovierte historische Gebäude wartet mit großen Zimmern und Gratis-WLAN auf. Wer länger bleibt, leidet mit der Zeit vielleicht etwas unter den knalligen Bonbonfarben; Zimmer 205 ist etwas dezenter.

Parador de Lerma HISTORISCHER PARADOR €€€
(947 17 71 10; www.parador.es; Plaza Mayor 1; EZ/DZ 128/160 €;) Ohne Zweifel ist dieser *parador* im renovierten, prächtigen Palacio Ducal die eleganteste Unterkunft im Dorf. Die Zimmer sind erwartungsgemäß luxuriös und haben Flair, auch der Service ist tadellos.

El Zaguan CASA RURAL €€
(947 17 21 65; www.elzaguanlerma.com; Calle Baquilo 6; DZ mit Frühstück 66 €) Eine freundliche Unterkunft im Zentrum.

Lerma ist sozusagen das Herz der kastilischen Holzfeuerofenregion. Rund um die Plaza Mayor findet man erstklassige Restaurants, in denen *cordero asado* auf der Karte steht (35 € für 2 Pers. ist ein guter Preis). Besonders großer Beliebtheit erfreut sich das gemütliche **Asador Casa Brigante** (Plaza Mayor 5; Mahlzeiten 25 €; Mittagessen), denn hier wird der beste Lammbraten weit und breit serviert.

Praktische Informationen

Touristeninformation (947 17 70 02; www.citlerma.com, auf Spanisch; Convento de Santa Teresa, Plaza de Santa Clara; Di–So 10–14 & 16–19 Uhr) Bietet Führungen (3 €) durch die Stadt und zu vielen Sehenswürdigkeiten an.

An- & Weiterreise

Zwischen Burgos (3,15 €, 30 Min.) und Lerma verkehren täglich acht Busse, samstags und sonntags nur vier. Darüber hinaus kommen einige Busse aus Aranda de Duero und Madrid durch den Ort.

ARANDA DE DUERO

32 000 EW. / 802 M

Größte Attraktion in diesem unattraktiven Ort an der Kreuzung zweier Fernstraßen ist das reich verzierte, im 15. und 16. Jh. errichtete Hauptportal der spätgotischen **Iglesia de Santa María** (Di–So 10–14 & 17–20 Uhr).

ABSTECHER

VERSTECKTE DÖRFER

Wer der N623 von Burgos aus folgt, bekommt eine malerische Landschaft zu sehen; das gilt besonders für den Abschnitt zwischen den Bergpässen **Portillo de Fresno** und **Puerto de Carrales**. 15 km nördlich vom ersten Pass führt eine Nebenstraße im **Valle de Sedano** durch zahlreiche interessanter Dörfer. Im gleichnamigen Ort erhebt sich eine schöne Kirche aus dem 17. Jh., aber das kleine Gotteshaus mit einzigartigen Steinmetzarbeiten am Hauptportal oberhalb von **Moradillo de Sedano** ist noch interessanter.

Orbaneja del Castillo gilt als das bestgehütete Geheimnis der Gegend. Man erreicht es, indem man die Abfahrt nach Escalada nimmt und der holprigen Straße bis zum Wasserfall folgt. Hier sucht man sich einfach eine gute Stelle zum Parken und klettert dann neben der Kaskade zu der versteckten Siedlung hinauf. Der dramatische Hintergrund merkwürdig anmutender Felswände verleiht dem Ort eine geradezu magische Qualität.

Aranda de Duero gilt als Bastion der klassischen kastilischen Küche. Viele der besseren Restaurants, die *cordero* servieren, liegen an oder in der Nähe der Plaza del Arco Isilla. *Asador*-Schilder weisen den Weg zu den Bratenlokalen, darunter das exzellente **Mesón de la Villa** (☎947 50 10 25; Calle de Rodríguez Valcarcel 3; Mahlzeiten 40 €; ⏲Di–So), in dem saftiges Lamm und hervorragende regionale Weine auf den Tisch kommen. Am Wochenende sollte man unbedingt einen Tisch reservieren.

Mehr über die Möglichkeiten vor Ort erfährt man in der **Touristeninformation** (☎947 51 04 76; Plaza Mayor; ⏲9–14 & 15.30–19 Uhr).

Zahlreiche Busse und Züge verbinden Aranda mit Madrid (11,26 €, 2 Std.) und vielen größeren Städten in Kastilien-León.

PEÑARANDA DE DUERO

560 EW. / 877M

Dieses reizvolle Örtchen war ursprünglich eine keltische Festung und liegt 20 km östlich von Aranda an der C111. Rund um die Plaza Mayor verteilen sich die schönsten Gebäude des Dorfes. Der prächtige Renaissancepalast **Palacio Condes de Miranda** (Eintritt frei; ⏲Di–So 10–14 & 16–19.30 Uhr) hat einen hübschen plateresken Eingang, einen Innenhof mit Doppelbögen und herrliche Decken in verschiedenen Stilen. Er kann nur im Rahmen einer Führung besucht werden, die zu jeder vollen Stunde beginnt.

In der **Iglesia de Santa Ana** aus dem 16. Jh. sind Säulen und Büsten aus der römischen Siedlung Clunia in das ansonsten barocke Design integriert. Tolle Ausblicke auf das Dorf und das umliegende Land bieten sich bei einem Spaziergang zur weitläufigen **Burgruine** aus dem 15. Jh.

Es gibt in Peñaranda de Duero auch eine **Touristeninformation** (☎947 55 20 63; Calle de Trinquete 7; ⏲Di–So 10–14 & 16–20 Uhr).

Für Übernachtungsgäste stehen sechs *casas rurales* zur Auswahl. Fast alle Busse zwischen Valladolid (6,35 €, 1½ Std.) und Soria (€6,25, 1½ Std.) fahren durch den Ort.

SEPÚLVEDA

1320 EW. / 1313 M

Mit seinen an eine vom Río Duratón ausgeschnittene Schlucht geschmiegten Häusern sowie den hervorragend zubereiteteten Gerichten *cordero asado* und *cochinillo ist* Sepúlveda ein beliebtes Wochenendziel der *madrileños* (Einwohner von Madrid). Zu Recht, denn die warmen Toskanafarben der öffentlichen Gebäude an der zentralen Plaza de España bilden eine herrliche Kulisse für einen Sonntagsbraten. Mittwochs findet der Wochenmarkt statt.

Das *ayuntamiento* liegt neben den Resten der alten Burg und über alledem thront die **Iglesia del Salvador** aus dem 11. Jh., die mit ihrem Bogenportal als Prototyp der kastilischen Romanik gilt.

Nur wenige Besucher bleiben über Nacht, doch wer den Ort ohne die Touristenmassen genießen möchte, kann sich im **Mirador del Castilla** (☎921 54 03 53; Calle del Conde Sepúlveda 26; EZ/DZ 35/45 €) unweit der Plaza de España einquartieren. Die Unterkunft wartet mit komfortablen Zimmern auf, die teilweise auch eine tolle Aussicht bieten (z. B. die Nr. 4).

Wenn man *cordero* essen möchte, hat man rund um die Plaza de España die Qual

EIN LANGSAMER TOD

Viele ruhige Dörfer in Kastilien-León sind vielleicht schon bald ausgestorben. Der wirtschaftliche Aufschwung der späten 1990er-Jahre hatte eine massive Landflucht zur Folge und so verlor Spaniens größte autonome Region in den letzten 50 Jahren mehr als eine halbe Million Einheimische. Heute liegt die Einwohnerzahl bei knapp 2,5 Millionen, so wenig wie zuletzt 1901.

Mercedes Alvarez, eine preisgekrönte Dokumentarfilmerin, ist eine von nur noch 43 Einwohnern des Dörfchens Aldealsenor. In einem Interview mit der Zeitung *El País* warnt sie die Spanier vor dem „geräuschlosen Sterben einer über tausend Jahre alten Kultur". Zur gleichen Zeit prangerte der renommierte spanische Schriftsteller Julio Llamazares aus Kastilien-León die „unkontrollierte Entwicklung in den 1960er- und 1970er-Jahren" an, „in der alles Ländliche verachtet wurde".

Die Regionalregierung hat eine Kommission einberufen, um dieses Problem zu analysieren und Versuche zu unternehmen, mehr Einwanderer für kleine Gemeinden zu gewinnen. Nur 2,5 % der Einwohner Kastilien-Leóns sind Immigranten, während der nationale Durchschnitt bei 10 % liegt.

der Wahl (Lokale, die nur mittelmäßiges *cordero* servieren, halten sich nicht lange). Das alteingesessene **Restaurante Cristóbal** (921 54 01 00; Calle del Conde de Sepúlveda 9; Mahlzeiten 35 €) und das **Restaurante Figón Zute el Mayor** (921 54 01 65; Calle de Lope Tablada 6; Mahlzeiten 28 €) unter den Bögen sind gute Anlaufstellen und haben zudem ausgezeichnete Weine. Am Wochenende sollte man unbedingt reservieren.

Täglich verkehren mindestens zwei Busse zwischen Sepúlveda und Madrid.

PARQUE NATURAL DEL HOZ DEL DURATÓN

Nordwestlich von Sepúlveda wurde ein großes Gebiet mit dem **Hoz del Duratón** (Duratón-Schlucht) als Herzstück zu einem Naturpark erklärt. Ein unbefestigter Weg führt vom Dorf Villaseca 5 km Richtung Westen zur **Ermita de San Frutos**. Die Einsiedelei – heute nur noch eine Ruine – wurde im 7. Jh. von San Frutos und seinen Geschwistern San Valentín und Santa Engracia begründet. Ihre letzte Ruhe fanden die drei Heiligen in einer nahe gelegenen winzigen Kapelle. Dieser Ort, von dem man auf eine der vielen Kurven in der Schlucht blickt, hat etwas Magisches. Scharen von Bussarden und Adlern ziehen oben ihre Kreise. Der Parque Natural del Hoz del Duratón ist ein beliebtes Ziel für einen Wochenendausflug. Einige Leute nehmen ihre Kajaks mit hoch nach Burgomillodo, um von dort die Schlucht hinunterzufahren.

In Sepúlveda gibt's ein hervorragendes Besucherzentrum, das **Centro de Interpretación** (921 54 05 86; www.miespacionatural.es; Calle del Conde de Sepúlveda 34; 10–19 Uhr;) mit einer aufschlussreichen Dauerausstellung über den Naturpark. Es ist in einem Teil der Iglesia de Santiago untergebracht. Vom Ausstellungsbereich können Besucher in die glasbedeckte **Krypta** aus dem 10. Jh. hinabschauen.

Richtung Westen am Río Duero entlang

PEÑAFIEL

5520 EW. / 758 M

Peñafiel liegt im Herzen der Weinregion am Ribera del Duero und überrascht mit dem wunderbaren **Museo Provincial del Vino** (www.museodelvinodevalladolid.es). Das in die Mauern des mächtigen **Castillo de Peñafiel** (Eintritt Burg 3 €, inkl. Museum 6 €; Di–So 11–14.30 & 16.30–20.30 Uhr) hineingebaute Museum erzählt die Geschichte der lokalen Weine. Dank der interaktiven Ausstellungen, Dioramen, der toll beleuchteten Tafeln und der Computer ist es ausgesprochen unterhaltsam, außerdem kann man hier eine Weinprobe mitmachen (9 €).

Einen Besuch lohnt auch die Festung selbst, eine der längsten und schmalsten Burgen in Spanien. Ihre zinnenbewehrten Mauern und Türme ziehen sich auf einer Breite von nur 20 m über 200 m lang hin. Mit ihrem Bau begann man schon im 11. Jh., endgültig fertiggestellt wurde sie aber erst 400 Jahre später.

Ein ebenso unerwarteter Fund im kleinen Peñafiel wie das hervorragende Museum ist das coole, elegante **Hotel Convento**

Las Claras (☎983 87 81 68, www.hotelconventolasclaras.com; Plaza de los Comuneros 1; Zi. 110 €). Die in einem ehemaligen Kloster untergebrachte Bleibe bietet dezente, luxuriöse Zimmer, ein Spa mit Thermalbädern und Anwendungen sowie eine exzellentes Restaurant.

Unmittelbar nördlich des Dorfes gibt's in Curiel de Duero eine weitere gute Unterkunft, das **Hotel Castillo de Curiel** (☎983 88 04 01; www.castillodecuriel.com;DZ ab 140 €; ❄📶🏊). Es liegt in einer der ältesten Burgen (9. Jh.) der Region und ist einer der beliebtesten Orte für Hochzeiten. Gäste kommen in schönen Zimmern voller Antiquitäten und mit traumhaften Blicken unter.

Vier bis fünf Busse fahren täglich ins 60 km westlich gelegene Valladolid (4,45 €, 45 Min.).

Richtung Osten am Río Duero entlang

SAN ESTEBAN DE GORMAZ

3290 EW. / 911 M

Der staubige kleine Ort versteckt in seinem Zentrum zwei Perlen der Romanik: die **Iglesia de San Miguel** aus dem 11. Jh. und die **Iglesia de Nuestra Señora del Rivero** (⌚jeweils 11–14 & 17–19 Uhr). Beide Kirchen sind mit seitlichen Säulengalerien ausgestattet, die für den romanischen Stil des Gebiets um Segovia und Burgos typisch sind.

EL BURGO DE OSMA

5060 EW. / 943 M

12 km östlich von San Esteban de Gormaz erwartet Traveller eine echte Überraschung, denn El Burgo de Osma war einst so bedeutend, dass es eine eigene Universität hatte. Heute wirkt der Ort ein wenig heruntergekommen und verfügt über eine Atmosphäre bröckelnder Eleganz. Es wird von der recht bemerkenswerten Kathedrale beherrscht.

Sehenswertes

Viele Besucher betreten den alten Ortskern über die breite **Calle Mayor**, deren Arkaden von einer Phalanx steinerner und hölzerner Säulen getragen werden. Die Straße führt zur **Plaza Mayor** mit dem **ayuntamiento** aus dem 18. Jh. und dem prächtigeren **Hospital de San Agustín**.

Catedral KATHEDRALE
(⌚Di–So 10–13 & 16–19 Uhr) Die Kathedrale erhebt sich an der Plaza de San Pedro de Osma. Mit dem Bau der ursprünglich romanischen Kirche begann man im 12. Jh., setzte die Arbeiten im gotischen Stil fort und beendete diese schließlich mit einem beeindruckenden wuchtigen Barockturm. Im Innern sind Kunstschätze wie der **Hauptaltar** aus dem 16. Jh. und der sogenannte **Beato de Osma** – ein wertvoller Kodex (Manuskript) aus dem 11. Jh., der in der Capilla Mayor aufbewahrt wird – zu sehen. Ebenso interessant ist die lichtdurchflutete runde **Capilla de Palafox**, ein seltenes Beispiel des Klassizismus in dieser Region.

Nach der Besichtigung geht's etwa 150 m Richtung Süden zum Fluss Ucero mit seinen grasbewachsenen Ufern, wo sich eine im Sommer beliebte Stelle zum Picknicken befindet.

Wer El Burgo nahe der Plaza de San Pedro de Osma verlässt und dann links zum Dorf Osma abbiegt, gelangt zu den Ruinen des im 10. Jh. errichteten **Castillo de Osma** hoch über dem Dorf.

Schlafen & Essen

Posada del Canónigo HISTORISCHES HOTEL €€
(☎975 36 03 62; www.posadadelcanonigo.es; Plaza San Pedro de Osma 19; EZ/DZ inkl. Frühstück 70/80 €; ❄📶) El Burgos schönste Unterkunft ist in einem stattlichen Gebäude aus dem 16. Jh. untergebracht. Von einigen der charmanten Zimmer blickt man direkt auf die Kathedrale. Es gibt zwei gemütliche Aufenthaltsräume, einer davon mit Kamin und Bibliothek.

Hotel Il Virrey KLASSISCHES HOTEL €€
(☎975 34 13 11; www.virreypalafox.com; Calle Mayor 2; EZ/DZ/Suite 65/95/135 €; P❄📶) Die altmodische Atmosphäre dieses Hotels mit seinem goldüberzogenen Mobiliar, den Porzellanputten, Lüstern und der geschwungenen Treppe grenzt schon ans Kitschige, aber die Zimmer sind dezenter. Sie verfügen über Holzböden und gusseiserne Möbel. Im Februar und März gehen die Preise in die Höhe, denn dann kommen scharenweise Besucher zum rituellen Schlachten *(matanza)* der Schweine und den darauffolgenden All-you-can-eat-Gelagen für 46 € pro Person – kein schlechter Preis für ein so außergewöhnliches Esserlebnis. Es gibt sogar ein Schweinemuseum.

Casa Engracia GRILLFLEISCH €
(Calle Ruiz Zorrilla 3; Mahlzeiten 20–25; ⌚Di–So, Mo Mittagessen) Eines der wenigen Restaurants der Stadt, das auch unter der Woche offen ist. Hier kommen bodenständige Fleisch- und Fischgerichte auf den Tisch.

Hospederia El Fielato MODERNES HOTEL €
(☎975 36 82 36; www.hospederiaelfielato.es; Avenida Juan Carlos 1; EZ/DZ 55/65 €; ❄📶) Hübsche, moderne Zimmer in einem umgebauten historischen Gebäude.

Hostal Mayor 71 BUDGETHOTEL €
(☎975 36 80 24; www.mayor71.es, auf Spanisch; Calle Mayor 71; EZ/DZ 32/38 €) Obwohl die Atmosphäre insgesamt sehr steril wirkt, ist dies eine gute Unterkunft im Zentrum.

ℹ Praktische Informationen

Touristeninformation (☎975 36 01 16; www.burgosma.es; Plaza Mayor 9; ⏲Mi–So 10–14 & 16–20 Uhr) Die erste Anlaufstelle des Ortes.

ℹ An- & Weiterreise

Busse verbinden El Burgo mit Soria (3,30 €, 50 Min., 2-mal tgl-, So 1-mal tgl.) und Valladolid (9,30 €, 2 Std., 3-mal tgl.).

PARQUE NATURAL DEL CAÑÓN DEL RÍO LOBOS

15 km nördlich von Burgos erstreckt sich ein schöner Naturpark, der mit schroffen Felslandschaften, einer großartigen tiefen Flussschlucht sowie einer Vielzahl von Geiern und anderen Raubvögeln lockt. 4 km von der Straße entfernt stößt man auf die romanische **Ermita de San Bartolomé**. Man kann noch weiter in den Park hineingehen, wildes Zelten ist jedoch verboten.

Der **Camping Cañón del Río Lobos** (☎975 36 35 65; Zeltplatz pro Person/Zelt/Auto 5/5/6,25 €; ⏲Ostern–Mitte Sept.; 🏊) liegt in der Nähe von Ucero. Von der Serpentinenstraße, die Richtung Norden die Schlucht heraufführt, bieten sich einige schöne Ausblicke in Richtung Ucero.

GORMAZ

20 EW.

14 km südlich von El Burgo befindet sich am Río Duero die Geisterstadt Gormaz. Die weitläufige **Burg** verfügt über 21 Türme. Sie wurde im 10. Jh. von den Mauren errichtet und im 13. Jh. umgebaut. Ihre Überreste wirken nach wie vor würdevoll, außerdem lohnen schon alleine die Ausblicke die Mühe der Anreise: Dies muss eine exzellente Warte zur Verteidigung des umliegenden Landes gewesen sein. Die Festung liegt 2 km hinter dem neuen Dorf und ist über eine kurvenreiche Straße zu erreichen.

BERLANGA DE DUERO

1060 EW. / 978 M

Berlanga de Duero erstreckt sich 15 km östlich von Gormaz und wird von der eindrucksvollen **Burgruine** überschattet, die durch die rund um den Fuß des Hügels verlaufende Befestigungsmauer vergrößert wird. Weiter unten befindet sich die gedrungene **Colegiata de Santa María del Mercado**, eine schöne spätgotische Kirche mit einem Sternengewölbe. Die Gegend rund um die hübsche Plaza Mayor mit einem Renaissancehaus verströmt einen gewissen staubigen Charme. Mehr darüber erfährt man bei der **Touristeninformation** (☎975 34 34 33; ⏲Mo–Sa 10–14 & 16–20 Uhr).

RUND UM BERLANGA DE DUERO

8 km südöstlich von Berlanga de Duero stößt man auf die **Ermita de San Baudelio** (Eintritt 1 €; ⏲ April–Sept. Mi–Sa 10–14 & 16–20, So 10–14 Uhr), hinter deren schlichtem Äußeren sich ein bemerkenswerter mozarabischer Innenraum verbirgt. In der Mitte des Kirchenschiffs öffnet sich ein großer Pfeiler palmenartig nach oben und geht in feine Hufeisenbögen über.

Weitere 17 km Richtung Süden thront auf einem Hügel das steinerne Dorf **Rello**, das noch einen Großteil seiner mittelalterlichen Verteidigungsmauern besitzt und wie von der Zeit vergessen wirkt. Die Ausblicke von der Südseite des Ortes sind erstklassig. Wer hier eine Nacht verbringen möchte, findet mindestens eine *casa rural.*

DIE STRASSE NACH MADRID

Die N110 windet sich von San Esteban de Gormaz nach Südwesten, um schließlich auf die A1 zwischen Madrid und Burgos zu treffen.

50 km südwestlich von El Burgo de Osma kommt man durch das erste bemerkenswerte Dorf, **Ayllón**. Es schwelgt im selben orangen Glanz, der auch für El Burgo typisch ist. Man betritt den Ort durch einen mittelalterlichen **Torbogen** und sieht gleich rechts die reich verzierte Fassade eines **Adelspalastes** im isabellinischen Stil. Die unregelmäßige, von Arkaden gesäumte Plaza Mayor wird auf einer Seite von der romanischen **Iglesia de San Miguel** begrenzt. Ganz in der Nähe erhebt sich die **Iglesia de Santa María la Mayor**; wenn man hinter dieser im Renaissancestil errichteten Kirche nach rechts geht und der engen Straße 500 m folgt, gelangt man zu den Überresten einer weiteren romanischen **Kirche**. Wer Lust auf Tapas oder herzhafte lokale Speisen hat, kann sich im **Pemar** (Plaza Mayor 1; Tapas 0,50 €, Mahlzeiten 15 €) zu den Einheimischen gesellen. Das moderne **Hostal**

ABSTECHER

DER ÄLTESTE EUROPÄER

Die Unesco-Welterbestätte **Atapuerca** (☎902 02 42 46; www.atapuerca.org; Führungen auf Spanisch 6 €; ⏱Mo–Fr 10–14 & 16–20, Sa & So 10–14 Uhr; 🚻) rund 15 km westlich von Burgos fasziniert seit Langem Studenten der menschlichen Frühgeschichte. Ihre größte Entdeckung machten Archäologen im Juli 2007, als sie einen Kiefernknochen und die Zähne des vermutlich ältesten Europäers entdeckten: Er hat 1,2 Millionen Jahre auf dem Buckel und ist somit rund 500 000 Jahre älter als alle anderen Überreste, die in Westeuropa gefunden wurden. In Atapuerca befinden sich auch Überreste der Besiedlung der Gegend durch den Homo sapiens vor ca. 40 000 Jahren und menschliche Siedlungen aus der Jungsteinzeit. Hier wurden Tonwaren, Höhlenmalereien, Schnitzereien und Grabstätten entdeckt, und man stieß darüber hinaus auf Zeugnisse für Kannibalismus. Die Ausgrabungen sind zwar noch nicht abgeschlossen, doch die Stätte ist trotzdem öffentlich zugänglich. Es gibt ein vielfältiges Programm an Kursen und Studienkreisen für Erwachsene, Studenten und Kinder (auf Spanisch). Besucher müssen sich vorher anmelden.

Vellosillo (☎921 55 30 62; Avenida Conde Vallellano; EZ/DZ mit Waschbecken 15/25 €, DZ mit Bad 35 €) auf der anderen Seite der Brücke in der Neustadt ist eine gute Anlaufstelle für alle, die über Nacht bleiben wollen.

Riaza liegt 20 km südlich von Ayllón und wartet mit einer hübschen runden Plaza Mayor auf, die von Restaurants und Bars umringt ist. Der sandige Bereich in der Mitte wird während des Ortsfests im September für Stierkämpfe genutzt.

Soria

38 200 EW. / 1055 M

Soria ist eine der kleineren und am seltensten besuchten Provinzhauptstädte des Landes. Mit einem ansprechenden und kompakten alten Ortskern, einer Reihe von beeindruckenden Baudenkmälern und einer schönen Lage im Herzen des kastilischen Hinterlandes am Río Duero eignet es sich wunderbar, um dem touristischen Spanien zu entfliehen. Tagsüber ruhig und entspannt, lockt das Städtchen abends mit einem überraschend munteren Nachtleben.

Sehenswertes

Klöster & Kirchen SAKRALE BAUWERKE

Das beeindruckendste Gebäude der Stadt dürfte wohl das **Monasterio de San Juan de Duero** (Camino Monte de las Ánimas; Eintritt 0,60 €, Sa & So frei; ⏱Di–Sa 10–14 & 17–20, So 10–14 Uhr) aus dem 12. Jh. sein. Als Erstes fallen die frei stehenden und auf graziöse Weise miteinander verwobenen Bögen des in Teilen zerstörten Kreuzgangs des Klosters ins Auge; hier fließen romanische und Mudéjar-Einflüsse kunstvoll zusammen. Im Innern sollte man sich die Kapitelle mit ihrer intensiven Bildersprache genauer ansehen.

Ein 2,3 km langer Flussspaziergang führt Richtung Süden zum **Monasterio de San Polo** (nicht öffentlich zugänglich). Das Gebäude stammt aus dem 13. Jh. und war früher in der Hand der Tempelritter. Von hier aus gelangt man zur faszinierenden barocken **Ermita de San Saturio** (Paseo de San Saturio; Eintritt frei; ⏱Di–Sa 10.30–14 & 16.30–19.30, So 10.30–14 Uhr). Das achteckige Bauwerk befindet sich genau über der Höhle, in der Sorias Schutzheiliger einen Großteil seines Lebens verbrachte.

Casco Viejo HISTORISCHES VIERTEL

Die schmalen Straßen des **casco viejo** (Altstadt) laufen auf die Plaza Mayor zu. Seinen Reiz verdankt der Platz seiner mangelnden Gleichförmigkeit, dem schönen **ayuntamiento** im Renaissancestil sowie der **Iglesia de Santa María la Mayor** mit ihrer schmucklosen romanischen Fassade und dem düsteren, obgleich goldverzierten Inneren. Schade ist allerdings, dass es nicht ein paar mehr Bars mit Tischen im Freien gibt. Einen Block weiter nördlich erstreckt sich der majestätische **Palacio de los Condes Gomara** (Calle de Aguirre) aus dem 16. Jh.

Kirchen KIRCHEN

Nördlich vom Zentrum liegt die schöne romanische **Iglesia de Santo Domingo** (Calle de Santo Tomé Hospicio; ⏱7–21 Uhr). Ihr kleines, kunstvoll verziertes Portal ist etwas ganz Besonderes, vor allem bei Sonnenuntergang, wenn der rote Stein zu leuchten beginnt.

An der im 12. Jh. errichteten romanischen **Iglesia de San Juan de Rabanera** (Calle de San Juan de Rabanera) sind Anflüge gotischer und sogar byzantinischer Kunst zu sehen.

Wenn man Richtung Osten zum Río Duero spaziert, kommt man an der der **Concatedral de San Pedro** (Calle de San Agustín) mit ihrer plateresken Fassade vorbei. Der **Kreuzgang** (Eintritt 1 €; ⏲Mo 11–13, Di–So 10.30–13.30 & 16.30–19.30 Uhr) aus dem 12. Jh. ist der charmanteste Teil der Kirche. Seine feinen Bögen werden von schlanken Doppelpfeilern getragen, die wiederum von Kapitellen mit floralen Motiven und Darstellungen von Menschen und Tieren gekrönt sind.

Museo Numantino ARCHÄOLOGISCHES MUSEUM
(Paseo del Espolón 8; Erw./erm. 1,20 €/frei; ⏲Di–Sa 10–14 & 17–20, So 10–14 Uhr) Archäologiefans mit passablen Spanischkenntnissen werden hier ihre Freude haben, denn das gut sortierte Museum widmet sich Funden aus antiken Stätten in der Provinz Soria (besonders aus Numancia; s. S. 191). Die Exponate reichen von Mammutknochen bis zu Keramik und Schmuck und werden von detaillierten Beschreibungen der historischen Entwicklungen in verschiedenen wichtige keltiberischen und römischen Siedlungen begleitet.

Feste & Events

Fiestas de San Juan y de la Madre de Dios TRADITIONELLES FESTIVAL
In der zweiten Junihälfte feiern Sorias zwölf *barrios* (Stadtviertel) bereits seit dem 13. Jh. die Fiestas de San Juan y de la Madre de Dios. Am wichtigsten Tag, dem *Jueves* (Donnerstag) *La Saca*, präsentiert jeder Bezirk einen Stier, gegen den am nächsten Tag gekämpft wird. Am Tag nach dem Stierkampf kann man das Fleisch der Tiere ersteigern und danach bis in die frühen Morgenstunden des Sonntags und länger feiern.

Schlafen

Hostería Solar de Tejada
BOUTIQUE-HOTEL €€
(☎975 23 00 54; www.hosteriasolardetejada.com; Calle de Claustrilla 1; EZ/DZ 52/56 €; ❄📶) Ein attraktives Boutique-Hotel mitten in der Fußgängerzone und eine der besten Unterkünfte der Stadt. Die individuell gestalteten Zimmer sind drollig, haben einen künstlerischem Touch und verfügen über geflieste Bäder.

Hotel Soria Plaza Mayor
KLASSISCHES HOTEL €€
(☎975 24 08 64; www.hotelsoriaplazamayor.com; Plaza Mayor 10; EZ/DZ/Suite 95/105/115 €; ❄@) Tolle Zimmer, die ganz unterschiedlich eingerichtet wurden und entweder auf die Plaza Mayor oder eine ruhige Nebenstraße herausgehen. Es gibt so viele Balkone, dass selbst einige Bäder welche haben. Die Suiten sind äußerst komfortabel.

Hotel Ruiz KLEINES HOTEL €
(☎975 22 67 01; www.hostalruiz.com; Calle Numancia 49; EZ/DZ 46/68 €; ❄@) Das Hotel Ruiz ein paar Minuten vom trubeligen Zentrum entfernt ist eine gute Wahl. Die blitzblanken und komfortablen Zimmer warten mit hellen Holzfußböden und strahlend weißen Stoffen auf.

Essen

Fast alle Restaurants liegen rund um die wichtigsten Plätze, die Plaza El Salvador, die Plaza Ramón Benito Aceñal und die Plaza Mayor.

Fogon del Salvador
TRADITIONELLE GERICHTE €€
(Plaza El Salvador 1; Mahlzeiten 25–30 €; 🖉) Ein gastronomischer Klassiker. Die Weinkarte ist schier endlos und im großartigen Holzfeuerofen werden saftige Fleischgerichte zubereitet. Überraschenderweise gibt's auch ein solides Angebot an vegetarischen Gerichten, darunter *verduras en tempura* (Gemüse-Tempura).

Casa Augusto GEHOBENE KASTILISCHE KÜCHE €€
(☎975 21 30 41; www.casaaugusto.com; Plaza Mayor 5; Mahlzeiten 15–25 €) Die Casa Augusto ist eine edle Alternative mit einem intimen Speisesaal, einer umfangreichen Weinkarte und einem wunderbar professionellen Service. Wer sich nicht entscheiden kann, sollte den Kellner nach der Liste mit den beliebtesten Gerichten des Jahres fragen. *Pie sucio rellenos* (gefüllte Schweinefüße) ist aus irgendeinem Grund immer dabei. Pasta gehört ebenfalls zum Angebot. Reservierung empfohlen.

Mesón Castellano TRADITIONELL KASTILISCH €€
(Plaza Mayor 2; Mahlzeiten 25–35 €) Eine örtliche Institution mit Deckenbalken, von der Decke hängenden Schinken und Wänden, die mit Fotos des lokalen Fußballteams gepflastert sind. Hier werden einige der besten Tapas der Stadt sowie köstliche Speisen wie *cabrito asado* (Braten vom Zicklein) aufgetischt.

Iruna Plaza TRADITIONELL KASTILISCH €€
(Plaza Ramón Benito Aceña 2; menú del día 22 €) Das Iruna Plaza erfreut sich großer Beliebtheit. In dem nach hinten herausgehenden Lokal wird eine solide Auswahl an Gerichten vom traditionellen *cabrito frito* (frittiertes Zicklein; 15 €) bis zum italienisch inspirierten, cremigen *risotto de hongos* (Pilzrisotto) geboten.

Capote KANAPEES €
(Plaza Ramón Benito Aceñal; montaditos 1 €;) Wer sich durchs Gedränge zur Theke dieser günstigen Bar durchgekämpft hat, kann sich mit leckeren und vielfältigen *montaditos* (Canapés) den Bauch vollschlagen.

Ausgehen

Rund um die Plaza San Clemente kann man sich wunderbar für einen langen Abend in Stimmung bringen. Von dem halben Dutzend Kneipen bietet die **Bar Patata** (Plaza San Clemente 1) die beste Tapas-Auswahl an.

Die Plaza Ramon Benito Aceña wartet mit weiteren guten Läden auf, darunter das beliebte **Apolonia** und das supercoole **Cafe Latino**.

Eine gute Alternative für jede Tageszeit ist die **Café-Bar Soho** (Calle de Campo 16; Mo–Sa 8 Uhr–open end), wo alles unter dem Motto „Sehen und Gesehen werden" läuft.

Praktische Informationen

Touristeninformation (975 21 20 52; www.turismocastillayleon.com; Calle de Medinaceli 2; 9–14 & 17–20 Uhr) Hier bekommt man einen Stadtplan und jede Menge aktueller Informationen.

An- & Weiterreise

Der **Busbahnhof** (Avenida de Valladolid) liegt etwa 15 Gehminuten westlich vom Zentrum. Von hier fahren regelmäßige Busse nach Burgos (11,20 €, 2¼ Std.), Madrid (14,80 €, 2½ Std.), Valladolid (14,90 €, 3 Std.) und in größere Provinzstädte.

Der **Bahnhof** (Carretera de Madrid) befindet sich 2,5 km südwestlich vom Zentrum. Zwischen Soria und Madrid (13,85 €, 3 Std., 3-mal tgl.) verkehren mehrere Züge, ansonsten gibt's aber kaum Direktverbindungen.

Rund um Soria

NUMANCIA

Die römischen Ruinen von **Numancia** (Erw./Kind 0,60 €/frei, Sa & So frei; Di–Sa 10–14 & 16–20, So 10–14 Uhr;) 8 km nördlich von Soria wirken einsam und windgepeitscht und lassen nur noch wenig von der langen Geschichte der Siedlung erahnen, die schon in der Bronzezeit bewohnt war. Es handelte sich um einen jener Orte, die sich der römischen Herrschaft beharrlich widersetzten. Schließlich hungerte Scipio, der Karthago erobert hatte, die Stadt aus, sodass sie sich 134 v. Chr. doch noch unterwerfen musste. Unter römischer Herrschaft war Numancia eine wichtige Station auf dem Weg von Caesaraugustus (Zaragoza) nach Astúrica Augusta (Astorga). Heute gibt's hier nur noch die Steinmauerreste zu sehen, die wohl eher Archäologen als Gelegenheitsbesucher interessieren.

Man erreicht die Stätte, indem man von Soria auf der N111 rund 5 km Richtung Norden fährt und dann den Schildern nach Garray folgt.

SIERRA DE URBIÓN & LAGUNA NEGRA

In der Sierra de Urbión nordwestlich von Soria erstreckt sich die wunderschöne, einem schwarzen Spiegel ähnelnde **Laguna Negra** (schwarzer See). Der kleine Gletschersee liegt am Fuße mächtiger Felswände in einer teilweise bewaldeten Bergregion und befindet sich etwa 18 km nördlich vom Dorf **Vinuesa**. Er ist über eine kurvenreiche, landschaftlich reizvolle Straße zu erreichen; öffentliche Verkehrsmittel gibt's hier allerdings nicht. Die etwas holprige Straße endet an einer kleinen **Touristeninformation** (Juni–Okt.). Zum See sind es weitere 2 km, entweder zu Fuß oder mit dem Bus (Hin- & Rückfahrt 1 €, Abfahrt Juni–Okt. 10–14 & 16–18.30 Uhr alle 30 Min.), der 300 m vom Wasser entfernt hält. Vom See führt ein steiler Pfad hoch zur Laguna de Urbión in La Rioja bzw. zum Gipfel des Pico de Urbión oberhalb des Dorfes Duruelo de la Sierra sowie zu einer Reihe weiterer winziger Gletscherseen. Wer länger bleiben möchte, kann sich im **Hostal Visontium** (975 37 83 54; Ctra de la Laguna Negra; EZ/DZ 32/55 €) einquartieren, das über attraktive rustikale Zimmer und ein hervorragendes Restaurant verfügt.

Nicht weit von der Laguna Negra befindet sich der **Camping El Cobijo** (975 37 83 31; www.campingcobijo.com; Stellplatz ab 4,60 €, Bungalow für 4 Pers. 86 €; Ostern–Okt.;), ein schöner Platz zwischen Kiefernbäumen 2 km nordwestlich von Vinuesa; wildes Zelten ist verboten.

CALATAÑAZOR

60 EW. / 1071 M

Calatañazor, eines der romantischsten Hügeldörfer in Kastilien-León, liegt 30 km westlich von Soria und bietet sich für einen schönen Abstecher an. Von der nur 1 km entfernten Fernstraße kann man die Siedlung nicht sehen. Sie hat den Charme eines zerfallenden mittelalterlichen Örtchens. Besucher betreten die verwinkelten Pflasterstäßchen durch ein Tor und wandern durch enge Gassen, die von ockerfarbenen Häusern aus Stein und Lehmziegeln mit rot geziegelten Dächern und konischen Schornsteinen gesäumt werden. Hier wurden Szenen des Films *Doktor Schiwago* gedreht.

Über dem Ort thront die Ruine der früheren maurischen Festung, die Calatañazor seinen Namen gab – dieser stammt vom arabischen *Qala'at an-Nassur*, wörtlich „Zitadelle des Geiers", ab. Die Aussicht von den Mauern und Türmen ist einzigartig, sowohl nach unten auf die Dächer als auch nach Norden über ein endloses Feld, das **Valle de la Sangre** (Tal des Blutes). Hier fand 1002 eine legendäre Schlacht statt, in der der maurische Herrscher Al-Mansur (spanisch Almanzor) besiegt wurde.

Es gibt auch eine **Kirche** und ein paar Geschäfte mit lokalen Produkten. **La Casa de Queso** verkauft Käse, der als *mas fuerte de España* (der stärkste in Spanien) angepriesen wird, während sich **La Alacena** auf Pilze spezialisiert hat. Wer hier die Nacht verbringen möchte, kann zwischen drei gut ausgeschilderten *casas rurales* wählen.

Calatañazor wird weder von Bussen noch von Zügen angesteuert. Das Dorf liegt 1 km nördlich der N122; die gut ausgeschilderte Abfahrt befindet sich 29 km westlich von Soria und 27 km nordöstlich von El Burgo de Osma.

Südlich von Soria

ALMAZÁN

5830 EW. / 940 M

Drei wuchtige Tore zeugen von Almazáns Vergangenheit, die weit illustrer war, als es das ruhige Provinzstädtchen vermuten lässt. Mauren und Christen wechselten sich regelmäßig als Besitzer ab und für drei kurze Monate diente der Ort kurioserweise auch Ferdinand und Isabella als Residenz.

Die romanische **Iglesia de San Miguel** (Plaza Mayor; ⌚Di–So 10.30–14 & 17–19 Uhr) hat einen ungewöhnlichen achteckigen Glockenturm mit Mudéjar-Einflüssen und eine hübsche runde Apsis. Im Inneren sieht man ein Flachrelief mit der Darstellung der Ermordung von Thomas Becket durch den englischen König Heinrich II. Das Werk wurde von Heinrichs Tochter Eleonore von Aquitanien, Ehefrau von Alfonso VIII., als Geste der Buße im Namen ihres Vaters in Auftrag gegeben.

Die attraktive Fassade des **Palacio de los Hurtado de Mendoza**, eine Mischung aus Gotik und Renaissance, ist der Plaza Mayor zugewandt.

Mit großen, gut ausgestatteten modernen Zimmern und dem besten Restaurant der Stadt wartet das **Hotel Villa de Almazán** (☎975 30 06 11; www.hotelvilladealmazan.com; Avenida de Soria 29; EZ/DZ 58/77 €; ❄📶) auf.

Zwischen Almazán und Soria verkehren täglich vier Busse (2,15 €, 30 Min.).

MEDINACELI

750 EW. / 1270 M

Das moderne Örtchen nördlich der A2 ist das heutige Äquivalent eines alten Kuhdorfes, während das alte Medinaceli als eines der rustikalsten und schönsten *pueblos* (Dörfer) in Kastilien-León gilt. Es erstreckt sich 3 km weiter nördlich auf einem langen, windgepeitschten Kamm. Sein unpassendstes Wahrzeichen ist der **Arco Romano** (römischer Triumphbogen) aus dem 1. Jh., außerdem befinden sich hier die einigermaßen interessante gotische **Colegiata de Santa María** und die stimmungsvollen Überreste der Synagoge **San Román**. Doch der Charme der Siedlung erschließt sich Besuchern erst dann, wenn sie durch die stillen kopfsteingepflasterten Gassen streifen und an den reizenden Steinhäusern entlangspazieren. Letztere erinnern an die Adelsfamilien, die im Ort lebten, nachdem dieser 1124 an die Reconquista gefallen war. In der Gegend zwischen der Plaza de Santiueste und der reizenden, teilweise von Kolonnaden gesäumten **Plaza Mayor** zeigt sich Medinaceli von seiner besten Seite. Im Vergleich zu seiner Umgebung wirkt der Platz unverhältnismäßig groß und ist sehr ruhig (außer als David Beckham dort vor ein paar Jahren den Pepsi-Werbespot drehte). In dem ältesten Gebäude, der Alhóndiga aus dem 16. Jh., wurde früher Korn gelagert und verkauft.

Die hübsche **La Ceramica** (☎975 32 63 81; www.laceramicacasarural.es, auf Spanisch; Calle de Santa Isabel 2; EZ/DZ 50/55 €,DZ inkl. Frühstück & Abendessen 91 €) sollte einen Preis für das freundlichste Personal, die beste Lage im alten Ort und das günstigste Angebot bekommen. Gäste müssen mindestens zwei Nächte buchen.

Vielleicht ist der Stil der Zimmer im atmosphärischen **Hostal Rural Bavieca** (☎975 32 61 06; www.hostalruralbabieca.com, auf Spanisch; Calle Campo de San Nicolás 6; EZ/DZ inkl. Frühstück 55/75 €, inkl. Abendessen 65/120 €) nicht jedermanns Sache, doch dafür sind sie erstklassig ausgestattet.

Beide Unterkünfte betreiben gute Restaurants, wobei das Lokal von La Ceramica etwas gemütlicher ist. Alternativ kann man den gut ausgeschilderten **Asador de la Villa El Granero** (Calle de Yedra 10; Mahlzeiten 25–30 €; ⌚Juli & Aug., Sept.–Juni Mi–Mo Mittagessen) ansteuern, das viele für das beste Restaurant des Ortes halten. Die *setas de campo* (Wildpilze) sind eine lokale Spezialität.

Die **Touristeninformation** (☎689 734176; Calle Campo de San Nicolás; ⌚Mi–So 10–14 & 16–20 Uhr) liegt am Eingang zum Dorf gleich um die Ecke vom Triumphbogen.

Vor dem *ayuntamiento* im neuen Ortsteil starten täglich zwei Busse nach Soria (4,95 €, 45 Min.). Zwischen dem alten und dem neuen Ortsteil verkehren keine Busse und zu Fuß ist das leider ein ganz schön steiler Anstieg.

SANTA MARÍA DE LA HUERTA

390 EW. / 818 M

In diesem relativ unbedeutenden Ort kurz vor der Grenze zu Aragonien befindet sich ein wunderbares **Zisterzienserkloster** (Eintritt 3 €; ⌚Mo–Sa 10–13 & 16–18.30, So 10–11.30 & 16–18.30 Uhr), das 1162 gegründet wurde und bis zur Säkularisierung 1835 von Mönchen bewohnt war. 1930 durften die Mönche wieder zurückkehren; heute leben hier 25 Zisterzienser. Bevor man das Gebäude betritt, lohnt sich ein Blick auf die beeindruckende Fassade der Kirche mit ihrer großartigen Fensterrose.

Im Inneren des Klosters führt der Weg durch zwei Kreuzgänge, von denen der zweite der schönere ist. Er wird Claustro de los Caballeros genannt und ist im Stil der spanischen Gotik gehalten. Die Medaillons in der zweiten Etage mit Wappen und Büsten verschiedener illustrer Persönlichkeiten wie Christoph Kolumbus lassen aber auch platereske Einflüsse erkennen. Von diesem Kreuzgang gelangt man in den *refectorio* (Speisessaal). Er wurde im 13. Jh. errichtet und zeichnet sich durch das Fehlen von tragenden Säulen aus. Ein paar regelmäßige Busse verbinden das Dorf mit Almazán und Soria.

Santiago de Compostela

Im festen Glauben daran, dass hier der Apostel Jakobus der Ältere (auf Spanisch Santiago) seine letzte Ruhe fand, wurde Santiago de Compostela im Mittelalter neben Jerusalem und Rom zu einem der drei wichtigsten Pilgerziele der Christenheit.

Gläubige kamen aus ganz Europa über mehrere Jakobswege (Caminos de Santiago) hierher, um die heiligen Reliquien zu sehen und für ihre Erlösung zu beten. In Gestalt des Santiago Matamoros (Jakobus, der Maurentöter) wurde der Heilige zum Schutzpatron und zur Inspiration der christlichen Reconquista Spaniens. Über seinem Grab entstand eine großartige Kathedrale, außerdem konnte mit dem Geld der vielen Pilger rund um das Gotteshaus eine fantastische Stadt aus Granit errichtet werden.

Nach dem 13. Jh. ebbten die Pilgerströme zwar ab, doch die Kirche und der Ort blieben als Zentrum der Wissenschaft und der katholischen Kultur in der entlegenen Nordwestecke des Landes erhalten. Mit der erstaunlichen Wiederentdeckung des Jakobswegs seit den 1990er-Jahren ist Santiago inzwischen wieder in aller Munde. Seine alten gepflasterten Straßen und Gebäude strahlen nach wie vor ein mittelalterliches Flair aus. Darüber hinaus ist Santiago eine Universitätsstadt des 21. Jhs. mit einer florierenden zeitgenössischen Kultur- und Unterhaltungsszene. Um es auf den Punkt zu bringen: Dies ist ein wirklich einzigartiger Ort.

HIGHLIGHTS IN SANTIAGO

- **Kathedrale** (S. 533)
- **Praza do Obradoiro** (S. 535)
- **Museum der Kathedrale** (S. 534)
- **Meeresfrüchte** (S. 538)
- **Keltische Musik in der Casa das Crechas** (S. 539)

Abbildungen rechts

1. Praza das Praterías (S. 535) **2.** Pórtico de la Gloria, Catedral de Santiago de Compostela (S. 533)

1

2

Großartige Kunst

Man nehme einen unterschätzten Maler aus Sevilla (Murillo) sowie einen hervorragenden Künstler aus Málaga (Picasso) und füge ein paar römische Mosaiken, ein wenig Velázquez und einen Stierkampffan namens Goya hinzu. Das Ergebnis ist eine glorreiche, äußerst einflussreiche künstlerische Epoche, die die spanische und europäische Kultur über zwei Jahrtausende beherrschte.

Spaniens wegweisende Funktion, bezogen auf die Kunst, kristallisierte sich erstmals im Siglo de Oro (Goldenen Zeitalter) des 16. Jhs. heraus, als Andalusien das Tor für den wiedererwachenden europäischen Hunger nach Macht und Entdeckungen bildete. Zwar schwand ab dem 18. Jh. der politische Einfluss Spaniens, doch die iberische Kunst blieb bedeutend, insbesondere in Andalusien, wo Velázquez und Murillo dem Kubismus und der revolutionären experimentellen Malerei Picassos den Weg bereiteten.

Zwar ist und bleibt Madrids Prado (S. 70) der unangefochtene Tempel der spanischen Kunst, aber die andalusischen Städte spielen eine wichtige ergänzende Rolle.

ECHTE GENIES

» Sevilla: Das **Museo de Bellas Artes** (S. 719) widmet sich mehreren künstlerischen Epochen und erweist voller Stolz Murillo, dem talentierten Sohn der Stadt, die Ehre.

» Málaga: In einigen gut ausgestatteten **Museen** (S. 771) sind Picassos Frühwerke zu bewundern.

» Ronda: Das Stierkampfmuseum in Ronda wartet mit zahlreichen Drucken und Zeichnungen von **Goya** (S. 783) auf.

» Cádiz: Gemälde von Zurbarán und jenes Werk, das Murillo das Leben kostete, kann man sich im **Museo de Cádiz** (S. 742) ansehen.

Abbildungen links

1. Museo de Bellas Artes (S. 719), Sevilla **2.** Casa Natal de Picasso (S. 773), Málaga

Teterías & Hamams

500 Jahre ist es her, seit die Mauren ihren letzten Seufzer in der Region ausstießen, doch ihre Bräuche leben in vielen Städten weiter – vor allem in den stimmungsvollen *teterías* (Teestuben) und den herrlichen Hamams (Badehäuser), die mit Kissen, Stuckbögen und Laternen ausgestattet sind. Hier kann man wunderbare Abende verbringen.

Tetería Almedina

1 Eine Institution in Almería (S. 828). Es gibt die ganze Palette von verschiedenen aromatischen Teesorten bis zu internationalen Getränken. Am besten bestellt man einen marokkanischen Minzetee oder einen indischen Chai mit einem Teller köstlicher arabischer Süßigkeiten.

Tetería Nazarí

2 Bei Studenten und Freidenkern erfreut sich diese Teestube in Granada (S. 808) besonders großer Beliebtheit. Die Besucher kuscheln sich genüsslich in die dunklen Ecken, während sie eine der allgegenwärtigen Shishas herumreichen.

La Tetería

3 Málaga wurde fast genauso lange von den Mauren beherrscht wie Granada, deshalb sind die *teterías* hier ebenso authentisch. In der Teestube mit dem unspektakulären Namen La Tetería (S. 777) kommt man in den Genuss von außergewöhnlichen Getränken und leckerem Kuchen.

Hammams de Al-Andalus

4 Meistens herrscht in den andalusischen Badehäusern eine entspannte Atmosphäre. Nach einem ausgedehnten Besuch des Hammams de Al-Andalus (S. 804) kann man sich bei einem Glas Minzetee wieder auf Normaltemperatur bringen.

Hammam Andalusi

5 Jerez wird oft unterschätzt, bietet aber viel maurische Exotik, z. B. mit dem ungewöhnlichen „Schokoladenbad" im Hammam Andalusi (S. 750).

Abbildungen rechts

1. Tee in einer *tetería* **2.** Hammam Andalusi (S. 750)

JERÓNIMO ALBA/ALAMY

1

2

ANDREAS VON EINSIEDEL/HAMMAMANDALUSI.COM

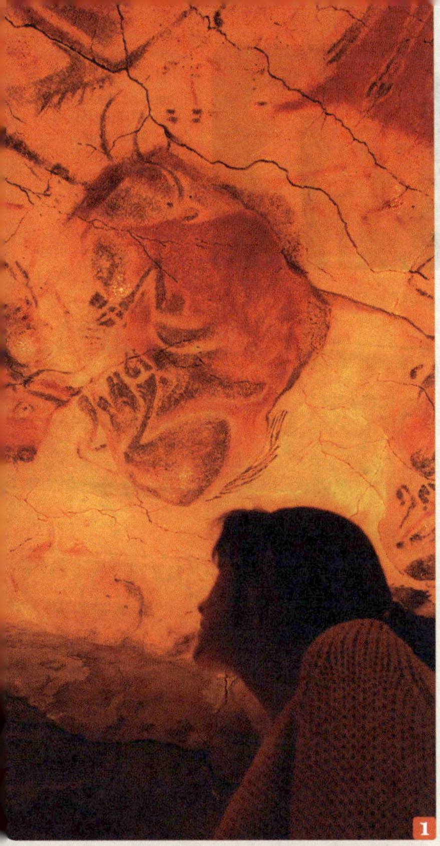

Höhlen-malereien

Sammler und Jäger aus dem Paläolithikum (Frühsteinzeit) malten und ritzten die ersten Kunstwerke der Menschheit zwischen 35 000 und 10 000 v. Chr. auf Höhlenwände. In Nordspanien und Südfrankreich wurden die künstlerisch wertvollsten Zeichnungen entdeckt.

Fast alle Bilder zeigen wilde Tiere wie Pferde, Rehe, Bisons, Wildschweine und Mammuts. Bei einigen besonders guten Beispielen verraten die Dynamik der Zeichnung, der kunstfertige Einsatz von Farbe, die Plastizität und die lebensechte Darstellung, dass ein echtes Genie am Werk war. Es ist sehr beeindruckend, die von Jägern und Sammlern geschaffene Kunst von Nahem zu betrachten. Während der letzten Eiszeit führten die Menschen ein karges, anstrengendes Leben und schufen ihre Werke vielleicht als eine Art Gottesverehrung oder Gebet.

Der weltberühmte Bison und andere Tierzeichnungen aus der Cueva de Altamira (S. 495; heute nur als Nachbildung zu besichtigen) gehören seit 1985 zum Welterbe. 2008 kamen weitere 17 Höhlen mit vorsteinzeitlichen Malereien auf die Unesco-Liste. Neben Altamira lohnen folgende Höhlen einen Besuch:

» Cueva de Tito Bustillo (S. 511)
» Cueva de El Castillo (S. 490)
» Cueva de Covalanas (s. Kasten S. 492)

Toll ist auch Asturiens Parque de la Prehistoria (S. 517) mit drei interessanten nachgebildeten Höhlen und einem hervorragenden Museum.

Mehr über Höhlenkunst erfährt man unter http://cuevas.culturadecantabria.com und www.infoasturias.com.

Abbildungen links

1. Museo de Altamira (S. 495) **2.** Puente-Viesgo-Höhle (S. 490)

Museo del Prado

SCHLACHTPLAN

Los geht's im 1. Stock mit *Las Meninas* 1 von Velázquez. Dieses Bild allein rechtfertigt bereits den Eintrittspreis und stimmt einen hervorragend auf das goldene Zeitalter der spanischen Kunst, das 17. Jh., ein. In der Nähe hängen noch mehr von Velázquez' prächtigen Bildern sowie Arbeiten von Zurbarán und Murillo. Auf derselben Etage sind auch Goyas *La Maja Vestida*, *La Maja Desnuda* 2 sowie weitere frühe Werke zu finden. Im Erdgeschoss, am südlichen Ende des Prado, zeugen *El Dos de Mayo* und *El Tres de Mayo* 3 von Goyas Zorn. Den Qualen seiner späten Jahre verlieh der Künstler mit den *Pinturas Negras* 4 Ausdruck. Darüber hinaus ist im Erdgeschoss Hieronymus Boschs *Der Garten der Lüste* 5 untergebracht, eines der Highlights des Museums. Zurück in der 1. Etage sollte man El Grecos *Verehrung der Hirten* 6 sowie Peter Paul Rubens' *Die Drei Grazien* 7 würdigen; Letzteres wird als Kernstück der hier präsentierten Arbeiten flämischer Meister angesehen. Eventuell befindet sich das Bild jetzt im 2. Obergeschoss, wo man auch auf ein paar unbekanntere Goyas stößt. Zum Schluss sollte man die Kreuzgänge im Edificio Jerónimos 8 und den hervorragenden Buchladen besuchen.

EBENFALLS SEHENSWERT:

Das Madrider Trio erstklassiger Galerien besteht aus dem Prado, dem Museo Thyssen-Bornemisza und dem Centro de Arte Reina Sofía.

TIPPS

» **Online buchen** Wer online Tickets kauft, spart 1 € und muss nicht warten (www.museodelprado.es).

» **Beste Besuchszeit** Direkt nachdem die Galerien öffnen.

» **Kostenlose Führungen** Auf der Website (www.museodelprado.es/coleccion/quever/) findet man Leitfäden für ein- bis dreistündige Besuche.

PETER BARRITT/ALAMY

Las Tres Gracias (Rubens)
Rubens' spätes Meisterwerk porträtiert die Zeus-Töchter Aglaia, Euphrosyne und Thalia. Es ist ein klassischer und meisterlicher Ausdruck dafür, wie sich der Künstler mit dem Thema Sinnlichkeit auseinandersetzte.

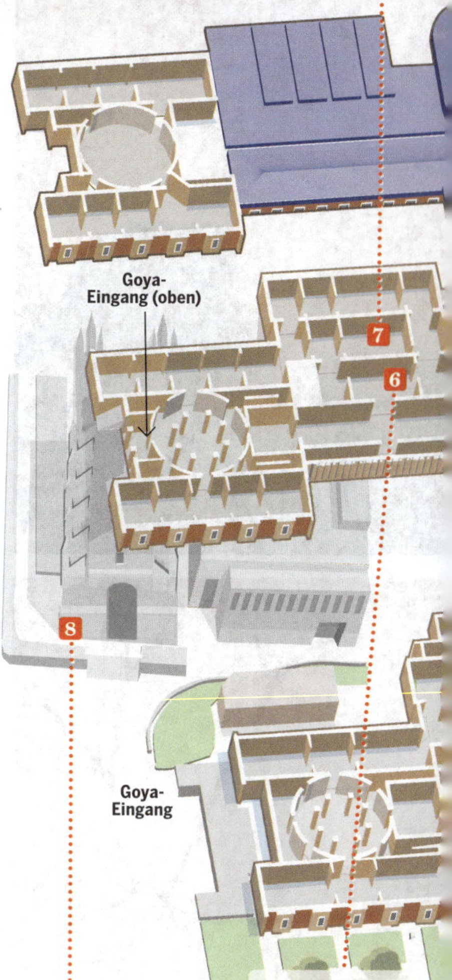

Edificio Jerónimos
Im 2007 eröffneten Anbau sind wechselnde Meisterwerke aus dem Prado zu sehen, die jahrzehntelang aus Mangel an Platz eingelagert waren. Die wunderbaren Granitkreuzgänge im 2. Stock stammen aus dem Jahr 1672.

Verehrung der Hirten (El Greco)
Ein besonders eindringliches Bild. El Grecos verzerrte Darstellung menschlicher Körper sollte auch viele seiner späteren Werke prägen.

Las Meninas (Velázquez)

Das wunderbare Gemälde zeigt Velázquez und die Prinzessin Margarita. Einige Experten glauben, dass in den Spiegeln hinter dem Künstler der König und die Königin zu sehen sind.

La Maja Vestida & La Maja Desnuda (Goya)

Diese rätselhaften Bilder verursachten im Madrid des frühen 19. Jhs. einen Skandal. Damals wurde heiß über die Identität der Frau diskutiert und die Spanische Inquisition war erbost (oben abgebildet: La Maja Vestida).

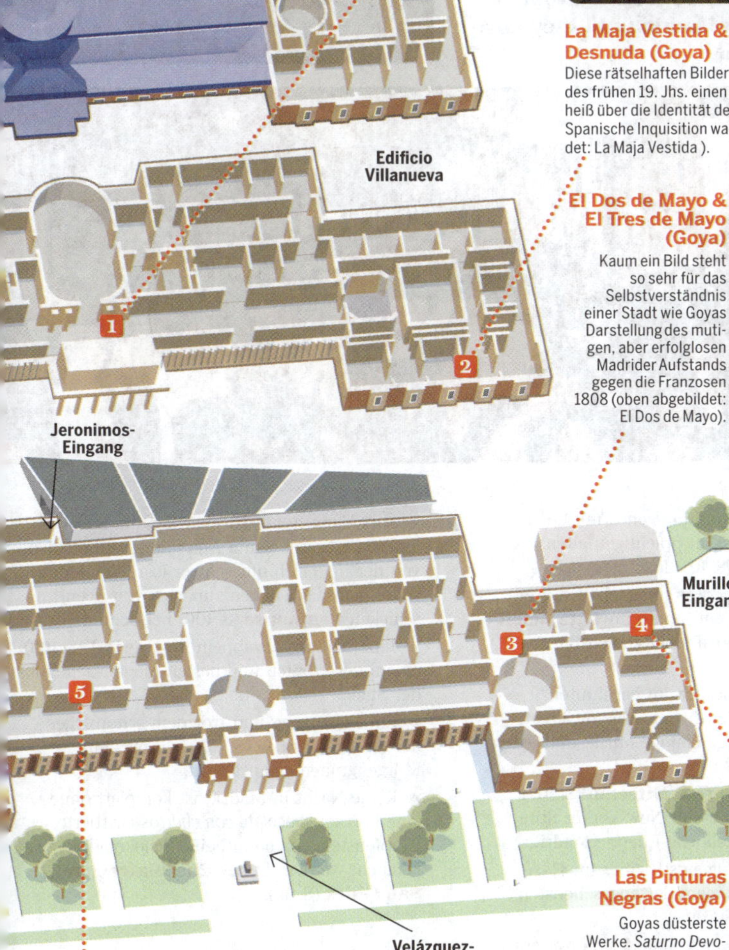

El Dos de Mayo & El Tres de Mayo (Goya)

Kaum ein Bild steht so sehr für das Selbstverständnis einer Stadt wie Goyas Darstellung des mutigen, aber erfolglosen Madrider Aufstands gegen die Franzosen 1808 (oben abgebildet: El Dos de Mayo).

Las Pinturas Negras (Goya)

Goyas düsterste Werke. *Saturno Devorando a Su Hijo* ist ein verstörendes Zeugnis der gequälten Menschheit; *La Romería de San Isidro* und *El Akelarre* sind ebenfalls erschütternd.

Der Garten der Lüste (Bosch)

Das fantastische Tryptichon zeigt den Garten Eden und die laut Beschreibung des Prado „düsteren Vorhöfe der Hölle" auf brillant detaillierte Weise.

Madrider Nächte sind lang ...

Kleines Nachtprogramm

Die Nächte in der Hauptstadt sind lang und laut, und so hat Hemingway mit seinen Worten in den 1930er-Jahren nach wie vor recht: „Nobody goes to bed in Madrid until they have killed the night."

BRUCE BI

1

4

» Am späten Nachmittag geht's mit einem gemütlichen Kaffee im prächtigen alten **Café Comercial** (S. 101) los.

» Danach darf es etwas mit mehr Umdrehungen sein, z. B. ein Mojito im **Café Belén** (S. 101), dem Inbegriff einer coolen Bar in Chueca.

» Nun steht ein Besuch im berühmten **Museo Chicote** (S. 101) an, das mit kreativen Cocktails, netter Lounge-Musik und jeder Menge Promis lockt.

» Das **Costello Café & Niteclub** (S. 107) ganz in der Nähe vereint New Yorker Stil und die unwiderstehliche Energie Madrids.

» Live-Jazz und Jugendstil gibt's im **Café Central** (S. 106), einem der angesehensten Livemusik-Clubs Europas.

» Bevor das stimmungsvolle **La Venencia** (S. 100) schließt, ist noch Zeit für ein Getränk.

» Statt danach auf der charmanten, nahe gelegenen Plaza de Santa Ana hängen zu bleiben, von der man sich nur schwer losreißen kann, sollte man das Treiben zunächst von oben im schicken **Penthouse** (S. 100) betrachten.

» Jetzt heißt es abzappeln im **Kapital** (S. 103), einem der größten und besten Mega-Nachtclubs der Stadt.

» Ein Neuzugang und trotzdem schon legendär ist das **Adraba** (S. 103), wo bis zum Morgengrauen getanzt wird.

» Keine Nacht in Madrid ist komplett ohne eine Portion *chocolate con churros* (frittierte Krapfenstangen, die in heiße Schokolade getaucht werden) in der **Chocolatería de San Ginés** (S. 98).

Abbildungen

1. Mercado de San Miguel (S. 91) **2.** Teatro Joy Esleva (S. 103) **3.** Café Central (S. 106) **4.** Malasaña Straße (S. 110)

2

3

In der Heimat von Salvador Dalí

Der 1904 in Figueres geborene Salvador Dalí war einer der führenden Köpfe der surrealistischen Bewegung. Neben Gemälden schuf der Künstler, dessen Bedeutung weit über seinen Tod hinausgeht, prägende Skulpturen, Filme und Fotografien.

Im Norden der Costa Brava ist er bis heute überall präsent, doch an manchen Orten spürt man seinen Geist besonders intensiv.

Mit der Gründung des Teatre-Museu Dalí (S. 339) in Figueres wollte Dalí seine „Wünsche, Geheimnisse, Rätsel, Obsessionen und Leidenschaften" für jedermann sichtbar machen.

Seine Lieblingsorte in Katalonien waren das weiß getünchte Cadaqués (S. 335) und das Nachbardorf Port Lligat, wo er über 50 Jahre fast ununterbrochen lebte und malte.

Gegen Ende seines Lebens zog der Künstler mit seiner Muse und Ehefrau Gala ins Castell de Púbol (S. 326) nordöstlich von Girona. Gala wurde auf eigenen Wunsch in der Gruft der Burg beigesetzt, umgeben von Elefanten mit Giraffenbeinen, während Dalí seine letzte Ruhe in der Krypta seines Museums in Figueres fand.

DALÍS WICHTIGSTE WERKE

Dalí schuf in seinem Leben über 1500 Werke. Zu den bekanntesten gehören:

» **Die Beständigkeit der Erinnerung** (1931) Die Darstellung geschmolzener Uhren thematisiert die Irrelevanz der Zeit und ist Dalís berühmtestes Bild.

» **Kreuzigung (Corpus Hypercubus)** (1954) Dalís Frau Gala schaut sich den an übergroßen Würfeln gekreuzigten Jesus an.

» **Das Abendmahl** (1955) Ein klassisches christliches Thema aus der Perspektive eines Surrealisten.

DENNIS JOHNSON

DENNIS JOHNSON

Abbildungen
1. Dalí-Statue, Cadaqués (S. 335) **2. & 3.** Figueres Teatre-Museu Dalí (S. 339) **4.** Gärten, Casa Museu Dalí (S. 337)

2

CHRISTOPHER GROENHOUT

3

Montjuïc

EIN TAGESAUSFLUG

Auf dem Montjuïc gab es möglicherweise schon vor den Römern eine Siedlung. Heute ist der Hügel die grüne Lunge Barcelonas. Zwischen den Gärten liegen beachtliche Kunstsammlungen, eine Burg, das Olympische Stadion und mehr. Für den Besuch der wichtigsten Orte sollte man sich einen Tag lang Zeit nehmen.

Von der Metrostation Espanya geht's Richtung CaixaForum **1**, wo stets drei oder vier kostenlose hochwertige Ausstellungen gezeigt werden. Gegenüber befindet sich der Pavelló Mies van der Rohe **2**, ein futuristisches Gebäude aus den 1920er-Jahren von einem der angesagtesten Architekten des 20. Jhs. Hügelaufwärts gelangt man zu der romanischen Kunstsammlung im Museu Nacional d'Art de Catalunya **3**. Das angeschlossene Restaurant eignet sich wunderbar für ein Mittagessen. Rolltreppen führen weiter nach oben zum Estadi Olímpic **4**, dem Schauplatz der Olympischen Sommerspiele von 1992. Dann geht's nach Osten zur Fundació Joan Miró **5**, wo die Kreativität des surrealistischen Künstlers zum Ausdruck kommt. Für Entspannung sorgen die wunderschönen Jardins de Mossèn Cinto Verdaguer **6**. Anschließend gondelt man mit der Seilbahn zum Castell de Montjuïc **7**. Wer zum richtigen Zeitpunkt da ist, erlebt hier die farbenfrohe Licht- und Musikschau am Font Màgica **8**.

TIPPS

» **Tolle Aussicht** Der Transbordador Aeri ab La Barceloneta auf den Montjuïc bietet einen herrlichen Ausblick. Überboten wird dies nur noch durch die Fahrt mit der Seilbahn Teleféric de Montjuïc Richtung Burg.

» **Sommerspaß** Das Castell de Montjuïc wartet im Sommer mit Open-Air-Kino und Konzerten auf (siehe http://salamontjuic.org).

» **Schön blumig** Die farbenfrohen, ruhigen Jardins de Mossèn Cinto Verdaguer sind berühmt für ihre Tulpen und Wasserpflanzen.

JEAN-PIERRE LESCOURRET

CaixaForum
Diese frühere Fabrik und Kaserne stammt von Josep Puig i Cadafalch und ist ein hervorragendes Zeugnis modernistischer Architektur sowie eine Art Lego-Fantasie aus Ziegelsteinen.

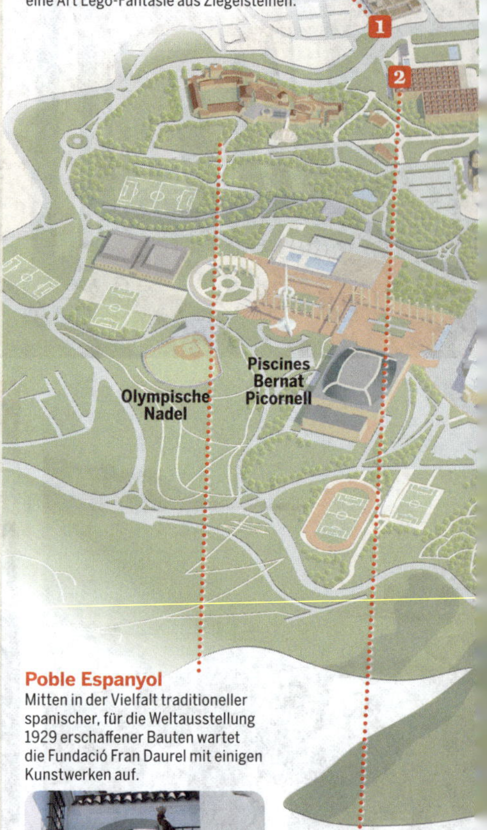

Poble Espanyol
Mitten in der Vielfalt traditioneller spanischer, für die Weltausstellung 1929 erschaffener Bauten wartet die Fundació Fran Daurel mit einigen Kunstwerken auf.

NEIL SETCHFIELD

Pavelló Mies van der Rohe
Der avantgardistische, für die Weltausstellung 1929 errichtete Pavillon zeigt den Einfallsreichtum des großartigen deutschen Architekten Ludwig Mies van der Rohe.

KRZYSZTOF DYDYNSKI

La Font Màgica

Am besten kommt man an einem lauen Sommerabend hierher, um die einzigartige, 15 Minuten dauernde Licht- und Tonperformance zu bestaunen.

TRAVELPIX/ALAMY

Museu Nacional d'Art de Catalunya

Eine Abteilung für romanische Kunst und ein farbenreiches Jesu-Bildnis aus dem 12. Jh., geborgen aus der Apsis einer Landkirche im Nordwesten Kataloniens.

Castell de Montjuïc

Die Aussicht auf die Stadt und das Meer sind grandios. Einst diente die im 17. Jh. errichtete Burg als Gefängnis für politische Gefangene und war lange ein Symbol der Unterdrückung.

Fundació Joan Miró

Hier sieht man Joan Mirós riesige, fröhliche Gemälde. In der Sala Joan Prats und der Sala Pilar Juncosa hängen weniger bekannte Arbeiten aus der Anfangszeit des Künstlers.

Museu d'Arqueologia de Catalunya

Das römische Mosaik mit den drei Grazien ist besonders schön. Es widmet sich der Archäologie Kataloniens und seiner Nachbarregionen.

BAB/IMAGEBROCKER

BAB/IMAGEBROCKER

Baskische Kultur

Die Basken sind einfach anders und leben bereits seit Urzeiten in ihrer Ecke von Spanien und Frankreich. Ein großer Teil ihrer einzigartigen Kultur bleibt Besuchern zwar verborgen, doch das Folgende kann jeder sehen.

Pelota

Der Nationalsport dieser Region ist *pelote basque* und jedes Dorf hat seinen eigenen Platz dafür. Die Sportart hat sich aus einem uralten Spiel namens *jeu de paume* entwickelt, von dem auch das moderne Tennis abstammt. Sie kann auf verschiedene Weise gespielt werden: mit den bloßen Händen, mit kleinen Holzschlägern oder mit einem länglichen, in der Hand gehaltenen Korb, der *chistera* genannt wird und mit dem die Spieler Bälle mit einer Geschwindigkeit von bis zu 300 km/h werfen können. Letztere Variante ist international am bekanntesten. Im Sommer kann man in der ganzen Region Pelota-Spiele sehen.

Lauburu

Das auffallendste Symbol der hiesigen Kultur ist das *lauburu* (baskisches Kreuz). Seine Bedeutung liegt im Dunkel der Vergangenheit verborgen. Manche sagen, es stehe für die vier ältesten Regionen des Baskenlands, andere meinen, es repräsentiere den Geist, das Leben, das Bewusstsein und die Form. Heute betrachten die meisten das Kreuz jedoch als Symbol des Wohlstands, denn es taucht in modernem Schmuck und über Haustüren auf. Es steht allerdings auch für Leben und Tod, deshalb ist es oft auf alten Grabsteinen zu finden.

Traditionelle Sportarten

Neben Pelota gibt's weitere baskische Sportarten wie Holzhacken, Steineheben, Heuballen-Hochwurf und Tauziehen.

Abbildungen
1. Sägewettbewerb 2. Pelota-Spiel beobachten
3. Traditionelle Kleidung

MARK BAYNES/ALAMY

1

MARK BAYNES/ALAMY

3

DALLAS STRIBLEY

2

Fast alle stammen von den alltäglichen Aktivitäten der Bauern und Fischer der Region ab. Inzwischen ersetzen moderne Technologien viele der dabei geforderten Fähigkeiten, doch die traditionellen Sportarten bleiben durch die zahlreichen Fiestas lebendig.

Stiere & Fiestas

Zwar haben die meisten Städte und Dörfer ihre eigene Fiesta, doch keine ist so berühmt und vielleicht auch so berüchtigt wie die Sanfermines in Pamplona, die mit dem legendären *encierro* (Stierlauf) gefeiert werden. Aber wie hat dieser Wahnsinn eigentlich angefangen? Zweck des Ganzen ist es, die Stiere von ihren Gehegen in die Arenen zu bringen. Irgendwann im 14. Jh. ist ein ausgefuchster Einheimischer darauf gekommen, dass sich dies am schnellsten und „einfachsten" bewerkstelligen lässt, indem man die Tiere aus den Gehegen direkt in die Arena treibt. Eins kam zum anderen und der *encierro* entwickelte sich vom simplen Transport der Stiere zu dem heutigen Gemetzel.

Traditionelle Trachten

Tagsüber kann man auf zahlreichen baskischen Festen traditionelle Trachten und Tänze bewundern, von denen es angeblich mehr als 400 gibt – inklusive jeweils passender Kostüme versteht sich.

Baskische Sprache

Laut Victor Hugo ist die baskische Sprache ein „Land". Wohl kaum ein Baske würde ihm dabei widersprechen, denn sie gilt als älteste Sprache Europas und hat keine Verbindung mit irgendeiner indogermanischen Sprache.

GUY MOBERLY

GREG ELMS

1. Paella (S. 903)
Zu den Grundzutaten einer guten Paella gehören Rundkornreis, Knoblauch, Petersilie, Olivenöl und Safran.

2. Jamón (S. 902)
Der luftgetrocknete Schinken aus der Extremadura und aus Salamanca gilt als der beste Spaniens.

OLIVER STREWE

2

GUY MOBERLY

3. Chocolate con churros
Die Krapfenstangen werden in heiße Schokolade getunkt und sind obligatorischer Bestandteil einer Nacht in Madrid.

4. Baskische Tapas (S. 901)
Im Baskenland, dem Tapas-Mekka Spaniens, nennt man die kleinen Leckerbissen *pintxos*.

5. Tapas bestellen (S. 901)
Entweder bedient man sich selbst oder zeigt auf die gewünschten Häppchen.

3

1

2

4

1. Tapas (S. 901)
Tapas werden meist an der Bar stehend verspeist. Dazu gibt's immer etwas zu trinken.

2. Wein (S. 909)
Spanische Weine unterliegen einem komplizierten Qualitätssystem; die jeweilige Zuordnung ist auf der Flasche vermerkt.

3. Tetilla-Käse (S. 534)
Angeblich lieferten Königin Esthers Brüste die Vorlage für diesen galicischen Käse.

4. Alambique-Kochschule (S. 82)
Bietet Kochkurse in Madrid mit spanischen und internationalen Schwerpunkten an.

3

CREDIT JONAS KALTENBACH

Kastilien-La Mancha

Inhalt »

Gut essen

» Manolo de la Osa (S. 236)
» Alfileritos 24 (S. 220)
» El Corregidor (S. 227)

Schön übernachten

» Casa de Cisneros (S. 218)
» La Casa del Rector (S. 227)
» Posada de San José (S. 235)

Auf nach Kastilien-La Mancha

Kastilien-La Manchas facettenreiche Landschaft besteht aus hügeligen, von der fruchtbaren roten Erde gefärbten Ebenen, die von Olivenhainen, Weizenfeldern und Weinreben durchzogen sind. Durch die verlassenen Windmühlen und verfallenen Burgen wird der märchenhafte Eindruck sogar noch verstärkt. Darüber hinaus erstrecken sich in der Gegend stille Bergregionen und dichte Wälder wie die Montes de Toledo und die grünen Täler rund um Alcalá del Júcar.

Als bekanntester Ort der Region gilt das prächtige Toledo. Spaniens spirituelle Hauptstadt ist eine Art Open-Air-Museum voll mittelalterlicher Bauwerke und kultureller Sehenswürdigkeiten. Einen Besuch lohnt auch das atemberaubende Cuenca, das jeden Augenblick von seinem Felsgrat oberhalb einer steilen Schlucht abzustürzen droht.

Feinschmecker kommen ebenfalls auf ihre Kosten, denn in Kastilien-La Mancha befindet sich nicht nur Spaniens größtes Weingut, sondern hier wird auch Safran angebaut und der unvergleichliche Manchego-Käse hergestellt.

Reisezeit

Toledo

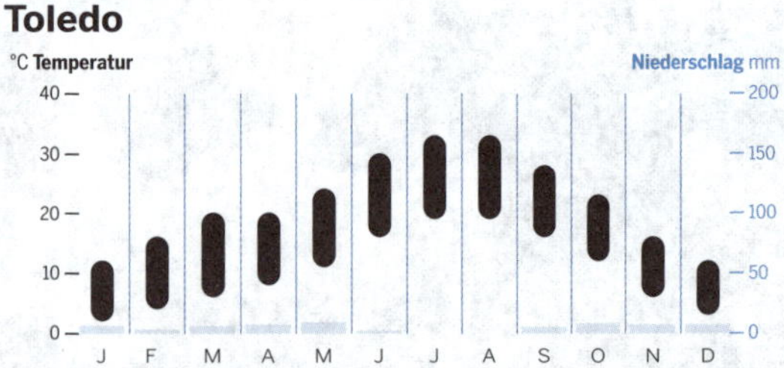

März–April Bunte Wildblumen bilden einen herrlichen Kontrast zu der grünen Landschaft.

Mai Jetzt lassen sich Toledos und Cuencas mittelalterliche Straßen wunderbar erkunden.

September–Oktober Eine tolle Zeit für Wandertouren durch die Naturparks und Dörfer.

Toledo

82 300 EW. / 655 M

Toledo ist das spanische Pendant zu Rom, nur etwas kleiner. Zur Erkundung seiner Sehenswürdigkeiten benötigt man lediglich bequeme, kopfsteinpflastergeeignete Schuhe. Das Labyrinth aus engen Straßen, Plätzen und Innenhöfen erinnert an die *medinas* (Altstädte) von Damaskus und Kairo oder an Marokkos Fez. Zugleich finden hier christliche, jüdische und maurische Einflüsse in einer faszinierenden Mischung aus Kirchen, Synagogen und Moscheen ihren

Highlights

1 Durch **Toledos** (siehe oben) mittelalterliche Straßen schlendern sowie Museen und Bauwerke erkunden

2 Die unberührte Schönheit des **Parque Natural de las Lagunas de Ruidera** (S. 227) mit seinen kristallklaren Seen bestaunen

3 Oberhalb von **Consuegra** (S. 229) das ultimative Don-Quichotte-Windmühlen-Foto schießen

4 In einer der Uferbars unter den Häuserreihen und dem Schloss von **Alcalá del Júcar** (S. 231) ein gemütliches Bier trinken

5 Das außergewöhnliche Museo de Arte Abstracto Español in **Cuenca** (S. 232) besuchen

6 Auf den römischen Ausgrabungsstätten von **Valeria** (S. 235) in die Vergangenheit eintauchen

7 Sich bei der Besichtigung der faszinierenden **castillos** (S. 223) dieser Provinz wie ein echter König oder wie eine echte Königin fühlen

8 Lokal hergestellte Weine mit dem perfekten Begleiter – dem reifen bröckeligen Käse aus **Manchego** (S. 224) – genießen

Toledo

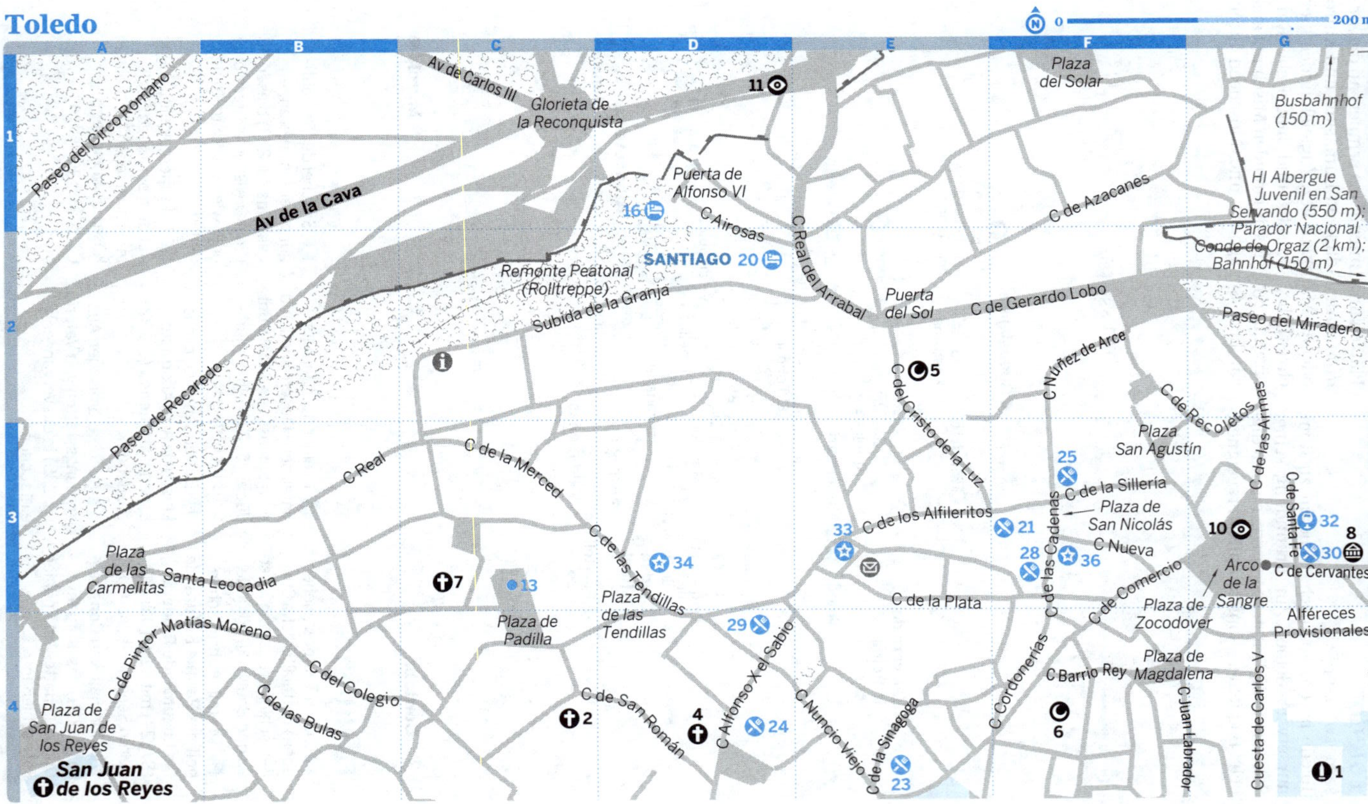
0
200 m
A
B
C
D
E
F
G
1
2
3
4
Paseo del Circo Romano
Av de la Cava
Av de Carlos III
Glorieta de la Reconquista
11
Puerta de Alfonso VI
16
C Airosas
SANTIAGO 20
Remonte Peatonal (Rolltreppe)
Subida de la Granja
Paseo de Recaredo
C Real del Arrabal
Puerta del Sol
C de Gerardo Lobo
C de Azacanes
Plaza del Solar
Busbahnhof (150 m)
HI Albergue Juvenil en San Servando (550 m); Parador Nacional Conde de Orgaz (2 km); Bahnhof (150 m)
Paseo del Miradero
5
C del Cristo de la Luz
C Núñez de Arce
C de Recoletos
Plaza San Agustín
C de las Armas
C de Santa Fe
32
8
30
C de Cervantes
10
Arco de la Sangre
Plaza de Zocodover
Alféreces Provisionales
C de la Sillería
Plaza de San Nicolás
C Nueva
25
21
28
36
C de las Cadenas
C de Comercio
C de los Alfileritos
33
C de la Plata
C Real
C de la Merced
C de las Tendillas
34
7
13
Plaza de Padilla
Plaza de las Tendillas
29
Plaza de las Carmelitas
Santa Leocadia
C de Pintor Matías Moreno
C del Colegio
C de las Bulas
Plaza de San Juan de los Reyes
San Juan de los Reyes
2
C de San Román
4
C Alfonso X el Sabio
24
C Nuncio Viejo
C de la Sinagoga
23
C Cordonerías
C Barrio Rey
6
Plaza de Magdalena
C Juan Labrador
Cuesta de Carlos V
1

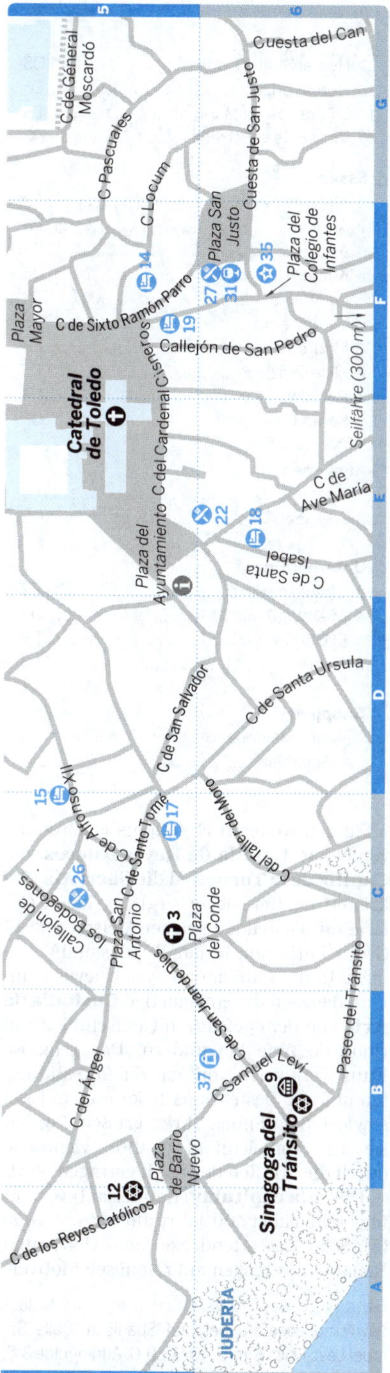

Ausdruck. All das und seine imposante Lage hoch über dem Río Tajo machen Toledo zu Recht zu einem der meistbesuchten Orte in Spanien.

Wenn die Straßen von Touristengruppen verstopft sind, kann der Charme der Stadt empfindlich leiden. Erst am Abend gehört Toledo wieder den Einheimischen und verströmt nun das launige Flair einer ganz eigenen Welt.

Geschichte

Nachdem das Königreich unter den westgotischen Adligen einen Niedergang erlebt hatte, konnten die Mauren Toledo im Jahr 711 erobern. Der Ort entwickelte sich rasch zur Hauptstadt einer unabhängigen arabischen *taifa* (kleines Königreich) und zu Spaniens Zentrum für Kunst und Bildung.

1085 marschierte Alfonso VI. in Toledo ein. Kurz danach erhob der Vatikan es zum religiösen Mittelpunkt der katholischen Kirche in Spanien. Anfangs lebten Christen, Juden und Muslime einigermaßen gut zusammen, doch 1492 wurden Muslime und Juden vor die Wahl gestellt, entweder zum Christentum zu konvertieren oder zu fliehen – eine echte Tragödie in der Stadt der vielen Glaubensrichtungen.

Im 16. Jh. erwog Carlos I., Toledo zu seiner ständigen Hauptstadt zu machen, doch sein Nachfolger Felipe II. verlegte seinen Regierungssitz dauerhaft nach Madrid, was einen erneuten Niedergang des Ortes einleitete.

Zu Beginn des Spanischen Bürgerkriegs (1936–39) verschanzten sich nationalistische Truppen und einige Zivilisten im Alcázar und wurden belagert.

1986 erklärte die Unesco Toledo zur Welterbestätte.

Sehenswertes

Viele Sehenswürdigkeiten liegen in der Altstadt und sind gut zu Fuß zu erkunden. Die Plaza del Ayuntamiento ist ein idealer Ausgangspunkt, denn dort befinden sich die Touristeninformation und die Kathedrale.

Catedral de Toledo KATHEDRALE

(Plaza del Ayuntamiento; Erw./Kind 7 €/frei; ⏲Mo–Sa 10.30–18.30, So 14–18.30 Uhr) Toledos Kathedrale dominiert das Stadtbild und spiegelt ihre historische Bedeutung als Herz des katholischen Spaniens wider.

An diesem Standort befand sich bereits in den ersten Tagen der westgotischen Besiedlung ein Sakralbau. Während der muslimischen Herrschaft erhob sich hier Toledos

Toledo

Highlights
- Catedral de Toledo ... E5
- San Juan de los Reyes ... A4
- Sinagoga del Tránsito ... B6

Sehenswertes
1 Alcázar ... G4
2 Iglesia de San Román ... C4
3 Iglesia de Santo Tomé ... C5
4 Iglesia San Ildefonso ... D4
5 Mezquita de las Tornerías ... E2
6 Mezquita del Cristo de la Luz ... F4
7 Monasterio de Santo Domingo El Antiquo ... C3
Museo de los Concilios y Cultura Visigoda ... (siehe 2)
8 Museo de Santa Cruz ... G3
9 Museo Sefardi ... B6
10 Plaza de Zocodover ... G3
11 Puerta Nueva de Bisagra ... D1
12 Sinagoga de Santa María La Blanca ... A5

Aktivitäten
13 Universität ... C3

Schlafen
14 Casa de Cisneros ... F5
15 Hostal Alfonso XII ... C5
16 Hostal del Cardenal ... D1
17 Hostal Santo Tomé ... C5
18 Hotel Eurico ... E6
19 La Posada de Manolo ... F5
20 Virgen de la Estrella ... D2

Essen
21 Alfileritos 24 ... F3
22 Aurelio ... E6
23 Aurelio ... E4
24 Kumera ... D4
25 La Abadía ... F3
26 La Naviera ... C5
27 Madre Tierra ... F6
28 Mille Grazie ... F3
29 Palacios ... D4
30 Santa Fe ... G3

Ausgehen
31 Enebro ... F6
32 La Tabernita ... G3

Unterhaltung
33 Círculo de Arte ... E3
34 El Ambigú ... D3
35 El Último ... F6
36 Pícaro ... F3

Shoppen
37 Pedro Maldonado Gonzalez ... B6

Obermoschee, die 1085 zerstört wurde. Die heutige Kathedrale stammt aus dem 13. Jh. und ist im Wesentlichen vom gotischen Stil geprägt, daneben sind aber auch viele andere Einflüsse wie der Mudéjar-Stil oder die spanische Renaissance zu erkennen.

Im Zentrum des Langschiffs stößt man auf den **coro** mit seinem reich verzierten Chorgestühl. Der untere Teil ist im 15. Jh. entstanden und zeigt die Eroberung von Granada.

Gleich gegenüber liegt die **Capilla Mayor**, ein extravagantes Kunstwerk aus dem Jahr 1498. Ihr Prunkstück ist der *retablo* (Altaraufsatz) im flämisch-gotischen Stil mit Szenen aus dem Leben Jesu und der Jungfrau Maria. Die ältesten der großartigen Glasmalereien sind die in der Fensterrose oberhalb der **Puerta del Reloj**. Hinter dem Hauptaltar befindet sich das **Transparente**, ein hypnotisierendes Werk aus dem 18. Jh. im Stil des *churrigueresco* (aufwendig verzierter Barockstil), von dem ein warmes Licht ausgeht.

Zu den weiteren Highlights gehören die vergoldete **Capilla de Reyes Nuevos**, die **Capilla de la Torre** und die **Sacristía** (Sakristei). Letztere beherbergt eine kleine Galerie mit Gemälden solcher Meister wie El Greco, Zurbarán, Tizian, Rubens und Velázquez. In der Capilla de Reyes Nuevos kann man dagegen die einzigartige **Custodia de Arfe** von dem gefeierten Goldschmied Enrique de Arfe bewundern. Das religiöse Kunstwerk wartet mit ganzen 260 Statuetten auf und besteht aus 18 kg reinem Gold sowie 183 kg Silber. Ihren großen Tag hat sie an Fronleichnam (S. 216), wenn sie durch die Straßen der Stadt getragen wird.

Die **sala capitular** (Kapitelsaal) verfügt über einen über 500 Jahre alten *artesonado* (Mudéjar-Kassettendecke aus Holz) und Renaissancefresken mit religiösen Motiven.

Sinagoga del Tránsito — SYNAGOGE

(www.museosefardi.net, auf Spanisch; Calle Samuel Leví; Erw./Kind 2,40/1,20 €, Audioguide 3 €; Di–Sa 10–21, So 10–14 Uhr;) 1355 wurde die prachtvolle Sinagoga del Tránsito mit Sondergenehmigung Pedros I. errichtet, da der Bau jüdischer Gotteshäuser im christlichen Spanien verboten war. Zuvor fanden sich in Toledos ehemaliger *judería* (jüdisches Viertel) elf Synagogen. 1492 wurde ein Großteil der hier lebenden Juden vertrieben und die Sinagoga del Tránsito bis 1877 als Priorat, Klause und Kaserne genutzt. Heute ist in dem Gebäude das **Museo Sefardi** untergebracht, dessen Öffnungszeiten denen der Synagoge entsprechen. Die riesige Hauptgebetshalle wurde fachkundig restauriert, und die Ornamente im Mudéjar-Stil sowie die kunstvoll geschnitzte farbenprächtige Holzdecke sind echte Hingucker. Eine Ausstellung gibt mithilfe archäologischer Funde, einem Garten mit Gedenkstätte, Kleidungsstücken und zeremoniellen Exponaten Einblicke in die Geschichte jüdischen Lebens in Spanien.

Sinagoga de Santa María La Blanca

SYNAGOGE

(Calle de los Reyes Católicos 4; Eintritt 2,30 €; ⌚10–18 Uhr) Diese Synagoge im klassischen almohadischen Stil ist etwas einfacher gestaltet. Hufeisenbögen grenzen die fünf Schiffe voneinander ab. Ursprünglich öffneten sich die oberen Bögen zu den Räumen für die Frauen; die Männer folgten dem Gottesdienst im unteren Gebäudeteil.

San Juan de los Reyes

FRANZISKANERKLOSTER

(Plaza de San Juan de los Reyes 2; Eintritt 2,30 €; ⌚10–18 Uhr) Nördlich der Synagogen befinden sich das Franziskanerkloster und die Kirche von San Juan de los Reyes, beide aus dem frühen 17. Jh. Der hübsche Kreuzgang rund um einen klassisch gestalteten Garten mit Springbrunnen, Orangenbäumen und Rosen ist besonders sehenswert.

Das provokativ im Herzen des jüdischen Viertels gelegene Kloster wurde durch Isabella und Ferdinand begründet und sollte die Vorherrschaft des katholischen Glaubens demonstrieren. Die beiden Herrscher hatten geplant, sich hier beisetzen zu lassen. Als jedoch 1492 das symbolträchtige Granada eingenommen wurde, entschieden sie sich für die dortige, als königliche Grablege errichtete Capilla Real.

In der Kirche und dem Kreuzgang stößt man überall auf das Wappen von Isabella und Ferdinand, außerdem baumeln von den Außenwänden die Ketten der in Granada befreiten christlichen Gefangenen. Der vorherrschende flämisch-gotische Stil wurde mit üppigem isabellinischem Schmuck aufgewertet; ein Gegengewicht dazu bildet die Mudéjar-Dekoration, darunter beispielsweise die prächtige Holzdecke im oberen Kreuzgang.

> **MIT DER ROLLTREPPE**
>
> Mit dem **remonte peatonal** (Rolltreppe; ⌚Mo–Fr 7–22, Sa 8–2, So 8–22 Uhr), der bei der Puerta de Alfonso VI beginnt und beim Monasterio de Santo Domingo El Antiguo endet, kann man sich den steilen Aufstieg in die Altstadt ersparen.

Alcázar

FESTUNG

An der höchsten Stelle der Stadt erhebt sich der imposante Alcázar. Abd ar-Rahman III. errichtete hier im 10. Jh. eine *al-qasr* (Festung), die später von Christen umgebaut wurde. Die Architekten Alonso Covarrubias und Juan de Herrera verwandelten sie für Carlos I. in eine königliche Residenz, aber dann zog der Hof nach Madrid um. Nun wurde das Gebäude zur Last und endete schließlich als Academia de la Infantería (Militärakademie).

Während der Belagerung durch Francos Truppen wurde der Alcázar 1936 größtenteils zerstört. Franco ließ ihn jedoch wieder aufbauen und dort ein Militärmuseum einrichten. Bei Redaktionsschluss war das Museum wegen umfassender Renovierungsarbeiten, deren Ende nicht abzusehen ist, geschlossen.

Mezquita del Cristo de la Luz

MOSCHEE

(Cuesta de Carmelitas Descalzos 10; Eintritt 1,90 €; ⌚Fr 14–20, Sa & So 10–14 & 15–20 Uhr) An den Nordhängen der Stadt stößt man auf die bescheidene, aber sehr hübsche Moschee im mittelalterlichen Architekturstil der maurischen Eroberer. Das im 10. Jh. errichtete Gebäude erlitt das übliche Schicksal und wurde zu einer Kirche umgebaut, was an den religiösen Fresken deutlich zu erkennen ist. Ihre Originalbögen und -gewölbe blieben jedoch erhalten. Die schmale, steile Calle del Cristo de la Luz führt weiter durch ein Tor, von den Mauren Bab al-Mardum benannt.

Plaza de Zocodover

HAUPTPLATZ

Die Cafés rund um die lebendige Plaza eignen sich wunderbar zum Beobachten des bunten Treibens.

Von 1465 bis in die 1960er-Jahre fand auf dem Zocodover dienstags der städtische Markt statt, Nachfolger des arabi-

NICHT VERSÄUMEN

TRAUMHAFTE AUSBLICKE

Herrliche Ausblicke auf die Stadt öffnen sich von der anderen Seite des Río Tajo, die man über die Puente de Alcántara erreicht. Alternativ nimmt man beim Hotel El Diamantista die winzige kostenlose **Seilfähre** (⏲10–13.30 & 15–18 Uhr). Ein netter Spaziergang führt von der Seilfähre nach Westen am Fluss entlang bis zur Puente de San Martín. Auf dem hübschen Grasstreifen trifft man auf Jogger und Angler, die vor der eindrucksvollen Kulisse ihren Hobbys nachgehen. Kamerataugliche Motive bieten sich auch vom Turm der **Iglesia San Ildefonso** (Plaza Juan de Mariana 1; Eintritt 1,90 €; ⏲10–18.45 Uhr).

schen *souq ad-dawab* (Viehmarkt), dem der Platz seinen ungewöhnlichen Namen verdankt. Darüber hinaus sahen sich die *toledanos* hier jahrhundertelang Stierkämpfe an oder versammelten sich, um den öffentlichen, von der Inquisition veranlassten Verbrennungen auf dem Scheiterhaufen beizuwohnen.

Die Südseite des Platzes stammt aus dem 17. Jh., allerdings ist der McDonalds definitiv jünger.

GRATIS **Museo de Santa Cruz** STADTMUSEUM
(Calle de Cervantes 3; ⏲Mo–Sa 10–18.30, So 10–14 Uhr) In unmittelbarer Nähe zur Plaza de Zocodover liegt das im 16. Jh. errichtete Museo de Santa Cruz, das mit einer großartigen Kombination von Formelementen der Gotik und der spanischen Renaissance aufwartet. Die wunderschönen Kreuzgänge sind ebenso sehenswert wie die Holzschnitzereien der Decken und die oben ausgestellte spanische Keramik. In der Galerie im Erdgeschoss hängen verschiedene El Grecos, darunter die Werke *Asunción de la Virgen* und *La Veronica,* sowie das Goya zugeschriebene Gemälde *Cristo Crucificado* und der wunderbare Tierkreiszeichenteppich aus dem 15. Jh.

Kurse

Universität SPANISCH
(www.uclm.es/fundacion/esto) Die Universidad Castilla-La Mancha bietet ESTO-Programme (Español en Toledo) mit unterschiedlichen Sprachkursen an. Mehr darüber erfährt man auf der Website.

Feste & Events

In Toledo finden einige tolle Feste statt.

Fronleichnam FRONLEICHNAM
Fronleichnam fällt auf den Donnerstag der neunten Woche nach Ostern. Die Feiern in Toledo gehören zu den schönsten in ganz Spanien. Mehrere Tage voller Festlichkeiten haben ihren Höhepunkt in der Prozession, bei der auch die *Custodia de Arfe* (s. S. 216) zum Einsatz kommt.

Semana Santa KARWOCHE
Die Karwoche wird ebenfalls mehrere Tage lang gefeiert, u. a. mit Umzügen maskierter Mitglieder der *cofradías* (Bruderschaften), die teilweise erst gegen Mitternacht beginnen.

Mariä Himmelfahrt MARIÄ HIMMELFAHRT
Am 15. August dürfen Gläubige vom Brunnenwasser der Kathedrale trinken, das angeblich wundersame Kräfte hat. Die Schlangen für einen Schluck aus dem *botijo* (Tonkrug) können sehr lang sein.

Schlafen

Dem breiten Angebot an Unterkünften steht eine große Zahl an Besuchern gegenüber, insbesondere von Juli bis September. Wer seinen Koffer nicht ewig durch die Pflasterstraßen schleppen möchte, sollte sein Zimmer rechtzeitig buchen.

LP TIPP **Casa de Cisneros** BOUTIQUE-HOTEL €€
(☎925 22 88 28; www.hostal-casa-de-cisneros.com; Calle del Cardenal Cisneros; EZ/DZ 50/80 €;) Dieses bezaubernde Hotel liegt direkt gegenüber der Kathedrale. Früher stand an gleicher Stelle ein maurischer Palast aus dem 11. Jh.; Teile davon sieht man durch eine Glasluke in der Lobby. Im Gegensatz dazu wirkt das heutige Gebäude, das aus dem 16. Jh. stammt, richtig neu. Die hübschen Zimmer sind mit viel Stein und Holz ausgestattet und haben äußerst schicke Bäder.

Hostal Santo Tomé BUDGETHOTEL €
(☎925 22 17 12; www.hostalsantotome.com; Calle de Santo Tomé 13; EZ/DZ 42/55 €; P) Wer sich in dem preiswerten *hostal* über einem Souvenirladen einquartiert, darf sich über geräumige Zimmer mit hellen Holzböden und -möbeln freuen. Den Bädern könnte man gut und gerne fünf Sterne verleihen,

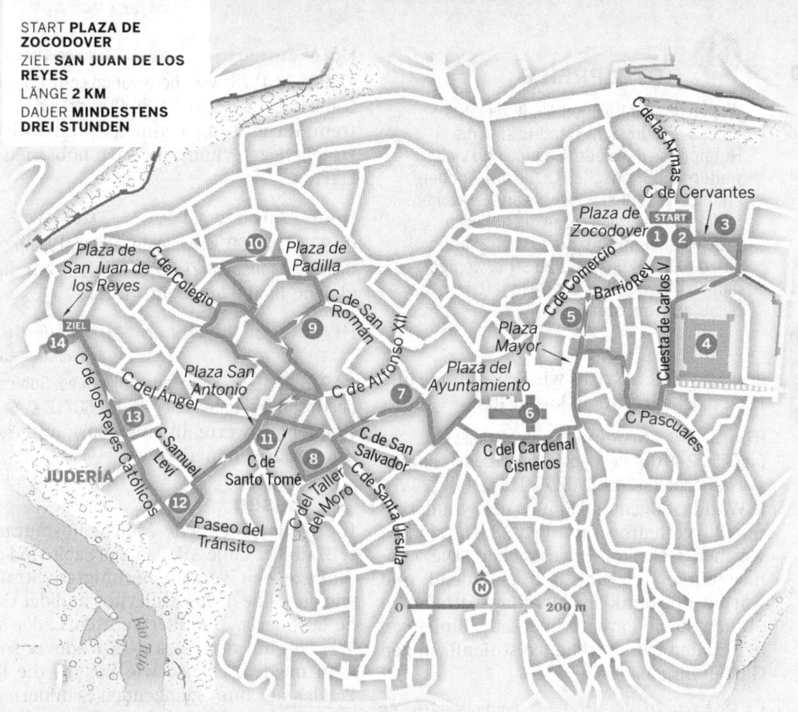

Stadtspaziergang

Ein Streifzug durch die Geschichte

Je nach Gusto kann dieser Spaziergang drei Stunden oder auch einen ganzen Tag dauern – man sollte also Blasenpflaster dabeihaben.

Die Tour beginnt an der ❶ **Plaza de Zocodover** und führt durch den ❷ **Arco de la Sangre** auf der Ostseite des Platzes zum ❸ **Museo de Santa Cruz**. Südlich davon erhebt sich das Wahrzeichen der Stadt, der ❹ **Alcázar**. Hinter dem Prachtbau genießt man einen schönen Ausblick auf den Río Tajo. In Richtung Kathedralentürme geht's vorbei an den Überresten der ❺ **Mezquita de las Tornerías** bergab nach Westen zur ❻ **Catedral de Toledo**, dem spirituellen Zentrum des katholischen Spaniens. Von hier steuert man das nordwestlich gelegene ❼ **Centro Cultural San Marcos** an, das in der San-Marcos-Kirche aus dem 17. Jh. untergebracht ist. Unter der eindrucksvollen Kuppel mit Deckenfresken werden zeitgenössische Kunstwerke präsentiert. Südwestlich befindet sich der ❽ **Taller del Moro** aus dem 14. Jh. Er ist bis auf Weiteres geschlossen, dank seiner klassischen Mudéjar-Architektur aber auch von außen interessant.

Danach bietet sich ein Abstecher Richtung Nordosten zur ❾ **Iglesia de San Román** an, die mit einer beeindruckenden Mischung aus Mudéjar- und Renaissancestil aufwartet und das Museo de los Concilios y Cultura Visigoda mit einer Ausstellung zu den Westgoten beherbergt. Ganz in der Nähe liegt das ❿ **Monasterio de Santo Domingo El Antiguo**.

Bergab erreicht man die wunderbare ⓫ **Iglesia de Santo Tomé**, ein absolutes Muss für El-Greco-Fans. Von dort geht's in das Herz des alten jüdischen Viertels. Hier stehen die ⓬ **Sinagoga del Tránsito** und die ⓭ **Sinagoga de Santa María La Blanca** auf dem Programm. Setzt man seinen Rundgang durch die Calle de los Reyes Católicos fort, kommt man zur prächtigen Kirche ⓮ **San Juan de los Reyes**, von der sich Spaniens Herrscher erhofften, dass sie den katholischen Endpunkt der Stadtgeschichte zementieren würde: ein angemessener Abschluss des Spaziergangs.

HOTELPREISE

Wegen der zahlreichen Ausflügler aus Valencia, Murcia und Madrid sind die Hotelpreise in Toledo, Cuenca und vielen weiteren touristischen Orten am Wochenende beträchtlich höher als an Werktagen. In diesem Kapitel werden die höheren Preise genannt. Unter der Woche verlangen die Unterkünfte bis zu 30 % weniger, dann trifft man eher auf Geschäftsreisende als auf Touristen.

denn sie bieten Extras wie Schuhcreme und Haartrockner. Parken kostet 10 €.

Hostal del Cardenal HISTORISCHES HOTEL **€€**
(☎925 22 49 00; www.hostaldelcardenal.com; Paseo de Recaredo 24; EZ/DZ 77/113 €; P ❄ ᯤ) Alle Wände, Bögen und Säulen des wunderbaren Bürgerhauses aus dem 18. Jh. sind in warmen Ockertönen gestrichen. Die Zimmer wirken elegant und einladend und warten mit dunklem Mobiliar, vornehmen Stoffen sowie Parkettböden auf. Einige gehen zu den wunderschönen stufenförmigen Gärten hinaus.

La Posada de Manolo BOUTIQUE-HOTEL **€€**
(☎925 28 22 50; www.laposadademanolo.com; Calle de Sixto Ramón Parro 8; EZ/DZ inkl. Frühstück 42/66 €; ❄ ᯤ) Jede Etage in dem eindrucksvollen Boutique-Hotel spiegelt mit ihrer Ausstattung und dem Dekor eine der drei Kulturen (christlich, islamisch und jüdisch) Toledos wider. Von der Terrasse genießt man atemberaubende Ausblicke auf die Altstadt und die Kathedrale.

Parador Nacional Conde de Orgaz PARADOR **€€€**
(☎925 22 18 50; www.parador.es; Cerro del Emperador; EZ/DZ 159/171 €; P ❄ ᯤ ≋) Toledos flacher *parador* (ein luxuriöses, staatlich geführtes Hotel) hoch über dem Südufer des Río Tajo trumpft mit einer eleganten Innenausstattung sowie atemberaubenden Ausblicken auf. Um hierher zu gelangen, überquert man die Puente de Alcántara und folgt den Schildern.

Virgen de la Estrella BUDGETHOTEL **€**
(☎925 25 31 34; www.pensionarrabal.com; Calle Airosas 1; Zi. ohne Bad 30 €) Der Inhaber dieser Unterkunft betreibt auch das gleichnamige, nahe gelegene Restaurant (*menú* 12 €) sowie eine zweite, ähnlich günstige *pensión*. Einen Pluspunkt gibt's für die ruhige Lage gegenüber der hübschen Santiago-Kirche – es sei denn, die Glocken läuten gerade.

Hotel Eurico KLEINES HOTEL **€€**
(☎925 28 41 78; www.hoteleurico.com; Calle de Santa Isabel 3; EZ/DZ 59/89 €; ❄ ᯤ) Die freundlichen, angenehmen Zimmer dieses Hotels liegen rund um einen hübschen Garten.

Hostal Alfonso XII KLEINES HOTEL **€€**
(☎925 25 25 09; www.hostal-alfonso12.com; Calle de Alfonso XII; Zi. 65 €; ⊖ ❄ ᯤ) Märchengleiche Bleibe aus dem 18. Jh.

HI Albergue Juvenil en San Servando JUGENDHERBERGE **€**
(☎925 22 45 54; ralberguestojccm.es; Subida del Hospital; B unter/über 26 J. 9,50/12 €; @) Empfehlenswerte, in einer Burg untergebrachte Jugendherberge.

Essen

In Toledo gibt's jede Menge Restaurants, z. B. auf der Calle Alfonso X el Sabio und den umliegenden verkehrsberuhigten Straßen wie der Calle de los Alfileritos und der Calle de la Sillería. Die überteuerten Läden mit Terrasse auf der Plaza de Zocodover sollte man meiden, ebenso wie Lokale, die ihre Paellas auf bunt glänzenden Schildern anpreisen, denn dort wird vor allem unkreative Einheitsküche bzw. vorproduzierte Massenware serviert.

Alfileritos 24 MODERN & INTERNATIONAL **€€**
(www.alfileritos24.com; Calle de los Alfileritos 24; Mahlzeiten 25–35 €; ⊖) Pfeiler, Balken und eine gewölbte Decke versetzen Gäste in das 14. Jh. und harmonieren mit moderner Kunst und lichtdurchfluteten Speiseräumen auf vier Stockwerken. Die Karte verspricht eine Menge kreative Gerichte wie Tartar von Rotem Thun an Meeresalgen und Guacamole oder Erdbeersuppe mit Szechuanpfeffer-Eis.

Aurelio TRADITIONELL & GEHOBEN **€€**
(☎925 22 13 92; Plaza del Ayuntamiento 4; Mahlzeiten 35–45 €; ⏲Di–So mittags & abends, Mo nur mittags) Die drei unter diesem Namen vereinten Restaurants (die anderen beiden sind in der Calle de la Sinagoga 1 und 6) zählen zu den besten teureren Lokalen in Toledo. Wild, frisches Gemüse und traditionelle Speisen werden mit viel Stil zubereitet. Reservierung empfohlen.

Madre Tierra VEGETARISCH **€€**
(☎925 21 34 24; www.restaurantemadretierra.com; Bajanda de la Tripería 2; Mahlzeiten 25–35 €; ⏲Mi–So mittags & abends, Mo mittags; ⊖ ✎) Mit seinen freiliegenden Backsteinbögen,

sanften Ockerfarben und dem gedämpften Licht verströmt das kühle, gewölbeartige Lokal eine romantische Atmosphäre. Zur Auswahl stehen indische, asiatische und mediterran inspirierte vegetarische Gerichte wie Sushi, Moussaka, Pasta, *pakoras* (Gemüse in einem pikanten Teigmantel) und Salate. Reservierung empfohlen.

La Abadía LEICHTE KÜCHE €€

(www.abadiatoledo.com; Plaza de San Nicolás 3; Mahlzeiten 25–30 €; ✎) Ein wunderbarer Treffpunkt für Verliebte. Das atmosphärische Restaurant mit Bar ist in einem Palast aus dem 16. Jh. untergebracht und wartet mit Bögen, Nischen, einer sanften Beleuchtung und verschachtelten, mit Backstein verkleideten Räumen auf. Auf der Karte finden sich auch leichte Gerichte wie *verduras a la parrilla* (gegrilltes Gemüse) – ideal für den kleinen Hunger.

Palacios RUSTIKAL & TRADITIONELL €

(Calle Alfonso X el Sabio 3; menú 13,90 €, Mahlzeiten 14–18 €) Ein unprätentiöses Lokal, in dem sich etwas fleckige Glasscheiben, Deckenbalken und Service nach alter Schule mit traditioneller Küche mischen. Hunger? Dann ist eine Riesenschüssel der klassischen *judías con perdiz* (weiße Bohnen mit Rebhuhn) als Vorspeise genau das Richtige.

Mille Grazie ITALIENISCH €

(Calle de las Cadenas 2; Pizza ab 7,50 €, Pasta ab 8,50 €; ⌚Mo–Sa mittags & abends, So mittags; ✎) Der Küchenchef stammt aus Italien, auch wenn es hier Pizza Hawaii gibt. Zu seinen leckeren Kreationen gehören schmackhafte *panzotti Mille Grazie* (raviolіähnliche Pasta, gefüllt mit Spinat und Walnüssen).

Santa Fe RUSTIKAL €

(Calle de Santa Fe 6; menú 10,50 €) Dieser Laden ist besser und um einiges günstiger als die Restaurants auf dem nahe gelegenen Zocodover. Am besten bestellt man die hausgemachte Paella.

La Naviera MEERESFRÜCHTE €€

(Calle de la Campana 8; Mahlzeiten 20–25 €; ⌚Di–Sa mittags & abends) Im La Naviera stürzen sich die Gäste gierig wie Möwen auf die besten Meeresfrüchte in Toledo.

Kumera GEHOBEN & MODERN €

(Calle Alfonso X el Sabio 2; Mahlzeiten 18–25 €) In diesem netten Straßenlokal kommt abwechslungsreiche, innovative Küche auf den Tisch.

Ausgehen & Unterhaltung

Zahlreiche Kneipen und Diskos machen in Toledo die Nacht zum Tag. Eine gute Adresse neben den hier aufgelisteten Optionen ist im Sommer auch die Plaza de Magdalena, wo in einem schattigen Hof mehrere Barbesitzer ihre Tische nach draußen stellen. Die Studentenszene konzentriert sich auf die Straßen rund um die Plaza de San Nicolás.

Enebro BAR

(Plaza San Justo 9; ⌚Mo–Fr 8–24, Sa & So 12–1 Uhr) In der Bar unter Bäumen auf einem hübschen Platz kann man bei kostenlosen Tapas und Musik à la Jimmy Hendrix wunderbar den Abend einläuten.

Círculo de Arte KONZERTE

(www.circuloartetoledo.org; Plaza de San Vicente 2) Einer von mehreren Veranstaltungsorten, die mit mitreißender Livemusik aufwarten. In der stilvoll umgebauten Kapelle finden regelmäßig Konzerte und Theatervorführungen statt.

El Último LIVEMUSIK

(Plaza del Colegio de Infantes 4; ⌚17.30 Uhr–open end) Das El Último befindet sich in einem Gebäude aus dem 16. Jh. und gilt als angesagter Laden für Live-Jazz, -Blues und -Soul.

El Ambigú LIVEMUSIK

(Calle de las Tendillas 8; ⌚20 Uhr–open end) Jazz und Blues in intimer Atmosphäre. Die Einrichtung besticht durch Kacheln, Kunst und Gewölbe.

La Tabernita BAR

(Calle de Santa Fe 10) Eine nette kleine, zwanglose Bar.

VERRÜCKT NACH MARZIPAN

Kein Marzipanfan? Das könnte sich ändern, denn nirgendwo schmeckt es so gut wie hier. Toledo ist bekannt für die süße Sünde auf Mandelbasis, die zum Sortiment vieler Läden gehört, darunter auch **Santo Tomé**. Das Unternehmen hat mehrere Filialen in der Stadt, eine davon an der **Plaza de Zocodover**. Selbst die einheimischen Nonnen beteiligen sich am Marzipangeschäft und bieten die Leckerei in fast allen Klöstern an.

EL GRECO IN TOLEDO

Glücklicherweise beschloss Domenikos Theotokopoulos seinen komplizierten Namen in El Greco zu ändern. Der Künstler wurde 1541 auf Kreta geboren und zog 1567 nach Venedig, um sich zum Renaissancemaler ausbilden zu lassen.

1577 ging er nach Spanien und ließ sich in Toledo nieder, wo ihn mehrere Mäzene unterstützten. El Greco suchte den Kontakt zu den Reichen und Mächtigen seiner Zeit und soll nicht gerade unter mangelndem Selbstbewusstsein gelitten haben: „So sicher, wie die Bezahlung unter dem Wert meines erhabenen Werkes liegt, so sicher werde ich als eines der größten Genies der spanischen Malerei in die Geschichte eingehen", so seine bescheidene Verlautbarung.

Der als überheblich und extravagant bekannte El Greco liebte das Leben auf großem Fuß und bezog Räume in einem Stadtpalais am Paseo del Tránsito. Als es jedoch mit Toledo bergab ging, verringerten sich auch die Einnahmen des Künstlers. Obwohl seine späten Arbeiten zu seinen besten zählen, konnte er oftmals die Miete nicht bezahlen. Als El Greco 1614 starb, waren seine Werke über die ganze Stadt verteilt; viele sind hier bis heute zu finden.

In der **Iglesia de Santo Tomé** (www.santotome.org; Plaza del Conde; Eintritt 2,30 €; ⏲10–18 Uhr) können Besucher das herrliche Gemälde *El Entierro del Conde de Orgaz* (Das Begräbnis des Grafen von Orgaz) bewundern. Als der Graf 1322 beerdigt wurde, sollen Augustinus von Hippo und Stephanus vom Himmel herabgestiegen sein, um dem Begräbnis beizuwohnen. In El Grecos Version sind außerdem er selbst, sein Sohn und Cervantes unter den Trauergästen.

Das **Monasterio de Santo Domingo El Antiguo** (Plaza de Santo Domingo el Antiguo; Eintritt 2 €; ⏲Mo–Sa 11–13.30 & 16–19, So 16–19 Uhr) aus dem 11. Jh. ist eines der ältesten Klöster der Stadt. Hier hängen einige von El Grecos frühen Auftragswerken, mehrheitlich Kopien. Hinter einem Eisengitter kann man außerdem die Gruft und den Holzsarg des Künstlers entdecken.

Weitere Bilder sind im Museo de Santa Cruz sowie in der *sacristía* der Kathedrale zu sehen.

Pícaro CAFÉTHEATER

(www.picarocafeteatro.com; Calle de las Cadenas 6) In dem gemütlichen Café stehen Theatervorführungen und andere Veranstaltungen auf dem Programm.

Shoppen

Toledo ist bereits seit Jahrhunderten für seine kunstvollen Schwerter berühmt, die quasi an jeder Ecke verkauft werden. Großer Beliebtheit erfreuen sich auch die *damasquinado*-Arbeiten (feine Gold- oder Silbereinlegearbeiten nach arabischer Handwerkstradition). Wer sich dafür interessiert, wendet sich am besten an **Pedro Maldonado Gonzalez** (Calle de San Juan de Dios 10).

Praktische Informationen

Infos zu offiziellen Führungen gibt's unter www.alficen.com.

Centro Locutorio Santo Tomé (Calle de Santo Tomé 1; 2 € pro Std.; ⏲11–22.30 Uhr) Internetzugang.

Touristeninformation der Provinz (☎925 25 93 00; www.diputoledo.es; Subida de la Granja; ⏲Mo–Sa 10–17, So 10–15 Uhr)

Zentrale Touristeninformation (☎925 25 40 30; www.toledoturismo.com; Plaza del Ayuntamiento; ⏲Mo 10.30–14.30, Di–So 10.30–14.30 & 16.30–19 Uhr).

An- & Weiterreise

Zu vielen größeren Zielen muss man über Madrid reisen.

BUS Von Toledos **Busbahnhof** (Avenida de Castilla La Mancha) verkehren zwischen 6 und 22 Uhr täglich außer sonntags alle halbe Stunde Busse in die spanische Hauptstadt Madrid. Die direkten Verbindungen starten immer zur vollen Stunde (5,25 €, 1 Std.), alle anderen Linien (1½ Std.) halten unterwegs in verschiedenen Dörfern. Darüber hinaus gibt's Verbindungen nach Albacete (14,35 €, 2¾ Std.) und Cuenca (11,40 €, 2¼ Std.).

ZUG Vom hübschen 1920 errichtete **Bahnhof** (Paseo de la Rosa) geht's per Hochgeschwindigkeitszug AVE etwa einmal pro Stunde nach Madrid (9,90 €, 30 Min.).

Unterwegs vor Ort

AUTO & MOTORRAD Die am nächsten zum Zentrum gelegene Tiefgarage befindet sich in der Calle de Santa Ursula.

BUS Es gibt praktische Verbindungen zwischen der Plaza de Zocodover und dem Busbahnhof (Bus 5) bzw. dem Bahnhof (Busse 61 & 62; 0,95 €).

TAXI Taxistände befinden sich südlich der Plaza de Zocodover und am Busbahnhof. Alternativ ruft man ☎925 25 50 50 an.

Rund um Toledo

Toledos Umgebung lässt sich am besten mit dem Auto erkunden. Hier gibt's jede Menge zu sehen, beispielsweise römische Ruinen und einige der eindrucksvollsten Burgen des Landes.

CARRANQUE

Seit 1983 graben Archäologen bei **Carranque** (Erw./Kind 4 €/frei; ⌚Di–So 10–21 Uhr) das Fundament einer – wie sie annehmen – **römischen Basilika** des späten 4. Jhs. aus, die damit die älteste in Spanien wäre. Weitere Highlights der Stätte sind die Überreste eines römischen Landhauses und eines Nymphen-Heiligtums. Außerdem werden die Reste eines Klosters aus dem 12. Jh. mit einigen wertvollen Mosaiken freigelegt. Mit der Eintrittskarte hat man ebenfalls Zugang zu einem kleinen Museum.

BURGEN

Rund um Toledo kann man viele Burgen in unterschiedlichstem Erhaltungszustand entdecken. Viele sind nur mit dem Auto zu erreichen.

20 km südöstlich von Toledo an der CM42 steht die Ruine der arabischen Burg **Almonacid de Toledo**. Der Legende nach soll hier El Cid gelebt haben; inzwischen sind die einsamen Mauern allerdings schon lange verlassen. Ein paar Kilometer weiter stößt man im Dorf **Mascaraque** auf eine kleinere Festung. In Mora kann man das aus dem 12. Jh. stammende **Castillo Peñas Negras** besuchen; es befindet sich 3 km außerhalb der Stadt auf dem Gelände einer prähistorischen Nekropole, die zurzeit intensiv von Archäologen untersucht wird. Folgt man dem sandigen Weg bis hoch zur Burg, wird man mit einer atemberaubenden Aussicht auf die umliegenden Ebenen belohnt. Einen Besuch lohnt auch die charmante Kleinstadt **Orgaz** mit ihrer hübschen, gut erhaltenen **Festung** (⌚April–Nov. jeden 2. Mi) aus dem 15. Jh.

30 km südwestlich von Toledo erhebt sich über dem Tal des Río Torcón die Ruine des **Castillo de Montalbán**, das im 12. Jh. von Tempelrittern gebaut worden sein soll. Es hat nur sporadisch geöffnet, aber es macht auch Spaß, einfach nur in der Gegend umherzuspazieren.

In **Escalona** an der N403, 52 km nordwestlich von Toledo, entdeckt man an einer hübschen Stelle am Ufer des Río Alberche eine Burgruine arabischen Ursprungs.

DER WESTEN

Dichte Wälder und eine faszinierende Mischung aus weiten Ebenen und imposanten Bergen: Der Westen wartet mit einigen echten Überraschungen auf.

Talavera de la Reina

88 900 EW.

Talavera de la Reina ist ein schöner, gemütlicher Ort mit einer originalen Stadtmauer und im portugiesischen Stil gestalteten Keramikfassaden. Im 12. Jh. wurde es von der Almoraviden-Dynastie überrannt und diente 1809 als Schauplatz einer entscheidenden Schlacht zwischen den Truppen des Herzogs von Wellington und den Franzosen.

Heute hat es sich die Stadt in ihrer Provinzialität gemütlich gemacht. Sie ist seit Langem für ihre Keramiken berühmt, die viele Gebäude schmücken, darunter die goldblaue Fassade des **Teatro Victoria** bei der Plaza del Padre Juan de Mariana.

Innerhalb der alten Mauern befindet sich das **Museo Ruiz de Luna** (Calle de San Agustín el Viejo; Eintritt 1 €; ⌚Di–Sa 10–14 & 16–18.30, So 10–14 Uhr), das eine schöne Sammlung lokaler Keramiken aus dem 16. bis 20. Jh. beherbergt. Zeitgenössische Töpferarbeiten werden z. B. in den Fabriken und Geschäften an der Straße Richtung Westen zur A5 hin angeboten.

Weitere Stücke sind in der **Touristeninformation** (www.talavera.org/turismo; Ronda del Cañello; ⌚Mo–Sa 10.30–13.30 & 16–18, So 10.30–12.30 Uhr) zu sehen.

Der Busbahnhof liegt im Stadtzentrum. Busse zwischen Madrid und Badajoz halten regelmäßig in Talavera de la Reina. Außerdem gibt's jeden Tag neun Verbindungen nach Toledo (6,30 €, 1¼ Std.).

MANCHEGO AUS LA MANCHA

Einige Traveller sehen sich durch Spaniens beliebtestes Milchprodukt, den Manchego-Käse, vor gewisse Herausforderungen gestellt, da es die großen Laibe in verschiedenen Größen, Preisen sowie von verschiedenen Marken gibt. Und der gute alte Gouda? Oder all die anderen Sorten, die man in der Heimat findet? Nun, importierter Käse wird zwar durchaus in größeren Städten und Urlaubsorten verkauft, die meisten Käseliebhaber sind jedoch mit den Varianten des Manchego vollauf zufrieden.

Viele Besucher lernen ihn in Form von kleinen Dreiecken kennen, die meist als kostenlose Tapas zu Getränken serviert werden. Fast immer ist er *semi curado* (mittelhart) statt *curado* (hart). Letzteres ist die geschmacklich intensivere und teurere Variante; in diesem Fall reift der Käse sechs bis acht Monate, während die mittelharte Variante nur etwa drei bis vier Monate lagert. Um das Manchego-Siegel, die sogenannte *denominacíon*, zu erhalten, muss die Milch von einer lokalen Manchego-Schafrasse stammen, die sich über Jahrhunderte hinweg entwickelt hat.

Laut dem Käser Alfonso Alvárez Valera besteht der beste *queso* aus unpasteurisierter Milch, die verhindert, dass er zäh wird. **Artequeso** (☎925 14 51 92; www.artequeso.com; Finca La Prudenciana, Tembleque) produziert pro Jahr etwa 40 000 Käselaibe nach strenger handwerklicher Tradition und ist schon seit vier Generationen in der Hand der Familie Valera. In den letzten Jahren wurden auch andere Sorten in die Produktlinie aufgenommen, darunter Ziegenkäse mit Wein oder Paprika und eine Mischung aus Schafs-, Ziegen- und Kuhmilch. Wer Artequeso besuchen und dabei die verschiedenen Sorten probieren möchte, muss vorab einen Termin vereinbaren. Am besten eignet sich dafür die Zeit zwischen März und Juni, die Hochsaison der Käseherstellung.

Rund um Talavera de la Reina

OROPESA

Eine Übernachtung im reizenden Dorf Oropesa 34 km westlich von Talavera ist sehr zu empfehlen. Zuerst sollte man sich eine *cerveza* (Bier) in einer der Bars rund um die hübsche Plaza del Navarro genehmigen und sich dann auf den Weg zur auf einem Hügel gelegenen **Burg** (www.e-oropesa.com; Erw./Kind 2,50 €/frei; ⌚Di–So 10–14 & 16–19 Uhr; 👪) machen. Von dort oben hat man einen tollen Ausblick über die Ebenen Richtung Norden bis hin zur mächtigen Sierra de Gredos, darüber hinaus finden das ganze Jahr über Kunstausstellungen statt und im Juli sowie im August werden Konzerte gegeben.

Gegenüber der Festung befindet sich ein Palast aus dem 14. Jh., in dem Spaniens zweitältester **parador** (☎925 43 00 00; www.parador.es; EZ/DZ 105/135 €; P ❄ 📶) untergebracht ist. Im Gegensatz zu vielen anderen *paradores* wirkt er nicht überladen, sondern punktet mit historischer Authentizität. Die Zimmer sind groß, luxuriös und mit schweren Brokatvorhängen sowie Antiquitäten ausgestattet. Hier hat sich auch schon der englische Schriftsteller Somerset Maugham einquartiert; sein überschwängliches Lob ist in der Lobby nachzulesen. Im Inneren des ehemaligen Palastes kann man San Pedro de Alcántaras Schlafräume besichtigen.

Gleich unterhalb der Burg liegt die Unterkunft **La Hostería** (☎925 43 08 75; www.lahosteriadeoropesa.com; Plaza del Palacio 5; EZ/DZ inkl. Frühstück 50/65 €; P ❄). Sie verfügt über hübsche, individuell eingerichtete Zimmer und ein beliebtes Restaurant (Mahlzeiten 20 €) mit einem Innenhof voller schöner Blumen.

Von Talavera de la Reina fahren drei- oder viermal am Tag Busse hierher.

EL PUENTE DEL ARZOBISPO

El Puente del Arzobispo, ein weiteres bekanntes Keramikzentrum mit zahlreichen Geschäften, liegt 14 km südlich von Oropesa am Río Tajo. Die Brücke mit ihren vielen Bögen, nach der dieser Ort benannt ist, stammt aus dem 14. Jh.

Montes de Toledo

1400 M

Die dramatischen Montes de Toledo beginnen südlich von Toledo mit niedrigen Ausläufern, die nach Westen zur Extremadura hin ansteigen. Ihre Erkundung führt ins Herz einer der am dünnsten besiedelten Gebiete des spanischen Binnenlands. Lange Straßenabschnitte sind gesäumt von terrakottafarbenen Böden voller Olivenbäume oder Feldern, die Streifen grünen Samtes ähneln und auf denen im Frühling zahlreiche Wildblumen wachsen.

11 km vor Navahermosa führt ein Weg Richtung Süden zum **Embalse del Torcón**, einem Stausee mit beliebten Picknickplätzen. Hinter Navahermosa gibt's mehrere Möglichkeiten, nach Süden weiterzufahren. Einige waldreiche Ecken bieten großartige Panoramen, und außer in dem ein oder anderen winzigen *pueblo* (Dorf) bekommt man eher Ziegen als Menschen zu Gesicht. Eine etwas längere Route, die einen Einblick in die Region erlaubt, beginnt in Los Navalmorales. Von hier geht's auf der CM4155 Richtung Süden bzw. Los Navalucillos an scheinbar verlassenen Ortschaften vorbei, bis man nach 48 km eine T-Kreuzung erreicht. Rechts (Richtung Westen) windet sich die Straße 35 km bis zum nördlichen Abschnitt des riesigen **Embalse de Cijara**, Teil einer Kette von Stauseen, die vom Río Guadiana gespeist werden und schon zur Extremadura gehören. Richtung Norden gelangt man nach **Puerto de San Vicente**; westlich davon biegt eine Straße zur EX102 und zum letzten kurvenreichen Streckenabschnitt nach Guadalupe ab.

DER SÜDEN

Der Süden verkörpert das, was viele mit La Mancha verbinden: flache Ebenen, die sich bis zum Horizont erstrecken, einzelne Bauernhöfe und Windmühlen. Im Vergleich dazu ist der Südosten erstaunlich grün und üppig und wartet mit Flüssen, Naturparks sowie wunderhübschen Dörfern auf.

Ciudad Real

74 000 EW.

Obwohl es einst das königliche Gegenstück zu Toledo war, ist Ciudad Real heute eine gewöhnliche spanische Arbeiterstadt. Trotzdem wirkt das Zentrum mit seinen verkehrsberuhigten Einkaufsstraßen und der auffallenden Plaza Mayor samt Glockenspiel (gekrönt von einem Cupido), der überladenen neugotischen Rathausfassade und einem modernen mehrstufigen Brunnen recht charmant.

Sehenswertes

Puerta de Toledo STADTTOR

Wer aus dem Norden anreist, betritt den Ort durch die Puerta de Toledo (1328), das letzte verbliebene der ursprünglich acht Stadttore. Es wurde unter Alfonso X. im Mudéjar-Stil errichtet.

GRATIS **Museo del Quijote** MUSEUM

(Ronda de Alarcos 1; ⌚Mo–Sa 10–14 & 18–21, So 10–14 Uhr) Für Don-Quichotte-Fans ist das Museum ein Muss. Es verfügt über audiovisuelle Medien und eine Cervantes-Bibliothek mit Hunderten von Ausgaben, u. a. in Esperanto und Blindenschrift. Einige davon stammen von 1724. Spanischkenntnisse sind von Vorteil.

Iglesia de San Pedro KIRCHE

(Calle Ramón y Cajal General Rey; ⌚Mo–Fr 11–12 & 20–20.30, Sa 11–12 & 19–19.30, So 9–13 Uhr) Die auffälligste unter der Handvoll Kirchen vor Ort ist die im 14. Jh. errichtete gotische Iglesia de San Pedro mit ihrer dreigliedrigen Fassade, drei Kirchenschiffen, sternenförmigen Bögen und einem leuchtenden Altarbild aus Alabaster aus dem 15. Jh.

Schlafen & Essen

Die Restaurants auf der Plaza Mayor bieten sich zwar für den einen oder anderen Drink an, doch das Essen ist leider eher durchschnittlich. Einige der besten Bars und Lokale finden sich an den Straßen rund um die Avenida del Torreón del Alcázar sowie an der parallel verlaufenden Calle de los Hidalgos. Selbstversorger sollten den riesigen **mercado** (Markt; Calle de las Postas) ansteuern.

Hostal Plaza KLEINES HOTEL €

(☎926 25 43 35; Plaza de Agustín Salido 2; EZ/DZ 35/50 €; ❄📶) Das gemütliche Hotel liegt an einem hübschen, ruhigen Platz und hat schicke Zimmer, eine geschäftige Frühstücksbar sowie eine Cafeteria.

Hotel Silken Alfonso X KLASSISCHES HOTEL €€

(☎926 22 42 81; www.hotelalfonsox.com; Calle de Carlos Vázquez 8; EZ/DZ 60/75 €; P❄📶) Bei dieser Unterkunft gehen die alte Fassade und das renovierte Gebäudeinnere eine erfolgreiche Verbindung ein. Die modernen, mit Teppich ausgelegten Zimmer punkten mit einer schicken Ausstattung und Bädern aus glänzendem Marmor. Im Restaurant gibt's montags bis donnerstags ein *menú* für akzeptable 15 €. Parken kostet 12,85 €.

La Casuca RUSTIKAL & TRADITIONELL €
(Calle de Palma 10; Mahlzeiten 15 €) In dem bodenständige Lokal gegenüber einer geselligen Tapas-Bar werden solide, günstige Gerichte serviert.

El Ventero TAPA-BBAR €
(Plaza Mayor 8) Kommt man zur richtigen Uhrzeit, kann man von einem Platz auf der Plaza die Uhr mit Glockenspiel bewundern (normalerweise um 12, 13, 14, 18 und 20 Uhr); dann geben sich Don Quichotte, Sancho und Cervantes ein Stelldichein. Hier hält man sich besser an die Getränke samt zugehörigen Tapas als an das sonstige Speiseangebot.

Ausgehen

Auf der belebten, an einen Park grenzenden Avenida del Torreón del Alcázar reihen sich Clubs, Diskotheken und einladende Bars wie das **Australian Pub** (Avenida del Torreón del Alcázar 4; 11 Uhr–open end) und das benachbarte **Baston Pub** (Fr & Sa 15.30 Uhr–open end) aneinander. Die pulsierende Calle de los Hidalgos eignet sich ebenfalls bestens für eine Kneipentour.

Praktische Informationen

Städtische Touristeninformation
(926 21 64 86; www.ayto-ciudadreal.es; Plaza Mayor 1; Di–Sa 10–14 & 17–19, So 10–14 Uhr) Infos über Sehenswürdigkeiten, Hotels und Restaurants.

Touristeninformation der Provinz
(926 20 00 37; www.turismocastillalamancha.com; Calle de Alarcos 21; Mo–Sa 10–14 & 16–19, So 10–14 Uhr) Ähnlich hilfreich wie die städtische Touristeninformation.

An- & Weiterreise

BUS Der **Busbahnhof** (Carretera Calzada) liegt südwestlich der Innenstadt. Von hier gibt's täglich bis zu drei Verbindungen nach Albacete (13,95 €, 2¾ Std.) und Toledo (8,35 €, 1½ Std.) sowie fünf nach Madrid (11,45 €, 2½ Std.).

ZUG Der **Bahnhof** (Av Europa) befindet sich östlich der Innenstadt. Fast alle Züge, die zwischen Madrid und Andalusien verkehren, halten in Ciudad Real. Es gibt regelmäßige Verbindungen in verschiedene Städte, darunter Madrid (21,15 €, 1 Std.), Valencia (38,90 €, 5 Std., 2-mal tgl.) und Almagro (2,20 €, 15 Min.) im Südosten.

Unterwegs vor Ort

Stadtbus 5 fährt auf dem Weg ins Zentrum am Bahnhof und Busbahnhof vorbei; wer in die andere Richtung möchte, kann z. B. an der Plaza del Pilar einsteigen.

Die Provinz Ciudad Real

ALMAGRO

9100 EW.

Ein echtes Juwel unter den Sehenswürdigkeiten der Stadt ist die einzigartige Plaza Mayor mit ihren Arkadengängen und welligen Ziegeldächern, gedrungenen Pfeilern und flaschengrünen Fensterläden. Obwohl der Platz fast orientalisch aussieht, hat er germanische Ursprünge und reicht zurück in die Zeit Carlos I. von Spanien, als sich mehrere reiche Bankiers und Kaufleute hier niederließen. Es macht Spaß, umherzuspazieren und durch einige verkehrsberuhigte Kopfsteinpflasterstraßen zu schlendern, die von Renaissancepalästen, Kirchen und Geschäften (Käse, Stickereiarbeiten und Korbwaren aus der Region) gesäumt sind.

Sehenswertes

Corral de Comedias THEATER
(www.corraldecomedias.com; Plaza Mayor 18; Erw./Kind inkl. Audioguide auf Englisch 3 €/frei; Mo–Fr 10–12 & 17–20, Sa & So 10–13 & 17–19 Uhr;) An der Plaza Mayor befindet sich Spaniens älteste Bühne, der Corral de Comedias aus dem 17. Jh., ein faszinierender Tribut an das goldene Zeitalter des spanischen Theaters mit Reihen hölzerner Balkone, von denen man auf die Originalbühne blickt. Diese wird auch heute noch für Aufführungen genutzt.

Museo Nacional de Teatro THEATERMUSEUM
(http://museoteatro.mcu.es; Calle de Gran Maestre 2; Eintritt 2,50 €; Di–Fr 10–14 & 16–19, Sa 11–14 & 16–18, So 11–14 Uhr) Eine schöne Ergänzung zum Corral de Comedias bietet das Museo Nacional de Teatro auf der anderen Seite des Platzes. Es beherbergt Ausstellungsstücke zum spanischen Theater ab dem 18. Jh. in Räumen, die einen herrlichen Innenhof aus dem 13. Jh. einfassen.

Museo de Encale STICKEREIMUSEUM
(Callejon del Villar; Eintritt 1,50 €; Di–Fr 10–14 & 17–20, Sa 10–14 & 17–19, So 11–14 Uhr) Einen guten Ruf genießt Almagro auch für sein Stickereihandwerk. Im Museo de Encale können Besucher über drei Stockwerke hinweg beeindruckende Arbeiten in gut ausgeleuchteten Ausstellungsräumen bewundern.

Feste & Events

Festival Internacional de Teatro Clásico THEATERFEST
(www.festivaldealmagro.com, auf Spanisch) Im Juli findet im Corral de Comedias ein

einmonatiges internationales Theaterfest statt, auf dem erstklassige Ensembles vorwiegend klassische Stücke zum Besten geben.

Schlafen

Während des Theaterfests im Juli und der Semana Santa steigen die Hotelpreise um stolze 50 %.

LP TIPP **La Casa del Rector** DESIGNERHOTEL €€
(☎926 26 12 58; www.lacasadelrector.com; EZ/DZ ab 85/100 €; ❄@📶) Das außergewöhnliche Hotel bietet eine große Auswahl an Zimmern, von klassisch-luxuriös mit antiken Möbeln bis zu allerneuestem Design mit eigenem Whirlpool und dramatischer Kunst. Zur Anlage gehört ein stilvolles Spa.

Retiro del Maestre KLASSISCHES HOTEL €€
(☎926 26 11 85; www.retirodelmaestre.com, auf Spanisch; Calle San Bartolomé 5; EZ/DZ inkl. Frühstück 70/87 €; P❄@📶) Hier können Gäste den Luxus eines Fünf-Sterne-Hotels ohne die Hektik eines großen Etablissements genießen. Die Zimmer sind blau-gelb gestrichen und geräumig. Am besten nimmt man eines im oberen Stock, denn die haben einen eigenen Balkon.

Parador PARADOR €€€
(☎926 86 01 00; www.parador.es; Ronda de San Francisco 31; EZ/DZ 125/154 €; P❄📶) Der *parador* liegt in einer ruhigen Gegend und ist in einem ehemaligen, edlen, efeubewachsenen Kloster untergebracht. Trotz der etwas unpassenden, knallbunten Balken in den Zimmern verströmt die luxuriöse Unterkunft altmodischen Charme.

Hostal Rural San Bartolomé KLEINES HOTEL €€
(☎926 26 10 73; www.hostalsanbartolome.com; Calle San Bartolomé 12; EZ/DZ 53/64 €; ❄) Atmosphärisch und komfortabel.

Essen

An der Plaza Mayor gibt's mehrere Cafés und Bars, die traditionelle spanische Speisen mit Fleisch und Fisch zu erstaunlich fairen Preisen auf den Tisch bringen.

LP TIPP **El Corregidor** GEHOBENE LA-MANCHA-KÜCHE €€
(☎926 86 06 48; Calle de Jerónimo Ceballos 2; menú 30 €, Mahlzeiten 35–40 €; ⏲Mo geschl.) An der Wand voller Kochauszeichnungen lässt sich unschwer ablesen, dass man sich im besten Restaurant der Stadt befindet. Rund um den zentralen schattigen Innenhof liegen mehrere belebte Bars. Die Inneneinrichtung wirkt etwas zusammengewürfelt, ist aber ganz ansehnlich. Im oberen Stockwerk wird erstklassige La-Mancha-Küche serviert. Reservierung empfohlen.

Bar Las Nieves TAPAS-BAR €
(Plaza Mayor 52; Tapas ab 2,50 €, Paella 5 €) Eine der besseren Bars an der Plaza Mayor mit Tischen auf dem Platz und leckeren, leichten Gerichten. Im Sommer gibt's sonntags Paella.

Meson Cepa Vieja RUSTIKAL & TRADITIONELL €
(Ronda de Santo Domingo 77; Mahlzeiten 14–18 €) Das hell erleuchtete Restaurant eignet sich besser für ein warmes, günstiges Essen als für ein heißes Date. Besonders gut schmeckt *pisto con huevo* (Spiegelei auf gebratener Paprika und Tomaten mit Knoblauch); vom Hauswein sollte man allerdings die Finger lassen.

Praktische Informationen

Touristeninformation (☎926 86 07 17; www.ciudad-almagro.com, auf Spanisch; Plaza Mayor 1; ⏲Di–Fr 10–14 & 17–20, Sa 10–14 & 17–19, So 11–14 Uhr) Karten und Informationen zu den Sehenswürdigkeiten, Restaurants und Hotels.

An- & Weiterreise

Zwei Züge fahren täglich nach Madrid (13,28 €, 2¾ Std.). Für Ziele im Süden muss man in Ciudad Real umsteigen. Außerdem gibt's Busverbindungen nach Ciudad Real (2,50 €, 30 Min., Mo–Sa bis zu 5-mal tgl.).

CASTILLO DE CALATRAVA

GRATIS **Castillo de Calatrava** (Calatrava La Nueva; ⏲Di–So 10–14 & 16–19 Uhr) Die Klosterfestung 30 km südlich von Almagro bietet großartige Ausblicke auf die gleichnamige Sierra. Einst war der Burgkomplex ein Stützpunkt der Tempelritter, die diesen Frontabschnitt während der Reconquista kontrollierte.

PARQUE NATURAL DE LAS LAGUNAS DE RUIDERA

Rund um diese Kette aus 14 kleinen Seen liegen eine üppige Parklandschaft, Camping- und Picknickplätze sowie dezent ins Gelände eingepasste Restaurants und Hotels. Nur wenige ausländische Touristen verirren sich in das beliebte Naherholungsgebiet für hitzegequälte und gestresste *madrileños* (Einwohner von Madrid).

Als Unterkunft bietet sich das **Hotel Albamanjon** (☎926 69 90 48; www.albaman

ABSTECHER

DIE WEINE VON VALDEPEÑAS

Zwischen Madrid und Córdoba liegt das wenig einladende Städtchen Valdepeñas, das müden Urlaubern nur einen einzigen guten Grund bietet, ihre Reise zu unterbrechen: Rund um den Ort erstreckt sich eine der größten zusammenhängenden Weinanbauflächen der Welt. Kenner monieren allerdings, dass Quantität nicht gleich Qualität ist. Dieses Argument ist sicherlich nicht aus der Luft gegriffen, denn nicht umsonst war Valdepeñas traditionell dasselbe für den Massenmarkt, was La Rioja für den Qualitätsmarkt darstellte.

Doch die Dinge ändern sich. Valdepeñas-Weine werden zwar nach wie vor oftmals billig aus dem Fass serviert und sind nicht in Spaniens feinsten Restaurants zu bekommen, allerdings zielen inzwischen einige Kellereien dieses Anbaugebiets auf den Qualitätsmarkt ab.

Viele Winzer bieten Weinproben und Führungen nur nach Voranmeldung an und verlangen dafür ein kleines Entgelt. Wer Interesse hat, sieht sich am besten die einschlägigen Internetseiten an.

Bodegas Arúspide (926 34 70 75; www.aruspide.com; Calle Franci Morales 102; Führung 4,50 €) bietet Führungen und Weinproben mit zwei oder mehr Sorten an.

Bodega de las Estrellas (650 552976; www.labodegadelasestrellas.com; Calle Unión 82; Tour 6 €, Führung inkl. Mahlzeit ab 17 €) stellt biologischen Wein her und hat ebenfalls Führungen sowie Weinproben im Programm, wahlweise mit einer Mahlzeit in der Bodega.

jon.net; Laguna de San Pedro 16; DZ/Suite 117/170 €;) an. Die Windmühlen-Suite hat einen zu Bootstouren inspirierenden Ausblick auf das türkisgrüne Wasser. Alle Zimmer warten mit einer eigenen Terrasse auf und es gibt ein hervorragendes Restaurant. Außerdem kommt man in den Genuss eines Badebereiches mit Steg und einem Tretboot- sowie Kanuverleih. Wer lieber an Land bleibt, kann sich einfach aufs geliehene Mountainbike schwingen. **La Vega** (www.restaurantelavega.com; Calle San Pedro 7, Lagunas de Ruidera; Mahlzeiten ab 15 €) hat eine ähnlich schöne Lage an einem der größeren Seen und verfügt über eine großzügige Terrasse sowie einen kleinen Strand. Spezialität des Hauses sind Fleischgerichte vom Grill.

Der wunderbar schattige **Camping Los Batanes** (926 69 90 76; www.losbatanes.com; Stellplatz 6,60/6/6,60 € pro Person/Zelt/Auto, Bungalow für 4 Pers. 85 €; P) liegt an der Laguna Redondilla. Während der Sommermonate gibt's ein Unterhaltungsprogramm für Kinder.

In der **Touristeninformation** (926 52 81 16; www.lagunasruidera.com; Avenida Castilla la Mancha, Ruidera; Mi–Sa 10–14 & 16–18, So 10–14 Uhr) bekommt man Hochglanzbroschüren zu Unterkünften und Auskünfte zu Verleihstellen von Ruderbooten, Kajaks und Fahrrädern.

VILLANUEVA DE LOS INFANTES

6400 EW.

Villanueva de los Infantes ist eine hübsche, geschäftige Provinzstadt. Ein Highlight bildet die **Plaza Mayor** mit den vielen in Ockertönen erstrahlenden Gebäuden, Balkonen aus Holz und Stein sowie geselligen Kneipen und Restaurants.

Wie Almagro wartet auch dieser Ort mit zahlreichen Adelshäusern auf. Am Platz erhebt sich die **Iglesia de San Andrés** aus dem 15. Jh., in der Francisco de Quevedo, ein Dichter, der im 16. Jh. lebte, begraben wurde.

Die **Hospedería El Buscón Quevedo** (926 36 17 88; www.hosteriasreales.com; Calle Frailes 1; EZ/DZ 60/75 €; P) ist in einem ehemaligen Dominikanerkloster aus dem 16. Jh. untergebracht. Sie verfügt über recht hübsche Zimmer im Biedermeierstil, die mit schmiedeeisernen Möbeln ausgestattet sind, sowie über tolle, allerdings etwas förmlich wirkende Gemeinschaftsbereiche mit echten Gobelins und Ölgemälden. Es gibt einen Fahrradverleih.

Die Angestellten der **Touristeninformation** (926 36 13 21; www.infantes.org, auf Spanisch; Plaza Mayor; Mo–Sa 10–14 & 17–20, So 10–14 Uhr) organisieren Stadtführungen.

Von montags bis freitags fahren dreimal täglich Busse nach Ciudad Real (6,45 €, 1½ Std.).

Richtung Südosten nach Albacete

Die weiten windigen Ebenen dieser Gegend werden zu Unrecht als flach und langweilig bezeichnet. Tatsächlich geht von der Landschaft mit ihren abstrakten Musterungen und lebendigen Farben eine ganz besondere Wirkung aus. Abseits der Fernstraßen erschließt sich eine Welt voller historischer Windmühlen und stiller Dörfer, das Land des beliebten Ritters Don Quichotte.

CONSUEGRA

Consuegra ist *der* Ort für Leute auf der Suche nach dem perfekten Windmühlenmotiv: Ganze neun *molinos de viento* (Windmühlen) stehen neben der **Festung** (Erw./Kind 2 €/frei; Mo–Fr 9–18, Sa & So 10.30–14 & 15.30–18 Uhr;) aus dem 12. Jh. Einst gehörte die Burg den Rittern des Malteserordens. Ein paar Räume warten noch mit der originalen Einrichtung auf und vermitteln einen lebendigen Eindruck von der Vergangenheit.

Die **Touristeninformation** (925 47 57 31; www.consuegra.es, auf Spanisch; Mo–Fr 9–14 & 16.30–19, Sa & So ab 10.30 Uhr) befindet sich in der Boleromühle, der ersten Mühle an der Straße aus dem Ort heraus. Wer in Consuegra übernachten möchte, erfährt hier alles Wichtige über die *casas rurales* (Landhäuser) der Umgebung. Erklimmt man die Stufen, kann man zudem die original erhaltene Windmühlenmaschinerie bestaunen.

Zwischen Consuegra und Toledo (4,80 €, 1 Std.) verkehren an Werktagen regelmäßig Busse (am Wochenende sind es drei), dazu gibt's täglich bis zu sieben Verbindungen in die spanische Hauptstadt Madrid (7,60 €, 2 Std.).

CAMPO DE CRIPTANA & UMGEBUNG

Über der Stadt thronen zehn Windmühlen, die einen interessanten Kontrast zu den Gebäuden in Consuegra bilden. Campo de Criptana ist hübsch, aber nichts Außergewöhnliches.

Wer über Nacht bleiben will, trifft mit der reizenden **Hospedería Casa de la Torrecilla** (926 58 91 30; www.casadelatorrecilla.com; Calle Cardenal Monescillo 17; EZ/DZ 37/54 €;) und ihrem farbenprächtigen, gekachelten Innenhof eine gute Wahl. Das ehemalige Adelshaus aus dem frühen 20. Jh. bietet großzügige, atmosphärische Zimmer. Im zugehörigen Restaurant werde vier verschiedene *menús* serviert, die zwischen 28 und 34 € kosten.

Die **Touristeninformation** (926 56 22 31; www.campodecriptana.info; Di–Sa 10–14 & 17–19, So 10–14 Uhr) ist in einem niedrigen Gebäude gegenüber der Inca-Garcilaso-Windmühle untergebracht.

Campo de Criptana wird von dem ein oder anderen Zug und Regionalbus angefahren; im 8 km entfernten Alcázar de San Juan ist die Verkehrsanbindung besser. Zwischen beiden Orten verkehren täglich etwa vier Busse; an Sonntagen gibt's keine Verbindung.

Mota del Cuervo, 29 km nordöstlich von Campo de Criptana an der Kreuzung mit der N301, schmücken sieben weitere schöne Windmühlen.

AUF DEN SPUREN VON DON QUICHOTTE

Eine Reise durch Kastilien-La Mancha ist auch deshalb so reizvoll, weil Miguel de Cervantes seinen schelmischen Helden an bestimmten Orten dieser Gegend agieren ließ. Anlässlich des 400. Geburtstags des epischen Romans wurde 2007 eine 250 km lange Don-Quichotte-Route geschaffen, die auf Pfaden, Viehrouten und historischen Straßen durch die Region führt und gut ausgeschildert ist.

Von den Sehenswürdigkeiten an der Strecke springen als Erstes die *molinos de viento* (Windmühlen) ins Auge, waren es doch diese „monströsen Ungeheuer", die Don Quichotte so sehr zusetzten. Obwohl die Mühlen in Consuegra am schönsten sind, tauchen in Cervantes' Geschichte namentlich nur die Bauten in **Campo de Criptana** (siebe oben) und **Mota del Cuervo** (siehe oben) auf. Als weitere Höhepunkte an der Route gelten die Burg von **Belmonte** (S. 230) und der Ort **El Toboso** (S. 230), wo der Ritter die liebreizende Dulcinea entdeckte.

Lesemuffel können sich Cervantes Windmühlensaga auch auf andere Art nähern: 2010 erschien ein neues, viel gelobtes Hörspiel des literarischen Werks. Auf insgesamt sechs CDs leihen u. a. Rufus Beck und Anna Thalbach Cervantes' Romanhelden ihre Stimme.

EL TOBOSO

Diese Stadt versteht es, ihr Don-Quichotte-Erbe perfekt zu vermarkten. An jeder Ecke gibt's eine Quichotte-Bar, ein Quichotte-Restaurant und Quichotte-Museen. Das unterhaltsamste ist sicherlich die **Casa-Museo de Dulcinea** (Calle Don Quijote 1; Eintritt 1 €; ⌚Di–Sa 10–14 & 16.30–19.30, So 10–14 Uhr) aus dem 16. Jh. Angeblich war hier Doña Ana zu Hause, die Dame, die Cervantes zu seiner Romanfigur Dulcinea – Quichottes platonischer Liebe – inspirierte.

Es gibt im Ort eine kleine **Touristeninformation** (☎925 56 82 26; www.turismocastillalamancha.com; Calle Daoíz y Velarde 3; ⌚Di–Sa 10–14 & 16–19, So 10–14 Uhr). Jeden Tag fahren drei Direktbusse nach Madrid (7,50 €, 2 Std.).

BELMONTE

Im 25 km nordöstlich von Mota del Cuervo gelegenen Belmonte kann man eine der besser erhaltenen kastilischen **Burgen** (Erw./Kind 2 €/frei; ⌚Di–So 10–13.30 & 17–20 Uhr) aus dem 15. Jh. besichtigen, die über Geschütztürme und eine größtenteils erhaltene Mauer verfügt und über dem Städtchen thront. Eine Weile diente die Festung als Zuhause der französischen Kaiserin Eugénie, nachdem ihr Ehemann Napoleon III. 1871 die französische Krone verloren hatte. Sehenswert ist auch die **Iglesia Colegial de San Bartolomé** (Colegiata; ⌚Di–Sa 11–14 & 16–20, So 16–20 Uhr), eine prächtige, aus goldenem Sandstein erbaute Kirche mit einem eindrucksvollen Altar.

Der **Palacio Buenavista Hospedería** (☎96718 75 80; www.palaciobuenavista.es; Calle José Antonio González 2; EZ/DZ/Suite inkl. Frühstück ab 47/75/94 €; P❄📶) liegt gleich neben der Colegiata. Es handelt sich um ein elegantes, in einem ehemaligen Palast aus dem 17. Jh. untergebrachtes Boutique-Hotel mit stilvoll eingerichteten Zimmern rund um einen weitläufigen Innenhof samt Glasdach. Am schönsten sind die Räume mit Ausblick auf die Burg, außerdem gibt's ein ausgezeichnetes Restaurant (traditionelles *menú* 22 €).

Von Belmonte verkehrt eine Bus nach Alcázar de San Juan (2,50 €, 30 Min.) und Cuenca (5,15 €, 1¼ Std.).

Albacete

169 700 EW.

Diese recht bodenständige Provinzstadt ist ein praktischer Verkehrsknotenpunkt und ein guter Haltepunkt zwischen den Hochebenen in Spaniens Landesinnerem und der Mittelmeerküste.

Einen Besuch lohnt z. B. die **Kathedrale** mit ihren vier ionischen Säulen. An einem heißen Sommernachmittag bietet der schattige **Parque de Abelardo Sánchez** (Calle de Tesifonte Gallego) etwas Erholung. Er gehört zu den vielen Grünflächen, die Albacete zu einer der zehn am wenigsten verschmutzten Städte (mit mehr als 100 000 Einwohnern) in Europa machen. Hier befindet sich auch das **Museo Provincial** (Eintritt 1,20 €; ⌚Mo–Sa 10–14 & 16.30–19, So 10–14 Uhr), in dem anschaulich dokumentierte archäologische Funde ausgestellt sind, darunter eine Sammlung beweglicher Bernstein- und Elfenbeinpuppen aus der römischen Nekropole in Ontur.

Wer über Nacht bleiben will, trifft mit dem **Hotel Altozano** (☎967 21 04 62; www.hotelaltozano.es; Plaza del Altozano 7; EZ/DZ 50/85 €; P❄📶👪) eine gute Wahl. Die Unterkunft wurde 2009 renoviert und verfügt über moderne Zimmer mit Satellitenfernsehen. Parken kostet 15 €, Kinder unter neun Jahren übernachten kostenlos.

In der Stadt gibt's viele gute Restaurants. Ein gastronomisch und preislich vielfältiges Angebot findet man in den Straßen unmittelbar nördlich des zentralen Parkbereichs, darunter die Calle Nueva und Calle Tejaras. Im **El Callejón** (Calle de Guzmán El Bueno 18; Mahlzeiten 20–25 €) kommen typische La-Mancha-Gerichte in einem *taurino*-inspirierten Ambiente auf den Tisch.

Die Angestellten in der **Touristeninformation** (☎967 58 05 22; www.turismocastillalamancha.com; Calle del Tinte 2; ⌚Mo–Sa 10–14 & 16.30–18.30, So 10–15 Uhr) bringen sicherlich mehr Enthusiasmus für Albacete auf als viele Besucher.

Bahnhof und Busbahnhof liegen direkt nebeneinander am nordöstlichen Stadtrand und bedienen zahlreiche größere spanische Städte. Züge nach Madrid (33 €, 3 Std.) verkehren stündlich.

Rund um Albacete

Etwas abseits der N430 nach Valencia und unterhalb einer restaurierten Festung erstreckt sich das weiß getünchte Dorf **Chinchilla de Monte Aragón** mit einer schönen Plaza Mayor, die von Restaurants und Bars eingefasst wird. 60 km weiter thront hoch über dem Ort **Almansa** eine von den Mauren errichtete Burg mit quadratischem

EINE VERRÜCKTE HÖHLE

Stalagmiten und Höhlenmalereien kann man getrost vergessen, denn die **Cuevas y Mirador del Diablo** (San Lorenzo 7; Eintritt 3 €;) in Alcalás sind keine konventionellen Höhlen. Das liegt nicht zuletzt an ihrem Besitzer Juan José Martínez García, der einen riesigen Dalí-Schnäuzer trägt und in Cadaqués, der Heimatstadt des berühmten Künstlers, aufgewachsen ist. Also ergibt irgendwie alles einen Sinn ...

Nachdem Juan das Eintrittsgeld eingesammelt hat, beginnt die Tour in einem 70 m langen Tunnel aus maurischer Zeit, der einst als Viehstall genutzt wurde. Durch das Bullauge auf der linken Seite entdeckt man eindrucksvolle Stroboskoplichter in einer diskoähnlichen Umgebung, elektronische Beats inklusive. Als Nächstes gelangen die Besucher in eine Bar (Juan hat zehn halbwüchsige Kinder, deshalb gibt's keinen Mangel an Personal). Nach einem kostenlosen Getränk geht's in ein außergewöhnliches Museum mit alten Kameras, Lotterielosen, landwirtschaftlichen Geräten, einem ausgestopften Hasen im Jägergewand, Registrierkassen, Radios, Nähmaschinen, Zeitungsausschnitten und Juans Gedichten.

Dann erklimmt man mehrere Treppen zu einem grandiosen, in die Höhlenseite eingebauten *mirador*. Es folgen eine weitere Passage (170 m) und eine Bar (noch mehr Kinder!) mit ausgestopften Ziegen, Wildschweinen, Füchsen, Dachsen und Wildkatzen, altertümlichen Gerätschaften und Wänden voller Fotos von Juan samt Familie, Freunden sowie etwas eingeschüchterten Touristen. Bei Juans zweitem, rasch expandierendem Projekt, dem **Museo del Cine** (Kinomuseum) auf der anderen Straßenseite, wirkt ein ausgestopfter Gorilla als King Kong mit.

In den Tiefen dieser Region auf einen solchen Exzentriker zu stoßen erscheint irgendwie passend. Cervantes hätte daran seine wahre Freude.

Hauptturm. Beide Orte sind von Albacete aus mit dem Bus zu erreichen.

ALCALÁ DEL JÚCAR & UMGEBUNG

Nordöstlich von Albacete macht die tiefe, bewaldete Schlucht des Río Júcar einen erstaunlichen Schlenker. Auf halber Strecke die CM3201 entlang kommt bei der Abfahrt auf den Serpentinen der atemberaubende Ort **Alcalá del Júcar** ins Blickfeld. Über den Häusern, die sich an einer steilen Flanke der Júcarschlucht emporziehen, thront die restaurierte **Burg** (Eintritt 2 €; 11–14 & 16–20 Uhr) aus dem 12. Jh., das Wahrzeichen der Stadt. Am Fuß des Ortes liegen ein plätschernder Fluss, eine römische Brücke sowie ein schattiger und belebter Dorfplatz.

Es gibt einige preisgünstige Unterkünfte wie das **Hotel Pelayo** (967 47 30 99; Avenida Constitución 4; EZ/DZ inkl. Frühstück 45/55 €;) mit großen, modernen Zimmern und das **Hostal Rambla** (967 47 40 64; Paseo Los Robles 2; EZ/DZ inkl. Frühstück 40/50 €;). Beide haben ein Restaurant, wobei das im Hostal Rambla (Mahlzeiten 15–25 €) besonders empfehlenswert ist. Hier bekommt man tolle Fleischgerichte vom Holzkohlengrill mit grüner Paprika und Kartoffeln.

La Asomada (652 18 24 40; Calle de la Asomada 107;) richtet sich an ökologisch bewusste Gäste. Besitzerin Pilar Escusa zaubert in dem Lokal, das in einer Höhle und ehemaligen Bodega über dem Dorf untergebracht ist, saisonale Köstlichkeiten aus biologischen Zutaten. Man muss im Voraus reservieren.

Die kleine **Touristeninformation** (967 4730 90; www.turismocastillalamancha.com; La Rambla; Fr & Sa 10.30–14.30 & 16–19, So 10.30–14.30 Uhr) bietet umfangreiche Informationen über *casas rurales*, Schlafplätze in Höhlen und verschiedene Aktivitäten sowie Wanderkarten.

Eine alternative Strecke zurück nach Albacete führt über eine kleine Nebenstraße durch die Schlucht, in deren Wände Häuser hineingebaut wurden. Am malerischsten sind die kleinen Weiler am engen Westende. Das winzige **Cubas** wartet mit einer interessanten, in den Fels gebauten Kirche mit Keramikkacheln und einer Kuppel auf, während **Alcozarejos** vor allem Forellenangler anzieht.

SIERRA DE ALCARAZ

Die kühlen, grünen Berge der Sierra de Alcaraz, die sich über den südlichen Abschnitt der Provinz Albacete erstrecken, sind mit kleinen, intensiv bearbeiteten Feldern und Dörfern durchsetzt. Sie bieten eine schöne

GEHEIMTIPP

DER URSPRUNG DER FLUSSWELT

Der beeindruckende **Nacimiento del Río Mundo** (Ursprung der Flusswelt; ⏲10 Uhr–Sonnenuntergang;) gilt als ideales Fotomotiv, um Daheimgebliebenen vorzugaukeln, man hätte einen kleinen Abstecher zu den Niagarafällen unternommen. Ab Riópar ist der Weg ausgeschildert. Nach 8 km und einigen amüsanten Warnschildern vor Fröschen folgt der Eingang samt Parkplatz. Ein kurzer Spaziergang durch einen größtenteils aus Nadelbäumen bestehenden Wald führt zum unteren Teil der Kaskaden, wo sich das Wasser spritzend und sprudelnd seinen Weg durch die Felsen bahnt. Einer der beiden Aussichtspunkte befindet sich am Fuß der Fälle – der Blick nach oben ist wirklich fantastisch –, während es zum zweiten Aussichtspunkt steil hinaufgeht. Doch die Mühen lohnen sich: Auf einer Höhe von etwa 800 m über dem Meeresspiegel sprudelt das Wasser direkt über der Plattform aus den Felsen hervor (man wird also ziemlich durchnässt), um dann so nahe, dass man es fast berühren kann, dramatische 24 m in die Tiefe zu stürzen. Die Kaskaden liegen inmitten des dichten Waldes, der sich bis zu den Felsen am Horizont erstreckt. Hier werden La-Mancha-Skeptiker eindrucksvoll eines Besseren belehrt.

Abwechslung zu den staubigen Ebenen rund um Albacete. In den abgelegenen Ecken bewachen immer noch auf Eseln reitende Schäfer ihre kleinen Herden.

Am reizvollsten ist die Landschaft entlang der CM412, besonders zwischen **Puerto de las Crucetas** (1300 m) und **Elche de la Sierra**, doch es lohnt sich auch ein Umweg über das hübsche **Vianos**. Das schattige **Riópar** verfügt über die größte Auswahl an Unterkünften, darunter der exzellente **Camping Río Mundo** (www.campingriomundo.com; Stellplatz 5,50/6,85/6,85 € pro Pers./Zelt/Auto;). Hier erhält man eine Broschüre über Wander- und Radwege. Der Campingplatz liegt 6 km östlich der Stadt.

Toll zum Übernachten ist das verschlafene **Alcaraz** auf einem Hügel mit einer mittelalterlichen Plaza Mayor und einem Netz aus engen Kopfsteinpflastergassen. Ganz oben im Dorf befindet sich das moderne **Los Rosales** (☎967 38 01 28; www.losrosalesalcaraz.com; Calle Granada; Zi. 48 €; P), das mit großartigen Ausblicken und adretten, gemütlich eingerichteten Zimmern aufwartet. Den Berg hinunter liegt in einem schönen, größtenteils aus dem 16. Jh. stammenden Gebäude der **Mirador Sierra de Alcaraz** (☎967 38 00 17; www.alcarazmirador.com; Calle Padre Pareja; DZ/Suite 65/69 €;), dessen maurischer Innenhof ins 9. Jh. datiert. Die Zimmer zeichnen sich durch Balkendecken, mit Holzschnitzereien verzierte Betten sowie schwere antike Vorhänge und Möbel aus. Es lohnt sich, den geringfügig höheren Preis für die luxuriöse Suite zu zahlen.

DER NORDOSTEN

Das Hinterland besticht durch zerklüftete Berglandschaften und grüne Täler, gespickt mit hübschen, unberührten *pueblos* und bezaubernden Städten.

Cuenca

53 000 EW.

Dank seiner Altstadt voll faszinierender mittelalterlicher Bauten gilt Cuenca als einer der eindrucksvollsten Orte Spaniens. Wahrzeichen dieser Welterbestätte sind die *casas colgadas* (hängende Häuser), die sich wie Schwalbennester an die tiefen, die Stadt umgebenden Schluchten schmiegen. Wie bei vielen spanischen Orten kann man das neuere Gebiet rund um die Altstadt einfach ignorieren. Auf dem Berg erwartet Besucher jedoch eine andere Welt.

Sehenswertes & Aktivitäten

Cuenca ist kompakt und einfach zu erkunden. Alle Sehenswürdigkeiten liegen in der Altstadt, die sich im Nordosten zwischen den Schluchten des Río Júcar und des Río Huécar einen schmalen Hügel hinaufzieht. Am Fuß dieses Felsgrates breitet sich der neue Teil der Stadt nach Süden hin aus.

LP TIPP **Museo de Arte Abstracto Español**
MUSEUM FÜR ABSTRAKTE KUNST

(www.march.es; Erw./Kind 3 €/frei; ⏲Di–Fr 11–14 & 16–18, Sa 11–14 & 16–20, So 11–14.30 Uhr) Bei einem Streifzug durch Cuenca fühlt man sich in mittelalterliche Zeiten zurückver-

Cuenca

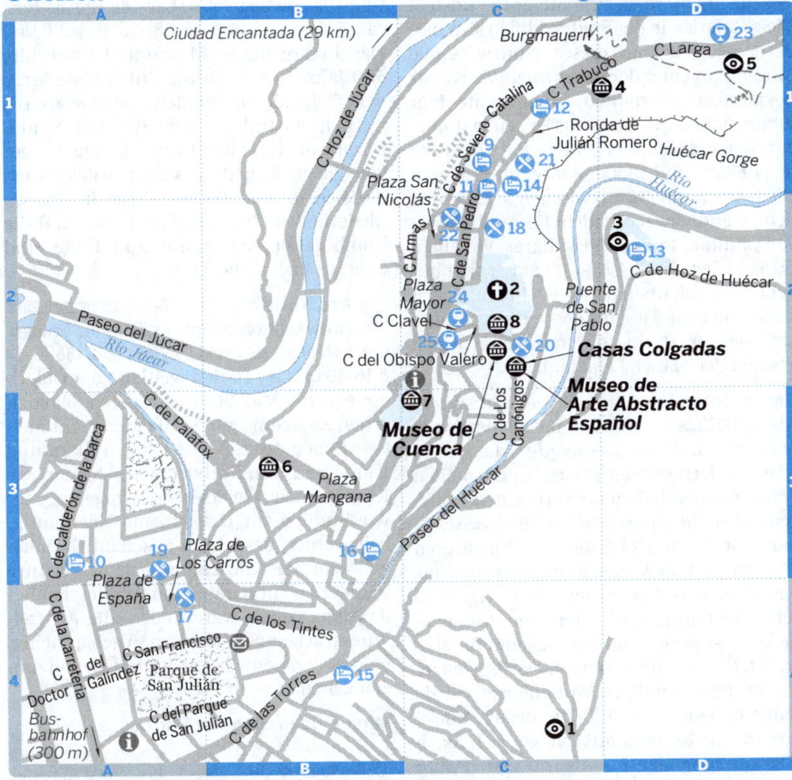

Cuenca

Highlights

Casas Colgadas C2
Museo de Arte Abstracto Español C2
Museo de Cuenca C2

Sehenswertes

1 Ars Natura C4
2 Catedral C2
3 Espacio Torner D2
4 Fundación Antonio Pérez D1
5 Mirador D1
6 Museo de la Semana Santa B3
7 Museo de Las Ciencias C3
8 Museo Diocesano C2

Schlafen

9 Hospedería de Cuenca C1
10 Hostal Cánovas A3
11 Hostal San Pedro C1
12 Leonor de Aquitania Hotel C1
13 Parador D2
14 Posada de San José C1
15 Posada de San Julián B4
16 Posada Huécar B3

Essen

17 American Piccolo A4
Comedor Posada de San José ..(siehe 14)
18 El Ajibe C2
19 La Bodeguilla de Basilio A3
Manolo de la Osa .... (siehe 1)
20 Mesón Casas Colgadas C2
21 Restaurante Figón del Huécar C1
22 Restaurante San Nicolás C2

Ausgehen

23 Bar Café del Castillo D1
24 Bar La Tinaja C2
25 Lolita Lounge Bar C2

setzt, doch hier kommen wahrlich nicht nur Geschichtsinteressierte auf ihre Kosten. Viele Galerien in der Stadt widmen sich moderner Kunst und dieses eindrucksvolle Museum in einer der *casas colgadas* ist das bekannteste. Fernando Zóbel wollte hier ursprünglich die Kunstwerke seiner Kollegen, der sogenannten *generación abstracta* der 1950er- und 1960er-Jahre, unter einem Dach versammeln. Inzwischen gehören zu dem ständig wachsenden Bestand Werke von Chillida, Tápies und Millares. Vor allem Eusebio Semperes (1924–85) außergewöhnliche Landschaftsmalereien sollte man sich nicht entgehen lassen. Dieser Künstler war ein Meister darin, die farbenprächtigen Ebenen der Mancha einzufangen.

Casas Colgadas HÄNGENDE HÄUSER

Als auffälligster Teil der mittelalterlichen Stadt gelten die *casas colgadas*, die sich in schwindelerregenden Höhen an die steilen Felshänge oberhalb des Río Huécar schmiegen. Die im 16. Jh. errichteten Gebäude scheinen mit ihren Holzbalken auf mehreren Ebenen wie eine Verlängerung des Gesteins aus dem Fels herauszuwachsen. In zwei schön restaurierten Bauten sind ein gehobenes Restaurant und das Museum für abstrakte Kunst untergebracht. Der begrenzte Raum der ehemaligen Wohnhäuser wurde dabei exzellent genutzt. Die besten Blicke auf die *casas colgadas* bieten sich nach Überquerung der **Puente de San Pablo** und von der Nordspitze der Altstadt, wo sich ein toller **mirador** befindet.

GRATIS **Fundación Antonio Pérez** MUSEUM FÜR MODERNE KUNST

(www.dipucuenca.es; Ronda de Julián Romero 20; Mo–So 11–21 Uhr) Im ehemaligen San-Clemente-Kloster ist heute ein Museum untergebracht, das mit einer bunten Sammlung aus größtenteils abstrakten Bildern sowie Skulpturen spanischer und internationaler Künstler aufwartet und ganze vier Stockwerke besetzt.

Museo de Cuenca MUSEUM

(Calle del Obispo Valero 6; Erw./Kind 1,20 €/frei; Di–Sa 10–14 & 16–19, So 11–14 Uhr;) Bei der Präsentation und (spanischsprachigen) Erläuterung der Exponate, die von der Bronzezeit bis zum 18. Jh. reichen, haben sich die Ausstatter viel Mühe gegeben. Die Sala 7 beeindruckt mit original römischen Statuen (darunter Kaiser Augustus), Säulen und Giebeldreiecken aus dem nahe gelegenen Segóbriga (S. 239).

GRATIS **Espacio Torner** KUNSTMUSEUM

(Iglesia San Pablo, Calle de Hoz de Huécar; Di–Sa 11–14 & 16–18, So 11–14.30 Uhr) Das Innere dieses Museums ist gefühlte 500 Jahre jünger als die Außenfassade. In dem Gebäude, das an den *parador* grenzt, werden abstrakte Gemälde und Skulpturen von Gustavo Torner gezeigt, einer von vielen Künstlern seiner Stilrichtung, die sich in den 1960er-Jahren in Cuenca niederließen. Die gewölbte Decke und die Kombination aus Raum und Höhe sind überaus beeindruckend.

Ars Natura ÖKOLOGISCHE ERZIEHUNG

(www.centroarsnatura.es; Calle Río Gritos 5, Cerro Molina; Erw./Kind 3 €/frei; Di–So 10–14 & 16–19 Uhr;) In den weitläufigen Galerien des im Mai 2010 eröffneten ökologischen Zentrums gibt's jede Menge interaktive Exponate, z. B. zur lokalen Flora und Fauna und zum Korbflechten. Themen wie Klimawandel, Geologie der Umgebung sowie Studien zur Umwelt und Nachhaltigkeit werden Besuchern anschaulich nahegebracht, deshalb eignet sich Ars Natura wunderbar für Kinder und Schüler. Bei Redaktionsschluss waren noch alle Ausstellungsstücke und Videos spanischsprachig, bald soll es jedoch englische Übersetzungen geben.

Museo de la Semana Santa OSTERMUSEUM

(Calle Andrés de Cabrera; Erw./Kind 3 €/frei; Mi–Sa 11–14 & 16.30–19.30 Uhr;) Eine gute Alternative für alle, die während der Semana Santa (Karwoche) nicht vor Ort sind. Unterstützt von audiovisuellen Medien und vor dem Hintergrund düsterer Musik wird auf zwei Etagen gezeigt, wie die Prozessionen örtlicher Bruderschaften aussehen. Zur Ausstellung gehören Kostüme und ein 20-minütiger Film (auf Spanisch), in dem Einheimische ihre Leidenschaft für das religiöse Fest erklären.

Museo de Las Ciencias WISSENSCHAFTSMUSEUM

(Plaza de la Merced; Erw./Kind 1,20 €/frei; Di–Sa 10–14 & 16–19, So 10–14 Uhr;) Ausstellungsstücke wie Zeitmaschinen oder interaktive Gerätschaften lassen Kinderherzen höher schlagen, außerdem gibt's ein **Planetarium** (Erw./Kind 1,20 €/frei). Familien sind hier also bestens aufgehoben.

Museo Diocesano RELIGIÖSES MUSEUM

(Calle del Obispo Valero 3; Eintritt 1,80 €; Di–Sa 11–14 & 16–18, So 11–14 Uhr) Passenderweise liegt das Museo Diocesano gleich neben der Kathedrale. Es präsentiert kunstvoll bestickte Wandteppiche, Skulpturen, Teppiche und Gemälde, darunter auch zwei Bilder von El Greco. Als Highlight der Sammlung gilt ein byzantinisches Diptychon aus dem 14. Jh. Wie dieses Kunstwerk hier in Cuenca landete, wird wahrscheinlich ein Geheimnis bleiben.

Catedral KATHEDRALE
(Erw./Kind 2,50 €/frei, Audioguide 0,50 €; ⌚9–14 & 16–19 Uhr) Früher befand sich an diesem Standort eine Moschee. Die Hauptfassade der Kathedrale wirkt wie eine Mischung verunglückter gotischer Experimentierfreude des 16. Jhs. und Restaurierungsarbeiten des 20. Jhs., wohingegen die fantastischen Buntglasfenster das Ergebnis eines 1990 veranstalteten Wettbewerbs regionaler Künstler sind. Die abstrakte Gestaltung geht eine interessante Fusion mit der gotischen Architektur und den hohen Fächergewölben ein.

Feste & Events

Semana Santa KARWOCHE
Cuencas Feiern zur Semana Santa sind in ganz Spanien berühmt, vor allem wegen der unheimlichen Schweigeprozessionen durch die Straßen der Altstadt.

Semana de Música Religiosa de Cuenca KIRCHENMUSIK
Diese Veranstaltung für sakrale Musik findet normalerweise im März oder April statt. Sie wird auch international immer bekannter und zieht zahlreiche ausländische Künstler und Zuhörer an.

Schlafen

Obwohl man sein Gepäck wahrscheinlich den Berg hinaufschleppen muss, ist die atmosphärische Altstadt einfach perfekt zum Übernachten. Viele Hotels bieten fantastische Ausblicke, deshalb sollte man immer nach einem Zimmer mit *una vista* fragen. Den Hügel hinunter gibt's ebenfalls einige ganz gute Optionen.

LP TIPP **Posada de San José** HISTORISCHES HOTEL €€
(☎969 21 13 00; www.posadasanjose.com; Ronda de Julián Romero 4; EZ/DZ ohne Bad 30/43 €, DZ mit/ohne Ausblick 94/82 €) Antonio und seine kanadische Frau Jennifer sind die Besitzer dieser Unterkunft in einer ehemaligen Chorschule aus dem 17. Jh., die sich mit ihren labyrinthähnlich verteilten Zimmern, der langsam auseinanderfallenden Eingangspforte, unebenen Böden und Originalkacheln ihren klösterlichen Charme bewahrt hat. Die günstigeren Räume sind in den ehemaligen Klausen der Priester untergebracht, die teureren verbinden wohnlichen Komfort mit dem Charme vergangener Zeiten. Manche haben Balkone mit traumhafter Aussicht über die Schlucht. Es gibt ein empfehlenswertes Restaurant sowie mehrere geschmackvoll eingerichtete, voll ausgestattete **Apartments** (160–180 €).

Hostal San Pedro BUDGETHOTEL €
(☎969 23 45 43, 628 407601; www.hostalsanpedro.es; Calle de San Pedro 34; EZ/DZ 35/60 €) Neben exzellenten Preisen und ausgezeichneter Lage verfügt das *hostal* über Zimmer in Gelbtönen mit schmiedeeisernen Betten, rustikalen Holzmöbeln und blitzblanken,

ABSTECHER

RÖMISCHE RUINEN IN VALERIA

Vor den Toren Valerias, 34 km südlich von Cuenca, befinden sich die faszinierenden **Ruinas Romanas de Valeria** (www.granvaleria.com; Eintritt frei; ⌚Mo–Sa 8–15 Uhr; 👪). Unter Touristen ist die archäologische Stätte kaum bekannt, und so kann man ganz in Ruhe die Überreste der einstigen römischen Stadt erkunden, ohne von Reisegruppen oder Schulklassen abgelenkt zu werden. Sie liegt traumhaft inmitten wilder Wiesen und dramatischer Schluchten. Hoch auf einem Hügel thronen die Ruinen einer mittelalterlichen Burg. Gleich darunter erstrecken sich die Überreste eines Forums aus dem Jahr 82 v. Chr. (das besterhaltene in Spanien) sowie einer Basilika, vier Zisternen für die Wasserversorgung, Straßenzüge und die gut erhaltenen Reste eines riesigen eindrucksvollen Brunnens, der sich mit seinen zwölf Rinnen über 80 m hinzog. Außerdem sieht man hier die erste *casa colgada*; man kann noch erkennen, wie sich das obere Geschoss in den Fels einfügt, und auch das untere Stockwerk ausmachen. Der großartige Blick auf die umliegenden Schluchten ist sicherlich ebenso eindrucksvoll wie vor 2000 Jahren.

modernen Bädern. Die Inhaber wohnen nicht vor Ort, deswegen sollte man sich telefonisch ankündigen.

Hotel Cueva del Fraile BOUTIQUE-HOTEL €€
(☎969 21 15 71; www.hotelcuevadelfraile.com; Hoz del Huécar; EZ/DZ 88/118 €; P) Das ehemalige Kloster aus dem 16. Jh. liegt 5 km von Cuenca entfernt. Heute beherbergt es ein schickes, einladendes Hotel mit Zimmern in Erdtönen und exzellenten Einrichtungen wie Tennisplätzen, einem Minigolfplatz und Mountainbikeverleih.

Posada Huécar KLEINES HOTEL €
(☎969 21 42 01; www.posadahuecar.com; Paseo del Huécar 3; EZ/DZ 35/48 €; P@) Luxus trotz schmalem Budget – diese freundliche Einrichtung direkt auf der Grenze zwischen Alt- und Neustadt macht es möglich. Sie bietet große Zimmer mit Terrakottafliesen, rustikaler Einrichtung und Ausblick auf den Fluss sowie einen Fahrradverleih (4 € für 2 Std.). Der Besitzer betreibt eine erfolgreiche Sprachschule, deshalb übernachten hier öfters Gruppen ausländischer Studenten. Parken kostet 9 €.

Hospedería de Cuenca BOUTIQUE-HOTEL €€
(☎969 23 91 17; Calle de San Pedro 27; DZ/Suite inkl. Frühstück 95/125 €;) Der ehemalige Adelssitz wurde zu einem stilvollen Hotel umgestaltet. Edle Farbtöne wie Burgunderrot und Königsblau bilden den idealen Rahmen für die traditionelle Einrichtung mit Himmelbetten, Originalkupferdrucken und Deckenbalken. Als i-Tüpfelchen stehen in jedem Zimmer frische Blumen.

Parador PARADOR €€€
(☎969 23 23 20; www.parador.es; Calle de Hoz de Huécar; DZ 143 €; P) Von dem majestätischen ehemaligen Kloster genießen Gäste atemberaubende Ausblicke auf die *casas colgadas*. Die renovierten Zimmer bieten modernen Luxus für Geschäftsreisende, während die öffentlichen Bereiche mit ihren riesigen Gobelins und Antiquitäten durch und durch historisch daherkommen.

Posada de San Julián BUDGETHOTEL €
(☎969 21 17 04; Calle de las Torres 1; EZ/DZ 20/36 €) Am Fuß des Altstadthügels können Gäste in diesem Gebäude aus dem 16. Jh. mit hohen Decken, Originalsäulen, knarrenden Treppen und atmosphärischen Zimmern, die über Deckenbalken und teilweise auch über Balkone verfügen, so richtig in der Vergangenheit schwelgen. In dem Familienbetrieb schält Opa den ganzen Tag für das gut besuchte Restaurant unten Kartoffeln (*menú* 10 €).

Leonor de Aquitania Hotel HISTORISCHES HOTEL €€
(☎969 23 10 00; www.hotelleonordeaquitania.com; Calle de San Pedro 60; EZ/DZ inkl. Frühstück 85/108 €;) Das renommierte Hotel in der Altstadt ist in einem Gebäude aus dem 18. Jh. untergebracht und verfügt über ein ausgezeichnetes Restaurant.

Hostal Cánovas BUDGETHOTEL €
(☎969 21 39 73; www.hostalcanovas.net; Calle Fray Luis de León 38; EZ/DZ 45/60 €;) Ein freundliches, einladendes *hostal* in der Neustadt mit geräumigen, in warmen Farben gehaltenen Zimmern.

Essen

Die Straßencafés auf der Plaza Mayor (Altstadt) bzw. auf der Plaza de España (Neustadt) bieten sich für einen Drink bei einigen Tapas an, bevor es schließlich in ein Restaurant geht. Rund um beide Plätze gibt's eine gute Auswahl, im historischen Ortsteil sind die Preise allerdings höher.

LP TIPP **La Bodeguilla de Basilio** TAPAS-BAR €
(Calle Fray Luis de León 3; raciones 10–13 €; ⌚Mo–Sa mittags & abends, So mittags) Besucher dieser Bar sollten großen Appetit mitbringen, denn man bekommt zu jedem Getränk kostenlose Tapas. Und dabei wird man nicht mit einem trockenen Stück Käse abgespeist: Zu einem typischen Gratisteller gehören Wachteleier, Schinken, frittierte Kartoffeln, Salatherzen und Zucchini. Wem es zu voll wird, der kann sich im Restaurant verwöhnen lassen – dort muss man allerdings zahlen. Wen wiederum der Gesprächspartner langweilt, der kann sich die Wände voll von faszinierendem Krimskrams, darunter alte Fotos von Cuenca und landwirtschaftliche Geräte, ansehen.

LP TIPP **Manolo de la Osa** GEHOBEN & TRADITIONELL €€
(☎969 21 95 12; Calle Río Gritos 5, Cerro Molina; Mahlzeiten 40–50 €) Nach seinem Erfolg mit dem Restaurant Las Rejas im nahe gelegenen Las Pedroñeras eröffnete der gefeierte Koch Manuel de la Osa im Ars Natura diesen erstklassigen Gourmettempel. Er zaubert aus traditionellen regionalen Zutaten einzigartige Gerichte wie Rothuhnsalat mit Limabohnen und Austernpilzen, die in standesgemäß elegantem Ambiente serviert werden. Man muss reservieren.

DER STAR UNTER DEN GEWÜRZEN

Safran gilt als eines der sinnlichsten Gewürze der Welt. Es besticht durch die Intensität seiner Farbe, seines Geruchs und seines Geschmacks sowie durch seine große Nuancenvielfalt. Allerdings ist es auch ziemlich teuer, was wegen der aufwendigen Herstellung nicht verwundert: Für 1 kg Safran benötigt man ganze 160 000 Blüten.

Spanien ist Marktführer auf dem europäischen Safranmarkt. Bereits seit den Zeiten der Mauren werden die Pflanzen in La Mancha angebaut, insbesondere rund um Cuenca und Albacete. Im Oktober verwandeln sich die Felder in einen schillernden Teppich aus lilafarbenen Blüten.

Safran wird auf der ganzen Welt als Würzmittel verwendet. So kommt es beispielsweise im italienischen *risotto alla milanese*, in der französischen Bouillabaisse, dem englischen Safrankuchen, dem schwedischem *lusserkatter*-Gebäck und in zahlreichen spanischen Gerichten – das bekannteste ist natürlich die traditionelle Paella – zum Einsatz.

Comedor Posada de San José INTERNATIONAL & SPANISCH €
(Ronda de Julián Romero 4; Mahlzeiten 12 €; ⌚Di–So 19–22 Uhr) Der kanadische Besitzer hat sich den Essenszeiten seiner Landsleute angepasst und kredenzt Altbekanntes wie Spiegelei mit (selbstgemachten) Pommes frites, aber auch Edleres wie *solomillo de cerdo a la sidra* (Schweinelende in Apfelwein). Als Dessert gibt's u. a. Erdbeeren mit Sahne.

Mesón Casas Colgadas GEHOBEN & TRADITIONELL €€
(☎969 22 35 52; Calle de Los Canónigos 3; Mahlzeiten 25–35 €, menú 27 €) Dieser in einer *casa colgada* untergebrachte Gourmettempel wartet nicht nur mit seiner erstklassigen Lage auf, sondern auch mit köstlichen traditionellen Speisen wie Wildragout oder Eintopf mit Schweinefuß. Reservierung empfohlen.

American Piccolo INTERNATIONAL €
(Plaza de Los Carros 4; Mahlzeiten 15 €; ⌚Do–Di; 👪) Lust auf etwas Abwechslung von spanischem Essen? Das American Piccolo ist ein wunderbarer, erschwinglicher Laden, der vor allem junge Pärchen anzieht. Auf der vielfältigen Speisekarte stehen insgesamt 125 Tex-Mex-, italienische und argentinische Gerichte. Nicht gerade außergewöhnlich, aber durchaus akzeptabel. Die abenteuerliche Weinkarte umfasst viele importierte Marken.

Restaurante Figón del Huécar GEHOBEN & TRADITIONELL €€
(☎969 24 00 62; Ronda de Julián Romero 6; Mahlzeiten 30–35 €) Kastilische Spezialitäten und ungewöhnlichere Kreationen wie Kabeljau mit Kartoffeln und Mangosauce. Reservierung empfohlen.

El Ajibe GEHOBEN & TRADITIONELL €€
(☎969 24 00 62; Calle de San Pedro 12; Mahlzeiten 25–30 €) In elegantem Ambiente werden erstklassige traditionelle Speisen serviert, beispielsweise gebratene Lammkeule mit cremiger Senfsauce. Unbedingt im Voraus reservieren!

Restaurante San Nicolás LA-MANCHA-KÜCHE €€
(☎969 24 05 19; Calle de San Pedro 15; menú 16 €, Mahlzeiten 25–35 €) Ein Restaurant mit solider La-Mancha-Küche. Der Schwerpunkt liegt auf *bacalao* (Kabeljau) und Wild. Reservierung empfohlen.

🍷 Ausgehen

Wer sich in der lauten Gesellschaft von jungen Leuten unter zwanzig ein paar abendliche *copas* (Getränke) genehmigen möchte, steuert am besten die Calle de Severo Catalina (Altstadt) oder die Plaza de España (Neustadt) an. Ein etwas gehobeneres Ambiente findet man rund um die Plaza Mayor.

Lolita Lounge Bar DESIGNERBAR
(Calle Clavel 7; ⌚Do & Fr 18–4, Sa & So 12–4 Uhr) In der eleganten neuen Bar mit einer schwarzen Decke dominieren verschiedene Grautöne. Cocktails, importierte Biersorten und ein guter Musikmix ziehen eine schicke, durchgestylte Kundschaft an.

Bar La Tinaja TAPAS-BAR
(Calle del Obispo Valero 4) Dank seiner Lage gleich neben der Kathedrale füllt sich dieser Laden schnell mit Einheimischen, die hier die kostenlos zu den Getränken gereichten, köstlichen Tapas genießen. Die Nudelgerichte (5,50 €) sind ebenfalls lecker.

Bar Café del Castillo CAFÉ-BAR

(Calle Larga 13; ⌚So geschl.) Mit seiner großen Terrasse und einem schönen Ausblick eignet sich dieses gesellige Café wunderbar für einen späten Kaffee, besonders wegen der vielen Varianten mit Schuss.

✩ Unterhaltung

Wer das Tanzbein schwingen möchte, findet entsprechende Locations in der **Calle del Doctor Galíndez** bei der Plaza de España, die sich allesamt nicht groß voneinander unterscheiden. Allerdings sollte man nicht vor Mitternacht auftauchen. Möchte man schon früher ausgehen, hält man sich am besten an die nahe gelegene **Calle San Francisco**. Dort gibt's eine ganze Reihe lebendiger Bars mit Außenbereich, in denen man sich am Wochenende schon ab 21 Uhr bestens in Partystimmung bringen lassen kann.

ℹ Praktische Informationen

La Repro 11 (Calle Fray Luis de León 16; Internetzugang 1,20 € pro Std.; ⌚Mo–Sa 10–14 & 17–20 Uhr)

Touristeninformation (Plaza Hispanidad; ⌚Mo–Do 10–14 & 17–20, Fr–So 10–20 Uhr) Eine kleine Zweigstelle im neuen Teil der Stadt.

Zentrale Touristeninformation (www.ayto cuenca.org, auf Spanisch; Plaza Mayor; ⌚Mo–Sa 9–21, So 9–14.30 Uhr) Hier bekommt man die kostenlose praktische Broschüre *7 Paseos por Cuenca*, in der sieben Spaziergänge durch die Stadt beschrieben werden.

ℹ An- & Weiterreise

Südwestlich der Calle de Fermin Caballero liegen sich Bahnhof und Busbahnhof praktisch gegenüber.

BUS Es gibt jeden Tag sieben Verbindungen nach Madrid (13,48 €, 2 Std.). Cuenca (11,40 €, 2¼ Std.) wird ebenfalls regelmäßig von Bussen angesteuert.

ZUG Züge zum Atocha-Bahnhof in Madrid (11,75 €, 2½ Std.) verkehren sechsmal täglich, am Wochenende viermal täglich. Züge nach Valencia (12,95 €, 3¼ Std.) starten viermal pro Tag.

ℹ Unterwegs vor Ort

Die Busse 1 und 2 fahren von der Neustadt bis zur Plaza Mayor (0,70 €, alle 30 Min.). Sie bedienen verschiedene Haltestellen, darunter auch die am Bahnhof. Die der Alt- und Neustadt am nächsten gelegene Tiefgarage liegt am Paseo del Huécar.

Rund um Cuenca

SERRANÍA DE CUENCA

Nördlich und östlich von Cuenca erstreckt sich die Serranía de Cuenca, ein dicht bewaldetes, fruchtbares Gebiet mit zerklüfteten Bergen, grünen Feldern und den Flüssen Júcar und Huécar. Für die Erkundung der schönen Landschaft benötigt man ein eigenes Fahrzeug.

Nach Guadalajara führt eine hübsche Route über die CM210. Dabei geht's durch die bezaubernde, in einem Tal gelegene Stadt **Priego**, die zu Zeiten der Römer gegründet wurde und mit mittelalterlichen Kirchen, römischen Gewölben sowie maurischen Türmen aufwartet. Von hier weisen Schilder den Weg zum **Monasterio San Miguel de las Victorias**. Das in Erinnerung an die Seeschlacht von Lepanto 1571 errichtete Kloster wird momentan großflächig renoviert, aber die hübsche Kapelle mit ihren Originalfresken ist weiterhin zugänglich. Wen das alles nicht begeistern kann, der genießt einfach die atemberaubende Aussicht über die Schlucht.

Von Cuenca führt außerdem die CM2105 zur 30 km entfernten **Ciudad Encantada** (Verzauberte Stadt; Erw./Kind 3 €/frei; ⌚10 Uhr–Sonnenuntergang; 👪). Kalksteinfelsen, die von Nadelwäldern umgeben sind, wurden durch natürliche Erosion zu einzigartigen Gebilden geformt. Ein 40-minütiger Rundgang durch diese schattige Freilichtfelsgalerie ist eine tolle Unterbrechung auf langen Autofahrten. Am Wochenende spazieren hier zahlreiche *madrileños* herum. Es gibt mehrere überteuerte Lokale.

Die CM2105 verläuft weiter nordwärts durch das malerische Dorf **Uña**, vorbei an dem kristallklaren Wasser des **Embalse de El Tobar** und der **Reserva Natural de El Hosquillo**. In dem geschützten Naturpark leben seit Anfang der 1970er-Jahre Braunbären, die hier damals wieder angesiedelt wurden. Als Nächstes geht's zum **Nacimiento del Río Cuervo** (17 km), einer Serie kleiner Wasserfälle, aus denen der Río Cuervo entspringt. Hier lohnt sich ein Abstecher nach **Beteta** (29 km) und Hoz de Beteta, eine Schlucht, die von riesigen Kalksteinfelsen und Kämmen gesäumt wird. 8 km vor Beteta geht's rechts ab zur **Fuente de los Tilos**, wo sich ein hübscher, 2 km langer Rundweg erstreckt: der *paseo botánico* (botanischer Weg; 2 Std. und 40 Min.), oberhalb des Río Guadiela.

Betetas reizende Plaza Mayor wartet mit einem Säulengang und Fachwerkhäusern auf. Übernachten kann man in einer Handvoll *casas rurales* oder dem komfortableren, inmitten grüner Gärten gelegenen **Hotel Caserío de Vadillos** (☎969 31 32 39; www.caseriovadillos.com; Puente de Vadillos; EZ/DZ 45/55 €) in Puente de Vadillos. 3 km hinter Beteta erstreckt sich die **Laguna de El Tobar**, ein hübscher kleiner See mit Uferweg in der Nähe des gleichnamigen Dorfes. Anschließend kann man sich über die CM210, eine ruhige Landstraße, die durch mehrere traditionelle Orte windet, auf den Weg zurück nach Cuenca machen.

ALARCÓN

Rund 100 km südlich von Cuenca stößt man auf dieses reizende mittelalterliche Dorf. Eine enge Straße führt in den Ort hinein und durch drei mittelalterliche Befestigungstore.

Alarcón ist vor allem für seine maurische **Burg** mit dreieckigem Grundriss bekannt, die zu einem luxuriösen **parador** (☎969 33 03 15; www.parador.es; DZ 222 €; P ❄ 📶) umgebaut wurde. Die Unterkunft besticht mit altmodischem Charme, komfortablen Zimmern, Wänden mit offengelegten Holz- und Backsteinelementen sowie edlen Möbeln und Stoffen. Alternativ quartiert man sich im gegenüberliegenden **Meson Don Julián** (☎969 33 03 00; Plaza Autonomo 1, EZ/DZ 40/50 €) ein, der über hübsche, rustikale Zimmer mit Balkonen, Kühlschränken und riesigen Bädern verfügt. Als bestes Restaurant gilt **La Cabaña de Alarcón** (Álvaro de Lara 21; Mahlzeiten 20 €; ⏲Mo–Sa mittags & abends, So mittags; 🚭). Hier werden vor einer Kulisse aus Panoramafenstern, dunkelrosa Farbtönen und zeitgenössischen Kunstwerken fachmännisch zubereitete regionale Gerichte kredenzt.

In der **Touristeninformation** (☎969 33 03 01; Calle Posadas 6; ⏲Mi–Sa 10–14 & 17–19, So 10–14 Uhr) bekommt man eine Karte für Spaziergänge und Wanderungen im Dorf und in der Umgebung. Ist sie geschlossen, helfen die Tafeln mit detaillierten Karten 150 m weiter südlich weiter.

SEGÓBRIGA

Einige dieser **Ruinen** (www.segobrigaconsocio.ua.es; Erw./Kind 4 €/frei; ⏲Di–So 9–21 Uhr) stammen vermutlich aus dem 5. Jh. v. Chr. Am besten erhalten sind ein **römisches Theater** und ein **Amphitheater** am Rand dieser Stätte mit Blick über ein Tal. Zu den Überresten zählen auch die Grundmauern einer westgotischen Basilika und ein Teil des Aquädukts, mit dessen Hilfe Segóbriga in dieser wüstenartigen Umgebung grün gehalten wurde. Im Eintrittsgeld enthalten ist die Besichtigung eines kleinen Museums mit eindrucksvollen Exponaten, etwa eine winzige, kunstvoll aus Knochen geschnitzte Venusfigur und lebensgroße Skulpturen aus dem 1. bis 3. Jh. n. Chr.

Die archäologische Stätte liegt bei Saelices, 2 km südlich der A3 zwischen Madrid und Albacete. Von Cuenca fährt man auf der N400 55 km in westlicher Richtung und biegt dann nach Süden auf die CM202 ab.

Guadalajara

69 600 EW.

Dem romantischen Namen zum Trotz entpuppt sich Guadalajara beim Besuch als moderne, leicht schmuddelige Stadt, die mehr von historischem als von ästhetischem Interesse ist.

Zu seiner mittelalterlichen Blütezeit war Guadalajara (abgeleitet vom arabischen *wad al-hijaara*, „steiniger Fluss") Hauptstadt des maurischen Nordspaniens. Madrid wurde zu dieser Zeit lediglich als militärischer Beobachtungsstützpunkt genutzt. Als die Reconquista 1085 langsam nach Süden vordrang, eroberte Alfonso VI. den Ort, der während des Spanischen Erbfolgekriegs (1702–13), der napoleonischen Besatzung und des Spanischen Bürgerkriegs wiederholt geplündert wurde.

Obwohl die glorreichen Tage wenig Spuren hinterlassen haben, lohnt der renovierte **Palacio de los Duques del Infantado** (Erw./Kind 2 €/frei; ⏲Di–Sa 10–14 & 16–19, So 10–14 Uhr), in dem die Familie Mendoza Hof

DIE WEIDENROUTE

Fährt man durch die Serranía de Cuenca, fallen einem auf den vielen Feldern etwa 3 m hohe, pyramidenförmig angeordnete Bündel braunroter Korbweide ins Auge. Acht Orte der Serranía, darunter Priego und Beteta, liegen auf der sogenannten **Ruta del Mimbre** (Weidenroute). Diese führt durch das wichtigste Anbaugebiet des Landes für Korbweide, aus der im ganzen Land Flechtwaren hergestellt werden.

hielt, einen Abstecher. Seine auffällige Fassade offenbart ein schönes Stück gotischer und Mudéjar-Architektur und auch der reich verzierte Innenhof ist eindrucksvoll.

Guadalajara ist zwar nur einen einfachen Tagesausflug von Madrid entfernt, doch wer hier übernachten möchte, dem bietet das **Hotel Pax** (☎949 24 80 60; www.hotusa.com; Avenida de Venezuela 15; EZ/DZ 55/60 €; P ❄ ♿) ein vornehmes Ambiente sowie in dezenten Pastelltönen gehaltene Zimmer.

Die **Touristeninformation** (☎949 21 16 26; Plaza de los Caídos 6; ⌚Mo–Sa 10–14 & 16–19.30, So 10–14 Uhr) befindet sich gegenüber dem *palacio*. Von hier aus ist es nur ein kurzer Spaziergang zum **Busbahnhof** (Calle del Dos de Mayo). Es verkehren regelmäßig Busse nach Madrid (4,75 €, 50 Min.), außerdem gibt's Verbindungen nach Sigüenza (6,30 €, 1½ Std.).

Vom **Bahnhof** 2 km nördlich der Stadt fahren von 5 bis 22.30 Uhr zahlreiche AVE-Züge nach Madrid (18,40 €, 30 Min.), langsamere Züge (15 €, 50 Min.) werden weitaus seltener eingesetzt.

Pastrana

1080 EW.

Pastrana sollte man nicht verpassen. Der unberührte Ort 42 km südlich von Guadalajara an der CM200 verströmt mit seinen verschlungenen, von honigfarbenen Steinhäusern gesäumten Kopfsteinpflasterstraßen toskanisches Flair. In seinem Zentrum befindet sich die **Plaza de la Hora**, ein großer Platz voller Akazien, an dessen Stirnseite der robuste **Palacio Ducal** steht. Mittwochmorgens wird hier ein geschäftiger Markt abgehalten. 1581 wurde in Pastrana die einäugige Prinzessin von Éboli, Ana Mendoza de la Cerda, wegen ihrer Liebesaffäre mit dem Sekretär des spanischen Königs Felipe II. eingesperrt. Man kann noch das vergitterte Fenster ihrer Zelle sehen, in der sie zehn Jahre später starb, und über die **Touristeninformation** (☎949 37 06 72; www.pastrana.org, auf Spanisch; Plaza de la Hora 5; ⌚Di–Fr 10–14 & 16–19, Sa 10–14 & 16–20, So 10–14 Uhr) einen Rundgang (nur auf Spanisch; 2 €) buchen.

Vom Platz aus führt die Calle Mayor zur massiven **Iglesia de Nuestra Señora de la Asunción** (Colegiata). Die Kirche beherbergt ein interessantes kleines **Museum** (Erw./Kind 2,50 €/frei; ⌚Di–Fr 10–14 & 16–19, Sa 10–14 & 16–20, So 10–14 Uhr) mit den Juwelen der Prinzessin, einigen exquisiten Tapisserien aus dem 15. Jh. und einem Gemälde von El Greco.

Das hübsche, moderne **Hotel Palaterna** (☎949 37 01 27; www.hotelpalaterna.com; Plaza de los Cuatro Caños; EZ/DZ 55/70 €; ❄) blickt auf einen kleinen Platz mit sprudelndem Springbrunnen. Alle Zimmer verfügen über dunkle Holzmöbel und sind in kühlen Farben gehalten. Es gibt einen Zugang für Rollstuhlfahrer.

Eigentlich hätte die wunderschöne **Hostelería Real de Pastrana** (☎949 37 10 60; www.hosteriasreales.com; Carretera C200 Pastrana–Zorita, EZ/DZ ab 53/106 €; P ❄ @) den Status als *parador* verdient, ist sie doch mit zahlreichen Ölbildern und Antiquitäten ausgestattet und hat Zimmer mit historischem Flair und eleganten Möbeln. Zu den Spezialitäten des Restaurants gehören regionale Gerichte wie die Vorspeise *gachas manchegas* (breiartiges Gericht mit gebratenem Schweinefleisch – schmeckt besser als es klingt!). Darüber hinaus befindet sich gleich nebenan ein Museum für sakrale Kunst. Wer hier unterkommt, muss allerdings einen fahrbaren Untersatz haben, da es bis Pastrana 2 km sind.

Im Ort selbst gibt's mehrere Restaurants und Bars. Lieblingslokal der Einheimischen ist die über und über mit verblichenen Stierkampfplakaten dekorierte **Casa Seco** (Calle Mayor 36; Tapas ab 2 €). Sie wird von einer wunderbar matriarchalischen Dame geleitet, die ihre baskenbemützte Kundschaft mühelos in Zaum hält. Ein Stück die Straße hinunter stößt man auf das **Café de Ruy** (Calle Mayor 1; Mahlzeiten ab 15 €). In dem besten Restaurant des Dorfes hat ein dynamisches, junges Pärchen aus Madrid das Sagen. Hier kommen Speisen aus regionalen Zutaten auf den Tisch. Originelle Tee-, Kaffee- und Cocktailkreationen sowie entspannende Musik machen das Gesamtpaket perfekt.

An Werktagen fahren jeden Morgen zwei Busse über Guadalajara nach Madrid (5,20 €, 1½ Std.).

Rund um Pastrana

Etwa 20 km nordöstlich von Pastrana erstreckt sich der wichtigste Stausee der Region, der weiß geränderte **Embalse de Entrepeñas**. Die Möglichkeit zu schwimmen ist übrigens eine weitaus größere Attraktion als die Landschaft. Wer auf der CM204 Richtung Norden weiterfährt, gelangt nach **Cifuentes** mit seiner Burg aus dem 14. Jh.

Eine alternative, etwas längere Route zum See führt über Guadalajara, von wo es auf der A2 erst nach Nordosten geht und dann in Richtung **Torija** mit seiner eindrucksvollen Burg, die über der Plaza de la Villa, einem typisch kastilischen Hauptplatz, thront. Von hier geht's auf der CM2011 nach **Brihuega**, ein schattiges Dorf mit teilweise erhaltener mittelalterlicher Stadtmauer. Die Fahrt nach Osten am Río Tajuña entlang ist ein ganz netter Ausflug.

Sigüenza

5020 EW.

Das verschlafene, historische und von den Geistern einer turbulenten Vergangenheit erfüllte Sigüenza lohnt einen Abstecher. Es befindet sich auf einem vom Río Henares umschlossenen Hügel und wartet mit einer Burg, einer Kathedrale und mehreren exzellenten Restaurants auf, die in den von honigfarbenen mittelalterlichen Häusern gesäumten, verschlungenen Gassen liegen. Ein guter Ausgangspunkt für einen Stadtbummel ist die wunderschöne Plaza Mayor aus dem 16. Jh.

Geschichte

Ursprünglich war es eine keltiberische Siedlung, später wurde Segontia (so der frühere Name) erst ein wichtiger römischer, dann ein westgotischer militärischer Stützpunkt. Vom 8. Jh. bis in die 1120er-Jahre hatten die Mauren die Kontrolle über den Ort. Danach war er in der Hand der Kastilier, die Sigüenza und die Umgebung in einen riesigen Kirchenbesitz verwandelten. Weil die Stadt jedoch wiederholt durchziehenden Armeen im Weg lag, erlitt sie einen langen und schmerzlichen Niedergang. Im Spanischen Erbfolgekrieg und im Bürgerkrieg befand sie sich erneut mitten im Geschehen und war Schauplatz heftiger Kämpfe.

Sehenswertes

Catedral KATHEDRALE

(Di–Sa 9.30–14 & 16–20, So 12–17.30 Uhr) Im Herzen der Altstadt erhebt sich Sigüenzas Kathedrale. Baubeginn des ursprünglich romanischen Gebäudes war im Jahr 1130 und in den folgenden vier Jahrhunderten wurde es weiter ausgeschmückt, größtenteils im gotischen Stil, aber auch mit Elementen anderer Bauarten, die vom plateresken über den Renaissance- bis zum Mudéjar-Stil reichen. Im Bürgerkrieg wurde das Gebäude schwer beschädigt, danach jedoch wiederaufgebaut. Gegenüber der Plaza Mayor ragt ein hoher Turm auf, dessen oberstes schlitzförmiges Fenster Einschusslöcher aufweist – hier wollte man wohl einen Scharfschützen außer Gefecht setzten.

Das dunkle und sehr kalte **Kirchenschiff** wartet mit einigen schönen Buntglasfenstern auf, darunter eine prachtvolle Fensterrose, und verfügt über einen eindrucksvollen, im 15. Jh. errichteten Altar (an der Südwand). Wer die Kapellen, die Sakristei und den gotischen Kreuzgang sehen möchte, muss sich einer der ausschließlich spanischsprachigen **Führungen** (4 € pro Pers.; Di–Sa 11, 12, 16.30 & 17.30 Uhr) anschließen. Zu den weiteren Höhepunkten der Kathedrale gehört die **Capilla Mayor** mit der Marmorstatue des entspannt daliegenden Don Martín Vázquez de Arce (sie wird als *El Doncel* bezeichnet), der in der Endphase der Reconquista im Kampf gegen die Mauren fiel. Schön ist auch die **Sacristía de las Cabezas**. Ihre herrliche Decke wurde von de Covarrubias mit Hunderten Köpfen verziert. Die **Capilla del Espíritu Santo** beeindruckt mit einem Portal, an dem Elemente des plateresken, Mudéjar- und gotischen Stils kombiniert sind. Im Innern sieht man eine bemerkenswerte Kuppel und eine *Anunciación* (Verkündigung) von El Greco.

Museo Diocesano de Arte RELIGIÖSE KUNST

(Eintritt 3 €; Di–So 11–14 & 16–19 Uhr) Das Museum gegenüber der Kathedrale verfügt über eine Sammlung religiöser Kunst aus Sigüenza und der Umgebung, darunter eine Reihe von Altären aus dem 15. Jh.

Castillo BURG

Die Calle Mayor führt von der Kathedrale nach Süden den Berg hinauf zu einer mächtigen Burg, die ursprünglich von den Römern erbaut wurde und schon als maurische Festung, königlicher Palast, Zufluchtsstätte sowie Kaserne diente. Während des Spanischen Bürgerkriegs wurde sie fast vollständig zerstört, um schließlich unter Franco als *parador* (s. S. 242) wiederaufgebaut zu werden.

Schlafen

An den Wochenenden strömen zahlreiche *madrileños* herbei, deshalb ist die Handvoll Hotels im Ort schnell ausgebucht.

Hotel El Doncel MODERNES HOTEL €€

(949 39 00 01; www.eldoncel.com, auf Spanisch; Paseo de la Alameda 3; EZ/DZ 62/78 €;) Warme Farben, indirektes Licht, Mi-

Sigüenza

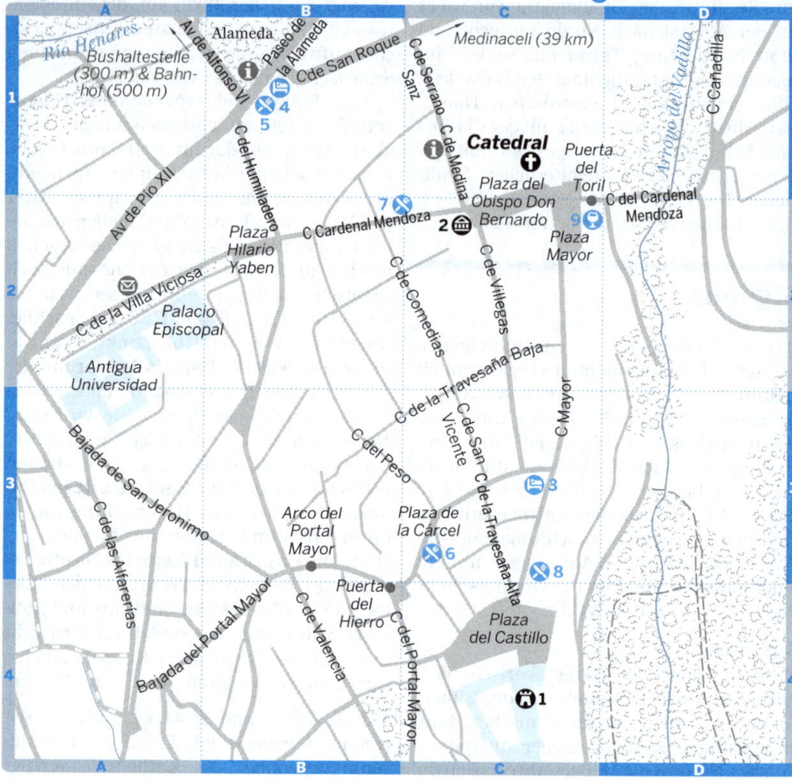

nibars sowie wunderbar weiche Bettdecken und Kissen sind das Ergebnis einer umfassenden Neugestaltung. Das Hotel liegt gegenüber der Touristeninformation. Unter Woche sinken die Preise beträchtlich.

Hospedería Porta Coeli

HISTORISCHES HOTEL **€€**

(☎949 39 18 75; Calle Mayor 50; EZ/DZ 57/74 €; ❄) Die in einem luxuriösen historischen Gebäude untergebrachte Hospedería Porta Coeli hat helle Fliesen und Farben, die ihren geräumigen Zimmern ein frisches Aussehen verleihen. Im Restaurant (Mahlzeiten 20 €; nur am Wochenende geöffnet) werden leckere, leichte Speisen wie Pilz-Crêpes mit Käsesauce serviert.

Parador

PARADOR **€€€**

(☎949 39 01 00; www.parador.es; Plaza del Castillo; EZ/DZ ab 114/124 €; P ❄ 📶) In Sigüenzas *parador* erwartet Gäste die gewohnte Kombination von Luxus, aufmerksamem Service und antiker Einrichtung. Das Hotel ist in einer Burg aus dem 12. Jh. mit Blick über die Stadt untergebracht und lag vor dem Wiederaufbau in den 1970er-Jahren in Ruinen. Im Innenhof kann man hervorragend seine Zeit vertrödeln und hinterher im Restaurant ein Tagesmenü für angemessene 31 € genießen.

Essen & Ausgehen

Bezüglich der Abendessenszeit gelten in Sigüenza andere Gesetze, als man es vielleicht gewohnt ist: Viele Restaurants öffnen nicht vor 22 Uhr, denn die Einheimischen haben anscheinend erst sehr spät Hunger. Im historischen Teil der Stadt sind zudem fast alle Läden auf den wochenendlichen Besucheransturm aus Madrid eingestellt und bleiben deshalb unter der Woche meist geschlossen. Am Paseo de la Alameda gibt's ein paar Lokale, in denen täglich herzhafte, rustikale Gerichte serviert werden.

Sigüenza

Highlights

Sehenswertes

Schlafen

Essen

Ausgehen

Gurugú de la Plazuela PILZE €€

(Plaza de la Cárcel; Pilzgerichte 12–18 €, Mahlzeiten 20–25 €; ⌚Do–Sa mittags & abends, So mittags;) Spezialität dieses an einem kleinen atmosphärischen Platz gelegenen Restaurants sind die bis zu 16 verschiedenen Pilzkreationen. Auf der Karte stehen aber auch andere Gerichte wie *rabo de toro al vino* (Ochsenschwanz in Weinsauce). Darüber hinaus werden hier regelmäßig Kunst- und Fotoausstellungen gezeigt.

Cafe-Bar Alameda TAPAS-BAR €

(Paseo de la Alameda 2; Snacks 5–10 €; ⌚10–24 Uhr) In der bodenständigen Bar trifft man sich gerne zum Kartenspielen. Die Theke biegt sich unter verführerischen Tapas und *pintxos* (baskischen Tapas) wie *caracoles* (Schnecken) und *orejas* (Schweineohren) für Experimentierfreudige sowie leichter Verdaulichem wie Tortilla mit Speck und Käse.

Taberna Seguntina TRADITIONELLE LA-MANCHA-KÜCHE €€

(www.latabernaseguntina.es; Calle Mayor 43; Mahlzeiten 20–25 €; ⌚Mi–Fr 20–23, Sa & So 13.30–20.30 Uhr) Das burgnahe Restaurant wartet mit traditioneller Küche und lokalen Klassikern wie Spanferkel, gebratenes Lamm und Fasan auf.

Los Soportales TAPAS-BAR €

(Plaza Mayor 3; Tapas 2–4 €) Eine tolle Lage unter den Bögen, Tische auf dem Platz und Gratis-Tapas zu jedem Getränk sprechen für sich.

La Flor de Brijhuega KÄSEGESCHÄFT €

(Calle del Cardenal Mendoza 2) Dieser großartige Laden hat sich auf *quesos artesanos* (traditionell hergestellten Käse) aus der Region spezialisiert.

Praktische Informationen

Locotorio Sigüenza (Calle del Humilladero 21; Internetzugang 1,80 € pro Std.; ⌚Mo–Sa 10–22, So 10–20 Uhr)

Touristeninformation (Calle de Medina 9; ⌚Mo–Do & Sat 10–14 & 17–19, Fr 10–14 & 17–20, So 10–14 Uhr) Eine kleine Zweigstelle am Hügel unter der Kathedrale.

Zentrale Touristeninformation (www.siguenza.es, auf Spanisch; Paseo de la Alameda; ⌚Mo–Do 10–14 & 17–19, Fr & Sa 10–14 & 17–20, So 10–14 Uhr) Ist in der wunderschönen Ermita del Humilladero untergebracht.

An- & Weiterreise

Busse verkehren hier nur unregelmäßig und steuern hauptsächlich Orte in Sigüenzas Umgebung an, z. B. Guadalajara. Sie halten an der Avenida de Alfonso VI. Es gibt bis zu zehn Verbindungen mit **Regionalzügen** zum Madrider Bahnhof Chamartín (10,80 €, 1½ Std.). Einige Züge fahren von Madrid weiter nach Soria.

Rund um Sigüenza

IMÓN

40 EW.

7 km nordwestlich von Sigüenza stößt man auf dieses entzückende, winzige Dörfchen, das erstaunlich viel zu bieten hat. Es gibt mehrere gehobene Restaurants für die vielen Wochenendausflügler aus Madrid, ein ausgezeichnetes Hotel und Spa sowie exzellente Bedingungen für Wanderer und Vogelbeobachter.

LP TIPP **Salinas de Imón** (949 39 73 11; www.salinasdeimon.com; Real 49; Zi. ab 85 €;) ist in einem steinernen Bau aus dem 17. Jh. untergebracht. Die 13 Zimmer wurden sorgfältig restauriert und haben sich so ihre historische Authentizität bewahrt. Alles andere als alt sind jedoch die luxuriösen Bäder und das Spa. Das Wellnessangebot umfasst eine Vielzahl verschiedener Behandlungen, darunter diverse Massagen (ayurvedische, Sport- und Reflexzonenmassagen sowie Aromatherapien). Im wunderschönen Garten locken Liegewiesen, eine Laube und ein Pool. Die überschwänglichen Einträge im Gästebuch sprechen für sich. Zum Angebot gehört auch ein Abendessen.

Wer Lust auf einen kleinen Spaziergang hat, für den ist der Don-Quichotte-Weg genau das Richtige. Man folgt der Hauptstraße (Calle Cervantes) und hält sich an deren Ende Richtung Norden. Der hübsche 4,5 km lange Weg führt durch Felder zu der Burg **La Riba de Santiuste** aus dem 15. Jh., die hoch auf einem Fels über dem gleichnamigen, teilweise verlassenen Dorf thront. Ein Teil des Bauwerks besteht nur noch aus Ruinen und lädt zu einem faszinierenden Erkundungsgang ein.

ATIENZA

420 EW.

Das reizende mittelalterliche, von einer Burgruine gekrönte Atienza liegt 10 km nordwestlich von Imón. Über der von Fachwerkhäusern gesäumten Plaza D Bruno Pascual Ruilopez, dem ehemaligen Marktplatz aus dem 16. Jh., wacht die romanische **Iglesia San Juan Bautista** mit ihrer eindrucksvollen Orgel und einem üppig vergoldeten *retablo*. Ganz in der Nähe erstreckt sich die Plaza de España mit einigen Bars sowie Antiquitäten- und Geschenkläden. Außerdem stößt man auf romanische Kirchen sowie drei kleine **Museen** (Eintritt 1,50 € pro Museum; ⌚10.30–13.30 & 16.30–18.30 Uhr) in der Iglesia de San Gil, der Iglesia de San Bartolomé und der Santísima Trinidad.

Für eine Übernachtung bietet sich der **Antiguo Palacio de Atienza** (☎949 39 91 80; www.palaciodeatienza.com; Callejuelas de San Gil 47; Zi. 80–120 €; ❄📶🏊) an. Die hübschen Zimmer des ehemaligen Palastes haben graue Steinwände und Balkendecken. Der Übernachtungspreis richtet sich nach der Raumgröße. Gegen eine Extragebühr gibt's ein Bad mit Whirlpool. Von den Balkonen blickt man auf Rasenflächen und den Pool. Eine günstigere Alternative ist das Hotel **El Mirador** (☎949 39 90 38; Calle Barruelo; DZ mit/ohne Bad 48/35 €; 🅿) mit kleinen einfachen Zimmern in einem modernen, weiß getünchten Gebäude am Ortsrand. Das hauseigene exzellente Restaurant (Mahlzeiten 25 €) wartet mit kreativen Speisen und Klassikern wie cordero (Lamm) und cabrito (Zicklein) auf, die vor einer tollen Aussicht serviert werden.

Frühmorgens fahren Busse nach Guadalajara, Madrid und Sigüenza.

Barcelona

Inhalt »

Gut essen

» Cervecería Brasería Gallega (S. 294)

» Ipar-Txoko (S. 285)

» Tapaç 24 (S. 293)

» Xiringuito d'Escribà (S. 293)

» Vaso de Oro (S. 293)

Schön übernachten

» Alberg Mare de Déu de Montserrat (S. 290)

» Hostal Goya (S. 288)

» Hotel Banys Orientals (S. 288)

» Hotel Constanza (S. 289)

» Hotel Axel (S. 288)

Auf nach Barcelona

Lebenskünstler und Kulturliebhaber fasziniert an Barcelona vor allem die Mischung aus sonnigem, mediterranem Charme und europäisch geprägter Architektur. Die katalanische Küche wartet mit köstlichen Gerichten auf und die Bars und Clubs sind das ganze Jahr über ein Anziehungspunkt. Zudem strömen im Sommer zahlreiche Badefans an die stadteigenen und nahe gelegenen Strände.

Aus einem mittelgroßen römischen Ort entwickelte sich Barcelona im Mittelalter zu einer wichtigen Handelsmetropole. In der Altstadt befinden sich viele gotische Gebäude, außerdem kann man einige der weltweit kuriosesten Bauten wie Gaudís surreale La Sagrada Família bestaunen.

Seit Ende des 19. Jhs. hat Barcelona in Sachen Kunst, Architektur und Design neue Wege beschritten. Von Picasso und Miró bis zu aktuellen Werken hat das pulsierende Herz der Stadt kaum einen Schlag ausgesetzt. Fleißig sind auch die Avantgardeköche, die u. a. mit traditionellen Gerichten um die Gunst der Gourmets wetteifern.

Reisezeit

Barcelona

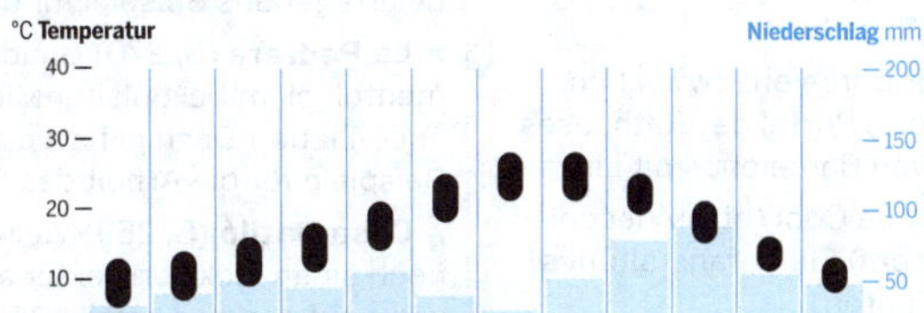

Mai Das Plaça del Fòrum rockt bei den Open-Air-Konzerten des Primavera-Sound-Festivals.

Juni Sónar, Europas größtes Forum für Elektromusik, lockt mit zahlreichen Events.

September Die Festes de la Mercè läuten das Ende des Sommers ein.

NICHT VERSÄUMEN

Bei einem Watermelon Martini hoch oben in der **Eclipse Bar** (S. 288) des W-Barcelona-Hotels kann man eine der besten Aussichten auf die Stadt genießen.

Kurzinfos

» Einwohner: 1,62 Mio.

» Großraum Barcelona: 636 km²

» Jahreseinkommen pro Kopf: 22 000 €

» Besucherzahl (2009): 6,5 Mio.

Die besten Gratis-Tipps

» Park Güell (S. 272)

» CaixaForum (S. 280)

» Església de Santa Maria del Mar (S. 262)

» Estadi Olímpic (S. 281)

» Castell de Montjuïc (S. 277)

Infos im Internet

» Barcelona Turisme (www.barcelonaturisme.com) Offizielle Tourismus-Website.

» Barcelona (www.bcn.cat) Portal des Rathauses von Barcelona, mit Links.

» Le Cool (http://lecool.com) Ein Veranstaltungsführer.

» Tourist Guide Barcelona (www.barcelona-tourist-guide.com) Viele Infos zur Reiseplanung.

Ein verstecktes Porträt an der Sagrada Família

Wer die Passionsfassade von Antoni Gaudís Meisterwerk La Sagrada Família (S. 267) genau betrachtet, erkennt einen speziellen Tribut an den genialen Architekten durch den Bildhauer Josep Subirachs. In einem Gebäude voller Symbole, die sich nicht jedem sofort erschließen, ist die Suche danach nicht allzu schwer. Die zentrale Skulpturengruppe (unter dem gekreuzigten Jesus am Kreuz) zeigt von rechts nach links Christus, der sein Kreuz trägt, Veronika, die das Gewand mit dem blutigen Gesicht Jesu präsentiert, sowie ein Soldatenpaar und einen Mann namens Evangelist, der alles beobachtet. Subirachs nutzte eines der wenigen Fotos von Gaudí, das einige Jahre vor seinem Tod entstand, um das Gesicht des Evangelisten zu formen.

MONTAGS GESCHLOSSEN

Viele Attraktionen sind montags geschlossen, doch es gibt einige Ausnahmen. Besonders lohnenswert sind folgende Sehenswürdigkeiten: das Casa-Museu Gaudí (Park Güell), das Gran Teatre del Liceu, der Jardí Botànic, die Kathedrale, La Pedrera, La Sagrada Família, der Mirador a Colom, das Museu d'Art Contemporani de Barcelona, das Museu de l'Eròtica, das Museu de la Xocolata, das Museu del Futbol Club Barcelona, das Museu del Modernisme Català, das Museu Marítim, der Palau de la Música Catalana und der Pavelló Mies van der Rohe.

Juwelen des Modernisme

» **La Sagrada Família** (S. 267) Antoni Gaudís unvollendete Kathedrale lieben oder verabscheuen die Leute. Die Arbeiten an dem umstrittenen Projekt gehen weiter.

» **Palau de la Música Catalana** (S. 259) Der auffällig luxuriöse Konzertsaal für Musikvorführungen ist ein schwindelerregendes Beispiel für die Fantasie des Modernismus.

» **La Pedrera** (S. 270) Gaudís geschwungener Eck-Apartmentblock mit exquisiter Mietwohnung und einem Science-Fiction-Dach gilt als eines der anschaulichsten Beispiele für die Arbeit des Stararchitekten.

» **Casa Batlló** (S. 269) Vielleicht ist die Casa Batlló sogar noch einen Tick verrückter als La Pedrera. Ihre Fassade wirkt auf den den ersten Blick wie eine in Stein gemeißelte seltsame Meereskreatur. Im Innern sind die Formen wellig und gebogen.

» **Hospital de la Santa Creu i de Sant Pau** (S. 271) Das ehemals größte Krankenhaus der Stadt verfügt über 16 individuell ausgestattete Pavillons.

Geschichte

Vermutlich wurde die Stadt um 230 v. Chr. von den Karthagern errichtet und nach Hamilkar Barkas, dem Vater Hannibals, benannt. Das römische Barcelona (Barcino) war unbedeutender als das 90 km südwestlich gelegene Tarraco (Tarragona) und bestand aus dem heutigen Barri Gòtic.

Nach der muslimischen Besetzung und anschließenden fränkischen Vorherrschaft begründete Wilfried der Haarige (Guifré el Pilós) 878 das Haus der Grafen von Barcelona (Contes de Barcelona). 1137 heiratete Graf Ramon Berenguer IV. Petronilla, die Thornerbin von Aragonien, und schuf dadurch ein gemeinsames Reich sowie die Voraussetzung für Kataloniens Goldenes Zeitalter. Jaume I. (1213–76) entriss den Muslimen in den 1230er- bis 1240er-Jahren die Balearen und Valencia. Sein Sohn Pere II. eroberte 1282 Sizilien.

Die Thronbesteigung Ferdinands von Aragonien 1479 verhieß für Barcelona nichts Gutes und seine Heirat mit Königin Isabella von Kastilien noch weniger. Katalonien wurde nun tatsächlich zu einem untergeordneten Teil des kastilischen Reichs. Im Spanischen Erbfolgekrieg (1702–13) fiel die Stadt im September 1714 an den Bourbonenkönig Felipe V.

MODERNISME, ANARCHIE & BÜRGERKRIEG

Das 19. Jh. brachte die Wiederbelebung der Wirtschaft mit sich. Weinbau, Baumwoll-, Kork- und Eisenindustrie entstanden, allerdings gab es auch Armut und Unruhen in der städtischen Arbeiterklasse. Als Barcelona aus allen Nähten zu platzen drohte, wurden 1854 die mittelalterlichen Stadtmauern abgerissen. 1869 begannen die Arbeiten in L'Eixample, einer Ortserweiterung jenseits der Plaça de Catalunya. Das aufstrebende Bürgertum kaufte prunkvolle Häuser, viele im einzigartigen Modernisme-Stil, dessen führender Vertreter Antoni Gaudí war.

1937, im ersten Jahr des Spanischen Bürgerkriegs, übernahm die katalanische kommunistische Partei (PSUC; Partit Socialista Unificat de Catalunya) nach heftigen Straßenkämpfen gegen die Anarchisten und Trotzkisten die Kontrolle über die Stadt. George Orwell erinnerte in seinem Klassiker *Mein Katalonien* an diese Zeit. 1939 fiel Barcelona an Franco. Was folgte, war eine lange Zeit der Unterdrückung.

VON FRANCO BIS ZUR GEGENWART

Unter Franco erlebte die Stadt einen gewaltigen Zustrom, insbesondere durch andalusische Immigranten. Allein in den 1950er- und 1960er-Jahren kamen über 750 000 Menschen hierher, und fast noch einmal so viele strömten ins restliche Katalonien. Viele lebten unter katastrophalen Bedingungen.

1978, drei Jahre nach Francos Tod, garantierte die neue spanische Verfassung die Autonomie Kataloniens (katalanisch: Catalunya, kastilisch: Cataluña) mit Barcelona als Hauptstadt. Von den Olympischen Spielen 1992 profitierte die Metropole enorm. Unter der umsichtigen Führung des beliebten Bürgermeisters Pasqual Maragall von den katalanischen Sozialisten sorgte ein Bauboom für neues Leben auf dem Montjuïc und im einst heruntergekommenen Hafengebiet.

Maragalls Nachfolger konnten die Führungsposition der Sozialisten in der Stadtverwaltung bislang aufrechterhalten, wenn auch nur knapp. Bürgermeister Jordi Hereu war bei Redaktionsschluss mit einer Minderheitregierung an der Macht und könnte 2011 die Wahl verlieren, trotz seiner ehrgeizigen Entscheidung, Barcelona als Kandidat für die Olympischen Winterspiele 2022 aufzustellen.

2006 handelte Kataloniens Regierung mit der Zentralregierung in Madrid ein neues Autonomiestatut aus. Dieses sollte Barcelona mehr Rechte ermöglichen, wurde jedoch von der konservativen Partei Partido Popular vor dem Verfassungsgericht angefochten. Das Gericht brauchte vier Jahre für seine Entscheidung und machte einige der Fortschritte des neuen Statuts wieder rückgängig, was das Verhältnis zwischen Barcelona und Madrid verschlechterte.

Im Juli 2010 unternahm das Regionalparlament einen größeren symbolischen Schritt gegen die Zentralregierung, als es den Stierkampf in Katalonien ab 2012 verbot.

Sehenswertes

Barcelona lässt sich prima nach Themenschwerpunkten gliedern. Die historischen Bauwerke findet man in der Ciutat Vella (besonders im Barri Gòtic und in Ribera). Zusammen mit Raval auf der anderen Seite der Rambla und Port Vell, wo das alte Barcelona ans Meer grenzt, ist dies das Herz der Stadt.

In L'Eixample gingen dagegen die Modernisten ans Werk. Der Passeig de Gràcia gilt als eines ihrer ausgefallensten Werke. Gaudís Meisterstück, die Sagrada Família,

Highlights

1. **La Sagrada Família** (S. 267), Antoni Gaudís unvollendetes modernistisches Meisterwerk, bestaunen
2. Den Ausblick von Gaudís **Park Güell** (S. 272) genießen
3. Sich gemeinsam mit den Einheimischen ins Nachtleben von **L'Eixample** (S. 293) stürzen
4. Picassos frühe Porträts im **Museu Picasso** (S. 260) bewundern
5. Den Strand und die Restaurants von **La Barceloneta** (S. 263) besuchen
6. Einen Ausflug in die eigentümliche Bergwelt des **Montserrat** (S. 313) unternehmen
7. Die kurvige **Casa Batlló** (S. 269), Gaudís abgedrehtestes Gebäude, ansehen
8. Den **Montjuïc** (S. 276) mit seiner romanischen Kunst, einer düsteren Burg, schönen Gärten und zahlreichen Werken von Miró erkunden
9. Entlang der Küste nach **Sitges** (S. 309), dem ausgeflippten Party- und Badeort, fahren

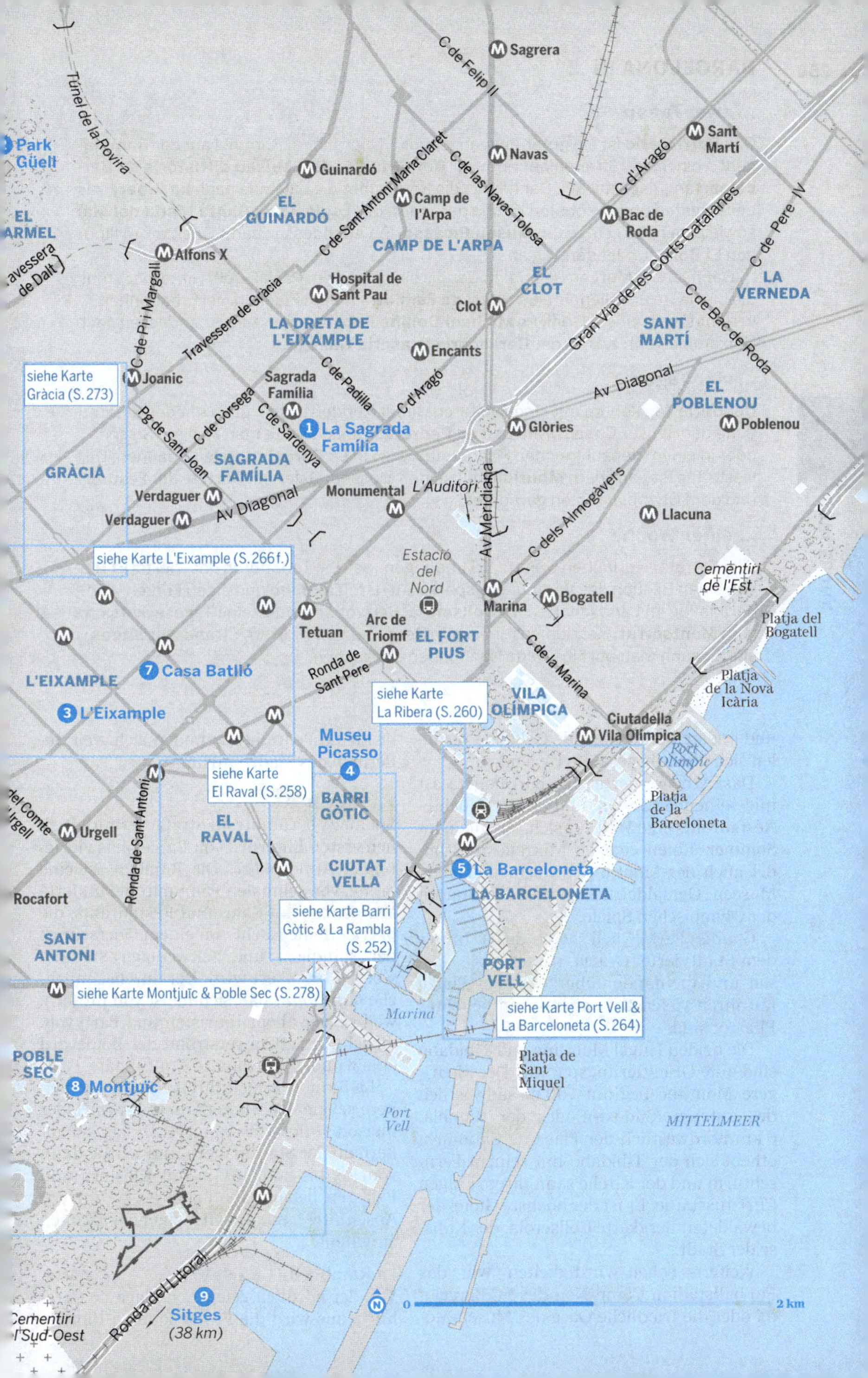
Sagrera
C de Felip II
Túnel de la Rovira
Park Güell
EL CARMEL
Travessera de Dalt
Guinardó
EL GUINARDÓ
C de Sant Antoni Maria Claret
Navas
C de las Navas Tolosa
Sant Martí
C d'Aragó
Camp de l'Arpa
CAMP DE L'ARPA
Bac de Roda
Gran Via de les Corts Catalanes
C de Pere IV
Alfons X
C de Pi i Margall
Travessera de Gràcia
Hospital de Sant Pau
LA DRETA DE L'EIXAMPLE
Clot
EL CLOT
LA VERNEDA
SANT MARTÍ
C de Bac de Roda
Encants
siehe Karte Gràcia (S. 273)
Joanic
Sagrada Família
C de Padilla
C d'Aragó
Av Diagonal
EL POBLENOU
Poblenou
C de Còrsega
C de Sardenya
1 La Sagrada Família
Glòries
Pg de Sant Joan
SAGRADA FAMÍLIA
GRÀCIA
Verdaguer
Av Diagonal
Monumental
L'Auditori
Av Meridiana
C dels Almogàvers
Llacuna
siehe Karte L'Eixample (S. 266 f.)
Estació del Nord
Cementiri de l'Est
Marina
Bogatell
Platja del Bogatell
Tetuan
Arc de Triomf
EL FORT PIUS
C de la Marina
L'EIXAMPLE
7 Casa Batlló
Ronda de Sant Pere
Platja de la Nova Icària
3 L'Eixample
siehe Karte La Ribera (S. 260)
VILA OLÍMPICA
Ciutadella Vila Olímpica
Museu Picasso
4
Port Olímpic
siehe Karte El Raval (S. 258)
BARRI GÒTIC
Platja de la Barceloneta
C del Comte d'Urgell
Urgell
Ronda de Sant Antoni
EL RAVAL
CIUTAT VELLA
5 La Barceloneta
LA BARCELONETA
Rocafort
siehe Karte Barri Gòtic & La Rambla (S. 252)
SANT ANTONI
PORT VELL
siehe Karte Montjuïc & Poble Sec (S. 278)
Marina
siehe Karte Port Vell & La Barceloneta (S. 264)
POBLE SEC
Platja de Sant Miquel
8 Montjuïc
Port Vell
MITTELMEER
Ronda del Litoral
9 Sitges (38 km)
N
0
2 km
Cementiri del Sud-Oest

BARCELONA IN ...

... zwei Tagen

Das **Barri Gòtic** ist ein guter Ausgangspunkt. Nach einem Bummel auf der **Rambla** geht's hinein ins Straßenlabyrinth zur **Catedral** und dem **Museu d'Història de Barcelona** am Plaça del Rei. Dann führt die Route über die Laietana nach **La Ribera** zur beliebtesten und schönsten Kirche der Stadt, der **Església de Santa Maria del Mar**, sowie zum nahe gelegenen **Museu Picasso**. Ein Abendessen samt Cocktail im flippigen **El Born** rundet den Tag ab.

Der nächste Morgen beginnt in Gaudís einzigartigem **Park Güell**. Hinterher steht die bis heute unvollendete **La Sagrada Família** auf dem Plan. So viel Erhabenheit verlangt nach einem Drink im **Michael Collins Pub,** bevor es zum Abendessen nach L'Eixample geht, z. B. in der **Cervecería Brasería Gallega**.

... vier Tagen

Der dritte Tag könnte mit einer weiteren Gaudí-Runde starten, etwa mit der Besichtigung der Häuser **Casa Batlló** und **La Pedrera**. Danach sollte man sich am Strand oder in einem der zahlreichen Fischrestaurants in **La Barceloneta** entspannen. Der vierte Tag ist ganz dem **Montjuïc** mit seinen Museen, Galerien, Gärten, der Festung und dem Olympiastadion gewidmet.

... einer Woche

Drei Extratage erlauben weitere Erkundungen wie eine Tour durch das Viertel **El Raval**, einen Besuch des Vergnügungsparks auf dem **Tibidabo** und einen kurzen Wanderausflug im Landschaftspark **Collserola**. Reizvoll sind auch eine Tagesexkursion zum **Montserrat**, Kataloniens „heiligem Berg", oder ein Tag am Strand von **Sitges**; später kann man dort ins wilde Nachtleben eintauchen.

und andere herausragende Gebäude verteilen sich über die gesamte Gegend.

Das Arbeiterviertel La Barceloneta ist mit seinen Stränden und Meeresfrüchte-Restaurants eine Welt für sich, vor allem im Sommer. Einen eigenen Mikrokosmos bildet auch der Montjuïc mit seinen Gärten, Museen, Gemäldegalerien und den Stätten der Olympischen Spiele.

Gaudís Park Güell liegt gleich hinter dem Stadtviertel Gràcia, dessen enge Gassen und ineinander übergehenden Plätze mit ihren vielen Bars abends ein beliebtes Pflaster sind.

Die beiden Hügel Montjuïc und Tibidabo sind gute Orientierungspunkte. Der niedrigere Montjuïc beginnt 700 m südwestlich des unteren (Südost-)Endes der Rambla. 6 km nordwestlich der Plaça de Catalunya erhebt sich der Tibidabo mit seinem Fernsehturm und der Kirche samt ihrer riesigen Christusstatue. Er ist der höchste Gipfel der bewaldeten Bergkette Collserola, der Kulisse der Stadt.

Weitere Sehenswürdigkeiten wie das Fußballstadion Camp Nou des FC Barcelona oder die friedliche Oase des Museu-Monestir de Pedralbes befinden sich weit außerhalb des Stadtzentrums.

LA RAMBLA

Spaniens berühmteste Straße vermittelt einen ersten Eindruck von Barcelonas vibrierender Atmosphäre. Die Rambla ist eine breite, von schmalen Fahrspuren flankierte Promenade mit Cafés und Restaurants, die bis tief in die Nacht von einem Querschnitt der ständigen und zeitweiligen Stadtbewohner bevölkert wird. Der durchschnittliche *barcelonin* hält sich meist von ihr fern, weil sie vor allem Touristen und Partyvolk anzieht, trotzdem verströmt der Boulevard eine wunderbar lebhafte Atmosphäre.

La Rambla erhielt ihren Namen nach einem saisonalen Fluss (Arabisch *raml*), der hier einst floss. Bis zum 14. Jh. lag sie außerhalb der Stadtmauern und wurde dann vom 16. bis zum 18. Jh. mit Klöstern und Palästen bebaut. Inoffiziell ist sie in fünf Abschnitte mit jeweils eigenem Namen aufgeteilt.

La Rambla de Canaletes — STRASSE

Von der nördlich gelegenen Plaça de Catalunya aus wird die Promenade La Rambla de Canaletes genannt, genau wie eine unscheinbare Quelle, deren Trinkwasser zu wünschen übrig lässt (obwohl behauptet wird, dass jeder, der es trinkt, nach Barcelona zurückkehrt). Überschwängliche Fußballfans feiern hier, wann immer der FC Barcelona einen Pokal gewinnt oder Spanischer Meister wird. Eine Ecke weiter östlich am Carrer de la Canuda befindet sich die Plaça de la Vila de Madrid mit einem eingesunkenen Garten und römischen Gräbern, die in der **Via Sepulcral Romana** ausgestellt sind (Karte S. 258; www.museuhistoria.bcn.cat; Plaça de la Vila de Madrid; Eintritt 2 €; ⌚ Di–So 10–20, Feiertage 10–15 Uhr; Ⓜ Catalunya).

La Rambla dels Estudis STRASSE

Dieser Abschnitt verläuft vom Carrer de la Canuda bis zum südlichen Carrer de la Portaferrissa und ist wegen seines zwitschernden Vogelmarkts – 2010 wurde dieser allerdings durch Eis- und Gebäckstände ersetzt – als La Rambla dels Ocells (Vögel) bekannt.

La Rambla de Sant Josep STRASSE

Vom Carrer de la Portaferrissa bis zur Plaça de la Boqueria heißt die Flaniermeile offiziell La Rambla de Sant Josep (nach einem nicht mehr vorhandenen Kloster). Aufgrund der zahlreichen Blumenstände wird sie auch La Rambla de les Flors genannt.

Im **Palau de la Virreina** (S. 299), einem herrschaftlichen Rokokogebäude aus dem 18. Jh., ist eine städtische Kulturinformation samt Kartenverkauf untergebracht. Daneben befindet sich der **Mercat de la Boqueria**, einer der größten und schillerndsten Märkte Europas. Die Plaça de la Boqueria, an der gleich nördlich der Metrostation Liceu vier Nebenstraßen aufeinandertreffen, bietet die Chance, direkt auf dem Bürgersteig auf einem echten Miró herumzulaufen: dem farbenfrohen **Mosaïc de Miró**, das ein vom Künstler signiertes Mosaikstück enthält.

Barcelona ist stolz auf seinen Ruf als Vergnügungszentrum. Passend dazu zeigt das **Museu de l'Eròtica** (Karte S. 252; www.erotica-museum.com; La Rambla de Sant Josep 96; Erw./Sen. & Stud. 9/8 €; ⌚10–21 Uhr; Ⓜ Liceu), wie sich die Leute früher vergnügt haben, z. B. mit Kamasutra und Pornofilmen der 1920er-Jahre.

La Rambla dels Caputxins STRASSE

La Rambla dels Caputxins wurde nach einem weiteren ehemaligen Kloster benannt und ist auch als Rambla del Centre bekannt. Sie verläuft von der Plaça de la Boqueria zum Carrer dels Escudellers. An ihrer Westseite befindet sich das Gran Teatre del Liceu.

Weiter südlich an der Ostseite stößt man auf die palmenbeschattete Plaça Reial. Ab hier wird der Boulevard immer schäbiger.

Gran Teatre del Liceu

(Karte S. 252; www.liceubarcelona.com; La Rambla dels Caputxins 51–59; Eintritt mit/ohne Führung 8,70/4 €; ⌚Führungen 10, ansonsten 11.30, 12, 12.30 & 13 Uhr; Ⓜ Liceu) Barcelonas prächtiges Opernhaus wurde 1847 gebaut, 1994 durch ein Feuer weitgehend zerstört und 1999 schöner denn je wiedereröffnet.

Im Liceu mit seinen 2300 Sitzen begannen katalanische Stars wie Josep (alias José) Carreras und Montserrat Caballé ihre Karriere. Bei den Standardführungen geht man vom Hauptfoyer die große Marmortreppe hinauf zum funkelnden, neobarocken **Saló dels Miralls** (Spiegelsaal) und von dort weiter zu den Galerien im vierten Stock, von wo sich das Theater in all seiner Pracht bewundern lässt. Zum Schluss besichtigt man die kleine Modernisme-Kunstsammlung, **El Cercle del Liceu**.

La Rambla de Santa Mònica STRASSE

Der südlichste Abschnitt der Rambla führt zum Mirador a Colom mit Blick auf den Port Vell und ist nach dem Convent de Santa Mònica benannt, das einst an der Westseite der Straße stand und heute als Kunstmuseum und Kulturzentrum **Centre d'Art Santa Mònica** (Karte S. 252; www.artssantamonica.cat; La Rambla de Santa Mònica 7; Eintritt frei; ⌚ Di–So & Feiertage 11–21 Uhr; Ⓜ Drassanes) dient.

Museu de Cera

(Karte S. 252; www.museocerabcn.com; Passatge de la Banca 7; Erw./Sen., Stud. & Kind 12/7 €; ⌚10–22 Uhr; Ⓜ Drassanes) An der Ostseite der Rambla de Santa Mònica befindet sich das Museo de Cera, ein Wachsfigurenkabinett mit Horrorsaal und künstlichen Doubles von Hinz und Kunz, darunter Lady Diana oder auch General Franco.

Mirador a Colom

(Plaça del Portal de la Pau; Fahrstuhl Erw./Sen. & Kind 2,50/1,50 €; ⌚9–20.30 Uhr; Ⓜ Drassanes) Das untere Ende der Rambla und der Hafen werden vom Christoph-Kolumbus-Denkmal aus dem späten 19. Jh. bewacht. Einige katalanische Historiker behaupten übrigens, der berühmte Entdecker käme nicht

Barri Gòtic & La Rambla

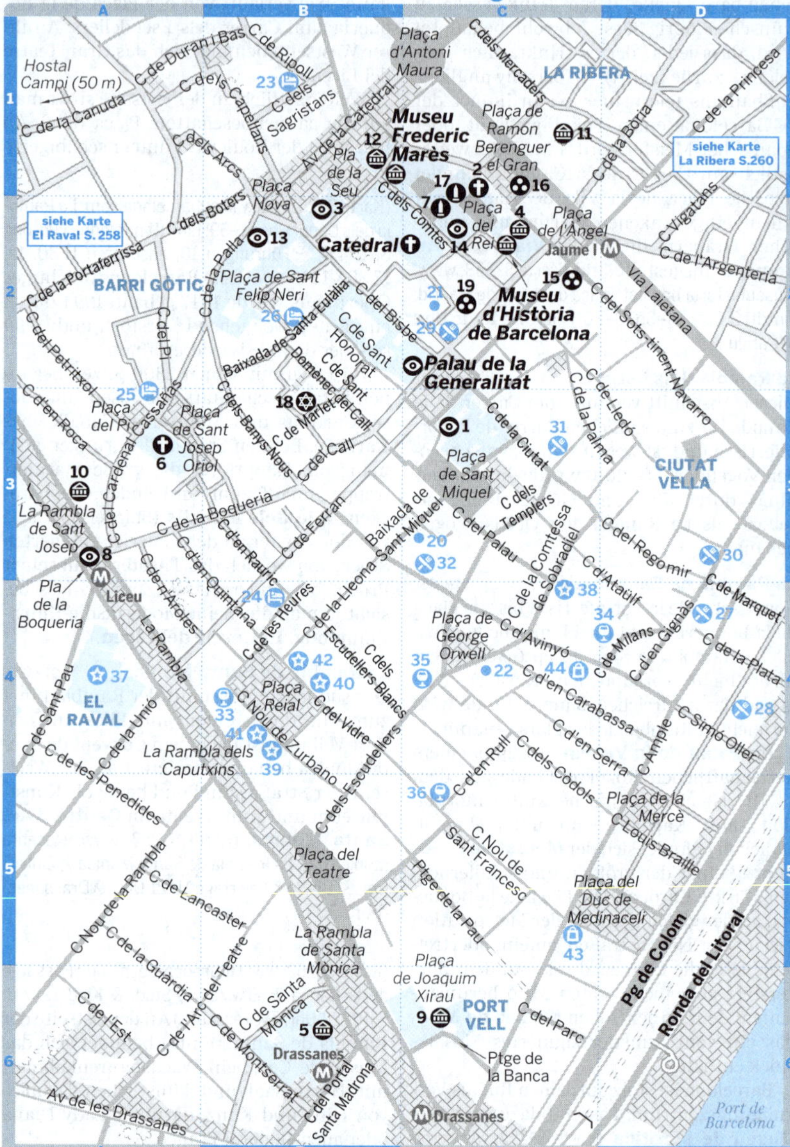

aus Genua, sondern aus Barcelona. Ein Aufzug führt zur Spitze, die einen spektakulären Blick über die Stadt offenbart.

BARRI GÒTIC

Barcelonas „Gotisches Viertel" östlich der Rambla ist ein typisch mittelalterliches Gewirr aus engen gewundenen Gassen, malerischen *plaças* (Plätzen) sowie prächtigen Häusern und Denkmälern. Viele dieser großartigen Gebäude stammen aus dem 15. Jh. oder früher. In dem Viertel verteilen sich zahlreiche Restaurants, Cafés und

Barri Gòtic & La Rambla

Highlights
- Catedral ... C2
- Museu d'Història de Barcelona ... C2
- Museu Frederic Marès ... B1
- Palau de la Generalitat ... C2

Sehenswertes
1. Ajuntament ... C3
2. Capella Reial de Santa Àgata ... C1
3. Casa de l'Ardiaca ... B2
4. Casa Padellàs ... C2
5. Centre d'Art Santa Mònica ... B6
6. Església de Santa Maria del Pi ... A3
   Gran Teatre del Liceu ... (siehe 37)
7. Mirador del Rei Martí ... C2
8. Mosaïc de Miró ... A3
9. Museu de Cera ... C6
10. Museu de l'Eròtica ... A3
11. Museu del Rei de la Màgia ... C1
12. Museu Diocesà ... B1
13. Palau del Bisbat ... B2
14. Palau del Lloctinent ... C2
15. Römische Mauer ... C2
16. Römische Mauer ... C1
17. Saló del Tinell ... C1
18. Sinagoga Major ... B3
19. Temple Romà d'August ... C2

Aktivitäten, Kurse & Touren
20. BarcelonaBiking.com ... C3
21. Cook and Taste ... C2
22. Fat Tire Bike Tours ... C4

Schlafen
23. Alberg Hostel Itaca ... B1
24. Hotel California ... B4
25. Hotel Jardí ... A3
26. Hotel Neri ... B2

Essen
27. Agut ... D4
28. Bar Celta ... D4
29. Can Conesa ... C2
30. Milk ... D3
31. Pla ... C3
32. Superservis ... C3

Ausgehen
33. Barcelona Pipa Club ... B4
34. Manchester ... D4
35. Marula Cafè ... C4
36. Soul Club ... C5

Unterhaltung
37. Gran Teatre del Liceu ... A4
38. Harlem Jazz Club ... C4
39. Jamboree ... B4
40. Karma ... B4
41. Sala Tarantos ... B4
42. Sidecar Factory Club ... B4

Shoppen
43. Antinous ... C5
44. Urbana ... C4

Bars, es gibt also an jeder Ecke Gelegenheiten für eine Ruhepause.

Das Barri Gòtic erstreckt sich von der Rambla im Südwesten bis zur Via Laietana im Nordosten sowie von der Plaça Catalunya im Nordwesten zum Passeig Colom im Südosten. Dabei bilden der Carrer de Ferran und der Carrer de Jaume I. (die Verlängerung) mittendurch eine Art Trennungslinie: Beide Straßen und jene nördlich davon sind durch schicke kleine Läden geprägt, während die Straßen südöstlich davon etwas schäbiger daherkommen (aber nicht weniger belebt sind).

Plaça de Sant Jaume
PLATZ

Schon 2000 Jahre zuvor diskutierten an genau diesem Standort Leute das Tagesgeschehen und die Politik. Hier nämlich befand sich das Forum aus römischer Zeit. Mindestens seit dem 15. Jh. ist der Platz erneut Brennpunkt der Politik. Die Nordseite wird vom Palau de la Generalitat (Sitz der katalanischen Regierung) dominiert, die Südseite vom *ajuntament* (Rathaus).

Palau de la Generalitat

(Karte S. 252; www.gencat.cat; Ⓜ Liceu oder Jaume I) Leider ist der Palau de la Generalitat aus dem frühen 15. Jh. nur eingeschränkt zugänglich, nämlich am zweiten und vierten Wochenende jedes Monats und an Tagen der offenen Tür, aber immerhin kann man den gotischen Haupteingang am Carrer del Bisbe jederzeit bewundern. Der eindrucksvollste Repräsentationssaal, der **Saló de Sant Jordi**, wurde nach dem regionalen Schutzpatron Georg benannt. Besuche am Wochenende kann man über die Website buchen.

Ajuntament

(Karte S. 252; ⌚ So 10–13 Uhr; Ⓜ Liceu oder Jaume I) Das einzig bemerkenswerte äußere Merkmal des Rathauses ist der nicht mehr

MUSEEN INNERHALB EINES MUSEUMS

Mit einem Kombiticket ohne Verfallsdatum kann man alle Einrichtungen des Museu d'Història de Barcelona besichtigen. Hauptzentrum ist der Komplex an der Plaça del Rei, wo man Überreste der römischen und mittelalterlichen Vergangenheit entdeckt. Darüber hinaus hat man Zutritt zum Museu-Monestir de Pedralbes (S. 276), zum Centre d'Interpretació im Park Güell (S. 272), zum Luftschutzbunker Refugi 307 aus dem Bürgerkrieg (S. 276) und zur Via Sepulcral Romana (S. 251).

genutzte gotische Eingang am Carrer de la Ciutat. Innen sollte man sich den **Saló de Cent** ansehen, einen schönen Bogensaal aus dem 14. Jh. (seither aber umgestaltet), der für den mittelalterlichen Stadtrat, den Consell de Cent, errichtet wurde. Führungen beginnen alle 30 Minuten, u. a. auf Englisch und Französisch.

Kathedrale & Umgebung KATHEDRALE
(Karte S. 252; Plaça de la Seu; ⌚8–20.30 Uhr; Ⓜ Jaume I) Über den Carrer del Bisbe Irurita nordwestlich der Plaça de Sant Jaume gelangt man zu Barcelonas Kathedrale, einem der prächtigsten Bauwerke der Stadt. Die engen alten Gassen rund um die Kirche sind verkehrsberuhigt und teilweise von recht talentierten Straßenmusikern bevölkert.

Den schönsten Blick auf die **Nordwestfassade** bietet die Plaça de la Seu. Anders als der zwischen 1298 und 1460 errichtete Rest des Gebäudes entstand die Fassade erst in den 1870er-Jahren, angeblich nach Entwürfen von 1408. Merkwürdigerweise erinnert sie allerdings eher an die nordeuropäische Gotik als an die schlichtere katalanische Version dieser Stilrichtung.

Der breite und hohe Innenraum mit den zwei Reihen eleganter, schlanker Säulen ist in ein Hauptschiff und zwei Seitenschiffe aufgeteilt.

In der ersten Kapelle rechts vom nordwestlichen Eingang befindet sich eine große Heiligenstatue am Kreuz, **Sant Crist de Lepant**. 1571 diente sie als Galionsfigur am Bug des Flaggschiffs der spanischen Flotte, die in der Seeschlacht von Lepanto die Türken besiegte. Angeblich erhielt die Statue ihre schräge Haltung, als sie einer Kanonenkugel ausweichen wollte.

An der gleichen Seite hinter dem südwestlichen Querhaus ruhen die hölzernen **Särge** des Grafen Ramon Berenguer I. und seiner Frau Almodis, im 11. Jh. Mitbegründer des romanischen Vorgängerbaus der heutigen Kathedrale.

Im Mittelschiff sieht man den fein geschnitzten **coro** (Chorgestühl; Eintritt 2,20 €) aus dem 14. Jh. Alle Wappen gehören zu Mitgliedern des Ritterordens vom Goldenen Vließ.

Die **Krypta** unter dem Hauptaltar birgt das außergewöhnliche Alabastergrabmal von Santa Eulàlia, einer der Schutzheiligen Barcelonas, die als gläubige Christin im 4. Jh. unter den heidnischen Römern zu Tode gefoltert wurde – so besagt es jedenfalls die Legende. Ihre Leidensgeschichte wird hier mithilfe von geschnitzten Figuren dargestellt.

Einen tollen Blick auf das mittelalterliche Barcelona bieten **Dach und Turm** (Eintritt 2,20 €) der Kathedrale (Vorsicht: Vogelkot!), die man mit dem Aufzug von der Capella de les Animes del Purgatori am nordöstlichen Querschiff erreicht.

Die Tür am südwestlichen Querschiff führt in den hübschen **claustre** (Kreuzgang), der mit Bäumen, Brunnen, Gänsen und Kapellen aufwartet. Eine dieser Kapellen erinnert an die 930 Priester, Mönche und Nonnen, die im Bürgerkrieg den Märtyrertod starben.

An der Nordseite des Kreuzgangs befindet sich die **Sala Capitular** (Kapitelsaal; Eintritt 2 €; ⌚10–12.15 & 17.15–19 Uhr). Mit dem roten Teppich und der schönen Bestuhlung ist der Saal zwar ansprechend ausgestattet, aber die Kunstwerke wie die *Pietat* von Bartolomeo Bermejo sind eher von geringem Interesse.

Der Eintritt zur Kirche selbst ist frei. Vormittags und am späten Nachmittag kann man die Besichtigung von Chorgestühl, Kapitelsaal und Dach beliebig kombinieren und muss nur für die gewünschte Kombination zahlen. Alternativ kommt man zwischen 13 und 17 Uhr, wenn alle drei Sehenswürdigkeiten unter dem Motto *visita turistic* für nur 5 € besucht werden können und darüber hinaus weniger Andrang herrscht.

Casa de l'Ardiaca, Palau del Bispat & Römische Mauern

Am Nordende des Carrer del Bisbe Irurita lohnt ein Blick in die Innenhöfe der **Casa de l'Ardiaca** (Erzdiözese) aus dem 16. Jh. und des **Palau del Bispat** (Bischofspalast) aus dem 13. Jh. Vor beiden Gebäuden entdeckt man die Fundamente der Rundtürme, die einst ein römisches Tor flankierten. Der untere Abschnitt der Nordwestmauer der Casa de l'Ardiaca gehörte zur **römischen Mauer** (Mo–Fr 9–19, Sa 9–14 Uhr), die entlang der heutigen Plaça de la Seu verlief. Teile davon sind innerhalb des Gebäudes zu sehen.

Museu Diocesà

(Diözesen-Museum; www.arqbcn.org, auf Katalanisch; Avinguda de la Catedral 4; Erw./Sen. & Stud. 6/3 €; Di–Sa 10–14 & 17–20, So 11–14 Uhr; M Jaume I) Das Museo Diocesà ist in der Casa de la Pia Almoina, einem ehemaligen mittelalterlichen Armenhaus, untergebracht. Es verfügt über eine ziemlich dürftige Sammlung religiöser Kunst des Mittelalters und beherbergt gelegentlich auch Wechselausstellungen.

Temple Romà d'August

(Römischer Augustustempel; Carrer del Paradis; Di–So 10–20, feiertags 10–15 Uhr; M Jaume I) Am südöstlichen Ende der Kathedrale ragen vier mächtige Säulen dieses Tempels aus dem 1. Jh. hervor.

LP TIPP **Plaça del Rei** MUSEUMSPLATZ

Nur einen Steinwurf östlich von der Kathedrale befindet sich der Hof des ehemaligen Palau Reial Major, der Palast der Grafen von Barcelona und der Könige von Aragonien.

Museu d'Història de Barcelona

(Historisches Museum von Barcelona; Karte S. 252; www.museuhistoria.bcn.cat; Carrer del Veguer; Erw./Sen. & Stud. 7/5 €; Di–So 10–20, Feiertage 10–15 Uhr; M Jaume I) Viele der hohen alten Gebäude rund um die Plaça del Rei sind für Besucher geöffnet, so auch das Museu d'Història de Barcelona. Es gehört zu den faszinierendsten Sehenswürdigkeiten der Stadt und umfasst große Teile des Palastes sowie unterirdische Rundgänge durch das römische und westgotische Barcelona. Für die Besichtigung sollte mindestens eine Stunde eingeplant werden. Sonntags ab 15 Uhr und jeden ersten Samstag im Monat ab 16 Uhr muss man keinen Eintritt zahlen.

Man betritt das Museum durch die **Casa Padellàs** aus dem 16. Jh. gleich südlich der Plaça del Rei. Die Casa mit ihrem typisch spätgotischen Innenhof wurde in den 1930er-Jahren wegen Straßenarbeiten hierher versetzt. Die Außentreppe des Hofs führt auf einen restaurierten römischen Turm. Im Untergeschoss erwartet Besucher ein bemerkenswerter Rundgang durch ausgegrabene römische und westgotische **Ruinen**, darunter Teile einer römischen Straße, Bäder, Läden und Reste einer westgotischen Basilika. Nachdem man durch zwei Gewölbehallen mit Darstellungen des mittelalterlichen Barcelonas gegangen ist, gelangt man zum Ausgang im ehemaligen Palast an der Nordseite der Plaça del Rei. Rechts befindet sich der Saló del Tinell, links die Capella Reial de Santa Àgata.

Früher diente der **Saló del Tinell** als Thronsaal des Königspalastes. Dieses Meisterwerk kraftvoller und geradliniger katalanischer Gotik entstand Mitte des 14. Jhs. mit weiten, das Dach tragenden Rundbögen. Die **Capella Reial de Santa Àgata**, deren dünner Glockenturm an der Nordostseite der Plaça del Rei emporragt, wurde zur selben Zeit gebaut. Über dem Saló del Tinell erhebt sich der mehrstöckige **Mirador del Rei Martí** (Wachtturm von König Martin) von 1555. Er ist nicht öffentlich zugänglich.

Palau del Lloctinent

(Palast des Vizekönigs; Karte S. 252; Carrer dels Comtes; 10–19 Uhr; M Jaume I) Der Südwesten der Plaça del Rei wird vom Palau del Lloctinent eingenommen, der in den 1550er-Jahren als Residenz des spanischen Vizekönigs von Katalonien erbaut wurde. Heute beherbergt er Teile des Arxiu de la Corona d'Aragón. Das einzigartige Archiv enthält detaillierte Dokumente zur Geschichte des Königshauses von Aragonien und Kataloni-

NOCH MEHR INFOS?

Weitere Infos, Artikel und Tipps übers Handy gibt's im Apple-Store. Hier kann man eine iPhone-App mit dem Lonely Planet Stadtführer *Barcelona* (im Shop bisher nur auf Englisch erhältlich) kaufen.

Auf der englischsprachigen Website von **Lonely Planet** (www.lonelyplanet.com/spain/barcelona) findet man ebenfalls einiges zur Reiseplanung, Empfehlungen der Autoren und Leserkommentare.

en, die im 12. Jh. begann. Einige werden bei Wechselausstellungen gezeigt.

Museu Frederic Marès MUSEUM

(Karte S. 252; www.museumares.bcn.es; Plaça de Sant Iu 5–6; ⏲bis 2011 wegen Renovierungsarbeiten geschl.; Ⓜ Jaume I) Ein paar Schritte nördlich ist in einem anderen Teil des Palau Reial Major das Museu Frederic Marès untergebracht. Marès war ein reicher katalanischer Bildhauer und Sammler des 20. Jhs. Er spezialisierte sich auf mittelalterliche spanische Skulpturen, von denen hier viele ausgestellt sind. Daneben gibt's eine fast unerschöpfliche Ansammlung von Krimskrams: Neben Spielzeugsoldaten und Krippen oder Scheren und Tarotkarten entdeckt man auch ein paar seiner eigenen Skulpturen. Im schattigen Innenhof laden das hübsche **Cafè de l'Estiu** (⏲April–Okt.) und eine Reihe interaktiver Bildschirme, mit deren Hilfe man einen Eindruck der Sammlung erhält, wenn das Museum geschlossen hat, zum Verweilen ein.

Römische Mauern ALTE MAUERN

(Karte S. 252) Von der Plaça del Rei aus kann man einen Abstecher zu den beiden besterhaltenen Teilen der römischen Mauern Barcelonas unternehmen. An der Südostseite der Plaça de Ramon Berenguer el Gran befindet sich der Abschnitt mit der Capella Reial de Santa Àgata. Der zweite Abschnitt liegt weiter südlich am Nordende des Carrer del Sotstinent Navarro. Beide stammen aus dem 3. und dem 4. Jh., als die Römer nach den ersten Angriffen germanischer Stämme ihre Mauern wieder aufbauten.

Plaça de Sant Josep Oriol & Umgebung PLATZ, KIRCHE

Die Bars und Cafés am hübschesten Platz im Barri Gòtic ziehen jede Menge Straßenmusiker und Künstler an und sorgen für eine lebendige Atmosphäre. In den umliegenden malerischen Gassen stößt man auf weitere einladende Cafés, zeitlose Restaurants und verwinkelte alte Läden. Dominiert wird der Platz von der gotischen, im 16. Jh. errichteten **Església de Santa Maria del Pi** (Karte S. 252; ⏲9.30–13 & 17–20.30 Uhr; Ⓜ Liceu). Das wunderschöne Rosettenfenster über dem Eingang an der Plaça del Pi soll das größte der Welt sein. 1936 wurde der Innenraum der Kirche durch einen Brandanschlag komplett zerstört. Fast alle Buntglasfenster sind modernen Ursprungs.

Sinagoga Major SYNAGOGE

(Hauptsynagoge; Karte S. 252; www.calldebarcelona.org; Carrer de Marlet 5; Eintritt gegen Spende von 2 €; ⏲Mo–Fr 10.30–18, Sa & So 10.30–15 Uhr; Ⓜ Liceu) Die Gegend zwischen dem Carrer dels Banys Nous östlich der Kirche und der Plaça de Sant Jaume wird Call genannt. Vom 11. Jh. bis 1424, als die hiesigen Bewohner vertrieben wurden, war es Barcelonas **jüdisches Viertel** und ein Zentrum der Gelehrsamkeit. Inzwischen sind die spärlichen Reste der mittelalterlichen Sinagoga Major freigelegt worden und werden gelegentlich wieder als Synagoge genutzt. Relikte mittelalterlicher und römischer Mauern lassen angesichts ihrer Orientierung gen Jerusalem vermuten, dass hier schon zu römischen Zeiten ein jüdisches Gotteshaus stand.

Plaça Reial & Umgebung PLATZ

Rund um die elegante, angenehm schattige **Plaça Reial** (Karte S. 252) südlich des Carrer de Ferran findet man zahlreiche Restaurants, Nachtlokale und Budgetunterkünfte. Die klassizistische Architektur des 19. Jhs. wirkt, als würde der Platz in ein Pariser Viertel gehören (abgesehen von den Palmen) und die Laternenpfähle um den zentralen Brunnen gelten als Gaudís erste bekannte Arbeiten.

Bis in die 1990er-Jahre waren die Plaza und die nahe liegenden Gassen ein Quartier der Armut, des Drogenmissbrauchs sowie der Prostitution. Ein Hauch dieser zwielichtigen Vergangenheit ist noch in Gestalt einiger Obdachloser und gelegentlicher Taschendiebe zu spüren. Ansonsten füllen heute schwatzende und lachende Anwohner bzw. Touristen die Bars und Restaurants, während Polizisten Streife laufen.

EL RAVAL

Westlich der Rambla erstreckt sich die Ciutat Vella zur Ronda de Sant Antoni, der Ronda de Sant Pau und der Avinguda del Paral.lel, die zusammen den Verlauf der Stadtmauer aus dem 14. Jh. nachzeichnen. In dem Viertel namens El Raval sind mit dem langsam verschwindenden Rotlichtdistrikt Barri Xinès am Südende noch die Reste eines der Elends- und Drogenviertel der Stadt vorhanden. Die Gegend ist längst nicht mehr so anrüchig wie früher, aufpassen sollte man aber trotzdem.

Museu d'Art Contemporani de Barcelona MUSEUM

(Macba; Karte S. 258; www.macba.cat; Plaça dels Àngels 1; Erw./erm. 7,50/6 €; ⏲Mo & Mi 11–

20, Do–Fr 11–24, Sa 10–20, So & Feiertage 10–15 Uhr; Ⓜ Universitat) Dieses große weiße Museum ist ein wahrer Tempel zeitgenössischer Kunst. Hier sind häufig Werke von Antoni Tàpies, Miquel Barceló und einer Reihe angesagter Installationskünstler zu sehen. Außerdem gibt's viele Wechselausstellungen.

An der Südseite des Platzes befindet sich das gotische Convent dels Àngels aus dem 16. Jh., auch bekannt als **Capella Macba**, in dem Teile der Macba-Dauerausstellung präsentiert werden.

Centre de Cultura Contemporània de Barcelona — KULTURZENTRUM

(CCCB; Karte S. 258; www.cccb.org; Carrer de Montalegre 5; Erw./Sen. & Stud. 4,50/3,40 €; Di–Mi & Fr–So 11–20, Do 11–22 Uhr; Ⓜ Universitat) Hinter dem Macba liegt das Centre de Cultura Contemporània de Barcelona, ein Komplex aus Auditorien und Ausstellungssälen, der Anfang der 1990er-Jahre in einem Hospiz aus dem 18. Jh. eingerichtet wurde. Der große Hof mit der riesigen Glaswand ist einfach umwerfend. Hier finden regelmäßig Ausstellungen statt. Donnerstags ab 20 Uhr, sonntags ab 15 Uhr und am ersten Mittwoch im Monat muss man keinen Eintritt zahlen.

GRATIS Antic Hospital de la Santa Creu — BIBILOTHEK

(Karte S. 258; www.bnc.cat; Carrer de l'Hospital 56; Bibliothek Mo–Fr 9–20, Sa 9–14 Uhr) Zwei Straßen südöstlich der Plaça dels Àngels stößt man auf ein architektonisches Meisterwerk aus einer anderen Zeit. Anfang des 15. Jh. wurde das Antic Hospital de la Santa Creu als Hauptkrankenhaus der Stadt gegründet. Heute beherbergt es die **Biblioteca de Catalunya**, Kataloniens Nationalbibliothek, mit einigen schönen gotischen Bauelementen. Das benachbarte **Institut d'Estudis Catalans** aus dem 17. Jh. diente ebenfalls als Hospital. Wenn es geöffnet ist, kann man sich den mit Kacheln geschmückten Hauptkreuzgang ansehen.

GRATIS **La Capella** (www.bcn.cat/lacapella; Di–Sa 12–14 & 16–20, So & Feiertage 11–14 Uhr), die schmucklose Kapelle des früheren Krankenhauses, wird für Wechselausstellungen genutzt.

GRATIS Palau Güell — MODERNISTISCHES GEBÄUDE

(Karte S. 258; www.palauguell.cat; Carrer Nou de la Rambla 3–5; Di–Sa 10–14.30 Uhr; Ⓜ Drassanes) Der Palau Güell wurde umfassend restauriert und ist das einzige bedeutende modernistische Gebäude in der Ciutat Vella. Antoni Gaudí errichtete ihn gegen Ende der 1880er-Jahre für seinen treuesten Mäzen, den Industriellen Eusebi Güell.

Dem Haus fehlt etwas von Gaudís späterer Verspieltheit, aber es ist immer noch ein charakteristisches Gemisch unterschiedlichster Stile (Art Nouveau, Gotik, Islam) und Materialien. Nach dem Bürgerkrieg befand es sich eine Zeit lang in den Händen der Polizei, die im Keller politische Gefangene folterte.

Zu den besonders beachtenswerten Details gehören die geschnitzten Holzdecken und der Kamin, das Mauerwerk, der Einsatz von Spiegeln, Buntglas und Schmiedeeisen sowie der kleine Saal, der bis zur Dachkuppel hinaufreicht. Das Dach selbst ist ein bizarres Konstrukt aus fantasievoll geformten und bunt gekachelten Schornsteinen. Bei Redaktionsschluss konnte man aufgrund der Renovierungsarbeiten leider nur das Erdgeschoss und den Keller besichtigen.

Església de Sant Pau — KIRCHE

(Karte S. 258; Carrer de Sant Pau 101; Kreuzgang Mo–Sa 10–13 & 16–19 Uhr; Ⓜ Paral.lel) Als bestes Beispiel für romanische Architektur in Barcelona gilt der zierliche kleine Kreuzgang dieser Kirche aus dem 12. Jh., die in einem etwas staubigen Garten liegt. Ihren Haupteingang schmücken einige detailliert gearbeitete westgotische Skulpturen.

Museu Marítim — MUSEUM

(Karte S. 258; www.mmb.cat; Avinguda de les Drassanes; Erw./Sen. & Stud. 2,50/1,25 €; 10–20 Uhr; Ⓜ Drassanes) Die Reials Drassanes (Königliche Werften) sind ein seltenes Werk profaner gotischer Baukunst. An der Stelle, wo einstmals die machtvolle mittelalterliche Flotte vom Stapel lief, befindet sich das faszinierende Museu Marítim. Zusammen mit seinem Umfeld ist es eine

TOP FIVE FÜR KUNSTLIEBHABER

» Museu Nacional d'Art de Catalunya (S. 277)

» Museu Picasso (S. 260)

» Fundació Joan Miró (S. 277)

» Museu d'Art Contemporani de Barcelona (S. 256)

» Fundació Antoni Tàpies (S. 271)

El Raval

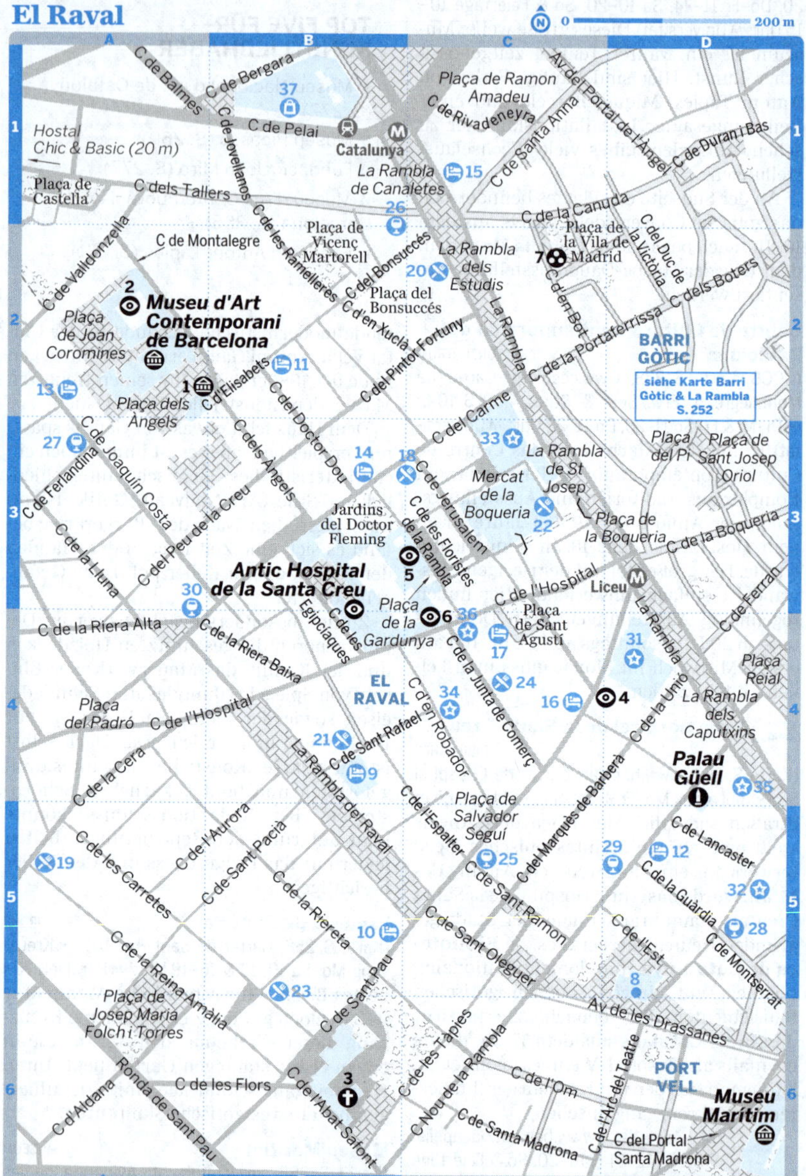

Hommage an die Seefahrt, die Barcelonas Geschichte so sehr geprägt hat. Nach der Besichtigung bietet sich ein Besuch des zugehörigen netten Restaurant-Cafés an.

Die Werft wurde bereits im 13. Jh. errichtet, erhielt ihre gegenwärtige Gestalt (mehrere lange Bogenhallen) aber erst ein Jahrhundert später. Durch Erweiterungen im 17. Jh. war sie dann groß genug, um hier 30 Galeeren gleichzeitig bauen zu können. Damals – und bis zum 18. Jh. – schwappte das Meer direkt an ihre Pforten.

El Raval

Highlights	
Antic Hospital de la Santa Creu	B3
Museu d'Art Contemporàni de Barcelona	A2
Museu Marítim	D6
Palau Güell	D4
Sehenswertes	
1 Capella Macba	A2
2 Centre de Cultura Contemporània de Barcelona	A2
3 Església de Sant Pau	B6
4 Hotel España Restaurant	D4
5 Institut d'Estudis Catalans	C3
6 La Capella	C4
7 Via Sepulcral Romana	C2
Aktivitäten, Kurse & Touren	
8 Escola Oficial d'Idiomes de Barcelona	D5
Schlafen	
9 Barceló Raval	B4
10 Barcelona Mar Hostel	B5
11 Casa Camper	B2
12 Feelathomebarcelona.com	D5
13 Hostal Gat Raval	A2
14 Hotel Aneto	B3
15 Hotel Continental	C1
16 Hotel Peninsular	C4
17 Hotel San Agustín	C4
Essen	
Bar Pinotxo	(siehe 22)
18 Bodega 1800	C3
19 Can Lluís	A5
20 Carrefour Express	C2
21 Casa Leopoldo	B4
22 Mercat de la Boqueria	C3
23 Mesón David	B5
24 Organic	C4
Ausgehen	
25 Bar Marsella	C5
26 Boadas	B1
27 Casa Almirall	A3
28 Kentucky	D5
29 London Bar	D5
30 Marmalade	A3
Unterhaltung	
31 Gran Teatre del Liceu	D4
32 Moog	D5
33 Palau de la Virreina	C3
34 Robadors 23	C4
35 Tablao Cordobés	D4
36 Teatre Romea	C4
Shoppen	
37 FNAC	B1

Im Innern beeindruckt die maßstabsgetreue Replik der Galeere von Don Juan d'Austria (in den 1970ern hergestellt). Eine audiovisuelle Schautafel an Bord erinnert an das grauenvolle Leben der Sklaven, Gefangenen und Freiwilligen (!), die das Schiff bei voller Fahrt bis auf neun Knoten brachten. Bei Redaktionsschluss wurde das Museum noch weitgehend restauriert, deshalb konnten wir uns nur einen Teil ansehen. Sonntags nach 15 Uhr muss man keinen Eintritt zahlen.

LA RIBERA

Im Mittelalter war La Ribera Barcelonas pulsierendes Gewerbezentrum, heute wird es durch die lärmende Via Laietana vom Barri Gòtic abgetrennt. Der Name des Viertels bezieht sich auf die einst viel weiter im Landesinneren gelegene Küste. In den bezaubernden schmalen Gassen stößt man auf bedeutende Sehenswürdigkeiten sowie zahlreiche gute Bars und Restaurants, vor allem im lässigen El-Born-Bezirk rund um den Passeig del Born.

Palau de la Música Catalana

MODERNISTISCHES THEATER

(Palast für Katalanische Musik; ☎902 47 54 85; www.palaumusica.org; Carrer de Sant Francesc de Paula 2; Erw./Stud. & EU-Senioren 12/10 €; ⏲10–15.30 Uhr; Ⓜ Urquinaona) Der zwischen 1905 und 1908 errichtete Palau de la Música Catalana ist ein modernistisches Juwel und eine Welterbestätte. Er lässt sich weniger mit einer Sinfonie, sondern eher mit einer Reihe von Crescendos aus Kacheln, Backstein, gemeißeltem Stein und Buntglas vergleichen. Lluís Domènech i Montaner entwarf diesen Tempel der katalanischen Renaixença (kulturelle Renaissance des 19. Jhs.) für den Musikverein Orfeo Català.

Das prächtige Gebäude verfügt über eine beeindruckende Hauptfassade mit Mosaiken, Blumenkapitellen und Skulpturengruppen, die die populäre katalanische Musik repräsentieren, ein Foyer mit gekachelten Säulen und ein Café. Die Krönung ist jedoch der atemberaubende Konzertsaal oben mit einer Decke aus blau-goldenem

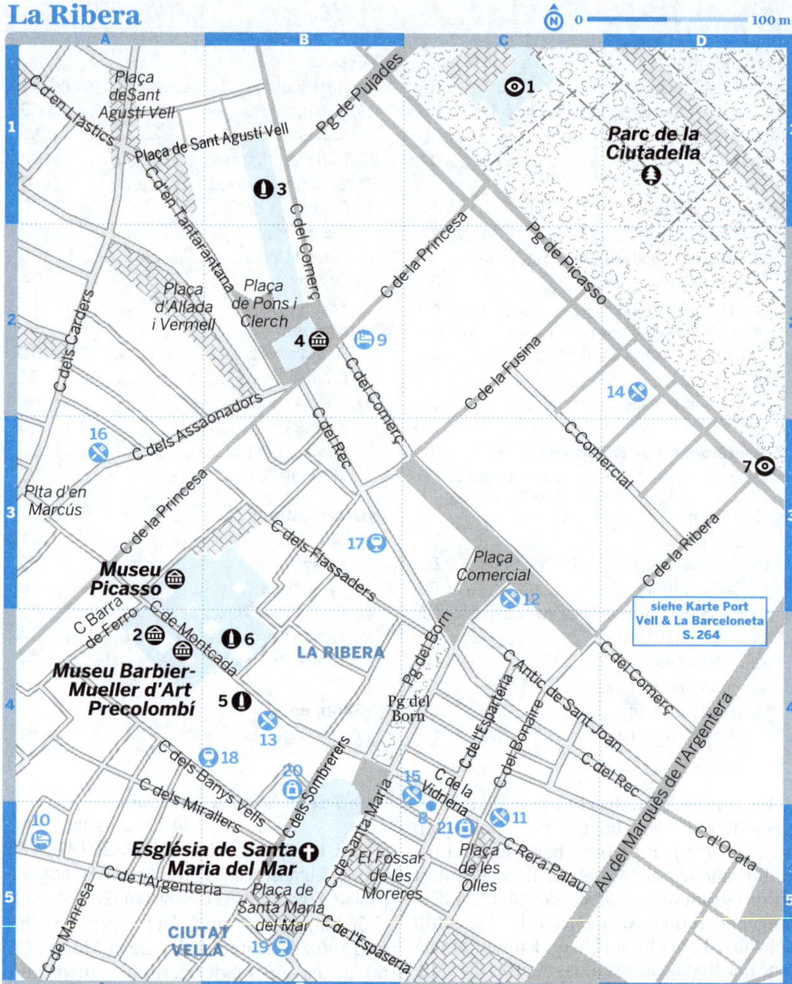

Buntglas und, über einer Beethoven-Büste, der gewaltigen Skulptur von Wagners Walküren (Wagner war die Nr. 1 der Renaixença-„Hitparade"). Der Saal kann nur während eines Konzertbesuchs oder im Rahmen der Führung besichtigt werden (diese beginnt jeweils zur vollen Stunde und dauert 50 Min.).

Um den Palau zu erreichen, biegt man von der Via Laietana aus links in den Carrer de Sant Francesc de Paula oder den Carrer de Sant Pere més Alt. Das Gebäude liegt einen kurzen Weg südlich von der Plaça de Urquinaona.

Museu Picasso MUSEUM
(Karte S. 260; www.museupicasso.bcn.es; Carrer de Montcada 15–23; Erw./Stud. 9/6 €; ⌚Di–So & Feiertage 10–20 Uhr; Ⓜ Jaume I) Barcelonas meistbesuchtes Museum belegt fünf der zahlreichen schönen mittelalterlichen Steingebäude mit hübschen Höfen und Galerien in der schmalen Carrer de Montcada. Die Sammlung konzentriert sich auf Picassos prägende Jahre und mehrere Phasen seines späteren Lebens. Wer sich vorwiegend für Kubismus interessiert, kommt hier nicht auf seine Kosten. Sonderausstellungen kosten extra. Freier Eintritt ist sonntags ab

La Ribera

15 Uhr und am ersten Sonntag im Monat. Für die Besichtigung sollte man zwei Stunden einplanen.

Die ständige Sammlung ist in den ersten drei Häusern untergebracht, dem **Palau Aguilar**, dem **Palau del Baró de Castellet** und dem **Palau Meca**, die alle aus dem 14. Jh. stammen. Wechselausstellungen zeigen die **Casa Mauri** aus dem 18. Jh., die auf mittelalterlichen Ruinen errichtet wurde (auch ein paar römische Relikte wurden identifiziert), und den angrenzenden **Palau Finestres** aus dem 14. Jh.

Am besten beginnt man mit Picassos frühesten Jahren in Málaga und La Coruña. Die Skizzen, Ölgemälde und Kritzeleien entstanden überwiegend zwischen 1893 und 1895. Einige seiner Selbstporträts und die 1896 entstandenen Bilder von seinem Vater belegen das frühreife Talent des Malers. Das riesige Gemälde *Ciència i Caritat* (Wissenschaft und Barmherzigkeit) beweist, dass Picasso, wenn er es gewollt hätte, ein guter Mainstreamkünstler hätte sein können. Sein erstes thematisches Wagnis, die Blaue Periode, ist gut abgedeckt. Seine nächtlichen bläulichen Ansichten der *Terrats de Barcelona* (Die Dächer von Barcelona) und *El Foll* (Der Verrückte) sind kalt und freudlos – und doch irgendwie gespenstisch lebendig.

Unter seinen späteren Werken, 1957 in Cannes entstanden, sind mehrere komplexe Variationen zu sehen (*Las Meninas* – Die Hoffräulein), die als Studien zu Diego Velázquez' gleichnamigem, im Madrider Prado präsentierten Meisterwerk entstanden.

Museu Barbier-Mueller d'Art Precolombí — MUSEUM

(Karte S. 260; www.barbier-mueller.ch; Carrer de Montcada 14; Erw./Sen. & Stud. 3/1,50 €; ⌚Di–Fr 11–19, Sa 10–19, So & Feiertage 10–15 Uhr; Ⓜ Jaume I) Das kleine, hervorragende Museum im Palau Nadal nennt eine der weltweit renommiertesten Sammlungen präkolumbianischer Kunst sein Eigen, darunter Goldschmuck, Keramiken, Statuen und Textilien. Die Kunstgegenstände der indigenen südamerikanischen Kulturen stammen aus der Sammlung des Schweizer Geschäftsmanns Josef Mueller (1887–1977) und seines Schwiegersohns Jean-Paul Barbier, der das Musée Barbier-Mueller in Genf leitet. Weil die Ausstellungen häufig wechseln, entdeckt man immer wieder Neues. Am ersten Sonntag im Monat muss man keinen Eintritt zahlen.

Disseny Hub — MUSEUM

(Karte S. 260; www.dhub-bcn.cat; Carrer de Montcada 12; Erw./Sen. & Stud. 5/3 €; ⌚Di–Sa 11–19, So 11–20, Feiertage 11–15 Uhr; Ⓜ Jaume I) Der Palau dels Marquesos de Llió aus dem 13. Jh. beherbergt vorübergehend einen Teil der städtischen Disseny-(Design-)Hub-Sammlung der angewandten Künste. Später wer-

TOP FIVE: MUSEEN

» CosmoCaixa (S. 274)

» Museu Marítim (S. 257)

» Museu d'Història de Barcelona (S. 255)

» Museu Barbier-Mueller d'Art Precolombí (S. 261)

» Palau Reial de Pedralbes (S. 275)

den die Werke wohl im neuen Zentrum ausgestellt, das an der Plaça de les Glòries entsteht und bei Erscheinen dieses Reiseführers eventuell schon eröffnet worden ist. Neben den wechselnden Ausstellungen wartet das Gebäude auch mit einem schönen Innenhof und einem einladenden Café-Restaurant auf. Der Eintrittspreis beinhaltet auch den Besuch der Abteilung im Palau Reial de Pedralbes (S. 275); sonntags ab 15 Uhr kommt man kostenlos hinein.

Carrer de Montcada MITTELALTERLICHE STRASSE

Mehrere Stadtvillen in dieser einst reichen Straße der Handelsbarone Barcelonas werden inzwischen als kommerzielle Kunstgalerien genutzt, in denen sich jeder gerne umschauen darf. Im **Palau dels Cervelló** aus dem 16. Jh. residiert z. B. die **Galeria Maeght** (Karte S. 260; Carrer de Montcada 25), eine Zweigstelle der angesehenen Pariser Galerie. Der barocke Hof des ursprünglich mittelalterlichen **Palau de Dalmases** (Karte S. 260; Carrer de Montcada 20) ist einer der schönsten der Straße. Hier befindet sich eine ebenso barocke Bar.

LP TIPP **Església de Santa Maria del Mar** KIRCHE

(Karte S. 260; Plaça de Santa Maria del Mar; ⌚9–13.30 & 16.30–20 Uhr; Ⓜ Jaume I) Am Südostende der Carrer de Montcada erstreckt sich der **Passeig del Born**. Bei mittelalterlichen Lanzenturnieren erklangen hier einst Jubel und Spott, während man in heutigen Zeiten jeden Abend auf fröhliche Zecher trifft. An der Südwestspitze des Platzes ragt Barcelonas schönste gotische Kirche empor, die Església de Santa Maria del Mar. Das Gebäude stammt aus dem 14. Jh. und war nie im Besitz von überflüssigem Schmuckwerk, selbst nicht vor den Plünderungen durch Anarchisten 1909 und 1936. Diese Schlichtheit betont umso mehr die feinen Proportionen und klaren Linien und verleiht das Gefühl von Weite. Abends finden hier gelegentlich Barockkonzerte statt.

Mercat de Santa Caterina MARKT

(www.mercatsantacaterina.net, auf Katalanisch; Avinguda de Francesc Cambó 16; ⌚Mo 7.30–14, Di, Mi & Sa 7.30–15.30, Do & Fr 7.30–20.30 Uhr; Ⓜ Jaume I) 2005 musste die alte Markthalle aus dem 19. Jh. diesem originellen neuen Gebäude weichen. Entworfen hat es der katalanische Architekt Enric Miralles. Besonders auffallend ist das helle, wellenförmige Dach, ein buntes Mosaik in zarten Pastelltönen. Dahinter befinden sich die bei Ausgrabungen entdeckten Überreste des im 15. Jh. errichteten Klosters **Espai Santa Caterina** (Eintritt frei; ⌚Mo–Mi & Sa 8.30–14, Do & Fr 8.30–20 Uhr). Die Halle ist öffentlich zugänglich und verfügt über Erklärungstafeln. Auf dem Weg Richtung Meer entlang der Via Laietana liegt der Markt linker Hand in der Avinguda de Francesc Cambó.

Museu de la Xocolata MUSEUM

(Schokoladenmuseum; Karte S. 260; http://pastisseria.com; Plaça de Pons i Clerch; Erw./Sen. & Stud. 4,30/3,65 €; ⌚Mo–Sa 10–19, So & Feiertage 10–15 Uhr; Ⓜ Jaume I) Das Museu de la Xocolata folgt den Ursprüngen dieses (wirklich enorm wichtigen) Grundnahrungsmittels. Schokoladenmodelle, z. B. von der Sagrada Família (nicht anknabbern!), sind einfach großartig, aber auch etwas kitschig. Das Museum nimmt einen Teil des ehemaligen **Convent de Sant Agustí** ein, das mit einer angenehmen Bar im Kreuzgang am Carrer del Comerç 36 aufwartet.

Arxiu Fotogràfic de Barcelona

(www.bcn.cat/arxiu/fotografic; ⌚Mo–Sa 10–19 Uhr) Oberhalb des Museu de la Xocolata bietet Arxiu Fotogràfic de Barcelona eine bescheidene Bildauswahl zu Themen rund um die katalanische Metropole.

Museu del Rei de la Màgia MUSEUM

(Karte S. 252; ☎93 319 73 93; www.elreydelamagia.com; Carrer de l'Oli 6; Eintritt inkl./ohne Show 8/3 €; ⌚Do 18–20 Uhr, inkl. Show Sa & So 18 Uhr; Ⓜ Jaume I) Ein zeitloses Kuriosum: Dieses Museum wird von einem Magierpaar betrieben, das im Carrer de la Princesa 11 einen Laden für Zauberzubehör aus dem 19. Jh. führt. Außerdem dient es als Kulisse für Zaubervorführungen und beherbergt eine faszinierende Sammlung magischer Utensilien, die bereits vor über einem Jahrhundert verwendet wurden.

Parc de la Ciutadella PARK

(Karte S. 252; ⏲8–21 Uhr; Ⓜ Arc de Triomf) Der Parc de la Ciutadella erstreckt sich östlich von La Ribera bzw. nördlich von La Barceloneta und ist ein angenehmer Gegenpol zum Lärm und Treiben der übrigen Stadt.

Nach dem spanischen Erbfolgekrieg baute Felipe V. eine gewaltige Festung (La Ciutadella), die über Barcelona wachen sollte. Erst 1869 erlaubte die Regierung ihren Abriss. Danach wandelte man den Platz in einen Park um und nutzte ihn für die Weltausstellung 1888.

Die gewaltige **Cascada** in der Nähe des Zugangs zum Passeig de les Pujades wurde von 1875 bis 1881 von Josep Fontsère mit Hilfe des jungen Antoni Gaudí angelegt. Sie ist eine spannende Kombination aus klassischer Bildhauerei, schroffen Felsen, Pflanzen und donnerndem Wasser.

Nordwestlich des Parks befindet sich der eindrucksvolle modernistische **Arc de Triomf** (Passeig de Lluís Companys) mit einem ungewöhnlichen islamischen Mauerwerk.

Castell dels Tres Dragons

Im Parkbereich unweit des Passeig de Picasso wurden mehrere Gebäude für die Weltausstellung errichtet, darunter zwei Arboreten sowie das Castell dels Tres Dragons (Burg der drei Drachen), das bis 2010 ein Tierkundemuseum beherbergte. Es handelt sich um ein skurriles Werk von Lluís Domènech i Montaner, der einem Stahlgerüst mittelalterliche Burgelemente aufsetzte. Während der Ausstellung sollte das Konstrukt als Café dienen und später wieder abgebaut werden, doch es bewährte sich als dauerhafte Einrichtung.

Parlament de Catalunya

(www.parlament.cat; ⏲Sa 10–19, So & Feiertage 10–14 Uhr) Südöstlich des Castell dels Tres Dragons befindet sich das einstige Zeughaus der Festung. Hier residiert das regionale Parlament de Catalunya. Besucher schreiten die schwungvolle **Escala d'Honor** (Ehrentreppe) hinauf und gelangen durch mehrere feierliche Säle zum **Saló de Sessions**, dem halbkreisförmigen Auditorium. Es werden kostenlose Führungen auf Katalanisch angeboten. Ohne Führung und Voranmeldung ist das Parlament am ersten Freitag im Monat sowie am 11. und 12. September zugänglich.

Zoo de Barcelona

(Karte S. 264; www.zoobarcelona.com; Passeig de Picasso & Carrer de Wellington; Erw./Kind 16/9,60 €; ⏲10–19 Uhr; Ⓜ Barceloneta) In diesem Zoo am Südende des Parks sind rund 7500 Tieren von Gorillas bis zu Insekten untergebracht.

PORT VELL

In den 1990er-Jahren wurde der alte Hafen am unteren Ende der Rambla westlich von La Barceloneta in ein beliebtes Freizeitgebiet umgewandelt.

Moll de la Fusta PROMENADE

Nordöstlich des Kais erstreckt sich der Moll de la Fusta. Normalerweise liegt hier die **Pailebot de Santa Eulàlia** (Erw./Sen. & Stud. 2,50/1,25 €; ⏲Di–Fr 12–19.30, Sa, So & Feiertage 10–19 Uhr; Ⓜ Drassanes) vor Anker, ein voll funktionstüchtiger Schoner von 1918, der vom Museu Marítim restauriert wurde. Manchmal ist er jedoch auf hoher See unterwegs. Mit einer Eintrittskarte für das Museu Marítim kommt man umsonst hinein.

Moll d'Espanya PROMENADE

Im Zentrum des sanierten Hafens befindet sich der Moll d'Espanya, ein früherer Kai, der mit dem Moll de la Fusta durch eine wellenförmige Fußgängerbrücke namens **Rambla de Mar** verbunden ist. Die Brücke rotiert, damit die Boote in den Hafen einlaufen können. Am Ende des Moll d'Espanya stößt man auf den Shopping- und Restaurantkomplex **Maremàgnum**, dessen Hauptattraktion das **L'Aquàrium** (Karte S. 264; www.aquariumbcn.com; Moll d'Espanya; Erw./Kind 17,50/12,50 €; ⏲9.30–21.30 Uhr; Ⓜ Drassanes) mit seinem 80 m langen Haifischtunnel ist. Näher als hier kann man den Raubfischen kaum kommen, ohne gefressen zu werden – es sei denn, man taucht zwischen ihnen (was tatsächlich arrangiert werden kann). Hinter dem Aquàrium liegt das **Imax-Kino**.

LA BARCELONETA & DIE KÜSTE

Früher hieß es, Barcelona habe „den Rücken zum Meer gewandt“, aber das durch die Olympischen Spiele 1992 veranlasste Sanierungsprogramm brachte einen langen Küstenstreifen nordöstlich des Port Vell ins Leben zurück. Ein ähnliches Programm verwandelte auch die lange Zeit vernachlässigte Küste im äußersten Nordosten, wo ein Wohnviertel aus Hochhäusern mit Parks, Badestränden und Konferenzzentren entstand.

La Barceloneta wurde im 18. Jh. angelegt und in der Folgezeit zu dicht bebaut. Das frühere Arbeiter- und Fischerviertel ver-

Port Vell & La Barceloneta

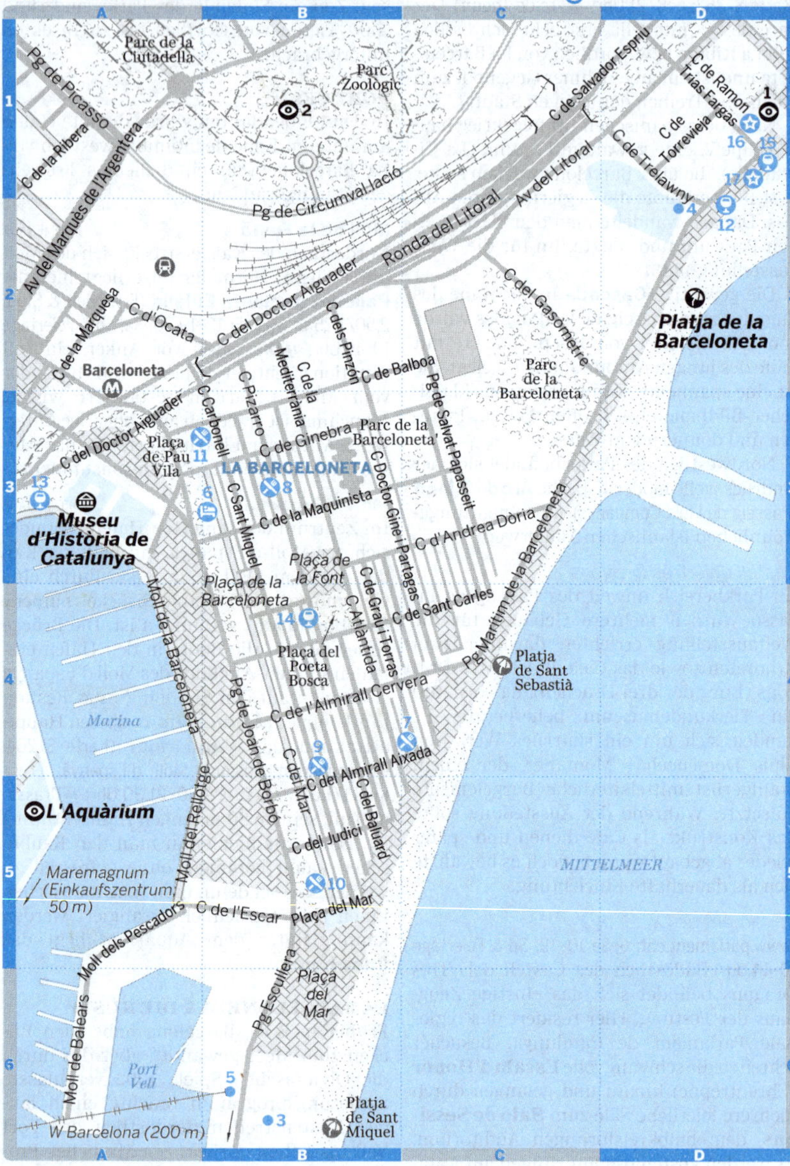

strömt immer noch ein leicht ruppiges Flair, obwohl die Fabriken nur noch Erinnerung sind und die Gegend unverkennbar immer schicker wird. Einige Fischerfamilien sind geblieben, außerdem gibt's hier unzählige Meeresfrüchte-Restaurants. Barcelonas kleine Fischereiflotte legt am Moll del Rellotge südlich des Museu d'Història de Catalunya an.

Museu d'Història de Catalunya MUSEUM
(Karte S. 264; www.mhcat.net; Plaça de Pau Vila 3; Dauerausstellung Erw./Stud. 4/3 €; ⌚Di & Do–

Port Vell & La Barceloneta

Highlights
L'Aquàrium ... A5
Museu d'Història de Catalunya ... A3
Platja de la Barceloneta ... D2

Sehenswertes
1 Peix Sculpture ... D1
2 Zoo de Barcelona ... B1

Aktivitäten, Kurse & Touren
3 Club Natació Atlètic-Barcelona ... B6
4 Poliesportiu Marítim ... D2
5 Torre de Sant Sebastiá ... B6

Schlafen
6 Hotel 54 ... B3

Essen
7 Can Majó ... C4
8 Can Maño ... B3
9 Can Ros 1911 ... B4
10 Suquet de l'Almirall ... B5
Torre d'Alta Mar ... (siehe 5)
11 Vaso de Oro ... A3

Ausgehen
12 CDLC ... D2
13 Luz de Gas Port Vell ... A3
14 Oke ... B4
15 Shôko ... D1

Unterhaltung
16 Catwalk ... D1
17 Opium Mar ... D1

Sa 10–19, Mi 10–20, So & Feiertage 10–14.30 Uhr; (M Barceloneta) Das Museum ist im Palau de Mar, einem ehemaligen Lagerhaus, gegenüber dem Hafen untergebracht. Audiovisuelle und interaktive Informationen an den Ausstellungskästen erzählen Kataloniens stürmische Vergangenheit von der Frühgeschichte bis zu den 1980er-Jahren. Die nachgestellten Szenen reichen von einer prähistorischen Wohnhöhle in den Pyrenäen über ein römisches Haus bis zu einem Luftschutzraum aus dem Bürgerkrieg. Weil das Museum nur wenige Originale besitzt, ist das Ganze nicht besonders gut gemacht, aber trotzdem recht interessant. Am ersten Sonntag im Monat muss man keinen Eintritt zahlen.

Passeig Marítim de la Barceloneta

PROMENADE

La Barcelonetas **Strände** gelten als toller Anziehungspunkt. Der hübsche Passeig Marítim de la Barceloneta, eine 1,25 km lange Promenade zwischen La Barceloneta und dem Port Olímpic, lockt jede Menge Bummler und Inlineskater an.

Port Olímpic

YACHTHAFEN

(M Ciutadella Vila Olímpica) Rund um den einst für olympische Segelregatten errichteten Hafen liegen zahlreiche Bars und Restaurants. Von Barceloneta kommend ist Frank Gehrys riesige Kupferskulptur *Peix* (Fisch) ein Blickfang. In der Gegend hinter dem Port Olímpic – überragt von Zwillingshochhäusern (dem Luxushotel Arts Barcelona und dem Bürohochhaus Torre Mapfre) – waren einst die Olympioniken untergebracht. Die Apartments der Vila Olímpica wurden inzwischen verkauft.

El Fòrum

ENTWICKLUNGSPROJEKT

(M El Maresme-Fòrum) Vom Port Olímpic erstrecken sich viele schöne Strände nordöstlich entlang der Küste bis zum fast fertigen Neubaukomplex namens Diagonal Mar bzw. El Fòrum. Abgesehen von den Hochhaushotels und Apartmenthäusern mit Meerblick gehören zu den Highlights dieser Gegend ein geschützter Badebereich, eine neue Marina, Kinderspielplätze, gute Strecken zum Inlineskaten, Plätze zum Schlittschuhlaufen und das eigenwillige dreieckige **Edifici Fòrum** von den Schweizer Architekten Jacques Herzog und Pierre de Meuron. Die marineblauen Fassaden sehen aus wie von Lasern geformte Felsklippen. Demnächst soll es in das **Espai Blau** (Blauer Raum) umgewandelt werden und wird bei Erscheinen dieses Reiseführers wahrscheinlich schon das **Museu de Ciències Naturals** (www.bcn.es/museuciencies) beherbergen. Möglicherweise zieht der städtische Zoo ebenfalls bald auf eines der hiesigen Ufergrundstücke um.

L'EIXAMPLE

Im Barcelona des 19. Jhs. war L'Eixample (die Erweiterung) im Norden, Osten und Westen der Plaça de Catalunya die Lösung für die Überbevölkerung im mittelalterlichen Stadtkern.

Die Arbeiten begannen 1869 nach einem Entwurf des Architekten Ildefons Cerdà, der ein Gitter aus breiten Straßen und Plätzen ausarbeitete. Cerdà plante auch zahlreiche Grünanlagen, allerdings überlebten nur wenige das folgende Grundstücksgerangel. Erst jetzt werden einige der Parks innerhalb der Häuserblocks wieder nachgebildet.

L'Eixample war von Anfang an ein bürgerliches Viertel, und das ist bis heute der Fall. Weil die Gründung des Stadtteils mit der Modernisme-Periode einherging, entdeckt man hier zahlreiche Schöpfungen dieses Achritekturstils. Sie sind die Hauptsehenswürdigkeiten der Gegend. Abgesehen von der Sagrada Família konzentrieren sich die wichtigsten Bauten in bzw. um den Passeig de Gràcia.

In dem Viertel haben sich die teuersten Läden und Hotels der Stadt sowie zahlreiche Restaurants, mehrere Bars und Clubs niedergelassen.

L'Eixample

La Sagrada Família KATHEDRALE
(Temple Expiatori de la Sagrada Família; www.sagradafamilia.org; Carrer de Mallorca 401; Erw./Sen. & Stud. 12/10 €; ⌚9–20 Uhr; Ⓜ Sagrada Família) Wenn die Zeit nur für die Besichtigung einer einzigen Sehenswürdigkeit in Barcelona reicht, dann sollte es diese sein. Die Sagrada Família ist einfach Ehrfurcht gebietend und – getreu den großen mittelalterlichen Kathedralen – nach über 100 Jahren noch immer nicht vollendet. Immerhin gehen die Arbeiten voran, sodass sie irgendwann in den 2020er- bis 2040er-Jahren abgeschlossen sein könnten. Ob

L'Eixample

Highlights

Casa Batlló	E4
Fundació Antoni Tàpies	D4
Fundación Francisco Godia	E5
La Pedrera	D2

Sehenswertes

1 Casa Amatller	E4
2 Casa Lleó Morera	E4
3 Fundació Suñol	C1
4 Museu del Modernisme Català	D5
5 Museu del Perfum	E4
6 Museu Egipci	E3
7 Palau del Baró Quadras	D1

Schlafen

8 Aparteasy	C5
9 Barcelona On Line	G1
10 Hostal Aribau	C6
11 Hostal Goya	H5
12 Hotel Axel	C6
13 Hotel Constanza	H4
14 Hotel Omm	C1
15 Hotel Praktik	E5
16 Lodging Barcelona	D5
17 Rent a Flat in Barcelona	H6
18 Somnio Hostel	E5

Essen

19 Casa Darío	C6
20 Cata 1.81	B5
21 Cosmo	D6
22 Koyuki	A3
23 Relais de Venise	E2
24 Taktika Berri	B5
25 Tapaç 24	F4

Ausgehen

26 Arena Madre	E5
27 Dietrich Gay Teatro Café	C6
28 Les Gens Que J'Aime	E2
29 Milano	F6
30 New Chaps	D1
31 Premier	B4

Shoppen

32 Antonio Miró	E4
33 Bulevard Rosa	D3
34 Camper	D3
35 El Corte Inglés	G6
36 Joan Murrià	E2
37 Laie	G5
38 Vinçon	C2
39 Xampany	B5

die Baumaßnahmen weitergeführt werden sollen, ist zwar umstritten, doch Spaniens meistbesuchtes Monument wurde Ende 2010 von Papst Benedikt XVI. geweiht. Mittlerweile ist das Hauptschiff sogar für tägliche Messen verfügbar. Aufgrund eines Tunnelprojekts für den Hochgeschwindigkeitszug, das 2010 begonnen wurde und unter dem Carrer de Mallorca, unmittelbar vor der Kathedrale, entlangführen wird, entbrannten heftige Diskussionen. Die Kirchenoberen befürchten, dass die Tunnelarbeiten die Fundamente des Gotteshauses beschädigen könnten.

Für einen Besuch der Kathedrale plant man am besten mehrere Stunden ein, da man an nahezu jeder Ecke auf neue dekorative Details stößt.

Antoni Gaudí widmete diesem Bauprojekt seinen letzten Lebensabschnitt. Er hielt sich an einen simplen gotischen kreuzförmigen Grundriss, aber in Ausmaßen von 95 m Länge und 60 m Breite, was 13 000 Menschen Platz bietet. Die fertigen Abschnitte und das Museum können frei oder im Rahmen einer Führung (4 €, 50 Min.) erkundet werden. Eingänge befinden sich am Carrer de Sardenya und am Carrer de la Marina. Audioguides (auch auf Deutsch) erhält man gegen eine Gebühr von 4 € und die Fahrt mit dem Aufzug auf einen der beiden Türme beidseitig der Kirche kostet 2,50 €. Kombitickets sind auch für die Casa-Museu Gaudí im Park Güell gültig.

Die Geburtsfassade

Das künstlerische Glanzlicht der Sagrada Família ist die nordöstliche Geburtsfassade, die größtenteils unter Gaudís persönlicher Aufsicht gefertigt wurde. Die Türme können teils mit Aufzug oder über eine enge Wendeltreppe bestiegen werden – ein schwindelerregendes Erlebnis. Sie sollen irgendwann Röhrenglocken beherbergen, die komplizierte Musikstücke mit großer Lautstärke spielen können. Unterhalb der Türme befindet sich ein hohes, dreiteiliges Portal mit Motiven von Christi Geburt und Kindheit, das sich, wenn man hinaufblickt, vorzuneigen scheint. Gaudí setzte echte Menschen und Tiere als Modelle für viele seiner Skulpturen ein, darunter gelegentlich auch eine Leiche aus dem örtlichen Leichenschauhaus! Die drei Abschnitte des Portals repräsentieren von links nach rechts Hoffnung, Barmherzigkeit und Glaube. Im Skulpturenwald auf dem Barmherzigkeitsportal ist ganz unten die Krippe mit einem Ochsen, einem Esel, den Hirten, Königen und musizierenden Engeln auszumachen.

Die Passionsfassade

An der südwestlichen Passionsfassade mit Motiven aus den letzten Tagen und dem Tod Christi wird seit den 1950er-Jahren gebaut. Ebenso wie die Geburtsfassade verfügt sie über vier spitze Türme und ein großes, skulpturengeschmücktes Portal. Von 1986 bis 2006 arbeitete der Bildhauer Josep Subirachs an der Dekoration. Dabei ahmte er Gaudí nicht einfach nach, sondern schuf vielmehr ziemlich kantige, umstrittene Figuren (die man entweder liebt oder hasst). Die wichtigsten Skulpturen sind auf drei Ebenen s-förmig angeordnet, beginnend mit dem Abendmahl unten links und endend mit Christi Begräbnis oben rechts.

Apsis

Die halbkreisförmige Apsis war der erste fertige Abschnitt (1894). Leider ist der Innenraum der Kirche noch eine Baustelle, doch 2010 wurde das Schiff überdacht, außerdem stehen die außergewöhnlich angeordneten Säulen. Der Baum-Baldachin wird vom Licht der getönten Buntglasfenster durchflutet und war Teil von Gaudís Vision.

Die Fassade der Herrlichkeit

Die Fassade der Herrlichkeit ist derzeit im Bau und wird ebenfalls von vier Türmen gekrönt – insgesamt sollen es einmal zwölf Türme sein, die für die zwölf Apostel stehen. Weitere Dekorationen werden das ganze Gebäude zu einem symbolischen Mikrokosmos der christlichen Kirche machen, mit Christus selbst durch einen gewaltigen, 170 m hohen zentralen Turm über dem Querschiff symbolisiert. Die fünf anderen geplanten Türme stehen dann für die Jungfrau Maria und die vier Evangelisten.

Museu Gaudí

Das Museum im Untergeschoss wurde zur selben Zeit wie die Kirche eröffnet und zeigt neben zahlreichen Modellen und Fotos der Sagrada Família weiteres interessantes Material zu Gaudís Leben sowie seinen anderen Werken. Hier kann man auf die Grabstätte des Architekten in der Krypta unterhalb des Museums (unter dem Querschiff) hinabblicken.

Casa Batlló MODERNISTISCHES GEBÄUDE

(Karte S. 266; www.casabatllo.es; Passeig de Gràcia 43; Erw./Stud., Kind & Sen. 17,80/14,25 €; ⌚9–20 Uhr; Ⓜ Passeig de Gràcia) Wenn die Sagrada Família Gaudís Meistersinfonie ist, dann könnte die Casa Battló einen von ihm komponierten neckischen Walzer darstellen. Blaue, violette und grüne Kachelstückchen sprenkeln ihre Fassade mit den wellenförmigen Fensterrahmen und Balkonen sowie einem unregelmäßigen blau gekachelten Dach und einem einzelnen Turm. Das Dach steht für Sant Jordi, den heiligen Georg, und den Drachen, und wenn man lange genug auf das Gebäude starrt, wirkt es fast wie ein lebendiges Wesen. Im Hauptsalon mit Blick auf den Passeig de Gràcia wird einem beinah schwindelig. Die Decke ist ein Strudel rund um die sonnengleiche Lampe. Türen, Fenster und Oberlichter sind wie sanfte Wellen aus Holz und Buntglas. Diese Themen setzen sich in den anderen Räumen und in der überdachten Terrasse fort. Das Dach mit den verdrehten Schornsteinen ist ebenso eindrucksvoll und bietet die Möglichkeit, das Motiv von Georg und dem Drachen näher zu betrachten. Leider bilden sich vor dem Gebäude häufig lange Warteschlangen. Weil die Casa Batlló manchmal früher geschlossen wird, kommt man am besten schon frühmorgens.

Casa Lleó Morera & Casa Amatller MODERNISTISCHE GEBÄUDE

Ganz in der Nähe der Casa Batlló befinden sich zwei völlig unterschiedliche Häuser von

DER ZANKAPFEL

Die Casa Batlló gehört ebenso zur sogenannten Manzana de la Discordia (Zankapfel – ein Wortspiel, weil *manzana* sowohl mit „Häuserblock" als auch mit „Apfel" übersetzt werden kann) wie die Casa Lleó Morera und die Casa Amatller an der westlichen Seite des Passeig de Gràcia zwischen dem Carrer del Consell de Cent und dem Carrer d'Aragó. Alle drei Gebäude entstanden zwischen 1898 und 1906. Im griechischen Mythos wurde der originale Zankapfel von Eris (Zwietracht) mit der Aufforderung auf den Olymp geworfen, ihn der schönsten Göttin zu verleihen. Das provozierte natürlich Eifersüchteleien und war das Vorspiel zum Trojanischen Krieg.

DIE VISION DER MODERNISTEN

Antoni Gaudí (1852–1926), der vor allem durch seine außergewöhnliche Kathedrale, die Sagrada Família, bekannt wurde, war nur einer (wenngleich der aufsehenerregendste) einer Generation innovativer Baumeister, die zwischen 1880 und den 1920er-Jahren ihre unverkennbare Handschrift in Barcelona hinterließen. Die Architekten wurden Modernisten *(modernistas)* genannt.

Der Modernisme, also die katalanische Variante des europäischen Jugendstils, zeichnete sich aufgrund seiner Neigung zu geschmeidigen, fließenden Linien und die (für jene Zeit) gewagten Kombinationen von Materialien wie Kacheln, Glas, Backstein, Eisen und Stahl aus. Zugleich wurden die Architekten von einer erstaunlichen Vielfalt anderer Stilrichtungen wie Gotik, Islam, Renaissance, Romanik, Barock und Byzanz beeinflusst. Sie hatten sich auf die Fahnen geschrieben, einen eigenen katalanischen Baustil zu schaffen, oft mit Inspirationen aus Kataloniens Blütezeit während des Mittelalters. Gaudí und die beiden anderen führenden Modernisme-Architekten, Lluís Domènech i Montaner (1850–1923) und Josep Puig i Cadafalch (1867–1957), waren nicht zufällig prominente katalanische Nationalisten.

Ein Großteil der modernistischen Werke befindet sich in L'Eixample, wo zur damaligen Zeit am eifrigsten gebaut wurde. Zu den weiteren einschlägigen Orten in der Stadt gehören Gaudís **Palau Güell** (S. 257) und der **Park Güell** (S. 272), Domènech i Montaners **Palau de la Música Katalanischa** (S. 259), das **Castell dels Tres Dragons** (S. 263) und das **Restaurant des Hotel España** (Carrer de Sant Pau 9–11, El Raval) sowie Puig i Cadafalchs **Restaurant Els Quatre Gats** (Carrer de Montsió 3bis, Barri Gòtic).

den beiden anderen Protagonisten der modernistischen Architektur: Lluís Domènech i Montaners öffentlich nicht zugängliche **Casa Lleó Morera** (Karte S. 266; Passeig de Gràcia 35; Ⓜ Passeig de Gràcia) sowie die **Casa Amatller** (Karte S. 266; www.amatller.org; Passeig de Gràcia 41; Eintritt frei; ⏲ Mo–Sa, 10–20, So 10–15 Uhr; Ⓜ Passeig de Gràcia) von Josep Puig i Cadafalch. Während Erstere über Jugendstildekorationen und ein helles, gekacheltes Foyer mit Blumenmotiven verfügt, weist Cadafalchs Gebäude gotische Fensterrahmen, einen von niederländischen Bürgerhäusern entlehnten Stufengiebel sowie zahlreiche merkwürdige Figuren und Büsten auf. Das Säulenfoyer und das durch Buntglasfenster beleuchtete Treppenhaus wirken wie das Innere einer romantischen Burg. Die Casa Amatller wurde 1900 durch den Schokoladenbaron und Philanthropen Antoni Amatller (1851–1910) erneuert und ist in Teilen zugänglich. Nach Renovierungsarbeiten, die wohl noch mindestens bis 2012 andauern, soll das Erdgeschoss als Museum mit Gegenständen aus der Zeit dienen.

Museu del Perfum MUSEUM

(Karte S. 266; www.museudelperfum.com; Passeig de Gràcia 39; Erw./Stud. & Sen. 5/3 €; ⏲ Mo–Fr 10.30–13.30 & 16.30–20, Sa 11–14 Uhr; Ⓜ Passeig de Gràcia) Das in der Parfümerie Regia untergebrachte Museum wartet mit einer Sammlung aus antiken Duftbehältern bis zu klassischen Flakons auf.

La Pedrera MODERNISTISCHES GEBÄUDE

(Steinbruch; Karte S. 266; www.fundaciocaixacatalunya.es; Carrer de Provença 261–265; Erw./Stud. & EU-Sen. 10/6 €; ⏲ 9–20 Uhr; Ⓜ Diagonal) Am Passeig de Gràcia erhebt sich ein weiteres Meisterwerk Gaudís, das von 1905 bis 1910 als Büro- und Wohnhaus errichtet wurde. Offiziell ist das Gebäude als Casa Milà bekannt: Es trägt den Namen des Geschäftsmanns, der den Bau seinerzeit in Auftrag gegeben hatte. Wegen der unebenen grauen Steinfassade, die sich um die Ecke des Carrer de Provença windet, bezeichnen es die meisten Einwohner aber als La Pedrera. Durch kunstvolle schmiedeeiserne Balkone wird der Welleneffekt noch betont. Wer bereits am frühern Morgen herkommt, vermeidet lange Wartezeiten.

Die prächtige Wohnung im obersten Stock samt Mansarde und Dach wird **Espai Gaudí** (Gaudí-Raum) genannt. Am außergewöhnlichsten ist das Dach mit seinen riesigen Schornsteinen, die wie bunte Ritter des Mittelalters aussehen. Ein Stockwerk tiefer befindet sich unter einem anmutigen Parabolbogen ein bescheidenes Museum über Gaudís Bauten. Hier ausgestellte Modelle und Videos zeigen sämtliche Werke des Meisters.

Die elegant eingerichtete Wohnung (El Pis de la Pedrera) im Stockwerk darunter lässt nachempfinden, wie eine wohlhabende Familie Anfang des 20. Jhs. gewohnt haben mag.

Einige der unteren Etagen des Gebäudes, insbesondere das großzügige Erdgeschoss, werden oft für Wechselausstellungen genutzt. An warmen Augustabenden ist das Dach von La Pedrera gelegentlich Schauplatz kleiner Konzerte.

Fundació Antoni Tàpies MUSEUM

(Karte S. 266; www.fundaciotapies.org; Carrer d'Aragó 255; Erw./Kind 7/5,60 €; Di–So 10–20 Uhr; M Passeig de Gràcia) Die Fundació um die Ecke von der Casa Batlló ist ein bahnbrechendes modernistisches Bauwerk aus den frühen 1880er-Jahren und eine Hommage an Antoni Tàpies, einen führenden katalanischen Künstler des 20. Jhs. Die Sammlung umspannt den gesamten Bogen von Tápies' Schaffen (über 800 Werke), doch es ist immer nur ein kleiner Teil seiner Arbeiten ausgestellt, stets in Kombination mit Wechselausstellungen. In den Haupträumen (Ebene 1, oben) kann man eine häufig veränderte Auswahl von etwa 20 Werken besichtigen, die von einstigen Selbstporträts aus den 1940er-Jahren bis zu großen Arbeiten wie *Jersei Negre* (Schwarzer Pulli; 2008) reichen, auf dem ein schwarzer Pullover über dem Umriss eines Mannes mit erigiertem Penis zu sehen ist. Ebene 2 widmet sich zeitgenössischen Werken und im Untergeschoss werden Wechselausstellungen präsentiert.

Museu del Modernisme Català MUSEUM

(Karte S. 266; www.mmcat.cat; Carrer de Balmes 48; Erw./Kind 10/5 €; Mo–Sa 10–20, So 10–15 Uhr; M Passeig de Gràcia) Wer sich für Jugendstilmöbel interessiert, sollte dieses Museum im Erdgeschoss eines modernistischen Bauwerks besuchen. Zu der umfangreichen Sammlung gehören Exponate von Antoni Gaudí, z. B. Stühle aus der Casa Batlló und ein Spiegel aus der Casa Calvet, sowie Gegenstände weniger bekannter Zeitgenossen wie einige typisch skurrile, pseudomittelalterliche Werke von Josep Puig i Cadafalch. In der Etage sind modernistische Kunstwerke zu sehen, darunter Gemälde von Ramon Casas und Santiago Rusiñol sowie Statuen von Josep Llimona und Eusebi Arnau.

GRATIS **Palau del Baró Quadras & Casa de les Punxes** MODERNISTISCHES GEBÄUDE

(Karte S. 266; www.casaasia.es; Avinguda Diagonal 373; Di–Sa 10–20, So 10–14 Uhr; M Diagonal) Der zwischen 1902 und 1904 von Puig i Cadafalch errichtete Palau del Baró Quadras verfügt über ein prächtiges Fassadenrelief sowie eine fantastische Buntglasempore und beherbergt die **Casa Asia**, ein asiatisch-pazifisches Kulturzentrum. Wenn man sich eine der vielfältigen Wechselausstellungen ansieht, kann man dabei einen Blick in das Innere des spannenden Gebäudes werfen, das voller überraschender Orientmotive steckt.

Dank ihres spitzen Zauberhuttürmchens wird die nahe gelegene Casa Terrades meist als **Casa de les Punxes** (Stachelhaus; Avinguda Diagonal 420) bezeichnet. Der von 1903 bis 1905 entstandene Bau gleicht einem verwunschenen Märchenschloss und wurde ebenfalls von Puig i Cadafalch entworfen.

Hospital de la Santa Creu i de Sant Pau MODERNISTISCHES KRANKENHAUS

(www.rutadelmodernisme.com, www.santpau.es; Carrer de Cartagena 167; M Hospital de Sant Pau) Mit diesem modernistischen Meisterwerk, in dem eines der wichtigsten Krankenhäuser der Stadt untergebracht ist, übertraf sich Domènech i Montaner als Architekt und Philantrop selbst. Der gesamte Komplex (ein Weltkulturerbe) besteht aus 16 einzigartigen, reich verzierten Pavillons. Zu den vielen Künstlern, die Skulpturen, Keramiken und Kunstwerke beitrugen, gehörte auch der produktive Eusebi Arnau.

Mittlerweile ist das Krankenhaus in modernere Gebäude umgezogen. Die historische Anlage wird nach und nach restauriert und war bei Redaktionsschluss nur im Rahmen einer 75-minütigen **Führung** (Erw./Sen. & Stud. 10/5 €; auf Englisch 10, 11, 12 & 13 Uhr) auf Englisch, Katalanisch, Französisch oder Spanisch zugänglich. Wegen der Renovierungsarbeiten sind die Führungen nicht immer möglich, aber dafür gibt's gelegentlich einen Tag der offenen Tür. Wer sich das ehemalige Krankenhaus ansehen möchte, muss von der Sagrada Família aus Richtung Norden bis zum Ende der Avinguda de Gaudí gehen.

Torre Agbar TURM

(www.torreagbar.com; Avinguda Diagonal 225; M Glòries) Jean Nouvels schimmernder gurkenförmiger Turm konkurriert in der Skyline Barcelonas mit der Sagrada Família und ist der auffälligste Orientierungspunkt der Stadt. In seinem Foyer werden oft Wechselausstellungen gezeigt. Abends leuchtet der Turm in Rot-, Purpur- und Blautönen. Er liegt direkt an der Metrostation Glòries.

Fundación Francisco Godia MUSEUM

(Karte S. 266; www.fundacionfgodia.org; Carrer de la Diputació 250; Erw./Stud. 5/3,50 €; ⌚Mi–Mo 10–20 Uhr; Ⓜ Passeig de Gràcia) Francisco Godia (1921–90), das Oberhaupt einer der etabliertesten Familien Barcelonas, liebte schnelle Autos – beim Grand Prix in der Saison 1956 erreichte er in seinem Maserati Platz 6 – und die Kunst. Seine abwechslungsreiche Privatsammlung ist eine spannende Mischung aus Mittelalterkunst, Keramiken und modernen Gemälden. Man kann die Exponate in dem sorgfältig restaurierten modernistischen Wohnhaus Casa Garriga Nogués bewundern, das Enric Sagnier zwischen 1902 und 1905 für eine reiche Bankerfamilie errichtete. Die Werke verteilen sich über das gesamte Erdgeschoss und reichen von farbenfrohen romanischen Holzfiguren von der Jungfrau und ihrem Kind über klassische spanische Tonwaren bis hin zu Gemälden des Modernisme-Malers Ramon Casas und des Valencianers Joaquim Sorolla.

Museu Egipci MUSEUM

(Karte S. 266; www.museuegipci.com; Carrer de València 284; Erw./Sen. & Stud. 11/8 €; ⌚Mo–Sa 10–20, So 10–14 Uhr; Ⓜ Passeig de Gràcia) Hotelmagnat Jordi Clos verbrachte einen Großteil seines Lebens mit dem Zusammentragen antiker ägyptischer Artefakte. Seine Sammlung ist in diesem privaten Museum zu sehen und in thematische Bereiche (Pharaonen, Religion, Bestattungspraktiken, Mumifizierung, Handwerk etc) aufgeteilt. Zu den Exponaten gehören Statuen, Grabbeigaben, Behälter, Schmuck (darunter ein fantastischer Goldring aus dem 7. Jh. v. Chr.), Keramiken und sogar ein Bett aus Holz und Leder.

Fundació Suñol MUSEUM

(Karte S. 266; www.fundaciosunol.org; Passeig de Gràcia 98; Erw./erm. 5/3 €; ⌚Mo–Sa 16–20 Uhr; Ⓜ Diagonal) Wechselnde Ausstellungen mit Teilen aus dieser privaten Kunstsammlung, die vorwiegend Werke aus dem 20. Jh. umfasst (insgesamt ca. 1200), bieten Besuchern ein breites Spektrum von Fotografien Man Rays bis zu Skulpturen von Alberto Giacometti. Ein Schwerpunkt liegt auf spanischen Künstlern wie Picasso und Plensa.

TODERNST

Museu de Carrosses Fúnebres

(Carrer de Sancho d'Àvila 2; ⌚ Mo–Fr 10–13 & 16–18, Sa, So & Feiertage 10–13 Uhr; Ⓜ Marina) Dies ist das wohl kurioseste Museum der Stadt. Im Keller sind Leichenwagen zu sehen, die ab dem 18. Jh. die Reichen und Schönen zu ihrer letzten Ruhestätte karrten. Komplettiert wird das Ganze mit ernst dreinblickenden Schaufensterpuppen und in lebensgroßen Pferdefiguren.

GRÀCIA

Gràcia liegt im Norden von L'Eixample. Das ehemals eigenständige Dorf, das sich im 19. Jh. zum Arbeiterviertel entwickelte, war für seine republikanische und liberale Haltung berühmt und zog in den 1960er- und 1970er-Jahren vor allem Radikale sowie die Bohème an. Heute kommt das Viertel etwas ruhiger und bürgerlicher daher, bleibt jedoch von einer leicht rebellischen Aura umgeben, erkennbar z. B. an den Graffitis junger katalanischer Nationalisten und den gelegentlichen Hausbesetzungen. Die Bewohner sind bunt gemischt (unter ihnen befinden sich auch viele Studenten von außerhalb) und es herrscht ein katalanisches Lebensgefühl vor. Besucher mögen vor allem die Atmosphäre von Gràcias engen Straßen und kleinen Plätzen mit den zahlreichen Bars und Restaurants.

Als gute Anlaufstellen gelten die Plaça del Sol, die Plaça de la Vila de Gràcia mit dem Uhrenturm (ein beliebter Treffpunkt) und die Plaça de la Virreina mit ihrer **Església de Sant Joan** (Karte S. 273) aus dem 17. Jh. Drei Blocks nordöstlich der Plaça de la Vila de Gràcia erstreckt sich die große Markthalle **Mercat de l'Abaceria** (Karte S. 273). Westlich von Gràcias Hauptstraße Carrer Gran de Gràcia stößt man auf ein frühes Gaudí-Haus, die türmchenbesetzte, leicht Mudéjar-beeinflusste **Casa Vicens** (Carrer de les Carolines 22). Leider ist das Gebäude nicht öffentlich zugänglich.

GRATIS **Park Güell** PARK

(Karte S. 248; Carrer d'Olot 7; ⌚10–21 Uhr; Ⓜ Lesseps oder Vallcarca, 🚌24) Im Norden von Gràcia liegt der Park Güell, in dem sich Gaudí als Landschaftsgärtner austobte. Hier kommt einem das Künstliche fast natürlicher vor als das Natürliche selbst.

Gràcia

Sehenswertes

1 Església de Sant Joan A1
2 Mercat de l'Abaceria B2

Schlafen

3 Hotel Casa Fuster A4

Essen

4 A Casa Portuguesa A1
5 Bilbao B3
6 Envalira A2
7 Ipar-Txoko A3
8 O'Gràcia! A2

Ausgehen

9 La Baignoire A2
10 La Cigale B2
11 Musical Maria A3
12 Sabor a Cuba A3

Unterhaltung

13 Verdi A1
14 Verdi Park A1

Shoppen

15 Red Market A2

Entstanden ist der Park 1900, als Graf Eusebi Güell ein Hügelgrundstück kaufte (damals außerhalb der Stadt) und Gaudí damit beauftragte, dort eine Minigartenstadt für die Reichen zu entwerfen. Das Projekt wurde 1914 aufgegeben, allerdings waren bis dahin bereits 3 km Straßen und Wege, Treppen und ein Platz sowie zwei Knusperhäuschen-Torpavillons am Carrer d'Olot entstanden.

Am besten besucht man die Grünanlage an einem Vormittag unter der Woche, da es samstags und sonntags manchmal unerträglich voll wird, vor allem im Sommer. Die Buslinie 24 hält am Eingang des oberen Parkbereichs.

Pavelló de Consergeria

Gleich hinter dem Haupteingang am Carrer d'Olot befindet sich der Pavelló de Consergeria. In dem früheren Pförtnerhaus ist heute eine Ausstellung zu Gaudís Bauweise und zur Geschichte des Parks untergebracht. Vom Obergeschoss genießt man einen schönen Blick. Bei Redaktionsschluss wurde das Gebäude gerade renoviert.

Sala Hipóstila

Treppen führen vom Eingang, der von einem mit Mosaiksteinen verzierten Salamander bewacht wird, zur Sala Hipóstila mit ihren 88 Steinsäulen (darunter auch einige geneigt Modelle), die ursprünglich als Markthalle dienen sollte. Darüber öffnet sich ein weiter Raum mit der **Banc de Trencadís** als Highlight. Diese gekachelte Bank erstreckt sich um die komplette Halle und wurde von Gaudís rechter Hand, Josep Maria Jujol (1879–1949), entworfen.

Casa-Museu Gaudí

(www.casamuseugaudi.org; Erw./Sen. & Stud. 5,50/4,50 €; ⏲10–20 Uhr) In dem Haus mit dem Eckturm verbrachte der Künstler die letzten 20 Jahre seines Lebens (1906–26). Hier kann man Gaudís Möbel und andere Erinnerungsstücke bewundern.

TIBIDABO

Der Tibidabo (512 m) ist die höchste Erhebung in der bewaldeten Hügelkette hinter Barcelona und wunderbar geeignet, um etwas frische Luft und schöne Aussich-

ANREISE ZUM TIBIDABO

Von der Haltestelle an der Plaça de Catalunya fahren zahlreiche Züge der Ferrocarrils de la Generalitat de Catalunya (FGC) zur Avinguda de Tibidabo (1,40 €, 10 Min.), wo man in die *tramvia blau* (einfach/hin & zurück 2,80/4,30 €, 15 Min., alle 15 bis 30 Min; Sa, So & Feiertage 10–18 Uhr) umsteigen kann: Barcelonas letzte alte Straßenbahn tuckert bereits seit 1901 an den originellen modernistischen Bürgerhäusern vorbei und hält schließlich an der Plaça del Doctor Andreu. Ist sie nicht in Betrieb, nimmt man einen Bus (1,40 €). Unterwegs sollte man übrigens auf die heute als Grillrestaurant genutzte **Casa Roviralta** (Avinguda de Tibidabo 31) achten.

Von der Plaça del Doctor Andreu geht's mit der Tibidabo-Drahtseilbahn durch ein bewaldetes Gebiet bis zur Plaça de Tibidabo auf der Spitze des Hügels (einfach/hin & zurück 2,50/4 €, 5 Min.). Erste Abfahrt ist um 10.45 Uhr, die letzte Verbindung besteht kurz vor Schließung des Parks.

Alternativ steigt man in den „Tibibús" T2, der von der Plaça de Catalunya bis zur Plaça de Tibidabo (2,60 €, 30 Min.) fährt. Er startet alle 30 bis 50 Minuten, und zwar das ganze Jahr über samstags, sonntags und an Feiertagen. Tickets werden im Bus verkauft. Der letzte Bus verlässt Tibidabo 30 Minuten nach Schließung des Parc d'Atraccions. Es gibt auch Kombitickets für den Bus und den Eintritt in den Park (25 €).

ten zu genießen. Seinen Namen erhielt er vom Teufel, der Christus versuchen wollte. Nachdem er diesen auf den Berg geführt hatte, sagte er nämlich angeblich folgenden Satz zu ihm: „Haec omnia tibi dabo si cadens adoraberis me." („All dies werde ich dir geben, wenn du niederfällst und mich anbetest.")

CosmoCaixa MUSEUM

(Museu de la Ciència; www.fundacio.lacaixa.es, auf Katalanisch & Spanisch; Carrer de Teodor Roviralta 47–51; Erw./Stud. 3/2 €; ⌚Di–So & Feiertage 10–20 Uhr; 🚌60, 🚆FGC Avinguda de Tibidabo) Das in einem umgestalteten modernistischen Gebäude untergebrachte Wissenschaftsmuseum ist ein riesiges interaktives Paradies mit Hebeln und Knöpfen und vielem mehr. Zu seinen Highlights gehören das Planetarium und die 1 km² große Nachbildung eines Stücks überschwemmten Amazonas-Regenwalds *(Bosc Inundat)* mit über 100 Arten der dortigen Fauna und Flora, darunter Anakondas und giftige Frösche. Das Museum ist eine der größten Attraktionen der Stadt und eignet sich für Kinder jeden Alters.

Parc d'Atraccions VERGNÜGUNGSPARK

(www.tibidabo.es; Plaça de Tibidabo 3–4; Erw./Sen. & Kind 25/9 €; ⌚ Mi–So 12–22 Uhr, Jan. & Feb. geschl.) *Barcelonins* (Barcelonas Einwohner) kommen vor allem wegen der rasanten Fahrgeschäfte hierher, in denen sich einem der Magen umdreht und schrilles Geschrei ertönt. Der Pndol z. B. ist ein gigantischer Arm, an dem vier Passagiere hängen. Er lässt sie mit einer Geschwindigkeit von 100 km/h in weniger als drei Sekunden abstürzen, bevor er auspendelt. Die massive neue Achterbahn La Muntanya Russa wiederum befördert Waghalsige mit plötzlichen Richtungsänderungen und 360-Grad-Drehungen durch das Schienengewirr. Eine kleine Kuriosität ist das Museu d'Autòmats mit rund 50 mechanischen Puppen, deren Entstehung teilweise bis auf das Jahr 1880 zurückgeht. Ein paar von ihnen funktionieren sogar noch.

Temple del Sagrat Cor KIRCHE

(Plaça de Tibidabo; ⌚8–19 Uhr) Dieses Bauwerk oberhalb der Seilbahnstation gilt als Barcelonas Antwort auf die Pariser Sacré-Cœur-Kirche. Zweifellos ist es ebenso auffällig und wird von Ästheten (vielleicht aus gutem Grund) sogar noch mehr geschmäht. Eigentlich sind es zwei Kirchen, eine über der anderen. Die obere wird von einem riesigen Christus gekrönt und hat einen Aufzug zum **Dach** (Tickets 2 €; ⌚10–19 Uhr).

Jardins del Laberint d'Horta GÄRTEN

(Carrer dels Germans Desvalls; Erw./Stud. 2,20/1,40 €, Mi & So Eintritt frei; ⌚10 Uhr–Sonnenuntergang; Ⓜ Mundet) Der sorgfältig gepflegte Park wurde im ausgehenden 18. Jh. von Antoni Desvalls, dem Marquès d'Alfarras i de Llupià, angelegt. Bis zu seiner Öffnung für Besucher in den 1970er-Jahren war er ein privates Familienidyll. So manche Party oder Theateraufführung fand hier statt, doch heute ist er eine Art Open-Air-Museum. Sein Name bezieht sich auf ein Labyrinth in der Mitte, in dem man sich sehr leicht verlaufen kann. Darüber hinaus erstrecken sich Wege zu einem reizvollen künstlichen See *(estany)*, Wasserfällen, einem klassizistischen Pavillon und einem unechten Friedhof. Letzterer stammt aus der Zeit des Romantizismus mit seiner Faszination für den Tod. An der Metrostation Mundet muss man den rechten Treppenaufgang nehmen, oben erst rechts und dann links abbiegen und der Hauptstraße folgen (mit Fußballplätzen auf der linken Seite). Die erste Straße links führt zum Park hinauf (ca. 5 Min.).

COLLSEROLA

Parc de Collserola — PARK

(www.parccollserola.net; Carretera de l'Església 92; ⏲Centre d'Interpretació 9.30–15 Uhr) Mit seinen vielen für Wanderer und Mountainbikefahrer geeigneten Wegen ist der etwa 8000 ha große Park ein idealer Ort zum Abschalten.

Man erreicht ihn, indem man den FGC (Zug) ab der Plaça de Catalunya bis Peu de Funicular nimmt und von dort mit der Funicular nach Baixador de Vallvidrera fährt.

Museu-Casa Verdaguer

(www.museuhistoria.bcn.cat; Villa Joana, Carretera de l'Església 104; Sa, So & Feiertage ⏲10–14 Uhr, Sept.–Juli) Wer den Parc de Collserola besucht, sollte sich die Museu-Casa Verdaguer nicht entgehen lassen. Das Landhaus aus dem 18. Jh. befindet sich 100 m vom Informationszentrum des Parks und ist nur einen kurzen Spazierweg vom Bahnhof entfernt. Kataloniens verehrter Schriftsteller und Pater, Jacint Verdaguer, verbrachte hier seine letzten Tage, bevor er am 10. Juli 1902 starb.

Torre de Collserola — TURM

(www.torredecollserola.com; Carretera de Vallvidrera al Tibidabo; Erw./Kind & Sen. 5/3 €; ⏲Sa, So & Feiertage 11–14 & 15.30–20 Uhr) 1992 wurde dieser 288 m hohe Funkturm von Norman Foster vollendet. Mit einem externen Glasaufzug gelangt man zur 115 m hohen Aussichtsplattform, von der man an klaren Tagen einen etwa 70 km weiten Blick genießt. Bus 111 fährt vom Funicular de Vallvidrera dorthin.

PEDRALBES

Pedralbes ist ein reiches Wohnviertel nördlich der Zona Universitària, das nach dem gleichnamigen Kloster, einer der Hauptsehenswürdigkeiten in der Gegend, benannt wurde. Die Immobilien hier sind besonders teuer, luxuriös und mit Gärten ausgestattet, die ein Gefühl von Ruhe und Frieden bieten – eine echte Ausnahme in dieser lauten Stadt.

Palau Reial de Pedralbes — MUSEUM

(Avinguda Diagonal 686; Erw./Stud. & Sen. 5/3 €; ⏲Palast Di–So 10–18, Feiertage 10–15, Park tgl. 10–18 Uhr; Ⓜ Palau Reial) Gegenüber dem Campus der Universitat de Barcelona in der Avinguda Diagonal liegt innerhalb eines üppigen grünen Parks der Palau Reial de Pedralbes. Ursprünglich gehörte er der Familie von Eusebi Güell (Gaudís Mäzen), bis diese ihn 1926 der Stadt übereignete. Danach diente er als königliche Residenz. Hier waren u. a. König Alfonso XIII., der Präsident von Katalonien und General Franco zu Gast. Sonntags ab 15 Uhr sowie am ersten Sonntag im Monat muss man keinen Eintritt zahlen.

Heute beherbergt der Palast zwei Museen. Das **Museu de Ceràmica** (www.museuceramica.bcn.es) präsentiert schöne spanische Keramiken aus einer Zeitspanne vom 13. bis zum 19. Jh. sowie Arbeiten von Picasso und Miró. Das **Disseny Hub** (Design Hub; www.dhub-bcn.cat) ist eine Fusion von zwei Sammlungen (Museu de les Arts Decoratives und Museu Tèxtil i d'Indumentària) und hat einen Raum für Wanderausstellungen in La Ribera (S. 261). Das **Museu de les Arts Decoratives** verfügt über eine bunte Mischung von Einrichtungsgegenständen, Schmuck und Nippes seit der Romantik, während das **Museu Tèxtil i d'Indumentària** (www.museutextil.bcn.es) mit 4000 Ausstellungsstücken von koptischen Textilien aus dem 4. Jh. bis zu lokalen Stickereien aus dem 20. Jh. aufwartet. Einen Schwerpunkt bildet die Mode vom 16. Jh. bis zu den 1930er Jahren.

Pavellons Güell

(www.rutadelmodernisme.com; Führungen Erw./Sen. & Kind 6/3 €; ⏲Fr–Mo 10.15 & 12.15 auf Englisch, 11.15 auf Katalanisch & 13.15 Uhr auf Spanisch) In dem auf dem Palastgelände gelegenen Abschnitt der Avinguda de Pedralbes befinden sich die von Gaudí entworfenen Stallungen und das Pförtnerhaus der Finca Güell (so nannte man das Anwesen). Die Pavellons wurden Mitte der 1880er-Jahre gebaut. Damals ließ sich Gaudí vor allem von der islamischen Architektur inspirieren. Wer außerhalb der Öffnungszeiten herkommt, kann immerhin das schmiedeeiserne Drachentor bewundern.

Museu-Monestir de Pedralbes KLOSTER
(www.museuhistoria.bcn.cat; Baixada del Monestir 9; Erw./Sen. & Stud. 7/5 €; Di–Sa 10–17, So 10–20, Feiertage 10–15 Uhr; FGC Reina Elisenda, 22, 63, 64 oder 75) Heute wird das 1326 gegründete Kloster am oberen Ende der Avinguda de Pedralbes – eine himmlisch ruhige Ecke in der Stadt – als Museum genutzt. Die Exponate sind in den Zellen und Nebenräumen um den eleganten dreistöckigen Kreuzgang, ein echtes Juwel katalanischer Gotik des frühen 14. Jhs., verteilt.

Oben erstreckt sich der große ehemalige **dormidor**. Früher waren rund um den Saal winzige Schlafzellen zu finden, von denen man inzwischen jedoch nichts mehr sieht. Hier ist die bescheidene Kunstsammlung des Klosters untergebracht, darunter gotische Devotionalien und Möbel.

Camp Nou FUSSBALLSTADION
(www.fcbarcelona.com; Carrer d'Aristides Maillol; Erw./Sen. & Kind 17/14 €; Mo–Sa 10–20, So & Feiertage 10–14.30 Uhr; Palau Reial) Viele Fußballfans pilgern zu diesem gigantischen Stadion, um ein Spiel des FC Barcelona zu sehen (S. 302) und das **Museu del Futbol Club Barcelona** gleich nebenan zu besuchen, das sich bei Fans aus aller Welt großer Beliebtheit erfreut und mit einer Fotoabteilung sowie Torvideos aufwartet. Darüber hinaus gibt's hier alte Sportbrettspiele, ein lebensgroßes Diorama altmodischer Umkleideräume, uralte Zeitschriften und eine Sammlung *futbolín* (Tischfußball) und man kann die (zumindest in einem Fall wortwörtlich) goldenen Schuhe der großen Torschützen bewundern, vergangene Siege nacherleben und die zahlreichen Trophäen besichtigen. Hightech-Multimediabildschirme zeigen die heroischsten Momente in der Geschichte von Barça, während der Sound u. a. die Hymne des Clubs und die Atmosphäre von laufenden Spielen im Stadion überträgt.

Eine Führung durch das Stadion beginnt im Umkleideraum der Mannschaft, danach geht's durch den Tunnel aufs Spielfeld und schließlich hinauf in die Präsidentenloge.

Für den Besuch sollte man etwa 2½ Stunden einplanen.

EL POBLE SEC

El Poble Sec (Trockenes Dorf) erstreckt sich von den östlichen Hängen des Montjuïc bis zur Avinguda del Parallel. In dem Arbeiterviertel gibt's nur wenige Sehenswürdigkeiten, aber dafür etliche interessante Bars und Restaurants. Bis in die 1960er-Jahre galt die Avinguda del Parallel mit ihren zahlreichen Theatern und Cabarets als Highlight des städtischen Nachtlebens. Auch heute noch stößt man auf ein paar Theater und Kinos sowie die Sala Apolo (S. 300), einen beliebten Club.

Refugi 307 LUFTSCHUTZBUNKER
(Karte S. 278; www.museuhistoria.bcn.cat; Carrer Nou de la Rambla 169; Eintritt 3 €; Führungen Sa & So 11–14 Uhr; Paral.lel) Während des Bürgerkriegs war das Refugi 307 einer von 1300 Luftschutzbunkern in Barcelona. Die engen Räume wurden innerhalb von zwei Jahren (ab März 1937) errichtet, hatten eine Gesamtlänge von 200 m und boten Platz für 2000 Menschen. Halbstündige Führungen (meist auf Spanisch oder Katalanisch, aber man kann sich auch für englisch- oder französischsprachige Rundgänge anmelden) geben faszinierende Einblicke in das damalige Leben. Wenn man daran teilnimmt und sich vorstellt, dass draußen gerade Bomben fallen, wird einem wahrscheinlich ganz anders zumute.

MONTJUÏC

Der Montjuïc erhebt sich im Südwesten der Stadt und zieht mit seinen zahlreichen Museen, Theatern und Clubs, reizenden Gärten und den Hauptstätten der Olympischen Spiele 1992 jede Menge Besucher an.

Sein Name heißt übersetzt „Jüdischer Berg" und weist darauf hin, dass sich in der Gegend einst ein jüdischer Friedhof und möglicherweise auch eine Siedlung befanden. Im Bürgerkrieg wurde die hiesige Festung von den Republikanern besetzt, anschließend nutzte Franco sie als politisches Gefängnis und als Ort für Hinrichtungen.

In den 1920er-Jahren fanden für die Weltausstellung 1929 erste größere Baumaßnahmen auf dem Montjuïc statt. Aus dieser Zeit stammen das Estadi Olímpic, der Poble Espanyol und einige Museen. Für die Olympischen Spiele 1992 wurde das Gebiet aufpoliert und mit weiteren Neubauten ausgestattet. Außerdem verschönerte man die Gärten, die seit Ende der 1990er-Jahre öffentlich zugänglich sind.

Gut angelegte Straßen und Wege, Rolltreppen, Busse und Sessellifte erlauben den Besuch der Sehenswürdigkeiten in jeder beliebigen Reihenfolge. Wer sich keine der Hauptattraktionen – das Museu Nacional d'Art de Catalunya, das CaixaForum, den Poble Espanyol, den Pavelló Mies van der

Rohe, die Fundació Joan Miró, das Estadi Olímpic und den Blick von der Burg – entgehen lassen möchte, sollte dafür zwei Tage einplanen.

Centre Gestor del Parc de Montjuïc

INFORMATIONSZENTRUM

(Karte S. 278; Passeig de Santa Madrona 28; ⌚10–20 Uhr) Das Centre Gestor del Parc de Montjuïc ist im Font del Gat untergebracht und liegt nur einen kurzen Weg vom Passeig de Santa Madrona östlich des Museu Etnològic. Hier bekommt man umfassend Auskunft und kann sich zudem in einem netten Bar-Restaurant stärken. An mehreren Standorten im Park, z. B. in der Burg, verteilen sich weitere Infostände.

Plaça d'Espanya

PLATZ

Wer von der Plaça d'Espanya zum Montjuïc fährt, kann den Hügel in seiner ganzen Pracht bewundern. Die 1900 errichtete ehemalige **Plaça-de-Braus-Les-Arenes-Stierkampfarena** an der Nordseite der Plaça d'Espanya wird derzeit von Sir Richard Rogers in ein Shopping- und Freizeitzentrum umgebaut. Gleich dahinter erstreckt sich der **Parc Joan Miró**. Er wurde in den 1980er-Jahren angelegt und lohnt wegen Mirós riesiger phallischer Skulptur *Dona i Ocell* (Frau und Vogel) in der Nordwestecke einen kurzen Abstecher.

LP TIPP Museu Nacional d'Art de Catalunya

MUSEUM

(Karte S. 278; www.mnac.cat; Mirador del Palau Nacional; Erw./Stud. 8,50/6 €, 1. So im Monat Eintritt frei; ⌚Di–Sa 10–19,So & Feiertage 10–14.30 Uhr; Ⓜ Espanya) Der pompöse **Palau Nacional** entstand in den 1920er-Jahren und sollte nach der Weltausstellung eigentlich wieder abgerissen werden. Heute beherbergt er jedoch eines der wohl bedeutendsten Museen der Stadt und gilt als Fundgrube katalanischer Kunst.

Die romanischen Werke erfreuen sich besonders großer Beliebtheit. Sehenswert ist aber auch die Abteilung mit gotischen Arbeiten, darunter Bilder der katalanischen Maler Bernat Martorell únd Jaume Huguet. Darüber hinaus kann man hier zwei eklektische Privatsammlungen – den Cambò-Nachlass und Werke aus der Sammlung Thyssen-Bornemisza –, Gemälde der venezianischen Renaissancemeister Veronese (1528–88), Tizian (1490–1557) und Canaletto (1697–1768) sowie Arbeiten von Rubens (1577–1640) und Gainsborough (1727–88) bewundern. Danach folgen mehrere eher unbedeutende Bilder verschiedener klassischer spanischer Meister des 17. Jhs.

Im Obergeschoss liegt der Schwerpunkt auf der modernen katalanischen Kunst. Die Zusammenstellung ist etwas unausgewogen, aber die Arbeiten der modernistischen Maler Ramon Casas und Santiago Rusiñol lohnen auf jeden Fall einen Blick.

Die Fotografieabteilung umfasst Werke zumeist katalanischer Fotografen ab der Mitte des 19. Jhs. und das Gabinet Numismàtic de Catalunya wartet mit Münzen aus dem römischen Spanien bzw. dem mittelalterlichen Katalonien auf und verfügt über ein paar interessante Banknoten aus dem Bürgerkrieg.

Fundació Joan Miró

MUSEUM

(Karte S. 278; www.bcn.fjmiro.es; Plaça de Neptu; Erw./Sen. & Kind 8,50/6 €; ⌚Di, Mi, Fr & Sa 10–20, Do 10–21.30, So & Feiertage 10–14.30 Uhr; 🚌50, 55, 193 oder Seilbahn) Die grandiose Fundació Joan Miró ist Barcelonas größtem Künstler des 20. Jhs. gewidmet.

Von der Sammlung, die 220 Gemälde, 180 Skulpturen, einige Textilarbeiten und über 8000 Zeichnungen umfasst, ist immer nur ein kleiner Teil zu sehen. Die Ausstellung konzentriert sich eher auf die ruhigeren letzten 20 Jahre des Künstlers, doch es gibt ein paar Ausnahmen. In der Sala Joan Prats und der Sala Pilar Juncosa werden Werke des jüngeren Miró gezeigt, die seine langsame Abkehr von einem *relativen* Realismus zu seinem späteren charakteristischen Stil nachvollziehen. Die Übergangswerke aus den 1930er- und 40er-Jahren sind besonders eindrucksvoll. Im Untergeschoss wird die Sammlung *Homenatge a Joan Miró* (Homage an Joan Miró) mit Fotos vom Künstler, einem 15-minütigen Videofilm über sein Leben und mehreren Arbeiten seiner Zeitgenossen wie Henry Moore, Antoni Tàpies, Eduardo Chillida, Yves Tanguy oder Fernand Léger präsentiert.

Für einen Besuch sollte man mehrere Stunden einplanen.

GRATIS Castell de Montjuïc

FESTUNG & GÄRTEN

Diese Festung (Karte S. 278) im Südosten des Montjuïc wurde als Wachtposten, politisches Gefängnis, Hinrichtungsstätte und ab 1960 als Militärmuseum genutzt.

Demnächst sollen hier ein internationales Friedenszentrum, ein Museum zur Burggeschichte und ein Infozentrum zum Montjuïc entstehen. Bis es so weit ist, kann

Montjuïc & Poble Sec

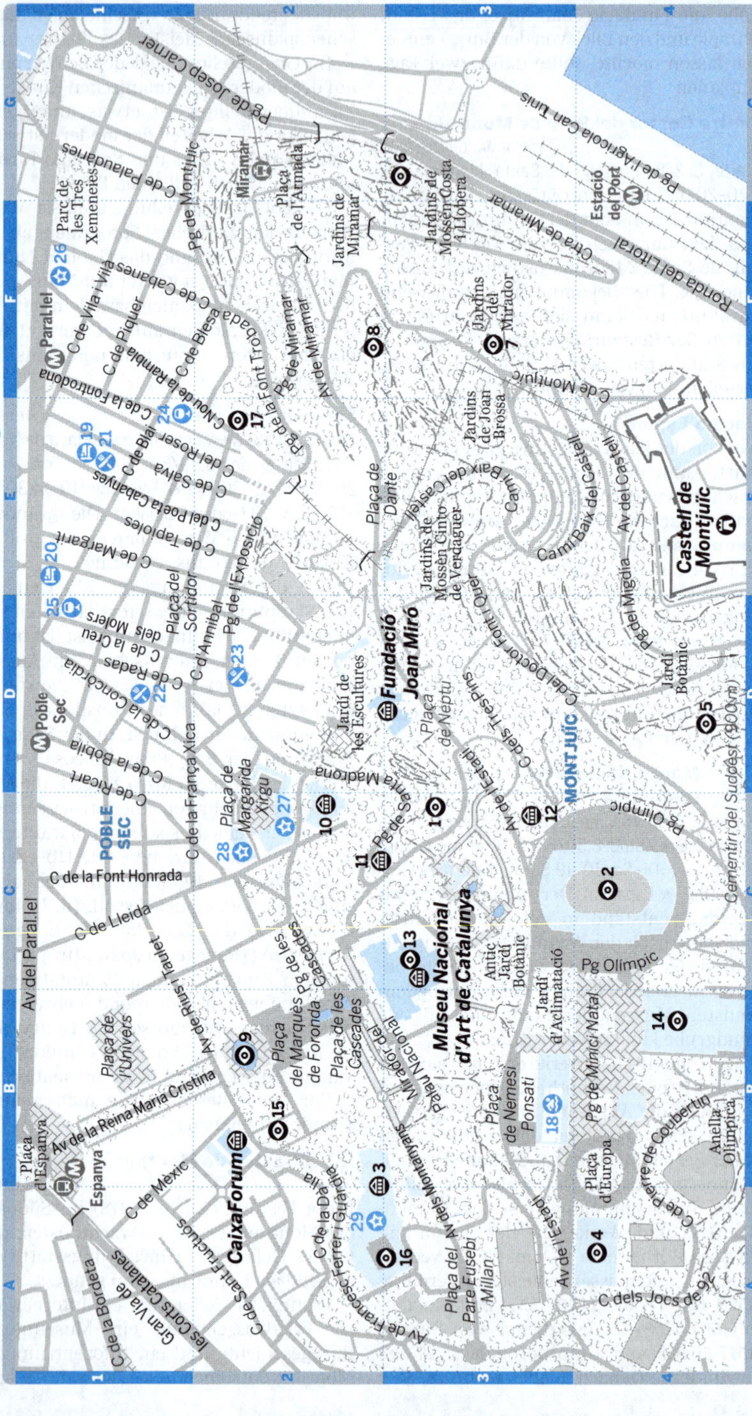

Montjuïc & Poble Sec

Highlights

CaixaForum	B2
Castell de Montjuïc	E4
Fundació Joan Miró	D3
Museu Nacional d'Art de Catalunya	C3

Sehenswertes

1	Centre Gestor del Parc de Montjuïc	C3
2	Estadi Olímpic	C4
3	Fundació Fran Daurel	B2
4	Institut Nacional d'Educació Física de Catalunya	A4
5	Jardí Botànic	D4
6	Jardins de Mossèn Costa i Llobera	G3
7	Jardins del Mirador	F3
8	Jardins Joan Brossa	F2
9	La Font Màgica	B2
10	Museu d'Arqueologia de Catalunya	C2
11	Museu Etnològic	C2
12	Museu Olímpic i de l'Esport	C3
13	Palau Nacional	C3
14	Palau Sant Jordi	B4
15	Pavelló Mies van der Rohe	B2
	Piscines Bernat Picornell	(siehe 18)
16	Poble Espanyol	A3
17	Refugi 307	E2

Aktivitäten, Kurse & Touren

18	Piscines Bernat Picornell	B3

Schlafen

19	Hostel Mambo Tango	E1
20	Melon District	E1

Essen

21	Quimet i Quimet	E1
22	Taverna Can Margarit	D1
23	Xemei	D2

Ausgehen

24	Maumau Underground	E1
25	Tinta Roja	D1

Unterhaltung

26	Sala Apolo	F1
	Tablao de Carmen	(siehe 16)
27	Teatre Lliure	C2
28	Teatre Mercat de les Flors	C2
29	Terrrazza	A2

man die bescheidene temporäre Ausstellung **Barcelona Té Castell** (Barcelona hat eine Burg) gleich rechts hinter dem Eingang besuchen. Sie bietet Erklärungen zur Geschichte der Festung und verfügt über detaillierte Pläne zu der Zukunft des Gebäudes. Außerdem lohnt sich ein Spaziergang entlang der meerzugewandten Seite der Mauer auf dem Camí del Mar, da man hier eine grandiose Aussicht auf das Wasser und die Stadt genießt. Am Ende des unbefestigten Wegs befindet sich eine beliebte, am Wochenende geöffnete **Bar**.

GRATIS Jardins — GÄRTEN

In den **Jardins de Mossèn Costa i Llobera** (Karte S. 278; ⌚10Uhr–Sonnenuntergang) oberhalb der Hauptstraße nach Tarragona gedeiht eine schöne Sammlung von Tropen- und Wüstenpflanzen, darunter auch ein Kakteenwald. Die **Jardins de Mossèn Cinto Verdaguer** (Karte S. 278; ⌚10 Uhr–Sonnenuntergang) unweit des Estació Parc Montjuïc (Seilbahnstation) warten mit hübschen Zwiebelgewächsen (vor allem Tulpen) und Wasserpflanzen auf. Östlich davon erstrecken sich auf dem Gelände eines früheren Vergnügungsparks an der anderen Straßenseite die **Jardins Joan Brossa** (Karte S. 278; ⌚10 Uhr–Sonnenuntergang). Hier sieht man viele mediterrane Pflanzenarten wie Zypressen, Kiefern und ein paar Palmen. Von den **Jardins del Mirador** (Karte S. 278) gegenüber dem Estació Mirador genießt man einen herrlichen Blick über den Hafen von Barcelona.

Poble Espanyol — THEMENPARK

(Karte S. 278; www.poble-espanyol.com; Avinguda de Francesc Ferrer i Guàrdia; Erw./Kind 8,50/5,50 €; ⌚Mo 9–20, Di–Do 9–2, Fr 9–4, Sa 9–5, So 9–24 Uhr; Ⓜ Espanya, 🚌50, 61 oder 193) Das zur Weltausstellung 1929 errichtete „Spanische Dorf" ist ein kitschiger Ort für Souvenirjäger sowie ein interessantes Sammelsurium einheimischer Architektur. Es besteht aus mehreren Plätzen und Straßen mit überraschend gelungenen Kopien typischer Bauwerke aus allen Regionen des Landes.

Als Eingang in den Themenpark dient ein mittelalterliches Tor aus Ávila. Gleich zur Rechten liegt ein Informationsbüro, in dem man kostenlose Übersichtspläne bekommt. Geradeaus geht's zur Plaza Mayor mit ihren kastilischen und aragonischen Häusern, auf der oft Konzerte stattfinden. Darüber hinaus gibt's ein andalusisches sowie galicische und katalanische Viertel, ei-

NICHT VERSÄUMEN

ROMANISCHE SCHÄTZE IM MUSEU NACIONAL D'ART DE CATALUNYA

Die Abteilung für romanische Kunst im Museu Nacional d'Art de Catalunya (S. 277) gehört zur besten in ganz Europa und ist ein Muss für Liebhaber mittelalterlicher Kunst. Hier sieht man vor allem Wandgemälde, holzgeschnitzte Werke sowie Altarbilder aus dem 11. und 12. Jh.; die bemalten Holztafeln mit Flachreliefs gelten als Vorläufer der kunstvollen *retablos* (Altarbilder). Anfang des 20. Jhs. wurden die Stücke aus verfallenen Gotteshäusern im Norden Kataloniens gerettet. Sie sind sehr farbenfroh, was belegt, dass die Kirchen im Mittelalter keineswegs schmucklos dekoriert waren. Zu den herausragendsten Stücken gehören ein 1123 entstandenes Bild von Jesus als König aus der Apsis der Església de Sant Climent de Taüll im Nordwesten sowie ein Bild der Jungfrau mit Kind aus der benachbarten Església de Santa Maria de Taüll.

ne baskische Straße und ein kleines Dominikanerkloster am östlichen Ende). In den Gebäuden sind Restaurants, Cafés, Bars, Kunsthandwerksläden, Werkstätten und ein paar Souvenirläden untergebracht.

GRATIS **Fundació Fran Daurel**

(Karte S. 278; www.fundaciofrandaurel.com; ⏲10–19 Uhr) Die im Pople Espanyol gelegene Fundació Fran Daurel verfügt über eine bunte Sammlung aus 200 Werken, darunter Skulpturen, Drucke, Keramiken und Wandteppiche von Künstlern wie Picasso, Miró und Miquel Barceló. Zu der Stiftung gehört auch ein Skulpturengarten mit 27 Exponaten, der sich in der Nähe des Poble Espanyol erstreckt (am Montblanc-Eingang).

GRATIS **La Font Màgica** BRUNNEN

(Karte S. 278; Avinguda de la Reina Maria Cristina; ⏲ alle 30 Min. Okt.–Ende Juni Fr & Sa 19–21 Uhr, Ende Juni–Sept. Di–So 21–23.30 Uhr; Ⓜ Espanya) An der Avinguda de la Reina Maria Cristina reihen sich mehrere Ausstellungs- und Kongresshallen aneinander. Die Straße führt von der Plaça d'Espanya zum Palau Nacional de Montjuïc, auf dessen Treppenterrassen mehrere Wasserspiele zu sehen sind. Das größte unter ihnen, La Font Màgica, wartet mehrmals am Abend mit einer 15-minütigen Licht-, Wasser- und Musikshow auf.

Pavelló Mies van der Rohe PAVILLON

(Karte S. 278; www.miesbcn.com; Avinguda de Francesc Ferrer i Guàrdia; Erw./Stud. 4,50/2,30 €; ⏲10–20 Uhr; Ⓜ Espanya) Gleich westlich der Font Màgica stößt man auf ein eigenwilliges Bauwerk - den erstaunlich modernen Pavelló Alemany (Deutscher Pavillon), der zur Weltausstellung 1929 von dem Architekten Ludwig Mies van der Rohe entworfen wurde. Das heutige Gebäude ist eine in den 1980er-Jahren errichtete Kopie.

GRATIS **CaixaForum** KUNSTMUSEUM

(Karte S. 278; www.fundacio.lacaixa.es, auf Katalanisch & Spanisch; Avinguda de Francesc Ferrer i Guàrdia 6–8; ⏲Di–Fr & So 10–20, Sa 10–22 Uhr; Ⓜ Espanya) In einem ehemaligen, von Puig i Cadafalch gestalteten modernistischen Fabrikgebäude kann man einen Teil der umfangreichen Caixa-Bank-Sammlung bewundern. Die ständig wechselnden Ausstellungen präsentieren moderne Kunstwerke aus aller Welt. Auch wenn man sich nicht dafür interessiert, lohnt sich eine Erkundung des eleganten Ziegelbaus.

Museu Etnològic MUSEUM

(Ethnologisches Museum; Karte S. 278; www.museuetnologic.bcn.cat, auf Katalanisch; Passeig de Santa Madrona 16–22; Erw./Sen. & Stud. 3,50/1,75 €; ⏲Di–Sa 12-20, So 11–15 Uhr; 🚌55) Dieses Museum wartet mit einer ansehnlichen dreiteiligen Ausstellung auf. Zu den traditionellen Exponaten, die in ganz Spanien und der Welt gesammelt wurden, gehören Stücke aus Japan, Nuristan (ein Gebiet zwischen Pakistan und Afghanistan), Marokko, Äthiopien, Australien, Papua Neuguinea und Amerika (insbesondere aus dem Amazonasgebiet Ecuadors). Am ersten Sonntag im Monat ist der Eintritt frei.

Museu d'Arqueologia de Catalunya MUSEUM

(Archäologisches Museum; Karte S. 278; www.mac.cat; Passeig de Santa Madrona 39–41; Erw./Stud. 3/2,10 €; ⏲Di–Sa 9.30–19, So 10–14.30 Uhr; 🚌55 oder 193) Im Museu d´Arqueologia de Catalunya kann man sich archäologische Exponate aus Katalonien und aus benachbarten Gebieten ansehen, darunter Schädelkopien aus der Zeit vor den Neandertalern, karthagische Halsbänder und westgotische Kreuze. Außerdem gibt's gutes Material von den Balearen sowie aus Empúries und römische Funde aus Barcelona. Bei unserem Besuch wurden gerade mehrere Räume restauriert.

Anella Olímpica OLYMPSCHE STÄTTE

Die Anella Olímpica (Olympischer Ring) umfasst mehrere Sporteinrichtungen und ist Hauptveranstaltungsort der Olympiade 1992. Ganz hinten am westlichen Ende befindet sich das **Institut Nacional d'Educació Física de Catalunya** (INEFC; Karte S. 278), eine Art Sporthochschule, die von dem renommierten katalanischen Architekten Ricardo Bofill entworfen wurde. Hinter einem weitläufigen Rondell, der Plaça d'Europa mit dem Funkturm Torre Calatrava, liegen die **Piscines Bernat Picornell** (Karte S. 278). Sie waren Schauplatz der Schwimm- und Tauchveranstaltungen (S. 283).

Estadi Olímpic

(Karte S. 278; Avinguda de l'Estadi; ⌚10–20 Uhr; 🚌50, 61 oder PM) Als Nächstes folgen der hübsche Jardí d'Aclimatació, ein Park, und das Estadi Olímpic, Hauptaustragungsort der Spiele (Eingang am Nordende). Während der damaligen Fernsehübertragung der Olympiade sah das Stadion mit seinen 65 000 Sitzen wohl ziemlich klein aus, ebenso wie der olympische Flammenträger, dessen Feuer von einem Bogenschützen mit brennendem Pfeil entzündet wurde. Das Stadion wurde 1929 eröffnet und für die Spiele 1992 restauriert.

Museu Olímpic i de l'Esport

(Karte S. 278; www.fundaciobarcelonaolimpica.es; Avinguda de l'Estadi 60; Erw./Stud. 4/2,50 €; ⌚10–20 Uhr; 🚌50, 61 oder 193) Gleich gegenüber dem Stadion befindet sich dieses überaus informative interaktive Museum zur Geschichte des Sports und der Olympischen Spiele, in dem, mit der Antike beginnend, viele Exponate zur Geschichte des Sports und der Olympischen Spiele gezeigt werden.

Palau Sant Jordi

(Karte S. 278) Der von dem japanischen Architekten Arata Isozaki entworfene Palau Sant Jordi westlich des Stadions ist eine große Halle mit 17 000 Sitzen, die für Sportveranstaltungen, Konzerte und Ausstellungen genutzt wird.

Jardí Botànic BOTANISCHER GARTEN

(Karte S. 278; www.jardibotanic.bcn.es; Carrer del Doctor Font i Quer 2; Erw./Stud. 3,50/1,70 €; ⌚10–20 Uhr; 🚌50, 61 oder 193) Dieser südlich gegenüber dem Estadi gelegene Garten erstreckt sich auf einer ehemaligen städtischen Müllhalde und bietet etwa 40 000 mediterranen Pflanzen (1500 Arten) Platz,

WIE MAN AUF DEN MONTJUÏC KOMMT

Theoretisch kann man von der Ciutat Vella aus zum Berg laufen, denn vom unteren Ende der Rambla sind es nur 700 m bis zum östlichen Teil des Montjuïc. Von der Avinguda de Rius i Taulet und dem Passeig de les Cascades führen Rolltreppen zum Palau Nacional und weiter bis zur Avinguda de l'Estadi.

Bus

Mehrere Busse fahren den Berg hinauf, darunter die Linien 50, 55 und 61. Bus 193 verkehrt zwischen der Plaça d'Espanya und der Burg.

Metro & Standseilbahn

Mit der Metro (Linien 2 und 3) geht's bis zur Haltestelle Paral.lel und von dort per **Standseilbahn** (⌚9–22 Uhr) weiter bis zum Estació Parc Montjuïc.

Telefèric de Montjuïc

Mit der **Seilbahn** (Erw./Kind einfache Fahrt 6,30/4,80 €; ⌚10–21 Uhr) gelangt man vom Estació Parc Montjuïc über den *mirador* (Aussichtspunkt) bis zum Castell de Montjuïc.

Transbordador Aeri

Der Transbordador Aeri *(telefèric;* Seilbahn) pendelt zwischen dem Torre de Sant Sebastiá in La Barceloneta und der Haltestelle Miramar auf dem Montjuïc.

ABSTECHER

COLÒNIA GÜELL

Gaudís letztes großes Projekt abgesehen von der Sagrada Família war der utopische Textilarbeiterkomplex **Colònia Güell** (www.coloniaguell.net; Carrer de Claudi Güell 6, Santa Coloma de Cervelló; Erw./Stud. & Sen. 5/3,50 €; ⌚Mo–Fr 10–14 & 15–19, Sa, So & Feiertage 10–15 Uhr; 🚆FGC-Linien S4, S7, S8 oder S33), den der Architekt für den Industriellen Eusebi Güell vor Barcelonas Toren in Santa Coloma de Cervelló errichtete. Seine Hauptaufgabe bestand im Bau einer Kirche. 1908 begann er mit der Arbeit, doch acht Jahre später hatte das Interesse an dem Projekt nachgelassen, und so vollendete Gaudí nur die noch heute genutzte Krypta.

Beim Entwurf des Gebäudes hatte Gaudí bereits sein wichtigstes Werk, die Sagrada Família, im Kopf. Die größtenteils klinkerverkleideten Säulen, die die Rippengewölbe der Kirche tragen, sind wie Bäume in alle Richtungen geneigt. Der Effekt war gewollt und physikalisch sehr anspruchsvoll. Gaudí arbeitete die Winkel so aus, dass die Säulen ihr Gewicht selbst tragen und ohne Stützpfeiler auskommen.

Rund um die Krypta verteilen sich die niedlichen, nach wie vor bewohnten Backsteinhäuser der Fabrikarbeiter. Mit interaktivem und audiovisuellem Material werden in fünf Räumen das Leben in der Arbeiterkolonie und die Geschichte des Kirchenbaus anschaulich dargestellt. Audioguides kosten 2 €.

die in einem ähnlichen Klima gedeihen wie dem der Mittelmeerregion. Neben dem östlichen Mittelmeer, Spanien (mit den Balearen und den Kanarischen Inseln) und Nordafrika zählen dazu auch Australien, Kalifornien, Chile und Südafrika. Am letzten Sonntag im Monat ist der Eintritt frei.

Cementiri del Sud-Oest FRIEDHOF
(⌚8–18 Uhr; 🚌193) Auf dem Hügel südlich der Anella Olímpica sieht man die Spitze eines weitläufigen Friedhofs, der sich bis zum Südhang des Hügels ausdehnt. Der 1883 entstandene Cementiri del Sud-Oest ist eine seltsame Mischung aus kunstvollen Grüften reicher Familien und kleinen Gräbern. Hier fanden verschiedene katalanische Künstler und Politiker ihre letzte Ruhe, darunter Joan Miró, Carmen Amaya (der Flamenco-Star aus La Barceloneta) und Lluís Companys (ein nationalistischer katalanischer Präsident, der von Francos Handlangern 1940 in der Burg von Montjuïc hingerichtet wurde).

Aktivitäten

An den Hauptstraßen wurden zwar Radwege angelegt, allerdings sind diese nach wie vor lückenhaft. Radfahrer, Autofahrer und Fußgänger kommen sich deshalb recht häufig in die Quere. Obwohl der Montjuïc und der Parc de Collserola hügelig sind, kann man sich dort viel stressfreier fortbewegen als in den verkehrsreichen übrigen Stadtgebieten. Mountainbiker sollten den Park ansteuern. Im Zentrum reiht sich ein Radverleih an den nächsten.

Im Frühling zieht Barcelonas **Marathon** (www.barcelonamarato.es) zahlreiche Läufer an. Start und Ziel ist die Plaça d'Espanya. Die Strecke führt am Camp Nou, La Pedrera, La Sagrada Família, Torre Agbar, Fòrum, Parc de la Ciutadella, Plaça de Catalunya und La Rambla vorbei.

Inlineskater kommen auf der Strandpromenade in La Barceloneta und in der Gegend um den Port Olímpic auf ihre Kosten.

Base Nautica Municipal SEGELN, WINDSURFEN
(www.basenautica.org; Avinguda de Litoral; Ⓜ Poblenou) Hinter der Platja de la Mar Bella kann man u. a. Segel- und Windsurfkurse belegen (185 € für 10 Std.).

Club Natació Atlètic-Barcelona SCHWIMMEN
(Karte S. 264; www.cnab.org; Plaça del Mar; Erw./Kind 10,55/6,13 €; ⌚Mo–Sa 6.30–23, So & Feiertage 8–20.30 Uhr; Ⓜ Barceloneta, 🚌17, 39, 57, 64) Hier gibt's ein Hallenbad, zwei Freibäder, ein Fitnesscenter und einen privaten Strandzugang.

Golondrina AUSFLUGSBOOT
(www.lasgolondrinas.com; Moll de les Drassanes; Erw./Kind 13,50/5 €; Ⓜ Drassanes) Wer am Mirador de Colom in die Golondrina steigt, kann sich den Hafen vom Wasser aus anschauen. Der einstündige Ausflug führt zum Port Olímpic, El Fòrum und zurück. Die Häufigkeit der Touren, die von März bis

November angeboten werden, hängt weitgehend von der Saison und der aktuellen Nachfrage ab. Alternativ ist auch ein 35-minütiger Trip zur Mole und zurück möglich (Erw./Kind 6,50/2,60 €).

Piscines Bernat Picornell SCHWIMMEN
(Karte S. 278; www.picornell.cat, auf Katalanisch; Avinguda de l'Estadi 30–38; Erw./Kind 9,65/5,95€; Mo–Fr 6.45–24, Sa 7–21, So 7.30–16 Uhr; 50, 61 oder 193) Im Olympiabad ist die Nutzung des Fitnesscenters, des Saunabereichs und des Wellnessbads inbegriffen.

Poliesportiu Marítim SCHWIMMEN
(Karte S. 264; www.claror.cat, auf Katalanisch; Passeig Marítim de la Barceloneta 33–35; Eintritt Mo–Fr 15 €, Sa, So & Feiertage 17,80 €; Mo–Fr 7–24, Sa 8–21, So & Feiertage 8–16 Uhr; M Ciutadella Vila Olímpica) Wer sich im Wasser besonders wohlfühlt, wird das thalassotherapeutische Sportzentrum lieben. Neben dem eher kleinen Trainingsbecken dürfen sich Besucher auf heiße, lauwarme sowie eiskalte Wellnessbäder mit Massage-Wasserfällen freuen. Darüber hinaus kann man auch am Strand relaxen.

Transbordador Aeri SEILBAHN
(Passeig Escullera; einfach/hin & zurück 9/12,50 €; 11–20 Uhr; M Barceloneta, 17, 39 oder 64) Die Seilbahn gleitet über den Hafen hinweg zum Montjuïc und bietet dabei einen tollen Blick auf die Stadt. Fahrkarten bekommt man im **Miramar** (Karte S. 278) auf dem Montjuïc und im **Torre de Sant Sebastiá** (Karte S. 264) in La Barceloneta.

Kurse

Es gibt in Barcelona viele Schulen, in denen Spanisch- und Katalanisch-Sprachkurse angeboten werden. Daneben kann man hier noch eine Menge anderer Dinge wie Salsa oder Kochen lernen.

Antilla BCN Escuela de Baile TANZEN
(93 451 45 64, 610 900558; www.antillasalsa.com; Carrer d'Aragó 141; 10 einstündige Kurse 120 €) Die richtige Anlaufstelle für Salsa und andere karibische Tänze.

Cook and Taste KOCHEN
(Karte S. 252; 93 302 13 20; www.cookandtaste.net; Carrer del Paradís 3; halbtägiger Workshop 60 €) Hier lernt man, wie Paella oder Gazpacho zubereitet werden.

Escola Oficial d'Idiomes de Barcelona SPANISCH, KATALANISCH
(Karte S. 258; 93 324 93 30; www.eoibd.es, auf Spanisch; Avinguda de les Drassanes; M Drassanes) Teilzeitkurse (etwa 10 Std. pro Woche) für Spanisch und Katalanisch (185,65 € pro Semester). Wegen der großen Nachfrage für Spanisch gibt's keine Garantie auf einen Platz.

International House SPANISCH
(93 268 45 11; www.ihes.com/bcn; Carrer de Trafalgar 14; M Arc de Triomf) Diese Schule bietet zweiwöchige Intensivkurse ab 410 € an und vermittelt den Teilnehmern auch eine Unterkunft.

Universitat de Barcelona SPANISCH, KATALANISCH
Katalanisch (Karte S. 266; 93 403 54 77; www.ub.edu/slc; Carrer de Melcior de Palau 140; M Sants) Spanisch (93 403 55 19; www.eh.ub.es; Gran Via de les Corts Catalanes 585; M Universitat) Intensivkurse (40 Std. verteilt auf einen Zeitraum von zwei Wochen bis einen Monat; 423 €) werden das ganze Jahr über angeboten. Längere Kurse (für Spanisch und Katalanisch) sind ebenfalls möglich.

Geführte Touren

Wer Hilfe bei der Erkundung der Sehenswürdigkeiten braucht, hat gleich mehrere Möglichkeiten.

Barcelona Walking Tours SPAZIERGÄNGE
(93 285 38 34; Plaça de Catalunya 17-S) Die Oficina d'Informació de Turisme de Barcelona organisiert Spaziergänge ins **Barri Gòtic** (Erw./Kind 12,50/5 €; auf Englisch tgl. 10 Uhr, auf Spanisch & Katalanisch Sa 12 Uhr) und Ausflüge auf den Spuren von **Picasso** (Erw./Kind 19/7 €; auf Englisch Di, Do & So 16 Uhr, auf Spanisch & Katalanisch Sa 16 Uhr). Letztere enden im Museu Picasso; der Eintritt ist im Preis inbegriffen. Alternativ erkundet man die schönsten Bauwerke des **Modernisme** (Erw./Kind 12,50/5 €; auf Englisch Fr & Sa 16 Uhr, auf Spanisch Sa 16 Uhr) oder unternimmt eine **Gourmettour** (Erw./Kind 19/7 €; auf Englisch Fr & Sa 10 Uhr, auf Spanisch & Katalanisch Sa 10.30 Uhr) zu feinen Delikatessenläden (von Schokolade bis zu Würsten) in der Altstadt. Natürlich kann man die Produkte dabei auch mal probieren. Die Ausflüge (auf Englisch oder Spanisch) dauern jeweils zwei Stunden und beginnen um 18 Uhr (Juni–Sept.) vor der Touristeninformation.

Bus Turístic BUS
(010; www.tmb.net; Tageskarte Erw./Kind 22/14 €; 9–19.30 Uhr) Drei Rundtouren (44 Haltepunkte; man kann beliebig zu- bzw.

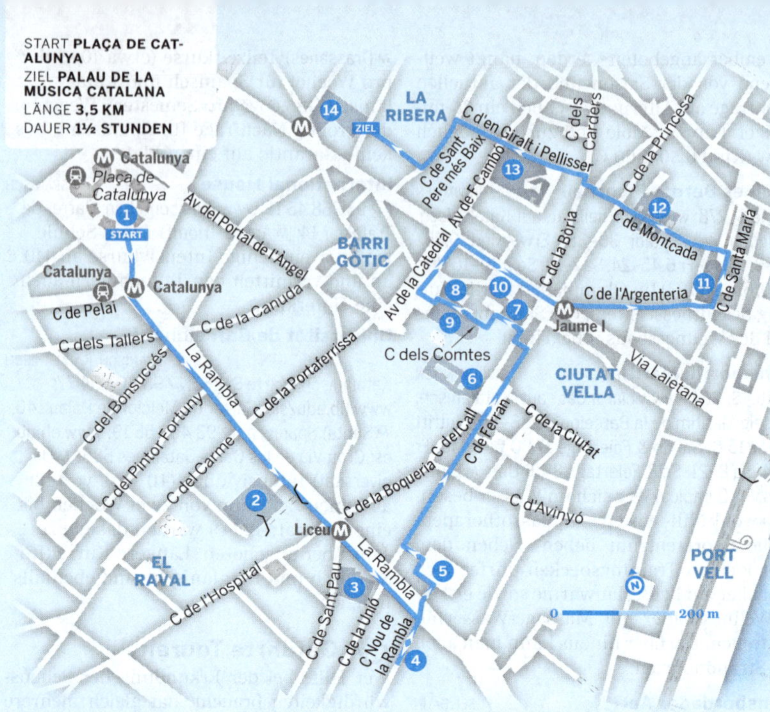

Stadtspaziergang

Altstadt

❯ Viele Attraktionen drängen sich auf relativ kleinem Raum, sodass man diese gut zu Fuß erreichen kann. Zunächst schließt man sich den Massen an und schlendert von der ❶ **Plaça de Catalunya** die Rambla hinunter. Auf dem Weg kommt man am ❷ **Mercat de la Boqueria**, einem gut sortierten und lebhaften Lebensmittelmarkt, vorbei. Einen Besuch lohnen auch Barcelonas größtes Opernhaus, das ❸ **Gran Teatre del Liceu**, und Gaudís Frühwerk, der ❹ **Palau Güell**. Von dort geht's quer über die Rambla und die quirlige ❺ **Plaça Reial** im Zentrum des Barri Gòtic zur ❻ **Plaça de Sant Jaume**, seit 2000 Jahren das politische Herz der Stadt. Römische Relikte kann man im nahe gelegenen ❼ **Museu d'Història de Barcelona** bewundern. Hier gibt's auch eine schöne Halle im Stil der katalanischen Gotik und eine mittelalterliche Kapelle. Von dem Gebäudekomplex rund um das Museum und die Plaça del Rei führt die Route am ❽ **Museu Frederic Marès** entlang zur Hauptfassade der ❾ **Catedral**. Das Kircheninnere sollte sich kein Barcelona-Besucher entgehen lassen, außerdem genießt man vom Dach einen tollen Blick auf den mittelalterlichen Stadtkern. Dann folgt man der Via Laietana hinab zur ❿ **Römischen Stadtmauer**. Ganz in der Nähe zweigt der Carrer de l'Argenteria (einst Sitz der Silberschmiede) zur prachtvollen gotischen ⓫ **Església de Santa Maria del Mar** ab, einem bemerkenswerten Symbol katalanischer Identität. Dahinter verläuft der elegante Carrer de Montcada mit seinen alten Gebäuden und zahlreichen Museen wie das ⓬ **Museu Picasso**. Danach geht's Richtung Nordwesten zum ⓭ **Mercat de Santa Caterina**. Der kühle Neubau einer prächtigen Markthalle aus dem 19. Jh. befindet sich am früheren Standort eines mittelalterlichen Klosters. Anschließend steht der wunderbare modernistische ⓮ **Palau de la Música Catalana** auf dem Programm, der mit hervorragenden Veranstaltungen von Flamenco bis zum portugiesischen Fado aufwartet.

aussteigen) decken alle wichtigen Sehenswürdigkeiten der Stadt ab. Broschüren darüber bekommt man in den Touristeninformationen, den Büros der Verkehrsgesellschaft TMB und in vielen Hotels. Die beiden Haupttouren dauern jeweils ca. zwei Stunden. Weniger interessant ist die dritte Tour vom Port Olímpic zum Fòrum, die von April bis September angeboten wird.

Catalunya Bus Turístic BUS
(☎93 285 38 32; www.tmb.net) Zu den Angeboten dieses Unternehmens gehören ein Tagesausflug zur Altstadt und zum Wochenmarkt von Vic (35 €), nördlich von Barcelona; eine Exkursion nach Girona und Figueres (71 €); eine Wein- und *cava* (Schaumwein)-Tour ins Penedès-Gebiet mit drei Kellereibesichtigungen inklusive Mittagessen (59 €); sowie ein Trip nach Montserrat und Sitges (69 €). Los geht's jeweils um 8.30 Uhr von der Plaça de Catalunya (Ende März–Okt.).

Barcelona Scooter ROLLER
(☎93 285 38 32; Tour 50 €; Sa 10.30, Do 15.30 Uhr) Barcelona Scooter wird von Cooltra (S. 306) betrieben und bietet in Kooperation mit dem Femdenverkehrsamt dreistündige Stadtrundfahrten an. Treffpunkt ist vor dem Cootra-Büro.

BCN Skytour HELIKOPTER
(☎93 224 07 10; www.cathelicopters.com; Heliport, Passeig de l'Escullera; Tour 80 € pro Pers.; ⌚10–19 Uhr) Ein zehnminütiger Adrenalinkick in 800 m Höhe mit einem fantastischen Blick auf die Stadt. Zum Heliport nimmt man am besten ein Taxi.

Gocar KLEINWAGEN
(☎902 301333; www.gocartours.es; Carrer de Freixures 23bis; Miete pro Std./Tag 35/99 €); ⌚9–21 Uhr) Mit diesen GPS-gesteuerten dreirädrigen Vehikeln für zwei Personen kann man in der Stadt herumkurven und sich dabei Erläuterungen zu den bedeutendsten Sehenswürdigkeiten anhören.

My Favourite Things THEMEN-TOUREN
(☎637 265405; www.myft.net; Touren 26–32 €) Touren (max. 10 Pers.) mit Themen wie Design, Essen, Inlineskaten oder Segeln. Einige der ungewöhnlicheren Ausflüge sind teurer.

FAHRRADTOUREN

Es gibt in Barcelona zahlreiche Anbieter für Radtouren, darunter **Barcelona By Bike** (☎93 268 81 07; www.barcelonabybike.com) mit einem Treffpunkt auf dem Carrer de la Marina in der Nähe des Kasinos am Port Olímpic, **BarcelonaBiking.com** (Karte S. 252; ☎656 356 300; www.barcelonabiking.com; Baixada de Sant Miquel 6), **Bike Tours Barcelona** (Karte S. 260; ☎93 268 21 05; www.biketoursbarcelona.com; Carrer de l'Esparteria 3) und **Fat Tire Bike Tours** (Karte S. 252; ☎93 301 36 12; www.fattirebiketoursbarcelona.com; Carrer dels Escudellers 48). Die Ausflüge dauern meist zwischen zwei und vier Stunden und führen durch die Altstadt zur Sagrada Família sowie zu den Stränden.

Feste & Events

Reis/Reyes EPIPHANIA
Dieses Fest am 6. Januar ist auch bekannt als Dia dels Reis Maga bzw. Día de los Reyes Magos (Dreikönigstag). Am Vorabend bei der Cavalcada dels Reis Mags (Dreikönigsumzug) kommen besonders Kinder auf ihre Kosten. Während des farbenfrohen Umzugs mit Festwagen und Musik werden nämlich tonnenweise Süßigkeiten in die Menge geworfen.

Dia de Sant Jordi HEILIGER GEORG
Am 23. April ist der Tag des Schutzheiligen Kataloniens sowie der Tag des Buches: Männer schenken Frauen eine Rose, Frauen den Männern einen Schmöker, außerdem stellen zahlreiche Verlage neue Titel vor. Auf der Rambla, der Plaça de Sant Jaume und vielen anderen Plätzen bzw. Straßen im Zentrum findet man nun jede Menge Buch- und Blumenstände.

Pride Barcelona SCHWULENFESTIVAL
(www.pridebarcelona.org) Ein einwöchiges Fest Ende Juni mit vielfältigen kulturellen und musikalischen Programmpunkten sowie einer Schwulenparade am letzten Sonntag im Monat.

Festes de la Mercè STADTFEST
(www.bcn.cat/merce) Die größte Party der Stadt wird rund um den 24. September über vier Tage gefeiert – mit Konzerten, Tanz, *castellers* (Menschenpyramiden), einem Feuerwerk im Gleichklang mit den Montjuïc-Wasserspielen, dem Tanz der Riesen am Samstag und den *correfocs,* eine Parade mit feuerspeienden Drachen und Teufeln aus ganz Katalonien, am Sonntag.

BARCELONA MIT KINDERN

Barcelona wartet mit zahlreichen Möglichkeiten für Kinder auf. Es gibt hier gute Verkehrsverbindungen, viele Attraktionen liegen dicht beieinander und in Restaurants und Cafés werden die Kleinen herzlich empfangen.

Auf der Rambla sorgen zahlreiche Schausteller und Straßenmusiker für Unterhaltung, außerdem ist das **Museu de Cera** (Wachsfigurenkabinett; S. 251) eine gute Anlaufstelle.

Am unteren Ende des Boulevards kann man das **Mirador a Colom** (S. 251) hinaufklettern oder im **L'Aquàrium** (S. 263) den Haien zuschauen.

Toll ist auch eine Fahrt mit dem **Transbordador Aeri** (S. 283) hoch über dem Hafen zwischen La Barceloneta und Montjuïc und ein Besuch von Tibidabos aufregendem Freizeitpark **Parc d'Atraccions** (S. 274).

Jede Menge Spaß für Klein und Groß versprechen das **Museu Marítim** (S. 257), das **Museu de la Xocolata** (S. 262) und das interaktive Wissenschaftsmuseum **CosmoCaixa** (S. 274).

Im Sommer kann man sich in den **Freibädern** (S. 282) und am **Strand** vergnügen. Bei kühlerem Wetter sind die Parks eine gute Wahl, ebenso wie ein Spaziergang durch die Gärten des Montjuïc samt einer Erkundung des **Castell de Montjuïc** (S. 277). Das Labyrinth der **Jardins del Laberint d'Horta** (S. 274) bereitet nicht nur dem Nachwuchs Orientierungsschwierigkeiten, sondern auch den Eltern. Darüber hinaus lockt natürlich ein Besuch des **Zoo de Barcelona** (S. 263).

Sónar ELEKTRONISCHE MUSIK
(www.sonar.es) Sónar ist Barcelonas Festival der elektronischen Musik und gilt als Europas größtes Event dieser Art. Orte und Termine ändern sich jedes Jahr.

Primavera Sound MUSIK
(www.primaverasound.com) Drei Tage lang verwandeln sich im Mai (oder auch Anfang Juni) das Auditori Fòrum und andere Orte in der Stadt zu Bühnen für internationale DJs und Musiker.

Dia de Sant Joan MITTSOMMERFEST
Ein mitreißendes Mittsommerfest mit Freudenfeuern am 24. Juni (selbst auf den Plätzen von L'Eixample) und einem Feuerwerk am Vorabend.

Festival del Grec MUSIK, THEATER
(www.barcelonafestival.com) Ende Juni bis August gibt's überall in der Stadt Musik, Tanz und Theater.

Festa Major de Gràcia GRÀCIA
(www.festamajordegracia.org, auf Katalanisch) Dieses Fest wird rund um den 15. August in Gràcia gefeiert, und zwar mit geschmückten Straßen, Tanz und Konzerten.

La Diada NATIONALFEIERTAG
Kataloniens Nationalfeiertag am 11. September erinnert an Barcelonas Niederlage 1714 und ist eine ziemlich ernste Angelegenheit.

Schlafen

Obwohl es hier unzählige Hotels gibt, sollte man vorher reservieren. Barcelona ist eines der beliebtesten Ziele für Städtereisen und ein begehrter Veranstaltungsort für Messen.

Günstige, zentral gelegene Unterkünfte findet man im Barri Gòtic und in Raval. L'Eixample wartet mit ein paar guten *pensiones* (kleine Privathotels) der unteren Preisklasse sowie zahlreichen Mittelklasse- und Luxushotels auf, die meist nur einen Steinwurf von der Altstadt entfernt sind. Außerdem wurden in den letzten Jahren mehrere anziehende Boutique-Hotels eröffnet. Hübsche Unterkünfte entdeckt man auch im geschäftigen Stadtteil Born von La Ribera und unweit der Strände von La Barceloneta.

LA RAMBLA

Hotel Continental HOTEL €€
(Karte S. 258; ☎93 301 25 70; www.hotelcontinental.com; La Rambla 138; EZ/DZ 87/97 €; ❄@; ⓂCatalunya) Die Zimmer in diesem klassischen alten Hotel – George Orwell lebte hier während des Bürgerkriegs – sind einfach und verfügen über altmodische Details wie Deckenventilatoren. Für das Doppelzimmer mit Balkon zur Rambla raus muss man 20 € extra zahlen. Das Frühstück wird auf dem Zimmer serviert, alternativ stärkt man sich am rund um die Uhr zugänglichen Büfett.

BARRI GÒTIC

Alberg Hostel Itaca HOSTEL €
(Karte S. 252; ☎93 301 97 51; www.itacahostel.com; Carrer de Ripoll 21; B 14–20 €, DZ 55 €; @📶; Ⓜ Jaume I) Das helle, ruhige Hostel unweit der Kathedrale hat geräumige Schlafsäle (für 6/8/12 Pers.) mit Parkett, angenehmen Frühlingsfarben und privaten Bädern. In der Nähe gibt's auch ein paar Apartments für sechs Personen (120 € pro Nacht).

Hostal Campi HOSTAL €
(☎93 301 35 45; www.hostalcampi.com; Carrer de la Canuda 4; EZ/DZ ohne Bad 34/57 €; Ⓜ Catalunya) Ein tolles Angebot der unteren Preiskategorie. Die Doppelzimmer mit eigener Toilette und Dusche sind die beste Wahl. Sie sind zwar einfach, aber sehr geräumig und hell.

Hotel Neri DESIGNERHOTEL €€€
(Karte S. 252; ☎93 304 06 55; www.hotelneri.com; Carrer de Sant Sever 5; DZ ab 235 €; ❄@📶; Ⓜ Liceu) Diese prachtvolle mittelalterliche Villa wurde wunderschön restauriert und kombiniert historische Steinwände mit Plasma-Bildschirmen. Unten befindet sich ein gutes Restaurant, außerdem gibt's hier eine tolle Dachterrasse.

Hotel California HOTEL €€
(Karte S. 252; ☎93 317 77 66; www.hotelcalifornia bcn.com; Carrer d'en Rauric 14; EZ/DZ 80/115 €; ❄@📶; Ⓜ Liceu) In dem klassischen, zentral gelegenen und schwulenfreundlichen Hotel können sich die Gäste über einfache, aber sehr gepflegte Zimmer in hellen neutralen Farben und mit recht großen Betten sowie Plasma-Bildschirmen freuen. Das California verfügt über einen lebhaften Frühstücksraum und bietet Zimmerservice rund um die Uhr.

Hotel Jardí HOTEL €€
(Karte S. 252; ☎93 301 59 00; www.hoteljardi-barcelona.com; Plaça de Sant Josep Oriol 1; DZ 65–95 €; ❄; Ⓜ Liceu) Am besten nimmt man eines der Doppelzimmer mit Balkon und Blick auf einen der schönsten Plätze der Stadt. Die anderen Zimmer sind eher durchschnittlich.

EL RAVAL

Hotel San Agustín HOTEL €€
(Karte S. 258; ☎93 318 16 58; www.hotelsa.com; Plaça de Sant Agustí 3; EZ 123–144 €, DZ 171 €; ❄@📶; Ⓜ Liceu) 1840 wurde dieses ehemalige Kloster aus dem 18. Jh. zu einem Hotel umfunktioniert und ist damit die älteste Unterkunft in der Stadt. Das San Agustín liegt an einem urigen Platz nicht weit von der Rambla und wartet mit blitzsauberen, zumeist geräumigen und hellen Zimmern inklusive Parkettboden auf. Die oberen Räume (134 €) verfügen über Dachschrägen und bieten einen tollen Ausblick.

Hostal Gat Raval HOSTEL €€
(Karte S. 258; ☎93 481 66 70; www.gataccommodation.com; Carrer de Joaquín Costa 44; EZ/DZ ohne Bad 58/74 €; ❄@📶; Ⓜ Universitat) Erbsengrün und Limonengelb ist die Farbgebung in diesem coolen jungen, zweistöckigen Hostel in Raval. Die hübschen Zimmer haben grüne Türen, sind allerdings nur teilweise mit einem eigenen Bad ausgestattet. Auf der anderen Straßenseite reihen sich mehrere Bars aneinander.

Barceló Raval DESIGNERHOTEL €€
(Karte S. 258; ☎93 320 14 90; www.barceloraval.com; La Rambla del Raval 17–21; DZ 150–210 €; ❄@📶≋; Ⓜ Liceu) Von der Dachterrasse dieses ovalförmigen Neulings genießt man eine herrliche Aussicht, außerdem punktet das B-Lounge-Bar-Restaurant mit superleckerem Essen und tollen Cocktails. Die Zimmer (es gibt drei Kategorien) sind stilvoll in Weiß und Zitronengrün oder Rubinrot gestaltet und punkten mit Nespresso-Maschinen sowie iPod-Docks.

Casa Camper DESIGNERHOTEL €€€
(Karte S. 258; ☎93 342 62 80; www.casacamper.com; Carrer d'Elisabets 11; EZ/DZ 228/255 €; ⊖❄@; Ⓜ Liceu) Die Zimmer des von mallorquinischen Schuhmachern betriebenen Designerschuppens im besseren Teil von El Raval bieten einige Überraschungen wie Vinçon-Möbel. Darüber hinaus dürfen sich die Gäste über separate private Wohnzimmer mit Balkon, Fernseher und Hängematte freuen.

Hotel Aneto HOTEL €
(Karte S. 258; ☎93 301 99 89; www.hotelaneto.com; Carrer del Carme 38; EZ/DZ 45/65 €; ❄; Ⓜ Liceu) Ein gutes Preis-Leistungs-Verhältnis und eine günstige Lage an einer belebten Straße in einer der besseren Ecken Ravals. Am besten entscheidet man sich für eines der zur Straße gelegenen Doppelzimmer mit Balkon.

Hotel Peninsular HOTEL €€
(Karte S. 258; ☎93 302 31 38; www.hpeninsular.com; Carrer de Sant Pau 34; EZ/DZ 55/78 €; ❄@📶; Ⓜ Liceu) Das begrünte Atrium dient als Frühstücksraum und ist die Hauptattraktion dieses ehemaligen Klosters. Die

Zimmer sind einfach, sauber und zumeist auch geräumig.

Barcelona Mar Hostel HOSTEL €
(Karte S. 258; ☎93 324 85 30; www.barcelonamar.com; Carrer de Sant Pau 80; B 18–22 €, DZ 60 €; ❄@📶; Ⓜ Paral.lel) Das rund um die Uhr geöffnete Hostel hat ordentliche Doppel- und Mehrbettzimmer für 6 bis 16 Personen. Pluspunkte gibt's für die kostenlose Nutzung des Internets, der Schließfächer, der Küche und des Gepäcklagerraums. Von hier aus ist es nur ein Katzensprung zu den vielen Bars an der Rambla del Raval.

LA RIBERA

LP TIPP **Hotel Banys Orientals**
BOUTIQUE-HOTEL €€
(Karte S. 260; ☎93 268 84 60; www.hotelbanysorientals.com; Carrer de l'Argenteria 37; EZ/DZ 93/107 €; ❄@; Ⓜ Jaume I) Kühle Blau- und Aquamarintöne in Kombination mit dunklen Parkettböden sorgen für besonderen Charme. Die Zimmer sind klein, aber erstklassig eingerichtet und gehen auf die Straße oder auf kleine Gassen hinaus. In zwei nahe gelegenen Gebäuden befinden sich geräumigere Suiten.

Chic & Basic DESIGNERHOTEL €€
(Karte S. 260; ☎93 295 46 52; www.chicandbasic.com; Carrer de la Princesa 50; EZ 96 €, DZ 132–171 €; ❄@; Ⓜ Jaume I) Das sorgfältig renovierte Gebäude mit den hohen Bögen in der Fassade und der beeindruckenden Marmortreppe verfügt über 31 makellos weiße Zimmer der Kategorien M, L und XL. Die Räume haben hohe Decken, große Betten und viele tolle Extras wie eine LED-Beleuchtung und Flachbildschirme. In der White Bar (der Name ist Programm) im Erdgeschoss kann man sich einen Drink genehmigen. Der Inhaber des Chic & Basic betreibt auch ein *hostal* in El Raval.

Pensió 2000 PENSION €
(☎93 310 74 66; www.pensio2000.com; Carrer de Sant Pere més Alt 6; EZ/DZ mit Bad 52/65 €; @; Ⓜ Urquinaona) Diese fröhliche *pensión* gegenüber dem modernistischen Zuckertörtchen Palau de la Música Catalana (S. 259) wartet mit kanariengelben Zimmern, einer günstigen Lage und einer kleinen Terrasse auf. Die beiden besten Zimmer haben ein eigenes Bad.

PORT VELL & LA BARCELONETA

W Barcelona HOTEL €€€
(☎93 295 28 00; www.w-barcelona.com; Plaça de la Rosa del Vents 1; Zi. 283–385 €; P❄@🏊; Ⓜ Barceloneta, 🚌17, 39, 57 oder 64) Der Standort des segelförmigen Glasturms am Ende des Strands ist einfach traumhaft. Darüber hinaus gibt's hier ganz unterschiedliche Zimmer, einen Fitnessraum, einen großen Pool mit Bar, eine Wellnessanlage namens Bliss@spa, ein hervorragendes avantgardistisches Restaurant im zweiten Stock und eine Bar namens Eclipse, in der man sich passend zur tollen Aussicht einen leckeren Cocktail gönnen kann.

Hotel 54 HOTEL €€
(Karte S. 264; ☎93 225 00 54; www.hotel54barceloneta.com; Passeig de Joan de Borbó 54; EZ/DZ 130/140 €; ❄@; Ⓜ Barceloneta) Moderne Zimmer mit Fliesenfußböden, Designerbädern, Flachbildschirmen sowie einem herrlichen Blick zur Marina und auf den Sonnenuntergang. Weil sich Letzterer jedoch auch von der Dachterrasse aus genießen lässt, kann man ebenso gut einen günstigeren Raum zur Straße hin nehmen.

Hotel del Mar HOTEL €€
(☎93 319 33 02; www.gargallohotels.es; Pla del Palau 19; EZ/DZ 139/171 €; ❄@; Ⓜ Barceloneta) Das „Haus am Meer" liegt günstig zwischen Port Vell und El Born. Einige Zimmer in dem unter Denkmalschutz stehenden Gebäude verfügen über Balkone mit Blick auf das Wasser. Zu den Stränden und Restaurants von Barceloneta und den Bars von El Born sind es nur zehn Gehminuten.

L'EIXAMPLE

Hostal Goya HOSTEL €€
(Karte S. 266; ☎93 302 25 65; www.hostalgoya.com; Carrer de Pau Claris 74; EZ 70 €, DZ 96–113 €; ❄; Ⓜ Passeig de Gràcia) Eine Art Kleinod im hippen Teil von L'Eixample und nur einen kurzen Spaziergang von der Plaça de Catalunya entfernt. Alle Zimmer haben Parkettböden und eine angenehm helle Farbgestaltung, die von Raum zu Raum variiert. Die modern ausgestatteten Bäder bezaubern besonders durch ihre original erhaltenen Mosaikböden.

Hotel Axel HOTEL €€
(Karte S. 266; ☎93 323 93 93; www.axelhotels.com; Carrer d'Aribau 33; Zi. ab 142 €; 🚭❄@📶🏊; Ⓜ Universitat) In dem schicken und schwulenfreundlichen Eckgebäude gibt's Designerzimmer mit Plasmabildschirmen und (in den Doppelzimmern) übergroßen Betten sowie ein Schwimmbad, eine Sauna, einen Whirlpool auf dem Dach und im Sommer die coole Sky Bar. 2010 wurde das Hotel komplett renoviert.

BARCELONA

LANGZEITVERMIETUNG

Die Preise für eine Ferienwohnung bewegen sich für zwei Personen im Schnitt zwischen 80 und 100 € und liegen für vier Personen bei etwa 160 € pro Nacht. Ein kurzfristiger Wohnungstausch wird in den Anzeigen von www.loquo.com angeboten.

Es gibt zahlreiche Mietagenturen, darunter **Aparteasy** (Karte S. 266; ☎93 451 67 66; www.aparteasy.com; Plaça del Doctor Letamendi 10), **Feelathomebarcelona.com** (Karte S. 258; ☎651 89 4141; www.feelathomebarcelona.com; Carrer Nou de la Rambla 15), **Barcelona On Line** (Karte S. 266; ☎902 88 70 17, 93 343 79 93; www.barcelona-on-line.es; Carrer de València 352), **Friendly Rentals** (☎93 268 80 51; www.friendlyrentals.com; Passatge de Sert 4), **Lodging Barcelona** (Karte S. 266; ☎93 458 77 58; www.lodgingbarcelona.com; Carrer de Balmes 62) und **Rent a Flat in Barcelona** (Karte S. 266; ☎93 342 73 00; www.rentaflatinbarcelona.com; Carrer de Fontanella 18).

Für den schmalen Geldbeutel eignet sich **Barcelona30.com** (☎902 58 56 80; www.barcelona30.com).

In der **Universitat de Barcelona** (Karte S. 266; ☎93 402 11 00; Gran Via de les Corts Katalanisches 585), dem **British Council** (☎93 241 99 77; Carrer d' Amigó 83) und dem **International House** (☎93 268 45 11; Carrer de Trafalgar 14) gibt's schwarze Bretter mit Anzeigen für Wohnungen und Wohngemeinschaften.

Das kostenlose englischsprachige Monatsmagazin *Barcelona Metropolitan*, das in Bars, einigen Hotels und manchmal auch in Touristeninformationen ausliegt, enthält Wohnungsanzeigen, ebenso wie das kostenlose Monatsmagazin *Catalunya Classified*. Ebenso nützlich ist das wöchentliche Anzeigenblatt *Anuntis*. Die Miete beträgt etwa ab 350 € im Monat. Dazu kommt der Anteil an Nebenkosten (Gas, Strom, Wasser, Telefon und *comunidad* – Hausverwaltung).

Hotel Praktik HOTEL €€
(Karte S. 266; ☎93 343 66 90; www.hotelpraktikrambla.com; Rambla de Catalunya 27; EZ/DZ 69/99–129 €; ❄@📶; Ⓜ Passeig de Gràcia) Die hohen Decken und Fliesenböden des ehemaligen *hostals* sind erhalten geblieben. Zur neuen Ausstattung gehören gewagte Keramikdetails, helles Licht, zeitgenössische Kunst, ein Leseraum und eine Lounge-Terrasse im Stil eines Schiffsdecks.

Hotel d'Uxelles HOTEL €€
(☎93 265 25 60; www.hotelduxelles.com; Gran Via de les Corts Catalanes 688; EZ/DZ 90/109 €; ❄@; Ⓜ Tetuan) Unterschiedlich gestaltete Zimmer mit blauweißen bis beige-cremefarbenen Kombinationen, schmiedeeisernen, überdachten Betten und Bädern im andalusischen Stil. Einige Räume haben auch kleine Terrassen. Ein Zimmer nach hinten raus ist besser, weil die Gran Via sehr laut ist.

Hotel Constanza BOUTIQUE-HOTEL €€
(Karte S. 266; ☎93 270 19 10; www.hotelconstanza.com; Carrer del Bruc 33; EZ/DZ 110/130 €; ❄@; Ⓜ Girona oder Urquinaona) Diese wunderschöne Unterkunft hat schon das Herz so manchen Barcelona-Besuchers erobert. Alle Zimmer verfügen über große Spiegel und sind in kräftigen Farben (Rot und Gelb, dazu schwarze Möbel) gestaltet. Es gibt auch Suiten und Studios. Auf der Terrasse mit Blick über die Dächer von L'Eixample kann man wunderbar entspannen.

Hostal Girona HOSTEL €€
(☎93 265 02 59; www.hostalgirona.com; Carrer de Girona 24; EZ/DZ 70/85 €; Ⓜ Girona) Ein einfaches, sauberes und freundliches familienbetriebenes *hostal* mit einem guten Preis-Leistungs-Verhältnis und einer typisch katalanischen Atmosphäre. In dem zweistöckigen Gebäude scheint die Zeit stehen geblieben zu sein. Es gibt winzige Einzelzimmer mit Gemeinschaftsbad und geräumige Doppelzimmer mit Balkon. Der Verkehrslärm bei offenem Fenster kann lästig sein.

Hotel Omm DESIGNERHOTEL €€€
(Karte S. 266; ☎93 445 40 00; www.hotelomm.es; Carrer de Rosselló 265; DZ ab 345 €; P❄@≋; Ⓜ Diagonal) Wie Streifen metallischer Haut, die sich von der glänzenden Oberfläche des Gebäudes abschälen – genau so sehen die Balkone aus. In den hochmodern ausgestatteten Zimmern dominieren helle klare Farben und im Foyer gibt's eine beliebte Bar.

Fashion House B&B €€
(☎637 90 40 44; www.bcnfashionhouse.com; Carrer de Bruc 13; EZ/DZ/3BZ ohne Bad 55/80/

110 €; ❄@📶; Ⓜ Urquinaona) Der Name mag albern klingen, aber die acht unterschiedlich gestalteten, geschmackvollen Zimmer mit 4,50 m hohen Decken, Parkettböden und teilweise kleinen Glasvorbauten zur Straße hin sprechen für sich. Zwei Zimmer teilen sich jeweils eines der Bäder im Korridor. Frühstück gibt's im Speiseraum oder im Garten auf der Rückseite.

Market Hotel BOUTIQUE-HOTEL €€
(☎93 325 12 05; www.markethotel.com.es; Passatge de Sant Antoni Abad 10; EZ/Suite 105/140 €, DZ 115–125 €; ❄@; Ⓜ Sant Antoni) Das elegante Hotel befindet sich in einer engen Gasse gleich nördlich des großen alten Sant-Antoni-Markts, der wegen dringend nötiger Renovierungsarbeiten einige Jahre geschlossen sein wird. Die Zimmer überzeugen mit ihrer angenehmen Kombination von weißer Farbe und dunklen Nussbraun- sowie Rottönen. In dem unten gelegenen gut besuchten Restaurant werden katalanische und mediterrane Gerichte serviert.

Somnio Hostel HOSTEL €€
(Karte S. 266; ☎93 272 53 08; www.somniohostels.com; Carrer de la Diputació 251; B 25 €, EZ/DZ ohne Bad 40/72 €; ⊖❄@📶; Ⓜ Passeig de Gràcia) Ein neues, ruhiges Hostel mit zehn weiß und hellblau gestrichenen Zimmern (zwei davon mit sechs Schlafplätzen) mitten in L'Eixample. Die Räume im zweiten Stock verfügen über gute Duschen und dicke Matratzen.

Hostal Aribau HOSTAL €
(Karte S. 266; ☎93 453 11 06; www.hostalaribau.com; Carrer d'Aribau 37; EZ/DZ/3BZ mit Bad 60/65/80 €; ❄; Ⓜ Universitat) Dieses einfache, familienbetriebene *hostal* hat kleine saubere Zimmer und liegt praktisch in einem lebhaften Teil von L'Eixample. Bis zur Ciutat Vella sind es nur wenige Gehminuten.

GRÀCIA

Hotel Casa Fuster MODERNISME-HOTEL €€€
(Karte S. 273; ☎93 255 30 00, 902 20 23 45; www.hotelcasafuster.com; Passeig de Gràcia 132; EZ/DZ ab 294/321 €; P⊖❄@📶≋; Ⓜ Diagonal) Kaum zu glauben, dass dem modernistischen Gebäude einst der Abriss drohte. Heute beherbergt es ein Luxushotel mit edlen, allerdings eher kleinen Zimmern. Die originalen Bestandteile wurden liebevoll restauriert und mit Wassermassagebädern und großen Betten ergänzt. Besonders schön sind die Zimmer mit Balkon und Blick auf den Passeig de Gràcia.

TIBIDABO

Alberg Mare de Déu de Montserrat HOSTEL €
(☎93 210 51 51; www.xanascat.cat; Passeig de la Mare de Déu del Coll 41–51; B unter 26 J. oder mit internationalem Studentenausweis/andere 21,55/25,95 €; P@; Ⓜ Vallcarca, im Anschluss 🚌28 oder 92) 4 km nördlich des Zentrums erhebt sich diese prachtvolle Villa mit einem Foyer im Mudéjar-Stil. Die meisten Schlafsäle haben sechs Betten. An einem lauen Sommerabend im Garten zu sitzen ist eine angenehme Alternative zu einem Trip in die Stadt.

EL POBLE SEC

LP TIPP **Hostel Mambo Tango** HOSTEL €
(Karte S. 278; ☎93 442 51 64; www.hostelmambotango.com; Carrer del Poeta Cabanyes 23; B 26 €; @📶; Ⓜ Paral.lel) Das wunderbare Mambo Tango hat einfache Schlafsäle für sechs bis zehn Personen und in verrückten Farben gestaltete Bäder. Es verströmt eine

CAMPING

Der nächste Campingplatz der Stadt liegt ein Stück außerhalb. Weitere Möglichkeiten gibt's an der Küstenhauptstraße Richtung Sitges.

11 km nordöstlich von Barcelona und nur 200 m vom El-Masnou-Bahnhof (mit dem *rodalies*-Zug von der Haltestelle Catalunya an der Plaça de Catalunya) erstreckt sich der schattige, halbwegs preiswerte und in der Nähe des Strands gelegene **Camping Masnou** (☎93 555 15 03; Camí Fabra 33, El Masnou; 2-Pers.-Platz mit Auto 34,25 €; ⏲ganzjährig; P@≋).

Der schattige, relativ grüne **Camping Tres Estrellas** (☎93 633 06 37; www.camping3estrellas.com; Carretera C31, km 186,2, Viladecans; 2-Pers.-Platz mit Auto 34 €; ⏲Mitte März–Mitte Okt.; P@≋) ist einer von mehreren Plätzen an einem Strand, der 12 km südwestlich von Barcelona beginnt. Er verfügt über Läden, Restaurants, Bars, mehrere Swimmingpools und Waschmaschinen, einen Spielplatz und einen Basketballplatz. Bus L95 fährt von der Ecke Ronda de la Universitat und Rambla de Catalunya hierher.

einladende, leicht chaotische Atmosphäre, außerdem erfährt man hier, was wann und wo los ist.

Melon District HOSTEL €
(Karte S. 278; ☎93 329 96 67; www.melondistrict.com; Avinguda del Paral.lel 101; EZ 45–55 €, DZ 50–60 €; P ❄ @ ☎; Ⓜ Paral.lel) Weißer als weiß scheint in diesem neuen beliebten Studentenwohnheim die Devise zu sein. Man kann sich hier für eine Nacht oder auch ein ganzes Jahr einquartieren. Die einzigen andersfarbigen Gegenstände sind grüne Plastikstühle.

Essen

Mit seiner Mischung aus der reichhaltigen katalanischen Küche und einer neuen Welle innovativer Spitzenköche der sogenannten *nueva cocina española* gilt Barcelona als echtes Feinschmeckerparadies. Im Barri Gòtic und El Raval stößt man auf zahlreiche traditionellere, meist nicht allzu kostspielige Restaurants, während das El-Born-Gebiet von La Ribera mit vielen Möglichkeiten von der gehobenen experimentellen Küche bis zu rustikalen Restaurants in uralten Häusern und einfachen Gaststätten aufwartet.

Gràcia ist voller verführerischer Lokale, darunter eine Menge mit Schwerpunkt auf der nahöstlichen und griechischen Küche.

Noch mehr Abwechslung versprechen L'Eixample, die Zona Alta und die Randbezirke, in denen man alles von der chinesischen Sushi-Bar bis zum Edelrestaurant findet. Allerdings sollte man sich genau informieren, wo sie liegen, da es hier anders als in der Altstadt nicht möglich ist, einfach ziellos herumzulaufen und irgendwo einzukehren.

Cartas (Speisekarten) können katalanisch, spanisch oder zweisprachig abgefasst sein; einige Lokale haben auch ins Englische übersetzte Karten.

BARRI GÒTIC

Bar Celta GALICISCHE TAPAS €€
(Karte S. 252; Carrer de la Mercè 16; Mahlzeiten 20–25 €; ⏲Di–So 12–24 Uhr; Ⓜ Drassanes) Ein Spezialist für *pulpo* (Seekrake) und andere Meerestiere aus Galicien. Zu den *raciones* (große Tapas-Portionen) reichen die Kellner trockenen weißen Ribeiro (wird flaschenweise verkauft).

Agut KATALANISCH €€
(Karte S. 252; Carrer d'en Gignàs 16; Mahlzeiten 35 €; ⏲Di–Sa mittags & abends, So mittags; ⊖; Ⓜ Drassanes) In dem zeitlosen Restaurant hängen moderne Gemälde an den Wänden und es gibt katalanische Traditionsgerichte. Man kann z. B. mit *bouillabaisse con cigalitas de playa* (kleine Langusten) für 11 € beginnen und als Hauptspeise ein auf Eichenholz gegrilltes Fleischgericht wählen.

Milk BRUNCH €
(Karte S. 252; www.milkbarcelona.com; Carrer d'en Gignàs 21; Mahlzeiten 15–20 €; ⏲Brunch Do–So 11–16 Uhr; Ⓜ Jaume I) Das Milk ist auch als coole Cocktailbar bekannt, aber viele Partygänger besuchen das irisch geführte Lokal vor allem zur Brunchzeit am Tag nach ihren nächtlichen Ausflügen. Im Halbschatten gibt's Pfannkuchen, Lachseier Benedict und andere Katergerichte, z. B. einen dreifachen Hamburger oder ein Pfannengericht nach Art des Hauses.

Pla MODERN €€
(Karte S. 252; ☎93 412 65 52; www.pla-repla.com; Carrer de la Bellafila 5; Mahlzeiten 45–50 €; ⏲abends; ⊖; Ⓜ Jaume I) Die Köche in diesem modernen Laden mit einfallsreicher Küche und Musikuntermalung wie in einem Club präsentieren köstliche ungewohnte Kombinationen wie *bacallà amb salsa de pomes verdes* (Stockfisch in grüner Apfelsauce) sowie Exotisches wie Kängurufleisch. Es lohnt sich, die Kellner nach Empfehlungen zu fragen.

Can Conesa SNACKS €
(Karte S. 252; Baixada de la Libreteria 1; Brotrollen 3–5 €; ⏲Mo–Sa; Ⓜ Jaume I) Seit über 50 Jahren werden hier leckere *entrepans* (Brotrollen mit Füllungen), Frankfurter Würstchen und getoastete Sandwiches verkauft. Die Einheimischen schwören darauf und stehen dafür ohne Murren an.

EL RAVAL

Bar Pinotxo TAPAS €€
(Karte S. 258; Mercat de la Boqueria; Mahlzeiten 20 €; ⏲Sept.–Juli Mo–Sa 6–17 Uhr; Ⓜ Liceu) Von dem halben Dutzend Tapas-Bars und ungezwungenen Lokalen in der Markthalle ist diese Bar nahe des Rambla-Eingangs die bekannteste und beliebteste. Die Tapas und *raciones* aus herrlich frischen Produkten vom Markt sind ein wahrer Genuss.

Can Lluís KATALANISCH €€
(Karte S. 258; Carrer de la Cera 49; Mahlzeiten 30–35 €; ⏲Sept.–Juli Mo–Sa; Ⓜ Sant Antoni) Dieses blitzsaubere, altmodische Geschäft von 1929 wird bereits in dritter Generation geführt. Unter den olivgrünen Balken im

hinteren Speiseraum ist noch die Stelle zu sehen, wo ein Anarchist 1946 eine Bombe zündete, die den damaligen Besitzer tötete. Es gibt Fisch und Meeresfrüchte. Die Seezunge *llenguado* aus dem Ofen wird mit Whisky und Rosinen zubereitet.

Bodega 1800 WEIN, SNACKS €€
(Karte S. 258; http://bodega1800.com; Carrer del Carme 31; Mahlzeiten 25–30 €; Ⓜ Liceu) In der von einem alten Weinladen zu einer charmanten Bar umfunktionierten Bodega 1800 kann man sich Fässer und viele Flaschen ansehen und in der angeschlossenen Galerie einen Imbiss und natürlich auch Wein zu sich nehmen. Ein Glas – egal welche Sorte – kostet 2,50 €, für Snacks zahlt man 3,50 € pro Stück.

Casa Leopoldo KATALANISCH €€
(Karte S. 258; ☎ 93 441 30 14; www.casaleopoldo.com; Carrer de Sant Rafael 24; Mahlzeiten 50 €; ⏲ Sept.–Juli Di–Sa mittags & abends, So mittags; ⊜; Ⓜ Liceu) Ein Restaurant mit weitläufigen Essbereichen, prächtigen Kachelwänden und Deckenbalken. Die Fischkarte ist umfangreich und es gibt zahlreiche lokale Weine. Schriftsteller und Künstler schätzen diesen Altstadtklassiker seit Jahrzehnten.

Organic VEGETARISCH €
(Karte S. 258; www.antoniaorganickitchen.com, auf Spanisch; Carrer de la Junta de Comerç 11; Mahlzeiten 15–20 €; ⏲ 12.45–24 Uhr; ✎⊜; Ⓜ Liceu) Auf der linken Seite des langgestreckten vegetarischen Lokals befindet sich die offene Küche, in der täglich eine neue kleine Speiseauswahl zubereitet wird. Die Gerichte sind fantasievoll, die Portionen großzügig, das Salatbüfett reichhaltig und die Desserts gut. Mittags kostet das Essen 9,50 €, Getränke muss man extra zahlen.

Mesón David SPANISCH €
(Karte S. 258; Carrer de les Carretes 63; Mahlzeiten 15–20 €, menú del día 8,50 €; ⏲ Di–So; Ⓜ Paral.lel) Eine Holzdecke und die quirlige Atmosphäre bringen ein Stück altes Spanien rüber und so wird das Essen auf Bänken zum geselligen Vergnügen. Die Küche ist geradlinig ohne Firlefanz. Zu den Spezialitäten des Hauses gehören *caldo gallego* (Gemüsebrühe) und *lechazo al horno* (Lammbraten aus dem Ofen) für 8,90 €.

LA RIBERA

Cal Pep TAPAS €€
(Karte S. 260; ☎ 93 310 79 61; www.calpep.com; Plaça de les Olles 8; Mahlzeiten 45–50 €; ⏲ Sept.–Juli Di–Sa mittags, Mo–Fr abends; ⊜; Ⓜ Barceloneta) Diese Tapas-Bar für Feinschmecker ist so beliebt, das man hier oft keinen Platz bekommt. Wer an einem der fünf Tische sitzen möchte, sollte vorher telefonisch reservieren. Viele Gäste sind schon froh, wenn sie noch an die Bar passen und dort ein paar der besten Meeresfrüchte-Tapas genießen können. Pep empfiehlt *cloïsses amb pernil* (Venusmuscheln und Schinken – wirklich!) – oder *trifàsic,* eine Kombination aus Tintenfisch, Sardellen und Krabben.

Les Cuines de Santa Caterina INTERNATIONAL €€
(www.cuinessantacaterina.com; Mercat de Santa Caterina; Mahlzeiten 25–30 €; ⊜; Ⓜ Jaume I) In dem geschäftigen Marktrestaurant gibt's klassische Reisgerichte, eine Sushi-Bar und vegetarische Speisen. Kaum dass man fertig gegessen hat, wird auch schon wieder abgeräumt, doch die lebhafte Atmosphäre macht Spaß. Reservieren kann man nicht: Wer zuerst kommt, mahlt zuerst.

La Llavor dels Orígens KATALANISCH €
(Karte S. 260; www.lallavordelsorigens.com; Carrer de la Vidrieria 6–8; Mahlzeiten 15–20 €; ⏲ 12.30–0.30 Uhr; ⊜; Ⓜ Jaume I) Eine echte Schatzkiste zum Kauf regionaler katalanischer Produkte. Die Regale biegen sich förmlich aufgrund der zahlreichen Flaschen und anderer Leckereien. Zum Glas Wein werden kleine Gerichte wie *sopa de carbassa i castanyes* (Kürbis-Kastanien-Suppe) oder *mandonguilles amb albergìnies* (Frikadellen mit Aubergine) gereicht.

Ikibana JAPANISCHE FUSIONSKÜCHE €€
(Karte S. 260; www.ikibana.es; Passeig de Picasso 32; Mahlzeiten 25–30 €; Ⓜ Barceloneta) In dem wunderbaren japanischen Restaurant sitzt man auf Lederhockern an hohen Tischen. Das Ikibana wartet mit einer großen Vielfalt an Makis, Tempuras, Sushi und mehr auf. Auf dem Plasmafernseher laufen coole Musikclips, die sich mit Liveaufnahmen aus der Küche abwechseln. Das Tagesmenü kostet 12 €.

Pla de la Garsa KATALANISCH €€
(Karte S. 260; Carrer dels Assaonadors 13; Mahlzeiten 25 €; ⏲ abends; ⊜; Ⓜ Jaume I) Das Gebäude stammt aus dem 17. Jh. und eignet sich bestens für ein romantisches Essen. Holzbalken, weit auseinanderstehende Tische auf zwei Stockwerken und sanfte Hintergrundmusik bilden das passende Ambiente für den Genuss der traditionellen, herzhaften katalanischen Gerichte wie *timbal de botifarra negra* (Blutwurst mit Pilzen).

Casa Delfin SPANISCH €
(Karte S. 260; Passeig del Born 36; Mahlzeiten 15–20 €; ⏲tgl. 12–1 Uhr; Ⓜ Barceloneta) Das „Delphinhaus" ist von einer ganzen Flotte avantgardistischer Küchentempel umzingelt und lockt mit üppigen Mittagsangeboten aus einer umfangreichen Karte voller spanischer Klassiker. Kein Schnickschnack, nur gutes Essen inmitten schicker Leute. Am besten sucht man sich draußen einen Platz.

El Xampanyet TAPAS €
(Karte S. 260; Carrer de Montcada 22; Mahlzeiten 15–20 €; ⏲Di–Sa mittags & abends, So mittags; Ⓜ Jaume I)) In einer der bekanntesten *cava*-Bars der Stadt hat sich nicht viel verändert. An der Bar oder an einem der Tische an der klassisch gekachelten Wand lassen sich gemütlich ein oder zwei Glas des Schaumweins und ein paar Tapas genießen, z. B. die würzigen *boquerons en vinagre* (weiße Anchovis in Essig).

LA BARCELONETA & DIE KÜSTE

LP TIPP **Xiringuito d'Escribà** MEERESFRÜCHTE, REISGERICHTE €€
(☎93 221 07 29; www.escriba.es; Ronda Litoral 42, Platja de Bogatell; Mahlzeiten 40–50 €; ⏲mittags tgl.; Ⓜ Llacuna) Die Bäckerfamilie serviert in ihrem beliebten Uferrestaurant hochwertige Meeresfrüchtekreationen. Hier kann man auch als Einzelperson Paella und *fideuá* (Fadennudel-Gericht, ähnlich wie eine Paella) bestellen – woanders ist das meist nur ab zwei Personen möglich.

Suquet de l'Almirall MEERESFRÜCHTE €€
(Karte S. 264; ☎93 221 62 33; Passeig de Joan de Borbó 65; Mahlzeiten 45–50 €; ⏲Di–Sa mittags & abends, So mittags; ⊜; Ⓜ Barceloneta oder 🚌17, 39, 57 oder 64) Ein Familienunternehmen in der Hand eines Kochs aus dem Kreise Ferran Adriàs. Das Essen ist hervorragend. Wir empfehlen *pica pica marinera* (gemischte Meeresfrüchte, 38 €) oder das Menü für 44 €.

Vaso de Oro TAPAS €€
(Karte S. 264; Carrer de Balboa 6; Mahlzeiten 20–25 €; ⊜; Ⓜ Barceloneta) Dies ist wohl eine der engsten Bars der Welt. Schnell sprechende Kellner servieren ein paar Häppchen, darunter Tapas wie gegrillte *gambes* oder *solomillo*-(Filet-)Stückchen, und ein eher ungewöhnliches Getränk namens *flauta cincuenta* (halb Lager, halb dunkles Bier).

Can Maño SPANISCH €
(Karte S. 264; Carrer del Baluard 12; Mahlzeiten 15–20 €; ⏲Mo–Sa; Ⓜ Barceloneta) Man braucht schon etwas Geduld, um einen Platz an einem der dicht besetzten Tische zu ergattern. Hat man es endlich geschafft, folgt ein deftiger Abend mit *raciones* (hinten auf einer Tafel ausgeschrieben) und einer Flasche *turbio* (ein trüber weißer Fusel). Wer's mag, bekommt sogar zum Frühstück *gambes* (Garnelen)!

Can Ros 1911 MEERESFRÜCHTE €€
(Karte S. 264; Carrer del Almirall Aixada 7; Mahlzeiten 30–35 €; ⏲Di–Do; ⊜; Ⓜ Barceloneta oder 🚌45, 57, 59, 64 oder 157) Im Laufe der Jahrzehnte hat sich in dem beliebten Laden kaum etwas verändert. Die Einrichtung erinnert an einfachere Zeiten und der schmackhafte Fisch wird von leichter Hand zubereitet. Besonders lecker: *arròs a la marinera* (Meeresfrüchte-Reis), reichhaltiger *suquet* (Fischeintopf) und die gemischten Meeresfrüchte für zwei Personen.

Can Majó MEERESFRÜCHTE €€
(Karte S. 264; Carrer del Almirall Aixada 23; Mahlzeiten 30–40 €; ⏲ Di–Sa mittags & abends, So mittags; Ⓜ Barceloneta oder 🚌45, 57, 59, 64 oder 157) Dank seiner Lage in der Nähe des Strands (im Sommer stehen draußen Tische) und den seit vielen Jahren konstant hochwertigen Meeresfrüchte- und Reisgerichten (15–22 €) sowie den leckeren *suquets* genießt das Can Majó einen guten Ruf. Mit der *bollabessa de peix i marisc* (Fisch- und Meeresfrüchte-Bouillabaisse) kann man nichts falsch machen.

Torre d'Alta Mar MEDITERRAN €€€
(Karte S. 264; ☎93 221 00 07; www.torredealtamar.com; Torre de Sant Sebastiá, Passeig de Joan de Borbó 88; Mahlzeiten 70–80 €; ⏲Di–Sa mittags & abends, So & Mo abends; ⊜; Ⓜ Barceloneta oder 🚌17, 39, 57 oder 64) Meeresfrüchte wie *Gall de Sant Pere amb salsa de garotes* (Petersfisch mit Seeigelsauce) und ein Logenplatz mit dem besten Blick auf die Stadt bietet dieser Laden hoch oben im Torre de Sant Sebastiá. Schon allein die Lage macht ihn zum idealen Treffpunkt für ein Rendezvous.

L'EIXAMPLE

LP TIPP **Tapaç 24** TAPAS €€
(Karte S. 266; www.carlesabellan.com; Carrer de la Diputació 269; Mahlzeiten 30–35 €; ⏲Mo–Sa 9–24 Uhr; Ⓜ Passeig de Gràcia) Zu den Spezialitäten dieses Tapas-Tempels im Kellergeschoss gehören *bikini* (getoastetes Sandwich mit Schinken und Käse – der Schinken ist geräuchert und die Trüffel sind

SELBSTVERSORGER

Selbstversorger sollten zuerst den **Mercat de la Boqueria** (Karte S. 258; La Rambla de Sant Josep; ⏲Mo–Sa 8–20.30 Uhr) ansteuern, denn dies ist einer der großartigsten Märkte der Welt. Alles, was man dort nicht bekommt, gibt's in den Supermärkten, z. B. bei **Carrefour Express** (Karte S. 258; La Rambla dels Estudis 113; ⏲Mo–Sa 10–22 Uhr; Ⓜ Catalunya) nahe dem Nordende der Rambla und bei **Superservis** (Karte S. 252; Carrer d'Avinyó 13; ⏲Mo–Do & Sa 8.45–14 & 17–20.30, Fr 8.45–20.30 Uhr; Ⓜ Liceu) im Herzen des Barri Gòtic.

Frisch gebackenes Brot wird in einem *forn* oder einer *panadería* verkauft. Einen Hauch von Feinschmeckerflair verströmt die Lebensmittelabteilung des El Corte Inglés (S. 299) mit seinen zahlreichen lokalen und internationalen Delikatessen.

das besondere Extra), pechschwarzer *arròs negre de sípia* (Reis mit Tintenfisch) und *xocolata amb pa, sal i oli* (Schokoladenkugeln in Olivenöl mit einem Hauch Salz und einer Waffel).

Amaltea VEGETARISCH €
(www.amalteaygovinda.com; Carrer de la Diputació 164; Mahlzeiten 10–15 €; ⏲Mo–Sa; 🚭📝; Ⓜ Urgell) Mittags gibt's saisonal wechselnde Angebote für 10,50 €, abends leckere zweigängige Menüs für 15 €. Die selbstgemachten Desserts sind einfach köstlich.

Cervecería Brasería Gallega TAPAS €€
(☎93 439 41 28; Carrer de Casanova 238; Mahlzeiten 30 €; ⏲Mo–Sa; Ⓜ Hospital Clínic) Das gut besuchte galicische Traditionsrestaurant wartet mit klassischen Gerichten aus Nordwestspanien auf. Eine gute Vorspeise: *pulpo a la gallega* (würzige Seekrakenstücke mit Kartoffeln).

Koyuki JAPANISCH €€
(Karte S. 266; Carrer de Còrsega 242; Mahlzeiten 25–30 €; ⏲Di–Sa mittags & abends, So abends; Ⓜ Diagonal) Ein japanisches Kellerlokal mit langen Tischen, das zahlreiche japanische Touristen und eingeweihte Katalanen anlockt. Es gibt frische *sashimi-moriawase*-Varianten, *tempura udon* (Nudelsuppe mit Frittiertem) und Sapporo-Bier.

Restaurant Me PANASIATISCH €€
(☎93 419 49 33; www.catarsiscuisine.com; Carrer de París 162; Mahlzeiten 25–30 €; ⏲Di–Sa mittags & abends, So abends; Ⓜ Diagonal) Leckere asiatische und manchmal auch internationale Gerichte. Zu den vegetarischen Optionen gehört *banh xeo* (vietnamesische Pfannekuchen mit Bambus, *seitan* und Pilzen), außerdem kommt man in den Genuss von Speisen wie gefüllte Shrimps New Orleans mit Remouladensauce.

Inopia TAPAS €€
(www.barinopia.com; Carrer de Tamarit 104; Mahlzeiten 25–30 €; ⏲Di–Fr mittags & abends, Sa mittags; Ⓜ Rocafort) Albert Adrià, Bruder des Starkochs Ferran, hat mit seinem ständig vollen Tapas-Tempel alle Hände voll zu tun. Zur Auswahl stehen z. B. *pintxo de cuixa de pollastre a l'ast* (gegrillte Hähnchenschenkel) und leicht angebratene Gemüse der Saison. Dazu passt der rote Hauswein oder ein Moritz-Bier.

Relais de Venise FLEISCH €€
(Karte S. 266; Carrer de Pau Claris 142; Mahlzeiten 35 €; ⏲Sept.–Juli; 🚭; Ⓜ Passeig de Gràcia) Hier gibt's nur ein Gericht: saftiges Entrecôte mit einer geheimen Porte-Maillot-Sauce (nach der Adresse des originalen Restaurants in Paris benannt), Pommes frites und Salat. Das Fleisch wird in Scheiben und in zwei Gängen serviert, damit es stets die richtige Temperatur hat.

Cata 1.81 GOURMET-TAPAS €€
(Karte S. 266; ☎93 323 68 18; www.cata181.com; Carrer de València 181; Mahlzeiten 50 €; ⏲Sept.–Juli Mo–Sa abends; Ⓜ Passeig de Gràcia) Umgeben von Regalen voller Wein genießen die Gäste exquisite Gerichte wie *truita de patates i tòfona negre* (dicke Kartoffeltortilla mit einem zarten Hauch schwarzer Trüffeln). Eine Reservierung ist sinnvoll.

Taktika Berri BASKISCH €€
(Karte S. 266; Carrer de València 169; Mahlzeiten 45–50 €; ⏲Mo–Fr mittags & abends, Sa mittags; 🚭; Ⓜ Hospital Clínic) Wer in dieser beliebten Bar etwas essen möchte, sollte möglichst früh herkommen, um noch einen Platz zu ergattern, denn hier werden die besten baskischen Tapas der Stadt zubereitet. Sobald die heißen Häppchen die Küche verlassen haben, sind sie auch schon in den Mägen der hungrigen Gäste verschwunden.

Casa Darío GALICISCH €€€
(Karte S. 266; ☎93 453 31 35; www.casadario.com, auf Spanisch; Carrer del Consell de Cent 256;

Mahlzeiten 50–60 €; ⌚Sept.–Juli Mo–Sa; 🚭; Ⓜ Passeig de Gràcia) Herzlich willkommen in der zeitlosen Welt alter Silbergedecke und üppiger Meeresfrüchte-Portionen. Das Festmenü (50 €) besteht aus so vielen Gängen, dass es scheinbar endlos dauert. Fleischliebhaber werden ebenfalls gut versorgt. Man kann auch Gerichte zum Mitnehmen bestellen.

Cosmo CAFÉ €

(Karte S. 266; www.galeriacosmo.com; Carrer d'Enric Granados 3; ⌚Mo–Do 10–22, Fr & Sa 12–2, So 12–22 Uhr; 📶; Ⓜ Universitat) In dem angesagten Café mit psychedelisch gefärbten Tischen und Barhockern und hohen weißen Wänden finden auch Ausstellungen statt. Das Cosmo verfügt über eine angenehme Lage an einer Fußgängerpassage und bietet eine gute Auswahl an Tees, Gebäck und Snacks. Perfekt für eine morgendliche Facebook-Sitzung am Laptop oder einen Wein am Abend mit Blick auf die Kunstwerke.

GRÀCIA

Envalira KATALANISCH €€

(Karte S. 273; Plaça del Sol 13; Mahlzeiten 30 €; ⌚Di–Sa mittags & abends, So mittags; Ⓜ Fontana) Ein unauffälliges, altmodisches Restaurant, das sich auf Fisch- und Reisgerichte von *arròs a la milanesa* (ein pikantes Reisgericht mit Huhn, Schweinefleisch und Käsegrati) bis zu *bullit de lluç (*ein Stück Seehecht mit Kräuterreis und Venusmuscheln) spezialisiert hat.

Ipar-Txoko BASKISCH €€

(Karte S. 273; ☎93 218 19 54; Carrer de Mozart 22; Mahlzeiten 40–50 €; ⌚Sept.–Juli Di–Sa; Ⓜ Diagonal) In dem warmherzigen baskischen Lokal bereitet der in Getxo geborene Koch Mikel traditionelle nordspanische Gerichte wie *chuletón* (T-bone-Steak für zwei Personen) sowie ausgefallene Kreationen wie *kokotxas de merluza* (herzförmige Kiemenstücke vom Seehecht) zu und erklärt einem gerne, was man da genau verspeist (auch auf Englisch).

O'Gràcia! MEDITERRAN €€

(Karte S. 273; Plaça de la Revolució de Setembre de 1868 15; Mahlzeiten 30–35 €; ⌚Di–Sa; 🚭; Ⓜ Fontana) Das *menú del día* (Tagesgericht) kostet unschlagbare 10,50 €. Als Vorspeise kommt beispielsweise *arròs negre de sípia* auf den Tisch, gefolgt von einer kleinen Auswahl an Fisch- und Fleischgerichten sowie vegetarischen Beilagen. Das Gedeck ist in Ordnung, die Präsentation durchdacht und der Service sehr aufmerksam. Für das etwas gehobenere Menü zahlt man 24,50 €.

Bilbao SPANISCH €€

(Karte S. 273; ☎93 458 96 24; Carrer del Perill 33; Mahlzeiten 40 €; ⌚Mo–Sa; Ⓜ Diagonal) Ein zeitloser Klassiker: Besonders Fleischfreunden gefällt der Speiseraum im hinteren Teil, der mit den vielen Flaschen an den Wänden, stabilen Holztischen und gelbem Licht an weit entfernte Landtavernen erinnert. Am besten bestellt man *chuletón* und dazu einen spanischen Rotwein.

A Casa Portuguesa PORTUGIESISCH €

(Karte S. 273; www.acasaportuguesa.com; Carrer de Verdi 58; Mahlzeiten 20 €; ⌚Di–Fr abends, Sa, So & Feiertage mittags & abends; Ⓜ Fontana) Portugiesische Gerichte und Snacks, darunter Käse, Gebäck und Pasteten wie der portugiesische Klassiker *pastel de Belem*. Die Bedienung berät einen gerne bei der Getränkeauswahl, aber man kann auch einfach einen *vinho verde* („grüner Wein", ein typisch portugiesischer, einfacher Weißwein) ordern.

MONTJUÏC & POBLE SEC

Quimet i Quimet GOURMET-TAPAS €€

(Karte S. 278; Carrer del Poeta Cabanyes 25; Mahlzeiten 25–30 €; ⌚Mo–Fr mittags & abends, Sa 12–18 Uhr; 🚭; Ⓜ Paral.lel) Das Gute liegt im Kleinen – und das Quimet i Quimet ist der Beweis dafür. In dem engen Raum mit Reihen von Flaschen an der Wand werden Gourmet-Tapas, guter Wein und dunkles belgisches Bier gereicht.

Xemei VENEZIANISCH €€

(Karte S. 278; ☎93 553 51 40; Passeig de l'Exposició 85; Mahlzeiten 45 €; ⌚Mi–Mo; 🚭; Ⓜ Paral.lel) Zu leichten Jazzklängen gibt's Vorspeisen wie *cicheti* (venezianische Meeresfrüchte-Tapas), gefolgt von *bigoi in salsa veneziana* (dicke Nudeln in einer Sardellen-Zwiebel-Sauce). Eine gute Wahl ist auch die *suprema de San Pedro* (zarter weißer Petersfisch).

Taverna Can Margarit KATALANISCH €€

(Karte S. 278; Carrer de la Concòrdia 21; Mahlzeiten 25–30 €; ⌚abends Mo–Sa; Ⓜ Poble Sec) In diesem ehemaligen Weinladen mit den rustikalen Bänken kehren manchmal ziemlich laute Gruppen ein, die Gerichte wie *conejo a la jumillana* (gebratenes Kaninchen mit Knoblauch und verschiedenen Kräutern) verspeisen.

BARCELONA FÜR SCHWULE & LESBEN

Alle sechs Monate bringt die städtische Touristenbehörde die Broschüre *Barcelona – The Official Gay and Lesbian Tourist Guide* heraus. Ein paar kostenlose Infohefte liegen in schwulen Buchläden und Bars aus, darunter die zweiwöchentliche *Shanguide* voller Programmhinweise und Kontaktanzeigen, die sich überwiegend an Leser in Barcelona und Madrid richtet.

Die hiesige Schwulenszene ist sehr lebendig und konzentriert sich hauptsächlich auf „Gaixample" zwischen dem Carrer de Muntaner und dem Carrer de Balmes sowie rund um den Carrer del Consell de Cent.

Großer Beliebtheit bei jungen Schwulen auf Kontaktsuche erfreut sich der Club **Arena Madre** (Karte S. 266; www.arenadisco.com, auf Spanisch; Carrer de Balmes 32; Eintritt 6–12 €; 12.30–5.30 Uhr; Passeig de Gràcia). Mittwochs gibt's Transvestitenshows.

Jeder Bär braucht eine Höhle, und **Bacon Bear** (Carrer de Casanova 64; 18–2.30 Uhr; Urgell) ist wirklich nett. Eigentlich ist es nur eine große Bar für stämmige Schwule.

In dem varietéartigen Lokal **Dietrich Gay Teatro Café** (Karte S. 266; Carrer del Consell de Cent 255; 22.30–3 Uhr; Universitat) widmet man sich ganz der Verehrung Marlenes. Jede Nacht ab 1 Uhr wird mindestens eine Transvestitengala angeboten.

Das **Metro** (www.metrodiscobcn.com; Carrer de Sepúlveda 185; Mo 1–5, So & Di–Do 24–5, Fr & Sa 24–6 Uhr; Universitat) verfügt über zwei Tanzflächen, drei Bars und einen sehr dunklen Darkroom und zieht ein sehr lässiges Publikum an.

Ausgehen

Holzgetäfelte Weinkeller, nette Lokale am Wasser und hippe Designerbars – Barcelona hat die ganze Palette. Am lebhaftesten geht's zwischen 22 und 2 oder 3 Uhr zu (freitags und samstags länger), vor allem von Donnerstag bis Samstag.

In der Altstadt stößt man auf zahlreiche Kneipen. Die angesagteste Gegend seit Ende der 1990er-Jahre ist El Born am östlichen Ende von Ribera, aber in der südlichen Hälfte des Barri Gòtic und in El Raval gibt's ebenfalls viele Bars. Letzteres punktet nicht nur mit einigen tollen alten Locations, sondern auch mit einer Flut neuer Szenetreffs.

Ein Wort der Warnung in Sachen La Rambla: Es kann zwar ganz nett sein, hier die Nächte zu verbringen, allerdings kommt dies nur wenigen Einheimischen in den Sinn, zumal die Preise in dieser Gegend exorbitant sind: 25 € für eine Karaffe Sangria zu verlangen ist nicht ungewöhnlich.

Auf den Plätzen und Straßen von Gràcia reiht sich eine Bar an die nächste, während man im weitläufigen L'Eixample wissen muss, wo was los ist. Als gute Anlaufstelle am Wochenende gelten das obere Ende des Carrer d'Aribau und die Verlängerung nordwestlich der Avinguda Diagonal.

Die besten Informationen zu Bars, Clubs und Gigs bieten **Lecool** (www.lecool.com), **Agentes de la Noche** (www.agentesdelanoche.com), **Barcelonarocks.com** (www.barcelonarocks.com), **Clubbingspain.com** (www.clubbingspain.com) und **LaNetro.com** (http://barcelona.lanetro.com).

BARRI GÒTIC

LP TIPP **Soul Club** TANZBAR
(Karte S. 252; Carrer Nou de Sant Francesc 7; Mo–Do 22–2.30, Fr & Sa 22–3, So 20–2.30 Uhr; Drassanes) Die DJs wechseln jede Nacht die Musikrichtung, von Deep-Funk bis Latin-Groove. Vorne befindet sich eine kleine Bar (um hier einen Platz zu ergattern muss man zeitig herkommen) und im hinteren Bereich wird getanzt.

Barcelona Pipa Club BAR
(Karte S. 252; www.bpipaclub.com; Plaça Reial 3; So–Do 22–4, Fr & Sa 22–5 Uhr; Liceu) Ein Club für Pfeifenraucher, der wie eine Privatwohnung aussieht. Es gibt viele Zimmer und allerhand Nippes, darunter die Pfeifen, denen der Barcelona Pipa Club seinen Namen verdankt. Besucher klingeln an der Tür und gehen ins zweite Obergeschoss hinauf. Bis 23 Uhr werden nur Mitglieder eingelassen.

Manchester BAR
(Karte S. 252; www.manchesterbar.com; Carrer de Milans 5; So–Do 19–2.30, Fr & Sa 19–3 Uhr; Liceu) Hier kann man ein Bier trinken und dazu den Sound großer Bands aus Manchester hören, z. B. die Chemical Bro-

thers oder Oasis. Die Tische stehen kreuz und quer herum, was dem Laden eine Menge Charme verleiht. Zwischen 19 und 22 Uhr kosten Cocktails ab 4 €.

Marula Cafè BAR

(Karte S. 252; www.marulacafe.com; Carrer dels Escudellers 49; So–Do 23–5, Fr & Sa 23–5.30 Uhr; M Liceu) Die im Barri Gòtic gelegene Bar atmet die Atmosphäre der 1970er-Jahre. Hier werden Funk und Soul groß geschrieben, sodass sich Fans von James Brown im siebten Himmel wähnen, doch der DJ legt zur Abwechslung auch mal Breakbeats und House auf.

EL RAVAL

Bar Marsella BAR

(Karte S. 258; Carrer de Sant Pau 65; Mo–Do 22–2, Fr & Sa 22–3 Uhr; M Liceu) Spezialität der 1820 eröffneten Bar ist der für seine angeblich narkotische Wirkung bekannte *absenta* (Absinth). Hier hat sich in all den Jahren kaum etwas verändert, was den Laden zu etwas ganz Besonderem macht.

Boadas COCKTAILBAR

(Karte S. 258; Carrer dels Tallers 1; Mo–Do 12–2, Fr & Sa 12–3 Uhr; M Catalunya) Hinter dem unscheinbaren Eingang verbirgt sich eine der ältesten Cocktailbars der Stadt, in der bereits seit 1933 grandiose Daiquiris gemixt werden und die Kellner Fliegen tragen. Im Boadas haben sich schon Berühmtheiten wie Joan Miró und Hemingway wohlgefühlt.

Casa Almirall BAR

(Karte S. 258; Carrer de Joaquín Costa 33; So–Do 17.30–2.30, Fr & Sa 19–3 Uhr; M Universitat) Die dunkle und faszinierende Eckbar wurde in den 1860er-Jahren eröffnet und zieht ein gemischtes Publikum an. Sie verfügt über modernistische Elemente, eine alte Marmortheke und eine gusseiserne Statue der Muse der Weltausstellung von 1888.

Kentucky BAR

(Karte S. 258; Carrer de l'Arc del Teatre 11; Di–Sa 22–3 Uhr; M Liceu) In dieser langen, engen Bar kann man zahlreiche Sonderlinge kennenlernen. Die Schließzeit (manchmal erst um 5 Uhr) hängt von der An- oder eher Abwesenheit der Gesetzeshüter in der Straße ab.

London Bar BAR

(Karte S. 258; Carrer Nou de la Rambla 34–36; Di–So 19.30–4 Uhr; M Liceu) 1909 war die London Bar ein beliebter Treffpunkt für Zirkusleute, später kamen dann Künstler und Schriftsteller wie Picasso, Miró und Hemingway hierher (mussten die eigentlich nie arbeiten?). Auch heute noch lockt die Kneipe viele Gäste an, die sich an die lange Theke oder die wackeligen alten Tische setzen.

Marmalade BAR

(Karte S. 258; www.marmaladebarcelona.com; Carrer de la Riera Alta 4–6; 19–3 Uhr; M Sant Antoni) Schon von der Straße aus sieht man die goldfarbene Hintergrundbeleuchtung dieser netten Bar am Ende eines langen Durchgangs. Links an einer Ziegelwand steht der beliebte Billardtisch, der in dieser schicken, schummrigen Höhle mit angeschlossenem Restaurant aber irgendwie fehl am Platz wirkt.

LA RIBERA

Gimlet COCKTAILBAR

(Karte S. 260; Carrer del Rec 24; Cocktails 10 €; 22–3 Uhr; M Jaume I) Selbstsichere Angestellte in weißen Blazern mixen hier Gimlets oder andere klassische Drinks. Neben dieser Bar betreibt Barcelonas Cocktail-Guru Javier Muelas noch mehrere andere Läden in der Stadt. Die Getränke sind hervorragend und teilweise richtig originell.

La Fianna BAR

(Karte S. 260; www.lafianna.com; Carrer dels Banys Vells 15; So–Mi 18–1.30, Do–Sa 18–2.30 Uhr; M Jaume I) Mit seinen kahlen Steinwänden, schmiedeeisernen Kronleuchtern und kissenbedeckten Sitzecken hat der Laden etwas mittelalterlich Asiatisches an sich. Je weiter die Nacht vorrückt, umso mehr ist hier los.

La Vinya del Senyor WEINBAR

(Karte S. 260; Plaça de Santa Maria del Mar 5; Di–So 12–1 Uhr; M Jaume I) Die Weinkarte ist fast so dick wie Tolstois *Krieg und Frieden*. Gäste können sich in die winzige Weinbar quetschen, eine Flasche mit nach oben nehmen oder sich auf die Terrasse im Schatten der Santa Maria del Mar setzen.

PORT VELL & LA BARCELONETA

Von Ostern bis Anfang Oktober hört man in den Strandbars heiße Tanzrhythmen. Neben den Restaurants und Kneipen (besonders am und um den Port Olímpic) gibt's auch noch eine Reihe von *chiringuitos* (provisorische Bars). Fast alle servieren Essen und einige verwandeln sich ab nachmittags in Miniclubs (bis etwa 2 Uhr).

Mellow Beach Club STRANDBAR
(www.mellowbeachclub.com; Passeig del Mare Nostrum 19–21; ⏲Fr & Sa 20–3, Di–Do & So 20–1 Uhr; Ⓜ Barceloneta) Ein wunderbarer Treffpunkt, um sich auf eine lange Nacht einzustimmen. Barcelonas Modekönig Custo (S. 304) hat diese wunderbar coole, pinkfarbene Strandbar mit einem Lounge-Bereich in der Sonne und einem überdachten Esslokal gestaltet. Der Club liegt unter dem Glasturm des W Barcelona Hotels und lockt die Reichen und Schönen an.

CDLC LOUNGE-BAR
(Karte S. 264; www.cdlcbarcelona.com; Passeig Marítim de la Barceloneta 32; ⏲12–3 Uhr; Ⓜ Ciutadella Vila Olímpica) Der Carpe Diem Lounge Club eignet sich perfekt für einen entspannten Drink in halborientalischer Umgebung. Essen gibt's auch, aber die Tische werden um Mitternacht beiseitegeschoben. Ideal als Aufwärmer, bevor man die Clubs in der Umgebung ansteuert.

Oke BAR
(Karte S. 264; Carrer del Baluard 54; ⏲11–2 Uhr; Ⓜ Barceloneta) Ein vielseitiges, gut gelauntes Publikum hat die kleine Bar mit Hippie-Charme neben La Barcelonetas Markt für sich entdeckt, in der man Säfte, Cocktails und Tapas bestellen kann. Die Tische und Stühle sehen aus wie vom Trödelmarkt und von der Straße hört man ein angeregtes Stimmengewirr.

Shôko LOUNGE-BAR
(Karte S. 264; www.shoko.biz; Passeig Marítim de la Barceloneta 36; ⏲Di–So 20–3 Uhr; Ⓜ Ciutadella Vila Olímpica) Über der asiatisch-mediterranen Küche des Shôko weht eine opiumhaltige Mischung aus Shinto-Musik und japanischem Techno. Wenn es nichts mehr zu essen gibt, verwandelt sich das Restaurant in eine Tanzfläche mit Funky-Beat-Musik.

Luz de Gas Port Vell BAR
(Karte S. 264; am Moll del Dipósit vertäut; ⏲März–Nov. 12–3 Uhr; Ⓜ Barceloneta) Wer auf dem oberen Deck dieses Bootes sitzt, vergisst vorübergehend alle seine Sorgen. Zu Wein oder Bier werden Tapas aufgetischt und man kann die vorbeiziehenden Yachten bewundern. Nachts gibt's an Land gute Musik zum Tanzen.

L'EIXAMPLE

In L'Eixample stößt man zwar fast überall auf Bars, aber die Adressen für Nachtschwärmer konzentrieren sich hauptsächlich auf drei Stellen. Am oberen Ende des Carrer d'Aribau und dort, wo die Straße die Avinguda Diagonal kreuzt, tummelt sich in den vielen Kneipen und Clubs ein gemischtes Volk, darunter viele Einheimische. Am Carrer de Balmes reihen sich Clubs für Teens und Twens aneinander. Schwule und Lesben sollten den Carrer del Consell de Cent ansteuern (s. Kasten S. 296).

Berlin BAR
(Carrer de Muntaner 240; ⏲ Mo–Mi 10–2, Do 22–2.30, Fr & Sa 22–3 Uhr; Ⓜ Diagonal oder Hospital Clínic) Die elegante Eckbar zieht jede Menge Nachtschwärmer an, die sich hier auf einen langen Abend einstimmen. In warmen Nächten kann man auch draußen auf dem Bürgersteig sitzen oder in den Keller gehen.

Dry Martini COCKTAILBAR
(www.drymartinibcn.com; Carrer del Consell de Cent 247; ⏲17–3 Uhr; Ⓡ FGC Provença) Gut gekleidete Kellner servieren hier den besten Martini der Stadt und auch so ziemlich alles andere, was gewünscht wird. Am besten setzt man sich auf eines der Ledersofas und lässt sich einen der riesigen Gin Tonics bringen.

Premier WEINBAR
(Karte S. 266; Carrer de Provença 236; ⏲Mo–Do 18–2.30, Fr & Sa 18–3 Uhr; Ⓡ FGC Provença) Die kleine, ausgefallene französische Bar lädt zum Relaxen ein. Auf der eher kurzen Karte stehen vor allem französische Weine, es gibt aber auch Getränke wie Moritz-Bier und Mojito. Am späteren Abend sorgt ein DJ für Stimmung.

Milano COCKTAILBAR
(Karte S. 266; Ronda de la Universitat 35; www.camparimilano.com; ⏲12–2.30 Uhr; Ⓜ Catalunya) Wer das geräumige Milano betritt, wird ein leicht konspiratives Gefühl verspüren. Die vielen gut gelaunten Gäste unterhalten sich an den Tischen oder an der breiten, kurvigen Theke auf der rechten Seite.

Les Gens Que J'Aime BAR
(Karte S. 266; Carrer de València 286; ⏲So–Do 18–2.30, Fr & Sa 18–3 Uhr; Ⓜ Passeig de Gràcia) In diesem Relikt der 1960er-Jahre hört man Jazz und nimmt an winzigen dunklen Tischen mit samtenen Stühlen Platz.

Michael Collins Pub PUB
(www.michaelcollinspubs.com; Plaça de la Sagrada Família 4; ⏲12–3 Uhr; Ⓜ Sagrada Família) Für ein bisschen katalanisch-irischen *craic* (Spaß) ist dieser scheunengroße mitreißende Pub genau das Richtige.

GRÀCIA

La Cigale BAR

(Karte S. 273; Carrer de Tordera 50; ⌚So–Do 18–2.30, Fr & Sa 18–3 Uhr; Ⓜ Joanic) Ein eleganter Ort für einen oder zwei Cocktails (in der Happy Hour vor 22 Uhr zahlt man dafür nur 8 €). Gäste können sich an die Zinktheke lehnen, in einen Secondhand-Lounge-Stuhl an einem der winzigen Tische fläzen oder nach oben gehen. Die Musik ist sanft und die Leute unterhalten sich lebhaft.

Musical Maria BAR

(Karte S. 273; Carrer de Maria 5; ⌚19–3 Uhr; Ⓜ Diagonal) Seit der Eröffnung in den 1970er-Jahren haben sich weder der Laden noch die Musik großartig verändert. Rock'n'Roll-Fans kippen ihr Bierchen gerne bei einer Runde Billard.

La Baignoire WEINBAR

(Karte S. 273; Carrer de Verdi 6; ⌚So–Do 19–2.30, Fr & Sa 19–3 Uhr; Ⓜ Fontana) Die einladende kleine Bar mit den hohen Tischen ist immer gut besucht und der richtige Ort vor oder nach einem Film im nahe gelegenen Kino Verdi. Es gibt nicht nur Wein, sondern auch Bier und Cocktails.

Sabor a Cuba BAR

(Karte S. 273; Carrer de Francisco Giner 32; ⌚Mo–Do 22–2.30, Fr & Sa 22–3 Uhr; Ⓜ Diagonal) Kubaner und Fans der Karibikinsel kommen hierher, um im Heim von *ron y son* (Rum und Sound) Mojitos zu trinken und sich beim Tanzen zu verausgaben.

TIBIDABO

Mirablau BAR

(Plaça del Doctor Andreu; ⌚So–Do 11–4.30, Fr & Sa 11–5 Uhr) Der Blick von hier auf das glitzernde Barcelona ist atemberaubend. Nach 23 Uhr drängeln sich jede Menge gut aussehende Gäste auf der kleinen Tanzfläche im Untergeschoss.

MONTJUÏC & POBLE SEC

Maumau Underground BAR

(Karte S. 278; www.maumaunderground.com; Carrer de la Fontrodona 35; ⌚Do–Sa 12–2.30 Uhr; Ⓜ Paral.lel) Auf dem Programm dieses Musik- und Tanzschuppens in Poble Sec stehen Funk, Soul, Hip-Hop und mehr. Über der indirekt beleuchteten Bar hängt ein riesiger Flachbildschirm, auf dem psychedelische Bilder flimmern.

Tinta Roja BAR

(Karte S. 278; www.tintaroja.net, auf Spanisch; Carrer de la Creu dels Molers 17; ⌚Do 20.30–2, Fr & Sa 20.30–3 Uhr; Ⓜ Poble Sec) Die „Rote Tinte" ist eine in Lila-, Rot- und Gelbtönen schwach beleuchtete intime Bar mit kunterbunter Möblierung und gelegentlichen Shows im Hinterzimmer.

☆ Unterhaltung

Was wann und wo los ist, erfährt man in der wöchentlich erscheinenden Programmzeitschrift *Guía del Ocio* (1 €) sowie durch die Veranstaltungshinweise der Tageszeitungen und die Kulturinformation im **Palau de la Virreina** (Karte S. 258; ☎93 301 77 75; La Rambla de Sant Josep 99; ⌚10–20 Uhr; Ⓜ Liceu).

Entradas (Eintrittskarten) für die meisten Veranstaltungen bekommt man online über **Caixa de Catalunya's Tel-Entrada** (www.telentrada.com) oder **Servi-Caixa** (www.servicaixa.com). Konzertkarten gibt's bei **Ticketmaster** (www.ticketmaster.es). An der Plaça de Catalunya findet man je einen *venta de localidades* (Ticketschalter) im Erdgeschoss des **El Corte Inglés** (S. 303; es gibt in der Stadt noch weitere Zweigstellen) und im **FNAC-Laden** (S. 303) im El-Triangle-Einkaufszentrum. **El Corte Inglés** (☎902 400 222; www.elcorteingles.es, auf Spanisch) verkauft die Tickets auch telefonisch oder übers Internet (auf *entradas* klicken).

Karten zum halben Preis bietet der Palau de la Virreina, wenn man mindestens drei Stunden vor Beginn der gewünschten Vorstellung kommt. Das System ist bekannt als Tiquet-3.

Clubs

Clubs sind in Barcelona weniger weit verbreitet als Bars. Sie öffnen gewöhnlich von Mitternacht bis 6 Uhr morgens.

LP TIPP **Elephant** CLUB

(www.elephantbcn.com, auf Spanisch; Passeig dels Til.lers 1; Eintritt Mi, Do & So frei, Fr & Sa 15 €; ⌚Mi 23.30–3, Do–So 23.30–5 Uhr; Ⓜ Palau Reial; Ⓟ) Bei der Einlasskontrolle geht's zu wie bei einer Einladung zu einer privaten Party in Beverly Hills. Hier trifft man jede Menge Models und Möchtegerns. Es gibt eine große zeltartige Tanzfläche und mehrere Gartenbars.

LP TIPP **Terrazza** COOLE LEUTE

(Karte S. 278; www.laterrrazza.com; Avinguda de Francesc Ferrer i Guàrdia; Eintritt 10–20 €; ⌚Do 0–5, Fr & Sa 0–6 Uhr; Ⓜ Espanya) Jede Menge Cocktails und Musik: Im Sommer ist das Terrazza einer der angesagtesten Tanzschuppen für die Schönen und Reichen, Einwohner und Stadtbesucher. Der

Club liegt teilweise innerhalb des Komplexes Poble Espanyol.

Catwalk HOUSE

(Karte S. 264; www.clubcatwalk.net; Carrer de Ramon Trias Fargas 2–4; Eintritt 15 €; ⌚Do–So 0–6 Uhr; Ⓜ Ciutadella Villa Olímpica) Mit seiner tanzbaren House-Musik zieht das Catwalk ein gut gekleidetes Publikum an. Manchmal werden auch Techno- und Funkrhythmen, R'n'B und Hip-Hop aufgelegt. In der Lounge kann man in Ruhe etwas trinken und sich unterhalten. Meistens gibt der beliebte lokale DJ Jekey den Ton an.

Luz de Gas LEUTE ÜBER 30

(www.luzdegas.com; Carrer de Muntaner 244–246; Eintritt bis zu 20 €; ⌚23.30–6 Uhr; Ⓜ Diagonal, dann 🚌6, 7, 15, 27, 32, 33, 34, 58 oder 64) Dieser in einem prachtvollen Theater untergebrachte Club veranstaltet häufig Livekonzerte. Hier trifft sich die gut gekleidete Schickeria der Stadt. Das benachbarte **Sala B** hat nur freitags und samstags geöffnet.

Moog WINZIG

(Karte S. 258; www.masimas.com/moog; Carrer de l'Arc del Teatre 3; Eintritt 10 €; ⌚0–5 Uhr; Ⓜ Drassanes) Ein lässiger winziger Club im Zentrum. Unten legen DJs House, Techno und Electro auf, oben wird zu Indie und manchmal zu Popmusik abgetanzt.

Otto Zutz KLASSIKER DER SCHICKERIA

(www.grupo-ottozutz.com; Carrer de Lincoln 15; Eintritt 15 €; ⌚Di–Sa 0–5.30 Uhr; 🚆FGC Gràcia) In dem zweistöckigen Tanzpalast lässt man nur die Schickeria hinein. Unten wird überwiegend House gespielt, oben Funk und Soul. Mittwochs und donnerstags dominieren Hip-Hop und R&B, freitags und samstags dreht sich alles um House.

Sutton The Club EXKLUSIV

(www.thesuttonclub.com; Carrer de Tuset 13; Eintritt 15 €; ⌚Do 24–5.30, Fr & Sa 24–6, So 6.30–23.30 Uhr; Ⓜ Diagonal) Der klassische Club zieht im Laufe des Abends beinahe jeden an, der auf dem Weg von oder zu den Bars der Umgebung ist. Allerdings kommt hier längst nicht jeder hinein. Es wird Mainstream-Musik gespielt.

Razzmatazz 5 CLUBS IN 1

(www.salarazzmatazz.com; Carrer dels Almogàvers 122 & Carrer de Pamplona 88; Eintritt 15–30 €; ⌚Livemusik Mi–Sa, Fr & Sa Clubs 1–6 Uhr; Ⓜ Marina oder Bogatell) Dieser Klassiker der Club- und Konzertszene Barcelonas liegt ein paar Ecken hinter dem Port Olímpic und wartet mit fünf unterschiedlichen Locations auf.

Sala Apolo RETROSCHICK

(Karte S. 278; www.sala-apolo.com, auf Katalanisch & Spanisch; Carrer Nou de la Rambla 113; Eintritt 6–12 €; ⌚Fr & Sa 0.30–6, So–Do 0–5 Uhr; Ⓜ Paral.lel) In dem ehemaligen Theater ist inzwischen ein großartiger Livemusikclub untergebracht. Montags und dienstags zieht er zahlreiche tanzwütige Stammkunden an. Früher am Abend, bevor der Clubbetrieb losgeht, gibt's Konzerte von Lokalbands bis hin zu international bekannten Gruppen.

Opium Mar 20-PLUS

(Karte S. 264; www.opiummar.com; Passeig Marítim de la Barceloneta 34; ⌚20–6 Uhr; Ⓜ Ciutadella Villa Olímpica) Hell glänzendes Silber und Schwarz prägen diesen scheunenartigen Tanzschuppen am Meer. Clubgänger aus der ganzen Stadt drängen sich hier ab 3 Uhr zum dröhnenden Sound von House und Techno. Im Sommer hat man hier am meisten Spaß.

Karma ALTSTADTFAVORIT

(Karte S. 252; www.karmadisco.com, auf Spanisch; Plaça Reial 10; Eintritt 8 €; ⌚Di–So 0–5.30 Uhr; Ⓜ Liceu) Im Keller wogt die Menge zu Indie, Rock, Punk und Klängen der 1980er-Jahre. Das tunnelartige Karma ist klein und oft ziemlich voll.

Kinos

Ausländische Filme in der Originalfassung werden im Programmheft als VO *(versión original)* angezeigt. Karten kosten zumeist zwischen 6,50 und 8,25 €, aber viele Kinos haben einmal pro Woche, meist montags oder mittwochs, einen *día del espectador* (Zuschauertag) für 5 bis 5,70 €. Die im Folgenden aufgelisteten Kinos bieten VO-Filme an.

Filmoteca THEMENWOCHEN

(☎93 410 75 90; Avinguda de Sarrià 31–33; Eintritt 2,70 €; Ⓜ Hospital Clínic) Filmreihen von ausgewählten Regisseuren sowie verschiedener Stilrichtungen und Epochen.

Méliès Cinemes KLASSIKER

(☎93 451 00 51; www.cinesmelies.net; Carrer de Villarroel 102; Eintritt 3–5 €; Ⓜ Urgell) Klassiker.

Renoir Floridablanca KINO

(☎93 426 33 37; www.cinesrenoir.com, auf Spanisch; Carrer de Floridablanca 135; Ⓜ Sant Antoni) Ein Filmkunstkino am Rande von Raval.

Verdi KINO
(Karte S. 273; ☎93 238 79 90; www.cines-verdi.com; Ⓜ Fontana) Verdi (Carrer de Verdi 32); Verdi Park (Carrer de Torrijos 49) Eines der beliebtesten Programmkinos der Stadt mitten im Zentrum von Gràcia. In der Umgebung befinden sich zahlreiche Bars und Lokale. In Parallelstraßen gibt's zwei weitere Filialen.

Yelmo Cines Icària KINO
(☎93 221 75 85; www.yelmocineplex.es, auf Spanisch; Carrer de Salvador Espriu 61; Ⓜ Ciutadella Vila Olímpica) Riesiger Komplex. Hier werden alle Filme auch in der Originalfassung gezeigt.

Theater

Theateraufführungen werden fast immer auf Katalanisch oder Spanisch gegeben. Am Infoschalter des Palau de la Virreina liegen Broschüren und das monatliche Programm *Teatre BCN* aus.

Teatre Lliure KATALANISCHES THEATER
(Karte S. 278; ☎93 289 27 70; www.teatrelliure.com; Plaça de Margarida Xirgu 1; Eintritt 13–26 €; ⏲ Abendkasse 17–20 Uhr; Ⓜ Espanya) Das „Freie Theater" besteht aus zwei Sälen und bietet seriöse erstklassige Sprechstücke auf Katalanisch sowie zeitgenössischen Tanz und Musik.

Teatre Mercat de les Flors ZEITGENÖSSISCHER TANZ
(Karte S. 278; ☎93 426 18 75; www.mercatflors.org; Carrer de Lleida 59; Eintritt 15–20 €; ⏲ Abendkasse Mo–Fr 11–14 & 16–19 Uhr & 1 Std. vor Vorstellungsbeginn; Ⓜ Espanya) Veranstaltungsort für zeitgenössischen Tanz am Fuße des Montjuïc.

Teatre Nacional de Catalunya KLASSISCHE STÜCKE
(☎93 306 57 00; www.tnc.cat; Plaça de les Arts 1; Eintritt 12–32 €; ⏲ Abendkasse Mi–Fr 15–19, Sa 15–20.30, So 15–17 Uhr & 1 Std. vor Vorstellungsbeginn; Ⓜ Glòries oder Monumental) Ricardo Bofills neoklassisches Theater bietet eine breite Palette, hauptsächlich Theaterstücke, aber manchmal auch Tanz und andere Aufführungen.

Teatre Romea AVANTGARDE, KLASSIKER
(Karte S. 258; ☎93 301 55 04; www.teatreromea.com, auf Katalanisch & Spanisch; Carrer de l'Hospital 51; Eintritt 17–28 €; ⏲ Abendkasse Mi–So 16.30 Uhr bis Vorstellungsbeginn; Ⓜ Liceu) Die Messlatte für hochklassige Dramen in Barcelona. Meistens werden hier Klassiker mit zeitgenössischen Anklängen gezeigt.

Livemusik

Fast die ganze Woche über gibt's breites Angebot, z. B. in Clubs wie dem Razzmatazz (S. 300), der Sala Apolo (S. 300) und dem Luz de Gas (S. 300). Konzertbeginn ist selten vor 22 Uhr. Der Eintritt kostet bis zu 20 € oder auch mehr – bei höheren Preisen ist oft ein Getränk inbegriffen.

Große spanische und internationale Stars treten oft im Palau Sant Jordi (S. 281) am Montjuïc oder im Teatre Mercat de les Flors (siehe links) auf.

Obwohl viele bedeutende Flamenco-Künstler aus Barcelonas *barris* stammen, sind gute Vorstellungen dieser im Wesentlichen andalusischen Tanz- und Musikform selten. Hier und da stößt man auf ein paar *tablaos* (touristische Lokale mit Flamenco).

In der *Guía del Ocio* findet man jede Menge Veranstaltungstipps. In der monatlich erscheinenden Broschüre *Informatiu Musical* gibt's umfangreiche Hinweise auf klassische Musikvorführungen (und andere Genres). Sie ist in den Touristeninformationen und im Palau de la Virreina erhältlich.

LP TIPP **Harlem Jazz Club** MUSIKBAR
(Karte S. 252; ☎93 310 07 55; www.harlemjazzclub.es; Carrer de la Comtessa de Sobradiel 8; Eintritt bis zu 10 €; ⏲ Di–Do & So 20–4, Fr & Sa 20–5 Uhr; Ⓜ Drassanes) Dieser schmale verrauchte Altstadtschuppen gehört zu den besten Jazzlokalen der Stadt. Manchmal werden auch Rock, Latin oder Blues geboten. Zwei Sessions pro Abend.

Bikini MUSIKBAR
(☎93 322 08 00; www.bikinibcn.com; Carrer de Déu i Mata 105; Eintritt 10–20 €; ⏲ Mi–So 22–6 Uhr; Ⓜ Entença) Ein Tanzpalast mit mehreren Sälen, in denen oft erstklassige Bands auftreten und alles von Funk-Guitar bis Rock und von Bossa Nova bis lateinamerikanischer Musik zum Besten geben. Die Konzerte beginnen meist um 22 Uhr, aber im Club geht's erst gegen Mitternacht los.

Jamboree MUSIKBAR
(Karte S. 252; ☎93 319 17 89; www.masimas.com/jamboree; Plaça Reial 17; Eintritt 5–15 €; ⏲ 21.30–6 Uhr; Ⓜ Liceu) Konzerte beginnen um 23 Uhr und dauern höchstens bis 2 Uhr, danach wird im Club weitergetanzt. Hier sind schon einige Größen der Jazz- und Bluesszene aufgetreten.

Jazz Sí Club MUSIKBAR
(☎93 329 00 20; www.tallerdemusics.com; Carrer de Requesens 2; Eintritt 5–8 €; ⏲ 18–23 Uhr; Ⓜ Sant Antoni) Die Bühne der kleinen Bar des

Taller de Músics (Musik-Workshop) bietet ein vielfältiges Programm von Jazz bis zu Flamenco (freitagabends). Donnerstags gibt's kubanische Musik, sonntags Rock. Ansonsten kann man sich auf Jazz- und/ oder Blues-Sessions freuen.

Monasterio MUSIKBAR
(☎616 287 197; www.salamonasterio.com, auf Spanisch; Passeig d'Isabel II 4; ⏲So–Do 21–2.30, Fr & Sa 21.30–3 Uhr; Ⓜ Barceloneta) In den ziegelroten Gewölben wird mehr oder weniger etwas von allem geboten: Jazz am Sonntag, Blues am Donnerstag, Rock'n'Roll am Dienstag und Auftritte von angehenden Songschreibern am Montag.

Robadors 23 MUSIKBAR
(Karte S. 258; Carrer d'En Robador 23; ⏲Mi Musik ab 20.30 Uhr; Ⓜ Liceu) Eine enge kleine Bar, die in einer zwielichtigen Straße von El Raval liegt und für ihre regelmäßigen Mittwochskonzerte bekannt ist. Trotz aller Verbesserungen in diesem Stadtviertel halten sich in der Gegend nach wie vor Fixer, Straßenhuren und Außenseiter auf.

Sidecar Factory Club MUSIKBAR
(Karte S. 252; ☎93 302 15 86; www.sidecarfactoryclub.com; Plaça Reial 7; Eintritt 7–15 €; ⏲Mo–Do 22–5, Fr & Sa 22–6 Uhr; Ⓜ Liceu) Der rot beleuchtete Club mit fast allnächtlicher Livemusik liegt unter der Bar und dem Restaurant. Hier wird so ziemlich alles an Musik von britischem Indie bis Country-Punk gespielt, vorwiegend hört man aber Rock und Pop. Die Veranstaltungen beginnen meist gegen 22 Uhr (Do–Sa).

Sala Tarantos MUSIKBAR, FLAMENCO
(Karte S. 252; ☎93 319 17 89; www.masimas.net; Plaça Reial 17; Eintritt ab 7 €; ⏲Veranstaltungen tgl. um 20.30, 21.30 & 22.30 Uhr; Ⓜ Liceu) In dem Kellerlokal gibt's gute Flamenco-Vorstellungen. Es treten zwar nicht jeden Tag die besten Gruppen auf, aber die Standard-Vorführungen sind auf jeden Fall eine Alternative. Nach der Show wird der Raum zum Club umfunktioniert.

Tablao Cordobés FLAMENCO
(Karte S. 258; ☎93 317 57 11; www.tablaocordobes.com; La Rambla 35; Show 37 €, Show inkl. Abendessen 60–68 €; ⏲Vorstellungen 20.15, 22 & 23.30 Uhr; Ⓜ Liceu) Ein alteingesessener *tablao*. Die meisten Leute buchen die Show inklusive Essen.

Tablao de Carmen FLAMENCO
(Karte S. 278; ☎93 325 68 95; www.tablaodecarmen.com; Carrer dels Arcs 9, Poble Espanyol; nur Show 35 €, Show mit Tapas/Abendessen 45/69 €; ⏲Vorstellungen Di–So 19.30 & 22 Uhr; Ⓜ Espanya) Die Bar wurde nach der großen *bailaora* (Flamenco-Tänzerin) Carmen Amaya aus Barcelona benannt und ähnelt dem Tablao Cordobés.

LP TIPP **Gran Teatre del Liceu** OPER
(Karte S. 252; ☎93 485 99 00; www.liceubarcelona.com; La Rambla dels Caputxins 51–59; ⏲Abendkasse Mo–Fr 14–20.30 Uhr, Sa & So 1 Std. vor Vorstellungsbeginn; Ⓜ Liceu) Barcelonas großes Opernhaus wurde nach einem Feuer 1999 wiederaufgebaut. Hier erlebt man hervorragende Opern, Tanzveranstaltungen und klassische Konzerte. Ein Opernabend schlägt mit mindestens 7 € für einen Platz hinter einer Säule zu Buche, kann aber auch mehr als 200 € kosten, wenn man einen der besten Plätze reserviert.

L'Auditori KLASSISCHE MUSIK
(☎93 247 93 00; www.auditori.org; Carrer de Lepant 150; Eintritt 10–60 €; ⏲Abendkasse Mo–Sa 15–21 Uhr; Ⓜ Monumental) Das beeindruckende, moderne Haus lockt echte Musikliebhaber mit Orchester-, Kammer-, Kirchen- und anderen Konzerten.

Palau de la Música Catalana AUDITORIUM
(☎902 442 882; www.palaumusica.org; Carrer de Sant Francesc de Paula 2; ⏲Abendkasse Mo–Sa 10–21 Uhr; Ⓜ Urquinaona) Ein modernistisches Schmuckstück. Das traditionelle Zentrum für Klassikkonzerte und Auftritte von Chören bietet außerdem alles von südafrikanischem Tanz bis zu portugiesischem *fado* an.

Tanz

Mittwochs um 19, samstags um 18.30 oder sonntags um 12 Uhr geben die Einheimischen vor der Kathedrale (S. 254) den *sardana* (katalanischer Volkstanz) zum Besten. Außerdem kann man ihn auf einem der Festivals in der Stadt erleben. Der Tanz ist kompliziert, aber unspektakulär.

Sport

Camp Nou FUSSBALL
(☎902 189900; Carrer d'Aristides Maillol; ⏲Karten Mo–Fr 9–13.30 & 15.30–18 Uhr; Ⓜ Palau Reial oder Collblanc) Der FC Barcelona alias Barça für *aficionados* (Fans) hat eines der besten Stadien in Europa, das 99 000 Besucher fassende Camp Nou im Westen der Stadt. Karten für die Spiele der ersten Liga bekommt man am Ticketschalter des Stadions. Wer kein Vereinsmitglied ist und telefonisch oder online bestellen möchte, muss sein Ticket 15 Tage vor dem Spiel buchen. Je

nach Platz und Spiel kostet der Spaß zwischen 31 und 225 €.

Circuit de Catalunya FORMEL EINS
(☎93 571 97 00; www.circuitcat.com) Jeden April/Mai kommen Formel-Eins-Fahrer nach Barcelona, um auf der Bahn von Montmeló (30 Autominuten nördlich der Stadt) ihr Können zu demonstrieren. Für einen Zuschauerplatz zahlt man 110 bis 435 €. An Renntagen fährt das Busunternehmen **Sagalés** (☎902 130014; www.sagales.com) vom Passeig de Sant Joan 52 zwischen dem Carrer de la Diputació und dem Carrer del Consell de Cent dorthin (hin & zurück 8 €).

Shoppen

Es gibt in Barcelona zahllose Mode- und Designerläden. Neben den neuesten Trends und großen nationalen bzw. internationalen Namen bieten originelle Geschäfte von Kaffee über Nüsse oder Kerzen bis zu von Nonnen gefertigten Süßigkeiten und Kondomen alles an, was das Herz begehrt.

Viele Modeläden liegen an der Plaça de Catalunya, am sowie rund um dem Passeig de Gràcia und an der Avinguda Diagonal. Von Letzterer bis zur Plaça de la Reina Maria Cristina reiht sich ein Shop an den nächsten.

Kleine angesagte Boutiquen mit abgefahrenen Klamotten findet man seit Mitte der 1990er Jahre in El Born, La Ribera sowie rund um den Carrer del Rec. Eine weitere gute Anlaufstelle ist der Carrer d'Avinyó im Barri Gòtic. Secondhandkleidung bekommt man in Raval auf dem Carrer de la Riera Baixa und in Gràcia auf dem Carrer de Verdi.

Barcelonas bekanntestes Kaufhaus mit Filialen in der ganzen Stadt ist **El Corte Inglés** (www.elcorteingles.es) Plaça de Catalunya (Karte S. 266; Plaça de Catalunya 14; ⌚Mo–Sa 10–22 Uhr); Plaça de la Reina Maria Cristina (Avinguda Diagonal 617). **FNAC** (Karte S. 258; www.fnac.es; Plaça de Catalunya 4; ⌚Mo–Sa 10–22 Uhr), der französische Buch-, CD- und Elektronikriese, verfügt ebenfalls über ein paar Zweigstellen. Der **Bulevard Rosa** (Karte S. 266; www.bulevardrosa.com; Passeig de Gràcia 53; ⌚Mo–Sa 10.30–21 Uhr) gilt als eine der interessantesten Einkaufspassagen und auch das **Maremagnum** (www.maremagnum.es; Moll d'Espanya 5; ⌚10–22 Uhr) in Port Vell lockt eine Menge Kunden an.

Der Winterschlussverkauf beginnt rund um den 10. Januar, der Sommerschlussverkauf rund um den 5. Juli.

Wer eine Schwäche für zeitgenössische Kunst hat, kann hier aus dem Vollen schöpfen: Rund um das Macba-Kunstmuseum (S. 256) am Carrer del Doctor Dou, Carrer d'Elisabets und Carrer dels Àngels haben sich kleine Galerien und Designerläden niedergelassen. Die meisten Nobelgalerien konzentrieren sich am und um den kurzen Abschnitt des Carrer del Consell de Cent zwischen der Rambla de Catalunya und dem Carrer de Balmes in L'Eixample.

Altaïr BÜCHER
(www.altair.es; Gran Via de les Corts Catalanes 616; Ⓜ Universitat) Hervorragender Reisebuchladen mit Karten, Reiseführern und -literatur. Es gibt auch eine Pinnwand für Traveller sowie eine Reiseagentur.

Laie BÜCHER
(Karte S. 266; www.laie.es, auf Katalanisch & Spanisch; Carrer de Pau Claris 85; Ⓜ Catalunya oder Urquinaona) Romane und Bücher über Architektur, Kunst und Film, darunter sogar ein paar auf Deutsch, und ein schönes Café.

Antinous BÜCHER
(Karte S. 252; www.antinouslibros.com, auf Spanisch; Carrer de Josep Anselm Clavé 6; Ⓜ Drassanes) Im besten Schwulenbuchladen der Stadt kann man auch gemütlich einen Kaffee trinken.

AUF MÄRKTEN STÖBERN

Der **Els Encants Vells** (www.encantsbcn.com, auf Katalanisch; Plaça de les Glòries Catalanes; ⌚Mo, Mi, Fr & Sa 7–18 Uhr; Ⓜ Glòries), auch bekannt als Fira de Bellcaire, ist der größte und bedeutendste Flohmarkt der Stadt. Hier wird jede Menge Ramsch angeboten, aber wer sich ein bisschen umschaut, kann durchaus interessante Sachen entdecken. Im Barri Gòtic findet samstags und sonntags ein **Kunsthandwerkermarkt** (Plaça de Sant Josep Oriol; Ⓜ Liceu), donnerstags der Antiquitätenmarkt **Mercat Gòtic** (Plaça Nova; Ⓜ Liceu oder Jaume I) und sonntagmorgens ein **Münz- und Briefmarkensammlermarkt** (Plaça Reial; Ⓜ Liceu) statt. Am westlichen Rand von El Raval halten Käufer sonntags auf dem **Mercat de Sant Antoni** (⌚7–20.30 Uhr) nach alten Landkarten, Briefmarken, Büchern und Postkarten Ausschau.

Vinçon INNENEINRICHTUNG
(Karte S. 266; www.vincon.com; Passeig de Gràcia 96; ⏲Mo–Sa 10–20.30 Uhr; Ⓜ Diagonal) Die raffiniertesten Designermöbel und Haushaltswaren aus aller Welt. Das Gebäude gehörte einst dem modernistischen Künstler Ramon Casas.

Casa Gispert LEBENSMITTEL & GETRÄNKE
(Karte S. 260; www.casagispert.com; Carrer dels Sombrerers 23; Ⓜ Jaume I) Seit 1851 röstet man in der preisgekrönten Casa Gispert Mandeln und verkauft getrocknete Früchte. In den Regalen stapeln sich Töpfe und Tiegel mit einer scheinbar unendlichen Vielfalt an knusprigen Leckereien.

Joan Murrià LEBENSMITTEL & GETRÄNKE
(Karte S. 266; www.murria.cat; Carrer de Roger de Llúria 85; Ⓜ Passeig de Gràcia) Ramon Casas entwarf die modernistische Fassade dieses delikaten Feinkostladens, in dem sich die Regale unter dem Gewicht von Spezialitäten aus Katalonien und anderen Regionen geradezu biegen.

Vila Viniteca LEBENSMITTEL & GETRÄNKE
(www.vilaviniteca.es, auf Spanisch; Carrer dels Agullers 7; ⏲Mo–Sa 8.30–20.30 Uhr; Ⓜ Jaume I) Dieses wunderbare Weingeschäft (eines von vielen in Barcelona) bietet bereits seit 1932 hervorragende lokale und importierte Sorten an.

Xampany LEBENSMITTEL & GETRÄNKE
(Karte S. 266; Carrer de València 200; ⏲Mo–Fr 16.30–22, Sa 10–14 Uhr; Ⓜ Passeig de Gràcia) Seit 1981 ein Eldorado für *cava*. Weinflaschen stapeln sich bis zur Decke und füllen jede mögliche Ecke in diesem spärlich beleuchteten Lokal.

Antonio Miró MODE
(Karte S. 266; www.antoniomiro.es, auf Spanisch; Carrer del Consell de Cent 349; ⏲Mo–Sa 10–20 Uhr; Ⓜ Passeig de Gràcia) Senyor Miró ist einer der Könige der Haute Couture in Barcelona. Seine Kreationen für Männer und Frauen sind elegant und bestehen aus leichten, natürlichen Stoffen. In dieser Niederlassung bekommt man beispielsweise hochwertige Abendbekleidung und schillernde Anzüge.

Custo Barcelona MODE
(Karte S. 260; www.custo-barcelona.com; Plaça de les Olles 7; Ⓜ Jaume I) Custo bezaubert Menschen in aller Welt mit einem jugendlichen, psychedelischen Spektrum von Herren- und Damenmode. In der Stadt gibt's mehrere Filialen.

Red Market MODE
(Karte S. 273; Carrer de Verdi 20; Ⓜ Fontana) Im Carrer de Verdi reihen sich mehrere flippige Modeläden aneinander. Hier findet man grelle urbane Klamotten und Accessoires. Rot dominiert beim Dekor.

Urbana MODE
(Karte S. 252; Carrer d'Avinyó 46; ⏲Mo–Sa 11–15 & 16.30–21 Uhr; Ⓜ Liceu) Das lässige Geschäft mit baskischen Wurzeln wartet mit erfrischend farbenfroher urbaner Mode, Schuhen und Accessoires für Mädels und Jungs.

Camper SCHUHE
(Karte S. 266; www.camper.com; Carrer de València 249; Ⓜ Passeig de Gràcia) Die mallorquinische Erfolgsfirma ist sozusagen der Görtz von Spanien. Die Schuhkollektion reicht von sehr bequem bis zu hochmodisch. Hat Filialen in der ganzen Stadt.

ℹ Praktische Informationen

Geld

Banken gibt's in Barcelona reichlich. Viele verfügen über Geldautomaten, darunter mehrere rund um die Plaça de Catalunya, auf der Rambla und an der Plaça de Sant Jaume im Barri Gòtic.

Interchange (La Rambla dels Caputxins 74; ⏲9–23 Uhr; Ⓜ Liceu) Repräsentanz von American Express. Man kann hier Amex-Reiseschecks einlösen, bekommt verlorene Reiseschecks ersetzt und Karteninhaber können Bargeld abheben.

Infos im Internet

www.barcelonaturisme.com Offizielles Tourismusportal der Stadt.

www.barcelonareporter.com Portal für Nachrichten aus und über Barcelona und Katalonien.

www.bcn.cat Stadtportal mit vielen Links.

www.lecool.com Wöchentliches Veranstaltungsprogramm im kostenlosen Abo.

www.rutadelmodernisme.com Website zu Routen, Gebäuden und Events rund um den Modernisme.

Internetzugang

Immer mehr Hotels, Restaurants, Cafés, Bars und andere öffentliche Einrichtungen locken mit kabellosem Internetzugang.

Bornet (Carrer de Barra Ferro 3; 1/10 Std. 2,80/20 €; ⏲Mo–Fr 10–23, Sa, So & Feiertage 14–23 Uhr; Ⓜ Jaume I) Cooler kleiner Internetladen und Kunstgalerie.

Medien

El País hat eine tägliche Beilage zu Katalonien, darüber hinaus gibt's vielfältige regionale Zei-

ACHTUNG: AUF WERTSACHEN AUFPASSEN!

Jedes Jahr berichten uns Leser von ihren Erlebnissen in Barcelona, wo Touristen beliebte Opfer von Gaunereien und Diebstählen sind. Wenn man die üblichen Vorsichtsmaßnahmen beachtet, kann man solche Ärgernisse aber in etwa 90 % aller Fälle vermeiden.

Taschendiebe treiben sich vor allem in Flughafenzügen und in der Metro herum, vor allem rund um die Bahnhöfe, an denen viele Traveller aussteigen (etwa an der Sagrada Família). Vorsicht ist auch in der Altstadt (Ciutat Vella) und besonders auf der Rambla angesagt. Prostituierte am unteren Ende des Boulevards (im Hafenbereich) verdienen sich oft durch Brieftaschenklau etwas hinzu. Unbedingt ignorieren sollte man die Hütchenspieler *(trileros)* auf der Rambla. Bei diesem abgekarteten Spiel kann man nämlich nur verlieren und wird selbst beim Zuschauen noch beklaut.

tungen. *La Vanguardia* und *El Periódico* sind die großen Tageszeitungen auf Kastilisch. Letztere gibt auch eine katalanische Version heraus. *Avui* ist eine eher konservativ und nationalistisch-katalanisch geprägte Tageszeitung. *El Punt* bringt vorrangig Nachrichten aus bzw. rund um Barcelona.

Medizinische Versorgung

Wer die ☎010 anruft, kann sich darüber informieren, wo er die nächstgelegene Nachtapotheke findet. Es gibt auch mehrere 24 Stunden geöffnete Apotheken.

Farmàcia Castells Soler (☎93 487 61 45; Passeig de Gràcia 90; Ⓜ Diagonal)

Farmàcia Clapés (☎93 301 28 43; La Rambla 98; Ⓜ Liceu)

Farmàcia Torres (☎93 453 92 20; www.farmaciaabierta24h.com; Carrer d'Aribau 62; FGC Provença)

Hospital Clínic i Provincial (☎93 227 54 00; Carrer de Villarroel 170; Ⓜ Hospital Clínic)

Hospital de la Santa Creu i de Sant Pau (☎93 291 90 00; Carrer de Sant Antoni Maria Claret 167; Ⓜ Hospital de Sant Pau)

Hospital Dos de Maig (☎93 507 27 00; Carrer del Dos de Maig 301; Ⓜ Hospital de Sant Pau)

Notfall

Touristen, die einen Diebstahl melden wollen, müssen sich an die katalanische Polizei wenden, entweder an die **Mossos d'Esquadra** (☎088; Carrer Nou de la Rambla 80) oder an die **Guàrdia Urbana** (Ortspolizei; ☎092; La Rambla 43).

Feuerwehr (Bombers; ☎080, 085)

Institut Català de la Dona (☎93 495 16 00; www.gencat.net/icdona; Plaça de Pere Coromines 1; Ⓜ Liceu) Beratung für Vergewaltigungsopfer.

Notruf (☎061)

EU-Notruf (☎112)

Policía Nacional (☎091)

Post

Das **Hauptpostamt** (Plaça d'Antoni López; ⏲Mo–Fr 8.30–21.30, Sa 8.30–14 Uhr; Ⓜ Jaume I) befindet sich gegenüber dem Nordostende des Port Vell. Gleich hinter dem Passeig de Gràcia stößt man auf eine praktisch gelegene **Filiale** (Carrer d'Aragó 282; ⏲Mo–Fr 8.30-20.30, Sa 9.30–13 Uhr; Ⓜ Passeig de Gràcia).

Reisebüros

Halcón Viatges (☎902 300600; www.halconviajes.com, auf Spanisch; Carrer de Pau Claris 108; Ⓜ Passeig de Gràcia) Solide Reisebürokette mit gelegentlichen guten Angeboten. Eine von mehreren Filialen im Stadtgebiet.

Orixà (☎93 487 00 22; www.orixa.com; Carrer d'Aragó 227; Ⓜ Passeig de Gràcia) Ein gutes lokales unabhängiges Reisebüro.

Touristeninformation

Allgemeine Informationen gibt's über die ☎010 und ☎012. Die erste Nummer gilt für Barcelona, die zweite für ganz Katalonien (von der Generalitat betrieben). Viele Telefonisten sprechen nur Katalanisch und Kastilisch.

Zusätzlich zu den im Folgenden genannten Adressen gibt's Infostände am Busbahnhof Estació Nord, am Portal de la Pau und am Fuße des Mirador a Colom. Im Sommer sind mindestens drei weitere Stände an verschiedenen Stellen in der Stadt zu finden.

Kulturinformation im Palau de la Virreina (☎93 301 77 75; Rambla de Sant Josep 99; ⏲10–20 Uhr; Ⓜ Liceu) Praktisch für Veranstaltungsinformationen und Eintrittskarten.

Oficina d'Informació de Turisme de Barcelona (☎93 285 38 32; www.barcelonaturisme.com) Hauptbüro (Plaça de Catalunya 17-S unterhalb des Platzes; ⏲9–21 Uhr); Aeroport del Prat (Terminals 1, 2B & 2A; ⏲9–21 Uhr); Estació Sants (⏲8–20.30 Uhr; Ⓜ Sants Estació); Rathaus (Carrer de la Ciutat 2; ⏲Mo–Fr 9–20, Sa 10–20, So & Feiertage 10–14 Uhr; Ⓜ Jaume I) In der Haupttouristeninformation

ERMÄSSIGUNGEN

Schüler und Studenten zahlen mit entsprechendem Nachweis etwa die Hälfte der Eintrittspreise, ebenso Kinder unter zwölf Jahren und Senioren über 65. Etliche Sehenswürdigkeiten sind an einigen Tagen kostenlos zugänglich, z. B. das Museu Picasso (S. 260) am ersten Sonntag und das Museu Marítim (S. 257) jeden ersten Samstagnachmittag im Monat.

Ermäßigungen in Museen gibt's auch für Inhaber des Bus-Turístic-Tickets (s. S. 283).

Das **Articket** (www.articketbcn.org) kostet 22 € und ist für den Besuch von sieben bedeutenden Kunstmuseen – Museu Picasso, Museu Nacional d'Art de Catalunya, Museu d'Art Contemporani de Barcelona, Fundació Antoni Tàpies, Centre de Cultura Contemporània de Barcelona, Fundació Joan Miró und La Pedrera – innerhalb eines Zeitraums von sechs Monaten gültig. Man bekommt es über **Tel-Entrada** (☎902 101212; www.telentrada.com), in den Touristeninformationen an der Plaça de Catalunya, Plaça de Sant Jaume und im Sants-Bahnhof.

Wer sich Barcelonas modernistische Bauten ansehen möchte, bucht am besten die **Ruta del Modernisme** (www.rutadelmodernisme.com), die im Touristenbüro an der Plaça de Catalunya verkauft wird (S. 305). Für 12 € erhält man einen Führer zu 115 großen und kleinen Jugendstilgebäuden, eine Karte und eine Ermäßigung von bis zu 50 % für den Eintritt zu den wichtigsten Sehenswürdigkeiten dieser Art in der Stadt sowie in der Umgebung.

kann man sich über die Möglichkeiten in der Stadt informieren und Unterkünfte buchen. Wer Auskünfte über ganz Katalonien einholen möchte, wendet sich an die Filiale in der EU-Ankunftsstelle des Flughafens. In der internationalen Ankunftshalle ist ein kleiner Schalter geöffnet. Der Infostand am Bahnhof bietet nur einen eingeschränkten Service. Es gibt auch eine Zweigstelle im *ajuntament* (Rathaus).

Regionale Touristeninformation (☎93 238 80 91, außerhalb Kataloniens 902 400012; www.gencat.net/probert; Passeig de Gràcia 107; ⏲Mo–Sa 10–19, So 10–14.30 Uhr; Ⓜ Diagonal) Im Palau Robert untergebracht. Hier bekommt man jede Menge Material über Katalonien.

An- & Weiterreise

Auto & Motorrad

Von Barcelona führen *autopistas* (gebührenpflichtige Autobahnen) in fast alle Richtungen, darunter die C31/C32 zur südlichen Costa Brava, die C32 nach Sitges, die C16 nach Manresa (mit Abzweig nach Montserrat) und die AP7 Richtung Norden nach Girona, Figueres und Frankreich sowie Richtung Süden nach Tarragona und Valencia (Abzweig auf der AP2 nach Lleida, Zaragoza und Madrid). Mautfreie Straßen wie die A2 nordwärts nach Girona, Figueres und Frankreich und westwärts nach Lleida oder die A7 nach Tarragona sind meist ziemlich voll, sodass man nur langsam vorankommt.

MIETWAGEN

Avis, Europcar, Hertz und mehrere andere große Unternehmen haben Schalter am Flughafen, am Bahnhof Estació Sants und am Busbahnhof Estació del Nord:

Avis (☎902 248824, 93 237 56 80; www.avis.com; Carrer de Còrsega 293–295; Ⓜ Diagonal)

Cooltra (☎93 221 40 70; www.cooltra.com; Passeig de Joan de Borbó 80–84; Ⓜ Barceloneta)

Europcar (☎93 302 05 43; www.europcar.com; Gran Via de les Corts Catalanes 680; Ⓜ Girona)

Hertz (☎93 419 61 56; www.hertz.com; Carrer del Viriat 45; Ⓜ Sants)

National/Atesa (☎902 100101, 93 323 07 01; www.atesa.es; Carrer de Muntaner 45; Ⓜ Universitat)

Pepecar (☎807 414243; www.pepecar.com; Plaça de Catalunya; Ⓜ Catalunya)

Bus

Fernbusse zu Orten in ganz Spanien fahren am **Estació del Nord** (☎902 260606; www.barcelonanord.com; Carrer d'Ali Bei 80; Ⓜ Arc de Triomf) ab. Von hier aus bedienen zahlreiche Unternehmen unterschiedliche Landesteile, darunter viele, die zu **Alsa** (☎902 422242; www.alsa.es) gehören. Es gibt regelmäßige Verbindungen nach Madrid, Valencia und Zaragoza (mind. 20-mal tgl.) sowie nach Burgos, Santiago de Compostela und Sevilla (mehrmals täglich).

Eurolines (www.eurolines.com) ist im Verbund der nationalen Buslinien das größte internationale Unternehmen. Vom Estació del Nord und vom **Estació d'Autobusos de Sants** (Carrer Viriat) neben dem Estació Sants Barcelona werden zahlreiche Ziele in Europa sowie Marokko angesteuert. Informationen und Fahrkarten bekommt man bei Alsa. **Linebús** (www.linebus.com) ist ein weiteres Busunternehmen.

In Katalonien können viele Orte in den Pyrenäen und an der Costa Brava nur mit dem Bus erreicht werden, da Züge lediglich wichtige Bahnhöfen wie Girona, Figueres, Lleida, Ripoll und Puigcerdà ansteuern. Leider sind die Busse weniger bequem und praktisch. Preise und Abfahrtszeiten von Barcelona aus findet man in den Beschreibungen der entsprechenden Orte im Kapitel „Katalonien". Die Region wird von verschiedenen Busgesellschaften bedient, zumeist ab der Estació del Nord:

Alsina Graells (☎902 422242; www.alsa.es) Teil des Unternehmens Alsa. Verbindungen zu Zielen im Westen und Nordwesten wie Vielha, La Seu d'Urgell und Lleida sowie in den Nordwesten Kataloniens.

Barcelona Bus (☎902 130014; www.sagales.com, auf Katalanisch & Spanisch) Bedient Girona (und von dort zum Flughafen der Costa Brava), Figueres und einige Orte an der Costa Brava sowie den Nordwesten Kataloniens.

Hispano-Igualadina (☎902 447726; www.igualadina.net; Estació Sants & Plaça de la Reina Maria Cristina) Steuert Zentral- und Südkatalonien an.

SARFA (☎902 302025; www.sarfa.com) Das wichtigste Unternehmen rund um die Costa Brava.

TEISA (☎93 215 35 66; www.teisa-bus.com; Carrer de Pau Claris 117; Ⓜ Passeig de Gràcia) Deckt von Girona und Figueres aus einen großen Teil der östlichen katalanischen Pyrenäen ab. Busse starten in Barcelona und fahren via Ripoll nach Camprodon sowie über Besalú nach Olot.

Ziele ab dem Estació del Nord (bei Mehrangaben zur Häufigkeit gilt die kleinere Zahl meist für sonntags; die angegebenen Fahrpreise sind der niedrigste Tarif):

ZIEL	HÄUFIGKEIT (PRO TAG)	FAHRZEIT (STD.)	FAHRPREIS (€)
Almería	4–5	11¼–14	62,42
Burgos	5–6	7½–8½	35,42
Granada	5–8	12½–14¼	68,65
Madrid	bis zu 16	7½–8	28,18
Sevilla	1–2	14¾	88,42
Valencia	bis zu 14	4–4½	25,34
Zaragoza	bis zu 22	3¾	13,71

Flugzeug

Der **Aeroport del Prat** (☎902 404704; www.aena.es) liegt 12 km südwestlich des Zentrums in El Prat de Llobregat. Er ist ein Drehkreuz für inländische und internationale Flüge mit zahlreichen Direktverbindungen in und von europäischen Städten.

Mehrere Billigflieger wie Ryanair nutzen den **Girona-Costa Brava-Flughafen** 11 km südlich von Girona bzw. 80 km nördlich von Barcelona. Busse fahren vom/zum Busbahnhof Estació del Nord in Barcelona.

Allgemeine Informationen zu Flügen findet man im Kapitel „Verkehrsmittel & -wege" ab S. 936. Siehe auch unter der Rubrik „Reisebüros" auf S. 305.

Schiff/Fähre

BALEAREN

Reguläre Passagier- und Autofähren der **Acciona Trasmediterránea** (☎902 454645; www.trasmediterranea.es) zu und von den Balearen legen beidseitig des Moll-de-Barcelona-Kais in Port Vell an bzw. ab.

Mehr Informationen über Fahrpläne und Preise siehe S. 663.

ITALIEN

Grandi Navi Veloci (☎in Italien 010 209 4591; www1.gnv.it; Ⓜ Drassanes) gehört zur Grimaldi-Gruppe und verfügt über eine luxuriöse High-speed-Autofähre, die mindestens dreimal pro Woche zwischen Genua und Barcelona verkehrt (18 Std.). Die Ticketpreise sind sehr unterschiedlich und hängen von der Saison ab sowie davon, wie weit im Voraus man bucht. Im Sommer geht's bei rund 80 € pro Fahrt los (dafür bekommt man dann einen Sitz wie im Flugzeug zugewiesen). Man erhält das Ticket an den Schaltern von Acciona Trasmediterránea. Dasselbe Unternehmen organisiert auch Touren zwischen Barcelona und Tanger in Marokko (26 Std.).

Grimaldi Ferries (☎902 531333, in Italien 081 496444; www.grimaldi-lines.com) betreibt eine ähnliche Fähre von Barcelona nach Civitavecchia (in der Nähe von Rom; 20½ Std., 6–7-mal pro Woche), Livorno (Toskana; 19½ Std., 3-mal pro Woche) und Porto Torres (im Nordwesten Sardiniens; 12 Std., tgl.). Ein Economy-Class-Platz, ähnlich wie in einem Flugzeug, kostet für beide Strecken mindestens 29 € in der Neben- und 77 € in der Hauptsaison.

Die Fähren beider Unternehmen halten am Moll de Sant Bertran und befördern auch Fahrzeuge.

Zug

Viele internationale und nationale Züge steuern den Hauptbahnhof **Estació Sants** (Plaça dels Països Catalanes) 2,5 km westlich der Rambla an. Fernzüge halten auch in den Bahnhöfen **Catalunya** (Plaça de Catalunya) und **Passeig de Gràcia** (Ecke Passeig de Gràcia & Carrer d'Aragó). Infoschalter findet man am Estació Sants und am Passeig-de-Gràcia-Bahnhof. Im Estació Sants gibt's eine **consigna** (Gepäckaufbewahrung; kleines/großes Schließfach für 24

Std. 3/4,50 €; ⏲5.30–23 Uhr), eine Touristeninformation, einen Telefon- und Faxservice, Wechselstuben und Geldautomaten.

INTERNATIONALE VERBINDUNGEN

Informationen zur Anreise mit dem Zug siehe unter „Verkehrsmittel & -wege" ab S. 937.

Jeden Tag bestehen vom Estació Sants ein oder zwei Verbindungen nach Montpellier in Frankreich (59 € für eine einfache Fahrt in der *turista*-Klasse, 4½ Std.). Auf der Strecke sind auch ein paar langsamere Züge unterwegs (man muss in Portbou umsteigen), die alle in Perpignan halten.

Vom Estació Sants fahren täglich acht Züge zur französischen Grenzstadt Cerbère (ab 10,60 €, 2½ Std.). Von dort geht's über Montpellier weiter nach Paris.

NATIONALE VERBINDUNGEN

Der Hochgeschwindigkeitszug Tren de Alta Velocidad Española (AVE) verkehrt 18-mal täglich zwischen Madrid und Barcelona, darunter neun Direktverbindungen (unter 3 Std.). Pro Strecke muss man 114 € zahlen, wer aber die Hin- und Rückfahrt bzw. frühzeitig online bucht, spart bis zu 45 €. Ab 2012 führt die Strecke eventuell bereits direkt durch Barcelona (durch einen umstrittenen Tunnel, der derzeit ensteht) und weiter nach Norden zur französischen Grenze. Frankreich hat angekündigt, dass sein Hochgeschwindigkeitszug TGV Paris bereits 2011 mit Figueres verbindet. Weitere beliebte Strecken:

ZIEL	HÄUFIGKEIT (PRO TAG)	DAUER (STD.)	FAHRPREIS (€)
Alicante	bis zu 8	4¾–5½	49,90–54,80
Burgos	4	6–7	49–65,90
Valencia	bis zu 15	3–4½	38,50–43,10
Zaragoza	bis zu 35	1½–4¼	28,80–64,20

ℹ Unterwegs vor Ort

In Barcelona kommt man am besten mit der Metro herum, da die alle wichtigen Gebiete (außer den Flughafen) ansteuert. Für einige Strecken muss man Busse oder die FGC-Vorortzüge nehmen. In der Touristeninformation bekommt man den umfassenden *Guia d'Autobusos Urbans de Barcelona* mit dem Streckennetz der Metro und allen Busverbindungen.

Informationen zu öffentlichen Verkehrsmitteln unter ☎010.

Auto & Motorrad

Ein ausgeklügeltes Einbahnstraßensystem lässt den Verkehr ziemlich gut fließen, wer allerdings kein Navigationsgerät oder eine gute Straßenkarte besitzt, landet gelegentlich trotzdem da, wo er eigentlich gar nicht hinwollte.

Parkplätze in der Altstadt sind fast ausschließlich für Anwohner reserviert. In den engen Straßen von Gràcia sieht es auch nicht besser aus. Die breiten Boulevards in L'Eixample sind in blaue und grüne Zonen eingeteilt. Für alle Ortsfremden ist das aber egal, denn sie dürfen in beiden Zonen nur parken, wenn sie dafür Geld zahlen. Die Gebühren bewegen sich zwischen 2,42 und 2,94 € pro Stunde. Parkplätze/-häuser gibt's überall in L'Eixample, außerdem findet man ein paar in der Altstadt. Pro Stunde kosten sie zwischen 3 und 4 €.

Vom/zum Flughafen

Der **A1 Aerobús** (☎93 415 60 20; 5 €; 30–40 Min.) fährt von 6.05 bis 1.05 Uhr vom Terminal 1 zur Plaça de Catalunya über die Plaça d'Espanya, die Gran Via de les Corts Catalanes (an der Ecke zum Carrer del Comte d'Urgell) und die Plaça de la Universitat (6–15 Min. je nach Tageszeit). Der A2 Aerobús bedient von 6 bis 1.30 Uhr dieselbe Strecke ab Terminal 2. Tickets gibt's im Bus.

Die Renfes Zuglinie R2 Nord pendelt zwischen dem Flughafen und dem Passeig de Gràcia (via Estació Sants) im Zentrum Barcelonas (rund 35 Min.) und führt dann weiter stadtauswärts. Tickets kosten 3 €, es sei denn man hat die günstigere T-10-Mehrfahrtenkarte. Der Betrieb ab dem Flughafen beginnt täglich um 6.08 Uhr und endet um 23.38 Uhr.

Ein Taxi vom/zum Stadtzentrum braucht je nach Verkehr etwa eine halbe Stunde und kostet 20 bis 25 €.

Das Unternehmen **Sagalés** (☎902 130014; www.sagales.com) betreibt den **Barcelona Bus** (☎902 361550), der den Flughafen von Girona mit dem Busbahnhof Estació del Nord in Barcelona verbindet (einfach/hin & zurück 12/21 €, 70 Min.).

Öffentliche Verkehrsmittel

BUS

Barcelonas Verkehrsgesellschaft **TMB** (☎010; www.tmb.net) bedient von etwa 5 oder 6 Uhr bis 22 oder 23 Uhr fast das gesamte Stadtgebiet. Viele Busse fahren über die Plaça de Catalunya und/oder die Plaça de la Universitat. Von etwa 23 Uhr bis 3 oder 5 Uhr verkehren zumeist alle 30 bis 45 Min. die gelben *nitbusos* (Nachtbusse). Alle *nitbus*-Linien halten an der Plaça de Catalunya.

FAHRKARTEN & TARGETAS

Für die Metro, FGC-Züge, *rodalies/cercanías* (von Renfe betriebene Regionalzüge) und Busse gilt jeweils ein in verschiedene Zonen eingeteiltes Tarifsystem. Einzelfahrscheine für alle Verkehrsmittel in Zone 1 (reicht über den Flughafen hinaus) kosten, außer für Renfe-Züge, 1,40 €.

Targetes (Mehrfahrtenkarten) bekommt man in den meisten Metrostationen im Stadtzentrum. Hier angegebene Preise gelten für die Zone 1. Kinder unter vier Jahren fahren umsonst mit.

Targeta T-10 (7,85 €) Zehn Fahrten (jede gültig für 1¼ Std.) in Metro, Bussen und FGC-Zügen. Der Umstieg zwischen Metro, FGC, *rodalies* und Bussen ist gestattet.

Targeta T-DIA (5,90 €) Tageskarte für beliebige Fahrten mit allen Verkehrsmitteln.

Targeta T-50/30 (32,10€) Gilt für 50 Fahrten innerhalb von 30 Tagen.

Zwei-/Drei-/Vier-/Fünftageskarten (11,20/15,90/20,40/24,10 €) Karten für unbegrenzte Fahrten mit allen Verkehrsmitteln außer dem Aerobús werden in den Metrostationen oder den Touristeninformationen verkauft.

Monatskarte T-Mes (48,85 €) Gültig für beliebig viele Fahrten mit allen Verkehrsmitteln.

METRO & FGC

Die **TMB-Metro** hat sechs nummerierte und farblich gekennzeichnete Linien. Sie ist von Sonntag bis Donnerstag und an Feiertagen von 5 bis 24 Uhr, freitags von 5 bis 2 sowie samstags und an Tagen vor Feiertagen von 5 bis 5 Uhr in Betrieb. Die Linie 2 ist behindertengerecht, außerdem gibt's in mehreren Stationen Fahrstühle.

Die Vorortzüge der **Ferrocarrils de la Generalitat de Catalunya** (FGC; ☎93 205 15 15; www.fgc.net) verkehren auf ein paar ganz praktischen Stadtstrecken. Einer fährt von der Plaça de Catalunya nach Norden. Von dort geht's mit weiteren Zügen nach Tibidabo und in die Nähe des Monestir de Pedralbes. Einige Züge auf dieser Strecke fahren weiter nach Sant Cugat, Sabadell und Terrassa.

Einige FGC-Züge pendeln zwischen der Plaça d'Espanya und Manresa. Sie eignen sich für einen Trip nach Montserrat (S. 314). Die Züge sind sonntags bis donnerstags von 5 bis 23 oder 24 Uhr (vor 6 Uhr verkehren nur zwei oder drei Züge) und freitags bzw. samstags von 5 bis 1 Uhr (teilweise auch etwas später) in Betrieb.

Drei **Straßenbahnen** (☎902 19 32 75; www.trambcn.com) starten an der Plaça de Francesc Macià und steuern von dort aus Barcelonas Vororte an. Für Touristen sind sie nicht sonderlich interessant. Die T4 fährt hinter dem Zoo nahe der Metrostation Ciutadella-Vila Olímpica über das Fòrum zur Sant Adrià und die T 5 verkehrt von Glòries nach Badalona. In Barcelona gekaufte Fahrkarten sind darin ebenfalls gültig.

Taxi

Wer ein Taxi nimmt, muss eine Grundgebühr von 2 € plus 0,86 € pro Kilometer (1,10 € von 20 bis 8 Uhr und am Wochende) zahlen. Die Fahrt vom/zum Flughafen kostet zusätzlich 3,10 € und 1 € pro Gepäckstück, das größer als 55/55/35 cm ist. Die 3 km lange Fahrt vom Estació Sants zur Plaça de Catalunya schlägt mit 10 € zu Buche.

Taxis (☎93 225 00 00, 93 300 11 00, 93 303 30 33, 93 322 22 22) können telefonisch bestellt oder direkt an der Straße herangewunken werden. Ersteres kostet 3,40 € (4,20 € nachts und am Wochenende). In vielen Fahrzeugen kann man mit seiner Kreditkarte zahlen.

Taxi Amic (☎93 420 80 88; www.terra.es/personal/taxiamic, auf Spanisch) hat sich auf den Transport von Behinderten und Sonderfahrten (z. B. Beförderung sperriger Objekte) spezialisiert. Eine Reservierung 24 Stunden im Voraus ist empfehlenswert.

TRIXIS

Die dreirädrigen **Fahrradtaxis** (☎93 310 13 79; www.trixi.info) verkehren im Stadtzentrum und im Uferbereich (März–Nov. 12–20 Uhr) und können zwei Passagiere befördern. Sie kosten 6/10/18 € für 15/30/60 Min., für Kinder zwischen drei und zwölf Jahren zahlt man die Hälfte. Die Trixis stehen am Mirador a Colom sowie vor der Kathedrale bereit.

RUND UM BARCELONA

Genug vom Großstadttreiben? Dann kann man mehrere leicht erreichbare Ausflugsziele ansteuern: Sitges liegt südwestlich von Barcelona und ist ein hübscher Küstenort mit wildem Nachtleben. Weingenießer fühlen sich in Penedès wohl; die Region ist berühmt für ihren *cava*. Lohnenswert sind auch ein Besuch des Montserrat, Kataloniens heiliger Bergkette im Norden, und Gaudís Colònia Güell.

Sitges

27 700 EW.

Sitges lockt sie alle an, egal ob Jetsetter, Rucksacktouristen, frischgebackene Ehepaare, Familienausflügler, Nachteulen oder Homosexuelle. Der Strand ist lang und sandig, die Partys dauern bis zum Frühstück und es gibt massenhaft schicke Boutiquen zum Aufmotzen der Garderobe. Im Winter ist hier tote Hose, aber zum Karneval, wenn die Schwulengemeinde eine zügellose Show hinlegt, erwacht die Stadt mit einem Knall.

Sehenswertes & Aktivitäten

Museu Romàntic MUSEUM

(Carrer de Sant Gaudenci 1; Erw./Stud. 3,50/2 €; ⏲Di–Sa 9.30–14 & 16–19, So 10–15 Uhr) Das Museu Romàntic in der Villa Can Llopis aus dem späten 18. Jh. veranschaulicht mit seinen Möbeln und Dioramen den Lebensstil einer wohlhabenden katalanischen Familie des 19. Jh. Zudem verfügt es über eine Sammlung von mehreren Hundert antiken Puppen – manche sind ganz schön hässlich! Im 19. Jh. haben viele Bewohner, die in Südamerika zu Geld gekommen waren (u. a. durch zwielichtigen Handel mit Baumwolle, bei dem sie Sklaven ausbeuteten), in Sitges Villen errichtet. Man nannte diese Leute damals gerne *Americanos* oder *Indianos*.

Strände STRÄNDE
Sitges' Hauptstrand ist durch Wellenbrecher in mehrere Abschnitte mit unterschiedlichen Namen aufgeteilt. Eine autofreie Promenade führt den gesamten Strand entlang. Im Hochsommer, besonders am Wochenende, ist der Abschnitt nahe der **Església de Sant Bartomeu i Santa Tecla** rappelvoll. Richtung Südwestende wird es geringfügig leerer.

Museu Cau Ferrat MUSEUM
(Carrer de Fonollar) Das in den 1890er-Jahren errichtete Gebäude verfügt über hübsche Ziegelwände und hohe Bögen und diente als Wohnhaus bzw. Studio des modernistischen Künstlers Santiago Rusiñol. Heute sieht man hier viele seiner Werke sowie Arbeiten seiner Zeitgenossen. Bei Redaktionsschluss war das Museum geschlossen.

Museu Maricel del Mar MUSEUM
(Carrer de Fonollar; Erw./Stud. 3,50/2 €; ⌚Di–Sa 9.30–14 & 16–19, So 10–15 Uhr) Gleich neben dem Museu Cau Ferrat kann man Kunst und Kunsthandwerk aus der Zeit vom Mittelalter bis zum 20. Jh. bewundern.

Feste & Events

Carnaval KARNEVAL
Der Karneval in Sitges ist ein einwöchiges Fest für Extrovertierte, Ambivalente und Exhibitionisten und wird von einer extravaganten Schwulenparade am letzten Abend gekrönt. Das Datum ändert sich jährlich.

Festa Major STADTFEST
Die Festa Major (Stadtfest) findet Ende August statt und dauert sechs Tage mit einem gigantischen Feuerwerk am 23.

Internationales Filmfestival FILM
(http://sitgesfilmfestival.com) Anfang Oktober ist Sitges Schauplatz des Internationalen Filmfestivals.

Schlafen

In Sitges gibt's etwa 50 Hotels und *hostales*, viele Unterkünfte schließen jedoch von Oktober bis April. Im Juli und August sind sie voll und die Preise klettern in die Höhe (ei-

Rund um Barcelona

> ## KOMBITICKET
>
> Ein **Kombiticket** (Erw./Stud. 6,50/3,50 €) für das Museu Romàntic, das Museu Maricel del Mar und das Museu Cau Ferrat ist in jeder der genannten Einrichtungen erhältlich.

ne Reservierung ist ratsam). Sie sind oftmals schwulenfreundlich – das gilt auch für die im Folgenden genannten Bleiben –, aber nicht unbedingt ausschließlich auf Homosexuelle ausgerichtet.

Romàntic Hotel BOUTIQUE-HOTEL €€
(☎93 894 83 75; www.hotelromantic.com; Carrer de Sant Isidre 33; EZ/DZ ab 72/102 €; ❄) Die drei angrenzenden Villen aus dem 19. Jh. verfügen über ein begrüntes Hofrestaurant. Wenn hier kein Zimmer frei ist, kann man das gleich um die Ecke liegende zauberhafte **Hotel La Renaixença** (Carrer d'Illa de Cuba 45) ansteuern. Es gehört zur selben Kette und die Rezeption befindet sich im Romàntic Hotel. In der Straße reihen sich mehrere wunderschön restaurierte Häuser aneinander, die zu Unterkünften umgebaut wurden.

Pensió Bonaire PENSIÓN €€
(☎93 894 53 26; www.bonairehostalsitges.com; Carrer de Bonaire 31; DZ 65 €) In dieser günstigen Herberge in Strandnähe gibt's einfache, aber recht komfortable Zimmer mit einem eigenen Bad. Manche haben sogar einen Balkon, allerdings sind die Einzelzimmer winzig.

Essen

Al Fresco INTERNATIONAL €€
(Carrer de Pau Barrabeig 4; Mahlzeiten 30–40 €; ⌚Mitte Jan.–Mitte Dez. Di–Sa abends, 🚭) In dem an einer engen, als Straße ausgewiesenen Treppe versteckten Restaurant kann man z. B. indisches Hühnchencurry mit grüner Mango oder Angus-Steak in Rotwein sowie mit Senf und Pommes frites bestellen. Für ein Gericht muss man 22 €, für zwei 34 € (dann wird eines in Vorspeisengröße serviert) zahlen.

Costa Dorada MEERESFRÜCHTE €€
(Carrer del Port Alegre 27; Mahlzeiten 30 €; ⌚Fr–Di mittags & abends, Jan.–Nov. Mi mittags) Der klassische Service, das 1970er-Jahre-Flair (mit Kacheln und Weinflaschen als Deko) und eine solide Küche machen die „Goldküste" zu einer guten Anlaufstelle, insbesondere für Liebhaber von Meeresfrüchten, Paella und *fideuá*.

La Nansa MEERESFRÜCHTE €€
(Carrer de la Carreta 24; Mahlzeiten 35 €; ⌚Do–Mo, Jan. geschl.) Das schöne alte Restaurantgebäude liegt in einer ufernahen kleinen Gasse. Hier hat man sich auf Meeresfrüchte spezialisiert. Es gibt verschiedene Paellas und andere Reisgerichte, darunter *cassola d'arròs a la sitgetana* (Reisbrühe mit Meeresfrüchten).

Pic Nic REIS, MEERESFRÜCHTE €€
(www.restaurantpicnic.com; Passeig de la Ribera; Mahlzeiten 35–40 €; ⌚So–Do mittags, Fr & Sa mittags & abends) Ein freundlich-rustikales Lokal mit einem unverbauten Meerblick. Vor allem Gruppen können hier wunderbar zu Mittag essen. Die Spezialität des Hauses: Reisgerichte mit Fisch- und Meeresfrüchten.

Ausgehen & Unterhaltung

Das Nachtleben spielt sich überwiegend in einer kleinen Fußgängerzone ab. Auf dem Carrer del 1er de Maig, der Plaça de la Industria und dem Carrer del Marqués de Montroig (alle in der Nähe der Küste) sind im Sommer jede Menge Menschen unterwegs.

Der Carrer del 1er de Maig – auch Calle del Pecado (Straße der Sünde) genannt – vibriert vom Lärm aus über zehn Diskobars, die sich in der Lautstärke gegenseitig zu übertreffen versuchen.

Etwas weniger wild geht's gleich um die Ecke auf dem Carrer de les Parellades, dem

> ## SITGES FÜR SCHWULE & LESBEN
>
> Es gibt hier zahlreiche schwulenfreundliche Bars. **El Horno** (www.sitges4men.com; Carrer de Joan Tarrida Ferratges 6; ⌚17.30–2.30 Uhr) hat einen Darkroom und in der **Bear's Bar** (www.bearsbarsitges.com; Carrer de Bonaire 17; ⌚22–3.30 Uhr) macht man brenzlige Bekanntschaften. Im **Organic Club** (Carrer de Bonaire 15; ⌚24–6 Uhr), einem von zwei beliebten Schwulenclubs der Stadt, wird bis zum Morgen getanzt. Sexspielzeug aller Art bekommt man bei **Mask** (Carrer de Bonaire 22). Mehr zum Thema Schwule und Lesben in Sitges siehe www.gaysitgesguide.com.

Sitges

Carrer de Bonaire sowie dem Carrer de Sant Pere zu. Gegen 3.30 Uhr schließen alle Bars.

Bar Voramar BAR

(www.pub-voramar.com; Carrer del Port Alegre 55) Auf der Platja de Sant Sebastià bewahrt die Bar Voramar mit ihrer maritimen Dekoration, der guten Musik und manchmal mit Jazzsessions ein Stück 1960er-Jahre.

L'Atlàntida Sitges BAR

(www.clubatlantida.com; Platja Les Coves; ⌚Juni–Sept. Mi–So) Beliebt ist auch das am Strand gelegene L'Atlàntida Sitges 3,5 km westlich der Stadtmitte. Ein Shuttlebus von der Platja de Sant Sebastià fährt an den Abenden hierher, wenn die Bar geöffnet ist.

Sweet Pachá CLUB

(www.sweetpacha.com; Avinguda Port d'Aiguadolç 9) Dieser Club befindet sich hinter dem Yachthafen Aiguadolç. Bis zum Sweet Pacxhá sind es vom Museu Maricel del Mar 1,2 km östlich entlang der Küste, deshalb nimmt man sich am besten ein Taxi.

Pachá CLUB

(www.pachasitges.com; Carrer de Sant Dídac, Vallpineda; ⌚Sa & So) Nördlich des Zentrums.

ℹ Praktische Informationen

Hauptpostamt (☎93 894 50 04; www.sitgestur.com; Plaça de E Maristany 2; ⌚9–20 Uhr)

Policia Local (☎704 10 10 92; Plaça d'Ajuntament)

Touristeninformation (☎93 811 06 11; Passeig de la Ribera; ⌚10–14 & 16–20 Uhr) Eine Zweigstelle.

ℹ An- & Weiterreise

Vom Passeig de Gràcia und der Estació Sants in Barcelona fahren zwischen 6 und 22 Uhr jede Stunde vier *rodalies* hierher (3 €, 38–46 Min. je nach Zwischenstopps). Die beste Straße von Barcelona nach Sitges ist die gebührenpflichtige

Sitges

Highlights

Museu Cau Ferrat D3
Museu Romàntic A2
Platja de St Sebastià D3

Sehenswertes

1 Església de Sant Bartomeu i Santa Tecla C4
2 Museu Maricel del Mar D4

Schlafen

3 Hotel La Renaixença B2
4 Pensió Bonaire B3
5 Romàntic Hotel B2

Essen

6 Al Fresco B3
7 Costa Dorada D3
8 La Nansa B3

Ausgehen

9 Bar Voramar D3
10 Bear's Bar B3
11 El Horno A3

Unterhaltung

12 Organic Club B3

Shoppen

13 Mask A3

Autobahn C32. **Mon-Bus** bietet eine Direktverbindung vom Passeig de Vilanova zum Flughafen von Barcelona an.

Montserrat

Der 1236 m hohe Montserrat (Gezackter Berg) 50 km nordwestlich von Barcelona besteht aus bizarren Felssäulen, die von Wind, Regen und Frost aus einst vom Meer bedecktem Kalkstein, Kiesel und Sand geformt wurden. In 725 m Höhe klammert sich das historische Benediktinerkloster Monestir de Montserrat – eine der bedeutendsten Heiligenstätten Kataloniens – an den Berg. An klaren Tagen reicht der Blick bis zu den Pyrenäen und mit etwas Glück sogar bis nach Mallorca.

Die *cremallera* (Zahnradbahn) hält gleich unterhalb des Klosters. Von dort aus windet sich die Hauptstraße um einen Imbiss, eine Cafeteria, die Touristeninformation und den Espai Audiovisual herum und rechts hoch an den Celles Abat Marcel vorbei bis zur Plaça de Santa Maria im Zentrum des Klosterkomplexes.

Sehenswertes & Aktivitäten

Monestir de Montserrat KLOSTER
(www.abadiamontserrat.net; 9–18 Uhr) 1025 gründete man das Kloster zum Gedenken an eine Erscheinung der Jungfrau Maria auf dem Berg. Napoleons Truppen zerstörten es 1811 und in den 1830er-Jahren wurde es aufgrund antiklerikaler Gesetze verlassen, schließlich jedoch ab 1858 wiederaufgebaut. Heute leben hier etwa 80 Mönche, außerdem kommen von nah und fern Pilger, um *La Moreneta* (die Schwarze Madonna), eine romanische Holzfigur der Jungfrau aus dem 12. Jh., anzubeten. Seit 1881 ist sie Kataloniens Schutzheilige.

Museu de Montserrat
(Plaça de Santa Maria; Erw./Stud. 6,50/5,50 €; 10–18 Uhr) Das zweiteilige Museu de Montserrat verfügt über eine hervorragende Sammlung ägyptischer Mumien sowie gotischer Altarbilder und präsentiert einige Werke von El Greco, Monet, Degas und Picasso. Im **Espai Audiovisual** (Erw./Sen. & Stud. 2/1,50 €, mit Eintrittskarte zum Museu de Montserrat frei; 9–18 Uhr), einem Multimediaraum, werden das tägliche Leben und die Aktivitäten der Mönche sowie die klösterliche Geschichte veranschaulicht.

Basilica
(Eintritt 5 €; 7.30–20 Uhr) Von der Plaça de Santa Maria geht's in den Hof der Klosterkirche aus dem 16. Jh. Ihre Fassade mit dem Figurenschmuck von Christus und den zwölf Aposteln stammt trotz des im 16. Jh. üblichen plateresken Stils aus dem Jahr 1901. Zur Schwarzen Madonna weisen Schilder mit der Aufschrift **Cambril de la Mare de Déu** (8–10.30 & 12.15–18.30 Uhr) rechts vom Haupteingang.

Auf dem Rückweg lohnt ein Blick in den Raum gegenüber dem Basilikator jenseits des Hofes. Dieser ist mit Votivgaben und Danksagungen für die Montserrat-Madonna angefüllt, hinterlassen von Menschen, die der Heiligen einen Anteil an ihrem persönlichen Glück zuschreiben. Die Gaben reichen von Gipsabgüssen bis zu Hochzeitskleidern.

Montserrat-Knabenchor
(Escolania; www.escolania.cat; Vorstellungen Ende Aug.–Juni Mo–Do 13 & 18.45, Fr. 13, So 12 & 18.45 Uhr) Wer die Basilika zum richtigen Zeitpunkt besucht, erlebt eine kurze Vorstellung des Montserrat-Knabenchors.

Santa Cova Funicular
(einfach/hin & zurück 1,80/2,90 €; alle 20 Min. 10–17.35 Uhr) Der Funicular de la Santa Cova

führt vom Hauptareal hinab zu jener Stelle, wo einstmals die Madonnenfigur entdeckt wurde.

Der Berg BERG

Oberhalb des Klosters ist der Berg von einem Wegenetz durchzogen, das hinauf zu einigen Gipfeln sowie zu 13 verfallenen Einsiedeleien führt. Der **Funicular de Sant Joan** (einfach/hin & zurück 4,50/7,20 €; ⏲10–17.40 Uhr alle 20 Min., Jan. & Feb. geschlossen) gondelt vom Kloster die ersten 250 m aufwärts. Zu Fuß kann man den Weg zwischen den beiden Stationen (3 km) in einer Stunde bewältigen.

Ab dem oberen Haltepunkt des Sant Joan ist es ein 20-minütiger Spaziergang (ausgeschildert) bis zur **Sant Joan Einsiedelei.** Spannender gestaltet sich der einstündige Marsch auf einem der Pfade mit gelegentlichen gelben Farbmarkierungen nach Nordwesten zum **Sant Jeroni**, dem höchsten Gipfel des Montserrat. Die Wanderung führt über den oberen Teil des Berges dicht an bizarren Felssäulen vorbei, die teilweise auch Namen haben. Auf dem Weg zum Sant Jeroni liegen rechts **La Prenyada** (die Schwangere Frau), **La Mòmia** (die Mumie), **L'Elefant** (der Elefant) und **El Cap de Mort** (der Schädel).

Schlafen & Essen

Cel.les Abat Marcel APARTMENTS €€

(☎93 877 77 01; 2-/4-Pers.-Apt. 97/173 €; P) Komfortable Apartments mit Bädern und Kochnischen. Kleinere Studios kosten 56/81 € für 1/2 Personen.

Hotel Abat Cisneros HOTEL €€

(☎93 877 77 01; EZ/DZ 58/101 €; P ❄) Das einzige Hotel in der Klosteranlage verfügt über moderne, komfortable Zimmer, einige mit Blick auf die Plaça de Santa Maria. Darüber hinaus gibt's ein Restaurant (Mahlzeiten 35 €) sowie ein Café (Mahlzeiten 15–20 €), in dem man morgens Kaffee und mittags auch etwas zu essen bekommt.

Praktische Informationen

Touristeninformation (☎93 877 77 01; www.abadiamontserrat.net; ⏲9–18 Uhr) Das Büro innerhalb des Klosters bietet Informationen rund um den Komplex und über die Wanderwege.

An- & Weiterreise

Auto & Motorrad

Die direkteste Strecke von Barcelona hierher führt über die Avinguda Diagonal, die Via Augusta, den Túnel de Vallvidrera und die C16. Kurz hinter Terrassa kommt die Ausfahrt Richtung Montserrat über die C58, die nordwestlich zur C55 führt. Auf dieser Straße geht's dann 2 km südlich nach Monistrol de Montserrat, von wo sich die Straße 7 km den Berg hochschlängelt. Wer will, kann in Monistrol Vila parken und mit der *cremallera* nach oben fahren.

Bus

Julià Tours (☎93 317 64 54; Ronda de l'Universitat 5) bietet eine tägliche Busverbindung um 9.30 Uhr von Barcelona zum Kloster (53 €, Rückkehr um 15 Uhr). Im Preis inbegriffen sind das Fahrticket, alle Eintrittskarten, die Nutzung der Seilbahn auf dem Montserrat und ein Essen im Café.

Zug & Cremallera

Die Züge der Linie R5 von **FGC** (☎93 205 15 15) fahren ab 5.16 Uhr bis zu 18-mal täglich vom Bahnhof Plaça d'Espanya in Barcelona nach Monistrol de Montserrat. Im Anschluss geht's mit der Zahnradbahn **cremallera** (☎902 312 020; www.cremallerademontserrat.com) in 17 Min. bergauf (einfach/hin & zurück 5,15/8,20 €). Die Fahrt von Barcelona nach Montserrat mit dem FGC-Zug und der *cremallera* kostet einfach/hin & zurück 10,10/18,10 €. Verschiedene Angebote für *cremallera*-Tickets findet man auf der oben genannten Website oder unter www.fgc.net.

Weinregion Penedès

Aus der Penedès-Ebene südlich von Barcelona stammen einige der besten Weine des Landes. Sant Sadurní d'Anoia, ungefähr eine halbe Stunde mit dem Zug westlich von Barcelona, gilt als Hauptstadt des *cava* (Schaumwein). Vilafranca del Penedès, etwa 12 km weiter, ist das Zentrum der *Denominación de Origen* (DO; Herkunftsbezeichnung) der Penedès-Region, die beachtliche leichte Weine produziert. Auch einige annehmbare Rotweine kommen aus dieser Gegend.

Mehrere Kellereien bieten Führungen an, und oft gibt's dabei neben einer freien Kostprobe reichlich Flaschen zum Verkauf. Etliche Veranstalter bieten Pauschalreisen nach Barcelona mit Weintouren in Penedès an, preiswerter ist jedoch eine selbst organisierte Tour. Luxusliebhaber können beispielsweise die einwöchigen Pauschalangebote von **Cellar Tours** (www.cellartours.com) für dieses und für andere Weingebiete nutzen. Die Preise hängen von der Anzahl der Teilnehmer und von der Art der Unterkunft ab.

SANT SADURNÍ D'ANOIA

12 200 EW.

Über hundert Kellereien rund um Sant Sadurní füllen 140 Mio. Flaschen *cava* pro Jahr ab – das sind etwa 85 % der gesamten nationalen Produktion. Der Schaumwein wird nach der gleichen Methode wie französischer Champagner hergestellt. Im Oktober feiert man hier die **Mostra de Caves i Gastronomia**, ein kulinarisches Fest mit Verkostung.

Die bekannteste *cava*-Kellerei, **Freixenet** (www.freixenet.es/web/eng; Carrer de Joan Sala 2; Erw./Kind 6/2,20 €; ⌚1½-stündige Führung Mo–Do 10–13 & 15-16.30, Fr–So 10–13 Uhr) liegt gleich rechts neben dem Bahnhof.

Codorníu (www.codorniu.es; Avinguda de Jaume Codorníu; ⌚Mo–Fr 9–17, Sa, So & Feiertage 9–13 Uhr) befindet sich in einem modernistischen Gebäude auf dem Weingut Can Codorníu, von Barcelona kommend am Ortseingang. Manuel Raventós, 1872 der Firmendirektor, war der erste Spanier, der nach der Champagnermethode erfolgreich Schaumwein produzierte.

In beiden Kellereien ist keine Voranmeldung für die Touren nötig.

VILAFRANCA DEL PENEDÈS

38 400 EW.

Vilafranca ist größer und interessanter als Sant Sadurní.

Sehenswertes

Die größtenteils gotische **Basilica de Santa Maria** (Plaça de Jaume I) steht im Herzen der Altstadt. Seit ihrer Errichtung 1825 wurde sie mehrfach umgebaut. Im Sommer ist es bei Dämmerung möglich, Besteigungen des Glockenturms zu arrangieren. Einfach bei der Touristeninformation fragen.

Auf der anderen Seite der Plaça de Jaume I befindet sich das **Vinseum** (www.vinseum.cat; Plaça de Jaume I 5; Erw./Sen. & Stud. 5/3 €; ⌚Di–Sa 10–14 & 16–19, So & Feiertage 10–14 Uhr). In dem hübschen gotischen Gebäude sind gleich mehrere Museen untergebracht. Sie befassen sich mit der lokalen Archäologie, der Kunst, Geologie und Vogelwelt und präsentieren eine hervorragende Wein-Ausstellung.

Eine Statue auf dem Platz ehrt Vilafrancas berühmte *castellers,* die Ende August auf der lebendigen **Festa Major** (großes jährliches Stadtfest) auftreten.

Vilafrancas führende Kellerei **Torres** (www.torres.es; Führung pro Pers. 6 €; ⌚Mo–Sa 9–17, So & Feiertage 9–13 Uhr) liegt 3 km nordwestlich des Stadtzentrums an der BP2121 bei Pacs del Penedès. In den 1960er-Jahren revolutionierte die Torres-Familie die spanische Weinherstellung durch Vergärung in temperaturkontrollierten Stahlfässern und durch Einführung französischer Rebsorten.

Essen

Eine Übernachtung in Vilafranca ist nicht unbedingt nötig und auch nicht gerade reizvoll – ganz im Gegensatz zu einem Essen. **Cal Ton** (☎93 890 37 41; Carrer Casal 8; Mahlzeiten 40 €; ⌚Mi–Sa mittags & abends, So & Di mittags) ist eines von mehreren verlockenden Restaurants. Verborgen in einer schmalen Seitenstraße zeigt sich das Lokal in frischem, modernem Dekor und wartet mit originellen mediterranen Speisen auf, natürlich begleitet von lokalem Wein.

Praktische Informationen

Touristeninformation (☎93 818 12 54; www.turismevillafranca.com; Carrer de la Cort 14, ⌚Mo 16–19, Di–Sa 9–13 & 16–19, So 10–13 Uhr) Bietet Tipps zu einigen der kleineren Kellereien in der Umgebung.

An- & Weiterreise

Von Barcelona fahren bis zu drei *rodalies*-Züge pro Stunde nach Sant Sadurní (3,45 €, 45 Min., von der Plaça de Catalunya in Barcelona) und Vilafranca (3,60 €, 55 Min., von der Estació Sants). Wer mit dem Auto herkommt, nimmt die AP7 und folgt den Ausfahrtschildern.

Katalonien

Inhalt »

Gut essen

» La Taula (S. 360)
» El Celler de Can Roca (S. 336)
» Restaurant Txalaka (S. 330)
» Can Fabes (S. 336)
» Sant Pau (S. 336)

Schön übernachten

» Hostal Sa Rascassa (S. 325)
» Hotel Mediterrani (S. 323)
» Hotel Llegendes de Girona (S. 329)
» Torre del Remei (S. 349)
» Mas del Tancat (S. 372)

Auf nach Katalonien

Hinter Barcelona erstreckt sich eine Region von immenser Vielfalt, zu deren Highlights die bezaubernden Buchten der Costa Brava gehören. Wem Sonnenbräune und faule Tage nicht genügen, der kann sich in der mittelalterlichen Stadt Girona vergnügen oder in Figueres das Salvador Dalí gewidmete Theatermuseum besuchen.

Ganz anders sieht es wiederum im Norden aus, wo sich die Pyrenäen zu imposanten Dreitausendern erheben und mit zahlreichen grünen, oft abgelegenen und von vielen Wanderwegen durchzogenen Tälern aufwarten.

Als sei das noch nicht genug, entdeckt man hier außerdem die von Flamingos bevölkerten Feuchtgebiete des Ebrodeltas, die römische Stadt Tarragona sowie mittelalterliche Klöster und entlegene Dörfer auf Hügelkuppen.

Wohin man sich auch wendet, überall ist zu spüren, dass Katalonien (Catalunya auf Katalanisch, Cataluña auf Spanisch) anders ist als das übrige Spanien. Und diesen Unterschied zu genießen lohnt sich.

Reisezeit

Tarragona

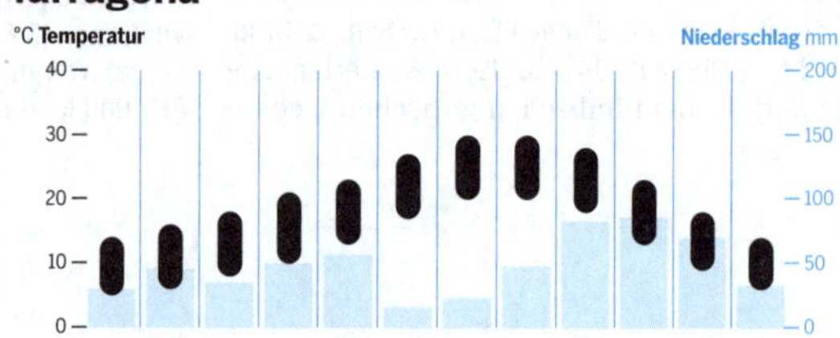

Mai Herrlich: Gironas Blütenpracht während des Blumenfests und die Strände der Costa Brava.

September Eine tolle Zeit, um Wandertouren in den Katalanischen Pyrenäen zu unternehmen.

Oktober/November Jetzt sind die Museen und Galerien des Dalí-Rundwegs nicht überlaufen.

COSTA BRAVA

Die Costa Brava (von Blanes bis zur französischen Grenze) gehört zusammen mit der Costa Blanca und der Costa del Sol zu Spaniens drei großen Feriengebieten. Doch neben grässlichen Betonburgen, englischem Frühstück und deutschen Konditoreien bietet die „Wilde Küste" spektakuläre Sandstrände und Küstenabschnitte.

Im hügeligen Hinterland – im Süden grün und von Schirmpinien bewachsen, im Norden kahler und brauner – warten verstreut liegende reizende Dörfer, das mächtige Kloster San Pere de Rodes und Salvador Dalís Fantasieschloss in Púbol auf ihre Erkundung.

Weiter im Inland liegen die Städte Girona (auf Kastilisch Gerona) mit dem großen, erstaunlich gut erhaltenen mittelalterli-

Highlights

1. An den Buchten und Stränden in der Nähe von **Palafrugell** (S. 323) oder **Begur** (S. 325) relaxen
2. Das bezaubernde Dorf **Cadaqués** (S. 335) und das benachbarte **Port Lligat** (S. 337) besuchen, wo noch Dalís Geist zu spüren ist
3. Eine Begegnung mit dem Absurden in Figueres' **Teatre-Museu Dalí** (S. 340) wagen
4. Ausgedehnte Wanderungen im **Parc Nacional d'Aigüestortes i Estany de Sant Maurici** (S. 354) unternehmen
5. Das blumengeschmückte mittelalterliche Zentrum von **Girona** (S. 326) erkunden
6. Die romanischen Kirchen um **Boí** und **Taüll** (S. 354) besichtigen
7. Im **Ebrodelta** (S. 371) über die Scharen von Flamingos staunen

chen Zentrum und Figueres (auf Kastilisch Figueras), berühmt für sein bizarres Teatre-Museu Dalí, das an den bekannten exzentrischen surrealistischen Künstler Salvador Dalí erinnert.

Die schroffen Felsen der Costa Brava setzen sich unter der Wasseroberfläche fort, weshalb die Küste einige der besten Tauchmöglichkeiten des Landes bietet. Tauchschulen mit qualifizierten Lehrern haben sich in über einem Dutzend Orte niedergelassen. Die Illes Medes vor L'Estartit stehen unter Naturschutz; hier lockt die vielleicht vielfältigste Unterwasserwelt Spaniens.

Costa Brava

WAS ISST MAN IN KATALONIEN?

Im Kampf um den Titel der besten Küche Spaniens macht die katalanische der baskischen Konkurrenz. Ihr Geheimnis liegt in den Saucen zu Fisch und Fleisch. Es gibt fünf wichtige Varianten: *sofregit* aus gebratenen Zwiebeln, Tomaten und Knoblauch; *samfaina*, bestehend aus *sofregit* mit roter Paprika und Auberginen oder Zucchini; *picada*, auf der Grundlage von gemahlenen Mandeln, zumeist mit Knoblauch, Petersilie, Pinienkernen oder Haselnüssen und gelegentlich auch Brotkrumen; *alioli*, zerstoßener Knoblauch mit Olivenöl, oftmals versehen mit Eigelb, um die Konsistenz geschmeidiger zu machen; und *romesco*, eine Sauce aus Mandeln, Tomaten, Olivenöl, Knoblauch und Essig, die auch für Salate verwendet wird.

Romesco reicht man vor allem zu *calçots* (lange Frühlingszwiebeln), einer saisonalen, nur im späten Winter und Anfang des Frühjahrs servierten köstlichen Vorspeise. Die Zwiebeln sind außerdem unterhaltsamer Bestandteil der katalanischen *calçotada* (regionale Version eines Grillabends), da man die schwarze Kohlenasche, in der sie gegrillt werden, über kurz oder lang unweigerlich überall an den Händen und im Gesicht hat. Auf diesen ersten Gang folgt ein opulentes Mahl mit vielen verschiedenen Fleischsorten und Würsten.

Einheimische können nur schwer begreifen, warum manche Menschen ihr Brot nur mit Butter essen, bevorzugen sie selbst doch das unkomplizierte *pa amb tomàquet* (Brotscheiben, auf denen man Tomate, Olivenöl und Knoblauch verreibt). Diese Beilage essen sie zu so ziemlich allem.

Einige typisch katalanische Gerichte:

Vorspeisen

» *escalivada* – rote Paprika und Auberginen (manchmal mit Zwiebeln und Tomaten), die gegrillt, enthäutet, in Scheiben geschnitten und lauwarm mit Olivenöl, Salz und Knoblauch serviert werden

» *esqueixada* – Salat aus kleingehacktem, gesalzenem *bacallà* (Stockfisch) mit Tomaten, Paprika, Zwiebeln, weißen Bohnen, Oliven, Olivenöl und Essig

Hauptgerichte

» *arròs a la cassola* oder *arròs a la catalana* – katalanische Paella im Steinguttopf ohne Safran

» *arròs negre* – Reis, der in der schwarzen Tinte eines Tintenfischs gekocht wird; klingt nicht lecker, schmeckt aber prima

» *bacallà a la llauna* – gesalzener Kabeljau, gedünstet mit Tomate, Knoblauch, Petersilie, Paprika und Wein

» *botifarra amb mongetes* – Schweinewürstchen mit gebratenen weißen Bohnen

» *cargols* – Schnecken (werden in manchen Gegenden von Katalonien geradezu verehrt)

» *escudella* – Eintopf mit Fleisch, Würstchen und Gemüse

» *fideuá* – ähnlich wie Paella, aber mit Fadennudeln statt mit Reis

» *mandonguilles amb sipia* – Fleischbällchen mit Tintenfisch

» *sarsuela* (*zarzuela*) – gemischte Meeresfrüchte, die gut gewürzt und in *sofregit* gekocht werden

» *suquet* – Kartoffel-Fisch-Eintopf (mit großen Stücken) in einer Brühe auf Tomatenbasis

An- & Weiterreise

Von Barcelona aus steuern Busse viele Orte an bzw. nahe der Costa Brava an. Züge zwischen Barcelona und der Grenzstadt Portbou halten auch in Girona und Figueres und fahren durch das Hinterland. Von Girona und Figueres bestehen recht gute Busverbindungen zur Küste.

Im Sommer gelangt man von Barcelona alternativ mit der Kombination von *rodalies* (Vorortbahn) und Fähre zur südlichen Costa Brava. Die *autopista* (gebührenpflichtige Autobahn) AP7 und die mautfreie Schnellstraße NII führen von Barcelona über Girona und Figueres zur französischen Grenze ein paar Kilometer nördlich von La Jonquera. Die *autopista* C32 verläuft parallel zur NII bis nach Blanes an der Küste entlang.

Tossa de Mar

5948 EW.

Das malerische Tossa de Mar schmiegt sich um eine mit Booten gesprenkelte Bucht, geschützt von einer Landzunge mit mittelalterlichen Verteidigungswällen und Türmen, von denen man einen traumhaften Blick auf den Sonnenuntergang hat. Durch den Tourismus erhielt das Dorf mit seinen krummen, engen Straßen eine moderne Erweiterung. Im Juli und August ist es fast unmöglich, zum Wasser zu kommen, ohne über die eingeölten Körper der zahlreichen Strandbesucher zu stolpern. Doch dieser Ort ist ein Paradies im Vergleich zu Lloret de Mar 12 km südöstlich, eine Art Betondschungel aus englischen Pubs, deutschen Bierkellern und Fußballgegröle.

Tossa war eine der ersten Städte an der Costa Brava mit ausländischen Besuchern: Eine kleine Gruppe von Künstlern und Schriftstellern zog es in den 1930er-Jahren ins „Blaue Paradies", wie Marc Chagall die Gegend nannte. Vor allem außerhalb der Saison hat Tossa viel von seinem Charme bewahrt.

Sehenswertes & Aktivitäten

Altes Tossa ALTSTADT

Die märchenhaften ockerfarbenen **Mauern** und **Türme** auf der pinienbewachsenen Landzunge Mont Guardí am Ende des Hauptstrands wurden zwischen dem 12. und 14. Jh. errichtet. Sie säumen Tossas Altstadt, die sogenannte **Vila Vella**. Auf dem Mont Guardí erheben sich außerdem die Reste einer Burg und der Leuchtturm **Far de Tossa** (Erw./Kinder unter 12 J, 3 /1,50 €; ⌚Mitte Juni–Mitte Sept. Di–So 10–22 Uhr) – eine 20-minütige Führung veranschaulicht auf fantasievolle Weise seine Geschichte und im August finden in seinem Licht häufig Konzerte statt. Die **Bar Far de Tossa** nebenan ist ein wunderbarer Ort, um den Sonnenuntergang zu beobachten.

Strände & Fähren STRÄNDE

Am schönen Hauptstrand, der goldenen **Platja Gran**, herrscht oft großer Andrang. In der gleichen Bucht weiter nördlich am Ende der Avinguda de Sant Ramon Penyafort erstrecken sich die ruhigeren und kleineren Strände **Platja del Reig** und **Platja Mar Menuda**.

Im Sommer (Ostern–Sept.) steuern **Glasbodenboote** (Erw./5–12 J. 13/9 €) stündlich oder halbstündlich (10–17 Uhr) einige der nordöstlich gelegenen Sandstreifen an. Man kann den Tag z. B. in der Cala Giverola verbringen, einer schönen Bucht mit ein paar Restaurants und Bars, und mit einem späten Boot ohne Zwischenhalt zurückfahren (etwa 20 Min.).

Museu Municipal MUSEUM

(Plaça de Roig i Soler 1; Erw./Kind 3 €/frei; ⌚Mitte Juni–Mitte Sept. tgl. 10–14 & 16–20 Uhr, restliches Jahr kürzer) Das Museum befindet sich im unteren Teil der Vila Vella im Palau del Batlle aus dem 14. und 15. Jh. Es zeigt Mosaike und andere Fundstücke einer **römischen Villa** in der Avinguda del Pelegrí sowie Kunst mit Bezug zum Ort, darunter Chagalls *El Violinista*.

Schlafen

Es gibt in Tossa etwa 60 Hotels, *hostales* (günstige Unterkünfte) und *pensiones* (kleine private Gästehäuser). Sie sind von der Osterwoche (Semana Santa) bis in den Oktober hinein geöffnet, jedoch nur selten außerhalb der Saison.

LP TIPP **Hostal Cap d'Or** HOTEL €€

(☎972 34 00 81; www.hotelcapdor.com; Passeig de la Vila Vella 1; EZ/DZ inkl. Frühstück 53/96 €; P ❄ 📶) Das Haus steht quasi in Tuchfühlung mit der Historie der Stadt, nämlich direkt an den alten Mauern. Die

STRÄNDE BEI TOSSA

Die Küste im Nordosten und Südwesten von Tossa ist geprägt von Felsbuchten mit hübschen kleinen Stränden. Man kann von Tossa querfeldein zu der **Cala Llevado**, der **Cala d'En Carles** (3 km südwestlich) und der längeren **Platja de Llorell** (3,5 km entfernt) wandern oder zur Platja de Llorell am GI682 fahren. Im Nordosten empfiehlt sich ein Spaziergang vom GI682 zu sandigen Buchten wie der **Cala Pola** (4 km), **Cala Giverola** (5 km), **Cala Salions** (8 km) und **Platja Vallpregona** (11 km).

Zimmer sind hübsch in Meerblau und Weiß dekoriert und die besten haben einen Ausblick auf den Strand.

Hotel Sant March HOTEL €€
(☎972 34 00 78; www.hotelsantmarch.com; Avenida Pelegrí 2; EZ/DZ 48/78 €; P❄📶🏊) Von den großen, tadellosen Zimmern sieht man zwar nicht den Strand, kommt dafür aber in den Genuss eines Swimmingpools. Familien wird der Spielplatz gefallen. Das Hotel liegt ein wenig abseits des touristischen Trubels in einem ruhigen Wohngebiet.

Hotel Canaima HOTEL €€
(☎972 34 09 95; www.hotelcanaima.com; Avenida de la Palma 24; EZ/DZ inkl. Frühstück 37/75 €; ❄📶) Diese kleine familiengeführte Unterkunft zwischen den riesigen Hotels für Pauschalurlauber ist erfrischend anders. Sie verfügt über große, helle Zimmer mit kleinen Balkonen und über ein nettes Café. Günstige Angebote für Alleinreisende.

Hostal l'Alba HOSTAL €
(☎972 34 08 59; www.hostalalba.es; Calle Giverola 3; EZ/DZ inkl. Frühstück 40/60 €; ❄📶) Eine saubere, freundliche familiengeführte *pensión* über einer Bar. Sie bietet mehr authentisch spanische Atmosphäre als die großen internationalen Hotels an der Küste. Da es hier oft voll ist, sollte man im Voraus buchen.

Hotel Diana HOTEL €€€
(☎972 34 18 86; www.hotelesdante.com; Plaça d'Espanya 6; DZ mit Frühstück 140 €, mit Meerblick 160–170 €; ⏲April–Nov.; ❄P📶) Das künstlerisch gestaltete Hotel aus den 1920er-Jahren vor der Platja Gran wartet mit einem von Gaudí entworfenen Kamin in der Lobby auf. Art-déco-Elemente prägen den zentralen überdachten Innenhof mit Buntglas und die Hälfte der Zimmer bietet Meerblick.

Camping Cala Llevadó CAMPING €
(☎972 34 03 14; www.calallevado.com; Cala Llevadó; Platz für 2-Pers.-Zelt & Auto 39 €; ⏲Mai–Sept.; P🏊@) 4 km südwestlich von Tossa erstreckt sich an einer Bucht in der Siedlung Santa Maria de Llorell dieser komfortable Campingplatz. Neben schattigen Stellplätzen und der tollen Lage an einem schönen Strand bietet er Tennisplätze, einen Pool, ein Restaurant, Läden, Bars und Bungalows für vier Personen (ab 93 €).

Essen & Trinken

Tossas lokale Spezialität *cimitomba* (Fisch in Knoblauchsauce) sollte man sich nicht entgehen lassen. Es gibt hier jede Menge Lokale, darunter viele überteuerte Touristenfallen. Von den zahlreichen Hotelrestaurants lohnt sich das des **Hostal Cap d'Or** wegen seines Meeresfrüchte-Menüs für 14,90 € und der selbst gebackenen Kuchen. Die lebhaften Bars der Altstadt – ein Großteil im Stil britischer Pubs im Ausland – liegen vor allem an bzw. in der Nähe der Carrer de Sant Josep.

LP TIPP **La Cuina de Can Simon** MEERESFRÜCHTE €€€
(☎972 34 12 69; Carrer del Portal 24; Gerichte 30–50 €; ⏲ Mi–Sa Mittag- & Abendessen & Mo, So mittags) Tossas kulinarischer Star (so sagt es jedenfalls Michelin!) befindet sich in einem alten Fischerhaus an der Altstadtmauer. Er kredenzt einfallsreiche mediterrane Küche und traditionelle katalanische Küstengerichte wie die verlockenden Meeresschnecken.

Castell Vell MEERESFRÜCHTE €€
(Carrer del Abat Oliva 1; Menüs 20 €, Gerichte 18–25 €; ⏲ Di–So Mittag- & Abendessen, Mai–Okt. Mo Abendessen) Hinter den Mauern der Altstadt versteckt sich dieses rustikale Steinhaus mit seiner hübschen Terrasse. Auf der Karte stehen einheimische und internationale Gerichte.

Praktische Informationen

Der Busbahnhof liegt an der GI682 Richtung Lloret de Mar. Sowohl der Hauptstrand Platja Gran als auch der ältere Teil des Orts sind nur zehn Gehminuten Richtung Südosten entfernt.

Touristeninformation (☎972 34 01 08; www.infotossa.com; Avinguda del Pelegrí 25; ⏲ Juli–Aug. Mo–Sa 9–21, So 10–14 & 17–20 Uhr, restliches Jahr kürzer) In der Nähe des Busbahnhofs.

An- & Weiterreise

Auto & Motorrad

Die *autopista* C32 ab Barcelona führt fast bis nach Blanes und erspart das nervige Schneckentempo auf der mautfreien A2. Eine herrliche Fahrt versprechen die 23 km auf der GI682 Richtung Norden nach Sant Feliu de Guíxols, denn hier geht's hoch und runter sowie um malerische Buchten herum.

Bus

Busse von Sarfa (www.sarfa.com) verkehren von Barcelonas Estació del Nord bis zu elfmal täglich via Lloret de Mar (1,50 €) nach Tossa (10,60 €, 1¼ Std.). Ansonsten gibt's im Sommer nur ein paar Verbindungen nach Girona und Sant Feliu de Guíxols.

FEUERLAUF, RIESEN & GROSSKÖPFE

Auf ihren *festas* (Festivals) lassen sich die Katalanen einiges einfallen. Feuer und Feuerwerk spielen zwar fast überall in Spanien eine große Rolle, aber hier setzt man mit dem *correfoc* (Feuerlauf) noch einen drauf: Dabei flitzen Teufels- und Drachenfiguren Feuer speiend durch die vollen Straßen. Aus diesem Grund ist es ratsam, Schutzkleidung zu tragen.

Odtmals sind die Läufe Bestandteil der im Juli oder August veranstalteten *festa major* (Hauptfest einer Ortschaft). Dazu gehören auch der *sardana* (Kataloniens nationaler Volkstanz) und *gegants* (prachtvoll ausgestattete, 5 m hohe Riesenfiguren). Letztere marschieren zumeist paarweise – etwa als mittelalterlicher König mit seiner Königin – durch die Straßen oder tanzen auf den Plätzen. Nahezu alle Städte und Dörfer haben ihr eigenes oder sogar mehrere Riesenpärchen. Begleitet werden sie von grotesk anzusehenden „Zwergen" (*capsgrossos* bzw. „Großköpfe").

In der Nit de Sant Joan (23. Juni), der Mittsommer- und Johannisnacht, brennen an Kreuzungen und auf Plätzen Freudenfeuer mit anschließendem nächtlichem Feuerwerk. Als größtes Event gilt die Patum in Berga. Ein Abend mit Tanz, Feuer speienden Engeln, Teufeln, maultierähnlichen Monstern, Zwergen, Riesen und in Gras gehüllten Männern gipfelt in einem Massenrausch aus Feuer und Rauch. Die „echte" Patum findet an Fronleichnam statt (am Donnerstag nach dem achten Sonntag nach Ostern), allerdings gibt's an den darauffolgenden zwei oder drei Tagen einfachere Versionen. Die Unesco hat die Patum 2005 zum Welterbe erklärt.

Schiff/Fähre

Von April bis Oktober pendeln Fähren von **Dolfi-Jet** (www.dolfijetboats.com) und anderen Unternehmen mehrmals täglich zwischen Blanes, Lloret de Mar und Tossa (1–1½ Std.); unterwegs halten sie ein paar Mal. Von Barcelonas Bahnhof an der Plaça Catalunya fahren *rodalies-Züge* nach Blanes. Von dort aus geht's mit dem Schiff weiter. Die Reise von Blanes nach Tossa kostet 20 € und von Lloret de Mar 15 €. Fahrkarten werden in kleinen Buden am Strand verkauft. Oftmals legen die Fähren einfach am Strand an (in Tossa an der Platja Gran).

Sant Feliu de Guíxols

21 155 EW.

Die Straße von Tossa de Mar nach Sant Feliu de Guíxols windet sich über 23 km an der Costa Brava entlang. An dieser Strecke liegen mehrere reizvolle kleine Buchten und verborgene Strände mit smaragdgrünem Wasser. Leichter zu finden sind z. B. **Cala Pola** und **Cala Giverola**. 7 km weiter nördlich bestehen an der Kilometermarke 35,1 Parkmöglichkeiten für Besucher des 800 m langen, von Felsen geschützten FKK-Strands **Cala del Senyor Ramon**.

Sant Feliu selbst hat eine hübsche Uferpromenade und ein paar bemerkenswerte Überreste aus ferner Vergangenheit zu bieten, allen voran die sogenannte **Porta Ferrada** (Eisernes Tor), die letzten Spuren des **Monestir de Sant Benet**. Letzterem verdankt das seit 1962 im Juli veranstaltete Musikfestival seinen Namen. Mit ein paar Tipps von Einheimischen kann man an beiden Seiten des Orts wunderschöne Strände entdecken.

Sarfa-Busse aus Barcelona (13,50 €, 1½ Std.) Richtung Platja d'Aro oder Palafrugell halten hier bis zu zwölfmal täglich (Ostern–Sept.). Sie fahren allerdings nicht an der Küstenstraße entlang.

Platja d'Aro & Palamós

Diese beiden Orte markieren die Enden einer der Costa-Brava-Partymeilen mit ordentlichen Stränden, den üblichen Hochhäusern und einem regen Nachtleben. In der Gegend trifft man eher spanische als ausländische Touristen. Rund um die breiten Hauptstrände und die Resorts erstrecken sich ein paar tolle Küstenabschnitte mit hinreißenden Buchten. Sarfa-Busse aus Barcelona halten hier regelmäßig (13,95 bzw. 14,95 €, 1½ Std. nach Platja d'Aro, weitere 15 Min. nach Palamós).

Die 2 km lange **Platja d'Aro** ist breit und sandig. Wer es etwas lauschiger mag, sollte auf dem Wanderweg GRS92 (erreicht nach 4 km Sant Antoni de Calonge) die hohe, baumbestandene Küste entlangspazieren. Der erste Strand auf der Strecke ist die

Platja Rovira, danach folgt die kleinere und reizvollere **Platja Sa Cova**. Ein Stück weiter verstecken sich zwei kleine Nacktbadebuchten namens **Platja d'en Ros** und **Platja d'es Canyers**.

Wenn man trotzdem unvermutet in Palamós endet, sollte man nicht verzagen. Die Route führt von dort über den GRS92 weiter nach Norden zur **Platja del Castell**, einem fast unberührten Sandstreifen. Alternativ fährt man mit dem Auto von Palamós Richtung Palafrugell bis zu diesem ausgeschilderten Strand. Von der Straße sind es dann noch 2 km auf einem größtenteils unbefestigten Weg bis zum Meer. Das nördliche Ende des Strands wird von einer hohen, bewaldeten Landzunge begrenzt. Hier befindet sich die „Burg" (Überreste einer iberischen Siedlung aus dem 6. bis 1. Jh. v. Chr.) die dem Strand seinen Namen gibt.

Palafrugell & Umgebung

Nördlich von Palamós beginnt ein wunderschöner Abschnitt der Küste. Die 5 km landeinwärts gelegene Kleinstadt Palafrugell dient als Ausgangspunkt zu herrlichen Stränden. Calella de Palafrugell, Llafranc und Tamariu, alles ehemalige, an Buchten gelegene Fischerdörfer, sind reizvolle, ruhige Badeorte.

Begur (S. 325), 7 km nordöstlich von Palafrugell, ist ein interessantes, von einer Burg gekröntes Dorf mit einigen weniger erschlossenen, traumhaften Stränden. Einen Besuch lohnen auch die hübschen Dörfer Pals und Peratallada im Landesinneren.

PALAFRUGELL

22 109 EW.

Palafrugell ist das Verkehrs-, Shopping- und Dienstleistungszentrum der Gegend, ansonsten aber eher uninteressant. Die Straße C66 zwischen Palamós und Girona streift den Westteil der Stadt (10 Gehminuten vom Hauptplatz Plaça Nova entfernt). Hier liegt die **Touristeninformation** (☎972 30 02 28; www.turismepalafrugell.org; Carrer del Carrilet 2; ⌚Juli–Aug. Mo–Sa 9–21, So 10–13 Uhr, Mai–Juni & Sept. Mo–Sa, 10–13 & 17–20 Uhr, restliches Jahr kürzer). Ganz in der Nähe befindet sich auch der **Busbahnhof** (Carrer de Torres Jonama 67–9).

Sarfa-Busse fahren ab Barcelona bis zu 16-mal täglich (16,15 €, 2 Std.) nach Palafrugell. Zwischen Girona und Palafrugell (5,45 €, 1 Std. mit einem Direktbus) verkehren ebenfalls viele Busse.

CALELLA DE PALAFRUGELL

740 EW.

Die niedrigen Häuser in Calella, dem südlichsten der Badestrände rund um Palafrugell, reihen sich entlang einer felsigen Bucht mit hübschen kleinen Stränden und Fischerbooten aneinander. In den Restaurants an der Uferpromenade werden Meeresfrüchte serviert.

Sehenswertes & Aktivitäten

Neben faulen Tagen am Strand lohnt sich auch ein Spaziergang auf den reizvollen Küstenwegen Richtung Nordosten nach Llafranc (20–30 Min.) oder nach Süden zur Platja del Golfet nahe dem Cap Roig (etwa 40 Min.).

Jardí Botànic de Cap Roig GÄRTEN

(www.jardins.caproig.cat, auf Spanisch; Erw./unter 7 J. 6 €/frei; ⌚April–Sept 10–20 Uhr, Okt.–März bis 18 Uhr) Auf der Spitze des Cap Roig erstreckt sich rund um das Schloss von Nikolai Voevodsky aus dem frühen 20. Jh. ein wunderschöner Garten mit 500 mediterranen Pflanzenarten. Voevodsky war ein zaristischer Oberst mit kostspieligem Geschmack, der nach der Russsischen Revolution in seinem Heimatland in Ungnade fiel.

Feste & Events

Calella veranstaltet die größte sommerliche **cantada de havaneres** an der Costa Brava. *Havaneres* sind schwermütige karibische Seemannslieder, die im 19. Jh., als Katalonien in enger Verbindung mit Kuba stand, unter den Seeleuten der Costa Brava populär wurden. Zu den volkstümlichen Konzerten wird *cremat* getrunken, ein Gebräu aus Rum, Kaffee, Zucker, Zitrone und Zimt, das flambiert wird. Die *cantada* findet im August statt.

Schlafen

LP TIPP **Hotel Mediterrani** BOUTIQUE-HOTEL €€€

(☎972 61 45 00; www.hotelmediterrani.com; Francesc Estrabau 40; Zi. mit Frühstück 110 €, DZ mit Frühstück 130–210 €; ⌚Mitte Mai–Sept.; P ❄ 📶) Schicke, künstlerische Zimmer, von denen einige einen atemberaubenden Blick auf einen versteckt gelegenen Sandstrand und türkisblaues Meer bieten, machen dieses Hotel am Südende der Stadt fast unschlagbar.

Camping Moby Dick CAMPING €

(☎972 61 43 07; www.campingmobydick.com; Carrer de la Costa Verde 16–28; Stellplatz für 2-Pers.-Zelt & Auto 24,20 €; ⌚April–Sept.; P 🏊)

Dieser Campingplatz unter Pinien und Eichen ist nur 100 m vom Meer entfernt. Hier kann man Tennis spielen, tauchen und Kajak fahren.

Praktische Informationen

Touristeninformation (☎972 61 44 75; Carrer de les Voltes 6; ⌚ Juli–Aug. tgl. 10–20 Uhr, restliches Jahr kürzer) Liegt unweit der Uferpromenade in einem eigenartigen Haus aus dem 19. Jh., das La Perola genannt wird.

An- & Weiterreise

Im Juli und August verkehren alle 30 Minuten Busse zwischen Palafrugell, Calella und Llafranc (1,40 €, 15 Min.). Während der übrigen Monate fahren sie weniger häufig und von November bis Februar gibt's nur drei bis vier Verbindungen pro Tag.

LLAFRANC

330 EW.

Llafranc liegt knapp 2 km nordöstlich von Calella de Palafrugell, doch allmählich wachsen die Orte an der Küstenstraße zusammen. In der Bucht von Llafranc erstreckt sich ein kleiner Sandstreifen mit schroffer, pinienbewachsener Küste auf beiden Seiten.

Eine überwältigende Aussicht versprechen der Leuchtturm **Far de Sant Sebastià** und die **Ermita de Sant Sebastià** (eine Kapelle, die inzwischen Teil eines Luxushotels ist) auf dem Cap de Sant Sebastià (östlich der Stadt). Der Fußmarsch dorthin dauert 40 Minuten ab der Treppe am Hafen und dann die Straße rechts hoch, die weiter bis nach Tamariu führt.

Schlafen & Essen

Hostal Celimar HOTEL €€
(☎972 30 13 74; www.hostalcelimar.com; Carrer de Carudo 12–14; EZ/DZ 53/79 €) Nur ein paar Schritte vom Strand entfernt stößt man auf dieses sonnengelbe *hostal*. Die freundlichen Zimmer mit jeweils unterschiedlicher Farbgebung verfügen über blitzblanke Bäder, außerdem ist das Celimar die günstigste und beste Unterkunft vor Ort.

Hotel Llevant HOTEL €€€
(☎972 30 03 66; www.hotel-llevant.com; Francesc de Blanes 5; EZ/DZ ab 140/160 €; P ❄ 📶) Das weiße Hotel an der Küstenpromenade ist in einem stattlichen alten Gebäude untergebracht und hat weiß gestrichene, saubere Zimmer, einige mit tollem Meerblick. Im Erdgeschoss befindet sich ein hübsches Café-Restaurant, in dem das Motto „Sehen und Gesehenwerden“ herrscht.

Chez Tomás FRANZÖSISCHE KÜCHE €€
(☎972 30 62 15; Carrer de Lluís Marqués Carbó 2; Gerichte 12–19 €; ⌚Juni–Sept. tgl. Abendessen, Okt.–Mai Fr–So Mittag- & Abendessen) Wie der Name schon andeutet, dreht sich hier alles um die französische Küche. Der Koch verwendet frische Zutaten und zaubert daraus Gerichte wie *filet de bou amb Torta de Casar trufada* (Filetsteak mit Trüffel-Rahmkäse aus der Extremadura).

Praktische Informationen

Touristeninformation (☎972 30 50 08; Passeig Cypsela; ⌚ Juli–Aug. 10–20 Uhr, restliches Jahr kürzer) Ein Kiosk unmittelbar hinter dem westlichen Strandende.

An- & Weiterreise

Informationen zu Bussen siehe unter „Calella de Palafrugell“. Der Busbahnhof von Llafranc liegt an der Carrer de la Sirena, hügelaufwärts in Richtung Calella.

TAMARIU

270 EW.

3,5 km Luftlinie nördlich von Llafranc erstreckt sich Tamario, eine kleine, von Pinien und Grünpflanzen gesäumte Bucht mit Strand. Hier wirkt das Wasser klarer als an vielen anderen Sandstreifen der spanischen Mittelmeerküste.

Schlafen & Essen

An der Küstenpromenade reihen sich zahlreiche Cafés und Restaurants aneinander. Sie sind alle recht gut, haben aber trotzdem etwas von einer Touristenfalle. Es gibt hier nur wenige Unterkünfte, was dem Dorf ein exklusives Ambiente verleiht.

LP TIPP **Hotel Es Furió** HOTEL €€
(☎972 62 00 36; www.esfurio.com; Carrer del Foraió 5–7; EZ/DZ inkl. Frühstück; 80/140 €; ❄ 📶) 1934 wurde das ehemalige Wohnhaus einer Fischerfamilie in ein Hotel verwandelt. Das Furió liegt gleich hinter dem Strand und verfügt über geräumige, freundliche Zimmer. Sanfte Töne von Orange bis Aquamarinblau und andere Meeresfarben überwiegen. Die Preise im Hotelrestaurant sind nur halb so hoch wie in den Lokalen an der Uferpromenade.

Hotel Tamariu HOTEL €€€
(☎972 62 00 31; www.tamariu.com; Passeig del Mar 2; EZ/DZ inkl. Frühstück; 95/149 €; ❄ 📶) Eine luxuriösere Variante des benachbarten Hotel Es Furió mit marineblauen Zimmern, gestreiften Bettdecken und dezenten Bädern, die aber nicht den persönlichen Charakter des Nachbarhauses bietet.

Praktische Informationen

Touristeninformation (☎972 62 01 93; Carrer de la Riera; ⏲ Juni–Sept. Mo–Sa 10–13 & 17–20, So 10–13 Uhr) Im Ortszentrum.

An- & Weiterreise

Sarfa-Busse fahren von Mitte Juni bis Mitte September drei- bis viermal täglich von Palafrugell nach Tamariu (1,40 €, 15 Min.). Im Sommer kann sich die Parkplatzsuche zu einem Alptraum entwickeln.

BEGUR

4090 EW.

Das hübsche kleine Begur prägen einladende Bars und Cafés sowie ein **castell** (Burg) aus dem 10. Jh. Letzteres ist noch weitgehend im selben Zustand wie 1810 nach seiner Zerstörung durch spanische Truppen, die dadurch die napoleonische Armee aufhalten wollten. Über das Dorf verteilen sich insgesamt sechs Türme, die im späten 16. und 17. Jh. zur Verteidigung gegen Piraten dienten. Der bezaubernde kleine Ort lohnt also durchaus einen Zwischenstopp.

Die Angestellten der **Touristeninformation** (☎972 62 45 20; www.visitbegur.com; Avinguda del Onze de Setembre 5; ⏲ Ende Juni–Mitte Sept. Mo–Fr 9–14 & 16–21, Sa & So 10–14, 16–21 Uhr, restliches Jahr kürzer) leisten sehr gute Dienste.

Nur ein paar Schritte von der Kirche entfernt in Richtung Burg stößt man auf das **Hotel Rosa** (☎972 62 30 15; www.hotel-rosa.com; Carrer de Pi i Ralló 19; EZ/DZ 80/103 €; ⏲März–Nov.; ❄📶), das mit gepflegten, geräumigen Zimmern und engagiertem Personal aufwartet. Im zugehörigen **Fonda Caner** (Mahlzeiten 35 €; Carrer de Pi i Ralló 10; ⏲Mo–Fr Abendessen, Sa–So Mittag- & Abendessen) ein paar Häuser weiter wird leckeres Essen serviert.

Sarfa-Busse fahren bis zu viermal täglich von Barcelona (18 €, 2–2¼ Std.) über Palafrugell hierher. An Wochentagen besteht außerdem eine Busverbindung nach Girona (5,50 €, 1½ Std.).

RUND UM BEGUR

Die hübsche Küstenlandschaft rund um Begur zeichnet sich durch winzige Buchten und wunderschöne Strände mit Pinien, subtropischen Pflanzen und azurblauem Wasser aus. Viele sind schwer zugänglich und daher kaum bebaut. Frisch Verheiratete werden sich in der Gegend besonders wohlfühlen.

Es gibt vier Hauptstrände, allesamt kleine, himmlische Buchten. Im Folgenden beschreiben wir zuerst den südlichsten, Aiguablava, und enden mit dem nördlichsten, Aiguafreda.

AIGUABLAVA

Aiguablava verfügt über eine beeindruckende Lage am Fuß bewaldeter Klippen und wartet mit dem **Parador Nacional de la Costa Brava** (☎972 62 21 62; www.parador.es; DZ 171 €; ❄🅿📶) auf. Das moderne Hotel hat komfortable Zimmer mit allen erdenklichen Extras, aber der eigentliche Grund, herzukommen, ist der Blick. Er hat uns so sehr bezaubert, dass wir fast geblieben wären. Im Juli und August muss man Halbpension buchen.

FORNELLS

Fornells liegt von Aiguablava aus gleich um die Ecke und an derselben spektakulären Bucht. Mit seinem felsigen Strand und dem kristallklaren Wasser, dessen Wellen in einem kleinen Hafen auslaufen, gehört es zu den exklusivsten Ferienorten der Costa Brava, Welten entfernt vom aufdringlichen Lloret de Mar. Es ist so entzückend, dass man sich auf den ersten Blick verlieben und für immer bleiben könnte. Am besten quartiert man sich im **Hotel Aigua Blava** (☎972 62 20 58; www.aiguablava.com; EZ/DZ 156/193 €, DZ mit Meerblick 258 €; ❄🅿📶) ein, das luxuriöse Zimmer und eine grandiose Aussicht bietet.

SA TUNA

Dieser relativ ruhige Kieselstrand ist noch nicht zugebaut und vielleicht der familienfreundlichste von den vier Stränden. Übernachten kann man im strandnahen **Hostal Sa Tuna** (☎972 62 21 98; DZ 160 €). In dem gastfreundlichen Restaurant am Meer wird Paella (ca. 20 €) serviert.

AIGUAFREDA

Am Aiguafreda, einer felsigen Bucht vor pinienbewachsenen Hügeln, gibt's nichts außer einem schattigen Hotel mit fünf Zimmern, das **Hostal Sa Rascassa** (☎972 62 28 45; www.hostalsarascassa.com; EZ/DZ 84/105 €; ⏲März–Okt.). Vor einigen Jahren erkoren es die spanischen Medien zu einer der am besten eingerichteten Unterkünfte des Landes, außerdem behauptete die britische *Sunday Times*, dass die hiesige Bucht zu den schönsten Stränden der Welt gehört. Wir sind zwar anderer Meinung, denn letztendlich ist sie nur eine felsige Anlegestelle für bunt bemalte Holzboote, aber wir wollen uns nicht mit den spanischen Medien anlegen. Das Hotel hat hübsche Zimmer in erdigen Farbtönen und strahlt eine überaus friedvolle Atmosphäre aus. Und für eine

Bootsanlegestelle ist der Strand wirklich etwas Besonderes.

An- & Weiterreise

Ein *bus platges* (Strandbus) bringt Sonnenhungrige zwischen Ende Juni und Mitte September von der Plaça de Forgas in Begur zu den Stränden.

PALS

2540 EW.

6 km landeinwärts von Begur (1,40 €, 5 Min. mit dem Bus nach Palafrugell) liegt die hübsch ummauerte Stadt Pals. Ihre Hauptsehenswürdigkeit ist der 15 m hohe **Torre de les Hores** (Uhrturm), weitaus reizvoller gestaltet sich jedoch ein Bummel durch die krummen Gassen und rund um die mittelalterlichen Häuser. Die Aussicht vom **Mirador del Pedró** reicht nordöstlich über die Küstenebene bis zum Meer mit den Illes Medes am Horizont. Vor Ort und in der Umgebung gibt's einige *pensiones* und *casas rurales* (ländliche Gästehäuser).

Werktags fahren täglich bis zu vier Sarfa-Busse von Barcelona (17 €, 2¼ Std.) hierher.

PERATALLADA

150 EW.

Peratallada ist wegen seiner hübschen Steinhäuser ein beliebtes Tagesausflugsziel. Bestens erhaltene enge Straßen, schwere Steinbögen, eine romanische Kirche aus dem 12. Jh. und eine Burg aus dem 11. Jh. (heute ein Luxushotel mit Restaurant) werden durch mehrere Unterkünfte, einladende Lokale und einige Boutiquen ergänzt.

Das **Hostal Miralluna** (972 63 43 04; www.hostalmiralluna.com; Plaza del Olí 2; DZ mit Frühstück ab 180 €; März–Nov.;) ist in einem dörflichen Gebäude des 17. Jhs. untergebracht. Es bietet modernen Komfort in historischem Rahmen aus Stein und Holz und schafft dadurch eine künstlerisch-rustikale Atmosphäre. Hier kann man sich richtig verwöhnen lassen. Einen weiteren Pluspunkt gibt's für den hervorragenden, versteckt gelegenen Garten.

Abgesehen von dieser Bleibe findet man im Dorf auch einige *casas rurales*.

Busse verkehren täglich zweimal nach Begur (2,45 €) und einmal nach Girona (3,60 €).

Castell de Púbol

Das **Castell de Púbol** (972 48 86 55; www.salvador-dali.org; La Pera; Erw./unter 9 J. 7 €/frei; Mitte Juni–Mitte Sept. 10–20 Uhr, restliches Jahr bis zum Sonnenuntergang, außerhalb der Hauptsaison Jan.–Mitte März & Mo geschl.) in La Pera liegt südlich der C66 und 22 km nordwestlich von Palafrugell. Es bildet die südlichste Spitze des „Salvador-Dalí-Dreiecks" im nordöstlichen Katalonien. Bei den anderen beiden handelt es sich um das Teatre-Museu Dalí in Figueres und die Gegend rund um Cadaqués.

1968 kaufte Dalí das Herrenhaus im gotischen und Renaissancestil mit einer Kirche aus dem 14. Jh. und überließ es seiner Frau Gala, die hier bis zu ihrem Tod lebte. Noch immer kursiert das Gerücht, dass sich seine Gattin bis zu ihrem Tod 1982 im Alter von 88 Jahren junge Männer aus dem Dorf schicken ließ, um sich mit ihnen zu vergnügen.

Dalí restaurierte das Bauwerk in seinem unnachahmlichen Stil: Löwenköpfe starren von Schränken herab, im Garten stößt man auf Elefantenstatuen mit Giraffenbeinen und es gibt eine ausgestopfte Giraffe, die über Galas Grab wacht. Als seine Frau in Port Lligat gestorben war, nahm Dalí sie auf eine letzte Spritztour in seinem blauen Cadillac mit, der noch immer in der Garage steht. Er ließ sie hier in einer Krypta beisetzen und verbrachte die nächsten zwei Jahre in tiefer Trauer.

Sarfa-Busse verkehren auf der C66 zwischen Palafrugell und Girona.

Girona

95 000 EW.

Girona (auf Kastilisch Gerona) sollte man sich auf keinen Fall entgehen lassen: Die größte Stadt Nordkataloniens beherbergt ein enges Gewirr aus alten Gebäuden mit Arkaden, großen Kirchen, steil ansteigenden Kopfsteinpflastergassen und mittelalterlichen Bädern, alles umgeben von einer Verteidigungsmauer und einem recht trägen Fluss.

Das römische Gerunda lag an der Via Augusta, der Straße von Rom nach Cádiz (der Carrer de la Força in Gironas Altstadt folgt dem alten Weg ein Stück). Nachdem die Franken es 797 den Muslimen entrissen hatten, wurde Girona zur Hauptstadt einer der mächtigen Grafschaften Kataloniens, geriet dann aber Ende des 19. Jhs. unter den Einfluss Barcelonas. Dank seines Reichtums im Mittelalter sind hier viele herrliche romanische und gotische Bauwerke entstanden, die im Laufe der Jahrhunderte wiederholte Angriffe und Belagerungen auszuhalten hatten.

Sehenswertes

Catedral KATHEDRALE

Die reich verzierte Barockfassade der Kathedrale befindet sich am oberen Ende einer majestätischen Freitreppe an der Plaça de la Catedral, doch das Gebäude ist um einiges älter, als es sein Äußeres vermuten lässt. Im Laufe der Jahrhunderte wurde das gotische Kirchenschiff (23 m breit) häufig umgebaut. In Europa gilt es als das größte seiner Art. Hinter der Tür mit dem Schild *Claustre Tresor* präsentiert das **Museum** (www.catedraldegirona.org; Erw./unter 7 J. 5 €/frei, So frei; ⌚April–Okt. 10–20 Uhr, Nov.–März bis 19, So & Feiertage 10–14 Uhr) einen meisterhaften romanischen *Tapis de la Creació* (Schöpfungswandteppich) und ein mozarabisches illuminiertes *Beatus*-Manuskript von 975. Der Wandteppich zeigt Gott in der Mitte und im Kreis um ihn herum die Erschaffung Adams und Evas, der Tiere, des Himmels, des Lichts sowie der Finsternis.

Mit der Eintrittskarte zum Museum kann man auch den wunderschönen **Kreuzgang** (12. Jh.) besichtigen, dessen 112 Steinsäulen mit feinen, wenngleich verwitterten Figuren geschmückt sind. Von hier aus sieht man den Glockenturm Torre de Carlemany aus dem 13. Jh.

LP TIPP **Passeig Arqueològic** GÄRTEN

Gegenüber den Banys Àrabs (Arabische Bäder) führen Treppen in herrliche Grünanlagen, wo urbane Architektur und Vegetation zu einem organischen Meisterwerk verschmelzen. Die Gärten erstrecken sich entlang der Stadtmauern bis zum Stadttor Portal de Sant Cristòfol aus dem 18. Jh. Von hier aus kann man wieder hinunter zur Kathedrale spazieren.

Museu d'Art KUNSTMUSEUM

(www.museuart.com; Plaça de la Catedral 12; Eintritt 2 €; ⌚März–Sept. Di–Sa 10–19 Uhr; Okt.–Feb. bis 18, So & Feiertage 10–14 Uhr) Im Palau Episcopal (12.–16. Jh.) neben der Kathedrale wartet dieses Kunstmuseum mit rund 8500 Exponaten von romanischen Holzschnitzereien bis zu Gemälden des frühen 20. Jhs. auf. Die Sammlung stammt aus der Gegend von Girona.

GRATIS **Església de Sant Feliu** KIRCHE

(Plaça de Sant Feliu; ⌚Mo–Sa 9.30–14 & 16–19, So 10–12 & 16–19 Uhr) Gironas zweitgrößte Kirche befindet sich ein Stück unterhalb der Kathedrale. Ihre Hauptfassade aus dem 17. Jh. mit dem charakteristischen einzelnen Turm liegt an der Plaça de Sant Feliu; wer hinein möchte, muss allerdings den Eingang um die Ecke benutzen. Das Schiff verfügt über romanische Bögen aus dem 13. Jh., die oberen gotischen Teile stammen aus dem 14. bis 16. Jh. Am Westende des Gebäudes stößt man auf die nördlichste Kapelle. Sie wird von einer meisterhaften Alabasterskulptur im Stil der katalanischen Gotik geschmückt, dem *Crist Jacent* (Ruhender Christus) von Aloi de Montbrai.

Banys Àrabs ARABISCHE BÄDER

(www.banysarabs.org; Carrer de Ferran Catòlic; Erw./Kind 2/1 €; ⌚April–Sept. Mo–Sa 10–19 Uhr, restliches Jahr kürzer, So & Feiertage 10–14 Uhr) Die Banys Àrabs wurden nach dem Vorbild muslimischer und römischer Badehäuser entworfen, sind aber romanisch-christlich und stammen aus dem 12. Jh. Es handelt sich um das einzige bekannte Gebäude dieser Art aus dem mittelalterlich-christlichen Spanien, wo Reinlichkeit für schlecht gehalten wurde, war sie doch untrennbar mit den Muslimen verbunden, die als Sauberkeitsfanatiker galten. Darüber hinaus glaubte man, dass Wasser Krankheiten verursache. Zu den Bädern gehören ein *apodyterium* (Umkleideraum), ein *frigidarium* und ein *tepidarium* (mit kaltem bzw. warmem Wasser) sowie ein *caldarium* (Sauna).

Monestir de Sant Pere de Galligants KLOSTER, MUSEUM

In dem romanischen Gebäude aus dem 11. und 12. Jh. jenseits des Flüsschens Riu Galligants können Besucher einen hübschen Kreuzgang mit großartigen Darstellungen von Tieren und Ungeheuern an den Säulenkapitellen bewundern. Das Kloster beherbergt Gironas **Museu Arqueològic** (www.mac.cat; Carrer de Santa Llúcia; Erw./Senioren & Kinder 2,30 €/frei; ⌚Juni–Sept. Di–Sa 10.30–13.30 & 16–19; So & Feiertage 10–14 Uhr, restliches Jahr kürzer), dessen Exponate wie römische Mosaiken und mittelalterliche jüdische Grabsteine eine Zeitspanne von der Frühgeschichte bis zum Mittelalter umfassen.

MUSEUMSPASS

Das M5-Ticket wird vor Ort in allen Museen und in der Touristeninformation verkauft. Im ersten Museum, das man besucht, bezahlt man den vollen Eintritt und bekommt dann in jedem weiteren 50 % Rabatt. Das Ticket ist sechs Monate lang gültig.

Girona

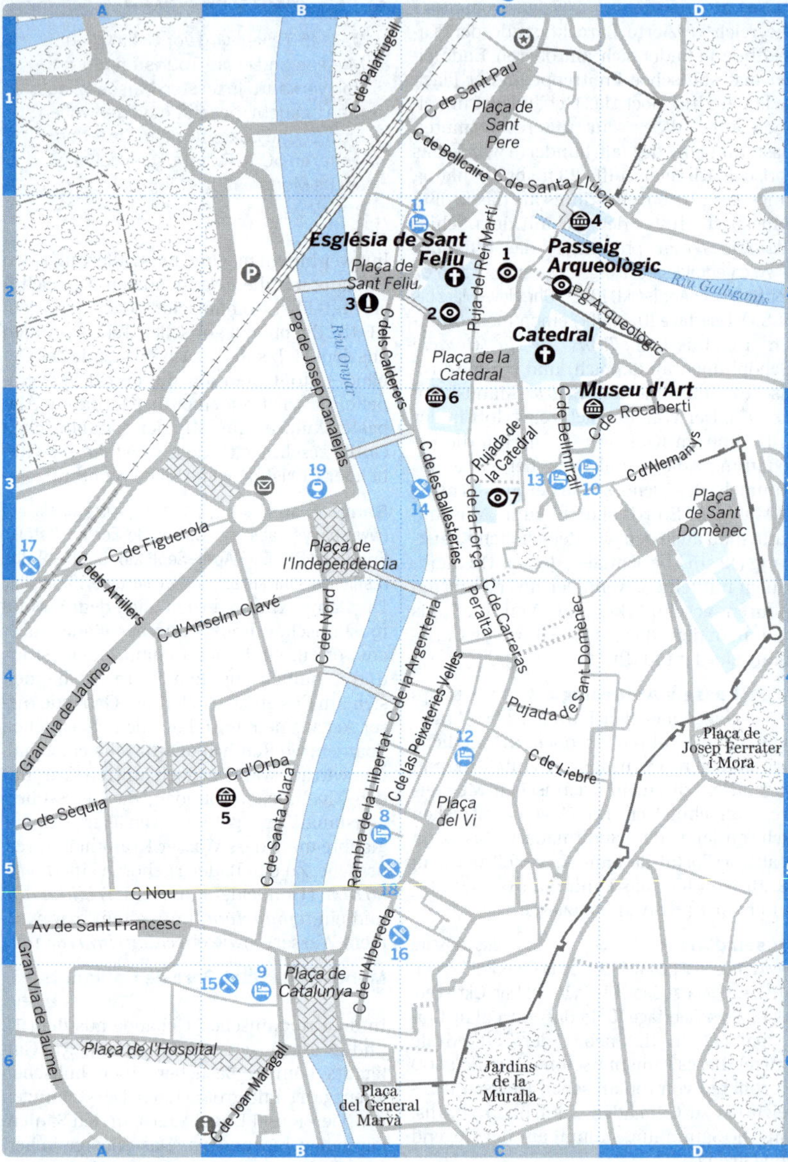

Das Call JÜDISCHES VIERTEL

Bis 1492 lebte in Girona die größte jüdische Gemeinde Kataloniens nach Barcelona, deren Viertel (Call genannt) sich rund um den Carrer de la Força erstreckte. Einen Einblick in das Leben und die Kultur der hiesigen Juden bietet das **Museu d'Història dels Jueus de Girona** (Museum für Jüdische Geschichte; Carrer de la Força 8; Erw./Kind 2 €/frei; ⌚Juni–Okt. Mo–Sa 10–20, So & Feiertage 10–15 Uhr, restliches Jahr kürzer), das auch als Centre Bonastruc Ça Porta bezeichnet wird.

Girona

Highlights

Sehenswertes

Schlafen

Essen

Ausgehen

Es trägt den Namen eines einheimischen kabbalistischen Philosophen und Mystikers aus dem 13. Jh. Das Gebäude ist ein wahres Labyrinth aus Räumen und Treppen und verfügt über einen Innenhof. In der bedeutenden Forschungsstätte werden Wechselausstellungen gezeigt.

Museu d'Història de la Ciutat MUSEUM
(www.girona.cat; Carrer de la Força 27; Erw./Kind 3 €/frei; ⌚Di–Sa 10–14 & 17–19, So & Feiertage 10–14 Uhr) Das Stadtgeschichtsmuseum präsentiert Gironas Entwicklung von den römischen Anfängen über die Belagerung des Ortes durch Napoleons Truppen bis zur traditionellen *sardana* (Kataloniens nationaler folkloristischer Tanz).

Museu del Cinema MUSEUM
(www.museudelcinema.org; Carrer de Sèquia 1; Erw./Kind 5 €/frei; ⌚ Juli–Aug. 10–20 Uhr, restliches Jahr kürzer und Mo geschl.) Spaniens einziges Kinomuseum ist in der Casa de les Aigües untergebracht. Die Collecció Tomàs Mallol wartet nicht nur mit Exponaten zur Filmgeschichte auf, sondern verfügt auch über Schattenspiele, Kaleidoskope und dergleichen – alles zum Anfassen und deshalb toll für Kinder.

Schlafen

LP TIPP **Hotel Llegendes de Girona** HOTEL €€€
(☎972 22 09 05; www.llegendeshotel.com; Portal de la Barca 4; DZ 123 €, Zimmer „Fountain of Lovers" (Brunnen der Liebenden) 288 €; P❄📶) Dieses neue Hotel bietet so viele Hightechspielereien, dass man sich vorkommt wie in einem Raumschiff. Die Zimmer sind sehr komfortabel und die minimalistisch designten, verglasten Bäder warten mit geräumigen Regenduschen auf. Viel Schlaf wird man wahrscheinlich nicht bekommen, da in jedem Zimmer ein kleines Buch mit detaillierten Tantra-Positionen bereitliegt und drei der Zimmer ein „Eros-Sofa" haben. Aber keine Sorge, das Llegendes de Girona ist nicht so zwielichtig, wie es sich anhört.

Bed & Breakfast Bells Oficis B&B €€
(☎972 22 81 70; www.bellsoficis.com; Carrer dels Germans Busquets 2; Zi. mit Frühstück 35–85 €; ❄📶) Eine etwas wackelige Wendeltreppe in dem alten Gebäude führt zu sechs attraktiven Zimmern. Einige Bäder sind mit ungewöhnlichen Kunstwerken aus Kieselsteinen dekoriert. Es gibt auch Zimmer mit Gemeinschaftsbädern und Blick zur Straße. Der größte Raum bietet genügend Platz für vier Personen (99 €).

Residència Bellmirall BOUTIQUE-HOTEL €€
(☎972 20 40 09; www.bellmirall.cat; Carrer de Bellmirall 3; EZ/DZ 40/75 €; ⌚ Jan.–Feb. geschl.; ❄) Im Herzen der Altstadt sorgt das Hotelgebäude aus dem 14. Jh. mit seinen grob gemauerten Wänden und Holzbalken für Atmosphäre. Die Zimmer mit Etagenbad sind etwas günstiger.

Gro Hostel Girona HOSTEL €
(☎972 31 20 45; www.equity-point.com; Plaça de Catalunya 23; B mit/ohne Bad & mit Frühstück ab 20/18 €; ❄📶@) Diese farbenfrohe, überaus gastfreundliche Unterkunft gehört zu einer

FRÜHLING LIEGT IN DER LUFT

Im Frühling und Sommer zeigt sich Girona von seiner schönsten Seite. Der Himmel ist klar und blau, die Temperaturen steigen, bleiben aber angenehm, und die Straßen erblühen in allen Farben: Während der *Temps de Flors* (Zeit der Blumen; www.gironatempsdeflors.net) Anfang Mai verwandelt sich die ganze Stadt in ein riesiges Blumenarrangement. Geschäfte, Privatleute und öffentliche Einrichtungen versuchen, sich gegenseitig zu übertrumpfen, indem sie Häuser, Schaufenster und sogar Kirchen mit Tausenden von Blumen und Kunstwerken schmücken. Museen und andere Sehenswürdigkeiten sind länger geöffnet, private Unternehmen öffnen ihre Türen, damit alle ihren Blumenschmuck bewundern können, und eine romantische Stimmung prägt den Ort.

Zu dieser Zeit sind die Unterkünfte meist ausgebucht, also sollte man im Voraus reservieren.

kleinen Hostel-Kette (in Barcelona und Madrid gibt's weitere Häuser). Sie punktet mit einem guten Preis-Leistungs-Verhältnis und ist noch dazu Gironas günstigste Übernachtungsmöglichkeit. In der Küche besteht ein Internetzugang, außerdem bekommt man viele touristische Infos.

Hotel Històric BOUTIQUE-HOTEL **€€**
(☎972 22 35 83; www.hotelhistoric.com; Carrer de Bellmirall 4A; Zi. 160/150 €; P ❄ 📶) Ein kleines, schmuckes Hotel in einem historischen Altstadtgebäude mit acht geräumigen, individuell eingerichteten Zimmern. Man kann auch eine kleine Ferienwohnung mieten. Wenn alles ausgebucht ist, vermitteln einem die Besitzer weitere in der Stadt verteilte Zimmer.

Pensió Viladomat PENSION **€**
(☎972 20 31 76; www.pensioviladomat.com; Carrer dels Ciutadans 5; EZ/DZ ohne Bad 23/44 €, DZ mit Bad 60 €) Eine der schöneren unter den günstigen *pensiones* im südlichen Teil der Altstadt mit acht einfachen, aber gepflegten Zimmern.

Essen

LP TIPP **Restaurant Txalaka** BASKISCH **€€**
(☎972 22 59 75; Carrer Bonastruc de Porta 4; Menüs 33 €, Gerichte 15–20 €, pintxos 2,50–4 €; ⏲So geschl.) Sensationelle baskische Gerichte und *pintxos* (Tapas) mit *txakoli* (perlender Weißwein von der baskischen Küste), der aus großer Höhe eingeschenkt wird, gibt's in diesem beliebten Lokal am Rande der Neustadt. Die mit Paprika bestreute Krake gehört zum Zartesten und Saftigsten, was wir je gegessen haben. Köstlich sind auch die Garnelen in Knoblauch und Öl.

L'Alqueria KATALANISCH **€€**
(☎972 22 18 82; www.restaurantalqueria.com; Carrer Ginesta 8; Gerichte 15–20 €; ⏲So & Di abends, Mo ganztägig geschl.) Das gut geführte neue Restaurant serviert den besten *arròs negre* (in Tintenfischtinte gekochter Reis) und *arròs a la Catalan* der Stadt. Steht man mehr auf die valencianische Kochkunst, kann man zwischen mehreren Paellas wählen. Reservierung empfohlen.

Restaurant Albereda KATALANISCH **€€**
(☎972 22 60 02; www.restaurantalbereda.com; Carrer de l'Albereda 9; Mahlzeiten 40 €; ⏲Di–Sa Mittag- & Abendessen, Mo Mittagessen) Eines der besten Restaurants der Stadt. Im Albereda gibt's katalanische Gerichte, die fast wie Kunstwerke aussehen. Die Karte ändert sich je nach Jahreszeit.

La Terra INTERNATIONAL **€**
(☎972 21 92 54; Carrer de les Ballesteries 23; Menüs 6,90 €) Hausgemachte Burger, Quiches, Kuchen, jede Menge Tee, ein herrlicher Flussblick und blauweiße andalusische Kacheln.

Xocolateria Antiga CAFÉ **€**
(Plaça del Vi 8; Kaffee & Kuchen 5–8 €; ⏲Mo–Sa 7–21 Uhr) Jugendstileinrichtung, Spitzengardinen und heiße Schokolade, nach deren Genuss alles klebt. Hier ist die Zeit stehen geblieben. Toll zum Frühstücken.

Ausgehen & Unterhaltung

Das Nachtleben ist von den Studenten geprägt, deshalb herrscht im Sommer weniger Andrang. Donnerstags geht hier die Party ab, da viele Leute am Wochenende an die Küste fahren. In der Nähe des Flusses nördlich der Altstadt kann man sich in einer Reihe von Bars und Restaurants am Carrer de Palafrugell und an der Ronda de Pedret bis in die frühen Morgenstunden vergnügen.

Café i Cu-cut BAR
(Plaça de l'Independència 10; ⏲10–3 Uhr) Lokaler Klassiker mit gemischtem Publikum aus Studenten und Über-30-Jährigen, die

zu Reggae, Rock und Pop und sogar zu Country abtanzen.

Blau Club NACHTCLUB
(www.blauclub.com; Camp de les Lloses 8; Eintritt 12 €; ⊙Do–So 11–17 Uhr) Liegt in einem südlichen Außenbezirk der Stadt. Auf drei dunklen Tanzflächen dröhnen Drum'n'Bass, Techno und Hip-Hop aus den Boxen. Die DJs stammen meistens aus der Gegend.

Praktische Informationen

Parc Hospitalari Martí i Julià (Krankenhaus; ☎972 18 25 00; Carrer del Doctor Castany)

Policía Nacional (☎972 48 60 01; Carrer de Sant Pau 2)

Touristeninformation (☎872 97 59 75; www.girona.cat/turisme; Joan Maragall 2; ⊙ Mo–Fr 8–20, Sa 8–14 & 16–20, So 9–2 Uhr)

Turisme Imaginari (☎972 21 16 78; www.gironabooking.com; Punt de Benvinguda; ⊙ Di–So 9–20 Uhr) In der privaten Touristeninformation kann man sich über Verkehrsverbindungen erkundigen und zweistündige Stadtrundfahrten (Di–So 10.30 Uhr, 10 €) buchen.

An- & Weiterreise

Bus

Teisa-Busse (www.teisa-bus.com, auf Katalanisch) fahren bis zu 8-mal täglich (So 4-mal) nach Besalú (3,55 €, 50 Min.) und Olot (6,50 €, 1¼ Std.). Die Bushaltestelle liegt hinter dem Bahnhof, etwa 400 m westlich der Touristeninformation.

Flugzeug

Der **Flughafen Girona-Costa Brava**, 11 km südlich der Stadt und in der Nähe der AP7 und A2, ist Ryanairs spanisches Drehkreuz. **Sagalés-Busse** (www.sagales.com) pendeln auf den Flugplan abgestimmt stündlich zwischen Flughafen sowie Bus- und Hauptbahnhof (2,15 €, 25 Min.). Busverbindungen nach/von Barcelona siehe S. 308. Sarfa-Busse verkehren im Sommer täglich zwischen dem Flughafen und der Küste, z. B. nach Tossa de Mar (8 €, 55 Min.) und während der Saison nach Roses (13 €, 1½ Std.) und Figueres (13 €, 55 Min.). Ein **Taxi** (☎872 97 50 00) vom/zum Flughafen ins Zentrum von Girona kostet tagsüber/nachts ca. 22/25 €.

Zug

Girona liegt an der Bahnstrecke zwischen Barcelona, Figueres und Portbou nahe der französischen Grenze. Täglich fahren mehr als 20 Züge nach Figueres (10,50–13,70 €, 30–40 Min.) und Barcelona (ab 14,90 €, 1½ Std.), außerdem gibt's etwa 15 Verbindungen nach Portbou und/oder Cerbère in Frankreich (ab 12 €, 50–60 Min.). Der Bahnhof befindet sich 400 m westlich der Touristeninformation.

> **EIN SELTSAMER BRAUCH**
>
> Girona ist eine Stadt, die süchtig macht, und viele Besucher schwören sich, dass sie bald wiederkommen werden. Wer das genauso sieht und sichergehen möchte, dass sein Wunsch wahr wird, sollte den Hintern der kleinen Löwenstatue auf einem Sockel direkt hinter der Brücke an der Plaça de Sant Feliu küssen. Als die Schweinegrippe grassierte, ließen die örtlichen Behörden die Stufen entfernen, die zum Hinterteil des Löwen führten, aber inzwischen darf man wieder hinaufkraxeln.

Verges

1116 EW.

Verges liegt etwa 15 km nordöstlich von Girona an der Busstrecke Girona–Torroella und hat nicht viel zu bieten. Wer allerdings am Gründonnerstag in der Gegend ist, sollte die abendliche makabre **Dansa de la Mort** nicht verpassen, wenn als Skelette verkleidete Menschen in den Straßen tanzen. Sie ist Bestandteil einer größeren Prozession, die den Weg Christi nach Golgatha nachempfindet. Der Umzug beginnt gegen 22 Uhr.

Torroella de Montgrí

11 598 EW.

Diese ansprechende alte Stadt am Riu Ter erstreckt sich 30 km nordöstlich von Girona und 15 km nördlich von Palafrugell und ist der unumgängliche Ausgangspunkt nach L'Estartit.

Von der Spitze des 300 m hohen Kalksteinhügels Montgrí im Norden blickt das eindrucksvolle, verlassene **Castell de Montgrí** auf die Stadt herunter. Es wurde 1294 bis 1301 für König Jaume II. errichtet, als dieser die aufsässigen Grafen von Empúries im Norden unter Kontrolle bringen wollte. Eine Straße hinauf gibt's nicht und ein Fußmarsch von Torroella hierher dauert 40 Minuten. Von der Plaça del Lledoner geht's auf dem Carrer de Fàtima nordwärts, bis ein Schild zur Burg weist. Das örtliche Museum und Kulturzentrum **Mu-**

seu de la Mediterrània (www.museudelamediterrania.org; Carrer d'Ullà 31; Eintritt frei; ⏲Juli–Aug. Mo–Sa 10–14 & 18–21, So bis 14 Uhr; restliches Jahr kürzer) ist in der Stadtvilla Can Quintana untergebracht. **Ampsa-Busse** (www.ampsa.org) fahren von Juni bis September stündlich (1,40 €) nach L'Estartit, zu anderen Zeiten verkehren sie nur halb so häufig. Sarfa-Busse pendeln drei- bis viermal täglich zwischen Torroella und Barcelona (18,95 €, 3 Std.).

L'Estartit & die Illes Medes

3571 EW.

L'Estartit liegt etwa 6 km östlich von Torroella de Montgrí und hat einen langen, breiten, feinsandigen Strand, aber ansonsten nichts, was es in anderen Pauschalbadeorten der Costa Brava nicht auch gäbe – mit Ausnahme der Illes Medes (Islas Medes)! Diese Felseninseln knapp 1 km vor der Küste gehören zu den vielfältigsten maritimen Lebensräumen Spaniens.

Richtung Strand heißt die Zufahrtsstraße von Torroella de Montgrí Avinguda de Grècia; die Strandpromenade ist der Passeig Marítim.

Aktivitäten

Illes Medes TAUCHEN

Die Küsten und Gewässer rund um die sieben Inselchen, eine Fortsetzung der Kalksteinkette des Montgrí, sind seit 1985 ein *reserva natural submarina* (Unterwasserschutzgebiet) und mit ihrem vielfältigen maritimen Leben ein beliebtes Ziel von Schnorchlern und Tauchern. 1345 Pflanzen- und Tierarten wurden hier gezählt und auch die Vogelwelt ist gut vertreten: Zwischen März und Mai brütet hier eine der größten Möwenkolonien (8000 Paare) des Mittelmeerraums.

Am Hafen am Nordende des Strands von L'Estartit bieten gleich mehrere Büdchen Schnorcheltouren und Fahrten im Glasbodenboot zu den Illes Medes sowie zu den Meereshöhlen entlang der Küste Richtung Norden an.

Schlafen & Essen

Hostal Dalfó HOSTAL €

(☎972 75 10 32; Carrer del Port 10; EZ/DZ 30/60 €; 📶) Die kleinen, einfachen weißen Zimmer hinter dem Hafen glänzen wie die Morgensonne auf dem Meer. Das **Restaurant Can Dalfó** (Menüs 16,20 €) im Erdgeschoss hebt sich positiv von den vielen Lokalen in der Nähe ab, die ganztägig englisches Frühstück anbieten. Wie man es in einer Hafenstadt erwartet, steht eine große Auswahl an Meeresfrüchten auf der Speisekarte.

Hotel Les Illes HOTEL €€

(☎972 75 12 39; www.hotellesilles.com; Carrer de Les Illes 55; EZ/DZ inkl. Frühstück 60/106 €) Ein ordentliches, zweckmäßiges Haus mit komfortablen, aber durchschnittlichen Zimmern, die alle über Balkone verfügen. Im Prinzip ist das Les Illes ein Hotel für Taucher in günstiger Nähe zum Hafen. Es betreibt auch einen eigenen Tauchshop.

TAUCHEN AN DER COSTA BRAVA

Die unterschiedlichen Tiefen (bis zu 50 m) sowie Unterwasserhöhlen und -tunnel um die Illes Medes tragen entscheidend zum Reiz der Inseln bei. Schillernde Algen und Schwämme, Tintenfische, Krabben und zahlreiche Fische tummeln sich rund um die Felsen nahe der Wasseroberfläche. In den Löchern und Höhlen unterhalb von 10 oder 15 m verbergen sich Hummer, Skorpionfische, Meeraale und Zackenbarsche; Letztere kann man manchmal sogar mit der Hand füttern. Mit etwas Glück entdeckt man auch einen Lippfisch. Auf dem Meeresboden lassen sich außerdem Seeteufel, Keulenrochen und Marmorzitterrochen blicken. An Sommerwochenenden kommen besonders viele Taucher her.

Mehrere Anbieter in L'Estartit organisieren Tauchtouren vor den Medes-Inseln oder der Küste; die Touristeninformation verfügt über eine Adressliste. Ausgebildete Taucher zahlen für einen zweistündigen Ausflug etwa 30 € pro Person. Die Leihgebühr für eine komplette Ausrüstung beträgt bis zu 45 € pro Tag. Nächtliche Tauchgänge sind ebenfalls möglich (30–35 €). Ein Guide kostet extra, ebenso eine Versicherung (falls nicht anderweitig abgedeckt). Neulinge sollten einen Einführungstauchgang für etwa 60 € buchen oder einen kompletten fünftägigen PADI-Tauchkurs für etwa 370 € absolvieren.

Les Medes CAMPING €
(☎972 75 18 05; www.campinglesmedes.com; Paratge Camp de l'Arbre; Stellplatz für 2-Pers.-Zelt & Auto 34,90 €; ⏲Dez.–Okt.; P 📶 🏊 👪) Von den acht Campingplätzen rund um den Ort zählt der kinderfreundliche Les Medes zu den besten. Er liegt 800 m vom Strand entfernt zwischen zahlreichen Bäumen und hat eine Sauna sowie drei Pools. Man kann Fahrräder mieten und sich sogar massieren lassen. Kreditkarten werden nicht akzeptiert.

Hostal Santa Clara HOTEL €
(☎972 75 17 67; www.hostalsantaclara.com; Passeig Marítim 18; EZ/DZ 31/62 €; P) Direkt am Strand und kaum 90 m vom Meer entfernt stößt man auf diese freundliche, lebhafte Unterkunft mit einem Restaurant und einer Bar sowie Standardzimmern auf drei Etagen samt Balkonen und Meerblick.

Am Nordende des Passeig Marítim wimmelt es rund um den Kreisverkehr von sehr ähnlichen Restaurants. Sie bieten vorwiegend einfache spanische Küche und Gerichte wie Hühnchen mit Pommes frites an.

ℹ Praktische Informationen

Touristeninformation (☎972 75 19 10; www.visitestartit.com; Passeig Marítim; ⏲ Juli–Sept. tgl. 9.30–14 & 16–20 Uhr, Mai–Juni & Okt. Mo–Sa 9.30–14 & 16–19 Uhr, restliches Jahr kürzer) Am nördlichen Ende des Passeig Marítim.

ℹ An- & Weiterreise

Sarfa-Busse verkehren im Sommer ein- bis zweimal täglich zwischen Barcelona und L'Estartit (18,75 €, 3 Std.). Ansonsten muss man in Torroella de Montgrí umsteigen.

L'Escala

10 140 EW.

Einige Tausend Jahre in die Vergangenheit zurückreisen kann man in der alten griechisch-römischen Ausgrabungsstätte von Empúries (auf Kastilisch Ampurias) unweit eines nahezu unberührten Mittelmeerstrands. L'Escala, der moderne Nachfahre dieser Ansiedlung liegt 11 km nördlich von Torroella de Montgrí und ist ein hübscher mittelgroßer Badeort (deutlich attraktiver als das bekanntere Roses im Norden) an der oftmals windgepeitschten Südküste des Golf de Roses. Vogelbeobachter lockt der Parc Natural dels Aiguamolls de l'Empordà, ein Küstensumpfgebiet 10 km nördlich von Empúries.

EMPÚRIES

Empúries war vermutlich die erste und sicherlich eine der bedeutendsten griechischen Kolonien auf der Iberischen Halbinsel. Frühe griechische Händler kamen um 600 v. Chr. von Masilia (Marseille in Frankreich) hierher und richteten an der Stelle, wo sich heute das zauberhafte Dorf Sant Martí d'Empúries erstreckt und damals eine Insel war, einen neuen Handelsposten ein. Bald darauf gründeten sie auf dem Festland eine Kolonie namens Emporion (Markt), die jahrhundertelang als wichtiges Zentrum galt und für die Iberer die Verbindung zur griechischen Kultur war.

218 v. Chr. trafen römische Legionen ein, um im Zweiten Punischen Krieg Hannibals Versorgungslinien zu kappen. 195 v. Chr. errichteten sie ein Feldlager, das sich bis um 100 v. Chr. zur Stadt entwickelte und ein Jahrhundert später mit dem griechischen Pendant verschmolz. Emporiae, so der einstige Name, wurde Ende des 3. Jhs. nach Überfällen germanischer Stämme verlassen. Später befand sich an dieser Stelle eine frühgermanische Basilika mit Friedhof, bis der Ort nach einem Jahrtausend schließlich ganz aufgegeben wurde.

Die Ausgrabungsstätte RÖMISCHE RUINEN
(www.mac.cat; Erw./Kind 3 €/frei; ⏲ Juni–Sept. 10–20 Uhr, Okt.–Mai bis 18 Uhr) Die **griechische Stadt** liegt im unteren Teil der Anlage. Zu ihren Relikten gehören die dicke Verteidigungsmauer im Süden, das Asklepion, ein Tempel für Äskulap (Gott der Medizin) mit der Kopie seiner Statue, die hier gefunden wurde, sowie die Agora (Hauptplatz) mit Resten der frühchristlichen Basilika und der griechischen *stoa* (Marktplatz) daneben.

Ein **Museum** (Barcelonas Museu d'Arqueologia de Catalunya, S. 280, hat allerdings eine umfangreichere und bessere Sammlung zu Empúries) trennt die griechische von der größeren römischen Stadt im oberen Teil des Areals. Es zeigt einige beeindruckende Mosaike, Statuen und 2000 Jahre alte Trinkgefäße. Zu den Highlights der **römischen Stadt** zählen die Mosaikböden eines Hauses aus dem 1. Jh. v. Chr., das Forum und alte Mauern. Außerhalb davon sind Reste eines ovalen Amphitheaters zu erkennen. 2005 wurde auf diesem Gelände eine Bacchusbüste aus Carrara-Marmor ausgegraben, die ins 2. Jh. datiert.

Vor der Ruinenstadt erstrecken sich einige Strände mit braunem Sand. An einem davon, 1,2 km von L'Escala entfernt, ist noch ein griechischer steinerner Landungssteg zu sehen. Ein paar Hundert Meter weiter nördlich von Empúries versteckt sich an der Küste ein kleines Juwel, das Dorf **Sant Martí d'Empúries** aus dem 15. Jh. mit hellen Steinhäusern und kopfsteingepflasterten Gassen. An der Plaça Major wetteifern unter dem wachsamen Auge der ungewöhnlichen gedrungenen Kirchenfassade mehrere Bar-Restaurants um Gäste.

Schlafen & Essen

L'Escala ist berühmt für seine *anchoas* (Anchovis) und frischen Fisch. An der Seepromenade des Port d'en Perris reihen sich zahlreiche teure Restaurants sowie einige Unterkünfte aneinander. Die Stadt besteht aus zwei Hälften. Der nördliche Teil liegt in der Altstadt und ist bei spanischen Touristen beliebt; hier findet man die unten beschriebenen Hotels. Die südliche Hälfte erstreckt sich an einer großen Sandbucht, hat aber nicht das Flair der Altstadt. Hier dominieren internationale Resorts.

Hostal Casa Poch PENSION €
(☎972 77 00 92; Carrer Grácia 10; EZ/DZ inkl. Frühstück 25/40 €) Die Zimmer in dieser von einem freundlichen alten Ehepaar geführten Pension sehen aus wie zu Großmutters Zeiten und liegen über einer traditionellen spanischen Bar. Das Preis-Leistungs-Verhältnis ist gut.

Hotel Empúries BOUTIQUE-HOTEL €€€
(☎972 77 02 07; www.hostalempuries.com; Platja del Portitxol; DZ 130 €; P ❄ 📶) In der Nähe der römischen Ausgrabungsstätte an einem Sandstrand gelegen. Das stilvolle Hotel verfügt über sandfarbene Zimmer mit Bädern, deren Mosaike von den Ruinen inspiriert wurden.

Hotel Voramar HOTEL €€
(☎972 77 01 08; www.hotelvoramar.com; Passeíg Lluís Albert 2; EZ/DZ inkl. Frühstück ab 75/118 €; P ❄ 📶 🏊) Sein leicht schäbiges Äußeres sollte nicht abschrecken, denn das große Hotel für Pauschalurlauber hat geräumige, komfortable Zimmer, von denen einige mit einem atemberaubenden Meerblick aufwarten. Im Sommer kann man den privaten Meerwasserpool in den Felsen gegenüber der Unterkunft nutzen.

Praktische Informationen

Wer mit einem Sarfa-Bus ankommt, steigt an L'Escalas Plaça de les Escoles aus, wo die **Touristeninformation** (☎972 77 06 03; Plaça de les Escoles 1; ⊙Mitte Juni–Mitte Sept. tgl. 9–20 Uhr, restliches Jahr kürzer) liegt. Empúries befindet sich 1 km nordwestlich des Zentrums an der Küste.

An- & Weiterreise

Sarfa-Busse fahren dreimal täglich von Barcelona hierher (18,95 €, 3 Std.). Darüber hinaus gibt's einige Busverbindungen nach Girona (5,60 €, 1 Std.).

Castelló d'Empúries

12 111 EW.

Die gut erhaltene Altstadt entspricht nicht dem typischen Bild der Costa Brava mit Hotelhochhäusern und chaotischen vollen Stränden. Einst war Castelló d'Empúries die Hauptstadt der mittelalterlichen katalanischen Grafschaft Empúries. Bis ins 14. Jh. bewahrte es sich einen hohen Grad an Unabhängigkeit und ist heute ein guter Ausgangspunkt für Ausflüge in den benachbarten Parc Natural dels Aiguamolls de L'Empordá. Es gibt hier mehrere windige, aber sehr friedliche Strände. Neben den Attraktionen des Naturparks sollte man sich die **Església de Santa Maria** an der Plaça de Jacint Verdaguer nicht entgehen lassen. Die große gotische Kirche aus dem 13. und 14. Jh. verfügt über einen stattlichen romanischen Glockenturm.

Sehenswertes & Aktivitäten

Parc Natural dels Aiguamolls de l'Empordà VOGELBEOBACHTUNG
(www.parcsdecatalunya.net, auf Spanisch; Parken 2 €) Dieser Naturpark schützt den Rest des gewaltigen Marschlands, das früher einmal die gesamte Küstenniederung des Golf de Roses bedeckte und heute noch ein bedeutender Sammelplatz für Zugvögel ist. Ornithologen haben hier während des Vogelzugs von März bis Mai und August bis Oktober schon über 100 Arten pro Tag gezählt. In dieser Zeit wimmelt es von Wattvögeln, außerdem entdeckt man Flamingos, Braunsichler, Löffler sowie den seltenen Schwarzstorch. Insgesamt ziehen mehr als 300 Arten durch das Gebiet (etwa 90 nisten in der Gegend). Auch in der übrigen Zeit des Jahres sieht man jede Menge Vögel.

Das **El-Cortalet-Informationszentrum** (⊙April–Okt. 9.30–14 & 16.30–19 Uhr, restliches Jahr kürzer) liegt 1 km östlich der Straße zwischen Sant Pere Pescador und Castelló d'Empúries. Markierte Wege führen zu

PARKS & NATURSCHUTZGEBIETE

Katalonien hat 17 Parks, Naturschutzgebiete und ein Wasserschutzgebiet. Eine komplette Auflistung findet man auf www.parcsdecatalunya.net, einer sehr nützlichen Website mit vielen guten Hintergrundinformationen.

einem 2 km langen Strand und mehreren *aguaits* (Beobachtungsständen) mit Sicht auf die Salzmarschen. Von der Spitze des **Observatori Senillosa**, einem ehemaligen Silo, kann man den ganzen Park überblicken. Morgens und abends ist die beste Zeit zur Vogelbeobachtung (und leider auch für Mücken!).

Die nächstgelegenen mit dem Bus erreichbaren Orte von El Cortalet sind Sant Pere Pescador etwa 6 km südlich (vier oder fünf Sarfa-Busse täglich von L'Escala und Figueres) und Castelló d'Empúries 4 km nördlich.

Schlafen & Essen

Vor Ort gibt's einige preisgünstige sowie gute Restaurants und Bars und in der Umgebung findet man etliche *casas rurales*.

Hotel de la Moneda HOTEL €€
(☎972 15 86 02; www.hoteldelamoneda.com; Plaça de la Moneda 8–10; DZ mit Frühstück 110–120 €; ⊙Feb.–März 6 Wochen & im Dez. 3 Wochen geschl.; P❄📶🏊) Das kürzlich eröffnete Hotel in einem Gebäude aus dem 18. Jh. voller Bögen und Kuppeln ist einfach wunderbar. Trotz des historischen Rahmens wurde es sehr modern restauriert und mit grellen Farben und verrückten Kunstwerken dekoriert. Parken kostet 10 €.

Hotel Canet HOTEL €€
(☎972 25 03 40; www.hotelcanet.com; Plaça del Joc de la Pilota 2; EZ/DZ ab 55/80 €; P📶❄🏊) Die modernisierte Stadtvilla aus dem 17. Jh. zeichnet sich durch elegante Zimmer, niedrige Steinbögen und eine Sonnenterrasse aus. Ein Swimmingpool glitzert im ummauerten Innenhof und es gibt ein anständiges Restaurant (Gerichte ca. 15 €) mit hauptsächlich katalanischer Küche.

Taverna de les Cols KATALANISCH €
(☎972 25 02 99; Plaça de les Cols 6; Gerichte 10–15 €) *Arròs a la Catalan*, verschiedene Paellas (für mindestens 2 Pers.) und viele Köstlichkeiten aus dem Meer bekommt man in diesem lebhaften Restaurant an einem sonnigen, zentral gelegenen Platz.

An- & Weiterreise

Sarfa-Busse fahren zwölfmal täglich (So seltener und im Juli und Aug. bis zu 28-mal) ab Figueres (1,40 €, 15 Min.), fünf- oder sechsmal täglich (häufiger im Juli und Aug.) ab Cadaqués (3,65 €, 50 Min.) und zweimal vom Estació del Nord (18,10 €, 2 Std.) in Barcelona hierher.

Roses & Umgebung

20 197 EW.

Die Hypothese, dass dieser Ort die Stätte der antiken Siedlung Rodes ist, wird durch keinerlei Fakten bestätigt. Roses liegt zwar am Meeresufer und verfügt über eine eindrucksvolle **Zitadelle** aus dem 16. Jh., wirkt aber ansonsten recht freudlos, wenn man die melancholische Hauptstraße mit den heruntergekommenen Wasserparks betrachtet. Die Strände sind in Ordnung und die Touristeninformation hat eine endlos lange Unterkunftsliste, doch die Ortschaft dient vor allem als praktischer Ausgangspunkt für andere Ziele.

Mit dem Auto kann man den Massen leichter entkommen und bis zum Südende des Parc Natural del Cap de Creus gelangen. Eine Straße führt 6 km östlich von Roses in die Hügel hinauf und die zerklüftete Küste entlang zur **Cala Montjoi**.

Sarfa-Busse fahren je nach Saison zwei- bis viermal täglich von Barcelona nach Roses (19,45 €, 2¼ Std.). Außerdem gibt's zahlreiche Busverbindungen zwischen Roses und Figueres (2,75 €, 30 Min.).

Cadaqués & Umgebung

2860 EW.

Wer nur für einen einzigen Halt an der Costa Brava Zeit hat, sollte Cadaqués ansteuern. Das weiße Dorf rund um eine Felsenbucht verströmt wie seine Umgebung ein besonderes Flair, bedingt durch die Verbindung von Wind, Meer, Licht und Felsen, die selbst durch Massen von Sommergästen nicht beeinträchtigt wird.

Ein Teil dieser Magie ist Salvador Dalí zu verdanken, der hier in seiner Jugend seine Ferien verbrachte und später für lange Zeit im nahe gelegenen Port Lligat lebte. Die leeren Mondlandschaften, merkwürdig geformten Felsen und kargen Küstenstriche, die in seinen Bildern auftauchen, entstammen nicht nur seiner fruchtbaren Fantasie.

STERNERESTAURANTS IN KATALONIEN

Früher war das **elBulli** eine schlichte Bar auf einem Felsen hoch über dem kahlen Mittelmeerstrand Cala Montjoi und nur über einen staubigen Pfad von Roses 6 km weiter westlich zu erreichen. Inzwischen hat es zahlreiche Auszeichnungen bekommen, darunter drei Michelin-Sterne, und rekordartige fünf Mal den Titel „Bestes Restaurant der Welt" gewonnen. Dank des Starkochs Ferran Adrià zählt es heute zu den international begehrtesten Lokalen. Es ist so legendär, dass innerhalb eines Tages bereits alle Plätze für das folgende Jahr vergeben waren und ganze zwei Millionen Menschen bereit sind, pro Person 200 bis 300 € zu bezahlen, um einen der 8000 Plätze zu bekommen, die jedes Jahr zur Verfügung stehen. Aber zum Schrecken der Gastronomieszene und zweifellos auch zur großen Erleichterung vieler Küchenchefs, die es auf Adriàs Krone abgesehen haben, kündigte der Starkoch 2010 an, er wolle sein Restaurant zwei Jahre lang schließen, um experimentieren zu können. 14 Tage später hieß es dann, das elBulli schließe für immer, da der Laden pro Jahr ganze 500 000 € Verlust mache. Adrià will seine Bemühungen nun auf eine Akademie für avantgardistische Küche konzentrieren.

Potenzielle elBulli-Kunden müssen sich trotzdem nicht sorgen. Katalonien hat drei weitere Restaurants mit drei Michelin-Sternen (in ganz Spanien gibt's nur sechs außer dem elBulli; die übrigen befinden sich im Baskenland).

Das **Can Fabes** (☎93 867 28 51; www.canfabes.com; Carrer de Sant Joan 6, Sant Celoni; Menüs ab 160 €; ⊙Mi–Sa, So Mittagessen, Jan. geschl.) zieht seit Langem Feinschmecker aus dem 53 km entfernten Barcelona an. Küchenchef Santi Santamaria – der erste katalanische Koch, der jemals mit drei Michelin-Sternen ausgezeichnet wurde – stammt aus der Gegend und ist seit 1981 im Geschäft. Gerichte aus regionalen Produkten bilden die Grundlagen seiner Kreationen.

25 km östlich an der Küste in Sant Pol de Mar lockt das **Sant Pau** (☎93 760 06 62; www.ruscalleda.com; Carrer Nou 10; Menüs 144 €; ⊙Di–Mi, Fr & Sa Mittag- & Abendessen, Do Abendessen, von Mai–Nov. überwiegend geschl.), ein schön hergerichtetes Landhaus mit Gärten und einem Blick auf das Mittelmeer. Hier hat Carme Ruscalleda das Sagen.

Neu in der kulinarischen Szene ist **El Celler de Can Roca** (☎972 22 21 57; www.cellercanroca.com; Carrer Can Sunyer 48, Girona; Menüs 95–145 €; ⊙Di–Sa), das 2010 seinen dritten Michelin-Stern bekam. In einer modernisierten *masia* (Landhaus) bietet es kreative und ständig neue mediterrane Gerichte. Es liegt 2 km westlich von Girona und ist nicht ganz leicht zu finden.

Sie sind überall um Cadaqués herum zu finden, eine Gegend, die Dalí als „grandioses geologisches Delirium" bezeichnete.

Das Land ist trockener als weiter im Süden und seine Kargheit setzt sich bis zum spektakulären Cap de Creus 8 km nordöstlich von Cadaqués fort, ein Gebiet von fast surrealer Schönheit.

Dank Dalí und anderer Stars zog Cadaqués jahrzehntelang prominente Gäste an. Ein Besuch des Dichters Paul Éluard und seiner russischen Frau Gala 1929 löste im Leben des Künstlers ein Erdbeben aus: Dalí brannte mit Gala (seine Muse und spätere Ehefrau) nach Paris durch und schloss sich der Surrealismusbewegung an. In den 1950er-Jahren lockte der Ort eher den Jetset an, darunter Walt Disney, der Herzog von Windsor und der griechische Reeder Stavros Niarchos. In den 1970er-Jahren schauten Mick Jagger und Gabriel García Márquez vorbei. Heutzutage sind die Besucher weniger berühmt und bestehen überwiegend aus Tagesausflüglern aus Frankreich. Doch der Zauber von Cadaqués bleibt.

Sehenswertes

Strände STRÄNDE

Cadaqués' Hauptstrand und einige andere Strände in der Umgebung sind klein und eher steinig als sandig, aber trotzdem sehr malerisch. Außerdem ist das Wasser herrlich blau. Das Ferienhaus von Dalís Eltern befindet sich an der Platja Llané südlich des Stadtzentrums. Davor steht eine Statue von Josep Subirachs, die an Federico García Lorca und seinen Besuch in den 1920er-Jahren erinnert. An allen Stränden dieser Gegend weht ein scharfer Wind, sodass hier selbst im Sommer nur die ganz Abgehärteten baden.

Port Lligat & Casa Museu Dalí MUSEUM

Port Lligat befindet sich einen 1,25 km langen Fußmarsch von Cadaqués entfernt und ist ein kleines Dorf an einer weiteren wunderschönen Bucht mit Fischerbooten am Strand. Die **Casa Museu Dalí** (972 25 10 15; www.salvador-dali.org; Port Lligat; Erw./Kind 10 €/frei; nur nach Voranmeldung), eine ehemalige Fischerhütte, wurde von Dalí ständig umgebaut und vergrößert. Mit einer Unterbrechung von zwölf Jahren, die er wegen des Spanischen Bürgerkriegs im Ausland verbrachte, lebte der Künstler hier von 1930 bis 1982. Heute bietet das am Westende des Strandes gelegene Haus einen faszinierenden Einblick in Dalís Lebens- und Liebesgeschichte. Man erkennt es leicht an den vielen kleinen weißen Schornsteinen und zwei eiförmigen Türmen. Für eine Besichtigung muss man sich vorher anmelden.

Cap de Creus KAP

Der östlichste Punkt des spanischen Festlands ist von grandioser wilder, windgepeitschter Schönheit. Fast könnte man meinen, man sei durch eine Falltür gestürzt und in den schottischen Highlands oder auf einem norwegischen Hochplateau gelandet. Bei Sonnenauf- oder -untergang wartet die steile, buchtenreiche Felsküste mit türkisfarbenem Wasser auf. Auf der Spitze des Kaps befinden sich ein Leuchtturm und ein **Restaurant** (972 19 90 05; Gerichte 14–18 €; täglich), in dem man nicht nur so ziemlich alle Arten hausgemachter indischer Currys bekommt, sondern auch Käsekuchen bestellen kann. Außerdem gibt's ein paar Gästezimmer, die im Sommer oft schon Monate vorher ausgebucht sind.

Die Stadt ALTSTADT

Cadaqués eignet sich wunderbar zum Umherstreifen, sei es im Ort selbst oder an der Küste entlang. Im Zentrum der Altstadt mit ihren engen und steilen Straßen stößt man auf die **Església de Santa Maria** aus dem 16. und 17. Jh. mit einem vergoldeten barocken *retablo* (Altaraufsatz). Es macht viel Spaß, unweit der Küstenlinie durch die hügeligen kleinen Gassen zu schlendern, die nur Fußgänger zugänglich sind.

Museu de Cadaqués MUSEUM

(Carrer de Narcís Monturiol 15; Mo–Sa 10–13.30 & 16–19 Uhr) Bei Redaktionsschluss war das Museum wegen seiner Renovierung geschlossen. Sobald es wiedereröffnet, werden die Werke Dalís wahrscheinlich wieder einen Schwerpunkt der Ausstellung bilden.

Aktivitäten

Es gibt zahlreiche Möglichkeiten für Wandertouren: zwischen Cadaqués und Port Lligat am Kap entlang, von der Cadaqués-Bucht südwärts zum Far de Cala Nans (Leuchtturm) oder über die Hügel südlich von Cadaqués zur Küste östlich von Roses.

Tauchen TAUCHEN

Klares Wasser und eine felsige, zerklüftete Küste machen Cadaqués zu einem großartigen Tauchrevier. Das **Diving Centre Cadaqués** (652 31 77 97; www.divingcadaques.com; Carrer de la Miranda 8) bietet Anfängern und erfahrenen Tauchern die Möglichkeit zum Abtauchen. Eine Ausrüstung kann man ab 45 € leihen und Tauchkurse kosten mindestens 270 €.

Schlafen

Bis auf zwei Ausnahmen sind die Unterkünfte in Cadaqués überteuert, außerdem verhält sich das Personal oft nicht gerade serviceorientiert.

LP TIPP **Hostal Vehí** PENSION €€

(972 25 84 70; www.hostalvehi.com; Carrer de l'Església 5; EZ/DZ ohne Bad 30/55 €, DZ mit Bad 77 €;) Im Juli und August ist die einfache, aber ansprechende Pension mit sauberen Zimmern nahe der Altstadtkirche meist ausgebucht. Es handelt sich um Cadaqués' preiswerteste und sicherlich auch beste Unterkunft. Der einzige Nachteil, den wir feststellen konnten: Mit viel Gepäck ist sie nur mühsam zu erreichen. Frühstück kostet 6 € extra.

L'Hostalet de Cadaqués HOTEL €€

(972 25 82 06; www.hostaletcadaques.com; Carrer Miquel Rosset 13; DZ 65 €;) Die Zimmer in diesem neuen Hotel sind klein, aber außergewöhnlich gut gepflegt. An den Wänden hängen Bilder verschiedener Badestrände, die man von hier aus schnell erreicht. Wegen der benachbarten Bars kann es etwas laut werden.

Hotel Llané Petit HOTEL €€€

(972 25 10 20; www.llanepetit.com; Carrer del Dr Bartomeus 37; DZ mit/ohne Meerblick 158/124 €; P) Mit seinen 35 Zimmern ist dieses vierstöckige Haus an einem winzigen gepflasterten Strand eigentlich gar nicht so *petit*. Alle Räume haben große Balkone,

KATALONIEN CADAQUÉS & UMGEBUNG

kommen aber sehr schlicht und etwas altmodisch daher.

Essen

Am Meeresufer stößt man auf zahlreiche Restaurants mit einem recht guten, aber überteuerten Angebot, die sich nicht groß voneinander unterscheiden. Die beiden folgenden Lokale überzeugen jedoch mit einem besonders guten Preis-Leistungs-Verhältnis.

Bar Lo Sai Si No Fos MEERESFRÜCHTE, PASTA €
(Plaça Dr Trempois 8; Gerichte 5–12 €) Das in einem kellerartigen Raum gelegene, idyllische, blau-weiß gestaltete Restaurant punktet mit großen Portionen Garnelen in Knoblauch für 11 €, köstlichen Kabeljaufrikadellen, vielen gesunden Salaten und einigen leckeren Pasta-Gerichten.

Casa Nun MEERESFRÜCHTE, VEGETARISCHE KÜCHE €
(☎972 25 88 56; Plaça del Port Ditxos 6; Gerichte 14–18 €) Oben befindet sich ein reizender Speiseraum und unten stehen ein paar Straßentische mit Blick auf den Hafen. Alles wird mit viel Liebe zubereitet und – wie zu erwarten – gibt's vor allem Meeresfrüchte, aber auch ein paar vegetarische Gerichte.

Ausgehen & Unterhaltung

Am Carrer Miquel Rosset reiht sich eine Kneipe an die nächste. In warmen Sommernächten ist in der Straße kaum ein Durchkommen.

L'Hostal BAR
(Passeig; ⌚April–Okt. So–Do 10–17, Fr & Sa 10–18 Uhr) An vielen Abenden gibt's in dem alteingesessenen Lokal am Strandboulevard ab Mitternacht Livemusik. In den 1970er-Jahren bezeichnete ein aufgedrehter Dalí die Bar eines Nachts sogar als *lugar más bonito del mundo* (schönster Ort der Welt). Innen hängen Fotos von dem Künstler sowie von zahlreichen anderen Berühmtheiten aus vergangenen Zeiten.

Café de la Habana LIVEMUSIK
(Carrer de Dr Bartomeus, Punta d'en Pampa; ⌚Ostern–Okt. tgl. 21–2.30 Uhr, Nov.–Ostern Fr–So 21–2.30 Uhr) 1 km südlich der Ortsmitte kann es im Zentrum des hiesigen Nachtlebens bei Latinomusik, Kunstausstellungen, coolen Cocktails und zahlreichen karibischen Rumsorten ganz schön hoch hergehen. In den meisten Sommernächten wird ab 23 Uhr Livemusik geboten. Kein Zutritt unter 18 Jahren.

Praktische Informationen

Centre de Salut (☎972 25 88 07; Carrer Nou 6–10)

Policía Local (☎972 15 93 43; Carrer de Carles Rahola 9) Außerhalb des Zentrums in der Nähe der Straße nach Port Lligat.

Touristeninformation (☎972 25 83 15; Carrer del Cotxe 2; ⌚Juni–Mitte Sept. Mo–Sa 9–21, So 10–13 & 17–20 Uhr, restliches Jahr kürzer)

An- & Weiterreise

Sarfa-Busse pendeln zweimal täglich (Juli–Aug. bis zu 5-mal) zwischen Cadaqués und Barcelona (21,35 €, 2¾ Std.). Außerdem gibt's im Sommer jeden Tag sieben und im Winter drei Busverbindungen von/nach Figueres (4,80 €, 1 Std.) via Castelló d'Empúries.

Von Cadaqués zur französischen Grenze

Wer nach Frankreich weiterreist, passiert die netten kleinen Ferien- und Fischerorte **El Port de la Selva** und **Llançà.** Ersteres liegt im Schutz mächtiger Berge und auf dem Wasser schaukeln viele Yachten, Letzteres wartet mit zahlreichen Stränden und einem Küstenweg auf. Zudem verfügen beide Dörfer über eine Reihe von Unterkünften. **Portbou** an der französischen Grenze ist dagegen weniger reizvoll. Von El Port de la Selva bietet sich eine Wanderung hoch oben an der schroffen Küste an. Der an manchen Stellen schwierig zu bewältigende Pfad führt zum Cap de Creus.

Monestir de Sant Pere de Rodes KLOSTER
(Erw./unter 7 J. 3,60 €/frei, Di frei; ⌚Juni–Sept. Di–So 10–20 Uhr, Okt.–Mai Di–So 10–17.30 Uhr) Wer einen weiten Panoramablick auf das tiefblaue Mittelmeer und die (manchmal) schneebedeckten Gipfel der nahen Pyrenäen verbunden mit spektakulärer romanischer Architektur genießen will, sollte das Monestir de Sant Pere de Rodes in 500 m Höhe südwestlich von El Port de la Selva ansteuern. Einst war das im 8. Jh. errichtete Bauwerk das mächtigste Kloster zwischen Figueres und dem französischen Perpignan. Seine prachtvolle dreischiffige Basilika mit Tonnengewölbe wird von dem eckigen Glockenturm Torre de Sant Miquel und einem zweistöckigen Kreuzgang flankiert.

An- & Weiterreise

Das Kloster befindet sich an einer Nebenstraße in den Hügeln zwischen Vilajuïga (8 km westlich)

AUF NACH FRANKREICH?

Wer von hier aus weiter nach Frankreich reist und sich über die benachbarte Region informieren möchte, kann sich den deutschsprachigen Lonely Planet *Languedoc-Roussillon* zulegen.

und El Port de la Selva (5 km nordöstlich). Beide Orte werden mindestens einmal täglich von Sarfa-Bussen aus Figueres angesteuert, zum Kloster besteht jedoch keine Busverbindung. Vilajuïga liegt zudem an der Bahnstrecke zwischen Figueres und Portbou.

Figueres

43 330 EW.

Figueres (auf Kastilisch Figueras), etwa 12 km vom Golf de Roses landeinwärts gelegen, ist eine Stadt mit einer einzigartigen Attraktion: dem Theatre-Museu Dalí, das der Künstler während der 1960er- und 1970er-Jahren in seiner Heimatstadt errichten ließ. Was immer man von Salvador Dalí auch halten mag, diese Sehenswürdigkeit ist einfach jeden Cent und jede Minute wert.

Sehenswertes

Teatre-Museu Dalí MUSEUM

(www.salvador-dali.org; Plaça de Gala i Salvador Dalí 5; Eintritt inkl. Dalí Joies & Museu de l'Empordà Erw./unter 9 J. 11 €/frei; Juli–Sept. 9–20 Uhr, März–Juni & Okt. 9.30–18 Uhr, restliches Jahr kürzer, Okt.–Juni Mo geschl.) Ein lila-pinkfarbenes Gebäude mit riesigen gekochten Eiern und stilisierten Oscar-Statuen auf dem Dach? Inmitten einer wenig eleganten Provinzstadt? Das kann nur eines bedeuten: Salvador Dalí hatte seine Finger im Spiel!

Der Künstler wurde 1904 in Figueres geboren. Zwar führte ihn seine Karriere nach Madrid, Barcelona, Paris und in die USA, doch er blieb seinen Wurzeln treu und verbrachte über die Hälfte seines Erwachsenenlebens in Port Lligat an der Küste östlich von Figueres. Von 1961 bis 1974 wandelte Dalí Figueres' Stadttheater, das 1939 am Ende des Bürgerkriegs niedergebrannt war, in das Teatre-Museu Dalí um. „Theatermuseum" ist eine treffende Bezeichnung für den multidimensionalen Trip durch das Werk eines der produktivsten (und exzentrischsten) Fantasten des 20. Jhs. Es steckt voller Überraschungen, Tricks und Illusionen und birgt einen beträchtlichen Teil von Dalís Lebenswerk. Die Überraschungen außerhalb des Gebäudes reichen von einer Sammlung bizarrer Skulpturen vor dem Eingang an der Plaça de Gala i Salvador Dalí bis zur rosafarbenen Mauer in der Pujada del Castell mit charakteristischen eiförmigen Gebilden, „Turnerinnen"-Skulpturen und Gebilden, die wie Brotlaibe aussehen. Im 1983 hinzugefügten Torre Galatea verbrachte der Surrealist seine letzten Lebensjahre.

Das Erdgeschoss umfasst auch einen halbkreisförmigen Garten, der einst als Zuschauerraum des Theaters diente. Im Zentrum befindet sich ein Objekt namens **Taxi Plujós** (Regentaxi), eine Komposition aus einem alten Cadillac, der Al Capone gehört haben soll, und einem Stapel Traktorreifen. Darauf wurden Statuen und ein Fischerboot platziert. Eine Münze im Geldschlitz setzt den „Regen" in Gang und Wasser überspült das Innere des Autos. In der **Sala de Peixateries** (Fischladensaal) hängen Gemälde von Dalí, u. a. das berühmte *Autoretrat Tou amb Tall de Bacon Fregit* („Weiches Selbstporträt mit gebratenem Speck") und *Retrat de Picasso* („Porträt von Picasso"). Unter der einstigen Theaterbühne liegt die Krypta mit Dalís schlichtem Grab.

Wäre ein Beweis für Dalís herausragenden Sinn für das Groteske nötig, dann fiele die Wahl auf *Gala Mirando el Mar Mediterráneo* (Gala betrachtet das Mittelmeer) im ersten Stock. Mit der Hilfe eines münzbetriebenen Bildsuchers erscheint das Werk vom anderen Ende des Saals aus als Porträt von Abraham Lincoln.

Im August hat das Museum auch spätabends geöffnet (22–1 Uhr, Eintritt 12 €). Weil nur 500 Besucher eingelassen werden, sollte man vorher reservieren! Ein Glas *cava* (Schaumwein) gibt's umsonst dazu.

Dalí Joies

Ein gesonderter Eingang (gleiche Eintrittskarte und Öffnungszeiten) führt zur Owen-Cheatham-Sammlung mit 37 Schmuckstücken, den **Dalí Joies**. Auch die Entwürfe sind ausgestellt. Dalí zeichnete sie auf Papier (seinen ersten Auftrag erhielt er 1941) und Spezialisten in New York stellten den Schmuck her. Jedes Stück, vom befremdlichen *Ull del Temps* (Auge der Zeit) bis zum *Cor Reial* (Königliches Herz) ist ein Unikat.

Museu de l'Empordà MUSEUM

(www.museuemporda.org; La Rambla 2; Erw./Kind 2 €/frei; Mai–Okt. Di–Sa 11–20, So & Feiertage 11–14 Uhr, restliches Jahr kürzer) Das Museum präsentiert griechische, römische und mittelalterliche Fundstücke, eine beachtliche katalanische Kunstsammlung und ein paar Leihgaben aus dem Prado in Madrid. Mit der Eintrittskarte zum Teatre-Museu Dalí kommt man kostenlos hinein.

Museu del Joguet MUSEUM
(www.mjc.cat; Carrer de Sant Pere 1; Erw./Kind 5 €/frei; ⌚Juni–Sept. Mo–Sa 10–19, So 11–18 Uhr, restliches Jahr kürzer) In Spaniens einzigem Spielzeugmuseum kann man mehr als 3500 katalanische und valencianische Spielsachen der Prä-Barbie-Zeit aus dem 19. und 20. Jh. bewundern, darunter z. B. eine Groucho-Marx-Puppe.

Castell de Sant Ferran BURG
(www.lesfortalesescatalanes.info, auf Spanisch; Eintritt 5,50 €; ⌚Ostern & Juli–Mitte Sept. 10.30–20 Uhr, Mitte Sept.–Juni 10.30–15 Uhr) Europas größte Festung erstreckt sich auf einer Anhöhe 1 km nordwestlich des Zentrums. Seit ihrem Bau 1750 fanden dort nie Kampfhandlungen statt. Nach der Aufgabe Barcelonas gegen Ende des Bürgerkriegs hielt Spaniens republikanische Regierung ihr letztes Treffen am 1. Februar 1939 im Verlies der Burg ab. Für die Besichtigung der Innenräume und des Turms muss man 5,50 € zahlen, aber ein Spaziergang auf dem Gelände ist kostenlos.

Museu de la Tècnica de l'Empordà MUSEUM
(www.mte.cat; Carrer dels Fossos 12; Erw./unter 10 J. 3 €/frei; ⌚Di–Fr 10–19, So & Feiertage 10–13 & 16–19 Uhr) Das technische Museum zeigt alte mechanische Meisterwerke wie Schreibmaschinen, Uhren, Heizgeräte, Registrierkassen und Nähmaschinen.

Schlafen & Essen

Viele Traveller unternehmen von der Küste aus einen Tagesausflug nach Figueres. Wir empfehlen dasselbe, es sei denn, man ist ein extremer Dalí-Fan und möchte die Stadt erkunden, um mehr über den Geburtsort des Künstlers zu erfahren. Es gibt etwa ein Dutzend gesichtslose, aber günstige Unterkünfte und mehrere nette Restaurants – diejenigen in unmittelbarer Nähe des Teatre-Museu Dalí sind allerdings Touristenfallen.

Mas Pau BOUTIQUE-HOTEL €€
(☎972 54 61 54; www.maspau.com; Avinyonet de Puigventós; EZ/DZ 88/110 €; P❄📶) 4 km westlich von Figueres liegt an der Straße nach Besalú ein schönes kleines Landhotel-Restaurant in einer Stein-*masia* aus dem 16. Jh. Inmitten eines ruhigen Gartens serviert das renommierte Lokal mit Michelin-Stern (Mahlzeiten 60–85 €; Mi–Sa geöffnet, So nur Mittagessen, Abendessen nur im Sommer) stilvolle traditionelle Gerichte aus lokalen Produkten.

Hotel Durán HOTEL €€
(☎972 50 12 50; www.hotelduran.com; Carrer de Lasauca 5; DZ ab 79 €; P❄📶) Das Mitte des 19. Jhs. eröffnete Hotel ist in einem Gebäude aus dem 17. Jh. untergebracht und bietet komfortable renovierte Zimmer mit modernen dekorativen Elementen in Weiß sowie in Beige- und Brauntönen, Satelliten-TV und einem Fön. Der Speisesaal des zugehörigen Restaurants sieht aus wie ein königlicher Bankettsaal und die Stühle scheinen dem Roman *Alice im Wunderland* entsprungen zu sein, was das Mittagsmenü für 18 € noch lohnenswerter macht.

Praktische Informationen

Krankenhaus (☎972 50 14 00; Ronda del Rector Aroles)

Policía Nacional (Carrer de Pep Ventura 8)

Touristeninformation (☎972 50 31 55; www.figueresciutat.com, auf Katalanisch; Plaça del Sol; ⌚ Juli–Sept. Mo–Sa 9–20, So 10–14 Uhr,

DALÍ-FANS IM ANSTURM

Das Teatre-Museu Dalí ist eines der bestbesuchten Museen Spaniens. Oft muss man über eine Stunde warten, bis man hineinkommt, und an lebhaften Tagen ist es nahezu unmöglich, einen Blick auf die Kunstwerke zu erhaschen. Wir haben von Leuten gehört, die lange gewartet haben, aber sofort nach ihrem Einlass wieder gingen, weil ihnen die Besuchermassen in den engen Gängen Angst machten. Frühjahr und Frühsommer sind die schlimmsten Zeiten für einen Besuch. In der Hauptsaison haben Gruppen keinen Zugang, damit die Touristenströme überhaupt gehandhabt werden können. Wer die Ausstellung in Ruhe betrachten will, sollte im Winter herkommen.

Der Zugang mit Rollstühlen ist auf den zentralen Innenhof, den Schatzraum und das Erdgeschoss beschränkt.

restliches Jahr kürzer) Die Öffnungszeiten sind nicht immer verlässlich.

An- & Weiterreise

Sarfa-Busse verkehren zehn- bis zwanzigmal täglich nach Castelló d'Empúries (1,40 €) und bis zu achtmal nach Cadaqués (4,80 €, 1 Std.).

Von Figueres fahren regelmäßig Züge nach Girona (3,90 €, 30 Min.), Barcelona (ab 9,40 €, 1¾ Std.) und Portbou (2–2,30 €, 25 Min.) an der französischen Grenze.

Rund um Figueres

Nur wenige Kilometer außerhalb von Figueres erstreckt sich eine bezaubernde Landschaft. Um sie zu erkunden, folgt man am besten der C252 nordöstlich der Stadt.

In **Vilabertran**, etwa 2,5 km von Figueres, befindet sich ein ehemaliges **Augustinerkloster** (Carrer de l'Abadia 4; Eintritt 2,40 €, Di frei; ⌚ Juni–Sept. Di–So 10–13 & 15–18.30 Uhr, restliches Jahr bis 17.30 Uhr) mit einer außergewöhnlichen dreischiffigen romanischen Kirche aus dem 11. Jh. und einem lombardischen Glockenturm. In dem herrlichen Kreuzgang wird jedes Jahr ein klassisches Konzert gegeben (www.schubertiadavilabertran.cat).

Das im 16. Jh. errichtete **Castell-Palau dels Rocabertí** etwa 5 km weiter im hübschen **Peralada** zieht ebenfalls viele Touristen an. Mit ihren Rundtürmen hat die Burg etwas Französisches. Sie beherbergt ein Restaurant und ein Kasino. Wer hier weder essen noch spielen will, kann das *castell* alternativ zu einem der Klassikkonzerte während des jährlichen **Festival del Castell de Peralada** (www.festivalperalada.com; Carrer del Castell; ⌚Juli–Aug.) im Sommer besuchen.

Besalú

2361 EW.

Besalús hoher, gebogener **Pont Fortificat** (Befestigte Brücke) aus dem 11. Jh. führt über den Río Fluvià. Mit seinen beiden Tortürmen sieht er aus wie eine wahrgewordene Fantasie von Tolkien. Auch der Rest des gut erhaltenen mittelalterlichen Ortes ist reizvoll. Im 10. und 11. Jh. war er die Hauptstadt einer unabhängigen Grafschaft, die sich bis nach Cerdanya im Westen ausbreitete, bevor sie 1111 unter Barcelonas Vorherrschaft geriet. Die Brücke steht im Mittelpunkt des in viele Sprachen übersetzten Bestsellers *El Pont dels Jueus* (Die Brücke der Juden) des hier beheimateten Martí Gironell.

Sehenswertes

Micromundi MUSEUM

(www.museuminiaturesbesalu.com; Plaça Prat de Sant Pere 15; Erw./Kind 3,90/2,90 €; ⌚März–Sept. Mo–Sa 10–19 Uhr, restliches Jahr kürzer) In diesem wunderbar kuriosen Museum sieht man durch Mikroskope und Vergrößerungsgläser auf Exponate wie eine detaillierte Miniaturdarstellung von Pinocchio und Gepettos Arbeitsstätte (in einer Pistazie) oder einen Nachbau des Pariser Eifelturms, der Hunderttausende Male kleiner ist als das Original.

Geführte Touren

Die Touristeninformation bietet Führungen zum **Mikwe** an, einem jüdischen Ritualbad am Fluss aus dem 12. Jh. 2005 wurden dort bei Ausgrabungen Überreste einer alten **Synagoge** freigelegt (Rundgänge für mindestens 2 Pers. kosten 11,85 €, buchbar über die Touristeninformation). Außerdem gibt's Führungen zu der Brücke und der romanischen **Església de Sant Vicenç**. Kirche und Mikwe sind ansonsten geschlossen. Ansehen sollte man sich auch die romanische Kirche des **Monestir de Sant Pere** mit einem ungewöhnlichen Wandelgang hinter dem Altar und die romanische **Casa Cornellà** aus dem 12. Jh.

Schlafen & Essen

Besalú hat ein paar preiswerte *pensiones*.

Els Jardins de la Martana BOUTIQUE-HOTEL €€

(☎972 59 00 09; www.lamartana.com; Carrer del Pont 2; EZ/DZ 79/109 €; P ❄ 📶) Die reizende Villa am stadtauswärts gelegenen Ende der prachtvollen alten Brücke hat gut ausgestattete Zimmer mit gefliesten Böden, hohen Decken, eleganten Vorhängen und Balkonen, oft mit Blick auf die Brücke. Außerdem gibt's gemütliche Wohnzimmer und geruhsame Gartenterrassen.

Pont Vell KATALANISCH €€

(☎972 59 10 27; Pont Vell 26; Mahlzeiten 25–30 €; ⌚Mi–So Mittag- & Abendessen, Mo Mittagessen, Ende Dez.–Ende Jan. & 1. Juliwoche geschl.) Schon die herrliche Aussicht auf die alte Brücke (nach der das Restaurant benannt ist) bietet einen guten Grund, um hier einzukehren. Und wenn man dann noch die umfangreiche, von Michelin ausgezeichnete Speisekarte auf der Grundlage lokaler

Produkte sieht, kommt man an diesem Lokal nicht mehr vorbei.

Praktische Informationen

Touristeninformation (☎972 59 12 40; www.besalu.cat; Plaça de la Llibertat 1; ⊙10–14 & 16–19 Uhr, in der 1. Januarwoche geschl.) Am Hauptplatz mit den Arkaden.

An- & Weiterreise

Die N260 von Figueres nach Olot trifft in Besalú auf die C66 aus Girona. Informationen zu den Teisa-Buslinien nach Besalú findet man in den Beschreibungen über Girona (S. 331) und Olot (S. 343).

DIE PYRENÄEN

In den Pyrenäen gibt's unbeschreiblich schöne Berge und Täler. Im Nordwesten erstreckt sich der herrliche Parc Nacional d'Aigüestortes i Estany de Sant Maurici mit hübschen Seen und spektakulären Gipfeln, außerdem können erfahrene Wanderer den höchsten Berg der Region, die Pica d'Estats (3143 m), erklimmen und den Panoramablick auf Frankreich und Spanien genießen.

Abgesehen von der malerischen Umgebung und Outdoor-Aktivitäten wie Wandern und Skifahren bieten die katalanischen Pyrenäen und ihre Ausläufer mit ihren entlegenen romanischen Kirchen und Klöstern auch ein reiches kulturelles Erbe. Die Gebäude stammen zumeist aus dem 11. und 12. Jh., einer Zeit des Wohlstands und der Zuversicht in der Region, nachdem Katalonien 988 die Verbindung zu Frankreich abgebrochen hatte und die muslimische Bedrohung aus dem Süden verblasst war.

Übernachtungsmöglichkeiten bieten *cases rurales* oder *cases de pagès*, häufig alte Dorfhäuser, wie sie überall in den Pyrenäen zu finden sind. Viele werden in der von der Generalitat (regionale katalanische Regierung) jährlich herausgegebenen Broschüre *Guia d'Establiments de Turisme Rural* genannt.

Olot

32 300 EW. / 443 M

Die Berge rund um Olot wirken eher wie Hügel, sind aber durchaus schön: Es handelt sich um die schlafenden Vulkane des Parc Natural de la Zona Volcànica de la Garrotxa. Zum letzten Ausbruch kam es vor 11 500 Jahren.

Sehenswertes

Museen MUSEEN

(Erw./Kind 3 €/frei; ⊙Juli–Sept. Mo–Sa 11–14 & 16–19, So & Feiertage 11–14 Uhr, restliches Jahr kürzer) Das **Museu Comarcal de la Garrotxa** (Carrer de l'Hospici 8) befindet sich im selben Gebäude wie die Touristeninformation. Es dokumentiert Olots Entwicklung als frühes Textilzentrum und stellt eine Sammlung lokaler Kunstwerke des 19. Jhs. aus. Im hübschen **Jardí Botànic**, einem botanischen Garten mit einheimischer Flora und Fauna, ist das interessante **Museu dels Volcans** untergebracht, das die hiesige Pflanzen- und Tierwelt sowie Vulkane und Erdbeben erläutert. Vier **Vulkane** halten am Rand des Orts Wache. Wer mehr über sie erfahren möchte, kann sich die beiden Krater **Volcà Montsacopa** 500 m nördlich des Zentrums und **Volcà La Garrinada** 1 km nordöstlich davon ansehen.

Für diese beiden und weitere Museen in Olot gibt's auch Kombitickets.

Schlafen & Essen

Um die Plaça Major verteilen sich mehrere einfache Lokale, doch die besten Restaurants liegen außerhalb des Stadtzentrums.

LP TIPP **Can Blanc** CASA RURAL €€

(☎972 27 60 20; www.canblanc.es, auf Spanisch; Paratges de la Deu; EZ/DZ inkl. Frühstück 61/100 €; P❄📶≋) Welten entfernt vom städtischen Trubel besetzt dieses Haus die Lücke zwischen Hotel und *casa rural*. Es ist von einem Park umgeben und liegt am südwestlichen Ende von Olot. Gäste haben die Wahl zwischen Zimmern in klassisch schönen und sich beißenden Farben. Pluspunkte gibt's für den angenehmen Garten mit Pool (an heißen Sommertagen) und das leckere Frühstück. Zum Zentrum sind es 15 Gehminuten. Falls man sich durchfragen muss: Viele Leute kennen eher das benachbarte Restaurant La Deu.

Torre Malagrida HOSTEL €

(☎972 26 42 00; Passeig de Barcelona 15; B Studenten & unter 26 J./über 26 J. 18/22 €; ⊙im Aug. geschl.) Dieses Hostel ist in einem ungewöhnlichen, Anfang des 20. Jhs. errichteten modernistischen Gebäudes mit schönen Gartenanlagen untergebracht. Die Schlafsäle sind einfach, außerdem kann man hier etwas zu essen kaufen und es gibt einen Fahrradverleih.

Pensió La Vila HOTEL €

(☎972 26 98 07; www.pensiolavila.com; Carrer de Sant Roc 1; EZ/DZ 25/42 €; ❄📶) Komfortable Zimmer mit Satelliten-TV auf drei Etagen in einer zentral gelegenen unkomplizierten Pension mit Blick auf die Plaça Major.

Les Cols KATALANISCH €€€
(☎972 26 92 09; www.lescols.com; Carretera de la Canya; Mahlzeiten 35–45 €; ⏲Mi–Sa Mittag- & Abendessen, Di nur Mittagessen) 4 km nördlich von Olot stößt man auf eine über 100 Jahre alte ehemalige *masia* mit einem lässigen Restaurant. Innen präsentiert das Les Cols mit seinen Stahl- und Glaswänden den Schick des 21. Jhs. Die angebotenen Speisen gehen in Richtung Gourmet-Küche und bestehen aus einheimischen Produkten wie Huhn, Ente oder Wildschwein.

La Deu Restaurant KATALANISCH €
(☎972 26 10 04; Carretera la Deu; Menüs ab 10,84 €) Hervorragende Gerichte, die vor der hübschen Kulisse eines üppigen Parks serviert werden.

ℹ Praktische Informationen

Casal dels Volcans (☎972 26 62 02; Avinguda de Santa Coloma de Farners) Informiert über den Parc Natural de la Zona Volcànica de la Garrotxa und liegt im Jardí Botànic etwa 1 km südwestlich der Plaça de Clarà.

Patronat Municipal de Turisme (☎972 26 01 41; http://areadepromocio.olot.cat; Carrer del Hospici 8; ⏲Mitte Juli–Mitte Sept. Mo–Sa 10–20, So 10–14 Uhr, Mitte Sept.–Mitte Juli Mo–Sa 10–14 & 16–19, So 11–14 Uhr) In der Nähe des Busbahnhofs erfährt man alles Wissenswerte über den Naturpark.

ℹ An- & Weiterreise

Teisa-Busse (www.teisa-bus.com) fahren bis zu siebenmal täglich via Banyoles von/nach Barcelona (14,35 €, 2–2¾ Std.) und bis zu 15-mal täglich via Banyoles und Besalú (6,50 €, 1½ Std.) nach Girona. Die einfachste Strecke mit dem Auto ab Barcelona führt über die AP7 und die C63.

Parc Natural de la Zona Volcànica de la Garrotxa

Der Park erstreckt sich rund um Olot, aber der interessanteste Bereich liegt zwischen diesem Ort und dem Dorf Santa Pau etwa 10 km südöstlich.

Vor rund 350 000 Jahren begannen hier vulkanische Aktivitäten und vor 11 500 Jahren fand der bisher letzte Ausbruch statt (es war der Volcà del Croscat). Es gibt in der Gegend etwa 30 Vulkankegel, die bis zu 160 m hoch und 1,5 km breit sind. Zusammen mit der üppigen Vegetation, die dem fruchtbaren Boden und feuchten Klima zu verdanken ist, bilden sie eine Landschaft von ungewöhnlicher Schönheit. Zwischen den Wäldern und Feldern verteilen sich ein paar Dörfer und alte steinerne Bauernhäuser.

Die **Casal dels Volcans** in Olot dient als Hauptinformationsstelle über den Park, man kann aber auch das **Centre d'Informació Can Serra** ungefähr 4,5 km weiter an der GI524 Richtung Banyoles aufsuchen oder sich die Website www.turismegarrotxa.com (auf Spanisch und Englisch) ansehen.

Der alte Ortsteil von **Santa Pau** mit einem von Säulen gesäumten Platz, der romanischen Església de Santa Maria und einer öffentlich nicht zugänglichen Festung kauert auf einer Felsnase. Das Dorf ist sehr hübsch, aber auch sehr klein. Wer hier übernachten möchte, kann z. B. das gemütliche **Can Menció** (☎972 68 00 14; www.garrotxa.com/canmencio; Plaça Major 17; DZ 45 €) am Hauptplatz ansteuern, das mit einem guten Preis-Leistungs-Verhältnis aufwartet.

Castellfollit de la Roca liegt rund 8 km nordöstlich von Olot an der N260 und erstreckt sich auf einem Felsen, der aus mehreren Schichten erstarrter Lava besteht. Es ist am besten von der Straße nördlich des Dorfes zu sehen.

Mehrere gut markierte **Wanderwege** sind an einem Tag leicht zu bewältigen. In der Infostelle des Parks erfährt man mehr über die einzelnen Routen.

Gleich hinter der GI524 findet man ein paar nette Campingplätze in guter Lage. Wildes Zelten ist im Garrotxa-Bezirk, der vom Osten Besalús bis westlich von Olot und der französischen Grenze bis südlich von Sant Feliu de Pallerols reicht, nicht gestattet.

Ripoll

11 057 EW. / 691 M

Im mittelalterlichen Kern der ansonsten eher schäbigen Industriestadt Ripoll befindet sich eines der schönsten Werke romanischer Kunst in Spanien, das Monestir de Santa Maria.

Der Ort liegt 30 km westlich von Olot und kann mit einiger Berechtigung für sich beanspruchen, die Wiege Kataloniens zu sein. Im 9. Jh. war Ripoll der Stützpunkt des hiesigen Machthabers Guifré el Pilós

(Wilfried der Haarige), der mehrere Grafschaften der fränkischen Mark an der Südseite der Pyrenäen vereinigen konnte. Guifré wurde schließlich der erste Graf von Barcelona. Um die erneute Besiedlung der Bergtäler zu fördern, gründete er das mächtigste Kloster des mittelalterlichen Katalonien, das bereits erwähnte Monestir de Santa Maria.

Im Stadtzentrum gibt's zahlreiche einfache Restaurants, in denen man recht preiswerte, herzhafte katalanische Gerichte bekommt.

Sehenswertes

Monestir de Santa Maria KLOSTER

(Erw./Kind 3/1 € April–Sept. 10–13 & 15–19 Uhr, Okt.–März bis 18 Uhr) Das 879 gegründete Monestir de Santa Maria erlangte rasch Reichtum und Einfluss. Von der Mitte des 10. Jhs. bis zur Mitte des 11. Jhs. diente es als Kataloniens spirituelles und kulturelles Zentrum. Um 1100 wurde eine fünfschiffige Basilika errichtet, deren Steinportal zu den Höhepunkten romanischer Kunst zählt. 1885 war die Basilika nach zwei Feuerbrünsten nur noch eine Ruine. Später wurde sie in einer eher düsteren Imitation ihrer einstigen Pracht wiederaufgebaut. Das interessanteste Detail im Innenraum ist das restaurierte Grabmal von Guifré el Pilós.

Besucher können sich die Kirche mit ihrem prächtigen, von einer Glaswand geschützten **Portal** ganz in Ruhe ansehen. Ein Schaubild (auf Katalanisch beschriftet) erläutert den reichen Figurenschmuck, der aus einer mittelalterlichen Vision des Universums besteht, vom Schöpfergott in der Mitte oben bis zu den Szenen des alltäglichen Landlebens an den innersten Säulen.

Rechts vom Eingang geht's ein paar Stufen hinunter zum wunderschönen zweistöckigen **claustre** (Kreuzgang) aus dem 12. bis 15. Jh. ganz in der Nähe der Touristeninformation.

Schlafen

Hostal Paula HOTEL €

(972 70 00 11; www.elripolles.com/calapaula; Carrer dels Pirineus 6; EZ/DZ 26/45 €) Dieses freundliche Familienunternehmen ist kaum einen Steinwurf vom beeindruckenden Monestir de Santa Maria entfernt. Die schlichten Zimmer sind ziemlich günstig, aber ebenso wie der gesamte Ort nicht besonders spektakulär.

Praktische Informationen

Touristeninformation (972 70 23 51; www.elripolles.com, www.ajripoll.org, beide auf Spanisch; Plaça del Abat Oliba; Mo–Sa 9.30–13.30 & 16–19, So 10–14 Uhr) Unweit der Straße von Ribes de Freser nach Sant Joan de les Abadesses, die durch den Norden der Stadt verläuft. Das Monestir de Santa Maria befindet sich um die Ecke.

An- & Weiterreise

Zug- und Busbahnhof liegen fast nebeneinander am Carrer del Progrés 600 m südöstlich des Zentrums. Die Bahn bietet bessere Verbindungen: Jeden Tag fahren zwölf Züge von/nach Barcelona (6,50 €, ca. 2 Std.), bis zu sieben von/nach Ribes de Freser (1,60 €, 20 Min.) und sechs von/nach Puigcerdà (3,45 €, 1¼ Std.).

Rund um Ripoll

Kurz hinter Ripoll in nördlicher Richtung zweigt die GI401 in Campdevànol nach Westen ab, führt durch Gombrèn und dann weiter nach **La Pobla de Lillet**, das nur ein Stück unterhalb der Quelle des Llobregat (einer der größten Flüsse Kataloniens) liegt.

Das Dorf aus grauem Stein war ursprünglich ein römischer Vorposten, der sich zu einem bedeutenden Landwirtschaftszentrum der Region entwickelte. Die wunderschöne romanische Brücke aus dem 12. Jh. wird nach wie vor genutzt. Zudem ist der Ort bekannt für seine entzückenden, üppig blühenden **Jardins Artigas**, die sich am Fluss erstrecken und von niemand Geringerem als Antoni Gaudí angelegt wurden. Zum Übernachten bietet sich eine der drei einfachen *pensiones* an.

Von La Pobla de Lillet führt eine Straße in die Berge zur Quelle des Llobregat. 500 m weiter stößt man auf **Castellar de n'Hug** nicht weit vom Skiort La Molina (S. 349). Das Dorf wurde im 13. Jh. unter den Herren von Mataplana (aus Gombrèn) gegründet. Rund um die vielfach umgebaute romanische **Església de Santa Maria** breitet sich ein dichtes Gassengewirr aus. Der Blick vom Kirchenplatz reicht über ein Tal hinweg zu den kahlen Bergen im Norden.

Im Ort gibt's sechs *pensiones*, drei davon an der Plaça Major. Fast alle haben auch eine Bar mit Küchenservice.

Außer sonntags verkehrt täglich ein Bus von **Transports Mir** (www.autocarsmir.com) zwischen Ripoll und Bagà via Campdevànol, Gombrèn, Castellar de n'Hug und La Pobla de Lillet.

ZU FUSS DURCH DIE PYRENÄEN

Die Katalanischen Pyrenäen sind ein großartiges Wander- und Trekkinggebiet , in dem man abwechslungsreiche Spaziergänge ebenso wie ein- bis mehrtägige Ausflüge unternehmen kann. Wer in Dörfern oder *refugis* (Berghütten) übernachtet, braucht noch nicht einmal eine Campingausrüstung.

Vielen in diesem Kapitel genannte *refugis* werden von den Wandervereinen **Federació d'Entitats Excursionistes de Catalunya** (FEEC; www.feec.org, auf Spanisch) und **Centre Excursionista de Catalunya** (CEC; www.cec.cat, auf Spanisch) aus Barcelona betrieben. Eine Übernachtung kostet zwischen 12,50 und 18 €. In den *refugis* des FEEC darf gekocht werden, in denen des CEC nicht. Oft wird hier auch etwas zu essen (Mahlzeiten ca. 15–17 €) angeboten.

Der Fernwanderweg GR-11 verläuft von Küste zu Küste durch die gesamten Pyrenäen vom Cap de Creus an der Costa Brava nach Hondarribia am Golf von Biskaya. Der katalanische Abschnitt führt durch La Jonquera, Albanyà, Beget, Setcases, das Vall de Núria, Planoles, Puigcerdà, Andorra, südlich an der Pica d'Estats (3143 m) vorbei, dann zum Parc Nacional d'Aigüestortes i Estany de Sant Maurici und schließlich zur Südflanke des Val d'Aran und nach Aragonien.

Von Ende Juni bis Anfang Oktober ist Wandersaison in den Hochpyrenäen. Man sollte immer darauf vorbereitet sein, dass sich die Wetterbedingungen überall sehr schnell ändern können.

Tipps der Angestellten lokaler Touristeninformationen sowie der Parkwächter, *refugis* und anderen Wanderer sind unbezahlbar, außerdem sollte man nicht auf Wanderkarten verzichten. Der Lonely Planet *Hiking in Spain* enthält zahlreiche Routen in den Katalanischen Pyrenäen.

Kletterer haben ebenfalls viele **Möglichkeiten**. Pedraforca in der Serra del Cadí wartet z. B. mit einigen herausfordernden Wänden auf.

Mehr zum Thema Wandern in Spanien siehe S. 35.

Vall Alto del Ter

Der obere Teil des Riu-Ter-Tals erstreckt sich nordöstlich von Ripoll bis zu den hübschen Orten Sant Joan de les Abadesses und Camprodon und nordwestlich bis zum einfachen **Vallter-2000-Skizentrum** (www.vallter2000.com; Tagesliftkarte 31 €) in 2150 m Höhe an der französischen Grenze. Es gibt 13 Pisten aller Schwierigkeitsgrade, neun Lifte und eine Skischule, aber Schnee ist nicht immer gewährleistet (meistens ist er künstlich). Diese Gegend eignet sich eher für eine Übernachtung als Ripoll. Von den Bergen führen einige hervorragende Wanderwege in das Vall de Núria, die z. B. in *Puigmal* von Editorial Alpina beschrieben sind.

Die C38 verlässt das Ter-Tal in Camprodon und windet sich über den 1513 m hohen Collado d'Ares nach Frankreich.

SANT JOAN DE LES ABADESSES

3590 EW.

Sant Joan de les Abadesses ist ein hübscher kleiner Ort mit einer extrem V-förmigen, restaurierten **Brücke** aus dem 12. Jh., die über den Ter führt. Das **Museu del Monestir** (Plaça de l'Abadessa; Eintritt 3 €; ⌚ Juli & Aug. 10–19 Uhr, Mai–Juni & Sept. 10–14 & 16–19 Uhr, restliches Jahr kürzer) befindet sich in einem von Guifré el Pilós gegründeten Kloster. Zunächst lebten hier Nonnen, die jedoch 1017 wegen ihres angeblich unzüchtigen Verhaltens vertrieben wurden. Die elegante Kirche aus dem 12. Jh. beherbergt das prachtvolle *Santíssim Misteri,* eine aus dem 13. Jh. stammende bunte Holzarbeit der Kreuzabnahme, bestehend aus sieben lebensgroßen Figuren. Ebenso bemerkenswert sind das gotische *retablo* Santa Maria La Blanca aus Alabaster und der spätgotische Kreuzgang aus dem 15. Jh. Die einzige Unterkunft im Ort, das **Fonda Janpere** (☎972 72 00 77; Carrer del Mestre Andreu 3; EZ/DZ 25 € pro Pers.), ist schlicht, aber ganz nett.

Teisa-Busse (www.teisa-bus.com) verkehren bis zu siebenmal täglich von Ripoll nach Sant Joan de les Abadesses (1,40 €, 15 Min.). Jeden Tag um 19.15 Uhr besteht eine Busverbindung von Barcelona (9,20 €, 2 Std.).

BEGET

Dieses hinreißende Dorf liegt am Ende einer kurvigen Bergstraße, die in einem dicht bewaldeten Tal ausläuft. Rund um die im 12. Jh. errichtete romanische Kirche erstreckt sich ein Gewirr aus Kopfsteinpflastergassen mit Häusern aus grobem Feldstein und mitten durch den Ort fließt ein Bergbach. Darüber hinaus verläuft hier der Wanderweg GR-11.

Beget wird nicht von öffentlichen Verkehrsmitteln angesteuert.

Vall de Núria & Ribes de Freser

Die Legende besagt, dass Sant Gil (hl. Julius) um 700 n. Chr. vom französischen Nîmes in dieses abgelegene Tal 26 km von Ripoll kam, um in einer Höhle zu leben und den Hirten das Evangelium zu predigen. Bevor er vier Jahre später vermutlich vor westgotischen Verfolgern floh, versteckte er ein selbst geschnitztes Abbild der Jungfrau mit dem Kind, ein Kreuz, seinen Kochtopf und die Glocke, mit der er seine Zuhörer herbeigerufen hatte. Die Gegenstände blieben verborgen, bis ein Ochse ein paar Schäfer 1079 zum Versteck führte. Daraufhin wurde die Holzskulptur *Mare de Déu de Núria* zur Schutzheiligen der Hirten in den Pyrenäen und Núrias Zukunft war gesichert. Die erste historische Erwähnung eines Schreins datiert aus dem Jahr 1162.

Den heiligen Julius würde der Schlag treffen, käme er heute zurück. Der riesige graue Komplex des Heiligtums mitten im Tal ist ein Schandfleck und die Touristenmassen schlagen jeden, der es einsam liebt, in die Flucht. Ansonsten aber ist Núria nahezu unberührt geblieben. In der weiten, grünen und von Bergen umgebenen Talsohle erstrecken sich zahlreiche Wanderwege. Auch die Route hierhin ist wunderbar, ob man nun zu Fuß die Gorges de Núria hochkraxelt, das grüne Felsental des donnernden Riu Núria durchquert oder von Ribes de Freser aus die kleine *cremallera* (Zahnradbahn) nimmt, die durch dasselbe Tal über insgesamt 12 km 1000 m bergaufächzt.

Sehenswertes

Santuari PILGERSTÄTTE

(www.valldenuria.com; Mitte Sept.–Mitte Juli 8.30–17.45 Uhr, Mitte Juli–Mitte Sept. 8.30–18.30 Uhr) Dieses unübersehbare Gebäude aus dem 19. und 20. Jh.beherbergt nicht nur das Santuari de Núria mit seinen heiligen *símbols de Núria,* sondern auch ein Hotel, Restaurants und Ausstellungsräume. Hinter einem Glasschutz über dem Altar befindet sich die *Mare de Déu de Núria,* die von ihrem romanischen Stil her aus dem 12. Jh. stammt: Sant Gil war seiner Zeit also entweder Jahrhunderte voraus oder hat die Figur gar nicht selbst geschnitzt! Stufen führen zu der Glocke, dem Kreuz und dem Kochtopf (alle aus dem 15. Jh.) hinauf. Gläubige stecken ihren Kopf in den Topf, um zu beten, und läuten dabei die Glocke, damit ihre Wünsche erhört werden.

Aktivitäten

Im Winter lockt Núria mit zehn kurzen Abfahrten einige Skifahrer an. Eine Tageskarte für den Lift kostet 27,50 €.

Wanderfans sollten sich den Reiseführer *Puigmal* von Editorial Alpina zulegen. Die Wege verlaufen an der Schlucht entlang ins Tal, allerdings kann man die langweiligen ersten 6 km von Ribes de Freser getrost mit der *cremallera* (Zahnradbahn) oder per Auto nach Queralbs zurücklegen; das spart Kräfte für den steilsten und aufsehenerregendsten Teil der Strecke, die drei Stunden bergaufführt. Auch hier ist die *cremallera* eine Alternative, sodass man nur bergab zu Fuß gehen muss.

Das Vall de Núria ist ein guter Ausgangspunkt zu den 2700 bis 2900 m hohen Gipfeln auf dem höchsten Grat der Pyrenäen. Für Ausflüge dorthin muss man 2½ bis 4 Stunden pro Strecke veranschlagen. Der **Puigmal** (2909 m) erfreut sich der größten Beliebtheit.

Schlafen & Essen

Wildes Campen ist in der gesamten Gegend von Ribes de Freser bis Núria verboten.

NÚRIA

Hotel Vall de Núria HOTEL €€

(972 73 20 20; Halbpension pro Pers. für 2 Nächte ca. 204 €) Das Hotel im Komplex des Heiligtums hat komfortable Zimmer mit Bädern und Satelliten-TV. Meistens stehen auch Apartments zur Verfügung. Außerdem gibt's hier mehrere Restaurants.

Alberg Pic de l'Àliga HOSTEL €

(972 73 20 48; B Student & unter 26 J./26 J. & älter mit Frühstück 21/26 €) Oberhalb der *telecabina* (Seilbahn) an der Ostseite des Tals bietet das Hostel Schlafsäle mit 4 bis 14 Betten. Die Seilbahn verkehrt täglich von 9 bis 18 Uhr (Mitte Juli–Mitte Sept. bis 19 Uhr). Freitagabends startet sie auch um 19 und 21 Uhr im Anschluss an die *cremallera.*

RIBES DE FRESER

Hotel Els Caçadors HOTEL €€

(☎972 72 70 06; www.hotelsderibes.com; Carrer de Balandrau 24; EZ/DZ ab 39/78 €; 📶) Ein kleines familienbetriebenes Hotel, das über einfache Zimmer mit Bädern und Fernsehern verfügt. Das reichhaltige Frühstücksbüffet kostet 7 € und lockt mit Wurst, Käse, Saft, Müsli sowie süßem Gebäck. Mittags kann man im zugehörigen Restaurant speisen. Es erfreut sich großer Beliebtheit und serviert ein sättigendes Menü für 16,50 €.

QUERALBS

Das malerische, an eine Felswand gekauerte Dorf hat etwas von einem Adlernest, das an einem steilen Hang irgendwie sein Gleichgewicht zu halten versucht. Es ist ein wesentlich hübscherer Ausgangspunkt als Ribes de Freser.

In der Umgebung stößt man auf zahlreiche *casas rurales*.

Hôstal les Roquetes HOTEL €

(☎972 72 73 69; www.hostalroquetes.com, auf Spanisch; Carretera de Ribes 15; EZ/DZ 36/60 €; P) Wer über Nacht bleiben möchte, trifft mit diesem preisgünstigen familiengeführten Hotel am Ortseingang eine gute Wahl. Ein Menü im zugehörigen Restaurant ist ab 10 € zu haben.

Praktische Informationen

Núrias **Touristeninformation** (☎972 73 20 20; www.valldenuria.com; ⌚Mitte Sept.–Mitte Juli 8.30–17.45 Uhr, Mitte Juli–Mitte Sept. 8.30–18.30 Uhr) ist im Heiligtum untergebracht.

An- & Weiterreise

Busse von Transports Mir verkehren montags bis freitags zwei- bis dreimal und samstags einmal täglich zwischen Ripoll und Ribes de Freser.

Jeden Tag fahren bis zu sieben Züge von Ripoll (1,60 €, 20 Min.) und Barcelona (7,15 €, 2¼ Std.) zum Ribes-Enllaç-Bahnhof.

Die **cremallera** (☎972 73 02 02) ist eine elektrisch angetriebene Schmalspurzahnradbahn und bereits seit 1931 in Betrieb. Sie tuckert je nach Jahreszeit sechs- bis zwölfmal pro Tag vom Bahnhof in Ribes-Enllaç nach Núria und zurück (Erw. einfach/hin & zurück 13,15/21 €, Kind einfach/hin & zurück 7,90/12,65 €, eine Strecke 65 Min.) und hält auf der Strecke in Ribes-Vila und Queralbs (1200 m). Die Fahrt ist grandios, besonders hinter Queralbs, wo die Bahn die Gorges de Núria hochzuckelt. Teilweise hat man in Ribes-Enllaç Anschluss an Renfe-Züge.

Cerdanya

Cerdanya besetzt zusammen mit dem französischen Cerdagne jenseits der Grenze ein Hochtal zwischen den höheren Bergzügen im Osten und im Westen. Einstmals bildeten die beiden Gebiete eine gemeinsame katalanische Grafschaft. 1659 wurden sie aufgrund des Pyrenäenvertrags geteilt, haben aber noch immer viel gemeinsam. Wanderfans könnten sich den Reiseführer *Cerdanya* (Karte 1:50 000) von Editorial Alpina zulegen.

PUIGCERDÀ

9022 EW. / 1202 M

Puigcerdà (puh-tscher-*da*), Cerdanyas Hauptort, liegt nur 2 km vor der französischen Grenze und ist nicht viel mehr als eine Zwischenstation – aber immerhin eine muntere, besonders im Sommer und in der Skisaison. Im Umkreis von 45 km gibt's ein Dutzend spanischer, andorranischer und französischer Skiorte.

Sehenswertes

Während des Bürgerkriegs wurde Puigcerdà schwer zerstört. Von der **Església de Santa Maria** (Plaça de Santa Maria) aus dem 17. Jh. ist nur noch der Turm zu sehen. Die im 13. Jh. errichtete gotische **Església de Sant Domènec** (Passeig del 10 d'Abril; ⌚unregelmäßige Öffnungszeiten) lag ebenfalls in Trümmern, wurde aber wieder aufgebaut, außerdem konnte man ihre Wandbilder aus dem 14. Jh. retten. Auf dem *estany* (See) im Norden der Stadt tummeln sich schneeweiße Schwäne vor dem Hintergrund ebenso weißer Berge. Der See wurde 1380 zur Bewässerung angelegt und ist von Sommerhäusern umgeben, die reiche Familien aus Barcelona Ende des 19. bzw. Anfang des 20. Jhs. erbauen ließen.

Schlafen

In der Stadt und in der Umgebung gibt's zahlreiche Hotels und *pensiones* sowie einige *casas rurales*.

Hospes Villa Paulta HISTORISCHES HOTEL €€€

(☎972 88 46 22; www.hospes.com; Avinguda Pons I Gasch 15; DZ mit Frühstück ab 165 €; P📶🏊) In einem rostroten Herrenhaus logiert die luxuriöseste Unterkunft des Ortes. Von einigen der schicken, modern eingerichteten Zimmer blickt man auf die schneebedeckten Berge. Wer vom Skifahren Muskelkater bekommt, kann sich hier eine Massage gönnen.

Hotel del Lago HOTEL €€
(☎972 88 10 00; www.hotellago.com; Avinguda del Dr Piguillem 7; EZ/DZ ab 97/119 €; P @ ☎ ≋) Dieses Hotel im Resortstil liegt ganz in der Nähe des Sees und hat gut geschnittene Zimmer sowie einen angenehmen, schattigen Garten. Die Räume sind sehr unterschiedlich: Einige verfügen über schwere Deckenbalken und die Erkerzimmer haben Fenster, die in mehrere Richtungen zur Grünanlage hinausgehen. Darüber hinaus gibt's einen Innenwhirlpool und ein Massagezentrum.

Càmping Stel CAMPING €
(☎972 88 23 61; www.stel.es; Platz pro 2-Pers.-Zelt & Auto 36,40 €; ⏲April–Sept. P ☎ ≋) Der Platz an der Straße nach Llívia bietet die einzige Möglichkeit für Campingurlaub in der näheren Umgebung und wartet mit einem Pool, einem Basketballfeld und einem Fußballplatz auf. Zwischen Oktober und Mai werden auch Bungalows vermietet.

Essen

Wegen der zahlreichen Tagesausflügler aus Frankreich sind fast alle Lokale überteuert, gleichzeitig mangelt es an Qualität. Rund um die benachbarten Plaça de Santa Maria und Plaça dels Herois drängen sich lebhafte Bar-Restaurants mit Namen wie Kennedy und Bier Garden.

La Maison du Foie-Gras FRANZÖSISCH €
(☎972 88 11 22; Carrer Escoles 3; Menüs ab 12,95 €; ⏲Mo–Sa) Um in Spanien auf den Geschmack Frankreichs zu kommen, ist man in dieser lebhaften, wie ein französisches Bistro eingerichteten Lokalität richtig. Hier kann man seinen Magen mit Ente, Steaks und – natürlich – köstlicher Foie gras füllen.

El Pati de la Tieta INTERNATIONAL €
(☎972 88 01 56; Carrer dels Ferrers 20; Pizza 9–11 €, Mahlzeiten 35–45 €; ⏲in der Hauptsaison täglich, Juli–Mai Do–So) Das unauffällige Restaurant ist eines der besten vor Ort und bietet eine kreative Auswahl an Gerichten, darunter saftiges *broquetes de cangur i verdures* (Känguru am Spieß mit Gemüse).

Praktische Informationen

Puigcerdà liegt auf einer Anhöhe. Der Bahnhof befindet sich an ihrem Fuß im Südwesten. Geht man über einige Treppen ein paar Minuten bergan, gelangt man zur Plaça de l'Ajuntament in der Nähe der **Touristeninformation** (☎972 88 05 42; Carrer de Querol 1; ⏲Mo–Fr 10–13 & 16–19, Sa 10–13 & 16.30–19, So 10–13 Uhr). Außerdem gibt's eine **regionale Touristeninformation** (☎972 14 06 65; Carretera Nacional 152; ⏲Mo–Fr 10–13 & 16–19, Sa 10–13 & 16.30–19, So 10–13 Uhr) an der Hauptstraße Richtung Stadt, wenn man aus Barcelona kommt.

An- & Weiterreise

AUTO & MOTORRAD

Von Barcelona geht's auf der C16 durch den gebührenpflichtigen Túnel del Cadí nach Puigcerdà. Fahrräder sind hier nicht erlaubt.

Die N152 ab Ribes de Freser steigt gen Westen – mit der pinienbewachsenen Serra de Mogrony im Süden – an der Nordflanke des Rigard-Tals zum 1800 m hohen Pass Collado de Toses an und windet sich dann nach Puigcerdà hinunter.

Vom Grenzübergang nach Frankreich in Bourg-Madame gleich östlich von Puigcerdà führen Straßen nach Perpignan und Toulouse weiter.

BUS

Alsina-Graells-Busse fahren zweimal täglich (einmal am Wochenende) von Barcelona (17,80 €, 3 Std.) durch den 5 km langen Túnel del Cadí her und zwei- oder dreimal nach La Seu d'Urgell (6 €, 1 Std.). Sie halten am Bahnhof.

ZUG

Jeden Tag verkehren sechs Züge von Barcelona nach Puigcerdà (9,40 €) via Ripoll und Ribes de Freser. Vier davon fahren weiter über die Grenze nach Latour-de-Carol (7 Min.), wo Anschluss nach Toulouse, Paris und an die Schmalspurbahn Train Jaune (Gelber Zug) das Têt-Tal hinab nach Perpignan besteht.

LLÍVIA

1517 EW. / 1224 M

Llívia liegt 6 km nordöstlich von Puigcerdà und ist ein Stück Spanien in Frankreich. Wegen des Pyrenäenvertrags von 1659 trat das Land 33 Dörfer an Frankreich ab. Dieser Ort aber galt als Stadt und blieb somit einschließlich 13 km² Gemeindeland in spanischem Besitz.

Man könnte annehmen, Llívia sei aufgrund seiner Lage eher französisch als spanisch geprägt, aber das ist keineswegs der Fall. Am deutlichsten spürt man die Zugehörigkeit zu Spanien am frühen Abend oder sonntags, wenn in den französischen Dörfern der Umgebung feiertägliche Stille herrscht, während hier jede Menge los ist. Den Reiz von Llívia macht vor allem der kleine mittelalterliche Kern nahe dem oberen Ende des Ortes aus. Das **Museu Municipal** (Carrer dels Forns 4) ist schon seit mehreren Jahren wegen Renovierungsarbeiten geschlossen, aber die gotische **Església de Nostra Senyora dels Àngels** aus dem 15. Jh. gleich oberhalb des Museums lohnt die Erkundung. Das Museum befindet sich in der wahrscheinlich ältesten Apotheke Europas, der 1415 eröffneten Farmacia Esteva. Von der Kirche geht's zu Fuß hinauf zur Ruine des **Castell de Llívia,** wo während der kurzen Periode muslimischer Herrschaft in den Pyrenäen der Statthalter Manussa eine geheime Liebschaft mit Lampègia, Tochter des Herzogs von Aquitanien, pflegte (jedenfalls der Legende nach).

Auf den Balkonen des **Restaurant Can Ventura** (☎972 89 61 78; Plaça Major 1; Gerichte 21 €; ⏲Mi–So), einem maroden Haus von 1791, wird köstliches traditionelles Essen serviert. Zu den Klassikern zählt das über zwölf Stunden im Ofen gegarte Lamm aus der Region.

Zwei oder drei Busse am Tag fahren vom Bahnhof in Puigcerdà nach Llívia.

LA MOLINA & MASELLA

Diese **Skiorte** (La Molina www.lamolina.com; Masella www.masella.com) liegen 15 km südlich von Puigcerdà beidseitig der Tosa d'Alp (2537 m) und sind mit dem Lift Alp 2500 verbunden. Zusammen bieten sie 101 Abfahrten aller Schwierigkeitsgrade (Tagesliftkarte für das gesamte Skigebiet 38,50 €) in Höhen zwischen 1600 und 2537 m. Informationen, Skiverleih und Skischulen gibt's in beiden Orten.

Schlafen

Viele Besucher übernachten lieber in Puigcerdà oder noch weiter weg. Vor Ort hat man die Wahl zwischen mehreren Hotels im Resortstil, die während der Skisaison recht voll sind.

Alberg Mare de Déu de les Neus HOSTEL €
(☎972 89 20 12; B Student & unter 26 J./ab 26 J. 21/26 €; ⏲Mitte Okt.–Nov. & 1. Woche Mitte April geschl.; P @) Diese Jugendherberge liegt unweit des Bahnhofs im unteren Teil von La Molina und bietet Zimmer mit zwei bis acht Betten und meistens auch mit einem eigenen Bad an.

An- & Weiterreise

In der Skisaison gibt's eine Busverbindung von/nach Puigcerdà. Viele Besucher reisen mit dem Auto an: Die einfachste Route von Barcelona führt über die Mautstraße C58 und die C16 durch den Túnel del Cadí. Von der N152 westlich des Collado de Toses zweigen Straßen nach La Molina und Masella ab.

IM NORDEN VON CERDANYA

Die N260 verläuft südwestlich von Puigcerdà durch das Riu-Segre-Tal Richtung La Seu d'Urgell, dann weiter zwischen den Hauptgebirgszügen der Pyrenäen im Norden und der Bergkette Serra del Cadí und Serra de Moixeró im Süden. Zwischen Puigcerdà und La Seu d'Urgell verkehren täglich bis zu drei Busse.

6 km hinter Puigcerdà lockt **Bolvir** mit einer kleinen romanischen Kirche und, weitaus wichtiger, einem der luxuriösesten Hotels in den Pyrenäen.

Etwa 1 km weiter führt die Abzweigung nach Ger in die Bergwelt hinein. Eine kleine Asphaltstraße windet sich westlich und nördlich durch das breite, trockene Valltova-Tal nach **Meranges**, ein zusammengewürfeltes Bauerndorf ohne Einrichtungen für Touristen.

Schlafen

Wenn das Reisebudget nicht für das Torre del Remei reicht, kann man in einer der nahe gelegenen *casas rurales* unterkommen.

Torre del Remei BOUTIQUE-HOTEL €€€
(☎972 14 01 82; www.torredelremei.com; Camí Reial, Bolvir; DZ ab 310 €; P ❄ ≋) Während des Bürgerkriegs wurde die geschmackvoll eingerichtete Jugendstilvilla zu einer Schule umfunktioniert und später von der republikanischen Regierung als Krankenhaus genutzt. Sie liegt wie ein romantischer Taum inmitten eines ruhigen Gartens und zieht vor allem gut betuchte Gäste an. Die wunderbaren Zimmer sind alle unterschiedlich und erlesen möbliert. Auch das Essen überzeugt, ist allerdings nicht gerade billig – allein das Frühstück kostet 32 € pro Person.

Serra del Cadí

Die N260 verläuft von Puigcerdà durch das breite Riu-Segre-Tal westwärts nach La Seu d'Urgell. Im Norden Richtung Andorra erheben sich die Pyrenäengipfel, während an der Südseite die schroffe Serra del Cadí steil emporsteigt. Letztere wird zwar als „Pyrenäenausläufer" bezeichnet, allerdings ist der Begriff nicht wirklich gerechtfertigt, da die blanken Felswände hier ebenso spektakulär sind. Bei Katalanen erfreut sich die Gegend großer Beliebtheit, doch bei ausländischen Touristen ist sie nahezu unbekannt. Schon der Anblick der Serra del Cadí – felsig und von Schluchten, den sogenannten *canales,* zerklüftet – ist gewaltig, noch beeindruckender kommt jedoch der Pedraforca (2497 m) auf der Südseite daher, der mit Kataloniens schwierigsten Kletterwänden aufwartet. Der Pedraforca und die höchsten Cadí-Gipfel bieten für gut ausgerüstete und erfahrene Bergwanderer tolle Herausforderungen.

Wer in der Nähe des Pedraforcas übernachten möchte, nimmt erst die C16 und dann die B400, die 1,5 km südlich von Guardiola de Berguedà westwärts weiterführt. Auf halber Strecke zum Dorf Saldes, 15 km entfernt von der C16 in 1215 m Höhe, rückt der mächtige Berg ins Blickfeld. Das Refugi Lluís Estasen kauert 2,5 km nordwestlich von Saldes unterhalb des Nordhangs. Es ist von Saldes aus über einen Pfad oder über eine teilweise asphaltierte Straße zu erreichen, die 1 km westlich von Saldes von der B400 nordwärts abzweigt. Am Mirador de Gresolet gibt's einen Parkplatz, außerdem genießt man hier einen schönen Ausblick. Von dieser Stelle sind es noch zehn Gehminuten zum *refugi* hinauf.

Sehenswertes

Die B400 ist von Saldes bis zu dem hübschen Steindorf **Gósol** 6 km weiter westlich asphaltiert. Mindestens aus dem 9. Jh. stammt der alte Ort Gósol (Vila Vella), er liegt verlassen auf dem Hügel südlich des heutigen Dorfs.

Eine Straße westlich von Gósol führt zum 1625 m hohen Pass Coll de Josa hinauf sowie zu dem malerischen Dörfchen **Josa del Cadí**, wo sich auf einem grünen Hügel braune Steinhäuser um eine Steinkirche drängen. Hier gibt's keinerlei touristische Einrichtungen. Als Nächstes folgt **Tuixén** (1206 m), manchmal auch Tuixent geschrieben, ebenfalls ein reizvoller Ort auf einem Hügel. Von dort verläuft eine malerische Asphaltstraße nordwestlich nach La Seu d'Urgell (36 km) und südlich nach Sant Llorenç de Morunys (28 km). Letzteres liegt an einer schönen querfeldein führenden Landstraße von Berga nach Organyà.

Aktivitäten

Pedraforca bedeutet „Steingabel" und die Anreise von Osten lässt erkennen, woher der Name kommt: Durch den Bergsattel L'Enforcadura werden die beiden bei Kletterern beliebten Felsengipfel, der nördliche Pollegó Superior (2497 m) und der südliche Pollegó Inferior (2400 m), voneinander getrennt. Der über 600 m fast senkrecht aufragende Nordhang bietet erstklassige Klettermöglichkeiten und auch der Südhang wartet mit einer Wand auf, die Alpinisten in Begeisterung versetzt.

Darüber hinaus ist die Gegend als Wanderregion beliebt. Vom Refugi Lluís Estasen kann man den Gipfel des Pollegó Superior in etwa drei anstrengenden Stunden erreichen – entweder südwärts von der Berghütte aus, dann von der südöstlichen Seite die Mitte der „Gabel" hinauf (ein Pfad von Saldes trifft hier auf die Strecke), oder westwärts auf den Collada del Verdet, dann südlich und östlich zum Gipfel. Die zweite Route führt über ein paar Steilhänge und ist nur etwas für Schwindelfreie. Für den Abstieg eignet sich der Weg jedoch nicht: Dafür muss man die erste Strecke nehmen.

Schlafen

SALDES & UMGEBUNG

An der B400 zwischen der C16 und Saldes erstrecken sich mindestens vier **Campingplätze**, die teilweise ganzjährig geöffnet sind. In Saldes gibt's ein paar *pensiones* und ein größeres Hotel.

Refugi Lluís Estasen HOSTEL €
(☎608 315312; B 15 €; ⌚Juni–Sept. täglich, Sa, So & Feiertage im restlichen Jahr) Das von der FEEC betriebene, in der Nähe des Mirador de Gresolet gelegene *refugi* verfügt über 87 Betten und bietet auch etwas zu essen an. Im Sommer ist ein Hüttenleiter vor Ort. Im Winter werden nur 30 Plätze vergeben. Falls alle Plätze besetzt sind, kann man draußen schlafen, allerdings ohne Zelt.

GÓSOL & TUIXÉN

In beiden Orten gibt's ein paar *casas rurales*. Einige werden im Sommer vermietet, allerdings nur für ein Wochenende oder wochenweise. Am besten reserviert man im Voraus, weil die Dörfer an sonnigen Wochenenden sehr gut besucht sind.

Cal Farragetes CASA RURAL €
(☎973 37 00 34; www.calfarragetes.com; Carrer del Coll 7, Tuixén; DZ pro Pers. 25 €; Ⓟ) Das große, freundliche Steinhaus mit zwei Stockwerken und einem geräumigen Innenhof bietet kleine, aber tadellose Zimmer mit Eisengestellbetten und Holzvertäfelung. Die Besitzer haben offensichtlich Geschäftssinn; sie betreiben im selben Haus auch einen Laden, ein Café und ein Restaurant.

Praktische Informationen

Das **Centre d'Informació** des Parc Natural del Cadí-Moixeró (☎93 824 41 51; Carrer de la Vinya 1; ⌚Juni–Sept. Mo–Fr 9–13 & 16–19 Uhr, Okt.–Mai Mo–Fr 8–15 & 16–18.30, Sa 9–13 Uhr, So & Feiertage ganzjährig geschl.) befindet sich in

DIE FURCHTLOSEN TREMENTINAIRES

Bis in die 1960er-Jahre war Tuixén bekannt für seine Kräuter und natürlichen Heilmittel und für die außergewöhnlichen Frauen, die sich aufmachten – oft zu Fuß –, um ihre Arzneien zu verkaufen. Sie wurden Trementinaires genannt, nach einem ihrer gefragtesten Artikel, der *trementina* (Terpentin). Seit dem Ende des 19. Jhs. wanderten diese Händlerinnen bis zu vier Monate lang umher und kamen dabei sogar bis nach Barcelona, während ihre Männer daheim Felder und Vieh versorgten. Sie kehrten erst zurück, wenn sie alle ihre Waren verkauft hatten, darunter *te de roca* („Steintee" gegen Bauchschmerzen) und *orella d'ós* („Bärenohren" gegen Husten und Erkältung). Meistens reisten die Frauen paarweise, trotzdem erregten sie damals wegen der fehlenden männlichen Begleitung viel Aufsehen. Die letzte Trementinaire, Sofia d'Ossera, brach 1982 auf. Mehr darüber erfährt man in Tuixén im **Museu de les Trementinaires** (www.trementinaires.org, auf Spanisch; Plaça de la Serra del Cadí; Eintritt frei; ⏲Ostern & Juli–Sept. Mo–Sa 10–14 & 17–20, So 10–14 Uhr, restliches Jahr kürzer).

Bagà, einem ruhigen Dorf (bei der Steinbrücke über den Fluss) 4 km nördlich von Guardiola de Berguedà an der C16.

Die Angestellten des **Centre d'Informació Massís del Pedraforca** (☎93 825 80 46; ⏲Juli–Mitte Sept. 10–14 & 17.30–19.30 Uhr, Mitte Sept.–Juni 11–13 Uhr) in Saldes informieren ausschließlich über Saldes und die Gegend rund um den Pedraforca.

An- & Weiterreise

Um nach Saldes, Gósol oder Tuixén zu kommen, braucht man ein eigenes Fahrzeug.

La Seu d'Urgell

12 986 EW. / 691 M

La Seu d'Urgell (la *ße*-u dur-*sey*) ist Spaniens Tor ins 10 km nördlich gelegene Andorra. Die lebhafte Stadt bietet sich für eine Übernachtung an und wartet mit einer herrlichen mittelalterlichen Kathedrale auf, ansonsten gibt's nichts optisch Umwerfendes. In der Regel sind die Hotels vor Ort günstiger als die Unterkünfte in Andorra.

Nachdem die Franken Anfang des 9. Jhs. die Muslime aus diesem Teil der Pyrenäen vertrieben hatten, machten sie La Seu zur Diözese und Hauptstadt der Grafen von Urgell. Seit dem 11. Jh. ist es eine bedeutende Markt- und Domstadt.

Sehenswertes

GRATIS **Catedral de Santa Maria** KATHEDRALE
(⏲Juni–Sept. Mo–Sa 10–13 & 16–19 Uhr, restliches Jahr kürzer) Die Kathedrale aus dem 12. Jh. erhebt sich am Südende der Plaça dels Oms und ist trotz mehrerer Umbauversuche eines der herausragendsten Bauwerke Kataloniens. Sie gehört zu den über 100 romanischen Kirchen entlang der Ruta Románica von Perpignan (Frankreich) bis nach Urgell.

Ihre prächtige Westfassade mit dem Eingang ist im typisch lombardischen Stil gestaltet. Der Innenraum kommt dunkel und schlicht daher, ist aber mit fünf Apsiden, einigen Fresken im südlichen Querschiff und einer Statue der Jungfrau mit dem Kind aus dem 13. Jh. in der mittleren Apsis immer noch ziemlich eindrucksvoll.

Museu Diocesà MUSEUM
(www.museudiocesaurgell.org; Erw./Kind 3 €/frei; ⏲Mo–Sa 10–13 & 16–19 Uhr, Juni–Sept. So 10–13 Uhr, restliches Jahr kürzer) Zu dem hervorragenden Museum neben der Kathedrale gehören ein schöner Kreuzgang und die romanische **Església de Sant Miquel** (12. Jh.) sowie einige interessante pyrenäische Kirchenfresken aus dem Mittelalter, Skulpturen und Altarbilder.

Schlafen

Hotel El Castell HISTORISCHES HOTEL €€€
(☎973 35 00 00; www.hotelelcastell.com; Castellciutat; EZ/DZ ab 180/225 €; P❄📶🏊) Das Wellnesshotel ist in einer Burg auf einem Hügel 1,5 km westlich von La Seu untergebracht. Es gehört zu der Kette Relais & Châteaux und ist das nobelste Hotel der Region. Gäste können sich über die friedlichen Gärten, einen Fitnessraum, eine Sauna und ein tolles Gourmetrestaurant freuen.

Hotel Andria HISTORISCHES HOTEL €€
(☎973 35 03 00; www.hotelandria.com; Passeig Joan Brudieu 24; EZ/DZ inkl. Frühstück ab 80/100 €; P📶) Die beste Wahl in der Stadt. Mit altem Nippes an den Wänden und seinen hohen, mit Pflanzen bewachsenen Bö-

gen und schattigen Gärten wirkt das Hotel fast wie ein britischer Herrensitz aus der Kolonialzeit, der auf einer indischen Bergstation thront, und nicht wie eine Unterkunft unter vielen in einer andorranischen Grenzstadt.

Casa Rural La Vall del Cadí CASA RURAL €
(☎973 35 03 90; www.valldelcadi.com; Carretera de Tuixén; DZ 45–55 €; P ❄ 📶) Dieses steinerne Landhaus liegt nur 1 km (Fußweg) südlich vom Krankenhaus auf der anderen Seite des Segre. Es ist Bestandteil eines Bauernhofs und bietet gemütliche Zimmer mit Terrakottafliesen sowie eisernen Bettgestellen, einige mit Deckenbalken aus Holz. Im Winter wartet es sogar mit einer Fußbodenheizung auf. Teilweise gibt's nur Etagenbäder.

Hotel Nice HOTEL €€
(☎973 35 21 00; www.hotelnice.net; Avinguda de Pau Claris 4–6; EZ/DZ ab 57/78 €; P 📶) Von den nichtssagenden Bleiben an der Hauptstraße ist dieses Hotel das netteste. Das herzhafte Frühstück kostet 8 € extra.

Essen

Ignasi FRANZÖSISCH €
(☎973 35 49 49; Carrer de Capdevila 17; Gerichte 5–9 €; ⊙Mo–Sa) Die beste und beliebteste Möglichkeit unter den Crêperien in der Stadt. Hier gibt's auch gute Pasta-Gerichte. Am Wochenende muss man reservieren.

Restaurant Les Tres Portes SPANISCH €€
(☎973 35 56 58; Carrer de Garriga i Massou 7; Mahlzeiten 30–35 €; ⊙Do–So) Ein gemütliches Lokal mit orangefarbenen Wänden, gelben und roten Tischdecken, einem ruhigen Garten und einem vielfältigen spanischen Speiseangebot. Auf der Karte stehen zahlreiche Fisch-, Meeresfrüchte- und Fleischgerichte, darunter *mitjana de cavall amb alls* (Pferdefleisch mit Knoblauch; 18 €).

Praktische Informationen

Touristeninformation (☎973 35 15 11; www.turismeseu.com; Avinguda de les Valls d'Andorra 33; ⊙Juli–Aug. Mo–Fr 9–20, Sa 10–14 & 16–20, So 10–14 Uhr, Sept.–Juni Mo–Sa 10–14 & 16–18 Uhr) Am Nordeingang der Stadt.

An- & Weiterreise

Auto & Motorrad

Die N260 führt über 6 km südwestlich nach Adrall und biegt dann westlich über die Hügel nach Sort ab. Die C14 verläuft weiter südlich nach Lleida und windet sich hinter Adrall über 13 km durch die imposante Tresponts-Schlucht.

Bus

Der Busbahnhof befindet sich am Nordrand der Altstadt. Jeden Tag fahren fünf **ALSA-Busse** (www.alsa.es) nach Barcelona (24,60 €, 3½ Std.), davon jeweils zwei über Solsona und Ponts und einer (sonntags nicht) durch den Túnel del Cadí. Darüber hinaus bestehen pro Tag drei Verbindungen nach Puigcerdà (6 €, 1 Std.) und zwei nach Lleida (16,75 €, 2½ Std.).

Vall de la Noguera Pallaresa

Spaniens bekanntester Wildwasserfluss, der Riu Noguera Pallaresa, fließt 50 km westlich von La Seu d'Urgell durch ein eindrucksvolles Tal nach Süden. Als wichtigste Orte für Wassersportfans gelten Sort und die Dörfer Rialp und Llavorsí. Dort findet man Anbieter für Rafting, Hydrospeeding (eine Art Bobfahrt auf dem Wasser), Kanu- und Kajakfahren oder Canyoning, Klettern, Mountainbiketouren, Reiten und Ponting (Bungee-Jumping von Brücken).

Aktivitäten

Der Riu Noguera Pallaresa ist auf der Schwierigkeitsskala von I bis VI bei der Kategorie IV einzuordnen, was auf jeden Fall reicht, um zwischen April und August einen steten Strom von Wildwasserfans anzuziehen. Am schönsten ist es in der Regel im Mai und Juni.

Besonders aufregend sind die 14 km von Llavorsí nach Rialp: Eine Raftingtour dauert 1–1½ Std. und kostet 35 € pro Person. Längere Fahrten bis nach Sort oder weiter schlagen höher zu Buche.

Mindestens ein Unternehmen, **Yeti Emotions** (www.yetiemotions.com; Carrer de Borda Era d'Alfons, Llavorsí), organisiert für erfahrene Rafter Ausflüge flussaufwärts, ebenso Wandertouren, Abseilen sowie winterliche Fahrten in Husky-Schlitten. Mehrere andere Anbieter haben Exkursionen ab Llavorsí oder auch Sort im Programm. Kanutouren auf dem gleichen Fluss kosten mindestens 35,50 € pro Stunde.

Man muss sein Badezeug, ein Handtuch und Kleidung zum Wechseln mitbringen, alles andere wird gestellt.

Schlafen & Essen

Llavorsí ist ein hübscher Standort und verfügt über ein paar Campingplätze sowie vier Hotels. Ein paar schlichte Lokale sorgen für das leibliche Wohl.

Hostal Noguera HOTEL €€
(☎973 62 20 12; www.hostalnoguera.com; Carretera Vall d'Aran; EZ/DZ 27/52 €; 📶) Gut geführte, einfache, saubere und günstige Zimmer in einem Steingebäude am Südende des Ortes mit Blick über den Fluss. Das zugehörige Restaurant bietet ein schmackhaftes Menü für 16 €.

Camping Aigües Braves CAMPING €
(☎973 62 21 53; Platz pro 2-Pers.-Zelt & Auto 20,40 € ⌚Mitte März–Aug.; P 🏊) Ein freundlicher Campingplatz am Fluss 1 km nördlich von Llavorsí mit Pool, Restaurant und Minimarkt.

ℹ Praktische Informationen

Die **Touristeninformation** (☎973 62 10 02; http://turisme.pallarssobria.cat; Avinguda dels Comtes del Pallars 21; ⌚Juli–Aug. Mo–Fr 9–20, Sa 10–14 & 15–20, So 10–13 Uhr, Sept.–Juni Mo–Do 9–15, Fr 9–15 & 16–18.30, Sa 10–14.30 Uhr) dieser Gegend befindet sich in Sort.

ℹ An- & Weiterreise

ALSA-Busse fahren zweimal täglich von Barcelona nach Sort, Rialp, Llavorsí (28,10 €, 5½ Std.) und Esterri d'Àneu (31,20 €). Von Juni bis Oktober geht's weiter nach Vielha (36,90 €) und ins Val d'Aran. Wer von Barcelona über Lleida nach Vielha (28,30 €, 5½ Std.) fährt, ist kürzer unterwegs und muss weniger zahlen.

Nordwestliche Täler

Nördlich der Straße von Llavorsí, die nordwestlich über den Pass Port de Bonaigua verläuft, erstrecken sich ein paar grüne Täler. Sie führen zu den schönsten Landschaften der katalanischen Pyrenäen.

Das Vall de Cardòs und das Vall Ferrera ziehen sich bis hoch in die Hügel nordöstlich von Llavorsí. Über sie gelangt man zu einigen abgelegenen, teilweise schwierig zu erkundenden Bergwanderregionen jenseits der andorranischen und französischen Grenze, einschließlich der Pica d'Estats (3143 m), Kataloniens höchstem Gipfel. Die Karten *Pica d'Estats* und *Montgarri* von Editorial Alpina sind hier sehr hilfreich.

VALL DE CARDÒS

Durch dieses wunderbar malerische Tal, das nordwärts ab Llavorsí entlang der L504 verläuft, geht's zu einigen anspruchsvollen Bergwanderrouten. **Lladrós** und **Lladorre**, Letzteres mit einer reizvollen romanischen Kirche, sind hübsche Steindörfer mit bäuerlichem Charme. In **Tavascan** endet die Asphaltstraße. Der Ort besteht aus dicht gedrängt stehenden, gepflegten Häusern und bildet den Ausgangspunkt für mehrere Exkursionen. Einen geradezu umwerfenden Anblick bietet der kristallblaue Gletschersee (der größte in den Pyrenäen) **Estany de Certascan**, 13 km entfernt an einer Piste gelegen, die am besten mit dem Geländewagen zu bewältigen ist. Knapp außer Sichtweite des Sees versteckt sich das **Refugi de Certascan** (☎973 62 13 89; www.certascan.com, auf Spanisch; B 15 €; ⌚Mitte Juni–Mitte Sept. tgl., restliches Jahr an einigen Wochenenden & Feiertagen), das Platz für 40 Leute sowie Duschen hat und warme Gerichte auftischt. Im Grenzgebiet warten weitere Wege und Seen auf ihre Erkundung und in den Talsiedlungen stehen zahlreiche zauberhafte *cases de pagès* (Landgasthäuser) zur Verfügung, außerdem gibt's in Tavascan drei Hotels.

VALL FERRERA

Dieses Tal ist grüner als das Vall de Cardòs und liegt im Herzen des Parc Natural de l'Alt Pirineu (Kataloniens größtem Naturreservat) und punktet mit hübschen Dörfern sowie tollen Trekkingrouten. Hier beginnen viele den Aufstieg auf die **Pica d'Estats** (3143 m), den höchsten Gipfel der Region, der sich allerdings nur für erfahrene Wanderer eignet. Es gibt in der Gegend leider keine öffentlichen Verkehrsmittel.

Bei Wanderern erfreut sich der reizende Ort **Àreu** großer Beliebtheit. Er besteht aus zwei Siedlungen. In jeder steht eine romanische Kirche: Sant Climent befindet sich im unteren Teil und Sant Feliu de la Força weiter oben.

VALLS D'ÀNEU

Zum nächsten Tal geht's erst einmal zurück nach Llavorsí und von dort auf der C13 in Richtung Nordwesten. Nach 12 km kommt links die Abzweigung nach Espot, die meistbefahrene Zufahrt in den Parc Nacional d'Aigüestortes i Estany de Sant Maurici.

Nach weiteren 6 km, vorbei am rechten Ufer eines künstlichen Sees, wo Ruderboote und Kanus verliehen werden, folgt **Esterri d'Àneu**, ein beliebter, wenn auch sehr abgelegener Standort mit den Skihängen von Baqueira-Beret (S. 358) im Val d'Aran. Unter den verschiedenen Tälern der Valls d'Àneu ist das **Vall d'Isil** das faszinierendste. Die C13 nach Norden durch Esterri d'Àneu überquert eine Brücke über den Riu Noguera Pallaresa. Von dort aus geht's auf der Nebenstraße C147 hoch in ein Bergtal durch die Dörfer **Borén**, **Isil** und das halb verlassene **Alós d'Isil**.

Parc Nacional d'Aigüestortes i Estany de Sant Maurici & Umgebung

Kataloniens einziger Nationalpark erstreckt sich über 20 km von Osten nach Westen und 9 km von Norden nach Süden. Das zerklüftete Gelände wartet auf dieser kleinen Fläche mit mehr als 200 *estanys* (Seen) sowie etlichen Bächen und Wasserfällen auf. Dazu kommen Kiefern- und Tannenwälder, Büsche und Wiesen, die im Frühjahr mit Wildblumen übersät sind.

Das vor über 200 Mio. Jahren durch Gletscherbewegungen entstandene Gebiet besteht im Prinzip aus zwei von Osten nach Westen verlaufenden Tälern in 1600 bis 2000 m Höhe, gesäumt von 2600 bis 2900 m hohen, zerklüfteten Gipfeln aus Granit und Schiefer.

Der Park selbst ist das Zentrum einer größeren Wildnis, deren Außenrand *zona perifèrica* (Randzone) genannt wird und zu der im Norden und Süden einige großartige Hochlandgebiete gehören. Seine Gesamtfläche umfasst 408 km² und wird von Parkwächtern kontrolliert.

Die Hauptzufahrt hierhin führt über Espot (1320 m) etwa 4 km östlich der Ostgrenze des Parks oder über Boí 5,5 km vor der Westgrenze.

Infos (auf Spanisch) gibt's unter http://reddeparquesnacionales.mma.es/parques.

Sehenswertes

Wer noch mehr sehen will als beeindruckende Berge, die unter Kronen aus Schnee hervorschimmern und ihre Seen scheinbar wie Juwelen um den Hals tragen, dem wird im Nationalpark einiges geboten.

Vall de Boí KIRCHEN

(www.vallboi.com; Eintritt 1,50 € p. P. oder 6 € für alle 6 Kirchen; ⌚10–14 & 16–19 Uhr) Im Vall de Boí südwestlich des Parks verteilen sich etliche schöne romanische Kirchen, die seit 2000 zum Unesco-Welterbe gehören. Zwei besonders reizende Bauten findet man in Taüll 3 km östlich von Boí. Die **Sant Climent de Taüll** am Ortseingang wartet mit einem schlanken, sechsstöckigen Glockenturm auf und gilt als echtes Schmuckstück. Und das nicht nur wegen ihrer eleganten schlichten Linien, sondern auch wegen der Kunstwerke, die einst ihren Innenraum schmückten, bis die Werke an Museen gegeben wurden. Die zentrale Apsis birgt die Kopie eines berühmten Freskos von 1123, das nun im Museu Nacional d'Art de Catalunya in Barcelona gezeigt wird (s. S. 368). Mittelpunkt der Kirche ist ein *Pantokrator* (Christus als Weltenherrscher), dessen prächtige mozarabisch beeinflusste Farbgebung und ausdrucksstarken, gleichwohl übermenschlichen Züge zum Sinnbild katalanischer Romanik wurden. Andere Kunstwerke landeten in weit entfernten Museen, beispielsweise in Boston, USA.

Auch die **Santa Maria de Taüll** (⌚10–20 Uhr) mit ihrem fünfstöckigen Kirchturm im alten Dorfkern hat viele ihrer Kunstwerke an das Museu Nacional d'Art de Catalunya gegeben. Allerdings fehlen ihr die Kopien vor Ort, die den Besuch der Sant-Climent-Kirche so interessant machen.

Weitere sehenswerte romanische Gotteshäuser stehen in Boí (Sant Joan), Barruera (Sant Feliu), Durro (Nativitat) und Erill la Vall (Santa Eulàlia). Letztere hat einen sechsstöckigen Turm, der Sant Climent Konkurrenz macht. Das **Centre d'Interpretació del Romànic** (www.centreromanic.com; Carrer del Batalló 5; ⌚ Mo–Sa 9–14 & 17–19, So 10–14 Uhr) daneben lockt mit einer kleinen Sammlung romanischer Kunst und bietet auch Führungen durch die Kirchen an.

Aktivitäten

Im Park erstrecken sich zahlreiche Wege, die teilweise sehr gut, teilweise aber auch gar nicht ausgeschildert sind.

Ost-West-Durchquerung

Man kann den Park innerhalb eines Tages durchqueren. Die gesamte Wanderung von Espot nach Boí (oder umgekehrt) ist 25 km lang und dauert 9 Stunden. Jeeptaxis von/nach Estany de Sant Maurici oder Aigüestortes (3 km flussabwärts vom Estany Llong) oder in beide Orte verkürzen die Zeit. Von Espot (1300 m) zum Estany de Sant Maurici (1950 m) sind es 8 km (2 Std.). Dort führt ein Pfad hoch zum Portarró d'Espot-Pass (2423 m), der herrliche Aussichten auf die beiden Haupttäler des Parks bietet. Vom Pass geht's hinab zum Estany Llong und zum Aigüestortes (1820 m; 3½ Std. ab Estany de Sant Maurici). Von

Parc Nacional d'Aigüestortes i Estany de Sant Maurici

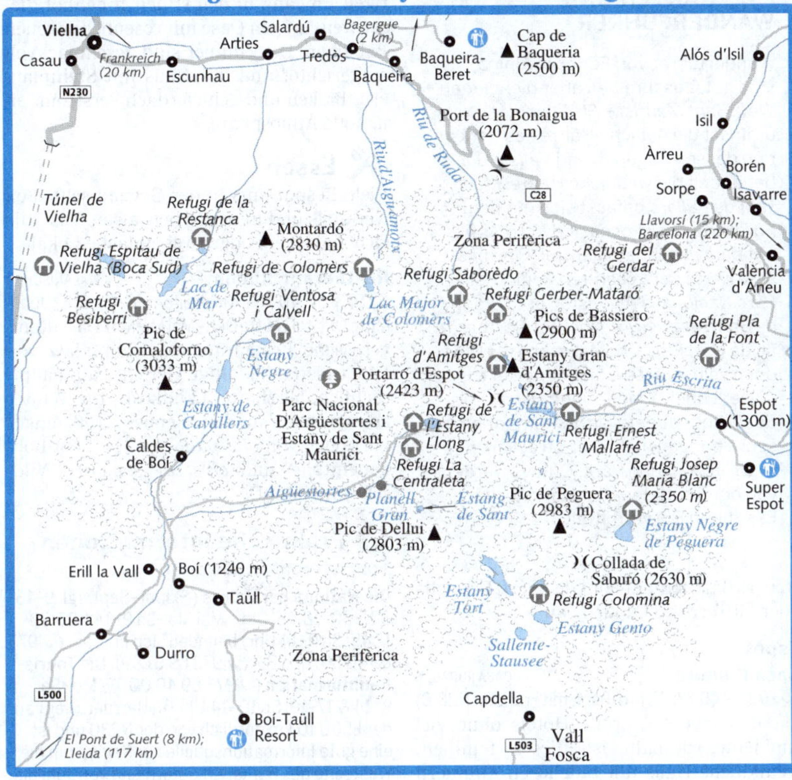

dort sind es nur noch 3,5 km bis zum Parkeingang, 4 km zur L500 und 2,5 km nach Boí (1260 m) – insgesamt etwa 3 Stunden. Wer auf dieser Strecke wandern möchte, sollte auf jeden Fall gute Karten und einen Kompass mitnehmen. Passende Kleidung ist ebenfalls unabdingbar.

Kürzere Wanderungen

Zahlreiche Touren von drei bis vier Stunden hin und zurück führen vom Estany de Sant Maurici oder von Aigüestortes in herrliche Seitentäler.

Vom Ostufer des Estany de Sant Maurici verläuft ein Weg 2,5 km südlich ins Monastero-Tal hinauf, vorbei am Els Encantats zur Linken und zum **Estany de Monastero** (2171 m). Ein weiterer Pfad führt 3 km nordwestlich am Estany de Ratero vorbei zum **Estany Gran d'Amitges** (2350 m). Vom **Planell Gran** (1850 m), 1 km das Sant-Nicolau-Tal hinauf, kommt man nach 2,5 km Richtung Südosten zum **Estany de Dellui** (2370 m), hier geht's dann hinab zum **Estany Llong** (3 km); von Aigüestortes dauert die Wanderung bis zu diesem See etwa vier Stunden.

Schlafen

Um Espot erstrecken sich vier Campingplätze gleicher Preisklasse. Bergwanderer können im Park sechs *refugis* nutzen und finden innerhalb der *zona perifèrica* neun weitere Unterkünfte dieser Art. Sie stehen von Mitte Juni bis September und ein paar Wochen in der ersten Jahreshälfte (für Skifahrer) offen, ansonsten ist nur ein Teil von ihnen zugänglich. Am besten ruft man vorher an oder fragt im Parkbüro nach. Eine Übernachtung kostet 15 € pro Person. Mehr darüber erfährt man unter www.feec.org.

Espot, Boí und Taüll bieten eine Reihe von weiteren Bleiben; in Espot gibt's auch mehrere Mittelklassehotels. Wer in h*ostales* oder *cases de pagès* unterkommen möchte,

KARTEN UND WANDERFÜHRER

Wanderführer von Editorial Alpina sind gut, beschreiben aber nicht jeden Weg. *Sant Maurici – Els Encantats* umfasst die östliche Hälfte des Parks und dessen Zugänge und *Vall de Boí* behandelt die westliche Hälfte. *Montsent de Pallars* befasst sich mit dem nördlichen Vall Fosca und *Val d'Aran* mit dem gleichnamigen Tal. Eine bessere Karte der gesamten Region ist *Parc Nacional d'Aigüestortes i Estany de Sant Maurici* vom Institut Cartogràfic de Catalunya im Maßstab 1:25 000, doch selbst diese ist nicht perfekt.

Der Lonely Planet Band *Hiking in Spain* enthält detaillierte Routenbeschreibungen mehrerer Strecken in und rund um den Park. Guides werden von den Touristeninformationen in Espot und Boí vermittelt.

steuert Barruera, El Pont de Suert, Capdella oder La Torre de Capdella an.

Espot

Casa Palmira CASA RURAL €
(☎973 62 40 72; DZ pro. Pers. mit Frühstück 28 €) Espot hat etliche große Hotels ohne viel Ambiente, deshalb ist dieses familienfreundliche Haus mit tadellosen Zimmern an einer Kopfsteinpflastergasse unweit des Hauptplatzes unser Favorit unter den drei Privatunterkünften im Ort, deren Preise sich sehr ähneln.

Camping Vorapark CAMPING €
(☎973 62 41 08; www.voraparc.com; Prat del Vedat; Platz pro 2-Pers.-Zelt & Auto 21, 20 €; ⏲April–Sept.; P) Dieser Platz 1,5 km außerhalb des Orts Richtung Parkeingang ist so ziemlich der beste. Er verfügt über einen netten Swimmingpool, einen Billardraum, einen Minimarkt und eine Bar.

Taüll

Taüll, 3 km bergauf von Boí, ist der mit Abstand malerischste Ort an der Westseite des Parks. Neun *cases de pagès* und über ein Dutzend Hotels und Pensionen sind entweder im Dorf selbst oder in der näheren Umgebung zu finden.

Pensión Santa Maria BOUTIQUE-HOTEL €€
(☎973 69 61 70; www.taull.com; Plaça Cap del Riu 3; DZ mit Frühstück ab 110 €; P) Ein mächtiger steinerner Bogengang führt vom schattigen Eingang in den stillen Innenhof dieser weitläufigen Oase mit rosenbehangenen Balkonen. Die Zimmer sind geschmackvoll eingerichtet und das Haus mit Steinmauern, Balken und Schieferdach verströmt eine tolle Atmosphäre.

Essen

Viele Restaurants in der Gegend schließen werktags und in der Nebensaison. Fast alle Orte haben ein oder zwei einfache Lokale.

Restaurant Juquim KATALANISCH €
(☎973 62 40 09; Mahlzeiten 20–25 €; ⏲Juni–Mitte Okt. tgl., Mitte Okt.–Mai Mi–Mo) Das alteingesessene Restaurant am Hauptplatz von Espot bietet vielfältige Gerichte an, hauptsächlich herzhafte Landkost. Im Winter kommt man in den Genuss großzügiger Portionen von *olla pallaresa* (heißem Bohneneintopf) und *civet de senglar* (Wildschweineintopf).

Praktische Informationen

Touristeninformationen

Die Nationalparkbüros (⏲Juni–Sept. tgl. 9–13 & 15.30–18.45, Okt.–Mai Mo–Sa 9–14 & 15.30–17.45, So 9–14 Uhr) befinden sich in Espot (☎973 62 40 36) und Boí (☎973 69 61 89). Die **Touristeninformation** (☎973 69 40 00; ⏲ Mo–Sa 9–14 & 17–19, So 10–14 Uhr) in Barruera liegt an der L500 10 km nördlich von der N230 und ist eine gute Informationsquelle zur Region um die Westseite des Parks. An Ostern und von Juni bis September macht eine Zweigstelle in Taüll auf (gleiche Öffnungszeiten), außerdem gibt's Büros in **El Pont de Suert** und **La Pobla de Segur** südlich des Parks.

Parkregeln

Privatfahrzeuge müssen außerhalb des Parks abgestellt werden. Wildes Campen ist nicht erlaubt, ebenso wenig wie Schwimmen und andere „Wasseraktivitäten" in den Seen und Flüssen. Jagen, Fischen, Pilzesammeln und alle anderen potenziell schädlichen Aktivitäten sind verboten.

An- & Weiterreise

Busse aus Barcelona, Lleida und La Pobla de Segur fahren täglich nach Esterri d'Àneu (sowie im Sommer zum Val d'Aran) und halten an der C13, Abzweigung Espot. Von dort ist es noch ein 8 km langer Fußmarsch bergauf bis nach Espot.

Die Alsa-Busse von Barcelona nach La Pobla de Segur (26,25 €, 3–4½ Std.) verkehren das ganze Jahr bis zu dreimal täglich. Von Juli bis Mitte September verkehrt jeden Tag ein Anschlussbus von La Pobla de Segur nach El Pont de Suert und weiter nach Barruera und zur Abzweigung nach Boí (el Cruce de Boí) an der L500 (1 km vor Boí).

Unterwegs vor Ort

Am einfachsten ist der Park mit dem Jeeptaxi von Espot oder Boí zu erreichen. Es gibt einen mehr oder weniger durchgehenden Shuttleservice von Espot und Estany de Sant Maurici sowie zwischen Boí und Aigüestortes, was einem 8 bzw. 10 km erspart. Jede Strecke kostet 9,70 € pro Person. Die Abfahrt erfolgt vor den Parkbüros in Espot und Boí (Juli–Sept. 8–19, restliches Jahr 9–18 Uhr).

Val d'Aran

9820 EW.

Vor nicht allzu langer Zeit war das üppig grüne Val d'Aran, Kataloniens nördlichste Ecke, noch eine der entlegensten Gegenden des Landes. Die einzige Verbindung zur Außenwelt bildete ein kleiner Pass Richtung Frankreich. Den Rest von Spanien konnte man nur nach einer anstrengenden Kletterei über die spektakulären, gut 2000 m hohen Gipfel erreichen. Geändert hat sich all dies mit der Eröffnung eines Tunnels in den 1950er-Jahren, der in der Tal-Hauptstadt Vielha beginnt. Dies führte zu einem Tourismusboom, u. a. wurde 1964 das Skigebiet Baqueira-Beret eröffnet. Dennoch fühlt man sich hier nach wie vor wie in einer verborgenen Welt zwischen bis zu den Wolken reichenden Bergen und steil ins Tal herabstürzenden Hängen mit Bergdörfern (viele haben sehr hübsche romanische Kirchen; eine Liste bekommt man in der Touristeninformation von Vielha). Außerhalb der Touristenzentren ist es einmalig schön. Von Arans hübschen Seitentälern aus können Trekkingfans über die Berge in alle Richtungen wandern, z. B. gen Süden in den Parc Nacional d'Aigüestortes i Estany de Sant Maurici.

Aufgrund der abgeschiedenen Lage wird hier offiziell nicht Katalanisch, sondern Aranesisch *(aranés)* gesprochen, ein Dialekt des Okzitanischen bzw. der *langue d'oc*, Südfrankreichs alter romanischer Sprache. Allerdings kommen im Radio trotzdem ziemlich oft katalanische Sendungen.

Entgegen seiner nördlichen Ausrichtung war Aran seit 1175 politisch mit Katalonien verknüpft, als Alfonso II. es unter seinen Schutz nahm, um rivalisierenden Grafen auf beiden Seiten der Pyrenäen zuvorzukommen. Eine Unterbrechung bildete lediglich die napoleonische Besatzung von 1810 bis 1815.

Das Val d'Aran ist etwa 35 km lang und in drei Bereiche aufgeteilt: Naut Aran (Ober-Aran), der östliche Teil in Ost-West-Ausrichtung, Mijaran (Mittel-Aran) um Vielha und Baish Aran (Unter-Aran), wo die Garona nordöstlich nach Frankreich fließt.

VIELHA

5239 EW. / 974 M

Vielha ist der Hauptort des Tals, eine kaum kontrollierte Ansammlung aus Ferienhäusern und Apartments, die sich die Hänge hinaufziehen. Das winzige Zentrum hat noch ein wenig von seinem Charme bewahrt, zählt aber ansonsten nicht gerade zu den Highlights des Val d'Aran. Die aranesische Schreibweise des Städtchens, Vielha, ist häufiger als die katalanische Schreibweise Viella.

Sehenswertes

Die kleine Altstadt erstreckt sich rund um die Plaça dèra Glèisa und über den kleinen Riu Nere westlich des Platzes.

Glèisa de Sant Miquèu KIRCHE

(Plaça dèra Glèisa) Die Kirche ist durch eine Stilmischung vom 12. bis 18. Jh. mit einem Hauptportal aus dem 13. Jh. geprägt. Sie birgt bemerkenswerte mittelalterliche Kunstwerke, darunter der *Crist de Mijaran* (12. Jh.), eine fast lebensgroße Holzbüste.

Musèu dèra Val d'Aran MUSEUM

(Carrèr Major 11; Erw./Sen. & Kind 2/1 €; ⏲ Di–Sa 10–13 & 17–20, So 11–14 Uhr) Das Museum in einer leicht baufälligen alten Villa mit Türmchen dokumentiert die Geschichte des Tals.

Schlafen

Etwa ein Drittel der Hotels im Tal hat sich in Vielha niedergelassen. Einige preiswerte Unterkünfte befinden sich im Passeig dèra Llibertat nördlich der Avenguda de Castièro. Zwischen Weihnachten und Neujahr sowie zu Ostern herrscht Hochbetrieb, wie auch zu den Hauptferienzeiten im Hochsommer (Juli–Aug.) und in der Skisaison (Jan.–Febr.). In der übrigen Zeit können sich die Preise fast halbieren.

Hostal El Ciervo BOUTIQUE-HOTEL €€

(☎973 64 01 65; www.hotelelciervo.net; Plaça de Sant Orenç 3; EZ/DZ 60/85 €; ⏲im Juni & Nov. geschl., 📶) Die Fassade dieser Unterkunft ist mit Bäumen und Tieren des Waldes bemalt. Schon bevor man zur Tür hineinspaziert, wird also eines ganz deutlich: Dieses Hotel hat eine sehr persönliche Note. Dem ersten Eindruck entsprechend wartet jedes der 20 Zimmer mit einem eigenen Stil und einer besonderen Atmosphäre auf. Darüber hinaus zählt das El Ciervo zu den günstigsten Optionen im Ort. Das Frühstück kostet 6 €.

LP TIPP **Otel Ço de Pierra** HOTEL €€
(☎973 64 13 34; www.hotelpierra.com; Carrèr Major 26; EZ/DZ 47/62 €) In Betrén, einem hübschen Ort in der Nähe von Vielhas Ostende, stößt man auf dieses neue, in traditioneller Bauweise aus Stein und Schiefer errichtete Hotel. Die zehn Zimmer kombinieren Stein und Holzbalken mit warmen Terrakottafarben. Ein weiterer Pluspunkt: Das zeitlose Dorf liegt nur 15 Gehminuten von Vielhas Zentrum entfernt.

Essen

Exzellente Restaurants wird man hier nicht finden, dafür aber jede Menge Lokale mit durchschnittlichem Angebot – einige bieten die hiesige Spezialität *olla aranesa* (einen kräftigen Eintopf) an.

Restaurant Gustavo (Era Mòla) FRANZÖSISCH €€
(☎973 64 24 19; Carrèr de Marrèc 14; Mahlzeiten 30–35 €; ⌚Mitte Juli–Sept. & Dez.–April Do–Di) In einem niedrigen Gebäude im alten Ortskern logiert Vielhas mit Abstand bestes Restaurant. Die Speisen weisen eine stark französische Note auf. Es gibt z. B. *solomillo de cerdo al Calvados* (Schweinefilet in Calvados) und leckere Desserts.

Praktische Informationen

Mossos d'Esquadra (Katalanische Polizei; ☎973 35 72 85) Direkt nördlich des Zentrums an der N230 Richtung Frankreich gelegen.

Touristeninformation (☎973 64 01 10; www.torismearan.org; Carrèr de Sarriulèra 10; ⌚9–21 Uhr)

ARTIES

490 EW. / 1143 M

Dieses Dorf liegt 6 km von Vielha an der Südseite der Straße nahe dem Zusammenfluss von Garona und Valarties. Zwischen freundlichen Steinhäusern ragt der dreistöckige Glockenturm der romanischen **Glèisa de Santa Maria** mit drei Apsiden empor.

Schlafen

Außer den beiden rechts genannten Optionen schließen fast alle Unterkünfte des Ortes von Mai bis Juni sowie von Oktober bis November.

Hotel Edelmeiss HOTEL €€
(☎973 64 09 02; EZ/DZ inkl. Frühstück 56/96 €; P 📶) Das kleine, familiengeführte Hotel hat nichts Besonderes an sich. Weil aber alles Wesentliche vorhanden ist, kann man hier eine angenehme Nacht verbringen. Das Frühstück wird in der lebhaften Bar unten serviert, die als Treffpunkt für die ganze Gemeinde dient. Die Sonnenkollektoren leisten einen Großteil der Stromversorgung.

Parador Arties HISTORISCHES HOTEL €€€
(☎973 64 08 01; www.parador.es; DZ 149 €; P ❄ 📶) Der palastartige *parador* befindet sich im größten Haus des Ortes und bietet luxuriöse, aber recht sterile Zimmer. Die Angestellten sind hilfsbereit.

SALARDÚ

460 EW. / 1267 M

Salardús Ortskern aus alten Häusern und engen Straßen 3 km östlich von Arties hat sich einer modernen Entwicklung bislang weitgehend widersetzt. In der Apsis der Kirche **Sant Andreu** aus dem 12. und 13. Jh. wird das holzgeschnitzte *Crist de Salardú* aus dem 13. Jh. aufbewahrt.

Das Dorf ist ein praktischer Ausgangspunkt in das nur 4 km entfernte Skigebiet Baqueira-Beret.

Schlafen

Es gibt hier mehrere Unterkünfte, aber unser Favorit befindet sich in dem winzigen Bagergue 2 km nördlich von Salardú. Im Mai, Juni, Oktober und November liegt allerdings alles in und um den Ort im Dornröschenschlaf.

Hotel Seixes HOTEL €€
(☎973 64 54 06; www.seixes.com; EZ/DZ inkl. Frühstück 83/94 €; ⌚im Juni geschl.; P 📶) Das bei Wanderern beliebte Hotel hat geräumige, komfortable Zimmer, einige mit einem tollen Blick über das Tal und auf die Gipfel ringsum. Beim herzhaften Frühstück kann man vom Personal alles über die örtlichen Trekkingrouten erfahren.

BAQUEIRA-BERET

Baqueira (auf Aranesisch Vaquèira), 3 km östlich von Salardú, und Beret, 8 km nördlich von Baqueira, bilden gemeinsam Kataloniens führendes **Skigebiet** (www.baquiera.es), das sogar die spanische Königsfamilie anlockt. Das hervorragende Liftsystem bringt Skifahrer auf Höhen zwischen 1500 und 2510 m zu insgesamt 72 Pisten mit einer Gesamtlänge von 104 km (mehr als in jedem anderen spanischen Skigebiet) inmitten einer schönen Landschaft.

Günstige Unterkünfte gibt's in Baqueira nicht und Beret hat gar keine Übernachtungsmöglichkeiten. Viele Gäste quartieren sich daher meist talabwärts in Salardú, Arties oder Vielha ein. Außerhalb der Saison ist alles geschlossen.

NÖRDLICH VON VIELHA

In den Bergen beidseitig der Hauptstraße Richtung Frankreich liegt eine großartige Landschaft mit Wanderwegen und urigen Dörfern. Die Abzweigung von der Hauptstraße nach Eth Pònt d'Arròs steigt über Vila ein paar Kilometer nach **Arròs** hinauf. Dieser Ort und andere verschlafen wirkende Weiler der Gegend strahlen mit soliden alten Häusern und weitläufigen Gassen jede Menge Charme aus.

Man kann aber auch Richtung Westen fahren und die Hauptstraße in **Es Bòrdes**, einem typisch aranesischen Dorf, verlassen. Eine kurvige Straße führt hoch in eine dicht bewaldete Landschaft. Schon die Reise an sich ist ein echtes Vergnügen: Zunächst folgt man dem Bach Joèu bergauf zu den Hochalmen der Plan dera Artiga de Lin. Von dort geht's dann über Wanderwege in die hohen, schroffen Berge der Aragonischen Pyrenäen mit dem Pic d'Aneto (3404 m).

An- & Weiterreise

Auto & Motorrad

Die N230 von Lleida und El Pont de Suert führt durch den 5,25 km langen Túnel de Vielha nach Aran und wendet sich dann ab Vielha nordwärts zur französischen Grenze bei Eth Pont de Rei. Nach dem Vall de la Noguera Pallaresa überquert die C28 den Pass Port de la Bonaigua (2072 m), der im Winter manchmal geschlossen ist, verläuft weiter nach Naut Aran und stößt dann bei Vielha auf die N230.

Bus

Alsa-Busse verkehren zweimal täglich zwischen Barcelona und Vielha (30,05 €, 5½ Std.) via Lleida und El Pont de Suert. Für die Fahrt von Lleida nach Vielha (12,05 €) muss man drei Stunden einplanen.

Ein Lokalbus pendelt vier- (an Wochenenden) bis neunmal täglich zwischen Baqueira und Les oder Pontaut (Richtung Eth Pont de Rei) mit Zwischenhalten in Vielha und in den Dörfern an der Strecke. Außerdem gibt's mehrere Verbindungen von Vielha nach Baqueira sowie nach Les/Pontaut. Die Fahrt von einem Ende des Tals zum anderen dauert eine Stunde.

ZENTRALKATALONIEN

Abseits der Strände und Berge locken im katalanischen Hinterland viele entzückende, kaum von Touristen besuchte Orte. Auf halber Strecke zwischen Barcelona und den Pyrenäen liegt das reizende Städtchen Vic mit seiner prachtvollen Plaça Major. Lohnende Ziele nordwestlich der Hauptstadt sind auch Manresa (gleich hinter Montserrat), Cardona (mit einer windumtosten Burganlage) und Solsona, in Richtung Lleida gelegen. Eine andere Route nach Lleida führt durch die Conca de Barberà mit ihren majestätischen mittelalterlichen Klöstern.

Vic

38 320 EW.

Ein noch unentdecktes touristisches Juwel Kataloniens mit einem bezaubernden historischen Kern voller römischer und mittelalterlicher Überbleibsel, einem großen gotischen Kreuzgang, einem hervorragenden Kunstmuseum, lebhaften Märkten und hervorragenden Restaurants. Trotz ihrer politisch strikt katalanischen Orientierung ist die Stadt sehr multikulturell. Von Barcelona aus bietet sich ein Tagesausflug hierher an, noch besser ist allerdings ein etwas längerer Aufenthalt, bei dem man die Atmosphäre ganz in Ruhe genießen kann.

Sehenswertes

Altstadt ALTSTADT

Die **Plaça Major**, Kataloniens größten Hauptplatz, säumen mittelalterliche sowie barocke und Jugendstilbauten. Hier findet immer noch regelmäßig ein **Markt** (Di & Sa morgens) statt, auf dem mit so ziemlich allem gehandelt wird, ob man nun Kohlköpfe, verführerische Dessous oder Hühner und Kaninchen kaufen möchte. Der Marktplatz wird auch Plaça del Mercadal genannt. Rundherum erstrecken sich die von Villen, Kirchen und Kapellen gesäumten Straßen des mittelalterlichen Stadtkerns, der die sonnige Atmosphäre des Südens nicht verleugnen kann.

Catedral de Sant Pere KATHEDRALE

(Plaça de la Catedral; Eintritt frei, Kreuzgang, Schatzkammer und Krypta Erw./Kind 2 €/frei; 10–13 & 16–19 Uhr) Die Kathedrale ist ein klassizistischer Mammutbau der düsteren Art mit einem romanischen Glockenturm. Ihre dunklen Säulen mit vierkantigem Sockel im Inneren werden durch die Fresken von Josep Maria Sert (er malte sie zweimal, da die ersten 1936 durch ein Feuer zerstört wurden) etwas aufgehellt. Zu den Highlights zählen die romanische Krypta, die Schatzkammer und der prächtige gotische Kreuzgang.

Museu Episcopal MUSEUM
(www.museuepiscopalvic.com; Plaça del Bisbe Oliba 3; Erw./über 10 J. 5/2,50 €; ⏲April–Sept. Di–Sa 10–19, So 10–14 Uhr, restliches Jahr kürzer) In der Nähe der Kathedrale stößt man auf dieses Museum mit einer großartigen Sammlung romanischer und gotischer Kunst, die fast ebenso gut ist wie die Ausstellung des Museu Nacional d'Art de Catalunya (S. 277) in Barcelona. Zu den Exponaten aus romanischer Zeit gehört das anschauliche *Davallament*, eine Darstellung der Kreuzabnahme Christi. Die gotische Sammlung wartet mit Werken bedeutender Künstler wie Lluís Borrassà und Jaume Huguet auf.

Feste & Events

Vic hat einen vollen Festkalender. Einige der wichtigsten Ereignisse:

Palmsonntag MÄRKTE
In der Woche vor Palmsonntag findet auf der Plaça Major der **Mercat del Ram** statt (Palmmarkt, dessen Tradition bis ins Jahr 875 zurückgeht), auf dem Palmwedel und Lorbeerzweige verkauft werden. Zeitgleich wird auf dem **El-Sucre-Messegelände** (Carrer de la Llotja) ein Bauernmarkt abgehalten.

August ANTIQUITÄTEN
Eine Woche lang, in der Zeit von Mitte bis Ende August, dauert die **Fira d'Antiguitats de Vic** (www.fav.cat) auf dem Messegelände, einer der größten Antiquitätenmärkte Spaniens.

September MUSIK
Vic rockt beim **Mercat de Música Viva** (www.mmvv.net), einem großen chaotischen Event, das sich über mehrere Tage erstreckt: Bei dieser Veranstaltung treffen katalanische, nationale und internationale Schulen des Latin-Rock und Pop aufeinander.

Schlafen & Essen

Von Barcelona aus kann man Vic gut im Rahmen eines Tagesausflugs besuchen. Die Stadt ist vor allem für ihre unverhältnismäßig vielen guten Restaurants bekannt, sodass hier Gourmets voll und ganz auf ihre Kosten kommen.

Hostal Osona HOSTAL €
(☎93 883 28 45; Carrer de Remei 3; EZ/DZ 20/36 €) Für den Fall, dass man eine Unterkunft braucht, verfügt das schlichte *hostal* über Zimmer mit Waschbecken und Gemeinschaftsduschen. Es liegt im Süden der Altstadt. Am Straßenrand gibt's zahlreiche Parkmöglichkeiten.

Ciutat de Vic HOTEL €€
(☎93 889 25 51; www.nh-hotels.com; Passatge can Mastrot; DZ 56–98 €; ❄ 📶) Dieses Hotel der NH-Kette bietet jede Menge Komfort, hat aber wenig Charakter. Der Service könnte deutlich besser sein.

LP TIPP **La Taula** KATALANISCH €€
(☎93 886 32 29, Plaça de Don Miguel de Clariana 4; Menüs ab 16,90 €; ⏲Juli–Aug. tgl., Okt.–Juni Di–Sa & So nur Mittagessen, Feb. geschl.) Dank der traditionellen Kochkunst zu fairen Preisen und lockeren Angestellten erfreut sich dieses Lokal großer Beliebtheit bei den Einheimischen.

Praktische Informationen

Touristeninformation (☎93 886 20 91; www.victurisme.cat; Carrer de la Ciutat 4; ⏲Mo–Fr 10–14 & 16–20, Sa 10–14 & 16–19, So 10–13.30 Uhr)

An- & Weiterreise

Rodalies-Züge (Linie C3) fahren regelmäßig von Barcelona (5,70 €, bis 1½ Std.) hierher.

Rund um Vic

RUPIT

330 EW.

Ein zauberhafter Ausflug führt nordöstlich von Vic über etwa 31 km auf der C153 nach Rupit, ein hinreißendes altes Dorf mit malerischen Häusern aus dem 17. Jh., einer hübschen barocken Kirche und versteckten Plätzen inmitten eines welligen Graslands. In den Ort gelangt man über eine Hängebrücke. Der Carrer del Fossar entlang dem Hügelkamm, um den sich ein Teil des Dorfs ausbreitet, ist sehr reizvoll. Rupit gilt als guter Ausgangspunkt für Streifzüge in die Umgebung.

Ohne ein eigenes Fahrzeug gestaltet sich die Anreise problematisch. **Sagalés-Busse** (www.sagales.com) starten montags bis freitags um 15 und 18 und Samstag um 11.20 Uhr am Carrer de Casp 30 in Barcelona, in Vic muss man umsteigen. Die Fahrt (10,50 €) dauert etwa 2½ Stunden.

Manresa

76 558 EW.

Manresa, ein Gewerbezentrum in Kataloniens Kernland, war Schauplatz der ersten Versammlung der nationalistischen Unió Catalanista (1897), die das politische Manifest für einen autonomen katalanischen Staat, *Bases de Manresa,* veröffentlichte.

Abgesehen von der gewaltigen **Basílica de Santa Maria** auf dem Hügel Puig Cardener in der Ortsmitte ist von der Altstadt nur noch wenig zu sehen. Das gotische Kirchenschiff ist das zweitgrößte nach dem der Kathedrale von Girona. Der einzigartige romanische **Pont Vell**, dessen acht Bögen den wenig beeindruckenden Riu Cardener überspannen, wurde nach der Zerstörung im Bürgerkrieg wieder aufgebaut.

Cardona

5187 EW.

Lange vor der Ankunft in Cardona ist in der Ferne bereits die Silhouette von der hoch über dem Ort thronenden Burg aus dem 18. Jh. zu erspähen. Der Ort schmiegt sich an die Muntanya de Sal (Salzberg). Noch bis 1990 waren die Salzminen eine wichtige Einnahmequelle.

Die Burganlage (einfach der Ausschilderung zum herrlichen **Parador Ducs de Cardona** folgen) wurde über einem älteren Vorgängerbau errichtet. Bemerkenswert ist auch die hoch aufragende, schlichte romanische **Església de Sant Vicenç** (Erw./Kind 3/2 €; ⏲Juni–Sept. Di–So 10–13 & 15–18 Uhr, restliches Jahr kürzer). Einst waren ihre nackten Steinwände mit leuchtenden Fresken bedeckt, von denen inzwischen einige im Museu Nacional d'Art de Catalunya (S. 277) in Barcelona bewundert werden können.

Cardona befindet sich an der Alsa-Busstrecke Barcelona–Manresa–Solsona. In Barcelona starten täglich bis zu vier Busse (12,85 €, 2 Std.), in Maresa drei bis vier (4,40 €, 1 Std.). Einige fahren weiter nach Solsona (2,20 €, 25 Min.).

Solsona

9000 EW.

Solsonas Einwohner werden *matarucs* (Eselmörder) genannt, was ein merkwürdiger Spitzname zu sein scheint, bis man erfährt, was die beliebteste Festaktivität der Einheimischen war. Den Karnevalshöhepunkt im Februar bildete nämlich ein Spektakel, bei dem ein Esel den Glockenturm (Torre de les Hores) hochgehievt wurde. Das Tier, buchstäblich zu Tode verängstigt, entleerte auf dem Weg nach oben sowohl Blase als auch Darm, sehr zum Vergnügen der betrunkenen Menge. Wer von einer der beiden Substanzen getroffen wurde, sollte im kommenden Jahr angeblich Glück haben. Mittlerweile verwendet man dankenswerterweise eine wasserspritzende Attrappe.

Die **Catedral de Santa Maria** an der Plaça de la Catedral (Eintritt frei; ⏲10–13 & 16–20 Uhr) wartet mit einer romanischen Apsis, einem gotischen Kirchenschiff sowie einem hübschen Kreuzgang auf und beherbergt die Geister einer Menge aufgebrachter Esel. Hinter dem Gebäude erhebt sich der neoklassizistische **Palau Episcopal** (Plaça del Palau; Erw./Senior & Kind 3/2 €; ⏲Mai–Sept. Di–Sa 10–13 & 16.30–19, So 10–14 Uhr, restliches Jahr kürzer) aus dem 18. Jh. Er beherbergt eine beachtliche Sammlung mittelalterlicher Kunst aus Kirchen der Umgebung.

Zwei bis vier Alsina-Graells-Busse fahren täglich von Barcelona (15,30 €, 2–2½ Std.) über Manresa (6,65 €, 65 Min.) und Cardona nach Solsona.

Conca de Barberà

Das hügelige grüne Weinbaugebiet ist in der ansonsten eintönigen Ebene Südwestkataloniens eine wohltuende Überraschung und bietet sich an als alternative Route von Barcelona (oder Tarragona) nach Lleida sowie darüber hinaus. Weingärten und Wälder wechseln sich auf den sanften Hügeln ab und gelegentlich stößt man auf mittelalterliche Dörfer und Klöster.

Ohne eigenes Fahrzeug sind die hier genannten Sehenswürdigkeiten nur sehr schwer zu erreichen.

REIAL MONESTIR DE SANTA MARIA DE POBLET

Ein Highlight in dieser Region ist dieses imposante befestigte **Kloster** (Erw./Kind über 7 J. 6/3,20 €; ⏲Mitte März–Mitte Okt. Mo–Sa 10–12.45 & 15–18, So & Feiertage 10–12.30 & 15–17.30 Uhr, restliches Jahr kürzer), das 1151 von südfranzösischen Zisterziensern gegründet wurde und zum Unesco-Welterbe gehört.

Die Mauern des Gebäudes, das der heiligen Maria geweiht ist, dienten zur Verteidigung und waren gleichzeitig ein Symbol für die Abkehr der Mönche von den Nichtigkeiten der Welt. Vor der langen, unebenen Plaça Major, um die sich mehrere Nebengebäude wie die kleine romanische **Capella de Santa Caterina** verteilen, befindet sich ein prächtiges Portaö. Die **Porta Daurada** neben der Kapelle erhielt ihren Namen wegen ihrer Goldverkleidung, die Felipe II. bei seinem Besuch 1564 beeindrucken sollte.

Vom Hauptplatz geht's zuerst durch die **Porta Reial** (Königliches Tor), flankiert von mächtigen achteckigen Türmen, und anschließend durch eine abgenutzte romanische Tür zum prachtvollen Kreuzgang, der zwar romanischen Ursprungs, heute aber weitgehend gotisch ist. Mit seinem beschaulichen Brunnen und Pavillon wirkt der zweistöckige Kreuzgang wie eine Oase. Vor hier führt der Weg zum östlichen Ende der Kirche, ein typisches hohes, nüchternes gotisches Werk der Zisterzienser, zu den prächtigen Alabasterskulpturen des *retablo* und zum Panteón de los Reyes (Pantheon der Könige). In den imposanten Alabastersärgen, restauriert von Frederic Marès (s. S. 256), ruhen Größen wie Jaume I. (Eroberer von Mallorca und Valencia) und Pere III.

Das **Hostal Fonoll** (☎977 87 03 33; www.hostalfonoll.com; Plaça de Ramon Berenguer IV 2; EZ/DZ 40/70 €; P❄📶) liegt gegenüber dem Klostereingang und bietet schlichte, aber komfortable Zimmer. Leider ist die orangefarbene Einrichtung vor allem in den Bädern etwas zu grell geraten. In dem zugehörigen kleinen Restaurant mit einer Bar kann man auch einfach nur für einen Kaffee oder einen Imbiss einkehren. Der Garten lockt mit einem Whirlpool (5 €), außerdem gibt's eine Mikrowelle sowie einen Billardtisch.

RUND UM DAS REIAL MONESTIR DE SANTA MARIA DE POBLET

Es lohnt sich, ein wenig Zeit in der Umgebung zu verbringen. **L'Espluga de Francolí**, ein freundlicher Ort mit mehreren kleinen Hotels, ist über eine hübsche, 2,5 km lange Allee (sehr schön zum Spazierengehen) mit dem Kloster verbunden. Als Hauptattraktion gilt das **Hostal del Senglar** (☎977 87 04 11; www.hostaldelsenglar.com; Plaça de Montserrat Canals 1; Mahlzeiten 30–35 €), ein hervorragendes katalanisches Restaurant für Fleischliebhaber. Der Speisesaal kommt zwar ein wenig unpersönlich daher, aber dafür überzeugen das exzellente Essen und der tolle Service. Kinder können im Garten spielen, zudem besteht die Möglichkeit, über Nacht zu bleiben, denn das *hostal* verfügt über 34 schlichte Zimmer (EZ/DZ ohne Frühstück 90/100 €).

Noch interessanter ist das 8 km entfernte **Montblanc**. Die einstige königliche Residenz wird von Festungsmauern umgeben und wartet mit zahlreichen Sehenswürdigkeiten wie einer gotischen Villa, Kirchen und einigen Ruinen romanischen Ursprungs auf. Die kurvenreiche Landstraße nach **Prades** führt durch reizende Landschaften.

NOCH MEHR KLÖSTER

In der Gegend kann man zwei weitere schöne Zisterzienserklöster besuchen. Auf der AP7 geht's von Vilafranca aus in Richtung Südwesten und ab der Gabelung 18 km nach Westen. Die Ausfahrt 11 führt nach Norden zum mittelalterlichen **Reial Monestir de Santes Creus** (Königliches Kloster der Heiligen Kreuze; Plaça de Jaume el Just; Erw./Kind 4,50/3 €, Di frei; ⌚Juni–Okt. Di–So 10–18.30 Uhr, restliches Jahr kürzer). 1168 zogen Zisterziensermönche in das Kloster, das sich zum wichtigen Lernzentrum entwickelte und damit zur Wiederbevölkerung des Umlands beitrug. Hinter der romanisch-gotischen Fassade verstecken sich ein herrlicher Kreuzgang aus Sandstein aus dem 14. Jh., der Kapitelsaal und die königlichen Wohnungen, in denen sich die *comtes-reis* (wörtlich: Graf-Könige; die Herrscher des gemeinschaftlichen Staates Katalonien und Aragonien) aufhielten, wenn sie den Ort in der Karwoche besuchten. Die im 12. Jh. errichtete Kirche liegt 28 km östlich von Montblanc und ist ein schlankes gotisches Bauwerk im französischen Stil.

Nördlich von Montblanc (man fährt erst über die C14 und nimmt dann die LP2335 Richtung Westen) führen Landstraßen durch das raue Land in die niedrige Hügelgegend der Serra del Tallat sowie zu einem weiteren Zisterzienserbau, dem **Reial Monestir de Santa Maria de Vallbona de les Monges** (Königliches Kloster der Heiligen Maria von Vallbona der Nonnen; Erw./Kind 2,50/2 €; ⌚März–Okt. Di–Sa 10.30–13.30 & 16.30–18.45, So & Feiertage 12–13.30 & 16.30–18.45 Uhr, restliches Jahr kürzer) aus dem 12. Jh. Heute leben hier noch 20 Nonnen. Während der Führungen – meistens in katalanischer Sprache – erfahren Besucher, dass sich das Kloster noch nicht ganz von den Schäden des Bürgerkriegs erholt hat. Ein Kombiticket für diese Sehenswürdigkeiten sowie das Kloster in Poblet kostet 7 €. Mehr über die Region erfährt man auf der Website der Ruta del Cister (Zisterzienser-Route) www.larutadelcister.info.

SPITZIGE FREUDEN

Viele Menschen kennen den leichten und relativ preiswerten Sekt von Freixenet. Das Unternehmen ist einer der spanischen Hauptexporteure von *cava* (Sekt) und in der Weinregion Penedès in Katalonien beheimatet, wo ein Großteil der weißen spanischen Schaumweine produziert wird (s. S. 314).

Doch Freixenet und Sekt bilden nur die Spitze des katalanischen Weinbergs. In Katalonien gibt's ganze elf DO-Weinregionen *(Denominación de Origen)* und eine beachtliche Vielfalt an Weinen. Katalanische Produkte sind zwar außerhalb des Landes nicht so bekannt, bieten aber angenehme Überraschungen. Die schweren, gerbstoffreichen und dunklen Rotweine des Priorat (www.doqpriorat.org) bekamen 2000 das begehrte DOC-Siegel *(Denominación de Origen Calificada)*, das lange Zeit allein den Rioja-Weinen zugestanden wurde. Mehr über die Priorat-Weine und die des angrenzenden DO-Gebiets Montsant (Kennern zufolge sind sie ebenso empfehlenswert und viel günstiger) erfährt man in der **Touristeninformation** (☎977 83 10 23; www.priorat.org; Carrer de Sant Marcel 2) in Falset, Hauptstadt der Priorat-Region. Hier gibt's auch ein paar feine Restaurants.

Kataloniens andere DO-Weine stammen aus der ganzen Region, etwa aus dem Empordà-Gebiet um Figueres im Norden und der Terra Alta um Gandesa im Südwesten. Das Penedès-Anbaugebiet erzeugt fast 2 Mio. Hektoliter pro Jahr – doppelt so viel wie der gesamte Ertrag der übrigen DO-Regionen.

Zahlreiche lokale Rebsorten kommen aus dem eigenen Land, darunter der Weiße Macabeo, Garnacha und Xarello (alles Weißweine) sowie die Rotweine Schwarzer Garnacha, Monastrell und Ull de Llebre (Hasenauge). Ausländische Sorten (Chardonnay, Riesling, Chenin Blanc, Cabernet Sauvignon, Merlot und Pinot Noir) sind ebenfalls weit verbreitet.

In Raïmat, außerhalb der Penedès-Region, sowie in Costers del Segre (Provinz Lleida) werden gute rote und ein paar bemerkenswerte weiße Tropfen produziert. Ein empfehlenswerter Starkwein kommt aus der Gegend um Tarragona und im Norden des Empordà-Bezirks werden einige angenehm frische Weine gekeltert.

Lleida

135 920 EW.

Die heiße, trockene Provinzhauptstadt Lleida (auf Kastilisch Lérida) zählt sicher nicht zu den attraktivsten Orten in Katalonien, ist jedoch freundlich und lebhaft und hat genügend Sehenswürdigkeiten für einen Zwischenstopp. Die Altstadt erstreckt sich um zwei Hügel herum. Auf dem einen thront eine mächtige Burg mit Kirche, auf dem anderen ein ehemaliges Festungsgebäude, das etwas blasser wirkt. Die darunter liegenden Straßen vermitteln das Flair des leicht heruntergekommenen, urigen Spaniens alter Tage, während der hohe Anteil afrikanischer Migranten ein Merkmal der heutigen Zeit ist.

Sehenswertes

La Seu Vella KATHEDRALE

(Erw./unter 7 J. 3 €/frei; ⌚Juni–Sept. Di–So 10–13.30 & 16–19.30 Uhr) Lleidas „alte Kathedrale“ La Seu Vella übertrifft in puncto Lage und Bedeutung alles andere. Sie erhebt sich innerhalb einer *recinte* (Einfassung) mit Verteidigungsmauern aus dem 12. bis 19. Jh.

Der Haupteingang zur **recinte** (Eintritt frei; ⌚8–20 Uhr) liegt an der Westseite der Carrer de Monterey. Während der Öffnungszeiten kommt man auch mit einem ungemein hässlichen **ascensor** (Aufzug) oberhalb der Plaça de Sant Joan dorthin.

Die Kathedrale wurde vom 13. bis zum 15. Jh. aus sandfarbenem Stein an der Stelle einer ehemaligen Moschee errichtet (Lleida stand von 719–1149 unter islamischer Herrschaft). Sie ist ein Meisterwerk des Übergangsstils, obwohl sie sich erst vor nicht allzu langer Zeit von einer 241 Jahre währenden Nutzung als Kaserne erholt hat. Felipe V. hatte diese Zweckentfremdung als Bestrafung für den Widerstand der Stadt im Spanischen Erbfolgekrieg angeordnet.

Ein 70 m hoher achteckiger Turm mit Fensteröffnungen im gotischen Stil ragt am Südwestende des Kreuzgangs empor. Der riesige Innenraum, vom Militär als Stallung und Schlafsaal verwendet, besteht aus einem Wald von schlanken Säulen mit verzierten Kapitellen.

Oberhalb der Kathedrale stößt man auf ein paar Reste der muslimischen Festung und des Castell del Rei bzw. La Suda, der einstigen Residenz des muslimischen Statthalters.

Castell de Gardeny KLOSTER

(Turó de Gardeny; Erw./Kind 2,50/frei €; ⌚Mai–Okt. Di–Sa 10–13.30 & 16.30–19.30, So 10–14 Uhr, restliches Jahr kürzer) Kurz nachdem Lleida 1149 von den muslimischen Herrschern zurückerobert worden war, errichteten die Tempelritter einen Klosterkomplex, der im 17. Jh. zu einer Festung ausgebaut wurde. Die ursprünglich romanische Església de Santa Maria de Gardeny und ein mächtiger Turm sind erhalten geblieben. Einfallsreich gestaltete Tafeln bieten einen Einblick in das klösterliche Leben der Ritter.

Museu de Lleida MUSEUM

(www.museudelleida.cat; Carrer de Sant Crist 1; Erw./unter 12 J. 4 €/frei; ⌚Juni–Sept. Di–Sa 10–14 & 16–20, So 10–14 Uhr, restliches Jahr kürzer) Das schicke Museum vereint so ziemlich alles unter seinem Dach: Ausstellungsstücke, die bis zur Steinzeit zurückreichen, einige römische Überreste, mittelalterliche Exponate und Artefakte aus dem 19. Jh. Am ersten Dienstag des Monats ist der Eintritt frei.

Carrer Major & Umgebung ALTSTADT

Das gotische Herrenhaus **La Paeria** aus dem 13. Jh. ist schon fast genauso lange der Sitz der Stadtregierung. Die klassizistische **La Seu Nova** (18. Jh.) an der Plaça de la Catedral wurde errichtet, als man die Kathedrale zur Kaserne umfunktionierte. Gleich gegenüber liegt das **Antic Hospital de Santa Maria** (Plaça de la Catedral) mit einigen gotischen Elementen und einem schönen Hof, über den man schlendern kann, wenn das Gelände geöffnet ist. Manchmal werden hier Wechselausstellungen geboten.

Das **Museu d'Art Jaume Morera** (Carrer Major 31; Eintritt frei; ⌚Di–Sa 11–14 & 17–20, So 11–14 Uhr) zeigt viele Werke von Künstlern mit Bezug zu Lleida.

Dipósit del Pla de l'Aigua HISTORISCHE ÜBERRESTE

(Carrer de Múrcia 10; ⌚Sa, So & Feiertage 11–14 Uhr) Lleidas Wunderwerk der Ingenieurskunst aus dem 18. Jh. war lange Zeit der städtische Trinkwasserspeicher und versorgte fünf öffentliche Brunnen. Das Bauwerk mit 25 beeindruckenden Steinsäulen fasste insgesamt 9 Mio. Liter: Kein Wunder also, dass es Wasserkathedrale genannt wurde!

GRATIS **Museu Roda-Roda** MUSEUM

(Carrer de Santa Cecília 22; Eintritt frei; ⌚Di–Sa 10–14 & 16.30–20.30, So 11–14 Uhr) Wer skurrilc Erinnerungsstücke mag, sollte sich die kleine Sammlung klassischer Autos und Motorräder ansehen.

Schlafen & Essen

Lleida ist so untouristisch, dass sich dies auch in einem Mangel an interessanten Hotels niederschlägt. Dafür gibt's eine tolle Auswahl an Restaurants. Wer hier etwas essen möchte, muss sich allerdings über eines im Klaren sein: Dies ist Kataloniens Hauptstadt der Schneckenesser *(cargol)*. Während des jährlichen Schneckenfests **Aplec del Cargol** an einem Sonntag Anfang Mai werden hier so viele *cargols* verspeist, dass sie sogar importiert werden müssen.

Hotel Real HOTEL €

(☎973 23 94 05; www.hotelreallleida.com; Avinguda de Blondel 22; EZ/DZ ab 49/51 €; P ❄ 📶) In diesem modernen mehrstöckigen Gebäude kommen in erster Linie Geschäftsreisende unter. Das Hotel bietet unterschiedliche Zimmer, die alle hell und sauber sind und teilweise geräumige Balkone haben. Die Räume zur Straße hin sollte man meiden, denn sie sind nicht schallisoliert, und der nächtliche Lärm von betrunkenen Passanten kann nervtötend sein. Einige Zimmer sind behindertengerecht gestaltet.

Restaurant Santbernat STEAKS €

(☎973 27 10 31; Carrer de Saracíbar; Menüs ab 16,95 €; ⌚Do–So Mittag- & Abendessen, Mo–Mi Mittagessen; 👪) Kaum jemand würde vermuten, dass sich im ersten Stock des eher düster wirkenden Busbahnhofs ein so gemütliches Lokal befindet. Die Hauptattraktion sind die Fleischgerichte, die auf einem großen offenen Grill gebrutzelt werden. Für Kinder gibt's ein Extramenü (16,95 €).

El Celler del Roser SCHNECKEN €

(☎973 23 90 70; Carrer dels Cavallers 24; Menüs ab 11,80 €; ⌚Mo–Sa Mittag- & Abendessen, So Mittagessen) Ein alteingesessenes Restaurant, das sich auf Schnecken (ab 12,30 €) spezialisiert hat. Darüber hinaus werden insgesamt acht Variationen des preisgekrönten *bacallà* (Kabeljau; ab 17,20 €) zubereitet.

Praktische Informationen

Centre d'Informació i Reserves (☎902 25 00 50; http://turisme.paeria.es; Carrer Major 31bis; ⏲Mo–Sa 10–14 & 16–19, So & Feiertage 10–13.30 Uhr) Informationen zur Stadt.

Oficina Turisme de la Generalitat (☎973 24 88 40; Plaça de Ramon Berenguer IV; ⏲Mo–Fr 10–14 & 15.30–19.30, Sa 10–14 Uhr) Hier erfährt man alles Wissenswerte über die Provinz.

Post (Rambla de Ferran 16; ⏲Mo–Fr 8.30–20.30, Sa 9.30–14 Uhr)

An- & Weiterreise

Bus

Jeden Tag fahren bis zu 14 **Alsa-Busse** (sonntags drei) nach Barcelona (18 €, 3 Std.), zwei nach El Pont de Suert und Vielha (12,15 €, 2½ Std.), einer (außer sonntags) nach La Pobla de Segur, Sort, Llavorsí und Esterri d'Àneu (19,90 €, 3 Std.) und zwei nach La Seu d'Urgell (16,90 €, 2½ Std.).

Zug

Lleida liegt an der Bahnstrecke zwischen Barcelona und Madrid. Es gibt bis zu 34 Verbindungen pro Tag, darunter auch einige langsame Regionalzüge (3½ Std.) sowie der Hochgeschwindigkeitszug AVE. Die neuen Züge der Avant-Klasse (halb so teuer wie der AVE und beinahe genauso schnell) brauchen für die Fahrt nur eine Stunde. Tickets kosten zwischen 21,60 und 45,90 €. Alle Züge fahren via Zaragoza.

Montsec

Das Bergland 65 km nördlich von Lleida ist in Katalonien die beliebteste Gegend für Gleitschirm- und Ultraleichtflieger. Ebenso gefragt sind Aktivitäten wie Wandern, Höhlenerkundungen und Klettern.

Àger, ein Dorf im gleichnamigen Tal, ist das Zentrum der Gegend. Von Balaguer her kommend sieht man es vom Gipfel des **Coll d'Àger** (912 m) im Nordosten wie ein Überwurf auf einem Hügel liegen, aus dem die faszinierende Ruine der **Església de Sant Pere** herausragt.

Montsec hat sechs Startplätze für Hobbyflieger, ein weiterer findet sich ganz oben auf dem Sant Alís (1678 m). **Volàger** (☎973 32 02 30; www.volager.com; Camí de Castellnou) in Bellpuig bietet Gleitschirmkurse an und verleiht Ausrüstungen. Es gibt Tagestouren für 80 € sowie sechstägige Kurse für 650 €.

Wanderer und Kletterer steuern am liebsten die atemberaubende Schlucht **Congost de Mont-Rebei** mit ihren 80 m hohen Felswänden am westlichen Ende der Montsec-Berge an. Der Riu Noguera Ribagorçana fließt entlang der Grenze zu Aragonien von Norden in die Klamm. Höhlenfans werden am Fuß der Schlucht und rund um den Stausee im Süden fündig.

Zum Übernachten eignen sich ein paar *cases de pagès* und ein *hostal*. Das Bergland lässt sich nur mit einem eigenen Fahrzeug erreichen und erkunden.

COSTA DAURADA

Südlich von Sitges (S. 309) erstreckt sich die Costa Daurada (Goldküste) mit einer Reihe meist stiller Badeorte und scheinbar unendlichen Stränden an einer überwiegend flachen Küste, im Süden begrenzt vom Delta des mächtigen Riu Ebre (Ebro), das 20 km ins Mittelmeer hineinragt. Dazwischen liegen die alte römische Hauptstadt Tarragona und der moderne Freizeitpark Port Aventura – Kataloniens Antwort auf Euro Disney.

Vilanova i la Geltrú

61 427 EW.

Vilanova liegt westlich von Sitges und ist in sechs Minuten mit dem Zug zu erreichen. Von hier stammen die kulinarische Spezialität *xató* (eine Mandel- und Haselnusssauce, die für mehrere Gerichte verwendet wird, u.a. für Meeresfrüchte) und der viel umworbene Schauspieler Sergi López. Der Ort selbst wartet mit einer von drei schönen breiten Stränden gesäumten Esplanade auf.

Ein paar Straßen vom Strand entfernt entdeckt man gleich neben dem Bahnhof das interessante **Museu del Ferrocarril** (Eisenbahnmuseum; www.museudelferrocarril.org, auf Spanisch; Plaça d'Eduard Maristany; Erw./Kind 5/4 €; ⏲Aug. 10.30–14.30 & 17–20 Uhr, restliches Jahr kürzer) im Dampfeisenbahndepot aus dem 19. Jh. Die Dampflokomotiven ziehen Kinder jeden Alters an.

Im Februar wird in Vilanova 13 Tage lang der ausschweifende *carnaval* (Karneval) gefeiert. Einer der Höhepunkte ist die **Batalla de Caramels** (Bonbonschlacht), wenn die kostümierten Einwohner sich mit über 100 000 kg Bonbons bewerfen!

Von Barcelona oder Sitges kann man gut einen Tagesausflug hierher unternehmen. Das wunderbare **Hotel Cèsar** (☎93 815 11 25; www.hotelcesar.net; Carrer d'Isaac Peral 4–8; DZ 90–140 €; P ❄ ☕ ≋) bietet jedoch durchaus einen Grund, etwas länger zu bleiben.

Es befindet sich in einer ruhigen grünen Gegend direkt hinter dem Uferbereich und hat Doppelzimmer sowie Suiten unterschiedlicher Kategorien, darunter einige mit eigenem Computer und Breitband-Internetzugang. Zur Entspannung geht's in die Sauna oder zur Massage. **La Fitorra** (Mahlzeiten 35–40 €; ⌚Mi–So, Di nur Abendessen) ist eines der führenden Restaurants des Ortes in Sachen regionale Küche.

Wer gern mehr über die Stadt erfahren möchte, besucht am besten die **Touristeninformation** (☎93 815 45 17; www.vilanovaturisme.net; Passeig del Carme; ⌚Mo–Sa 10–20, So 10–14 Uhr).

Vilanova liegt an der Strecke der *rodalies*-Züge (Linie C2) von Sitges. Wer von Barcelona anreist, zahlt 2,90 € pro Fahrt.

Altafulla

3293 EW.

Tarragonas römische Bewohner verbrachten hier einst ihre Ferien und wären bestimmt auch heute noch von Altafulla angetan. Eine **Festung** aus dem 13. Jh. krönt den mittelalterlichen Ortskern mit seinen cremefarbenen und weißen Mauern sowie den rosaroten Steintoren und Fenstern. Altafulla liegt nur 10 km östlich von Tarragona und wurde nach der muslimischen Invasion befestigt. Der breite, aber wenig beeindruckende **Strand** (2 km entfernt auf der anderen Seite der Autobahn) wird von heiter wirkenden einstöckigen Häusern gesäumt, den **Botigues de Mar** (Meerläden). Bis weit ins 19. Jh. dienten sie als Lager, inzwischen sind es jedoch Wohnhäuser, die oft an Feriengäste vermietet werden.

Schlafen & Essen

Gran Claustre Hotel BOUTIQUE-HOTEL €€€
(☎977 65 15 57; www.granclaustre.com; Carrer del Cup 2; DZ mit Frühstück 170 €; P ❄ ≋ ᯤ) Die luxuriösen Zimmer in einem wunderschön renovierten Gebäude in der Altstadt verfügen über Duschen mit Steinfliesen und helle Wände voller Kunstwerke. Im Hof befindet sich ein wunderbarer holzvertäfelter Swimmingpool.

Alberg Casa Gran HOSTEL €
(☎977 65 07 79; Plaçeta 12; B Student & unter 26 J. /ab 26 J. 20/23 €) Eines der reizvollsten Hostels der Region ist in einem schönen, zentral gelegenen Gebäude untergebracht.

Im Ortszentrum gibt's zwei herrliche, aber sehr unterschiedliche Lokale: das **Restaurant Bruixes de Burriac** (☎977 65 15 57; www.granclaustre.com; Carrer del Cup 2; Menüs ab 30 €) im Gran Claustre Hotel, das ebenso verführerische wie fantasievolle regionale Gerichte serviert, und die einfachere **Bar Balleste** (☎977 65 28 39; Marqués de Tamarit 17; Gerichte 10–15 €) an der Hauptstraße am Fuß der Altstadt. Hier bekommt man ein sensationelles Mittagsmenü (12 €), das sich täglich ändert und so ungewöhnliche Gerichte wie Hühnercurry umfassen kann.

An- & Weiterreise

Jeden Tag verkehren einige Regionalzüge zwischen Tarragona und Altafulla (1,80 €, 10 Min.).

Tarragona

140 323 EW.

Die sonnige Hafenstadt bietet eine faszinierende Mischung aus mediterranem Strandleben, römischer Geschichte und mittelalterlichen Gassen. Kataloniens bedeutendste Sehenswürdigkeit aus römischer Zeit ist Tarragonas am Meer gelegenes römisches Amphitheater. Überdies wartet der Ort mit einem bezaubernden mittelalterlichen Kern auf, dominiert von einer hübschen Kathedrale, die schon für sich genommen einen Ausflug wert ist. Und wenn man genug Geschichte geschnuppert hat, geht man einfach hinunter an einen der Strände. Darüber hinaus gibt's hier jede Menge Restaurants und etliche Bars, in denen bis in die frühen Morgenstunden großer Andrang herrscht. Tarragona ist ohne Zweifel die aufregendste Stadt in Südkatalonien.

Geschichte

218 v. Chr. wurde der Ort von den Römern erobert, die ihn Tarraco nannten. 27 v. Chr. machte Augustus die Siedlung zur Hauptstadt seiner neuen Provinz Tarraconensis (umfasst ungefähr das Gebiet des modernen Spanien). Er blieb dort zwei Jahre, um Feldzüge in Kantabrien und Asturien anzuführen. Als die Muslime 714 vordrangen, wurde Tarragona aufgegeben, erwachte aber 1089 als Sitz des Erzbischofs zu neuem Leben. Heute ist es dank der zahlreichen römischen Relikte und der schönen mittelalterlichen Kathedrale ein faszinierender Ort.

Sehenswertes & Aktivitäten

Die Touristeninformation verfügt über drei praktische Broschüren mit detailliert beschriebenen Routen zu römischen und mittelalterlichen Sehenswürdigkeiten sowie zu Jugendstilgebäuden.

Museu d'Història de Tarragona

RÖMISCHE RUINEN

(MHT; www.museutgn.com; Erw./Kind pro Stätte 3 €/frei, inkl. aller Bereiche des MHT 10 €/frei; ⌚Ostern–Okt. Mo–Sa 9–21, So 9–15 Uhr, restliches Jahr kürzer) Es ist etwas irreführend, die vier Bereiche dieser Ruinen als Museum zu bezeichnen, denn eigentlich handelt es sich um ganz unterschiedliche römische Stätten (seit 2000 gehören sie zum Welterbe der Unesco) und ein vornehmes Herrenhaus aus dem 14. Jh., das heute das **Museu Casa Castellarnau** (Carrer dels Cavallers 14) beherbergt.

Die Besichtigung beginnt mit dem römischen Zirkus, dem **Pretori i Circ Romans** (Plaça del Rei), in dem einstmals Wagenrennen stattfanden. Hier kann man noch alte Gewölbeteile bewundern. Das Bauwerk war einst 300 m lang und erstreckte sich bis jenseits der Plaça de la Font im Westen. Die nahe gelegene Plaça del Fòrum diente als Standort des Provinzforums und war das politische Herz der Provinz Tarraconensis. In Richtung Strand stößt man auf das Highlight der römischen Stätten, das gut erhaltene **Amfiteatre Romà** (Plaça d'Arce Ochotorena), wo Gladiatoren gegeneinander oder gegen wilde Tiere kämpften. Hier befinden sich auch die Relikte von Kirchen aus dem 6. und 12. Jh., errichtet zur Erinnerung an den Märtyrertod des Bischofs Fructuosus und zweier Diakone, die hier angeblich 259 n. Chr. lebendig verbrannt worden waren.

Mehrere eindrucksvolle Säulen dominieren die Überreste des **Fòrum Romà** (Carrer del Cardenal Cervantes). Die nordwestliche Hälfte wurde von einer Gerichtsbasilika eingenommen, in der juristische Auseinandersetzungen geregelt wurden. Von dieser Stelle geht's über eine Fußgängerbrücke zu einer weiteren Ausgrabungsstätte mit einem römischen Straßenabschnitt. Das Forum bildete das Zentrum des öffentlichen und religiösen Lebens. 2006 entdeckte man die Überreste eines Tempels für Jupiter, Juno und Minerva (dem wichtigsten Götterdreigestirn der Römischen Republik), der dafür spricht, dass dieser Ort viel größer und bedeutender war als zuvor angenommen.

Der **Passeig Arqueològic** ist ein ruhiger Weg zwischen zwei Stadtmauern rund um einen Teil der Altstadt. Die Innenmauern waren überwiegend römisch, während die Außenmauern im Spanischen Erbfolgekrieg von den Engländern errichtet wurden.

> **i TARRAGONA MIT NUR EINEM TICKET**
>
> Mit der Tarragona Card (14 € für 48 Std.) muss man in den Museen und anderen Sehenswürdigkeiten des Ortes keinen Eintritt bezahlen, fährt kostenlos mit den lokalen Bussen und bekommt vielerorts Preisnachlässe, beispielsweise in Restaurants oder Taxis. Außerdem ist ein Stadtführer inbegriffen. Damit sich das Ticket wirklich lohnt, sollte man alle Attraktionen besuchen.

Museu Nacional Arqueològic de Tarragona

MUSEUM

(www.mnat.es; Plaça del Rei 5; Erw./Kind 2,40 €/frei; ⌚Juni–Sept. Di–Sa 10–20, So & Feiertage 10–14 Uhr, restliches Jahr kürzer) Das gut ausgestattete Museum gewährt weitere Einblicke in das römische Tarraco. Zu den Exponaten gehören Teile der Stadtmauer, Fresken, Skulpturen und Keramiken. Ein Höhepunkt ist das riesige, fast vollständig erhaltene *Mosaic de Peixos de la Pineda* mit Fischen und anderen Meeresbewohnern. In der Abteilung für Alltagskunst werden altertümliche Fruchtbarkeitssymbole gezeigt, darunter ein übergroßer Steinpenis, Symbol des Gottes Priapus.

Der Eintritt gilt auch für das Museum in der **Necròpolis Paleocristians** (Avinguda de Ramón i Cajal 80; Erw./Kind 2,40 €/frei inkl. Museu Nacional Arqueológic de Tarragona; ⌚Juli–Sept. Di–Sa 10–20, So 10–14 Uhr, restliches Jahr kürzer) aus der spätrömischen Zeit. Dieser große christliche Friedhof erstreckt sich am Passeig de la Independència im Westen. Er verfügt über einige verblüffend kunstreiche Grabmäler. Leider kann man die Anlage selbst nicht besichtigen.

Catedral

KATHEDRALE

(Pla de la Seu; Erw./Kind 3,80 €/1,20; ⌚Mo–Sa 10–19 Uhr, restliches Jahr kürzer) Tarragonas Kathedrale thront hoch über der Altstadt . Bei Redaktionsschluss wurde sie gerade aufwendig renoviert, deshalb sind die Öffnungszeiten eingeschränkt. Allerdings sollten die Bauarbeiten beendet sein, wenn dieses Buch auf den Markt kommt. Kreuzgang und Museum sind jedenfalls zugäng-

Tarragona

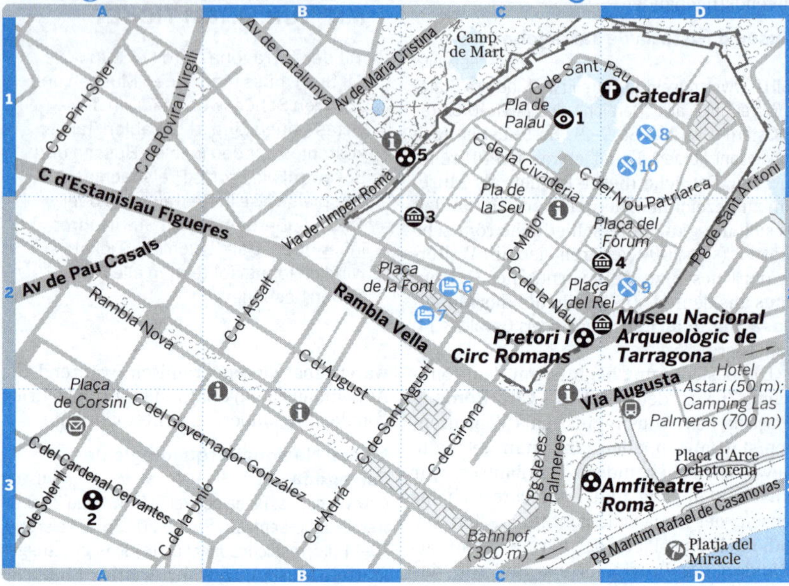

lich und ihre Besichtigung erfordert viel Zeit. Die Kirche wurde zwischen 1171 und 1331 am früheren Standort eines römischen Tempels errichtet. Sie vereint romanische und gotische Elemente, wie an der Hauptfassade am Pla de la Seu deutlich wird. Ihr Eingang befindet sich am Kreuzgang an der Nordwestseite des Gebäudes.

Der Kreuzgang wartet mit gotischen Bögen und romanisch verzierten Kapitellen auf, darunter eines, auf dem man Ratten bei der Beerdigung einer vermeintlich toten Katze sieht, die dabei allerdings wieder zum Leben erwacht! In den Räumen nebenan ist das **Museu Diocesà** mit einer umfangreichen Sammlung untergebracht, die von römischen Haarnadeln bis zu großartigen bunten Schnitzarbeiten – Darstellungen der stillenden Jungfrau – aus dem 12. bis 14. Jh. reichen.

Der 100 m lange Innenraum der Kathedrale ist am Nordostende romanisch, am Südwestende gotisch. An den mit Brüsseler Wandteppichen (16./17. Jh.) geschmückten Wandelgänge liegen mehrere Kapellen aus dem 14. bis 19. Jh. In der **Capella de Santa Tecla** an der Südostseite wird der Arm der heiligen Thekla, Tarragonas Schutzpatronin, aufbewahrt. Der Chor besitzt ein aus Walnuss geschnitztes Gestühl aus dem 15. Jh. Im 13. Jh. wurde der marmorne **Hauptaltar** mit Szenen aus dem Leben der heiligen Thekla versehen.

Strände STRÄNDE

Tarragonas oft ziemlich voller Stadtstrand **Platja del Miracle** ist einigermaßen sauber. Die **Platja Arrabassada** 1 km nordöstlich der Landspitze bietet etwas mehr Platz und die **Platja Llarga** 2 km weiter erstreckt sich über ganze 3 km. Die Buslinien 1 und 9 fahren von der Haltestelle Balcó in der Via Augusta zu beiden Stränden (1,10 €). Sie halten auch an der Rambla Vella und der Rambla Nova.

Museu del Port HAFENMUSEUM

(www.porttarragona.cat; Refugi 2 Moll de la Costa; Erw./Kind 2 €/frei; ⌚Juni–Sept. Di–Sa 10–14 & 17–20, So & Feiertage 11–14 Uhr, restliches Jahr kürzer) Dieses eigenartige Museum muss man nicht unbedingt gesehen haben. Es zeigt einige Exponate zur Geschichte des Hafens seit den Römern (nur auf Katalanisch und Kastilisch), ein paar Modellschiffe und einige weitere Gegenstände zur Seefahrt. Kinder wird es aber bestimmt für eine Weile unterhalten.

GRATIS **Pont del Diable** RÖMISCHE RUINEN

Die sogenannte Teufelsbrücke, der **Aqüeducte Romà** (⌚9 Uhr bis Sonnenunter-

Tarragona

Highlights

Sehenswertes

Schlafen

Essen

gang), stammt aus römischer Zeit. Er steht etwas verloren neben der Autobahn AP7 nach Tarragona (etwa an der Kreuzung mit der N240). Auf seinem gut erhaltenen, zweistufigen Abschnitt (217 m lang und 27 m hoch) kann man vorsichtig von einem Ende zum anderen balancieren. Bus 5 nach Sant Salvador startet an der Plaça Imperial de Tàrraco und verkehrt alle 10 bis 20 Minuten. Er hält ganz in der Nähe. Autofahrer können in einer der Parkbuchten beidseitig der AP7 außerhalb der Mautstation halten.

GRATIS **Museu d'Art Modern** KUNSTMUSEUM
(Carrer de Santa Anna 8; ⌚Di–Fr 10–20, Sa 10–15 & 17–20, So & Feiertage 11–14 Uhr) Gelegentlich zeigt das kleine Kunstmuseum interessante Wechselausstellungen. Es präsentiert eine eindrucksvolle Sammlung aus Skulpturen, Bronzen und moderner Kunst.

Schlafen

Es gibt in Tarragona etwa 25 Hotels. Die weniger reizvollen Unterkünfte liegen in den neueren Stadtteilen, während man in der bzw. rund um die Altstadt auch ein paar empfehlenswerte Bleiben findet.

Pensió Forum PENSION €
(☎977 23 1718; Plaça de la Font 37; EZ/DZ 26/38 €) Die kleinen bunten Zimmer dieser hilfsbereiten *pensión* befinden sich über einem Restaurant und sind teilweise mit Balkonen ausgestattet, von denen man auf den Hauptplatz blickt. Bei derart günstigen Preisen kann man hier wohl kaum etwas bemängeln.

Hotel Astari HOTEL €€
(☎977 23 69 00; www.hotelastari.com; Via Augusta 95–97; EZ/DZ 64/72 €; P❄📶🏊) Eines von mehreren langweiligen Businesshotels in der Stadt, das dafür aber nur fünf Gehminuten vom Zentrum und vom Strand entfernt ist. Einige der schlichten Zimmer verfügen über Balkone mit Meerblick. Darüber hinaus ist der Pool fantastisch und auch der Service lässt nichts zu wünschen übrig.

Hotel Plaça de la Font HOTEL €€
(☎977 24 61 34; www.hotelpdelafont.com; Plaça de la Font 26; EZ/DZ 55/70 €; ❄) Die Zimmer sind hier zwar ein wenig eng, aber angenehm modern und in sanften Farben gehalten. Sie haben stabile Betten und z. T. kleine Balkone mit einem Ausblick auf den Platz.

Camping Las Palmeras CAMPING €
(☎977 20 80 81; www.laspalmeras.com; Platz pro 2-Pers.-Zelt & Auto 40–50 €; P📶🏊) Dieser lebhafte Platz erstreckt sich am äußersten Ende der Platja Llarga (3 km nordöstlich von Tarragona). Er ist einer der besseren der acht Einrichtungen für Camper entlang der Strände nordöstlich der Stadt und wartet u. a. mit einem großen Pool in der Nähe des Meeres auf. Zu dem Platz gehören 1,5 km Küste und ein unberührter Wald. Darüber hinaus werden hier Wind- und Kitesurfingkurse angeboten.

Essen

Im Fischerhafen **Serrallo** bekommt man die besten Meeresfrüchte von ganz Tarragona. Etwa ein Dutzend Bars und Restaurants verkaufen hier den Fang des Tages und platzen insbesondere an Sommerwochenenden aus allen Nähten. Die Küche der meisten Lokale schließt um ca. 22.30 Uhr. Zu den empfehlenswertesten Läden zählen das **L'Ancora** (Carrer de Trafalgar 25; raciones 6–7 €; ⌚13–1 Uhr) und sein Ableger **El Varadero** (Carrer de Trafalgar 13; raciones 6–7 €). Beide bieten ihren Gästen köstliche Gerichte und haben zudem lange geöffnet. Am besten bestellt man Verschiedenes, z. B. *tigres* (gefüllte, panierte und gebratene Muscheln), *ostrón* (dicke Austern) und *cigalas a la plancha* (gegrillte Kaisergranate). Man kann drinnen sitzen (oben gibt's die schönsten Plätze) oder an einem der Tische draußen. Im Sommer steht man hier manchmal selbst um Mitternacht noch stundenlang an.

Aq KATALANISCH €€
(☎977 21 59 54; Carrer de les Coques 7; Gerichte ca. 15 €, Menüs ab 18 €; ⌚Di–Sa) Ein moderner, durchdesignter Laden mit starken Farbkontrasten (schwarze, gelbe und cremefarbene Stoffe), klaren Linien und raffinierten internationalen Abwandlungen traditioneller Gerichte wie *garrí al forn amb timbal d'alberginia i tomaquet* (im Ofen zubereitetes Spanferkel mit Aubergine und Tomatentimbal).

Quim Quima INTERNATIONAL €€
(☎977 25 21 21; Carrer de les Coques 1bis; Mahlzeiten 35 €, Menüs ab 19,90 €; ⌚Di–Do Mittagessen, Fr & Sa Mittag- und Abendessen) In dem renovierten mittelalterlichen Haus erwartet Gäste ein wunderbares Ambiente, ob man sich nun drinnen zwischen den freigelegten Steinmauern oder im schattigen kleinen Garten aufhält. Die lange Speisekarte enthält Gerichte wie Crêpes mit Würstchen und Käse oder Lasagne.

El Palau del Baró KATALANISCH €€
(☎977 24 14 64; www.palaudelbaro.com, auf Spanisch; Carrer de Santa Anna 3; Mahlzeiten 35–45 €, Menüs ab 15–18 €; ⌚Di- Sa Mittag- & Abendessen, So Mittagessen) Das jahrhundertealte Anwesen, in dem der „Palast des Barons" untergebracht ist, bietet eine ebenso prächtige wie romantische Kulisse. Hier gibt's eine ziemlich große Auswahl, die von Paella über *arròs negre* bis zu verschiedenen Fischgerichten reicht.

Ausgehen & Unterhaltung

Am lebendigsten geht's in den **Bars** und **Clubs** am Ufer nahe dem Port Esportiu (Yachthafen) und in einigen Straßen vor dem Bahnhof, z. B. am Carrer de la Pau del Protectorat, zu.

Im **Soho** (Eintritt frei; ⌚15–4 Uhr), einem In-Treff am Yachthafen, wird jazzige Chill-out-Musik gespielt.

Das **Gioconda** und das **New Brooklyn** (Eintritt 8 €; ⌚Mi–So 22–5 Uhr) liegen ganz in der Nähe und gehören zu den beliebtesten Clubs am Pier. Hier wird besonders am Wochenende wild abgetanzt.

Praktische Informationen

Hospital Joan XXIII (☎977 22 40 11; Carrer del Dr Mallafre Guasch 4)

Post (Plaça de Corsini; ⌚ Mo–Fr 8.30–20.30, Sa 9.30–14 Uhr)

Regionale Touristeninformation (☎977 23 34 15; Carrer de Fortuny 4; ⌚Mo–Fr 9–14 & 16–18.30, Sa 9–14 Uhr)

Tarraconect@ (Carrer del Cós del Bou; pro Std. 1,50 €; ⌚Mo–Sa 10.30–14 & 17–22.30, So 17–19 Uhr) Internetzugang.

Touristeninformation (☎977 25 07 95; www.tarragonaturisme.cat; Carrer Major 39; ⌚Juli–Okt. Mo–Sa 10–20, So 10–14 Uhr, ansonsten Mo–Sa 10–14 & 16–19 Uhr) In der Stadt gibt's mehrere **Informationsstände.** Die Öffnungszeiten variieren, aber in der Hauptsaison haben sie alle von etwa 10 bis 20 Uhr geöffnet.

An- & Weiterreise

Tarragona liegt an den Hauptstrecken südlich von Barcelona und ist daher gut angebunden.

Bus

Busse fahren von hier nach Barcelona, Valencia, Zaragoza, Madrid, Alicante und Pamplona, zu den größeren andalusischen Städten, nach Andorra und an die Nordküste. Der Busbahnhof befindet sich 1,5 km nordwestlich der Altstadt.

Zug

Seit Kurzem wartet Tarragona mit einem protzigen neuen Bahnhof auf, dem Camp de Tarragona, der eher wie ein supermoderner Flughafen aussieht. Es wurde zwar viel Geld in seinen Bau investiert, aber wenig über die Lage außerhalb des Stadtzentrums nachgedacht. Mit dem Taxi braucht man 20 langweilige Minuten hierher und berappt dafür 24 €. Für einen der stündlich verkehrenden Busse ab dem Busbahnhof zahlt man dagegen nur 2,70 €; der erste startet um 6 und der letzte um 23.20 Uhr. Bleibt man in der Gegend, kann man einen der 16 Regionalzüge pro Tag nehmen, der über Sants von/nach Barcelonas Passeig de Gràcia fährt. Die günstigsten Tickets (für Regional- und Catalunya-Expresszüge) kosten zwischen 13,80 und 20 €, die Fahrt dauert 1–1½ Std.

Port Aventura

7 km westlich von Tarragona erstreckt sich der **Port Aventura** (www.portaventura.es; Erw./5–12 J. 44/35 €; ⌚Juli–Aug. 10–24 Uhr, restliches Jahr kürzer), einer der beliebtesten Freizeit- und Erlebnisparks Spaniens. Er wartet mit zahlreichen aufregenden Attraktionen und Fahrgeschäften auf, darunter z. B. der Furius Baco mit der angeblich weltweit höchsten Beschleunigung.

Zu dem Komplex gehört außerdem der **Caribe Aquatic Park** (Erw./Kind 24/19 €; ⌚Juli–Aug. 10–19 Uhr, restliches Jahr später) mit zahlreichen Wasserrutschen. Einige besonders furchteinflößende haben mehr Drehungen und Wendungen als ein Krimi von Ken Follett.

1 km Fußweg vom Komplex entfernt hat der Park einen eigenen Bahnhof. Züge fahren mehrmals täglich von Tarragona (1,70–10,80 €, 7 Min.) und Barcelona (7,10–18,40 €, 1½ Std.) hierher. Mit dem Auto kommt man über die AP7, Abfahrt 35, oder die N340 ab Tarragona zum Pont Aventura.

Reus & Umgebung

107 118 EW.

Reus war in der zweiten Hälfte des 19. Jhs. die zweitwichtigste Stadt Kataloniens und ein bedeutendes Exportzentrum für Textilien und Weinbrand. Gaudís Geburtsstadt verfügt über viele Häuser des Modernisme, der katalanischen Variante des Jugendstils. Karten, auf denen rund 30 dieser Gebäude im Zentrum aufgelistet sind, bekommt man in der **Tourismusinformation** (☎977 01 06 70; http://turisme.reus.cat; Plaça Mercadal 3; ⌚Mo–Sa 10–20, So 10–14 Uhr), wo man auch Führungen (gelegentlich auch auf Englisch und Französisch) buchen kann. Dazu ist allerdings eine Voranmeldung erforderlich. Zwischen Reus und Tarragona (9,20 €, 15–20 Min.) verkehren zahlreiche Züge.

35 km nordwestlich von Reus erheben sich über dem hübschen Bergdorf **Siurana** die Reste einer der letzten islamischen Festungen, die den Christen während der Reconquista in die Hände fielen. Westlich davon ragen die Felswände der Serra de Montsant aus der Landschaft. Dieses Gebiet zieht zahlreiche Kletterer und Wanderer an.

Tortosa

34 832 EW.

Über dieser leicht staubigen Stadt im Hinterland, die erstmals vor über 2000 Jahren von iberischen Stämmen besiedelt wurde, thront ein Burgkomplex, errichtet von Muslimen in einer Zeit, als Tortosa die Frontlinie zwischen dem mittelalterlichen christlichen und muslimischen Spanien bildete.

Neben der **Touristeninformation** (☎977 44 96 48; www.turismetortosa.com; Plaça del Carrilet 1; ⌚Mai–Okt. Di–Sa 10–13.30 & 16.30–19.30, So 10–13.30 Uhr, ansonsten Di–Sa 10–13.30 & 15.30–18.30, So 11–13.30 Uhr) gibt's einen weiteren Infostand im Jardins del Príncep mit ähnlichen Öffnungszeiten.

Oberhalb der Altstadt am westlichen Ende der Stadt nördlich des Ebro wacht das imposante **Castell de la Suda**. Hier wurde ein kleiner arabischer Friedhof aus dem Mittelalter entdeckt. Heute befindet sich auf dem Gelände ein eleganter **parador** (☎977 44 44 50; DZ ab 138 €; P❄📶🏊). Die **gotische Kathedrale** (Seu; Führungen Erw./10–12 J. 3/1 €; ⌚Mo–Sa 10–13.30 & 16.30–19, So 12.30–14 Uhr) mit einigen barocken Ergänzungen und einem hübschen Kreuzgang stammt aus dem Jahr 1347. Zu den weiteren Sehenswürdigkeiten gehören der **Palau Episcopal** und die wunderbaren **Jardins del Príncep** (Erw./Kind 3/2 €; ⌚Mo–Sa 10–13.30 & 16.30–19.30, So 10–13.30 Uhr), in denen man unter den vielen Schatten spendenden Bäumen spazieren gehen – allerdings sind die Hänge teilweise ziemlich steil – und die zahlreichen Skulpturen bewundern kann.

Wer vor Ort übernachten möchte, sollte das freundliche, zentral gelegene **Hostal Virginia** (☎977 44 41 86; www.hotelvirginia.net; Avinguda de la Generalitat 139; EZ/DZ 34/45 €; P❄📶) ansteuern. Die Unterkunft bietet moderne, wenn auch leicht sterile Zimmer mit großen Betten und kühlen Fliesenböden. Unten gibt's eine Bar. Sind alle Betten belegt, findet man am Rande der Stadt drei weitere, ebenfalls sterile Mittelklassehotels. Was das Essen angeht, trifft man mit einem Mittagsmenü (12 €) im **Restaurant Los Banys** (☎977 44 36 44; Pare Cirera 5) eine ganz annehmbare Wahl.

Zug- und Busbahnhof liegen sich an der Ronda dels Docs gegenüber. Züge verkehren von/nach Barcelona, Lleida und Tarragona (6,45 €, 1 Std. 10 Min.). Zwei bis vier Busse fahren zum Delta de l'Ebre.

Ebrodelta

Das durch Schlammablagerungen entstandene Flussdelta des Río Ebro (auf Katalanisch Delta de l'Ebre) erstreckt sich in der Nähe der katalanischen Südgrenze etwa 20 km ins Meer. Spaniens bedeutendstes Biotop für Wasservögel ist übersät mit schilfbewachsenen Lagunen und wird von Dünenständen eingerahmt. Während des Vogelzugs von Oktober bis November erreicht die Vogelpopulation ihre höchste Dichte mit etwa 53 000 Enten und 15 000 Blässhühnern. Im Winter und Frühjahr lassen sich hier außerdem 10 % aller auf der Iberischen Halbinsel überwinternden Wasservögel nieder.

Auch wenn man kein passionierter Ornithologe ist, lohnt sich der Besuch der Gegend allein wegen der surreal wirkenden Landschaft. Kleine, weiß getünchte Bauernhäuser scheinen auf winzigen Inseln zwischen leuchtend grünen Reisfeldern zu schwimmen, die im Winter trocken und karg werden. Hier sieht es ganz anders aus als überall sonst in der Region.

Fast die Hälfte der 320 km² des Deltas wird zum Reisanbau genutzt. 77 km², meist an der Küste und um die Lagunen herum, bilden den **Parc Natural Delta de l'Ebre**.

Deltebre, wichtigster Ort der Gegend, breitet sich über 5 km am Nordufer des Flusses im Zentrum des Deltas aus. Sein westlicher Teil wird Jesús i Maria genannt, der östliche La Cava. Am Südufer gegenüber von Deltebre liegt Sant Jaume d'Enveja. Von L'Ampolla, Amposta und Sant Carles de la Ràpita, allesamt an der N340, führen Straßen kreuz und quer nach Deltebre. Drei *transbordadors* (Fähren) *verbinden* die Stadt von frühmorgens bis zum Einbruch der Dunkelheit mit Sant Jaume d'Enveja (pro Auto und Person 3 €), allerdings könnten ihre Tage gezählt sein, da bei Redaktionsschluss eine Brücke zwischen den beiden Orten im Bau war.

Sehenswertes & Aktivitäten

Frühmorgens und abends kann man am besten **Vögel beobachten**, z. B. in der Nähe der Lagunen L'Encanyissada und La Tancada sowie an der Punta de la Banya, alle drei im Süden des Deltas gelegen. L'Encanyissada verfügt über zwei Beobachtungstürme und La Tancada über einen (weitere sind auf einer Karte verzeichnet; erhältlich im Centre d'Informació). Bei La Tancada und Punta de la Banya hat man einen besonders guten Blick auf die **Flamingos**, da hier fast 2000 von ihnen nisten. Seit 1992 gilt das Delta als eines von nur fünf Gebieten in Europa, wo sie sich fortpflanzen. Die Punta de la Banya ist mit dem Delta durch eine 5 km lange Landenge verbunden. An ihrem Nordende erstreckt sich der lange, windige, mit Müll übersäte Sandstrand Platja de l'Eucaliptus.

Mehrere in Deltebre angesiedelte Unternehmen bieten **Bootstouren** (10 € pro Pers., 1½ Std.) zur Mündung des Ebros und zur Illa de Buda an der Spitze des Deltas an. Wie häufig sie starten, hängt von der Saison und der Anzahl der Interessenten ab.

In El Poblenou del Delta lohnt sich ein Besuch des **Mas de la Cuixota** (☎977 26 12 25; http://ebre.info/cuixota, auf Spanisch; Partida de l'Encanyissada). Hier kann man Ferngläser zur Vogelbeobachtung mieten und Fahrten durch die Kanäle des Deltas in den traditionellen Booten mit flachen Böden, den sogenannten *barques de perxar*, buchen.

MÜCKEN

Das heiße und feuchte Ebrodelta zieht nicht nur Tausende Vögel an, auch Moskitos fühlen sich hier ungemein wohl. An Sommerabenden würde kein Einheimischer auch nur einen Schritt nach draußen tun ohne sich vorher mit einem starken Insektenschutzmittel einzusprühen. Außerdem sollte man darauf achten, dass jede Unterkunft mückensichere Türen und Fenster oder zumindest Moskitonetze hat. Im Winter ist es weniger schlimm.

Schlafen & Essen

Rund um Amposta, im Ebrodelta und in der angrenzenden Gegend gibt's mehrere Campingplätze, gemütliche Hotels und ein paar *casas rurales*. In Sant Carles de la Ràpita, einem netten Fischerort mit Hafen, hat man ebenfalls ein paar Möglichkeiten. Einfache Restaurants findet man in allen größeren Dörfern.

LP TIPP **Mas del Tancat** CASA RURAL €
(☎656 901014; www.ebreguia.com/masdeltancat, auf Spanisch; Camí dels Panissos; DZ 55 €; P ❄ 📶) In dem umgebauten historischen Bauernhaus stehen nur fünf Zimmer mit Eisengestellbetten und Terrakottaböden zur Verfügung. Der Empfang in dieser ruhigen Unterkunft direkt am Delta ist herzlich. Zahlreiche Enten, Hühner, Esel und Ziegen auf dem Gelände vermitteln ein noch stärkeres Gefühl, in der Natur angekommen zu sein. Auf Wunsch bekommt man für 15 € ein hervorragendes hausgemachtes Abendessen; das Frühstück kostet 6 €. Leicht zu finden ist dieses Haus allerdings nicht. Es liegt zwischen der Ortschaft Ampara und dem Dorf Sant Jaume d'Enveja, aber am besten ruft man vorher an und lässt sich den Weg erklären.

Lo Segador CASA RURAL €
(☎636 517755; www.losegador.com, auf Spanisch; Carrer Major 14, El Poblenou del Delta; DZ/3BZ 45/63 €; P ❄) Das weiß getünchte, familiengeführte Landhaus mit sechs Zimmern, großen Terrassen, Gärten und einem ge-

DEN STIER BEI DEN HÖRNERN PACKEN

Zahlreiche Katalanen äußern ihre Abscheu vor dem Stierkampf – und diese Ablehnung ist ab 2012 offiziell, denn dann wird in der Region der Stierkampf verboten. Vielleicht ist manchen gar nicht bewusst, dass es im südlichen Katalonien eine ganz eigene sommerliche Tradition der Tierquälerei gibt. In Amposta und umliegenden Städten feiern die Bewohner *bous capllaçats* und *bous embolats:* Ersteres ist eine Art Tauziehen zwischen Einheimischen und einem Stier mit einem Strick um die Hörner, Letzteres ein Brauch, bei dem die Tiere mit brennenden Fackeln an ihren Hörnern herumrasen. Tierschützer prangern diese Bräuche an, die von der katalanischen Regierung mit der Begründung erlaubt werden, dass man die Stiere nicht töte und die Bevölkerung ein Recht auf die Pflege ihrer Traditionen habe. Mehr zum Thema Stierkampf siehe S. 912.

meinsamen Küchenbereich ist eine schlichte Unterkunft. Sie sieht fast so aus, als habe sie ein Wind aus der Sahara gerade erst hierhergeweht.

ℹ Praktische Informationen

Im Gebäude des **Centre d'Informació** (☎977 48 96 79; Carrer de Martí Buera 22, Deltebre; ⏲Mai–Sept. Mo–Sa 10–14 & 15–19, So 10–14 Uhr, restliches Jahr kürzer) ist auch ein **Ecomuseu** (Eintritt 1,20 €; ⏲wie das Centre d'Informació) untergebracht, in dem Besucher mehr über das Delta erfahren und ein Aquarium sowie ein Terrarium mit lokaler Flora und Fauna bewundern können.

Ein weiteres **Informationsbüro** (☎977 48 21 81; ⏲selbe Öffnungszeiten) befindet sich in der Casa de Fusta neben der Lagune L'Encanyissada, 10 km südwestlich von Deltebre. Es beherbergt eine Dauerausstellung (Eintritt 1,20 €) zu den hiesigen Lagunen. Darüber hinaus gibt's Infostände in Sant Carles de la Ràpita, Amposta und L'Ampolla.

ℹ An- & Weiterreise

Am besten kann man das Delta mit dem eigenen Wagen oder Motorrad erkunden, doch nach Tortosa gelangt man auch mit dem Bus und/oder der Bahn.

Autocars-Hife-Busse (www.hife.es) fahren bis zu achtmal täglich (2-mal an Sa, So & Feiertagen) von Tortosa nach Jesús i Maria und La Cava (2,95 €, 50 Min.) sowie einmal täglich von Amposta (2 €, 30 Min.).

Aragonien

Inhalt »

Gut essen

» Tiempo de Ensueño (S. 410)

» La Tasca de Ana (S. 391)

» Restaurante Callizo (S. 397)

» Casa Pascualillo (S. 381)

» Bodegón de Mallacán (S. 398)

Schön übernachten

» Hotel los Siete Reyes (S. 397)

» Parador de Sos del Rey Católico (S. 386)

» Hotel Las Torres (S. 380)

» La Casa del Tío Americano (S. 410)

» Hotel Barosse (S. 391)

Auf nach Aragonien

Vielleicht liegt es daran, dass Aragonien keinen Zugang zum Meer hat, jedenfalls ist die Region nur wenigen bekannt und gehört doch zu den erstaunlichsten Reisezielen Spaniens. Wohlgeformte Gipfel werden hier von tiefen Tälern durchbrochen und Flüsse schlängeln sich durch Wälder sowie an kleinen Orten vorbei, die von den Spuren der Zeit unberührt zu sein scheinen. Typisch für die Gegend sind die Stein-*pueblos*: Nahezu überall stößt man auf Kandidaten, die den Titel „schönstes spanisches Dorf" verdient hätten. Auch die Städte lohnen einen Besuch. Mudéjar Teruel und Zaragoza sind sehr trubelig und warten mit beeindruckenden Bauwerken aus der römischen, islamischen und christlichen Zeit auf. Darüber hinaus bietet die Region erstklassige Freizeitaktivitäten wie Wandern, Canyoning und Skifahren. Vor allem anderen aber fasziniert Aragonien, weil hier noch das alte Spanien lebt und atmet.

Reisezeit

Zaragoza

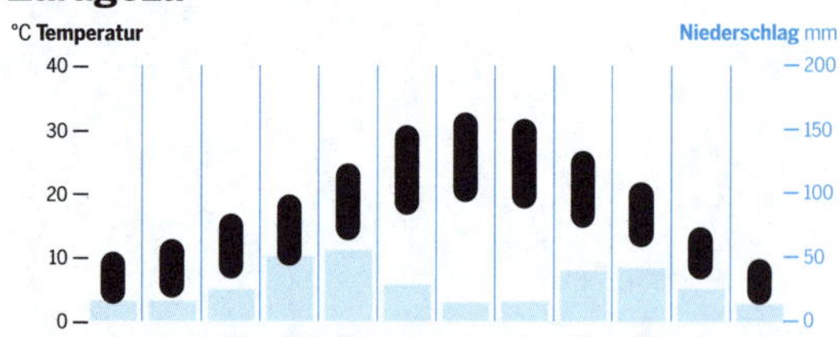

Februar Teruels Fiesta Medieval entführt Besucher der Stadt ins Mittelalter.

Mitte Juni–Anfang September Die beste Zeit zum Wandern in den Aragonischen Pyrenäen.

Oktober Zaragozas Fiestas de Pilar verbinden Sakrales mit der Lust am Feiern.

Zaragoza

674 317 EW.

Zaragoza (Saragossa) rockt! Die lebenslustigen Bewohner dieser großartigen Stadt an den Ufern des mächtigen Río Ebro stellen mehr als die Hälfte der Bevölkerung Aragoniens und repräsentieren einen Lifestyle, bei dem Tapas-Bars und Nachtclubs eine wichtige Rolle spielen. Doch Zaragoza ist weit mehr als das. Es wartet mit zahlreichen Sehenswürdigkeiten aus der Zeit großer Zivilisationen (römisch, islamisch, christlich) auf, die in Spanien deutliche Spuren hinterlassen haben.

Geschichte

Die Römer gründeten Caesaraugusta (wovon sich „Zaragoza“ ableitet, was man

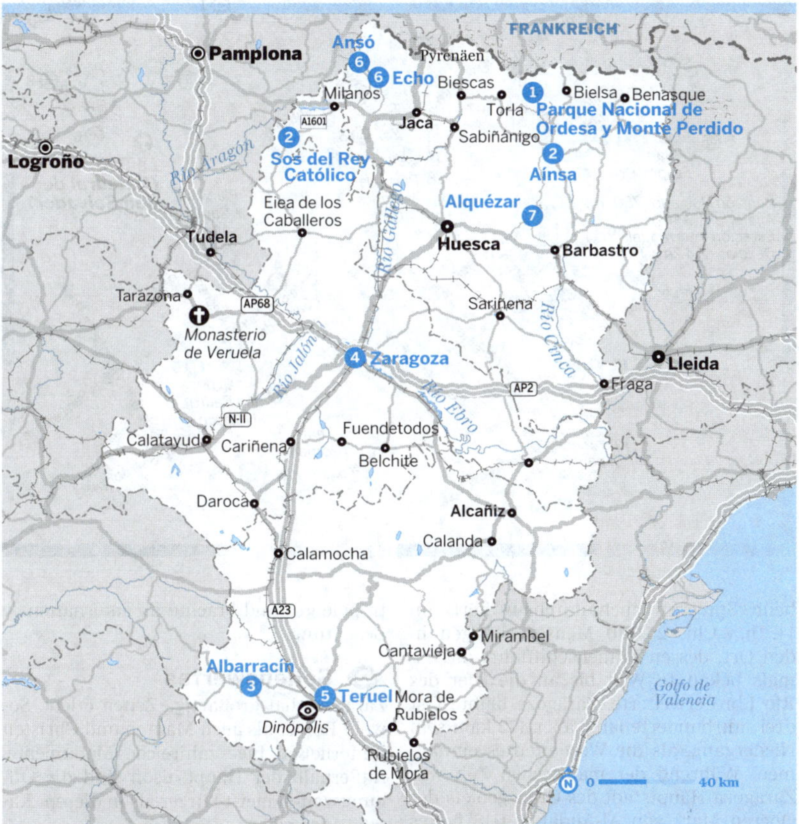

Highlights

1 Die Wildnis des herrlichen **Parque Nacional de Ordesa y Monte Perdido** (S. 392) erkunden

2 In vergangene Zeiten eintauchen und die Steindörfer **Aínsa** (S. 396) sowie **Sos del Rey Católico** (S. 386) an den Ausläufern der Pyrenäen besuchen

3 Durch **Albarracín** (S. 409) spazieren und von den gewaltigen Bauwerken an die islamische Vergangenheit erinnert werden

4 Nachts in den belebten Straßen und Bars von **Zaragoza** (S. 375) feiern und tagsüber glanzvolle Monumente besichtigen

5 Die Mudéjar-Architektur bewundern und *jamón* (Schinken) aus **Teruel** (S. 405) genießen

6 Wanderungen in den wunderschönen Pyrenäentälern von **Echo** (S. 387) und **Ansó** (S. 388) unternehmen

7 **Alquézars** (S. 400) Canyons bestaunen

Zaragoza

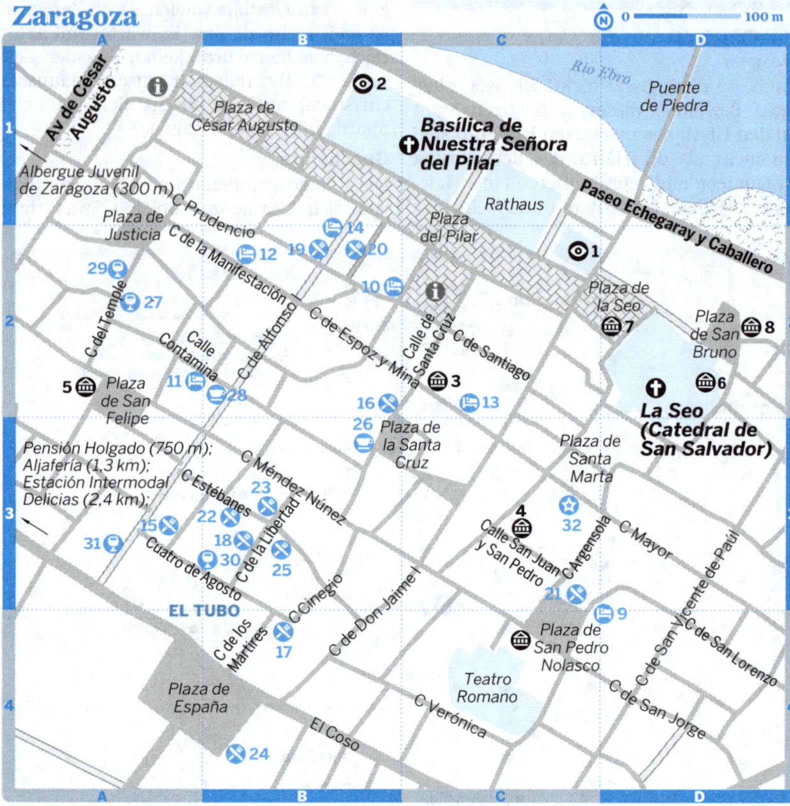

beim Sprechen auch durchaus hört) im 14. Jh. v. Chr. 25 000 Menschen zogen in den Ort, dessen Binnenschifffahrt die damals bekannte Welt bis an die Ufer des Río Ebro erweiterte. Zaragoza blühte fast drei Jahrhunderte lang, aber 472 kam sein Niedergang, als die Westgoten es einnahmen. Während der maurischen Zeit war Zaragoza Hauptstadt des Grenzgebiets der Oberen Mark von Al-Andalus. 1118 fiel es in die Hände von Alfonso I., genannt El Batallador (der Schlachtengewinner), Herrscher des expandierenden christlichen Königreichs Aragonien; dieser kürte den Ort direkt zu seinem Regierungssitz. In den folgenden Jahrhunderten entwickelte sich Zaragoza zu einem der wichtigsten wirtschaftlichen und kulturellen Zentren im Inland und zu einem Ziel katholischer Pilger. Heute ist es Spaniens fünftgrößte Stadt, deren wachsendes Selbstbewusstsein sich darin zeigt, dass sie erfolgreiche Gastgeberin der Expo 2008 war. Das tat der Metropole gut und brachte ihr internationale Beachtung.

Sehenswertes

Zaragoza hat großartige Zeiten erlebt. Sowohl Römer als auch Mauren und Christen hinterließen hier zahlreiche Monumente. Außerhalb der Hauptsaison sind die Öffnungszeiten meist kürzer als in diesem Kapitel angegeben.

Christliches Zaragoza

Basílica de Nuestra Señora del Pilar

KIRCHE

(Plaza del Pilar; 7–20.30 Uhr) Einmal tief durchatmen – und schon umfängt einen die Heiligkeit und Frömmigkeit dieser barocken Höhle des Katholizismus. Hier soll dem Apostel Jakobus (auf Spanisch Santiago) am 2. Januar 40 die Jungfrau Maria auf einem marmornen *pilar* (Säule) erschienen sein. Um die besagte Säule wurde eine Kapelle errichtet, ersetzt durch immer schöne-

Zaragoza

Highlights

Basílica de Nuestra Señora del Pilar C1
La Seo (Catedral de San Salvador) D2

Sehenswertes

1 La Lonja C2
2 Fahrstuhl (Torre Pilar) B1
3 Museo Camón Aznar C2
4 Museo de las Termas Públicas C3
5 Museo de Pablo Gargallo A2
6 Museo de Tapices D2
7 Museo del Foro de Caesaraugusta D2
8 Museo del Puerto Fluvial D2

Schlafen

9 Hostal el Descanso D4
10 Hotel Las Torres B2
11 Hotel Río Arga A2
12 Hotel San Valero B2
13 Hotel Sauce C2
14 Sabinas B2

Essen

15 Blasón del Tubo A3
16 Casa Juanico B2
17 Casa Lac B4
18 Casa Pascualillo B3
19 Churrería la Fama B2
20 El Rincón de Aragoón B2
21 La Calzorras C3
22 La Miguería B3
23 Manjares B3
24 Sagardi B4
25 Taberna Donã Casta B3

Ausgehen

Bar Corto Maltés .... (siehe 29)
26 Café Praga B3
27 El Jardín del Temple A2
28 Gran Café de Zaragoza B2
29 La Cucaracha A2
La Recogida .... (siehe 27)
30 Rock & Blues Café B3
31 Zen Gong Café A3

Unterhaltung

32 La Casa del Loco C3

re Bauten, allen voran die gewaltige Basilika aus heutigen Tagen, die Felipe Sánchez y Herrera 1681 entwarf. Im 18. Jh. gingen die Arbeiten im wuchtigeren Stil von Ventura Rodríguez weiter. Die Türme waren erst im frühen 20. Jh. fertig. Eine prächtige Mittelkuppel herrscht über eine Ansammlung von zehn Minikuppeln, die mit klobigen blauen, grünen, gelben und weißen Ziegeln ausgekleidet sind und einen wilden, nahezu byzantinischen Effekt erzeugen.

Die legendäre **Säule** versteckt sich in der Capilla Santa im Ostende der Basilika. An der äußeren Westwand ist ein kleiner ovaler Teil von ihr zu sehen. Ein steter Besucherstrom (aus gleichzeitig eintreffenden Busladungen von Gläubigen) steht Schlange, um die polierte und zerfurchte Rundung zu küssen, auf die auch schon Päpste ihre Lippen pressten. Außerdem trifft man jede Menge Mütter und Vater, die sich hier fast täglich zwischen 13.30 und 14 Uhr sowie zwischen 18.30 und 19.30 Uhr anstellen, um ihre Babys segnen zu lassen. Mehr noch als die Architektur sind es diese Dinge sowie die Hingebung, die sie unter den Gläubigen entfachen, die die Basilika so besonders machen.

An der nordöstlichen Säule der Capilla Santa hängen zwei Granaten, die während des Bürgerkriegs auf El Pilar geworfen wurden und nicht explodiert sind. Ein Wunder in den Augen der Gläubigen bzw. typisch für tschechische Munition nach Ansicht der Zyniker. Das exquisiteste Kunstwerk der Kirche ist ein Altaraufsatz aus Alabaster von Damián Forment aus dem 16. Jh. an der äußeren Westwand des Chors. Von Goya stammt die Maria als Deckengemälde *Reina de los Mártires* (Königin der Märtyrer) in einer Kuppel über dem nördlichen Seitenschiff (außerhalb der Sacristía de la Virgen).

Ein **Fahrstuhl** (Eintritt 2 €; ⌚Di –So 10–13.30 & 16–18.30 Uhr) befördert Besucher in den Nordturm (Torre Pilar). Von dort sind es nur noch ein paar Stufen und schon genießt man einen grandiosen Blick über die Kuppeln und die Stadt.

La Seo KATHEDRALE
(Plaza de la Seo; Eintritt 4 €; ⌚Di–So 10–18 Uhr, Sa & So mittags geschl.) Das östliche Ende der Plaza del Pilar wird von der Catedral de San Salvador dominiert, bekannter unter dem Namen La Seo.

Die Kathedrale ist vielleicht nicht so berühmt wie die Basílica de Nuestra Señora del Pilar, wartet jedoch mit einer anspruchsvolleren Bauweise auf. Sie wurde zwischen dem 12. und 17. Jh. errichtet und präsentiert einen außergewöhnlichen Stilmix von der Romanik bis zum Barock. Ihre Nordwestfassade gilt als Mudéjar-Meisterstück, das klassisches dunkles Mauerwerk mit farbenfroher Keramikverzierung zu schönen geometrischen Mustern verbindet. Alle Kapellen werden von wunderschönen Steinarbeiten umrahmt und reichen von der so furchterregend wie feierlich wirkenden Capilla de San Marcos über die zentrale Christuskapelle mit ihrer herrlichen Renaissancefassade bis hin zum Hochaltar aus dem 15. Jh. mit einem mehrfarbigen Alabasteraufsatz.

Im Eintrittspreis ist ein Besuch des **Museo de Tapices** (Di–So 10–20.30 Uhr) inbegriffen. Das Museum zeigt eine beeindruckende Sammlung flämischer und französischer Wandteppiche aus dem 14. bis 17. Jh.

Iglesia de San Pablo KIRCHE

(Ecke Calles de San Pablo & Miguel de Ara; 9–13 Uhr) Diese hübsche Kirche hat einen Mudéjar-Turm aus dem 14. Jh. und einen *retablo* (Altaraufsatz) aus dem 16. Jh. von Damián Forment. Sie liegt 200 m westlich der Avenida de César Augusto.

Römisches Zaragoza

Die vier Museen, die sich Zaragozas römischer Vergangenheit widmen, sind Teil der sogenannten Ruta de Caesaraugusta. Ein Kombiticket kostet 7 €.

Museo del Foro de Caesaraugusta RÖMISCHES MUSEUM

(Plaza de la Seo 2; Eintritt 2,50 €; Di –Sa 9–20.30, So 10–14 Uhr) Das trapezförmige Gebäude auf der Plaza de la Seo bildet den Eingang zu einer hervorragenden teilweisen Rekonstruktion des römischen Forums von Caesaraugusta. Heute liegt das ursprüngliche Bauwerk tief unter der Erde.

Besucher können hier Überreste von Säulenhallen, Geschäften, ein großes Abwassersystem (*cloaca*) und eine limitierte Sammlung von Artefakten aus der Zeit von 14 v. Chr. bis 15 n. Chr. bewundern. Stücke von Bleirohren, die als Wasserleitungen zur Stadt dienten, belegen die herausragenden technischen Fähigkeiten der Römer. Eine interessante stündlich stattfindende Audiovisionsshow (auf Spanisch) haucht der Ausstellung Leben ein. Audioguides kosten 2 €.

Museo del Teatro de Caesaraugusta RÖMISCHES THEATER, MUSEUM

(Calle de San Jorge 12; Eintritt 3,50 €; Di–Sa 9–20.30, So 9–13.30 Uhr) Beim Ausheben einer Baugrube 1972 entdeckte man die Ruinen von Zaragozas römischem Theater, das einst 6000 Zuschauern Platz bot. Alles Wissenswerte darüber erfährt man in diesem interessanten Museum. Um Besuchern den ursprünglichen Glanz des Bauwerkes näherzubringen, wird hier u. a. eine abendliche **virtuelle Theatervorstellung** (Eintritt 1 €; Fr & Sa 22 Uhr) geboten. Am besten kommt man rechtzeitig vor Beginn, damit man noch einen Platz ergattert. Höhepunkt der Ausstellung ist ein Rundgang über einen Steg. Er führt durch das eigentliche Theater, das von den umliegenden Straßen gut sichtbar ist.

Weitere römische Relikte RÖMISCHE MUSEEN

Hinter La Seo, jenseits der Plaza de San Bruno, befindet sich das ansprechende **Museo del Puerto Fluvial** (Plaza de San Bruno 8; Eintritt 2,50 €; Di–Sa 9–20.30, So 10–14 Uhr), das Anlagen des römischen Binnenhafens zeigt. Alle 30 Minuten läuft ein kurioses, aber sehr unterhaltsames Audiovisionsprogramm. Das **Museo de las Termas Públicas** (Calle San Juan y San Pedro 3-7; Eintritt 2,50 €; Di–Sa 9–20.30, So 10–14 Uhr) beherbergt eine alte römische Badeanstalt.

Maurisches Zaragoza

Aljafería ISLAMISCHER PALAST

(Calle de los Diputados; Erw./Kind unter 12 J. 3 €/frei, So frei; Sa–Mi 10–14, Mo–Mi & Fr & Sa 16.30–20 Uhr) Die Aljafería gilt als Spaniens schönstes maurisches Bauwerk außerhalb Andalusiens. Obwohl sie nicht der Klasse der Alhambra in Granada und der Mezquita in Córdoba besitzt, ist sie dennoch ein fantastisches Monument.

Ursprünglich wurde sie im 11. Jh. als Lustschloss für Zaragozas maurische Herrscher errichtet. Nachdem die Christen 1118 die Macht an sich rissen, nahmen die neuen Herrscher einige Änderungen vor. In den 1490er-Jahren ließen sich die Reyes Católicos (Katholische Könige) Ferdinand und Isabel schließlich ihren eigenen Palast bauen, woraufhin Aljafería langsam verfiel. Erst zwischen 1940 und 1990 wurde das Gebäude restauriert und 1987 zog das Regionalparlament von Aragonien, der Cortes de Aragón, ein.

Hinter dem Haupteingang führt der Weg über einen eher langweiligen Vorhof in den **Patio de Santa Isabel**, einst das Zentrum des maurischen Palastes, mit ausgezeichnet miteinander verwobenen Bögen, die typisch für den Prunk und die hohe geometrische Formenkunst der islamischen Archi-

ZARAGOZA – PREISWERT & EINFACH

Wenn Zeit und Budget begrenzt sind, bleiben vier Möglichkeiten, Zaragoza zu erkunden. Genaueres erfährt man in allen Touristeninformationen.

» **Zaragoza Card** (☎902 088908; www.zaragozacard.com; 24/48/72 Std. 15/20/24 €) Bietet freien Eintritt zu allen Sehenswürdigkeiten, Nutzung des Touristenbusses und Rabatt in Hotels und Restaurants sowie für Autovermietungen.

» **Touristenbus** (Bus Turístico; ☎976 20 12 00; Tag/Abend 7/10 €) Im Sommer klappert dieser Bus auf seiner 75-minütigen Tour zweimal täglich (ansonsten seltener) die Attraktionen der Stadt ab. Wer daran teilnehmen möchte, kann an jedem Haltepunkt ein- bzw. aussteigen.

» **Geführte Touren** (Visitas Guíadas; ☎976 20 12 00; Wander-/Fahrradtouren 5/10 €) Können bei den Touristeninformationen gebucht werden. Wanderausflüge finden samstags um 16 oder 18 Uhr statt, Radtouren sonntags um 10.30 Uhr.

» **BiziZaragoza** (☎902 319931; www.bizizaragoza.com; Pass 6 €) Ein öffentlicher Fahrradverleih mit zahlreichen Filialen in der Stadt, in denen man Räder bekommt und diese auch wieder abgeben kann.

tektur sind. Von der beeindruckenden nördlichen Vorhalle gelangt man in einen kleinen achteckigen **oratorio** (Gebetsraum) mit einem prachtvollen hufeisenförmigen Torbogen, der in den *mihrab* (eine nach Mekka zeigende Gebetsnische) führt. Filigran ziselierte Blumenmotive, arabische Inschriften aus dem Koran und die angenehm schlichte Kuppel sind eindrucksvolle Beispiele islamischer Kunst.

Auf dem Weg nach oben passiert man die Räume des **Palacio Mudéjar**, den christliche Herrscher zwischen dem 12. und 14. Jh. anbauen ließen. Von dort führt der Weg zum **Palast** der Katholischen Könige. Hier gibt's vor allem im **Salón del Trono** (Thronsaal) einige wunderbare Mudéjar-Kassettendecken zu sehen, die mit dem muslimischen Glanz der unteren Räume absolut mithalten können.

Führungen (⏲auf Englisch im Juli & Aug. 10 Uhr, auf Spanisch ganzjährig 10.30, 11.30, 12.30, 16.30, 17.30 & 18.30 Uhr) dauern jeweils 50 Minuten und sind im Eintrittspreis enthalten.

Noch mehr Sehenswertes

GRATIS **La Lonja** GALERIE
(Plaza del Pilar; ⏲Di–Sa 10–13.30 & 17–20.30, So 10–13.30 Uhr) Heute eine Ausstellungshalle, diente dieser schlichte, aber wohlproportionierte Renaissancebau einstmals als Börse. Er wurde im 16. Jh. vollendet und ist das zweite Gebäude östlich der Basilika. Farbige Medaillons an der Fassade zeigen die Könige von Aragonien. Die Säulen und die Decke sind besonders bemerkenswert. Hier finden häufig Wanderausstellungen statt.

GRATIS **Museo de Zaragoza** MUSEUM
(Plaza de los Sitios 6; ⏲Di–Sa 10–14 & 17–20, So 10–14 Uhr) 400 m südlich des Teatro Romano widmet sich das Stadtmuseum der Archäologie und Kunst und stellt Artefakte aus prähistorischen bis zu islamischen Zeiten aus. Darüber hinaus werden auch ein paar außergewöhnliche Mosaike aus dem römischen Cesaraugusta präsentiert. Im Obergeschoss kann man 15 Gemälde und über zwei Dutzend Radierungen von Goya bewundern.

GRATIS **Museo Camón Aznar** MUSEUM
(Calle de Espoz y Mina 23; ⏲Di–Sa 10–14 & 17–21, So 10–14 Uhr) Diese eklektische Sammlung spanischer Kunst aus mehreren Jahrhunderten umfasst Radierungen von Goya (in einem Raum im obersten Stock) und ein halbes Dutzend Gemälde von El Greco. Sie erstreckt sich über drei Etagen der Renaissancevilla Palacio de los Pardo.

GRATIS **Patio de la Infanta** GEMÄLDEGALERIE
(Calle San Ignacio de Loyola 16; ⏲Mo–Fr 8.30–14 & 18–20.30, Sa ab 11, So 11–13.30 Uhr) In dem reizenden plateresken Hof (spanischer Barock des 15. und 16. Jhs.) 600 m südlich der Plaza de España sind mehrere Gemälde von großen Namen wie Goya aus dem Besitz der Ibercaja-Bank zu sehen.

Museo de Pablo Gargallo KUNSTMUSEUM
(Plaza de San Felipe 3; Eintritt 3,50 €; ⏲Di–Sa 9–20.30, So 9–14 Uhr) Das im sorgsam restaurierten Palacio Argillo aus dem 17. Jh. un-

tergebrachte Museum lockt mit Skulpturen von Pablo Gargallo (1881–1934), Aragoniens wohl talentiertestem künstlerischen Sohn nach Goya.

Feste & Events

Cincomarzada HISTORISCHE FIESTA
Am 5. März feiern die Einwohner von Zaragoza die Vertreibung der karlistischen Truppen durch das aufgebrachte Volk im Jahr 1838. Tausende Einwohner und Besucher pilgern dann zum Parque Tio Jorge nördlich des Ebros, wo sie bei Konzerten, Spielen, Grillwürstchen und Wein das Leben genießen.

Fiestas del Pilar STADTFEST
Als Zaragozas größtes Ereignis gelten die Fiestas del Pilar, eine ganze Woche voller trubeliger Festlichkeiten. Ihr Höhepunkt ist der Día de Nuestra Señora del Pilar am 12. Oktober.

Schlafen

LP TIPP **Hotel Las Torres** HOTEL €€
(Hotel Nastasi Basic ZGZ; ☎976 39 42 50; www.nastasibasiczgzhotel.com; Plaza del Pilar 11; EZ/DZ inkl. Frühstück ab 65/75 €; ❄📶) Zaragozas beste Unterkunft. Die Zimmer sind in coolem Designerstil mit weißen Möbeln und frechen Tapeten eingerichtet und harmonieren wunderbar mit den altmodischen Kronleuchtern. Vom Balkon hat man einen tollen Blick auf den Platz und die Basilika und in den Bädern gibt's Massageduschen. Im Souterrain ist ein Spa untergebracht.

Hotel San Valero HOTEL €
(☎976 29 86 21; www.hotelsanvalero.com; Calle de la Manifestación 27; DZ 40–48 €; ❄📶) Einige der durchdesignten Zimmer in dieser zentral gelegenen Bleibe könnten zwar größer sein, aber dafür ist das Preis-Leistungs-Verhältnis einfach unschlagbar. Hier fühlt man sich wie in einem Boutique-Hotel.

Sabinas APARTMENTS €
(☎976 20 47 10; www.sabina.es; Calle de Alfonso I 43; DZ/Apt. ab 58/68 €; P❄📶) Moderne Apartments mit Küche und Wohnzimmer nur ein paar Schritte abseits der Plaza del Pilar. Die Bäder sind sehr hübsch und die Preise für die Lage und die Größe der Zimmer außergewöhnlich gut. Es gibt auch Standard-Doppelzimmer mit Mikrowelle.

Hostal el Descanso HOSTAL €
(☎976 29 17 41; Calle de San Lorenzo 2; EZ/DZ ohne Bad 20/30 €) Eine der besten Budgetoptionen der Stadt. Das einladende, familiengeführte Hostel verfügt über eine tolle Lage mit Blick auf eine hübsche Plaza unweit des römischen Theaters und hat einfache, helle Zimmer mit gemütlichen Betten.

Hotel Sauce HOTEL €€
(☎976 20 50 50; www.hotelsauce.com; Calle de Espoz y Mina 33; EZ/DZ 59/75 €; P❄📶) Das kleine Hotel wartet mit guten, unterschiedlich eingerichteten Zimmern auf. Einige sind im traditionellen Stil, andere gemütlich in Pastelltönen oder klassisch-modern gehalten. Man sollte im Voraus buchen. Frühstück kostet 7,50 €.

Albergue Juvenil de Zaragoza HOSTEL €
(Zaragoza Hostel; ☎976 28 20 43; www.alberguezaragoza.com; Calle de los Predicadores 70; B inkl. Frühstück ab 18 €, EZ/DZ 20/40 €; @) Im Mai 2008 öffnete die Albergue Juvenil de Zaragoza ihre Pforten. Sie ist mit neuen Möbeln ausgestattet und punktet mit einer schönen Kellerbar. Zu den im Preis inbegriffenen Highlights gehören das Frühstück, der Internetzugang und Schließfächer. Donnerstagabends gibt's Flamenco, sonntagabends Jazz und freitags und samstags ab 22 Uhr Konzerte – alles Liveacts!

Pensión Holgado HOSTAL €
(☎976 43 20 74; www.pensionholgado.com, auf Spanisch; ab 3. OG, Calle del Conde de Aranda 126; DZ mit/ohne Bad 39/33 €) Dieses exzellente *hostal* befindet sich zwar nicht im Zentrum, dafür aber in praktischer Nähe zur Aljafería und bietet einfache, gut gepflegte Zimmer; die besten (mit Balkon) liegen im fünften Obergeschoss. Je nachdem, wen man an der Rezeption erwischt, ist der Service nicht unbedingt der herzlichste. Um zu der Pension zu gelangen, steigt man am Busbahnhof oder Bahnhof in den Bus 51 (1 €) zur Plaza del Portillo.

Hotel Río Arga HOTEL €€
(☎976 39 90 65; www.hotelrioarga.es, auf Spanisch; Calle Contamina 20; EZ/DZ ab 43/60 €; P❄📶) Ruhig gelegen, aber ideal für alle Aktivitäten. Fast alle Zimmer wurden vor Kurzem renoviert und verfügen über eine moderne Einrichtung inklusive Flachbildfernseher.

Essen

Im Gassengewirr von El Tubo gleich nördlich der Plaza de España locken die vielfältigsten Tapas-Bars Spaniens. Gute Anlaufstellen sind auch die Plaza de Santa Marta und das südliche Ende der Calle Heroísmo (südöstlich des Stadtzentrums).

Casa Pascualillo TAPAS €€
(Calle de la Libertad 5; Mahlzeiten 15–25 €; ⏲Di–Sa, So Mittagessen) Wenn sich das *Metropoli,* das anerkannte Wochenendmagazin der Zeitung *El Mundo,* auf die Suche nach den besten 50 Tapas-Bars in Spanien macht, gewinnt häufig die Casa Pascualillo. Die Bar ächzt unter dem Gewicht der schier unendlichen Variationen mit Meeresfrüchten und Fleisch. Spezialität des Hauses ist El Pascualillo, ein „kleiner" *bocadillo* (gefüllte Rolle) aus *jamón,* Pilzen und Zwiebeln.

Taberna Doña Casta TAPAS €€
(Calle Estébanes 6; Mahlzeiten 15–25 €; ⏲Di–So) Wer seine Tapas schnörkellos mag, wird in dieser beliebten, lässigen *taberna* (Taverne) sein neues kulinarisches Zuhause finden. Mit einer Flasche Wein und sechs Häppchen für 23 € kann man seine Ansprüche zu einem günstigen Preis auf herrliche Weise befriedigen. Die Bar ist vor allem für ihre *croquetas* (Kroketten) und Eierspeisen bekannt.

Blasón del Tubo TAPAS €€
(Calle de Blasón Aragonés; Mahlzeiten 20–30 €; ⏲Mi–So, Mo Mittagessen) Das Blasón del Tubo wird vom Besitzer der Casa Pascualillo geführt und bietet moderne Tapas an. Im Obergeschoss ist ein schickes Restautant untergebracht, das mit einer langen Liste von A-la-carte-Gerichten aufwartet. An der Bar gibt's eine kleine Auswahl an innovativen Häppchen.

Casa Lac ARAGONISCH, TAPAS €€
(☎976 29 90 25; Calle de los Mártires 12; Mahlzeiten 30–35 €; ⏲Mi–Mo) Die große alte Dame der Restaurantszene Zaragozas erinnert mit ihrer feudalen Einrichtung und dem tadellosen Service an das 19. Jh. Auf der Speisekarte des 1825 eröffneten Lokals stehen aragonische Spezialitäten, obwohl das Lamm-Carpaccio mit Gänsestopfleber zeigt, dass der Chefkoch auch gerne mal ein bisschen experimentiert. In der oberen Etage speist man mit dem Who's who der feinen Gesellschaft. Unten in der entspannteren Tapas-Bar werden *raciones* (große Tapas-Portionen, 8–15 €) serviert.

La Miguería TAPAS €
(Calle Estébanes 4; migas 5–10 €, raciones 6–19 €; ⏲Mo–Sa) Wer hätte gedacht, dass man so viel aus *migas* (Brotkrumen) machen kann. Das Miguería bereitet den sattmachenden aragonischen Snack auf über ein Dutzend unterschiedliche Arten zu, beispielsweise in Olivenöl, belegt mit Sardinen oder Stopfleber. Es öffnet bereits um 19.30 Uhr – toll für alle, die nicht mit den späten Essenszeiten der Spanier klarkommen.

El Rincón de Aragon ARAGONISCH €€
(☎976 20 11 63; Calle de Santiago 3–5; Mahlzeiten 20–35 €) Das Essen in diesem einfach eingerichteten Restaurant ist schlicht, aber hervorragend. Hier findet man heraus, warum so viele Menschen die aragonische Küche lieben. Zu den Spezialitäten des Hauses gehört das *ternasco asado con patatas a la pobre* (gebratene Lammrippchen mit „Arme-Leute-Kartoffeln"), u. a. Bestandteil des sättigenden viergängigen *menú Aragonés* (19,90 €). Das Lokal liegt in der überdachten Gasse zwischen der Calle de Santiago und der Plaza del Pilar.

La Reserva MODERNE SPANISCHE KÜCHE, TAPAS €€
(☎976 22 50 80; Calle de Cádiz 10; Mahlzeiten 15–30 €) Das Reserva wetteifert mit zahlreichen internationalen Restaurants auf der Calle de Cádiz um Aufmerksamkeit und platzt fast immer aus allen Nähten – und das vollkommen zu Recht. Auf der Karte stehen Tapas (ab 3 €), *raciones*

WAS ISST MAN IN ARAGONIEN?

In der Küche Aragoniens wird der Schwerpunkt ebenso wie in anderen Regionen auf Fleischgerichte gesetzt. Natürlich gibt's auch Fisch, Meeresfrüchte und andere traditionelle Speisen, doch hier geht nichts über *jamón de Teruel* (Räucherschinken aus der Provinz Teruel, vor allem rund um Calamocha), *jarretes* (Lammhaxe oder Schulter) und besonders *ternasco* (Milchlamm, normalerweise als Steak oder Rippchen mit Kartoffeln serviert). Letzteres erfreut sich so großer Beliebtheit, dass es sogar mit einer eigenen Website (www.iloveternascodearagon.com, auf Spanisch) voller Rezepte und lobender Kommentare aufwarten kann. Hoch im Kurs stehen auch *conejo a la montañesa* (Kaninchen nach Art der Bergregionen), *migas* (Brotkrumen, normalerweise mit geräuchertem Fleisch zubereitet), *cardo* (Kardone) und *caracoles* (Schnecken). Darüber hinaus hat Aragonien fünf anerkannte Weinregionen, darunter das berühmte Somontano (s. S. 402).

(6,50–10 €), Reisgerichte (15–20 €, mind. zwei Personen) und warme Salate (ab 14,50 €). Das Lokal ist im modernen Stil gehalten und wartet mit einer lockeren Atmosphäre auf. Um hierherzugelangen, geht's von der Plaza de España etwa 200 m nach Süden und dann nach rechts in die Calle de Cádiz.

Churrería la Fama CHURROS €
(Calle Prudencio 25; 3 churros 2,50 €; ⌚8–13 & 17.30–21.30 Uhr) Etwas abseits der Calle de Alfonso I stößt man auf einen tollen Laden für frische *churros* (lange, fritierte Krapfen) mit heißer Schokolade, die zum Morgenkaffee verspeist werden. Wer die ganze Nacht unterwegs war, kann hier wunderbar den Tag beginnen (oder beenden).

Casa Juanico TAPAS €
(Calle de Santa Cruz 21; Tapas ab 2,50 €) Hier gibt's einfach alles vom besten *jamón* bis zu Reis- oder Dorsch-Tapas.

Manjares TAPAS €
(Calle Estébanes 7; Mahlzeiten 15–20 €; ⌚Di–So) Verspricht „Genuss im Kleinen" und serviert *tostadas* (belegten Buttertoast), *croquetas* sowie kreative Tapas.

La Calzorras TAPAS €
(Plaza de San Pedro Nolasco; Mahlzeiten 15–20 €) An Tischen auf der Plaza kann man leckere kleine Häppchen und andere Spezialitäten für etwa 4,50 € genießen.

Sagardi BASKISCHE TAPAS €
(Plaza de España 6; Mahlzeiten 15–20 €) In dieser Bar gibt's zahlreiche *pintxos* (baskische Tapas; 2,50 €), die unter freiem Himmel serviert werden.

Ausgehen

Die Calle del Temple südwestlich der Plaza del Pilar ist das Zentrum von Zaragozas Nachtleben. Hier gibt's mehr Bars als irgendwo sonst in Aragonien, außerdem feiern in dieser Gegend die vielen Studenten der Stadt. Vor Mitternacht braucht man allerdings gar nicht erst herkommen, da es erst dann richtig losgeht. Die **Bar Corto Maltés** (Calle del Temple 23), **El Jardín del Temple** (Calle del Temple 18) und **La Recogida** (Calle del Temple 16) platzen stets aus allen Nähten und gehören zu unseren Favoriten. **La Cucaracha** (Calle del Temple 25) punktet mit preiswerten Cocktails.

Gran Café de Zaragoza CAFÉ
(Calle de Alfonso I 25; Frühstück ab 2,50 €; ⌚So–Do 8.30–22, Fr & Sa 9–2.30 Uhr) Eine Institution in Zaragoza. Mit seiner goldplattierten Fassade und dem altmodischen, höflichen Service erinnert der Laden an die großen alten Cafés vergangener Zeiten. Hier trifft man sowohl junge als auch ältere Leute, außerdem kann man in dem eleganten Salon wunderbar frühstücken oder auch nur einen Kaffee genießen.

Quo Vadis ROCKMUSIK, LOUNGE-BAR
(Plaza del Carmen 11; ⌚Mo–Do 7–1, Fr 7–3.30, Sa 17–3.30, So 7–23 Uhr) Man muss nicht so schick und cool wie die Barkeeper oder so glänzend wie die moderne Einrichtung aussehen, um sich in dieser edlen, aber lockeren Bar wohl zu fühlen. Im Quo Vadis herrscht eine großartige Atmosphäre. Untermalt wird das Ganze von rockiger Musik aus den 1970er- und 1980er-Jahren sowie Indie-Klängen. Tagsüber gibt's Frühstück und Snacks. Um hierherzugelangen, läuft man den Paseo de la Independencia entlang Richtung Südwesten und biegt dann rechts auf die Calle de Cádiz ab, der man bis zum Ende folgt.

Rock & Blues Café MUSIKBAR
(Cuatro de Agosto 5–9; ⌚15–2.30 Uhr, an Wochenenden länger) Rock'n'Roll-Kult und Huldigungen an Künstler wie Jimi Hendrix bestimmen den Ton in dieser seit Langem beliebten Bar. Donnerstags um 22 Uhr werden Livepop, -rock oder -blues geboten.

Zen Gong Café LOUNGE-BAR
(Calle de Alfonso I 13; ⌚So–Do 7–2, Fr & Sa 8–4.30 Uhr) Dieser Laden würde auch nach Madrid oder Barcelona passen. Er ist stylish eingerichtet, zauberhaft beleuchtet und bietet zu jeder Tageszeit eine andere Atmosphäre – tagsüber ist er ein Frühstückscafé, mittags eine Weinbar, abends gibt's Pop und House und danach Travestieshows.

Café Praga CAFÉ
(Plaza de la Santa Cruz 13; ⌚Mo–Do 9–1, Sa & So 10–3 Uhr) Eines der beliebtesten Cafés in Zaragoza. Das Praga liegt an einem der schönsten Plätze der Stadt und wartet gelegentlich mit Livemusik auf.

☆ Unterhaltung

La Casa del Loco LIVEMUSIK
(www.lacasadelloco.com, auf Spanisch; Calle Mayor 10–12; Livemusik kostenlos–20 €; ⌚Do–Sa 21–5.30 Uhr) Superbeliebt, besonders wenn Livebands spielen. Meistens läuft Rock. Nach den Liveacts sorgen DJs dafür, dass es bis zum Morgen richtig rund geht. Das bunt gemischte Publikum verbindet die Liebe zum Retrostil.

Oasis NACHTCLUB

(Calle de Boggiero 28; Eintritt 10 €; ⏲Fr & Sa ab Mitternacht) Ein paar Straßen westlich des alten Stadtzentrums stößt man auf das Oasis, ein ehemaliges Varieté-Theater. In dem Club wird Techno- und House-Musik gespielt, ohne es damit zu übertreiben.

ℹ Praktische Informationen

Oficina de Turismo de Aragon (☎976 28 21 81; www.turismodearagon.com; Avenida de César Augusto 25; ⏲Mo–Fr 9–14 & 17–20, Sa & So ab 10 Uhr) 500 m südwestlich der Plaza de César Augusto an der Avenida de César Augusto.

Städtische Touristeninformation (www.zaragozaturismo.es) Hauptbüro (☎976 20 12 00; Plaza del Pilar; ⏲Mitte Juni–Mitte Okt. 9–21 Uhr, Mitte Okt.–Mitte Juni 10–20 Uhr); Torreón de la Zuda (Glorieta de Pío XII; ⏲Mo–Sa 10–14 & 16.30–20, So 10–14 Uhr); Estación Intermodal Delicias (☎976 32 44 68; Avenida de Navarra; ⏲9–21 Uhr)

ℹ An- & Weiterreise

Bus

Der Busbahnhof liegt neben dem Bahnhof Estación Intermodal Delicias. Von hier aus werden Ziele in ganz Spanien angesteuert. Die besten Anbieter:

Alosa (☎902 210700; www.alosa.es, auf Spanisch) Bis zu acht Verbindungen nach/von Huesca (6,30 €, 1½ Std.) und Jaca (13,15 €, 2¼ Std.).

ALSA (☎902 422242; www.alsa.es) Mehrere Verbindungen täglich nach/von Madrid (14,47 €, 3¾ Std.) und Barcelona (13,71 €, 3¾ Std.).

Flugzeug

Der **Flughafen Zaragoza-Sanjurjo** (☎976 71 23 00) befindet sich westlich der Stadt und bietet Direktflüge mit **Ryanair** (www.ryanair.com) nach/von Düsseldorf (Weeze), Brüssel (Charleroi), Paris (Beauvais), London (Stansted), Bologna, Rom (Ciampino), Mailand, Málaga und Alicante an. **Iberia** (www.iberia.es) und **Air Europa** (www.aireuropa.com) haben ebenfalls ein paar In- und Auslandsflüge von/nach Zaragoza im Programm.

Zug

Zaragozas futuristischer, eher unpersönlicher Hauptbahnhof **Estación Intermodal Delicias** (Calle Rioja 33) ist mit stündlichen Express-AVE-Zügen von Madrid (58,20 €, 1½ Std., etwa 10-mal täglich) und Barcelona (64,20 €, ab 1½ Std.) zu erreichen. Darüber hinaus gibt's Verbindungen nach Valencia (28,60 €, 4½ Std., 3-mal tägl.), Huesca (ab 5,70 €, 1 Std., 9-mal tägl.), Jaca (11,80 €, 3½ Std., 3-mal tägl.) und Teruel (15,90 €, 2 Std., 4-mal tägl.).

ℹ Unterwegs vor Ort

Alle 30 Minuten (sonntags alle 60 Min.) verkehren **Flughafenbusse** (☎902 360065; 1,60 €) zum/vom Paseo María Agustín 7 (500 m südwestlich der Plaza de España kreuzen sie die Avenida de César Augusto) und halten unterwegs am Busbahnhof/Bahnhof.

Die Busse 34 und 51 pendeln zwischen dem Stadtzentrum und dem Estación Intermodal Delicias; Ersterer fährt an der Avenida de César Augusto entlang.

Südlich von Zaragoza

Die A23 nach Süden in Richtung Teruel verläuft durch **Campo de Cariñena**, eines der führenden Weinanbaugebiete dieser Region. Wer von der Schnellstraße nach **Muel** abbiegt, kann dort in der **Ermita de la Fuente** Heiligenbilder des jungen Francis-co José de Goya y Lucientes' besichtigen. Nimmt man die langsamere, aber auch ruhigere N234 nach **Cariñena**, kommt man an mehreren **Bodegas** (Weinkellereien) vorbei. In Cariñena lohnt sich ein Besuch des **Museo del Vino** (Weinmuseum; Camino de la Platera 7; Eintritt 2 €; ⏲10–14 & 16–18 Uhr, So nachmittag & Mo geschl.).

23 km östlich von Cariñena erstreckt sich an der A220 das kleine Dorf **Fuendetodos**, wo Goya 1746 geboren wurde. Die **Casa Natal de Goya** (Calle Zuloaga 3; Eintritt inkl. Museo del Grabado de Goya 3 €; ⏲Di–So 11–14 & 16–19 Uhr) war bis Anfang des 20. Jhs. im Besitz seiner Familie, dann erwarb es der berühmte Künstler Ignacio Zuloaga. Ein Stück die Straße bergab präsentiert das **Museo del Grabado de Goya** (⏲Di–So 11–14 & 16–19 Uhr) eine bedeutende Sammlung von Goyas Kupferstichen. **Autocares Samar Buil** (www.samar.es, auf Spanisch) bietet täglich bis zu vier Verbindungen nach Fuendetodos (5,90 €, 1 Std.) ab dem Busbahnhof in Zaragoza.

Weitere 18 km östlich landet man in Belchite mit den beeindruckenden Mahnmalen der Zerstörungen während des Spanischen Bürgerkriegs. Die Ruinen des alten Ortes, der durch ein neues, benachbartes Städtchen ersetzt wurde, erinnern an das brutale Tauziehen der republikanischen und nationalistischen Einheiten um die Macht in Aragonien. Zwischen Belchite und Zaragoza pendeln jeden Tag drei Busse (4,75 €, 45 Min.).

Westlich von Zaragoza

TARAZONA

11 211 EW.

Die ruhigen, serpentinenförmigen Straßen in Tarazona sind ein anschauliches Beispiel für den Grundriss einer mittelalterlichen spanischen Stadt. Es gibt hier genügend Sehenswürdigkeiten, um einen Zwischenstopp einzulegen.

Sehenswertes

Ein ausgeschilderter Rundweg führt über gewundene Kopfsteinpflastergassen in der mittelalterlichen „Oberstadt" nördlich des Río Queiles und ist zweifellos der Höhepunkt eines Besuchs von Tarazona. Auf dem Spaziergang kommt man an der extravaganten Fassade des **ayuntamiento** (Rathaus) und am schlanken Mudéjar-Turm der **Iglesia de Santa María Magdalena** vorbei. Von den Kirchentreppen und dem **Palacio Episcopal** (Bischofspalast) nebenan, einer ehemaligen islamischen Palastfestung, genießt man einen wunderbaren Ausblick. Ebenso bemerkenswert sind die mittelalterliche, außerordentlich gut erhaltene *judería* (jüdisches Viertel) und die hohen Erker der „hängenden Häuser".

In der „Unterstadt" befindet sich Tarazonas **Kathedrale**, eine bunte Mischung aus romanischen, gotischen, Mudéjar- und Renaissance-Elementen (während unseres Besuchs war sie öffentlich nicht zugänglich). Ganz in der Nähe umringen 32 Häuser die achteckige **Plaza de Toros Vieja** (Alte Stierkampfarena). Sie wurden in den 1790er-Jahren gebaut und haben alle Fensterplätze zur Plaza hin.

Schlafen & Essen

Hostal Santa Agueda HOSTAL €€

(☎976 64 00 54; www.santaagueda.com; Calle Visconti 26; EZ 37–48 €, DZ 59–70 €; ❄📶) Diese 200 Jahre alte Herberge unweit der Plaza San Francisco verfügt über hübsche Zimmer mit Holzbalken und wird von einem charmanten Inhaber geleitet. Der kleine Frühstücksraum singt ein Loblied auf Raquel Meller, Aragoniens meistgeliebte Sängerin des frühen 20. Jhs. Für die Zimmer mit Straßenblick muss man am tiefsten in die Tasche greifen; in manchen stehen sogar Sofas. Frühstück kostet 5 €.

Hotel Condes de Visconti HOTEL €€

(☎976 64 49 08; www.condesdevisconti.com, auf Spanisch; Calle Visconti 15; DZ 68–89 €, Ste. 88–130 €; ❄@P) Wunderschöne Zimmer, davon viele in farbenprächtigem, individuellem Dekor, sowie ein Patio im Renaissancestil machen den ehemaligen Palast aus dem 16. Jh. zur ersten Wahl. Der Service ist altmodisch und gut, zudem gibt's hier ein Café.

Hostal Palacete de los Arcedianos HOSTEL €

(☎976 64 23 03; www.palacetearcedianos.com, auf Spanisch; Plaza de los Arcedianos 1; EZ/DZ 28/38 €) Eine gute Budgetunterkunft in der *judería*. Das behagliche, familiengeführte Hostel wartet mit schnörkellosen, gemütlichen Zimmern auf.

El Patio TAPAS €

(Calle de Marrodán 16; Mahlzeiten 15–20 €; ⏲10–24 Uhr) Bei den Einwohnern erfreut sich die Bar hinter dem Hostal Palacete de los Arcedianos großer Beliebtheit. Die zahlreichen Tapas sind entlang der Theke aufgereiht.

Praktische Informationen

Touristeninformation (☎976 64 00 74; www.tarazona.es, auf Spanisch; Plaza San Francisco 1; ⏲Mo–Fr 9–13.30 & 16.30–19, Sa & So 10–13.30 & 16.40–19 Uhr) Hat spanischsprachige Stadtführungen (1Std./2 Std. 3/5 €; Sa 17, So 12 Uhr) im Programm.

An- & Weiterreise

Therpasa (☎976 64 11 00; www.therpasa.es, auf Spanisch) bietet täglich bis zu sieben Busverbindungen von Zaragozas Estación Intermodal Delicias (6,51 €, 1¼ Std.) und Soria (5,09 €, 1 Std.) nach Tarazona an.

RUND UM TARAZONA

Hinter dem im 12. Jh. errichteten **Monasterio de Veruela** (Eintritt 1,80 €; ⏲10.30–20.30 Uhr), das eher einem kastilischen Schloss als einem Kloster ähnelt, erhebt sich die oft schneebedeckte Sierra del Moncayo. Die streng wirkende gotische Kirche hat einen hübschen Kreuzgang, der aus einer unteren Ebene im gotischen Stil und einem Obergeschoss im Renaissancestil besteht. Außerdem gibt's hier ein gutes Weinmuseum. Das Kloster liegt 13 km südöstlich von Tarazona und 1 km von Vera de Moncayo entfernt. Zwei (sonntags nur einer) der täglich verkehrenden Therpasa-Busse zwischen Zaragoza und Tarazona steuern Vera direkt an, die anderen halten 4 km vor dem Kloster an der Abzweigung der N122 nach Vera.

MONASTERIO DE PIEDRA

(☎902 196052; Park & Kloster Erw./Kind 13/9,50 €, Kloster Erw. 7,50 €; ⏲Park 9–20 Uhr, Kloster 10.15–13.15 & 15.15–19.15 Uhr) Dieses ehemalige Zisterzienserkloser liegt 28 km südwestlich von Calatayud und datiert ins 13. Jh., wurde aber 1840 an Privatleute verkauft. Die neuen Besitzer legten einen bewaldeten Park mit Höhlen und Wasserfällen an, in dem Familien einen wunderbaren gemeinsamen Tag verbringen können; allerdings wird es an Sommerwochenenden oft sehr voll. In den Komplex integriert ist das **Hotel Monasterio de Piedra** (☎976 84 90 11; www.monasteriopiedra.com; EZ/DZ ab 73/113 €; ▣).

Dienstags, donnerstags, samstags und sonntags (und im Sommer täglich) startet ein Bus von Automóviles Zaragoza um 9 Uhr in Zaragoza und fährt über Calatayud zum Kloster (13 €, 2½ Std.). Um 17 Uhr geht's wieder zurück.

DER NORDEN (DIE PYRENÄEN)

Wenn man Zaragozas karges Flachland hinter sich lässt und in Richtung Norden fährt, überzieht ein Hauch von Grün die Landschaft und es mehren sich die Zeichen, dass bald sehr hohe Berge vor einem aufragen werden. Und hoch sind die Aragonischen Pyrenäen wirklich, zahlreiche Gipfel sogar deutlich über 3000 m. Auf der spanischen Seite ist dies der dramatischste und auch lohnenswerteste Abschnitt der Gebirgskette. Von Süden aus betrachtet füllen die zinnenartigen Bergkämme den Horizont in alle Richtungen. Hier erstrecken sich faszinierende Landschaften, außerdem locken beeindruckende Dörfer aus Steinbauten, zahlreiche gute Skiresorts und großartige Wandermöglichkeiten.

Aktivitäten

Es gibt fast 6000 km markierte Fern- (Grandes Recorridos; GR) und Kurzwanderwege (Pequeños Recorridos; PR), die gut ausgeschildert sind. Der GR11 führt von Küste zu Küste und durchquert den spektakulärsten Teil der Aragonischen Pyrenäen.

Von Mitte Juni bis Anfang September ist die beste Zeit zum Wandern, allerdings können beliebte Gegenden im Hochsommer aus allen Nähten platzen. Mit unbeständigem Wetter muss man zu jeder Jahreszeit rechnen – also sollte man sich besser immer auf extreme Bedingungen einstellen und vor dem Aufbruch unbedingt über die aktuelle Wetterlage und die Beschaffenheit der Wege informieren.

In der Gegend stößt man auf zahlreiche *refugios* (Bergunterkünfte). Einige werden bewirtschaftet und bieten auch Verpflegung an, bei anderen handelt es sich um einfache Bretterbuden, die zum reinen Schutz dienen. Während der Ferienzeiten sind Erstere oft belegt; wer nicht gebucht hat, sollte aufs Zelten vorbereitet sein. Die **Federación Aragonesa de Montañismo** (FAM; ☎976 22 79 71; www.fam.es, auf Spanisch;

SKIFAHREN IN ARAGONIEN

Aragonien ist eine der besten Skiregionen Spaniens. Folgende Gebiete sind besonders empfehlenswert:

» **Candanchú** (www.candanchu.com, auf Spanisch) 42 km unterschiedliche Pisten 28 km nördlich von Jaca. 2007 fand in Candanchú das Europäische Olympische Winter-Jugendfestival statt.

» **Astún** (www.astun.com, auf Spanisch) In dem Gebiet 3 km östlich von Candanchú erstrecken sich 42 km Pisten für erfahrene Skiläufer.

» **Panticosa** (www.panticosa-loslagos.com, auf Spanisch) Liegt am Zusammenfluss zweier schöner Täler und ist nicht unbedingt die anspruchsvollste Skiregion, allerdings gilt die 2 km lange Mazaranuala-Route als Ausnahme. Man erreicht Panticosa über die A136, die nördlich von Sabiñago verläuft.

» **Formigal** (www.formigal.com) Hier werden regelmäßig Skiwettbewerbe veranstaltet. Es gibt gute Pisten, die sich über insgesamt 57 km erstrecken, und über 22 Lifte. Formigal ist über die A136 nördlich von Sabiñago zu erreichen.

» **Cerler & Ampriu** (www.cerler.com, auf Spanisch) Cerler liegt 6 km südöstlich von Benasque auf 1500 m, während Ampriu 8 km weiter auf 1900 m liegt. Zusammengenommen bieten sie 45 Pisten von insgesamt 52 km Länge. Während der Wintersaison verkehren Busse zwischen Benasque und den einzelnen Skistationen.

4. OG, Calle Albareda 7, Zaragoza) in Zaragoza stellt Infomaterial zur Verfügung. Mit einer FAM-Karte bekommt man Rabatte auf Übernachtungen in den *refugios*. Unter www.alberguesyrefugiosdearagon.com (auf Spanisch) kann man Reservierungen in den *refugios* und *albergues* (Herbergen) vornehmen.

Der aragonische Verlag Prames gibt die empfehlenswertesten Wanderkarten für dieses Gebiet heraus.

Sos del Rey Católico

690 EW. / 625 M

Würde Sos in der Toskana liegen, wäre es eine weltberühmte Bergstadt. Zweifellos ist das Dorf 55 km westlich von Jaca eines der schönsten in ganz Aragonien. Im mittelalterlichen Ortskern erstreckt sich ein beeindruckendes Gewirr von Kopfsteinpflastergassen, außerdem sieht man jede Menge dunkle Steinhäuser mit tief überhängenden Traufen.

Sos hat auch eine historische Bedeutung, da hier 1452 eine Hälfte des eindrucksvollsten Paares der spanischen Geschichte das Licht der Welt erblickte: Ferdinand II. von Aragonien. Er und seine Ehefrau Isabella I. von Kastilien wurden als die Reyes Católicos (Katholische Könige) bekannt. Zusammen eroberten sie das letzte islamische Königreich Granada und vereinten Spanien.

Sehenswertes

Am besten erkundet man Sos auf einem ausgiebigen Spaziergang. Vom Bergfried des **Castillo de la Peña Feliciano** auf der Spitze des Hügels hat man einen tollen Ausblick auf die Dächer, die Landschaft und die gotische **Iglesia de San Esteban** (Eintritt 2 €; 10–13 & 15.30–17.30 Uhr). Die Kirche verfügt über ein verwittertes romanisches Portal und eine düstere Krypta mit bezaubernden Fresken und hölzernen Kerzenleuchtern in der Gestalt riesiger Vögel.

Ferdinand soll in der **Casa Palacio de Sada** geboren worden sein. Heute ist hier ein **Interpretationszentrum** (Erw./Kind 2,60/1,60 €, inkl. Führung durch das Dorf 4/2 €) mit interessanten Exponaten zur Geschichte des Dorfes und des Königs untergebracht.

Schlafen & Essen

Parador de Sos del Rey Católico HOTEL €€
(948 88 80 11; www.parador.es; Calle Arquitecto Sainz de Vicuña 1; DZ 90–138 €; Jan.–Mitte Feb. geschl.; P) Dieser *parador* hätte das Königspaar entzückt! Das große Gebäude harmoniert perfekt mit den Steinbauten von Sos, der Service ist erstklassig und es gibt ein tolles Restaurant (Menüs 25–50 €). Von einigen Zimmern genießt man einen schönen Blick auf das Dorf und die Berge.

El Peirón Hotel HOTEL €€
(948 88 82 83; www.elpeiron.com, auf Spanisch; Calle Mayor 24; EZ/DZ inkl. Frühstück ab 70/80 €;) Eine willkommene Ergänzung zu der ohnehin schon fantastischen Hotelszene von Sos. Das Peirón ist in einem hübschen Haus aus dem 17. Jh. untergebracht und wartet mit geschmackvoll eingerichteten Zimmern samt freiliegenden Steinmauern und Hydromassage-Duschen in den Bädern auf.

Ruta del Tiempo HOTEL €€
(948 88 82 95; www.rutadeltiempo.es, auf Spanisch; Calle Larraldía 1; EZ inkl. Frühstück 50 €, DZ 70–107 €;) Das charmante familiengeführte Hotel liegt neben der zentralen Plaza de la Villa. Die Zimmer im ersten Stock sind den drei aragonischen Königen gewidmet, die vier Räume im zweiten Stock Kontinenten. Mit „Asien“ oder „Afrika“ trifft man die beste Wahl.

Albergue Juvenil JUGENDHERBERGE €
(948 88 84 80; www.alberguedesos.com, auf Spanisch; Calle de las Encinas; B unter/über 26 J. 15/17,50 €) Das exzellente Hostel ist in einem restaurierten mittelalterlichen Turm untergebracht, hat supermoderne Möbel und punktet mit seiner hellen, stillvollen Dekoration. Gäste können kostenlos Fahrräder leihen und bekommen hier auch etwas zu essen.

As Bruixas
GÄSTEHAUS, ARAGONISCHE FUSIONSKÜCHE €€
(948 88 84 15; www.asbruixas.com, auf Spanisch; Calle Mayor 25; DZ/Suite 60/70 €;) Ein tolles Gästehaus mit einem originellen Namen, der übersetzt „Die Hexen“ bedeutet. Die drei komfortablen Zimmer sind in erfrischend lebhaften Farben gestrichen und mit festen Matratzen, glänzenden Badewannen sowie Kunstobjekten ausgestattet. Im postmodernen Speisesaal (Mahlzeiten 30–35 €) wird Traditionelles im Fusionsstil serviert.

Hostal las Coronas HOSTAL €€
(948 88 84 08; www.hostallascoronas.com, auf Spanisch; Calle Pons Sorolla 2; EZ/DZ ab 48/60 €) Der freundliche Inhaber Fernando bietet seinen Gästen attraktive Zimmer mit Cha-

rakter, wobei die mit Balkonen und Blick auf die Plaza besonders schön sind. In der Kellerbar gibt's *bocadillos* (5–7 €), Tapas (3 €) und *raciones* (ab 7 €).

La Cocina del Principal ARAGONISCH €€
(☎948 88 83 48; Calle Mayor 17; Mahlzeiten 30–35 €; ⊙Di–Sa, So Mittagessen) Neben den Hotelrestaurants ist dies das beste Lokal des Ortes. Hier kommt man in den Genuss sorgfältig zubereiteter lokaler Gerichte, darunter Weinbergschnecken und *jarretes* (Schinkenhaxe oder Schulter).

Shoppen

Morrico Fino DELIKATESSEN
(Calle Mayor 14; ⊙10.30–14.30 & 17–21 Uhr) In den Dorfgassen verstecken sich winzige Läden voller regionaler Spezialitäten wie Wein, Käse und Räucherfleisch. Morrico Fino ist eine besonders gute Anlaufstelle.

Praktische Informationen

Touristeninformation (☎948 88 85 24; Plaza Hispanidad; ⊙10–14 & 16–20 Uhr) Bietet an Wochenenden Rundgänge durch das Dorf an.

An- & Weiterreise

In Zaragoza startet montags bis freitags um 19 Uhr ein **Gómez-Bus** (☎976 67 55 29) nach Sos (1½ Std., 9 €). Um 7 Uhr geht's zurück.

Rund um Sos del Rey Católico

Nördlich von Sos windet sich die A1601 34 km nach Westen und dann weiter Richtung Nordwesten zur N240. Unterwegs passiert sie die schönen Dörfer **Navardún** und **Urriés**, bevor sie die Sierra de Peña Musera erklimmt und dann hinunter in das zauberhafte verlassene Örtchen **Ruesta** führt. Auf ihrem letzten Abschnitt durchquert sie einige ungewöhnliche Felsformationen und Weizenfelder und bietet einen tollen Ausblick auf das Bergdorf **Milanos**, das weit entfernt im Osten erkennbar ist.

Valles de Echo & Ansó

Die grünen Täler Echo und Ansó sind absolut faszinierend. Zunächst führen die Straßen sanft nach oben, vorbei an alten Steindörfern, die sich an Hänge mit dichten Mischwäldern aus Buchen, Ebereschen, Ulmen und Haselnusssträuchern klammern. Dort, wo sich die Täler nach Norden hin verengen, recken sich stolze Gipfel über 2000 m in die Höhe. Dieser wundervollen Landschaft sollten sich Wanderer respektvoll nähern, denn der schrille Tourismus der spektakuläreren Gegenden weiter östlich ist hier fehl am Platz.

Von Montag bis Samstag startet um 6.30 Uhr ein Bus in Ansó, der via Siresa (6.53 Uhr) und Echo (7 Uhr) nach Jaca fährt. Um 18.50 Uhr geht's wieder zurück. Ansó und Echo sind durch eine 12 km lange Straße miteinander verbunden.

ECHO (HECHO)

600 EW. / 833 M

Das größte Dorf im Tal besteht aus einem reizenden Labyrinth solider Steinhäuser mit steilen Dächern und Balkonen voller hübscher Blumen.

In dem Gebäude mit der hilfreichen **Touristeninformation** (☎974 37 55 05, 974 37 50 02; www.valledehecho.net, auf Spanisch; Carretera Oza; ⊙Fr & Sa 10–13.30 & 17.30–19, So 10–13 Uhr) ist auch das kleine **Museo de Arte Contemporáneo** untergebracht, ein Kunstmuseum mit wechselnden Ausstellungen. Am Hang daneben liegt das **Museo de Escultura al Aire Libre** mit einem Skulpturenpark. Im Herzen des Ortes präsentiert das **Museo Etnológico Casa Mazo** (Calle Aire; Eintritt 1,50 €; ⊙10.30–13.30 & 17–20 Uhr) eine Sammlung toller Fotografien von Einwohnern aus den 1920er- und 1930er-Jahren.

Südlich der Ortschaft erstreckt sich der gut gepflegte **Camping Valle de Hecho** (☎974 37 53 61; www.campinghecho.com, auf Spanisch; Stellplatz pro Erw./Zelt/Auto 4,33/4,33/4,33 €;).

Echos beste Unterkunft, die charmante **Casa Blasquico** (☎974 37 50 07; www.casablasquico.com; Plaza de la Fuente 1; DZ 49–53 €, 3BZ 65 €; ⊙in der ersten Septemberhälfte geschl.), verfügt über sechs Zimmer. Frühstück kostet 5,50 €. Im selben Gebäude ist auch das beliebte **Restaurante Gaby** (Mahlzeiten 25–30 €) untergebracht. In dem holzvertäfelten Speisesaal werden leckere Spezialitäten wie *ensalada de perdiz* (Rebhuhn-Salat), *crepes de setas* (Crepes mit Waldpilzen) und *conejo a la casera* (Kaninchen nach Art des Hauses) serviert; auf der ausführlichen Weinliste stehen u. a. auch 17 lokale Sorten.

SIRESA & UMGEBUNG

120 EW. / 850 M

Ein paar Kilometer nördlich von Echo stößt man auf dieses ebenso charmante, wenn auch weniger bekannte Dorf. Die wunderschöne **Iglesia de San Pedro** (Eintritt 1,50 €; ⌚11–13 & 17–19 Uhr, Mi nachmittag geschl.) aus dem 11. Jh. liegt im Ortszentrum und gehörte ursprünglich zu einem der ältesten Klöster Aragoniens.

In der fröhlichen, sauberen **Albergue Siresa** (☎/Fax 974 37 53 85; www.alberguesiresa.com, auf Spanisch & Französisch; Calle Reclusa; B inkl. Frühstück 15 €, Bettwäsche 2 €) gibt's Etagenbetten, Frühstück und auf Wunsch auch weitere Mahlzeiten, außerdem kann man Mountainbikes mieten (12 € pro Tag).

Das **Hotel Castillo d'Acher** (☎974 37 53 13; www.castillodacher.com; Plaza Mayor; DZ mit/ohne Bad 65/40 €) verfügt über eine schöne Auswahl an Zimmern – einige sind ziemlich altmodisch, andere modern mit Kiefernholztäfelung – und im Dorf verteilten *casas rurales* (DZ 28 €). Im hoteleigenen Restaurant bekommt man ein gutes *menú del día* (Tagesmenü; 14 €).

Pure Entspannung in toller Umgebung bietet das hervorragende **Hotel Usón** (☎974 37 53 58; www.hoteluson.com; EZ/DZ inkl. Frühstück ab 45/60 €, Apt. 65–125 €; ⌚Ostern–Okt.; Ⓟ) hoch oben im Echo-Tal 5 km nördlich von Siresa an der Straße zur Selva de Oza. Zum Konzept gehört der Verzicht auf Fernsehgeräte. Das Restaurant tischt exzellente Hausmannskost auf.

PFLANZEN UND TIERE DER PYRENÄEN

Als berühmtestes Säugetier der Pyrenäen gilt der Braunbär (auf Spanisch *oso pardo*). Leider gibt's nur noch etwa 15 bis 20 lebende Exemplare, die in der Grenzregion zwischen Spanien und Frankreich zu finden sind. Allerdings stammen nur zwei der Tiere (beide männlich) tatsächlich aus dieser Gegend, während die restlichen Bären aus Slowenien hergebracht wurden, um das Überleben der Spezies zu sichern. Die Chancen, sie zu sehen, sind sehr gering, obwohl man weiß, dass vier der Tiere in den oberen Regionen des Valle de Ansó leben.

Der Parque Nacional de Ordesa y Monte Perdido (S. 392) bietet mindestens 45 Säugetier- und 130 Vogelarten eine Heimat, darunter viele Gämsen (*rebeco* auf Spanisch, *sarrio* auf Aragonisch), die in Herden von bis zu 50 Tieren in den oberen Regionen des Nationalparks umherstreifen. Außerdem stößt man auf den seltenen und beeindruckenden Lämmergeier bzw. *quebrantahuesos* (Bartgeier) sowie den majestätischen Königsadler.

SELVA DE OZA

Das obere Ende des Echo-Tals ist besonders schön. Hier verläuft die Route parallel zum Río Aragon Subordán, der sich seinen Weg durch einen dichten Wald bahnt. 7 km von Siresa entfernt quetscht sich die Straße durch die Boca del Infierno (Höllentor). Gut 14 km hinter Siresa endet sie und geht in die GR11-Strecke Candanchú–Zuriza über. Mindestens ein halbes Dutzend Berggipfel reihen sich im Norden zu einem Halbkreis auf. Sie können auf anstrengenden Tagestouren erklommen werden.

ANSÓ

497 EW. / 860 M

Ansó liegt noch tiefer in der harmonischen Bergwelt und besteht aus grob behauenen grauen Steinhäusern mit roten Schieferdächern. Einige der Hauswände sind weiß getüncht, sodass man ein schönes Schachbrettmuster vor sich sieht. Der Ort erstreckt sich am Fuße eines bewaldeten Steilhangs an einem teilweise überwachsenen Flussbett und verfügt über ein Netz enger Straßen rund um die Plaza Mayor.

Die **Posada Magoria** (☎974 37 00 49; www.losposadamagoria.com, auf Spanisch; Calle Milagros 32; DZ 50–60 €), eine wunderbare Unterkunft, scheint regelrecht aus der Wand der hiesigen Kirche herauszuwachsen. Sie wartet mit einer Menge Flair auf und wird von einer netten Familie geführt, die ihren Gästen gerne mehr über die Region erzählt. Im *comedor* (Speisesaal) gibt's hervorragende vegetarische *menús (12 €)* aus lokalen Zutaten und sogar veganische Gerichte.

Der Besitzer der **Casa Baretón** (☎974 37 01 38; www.casabareton.com; Calle Pascual Altemir 16; EZ/DZ 35/49 €) ist von Beruf Handwerker und hat dafür gesorgt, dass in diesem herrlich renovierten Steinhaus viele alte Elemente erhalten blieben, sodass die Zimmer gleich doppelt so gemütlich sind.

In der Nähe des oberen Dorfausgangs lockt die **Bar Zuriza** (Calle Mayor 71) mit leckeren Tapas.

Die **Touristeninformation** (☎974 37 02 25; Plaza Mayor; ⌚Juli & Aug. 10–14 & 17–20 Uhr, Sept.–Juni nur am Wochenende) bietet kostenlose Rundgänge durch den Ort an.

VALLE DE ZURIZA

Dieses schmale, 15 km lange Tal beginnt nördlich von Ansó. Es folgt dem Rio Jeral und führt in weit abgelegene Regionen der Pyrenäen, wo Raubvögel sich über den Schneedecken versammeln und man gute Chancen hat, Gämsen zu sehen. Die Asphaltstraße geht irgendwann in herrliche Wanderwege wie den GR11 über.

MONASTERIO DE SAN JUAN DE LA PEÑA

21 km südwestlich von Jaca stößt man auf das hoch gelegene Monasterio de San Juan de la Peña, Aragoniens faszinierendstes Kloster. Hierher gelangt man am besten von **Santa Cruz de la Serós** aus, einem hübschen Dorf 4 km südlich der N240.

Hier windet sich eine Straße die Sierra de la Peña 7 km hinauf zum beeindruckenden **Monasterio Viejo** (Altes Kloster; www.monasteriosanjuan.com; ⌚10–20 Uhr), der unter einem Felsvorsprung in einer Kurve kauert.

Vermutlich ist diese Stelle bereits ab dem 8. Jh. von christlichen Eremiten genutzt worden. Mit dem Bau der mozarabischen Kirche im 10. Jh. entwickelte sich der Ort zu einem spirituellen Machtzentrum des mittelalterlichen Königreichs Aragonien. Im späten 11. Jh. errichtete man eine romanische Kirche auf dem ersten Bauwerk. Ihr Highlight ist der romanische **Kreuzgang** mit seinen wundervollen Säulenkapitellen aus dem 12. und 13. Jh., die die Genesis und das Leben Jesu darstellen. Hier wurden die ersten drei Könige von Aragonien, Ramiro I. (1036–64), Sancho Ramírez (1064–94) und Pedro I. (1094–1104), begraben.

Ein Feuer 1675 veranlasste die Mönche, das Kloster aufzugeben und weiter oben ein neues aus Backsteinen zu bauen, das **Monasterio Nuevo** (Neues Kloster; ⌚10–20 Uhr). Es beherbergt zwei große **Interpretationszentren**, von denen eines die archäologische Geschichte der Stätte dokumentiert, während das andere den aragonischen Königen gewidmet ist. Wer kein Fachmann ist bzw. kein spezielles Interesse an dem Kloster hat, wird mit einem Besuch des Monasterio Viejo zufrieden sein.

Schlafen & Essen

Hostelería Santa Cruz HOSTAL €

(☎974 36 19 75; www.santacruzdelaseros.com; Calle Ordana; EZ/DZ ab 45/56 €) Eine großartige Unterkunft unweit der Kirche in Santa Cruz de la Serós mit tollen Zimmern. Im zugehörigen Restaurant wird ein gutes *menú del día* (12€) serviert.

TICKETS & PARKPLÄTZE

Eintrittskarten für die beiden Klöster und die audiovisuelle Präsentation über das Königreich von Aragonien werden nur im Monasterio Nuevo verkauft. Tickets für eine/zwei/drei dieser Sehenswürdigkeiten kosten 6/9/12 € für Erwachsene, 5/7/10 € für Studenten und Senioren sowie 3/4,50/6 € für Kinder zwischen 7 und 16 Jahren.

Der einzige zulässige Parkplatz liegt etwas oberhalb des Monasterio Nuevo. Von dort fährt unregelmäßig ein Busshuttle zum Monasterio Viejo und wieder zurück. Im Winter kann man etwa 200 m hügelabwärts des Monasterio Viejo parken.

Hospedería Monasterio San Juan de la Peña HOSPEDERÍA €€

(☎974 37 44 22; www.hospederiasdearagon.es; DZ 48–154 €; ❄📶🏊) Das erst kürzlich eröffnete Vier-Sterne-Hotel gehört zum Monasterio Nuevo und wartet mit komfortablen Zimmern, einem Spa-Bereich und einem Restaurant auf. Es ist auch für Rollstuhlfahrer geeignet.

An- & Weiterreise

Leider gibt's keine öffentlichen Verkehrsmittel zum Kloster.

Wanderer müssen einen steilen, 4 km langen ausgeschilderten Weg (den GR65.3.2) nehmen, der von Santa Cruz zum Monasterio Viejo führt. Die Wanderung dauert etwa 1½ Stunden; die Aufstiegshöhe beträgt 2350 m.

Jaca

13 396 EW. / 820 M

Jaca ist das Eingangstor zu den westlichen Tälern der Aragonischen Pyrenäen. Das schöne alte Zentrum erinnert daran, dass dieser Ort im 11. Jh. die erste Hauptstadt des Königreichs Aragonien war. Neben der ungewöhnlichen Wehranlage gibt's einige großartige Restaurants. An Winterwochenenden sorgen Après-Ski-Freaks für ein lebhaftes Nachtleben.

Sehenswertes & Aktivitäten

Catedral KATHEDRALE

(⌚11.30–13.30 & 16.15–20 Uhr) Jacas Kathedrale stammt aus dem 11. Jh. und ist ein

Jaca

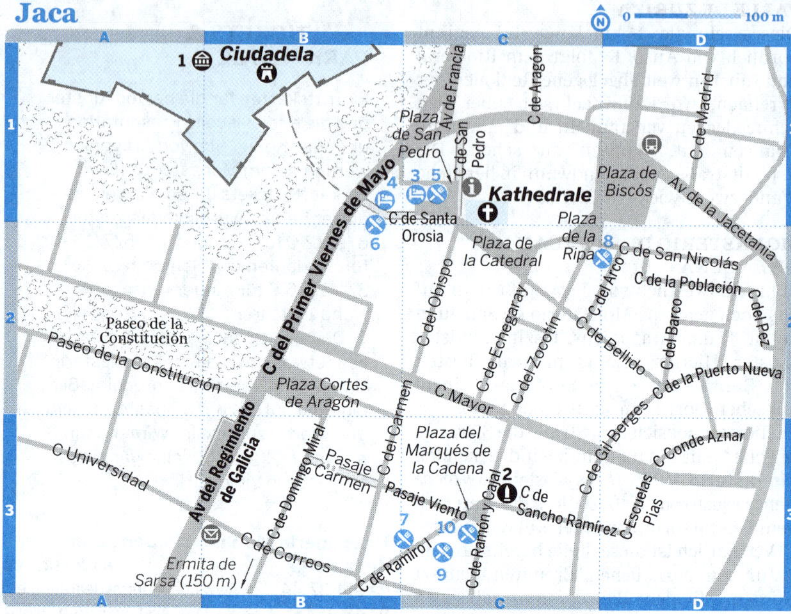

mächtiger Bau. Ihre imposante Fassade gilt als typisch für die robuste Architektur Nordaragoniens. Ursprünglich errichtete man sie im zierlichen Stil der französischen Romanik, aber die Veränderungen im Stil der Gotik gaben ihr im 16. Jh. ein hybrides Aussehen. Innen lohnt vor allem die Seitenkapelle einen Besuch. Sie ist der heiligen Orosia, der Stadtpatronin, gewidmet: Ihr Martyrium wurde auf einer Reihe geheimnisvoller Wandbilder festgehalten.

Ciudadela ZITADELLE

(Zitadelle; www.ciudadeladejaca.es, auf Spanisch; Erw./ermäßigt 10/5 €; ⌚Di–So 11–14 & 17–20 Uhr, 2. Novemberhälfte geschl., letzter Ticketverkauf 13 & 19 Uhr) Die sternenförmige Zitadelle aus dem 16. Jh. ist Spaniens einzige fünfeckige (die in Pamplona wurde nicht vollendet) sowie eine der beiden letzten Wehranlagen in Europa. Heute beherbergt sie eine Militärakademie und kann im Rahmen einer 40-minütigen Führung (auf Englisch, Spanisch oder Französisch) besichtigt werden. In dem Gebäude befindet sich auch das **Museo de Miniaturas Militares** (Museum für Militär-Miniaturen; www.museominiaturasjaca.es) mit einer außergewöhnlichen Modellsammlung, 32 000 Spielsoldaten sowie plastisch wirkenden Schaubildern von früheren Schlachten und anderen Begebenheiten. Rund um die Zitadelle und den Wassergraben grasen Hirsche.

Altstadt HISTORISCHE BAUWERKE

Es gibt ein paar schöne Gebäude in den Straßen des **casco historico** (Altstadt) südlich der Kathedrale, darunter auch der **Torre del Reloj** (Uhrenturm; Plaza del Marqués de la Cadena) aus dem 15. Jh. und die charmante **Ermita de Sarsa** (Avenida Oroel).

Pista de Hielo EISLAUFBAHN

(Avenida del Perimetral) Die hochmoderne Eislaufbahn ist an den meisten Abenden geöffnet; Genaueres erfährt man in der Touristeninformation. Sie liegt gegenüber vom südlichen Ende der Calle de Ramón y Cajal 400 m südlich der Calle Mayor.

Feste & Events

Festividad del Primer Viernes de Mayo MITTELALTERFEST

Am ersten Freitag im Mai findet ein mittelalterliches Bogenschießturnier statt; dann feiert der ganze Ort einen im Jahr 760 errungenen Sieg der Christen über die Muslime.

Fiesta de Santa Orosia FEST DER SCHUTZHEILIGEN

Für die einwöchige Fiesta de Santa Orosia rund um den Tag der städtischen

Jaca

Highlights

Kathedrale ... C1
Ciudadela ... B1

Sehenswertes

1 Museo de Miniaturas Militares ... A1
2 Torre del Reloj (Uhrenturm) ... C3

Schlafen

3 Hostal París ... C1
4 Hotel Mur ... B1
La Casa del Arco ... (siehe 8)

Essen

5 Bodegas Langa ... C1
6 Casa Martín ... B2
7 Crepería El Bretón ... C3
8 La Casa del Arco ... D2
9 La Tasca de Ana ... C3
10 Restaurante El Portón ... C3

Schutzheiligen am 25. Juni wirft sich das partylaunige Jaca in Schale.

Festival Folklórico de los Pirineos VOLKSFEST

Das Volksfest feiert man in ungeraden Jahren gegen Ende Juni bzw. Anfang August. Es bringt 1½ Wochen internationale Musik, Tanz, Kunst und Theater.

Schlafen

An Wochenenden, während der Skisaison sowie im Juli und August sollte man unbedingt rechtzeitig reservieren.

LP TIPP **Hotel Barosse** PENSION €€

(☎974 36 05 82; www.barosse.com, auf Spanisch; EZ inkl. Frühstück 75–124 €, DZ inkl. Frühstück 95–155 €; ❄📶) 2 km südlich von Jaca bietet das im ruhigen Dorf Barós gelegene Hotel sechs individuell und liebevoll gestaltete Zimmer mit Natursteinwänden, wohlplatzierten Farbtupfern und schönen Bädern. Es gibt einen Leseraum, einen Garten, einen Whirlpool, eine Sauna und einen tollen Ausblick auf die Pyrenäen. Darüber hinaus sind José und Gustavo einfach wunderbare Gastgeber. Das Barosse ist zweifellos die beste Wahl in Jaca.

Hostal París HOSTAL €

(☎974 36 10 20; www.jaca.com/hostalparis, auf Spanisch; Plaza de San Pedro 5; EZ/DZ ohne Bad ab 30/40 €) Die freundliche, zentrale Unterkunft in der Nähe der Kathedrale verfügt über makellose, geräumige Zimmer – viele mit Blick auf den Platz – und elegante Gemeinschaftsbäder (7 Bäder für 20 Zimmer), die unlängst renoviert wurden. Frühstück kostet 3 €.

La Casa del Arco GÄSTEHAUS €

(☎974 36 44 48; www.lacasadelarco.net, auf Spanisch; Calle de San Nicolás 4; EZ ohne Bad 22 €, DZ mit/ohne Bad 55/40 €) Die Zimmer dieser wunderbaren Pension sind fröhlich eingerichtet und haben einen tollen künstlerischen Touch.

Hotel Mur HOTEL €€

(☎974 36 01 00; www.hotelmur.com; Calle de Santa Orosia 1; EZ/DZ inkl. Frühstück ab 43/63 €) Ein angenehmes, komfortables Hotel mit Stil. Einige Zimmer sind lichtdurchflutet und bieten einen Ausblick auf die Zitadelle; die Räume ohne Außenfenster fallen allerdings etwas zu eng aus.

Essen

LP TIPP **La Tasca de Ana** TAPAS €

(Calle de Ramiro I 3; Mahlzeiten 15–20 €; ⏰Mo–Fr 19–23.30, Sa & So 12.30–15.30 & 19–23.30 Uhr; 📶) An der Theke einer der besten Tapas-Bars Aragoniens werden köstliche Versuchungen präsentiert, außerdem gibt's leckere Hauptgerichte und eine sorgfältig zusammengestellte Weinkarte. Am besten bestellt man einige der auf der Tafel angeschriebenen *tapas mas solicitados* (beliebteste Tapas). Bei unserem Besuch waren die *rodolfito* (Garnelen in Sauce) auf Platz 1, doch daneben locken noch viele andere Leckereien. Wir empfehlen den Toast mit Ziegenkäse und Blaubeeren.

La Casa del Arco VEGETARISCH €

(☎974 36 44 48; www.lacasadelarco.net, auf Spanisch; Calle de San Nicolás 4; Mahlzeiten 15–20 €; 🌿) Einfallsreiche vegetarische Gerichte und ein herrlich alternatives Ambiente. Im Untergeschoss befindet sich eine nette Bar, die Tetaría el Arco, mit gelegentlichen Liveband-Auftritten und anderen Veranstaltungen.

Restaurante El Portón ARAGONISCH €€

(☎974 35 58 54; Plaza del Marqués de la Cadena 1; Mahlzeiten 35–45 €) Das elegante Restaurant an einer kleinen, schattigen Plaza kredenzt Haute-Cuisine-Versionen aus der aragonischen Küche. Ohne Reservierung geht hier gar nichts. Äußerst empfehlenswert!

Crepería El Bretón BRETONISCHE CRÊPES €

(☎974 35 63 76; Calle de Ramiro I 10; Mahlzeiten 15–20 €; ⏰Mi–So) In der intimen, von Franzosen geführten Crepería werden süße und pikante Crêpes nach alten bretonischen Rezepten zubereitet – eine tolle Alternative zur spanischen Küche. Außerdem gibt's Salate, Tapas, bretonischen Cidre und ein exzellentes *menú Bretón* (Bretonisches Menü) für 10,50 €.

Bodegas Langa DELIKATESSEN, TAPAS €€
(Plaza de San Pedro 5; Mahlzeiten 15–25 €; ⌚Mo–Sa) Eine Mischung aus Gourmet- und Lebensmittelladen sowie sommerlicher Saft- und Tapas-Bar.

Casa Martín ARAGONISCH €€
(☎974 35 69 04; Calle de Santa Orosia 2; Mahlzeiten 25–30 €) Das *guisado de jabalí* (geschmortes Wildschwein) ist ein Gedicht!

ℹ Praktische Informationen

Touristeninformation (☎974 36 00 98; Plaza de San Pedro 11–13; ⌚Mo–Sa 9–13.30 & 16.30–19.30 Uhr)

ℹ An- & Weiterreise

Vom zentralen **Busbahnhof** (☎974 35 50 60; Plaza de Biscós) verkehren täglich bis zu fünf **Alosa-Busse** (www.alosa.es, auf Spanisch) nach Huesca (6,85 €, 1¼ Std.) und Zaragoza (13,15 €, 2¼ Std.), sowie zwei nach Pamplona (7,05 €, 1¾ Std.).

Rund um Jaca

VALLE DE CANFRANC

Die N330 führt von Jaca durch das malerische Río-Aragón-Tal Richtung Norden nach Somport mit dem Straßentunnel nach Frankreich. Nach etwa 25 km passiert man den **Canfranc-Estación**, einen gewaltigen, 1928 eröffneten Bahnhof mit charakteristischen Merkmalen des Modernisme (katalanischer Jugendstil). Einst war er Europas zweitgrößter Bahnhof, doch die Franzosen stellten den Verkehr wegen eines Unfalls 1970 einseitig ein. Hier halten täglich zwei Züge auf dem Weg von Zaragoza via Huesca und Jaca.

Wenn man sich Jaca nähert, lohnt sich ein Abstecher nach **Villanovilla**. Dafür muss man einfach nur beim Castiello de Jaca von der N330 abbiegen und den Ausschilderungen zu dem winzigen Dorf folgen. Der Ort war kurz davor auszusterben, wurde aber nicht aufgegeben und beherbergt heute das wunderbare **Restaurante La Garcipollera** (☎974 34 81 83; www.turismoruralgarcipollera.es, auf Spanisch; Mahlzeiten 25–35 €; ⌚Sa Mittag- & Abendessen, So Mittagessen). Im selben Gebäude ist auch die einfache, aber gut gepflegte *albergue* (EZ/DZ ab 35/50 € inkl. Frühstück) untergebracht. Zu den Spezialitäten des Lokals gehören Weinbergschnecken mit Knoblauchmayonnaise und Steaks. Weiter oben im Tal führt ein etwa 5 km langer Weg zur ruhigen, romanischen **Ermita de Santa María de Iguacel**; der Pfad ist manchmal für Autos geöffnet, aber in einem schrecklichen Zustand.

VALLE DE TENA

Von Biescas, dem regionalem Zentrum nördlich von Sabiñánigo, steigt die A136 gemächlich zur französischen Grenze hin an. Eine schmale, 8 km lange Straße führt hier tief in die Berge hinein ins Skigebiet Panticosa mit dem **Panticosa Resort** (☎974 48 71 61; www.panticosa.com, auf Spanisch). Zu dem beachtlichen Komplex gehören das Vier-Sterne-Hotel **Continental** (DZ ab 60 €), drei Lokale – darunter das **Restaurante del Lago** (Mahlzeiten ab 65 €), das vom Sternekoch Pedro Subijana geleitet wird –, Bars, Kasinos und die luxuriöse Wellnessanlage **Balneario** (Termas de Tiberio). Letztere wurde erst kürzlich vom Stararchitekten Rafael Moneo umgebaut. Sowohl der Service als auch die Lage an einem See mitten in einem geschlossenen Tal hoch in den Pyrenäen sind beeindruckend.

Zurück auf der Hauptstraße A136 erreicht man 3,5 km nördlich von Panticosa die Ausfahrt nach **Sallent de Gállego**, ein hübsches Dorf mit Steinhäusern und einem hindurchfließenden Bach.

Von Jaca fahren täglich bis zu zwei Busse nach Panticosa und Formigal (5,40 €, 2 Std.). Die N260 verlässt das Tal bei Biescas und folgt einer malerischen Route nach Torla und Aínsa.

Parque Nacional de Ordesa y Monte Perdido

Die Berge in dieser Gegend sind schlichtweg atemberaubend. Hier winden sich die Grate wie Drachenrücken aus Kalksteingipfeln rund um die französische Grenze. Auf einem Südostausläufer erhebt sich der Monte Perdido (3348 m), der dritthöchste Berg der Pyrenäen. Tiefe Täler durchschneiden die eindrucksvollen Hochebenen. Viele wurden von Gletschern gebro-

DER NATIONALPARK IM ÜBERBLICK

Zugangspunkte

Der wichtigste Ausgangspunkt ist Torla (S. 395), 3 km unterhalb der Südwestecke des Nationalparks.

Von Escalona, 11 km ördlich von Aínsa an der A138, führt eine geteerte Nebenstraße Richtung Nordwesten hinüber nach Sarvisé, ein paar Kilometer südlich von Torla. Sie kreuzt den Südzipfel des Parks in einem engen, kurvigen Abschnitt, der sich das dramatische Bellos-Tal hochwindet und Zugang zu Wanderwegen im spektakulären Cañón de Añisclo (die oberen Regionen des Bellostals) bietet.

Von Bielsa verläuft eine befestigte 12 km lange Straße hoch ins Valle de Pineta in der Nordostecke des Parks.

Informationszentren

» **Centro de Visitantes de Torla** (☎974 48 64 72; ⏲März–Okt. 9–14 & 16–19 Uhr) Das Besucherzentrum dient als Ausgangspunkt für die Shuttlebusse in den Park. Hier befindet sich auch das ganzjährig geöffnete Hauptinformationszentrum.

» **Bielsa** (☎974 50 10 43; ⏲Ostern–Okt. 9–13.30 & 15–18 Uhr, Nov.–Ostern Mo–Fr 8–15 Uhr)

» **Centro de Visitantes de Tella** (⏲Ostern–Okt. 9–13.30 & 15–18 Uhr) Liegt in Tella im Escuaín-Sektor.

» **Escalona** (☎974 50 51 31; ⏲Ostern–Okt. 9–13.30 & 15–18 Uhr, Nov.–Ostern Mo–Fr 8–15 Uhr)

Karten

Die Karte *Ordesa y Monte Perdido Parque Nacional* (1:25.000) wird vom Ministerio de Fomento herausgegeben und in vielen Läden in Torla verkauft. Sie kostet etwa 7 € und enthält eine Broschüre mit 20 detailliert beschriebenen Wanderrouten.

Wer Lust hat, den Park entlang des GR11 zu erkunden, kann sich die Karte *Senda Pyrenaica* von Prames zulegen oder Hartmut Stahns Reiseführer *Spanien: Pyrenäenweg – GR 11* kaufen.

Regeln & Vorschriften

Biwakieren ist nur innerhalb bestimmter Höhenlagen erlaubt (je nach Sektor 1800–2500 m); Näheres darüber erfährt man in den Infozentren. Außerdem darf man in dem gesamten Gebiet nicht schwimmen, mit dem Mountainbike fahren, angeln und Lagerfeuer machen.

chen, an deren Enden sich schlüsselähnliche *circos* (Kare, Gletschermulden) mit spektakulären Felsüberhängen gebildet haben. Am bedeutendsten sind Pineta im Osten, Escuaín im Südosten, Bellos im Süden, Ordesa im Südwesten, Bujaruelo im Westen und Gavarnie im Norden (dieser Berg liegt in Frankreich).

Aktivitäten

Wer sich über die Wanderwege im Park informieren will, sollte sich die *Senderos*-Karte mit Routenbeschreibungen für die vier Sektoren (Ordesa, Añisclo, Escuaín und Pineta) zulegen. Sie wird in allen Infozentren verkauft.

CIRCO DE SOASO

Eine klassische Tageswanderung führt durch das Valle de Ordesa zum Circo de Soaso, einem felsigen Balkon mit einem Wasserfall namens **Cola de Caballo** (Pferdeschwanz). Vom östlichen Ende der Pradera de Ordesa nimmt man den Pfad, der den Río Arazas kreuzt, und klettert an der steilen Südflanke des Tals hinauf. Der schwierigste Teil – die Senda de los Cazadores (Jägerpfad), auf der man 600 Höhenmeter überwindet – ist in einer Stunde zu bewältigen. Danach leitet der Höhenpfad Faja de Pelay meist eben oder bergab bis zum *circo*. Zurück geht's über den Weg in der Talsohle, der an mehreren

Parque Nacional de Ordesa y Monte Perdido

Kaskaden vorbeiführt. Die Rundwanderung dauert etwa sieben Stunden.

REFUGIO DE GÓRIZ & MONTE PERDIDO

Erfahrene Wanderer können sich an die steilen Auf- bzw. Abstiege des GR11 zum Circo de Soaso und zum **Refugio de Góriz** (☎974 34 12 01; B 15 €) auf 2200 m wagen. Die Berghütte verfügt über 72 Plätze und wird das ganze Jahr über bewirtschaftet. Sie eignet sich als gute Ausgangsbasis für die Besteigung des Monte Perdido. Wer im Juli oder August herkommt, sollte mindestens einen Monat im Voraus buchen. Der Aufstieg auf den Perdido ist nicht ungefährlich und erfordert neben Erfahrung auch Steigeisen und Eispickel.

FAJA RACÓN, CIRCO DE COTATUERO & FAJA CANARELLOS

Die Wanderstrecke am Nordhang des Valle de Ordesa führt über spektakuläre Höhen. Sie ist innerhalb von fünf bis sechs Stunden zu bewältigen (ohne die Faja Canarellos braucht man eine Stunde weniger). Im Winter und im Frühling sollte man von der Tour absehen, da eine große Gefahr durch herunterstürzende Eis- und Felsbrocken und sogar durch Lawinen besteht.

Von der Pradera de Ordesa sind es 600 m entlang der Teerstraße zurück bis zur Casa Oliván. Dort nimmt man einen steilen, zickzackförmigen Pfad mit der Bezeichnung „Tozal del Mallo, Circo de Carriata". Es geht rund 1½ Stunden lang bergauf und dann ostwärts auf einen 3 km langen Weg mit der Beschilderung „Faja Racón", der unterhalb des imposanten 200 m hohen **Wasserfalls** am Circo de Cotatuero endet. Von dort läuft man bergab bis zu einem hölzernen Unterstand. Hier kann man entweder dem Cotatuero bis zu einer Wegkreuzung 600 m östlich der Pradera de Ordesa bergab folgen oder – sofern man noch genügend Energie hat – die Brücke nehmen und entlang eines der Höhenwege der Faja Canarellos 3 bis

4 km weit hinunter ins Valle de Ordesa bei Bosque de las Hayas wandern. Nach weiteren 4 km, die sanft bergab in Richtung Westen führen, erreicht man schließlich Pradera de Ordesa.

BRECHA DE ROLANDO

Kletterfans können über die 32 in die Felsen gehämmerten eisernen Haken einige Abschnitte der Wand des Circo de Cotatuero über die **Clavijas de Cotatuero** erklimmen. Die Haken werden regelmäßig erneuert und bilden eine ansteigende Traverse. Eine spezielle Ausrüstung ist nicht nötig, aber man sollte fit und erfahren sein. Von hier benötigt man noch 2½ Stunden bis zur **Brecha de Rolando** (Roldán; 2807 m), einer dramatischen, windigen Kluft in einer Bergwand auf französischem Gebiet. Man kann sie auch über einen 3½-Stunden-Marsch vom Refugio de Góriz aus erreichen. Von der Schlucht ist es ein 500 m langer Abstieg zur französischen **Refuge des Sarradets** (☎ Frankreich 33-06 83 38 13 24).

PUERTO DE BUJARUELO

Der GR11 beschreibt einen 6 km langen Bogen über das malerische Valle de Bujaruelo hoch nach San Nicolás de Bujaruelo. Von dort führt ein Pfad in ost-nordöstlicher Richtung etwa 3 Stunden (950 m Höhenunterschied) hinauf zum Puerto de Bujaruelo an der französischen Grenze. Wenn man im französischen Parc National des Pyrénées angekommen ist, beginnt ein etwa zweistündiger Abstieg zur Ortschaft **Gavarnie**. Alternativ wandert man Richtung Südosten rund 2½ Stunden bergauf zum Refuge des Sarradets. Über die Brecha de Rolando geht's dann wieder zurück nach Spanien.

SÜDLICHE SCHLUCHTEN

Der **Cañón de Añisclo** sieht aus wie eine klaffende Wunde in der Erdkruste. Die Tour beginnt am Refugio de Góriz, von wo aus man in die Schlucht hinuntersteigt. Auto- und Motorradfahrer können den Tagesausflug stattdessen vom südlichen Ende her beginnen. 12 km von Escalona führt abgehend von der Straße nach Sarvisé ein breiter Weg zur imposanten **Puente de San Úrbez** und dann weiter die Schlucht hoch. Entweder wandert man Richtung Norden bis La Ripareta und zurück (5 Std.) oder entscheidet sich für die anstrengendere Strecke bis Fuen Blanca und zurück (8 Std.).

Etwas weiter östlich stößt man auf die **Gargantas de Escuaín**, eine etwas weniger tiefe, aber trotzdem beeindruckende Schlucht des Río Yaga. Von der halb verlassenen Siedlung Escuaín, die man über eine von der Verbindungsstraße zwischen Escalona und Sarvisé abgehende Nebenstrecke erreicht, dauert der Abstieg eine Stunde.

BALCÓN DE PINETA

Diese anspruchsvolle Wanderung beginnt in der Nähe des Parador Nacional de Bielsa. Nachdem man die Cascadas del Cinca, eine Reihe von Wasserfällen, passiert hat, führt der Weg über steile Serpentinen hinauf zum „Pineta-Balkon", der einen beeindruckenden Blick auf die Gletscher und Berge bietet. Der Aufstieg dauert fünf Stunden, der Abstieg drei Stunden.

ℹ An- & Weiterreise

Bus

Jeden Tag fährt ein Bus des Unternehmens **Alosa** (☎902 21 07 00; www.alosa.es, auf Spanisch) von Torla nach Aínsa (3,76 €, 1 Std.) und Sabiñánigo (3,40 €, 1 Std.). Im Juli und August gibt's eine tägliche Verbindung zwischen Sabiñánigo und Sarvisé; Aínsa wird allerdings nicht angesteuert.

Parkzugang

In der Osterwoche und von Juli bis Mitte September ist die Strecke von Torla zur Pradera de Ordesa für Privatfahrzeuge gesperrt. Dann verkehrt ein Shuttlebus (einfach/hin & zurück 3/4,50 €) zwischen dem Centro de Visitantes in Torla und der Pradera de Ordesa. In diesem Parkabschnitt dürfen sich maximal 1800 Besucher gleichzeitig aufhalten.

Darüber hinaus wird die Strecke von Escalona nach Sarvisé zu dieser Zeit eine Einbahnstraße. Von der Abzweigung Puyarruego etwa 2 km außerhalb von Escalona bis 1 km hinter der Abzeigung vom Bellos-Tal ist nur noch Verkehr Richtung Nordwesten erlaubt. Wer Richtung Südosten möchte, muss eine Alternativstrecke weiter südlich nehmen.

Torla

324 EW.

Torla verströmt mit seinen schiefergedeckten Steinhäusern vor der herrlichen Gebirgskulisse des Nationalparks alpinen Charme, ist jedoch im Juli und August hoffnungslos überlaufen. Weil aber viele Besucher nach einem kurzen Aufenthalt im Dorf sofort weiter in den Park fahren, hat man den Ort abends fast ganz für sich und kann hier wunderbar übernachten. Bei einem Spaziergang lohnt sich ein Besuch der

Iglesia de San Salvador aus dem 13. Jh., zudem genießt man von der Grünanlage an der Nordseite der Kirche eine tolle Aussicht.

Schlafen

Im Juli und August sollte man vorher reservieren. Es gibt drei Campingplätze, die nicht weiter als 2 km nördlich von Torla liegen (ab Ende Oktober bis Ostern geschlossen).

Hotel Villa de Torla HOTEL €€
(☎974 48 61 56; www.hotelvilladetorla.com, auf Spanisch; Plaza de Aragon 1; EZ 35–45 €, DZ 55–69 €; ⏲Mitte März–Dez.;) Saubere Zimmer, manche geräumig und stilvoll, andere eher abgenutzt. Zu den Highlights zählen zweifellos der Swimmingpool und die Bar-Terrasse, die mit einem herrlichen Ausblick aufwartet.

Hotel Villa Russell HOTEL €€
(☎974 48 67 70; www.hotelvillarussell.com; Calle de Capuvita; EZ 57–80 €, DZ 80–114 €; P) Die Zimmer gewinnen zwar keinen Stilwettbewerb, bieten dafür aber viel Platz und sind mit Sofas, Mikrowellen und Hydromassage-Duschen ausgestattet. Parken kostet 6 €. Es gibt einen Jacuzzi und eine Sauna.

Hotel Ballarín HOTEL, HOSTEL €
(☎/Fax 974 48 61 55; hotelballarin@terra.es; Calle de Capuvita 11; EZ 32–42 €, DZ 48–50 €) Das Hotel punktet mit gepflegten Zimmern. Oben genießt man einen besonders guten Ausblick. Leider wird man im Ballarín nicht sehr herzlich empfangen. Den Inhabern gehört auch das hübsche **Hostal Alto Aragon** (☎/Fax 974 48 61 72; Calle de Capuvita; EZ/DZ ab 30/38 €) ein paar Türen weiter.

Im Ortszentrum gibt's außerdem zwei französisch geführte *refugios*:

Refugio Lucien Briet REFUGIO €
(☎974 48 62 21; www.refugioluciembriet.com, auf Spanisch; Calle de Francia; B/DZ 10/40 €)

L'Atalaya REFUGIO €
(☎/Fax 974 48 64 17; Calle de Francia; B 11 €)

Essen

Alle hier genannten Unterkünfte haben eigene Restaurants und bieten *menús* für 12 bis 17 € an.

Restaurante el Duende ARAGONISCH €€
(☎974 48 60 32; www.elduenderestaurante.com, auf Spanisch; Calle de la Iglesia; Mahlzeiten 35–40 €) Torlas bestes Lokal befindet sich in einem schönen Gebäude aus dem 19. Jh. Hier kommt man in den Genuss zahlreicher regionaler Spezialitäten. Der Speisesaal ist sehr abwechslungsreich eingerichtet.

Rund um Torla

VALLE DE BUJARUELO

Das Valle de Bujaruelo erstreckt sich nördlich von Torla an der östlichen Grenze des Parks und gilt als hervorragende Ausgangsbasis für Ausflüge.

Wer das Tal 3,5 km hinauffährt, stößt auf den **Camping Valle de Bujaruelo** (☎974 48 63 48; www.campingvalledebujaruelo.com, auf Spanisch; 4,50/4,50/4,50 € pro Pers./Zelt/Auto, Zi. 37–57 €; ⏲Ostern–Mitte Okt.). Hier gibt's auch eine Hütte mit Etagenbetten, ein Restaurant und einen Supermarkt. Die Lage des Platzes ist wunderbar und die Einrichtungen wirken sehr gepflegt.

In San Nicolás, weitere 3 km talaufwärts, bietet der einfache **Mesón de Bujaruelo** (☎974 48 64 12; www.mesondebujaruelo.com; B/DZ 12/36 €, Halbpension 28–37 € pro Pers.) Etagenbetten und Mahlzeiten an einem malerischen Standort am Puerto de Bujaruelo.

VON TORLA NACH AÍNSA

Die N260 von Torla nach Aínsa folgt über 44 km den malerischen Gebirgsausläufern der Pyrenäen. Auf etwa halber Strecke sollte man nach den am Río Ara gelegenen stimmungsvollen Ruinen des in den 1970er-Jahren verlassenen Ortes **Jánovas** Ausschau halten. Ganz in der Nähe bietet das nördlich der Hauptstraße gelegene, ausgeschilderte Dorf San Martín de la Solana eine ideale ländliche Zuflucht. Die **Casa de San Martín** (☎974 50 31 05; www.casadesanmartin.es; EZ/DZ ab 128/160 €) wartet mit tollen Zimmern, einer friedlichen, malerischen Lage und einem exzellenten Restaurant (Abendmenü 37,50 €) auf.

Aínsa

2179 EW.

Das atemberaubend schöne mittelalterliche Aínsa (l'Aínsa im lokalen Dialekt) erhebt sich über dem modernen Ort mit demselben Namen und gehört zu den Perlen Aragoniens. Hier eröffnet sich Besuchern ein grandioses Bergpanorama mit der großartigen Felsbastion der Peña Montañesa.

Sehenswertes

Am besten erkundet man Aínsa bei einem Spaziergang auf der Calle de Santa Cruz oder der Calle Mayor. Zu den Highlights des Ortes zählen Künstlerläden und Abflussrohre, die wie Wasserspeier aussehen.

Iglesia de Santa María KIRCHE
Die restaurierte romanische Iglesia de Santa María an der nordöstlichen Ecke der Plaza Mayor wird angeleuchtet, wenn man 1 € in eine Box wirft. Dazu erklingen fünf Minuten lang gregorianische Gesänge. Die Krypta und der gotische Kreuzgang sind sehr hübsch anzusehen, außerdem genießt man vom **Glockenturm** (Eintritt 1 €; ⌚Sa & So 11–13.30 & 16–19 Uhr, im Juli & Aug. länger geöffnet) einen fantastischen Blick auf die Gipfel im Norden und auf die Terrakotta-Dächer der Altstadt.

Museo de Oficios y Artes Tradicionales MUSEUM
(Eintritt 2,50 €; ⌚Fr–So 10–14 & 16–20 Uhr) Dieses interessante Museum widmet sich der lokalen Kultur. Es liegt unterhalb der Plaza de San Salvador und ist in einem gut erhaltenen alten Gebäude untergebracht.

Burg BURG
Die Burg und die Befestigungsanlagen am westlichen Ende der Plaza de San Salvador stammen aus den 1600er-Jahren, nur der Hauptturm datiert ins 11. Jh. Von der Mauer genießt man eine wunderbare Aussicht, ebenso wie vom Turm aus, der ein interessantes **Ökomuseum** (Eintritt 4 €; ⌚Ostern–Okt. Mi–Fr 11–14, Sa & So 10–14 & 16–19 Uhr) zur Fauna der Pyrenäen sowie das **Espacio del Geoparque de Sobrarbe** (www.geoparquepirineos.com; Eintritt frei; ⌚10–14 & 16–19 Uhr) mit einer Ausstellung über die faszinierenden geologischen Formationen der Region beherbergt.

Feste & Events

Festival Internacional de Música MUSIK
(www.festivalcastillodeainsa.com, auf Spanisch) Im Juli ist Aínsa Gastgeber dieses einmonatigen Festivals mit vorrangig spanischen, aber auch ein paar internationalen Musikkonzerten, die auf der Burg stattfinden.

Schlafen

Man sollte im Voraus buchen, da die Nachfrage hoch ist und die Rezeptionen zudem nur selten rund um die Uhr besetzt sind.

LP TIPP **Hotel los Siete Reyes** HOTEL €€
(☎974 50 06 81; www.lossietereyes.com, auf Spanisch; Plaza Mayor; DZ inkl. Frühstück 90–130 €; ❄📶) Das in einem charmanten Steingebäude untergebrachte Hotel verfügt über beeindruckende Bäder, polierte Holzdielen, freiliegende Steinmauern, Flachbildfernseher und zauberhafte historische Details, die hervorragend zum modernen Designerlook passen. Die Zimmer sind riesig und bieten eine tolle Aussicht auf die Berge oder die Plaza Mayor. Einfach außergewöhnlich.

LP TIPP **Albergue Mora de Nuei** HOSTEL €
(☎974 51 06 14; www.alberguemoradenuei.com; Calle del Portal de Abajo 2; B 15–17 €, DZ inkl. Frühstück 50–60 €; 📶) Eines der besten Hostels Aragoniens liegt am unteren Ende des alten Ortskerns. Es wartet mit einem Blick auf die Plaza de San Salvador sowie farbenfroh eingerichteten, liebevoll gepflegten Zimmern, einer Dachterrasse, einer stimmungsvollen Kellerbar, gutem Essen, gelegentlicher Livemusik und anderen kulturellen Veranstaltungen auf. Sehr empfehlenswert.

Hotel los Arcos HOTEL €€
(☎974 50 00 16; www.hotellosarcosainsa.com, auf Spanisch; Plaza Mayor 23; DZ ab 80 €; ❄📶) Luxuriöse Zimmer mit Himmelbetten und geräumigen Bädern. Die zauberhafte Unterkunft kann zwar nicht ganz mit ihrem Nachbarn, dem Hotel los Siete Reyes, mithalten, ist aber zweifellos eine gute Wahl.

Ebenfalls empfehlenswert:

Hotel Villa Romanica HOTEL €€
(☎974 50 07 50; www.hotelvillaromanica.com, auf Spanisch; Calle de Santa Cruz 21; EZ/DZ ab 50/60 €; ❄)

Posada Real POSADA €€
(☎974 50 09 77; www.posadareal.com; Plaza Mayor; DZ ab 80 €; ❄)

Casa el Hospital HOSTAL €
(☎/fax 974 50 07 50; www.casadelhospital.com; Calle del Arco del Hospital; EZ 25–29 €, DZ 39–55 €)

Essen

Im Sommer werden zahlreiche Tische auf die Plaza Mayor gestellt. An lauen Abenden kann man hier wunderbar essen, obwohl die Preise manchmal etwas hoch sind.

Restaurante Callizo FUSIONSKÜCHE €€
(☎974 50 03 85; http://restcallizo.restaurantesok.com, auf Spanisch; Plaza Mayor; Mahlzeiten 30–40 €; ⌚Sept.–Juni Mo geschl & So Abendessen) Das Callizo wartet mit einer cleveren Kombination aus traditionellen und inno-

vativen Gerichten sowie einem ständig wechselnden Angebot auf. Wer sich auf eine Geschmacksreise für höchste Ansprüche begeben möchte, trifft mit den Menüs „Düfte des Dorfes" (25 €) und „Tradition & Avantgarde" (40 €) eine gute Wahl. Für die Kleinen gibt's auch Kinderteller.

Bodegón de Mallacán ARAGONISCH €€
(www.posadareal.com, auf Spanisch; Plaza Mayor 6; Mahlzeiten 30–40 €) Eines der beliebtesten Restaurants auf der Plaza Mayor mit einem großen Weinkeller, hochwertiger traditionell-lokaler Küche und schönen Speiseräumen. Die Ente in Himbeersauce ist überragend. Wer sich nicht entscheiden kann, sollte das „typisch aragonische Menü" probieren (18 €).

L'Alfil TAPAS €
(Calle Traversa; raciones 4,80–12 €, Mahlzeiten 15–20 €; ⏲Do–Di) Ein hübsches kleines Lokal mit Blumen auf den Außentischen. Das L'Alfil liegt in einer Seitenstraße unweit der Kirche und bietet eine große Auswahl an *raciones* sowie gute Weine. Zu den herrlich keativen Tapas gehören z. B. Straußen-Chorizo, Schnecken, Hirschwürstchen, Wildschwein-Paté und geräucherte Ente.

Bodegas del Sobrarbe ARAGONISCH €€
(www.bodegasdelsobrarbe.com; Plaza Mayor 2; Mahlzeiten 25–35 €) In dem edlen Restaurant an der Südostecke der Plaza Mayor werden aragonische Fleisch- und ein paar Fischgerichte serviert. Besonders empfehlenswert: Wildschwein mit Pflaumen- und Apfelpüree.

Praktische Informationen

Regionale Touristeninformation (☎974 50 05 12; www.turismosobrarbe.com, auf Spanisch; Plaza del Castillo 1, Torre Nordeste; ⏲10–14 & 16–19 Uhr) Innerhalb der Burgmauern. Sehr hilfreich.

Städtische Touristeninformation (☎974 50 07 67; www.ainsasobrarbe.net, auf Spanisch; Avenida Pirenáica 1; ⏲9–21 Uhr) Liegt leider unpraktisch im neuen Ortsteil den Hügel hinunter, hat aber eine Zweigstelle im Museo de Oficios y Artes Tradicionales.

An- & Weiterreise

Alosa (☎902 21 07 00; www.alosa.es, auf Spanisch) bietet tägliche Busverbindungen nach/von Barbastro (5,07 €, 1 Std.) und Torla (3,76 €, 1 Std.).

Die Busse von **Autocares Bergua** (☎974 50 06 01) verkehren drei- bis sechsmal wöchentlich zwischen Aínsa und Bielsa (3,20 €, 45 Min.).

Rund um Aínsa

Etwa 5 km nordöstlich von Aínsa stößt man auf die stille und ganz aus Stein erbaute Ortschaft **El Pueyo de Araguás** mit dem **Monasterio de San Victorián**. Dieses Gebäude wurde zwar im 16. Jh. stark verändert, doch die Überreste im romanischen Stil sprechen dafür, dass es sich um das älteste Kloster Spaniens handelt. Darüber hinaus beherbergt das Dorf die ältesten Häuser der Region, die 1519 errichteten **Casas Coronas**.

Benasque

2200 EW. / 1140 M

Aragoniens nordöstlichste Ecke wartet mit den höchsten und wohlgeformtesten Pyrenäen-Gipfeln auf und Benasque (Benás im lokalen Dialekt) ist ein toller Ausgangspunkt für Abstecher in die hiesigen Täler. Selbst im Hochsommer sind die Berge manchmal noch schnee- und eisbedeckt. Die Region, die größtenteils von dem **Parque Natural Posets-Maladeta** eingenommen wird, bietet fantastische Möglichkeiten für Wander- und Kletterfans. Nordöstlich von Benasque erhebt sich der mächtigste Pyrenäenberg, der **Pic d'Aneto** (3404 m).

Schlafen

Während der Skisaison gibt's in den meisten Unterkünften Pauschalangebote inklusive *media pensión* (Halbpension).

Hotel Aneto HOTEL €€€
(☎974 55 10 61; www.hotelesvalero.com, auf Spanisch; Avenida de Francia 4; DZ ab 130 €) Das 2008 eröffnete Hotel verfügt über einen modernen Designerlook und Holzböden. Es ist etwas stilvoller als die meisten anderen Unterkünfte in Benasque.

Hotel Avenida HOTEL €€
(☎974 55 11 26; www.h-avenida.com, auf Spanisch; Avenida de los Tilos 14; EZ 44–60 €, DZ 58–68 €) Schön möblierte Zimmer, freundliche Angestellte und ein Restaurant. Gäste, die länger bleiben, erhalten Rabatt auf die Zimmerpreise.

Camping Aneto CAMPINGPLATZ €
(☎974 55 11 41; www.campinganeto.com; 6,25/6,25/6,25 € pro Pers./Zelt/Auto) 3,5 km außerhalb des Ortes erstreckt sich dieser gut ausgestattete Campingplatz mit einem Laden und einer Wäscherei.

TOURANBIETER

In Benasque gibt's zahlreiche Anbieter, die Guides und Kurse für Klettertrips, Skiausflüge sowie andere Aktivitäten organisieren und darüber hinaus die nötige Kleidung und Ausrüstung für Bergtouren verkaufen oder vermieten.

» **Barrabés** (www.barrabes.com, auf Spanisch; Avenida de Francia; ⌚10.30–13.30 & 16.30–21 Uhr)

» **Casa de la Montaña** (☎974 55 20 94; Avenida de los Tilos)

Compañía de Guías Valle de Benasque (www.guiasbenasque.com, auf Spanisch; Avenida Luchón 19)

Essen & Ausgehen

Die besten Lokale findet man an der Avenida de los Tilos und der Calle Mayor.

Taberna del Ixarso TAPAS €
(Calle Mayor 12; Mahlzeiten 15–20 €) Fleischhaltige Tapas wie Chorizo und *salchichón* (Würstchen) sowie Getränke zum Runterspülen gibt's in dieser lebhaften kleinen Bar, die sowohl Einwohner als auch Touristen anzieht.

La Buhardilla CRÊPES €
(Calle Mayor; Mahlzeiten 15–25 €) Eine vornehme Crêperie im Herzen des alten Ortskerns. Dem glänzenden modernen Dekor verleiht ein großer, offener Kamin an kühlen Pyrenäenabenden einen behaglichen Touch. Süße und herzhafte Crêpes sowie Fondues geben hier den Ton an.

Restaurante el Fogaril ARAGONISCH €€
(☎974 55 16 12; Calle Mayor 5; Mahlzeiten 35–45 €) In diesem eleganten Speisesaal im Country-Stil kann man sich erholen und die außergewöhnliche aragonische Küche genießen. Zu den Spezialitäten des Hauses gehören Reh und gefülltes Rebhuhn, *cozal* (Hirsch) und Süßwasserfische, die alle wunderbar zubereitet und angerichtet werden.

Praktische Informationen

Touristeninformation (☎974 55 12 89; www.turismobenasque.com, auf Spanisch; Calle San Sebastián 5; ⌚9.30–13 & 16.30–20 Uhr)

An- & Weiterreise

AUTO & MOTORRAD Wenn man von Süden mit dem Auto anreist, gelangt man über einen engen Weg hierher. Die Zufahrt befindet sich dort, wo die A139/N260 in den Congosto de Ventamillo eintaucht. Hier ist in keiner Richtung viel Platz für den Verkehr.

BUS Von Barbastro nach Benasque (7,55 €, 2 Std.) und zurück fahren zwischen Montag und Samstag täglich zwei Busse, am Sonntag einer.

Rund um Benasque

Südlich von Benasque liegt das Dorf **Castejón de Sos**, ein Paragliding-Zentrum mit Übernachtungsmöglichkeiten. Mehr darüber erfährt man unter www.parapentepirineos.com (auf Spanisch) und www.volarencastejon.com (auf Englisch).

Von Mitte Juni bis Mitte September fahren Busse von Benasque nach La Besurta (16 km weiter nördlich im oberen Ésera-Tal) sowie zum Refugio Pescadores im Valle de Vallibierna (11 km nordöstlich). Sie halten an den Campingplätzen entlang der A139 nördlich von Benasque und steuern zudem die hier beschriebenen Wanderwege an. Aktuelle Fahrpläne gibt's in Benasques Touristeninformation.

VALLE DE VALLIBIERNA

Das Valle de Vallibierna erstreckt sich an der A139 rund 5,5 km nördlich von Benasque in Richtung Südosten. Ein guter Wanderweg durch das Tal beginnt 3 km außerhalb von Benasque Richtung Camping Ixeia. Er geht direkt vor der Brücke Puente de San Jaime (oder Chaime) von der A139 ab und wird dann zu einem Abschnitt des GR11, der die Küsten miteinander verbindet. Nach einigen Kilometern biegt er ins Valle de Vallibierna ab. Von dort sind es 6 km (2½ Std.) und rund 600 m Höhenunterschied bis zu zwei kleinen einfachen *refugios* ohne Einrichtung. Drei Gruppen von Gebirgsseen, die Lagos (oder Ibons) de Coronas, Llosás und Vallibierna liegen jeweils weniger als zwei Stunden von den Hütten entfernt.

AUF DEM GR11 NACH BIELSA

Unmittelbar hinter der Puente de San Jaime zweigt der GR11 von der A139 nach Westen ab. Eine einfache dreistündige Wanderung (mit 600 m Anstieg) führt das Valle de Estós hinauf zum **Refugio de Estós** (☎974 55 14 83; B Erw./Kind unter 14 J. 15/6,50 €). Die Hütte hat 115 Betten und wird das ganze Jahr über bewirtschaftet (Abendessen 15 €). Nach weiteren fünf Stunden erreicht man über den 2592 m hohen Puerto de Gistaín (oder Chistau) mit fantastischen Ausblicken auf das Posets-Massiv den exzellenten **Refugio de Viadós** (☎974 50 61 63; B 10 €, Halbpension 25 €). Er wird von Juni bis September sowie von Ostern bis Mai samstags und sonntags bewirtschaftet und ist ein guter Ausgangspunkt zur Besteigung des **Posets** (3369 m) – ein Unterfangen, das Erfahrung im Bergsteigen erfordert. Für den mindestens sechs Stunden langen Aufstieg zum Gipfel braucht man Steigeisen und Eispickel. Vorsicht vor der Höhenkrankheit! Darüber hinaus ist die Route nicht leicht zu finden. Der GR11 führt etwa sechs Stunden weiter nach Westen zum Dörfchen Parzán im Bielsa-Tal und in den Parque Nacional de Ordesa y Monte Perdido.

Autocares Bergua (☎974 50 00 18) bietet montags, mittwochs und freitags (im Juli und August täglich außer Sonntag) um 6 Uhr eine Busverbindung von Bielsa nach Aínsa.

OBERES ÉSERA-TAL & MALADETA-MASSIV

Nördlich von Benasque ist die A139 noch auf einer Länge von 12 km asphaltiert. 10 km hinter dem Ort führt eine Nebenstraße durch das hübsche obere Ésera-Tal 6 km nach Osten und endet in **La Besurta**. Hier bekommt man in einer Hütte Getränke und etwas zu essen.

Nach etwa der halben Strecke auf der A139 Richtung La Besurta erreicht man das **Hospital de Benasque** (☎974 55 20 12; www.llanosdelhospital.com, auf Spanisch; B 20–30 €, EZ/DZ inkl. Frühstück ab 67/82 €; P@), eine große, von stattlichen Gipfeln umgebene Berghütte in herrlicher Lage. Hier gibt's eine Bar, ein Restaurant und eine große Auswahl an Schlafmöglichkeiten von der Pritsche bis zu fast schon luxuriös ausgestatteten Zimmern.

Eine anspruchsvolle Route verläuft von Llanos del Hospital, der Skistation unweit des Hospital de Benasque, nach Nordosten hoch bis zur Peña Blanca und windet sich von dort steil bergauf zum 2445 m hoch gelegenen Pass Portillón de Benasque an der französischen Grenze. Geübte Wanderer sollten für die Strecke nicht mehr als 2½ Stunden benötigen. Den Rückweg kann man mit einem Besuch des Puerto de la Picada verbinden, einem Pass weiter östlich. Alternativ gelangt man in 3½ Stunden bergab in Richtung Norden zu den Boumsdel-Port-Seen bei der französischen Ortschaft Bagnères-de-Luchon.

Südlich von La Besurta erhebt sich das große Maladeta-Massiv, eine Herausforderung für erfahrene Bergsteiger. Diese gewaltige Reihe eisiger Gipfel und Gletscher erreicht ihren Höhepunkt am **Aneto** (3404 m), dem höchsten Berg der Pyrenäen.

Der **Refugio de la Renclusa** (☎974 55 21 06; B 15 €, Halbpension 35 €) wird von Juni bis Mitte Oktober und von März bis Juni an den Wochenenden bewirtschaftet und liegt etwa 40 Minuten Fußmarsch von La Besurta entfernt. Erfahrene und entsprechend ausgerüstete Bergsteiger benötigen von hier bis zum Gipfel des Aneto mindestens fünf Stunden. Lohnenswert ist aber auch die Klettertour auf den **Maladeta** (3308 m). Von La Besurta oder La Renclusa bieten sich Wanderungen unterhalb des Maladeta-Massivs nach Südosten an, die bis hinüber nach Katalonien führen.

Alquézar

321 EW. / 670 M

Dieser malerische Ort etwa 20 km nordwestlich von Barbastro eignet sich wunderbar für die Sportart **Canyoning** (auf Spanisch *descenso de barrancos*). Dabei folgt man den Schluchten flussabwärts und mit allen verfügbaren Mitteln: Aktivitäten wie Wandern, Abseilen, Springen, Schwimmen und sogar Tauchen gehören dazu. Die Sierra de Guara, Europas beste Gegend für diese Sportart, erstreckt sich nördlich der Straße von Huesca nach Barbastro und wird von über 200 spektakulären Schluchten des Río Vero sowie anderer Flusssysteme durchzogen. Ihr Zentrum bildet das ruhige Alquézar.

Sehenswertes

Colegiata de Santa María KLOSTERBURG

(Eintritt 2 €, inkl. Casa Fabián 3 €; ⊙Mi–Mo 11–13.30 & 16.30–19.30 Uhr) Alquézar ist ein wunderschönes Steindorf, das sich an eine Kammlinie schmiegt und von der Colegiata de Santa María, einer großen Klosterburg, gekrönt wird. Letztere wurde im 9. Jh. von Arabern errichtet, die sie als *alcázar* (Festung) nutzten, und gegen 1060 von Sancho Ramírez eingenommen. Überreste des Augustinerklosters, das er 1099 gründete, sind noch immer sichtbar. Auf den Säulen innerhalb des kunstvollen Kreuzganges sitzen perfekt erhaltene geschnitzte Kapitelle mit biblischen Szenen und an den Wänden hängen beeindruckende Gemälde. Auf der oberen Ebene ist ein Museum für religiöse

Kunst untergebracht, das nur im Rahmen einer Führung zugänglich ist. Wenn diese bereits begonnen hat, ist die Tür abgeschlossen und man muss warten, bis die nächste beginnt.

Casa Fabián MUSEUM
(☎974 31 89 13; Calle Baja 16; Eintritt 1,50 €, inkl. Colegiata de Santa María 3 €; ⌚Di–So 11–14 & 16–20 Uhr) Die charmante Casa Fabián, ein Heimatmuseum in einem Gebäude aus dem 17. Jh., ist voller faszinierender Artefakte des bäuerlichen und häuslichen Lebens, darunter auch eine alte Olivenölpresse, die im felsigen Fundament entdeckt wurde.

Aktivitäten

Die Hauptsaison für Canyoning reicht von Mitte Juni bis Mitte September. Der Preis hängt von der Anzahl der Teilnehmer und dem Schwierigkeitsgrad ab. Normalerweise sind Ausrüstung, Führer und Versicherung inbegriffen. Fast alle Agenturen bieten auch Rafting-, Trekking- und Kletterausflüge sowie andere Aktivitäten an. Empfehlenswerte Veranstalter:

Avalancha TOURVERANSTALTER
(☎974 31 82 99; www.avalancha.org; Calle Arrabal)

Guías Boira TOURVERANSTALTER
(☎974 31 89 74; www.guiasboira.com; Paseo San Hipólito)

Vertientes TOURVERANSTALTER
(☎974 31 83 54; www.vertientesaventura.com; Calle San Gregorio 5)

Schlafen & Essen

Hotel Maribel BOUTIQUE-HOTEL €€€
(☎974 31 89 79; www.hotelmaribel.es; Calle Arrabal; DZ ab 125 €) Ein Hotel mit viel Charme. Das Dekor mit dem Motto „Wein" entspricht zwar nicht jedermanns Geschmack und kann sich zwischen zauberhaft und kitschig nicht so recht entscheiden, aber dafür sind alle Zimmer äußerst komfortabel.

Hotel Villa de Alquézar HOTEL €€
(☎/Fax 974 31 84 16; www.villadealquezar.com, auf Spanisch; Calle Pedro Arenal Cavero 12; EZ/DZ inkl. Frühstück ab 58/67 €; P 📶) Diese Unterkunft gilt als eine der besten des Ortes und verfügt über stilvolle, helle Zimmer mit historischen Details. Einige Räume haben Balkone und bieten einen tollen Ausblick.

Albergue Rural de Guara BERGHÜTTE €
(☎974 31 83 96; www.albergueruraldeguara.com, auf Spanisch; Calle Pilaseras; B 13 €) Von der fröhlichen *albergue* genießt man einen tollen Blick auf die Umgebung. Frühstück kostet 5,50 €.

Restaurants findet man am *mirador,* einem Aussichtspunkt an der Calle Arrabal. Ein *menú* kostet meist zwischen 10 und 15 €.

Restaurante Casa Gervasio ARAGONISCH €€
(☎974 31 82 82; Calle Pedro Arnal Cavero; menú 25–30 €) Oben in der Altstadt liegt das wohl beste Restaurant Alquézars mit einem hervorragenden *menú degustación* für 30 €.

Praktische Informationen

Touristeninformation (☎974 31 89 40; www.alquezar.org, auf Spanisch; Calle Arrabal; ⌚Juni–Okt. täglich 10–13.30 & 16.30–19.30 Uhr, Nov.–Mai nur Sa, So & Feiertage) Bietet im Sommer jeden Tag drei Führungen an (Preise variieren von 1,20 € bis 8 €, je nach Anzahl der Teilnehmer) und organisiert auf Wunsch auch Audioguides (4 €).

An- & Weiterreise

AUTO & MOTORRAD Nördlich von Alquézar erstreckt sich die Straße von Colungo nach Aínsa, an der die fabelhaften Schluchten der Pyrenäenausläufer liegen.

BUS **Autocares Cortés** (☎974 31 15 52) bietet täglich außer Sonntag eine Verbindung von Barbastro nach Alquézar (1,75 €). Aktuelle Fahrpläne erhält man in der Touristeninformation. Weil der Bus auch Schüler befördert, gelten in der Ferienzeit andere Abfahrtszeiten.

Barbastro

16 924 EW.

Die 350 Jahre als einer der nördlichsten Außenposten des maurischen Spaniens haben in Babastro kaum Spuren hinterlassen. Der Ort wirkt leicht heruntergekommen, obwohl ihm die Rolle als Zentrum der Somontano-Weinregion ganz neues Leben eingehaucht hat.

Einen Besuch lohnen sowohl die schöne Plaza del Mercado als auch die im 16. Jh. errichtete **Kathedrale** aus dem 16. Jh. mit einem Hochaltar. Letzterer ist zwar unvollendet, aber trotzdem eine atemberaubende Arbeit des Renaissancekünstlers Damián Forment. Das **Espacio de Vino** (☎974 31 30 31; www.dosomontano.com, auf Spanisch; ⌚Mo–Fr 9–20, Sa 11–20 Uhr), ein Wein-Interpretationszentrum mit einem **Weinladen** (⌚Sept.–Juni Di–Sa 10–14 & 16.30–19.30 Uhr, Juli & Aug. tgl.), hat sich auf die lokalen Somontano-Weine spezialisiert.

Das zentrale, barrierefreie **Hostal Pirineos** (☎974 31 00 00; www.hostalpirineos.com; Calle General Ricardos 13; EZ/DZ 40/50 €; P ❄) verfügt über ein helles Dekor und beherbergt das beste Café der Stadt. Mehr Komfort bietet das mit vier Sternen ausgezeichnete **Gran Hotel Ciudad de Barbastro** (☎974 30 89 00; www.ghbarbastro.com; Plaza del Mercado 4; EZ/DZ 62/83 €; P ❄ 📶) an der Plaza del Mercado.

Barbastros **Touristeninformation** (☎974 30 83 50; Avenida de la Merced 64; ⏲Sept.–Juni Di–Sa 10–14 & 16.30–19.30 Uhr, Juli & Aug. tgl.) bietet Stadtpläne an und informiert über die Bodegas in der Umgebung.

Vom **Busbahnhof** (☎974 31 12 93) starten **Alosa-Busse** (www.alosa.es, auf Spanisch) nach Huesca (ab 4,05 €, 50 Min.), Lleida (Lérida, 5,45 €, 1½ Std.), Benasque (7,55 €, 2 Std.) und Aínsa (5,07 €, 1 Std.).

Huesca

52 059 EW.

Nachmittags werden hier sämtliche Rollläden heruntergelassen und der Ort erwacht erst am Abend wieder zum Leben. Die hübsche Altstadt verleiht Huesca jedoch eine gewisse Anziehungskraft, außerdem ist der Ort wegen seiner Lage im nördlich-zentralen Aragonien ein guter Ausgangspunkt für die Erkundung des aragonischen Hochlands.

Sehenswertes

Plaza de la Catedral & Umgebung KATHEDRALE, MUSEUM

Die ruhige Plaza de la Catedral im Herzen der Altstadt wird von der beeindruckenden gotischen **Kathedrale** (⏲10.30–14 & 15.30–17.30 Uhr) überragt. Ihr reich verziertes Hauptportal datiert in das Jahr 1300 und das imposante Innere besticht durch einen alabasternen *retablo* (16. Jh.), der von Damián Forment im Übergangsstil von der Gotik zur Renaissance gestaltet wurde. Das **ayuntamiento** (Rathaus) auf der anderen Seite des Platzes stammt aus dem 16. Jh. und gilt als Prachtstück der detailverliebten aragonischen Renaissance. Einige Schritte nördlich bietet das achteckige **Museo de Huesca** (Plaza Universidad 1; Eintritt frei; ⏲Di–Sa 10–14 & 17–20, So 10–14 Uhr) eine tolle, leider nur auf Spanisch beschriftete Sammlung zur Archäologie und lokalen Kunst, darunter acht Arbeiten von Goya (Raum 7).

Iglesia de San Pedro El Viejo KIRCHE

(Plaza de San Pedro; Erw./erm. 2/1 €; ⏲10–13.30 & 16–19.30 Uhr, Okt.–Mai nachmittags geschl.) Ein weiteres historisches und architektonisches Juwel der Stadt. Die romanische Kirche datiert ins 12. Jh. und verfügt über einen Kreuzgang mit wunderschönen romanischen Säulenkapitellen.

Schlafen

La Posada de la Luna POSADA €€€

(☎974 24 08 57; www.posadadelaluna.com; Calle Joaquin Costa 10; EZ/DZ ab 95/130 €; P ❄ 📶) Unser absolutes Lieblingshotel in Huesca. Die komfortable, charmante Boutique-Unterkunft besticht mit einigen originalen architektonischen Details und ihrem skurrilen, aber zeitgemäßen Charakter. Es gibt nur acht Zimmer, deshalb sollte man besser reservieren. Das Frühstücksbüfett kostet überzogene 15 €.

SOMONTANO-WEINE

1984 erhielt Somontano das begehrte Gütesiegel Denominación de Origen (DO). Seither gilt es als angesehenste Weinregion Aragoniens. Rund um Barbastro gibt's 33 Weinberge und 13 lokale sowie ausländische Rebsorten wie Chardonnay, Cabernet Sauvignon, Shiraz und Pinot Noir. Örtliche Trauben wie die rote *parreleta* werden gerne mit fremden Trauben gemischt – und genau diese Kombination verleiht den Somantano-Weinen ihren besonderen Charakter. Zu den bekannteren Sorten gehören Enate und Viñas del Vero.

In der Touristeninformation bekommt man Broschüren auf Spanisch, Englisch und Französisch zu verschiedenen Bodegas, die man für eine Weinprobe und zum Einkaufen besuchen kann. Das angeschlossene Museo del Vino und das Interpretationszentrum bieten Interessantes wie Filme über Weine, interaktive Trauben-Ausstellungen und **Weinproben** (☎974 31 30 31; Weinproben 10 €; ⏲Sa 18–20 Uhr). Unbedingt reservieren! Unter www.rutadelvinosomontano.com (auf Spanisch) findet man eine Karte mit regionalen Weinrouten.

Hostal Lizana/Hostal Lizana 2 HOSTAL €
(☎974 22 07 76; www.hostal-lizana.com; Plaza de Lizana 6; EZ 24–45 €, DZ 38–60 €; P❄📶) Diese beiden Unterkünfte stehen sich an einem schönen kleinen Platz gegenüber. Im Lizana 2 kann man sich über neuere Räume und größere Bäder freuen. Außerdem ergattert man dort eher ein Zimmer mit Balkon. Parken kostet 10 €.

Camping San Jorge CAMPINGPLATZ €
(☎974 22 74 16; www.campingsanjorge.com, auf Spanisch; Calle de Ricardo del Arco; 4/4/4 € pro Pers./Zelt/Auto; ⏲April–Mitte Okt.) Ein gut geführter Platz mit tollen Anlagen 1 km westlich vom Altstadtzentrum. Im Restaurant gibt's eine breite Auswahl von *bocadillos* (belegte Baguettes) bis zu Menüs.

Essen

Dafür, dass Huesca so stolz auf die regionale Küche ist, hat die Stadt erstaunlich wenig gute Restaurants zu bieten. Hungrig muss aber trotzdem niemand ins Bett gehen.

La Taberna del Pintxo TAPAS €
(Calle de San Orencio 7; Mahlzeiten 15–20 €; ⏲9–16 & 19–1 Uhr) Die attraktive kleine Bar hat eine umfangreiche Speisekarte mit kreativen *bocadillos,* z. B. mit Steak, Roquefort und Walnüssen, *pintxos, platos combinados* (kombinierte Gerichte), *cazuelas* (in Keramiktöpfen zubereitete Gerichte) und ein traditionelles *menú del día* (11 €).

Hervi ARAGONISCH €€
(☎974 24 03 33; Calle Santa Paciencia 2; Mahlzeiten 25–35 €; ⏲Fr–Mi; 🖉) Das Hervi platzt vor allem zur Mittagszeit aus allen Nähten. Es wartet mit einem sättigenden *menú del día* (Tagesmenü) und – ungewöhnlich für Aragonien – mit einigen vegetarischen Gerichten auf.

Taberna de Lillas Pastia
ARAGONISCHE FUSIONSKÜCHE €€
(☎974 21 16 91; www.lillaspastia.es; Plaza de Navarra 4; Mahlzeiten 30–40 €) In dem klassischen Restaurant legt man Wert auf elegante Kleidung und serviert toll präsentierte, köstliche Speisen. Hier gibt's Fleisch- und Fischgerichte, außerdem sind die Angestellten wunderbar aufmerksam. Als echte Besonderheit gelten die täglich wechselnden Desserts.

Praktische Informationen

Touristeninformation (☎974 29 21 70; www.huescaturismo.com; Plaza López Allué 1; ⏲9–20 Uhr) Veranstaltet von Mitte Juni bis Mitte September Rundgänge durch die Altstadt (Erw./erm. 2/1 €) und Weinfahrten mit dem Bus (Erw./erm. 5/2,50 €, Kind unter 12 Jahren kostenlos) zum Castillo de Loarre, nach Los Mallos sowie zur Sierra de la Guara.

An- & Weiterreise

BUS Alosa (☎974 21 07 00; www.alosa.es, auf Spanisch) bietet jeden Tag zahlreiche Verbindungen nach/von Zaragoza (6,30 €, 1½ Std.), Jaca (6,85 €, 1¼ Std.), Barbastro (ab 4,05 €, 50 Min.), Lleida (Lérida; 9,50 €, 2½ Std.) und Barcelona (15 €, 4 Std.) sowie eine Fahrt nach Benasque (11,60 €, 2½ Std.).

ZUG Pro Tag verkehren neun Züge nach/von Zaragoza (ab 5,70 €, 1 Std.), darunter auch zwei AVE-Hochgeschwindigkeitszüge (15,40 €, 40 Min.). Letztere fahren zudem nach/von Madrid (60,90 €, 2¼ Std., 2-mal tgl.). Andere Züge steuern Teruel (22,30 €, 3 Std., 1-mal tgl.), Valencia (35 €, 5¼ Std., 1-mal tgl.) und Jaca (6,50 €, 2¼ Std.) an.

Rund um Huesca

CASTILLO DE LOARRE

Das beeindruckende **Castillo de Loarre** (www.castillodeloarre.com, auf Spanisch; Eintritt mit/ohne Führung 3,50/2 €; ⏲10–14 & 16–20 Uhr) wurde im 11. Jh. unter Sancho III. von Navarra und Sancho Ramírez von Aragonien gebaut und verfügt über ein Labyrinth aus Verliesen, Tunneln und Türmen. In *Königreich der Himmel* (2005) von Ridley Scott nutzte man es als Kulisse, obwohl die Handlung des Films im Frankreich des 12. Jhs. spielt. Die Bankettszenen wurden in der Iglesia de San Pedro gedreht.

Man erreicht die Burg über die 35 km von Huesca liegende Ortschaft **Loarre**. Von dort sind es noch 5 km mit dem Auto oder 2 km (1 Std.) Fußmarsch bergauf am PR-HU105 entlang.

Als guter Platz auf halbem Weg zwischen Dorf und *castillo* gilt der **Camping Castillo de Loarre** (☎974 38 27 22; www.campingloarre.com, auf Spanisch; 4/4/4 € pro Person/Zelt/Auto; @). Die zauberhafte kleine **Hospedería de Loarre** (☎974 38 27 06; www.hospederiadeloarre.com; Plaza Miguel Moya; EZ/DZ inkl. Frühstück ab 63/78 €; ❄@) mit Rollstuhlrampen ist in einem Herrenhaus aus dem 16. Jh. am Dorfplatz von Loarre untergebracht. Im zugehörigen Restaurant werden mittelteure bis teure Gerichte serviert.

Von Huesca fahren montags bis samstags täglich mehrere Busse (2,62 €, 40 Min.) nach Loarre.

EIN SPANISCHES LAS VEGAS?

Die Überentwicklung hat vielen spanischen Küstenregionen im Osten geschadet. Besonders umstritten sind die Pläne für Europas größten Kasinokomplex im staubigen Ödland südöstlich von Zaragoza. „Gran Scala" ist das Projekt von International Leisure Development, einem britischen Unternehmen, das eine 2000-ha-Stadt mit 100 000 Bewohnern, 32 Kasinos, 70 Hotels, 232 Restaurants und 500 Läden geplant hat, die bis 2020 fertiggestellt werden soll. Ägyptische Pseudo-Pyramiden, römische Tempel und ein Nachbau des Pentagons gehören ebenfalls zu dem 17 Mrd. Euro teuren Projekt. Befürworter rechnen mit 25 Mio. Besuchern pro Jahr. Die Regionalregierung hat dem Bau zwar zugestimmt, doch Umweltverbände warnen davor, dass der Wassermangel in dem ohnehin schon sehr trockenen Gebiet dadurch nur noch mehr steigen wird.

LOS MALLOS

Nach einer eintönigen Fahrt auf der Straße von Huesca nach Pamplona wird die Landschaft am Río Gállego nördlich von Ayerbe immer dramatischer: Riesige Felstürme ragen am Ostufer auf, die man Los Mallos (Hämmer) nennt und die durchaus zum Grand Canyon passen würden. Sie sind vor allem bei erfahrenen Kletterern beliebt. Wer mehr davon sehen möchte, steuert am besten Riglos an.

DER SÜDEN

Von der Monotonie der scheinbar endlosen Weiten unmittelbar südlich von Zaragoza sollte man sich nicht entmutigen lassen. Je weiter man Richtung Süden oder Südosten reist, desto aufregender wird die Gegend und lockt mit einigen der interessantesten Städte und Dörfer Spaniens.

Daroca

2331 EW.

Daroca, ein verschlafener, mittelalterlicher Ort, gilt als echter Geheimtipp. Die ehemalige maurische Bastion avancierte in den frühmittelalterlichen Kriegen gegen Kastilien zur Festungsstadt des christlichen Aragoniens. Ihr gut erhaltener alter Kern ist voller historisch bedeutsamer Winkel und auf den nahe gelegenen Hügeln erstrecken sich die Reste einer alten Stadtmauer, die einst mit 114 Wachttürmen aufwarten konnte. Man erreicht Daroca sowohl von Norden als auch von Süden über die N234. Besucher gelangen durch die monumentalen Tore auf die Calle Mayor, die kopfsteingepflasterte Hauptstraße, und fühlen sich sofort in eine andere Welt versetzt.

Sehenswertes & Aktivitäten

Iglesia Colegiata de Santa María KIRCHE

(11–13 & 17.30–19 Uhr) Die große romanische Mudéjar-Kirche im Renaissancestil verfügt über eine noble Ausstattung und eine kostbare Orgel. Sie ist eine der interessantesten und überraschendsten Sehenswürdigkeiten in Daroca und erhebt sich an der schönen Plaza de España auf dem höchsten Hügel des Dorfes.

Iglesia de San Miguel KIRCHE

Weiter oberhalb Richtung Westen stößt man auf die Iglesia de San Miguel aus dem 12. Jh., ein schlichtes Meisterwerk der Romanik mit gotischen Fresken. Leider kann man sie nur im Rahmen von Führungen (in der Touristeninformation nachfragen) oder bei Stadtfestkonzerten besichtigen.

Geführte Touren SPAZIERGÄNGE

Wer Daroca zu Fuß erkunden möchte, kann die gut ausgeschilderte **Ruta Monumental e**ntlangspazieren (45 Min.), die an der Touristeninformation beginnt. Die zweistündige **Ruta del Castillo y Las Murallas** ist ebenso lohnenswert, aber ein weitaus anstrengenderes Unterfangen, bei dem man an den Stadtmauern entlangwandert und diese teilweise auch hinaufklettert. Als Lohn für die Mühen locken fantastische Ausblicke auf den Ort. Darüber hinaus organisiert die Touristeninformation samstag- und sonntagmorgens kostenlose 50-minütige **Rundgänge** durch die Stadt, sofern sich genügend Teilnehmer finden.

Feste & Events

Feria Medieval MITTELALTERFEST

Ein Ausflug nach Daroca lohnt sich vor allem während der letzten Juliwoche, wenn die Feria Medieval stattfindet und die Calle Mayor für Autos gesperrt wird.

Nun tummeln sich zahlreiche mittelalterlich kostümierte Menschen im Ort und und es locken tolle Konzerte.

Festival Internacional de Música Antigua MITTELALTERLICHE MUSIK
Während der beiden ersten Augustwochen wird das Internationale Festival Mittelalterlicher Musik mit Kursen und Konzerten in Darocas zwei Hauptkirchen gefeiert.

Schlafen & Essen

La Posada del Almudí POSADA, HOTEL €€
(976 80 06 06; www.posadadelalmudi.es; Grajera 5; EZ/DZ inkl. Frühstück 45/65 €;) Dieser ehemalige Palast aus dem 16. Jh. hat einfach Stil. Die komfortablen Zimmer im Hauptgebäude wurden liebevoll restauriert; am schönsten sind die Maisonettewohnungen mit Balkonen (120 €). Gleich gegenüber sind supermoderne, gemütliche kleine Zimmer untergebracht. Im angeschlossenen Restaurant *(menú* 12 €) gibt's gut zubereitete traditionelle Gerichte.

Hotel Cien Balcones HOTEL €€
(976 54 50 71; www.cienbalcones.com, auf Spanisch; Calle Mayor 88; EZ/DZ inkl. Frühstück ab 55/70 €; P) Ein elegantes Drei-Sterne-Hotel mit geräumigen, minimalistisch eingerichteten Zimmern, einem Restaurant (Mahlzeiten ab 30 €) und einem Café mit günstigen *bocadillos* und Pizzas.

Praktische Informationen

Touristeninformation (976 80 01 29; Plaza de España 4; 10.30–14 & 16.30–19.30 Uhr) Hat Karten zur Erkundung des Ortes.

An- & Weiterreise

Von Montag bis Samstag verkehren täglich vier Busse nach Zaragoza und Teruel. Sie halten vor der Bar Mesón Félix, an der Calle Mayor 104.

Laguna de Gallocanta

Rund 20 km südlich von Daroca und etwa genauso weit westlich von Calamocha an der N234 erstreckt sich die Laguna de Gallocanta. Sie ist mit einer Fläche von 15 km² Spaniens größter natürlicher See, kann im Sommer allerdings fast völlig austrocknen. Im Winter bietet sie 70 000 Kranichen und vielen anderen Wasservögeln eine Heimat. Ein **Centro de Interpretación** (Sa & So 10–14 & 16–20 Uhr, Nov. & Feb. tgl.) mit Broschüren und Ausstellungen liegt an der Straße von Tornos nach Bello an der südöstlichen Spitze des Sees, wo sich auch die Kraniche sammeln. Fernglas nicht vergessen!

Teruel

35 396 EW. / 917 M

Teruel ist eine der schönsten Städte Aragoniens und so etwas wie ein lebendiges Open-Air-Museum mit prunkvollen Mudéjar-Monumenten, wie man sie ansonsten kaum in Spanien findet. Die Straßen sind voller Menschen, zudem gewinnt der Ort immer mehr an Selbstbewusstsein und entwickelt sich kulturell weiter. Über Jahrzehnte hatte Teruel so etwas wie ein Imageproblem und blieb zurück, während sich das übrige Spanien modernisierte. *„Teruel existe!“* (Teruel gibt es wirklich!) ist noch heute ein häufig gehörter, ironisch gemeinter Slogan. Inzwischen konnte sich die Stadt aus eigenen Stücken von ihrem Ruf befreien und es macht wirklich Spaß, sich das Ergebnis anzusehen. Achtung: Im Winter ist es hier bitterkalt.

Sehenswertes

Fast alle Sehenswürdigkeiten liegen in der Nähe der belebten Plaza del Torico (der Name stammt von der wohl kleinsten Stierstatue Spaniens), die als Dreh- und Angelpunkt des städtischen Lebens gilt.

TANZ IN DER WÜSTE

Das Örtchen Fraga liegt im scheinbar endlosen Flachland zwischen Zaragoza und der Mittelmeerküste. Wer hätte gedacht, dass sich ausgerechnet hier *der* Tempel für spanischen Techno, das **Florida 135** (www.f135.com, auf Spanisch; Calle Sotet 2; Eintritt 13 €; Sa ab 23.30 Uhr), befindet? Die fensterlose, 3000 m² große und mit Graffitis besprühte Disko ist die moderne Reinkarnation einer Location, die 1942 gegründet wurde. An Samstagabenden kommen ganze Busladungen von Clubbern hierher. Mitte Juli ist Fraga zudem Gastgeber des **Monegros-Wüstenfestivals** (www.monegrosfestival.com), früher auch als Groove Parade bekannt. Diese Veranstaltung zieht Dutzende spanische und internationale DJs und Bands an.

Kathedrale
KATHEDRALE

(Plaza de la Catedral; Erw./Kind 3/2 €; ⌚11–14 & 16–20 Uhr) Mit ihrem kaleidoskopischen Mauerwerk und den bunten Keramikkacheln ist die Kathedrale ein üppiges Beispiel für den fantasievollen Mudéjar-Stil. Der grandiose Glockenturm aus dem 13. Jh. weist romanische Einflüsse auf und die beeindruckende Mudéjar-Decke des Kirchenschiffs ist mit Bildern bedeckt, die z. B. Musikinstrumente, Jagdszenen, Wappen und die Kreuzigung Jesu zeigen. Zu den weiteren Highlights gehören der hölzerne *retablo mayor* aus dem 16. Jh. und der außergewöhnliche gotische *retablo* aus dem 15. Jh. in der Capilla de la Coronación.

Fundación Amantes
MUSEUM, KIRCHE

(www.amantesdeteruel.es; Calle Matías Abad 3; Mausoleo/Iglesia de San Pedro & Torre de San Pedro 4/5 €, Kombiticket 8 €; ⌚10–14 & 16–20 Uhr) Teruels größte Attraktion ist das **Mausoleo de los Amantes** (Mausoleum der Liebenden), das sich der berühmten Stadtlegende von Isabel und Juan Diego widmet (s. Kasten S. 408). Das Paar liegt in modernen Alabastergräbern, die von Juan de Ávalos gestaltet wurden, und wendet die Köpfe zum Zeichen seiner Liebe einander zu. Außerdem gibt's hier eine bemerkenswerte audiovisuelle Ausstellung mit Musik und Theater. Alles wirkt irgendwie überzogen, ist aber trotzdem fesselnd. Das Mausoleo verfügt über einen barrierefreien Zugang.

An den Komplex angeschlossen ist die **Iglesia de San Pedro** aus dem 14. Jh. mit einer beachtlichen Decke, einem barocken Hochaltar und schlichten Kreuzgängen sowie dem **Torre de San Pedro** (Torre Mudéjar), der einen schönen Ausblick auf das Zentrum bietet.

Torre de El Salvador
TURM, MUSEUM

(www.teruelmudejar.com, auf Spanisch; Calle El Salvador; Erw./Kind 2,50/1,80 €; ⌚10–14 & 16–20 Uhr) Eines der eindrucksvollsten Mudéjar-Monumente in Teruel. Der Torre de El Salvador ist ein extravagantes Bauwerk aus Ziegeln und Kacheln, das ins frühe 14. Jh. datiert und rund um ein noch älteres islamisches Minarett errichtet wurde. Über enge Treppen und Durchgänge geht's an Mudéjar-Kunstwerken und architektonischen Details vorbei nach oben, von wo aus man den besten Blick auf den Ort hat.

Torre de San Martín
TURM

Auch wenn man es nicht besteigen kann, ist das nordwestliche Stadttor fast so schön wie der Torre de El Salvador. Es wurde 1316 fertiggestellt und im 16. Jh. in die Stadtmauer integriert.

Museo Provincial
GRATIS — MUSEUM

(Plaza Polanco; ⌚Di–Fr 10–14 & 16–19, Sa & So 10–14 Uhr) Das Museum ist in der Casa de la Comunidad aus dem 16. Jh. untergebracht, einem Gebäude im Renaissancestil. Zu seinen Highlights gehören die archäologische Abteilung und wechselnde Ausstellungen zeitgenössischer Kunst.

Aljibe Fondero
ZISTERNEN

(Calle Ramón y Cajal; Erw./erm. 1,20/0,80 €; ⌚Sept.–Juli 10–14 & 16–20 Uhr, Aug. 10–20 Uhr) An der Nordwestecke der Plaza del Torico befindet sich der Eingang zur Aljibe, einem unterirdischen Wasserspeicher aus dem 14. Jh. Neben einer Ausstellung mit Relikten aus den Zisternen kann man hier interessante, Filme über das mittelalterliche Teruel anschauen (auf Spanisch).

La Escalinata
STEINTREPPE

Diese herrliche Steintreppe ist ein Meisterwerk der monumentalen Architektur des Neo-Mudéjar-Stils und verbindet den Paseo

Teruel

Highlights
- Kathedrale B1
- Fundación Amantes C2
- Torre de El Salvador B2
- Torre de San Martín A1

Sehenswertes
1 Aljibe Fondero C2
2 Iglesia de San Pedro A1
3 La Escalinata A3
4 Museo Provincial C1
5 Torre de San Pedro C2

Schlafen
6 Hostal Aragón C1
7 Hotel El Mudayyan B2
8 Hotel Plaza Boulevard C3

Essen
9 Aqui Teruel! B2
10 Bar Gregory B3
11 La Taberna de Rokelin C1
12 La Torre de Salavdor B2
13 Mesón Óvalo B3
14 Munõz B2

Ausgehen
Café-Pub La Torre .... (siehe 12)
15 Flanagan's C1
16 Fonda del Tozal C1

Teruel

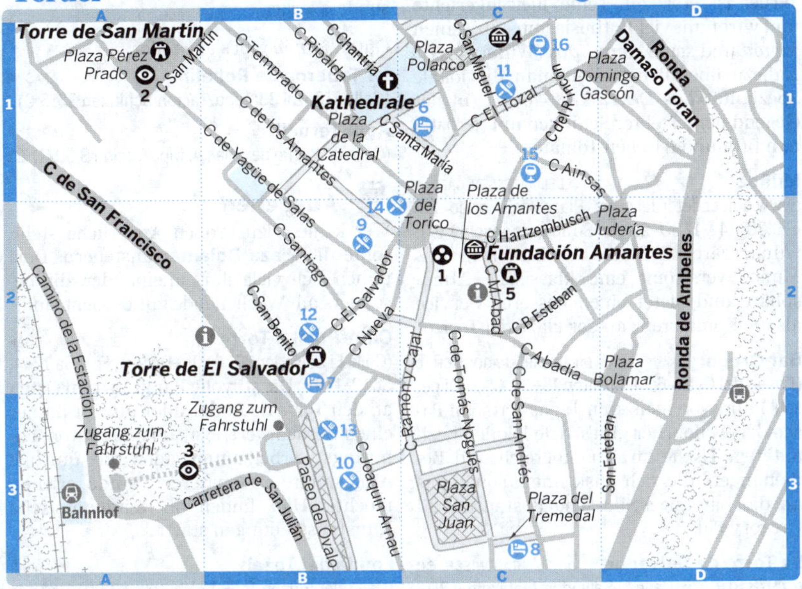

del Óvalo am Altstadtrand mit dem Bahnhof. Sie wurde 1920 errichtet und zu Beginn des 21. Jhs. sorgfältig restauriert. Gemeinsam mit dem ebenfalls renovierten Paseo del Óvalo wurde sie mit zahlreichen Preisen für die Umgestaltung städtischer Räume ausgezeichnet. Besucher können die Stufen hinablaufen und mit dem Fahrstuhl wieder zum Paseo hochfahren.

Dinópolis DINOSAURIER-THEMENPARK
(www.dinopolis.com, auf Spanisch; Erw./Kind 22/17 €; ⏲10–20 Uhr) Der gut ausgeschilderte Themenpark liegt 3 km vom Stadtzentrum an der Straße nach Valencia und verspricht jede Menge Spaß. Zu seinen Highlights gehört „El Ride“, eine motorisierte Zeitreise mit animierten Saurierrobotern.

Feste & Events

Fiesta Medieval MITTELALTER
Am Wochenende vor dem 14. Februar legen Tausende Einwohner (und immer mehr Besucher) mittelalterliche Kleidung an und feiern das Fiesta Medieval. Dann locken hier mittelalterliche Märkte, Imbissbuden und eine Aufführung von Diegos und Isabels Liebesgeschichte (s. Kasten S. 408).

Feria del Ángel TERUEL
Der **Día de San Cristóbal** (Tag des hl. Christophorus) am 10. Juli markiert den Beginn der einwöchigen Feria del Ángel, die an Teruels Gründung erinnert.

Schlafen

Hotel el Mudayyan HOTEL €€
(☎978 62 30 42; www.elmudayyan.com, auf Spanisch; Calle Nueva 18; EZ 55–70 €, DZ 70–90 €; ❄📶) Ein Hotel mit Charakter. Die schönen Zimmer warten mit polierten Holzböden, Holzbalken und einer individuellen Einrichtung auf und im Erdgeschoss gibt's eine *tetería* (Teehaus) sowie eine eigentümliche unterirdische Passage, die noch aus Teruels Anfangszeiten stammt.

Hostal Aragon HOSTAL €
(☎978 60 13 87; www.hostalaragon.org; Calle Santa María 4; EZ mit/ohne Bad 25/21 €, DZ mit/ohne Bad 44/29 €) Das unaufdringliche Aragon liegt in einer engen Seitengasse und verfügt über gepflegte, holzgetäfelte Zimmer. Wer eine Woche bleibt, zahlt weniger; an Wochenenden und während der Ferienzeit sollte man reservieren.

Hotel Plaza Boulevard HOTEL €€
(☎978 60 86 55; www.plazaboulevard.sercotel.com, auf Spanisch; Plaza del Tremedal 3; EZ/DZ ab 56/96 €; ❄📶) Teruels bestes Mittelklassehotel befindet sich in guter Lage unweit der Plaza San Juan und hat komfortable, moderne Zimmer.

Essen

Teruel ist stolz auf seine Fleischgerichte und wirbt mit viel Enthusiasmus für seinen *jamón* und seine *embutidos* (Wurstwaren). Nahezu überall bekommt man die lokale Spezialität *Las Delicias de Teruel* (in der Gegend hergestellter Schinken mit geröstetem Brot und frischen Tomaten).

Muñoz DELIKATESSEN, CAFÉ €
(www.dulcesdeteruel.com; Plaza del Torico 23; ⏲9.30–14 & 17.30–21 Uhr, So abends geschl.) Ein wunderbarer Ort zum Frühstücken. Das Muñoz verströmt eine klassische Atmosphäre und bietet einen besseren Service als die Konkurrenz an der Plaza del Torico.

Bar Gregory TAPAS-BAR, ARAGONISCH €
(Paseo del Óvalo 6; Mahlzeiten 15–20 €; ⏲ Di geschl.) Eine von mehreren Tapas-Bars am Paseo del Óvalo. Hier gibt's viele lokale Spezialitäten, Tische im Außenbereich und Bedienungen, die sich auskennen, sowie das an die Bar angeschlossene Restaurant El Gregory Plus.

La Torre de Salvador ARAGONISCH €€
(☎978 61 73 76; Calle El Salvador; Mahlzeiten 30–40 €; ⏲Di–So) Das schicke Restaurant gegenüber dem Torre de El Salvador setzt mit seiner *nouvelle cuisine Aragonese* Maßstäbe. Es bietet raffinierte Gerichte mit traditionellem Einschlag sowie regionale Köstlichkeiten für Besucher, die in das Herz der aragonischen Küche vordringen wollen.

Mesón Óvalo ARAGONISCH €€
(☎978 61 82 35; Paseo del Óvalo 8; Mahlzeiten 25–35 €; ⏲Di–Sa Mittag- & Abendessen, So Mittagessen) In diesem angenehmen Lokal kommt man in den Genuss aragonischer Spezialitäten, darunter vor allem Fleisch- und Wildgerichte. Die *jarretes* (mozarabische Lammhaxe mit Waldpilzen), ein Gericht aus der Zeit, als die Muslime diesen Teil Spaniens beherrschten, schmeckt besonders lecker.

Guten *jamón* gibt's auch hier:

La Taberna de Rokelin TAPAS €
(Calle El Tozal 33; tapa/ración Schinken 3/15 €)

Aqui Teruel! TAPAS €
(Calle de Yagüe de Salas 4; tapa/ración 3,50/11 €)

Ausgehen

Wer keine allzu großen Ansprüche stellt, sollte die **Plaza Bolamar** ansteuern. Dort reihen sich viele Bars aneinander, die besonders am Wochenende gut besucht sind.

Café-Pub La Torre BAR
(Calle El Salvador 20; ⏲Mo–Do 9–1, Fr & Sa 12–4, So 12–1 Uhr) Die stilvolle Bar grenzt im Osten an den Torre de El Salvador und ist immer einen Besuch wert, egal, ob man nun nachmittags vorbeikommt oder die quirlige Atmosphäre zu späterer Stunde erleben möchte. Hier finden oft zeitgenössische Kunstausstellungen statt.

Fonda del Tozal BAR
(Calle del Rincón 5; ⏲12 Uhr–open end) Früher war die höhlenartige Bar im Parterre der Stall einer uralten Schänke. Sie ist wunderbar lässig und rustikal und eignet sich hervorragend zum Abhängen. Am Wochenende herrscht die beste Stimmung, während man sich unter der Woche eher wie in einer Wild-West-Location fühlt.

Flanagan's IRISH PUB
(Calle Ainsas 2; ⏲So–Do 16–3.30, Fr & Sa 17–4.30 Uhr) Wir empfehlen nur selten Irish Pubs im Ausland, doch dieses ist wirklich wunderbar. Zu später Stunde platzt der Laden aus allen Nähten, und auch wenn die Musik teilweise etwas gewöhnungsbedürftig ist, zieht sie einen trotzdem sofort auf die Tanzfläche.

DIE LIEBENDEN VON TERUEL

Wie bei so manch anderem historischen Liebespaar endete auch die Beziehung zwischen Juan Diego de Marcilla und Isabel de Segura tragisch. Isabel war die einzige Tochter reicher Eltern, während Juan überhaupt kein Geld besaß. Dennoch konnte er den Vater seiner Angebeteten davon überzeugen, die Hochzeitspläne mit einem reicheren Anwärter für fünf Jahre zu verschieben, in denen er es zu Wohlstand bringen wollte. Als 1217 die Frist verstrich, verlor Isabels Vater keine Zeit und verheiratete seine Tochter. Juan kehrte unmittelbar nach der Hochzeit als vermögender Mann zurück und bat Isabel um einen Kuss. Sie lehnte ab und er starb an gebrochenem Herzen. Bei seinem Begräbnis küsste ihn Isabel schließlich doch und starb kurz darauf ebenfalls. Daraufhin wurden die Liebenden von Teruel gemeinsam bestattet, um sie wenigstens im Tod zu vereinen.

Praktische Informationen

Regionale Touristeninformation (978 64 14 61; Calle de San Francisco 1; 9–14 & 16.45–19.45 Uhr)

Städtische Touristeninformation (978 62 41 05; Plaza de los Amantes 6; Sept.–Juli 10–14 & 16–20 Uhr, Aug. 10–20 Uhr) Hier bekommt man Audioguides (2 €) für einen Rundgang durch die Altstadt.

An- & Weiterreise

Von Teruels **Busbahnhof** (978 61 07 89; www.estacionbus-teruel.com, auf Spanisch) bestehen regelmäßige Verbindungen des Unternehmens **Autobuses Jiménez** (www.grupo-jimenez.com, auf Spanisch) nach Zaragoza (12,25 €, 2½ Std.), Valencia (11 €, 2¼ Std.) und Madrid (20,90 €, 4½ Std.).

Teruel liegt an der Bahnstrecke zwischen Zaragoza (15,90 €, 2 Std.) und Valencia (ab 10,80 €, 2½ Std.).

Albarracín

1097 EW. / 1180 M

Albarracín ist eines der schönsten Dörfer Spaniens. Es liegt 38 km westlich von Teruel und lohnt einen Besuch schon alleine wegen des wunderbaren Gefühls der Zeitlosigkeit, das sich hier nach wie vor einstellt, obwohl im Sommer viele Busladungen mit Touristen herkommen. Aus den umliegenden Hängen ragen zerklüftete Festungsmauern, außerdem haben sich die Ortsstraßen mit den gebeugten jahrhundertealten Gebäuden ihren labyrinthischen Charme erhalten. Das auf einer steilen, von einem Seitenarm des Río Guadalaviar geschliffenen felsigen Anhöhe errichtete Dorf diente von 1012 bis 1104 als Sitz eines kleinen islamischen Reiches. Letzteres wurde von der Berberdynastie Banu Razin beherrscht, die Verbindungen nach Córdoba besaß. Von 1170 bis 1285 war Albarracín ein unabhängiges christliches Königreich, eingezwängt zwischen Kastilien und Aragonien.

Sehenswertes

In dem Ort kann man ein wunderschönes Farbenspiel genießen, vor allem abends, wenn die Ziegel, Steine und Betonplatten noch intensiver als tagsüber in einem erdigen Rot- oder Rosaton schimmern.

Kathedrale — KATHEDRALE

(10.30–14 & 16–18 Uhr, Juli–Sept. bis 20 Uhr, So nachmittags geschl.) Mit ihrer für die spanische Levante typischen Kuppel ist Albarracíns Kathedrale eines der auffallendsten Gebäude der hiesigen Skyline. Innen befindet sich ein üppiger vergoldeter Altaraufsatz. An die Kirche ist der Palacio Episcopal (Bischofspalast) angeschlossen.

Museo de Albarracín — ARCHÄOLOGISCHES MUSEUM

(Calle San Juan; Eintritt 2,50 €; 10.30–13 & 16.30–18 Uhr, So nachmittags geschl.) Das im alten Stadtkrankenhaus untergebrachte Museum widmet sich dem islamischen Erbe der Stadt und präsentiert zahlreiche archäologische Funde aus der Burg. Gegenüber dem Eingang liegt die **Ermita de San Juan**, die im 17. Jh. auf den Überresten von Albarracíns Synagoge errichtet wurde.

Burg — BURG

(Castillo; Eintritt 2,50 €; Führungen Mo–Fr 12, 13, 16.30 & 17.30, Sa 11 & 18.30, So 11, 12 & 13 Uhr) Die faszinierende Festung oberhalb der Kathedrale am südlichen Ortsende verfügt über elf Türme und umfasst eine Fläche von 3600 m². Das Gebäude stammt aus dem 9. Jh., als das Dorf ein bedeutender islamischer Militärposten war. Bis 2005 war es in Privatbesitz, danach folgten archäologische Grabungen, dank derer man einen faszinierenden Einblick in die Geschichte des Ortes hat. Alles Wichtige darüber erfährt man bei

ABSTECHER

EL MAESTRAZGO

El Maestrazgo ist ein Gebiet aus wunderbar abgelegenen Tälern und felsigen Hügeln oberhalb der Provinz Valencia (s. S. 603). An der A226 nordöstlich von Teruel ragt das auf Gebirgskämmen thronende **Cantavieja** empor. Angeblich wurde die Stadt von Hannibal gegründet und später zum Sitz der Tempelritter. Der am besten erhaltene (und teilweise restaurierte) Ortsteil ist die mit einem Säulengang versehene Plaza Cristo Rey. Wer nach Morella in Valencia reisen will, nimmt am besten die A226 nordöstlich von Cantavieja, die sich an scharfen Klippen vorbeiwindet und über **Mirambel** führt – ein tolles Beispiel für eine leicht verfallene, von einer Mauer umgebene mittelalterliche Stadt. Von Montag bis Freitag verkehrt täglich ein Bus zwischen Teruel und Cantavieja (8,50 €, 1½ Std.).

einem einstündigen Rundgang auf Spanisch (Tickets werden im Museo de Albarracín verkauft). Das Centro de Información organisiert auf Wunsch auch englischsprachige Führungen. Die Aussicht von den Befestigungsmauern ist umwerfend.

Muralla STADTMAUER
Albarracíns höchstes Bauwerk, der **Torre del Andador** (Durchgangsturm), datiert ins 9. Jh. Die umliegenden Mauern stammen aus dem 11. oder 12. Jh. Zur obersten Etage führen steile Treppen hinauf, die aber jede Anstrengung lohnen, da man hier einen tollen Blick auf die Stadt genießt.

Geführte Touren

El Andador SPAZIERGANG
(978 70 03 81; www.elandador.es, auf Spanisch; Calle de la Catedral 4; Touren 3,50 €) Veranstaltet zweimal täglich 1½-stündige Führungen durch Albarracín.

Centro de Información SPAZIERGANG
(978 70 40 35; www.albarracinespaciosy tesoros.com, auf Spanisch; Calle de la Catedral; Touren 3,50 €) Organisiert bis zu vier 1½-stündige Rundgänge pro Tag.

Schlafen

La Casa del Tío Americano KLEINES HOTEL €€
(978 71 01 25; www.lacasadeltioamericano.com; Calle Los Palacios 9; DZ 95 €;) „Das Haus des amerikanischen Onkels“ ist ein wundervolles kleines Hotel mit freundlichen Angestellten. Einige der hell gestrichenen Zimmer (Nr. 2 und 3) haben freiliegende Ziegelmauern und bieten einen tollen Ausblick, ebenso wie die Frühstücksterrasse. Zu den angenehmen Extras gehört ein Glas Champagner zur Begrüßung.

Casa de Santiago KLEINES HOTEL €€
(978 70 03 16; www.casadesantiago.net, auf Spanisch; Subida a las Torres 11; DZ/Suite 70/95 €;) Eine schöne Unterkunft in der Nähe der Plaza Mayor mit viel Holz, Fliesenböden und einem charmanten Service.

Habitaciones Los Palacios HOSTAL €
(978 70 03 27; www.montepalacios.com, auf Spanisch; Calle Los Palacios 21; EZ/DZ 28/45 €) 250 m von der Plaza Mayor entfernt wartet dieses nette *hostal* mit makellosen Zimmern auf, einige davon mit Balkonen und einem zauberhaften Ausblick. Man erreicht es, indem man die Calle de Santiago entlangspaziert und durch das Portal de Molina geht.

Camping Ciudad de Albarracín CAMPINGPLATZ €
(978 71 01 97; www.campingalbarracin.com; 3,80/3,80/3,80 € pro Pers./Zelt/Auto; April–Okt.) Der angenehm kleine und schattige Campingplatz 2 km vom Ortszentrum erstreckt sich unweit der Straße nach Bezas und hat u. a. Hütten für vier Personen (69 €) im Angebot.

Ebenfalls empfehlenswert:

Posada del Adarve KLEINES HOTEL €
(978 70 03 04; www.posadadeladarve.com, auf Spanisch; Calle Portal de Molina 23; EZ 35 €, DZ 50–75 €; @) Ein für Albarracín typisches, liebevoll restauriertes Gebäude am Portal de Molina (Molina-Tor).

Hotel Arabia HOTEL €€
(978 71 02 12; www.montesuniversales.com; Calle Bernardo Zapater 2; EZ 48–59 €, DZ 68–89 €, Apt. 77–194 €;) Das ehemalige Kloster aus dem 17. Jh. verfügt über gute Zimmer und gerämige Apartments mit einer tollen Aussicht.

La Casona del Ajimez KLEINES HOTEL €€
(978 71 03 21; www.casonadelajimez.com, auf Spanisch; Calle de San Juan 2; DZ 76 €) Gepflegte Zimmer in der Nähe der Kathedrale am Südende des Ortes.

Essen

Tapas, *raciones* und herzhafte Gerichte bekommt man in nahezu jeder Bar des Dorfes. Die meisten Lokale findet man in den Straßen rund um die Plaza Mayor. Zu den besten Optionen gehört das hoteleigene Restaurant der Casa de Santiago.

LP TIPP **Tiempo de Ensueño** GOURMETKÜCHE €€
(978 70 40 70; www.tiempodeensuenyo.com; menú 38 €, Mahlzeiten 30 €; Mi geschl.) Dieses erstklassige Restaurant wartet mit einem eleganten und lichtdurchfluteten Speiseraum, einem wunderbar aufmerksamen, aber diskreten Service und innovativer spanischer *nouvelle cuisine* auf. Neben der ständig wechselnden Speisekarte gibt's auch eine ausführliche Weinkarte, eine Karte mit verschiedenen Mineralwasser-Sorten, eine große Auswahl an Olivenölen und einen Begrüßungscocktail. Hier geht's vor allem um eines: exquisiten Geschmack. Mit dem *menú degustación* (38 €) trifft man eine hervorragende Wahl, ist aber mit den Gerichten à la carte ebenfalls sehr gut bedient.

LUIS BUÑUEL & DIE TROMMELN VON CALANDA

Zu Luis Buñuels frühesten Erinnerungen gehörte der Klang der Trommeln von Calanda. Bei dem jahrhundertealten Ritual in dieser Stadt im Süden Aragoniens, dem Geburtsort des Regisseurs, findet am Mittag des Karfreitags der Auftakt zur *rompida de la hora* (Brechen der Stunde) statt. Nun schlagen Tausende Trommler gleichzeitig ihre *tambores* (Trommeln) und *bombos* (Pauken) und veranstalten donnernden Lärm. Die Zeremonie dauert 24 Stunden und pausiert nur für vorüberziehende Osterprozessionen.

Die Trommeln, jenes erstaunliche, dröhnende, kosmische Phänomen, das das kollektive Unterbewusstsein berührt, lässt die Erde unter den Füßen erzittern", erinnert sich Buñuel in seinen Memoiren *Mi Ultimo Suspiro* (Mein letzter Seufzer). „Man muss einfach nur eine Hand an eine Hauswand legen, um die Vibrationen zu spüren. Jeder, der es schafft einzuschlafen, eingelullt durch das regelmäßige Schlagen, schreckt hoch, wenn der Klang langsam abflaut. Im Morgengrauen sind die Felle der Trommeln rot, denn die Hände bluten nach so langem Schlagen. Dabei handelt es sich doch um die rauen Hände der Bauern."

„Dieser Lärm fand seinen Weg in Buñuels Träume und Albträume und schließlich in seine surrealistischen Filme. Die Trommeln hinterließen ebenso ihre Spuren wie die Vorliebe für Rituale, Kostüme und Verkleidungen.

ℹ Praktische Informationen

Centro de Información (☎978 70 40 35; Calle de la Catedral; ⊙10–14 & 16–18.30 Uhr, So nachmittags geschl.) Ein exzellentes, privat geführtes Büro.

Touristeninformation (☎978 71 02 62; Calle San Antonio; ⊙Di–So 10–14 & 16–20 Uhr)

ℹ An- & Weiterreise

Zwischen Teruel und Albarracín besteht eine tägliche Busverbindung (3,80 €, 45 Min.).

Südöstlich von Teruel

Die dünn besiedelten Gebirgszüge von Teruel bis in die Region Valencia bilden ein Labyrinth aus felsigen Gipfeln und spektakulären Schluchten mit ruhigen *pueblos* (Dörfer). Hier lassen sich abseits der ausgetretenen Touristenpfade herrliche Entdeckungen machen. Wer nur wenig Zeit hat, braucht unbedingt ein Auto. Busse verkehren in dieser Gegend höchstens einmal am Tag.

Eine lohnenswerte Route für Traveller mit eigenem Fahrzeug führt von Teruel 43 km Richtung Südosten nach **Mora de Rubielos** am Fuß der Sierra de Gudar. Das Dorf besteht aus zahlreichen roten und rosafarbenen Steingebäuden und beherbergt eine massive **Burg** (Eintritt 1,50 €; ⊙Di–So 10–14 & 17–20 Uhr) aus dem 14. Jh.

Weitere 14 km entlang der A232 gen Südosten stößt man auf das hübsche Örtchen **Rubielos de Mora**. In den engen Straßen drängen sich viele Häuser mit den für Aragonien typischen kleinen Balkonen. Das freundliche **Hotel Los Leones** (☎978 80 44 77; www.losleones.info, auf Spanisch; Plaza Igual y Gil 3; EZ/DZ 75/110 €) verfügt über attraktive Stilmöbel, komfortable Zimmer und ein gutes Restaurant mit einem Menü für 30 €.

Calanda

3899 EW.

Von Teruel aus führt die N420 durch bergiges Terrain Richtung Norden bis auf die nebligen Höhen des Puerto San Just (1400 m) und dann wieder bergab bis zur N211, die sich gen Westen nach Calanda erstreckt. Den Hauptgrund – manche würden auch sagen, den einzigen Grund – für einen Besuch dieses Ortes liefert das **Centro Buñuel Calanda** (☎978 84 65 24; www.cbcvirtual.com, auf Spanisch; Calle Mayor 48; Erw./erm. 3,50/2,50 €; ⊙Di–So 10.30–13.30 & 16–20 Uhr), das dem Leben und den Filmen Luis Buñuels (1900–83) gewidmet ist. Es möchte dem surrealistischen Geist des in Calanda geborenen Regisseurs gerecht werden und knüpft auf raffinierte Weise Bilder aus seinem Gesamtwerk in den Rundgang ein. Wahre Fans begeistert besonders der Computerraum, in dem man alles Mögliche über Buñuels 32 Filme erfährt, jeweils begleitet von Schlüsselszenen und Kommentaren des Regisseurs.

Zwischen Teruel und Calanda verkehren mehrere Busse.

Die Dörfer Aragoniens

Was charmante Dörfer betrifft, können es nur wenige Regionen mit Aragonien aufnehmen. Viele Bauernhäuser bestehen aus den für die Region typischen massiven Steinen und haben terrakottafarbene Schieferdächer. Einige bieten einen betörenden Ausblick auf die Gipfel der Pyrenäen, andere verstecken sich in abgelegenen Ecken – und sie alle sind eine Reise wert.

Aínsa

1 Es gibt in Aragonien kein authentischeres Dorf. Nach Sonnenuntergang gehen die Einwohner nach Hause und es herrscht Stille. Die engen Gassen, die von Säulengängen gesäumte Plaza Mayor und der Blick auf die Pyrenäen vom höchsten Hügel des Ortes sind einfach herrlich.

Albarracín

2 Das wunderschöne Albarracín hat verwitterte, ockerfarbene Straßen und eine beeindruckende Lage. Die Aussicht von der Burg oder den steil abfallenden Wänden der Bergkämme wird wohl kein Besucher so schnell vergessen.

Sos del Rey Católico

3 Die Kopfsteinpflasterstraßen, ein Hauch spanischer Geschichte und die großartige Lage machen Sos zu einem tollen Zwischenstopp auf der Reise durch die Pyrenäen.

Daroca

4 Gerade dann, wenn man glaubt, das südliche Ödland habe nichts Besonderes zu bieten, stößt man auf Daroca, ein von Mauern umschlossenes Örtchen hoch auf den Bergkämmen.

Alquézar

5 Dieses Zentrum für Kanufans bietet auch sonst so manchen Adrenalinkick. Gleichzeitig ist Alquézar ein friedliches, stilles Dorf, das von oben betrachtet einem toskanischen Hügelstädtchen ähnelt.

1

PRISMA BILDAGENTUR AG/ALAMY

3

JOHN BANAGAN

Abbildungen

1. Albarracín (S. 409) **2.** Aínsa (S. 396) **3.** Alquézar (S. 400)

2

Weiße-Dörfer-Tour

Eintägige Autofahrt oder zwei- bis dreitägige Fahrradtour

Andalusiens weiße Dörfer an der alten Grenzlinie zwischen maurischem und christlichem Gebiet weisen bedeutende historische Zeugnisse auf, zu denen diese Touren führen.

DIANA MAYFIELD

DAVID TOMLINSON

» Los geht's in **Ronda** (S.782), Andalusiens erstem *pueblo blanco* (weißes Dorf).

» Als Nächstes folgt **Setenil** (S.757), ein Höhlenort in den Felsen über dem Fluss Trejo. Hier kann man für eine morgendliche Tapas-Mahlzeit anhalten und das Dorf erkunden.

» Danach fährt man Richtung Norden ins verschlafene **Torre Alháquime**, das 150 Jahre länger unter maurischer Herrschaft stand als das benachbarte Olvera. Es liegt angenehm abseits touristischer Pfade.

» 4 km weiter stößt man auf **Olvera** (S.757), das mit einer hübschen Renaissancekirche und einer hoch aufragenden Nasridenfestung aufwartet.

» Radfahrer können einen Abstecher über die etwa 36 km lange Vía Verde de la Sierra unternehmen, die querfeldein nach **Puerto Serrano** (S.757), einem Dorf am Westende des Wegs, führt.

» Wer der Straße Richtung Südosten folgt, erreicht **Algodonales**. In dem netten Örtchen bestehen Möglichkeiten zum Drachenfliegen, außerdem gibt es dort eine Gitarrenfabrik und man kann zahlreiche Vogelarten beobachten.

» Im Süden erblickt man bereits **Zahara de la Sierra** (S.756), das über einem glitzernden Stausee thront und öfter fotografiert wird als König Juan Carlos I.

» Ein steiler Weg windet sich hinauf in den Naturpark und seinen Hauptort **Grazalema** (S.755), in dem man abends herzhafte Berggerichte probieren kann. Von hier nach Ronda geht's die meiste Zeit bergab.

Abbildungen oben

1. Grazalema (S.755) 2. Ronda (S.782)

National- & Naturparks

Andalusiens National- und Naturparks bieten Besuchern erholsame Ruhepausen zwischen all der Kunst, Kultur und Geschichte. Außerdem dienen sie als wichtige Bollwerke gegen die unkontrollierte Überentwicklung der spanischen Mittelmeerküste.

Parque Nacional Sierra Nevada

1 Gipfelstürmer wollen zumeist die leicht zugänglichen Berge Veleta und Mulhacén (S. 812) besteigen. Pradollano (S. 812) und Capileira (S. 816) warten dagegen mit Möglichkeiten zum Skifahren, Reiten, Canyoning und Wandern auf.

Parque Nacional de Doñana

2 Das seltene europäische Feuchtgebiet des 542 km^2 großen Doñana-Nationalparks (S. 734) gehört zum Unesco-Welterbe und verfügt über intakte, wasserbasierte Ökosysteme und große Sanddünen. Darüber hinaus kann man hier wunderbar Vögel beobachten.

Parque Natural Sierra de Grazalema

3 Andalusiens schönster Park lockt mit traumhaften Wanderwegen und zerklüfteten Bergen (S. 755).

Parque Natural Sierra de Aracena y Picos de Aroche

4 Die *dehesa*-Ökosysteme im Norden Huelvas sind eine Bastion für edle Räucherschinken, die auf den ländlichen, eichenbestandenen Weiden des unbekanntesten Naturparks Andalusiens produziert werden (S. 738).

Parque Natural de Cabo de Gata-Níjar

5 Wer wissen will, wie Spanien vor den Zeiten des Massentourismus aussah, sollte Almerías unbebauten Küstenstreifen (S. 829) ansteuern und die einsamen Stränden sowie verschlafenen Fischerdörfer erkunden.

Abbildungen links

1. Sierra Nevada (S. 812) **2.** Cabo de Gata-Níjar (S. 829)

Picos de Europa

Die Berge der Cordillera Cantábrica, die sich entlang der Südgrenzen Kantabriens und Asturiens von Osten nach Westen erstrecken, erreichen in den Picos de Europa ihre spektakulärsten Höhen.

Sie erheben sich nur 15 km hinter dem Golf von Biskaya und sind von Osten nach Westen nicht viel länger als 40 km, während sie von Norden nach Süden sogar nur 25 km messen. Wegen ihrer herrlichen Formationen und Schluchten gelten sie als eine der schönsten Wanderregionen des Landes. Es gibt viele kurze und lange Routen aller Schwierigkeitsgrade und jede Menge Möglichkeiten für Kletterer und Höhlenwanderer.

Die drei Kalksteinmassive der Picos werden durch tiefe, von Norden nach Süden verlaufende Täler getrennt. Besonders großer Beliebtheit bei Trekkingfans erfreut sich die Garganta del Cares (Cares-Schlucht). Darüber hinaus wartet die Gegend mit hübschen Bergseen und alpinen Wiesen samt grasenden Kühen, kilometerhohen Steilwänden und einer felsigen Wildnis auf, in der man zahlreiche Gämsen entdeckt. Im Herzen der Picos thront der Naranjo de Bulnes, ein hoher Felsenturm, der für jeden echten Kletterer eine Herausforderung darstellt.

Dank einiger Straßen sowie einer Seil- und einer Schmalspurbahn, die zu atemberaubenden Stellen führen, kann man die Picos aber auch genießen, wenn man keine Lust auf allzu viel Bewegung hat.

Abbildungen rechts

1. Garganta del Cares (Cares-Schlucht; S. 524) **2.** El Naranjo de Bulnes (Pico Urriello; S. 524)

STAN KUJAWA/ALAMY

1

PAUL HARRIS/PHOTOLIBRARY

2

1

2

Die Küste Galiciens

Galiciens tief zerklüftete Küste hat eine Gesamtlänge von 1200 km – und das bei einer Luftlinie von kaum mehr als 350 km. Hunderte meist sandiger Strände, bedrohliche Klippen, Dutzende Inseln sowie zahlreiche Fischereihäfen prägen sie.

Cabo Fisterra

1 Spaniens „Ende der Welt" (S. 551), ein dramatisches, von einem Leuchtturm dominiertes felsiges Kap, ragt an der entlegenen Costa da Morte am Atlantik heraus. Zwischen dem Cabo Fisterra und Amerika gibt's nichts außer dem Ozean.

Illas Cíes

2 Die drei Cíes-Inseln vor der Ría de Vigo gehören zum Nationalpark Islas Atlánticas (S. 563) und locken mit spektakulären Klippen sowie naturbelassenen Stränden. Es gibt hier keinen Verkehr. Die einzige Möglichkeit zum Übernachten bietet ein im Sommer geöffneter Campingplatz.

Torre de Hércules

3 Das Äußere von A Coruñas Leuchtturm (S. 541) stammt aus dem 18. Jh., während das Innere original römisch ist. Der Torre de Hércules entstand im 1. Jh. v. Chr. und markierte für die Legionen, die in nördlicher Richtung zur Bretagne segelten, den Rand der zivilisierten Welt.

Praia A Lanzada

4 Die Praia A Lanzada (S. 555) verläuft über sagenhafte 2,3 km an der gegenüberliegenden Seite der Landenge von O Grove und gehört zu den beliebtesten der 772 Strände Galiciens.

Meeresfrüchte

5 Die frischen Meeresfrüchte (S. 538) reichen von *pulpo a gallega* (zarte, pikante Seekrakenstücke) bis zu *lubiña* (Wolfsbarsch) und sind schon für sich genommen eine Reise nach Galicien wert. In jedem Ort an der Küste (und vielfach auch im Inland) gibt's Köstlichkeiten, die man so schnell nicht mehr vergisst.

Abbildungen links

1. Jakobsmuscheln **2.** Blick vom Torre de Hércules (S. 541)

1

2

4

ROBIN CHAPMAN

1. Salamanca (S. 130)
Salamanca wartet mit einem seltenen architektonischen Reichtum auf.

2. Kathedrale in León (S. 166)
Hoch aufragende Türme, ein mächtiges Strebewerk und eine atemberaubende Innenausstattung.

3. Covarrubias (S. 182)
Ein malerischer Weiler mit arkadengesäumten Fachwerkhäusern und gepflasterten Plätzen.

4. Peñaranda de Duero (S. 185)
Von der im 15. Jh. errichteten Burg dieses Dorfes genießt man eine hervorragende Aussicht.

3

2

4

1. **Cuenca (S. 232)**
Casas colgadas (hängende Häuser) hängen wie Schwalbennester über tiefen Schluchten.

2. **Consuegra (S. 229)**
Neben Consuegras Ritterburg aus dem 12. Jh. stehen viele *molinos de vientos* (Windmühlen).

3. **Fronleichnam, Toledo (S. 218)**
In Toledo findet eines der schönsten Feste zu Fronleichnam statt.

4. **Alcalá del Júcar (S. 231)**
Über den Häusern an der Júcar-Schlucht thront eine im 12. Jh. errichtete Festung.

BRUCE BI

3

HOLGER LEUE

JON DAVISON

1. D'Alt Vila, Ibiza-Stadt (S. 646)
D'Alt Vilas Mauern aus dem 16. Jh. wurden von Felipe II. errichtet; die Stadt gehört zum Unesco-Welterbe.

2. Cala Sant Vicenç (S. 642)
Ein ruhiger Ort mit einer fantastischen Lage und vier herrlichen Buchten.

3. Castell de Bellver (S. 632)
Die ungewöhnliche, im 14. Jh. errichtete Burg verfügt über einen einzigartigen runden Turm.

4. Palma de Mallorca (S. 630)
Mallorcas einzige echte Stadt wartet mit entzückenden Boulevards, gotischen Kirchen und Designerbars auf.

5. Menorcas prähistorische Stätten (S. 670)
Taulas (hufeisenförmige Heiligtümer mit großen T-förmigen Pfeilern in der Mitte) gibt's nur auf Menorca.

HOLGER LEUE

3

4

Baskenland, Navarra & La Rioja

Inhalt »

Gut essen

- » Arzak (S. 447)
- » La Cuchara de San Telmo (S. 447)
- » Rio-Oja (S. 432)
- » Martín Berasategui Restaurant (S. 448)
- » Mesón las Migas (S. 470)

Schön übernachten

- » Hotel Marqués de Riscal (S. 480)
- » Pensión Bellas Artes (S. 445)
- » Palacio Guendulain (S. 461)
- » Hospederia las Pedrolas (S. 476)
- » La Casa de los Arquillos (S. 455)

Auf ins Baskenland, nach Navarra & La Rioja

Tiefgrüne Hügel und der vom Nieselregen verhangene graue Himmel in der Region bilden starke Kontraste zum allgemeinen Bild von Spanien. Die Basken legen viel Wert auf ihre Identität. Sie beanspruchen für sich, die ältesten Europäer zu sein und die ureuropäische Sprache zu sprechen. Ob diese Behauptung tatsächlich zutrifft, ist nicht erwiesen, doch dafür gibt's keinen Zweifel daran, dass sie in einem Gebiet von außerordentlicher Schönheit und Vielfalt leben, in dem fast vergessene Götter über die Berge wachen sowie zahlreiche Museen, Galerien, gut besuchte Straßenfeste und das beste Essen im ganzen Land locken.

Sobald man den zerklüfteten wilden Norden verlässt und die Ebenen südlich von Pamplona erreicht, wird es spürbar wärmer, denn nun gelangt man nach Navarra und La Rioja. Diese Gegend wartet mit großartigem Wein, jeder Menge Sonne, verträumten Landschaften, mittelalterlichen Klöstern und zauberhaften Orten auf.

Reisezeit

Bilbao

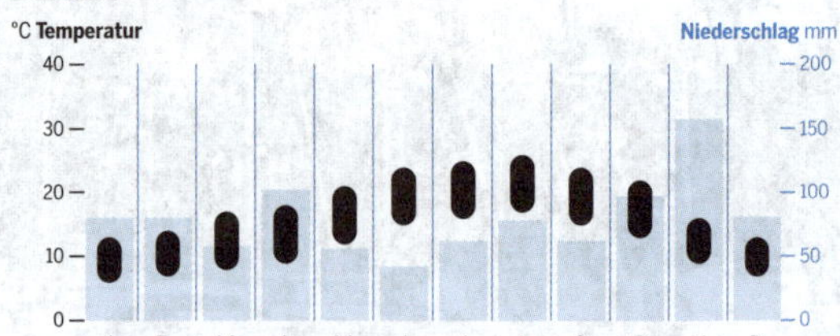

Mai–Juni In Bilbaos Kunstmuseen und San Sebastiáns *pintxo*-Bars herrscht Hochbetrieb.

6.–14. Juli Durch Pamplonas Straßen rasen jetzt zahlreiche Stiere.

September Wanderer in den Pyrenäen genießen nun die wunderschönen Herbstfarben.

BASKENLAND

Diese Region ist einfach anders. Während die Basken sie als Euskadi oder Euskal Herria („Land der Baskisch Sprechenden") bezeichnen, wird sie im übrigen Spanien El Pais Vasco genannt. Hier reichen die Berggipfel bis in den Himmel hinein, außerdem erstrecken sich in der Gegend zahlreiche Felsenhöhlen, in denen die Wellen des Atlantiks brechen. Das Baskenland schreit förmlich nach Streifzügen rund um die wundervollen kosmopolitischen Städte Bilbao, Vitoria und San Sebastián. Wer mit offenen Augen durch das Gebiet reist, wird dafür stets belohnt.

Highlights

1. An einem Traumstrand relaxen, *pintxos* (baskische Tapas) genießen, die ganze Nacht lang tanzen und sich in das wunderbare **San Sebastián** (S. 440) verlieben
2. Sich bei einem Besuch der Kunstmuseen von **Bilbao** (S. 426) wünschen, man könnte ebenso fantastische Bilder malen
3. An einem der schönen baskischen **Strände** (S. 439) versuchen, das Guggenheim-Museum aus Sand nachzubauen, und in **Mundaka** (S. 438) surfen
4. In den Museen und Weingütern von **La Rioja** (S. 472) dem Geheimnis eines guten Tropfens auf die Spur kommen
5. Die mittelalterlichen Städte **Olite** (S. 469) und **Ujué** (S. 470) erkunden
6. Die nebligen Hänge der **Navarresischen Pyrenäen** (S. 466) erklimmen
7. Sich während der ausschweifenden Woche der Sanfermines in **Pamplona** (S. 457) wie Hemingway fühlen

Geschichte

Niemand weiß so recht, wo die Basken eigentlich herkommen, aber sie scheinen schon vor den frühesten Einwanderern dagewesen zu sein. Selbst die Römer überließen das bergige Gebiet mehr oder weniger sich selbst, und erst die expansionsfreudige spanische Krone gewann im Laufe des Mittelalters (1000–1450) die Souveränität über die hiesigen Territorien, allerdings unter großen Schwierigkeiten. Navarra war bis 1512 ein eigenständiges Königreich. Auch nach der Eingliederung in den kastilischen Orbit erkämpften Navarra und die drei baskischen Provinzen (Guipúzcoa, Vizcaya und Álava) umfangreiche Autonomierechte, die sogenannten *fueros* (alte Gesetze der Basken).

Nach dem Zweiten Kastilienkrieg 1876 verloren alle Provinzen außer Navarra ihre begehrten *fueros*, was Öl ins Feuer des erwachenden baskischen Nationalismus goss. Doch trotz der Gründung des Partido Nacionalista Vasco (PNV; Baskische Nationalistische Partei) 1894 kam dafür nie volle Unterstützung in den baskischen Provinzen auf, da alle auch einen beträchtlichen Anteil an kastilischen Einwohnern aufwiesen.

Als die republikanische Regierung in Madrid den Basken 1936 die Selbstverwaltung anbot, nahmen sowohl Guipúzcoa als auch Vizcaya das Angebot an. Nach Ausbruch des Bürgerkriegs wurde Franco vom konservativen, ländlichen Navarra und Álava unterstützt, während sich Vizcaya und Guipúzcoa auf die Seite der Republikaner schlugen. Für diese Entscheidung sollten sie in den folgenden vier Jahrzehnten einen hohen Preis zahlen.

Während der Franco-Ära wurde die Euskadi Ta Askatasuna (ETA; Baskenland und Freiheit) gegründet – ursprünglich eine Widerstandsgruppe gegen das Franco-Regime, das die Basken unterdrückte, indem es ihre Sprache und nahezu alle Formen ihrer Kultur verbot. Nach dem Sturz des Diktators forderte die ETA die totale Unabhängigkeit und setzte ihren blutigen Krieg gegen die spanische Regierung fort.

Bei Redaktionsschluss hat die ETA wieder einmal einen Waffenstillstand ausgerufen. Die Zeit wird zeigen, ob er von Dauer ist.

Bilbao

354 200 EW.

Bilbao (auf Baskisch Bilbo) hatte es nicht immer leicht. Die Stadt entwickelte sich inmitten von Schwerindustrie und Einöde, wurde jahrelang von Befehlshabern missbraucht und musste hart kämpfen, um etwas aus sich zu machen. Doch ihr hartnäckiger Eifer und ein paar clevere Investitionen haben sich ausgezahlt und tragen nun Früchte in Form des beeindruckenden Guggenheim-Museums und einer treuen Schar von Kunstfans auf der ganzen Welt.

Boxto (Loch), wie es liebevoll von seinen Einwohnern genannt wird, hat sich hochgearbeitet und ist zu einem bedeutenden europäischen Kunstzentrum geworden, ohne dabei abzuheben oder seine Wurzeln zu vergessen. Im Herzen bleibt Bilbao eine Arbeiterstadt, vom Äußeren her eher hässlich, dafür aber mit viel Charakter. Gerade diese Haltung lässt den lebendigen, spannenden und kultivierten Ort so einmalig erscheinen.

Geschichte

1300 bekam Bilbao den Titel einer *villa* (Stadtstaat) verliehen. Die mittelalterlichen *bilbaínos* gingen ihren Geschäften im Gewirr der Las Siete Calles (die ursprünglich sieben Straßen der Altstadt) und auf den Werften nach. Dank der Entdeckung Amerikas florierte der Handel und die baskischen Fischer, Händler und Siedler knüpften schon früh enge Bande mit Orten wie Boston. Im späten 19. Jh. prägten die Schornsteine der Stahlwerke, Schiffbauanlagen und Chemiefabriken Bilbaos Skyline.

Von den Karlistenkriegen bis zum Spanischen Bürgerkrieg galt die Stadt als größtes Faustpfand des Nordens, nicht zuletzt natürlich wegen ihres industriellen Werts. Franco nahm sie im Frühling 1937 ein, womit die massiven und lange andauernden

MEHRTAGESFAHRKARTEN

Besitzer der **Bilbaocard** (1-/2-/3-Tageskarte 6/10/12 €) bekommen Ermäßigungen in allen Verkehrsmitteln sowie Nachlässe auf die Eintrittspreise vieler Sehenswürdigkeiten. Das Ticket wird in allen Touristeninformationen verkauft. Mit der **Creditrans** gibt's Rabatte in der Metro, der Straßenbahn und den Stadtbussen. Sie kostet in den verschiedenen Kategorien 5, 10 und 15 € und ist an allen Metro- und Straßenbahnhaltestellen erhältlich.

DER BASKISCHE NATIONALISMUS

Der baskische Nationalismus ist überaus facettenreich. Ihm liegt zugrunde, dass das baskische Volk unerschütterlich von seiner eigenen Identität und kulturellen Einzigartigkeit überzeugt ist. Mit welcher Leidenschaft die Menschen daran glauben, springt selbst dem flüchtigsten Besucher ins Auge.

1959 gründete eine kleine Gruppe die Euskadi Ta Askatasuna (ETA; „Baskenland und Freiheit"), um aus den nordspanischen und südfranzösischen Territorien einen unabhängigen Staat zu schaffen. 1968 verübte sie ihren ersten Terroranschlag. Damit begann ein Kreislauf der Gewalt, der angesichts der in den frühen 1980er- und 1990er-Jahren verliehenen Autonomierechte immer unsinniger wurde. Als Gegenbewegung bildete sich ein mächtiger, aber friedlicher Nationalismus heraus, vor allem unter den jungen Leuten. Diese fanden in der baskischen Sprache ihr stärkstes Symbol für nationale Einheit und Unabhängigkeit. Die spanische Regierung räumte dem Baskenland viele Freiheiten ein, so hat es u. a. eine eigene Polizei und Regierung. Etwa 30 Jahre lang war die PVN, eine gemäßigte nationalistische Partei, an der Macht. Doch bei den Regionalwahlen 2009 siegte die sozialistische Partei und damit begann ein neuer Abschnitt in der baskischen Politik. Der neue baskische Präsident Patxi López schwor, „Tag und Nacht" gegen die ETA zu kämpfen.

Obwohl die ETA in den vergangenen Jahren beträchtlich geschwächt wurde, ist sie noch immer ernst zu nehmen, und López muss sich ranhalten, wenn er sein Versprechen erfüllen will. In den letzten 40 Jahren tötete die ETA laut Angaben der Regierung über 825 Menschen. Sporadische Waffenstillstände und Friedensinitiativen scheiterten daran, dass beide Seiten kaum Zugeständnisse machten. Ihren Tiefststand erreichten die Beziehungen im März 2004, als die Zentralregierung unter José María Aznar einen verzweifelten und letztlich erfolglosen Versuch unternahm, die terroristischen Bombenanschläge von Madrid aus wahltaktischen Gründen der ETA zuzuschreiben.

Im März 2006 verkündete die ETA einen „endgültigen Waffenstillstand". Premierminister José Luis Rodríguez Zapatero stellte daraufhin etwas zu zuversichtlich fest, dass die Regierung in Madrid nun die besten Chancen auf Frieden seit über 30 Jahren habe. Leider währte sein Optimismus nicht lange, denn im Dezember desselben Jahres rissen die von der ETA gezündeten Autobomben am Madrider Flughafen Barajas zwei Menschen in den Tod. Seither kam es zu mehreren Schießereien, außerdem ging im Baskenland und in anderen Teilen Spaniens sowie in Südfrankreich eine Reihe von Autobomben hoch. Im Januar 2008 forderte die ETA erneut die Unabhängigkeit und verglich das Baskenland mit dem Kosovo. Die engere Zusammenarbeit der französischen und der spanischen Polizei und eine größere Entschlossenheit, geheime Rückzugsorte der ETA in Frankreich zu zerstören, führten in den letzten drei Jahren zu einer Reihe wichtiger Festnahmen. Leider scheinen neue ETA-Führer genauso schnell nachzurücken, wie die alten verhaftet werden. Dann verkündete die ETA im September 2010 unerwartet eine unbefristete Waffenruhe und erklärte, dass sie nun versuchen wolle, ihre Ziele mit friedlichen Mitteln zu erreichen. Nur elf Tage später ging im Industriegebiet von Vitoria eine kleine Bombe hoch, allerdings schreibt die Polizei die Tat Unterstützern der ETA und nicht der Organisation selbst zu.

Natürlich sind nicht alle Basken glühende Nationalisten. Doch nachdem bereits erweiterte Autonomierechte für Katalonien zur Diskussion stehen, scheint die Verwirklichung der friedlichen Bestrebungen der baskischen Mehrheit in greifbare Nähe gerückt zu sein. Komplexe und konfliktbeladene Themen bleiben trotzdem zuhauf. Dazu zählt nicht zuletzt die Praxis der Madrider Regierung, Separatisten auch außerhalb des Baskenlandes zu verhaften, die von vielen Einwohnern der Region als politische Gefangene betrachtet werden. Als 2003 die baskische Partei Batasuna wegen angeblicher Beziehungen zur ETA verboten wurde und man sie beschuldigte, den Terrorismus zu unterstützen, verschärfte sich die Situation erneut. Eine Lösung dieses Problems wäre sicher ein großer Schritt vorwärts.

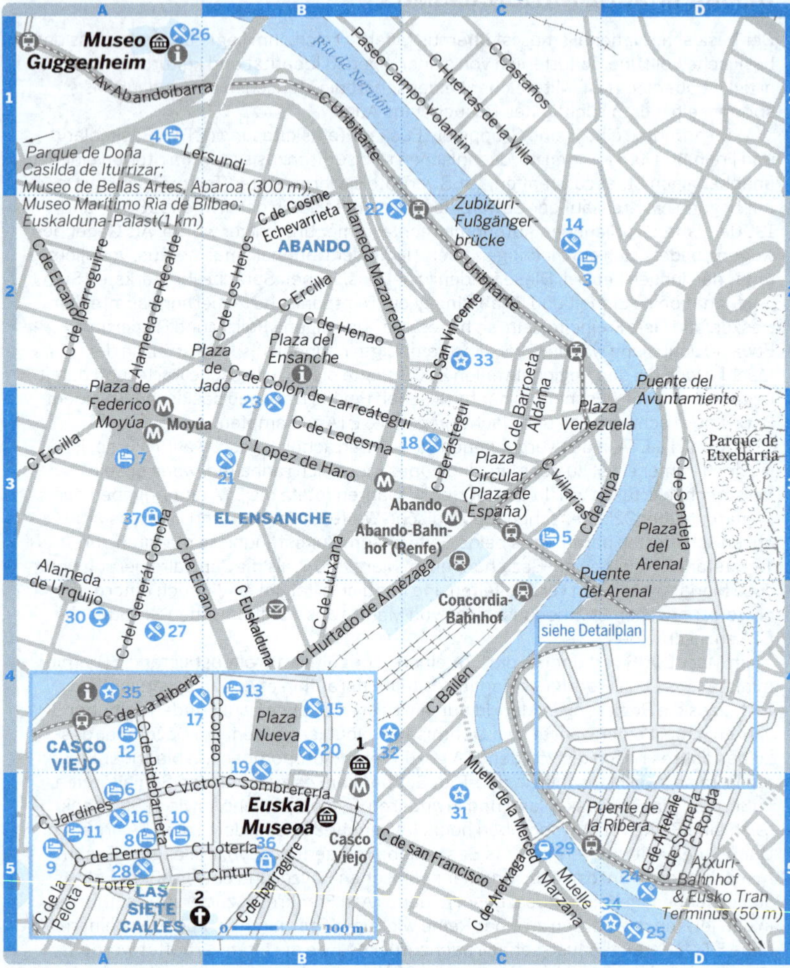

Repressalien gegenüber den baskischen Nationalisten begannen. Dennoch erblühte Bilbao schon in dieser Zeit, da es den Bedarf an Industrieprodukten des Landes deckte. Dieser Phase folgte der scheinbar unaufhaltsame wirtschaftliche Niedergang, der erst in den letzten Jahren so erfolgreich abgewendet werden konnte.

Sehenswertes

Museo Guggenheim KUNSTMUSEUM

(www.guggenheim-bilbao.es; Avenida Abandoibarra 2; Erw./erm. 13 €/frei; Di–So 10–20 Uhr) Im September 1997 wurde hier das Museo Guggenheim eröffnet. Es katapultierte die moderne Architektur und Bilbao selbst ins 21. Jh. Der Effekt war sensationell. Die bereits angelaufene Regenerierung der Stadt erhielt noch einmal einen großen Schub für die weitere Entwicklung und Bilbao rückte weltweit ins Rampenlicht der Kunst- und Reiseszene.

Zwar mag das Gebäude seine eigentliche Funktion in den Hintergrund drängen und ist vermutlich berühmter als sein Inhalt, aber die geniale Verteilung von wallenden Vordächern, Klippen, Kaps, Schiffsformen, Türmen und fliegenden Flossen durch den

Bilbao

Highlights
- Euskal Museoa B5
- Museo Guggenheim A1

Sehenswertes
- 1 Arkeologi Museo B4
- 2 Catedral de Santiago A5

Schlafen
- 3 Barceló Nervión C2
- 4 Gran Hotel Domine A1
- 5 Hostal Begoña C3
- 6 Hotel Bilbao Jardines A5
- 7 Hotel Carlton A3
- 8 Pensión Gurea A5
- 9 Pensión Iturrienea Ostatua A5
- 10 Pensión Ladero A5
- 11 Pensión Mardones A5
- 12 Petit Palace Arana A4
- 13 Tryp Arenal B4

Essen
- 14 Abaroa C2
- 15 Bar Gure Toki B4
- 16 Berton Sasibil A5
- 17 Café Boulevard A4
- 18 Café Iruña C3
- 19 Café-Bar Bilbao B4
- 20 Casa Victor Montes B4
- 21 El Globo B3
- 22 Larruzz Bilbao B2
- 23 Los Candiles B3
- 24 Mercado de la Ribera D5
- 25 Mina Restaurante D5
- 26 Restaurante Guggenheim A1
- 27 Restaurante Vegetariano A4
- 28 Rio-Oja A5

Ausgehen
- 29 Marzano 16 ..... C5
- 30 Twiggy A4

Unterhaltung
- 31 Conjunto Vacío C5
- 32 El Balcón de la Lola B4
- 33 Kafe Antzokia C2
- 34 Le Club D5
- 35 Teatro Arriaga A4

Shoppen
- 36 Elkar Megadenda B5
- 37 Tintas A3

kanadischen Architekten Frank Gehry hat einfach eine unwiderstehliche Wirkung.

Gehry entwarf das Guggenheim-Museum in einem geschichtlichen und geografischen Kontext. Das Baugebiet war industrielles Brachland und ein Teil des ärmlichen, verfallenen Lagerhausdistrikts am Ufer der Ría de Bilbao. Sowohl die historische Schiffbau- als auch die Fischerindustrie der Stadt deckten sich mit den Vorlieben des Architekten, denn mit Industriematerialien hatte sich Gehry bereits in seinen früheren Werken beschäftigt. Die glänzenden Titankacheln, die einen Großteil des Bauwerks wie riesige Heringsschuppen überziehen, gehen aber angeblich auf Gehrys Faszination für Fische in seiner Kindheit zurück.

Das Innere des Museums wurde weitläufig gestaltet. So ist das kathedralenähnliche, lichtdurchflutete Atrium ganze 45 m hoch. Im Erdgeschoss befindet sich eine Dauerausstellung mit so herrlichen Dingen wie metallenen Labyrinthen und zum Himmel strebenden Lichtinstallationen.

Für die meisten Besucher sind jedoch die Sonderausstellungen die größte Attraktion (Details siehe Website des Museums). Während unseres letzten Besuchs waren gerade die fantastischen recycelten Müllsammlungen von Robert Rauschenberg und Anish Kapoors Zerrspiegel zu sehen.

Die Eintrittspreise variieren und der Ticketverkauf endet eine halbe Stunde vor Schließung. Kostenlose Führungen (in mehreren Sprachen) finden um 11, 12.30, 16.30 und 18.30 Uhr statt. Interessierte melden sich eine halbe Stunde vorher am Informationsschalter an. Die Gruppen sind auf 20 Teilnehmer beschränkt, also sollte man besser frühzeitig erscheinen. Führungen in Gebärdensprache werden an jedem letzten Sonntag des Monats um 12.30 Uhr angeboten. Hervorragende Audioguides in verschiedenen Sprachen sind im Eintrittspreis enthalten. Die Schlangen am Eingang können schier endlos sein, vor allem an Regentagen im Sommer und zu Ostern wartet man mindestens eine Stunde. Das Museum verfügt über einen barrierefreien Zugang.

Museo de Bellas Artes KUNSTMUSEUM

(Museum der Schönen Künste; www.museobilbao.com; Plaza del Museo 2; Erw./erm. 6 €/frei, Mi frei; Di–So 10–20 Uhr) Nur fünf Minuten vom Museo Guggenheim befindet sich das Museo de Bellas Artes, das seinen berühmten Vetter teilweise sogar übertrumpft. Es beherbergt eine fesselnde Sammlung von gotischen Skulpturen bis zur Pop-Art des 20 Jhs., darunter klassische Bilder von Murillo, Zurbarán, El Greco, Goya und van Dyck, zeitgenössische Arbeiten von Gauguin, Francis Bacon und Anthony Caro, Werke der großen baskischen Bildhauer Jorge de Oteiza und Eduardo Chillida sowie Gemälde von baskischen Künstlern wie Ignacio Zuloago und Juan de Echevarria. Audioguides kosten 1 €. Das Museum verfügt über einen barrierefreien Zugang.

Casco Viejo ALTSTADT

Bilbaos kompakte Altstadt ist voller charmanter Straßen, feuchtfröhlicher Kneipen und skurriler kleiner Läden. In ihrem Herzen erstrecken sich die sieben ursprünglichen Straßen der Stadt, Las Siete Calles, aus dem 15. Jh.

Die im 14. Jh. errichtete gotische **Catedral de Santiago** (⌚Di–Sa 10–13 & 16–19, So 10.30–13.30 Uhr) besitzt eine prächtige Pfeilerhalle im Renaissancestil und einen schönen kleinen Kreuzgang. Weiter nördlich gelangt man zur arkadengesäumten **Plaza Nueva** aus dem 19. Jh. Dort gibt's köstliche *pintxos* (baskische Tapas) und sonntagvormittags einen lebhaften **Flohmarkt**, auf dem gebrauchte Bücher, Schallplatten, Vögel (manche noch in altmodischen Holzkäfigen), Mäuse und Babyschildkröten zum Verkauf angeboten werden. An anderer Stelle tauschen Kinder und Erwachsene Fußballkarten und alte Briefmarken, treten Straßenkünstler auf und rauschen Kellner mit bis oben hin beladenen Tabletts vorbei. Zur selben Zeit findet auf der nahe gelegenen **Plaza del Arenal** ein **Blumenmarkt** statt.

Euskal Museoa MUSEUM

(Museo Vasco; www.euskal-museoa.org; Plaza Miguel Unamuno 4; Erw./erm. 3 €/frei, Do frei; ⌚Di–Sa 11–17, So 11–14 Uhr) Dies ist wahrscheinlich das umfassendste Museum der baskischen Kultur und Geschichte der gesamten Region. Die Ausstellung beginnt in der Vorzeit und arbeitet sich von dieser finsteren Epoche schnell in die Neuzeit vor. Leider sind die Exponate ausschließlich mit Erläuterungen auf Baskisch und Spanisch versehen.

Das Museum ist in einem schönen alten Gebäude mit einem friedlichen Kreuzgang untergebracht, der einst Bestandteil eines Jesuitenkollegs aus dem 17. Jh. war. Hier steht das **Mikeldi-Götzenbild**, eine mächtige vorchristliche Symbolfigur, die möglicherweise aus der Eisenzeit stammt.

Das Museum verfügt über einen barrierefreien Zugang.

Museo Marítimo Ría de Bilbao MUSEUM

(www.museomaritimobilbao.org; Muelle Ramón de la Sota 1; Erw./erm. 5 €/frei; ⌚Di–So 10–20 Uhr) Das futuristisch anmutende Museo Marítimo Ría de Bilbao, das passenderweise am Wasser liegt, bringt seinen Besuchern die maritime Geschichte dieser Stadt und des Baskenlandes näher. Im Außenbereich können Kinder (und Erwachsene mit

OPEN-AIR-GALERIE

Wer das Guggenheim-Museum besucht, sollte auch einen Rundgang außen um das Gebäude unternehmen. Dabei offenbart sich die außergewöhnliche Fantasie hinter dem Design, außerdem kann man so die unterschiedlichen Farben der Titankacheln, des Kalks und des Glases bewundern.

Zwischen den Glasstreben des zentralen Atriums und der Ría de Bilbao liegt ein einfaches Wasserbecken, das in regelmäßigen Abständen eine „Nebelskulptur" von Fuyiko Nakaya ausstößt. Ganz in der Nähe entdeckt man eine Skulptur von Louise Bourgeois: eine skelettartige Überdachung, die eine Spinne namens *Maman* darstellt und eine schützende Umarmung symbolisiert. Im Freigelände westlich des Museums schießt eine Brunnenskulptur wahllos Wasserstrahlen in die Luft, was besonders Kinder begeistert. Dahinter befindet sich ein Spielplatz.

Auf der Alameda Mazarredo (an der Stadtseite des Museums) steht Jeff Koons kitschiger *Puppy*, ein 12 m hoher Hochlandterrier aus Tausenden von Begonien. Bilbao hängt an „El Poop", der eigentlich um die Welt touren und damit eine vergängliche Attraktion sein sollte. Mit dem liebevollen, selbstironischen Humor der Einwohner rauer Städte erzählen die *bilbaínos*, El Poop sei zuerst da gewesen – und daraufhin hätten sie hinter ihm eine Hundehütte bauen müssen ...

Faible für die Seefahrt) Boote erklimmen und Pirat oder Seemann spielen.

Arkeologi Museo MUSEUM
(www.bizkaia.net; Calzadas de Mallona 2; Erw./erm. 3 €/frei, Fr frei; ⌚Di–Sa 10–14 & 16–19.30, So 10.30–14 Uhr) Mit seinen vielen blinkenden Lichtern, Pieptöne von sich gebenden Dingen, Speerspitzen und alten Gefäßen macht das coole neue Museum deutlich, dass die Einwohner dieser Ecke des Landes hier wirklich schon sehr, sehr lange leben. Leider gibt's Erläuterungen dazu nur in spanischer und baskischer Sprache.

Parque de Doña Casilda de Iturrizar PARK
Unterhalb des Museo de Bellas Artes erstreckt sich ein friedlicher, skurriler Park mit einem großen Teich voller Zierenten und anderer Wasservögel.

Feste & Events

Bilbao hat einen umfangreichen Veranstaltungskalender. Hier werden nur die größten Feste genannt.

Carnaval FEST
Im Februar wird hier mit viel Leidenschaft der Karneval gefeiert.

Internationales Blues-Festival BLUES
Blues-Fans sollten im Juni den 25 km nördlich von Bilbao gelegenen Ort Getxo ansteuern.

Bilbao BBK Live MUSIK
(www.bilbaobbklive.com) Das größte musikalische Event der Stadt wird Anfang Juli veranstaltet und dauert drei Tage.

Internationales Jazzfestival JAZZ (www.jazzeuskadi.com, auf Spanisch) Dieses einwöchige Festival wird Mitte Juli in Getxo gefeiert.

Semana Grande FEST
Bilbaos größte *fiesta* beginnt am ersten Samstag nach dem 15. August. Die folgenden zehn Tage sind mit kulturellen Veranstaltungen prall gefüllt.

Folk Music Festival VOLKSMUSIK
Das Festival wird im September gefeiert und findet in Getxo statt.

Schlafen

Bilbao erfreut sich ebenso wie das Baskenland an sich einer immer größeren Beliebtheit. Aus diesem Grund kann es schwer werden, eine anständige Unterkunft zu ergattern, vor allem am Wochenende. Traveller sollten also so früh wie möglich buchen. Dafür können sie sich an die Tourismusbehörde wenden, die über eine sehr nützliche **Reservierungsabteilung** (☎902 877298; www.bilbaoreservas.com) verfügt.

LP TIPP **Pensión Iturrienea Ostatua**
BOUTIQUE-HOTEL €€
(☎944 16 15 00; www.iturrieneaostatua.com; Calle de Santa María 14; DZ/3BZ 66/80 €; 📶) Ohne Zweifel handelt es sich hierbei um Bilbaos exzentrischstes Hotel. Zum Teil ist es ein Bauernhof, zum Teil ein altmodischer Spielwarenladen und schon für sich genommen ein Kunstwerk. Am besten versucht man, eines der Doppelzimmer im ersten Stock zu ergattern (die Einzelzimmer sind mit etwas weniger Schnickschnack eingerichtet), denn sie sind so voller Charakter, dass man selbst kaum noch hineinpasst! Kommt man hier unter, muss man jedoch eine Sache immer im Hinterkopf behalten: Niemals die Schafe entwischen lassen ...!

Hostal Begoña BOUTIQUE-HOTEL €€
(☎944 23 01 34; www.hostalbegona.com; Calle de la Amistad 2; EZ/DZ ab 54/62,64 €; @📶) Die Besitzer dieser hervorragenden Unterkunft brauchen keine angesagten Labels für ihre stylishen, individuellen Kreationen. Ihre farbenfrohen, mit modernen Kunstwerken geschmückten Zimmer, die schmiedeeisernen Betten und die witzig gekachelten Bäder sprechen für sich selbst. In der Nähe gibt's einen Parkplatz.

Barceló Nervión HOTELKETTE €
(☎944 12 43 00; www.barcelonervion.com; Paseo Campo Volantin 11; EZ/DZ 42,50/59,50 €; P❄@📶) Na gut, das Barceló Nervión gehört zu einer Kette, und während die Zimmer preiswert sind, ist alles andere überdurchschnittlich teuer. Doch man sollte fair bleiben: Für ein Hotel wie dieses muss man normalerweise deutlich tiefer in die Tasche greifen. Die Zimmer sind schlicht, aber geräumig, außerdem gibt's Babybetten ohne Aufpreis. Die Lage am Fluss und genau in der Mitte zwischen der Altstadt und dem Guggenheim-Museum ist ideal.

Gran Hotel Domine DESIGNERHOTEL €€€
(☎944 25 33 00; www.granhoteldominebilbao.com; Alameda Mazarredo 61; DZ ab 140 €; P❄@) Das galaktische Vorzeigeobjekt der Silken-Kette kommt mit viel Designerchic daher, angefangen bei Javier Mariscals Inneneinrichtung bis zur Ausstattung von Philippe Starck und Arne Jacobsen – und das allein schon in den Toiletten! Von einigen teureren Zimmern und von der Dach-

terrasse schaut man direkt auf das Guggenheim-Museum. Bei Onlinebuchung im Voraus sind beträchtliche Rabatte drin.

Petit Palace Arana BOUTIQUE-HOTEL €€
(☎944 15 64 11; www.hthoteles.com; Calle de Bidebarrieta 2; EZ/DZ ab 70/75 €; 📶) Dieses funkige Hotel bringt den Stil von heute in ein Gebäude von gestern. Die Zimmer verfügen über große, weiche Betten und tolle Bäder mit gefleckten Kacheln oder in Zebraoptik. Von manchen Räumen genießt man zudem einen Blick auf den Fluss. Allerdings gab es hier auch schon Beschwerden über den Straßenlärm.

Hotel Carlton HISTORISCHES HOTEL €€€
(☎944 16 22 00; www.hotelcarlton.es; Plaza de Frederico Moyúa 2; Zi. 200 €; P ❄ @ 📶) Stil, Klasse und Raffinesse: Der Rezeptionsbereich ist überwältigend kunstvoll, und dieser Stil setzt sich in den grandiosen Zimmern fort. Als James Bond für die Dreharbeiten zu *Die Welt ist nicht genug* nach Bilbao kam, wohnte er mit Sicherheit hier. Bei Internetbuchung werden manchmal mehr als 50 % Rabatt gewährt.

Pensión Gurea PENSIÓN €€
(☎944 16 32 99; www.hostalgurea.com; Calle de Bidebarrieta 14; EZ/DZ 45/65 €; 📶) Ein echter Familienbetrieb. Die Inhaber dieser lustigen, gut organisierten *pensión* mit großen Zimmern versuchen ihren Gästen jeden Wunsch von den Augen abzulesen, während ihre Kinder durch das Haus tollen – keine Sorge, sie sind dabei normalerweise nicht laut.

Hotel Bilbao Jardines BOUTIQUE-HOTEL €€
(☎944 79 42 10; www.hotelbilbaojardines.com; Calle Jardines 9; Zi. 70 €; ❄ 📶) Mit seiner frischen grünen Dekoration und den superhellen Zimmern bietet das Bilbao Jardines eine willkommene Abwechslung zu den staubigen Fassaden der Altstadt und punktet darüber hinaus mit einem guten Preis-Leistungs-Verhältnis.

Tryp Arenal TRADITIONELLES HOTEL €€
(☎944 15 31 00; www.solmelia.com; Calle los Fuegos 2; EZ/DZ 60/70 €; @ 📶) Einem konservativen Banker der 1920er-Jahre hätte es hier sicher gefallen. Warum? Weil die Zimmer zwar nichts Gewagtes oder Aufregendes aufweisen, dafür aber für soliden, altmodischen Stil und Service stehen.

Pensión Mardones PENSIÓN €
(☎944 15 31 05; www.pensionmardones.com; Calle Jardines 4; EZ/DZ 34/48 €; 📶) In der gepflegten Pension bekommt man eine Menge fürs Geld. Hier gibt's schön geschnitzte Kleiderschränke, hölzerne Dachbalken und einen freundlichen, hilfsbereiten Eigentümer.

Pensión Ladero PENSIÓN €
(☎944 15 09 32; Calle Lotería 1; Zi. 24–36 €) Die schlichten Zimmer (alle mit Gemeinschaftsbad) gehören zu den günstigsten in Bilbao und warten mit einem guten Preis-Leistungs-Verhältnis auf. Nachdem man die vier Stockwerke erklommen hat, kann man sich mit einem Dessert belohnen. Es ist keine Buchung im Voraus möglich.

Camping Sopelana CAMPINGPLATZ €
(☎946 76 21 20; www.campingsopelana.com; Stellplatz für 2 Pers. & Auto 25,20 €; 🏊) 15 km von Bilbao erstreckt sich dieser Campingplatz in ungeschützter Lage. Er hat einen Pool und ist nur einen kurzen Spaziergang vom Strand entfernt. Man erreicht ihn mit der Metro.

Essen

Was Handel und Wirtschaft betrifft, blicken die Basken in die Ferne, doch wenn es ums Essen geht, sind sie fest davon überzeugt, dass sich niemand mit ihren Kochkünsten messen kann – und damit mögen sie sogar recht haben. Es gibt hier eine große Auswahl an erstklassigen baskischen Restaurants.

An der arkadengesäumten Plaza Nueva kann man wunderbar bei einem Kaffee das Treiben beobachten, besonders im Sommer.

LP TIPP **Rio-Oja** BASKISCH €
(☎944 15 08 71; Calle de Perro 4; Gerichte 9–12 €) Eine echte Institution! Das Restaurant hat sich auf leichte baskische Meeresfrüchte und schwere Küche aus dem Landesinneren spezialisiert. Für die meisten ausländischen Besucher sind das Schafshirn und der Tintenfisch in eigener Sauce ein kulinarisches Abenteuer, von dem sie noch Jahre später erzählen werden. Keine Sorge: Das Ganze schmeckt viel besser, als es klingt.

LP TIPP **Restaurante Guggenheim** FEINSCHMECKER €€€
(☎944 23 93 33; www.restauranteguggenheim.com; Bistro Menü 19,66 €, Restaurant Menü 75 €, Restaurant Gerichte 30–35 €; ⏲Mo & Weihnachtszeit geschl.) El Googs modernistisches, schickes Restaurant und Café stehen unter der Leitung des Starkochs Josean Martínez Alija und überzeugen mit einer atemberaubenden *nueva cocina vasca* (bas-

PINTXOS

Bilbaos *pintxos* genießen zwar nicht den hervorragenden Ruf ihrer Pendants aus San Sebastián, kosten dafür aber weniger und können sich von ihrer Qualität her allemal mit dem Rivalen messen. Es gibt hier Hunderte *pintxo*-Bars, doch an der Plaza Nueva am Rand der Altstadt sowie in der Calle de Perro und der Calle Jardines ist die Auswahl besonders groß. Zu den besten Läden (pro *pintxo* zahlt man überall ca. 2,50 €) gehören die **Bar Gure Toki** (Plaza Nueva 12) mit einem einfachen, aber guten Angebot, die **Café-Bar Bilbao** (Plaza Nueva 6) mit Kacheln in kühlem Blau und einer warmen nördlichen Atmosphäre, die **Casa Victor Montes** (siehe unten), die auch wegen ihrer hervorragenden Menüs bekannt ist, und das **Berton Sasibil** (Calle Jardines 8), wo man informative Filme über die Zubereitung der leckeren *pintxos* anschauen kann, die man gerade verzehrt.

Man sollte sich bei der Suche nach den perfekten Häppchen nicht auf den *casco viejo* beschränken, denn es gibt auch in der Gegend von El Ensanche zahlreiche Möglichkeiten, darunter das **El Globo** (Calle de Diputación 8), eine beliebte Bar mit einer tollen Auswahl an *pintxos modernos* sowie Verkaufsschlagern wie *txangurro gratinado* (Teufelskrebs), und das **Los Candiles** (Calle de Diputación 1), eine enge, unauffällige Bar, die einfallsreiche Meeresfrüchte-*pintxos* auftischt.

kische Nouvelle Cuisine). Auf der ständig wechselnden Karte stehen Köstlichkeiten wie iberische Schweinefleischbällchen mit Möhrensaft und Curry. Selbst die Oliven sind erstklassig, sie stammen von tausendjährigen Bäumen! Abends muss man unbedingt reservieren, doch mittags ab 13.30 Uhr heißt es: Wer zuerst kommt, mahlt zuerst.

Mina Restaurante FEINSCHMECKER €€€
(☎944 79 59 38; www.restaurantemina.es; Muelle Marzana; menú del día 53,50 €) Obwohl das Lokal in einer eher düsteren Gegend am Fluss liegt, bietet es unerwartet gehobene und raffinierte Küche, darunter vor allem Fischgerichte. In der gastronomischen Welt Bilbaos erregte das Mina in jüngster Zeit viel Aufsehen und wird von einigen Restaurantkritikern schon als die zukünftige Nummer eins der baskischen Küche gehandelt.

Café Iruña BASKISCH €
(☎944 23 70 21; Ecke Calles de Colón de Larreátegui & Berástegui; menú del día 13,50 €) Der Charakter des Iruña wird von seinem maurischen Stil und vom Klatsch und Tratsch eines ganzen Jahrhunderts geprägt. Hier kann man wunderbar Passanten beobachten, aber auch eine richtige Mahlzeit zu sich nehmen oder sich abends *pinchos morunos* (würzige Kebabs mit Brot; 2,20 €) schmecken lassen.

Larruzz Bilbao MEDITERRAN €
(☎944 23 08 20; www.larruzzbilbao.com; Calle Uribitarte 24; Gerichte 12–18 €) Am Ufer des Nervión stößt man auf dieses unglaublich beliebte Restaurant (vorher reservieren!), das außen poliert ist und innen wie ein steinernes Landhaus wirkt. Seine eigentliche Spezialität ist Paella, doch es werden auch verschiedene mediterrane Fleischgerichte und *pintxos* serviert. Wer keinen Tisch ergattert, kann sich stattdessen im angeschlossenen Café stärken.

Café Boulevard CAFÉ €
(Calle del Arenal 3) Diese Institution gibt's bereits seit 1871, doch vor etwa einem Jahr schlug das Schicksal zu und das Café musste schließen. Jetzt hat es wieder geöffnet und dabei die verstaubte Art-déco-Einrichtung und den altmodischen Service bewahrt, der es so liebenswert macht. Am besten bringt man sich ein anspruchsvolles Buch mit, trinkt starken schwarzen Kaffee und genießt die tolle Atmosphäre.

Abaroa BASKISCH €
(☎944 13 20 51; Paseo del Campo de Volantin 13; Gerichte 8–13 €, menú del día 10,70 €) Bei Einheimischen erfreut sich das intime und hell möblierte Restaurant großer Beliebtheit. Herzhaftes aus dem Landesinneren wird hier modern zubereitet: Blutwurst und eine Schüssel Bohnen sahen wohl noch nie so lecker aus und haben auch noch nie so gut geschmeckt! An der Plaza del Museo befindet sich eine ebenso empfehlenswerte Zweigstelle.

Casa Victor Montes BASKISCH €
(☎944 15 70 67; www.victormontesbilbao.com; Plaza Nueva 8; Gerichte 15 €) Das Victor Montes ist teils Bar, teils Laden, teils Restaurant

und insgesamt ein Kunstwerk. Es kommt zwar ziemlich touristisch daher, doch auch Einheimische lieben seine übertriebene Dekoration, das gute Essen und die wohl 1000 Flaschen Wein hinter der Bar. Wer ein komplettes Menü genießen möchte, sollte im Voraus reservieren und die Spezialität des Hauses, *bacalao* (getrockneter Kabeljau), probieren.

Restaurante Vegetariano VEGETARISCH €
(☎944 44 55 98; Alameda de Urquijo 33; Gerichte 6–9 €; ⌚Mo–Sa Mittagessen; ✍) Eines der im Baskenland raren vegetarischen Restaurants. Hier gibt's knackig frische Salate, einfallsreiche Quiches und jede Menge Gerichte auf Bohnenbasis. An der Pinnwand erfährt man alles, was die Stadt an alternativem Leben zu bieten hat.

Mercado de la Ribera MARKT €
(Calle Ribera) Selbstversorger sollten diesen Markt ansteuern. Allein die Fischabteilung ist ein Erlebnis für sich.

Ausgehen

Im *casco viejo* rund um die Calles Barrenkale, Ronda und de Somera locken zahlreiche Eckkneipen, die ein eher junges Publikum anziehen.

Auf der anderen Seite des Flusses in den Straßen um Muelle Marzana und Bilbao la Vieja gibt's zahlreiche kleine Bars und Clubs. Dies ist das düstere Bilbao aus den Tagen vor der künstlerischen Neuerfindung. Hier befinden sich die Hochburg der Basken und das Zentrum vieler ethnischer Gruppen. Die Läden in dieser Gegend sind einladend und freundlich, allerdings mogeln sich auch einige etwas zwielichtigere Locations darunter. Frauen sollten nachts nicht unbedingt alleine in der Gegend herumlaufen. Ein besonders angenehmer Treffpunkt ist das **Marzana 16** (Calle de Marzana 16), wo man zum Sonnenuntergang seinen Drink am Fluss genießen und leckere Sandwiches bestellen kann.

Twiggy BAR
(Alameda de Urquijo 35) Eine Bar im psychedelischen Retrostil! Dies ist ein Hippietreff mit einem fröhlichen 1960er-Jahre-Kitsch-Mix für reizende Leute. Tagsüber gibt's preiswerte Snacks.

Kamin BAR
(Manuel Allende 8) Lässiges Ambiente in rosarotem Licht. Von Rock und Pop bis zu den alternativen frischen Sounds der baskischen Szene wird so ziemlich alles geboten.

Man findet den Laden, indem man von der Plaza de Federico Moyua die Calle Ercilla entlanggeht und rechts in die Alameda de Urquijo einbiegt, von dort liegt er drei Blocks weiter auf der rechten Seite.

☆ Unterhaltung

Es gibt in Bilbao zahlreiche Clubs und Veranstaltungsorte für Livemusik mit einer freundlichen, locker-lässigen Ausstrahlung. Über anstehende Gigs informiert man sich am besten auf den Websites der unterschiedlichen Locations.

In den beiden wichtigsten Theatern der Stadt finden regelmäßig Tanz-, Opern- und Theateraufführungen statt. Aktuelle Informationen findet man auf den jeweiligen Internetseiten.

Kafe Antzokia LIVEMUSIK
(www.kafeantzokia.com; Calle San Vicente 2) Hier schlägt das vibrierende Herz des zeitgenössischen baskischen Bilbao mit internationalen Rockbands, Blues und Reggae, und nicht zuletzt dem Sahnehäubchen des baskischen Pop-Rocks. Wochenendkonzerte dauern von 22 bis 1 Uhr, danach legt ein DJ bis 5 Uhr auf. Der Eintritt zu den Konzerten kostet mindestens 10 €. Tagsüber ist das Antzokia Café, Restaurant und Kulturzentrum in einem und bietet regelmäßig interessante Veranstaltungen.

Teatro Arriaga THEATER
(www.teatroarriaga.com; Plaza Arriaga) Die barocke Fassade dieses Theaters dominiert die offenen Flächen von El Arenal zwischen dem *casco viejo* und dem Fluss.

Palacio Euskalduna LIVEMUSIK
(www.euskalduna.net; Avenida Abandoibarra) 600 m flussabwärts vom Guggenheim-Museum erhebt sich am Ufer ein modernistischer Prachtbau, dessen Stil den der großen Schiffswerften des 19. Jhs. widerspiegelt. Der Palacio Euskalduna ist die Heimat des Sinfonieorchesters von Bilbao sowie des Baskischen Sinfonieorchesters.

Conjunto Vacío NACHTCLUB
(Muelle de La Merced 4; Eintritt Fr & Sa 10 €) Im Conjunto Vacío, das ein ausgesprochen stil- und selbstbewusstes junges Schwulen- und Heteropublikum anzieht, dreht sich alles um House.

Le Club NACHTCLUB
(www.leclub.es; Muelle Marzana 4; Eintritt 10 €) Auf drei Stockwerken wird getanzt und relaxt. Im Erdgeschoss hört man Rock und

BASKISCHE SCHILDER

In vielen baskischen Städten werden die Straßennamen und Schilder vom Kastilischen ins Baskische geändert. Oftmals wird nur die *calle* (Straße) zur *kalea* und der Name an sich bleibt unverändert, doch das ist nicht immer so. Problematischerweise benutzt nicht jeder die neuen Namen und viele Karten werden weiterhin nur in Kastilisch gedruckt. Um das Ganze noch komplizierter zu machen, werden die alten Namen auf den Schildern häufig nicht von der Gemeinde geändert, sondern einfach von Einheimischen übersprüht. Touristen haben es also nicht leicht, das gilt vor allem in San Sebastián und Bilbao. In diesem Reiseführer verwenden wir die gängigste Version bzw. geben sowohl die kastilische als auch die baskische Schreibweise an. Hier einige Wörter, auf die man recht häufig stoßen wird:

BASKISCH	DEUTSCH	SPANISCH
aireportua	Flughafen	*aeropuerto*
erdia	Zentrum	*centro*
erdialdea	Stadtzentrum	*centro de la ciudad*
jatetxea	Restaurant	*restaurante*
kalea	Straße	*calle*
nagusía kalea	Hauptstraße	*calle mayor*
komuna(k)	Toilette(n)	*servicios*
kontuz	Achtung/Vorsicht	*¡atención!*
nekazal turismoas	Landhäuser mit Zimmervermietung	*casas rurales*
ongi etorri	Willkommen	*bienvenido*
turismo bulegoa	Touristeninformation	*oficina de turismo*
turismoa/turismo	Tourismus	*turismo*

Pop aus den 1980er-Jahren, im zweiten Stock Dance und im dritten Stock befindet sich die Chill-out-Musik.

El Balcón de la Lola NACHTCLUB

(www.musiclola.blogspot.com; Calle Bailén 10; Eintritt Fr & Sa 10 €) Einer der beliebtesten gemischten Schwulen-Hetero-Clubs und genau richtig, wenn man auf hippes Industriedesign und aus allen Nähten platzende Diskos – vor allem samstags – steht.

Shoppen

In der Altstadt stößt man auf zahlreiche schräge Klamottenläden und rund um die Plaza de Federico Moyúa gibt's ein ordentliches Angebot an ausländischen Zeitungen.

Elkar Megadenda BÜCHER

(Calle de Iparragirre 26) Baskische Publikationen sind hier stark vertreten, doch es werden auch spanische und ein paar englische Bücher verkauft, außerdem wartet das Geschäft mit einer hervorragenden Abteilung für Karten und Reiseliteratur auf.

Tintas BÜCHER

(Calle del Generál Concha 10) Reisebuchladen mit einer großen Auswahl an Führern, Straßenplänen und topografischen Wanderkarten.

Praktische Informationen

Geld

Viele Banken in Bilbao haben Geldautomaten, z. B. jene rund um die Plaza Circular.

Internetzugang & Telefon

L@zar (Calle de Sendeja 5; 3,60 €/Std.; Mo–Fr 10.30–1, Sa & So 11–1 Uhr) Günstige internationale Gespräche.

Net House (Calle Villarías 6; 3 €/Std.; Mo–Fr 10–14 & 16.30–21 Uhr) Achtung: Mit den Öffnungszeiten nimmt man es nicht so genau!

Medizinische Versorgung

Hospital Civil de Basurto (944 00 60 00; Avenida Montevideo 18)

Notfall

Cruz Roja (944 43 47 92; Alameda de Urquijo 65) Krankenhaus des Roten Kreuzes.

Notfall (☎112)

Policía Municipal (☎944 20 50 00; Calle de Luís Briñas 14)

Post

Hauptpost (Alameda de Urquijo 19)

Touristeninformation

Touristeninformation (☎944 79 57 60; www.bilbao.net/bilbaoturismo) Hauptbüro (Plaza del Ensanche 11; ⏲Mo–Fr 9–14 & 16–19.30 Uhr); Flughafen (☎944 71 03 01; ⏲Mo–Sa 9–21, So 9–15 Uhr); Guggenheim-Museum (Avenida Abandoibarra 2; ⏲Mo–Sa 10–19, So 10–18 Uhr); Teatro Arriaga (Plaza Arriaga; ⏲tgl. 9.30–14 & 16–19.30 Uhr) Die Mitarbeiter in den Touristeninformationen sind hilfsbereit, gut informiert und voller Enthusiasmus für ihre Stadt. In allen Zweigstellen bekommt man das kostenlose zweimonatige Magazin *Bilbao Guía* mit Veranstaltungslisten sowie Tipps für Restaurants und Bars und zum Nachtleben. Ebenso hilfreich ist die **Info-Hotline** (☎944 71 03 01; ⏲Mo–Sa 9–21, So 9–15 Uhr).

An- & Weiterreise

Bus

Bilbaos wichtigster **Busbahnhof** (San Mamés) liegt westlich vom Zentrum. Zu folgenden Zielen bestehen regelmäßige Verbindungen:

ZIEL	FAHRPREIS (€)	DAUER (STD.)
Barcelona	41,90	7–8
Biarritz (Frankreich)	17,85	2¾
Durango	3,75	½
Elorrio	3,75	¾
Logroño	12,50	2
Madrid	27,17	4¾
Oñati	5,90	1¼
Pamplona	13,40	2
San Sebastián	9,85	1
Santander	ab 6,71	1¼
Vitoria	5,65	1½

Bizkaibus deckt auch das ländliche Baskenland ab, darunter Küstengemeinden wie Lekeitio (3,20 €) und Bermeo (2,40 €).

Flugzeug

Bilbaos **Flughafen** (☎902 404704; www.aena.es) erstreckt sich in der Nähe von Sondika, 12 km nordöstlich des Zentrums, und verfügt über hervorragende Serviceeinrichtungen wie eine erstklassige Touristeninformation, ein medizinisches Zentrum, Geldautomaten, Geschäfte, Cafés, ein Restaurant und Autovermietungen. **TUIfly** (www.tuifly.com) und **Air Berlin** (www.airberlin.com) bieten preiswerte Flüge von vielen deutschen Städten oder Basel nach Bilbao und zurück, ab Wien fliegt z. B. **Iberia** (www.iberia.com) hierher. **Vueling** (www.vueling.com) verbindet Bilbao mit den meisten großen Städten Spaniens, man sollte jedoch möglichst lange im Voraus buchen.

Zug

Der **Renfe-Bahnhof Abando** (www.renfe.es) liegt von der Plaza Arriaga und dem *casco viejo* aus gleich jenseits des Flusses. Zu folgenden Zielen bestehen regelmäßige Verbindungen:

ZIEL	FAHRPREIS (€)	DAUER (STD.)
Barcelona	62,30	6
Burgos	ab 18,70	3
Madrid	ab 48,60	5
Valladolid	ab 25,70	4

Nebenan befindet sich der Bahnhof Concordia mit einer hübschen Jugendstilfassade aus Eisen und Fliesen. Er wird von der privaten Bahngesellschaft **FEVE** (www.feve.es, auf Spanisch) genutzt, die Verbindungen Richtung Westen nach Kantabrien anbieten. Täglich fahren drei Züge nach Santander (ab 7,75 €, 3 Std.), von dort kann man in Züge Richtung Asturien umsteigen.

1 km flussaufwärts vom *casco viejo* stößt man auf den Bahnhof Atxuri. Hier bieten **Eusko Tren/Ferrocarril Vasco** (www.euskotren.es, auf Spanisch & Baskisch) alle 30 Minuten Verbindungen in folgende Orte:

ZIEL	FAHRPREIS (€)	DAUER (STD.)
Bermeo	2,40	1½
Guernica	2,40	1
Mundaka	2,40	1½

Jede Stunde verkehren Züge von Eusko Tren via Durango, Zumaia und Zarautz nach San Sebastián (6,50 €, 2¾ Std.). Mit dem Bus kommt man allerdings viel schneller voran.

Unterwegs vor Ort

Vom/Zum Flughafen

Der **Flughafenbus** (Bizkaibus A3247; 1,20 €, 30 Min.) startet an einer Haltestelle ganz rechts, wenn man die Ankunftshalle verlässt. Er durchquert den nordwestlichen Teil der Stadt, passiert das Museo Guggenheim, hält an der Plaza de Federico Moyúa und endet am Termibus (Busbahnhof). Die Abfahrt erfolgt zwischen 6.20 und 24 Uhr alle 20 Minuten. Außerdem gibt's zwischen 7.45 und 23.45 Uhr stündlich einen Direktbus nach San Sebastián (15,30 €, 1¼ Std.).

Taxis vom Flughafen zum *casco viejo* kosten ungefähr 25 €.

Metro

An allen wichtigen Punkten in El Ensanche und im *casco viejo* befinden sich Metro-Haltestellen. Ticketpreise beginnen bei 1,40 €. Die Metro verkehrt von mehreren Bahnhöfen beidseitig des Flusses bis zur Nordküste, so kann man problemlos nahe gelegene Strände erreichen.

Straßenbahn

Für Einheimische und Besucher ist der Eusko Tran ein wahrer Segen. Die Straßenbahn pendelt zwischen Basurt im Südwesten der Stadt und dem Bahnhof und hält u. a. am Termibus, am Guggenheim-Museum und am Teatro Arriaga im *casco viejo*. Tickets kosten 1,40 € und müssen vor Antritt der Fahrt im Entwerter neben dem Fahrscheinautomaten abgestempelt werden.

Rund um Bilbao

STRÄNDE

Azkorri und **Sopelana** sind gute Badestrände. Letzterer ist der zuverlässigste Surferspot in der Gegend. Bessere Strände findet man östlich von **Plentzia**. Auch der geschützte Sandstreifen bei **Gorliz**, der einen hübschen Leuchtturm hat und von seinem Astondo-Ende schöne Ausblicke bietet, lohnt einen Besuch. Hier erstrecken sich gut ausgeschilderte Wanderwege.

GUERNICA

15 600 EW.

Guernica (auf Baskisch Gernika) wirkt auf den ersten Blick ziemlich unansehnlich. Vor dem 26. April 1937 war die moderne Kleinstadt anscheinend gar nicht so hässlich, doch die entsetzlichen Ereignisse dieses Tages hatten zur Folge, dass der Ort später so schnell wie möglich und ohne viel Sinn für Ästhetik wiederaufgebaut wurde. Franco wollte den Basken eine Lektion erteilen und ließ sich dabei von Hitler unterstützen. Am Morgen jenes schicksalsschweren Tages flogen Flugzeuge der deutschen Legion Condor immer wieder über die Stadt: Die Nazis testeten ihr neues Konzept der Flächenbombardierung. Innerhalb weniger Stunden fanden 1654 Zivilisten den Tod und nahezu die ganze Stadt war zerstört. Schrecklicher noch: Nur Tage zuvor hatte die nahe gelegene Stadt Durango ein ähnliches Schicksal erlitten, doch da es keine ausländischen Zeugen der Tat gab, wollte die Welt kein Wort von alldem glauben.

Franco wählte Guernica als Ziel, weil es für die Basken eine symbolische Bedeutung hat: Es ist der alte Sitz der baskischen Demokratie. Hier kam vom Mittelalter an bis 1876 das Parlament am Fuß einer alten Eiche zusammen. Heute ist von ihr nur noch der Stumpf zu sehen, allerdings lebt sie in einer jungen Eiche fort.

Internationale Aufmerksamkeit erregten die Geschehnisse durch Picassos Gemälde *Guernica*, das zu einem Symbol der Gewalt des 20. Jhs. geworden ist. Eine Kopie des Bildes hängt in der Eingangshalle der UN-Zentrale in New York, während sich das Original im Centro de Arte Reina Sofía in Madrid befindet. Viele Basken hatten gehofft, dass man es im Zuge der Eröffnung des Guggenheim-Museums nach Bilbao bringen würde, doch daraus wurde nichts.

Sehenswertes

Museo de la Paz de Gernika MUSEUM
(Guernica Peace Museum; www.peacemuseumguernica.org; Plaza Foru 1; Erw./erm. 4 €/frei; Di–Sa 10–20, So 10–15 Uhr) Die eindrücklichste Erfahrung in Guernica ist ein Be-

ABSTECHER

PUENTE COLGANTE

Die Unesco-Welterbestätte **Puente Colgante** ist ein lohnenswerter Stopp auf dem Weg zum Strand. Sie wurde von Alberto Palacio entworfen, einem Schüler Gustave Eiffels (der Erfinder des Eiffelturms). 1893 weihte man hier die erste Schwebefähre der Welt ein; sie verbindet die Vororte Getxo und Portugalete. Eine Plattform, die von der eigentlichen Brücke hoch oben herunterhängt, nimmt bis zu sechs Fahrzeuge sowie Fußgänger auf und gleitet dann geräuschlos über den Río Nervión zum anderen Ufer (0,30 € pro Person). Man kann auch den Lift auf den 46 m hohen Überbau nehmen (5 €) und dann über den Fluss und wieder zurück spazieren, um die tolle Aussicht zu genießen, allerdings ist das nichts für Leute mit Höhenangst. Schließlich gibt's noch die Möglichkeit, den Fluss mit einer kleinen Fähre (0,30 €) zu überqueren. Die nächsten Metrostationen von Bilbao aus sind Areeta und Portugalete (beide 1,40 €). Der nächste Renfe-Bahnhof befindet sich in Portugalete (1,40) €.

such in diesem Museum. Gut gemachte, sachliche audiovisuelle Präsentationen zeigen den Albtraum von Krieg und Hass im Baskenland sowie in anderen Teilen der Welt. Die Schautafeln sind auf Spanisch und Baskisch beschriftet, man kann aber Übersetzungen bekommen. Täglich um 12 und 17 Uhr finden Führungen in vier Sprachen statt. Das Museum verfügt über barrierefreie Zugänge. Einige Blocks weiter nördlich sieht man an der Calle Allende Salazar eine Version von Picassos *Guernica* aus Keramikkacheln.

Euskal Herriko Museoa MUSEUM

(Calle Allende Salazar; Erw./erm. 3/1,50 €; ⌚Di–Sa 10–14 & 16–19, So, 10.30–14.30 Uhr) Das im Palacio de Montefuerte aus dem 18. Jh. untergebrachte Museum wartet mit einer Ausstellung zur baskischen Geschichte und Kultur auf. Es präsentiert schöne alte Karten, Kupferstiche sowie eine Reihe weiterer Dokumente und Porträts. Das Museum ist für Rollstuhlfahrer zugänglich.

Parque de los Pueblos de Europa PARK, DENKMAL

Im Parque de los Pueblos de Europa hinter dem Euskal Herriko Museoa sind einige der typischen kurvenreichen **Skulpturen** von Henry Moore und Arbeiten von Eduardo Chillida zu sehen. Durch den Park gelangt man zur hübschen Casa de Juntas, in der seit 1979 die Provinzregierung tagt. Ganz in der Nähe befindet sich der berühmte **Baum von Guernica** (heute nur noch ein Stumpf), der durch einen klassizistischen Pavillon geschützt wird. Vor Kurzem wurde im hinteren Hof ein neuer Baum gepflanzt.

Schlafen & Essen

Guernicas Hotelszene ist in einem recht trostlosen Zustand, deshalb unternehmen viele Traveller von Bilbao aus nur einen Tagesausflug hierher. Rund um den Hauptplatz und in den umliegenden Straßen gibt's einige einfache Restaurants und Bars.

Praktische Informationen

Touristeninformation (☎946 25 58 92; www.gernika-lumo.net; Artekalea 8; ⌚Mo–Sa 10–14 & 16–19, So 10–14 Uhr) Die hilfsbereiten Angestellten sprechen mehrere Sprachen. Außerdem wird hier das Global Ticket (5,25 €) verkauft, ein Kombiticket für die Sehenswürdigkeiten der Stadt.

An- & Weiterreise

Guernica erreicht man vom Bahnhof Atxuri in Bilbao mit dem ET/VF-Zug (2,40 €, 1 Std.) problemlos in einem Tagesausflug. Die Züge verkehren alle halbe Stunde.

MUNDAKA

1800 EW.

So gut wie jeder Surfer kennt Mundaka, den Ort mit der besten Brandung in Europa. Die Wellen brechen an einer perfekt zugespitzten Sandbank, die ihre Form der Strömung des Río Urdaibai ins Meer verdankt, und laufen an guten Tagen auf einer Länge von mehreren Hundert Metern aus. Für erfahrene Surfer ist Mundaka ein Paradies, Anfänger haben hier allerdings absolut nichts verloren.

Doch Mundaka ist nicht einfach nur ein Surfer-Hotspot, sondern auch eine resolute baskische Hafenstadt mit einem hübschen Hauptplatz und einer kleinen Touristeninformation (☎946 17 72 01; www.mundaka.org; Calle Kepa Deuna).

Wer hier übernachten möchte, trifft mit dem Hotel Atalaya (☎946 17 70 00; www.atalayahotel.es; Kalea Itxaropena 1; EZ/DZ 86/108 €) eine gute Wahl. Die Unterkunft befindet sich in einem hübschen alten Gebäude in der Nähe des Ufers und verfügt über ordentliche Zimmer, die allerdings etwas überteuert sind – wie überall in Mundaka. Will man lieber zelten, sollte man den Camping Portuondo (☎946 87 77 01; www.campingportuondo.com; Stellplatz pro Pers./Zelt 6,70/13,20 €, Bungalows ab 90,60 €; 🏊) südlich der Stadt ansteuern. Der Platz wartet mit schönen terrassierten Anlagen, einem Pool und einem Restaurant auf, platzt im Sommer jedoch aus allen Nähten.

Zwischen Bilbao und Bermeo verkehren mehrere Busse und ET/FV-Züge, die in Mundaka halten.

BERMEO

17 000 EW.

Nur wenige Minuten nördlich von Mundaka und der offenen Küste gibt sich dieser raue Fischerhafen erfrischend bodenständig und wenig touristisch. Er kann nicht mit Stränden aufwarten, ist aber ein netter Ort, um ein paar Stunden zu verweilen und die Boote zu beobachten.

Am Hafen befindet sich eine kleine Touristeninformation (☎946 17 91 54; www.bermeo.org; Askatasun Bidea 2). Von hier aus geht's steil bergauf zum fesselnden Museo del Pescador (Plaza Torrontero 1; Eintritt frei; ⌚Di–Sa 10–13.30 & 16–19.30, So 10–13.30 Uhr) im schönen **Torre Ercilla** aus dem 15. Jh.

Einige Kilometer hinter Bermeo liegt auf einem Inselchen, das über eine Brücke mit dem Festland verbunden ist, die **Ermita de San Juan de Gaztelugatxe**. Auf der dem Meer zugewandten Seite sind zwei natürlich entstandene Bögen zu sehen. Die Ermita wurde im 10. Jh. von Tempelrittern errichtet und diente u. a. als Unterkunft für schiffbrüchige Seeleute.

Von Bermeo fahren etwa alle 30 Minuten Busse und ET/FV-Züge nach Bilbao (2,40 €, 1¼ Std.).

Die zentrale baskische Küste

Die Küstenstraße von Bilbao nach San Sebastián führt durch spektakuläre Landschaften Richtung Osten an einer scheinbar endlosen Reihe von Buchten vorbei und an grünen Feldern entlang, an deren Ende sich urplötzlich Klippen ins Meer stürzen. Es gibt hier zahlreiche gut ausgeschilderte *casas rurales* und Campingplätze.

ELANTXOBE

444 EW.

Das kleine Dörfchen mit seinen farbenfrohen Häusern, die sich geckoähnlich an eine nahezu blanke Felsenklippe klammern, gilt als eines der mit Abstand attraktivsten Fleckchen an der gesamten Küste. Da die Bausituation vor Ort schwierig ist und es keinen Strand vor der Tür gibt, blieb der Ort bisher größtenteils vom Tourismus verschont. Die Gassen sind so eng, dass Busse keinen Platz zum Wenden haben, deshalb dreht sich die Straße für sie! Busverbindungen siehe unter „Lekeitio".

LEKEITIO

7300 EW.

Das lebendige Lekeitio besitzt einen schönen alten Ortskern, dessen Mittelpunkt die unnatürlich lange und etwas seltsam aussehende spätgotische **Iglesia de Santa María de la Asunción** ist.

Viele Besucher zieht es an die beiden Strände. Der Sandstreifen östlich des Flusses mit einer kleinen felsigen Insel vor der Küste ist einer der schönsten im ganzen Baskenland.

Als „Highlight" der **Fiesta de San Antolín** (5. September) gilt das Tauziehen mit einer Gans. Der „Spaß" ist beendet, wenn der Kopf des Vogels abfällt (heutzutage wird die Gans immerhin vorher getötet).

Unterkünfte sind rar und teuer, doch die **Touristeninformation** (☎946 84 40 17; Plaza Independancia) kann Privatzimmer empfehlen. Ansonsten trifft man mit dem **Aisia Lekeitio** (☎946 84 26 55; www.aisiahoteles.com; Avenida Santa Elena; EZ/DZ 71,75/92 €), das auch ein Zentrum für Thalassotherapie besitzt, eine gute Wahl.

Der Bizkaibus A3513 (3,10 €) fährt etwa achtmal täglich (außer am Sonntag) von der Calle Hurtado de Amézaga an Bilbaos Bahnhof Abando ab und hält unterwegs in Guernica und Elantxobe. Von Lekeitio nach San Sebastián (7 €) bestehen einigermaßen regelmäßige Busverbindungen.

ZUMAIA

8800 EW.

Zumaia macht auf den ersten Blick keinen sonderlich tollen Eindruck, doch wenn man erst mal das Industriegebiet vor der Stadt hinter sich gelassen hat, stößt man auf das schöne Zentrum. Strandliebhaber halten sich entweder an der zwischen Schieferklippen eingekeilten **Playa de Itzurun** auf oder an der **Playa de Santiago**, einem traditionelleren Strand mit weichem Sand, der sich ein paar Kilometer östlich der Ortsmitte erstreckt. Wer sich mehr für Kultur interessiert als für einen bronzefarbenen Körper, für den dürfte sich ein Besuch des **Museo de Zuloaga** (☎943 86 23 41; Eintritt 6 €; ⏲ April–Dez. Mi–So 11–14 & 16–19 Uhr) neben der Playa de Santiago lohnen. Es ist im ehemaligen Studio des baskischen Künstlers Ignacio Zuloaga (1870–1945) untergebracht und präsentiert einige seiner wichtigsten Werke sowie die Arbeiten einer Handvoll weiterer Stars wie El Greco und Zurbarán. Wer das Museum zwischen Januar und März besuchen will, muss sich vorher anmelden.

In den Hügeln hinter der Playa de Santiago findet man einige *casas rurales*. Eines davon, das **Karakas** (☎943 86 17 36; www.nekatur.net; Zi. 42.80 €), liegt 1 km landeinwärts auf einem Bauernhof, was den Aufenthalt für Kids garantiert vergnüglich macht. Es bietet großartige Ausblicke über üppige grüne Felder bis zum Meer, fröhliche Zimmer und ein tolles Preis-Leistungs-Verhältnis.

GETARIA

2525 EW.

Die schöne mittelalterliche Fischersiedlung Getaria scheint vom nahe gelegenen San Sebastián Lichtjahre entfernt zu sein und eignet sich deshalb viel mehr dafür, ein Gefühl für die baskische Kultur der Küste zu bekommen. Sie neigt sich sanft zu einem winzigen Hafen hinunter und blickt auf die

DIE ÄLTESTE SPRACHE

„Die baskische Sprache ist ein Land", sagte Victor Hugo. Sie wird Euskara genannt, ist vermutlich eine der ältesten und seltsamsten Sprachen Europas und weist keinerlei Verbindungen zum Indogermanischen auf. Die ältesten Schriftstücke – so glaubte man jedenfalls lange – fand man im Monasterio de Suso (S. 477) in San Millán de Cogolla, Provinz La Rioja; sie stammen aus dem 13. Jh. 2006 entdeckte man allerdings in der archäologischen Stätte Iruña-Veleia unweit von Vitoria baskische Inschriften aus dem 3. Jh. n. Chr.

Nachdem Baskisch unter Franco verboten war, wurde es später als eine der offiziellen Landessprachen anerkannt. Zwar hat die Zeit der Unterdrückung bewirkt, dass viele ältere Einwohner ihre eigene Muttersprache nicht beherrschen, doch dafür erfreut sie sich heute immer größerer Beliebtheit. Für immer mehr junge Leute ist sie gleichbedeutend mit der baskischen Identität und beflügelt eine dynamische kulturelle Wiedergeburt sowie ein Interesse an gewaltloser Politik. Mittlerweile gibt's baskischsprachige Radio- und Fernsehsender und Zeitungen.

bewaldete Insel El Ratón (Maus), die ihren Namen ihrem mausförmigen Umriss verdankt (nach ein paar starken Drinks ist die Ähnlichkeit unverkennbar!).

Der berühmteste Sohn der Stadt, Juan Sebastián Elcano, gilt als erster Mensch, dem eine Weltumsegelung gelang, nachdem der Kapitän seines Schiffes, Magellan, auf halbem Weg gestorben war.

Nur wenige Kilometer weiter östlich liegt an einer Küstenstraße, die mit Klippen, Wellen und mehreren höhlenartigen Tunneln kämpft, **Zarautz**, das nördliche Pendant zu den *costas* am Mittelmeer. Der Ort ist zugebaut und hässlich, hat aber einen traumhaft schönen Strand mit konstant guten Surfbedingungen.

Am Hafen befinden sich einige Restaurants, in denen der Fang des Tages gegrillt und *txakoli* (Weißwein) gereicht wird.

Wer hier übernachten möchte, könnte die folgenden Unterkünfte ansteuern: Das **Getariano Pentsioa** (☎943 14 05 67; www.pensiongetariano.es; Calle Herrieta 3; EZ/DZ 45/70 €; WLAN) ist in einem charmanten gelben Gebäude mit Balkonen voller Blumen und komfortablen Zimmern untergebracht. Gleich gegenüber lockt das etwas formellere **Hotel Itxas-Gain** (☎943 14 10 35; www.hotelitxasgain.com; Roke Devnal; EZ/DZ 50/65 €; WLAN) mit ganz unterschiedlichen Räumlichkeiten; einige verfügen über kleine Balkone und Whirlpool-Bäder mit Blick auf das Meer. Camper sind auf dem **Gran Camping Zarautz** (☎943 83 12 38; www.grancampingzarautz.com; Stellplatz für 2 Pers., Zelt & Auto 20,50 €) mit einer einzigartigen Aussicht von den Klippen am östlichen Ende des Ortes gut aufgehoben.

San Sebastián

183 300 EW.

Man sagt, nichts sei unmöglich. Doch das stimmt nicht, denn es erscheint unmöglich, San Sebastián (baskisch: Donostia) zu sehen und sich nicht unsterblich in diese Stadt zu verlieben. Es hat alles, was das schmuddelige Bilbao nicht hat: Nachts präsentiert es sich cool, elegant und kokett und tagsüber kommt es kultiviert daher. Am schönsten ist es hier im Sommer. Die Playa de la Concha gleicht in Lage, Form und Atmosphäre vielen anderen Sandstränden in Europa und die Playa de Gros lockt zahlreiche Surfer und gut aussehende Menschen an. Wenn die Sonne nach einem glutheißen Tag im Meer versinkt, kann man sich zurücklehnen, seinen Drink und einen kreativen *pintxo* genießen. Und dabei wird man dann höchstwahrscheinlich feststellen, dass man sein Herz an diesen Ort verloren hat.

San Sebastián verfügt über drei große Zentren. Die *parte vieja* (Altstadt) erstreckt sich auf der Landenge des Monte Urgull, der östlichen Landspitze der Bucht: Hier befinden sich die beliebtesten *pintxo*-Bars und viele Budgetunterkünfte. Südlich der Altstadt lockt der Handels- und Einkaufsdistrikt, das Centro Romántico, dessen Straßennetz mit schönen Gebäuden aus dem 19. Jh. gleich hinter der Playa de la Concha beginnt und sich bis zum Ufer des Río Urumea zieht. An der Ostseite des Flusses breitet sich Gros aus, ein angenehmer Bezirk, der mit seinem entspannten Ambiente und dem Surferspot Playa de Gros eine fröhliche Alternative zu den schmucklosen Stadtvierteln auf der Westseite des Flusses bietet.

Geschichte

Jahrhundertelang war San Sebastián kaum mehr als ein Fischerdorf, doch 1174 gewährte das Königreich Navarra seinem damals wichtigsten Zugang zum Meer den Status der Selbstverwaltung. Als Haupteinnahmequellen dienten lange der Walfang und der Export kastilischer Produkte zu europäischen und amerikanischen Häfen. Während transeuropäischer Konflikte wurde die Stadt über Jahre immer wieder beschädigt und durch anglo-portugiesische Truppen im Spanischen Unabhängigkeitskrieg schließlich zerstört. Im 19. Jh. erlangte San Sebastián Berühmtheit, weil es bei der spanischen Krone als Sommerresidenz in Mode kam, in die man vor der glühenden Hitze der südlichen *meseta* (Hochebene) floh. Zum Ende des Jahrhunderts wurde dem Ort eine Generalüberholung im Stil der Belle Époque verpasst. Geblieben ist ein Erbe aus eleganten Jugendstilbauten und Promenaden.

Nach dem Zweiten Weltkrieg nahm die Beliebtheit der Stadt ab, doch heute hat sich das Blatt komplett gewendet: Dank seines Stils und Peps etablierte sich San Sebastián als bedeutender Veranstaltungsort für internationale Kultur- und Wirtschaftsevents. In Strandnähe stehen inzwischen einige der teuersten Anwesen Spaniens, und der Ort ist fester Bestandteil der Touristenroute durch das Land, was ihm ein internationales Flair verleiht.

Sehenswertes

LP TIPP Strände & Isla de Santa Clara
STRÄNDE

Die perfekt geformte **Playa de la Concha** und die **Playa de Ondarreta** westlich davon zählen zu den besten Sandstränden in ganz Europa. In den langen Sommermonaten herrscht hier absolute Partystimmung und Tausende gebräunter Körper aalen sich in der Sonne. Schwimmen ist hier fast immer sicher. Die **Isla de Santa Clara** liegt etwa 700 m vom Ufer entfernt und ist mit Booten zu erreichen, die von Juni bis September alle halbe Stunde vom Fischerhafen abfahren. Bei Ebbe hat die Insel einen eigenen winzigen Strand.

Weniger beliebt, aber ebenso wunderbar ist die **Playa de Gros** (Playa de la Zurriola) östlich des Río Urumea. Am größten Surferstrand der Insel ist es gefährlicher zu schwimmen als an der Playa de la Concha, doch dafür trifft man auf weniger Touristen.

LP TIPP Aquarium
AQUARIUM

(www.aquariumss.com; Paseo del Muelle 34; Erw./erm. 12/6 €; ⌚Mo–Fr 10–20, Sa & So 10–21 Uhr) In diesem hervorragenden Aquarium kann man leuchtende Quallen und riesige Haie bestaunen. Zu den Highlights gehören der lange Tunnel, um den herum alle möglichen Tiefseemonster schwimmen, und die Tiefsee- und Korallenausstellungen in Kinoformat. Das Gebäude wurde unlängst renoviert und erweitert und beherbergt nun zusätzlich ein kleines Meeresmuseum sowie weitere Becken mit Fischen. Für den Besuch sollte man mindestens anderthalb Stunden einplanen.

Monte Igueldo
VERGNÜGUNGSPARK

Der Ausblick vom Gipfel des Monte Igueldo unmittelbar westlich der Stadt ist so atemberaubend, dass man sich fast wie ein Adler fühlt, der über der Bahía de la Concha und die Küste und Berge in der Umgebung kreist. Hin kommt man am einfachsten mit der altertümlichen **Standseilbahn** (Hin- & Rückfahrt Erw./erm. 2,60/1,90 €; ⌚10–22 Uhr), die zum **Parque de Atracciones** (www.monteigueldo.es; Eintritt 1,80 €; ⌚11–21 Uhr) gondelt. Fahrten mit der Achterbahn oder einem Boot sowie Ponyritte kosten zwischen 1,80 € und 2 € extra. Die Seilbahn verkehrt alle 15 Minuten.

Monte Urgull
BURG, MUSEUM

Zum Gipfel des Monte Urgull, der von niedrigen Burgmauern und einer Christusstatue gekrönt wird und eine atemberaubende Aussicht bietet, führt ein netter Spaziergang. Man nimmt entweder den Fußweg von der Plaza de Zuloaga oder startet hinter dem Aquarium. Die Festung beherbergt ein gutes Museum, das **Mirando a San Sebastián** (Eintritt frei; ⌚11–20 Uhr), das sich vor allem der Geschichte der Stadt widmet.

SAN SEBASTIÁN CARD

Die San Sebastián Card (13 €) umfasst den kostenlosen Besuch oder ermäßigten Eintritt für viele Sehenswürdigkeiten, die kostenlose Nutzung der Verkehrsmittel in der ganzen Stadt, eine kostenlose Stadtrundfahrt und Rabatte in verschiedenen Geschäften. Sie ist fünf Tage gültig und wird in der Touristeninformation verkauft.

A
B
C
D
1
2
3
4
5
6
7
Mar Cantábrico (Kantauri Itsasoa)
1
Monte Urgull Parque
Plaza de Zuloaga
Monte Urgull
26
C de San Vicente
Plaza de la Trinidad
siehe Detailplan
Boote nach Isla de Santa Clara
32
42
PARTE VIEJA
Aquarium
2
Paseo del Muelle
Fischereihafen
C Mari Igentea
37
Bahía de la Concha (Kontxako Badia)
Ayuntamiento (Rathaus)
C de Hernani
31
10
C de 31 de Agosto
C Juan de Bilbao
C de Iñigo
20
C dela Pescadería
C de San Juan
C Peñaflorida
Parque de Alderdi Eder
21
44
Plaza de la Constitución
14
PARTE VIEJA
C del Puerto
35
C de Narrica
Nagusia Kalea (C Mayor)
C Fermín Calbetón
18
17
27
13
4
43
C de San Lorenzo
C del Campanario
C San Jerónimo
16
Plaza de Cervantes
C de Esterlines
Plaza Sarriegi
C de Embeltrán
22
Alameda del Boulevard
19
0
100 m
Busse 16 & 28
6
C de Arasate
C de Zubieta
C de Manterola
Paseo de la Concha
C del Triunfo
Pico del Loro
C de la Marina
5
Playa de la Concha
C San Bartolomé
Paseo de la Concha
Cuesta de Aldapeta
Playa de Ondarreta (600 m) & Monte Igueldo (800 m)
Parque Basoerdi

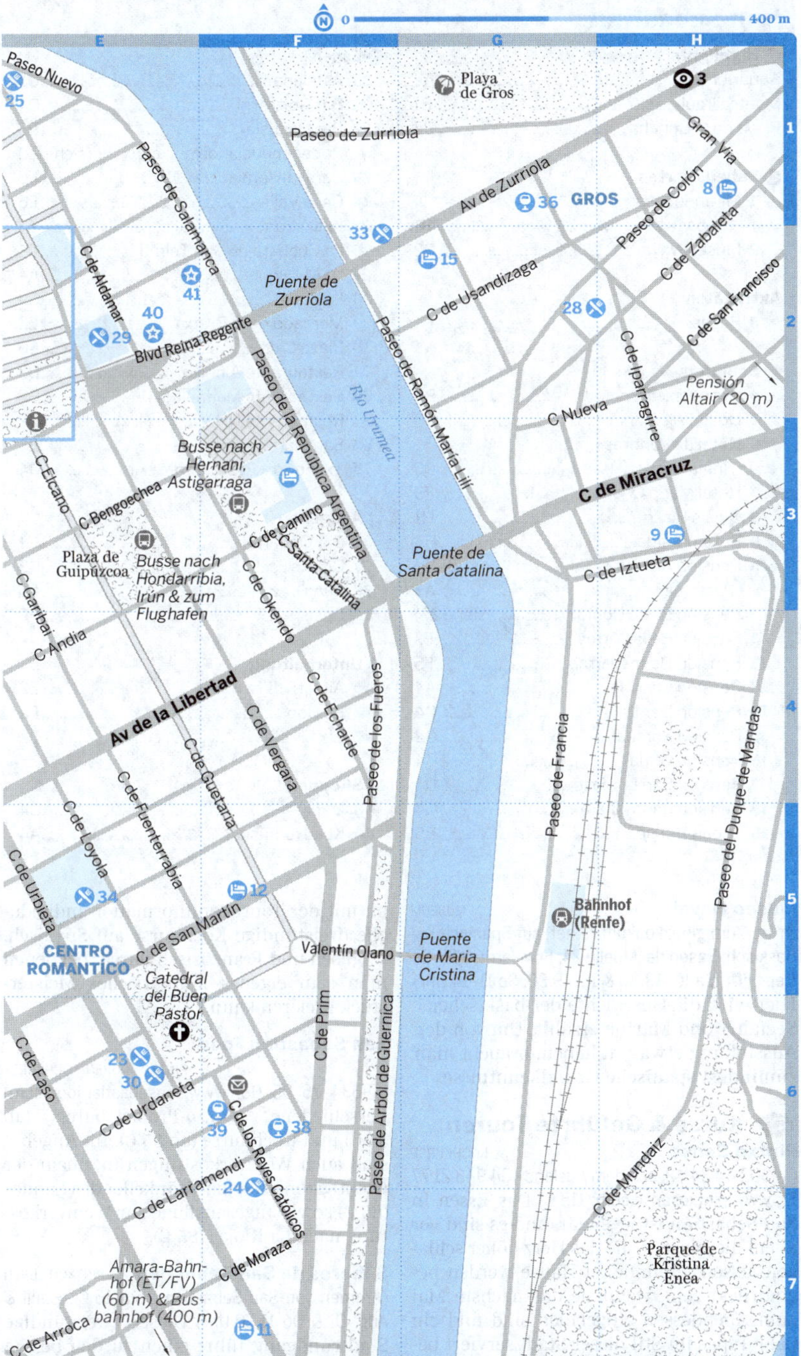
0
400 m
E
F
G
H
1
2
3
4
5
6
7
Paseo Nuevo
25
Playa de Gros
3
Paseo de Zurriola
Gran Vía
Paseo de Salamanca
Av de Zurriola
36
GROS
8
Paseo de Colón
33
15
C de Zabaleta
C de Aldamar
41
Puente de Zurriola
C de Usandizaga
C de San Francisco
40
28
29
Blvd Reina Regente
Paseo de la República Argentina
Paseo de Ramón María Lilí
C de Iparragirre
Pensión Altair (20 m)
Río Urumea
C Nueva
Busse nach Hernani, Astigarraga
7
C de Miracruz
C Elcano
C Bengoechea
C de Camino
C Santa Catalina
9
Plaza de Guipúzcoa
Busse nach Hondarribia, Irún & zum Flughafen
Puente de Santa Catalina
C de Iztueta
C Garibai
C de Okendo
C Andia
Av de la Libertad
C de Echaide
Paseo de los Fueros
C de Vergara
C de Guetaria
C de Fuenterrabia
C de Loyola
Paseo de Francia
Paseo del Duque de Mandas
C de Urbieta
34
12
C de San Martín
Bahnhof (Renfe)
CENTRO ROMANTÍCO
Valentín Olano
Puente de Maria Cristina
Catedral del Buen Pastor
C de Prim
Paseo de Arból de Guernica
23
30
C de Easo
C de Urdaneta
39
C de los Reyes Católicos
38
C de Mundaiz
C de Larramendi
24
Parque de Kristina Enea
Amara-Bahnhof (ET/FV) (60 m) & Busbahnhof (400 m)
C de Moraza
C de Arroca
11

San Sebastián

Museo Naval MUSEUM
(http://um.gipuzkoakultura.net, auf Spanisch & Baskisch; Paseo del Muelle 24; Erw./erm. 1,20 €/frei; ⌚Di–Sa 10–13.30 & 16–19.30, So 11–14 Uhr) Hier wird die Geschichte der baskischen Seefahrt und Marine erzählt. Um von der Ausstellung etwas zu haben, braucht man zumindest spanische Grundkenntnisse.

Kurse & Geführte Touren

Pintxo.Sanse KOCHKURSE
(☎902 44 34 42, aus dem Ausland +34 943 21 77 17; www.pintxosanse.com; 115 €) Das Essen in San Sebastián ist legendär, und es sind vor allem die *pintxos*, die das Herz höher schlagen lassen. Freunde zu Hause werden beeindruckt sein, wenn sie das nächste Mal zum Abendessen eingeladen sind und ein paar Tapas im Stil dieser Stadt serviert bekommen. Pintxo.Sanse führt in Kooperation mit der Touristeninformation individuelle dreistündige Kochkurse auf Spanisch, Englisch und Französisch durch, bei denen man sein eigenes kulinarisches Meisterstück kreieren kann.

San Sebastián Food PINTXO-TOUREN, KOCHKURSE
(☎634 75 95 03; www.sansebastianfood.com) Verschiedene *pintxo*-Probiertouren (ab 55 €) und Kochkurse (ab 85 €). Im Angebot sind auch Weinverkostungen in einem der wichtigsten privaten Weinkeller des Landes (65 €) sowie Tagesausflüge zur Weinverkostung nach La Rioja (185 €).

Sabores de San Sebastián PINTXO-TOUREN
(Aromen von San Sebastián; Tour 16 €; ⌚Juli & Aug. Di & Do 11.30 Uhr) Dieser zweistündige Stadtrundgang führt einen zu den besten *pintxo*-Lokalen. Auf Anfrage organisiert

die Touristeninformation den Ausflug auch außerhalb der Hochsaison.

Pukas SURFEN

(www.pukassurf.com, auf Spanisch; Paseo de Zurriola 24; Mo–Sa 10–13.30 & 16–20 Uhr) Vor der Playa de Gros ist das Meer zumeist recht ruhig und eignet sich deshalb wunderbar für erste Surfversuche. Wer es probieren will, sollte einen Kurs bei Pukas buchen. Hier kann man auch Surfbretter und Neoprenanzüge ausleihen. Die Preise richten sich nach der Anzahl der Teilnehmer und der Länge des Kurses; sie beginnen bei 53 € für einen Wochenendkurs mit 1½ Unterrichtsstunden täglich.

Feste & Events

San Sebastián hat einen vollen Veranstaltungskalender. Die wichtigsten Events:

Festividad de San Sebastián FEST

Am 20. Januar wird die größte Party des Winters gefeiert.

Carnaval FEST

Der Karneval Mitte Februar ist ein großes Ereignis, allerdings herrscht im nahe gelegenen Tolosa noch mehr Trubel.

Internationales Jazzfestival JAZZ

(www.heinekenjazzaldia.com) Im Juli treffen sich viele große Namen des Jazz zu diesem internationalen Festival.

Semana Grande FEST

Ein großes Sommerfest Mitte August.

Regatta de Traineras RUDERN

Ein Bootsrennen des lokalen Ruderteams auf dem offenen Meer, ausgetragen an den ersten beiden Sonntagen im September.

Filmfestival FILM

(www.sansebastianfestival.com) Das weltberühmte zweiwöchige Filmfestival findet bereits seit 1957 in der zweiten Septemberhälfte statt.

Schlafen

Die Unterkünfte in San Sebastián sind im Allgemeinen gut, aber teuer, außerdem wird es in der Hauptsaison oft eng. Da die Stadt sich immer größerer Beliebtheit erfreut, sind viele Häuser für Juli und August häufig schon Monate im Voraus ausgebucht. Wer nicht reserviert hat, bekommt bei der Touristeninformation eine Liste mit freien Zimmern.

LP TIPP **Pensión Bellas Artes**

BOUTIQUE-HOTEL €€

(943 47 49 05; www.pension-bellasartes.com; Calle de Urbieta 64; EZ/DZ ab 75/95 €;) Das schlichte Wort *pensión* wird dieser großartigen Unterkunft wirklich nicht gerecht. Viele teurere Hotels werden sie um die geräumigen Zimmer (einige haben verglaste Balkons) mit ihrem offenen Mauerwerk und den ausgezeichneten Bädern beneiden. Es dürfte zudem die freundlichste Bleibe der Stadt sein: Die Mitarbeiter scheinen ihre Arbeit und San Sebastián wirklich zu lieben und bemühen sich sehr um die Gäste.

Pensión Aida BOUTIQUE-HOTEL €€

(943 32 78 00; www.pensionesconencanto.com; Calle de Iztueta 9; EZ/DZ 59/82 €, Studios 145 €; @) Die Besitzer der hervorragenden *pensión* wissen ganz genau, was eine gute Unterkunft ausmacht. Alle Zimmer riechen frisch, sind sauber, hell und mit viel angedeutetem Mauerwerk versehen. Der wunderbare Gemeinschaftsbereich mit gemütlichen Sofas und Bergen von Informationen ist ein großes Plus. Vor Kurzem wurde das Aida um ein paar neue Studios mit eigener Kitchenette erweitert. Es

TOP PICKS FÜR KINDER

Im Baskenland, in Navarra und in La Rioja kann man zahlreiche tolle Dinge unternehmen, bei denen die Kleinen ganz auf ihre Kosten kommen. Einige Highlights:

» In Enciso auf Dinosaurierjagd gehen (S. 476).

» Bei Ritterspielen in den Burgen von Olite (S. 469) und Javier (S. 465) Drachen aufspüren.

» Nemo und den Weißen Hai im Aquarium von San Sebastián bestaunen (S. 441).

» An der baskischen Küste Sandburgen bauen und Surfen lernen.

» Mit größeren Kindern die Pyrenäen bezwingen (S. 466).

» Mithilfe der Hexen von Zugarramurdi (S. 466) die kleine Schwester in einen Frosch verwandeln.

» Fiesta, fiesta! Tagsüber sind fast alle Feste wie geschaffen für Kinder.

dürfte schwer sein, etwas Besseres für diesen Preis zu bekommen.

Pensión Amaiur Ostatua BOUTIQUE-HOTEL €
(☎943 42 96 54; www.pensionamaiur.com; Calle de 31 de Agosto 44; EZ ohne Bad 40–45 €, DZ ohne Bad 50–65 €; @📶) Eine tolle Bleibe in einem alten Stadthaus. Die Zimmer (mit Gemeinschaftsbad) fallen zwar klein aus, sind aber gut durchdacht eingerichtet. Alle Räume der drei Stockwerke wurden individuell gestaltet – mal mit kitschigen Tapeten, mal in knalligen Farben. Am schönsten sind die zur Straße gelegenen Zimmer, in denen man scheinbar komplett von roten Blüten eingehüllt wird. Jede Etage verfügt über eine Gästeküche. In der Hauptsaison muss man lange im Voraus buchen.

Pensión Edorta BOUTIQUE-HOTEL €€
(☎943 42 37 73; www.pensionedorta.com; Calle del Puerto 15; Zi. ohne Bad 60–70 €, Zi. mit Bad 80–90 €; @) Die Zimmer dieses sorgsam gepflegten Hotels in guter Lage sind in kräftigen modernen Farben dekoriert und haben Steinmauern und -decken.

Pensión Altair BOUTIQUE-PENSIÓN €€
(☎943 29 31 33; www.pension-altair.com; Calle Padre Larroca 3; EZ/DZ 60/84 €; ❄@📶) Eine nagelneue Bleibe in einem schön restaurierten Stadthaus mit ungewöhnlichen Bogenfenstern, die gut in eine Kirche passen würden. Sie besitzt geräumige, minimalistisch ausgestattete Zimmer, die Lichtjahre von der muffigen Einrichtung der Altstadtpensionen entfernt sind. Zwischen 13.30 und 17 Uhr ist die Rezeption geschlossen.

Pensión Kursaal BOUTIQUE-HOTEL €€
(☎943 29 26 66; www.pensionesconencanto.com; Calle de Peña y Goñi 2; DZ 82–88 €; ❄@📶) Tolle Zimmer und jede Menge Stil bietet diese herausragende, lichtdurchflutete und farbenprächtige Unterkunft. Sie liegt ganz in der Nähe der Playa de Gros.

Pensión Donostiarra PENSIÓN €€
(☎943 42 61 67; www.pensiondonostiarra.com; Calle de San Martín 6; EZ/DZ 64/87 €; 📶) Wunderbar charmant – so beschreiben viele Gäste diese Pension mit einer beeindruckenden altmodischen Treppe und einem rasselnden Aufzug. Die Zimmer sind plüschig-himmelblau und hahen teilweise Buntglastüren, die auf kleine Balkone hinausführen.

Olga's Place HOSTEL €
(☎943 32 67 25; Calle de Zabaleta 49; B ab 25 €; @📶) Schlicht, aber toll. Am schönsten sind die Gemeinschaftsbereiche, darunter eine Gästeküche und ein paar Terrassen, auf denen man es sich gemütlich machen und DVDs schauen kann (für den Fall, dass man in San Sebastián schon alles gesehen und gemacht hat). In einigen Zimmern stehen Etagenbetten, auf denen man beinah Höhenangst kriegen kann. Normalerweise muss man in der Hauptsaison lange im Voraus reservieren. Zu dieser Zeit herrscht hier eine konstant gute Partystimmung. Dies ist eindeutig das beste Hostel der Stadt.

Hotel Maria Cristina HISTORISCHES HOTEL €€€
(☎943 43 76 00; www.starwoodhotels.com; Paseo de la República Argentina 4; EZ/DZ ab 235/275 €; P❄@📶) Wer sich fragt, in welcher Art Hotel eigentlich die Autoren von Lonely Planet wohnen: Das makellose Maria Cristina mit seinen großen, luxuriösen Zimmern gehört leider nicht dazu. Hier trifft man eher auf Mitglieder des Königshauses und Hollywoodstars.

Hostal Alemana BOUTIQUE-HOTEL €€
(☎943 46 25 44; www.hostalalemana.com; Calle de San Martín 53; EZ/DZ 95/105 €; P📶) Nur wenige Schritte vom Sandstrand stößt man auf das wunderbare Alemana. Stilvolle Schwarz-Weiß-Fotos setzen in der weiß gehaltenen minimalistischen Gestaltung die Akzente, was gut funktioniert und die Zimmer hell und luftig wirken lässt. Parken kostet 12,50 € pro Tag.

Hotel de Londres e Inglaterra HISTORISCHES HOTEL €€€
(☎943 44 07 70; www.hlondres.com; Calle de Zubieta 2; EZ/DZ ab 136/169 €; P❄📶) Isabella II. prägte das Hotel vor über 100 Jahren – und seither macht es einen ziemlich majestätischen Eindruck. Es versprüht jede Menge Klasse und bietet von manchen Zimmern einen umwerfenden Blick auf die Playa de la Concha.

Urban House HOSTEL €
(☎943 42 81 54; www.enjoyeu.com; Alameda del Boulevard 24; B 27 €, Zi. 60–80 €; 📶) Hier ist Party angesagt, vor allem im Sommer: Das Hostel verfügt über bunte Zimmer und liegt mitten im Geschehen. Die jungen Angestellten sprechen mehrere Sprachen und sorgen dafür, dass man sich wohlfühlt. Außerdem werden zahlreiche Stadttouren und Surfkurse organisiert. In der Hochsaison bietet das Urban House nur Schlafplätze in Vierbettzimmern an. Es verwaltet auch die Buchungen mehrerer anderer preiswerter

AUF NACH FRANKREICH?

Tipps, Empfehlungen und Berichte über den französischen Teil des Baskenlands gibt's im Lonely Planet *Frankreich.*

Pensionen in der Altstadt. Wenn das Haupthaus voll ist, können die Mitarbeiter immer noch woanders eine Übernachtungsmöglichkeit finden.

Pensión Izar Bat PENSIÓN €€
(☎943 42 15 73; www.pensionizarbat.com, auf Spanisch; Calle Fermín Calbetón; EZ 50–60 €, DZ 60–65 €; @) Zimmer mit reichlich Disko-Glitter, feuerroten Wänden, knallbunten Bettdecken und eigenen kleinen Bädern in einer funkelnden neuen Bleibe. Die Preise sind gut.

Hospedaje Irune PENSIÓN €€
(☎943 42 57 43; www.hospedajepensionirune.com; Calle San Jerónimo 17; EZ 45–50 €, DZ 65–70 €; ❄📶) Eine fröhliche, helle Unterkunft mit gutem Lärmschutz. Alle Zimmer verfügen über ein eigenes Bad, was in dieser Preiskategorie eine Seltenheit ist. Einige haben auch kleine Balkone.

Pensión Santa Clara PENSIÓN €€
(☎943 43 12 03; www.pensionsantaclara.com; Calle de San Lorenzo 6; EZ/DZ 57/67 €; 📶) In dieser fröhlichen Pension gibt's nur eine Handvoll kunterbunter Zimmer und die Möglichkeit, Bücher zu tauschen. Das Santa Clara liegt so zentral, dass quasi immer der Duft von *pintxos* durch die Räume zieht, und der Besitzer ist ein schier unerschöpflicher Quell an Informationen.

Pensión San Lorenzo PENSIÓN €
(☎943 42 55 16; www.infonegocio.com/pensionsanlorenzo; Calle de San Lorenzo 2; DZ 55 €; 📶) Eine der günstigsten Übernachtungsmöglichkeiten in der Stadt. Die knallgelben Zimmer haben eigene Bäder, allerdings teilen sich einige die Toiletten.

Pensión Loinaz PENSIÓN €€
(☎943 42 67 14; www.pensionloinaz.com; Calle de San Lorenzo 17; DZ 80 €; @) Modern, klein und makellos: Das Loinaz hat freundliche, Englisch sprechende Besitzer, blitzsaubere Gemeinschaftsbäder und helle Zimmer.

Pensión Basic Confort PENSIÓN €€
(☎943 42 25 81; www.basicconfort.com; Calle de Puerto 17; EZ/DZ 100/110 €; 📶) Die wenigen Zimmer sind zwar leicht überteuert, bieten dafür aber eine komfortable Basis für den Besuch der Stadt. Uns hat das ganz im Schottenmuster gehaltene „Glasgow"-Zimmer am besten gefallen.

Camping Igueldo CAMPINGPLATZ €
(☎943 21 45 02; www.campingigueldo.com; Paseo del Padra Orkolaga 69; Stellplatz für 2 Pers., Auto & Zelt o. Wohnwagen 31,40 €; P@📶) Der gut gepflegte, schattige Zeltplatz liegt 5 km westlich der Stadt. Er ist mit Bus 16 zu erreichen, der an der Alameda del Boulevard (1,36 €, 30 Min.) startet.

Essen

San Sebastián ist eine Stadt für Feinschmecker. Es hat mehr Michelinsterne pro Einwohner als irgendein anderer Ort auf der Welt. Und als ob dies allein noch nicht genügen würde, wimmelt es hier von Bars, deren Theken sich unter Bergen hervorragender *pintxos* biegen. Allein diese Statistiken rufen Ehrfurcht hervor – und das ist übrigens nicht nur unsere persönliche Meinung: Etliche Spitzenköche, darunter Berühmtheiten wie Ferran Adriá, sagen, dass San Sebastián wahrscheinlich der beste Ort auf der Erde sei, wenn es ums Essen geht.

LP TIPP **La Cuchara de San Telmo** PINTXO-BAR €
(Calle de 31 de Agosto 28) Die schlichte, gut versteckte Bar setzt ihren Schwerpunkt auf die *nueva cocina vasca* und bereitet überragend kreative Gerichte zu. Die Köche Alex Montiel und Iñaki Gulin kredenzen Köstlichkeiten wie *carrílera de ternera al vino tinto* (Kalbsbacke in Rotwein), deren Fleisch so zart ist, dass es förmlich auf der Zunge zergeht. Ein Teil der Einnahmen kommt der wohltätigen Organisation Fundación Vicente Ferrer zugute.

LP TIPP **Arzak** GOURMETKÜCHE €€€
(☎943 27 84 65; www.arzak.info; Avenida Alcalde Jose Elosegui 273; Mahlzeiten 150 €; ⏲Nov. & Ende Juni geschl.) Mit drei Michelinsternen sucht der gefeierte Chefkoch Juan Mari Arzak seinesgleichen, wenn es um die *nueva cocina vasca* geht. Da überrascht es nicht, dass sein Restaurant eines der besten Spaniens ist. Mittlerweile assistiert ihm seine Tochter Elena, und beide werden nicht müde, Neues zu kreieren. Ohne eine Reservierung lange im Voraus geht nichts. Das Arzak liegt etwa 1,5 km östlich von San Sebastián.

PINTXOS – TAPAS AUF BASKISCH

Schon das Wort *pintxo* schmeckt nach den leckeren, kreativen Happen aus der baskischen Küche. Ein perfekter *pintxo* ist delikat und sieht toll aus. Kenner verspeisen ihn mit zwei Bissen. Die baskische Version übertrifft die gewöhnlichen Tapas, weil sie als kulinarisches Erlebnis einfach jeden mitreißt. Besonders in San Sebastián hat man eine echte Kunstform daraus gemacht.

Viele *pintxos* türmen sich kreativ auf Brotstückchen oder kleinen halben Baguettes. Oft werden sie mit leckeren Mayonnaisen veredelt und mit langen Zahnstochern fixiert. Einige Bars haben sich auf Meeresfrüchte mit marinierten Anchovis, Krabben und Tintenfischstreifen spezialisiert, die durch unterschiedlichste Leckereien von gehacktem Krebs bis zu Leberpaté verfeinert werden. Andere konzentrieren sich auf Paprika- oder Pilz-Delikatessen oder bieten eine Mischung aus allem an. Und die Auswahl beschränkt sich bei Weitem nicht auf das an der Theke ausgestellte Angebot: Viele der besten *pintxos* sind warm und werden nur auf Bestellung zubereitet. Auf sie weist zumeist eine Kreidetafel an der Wand hin.

Leider sind diese kulinarischen Leckereien nicht ganz billig, denn ein *pintxo* mit einem köstlichen Glas *txakoli* (junger baskischer Weißwein) kostet zwischen 2,50 und 3,50 €. Das ist okay, wenn man nur einen Happen bestellt – allerdings wird das wohl kaum jemanden zufriedenstellen!

LP TIPP **Martín Berasategui Restaurant** GOURMETKÜCHE €€€
(☎943 36 64 71; www.martinberasategui.com; Calle Loidi 4, Lasarte-Oria; Menü ab 94 €; ⏲Dez.–Mitte Jan. geschl.) Ein Laden der Superlative. Er kann drei Michelinsterne und Dutzende anderer Auszeichnungen vorweisen und wird von vielen Gourmets als eines der besten Restaurants der Welt angesehen. Chefkoch Martín Berasategui hat eine andere Haltung zum Kochen als der Rest der Welt. Er betrachtet es als Wissenschaft, und das Ergebnis sind Geschmacksnoten, von deren Existenz man nicht einmal etwas ahnte. Man muss lange im Voraus reservieren.

LP TIPP **Astelena** PINTXO-BAR €
(Calle de Iñigo 1) Die auf der Theke in einer Ecke der Plaza de la Constitución präsentierten *pintxos* gehören zu den besten der Stadt. Viele sind baskisch mit einem asiatischen Touch. Am besten schmecken die mit Gänseleber.

Bodegón Alejandro MEERESFRÜCHTE €€
(☎943 42 71 58; Calle de Fermín Calbetón 4; Menü 38,50 €, Gerichte 15–18 €; ⏲ So abends & Mo geschl.) Auf der Karte dieses geschätzten Restaurants stehen saftige Delikatessen wie Jakobsmuscheln und Spargel, mit Tintenfisch gefüllte Babytomaten und gebackener Hummer. Die Wahl fällt schwer!

Restaurante Ni Neu GOURMETKÜCHE €€€
(☎943 00 31 62; www.restaurantenineu.com, auf Spanisch; Avenida de Zurriola 1; Menü 24–57 €; ⏲tgl. Mittagessen & Abendessen) Das ausgezeichnete Restaurant Kursaal ist als Restaurante Ni Neu neu eröffnet worden – ohne den früheren Küchenchef und seinen Michelinstern, aber mit der gleichen Karte und einer ebenso guten Speisenqualität. Wozu braucht man schon einen Stern, wenn man sich im Kursaal Centre befindet und einen Blick direkt auf die Playa de Gros genießt?

La Mejíllonera PINTXO-BAR €
(Calle del Puerto 15) Wer Muscheln nur in Kombination mit Knoblauchsauce kennt, kann hier großartige Varianten probieren (ab 3 €). Falls man jedoch gar keine Muscheln mag, sind der Tintenfisch und die *patatas bravas* (Bratkartoffeln mit scharfer Tomaten-Mayonnaise-Sauce) eine hervorragende Wahl.

Bar Goiz-Argi PINTXO-BAR €
(Calle de Fermín Calbetón 4) Hier gibt's *gambas a la plancha* (gegrillte Garnelen). Klingt einfach, aber so perfekt gegrillt wie hier bekommt man sie wahrscheinlich nirgendwo anders.

Restaurante Alberto MEERESFRÜCHTE €
(☎943 42 88 84; Calle de 31 de Agosto 19; Menü 14 €; ⏲Di geschl.) Das charmante alte Restaurant hat eine Auslage im Stil eines Fischgeschäfts, wo der Fang des Tages angeboten wird. Es ist klein, dunkel und freundlich und verkauft viele Fischsorten nur kiloweise, deshalb sollte man nicht alleine herkommen.

Kaskazuri MEERESFRÜCHTE €€
(☎943 42 08 94; Paseo de Salamanca 14; Menü 20 €) In dem schicken Lokal dreht sich alles um baskische Meeresfrüchte. Das Kaskazuri befindet sich auf einer erhöhten Plattform und bietet einen tollen Ausblick auf das Meer sowie ein köstliches *menú del día* für 18 €. Vorher unbedingt reservieren!

Restaurante Mariñela MEERESFRÜCHTE €€
(☎943 42 73 83; Paseo del Muelle; Gerichte 10–18 €) Für die tolle Lage am Hafen zahlt man extra, aber dafür ist der Fisch so frisch, dass er quasi noch zappelt. In der näheren Umgebung stößt man auf einige ganz ähnliche Restaurants.

La Zurri REGIONAL €
(☎943 29 38 86; Calle de Zabaleta 10; Menü 10,30 €) In Gros wartet der Dauerfavorit der Einheimischen mit einer Speisekarte auf, die ungefähr so lang wie ein Meeraal ist und zahlreiche gute Gerichte auflistet.

Casa Valles PINTXO-BAR €
(Calle de los Reyes Católicos 10) Unter herabhängenden Schinken werden fleischlastige *pintxos*, aber auch *raciones* (große Tapas-Portionen) und komplette Mahlzeiten (13–30 €) serviert.

Bar Nagusía PINTXO-BAR €
(Nagusía Kalea 4) Die Bar erinnert an das alte San Sebastián und hat einen Tresen, der unter dem Gewicht der vielen *pintxos* fast zusammenbricht. Hat man erst einmal ein paar davon probiert, kann man meist gar nicht mehr genug bekommen.

Txandorra Restaurante PINTXO-BAR €
(Calle de Fermín Calbetón 7) In der düsteren, eindrucksvollen Bar voller Spielautomaten und einheimischer Typen bekommt man *pintxos* und ganze Mahlzeiten ab ca. 15 €.

Caravanserai INTERNATIONALE KÜCHE €
(☎943 47 54 18; Ecke Calle San Bartolomé & Plaza del Buen Pastor; bocadillos ab 4 €, Mahlzeiten ab 8,50 €) Leckere Burger, Sandwiches und Pastagerichte.

Plaza Café CAFÉ €
(☎943 44 57 12; Plaza del Buen Pastor 14; Frühstück 3,50–7 €) Das angenehme Café am Kathedralenplatz ist ein beliebter Ort zum Frühstücken.

San Martin Centre SUPERMARKT €
(Calle de Urbieta 9) Ein schickes Einkaufszentrum mit einem großen Supermarkt im Herzen des Centro Romantíca.

Mercado de la Bretxa SUPERMARKT €
Im Untergeschoss des Mercado de la Bretxa, das an der Ostseite der *parte vieja* liegt, ist ein Lidl-Markt untergebracht.

Ausgehen & Unterhaltung

Angeblich gibt's nirgendwo auf der Welt eine höhere Kneipendichte als in San Sebastiáns *parte vieja*. Das sagt doch eigentlich alles, oder? Einen Großteil der Läden kann man nur schlecht in Kategorien einteilen, da sie beispielsweise morgens als gemütliches Café fungieren, mittags köstliche *pintxos* anbieten und sich später in laute Bars mit vielen schwitzenden Menschen verwandeln. Die Abende beginnen hier erst spät und dauern bis in die frühen Morgenstunden.

Dioni's SCHWULENBAR
(Calle Ijentea 2) Die entspannte und schwulenfreundliche Kneipe, die morgens eher auf einen schwarzen Kaffee besucht wird, verströmt die Atmosphäre einer Cocktailbar der 1980er-Jahre und ist der perfekte Ort, um den Eurovision Song Contest zu sehen.

M.A.D BAR
(Calle de Larramendi 4) Musica, Arte, doch wofür genau das „D" steht, weiß man nicht. Ansonsten hält der Laden jedoch, was er verspricht: Tag und Nacht schallt Alterna-

TXOKO

Würde man durch die Schlüssellöcher baskischer Türen spähen, könnte es sein, dass man einen Haufen Männer entdeckt, die rund um einen sich förmlich unter dem Gewicht von Speisen und Getränken biegenden Tisch sitzen. In diesem Fall ist man auf einen *txoko* (baskischer Kochverein) gestoßen, der normalerweise aus hervorragenden Hobbyköchen besteht. Hier servieren die Mitglieder reihum ihre Kreationen, die daraufhin von den anderen verspeist und bewertet werden. Angeblich bekommt man nirgendwo im Baskenland besseres Essen als bei einem *txoko*. Seit Neuestem dürfen vereinzelt auch Frauen teilnehmen, jedoch nur als Gäste. Solange gekocht wird, ist die Küche für sie tabu, damit das starke Geschlecht auch ja nicht abgelenkt wird. Nach dem Essen sind sie dort allerdings wieder gerne gesehen – zum Abwaschen!

tivmusik aus den Boxen und die blutroten Wände sind mit Fotos und psychedelischer Kunst geschmückt. In der Nähe gibt's ein paar ähnliche Bars.

Bar Ondarra BAR
(Avenida de Zurriola 16) Diese wunderbare Bar in Gros befindet sich vom Strand aus gesehen auf der anderen Straßenseite. Sie zieht ein relaxtes und bunt gemischtes Publikum an, das sich zu abwechslungsreicher Musik amüsiert.

Altxerri Jazz Bar LIVEMUSIK
(www.altxerri.com; Blvd. Reina Regente 2) Ein Jazz- und Blues-Tempel, in dem regelmäßig lokale und internationale Stars auftreten. In den Nächten ohne Konzerte finden oft Jamsessions statt, außerdem ist im Haus eine Kunstgalerie untergebracht.

Be Bop BAR-CLUB
(Paseo de Salamanca 3) In der sinnlichen, in Rot-, Grün- bzw. Cremetönen herausgeputzten und von der Abendsonne polierten Bar werden die Nächte mit anspruchslosen Pophymnen eingeläutet. Später ertönen Salsaklänge und DJs sorgen für eine ausgelassene Stimmung.

Etxe Kalte JAZZ
(Calle Mari) In diesem Jazzschuppen am Hafen geht's erst spät los. An einigen Abenden wird jede Musikrichtung gespielt, nach der man tanzen kann.

Splash BAR
(Sánchez Toca 1) Freche, moderne Bar mit Sitzgelegenheit im Freien und dröhnenden Bässen.

Shoppen

In der *parte vieja* stößt man auf zahlreiche unabhängige Boutiquen, während sich im Centro Romantíca alle beliebten großen Marken und Ladenketten befinden.

Elkar BÜCHER
(Calle de Fermín Calbetón 30) Dieser auf Reiseliteratur spezialisierte Laden bietet eine große Auswahl an Reiseführern (darunter auch viele Lonely Planet Ausgaben) sowie Wanderbücher in englischer, spanischer und französischer Sprache. Die größere Filiale gegenüber verfügt über spanisch- und baskischsprachige Bücher.

Kukuxumusu KLEIDUNG
(Nagusía Kalea 15) Das flippigste und bekannteste baskische Modelabel wartet mit einem guten Angebot an T-Shirts und anderen Klamotten auf.

Praktische Informationen

Geld

Im Stadtzentrum gibt's zahlreiche Banken mit Geldautomaten.

Internetzugang

Cibernetworld (Calle de Aldamar 3; 3 €/Std.; ⌚9–24 Uhr) Fungiert gleichzeitig als Café, Gepäckaufbewahrung, allgemeine Reiseinformation und Büchertausch für fremdsprachige Literatur.

Zarranet (Calle de San Lorenzo 6; 2 €/Std.; ⌚Mo–Sa 10.30–14 & 16–21 Uhr)

Medizinische Versorgung

Casa de Socorro (Calle Bengoechea 4) Praxisklinik

Notfall

Notfall (☎112)

Post

Hauptpost (Calle de Urdaneta)

Touristeninformation

Oficina de Turismo (☎943 48 11 66; www.sansebastianturismo.com; Alameda del Boulevard 8; ⌚Mo–Sa 9–20, So 10–19 Uhr) Das freundliche Personal bietet umfassende Informationen über die Stadt und das Baskenland.

An- & Weiterreise

Auto

In San Sebastián gibt's Agenturen verschiedener großer Autovermietungen, darunter **Avis** (www.avis.com; Calle del Triunfo 2) und **Europcar** (www.europcar.com; Renfe-Bahnhof). Am Flughafen findet man weitere Büros.

Bus

Der wichtigste Busbahnhof der Stadt liegt etwa 20 Gehminuten südlich der *parte vieja* zwischen der Plaza de Pío XII und dem Fluss. Die Busse 28 und 26 fahren von dort zur Alameda del Boulevard (1,35 €, 10 Min.). Demnächst soll der Busbahnhof allerdings an einen neuen Standort am Paseo de Francia in der Nähe des Bahnhofs verlegt werden.

Folgende Ziele werden täglich angesteuert:

ZIEL	FAHRPREIS (€)	DAUER (STD.)
Biarritz (Frankreich)	8,50	1¼
Bilbao	7,06–14	1
Flughafen von Bilbao	15,40	1¼
Madrid	ab 31,99	5
Pamplona	6,88	1
Vitoria	5,68	1½

Flugzeug

San Sebastiáns **Flughafen** (☎902 404704; www.aena.es) erstreckt sich 22 km außerhalb der Stadt in der Nähe von Hondarribia. Es gibt Linienflüge nach Madrid und gelegentliche Charterflüge zu wichtigen europäischen Zielen. Biarritz, gleich auf der anderen Seite der Grenze in Frankreich, wird von Ryanair und EasyJet sowie zahlreichen anderen Billigairlines angesteuert. Normalerweise ist es deutlich günstiger, dorthin zu fliegen.

Zug

Der **Renfe-Hauptbahnhof** (Paseo de Francia) liegt auf der anderen Seite des Río Urumea an der Strecke Paris–Madrid. Von hier aus gibt's jeden Tag mehrere Verbindungen nach **Madrid** (ab 52,60 €, 5 Std.) und zwei nach **Barcelona** (ab 36,90 €, 8 Std.).

Nach Paris verkehrt nur ein Direktzug, hinzu kommen aber viele weitere Verbindungen ab der französischen Grenzstadt Irún (manchmal auch ab Hendaye; 1,80 €, 25 Min.). Zwischen Hendaye und San Sebastián pendelt überdies eine Schmalspurbahn von **Eusko Tren/Ferrocarril Vasco** (www.euskotren.es, auf Spanisch & Baskisch) mit dem Spitznamen „El Topo" (Maulwurf). Die Züge starten alle halbe Stunde vom Bahnhof Amara etwa 1 km südlich des Stadtzentrums und halten auch in Pasajes (1,30 €, 12 Min.) sowie Irún/Hendaye (1,50 €, 25 Min.). Züge von ET/FV fahren Richtung Westen über Zarautz, Zumaia und Durango nach Bilbao; sie sind aber so langsam, dass die Busfahrt eindeutig vorzuziehen ist.

ℹ Unterwegs vor Ort

Busse nach Hondarribia (1,90 €, 45 Min.) und zum Flughafen (1,90 €, 45 Min.) starten an der Plaza de Guipúzcoa.

Östlich von San Sebastián

PASAJES
16 100 EW.

Dort, wo der Río Oiartzun in den Atlantik mündet, befindet sich der größte Hafen der Provinz Guipúzcoa, Pasajes (auf Baskisch Pasaia). Die Hauptstraße der Stadt und die Gegend unmittelbar um den Hauptplatz sind von hübschen Häusern mit farbenfrohen Balkons gesäumt. Hier kann man wunderbar einen halben Tag herumbummeln. Zu den Highlights des Ortes gehören die tollen Meeresfrüchte-Restaurants, ein kurzer Ausflug mit der Fähre über den Fluss und die spektakuläre Hafeneinfahrt, die eigentlich nur aus einem winzigen Spalt in der Felswand besteht – besonders beeindruckend ist das, wenn ein riesiges Containerschiff hindurchfährt.

Heute ist Pasajes praktisch ein Vorort von San Sebastián. Zahlreiche Busse verbinden die beiden Städte.

HONDARRIBIA
16 100 EW.

Das träge Hondarribia (auf Spanisch Fuenterrabía), das durch einen Meeresarm von Frankreich abgetrennt wird, hat einen deutlich gälisch geprägten Charakter und einen charmanten *casco antiguo* (Altstadt). Zudem eignet es sich hervorragend als Start- oder Endpunkt einer Reise.

Man betritt die Altstadt durch einen Torbogen am oberen Ende der Calle San Compostela und gelangt von dort zur hübschen Plaza de Guipúzkoa. Weiter geradeaus erreicht man die Calle San Nicolás. Wer dann links abbiegt, stößt auf die größere Plaza de Armas und die gotische **Iglesia de Santa María de la Asunción**.

Der Weg zu Hondarribias malerischstem Viertel, La Marina, führt vom Torbogen in die andere Richtung. An der Hauptstraße, der Calle San Pedro, stehen typische Fischerhäusern, deren Fassaden in Grün- oder Blautönen leuchten und die mit hölzernen Balkonen voller fröhlicher Blumenkästen aufwarten.

In der Stadt gibt's verschiedene Übernachtungsmöglichkeiten, die vom Zeltplatz mit großartiger Aussicht bis zu einem luxuriösen *parador* (staatseigenes Hotel) in einer Burg reichen, sowie mehrere gute Restaurants.

Südlich von San Sebastián

In den nach Süden ansteigenden Bergen zwischen San Sebastián und Bilbao liegen mehrere bezaubernde Orte sowie zahlreiche *nekazal turismoas* (*casas rurales;* Landhäuser mit Fremdenzimmern).

MUSEO CHILLIDA LEKU

Dieses **Open-Air-Museum** (www.museochillidaleku.com; Erw./erm. 8,50 €/frei; ⌚Mo–Sa 10.30–20, So 10.30–15 Uhr) ist wahrscheinlich das schönste in der gesamten Region. Zwischen Buchen, Eichen und Magnolien verteilen sich ganze 40 Granit- und Eisenskulpturen des berühmten baskischen Bildhauers Eduardo Chillida. In dem restaurierten Bauernhaus aus dem 16. Jh. werden weitere Arbeiten des Künstlers präsentiert.

Man erreicht das Museum, wenn man an der Calle de Okendo in San Sebastián den Bus G2 (1,35 €) nach Hernani nimmt und in

Zabalaga aussteigt. Wer mit dem eigenen Auto oder Motorrad unterwegs ist, fährt von San Sebastián auf der A1 Richtung Süden und nimmt nach 7 km die Ausfahrt nach Südwesten Richtung Hernani (GI3132). Nach etwa 600 m hat man sein Ziel erreicht (auf der linken Seite).

SANTUARIO DE LOYOLA

Gleich außerhalb von Azpeitia (12 km südlich der A8 an der GI631) stößt man auf das gewichtige **Santuario de Loyola** (www.santuariodeloyola.org; ⊙10–12 & 16–19 Uhr), das zu Ehren des heiligen Ignatius, dem Gründer des Jesuitenordens, errichtet wurde. Die dunkle, mit grauem Marmor und geschnitzten Ornamenten ausgestattete Basilika ist beeindruckend, aber nicht sonderlich schön. Das Haus, in dem der Heilige 1490 geboren wurde, befindet sich in einem Flügel des Heiligtums. Am Wochenende kommen eine Menge Pilger hierher.

OÑATI

10 500 EW.

Dank der vielen bemerkenswerten Bauwerken und einiger interessanter Sehenswürdigkeiten in den grünen Hügeln rund um den Ort ist das kleine, resolute Oñati wunderbar dazu geeignet, die Region näher kennenzulernen.

Die **Touristeninformation** (☎943 78 34 53; Calle San Juan 14; ⊙Mo–Fr 10–14 & 15.30–19.30, Sa 10–14 & 16.30–18.30, So 10–14 Uhr) liegt gleich gegenüber der Universidad de Sancti Spiritus.

Busse verkehren täglich von Oñati nach San Sebastián, Vitoria und Bilbao.

Sehenswertes

Universidad de Sancti Spiritus HISTORISCHES GEBÄUDE

Oñatis größte Attraktion ist die Universidad de Sancti Spiritus, ein Juwel im Renaissancestil. Sie wurde im 16. Jh. errichtet und war die erste Universität im Baskenland. Bis zu ihrer Schließung 1902 wurden hier Studenten in Philosophie, Recht und Medizin ausgebildet. Heute beherbergt das Gebäude Büros des Gemeinderats, doch man kann immer noch den **Mudéjar-Hof** (⊙Mo–Do 9–14 & 15–16.30, Fr 9–14 Uhr) betreten und die platereske Fassade bewundern. Auf Nachfrage organisiert die Touristeninformation Führungen (ab 6 €), die bereits ein paar Stunden später stattfinden können. In der Nähe der Universität liegt die hübsche spätgotische **Iglesia de San Miguel**, deren Kreuzgang über dem Fluss gebaut wurde. Die Kirche blickt zum Hauptplatz Foruen Enparantza, der vom auffälligen **ayuntamiento** (Rathaus) dominiert wird.

Schlafen

In Oñati übernachten nur wenige Touristen, was sich im relativ bescheidenen Unterkunftsangebot widerspiegelt.

Arregi CASA RURAL €

(☎943 78 08 24, 943 78 36 57; www.nekatur.net/arregi; Garagaltza 21; DZ 42 €) Eine wunderbare ländliche Unterkunft 2 km außerhalb der Stadt. Das sorgsam restaurierte Bauernhaus liegt in einem grünen Tal voller großäugiger brauner Kühe und bietet eine wunderbare Aussicht auf die Berge. Die Zimmer sind geräumig und nett eingerichtet und den Gästen stehen eine Gemeinschaftsküche sowie ein Aufenthaltsraum mit einem großen Kamin zur Verfügung.

Ongi Ostatua TRADITIONELLES HOTEL €

(☎943 71 82 85; Calle Zaharra 19; EZ/DZ 30/42 €) Die Zimmer in dem zentral gelegenen Hotel sind billig, aber eindeutig in die Jahre gekommen.

SANTUARIO DE ARANTZAZU & HÖHLEN VON ARRIKRUTZ

10 km südlich von Oñati stößt man auf das **Santuario de Arantzazu** (www.arantzazukosantutegia.org), das eine faszinierende Mischung aus Frömmigkeit und avantgardistischer Kunst ausstrahlt und von Besuchern entweder als schön oder scheußlich wahrgenommen wird. Das Heiligtum wurde in den 1950er-Jahren an der Stelle errichtet, wo ein Schäfer 1468 eine Statue der Jungfrau Maria unter einem Weißdornbusch fand. Angeblich soll der Grundriss auf der Form dieses Busches basieren. Als Erstes fallen die spitzen Türme und die leeren Hallen ins Auge, die von 14 seltsam aussehenden Steinaposteln bewacht werden. Darüber hinaus beherbergt die Krypta einen teufelsroten Christus. All dies hat dem Vatikan nicht wenig Kopfschmerzen bereitet.

Die Straße zum Gebäude hinauf und die Umgebung sind allein schon die Anfahrt wert, außerdem gibt's in der Gegend herrliche Wanderwege. Wer die Gegend näher erkunden möchte, wendet sich am besten an die Touristeninformation in Oñati. In den spektakulären Hügeln kann man übrigens mehr entdecken, als man auf den ersten Blick sieht (siehe Kasten S. 453).

Ein paar Kilometer die Straße zurück in Richtung Oñati erstreckt sich ein Höhlensystem, darunter die **Höhlen von Arrikrutz**

DIE DONNERGÖTTIN

Es heißt, dass in einer der vielen Höhlen an den Hängen der wilden Hügel rund um Oñati die vorchristliche Wettergöttin der Basken namens Mari haust. Wenn man sich beim Wandern verläuft, ruft man einfach dreimal laut ihren Namen, dann erscheint sie am Himmel und weist einem den rechten Weg. Sollte man jedoch zufällig über ihre Höhle stolpern, muss man sich so schnell wie möglich in Sicherheit bringen, weil man ansonsten ihren Zorn zu spüren bekommt. Und wer möchte schon tatsächlich eine tobende baskische Gottheit erleben?

(Erw./erm. 8/6 €; ⌚Di–So 10–14 & 15–19 Uhr) mit ihren zahlreichen Stalagmiten und Stalaktiten.

Vitoria

235 600 EW. / 512 M

Vitoria (auf Baskisch Gasteiz) findet nur selten Beachtung, dabei ist dies nicht nur die Hauptstadt der südbaskischen Provinz Álava (auf Baskisch Araba), sondern sogar des ganzen Baskenlands. Mit einem Kunstmuseum, deren Werke Bilbaos bekanntere Museen oftmals übertreffen, einem schönen Altstadtviertel, Dutzenden erstklassiger *pintxo*-Bars und Restaurants, zahlreichen Studenten und freundlichen Einwohnern braucht sich Vitoria keineswegs zu verstecken – und wird bald bestimmt auch vom Rest der Welt geschätzt.

Geschichte

Der Name Vitoria kommt vielleicht vom baskischen *beturia*. Das bedeutet „Höhe" und könnte sich auf den Hügel beziehen, auf dem sich die alte Stadt erstreckt. Die Westgoten gaben dem Ort ihren Namen. Wie auch immer, Sancho VI. von Navarra gründete „Neu-Vitoria" im 12. Jh. Danach war die Stadt Spielball zwischen den Königshäusern Kastiliens und Navarras. Die ökonomischen Fortschritte im 19. Jh. beschleunigten ihre Ausdehnung, die auch im 20. Jh. anhielt. Ihre gut erhaltene historische Substanz brachte ihr 1981 die Ernennung zur Hauptstadt der Autonomen Gemeinschaft Baskenland ein. Außerdem hat hier die Universität des Baskenlandes ihren Sitz.

Sehenswertes

Artium KUNSTMUSEUM

(www.artium.org; Calle de Francia 24; Eintritt gegen Spende; ⌚Di–Do 11–14 & 17–20, Fr–So 11–14 & 16–21 Uhr, im Sept. geschl.) Anders als einige andere berühmte baskische Kunstzentren versucht das Artium, nicht mit seinem Äußeren zu überzeugen, sondern weiß um die Bedeutung der inneren Werte. Sein im Vergleich mit dem Guggenheim-Museum geringerer Status ermöglicht es ihm – in einer Weise, die sich El Goog niemals erlauben könnte – mutiger, exzentrischer und anspruchsvoller zu sein. Die großen, unterirdisch gelegenen Räume sind voll fesselnder Werke von baskischen, spanischen und internationalen Künstlern und beherbergen zudem einige beeindruckende modernistische Arbeiten. Bei unserem Besuch gab es im Artium Ausstellungen zum Thema Tod und Altern sowie zahlreiche „erotische" Darstellungen wie Plastik-Penisse und Fotos von Menschen beim Sex. Mehrmals am Tag finden Führungen auf Spanisch statt. Wenn man das Ganze verdaut hat, lohnt sich eine Atempause im wunderbaren angeschlossenen **Cube Café** (menú del día 15 €). Das Artium verfügt über barrierefreie Zugänge.

GRATIS **Museo de Bellas Artes** KUNSTMUSEUM

(Paseo de Fray Francisco de Vitoria; ⌚Di–Fr 10–14 & 16–18.30, Sa 10–14 & 17–20, So & Feiertage 11–14 Uhr) Das spannende Museo de Bellas Artes ist in einem erstaunlich kunstvoll gestalteten Gebäude untergebracht und präsentiert baskische Skulpturen sowie Gemälde aus dem 18. und 19. Jh. Die Werke des Künstlers Fernando de Amaríca aus Vitoria nehmen einen breiten Raum ein und reflektieren eine engagierte Romantik, die Dramatisches erfolgreich mit warmen Farben und Kompositionen verbindet.

Catedral de María Inmaculada KATHEDRALE

(Cadena y Eleta; ⌚Di–Fr 10–14 & 16–18.30, Sa 10–14, So 11–14 Uhr) Vitorias Kathedrale mag zwar alt wirken, doch tatsächlich wurde sie erst in den frühen 1970er-Jahren errichtet. Sie verfügt über beeindruckende Buntglasfenster, ein hohes Kirchenschiff sowie ein interessantes Museum für sakrale Kunst, das einige frühe christliche Steinreliefs und baskische Kreuze sowie detaillierte Malereien biblischer Szenen und eine bunte Mischung verschiedener Kruzifixe und zeremonieller Kreuze beherbergt. Alle Ausstellungsstücke stammen aus dem Baskenland.

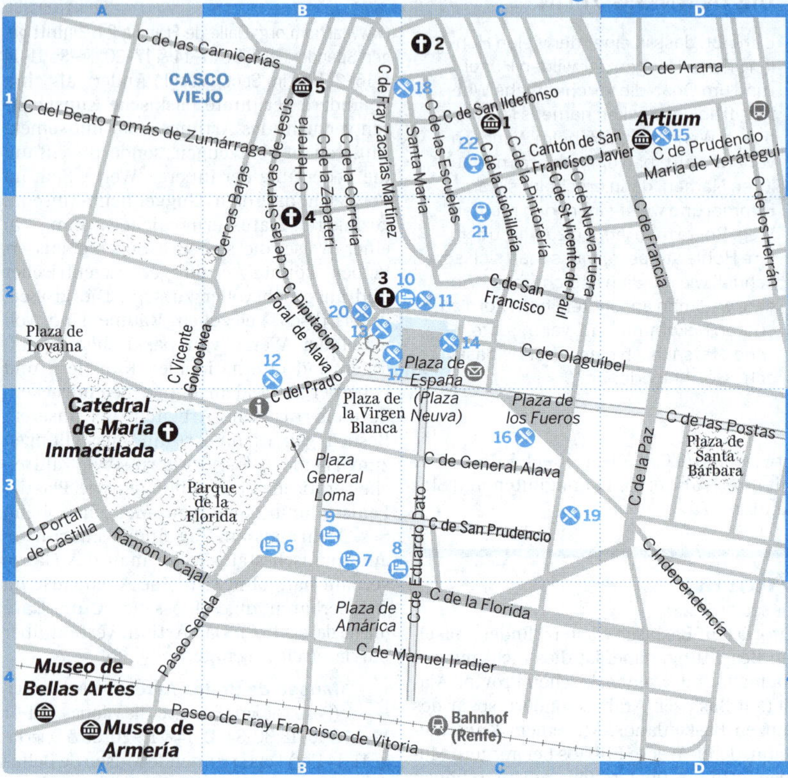

Vitoria

Highlights

- Artium D1
- Catedral de Maria Inmaculada A3
- Museo de Armería A4
- Museo de Bellas Artes A4

Sehenswertes

1 Bibat C1
2 Catedral de Santa María C1
3 Iglesia de San Miguel B2
4 Iglesia de San Pedro B2
5 Museo de Ciencias Naturales B1

Schlafen

6 Hotel Almoneda B3
7 Hotel Amárica B3
8 Hotel Dato B3
9 Hotel Dato 28 ..... B3
10 La Casa de los Arquillos C2

Essen

11 Arkupe C2
12 Asador Sagartoki B2
13 Bar Deportivo Alaves B2
14 Café Moderno C2
15 Cube Café D1
16 La Taberna de los Mundos C3
17 Noventa y Siete B2
18 Querida María Restaurante C1
19 Salburua C3
20 Virgen Blanca B2

Ausgehen

21 El Parral C2
22 Gora C1

GRATIS **Museo de Armería** RÜSTUNGSMUSEUM

(Paseo de Fray Francisco de Vitoria; ⌚Di–Fr 10–14 & 16–18.30, Sa 10–14, So 11–14 Uhr) In diesem Museum sieht man jede Menge glänzende Rüstungen. Die Sammlung von Waffen aus mehreren Jahrhunderten ist fesselnd und wirft die Frage auf, wie die galanten Herren sich in all dem Zeug überhaupt bewegen konnten – von der Rettung unschuldiger Jungfrauen aus den Klauen Feuer speiender Drachen ganz zu schweigen. Leider sind die Exponate nur auf Baskisch und Spanisch beschriftet.

GRATIS **Museo de Ciencias Naturales** NATAURHISTORISCHES MUSEUM

(Calle de las Siervas de Jesús 24; ⌚Di–Fr 10–14 & 16–18.30, Sa 10–14, So 11–14 Uhr) Das im beeindruckenden Torre de Doña Oxtanda untergebrachte Museum überrascht mit einer wunderbaren Mineraliensammlung. Besucher können eine in Bernstein gefangene Sonnenanbeterin bewundern, einiges über die lokale Tier- und Pflanzenwelt erfahren und mit offenem Mund in ein Dinosauriergebiss starren. Leider sind die Exponate nur auf Baskisch und Spanisch beschriftet.

Kirchen KIRCHEN

Am Fuße des mittelalterlichem *casco viejo* erstreckt sich die entzückende **Plaza de la Virgen Blanca** mit der **Iglesia de San Miguel** aus dem 14. Jh. In der Kirche wird die Statue der Virgen Blanca (Schutzheilige der Stadt) bewahrt.

Die **Iglesia de San Pedro** (Calle Herrería) stammt ebenfalls aus dem 14. Jh. und ist die älteste Kirche der Stadt. An ihrer östlichen Fassade sieht man prächtige gotische Frontispize.

Darüber hinaus erhebt sich in der Altstadt die mittelalterliche **Catedral de Santa María** (☎945 12 21 60; www.catedralvitoria.com; ⌚11–14 & 17–20 Uhr), die Vitorias Silhouette beherrscht. Sie wird derzeit restauriert und die Arbeiten nehmen wahrscheinlich noch einige Jahre in Anspruch. Trotzdem gibt's hervorragende Führungen (5 €), die einen Eindruck davon vermitteln, wie spannend so eine Erneuerungsmaßnahme sein kann. Wer daran teilnimmt, kann zudem das Innere der Kathedrale erkunden. Vorher muss man sich entweder telefonisch oder über die Website anmelden.

GRATIS **Bibat** MUSEUM

(Calle de la Cuchillería/Aiztogile Kalea 54; ⌚Di–Fr 10–14 & 16–18.30, Sa 10–14, So 11–14 Uhr) Einen Besuch lohnen auch das **Museo de Arqueología** und das **Museo Fournier de Naipes**, die sich beide im Bibat befinden. In Ersterem erwecken riesige Bildschirme die Vergangenheit zum Leben, während Letzteres eine beeindruckende Sammlung historischer Kartenspiele zeigt, darunter einige der ältesten europäischen Spielkarten. Erläuterungen dazu gibt's nur in spanischer und baskischer Sprache.

Feste & Events

Fiestas de la Virgen Blanca FEST

Mit Vitorias ruhiger Kultiviertheit ist es während der ausgelassenen Fiestas de la Virgen Blanca vorbei. Die Feierlichkeiten dauern vom 4. bis zum 9. August und umfassen Feuerwerke, Stierkämpfe, Konzerte und Straßentänze. Ihnen geht der symbolische Abstieg des Celedón voran, einer volkstümlichen Figur, die an Schnüren von der Iglesia de San Miguel herabschwebt.

Azkena Rock Festival ROCKMUSIK

(www.azkenarockfestival.com) Das Azkena Rock Festival Ende Juni gibt's noch nicht allzu lang. 2010 zählten Kiss, Bob Dylan, The Hives und Gov't Mule zu den wichtigsten Acts.

Jazzfestival JAZZ

(www.jazzvitoria.com) Dieses Jazzfestival Mitte Juli zieht Stars aus dem In- und Ausland an.

Schlafen

LP TIPP **La Casa de los Arquillos** B&B €€

(☎945 15 12 59; www.lacasadelosarquillos.com; Paseo Los Arquillos 1; DZ 69 €; 📶) Vitorias aufregendster Newcomer seit Jahren. Das B&B logiert in einem schönen alten Gebäude in toller Lage oberhalb des Hauptplatzes. Die acht makellosen Zimmer kommen überaus stylish daher und wurden offensichtlich von den Kunstwerken im Artium inspiriert. Jedes ist ausgesprochen originell gestaltet worden: In einem hängen Maßbänder über dem Bett und in einem anderen entdeckt man eine Puppe, deren Gliedmaßen am Kopf angebracht sind! Ein herzhaftes Frühstück ist inbegriffen. Achtung: Das enthusiastische Personal ist nicht immer da; am besten ruft man vorher an und sagt Bescheid, wann man eintrifft.

Hotel Dato & Hotel Dato 28 TRADITIONELLES HOTEL €

(☎945 14 72 30; www.hoteldato.com; Calle de Eduardo Dato 28; EZ/DZ 37/52 €; 📶) Zwei wunderbare Hotels in Parallelstraßen. Ob die extravagante Art-decó-Einrichtung mit halb nackten Nymphen, römischem Steingut und Rüschen nun kitschig oder klassisch ist, lässt sich schwer sagen. Jedenfalls fühlen sich die Gäste hier sehr wohl und kommen zudem in den Genuss eines tollen Preis-Leistungs-Verhältnisses. Die Rezeption für beide Unterkünfte befindet sich im Hotel Dato.

Hotel Almoneda TRADITIONELLES HOTEL **€€**
(☎945 15 40 84; www.hotelalmoneda.com; Calle de la Florida 7; EZ/DZ inkl. Frühstück 63/105 €; 📶) Einen Tick zu teuer, ansonsten aber eine gute Wahl. Die Zimmer in diesem Businesshotel verfügen über knarrende polierte Holzböden und weiche Betten, die Bäder fallen allerdings sehr klein aus. Ein Teil der Einnahmen wird an Amnesty International gespendet.

Hotel Amárica TRADITIONELLES HOTEL **€**
(☎945 13 05 06; Calle de la Florida 11; EZ/DZ 37/55 €; 📶) Funktionale, benutzerfreundliche Zimmer mit strategisch positionierten Buddhas, die anscheinend für ein gutes Karma sorgen sollen. Die Rezeption ist häufig nicht besetzt, deshalb muss man vielleicht ein paar Minuten warten, bis ein Angestellter auftaucht.

Essen

Auf der Westseite der Plaza de España und der angrenzenden Plaza de la Virgen Blanca kann man ein leckeres Frühstück und einen starken Kaffee genießen, während auf der Ostseite die Nachmittagssonne und etwas stärkere Drinks locken.

Asador Sagartoki SIDRERÍA **€**
(Calle del Prado 18; Gerichte 18 €) Eine fantastische *sidrería* (Apfelweinkelterei) mit kreativen Gerichten und einer dazu passenden Atmosphäre. Der Speiseraum erstreckt sich bis über die geschäftige Bar hinaus und die preisgekrönten *pintxos* sind grandios. Es macht Spaß dabei zuzusehen, wie das Personal mit weit ausholenden Armbewegungen Ströme von Apfelwein aus den großen Fässern in die Gläser schenkt; im Restaurant darf man sein Glück selbst versuchen. Wie in die meisten *sidrerías* kommt man am besten mit vielen Freunden her.

Arkupe BASKISCH **€€**
(☎945 23 00 80; Calle Mateo Benigno de Moraza 13; Gerichte ab 18 €, Menü ab 33 €) Hervorragende baskische Gerichte, die in einer formellen, schicken Atmosphäre serviert werden, von der die raue Holzfassade des Lokals nichts erahnen lässt. Die vielen verschiedenen Weine sind hinten im Restaurant an der Mauer aufgereiht. Man sollte im Voraus reservieren.

La Taberna de los Mundos MODERNE BASKISCHE KÜCHE **€**
(www.delosmundos.com; Calle Independencía 14; Menü 11,50 €) Diese einladende Taverne lockt mit ausgesprochen preiswerten Mittagsmenüs (auch vegetarisch). Ihre Einrichtung ist von der weiten Welt inspiriert und es gibt hier häufig Fotoausstellungen von weit entfernten Orten. Auf der Karte stehen dagegen eher regionale Speisen, wenn auch mit einigen asiatischen Anklängen.

Querida María Restaurante MODERNE BASKISCHE KÜCHE **€**
(Plaza de Santa María; Gerichte 12–18 €, Menü 18 €) Im schönsten Teil der Altstadt gegenüber der Kathedrale bietet das lässige, mohnblumenrote Restaurant wunderbar zubereitete lokale Gerichte an, darunter Köstlichkeiten wie im eigenen Saft gekochten Tintenfisch mit Reis und einer Tamarindensauce.

Salburua PINTXO-BAR **€**
(Calle de los Fueros 19; pintxos 2–3 €) Das Salburua befindet sich in der Neustadt und hat bereits zahlreiche Preise für seine tollen *pintxos* eingeheimst. Hinter der mit Köstlichkeiten beladenen Theke schwingen *jamones* (Schinken) am Haken und ver-breiten eine traditionelle baskische Atmosphäre.

Virgen Blanca BASKISCHE KÜCHE **€**
(Menü 14 €) Wartet mit einem perfekten baskischen Mittagsmenü auf.

Rund um die Plätze der Stadt stößt man auf zahlreiche Restaurants und *pintxo*-Bars. Zu den besten zählen die **Bar Deportivo Alaves**, das **Noventa y Siete** (für *pintxos*-Fans) und das **Café Moderno** (für den Koffein-Kick).

Ausgehen

In der Altstadt herrscht eine stark politisch und künstlerisch orientierte Stimmung. Lebhafte Studenten geben hier mit kreativen Plakaten und verschiedenen Aktionen den Ton an. Am meisten ist an der Calle de la Cuchillería/Aiztogile Kalea und im benachbarten Cantón de San Francísco Javier los, denn dort wimmelt es von chaotischen Bars wie dem **Gora** und dem **El Parral**. In einigen Läden ist die Atmosphäre stark baskisch-nationalistisch geprägt.

Praktische Informationen

Hauptpost (Calle de las Postas)

Hospital de Santiago (945 00 76 00; Ecke Calles de la Paz & de Olaguíbel)

Notfall (112)

Policía Nacional (091) In der Nähe des Hospital de Santiago.

Touristeninformation (945 16 15 98; www.vitoria-gasteiz.org/turismo; Plaza General Loma 1; 9.30–19.30 Uhr) Gegenüber dem Gebäude des baskischen Parlaments.

An- & Weiterreise

Vitorias **Flughafen** (945 16 35 91) liegt 9 km nordwestlich der Stadt in Foronda. Hier bestehen Verbindungen nach Madrid und Barcelona, außerdem gibt's Autovermietungen und Geldautomaten. Busse (3 €) fahren nach Ankunft der Flugzeuge in die Stadt. Taxis kosten tagsüber/nachts 15/29 €.

Parkplätze findet man beim Bahnhof, beim Artium und gleich östlich der Kathedrale.

Vom **Busbahhof** (Calle de los Herrán) geht's regelmäßig in folgende Städte:

ZIEL	FAHRPREIS (€)	DAUER (STD.)
Barcelona	37,65	7
Bilbao	5,65	1¼
Madrid	23,98	4½
Pamplona	7,79	1¾
San Sebastián	9,85	2¼

Mit dem Zug erreicht man folgende Ziele:

ZIEL	FAHR-PREIS (€)	DAUER (STD.)	TÄGLICHE ABFAHRTEN
Barcelona	ab 59,30	5	1
Madrid	ab 33,70	4–6	5
Pamplona	4,85	1	4
San Sebastián	ab 9,75	1¾	bis zu 10

NAVARRA

In Navarra (auf Baskisch Nafarroa) gibt's ein bisschen von allem. Das sanfte Grün und das erfrischende Klima der Pyrenäen liegen wie eine kühle Kompresse über der sonnengegerbten Stirn des Südens, einer Welt aus kahlen Ebenen, Getreidefeldern und Weingärten, zerschnitten von hohen Gebirgszügen mit Kämmen aus grobem Kalkstein. Darüber hinaus ist die Gegend ein Pilgerterritorium: Schon seit Jahrhunderten nutzen Gläubige den Pass bei Roncesvalles, um ihren Weg von Frankreich nach Santiago de Compostela (s. S. 37 und S. 458) fortzusetzen.

Navarra war das historische Kernland der Basken, doch dynastische Streitigkeiten, eine reaktionäre Politik und die Diktatur Francos haben es als halbautonome Provinz zurückgelassen, deren Norden baskischer Natur ist, während der Süden eher zum kastilischen Spanien neigt. Das Zentrum befindet sich genau zwischen den Fronten und so scheint Navarra in Sachen baskischer Zukunftsvisionen nicht wirklich festgelegt zu sein.

Die Hauptstadt Pamplona sorgt mit ihrem weltberühmten Stierlauf oft für Schlagzeilen, aber den wahren Charme der Region machen die vielen kleinen Städte und Dörfer aus, die mit der Landschaft zu verschmelzen scheinen.

Pamplona

195 800 EW. / 456 M

In Pamplona (auf Baskisch Iruña), Hauptstadt der autonomen Region Navarra, sind zwischen dem 6. und 14. Juli alle Sinne geschärft. Die Menschen achten während der legendären Sanfermines (s. Kasten S. 462) wie besessen auf das furchterregende Geräusch der Stiere, die durch die kopfsteingepflasterten Straßen donnern und Chaos bzw. Blutvergießen mit sich bringen. Wer zu einer anderen Zeit hierher kommt, entdeckt von den Tieren weit und breit keine Spur – außer vielleicht auf einer Postkarte. Vielleicht hat man dann das Gefühl, als Einziger etwas verpasst zu haben, aber Pamplona fasziniert auch zu anderen Zeiten. Und diejenigen, die während der Feierlichkeiten hier sind? Herzlich willkommen bei einem der größten und berühmtesten Feste der Welt. Besuchern, die sich nicht sinnlos betrinken, werden diese sieben Tage wahrscheinlich für immer im Gedächtnis bleiben!

Geschichte

Die Römer nannten diese Stadt Pompaelo nach ihrem Gründer Pompeius Magnus. Ihnen folgten die Westgoten und dann für eine kurze Zeit die Muslime. Seit Karl der Große 778 von Frankreich aus über die Pyrenäen tobte, ist Navarra immer ein Schmelztiegel dynastischer, politischer und kultureller Bestrebungen und Spannungen gewesen. Unter Sancho III. erfuhr Pamplo-

DER JAKOBSWEG IN NAVARRA & LA RIOJA

In Navarra, dem Tor zu Spanien, erstreckt sich der erste Teil der spanischen Pilgerroute nach Santiago de Compostela, den Wanderer auf dem Camino Francés zurücklegen. Er überquert die Pyrenäen und ist einer der spektakulärsten Abschnitte des Jakobswegs.

Von Roncesvalles nach Pamplona

Am **Puerto de Ibañeta** führt der Weg nach Spanien hinein sowie hinab nach **Roncesvalles**. Die Stadt bietet eine würdige Eröffnung der außergewöhnlichen Strecke. Sie wird von einem imposanten Kloster beherrscht und ist von hohen Buchenwäldern und grünen Wiesen voller Schafe umgeben. Im Inneren der größtenteils restaurierten gotischen Kirche aus dem 13. Jh. befinden sich die erste Statue von Jakobus, die den Heiligen als Pilger verkleidet mit Jakobsmuschel und Stab darstellt, sowie eine schöne silberbeschlagene Skulptur der Jungfrau mit dem Kind aus dem 14. Jh.

Danach verläuft die Route durch dichte Mischwälder, ländliche Gegenden und malerische Dörfer wie **Burguete** und **Espinal** in die Stadt **Pamplona** (S. 457), die im 11. Jh. eine offizielle Station auf dem Jakobsweg wurde. Das Innere der Kathedrale mit ihrer nichtssagenden klassizistischen Fassade ist von den klaren gotischen Linien des 14. Jhs. geprägt. Hier kann man die Alabastergrabmäler des navarresischen Königs Carlos III. der Edelmütige (der Pamplona 1423 vereinte) und seiner Frau Leonor von Kastilien bewundern.

Von Pamplona nach Logroño & weiter

Westlich von Pamplona hinter Zariquiegui taucht die Sierra del Perdón mit einer langen Reihe von Windrädern auf. Vom Pass über dem Gebirgszug bietet sich eine herrliche Sicht über das längliche Tal, das nach **Puente la Reina** (S. 472) führt. Dort trifft der von Osten kommende Camino Aragonés auf den Camino Francés. In einem Mosaik aus Rebflächen, Weizen-, Spargel- und Olivenfeldern liegt weit unten die Eunate-Kirche, ein überwältigendes achteckiges Bauwerk aus dem 12. Jh. Es wurde wahrscheinlich von den Tempelrittern errichtet und diente einst als Pilgerfriedhof.

Die Häuser an der Hauptstraße von Puente la Reina haben große hölzerne Türen sowie kunstvoll geschnitzte Traufen. Sie säumen den Weg zu der Brücke aus dem 11. Jh., deren diamantförmige Pfeiler und Mulden in den Bögen dazu beitragen, den Wasserwiderstand zu verringern, wenn der Río Arga bei Hochwasser ansteigt.

Ungewöhnliche, vom Mudéjar-Stil beeinflusste romanische Portale mit den typischen Bögen, komplizierten Knoten und faszinierenden Skulpturen findet man in der Iglesia de Santiago in Puenta la Reina, der malerisch auf einem Hügel gelegenen Iglesia de San Román in Cirauqui und der Iglesia de San Pedro de la Rúa in **Estella** (S. 472). Im Frühling

na im 11. Jh. einen großen Aufschwung und die Lage am Jakobsweg sicherte der Stadt ihren Wohlstand. Die Blütezeit des 20. Jhs. führte zu ihrer Ausdehnung.

Sehenswertes

Catedral KATHEDRALE
(Calle Dormitalería; Führungen Erw./erm. 4,40/2,60 €; Mo–Fr 10–19, Sa 10–14 Uhr) Pamplonas Kathedrale steht auf einer Anhöhe innerhalb der Festungsmauern, mitten in einem dunklen Gewirr enger Straßen und Gassen. Bei unserem Besuch fanden hier zwar umfangreiche Restaurierungsarbeiten statt, aber das Gebäude war für Besucher geöffnet. Es ist ein spätmittelalterliches gotisches Juwel, allerdings verschandelt die trostlose klassizistische Fassade (ein Überbleibsel aus dem 18. Jh.) den Anblick etwas. Der riesige Innenraum beherbergt einige herrliche Artefakte, darunter beispielsweise eine versilberte Jungfrau und das prachtvolle Grabmal von Carlos III. von Navarra und seiner Frau Leonor von Kastilien. Am beeindruckendsten ist jedoch der gotische Kreuzgang mit erstklassigen Steinmetzarbeiten. Im ehemaligen Refektorium und der Küche befindet sich das **Museo Diocesano**, das eine Sammlung religiöser Kunst inklusive einiger gotischer Holzschnitzereien präsentiert (siehe auch Kasten S. 462).

und Frühsommer lässt die Blütenpracht aus Rosen, Geranien und Weinranken die Häuser dieser Dörfer fast verschwinden.

Außerdem wartet Estella mit außergewöhnlich monumentalen Beispielen romanischer Architektur auf, darunter das herausragende Portal der Iglesia de San Miguel, der Kreuzgang der Iglesia de San Pedro de la Rúa und der Palacio de los Reyes de Navarra. Hoch oben am Kapitell des Palasts zur Straßenecke hin sind die Sündendarstellungen des Hochmuts (ein Affe, der Harfe spielt, während ein Hund zuhört), der Lust (Schlangen, die an der Brust einer Frau saugen) und der Habsucht (nackte Menschen, die Geldbörsen um den Hals tragen) zu bewundern.

Immergrüne Eichen und Weingärten prägen die hügeligen Landschaften hinter Estella, danach folgt eine lange, karge Strecke durch die schläfrigen Orte **Los Arcos**, **Sansol** und **Torres del Río**. In Letzterem stößt man auf die bemerkenswert gut erhaltene romanische Iglesia del Santo Sepulcro mit einer seltenen Christusfigur aus dem 13. Jh. Um die Kirche zu besichtigen, muss man im Ort die Frau ausfindig machen, die den Schlüssel dazu hat. An der Tür hängt ein Schild mit ihrer Adresse, den Öffnungszeiten und der gewünschten Spende.

Nun verläuft der Jakobsweg weiter durch die Weingebiete und Weizenfelder Riojas und weicht dabei den Bergen im Süden und Norden aus. Die Strecke verändert sich ständig: Anfangs wirkt sie städtisch und offen, später ist sie rauer und durchquert Waldgebiete, bis sie schließlich auf das offene Hochplateau hinaufführt.

Der große Río Ebro bildet den Zugang zu **Logroño** (S. 473) und ist der Grund für den Wohlstand und die Größe dieser Stadt. In der gotischen Iglesia de Santiago befindet sich ein Altarbild der Renaissance mit ungewöhnlichen Szenen aus dem Leben des Heiligen, darunter Auseinandersetzungen mit dem bösen Geisterbeschwörer Hermogenes. Keinesfalls verpassen sollte man Michelangelos Kreuzigungsgemälde hinter dem Hauptaltar in der Catedral de Santa María de La Redonda.

Nájera (S. 476) wuchs buchstäblich aus den roten Felswänden heraus, nachdem König Ramiro im 11. Jh. in einer der Höhlen eine wundersame Marienstatue entdeckt hatte und an dieser Stelle das Monasterio de Santa María la Real errichten ließ. Bald darauf wurde der Ort zu Navarras prächtiger Hauptstadt. Die aufwendigen gotischen Grabmäler einiger Adliger aus der Gegend gelten als besonders sehenswert.

Santo Domingo de la Calzada (S. 477) ist einer der reizvollsten Orte an dieser Strecke. Er wurde nach seinem Gründer benannt, der im 11. Jh. die Wälder der Umgegend abholzte, Straßen, eine Brücke, eine Pilgerherberge und eine Kirche baute und viele Wunder vollbrachte, die auf den spanisch-flämischen Gemälden im Innern der Kathedrale meisterhaft dargestellt sind.

Jakobsweg in Navarra & La Rioja

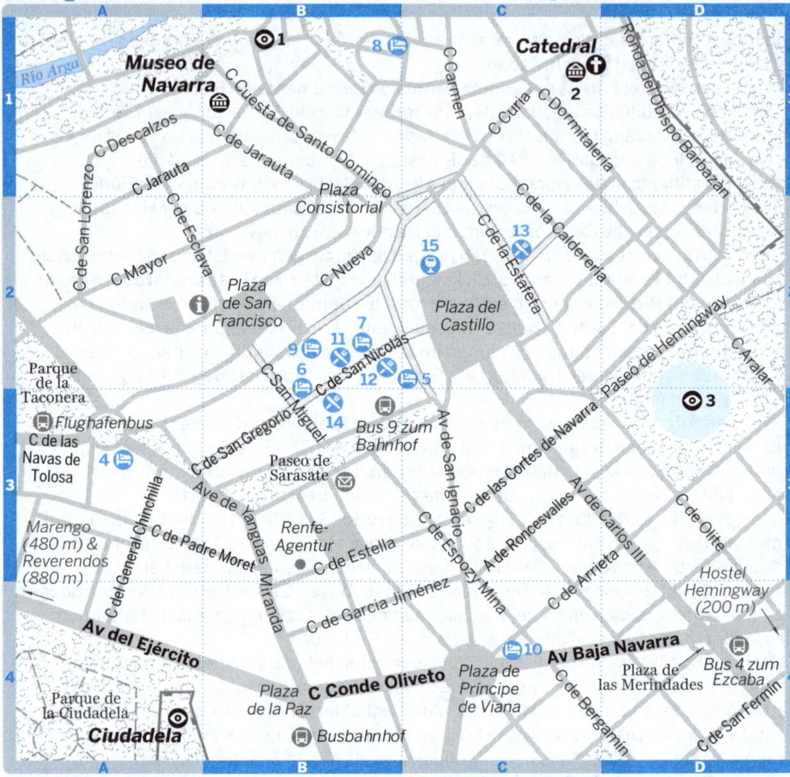

Museo de Navarra MUSEUM
(www.cfnavarra.es/cultura/museo; Calle Cuesta de Santo Domingo 47; Erw. 2 €, Sa nachmittags & So frei ⏲Di–Sa 9.30–14 & 17–19, So 11–14 Uhr) In einem ehemaligen mittelalterlichen Hospital zeigt dieses Museum zahlreiche archäologische Funde wie ein römisches Mosaik sowie eine Auswahl an Kunstwerken, z. B. Goyas *Marqués de San Adrián*.

Ciudadela & Parkanlagen PARK
(Avenida del Ejército) Die Mauern und Bollwerke der sternförmigen Zitadelle verstecken sich im Gras oder zwischen Bäumen. Heute erstreckt sich hier ein charmanter Park. Er dient als Zugang zu drei weiteren Grünanlagen Richtung Norden.

Museo Oteiza MUSEUM
(www.museooteiza.org; Calle de la Cuesta 7, Alzuza; Erw. 4 €, Fr frei; ⏲Juni–Sept. Di–Sa 11–19, So 11–15 Uhr) Das eindrucksvolle Museum in der Ortschaft Alzuza rund 9 km nordöstlich von Pamplona wartet mit fast 3000 Werken des berühmten navarresischen Bildhauers Jorge Oteiza auf und beherbergt neben dem Atelier des Künstlers auch dessen ehemaliges Wohnhaus.

Vom Busbahnhof in Pamplona starten täglich drei Busse nach Alzuza. Wer mit dem Auto anreist, fährt von der NA150 östlich von Huarte Richtung Norden, dort ist der Ort ausgeschildert.

Schlafen

Während der Sanfermines vervier- oder verfünffachen die Unterkünfte ihre regulären Preise! Darüber hinaus scheint es unmöglich zu sein, zu dieser Zeit ein Zimmer zu ergattern, wenn man nicht wenigstens sechs bis zwölf Monate im Voraus reserviert hat. Wer keinen Schlafplatz mehr findet, kann in fast allen Parks der Stadt übernachten, sollte dann aber gut auf seine Sachen aufpassen. Schlimmstenfalls wirkt auch der abfallübersäte Bürgersteig wie ein einladendes Bett! Wem das nicht zusagt, der sollte

Pamplona

Highlights

Catedral ... C1
Ciudadela ... A4
Museo de Navarra ... B1

Sehenswertes

1 Coralillos de Santo Domingo ... B1
2 Museo Diocesano ... C1
3 Plaza de Toros ... D3

Schlafen

4 Habitaciones Mendi ... A3
5 Hostal Arriazu ... C2
6 Hotel Castillo de Javier ... B2
7 Hostal Don Lluis ... B2
8 Hotel Puerta del Camino ... B1
9 Palacio Guendulain ... B2
10 Pensión Arrieta ... C4

Essen

11 Baserri ... B2
12 Casa Otaño ... B2
13 Mesón Pirineo ... C2
14 Sarasate ... B3

Ausgehen

15 Café Iruña ... C2

sich an die Touristeninformation wenden, die eine Liste mit Privatunterkünften hat. Zudem preisen am Bahnhof und Busbahnhof viele Menschen Zimmer an. Da zahlreiche „San-Fermín"-Busse aus nahe gelegenen spanischen und französischen Städten nach Pamplona fahren, sollte man sich überlegen, ob man nicht lieber in einem anderen Ort Quartier bezieht und einfach mit einem dieser Partybusse herkommt. Abfahrtszeiten und Preise erfährt man in den örtlichen Touristeninformationen.

Zu jeder anderen Jahreszeit gibt's in Pamplona zahlreiche günstige Bleiben; eine Reservierung ist nicht nötig. Die hier angegebenen Preise gelten in der Hochsaison, aber nicht während der Sanfermines.

LP TIPP **Palacio Guendulain** HISTORISCHES HOTEL €€€
(☎948 22 55 22; www.palacioguendulain.com; Calle Zapatería 53; B ab 128 €; P ✻ ᯤ) Der Begriff „luxuriös" wird dem überwältigenden neuen Hotel, das sich im umgebauten früheren Haus des Vizekönigs von Neu-Granada befindet, nicht im Entferntesten gerecht. Bei der Ankunft wird man von einer vergoldeten Kutsche aus dem 17. Jh. begrüßt, die eigentlich in ein Museum gehört, und im Hof versammeln sich unter der Aufsicht der Privatkapelle des Vizekönigs etliche klassische Autos. Die weichen Betten in den Zimmern wären der *Prinzessin auf der Erbse* würdig, außerdem gibt's riesige Duschen und majestätische Sessel.

Hotel Puerta del Camino BOUTIQUE-HOTEL €€
(☎948 22 66 88; www.hotelpuertadelcamino.com; Calle Dos de Mayo 4; EZ/DZ 69,55/81,32 €; P ✻ @) In einem umgebauten Kloster – die Nonnen wussten ganz offensichtlich die schönen Seiten des Lebens zu schätzen – neben den Nordtoren zur Altstadt wartet diese ausgesprochen stilvolle neue Unterkunft mit funktionellen, modernen und ruhigen Zimmer auf. Von einigen Räumen genießt man eine tolle Aussicht über die Stadtmauer bis zu den hoch aufragenden Pyrenäen.

Hostal Arriazu TRADITIONELLES HOTEL €€
(☎948 21 02 02; www.hostalarriazu.com; Calle Comedias 14; EZ/DZ 51/60 €; ᯤ) Das Hotel ist in einem ehemaligen Theater untergebracht und liegt irgendwo zwischen den Kategorien günstige Pension und Mittelklassehotel. Zweifellos bietet es ein erstklassiges Preis-Leistungs-Verhältnis. Die Zimmer kommen recht schlicht daher, doch die Bäder könnten kaum besser sein. Es gibt einen hübschen verglasten Hof voller Topfpflanzen und einen gemütlichen Gemeinschaftsraum. Hier kann man sich wunderbar einen ruhigen Abend mit vielen gewichtigen Büchern machen. Frühstück kostet 7,21 € extra.

Habitaciones Mendi PENSIÓN €
(☎948 22 52 97; Calle de las Navas de Tolosa 9; EZ/DZ 30/45 €) Knarrende, wacklige Holztreppen und altmodisch eingerichtete Zimmer verströmen viel Charme. Außerdem verwöhnt einen die Besitzerin so, als wäre sie die eigene Oma.

Hotel Castillo de Javier BOUTIQUE-HOTEL €€
(☎948 20 30 40; www.hotelcastillodejavier.com; Calle de San Nicolás 50; EZ/DZ 45/63 €; ✻ ᯤ) In einer Straße mit eher billigen Absteigen sorgt das schicke Castillo de Javier für einen Hauch von Klasse. Der Empfangsbereich ist supermodern und die Zimmer sind im typischen Businessstil gehalten. Am besten lässt man sich erst ein paar zeigen, denn sie fallen unterschiedlich groß aus.

Hostel Hemingway HOSTEL €
(☎948 98 38 84; www.hostelhemingway.com; Calle Amaya 26; B 19–20 €, EZ/DZ ab 22/44 €; @)

DER STIERLAUF

Entfesselt, besessen oder schlichtweg verrückt, das sind die vielen Fans, die regelmäßig an Pamplonas Sanfermines (Fiesta de San Fermín) teilnehmen – einer Dauerparty vom 6. bis zum 14. Juli mit Musik, Tanz, Feuerwerk und Prozessionen. Und so ganz nebenbei rennen sie noch vor den spitzen Hörnern einer Handvoll aufgestachelter *toros* (Stiere) davon.

El encierro, der Stierlauf, bei dem die Tiere für den nachmittäglichen Stierkampf von ihren Ställen zur Arena getrieben werden, findet während dieser Zeit jeden Morgen statt. Sechs Stiere werden an den **Corralillos de Santo Domingo** losgelassen und stürmen dann über den gleichnamigen Platz (ein guter Ort zum Zusehen). Von da rasen sie die Straße hoch, biegen von der Plaza Consistorial in die Calle de los Mercaderes ab und kommen schließlich rechts in die Calle de la Estafeta, den letzten Abschnitt bis zur Arena. Die Teilnehmer, *mozos* (die Tapferen oder die Törichten – das ist Ansichtssache) genannt, rennen vor den Stieren her und versuchen, nah dranzubleiben. Insgesamt ist die Strecke 825 m lang und der ganze Irrsinn dauert kaum mehr als drei Minuten.

Seit Beginn der Aufzeichnungen über den Stierlauf 1924 sind 15 Menschen zu Tode gekommen. Viele Teilnehmer haben zwar genug Wagemut (und/oder Alkohol intus), aber nur wenig Ahnung, was sie da eigentlich tun. Generell gilt: Immer vor der Herde bleiben! Am gefährlichsten sind Tiere, die den Anschluss an die Herde verloren haben, denn ein einsamer, angstvoller 500-kg-Bulle inmitten von drauflosstürmenden Menschen kann tödlich sein. Zu empfehlen ist die Sache natürlich auf gar keinen Fall.

Alle Teilnehmer müssen sich vor 7.30 Uhr am Startpunkt des Parcours auf der Plaza de Santo Domingo einfinden. Um 8 Uhr werden zwei Raketen abgefeuert. Die erste zeigt an, dass die Verschläge der Stiere geöffnet sind, die zweite bedeutet, dass nun alle Tiere frei und unterwegs sind. Besonders gefährlich ist die Stelle, wo die Calle de los Mercaderes in die Calle de la Estafeta führt. Hier krachen viele Bullen in die Absperrungen, weil sie Hals über Kopf in die Kurve rasen. Dadurch bleiben sie manchmal hinter der Herde zurück, was sie extrem gefährlich macht. Ein vermeintlich ungefährlicher Abschnitt folgt gegen Ende, wo die Calle de la Estafeta hinunter auf die **Plaza de Toros** zuläuft.

In dem gut geführten Hostel ein paar Gehminuten von der Altstadt dominieren kräftige, flippige Farben. Die Zimmer haben vier bis sechs Betten und drei Gemeinschaftsbäder, außerdem gibt's einen Fernsehraum und eine Gästeküche. Während der Sanfermines geht's hier sehr wild und laut zu. Das Hemingway liegt dicht an der Avenida de Carlos III.

Hostal Don Lluis PENSIÓN €
(☎948 21 04 99; Calle de San Nicolás 24; EZ/DZ 35/40 €) Das Don Lluis wartet mit unschlagbaren Übernachtungspreisen auf und Besitzer José bemüht sich sehr um seine Gäste. Die Zimmer sind einfach, aber geräumig und teilweise mit kleinen Badewannen ausgestattet.

Pensión Arrieta PENSIÓN €
(☎948 22 84 59; www.pensionarrieta.net; Calle de Arrieta 27; EZ/DZ 40/50 €) Eine gemütliche und freundliche Pension mit Gemeinschaftsbädern und kleinen Zimmern, die nach den polierten Holzfußböden riechen. Während der Sanfermines gilt sie als eine der günstigsten Unterkünfte, da sich die Preise hier „nur" verdreifachen.

Ezcaba CAMPINGPLATZ €
(☎948 33 03 15; www.campingezcaba.com; Stellplatz pro Pers./Zelt/Auto 5,20/5,60/5,20 €; P 📶 🏊 👪) Dieser Campingplatz am Río Ulzama erstreckt sich 7 km nördlich von Pamplona in der Nähe der N121. Bus 4 fährt viermal am Tag von der BBVA-Bank an der Plaza de las Merinadedas hierher. Während der Fiesta de San Fermín sind mehr Busse unterwegs, allerdings verdoppeln sich dann auch die Preise.

✕ Essen

An der Calle de San Nicolás und der Calle de la Estafeta in der Altstadt reihen sich viele Restaurants aneinander. Zu den besten gehören folgende Lokale:

Baserri BASKISCH €
(☎948 22 20 21; Calle de San Nicolás 32; menú del día 14 €) Das Baserri hat so viele *pintxo*-Preise gewonnen, dass man mit ihrer Aufzählung fast das gesamte Buch füllen könn-

Eine dritte Rakete geht los, wenn sämtliche Stiere in der Arena angekommen sind, und eine letzte, wenn sie sich wieder in ihren Ställe befinden.

Wer lieber passiver Zuschauer ist als ein Mann der Tat (und „Mann" im Sinne des Wortes, denn Frauen dürfen nicht am Stierlauf teilnehmen, trotzdem tun es immer mehr), muss sich rechtzeitig einen Platz an der Strecke sichern. Bereits um 6 Uhr hat man da so seine Schwierigkeiten. Selbst wenn man einen Platz ergattert, darf man nicht mit ungehinderter Sicht rechnen, da zwischen den Zuschauern und den Läufern ein „Sicherheitszaun" steht (den Raum zwischen den beiden Zäunen dürfen nur die Polizei, medizinisches Personal und autorisierte Personen betreten). Alternativ kann man einen Platz auf dem Balkon eines der Häuser mit Blick auf den Parcours mieten. Normalerweise bekommt man den zwar nur, wenn man zufällig mit einem der Hausbesitzer befreundet ist, allerdings sind manche Inhaber bereit, zahlende Gäste (der Preis beträgt ca. 50 €) einzulassen. Um einen solchen Platz zu ergattern, läuft man einfach vorher die Route ab und ruft zu den Leuten auf den Balkonen hoch. Die letzte Möglichkeit besteht darin, ein Ticket (ab ca. 7,50 €) für einen Sitz in der Arena zu erwerben, wo man die Stiere aus dem Eingangstunnel hineinrasen sieht. Der Kartenverkauf beginnt ein paar Stunden vorher. Doch wo auch immer man den Stierlauf am Ende verfolgt – nach ein paar chaotischen Sekunden ist schon wieder alles vorbei.

Die Sanfermines enden am 14. Juli um Mitternacht mit einer Kerzenprozession, die an der Plaza Consistorial beginnt und Pobre de Mí (Ich Armer) genannt wird.

Zunehmende Sorgen bereitet den Organisatoren die hohe Teilnehmerzahl der letzten *encierros*. 2004 war die Situation besonders bedenklich, denn es gab Dutzende Verletzte, aber immerhin keine Toten. 2005 versuchten die Behörden, den Lauf mittels einer speziellen Antirutschfarbe sicherer zu machen, doch offenbar zählte man genauso viele Stürze und Schwerverletzte wie im vorherigen Jahr, außerdem wurden vier Personen von Stieren auf die Hörner genommen. Auch 2008 war das Event mit 45 ernsthaft Verletzten (vier von ihnen wurden aufgespießt) ziemlich blutig. Aktuelles zum *encierro* siehe unter www.sanfermin.com.

te. Es ist wirklich interessant zu erfahren, dass es überhaupt so viele Auszeichnungen für Essen gibt! Wie von einer solchen Bar nicht anders zu erwarten, sind die *pintxos* köstlich, aber im Vergleich dazu spielen die übrigen Gerichte leider die zweite Geige. Für das Mittagsmenü (14 €) kommen die Einwohner trotzdem scharenweise hierher.

Casa Otaño BASKISCH €
(☎948 22 50 95; Calle de San Nicolás 5; Gerichte 15–18 €) In diesem Laden muss man zwar etwas mehr zahlen als in vielen anderen Restaurants der Umgebung, doch die zusätzliche Ausgabe lohnt sich. Die wunderbaren Angebote der Karte reichen von frischen, vor Ort gefangenen Forellen bis zu himmlischen Entengerichten. Sein Geld wert ist auch das *menú del día* für 17,80 €. Durch die üppigen rosafarbenen und roten Blumen auf dem Balkon wird die formelle Atmosphäre etwas aufgelockert.

Sarasate VEGETARISCH €
(☎948 22 57 27; Calle de San Nicolás 21; Gerichte 8–15 €; ✎) Das helle Lokal ist in der ersten Etage untergebracht und wartet mit hervorragenden vegetarischen und glutenfreien Speisen auf. Der Inhaber betreibt auch das Baserri, sodass an der Qualität kein Zweifel besteht. Es lohnt sich, eines der *menús del día* für 10,50 € zu probieren.

Mesón Pirineo BASKISCH €
(☎948 22 20 45; Calle de la Estafeta 41; Gerichte 12–16 €) Hier wird noch der traditionelle Navarra-Stil gelebt. Die *pintxos* in dem altmodischen Laden sind schlichtweg fantastisch.

Ausgehen & Unterhaltung

Pamplonas Studenten bescheren der Stadt das ganze Jahr über ein reges Nachtleben. Die Bars an der Calle Carmen, der Calle de la Caldereria und weiter zur Kathedrale zeichnen sich durch eine starke baskische Note aus. In der Gegend rund um die Stierkampfarena am Paseo de Hemingway stößt man ebenfalls auf einige Bars und Clubs. Größere Diskos liegen einen kleinen Spaziergang oder eine kurze Taxifahrt südlich und westlich vom Zentrum in der Altstadt in Richtung Universität. Die Türen öffnen dort in der Regel von Donnerstag bis Samstag nach 23 Uhr, der Eintritt kostet je nach Wochentag so zwischen 8 und 12 €. Am interessantesten sind das **Reverendos** (Calle de Monasterio de Velate 5) und das **Marengo** (Avenida de Bayona 2).

Café Iruña HISTORISCHES CAFÉ
(Plaza del Castillo 44) Das am Vorabend der Sanfermines 1888 eröffnete Café Iruña ist mit seiner tollen Lage, der Geschichtsträchtigkeit und der rüschenbeladenen Inneneinrichtung im Belle-Époque-Stil die mit Abstand bekannteste und beliebteste Kneipe der Altstadt. Neben Koffein und Alkohol gibt's hier eine gute Auswahl an *pintxos* und leichten Gerichten.

Praktische Informationen

Hauptpost (☎948 20 68 40; Ecke Paseo de Sarasate & Calle de Vínculo)

Hospital de Navarra (☎848 42 21 00; Calle de Irunlarrea 3)

Kuria.Net (Calle Curia 15; Internetzugang 2,50/Std.; ⌚Mo–Fr 10–22, Sa 10–14 & 15–22 Uhr)

Notfall (☎112)

Policía Nacional (☎091; Calle del General Chinchilla 3)

Touristeninformation (☎848 42 04 20; www.turismo.navarra.es; Calle de Esclava 1; ⌚Mo–Sa 9–20, So 9–14 Uhr) In dem außerordentlich gut organisierten Büro bekommt man jede Menge Infomaterial über die Stadt und Navarra.

An- & Weiterreise

Bus

Vom **Busbahnhof** (Calle Conde Oliveto 8) geht's in die meisten Städte Navarras, sonntags sind die Verbindungen allerdings eingeschränkt.

Folgende Städte werden regelmäßig bedient:

ZIEL	FAHRPREIS (€)	DAUER (STD.)
Bilbao	13,40	2
Logroño	7,98	1¾
San Sebastián	6,88	1
Vitoria	7,79	1¾

Zu den regionalen Zielen gehören:

ZIEL	FAHRPREIS (€)	DAUER (STD.)	TÄGLICHE ABFAHRTEN
Estella	3,89	1	10
Olite	3,13	¾	16

Flugzeug

Pamplonas **Flughafen** (☎948 16 87 00) liegt 7 km vom Zentrum entfernt. Von hier bestehen regelmäßige Verbindungen nach Madrid und Barcelona, außerdem gibt's einen Geldautomaten und Autovermietungen. Bus 21 (1,10 €) fährt vom Zentrum (vom Busbahnhof sowie von der Calle de las Navas de Tolosa) zum Flughafen und zurück. Ein Taxi kostet etwa 15 €.

Zug

Bus 9 startet alle 15 Minuten vom Paseo de Sarasate im Stadtzentrum zum Bahnhof. Tickets dafür bekommt man auch in der **Renfe-Agentur** (Calle de Estella 8; ⌚Mo–Fr 9–13.30 & 16.30–19.30, Sa 9–13 Uhr).

Folgende Städte werden regelmäßig bedient:

ZIEL	FAHRPREIS (€)	DAUER (STD.)	TÄGLICHE ABFAHRTEN
Madrid	56	3	4
San Sebastián	ab 20,40	2	2
Tudela	ab 18,60	1	5
Vitoria	4,85	1	4

Nördlich von Pamplona

SIERRA DE ARALAR

Die schöne Sierra de Aralar ist einer der vielen Naturparks in Navarra und bietet tolle Wandermöglichkeiten. **Lekunberri**, die größte Stadt der Gegend, gilt als weit weniger reizvoll. Außer ein paar soliden baskischen Bauernhäusern im alten Ortskern und einem einförmigen modernen Wohngebiet dahinter hat es wenig zu bieten. In der **Touristeninformation** (☎948 50 72 04; oit.lekunberri@cfnavarra.es; Calle de Plazaola 21, Lekunberri) erfährt man alles Wichtige über die fantastischen Trekkingrouten in der Gegend.

Viele Busse, die zwischen Pamplona und San Sebastián verkehren, halten in Lekunberri. Wirklich erkunden kann man die Sierra de Aralar aber nur mit dem eigenen Fahrzeug.

Sehenswertes

Santuario de San Miguel de Aralar KIRCHE
(⌚Juni–Sept. 10–14 & 16–20 Uhr) Viele Traveller legen auf ihrer Fahrt über die kurvenreiche NA1510, die Richtung Südwesten durch dichte Laub- und Nadelwälder führt und schließlich (nach 21 km) am strengen und trostlosen Santuario de San Miguel de

Aralar aus dem 9. Jh. endet, eine Pause ein. Das Heiligtum liegt im Schatten des Monte Altxueta (1343 m). Trotz der attraktiven Kirchenschiffe und des 800 Jahre alten Altarbildes möchte man sich hier in einer dunklen Nacht nicht verirren. Richtung Süden bietet sich ein spektakulärer Blick über die Ebenen.

Schlafen & Essen

In Lekunberri gibt's mehrere Hotels und Restaurants.

Hotel Ayestarán HISTORISCHES HOTEL €€
(948 50 41 27; www.hotelayestaran.com; Calle de Aralar 27, Lekunberri; DZ 91 €; P) In dem schönen Hotel mit einem hervorragenden Restaurant übernachtete schon Hemingway auf seiner Fahrt zur Fiesta in Pamplona. An der Wand hängt ein signiertes Foto, das den Autor vor dem Gebäude zeigt.

NAVARRAS CASAS RURALES

Navarra hat ausgezeichnete *casas rurales* (Dorfhäuser oder Bauernhöfe mit Gästezimmern): Oft sind es gut gepflegte und wunderschöne Häuser in den Bergdörfern. Man erkennt sie an zwei unterschiedlichen Plaketten. Eine zeigt die weißen Buchstaben „CR" auf dunkelgrünem Hintergrund, während die andere, moderne Variante in Braun, Olivgrün und Weiß ein „C" und den Umriss eines Hauses aufweist.

Ein Exemplar des Führers *Guía de Alojamientos* erhält man kostenlos in fast allen Touristeninformationen in Navarra. Die Broschüre listet alle privaten Unterkünfte und Bauernhäuser mit Gästezimmern auf. Wer in der Hauptsaison herkommt, sollte besser reservieren.

SIERRA DE ANDIA

Blickt man vom Santuario de San Miguel de Aralar Richtung Süden, entdeckt man die Sierra de Andia, die ebenfalls mit zahlreichen Möglichkeiten für Wanderer aufwartet. Man erreicht sie über eine enge, schwindelerregende, unbefestigte Straße (auf keinen Fall bei Eis, Nebel oder Nässe befahren!), die am Heiligtum beginnt und nach einer Weile auf die NA120 trifft. Letztere windet sich mühsam hinauf in die Sierra nach Estella. Über den schroffen Berghängen gleiten Geier und Adler hinweg und die hohen Sandsteinfelsen sind mit einem Gewirr von Karsthöhlen durchsetzt, in denen früher einmal Hexen gelebt haben sollen. Ist man oben auf dem Plateau angelangt, wird es spürbar ruhiger. Auf dem ersten Parkplatz, zu dem man kommt, sind zahlreiche Wanderwege ausgeschildert.

Östlich von Pamplona

JAVIER

80 EW. / 448 M

11 km nordöstlich von Sangüesa erstreckt sich das winzige Javier (Xavier), ein ruhiges Dorf in schöner grüner Lage mit einer Burg wie aus einer Kinderfantasie. Die Festung ist so perfekt erhalten, dass man kaum überrascht wäre, wenn plötzlich die Zugbrücke heruntergelassen würde und ein Ritter auf einem weißen Ross herausgaloppiert käme. Darüber hinaus ist Javier der Geburtsort des Schutzpatrons von Navarra, des heiligen Francisco Xavier, der hier 1506 das Licht der Welt erblickte. Xavier verbrachte große Teile seines Lebens damit, in Asien zu reisen, zu beten, zu lehren und zu heilen. Heute ruhen seine auf wunderbare Weise erhaltenen sterblichen Überreste in einer Kathedrale in Goa (Indien). Im **Castillo de Javier** (Eintritt 2,50 €; April–Sept. 10–13.30 & 15.30–18.30 Uhr) ist ein kleines Museum untergebracht, das sich dem Leben des Heiligen widmet.

Wer über Nacht bleiben möchte, trifft mit dem efeubewachsenen **Hotel Xabier** (948 88 40 06; www.hotelxabier.com; DZ 70 €; P) aus rotem Backstein eine gute Wahl. Die Unterkunft verfügt über kleine Zimmer, von deren Fenstern man in einer mondhellen Nacht wunderbar die Geister rund um die Burg flattern sehen kann.

MONASTERIO DE LEYRE

Das **Monasterio de Leyre** (Erw. 2,30 €; März–Nov. Mo–Fr 10.15–14 & 15.30–19, Sa & So 10.15–14 & 16–19 Uhr) liegt in einer reizvollen Umgebung im Schatten der Sierra de Leyre. Von Yesa bis zum Kloster sind es etwa 4 km auf der N240. An Feiertagen wird das Gebäude stets von Touristen überrannt. Die frühromanische Krypta verfügt über drei Kirchenschiffe mit niedrigem Dach und das Hauptportal aus dem 12. Jh. ist ein schönes Beispiel romanischer Kunstfertigkeit.

Schaut man vom Kloster in Richtung Hauptstraße hinunter, entdeckt man die **Embalse de Yesa**, einen Stausee, der sich ganz wunderbar zum Schwimmen eignet.

WANDERN

In der Region erstrecken sich zahlreiche Wanderwege verschiedener Längen und Schwierigkeitsgrade. An etwa 45 Tagen kann man sich auch die hoch gelegenen Strecken über die gesamte Breite der Pyrenäen vornehmen. Allerdings darf man dabei nicht vergessen, dass das Wetter oftmals gefährlich schnell umschlägt. Selbst im August kann ein sonniger Morgen unvermittelt in einen Nachmittag mit heftigen Stürmen übergehen. Aus diesem Grund sollte man bei wirklich jeder Tour einen Zweijahreszeiten-Schlafsack und Wetterschutzkleidung dabeihaben.

Einen geeigneten Ausgangspunkt zu finden, ist gar nicht so einfach. Ohne einen guten Trekkingführer, eine ordentliche Karte und einen Kompass entgehen einem wahrscheinlich die schönsten Routen. Im englischsprachigen Lonely Planet *Hiking in Spain* werden mehrere Touren in den Navarresischen Pyrenäen sowie in anderen Regionen des Baskenlands beschrieben. Alternativ bekommt man in vielen Zeitungsläden, Buchhandlungen und Touristeninformationen Wanderführer auf Spanisch und Französisch. Einige der kürzeren und besonders beliebten Wanderungen sind gut ausgeschildert und auch Besuchern zugänglich, die kein Spanisch oder Französisch können. Zudem bieten die Touristeninformationen gelegentlich einfache Karten mit kurzen Wanderungen an.

In diesem Abschnitt beschreiben wir keine Wanderrouten, sondern setzen den Schwerpunkt auf Bergregionen und Dörfer, die Besuchern mit eigenem Fahrzeug zugänglich sind.

Weitere Informationen über die Gegend erhält man bei der **Federación Navarra de Deportes de Montaña y Escalada** (☎in Pamplona 948 22 46 83, in San Sebastián 943 47 42 79; www.fedme.es, auf Spanisch).

Die Pyrenäen

Hier erwarten Traveller eine tiefgrüne, oft nebelverhangene Hügellandschaft, schroffe Abhänge, feuchtkalte Wälder und schneebedeckte Berge, deshalb ist dies ein echtes Paradies für Outdoor-Begeisterte und Jakobswegpilger. Obwohl die Navarresischen Pyrenäen in ihrer Geschichte, Kultur und ihrem Aussehen durch und durch baskisch sind, haben sich die Dörfer und Ortschaften einen ganz eigenen Charakter bewahrt. Sie wirken steifer und sauberer als viele andere Städte im Tiefland, was vielleicht an ihrer Nähe zu Frankreich liegt. Das aber macht die Erforschung der wohl schönsten und am wenigsten erschlossenen Bergregion Europas umso interessanter.

Wanderer und Skifahrer sollten zu jeder Jahreszeit gut ausgerüstet sein und die Notrufnummer parat haben: ☎112 in Navarra und ☎17 in Aquitaine, Frankreich.

VALLE DEL BAZTÁN

Diese Gegend aus fleckigen Rot- und Grüntönen steht par excellence für das ländliche Baskenland. Nebenstraßen führen in bezaubernde Dörfer wie **Arraioz**, das für die befestigte Casa Jaureguizar berühmt ist, und **Ziga** mit einer Kirche aus dem 16. Jh.

Gleich hinter Irurita erstreckt sich an der N121B **Elizondo**, der größte Ort des Tals. Mit seinen hohen Fachwerkhäusern verströmt er ein urbanes Flair. Von hier aus lässt sich die Region gut erkunden. Wer über Nacht bleibt, trifft mit dem **Antxitónea Hostal** (☎948 58 18 07; www.antxitonea.com; Calle Braulío Iríarte 16; DZ ab 72 €; 📶) eine gute Wahl. Die Unterkunft verfügt über schlichte Zimmer, blumengeschmückte Balkone und ein empfehlenswertes Restaurant.

Von dieser Stadt führt die NA2600 vorbei an malerischen Bauernhöfen, Dörfern und grünen Hügeln, ehe sie plötzlich stark ansteigt zum französischen Grenzpass **Puerto de Izpegui**. Hier oben verwandelt sich die Landschaft in eine spektakuläre Szenerie aus Klippen, Gipfeln und Tälern. Am Pass kann man einen Stopp einlegen und eine kurze Wanderung zur Spitze des **Izpegui** unternehmen. In der Region stößt man zudem auf zahlreiche *casas rurales*.

Die N121B verläuft nordwärts zum Puerto de Oxtondo und nach Dantxarinea an der Grenze zu Frankreich. Unmittelbar vor der Grenze zweigt eine Nebenstraße Richtung Westen ins fast schon kitschige Dorf **Zugarramurdi** mit den deutlich weniger hübschen **Cuevas de Las Brujas** (Erw./erm.

3,50/2 €; ⌚10.30–20 Uhr) ab. Laut der Inquisitoren waren diese Höhlen einst Schauplatz böser Machenschaften, deshalb ließ man dort Hunderte vermeintlicher Hexen foltern und verbrennen. Das **Museo de las Brujas** (Erw./erm. 4/2 €; ⌚Di–So 11–19.30 Uhr) hat sich ganz und gar dem Thema Hexenwerk verschrieben.

Zugarramurdi wartet mit vielen *casas rurales* auf, wird aber leider nicht von öffentlichen Verkehrsmitteln angesteuert.

ÜBER RONCESVALLES NACH FRANKREICH

Wer Pamplona verlässt und auf der N135 Richtung Nordosten in die Pyrenäen fährt, sieht wie die Gelb-, Braun- und Olivtöne des unteren Teils von Navarra in eine grünere Vegetation übergehen. Allerdings ist die Strecke, die dem Jakobsweg folgt, eher für Kulturliebhaber als für Naturfreunde attraktiv.

BURGUETE

Die Hauptstraße durch Burguete (auf Baskisch Auritz) verläuft dicht an den sauberen, weiß getünchten Häusern mit Ziegelkanten entlang, die dem Ort ein nüchternes französisches Flair verleihen. Hier kann man besser übernachten als im nahe gelegenen Roncesvalles.

In der Umgebung stößt man auf mehrere *casas rurales*. Im Dorf selbst bietet das **Don Jauregui de Burguete** (☎948 79 03 99; www.donjaureguideburguete.com; Calle de San Nicolás 32; DZ ab 45 €) helle, jugendlich wirkende Zimmer. Darüber hinaus betreibt es ein hervorragendes Restaurant, in dem man sich ein herzhaftes *menú del día* für 15,50 € gönnen kann. Eleganter, aber auch weniger interessant ist das **Hotel Loizu** (☎948 76 00 08; www.hotelloizu.com; Calle de San Nicolás 13; April–Dez. DZ 89 €; 📶), dessen Zimmer im oberen Stockwerk mit schönen Holzbalken und rustikalen Steinwänden punkten. Ein paar Kilometer südlich der Stadt erstreckt sich der **Camping Urrobi** (☎948 76 02 00; www.campingurrobi.com; Stellplatz pro Pers./Zelt/Auto 4,90/4,90/4,90 €, B 9,25 €; ⌚April–Nov.; 📶). Auf dem Platz gibt's auch ein Hostel mit 42 Betten.

RONCESVALLES

In Roncesvalles (auf Baskisch Orreaga) herrscht eine geschichtsträchtige Atmosphäre. Der Legende zufolge wurden hier die Armeen von Karl dem Großen geschlagen und Roland, der Anführer der Nachhut der fränkischen Truppen, 778 von baskischen Stämmen ermordet. Dieses Ereignis wird im epischen *Rolandslied* aus dem 11. Jh. beschrieben, außerdem ist die Schlacht nach wie vor häufig Thema unter den Basken. Doch nicht nur Gewalt und Blutvergießen prägten diese Stadt, die bereits seit Langem eine Schlüsselposition am Jakobsweg innehat. Heute kommen zahlreiche Pilger hierher, um für die erfolgreiche Überquerung der Pyrenäen, einen der härtesten Abschnitte des Jakobswegs, zu danken.

Am Eingang des beeindruckenden **Klosterkomplexes** (Eintritt Erw./erm. 4,10/1,70 €; ⌚10–14 & 15.30–19 Uhr) befindet sich eine **Touristeninformation** (☎948 76 03 01; ⌚Mo–Sa 10–14 & 16–19, So 10–14 Uhr). Die gotische **Real Colegiata de Santa María** enthält eine hochverehrte silberbeschlagene Statue der Jungfrau; der modernistisch wirkende Baldachin über ihr wäre eines Frank O. Gehrys würdig. Ebenso interessant ist der Kreuzgang mit dem Grab Sanchos VII. (El Fuerte; der Starke) von Navarra, dem angeblich 2,25 m großen Sieger der Schlacht von Las Navas de Tolosa gegen die Mauren 1212 (siehe auch Kasten S. 458). Ganz in der Nähe stößt man auf die im 12. Jh. errichtete **Capilla de Sancti Spiritus**.

In der Stadt gibt's mehrere Übernachtungsmöglichkeiten, darunter das **Hostal Casa Sabina** (☎948 76 00 12; EZ/2BZ 36/50 €), das nur Zimmer mit zwei einzelnen Betten hat – vielleicht, damit so nah am Kloster nichts Unsittliches passiert? In der Bar und dem Restaurant ist deshalb deutlich mehr los als in den Schlafzimmern. Alternativ kommt man in der **Posada** (☎948 76 02 25; www.laposadaderoncesvalles.com; EZ/DZ 40/50 €) mit viel ländlichem Charme und einfachen Zimmern unter.

Ein Bus fährt jeden Morgen außer sonntags um 9.20 Uhr über Burguete nach Pamplona (6 €, 1¾ Std.) und von dort am späten Nachmittag zurück.

PUERTO DE IBAÑETA & VALCARLOS

Von Roncesvalles führt die Straße zum Puerto de Ibañeta hoch, von wo aus man einen fantastischen Ausblick genießt. Die letzte Ortschaft vor der Grenze ist Valcarlos (auf Baskisch Luzaide). Sie liegt an einem rutschigen Abhang Richtung Frankreich und ist ein verschlafenes, aber ziemlich hübsches Fleckchen. Unter den *casas rurales* scheint die von Bäumen eingerahmte **Casa Etxezuria** (☎948 79 00 11; www.etxezuria.com, auf Spanisch; Zi. 45 €) mit ihren Zimmern im

Gebirgsstil am zuverlässigsten zu sein – in vielen anderen Hütten ist dagegen nur selten jemand anzutreffen.

DIE STRASSEN NACH OCHAGAVÍA

Wer die Gegend mit dem Auto erkunden möchte, kann auf den vielen ruhigen Landstraßen herumkurven. Entlang der Routen östlich der Hauptstraße nach Roncesvalles stößt man auf hübsche Dörfer. Einige Kilometer südlich von Burguete zweigt die NA140 nach Osten Richtung Garralda ab. Nun geht's nach **Arive**, ein malerischer Weiler, von dem man weiter nach Osten zum Valle del Salazar gelangt. Eine Alternative bietet die Strecke nach Süden am Río Irati an der schönen romanischen Kirche bei **Nagore** vorbei. Oder man fährt eine Schleife in Richtung Nordosten durch die schöne Waldlandschaft des **Bosque de Irati** mit den Tausenden Buchen, deren Laub sich im Herbst in einem flammenden Orange zeigt, und die zu Spaziergängen einlädt. Diese Route führt schließlich bei Ochagavía wieder ins Valle de Salazar. Wer auf der NA140 zwischen Arive und Ochagavía bleibt, hat mit **Abaurregaina** und **Jaurrieta** besonders bezaubernde Ziele vor sich. In vielen Orten entlang der Strecke gibt's *casas rurales*.

OCHAGAVÍA

Dieser bezaubernde Ort erstreckt sich an beiden Seiten des schmalen Río Zatoya und wirkt irgendwie anders als die Dörfer weiter südlich. Grauer Stein, Schiefer und Kopfsteinpflaster prägen das alte Zentrum, durch das ein munterer Bach fließt. Eine schöne mittelalterliche Brücke führt darüber. Die nüchterne Würde Ochagavías wird von der beeindruckenden **Iglesia de San Juan Evangelista** unterstrichen.

Der Ort ist ein beliebter Ausgangspunkt für Wanderer und Skifahrer, deshalb gibt's hier zahlreiche *casas rurales*. Im **Centro de Interpretación de la Naturaleza** (☎948 89 06 80; ⌚ Mo–Sa 10–14 & 16.30–20.30, So 10–14 Uhr) bekommt man eine Liste mit unterschiedlichen Unterkünften und Routenvorschlägen. Der **Camping Osate** (☎948 89 01 84; www.campingosate.net; Stellplatz pro Pers./Zelt/Auto 4,30/4,30/4,30 €) bietet auch Bungalows für zwei Personen an (ab 43 €) und verfügt über ein Hostel. Am Hauptplatz von Ochagavía befindet sich das einzige offizielle Hotel des Dorfs, das **Hostal Auñamendi** (☎948 89 01 89; www.hostalauniamendi.com; DZ 79 €).

Wer nach Frankreich fahren möchte, folgt der NA140 nordöstlich von Ochagavía in die Sierra de Abodi und überquert den Puerto de Larrau (1585 m), einen majestätisch wirkenden kargen Pass. 4 km vor der Grenze kommt man an einem saisonal geöffneten Restaurant und einer Bar für Skifahrer vorbei.

VALLE DEL SALAZAR

Wer schon bis Ochagavía gefahren ist, dem bietet sich für den Weg nach Süden das Valle del Salazar an. Die zahlreichen Weiler dieser Gegend mit ihren ruhigen gepflasterten Straßen und kleinen Plätze gelten als echte Juwelen mittelalterlicher Baukunst. **Esparza** mit seinen Villen, einer mittelalterlichen Brücke und der restaurierten Iglesia de San Andrés lohnt sich ganz besonders, doch auch **Ezcároz**, **Sarriés**, **Güesa** und das nahe gelegene **Igal** (abseits der Hauptstraße) lohnen einen Besuch. Täglich pendelt ein Bus zwischen Pamplona und Ochagavía durch das Tal.

VALLE DEL RONCAL

Navarras spektakulärste Gebirgsregion erstreckt sich rings um Roncal. Das Valle del Roncal ist das östlichste Tal und eine tolle Option für die An- oder Abreise in die Navarresischen Pyrenäen. Nähere Informationen zu den *casas rurales* gibt's auf der Website von **Roncal und Salazar** (www.roncal-salazar.com).

BURGUI

Burgui dient als Tor zu diesem Teil der Pyrenäen. Der Ort besteht aus reizenden Steinhäusern, die an einem klaren, rauschenden Strom (dem Río Esca) liegen, in dem es nur so von Fröschen und Fischen wimmelt und über den eine romanische Bogenbrücke führt. An einem kleinen Strand kann man sogar baden. Das Dorf ist berühmt für seine Mandeln, denen zu Ehren am **Mandeltag** (3. Mai) eine kleine Fiesta veranstaltet wird. Das **Hostal El Almadiero** (☎948 47 70 86; www.almadiero.com; Plaza Mayor; DZ inkl. HP 124 €) verfügt über zu teure, aber farbenfrohe Zimmer mit Bädern aus dem 19. Jh. (samt modernen Annehmlichkeiten wie warmem Wasser).

RONCAL

Roncal wirkt mit seinen gepflasterten Gassen, die sich zwischen dunklen Steinhäusern zu einem Fluss voller Forellen hinunterwinden, wie ein typisches Dorf, auch wenn es das größte Zentrum entlang dieser

Straße ist. Bekanntheit erlangte es durch seinen *queso de roncal*, einen Schafsmilchkäse, der vor Ort verkauft wird.

Am südlichen Ortsende, auf der anderen Seite des Flusses, wartet das **Hostal Zaltua** (948 47 50 08; www.zaltua.com; Calle de Castillo 23; DZ 45 €) mit niedlichen Zimmern auf, von denen man teilweise auf das Wasser blickt. In der Nebensaison hat es sonntags geschlossen.

Die **Touristeninformation** (948 47 52 56; www.vallederoncal.es) befindet sich an der Hauptstraße in der Nähe der Ausfahrt nach Isaba.

ISABA

Das luftige Isaba thront hoch über den anderen Dörfern im Tal oberhalb des Zusammenflusses der Ríos Belagua und Uztárroz. Es dient ebenfalls als beliebter Ausgangspunkt für Wanderer und Skifahrer. Die nächste zuverlässige Skilanglaufmöglichkeit gibt's im 12 km entfernten Belagua.

Während der Skisaison sind die vielen Unterkünfte vor Ort oftmals komplett ausgebucht. Eine tolle Option ist das **Hostal Onki Xin** (948 89 33 20; www.onkixin.com; DZ 55 €) in einem umgebauten traditionellen Haus mit schick gestrichenen Zimmern und jeder Menge altem Holz und Steinmauern. Der **Camping Asolaze** (948 89 30 34; www.campingasolaze.com; Stellplatz pro Pers./Zelt/Auto 4,50/4/4,25 €, B 9,75 €) liegt an der Straße nach Frankreich bei Kilometer 6. Zu dem Platz gehört auch ein Hostel.

Südlich von Pamplona

Wer die A15 südlich von Pamplona entlangfährt, glaubt nach nur 15 Minuten in einer völlig anderen Welt zu sein. Innerhalb weniger Kilometer verschwinden die satten grünen Farben der baskischen Region und des nördlichen Navarra und gehen über in mediterrane Ockertöne. Je kräftiger die Sonne scheint (was sie hier viel häufiger tut!), desto mehr weichen die an Haifischzähne erinnernden Hügel des Nordens ruhigen Flachlandebenen und verdrängen die feuchten Wälder trockene Weingüter und Olivenhaine. Selbst die Menschen sind anders: Sie wirken geselliger und sind – wie die Graffitis beweisen – häufig aggressiv antibaskisch eingestellt. Traveller werden hier das Gefühl haben, nun endlich im Spanien der Klischees angekommen zu sein.

OLITE

3440 EW. / 365 M

Olite ist ein Ort wie aus dem Märchenbuch: Seine Türmchen und Spitzen stecken voller Geschichten von Königen und Königinnen, tapferen Rittern und hübschen Prinzessinnen. Heute mag man es kaum glauben, aber dieses unbedeutende, honiggelbe Dorf fungierte einst als Heimat der Königsfamilien von Navarra, und der von Mauern umgebene alte Ortskern ist voller Erinnerungen an diese Zeit.

Gegründet wurde Olite von den Römern (Teile der Stadtmauer stammen aus der Römerzeit). 1276 zog es erstmals die Aufmerksamkeit des Königshauses auf sich. Der große Durchbruch kam jedoch, als Carlos III. (Karl der Edle) im 15. Jh. Gefallen an dem Ort fand und eine Reihe kühner Bauprojekte anstieß.

Sehenswertes

Palacio Real BURG

(Castillo de Olite; www.palaciorealdeolite.com; Erw./erm. 3,50/2 €; 10–20 Uhr) Den außergewöhnlichen Palacio Real über dem Dorf haben wir Carlos III. zu verdanken. Zu seiner Zeit bewohnten nicht nur Prinzen und Hofnarren, sondern auch Löwen, Giraffen und andere exotische Haustiere den Prachtbau, der einen von Babylon inspirierten hängenden Garten besaß. Heute entdeckt man leider keine Prinzessinnen und Löwen mehr, von den Grünanlagen blieb jedoch einiges erhalten. Zu der Burg gehört auch die **Iglesia de Santa María la Real**, die mit einem wunderbaren gotischen Portal geschmückt ist. In der Kirche finden Führungen statt; die Zeiten erfährt man in der Touristeninformation.

Museo de la Viña y el Vino de Navarra MUSEUM

(948 74 12 73; Plaza de los Teobaldos 10; Erw./erm. 3,50/2 €; Mo–Sa 10–14 & 16–19, So 10–14 Uhr) Dieses Museum, das eine faszinierende Reise durch die Welt des Weins und des Weinanbaus bietet, sollte man sich nicht entgehen lassen. Tafeln und Schilder erklären die Exponate und man erfährt viele erstaunliche Dinge. Mit der Eintrittskarte zum Palacio Real gibt's 1 € Rabatt.

Galerías Subterráneas MUSEUM

(Plaza Carlos III; Erw./erm. 1,50/1 €; Di–Fr 11–13, Sa, So & öffentliche Feiertage 11–14 & 17–19 Uhr) Der Ursprung und die Verwendung dieser unterirdischen Burggalerien sind noch immer ungeklärt. Heute beherbergen

LAGUNA DE PITILLAS

Die Seen und Sümpfe der Laguna de Pitillas gehören zu den besten Orten Navarras, um Vögel zu beobachten. Ohnehin ist die Region für ihre vielfältige Vogelwelt berühmt. In dem Feuchtgebiet von internationaler Bedeutung leben etwa 160 einheimische und Zugvogelarten, darunter Rohrweihen, Rohrdommeln und sogar Fischadler. Man erreicht die Laguna di Pitillas, indem man von Olite die N121 Richtung Süden nimmt und dann auf die NA5330 abbiegt.

sie ein kleines Museum über das mittelalterliche Leben der Stadt (alle Exponate sind lediglich auf Spanisch beschriftet): Wer blaues Blut hatte oder reich war, führte ein Leben mit Wein, Weib und Gesang und anderem Überfluss, alle anderen fristeten dagegen ein erbärmliches Dasein.

Schlafen & Essen

Hotel el Juglar BOUTIQUE-HOTEL €€€
(948 74 18 55; Rúa Romana 39; EZ/DZ 100/120 €; P) Olites beste Bleibe liegt ein paar Minuten vom alten Ortskern entfernt im neuen Teil des Dorfs. Die wenigen Zimmer sind etwas unterschiedlich gestaltet; einige haben große Whirlpool-Badewannen, andere altmodische Steinwannen und wieder andere aufwendige ebenerdige Duschen, aber alle verfügen über Himmelbetten und eine kunstvolle Deko.

Principe de Viana HISTORISCHES HOTEL €€€
(948 74 00 00; www.parador.es; Plaza de los Teobaldos 2; EZ/DZ inkl. Frühstück ab 138/184 €; @) Das in einem Flügel der Burg untergebrachte luxuriöse, stimmungsvolle Hotel der Parador-Kette ist eine Klasse für sich. Ein paar der günstigeren Zimmer befinden sich allerdings in einem neueren Anbau. Sicherlich gibt's auch für deutlich weniger Geld gute Unterkünfte im Ort, aber bestimmt nicht in einer echten Burg.

Hotel Merindad de Olite HISTORISCHES HOTEL €€
(948 74 07 35; www.hotel-merindaddeolite.com; Rúa de la Judería 11; EZ/DZ ab 78/88 €;) Ein charmantes Hotel, das sich an die alten Stadtmauern schmiegt. Es bietet kleine, aber komfortable Zimmer mit Antiquitäten in Hülle und Fülle. Am besten reserviert man vorher.

Hostal Rural Villa Vieja BOUTIQUE-HOTEL €€
(948 74 17 00; www.hostalvillavieja.com; Calle Villaveija 11; EZ/DZ 60/75 €;) Im Gegensatz zu der putzigen altmodischen Dekoration, die in Olite so weitverbreitet ist, zeichnen sich die kunstvoll ausgestatteten Zimmer dieses Hotels durch kräftige Farben und Pop-Art-Deko aus.

Hotel Casa Zanito TRADITIONELLES HOTEL €€
(948 74 00 02; www.casazanito.com; Rúa Mayor 10; EZ/DZ 57/67 €) Dieses zentral gelegene Hotel ist nicht gerade inspirierend, aber unschlagbar günstig. Im zugehörigen Restaurant gibt's leckere Gerichte für 12 bis 23 €.

Restaurante Gambarte BASKISCH €€
(948 74 01 39; Calle Rúa del Seco 15; Menü ab 20 €) In dem gemütlichen Lokal, das als das beste der Stadt gilt, kann man sich den Bauch mit Köstlichkeiten wie Tintenfisch mit Knoblauch und Paprika vollschlagen.

Praktische Informationen

Olite betreibt im Gebäude des Weinmuseums eine freundliche, hilfsbereite **Touristeninformation** (948 74 17 03; Plaza de los Teobaldos 10; Mo–Sa 10–14 & 16–19, So 10–14 Uhr).

An- & Weiterreise

Zwischen Olite und Pamplona verkehren täglich bis zu neun Busse (3,13 €, 40–60 Min.).

UJUÉ

18 km von Olite stößt man auf Ujué, ein perfekt erhaltenes mittelalterliches Dorf auf einem von terrassierten Feldern überzogenen Hügel mit Blick über die südlichen Ebenen und sehr steilen, engen Straßen. Hier befindet sich die romanisch-gotische **Iglesia de Santa María**, die eine seltene Statue der Schwarzen Jungfrau beherbergt. Angeblich wurde diese von einem Schafhirten entdeckt, der einer Taube folgte. Darüber hinaus wird in der Kirche das Herz von Carlos II. bewahrt.

Am Sonntag nach dem Tag des heiligen Markus (25. April) ist Ujué Schauplatz einer faszinierenden *romería* (Wallfahrt). Zu diesem Anlass pilgern Hunderte Menschen nachts von Tudela hierher, um in der Dorfkirche die Messe zu feiern.

Es gibt im Ort keine offizielle Übernachtungsmöglichkeit, aber es lohnt sich, zum Mittagessen im **Mesón las Migas** (948 73 90 44; Calle Jesús Echauri; Gerichte 12–18 €, menú del día 26 €) einzukehren, wo traditionelle südnavarresische Gerichte zubereitet werden. Die über einem offenen Feuer gegarten Steaks sollte man sich nicht entgehen lassen. Ebenso empfehlenswert ist die Spezialität des Hauses, *migas de pastor* (gebratene Brotkrümel mit Kräutern und Chorizo). Sonntags steht meist nur ein einziges Menü auf der Karte.

MONASTERIO DE LA OLIVA

Im 12. Jh. gründeten Zisterziensermönche das 2 km von Carcastillo entfernte **Monasterio de la Oliva** (☎948 72 50 06; Führungen 2 €; ⏲Mo–Sa 9–12.30 & 15.30–18, So 9–11.45 & 16–18.15 Uhr), das noch heute genutzt wird. Zu dem Kloster gehören eine karge Kirche und ein friedlicher Kreuzgang im gotischen Stil. Die Mönche tragen exotische weiße Kutten mit Kapuzen.

PARQUE NATURAL DE LAS BÁRDENAS REALES

In einer Region, die vor allem von feuchten Berghängen dominiert wird, ist eine sonnenverbrannte Wüste so ziemlich das Letzte, womit man rechnet – doch genau darauf stößt man im Parque Natural de las Bárdenas Reales. Der Naturpark wurde 1999 gegründet und bereits ein Jahr später von der Unesco zum Biosphärenreservat erklärt. Er erstreckt sich im südöstlichen Navarra über eine Fläche von 410 km² und umfasst eine ausgedehnte Landschaft aus kahlen Hügeln, offenen Kiesebenen und gewundenen Schluchten. Hier leben unzählige Vogel- und Tierarten, darunter Großtrappen, Steinadler, Schmutz- und Lämmergeier, zahlreiche Reptilien, Bergkatzen und Wildschweine. Die Landschaft mag unberührt wirken, tatsächlich wurde sie aber künstlich geschaffen. Wo heute Wüste ist, wuchs früher Wald, doch die Menschen holzten ihn komplett ab, um ihre Tiere dort weiden zu lassen, und fanden sich plötzlich in einer kargen Gegend wieder. Es gibt einige unbefestigte Straßen und viele Wander- bzw. Radwege, die nicht besonders gut ausgeschildert sind. Die Touristeninformationen in Olite und Tudela sind die besten Anlaufstellen für zuverlässige Auskünfte und Karten.

TUDELA

34 717 EW. / 243 M

Tudelas Außenbezirke wirken auf viele Besucher so deprimierend, dass sie am liebsten sofort wieder umkehren würden. In dem Fall verpassen sie allerdings etwas: Der Ort war fast 400 Jahre lang unter muslimischer Herrschaft und dank der herrlichen Serpentinenstraßen aus dieser Zeit wird der Spaziergang durch die Altstadt zu einem echten Erlebnis.

Sehenswertes

Altstadt ALTSTADT

In der Altstadt führen viele Gässchen zu interessanten Gebäuden oder Bars. Zu den interessantesten Zielen gehört die farbenfroh verzierte **Plaza de los Fueros** aus dem 17. Jh., deren Häuserfassaden oben mit bunten Wandbildern geschmückt sind. Auf ihnen sind Wappen und Stierkampfszenen aus jener Zeit zu sehen, als der Platz noch als Stierkampfarena genutzt wurde. Heute ist er von zahlreichen fröhlichen Cafés umringt. Die **Iglesia de Santa María** aus dem 16. Jh. diente in der Vergangenheit sowohl als Moschee als auch als Synagoge.

Ein kleines Stück weiter liegt die **Kathedrale**, ein düsterer Stein- und Ziegelbau aus dem 12. Jh. An der westlichen **Puerta del Juicio** fallen die zahlreichen gemeißelten Figuren auf. Sie schauen ziemlich unglücklich drein, aber sie stehen schließlich auch gerade vor dem Jüngsten Gericht. Die Skulpturen rechter Hand blicken besonders gequält, weil sie von kleinen Teufeln in Öl frittiert werden. Für einen Bummel durch die Straßen braucht man genügend Zeit, da es viele alte Villen zu bewundern gibt. Auf vielen Dächern ragen *aleros* (Sonnendächer) im aragonischen Stil hervor.

Museo Muñoz Sola KUNSTMUSEUM

(www.museomunozsola.com; Plaza Vieja 2; Eintritt 1 €; ⏲Mo–Fr 10–13.30 & 16–19, Sa & So 10–13.30 Uhr) Das Museum im Herzen der Altstadt zeigt die Arbeiten des einheimischen Künstlers Cesar Muñoz Sola sowie mehrerer internationaler Künstler.

Schlafen

Hostal Remigio HOTEL €

(☎948 82 08 50; www.hostalremigio.com; Calle de Gaztambide 4; EZ/DZ 32/52 €) Rustikale, günstige Zimmer in einem durchschnittlichen Hotel.

Praktische Informationen

Die ausgezeichnete **Touristeninformation** (☎948 84 80 58; oit.tudela@navarra.es; Calle de Juicio 4; ⏲Mo–Fr 9.30–14 & 16–20, Sa 10–14 & 16–20, So 10–14 Uhr) befindet sich gegenüber der Kathedrale.

An- & Weiterreise

Etwa sechs bis sieben Züge fahren täglich von/nach Pamplona (ab 18,60 €, 1 Std.). Busse nach Pamplona (7,11 €, 1¼ Std., 8-mal tgl.) starten neben dem Bahnhof südöstlich des Zentrums.

Westlich von Pamplona

PUENTE LA REINA

2670 EW. / 421 M

Auf der mittelalterlichen sechsbogigen Brücke bei Puente la Reina (auf Baskisch Gares), etwa 22 km südwestlich von Pamplona an der A12, drängeln sich die Geister unzähliger Pilger. Über Jahrhunderte kamen sie von Roncesvalles im Norden sowie Aragonien im Osten und schlossen sich hier zusammen, um gemeinsam die Hauptroute nach Westen bis Santiago de Compostela zu bewältigen. Ihr erster gemeinsamer Halt war die spätromanische **Iglesia del Crucifijo**, die von den Tempelrittern errichtet wurde und eines der schönsten noch erhaltenen gotischen Kreuze beherbergt.

ESTELLA

14 000 EW. / 483 M

Die Stadt Estella (auf Baskisch Lizarra) war im Mittelalter wegen ihrer prachtvollen Monumente und Bauwerke unter dem Namen „La Bella" bekannt. Obwohl die alte Dame einen Teil ihrer Schönheit an die modernen Vororte verloren hat, ist sie doch nicht ohne Reiz. Im 11. Jh. wurde der Ort zur wichtigsten Anlaufstelle der wachsenden Pilgerflut auf dem Jakobsweg (s. Kasten S. 458) und zieht auch heute noch viele Besucher an.

Die **Touristeninformation** (☎948 55 63 01; Calle de San Nicolás 1; ⌚Mo–Sa 10–14 & 16–19, So 10–14 Uhr) befindet sich am Westufer unterhalb der **Iglesia de San Pedro de la Rúa** aus dem 12. Jh., dem wichtigsten Gebäude der Stadt. Gleich daneben steht der **Palacio de los Reyes** (www.museogustavodemaeztu.com; Calle de San Nicolás 2; Eintritt frei; ⌚Di–Sa 11–13 & 17–19, So 11–13.30 Uhr), ein seltenes Beispiel profaner romanischer Architektur. Es beherbergt eine sehenswerte Sammlung von Gemälden von Gustavo de Maeztu y Whitney (1887-1947), der zwar kubanisch-englischer Abstammung war, in Erziehung und Identität aber als überzeugter Baske galt. Landschaften, Porträts und Akte zeigen Maeztus berührende, sensible Romantik. Jenseits des Flusses erhebt sich die **Iglesia de San Miguel** mit einem schönen romanischen Nordportal.

Jedes Jahr vom 31. Juli bis zum 8. August ist Estella Gastgeber einer **feria** (Messe) mit einem **encierro** (Stierlauf).

Nur wenige Gehminuten vom Altstadtzentrum entfernt bietet das **Hotel Yerri** (☎948 54 60 34; www.hotelyerri.es; Avenida de Yerri 35; EZ 40–45 €, DZ 62–67 €; P WLAN) bequeme, aber unspektakuläre Zimmer.

Bei Pilgern auf dem Weg nach Galicien erfreut sich das **Astarriaga Asador** (☎948 55 08 02; Plaza de Los Fueros 12; Gerichte 10–15 €) auf dem Hauptplatz großer Beliebtheit, da es eine gute Auswahl an riesigen Steaks anbietet – manche erreichen fast Kuhgröße.

Vom **Busbahnhof** (Plaza Coronación) gibt's montags bis freitags etwa zehn Verbindungen nach Pamplona (5 €, 1 Std.), samstags und sonntags sind es nur sechs.

RUND UM ESTELLA

In dieser Gegend stößt man auf zahlreiche Klöster. Zu den schönsten zählt das **Monasterio de Irache** (Eintritt frei; ⌚Di 9–13.30, Mi–Fr 9–13.30 & 17–19, Sa & So 9–13.30 & 16–19 Uhr, 15. Dez.–31. Jan. geschl.) 3 km südwestlich von Estella in der Nähe von Ayegui. Das alte Benediktinerkloster verfügt über einen schönen Kreuzgang aus dem 16. Jh. im plateresken Stil und die mit kunstvollen Skulpturen verzierte **Puerta Especiosa**.

Ungefähr 10 km nördlich von Estella nahe Abárzuza liegt das **Monasterio de Iranzu** (www.monasterio-iranzu.com; Erw./erm. 2,50/1,50 €; ⌚10–14 & 16–20 Uhr). Das im 11. Jh. gegründete und kürzlich restaurierte sandfarbene Gebäude wartet mit hübschen Kreuzgängen auf und ist so ruhig, dass es selbst den Teufel zur Meditation inspirieren könnte.

LA RIOJA

Her mit den *copas* (Gläsern) und auf nach La Rioja, um ein paar der besten Rotweine des Landes zu kosten. Wein passt hervorragend zur ockerfarbenen Erde der Region und zum blauen Himmel, was beides eher an das mediterrane Spanien als an das grüne Baskenland weiter nördlich erinnert. Tatsächlich kann man sich wunderbar vorstellen, in einem ganz anderen Land zu sein. Der Großteil der Weinbaugebiete liegt am Río Ebro rund um die Stadt Haro, erstreckt sich aber auch bis in das benachbarte Navarra und die baskische Provinz Álava. Doch die vielfältige Region hat noch mehr zu bieten als nur hervorragenden Wein, und wer ein paar Tage hier verbringt, den erwartet eine Kombination aus lebendigen Städten, friedlichen Pilgerkirchen und Überresten gigantischer Reptilien.

Logroño

147 100 EW.

Logroño hat es nicht nötig, laut und auffällig zu sein. Die wunderbare Stadt punktet mit baumbestandenen Plätzen, schmalen Straßen und versteckten Ecken. Es gibt nur wenige Baudenkmäler, aber einige feine Restaurants und umso mehr Tapas- bzw. *pintxo*-Bars. Außerdem sind die meisten Einwohner sehr herzlich. Hier muss man sich einfach wohlfühlen.

Sehenswertes

Besucher können durch die Altstadt und hinunter zum Fluss spazieren.

Catedral de Santa María de la Redonda

KATHEDRALE

(Calle de Portales; Mo–Sa 8–13 & 18–20.45, So 9–14 & 18.30–20.45 Uhr) Die Catedral de Santa María de la Redonda begann ihr Dasein als gotische Kirche, ehe sie zur Kathedrale aufstieg. Ihr Innenraum ist düster und überwältigend. Von außen wirkt sie freundlicher, was zweifellos an dem riesigen Platz vor ihr liegt.

Iglesia de San Bartolomé

KIRCHE

(Calle de Rodríguez Paterna) Das eindrucksvolle Hauptportal der Iglesia de San Bartolomé aus dem 13. Jh. verfügt über einen prachtvollen Portikus mit tief zurückweichenden Nischen und eine bunte Sammlung von Statuen.

Feste & Events

Fiesta de San Mateo

WEINLESE

Logroños einwöchige Fiesta de San Mateo beginnt am 21. September. Zu dem Erntefest kommen Menschen aus der ganzen Region, um beim Traubentreten auf dem Espolón dabeizusein und reichlich Wein zu trinken.

Actual

KULTUR

Bei den kulturellen, musikalischen und kreativen Veranstaltungen geht's weniger feuchtfröhlich zu. Das Fest findet in der ersten Januarwoche statt.

San-Bernabé-Fest

FESTTAG

Dieses Fest wird am 11. Juni gefeiert und erinnert an die französische Belagerung Logroños 1521.

Schlafen

Nach Logroño kommen nicht allzu viele Touristen, und das spiegelt sich in der relativ geringen Anzahl der Hotels wider. Die vorhandenen Häuser bieten dafür aber ein gutes Preis-Leistungs-Verhältnis. Neben den hier genannten Unterkünften gibt's auch einige komfortable, aber sterile Businesshotels am Rande der Neustadt.

Hotel Marqués de Vallejo

DESIGNERHOTEL €€

(941 24 83 33; www.hotelmarquesdevallejo.com; Calle del Marqués de Vallejo 8; EZ/DZ 71/86 €; P) Die kreative Einrichtung dieses stilvollen modernen Hotels mit angemessenen Preisen reicht von Kunstwerken aus Treibholz in den Gemeinschaftsräumen bis zu Lollis und gewagten roten Hockern in den Zimmern.

Hostal La Numantina

PENSIÓN €

(941 25 14 11; http://hostalnumantina.com, auf Spanisch; Calle de Sagasta 4; EZ/DZ 35/58 €) Diese professionell geführte Unterkunft ist ganz auf die Bedürfnisse von Travellern eingestellt. In den gemütlichen und bequemen Zimmern stehen verrückt gemusterte Kleiderschränke, außerdem sind die Bäder überaus geräumig. Zu den Highlights gehören der Gemeinschaftsfernsehraum und die hervorragenden Infos für Touristen.

Hostal Niza

PENSIÓN €€

(941 20 60 44; www.hostalniza.com, auf Spanisch; Calle de Capitán Gallarza 13; EZ/DZ ab 40/60 €) Einfache, schicke Zimmer von banal und langweilig bis zu modern und aufregend. In allen kann man sich selbst Kaffee und Tee machen. Hier ist man mittendrin im Geschehen.

Pensión La Bilbaina

PENSIÓN €

(941 25 42 26; Calle de Capitán Gallarza 10; EZ 25–30 €, DZ 36–40 €) Eine niedliche Pension mit sauberen, angenehmen Zimmern und einem altmodischem Flair. Der Eingang besteht aus einem beeindruckenden Durcheinander von Fliesen.

Hotel Portales

BUSINESSHOTEL €€

(941 50 27 94; www.hotelportales.es; Calle Portales 85; DZ 74 €; P) Für den Zimmerpreis dieses modernen Businesshotels in hübscher Lage am Rand der Altstadt würde man anderswo nur in den schmuddeligsten Pensionen unterkommen.

Essen

Logroño ist ein Paradies für *pintxo*-Liebhaber. Die leckeren Häppchen kosten hier etwa 2 bis 4 € pro Stück. In der Touristeninformation gibt's ein Faltblatt, das eine *pintxo*-Tour in der Altstadt beschreibt. Am

Logroño

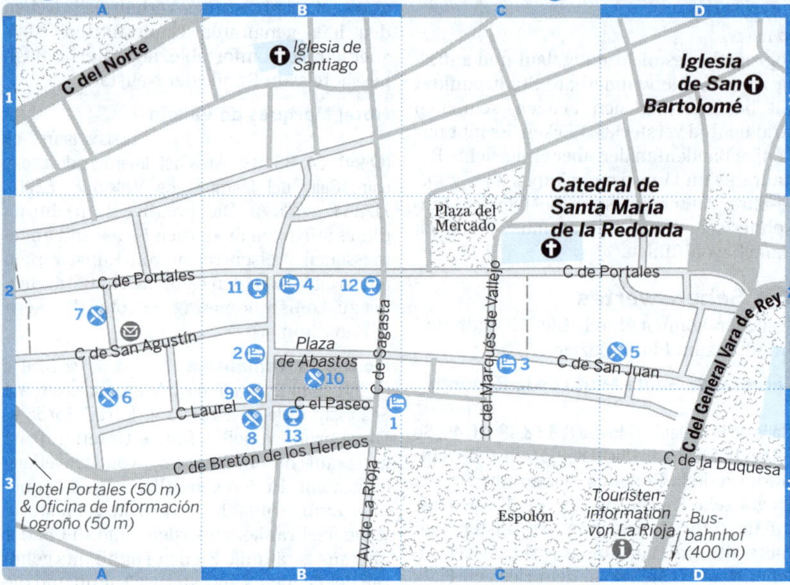

meisten los ist in der Calle Laurel und der Calle de San Juan, wo sich unter Dutzenden Läden auch diese herausragenden Lokale befinden:

Bar Soriano TAPAS €

(Travesía de Laurel 2) Viele Gäste werden von dem köstlichen Bratenduft in die Bar gelockt. Seit nunmehr 30 Jahren bekommen sie hier dieselben köstlichen Pilz-Tapas, die von einer Garnele gekrönt werden.

La Taberna de Baco TAPAS €

(Calle de San Agustín 10) Das Lokal verfügt über eine hervorragende Tapas-Liste mit mehrt als 40 verschiedenen *pintxos,* darunter *bombitas* (mit Pilzen gefüllte Kartoffeln) und *rabas de pollo* (gebratene Hühnchenstreifen in Gewürzen und Zitronensaft mariniert). Außerdem gibt's leckere Aufläufe und Salate.

Lorenzo TAPAS €

(Calle del Laurel 4–6) In diesem altmodischen Restaurant werden köstliche *tío agus* (gebratenes Schweinefleisch in einer Sauce nach einem Geheimrezept) serviert.

Bar Charly PINTXO-BAR

(Travesía de Laurel 2) Die Bar ist für ihre *pimientos rellenos* (scharfe rote Paprikaschoten mit Fleischfüllung) berühmt und hat nur abends geöffnet.

La Taberna del Laurel PINTXO-BAR

(Calle Laurel 7) Spezialität der Taberna del Laurel sind unschlagbare *patatas bravas* (Kartoffeln in einer würzigen Tomatensauce).

Bar A Tu Gusto PINTXO-BAR

(Calle de San Juan 21) In diesem andalusisch angehauchten Laden kommen fantastische Meeresfrüchte und Tintenfisch auf den Teller.

Mercado de Abastos MARKT

(Plaza de Abastos) Selbstversorger sollten den Mercado de Abastos mit einer Fisch- und Fleischabteilung sowie erstklassigen Obst- und Gemüseständen ansteuern.

Ausgehen

Die Bars entlang der Calle Laurel sind toll, um den Abend einzuläuten. Viele bieten gute örtliche Weine zu echten Schnäppchenpreisen an.

Steel BAR

(Calle de Portales 49) Das Steel ist eine Art gläserner Modetreffpunkt mit urbanem Schick und einer überaus jugendlichen Atmosphäre.

Noche y Día CAFÉ-BAR

(Calle de Portales 63) Ihrem Namen macht die beliebte Kneipe für einen Kaffee oder einen

Logroño

Highlights

Catedral de Santa María de la Redonda C2
Iglesia de San Bartolomé D1

Schlafen

1 Hostal La Numantina B3
2 Hostal Niza B2
3 Hotel Marqués de Vallejo C2
4 Pensión La Bilbaina B2

Essen

5 Bar A Tu Gusto D2
Bar Charly .... (siehe 6)
6 Bar Soriano A3
7 La Taberna de Baco A2
8 La Taberna del Laurel B3
9 Lorenzo B3
10 Mercado de Abastos B2

Ausgehen

11 Noche y Día B2
12 Steel B2
13 Vinos El Peso B3

Drink zumindest bis 1 Uhr morgens alle Ehre, und das ist für La Rioja schon ganz schön lange. Das Publikum ist älter und ruhiger als in den anderen Bars.

Vinos El Peso WEINLADEN
(Calle el Peso 1; Mo–Fr 9–21, Sa 9–16, So 9–14 Uhr) Von den zahlreichen Weinhandlungen in der Stadt ist diese besonders empfehlenswert.

Praktische Informationen

In Logroño gibt's zwei empfehlenswerte Touristeninformationen: eine regionale und eine städtische.

Hauptpost (Plaza de San Agustín 1) In der Altstadt.

Oficina de Información Logroño (941 27 33 53; www.logroturismo.org; Calle de Portales 50; Mo–Fr 9.30–14.30 & 17–20, Sa 10–14 & 17–20, So 10–14 Uhr) Die städtische Touristeninformation.

Touristeninformation von La Rioja (902 277200; www.lariojaturismo.com; Paseo del Espolón; Mo–Fr 10–14 & 16–19, Sa 10–14 & 17–20, So 10–14 & 17–19 Uhr) Die regionale Touristeninformation.

An- & Weiterreise

Nach der Ankunft am Bahnhof oder Busbahnhof von Logroño geht's zunächst die Avenida de España und dann die Calle del General Vara de Rey hinauf bis zum Espolón, einem großen parkähnlichen Platz, der von zahlreichen Platanen gesäumt wird. Der *casco viejo* beginnt gleich nördlich davon.

Busse – meistens vom Unternehmen **Autobuses Jimenez** (www.autobusesjimenez.com, auf Spanisch) – fahren in folgende Städte:

ZIEL	FAHRPREIS (€)	DAUER (STD.)
Bilbao	12,50	2
Burgos	8,07	2½
Haro	2,81	1
Pamplona	7,98	1¾
Santo Domingo de la Calzada	2,91	1

Züge steuern folgende Ziele an:

ZIEL	FAHRPREIS (€)	DAUER (STD.)
Bilbao	12,80–21,40	2½
Burgos	15,10–34,90	1¾
Madrid	33,90	3½
Zaragoza	12,35–35,10	2½

Südlich von Logroño

Wer mit dem eigenen Fahrzeug Richtung Süden nach Soria unterwegs ist, kommt durch eine beeindruckende Landschaft. Eine Route führt von Logroño südöstlich auf der N232 vorbei an Hinterlassenschaften muslimischer Eroberer und Erinnerungen an die prähistorische Vergangenheit. Auf der Strecke liegt die große Stadt Calahorra mit ihrer Altstadt voller verwinkelter, kurvenreicher Straßen, die an Nordafrika erinnert. Von hier geht's weiter Richtung Südwesten an Arnedo vorbei ins wunderbare Arnedillo.

ARNEDILLO & UMGEBUNG

Das herrliche Dorf Arnedillo erstreckt sich inmitten von allmählich erodierenden Hügeln und ist von terrassierten Olivenhainen umgeben, über denen Falken und Geier kreisen. Hier kann man ein paar geruhsame Tage mit Wandern und der Suche nach Dinosauriern verbringen. Gleich hinter Arnedillo stößt man auf das kleine Örtchen **Peroblasco**, das selbstbewusst oben auf einem Hügel thront und einen Abstecher wert ist.

Sehenswertes

Centro Paleontológico de Enciso DINOSAURIER
(www.dinosaurios-larioja.org, auf Spanisch; Erw./erm. 3/1,50 €; ⌚11–14 & 17–20 Uhr) Bloß nicht über die wie verrückt rasenden Lkw-Fahrer aufregen – vor 120 Millionen Jahren wären hier stattdessen Tyrannosaurier herumgerannt. Wenn man weiß, wo man suchen muss, findet man immer noch Dinospuren. Im niedlichen kleinen Bergdorf **Enciso**, etwa 10 km weiter an der Straße von Arnedillo, präsentiert das hervorragende Centro Paleontológico de Enciso so ziemlich alles zum Thema Dinosaurier. Sowohl kleine als auch große Kinder haben viel Spaß, wenn sie ihre Daten mit denen von Brontosauriern vergleichen. Alle Tafeln sind nur auf Spanisch beschriftet.

Nach einem ausgiebigen Besuch sollte man losziehen und überprüfen, was in der freien Wildbahn von den Dinos übrig geblieben ist: Dutzende Fußspuren sind noch im einstigen Matsch (heute sind es Felshänge) des Umlandes zu erkennen. Im Museum oder bei einer nahe gelegenen Touristeninformation erhält man Karten, auf denen gut erhaltene Abdrücke vermerkt sind. Mit so einer Karte gerüstet verlässt man das Dorf Richtung Süden, biegt links ab und überquert eine kleine Brücke. Hier beginnt die Dinosaurier-Tour. Die nächstgelegenen Fußabdrücke (ca. 3 km vom Dorf entfernt) findet man, wenn man an der Kreuzung hinter der Brücke links abbiegt und nach dem Tyrannosaurus auf einem Hügel Ausschau hält. Achtung, nachts wird er lebendig!

Schlafen & Essen

Wer eine Unterkunft sucht, erfährt in der Touristeninformation alles Wichtige über *casas rurales*. Die folgenden befinden sich alle in Arendillo.

LP TIPP **Hospederia Las Pedrolas** CASA RURAL €€
(☎941 39 44 01; Plaza Felix Merino 16; EZ/DZ inkl. Frühstück 70/95 €; ❄📶) Im Zentrum von Arnedillo liegt dieses makellos restaurierte Haus mit geschmackvollen Möbeln und krummen Dachbalken. Gemütliche Zimmer in strahlendem Weiß vermitteln einem das Gefühl, auf einer Wolke zu schlafen. Das Haus wird mit der Sorgfalt und dem Service eines Fünf-Sterne-Hotels geführt.

Casa Rural La Fuente CASA RURAL €
(☎941 39 41 38; casarurallafuentearnedillo@hotmail.es; Zi. 45 €) Ein paar Häuser vom Pedrolas entfernt lockt diese flippige *casa rural* mit einer Küche voller Kunstwerke und einem schlichten Aufenthaltsraum.

Bodega la Petra REGIONALE KÜCHE €
(☎941 39 40 23; Gerichte 10–15 €) Kaum zu übersehen sind die größtenteils leer stehenden Höhlenhäuser, die überall in der Gegend tief in die sonnenverbrannten roten Schluchten eingegraben sind. In diesem Restaurant im Ortszentrum hat man endlich Gelegenheit, einen Blick ins Innere eines solchen Bauwerks zu werfen und sich wie ein echter Höhlenmensch zu fühlen. Außerdem kommt man hier in den Genuss von Gerichten, die wohl besser sind als alles, was ein Höhlenbewohner jemals verspeist hat.

Praktische Informationen

Touristeninformation (☎941 39 42 26; www.valcidacos.es; ⌚Di–Do & So 10–14, Fr & Sa 10–14 & 16.30–18.30 Uhr) Ist im selben Gebäude wie das Centro Paleonotolgico de Ensico untergebracht.

Westlich von Logroño

NÁJERA

8100 EW. / 506 M

Hauptattraktion dieses ansonsten unspektakulären Ortes ist das **Monasterio de Santa María la Real** (Eintritt 3 €; ⌚ Mo–Sa 10–13 & 16–19, So 10–12.30 & 16–18 Uhr) mit seinen fragilen Kreuzgängen aus dem frühen 16. Jh. Am Rande der Altstadt stößt man auf eine Reihe verwitterter Felsen samt Höhlenbehausungen aus dem 6. Jh. Leider sind sie nicht öffentlich zugänglich. Busse zwischen Logroño und Santo Domingo de la Calzada halten in Nájera.

SAN MILLÁN DE COGOLLA

270 EW. / 733 M

16 km südwestlich von Nájera wartet das Dörfchen San Millán de Cogolla mit einer Lage in einem schönen Tal sowie zwei bemerkenswerten Klöstern auf.

Das **Monasterio de Yuso** (www.monasteriodeyuso.org, auf Spanisch; Erw./erm. 4/1,50 €; ⌚Di–So 10–13.30 & 16–18.30 Uhr) wird manchmal etwas anmaßend El Escorial de La Rioja genannt. Es verfügt über ein interessantes Museum und kann nur im Rahmen einer Führung besichtigt werden (auf Spanisch; wer die Sprache nicht beherrscht, bekommt eine Infobroschüre in englischer oder französischer Sprache). Die Rundgänge dauern 50 Minuten und beginnen alle halbe Stunde. Im August ist das Kloster auch montags geöffnet.

Ganz in der Nähe liegt das **Monasterio de Suso** (Eintritt 3 €; ⌚Di–So 9.30–13.30 & 15.30–18.30 Uhr). Das im 10. Jh. gegründete Kloster wurde oberhalb der Höhlen erbaut, in denen einst der heilige Millán lebte. Es heißt, ein Mönch namens Gonzalo de Berceo habe im 13. Jh. hier die ersten baskischen Worte niedergeschrieben, jüngste Funde besagen allerdings anderes (s. Kasten S. 440). Das Gebäude kann ebenfalls nur im Rahmen einer Führung besucht werden. Eintrittskarten, die auch den Preis für die kurze Busfahrt hinauf zum Kloster beinhalten, kann man telefonisch unter der Nummer ☎941 37 30 82 reservieren oder in der sehr hilfsbereiten **Touristeninformation** im Monasterio de Yuso erwerben, wo man auch über Karten verfügt, die kurze Wanderungen in der Region beschreiben.

SANTO DOMINGO DE LA CALZADA

6260 EW. / 630 M

Santo Domingo ist eine typisch spanische Kleinstadt. Viele Einwohner leben im teilweise von einer Mauer umgebenen Altstadtviertel, einem Labyrinth aus mittelalterlichen Straßen, in denen die Vergangenheit deutlich zu spüren und der Gemeinschaftssinn sehr stark ausgeprägt ist. Hier kennt quasi jeder jeden. Seit Langem prägen auch Pilger auf ihrem Weg nach Santiago das Stadtbild. All das macht Santo Domingo zu einem der nettesten Fleckchen in La Rioja.

Die abweisende, gewaltige **Kathedrale** und das dazugehörige **Museum** (Eintritt 3,50 €, So frei; ⌚Mo–Sa 10–19.30, So 10–12 & 14–19.30 Uhr) glitzert vor Gold, was beweist, welch großen Reichtum der Jakobsweg (s. Kasten S. 458) den ansonsten vergessenen Dörfern beschert hat. In der Kathedrale gegenüber dem Eingang zur Krypta werden ein weißer Hahn und eine Henne hinter einer Glasfront gehalten. Laut der Legende wurde ein junger Mann unschuldig hingerichtet und erwachte wie durch ein Wunder wieder zum Leben, als ein gegrillter Hahn und eine Henne auf dem Teller des Richters plötzlich aufstanden und sich davonmachten.

Das **Hostal R Pedro** (☎941 34 11 60; www.hostalpedroprimero.es; Calle San Roque 9; EZ/DZ 50/61 €; 📶) ist ein sorgfältig renoviertes Stadthaus mit günstigen terrakottafarbenen Zimmern, hölzernen Dachbalken und modernen Bädern. Wer bei einer von der Kirche betriebenen Bleibe an schäbige Betten, Gebete um 5 Uhr morgens und strenge Schwestern denkt, irrt: Stattdessen wartet die **Hospedería Sta Teresita** (☎941 34 07 00; www.cister-lacalzada.com, auf Spanisch; Calle Pinar 2; EZ/DZ 37/56 €; 📶) mit Fahrstühlen, Türen mit Magnetkarte und Zimmern im Businessstil auf. Auch der palastartige **Parador Santo Domingo Bernado de Fresneda** (☎941 34 11 50; www.parador.es; Plaza de San Francisco 1; Zi. ab 138 €; 🅿📶) widerspricht der generell frommen Stimmung im Ort. Er liegt in einem ehemaligen Kloster und bietet jeden erdenklichen Luxus.

In der Neustadt nahe der Bushaltestelle stößt man auf einige schlichte Cafés und Bars. Eine für Spanien typische Kleinstadterfahrung macht man aber im **Restaurante Río** (☎941 34 02 77; Calle Alberto Etchegoyen 2; Gerichte 10 €), wo einige ältere Männer schon vor 10 Uhr früh Wein trinken und die Inhaber umherwirbeln.

Von hier aus fahren Busse nach Logroño (2,91 €, 1 Std. via Nájera, Mo–Fr bis zu 13-mal tgl., Sa & So seltener).

Die Weinregion

La-Rioja-Weine zergehen auf der Zunge, sowohl vom Klang des Namens als auch vom Geschmack her. Echte Liebhaber kennen die berühmten Tropfen von La Rioja, wo schon die Römer Wein anbauten. In dieser Region überziehen die Reben das gesamte Hinterland des Río Ebro. Auf der Nordseite des Flusses gehört die Gegend zum Baskenland und wird La Rioja Alavesa genannt.

HARO

11 500 EW. / 426 M

Trotz seines guten Rufs in der Welt des Weins sucht man in Haro, der Hauptstadt der La-Rioja-Region, vergeblich ein berauschendes Bouquet. Dafür herrscht im Ort eine heitere Stimmung. An der Plaza de la Paz beginnt das kompakte Altstadtviertel mit einigen interessanten Gassen voller Bars und Weinläden. Man sollte die Augen offen halten nach dem riesigen Storchennest auf dem Dach der Touristeninformation – kommt man von Norden, sieht man die Vögel ab etwa dieser Höhe.

⊙ Sehenswertes

Das **Museo del Vino** (☎941 31 05 47; Avenida Breton de los Herreros 4; Erw./erm. 3 €/frei, Mi frei; ⌚Di–Fr 10–14.30 & 15.30–19, Sa 10–19, So 10–13.30 Uhr) in der Nähe des Busbahnhofs

AUF DER SUCHE NACH DEN BESTEN TROPFEN

In La Rioja gehören Urlaub und Wein nahezu zusammen. Allerdings gibt's da auch einen Haken!

Zuerst sollte man nämlich ein angemessenes Training absolvieren und in einem der vielen Weinmuseen der Region damit anfangen. In Navarra locken Olites einmaliges **Museo de la Viña y el Vino de Navarra** (S. 469) und die **Quaderna Via** (www.quadernavia.com; Eintritt frei; ⌚Mo–Fr 8–14 & 16–19, Sa & So 10–14 Uhr) 4 km westlich von Estella nahe Igúzquiza. In La Rioja selbst lohnen das hervorragende **Museo del Vino** (S. 477) in Haro und schließlich der Star unter den Weinmuseen, das **Dinastía Vivanco** (S. 479), einen Besuch.

Nach so viel Geschichte braucht man erst einmal etwas zu trinken. In La Rioja werden die Weine folgendermaßen klassifiziert: jung, Crianza, Reserva und Gran Reserva. Junge Weine sind ein oder zwei Jahre alt und haben eine „frische" Note. Crianzas müssen mindestens bis ins dritte Jahr gereift sein, ein Jahr davon im Weinfass, gefolgt von einigen Ruhemonaten in der Flasche. Reservas machen den besten Jahrgängen Ehre und müssen mindestens drei volle Jahre in Fass und Flasche verbracht haben, davon wenigstens ein Jahr im Fass. Gran Reservas stammen nur aus den allerbesten Jahrgängen, sind mindestens zwei Jahre im Fass gereift, gefolgt von drei Jahren in der Flasche. Sie werden auch „Samtweine" genannt.

Experten haben ein System entwickelt, das besonders gute Jahrgänge klassifiziert. Fünf Sterne (das Maximum) wurden 1982, 1994, 1995, 2001 und 2004 vergeben. Zu den Jahrgängen mit vier Sternen gehören 1981, 1987, 1991, 1996 und 1998.

Die Touristeninformationen in Haro, Laguardia und Logroño verfügen über Listen der Bodegas in der Region, die man besuchen kann. Allerdings muss man in der Regel vorher telefonisch einen Termin vereinbaren.

präsentiert eine detaillierte Ausstellung zur Herstellung von Wein und liefert nützliche Infos auf Spanisch, Französisch und Englisch.

Das Weingut **Bodegas Muga** (☎941 30 60 60; www.bodegasmuga.com) gleich hinter der Eisenbahnbrücke auf dem Weg stadtauswärts bietet täglich Führungen und Weinverkostungen auf Spanisch an. Eigentlich sollte man in der Hauptsaison im Voraus buchen, oft kann man aber auch einfach herkommen und sich einer Tour anschließen. Englischsprachige Touren müssen mehrere Tage im Voraus gebucht werden.

Feste & Events

Batalla del Vino WEINFEST

Am 29. Juni, während der Batalla del Vino (Weinschlacht), werden Haros ansonsten friedliche Einwohner zu Berserkern. Dann spritzt und gießt man im Namen von San Juan, San Felices und San Pedro Wein auf alles und jeden und trinkt dabei natürlich auch jede Menge.

Schlafen & Essen

Rund um die Plaza de la Paz und in den umliegenden Straßen reihen sich zahlreiche Cafés und Bars.

Casa de Legarda CASA RURAL €€

(☎605 600646; www.casadelegarda.com; Calle Real 11; DZ 59–70 €; P WLAN) Diese wunderbare *casa rural* im Dörfchen Briñas, 4 km nordöstlich von Haro, ist in einem honigfarbenen, 1634 errichteten Gebäude untergebracht. Während die Gemeinschaftsbereiche alle gleichermaßen altmodisch eingerichtet sind, erstrahlen die Zimmer in theatralisch leuchtenden Farben und wirken ausgesprochen modern. Besonders empfehlenswert ist das „Ventilla"-Zimmer, das etwas von einem surrealen Puppenhaus hat. Im August muss man mindestens drei Nächte bleiben.

Los Agustinos HISTORISCHES HOTEL €€€

(☎941 31 13 08; www.hotellosagustinos.com; Calle San Augustín 2; EZ/DZ ab 99/124 €; P ❄ WLAN) Dieses Luxushotel atmet Geschichte und verfügt über reizende Zimmer, wenngleich die geblümten Bettdecken schon fast zu viel des Guten sind. Als absolutes Highlight gilt der überdachte Innenhof des früheren Klosters. Leider ist das Personal hochnäsig.

Restaurante Beethoven I & II REGIONALES RESTAURANT €

(☎941 31 11 81; Calle de Santo Tomás 5 & 10; Menüs ab 16 €) Am besten kehrt man in einem dieser beiden Restaurants ein, die sich in einer kleinen Straße direkt gegenüberliegen. Das Beethoven II ist förmlicher, doch beide Lokale bieten hervorragende Gerichte aus La Rioja sowie hervorragende Weine aus der Region.

Hostal La Peña PENSIÓN €
(☎941 31 00 22; Calle La Vega 1; EZ/DZ 30/40 €) Ganz in der Nähe der Plaza de la Paz stößt man auf die familiengeführte Pension, die etwas altmodisch blau und weiß gekachelt ist. Die Einzelzimmer haben keine eigenen Bäder.

Praktische Informationen

Die wunderbare **Touristeninformation** (☎941 30 33 66; Plaza de Florentino Rodríguez; ⏲Mo–Sa 10–14 & 16.30–19.30, So 10–14 Uhr) liegt von der Plaza de la Paz ein paar Hundert Meter die Straße hinab. Hier bekommt man z. B. eine Liste der öffentlich zugänglichen Weingüter.

An- & Weiterreise

Zwischen Haro und Logroño (8,30–12 €, 40 Min.) verkehren zahlreiche Züge. Außerdem fahren Busse nach Vitoria, Bilbao, Santo Domingo de la Calzada und Laguardia.

BRIONES

900 EW. / 501 M

Es ist der Traum eines Mannes, das kleine, idyllische Briones im Wein- und Tourismusbereich bekannt zu machen. Das sonnengelbe Dorf zieht sich an einem Hang hinauf und bietet einen umwerfenden Blick auf die umliegenden mit Wein bewachsenen Ebenen. Im Ort befindet sich das fantastische **Dinastía Vivanco** (Museo de la Cultura del Vino; www.dinastiavivanco.com; Erw./erm. 7,50 €/frei; ⏲Di–Do & So 10–18, Fr & Sa 10–20 Uhr), ein futuristisches Museum von Pedro Vivanco Paracuello. Wie er in dem Einführungsfilm erklärt, will er damit der Region, die seine Familie seit Jahrhunderten ernährt hat, ein Denkmal setzen. Auf verschiedenen Etagen und in zahlreichen Räumen erfährt man nahezu alles über die Geschichte, Kultur und Herstellung des Weins. Vermittelt werden diese Inhalte durch interessante Ausstellungsstücke, denen die neueste Computertechnologie Leben einflößt. Zu den Schätzen der Sammlung zählen von Picasso entworfene Weinkrüge, römische und byzantinische Mosaike, vom Wein inspirierte, goldbehängte religiöse Artefakte und die weltgrößte Sammlung von Korkenziehern einschließlich solcher in Form amüsanter langer Penisse (wir sind zugegebenermaßen leicht zu unterhalten). Am Ende der Tour besteht die Möglichkeit, eine Weinprobe machen. Wer sich vorher anmeldet, kann an einer Tour durch die Winzerei teilnehmen (6,50 €, inkl. Museum 12 €, nur auf Spanisch).

Auch Briones selbst, dessen **Iglesia de Santa María de la Asunción** aus dem 16. Jh. über eine gewaltige Orgel, einen gleichermaßen beeindruckenden Altar und eine vom Boden bis zur Decke bemalte Seitenkapelle verfügt, lohnt einen Besuch. Am Ende des Ortes stößt man auf die spärlichen Überreste einer **Burg** aus dem 11. Jh., in denen sich jetzt ein kleiner hübscher Garten versteckt.

Derzeit ist **Los Calaos de Briones** (☎941 32 21 31; www.loscalaosdebriones.com; Calle San Juan 13; Zi. 58 €) mit schönen Zimmern in Pfirsichtönen und Himmelblau die einzige Unterkunft im Dorf. Manche Räume haben romantische Himmelbetten, die hervorragend zu Briones passen. Das zugehörige Restaurant serviert hervorragende lokale Speisen (Gerichte 12–15 €).

Briones liegt einige Kilometer südöstlich von Haro. Zwischen den beiden Orten verkehren jeden Tag ein paar Busse.

LAGUARDIA

1490 EW. / 557 M

In diesem mittelalterlichen Ort kann man sich prima ins Mittelalter zurückversetzen. Die „Wache von Navarra", wie man Laguardia einst nannte, thront stolz auf einer felsigen Kuppe. Ihr von einer Mauer umgebener alter Kern ist verkehrsberuhigt, und so macht es viel Spaß, durch die Gassen zu bummeln. Laguardia lockt allerdings nicht nur mit Erinnerungen an die Vergangenheit, sondern auch mit seinen Weinen.

Sehenswertes

Das beeindruckendste Bauwerk des Ortes ist wohl die **Puerta de San Juan**, eines der gewaltigsten Stadttore Spaniens. Ebenso imposant kommt die **Iglesia de Santa María de los Reyes** (Führungen 2 €) mit einem atemberaubenden gotischen Portal aus dem späten 14. Jh. daher, das mit wunderschönen Skulpturen der Jünger Jesu und anderen Motiven geschmückt ist. Dem Aussehen nach könnte die Statue der Santa María de los Reyes auch als Herzensbrecherin durchgehen. Gleich vor dem Eingang der Kirche befindet sich ein kleiner Platz mit einer metallenen **Skulptur**, eine hübsche Sammlung lässig zusammengestellter Taschen und Stiefel, die von dem Künstler Koko Rico aus Vitoria stammt.

DAS NEUE GUGGENHEIM

„Wenn Bilbao eins hat, wollen wir aber auch eins haben", riefen die Einheimischen im ländlichen La Rioja. Sie waren so beeindruckt vom internationalen Ansehen, das El Goog Bilbao beschert hatte, dass zwei Dörfer sich ihr eigenes Pendant zum Guggenheim schufen – ungeachtet des gewaltigen Unterschieds zwischen der großen Industriestadt und ihren kleinen landwirtschaftlich geprägten Orten hinsichtlich Größe und Wohlstand.

Als der Besitzer der Bodegas Marqués de Riscal in **Elciego** beschloss, etwas Besonderes zu schaffen, übte er dabei keine Zurückhaltung. Heraus kam das spektakuläre, von Frank Gehry entworfene **Hotel Marqués de Riscal** (945 18 08 80; www.starwoodhotels.com/luxury; Zi. ab 750 €; P ❄), dessen Baukosten sich auf ca. 85 Mio. € beliefen. Das Gebäude, das heute zur Starwood-Kette gehört, ist eine extravagante Welle aus vielfarbigen Titanplatten und steht in krassem Gegensatz zum schlichten alten Ort dahinter. Wie das Guggenheim-Museum hat auch das Hotel einen starken Einfluss auf die umliegende ländliche Region. Es kommen mehr Touristen, es gibt mehr Jobs und steigende Weinverkäufe und es fließt mehr Geld in die Taschen der Einheimischen. Besucher, die hier nicht übernachten, sieht man im Hotel allerdings nicht so gern. Wer die Unterkunft genauer betrachten möchte, hat deshalb drei Möglichkeiten. Die einfachste ist, an einer **Weinführung** (945 18 08 88; www.marquesderiscal.com; Führung 10 €) teilzunehmen, für die man sich vorher anmelden muss. Man kommt dabei zwar nicht in das Gebäude hinein, kann es jedoch aus einiger Entfernung zumindest von außen bewundern. Sehr viel näher heran gelangt man, wenn man im **Restaurant** (945 18 08 80; Menü ab 80 €) oder im **Bistro** (945 18 08 80; Menü ab 50 €), beide mit einem Michelinstern ausgezeichnet, einen Tisch bucht. Für das Restaurant sollte man unbedingt passend gekleidet sein. Am besten kennenlernen kann man das Hotel natürlich, wenn man sich dort für eine Nacht einquartiert, aber dafür muss man wirklich sehr tief in die Tasche greifen!

Doch was die eine Bodega in La Rioja kann, kann die andere noch viel besser: Nur ein paar Kilometer nördlich von Laguardia befindet sich die **Bodegas Ysios** (www.ysios.com; Camino de la Hoya, Laguarida), ein von Santiago Calatrava als „dem Wein gewidmeter Tempel" entworfen. Das wellenartige Dach aus Aluminium und Zedernholz nimmt die Linien der dahinter liegenden felsigen Berge auf und bietet in der Dunkelheit den schönsten Anblick, wenn die Winkellerei von vielen Lichtern angestrahlt wird. An den täglichen **Führungen** (945 60 06 40; 5 €/Pers.) kann man nur nach vorheriger Buchung teilnehmen.

Rund um Laguardia gibt's noch etliche andere, architektonisch nicht ganz so spektakuläre Weinkeller, die man besichtigen kann – oft jedoch nur nach vorheriger Buchung. Details erfährt man in der Touristeninformation in Laguardia. In den **Bodegas Palacio** (945 60 01 51; www.bodegaspalacio.com; Carretera de Elciego; Führung 5 €), nur 1 km von Laguardia entfernt an der Straße nach Elciego gelegen, finden von montags bis freitags täglich Führungen auf Spanisch, Englisch und Deutsch statt. Es ist zwar nicht zwingend nötig, aber vor allem außerhalb der Hauptsaison empfehlenswert, unter der oben angegebenen Nummer zu reservieren. Hier werden zudem hervorragende **Weinkurse** veranstaltet. Der Verkostungskurs für Anfänger (30 €) findet das ganze Jahr über einmal im Monat statt. Unbedingt im Voraus buchen! Es gibt auch einen Kurs für Fortgeschrittene (40 €; mindestens 8 Pers.), der aber nur auf vorherige Anfrage angeboten wird.

Wissenswertes über die zahlreichen Bodegas in der Gegend siehe Kasten oben.

Schlafen & Essen

In Laguardia gibt es nur wenige Unterkünfte; wer trotzdem bleiben will, sollte besser vorher reservieren, vor allem am Wochenende und in den Ferien.

LP TIPP **Casa Rural Legado de Ugarte**

CASA RURAL €€

(945 60 01 14; www.legadougarte.com; Calle Mayor 17; Zi. inkl. Frühstück 75 €;) Diese Unterkunft liebt oder hasst man. Kürzlich wurde das Haus im Herzen des Ortes liebevoll renoviert: Eingang und Rezeption weisen den typisch altmodischen spanischen

Stil auf, den man vielleicht langsam nicht mehr sehen kann, aber die hellen und überaus gemütlichen Zimmer sind pompös in Lila-, Silber- und Goldfarben dekoriert, was insgesamt eine faszinierende Mischung ergibt. Zudem ist der gesellige Eigentümer überaus charmant.

Posada Mayor de Migueloa

HISTORISCHES HOTEL **€€**

(☎945 62 11 75; www.mayordemigueloa.com; Mayor de Migueloa 20; EZ 72–90 €, DZ 93–115 €; P ❄ 📶) Wenn es um kultiviertes Leben in La Rioja geht, ist dieses Hotel in einer alten Villa einfach unwiderstehlich. Besonders reizvoll für Paare: Gäste erhalten eine ganze Palette Massageöle samt Anleitung, wie sie zu benutzen sind! Das Restaurant im Haus bietet lokale Mahlzeiten mit originellem Touch (ab ca. 20 €).

Restaurante Hostal Biazteri

TRADITIONELLES HOTEL **€**

(☎945 60 00 26; www.biazteri.com; Ecke Calles Mayor & Berberana; DZ 35–53,50 €) Die ruhigen Zimmer sind die billigsten und schlichtesten im Ort, außerdem ist das dazugehörige Restaurant wohl das beliebteste in Laguardia.

ℹ Praktische Informationen

In der Stadt gibt's mehrere Geldautomaten. Die **Touristeninformation** (☎945 60 08 45; www.laguardia-alava.com; Plaza de San Juan; ⌚Mo–Fr 10–14 & 16–19, Sa 10–14 & 17–19, So 10.45–14 Uhr) verfügt über eine Liste mit nahe gelegenen Bodegas.

ℹ An- & Weiterreise

Sechs langsame Busse pro Tag verbinden Vitoria und Logroño und halten auch in Laguardia.

Kantabrien & Asturien

Inhalt »

Gut essen

» Restaurante Cares (S. 524)

» La Puerta Nueva (S. 502)

» El Molín de la Pedrera (S. 522)

» Mesón Rampalay (S. 488)

» Real Balneario de Salinas (S. 513)

Schön übernachten

» Hotel Marina de Campíos (S. 497)

» Posada San Pelayo (S. 527)

» Hotel del Oso (S. 527)

» La Casa del Organista (S. 494)

» Casa Cayo (S. 526)

Auf nach Kantabrien & Asturien

Von Nord nach Süd kann man diese beiden Regionen in gut einer Stunde durchqueren – allerdings wäre das sehr schade. Entlang der Küste wechseln sich Felsen mit schönen Stränden und kleinen Fischerhäfen ab. Dahinter erstrecken sich hübsche grüne Täler, Dörfer mit Steinhäusern und die über 2000 m hohen Berge der Cordillera Cantábrica, deren majestätische Gipfel die Picos de Europa bilden. Dank des feuchten Klimas kann man hier auch gutes Essen und leckere Getränke genießen: Neben Meeresfrüchten bietet Asturien einige lokale Käsesorten, hochwertiges Fleisch und Cidre aus den Apfelplantagen. Wer sich für Geschichte interessiert, ist hier ebenfalls richtig: In Altamira und an anderen Orten schufen Menschen in der Frühzeit wundervolle prähistorische Malereien und im asturischen Covadonga wurde vor 1300 Jahren der Grundstein zur spanischen Nation gelegt.

Reisezeit

Oviedo

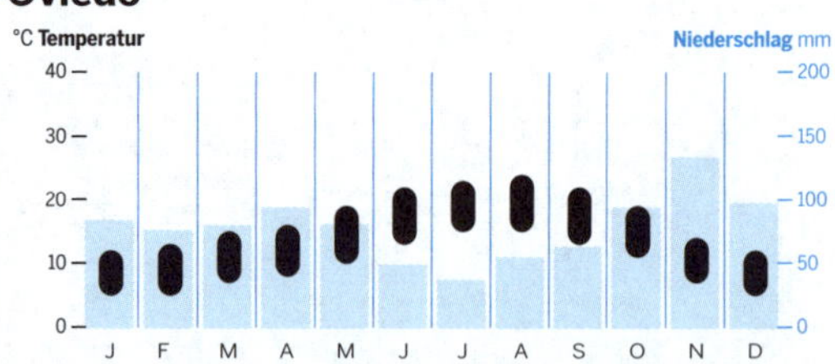

Juni & September Hohe Temperaturen, wenig Regen, kaum Touristen – zweifellos die beste Reisezeit.

Anfang August Descenso Internacional del Sella: ein Kanurennen von Arriondas nach Ribadesella.

Ende August Gijóns Cidre-Festival „Fiesta de la Sidra Natural" lockt Tausende Besucher an.

Highlights

1. Die weltberümten und beeinduckenden Malereien in den Höhlen von **Altamira** (S. 495), **El Castillo** (S. 490) und **Tito Bustillo** (S. 511) bewundern
2. In den Picos de Europa durch die Schlucht **Garganta del Cares** (S. 524) wandern
3. Sich vom mittelalterlichen **Santillana del Mar** (S. 493) verzaubern lassen
4. Mit dem **Teleférico de Fuente Dé** (S. 528) zu den Gipfeln der Picos fahren
5. Die Bergpässe und die fantastische Landschaft der **Cordillera Cantábrica** (siehe S. 517, S. 518 und Kastentexte S. 492, S. 498) erkunden
6. Die herrlichen präromanischen Kirchen von **Oviedo** (S. 499) besuchen
7. In den geselligen **sidrerías** (S. 504) von Asturien ein Glas Cidre genießen
8. An der wunderbar einsamen **Playa del Silencio** (S. 514) baden

KANTABRIEN

Kein Wunder, dass die Goten und Westgoten alle Mühe hatten, die kantabrischen Stämme zu unterwerfen. Die üppige Vegetation täuscht über die schwierigen Geländebedingungen der Region hinweg, denn die vielfach verzweigten Täler sind nur über steile Passstraßen miteinander verbunden. Von den vielen Travellern, die jedes Jahr in Spanien einfallen, blieb diese Region bis vor Kurzem weitgehend unbehelligt.

Für Urlauber hält Kantabrien von allem etwas bereit. Einige schöne Strände ermöglichen im Sommer entspannte Tage am Meer (wenn das Wetter mitspielt), während die Täler im Landesinneren mit ihren ruhigen Städten und Dörfern dem Auge viel Schönes bieten, egal ob man nun über die Landstraße fährt oder durch die Gegend wandert. Die schroffen Bergketten erreichen ihren höchsten Punkt im Westen in den steil aufragenden Picos de Europa.

Santander, die Hauptstadt, mit ihren quirligen Bodegas und einer Handvoll Sehenswürdigkeiten verströmt einen Hauch von urbanem Flair. Santillana del Mar und Comillas locken mit ihrem mittelalterlichen und modernistischen Erbe. Die prähistorischen Kunstwerke der Höhlen von Altamira, El Castillo und Covalanas zählen zu den besten der Welt.

Die stolzen Kantabrer mussten 19 v. Chr. eine herbe Niederlage gegen die Römer hinnehmen, die die Gegend danach befriedeten. Auch den Westgoten gelang es, sich hier festzusetzen, bevor sie 711 v. Chr. selbst von den Mauren ausgelöscht wurden. Danach wurde Kantabrien Teil des jungen christlichen Königreichs Asturien. In den vergangenen Jahrhunderten nahm man die Region oft nur als Verlängerung Kastiliens zur Küste hin wahr – in Konsequenz nannte man das Meer auch Mar de Castilla (Kastilisches Meer). Mit der Verfassung von 1978 wurde Kantabrien zur eigenständigen Region. Die hiesigen Bewohner werden oftmals auch als *montañeses* (Bergbewohner) bezeichnet, da die Kastilier behaupten, sie stiegen direkt aus den Bergen der Cordillera Cantábrica hinab.

Santander

143 100 EW.

Abgesehen von dem Viertel El Sardinero mit seinem eleganten Belle-Epoque-Flair gewinnt das moderne Santander nicht gerade einen Schönheitspreis. Ein großes Feuer zerstörte das Zentrum 1941 und ließ wenig Altes oder Idyllisches übrig. Doch die Hauptstadt Kantabriens macht das Beste aus ihrer Lage an der Nordseite der hübschen Bahía de Santander. Ein bis zwei Tage kann man schon in ihren lebhaften Einkaufsstraßen und der bewegten Bar- und Restaurantszene zubringen. Darüber hinaus locken einige hübsche Stadtstrände, ein paar Museen sowie historische Sehenswürdigkeiten.

Am östlichen Ende der Bucht erstreckt sich die Parklandschaft der Península. Der Hauptstrand Playa del Sardinero im Norden der Halbinsel liegt am offenen Meer.

WEBSITES

» **www.turismodecantabria.com** Allgemeine Informationen der offiziellen Tourismuszentrale.

» **www.culturadecantabria.com** (auf Spanisch) Gute, umfassende Informationen zur Kultur in der Region.

» **www.clubcalidadcantabriainfinita.es** (auf Englisch) Eine Zusammenstellung von rund 100 erstklassigen und stimmungsvollen Restaurants und Hotels.

» **www.turismoruralcantabria.com** Führt einige der über 400 oft schön restaurierten ländlichen Gästehäuser Kantabriens auf.

Geschichte

Als die Römer hier 21 v. Chr. landeten, nannten sie den Ort Portus Victoriae (Siegeshafen). Und tatsächlich besiegten sie die kantabrischen Stämme in nur zwei Jahren. Ab dem 12. Jh. wurde Santander ein bedeutender Handels- und Fischereihafen und im 18. Jh. stieg es zur Hauptstadt auf. Seine Blütezeit erlebte der Ort Anfang des 20. Jhs., als es sich König Alfonso XIII (1902–30) zur Gewohnheit machte, hier den Sommer zu verbringen. Aus diesem Grund kam Santander und insbesondere das Viertel Sardinero als Küstenferienort in Mode.

Sehenswertes & Aktivitäten

Península de la Magdalena PARK

(8–22 Uhr) Diese Parklandschaft lädt zu Spaziergängen ein und ist als Picknickplatz beliebt. Hier gibt's Seelöwen und einen kleinen Zug, der um die Landspitze fährt. Gekrönt wird die Halbinsel vom **Palacio de**

la Magdalena, einer ehemaligen königlichen Residenz. Das gewaltige Gebäude wartet mit einem Stilmix auf und wurde von 1908 bis 1912 als Geschenk der Stadt an die Königsfamilie errichtet. Bis 1930 diente es als deren Sommerwohnort.

Strände SAND, SURFEN

Die Strände **Playa de los Peligros**, **Playa de la Magdalena** und **Playa de Bikinis** liegen 1,5 bis 2,5 km östlich des Zentrums an der Bahía de Santander. Sie sind geschützter als die berühmte 1,25 km lange **Playa del Sardinero**. Surfer steuern den Sardinero nur bei gutem Wellengang an, also vorwiegend im Herbst und im Winter. Dann erreichen die Brecher teilweise eine Höhe von 1,5 m. In der Nähe des Strandes befinden sich einige der teuersten Immobilien von ganz Santander, darunter auch einige für das frühe 20. Jh. typische Bauten, etwa das **Gran Casino**. Die Busse 1, 2 und 3 (1,10 €) fahren von der Post zum Sardinero.

Die **Playa del Puntal** erstreckt sich gegenüber der Playa de la Magdalena an der Ostseite der Bucht. An ruhigen Tagen wirkt sie idyllisch, allerdings muss man sich vor der Strömung in Acht nehmen. Wenn das Wetter es erlaubt, verkehren von Juni bis Ende September zwischen 10.30 und 20 Uhr alle 30 Minuten Fähren von der Estación Marítima Los Reginas (3,60 € hin & zurück) zu dem Strand.

Darüber hinaus startet von der Anlegestelle das ganze Jahr über eine Fähre (4,30 € hin & zurück, von 8.30–20.30 Uhr alle 30–60 Min.) zur **Playa de Somo** direkt hinter der Playa del Puntal. Somo hat noch einen weiteren Sandstrand, dessen Wellen in der Regel höher sind als am Sardinero. Von Frühjahr bis Herbst ist dies ein guter und beliebter Ort, um das Surfen zu lernen. In Santander gibt's mehrere Surfschulen: Einen guten Ruf hat die **Escuela Cántabra de Surf** (www.escuelacantabradesurf.com) an der Playa de Somo; sie ist seit zwei Jahrzehnten im Geschäft. Ein zwei-/fünftägiger Kurs (2 Std. pro Tag) kostet 60/130 €, Surfbrett und Neoprenanzug inklusive. Somo wartet zudem mit mehreren Läden für Surferbedarf auf: Ein Brett/einen Anzug zu leihen kostet für einen halben Tag ca. 15/10 €.

Catedral de la Asunción KATHEDRALE

(Plaza del Obispo José Eguino y Trecu) Santanders Kathedrale besteht aus zwei übereinander errichteten gotischen Kirchen. Nach einem Feuer 1941 gestaltete man die im 14. Jh. errichtete **obere Kirche** (⌚Mo–Fr 10–13 & 16.30–19, So 10–13 & 17–21 Uhr) mit einem Kreuzgang aus dem 15. Jh. komplett neu. In der unteren Kirche, der **Iglesia del Santísimo Cristo** (⌚8–13 & 16–20 Uhr) aus dem 13. Jh., geben im Fußboden eingelassene Glasplatten den Blick auf römische Ausgrabungsfunde frei. Hier befinden sich auch Silbergefäße mit den Schädeln der Märtyrer San Emeterio und San Celedonio, Santanders Schutzheiligen. Zur Aufbewahrung dieser wertvollen Relikte, die der Legende nach aus der Rioja hiergebracht wurden, um vor der maurischen Invasion sicher zu sein, baute man das Kloster wieder auf, das ursprünglich an dieser Stelle stand.

Jardines & Paseo de Pereda PARK, PROMENADE

Östlich der Kathedrale erstrecken sich diese hübschen Gärten, die nach dem kantabrischen Schriftsteller José María de Pereda benannt wurden. Sein einflussreiches Werk *Escenas Montañesas* hat man dort in Stein und Bronze verwewigt. Das Gebäude des **Banco de Santander** (von 1875) mit dem großen Bogen in der Mitte ist nicht zu übersehen. Seine Fassade krönen Statuen, die die Künste, Kultur, Wirtschaft und Seefahrt repräsentieren. Die Bank ist eine der größten Spaniens und ein wichtiges international tätiges Unternehmen, sodass die großspurige Architektur nicht ganz unangemessen erscheint.

Gegenüber der Grünanlage erstreckt sich eine Promenade an der Bucht entlang bis zum Yachthafen Puerto Chico (Kleiner Hafen). An Sommerabenden unternimmt hier die halbe Stadt einen Spaziergang. Die ehemalige Fähranlegestelle **Palacete del Embarcadero** datiert ins Jahr 1932 und erinnert an eine andere Zeit. Heute sind hier Wechselausstellungen zu sehen. Sowohl am Paseo de Pereda als auch an der Calle Castelar gegenüber dem Puerto Chico gibt's viele einladende Cafés und Prunkbauten mit den typischen Glasveranden; sie stammen aus der Blütezeit des frühen 20. Jhs.

Museo Marítimo del Cantábrico MUSEUM

(www.museosdecantabria.com, auf Spanisch; Calle San Martín de Bajamar; Erw./Kind 6/4 €; ⌚10–19.30 Uhr) Wer sich für die Seefahrt interessiert, besucht am besten dieses Museum unweit der Bucht mit den Stränden. Auf vier Etagen informiert es umfassend über die Schifffahrt Kantabriens und verfügt darüber hinaus über ein großes Aquarium. Die Ausstellungstücke schlagen einen Bogen von der Meeresbiologie bis zur Ge-

Santander

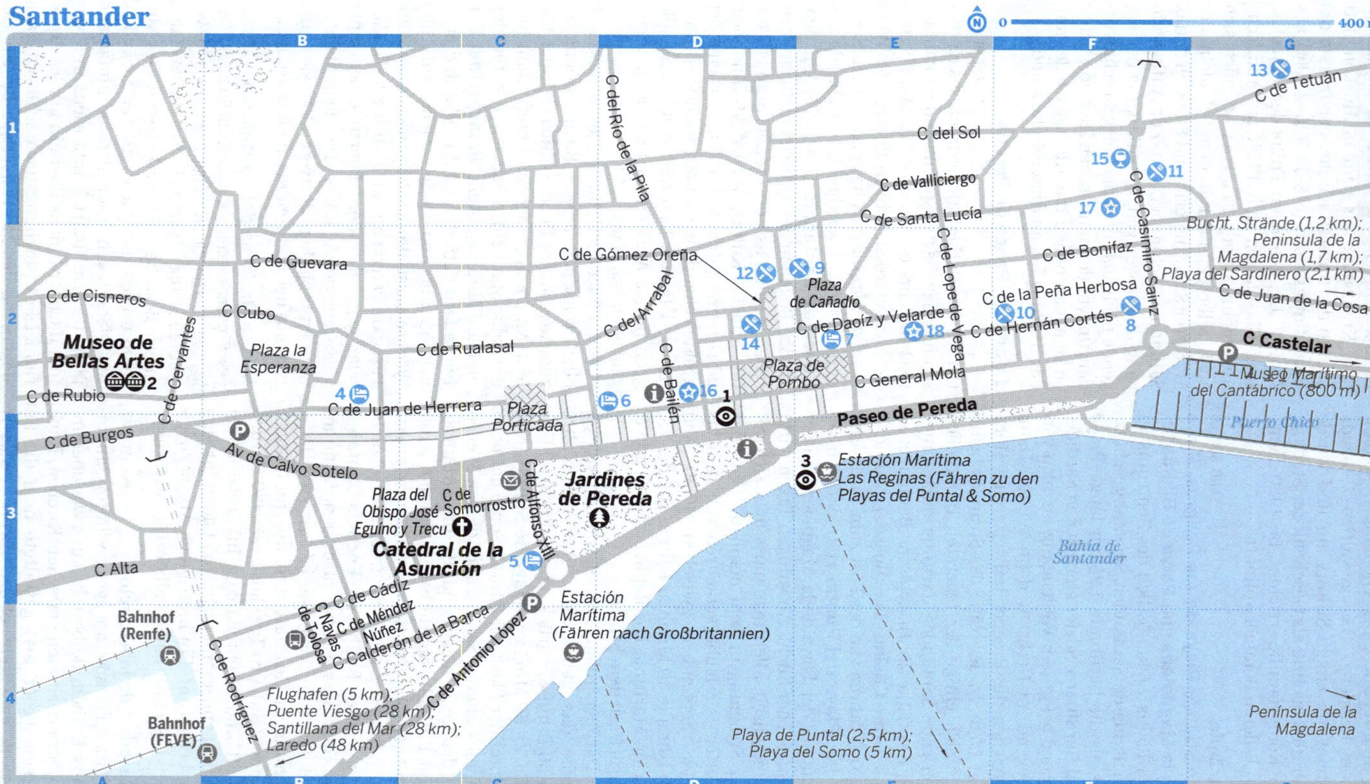
0
400 m
Museo de Bellas Artes
2
C de Rubio
C de Cisneros
C de Cervantes
C Cubo
Plaza la Esperanza
C de Guevara
C de Burgos
Av de Calvo Sotelo
C Alta
Bahnhof (Renfe)
Bahnhof (FEVE)
C de Rodríguez
Flughafen (5 km); Puente Viesgo (28 km); Santillana del Mar (28 km); Laredo (48 km)
C Navas de Tolosa
C de Cádiz
C de Méndez Núñez
C Calderón de la Barca
C de Antonio López
Estación Marítima (Fähren nach Großbritannien)
C de Rualasal
4
C de Juan de Herrera
Plaza Porticada
Plaza del Obispo José Eguino y Trecu
C de Somorrostro
C de Alfonso XIII
Catedral de la Asunción
5
Jardines de Pereda
C del Río de la Pila
C del Arrabal
C de Gómez Oreña
C de Bailén
6
16
1
3
Estación Marítima Las Reginas (Fähren zu den Playas del Puntal & Somo)
Paseo de Pereda
Plaza de Pombo
C General Mola
12
14
9
Plaza de Cañadío
C de Daoíz y Velarde
7
18
C de Lope de Vega
C de Santa Lucía
C de Vallicierigo
C del Sol
C de Bonifaz
C de la Peña Herbosa
10
C de Hernán Cortés
8
17
15
11
C de Casimiro Sainz
13
C de Tetuán
Bucht, Strände (1,2 km); Península de la Magdalena (1,7 km); Playa del Sardinero (2,1 km)
C de Juan de la Cosa
C Castelar
Museo Marítimo del Cantábrico (800 m)
Puerto Chico
Bahía de Santander
Playa de Puntal (2,5 km); Playa del Somo (5 km)
Península de la Magdalena

Santander

Highlights

Catedral de la Asunción C3
Jardines de Pereda D3
Museo de Bellas Artes A2

Sehenswertes

1 Banco de Santander D2
2 Biblioteca de Menéndez Pelayo A2
Casa Museo de Menéndez Pelayo .... (siehe 2)
3 Palacete del Embarcadero E3

Schlafen

4 Hostal La Mexicana B2
5 Hotel Bahía C3
6 Hotel Central D2
7 Pensión La Corza E2

Essen

8 Bar Del Puerto F2
9 Cañadío E2
10 días desur F2
11 El Serbal F1
12 La Conveniente D2
13 La Flor de Tetuán G1
14 Mesón Rampalay D2

Ausgehen

15 Cool F1

Unterhaltung

16 La Floridita D2
17 Montrëal Lounge F1
18 Rocambole E2

schichte der Seefahrt. Besonders spannend ist die Nachbildung von Portus Victoriae, der römischen Hafenstadt, aus der sich schließlich Santander entwickelte. Als weiteres Highlight gilt das Skelett eines 60 t schweren Wals.

Plazas PLÄTZE

Ein paar Straßenzüge nördlich der Jardines de Pereda erstreckt sich die große, von Säulengängen umgebene **Plaza Porticada**. Sie wurde nach dem zerstörerischen Feuer von 1941 errichtet. Wenige Schritte weiter östlich stößt man auf die noch größere **Plaza de Pombo** und die lebhafte, nachts oftmals recht laute **Plaza de Cañadío** mit ihren zahlreichen Bars.

GRATIS **Museo de Bellas Artes** MUSEUM

(☎942 20 31 20; Calle de Rubio 6; ⌚Di–Sa 10.30–13 & 18–21, So 11–13.30 Uhr) Das weitläufige Museum für Schöne Künste zeigt allerhand zweitklassige spanische Kunst des 16. bis 20. Jhs., aber auch Kurioses wie Goyas Porträt von König Fernando VII. Außerdem beherbergt es die **Biblioteca de Menéndez Pelayo** (☎942 23 45 34; Eintritt frei; ⌚Mo–Fr 9–23.30 Uhr), die dem lokalen Gelehrten Marcelino Menéndez Pelayo (1856–1912) gehörte. Der Lehrer, Philosoph und Dichter vermachte der Stadt seine wertvolle Sammlung aus 41 500 Büchern. Nebenan befindet sich sein Wohnhaus, die **Casa Museo de Menéndez Pelayo** (☎942 23 44 93; Eintritt frei; ⌚Mo–Fr 10.30–13 & 18.30–20, Sa 10.30–13 Uhr).

Feste & Events

Santanders großes Sommerfest, die **Semana Grande**, ist einer Woche voller Spaß rund um den 25. Juli. Davor – immer Mitte des Monats – feiert man die **Baños de Ola**. Die Veranstaltung erinnert an die Ankunft der ersten Touristen, die Mitte des 19. Jhs. in den Wellen des Sardinero badeten. Den ganzen Sommer über dient der Palacio de la Magdalena als Treffpunkt für Spezialisten aller Länder und Fachrichtungen im Rahmen der **Universidad Internacional Menéndez Pelayo** (www.uimp.es). Das **Festival Internacional de Santander** (www.festivalsantander.com) findet im August statt und deckt so gut wie alle musikalischen Stile vom Jazz bis zur Oper ab.

Schlafen

Im Zentrum geht's am trubeligsten zu, außerdem gibt's hier zahlreiche Unterkünfte in allen Preisklassen. Einige gute Mittelklasse- und Luxushotels liegen in der Nähe der Playa del Sardinero, allerdings schließen viele von Oktober bis Mitte Mai, da in der Nebensaison nur wenige Besucher herkommen. Die Preise sinken erheblich außerhalb der Hauptsaison im Juli und August. Leider haben Santanders Unterkünfte für ihren Preis in der Regel nicht viel zu bieten.

Hostal La Mexicana HOSTAL €€

(☎942 22 23 50; www.hostallamexicana.com; Calle de Juan de Herrera 3; EZ/DZ 46/64 €; 🚭📶) Ein sauberes, gut geführtes *hostal* mit 38 Zimmern an einer verkehrsberuhigten Einkaufsstraße. Die Zimmer sind mit soliden, altmodischen Holzmöbeln ausgestattet und verfügen oftmals auch über Badewannen. Es gibt einen Abstellraum für Fahrräder.

Hotel Central HOTEL €€€

(☎942 22 24 00; www.elcentral.com; Calle General Mola 5; EZ/DZ 96/148 €; ❄@📶) Mitten im Herzen der Altstadt liegt dieses in hübschen Blautönen gehaltene Hotel. Die Zimmer in dem jahrhundertealten Gebäude sind farbenfroh und originell eingerichtet (der unfertige Anstrich der Türen gehört offenbar zum Konzept), aber eine Renovierung könnte trotzdem nicht schaden. Die Einzelzimmer fallen eher klein aus.

Casa del Surf HOSTAL €€
(☎616 382534; www.casadelsurf.es, auf Spanisch; El Regunil 40, Somo; EZ/DZ 36/66 €; 🅿🚭📶) Bei Surfern erfreut sich das Stranddorf Somo gegenüber der Bucht von Santander großer Beliebtheit, deshalb ist die Casa del Surf ideal für alle, die eine entspannte Stimmung mögen. Sie hat acht saubere, helle Zimmer sowie eine gesellige Bar und einen Garten, in denen Frühstück und leichte Gerichte serviert werden. Surfkurse und andere Aktivitäten lassen sich von hier aus leicht organisieren.

Pensión La Corza PENSIÓN €
(☎942 21 29 50; www.pension-la-corza-santander.com; Calle de Hernán Cortés 25; Zi. mit/ohne Bad 55/42 €) Die Pension an der reizvollen Plaza de Pombo verfügt über das beste Angebot weit und breit. Im dritten Obergeschoss befinden sich hübsch möblierte Zimmer mit hohen Decken, einige mit Balkon und Blick über den Platz.

Hotel París HOTEL €€€
(☎942 27 23 50; www.hotelparissantander.es, auf Spanisch; Avenida de los Hoteles 6; EZ/DZ 94/140 €; ⏲Juli–Sept.; 🅿📶) Dieses charmante Hotel am Sardinero war ehemals weiß, ebenso wie seine individuell eingerichteten Zimmer. Hier ist die Atmosphäre des ausgehenden 19. Jhs. allgegenwärtig. Parkettböden, die sparsame, aber elegante Möblierung und hübsche architektonische Einfälle machen die Unterkunft zu einer verlockenden Option.

Hotel Bahía HOTEL €€€
(☎942 20 50 00; www.gruposardinero.com; Calle de Alfonso XIII 6; EZ/DZ 181/227 €; 🅿❄@📶) Ein Tophotel im Zentrum von Santander, gleich gegenüber der Anlegestelle mit Fähren von/nach Großbritannien. Es wurde komplett renoviert und bietet höchst komfortable Zimmer, teilweise mit einem großartigen Ausblick. Zu dem Haus gehören ein elegantes Restaurant und geräumige, stilvolle Aufenthaltsbereiche.

Hostal Carlos III HOSTAL €€
(☎/Fax 942 27 16 16; www.hostalcarlos3.com; Avenida de la Reina Victoria 135; EZ/DZ 58/78 €; ⏲Ostern–Okt.) Gestrichene Zierleisten schmücken die großen Zimmer in diesem alten, etwas verwohnten Bau mit Türmen am Sardinero. Manche Zimmer haben einen Balkon oder eine Terrasse. Einige befinden sich im hässlichen vorderen Anbau, bieten aber Meerblick.

Essen

Im Zentrum von Santander kann man großartig essen. Snacks bekommt man in den Tapas-Bars, während in den schlichten Bodegas herzhafte einheimische Gerichte serviert werden und in vielen besseren Restaurants der Schwerpunkt auf der gehobenen Küche liegt. An den Uferpromenaden reihen sich zahlreiche Cafés und Restaurants aneinander.

Mesón Rampalay TAPAS €€
(Calle de Daoíz y Velarde 9; Tapas 1,40–2,10 €, raciones 5–13 €) Eine Institution in Santander und immer voll. Hier werden vor allem verlockende Tapas von Fasanenbrust über Rinderlende in Wein bis zu Rührei mit Garnelen und Spargel serviert.

La Conveniente TAPAS, TABLAS €€
(Calle de Gómez Oreña 9; raciones 5–15 €; ⏲Mo–Sa Abendessen; 🚭) Diese höhlenartige Bodega hat hohe Steinwände, Holzpfeiler und Balken. Im Conveniente stehen mehr Weinflaschen herum, als man vielleicht je zuvor an einem Ort gesehen hat. Entweder setzt man sich im engen vorderen Teil an die Tische oder wählt einen der Plätze im hinteren Teil. Die Gerichte sind recht einfach, aber großzügig bemessen: Es gibt z. B. *tablas* (Teller) mit Käse, *embutidos* (Wurst), Schinken und Pâtés .

El Serbal KREATIVE SPANISCHE KÜCHE €€
(☎942 22 25 15; Calle de Andrés del Río 7; Mahlzeiten 40–70 €; ⏲Di–Sa Mittag- & Abendessen, So Mittagessen) Das elegant-unaufdringliche Serbal befindet sich unter einem Apartmenthochhaus und ist vielleicht das beste Restaurant der Stadt. Es wartet mit erfinderischen Variationen klassischer nordspanischer Gerichte auf, darunter im Tontopf zubereitete Rinderlende mit Schinken-Trüffel-Ravioli und Kartoffeln. Alternativ bestellt man das leckere Menü (56 €).

Cañadío KREATIVE SPANISCHE KÜCHE €€
(☎942 31 41 49; Calle de Gómez Oreña 15; Mahlzeiten 35–55 €; ⏲Mo–Sa) Ein geschmackvoll modernisiertes Lokal mit Kunst an den roten Wänden, eleganten Stühlen, feinen Tischtüchern und Holzböden sowie einer

WAS ISST MAN IN KANTABRIEN?

Die Essgewohnheiten der Kantabrer unterscheiden sich an der Küste und im Landesinneren. *Sorropotún*, ein Eintopf auf der Basis von jungem Thunfisch *(bonito)* und Kartoffeln, den die Fischer früher auf ihre langen Expeditionen über den Atlantik mitnahmen, gilt als Spezialität von San Vicente de la Barquera. Frische Meeresfrüchte schlemmt man am besten in Santander; Forelle und Lachs stammen aus den Flüssen im Landesinneren. Ein klassisches Gericht der Bergküche ist *cocido montañés*, ein herzhafter Eintopf mit weißen Bohnen, Kohl, Kartoffeln, Chorizo, Blutwurst und manchmal Portwein. Kantabriens grünen Viehweiden sind viele schmackhafte Käsesorten zu verdanken: Wer für geruchsintensiven Käse schwärmt, sollte nach *queso picón* Ausschau halten, der aus einer Mischung von Kuh-, Schafs- und Ziegenmilch besteht und in den Bergdörfern Tresviso und Beges hergestellt wird. *Embutidos* (Würste) und *cecinas* (luftgetrocknetes Fleisch) von Reh und Wildschwein zählen ebenfalls zu den lokalen Spezialitäten.

regional inspirierten, kreativen Küche. Seehecht wird hier auf jede erdenkliche Art zubereitet. Man kann sich auch unter das Volk an der Bar mischen und die verführerischen Tapas kosten.

días desur TAPAS €

(Calle de Hernán Cortés 47; Tapas 1,50–2 €; ⏲9–2 Uhr) Weiße Ziegelsteinwände, Schwarz-Weiß-Fotos und viel Platz zum Sitzen und Plaudern – das días desur ist etwas ganz Besonderes. Das gilt auch für die Tapas im kantabrischen, andalusischen und internationalen Stil, darunter Tandoori-Huhn-Spieße und Quesadillas mit Ibérico-Schinken und Käse. Dazu kann man einen der lyrisch beschriebenen Weine trinken.

Bar del Puerto MEERESFRÜCHTE €€

(☎942 21 30 01; Calle de Hernán Cortés 63; Mahlzeiten 40–50 €; ⏲Di–Sa Mittag- & Abendessen, So Mittagessen) Mit den großen Fenstern, von denen aus man auf den Hafen von Puerto Chico blickt, ist dieses Lokal ein toller Ort, um die perfekt zubereiteten Fischgerichte zu genießen. Welchen Meeresbewohner man sich gönnt, ist eine Frage des Reisebudgets.

La Flor de Tetuán MEERESFRÜCHTE €€

(☎942 21 83 53; Calle de Tetuán 25; Mahlzeiten 40–50 €; ⏲Mo–Sa) Genussreiche, einfache Speisen von Salat mit Flusskrebsen bis hin zu einer Platte gegrillter fangfrischer Fische. Die Meeresbewohner werden nach Gewicht berechnet. Von den vier kleinen Meeresfrüchte-Lokalen in der Straße ist dies das beste.

Ausgehen & Unterhaltung

An der Plaza de Cañadío reihen sich zahlreiche *bares de copas* aneinander, in denen man unter freiem Himmel bis frühmorgens Bier, Cocktails, Wein oder Schnaps bekommt. Wem das nicht genügt: In den Calles de Daoíz y Velarde und Hernán Cortés findet man noch mehr Kneipen, die meist bis weit nach Mitternacht geöffnet haben.

Rund um die Calle de Santa Lucía, Calle del Sol und Calle del Río de la Pila gibt's weitere Bars, die vor allem Teenager und alternatives Publikum anziehen. Sie haben bis 3 oder 4 Uhr geöffnet. Am besten lässt man sich einfach treiben und findet selbst heraus, welche Läden am coolsten sind.

La Floridita PUB, NACHTCLUB

(Calle de Bailén 4; ⏲18.30–3.30 Uhr; 📶) Ein Pub mit Nachtclub im kubanischen Stil, der Gäste fast jeden Alters anzieht. In der grün beleuchteten Bar werden große Cocktails serviert. Das Floridita macht schon recht früh auf und hat lang geöffnet.

Cool MUSIKBAR

(Calle de San Emeterio 3; ⏲ab 19 Uhr) Auch wenn das Cool stets aus allen Nähten platzt, bleibt der kleine haschgeschwängerte Club relaxt. Hier bekommt jeder seine Dosis an funkiger Musik und starken süßlichen Dämpfen ab.

Rocambole MUSIKBAR

(Calle de Hernán Cortés 37; ⏲ab 21 Uhr) In der großen, spärlich beleuchteten Bar spielen oft Bands und meistens ist bis zum Morgengrauen was los. Donnerstags um 22 Uhr gibt's Jazz-Sessions.

Montrëal Lounge NACHTCLUB

(www.montrealsantander.com, auf Spanisch; Calle de Santa Lucía 48; ⏲ Do–Sa 24–6 Uhr) Der angesagte Treff im Zentrum lockt ein ausgelassenes, junges Publikum an, das hier nach dem Diskobesuch ab ca. 3.30 Uhr chillt.

Praktische Informationen

Cyberlocutorio (FEVE-Bahnhof, Calle de Rodríguez; Internet 1 € pro Std.; ⏲ Mo–Sa 10–22, So 12.30–22 Uhr)

Post (Plaza Alfonso XIII)

Regionale Touristeninformation (☎901 111112, 942 31 07 08; www.turismodecantabria.com; Calle de Hernán Cortés 4; ⏲9–21 Uhr) Im Mercado del Este.

Städtische Touristeninformation (☎942 20 30 00; www.santander.es, auf Spanisch; Jardines de Pereda; ⏲9–21 Uhr) Im Sommer wird am Sardinero gegenüber der Plaza de Italia eine Zweigstelle eröffnet.

Anreise & Unterwegs vor Ort

Bus

Transporte de Cantabria (www.transportedecantabria.es) ist eine hilfreiche Quelle für Fahrpläne im Internet. **ALSA** (www.alsa.es), der größte Anbieter, steuert vom **Busbahnhof** (☎942 21 19 95; Calle Navas de Tolosa) viele Ziele in Kantabrien und anderen Regionen an, darunter:

Bilbao (6,70–12,80 €, 1¼–2 Std., mind. 19-mal tgl.)

Burgos (11,20–19,50 €, 2½–3½ Std., 6-mal tgl.)

Madrid (27,50–42 €, 5¼–6 Std., mind. 6-mal tgl.)

Oviedo (13,19–23,64 €, 2¼–3¼ Std., mind. 9-mal tgl.)

San Sebastián (13–25 €, 2½–4 Std., mind. 8-mal tgl.)

Flugzeug

Der Flughafen liegt 5 km südlich von Santander in Parayas. Busse fahren zwischen 6.30 und 22.30 Uhr etwa alle halbe Stunde (an Wochenenden seltener) vom/zum Busbahnhof von Santander (1,60 €). Einige Flugverbindungen:

Iberia (www.iberia.com) steuert mehrmals täglich Madrid und Barcelona an und fliegt ein paar Mal pro Woche nach Sevilla, Valencia und Palma de Mallorca.

Ryanair (www.ryanair.com) hat tägliche Verbindungen nach Madrid und Barcelona im Programm und verkehrt bis zu viermal wöchentlich nach Düsseldorf (Weeze) und Frankfurt (Hahn).

Zug

Santanders zwei Bahnhöfe liegen direkt nebeneinander an der Calle de Rodríguez.

Renfe (www.renfe.com) betreibt jeden Tag zwei bis drei Fernzüge nach Madrid (47,90 €, 4½ Std.) über Palencia und Valladolid sowie zwei Regionalzüge bis Valladolid (16,60 €, 4 Std.).

FEVE (☎942 20 95 22; www.feve.es) hat täglich zwei Verbindungen nach San Vicente de la Barquera, Llanes, Ribadesella, Arriondas und Oviedo (14,15 €, 4½ Std.) sowie drei Verbindungen nach Bilbao (7,75 €, 2¾ Std.) im Programm.

Rund um Santander

PUENTE VIESGO & UMGEBUNG

550 EW. (PUENTE VIESGO)

Puente Viesgo liegt am Fuße des kegelförmigen Monte Castillo in einem Tal etwa 25 km südlich von Santander an der N623 Richtung Burgos. Rund 2 km weiter bergauf erstrecken sich die Cuevas de Monte Castillo, mehrere Höhlen, die bereits vor 150 000 Jahren von Menschen genutzt wurden. Vier davon zählen wegen ihrer fantastischen Wandmalereien zum Weltkulturerbe. Die beiden **Cuevas de El Castillo y Las Monedas** (☎942 59 84 25; pro Höhle Erw./Kind 3/1,50 €; ⏲9.30–14.30 & 15.30–19.30 Uhr) kann man im Rahmen einer Führung (45 Min. pro Höhle) besichtigen. El Castillo ist spektakulärer: Man gelangt 760 m weit hinein und sieht hier fast ebenso beeindruckende Malereien wie in der Cueva de Altamira. Die 275 Gemälde und Felsgravuren von Wild, Bisons, Pferden, Ziegen, Auerochsen und Mammuts sowie die Handabdrücke und geheimnisvollen Symbole stammen aus der Zeit von 26 000 bis 11 000 v. Chr. Anders als in Altamira sind sie wahrscheinlich original erhalten und keine Nachbildungen. Las Monedas verfügt über einige Tierzeichnungen aus der Zeit um ca. 10 000 v. Chr. und ein Labyrinth aus Stalaktiten und Stalagmiten. Am besten bucht man die Führungen im Voraus (telefonisch oder online unter http://cuevas.culturadecantabria.com), das gilt besonders für El Castillo. Nach dem Höhlenbesuch hat man vielleicht Lust, noch den halbstündigen Spaziergang hinauf zum Monte Castillo zu unternehmen, wo man auf ein paar Überreste einer mittelalterlichen Burg trifft.

Von Montag bis Freitag verkehren täglich sieben Busse zwischen Santander und Puente Viesgo (2,05 €, 40 Min.), an Wochenenden sind es drei oder vier.

Wer mit dem Auto unterwegs ist, kann von Puente Viesgo aus etwa 3 km Richtung Nordosten nach Socobio fahren. In dem Dorf befindet sich die **Colegiata de Santa Cruz de Castañeda** aus dem 12. Jh., eine der schönsten romanischen Kirchen in ganz Kantabrien.

LANGRE

20 km östlich von Santander erreicht man mit dem Auto (den Schildern nach Somo folgen und dann weiter nach Galizano fahren) Langres wilde Strände, hinter denen sich grüne Hügel erheben. Viele Traveller besuchen lieber den Langre Grande (Parkplatz 3 €), obwohl der Langre Pequeña um einiges geschützter ist.

PARQUE DE LA NATURALEZA CABÁRCENO

Dieser **Open-Air-Zoo** (☎902 210112; www.parquedecabarceno.com; Erw./Kind 20,20/12,15 €; ⊙9.30–18 Uhr; ♿) 17 km südlich von Santander ist ein kurioses, aber erfolgreiches Experiment. Das Freigehege wurde auf einem ehemaligen Tagebaugelände angelegt. Es beherbergt u. a. Nashörner, Wallabys, Gorillas und Dromedare. 20 km Straßen durchziehen das Gehege, deshalb kommt man am besten mit dem Auto hierher. Die Zufahrt befindet sich von Obregón aus an der CA262.

Ostkantabrien

Der 95 km lange Küstenstreifen zwischen Santander und Bilbao bietet für die Einwohner beider Städte tolle Rückzugsmöglichkeiten. Die Orte in dieser Gegend sind zwar nicht so reizvoll wie die an der kantabrischen Westküste, aber es gibt hier trotzdem einige hübsche Strände. Darüber hinaus entdeckt man im Hinterland bezaubernde Täler und Hügel.

SANTOÑA

Der Hafen von Santoña wird von zwei Festungen beherrscht: dem **Fuerte de San Martín** und dem verlassenen **Fuerte de San Carlos** weiter östlich. Besucher können entweder einen netten Spaziergang um beide herum unternehmen oder sich mit der Fähre (1,80 €) über die Bucht bis zum westlichen Ende des langen Sandstrands Laredo bringen lassen. Auch der **Parque Cultural Monte Buciero** östlich des Ortszentrums lädt zum Wandern ein. Alternativ geht's Richtung Norden über die C141 zur **Playa Berria**, einem herrlichen Sandstrand am offenen Meer, zu dem von Santoña aus häufig Busse (1,35 €) fahren. Von außen sieht das **Hotel Juan de la Cosa** (☎942 66 12 38; www.hoteljuandelacosa.com; Avenida de Berria 14; EZ 90–98 €, DZ 119–131 €; P ⊖ @ ☈) nicht gerade hübsch aus, aber dafür sind die in Blautönen gestrichenen Zimmer groß und bieten häufig einen Blick auf das Meer. Im zugehörigen Restaurant stehen vorwiegend Meeresfrüchte auf der Karte.

Von Montag bis Samstag verkehren 14 Busse (So sind es sieben) zwischen Santoña und Santander (3,95 €, 1 Std.). Außerdem startet von Juli bis September etwa alle 30 Minuten eine Fähre zum Zentrum von Laredo (3 €).

LAREDO

Laredos kompakte, kopfsteingepflasterte *puebla vieja* (Altstadt) liegt am Ende eines langen Sandstrands und lädt zu einem netten Spaziergang ein. Wer hungrigt ist, sollte das **Restaurante La Abadía** (Rua Mayor 18; Mahlzeiten 35–50 €; ⊙Do–Di) ansteuern, das über hübsche Natursteinwände verfügt und sättigende Gerichte wie *arroz con bogavante* (Langusten und Reis) für zwei Personen (45 €) serviert.

In Laredo halten mehrere Busse aus Santander (3,75 €, 40 Min.).

PLAYAS DE ORIÑÓN & SONABIA

Einer der beliebtesten Strände dieses Küstenabschnitts liegt in Oriñón unweit der *autovía* (gebührenfreie Schnellstraße) 14 km östlich von Laredo. Der breite Sandstrand erstreckt sich weit hinter zwei schützenden Landzungen, deshalb ist das Wasser hier ruhig und relativ warm. Vor Ort findet man nur ein paar Ferienhäuser und Wohnwagenstellplätze. 1,7 km hinter Oriñón gelangt man zu einem schmalen, wilden Sandstrand, der Playa de Sonabia, in einer von Felsen gesäumten Bucht unterhalb von hohen Klippen; über ihm kreisen Gänsegeier am Himmel. Ein 10 km langer Wanderweg (3½ Std.) führt bergan und bergab von Oriñón nach Laredo, vorbei an der Playa de Sonabia und einem weiteren einsamen Strand, der Playa de San Julián.

CASTRO URDIALES

25 300 EW.

Der Hafen und das Gewirr schmaler Gassen im mittelalterlichen Zentrum von Castro Urdiales werden von der stolzen gotischen **Iglesia de Santa María de la Asunción** (⊙Di–So 10–13.30 & 16–19.30 Uhr) beherrscht. Die Kirche teilt sich die kleine Landzunge mit den Ruinen der jahrhundertealten Verteidigungsanlage der Stadt, die heute als Basis für den Leuchtturm dient.

Von den beiden Stränden ist die nördliche **Playa de Ostende** schöner. Überall in der Altstadt und an den umgebenden Hän-

ABSTECHER

DIE TÄLER IM OSTEN KANTABRIENS

Die nur selten besuchten Täler in Ostkantabrien verströmen einen unverfälschten ländlichen Charme und warten auf ihre Entdeckung. Dafür bieten sich zahlreiche Routen an, darunter die folgende:

Von El Soto an der N623 gleich südlich der Puente Viesgo nimmt man die CA270 Richtung Südosten nach Vega de Pas, der „Hauptstadt" der Valles Pasiegos (die Täler der Flüsse Pas, Pisueña und Miera; www.vallespasiegos.org). Dies ist eines der ländlichsten Gebiete der Region. Von Vega de Pas aus geht's weiter Richtung Südosten nach Kastilien-Léon; der Ausblick vom **Pass Puerto de la Braguía** ist beeindruckend. In der Nähe von Las Nieves führt die BU571 gen Norden zum Pass Puerto de la Sía nach Arredondo im Bezirk Alto Asón (im Südosten von Kantabrien; www.citason.com, auf Spanisch). Sie folgt Berg und Tal, erklimmt mehrere Pässe und passiert den 50 m hohen Wasserfall **Nacimiento (Quelle) del Río Asón**.

In Alto Asón befinden sich mehr als 4500 der 9000 bekannten Höhlen Kantabriens. Von Arredondo aus kann man Richtung Osten nach Ramales de la Victoria fahren, einem Ort im Tal mit zwei außergewöhnlichen, öffentlich zugänglichen Höhlen. Die **Cueva de Cullalvera** (☎942 59 84 25; Erw./Kind 6/4 €; ⌚9.30–14.30 & 15.30–19.30 Uhr) ist beeindruckend groß und wartet mit Überresten prähistorischer Malereien auf. Nach 3 km auf der N629 südlich von Ramales und 650 m steilem Fußweg erreicht man die **Cueva de Covalanas** (☎942 59 84 25; Erw./Kind 3/1,50 €; ⌚9.30–14.30 & 15.30–19.30 Uhr). Wegen ihrer zahlreichen hervorragenden Tiermalereien, die ca. 18 000 v. Chr. in einer ungewöhnlichen Maltechnik ausgeführt wurden, zählt sie zum Weltkulturerbe. Führungen dauern jeweils 45 Minuten. Am besten reserviert man telefonisch oder unter http://cuevas.culturadecantabria.com.

Abenteuerlustige Traveller können bei **Red de Cuevas de Alto Asón** (☎667 701623, 942 64 65 04; www.decuevas.es, auf Spanisch) unterschiedliche Touren buchen, die in Ramales starten. Sie reichen von einfachen unteriridischen Wandertrips bis zu anstrengenden 18-stündigen Höhlendurchquerungen. Ein zweistündiger Ausflug kostet 25 €.

Busse von Turytrans fahren von Laredo (1,65 €, 35 Min.) elfmal täglich nach Ramales. Südlich von Ramales steigt die N629 zu dem 920 m hohen Aussichtspunkt Alto de los Tornos an und bietet einen spektakulären Panoramablick, bevor sie nach Burgos in Kastilien-Léon führt.

gen stehen dicht an dicht Hochhäuser, die in den 1990er-Jahren vorwiegend für Berufspendler nach Bilbao gebaut wurden und an vielen Stellen Kantabriens Küste verschandeln. Die Angestellten der **Touristeninformation** (☎942 87 15 12; Avenida de la Constitución 1; ⌚9.30–13.30 & 16–19 Uhr) am Fischereihafen geben Auskünfte über weitere Strände in Region.

In der Altstadt gibt's zahlreiche günstige Unterkünfte. Die **Pensión La Mar** (☎942 87 05 24; www.lamarcastro.es; Calle de la Mar 27; EZ/DZ 36/55 €; 📶) gehört zu den besten Bleiben. Sie liegt einen Block vom Hafen entfernt und verfügt über funktionale, aber unspektakuläre Zimmer, von denen einige auf die schmale Fußgängerzone blicken. Mit dem **Hotel Las Rocas** (☎942 86 04 00; www.lasrocashotel.com; Calle Flaviobriga 1; EZ/DZ 110/140 €; P 🚭 ❄ 📶) an der südlichen Playa de Brazomar trifft man eine hervorragende Wahl. Farbenfrohe Kunstwerke schmücken die modernen Zimmer, die zumeist große Glasgalerien und Strandblick haben.

Traditionelle Gerichte wie *sopa de pescado* (Fischsuppe) und *pudín de cabracho* (Meeresfrüchte-Pastete) bekommt man in den *mesones* (Lokale im alten Stil) und *tabernas* (Tavernen) entlang der Calle de la Mar und der Calle de Ardigales sowie in der Nähe der Fischkutter an der Plaza del Ayuntamiento.

Busse von **ALSA** (Calle de Leonardo Rucabado 42) verkehren bis zu elfmal täglich von/nach Santander (5,65 €, 1 Std.). Busse nach Bilbao (3,30 €, 1 Std.) starten alle halbe Stunde und halten mehrmals im Zentrum, z. B. vor dem Blumenladen La Barrera einen halben Block vom Meeresufer entfernt in der Calle La Ronda 52.

Südkantabrien

Schöne Panoramablicke auf hohe Gipfel und tiefe Flusstäler, die von grünen Wiesen gesäumt werden, erwarten Traveller, die in das Innere Kantabriens vordringen. Jeder nur vorstellbare Grünton ziert die Landschaft, außerdem stößt man auf zahlreiche Steindörfer, die von einem Netz schmaler Landstraßen umspannt werden.

Von der Industriestadt Torrelavega führt die A67 durch das Besaya-Tal und schafft so eine Verbindung zwischen Kantabriens Küste und Kastilien. In der Gegend verlief einst eine **Römerstraße**, auf deren am besten erhaltenem Abschnitt, den 5 km zwischen Pie de Concha und Pesquera (in beiden Orten gibt es Renfe-Bahnhöfe), kurze Wanderungen (bis zu 2 Std.) möglich sind.

Zu den Kuriositäten auf dem Weg Richtung Reinosa zählt der Palacio de Hornillos in **Las Fraguas**, der im 19. Jh. von einem Engländer erbaut wurde und sehr an einen englischen Landsitz erinnert. Wenige Kilometer weiter südlich in **Helguera** entdeckt man eine seltene mozarabische Kirche aus dem 10. Jh.

Reinosa (Ew. 10 300), der Hauptort Südkantabriens, hat zwar nichts Ungewöhnliches zu bieten, aber dafür kann man sich in der **Touristeninformation** (☎942 75 52 15; http://turismoreinosa.es, auf Spanisch; Avenida del Puente de Carlos III 23; ⌚Mo–Fr 9.30–14.30 & 17–20 Uhr, Sa & So 9.30–14.30 Uhr, Okt.–Juni So geschl.) nach Sehenswürdigkeiten in der Region erkundigen. Zu den Highlights gehört die **Colegiata de San Pedro** in Cervatos 5 km südlich, eine romanische Kirche mit seltenen erotischen Holzschnitzereien. In **Retortillo** 5 km östlich von Reinosa befindet sich das **Museo Domus** (☎626 325927; Erw./Kind 3/1,50 €; ⌚ Mi–So 10.30–13.30 & 16–19 Uhr), eine originalgetreue Nachbildung eines römischen Hauses. In unmittelbarer Nachbarschaft erstrecken sich die Ruinen der bedeutenden römischen Stadt **Julióbriga** (Eintritt frei; ⌚ Mi–So 10.30–13.30 & 16–19 Uhr). Das Ticket für das Museum gilt auch für das Centro de Interpretación del Rupestre in Santa María del Valverde (S. 496).

Reinosa verfügt über ein halbes Dutzend Unterkünfte. Die **Villa Rosa** (☎902 930374; www.villarosa.com, auf Spanisch; Calle de los Héroes de la Guardia Civil 4; EZ/DZ mit Frühstück 53,50/90,95 €; P@📶) liegt in einem hübsch restaurierten Jugendstilhaus, das Ende des 19. Jhs. errichtet wurde, und ist so rosa, wie es ihr Name schon sagt. Ein solches Gebäude würde man eher in Deutschland erwarten. Die meisten der zwölf komfortablen Zimmer verströmen ein einladendes historisches Flair und sind dennoch modern ausgestattet. Bis zum Bahnhof und Busbahnhof ist es von hier aus nicht weit.

Sieben oder acht *cercanías* (Vorortzüge; 4,10 €, 1¾ Std.) von Renfe und drei bis vier Regional- und Fernzüge fahren täglich von Santander nach Reinosa. Die Strecke wird zudem von mindestens sechs Bussen (5,75 €, 1½ Std.) bedient. Ein paar Züge und Busse am Tag verkehren Richtung Süden nach Palencia, Valladolid, Salamanca und Madrid.

Westkantabrien

SANTILLANA DEL MAR

1080 EW.

Santanilla del Mar wird gerne als Stadt der drei Lügen bezeichnet, weil sie weder heilig *(santi)*, noch flach *(llana)* ist und auch nicht am Meer *(del mar)* liegt. Aber wen kümmert das schon bei einer so gut aussehenden Lügnerin! Das mittelalterliche Schmuckstück mit seinen hellen gepflasterten Straßen und wettergegerbten Fachwerkhäusern erscheint einem fast zu schön, um wahr zu sein. Handelt es sich am Ende nur um ein Filmset? Nein, hier leben immer noch Menschen, die ihre kostbaren Häuser von Generation zu Generation weitergeben.

Bereits seit 1575 gelten hier strenge städtebauliche Vorschriften. Zu den neueren Auflagen gehört, dass nur Einwohner oder Gäste von Hotels mit Garagen ihr Fahrzeug mitbringen dürfen. Besucher anderer Hotels dürfen zwar vorfahren, um das Gepäck auszuladen, müssen ihr Auto aber dann auf dem Parkplatz vor dem Ort abstellen.

Santillana ist nicht nur ein Kleinod für sich, sondern auch ein ausgezeicheter Ausgangspunkt für den Besuch der nahe gelegenen Cueva de Altamira.

Sehenswertes

Colegiata de Santa Juliana KIRCHE

(Eintritt 3 €; ⌚ Di–So 10–13.30 & 16–19.30 Uhr) Ein Bummel über die gepflasterte Hauptstraße vorbei an den altehrwürdigen Häusern von Edelleuten aus dem 15. bis 18. Jh. führt zu diesem einstigen, aber immer noch hübschen romanischen Kloster aus dem 12. Jh. Seine größte Attraktion ist der Kreuzgang, eine Meisterleistung romanischer Steinmetzarbeit mit Säulenkapitellen, die zahlreiche unterschiedliche Figuren aufweisen. Die Grabkammer der heiligen Juliana, einer christlichen, aus der Türkei stammenden Märtyrerin aus dem 3. Jh. – und der wahre Ursprung des Namens Santillana –, befindet sich im Zentrum der Kirche. Nachdem man die Heilige hier bestattet hatte, entstanden rund um die Relikte allmählich der Ort und das Kloster.

Museo Diocesano MUSEUM
(www.santillanamuseodiocesano.com, auf Spanisch; Calle del Cruce; ⏲ Okt.–Mai 10–13.30 & 16–18.30 Uhr, Mo geschl.) Das ehemalige Dominikanerkloster etwas südlich der Hauptstraße beherbergt eine faszinierende Sammlung bunter Holzstatuen; einige sind ziemlich bizarr.

Museo de Tortura MUSEUM
(Calle del Escultor Jesús Otero 1; Erw./Stud./Kind 3,60/2,40/frei; ⏲10–21 Uhr) Das Museum stellt über 70 gruselige Folterinstrumente aus, die von der Inquisition in ihrem unbarmherzigen Kampf gegen Ketzerei verwendet wurden. Kinder sollte man besser nicht mitnehmen, auch wenn sie gratis hereindürfen.

Torre del Merino TURM
(Plaza de Ramón Pelayo) In dem Turm aus dem 14. Jh. werden manchmal Wechselausstellungen gezeigt. Er steht auf dem Hauptplatz des Ortes.

Schlafen

Es gibt in Santanilla Dutzende von Übernachtungsmöglichkeiten; viele liegen in stimmungsvollen historischen Bauwerken. Sie verteilen sich über die gesamte Altstadt und entlang der Straßen zur Cueva de Altamira, nach Comillas und nach Santander. Einige schließen von November bis Februar.

La Casa del Organista HOTEL €€
(☎942 84 03 52; www.casadelorganista.com; Camino de Los Hornos 4; EZ/DZ 75/91 €; P) Lange Zeit diente dieses Haus dem Organisten der Colegiata-Kirche als Residenz. Die Zimmer in dem eleganten Gebäude aus dem 18. Jh. sind dank ihrer weichen Teppiche, antiken Möbel und Steinmauern sowie der Balkone mit hölzernen Balustraden sehr ansprechend. Einige bieten einen Ausblick über die Felder auf die Kirche.

Posada Santa Juliana POSADA €€
(☎942 84 01 06; Calle Carrera 19; DZ 61 €; ⏲April–Sept.;) Das liebenswerte mittelalterliche Haus, einen kurzen Fußweg von der Hauptstraße entfernt hat sechs eher kleine, aber geschmackvoll restaurierte Doppelzimmer mit knarrenden Holzböden und -möbeln. Mehr darüber erfährt man bei den freundlichen Angestellten im Restaurant Los Nobles gegenüber.

Casa del Marqués HISTORISCHES HOTEL €€€
(☎942 81 88 88; www.turismosantillanadelmar.com; Calle del Cantón 26; EZ/DZ mit Frühstück 187/209 €; ⏲März–Anfang Dez.; P@) In dem gotischen Herrenhaus aus dem 15. Jh., das sich früher im Besitz des Marquis von Santillana befand, kann man sich noch heute wie ein Großgrundbesitzer fühlen. Freiliegende Holzbalken, dicke Steinwände und coole Terrakottaböden tragen zur tollen Atmosphäre der 15 individuell eingerichteten Zimmer bei. Ganzer Stolz des Hotels ist das 700 Jahre alte Treppengeländer, dessen Holz von einem einzigen großen Baum stammt.

Hotel Siglo XVIII HOTEL €€
(☎942 84 02 10; www.hotelsigloxviii.com, auf Spanisch; Calle de Revolgo 38; DZ 85 €; P) Eines der besseren Hotels in Santillana. Das von einem Garten und grünen Feldern umgebene Steinhaus ist relativ neu und trotzdem dem Baustil des Ortes treu geblieben. Die Zimmer wirken einladend und sind mit antiken Möbeln ausgestattet. Außerdem wartet das Siglo mit einem Swimmingpool auf – zu diesem Preis ein echtes Highlight.

Posada de la Abadía POSADA €
(☎942 84 03 04; www.posadadelabadia.com, auf Spanisch; Calle de Revolgo 26; EZ/DZ 47/59 €; P@) Das kleine familiengeführte Hotel ist in einem traditionellen Haus im kantabrischen Stil untergebracht und liegt südlich der Hauptstraße. Es verfügt über zehn saubere, hübsche Zimmer mit einer Badewanne. Im Winter sinken die Preise um etwa 50 %.

Essen

Santillana hat jede Menge langweilige Lokale für durchziehende Touristenhorden, deshalb bekommt man manchmal schon für 20 bis 25 € eine komplette Mahlzeit. Es gibt aber auch einige bessere Optionen.

Restaurante Gran Duque
TRADITIONELL KANTABRISCH €€
(www.granduque.com; Calle del Escultor Jesús Otero 5; Mahlzeiten 25–45 €; ⏲So abends, Mo mittags & im Jan. geschl.) In dem hübschen Steinhaus werden wunderbare lokale Gerichte ser-

viert. Die Aufmachung wirkt edel und verfügt über hübsche dekorative Elemente wie das Fachwerk im Inneren. Hier kommen sowohl Fisch- als auch Fleischgerichte auf den Tisch, wobei Letztere besser sind. Menüs für zwei Personen kosten 18, 46 oder 60 €.

La Villa KANTABRISCH **€€**
(Plaza de la Gándara; Mahlzeiten 25–35 €; ⌚Do–Di) Durch große Holztüren gelangt man in den Hof. Zur Linken befindet sich eine Bar mit Sitzbänken, rechts geht's zum Speisesaal hoch; beide Räume liegen unter einem Dach aus schweren dunklen Holzbalken. Zu den Spezialitäten des Hauses gehören Fleischgerichte wie *solomillo con salsa de queso* (Rinderlende in Käsesauce).

Casa Uzquiza KANTABRISCH **€€**
(Calle del Escultor Jesús Otero 11; menús 10 €; Mahlzeiten 25–40 €; ⌚Feb. & Sept.–Mai Di geschl.) Dieses zweistöckige Restaurant mit Blick über die Landschaft hat auch ein paar Tische im Garten. Es serviert viele der typisch lokalen Gerichte, z. B. *cocido montañés* (herzhafter Eintopf mit weißen Bohnen und Kohl, Kartoffeln, Chorizo, Blutwurst und manchmal Portwein), aber auch Überraschendes wie *lomos de bacalao en pil-pil de erizo* (gedämpfter Kabeljau in einer dicken gelben Seeigelsauce).

ℹ Praktische Informationen

Touristeninformation (☎942 81 88 12; Calle del Escultor Jesús Otero 20; ⌚9–21 Uhr) Am Hauptparkplatz.

ℹ An- & Weiterreise

Autobuses La Cantábrica (☎942 34 27 01) bietet jeden Tag drei oder vier Verbindungen von Santander nach Santillana (2,25 €, 40 Min.) und weiter nach Comillas sowie San Vicente de la Barquera an. Die Busse halten in Campo del Revolgo.

MUSEO & CUEVA DE ALTAMIRA

1879 entdeckte der kantabrische Historiker und Wissenschaftler Marcelino Sanz de Sautuola mit seiner achtjährigen Tochter María Justina die spektakulärsten prähistorischen Malereien Spaniens in der Cueva de Altamira 2 km südwestlich von Santillana. Es sollten noch über 20 Jahre vergehen, bis die Wissenschaft nach ähnlichen Funden in Frankreich anerkannte, dass diese herrlichen Zeichnungen von Bisons, Pferden und anderen Tieren tatsächlich von Menschen geschaffen wurden, die vor zigtausend Jahren gelebt haben. Bereits 2002 zog die Höhle von Altamira so viele Besucher an, dass sie geschlossen wurde, um die Malereien zu schützen.

Im nahe gelegenen **Museo de Altamira** (☎942 81 80 05; http://museodealtamira.mcu.es; Erw./Sen. & unter 18 J./Stud. 3 €/frei, So & Sa ab 14.30 frei; ⌚Di–Sa 9.30–20, So & Fei 9.30–15 Uhr) können Besucher Nachbildungen der 14 500 Jahre alten Darstellungen bewundern. Der entsprechende Höhlenraum, die Sala de Polícromos (Saal der Malereien), wurde in Originalgröße nachgebildet. Ergänzt wird das Ganze durch Abteilungen, die in englischer und spanischer Sprache über prähistorische Menschen und Höhlenkunst informieren.

Die Höhlenkopie wird auch als Neocueva bezeichnet und kann im Rahmen einer spanischsprachigen Führung besucht werden. Wer dagegen auf einen Guide verzichtet, erhält einen bedingt informativen Prospekt. In beiden Fällen wird einem eine Zeit zugewiesen, in der man die künstliche Höhle besichtigen darf.

Zu Ostern und im Juli, August und September lohnt es sich, die Eintrittskarten im Voraus zu kaufen, entweder über die Website oder in den Filialen der **Banco Santander** (www.bancosantander.es, auf Spanisch); auf der Internetseite „Altamira" in das Suchfeld eingeben.

Wenn man kein eigenes Fahrzeug hat, muss man zu Fuß herkommen oder von Santillana del Mar ein Taxi nehmen.

Die echte Höhle soll eventuell für eine begrenzte Besucherzahl wieder eröffnet werden; ganz oben auf der Gästeliste steht übrigens Barack Obama.

COMILLAS

1870 EW.

Nach 16 km Fahrt durch grüne Landschaften westlich von Santillana erreicht man Comillas mit seinem goldenen Sandstrand und dem kleinen Fischerhafen. In dem Dorf gibt's einiges zu entdecken, darunter das hübsch gepflasterte alte Zentrum und Hügel, die von einigen der originellesten Bauwerke Kantabriens gekrönt werden. Letztere verdankt Comillas dem ersten Marqués de Comillas, der hier als einfacher Antonio López geboren wurde. Er machte als Tabakplantagenbesitzer, Reeder, Banker und Sklavenhändler auf Kuba ein Vermögen. Nach seiner Rückkehr beauftragte er Ende des 19. Jhs. führende modernistische Architekten seinen Heimatort aufzupeppen. Dies wiederum regte weitere Einwohner an, sich spleenige Villen errichten zu lassen.

ABSTECHER

AM RÍO EBRO ENTLANG

Spaniens mächtigster Fluss, der Ebro (daher der Name Iberia), entspringt in Fontibre ca. 6 km westlich von Reinosa, füllt den Stausee Embalse del Ebro und mäandert schließlich Richtung Südosten nach Kastilien-Léon. Von Reinosa aus kann man seinem Verlauf auf dem Fernwanderweg GR99 folgen oder – wenn man nicht so viel Kondition hat – im Auto auf Nebenstraßen.

Zuerst fährt man auf der CA730 Richtung Bolmir; von hier folgt die Straße dem Südufer des Wasserreservoirs Richtung Arroyo. Kurz vor Arroyo biegt man nach rechts Richtung Süden ab. Auf dieser ausgesprochen schmalen Straße passiert man das **Monasterio de Montesclaros**, dessen Geschichte bis ins 12. Jh. zurückreicht. Anschließend geht's nach Arroyal hinunter und weiter nach Süden bis zu einer T-Kreuzung, an der die CA272 und die CA273 aufeinandertreffen. Stromabwärts wendet sich der Ebro nach Osten ins hübsche Valderredible-Tal. Nach 13 km gen Osten über die CA272 erreicht man **Polientes**. In dem Ort gibt's ein paar Banken, eine Tankstelle und vier Unterkünfte. An der Straße und in ihrer Nähe liegen mehrere sehenswerte Kapellen. Sie wurden zwischen dem 6. und 10. Jh. in den Fels geschlagen, als christliche Missionare versuchten, die nicht allzu empfänglichen Kantabrier zu bekehren. Am schönsten ist die **Iglesia de Santa María de Valverde** 10 km westlich der T-Kreuzung mit zwei Kirchenschiffen und drei Apsiden; später kam oberirdisch ein Glockenturm hinzu. Nebenan befindet sich das hervorragende **Centro de Interpretación del Rupestre** (☎626 325927; ⌚ Mitte Juni–Mitte Sept. 9.30–14.30 & 15.30–19.30 Uhr, restliches Jahr Mo–Fr geschl.), das die Entstehungsgeschichte der kuriosen Felskirchen dokumentiert. Weiter im Osten entdeckt man noch mehr Kapellen in **Puente del Valle**, **Campo de Ebro** und hinter Polientes in **Cadalso** und **Arroyuelos**.

San Martín de Elines, von Arroyuelos aus gesehen auf der anderen Seite des Ebro gelegen, ist wegen seiner schönen romanischen Kirche einen Abstecher wert.

Sehenswertes

Capricho de Gaudí GAUDÍS SOMMERHAUS

Außerhalb von Katalonien hat Antoni Gaudí nur wenige Werke hinterlassen, darunter das Sommerhaus Capricho de Gaudí („Gaudís Laune") aus dem Jahr 1885, das eindeutig zu seinen extravagantesten Arbeiten zählt. Das Ziegelsteingebäude an einem Hang südwestlich des Zentrums diente ursprünglich als Sommerspielwiese des Schwagers des Marqués de Comillas und ist großzügig mit wechselnden Keramikbändern aus Sonnenblumen und grünen Blättern verziert. Heute beherbergt es ein Luxusrestaurant, das gemischte Bewertungen erntet. Leider kommt man nur hinein, wenn man dort isst.

Palacio de Sobrellano HEERENHAUS

Oberhalb des Capricho de Gaudí thront auf einem Hügel der bezaubernde neogotische **Palacio de Sobrellano** (☎942 72 03 39; Eintritt 3 €; ⌚9.30–14.30 & 15.30–19 Uhr, Sept.–Juni Mo & Di geschl.), außerdem befindet sich hier die prunkvolle Familiengruft, die **Capilla Panteón de los Marqueses de Comillas** (Eintritt 3 €; ⌚10.30–13.30 & 16–19 Uhr, Sept.–Juni Mo & Di geschl.). Beide Bauwerke wurden von Joan Martorell entworfen. Mit seinem Palast gelang es Martorell, die echte Gotik zu übertrumpfen. Die Gebäude können im Rahmen einer Führung besichtigt werden.

Ortszentrum PLÄTZE, KIRCHEN

In Comillas kompaktem mittelalterlichem Zentrum stößt man auf zahlreiche traditionelle, massive Sandsteinhäuser mit Holzbalkonen und Glasgalerien rund um mehrere kopfsteingepflasterte Plätze. Die Hauptkirche **Iglesia de San Cristóbal** finanzierten die Einwohner im 17. Jh. aus eigener Tasche. Sie hatten sich darüber geärgert, dass die Entourage des Duque de Infantado sich weigerte, in der alten Kirche gemeinsam mit dem einfachen Volk zu beten.

Universidad Pontificia MODERNISTISCHE HOCHSCHULE

Auch bei der Gestaltung des ehemaligen Priesterseminars auf dem Hügel gegenüber dem Palacio de Sobrellano war Joan Martorell beteiligt, das mittelalterliche Flair jedoch ist Lluís Domènech i Montaner, einem anderen modernistischen Architekten, geschuldet. Die einstige päpstliche Universität wird derzeit in eine internationale Sprachschule für Spanisch und Landeskunde umgewandelt. Das **Centro Internacional de Estudios Superiores de Español** (www.fundacioncomillas.es) hat bei Erscheinen dieses Reiseführers wahrscheilich bereits seine Pforten eröffnet.

Friedhof MODERNISTISCHER FRIEDHOF
Die Ruinen der einstigen Gemeindekirche sind heute Teil des Stadtfriedhofs. Domènech i Montaner gestaltete das Gelände in der Nähe des Strands, das von einem Engel aus Marmor bewacht wird. Die Statue wurde von Jose Llimona gestaltet. Bei Flutlicht entfaltet der Friedhof eine recht unheimliche Aura.

Playa de Oyambre STRAND
Unter den vielen Stränden rund um Comillas ist die lange sandige Playa de Oyambre 5 km westlich eindeutig die beste Wahl. Dahinter erstrecken sich zwei ganzjährig geöffnete Campingplätze.

Schlafen

LP TIPP **Hotel Marina de Campíos** HOTEL €€€
(☎942 72 27 54; www.marinadecampios.com; Calle del General Piélagos 14; Zi. mit Frühstück 110–150 €; ⊙Mitte Sept.–Mitte Juli Mo–Do geschl.;) Dieses Haus aus dem 19. Jh. liegt ein paar Schritte von Comillas zentraler Corro de Campíos entfernt. Es wurde in ein stilvolles und komfortables zeitgenössisches Hotel mit ca. 20 unterschiedlich gestalteten Zimmern verwandelt, die über Himmelbetten verfügen. Die Piano-Bar blickt auf einen hübschen Innenhof.

Hostal Esmeralda HOSTAL €€
(☎942 72 00 97; www.hostalesmeralda.com, auf Spanisch; Calle de Antonio López 7; EZ/DZ 60/80 €;) Das Esmeralda etwas östlich des Ortszentrums ist ein hübsch restauriertes altes Steinhaus mit großen altmodischen Zimmern, jeder Menge Charakter und vielen Farbtupfern. Außerhalb des Monats August sinken die Preise um mindestens ein Viertel.

Essen

Viele der Lokale und Cafés rund um den Hauptplatz haben Fisch-, Meeresfrüchte und Fleisch in Form von *raciones* (große Tapas-Portionen; 7–15 €), *menús* (12–15 €) sowie *platos combinados* (Gerichte mit Fleisch und drei Sorten Gemüse; 7 €) im Angebot. Das **Restaurante Tulipanes** (Calle de los Arzobispos 12; ⊙8–1 Uhr) ist sehr traditionell und mit Schwarz-Weiß-Fotos von Comillas dekoriert.

Restaurante Gurea KANTABRISCH, BASKISCH €€
(Calle Ignacio Fernández de Castro 11; Mahlzeiten 25–45 €; ⊙Okt.–Mai Mo geschl.) Baskische und kantabrische Gerichte serviert das elegante Restaurant in einer Seitenstraße hinter dem Hostal Esmeralda. Eine gute Wahl trifft man mit dem Menü für zwei Personen (50 €) sowie mit *cocido montañés* inklusive Brot, Wein und Nachtisch (12,50 €).

ℹ Praktische Informationen

Touristeninformation (☎942 72 25 91; www.comillas.es; Plaza de Joaquín del Piélago; ⊙9–21 Uhr) Im Rathaus.

ℹ An- & Weiterreise

Comillas wird von denselben Bussen angesteuert wie Santillana del Mar (3,50 €, 1 Std. von Santander aus). Die Haupthaltestelle befindet sich in der Calle del Marqués de Comillas, nahe der Zufahrt zum Capricho de Gaudí.

SAN VICENTE DE LA BARQUERA

3440 EW.

Wenn man die CA131 durch die grüne und feuchte Küstenlandschaft des Parque Natural de Oyambre hinabfährt, der sich gerade einmal 10 km westlich von Comillas erstreckt, sieht man, was für eine tiefe Kerbe das Meerwasser in die Küste von San Vicente de la Barquera geschnitten hat. Über den Meeresarm führt die lange, niedrige Puente de la Maza aus dem 15. Jh. Auf der Ostseite, und deshalb von der Hauptstraße aus nicht zu entdecken, liegen die 3 km lange goldene **Playa del Rosal** und die wildere **Playa de Merón**, an der man die Kleidung auch fallen lassen darf (die Strömungswarnungen an diesen Stränden sollte man sehr ernst nehmen!). San Vicente quetscht sich zwischen die Brücke und einen weiteren engen Meeresarm auf der Westseite.

Im Mittelalter war der Ort ein bedeutender Hafen. Später gehörte er zu den sogenannten Cuatro Villas de la Costa, einer Vereinigung aus vier bedeutenden Fischer- und Handelsstädten, die unter Carlos III. im Jahr 1779 zur Provinz Kantabrien umgewandelt wurden.

Der alte Ortsteil wird von einer **Burg** (Erw./Kind 1,40/0,70 €; ⊙Di–So 11–14 & 17–20 Uhr) aus dem 13. Jh. und einigen Resten der alten Stadtmauer gekrönt, aber wirklich herausragend ist erst die weiter landeinwärts liegende **Iglesia de Santa María**

ABSTECHER

TÄLER IM WESTEN KANTABRIENS

Traveller interessieren sich oft nur für die Picos de Europa und lassen die Täler des Río Saja und des Río Nansa, die einen sanften Kontrast zu den zerklüfteten, majestätischen Picos bilden, links liegen.

Eine herrliche Route hierhin beginnt bei den Picos de Europa. Sie folgt der CA282, die sich von La Hermida am Río Deva ostwärts in die Höhe windet. Das Dorf **Puentenansa** bildet einen Kreuzungspunkt. 15 km nördlich (bei Rábago nach Osten abbiegen und 7 km bergauf fahren) stößt man auf **El Soplao** (☎902 820282; www.elsoplao.es; Erw./Senior, Stud. & Kind 10/7,50 €; ⏲10–21 Uhr, Okt.–Juni Mo geschl.), ein 14 km langes Gebiet voller Höhlen mit Stalaktiten und Stalagmiten. Bis 1979 befand sich dort eine Blei- und Zinkmine, die man im Rahmen einer einstündigen Führung besuchen kann. Dabei fährt man mit einem Grubenzug 400 m weit in die Höhle und geht dann zu Fuß weiter. Eine andere Tour (30 €, 2½ Std.) führt ganze 3 km hinein und bringt die Teilnehmer in eine fremdartige Welt.

Die CA281 südlich von Puentenansa folgt dem Río Nansa flussaufwärts. Unterwegs lohnt sich ein kurzer Abstecher nach Osten zu der kleinen Siedlung **Tudanca**, die von der **Casona de Tudanca** (www.museosdecantabria.com, auf Spanisch; Erw./Kind 3/1,50 €; ⏲11–14 & 16–18.15, So 17.30 Uhr, Mitte Dez.–Ende Jan. & Okt.–April Mo geschl.), einer weißen Villa, beherrscht wird. Das Haus wurde im 18. Jh. von einem *indiano* erbaut: So nannte man Menschen, die in den lateinamerikanischen Kolonien zu Reichtum kamen (in diesem Fall in Peru) und später in ihr Heimatland zurückkehrten. Innen sind viele alte Möbel und Gebrauchsgegenstände zu sehen. Hier befindet sich auch die 18 000 Bücher umfassende Bibliothek des Schriftstellers José María de Cossío, dem das Gebäude im 20. Jh. gehörte.

Von der CA281 gelangt man auf die CL627, die Richtung Süden nach Cervera de Pisuerga in Kastilien-Léon führt. Alternativ fährt man nach Nordwesten zurück zu den Picos de Europa.

Wer sich von Puentenansa Richtung Osten hält, passiert **Carmona** mit seinen vielen schönen Steinvillen. Sobald man das Dorf im Valle de Cabuérniga bzw. den Río Saja erreicht hat, geht's über die CA280 gen Süden nach Reinosa. Der Ausblick hier ist einzigartig. **Bárcena Mayor**, ein hübscher Ort 9 km östlich der Hauptstraße, verfügt über mehrere *casas rurales* (ländliche Gästehäuser) und wunderbare *mesones* (Tavernen), in denen man *cocido montañés* (einen deftigen Fleischeintopf mit weißen Bohnen, Kohl, Kartoffeln, Chorizo, Blutwurst und manchmal Port) probieren kann. Dies ist ein guter Ausgangspunkt für Wanderungen im dichten Buchenwald und durch die Täler des **Parque Natural Saja-Besaya**. Das **Centro de Interpretación** (☎608 455873; ⏲ Di–So 10–19.30, Okt.–Juni Di & Mi geschl.) des Parks liegt 6 km hinter der Abzweigung nach Bárcena Mayor an der CA280.

de los Ángeles (⏲Di–So 10–13.30 & 16–19.30 Uhr) aus dem 13. Jh. Die gotische Kirche überrascht mit ihren romanischen Eingängen. Darüber hinaus gilt die naturgetreue Statue des Inquisitors Antonio del Corro (auf einem Ellbogen ruhend und lesend) aus dem 16. Jh. in einer der Kapellen als eines der besten Beispiele der spanischen Grabkunst im Renaissancestil.

Neben der zentralen Plaza de José Antonio befindet sich das **Hotel Luzón** (☎942 71 00 50; www.hotelluzon.net; Calle de Miramar 1; EZ/DZ 45/70 €; 📶) mit seiner stattlich wirkenden steinernen Fassade. Hohe Decken und ruhige Gemeinschaftsräume verströmen das Flair alter Zeiten. Die Zimmer sind einfach, aber oftmals sehr geräumig und bieten eine tolle Aussicht über San Vicente und das Meer.

Das **El Pescador** (Avenida del Generalísimo 26; Mahlzeiten 20–30 €; ⏲Sept.–Mai Mo & Di abends geschl.) ist das lebhafteste der vorwiegend auf Meeresfrüchte spezialisierten Restaurants an der Avenida del Generalísimo, die von der Plaza de José Antonio abzweigt. Gäste können in der Bar Tapas bestellen oder sich hinten in den Speisebereich mit Blick auf das Wasser begeben.

Die **Touristeninformation** (☎942 71 07 97; www.sanvicentedelabarquera.org; Avenida del

Generalísimo 20; ⌚Mo–Sa 10–13.30 & 16.30–19, So 10–14 Uhr) vermittelt auch *casas rurales* (ländliche Gästehäuser) in der Region.

Von San Vicentes Busbahnhof an der Puente de la Maza fahren täglich mindestens sieben Busse nach Santander (4,55 €, 1¼ Std., einige über Comillas und Santillana del Mar), sechs nach Oviedo (9,27 €, 2 Std., einige halten in Llanes, Ribadesella und Arriondas) und ein weiterer nach Potes (3,30 €, 1½ Std.). Zwei langsamere FEVE-Züge halten hier täglich auf ihrem Weg von Santander nach Oviedo.

ASTURIEN

‚Ser español es un orgullo‘, heißt es im Volksmund, *‚ser asturiano es un título‘* („Wenn es eine Ehre ist, Spanier zu sein, dann ist es eine Auszeichnung Asturier zu sein.“). Davon möchten einen jedenfalls einige Einheimische gerne überzeugen.

Die Region hat viele Gemeinsamkeiten mit dem benachbarten Kantabrien, ist landschaftlich aber noch reizvoller. Ihre etwas wildere, spektakuläre Küste wartet mit noch mehr Stränden auf (es sollen über 600 sein), dahinter erheben sich grüne Hügel. Darüber hinaus sind die Berge im Hinterland meist höher, die grünen Täler tiefer und die Dörfer rustikaler.

Ein Großteil der Picos de Europa ragt aus asturischem Territorium in die Höhe. Fischerdörfer wie Llanes und Cudillero sind großartige Ausgangsorte für die Erkundung der reizvollen Küstenlinie, die über bilderbuchartige Buchten und jede Menge Meeresarme verfügt. Für Architekturinteressierte ist Asturien das Land der Präromanik – mit bescheidenen, aber einzigartigen frühmittelalterlichen Gebäuden, die dem Zahn der Zeit standgehalten haben. Oviedo, die an Kultur reiche Hauptstadt der Region, verströmt mit ihrem alten Zentrum und ihren eleganten Restaurants zugleich historisches und modernes Flair.

Mag sie auch in sattem Grün schwelgen, so hat diese Gegend doch auch eine ungeschminkte, graue Seite. Das Dreieck Oviedo–Gijón–Avilés gilt als das Herz des industriellen Asturien und an vielen Orten wird noch Bergbau betrieben, insbesondere im Südwesten.

Bevor die Römer eintrafen, war die Region ebenso wie das angrenzende Galicien keltisches Territorium (bis heute wird hier noch Dudelsack gespielt!). Als einziges spanisches Gebiet konnten es die Muslime nicht erobern – ohne Zweifel der Verdienst von König Pelayo, der die Schlacht von Covadonga gewann und so das Fundament für das Königreich von Asturien und damit auch für das heutige Spanien legte. Es ist also kein Wunder, wenn sich der eine oder andere Asturier dem Rest der Halbinsel überlegen fühlt und dabei gerne von *tierra de reconquista* (zurückerobertem Land) spricht.

Das Vordringen der Reconquista nach Süden beförderte die Region zeitweise ins Abseits. Doch 1388 erhob Juan I. von Kastilien-Léon die Region zu einem *principado* (Fürstentum). Bis heute trägt der Erbe der spanischen Krone den Titel Príncipe de Asturias (wie sein Pendant Prinz Charles von Wales). Die Auszeichnungen, mit denen der Thronfolger jedes Jahr im Oktober in Oviedos Teatro Campoamor herausragende Persönlichkeiten ehrt, sind Spaniens Äquivalent zum Nobelpreis.

Im 20. Jh. war Asturien gleichzeitig landwirtschaftliches Hinterland und Industriegebiet. Ein gewisser General Franco schlug hier 1934 einen Aufstand der Minenarbeiter nieder. Zwei Jahre später zettelte er den Spanischen Bürgerkrieg an.

Oviedo

208 000 EW. / 232 M

Der kleine historische *casco antiguo* (Altstadt) der asturischen Hauptstadt verströmt jede Menge Flair. Im Westen und Süden bilden elegante Parks (insbesondere der schöne, grüne Campo de San Francisco) und moderne Einkaufsstraßen ein angenehmes Gegengewicht. Draußen an der Peripherie erinnert das Brummen und Stampfen der Fabriken unmissverständ-

WEBSITES

» **www.infoasturias.com** Hervorragende, umfassende Website der regionalen Tourismusinformation von Asturien.

» **www.casasdealdea.com** (auf Englisch) Hier sind die *casas rurales* (ländliche Gästehäuser) auf dem Land und in kleinen Orten verzeichnet.

» **www.casonasasturianas.com** (auf Spanisch) Listet rund 60 der besten *casas rurales* auf.

Oviedo

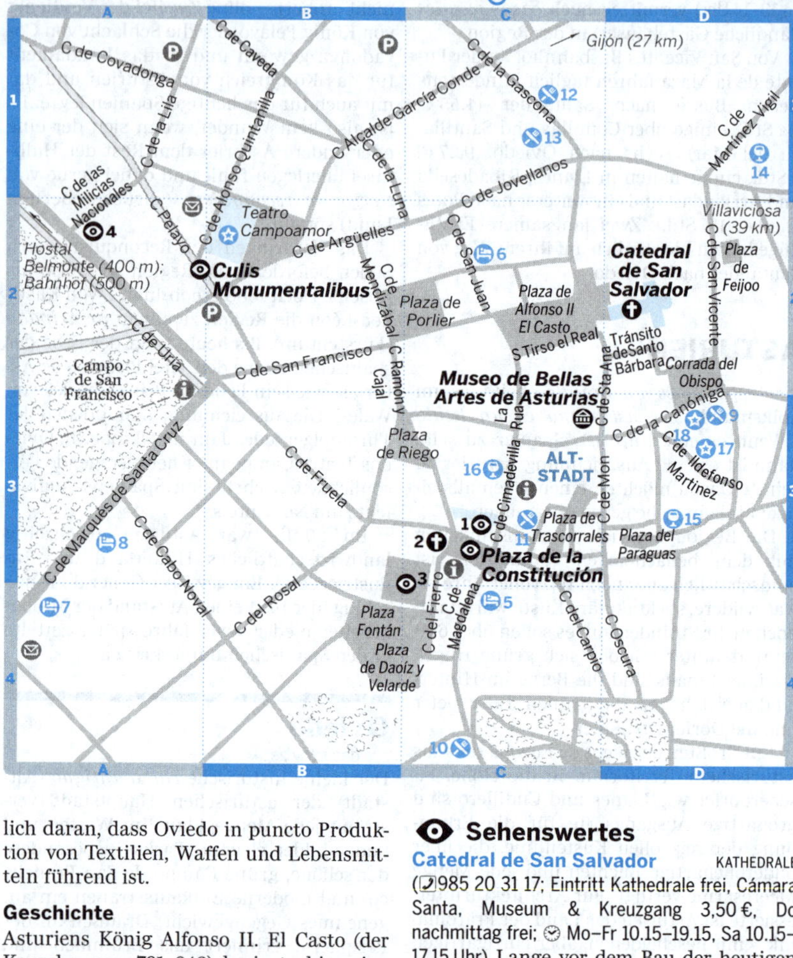

lich daran, dass Oviedo in puncto Produktion von Textilien, Waffen und Lebensmitteln führend ist.

Geschichte

Asturiens König Alfonso II. El Casto (der Keusche; reg. 791–842) besiegte hier eine muslimische Militäreinheit, die Oviedo nahezu ausgelöscht hatte. Trotz der Verwüstungen muss der Ort ihn ziemlich beeindruckt haben, denn er ließ ihn wieder aufbauen, erweitern und zog mit seinem ganzen Gefolge von Pravia hierher. Oviedo blieb bis 910 die Hauptstadt des Königsreichs, bis der Hof nach León umzog und das Königreich zum Königreich von León wurde. Um 1600 eröffnete Oviedos Universität, die Industrie erlebte ab dem 19. Jh. einen Aufschwung. Eine Revolte der Minenarbeiter 1934 und eine üble Belagerung in den ersten Monaten des Spanischen Bürgerkriegs führten zur Zerstörung großer Teile der Altstadt.

Sehenswertes

Catedral de San Salvador KATHEDRALE

(☎985 20 31 17; Eintritt Kathedrale frei, Cámara Santa, Museum & Kreuzgang 3,50 €, Do nachmittag frei; ⏲ Mo–Fr 10.15–19.15, Sa 10.15–17.15 Uhr) Lange vor dem Bau der heutigen Kathedrale war dies der Standort der Cámara Santa, eine von Alfonso II. als Reliquienstätte errichtete Kapelle. Heute ist sie ein kleiner Teil eines viel größeren Komplexes im gotischen und barocken Stil, der zwischen dem 13. und 18. Jh. Stück für Stück entstand.

Die barocke Kapelle Capilla del Rey Casto, die man vom nördlichen Querschiff der Kathedrale aus betritt, beherbergt das **Panteón Real,** in dem etliche asturische Könige begraben liegen, darunter auch Alfonso II.

Über das südliche Querschiff gelangt man in die Cámara Santa, den Kreuzgang und das Museum. In der präromanischen **Cámara Santa** finden sich einige Schlüssel-

Oviedo

Highlights
Catedral de San Salvador D2
Culis Monumentalibus A2
Museo de Bellas Artes de Asturias C3
Plaza de la Constitución C3

Sehenswertes
1 Ayuntamiento C3
2 Iglesia de San Isidoro C3
3 Mercado El Fontán C3
4 Woody-Allen-Statue A2

Schlafen
5 Hostal Arcos C4
6 Hotel El Ovetense C2
7 Hotel Libretto A4
8 Hotel Santa Cruz A3

Essen
9 La Corrada del Obispo D3
10 La Puerta Nueva C4
11 Restaurante El Raitán C3
12 Sidrería Pigüeña C1
13 Tierra Astur C1

Ausgehen
14 Ca Beleño D1
15 El Mateín del Paraguas D3
16 Morgana Le Fay C3

Unterhaltung
17 Salsipuedes D3
18 Swing Jazz D3

symbole des mittelalterlichen spanischen Christentums. 808 übergab Alfonso II. Oviedos Kathedrale das Cruz de los Ángeles (Kreuz der Engel), bis heute das Emblem der Stadt. Ein Jahrhundert später stiftete Alfonso III. das Cruz de la Victoria (Siegeskreuz), das Asturiens Wappen ziert. Hinter dem Cruz de los Ángeles wird das Santo Sudario aufbewahrt, ein Stück Stoff, mit dem angeblich das Gesicht Christi bedeckt war. Die Reliquien können von der Sala Apostolar aus bewundert werden. Die bemerkenswerten romanischen Apostelskulpturen sind ein Werk des Maestro Mateo, der den Pórtico de la Gloria in der Kathedrale von Santiago de Compostela schuf. Verlässt man den Raum, sieht man über der Tür drei Köpfe, die aus einem einzigen Stein gemeißelt wurden. Diese verblüffend einfache Arbeit zeigt von links nach rechts die Jungfrau Maria, Jesus und den Apostel Johannes. Sie gehörte zu einer Golgathadarstellung, die Körper waren ursprünglich auf die Wand darunter gemalt.

Der **Kreuzgang** ist im reinen gotischen Stil des 14. Jhs. gehalten, eine Seltenheit in Asturien. Der präromanische **Torre Vieja** (alter Turm) aus dem späten 9. Jh. befindet sich an der Nordwestseite (den besten Blick darauf hat man von der Straße Tránsito de Santa Bárbara).

Rund um die Kathedrale

MUSEUM, HERRENHÄUSER

Elegante Paläste aus dem 17. und 18. Jh. säumen die Plaza de Alfonso II El Casto und die benachbarte Plaza de Porlier. Das nahe gelegene **Museo de Bellas Artes de Asturia** (www.museobbaa.com, auf Spanisch; Calle de Santa Ana 1; Eintritt frei; ⌚Di–Sa 10.30–14 & 16–20, So 10.30–14.30 Uhr) ist in zwei Gebäuden aus dem 17. bzw. 18. Jh. untergebracht und lohnt einen Besuch. Die Sammlung umfasst Gemälde Goyas, El Grecos, Zurbaráns und anderer spanischer Größen, darunter auch viele Asturier wie Evaristo Valle.

Plätze & Statuen

MALERISCHE ORTE

Unbedingt erkunden sollte man die verwinkelte Altstadt. Die **Plaza de la Constitución** liegt auf einer kaum wahrnehmbaren Anhöhe nahe am Zentrum des alten Oviedo. Hier befinden sich die **Iglesia de San Isidoro** und das **ayuntamiento** (Rathaus) aus dem 17. Jh. Richtung Süden, vorbei am **Mercado El Fontán**, einem Lebensmittelmarkt, wartet die arkadengeschmückte **Plaza Fontán** mit einigen *sidrerías* (Cidre-Bars) auf. Passagen führen unter den hübschen Häusern hindurch in die umliegenden Straßen.

Sehenswert sind auch die **Plaza de Trascorrales**, die **Plaza de Riego** und die **Plaza del Paraguas** (Regenschirmplatz). Letzterer wird wegen seiner Form so genannt und diente einst als Marktplatz. Heute steht in seiner Mitte ein großer Schirm aus Beton, der Besucher und Stadtbewohner gegebenenfalls vor Regen schützt.

Im Zentrum von Oviedo stößt man auf mehrere sehr moderne Skulpturen, darunter auch Eduardo Úrculos **Culis Monumentalibus** an der Calle Pelayo und eine **Woody-Allen-Statue** (die Brille haben Randalierer heruntergeschlagen) an der Calle de las Milicias Nacionales. Woody Allen brachte seine besondere Zuneigung für Oviedo zum Ausdruck, als er hier Szenen für den 2008 erschienenen Film *Vicky Cristina Barcelona* drehte.

Palacio de Exposiciones y Congresos ZEITGENÖSSISCHE ARCHITEKTUR
(www.pec-oviedo.com; Calle de Arturo Álvarez Buyila) Der Kongress- und Ausstellungspalast des spanischen Stararchitekten Santiago Calatrava sollte bei Erscheinen dieses Reiseführers bereits eröffnet worden sein. Von vorne sieht das Gebäude wie eine weiße Gottesanbeterin aus. Es befindet sich 1 km westlich des Zentrums.

Feste & Events

Oviedos größtes Fest ist die **Fiesta de San Mateo.** Sie wird in der dritten Septemberwoche gefeiert und erreicht ihren Höhepunkt um den 21. September herum.

Schlafen

Den quirligen Boulevard Calle de Uría, der am Bahnhof beginnt und zur Altstadt führt, säumen eine Reihe preiswerter und teilweise wunderbarer Unterkünfte.

Hotel Libretto HOTEL €€€
(☎985 20 20 04; www.librettohotel.com; Calle de Marqués de Santa Cruz 12; EZ/DZ 160/171 €; P) Musikliebhabern wird diese von der Oper inspirierte Unterkunft in einem Jugendstilhaus gegenüber dem Campo de San Francisco gefallen. In den 15 dezent möblierten Doppelzimmern dominieren Beige- und Weißtöne, außerdem sind die Räume mit DVD/CD-Playern, WLAN, einer Auswahl an verschiedenen Kissen und – im feuchten Norden eine nette Geste – Regenschirmen ausgestattet. Hier kann man auch Fahrräder leihen.

Hotel de la Reconquista HOTEL €€€
(☎985 24 11 00; www.hoteldelareconquista.com; Calle de Gil de Jaz 16; EZ/DZ ab 131/157 €; P) Seine Karriere begann das beste Hotel der Stadt im 18. Jh. als Hospiz. Es liegt zwei Blocks nordwestlich des Campo de San Francisco. Die in Ockertönen und Weiß gehaltenen Zimmer unterscheiden sich sehr in Form und Größe, haben aber alle Holzmöbel und raumhohe Fenster. Zum Angebot gehören auch Suiten.

Hotel Santa Cruz HOTEL €€
(☎985 22 37 11; www.santacruzoviedo.com; Calle de Marqués de Santa Cruz 6; EZ/DZ 50/65 €; P) Einige Zimmer bieten einen Blick auf den hübschen Park auf der anderen Straßenseite. Die Einrichtung an sich ist nichts Besonderes, doch dafür wartet das Santa Cruz mit großen, sauberen Zimmern, einer freundlichen Rezeption und einer zentralen Lage auf.

Hostal Belmonte HOSTAL €
(☎985 24 10 20; www.hostalbelmonte.com, auf Spanisch; Calle de Uría 31; EZ/DZ 37/49 €;) Einen kurzen Fußweg vom Bahnhof entfernt stößt man auf diese nette Unterkunft. Das *hostal* ist im dritten Obergeschoss (es gibt einen Aufzug) untergebracht und verfügt über gemütliche Zimmer mit Holzfußböden. Wer in einem der drei günstigsten Räume unterkommt, muss sich mit den anderen Gästen ein Gemeinschaftsbad teilen.

Casa Camila LÄNDLICHES GÄSTEHAUS €€
(☎985 11 48 22; www.casacamila.com; Calle de Fitoria 29; EZ/DZ 78/107 €; P) Diese familienbetriebene Unterkunft hat nur sieben Zimmer, darunter ein Einzelzimmer und ein großartiges Doppelzimmer mit eigener Terrasse und Whirlpool für 130 €. Sie befindet sich in Fitoria 4 km nordöstlich des Zentrums und punktet mit einem herrlichen Blick auf die Stadt. Die Zimmer sind geräumig und verströmen den rustikalen Charme des alten Spaniens.

Hostal Arcos HOSTAL €
(☎985 21 47 73; www.hostal-arcos.com, auf Spanisch; Calle de Magdalena 3; EZ 45–48 €, DZ 50–58 €;) Die einzige Bleibe in der Altstadt liegt in einem modernen Backsteingebäude und hat zehn einfache, saubere Zimmer, einige davon sehr heiter und farbenfroh.

Hotel El Ovetense HOTEL €
(☎985 22 08 40; www.hotelovetense.com, auf Spanisch; Calle de San Juan 6; EZ/DZ 37/53 €;) Vom Hotel sind es nur wenige Schritte bis zur Kathedrale. Das Ovetense verfügt über 17 funktionale, blitzblanke Zimmer auf vier Etagen und eine lebhafte *sidrería* im Erdgeschoss.

Essen

In Oviedos *Restaurants* bekommt man gutes Essen zu vernünftigen Preisen, z. B. in den zahlreichen lärmigen *sidrerías* entlang der Calle de la Gascona, in denen die *raciones* 8 bis 18 € kosten (zwei oder drei ersetzen eine ganze Mahlzeit). Feinschmecker können sich auf einige der besten Lokale Nordspaniens freuen.

LP TIPP **La Puerta Nueva** NORDSPANISCH, MEDITERRAN €€
(☎985 22 52 27; Calle de Leopoldo Alas 2; Mahlzeiten 40–60 €; ⏲So–Mi abends geschl.;) Ein echtes Gourmeterlebnis. In heimeliger Atmosphäre gibt's gemischte nordspanisch-mediterrane Küche. Am besten probiert

DAS PRÄROMANISCHE ASTURIEN

Durch die Invasion der Muslime war das im 8. Jh. entstandene kleine Königreich Asturien weitgehend vom restlichen Europa abgeschnitten. In diesem Mikroklima konnte sich ein einzigartiger Kunst- und Architekturstil entwickeln: die Präromanik.

14 Bauwerke, darunter etliche Kirchen, die in der Zeit des zwei Jahrhunderte währenden asturischen Königreichs erbaut wurden, hat die Unesco als Ensemble zum Weltkulturerbe ernannt. Zwar greifen sie die Formensprache der Römer, Westgoten und mitunter auch der Karolinger auf, der Stil als solches hat aber andernorts keinerlei Entsprechungen. Typisch sind gerade Linien in Profil und Grundriss, halbkreisförmige Bögen römischen Stils und dreischiffige Kirchen. In vielen Fällen wurden Fundamente und Kapitelle mit korinthischen oder floralen Motiven einfach von älteren Bauwerken übernommen. Auf Einflüsse des muslimischen Spaniens geht die Verwendung von Gitterfenstern zurück.

Einige der schönsten Beispiele präromanischen Stils findet man in sowie rund um Oviedo, darunter die Cámara Santa der Kathedrale. Die **Iglesia de San Julián de los Prados** (Iglesia de Santullano; Erw./Kind 1,20/0,60 €, Mo frei; ⌚Mo 10–12.30, Di–Fr 10–12.30 & 16–17.30, Sa 9.30–12 & 15.30–17 Uhr) liegt 1,2 km nordöstlich vom Campo de San Francisco direkt oberhalb der Straße nach Gijón. Sie ist die größte erhaltene präromanische Kirche und zugleich eine der ältesten. Im frühen 9. Jh. wurde sie unter Alfonso II. errichtet. Charakteristisch für Asturien sind die beiden flankierenden Vorbauten, das Innere schmücken Fresken. An den Hängen des Monte Naranco 3 km nordwestlich vom Zentrum Oviedos entstanden unter Ramiro I. (reg. 842–50), dem Nachfolger von Alfonso II., der hohe schmale **Palacio de Santa María del Naranco** und die **Iglesia de San Miguel de Lillo** (Eintritt für beide Erw./Kind 3/2 €, Mo frei; ⌚So & Mo 9.30–13, Di–Sa 9.30–13 & 15.30–19 Uhr). Beide Bauwerke veranschaulichen die Weiterentwicklung der asturischen Kunst. Ein herausragendes dekoratives Merkmal des schön proportionierten Palacio de Santa María (der vielleicht einst ein königliches Jagdhaus war) ist das *sogueado*, eine zierende Seilimitation, die in die Kapitelle eingearbeitet ist. Einige der Medaillons sind Kopien alter iranischer Motive, die hier durch den Kontakt mit den Römern bekannt waren. Von der Kirche San Miguel blieb nur ca. ein Drittel erhalten, der Rest stürzte bereits vor Jahrhunderten ein. Ihre einzigartig harmonische Form ist aber bis heute erkennbar. Das **Centro de Interpretación de Prerrománico** (☎985 11 49 01; ⌚10–13.25 & 16–19.25 Uhr) zeigt in unmittelbarer Nähe informative Ausstellungen und Modelle auf Englisch, Spanisch und Französisch. Besucher gelangen mit Bus 10 hierher. Die Linie startet einmal pro Stunde zwischen 9.10 und 21.10 Uhr nordwestlich an der Calle de Uría in der Nähe des Bahnhofs.

Dienstags bis sonntags kann man San Julián, Santa María und San Miguel im Rahmen von Führungen (auf Spanisch) besichtigen.

man eines der leckeren Menüs, die sich je nach Marktangebot und Saison ändern.

Tierra Astur CIDRE, GRILLFLEISCH €
(☎985 20 25 02; Calle de la Gascona 1; Mahlzeiten 20–30 €) Diese stimmungsvolle *sidrería* ist für ihre gegrillten Fleischgerichte und den preisgekrönten Cidre berühmt. Auf einen freien Tisch muss man lange warten. Man kann sich aber auch gleich an der Bar niederlassen und Tapas bestellen. Einige Besucher kommen nur, um lokale Produkte im Laden auf der rechten Seite zu kaufen, und gehen dann wieder. Asturische Wurst, Käse oder Schinken sind gute Häppchen für den Anfang.

La Corrada del Obispo ASTURISCH €€
(☎985 22 00 48; Calle de la Canóniga 18; Mahlzeiten 40–60 €; ⌚So abends, Mo geschl.) Die moderne Einrichtung und die Natursteinwände schaffen in dem Haus aus dem 18. Jh. eine einladende Atmosphäre, die bestens zu den feinen regionalen Speisen passt, darunter saftig gegriller *mero* (Zackenbarsch) mit rot gepfeffertem Risotto. Wer etwas Glück hat, ergattert einen Tisch in der Galerie. Woody Allen drehte hier einige Szenen für seinen Film *Vicky Cristina Barcelona*.

Sidrería Pigüeña CIDRE, MEERESFRÜCHTE €€
(Calle de la Gascona 2; Mahlzeiten 40–50 €; ⌚Do–Di) Abends ist die laute Cidre-Bar Pi-

güeña an der Calle de la Gascona meist rappelvoll, vor allem an Wochenenden. Sie zieht ein buntes einheimisches Publikum an, das Meeresfrüchte und *rollitos de verdura con marisco* (mit Meeresfrüchten gefüllte Gemüserollen) verspeist und flaschenweise Cidre trinkt. Das Einschenken sollte man den Kellnern überlassen!

La Taberna del Zurdo FUSIONSKÜCHE €€
(☎985 96 30 96; Calle de Cervantes 27; Mahlzeiten 30–60 €; ⌚Mo–Fr 8.30–16 & 20–23.30, Sa 13–16 & 20–24, Sept.–Juli So 13–16 Uhr) In diesem wunderbaren Restaurant mischen sich Tradition und Innovation. Als Vorspeise empfiehlt sich ein Garnelensalat mit Parmesan und Walnüssen, anschließend kann man Rinderlende mit Ziegenkäse, Schinken und Kartoffelkuchen probieren. Oder man entscheidet sich für die hübsch präsentierten Gourmet-Tapas, die bereits zahlreiche Preise gewonnen haben. Die Taberna del Zurdo liegt 300 m nordwestlich vom Campo de San Francisco.

Bocamar MEERESFRÜCHTE €€
(☎985 23 70 92; Calle del Marqués de Pidal 20; Mahlzeiten 40–65 €; ⌚So abends geschl.) In diesem Laden unweit des Campo de San Francisco war bereits Woody Allen Gast. Von außen sieht das Bocamar recht nüchtern aus, doch tatsächlich verbirgt sich im Innern das vielleicht beste Meeresfrüchte-Restaurant der Stadt. Alle Zutaten werden mit einer Leichtigkeit zubereitet, die man förmlich schmeckt.

Restaurante El Raitán BUNT GEMISCHT €€
(Plaza de Trascorrales 6; Mahlzeiten 30–50 €; ⌚Di & Mi abend geschl.;) Die labyrinthartigen Speisesäle werden von dunklem Holz dominiert. Auf der umfangreichen Karte stehen auch Menüs (15–36 €) mit asturischer oder vegetarischer Note sowie Zutaten aus Meer und Wald. Die *medallones de solomillo* (Rinder-Medaillons) sind ausgesprochen zart und die Salate wirken riesig.

Ausgehen & Unterhaltung

Die schmalen Fußgängerstraßen in der Altstadt sind am Wochenende vollgestopft mit Leuten, die in und vor den Bars eine tolle Zeit verbringen möchten. Als Mittelpunkt des Geschehens gelten die Calle de Mon (hier reiht sich Bar an Bar) und ihre etwas weniger trubelige Verlängerung Calle Oscura („Dunkle Straße"). Freitags und samstags sind die meisten Bars bis 5.30 Uhr geöffnet und sehr voll. In den Bars mit Livemusik (zwischen 20 und 23 Uhr) an der Calle de Martínez Vigil kann man alles Mögliche von Blues über keltischen und spanischen Indie-Rock bis zu gecoverten Beatles-Songs hören.

El Mateín del Paraguas BAR
(Plaza del Paraguas; ⌚20–2 Uhr) Ein guter Ort, um den Abend zu beginnen. Das Publikum ist gemischt und zu Cidre, Bier oder anderen Getränken gibt's leckere Tapas. Teenager versammeln sich mit ihren Flaschen unter dem riesigen Betonschirm auf dem Platz vor der Bar.

CIDRE VERKOSTEN

Antike Aufzeichnungen beweisen, dass die Asturier schon im 8. Jh. Cidre tranken! Die Region produziert 80 % des spanischen Apfelweins (der Rest stammt aus Galicien, dem Baskenland und Navarra) – das sind je nach Ernte etwa 30 Mio. Liter pro Jahr. Gepflückt werden die Äpfel im Herbst, danach zerstößt man sie zu Brei (etwa drei Viertel verarbeitet man zu Apfelsaft). Für den Cidre verwendet man eine Mischung aus bitteren, sauren und süßen Äpfeln. Diese gärt in *pipes* (Fässern), die während der Wintermonate in *llagares* (Cidrekellereien) lagern. Eine 450-Liter-*pipa* fasst etwa 800 kg Äpfel; diese Menge ergibt 600 Flaschen.

Früher wurden die Fässer zu *chigres* (Cidre-Tavernen) in ganz Asturien transportiert und der Cidre direkt aus den *pipes* in Gläser gefüllt. Leider gibt's heute kaum noch Tavernen. Inzwischen bietet man Apfelwein in *sidrerías* (Cidre-Bars) meist flaschenweise an und serviert dazu Snacks.

Escanciada nennt man das Einschenken: Damit der Cidre schön sprudelt, hält man die Flasche hoch über den Kopf und das Glas ganz tief. Es sollte nur zu einem Fünftel voll werden. Einen solchen Schuss Cidre – *culete* oder *culín* – trinkt man in einem Zug aus (etwas bleibt noch im Glas), und zwar bevor er nicht mehr sprudelt.

Das bedeutendste Produktionsgebiet liegt östlich von Oviedo. Mehr darüber erfährt man unter www.comarcadelasidra.com.

Ca Beleño KELTISCHE MUSIK
(Calle de Martínez Vigil 4; http://cabeleno.com; ⌚ab 17 Uhr) Alteingesessener Veranstaltungsort für keltische Musik, ob mit asturischem, galicischem oder irischem Einschlag. Donnerstags ab 22 Uhr treten meistens Bands auf.

Morgana Le Fay MUSIKBAR
(Calle de Cimadevilla 15; ⌚ Do–Sa 23–3.30 oder später) Diese Bar mit bunter Beleuchtung und Mainstream-Musik (es gibt sogar einen Türsteher, dabei ist das Morgana Le Fay gar kein Club) zieht ein bunt gemischtes Publikum an.

Swing Jazz JAZZBAR
(Calle de la Canóniga 14; ⌚ab 21 Uhr) Die Bar im New Yorker Stil wartet mit einer schummerigen Beleuchtung und lautem Jazz auf und kommt schon früh in Schwung. Freitags und samstags ab 23.45 Uhr spielen oft Bands.

Salsipuedes PUB, NACHTCLUB
(www.salsipuedes.es; Calle de Ildefonso Martínez 7; ⌚Fr & Sa 24–5 Uhr) Wer um drei Uhr morgens noch feiern möchte, ist hier richtig. Das blau beleuchtete Salsipuedes liegt in der Altstadt und besetzt mit seinen Bars und Tanzflächen ganze drei Etagen.

ℹ Praktische Informationen

Post (Calle de Santa Susana 18) Solange die Hauptpost an der Calle de Alonso Quintanilla 1 renoviert wird, ist diese Filiale die beste Alternative.

Oficina Municipal de Turismo (http://turismo.ayto-oviedo.es, auf Spanisch) Altstadt (☎984 08 60 60; Plaza de la Constitución 4; ⌚9.30–19.30 Uhr); Campo de San Francisco (☎985 22 75 86; Calle de Marqués de Santa Cruz; ⌚9.30–14 & 16.30–19.30 Uhr); Busbahnhof (☎985 11 70 50; ⌚9.30–14 & 16.30–19.30 Uhr)

Regionale Touristeninformation (☎902 300202; www.infoasturias.com; Calle de Cimadevilla 4; ⌚Mo–Fr 10–20, Sa & So 10–19 Uhr, Mitte Sept.–Juni So geschl.)

ℹ Anreise & Unterwegs vor Ort

Bus

Vom **ALSA-Busbahnhof** (☎902 422242; Calle de Pepe Cosmen) 300 m nordöstlich des Bahnhofs fahren alle 10 bis 15 Minuten Direktbusse von 6.30 bis 22.30 Uhr über die Autobahn nach Gijón (2,15 €, 30 Min.). Außerdem gibt's Verbindungen zu Orten in Asturien, Galicien, Kantabrien und weiteren Regionen, daunter folgende Ziele:

Cangas de Onís (6,10 €, 1½ Std., mind. 8-mal tgl.)
Madrid (30,10–49,69 €, 5¼–6½ Std., 15-mal tgl.)
Ribadesella (7 €, 1¼ Std., mind. 4-mal tgl.)
Santander (13,19–23,64 €, 2¼–3¼ Std., 12-mal tgl.)
Santiago de Compostela (26,31–42,90 €, 4¾–5½ Std., 3–4-mal tgl.)

Flugzeug

Der **Aeropuerto de Asturias** (☎902 404704) liegt in Santiago del Monte 47 km nordwestlich von Oviedo und 40 km westlich von Gijón. Von/zu Oviedos ALSA-Busbahnhof fahren stündlich Busse (6,35 €, 45 Min.).

Einige Fluggesellschaften und Ziele:

Air Berlin (www.airberlin.com) Steuert zahlreiche Orte in Deutschland an
Air Europa (www.aireuropa.com) Madrid
Iberia (www.iberia.com) Madrid, Barcelona, Sevilla, Valencia
Spanair (www.spanair.es) Barcelona
Vueling Airlines (www.vueling.com) Barcelona

Zug

Der **Bahnhof** (Avenida de Santander) wird von den beiden Unternehmen Renfe und FEVE bedient. Letzteres befindet sich auf der oberen Ebene. Mindestens einmal täglich fahren Züge von **Renfe** (www.renfe.com) nach León, Madrid und Barcelona. Nach Gijón starten ein- bis zweimal stündlich bis nach 22 Uhr *cercanías* (Nahverkehrszüge; 2,75 €, 35 Min.).

Züge von **FEVE** (☎985 98 23 81; www.feve.es) steuern vier- oder fünfmal täglich Arriondas (4,50 €, 1½ Std.), Ribadesella (5,80 €, 2 Std.) und Llanes (7,45 €, 2½ Std.) an; zwei fahren weiter bis Santander (14,15 €, 4½ Std.) und einer bis Bilbao. Richtung Westen gibt's jeden Tag drei Direktverbindungen von FEVE nach Cudillero (2,85 €, 1¼ Std.); die beiden nach Luarca (6,45 €, 2¼ Std.) fahren weiter bis Ferrol in Galicien.

Rund um Oviedo

EL ENTREGO

Asturien hat eine stolze Bergbaugeschichte, ein Wirtschaftszweig, der den Ausbau der Eisenbahn und der metallverarbeitenden Industrie vorantrieb und die Region für den Rest des Landes interessant machte. Im **Museo de la Minería y de la Industria** (☎985 66 31 33; www.mumi.es, auf Spanisch; Calle El Trabanquín; Erw./Kind 5/2,50 €; ⌚ Di–Sa 10–20, So bis 14 Uhr), 25 km östlich von Oviedo in El Entrego, kann man in diese Geschichte eintauchen. Die Ausstellungsstü-

ABSTECHER

PARQUE NATURAL DE REDES

Eine schöne Autoroute führt von El Entrego entlang der AS117 durch das Nalón-Tal hinauf zum 1490 m hohen Pass Puerto de la Tarna an der Grenze zu Kastilien-Léon. Der letzte Teil der Strecke verläuft durch den Parque Natural de Redes, ein üppig grünes Paradies. Hier erstrecken sich zahlreiche Wanderwege, außerdem gibt's einige Unterkünfte und ein **Centro de Interpretación** (☎985 60 80 22; www.parquenaturalderedes.es; ⏲10–14 & 16–20 Uhr) am Campo de Caso.

cke, originalgroße Modelle der Maschinen und Nachbauten eines Schachts und Tunnels veranschaulichen den harten Alltag des Bergbaus.

Stündlich verkehren *cercanías* (Vorortzüge) von Renfe zwischen Oviedo und El Entrego (2,15 €, 40 Min.).

NAVA

Dieser unscheinbare Ort 33 km östlich von Oviedo ist Asturiens größtes Zentrum der Cidre-Herstellung. Das **Museo de la Sidra** (Cidre-Museum; www.museodelasidra.com; Plaza del Príncipe de Asturias; Erw./Kind 3,50/2,50 €, Di frei; ⏲Mi–Sa 11–14 & 16–20, Do & So 12–14 & 16–20, Mitte Sept.–Mitte Juni So geschl.; 👪) mit hübschen alten Holzpressen, erklärenden Filmen und der Möglichkeit, selbst Äpfel zu zerstoßen, dokumentiert auf unterhaltsame Weise die Geschichte des Apfelweins. Kindern gefällt das asturische Bowling zumeist ebenso wie das *juego de la rana,* bei dem man versucht, Metallscheiben in den Mund eines Metallfroschs zu werfen. Die Führung endet mit einem frischen Glas Cidre. Beim **Festival de la Sidra Natural** um den 11. Juli kann man jede Menge Apfelwein gratis trinken. Teil des Fests ist ein internationaler Wettbewerb des Cidre-Einschenkens. Mindestens acht ALSA-Busse (2,55 €, 40 Min.) und sieben FEVE-Züge (2,20 €, 45 Min.) fahren von Oviedo nach Nava.

Gijón

264 000 EW.

Gijón (khi-*chon*) ist größer, düsterer und bodenständiger als Oviedo, produziert Eisen, Stahl und Chemikalien und gilt als wichtigste Verladestation für asturische Kohle. Die Stadt bemüht sich, ihr industrielles Antlitz aufzupolieren, indem sie Fußgängerzonen im Zentrum sowie Parks und Uferpromenaden angelegt hat. Außerdem lockt sie mit kulturellen Attraktionen, Partylocations und einem umfangreichen Unterhaltungsprogramm im Sommer.

Sehenswertes & Aktivitäten

Cimadevilla ALTSTADT

Gijóns Altstadt liegt auf der Landzunge Cimadevilla. Die ehemalige befestigte Militäranlage wurde in einen attraktiven Park umgewandelt. Am nördlichen Rand des Kaps thront der **Elogio del Horizonte**, eine monumentale Betonskulptur des baskischen Künstlers Eduardo Chillida, die zum Wahrzeichen der Stadt geworden ist. Auf der Landseite von Cimadevilla breitet sich ein Netz schmaler Gassen und einladender kleiner Plätze aus.

Die Plaza de Jovellanos wird von dem Haus Gaspar Melchor de Jovellanos' (ein Aufklärer des 18. Jhs.) dominiert. Heute beherbergt es das **Museo Casa Natal de Jovellanos** (☎985 18 51 52; Eintritt frei; ⏲Di–So 10–14 & 17–19.30 Uhr), das sich der Kunst Asturiens und Jovellanos widmet.

Richtung Osten unterhalb des Campo Valdés entdeckt man die sehenswerten **Termas Romanas** (Römische Bäder; Erw./Sen., Stud. & Kind 2,40/1,40 €, So frei; ⏲Di–So 10–14 & 17–19.30 Uhr), die zwischen dem 1. und 4. Jh. errichtet wurden.

Westlich der Bäder erstreckt sich die **Plaza Mayor** mit ihren harmonischen Proportionen. An zwei Seiten sieht man Bogengänge und an der dritten die **casa consistorial** (Rathaus).

Museo del Ferrocarril de Asturias EISENBAHNMUSEUM

(☎985 30 85 75; Plaza de la Estación del Norte; Erw./Senior, Stud. & Kind 2,40/1,40 €, So frei; ⏲Di–So 10–14 & 17–19.30 Uhr; 👪) Dieses hervorragende Museum befindet sich im Renfe-Bahnhof aus dem 19. Jh. und liegt nur ein paar Minuten westlich des Stadtzentrums. Es verdeutlicht die wichtige Rolle der Eisenbahn in der Geschichte Asturiens. Zu sehen sind 50 Loks und Waggons sowie viele nostalgische Objekte.

Acuario AQUARIUM

(☎958 18 52 20; www.acuariodegijon.com; Erw./Kind 12/6 €; ⏲10–22 Uhr; 👪) Das einzigartige Aquarium an der Playa de Poniente, etwas hinter dem Museo del Ferrocarril, beherbergt über 4000 Spezies, darunter Otter

Haie und Pinguine, die man in 50 Becken und über zwölf verschiedenen Unterwasserlandschaften von der Biskaya bis zu den Tropen bestaunen kann. Dazu gehört auch ein asturisches Flussbecken mit Forellen und Lachsen.

Museo del Pueblo de Asturias
ETHNOGRAFISCHES MUSEUM

(985 18 29 60; Paseo del Dr Fleming 877, La Huelga; Erw./Sen. & Stud. 2,40/1,40 €, So frei; Di–So 10–14 & 17–19.30 Uhr) In einem großen Waldstück 2 km östlich des Stadtzentrums widmet sich das Museum der traditionellen asturischen Kultur. Es besteht aus mehreren traditionellen Gebäuden, darunter Getreidespeicher, Häuser, eine Bowlingbahn und einige skurrile Schäferhütten. Zudem sind Dudelsäcke, Kochstellen und Kutschen zu sehen. Bus 4 fährt von der Calle de Capua hierhin. Man steigt an der Haltestelle Grupo Cultura Covadonga aus, die ca. 400 m vom Museum liegt.

Laboral Ciudad de la Cultura
KUNSTHANDWERKSZENTRUM

(902 306600; www.laboralciudaddelacultura.com; Calle de Luis Moya Blanco 261; 10–21 Uhr) Die 1940 von Jesuiten gegründete *universidad laboral*, einst ein bedeutendes Berufsausbildungszentrum 4 km südöstlich der Altstadt, wurde vor einiger Zeit wiedereröffnet. Heute beherbergt sie Teile der Universität von Oviedo, ein Konservatorium, einen Lehrstuhl für Schauspiel, ein Rundfunkstudio sowie Räume für Veranstaltungen und Ausstellungen. Spanischsprachige Führungen auf den 130 m hohen Turm kosten 4,20 € bzw. 1,60 €. Den beeindruckenden Haupthof und die oval geformte Kirche (heute eine Galerie) kann man dagegen kostenlos besichtigen. Man erreicht das Kunsthandwerkszentrum mit Bus 1 ab der Calle de Palacio Valdés.

Jardín Botánico Atlántico
BOTANISCHER GARTEN

(985 13 07 13; www.botanicoatlantico.com; Erw./Sen. & unter 26 J. 5,70/2,80 €; Di–So 10–21 Uhr) Gleich gegenüber dem Laboral bietet diese Grünanlage einen hervorragenden Überblick über die Flora im Norden Spaniens sowie anderer Gegenden am Atlantik.

Strände
STRÄNDE

Zum Schwimmen eignet sich die **Playa de San Lorenzo** erstaunlich gut, allerdings wird der saubere Stadtstrand bei Flut ziemlich schmal. Die **Playa de Poniente**, westlich des Puerto Deportivo (Yachthafen) besteht aus künstlich aufgeschüttetem Sand und ist deutlich breiter.

Feste & Events

Den ganzen Sommer über finden Gijóns Einwohner fast jede Woche einen neuen Grund zum Feiern, darunter die **Semana Negra** (Schwarze Woche), ein Detektivgeschichten-Festival Anfang Juli und die **Fiesta de la Sidra Natural** (Festival des naturreinen Cidre) Ende August. Die Stadt hält übrigens einen kuriosen Rekord: Nirgendwo in der Welt kommen Jahr für Jahr so viele Menschen zusammen, um zeitgleich Cidre in Gläser einzuschenken. Musik und Partys gehören selbstverständlich bei allen Events dazu. Die bedeutendste Veranstaltung ist die **Semana Grande** (Anfang bis Mitte Aug.).

Schlafen

Ein Zimmer im August zu bekommen kann schwierig werden, deshalb sollte man im Voraus buchen. Außerhalb der Hauptsaison sinken die Preise.

La Casona de Jovellanos
HOTEL €€

(985 34 20 24; www.lacasonadejovellanos.com; Plaza de Jovellanos 1; EZ/DZ 62/81 €;) Dieses antik möblierte Haus aus dem 16. Jh. ist eines von zwei Hotels im Herzen der Altstadt. Es liegt an einem der schönsten Plätze Cimadevillas und hat unten eine lebhafte *chigre* (Cidre-Bar).

Hotel Asturias
HOTEL €€

(985 35 06 00; www.hotelasturiasgijon.es, auf Spanisch; Plaza Mayor 11; EZ/DZ 64/86 €;) Die eleganten großen Zimmer des Asturias haben Parkettböden und blicken auf den Hauptplatz von Cimadevilla sowie teilweise sogar aufs Meer. Für 2 € kann man hier ein Fahrrad für einen halben Tag mieten.

Parador de Gijón Molino Viejo
PARADOR €€€

(985 37 05 11; www.parador.es; Parque de Isabel la Católica; Zi. ab 110 €; P) Gijóns beste Unterkunft der Stadt befindet sich 2 km vom Zentrum am Rande eines schönen Parks. Die Zimmer sind modern und komfortabel, diejenigen mit Blick auf die Grünanlage kosten 24 € extra.

Hostal Manjón
HOSTAL €

(985 35 23 78; Plaza del Marqués 1; EZ/DZ 36/50 €;) Eine saubere, freundliche, praktisch gelegene Pension in einem unansehnlichen Hochhaus (1. Stock). Die Zimmer sind hell und groß und bieten bis auf eines

Gijón

alle einen Blick über den Yachthafen oder den Palacio de Revillagigedo.

Hotel Hernán Cortés HOTEL €€
(☎985 34 60 00; www.hotelhernancortes.es; Calle de Fernández Vallín 5; EZ/DZ ab 85/110 €; ❄@📶) Das mittelgroße Hotel im Herzen der Stadt verfügt über große, moderne Zimmer sowie einen schnellen Service.

Essen

Am stimmungsvollsten speist man in Cimadevilla, aber auch die Neustadt wartet mit zahlreichen guten Lokalen auf. In der verkehrsberuhigten Calle de la Corrida reihen sich mehrere Cafés aneinander, in denen man z. B. *platos combinados* bekommt.

Casa Zabala MEERESFRÜCHTE €€
(☎985 34 17 31; Calle del Vizconde de Campo Grande 2; Mahlzeiten 40–60 €; ⏲So abends und Mo geschl.) Ein feines Lokal inmitten der *sidrerías* in Cimadevilla. Die Casa Zabala tischt Meeresfrüchte und edlen Fisch wie Seeteufel mit Jakobsmuscheln, Guacamole und Sardellenöl auf.

El Candil ASTURISCH, BASKISCH €€
(☎985 35 30 38; www.elcandilgijon.es, auf Spanisch; Calle Numa Guilhou 1; Mahlzeiten 40–60 €; ⏲Mo–Sa) In dem herzlichen kleinen Lokal gibt's eine gelungene Mischung aus lokalen und baskischen Gerichten. Das Candil liegt in einem Viertel, in dem sich die meisten gehobenen Restaurants Gijóns befinden. Gemälde von Fischen und Kupferpfannen schmücken die gelben Wände. Als Vorspeise empfehlen wir die *fabas con almejas* (Venusmuscheln und Bohnen) und anschließend den Fang des Tages.

Casa Gerardo ASTURISCH €€€
(☎985 88 77 97; Carretera AS19, Prendes; Mahlzeiten 45–70 €; ⏲Di–So 13–16, Fr & Sa 9–23 Uhr) 12 km westlich von Gijón werden in diesem Haus mit Natursteinfassade schon seit 1882 gute lokale Speisen zubereitet. In fünf Ge-

Gijón

nerationen verfeinerte die Familie Morán ihre Gerichte so sehr, dass sie einen Michelin-Stern erkochen konnte. Der Schwerpunkt liegt auf Fisch und Meeresfrüchten, aber zum Angebot gehören auch *fabada* (Bohneneintopf) und einige kreative Desserts. ALSA-Busse steuern die Casa Gerardo alle zwei Stunden an (1,30 €, 20 Min.).

El Centenario CIDRE, MEERESFRÜCHTE €
(Plaza Mayor 7; raciones 5–15 €; ⏲ Mo geschl.) In Cimadevilla stößt man auf zahlreiche lebhafte *sidrerías* und Fischrestaurants. Das Centenario wartet mit Exotischem wie *oricios* (Seeigel) und *centollos* (Teufelskrabbe) auf. Cidre kostet 2,50 € pro Flasche.

Restaurante Mercante MEERESFRÜCHTE €€
(Cuesta del Cholo 2; Mahlzeiten 25–50 €) Während man Fisch oder Meeresfrüchte verspeist, kann man hier den Ausblick auf den Hafen genießen. An warmen Tagen sollte man versuchen, einen Tisch draußen auf der gepflasterten Terrasse zu ergattern, ansonsten geht man besser nach oben. Das Mercante punktet mit seiner tollen Atmosphäre, eignet sich zum Entspannen und ist immer voll.

Ausgehen & Unterhaltung

Viele Bars schließen sonntags bis donnerstags um 1.30 Uhr und an Wochenenden um 3.30 Uhr. Wer eine Lizenz für Bands und DJs hat (und in diese Kategorie fallen fast alle Läden), darf zwei Stunden länger öffnen. Clubs machen um 7.30 Uhr dicht.

Am besten beginnt man den Abend in einer der *sidrerías,* die sich überall in der Stadt und in Cimadevilla verteilen, denn dort isst man auch gut. In Cimadevilla finden Teenager und Studenten an der Plaza Corrada und der Calle de la Vicaría eine tolle Musikbarszene. Die Naútico-Gegend nahe der Playa de San Lorenzo wartet mit einer Riesenauswahl an Lokalen auf, die von kleinen angesagten Kneipen bis zu großen glamourösen Nachtclubs reicht.

La Galana SIDRERÍA
(Plaza Mayor 10; ⏲12–16 & 19–1.30 Uhr) In der ausgelasssenen traditionellen *sidrería* kann man sich zu dem Apfelwein, den einem die Kellner ins Glas schütten, an der Theke Tapas servieren lassen.

Café Dam GALERIE, MUSIKBAR
(www.cafedam.net, auf Spanisch; Calle de San Agustín 14; ⏲So–Do 1730–1, Fr 17.30–3, Sa 17.30–5 Uhr) Galerie und Chill-out-Bar in einem mit holländischem Touch. Freitags und samstags ab 23 Uhr ist das Café Dam zudem ein großartiger Ort für Livemusik und DJs.

Otto NACHTCLUB
(Jardines del Naútico; ⏲Do 2–5, Fr & Sa 2–7.30 Uhr) Ein Salsa-Club an der Uferpromenade von San Lorenzo. Hier kann man tanzen, tanzen, tanzen!

Maluka Club UNDERGROUND-CLUB
(Calle de Capua 6; ⏲ Do 24–3.30, Fr & Sa 24–17.30 Uhr) Die besten House-DJs der Stadt findet man im Naútico-Viertel.

Ein etwas älteres Publikum bevölkert die Bars und Clubs der Fomento-Gegend in der Nähe der Playa de Poniente, darunter der Salsa-Schuppen **La Bodeguita del Medio** (www.labodeguitadelmedio-gijon.com; Calle de Rodríguez San Pedro 43; ⏲ Mo–Sa ab 18 Uhr) und das **Ca Beleño** (http://cabeleno.com; Calle de Rodríguez San Pedro 39; ⏲ Mo–Mi 12–1.30, Do–Sa 17–2.30 Uhr; 📶), eine Bar mit Jazz und keltischer Musik.

Praktische Informationen

Städtische Touristeninformation (☎985 34 17 71, 902 013500; www.gijon.info; Espigón

Central de Fomento; ⏲10–20 Uhr) Befindet sich an einem Kai des Puerto Deportivo; weitere Infoschalter öffnen im Sommer an der Playa de San Lorenzo sowie an anderen Orten.

ℹ Anreise & Unterwegs vor Ort

Bus

Vom **ALSA-Busbahnhof** (☎902 422242; Calle de Magnus Blikstad) bestehen Verbindungen zum Aeropuerto de Asturias (6,35 €, 35 Min., alle 60 Min. von 6–20 & 22 Uhr), nach Oviedo (2,15 €, 30 Min., alle 10–15 Min. von 6.30–22.30 Uhr) und nach Santander (14,36–26,04 €, 2¾–3¾ Std., 11-mal tgl.).

Zug

Der Hauptbahnhof **Estación Cercanías** (Plaza del Humedal), auch Estación FEVE genannt, wird von Langstreckenzügen und *cercanías* (Vorortzüge) bedient – und zwar sowohl von Renfe als auch von FEVE. Renfe nutzt auch den Estación Jovellanos 600 m westlich. Verbindungen zwischen Oviedo und Gijón siehe S. 505.

Züge von **FEVE** (www.feve.es) starten nur am Estación Cercanías. Es gibt direkte *cercanías* nach Cudillero (2,85 €, 1¾ Std., 5–12 tgl.). Für die meisten Ziele der FEVE-Züge muss man in Pravia oder Oviedo umsteigen.

Ostküste

Spanische Urlauber reisen im Sommer meist an einen der Strände oder in eine der Buchten an Gijóns Ostküste mit den Picos de Europa im Rücken, die nur 15 km weiter im Landesinneren in die Höhe ragen.

VILLAVICIOSA & UMGEBUNG

6050 EW. (VILLAVICIOSA)

Abgesehen von der romanischen Iglesia de Santa María entstand Villaviciosas hübsches kleines Zentrum hauptsächlich im 18. Jh. Der Ort konkurriert mit Nava um den Titel der asturischen Cidre-Hauptstadt. An der N632 ca. 1 km vom Zentrum kann man bei **El Gaitero** (www.gaitero.com; ⏲Mo–Fr 10–13.30 & 16–18.30, Sa 10–13.30, Mitte Sept.–Mitte Mai geschl.) die hauseigenen **Bodegas** (Eintritt frei) und das **Museum** (Eintritt 1,50 €) des Unternehmens besuchen.

In der Umgebung gibt's zahlreiche kleine und sehr alte Kirchen. Nicht verpassen sollte man die **Iglesia de San Salvador de Valdediós** (☎985 89 23 24; Eintritt 1,25 €; ⏲Di–So 11–13 & 16.30–18.30 Uhr, Okt.–März Di–Fr nachmittags geschl.) 9 km südwestlich unweit der Abzweigung nach Pola de Siero von der AS267 aus gesehen. Das dreischiffige präromanische Gotteshaus wurde 893 als Teil eines Palastkomplexes für Alfonso III. an einem Ort errichtet, den die Asturier „Gottestal" tauften. Abgesehen von diesem einfachen Gebäude konnten die Archäologen jedoch bislang keine weiteren Reste ausfindig machen. ALSA-Busse auf der Strecke Oviedo–Villaviciosa (mind. 4-mal tgl.) halten in San Pedro de Ambás etwa 2 km Fußweg von der Kirche entfernt.

Ebenso sehenswert ist die romanische **Iglesia de San Juan de Amandi** (⏲Di–So 11.30–13.30 & 17.30–19.30 Uhr, Okt.–Juni nachmittags geschl.) 1,5 km südlich von Villaviciosa in Amandi.

In sowie rund um Villaviciosa, das man getrost von seiner Reiseroute streichen kann, gibt's etwa 14 Unterkünfte, darunter die hübsche **La Casona de Amandi** (☎985 89 01 30; Calle de San Juan 6; www.lacasonadeamandi.com, auf Spanisch; EZ/DZ mit Frühstück 80/90 €; Ⓟ🚭), ein Bauernhaus aus dem 19. Jh. mit weitläufigem Garten in Amandi. Die Zimmer haben alle ihren eigenen Charakter, sind unterschiedlich groß und mit isabellinischen Möbeln ausgestattet.

Auf der westlichen Seite der Ría de Villaviciosa erstreckt sich das Dorf **Tazones** mit mehreren Meeresfrüchte-Lokalen. Angeblich hat Carlos I. hier 1517 erstmals spanischen Boden betreten. Im Hafen des Ortes befinden sich die beiden Restaurants des **Hotel Imperial** (☎985 89 71 16; www.hoteltazones.com) und des **Hotel El Pescador** (☎985 89 70 77; www.hotelpescadortazones.com). Im August zahlt man in beiden Häusern für ein einfaches Doppelzimmer 55 €. Die beste Anlaufstelle für hungrige Besucher ist das **Restaurante Rompeolas** (☎985 89 70 13; Calle de San Miguel 21; Mahlzeiten 30–50 €; ⏲Mi–Mo) direkt am Hafen. Es serviert frischen Fisch, z. B. Seeteufel mit Bratkartoffeln.

An der östlichen Seite des Meeresarms liegt der breite, goldfarbene, 1 km lange Sandstrand **Playa de Rodiles**. Surfer haben hier im Spätsommer die Chance auf die eine oder andere Welle.

ℹ An- & Weiterreise

ALSA bietet jeden Tag mindestens neun Busverbindungen nach Oviedo (3,70 €, 35 Min.–1 Std.) und Ribadesella (3,45 €, 30 Min.–1 Std.) an sowie 14 Fahrten nach Gijón (2,60 €, 45 Min.). Mindestens drei Busse verkehren täglich zwischen Villaviciosa und Tazones (1,35 €, 15 Min.).

VON VILLAVICIOSA NACH RIBADESELLA

Colunga, 18 km östlich von Villaviciosa, zieht mit dem beliebten **Museo del Jurá-**

sico de Asturias (MUJA; www.museojurasicoasturias.com; Rasa de San Telmo; Erw./Sen. & Kind 6,60/4,40 €; ⏲10.30–14.30 & 16–20, Mitte Sept.–Mitte Juni Mo & Di geschl.; 👪) viele Besucher an. Es präsentiert Dinosaurierspuren, Fossilien und Knochen, die an der asturischen Küste gefunden wurden, sowie rund 20 riesige Dinosauriernachbildungen und gibt so einen Einblick in 185 Millionen Jahre Vorgeschichte. Zu den Exponaten gehört auch ein über 12 m hohes Tyrannosaurus-Paar.

An der 770 m langen Playa de Caravia in der Nähe von Prado mit ihren üppig grünen Hügeln im Hintergrund geht's selbst im Sommer recht ruhig zu. Sie ist einer von zahlreichen Sandstränden an diesem Küstenabschnitt.

RIBADESELLA

3150 EW.

Wer keine Reservierung in der Tasche hat, braucht am ersten Wochenende nach dem 2. August, wenn Ribadesella wegen des Kanufestivals Descenso Internacional del Sella aus allen Nähten platzt, gar nicht erst aufzukreuzen. Zu jeder anderen Zeit ist die kleine Stadt ein unaufdringlicher Ferienort. Sie besteht aus zwei Hälften, die durch das Mündungsgebiet des Sella geteilt und durch eine lange, niedrige Brücke miteinander verbunden sind. Die westliche Hälfte verfügt über einen guten, ausgedehnten Strand, die Playa de Santa Marina, während sich der ältere Teil der Stadt und der Fischereihafen auf der östlichen Seite befinden.

Sehenswertes & Aktivitäten

LP TIPP **Cueva de Tito Bustillo** HÖHLENKUNST
(☎985 86 11 20; Erw./Sen., Stud. & Kind 4/2 €, Mi frei; ⏲April–Sept. Mi–So 10–17 Uhr) Ein Stück südlich vom westlichen Ende der Sella-Brücke kann man in dieser Höhle einige der schönsten Malereien Spaniens bewundern, darunter Pferde, die vermutlich um ca. 13 000 bis 12 000 v. Chr. entstanden sind. Kein Wunder also, dass die Cueva de Tito Bustillo zu den Unesco-Welterbestätten zählt. Weil die Besucherzahl auf 360 pro Tag begrenzt wurde, sollte man entweder telefonisch oder unter www.tematico.asturias.es/cultura/yacimientos (auf Spanisch) reservieren. Die einstündige Führung führt 1,5 km durch einige rutschige Abschnitte und ist für Kinder unter elf Jahren nicht geeignet. Es gibt hier außerdem ein sehenswertes Besucherzentrum und eine weitere große Höhle ohne Malereien, La Cuevona (Eintritt jeweils frei; ⏲Mi–So 10–16.20 Uhr). Beide Höhlen sind ganzjährig geöffnet. Eine Nachbildung der Cueva de Tito Bustillo wird ein Stück weiter an der Straße errichtet. Sobald sie fertig ist, will man die echte Höhle schließen.

Schlafen

Hotel Ribadesella Playa HOTEL €€
(☎985 86 07 15; www.hotelribadesellaplaya.com; Calle de Ricardo Cangas 3; EZ/DZ mit Frühstück 90/116 €; P⊜📶) Fast alle Hotels liegen im westlichen Teil des Ortes. Diese Unterkunft ist in einer bezaubernden, 1900 errichteten Villa mit Türmchen an der Playa de Santa Marina untergebracht. Die Zimmer sind hübsch und geschmackvoll in Blau- und Grüntönen gehalten und haben Teppiche und Garderoben mit großen Ankleidespiegeln. Je nach Buchungslage kann es sein, dass es von November bis Februar schließt.

Hotel Covadonga HOTEL €
(☎985 86 01 11; Calle de Manuel Caso de la Villa 6; Zi. 55 €; ⊜📶) Betritt man das Covadonga, das sich 100 m vom Hafen entfernt im älteren Teil der Stadt befindet, scheint sich die Uhr zurückzudrehen. Das Hotel ist zwar ein wenig angestaubt, wirkt aber atmosphärisch. Im August ist es grundsätzlich ausgebucht.

Essen

Die geschäftigen *sidrerías* am Ostufer des Flusses warten mit wunderbar zubereiteten Meeresfrüchten auf.

Casa Gaspar CIDRE €€
(Calle de López Muñiz 6; Gerichte 6–18 €; ⏲Fr–Mi) Wer keinen Fisch mehr sehen, geschweige denn essen kann, bekommt in der Casa Gaspar in der Altstadt Tapas und Cidre. In Sommernächten geht's hier besonders ausgelassen zu.

Casa Tista MEERESFRÜCHTE €€
(Mahlzeiten 30–60 €) Ein Geheimtipp der Einheimischen gefällig? Für den besten frischen Fisch (gegrillt oder leicht gebacken) und die leckersten Meeresfrüchte (Preis nach Gewicht) sollte man die Casa Tista 5 km östlich von Ribadesella an der AS263 gleich hinter der Siedlung Toriello ansteuern. Gäste können entweder drinnen oder unter einer Pergola sitzen.

Praktische Informationen

Touristeninformation (☎985 86 00 38; www.ribadesella.es; Paseo Princesa Letizia; ⏲10–21 Uhr, Okt.–Juni Mo geschl.) Am östlichen Ende der Sella-Brücke.

An- & Weiterreise

Der **Busbahnhof** (985 86 13 03; Avenida del Palacio Valdés) befindet sich 300 m südlich der Brücke. Zu den von hier aus angesteuerten Zielen gehören Oviedo (7 €, 1–1¾ Std., 6–9-mal tgl.), Gijón (5,95–6,87 €, 1½–1¾ Std., 9–12-mal tgl.), Llanes (2,40 €, 30–40 Min., 9–11-mal tgl.) und Santander (8,10 €, 1½– 2½ Std., 2-mal tgl.).

FEVE-Züge fahren mindestens fünfmal täglich nach Llanes, Arriondas und Oviedo und zweimal nach Santander.

VON RIBADESELLA NACH LLANES

Über 20 kleine Strände und Buchten warten zwischen Ribadesella und Llanes auf ihre Entdeckung. Dafür sollte man einen fahrebaren Untersatz besitzen und Zeit haben. Zwischen beiden Städten an bzw. rund um die AS263 findet man viele Landhotels und *casas rurales* (ländliche Gästehäuser). Die **Playa de San Antolín** 12 km vor Llanes ist lang, ungeschützt und eine gute Anlaufstelle für Surfer. Ein paar Kilometer weiter geht's in Posada von der AS263 nach Niembro ab. Von hier aus führen Spazierpfade zur **Playa de Torimbia**, einer schönen goldgelben, sichelförmigen Bucht, in der man alle Hüllen fallen lassen kann, und zur eher familienorientierten **Playa de Toranda**. Hinter den beiden Stränden erstrecken sich grüne Hügel.

La Montaña Mágica (985 92 51 76; www.lamontanamagica.com; EZ/DZ 65/80 €; P) in El Allende de Vibaño, von Posada aus 7 km landeinwärts gelegen, ist ein hübsches umgebautes Bauernhaus am Fuße eines Hügels mit Blick zu den Picos de Europa.

LLANES

5340 EW.

Das seit der Antike bewohnte Llanes war über einen langen Zeitraum eine unabhängige Stadt und ein Walfanghafen mit besonderen Privilegien, die ihm Alfonso IX. von León 1206 verliehen hatte. Heute ist der Ort mit seinem kleinen mittelalterlichen Kern und dem geschäftigen Hafen ein beliebtes nordspanisches Ferienziel und ein guter Ausgangspunkt zu ein paar sehr schönen Stränden.

Was am fernen Ende des Piers wie durcheinandergewürfelte Bauklötzchen aussieht, sind die **Würfel der Erinnerung** des Malers Agustín Ibarrola; er bemalte die Wellenbrecher des Hafens in bunten Farben und wilden Mustern. Mit dem Bau der überwiegend gotischen **La Basílica** (Plaza de Cristo Rey) begann man 1240. Sollte sie gerade geöffnet sein, lohnt sich ein kurzer Besuch. Von den drei Stränden der Stadt ist die **Playa de Toró** im Osten mit ihrem klaren Wasser und den aufragenden Felsspitzen eindeutig die beste Wahl.

In Llanes und Umgebung gibt's zahlreiche Unterkünfte. Von Juni bis Mitte September ist insbesondere an Wochenenden eine Hotelreservierung ratsam. Die saubere **Pensión La Guía** (985 40 25 77; www.pensionlaguia.com; Plaza de Parres Sobrino 1; EZ/DZ 40/65 €;) in einem 300 Jahre alten Haus westlich des Flusses bezaubert mit dunklen Holzbalken und Terrakottaböden. Alle Zimmer sind einfach, aber hell, außerdem blickt man von ihren Glasgalerien auf einen schönen Platz.

Gut besuchte *marisquerías* (Meeresfrüchte-Lokale) und *sidrerías* reihen sich in den Calles Mayor und de Manuel Cué aneinander. Hier kann man schmackhafte Meeresbewohner mit viel Cidre herunterspülen.

Die **Touristeninformation** (985 40 01 64; www.llanes.com; Calle de Alfonso IX; 10–2 & 17–21 Uhr) ist im La Torre untergebracht, einem Wachtturm, der von Llanes' Verteidigungsanlagen aus dem 13. Jh. übrig blieb. Hier bekommt man Informationen zu den vielen Wanderwegen der Region, u. a. zum GR-E9 entlang der Küste.

Der **Busbahnhof** (Calle La Bolera) befindet sich östlich des Flusses. Dort halten täglich sieben ALSA-Busse auf ihrem Weg von Gijón (8,28 €, 1¼–2 Std.) nach Santander (6,20 €, 1¼–2 Std.). Darüber hinaus bestehen mindestens 13 Verbindungen nach Oviedo (9,35 €, 1¼– 2¼ Std.).

Mindestens vier FEVE-Züge aus Oviedo, Arriondas und Ribadesella halten täglich in Llanes, zwei fahren weiter bis Santander.

ÖSTLICH VON LLANES

Bei der 350 m langen **Playa La Ballota** handelt es sich um einen reizvollen Strand wenige Kilometer östlich von Llanes. Er wird von Felsen eingerahmt und ist über eine unbefestigte Straße zu erreichen; ein Teil ist für FKK-Fans reserviert. An der Küste bei **Vidiago** lohnt es sich **Los Bufones de Arenillas** zu besuchen, wo in regelmäßigen Abständen ein geysirartiger Wasserstrahl vom Meer durch einen Kalksteintunnel hochgepumpt wird. Die **Playa de la Franca** weiter Richtung Kantabrien ist ebenfalls sehr schön und wartet mit einem im Sommer geöffneten Campingplatz auf.

2 km von Pimiango entfernt liegt ganz in der Nähe eines spektakulären Küstenaussichtspunktes die **Cueva del Pindal** (608

WAS ISST MAN IN ASTURIEN?

Die traditionelle asturische Küche ist eine einfache Bauernküche. Am bekanntesten ist *fabada asturiana*, ein herzhaftes Bohnengericht mit Fleisch und Wurst. Eine leichtere Version mit Bohnen stellt *pote asturiano* dar. Fleischliebhaber schwärmen von *cachopo* (paniertes Kalbfleisch, gefüllt mit Schinken, Käse und Gemüse). Ebenso wie in Kantabrien tummeln sich in Asturiens Flüssen zahlreiche Forellen, Lachse und Aale.

Wegen ihrer Käsesorten, insbesondere dem bläulich-grünen *queso de Cabrales*, der in den Ausläufern der Picos de Europa hergestellt wird, erlangte die Region große Popularität. Als Basis für den Cabrales dient unbehandelter Kuhmilchkäse, der manchmal mit kleinen Mengen an Ziegen- oder Schafsmilch gemischt wird. Der Käse reift in Berghöhlen, ist stark aromatisch und riecht streng.

Cidre ist das Lieblingsgetränk der Asturier, aber um Cangas del Narcea im Westen wird auch junger Rot- und Weißwein gekeltert.

175284; Erw./Sen. & Kind 3/1,50 €; ⏲Mi–So 10–14 & 15.30–16.30 Uhr). Sie gehört zum Unesco-Welterbe und enthält 31 altsteinzeitliche Malereien sowie Felsgravuren von Tieren, darunter seltene Darstellungen eines Mammuts und eines Fisches. Mit den Höhlen von Altamira oder Tito Bustillo kann sie nicht konkurrieren, aber ihr Standort an den bewaldeten Klippen ist hinreißend. Wer sie erkunden möchte, kann bei der Gelegenheit einen Abstecher zu einer Kapelle aus dem 16. Jh. und der Ruine eines romanischen Klosters unternehmen. Das Besucherzentrum ist ebenfalls sehenswert. Am besten meldet man sich telefonisch zur Höhlenbesichtigung an; ansonsten sollte man im Sommer bereits um 10 Uhr hier sein, da jeden Tag nur maximal acht Gruppen à 25 Personen hineingelassen werden.

Westküste

Mit den Klippen des **Cabo Peñas** etwa 17 km nordöstlich von Avilés erreicht man die westliche Hälfte der asturischen Küste. Dies ist mit fast 100 m zugleich der höchste und nördlichste Punkt der Region.

AVILÉS

79 300 EW.

Von den 1950er- bis zu den 1980er-Jahren, während der Blütezeit von Bergbau, Stahl- und glasverarbeitender Industrie, zählte die alte Hafenstadt Avilés zu den Orten mit der schlimmsten Umweltverschmutzung in Europa. Inzwischen hat die industrielle Tätigkeit abgenommen und die Luft, der Meeresarm der Ría de Avilés und die Altstadt erholen sich. Avilés setzt künftig eher auf Hightech. Die hübsche Altstadt bildet einen starken Gegensatz zu der Industriebrache des 20. Jh. am Stadtrand. Sie lädt dazu ein, einige Stunden umherzubummeln, besonders entlang der arkadengesäumten Straßen wie den Calles Ferrería, San Francisco und Galiana. Die Plaza de España prägen zwei elegante Gebäude aus dem 17. Jh., darunter das Rathaus.

Als Symbol des regenerierten Avilés dient das **Centro Niemeyer** (www.niemeyercenter.org), ein außergewöhnliches Geschenk des brasilianischen Architekten Oscar Niemeyer, 2010 auf einst industriell genutztem Gelände eröffnet. Es liegt von der Stadtmitte aus gesehen am anderen Ufer des Flusses. Das facettenreiche internationale Kulturzentrum, das mit Bilbaos Museo Guggenheim wetteifert, zog bereits während der Bauphase etliche hochkarätige Events in die Stadt.

In Avilés gibt's 16 Hotels und *pensiones*. Man findet hier Unterkünfte aller Kategorien bis zu einem historischen Fünf-Sterne-Hotel. Das **Hotel Don Pedro** (☎985 51 22 88; www.hdonpedro.com; Calle de La Fruta 22; EZ/DZ 55/65 €; Ⓟ🚭❄📶) hat attraktive, komfortable Zimmer mit offenen Stein- oder Ziegelwänden und Teppichen auf Holzböden. Hauptstraßen wie die Calle San Francisco mit der Plaza de Carbayedo am Ende warten mit einer großen Auswahl an Restaurants auf. Wer Meeresfrüchte liebt, sollte sich in den Küstenvorort Salinas zum **Real Balneario de Salinas** (☎985 51 86 13; www.restaurantebalneario.com; Avenida de Juan Sitges 3; Mahlzeiten 45–75 €; ⏲Anfang Jan.–Anfang Feb. So abend und Mo geschl.) begeben. Das erstklassige Lokal für Meeresfrüchte wurde 1916 von König Alfonso XIII als Bade- und Gesellschaftszentrum am Strand eröffnet. Am besten entscheidet man sich für den Fang des Tages, der einem das Wasser im Mund zusammenlaufen lässt. Danach (oder vorher) kann man einen Spaziergang zum felsigen Kap La Peñona machen.

In der **Touristeninformation** (985 54 43 25; Calle de Ruiz Gómez 21; 10–20 Uhr, Mitte Sept.–Juni Sa & So nachmittags geschl.) erhält man eine hübsche englischsprachige Broschüre mit Wanderungen.

ALSA-Busse fahren alle halbe Stunde nach Gijón (2,10 €, 30 Min.). Darüber hinaus bestehen etliche Verbindungen nach Oviedo (2,20 €, 30–60 Min.). Zwischen diesen beiden Städten verkehren auch FEVE-Züge.

CUDILLERO

1620 EW.

Cudillero gilt als das malerischste Fischerdorf der asturischen Küste und weiß das auch. Die in verschiedenen Pastelltönen gestrichenen Häuser ziehen sich bis zu einem winzigen Hafen in einer schmalen Bucht hinunter. Trotz seines touristischen Charakters ist der Ort reizvoll und bleibt selbst Mitte August, wenn so ziemlich jedes Zimmer im Ort belegt ist, halbwegs relaxt.

Besucher können sich die Zeit damit vertreiben, einlaufende Fischerboote (zwischen 17–20 Uhr) zu beobachten und hinterher die frisch gefangenen Meeresbewohner in den *sidrerías* probieren. Mehrere gut ausgeschilderte Pfade führen zu Aussichtspunkten, etwa dem hoch über dem Hafen thronenden **La Garita La Atalaya**. Die frühere *lonja* (Fischauktionshalle) beherbergt das kleine, aber interessante Fischereimuseum **Los Pixuetos y la Mar** (Eintritt 1 €; Di–So 10.30–13.30 & 15–20 Uhr), dessen Exponate leider nur auf Spanisch beschriftet sind.

Aktivitäten

Die hiesige Küste bezaubert mit schroffen Felswänden und Stränden wie der feinen sandigen **Playa de Aguilar** 3 km Autofahrt Richtung Osten. Zu den Stränden westlich von Cudillero gehören die **Playa Concha de Artedo** (4 km) und die hübsche **Playa de San Pedro** (10 km).

LP TIPP **Playa del Silencio** STRAND

Dieser Strand wird auch El Gavieiru genannt und könnte locker als einer der schönsten Spaniens durchgehen. Die lange sandige Bucht ist von einem natürlichen Felsamphitheater umgeben und liegt etwa 15 km westlich von Cudillero. Wer sie besuchen möchte, nimmt die Abzweigung nach Novellana und folgt den Schildern nach Castañeras.

Schlafen & Essen

Es gibt in Cudillero nur begrenzte Übernachtungsmöglichkeiten, vor allem in der Nebensaison, wenn zahlreiche Unterkünfte schließen.

Die günstigeren Unterkünfte liegen oben an der vom Hafen wegführenden Hauptstraße. Viele Hotels, *casas de aldea* (Dorfhäuser), *pensiones* und Apartments findet man in der ländlichen Umgebung, nur ein paar Kilometer von Cudillero entfernt. In Richtung Hafen besteht kein Mangel an Restaurants. Viele Lokale verlangen für eine Mahlzeit mit Getränken 25 bis 35 €.

La Casona de Pío HOTEL €€

(985 59 15 12; www.lacasonadepio.com; Calle del Ríofrío; EZ/DZ 73/92 €;) Ein bezauberndes Steinhaus in der Hafengegend mit elf gemütlichen, rustikalen Zimmern und einem guten Restaurant.

Hotel Casa Prendes HOTEL €€

(985 59 15 00; www.hotelprendes.com, auf Spanisch; Calle San José 4; EZ/DZ 82/88 €;) Das schöne, gepflegte Hafenhotel mit blauer Fassade verfügt über Zimmer mit Steinwänden. Außerhalb des Monats August fallen die Preise deutlich. Die Eigentümer vermieten auch Apartments.

El Faro MEERESFRÜCHTE €€

(Calle del Ríofrío; Mahlzeiten 40–50 €; Mi geschl.) Dieses hübsche Lokal versteckt sich in einer Straße hinter dem Hafen. Stein, Holz und Blautöne schaffen eine gastfreundliche Atmosphäre, in der *arroz caldoso* (Reiseintopf mit Meeresfrüchten) besonders gut schmeckt.

Restaurante El Patrón CIDRE €

(Calle de Suárez Inclán 2; Mahlzeiten 30–50 €) In der bodenständigen *sidrería*, die vom Hafen ein kurzes Stück die Straße hoch liegt, bekommt man *raciones* mit Meeresfrüchten, Käse-, Wurst- und Schinkenteller oder Pâtés.

Praktische Information

Touristeninformation (985 59 13 77; www.cudillero.org; 10–21 Uhr, Okt.–Juni So nachmittag geschl.) Am Hafen. Hier gibt's die einzigen Parkmöglichkeiten.

An- & Weiterreise

Vom Busbahnhof oben auf einem Hügel 800 m vom Hafen fahren mindestens drei Busse täglich nach Gijón (4,85 €, 1¼ Std.,) und sechs weitere nach Avilés (2,80 €, 45 Min.), wo Anschluss nach Oviedo besteht. Der FEVE-Bahnhof liegt 1 km weiter im Inland: Von hier starten etwa stündlich (am Wochenende weniger) Züge nach Gijón

(2,85 €, 1¾ Std.). Wer Oviedo (2,85 €, 1¼–2 Std.) zum Ziel hat, muss in Pravia umsteigen.

LUARCA

5300 EW.

Luarca ist weniger gepflegt als Cudillero, bietet aber eine ähnliche Lage in einem tiefen Tal, das sich zu einem größeren Hafen voller kleiner Fischerboote hinunterzieht. Von hier aus gelangt man zu einigen nahe gelegenen Stränden.

Man kann zum **Atalaya-Aussichtspunkt** hinaufgehen und den spektakulären Küstenblick genießen sowie eine kleine Kirche und einen malerischen Friedhof erkunden. Luarcas Seemannszunft traf sich jahrhundertelang an der nahen Mesa de Mareantes, wo heutzutage bunte Fliesen die Stadtgeschichte dokumentieren. Das große, neue **Museo del Calamar Gigante** (www.cepesma.com) neben dem Hafen ist dem Riesenkalmar gewidmet und sollte bei Erscheinen dieses Reiseführers bereits eröffnet worden sein. Es wird von Cepesma betrieben, einer lokalen Umweltorganisation der Fischer.

Aktivitäten

Die sandige, 600 m lange **Playa de Cueva** etwa 7 km östlich von Luarca an der alten Küstenstraße (N634) gehört zu den besten Stränden des Bezirks. Sie wartet mit Klippen, Höhlen, einem Fluss und gelegentlich auch einem guten Wellengang zum Surfen auf. 5 km weiter bekommt man am **Cabo Busto** einen Eindruck von der Wildheit der asturischen Küste, wenn die Brandung an die gezackte Felswand kracht. Die **Playa de Otur** (auch Villar genannt) 8 km westlich von Luarca und die **Playa de Barayo** 1 km weiter liegen in schönen Buchten. Der Barayo ist ein bei Nudisten beliebtes geschütztes Naturreservat an der Mündung eines Flusses, der sich durch Feuchtgebiete und Dünen windet. Um dorthin zu gelangen, verlässt man die N634 bei Puerto de Vega und hält sich Richtung Vigo, danach folgt man der auf die Straße gepinselten Beschilderung zum Strand. Vom Parkplatz aus erreicht man ihn über einen gut ausgeschilderten Naturpfad innerhalb 30 Gehminuten.

Schlafen & Essen

Rund um die zentrale Plaza de Alfonso X findet man mindestens sieben Hotels und *hostales*, darunter drei echte Schnäppchen in der Calle Crucero. Am Ufer liegen zahlreiche Fischrestaurants.

> **AUTOMÓVILES LUARCA**
>
> ALSA, der Name der größten spanischen Busgesellschaft, ist die Abkürzung für Automóviles Luarca Sociedad Anónima. Alles begann in den 1890er-Jahren unter dem Namen Luarca Automóviles de Viajeros. Damals verkürzten die neuen, mit Dampfkraft betriebenen Busse der Firma die Fahrt von Luarca nach Oviedo von 15 auf sieben Stunden. Zuvor verkehrten dort nur Postkutschen.

Hotel Villa La Argentina HOTEL €€
(☎985 64 01 02; www.villalaargentina.com; Zi. 95–103 €; ⊙Anfang Jan.–Mitte März geschl.; P ✱) 1899 wurde die *casa de indianos* von einem Spanier errichtet, der in Lateinamerika zu Reichtum gelangt war. Sie liegt inmitten von hübschen Gärten und ist eine komfortable Unterkunft, die vor Belle-Epoque-Eleganz nur so sprüht. Alle zwölf Zimmer sind mit antikem Mobiliar ausgestattet und haben hohe Decken sowie Kronleuchter. Das Hotel befindet sich im Villar-Viertel 1,5 km südöstlich von Luarca (bergauf).

Hotel La Colmena HOTEL €€
(☎985 64 02 78; Calle de Uría 2; EZ/DZ 45/65 €; ☰) Die Zimmer in dieser angenehmen Bleibe sind hübscher, als es ihr düsteres Äußeres vermuten lässt. Dunkle Parkettböden, hohe Decken und große Fenster verleihen dem Hotel eine hübsche Note, aber die Duschen sind sehr eng. Das Colmena liegt in einer Ecke der Plaza de Alfonso X.

Restaurante Sport MEERESFRÜCHTE €€
(Calle de Rivero 9; Mahlzeiten 30–60 €; ⊙Mi & So abends geschl.) Ganz in der Nähe des Hafens erfreut das familiengeführte Meeresfrüchte-Restaurant seine Gäste bereits seit den frühen 1950er-Jahren mit lokalen Gerichten. Als Vorspeise gönnt man sich am besten ein halbes Dutzend Austern (9 €) und bestellt dann z. B. *rollo de bonito al estilo de Luarca* (köstliche Thunfischfrikadellen mit Gemüse in frischer Tomatensauce) oder *percebes* (Entenmuscheln), eine nordwestspanische Delikatesse, die 7 € pro 100 g kostet. Alles, was als *del pincho* bezeichnet wird, wurde von Hand geangelt.

Praktische Informationen

Touristeninformation (☎985 64 00 83; www.turismoluarcavaldes.com, auf Spanisch; Calle Caleros 11; ⊙Mo–Sa 10.30–14 & 16.30–20 Uhr,

So 12–14 & 16.30–18.30 Uhr) An der Plaza de Alfonso X.

An- & Weiterreise

Mindestes vier ALSA-Busse fahren täglich nach Oviedo (8,65 €, 1½ Std.) sowie westlich an der Küste entlang bis Ribadeo (6,05 €, 1½ Std.) in Galicien. Der FEVE-Bahnhof liegt 800 m südlich des Zentrums. Zwei Züge starten von dort täglich Richtung Osten nach Cudillero, Oviedo und Richtung Westen nach Castropol und Ferrol (Galicien).

COAÑA & RÍO NAVIA

Das kleine Coaña liegt 4 km landeinwärts von Navias Hafen, der sich westlich von Luarca befindet. Ein paar Kilometer dahinter erstreckt sich der **Castro de Coaña** (985 97 84 01; Erw./Kind 3/1,50 €, Mi frei; Di–So 11–14 & 16–19 Uhr, Okt.–März nachmittags geschl.), eine der besterhaltenen keltischen Siedlungen in Nordspanien.

Vom *castro* windet sich eine Straße hoch über dem kobaltblauen Río Navia mitten durch eine klassische asturische Landschaft – Wiesen, die sich mit Steilhängen abwechseln – nach Lugo in Galicien. In der Nähe des Ortes **Fonsagrada** durchquert sie eine der wildesten und einsamsten Regionen Galiciens.

TAPIA DE CASARIEGO

2370 EW.

Dieses einladende Fischerdorf eignet sich für eine Mittagspause, mehr aber auch nicht. Wer dennoch hängen bleibt, hat sechs Unterkünfte zur Auswahl. Die nahen Strände auf Richtung Westen wie die **Playa Anguileiro**, **Playa La Paloma**, **Playa de Santa Gadea** und **Playa de Peñarronda** warten mit einem guten Wellengang auf. In Tapia gibt's zahlreiche Surfläden.

CASTROPOL & UMGEBUNG

Als Grenzmarkierung zwischen Asturien und Galicien dient die Ría de Ribadeo. Die breite Flussmündung ist das erste von vielen Mündungsgebieten, die Galiciens Küste zerfurchen. Sie wird von der Puente de los Santos überspannt.

Castropol, ein weiß getünchtes Dorf auf einer Anhöhe der *ría*-Ostseite ist die friedliche Alternative zum galicischen Ribadeo auf der anderen Seite. Von Castropol führt die N640 Richtung Südwesten nach Lugo, eine nur wenig bereiste Route in die Nachbarregion.

Das **Hotel Casa Vicente** (985 63 50 51; Carretera General; EZ/DZ mit Frühstück 37/55 €; P) im Norden von Castropol hat 14 angenehme Zimmer (8 mit einzigartigem Blick auf die *ría*) und ein gutes **Restaurant** (Mahlzeiten 40–60 €; Di geschl.), das fangfrischen Fisch und Fleischgerichte serviert.

In **Figueras del Mar**, einem kleinen von Fischern und Bootsbauern bewohnten Dorf 4 km nördlich von Castropol befindet sich ein elegantes, stolzes Herrenhaus aus dem frühen 20. Jh. Rund um den **Palacete Peñalba** (985 63 61 25; www.hotelpalacetepenalba.com; Calle Granda; DZ 139–161 €; P) erstrecken sich fast 18 000 m² Grünanlagen mit Palmen, Magnolien und Skulpturen. Vor Ort gibt's 20 luxuriöse und individuelle Zimmer, die in zwei Gebäuden untergebracht sind; eines davon ist im modernistischen Stil gehalten.

Das Hinterland von Westasturien

Der Südwesten dieser Region wartet mit überwältigenden Landschaften auf, die ohne eigenes Fahrzeug jedoch nicht bequem zu erreichen sind. Meistens lohnt es sich, die Alternativstrecken nach Kastilien-León entlangzufahren. Die AS228 führt z. B. über den 1587 m hohen **Puerto Ventana** und die AS213 verläuft am spektakulären 1525 m hohen **Puerto de Leitariegos** vorbei.

SENDA DEL OSO

LP TIPP **Senda del Oso** (Bärenpfad), ein 20 km langer Wander- und Radweg, folgt dem Verlauf einer ehemaligen Minenbahn durch die Dörfer Tuñón und Entrago südwestlich von Oviedo. Hier kann man kantabrische Braunbären zu Gesicht bekommen. Besonders mit Kindern ist die Route ein schönes Ausflugsziel für sich allein oder als Teil einer längeren Tour, bei der man auch den Parque Natural de Somiedo besucht. In der Gegend gibt's viele *casas rurales* und Dorfhotels. Eine gute Quelle für weitere Informationen (u. a. über Wanderwege) ist www.caminrealdelamesa.es.

Mit leichten Steigungen führt die Senda del Oso durch immer spektakulärer werdende Tallandschaften in tiefe enge Schluchten mit Brücken und Tunneln. Mountainbikes für 9/10 € pro halbem/ganzen Tag vermieten das **Centro BTT Valle del Oso** (985 76 11 77, 659 209383; www.vallesdeloso.es, auf Spanisch) in Tuñón und **Deporventura** (666 557630; www.deporventura.es, auf Spanisch) in der Área Recreativa Buyera an der Straße

DA – EIN BÄR!

Die wilde Bergregion im südwestlichen Asturien und der Norden von Kastilien-Léon bilden die letzten Rückzugsorte der kantabrischen Braunbären *(oso pardo)*. Schätzungen zufolge leben hier noch 130 Tiere (ca. 100 hier und der Rest im Südosten Asturiens, im Südwesten Kantabriens und im nördlichen Kastilien-Léon). Sie werden von Umweltschützern geliebt und von Bauern gehasst, können ein Gewicht von 250 kg und ein Alter von 25 bis 30 Jahren erreichen. Die Population, deren Zahl von gerade einmal 70 Tieren in den 1990er-Jahren erstaunlich gestiegen ist, gilt immer noch als gefährdet, auch wenn kaum noch gejagt wird. Gelegentlich kommen Bären in Dörfer oder auf Höfe und vergreifen sich an Bienenstöcken, Vieh und Müllcontainern. Teilweise liegt das an dem immer größeren Mangel an Blaubeeren in den Wäldern, der – so wird angenommen – in der globalen Erderwärmung begründet ist. So müssen sich die fast kompett vegetarisch lebenden Bären nach anderen Nahrungsquellen umsehen. Genau das bereitet Umweltschützern große Sorgen. Zudem finden unkontrollierte Bärensafaris im Parque Natural de Somiedo statt. Viele Tierfreunde sind der Ansicht, dieser Gruppentourismus verschlimmere die Situation, besonders wenn die Veranstalter Futter auslegen, um die Bären anzulocken.

Die **Fundación Oso Pardo** (www.fundacionosopardo.org, auf Spanisch) betreibt das **Centro de Información del Oso** (☎985 76 34 06; ⏲Juli & Aug. 17.30–21.30 Uhr) in Pola de Somiedo, das Wanderungen zum Thema Bären (halber/ganzer Tag Erw. 11/19 €, Kind 6/3 €) durch den Somiedo-Park anbietet. Mit etwas Glück sieht man dabei tatsächlich einige Tiere.

AS228 zwischen Tuñón und Entrago. Beide Läden haben von April bis Oktover samstags und sonntags geöffnet, im Juli und August sogar täglich (in diesen Monaten sollte man das Rad mindestens 24 Std. im Voraus reservieren).

5 km südlich von Tuñón (bzw. 1 km zu Fuß von der Área Recreativa Buyera) durchquert die Senda del Oso den **Cercado Osero**, ein 40 000 m² großes Gehege, in dem die beiden Bärinnen Paca und Tola in Halbfreiheit leben. Ein Jäger machte sie 1992 zu Waisen. Wenn sie nicht gerade Winterschlaf halten (Dez.–Feb.) werden die beiden Tiere jeden Tag um 12 Uhr gefüttert – die Chancen, sie zu sehen, sind dann gut. Während der Paarungszeit von April bis Juni trifft man die Schwestern in einem anderen Gehege etwas unterhalb des Pfads an. In den vergangenen Jahren wurde in der Hoffnung auf Nachwuchs ein Bär aus einem Zoo hierhergebracht, aber bisher kam kein Baby zur Welt, obwohl Tola sich nicht abgeneigt gezeigt hat.

Die **Fundación Oso de Asturien** (www.osodeasturias.es, auf Spanisch) ist für das Paca-Tola-Projekt verantwortlich und präsentiert in ihrer Geschäftsstelle **Casa del Oso** (☎985 96 30 60; Eintritt frei; ⏲10–14 & 16–18 Uhr) in Proaza 1 km südlich der Área Recreativa Buyera Ausstellungen über Braunbären (auf Spanisch).

Etwa 4 km hinter Entrago (dem Südende des Senda del Oso) gibt der **Parque de la Prehistoria** (☎902 306600; www.parquedelaprehistoria.es; Schnellstraße AS228, San Salvador de Alesga; Erw./Sen. & Kind 5,50/3,30 €; ⏲10.30–14.30 & 16–20 Uhr, Mitte Sept.–März Mo & Di & Dez.–Feb. Mi geschl.) einen hervorragenden Einblick in die spanische und europäische Höhlenmalerei. Zu sehen sind auch Nachbildungen aus den zum Welterbe zählenden asturischen Höhlen Tito Bustillo und Candamo sowie der französischen Niaux-Höhle. Die erstklassige Museumsgalerie erklärt das Was, Wann, Wo, Wie und Warum der europäischen Höhlenmalereien im Paläolithikum.

An- & Weiterreise

Drei bis vier Busse des Unternehmens **Pullmans Llaneza** (☎985 46 58 78) fahren täglich vom ALSA-Busbahnhof in Oviedo nach Tuñón, Proaza und Entrago (1 Std.). Die Endhaltestelle befindet sich in San Martín 1 km hinter Entrago und 3 km vor dem Parque de la Prehistoria.

PARQUE NATURAL DE SOMIEDO

Wer eine spektakuläre, relativ unberührte Berglandschaft erleben möchte, sollte dieses 292 km² große Schutzgebiet an der Nordflanke der Cordillera Cantábrica besuchen. Der Park besteht aus fünf Tälern der Cordillera. Charakteristisch dafür sind üppige Wälder, spektakuläre felsige Berge und

Hochweiden mit zahlreichen *brañas*, Gruppen heute meist verlassener strohgedeckter Schäferhütten *(cabanas de teito)*. Zudem gilt das Gebiet als wichtiger Lebensraum für Spaniens Braunbären. Hilfreiche Websites sind www.somiedo.es und www.parquenaturalsomiedo.com (auf Spanisch).

In jedem der Täler erstrecken sich mehrere markierte Wanderwege. Mehr darüber erfährt man im hervorragenden **Centro de Recepción** (☎985 76 37 58; ⏲10–14 & 16–21 Uhr) im unscheinbaren Dorf **Pola de Somiedo**. In Pola gibt's eine Bank, einen Geldautomaten, einen Supermarkt und ca. 15 Unterkünfte, darunter der hübsche **Palacio de Florez Estrada** (☎985 76 37 09, 607 752324; www.florezestrada.com, auf Spanisch; EZ/DZ mit Frühstück 80/110 €; ⏲Mitte Dez.–Ende Jan. geschl.; P @), eine Villa am Fluss mit altmodischem Charme und einem schönen Garten, sowie das nahe gelegene **Auriz** (☎985 76 37 54, 629 130007; www.auriz.es; Apt. für 2/4 Pers. 100/130 €; P) mit komfortablen, modernen, zweistöckigen Apartments inklusive zwei Schlafzimmern.

Eine der besten (und beliebtesten) Wanderregionen ist das **Valle del Lago**, dessen Höhen mit einer Anzahl von Gletscherseen und Sommer-Hochweiden aufwarten. Sein Auto bzw. Motorrad muss man im Dorf Valle del Lago stehen lassen, das man auf einer herrlichen Fahrt 8 km südöstlich von Pola de Somiedo erreicht. Die kurvenreiche Straße steigt bis auf 1300 m Höhe an. Eine von mehreren Unterkünften mit Verpflegung ist die **Braña La Code** (☎985 76 37 76; www.lacode.es; Hütten für 2/4/6 Pers. 86/134/162 €; P) mit einem halben Dutzend idyllischen *cabanas de teito* aus traditionellen Materialien, die aber wesentlich komfortabler sind als die Originale und über Kitchenettes sowie Bäder verfügen. Hier befinden sich auch der angenehm rustikale **Camping Lagos de Somiedo** (☎985 76 37 76; www.campinglagosdesomiedo.com; Stellplatz für 2 Pers., Auto & Zelt 20 €; ⏲Juni–Sept.; P) und ein Bar-Restaurant, in dem einfache Mahlzeiten serviert werden.

Eine malerische Wanderstrecke ist auch die Route von La Peral nach Villar de Vildas im oberen Pigüeña-Tal. Sie führt zu einer der größten und am besten erhaltenen *brañas*, **La Pornacal**, und zum höchsten Punkt des Parks, dem **Cornón** (2194 m).

Bis zu zwei Busse verkehren täglich zwischen Oviedo und Pola de Somiedo (7,55 €, 1¾ Std.). Vom Gebiet rund um die Senda del Oso kann man mit dem eigenem Fahrzeug über die spektakuläre AS265 westlich von San Martín fahren und so den Somiedo-Park über den Pass Puerto de San Lorenzo (1894 m, im Winter oft verschneit) erreichen. In La Riera, 8 km nördlich von Pola de Somiedo, geht's dann auf die AS227. Am Puerto de San Lorenzo kreuzt die AS265 den Camín Real de la Mesa, einen alten Pfad, der Astorga in Kastilien-Léon mit der asturischen Küste verbindet. Heute ist die Strecke Bestandteil des Fernwanderwegs GR101.

PICOS DE EUROPA

Die gezackten, tief zerklüfteten Berge die sich über Asturien, Kantabrien und den Nordosten der Provinz Kastilien-León erstrecken, gelten als eines der schönsten Wanderparadiese Spaniens. Sie bestehen aus drei Kalksteinmassiven: dem östlichen Macizo Andara mit einem 2444 m hohen Gipfel, dem westlichen Macizo El Cornión mit 2596 m und dem felsigen Macizo Central oder Macizo Los Urrieles mit 2648 m. Der 647 km² umfassende Parque Nacional de los Picos de Europa, Spaniens zweitgrößter Nationalpark, schließt alle drei Massive ein.

Im Winter ist die Gegend nahezu verlassen, während es hier im August und Juli voll werden kann. Ob Hotel oder *refugio* (Berghütte), am besten bucht man im Voraus. Juni und September sind die ruhigsten Monate und fast genauso sonnig wie der August.

ℹ Praktische Informationen

Der Nationalpark hat vier große Informationszentren:

Centro de Información Casa Dago (☎985 84 86 14; Avenida de Covadonga 43, Cangas de Onís; ⏲9–14 Uhr)

Oficina de Información Posada de Valdeón (☎987 74 05 49; El Ferial, Posada de Valdeón; ⏲ Mo–Fr 8–22.30, Sa & So 9–14 & 16–19 Uhr, Okt.–Juni Sa & So geschl.)

Centro de Visitantes Sotama (☎942 73 81 09; ⏲Juli–Sept. 9–20 Uhr, Okt.–Juni 9–18 Uhr) An der N621 in Tama 2 km nördlich von Potes.

Centro de Visitantes Pedro Pidal (⏲Mitte März–Anfang Dez. 10–18 Uhr) Am Lagos de Covadonga.

Weitere Infopunkte sind vom 1. Juli bis zum 15. September und an Feiertagen an strategisch günstig gelegenen Stellen des Parks aufgestellt. Sie informieren zu Wanderungen und Unterkünf-

Picos de Europa

ten. Mehr über den Park erfährt man auch in den Touristeninformationen der Gegend.

In Cangas de Onís und Potes kann man am besten Outdoor-Ausrüstung kaufen. Wildes Campen ist im Nationalpark nicht gestattet.

Interessant sind u. a. die Websites www.picosdeeuropa.com, www.reddeparquesnacionales.mma.es und für die östlichen Picos www.liebanaypicosdeeuropa.com.

Karten

Picos de Europa (1:80 000), *Picos de Europa Macizos Central y Oriental* (1:25 000) und *Picos de Europa Macizo Occidental* (1:25 000) von Adrados Ediciones gelten als die besten Karten für die Gegend. Sie kosten zwischen 4 und 5 € und werden in Cangas de Onís, Potes sowie in weiteren Orten verkauft.

An- & Unterwegs vor Ort

Als gute Ausgangspunkte zu den Picos dienen Cangas de Onís im Nordwesten, Arenas de Cabrales im Norden und Potes im Südosten. Asphaltierte Straßen führen von Cangas hinauf nach Covadonga, zum Lago de Enol und fast zum Lago de la Ercina; von Arenas geht's Richtung Süden hoch nach Poncebos, dann nach Sotres und Tresviso; von Potes aus erreicht man Fuente Dé.

Der Versuch, die Hauptsehenswürdigkeiten mit öffentlichen Verkehrsmitteln zu erreichen, kann ziemlich frustrierend sein, es sei denn, man hat genug Zeit, um die Highlights zu Fuß abzuklappern. Nur wenige Bus- und Bahnverbindungen – die meisten bestehen noch dazu nur im Sommer – führen in die Berge oder an ihre Ränder. Taxis sind eine mögliche Alternative.

Bus & Zug

Die im Folgenden aufgelisteten Bus- und Zugverbindungen ändern sich gelegentlich, dürften aber nicht allzu sehr von den genannten Zeiten abweichen.

VON OVIEDO NACH ARRIONDAS, CANGAS DE ONÍS, ARENAS DE CABRALES & PANES
In Oviedo starten täglich mindestens sieben ALSA-Busse nach Arriondas (5,45 €, 1–1¼ Std.) und Cangas de Onís (6,10 €, 1½ Std.). Busse nach Arenas de Cabrales, Niserias und Panes fahren in Arriondas (mind. 3-mal tgl.) und Cangas (mind. 1-mal tgl.) ab. In Panes kann man in Busse umsteigen, die zwischen Santander und Potes verkehren (der letzte nach Potes startet in Panes Montag bis Freitag um 19.25, an anderen Tagen um 17.40 Uhr). In Arriondas besteht Anschluss an die FEVE-Bahnstrecke zwischen Oviedo, Ribadesella, Llanes und Santander.

VON CANGAS DE ONÍS NACH COVADONGA
Drei oder mehr ALSA-Busse pendeln täglich zwischen Cangas de Onís und Covadonga (1,35 €, 15 Min.). Die letzte Rückfahrt von Covadonga besteht im Juli und August um 20 Uhr, in anderen Monaten schon um 17.15 Uhr.

VON CANGAS DE ONÍS NACH LAGO DE ENOL Um ein Verkehrschaos zu vermeiden, ist die Straße von Covadonga zum Lago de Enol von

ACHTUNG

Das Wetter in den Picos de Europa ist sehr wechselhaft. Nicht selten machen Nebel, Regen, Kälte und Schnee den Wanderern zu schaffen. Im Sommer braucht man zudem einen Sonnenschutz. In den größeren Höhen findet man nur wenige markierte Wege und Möglichkeiten, an Wasser zu gelangen, sind rar. Weil viele Besucher diesen Bedingungen zu wenig Beachtung schenken, gab es in den vergangenen Jahren immer wieder Todesfälle.

Ende Juli bis Anfang September zwischen 8.30 und 20 Uhr für Privatfahrzeuge geschlossen. Das gilt auch für die Semana Santa und andere bedeutende Feiertage. In diesen Zeiten fährt von vier Parkplätzen (pro Fahrzeug 2 €) in Cangas de Onís und entlang der Straße ein Shuttlebus (Tagesticket Erw./Kind 7/3 €) nach Covadonga und zum Lago de Enol.

VON CANGAS DE ONÍS NACH OSEJA DE SAJAMBRE Von Anfang September bis Ende Juni gibt's montags bis freitags eine Busverbindung zwischen Cangas de Onís und Oseja de Sajambre (2,75 €, 1 Std.).

VON ARRIONDAS NACH RIBADESELLA & LLANES Die beiden Küstenstädte werden von Arriondas aus jeden Tag von mindestens drei Bussen (1,60 €, 25 Min. nach Ribadesella; 3,70 €, 1 Std. nach Llanes) und sechs FEVE-Zügen angesteuert.

PONCEBOS & GARGANTA DEL CARES Während der Hochsaison im Sommer fährt morgens ein ALSA-Bus von Oviedo nach Cangas de Onís und Posada de Valdeón und nachmittags/abends von Poncebos zurück nach Cangas und Oviedo. Man kann die Zwischenzeit nutzen, um die 8 km lange Straße durch das Cares-Tal von Posada nach Caín sowie an der Schlucht Garganta del Cares entlang nach Poncebos zu wandern; dort wird man anschließend wieder eingesammelt. Darüber hinaus verkehren in der Hauptsaison bis zu drei Busse täglich zwischen Arenas de Cabrales und Poncebos.

VON ARENAS DE CABRALES NACH LLANES Sonntags bis freitags gibt's täglich zwei Busverbindungen zwischen Arenas und Llanes (2,95 €, 1 Std., oder 5,60 €, 2 Std., abhängig von der Route).

VON SANTANDER & LEÓN IN DIE ÖSTLICHEN PICOS Jeden Tag fahren bis zu drei **Palomera-Busse** (☎942 88 06 11) von Santander via San Vicente de la Barquera nach Panes, Urdón, La Hermida, Lebeña und Potes (€7.40, 2½ Std.) und wieder zurück. Von Montag bis Freitag besteht bis zu zweimal pro Tag eine Verbindung zwischen Potes und Espinama. Im Juli und August wird manchmal auch Fuente Dé (ca. 50 Min. von Potes) angesteuert.

Ein ALSA-Bus fährt täglich von León nach Potes (7 €, 3 Std.) und weiter nach Santander (und umgekehrt).

Taxi

Neben Unternehmen wie **Taxitur** (☎608 781143) in Cangas, gibt's Jeep-Taxis, die auch auf Bergwegen vorankommen. Sie werden z. B. von der Casa Cipriano in Sotres angeboten. Reguläre Fahrten kosten von Cangas de Onís bis Lagos de Covadonga 28 € und von Arenas de Cabrales nach Sotres oder von Potes nach Fuente Dé ca. 20 €.

Westliche Picos

ARRIONDAS

2600 EW.

Arriondas ist ein guter Ausgangspunkt für einfache **Kanutrips** den hübschen Río Sella hinunter zu verschiedenen Zielen zwischen Fries und Llovio (13–16 km). Das ist aber auch schon das Interessanteste an diesem ansonsten drögen Provinznest. Mindestens zwölf Agenturen vermieten Kanus, Paddel, Rettungswesten und wasserdichte Behälter, zeigen ihren Kunden, wie es geht, und fahren sie vom Ziel nach Arriondas zurück.

Dieser Abschnitt des Sella verfügt über einige abwechslungsreiche kleinere Stromschnellen, bietet aber keine schwierigen Wildwasserbedingungen, sodass eigentlich jeder ab acht Jahren viel Spaß haben kann.

Die Standardgebühr beträgt inklusive Mittagessen 25 € pro Person. Gestartet wird in der Regel zwischen 11 und 13 Uhr. Kleidung zum Wechseln sollte man mitbringen. Die Agenturen in Cangas de Onís und den nahe gelegenen Küstenstädten haben weitgehend dasselbe Angebot, einschließlich Transport nach Arriondas und zurück.

Am vollsten wird es auf dem Fluss am ersten Samstag nach dem 2. August, wenn 1500 Kanus im Rahmen des internationalen **Descenso Internacional del Sella** (www.descensodelsella.com) von Arriondas flussabwärts nach Ribadesella fahren.

Arriondas wartet mit einer Reihe von Unterkünften auf, darunter das **Hotel La Estrada** (☎985 84 07 67; www.laestradahotel.com; Calle Inocencio del Valle 1; EZ/DZ mit Frühstück 45/80 €; ⏲Nov.–Feb. geschl.; Ⓟ📶), ein freundliches, komfortables und modernes Haus im *indiano*-Stil. Ein originelles Restaurant mit asturischer Nouvelle Cuisine ist **El Corral del Indianu** (☎985 84 10 72; www.elcorraldelindianu.com; Avenida de Europa 14; Mahlzeiten 50–70 €; ⌚ Fr–Mi, Feb.–Dez. So & Mi abends geschl.). Im Sommer kann man im Garten wunderbar zu Mittag essen. Die Inneneinrichtung verblüfft mit zeitgenössischer Kunst und nacktem Stein. Als Vorspeise empfehlen wir eine *sopa de navajas, regaliz y pistachos* (Scheidenmuschelsuppe mit Süßholz und Pistazien), gefolgt vom Fischgericht des Tages.

CANGAS DE ONÍS

4500 EW.

Guter König Pelayo! Nach seinem Sieg bei Covadonga stieg er 12 km den Hügel hinunter, um 722 n. Chr. in Cangas die Basis seines neuen Königreichs Asturien zu errichten. Cangas' großer Auftritt in der Geschichte dauerte etwa 70 Jahre, bis die Hauptstadt erneut verlegt wurde. Die zweite große Blütezeit kam im späten 20. Jh. mit der Invasion auf die Picos de Europa durch Touristen. Vor allem im August platzt der ansonsten trostlose, moderne Ort vor Trekkern, Campern und Urlaubern regelrecht aus allen Nähten. Viele Traveller sind dann auf der verzweifelten Suche nach einem Zimmer – das typische Hochsommerdrama im östlichen Asturien.

Sehenswertes

Puente Romano BRÜCKE

Die sogenannte Römische Brücke über den Río Sella, deren Bögen an die gesträubten Haare einer Katze erinnern, stammt nicht aus römischer Zeit, sondern aus dem 13. Jh., ist aber deshalb nicht weniger eindrucksvoll. Von ihr hängt eine Kopie der Cruz de la Victoria herab, das Symbol für Asturien, das in Oviedos Kathedrale aufbewahrt wird.

Capilla de Santa Cruz KAPELLE

(Avenida Contranquil; ⌚Di–Sa 11–14 & 16–19 Uhr) 1943 errichtete man diese kleine Kapelle auf dem Standort eines früheren Gotteshauses aus dem 8. Jh. (erbaut von Pelayos Tochter Favila), das während des Spanischen Bürgerkriegs zerstört wurde. Dabei entdeckte man, dass der Hügel, auf dem die Kapelle stehen sollte, künstlich angelegt worden war. In seinem Innern befand sich ein 6000 Jahre altes Megalithgrab, das man sich heute in der Krypta anschauen kann.

Parque de la Naturaleza La Grandera ZOO

(☎985 94 00 17; Erw./Kind 9/6 €; ⌚11–20 Uhr; 👪) An der Straße nach Covadonga bei Soto de Cangas 3 km östlich von Cangas befindet sich der Zoo La Grandera. Er beherbergt 400 vorwiegend europäische Tiere, z. B. Bären, Wölfe, Raubvögel und andere spanische Wildtiere, denen man auf Wanderungen eher selten begegnet. Um 12 und 17 Uhr kann man trainierte Raubvögel bei Flugvorführungen bewundern.

Aktivitäten

Viele Agenturen wie das etablierte Unternehmen **Cangas Aventura** (☎985 84 92 61; www.cangasaventura.com, auf Spanisch;Avenida de Covadonga 17) bieten Aktivitäten wie Kanufahrten auf dem Río Sella (ca. 28 € pro Pers.), Reiten (15 € pro Std.), Canyoning (36 € für 2–3 Std.) und Höhlenwanderungen (22–25 € für 2–3 Std.) an.

Schlafen

In Cangas gibt's etliche Hotels sowie einige *pensiones*. Mitte September bis Juni halbieren die meisten Unterkünfte ihre Preise. Noch mehr Bleiben, darunter viele *casas rurales*, findet man in den Nachbardörfern. Soto de Cangas, Mestas de Con und Benia de Onís an der Straße nach Arenas de Cabrales bieten jede Menge Übernachtungsmöglichkeiten. Darüber hinaus kann man sich in den meisten Hotels über Mietapartments informieren.

Hotel Puente Romano HOTEL €€

(☎985 84 93 39; www.hotelimperion.com/puenteromano; Calle del Puente Romano; DZ 80 €; P ⊖ 🛜) Die asturische Villa aus den 1880er-Jahren zählt zu Cangas atmosphärischsten Hotels. Stein und Holz sind größtenteils original erhalten, innen wurde viel erneuert (inklusive einem Aufzug aus Glas und Schallschutz gegen den Straßenlärm). Die Zimmer sind attraktiv und geräumig und im ersten und zweiten Obergeschoss auch recht hell. Von einigen blickt man auf die Brücke. Im August gibt's keine Einzelzimmerpreise.

La Cepada HOTEL €€€

(☎985 84 94 45; www.hotellacepada.com; Avenida Contranquil; EZ 135 €, DZ 140–169 €; P ⊖ @ 🛜) Das Gebäude in erhöhter Lage 1,5 km südlich des Zentrums ist hässlich, hat aber 20 große, helle und moderne Zimmer mit hübschem Blick über die Stadt und auf die Picos am Horizont. Beides sieht man auch von der Café-Terrasse. Einige Zimmer verfügen über Himmelbetten. Im hoteleigenen Restaurant wird sehr leckeres Essen zubereitet.

Hostal de Fermín HOSTAL €
(☎985 94 75 62, 676 015377; www.casafermin.net, auf Spanisch; Paseo de Contranquil 3; DZ mit Frühstück 60 €; P) Ein Ziegelsteingebäude 500 m hinter der Capilla de Santa Cruz in einer relativ ländlichen Umgebung. Das Hostal de Fermín wartet mit sauberen, hellen, einfachen Zimmern auf und betreibt im Sommer eine beliebte *sidrería*. Meistens kann man auch Einzelzimmer buchen. Vom Busbahnhof sind es 300 m entlang der Straße rechter Hand zu der Unterkunft.

Essen

Typische *sidrerías* findet man in der Calle de Ángel Tarano, einer kurzen Straße zwischen der Avenida de Covadonga und Cangas zweitem Fluss, dem Río Güeña.

LP TIPP **El Molín de la Pedrera**
MODERNE ASTURISCHE KÜCHE €€
(☎985 84 91 09; www.elmolin.com; Calle del Río Güeña 2; Mahlzeiten 30–50 €; ⌚Di abends, Mi geschl.; ⊖) Dieses Lokal mit Quader- und Ziegelsteinwänden und Blick auf den Río Güeña lockt mit asturischen Gerichten wie *fabada* oder *tortu de maíz* (Maiskuchen) sowie mit fantasievollen Kreationen wie Seeteufelspieß, Garnelen und *jamón bellota* (Schinken von Schweinen, die mit Eicheln gefüttert wurden). Viele Gerichte bekommt man auch als Tapas.

Mesón Puente Romano ASTURISCH €
(menús del día 10–13 €) Die Terrasse befindet sich gleich unterhalb der Brücke, alternativ speist man in dem düsteren, kellerähnlichen Essraum. Mittags gibt's *fabada* (herzhafter asturischer Bohneneintopf), gefolgt von Forelle mit Schinken oder Rindfleisch-Medaillons in Cabrales-Sauce. Die Portionen sind groß.

Praktische Informationen

Touristeninformation (☎985 84 80 05; www.cangasdeonis.com; Avenida de Covadonga 1; ⌚9–21 Uhr) An der Hauptstraße.

An- & Weiterreise

Der Busbahnhof liegt im La-Pedrera-Viertel an der Nordseite des Río Güeña; eine Fußgängerbrücke verbindet ihn mit dem Zentrum.

COVADONGA

Die Bedeutung von Covadonga 12 km südöstlich von Cangas de Onís liegt in dem, was es repräsentiert, und nicht in dem, was es ist. 772 mussten sich die Muslime hier ihre erste Niederlage in Spanien durch König Pelayo gefallen lassen. Dieser Herrscher begründete das Königreich Asturien, das man gemeinhin als Beginn der Reconquista betrachtet – immerhin ein 800 Jahre währendes Unterfangen.

Covadonga ist ein Pilgerziel, da Pelayos Kriegern vor der Schlacht in einer der hiesigen Höhlen die Jungfrau Maria erschienen sein soll. An Wochenenden und im Sommer werden die Schlangen vor der **Santa Cueva** (so der Name der Höhle, zu der heute eine Kapelle gehört) nur noch von den Blechlawinen auf dem Weg zu den Lagos de Covadonga übertroffen. Die **Fuente de Siete Caños**, eine Quelle im Becken unter der Höhle, soll Frauen, die aus ihr trinken, innerhalb eines Jahres zur Hochzeit verhelfen.

Erdrutsche haben im 19. Jh. einen Großteil Covadongas zerstört. Deshalb ist die zwischen 1877 und 1901 erbaute **Basílica de Covadonga** auch im neoromanischen Stil gehalten. Rund 100 m von der Basilika befindet sich das **Museo de Covadonga** (Erw./Kind 3/2 €; ⌚10.30–14 & 16–19 Uhr), das vor allem Gaben gläubiger Berühmtheiten zeigt.

LAGOS DE COVADONGA

Auf keinen Fall sollte man sich von den Autoschlangen im Sommer davon abbringen lassen, die 10 km von Covadonga bergauf zu diesen wunderschönen kleinen Seen zu fahren. Viele Tagesausflügler tätscheln nämlich gerade einmal den Kühen in der Nähe der Seen den Hals. In der Hochsaison ist die Straße von Covadonga zu den Seen für Privatfahrzeuge gesperrt, aber es fährt ein Shuttlebus von Cangas de Onís (s. S. 520). Als Erstes gelangt man zum **Lago de Enol**. Gleich dahinter befindet sich der Hauptparkplatz, von dem eine befestigte Straße weiter zu dem 1 km entfernten **Lago de la Ercina** führt. Alternativ nimmt man den Fußweg und macht am **Centro de Visitantes Pedro Pidal** (⌚Mitte März–Anfang Dez. 10–18 Uhr) Halt, um sich die Dauerausstellung zur heimischen Flora und Fauna anzuschauen. In der Nähe beider Seen stößt man auf rustikale Restaurants, die im Winter geschlossen sind. Schwimmen darf man hier übrigens nicht.

Wenn es nebelig wird, nehmen die Seen, die von grünen Weiden und nacktem Fels umgeben sind, eine ziemlich unheimliche Färbung an.

Wanderung von den Seen

Zwei gekennzeichnete Rundwanderwege, der *itinerario corto* (ca. 1 Std.) und der *itinerario largo* (PR-PNPE2; 2½ Std.) führen

u. a. zu den beiden Seen, dem Besucherzentrum und der alten Mine namens Minas de Buferrera. Zwei weitere einfache Strecken führen ein wenig weiter. Auf dem ersten (PR-PNPE4) geht's mit 600 m Steigung ca. 5 km Richtung Südosten von Lago de la Ercina zum **Vega de Ario**. Hier bietet der **Refugio Vega de Ario** (Refugio Marqués de Villaviciosa; ☎649 721971; B 10 €) Schlafplätze für 40 Personen an. Von Juni bis Oktober bekommt man hier auch etwas zu essen. Für die 2½ Std. dauernde anstrengende Tour belohnt der fantastische Blick über die Garganta del Cares (Cares-Schlucht) zum Macizo Central der Picos.

Die Alternativroute (PR-PNPE5) verläuft vom Lago de Enol grob Richtung Süden zum **Refugio de Vegarredonda** (☎985 92 29 52; www.vegarredonda.com; B 10 €) und weiter zum **Mirador de Ordiales**, einem Aussichtspunkt, von dem aus man in das 1 km tiefe Valle de Angón hinunterschauen kann. Eine Wanderung dorthin dauert ca. 3½ Std. (nur Hinweg); bis zum *refugio* kommt man ziemlich problemlos über einen Maultierpfad, dann folgt ein anstrengender Aufstieg zum *mirador*. Mit dem Auto kann man die Wanderung um ca. 40 Minuten verkürzen, wenn man bis zum Parkplatz Pandecarmen 2 km vom Lago de Enol fährt. Der *refugio* bietet 68 Plätze und Verpflegung und ist von März bis November geöffnet.

DESFILADERO DE LOS BEYOS

Südlich von Cangas de Onís folgt die N625 dem Río Sella stromaufwärts durch eine der außergewöhnlichsten Schluchten Europas. Die Straße durch den Desfiladero de los Beyos ist eine bemerkenswerte Ingenieursleistung. Am südlichen Ende der Schlucht gelangt man von Asturien nach Kastilien-León.

Das **Hotel Puente Vidosa** (☎985 94 47 35; www.puentevidosa.com, auf Spanisch; EZ/DZ 65/79 €; P ☒) liegt 20 km südlich von Cangas an einer Biegung des Sella neben einem Wasserfall. Das umgewandelte Steinhaus hat 19 reizvolle, rustikale Zimmer mit Holzvertäfelung und tollem Blick auf die Schlucht. Pool, Sauna und Jacuzzi machen den Aufenthalt noch angenehmer.

SOTO DE SAJAMBRE

70 EW. / 930 M

4 km nördlich der N625 stößt man auf dieses hübsche Dorf an einem Bach, das gerade so in Kastilien-Léon liegt. Es handelt sich um eine ideale Ausgangsbasis für Wanderer. Zu den Routen von Soto de Sajambre gehören der La Senda del Arcediano (GR-201), ein landschaftlich schöner Trip von fünf oder sechs Stunden Richtung Norden nach Amieva, der für die meisten Wanderer zu schaffen sein sollte, und eine anspruchsvollere Strecke nach Posada de Valdeón. Es gibt hier auch ein paar Übernachtungsmöglichkeiten.

> **WILDTIERE IN DEN PICOS**
>
> Zwar leben noch einige Wölfe und Braunbären in den Picos, aber die Wahrscheinlichkeit, sie zu entdecken, ist gering. Wesentlich weiter verbreitet ist der *rebeco* (Gämse). Etwa 6000 Tiere klettern in den Felsen und an den steilen Hängen herum. In bewaldeten Gebieten hausen zahlreiche Rehe, Dachse, Wildschweine, Eichhörnchen und Marder.
>
> Über den Picos kreisen Adler, Habichte und weitere Raubvögel. Ausschau halten sollte man auch nach dem majestätischen *águila real* (Königsadler) und dem großen *buitre leonado* (Gänsegeier). In großen Höhen werden Wanderer von Steindohlen mit ihrem unverkennbaren Gekrächze begleitet.

Zentrale Picos

Die Hauptattraktion des Zentralmassivs der Picos ist die Schlucht, die es vom westlichen Macizo El Cornión trennt. Der beliebte Garganta-del-Cares-Weg (Cares-Schlucht) kann im Sommer ziemlich überlaufen sein, aber die Wanderung lohnt sich. Dieser Teil der Picos hat auch viele weniger stark frequentierte Pfade und bietet Kletterern zahlreiche Herausforderungen, sobald man die Cares-Wanderung gemacht hat. Arenas de Cabrales und Poncebos gelten als beste Ausgangsorte.

ARENAS DE CABRALES

830 EW.

Arenas de Cabrales liegt am Zusammenfluss der Ríos Cares und Casaño 30 km östlich von Cangas de Onís. Seine geschäftige Hauptstraße wird von Hotels, Restaurants und Bars gesäumt, gleich dahinter erstreckt sich ein kleines Gewirr von Plätzen und Seitenstraßen.

Am zweitletzten oder letzten Sonntag im August feiert man das **Certamen del Queso** (Käsefest). Dann kommen Tausende in den Ort, um Ausstellungen, Prozessionen und Demonstrationen zur Käseherstellung zu besuchen und natürlich den herrlich riechenden Käse zu essen. Eine gute Anlaufstelle zu diesem Thema ist auch die **Cueva El Cares** (☎985 84 67 02; Erw./Kind 4.50/3 €; ⊙10–14 & 16–20 Uhr, Okt.–März Mo–Fr geschl.) mit einem Höhlenmuseum an der Straße nach Poncebos.

Arenas hat einen Campingplatz sowie etwa zehn Hotels und Ferienapartments.

Das Hotel Rural El Torrejón (☎985 84 64 11; www.eltorrejon.com, auf Spanisch; Zi. mit Frühstück 57 €; P) ist in einem hellroten Landhaus untergebracht und heißt müde Reisende mit geschmackvoll eingerichteten Zimmern im Landhausstil und viel aromatischem Holz willkommen. Es hat ein gutes Preis-Leistungs-Verhältnis und liegt idyllisch am Río Casaño wenige Fußminuten vom Zentrum des Dorfs.

Etwa 800 m von Arenas Zentrum stößt man an der Straße nach Poncebos auf das **Hostal Naturaleza** (☎985 84 64 87; DZ 40 €; P), ein kleines ruhiges Gebäude mit einer Reihe mickriger, aber gründlich geschrubbter Zimmer. Besitzerin Fina vermietet auch einige Häuser.

Der **Camping Naranjo de Bulnes** (☎985 84 65 78; Stellplatz für 2 Pers., Auto & Zelt 24 €; ⊙Nov.–Mitte März geschl.) ist ein großer und effizient geführter Platz 1,5 km östlich des Ortszentrum an der Straße nach Panes inmitten eines Kastanienhains.

LP TIPP **Restaurante Cares** (menú 14–15 €; ⊙Okt.–Mai Mo geschl.) an der Poncebos-Kreuzung zählt zu den besten Lokalen der Gegend. Zum Glück bekommt man hier, wenn man die Hauptmahlzeit nicht mittags einnehmen möchte, ein preisgünstiges *menú de noche* (Abendmenü). Es gibt auch ein *menú del día* sowie *platos combinados* und Fleisch- und Fischgerichte von der Karte. Gäste können einen herzhaften *cachopo* (paniertes Kalbfleisch gefüllt mit Schinken, Käse und Gemüse) und zum Nachtisch *delicias de limón* (eine Süßspeise zwischen Zitronenmousse und Joghurt) genießen.

Busse halten ganz in der Nähe der **Touristeninformation** (☎985 84 64 84; www.cabrales.org; ⊙Di–So 10–14 & 16–20 Uhr, Okt.–Juni geschl.), einem Stand in der Mitte des Dorfs gleich an der Kreuzung der Straße nach Poncebos.

GARGANTA DEL CARES

Der 9 km lange, bestens gewartete Weg hoch über dem Río Cares zwischen Poncebos und Caín ist (leider) Spaniens beliebteste Bergwanderroute. Im August kann man den Ausflug daher mit einem Einkaufsbummel an einem Adventssamstag in der Fußgängerzone einer Großstadt vergleichen. Wer mit der großen Reisewelle eintrifft, sollte sich nicht gleich abschrecken lassen, weil einen trotzdem ein spektakulärer Trip zwischen zwei von drei Massiven der Picos erwartet. Wer sich fit fühlt (oder zu seinem Auto zurückmuss), kann den jeweils 9 km langen Hin- und Rückweg durchaus als (etwas ermüdenden) Tagesausflug durchführen. Er dauert rund sieben Stunden inklusive Pausen. Zahlreiche Agenturen in Arriondas, Cangas de Onis und Potes bringen Teilnehmer zu beiden Enden des Wegs und holen sie am anderen Ende wieder ab, in der Regel für 35 bis 50 € pro Person.

Poncebos & Funicular de Bulnes

Poncebos, eine Siedlung am Nordende der Schlucht inmitten einer spektakulären Landschaft, ist für Touristen errichtet worden. Eine Straße zweigt über der Pensión Garganta del Cares ab und führt 1,5 km bergauf in den Ort **Camarmeña**, wo man von einem Aussichtspunkt bis zum El Naranjo de Bulnes blicken kann.

Einige Meter die Straße nach Sotres hoch befindet sich gleich unterhalb von Poncebos die untere Talstation des **Funicular de Bulnes** (☎985 84 68 00; Erw./Kind hin & zurück 19,70/5,90 €; ⊙Ostern & Juli–Sept. 10–20 Uhr, restliches Jahr 10–12.30 & 14–18 Uhr). Die Tunnelbahn klettert 2 km durch den Berg zur Siedlung Bulnes hinauf, die über die Straße nicht zu erreichen ist. Sie startet alle halbe Stunde in beide Richtungen und benötigt sieben Minuten.

In Poncebos ist das **Hotel Garganta del Cares** (☎985 84 64 63; www.hotelgargantadelcares.com, auf Spanisch; EZ/DZ mit Frühstück 38/62 €; ⊙ Anfang Dez.–Ende Jan. geschl.; P) mit acht einfachen, gepflegten Zimmern die nächstgelegene Unterkunft mit Verpflegung (*menú del día* 9,50 €) zum Garganta-del-Cares-Wanderweg. Alternativ quartiert man sich im gehobeneren **Hotel Mirador de Cabrales** (☎985 84 66 73; www.arceahoteles.com; EZ/DZ mit Frühstück 92/110 €; ⊙Okt.–Feb. geschl.; P) ein.

Garganta-del-Cares-Wanderung

Wer von Norden nach Süden wandert, hebt sich das Beste bis zum Schluss auf. Man folgt dem bergauf weisenden Schild „Ruta de Cares" am oberen Ende von Poncebos etwa 700 m. Anfangs geht's stetig bergauf durch die zunächst breite und meist kahle Schlucht. Nach etwa 3 km erreicht man einige verlassene Häuser. Ein Stück weiter passiert man den höchsten Punkt der Wanderung. Entlang des Weges kommt man wahrscheinlich an einigen Getränkeständen vorbei (sie werden mit Pferden heraufttransportiert).

Sobald man sich der regionalen Grenze nach Kastilien-León nähert, wird die Schlucht schmaler und die Wände sind dicht bewachsen, was einen schärferen Kontrast zu den alpinen Höhen oben schafft. Die letzten Abschnitte der Strecke gelten als besonders schön. Wenn man tiefer ins Tal hinabsteigt, geht's durch eine Reihe niedriger, nasser Tunnel, bis man schließlich am Ende der Schlucht die Weiden von Caín erreicht.

Caín

Kommt man von Süden, beginnt die Wanderstrecke in Caín, wo die rumpelige (und sehr malerische) Straße von Posada de Valdeón endet.

Die Casa Cuevas (☎987 74 05 00; www.casacuevas.es, auf Spanisch; DZ 40 €) verfügt über einfache Zimmer. Es gibt aber mindestens noch zwei schickere Unterkünfte sowie einige Bars und Restaurants. Weitere Übernachtungsmöglichkeiten findet man in den Dörfern südlich von Caín, darunter Cordiñanes und das ziemlich öde Posada de Valdeón.

SOTRES

Eine Nebenstraße führt von Poncebos 11 km bis nach Sotres, dem höchstgelegenen Dorf in den Picos (1045 m) und Ausgangsbasis für einige gute Wanderrouten. Es gibt hier ein halbes Dutzend Unterkünfte, die zumeist über ein eigenes Restaurant verfügen.

Die beliebte **Casa Cipriano** (☎985 94 50 24; www.casacipriano.com, auf Spanisch; EZ/DZ 30/50 €; 📶) bietet neben einfachen, aber freundlichen Zimmern auch einen professionellen Berg- und Höhlenführerservice an und betreibt ein einfaches Lokal.

Mit zehn ordentlichen, aber kleinen Zimmern wartet das in einem renovierten Steinhaus untergebrachte **Hotel Peña Castil** (☎985 94 50 80; www.hotel.penacastil.com, auf Spanisch; EZ/DZ mit Frühstück 40/60 €; 📶) auf. Die Räume sind mit hübsch gefliesten Böden, Holzvertäfelungen und guten Duschen ausgestattet und haben teilweise auch schöne Balkone.

Wanderungen rund um Sotres

Eine beliebte Route verläuft nach Osten zum Dorf **Tresviso** und weiter nach **Urdón** an der Straße von Potes nach Panes. Bis Tresviso (10 km) führt eine befestigte Straße, aber die letzten 6 km sind nur über einen spektakulären Wanderweg zu bewältigen, die **Ruta de Tresviso** (PR-PNPE30), die sich 850 m zur Schlucht Desfiladero de la Hermida hinabschlängelt. Die Strecke in umgekehrter Richtung ab Urdón bergauf ist mindestens genauso beliebt. Ein alternativer Pfad (Teil des PR-PNPE28) zweigt von der Straße zwischen Sotres und Tresviso ab und windet sich über die Siedlung Beges hinunter nach La Hermida, das ebenfalls im Desfiladero de la Hermida liegt.

Viele Wanderer entscheiden sich für den **Collado de Pandébano** westlich von Sotres, eine 90-minütige Wanderung zur anderen Seite des Duje-Tals. Von Pandébano kann man den 2519 m hohen Felsfinger namens **El Naranjo de Bulnes** (Pico Urriello) sehen, ein Wahrzeichen der Picos de Europa und eine klassische Herausforderung für Kletterer.

Wenige Trekkingfans können der Versuchung widerstehen, noch näher an El Naranjo heranzukommen. Es ist möglich, in etwa drei Stunden über den PR-PNPE21 von Pandébano zur **Vega de Urriellu** am Fuß der nordwestlichen Flanke des Bergs zu wandern, wo der **Refugio Vega de Urriellu** (☎985 92 52 00; www.picuurriellu.com; B 10 €) mit 96 Schlafplätzen das ganze Jahr über bewirtschaftet wird und auch etwas zu essen anbietet.

Man kann allerdings auch in etwa einer Stunde Richtung Westen nach **Bulnes** absteigen. Der Ort ist in zwei Teile geteilt, in das obere Barrio del Castillo und das untere La Villa. Letzteres bietet alle Annehmlichkeiten, u. a. die attraktive **La Casa del Chiflón** (☎985 84 59 43; www.casadelchiflon.com, auf Spanisch; EZ/DZ//3BZ/4BZ mit Frühstück 45/60/75/90 €; ⊙Dez.–Feb. geschl.) mit sechs Zimmern und die **Bar Bulnes** (☎985 84 59 34; raciones 4–11 €; ⊙Ostern & Juli–Sept. 10–20 Uhr restliches Jahr 10–18 Uhr, 5. Jan.–2 Wochen vor Ostern Mo–Fr geschl.) mit guter Hausmannskost. Nach Bulnes gelangt man auch, wenn man von Poncebos aus zwei Stunden bergauf wandert oder mit dem Funicular de Bulnes die Steigung bezwingt.

Östliche Picos

Als Tor zum östlichen Teil der Picos dient das verschlafene **Panes**, wo die AS114 von Cangas und Arenas auf die N621 trifft, die von der Küste nach Potes führt. Die N621 südlich von Panes folgt dem Río Deva bis in die beeindruckende Schlucht **Desfiladero de la Hermida**. Von Urdón geht's hinüber nach Kantabrien, am Ende des Wanderwegs Ruta de Tresviso ca. 2 km vor dem Weiler **La Hermida**. Außer dem rauschenden Río Deva, den sich im Westen erhebenden Picos und ein paar *pensiones* gibt's hier nicht viel zu sehen.

LEBEÑA

8,5 km südlich von La Hermida stößt man auf einen Flecken, der einen Besuch wert ist. 1 km östlich der N621 steht die faszinierende kleine **Iglesia de Santa María de Lebeña** (Eintritt 1 €; ⌚Di–So 10–13.30 & 16.30–19.30 Uhr), die im 9. und 10. Jh. errichtet wurde. Die Hufeisenbögen – so weit nördlich in Spanien selten zu sehen – sind mozarabisch, die floralen Motive auf den Säulen westgotisch und die Steinschrift unter dem Haupt-*retablo* keltisch. Letztere besagt, dass die große Eibe draußen – inzwischen leider nur noch ein kleiner Stumpf – bereits vor 1000 Jahren gepflanzt wurde

POTES

1520 EW. / 291 M

Das in der Hauptsaison überlaufene Potes ist ein beliebter Ausgangspunkt für Wanderungen in die Südostecke der Picos. Der Macizo Andara (auch Macizo Oriental genannt) erhebt sich in unmittelbarer Nähe. Das reizende alte Dorfzentrum wurde nach beträchtlichen Zerstörungen während des Bürgerkriegs mit traditionellen Steinen und Schiefer restauriert. In der Ortsmitte fließt der von der mittelalterlichen San-Cayetano-Bücke überspannte Río Quiviesa in den Río Deva. Der viereckige **Torre del Infantado** wurde im 15. Jh. gebaut und beherbergt heute das Rathaus, nachdem er zuvor lange als Gefängnis gedient hatte. Ein kurzes Stück weiter den Fluss hinauf ist die im 19. Jh. säkularisierte **Iglesia de San Vicente** aus dem 14. Jh. ein schönes Beispiel für rustikale gotische Architektur.

Schlafen, Essen & Trinken

Potes zahlreiche Hotels, *hostales* und *pensiones* sind einfach und schmucklos und liegen alle recht nah beieinander.

LP TIPP **Casa Cayo** HOSTAL €
(☎942 73 01 50; www.casacayo.com, auf Spanisch; Calle Cántabra 6; EZ/DZ 35/50 €;) Potes' schönste Unterkunft verfügt über hilfsbereites Personal und attraktive, komfortable Zimmer mit Holzbalken. Wenn man früh am Morgen die Holzfensterläden öffnet, hört man ganz in der Nähe den Fluss rauschen. In dem hervorragenden Restaurant kann man für 20 € gut essen. Zu empfehlen ist *cocido lebaniego completo* (14 €), ein Festmahl, das mit reichlich Nudelsuppe beginnt, gefolgt von einer Platte voller Fleisch, Wurst, Kichererbsen, Kartoffeln, Kohl und Spinat.

Tasca Cántabra LÄNDLICHE KANTABRISCHE KÜCHE €€
(Calle Cimavilla; Mahlzeiten 20–35 €; ⌚Do–Di) Wer gerne in fröhlicher Runde isst, sollte dieses Lokal im alten Ortskern ansteuern und Spezialitäten wie *cocido lebaniego* oder *chorizo de jabalí* (Wildschweinwurst) kosten.

Casa Camacho BAR €
(Plaza Llano; ⌚9–24 Uhr) In dieser schäbigen, aber gastfreundlichen Bar kann man den lokaltypischen *orujo* probieren, einen Tresterschnaps ähnlich dem italienischen Grappa, den man in ganz Nordwestspanien trinkt. Die Einwohner von Potes stellen mehrere Varianten her, u. a. mit dem Honig eigener Bienen angereichert.

Praktische Informationen

Touristeninformation (☎942 73 07 87; Plaza de la Serna; ⌚10–14 & 16–19 Uhr) Befindet sich im Gebäude des Busbahnhofs auf der Westseite der Stadt und informiert über die verschiedenenen Tourveranstalter in Potes, die ein breites Spektrum von Reiten über Jeepausflüge bis zu Kanufahrten und Canyoning im Programm haben.

Centro de Visitantes Sotama (☎942 73 81 09; ⌚ Juli–Sept. 9–20 Uhr, Okt.–Juni 9–18 Uhr) An der N621 in Tama, 2 km nördlich von Potes. Zeigt interessante Ausstellungen zu Geologie, Bergbau, Flüssen, Wildtieren und romanischer Architektur in den Picos de Europa sowie zum Kloster Beato de Liébana.

MONASTERIO DE SANTO TORIBIO DE LIÉBANA

Das Valle de Liébana mit Potes als „Hauptort" erstreckt sich zwischen der Südostseite der Picos de Europa und dem Hauptkamm der Cordillera Cantábrica. Christliche Flüchtlinge aus dem muslimisch besetzten Spanien flohen im 8. Jh.

in dieses Tal an der Frontlinie. Mit im Gepäck hatten die Siedler das Lígnum Crucis, angeblich das größte Einzelstück des Jesuskreuzes, das von Bischof Toribio von Astorga im 4. Jh. aus Jerusalem nach Spanien gebracht worden sein soll. Seitdem wird die heilige Reliquie im **Santo Toribio Monastery** (Eintritt frei; ⌚ Di–So 10–13 & 16–19 Uhr) 3 km westlich von Potes (von der Straße nach Fuente Dé ausgeschildert) aufbewahrt.

Für Gläubige ist die Reliquie von außergewöhnlicher Bedeutung. Der Überlieferung nach wurde das Loch darin durch den Nagel verursacht, der durch die linke Hand Jesu geschlagen wurde. Das Stück befindet sich in einem Kruzifix aus vergoldetem Silber, das in einer reich verzierten Barockkapelle aus dem 18. Jh. aufbewahrt wird. Die Kapelle liegt abseits der strengen gotischen Klosterkirche aus dem Jahr 1256.

Beato de Liébana, der im mittelalterlichen Europa einige Berühmtheit durch seinen großzügig illustrierten *Kommentar zur Apokalypse* erlangte, war in der zweiten Hälfte des 8. Jhs. das Oberhaupt des Klosters. Kopien des bebilderten Wälzers wurden in ganz Europa verteilt und unter dem Namen Beatus bekannt. Etwa 30 Exemplare haben dem Zahn der Zeit standgehalten, doch das Original ist verloren.

500 m hinter dem Kloster stößt man auf die kleine **Ermita de San Miguel**, eine Kapelle mit herrlichem Blick ins Tal.

VON POTES NACH FUENTE DÉ

Die 23 km lange Fahrt entlang der CA185 von Potes nach Fuente Dé ist eine wunderschöne Tour mit zahlreichen Übernachtungsmöglichkeiten (einschließlich dreier Campingplätze) entlang der Strecke. In **San Pelayo** 5 km von Potes (die Abzweigung ist mit „Lon" ausgeschildert) befindet sich die **Posada San Pelayo** (☎942 73 32 10; www.posadasanpelayo.com, auf Spanisch; EZ/DZ 65/81 €; P), eine gastfreundliche familiengeführte *casa rural*, die in traditionellem Stil errichtet wurde. Sie hat große Zimmer in heiteren Farben, komfortable Gemeinschaftsbereiche und einen hübschen Garten mit einem großartigen Bergblick. In **Cosgaya** 13 km südwestlich von Potes stehen sich die beiden Gebäude des **Hotel del Oso** (☎942 73 30 18; www.hoteldeloso.com; EZ/DZ 66/83 €; P) an der Straße und dem Fluss Río Deva gegenüber. Die geräumigen Zimmer mit geschliffenen Holzböden sind sehr einladend und das Restaurant zählt zu den besten der Gegend.

Letzte Station vor Fuente Dé ist **Espinama**. Von hier führt eine Piste für Geländewagen 7 km Richtung Norden bergauf zum Hotel Áliva und weiter bis Sotres. In dem Dorf gibt's einige gute Unterkünfte, alle mit hauseigenen Restaurants. Das familiengeführte **Hostal Remoña** (☎942 73 66 05; EZ/DZ 23/45 €; @; ⌚Okt.–Juni Mi geschl.) hat große Zimmer, einige mit Balkonen über den kleinen Río Nevandi. Im Lokal kom-

ABSTECHER

VON POTES NACH POSADA DE VALDEÓN

Autofahrer sollten sich den Ausflug von Potes zu den südlichen Zugängen der Picos nicht entgehen lassen. Über die N621 (Richtung Riaño) gelangt man bald auf eine schmale kurvige Straße, die durch das grüne Valle de Liébana verläuft. Nach 8 km erreicht man die bezaubernde Siedlung **La Vega de Liébana** (hier halten auch ALSA-Busse) mit einigen Unterkünften. 12 km weiter südlich liegt **Cucayo**, ein herrlicher Abstecher auf einer Höhe von 900 m und das Ende der Straße. Rundherum erheben sich Berggipfel und darunter erstrecken sich üppig grüne Felder. Wer über Nacht bleiben möchte, sollte sich in der wundervollen **Posada de Cucayo** (☎942 73 62 46; www.laposadadecucayo.com; DZ mit Frühstück 56–65 €; P) einquartieren. Neun der zehn großen stilvollen Doppelzimmer bieten einen fantastischen Ausblick. Darüber hinaus kann man den Besitzern beim Brotbacken, der Herstellung von Schinken und Käse sowie dem Melken der Kühe helfen.

Zurück in La Vega führt die Straße nach Südwesten zunächst durch eine Schlucht, bevor sie sich zum oft nebelverhangenen Pass **Puerto de San Glorio** (1609 m) hinaufwindet. Dann geht's hinunter auf die kastilische Seite der Grenze. In **Portilla de la Reina** nimmt man die schmale und hübsche Landstraße über den Puerto de Pandetrave Richtung Nordwesten zur **Posada de Valdeón**, dem südlichen Ausgangspunkt zu den Picos.

men Wildschwein und Rind vom Bauerhof des Besitzers auf den Tisch.

FUENTE DÉ & DER TELEFÉRICO

Fuente Dé liegt auf einer Höhe von 1078 m am Fuß der kahlen Südwand des Macizo Central. In vier Minuten gleitet der **Teleférico de Fuente Dé** (Seilbahn; ☎942 73 66 10; www.cantur.com; Erw./Kind hin & zurück 15/5 €; ⌚Ostern & Juli–Mitte Sept. 9–20 Uhr, restliches Jahr 10–18 Uhr, Anfang Jan.–Ende Feb. geschl.) mit seinen Fahrgästen 762 m hoch zum Gipfel, von wo Wanderer und Kletterer ihren Weg tiefer ins Zentralmassiv hinein antreten können.

Achtung: Während der Hochsaison (vor allem im August) kann es passieren, dass man unten stundenlang warten muss, bis man mitfahren kann. Wenn man wieder zurückwill, muss man sich manchmal ebenfalls etwas gedulden.

Aktivitäten

Vom oberen Ende des *teleférico* sind es 3,5 km bis zum Hotel Áliva. Wer nicht laufen will, nimmt einen der privaten Allradshuttles für 4 € pro Person. Vom Hotel führen zwei Wege hinab ins Tal, das den Macizo Central und den Macizo Ándara voneinander trennt. Der erste windet sich etwa 7 km nach Espinama hinab, während der andere Richtung Norden via Vegas de Sotres nach Sotres verläuft. Bei Bedarf bedienen Allradfahrzeuge die Routen nach Sotres und Espinama.

Kletterer können die Tour über das Massiv bis El Naranjo de Bulnes unternehmen, den Peña Vieja (2613 m) besteigen oder sich für die Strecke über das Massiv nach El Naranjo de Bulnes entscheiden. Dafür ist unbedingt eine entsprechende Ausrüstung und Erfahrung nötig, denn dieser Berg hat mehr Menschenleben gefordert als jeder andere Höhenzug der Picos. Als etwas weniger anspruchsvoll gilt der PR-PNPE23, eine Route ca. 5,5 km nordwestlich des *teleférico*. Dabei geht's 4½ Std. (hin und zurück) bei 500 m Steigung unterhalb des Peña Vieja über markierte Wege bis zum Fuß des Horcados Rojos und von dort aus wieder zurück.

Schlafen & Essen

Fuente Dé hat einen Campingplatz und zwei Hotels, darunter ein hässlicher *parador* der luxuriösen staatlichen Hotelkette. Beide Häuser bieten Touren mit Allradfahrzeugen in die Berge an.

Hotel Rebeco HOTEL €€
(☎942 73 66 01; www.hotelrebeco.com, auf Spanisch; EZ/DZ mit Frühstück 54/70 €; P ⊜ 👪) Diese wunderbar gemütliche Steinlodge (liegt gleich über dem *parador*) ist die bessere Wahl in Fuente Dé. Viele der 30 Zimmer bieten Bergblick, elf davon haben zwar keine besondere Aussicht, verfügen aber über ein Dachgeschoss, das für Kinder geeignet ist. Das Hotelrestaurant ist gut und preislich in Ordnung. Hier kann man die Wandteppiche der Besitzerin Conchi Cuesta bewundern.

Hotel Áliva HOTEL €€
(☎942 73 09 99; www.cantur.com; EZ/DZ 47/75 €; ⌚Juni–Mitte Okt.) Das 1700 m hoch gelegene moderne Hotel mit 27 Zimmern wartet mit einem Café und einem Sonnendeck auf. Vom Endpunkt des *teleférico* sind es 3,5 km mit einem Jeep dorthin. Der Transfer ist für Gäste gratis.

Santiago de Compostela & Galicien

Inhalt »

Gut essen

» A Curtidoría (S. 537)
» Adega O Bebedeiro (S. 544)
» Restaurante Ó Dezaseis (S. 544)
» O Fragón (S. 551)
» Casa Verdún (S. 558)

Schön übernachten

» Parador de Santo Estevo (S. 569)
» Casa de Trillo (S. 551)
» Hospedería Cordobelas (S. 547)
» Pazo A Capitana (S. 555)
» Casa-Hotel As Artes (S. 536)

Auf nach Galicien

Spirituelle, kulturelle und offizielle Hauptstadt der Region ist Santiago de Compostela. Sie zieht jedes Jahr Tausende Pilger an, die auf dem berühmten Jakobsweg unterwegs sind, und verströmt die Aura längst vergangener Zeiten.

Galicien, eine einzigartige Region mit eigener Sprache und besonderer Kultur, hat aber noch viel mehr zu bieten als Santiago. Die 1200 km lange Küste ist geprägt von stattlichen *rías* (Meeresarme oder Mündungen), Klippen, sandigen Stränden, vorgelagerten Inseln und den besten Meeresfrüchten Spaniens, während das Hinterland mit üppig grünen Tälern und Hügeln, halb vergessenen Dörfern, kurvigen Landstraßen und steinalten Klöstern aufwartet. Doch Galicien lebt nicht nur in der Vergangenheit. Quirlige Städte wie A Coruña, Vigo und Lugo sind wirtschaftlich und kulturell auf der Höhe der Zeit und darüber hinaus für ihr berauschendes Nachtleben bekannt.

Reisezeit

Santiago de Compostela

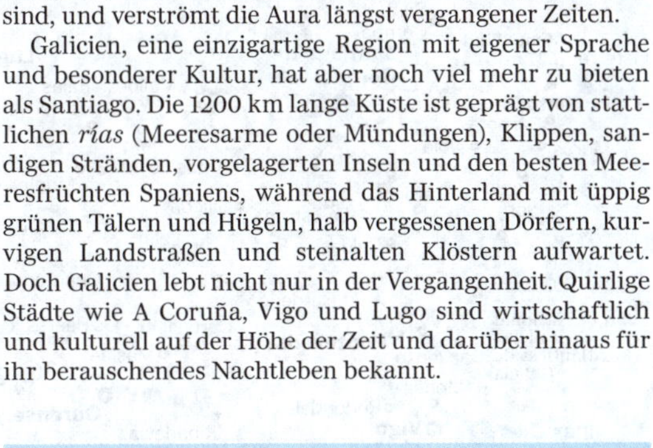

Juni & September Weniger Touristen, niedrigere Zimmerpreise und (hoffentlich) anständiges Wetter

2. Wochenende im Juli Freudentänze zur keltischen Musik beim Festival Ortigueira

24. Juli Mit einem spektakulären Feuerwerk enden in Santiago die Feiern am Día de Santiago

Geschichte

Die ersten Galicier errichteten zahlreiche Dolmen (Megalithgräber) und später, in der Eisenzeit, *castros* (geschützte Siedlungen mit runden Steinhütten). Beide Varianten dieser alten Monumente sind ausgegraben worden und können heute besichtigt werden. Die meisten Einheimischen behaupten, die Erbauer der *castros* seien Kelten gewesen, Skeptiker dagegen halten das für eine Übertreibung romantischer galicischer Nationalisten.

Die Römer vereinten die Region im 1. Jh. v. Chr. unter dem Namen Gallaecia und gründeten Städte wie Lucus Augusti (Lugo). Fast das ganze 5. und 6. Jh. hindurch wurde sie von germanischen Sueben beherrscht, bevor sich schließlich die Westgo-

Highlights

1. Die einzigartige Atmosphäre der **Kathedrale** von Santiago de Compostela genießen (S. 533)
2. Von Spaniens „Ende der Welt" aus, dem **Cabo Fisterra**, hinüber Richtung Amerika blicken (S. 551)
3. In Küstennähe frische Meeresfrüchte probieren
4. Entlegene Stränden an der rauen Küste wie **Area de Trece** (S. 552) an der Costa da Morte oder **Praia de Picón** an den Rías Altas (S. 549) erkunden
5. Einen Bummel durch die Arkadengänge von **Santiago de Compostela** (S. 531) unternehmen
6. Sich auf die **Garita de Herbeira** (S. 548) wagen
7. Zu den jungfräulichen Stränden und Spazierwegen der spektakulären **Illas Cíes** (S. 563) segeln
8. Dem Jakobsweg von den Höhenlagen **O Cebreiros** hinunter zum Kloster in **Samos** (S. 571) folgen

ten durchsetzen konnten. Nach der Invasion der Mauren 711 geriet Galicien innerhalb weniger Jahrzehnte unter die Kontrolle des christlichen Königreichs Asturien. Danach gehörte das Gebiet mit Ausnahme einiger kurzer Phasen als unabhängiges Königreich im 10. und 11. Jh. dem Königreich Asturien und seinen Nachfolgern León und Kastilien an.

Das größte Ereignis in der mittelalterlichen Geschichte der Region war 813 die „Wiederentdeckung" des Grabs von Santiago Apóstol (Apostel Jakobus) an einem Ort, der sich später zur Stadt Santiago de Compostela entwickeln sollte und im Lauf der Zeit zu einem einigenden Symbol der christlichen Reconquista in Spanien wurde. Zudem machten sich zahlreiche Pilger aus ganz Europa auf den Weg hierher. So wurde Santiago immer bedeutender und konnte als Pilgerziel mit Rom und sogar Jerusalem konkurrieren (siehe auch S. 37).

Nach Abschluss der Reconquista 1492 war Galicien eine verarmte, rückständige Gegend, in der die Katholischen Könige (Reyes Católicos) Isabella und Ferdinand bereits begonnen hatten, Sprache und Tradition der Region durch kastilische Bräuche und die kastilische Sprache zu verdrängen. Der Rexurdimento, das Erwachen eines galicischen Nationalbewusstseins, ließ bis Ende des 19. Jh. auf sich warten und wurde durch die Machtübernahme Francos und seine 40-jährige Regierungszeit erneut unterbrochen. Im 19. und 20. Jh. emigrierten Hunderttausende Galicier auf dem Seeweg nach Lateinamerika; sie alle waren auf der Suche nach einem besseren Leben.

Seit Einführung der Demokratie in Spanien in den 1970er-Jahren hat sich die Situation spürbar verbessert. Fischfang, Schiffsbau und Landwirtschaft spielen in Galicien eine überaus wichtige Rolle. Die Region besitzt mehr Häfen als irgendein anderes Gebiet der Europäischen Union, und auch die Industrie, der Handel und der Landtourismus spielen eine Rolle, wobei es nach wie vor auch sehr arme Gegenden gibt, vor allem im Hinterland. Galiciens extrem zerklüftete Küste dient übrigens auch als Haupteingangstor Europas für Kokain aus Lateinamerika.

Wegen ihrer Kultur und der historisch isolierten Randstellung empfinden sich die meisten Galicier landesweit etwas im Abseits, obwohl nur eine winzige Minderheit die Unabhängigkeit fordert.

WEBSITES

Galiciens offizielles Tourismusportal www.turgalicia.es ist eine umfangreiche Informationsquelle. Über die Website kann man ebenso wie unter www.turismoruralgalicia.com attraktive ländliche Unterkünfte in der Region buchen.

Klima

Galicien ist eine überaus feuchte Region. Weil vom Atlantik eine Regenfront nach der anderen hereinzieht, regnet es hier im Durchschnitt doppelt so viel wie im restlichen Spanien. Am trockensten sind die Monate von Juni bis August, doch selbst in dieser Zeit kann es regnerische Tage geben.

Sprache

Unter Franco war die galicische Sprache verboten – dabei stammte er selbst aus dieser Gegend –, doch heute ist *galego* wieder weitverbreitet. Sie hat sich aus dem Lateinischen entwickelt und klingt wie eine Mischung aus Portugiesisch und Kastilisch. In diesem Kapitel werden galicische Namen für Städte, Dörfer und geografische Begriffe verwendet, weil man ihnen auf der Reise durch die Region häufig begegnet.

Santiago de Compostela

79 000 EW. / 260 M

Bei Regen, so sagen die Anwohner, sei die steinerne Altstadt mit ihren Arkadengängen am schönsten, weil sie dann wunderbar glänzt. Und selbst wenn die Niederschläge hier zahlreich sind, schlechte Laune kommt in der galicischen Hauptstadt nicht auf. Wer durch die mittelalterlichen Gassen schlendert, eine paar Tapas in den Tavernen der Rúa do Franco probiert, vom Dach der Kathedrale die Aussicht genießt oder die goldverzierte Pracht der Kirchen betrachtet, wird von diesem Ort einfach begeistert sein.

Der Legende nach hat Santiago Apóstol (Apostel Jakobus) in Galicien gepredigt. Nach seinem Tod in Palästina soll er in einem Schiff aus Stein hierher zurückgebracht und beerdigt worden sein. 813 entdeckte dann angeblich ein religiöser Einsiedler das Grab, nachdem ihm ein Stern den Weg gewiesen hatte (der Name Compostela entwickelte sich aus dem lateinischen

Santiago de Compostela

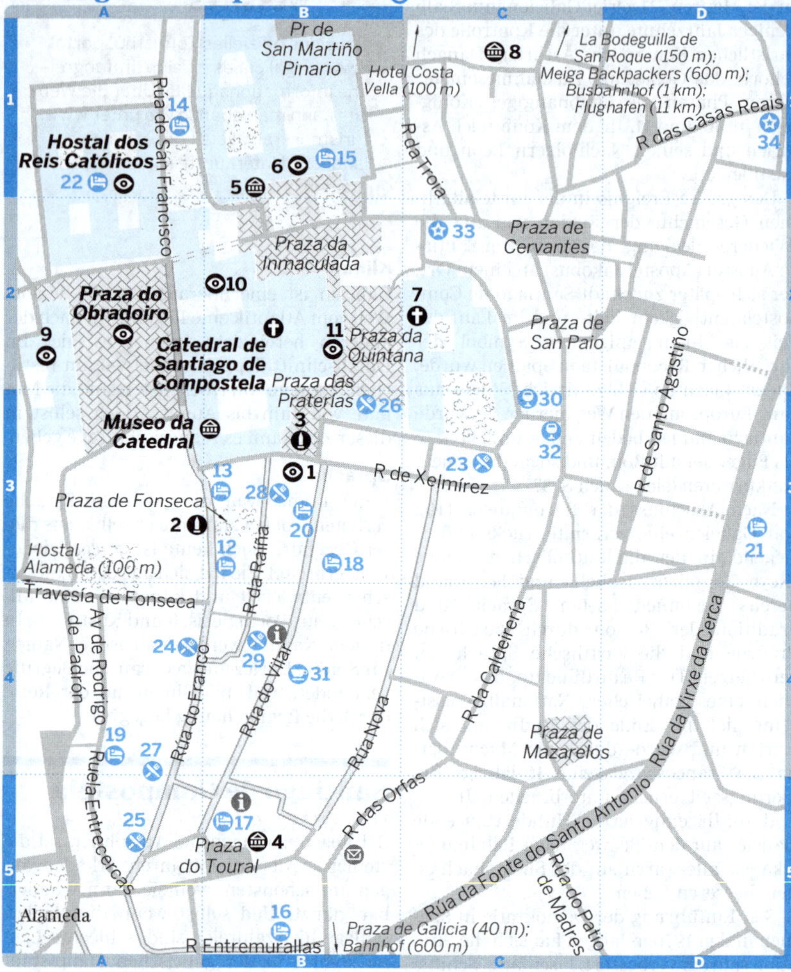

campus stellae, Feld des Sterns). Daraufhin wurde das Grab zu einem wichtigen Symbol für das christliche Spanien. Asturiens König Alfonso II. ließ über den Überresten des Heiligen eine Kirche bauen, Pilger strömten herbei und der Rest ist Geschichte. Mehr über den Pilgerweg Camino de Santiago siehe S. 37.

Viele Touristen kommen im Juli und August, aber Santiago verströmt während der ganzen wärmeren Jahreshälfte eine festliche Atmosphäre. Die ersten Pilger eilen in großer Zahl schon im April herbei. Wer den Ort weniger überlaufen erleben will, sollte im Juni oder September anreisen.

Die Praza de Galicia markiert die Grenze zwischen der Altstadt und der modernen Wohn- und Einkaufsgegend im Süden.

Geschichte

Als man 1075 mit dem Bau der romanischen Basilika begann und die Pilgerfahrt sich gerade zu einem bedeutenden europäischen Phänomen entwickelte, war Santiago de Compostela bereits mehrfach von den Normannen und Muslimen zerstört worden. Unter Bischof Gelmírez wurde der Ort im Jahr 1100 ein Erzbistum. Gelmírez nutzte das viele Geld, das die Verehrer des Heiligen in die Stadt spülten, und ließ im 12. Jh.

Santiago de Compostela

Highlights
Catedral de Santiago de Compostela B2
Hostal dos Reis Católicos A1
Museo da Catedral B3
Praza do Obradoiro A2

Sehenswertes
1 Casa do Cabildo B3
2 Colexio de Fonesca A3
3 Fuente de los Caballos B3
4 Fundación Eugenio Granell B5
5 Galicia Dixital B1
6 Mosteiro de San Martiño Pinario B1
7 Mosteiro de San Paio de Antealtares C2
8 Museo das Peregrinacións C1
9 Pazo de Raxoi A2
10 Pazo de Xelmírez B2
11 Puerta Santa B2

Schlafen
12 Barbantes Libredón (Barbantes) B3
13 Barbantes Libredón (Libredón) B3
14 Casa-Hotel As Artes A1
15 Hospedería Seminario Mayor B1
16 Hostal Mapoula B5
17 Hostal Suso B5
18 Hotel Airas Nunes B3
19 Hotel Entrecercas A4
20 Hotel Rúa Villar B3
21 Hotel Virxe da Cerca D3
22 Parador Hostal dos Reis Católicos A1

Essen
23 A Curtidoría C3
24 Casa Rosalía A4
25 El Pasaje A5
26 La Crepe B3
27 Mesón Ó 42 .... A4
28 O Beiro B3
29 O Gato Negro B4

Ausgehen
30 Borriquita de Belém C3
31 Café Casino B4
32 Modus Vivendi C3

Unterhaltung
33 A Casa das Crechas C2
34 Ultramarinos D1

zahllose Kirchen errichten. In dieser Zeit erreichte die Begeisterung für die Pilgerfahrten nach Santiago ihren Höhepunkt. Die folgenden Jahrhunderte waren jedoch durch einen vernichtenden Streit zwischen rivalisierenden Adeligen gekennzeichnet, der erst nach der Reconquista von Isabella und Ferdinand erstickt werden konnte. Nachdem Santiago de Compostela sich in den 1830er-Jahren verleiten ließ, mit den Karlisten zu paktieren, versank die Stadt in der Bedeutungslosigkeit. Erst seit den 1980er-Jahren kann sie wieder an den alten Glanz anknüpfen – als Hauptstadt der Autonomen Region Galicien und als wiederentdecktes Touristen- und Pilgerziel. Jedes Jahr unternehmen rund 150 000 Menschen eine Reise hierher.

Sehenswertes

Es macht viel Spaß, durch die Straßen mit den Arkadengängen zu schlendern und die Tapas-Bars in den Rúas Franco und Raíña zu besuchen.

Catedral de Santiago de Compostela

KATHEDRALE

(Praza do Obradoiro; www.catedraldesantiago.es; ⌚7–21 Uhr) Santiagos großartige Kathedrale wartet mit einem faszinierenden Sammelsurium aus moosbedeckten Turmspitzen und Steinfiguren auf. Auch wenn Galiciens wichtigstes Monument über die Jahrhunderte hinweg Stück für Stück errichtet wurde, prägen das Gebäude in erster Linie romanische, barocke und gotische Elemente. Heute blickt man hier bereits auf die vierte an dieser Stelle errichtete Kirche. Ihr dreischiffiger, im Grundriss des traditionellen lateinischen Kreuzes angelegter Hauptteil entstand zwischen 1075 und 1211 in der Zeit der Romanik. Viele der Schmuckelemente wie die Kuppeln und Statuen kamen aber erst später dazu. Der künstlerische und architektonische Reichtum dieses Bauwerks füllt ganze Reiseführer.

Außerhalb der Kathedrale

Über die verschwenderisch gestaltete Steintreppe vor der Hauptfassade an der Praza do Obradoiro gelangt man ins Innere der Kathedrale, doch der Haupteingang ist wegen Renovierungsarbeiten bis 2012 die meiste Zeit geschlossen. Bis dahin nutzt man am besten den Südeingang an der Praza das Praterías (nur an der dortigen Fassade sind noch romanische Figuren im Original erhalten).

DER BOTAFUMEIRO

Santiagos berühmtes Weihrauchgefäß stammt aus dem 13. Jh. Damals hatte der *botafumeiro* (grob übersetzt „Rauchspucker") nicht nur zeremoniellen Wert, sondern beseitigte zudem die Gerüche vieler erschöpfter Pilger, die in der Kathedrale ihr Essen zubereiteten und hier auch schliefen. Das 62 kg schwere, silberbeschichtete Gefäß ist ein perfektes, gigantisches Pendel. Es erreicht eine Geschwindigkeit von 68 km/h, verpasst die Kuppeln des nördlichen und südlichen Querschiffs um nur 51 cm, erreicht dabei einen Winkel von 82 Grad und schwingt an mindestens 25 Tagen im Jahr. 1499 und 1622 stürzte es herunter. Der *botafumeiro* ist ganze drei Jahrhunderte älter als jedes Wissen um die Physik eines Pendels.

Zum Einsatz kommt er heute nur noch an bestimmten Festtagen oder wenn eine Pilgergruppe 300 € spendet. Die übrige Zeit wird er im Museo da Catedral aufbewahrt.

Die barocke Obradoiro-Fassade wurde im 18. Jh. auch deshalb errichtet, damit sie den Originaleingang schützt.

Innerhalb der Kathedrale

Der künstlerisch einzigartig gestaltete **Pórtico de la Gloria** (auf Galicisch Porta da Gloria) verfügt über 200 romanische Skulpturen des Meisters Mateo, der im späten 12. Jh. Bauleiter unter Fernando II. von León war. Bis die Renovierungsarbeiten abgeschlossen sind, ist der Pórtico teilweise von Baugerüsten eingehüllt.

Hauptfigur im zentralen Torbogen des Pórtico ist ein thronender Christus, so wie er in der Offenbarung dargestellt ist. Ihn umgeben die vier Evangelisten, außerdem Engel und Symbole mit einem Bezug zur Jesuspassion. In einem Bogen darüber sieht man die 24 Musiker, die laut der Apokalypse um den himmlischen Thron sitzen. Unter den Füßen Jesu befinden sich eine Jakobusdarstellung und eine Herkulesstatue (der zwei Löwenmäuler geöffnet hält). Auf der Rückseite der zentralen Säule entdeckt man eine Abbildung von Meister Mateo. Über mehrere Jahrhunderte hinweg stießen die Besucher ihren Kopf dreimal an den des Meisters, damit sich etwas von seiner Klugheit auf sie übertragen möge. Allerdings führten die vielen Berührungen dazu, dass Mateos Nase inzwischen ziemlich platt ist. Eine andere Tradition verlangt, dass man kurz betete, während man seine Finger in die fünf Löcher über Herkules Kopf steckte. Beides ist heute wegen einer Absperrung nicht mehr möglich.

Ausgesprochen lebendig wirkende Figuren auf der rechten Seite des Pórtico repräsentieren die Apostel, während auf der linken Seite die Propheten des Alten Testaments zu sehen sind. Die einzige weibliche Figur ist die von Königin Esther, dank der angeblich die Form des berühmten galicischen *tetilla*-Käses („Busenkäse") geschaffen wurde. Es heißt, ihre Steinbrüste waren ursprünglich wesentlich größer, was den örtlichen Machthabern derartig unzüchtig erschien, dass sie diese abfeilen ließen. Die Stadtbewohner reagierten darauf, indem sie Esther zu Ehren die Busenform des Käses erfanden.

Wer sich dem **Altar Mayor** (Hauptaltar im churrigueresken Stil) nähert, erblickt auf der rechten Seite eine Steintreppe, die zur **Jakobsstatue** über dem Altar aus dem 13. Jh. führt. Dort stehen Gläubige an, um die Figur zu umarmen. Links davon geht's wieder hinaus und danach einige Stufen nach unten zum angeblichen **Grab** des Apostels. Hinter dem Altar befindet sich die **Puerta Santa** (Heiliges Tor), die sich zur Praza da Quintana hin öffnet – allerdings nur während eines sogenannten Heiligen Jahres (das nächste ist 2021).

Jeden Mittag um 12 Uhr wird eine spezielle Pilgermesse abgehalten. Weitere Messen finden um 10, 18 und (außer sonntags) 19.30 Uhr statt.

Geführte Touren

Einen einzigartigen Blick über die Stadt bietet die **Tour zum Kathedralendach** (☎981 55 29 85; www.santiagoturismo.com; pro Pers. 10 €; ⏲10–14 & 16–20 Uhr). Sie beginnt im Pazo de Xelmírez links von der Obradoiro-Fassade. Dies ist auch die einzige Möglichkeit, den 1120 errichteten gotischen **Pazo de Xelmírez** zu sehen, in dessen Bankettsaal die Wände mit exquisiten kleinen Büsten verziert sind. Letztere stellen Könige, Feiernde, Musiker und Jongleure dar. Weil sich die Führung großer Beliebtheit erfreut, meldet man sich am besten vorher an.

Museo da Catedral MUSEUM
(Museum der Kathedrale; www.catedraldesantiago.es; Praza do Obradoiro; Erw./Kind 5 €/frei; ⏲10–14 & 16–20 Uhr, So nachm. geschl.) Rechts

von der Obradoiro-Fassade der Kathedrale befindet sich der Eingang des Museums, das ganze vier Stockwerke einnimmt und mit einem großen, gotisch-plateresken Kreuzgang aus dem 16. Jh. aufwartet. Hier kann man den original erhaltenen steinernen Chor (1603 zerstört, doch unlängst restauriert), Zimmer mit Wandteppichen, u. a. von Goya, eine beeindruckende Sammlung religiöser Kunst (darunter der *botafumeiro* in der Bibliothek im ersten Stock), die üppig dekorierte *sala capitular* (Kapitelsaal) aus dem 18. Jh. und (außerhalb des Kreuzgangs) die Schatzkammer des Panteón de Reyes mit den Gräbern der Könige von León aus dem Mittelalter besichtigen. Die Eintrittskarte berechtigt auch zum Besuch der Krypta neben dem Pórtico de la Gloria, dessen Zugang sich am Fuß der Freitreppe zum Haupteingang der Kathedrale an der Praza do Obradoiro befindet. Der Platz beeindruckt mit seiner Architektur aus dem 12. Jh. und den reichen Verzierungen.

Rund um die Kathedrale PLÄTZE

In der Nähe der Kathedrale erstrecken sich einige der schönsten Plätze der Stadt. Die großartige **Praza do Obradoiro** (Platz der Arbeiter) hat ihren Namen von den Werkstätten der Steinmetze, die sich hier während des Baus der Kathedrale befanden. Am nördlichen Ende stößt man auf das **Hostal dos Reis Católicos**, das im frühen 16. Jh. im Auftrag des Königspaars Isabella und Ferdinand errichtet wurde. Es diente als Krankenhaus für die Armen und Gebrechlichen und war damit auch ein Symbol königlicher Macht in dieser religiösen Stadt. Heute bietet es stattdessen gut situierten Travellern als luxuriöser *parador* eine Unterkunft. Die westliche Seite des Platzes nimmt der elegante **Pazo de Raxoi** aus dem 18. Jh. ein, in dem das Rathaus untergebracht ist.

Südlich der Kathedrale lohnt ein Zwischenstopp an der **Praza de Fonseca**, um einen Blick in den **Colexio de Fonseca** (Eintritt frei; ⌚Di–Sa 11–14 & 17–20.30, So 11–14 Uhr) zu werfen, den ursprünglichen Sitz der Universität von Santiago (1495 gegründet). Hier gibt's einen schönen Innenhof im Renaissancestil und eine Galerie für Ausstellungen.

Gleich um die Ecke entdeckt man die **Praza das Praterías** (Platz der Silberschmiede) mit einem 1829 errichteten Brunnen, dem **Fuente de los Caballos**. Kurioserweise ist die gegenüberliegende **Casa do Cabildo** lediglich eine Fassade von nicht mehr als 3 m Länge. Sie wurde 1758 errichtet, um den Platz zu verschönern.

Entlang der Mauer der Kathedrale geht's zur **Praza da Quintana**, wo die lange, kahle Wand des **Mosteiro de San Paio de Antealtares** zu sehen ist. Alfonso II. ließ das Kloster für Benediktinermönche erbauen, die über die Relikte des heiligen Jakobus wachen sollten. 1499 wurde das Gebäude in ein Nonnenkloster umfunktioniert. Wer die Treppen am oberen Ende der Praza hinaufsteigt, gelangt zu seinem Eingang. Innen befindet sich das **Museo de Arte Sacra** (Vía Sacra 5; Eintritt 1,50 €; ⌚April–Dez. Mo–Sa 10.30–13.30 & 16–19 Uhr), das den ursprünglichen Altar der Klosterkirche enthält. Die Kirche selbst ist relativ schlicht, mit Ausnahme des barock überladenen, vergoldeten Hauptaltars. Abends kann man hier die Nonnen beim Singen der **Vesper** (liturgisches Abendgebet; ⌚Mo–Fr 20, Sa & So 19.30 Uhr) hören.

Wenn man den Mauern der Kathedrale weiter nordwärts folgt, erreicht man die **Praza da Inmaculada**, in deren Läden *azabache* (Gagat) verkauft werden. Diese Souvenirs aus hartem, schwarzem Stein wurden in Santiago bereits im Mittelalter hergestellt. Pilger, die über den Camino Francés (Französische Route) in die Stadt kommen, erblicken von hier aus erstmals die Kathedrale. Ihr gegenüber erhebt sich das gewaltige Benediktinerkloster **Mosteiro de San Martiño Pinario**, ein nüchternes, barockes Priesterseminar, das auch als *hospedería* (Budgetunterkunft) dient. **Galicia Dixital** (http://galiciadigital.xunta.es; Eintritt frei; ⌚Mo–Sa 10.30–14 & 17–20.30 Uhr; 👪) nimmt den linken Flügel des Klosters ein und bietet jede Menge audiovisuellen Spaß, u. a. eine simulierte Achterbahnfahrt über den Dächern Santiagos und ein Unterwasserabenteuer vor der Küste Galiciens.

GRATIS **Museo do Pobo Galego** VOLKSMUSEUM

(Galicisches Volksmuseum; www.museodopobo.es, auf Galicisch & Spanisch; Rúa San Domingos de Bonaval; ⌚Di–Sa 10–14 & 16–20, So 11–14 Uhr) Ein paar Schritte nordöstlich der Altstadt werden in diesem ehemaligen Convento de San Domingo de Bonaval Ausstellungen zum Leben und zur Kunst Galiciens gezeigt, angefangen bei der Fischerei über Musik bis hin zu traditionellen Bräuchen.

Alameda PARK

Santiagos größter Park wartet mit baumbestandenen Promenaden auf und erstreckt sich westlich der Altstadt. Von hier aus genießt man einen fantastischen Blick auf die Kathedrale.

Ciudad de la Cultura KULTURZENTRUM
(Stadt der Kultur; www.cidadedacultura.org) Das gewaltige, anspruchsvolle Kulturzentrum des 21. Jhs. liegt auf dem Hügel Monte Gaiás rund 1,5 km südöstlich der Altstadt. Es ist das Werk des amerikanischen Architekten Peter Eisenman. Die Bibliothek und das Landesarchiv sind Ende 2010 eröffnet worden und bei Erscheinen dieses Reiseführers ist wahrscheinlich auch schon das Museum zugänglich.

GRATIS **Museo das Peregrinacións** PILGERMUSEUM
(www.mdperegrinacions.com; Rúa de San Miguel 4; Di–Fr 10–20, Sa 10.30–13.30 & 17–20, So 10.30–13.30 Uhr) Auf acht Räume verteilt wird das Phänomen des Jakobswegs im Verlauf der letzten Jahrhunderte dargestellt.

Fundación Eugenio Granell KUNSTMUSEUM
(www.fundacion-granell.org; Praza do Toural; Erw./Sen. & Kind 2 €/frei; Di–Sa 11–14 & 16–21, So 11–14 Uhr) Hier sind viele Arbeiten des galicischen Surrealisten Granell sowie eine Sammlung surrealistischer und ethnischer Kunstwerke zu sehen.

Geführte Touren

Compostur SPAZIERGÄNGE
(902 190160; www.santiagoreservas.com) Santiagos offizieller Reiseveranstalter hat eine Reihe zweistündiger Spaziergänge auf Englisch und Spanisch im Programm, auf denen man viel über die Geschichte der Stadt hört. Alles Wissenswerte über die Angebote erfährt man in der städtischen Touristeninformation; hier beginnen auch die Führungen. Eine allgemeine Tour auf Englisch (Erw./Kind 10/5 €) gibt's von Juni bis Oktober dienstags und samstags um 13 Uhr, in den übrigen Monaten nur sonntags um 13 Uhr. Man kann auch kulinarische Ausflüge, Rundgänge zu den Klöstern sowie Nachtspaziergänge buchen.

Feste & Events

Am 25. Juli findet das wichtigste Fest der Stadt statt, der **Día de Santiago** (Fest des heiligen Jakobus), der überdies Galiciens „Nationalfeiertag" ist. Rund um diesen Tag wird zwei Wochen lang gefeiert. Als Höhepunkt der Veranstaltungen gilt das spektakuläre Feuerwerk am Abend des 24.

Schlafen

Von einfachen *hostales* bis zu schicken Hotels hat Santiago jede Menge zu bieten. Im Sommer, vor allem im Juli und August, sind die beliebtesten Unterkünfte oft schon Wochen im Voraus belegt. Darum sollte man besser rechtzeitig buchen. Hier hält die Hauptsaison länger an als anderswo in Galicien, daher bekommt man zwischen Ostern und Oktober nur mit sehr viel Glück Preisnachlässe.

Casa-Hotel As Artes HOTEL €€
(981 55 52 54; www.asartes.com; Travesía de Dos Puertas 2; Zi 102–130 €;) Das As Artes liegt an einer ruhigen Straße unweit der Kathedrale. Die Zimmer verfügen über Steinwände und verströmen eine romantische, rustikale Atmosphäre. Frühstück (10,80 €) wird im gemütlichen Essraum mit Blick auf die Straße serviert.

Parador Hostal dos Reis Católicos HOTEL €€€
(981 58 22 00; www.parador.es; Praza do Obradoiro 1; Zi. inkl. Frühstück ab 190 €; P) Der palastartige *parador* stammt aus dem Jahr 1509 und liegt neben der Kathedrale. Es handelt sich um das beste Hotel der Stadt. Ein Besuch des Cafés lohnt sich auch für Traveller, die sich hier kein Zimmer leisten können.

Hotel Costa Vella HOTEL €€
(981 56 95 30; www.costavella.com; Rúa da Porta da Pena 17; EZ 59 €, DZ 81–97 €;) Ruhige, gut geschnittene Zimmer (manche mit Galerien) und ein schönes Gartencafé (8 bis 23 Uhr) prägen dieses wunderbare Hotel. Selbst wenn man nicht im Costa Vella übernachtet, eignet es sich ideal zum Frühstücken oder einfach nur zum Kaffeetrinken.

Hotel Airas Nunes HOTEL €€
(981 56 93 50; www.pousadasdecompostela.com; Rúa do Vilar 17; DZ 97 €; @) Eine oftmals ausgebuchte Unterkunft, die ruhige Eleganz ausstrahlt. Die geschwungenen Granittreppen führen zu zehn ansprechenden Zimmern mit granatroten und grünen Farbschemen, buttergelben Wänden, warmen Holzmöbeln und hölzernen Deckenbalken.

Meiga Backpackers HOSTEL €
(981 57 08 46; www.meiga-backpackers.es; Rúa dos Basquiños 67; B inkl. Frühstück 18 €; @) Das Meiga liegt strategisch günstig zwischen dem Busbahnhof und dem Stadtzentrum. Diese saubere, farbenfrohe, freundli-

SANTIAGO DE COMPOSTELA & GALICIEN

che Bleibe wartet mit geräumigen Schlafsälen, einer Küche und einem Garten auf und hat keine Sperrstunde. Mehr brauchen Backpacker nicht, es sei denn, sie möchten ein eigenes Zimmer. In dem Fall ist die **Meiga Backpackers Pension** (☎981 59 64 01; www.meiga-backpackers.es; Rúa da República del Salvador 32; DZ 36–42 €;) in der Neustadt eine gute Wahl.

Hostal Alameda HOSTAL €
(☎981 58 81 00; www.alameda32.com, auf Spanisch; Rúa de San Clemente 32; EZ/DZ 41/54 €, mit Gemeinschaftsbad 25/34 €;) Gut geschnittene, frisch dekorierte Zimmer. Das familiengeführte *hostal* liegt gegenüber des Alameda-Parks am Altstadtrand.

Barbantes Libredón HOSTAL €€
(☎981 57 65 20; www.libredonbarbantes.com; Praza de Fonseca; EZ/DZ 48/68 €;) Das Barbantes Libredón besteht aus zwei *hostales* gegenüber einem lebhaften kleinen Platz unweit der Kathedrale. Die Zimmer sind einfach, hell und sauber, wobei diejenigen südlich des Platzes neuer und moderner wirken; einige haben sogar Balkone mit Blick auf die Kathedrale. Leider sind die Bäder eng und es gibt keinen Aufzug. Die Rezeption für beide Häuser befindet sich im Librédon an der Nordseite des Platzes.

Hotel Rúa Villar HOTEL €€€
(☎981 51 98 58; www.hotelruavillar.com; Rúa do Vilar 8-10; EZ 97, DZ 130–162 €;) Ein kunstvoll herausgeputztes Hotel in einem Gebäude aus dem 18. Jh., dessen zentraler Innenhof über eine außergewöhnliche Buntglasdecke verfügt. Alle 16 Zimmer haben weiche Betten und einige originale Elemente, z. B. Steinwände. Sie sind gemütlich und einladend, aber nicht sonderlich groß. An den Wänden hängen moderne Kunstwerke. In dem klassischen **Restaurant** (Gerichte 19–34 €) gibt's täglich frischen Fisch.

Hotel Entrecercas HOTEL €€
(☎981 57 11 51; www.hotelentrecercas.es, auf Spanisch; Ruela Entrecercas 11; EZ/DZ inkl. Frühstück 70/98 €;) Das gemütliche, familiengeführte Entrecercas ist in einem restaurierten, 600 Jahre alten Haus nahe der Praza da Galicia untergebracht. Steinwände und geblümte Vorhänge verleihen den Zimmern einen rustikalen Touch.

Hostal Suso HOSTAL €
(☎981 58 66 11; Rúa do Vilar 65; Zi. 50 €;) In dem wunderbaren familiengeführten *hostal* über einem Café kann man sich über saubere, frisch tapezierte Zimmer mit neuen Bädern, soliden Betten und modernen Holzmöbeln freuen.

Hostal Mapoula HOSTAL €
(☎981 58 01 24; www.mapoula.com; Rúa Entremurallas 10; EZ/DZ 36/49 €;) Liegt im dritten Obergeschoss und verfügt über geräumige, in Hellorange und Rostrot gehaltene Zimmer. Die Bäder sind nicht groß, aber blitzblank.

Hospedería Seminario Mayor KLOSTER €€
(☎981 56 02 82; www.sanmartinpinario.eu; Praza da Inmaculada 5; EZ/DZ inkl. Frühstück 52/70 €;) Einfache Zimmer mit neuen schmiedeeisernen Möbeln. Die Unterkunft bietet die seltene Gelegenheit, in einem Benediktinerkloster zu übernachten. Da es über 100 Zimmer gibt, findet man oft noch einen Platz, wenn alle anderen Bleiben bereits belegt sind.

Hotel Virxe da Cerca HOTEL €€€
(☎981 56 93 50; www.pousadasdecompostela.com; Rúa da Virxe da Cerca 27; EZ 97–108 €, DZ 130–146 €;) Das Hotel hat viel Stil, liegt am Altstadtrand und war im 18. Jh. eine Jesuitenresidenz. Der Frühstücksraum befindet sich auf der Rückseite zu einem ruhigen Garten hin.

Essen

Santiagos Zentrum ist reich an guten Lokalen, vor allem entlang der Rúa do Franco (benannt nach den Franzosen, nicht nach dem Diktator) sowie der parallel verlaufenden Rúa da Raíña. In der Rúa da Troia findet man ebenfalls mehrere Restaurants, die drinnen und draußen Meeresfrüchte und Grillfleisch zu günstigen Preisen anbieten. Nicht entgehen lassen sollte man sich den Mandelkuchen *tarta de Santiago*.

A Curtidoría KREATIVE GALICISCHE KÜCHE €€
(☎981 55 43 42; Rúa da Conga 2–3; Mahlzeiten 25–50 €; So abends geschl.;) Mit seiner dezenten, stilvollen Einrichtung ist das A Curtidoría besonders mittags bei den Anwohnern beliebt. Von den beiden Speisesälen aus überblickt man vier Straßen. Die Küche ist so kreativ wie unkompliziert. Es gibt Fisch-, Fleisch- und Reisgerichte, darunter z. B. mit Krabben gefüllte Paprika, gegrillter Steinbutt mit Gemüse oder Entrecote mit Pilzsauce, sowie vegetarische Speisen. Das empfehlenswerte *menú del día* (Mittagsmenü, 12 €) wird montags und mittwochs auch abends serviert.

Restaurante Ó Dezaseis GALICISCH €
(☎981 56 48 80; Rúa de San Pedro 16; raciones & Gerichte 6–14 €, Menü 12 €; So geschl.) Deckenbalken und unverputzte Steinwände verleihen dieser beliebten Taverne eine einladend rustikale Atmosphäre. Das Ó Dezaseis liegt gleich hinter dem nordöstlichen Altstadtrand und zieht mit seinen lokalen Spezialitäten wie *caldeirada de rape y rodaballo* (Eintopf aus Seeteufel und Steinbutt) und *lacón con grelos* (Schinken mit Steckrübenblättern) ein buntes Publikum an.

Mesón Ó 42 RACIONES €€
(☎981 58 10 09; Rúa do Franco 42; raciones 5–18 €) Das beliebte Restaurant bietet typisch galicische *raciones*, z. B. *empanadas* (Pasteten), Meeresfrüchte, Seekraken, Tortillas, sowie Fisch-, Fleisch- und Reisgerichte. Es besticht sowohl mit Qualität als auch mit seinem Service.

Casa Rosalía TAPAS, RACIONES €
(Rúa do Franco 10; raciones 4–16 €) Im Vergleich zu den nahe gelegenen Bars ist der Stil der Casa Rosalía moderner und lockt deshalb viele Leute an. Hier gibt's Tapas und *raciones* wie Jakobsmuschel- und Seeteufelspieße sowie galicischen Käsesalat. An der Theke wird eine Auswahl an leckeren Snacks (1,10–1,60 €) präsentiert.

O Beiro TAPAS, RACIONES €€
(Rúa da Raíña 3; raciones 8–20 €; Mo geschl.) Spezialität des Hauses sind *tablas* (Platten) mit leckerem Käse und Wurst, außerdem bekommt man in der freundlichen, zweistöckigen Taverne und *vinoteca* (Weinbar) Tapas und *raciones.*

El Pasaje MEERESFRÜCHTE €€
(☎981 55 70 81; Rúa do Franco 54; Mahlzeiten 30–60 €; So abends geschl.) Galicische Speisen, die auf der Zunge zergehen. Das Restaurant verfügt über mehrere kleine Esszimmer, was ein gemütliches Ambiente schafft.

La Bodeguilla de San Roque ECLECTIC €
(☎981 56 43 79; Rúa de San Roque 13; raciones & Gerichte 4–14 €; ⏲9–1.30 Uhr, So 16–19 Uhr geschl.) Das geschäftige, zweistöckige Lokal im Nordosten der Stadt serviert ausgezeichnete Speisen, angefangen bei Salaten über Rühreier bis zu galicischem Kalbsfilet sowie Platten mit Käse, Wurst oder Schinken.

O Gato Negro TAPAS, RACIONES €
(Rúa da Raíña; raciones 3–25 €; 🚭) Man erkennt das Altstadtrestaurant mit den fünf Tischen an der grünen Tür und dem schwarzen Kater. Auf der Karte stehen Meeresfrüchte, Schinken, Käse und Paprika.

La Crepe CRÊPERIE €
(Praza da Quintana 1; Crêpes & Salate 7–10 €; 🖉) Eine beliebte Anlaufstelle für Vegetarier, denn es gibt ein Dutzend Salate und viele verschiedene süße und salzige Crêpes. Darüber hinaus kommen hier aber auch Fleischfans auf ihre Kosten.

Ausgehen & Unterhaltung

Im Zentrum gibt's jede Menge Bars und Cafés. An Sommerabenden sitzen die Leute gerne draußen und genießen zu den Tapas ein Bier oder ein Glas Wein. Cafés findet man an der Praza da Quintana und der Rúa do Vilar. Am lebhaftesten geht's östlich der Praza da Quintana zu, vor allem entlang

KÖSTLICHE MEERESFRÜCHTE

Galicische Meeresfrüchte sind vielseitig, frisch und können durchaus das Beste sein, was man je gegessen hat. Die Spezialität der Region ist *pulpo a la gallega*, zarte Tintenfischstücke mit Olivenöl und Paprika (bei *pulpo a feira* kommen auch noch Kartoffelstücke dazu). Weichtierkenner werden sich über die Vielzahl an *ameixas* (Venusmuscheln) und *mexillons* (Miesmuscheln) freuen. Zu den speziellen Schalentieren der Region gehören *vieiras* und *zamburiñas* (Kammmuschelarten), *berberechos* (Herzmuscheln), *navajas* (Schwertmuscheln) und die kleinen, hoch geschätzten Rankenfußkrebse, *percebes* genannt, die eine merkwürdige Ähnlichkeit mit Fingernägeln haben. Weitere Delikatessen sind verschiedene Krebsarten, die von kleinen *necoras*, *santiaguiños* und *centollos* (Seespinne) bis zum großen *buey del mar* („Ochse des Meeres") reichen. *Bogavante* oder *lubrigante*, ein hummerartiges Tier mit zwei riesig wirkenden Scheren, gilt ebenfalls als lohnendes Geschmackserlebnis. Den Preis für Meeresfrüchte bestimmt zumeist das Gewicht; die teuersten können bis zu 100 € pro Kilo kosten. Ein typisches Hauptgericht wiegt rund 300 g.

Viele galicische Restaurants servieren auch frischen Fisch vom Markt und hervorragendes Fleisch von Tieren aus dem fruchtbaren Hinterland.

der Rúa de San Paio de Antealtares. Eine Menge los ist nach dem Abendessen, insbesondere von Donnerstag bis Sonntagnacht, denn dann ziehen Santiagos Studenten um die Häuser. In der Neustadt, südlich der Praza de Galicia, stößt man auf mehrere Clubs, die an den Rúas da República Arxentina und Nova de Abaixo liegen.

Das ganze Jahr über werden zahlreiche Konzerte, Theateraufführungen und Ausstellungen geboten. Mehr darüber erfährt man in der Zeitschrift *Culturall* und unter www.santiagoturismo.com.

LP TIPP **A Casa das Crechas** KELTISCHE MUSIK
(www.casadascrechas.com auf Galicisch; Vía Sacra 3; ⌚ab 18 Uhr) Es gibt wohl keinen besseren Ort für keltische Musik. In der gut gefüllten Bar im Erdgeschoss finden meistens am Dienstag, Mittwoch und Donnerstag ab 22.30 Uhr Jamsessions und Konzerte statt.

Borriquita de Belém JAZZBAR
(Rúa de San Paio de Antealtares 22; ⌚ab 20 Uhr) Die einladende, kleine Bar südlich der Praza de San Paio serviert Mojitos und Wein vom Fass. An manchen Abenden, vor allem montags und mittwochs, wird ab 22.30 Uhr Jazz oder Flamenco geboten.

Café Casino KLASSISCHES CAFÉ
(Rúa do Vilar 35; ⌚10–1 Uhr; 🚭📶) Ein langgezogenes, holzgetäfeltes Café mit Jugendstilskulpturen und ein eleganter Treffpunkt, um Kaffee und Kuchen, Tee oder alkoholische Getränke zu genießen. Abends unterhält ein Klavierspieler das Publikum.

Ultramarinos LIVEMUSIK
(www.ultramarinos.org auf Galicisch; Rúa das Casa Reais 34; ⌚21–4 Uhr; 📶) Das zweistöckige Ultramarinos besteht aus einem gemütlichen Café im Obergeschoss und einem Raum für Tanz und Musik.

Modus Vivendi MUSIKBAR
(Praza de Feixóo 1; ⌚18.30–3 Uhr oder später) Ein echter Klassiker. Die atmosphärische Kneipe ist in den ehemaligen Ställen eines Herrenhauses aus dem 18. Jh. untergebracht und zieht ein bunt gemischtes Publikum an. Manchmal gibt's hier DJs, Livemusik und Ausstellungen. Das Modus Vivendi wurde 1972 eröffnet und soll der älteste „Pub" in Galicien sein.

Shoppen

Die Altstadt ist übersät mit verlockenden Boutiquen und anderen Läden, die Schmuck (darunter auch traditionelle Stücke der Santiagoer Szene), Bücher, originale Kunst, lokalen Wein, *tetilla* (Käse) sowie galicisches Kunsthandwerk (z. B. Spitze aus Camariñas und Tonwaren aus Sargadelos). Hier kann man herrlich herumstöbern.

Praktische Informationen

Biblioteca Pública Ánxel Casal (Avenida de Xoan XXIII; freier Internetzugang; ⌚Mo–Fr 8.30–21, Sa 10–14 Uhr) Gleich nördlich der Altstadt. Ausweisnummer bereithalten. Kostenloser Verleih.

Cyber Nova 50 (Rúa Nova 50; Internet pro Std. 2 €; ⌚9–24 Uhr)

Empfangsbüro für Pilger (Oficina de Acogida de Peregrinos; ☎981 56 88 46; www.peregrinossantiago.es; Rúa do Vilar 1; ⌚9–20 Uhr) Pilger, die mindestens die letzten 100 km des Jakobswegs zu Fuß gegangen (bzw. auf dem Pferd geritten) sind oder die letzten 200 km mit dem Fahrrad zurückgelegt haben, bekommen hier zum Beweis ihr Compostela-Zertifikat.

Hospital Clínico Universitario (☎981 95 00 00; http://chusantiago.sergas.es; Travesa da Choupana)

Policía Nacional (☎981 55 11 00; Avenida de Rodrigo de Padrón 3)

Post (Rúa das Orfas 17; ⌚Mo–Fr 8.30–20.30, Sa 9.30–14 Uhr)

Regionale Touristeninformation (☎981 58 40 81, 902 332010; www.turgalicia.es; Rúa do Vilar 30–32; ⌚Mo–Fr 10–20, Sa 11–14 & 17–19, So 11–14 Uhr)

Städtische Touristeninformation (☎981 55 51 29; www.santiagoturismo.com; Rúa do Vilar 63; ⌚9–21 Uhr)

An- & Weiterreise

Bus

Der **Busbahnhof** (☎981 54 24 16; www.tussa.org, auf Spanisch; Praza de Camilo Díaz Baliño) liegt ungefähr 20 Gehminuten nordöstlich des Zentrums.

Castromil-Monbus steuert viele Ziele in Galicien an, z. B. A Coruña (5,95–6,95 €, 50–90 Min., mind. 17-mal tgl.), Pontevedra (5,80 €, 50–90 Min., mind. 10-mal tgl.) und Ourense (10,35 €, 2 Std., mind. 4-mal tgl.). Empresa Freire fährt nach Lugo (8,25 €, 2 Std., mind. 4-mal tgl.).

ALSA ist für die Fernstrecken zuständig und verkehrt mindestens einmal täglich nach Oviedo (26–43 €, 4¾–5½ Std.), Santander (44 €, 10 Std.), San Sebastián (58 €, 12½–13½ Std.), León (23–27 €, 6 Std.) und Madrid (42–60 €, 8–9¾ Std.).

GALICISCHE BUS- & BAHNUNTERNEHMEN

Große Busunternehmen, die galicische Städte und Orte ansteuern:

» **ALSA** (☎902 422242; www.alsa.es)

» **Arriva** (☎902 277482; www.arriva.es)

» **Autocares Vázquez** (☎981 14 84 70; www.autocaresvazquez.net, auf Spanisch)

» **Autores & Avanza** (www.avanzabus.com, auf Spanisch)

» **Castromil-Monbus** (☎902 292900; www.monbus.es, auf Spanisch)

» **Empresa Freire** (☎981 58 81 11; www.empresafreire.com)

» **Rialsa** (☎981 37 20 01; www.rialsa.com, auf Spanisch)

Die meisten Züge werden von **Renfe** (☎902 240202; www.renfe.com) betrieben, aber es gibt auch noch einen zweiten Anbieter, **FEVE** (www.feve.es), der für die Strecke östlich von Ferrol nach Ribadeo und weiter durch Asturien und Kantabrien nach Bilbao zuständig ist.

Auf den oben genannten Websites findet man die aktuell gültigen Fahrpläne und kann dort teilweise auch Tickets buchen.

Darüber hinaus gibt's regelmäßige Verbindungen zur Costa da Morte und den Rías Baixas.

Flugzeug

Der **Flughafen Lavacolla** (☎981 54 75 00; www.aena.es) befindet sich ungefähr 11 km östlich der Stadt.

Air Europa (www.aireuropa.com) Madrid, Kanarische Inseln

Flights Iberia (www.iberia.com) Madrid und Barcelona (tgl.) sowie Bilbao, Genf, Sevilla und Valencia

Ryanair (www.ryanair.com) Madrid und Barcelona (tgl.) sowie Frankfurt, Málaga und Rom

Spanair (www.spanair.es) Barcelona, Madrid

Vueling Airlines (www.vueling.com) Barcelona, Málaga, Zürich

Zug

Der **Bahnhof** (Avenida de Lugo) liegt rund 15 Gehminuten südlich der Altstadt. Regionalzüge fahren etwa stündlich die Küste hoch und runter. Sie verbinden Santiago mit Vigo (7,50–8,90 €, 1½–2 Std.), Pontevedra (4,90–5,90 €, 50–70 Min.) und A Coruña (4,90–5.90 €, 40 Min.). Madrid wird tagsüber von Talgo und nachts von Trenhotel bedient (49,50 €, 9 Std.).

Unterwegs vor Ort

Privatfahrzeuge dürfen in der Altstadt von 10 Uhr morgens bis Sonnenuntergang fast den ganzen Sommer über nicht fahren, daher muss man außerhalb parken, z. B. in einem der unterirdischen Parkhäuser. Für 24 Stunden zahlt man etwa 16 €.

Santiago kann man gut zu Fuß erkunden, obwohl es vom Bahnhof und Busbahnhof ins Zentrum ein ziemlicher Gewaltmarsch ist.

Bis zu 36 Busse von Empresa Freire (1,80 €) pendeln täglich zwischen dem Flughafen Lavacolla und der Rúa do Doutor Teixeiro in der Neustadt südwestlich der Praza de Galicia mit einem Zwischenstopp am Busbahnhof. Taxis kosten rund 18 €.

Bus 6 fährt alle 20 bis 30 Minuten von der Rúa do Hórreo nahe dem Bahnhof zur Rúa da Virxe da Cerca am östlichen Ende der Altstadt. Bus 5 verkehrt alle 15 bis 30 Minuten zwischen dem Busbahnhof, Rúa da Virxe da Cerca und Praza de Galicia. Tickets kosten 0,90 €.

A CORUÑA & DIE RÍAS ALTAS

Selten zeigen sich Meer und Land in einer so schönen Verbindung. Die bemerkenswerten Rías Altas mit ihren naturbelassenen Stränden, hohen Klippen und gewaltigen Wellen sind wesentlich beeindruckender als die Rías Bajas. Wer die Orte an den östlichen und nördlichen Küstengebieten und die attraktive Hafenstadt A Coruña besucht, wundert sich, warum nicht viel mehr Traveller hierher kommen.

A Coruña

222 000 EW.

A Coruña (auf Kastilisch La Coruña) ist Hafenstadt, Strandmetropole, lebhaftes kommerzielles Zentrum und interessante kulturelle Enklave sowie eine historische Stadt mit einem regen Nachtleben – und es macht Spaß, die vielen Facetten dieses Ortes zu entdecken.

Englands Schatten drohte stets mächtig am Horizont der Stadt. 1588 ankerte hier die unglückselige Spanische Armada und im folgenden Jahr versuchte Sir Francis Drake A Coruña zu besetzen, wurde aber von María Pita aufgehalten, einer Heldin, deren Andenken bis heute im Namen des Hauptplatzes erhalten blieb. Während des Spanischen Unabhängigkeitskriegs unterstützten britische Soldaten Spanien 1809 gegen die französischen Besatzer, wurden jedoch in der Schlacht von Elviña gleich südlich der Stadt zur Evakuierung gezwungen; ihr Kommandant Sir John Moire verlor dabei sein Leben. Im 19. und 20. Jh. war der hiesige Hafen das Tor für Hunderttausende galicischer Emigranten, die ein neues Leben in Amerika und Lateinamerika anstrebten. Heute ist die Stadt dagegen der wohlhabendste Ort der Region. Hier residiert u. a. Inditex, die (von den Umsatzzahlen her) größte Textilfirma der Welt.

A Coruñas Altstadt erstreckt sich an einer nordöstlich verlaufenden Landenge mit dem Hafen und den größten Stränden. Die pilzförmige Landspitze liegt 2 km nördlich des Isthmus; ein wunderbarer, breiter Spazierweg führt ganz um sie herum.

Sehenswertes & Aktivitäten

Torre de Hércules RÖMISCHER LEUCHTTURM

(www.torredeherculesacoruna.com; Avenida de Navarra; Erw./Sen. & Kinder 2,50/1,50 €, Mo Eintritt frei; So–Do 10–20.45, Fr & Sa 10–23.45 Uhr, Sept.–Juni früher geschl.) Dieser Leuchtturm befindet sich nahe der Nordspitze der Landzunge und ist als Stadtsymbol 2009 zum Unesco-Welterbe ernannt worden. Der Legende nach soll er ein Werk von Herkules sein, doch tatsächlich waren es die Römer, die ihn im 1. Jh. v. Chr. errichteten – sozusagen als Leuchtfeuer am Rande der zivilisierten Welt. Der heutige 50 m hohe Bau aus Quaderstein entstand 1790, aber sein Inneres – abgesehen von den Stufen und der Kuppel – ist original römisch. Wer die 234 Stufen bis nach oben hinaufsteigt, dem bietet sich ein attraktiver Blick auf die Stadt, die Küste und die schönen Skulpturen des **Parque Escultórico** (Skulpturenpark).

Man erreicht den Turm mit den Bussen 3 und 3A ab dem Paseo de la Dársena (nahe der Plaza de María Pita) sowie mit der Paseo-Marítimo-Bahn.

Ciudad Vieja ALTSTADT

Schattige Plätze, charmante alte Kirchen und hügelige Pflastersteingassen prägen A Coruñas kompakte Altstadt, die zum Herumschlendern einlädt. Um hierher zu kommen, überquert man die prächtige helle **Plaza de María Pita** mit den vielen Cafés, dem **ayuntamiento** (Rathaus) und der María-Pita-Statue.

Die **Iglesia de Santiago** (Calle de Santiago) datiert ins 12. Jh. und verfügt über drei romanische Apsiden. Sie grenzt an die kleine Plaza de la Constitución und ist die älteste Kirche der Stadt. Ein kurzer Spaziergang durch das Straßengewirr führt zum **Xardín de San Carlos** mit dem Grab von General Sir John Moore (der in der Nähe während der Schlacht von Elviña 1809 starb). Charles Wolfes berühmtes Gedicht über Moores Begräbnis ist auf einer Gedenktafel zu sehen. Auf der anderen Straßenseite liegt das **Museo Militar** (981 20 53 00; Plaza de Carlos I; Eintritt frei; Mo–Sa 10–14 & 16–19, So 10–14 Uhr). Es präsentiert Waffen, Uniformen und andere militärische Gegenstände aus der Zeit zwischen dem 18. und 20. Jh.

Über dem Hafen wacht stolz das **Castillo de San Antón** aus dem 16. Jh., in dem heute das **Museo Arqueológico e Histórico** (981 18 98 50; Paseo Marítimo 2; Erw./Sen. & Kinder 2/1 €; Di–Sa 10–21, So 10–15 Uhr) untergebracht ist. Hier kann man interessante historische Funde bewundern, die vor allem aus der Frühzeit und der Zeit der Römer stammen.

Auf dem Weg zurück ins Stadtzentrum lohnt ein Zwischenstopp an der **Plaza del Humor** mit ihren vielen Karikaturen berühmter Spaßbereiter von Cervantes bis zum Rosaroten Panther – aber wie passt Dostojewski hierhin?

Kunst GALERIEN

A Coruña ist eine Stadt der Kunst. Werke von Meistern wie Goya, Rubens und Sorolla und eine wunderbare Sammlung galicischer Sargadelos-Keramik gehören zu den Highlights des schicken **Museo de Bellas Artes** (981 22 37 23; Calle de Zalaeta; Eintritt 2,40 €, Sa nachmittags & So frei; Di–Fr 10–20, Sa 10–14 & 16.30–20, So 10–14 Uhr). Südwestlich des Stadtkerns warten die **Fundación Caixa Galicia** (www.fundacioncaixagalicia.org; Cantón Grande 21–24) und die **Fundación Barrié de la Maza** (www.fbarrie.org; Cantón Grande 9) mit interessanten zeitgenössischen Werken und verschiedenen Wechselausstellungen auf.

Galerías TYPISCHE ARCHITEKTUR

Die klassischen galicischen *galerías* (Glasbalkone an den Häuserfronten) aus dem späten 19. Jh. am östlichen Ende der Avenida de la Marina brachten A Coruña den Spitznamen „Stadt des Glases" ein.

A Coruña

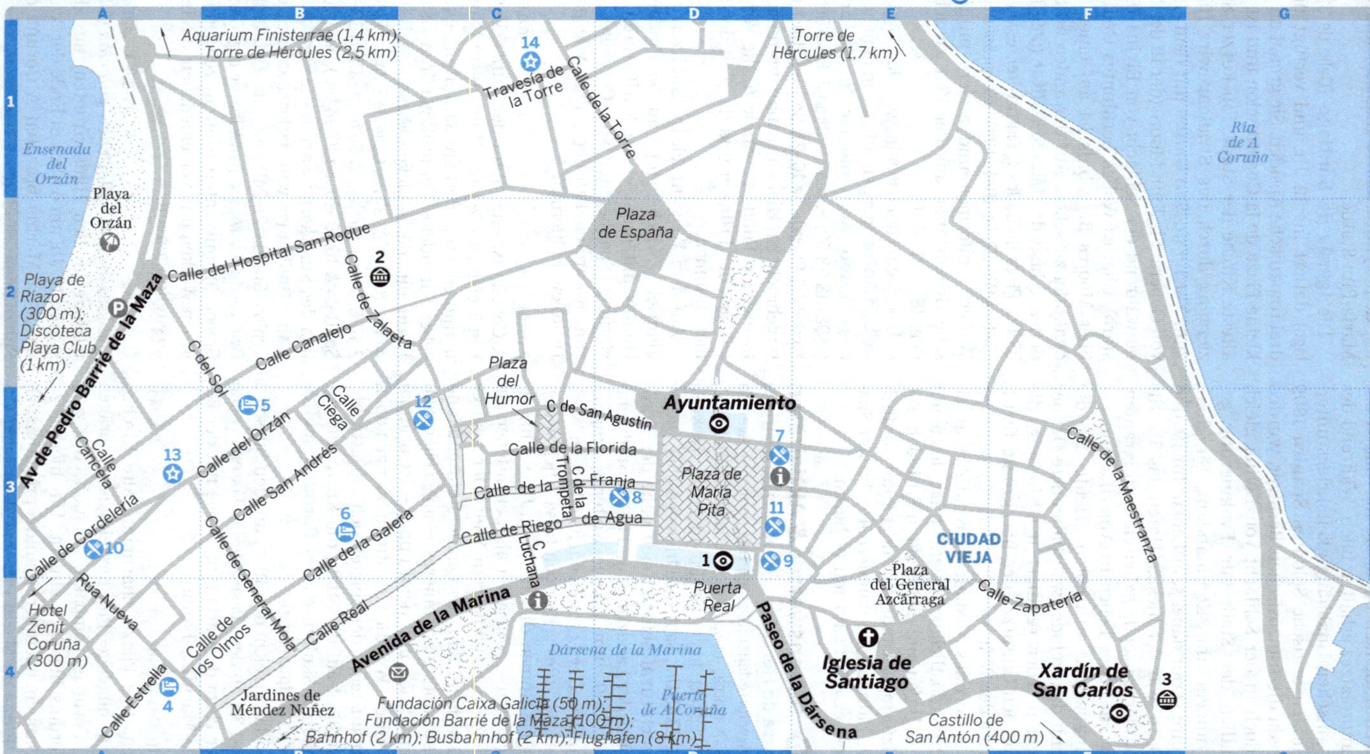
0
300 m
A
B
C
D
E
F
G
1
2
3
4
Aquarium Finisterrae (1,4 km); Torre de Hércules (2,5 km)
Torre de Hércules (1,7 km)
Ría de A Coruña
Ensenada del Orzán
Playa del Orzán
Playa de Riazor (300 m); Discoteca Playa Club (1 km)
Av de Pedro Barrié de la Maza
Calle del Hospital San Roque
Calle de Zalaeta
Calle Canalejo
C del Sol
Calle Ciega
Calle Cancela
Calle del Orzán
Calle San Andrés
Calle de Cordelería
Calle de General Mola
Calle de la Galera
Calle Real
Calle de los Olmos
Calle Estrella
Rúa Nueva
Hotel Zenit Coruña (300 m)
Jardines de Méndez Nuñez
Avenida de la Marina
Fundación Caixa Galicia (50 m); Fundación Barrié de la Maza (100 m); Bahnhof (2 km); Busbahnhof (2 km); Flughafen (8 km)
Dársena de la Marina
Puerto de A Coruña
Travesía de la Torre
Calle de la Torre
Plaza de España
Plaza del Humor
C de San Agustín
Calle de la Florida
Calle de la Trompeta
C de la Franja
Calle de Riego de Agua
C Luchana
Ayuntamiento
Plaza de María Pita
Puerta Real
Paseo de la Dársena
Iglesia de Santiago
Plaza del General Azcárraga
CIUDAD VIEJA
Calle Zapatería
Calle de la Maestranza
Xardín de San Carlos
Castillo de San Antón (400 m)
1
2
3
4
5
6
7
8
9
10
11
12
13
14

A Coruña

Aquarium Finisterrae HAIE, SEEHUNDE
(981 18 98 42; www.casaciencias.org, auf Spanisch; Paseo Marítimo 34; Erw./Sen. & Kinder 10/4 €; 10–21 Uhr;) Kinder lieben die Robbenkolonie und den Nautilusraum, in dem man von Haien, Rochen und 50 weiteren Fischarten umgeben ist. Das Aquarium liegt südlich des Torre de Hércules.

Strände SAND, MEER
A Coruña wartet mit einem herrlichen 1,4 km langen, geschützten Strand auf, der am Ostende **Playa del Orzán** und am Westende **Playa de Riazor** genannt wird. In den Sommermonaten platzt er allerdings aus allen Nähten.

Geführte Touren

Von Mai bis Dezember bietet die städtische Touristeninformation jede Woche kostenlose 1½-stündige Führungen (auf Englisch möglich) zum Torre de Hércules und zum Parque Escultórico sowie durch die Altstadt (bei Nacht) an. Hier erfährt man auch den jeweiligen Treffpunkt und die Uhrzeit.

Feste & Events

Im August wird während der **Fiestas de María Pita** kräftig gefeiert. Über den ganzen Monat hinweg finden Konzerte, Jahrmärkte und vieles mehr statt.

Schlafen

Zentrale Unterkunftsmöglichkeiten sind zwangsläufig meist Businesshotels oder aber sehr bescheidene *hostales*, doch es gibt auch ein paar gute Adressen.

Hotel Sol HOTEL €€
(981 21 03 62; www.hotelsolcoruna.com; Calle del Sol 10; Zi. 70 €;) Die freundliche, familiengeführte Unterkunft mit zehn stilvollen, modernisierten Zimmern und 30 älteren, aber komfortablen Räumen ist eine gute Wahl, vor allem vor und nach dem Hauptmonat August, wenn die Preise sinken. Parken ist kostenlos. Die Straße kann an Wochenenden laut sein, wer also früh schlafen möchte, sollte ein Zimmer nach hinten raus buchen.

Hotel Zenit Coruña HOTEL €€
(981 21 84 84; www.zenithoteles.com; Calle Comandante Fontanes 19; EZ 79–105, DZ 99–125 €;) Helle, minimalistisch gestaltete Zimmer mit gläsernen Garderobentüren und Waschbecken, geschmackvoller moderner Kunst, Marmorbädern, großen Fernsehern und Blick auf die Straße. Die Playa del Orzán ist nur einen Häuserblock entfernt.

Pensión Hotil HOSTAL €
(981 97 63 02; www.hostalhotil.com, auf Spanisch; Calle de la Galera 26–28; EZ 25–35, DZ 40–90 €;) Ein tolles neues *hostal* mit Aufzug und 30 hellen Zimmern, die über große Fenster, schmiedeeiserne Lampen und interessante Details wie Steinmauern und etwas Kunst verfügen. Die Räume sind gemütlich, aber nicht allzu groß.

Hostal La Provinciana HOSTAL €
(981 22 04 00; www.laprovinciana.net, auf Spanisch; Rúa Nueva 9; EZ/DZ/3BZ 43/56/76 €;) Alle 20 Zimmer zeigen nach außen, sind hell und blitzsauber, außerdem ausgestattet mit großzügig dimensionierten Bädern und Holzböden. Der Stil ist rüschig und der Service freundlich.

Essen

Tapas, *raciones*, Wein und günstige Mittagsmenüs gibt's in der Zona de Vinos – den engen Gassen westlich der Plaza de María Pita, vor allem in der Calle de la Franja. Hier befinden sich viele der unverfälschten, lebhaften *mesones* (urige Restaurants) und *tabernas* (Tavernen), darunter das auf Seekrake spezialisierte **Mesón do Pulpo** (Calle de la Franja 9; ⌚So geschl.). Die Lokale servieren Meeresfrüchte-*raciones* (6–14 €), Grillfleisch und -fisch, *mariscadas* (Meeresfrüchteplatten) für ein bis zwei Personen sowie *parrilladas* (Fischplatte vom Grill).

Adega O Bebedeiro GALICISCH €

(☎981 21 06 09; Calle de Ángel Rebollo 34; Mahlzeiten 20–30 €; So Abend & Mo Mittag geschl.) Das Restaurant in einer ärmlichen Gasse 500 m nordwestlich der Plaza de España sieht von außen wie eine Bruchbude aus, doch innen entpuppt es sich mit seinen Steinwänden und mit dem zum Gespräch animierenden galicischen Krimskrams als rustikal und gepflegt. Es gibt Hausmannskost, teils mit origineller Note und in großzügigen Portionen, z. B. mit Krabben gefüllte Paprika in Käsesauce, Ochsenschwanz mit Bratkartoffeln oder Wolfsbarsch mit Jakobsmuscheln in Blätterteig. Am Wochenende herrscht hier großer Andrang.

Taberna Da Penela GALICISCH €€

(☎981 20 19 69; Plaza de María Pita 9; Gerichte 25–45 €; ⌚Mo geschl.; ⊜) Leckere galicische Klassiker wie Seekrake, *caldo gallego* (eine Suppe aus Bohnen, Kohl, Kartoffeln und etwas Fleisch), Seehecht und Seeteufel. Die *tortilla de Betanzos* (ein fast flüssiges Omelette) schmeckt besonders lecker, außerdem ist die Auswahl an Weinen sehr gut.

Tapa Negra KREATIVE TAPAS €

(Calle de Barrera 32; Tapas 1,50–2,20 €; ⌚Mo geschl.) Die beliebte, moderne Tapas-Bar mit Steinwänden und schwarz-weiß-rotem Dekor bietet leckere, unkonventionelle Kombinationen wie *filloa de mariscos* (Meeresfrüchte-Crêpe) und *fajita árabe* (würziges Hühnerfleisch mit Fladenbrot).

Pablo Gallego Restaurante KREATIVE GALICISCHE KÜCHE €€€

(☎981 20 88 88; Plaza de María Pita 11; Gerichte 35–80 €; ⌚So geschl.) Mit seinen hellen Steinwänden im Essbereich ist dies das edelste Restaurant an der Plaza de María. Gäste genießen hier moderne Gerichte mit traditionellen galicischen Zutaten. Zu den Spezialitäten gehören Kroketten aus Entenmuscheln und Algen, gegrillter *lubrigante* sowie Seeteufel-Garnelen-Spieß.

Chocolatería Valor CAFÉ €

(Plaza de María Pita 5; Frühstück 2–5 €; ⌚9–13 & 17–22 Uhr; ⊜) Leckere, dickflüssige Schokolade mit *churros* (Krapfenstangen), verführerische Eiscreme, Milchshakes und hervorragender Kaffee. Ein toller Ort für ein Frühstück oder einen Zwischenstopp am Nachmittag.

Restaurante Bania VEGETARISCH €

(☎981 22 13 01; Calle de Cordelería 7; Mahlzeiten 4–15 €, Menü 9,25 €, So & Mo abends geschl.; ✎) Gute Salate, Tofu und interessante vegetarische Menüs.

Ausgehen & Unterhaltung

Nachts ist in A Coruñas Tavernen, Bars und Clubs eine Menge los. Vor Mitternacht kann man in der Zona de Vinos oder auf der Plaza de María Pita bei einem Drink herrlich die Leute beobachten. Dutzende von Kneipen und Musikbars in der Calle del Sol, Calle de Canalejo und anderen Straßen hinter der Playa del Orzán machen an Wochenenden bis 3 oder 4 Uhr Party. Die Calle del Orzán, bekannt als Soho, ist voller Bars, trendiger Cafés, Kneipen für die Bohemiens und normaler kleiner Läden mit Graffitis an den Wänden.

Sala Mardigras LIVEBANDS

(www.salamardigras.com, auf Spanisch; Travesía de la Torre 8; Eintritt frei–5 €; ⌚Do–Sa ab 22 Uhr) Die dunkle kleine Bar ist beliebt wegen der Livebands, die hier Blues, Rock, Pop, Metal und Indie spielen.

A Cova Céltica FOLK

(Calle del Orzán 82; ⌚So geschl.; ᯤ) Hier hört man galicischen Folk (freitags ab 22 Uhr oft live).

Discoteca Playa Club DISKO

(www.playaclub.net, auf Spanisch; Playa de Riazor; Eintritt inkl. 1 Getränk 7–8 €; ⌚Do–Sa ab 3 Uhr) Wenn die Bars und Kneipen schließen, wird in dieser Disko weitergefeiert. Der stets gut besuchte Playa Club mit Blick auf die Bucht bietet einen Mix aus alternativem Pop, Nu Jazz, Funk und Elektronik.

Praktische Informationen

Regionale Touristeninformation (☎981 22 18 22; Dársena de la Marina; ⌚Mo–Fr 10–14 & 16–19, Sa 11–14 & 16–19, So 11–14 Uhr)

Städtische Touristeninformation (☎981 92 30 93; www.turismocoruna.com; Plaza de María Pita 6; ⌚Mo–Fr 9–20.30, Sa 10–14 & 16–20, So 10–15 Uhr)

An- & Weiterreise

Bus

Vom **Busbahnhof** (☎981 18 43 35; Calle de Caballeros 21) 2 km südlich des Zentrums fährt Castromil-Monbus in südliche Richtung nach

DER ERSTE ZARA-SHOP

Modefans besuchen gerne die erste Filiale von **Zara** (Ecke Calle de Juan Flórez & Avenida de Arteixo; ⌚Mo–Sa 10–14 & 17–21 Uhr) in A Coruñas Haupteinkaufszone am südwestlichen Ende der Landzunge. Sie wurde 1975 eröffnet und sieht heute aus wie alle anderen 1400 Zara-Shops auf der Welt. Hier liegt der bescheidene Ursprung der heute megaerfolgreichen Inditex-Gruppe des Galiciers Amancio Ortega, zu der inzwischen auch Pull&Bear, Bershka, Stradivarius und andere Labels gehören. Die Zentrale von Zara befindet sich nach wie vor in dem Vorort Arteixo.

Santiago de Compostela (6,95 €, 50–90 Min., mind. 15-mal tgl.) und weiter. Arriva hat Verbindungen zu den Rías Altas, Lugo und Ourense, Autocares Vázquez ist für die Costa da Morte zuständig, während ALSA entferntere Ziele ansteuert, darunter Madrid (41–60€, 6¾–8¾ Std., mind. 6-mal tgl.) und Orte an der spanischen Nordküste.

Flugzeug

Von A Coruñas **Flughafen Alvedro** (☎981 18 72 00) 8 km südlich des Zentrums bieten Iberia (mindestens 4-mal tgl.), Spanair und Air Europa Flüge nach Madrid an. Vueling Airlines, Spanair und Air Europa fliegen nach Barcelona. Darüber hinaus bedient Vueling auch Sevilla (5-mal wöchentlich).

Zug

Der **Bahnhof** (Plaza de San Cristóbal) liegt 2 km südlich des Zentrums. Renfe fährt etwa stündlich nach Süden mit Zwischenstopps in Santiago de Compostela (5,90 €, 40 Min.), Pontevedra (12,90€, 1½–2 Std.) und Vigo (14,50 €, 2–2½ Std.). Bis zu fünf Züge täglich verkehren nach Lugo (15,80 €, 1½–2 Std.) und León (36 €, 6¼ Std.), außerdem gibt's zwei Verbindungen nach Madrid (52 €, 7¾–10¼ Std.). FEVE ist für die spanische Nordküste zuständig und startet in Ferrol. Dorthin gelangt man mit vier oder fünf Renfe-Zügen, die den Ort jeden Tag von A Coruña aus ansteuern (4,90 €, 1¼ Std.).

ℹ Unterwegs vor Ort

Busse (1,20 €) pendeln von 7.15 bis 21.45 Uhr (an Wochenenden ab 9 oder 10 Uhr) alle halbe Stunde zwischen dem Flughafen und der Puerta Real im Stadtzentrum.

Die Stadtbusse 5 und 11 verbinden den Bahnhof mit dem Zentrum. Die Linien 1, 1A, 2 und 4 halten auf dem Weg ins Zentrum am Busbahnhof. Eine Fahrt kostet 1,10 €.

Eine Straßenbahnlinie startet in der Nähe des Castillo de San Antón und tuckert den Paseo Marítimo entlang um die große Landzunge bis zum Torre de Hércules und der Playa de Orzán (2 €). Sie fährt von Mitte Juni bis Mitte Oktober zwischen 12 und 21 Uhr alle 20 bis 30 Minuten und ist an den Wochenenden stündlich bis 18.30 Uhr unterwegs.

Rías Altas

Wer wilde, ursprüngliche Landschaften liebt, ist hier richtig, denn die Gegend wartet mit hoch aufragenden Wäldern, steilen Klippen, ausgedehnten Stränden, grünen Feldern und vielen Bauernhöfen auf. Nimmt man noch die mittelalterlichen Städtchen wie Betanzos und Pontedeume sowie das konstante Rauschen des Atlantiks dazu, dann wird schnell klar, warum die Rías Altas als besonders schön gelten. Das Wasser mag hier relativ kalt sein, aber dafür sind die Strände auch weniger voll – wunderbar für alle, die abseits der ausgetretenen Pfade unterwegs sein wollen.

BETANZOS

10 700 EW.

Diese mittelalterliche Stadt liegt am Zusammenfluss der Ríos Mendo und Mandeo, die von hier aus weiter nördlich in die Ría de Betanzos münden. Einst war ihr blühender Hafen eine echte Konkurrenz für A Coruña. Betanzos besitzt noch immer eine gut erhaltene Altstadt und ist berühmt für seine einladenden Tavernen, in denen es Wein aus der Region und leckeres Essen gibt.

Sehenswertes

Praza dos Irmáns García Naveira PLAZA

Der weitläufige Hauptplatz ist nach einem von zwei Brüdern benannt, die Ende des 19. Jhs. als wohlhabende Männer aus Argentinien zurückkamen und zu Wohltätern der Stadt wurden. Hier befinden sich mehrstöckige Häuser mit den klassischen *galerías*. Rund 50 000 Menschen drängeln sich zur **Fiesta de San Roque** um Mitternacht des 16. August auf dem Platz, um zu sehen, wie ein riesiger geschmückter Heißluftballon vom Turm der Santo-Domingo-Kirche aufsteigt.

Museo das Mariñas MUSEUM

(☎981 77 19 46; Erw./Kind 1,20 €/frei; ⌚Mo–Fr 10–14 & 16–20, Sa 10.30–13 Uhr) Gleich um die

NICHT VERSÄUMEN

TOP-FIVE: STRÄNDE

An Galiciens 1200 km langer Küstenlinie erstrecken sich 772 Strände. Diese fünf stechen besonders hervor:

» **Illas Cíes** (S. 563) Zum Spazierengehen.

» **Praia A Lanzada** (S. 555) Zum Schwimmen.

» **Praia As Catedrais** (S. 550) Zum Picknicken.

» **Area de Trece** (S. 552) Zum Relaxen.

» **Praia de Picón** (S. 549) Um die Landschaft zu genießen.

Ecke stößt man auf ein Dominikanerkloster aus dem 16. Jh., in dem dieses Museum untergebracht ist. Es widmet sich dem traditionellen galicischen Leben und zeigt Alltagsgegenstände von alten Kaffeetassen bis zu wertvollen Trachten sowie Archäologie und Kunst.

Altstadt KIRCHEN

Über die Rúa Castro gelangt man in die Altstadt. Rund um die Praza da Constitución locken attraktive Cafés, die neoklassische **Casa do Concello** und die romanisch-gotische **Igrexa de Santiago**. Etwas weiter nordöstlich liegen die beiden schönen, gotischen Kirchen **Santa María do Azougue** und **San Francisco**. Letztere ist gerade wegen ihrer Schlichtheit so schön. Sie beherbergt viele Gräber galicischer Adliger aus dem 14. und 15. Jh., darunter das von Fernán Pérez de Andrade „O Boo" (der Gute), einem einflussreichen Ritter, der neben anderen Gebäuden alle drei gotischen Gotteshäuser errichten ließ. O Boos Gebeine ruhen auf einem steinernen Bären und einem Eber (Letzterer war das Emblem der Andrade-Familie). Interessant ist auch der galicische Dudelsackpfeifer mitten in der geschnitzten Szene des Jüngsten Gerichts über dem Altar.

Weg am Fluss SPAZIERGANG

Ein schöner, 3 km langer Spazierweg durch die Natur (45 Min.) führt vom Ende der Rúa Ánxeles am Flussufer entlang nach **Os Caneiros**, dem Ziel einer populären *romería* (Wallfahrt) im Sommer.

Schlafen & Essen

Der **Complejo San Roque** (☎981 77 55 55; www.complejosanroque.es; Estrada de Castilla 38; EZ/DZ 81/91 €; P❄@) befindet sich 500 m südöstlich des Hauptplatzes. Das einstige Jugendstil-Armenhaus ist in ein schickes Hotel umfunktioniert worden. Es hat sonnige Zimmer und eine leicht maritime Atmosphäre. Seine cremefarbene Fassade an der Hauptstraße ist nicht zu übersehen.

Im Zentrum bietet das **Hotel Garelos** (☎981 77 59 30; www.hotelgarelos.com; Calle Alfonso IX 8; EZ/DZ 65/86 €; ❄) brandneue Räume mit Parkettböden, Marmorbädern und 60 attraktiven Aquarellbildern.

Eine Reihe von Terrassencafés säumt die Praza Irmáns Garcia Naviera. Dahinter erstrecken sich zwei enge Gassen – die Venela Campo und die Travesia do Progreso – mit beliebten Tavernen, die gute Drinks, Tapas (1,50–2,50 €) und *raciones* (5–12€) servieren. Spezialität der Stadt ist die *tortilla de Betanzos*. **O Pote** (Travesia do Progreso 9) bereitet vor Ort das beste Essen zu, außerdem ist die besagte Tortilla Bestandteil des tollen *menú del día* für 15 €.

Praktische Informationen

Touristeninformation (☎981 77 66 66; www.betanzos.es; Praza da Galicia 1; ⏲10–14 17–20, Okt.–Mai Sa nachmittags geschl.) An einer Erweiterung der Praza dos Irmáns García Naveira.

An- & Weiterreise

Arriva-Busse von/nach A Coruña (2,20 €, 40 Min., Mo–Fr alle halbe Std., Sa & So stündl.) halten an der Praza dos Irmáns García Naveira. Außerdem gibt's mindestens sieben Verbindungen nach Pontedeume (1,95 €, 30 Min.) sowie ein paar nach Lugo, Ortigueira, Viveiro und Ribadeo.

Der Bahnhof Cidade liegt nordwestlich der Altstadt auf der anderen Seite des Mendo. Hier starten jeden Tag vier oder fünf Züge nach A Coruña (3,30 €, 40 Min.).

PONTEDEUME

4650 EW.

Pontedeume liegt an einem Hang über dem Mündungsgebiet des Eume, in dem Fischerboote dümpeln. Der alte Ortskern wartet mit einem ansprechenden Ensemble aus schönen Arkadenhäusern, engen Pflastersteinwegen und einigen offenen Plätzen mit

Tavernen und Tapas-Bars auf. Mehrere Gassen führen von der Hauptstraße hangaufwärts, darunter die von Arkaden gesäumte Rúa Real. In der Nähe des Ufers erhebt sich der **Torreón dos Andrade**, einst Bergfried des früheren Burgpalasts der Andrades und heute Standort der **Touristeninformation** (☎981 43 02 70; ⏲Di–Sa 10.30–14 & 17–20, So 11–14 Uhr) sowie des Andrade-Interpretationszentrums.

Es gibt in Pontedeume ein paar angenehme *hostales* wie das **Hostal Allegue** (☎981 43 00 35; Calle del Chafaris 1; DZ 41 €), aber die Landhotels in der Gegend sind noch besser. Zu ihnen gehört beispielsweise die 7 km entfernte, nahe dem Parque Natural Fragas do Eume gelegene charmante **Casa do Castelo de Andrade** (☎981 43 38 39; www.casteloandrade.com; Lugar Castelo de Andrade; DZ 100–122 €), ein schönes Bauernhaus aus Stein mit zehn makellosen Zimmern.

Gut essen kann man im **Restaurante Luis** (Calle San Agustín 12; Mahlzeiten 15–35 €; ⏲So abends geschl.; ⊖), wo viele galicische Sattmacher vom gebratenen Tintenfisch bis zum 400-g-*chuletón* (gigantisches Rinderkotelett) serviert werden.

PARQUE NATURAL FRAGAS DO EUME

Östlich von Pontedeume am Río Eume erstreckt sich der 91 km² große Naturpark Fragas do Eume, der für seinen Küstenwald berühmt ist, den besten Europas mit Laubbäumen und verschiedenen Farnarten, die mehrere Millionen Jahre überlebt haben. Das **Centro de Interpretación** (☎981 43 25 28; ⏲9–14 & 16–20 Uhr) liegt 6 km von Pontedeume entfernt auf dem Weg nach Caaveiro (keine öffentliche Verkehrsanbindung). Gleich daneben verleiht das **Restaurante Andarubel** (☎981 43 39 69; Gerichte 8–20 €) **Fahrräder** für 5/8/12 € pro 1/2/4 Stunden. Von hier aus fährt oder radelt man eine befestigte Straße hoch durch das dicht bewaldete, relativ flache (aber steilwandige) Tal oder man nimmt einen Fußweg auf der anderen Seite des Ufers. Nach 7,5 km endet die Straße und ein Weg von 500 m führt hoch zum **Mosteiro de Caaveiro** (⏲10–14 & 16.30–20.30 Uhr, ca. Okt.–Mai Mo–Fr kürzere Öffnungszeiten & geschl.), das auf das 9. Jh. zurückgeht. Der Besuch ist während der stündlich stattfindenden, kostenlosen Rundgänge möglich. An Ostern sowie von Mitte Juni bis Ende September ist die Straße ab dem Centro de Interpretación für Autos gesperrt, aber alle halbe Stunde verkehrt ein kostenloser Bus.

Bis weitere Routen fertiggestellt sind, ist dies der einzige Bereich des Parks, den viele Traveller sehen, obwohl es weiter östlich mehrere Wanderwege gibt. Am nahe gelegenen **Mosteiro de Monfero** an der Südseite des Parks entsteht ein weiteres Besucherzentrum.

Eumeturismo (www.eumeturismo.org) bietet online viele nützliche Informationen über das Gebiet.

CEDEIRA & UMGEBUNG

4850 EW. (CEDEIRA)

Nach Norden hin stößt man auf zahlreiche Fischerorte und schöne Strände. Die größte Ansiedlung der Rías Altas ist die Hafenstadt **Ferrol** 17 km nördlich von Pontedeume. Hier endet die baskische FEVE-Bahn, außerdem erblickte hier General Franco das Licht der Welt. Etwas wirklich Sehenswertes gibt's jedoch nicht. Weiter nördlich liegt **Valdoviño** mit der schönen Praia Frouxeira. Gleich dahinter befindet sich die **Praia de Pantín**, Austragungsort eines internationalen Surfwettbewerbs Anfang September.

Etwa 38 km von Ferrol locken der Fischereihafen und das unauffällige Urlaubsdorf Cedeira. In der Altstadt am Ufer des Río Condomiñas entdeckt man enge Gassen und weiß getünchte Häuser mit traditionellen *galerías* und im modernen Ostteil des Ortes liegt die beliebte **Praia da Magdalena**. Um die Landzunge in Richtung Süden erstreckt sich die noch reizvollere **Praia de Vilarrube**, ein geschütztes Dünen- und Feuchtgebiet.

Ein netter ein- bis zweistündiger Spaziergang führt zunächst am Ufer entlang bis zum Hafen, dann klettert man neben der alten Festung nach oben und läuft bis auf die Landzunge hinauf, die das Mündungsgebiet der Ría de Cedeira überblickt. Dank der felsigen Küste gibt's hier jede Menge *percebes* (Entenmuscheln), eine begehrte Delikatesse.

🛏 Schlafen & Essen

Die zahlreichen Bars und Cafés liegen vor allem an der Flussmündung und gleich östlich davon an der Praza Sagrado Corazón.

Hospedería Cordobelas

LÄNDLICHES GÄSTEHAUS €€

(☎981 48 06 07; www.cordobelas.com auf Spanisch; Rúa Cordobelas 29; EZ/DZ 60/75 €; ⏲Mitte Dez.–Mitte Jan. geschl.; P 📶) 300 m abseits der Hauptstraße und von Süden aus 1 km vor Cedeira entfernt stößt man auf dieses charmante steinerne Anwesen. Die vier umgebauten historischen Bauten mit einem wunderbaren Garten verfügen über gemütliche, geräumige und rustikale Zimmer.

Hotel Herbeira MODERNES HOTEL €€€
(☎981 49 21 67; www.hotelherbeira.com; Rúa Cordobelas; EZ/DZ 107/130 €; ⏲Mitte Dez.–Mitte Jan. geschl.; P❄@☎≋) Ein modernes, familiäres Hotel nahe der Hauptstraße 1 km außerhalb von Cedeira. Es bietet 16 minimalistische Zimmer in gedämpften Farbtönen und mit Glasgalerien sowie einer tollen Aussicht auf die *ría*.

Pensión Chelsea HOSTAL €
(☎981 48 23 40; Plaza Sagrado Corazón 15; Zi. 45 €; ⊖) Das Chelsea liegt mitten im Zentrum und hat gepflegte, geräumige Zimmer mit maritimem Touch.

Mesón Muiño Kilowatio TAPAS €
(Rúa do Mariñeiro 11; Tapas 4–8 €; ⏲Di geschl.) In der kleinen Bar bekommt man großzügige Portionen *marraxo* (eine Haifischart), *raxo* und *zorza* (auf verschiedene Arten gegrilltes Schweinefleisch) sowie andere galicische Köstlichkeiten.

El Naútico MEERESFRÜCHTE €€
(☎981 48 00 11; Rúa do Mariñeiro 7; Mahlzeiten 20–40 €) Gegenüber dem Fluss stehen leckere Meeresfrüchte, vor allem *percebes*, auf dem Speiseplan.

ℹ Praktische Informationen

Cedeiras **Touristeninformation** (☎981 48 21 87; Avenida de Castelao 18; ⏲Mo–Fr 10.30–14 & 16.30–19.30, Sa 10.30–14 Uhr) liegt in der Neustadt.

ℹ An- & Weiterreise

Wer mit dem Bus aus dem Süden anreist, muss in Ferrol umsteigen. Von dort aus fährt Rialsa bis zu siebenmal täglich nach Cedeira (2,75 €, 45 Min.) und Arriva ein- bis zweimal pro Tag nach Cariño (2,60 €, 50 Min.).

SERRA DA CAPELADA

Der wilde, raue Küstenabschnitt der Rías Altas beginnt oberhalb von Cedeira. Mit dem eigenen Wagen oder besser noch auf ausgedehnten Wanderungen kann man Galiciens bezaubernden nordwestlichen Landstrich mit seinen üppigen Wäldern und schwindelerregenden Klippen an der Atlantikküste erkunden.

Ganze Busladungen voller Touristen kommen im Sommer in die Ortschaft **San Andrés de Teixido** (12 km hinter Cedeira) mit seinen Steinhäusern, die sich rund um das berühmte Heiligtum der Reliquien des heiligen Andreas gruppieren. Noch beeindruckender ist die Natur. Die kurvige, attraktive Landstraße CP2205 führt in nordwestliche Richtung nach Cariño. 6 km hinter San Andrés lohnt sich ein Zwischenstopp beim Aussichtspunkt **Garita de Herbeira**, der 600 m über dem Meeresspiegel liegt. Es handelt sich um die höchsten Klippen Südosteuropas. Nach weiteren 9 km gelangt man zum **Mirador A Miranda**, einem tollen Aussichtspunkt über Estaca de Bares, an dem optisch lediglich zwei Sendemasten stören.

4 km nördlich des betriebsamen Ortes **Cariño** taucht die Mutter aller spanischen Kaps auf, der **Cabo Ortegal**, wo der Atlantik auf den Golf von Biskaya trifft. Die steilen Klippen sind so hoch, dass die an die Felsen krachenden Wände fast kümmerlich erscheinen. Direkt vor der Küste bieten die drei Inselchen **Os Tres Aguillóns** Raum für Hunderte von Meeresvögeln, darunter Gelbfußmöwen und Sturmschwalben. Wer ein Fernglas dabeihat, entdeckt möglicherweise auch Delphine und Wale.

Hier erstrecken sich einige schöne Wanderwege. Auf dem Pfad ab Cariño hält man am besten am ersten *mirador* (Aussichtspunkt) und geht die 3,2 km (30 Min.) bergauf zur Kapelle **San Xiáo de Trebo**. Die gut markierte Strecke führt durch Wald, überquert den Fluss Río Soutullo und bietet schöne Ausblicke.

In der Gegend gibt's einige Landhäuser, z. B. das charmante **Muiño das Cañotas** (☎981 42 01 81; www.muinodascanotas.com, auf Spanisch; A Ortigueira 10, A Pedra; Zi. inkl. Frühstück 65–80 €; P⊖☎) in einem hübschen kleinen Dorf 200 m von der Hauptstraße DP6121 und 2 km südlich von Cariño. Es verfügt über fünf schöne Zimmer in einer kürzlich umgebauten Wassermühle aus dem 14. Jh.

VON CARIÑO NACH VIVEIRO

Von Cariño führt die Straße südlich rund um die Ría de Ortigueira zum Fischereihafen von **Ortigueira**. Im weiteren Verlauf der Landstraße AC862 folgt eine Abzweigung zu der kleinen, aber schönen **Praia de Santo António** in Porto de Espasante. Zur Entspannung und für einen tollen Blick über die Bucht lohnt es sich, ein Zimmer in dem alten, aber gut erhaltenen **Hotel Orillamar** (☎981 40 80 14; EZ/DZ inkl. Frühstück 55/75 €; P@) zu buchen, in dessen Panoramares-

DUDELSACKSPIELER & GEIGER

Galicische Volksmusik hat viel mit den keltischen Traditionen Englands, Irlands und Schottlands zu tun, und den Klang der *gaita* (Dudelsack), der Geige, der *bombo* (große Trommel) und der *zanfona* (eine Art Akkordeon) hört man auf vielen Veranstaltungen. Mehrere keltische Musikfestivals beleben die Sommermonate. Das größte und beste unter ihnen ist das **Festival Ortigueira** (www.festivaldeortigueira.com) in Ortigueira an den Rías Altas im Juli. Zu weiteren lohnenden Events gehören das **Intercéltico** (www.festivalinterceltico.com) in Moaña (Ría de Vigo) und die **Festa da Carballeira** (www.festadacarballeira.com) in Zas (Costa da Morte) – beide finden am letzten Juliwochenende oder dem ersten Augustwochenende statt.

Führende *gaiteros* (Dudelsackspieler) und andere Musiker sind beliebte Helden in Galicien. Wer sich mehr mit dem wichtigen kulturellen Genre der Region befassen möchte, kann z. B. Konzerte der Dudelsackspieler Carlos Núñez, Xosé Manuel Budiño und Susana Seivane, der Dudelsackspielerin und Sängerin Mercedes Peón, des Sängers Uxía oder der Bands Luar Na Lubre, Berrogüetto sowie Milladoiro besuchen.

taurant (Mahlzeiten 25–50 €) herrliche zubereitete Meeresfrüchte und leckeres Fleisch aufgetischt werden.

Von hier bis zur Halbinsel Bares im Osten ist die Küste reich an Stränden, die zu den dramatischsten und am wenigsten bekannten Spaniens gehören und am Fuß der spektakulären Klippen **Acantilados de Loiba** liegen. Am einfachsten erreichbar ist die **Praia de Picón**, indem man der beschilderten Abzweigung ab Kilometer 63 an der AC682 in Loiba und dann der DP6104 bis zum Dorf Picón folgt. Dort führt eine scharfe Linkskurve zu einem kleinen Picknickplatz, von wo ein Pfad mit Holzgeländer hinunter zum Strand geht.

O Barqueiro an der Ría del Barqueiro ist ein galicisches Fischerdorf, wie es im Buche steht. Weiße Häuser mit schiefergedeckten Dächern reihen sich bis zum Hafen aneinander. Viel zu tun gibt's nicht, man kann höchstens beobachten, wie die Fischer ihren Fang einholen. Der Ort liegt an der Strecke Ferrol–Viveiro und wird jeden Tag von ein paar FEVE-Zügen und Arriva-Bussen angesteuert.

Wer es noch ruhiger mag, fährt auf der Halbinsel Bares weiter Richtung Norden bis nach **Porto de Bares/Vares**. Mehr als einen Strand mit ein paar Booten bekommt man hier nicht zu sehen. Unterschlupf findet man z. B. in einem der sechs Zimmer des ehemaligen Leuchtturms **Semáforo de Bares** (☎981 41 71 47; www.hotelsemaforodebares.com; Estaca de Bares; EZ 65 €, DZ 90–150€; P ⊜), das 3 km außerhalb des Ortes eine beeindruckende Aussicht auf die *rías* bietet. Einen Blick auf den Strand gewährt das zentral gelegene **Restaurante La Marina** (Mahlzeiten 10–40 €), auf dessen Speisekarte großartige Meeresfrüchte-Paellas (32 € oder 48 € für 2 Pers.) stehen.

Die Halbinsel Bares ist im Spätsommer und Frühherbst ein beliebtes Ziel von Zugvögeln, außerdem erstrecken sich hier mehrere gute Wanderwege. Vom Leuchtturm nahe der Spitze der Halbinsel folgt ein Pfad dem Grat einer kurvigen Felsnase fast bis zu ihrem Ende. Dort liegt die **Punta da Estaca de Bares**, Spaniens nördlichster Zipfel.

VIVEIRO

7300 EW.

Viveiro liegt an der Mündung des Río Landro und wartet mit einem gut erhaltenen historischen Stadtkern auf, dessen äußerliches Erscheinungsbild sich kaum geändert hat, seit der Ort nach einem Brand im Jahr 1540 wieder aufgebaut wurde. Die hiesigen Feiern während der Osterwoche sind sehr berühmt, denn dann putzen sich die Einwohner für die Prozessionen heraus.

Wer in Viveiro übernachten möchte, kann z. B. im **Hotel Vila** (☎982 56 13 31; www.hotel-vila.net; Avenida Nicolás Cora Montenegro 57; EZ/DZ 43/53,50 €;) nahe dem FEVE-Bahnhof Apeadero einchecken. Die moderne, schnörkellose Unterkunft mit einem Stern verfügt über helle Zimmern und gelbe Wände. Der **Pazo da Trave** (☎982 59 81 63; www.pazodatrave.com; Galdo; Zi. 82–158 €; P) liegt 3 km entfernt im Inland (Abzweigung von der LU540 südlich von Viveiro) und ist ein umgebautes historisches Landhaus mit originalen Kunstwerken und rustikal-schicken Zimmern. Im etwas kitschig eingerichteten **O' Asador** (☎982 56 06

88; Rúa Melitón Cortiñas 15; Mahlzeiten 30–60 €; ⊛) direkt im Ort bekommt man leckeren Fisch, Steaks und Salate, muss aber etwas auf sein Essen warten.

FEVE-Züge zwischen Ferrol und Oviedo halten im Ort, ein paar Arriva-Busse fahren nach Lugo und an den Rías Altas entlang. An den Wochenenden gibt's keine Busverbindungen nach Ribadeo.

RIBADEO

6400 EW.

Dieser lebhafte Hafenort ist im Sommer ein Magnet für Sonnenanbeter. Er liegt an der westlichen Seite der Ría de Ribadeo, die Galicien von Asturien trennt. Ribadeo selbst hat zwar keine Strände, wartet aber mit einer beeindruckenden Küste auf.

Der alte Ortskern verbindet maritimen Charme mit eklektischer Architektur des 20. Jhs. Ribadeos ruhiger, palmenbestandener Hauptplatz, die **Praza de España**, bietet als Highlight den modernistischen Turm **Torre de los Moreno** mit einer glasierten Keramikkuppe. Wer schwimmen möchte, muss außerhalb der Kleinstadt suchen. Besonders spektakulär ist die **Praia As Catedrais** (Kathedralenstrand), ein 1,5 km langer Sandstreifen mit großartigen, gotisch aussehenden Felsformationen, die bei Ebbe besonders zur Geltung kommen.

In der Gegend gibt's viele Campingplätze, Strandherbergen und ansprechende Hotels. Als eine der besten Unterkünfte gilt das **A Cortiña** (☎982 13 01 87; www.cantalarrana.com, auf Spanisch; Calle Paco Lanza, Grañol; Zi. 74 €; P), ein hübsches Landhaus im Ort unweit des FEVE-Bahnhofs. Mit seinen Steppdecken, Gingham-Vorhängen und antiken Möbeln verströmt es jede Menge Charme. Oberhalb des ruhigen Hafens werden in dem gemütlichen Essraum im Obergeschoss des **Solana** (Rúa de Antonio Otero 41; Mahlzeiten 20–45 €) Fisch, gegrilltes Fleisch und Pasta aufgetischt. Die verrauchte Taverne unten serviert Drinks und Tapas.

Über alles weitere informiert die **Touristeninformation** (☎982 12 86 89; www.ribadeo.org; Praza de España 7; ⊙10.30–14 & 16–20, Juli–Sept. So abends & Okt.–Juni So geschl.).

FEVE-Züge fahren mit vielen Zwischenstopps von/nach Oviedo (10.75 €, 3½ Std., 2-mal tgl.) und Ferrol (9,75 €, 3 Std., 4-mal tgl.). Mindestens vier Busse verkehren jeden Tag nach Luarca, Oviedo, Lugo und (außer am Wochenende) Viveiro und zwei weitere Linien steuern Santiago de Compostela an.

COSTA DA MORTE

Lange, ziemlich abgelegene Strände zwischen schroffen Felsformationen prägen die wunderschöne „Todesküste", einen relativ isolierten und unberührten Abschnitt, der sich von Caión bis hinunter nach Muros an der Mündung der Ría de Muros erstreckt. Um ihn ranken sich viele Legenden, wie die, dass die Einwohner in stürmischen Nächten vorbeifahrenden Schiffen mit Lampen Zeichen gegeben haben sollen, damit sie an den tödlichen Felsen zerschellten. Die Bewohner trifft allerdings kaum eine Schuld, dass es an der gefährlichen Küste schon so viele Schiffsunglücke gegeben hat, denn die idyllische Landschaft verändert rasend schnell ihr Gesicht, wenn vom Atlantik feuchter Nebel aufsteigt.

Wer die Gegend näher erkunden möchte, nächtigt am besten in einem der Landhotels (Adressen findet man unter www.turismocostadamorte.com).

Auch wenn es einige Busverbindungen von Santiago de Compostela und A Coruña zu vielen Orten der Costa da Morte gibt, braucht man ein Auto (oder gute Beine), um die schönsten Stellen zu erreichen.

Muros & Carnota

Die Costa da Morte beginnt in Muros, dessen Hafen lange Zeit eine große Bedeutung für Santiago de Compostela hatte. Inzwischen gilt das Städtchen als ruhiger Ort mit guten Fischrestaurants, die man nach einem morgendlichen Bad an einem der Strände der Umgebung aufsucht. Im **Pachanga** (Avenida Castelao 29; raciones 4–11 €) am Hafen tischt man Seekrake zu einem leichten Albariño-Wein auf.

Wer ab Monte Louro der Küste Richtung Norden folgt, stößt auf mehrere beeindruckende Sandstrände, z. B. die 7 km lange **Praia de Carnota**. Der Wind kann hier sehr rau sein. Am südlichen Ende liegen die besonders geschützten Bereiche; sie sind ab dem Dorf Lira ausgeschildert. Das Dorf Carnota ist bekannt dafür, dass sich dort der längste *hórreo* (traditioneller galicischer Maisspeicher aus Stein) Galiciens befindet. Er ist genau 34,5 m lang und wurde Ende des 18. Jhs. errichtet. Die Orte **Caldebarcos**, am nördlichen Ende der Carnota-Bucht, und **O Pindo**, ein paar Kilometer weiter, sind gute Ausgangspunkte für Wanderungen durch die erodierte, hügelige Granitlandschaft über der Küste. Von O

Pindo führt die Straße rund um die schöne Ría de Corcubión Richtung Fisterra.

Fisterra & Umgebung

3000 EW. (FISTERRA)

Cabo Fisterra (auf Kastilisch Cabo Finisterre) gilt als der westlichste Zipfel des Landes, zumindest will der Volksmund es so. Tatsächlich nämlich ist das 5 km nördlich gelegene Cabo de la Nave noch einen kleinen Tick weiter im Westen, doch das hindert die Besucher nicht daran, zahlreich zum windumtosten Cabo Fisterra zu wandern, wo sich der Kilometerstein 0 befindet und die beliebte 86 km lange Camino-de-Fisterra-Variante des Jakobswegs endet. Ein Ritual der Pilger ist es, nach der Ankunft gleich hinter dem Leuchtturm ihre alten, durchgelatschten Socken zu verbrennen.

Viele Besucher kommen mit dem Auto her (vom Dorf Finisterre aus sind es 3,5 km). Auf dem Weg kommt man an der **Igrexa de Santa María das Areas** aus dem 12. Jh. vorbei, eine Mischung aus Romanik, Gotik und Barock. Tolle Aussichten auf die Küste und mehr Ruhe haben Traveller, die einen anderen Weg (600 m hinter der Kirche) zum **Monte Facho** und **Monte de San Guillerme** nehmen. Um diese Gegend ranken sich verschiedene Mythen – so heißt es beispielsweise, dass früher kinderlose Ehepaare hergekommen seien, um ihre Chancen auf Nachwuchs zu erhöhen.

Die Ortschaft Fisterra selbst ist ein kleines maritimes Zentrum mit einem recht hübschen Hafen. Zu den wunderbaren Stränden der Umgebung gehört die **Praia da Mar de Fora** an der anderen Seite der Landzunge.

Unter den zahlreichen Unterkünften ist das **Hotel Rústico Ínsula Finisterrae** (☎981 71 22 11; www.insulafinisterrae.com auf Spanisch; A Insua 76; Zi. inkl. Frühstück 84–99 €; P) das beste. Das jahrhundertealte Landhaus liegt oberhalb der Ortschaft und verfügt über geräumige, helle Zimmer mit Messingbetten, weißer Bettwäsche und Steinwänden. Einige davon bieten eine fantastische Aussicht. Direkt im Ort sowie am Wasser wartet das **Hostal Mariquito** (☎981 74 00 44; Rúa de Santa Catalina 44; EZ/DZ 30/42 €; @) mit geräumigen, sauberen Zimmern auf, allerdings sind die Betten teilweise durchgelegen.

Am kürzlich verschönerten Ufer reihen sich einige Fischrestaurants aneinander, die sich kaum voneinander unterscheiden. Das moderne **O Fragón** (☎981 74 04 29; Praza da Cerca 8; Mahlzeiten 40–70 €, Menü 24 €; Sept.–Juni Mi–So abends geschl.) bereitet authentische, sorgfältig zubereitete Gerichte zu, etwa wilden Steinbutt mit sautiertem Gemüse und Trockenfrüchten. Es befindet sich gleich um die Ecke hinter der Straße mit den vielen Lokalen.

Monbus fährt ein bis zweimal täglich von/nach Santiago de Compostela (14 €, 3 Std.) via Muros und Carnota, und bietet zudem weitere Verbindungen mit einem Transfer in Cee an. Das Busunternehmen Autocares Vázquez verkehrt täglich zwei- bis dreimal von/nach A Coruña (13,20 €, 2½ Std.).

Muxía & Umgebung

1640 EW. (MUXÍA)

Die Route nördlich von Fisterra nach Muxía führt durch schöne, dicht bewaldete Abschnitte. Auf halber Strecke lohnt ein Abstecher zum malerischen **Cabo Touriñán**. Gleich südlich von Muxía erstreckt sich die herrliche **Praia de Lourido**, ein natürlicher Sandstrand in einer geschützten Bucht.

Muxía selbst ist ein fotogener kleiner Fischerort mit einer Handvoll gemütlicher Bars. Folgt man der Beschilderung entlang des Ufers, kommt man zum Santuario da Barca und dem beliebtesten Pilgerziel Galiciens, der **Punta da Barca**. Der barocke **Santuario da Virxe da Barca** steht genau an der Stelle, an welcher der Legende nach die Jungfrau Maria in einem steinernen Boot anlegte und dem heiligen Jakob erschien. Der Bootskörper und das Segel sollen zwischen den Felsen unterhalb des Heiligtums liegen.

Gleich außerhalb der Stadt auf dem Weg nach Santiago kann man sich im **Tira da Barca** (☎981 74 23 23; www.tiradabarca.com; Zi. 60 €; P) einquartieren. Das Hotel verfügt über sieben Zimmer sowie ein erstklassiges Restaurant, das hochwertige Menüs von 25 bis 48 € plus Getränke anbietet und sich auf Fisch und Meeresfrüchte spezialisiert hat.

LP TIPP **Casa de Trillo** (☎981 72 77 78; www.casadetrillo.com; Zi. inkl. Frühstück 70–90 €; P @), eine charmante Unterkunft, liegt inmitten einer typisch galicischen Landschaft 8 km südlich von Muxía bei Santa Mariña. Das Herrenhaus aus dem 16. Jh. besitzt einen schönen Garten sowie gemütliche, gut eingerichtete Zimmer und

NICHT VERSÄUMEN

TOP FIVE: DÖRFER

Es mag umstritten sein, welches das schönste galicische Dorf ist, doch diese fünf haben einen ganz besonderen altertümlichen Zauber:

» **Muxía** (S. 551) Ein liebenswerter, ruhiger Fischerort.

» **Cambados** (S. 554) Umgeben von galicischen Weinfeldern.

» **Combarro** (S. 558) Ein malerischer Ort mit köstlichen Meeresfrüchten.

» **Castro Caldelas** (S. 568) Schmiegt sich idyllisch an einen Hügel.

» **O Cebreiro** (S. 571) In dem Bergdorf beginnt der galicische Teil des Jakobswegs.

ist ein großartiger Ausgangspunkt für Ausflüge in die Umgebung.

Von Muxía weiter Richtung Camariñas nimmt man am besten die Straße über **Leis**, einen idyllischen Weiler mit vielen *hórreos* und Bauernhöfen, und über das hübsche, am Fluss gelegene Dorf **Cereixo**. An der einladenden **Praia do Lago** kann man eine Pause machen.

Zwei bis drei Busse verbinden Muxía täglich mit Santiago, Cee, Camariñas und A Coruña.

Von Camariñas nach Camelle

Das Fischerdorf Camariñas ist bekannt für seine traditionellen *encaixe* (Spitzenarbeiten). Mehrere Läden haben sich darauf spezialisiert. Gegenüber dem Rathaus liegt das interessante **Museo do Encaixe** (Spitzenmuseum; Praza Insuela; Eintritt 2 €; ⌚Di–So 11–14 & 17–20 Uhr).

Am besten übernachtet man im **Hotel Puerto Arnela** (☎981 70 54 77; www.puertoarnela.es, auf Spanisch; Plaza del Carmen 20; Zi inkl. Frühstück 45–80 €; 📶) mit Blick auf den Hafen. Das steinerne Gutshaus verfügt über schöne rustikale Zimmer und ein einfaches Restaurant (Mahlzeiten 17–30 €; So abends geschl.), das Grillhähnchen und Fisch serviert.

Von Camariñas besteht mindestens eine Busverbindung täglich nach Santiago, Cee, Muxía und A Coruña, manche mit Anschlüssen auf der Strecke. Die raue Küste zwischen Camariñas und Camelle gehört zu den schönsten Abschnitten der Costa da Morte.

Man kann die **Küstenstraße** (teils befestigt, teils schmutzig/schotterig) von Camariñas nach Nordwesten entlang wandern, das Fahrrad nehmen oder mit dem Auto fahren. Der Weg führt zum Leuchtturm am **Cabo Vilán** (5 km), dann geht's weitere 22 km in nordnordöstlicher Richtung bis Camelle. Dabei entdeckt man versteckte Strände wie die **Area de Trece**, windgepeitschte Hügel und verwitterte Steinformationen. An vielen Stellen lohnt sich ein Zwischenstopp, etwa am **Ceminterio dos Ingleses** (Englischer Friedhof), der Grabstätte für die Matrosen, die hier 1890 bei einem Schiffsunglück ums Leben kamen.

Das verschlafene Fischernest Camelle verströmt nicht gerade viel Charme, ist aber wegen seines skurrilen **Museo do Alemán** bekannt, einem Skulpturengarten von „Man", einem exzentrischen Deutschen, der hier lange lebte. Der Bildhauer starb 2002 kurz nach dem Unfall des Öltankers *Prestige*, bei dem seine fantasievollen Figuren von einer schwarzen Ölschicht überzogen worden waren. Die Kunstwerke (inzwischen frei von Öl) befinden sich neben dem Ende des Piers. Von dort aus kann man sie sehen, allerdings ist das Gelände nicht mehr öffentlich zugänglich. Die **Praia de Traba**, ein wenig besuchter 2,5 km langer Sandstrand mit Dünen und einer Lagune, erreicht man von Camelle aus über einen schönen, 4 km langen Küstenpfad in östlicher Richtung. Die **Café Bar Molinera** (☎981 71 02 38; Rúa Principal 79; Apt. 40 €) verfügt über gute Apartments für bis zu vier Gäste.

Laxe & Umgebung

1900 EW. (LAXE)

Ein weitläufiger Strand prägt den Urlaubsort Laxe mit seiner gotischen Kirche **Santa María da Atalaia** aus dem 15. Jh. Dieses lebhafte Dorf ist eine gute Ausgangsbasis, um die Küste zu erkunden. Am Strand am Südende von Laxe bietet das gepflegte **Playa de Laxe Hotel** (☎981 73 90 00; www.

playadelaxe.com; Avenida Cesáreo Pondal 27; EZ 76 €, DZ 87–108 €; P❄@☏) 40 Zimmer mit Parkettböden und gradliniger Einrichtung. Es lohnt sich, einen kleinen Aufpreis zu zahlen, denn dann bekommt man einen größeren Raum mit Blick auf das Wasser. Mehrere einladende Lokale servieren an der Uferstraße Rúa Rosalía de Castro Tapas, *raciones* und Getränke. Für eine „richtige" Mahlzeit lohnt sich das **Mesón O Salvavidas** (Mahlzeiten 30–50 €; ☏) gleich neben dem Playa de Laxe Hotel. Hier werden leckere gegrillte Fisch- und Fleischgerichte zubereitet.

Auch die Umgebung ist attraktiv. Laxes **Touristeninformation** (☎981 70 69 03; Avenida Cesáreo Pondal 27; ⏲Di–Do 9.30–14.30 & 17.30–20, Mo & Fr 9.30–14.30 Uhr) und der **Infostand** (Mitte Juni–Mitte Okt. tgl. geöffnet) an der Rúa Rosalía de Castro haben Broschüren zu **Wanderwegen** wie dem PR-G70 (4,6 km, 2 Std.) rund um die Halbinsel Monte da Insua und die längere Küstenroute zur Praia de Traba vorbei am Surferstrand Praia de Soeste.

Bei einer Fahrt ins Inland geht's hinter Canduas südlich auf die AC430 bis zur Abzweigung zum **Castro A Cidá de Borneiro**, einer Siedlung aus der Zeit vor den Römern mitten im dichten Wald.

Mindestens zwei Vázquez-Busse verkehren täglich von Laxe nach A Coruña (8,45 €, 1¾ Std.).

Küstenstraße führt etwa 250 km lang von Muros nach Nigrán – eine Entfernung, die per Luftlinie gerade mal 72 km beträgt!

RÍAS BAIXAS

Die ausgedehnten Strände und das relativ ruhige, warme Wasser sorgen dafür, dass die Rías Baixas (auf Kastilisch Rías Bajas) viele Touristen anziehen. Deshalb finden sich hier weit mehr Orte, Hotels, Apartments und Restaurants als in anderen Gebieten der galicischen Küste. Durch den Tourismus hat die Schönheit der Region zwar etwas gelitten, aber es gibt immer noch hübsche Dörfer, herrliche Küstenabschnitte und gutes Essen. Auf dem Besucherzettel für einen verführerischen Reisecocktail sollten nicht zuletzt die Illas Cíes, das reizvolle Pontevedra und das quirlige Vigo stehen.

Die folgenden Beschreibungen beginnen am Ende einer jeden *ría* und arbeiten sich dann nach außen vor. Wer mit dem eigenen Fahrzeug unterwegs ist, wird vielleicht einfach dem reizvollen Küstenverlauf von einer Meeresmündung zur nächsten folgen. Die Küstenstraße führt etwa 250 km lang von Muros nach Nigrán – eine Entfernung, die per Luftlinie gerade mal 72 km beträgt!

Mehr über die Gegend und die Landhotels siehe www.riasbaixas.depo.es.

Ría de Muros y Noia

NOIA

8300 EW.

Das strandlose Noia liegt am gleichnamigen Fluss und diente Schiffsreisenden über Jahrhunderte hinweg als Ausgangsbasis nach Santiago de Compostela. Heute kann man in den krummen Gassen im historischen Zentrum wunderbare Spaziergänge unternehmen.

Einer der beiden wichtigsten Bauten im Ort, die **Igrexa de San Martiño** (⏲8.30–12 & 16.30–21 Uhr), dominiert den Altstadtplatz Praza do Tapal. An der Westfassade sind wunderbare Skulpturen der Apostel sowie von Christus und den Erzengeln zu sehen. Das zweite Highlight ist die **Igrexa de Santa María A Nova** (Carreiriña do Escultor Ferreiro; ⌚10.30–13.30 & 16–18 Uhr, Sa & So nachm. geschl.). Beide Kirchen sind typische Beispiele für den galicischen „Seemannsstil" der Gotik, dessen Markenzeichen ein einziges, sehr breites Kirchenschiff ist. Zur Igrexa de Santa María gehört ein schöner Friedhof mit einer Sammlung von Grabplatten mittelalterlicher Zünfte, von denen auf vielen ihre jeweiligen Symbole, wie Anker, Messer (für Metzger) oder ein paar Sohlen (für die Schuhmacher) dargestellt sind.

Im Ort kann man gut Tapas essen gehen. Gleich nördlich der Igrexa de San Martiño stößt man auf die in den Stallungen des Pazo Dacosta aus dem 14. Jh. untergebrachte **Tasca Típica** (Rúa Cantón 15; raciones 3,50–12 €). Hier bekommt man großartige Drinks, Snacks und Gerichte. Der kleine Speisesaal mit einer Handvoll Tische wird von Kerzen beleuchtet.

SÜDKÜSTE

Die hiesige Südküste ist nicht völlig naturbelassen, aber auch nicht sehr touristisch. In **Porto do Son** schmiegen sich der geschäftige Hafen, der kleine Strand und die winzige Altstadt an die *ría* und es gibt mehrere gute Tapas-Bars sowie einfache Restaurants. Das **Hotel Villa del Son** (☎981 85 30 49; www.hotelvilladelson.es; Rúa de Trincherpe 11, Porto do Son; EZ/DZ 40/58 €; 📶) hat ordentliche Zimmer mit kühlen Fliesen, einer lustigen, blau-gelben Dekoration und hellen Bäder. Im beliebten **Hórreo** (Rúa de Felipe III 25; Mahlzeiten 18–30 €) bekommt man die lokale Spezialität *arroz con bogavante* (Reispfanne ähnlich der Paella mit einer Art Hummer), Fleisch und Fisch zu fairen Preisen vom Grill und sogar Pizza!

2 km hinter Porto do Son erreicht man die spektakuläre prähistorische Siedlung **Castro de Baroña**. Vom Parkplatz neben der Cafeteria geht's einen steinigen Weg hinunter zu den Ruinen am Meer. Die Vorfahren der Galicier hatten ein Händchen für gute Wohnlagen. Die Siedlung thront majestätisch auf einer Landzunge, an der sich die Wellen des Atlantiks brechen. Südlich des *castro* erstreckt sich die **Praia Area Longa**, der erste einer kleinen Reihe von Surfstränden entlang dieser Seite der *ría*.

Autofahrer können einen Abstecher zum **Dolmen de Axeitos** machen, einem gut erhaltenen Megalithmonument; ein Schild zwischen Xuño und Ribeira weist den Weg dorthin. Oder man steuert den 600 m hohen **Mirador A Curota** an, von dem man bei besonders gutem Wetter die gesamte Küste von Cabo Fisterra bis zum Monte de Santa Trega überblickt. Danach geht's weiter nach **Corrubedo** an der Spitze der Halbinsel mit Stränden zu beiden Seiten des Ortes, einem Leuchtturm am Ende der Straße und einigen gemütlichen Bars am Hafen.

Ría de Arousa

PADRÓN

3000 EW.

Der Legende nach landete das steinerne Segelboot, das Santiagos Leiche nach Galicien brachte, genau hier. Heute ist Padrón bestens bekannt für seine grünen Pfefferschoten *pimientos de padrón,* die im 16. Jh. von Franziskanermönchen importiert wurden und nun rund um die Stadt wachsen und gedeihen. Gebraten und mit grobem Salz gewürzt gelten sie landesweit als Delikatesse. Doch Vorsicht: Manche sind wirklich extrem scharf.

Aus Padrón stammen die beiden berühmtesten Schriftsteller Galiciens: Rosalía de Castro (1837–85) und der Nobelpreisträger und Romancier Camilo José Cela (1916–2002). Das schöne Steinhaus der Dichterin gegenüber dem Bahnhof beherbergt heute das **Casa-Museo Rosalía de Castro** (www.rosaliadecastro.org, auf Galicisch & Spanisch), während Celas Leben in der **Fundación Camilo José Cela** (www.fundacioncela.com) in Iria Flavia, 1 km nördlich des Zentrums von Padrón, dokumentiert ist.

Zu den besten Restaurants im Ort gehört das **A Casa dos Martínez** (☎981 81 05 77; Rúa Longa 7; Mahlzeiten 40–50 €, Menü 27,50 €; ⌚Di–So 14–15.30, Fr& Sa 21.30–23 Uhr) an einer Fußgängerstraße. Hier serviert man großartige kreative *cocina de mercado* (mit Fleisch, Meeresfrüchten, Gemüse und anderen frischen Zutaten vom Markt).

Castromil-Busse fahren mehrmals täglich von Padrón nach Santiago de Compostela (1,90 €, 30 Min.) und Pontevedra (3,80 €, 1 Std), außerdem gibt's Verbindungen nach Noia, Cambados und O Grove.

CAMBADOS

6700 EW.

Cambados ist die Hauptstadt des **Albariño-Weingebiets**, das fruchtige Weißweine hervorbringt. Der hübsche Ort am Meer wurde von den Westgoten gegründet und hat einen kompakten Altstadtkern, an dessen Straßen sich die Steinhäuser aneinanderreihen. Traveller können einige Weinkellereien in der Gegend besuchen, außerdem findet Ende Juli ein beliebtes **Weinfest** statt.

Zwar sind die Kellereien außerhalb des Zentrums bekannter, aber weniger gut zu erreichen als die zwei Betriebe unweit der ausgedehnten Praza de Fefiñáns am nördlichen Ende des Ortsmitte: die **Bodegas del Palacio de Fefinañes** (www.fefinanes.com; Führung mit/ohne Degustation 4/2 €; ⌚Mo–Sa 10–14 & 16–20 Uhr) im Pazo de Fefiñáns aus dem 17. Jh. und **Gil Armada** (www.pazodefefinans.com; Ausstellung mit/ohne Degustation 4/2 €; ⌚Mo–Fr 10–14 & 17–20 Uhr).

Galiciens bekannteste Kellerei, **Martín Códax** (www.martincodax.com; Rúa Burgáns 91, Vilariño; Eintritt frei; ⌚Mo–Fr 11–13 & 17–19, Sa 11–13 Uhr, Okt.–Mai Sa geschl.) ist wenige Autominuten von der Stadt entfernt. Führungen beginnen stündlich, auf Wunsch ist eine Weinprobe möglich. Mehr Infos über Weingüter der Rías Baixas siehe unter www.rutadelvinoriasbaixas.com.

Cambados hat fünf **Museen** (Eintritt für alle zusammen 3 €; ⌚Di–So 10–14 & 16.30–19.30 Uhr), die sich hauptsächlich dem Wein und der Fischerei widmen, außer in einem, in dem man auch eine alte gezeitenbetriebene Getreidemühle sehen kann.

Zum Übernachten eignet sich das **Pazo A Capitana** (☎986 52 05 13; www.pazoacapitana.com, auf Spanisch; Rúa Sabugueiro 46; EZ/DZ inkl. Frühstück 75/97€; Mitte Dez.–Mitte Jan. geschl.; P ❄), ein Landhaus aus dem 17. Jh. am Stadtrand mit eleganten Zimmern, schönen großen Gärten und einer angeschlossenen Weinkellerei. Eine günstigere Möglichkeit ist das relativ neue **Hotel O' Lagar** (☎986 52 08 07; www.hotelolagar.com, auf Spanisch; Rúa Pontevedra 14; EZ/DZ 40/50€;). Es wird von einer liebenswerten Frau und ihrem Sohn betrieben und hat saubere Zimmer sowie ein eigenes Café.

In den fußgängerfreundlichen Gassen Rúa Príncipe, Rúa Real und Praza de Fefiñáns gibt's viele touristische Restaurants und einige ansprechende Kneipen wie die **Bar Laya** (Praza de Fefiñáns), die ihren eigenen Wein anbietet. Besonders gut ist das **A Traiña** (Ribeira de Fefiñáns; Mahlzeiten 30–60 €) am Ufer, das mit *guisos* (Fischeintöpfe) und *arroz con bogavante* aufwartet.

Die hilfsbereite **Touristeninformation** (☎986 52 07 86; www.cambados.es, auf Spanisch; Avenida de Galicia; ⌚10–14 & 16.30–19.30 Uhr) liegt wenige Schritte vom Busbahnhof entfernt.

Zwischen Cambados und Santiago de Compostela, Pontevedra sowie O Grove verkehren mehrere Busse.

O GROVE

7400 EW.

O Grove säumen mehr als zwei Dutzend Sandstrände, darunter die spektakuläre **Praia a Lanzada**. Deshalb steuern viele Urlauber das Städtchen am Meer und seine weitgehend naturbelassene Umgebung an. Die von Dünen geschützte Praia a Lanzada zieht sich 2,3 km an der Westseite des Isthmus entlang. Der Strand ist verlockend natürlich, aber nicht gerade verlassen, was schon die riesigen Parkflächen zeigen.

Bevor es nach O Grove hineingeht, führt eine Abzweigung über eine Brücke zur **Illa A Toxa**, eine Insel mit Wellnesscentern, Golfplätzen und Luxushotels. Von Gärten eingefasst befindet sich hier die **Capilla de las Conchas**. Die kleine Kirche ist komplett mit *vieira* (Jakobsmuscheln) bedeckt.

Bei gutem Wetter bieten mehrere Unternehmen von April bis November Kreuzfahrten durch die *ría* an. Dabei kommt man an den **bateas** (Flößen) vorbei, an denen Miesmuscheln, Austern und Jakobsmuscheln gezüchtet werden. 75-minütige Touren kosten 13/6 € pro Erw./Kind inklusive eines Tellers Miesmuscheln. Einen interessanten Ausflug kann man im Sommer zur **Illa de Sálvora** unternehmen, einer kleinen Insel, die zu Galiciens Nationalpark Islas Atlánticas gehört. Sálvora besteht aus einer weitgehend felsigen Küste, einem Leuchtturm, einem verlassenen Dorf und einer alten Fisch-Pökelanlage, die der ehemalige Besitzer in eine Villa umbauen ließ. Von Juli bis September wird die Insel täglich von vier Fähren der Unternehmen **Cruceros do Ulla** (☎986 73 18 18) und **Cruceros Rías Baixas** (www.crucerosriasbaixas.com, auf Spanisch) angesteuert. Im Programm (Erw./Kind 20/10 €) sind ein geführter Spaziergang und etwas Zeit zum Baden inbegriffen.

Mehr über das Leben im Meer erfährt man im **Acquariumgalicia** (Erw./Kind 10/6,50€; ⌚Di–So 11–14 & 16.30–19.30 Uhr;) bei Punta Moreiras an der Nordwestseite der Halbinsel. Hier werden rund 95 überwiegend lokale Meerestierarten vorgestellt.

Einige markierte **Gehwege** befinden sich im westlichen Bereich der Halbinsel von O Grove. Eine schöne Aussicht und die Möglichkeit zur Vogelbeobachtung bietet der ausgeschilderte **Mirador A Siradella** 159 m oberhalb von O Grove.

An der Westseite der Insel erstrecken sich neun Campingplätze, außerdem gibt's in O Grove mehrere Unterkünfte, die meisten an der Rúa Castelao zwischen dem Zentrum und der Brücke zur Illa A Toxa. Wegen der tollen Aussicht gilt das **Hotel Samar** (986 73 83 78; www.samarhotel.com, auf Spanisch; DZ 130–170 €;) als wunderbare Wahl. Es liegt oberhalb des nördlichen Endes der Praia A Lanzada. Die 14 Zimmer haben alle eine eigene Terrasse, größtenteils mit einem Blick zum Strand.

O Grove ist berühmt für seine Meeresfrüchte. Die Restaurants kredenzen *berberechos* (Herzmuscheln) und *centollo* (Seespinnen). Mitte Oktober feiert man hier die **Festa do Marisco** (Meeresfrüchtefest). Am Ufer reihen sich zahlreiche Fischtavernen aneinander, darunter das **Restaurante Xantar da Ría** (Rúa Beiramar; 34; Mahlzeiten 20–45 €;). Im zweistöckigen Restaurant tischt man preislich akzeptable *guisos*, *arroces* (Gerichte auf Reisbasis), *mariscadas* und *parrilladas* auf.

Die **Touristeninformation** (986 73 14 15; www.turismogrove.com auf Spanisch; Praza do Corgo; Mo–Sa 10–20, So 11–14 Uhr) liegt nahe dem Hafen im Herzen von O Grove.

Der **Busbahnhof** (986 73 03 55) befindet sich an der Rúa Beiramar beim Hafen. Monbus fährt mindestens neunmal täglich nach Pontevedra (3,75 €, 1 Std) und dreimal über Cambados nach Santiago de Compostela (5,50 €, 2¼ Std.).

Pontevedra

60 200 EW.

Galiciens kleinste Provinzhauptstadt mag ein historisches Zentrum haben, ist deshalb aber noch lange kein verschlafenes Nest. Die verkehrsberuhigten Gassen und Plätze des kompakten Stadtkerns beherbergen jede Menge Läden, Märkte, Cafés und Tapas-Bars. Im 16. Jh. war Pontevedra die größte Stadt Galiciens. Kolumbus' Flagschiff *Santa María* wurde hier gebaut. Der Verfall des Ortes begann im 17. Jh., als der Hafen versandete und andere Städte an der *ría* immer mehr Einfluss gewannen. Heute ist Pontevedra eine einladende Stadt am Fluss mit viel Geschichte, Kultur und Stil und eine lebhafte Basis für Erkundungstouren entlang der Rías Baixas.

Sehenswertes

Einst war Pontevedras verkehrsberuhigtes historisches Zentrum von mittelalterlichen Mauern umgeben, von denen aber leider nur noch Reste übrig sind. Unter dem Dutzend Plätzen der Altstadt stechen die Prazas da Verdura, do Teucro, da Leña und da Ferrería hervor.

Wer seinen Rundgang an der südöstlichen Ecke der Altstadt beginnt, kann die charakteristische gekrümmte Fassade des **Santuario da Virxe Peregrina** nicht verfehlen. Er ist eine Laune des 18. Jhs. mit einem deutlichen portugiesischen Einschlag. Etwas zurückgesetzt von der Praza da Ferrería stößt man auf die **Igrexa de San Francisco** (7.30–12.45 & 17.30–21 Uhr) aus dem 14. Jh. Sie soll angeblich von Franz von Assisi gegründet worden sein, als sich dieser auf seiner Pilgerfahrt nach Santiago de Compostela befand. Im angrenzenden Kloster ist heute das örtliche Finanzamt untergebracht.

Ein Spaziergang die Rúa da Pasantería hinunter führt zur **Praza da Leña**, die zum Teil mit Kolonnaden verziert ist. In ihrer Mitte sieht man einen *cruceiro* (steinernes Kruzifix, eine traditionelle galicische Kunstform). Hier befindet sich auch der Haupteingang des **Museo de Pontevedra** (986 85 14 55; Rúa da Pasantería 2–12; Eintritt frei; Di–Sa 10–14 & 16.30–20.30, So 11–14 Uhr) mit seiner beachtlichen Sammlung, die auf sechs Gebäude verteilt ist. Die Ausstellungsstücke im Hauptbereich (mit Beschriftungen auf Spanisch und Galicisch) reichen von der galicischen Archäologie bis zur Kapitänskajüte eines Kriegsschiffs aus dem 19. Jh. Zum Museum gehören

Pontevedra

Highlights

Basílica de Santa María a Maior	A1
Museo de Pontevedra	C2
Praza da Leña	C2
Ruínas de San Domingos	A3

Sehenswertes

1 Igrexa de San Francisco	C3
2 Santuario da Virxe Peregrina	C4

Schlafen

3 Casa Maruja	A2
4 Hotel Rúas	C2
5 Parador Casa del Barón	B1

Essen

6 Bar 5 Calles	B2
7 Casa Verdún	B1
8 O Rianxo	C2

Pontevedra

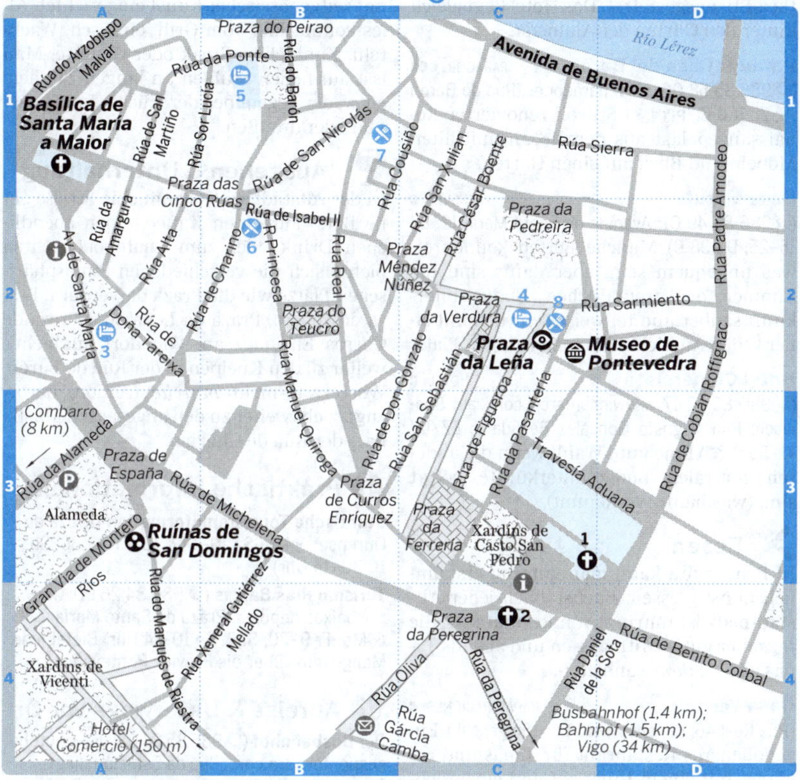

auch die **Ruínas de San Domingos** (Gran Vía de Montero Ríos; Eintritt frei; ⌚Di–Sa 10–21, So 11–14 Uhr). Die Ruine der Kirche aus dem 14. Jh. beherbergt mehrere Gräber, heraldische Schilder und weiteren mittelalterliche Gegenstände.

Oberhalb der Rúa de Isabel II erhebt sich die überwiegend gotische **Basílica de Santa María a Maior** (⌚Mo–Sa 10–13 & 17.30–20.30, So 10–14 & 18–21 Uhr). Sie ist von Pontevedras Seefahrergilde gebaut worden und vor allem wegen ihrer plateresken und portugiesisch-manuelischen Stilelemente interessant. Das Rosettenfenster der Westfassade flankieren die Büsten von Kolumbus und dem großen spanischen Eroberer Hernán Cortés.

Feste & Events

Während der **Festas da Peregrina** Mitte August gibt's einen großen Jahrmarkt auf der Alameda und Konzerte auf der Praza da Ferrería. Ende Juli zieht das **Festival Internacional de Jazz e Blues** (www.jazzpontevedra.com) erstklassige Musiker aus der ganzen Welt an.

Schlafen

Hotel Rúas HOTEL €€
(☎986 84 64 16; www.hotelruas.net; Rúa Figueroa 35; EZ/DZ 43/70 €; ⊜❄@📶) Ein überraschend nobles Ein-Sterne-Hotel. Die Zimmer, von denen viele auf einen idyllischen Platz zeigen, haben polierte Holzböden, einfache Möbel, große Bäder sowie Internetzugang. Das Restaurant bietet von Montag bis Freitag ein gutes, sättigendes Mittagessen für 12 €.

Dabarca APARTMENTHOTEL €€
(☎986 86 97 23; www.hoteldabarca.com; Calle Palamios 2; EZ/DZ 102/108 €; P⊜❄@📶) Statt Standardzimmern gibt's hier familienfreundliche Apartments (kleiner Aufpreis für Kinder in den Doppelzimmern). Sie sind mit Küchenzeilen, Waschmaschine,

Internetzugang und beigen Möbeln im Ikea-Stil ausgestattet. Das Hotel liegt gleich hinter den Gärten der Alameda.

Parador Casa del Barón PARADOR €€€
(☎986 85 58 00; www.parador.es; Rúa do Barón 19; Zi, 160 €; P ❄ 📶) Stilvoll renovierter Renaissancepalast aus dem 16. Jh. mit alten Möbeln und Blick auf einen Garten.

Casa Maruja PENSIÓN €
(☎986 85 49 01; Avenida de Santa María 12; EZ 15–25, DZ 38 €) Manche Betten können etwas unbequem sein, aber dafür sind die Zimmer der freundlichen Budgetunterkunft sauber und teilweise sehr hell mit einer tollen Aussicht auf einen ruhigen Platz.

Hotel Comercio HOTEL €
(☎986 85 12 17; www.hcomercio.com, auf Spanisch; Rúa Augusto González Besada 5; EZ/DZ 41/55 €; 📶) Eine gute Wahl, wenn die anderen zentralen Budgetunterkünfte belegt sind (was häufig vorkommt).

Essen

In Pontevedra kann man gut und erstaunlich günstig essen. Buchstäblich jeder Altstadtplatz ist umringt von Restaurants, die tagsüber gutes Mittagessen und abends Tapas und *raciones* anbieten.

Casa Verdún TAPAS, RACIONES €
(Rúa Real 46; raciones 6–12 €; ⏲So geschl.) Ein gehobeneres Restaurant für Tapas und *raciones* mit einem Innenhof und einem lebhaften Barbereich. Zu den vielen Leckereien gehören Seeteufelspieße, originelle Salate und Entrecote in Valdeón-Käse.

O Rianxo TYPISCH GALICISCH €
(Praza da Leña 6; Mahlzeiten 16–25 €) Eine von mehreren guten Optionen an einem hübschen Platz. Das O Rianxo serviert lokale Highlights wie *caldeirada de raya* (pikanter Eintopf aus Fisch und Kartoffeln), entweder draußen oder oben im Speisesaal.

Bar 5 Calles TAPAS, RACIONES €
(Praza das Cinco Rúas; raciones 3–6 €) Hier sitzt man an soliden Holztischen und bekommt neben Getränken typisch Galicisches wie Seekrake, *empanada de maíz con berberechos* (Muschelpastete) und *calamares a la romana* (frittierter, panierter Tintenfisch), alles frisch in der betriebsamen Küche zubereitet.

La Tienda de Clara GRILLGERICHTE €
(☎986 10 23 10; Calle García Sánchez 15; Mahlzeiten 15–30 €; ⏲12–24 Uhr) Dieses helle Restaurant liegt gleich südlich der Altstadt und ist mit zeitgenössischer Kunst eingerichtet. Alles kommt hier vom Grill, ob Fisch, Wachteln, Kaninchen, Steak oder Gemüse. Man isst auf hohen Stühlen an langen Tischen, entweder gegenüber der Küche, im Speisesaal oder draußen.

Ausgehen & Unterhaltung

In der Altstadt gibt's kaum eine Straße ohne Bars. Für einen Kaffee, einen abendlichen Drink oder zum Leute beobachten bieten sich die verschiedenen atmosphärischen Plätze wie die Praza da Verdura, Praza do Teucro, Praza da Leña oder Praza de Curros Enríquez an. Von dort aus geht's weiter zu den Kneipen in der Rúa do Barón. Wer etwas mehr *marcha* (Action) bevorzugt, zieht weiter zu den angesagten Musikbars der Rúa de Charino.

Praktische Informationen

Städtische Touristeninformation (Praza de Ourense; ⏲Mo–Sa 10–14 & 16.45–18.30, So 10.30–14 Uhr)

Turismo Rías Baixas (☎986 84 26 90; www.riasbaixas.depo.es; Praza de Santa María; ⏲Mo–Fr 9–20, Sa & So 10–14 Uhr) Bietet jede Menge Infos über die Provinz Pontevedra.

Anreise & Unterwegs vor Ort

Der **Busbahnhof** (☎986 85 24 08; www.autobusespontevedra.com; Rúa da Estación) liegt 1,5 km südöstlich des Stadtzentrums. Castromil-Monbus fährt täglich mindestens 26-mal nach Vigo (2,65 €, 30 Min.), 13-mal nach Santiago (5,70 €, 1 Std.) und 7-mal nach Ourense (10 €, 2 Std.). Darüber hinaus werden auch Orte wie Sanxenxo, O Grove, Cambados, Tui sowie entferntere Ziele wie Lugo oder Madrid angesteuert.

Pontevedras **Bahnhof** (☎986 85 13 13) befindet sich gegenüber dem Busbahnhof und liegt an der Strecke Vigo–Santiago de Compostela. Züge fahren nahezu stündlich in beide Städte und nach A Coruña.

Stadtbusse pendeln alle 30 Minuten zwischen dem Busbahnhof und der Praza de España am Altstadtrand.

Ría de Pontevedra

COMBARRO

1260 EW.

Nahe Pontevedra an der Nordküste der *ría* estreckt sich das Bilderbuchdorf Combarro rund um eine Bucht. In der Nähe des Ufers verteilen sich mehrere *hórreos,* im historischen Ortskern fühlt man sich fast wie im Mittelalter und die krummen Gassen, die teilweise direkt in den Felsen eingehauen wurden, führen zu *cruceiros* und wunderbaren kleinen Restaurants. Kein Wunder also, dass Besucher der Rías Baixas besonders gerne hierherkommen. Aus diesem Grund kann es im Hochsommer auch extrem voll werden.

Seine Zeit verbringt man meist damit, Essen zu gehen. Zwischen den *hórreos* am Uferrand servieren Lokale wie die **Taberna O Peirao** (Rúa do Mar 6; Mahlzeiten 35–55 €) leckeren Fisch, Fleisch, Reisgerichte und günstigere *raciones*.

Gleich hinter Combarro geht's nach einer Abzweigung zur **Praia de Covelo** zum beliebten, wenn auch schlichten **El Caracol** (Rúa Peirao do Covelo 14; Mahlzeiten 40–70 €). Die Taverne mit einer verandaartigen Terrasse bietet einen freien Blick auf das Meer. Spezialität des Hauses ist gebackener Fisch, aber auf der Karte stehen auch Reisgerichte.

Monbus-Busse zwischen Pontevedra und Sanxenxo halten in Combarro.

SANXENXO

2340 EW.

Sanxenxo (auf Kastilisch Sangenjo) ist schon als „Marbella Galiciens" bezeichnet worden. Und tatsächlich, auch wenn hier mindestens ein halbes Jahr kaum etwas los ist, gibt's im Hochsommer die eine oder andere Gemeinsamkeit mit Spaniens berühmtem mediterranem Urlaubsort: einen betriebsamen Yachthafen, mehrere gute Strände, ein langes, quirliges Hafengebiet und Straßen voller Restaurants und touristischer Unterkünfte. Allerdings kommen die Besucher fast ausschließlich aus Spanien selbst.

Die **Praia de Silgar** ist ein schöner und belebter Strand. Westlich, Richtung Portonovo, liegt die etwas ruhigere, von Dünen geschützte **Praia de Baltar**. Hinter Sanxenxo verläuft die Landstraße parallel zum Ufer entlang der *ría*, doch von Sand und Wellen ist nicht viel zu sehen, denn am Straßenrand verstellen jede Menge Hotels, *hostales* und andere touristische Einrichtungen den Blick.

Wer eine Unterkunft am Meer sucht, kann sein Glück im stilvollen und komfortablen **Hotel Rotilio** (☎986 72 02 00; www.hotelrotilio.com; Avenida do Porto 7; EZ 76, DZ 119–173 €; P ❄) versuchen, das sowohl die Praia de Silgar als auch den Yachthafen überblickt. Alle 40 Zimmer liegen nach außen und die Mehrzahl verfügt über Balkone. Das hoteleigene Restaurant **La Taberna de Rotilio** (Mahlzeiten 40–60 €; ⏲Okt.–Juni Mo & So Abend geschl.) serviert herrliche galicische Meeresfrüchte und Fleischgerichte mit einem kreativen Touch. **Portonovo** 2 km westlich hat viele Tapas-Bars und Meeresfrüchtelokale.

Gleich östlich der Praia de Silgar stößt man im glanzvollen neuen Baugebiet des Yachthafens auf die **Touristeninformation** (☎986 72 02 85; www.sanxenxo.es, auf Spanisch; Porto Juan Carlos I; ⏲9–21 Uhr, Mitte Okt.–Mitte Juni So & Mo geschl.) sowie einen großen Parkplatz.

Busse zwischen Pontevedra und O Grove (im Sommer mehr als 20-mal am Tag) halten in Sanxenxo.

SÜDKÜSTE

Von Marín aus führt ein Abstecher ein paar Kilometer ins Inland zum **Mirador de Cotorredondo**, von wo aus sich ein herrlicher Blick über die Rías de Vigo und Pontevedra eröffnet. Hinter Marín beginnt der ruhigere, südliche Küstenabschnitt der *ría*. Zu Zwischenstopps laden die weite **Praia de Lapamán** und maritime Orte wie **Bueu** mit schönen Stränden und lebhaften Häfen ein. Vom Fischerdorf Beluso geht's Richtung **Cabo de Udra**, wo die gezackte Küstenlinie den Blick auf die Illa de Ons freigibt und mehrere versteckte (wenn auch nicht unbekannte) Strände liegen, darunter die **Praia Mourisca** mit ihrem glasklaren Wasser.

Ría de Vigo

Die Hängebrücke Puente de Rande auf der Autobahn AP9 verbindet das nördliche Ufer der *ría* auf schnellstem Weg mit der Stadt. Ziemlich am Ende der Meeresmündung stößt man auf das friedliche Dorf **Hío**, dessen Hauptanziehungspunkt das berühmteste Wegkreuz Galiciens ist. Der **cruceiro** ist nicht groß, aber von erstaunlicher Qualität. Er steht vor der Kirche **San Andrés de Hío** und wurde im 19. Jh. aus einem einzigen Steinblock gemeißelt. Auf ihm sind Schlüsselszenen der christlichen Lehre, von Adam und Eva bis zur Abnahme Christi vom Kreuz, zu sehen.

In der Gegend erstrecken sich zahlreiche ausgeschilderte Sandstrände. 2,5 km nördlich von Hío führt eine befestigte Straße zur ruhigen **Praia Areabrava**.

Weiter westlich gelangt man über den Weiler Donón zum windumtosten **Cabo de**

ABSTECHER

ILLA DE ONS

Im Sommer tuckern Boote zur autofreien Insel Ons, die zum Nationalpark Islas Atlánticas gehört. Hier gibt's Sandstrände, Klippen, Ruinen, Wanderwege und viele Seevögel. Wer auf dem dortigen Campingplatz übernachten möchte (gratis), muss sich zusätzlich zum Bootsticket vorher online um eine Reservierung kümmern, und zwar unter www.iatlanticas.es (auf Spanisch).

Wenn es das Wetter erlaubt, fahren **Naviera Mar de Ons** (www.mardeons.com, auf Spanisch) und **Cruceros Rías Baixas** (www.crucerosriasbaixas.com, auf Spanisch) zwischen Juli und Ende September mehrmals täglich von Sanxenxo und Portonovo aus zur Illa de Ons (hin & zurück Erw./Kind 14/7 €).

Home, einem Felskap mit einer archäologischen Ausgrabungsstätte, Ausblicken auf die Illas Cíes und mehreren Wanderwegen.

Nahe dem Strand und dem berühmten *cruceiro liegt das* **Hotel Doade** (986 32 83 02; www.hoteldoade.com; Bajada Praia de Arneles 1, Hío; EZ/DZ 64/85 €; P ❄). Es verfügt über geräumige, moderne Zimmer mit pfirsichfarbenen Wänden und weißer Bettwäsche. Das Restaurant kredenzt frische Meeresfrüchte aus der *ría*.

Vigo

208 000 EW.

Je nach Blickwinkel ist Vigo ein quirliger Hafen, eine kosmopolitische Kunststätte oder eine elegante, historische Metropole. Galiciens bevölkerungsreichste Stadt beherbergt Europas größte Fischereiflotte und ist ein wichtiges Wirtschafts- und Handelszentrum in Nordspanien. Besucher können im Stadtkern umherschlendern und ein paar der vielleicht besten Fisch- und Meeresfrüchte der Welt kosten.

Ins Blickfeld geriet Vigo im Mittelalter, als die Stadt allmählich Baiona als großen Hafen ablöste. Obwohl sich die ersten Industrien bereits im 18. Jh. ansiedelten, begann die Hauptentwicklung des Ortes erst im 20. Jh, nämlich als sich die Bevölkerung verfünfzehnfachte. Heute ist der Hafen auch eine Anlaufstelle für viele Kreuzfahrtschiffe.

Der *casco vello* (Altstadt) erstreckt sich vom Hafen aus hügelaufwärts. Das Herz der Neustadt liegt östlich davon zwischen der Rúa do Príncipe und dem Hafengebiet.

Sehenswertes & Aktivitäten

Es sind die einfachen Dinge, die in Vigo Spaß machen: die steilen Straßen des *casco vello* bezwingen, die Boote am Hafen beim Ein- und Ausfahren beobachten, Austern schlürfen in der lebhaften Rúa Pescadería oder einen Schaufensterbummel in der geschäftigen **Rúa do Príncipe** unternehmen.

Casco Vello — ALTSTADT

Das Herz der Altstadt bildet die elegante **Praza da Constitución**, ein perfekter Ort für ein Getränk. Wer nach Norden die von Korbwarengeschäften gesäumte **Rúa dos Cesteiros** hinunterläuft, stößt auf die **Igrexa de Santa María**, die 1816 gebaut wurde – lange nachdem ihre romanische Vorgängerin durch Sir Francis Drake abgefackelt wurde.

Parque do Castro — PARK

Unmittelbar südlich der Altstadt (bergauf) kann man im grünen **Parque do Castro** herumspazieren, wo man eine **Siedlung** aus dem 3. Jh. v. Chr. sowie die mittelalterlichen Ruinen des **Castelo do Castro**, das unter Felipe IV. zum Schutz der Stadt errichtet wurde, entdeckt.

Praia de Samil — STRAND

Südwestlich des Stadtzentrums erstrecken sich lange Strände, darunter die wunderbare Praia de Samil (1,2 km lang) mit ihrer langen Uferpromenade, von der man die Illas Cíes erspähen kann. Bus 10 (tgl.) und C15B (außer So) fahren von der Rúa Cánovas del Castillo am Hafen hierhin.

Museo do Mar — MUSEUM

(www.museodomar.com/gl, auf Spanisch; Avenida Atlántida 160; Erw./Kind 3/1,50 €; Di–Fr 11–14 & 17–21.30, Sa & So 11–22 Uhr;) Auf dem Weg zur Praia de Samil lohnt ein Blick in das Museum, das mit innovativen Ausstellungsstücken die Beziehung der Galicier zum Meer demonstriert. Zu sehen sind u. a. ein Leuchtturm, ein Aquarium und ein U-Boot aus dem 19. Jh. Hierher fährt derselbe Bus wie zur Praia de Samil.

GRATIS **Museo de Arte Contemporánea de Vigo** MUSEUM

(Marco; www.marcovigo.com; Rúa do Príncipe 54; ⏲Di–Sa 11–12, So 11–15 Uhr) Gleich mehrere anspruchsvolle Museen und Galerien beweisen, dass Vigo seinen Ruf als Galiciens Stadt der Kunst verdient hat. In der *Guía del Ocio* (auf Spanisch), die in der Touristeninformation ausliegt, sind alle aufgeführt. Wenn man nur Zeit für ein Museum hat, sollte man hierher kommen. Die Ausstellungsstücke reichen von Gemälden und Skulpturen bis zu Kunstobjekten zu den Themen Kino, Mode und Design.

GRATIS **Museo Quiñones de León** MUSEUM

(☎986 29 50 70; ⏲Di, Do & Fr 10–13.30 & 17–20, Mi 10–20, Sa 17–20, So 10–13.30 Uhr) Mitten in den Gärten des **Parque de Castrelos**, etwa 3 km südlich des Zentrums, stößt man auf dieses Museum. In einem Palast aus dem 17. Jh. präsentiert es Kunst sowie archäologische und historische Sammlungen.

Schlafen

Im Juli und August sollte man seine Unterkunft besser im Vorfeld buchen.

Hotel América HOTEL €€

(☎986 43 89 22; www.hotelamerica-vigo.com; Rúa de Pablo Morillo 6; EZ/DZ inkl. Frühstück 69/102 €; P❄@📶) Das stilvolle Drei-Sterne-Hotel besticht durch seine moderne Einrichtung (gut ausgestattete, geräumige Zimmer, geschmackvolle moderne Kunst, elegant gedämpfte Farben), den freundlichen, effizienten Service und die ruhige Lage in einer Seitenstraße nahe des Hafens. Das Frühstücksbüfett wird im Sommer auf der Dachterrasse serviert. Preisermäßigungen gibt's häufig von Freitag bis Sonntag.

Hotel Puerta del Sol HOTEL €€

(☎986 22 23 64; www.alojamientosvigo.com; Porta do Sol 14; EZ/DZ 55/70 €; 🚭📶) Wegen seiner zentralen Lage mit Blick auf zwei Altstadtplätze und des rustikalen Schicks ist es kein Wunder, dass sich das kleine Hotel schnell mit Gästen füllt. Zu den Extras gehören CD-Player. Im Angebot sind auch Apartments für drei Personen mit Küche für 95 €, die sich auf der anderen Straßenseite befinden.

Hotel AC Palacio Universal HOTEL €€

(☎986 44 92 50; www.ac-hotels.com; Rúa de Cánovas del Castillo 28; Zi. ab 119 €; P🚭❄📶) Vigos stilvoller Luxustempel wurde in einem schönen Palast aus dem 19. Jh. mit Blick auf den Hafenclub eingerichtet. Die 69 Zimmer sind schlicht und elegant mit gedämpftem beigefarbenem Dekor. Auf der Website kann man nach Sonderangeboten suchen.

Hotel Náutico HOTEL €

(☎986 12 24 40; www.hotelnautico.net, auf Spanisch; Rúa de Luis Taboada 28; EZ/DZ inkl. Frühstück 37/53 €; 📶) Eine gute Wahl ist dieses erfrischend saubere und im nautischen Stil gehaltene moderne Hotel nahe dem Praza-de-Compostela-Park. Die Zimmer sind klein, aber gemütlich mit Extras wie beheizten Handtuchhaltern.

Hotel Princesa HOTEL €€

(☎986 44 20 13; hotelprincesa@gmail.com; Rúa de Fermín Penzol 14; EZ/DZ inkl. Frühstück 35/60 €; @) Eine weitere gute Option am Ostrand des *casco vello*. Die Zimmer sind sauber, mit Teppichboden ausgelegt und hell, und es gibt ein ordentliches Frühstückscafé.

Essen

Tapas-Bars und lässige Cafés findet man in der Altstadt mit ihrem Gewirr aus steilen Straßen, engen Fußgängergassen und schönen Plätzen wie der Praza da Constitución. Eine lebhafte Tapas-Szene gibt's auch rund 800 m östlich entlang der Rúa de Rosalía de Castro. In den Genuss von frischen Meeresfrüchten kommt man am westlichen Ende der Rúa Pescadería nahe dem Hafen. Von 9.30 bis 15.30 Uhr bekommt man in den nahe liegenden Restaurants Austern *(ostras)* für 12 € pro Dutzend. Es gehört zu den Lieblingsbeschäftigungen der Einwohner, sonntagmorgens Muscheln auszuschlürfen und mit Albariño-Wein den Kater vom vorhergehenden Tag zu bekämpfen.

A'Curuxa VIELSEITIG €€

(☎986 43 88 57; Rúa dos Cesteiros 7; Menü 8,50 €, Mahlzeiten 20–40 €; ⏲Di geschl.) Diese herrliche Taverne in unmittelbarer Nähe der Praza da Constitución bietet vom Essen und der Einrichtung her eine Mischung aus Tradition und Zeitgeist. Es gibt galicische Favoriten wie *arroces* und *cocidos* (Eintöpfe) ebenso wie kreativ angerichtete Salate und Meeresfrüchte-Tapas. Tolle Atmosphäre, aber langsamer Service.

Casa Esperanza TRADITIONELL GALICISCH €€

(Rúa de Luis Taboada 28; Menü 27 €, Mahlzeiten 35–50€; ⏲So & 2. Hälfte Aug. geschl.) Schon seit 1949 wird hier traditionelle, frische galicische Kost zubereitet. Das Esperanza mit seinen Steinwänden hat auf seiner Speisekarte auch großartige Fleischgerichte (mit und ohne Käsesauce) und verschiedene Fischsorten in nahezu jeder erdenklichen Zubereitungsvariante.

El Capitán MEERESFRÜCHTE €€
(☎986 22 09 40; Rúa do Triunfo 5; Mahlzeiten 30–60 €) Ein einfaches Altstadtrestaurant mit nur einem halben Dutzend Tischen und einer offenen Küche. Auf der Karte stehen erstklassiger Fisch, *arroces* und Seekrake.

Restaurant Ébano MODERNE GALICISCHE KÜCHE €€
(Rúa de Luis Taboada 27; Mahlzeiten 30–50 €) Gegenüber der Casa Esperanza liegt das in der Einrichtung wie im Essen modernere Ébano. Hier gibt's Gerichte wie Ente Magret in einer Frucht- und Portweinsauce.

Restaurante Cúrcuma VEGETARISCH €
(Rúa do Brasil 4; Mahlzeiten 15–25 €; ⏲So geschl.; ☑) Das verdientermaßen beliebte, helle Restaurant befindet sich ein paar Häuserblocks oberhalb des Bahnhofs. Es wartet mit lecker zubereiteten vegetarischen Speisen (z. B. Tofuspieße oder Gemüse-Moussaka) und Tagesangeboten (etwa Linsensuppe oder Crêpes) auf.

Ausgehen & Unterhaltung

Vigos Nachtleben vibriert. Ruhiger angehen lassen kann man es in einer der ansprechenden Café-Bars an der Praza da Constitución in der Altstadt, an der Praza de Compostela oder der Rúa de Montero Ríos gegenüber dem Hafen.

Die **Estrella de Galicia** (Praza da Compostela 17) serviert Galiciens bevorzugtes Bier (Estrella), es lagert in den großen Kupferfässern am Eingang. Ab ca. 22 bis 1 Uhr herrscht in den Bars entlang der Rúa de Rosalía de Castro großer Andrang, z. B. im **Tudo Brasil** mit seinen Cocktails und der Tropenatmosphäre oder dem gut besuchten Pub **Van Gogh Café**.

Die echte *zona de marcha* ist das rund 1 km südöstlich der Altstadt gelegene Churraca-Viertel oberhalb der Praza do Portugal. Losgehen kann es in der Retrolounge **Black Ball** (Rúa de Churruca 8), dann empfiehlt sich ein Zwischenstopp im **La Fábrica de Chocolate Club** (Rúa de Rogelio Abalde 22), wo pro Woche ein bis zwei Livebands oder DJs zu Gast sind. Besonders für die Bohème attraktiv sind die Bars entlang der Rúa dos Irmandiños und Rúa de Iglesia Espondas.

Die aktuellen Veranstaltungen werden in der Tageszeitung *Faro de Vigo* und der kostenlosen Broschüre *Go!* aufgelistet.

Mondo Club CLUB
(www.myspace.com/mondoclubvigo, auf Spanisch; Rúa de Joaquín Loriga 3; ⏲Di–Sa 1–6.30 Uhr) In diesem riesigen Club für mehr als 1000 Leute legen ortsansässige DJs einen Mix aus Rock, Pop, Elektro, Indie sowie der 1980er- und 1990er-Jahre auf. Häufig sind auch spanische und internationale Bands zu Gast.

Centro Cultural Caixanova KULTURZENTRUM
(www.obrasocialcaixanova.com, auf Spanisch; Rúa de Policarpo Sanz 13) Konzerte, Tanz und Theater.

Praktische Informationen

Regionale Touristeninformation (☎986 43 05 77; oficina.turismo.vigo@xunta.es; Rúa Cánovas del Castillo 22; ⏲Mo–Sa 9.30–14 & 16.30–18.30 Uhr, ungefähr Mitte Sept.–Mitte Juni Sa nachm. geschl.)

SereoCiber (Praza da Princesa 3; Internetzugang pro Std. 1,80 €; ⏲Mo–Fr 9–24, Sa & So 11–24 Uhr)

Städtische Touristeninformation (☎986 22 47 57; www.turismodevigo.org; Rúa de Teófilo Llorente 5; ⏲10–14 & 16–19 Uhr, ungefähr Okt.–Juni So geschl.)

An- & Weiterreise

Bus

Der **Busbahnhof** (☎986 37 34 11; www.vigobus.com, auf Spanisch; Avenida de Madrid 57) liegt 2 km südöstlich der Altstadt. Autores fährt nach Madrid (38–52 €, 7¼–9 Std., mind. 6-mal tgl.) und Castromil-Monbus steuert mehrmals täglich alle größeren galicischen Städte an, darunter Pontevedra (2,65 €, 30 Min.), Santiago de Compostela (8,40 €, 1½ Std.), Ourense (10 €, 1½ Std.) sowie die Urlaubsorte an der Küste.

Autna (www.autna.com, auf Spanisch) fährt montags bis freitags viermal täglich (an Wochenenden 1-mal tgl.) von/nach Porto (10 €, 2½ Std.); dort besteht Anschluss nach Lissabon.

Weitere Busse, viele von ALSA, verkehren nach Oviedo, Santander, Bilbao, Barcelona, Sevilla und in weitere Städte.

Flugzeug

Vigos **Flughafen Peinador** (☎986 26 82 00) befindet sich rund 9 km östlich des Stadtzentrums. Iberia bietet Verbindungen nach Madrid, Barcelona, Bilbao, Valencia und Málaga und Spanair fliegt nach Barcelona und Madrid.

Zug

Der Busbahnhof liegt 1 km südöstlich der Altstadt. Renfe verkehrt etwa stündlich nach Pontevedra (2–3 €, 30 Min.) und Santiago de Compostela (7,50–8,50 €, 1½–2 Std.) sowie achtmal täglich nach Ourense (9,90–19,20 €, 1½–2 Std.). Es gibt jeden Tag zwei Verbindungen nach Madrid und Barcelona.

Unterwegs vor Ort

Vitrasa (☎986 29 16 00; www.vitrasa.es, auf Spanisch; 1,17 € pro Fahrt) bedient das Stadtzentrum. Bus C9A pendelt zwischen der zentral gelegenen Porta do Sol und dem Flughafen, die Busse C2 und C4C zwischen dem Zentrum und dem Busbahnhof und die Linien C4, C9 und 11 zwischen dem Zentrum und der Rúa do Urzáiz in der Nähe des Bahnhofs.

Illas Cíes

Diese drei spektakulären Inseln gelten als Vogelparadies und verfügen über einige der schönsten Strände Galiciens. Von Vigo aus erreicht man sie in 45 Minuten. Der schmale Archipel 14 km vor der Küste ist die Hauptattraktion des **Parque Nacional de las Islas Atlánticas de Galicia** (http://reddeparquesnacionales.mma.es, auf Spanisch), der auch die weiter nördlich gelegenen Archipele Ons, Sálvora und Cortegada einschließt.

Die Illas Cíes (Illa de Monteagudo und Illa do Faro, die eine sandige Landenge verbindet, sowie die Illa do San Martiño weiter südlich) formen einen 6 km langen Wellenbrecher, der Vigo und seine *ría* vor der Wucht des Atlantiks schützt. Auf den fast naturbelassenen Inseln kann man herrlich entlang der Strände und zu den spektakulären Aussichtspunkten wandern, Vögel beobachten und sich an den malerischen Stränden sonnen.

Zugänglich sind die Illas Cíes lediglich an Ostern, danach bis Ende Mai jeweils an den Wochenenden und von Juni bis Anfang September täglich. Wer von Juni bis September auf dem **Camping Illas Cíes** (www.campingislascies.com; Stellplatz für 2 Erw./Zelt 24,15 €, Verleih eines 2-Pers.-Zelts pro Nacht 45 € bei mind. 2 Nächten) übernachten möchte, muss im Vorfeld online oder im **Campingplatzbüro** (⌚8.30–13.30 & 14.30–19 Uhr) am Fährterminal zu den Illas Cíes in Vigo buchen. Der Platz hat ein Restaurant sowie einen Supermarkt und Platz für 800 Gäste. Im August ist er oft ausgebucht.

Naviera Mar de Ons (☎986 22 52 72; www.mardeons.com, auf Spanisch) betreibt die Fähre zur Insel, wenn es das Wetter zulässt. Ab Vigo gibt's täglich bis zu acht Fahrten (hin und zurück Erw./Kind 18,50/6 €), ab Baiona und Cangas starten im Juli und August Boote zum selben Preis.

DER SÜDWESTEN

Von Vigo aus führt die Landstraße PO552 Richtung Südwesten entlang der *ría* nach Baiona und weiter nach Süden, immer parallel zur felsigen Küste, die wegen ihres Mangels an Sandstränden von Travellern oft links liegen gelassen wird.

Baiona

3000 EW.

Baiona (auf Kastilisch Bayona), das mit einer spektakulären Wehranlage am Meer aufwartet, ist ein beliebter Urlaubsort für Bade- und Kulturfans. Ein wichtiges Datum für die Stadt ist der 1. Mai 1493. An diesem Tag erreichte Christoph Kolumbus' *Pinta* den Hafen und überbrachte die Nachricht von der Entdeckung des Seewegs nach Indien (tatsächlich handelte es sich um Amerika). Zu jener Zeit war Baiona ein wichtiger Handelshafen, wurde später aber von Vigo in den Schatten gestellt. Heute kann man einen Nachbau der **Pinta** (Eintritt 1 €; ⌚10–19.30 Uhr) besichtigen, der im Hafenbecken ankert.

Ein einladendes Gassengewirr prägt die **casco histórico** (historische Altstadt). Es gibt einige Häuser und Kapellen aus dem 16. und 17. Jh. sowie Cafés, Restaurants und Handwerksläden.

Unübersehbar ist das von Pinien bewachte Kap **Monte Boi**, dominiert von der **Fortaleza de Monterreal** (Fußgänger/Auto 1/5 €; ⌚10–22 Uhr). Die Wehranlage wurde zwischen dem 11. und 17. Jh. mit einem unüberwindbaren, 3 km langen Mauerring errichtet. Auf der Mauer kann man einen attraktiven, 40-minütigen Rundgang mit Blick auf die Felsenküste und ein paar kleine Sandstreifen unternehmen. Innerhalb der Anlage befindet sich heute ein luxuriöser *parador*. Auf seinem Terrassencafé lässt sich bei einem Getränk die wunderbare Aussicht über die Bucht genießen.

Einige hübsche Strände erreicht man über die Uferpromenade Richtung **Praia Ladeira** 1,5 km östlich des Stadtkerns. Nach weiteren 2,5 km stößt man auf die herrliche **Praia América** bei Nigrán. Die meisten Busse zwischen Baiona und Vigo halten an diesen Stränden.

Schlafen & Essen

Viele Hotels liegen am Hafen, außerdem findet man im Zentrum zahlreiche Restaurants, Tapas-Bars und Kneipen.

Hotel Anunciada HOTEL €€
(☎986 35 60 18; www.hotel-anunciada.com; Rúa Elduayen 16; EZ 49, DZ 65–86 €;) In diesem gut geführten Hotel blicken einige der modern eingerichteten Zimmer zur Bucht. Die kleineren mit den blumigen Fotos sind ebenfalls angenehm.

Parador de Baiona HOTEL, RESTAURANT €€€
(☎986 35 50 00; www.parador.es; Zi. inkl. Frühstück ab 238 €; P) Der luxuriöse *parador* thront mitten auf dem Monte Boi. Seine grandiosen Zimmer haben Betten mit Baldachin und eine wunderbare Aussicht, während das anspruchsvolle Restaurant (Mahlzeiten 30–70 €) einige lokale Spezialitäten anbietet, z. B. *vieiras asadas al horno* (gebackene Jakobsmuscheln).

Jaqueyvi RESTAURANT €€
(Rúa do Reloxo 2; Mahlzeiten 25–50 €; geschl. Jan. bis Mitte Feb. & Mi von Okt.–Mai) Eine gute Wahl. Einige Tische stehen draußen auf der Fußgängerstraße. Es gibt sowohl hervorragend gegrilltes Fleisch als auch eine große Auswahl typisch galicischer Meeresfrüchte.

Praktische Informationen

Kartenmaterial gibt's in der **Touristeninformation** (☎986 68 70 67; www.baiona.org; Paseo da Ribeira; 10–15 & 16–21 Uhr), die sich vor dem Eingang zum Monte Boi befindet.

An- & Weiterreise

Busse von **ATSA** (☎986 35 53 30) fahren nahezu täglich alle 30 Min. bis 21 Uhr nach Vigo (2,30 €). Ein paar weitere steuern A Guarda im Süden an. Im Sommer setzen Fähren zu den Ilas Cíes über.

A Guarda

6200 EW.

A Guarda (auf Kastilisch La Guardia) verfügt über einen schönen Fischereihafen und liegt genau nördlich der Stelle, wo der Río Miño in den Atlantik mündet. Es ist eine eintönige Stadt mit mehreren guten Fischrestaurants. Attraktiv macht sie die Nähe zum **Monte de Santa Trega** (Eintritt im Fahrzeug pro Person Feb.–Dez. Di–So 0,80 €, übrige Zeit frei).

Vom Fuß dieses Bergs fährt man hoch (4 km) oder nimmt den Gehweg (45 Min.). Dabei kommt man am **Castro de Santa Tegra** aus der Eisenzeit vorbei. Oben angekommen, sieht man eine Kapelle aus dem 16. Jh., ein recht interessantes kleines **Archäologisches Museum** (Eintritt frei; Di–So 10–20 Uhr) zur *castro*-Kultur und ein paar Cafés. Die Atmosphäre wird durch geschmacklose Souvenirshops und Touristenbusse gestört, doch ein Besuch lohnt sich trotzdem. Das Beste ist der Blick den Miño hoch, rüber nach Portugal und raus auf den Atlantik (vor allem bei Sonnenuntergang).

Toll ist auch der 3 km lange **Spazierweg** südlich des Hafens von A Guarda die Küste entlang zur Mündung des Miño.

Zum Übernachten empfiehlt sich das **Hotel Convento de San Benito** (☎986 61 11 66; www.hotelsanbenito.es; Praza de San Bieito; EZ 57 €, DZ 83–104 €; P). Es ist in einem Kloster aus dem 16. Jh. unten am Hafen untergebracht. Die 24 eleganten Zimmer sind romantisch und individuell dekoriert, mit stilvollen Möbeln und original erhaltenen Stilelementen wie den unverputzten Wänden.

A Guarda ist berühmt für seinen *arroz con bogavante*, den man am Hafen in mehr als einem Dutzend Restaurants genießen kann. An einem Ende des Piers stößt man auf das einfache, tavernenartige **Porto Guardés** (Rúa do Porto 1; Fischgerichte 6–12 €; 18–24 Uhr), wo es Schwertfisch, Thunfisch, Seehecht, Seezunge und anderes Meeresgetier gibt. Am anderen Ende liegt die anspruchsvollere **Marisquería Anduriña** (Rúa do Porto 58; Fischgerichte 15–24 €, arroz con bogavante für 2 Pers. 54 €; im Nov. & Sept.–Juli So geschl.), auf deren Spezialität der lebendige Hummer hinter Glas hinweist.

ATSA-Busse fahren etwa alle halbe Stunde (am Wochenende seltener) über Tui sowie über Baiona von/nach Vigo (5,50 €, 80 Min.). Eine **Fähre** (Fahrzeug & Fahrer/Passagier 2,49/0,60 €; stündl. 9.30–22.30, Sept.–Juni bis 20.30 Uhr) überquert den Miño ab Camposancos 2 km südlich von A Guarda nach Caminha, Portugal.

Tui

6100 EW.

Die Grenzstadt Tui (auf Kastilisch Tuy) thront über den Ufern des majestätischen Miño-Flusses und zieht viele portugiesische und spanische Tagesausflügler an. Sie wartet mit einer lebendigen Café-Szene, einem kompakten mittelalterlichen Stadtkern und einer wunderschönen Kathedrale auf. Gleich auf der anderen Seite der Brücke liegt das ebenso attraktive portugiesische Valença.

Sehenswertes

Auf dem Weg zur Altstadt gelangt man zunächst zu dem platzähnlichen Paseo Calvo Sotelo, besser bekannt als **Corredoira**. Von dort geht's durch die historische **Porta da Pía**, ein Tor der Verteidigungsmauer aus dem 12. Jh., direkt in den historischen Ortskern.

Das Highlight der Altstadt ist die burgartige **Catedral de Santa Maria** (Eintritt 2 €; ⌚9.30–13.30 & 16–20 Uhr) an der Praza de San Fernando. Mit ihrem Bau wurde im 12. Jh. begonnen; fast die gesamte Konstruktion ist romanisch, nur das Figurenportal gotisch. Im 15. Jh. wurde das Gebäude stark verändert und nach dem Erdbeben in Lissabon 1755 zur Sicherheit mit steinernen Stützpfeilern versehen. Das Hauptschiff und die Kapellen kann man kostenlos besichtigen. Der Eintrittspreis für das gotische Kloster, den romanischen Kapitelsaal, das Kathedralenmuseum, den Turm und die Gärten mit Blick auf den Fluss lohnt sich. Das gilt auch für das auf der anderen Straßenseite gelegene **Museo Diocesano** (⌚Ostern–Mitte Okt., bis Ende Mai Mo & Di geschl.) mit seinen archäologischen Funden und der Kunstsammlung.

Schlafen & Essen

In der Nähe der Kathedrale gibt's zahlreiche einladende Lokale. Von Freitag- bis Sonntagabend verwandeln sich die Entrefornos und manch andere der anheimelnden, gepflasterten Straßen hinter der Kathedrale in eine große Partylandschaft.

O Novo Cabalo Furado GÄSTEHAUS €€
(☎986 60 44 45; www.cabalofurado.com; Rúa Seijas 3; EZ/DZ/Apt. 35/60/75 €;) Die Zimmer und die Apartments des netten Gästehauses sind einfach, aber einladend mit Holzmöbeln und funkelnagelneuen Bädern ausgestattet.

Quinta do Ramo LANDHOTEL €€
(☎986 62 28 84; www.quintadoramo.com, auf Spanisch; Lugar de Ramo 5, Forcadela, Tomiño; DZ inkl. Frühstück 70 €; P) Ein exquisiter Garten mit Obstbäumen und Blumensträuchern umgibt das 10 km von Tui entfernt gelegene Landhaus Richtung A Guarda. Das Steinhaus aus dem 19. Jh. hat zehn gemütliche, ländlich eingerichtete Zimmer und ein erstklassiges Restaurant (Mahlzeiten 30–60 €), in dem gute Fisch- und Fleischgerichte zubereitet werden, darunter gegrillte Seezunge und Seehecht auf galicische Art.

O Vello Cabalo Furado GALICISCH €
(Rúa Seijas 2; Menü 9,50 €, Mahlzeiten 20–40 €; ⌚Sept.–Juni Di & So nachmittags geschl., Juli–Aug. So geschl.;) In dem großen Speisesaal dieses Lokals kommt man in den Genuss herzhafter Gerichte wie *cocido gallego, chuletón de ternera* (riesige Rinderkoteletts) sowie vieler galicischer Fischspezialitäten.

Praktische Informationen

Es gibt eine **städtische Touristeninformation** (⌚10–19.30 Uhr, Weihnachten–Ende April geschl.) an der Corredoira sowie eine **regionale Touristeninformation** (☎986 60 17 89; Rúa Colón 2; ⌚9.30–13.30 & 16.30–18.30 Uhr) 400 m weiter.

An- & Weiterreise

ATSA-Busse nach Vigo und A Guarda (beide 2,95 €, 40 Min., etwa alle 30 Min.) halten am Paseo de Calvo Sotelo gegenüber der Librería Byblos. Am Wochenende gibt's weniger Verbindungen.

DER OSTEN

Obwohl Ostgalicien im Schatten der herrlichen Küste und der bekannteren Attraktionen wie Santiago de Compostela oder A Coruña steht, ist die Gegend mit ihren verlockenden Provinzstädten, spektakulären Landschaften und altmodischen ländlichen Enklaven eine echte Fundgrube. Jedes Tal ist eine Welt für sich und man beginnt zu verstehen, warum es in der Region so viele Hexengeschichten gibt.

Ourense

101 000 EW.

Galiciens drittgrößte Stadt wartet mit einer herausgeputzten, labyrinthartigen Altstadt, einer lebhaften Tapas-Szene und verlockenden Thermen auf. Ourense (auf Kastilisch Orense) etablierte sich im 11. Jh. als kastilisches Handelszentrum. Der breite Río Miño verläuft in ostwestlicher Richtung durch den Ort und wird von vielen Brücken überspannt, darunter die mittelalterliche Ponte Vella. Die kompakte Altstadt südlich des Flusses ist dank der langen kirchlichen Tradition reich an schöner alter Architektur.

Sehenswertes & Aktivitäten

Die kreuzförmige **Catedral do San Martiño** (Rúa de Juan de Austria; Eintritt frei; ⌚11.30–13.30

& 16-19.30 Uhr, So morgens für Touristen geschl.) aus dem 12. Jh. gilt als das Epizentrum der Altstadt. Ihr Highlight ist die vergoldete Santo-Cristo-Kapelle beim Nordeingang. Am westlichen Ende befindet sich der Pórtico do Paraíso, eine farbige (und weniger geniale) gotische Kopie des Pórtico de la Gloria in Santiago de Compostela.

Rund um die Kathedrale lohnt sich ein Spaziergang durch das Gewirr der engen Gassen. Das Zentrum zieren Kirchen wie die **Santa Eufemia** mit ihrer konkaven Fassade, die **Trinidade** aus dem 12. Jh., die barocke **Santa María la Madre** und die **Santo Domingo**, zu denen jeweils schöne Gärten und Plätze gehören. Am Hauptplatz, der Praza Maior, befindet sich neben vielen Cafés auch die **Casa do Concello** (Rathaus). Ein Aufstieg zu den Ruinen des **Convento de San Francisco** (Rúa de Emilia Pardo Bazán; Eintritt frei; 9.30–14.30 & 16–21 Uhr, So abends & Mo geschl.) aus dem 14. Jh. lohnt sich. Der schöne gotische Kreuzgang des Klosters hat 63 Rundbögen mit ganz unterschiedlichen Kapitellen.

Anlass für die Gründung Ourenses war ursprünglich die Quelle **As Burgas** (Rúa As Burgas), aus der 67 °C heißes Wasser sprudelt. Dieses wird gegen viele Beschwerden eingesetzt und bereits von den Römern genutzt. Gleich außerhalb der Stadt erstrecken sich entlang des Nordufers des Río Miño weitere **Naturquellen** in einer schönen Landschaft, in der man wunderbar abschalten kann (Schwimmzeug nicht vergessen). Drei von ihnen sind frei zugänglich und jederzeit geöffnet. Daneben gibt's noch zwei private Quellen: Dem Zentrum am nächsten sind die **Termas Chavasqueira** (www.termaschavasqueira.com, auf Spanisch; Eintritt 3,80 €; So & Di–Do 9–23.30, Fr & Sa 9–3 Uhr) mit vier heißen und einem kalten Bad sowie einer Sauna im japanischen Stil und einem Café. Von der Altstadt aus braucht man zu Fuß 20 bis 30 Minuten hierher oder nimmt den Minizug **Tren de la Termas** (Tickets 0,70 €; stündl. 10–13 & 16–20 Uhr), der an der Praza Maior startet.

Schlafen

Ourenses Hotels wirken im Vergleich zu der kulturellen Atmosphäre in der Stadt etwas schäbig.

Hotel Zarampallo HOTEL €

(988 23 00 08; www.zarampallo.com, auf Spanisch; Rúa dos Irmáns Villar 19; EZ/DZ 35/50 €;) Die Zimmer des modernen, familiengeführten Hotels in großartiger Lage sind pfirsichfarben, haben enge Balkone zur Fußgängerstraße hin sowie saubere helle Bäder und zeigen lokale Kunstwerke an den Wänden.

Hotel Princess HOTEL €€

(988 26 95 38; www.hotelprincess.net, auf Spanisch; Avenida de la Habana 45; EZ/DZ 72/95 €;) Das Princess gleich nördlich der Altstadt wird effizient geführt und ist auf provinzielle Art kompfortabel. In den Zimmern gibt's blumige Bettdecken und Teppichböden.

Essen

Ir de tapeo („auf Tapas-Tour gehen") gilt als ein beliebter Zeitvertreib in Ourense. Hauptstraßen, wie Fornos, Paz, Lepanto, Viriato und San Miguel sowie die Praza do Ferro, sind voller Tavernen, in denen sich die Gäste an der Theke drängeln – ein Zeichen von Qualität. Die Preise für Tapas beginnen bei 1 €; zu den leckeren Häppchen genießt man am besten ein Glas Wein.

Mesón Porta da Aira TAPAS, RACIONES €

(Rúa dos Fornos 2; Tapas 2–7 €, Gerichte 9–24 €) Dieses kleine Speiselokal ist bekannt für seine großzügigen Portionen von *huevos rotos* (kurz angebratene Spiegeleier auf einem Bett aus dünn geschnittenen Kartoffelscheiben), zu denen Würste, Steaks und Koteletts passen.

Restaurante San Miguel MEERESFRÜCHTE, FLEISCH €€

(Rúa San Miguel 12; Mahlzeiten 30–60 €, Menü 33 €;) Schon die blubbernden Aquarien mit den Hummern weisen darauf hin, dass sich das San Miguel auf Meeresfrüchte spezialisiert hat. Das ist jene Sorte Lokal, wo Kellner mit Fliege Brotkrümel vom Tisch fegen und sogar das Wasser in Kelchen serviert wird. Es gibt auch eine gute Auswahl an galicischen Fleischgerichten.

Lizarran TAPAS, RACIONES €€

(Rúa Lepanto 29; raciones 6–16 €) Das Lizarran in guter Lage mit Blick auf die Praza do Ferro hat sich auf gegrillte Fleisch- und Fischgerichte spezialisiert, bietet aber auch leichtere *raciones* an, darunter Salate und Waldpilze mit Knoblauch. Man kann auch die *pinchos* (pro Stück 1 €) kosten, die auf Tellern herumgereicht werden.

Ausgehen & Unterhaltung

Hier herrscht wahrlich kein Mangel an Kneipen. Ourense ist voll von gemütlichen

Pubs und Tapas-Bars, vor allem rund um die Kathedrale. Wer Livemusik mag, sollte die Praza Eufemia in der Innenstadt ansteuern. Im **Miudiño** spielen Bands oft keltische Musik. Das noble **Café Latino** hat eine hervorragende Bühne, auf der Jazz und andere Musikstile zu hören sind.

Praktische Informationen

Regionale Touristeninformation (☎988 37 20 20; ⏲Mo–Sa 9–14 & 16.30–20.30Uhr) An der Ponte Vella.

Städtische Touristeninformation (☎988 36 60 64; www.turismodeourense.com, auf Spanisch; Calle Isabel La Católica 2; ⏲Mo–Fr 9–14 & 15–20, Sa & So 11–14 Uhr) Unterhalb des Parks Xardinillos Padre Feijóo in unmittelbarer Nähe zur verkehrsberuhigten Rúa do Paseo.

An- & Weiterreise

Von Ourenses **Busbahnhof** (☎988 21 60 27; Carretera de Vigo 1) 2 km nordwestlich des Zentrums bestehen Verbindungen in die ganze Provinz und zu Galiciens größeren Städten. Monbus fährt nach Santiago (10,35 €, 2 Std., mind. 4-mal tgl.), Vigo (10 €, 1½ Std., mind. 4-mal tgl.) und Lugo (8 €, 1¾ Std., mind. 4-mal tgl.). Avanza steuert Madrid (32–46 €, 6–7 Std., mind. 4-mal tgl.) an.

Der **Bahnhof** (Rúa de Eulogio Gómez Franqueira) liegt 500 m nördlich des Río Miño. Renfe bedient Santiago (8–19 €, 1½–2 Std., 6-mal tgl.), Vigo (10–19 €, 2 Std., 8-mal tgl.), León (20–29 €, 4 Std., 4-mal tgl.), Madrid (44 €, 5½–7½ Std., 2-mal tgl.) und andere Orte.

Unterwegs vor Ort

Die Busse 1, 3, 6A und 6B pendeln zwischen dem Bahnhof und dem Parque de San Lázaro im Zentrum. Die Linien 6A und 6B fahren auch zum Busbahnhof. Bus 12 verkehrt zwischen dem Busbahnhof und dem Parque San Lázaro.

Ribadavia

Ribadavia ist der Hauptort der Ribeiro-Weinregion, in der einige der besten galicischen Weißweine hergestellt werden. Er liegt zwischen den Flüssen Avia und Miño in einem fruchtbaren Tal. Das historische Zentrum ist ein herrliches Gewirr aus engen Steinstraßen mit Arkadengängen und winzigen Plätzen und erinnert an Galiciens ehemals größtes Judenviertel.

Oberhalb der Touristeninformation stößt man auf das **Museo Sefardí de Galicia** (Praza Maior 7; Eintritt 1 €; ⏲Di–So 9.30–14 Uhr) mit auf Galicisch beschrifteteten Ausstellungsstücken zur Geschichte der Juden in der Region.

Das Herz des mittelalterlichen **Barrio Xudío** (Judenviertel) war die Rúa Merelles Caulla, die sich von der Praza Maior zur Praza Madalena erstreckt. Die **Casa da Inquisición** überblickt die Praza García Boente und liegt zwei Häuserblocks die Rúa San Martiño hinunter. Nur ein paar Schritte von der romanischen **Igrexa de Santiago** entdeckt man das lohnenswerte **Museo Etnolóxico** (Rúa Santiago 10; Eintritt frei; ⏲Di–Fr 10–14.30 & 17–21, Sa & So 11–14.30 Uhr, Mitte Sept.–Mitte Juni Sa & So geschl.) mit einer Sammlung zur Geschichte des galicischen Brauchtums. Das große **Castelo do Sarmento** (Rúa Progreso), wo die Grafen von Ribadavia vor ihrem Umzug zur Praza Maior im 17. Jh. wohnten, wird nach seiner Renovierung möglicherweise schon bei Erscheinen dieses Reiseführers wieder zu besichtigen sein.

Entspannung bietet der Spaziergang auf dem etwa 5 km langen **Uferweg** am sprudelnden Río Avia entlang: Man erreicht den Pfad, indem man von der Praza Buxán ganz in der Nähe der Praza Madalena bergab schlendert.

Anfang Juli findet in Ribadavia Galiciens größtes Weinfest statt, die **Feria del Vino del Ribeiro**.

Die **Pensión Plaza** (☎988 47 05 76; EZ/DZ 27,50/37,50 €; ⊜) hat zwölf einfache aber akzeptable Zimmer. Zudem gibt's mehrere gute Landhotels in der Gegend. Nur zehn Minuten außerhalb der Stadt bietet die hübsche **Casal de Armán** (☎699 060464; www.casaldearman.net auf Spanisch; O Cotiño, San Andrés; Zi. inkl. Frühstück 70–90 €; P⊜📶) sechs Zimmer mit Blick in die Natur. Das hübsche Steinhaus beherbergt auch ein Restaurant (Mahlzeiten 30–45 €), in dem traditionelle galicische Speisen serviert werden, und eine Bodega.

An der Praza Maior reihen sich mehrere Cafés und Lokale aneinander, darunter das **Restaurante Plaza** (Praza Maior; Menü 9–12 €, Mahlzeiten 15–30 €), das gute Fisch-, Fleisch- und Meeresfrüchtegerichte zubereitet.

Die **Touristeninformation** (☎988 47 12 75; www.ribadavia.com; Praza Maior 7; ⏲9.30–14.30 & 16–20 Uhr, So nachm. geschl.) ist in einem ehemaligen Palast am Hauptplatz untergebracht.

Bis zu drei Busse und vier Züge fahren täglich nach Ourense und Vigo. Sie starten im Osten der Stadt hinter dem Río Avia.

Ribeira Sacra & Cañón do Sil

Nordöstlich von Ourense locken entlang der Flüsse Sil und Miño eine unvergleichlich malerische Landschaft und das kulturelle Erbe der Ribeira Sacra („Heiliges Flussufer"), so genannt wegen der vielen Klöster in der Gegend. Seit dem 6. Jh. oder noch früher wurden die Mönche von der entlegenen, atemberaubend schönen und fruchtbaren Gegend angezogen. Im Mittelalter entstanden hier mindestens 18 Klöster. Die Gegend ist bis heute vom öffentlichen Verkehr nur spärlich erschlossen, doch wer ein Fahrzeug dabeihat, eine gute Landkarte besitzt und gerne wandert, kommt hier voll auf seine Kosten. Im Folgenden stellen wir ein- bis zweitägige Touren durch die Gegend vor, mit einem besonderen Augenmerk auf den grandiosen Cañón do Sil (Sil-Schlucht), der von steilen Hügeln und dichten Wäldern umgeben ist. Mehr darüber erfährt man unter www.ribeirasacra.org.

VON OURENSE NACH PARADA DE SIL

Von Ourense folgt man der breiten Landstraße OU536 rund 15 km Richtung Osten nach Tarreirigo und wechselt dort in nördliche Richtung auf die OU0509, eine kurvige Straße durch moosbewachsene Wälder. Beim Hinweisschild nach Luintra geht's rechts ab und 1 km auf einer engen Straße zum **Mosteiro de San Pedro de Rocas**, einem 573 gegründeten Kloster, dessen drei Kapellen aus dem Berghang herausgeschlagen wurden. Leider kann man nicht hinein, aber immerhin durch das breite Tor blicken. An diesem schönen Ort gibt's ein **Centro de Interpretación** (Eintritt frei; ⌚Di–So 10.30–13.45 & 16–19.45 Uhr) mit interessanten Ausstellungsstücken zur Ribeira Sacra. Das Kloster liegt am schönen **Camino Real** (PR-G4), einem 9 km langen Rundweg durch die Gegend mit dichtem Wald und gezackten, felsigen Hügeln.

Zurück auf der OU0509 geht's weiter Richtung Luintra und rechts ab nach Osten auf die OU0508, immer der Ausschilderung folgend zum **Mosteiro de San Estevo**. Der gewaltige Gebäudekomplex entstand im 12. Jh., nachdem Pilger hierherkamen, um an den Gräbern von drei Bischöfen zu beten, die sich in den Jahrhunderten zuvor an diesen Ort zurückgezogen hatten. San Estevo wurde im Laufe der Zeit stark verändert. Es besitzt drei herrliche Kreuzgänge (einer romanisch, einer gotisch und einer im Renaissancestil) sowie eine Barockfassade aus dem 18. Jh. Im 19. Jh. wurde es verlassen, später restauriert und 2004 als *parador*-Hotel eröffnet. Auch wer hier nicht übernachtet, kann sich kostenlos die Kirche ansehen, durch die Kreuzgänge gehen und sich im Café oder Restaurant stärken.

Nun geht's über die OU0508 nach Loureiro. Von dort erreicht man nach 4 km auf einer kurvigen Straße den Río Sil am Fuß der Schlucht, wo man eine 1½-stündige Bootsfahrt mit **Viajes Pardo** (☎902 21 51 00; www.riosil.com, auf Spanisch; Erw./Kind 14/11 €; ⌚Aug. tgl., Mitte März–Anfang Dez. Sa & So) unternehmen kann. Die Fahrtzeiten sollte man vorher besser prüfen, da sie sich oft ändern.

Die Schlucht ist von oben betrachtet fast sogar noch schöner. Dazu fährt man weiter die Landstraße OU0508 entlang, die sich durch moosige Wälder und entlang eines Grats hoch über der Schlucht windet, bis man Parada de Sil erreicht. Am Dorfeingang geht's links ab zum **Mosteiro Santa Cristina**. Nach 4,5 km gelangt man zu den romantisch verloren wirkenden Ruinen des mittelalterlichen Klosters mit seiner romanischen Kirche aus dem 12. Jh., das sich zwischen Bäumen über der Schlucht versteckt. Von Parada de Sil aus erreicht man auch den Aussichtspunkt **Balcón de Madrid** (1 km vom Dorf entfernt) mit spektakulären Ausblicken auf die Schlucht etwa 500 m weiter unten.

CASTRO CALDELAS

700 EW.

Die OU0605 führt durch eine traumhaft schöne Gegend vorbei an Wasserfällen, landwirtschaftlichen Parzellen, die durch kleine bröckelnde Steinmauern abgetrennt sind, und märchenhaften Dörfern. Dabei genießt man immer wieder eine herrliche Aussicht. An einer Kreuzung mit mehreren Hinweisschildern geht's die OU0606 links ab nach A Teixeira und dann der Ausschilderung folgend nach Castro Caldelas, einem netten Dorf mit gepflasterten Gassen, galicischen Glasgalerien und gepflegten Blumentöpfen. Mitten im historischen Zentrum erheben sich die **Igrexa Santa Isabel** aus dem 16. Jh. und eine **Festung** aus dem 15. Jh. In der kleinen **Touristeninformation** (☎988 20 46 30; ⌚10–14 & 17–20 Uhr) gleich vor der Burg erfährt man alles Wissenswerte über die Ribeira-Sacra-Gegend.

VON CASTRO CALDELAS NACH MONFORTE DE LEMOS

Von Castro Caldelas windet sich die Landstraße OU903 die Sil-Schlucht herunter, wird dann zur LU903 und führt an der Nordseite aus der Schlucht hinaus, um sich den Weg durch steile **Weinfelder** zu bahnen, die diese Gegend prägen. In Doade, ein paar Kilometer hügelaufwärts, bieten mehrere Kellereien Besichtigungen und Weinproben an, darunter die **Regina Viarum** (☎619 009777; www.reginaviarum.es, auf Galicisch; ⊙10–14 & 16–20 Uhr, Okt.–März Mo & Di geschl.).

Nach 15 weiteren Kilometern erreicht man die historische Stadt Monforte de Lemos. Einst war sie ein wichtiger Verkehrsknotenpunkt für die Bahn, ist aber weder so kompakt noch so ursprünglich wie andere Orte entlang der Route. Dennoch rechtfertigen die kulturellen Monumente einen Besuch. Die **Ponte Vella** (Alte Brücke) aus dem 16. Jh. überspannt den Río Cabe und ist eine der schönsten Sehenswürdigkeiten. Ganz oben auf der Liste der lohnenswerten Orte in der Gegend sollte der **Monte de San Vicente** stehen. Auf dem Hügel befindet sich der **Pazo Condal**, die frühere Residenz der Grafen von Monforte, in der heute ein *parador* untergebracht ist. Flankiert wird das Gebäude von der Renaissancefassade des **Mosteiro de San Vicente** und dem mittelalterlichen **Torre da Homenaxe** (Besichtigung 1,50 €; ⊙Di–So 11 & 16 Uhr), einem Verteidigungsturm, der das letzte Überbleibsel der einstigen Burg ist. Das **Colexio dos Escolapios** (Besichtigung 3 €; ⊙Di–Sa 12 & 16 Uhr), ein großes, nüchternes Kloster im Renaissancestil neben der **Touristeninformation** (☎982 40 47 15; www.concellodemonforte.com; Campo da Compañía; ⊙10–14 & 16–19 Uhr), wartet mit einer schönen Kunstgalerie auf, in der zwei Bilder von El Greco hängen. Die Angestellten im Besucherbüro haben viele Tipps zu Sehenswertem und Aktivitäten in der Stadt und ihrer Umgebung.

Schlafen & Essen

Parador de Santo Estevo PARADOR €€€
(☎988 01 01 10; www.parador.es; Nogueira de Ramuín; EZ/DZ 136/170 €; P⊖❄📶≋) Das berühmteste Kloster der Ribeira Sacra dient gleichzeitig als gemütliches Hotel mit allem Komfort und einer wunderbaren Lage. Von vielen Zimmern genießt man eine beeindruckende Aussicht auf die Schlucht. In dem exzellenten Restaurant (Menü 31–35 €, Gerichte 19–25 €) gibt's lokale Spezialitäten wie *caldo gallego* und vegetarische sowie glutenfreie Gerichte.

Casa Grande Cristosende LANDHOTEL €
(☎988 20 75 29; www.casagrandecristosende.es; Cristosende, Teixeira; Zi. 49–80 €; 📶) Ein charmantes 500 Jahre altes Gutshaus, das in einem winzigen Dorf 2 km von A Teixeira liegt. Heute wird es als Landhotel genutzt und bietet acht große, einladende, aber auch fast klösterlich-schlichte Zimmer mit modernen Möbeln. Das Restaurant (*Menü* 16 €) serviert herzhafte galicische Kost.

Pousada Vicente Risco GÄSTEHAUS €
(☎988 20 33 60; www.pousadavicenterisco.com, auf Spanisch; Rúa Grande 4, Castro Caldelas; EZ/DZ inkl. Frühstück 35/45 €) Eines von drei charmanten Gästehäusern im oberen Altstadtbereich. Es verfügt über acht saubere Zimmer mit klassischen Möbeln und wirkt recht rustikal, u. a. wegen der unverputzten Steinwände. Zu der Unterkunft gehört auch ein gutes kleines Restaurant.

Hotel Puente Romano HOTEL €
(☎982 41 11 67; www.hpuenteromano.com, auf Spanisch; Paseo do Malecón, Monforte de Lemos; EZ/DZ 29/44 €; ⊖📶) Dieses einfache Hotel liegt im Herzen von Monforte und bietet einen Blick auf die Ponte Vella. Es hat 33 helle, saubere und gut geschnittene Zimmer. Das Hostal Puente Romano nebenan (unter derselben Leitung) verfügt über kleinere Zimmer zu günstigen Preisen (EZ/DZ 18/28 €).

Restaurante O Grelo GALICISCH €€
(☎982 40 47 01; Campo de la Virgen, Monforte de Lemos; Mahlzeiten 35–50 €; ⊙So abends geschl.) In dem charaktervollen, rustikalen Steinhaus an der Straße zum Monte de San Vicente gibt's gegrilltes Fleisch, Meeresfrüchte, Wildbraten in Wein sowie typisch galicische Gerichte wie *lacón con grelos* (Schinken mit Steckrübenblättern).

Restaurante Polar VIELSEITIG €
(Rúa Cardenal Rodrigo de Castro 13, Monforte de Lemos; Menü 11–12 €, Mahlzeiten à la carte 15–35 €; ⊖) In den drei Essräumen des Restaurants wird jedem etwas geboten. Die Auswahl reicht von Pizzas, Tapas und Salaten bis hin zu gegrilltem Fleisch und Fisch.

An- & Weiterreise

Von Monforte führt die breite N120 nach Ourense. Die beiden Orte werden auch von Monbus-Bussen (5,50 €, 1 Std., 3-mal tgl.) und Renfe-

Jakobsweg in Galicien

Zügen (4–13,50 €, 40 Min., 6-mal tgl.) angesteuert. Ein paar Busse fahren von Monforte nach Lugo, Santiago de Compostela und León. Züge zwischen León und Vigo halten hier ebenfalls. Der Busbahnhof und der Bahnhof liegen beide nördlich des Monte de San Vicente.

Lugo

88 000 EW. / 475 M

Die römische Mauer rund um Lugos Altstadt gilt weltweit als die am besten erhaltene ihrer Art und ist für viele der Hauptgrund für einen Besuch. Innerhalb der Befestigungsanlage erstrecken sich gut erhaltene Straßen und Plätze, von denen viele verkehrsberuhigt sind und sich toll für einen Spaziergang eignen. Ursprünglich wurde Lugo 15 v. Chr. über einem alten *castro* angelegt und war die Hauptstadt des römischen Gallaecia. Heute ist es ein ruhiger, aber sehr angenehmer Ort. Die wichtigsten Plätze, die meisten interessanten Straßen und die große Kathedrale befinden sich im südwestlichen Teil der Altstadt.

Sehenswertes

Römische Überreste

STADTMAUER, AUSGRABUNGEN

Die **römische Mauer** gehört zum Unesco-Welterbe und ist für Lugo das, was für maritime Orte die Uferpromenade ist: Auf ihr joggt man, geht abends spazieren und trifft seine Nachbarn. Mehrere Steinstufen und eine Rampe führen hinauf. Auch an der **Porta de Santiago** (Tor des Jakobus) bei der Kathedrale gelangt man auf die Mauer.

Sie verläuft rund um die Altstadt, ist 2,2 km lang, 15 m hoch, hat 85 Türme und repräsentiert eine 1800-jährige Geschichte. Errichtet wurde sie im 3. Jh. Später wurde sie zwar immer wieder verbessert, konnte Lugo aber nie wirklich vor Überfällen schützen. Die Stadt wurde 460 von den Sueben und 300 Jahre später von den Mauren eingenommen. Bis ins 19. Jh. hinein waren die Tore nachts geschlossen und Händler mussten eine Gebühr entrichten, um ihre Waren hineinzubringen.

Das **Centro de Interpretación de la Muralla** (Praza do Campo 11; Erw./Sen., Stud. & Kinder 3/1,50 €; ⌚10.30–14 & 16.30–20 Uhr) liegt einen Häuserblock nördlich der Kathedrale und bietet mit drei Videos und kostenlosen Audioguides (alles auch auf Englisch) einen interessanten Einblick in die Geschichte der Mauer.

Man erfährt z. B. alles Wissenswerte über das römische Gebäude, dessen unterirdische Ruinen die Basis des **Museo Casa dos Mosaicos** (Rúa de Doctor Castro 20; Eintritt 2 €; ⌚Di–So 11–14 & 17–19 Uhr) bilden.

Vom Interpretationszentrum geht's 1 km Richtung Südwesten hinunter zur **Ponte Romana** (Römische Brücke) über dem Río Miño, die zwar in römischer Zeit enstand, aber im Mittelalter neu errichtet wurde. In der Nähe liegen die **Termas Romanas** (Hotel Balneario de Lugo; Eintritt frei; ⌚8.30–20.30 Uhr) mit Umkleideräumen, einer 44 °C heißen, schwefelhaltigen Quelle und Teilen der alten römischen Bäder. Sie gehören zu dem modernen Wellnesshotel, das dasselbe Wasser nutzt.

Catedral de Santa María KATHEDRALE

(Praza Pio XII; ⌚8.30–20.30 Uhr) Beim Bau der Kathedrale ließ man sich vom großartigen

JAKOBSWEGE IN GALICIEN

Alle Jakobswege haben Galicien als gemeinsames Ziel. Fast 80 Prozent aller Pilger kommen über den Camino Francés (Karte S. 37), überwinden die Hügel an der Grenze von Kastilien-León und laufen dann weiter in westlicher Richtung die letzten 154 km durch die wunderbar grüne Landschaft nach Santiago de Compostela. Einige erreichen Santiago aber auch über den Camino Portugués (über die Grenzstadt Tui), den Camino Inglés (ab A Coruña oder Ferrol) und den Camino Primitivo (ab Oviedo über Lugo).

Das winzige Dorf O Cebreiro ist der Übergangsort des Camino Francés nach Galicien. Er liegt 1300 m über dem Meeresspiegel und ist das Ziel des längsten und härtesten Anstiegs der Route. Zwischen den Steinhäusern des Ortes verteilen sich mehrere *pallozas* (runde, strohbedeckte Wohnhäuser wie sie im ländlichen Galicien seit vorrömischer Zeit gebaut wurden). Rund die Hälfte der Gebäude sind Bars (viele bieten preiswerte *menúes del día* an) oder Hostels, darunter das hübsche **Hotel Cebreiro** (☎982 36 71 82; www.hotelcebreiro.com, auf Spanisch; Zi. 40–60 €).

In Triacastela 19 km hügelabwärts hinter O Cebreiro teilt sich der Weg; beide Routen treffen später in Sarria wieder aufeinander. Als bessere Wahl gilt die längere südliche Strecke (25 km) über Samos, ein liebenswürdiges Dorf mit dem beeindruckenden, im 6. Jh. errichteten **Mosteiro de Samos** (Führungen 3 €; ⏲alle 30 Min., 10–12.30 & 16.30–18.30 Uhr). Das Benediktinerkloster hat zwei schöne große Kreuzgänge (einer im gotischen Stil mit entschieden unklösterlichen griechischen Nymphen am Brunnen, der andere im neoklassischen Stil und voller Rosen). Im oberen Stockwerk sind an vier Wänden Gemälde mit Szenen aus dem Leben des heiligen Benedikt zu sehen. Sie entstanden in den 1950er-Jahren, nachdem ein furchtbares Feuer fast alles im Kloster außer der Kirche und der Sakristei niederbrannte. Samos verfügt über mehrere Herbergen und *hostales*, doch die **Casa Díaz** (☎982 54 70 70; www.casadediaz.com; EZ 31 €, DZ 39–69 €; P), ein Bauernhof aus dem 18. Jh., der heute als Landgasthaus genutzt wird, ist eindeutig am einladendsten. Sie liegt 3,5 km hinter Samos in Vilachá.

Wer nur die letzten 100 km des Jakobswegs zu Fuß zurücklegen möchte, startet normalerweise in Sarria. Bis auf den schönen, auf einem Hügel gelegenen Altstadtkern hat der Ort nicht viel zu bieten. Der Pfad schlängelt sich von Dorf zu Dorf sowie durch Wälder und über Felder und fällt dann steil ab nach Portomarín über dem Río Miño. Im weiteren Verlauf, ab Palas de Rei nach Melide, führt er durch eine teils schöne Landschaft. Von Melide aus geht's die letzten 53 km durch Wälder, Weiler, Landschaften und am Ende durch die Straßen von Santiago de Compostela. Der Weg verläuft entlang der Rúa de San Pedro bis zur Praza da Inmaculada an der Nordseite der Kathedrale. Viele Pilger gehen am Ende des Platzes noch ein paar Treppen durch einen Tunnel hinunter und erreichen so die großartige Praza do Obradoiro vor der berühmten Westfassade der Kathedrale.

Wer motorisiert und nicht als Pilger in Galicien unterwegs ist, kann den wunderbaren, 30 km langen Umweg von O Cebreiro nach Samos wählen. Mit dem Auto gelangt man über die A6 von Madrid und Astorga aus nach Galicien und biegt bei Pedrafita do Cebreiro ab. Dann geht's auf der LU633 etwa 4 km Richtung Süden nach O Cebreiro. Die Straße von dort nach Samos schlängelt sich durch eine grüne Landschaft mit großartig weiten Aussichten und kreuzt dabei häufig den Jakobsweg.

Busse fahren ab dem Busbahnhof in Lugo von Montag bis Freitag um 17.30 Uhr nach Pedrafita do Cebreiro (9 €, 2 Std.) über Sarria, Samos und O Cebreiro. Zurück geht's ab Pedrafita von Montag bis Freitag um 6.45 Uhr.

Vorbild in Santiago inspirieren. Der Grundstein der Kirche wurde 1129 gelegt, aber die Errichtung dauert mehrere Jahrhunderte, was auch die verschiedenen Stile von der Romanik (in den Querschiffen) bis zum Neoklassizismus (an der Hauptfassade) erklärt. Das harmonische Gebäude verdient eine nähere Betrachtung. Hinter dem Hauptaltar befindet sich in einer aufwendig verzierten barocken Kapelle das schöne gotische Standbild der Nosa Señora dos Ollos Grandes (Unsere Jungfrau mit den großen Augen), die christliche Schutzpatronin der Stadt. Der wunderbare, original erhaltene Hauptaltar zeigt Szenen aus dem Leben Christi (geschnitzt von Cornelis de Holanda in den 1530er-Jahren). Außen, gleich über dem Nordtor, befindet sich die Christusfigur, eine der schönsten Steinmetzarbeiten der spanischen Romanik.

GRATIS **Museo Provincial** MUSEUM
(www.museolugo.org, auf Spanisch; Praza da Soidade; ⌚Mo–Sa 11–12 & 17–20, So 11–14 Uhr, Juli & Aug. Sa nachmittags geschl.) In diesem Museum, einem der besten und größten in Galicien, sieht man, was vom Convento de San Francisco übrig geblieben ist: ein gotischer Kreuzgang und das Refektorium. Die Sammlung reicht von vorrömischem Goldschmuck und römischen Mosaiken bis zur galicischen Sargadelos-Keramik und galicischer Kunst aus dem 15. bis 20. Jh.

Schlafen

Orbán e Sangro BOUTIQUE-HOTEL €€
(☎982 24 02 17; www.pazodeorban.es; Travesía do Miño; EZ 65–108 €, DZ 86–130 €;) Die zwölf Zimmer dieses angenehmen Boutique-Hotels (2008 in einer Villa aus dem 18. Jh. gleich an der Innenseite der Stadtmauer eröffnet) warten mit klaren Linien, antiken Möbeln, Designerbädern und 2,15 m langen Betten auf. Darüber hinaus befindet sich hier eine kuriose Taverne aus dem frühen 20. Jh.

Hotel Méndez Núñez HOTEL €€
(☎982 23 07 11; www.hotelmendeznunez.com; Rúa da Raíña 1; EZ/DZ 54/65 €;) Dieses 100 Jahre alte Hotel ist komplett restauriert worden und bietet helle, geräumige Zimmer mit sauberen Bädern und guter Aussicht, wobei die Matratzen zu weich sind.

Hotel España HOTEL €
(☎982 23 15 40; Rúa Vilalba 2; EZ 24–32 €, DZ 42 €;) Ein schmuckloses Hotel außerhalb der Porta do Bispo Aguirre. Es verfügt über kleine, saubere Zimmer mit komfortablen Betten. Manche sind hell und blicken direkt auf die römische Mauer.

Essen

In der Rúa da Cruz, der Rúa Nova und an der Praza do Campo nördlich der Kathedrale reihen sich hübsche Restaurants und Tapas-Bars aneinander. Manche bieten gleich zwei Tapas gratis zum Getränk: Eine gibt es auf einem Teller, die zweite kann man sich von der Liste an der Bar aussuchen.

A Nosa Terra TAPAS, RACIONES €
(Rúa Nova 8; raciones 8–18 €) Eine einladende klassische Tapas-Bar an der Rúa Nova mit einer langen Weinkarte. Gäste stehen an der engen Theke oder sitzen an Tischen im hinteren Bereich. Zu den *raciones* gehören *pulpo a feira* und *lacón con grelos.*

Mesón de Alberto GALICISCH €€
(☎982 22 83 10; Rúa da Cruz 4; Tapas-Menü 13 €, Mahlzeiten 35–60 €; ⌚So und Di abends geschl.) Alberto bereitet typische Gerichte mit Fleisch, Fisch oder Meeresfrüchten zu. Tapas gibt's unten, „richtige" Mahlzeiten im Speiseraum. Das Tapas-Menü ist eine gute Wahl, wenn man nicht so viel Hunger hat.

A Taberna do España GALICISCH €
(Rúa Castelao 4; Gerichte 5–15 €, Menü 12 €; ⌚So geschl.;) Gleich außerhalb des östlichen Mauerrings serviert diese helle, moderne Taverne traditionelle galicische Kost, z. B.*pulpo a feira* und geröstete *jarrete de ternera* (Kalbshaxe), aber auch fantasievollere Leckereien, wie mit Meeresfrüchten gefüllte Paprika. Empfehlenswert ist das Menü, das montags bis donnerstags zum Angebot gehört.

Ausgehen & Unterhaltung

Am Wochenende geht's in der Altstadt sehr lebhaft zu. Am besten beginnt man den Abend mit Tapas und Drinks an der Rúa Nova, Praza do Campo, Rúa da Cruz oder Rúa Bispo Basulto nördlich der Kathedrale oder an der Praza do Campo Castelo (östlich der Praza Maior). Danach kann man die Musikbars rund um die Kathedrale oder die *chundas* (Electronica-Tanzclubs) entlang der Rúa Mariña Española (südlich der Stadtmauer) besuchen.

Das altmodische **Café del Centro** (Praza Maior 9; ⌚7–2 Uhr) lohnt sich tagsüber für ein Frühstück oder einen Kaffee. Am Freitag- und Samstagabend ist hier Chill-out-Musik angesagt, mit eingängigen sanften Klängen von Klassik bis Jazz.

Praktische Informationen

Regionale Touristeninformation (☎982 23 13 61; Rúa do Miño 12; ⌚Mo–Sa 10–14 & 16–19, So 10–14 Uhr, Sept.–Juni So geschl.) Einen Steinwurf von der städtischen Touristeninformation entfernt.

ABSTECHER

ANCARES & COUREL

Südöstlich von Lugo und nahe der Grenze zu Kastilien-León erstrecken sich die **Serra dos Ancares** und die **Serra do Courel**, entlegene Gebirgsregionen mit hohen Graten und Gipfeln, schönen Wäldern und rustikalen Dörfern. Sie liegen im tiefsten Galicien und sind von verschieden langen Wanderwegen durchzogen. In der Gegend stößt man auf mehrere Gästehäuser und Hotels. Die wichtigsten Ausgangspunkte sind Pedrafita do Cebreiro, Becerreá, Seoane do Courel, Folgoso do Courel und Quiroga. Mehr darüber erfährt man auf www.turgalicia.es, www.turismoruralgalicia.com oder www.lugotur.com (auf Spanisch) oder im Lonely Planet Band *Hiking in Spain*.

Städtische Touristeninformation (☎982 25 16 58; www.lugoturismo.com; Praza do Campo 11; ⏲10.30–14 & 16.30–20 Uhr) Im Centro de Interpretación de la Muralla.

An- & Weiterreise

Empresa Freire fährt vom **Busbahnhof** (☎982 22 39 85; Praza da Constitución) nach Santiago de Compostela (8,25 €, 1½–2 Std., mind. 6-mal tgl.) und Arriva bedient A Coruña (9,45 €, 1¼ Std., mind. 4-mal tgl.). Mehrere Busse steuern täglich Monforte de Lemos, Ourense, Pontevedra, Viveiro, Ribadeo und Ponferrada an. ALSA bietet Verbindungen nach León, Madrid, Asturien und zu weiter entfernten Zielen.

Mindestens vier Renfe-Züge starten täglich nach A Coruña (8,30–15,70 €, 2 Std.) und Monforte de Lemos (4,90–12,60 €, 1 Std.). Nach Madrid fährt auch ein Nachtzug (51 €, 9 Std.).

Valencia & die Costa Blanca

Inhalt »

Gut essen

» Tridente (S. 590)
» Desierto de las Palmas (S. 599)
» Piripi (S. 617)
» Rincón de Capis (S. 619)
» Canela y Clavo (S. 620)

Schön übernachten

» Ad Hoc (S. 587)
» Hotel Chamarel (S. 607)
» Villa Venecia (S. 611)
» Hostal Les Monges Palace (S. 616)
» Cases Noves (S. 623)

Auf nach Valencia und zur Costa Blanca

Jedes Jahr besuchen 5,5 Millionen Touristen die Comunidad Valenciana (Autonome Gemeinschaft Valencia). Viele beschränken ihren Aufenthalt auf die Ferienorte an der Küste, das sommerliche Nachtleben und die herrlichen Strände der Costa Blanca im Süden oder der nicht ganz so bekannten Costa del Azahar. Doch wer sich ein Fahrrad oder Auto ausleiht und das hedonistische Vergnügen des schmalen Küstenstreifens hinter sich lässt, dem offenbart sich das vielfältige Hinterland der Region mit sich wölbenden Bergen, von Burgen gekrönten Hügeln und Dörfern, die teils bis in die maurische Zeit zurückreichen.

Valencia, Hauptstadt der Region und drittgrößte Stadt Spaniens, strahlt jede Menge Selbstbewusstsein aus und ist mit seinen Clubs, hervorragenden Museen, großartigen Restaurants und der erstaunlichen Ciudad de las Artes y las Ciencias ein tolles Ziel für einen Kurzurlaub.

Reisezeit

Valencia

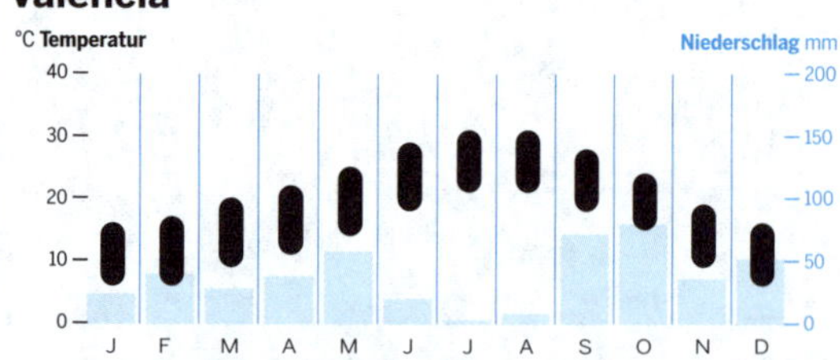

15.–19. März Las Fallas, das wilde Frühlingsfest der Stadt, lockt ganze zwei Millionen Besucher an

22.–24. April Beim Moros-y-Cristianos-Fest in Alcoy gibt's einen spektakulären Schaukampf

August & September Die besten Monate, um das Maestrazgo-Gebiet zu erkunden

Highlights

1 **Las Fallas** (S. 586), Europas abgefahrenstes Frühlingsfest, erleben

2 Mit der schicken Straßenbahn die spektakuläre **Costa Blanca** (S. 606) zwischen Alicante und Benidorm entlangfahren

3 Beim **Festival Internacional de Benicàssim** (S. 600) in Benicàssim unter freiem Himmel abrocken

4 Über die verwegene Architektur der **Ciudad de las Artes y las Ciencias** (S. 576) in Valencia staunen

5 Aus der Ferne einen ersten Blick auf die mittelalterliche Festungsstadt **Morella** (S. 604) genießen

6 In Valencias umweltfreundlichem **Bioparc** (S. 577) die Savanne erkunden und Madagaskar kennenlernen

7 Bei Sonnenuntergang mit dem Boot über den **La-Albufera-See** (S. 594) gleiten

Valencia

814 000 EW.

Valencia, Spaniens drittgrößte Metropole, schlummerte jahrelang im Schatten der Hauptstadt Madrid sowie des kulturellen und wirtschaftlichen Zentrums Barcelona. Damit ist nun Schluss. Imposante öffentliche Gebäude wie Sir Norman Fosters Palacio de Congresos, David Chipperfields preisgekrönte Struktur Veles i Vents hinter dem Binnenhafen und vor allem die aufsehenerregende Ciudad de las Artes y las Ciencas, die größtenteils von Santiago Calatrava entworfen wurde, einem erfolgreichen Sohn der Stadt, veränderten die hiesige Skyline.

Dort, wo die allererste Paella über dem Holzfeuer köchelte, treffen heute das ganze Jahr über immer mehr Kurzurlauber ein. Valencia ist lebendig, freundlich und leicht chaotisch. Es wartet mit zwei ausgezeichneten Kunstmuseen auf, hat eine Altstadt, die sich gut zu Fuß erkunden lässt, verfügt über den neuesten Kultur- und Wissenschaftskomplex Europas und bietet ein Nachtleben, das selbst für spanische Verhältnisse außergewöhnlich bunt ist.

Geschichte

138 n. Chr. gründeten römische Ex-Legionäre am Ufer des Río Turia „Valentia". Die Araber machten die Stadt zum Landwirtschafts- und Gewerbezentrum. Sie führten die Keramik-, Papier-, Seiden- und Lederverarbeitung ein und bauten das Bewässerungsnetz im fruchtbaren Hinterland aus.

1094 wurde die maurische Herrschaft kurzzeitig durch den legendären kastilischen Haudrauf und Ritter El Cid (S. 179) mit seinen Mannen unterbrochen. Viel Zeit verging, ehe die christlichen Streitkräfte von Jakob I. 1238 die Stadt endgültig zurückeroberten.

Valencias goldene Zeit war im 15. und 16. Jh., als sich der Ort zu einem der bedeutendsten Handelszentren am Mittelmeer entwickelte. Darauf folgte ein allmählicher Abstieg, ehe er im 19. Jh. durch die Industrialisierung und die Entwicklung des lukrativen Exports von Zitrusfrüchten nach Nordeuropa wieder aufblühte.

KATALANISCH DURCH DIE HINTERTÜR

Immer mehr Rathäuser ersetzen spanische Straßenschilder mit Tafeln auf Valencianisch, einem katalanischen Dialekt. Der Unterschied zwischen den beiden Versionen ist zwar oft minimal, kann aber manchmal Verwirrung stiften. In diesem Buch steht gelegentlich die valencianische Fassung, nämlich dann, wenn sie eindeutig häufiger benutzt wird. Aber da jeder Einwohner Spanisch versteht (und die Mehrheit auch Spanisch spricht), nennen wir zumeist den spanischen Namen.

Sehenswertes & Aktivitäten

CIUDAD DE LAS ARTES Y LAS CIENCIAS

Die umwerfende **Stadt der Künste & der Wissenschaften** (Karte S. 578; ☎Reservierungen 902 10 00 31 oder Onlinebuchung; www.cac.es; Kombiticket für alle 3 Attraktionen Erw./Kind 31,50/24 €) erstreckt sich über eine 350 000 m² große Fläche im alten Flussbett des Río Turia. Sie ist hauptsächlich das Werk des valencianischen Architekten Santiago Calatrava, der viele spannende Bauwerke auf der ganzen Welt entworfen hat, u. a. den Bahnhof auf dem Gelände des World Trade Center in New York.

Von der Plaza del Ayuntamiento kann man Bus 35 nehmen, vom Torres de Serranos und der Plaza de América Bus 95.

Oceanogràfic AQUARIUM

(Karte S. 578; Erw./Kind 24/18 €; ⏲10–18 oder 20 Uhr). Dies ist wohl der Höhepunkt des Komplexes, besonders wenn Kinder dabei sind. Allein mit dem Wasser in den Aquarien könnte man locker 15 Wettkampfbecken füllen. Außerdem gibt's hier Polarzonen, ein Delphinarium, die Unterwasserwelt des Roten Meers und des Mittelmeers sowie ein paar Unterwassertunnel (einer ist ganze 70 m lang).

Palau de les Arts Reina Sofía KONZERTHALLE

(Karte S. 578; www.lesarts.com; Autovía a El Saler) Wie ein riesiger Käfer hockt dieses Gebäude über dem Flussbett und seine Hülle schillert aufgrund ihrer lichtdurchlässigen Mosaikfliesen. In die vier Säle passen 4400 Zuhörer; nur die Oper von Sydney ist noch größer.

Hemisfèric IMAX-KINO

(Karte S. 578; Erw./Kind 7,50/5,80 €) Das reglose Auge des Hemisfèric ist zugleich Planetarium, IMAX-Kino und Lasershow. Wahlweise mit englischem Kommentar.

VALENCIA MIT KINDERN

An erster Stelle stehen natürlich die **Strände**, z. B. Malvarrosa und Las Arenas. Die beiden Sandstreifen sind nicht besonders weit vom Stadtzentrum entfernt und mit Bus oder Straßenbahn schnell zu erreichen.

Spaßig für Jung und Alt ist die **Hochgeschwindigkeits-Straßenbahn**; beim Beschleunigen werden die Fahrgäste regelrecht in die Sitze gedrückt.

Begeisterung löst auch das 9 km lange ehemalige Flussbett des inzwischen umgeleiteten Río Turia aus. Dort befindet sich der ganzjährig geöffnete Abenteuerspielplatz **Gulliver** (S. 584), auf dem jedes Kind einfach herumklettern *muss*.

Im **Jardín Botánico** geht's um einiges ruhiger zu. Hier sorgen Kakteen und streunende Katzen für Spannung. Man kann zwischen den Bäumen Verstecken spielen und die Frösche im Brunnen suchen.

Unter den Attraktionen der **Ciudad de las Artes y las Ciencias** hat das **Oceanogràfic** mit seinen 45 000 Wassertieren und -pflanzen für jeden etwas zu bieten. Das Wissenschaftsmuseum eignet sich eher für Kinder ab zwölf Jahren (viele Exponate kann man anfassen und manche Grundschüler haben hier schon unabsichtlich so einiges zerlegt). Im IMAX-Kino erlebt man Spannendes zu saftigen Preisen. Aus diesem Grund lohnt sich ein Blick auf die verschiedenen Familien- und Kombitickets.

Museo de las Ciencias Príncipe Felipe
WISSENSCHAFTSMUSEUM

(Karte S. 578; Erw./Kind 7,50/6 €; ⌚10–19 oder 21 Uhr) Dieses interaktive Wissenschaftsmuseum bietet Kindern eine Menge zum Anfassen sowie Maschinen und Ausstellungsstücke für alle Altersgruppen. In jeder Abteilung gibt's Flyer mit den wichtigsten Informationen auf Englisch.

WESTLICHES VALENCIA

Die beiden Sehenswürdigkeiten im Westen Valencias erreicht man mit den Buslinien 7, 81 und 95 oder von der Metrostation Nou d'Octubre aus.

LP TIPP Bioparc
TIERPARK

(Karte S. 578; www.bioparcvalencia.es; Avenida Pio Baroja 3; Erw./Kind 21/15,50 €; ⌚10 Uhr–Dämmerung) „Zoo" ist ein viel zu altmodisches und unpassendes Wort für diesen wunderbaren, innovativen, umweltfreundlichen Ort mit unaufdringlichem Bildungsaspekt, wo die wilden Tieren scheinbar frei (keine Angst, wirklich nur scheinbar) umherstreifen und die Besucher von der Savanne nach Äquatorialafrika und Madagaskar wandern, während großäugige Lemuren um ihre Füße hüpfen.

Museo de Historia de Valencia
MUSEUM

(Karte S. 578; Calle Valencia 42; www.mhv.com.es, auf Spanisch; Erw./Kind 2/1 €; ⌚Di–Sa 10–14 & 16.30–20.30, So 10–15 Uhr) Das Museo de Historia de Valencia liegt im Parque de Cabecera in einem ehemaligen Flussbett und veranschaulicht über 2000 Jahre Stadtgeschichte – alles schön zum Anfassen, mit vielen Filmen und Videos. An der Kasse liegt eine informative Mappe in verschiedenen Sprachen zur Ausleihe bereit.

PLAZA DE LA VIRGEN & UMGEBUNG

Diese geschäftige, von Cafés und imposanten öffentlichen Gebäuden umringte Plaza war zu Römerzeiten das Forum. Hier kreuzten sich die Hauptstraßen, die von Norden nach Süden und von Osten nach Westen führten.

Brunnen
BRUNNEN

Die stattliche, sich zurücklehnende Figur im Brunnen der Plaza de la Reinas verkörpert den Río Turia. Die acht Jungfrauen, die aus ihren Kannen Wasser schütten, symbolisieren die wichtigsten vom Fluss gespeisten Bewässerungskanäle.

Katedrale
KATHEDRALE

(Karte S. 582; Erw./Kind inkl. Audioguide 4/2,70 €; ⌚Mo–Sa 10–17.30 oder 18.30, So 14–17.30 Uhr) In der Kathedrale versammelt sich die ganze Architekturgeschichte der Stadt auf kleinstem Raum: Die Puerta del Palau an der Ostseite ist rein romanisch; Kuppel, Turm und Puerta de los Apóstoles an der Plaza de la Virgen sind gotisch, und das Presbyterium sowie das Hauptportal an der Plaza de la Reina stammen aus dem Barock.

Die erst kürzlich entdeckten kunstvollen italienischen Fresken über der Hauptaltartafel sollte man sich unbedingt ansehen.

VALENCIA & DIE COSTA BLANCA

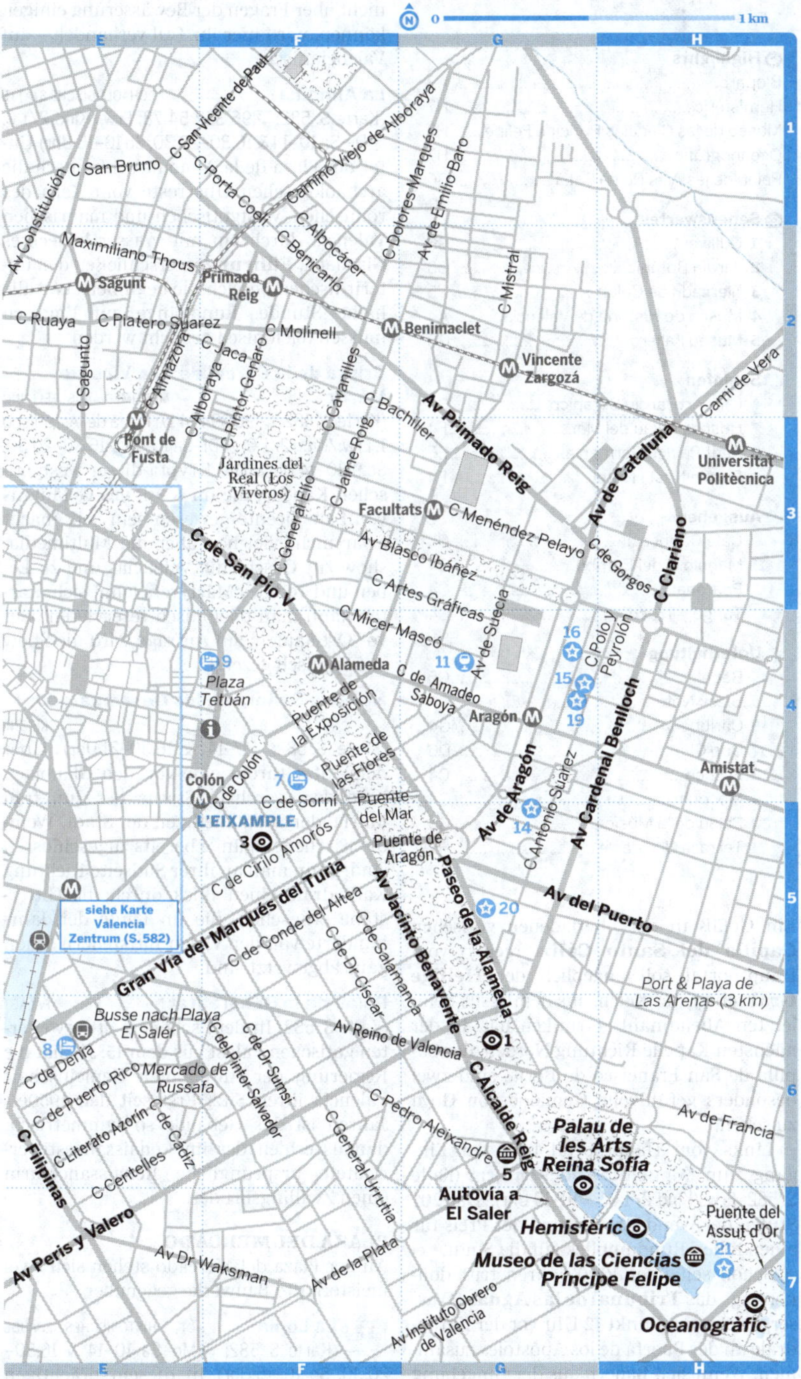
0 1 km
Av Constitución
C San Bruno
C San Vicente de Paúl
C Porta Coeli
Camino Viejo de Alboraya
C Albocácer
C Benicarló
Maximiliano Thous
Sagunt
Primado Reig
C Dolores Marqués
Av de Emilio Baró
C Mistral
C Ruaya
C Piatero Suárez
C Molinell
Benimaclet
Vincente Zargozá
C Sagunto
C Almazora
C Jaca
C Alboraya
C Pintor Genaro
C Cavanilles
C Bachiller
Av Primado Reig
Cami de Vera
Universitat Politècnica
Pont de Fusta
Jardines del Real (Los Viveros)
C Jaime Roig
C General Elío
Facultats
C Menéndez Pelayo
Av de Cataluña
C de Gorgos
C Clariano
C de San Pío V
Av Blasco Ibáñez
C Artes Gráficas
C Micer Mascó
Av de Suecia
C Polo y Peyrolón
9
Plaza Tetuán
Alameda
11
C de Amadeo Saboya
Aragón
16
15
19
Av Cardenal Benlloch
Puente de la Exposición
Puente de las Flores
Colón
C de Colón
7
C de Sorní
Puente del Mar
L'EIXAMPLE
3
C de Cirilo Amorós
Puente de Aragón
Av de Aragón
14
C Antonio Suárez
Amistat
Gran Vía del Marqués del Turia
Av Jacinto Benavente
Paseo de la Alameda
20
Av del Puerto
siehe Karte Valencia Zentrum (S. 582)
C de Conde del Altea
C de Dr Císcar
C de Salamanca
Port & Playa de Las Arenas (3 km)
Busse nach Playa El Saler
8
C de Denia
C del Pintor Salvador
C de Dr Sumsi
Av Reino de Valencia
1
C Alcalde Reig
C de Puerto Rico
Mercado de Russafa
C Literato Azorín
C de Cádiz
C Centelles
C Pedro Aleixandre
C General Urrutia
Palau de les Arts Reina Sofía
Av de Francia
5
C Filipinas
Autovía a El Saler
Hemisfèric
Puente del Assut d'Or
21
Museo de las Ciencias Príncipe Felipe
Av Peris y Valero
Av Dr Waksman
Av de la Plata
Av Instituto Obrero de Valencia
Oceanogràfic
E F G H
1 2 3 4 5 6 7

Valencia

Highlights

Bioparc	A3
Hemisfèric	H7
Museo de las Ciencias Príncipe Felipe	H7
Oceanogràfic	H7
Palau de les Arts Reina Sofía	G6

Sehenswertes

1 Gulliver	G6
2 Jardín Botánico	C3
3 Mercado de Colón	F5
4 Museo de Historia de Valencia	A4
5 Museo Fallero	G6

Schlafen

6 Chill Art Jardín Botánico	C4
7 Hospes Palau del Mar	F4
8 Petit Palace Germanías	E6
9 Purple Nest Hostel	F4

Ausgehen

10 Café Carioca	C5
11 Manolo el del Bombo	G4
12 Peatonal	C4
13 Tango y Truco	C4

Unterhaltung

14 Babel	G5
15 Black Note	G4
16 Caribbean's	G4
17 Dub Club	D6
18 El Loco	C4
19 Mosquito	G4
20 Palau de la Música	G5
21 Terraza Umbracle	H7

Ein Gefäß in der überladenen gotischen **Capilla del Santo Cáliz** rechts vom Hauptportal soll angeblich der **Heilige Gral** sein, jener Kelch, aus dem Jesus beim letzten Abendmahl getrunken hat. In der nächsten Kapelle Richtung Norden, der Capilla de San Francisco de Borja, sind zwei besonders gefühlvolle Gemälde von Goya zu sehen.

Links vom Hauptportal liegt der Eingang zum **Miguelete-Glockenturm** (Karte S. 582; Erw./Kind 2/1 €; ⌚10–19 Uhr). Die 207 Stufen der Wendeltreppe sind der Preis für einen tollen Rundumblick auf die Stadt.

Schon seit über 1000 Jahren tritt donnerstags das **Tribunal de las Aguas** (Wassergericht) um Punkt 12 Uhr vor der Kathedrale an der Puerta de los Apóstoles zusammen. Wenn sich Bauern aus der Umgebung nicht über Fragen der Bewässerung einigen können, wird hier ihr Fall verhandelt – auf Valencianisch.

La Almoina ARCHÄOLOGISCHE STÄTTE
(Karte S. 582; ☎96 352 54 78; Erw./Kind 2/1 €; ⌚Di–Sa 10–14 & 16.30–20.30, So 10–15 Uhr) Unter der Plaza de la Almoina schimmern die archäologischen Überreste vom Kern des römischen, westgotischen und maurischen Valencia durch ein mit Wasser bedecktes Glasdach. **Führungen** erschließen den unterirdischen Bereich, sie beginnen etwa alle halbe Stunde. Rundgänge auf Englisch müssen telefonisch gebucht werden.

Cripta de la Cárcel de San Vicente Mártir MULTIMEDIAAUSSTELLUNG
(Karte S. 582; ☎96 394 14 17; Plaza del Arzobispo 1; Erw./Kind 2/1 €; ⌚Di–Sa 10–14 & 16.30–20.30, So 9.30–14 Uhr). Die Krypta dieser westgotischen Kapelle, die im 4. Jh. das Gefängnis von San Vicente gewesen sein soll, macht zwar nicht viel her, aber die Multimediashow zur Geschichte Valencias und zu Leben und Tod des Märtyrers lohnt sich. Karten kann man telefonisch reservieren oder vor Ort kaufen, auf Anfrage wird die Show auf Englisch gezeigt.

Nuestra Señora de los Desamparados KIRCHE
(Karte S. 582; ⌚7–14 & 16.30–21 Uhr) Über dem Altar thront eine von den Gläubigen besonders verehrte Statue der Jungfrau Maria, der Schutzheiligen der Stadt. Wenn die Kircheneingänge bereits zugeschlossen sind, kann man an ihrer Südseite Richtung Kathedrale einen Blick durch die Gitterstäbe erhaschen, die im Laufe der Jahrhunderte von den vielen Bittstellern schon ganz abgewetzt sind.

Palau de la Generalitat PALAST
(Karte S. 582) In dem schönen, oft erweiterten gotischen Palast aus dem 15. Jh. hat die Regierung der Autonomen Gemeinschaft Valencia ihren Sitz. Erst seit den 1950er-Jahren ist das Gebäude so symmetrisch; damals erhielt der im Renaissancestil errichtete ursprüngliche Renaissanceturm einen Zwillingsbruder.

PLAZA DEL MERCADO

An der Plaza del Mercado stehen sich zwei meisterhafte Bauwerke gegenüber.

GRATIS **La Lonja** HISTORISCHES GEBÄUDE
(Karte S. 582; ⌚Mo–Sa 10–14 & 16.30–20.30, So 10–15 Uhr) In diesem prächtigen

Gebäude aus dem späten 15. Jh., das mittlerweile zum Unesco-Welterbe gehört, befand sich früher die Seiden- und Warenbörse der Stadt. Besonders beeindruckend sind die Säulenhalle mit ihren gedrehten gotischen Säulen und das Consulado del Mar im ersten Stock mit der erstaunlichen Kassettendecke.

Mercado Central MODERNISTISCHER MARKT
(Karte S. 582; ⏲Mo–Sa 7.30–14.30 Uhr) Valencias überdachter modernistischer Markt wurde 1928 gebaut und vor Kurzem generalüberholt. 900 Stände sorgen für einen Überfluss an Gerüchen, Farben und Trubel. Nicht verpassen sollte man den Anbau für Fisch, Meeresfrüchte und Innereien.

STADTZENTRUM

LP TIPP **Instituto Valenciano de Arte Moderno (IVAM)**
ZEITGENÖSSISCHE GEMÄLDEGALERIE
(Karte S. 582; www.ivam.es; Calle Guillem de Castro 118; Erw./Kind 2/1 €; ⏲Di–So 10–20 oder 21 Uhr) Das IVAM zeigt hervorragende Sonderausstellungen moderner Kunst und eine beeindruckende ständige Sammlung spanischer Kunst des 20. Jhs., darunter stachelige abstrakte Metallobjekte des katalanischen Bildhauers Julio Gonzales.

GRATIS **Museo de Bellas Artes**
MUSEUM DER SCHÖNEN KÜNSTE
(Karte S. 582; Calle San Pío V 9; ⏲Di–So 10–20 Uhr) Das helle und geräumige Museum ist eines der besten Spaniens. Zu seinen Highlights zählen das großartige römische *Mosaik der neun Musen,* eine Sammlung prächtiger Altarbilder aus dem Spätmittelalter sowie zahlreiche beeindruckende Werke von El Greco, Goya, Velázquez, Murillo, Ribalta und von Künstlern der valencianischen impressionistischen Schule wie Sorolla und Pinazo.

Palacio del Marqués de Dos Aguas
PALAST
(Karte S. 582; Calle Poeta Querol 2) Zwei herrlich extravagante Rokoko-Karyatiden (Säulen in Form von gewandeten weiblichen Figuren) befinden sich über dem Haupteingang dieses übertriebenen Palastes. Im Inneren präsentiert das **Museo Nacional de Cerámica** (Karte S. 582; Erw./Kind 3/1,50 €, ⏲Di–Sa 10–14 & 16–20, So 10–14 Uhr) Keramikausstellungen aus der ganzen Welt, besonders aber aus den namhaften lokalen Produktionszentren Manises, Alcora und Paterna.

Torres de Serranos TÜRME
(Karte S. 582; Plaza de los Fueros; Erw./Kind 2/1 € ⏲Di–Sa 10–14 & 16.30–20.30, So 10–15 Uhr) Zwei beeindruckende Steintore mit Zwillingstürmen – mehr ist von Valencias alter Stadtmauer nicht übrig geblieben. Die Torres de Serranos aus dem 14. Jh. thronen über dem einstigen Flussbett des Río Turia und bildeten einst das Haupttor nach Barcelona sowie in den Norden.

GRATIS **Torres de Quart** TÜRME
(Karte S. 582; Calle Guillem de Castro ⏲Di–Sa 10–14 & 16.30–20.30, So 10–15 Uhr) Von den Türmen aus dem 15. Jh. genießt man einen tollen Blick auf den Sonnenuntergang und nach Madrid. Noch heute wirken die Einschusslöcher französischer Kanonenkugeln von Napoleons Invasion zu Beginn des 19. Jhs. wie Pockennarben im Gemäuer.

Estación del Norte BAHNHOF
(Karte S. 582; Calle Xàtiva) 1917 liefen die ersten Züge in diesen reich dekorierten modernistischen Bahnhof ein. Die Haupthalle ist mit Keramikmosaiken und Wandbildern geschmückt, die in den wichtigsten europäischen Sprachen eine gute Reise wünschen.

Museo del Patriarca
GALERIE DER SCHÖNEN KÜNSTE
(Karte S. 582; Calle la Nave 1; Eintritt 2 €; ⏲11–13.30 Uhr) Dieses Kleinod ist ein Muss, wenn man sich für sakrale Kunst interessiert. Besonders gut vertreten sind die spanische und flämische Renaissancemalerei mit verschiedenen Gemälden von Juan de Juanes, Ribalta und El Greco.

Museo Fallero FALLAS-MUSEUM
(Karte S. 578; Plaza Moteolivete 4; Erw./Kind 2/1 €; ⏲Di–Sa 10–14 & 16.30–20, So 10–15 Uhr) Jedes Jahr wählt die Stadtbevölkerung

VALENCIA KOSTENLOS

Die folgenden Museen und Sehenswürdigkeiten kann man samstags und sonntags besuchen, ohne Eintritt zahlen zu müssen:

» Museo Nacional de Cerámica
» Museo Fallero
» Museo de Historia de Valencia
» La Almoina
» Torres de Serranos
» Cripta de la Cárcel de San Vicente Mártir

Valencia Zentrum

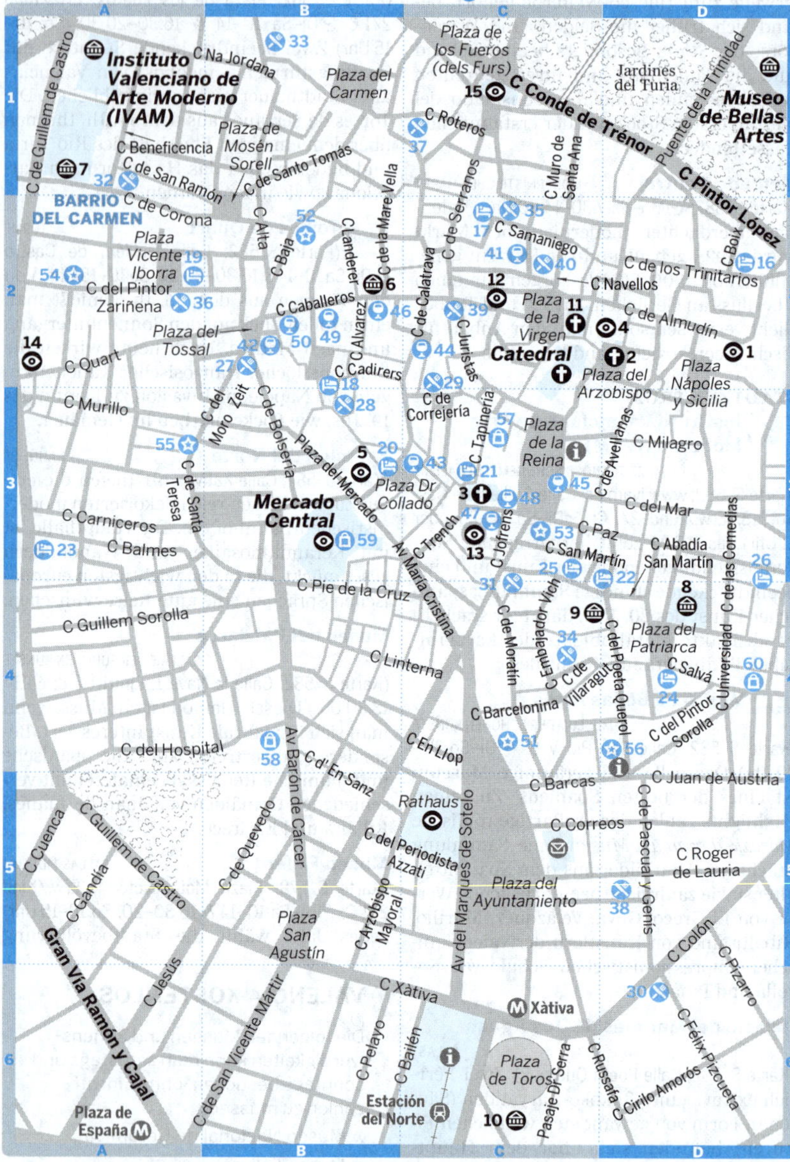

beim Volksfest Las Falles die schönste von 9000 *ninots* (lebensgroße Figuren), die stolz vor den *fallas* (riesige Statuen aus Pappmaché und Styropor) posieren: Sie wird als einzige nicht dem Feuer übergeben, sondern kommt in dieses Museum.

Mercado de Colón MODERNISTISCHER MARKT
(Karte S. 578; Calle Cirilo Amorós) Seinerzeit war das modernistische Gebäude aus dem 19. Jh. ein Markt für das aufstrebende Bürgertum im neuen Vorort L'Eixample. Heute beherbergt es Boutiquen und Cafés.

Valencia Zentrum

Highlights
Catedral ...C2
Instituto Valenciano de Arte Moderno (IVAM) ...A1
Mercado Central ...B3
Museo de Bellas Artes ...D1

Sehenswertes
1 Baños del Almirante ...D2
2 Cripta de la Cárcel de San Vicente Mártir ...D2
3 Iglesia de Santa Catalina ...C3
4 La Almoina ...D2
5 La Lonja ...B3
6 L'Iber (Museo de Soldaditos de Plomo) ...B2
7 Museo de Prehistoria (La Beneficencia) ...A1
8 Museo del Patriarca ...D4
9 Museo Nacional de Cerámica ...C4
10 Museo Taurino ...C6
11 Nuestra Señora de los Desamparados ...C2
Palacio del Marqués de Dos Aguas ...(siehe 9)
12 Palau de la Generalitat ...C2
13 Plaza Redonda ...C3
14 Torres de Quart ...A2
15 Torres de Serranos ...C1

Schlafen
16 Ad Hoc ...D2
17 Center Valencia ...C2
18 Hilux Hostal ...B2
19 Hôme Backpackers ...A2
20 Hôme Youth Hostel ...B3
21 Hostal Antigua Morellana ...C3
22 Hotel SH Inglés ...D3
23 Indigo Youth Hostel ...A3
24 Pensión París ...D4
25 Petit Palace Bristol ...C3
26 Red Nest Hostel ...D3

Essen
27 Bar Pilar ...B2
28 Carosel ...B3
29 Espai Visor ...C2
30 Fresc Co ...D6
31 Ginger Loft Café ...C4
32 La Lluna ...A1
33 La Tastaolletes ...B1
34 La Utielana ...C4
35 Las Cuevas ...C2
36 L'Hamadríada ...A2
37 Mattilda ...C1
38 Palacio de la Bellota ...D5
39 Pepita Pulgarcita ...C2
40 Seu-Xerea ...C2

Ausgehen
41 Café de las Horas ...C2
42 Café Infanta ...B2
43 Café Lisboa ...C3
44 Café-Bar Negrito ...C2
45 Finnegan's ...C3
46 Fox Congo ...B2
47 Horchatería de Santa Catalina ...C3
48 Horchatería el Siglo ...C3
49 Johnny Maracas ...B2
50 Sant Jaume ...B2

Unterhaltung
51 Filmoteca ...C4
52 Jimmy Glass ...B2
53 La Claca ...C3
54 Music Box ...A2
55 Radio City ...A3
56 Teatro Principal ...D4
Teatro Rialto ...(siehe 51)

Shoppen
57 Kanda Books ...C3
58 Librería Patagonia ...B4
59 Mercado Central ...B3
60 Valencia Club de Fútbol Shop ...D4

Plaza Redonda KLEINER PLATZ
(Karte S. 582) Der kleine runde Platz wirkt nach einer aufwendigen Renovierung wieder adrett und gepflegt. Er ist von Ständen umringt, die allerlei Kleinkram sowie Kleidung und in der Gegend hergestelltes Kunsthandwerk und Keramik verkaufen.

GRATIS **Museo de Prehistoria & Museo de Etnología** MUSEUM
(Karte S. 582; Calle Corona 36; Di–So 10–20 oder 21 Uhr) Diese beiden Museen befinden sich in einem Gebäude namens La Beneficencia. Das Historische Museum zeigt Funde aus der Altsteinzeit sowie römische und iberische Artefakte, während im Ethnologischen Museum Fotos und Haushaltsgegenstände aus der jüngeren Vergangenheit der Stadt zu sehen sind.

GRATIS **Museo Taurino** STIERKAMPFMUSEUM
(Karte S. 582; Pasaje Doctor Serra 10; Di–So 10–20 Uhr) Ein kleines Museum mit einer Sammlung von Ausstellungsstücken

zum Stierkampf. Es liegt gleich neben der Plaza de Toros.

L'Iber (Museo de Soldaditos de Plomo) SPIELZEUGSOLDATEN
(Karte S. 582; Calle Caballeros 20–22; Eintritt 4 €; ⏲Mi–So 11–14 & 16–19 Uhr) Angeblich besitzt das L'Iber die größte Spielzeugsoldatensammlung der Welt. Auf dem 4,7 m x 2,8 m großen Modell der Schlacht von Almansa (1707) wimmelt es von Kampfstellungen. Über 9000 Soldaten sind hier Bataillon um Bataillon und Einheit um Einheit in Reih und Glied als Spielzeugsoldaten aufgestellt. Sie sehen aus wie geklont.

GRATIS **Baños del Almirante** BADEHAUS
(Karte S. 582; Calle Baños del Almirante 3–5; ⏲Di–Sa 10–14 & 18–20, So 10–14 Uhr) Das 1313 gebaute Haus diente bis 1959 als öffentliche Badeanstalt. Heute gibt's jede halbe Stunde eine hervorragende audiovisuelle Präsentation, auf Wunsch auch auf Englisch.

Iglesia de Santa Catalina KIRCHE
(Karte S. 582) Der auffällige barocke Glockenturm aus dem 18. Jh. zählt zu den bekanntesten Wahrzeichen der Stadt.

PARKS & GÄRTEN

Jardines del Turia EHEMALIGES FLUSSBETT
(Karte S. 582) Im ehemaligen Flussbett des Río Turia erstreckt sich ein 9 km langer Grünstreifen mit Spielfeldern, Rad- und Spazierwegen, Brunnen, Rasen- und Spielplätzen. Östlich des Palau de la Música klettern die Kleinen wie Liliputaner auf einem toll gemachten **Gulliver** herum.

Jardín Botánico BOTANISCHER GARTEN
(Karte S. 578; Calle Quart 80; Eintritt 1 €; ⏲Di–So 10 Uhr–Dämmerung) Die 1802 errichtete Grünanlage war Spaniens erster Botanischer Garten. In der ruhigen Atmosphäre zwischen den ausgewachsenen Bäumen, zahlreichen Pflanzen, einem ausgedehnten Kakteengarten und einer wachsamen Gruppe Wildkatzen kann man wunderbar relaxen.

Jardines del Real PARK
(Karte S. 578) Ein weiteres reizendes Fleckchen für einen Spaziergang. Die „Königlichen Gärten" erstrecken sich bis zum Flussbett und werden als frühere Anlage eines Palastes zumeist Los Viveros genannt.

Parque de Cabecera PARK IM FLUSSBETT
(Karte S. 578; Paseo de la Pechina) In diesem öffentlichen Park am westlichen Ende des Flussbetts befindet sich ein winziger See, an dem man Tretboote in Schwanenform mieten kann. Von dem künstlich angelegten Hügel genießt man einen besonders tollen Blick auf Valencia.

STRÄNDE

Der **Paseo Marítimo**, eine Promenade mit zahlreichen Restaurants, verläuft neben den beiden ineinander übergehenden Stränden **Playa de la Malvarrosa** und **Playa de las Arenas**. Ganz in der Nähe wummern im Sommer die Boxen der Bars und Diskotheken.

Die **Playa El Salér** liegt 10 km im Süden und ist von einem schattigen Kiefernwald umgeben. Busse von **Autocares Herca** (☎96 349 12 50; www.autorcaresherca.com, auf Spanisch) fahren stündlich (im Sommer auch halbstündlich) von Valencia bis in das Dorf El Salér. Sie halten an der Kreuzung der Gran Vía de las Germanias und der Calle Sueca, bei der Plaza de Cánovas und vor der Ciudad de las Artes y Las Ciencias (man erkennt die Haltestellen am Herca-Logo).

Geführte Touren

An der Plaza de la Reina kann man einen Pferdewagen mieten, sich durch den *centro histórico* kutschieren lassen und das Treiben aus der Höhe betrachten. Eine 40-minütige Fahrt für bis zu fünf Passagiere kostet 30 €.

Valencia Guías FAHRRADTOUR
(☎96 385 17 40; www.valenciaguias.com; Paseo de la Pechina 32) 3½-stündige geführte Radtouren auf Englisch (25 € inkl. Fahrradmiete, mind. 2 Pers.). Sonntags um 10 Uhr finden außerdem geführte Stadtspaziergänge auf Spanisch und Englisch statt (Erw./Kind 15/7,50 €); bei der Touristeninformation an der Plaza de la Reina geht's los.

Art Valencia STADTFÜHRUNG
(☎96 310 61 93; www.artvalencia.com) Die zweistündigen Stadtführungen (14 €) auf Spanisch und Englisch starten freitags um 11 Uhr bei der Touristeninformation an der Plaza de la Reina.

Feste & Events

Februar

Valencia Escena Oberta STRASSENTHEATER
(www.festivalveo.com, auf Spanisch) Valencia Open Stage bietet zehn Tage lang spanisches und europäisches Straßentheater, Tanz sowie erstaunliche zeitgenössische Kunst.

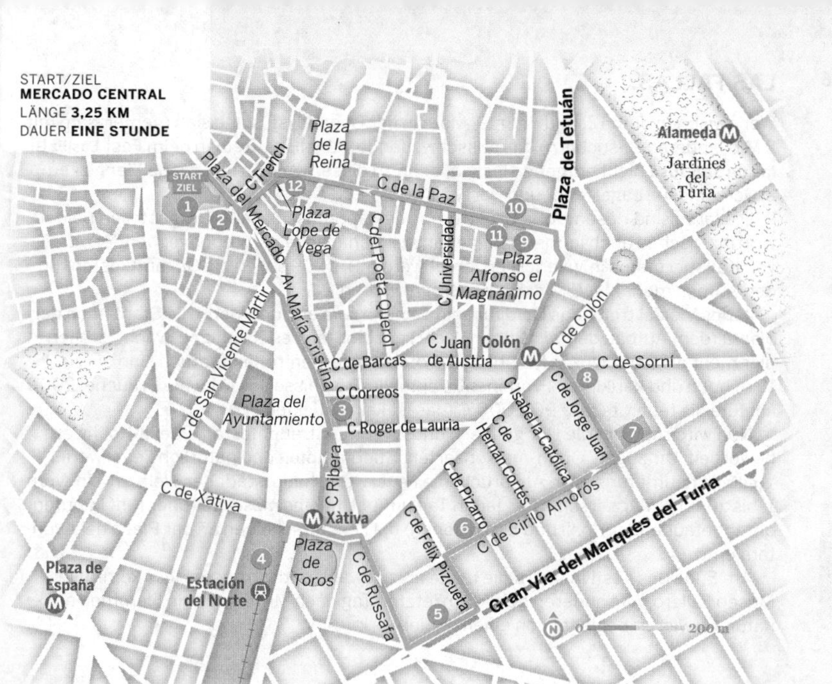

Stadtspaziergang
Modernistische Bauwerke

Dieser Spaziergang führt zu bedeutenden modernistischen Gebäuden.

Nach einem Besuch des **1 Mercado Central** kann man die aufwendige Stuckfassade der **2 Calle Ramilletes 1** an der Plaza del Mercado bewundern. Dann geht's die Avenida María Cristina entlang bis zur Plaza del Ayuntamiento, wo sich das prächtige **3 Hauptpostamt** mit seiner großartigen Kuppel und den Bleiglasmosaiken im Inneren befindet. Am anderen Ende des Platzes, der von der größten Dichte an Blumenständen in ganz Valencia umringt ist, entdeckt man das neoklassische Rathaus.

Ein kurzer Abstecher am Ende der Calle Ribera führt zum **4 Estación del Norte** und seiner Schalterhalle aus dunklem Holz. Auf der Calle Russafa und dann nach links geht's weiter zur **5 Casa Ortega** (Gran Vía 9) mit ihrer aufwendigen floralen Dekoration. Nun folgt man der Calle Félix Pizcueta, biegt an der ersten Ecke rechts ab und schlendert bis zur **6 Casa Ferrer** (Calle Cirilo Amorós 29), die mit Stuck-Rosen und Keramikkacheln verziert ist. Anschließend führt der Weg nordwärts zum prächtigen **7 Mercado de Colón**, der sich für eine Getränkepause anbietet. Von hier spaziert man Richtung Westen zu der nach ihren Drachenmotiven benannten **8 Casa del Dragón** (Calle Jorge Juan 3).

Danach überquert man die Calle Colón, biegt rechts in die Calle Poeta Quintana ein und läuft am Reiterstandbild von König Jaime I. vorbei bis zur Calle de la Paz, wo einen das restaurierte und aufgemotzte **9 Hotel Vincci Palace** zurück ins 19. Jh. versetzt. Einst war das frühere Palace Hotel die beste Unterkunft der Stadt. Es wartet ebenso wie das Haus **10 Nr. 31** mit aufwendig verzierten *miradores* (Eckbalkone) auf. Das **11 Red Nest Hostel** (Nr. 36) verfügt dagegen über zierliche Eisengeländer mit Blätterdesign.

Am Ende der Calle de la Paz geht's weiter geradeaus bis zur **12 Horchatería Santa Catalina**, die sich für eine weitere Pause anbietet. An der Plaza Lope de Vega biegt man links in die Calle Trench und erreicht so schließlich wieder den Mercado Central.

LAS FALLAS

Wer zwischen dem 12. und dem 19. März in der Gegend ist, sollte sich (gemeinsam mit 2 Mio. anderen Besuchern) das ausschweifende, zügellose Treiben beim Fest **Las Fallas de San José** nicht entgehen lassen, denn zu diesem Anlass gibt's jede Menge Feuerwerk, Musik, Lagerfeuer und Partys.

Die *fallas* sind riesengroße Skulpturen aus Pappmaschee auf Holzgestellen (leider wird inzwischen auch immer häufiger umweltschädliches Styropor verwendet), die von Künstlerteams in Valencia errichtet werden.). 2009 sollen die Gesamtkosten für den Aufbau mehr als 10 Mio. Euro betragen haben.

Jedes Viertel treibt das Geld für seine eigene *falla* auf, und wenn die Stadt nach der *plantà* (dem Aufbau der *fallas* über Nacht) am Morgen des 16. März erwacht, stehen hier mehr als 350 Figuren herum. Die grotesken, farbenfrohen Statuen sind bis zu 15 m hoch und karikieren Prominente, aktuelle Ereignisse sowie lokale Bräuche. 2009 kostete die teuerste *falla* 900 000 € (das ist kein Druckfehler!).

Nun wird rund um die Uhr gefeiert, und zwar mit Straßenfesten, Paella-Kochwettbewerben, Umzügen, Open-Air-Konzerten, Stierkämpfen und natürlich Feuerwerk. Valencia nimmt für sich in Anspruch, die Feuerwerkshauptstadt der Welt zu sein. Vom 1. bis zum 19. März erschüttert jeden Tag um 14 Uhr eine *mascletà* (über fünf Minuten ohrenbetäubender Knall und Explosionen) die Fensterscheiben an der Plaza del Ayuntamiento.

Am Ende des Festivals wird die beste *falla* gewählt und die beste Figur kommt ins Museo Fallero. Alle anderen gehen am letzten Tag nach Mitternacht in Flammen auf – natürlich wieder begleitet von einem Feuerwerk.

März & April

Las Fallas PARADEN, FEUERWERK

Siehe Kastentext oben.

Semana Santa KARWOCHE

Aufwendige Prozessionen zur Karwoche im La-Malvarrosa-Viertel am Meer.

Fiesta de San Vicente Ferrer PARADEN, ROLLENSPIELE

Bunte Paraden und Rollenspiele in der ganzen Stadt am Sonntag nach Ostern.

Mai

Fiesta de la Virgen MARIENPROZESSION

Am zweiten Sonntag im Mai versuchen Massen von inbrünstigen Gläubigen, auf dem kurzen Weg über die Plaza de la Virgen zur Kathedrale die Figur der Virgen de los Desamparados (Schutzheilige der Stadt) zu berühren.

Danza Valencia ZEITGENÖSSISCHER TANZ

Zwei Wochen lang von Ende April bis Anfang Mai kommen Besucher der Stadt in den Genuss moderner Tanzperformances von spanischen und internationalen Gruppen.

Juni

Corpus Christi PROZESSION, MYSTERIENSPIELE

Prächtige Prozession und Mysterienspiele am neunten Sonntag nach Ostern.

Día de San Juan LAGERFEUER AM STRAND

Tausende feiern vom 23. bis 24. Juni zur Mittsommernacht den längsten Tag des Jahres mit Lagerfeuern am Strand.

Juli

Feria de Julio VOLKSFEST

Theateraufführungen, Blaskapellen, Stierkämpfe, Feuerwerk und die „Schlacht der Blumen" in der zweiten Julihälfte.

Oktober

Día de la Comunidad REGIONALER GEDENKTAG

Am 9. Oktober. Gedenktag zur Befreiung der Stadt aus der arabischen Herrschaft im Jahr 1238.

Mostra de Valencia FILMFESTIVAL

Einwöchiges Filmfest.

Valencia Bienial VISUELLE KUNST

Dieses Festival der modernen visuellen Kunst, bei dem in der gesamten Stadt Ausstellungen gezeigt werden, findet in ungeraden Jahren von Oktober bis November statt.

Schlafen

Valencia ist ein betriebsames Geschäftszentrum. Große Hotels haben es am Wochenende nicht leicht, ihre Zimmer voll zu bekommen, deshalb geben die meisten an

Wochenenden und auch im Hochsommer ordentliche Nachlässe.

LP TIPP **Ad Hoc** HOTEL €€
(Karte S. 582; ☎96 391 91 40; www.adhocchoteles.com; Calle Boix 4; EZ 65–101 €, DZ 76–125 €; ❄📶) Außer Komfort und Charme bietet das sympathische, einladende Ad Hoc auch noch ein hervorragendes kleines **Restaurant** (Mo–Fr, Sa nur Mittagessen). Das Altstadtgebäude aus dem späten 19. Jh. wurde mit viel Fingerspitzengefühl restauriert und strahlt jetzt wieder in seinem alten Glanz – mit Originaldecken, anheimelndem Mauerwerk und Holzbalken.

Chill Art Jardín Botánico BOUTIQUE-HOTEL €€
(Karte S. 578; ☎96 315 40 12; www.hoteljardinbotanico.com; Calle Doctor Peset Cervera 6; EZ 94–133 €, DZ 94–149 €; ❄📶) Das intime kleine Hotel (nur 16 Zimmer) ist einladend, cool und mit viel Geschmack eingerichtet. Kerzen flackern in der Lounge und in jedem Gästeraum hängen Originale. Kein Wunder, dass das nahe gelegene Instituto Valenciano de Arte Moderno (IVAM) seine Besucher regelmäßig hierherschickt.

LP TIPP **Petit Palace Bristol** BOUTIQUE-HOTEL €€
(Karte S. 582; ☎96 394 51 00; www.hthoteles.com; Calle Abadía San Martín 3; Zi 60–130 €; ❄@📶) Modern und minimalistisch. Dieses hübsche Boutique-Hotel liegt in einem gründlich umgebauten herrschaftlichen Haus aus dem 19. Jh., in dem die Vergangenheit im besten Sinn noch spürbar ist und wo vor allem ein fabelhaft leckeres Frühstück serviert wird. Die 10 € extra für eines der gehobenen Doppelzimmer lohnen sich: Sie befinden sich ganz oben, wo man von einer großen Holzterrasse einen Panoramablick über die Stadt hat. Gäste können kostenlos Fahrräder leihen.

Petit Palace Germánias BOUTIQUE-HOTEL €€
(Karte S. 578; ☎96 351 36 38; www.hthotels.com; Calle Sueca 14; Zi 65–120 €; ❄@📶) Dieses gleichermaßen attraktive Boutique-Hotel, der kleinere Bruder des Petit Palace Bristol, hat seinen eigenen Charme, liegt aber etwas weiter vom Zentrum entfernt. Gäste können gratis Fahrräder ausleihen.

Neptuno HOTEL €€€
(☎96 356 77 77; www.hotelneptunovalencia.com; Paseo de Neptuno 2; EZ 115–135 €, DZ 128–148 €; ❄📶) Ultramodern und ultracool. Das Neptuno blickt direkt auf den Freizeithafen und den Strand von Las Arenas. Hier lässt sich Kulturtourismus prima mit etwas Strandvergnügen verbinden. Das Hotelrestaurant Tridente gehört zu den besten Lokalen der Stadt.

Hospes Palau de la Mar HOTEL €€€
(Karte S. 578; ☎96 316 28 84; www.hospes.es; Calle Navarro Reverter 14; DZ 115–175 €; ❄🏊📶) Ursprünglich bestand das kleine Boutique-Hotel aus zwei eleganten Herrenhäusern aus dem 19. Jh. Es verfügt über 18 einander sehr ähnliche Zimmer rund um einen ruhigen Garten. Alles hier ist schwarz, weiß, beige oder in gedeckten dunklen Farben und wirkt lässig, selbstbewusst sowie ausgesprochen modern. Zu der Unterkunft gehören eine Sauna, ein Jacuzzi und ein winziger Swimmingpool.

Hostal Antigua Morellana HOSTAL €
(Karte S. 582; ☎96 391 57 73; www.hostalam.com; Calle En Bou 2; EZ 45–55 €, DZ 55–65 €; ❄) Ein freundliches, familienbetriebenes *hostal* mit 18 Zimmern, das sich in einer ruhigen Straße in der Nähe des Hauptmarkts versteckt und in einem renovierten Haus aus dem 18. Jh., einer ehemaligen *posada* (Unterkunft für wohlhabende Händler, die

HOSTELS

In Valencia gibt's zahlreiche fröhliche und moderne Hostels mit einem tollen Preis-Leistungs-Verhältnis.

Center Valencia (Karte S. 582; ☎963 91 49 15; www.center-valencia.com; Calle Samaniego 18)

Hilux Hostal (Karte S. 582; ☎963 91 46 91; www.feetuphostels.com; Calle Cadirers 11)

Hôme Backpackers (Karte S. 582; ☎963 91 37 97; www.likeathome.net; Calle Santa Cristina)

Hôme Youth Hostel (Karte S. 582; ☎963 91 62 29; www.likeathome.net; Calle Lonja 4)

Indigo Youth Hostel (Karte S. 582; ☎963 15 39 88; www.indigohostel.com; Calle Guillem de Castro 64)

Purple Nest Hostel (Karte S. 578; ☎963 53 25 61; www.nesthostelsvalencia.com; Plaza Tetuan 5)

Red Nest Hostel (Karte S. 582; ☎963 42 71 68; www.nesthostelsvalencia.com; Calle Paz 36)

ihre Waren zu dem Lebensmittelmarkt in der Nähe brachten), untergebracht ist. Die Zimmer sind gemütlich und nicht zu klein, viele von ihnen haben zudem einen Balkon.

Pensión París PENSIÓN €
(Karte S. 582; ☎96 352 67 66; www.pensionparis.com; 1. & 3. OG, Calle Salvá 12; EZ 23 €, DZ 34–42 €) Dieser einladende Familienbetrieb mit einwandfreien Zimmern (die meisten mit Bad auf dem Gang, einige mit einem privaten Bad) befindet sich in einer ruhigen Straße und bildet den Gegenentwurf zu den überfüllten bis vollgestopften Hostels.

SH Inglés HOTEL €€
(Karte S. 582; ☎96 351 64 26; www.hotelinglesvalencia.com; Calle Marqués de Dos Aguas 6; Zi 90 €; ❄@📶) Alle 63 Zimmer des Hotels, ein elegant renovierter und stark umgebauter Palast aus dem 18. Jh., haben Parkettböden, Betten mit dunkel gebeiztem Kopfbrett und einen großen Arbeitstisch mit Glasplatte. Das Café sowie einige Zimmer bieten einen Blick auf das prächtige Rokokoportal des Palacio del Marqués de Dos Aguas.

Acta Atarazanas HOTEL €€
(☎96 320 30 10; www.actahoteles.com; Plaza Tribunal de las Aguas 5; Zi 60–100 €; ❄📶) Cremefarbene Wände und Stoffe stehen im Kontrast zu dunkel gebeiztem Holz. Die wunderbaren Bäder haben tiefe Wannen mit Massagedüsen und der große Duschkopf erinnert an eine Diskuswurf-Scheibe. Von der luftigen Dachterrasse bietet sich ein herrlicher Rundblick über Stadt und Meer. Das Hotel liegt ganz in der Nähe vom Strand und vom Hafen.

Essen

Valencia ist die Hauptstadt von La Huerta, einer fruchtbaren Küstenebene, die köstliches Obst und Gemüse hervorbringt.

CENTRO HISTÓRICO

LP TIPP **Carosel** MEDITERRAN €€
(Karte S. 582; ☎96 113 28 73; Calle Taula de Canvis 6; Mittags-/Abendmenü 15/22 €; ⏲Di–Sa Mittag- & Abendessen, So Mittagessen) Jordi, der frühere Küchenchef des Seu-Xerea, und seine Partnerin Carol führen dieses zauberhafte kleine Restaurant, das minimalistisch in strahlendem Weiß und dunklem Braun eingerichtet ist. Mittags kommt nach einem leckeren Vorspeisentrio, das attraktiv auf einem gemeinsamen Teller angerichtet ist, ein perfekt zubereitetes Reisgericht auf den Tisch, gefolgt von einem reichhaltigen Dessert nach Wahl. Das Abendmenü folgt dem gleichen Muster, es gibt aber von allem etwas mehr. Von uns aufs Wärmste empfohlen.

Bar Pilar TAPAS €
(Karte S. 582; ☎96 391 04 97; C del Moro Zeit 13; ⏲12–24 Uhr) In der bodenständigen, engen Bar Pilar gibt's von Mai bis August tolle herzhafte Tapas und *clóchinas* (saftige kleine regionale Muscheln). Das restliche Jahr über werden *mejillones* serviert, die fetter und weniger geschmackvoll sind. Besonders empfehlenswert ist der *entero*, ein Pilz in einer würzigen Brühe, die mit einer leeren Muschel gelöffelt wird. An der Bar ist es üblich, die leeren Muschelschalen in den Plastiktrog zu den Füßen zu werfen.

Seu-Xerea MEDITERRAN, FUSIONSKÜCHE €€
(Karte S. 582; ☎96 392 40 00; www.seuxerea.com; Calle Conde Almodóvar 4; Gerichte 16–19 €, Menü 22–50 €; ⏲Mo–Fr Mittag- & Abendessen, Sa Abendessen) Dieses wunderbar einladende Restaurant kommt in so ziemlich jedem englischsprachigen Zeitungsartikel über Valencia gut weg. Seine kreative Speisekarte wechselt ständig und bietet internationale sowie urwüchsige spanische Küche. Die vom Besitzer, einem qualifizierten Sommelier, ausgewählten Weine sind allesamt hervorragend.

L'Hamadríada MEDITERRAN €€
(Karte S. 582; ☎96 326 08 91; www.hamadriada.com, auf Spanisch; Plaza Vicente Iborra; Mittagsmenü 13 €, Menü 18–22 €, Gerichte 12,50–16 €; ⏲So–Di Mittagessen, Mi–Sa Mittag- & Abendessen) Die Angestellten im L'Hamadríada („Die Holzpuppe") sind kompetent und aufmerksam. Das bei Einheimischen beliebte Lokal liegt in einer kurzen Sackgasse und tischt in einem schmalen, rechteckigen, weißen Raum ein innovatives Mittagsmenü, köstliche Reisgerichte sowie erstklassiges gebratenes Fleisch und Gemüse auf.

APARTMENTS

Wer für eine Nacht oder einen längeren Aufenthalt seine eigenen vier Wände möchte, sollte sich die folgenden Websites anschauen:

» www.roomsdeluxe.com

» www.valenciaflats.com

» www.accommodation-valencia.com

Mattilda MEDITERRAN €€
(Karte S. 582; ☎96 382 31 68; Calle Roteros 21; Menü 11–13 €, Gerichte 11–17; € ⌚Mo & Di Mittagessen, Mi–Sa Mittag- & Abendessen) Ein Laden mit einer stilvollen, modernen und unprätentiösen Einrichtung. Inhaber Francisco Borell und sein fröhliches junges Team bieten einen freundlichen Service, ein einfallsreiches Angebot à la carte und ein besonders preiswertes Mittagsmenü.

Ginger Loft Café BAR, CAFÉ €
(Karte S. 582; ☎96 352 32 43; www.thegingerloft.com; C de Vitoria 4; Gerichte 7,50 €, Menü 12 €; ⌚Di–Fr & So Mittag- & Abendessen, Sa Abendessen) Mike aus Schottland und Santiago, sein peruanisch-japanischer Partner, sind die Besitzer dieses reizenden Cafés. Die ausgewählten Weine stammen alle aus der Region Valencia und die tollen Cocktails füllen eine ganze Seite. Darüber hinaus gibt's hier die größte Auswahl an Ginflaschen, die man wohl je gesehen hat. Für einen Snack lohnt sich ein Blick auf das großartige Angebot an spanischem Schinken und diversen Käsesorten, außerdem locken zahlreiche internationale Hauptgerichte.

La Tastaolletes VEGETARISCH €
(Karte S. 582; ☎96 392 18 62; www.latastaolletes.com, auf Spanisch; Calle Salvador Giner 6; Tapas & Salate 6–9,50 €, Gerichte 8–11 €; ⌚Di–Sa Mittag- & Abendessen, So Mittagessen; 🖉) Ein angenehm ungezwungener Laden: Schon alleine die freundliche Atmosphäre lohnt einen Besuch. Das La Tastaolletes bietet eine kreative Auswahl vegetarischer Tapas und Hauptgerichte aus erstklassigen Zutaten. Die Salate sind riesig und die Desserts (etwa der Käsekuchen mit Kompott) schmecken einfach köstlich.

Espai Visor VEGETARISCH €€
(Karte S. 582; ☎96 392 23 99; www.espaivisor.com; C de Correjería 40; Menü 18 €, Gerichte ca. 12 €; ⌚Di–Sa Abendessen; 📶🖉) In einer Stadt mit wenigen vegetarischen Restaurants ist dieses winzige Lokal mit einer Fotogalerie eine positive Ausnahme. Die Gerichte werden verführerisch präsentiert (kein Wunder, denn der Besitzer Pep Benlloch ist auch Fotograf) und die Karte ist überaus innovativ. Außerdem gibt' kostenloses WLAN.

Palacio de la Bellota MEERESFRÜCHTE €€€
(Karte S. 582; ☎96 351 53 61; www.palaciodelabellota.es; C de Mosén Femades 7; ⌚Mo–Sa) Das Palacio de la Bellota gehört zu einer Handvoll großartiger gehobener Meeresfrüchterestaurants an dieser Fußgängerstraße. Die Meeresfrüchte kommen frisch vom Mittelmeer, die Fischauswahl ist hervorragend und von der Decke hängen ganze Schinken. Man kann entweder drinnen oder auf der Terrasse an der Straße essen.

La Lluna VEGETARISCH €
(Karte S. 582; ☎96 392 21 46; Calle San Ramón 23; Mahlzeiten ca. 15 €; ⌚Mo–Sa; 🖉) Mit seinen Ziegelsteinwänden schafft das La Lluna ein angenehmes Ambiente. Es wird gerne von Stammgästen besucht und serviert seit über 25 Jahren preiswerte vegetarische Küche von hoher Qualität, z. B. mittags ein hochwertiges Vier-Gänge-Menü für 7, 20 €.

Fresc Co BÜFETT €
(Karte S. 582; ☎96 310 63 88; Calle Felix Pizcueta 6; Mittagsbüffet unter 10 €) Das Fresc Co fährt auf seinem Büfett einen richtigen Salatgarten auf, dazu kommt man in den Genuss verschiedener Nudelgerichte und Pizzas. Die unverputzte Mauer wirkt ebenso freundlich wie das ganze Lokal mit seinem sehr guten Preis-Leistungs-Verhältnis. Allerdings werden Gäste, die nach dem Dessert noch sitzen bleiben wollen, schon mal schräg angesehen. In der Stadt gibt's mittlerweile drei Filialen.

La Utielana VALENCIANISCH €
(Karte S. 582; ☎96 352 94 14; Plaza Picadero dos Aguas 3; Menü 10 €, Gerichte 15 €; ⌚Mo–Fr Mittag- & Abendessen, Sa Mittagessen) Das Utielana liegt gut versteckt in einer Seitenstraße der Calle Prócida, aber wer die Suche auf sich nimmt, wird reich belohnt. Wie in vielen typisch valencianischen Lokalen ist es hier rammelvoll mit Gästen, die vom gesunden Essen und dem ausgezeichneten Preis-Leistungs-Verhältnis angelockt werden. Wer warten muss, zieht ein nummeriertes Ticket.

Las Cuevas TAPAS €
(Karte S. 582; ☎96 391 71 96; Plaza Cisneros 2; Tapas 4,50–11 €; ⌚Mo–Fr Mittag- & Abendessen, Sa Abendessen) Dieses unlängst an einen neuen Ort gezogene Restaurant ist riesig, voller Ecken und Winkel und passend als „Die Höhlen" benannt. Die Bar biegt sich unter einer gigantischen Auswahl frisch zubereiteter Tapas.

Pepita Pulgarcita TAPAS €€
(Karte S. 582; ☎96 391 46 08; C Caballeros 19; Tapas 6–11,50 €; ⌚Di–So 13–1.30, Mo 19–1.30 Uhr) Mit seinen hoch hinter der Bar aufgereihten Weinen und den subtilen, einfallsreichen und lecker präsentierten Tapas eignet sich das Pepita Pulgarcita

WAS ISST MAN IN VALENCIA?

Arroz (Reis) ist ein wichtiger Bestandteil der Küche von Valencia. So köchelte die Paella zuerst hier, bevor sie dann in alle Welt exportiert wurde. Wer gerne weitere typische Gerichte probieren möchte, sollte sich an Alternativen wie *arroz a banda* (in einem Fischsud gekocht), *arroz negro* (mit Tintenfisch in eigener Tinte) oder *arroz al horno* (im Ofen gebacken) halten. Für *fideuá* ersetzen die Köche den Reis durch Nudeln.

Zu den weiteren regionalen Spezialitäten gehört *horchata*, ein zuckriges Getränk aus zerstampften *chufas* (Erdmandeln), in das große, fingerförmige Gebäckteile, die *fartons*, getunkt werden. Trotz des Namens ist *Agua de Valencia* eigentlich nur ganz normales Wasser. Die Einheimischen trinken gern Buck's Fizz, eine Mischung aus *cava* (Sekt), Orangensaft, Gin und Wodka.

wunderbar für einen Snack, eine „richtige" Mahlzeit oder eine *copa*.

LAS ARENAS

An den Wochenenden eilen Hunderte Einwohner nach Las Arenas direkt nördlich vom Hafen, wo ein Restaurant neben dem anderen liegt, alle mit Blick auf den Strand und mit einem Drei-Gänge-Menü inklusive einer authentischen Paella im Angebot, das weniger als 20 € kostet.

LP TIPP **Tridente** GOURMET- & FUSIONSKÜCHE €€€
(☎96 371 03 66; Paseo Neptuno; Menü 45–65 €, Gerichte 22–30 €; ⌚Di–Sa Mittag- & Abendessen, So Mittagessen) Bevor man das Tridente, das Restaurant des Hotels Neptuno betritt, dessen sanft cremiges Interieur in gefiltertes Sonnenlicht getaucht ist, gönnt man sich am besten einen Aperitif auf der großen Strandterrasse. Die Auswahl an Gerichten à la carte ist groß, aber über das Tagesmenü steht nichts in der Karte; stattdessen teilt einem der Küchenchef, der gut Englisch spricht, persönlich mit, was es gibt. Die Gerichte werden hübsch präsentiert und sind sehr kreativ, außerdem fallen die Portionen großzügig aus.

Lonja del Pescado FISCH €
(☎96 355 35 35; Calle Eugenia Viñes 243; Mahlzeiten ca. 20 €; ⌚März–Okt. Sa & So Mittagessen, Di–So Abendessen, Nov.–Feb. Sa & So Mittagessen, Fr & Sa Abendessen) Einen Häuserblock vom Strand entfernt stößt man auf dieses immer gut gefüllte zwanglose Lokal in Malvarrosa. Es sieht zwar aus wie eine aufgepeppte Blechhütte, ist aber in Sachen frischer Fisch für wenig Geld unschlagbar. Die Gäste bekommen beim Eintreten eine Bestellkarte, die sie am Tisch ausfüllen.

La Pepica FISCH, MEERESFRÜCHTE €€
(☎96 371 03 66; Paseo Neptuno 6; Mahlzeiten ca. 25 €; ⌚Mo–Sa Mittag- & Abendessen, So Mittagessen) Das Pepica ist teurer als seine Konkurrenten und hat sich dank seiner guten Reisgerichte und Meeresfrüchte einen Namen gemacht. Hier hat schon Ernest Hemingway getafelt. Zwischen den Gängen lohnt sich ein Blick auf die Fotos und die Ehrungen an der Wand.

Ausgehen

Zahlreiche Studenten sorgen für ein trubeliges Nachtleben.

Im Barrio del Carmen liegen abgewrackte und superschicke Bars dicht beieinander. Rund um die Universität befindet sich ein weiterer Brennpunkt des Partyvolks: In der Avenida de Aragón, der Avenida Blasco Ibáñez und in den Straßen rundherum gibt's genügend Bars und *discotecas* (Clubs), damit einem bis zum Sonnenaufgang nicht langweilig wird.

Viel los ist auch in der Gegend um den Mercado de Abastos. Im Sommer herrscht um den neuen Hafen und in Malvarrosa reger Andrang.

CENTRO HISTÓRICO

El Carmé bietet die ganze Bandbreite von Designerbars bis zu Treffs für Metalfans. Am Wochenende drängen zahlreiche Nachtschwärmer auf die Hauptstraße Calle Caballeros und sind dabei auf *la marcha* (Action) aus. Rund um die **Plaza del Tossal** stößt man auf gehobene Bars, und in der **Calle Caballeros** gibt's ein paar Bars für die Schönen und Reichen.

Cafe-Bar Negrito CAFÉ-BAR
(Karte S. 582; Plaza del Negrito, El Carmé) Die kürzlich umgestaltete Bar zieht ein eher intellektuelles, linksgerichtetes Publikum an.

Café Lisboa CAFÉ-BAR
(Karte S. 582; Plaza del Doctor Collado 9, El Carmé) Zur Straßenseite hin hat diese

lebhafte Studentenkneipe eine große Terrasse. An der Pinwand hängen Kleinanzeigen für Wohngemeinschaften und Sprachunterricht.

Café Infanta CAFÉ-BAR
(Karte S. 582; Plaza del Tossal) Drinnen herrscht ein Durcheinander von Filmandenken, draußen auf der Terrasse kann man dagegen wunderbar vorbeigehende Leute beobachten.

LP TIPP **Sant Jaume** CAFÉ-BAR
(Karte S. 582; Plaza del Tossal) Die erste Etage dieser ehemaligen Apotheke ist voller verschwiegener Winkel und schmaler Gänge.

Johnny Maracas SALSA-BAR
(Karte S. 582; Calle Caballeros 39) Ein herrlich charmanter Salsa-Laden mit Aquarien an der Bar.

Fox Congo BAR
(Karte S. 582; Calle Caballeros 35) Toll zum Tanzen. Das Fox Congo wartet zudem mit einer coolen Alabasterbar und indirekter Beleuchtung auf. Die Wände sind mit Leder und Blech verkleidet.

Diese beiden freundlichen Bars sind weitere gute Treffpunkte voller Charakter:

Café de las Horas COCKTAILBAR
(Karte S. 582; Calle Conde de Almodóvar 1) Hochbarock, Wandteppiche, Musik jeder Couleur, Kronleuchter und eine umfangreiche Cocktailkarte.

Finnegan's BAR
(Karte S. 582; Plaza de la Reina) Valencias älteste irische Bar. Hier trifft sich, wer Englisch spricht.

Zwei traditionsreiche Adressen, um im Stadtzentrum *horchata* zu probieren, sind die **Horchatería de Santa Catalina** (Karte S. 582) und die **Horchatería el Siglo** (Karte S. 582), die sich an der Plaza Santa Catalina als Konkurrenten gegenüberliegen.

ANDERE GEGENDEN

Nicht weit vom Mercado de Abastos, gleich westlich des Stadtzentrums, befindet sich eine weitere angesagte Gegend: In der **Calle Juan Lloréns** und ihren Seitenstraßen entdeckt man viele coole Kneipen.

Café Carioca MUSIKBAR
(Karte S. 578; Calle Juan Lloréns 52) In dem höhlenartigen Café mit seinen verrückten Wandmosaiken gibt's insgesamt drei Bars. Die Musik (Dance, Hip-Hop und Soul) wird im Laufe der Nacht immer schneller. Hier wird viel getanzt.

Peatonal MUSIKBAR
(Karte S. 578; Calle Juan Lloréns 39) In einer Gegend, wo die Bars kommen und gehen, gehört das Peatonal ebenso wie das Café Carioca gleich gegenüber zu den alteingesessenen, die bleiben. Aus den Lautsprechern ertönt Diskomusik, besonders spanischer Pop und Mainstream. Donnerstags legt ein DJ auf. Bis 1 Uhr früh bekommt man zwei Drinks zum Preis von einem.

Tango y Truco BAR
(Karte S. 578; Calle Calixto III 10) Die Wände dieses gemütlichen argentinischen Fleckchens im Herzen Valencias sind mit Postern und Fotos von Madonna, Eva Perón und anderen Ikonen gepflastert.

✩ Unterhaltung

Der von mehreren Online-Veranstaltungskalendern am längsten etablierte ist www.thisisvalencia.com. *La Turia* ist ein detaillierter wöchentlicher Führer, den man am Kiosk und im Zeitschriftenladen kaufen kann. *Hello Valencia* (auf Spanisch und Englisch) und *24-7 Valencia* (auf Englisch) sind kostenlos und erscheinen monatlich.

MANOLO EL DEL BOMBO

Wer bei der letzten WM oder irgendeinem anderen internationalen Fußballereignis ein spanisches Spiel gesehen hat, der wird wahrscheinlich einen Mann in einer extrem breiten Baskenmütze bemerkt haben, der wie ein Verrückter auf eine riesige Basstrommel eingeschlagen hat, um die Fans anzustacheln. Das ist Manolo el del Bombo (Manolo, der mit der Trommel), einer der berühmtesten Einwohner Valencias.

Wenn er nicht gerade seine Trommel schlägt, führt Manolo eine Bar im Schatten des alten Mestalla-Stadions des FC Valencia. Für echte Fußballfans ist seine **Bar** (Karte S. 578; www.manoloeldelbombo.com, auf Spanisch; Plaza del Valencia Club de Fútbol 5; ⌚Di–So 12–22 Uhr) ein Pilgerziel, denn sie ist mit Fotos und Erinnerungsstücken dekoriert, außerdem hängt seine berühmte Trommel an der Decke.

Beide bekommt man in den Touristeninformationen sowie einigen Bars und Clubs.

Fast alle Clubs nehmen Eintritt (10–20 €), deshalb sollte man sich nach den von vielen lokalen Bars angebotenen Rabattkarten umsehen.

Clubs & Discotecas

Terraza Umbracle LOUNGE-BAR

(Karte S. 578; ⌚Mitte Mai–Mitte Okt. Do–Sa 24–6.30 Uhr) Eine coole, noble Adresse für eine heiße Sommernacht in der Ciudad de las Artes y las Ciencias am Ende des Umbracle-Spazierwegs. Der Eintritt kostet 20 € inklusive einem Getränk. Auf der Terrasse kann man die Abendbrise genießen und später nach unten ins **M.Y.A.** gehen, einen erstklassigen Club mit toller Soundanlage.

Radio City CLUB

(Karte S. 582; www.radiocityvalencia.com, auf Spanisch; Calle Santa Teresa 19; ⌚22–3.30 Uhr) Das immer brodelnde Radio City ist ein Club sowie ein kleines Kulturzentrum und bitet Kino, Flamenco (dienstags um 23 Uhr) sowie vielfältige Musik. Hier liegen Flyer für die Music Box, den kleinen Bruder dieser Location, aus.

Music Box CLUB

(Karte S. 582; Calle Pintor Zariñena 16; ⌚Di–Sa 24–7 Uhr) In dem kleineren und neueren Bruder des Radio City bietet die abwechslungsreiche Musik für jeden etwas. Der Eintritt ist frei, außer freitags und samstags nach 3 Uhr: Dann muss man 10 € zahlen.

Mosquito MUSIKBAR

(Karte S. 578; Calle Polo y Peyrolón 11) DJs legen in dieser kleinen Location klassischen Soul, R&B sowie Hip-Hop auf. Egal, wie viel man auch getrunken hat, der riesige Mosquito aus Pappmaché, der über der runden Bar herumflattert, erinnert einen immer wieder daran, wo man sich gerade befindet.

Dub Club CLUB

(Karte S. 578; Calle Jesús 91; ⌚Do–So) Der Slogan dieser funkigen Kneipe, dessen lange Eckbar einem vollgepackten Dancefloor weicht, lautet: „Wir spielen Musik, keinen Lärm". Und die Musik ist wirklich großartig und vielfältig; sie reicht von Jazz-Jamsessions über Reggae, Drum'n'Bass und Funk bis zu Breakbeat und anderen Stilen.

Bananas DISCOTECA

(www.bananasworldmusic.com, auf Spanisch; Carretera Valencia-Alicante, El Romani; ⌚Fr & Sa ab 24 Uhr) Hier zappeln die Leute zu Tausenden ab und DJs legen mit House angereicherten Techno auf. Um 1.15 Uhr fährt vom Nordbahnhof (Estación del Norte) ein Sonderzug hierher und um 6.15 Uhr im Morgengrauen geht's wieder zurück. Achtung: Drogen sind in dem Laden ziemlich verbreitet.

Caribbean's DANCEBAR

(Karte S. 578; Calle Bélgica 5; ⌚Di–Sa) Drinks (die Mojitos sind besonders empfehlenswert) gibt's in diesem Nachtclub zu vernünftigen Preisen. Aus den Boxen der kleinen, rappelvollen Tanzbar im Keller ertönt eine Mischung aus House, Hip-Hop und R&B. Mittwochs ist Studentennacht.

La Claca CLUB

(Karte S. 582; www.laclaca.com, auf Spanisch; Calle San Vicente Mártir 3; ⌚19–3.30 Uhr) In dem zentral gelegenen Club legen DJs jede Nacht Funk, Hip-Hop und Indiemusik auf. Wer eine der besten Flamenco-Shows von Valencia erleben möchte, sollte sonntags um 20.30 Uhr kommen.

Livemusik

Black Note LIVEJAZZ

(Karte S. 578; Calle Polo y Peyrolón 15) Im Black Note, Valencias bester Location für Jazz, gibt's von Montag bis Donnerstag Livemusik und freitags sowie samstags eine gute Mischung aus Jazz, Blues und Soul aus der Konserve. Je nachdem, wer auftritt, kostet der Eintritt inklusive eines Getränks zwischen 6 und 15 €.

Jimmy Glass JAZZBAR

(Karte S. 582; www.jimmyglassjazz.net, auf Spanisch; Calle Baja 28) Hier hört man Jazz aus der riesigen CD-Sammlung des Inhabers und manchmal auch Livemusik. Das Jimmy Glass ist schummrig und verraucht und wartet mit kreativen, riesigen Cocktails auf.

El Loco LIVEMUSIK

(Karte S. 578; www.lococlub.org, auf Spanisch; Calle Erudito Orellena 12) In dem beliebten, alteingesessenen Laden treten von Mittwoch bis Samstag Gruppen und Solokünstler auf.

Fußball

Der **Valencia Club de Fútbol** (www.valenciacf.com) ist der bedeutendste Fußballclub der Stadt. Im Vereinsshop (S. 593) werden Schals, Wollhüte, T-Shirts und andere Fanartikel verkauft.

Valencias anderer Profiverein **Levante** (www.levanteud.com) ist ein vergleichsweise kleiner Fisch und steigt mal in die erste Liga auf, mal wieder ab. Man sollte sich ruhig ein Spiel dieses Clubs anschauen, denn er braucht wirklich alle Unterstützung, die er kriegen kann.

Kinos

Filmoteca PROGRAMMKINO
(Karte S. 582; www.ivac-lafilmoteca.es, auf Spanisch; Plaza del Ayuntamiento; Eintritt 1,50 €) Dieses Kino liegt im vierten Obergeschoss des Teatro Rialto und bietet Klassiker im Original sowie Arthouse und Experimentalkino. Es hat seinen Eintrittspreis übrigens seit über 20 Jahren nicht erhöht!

Babel PROGRAMMKINO
(Karte S. 578; www.cinesalbatrosbabel.com, auf Spanisch; Calle Vicente Sancho Tello 10) Das Multiplexkino zeigt ausschließlich Filme in der Originalsprache. Montags gibt's die Karten zum ermäßigten Preis.

Theater & Oper

Teatro Principal THEATER
(Karte S. 582; ☎96 353 92 00; Calle Barcas 15) Valencias bedeutendste Bühne.

Palau de la Música KONZERTHALLE
(Karte S. 578; ☎96 337 50 20; www.palaudevalencia.com, auf Spanisch; Paseo de la Alameda 30) Klassikkonzerte.

Palau de les Arts Reina Sofía OPER
(Karte S. 578; ☎902 10 00 31; www.lesarts.com; Autovía a El Saler) In diesem spektakulären kulturellen Veranstaltungsort mit vier Sälen werden vorwiegend Opern gezeigt.

Shoppen

Librería Patagonia REISEBUCHLADEN
(Karte S. 582; www.libreriapatagonia.com, auf Spanisch; Calle Hospital 1) Der hervorragende Buchladen samt Reisebüro hat einige englischsprachige Führer und viele Titel von Lonely Planet im Angebot.

Mercado Central LEBENSMITTELMARKT
(Karte S. 582; Plaza del Mercado; ⏲Mo–Sa 7.30–14.30 Uhr) Ein Besuch von Valencias prächtigem überdachten Markt ist ein Muss, auch dann, wenn man nichts kaufen will.

Kanda Books SECONDHAND-BUCHLADEN
(Karte S. 582; www.kandabooks.es; Calle Tapinería 18) Freundlicher Secondhand-Buchladen mit großem Sortiment.

Valencia Club de Fútbol Shop (Karte S. 582; Calle Pintor Sorolla 24) Souvenirs, Schals und Hüte für Fans des größten Fußballclubs der Stadt.

Praktische Informationen

Informationen über die gesamte Region bekommt man (zu günstigen Preisen) unter der Telefonnummer ☎902 12 32 12.

Restobar Rivendel (Calle del Hospital 18; Internetzugang 2 €/Std., WLAN kostenlos; ⏲Mo–Sa 8.30–24, So 8.30–16 Uhr) Eine coole Bar mit Internetzugang.

Regionale Touristeninformation (☎96 398 64 22; www.comunitatvalenciana.com; Calle Paz 48; ⏲Mo–Sa 9–20, So 10–14 Uhr)

Touristeninformation des Turismo Valencia (VLC) (Karte S. 582; ☎96 315 39 31; www.turisvalencia.es; Plaza de la Reina 19; ⏲Mo–Sa 9–19, So 10–14 Uhr) In der Stadt gibt's mehrere weitere Filialen, z. B. am Bahnhof und im Ankunftsbereich des Flughafens.

An- & Weiterreise

Bus

Der **Busbahnhof** (☎96 346 62 66) liegt am alten Flussbett in der Avenida Menéndez Pidal. Bus 8 fährt von der Plaza del Ayuntamiento hierhin.

Avanza (www.avanzabus.com) verkehrt stündlich zwischen Valencia und Madrid (18–27 €, 4 Std.).

ALSA (www.alsa.es) bietet bis zu zehn Verbindungen am Tag nach Barcelona (26–30 €, 4½ Std.) und mehr als zehn nach Alicante (21 €, 2½ Std.), die meisten davon über Benidorm (14,50 €, 1¾ Std.).

Flugzeug

Valencias **Aeropuerto de Manises** (☎96 159 85 00) erstreckt sich 10 km westlich des Stadtzentrums an der A3 in Richtung Madrid und wird von den Metrolinien 3 und 5 angesteuert.

Von hier bestehen zahlreiche Verbindungen zu europäischen Zielen. Ryanair bietet z. B. Flüge nach Düsseldorf-Weeze, Frankfurt-Hahn und München an.

Schiff/Fähre

Fähren von **Acciona Trasmediterránea** (www.acciona-trasmediterranea.es) verbinden Valencia mit Ibiza, Mallorca und Menorca.

Zug

Vom Bahnhof Estación del Norte fahren Züge u. a. zu folgenden Zielen:

ZIEL	FAHRPREIS (€)	DAUER (STD.)	TÄGLICH
Alicante	29	1¾	8-mal
Barcelona	39–43	3–3½	mind. 12-mal
Madrid	47,50	3¾	bis zu 10-mal
Madrid*	ca. 75	1½	bis zu 12-mal

* mit dem AVE-Hochgeschwindigkeitszug

Alle halbe Stunden starten Züge via Sagunto (3 €, 30 Min.) nach Castellón (4,50 €, bis zu 1 Std.).

Unterwegs vor Ort

Valencia verfügt über ein gutes öffentliches Nahverkehrsangebot aus Bus, Straßenbahn und Metro.

In den Touristeninformationen von Turismo Valencia (VLC) wird die **Valencia Tourist Card** (10/16/20 € für 1/2/3 Tage) verkauft. Damit kann man die innerstädtischen Verkehrsmittel kostenlos nutzen und bekommt Rabatte auf bestimmte Sehenswürdigkeiten, Läden und Restaurants.

Auto & Motorrad

Die Parkplatzsuche in den Straßen der Stadt ist nervig. Es gibt große Tiefgaragen unter der Plaza de la Reina, der Plaza Alfonso el Magnánimo und in der Nähe des Bahnhofs. Letztere ist die größte und erstreckt sich von der Calle Xàtiva bis zur Gran Vía.

Zu den zuverlässigen örtlichen Autovermietungen am Flughafen, die gewöhnlich deutlich billiger sind als die internationalen, gehören:

Javea Cars (☎96 579 3312; www.javeacars.com)

Solmar (☎96 153 90 42; www.solmar.es)

Victoria Cars (☎96 583 02 54; www.victoriacars.com).

Fahrradvermietung

Do You Bike (☎96 315 55 51; www.doyoubike.com; Plaza Horno San Nicolás)

Orange Bikes (☎96 391 75 51; www.orangebikes.net; Calle Editor Manuel Aguilar 1)

Solution Bike (☎96 110 36 95; www.solutionbike.com; Calle Embajador Vich 11)

Valencia Guías (☎96 385 17 40; www.valenciaguias.com; Paseo de la Pechina 32)

Vom/Zum Flughafen

Die Metrolinien 3 und 5 verbinden den Flughafen mit der Innenstadt und dem Hafen. Ein Taxi ins Zentrum kostet ca. 17 €. Bei Fahrten vom Flughafen wird ein Aufschlag von 2,50 € auf den angezeigten Preis verlangt.

Öffentliche Verkehrsmittel

Fast alle Busse fahren bis etwa 22 Uhr, außerdem gibt's sieben Nachtlinien, die bis ca. 1 Uhr verkehren. Der Kauf einer **Móbilis**, einer wiederaufladbaren Karte (2 €) lohnt sich; man bekommt sie an den großen Metrostationen, in den meisten Tabakläden und an manchen Zeitungsständen.

Mit der Hochgeschwindigkeitsstraßenbahn geht's entspannt zum Strand und zum Hafen. Haltestellen befinden sich am Pont de Fusta und bei der Metrostation Benimaclet.

> **MIETFAHRRÄDER**
>
> Um die Stadt auf ganz unkomplizierte Weise zu erkunden, kann man das nagelneue und wunderbar praktische **Fahrradverleihsystem** (☎902 006598; www.valenbisi.es) nutzen. Dazu erwirbt man mit seiner Kreditkarte an einer der Verleihstationen eine Karte (10 €), die eine Woche gültig ist und bei Bedarf neu aufgeladen werden kann. Die erste halbe Stunde ist stets kostenlos. Einfach aufsteigen, losfahren und das Rad hinterher an einer der vielen bereits in Betrieb genommenen Stationen (geplant sind 275) in Valencia abstellen.

Die **Metro** fährt quer durch die Stadt und bedient die Vororte. Zu den zentral gelegenen Stationen gehören Ángel Guimerá, Xàtiva (beim Bahnhof), Colón und Pont de Fusta.

Taxi

Empfehlenswerte Anbieter: **Radio-Taxi** (☎96 370 33 33) oder **Valencia Taxi** (☎96 357 13 13).

Rund um Valencia

LA ALBUFERA

La Albufera liegt 15 km südlich von Valencia und ist eine riesige Süßwasserlagune, die ein dünner Streifen aus Sanddünen und Kiefernwäldern (La Devesa) vom Meer trennt. Der See und sein Ufer bieten Zugvögeln und einheimischen Vögeln Rückzugs- und Brutraum. Vogelfreunde zieht es in den **Parque Natural de la Albufera**, wo um die 90 Arten nisten und über 250 weitere Arten auf ihrem Zug Zwischenstation machen.

Der Sonnenuntergang ist hier bisweilen spektakulär. Touristen können die Lagune auf einer Bootstour erkunden und sich unter die Fischer aus der Gegend mischen, die Aale und andere Fische mit Netzen aus dem seichten Wasser ziehen.

Rund um die Lagune erstrecken sich Reisfelder. Hier hat die Paella das Licht der Welt erblickt. In den Dörfern **El Palmar** und **El Perellonet** ist jedes zweite Haus ein Restaurant, das von früheren oder heute noch in Teilzeit tätigen Fischern betrieben wird. Zum typischen Speiseangebot zählen Paella, andere Reisgerichte und Meeresfrüchte.

Busse von Autocares Herca verkehren zur Playa El Salér sowie nach La Albufera. Die Strecke führt dann weiter die Küste entlang, entweder nach El Palmar (6-mal tgl.) oder nach El Perellonet (alle 60 oder 30 Min.).

SAGUNTO

66 100 EW.

Nach Sagunto (auf Valencianisch Sagunt), 25 km nördlich von Valencia, kommen die Besucher vor allem, um sich an dem spektakulären Panorama zu ergötzen, das sich von der hochgelegenen Burganlage aus auf die Stadt, die Küste und das grüne Meer der Orangenhaine bietet. Viele Traveller unternehmen von Valencia aus einen Tages- oder Halbtagesausflug hierher.

In früheren Zeiten war Sagunto eine blühende iberische Stadt namens Arse, die mit Griechen und Phöniziern Handel trieb. 219 v. Chr. belagerte und zerstörte Hannibal den Ort, was den Zweiten Punischen Kriegs zwischen Karthago und Rom auslöste. Die Römer gewannen, benannten Arse in Saguntum um und machten sich an den Wiederaufbau.

Vom Bahnhof sind es etwa 15 Gehminuten bis zur **Touristeninformation** (96 265 58 59; Plaza Cronista Chabret; Mo–Fr 9–14 & 16–18.30, Sa & So 9–14 Uhr). Nach weiteren zehn Minuten bergauf (am besten mit einem Umweg über die kleine *judería*, das frühere Judenviertel) erreicht man das **Römische Theater**, dessen moderne „Restaurierung“ umstritten ist, das aber nach wie vor mit einer ausgezeichneten Akustik aufwartet. Im August finden hier viele Veranstaltungen des dreiwöchigen **Open-Air-Kunstfestivals** von Sagunto statt.

Noch weiter oben ziehen sich die Steinmauern der **Burganlage** (Eintritt frei; Di–Sa 10 Uhr–Dämmerung, So 10–14 Uhr) fast 1 km an der Anhöhe entlang. Jeder der sieben Abschnitte der weitgehend zerfallenen Anlage erzählt von einer anderen Epoche der langen Geschichte Saguntos.

Zwischen Valencia und Sagunto (einfach/Hin- & Rückfahrt 2,90/4,70 €) verkehren häufig Züge. **AVSA-Busse** (96 267 14 16) (2,30 €) starten alle halbe Stunde am Busbahnhof in Valencia.

SEGORBE

9250 EW. / 395 M

In Segorbe, 33 km nordwestlich von Sagunto und 56 km von Valencia, befindet sich eine beachtliche barocke **Kathedrale**. Im etwas zierlicheren gotischen Kreuzgang ist das schön gemachte **Kirchenmuseum** (Erw./Kind 3/2 €; Di–So 11–13.30 & 17–19 Uhr) untergebracht, das eine Donatello-Skulptur der Madonna mit Kind und mehrere farbenfrohe Altarbilder präsentiert.

LP TIPP Das **Museo del Aceite** (96 471 20 45; Plaza Belluga 3; Erw./Kind 2 €/frei; 11–13.30 & 17–20 Uhr) in einer früheren Olivenmühle wartet mit einer empfehlenswerten multimedialen Ausstellung über das Anbauprodukt der Gegend auf – den Oliven. Im zugehörigen Laden kann man sich mit regionalen Produkten wie Schinken, Würsten, Weinen und Olivenöl eindecken. Über dem Museum liegen sechs **Apartments** (www.labelluga.com, auf Spanisch), die tageweise gemietet werden können.

Am westlichen Ende der Altstadt stößt man auf zwei zylinderförmige **Türme** (Führung Erw./Kind unter 12 J. 2 €/frei €; Di–So 12 Uhr). Der **Torre de la Carcel** diente eine Zeit lang als Gefängnis. Wen es noch schlimmer erwischte, auf den wartete der Scharfrichter, der ganz in der Nähe im **Torre del Verdugo** wohnte.

Über Segorbes teilweise erhaltenen **mittelalterlichen Aquädukt** wurde die Stadt mit Wasser aus der Quelle **La Esperanza** (Hoffnung) versorgt.

Segorbes wichtigstes Fest ist die **Entrada de Toros y Caballos** (Einzug der Stiere und Pferde). In der ersten Septemberhälfte treiben an sieben Tagen Reiter um Punkt 14 Uhr Stiere die Calle Colón entlang, während die Zuschauer rechts und links Spalier stehen. Das faszinierende **Centro de Interpretación de la Entrada de Toros y Caballos** (Erw./Kind 2 €/frei) beschäftigt sich multimedial mit dem derben Spektakel. Es befindet sich im selben Gebäude wie die **Touristeninformation** (964 71 32 54; Calle Marcelino Blasco 3; Mo–Sa 9–14 & 16–18 oder 17–19, So 10.30–13.30 Uhr).

REQUENA

21 950 EW. / 690 M

Im Zentrum dieser 65 km westlich von Valencia gelegenen Stadt erstreckt sich La Vila, der mittelalterliche Ortskern mit seinem Durcheinander aus unregelmäßigen, verwinkelten Straßen und Sackgassen. Seinen früheren Reichtum hat Requena der Seide zu verdanken. Hier waren einmal rund 800 Webstühle in Betrieb und machten den Ort zum viertgrößten Seidenproduzenten Spaniens. Heute wird in der Gegend vorwiegend Weinbau und Viehzucht betrieben. Von hier kommen kräftige Rotweine, perlende *cavas* (die spanische Konkurrenz zum Champagner), leckere Bratwüste und scharf gewürzte Schnittwurst.

LA TOMATINA

Buñol? Hier sehen viele Menschen rot.

Am letzten oder vorletzten Mittwoch im August (der Termin variiert) steigt in Buñol, einer ansonsten eintönig grauen Industriestadt 40 km westlich von Valencia Spaniens chaotischstes und bizarrstes Fest: La Tomatina, die Tomatenschlacht. Sie lockt über 40 000 Gäste in die 9000-Einwohner-Stadt.

Im Kalender sollte dieser Tag knallrot angestrichen werden. Um genau 11 Uhr rast eine Rakete gen Himmel und über 100 Tonnen überreifer, matschiger Tomaten werden von Lkws vor der wartenden Menge ausgekippt. Der Spaß dauert genau eine Stunde, bis eine zweite Rakete abgefeuert wird. Alle Einwohner und Besucher machen mit und bewerfen sich wie im Wahn gegenseitig.

Anschließend spritzt die Feuerwehr die triefenden Teilnehmer ab. Schauplatz des Gemetzels sind der Hauptplatz und die Calle del Cid.

Viele Traveller bleiben nur an diesem einen Tag: Morgens kommen sie mit dem Zug aus Valencia und fahren am Nachmittag zurück. Unbedingt frische Kleidung mitbringen und vielleicht eine Schutzbrille für die Augen!

Alternativ sieht man sich das Spektakel im TV an, denn Valencias Fernsehsender Canal 9 überträgt das Event für alle, die das Ganze lieber im Trockenen genießen. Mehr über das Fest erfährt man auf www.latomatina.es.

Am ersten oder zweiten Wochenende im Februar steht die **Muestra del Embutido** (Wurstmesse) auf dem Programm. Ende August/Anfang September steigt mit der **Fiesta de la Vendimia** zwölf Tage lang ein weiteres rauschendes Fest, mit dem das Ende der Traubenlese gefeiert wird.

Sehenswertes

Am besten betritt man das alte Viertel von Norden her am ursprünglich maurischen **Torre del Homenaje** aus dem 15. Jh. vorbei. Hier stößt man auf zwei gotische Kirchen mit großartigen, wenn auch ziemlich verwitterten Hauptportalen, **Santa María** und **San Salvador**, sowie kraftstrotzende herrschaftliche Häuser wie die **Casa del Arte Mayor de la Seda** (Haus der Seidengilde).

Museo del Vino WEINMUSEUM
(Calle Somera) Eine Hommage an das bedeutendste Produkt der Region Requena. Bei unserem letzten Besuch sollte das Museum in Kürze eröffnet werden. Die Ausstellungsstücke reichen von iberischen Amphoren aus dem 5. Jh. v. Chr., die beweisen, dass selbst in solch fernen und frühen Zeiten hier Wein hergestellt wurde, bis zu manuellen und automatischen Weinpressen. Das Museo del Vino ist in dem herrlichen Palacio del Cid aus dem 15. Jh. untergebracht.

Plaza de la Villa PLATZ
Im Bauch dieses auch Plaza Albornoz genannten Platzes verbirgt sich ein Netz aus miteinander verbundenen Kellern, die einstmals als Lager und in unruhigen Zeiten auch als Verstecke dienten. **Führungen** (Erw./Kind 4/3 €; Di–So 3–6-mal tgl.) beginnen an der Ostseite der Plaza. Die Zeiten erfährt man bei der Touristeninformation.

GRATIS **Ferevin** WEIN-AUSSTELLUNGSRAUM
(www.ferevin.com, auf Spanisch; Cuesta de las Carnicerías; Di–So 11–14, Sa auch 17–19 Uhr) Der Ausstellungsraum der Winzervereinigung Utiel-Requena präsentiert eine gute Auswahl der besten regionalen Sorten der Region, die man gratis verkosten kann. Jede Woche wird eine andere Bodega (Weinkellerei) vorgestellt.

Museo Municipal MUSEUM
(Calle Carmen; Erw./Kind 4/3 €; Di–So 11–14 Uhr) Das Museum zeigt eine umfangreiche Sammlung alter Trachten, Rekonstruktionen eines Bürger- und eines Landhauses sowie Ausstellungsstücke, die Requenas Vergangenheit als Seidenweberstadt veranschaulichen.

Museo de Arte Contemporáneo KUNSTMUSEUM
(96 230 30 32; Cuesta del Ángel 2; Erw./Kind 4/3 €; Di–Sa 11–14 & 18–21, So 11–14 Uhr) In diesem Museum für moderne Kunst sind vor allem Gemälde spanischer Künstler zu sehen, darunter Picasso, Miró, Sempere, Tàpies und Dalí.

Schlafen & Essen

Auf dem Hauptplatz der Altstadt befinden sich zwei reizvolle Unterkünfte, beide mit gutem hauseigenem Restaurant.

LP TIPP **Mesón del Vino** BAR, RESTAURANT €
(☎96 230 00 01; Avenida Arrabal 11; ⏲Mi–So Mittag- & Abendessen, Mo Mittagessen) In dem wunderbaren Lokal kann man etwas trinken oder auch eine komplette Mahlzeit zu sich nehmen. Es ist vom Fußboden bis zur Decke gekachelt. Ein großer ausgestopfter Stierkopf grüßt jeden Neuankömmling, vom lokalen Intellektuellen bis zum Arbeiter.

Mesón La Villa RESTAURANT €€
(☎96 230 21 32; Plaza Albornoz 13; Gerichte 8–14,50 €) Wer die Keller von Requena nicht besuchen kann, sollte hier essen und den Wirt um eine Besichtigung seines Untergeschosses bitten (Eintritt 1 €), wo einst Inquisitoren den Ketzern Daumenschrauben anlegten (daher auch das Papstwappen an der Fassade).

Hôtel La Villa HOTEL €
(☎96 230 03 74; www.hotellavillarestaurante.com, auf Spanisch; Plaza Albornoz 8; EZ/DZ 36/55 €; ❄) Bis vor Kurzem wurde das Hotel noch als Wohnhaus genutzt. Jetzt bietet es 18 attraktive, rustikal möblierte Zimmer sowie ein paar Suiten.

Hôtel Doña Anita HOTEL €€
(☎96 230 53 47; www.tubal.net, auf Spanisch; Plaza Albornoz 15; EZ/DZ 48/75 €) Eine luxuriösere Option gleich gegenüber dem La Villa. Das Doña Antia ist trotz seiner altertümlichen Ausstrahlung in einem Neubau untergebracht und organisiert auch Weinverkostungen sowie Touren zu den Bodegas von Utiel-Requena.

ℹ Praktische Informationen

Die **Touristeninformation** (☎96 230 38 51; www.requena.es; Calle García Montés; ⏲Di–So 9.30–14, Sa & So auch 16–19 Uhr) befindet sich unterhalb des Haupteingangs zur Altstadt. Hier bekommt man einen hilfreichen Führer durch La Villa, *Sensaciones para Descubrir* (auf Wunsch auch auf Englisch).

ℹ An- & Weiterreise

Bis zu zwölf Busse (4,50 €, 1 Std.) und sieben Züge (4,40 €, 1½ Std.) fahren täglich von hier nach Valencia.

COSTA DEL AZAHAR

Von der Costa del Azahar ins Landesinnere erstrecken sich zahlreiche Orangenhaine. Dem betörenden Duft der Blüten hat die Gegend ihren Namen zu verdanken: Küste der Orangenblüten. Hier befinden sich teilweise recht unansehnliche Urlaubsorte, die jede Menge Sonnenhungrige anlocken. Umweltschützer stehen der Bauwut äußerst kritisch gegenüber. Das hoch gelegene Hinterland, vor allem die dünn besiedelte Landschaft des Maestrazgo, lädt zum Wandern in menschenleerer Umgebung ein. In dieser Berggegend liegt der Schwerpunkt der Küche auf herzhaften Gerichten.

> **ℹ AN- & WEITERREISE**
>
> Die Bahnstrecke von Valencia nach Barcelona führt an der Küste entlang. Regionalzüge halten in allen größeren Städten. In Valencia besteht alle 30 Minuten eine Verbindung nach Castellón de la Plana. Täglich verkehren mindestens sechs Züge nach Benicàssim, Oropesa, Benicarló/Peñíscola und Vinaròs.

Castellón de la Plana

180 000 EW.

Die weitläufigen, industriell geprägten Außenbezirke von Castellón de la Plana wirken trostlos, doch das lebhafte Zentrum der Handelsstadt ist überraschend angenehm. Für Besucher sind die Plaza Mayor und ihr südlicher Nachbar, die Plaza Santa Clara, am interessantesten.

Sehenswertes

Der Hafen der Stadt, El Grau, erstreckt sich 4 km östlich vom Zentrum. Von hier werden die Exportgüter der Region verschifft, doch es liegen auch zahlreiche Fischerboote vor Anker. Im Norden schließen sich die Strände an.

GRATIS **Museo de Bellas Artes** MUSEUM DER SCHÖNEN KÜNSTE
(Avenida Hermanos Bou 28; ⏲Mo–Sa 10–20, So 10–14 Uhr) Zu den Highlights des markanten, preisgekrönten modernen Gebäudes zählen die große Keramikabteilung, die sich dem wichtigsten Industriezweig der Gegend widmet, zwei prachtvoll gearbeitete Silberkreuze und zehn hervorragende Gemälde von Zurbarán.

Galerien KUNSTGALERIEN
Diese beiden Galerien für zeitgenössische Kunst beeindrucken vor allem durch ihre Architektur: Das **Espai d'Art Contemporani** (Calle Prim) ist ein umwerfendes Beispiel

für modernes Design und die originalgetreu restaurierte **Llotja del Cánem** (Calle Caballeros 1) im Schatten der Kathedrale erfüllt die frühere Hanfbörse Castellóns mit neuem Leben.

Concatedral de Santa María KATHEDRALE

Am Rand der Plaza Mayor befinden sich das Rathaus aus dem 18. Jh. und die geschäftige Markthalle. Darüber hinaus erhebt sich hier **El Fadrí** (1604); der achteckige Glockenturm gilt als Wahrzeichen der Stadt. Neben dem Turm liegt die **Concatedral de Santa María**, die im Bürgerkrieg zerstört und inzwischen sorgsam restauriert wurde.

Schlafen & Essen

Hotel Intur Castellón HOTEL €€

(☎964 22 50 00; www.intur.com, auf Spanisch; Calle Herrero 20; Zi 60–75 €; ❄@📶) Von außen wirkt das Hotel zwar sehr nüchtern, doch innen erstreckt sich eine helle, weitläufige Halle. Oben liegen die 120 Zimmer. Am Wochenende und im Sommer kann man hier günstig übernachten.

La Casita de Gredos RESTAURANT €€

(☎964 22 09 33; Calle Gracia 26; Menü 21 €, Gerichte 10–19 €; ⊙ Mittagessen Mo–Sa, Fr & Sa Abendessen) Dieses lange, niedrige und einladende Lokal bietet jeden Tag ein anderes verlockendes Tagesmenü sowie kreative Fisch- und Fleischgerichte aus frischen lokalen Produkten. Es ist berühmt für seinen *bacalao* (Kabeljau als Stockfisch) und seine Weinkarte. Reservierung erforderlich.

Julivert CAFÉ, RESTAURANT €

(☎964 23 52 72; Calle Caballeros 41; Menü 10 €; ⊙Mo–Do Mittagessen, Fr & Sa Mittag- & Abendessen; 🚭) Hier kommt man in den Genuss eines guten Drei-Gänge-Menüs inklusive einem hausgemachten Dessert. Vegetarier können sich über eine fleischlose Alternative freuen.

La Cambra dels Vins FEINKOST

(Calle Caballeros 24; ⊙Mo–Fr & Sa morgens) Wartet mit erlesenen spanischen Weinen, Malt Whisky und exotischen Konserven für ein ausgedehntes Picknick auf.

Carnicería Charcutería Miguel FEINKOST

(73 Calle Navarra) Eine tolle Adresse für Weine, Honig, Pâtés und – selten in Spanien – alten Käse.

Ausgehen

Casa Ripo WEINBAR

(www.casaripo.com auf Spanisch; Calle Ximénez 11; ⊙Mo–Sa) Beim Spaziergang durch Castellón fallen die drallen, volllippigen Skulpturen des geschätzten einheimischen Bildhauers Juan Ripollés ins Auge. Diese schicke Weinbar, in der es köstliche Tapas und Snacks und gute Weine gibt, scheint für einen so unkonventionellen Künstler fast zu vornehm zu sein. Doch überall an den Wänden hängen zum Beweis Ripollés' skurrile Gemälde und Skizzen.

Praktische Informationen

Touristeninformation (☎964 35 86 88; Plaza María Agustina 5; ⊙Mo–Fr 9–19, Sa 10–14 Uhr) In dieser zentral gelegenen Touristeninformation bekommt man die kostenlose Broschüre *A Cultural Experience in Castellón de la Plana*.

An- & Weiterreise

Der Bahnhof und der Busbahnhof liegen etwa 1 km nordwestlich des Stadtzentrums. Alle Fernbusse starten am **Busbahnhof** (☎964 24 07 78). Wer nach Valencia oder in die Küstenorte im Norden will (mit Ausnahme von Benicàssim, wohin häufig Busse von der Plaza Fadrell fahren), nimmt besser den Zug: Er ist schneller und verkehrt häufiger.

Der fast fertiggestellte **Flughafen Castellón** (www.aerocas.com, auf Spanisch) soll noch während der Lebensdauer dieses Reiseführers eröffnet werden.

Rund um Castellón de la Plana

VILAFAMÉS

2000 EW.

Viele Besucher dieses Bergdorfs rund 26 km nördlich von Castellón kommen wegen des ausgezeichneten **Museo de Arte Contemporáneo** (Calle Diputació 20; Erw./Kind 2 €/frei; ⊙Di–So 10–13.30 & 16–19 Uhr). Das Museum im Palacio de la Bailía aus dem 15. Jh., der an sich schon einen Besuch wert ist, wartet mit einer vielfältigen Sammlung moderner Gemälde und Skulpturen auf.

Vilafames beherbergt zahlreiche weiß getünchte Wohnhäuser sowie Amtsgebäude aus rostrotem Stein. An der Plaza de la Sangre führen steile Stufen zur **Burgruine** hinauf, von der man einen sensationellen Blick auf den Ort genießt.

Jedes der elf Zimmer im **L'Antic Portal** (☎964 32 93 84; www.hotelvilafames.com, auf Spanisch; Calle de la Fuente 6; Zi 70–80 €; ❄📶) verfügt über ein gefälliges modernes Design und einen kleinen Balkon, obwohl das Haus an sich recht alt ist. Ein großer (echter!) Felsblock bildet einen Teil der Wand.

Die Unterkunft gehört zum benachbarten **Hotel El Rullo** (☏964 32 93 84; Calle de la Fuente 2; EZ/DZ 22/42 €), einem bescheidenen Familienbetrieb, der preiswertere und einfachere Zimmer sowie ein kostengünstiges Menü bietet.

Die **Touristeninformation** (☏964 32 99 70; Plaza del Ayuntamiento 2) liegt neben dem Rathaus.

MONTANEJOS

600 EW. / 460 M

Die Fahrt auf der CV20 von Castellón die Schluchten des Río Mijares hinauf in diesen Ferien-, Kur- und Kletterort mitten in der Sierra de Espadán ist spektakulär. Rund um Montanejos erstrecken sich zerklüftete, kieferbewachsene Berge und die kühle, klare Gebirgsluft lockt im Sommer zahlreiche Besucher an. Im 25 °C warmen Wasser der **Fuente de los Baños**, 1 km weiter im Norden gelegen, kann man kostenlos baden.

Das Wasser des **Balneario** (Spa; www.balneario.com/montanejos, auf Spanisch), das ein breites Spektrum an Thalasso-Anwendungen anbietet, stammt aus der natürlichen Quelle Fuente de los Baños.

Geoextrem.com (www.geoextrem.com, auf Spanisch) bietet Aktivitäten in der Natur, z. B. Kajakfahren, Canyoning, Klettern und Höhlentouren. Im Sommer öffnet eine Filiale in Fuente de los Baños.

Viele Unterkünfte öffnen nur im Sommer und an den Wochenenden. Eine Ausnahme bildet das **Hotel Rosaleda del Mijares** (☏964 13 10 79; www.hotelesrosaleda.com; Carretera Tales 28; inkl. Frühstück EZ 56–70 €, DZ 72–140 €; ⏲Feb.–Mitte Dez.; ❄≋). Es verfügt über einen großen Speisesaal und hat ein sättigendes *menú* (15 €) im Angebot. Die 81 Zimmer dieser Bleibe sind reizvoll und gemütlich und warten mit bequemen Betten auf. Darüber hinaus gibt's hier einen Swimmingpool, einen Fitnessraum und verschiedene Kurangebote.

Die **Touristeninformation** (☏964 13 11 53; www.montanejos.com, auf Spanisch; Carretera Tales) von Montanejos befindet sich im *balneario.*

GRUTA DE SAN JOSÉ

Die **Gruta de San José** (Valenciano: Coves de Sant Josep; www.riosubterraneo.com, auf Spanisch; Erw./Kind 9,50/4,50 €; ⏲11–13.15 & 15.30–17.45 oder 18.30 Uhr) wurde als gewundener Tunnel von der Natur in den Karst gewaschen. Am Rand von La Vall d'Uixó, 35 km südwestlich von Castellón, bohrt sie sich auf 2,75 km durch den Berg. Boote gleiten durch die ersten spärlich beleuchteten 800 m. Danach geht's zu Fuß durch die Kalksteinhöhlen.

Benicàssim

18 100 EW.

Benicàssim ist zwar nur sehr schmal, zieht sich aber über 6 km an der Küste entlang. Seit dem 19. Jh. ist es ein beliebter Ferienort. Damals ließen sich hier viele wohlhabende valencianische Familien Sommerresidenzen errichten. Noch heute sind mehr als 75 % der Sommerurlauber Spanier, und viele Gäste aus Madrid, Valencia und dem nahen Castellón besitzen hier eine Ferienwohnung.

Sehenswertes & Aktivitäten

Die breiten, etwa 6 km langen Strände gelten als Hauptattraktion des Ortes. Am nordöstlichen Ende schließt die Siedlung **Las Villas** mit üppigen, teilweise albern wirkenden Ferienhäusern, die sich hier reiche Valencianer Ende des 19. und Anfang des 20. Jhs. hinstellen ließen, an die Promenade an. In der Touristeninformation bekommt man die hilfreiche Broschüre *The Las Villas Path.*

LP TIPP **Desierto de las Palmas** HÜGEL IM HINTERLAND

Die kurvenreiche CV147 führt hinauf zu dieser ungefähr 6 km landeinwärts gelegenen Bergkette, in deren Herzen sich ein Karmeliterkloster (1697) und ein erstklassiges Restaurant befinden. Hier ist es etwas kühler als an der Küste und manchmal auch neblig. Das Gebiet steht unter Naturschutz und ist trotz seines Namens alles andere als eine trockene Wüste – die Bezeichnung kommt vielmehr daher, dass es für die Mönche ein Ort mystischer Einkehr war. Fans von Outdoor-Aktivitäten kommen in der Gegend voll und ganz auf ihre Kosten. Vom höchsten Punkt, dem **Monte Bartolo** (728 m), bietet sich ein atemberaubender Ausblick.

Am besten plant man seinen Besuch so, dass man mittags im Restaurante Desierto de las Palmas essen kann.

Aquarama WASSERPARK

(www.aquarama.net, auf Spanisch; Erw./Kind ½ Tag 13,50/9,80 €, Tageskarte 20,50/14,50 €; ⏲Mitte Juni–Anfang Sept. 11–19 Uhr) Ein riesiger Wasserpark gleich südlich der Stadt in der Nähe der N340.

Feste & Events

Festival Internacional de Benicàssim MUSIK

(FIB; www.fiberfib.com) Ende Juli oder Anfang August strömen jedes Jahr Zehntausende von Fans zu diesem viertägigen Festival, einem der größten Open-Air-Festivals in ganz Europa. Zu den Stars, die 2010 hier auf der Bühne standen, gehörten Lily Allen, Charlotte Gainsbourg, Dizzee Rascal und Vampire Weekend.

Schlafen

Hotel Avenida HOTEL €€

(☎964 30 00 47; www.hotelecoavenida.com; Avenida Castellón 2; DZ 37–77 €; ⏲Mitte Feb.–Sept.; ❄@≋📶) Ein ansprechender Familienbetrieb mit Pool und schattigem Innenhof, der in der Altstadt an der Hauptstraße liegt. Die Zimmer sind geräumig, es gibt einen kostenlosen Parkplatz und das Preis-Leistungs-Verhältnis ist ausgezeichnet. Der Eingang befindet sich an der Calle Quatro Caminos.

LP TIPP **Hotel Voramar** STRANDHOTEL €€

(☎964 30 01 50; www.voramar.net, auf Spanisch; Paseo Marítimo Pilar Coloma 1; Zi. inkl. Frühstück 90–144 €; ❄@📶) Dieses altehrwürdige Hotel befindet sich bereits seit vier Generationen in Familienbesitz und hat sich auch während stürmischer Zeiten bewährt: Während des Spanischen Bürgerkriegs diente es als Lazarett. Das Haus hat nicht nur mehr Charakter als die meisten „Neuzugänge" in Benicàssim, es ist auch das einzige Hotel, das direkt auf den Sandstrand hinausgeht. Durch die Panoramafenster im erstklassigen **Restaurant** blickt man direkt aufs Meer.

Von allen fünf Campingplätzen ist der Strand zu Fuß zu erreichen.

Camping Azahar CAMPINGPLATZ €

(www.campingazahar.es, auf Spanisch; pro Pers./Zelt/Auto 4,25/14,45/4,20 €; ⏲ganzjährig; ≋📶) Große Stellplätze im Schatten alter Maulbeerbäume, ein Restaurant, ein großer Pool und saubere Sanitäranlagen.

Essen

In den Hauptstraßen der Altstadt, der Calle de Santo Tomás und der Calle Castellón, findet man viele günstige Restaurants.

Restaurante Desierto de las Palmas BERGRESTAURANT €€

(☎964 30 09 47; Gerichte 15–24 €; ⏲Juni–Sept. tgl. Mittag- & Abendessen, Okt.–Mai Mi–Mo Mittagessen) Aus der ganzen Umgebung kommen Familien in dieses beliebte Lokal im hügeligen Hinterland von Benicàssim, das für seine Reis- und Meeresfrüchtegerichte bekannt ist. Hier geht's lebhaft, laut und spanisch zu. Das Restaurant liegt in der Nähe des Karmeliterklosters und bietet eine atemberaubende Aussicht.

Torreón RESTAURANT €€

(☎964 30 03 42; Avenida Ferrandis Salvador 2; Gerichte 12–15 €) Ein Café-Restaurant oberhalb des Torre San Vicente aus dem 16. Jh., nach dem es benannt ist. In dem Laden kann man wunderbar die Meeresbrise genießen, während man sich einen Snack genehmigt, an einem Drink nippt oder ein Menü verspeist. Zum Abendessen sollte man reservieren, um einen Platz auf der kleineren, weniger vollen der beiden Terrassen zu bekommen.

La Manduca BAR-RESTAURANT €€

(☎964 30 17 18; Calle Santo Tomás 69; Gerichte 10,50–17 €) Die moderne Bar mit Restaurant befindet sich zwischen zwei Straßen und wartet mit einer großen Auswahl an Vorspeisen, Pizzas und örtlichen Meeresfrüchte-Spezialitäten auf.

Ausgehen

Im Sommer und an Wochenenden ist in Benicàssim die Hölle los. Am östlichen Ende der Calle de los Dolores in der Altstadt reihen sich die Bars dicht aneinander. Die größte *discoteca* der Stadt, das **Magic** (☎617 30 02 76), liegt gegenüber dem Aquarama.

Praktische Informationen

Touristeninformation (☎964 30 09 62; www.benicassim.org; Calle Santo Tomás 74; ⏲9–14 & 16–19 Uhr) 1 km landeinwärts in der Altstadt.

An- & Weiterreise

Busse fahren alle 30 Minuten (im Sommer alle 15 Min.) nach Castellón, wo es zahlreiche Zugverbindungen gibt.

Oropesa del Mar

Die enge, kurvige Küstenroute von Benicàssim nach Oropesa (auf Valencianisch Orpesa) ist eine landschaftlich reizvolle Strecke für Autofahrer, während sich die unlängst eröffnete 6 km lange **Via Verde** für Radfahrer und Spaziergänger anbietet. Letztere verbindet die beiden Badeorte entlang einer früheren Bahnstrecke. Bei dem langsameren Tempo kann man die schöne Aussicht wunderbar genießen.

Oropesa wächst rasch und breitet sich nicht unbedingt ansprechend Richtung Norden aus, sodass es inzwischen schon bis zum großen Kur- und Urlaubsort **Marina d'Or** reicht.

Naturhiscope (☎964 31 30 26; Plaza de la Iglesia; Eintritt 1,50 €; ⏱Mo–Sa 10–14 & 16–19 Uhr) wirft mit Fotos und Alltagsgegenständen einen Blick auf die Stadt und ihre Beziehung zum Meer. Für die einen ist das inspirierend, für die anderen leeres Blabla.

Zwei kleine Museen, die ebenfalls in der Altstadt liegen, werden von ihrem hingebungsvollen, exzentrischen Besitzer gepflegt. Das **Museo del Naipe** (Spielkartenmuseum; ☎626 564749; Calle Hospital 1; Eintritt 2 €; ⏱10–13.30 & 18–20 Uhr) verfügt über 5000 Kartenspiele und andere Andenken aus aller Welt, die mit Begeisterung präsentiert werden. Außerhalb der Öffnungszeiten kann man einfach klopfen, denn der Besitzer wohnt über dem Museum.

Einen ähnlichen Hamsterinstinkt legt Luis Elvira an den Tag, der eine einmalige Sammlung von Zahnrädern und Rosten, Abschirmungen und anderen Metallgegenständen zusammengetragen hat und diese im **Museo del Hierro** (Metallmuseum; ☎964 31 07 51; Calle Ramón y Cajal 12; Eintritt 3 €; ⏱Mo–Fr 10–14 Uhr) zeigt.

Die **Touristeninformation** (☎964 31 23 20; www.oropesadelmar.es, auf Spanisch; Plaza París; ⏱9.30–14 & 16.30–18.30 o. 17–20 Uhr) befindet sich neben der Playa de la Concha.

Peñíscola

7900 EW.

Peñíscolas Altstadt quetscht sich mit ihren kopfsteingepflasterten Straßen und weiß getünchten Häusern zwischen die schützenden Steinmauern um einen felsigen Vorsprung, der hier ins Meer ragt. Der Ort gleicht einer Postkarte – genauso hübsch anzusehen und genauso käuflich. Überall werden Andenken und Tonwaren an den Mann gebracht (sehr beliebt: Töpfe mit einem Phallus als Ausgießer). Einen krassen Gegensatz zum alten Kern bilden die Hochhäuser, die sich im Norden an der Küste ausbreiten; sie sind trist und reizlos. Aber auf der Promenade, dem **Paseo Marítimo**, kann man schön umherschlendern, und der großartige Sandstrand, der sich zum Nachbarort Benicarló hin erstreckt, ist über 5 km lang.

Sehenswertes & Aktivitäten

Burg BURG

(Erw./Kind 3,50 €/frei; ⏱9.30–17.30 oder 21.30 Uhr) Tempelritter haben die weitläufige Festung auf maurischen Fundamenten erbaut. Später lebte hier Pedro de Luna („Papa Luna", der abgesetzte Gegenpapst Benedikt XIII.).

LP TIPP **La Casa del Ayer** HISTORISCHES HAUS

(www.lacasadelayer.es, auf Spanisch; Calle Jaime Sanz Roca 20; Erw./Kind 2/1,50 €; ⏱Fr–Mi 10.30–13.30 & 16–19 Uhr) Jedes Stück in diesem liebevoll restaurierten und neu eingerichteten Haus aus dem 19. Jh. haben Regina del Val und ihr Partner Felix selbst gesammelt oder anderen abgeschwatzt. Nach Reginas überschwänglicher Einführung kann man nach Belieben durch die Räume spazieren. In dem Laden unten werden lokale Produkte verkauft.

Sierra de Irta NATURPARK

Wer im Sommer dem Gedränge entkommen will, sollte die Sierra de Irta ansteuern. Sie verläuft südlich von Peñíscola und ist ein Naturpark sowie ein Meeresschutzgebiet. Der Küstenstreifen ist einer der wenigen noch unberührten in Valencia. Er lässt sich am besten zu Fuß oder mit dem Mountainbike erkunden. Wer fit ist, kann sich an den 26 km langen Rundweg PR V-194 wagen; es gibt aber auch kürzere Strecken. In der Touristeninformation bekommt man eine kostenlose Broschüre zu den Wanderstrecken: *Senderos de Irta/Paths Through Irta*.

Schlafen & Essen

Es gibt zwei tolle Alternativen zu den Betonbunkern am Strand. Beide sind klein, deshalb sollte man unbedingt rechtzeitig reservieren!

Hotel-Restaurante Simó HOTEL €€

(☎964 48 06 20; www.restaurantesimo.es, auf Spanisch; Calle Porteta 5; EZ 40–55 €, DZ 55–75 €; ⏱Jan. geschl.) Am Fuß der Burg und direkt am Meer gelegen. Vom **Restaurant** (Hauptgerichte 13–25 €) genießt man einen großartigen Blick auf die Bucht. Die sieben Zimmer des Hotels sind schlicht und relativ geräumig und stehen dem Lokal in puncto Aussicht um nichts nach.

Hostería del Mar HOTEL €€

(☎964 48 06 00; www.hosteriadelmar.net; Avenida Papa Luna 18; EZ 53–107 €, DZ 73–142 €; ❄@✉📶) Früher war dieses freundliche, von einer Familie betriebene Vier-Sterne-

Hotel das einzige an der Promenade. Nach wie vor hat es mehr Charakter als die meisten seiner gesichtslosen, vielgeschossigen Nachbarn. Fast alle Zimmer verfügen über einen Balkon mit Strandblick. Wer versuchen will, den Übernachtungspreis wieder rauszuholen, kann sein Glück im Kasino versuchen.

Chiki Bar Restaurante PENSIÓN €
(☎605 280295; Calle Mayor 3–5; Zi 40–50 €) Hoch oben in der Altstadt bietet dieses Haus mit dem sympathischen Namen sieben ordentliche, moderne Zimmer mit Aussicht. Besucher mit leichtem Schlaf sollten vielleicht Ohrstöpsel einpacken – die blechern klingende Glocke der Pfarrkirche schlägt jede volle Stunde, auch nachts. Von März bis Oktober betreibt das Hotel ein attraktives **Restaurant** (Gerichte ab 9 €; ⏰ Di geschl.); wir empfehlen das Drei-Gänge-Menü. Die Öffnungszeiten sind unregelmäßig, deshalb ruft man am besten vorher an.

Casa Jaime FISCH €€
(☎964 48 00 30; Avenida Papa Luna 5; Gerichte 15,75–27,50 €; ⏰Mitte Juni–Mitte Sept. tgl., Mitte Sept.–Mitte Juni Mi & So abends geschl.) Gäste speisen entweder auf der großen Außenterrasse oder im kuscheligen Saal, wo man *mamá* und *papá* – Letzterer ein ehemaliger Fischer, der das Kochen an Deck gelernt hat – in der Küche zuschauen kann. Die beiden Inhaber haben sich mit ihrem *suquet de peix* (Fischeintopf 23,50€ ab zwei Pers.) und mit anderen Gerichten aus Reis und gekochtem Fisch einen Namen gemacht.

Hogar del Pescador FISCH €€
(☎964 48 95 88; Plaza Lonja Vieja; Fischgerichte ab 10 €) Tagsüber tummeln sich im Café die Fischer. Hier kann man für wenig Geld wunderbar speisen. Ein tolles Geschmackserlebnis für zwei bietet die Kombination aus *mariscada* (Meeresfrüchteplatte; 35 €) und *combinado degustación* (gemischte Platte mit köstlichen Fischen und Krustentieren; 21 €).

ℹ Praktische Informationen

Touristeninformation (☎964 48 02 08; www.peniscola.es; ⏰Mo–Sa 9.30–13.30 & 16–19, So 10–13 Uhr) In der Touristeninformation am südlichen Ende des Paseo Marítimo gibt's die kostenlose informative Broschüre *The Old City*.

ℹ An- & Weiterreise

Das ganze Jahr über startet mindestens jede halbe Stunde ein Bus von Peñíscola nach Benicarló und Vinaròs. Von Juli bis Mitte September besteht alle 60 Minuten eine Verbindung zum Bahnhof Peñíscola/Benicarló.

Vinaròs

28 300 EW.

Anders als die luxusverwöhnten Nachbarn ist Vinaròs eine nicht gerade anheimelnde Arbeiterstadt. Es gibt aber trotzdem zwei lohnenswerte Ziele: den für seine *langostinos* (Königsgarnelen) berühmten, quirligen Fischerhafen und die prächtige breite, unlängst zur Fußgängerzone umgestaltete Promenade.

Gegenüber der **Iglesia Arciprestal** (Plaza del Ayuntamiento), einer schwerfälligen, festungsartigen Barockkirche mit hohem Glockenturm und reich verziertem Haupteingang, an dem Säulen wie ineinander verdrehte Zuckerstangen prangen, befindet sich die **Casa Giner** (1914), ein modernistisches Haus mit Blumenmotiven und schönen *miradores* (Erkern). Heute ist in dem Gebäude zwar ein Benetton-Laden untergebracht, aber die original erhaltenen Buntglasfenster künden davon, dass hier früher so schöne altmodische Läden wie eine *paquetería* und eine *mercería* (Kurzwaren- und Tuchhändler) ihr Zuhause hatten.

Von der Casa Giner aus führt die Fußgängerstraße Calle Mayor vorbei an der modernistischen **Markthalle** (während unserer Besuchs wurde sie gerade restauriert) zur Promenade und zu den Stränden.

Jedes Jahr feiert der Ort zwei große Feste. 40 Tage vor der entbehrungsreichen Fastenzeit tobt in der Kleinstadt so ausgelassen und heftig wie kaum irgendwo sonst in Spanien der **Karneval** – seinen Höhepunkt bilden drei Tage dauernde Umzüge und Paraden. Vom 10. bis 13. August wird mit der **Fiesta del Langostino** Vinaròs Hauptfang gefeiert; es gibt Kostproben am Strand und viel gute Unterhaltung im Freien.

Am Meer herrscht absolut kein Mangel an Lokalen: Viele haben sich auf Meeresfrüchte spezialisiert.

Nur einen *langostino*-Wurf vom Fischmarkt entfernt bietet die kleine, freundliche und ungezwungene **Bar Puerto** (☎964 45 56 72; Calle Costa Borrás 60; Gerichte 9,50–16 €, gemischte Platten 8,50–12 €) eine tolle Tapas-Auswahl sowie Fischgerichte.

Klassischer geht's in der **La Cuina** (☎964 45 47 36; Paseo Blasco Ibañez 12; Menü 18–37 €, Gerichte 14–22 €; ⏰ So abends geschl.) zu, einem von mehreren einladenden Restau-

KÖNIG DER GARNELEN

Die *langostinos* (Königsgarnelen), die es bis zum Fischgroßmarkt in Vinaròs bringen (ca. 15 t jährlich), haben einen harten, langen Weg hinter sich. Sie schlüpfen in den sandigen Flussbetten des Ebrodeltas, dessen geringer Salzgehalt im Sommer ihren Geschmack verbessert. Wenn sie ausgereift sind, verlassen sie ihre relativ komfortable Umgebung. Nun krabbeln sie ihrer Wege über felsige Landzungen und schwimmen gegen starke Strömungen sowie Wellen an. Schließlich werden sie mit dem Kescher gefangen oder gehen in ein Netz, um dann sehr heiß, entweder gebraten oder einfach gekocht, auf einem Teller zu landen.

Sie sind eine so sehr geschätzte Delikatesse – mit angeblich aphrodisierenden Eigenschaften –, dass sie zum offiziellen touristischen Markenzeichen der Stadt wurden und bald die Bezeichnung DO (Denominación de Origen) bekommen sollen, ebenso wie ein guter Wein oder Käse.

rants mit blütenweißen Tischdecken und Servietten an der Promenade. Um die Reichtümer des Mittelmeers besonders ausgiebig genießen zu können, leistet man sich am besten das sechsgängige *menú degustación* (37 €; mindestens 2 Pers.) mit Fisch und Meeresfrüchten.

Die **Touristeninformation** (☎964 45 33 34; www.turisme.vinaros.es; Plaza Jovellar 2; ⌚Di–Sa 10–14 & 17–19, So 11–14 Uhr, Okt.–Mai geschl.) liegt um die Ecke der Iglesia Arciprestal.

EL MAESTRAZGO

El Maestrazgo (auf Valencianisch El Maestrat) erstreckt sich teils im Nordwesten der Region Valencia und teils im Südosten Aragoniens. Das bergige Land ist eine ganz andere Welt als die Küste mit ihrer Fleischbeschau. Hier schmiegen sich alte *pueblos* (Dörfer) an den blanken Fels der Bergrücken. Einen dieser Orte, Sant Mateu, hat sich der Großmeister des Ritterordens von Montesa im 14. Jh. als Machtzentrum auserkoren, auf den der Name El Maestrazgo zurückgeht.

Dies ist ein großartiges wildes Wandergebiet für Individualisten. *La Tinença de Benifassà* und *Els Ports,* zwei sehr gute Wanderkarten im Maßstab 1:30 000 decken den größten Teil der Gegend ab. Man bekommt sie z. B. in der Touristeninformation in Morella.

Sant Mateu

2200 EW. / 325 M

Wo die CV132 von der N232 nach Süden abzweigt, sind es noch 5 km bis Sant Mateu, der früheren Hauptstadt des Maestrazgo. Die massiven Herrenhäuser und die reich verzierten Fassaden lassen den vergangenen Glanz des Ortes und den Reichtum aus dem Wollhandel erahnen.

An der Plaza Mayor mit ihren Säulengängen und den Terrassencafés rundherum weisen Schilder zu vier kleinen **städtischen Museen** (Erw./Kind 1,50/frei; ⌚Di–So 10–12 & 16–18 Uhr): dem **Museo Paleontológico**, dem **Museo Arciprestal** mit religiöser Kunst (in der Casa Abadía neben dem Turm der Pfarrkirche), dem **Museo les Presons** im alten Gefängnis und dem **Museo Histórico Municipal**, das seinen Eingang in der Touristeninformation hat.

Vom Dorf führen drei Rundwanderwege mit Gehzeiten zwischen 2½ und 5 Std. durch die Berge der Umgebung. In der **Touristeninformation** liegt die kostenlose Broschüre Senderos de Sant Mateu aus.

Das familiengeführte **Hotel-Restaurante La Perdi** (☎964 41 60 82; laperdicb@hotmail.com; Calle Historiador Betí 9; EZ/DZ 24/36 €), in dessen gekacheltem Essraum vergrößerte Fotos von drei Generationen hängen, ist ein richtiges Schnäppchen. Es verfügt über fünf moderne, komfortable Zimmer und ein **Restaurant** (Gerichte 6–14,40 €), in dem es ein preiswertes *menú* (9 €) gibt. Die Zimmer muss man im Voraus reservieren.

Von der Plaza Mayor weisen Schilder den Weg zur **Ermita de la Mare de Déu dels Àngels**, die sich an einen Berghang schmiegt. Mit dem Auto sind es 2,5 km, zu Fuß deutlich weniger. Bis zum Bürgerkrieg diente das Gebäude als Kloster (ein Blick in die überkandidelte Barockkapelle sollte schon sein!). Heute beherbergt es ein erstklassiges **Restaurant** (☎626 525219; Menü 21–35 €; ⌚Mi–So Mittagessen, Sa Abendessen) mit einer umwerfenden Aussicht auf die Ebene.

Die **Touristeninformation** (☎964 41 66 58; www.santmateu.com, auf Spanisch; Calle Historiador Betí 10; ⌚Di–Sa 10–14 & 16–18, So 10–14 Uhr) liegt direkt an der Plaza Mayor im **Palacio Borrull**, einem robusten Gebäude aus dem 15. Jh.

An- & Weiterreise

An Werktagen fahren Busse von **Autos Mediterráneo** (☎964 22 00 54) in folgende Orte:

Vinaròs 2,50 €, 35 Min., 4-mal tgl.

Castellón 4,80 €, 1½ Std., 3-mal tgl.

Morella 3 €, 45 Min., 2-mal tgl.

Am Samstag verkehrt ein Bus von Castellón über Sant Mateu nach Morella. Er startet auf der Plaza Llaurador, 100 m östlich vom Hotel Restaurante Montesa.

Rund um Sant Mateu

GRATIS Das **Museo de Valltorta** (☎964 76 10 25; ⌚Di–So 10–14 & 16–19 oder 17–20 Uhr) liegt 10 km südwestlich von San Mateu in Tirig. Es präsentiert Maestrazgos reiches Erbe an Felszeichnungen, die zum Unesco-Welterbe zählen. Viermal täglich starten von hier Führungen zu den Felsüberhängen und den verblichenen Malereien.

Morella

2800 EW. / 1000 M

In Morella, dem Hauptort des Maestrazgo, herrschen im Winter bitterkalte und im Sommer erfrischend kühle Temperaturen. Die etwa 2 km lange Mauer um dieses Musterbeispiel einer mittelalterlichen Festungsstadt hoch oben auf einem Berggipfel ist tollerweise noch vollständig erhalten. Es handelt sich um die alte Hauptstadt von Els Ports (Die Pässe), einer zerklüfteten Landschaft mit einigen umwerfend schönen Straßen und anspruchsvollen Radstrecken. Auch die Wandermöglichkeiten sind hervorragend.

Sehenswertes & Aktivitäten

Morella beherbergt ein verwirrendes, aber sehr hübsches Durcheinander aus dicht gedrängten, engen Straßen, Gassen und steilen Treppen. Die Hauptstraße verläuft von der Puerta San Miguel zur Puerta de los Estudios und ist gesäumt von Läden, die Produkte wie Berghonig, Parfüm, Käse, Essiggurken und Pâtés sowie Würste und Schinken verkaufen.

Burg BURG

(Erw./Kind 2/1,50 €; ⌚11–17 oder 19 Uhr) Die Festung wurde zwar übel zugerichtet, lohnt aber trotzdem den anstrengenden Aufstieg. Hier eröffnet sich ein atemberaubender Blick auf den Ort und die Landschaft. Am Fuß der Burg befinden sich die schmucklose Kirche und der Kreuzgang des **Convento de San Francisco**, das bald zu einem Hotel der *parador*-Kette umgestaltet werden soll.

Basílica de Santa María la Mayor KIRCHE

(Plaza Arciprestal; ⌚11–14 & 16–18 oder 19 Uhr) Die Südseite dieser gotischen Basilika wird von zwei mit Skulpturen geschmückten Portalen verziert. Eine reich mit Schnitzereien versehene mehrfarbige Steintreppe führt zum schön ausgearbeiteten Hochchor, auf dem Cherubim herumklettern und verstohlen auf das vergoldete Altarbild schauen. Der Kirchenschatz wird im **Museo Arciprestal** (Eintritt 1,50 €) aufbewahrt.

Museo Tiempo de Dinosaurios DINOSAURIERMUSEUM

(Erw./Kind 2/1,50 €; ⌚11–14 & 16–18 oder 19 Uhr) In diesem Museum gegenüber der Touristeninformation sind Knochen und Fossilien von Dinosauriern und ein informatives Video (auf Spanisch) zu sehen. Die abgelegenen Berge des Maestrazgo gelten schon länger als Schatztruhe für Paläontologen.

Museo del Sexenni FIESTA-MUSEUM

(Erw./Kind 2/1,50 €; ⌚Ostern–Okt. 11–14 & 16–18 Uhr) In der früheren Kirche Sant Nicolau zeigt dieses Museum Modelle, Fotos und sonstige Gegenstände, die mit dem Sexenni-Fest zu tun haben, der wichtigsten Stadtfeier.

Am Rand Morellas stößt man auf die geschwungenen Bögen eines hübschen **Aquädukts** aus dem 13. Jh.

Feste & Events

Sexenni STADTFEST

Morellas wichtigstes Fest ist der Sexenni, der seit 1673 ohne Unterbrechung alle sechs Jahre im August zu Ehren der Schutzheiligen der Stadt, der heiligen Jungfrau von Vallivana begangen wird (das nächste Mal 2012). Das Museo del Sexenni vermittelt einen guten Eindruck der Feierlichkeiten, bei denen tonnenweise Konfetti und kunstvolle Werke aus Krepppapier eine Rolle spielen.

Festival de Música Barroca MUSIK

Jedes Jahr im August findet das **Barockmusikfest** statt, in dessen Mittelpunkt die riesige Orgel der Basilika steht.

Schlafen & Essen

Hotel El Cid HOTEL €
(☎964 16 01 25; www.hotelelcidmorella.com; Puerta San Mateu 3; EZ/DZ 33/57 €;) Das Hotel liegt direkt an der Mauer. Über der Bar mit Restaurant befinden sich hübsche, moderne Zimmer (Nr. 204 und 304 haben zum selben Preis sogar einen kleinen Salon). Viele Zimmer verfügen über Balkone, die einen tollen Ausblick auf die Landschaft bieten.

Hotel del Pastor HOTEL €€
(☎964 16 10 16; www.hoteldelpastor.com; Calle San Julián 12; inkl. Frühstück EZ 48-55 €, DZ 59–73 €) Auf vier Etagen verteilen sich insgesamt zwölf Zimmer. Leider gibt's keinen Fahrstuhl, doch das ist der einzige Mangel dieser attraktiven Unterkunft. Die Räume sind im traditionellen Stil in warmen Ockertönen und mit viel poliertem Holz eingerichtet und haben Bäder mit Marmorwaschtischen, Wannen und großen Spiegeln.

Daluan MODERNE FUSIONSKÜCHE €€
(964 16 00 71; www.daluan.es, auf Spanisch; Callejón Cárcel 4; Gerichte 12–15 €; Mittagsmenüs 14 €, Menüs 26–30 €; So–Mi Mittagessen, Fr & Sa Mittag- & Abendessen) Avelino Ramón und seine Frau Jovita leiten das kleine, aber angenehm moderne Daluan. Auf der Terrasse neben einer ruhigen Allee kann man prima entspannen. Der Service ist freundlich und die saisonale Karte sehr kreativ. Im Sommer gibt's ein hervorragendes Tapas-Menü mit zwölf Gängen für 25 €.

Restaurante Casa Roque BERGKÜCHE €€
(☎964 16 03 36; Cuesta San Juan 1; Gerichte 22–28 €; Di–Sa Mittag- & Abendessen, So Mittagessen) Zu dem Angebot dieses Herrenhauses aus dem 17. Jh. gehören an Werktagen ein preiswertes Tagesmenü (11 €) und Bergmenüs (22 und 28 €). Es gibt z. B. *conejo al Maestrazgo con caracoles* (Kaninchen mit Schnecken in einer Kräutersauce).

Casa Masoveret GOURMETKÜCHE €
(www.casamasoveret.com, auf Spanisch; Segura Barreda 9) In dem außergewöhnlich freundlichen Haus kann man es sich auf einer hölzernen Bank bequem machen, ein gutes Glas Wein trinken und Tapas mit Bergkäse und Schinken oder üppige *bocadillos* genießen. Auf den Regalen laden leckere Gourmet-Erzeugnisse zum Kauf ein.

Mesón del Pastor BERGKÜCHE €€
(☎964 16 02 49; www.hoteldelpastor.com, auf Spanisch; Cuesta Jovaní 5-7; Gerichte 7–14 €, Menü 14–24 €; Do–Di Mittagessen, Sa Abendessen) Im Speisesaal, der mit den Trophäen und Urkunden des Restaurants geschmückt ist, dreht sich alles um deftige Bergküche. Hier gibt's nahrhafte Suppen im Winter, Kaninchen, saftige Würste, Rebhuhn sowie Wildschwein und Ziege.

Praktische Informationen

Die **Touristeninformation** (☎964 17 30 32; www.morella.net; Plaza San Miguel 3; April–Okt. Mo–Sa 10–14 & 16–18 oder 19, So 10–14 Uhr, Nov.–März Mo geschl.) liegt gleich hinter den Torres de San Miguel, zwei Türmen aus dem 14. Jh., die das Haupttor flankieren.

An- & Weiterreise

Morella erreicht man am besten über Castellón, das eine gute Bahnanbindung hat. An Wochentagen fahren zwei Busse und am Samstag ein Bus von **Autos Mediterráneo** (☎964 22 00 54) zum Bahnhof von Castellón (9 €, 2¼ Std.).

Vilafranca

2600 EW.

Vilafranca wurde genau wie das 36 km entfernte Morella durch Geschäfte mit Wolle reich. Heute weiden hier zwar nicht mehr ganz so viele Schafe, doch geschätzte 1000 km Trockenmauern durchziehen das Land noch und erinnern an diese Vergangenheit. Die Nutzung der Steine für Mauern, Schafpferche, Hütten und Häuser wird im hervorragenden **Museo de Pedra en Sec** (Trockensteinmuseum; ☎964 44 14 32; Do–Sa 10–13.30 & 16–19, So 10.30–13.30 Uhr) illustriert. Die Texte gibt's zwar nur auf Valencianisch, aber das Museum ist eine eher visuelle Angelegenheit.

Die Schlüssel zum Museum bekommt man in der Touristeninformation. Nach der Besichtigung kann man das Erlebte bei einem von drei Spaziergängen durch die Gegend festigen, begleitet von einem Audioguide in englischer Sprache, der ebenfalls in der Touristeninformation angeboten wird.

COSTA BLANCA

Die langgezogene Costa Blanca (Weiße Küste) gehört zu den meistbesuchten Gegenden Europas. Wer sich im Hochsommer nach einem abgeschiedenen Strand sehnt, ist hier fehl am Platz. Zu dieser Zeit fährt man besser ins Inland, um traditionelle Dörfer oder Kleinstädte zu entdecken, in die sich kaum mal ein Tourist verirrt.

In der Gegend gibt's aber nicht nur Beton und Pauschaltourismus. Die ursprünglichen Fischerdörfer sind zwar schon längst von den ausufernden Feriensiedlungen eingeschlossen, doch ein paar alte Ortskerne haben überlebt, beispielsweise in Xàbia (Jávea) und Altea.

Ohne Reservierung kann es schwierig sein, im Juli und August eine Unterkunft zu ergattern. Was außerhalb der Saison noch geöffnet hat, ist dann meist deutlich günstiger als im Hochsommer.

Viele Busse zwischen Valencia und Alicante verkehren auf der Autobahn und halten nur in Benidorm. Ein paar fahren aber auch andere Küstenorte auf dem Weg an. Eine hübsche neue Straßenbahn pendelt auf der reizvollen Strecke zwischen Alicante und Benidorm, von wo aus eine Schmalspurbahn gen Norden bis Denia fährt. Beide steuern alle *pueblos* auf der Strecke an. Die Züge der staatlichen Gesellschaft Renfe verbinden Valencia mit Gandia.

Gandia

80 000 EW.

Gandia, 67 km südlich von Valencia, gibt's im Prinzip gleich zweimal. In der eigentlichen Stadt, heute ein blühendes Handelszentrum, war früher ein Zweig des Adelsgeschlechts der Borja zu Hause, besser bekannt unter dem italienischen Namen Borgia, mit dem die Familie zweifelhaften Ruhm erlangte.

Sehenswertes & Aktivitäten

Palacio Ducal de los Borja PALAST

(www.palauducal.com; Calle Duc Alfons el Vell 1; Führungen Erw./Kind 6/5 €; Mo–Sa 10–13.30 & 16–19.30 Uhr) In Gandias prächtigem Palast war im 15. Jh. der Duque Francisco de Borja zu Hause. Zu den Höhepunkten gehören die schön gestaltete Kassettendecke und die vielen Keramiken. Auch der lebendige Fußboden mit der Weltkarte ist sehenswert. Etwa jede halbe Stunde gibt's eine einstündige spanische Führung (auf Wunsch mit einem Merkblatt auf Englisch).

Playa de Gandia STRAND

4 km entfernt liegt an der Küste die Playa de Gandia mit ihrem langen, breiten Strand aus feinstem Sand, der täglich von einer ganzen Traktorflotte präpariert wird. Vor allem bei Spaniern ist Gandia als Urlaubsort angesagt. Im Sommer und am Wochenende tobt hier nachts das pralle Leben.

Schlafen & Essen

Hotel Riviera HOTEL €€

(96 284 50 42; www.hotelesrh.com; Paseo Neptuno 28; Zi. inkl. HP pro Pers. 39–90 €;) In diesem großen Hotel am Strand mit 72 Zimmern bucht man am besten Halbpension. Das Haus wurde im Verlauf der Jahre rundum renoviert und für 5,50 € Aufschlag pro Person bekommt man eines der acht Zimmer mit Meerblick.

Hostal El Nido HOSTAL €€

(96 284 46 40; www.hostalelnido.com, auf Spanisch; Calle Alcoy 22; EZ 35–50 €, DZ 45–69 €;) Die zehn Zimmer des Nido sind im Sommer mit Standventilatoren ausgestattet und genauso fröhlich wie die Besitzer dieses bescheidenen Hauses, das einen Häuserblock vom Strand entfernt liegt. Von Juni bis September gibt's hier auch eine kleine Bar für die Gäste.

Am Paseo Marítimo Neptuno stößt man auf jede Menge Restaurants. Gute Anlaufstellen sind auch das westliche Hafenende und die Calle Verge.

Restaurante Emilio TRADITIONELL €€

(96 284 07 61; www.restauranteemilio.es, auf Spanisch; Bloque F-5, Avenida Vicente Calderón; Gerichte 15–22 €; Mi geschl. außer Juli–Mitte Sept.) Emilio, seine Frau und ihre drei gemeinsamen Kinder haben zwar schon einen ganzen Schrank voller Auszeichnungen für die leckeren Gerichte eingeheimst, aber trotzdem bewahren sie in ihrem traditionell eingerichteten Restaurant hinter dem Strand eine familiäre Atmosphäre. Und das Essen ist wirklich sehr lecker.

Arrop GOURMETKÜCHE €€€

(96 295 07 68; www.arrop.com, auf Spanisch; Calle Sant Joan de Ribera 20; Menü 20–45 €, Gerichte 26–30 €; So & Di abends geschl.) Einfach toll! Wir empfehlen vor allem das *menú Ricard Camarena'* (69 €); dabei überlässt man die Entscheidungen dem Küchenchef Ricard Camarena und genießt seinen aufregenden, innovativen Umgang mit der traditionellen valencianischen Küche.

Ausgehen

Im Sommer und am Wochenende sind die Nächte in Playa de Gandia lang. Bars scharen sich um die Plaza del Castell, kaum 300 m vom Strand entfernt. Wenn sie dichtmachen, geht's weiter in eine der bis morgens geöffneten Diskos, z. B. ins **Bacarrá** (Calle Legazpi 7) zwei Häuserblocks weiter oder ins **La Diva** (Cami Vell de Valencia).

Praktische Informationen

Playa-de-Gandia-Touristeninformation (☎96 284 24 07; www.gandiaturismo.com; Paseo de Neptuna 45; ⌚Mo–Fr 9.30–14 & 16–19.30, Sa & So 9.30–13.30 Uhr)

Städtische Touristeninformation (☎96 287 77 88; ⌚gleiche Öffnungszeiten) Gegenüber dem Bahnhof/Busbahnhof.

Anreise & Unterwegs vor Ort

Zwischen Gandia und Valencia (4,40 €, 1 Std.) verkehrt alle halbe Stunde ein Zug (an den Wochenenden jede Stunde). Der Bahnhof und der Busbahnhof liegen gegenüber der Touristeninformation in Gandia. Von hier fahren alle 20 Minuten Busse des Unternehmens La Marina Gandiense zur Playa de Gandia.

Denia

44 500 EW.

Denia gilt als bedeutendster Passagierhafen der Comunidad Valenciana. Von hier ist die Seeüberfahrt zu den Balearen die kürzeste. Die Sandstrände bei La Marina im Norden sind sehr schön und auf der anderen Seite der Stadt bietet die zerklüftete Küste von Las Rotas Felsbuchten, an denen weniger Andrang herrscht.

Sehenswertes & Aktivitäten

Burg AUSSICHT

(Eintritt frei; ⌚10–13.30 & 17 Uhr–Dämmerung) Von der Plaza de la Constitución führen Treppenstufen zu den Ruinen der Burg, wo man einen herrlichen Rundblick auf die Stadt und die Küste genießen kann.

Mundo Marino BOOTSFAHRTEN

(www.mundomarino.es) Die Meeresbrise spüren kann man bei den **Bootsfahrten** (Hin- & Rückfahrt Erw./Kind 15/7,50 €; 45 Min.) nach Xàbia. Einige führen weiter bis Calpe (30/15 €) und Altea (35/17,50 €).

Tururac OUTDOOR-AKTIVITÄTEN

(www.tururac.com; Plaza Oculista Buigues 2) Wer selbst aktiv werden will, sollte diesen Laden 50 m von der Touristeninformation ansteuern: Hier werden beispielsweise Höhlenwandern, Canyoning und Mountainbiketouren organisiert.

Die Umrundung des Parc Natural del Montgó kann man auch auf eigene Faust unternehmen. Mit dem Fahrrad geht's auf einer 26 km langen ausgeschilderten Strecke über verkehrsfreie Wege von Denia nach Xàbia. Zurück nach Denia kommt man mit dem Boot von Mundo Marino.

Schlafen

LP TIPP **Hotel Chamarel** BOUTIQUE-HOTEL €€

(☎96 643 50 07; www.hotelchamarel.com; Calle Cavallers 13; EZ/DZ inkl. Frühstück ab 75/85 €; ❄📶) Das hübsche Hotel, das ein erfahrenes Traveller-Paar geschmackvoll in zeitgemäßem Stil möbliert hat, ist in einer attraktiven Bürgervilla aus dem 19. Jh. untergebracht. Rund um den ruhigen, schön bepflanzten Innenhof verteilen sich 15 Zimmer. Entspannung bietet auch der große Salon mit seiner tollen Marmortheke. Alles zusammen wirkt wie eine Art Galerie für die Werke des Künstlers und Besitzers Mila Vidallach, dessen Leinwandgemälde die Zimmer und Gemeinschaftsräume schmücken. Man sollte sich Zimmer 201 unter dem Dachsims geben lassen: Es verströmt eine orientalische Atmosphäre und eine positive Feng-Shui-Aura. Parken kostet 12 €.

Posada del Mar HOTEL €€€

(☎96 643 29 66; www.laposadadelmar.com; Plaza Drassanes 2; EZ/DZ inkl. Frühstück ab 110/120 €; P❄@📶) Die behutsam restaurierte Posade del Mar befindet sich in einem Gebäude aus dem 13. Jh., das zuletzt als Zollhaus diente. Alle 25 Zimmer sind individuell nach einem Thema aus der Seefahrt gestaltet und durch die großen Fenster zum Hafen hin strömt viel Licht herein. Für einen Parkplatz zahlt man 16 €.

Costa Blanca HOTEL €€

(☎96 578 03 36; www.hotelcostablanca.com, auf Spanisch; Calle Pintor Llorens 3; EZ/DZ ab 42/59 €; ❄@📶) Diese Unterkunft in Bahnhofsnähe bietet viel fürs Geld, außer im Hochsommer, wenn die Preise auf 92 € steigen. Die Zimmer sind komfortabel und gemütlich eingerichtet, es gibt eine kleine, gut sortierte Bar und der Hafen ist nur einen Katzensprung entfernt.

Essen

An der Explanada Cervantes, der Calle Bellavista und der Calle Port am Hafen sowie an deren Fortsetzung Plaza del Raset tummeln sich verlockende Restaurants für jeden Geldbeutel. Viele waren anfänglich einfache Kneipen für die Fischer des alten Markts an der anderen Straßenseite. Die Fußgängerstraße Calle Lepanto, die sich vom Hotel Chamarel Richtung Westen erstreckt, ist von einladenden Bars gesäumt.

Sal de Mar GOURMETKÜCHE €€

(☎96 642 77 66; Menü 20–40 €, Gerichte 17–23 €; ⌚Mi–Mo) Das von Chefkoch Federico

Guajardo geleitete Restaurant des Hotels Posada del Mar ist immer eine gute Wahl – ganz gleich, ob man klassisch diniert oder einfache Tapas wählt, ob man im intimen Innenraum isst oder im Sommer draußen auf der Terrasse speist.

El Raset REISGERICHTE, FISCH €€
(☎96 578 50 40; Calle Bellavista 7; Menü 22 €, Gerichte 17–24 €) Gäste können auf der großen Terrasse essen oder in den kühlen, klimatisierten Räumen. Das Raset ist vor allem für seine Reisgerichte bekannt. Sein hervorragendes viergängiges Mittagsmenü beinhaltet als Vorspeise verschiedene Tapas, z. B. mit Meeresfrüchten gefüllte Baby-Cannelloni. Die Speisen werden ansprechend präsentiert, darüber hinaus ist der Service sehr gut.

Asador del Puerto GRILLGERICHTE €€
(☎96 642 34 82; Plaza del Raset 10–11; Menü 27–38,50 €, Gerichte 19–24 €) In diesem Lokal liegt der Schwerpunkt auf Fleisch aus dem Holzkohleofen und Fischgerichten. Unser Tipp: Das *cochinillo* (Spanferkel; 23,50 €) ist außen knusprig und innen saftig, also genau so, wie es sein sollte.

Praktische Informationen

Die **Touristeninformation** (☎96 642 23 67; www.denia.net; Calle Manuel Lattur 1; ⌚9.30–14 & 17–20 Uhr) befindet sich in der Nähe von Bahnhof und Fährhafen.

An- & Weiterreise

Einmal pro Stunde fahren Züge auf der landschaftlich reizvollen Strecke Richtung Süden nach Benidorm (3,30 € 1¼ Std.), wo Anschluss an die Straßenbahn nach Alicante besteht.

Balearia Lines (☎902 160180; www.balearia.com) bietet Fährverbindungen nach Mallorca und Ibiza.

Xàbia

31 600 EW.

Ein Drittel der Stadtbevölkerung von Xàbia (auf Spanisch Jávea) und über zwei Drittel der Besucher sind Ausländer. Hier scheint in jedem zweiten Laden ein Immobilienmakler zu sitzen. Wer Einheimische kennenlernen will, wird es schwer haben. Andererseits ist der nette, familienfreundliche Ort zu Beginn der Saison durchaus eine Reise wert, dann, wenn die Sonne schon scheint, aber die Massen noch nicht eingefallen sind.

Es gibt drei ganz unterschiedliche Stadtteile: die kleine Altstadt, etwa 2 km vom Meer entfernt, den Hafen (El Puerto) östlich davon und das Strandviertel El Arenal, ein paar Kilometer südlich des Hafens. Noch weiter im Süden bietet der Cabo de La Nao einen atemberaubenden Ausblick auf das Meer.

Aktivitäten

Neben dem Besuch des breiten Strands von El Arenal lohnt die Altstadt einen Streifzug. Die Touristeninformation hat ein Paket mit dem Titel *Xàbia: Nature Areas Network* herausgegeben, das aus fünf Broschüren besteht. Jede beschreibt eine markierte Wanderroute in der Gegend, darunter eine auf den Montgó, den zerklüfteten Berg unweit der Stadt. Das ganze Jahr über bietet die Touristeninformation mindestens zweimal wöchentlich kostenlose geführte Spaziergänge an, Details dazu stehen in ihrem Faltblatt *Rutas Senderismo*.

Schlafen

Hotel Miramar HOTEL €€
(☎/Fax 96 579 01 02; www.hotelmiramar.com.es; Plaza Almirante Bastarreche 12; EZ 30–40 €, DZ 55–70 €; ❄📶) Das beeindruckende Gebäude am Hafen sieht aus, als falle es gleich ins Meer. Es verfügt über 26 gemütliche Zimmer, acht davon haben Balkone. Für Zimmer mit Blick auf die Bucht werden 10 bis 15 € mehr verlangt. Zu dem familiengeführten Hotel gehören auch eine Bar und ein Restaurant.

Pensión la Marina PENSIÓN €
(☎96 579 31 39; www.lamarinapension.com; Av Marina Española 8; Zi 40–60 €; 📶) Ein kleines, von einem Engländer geführtes Haus mit acht Zimmern und einigen Familienapartments, alle mit Deckenventilatoren. Pluspunkte gibt's für die Lage direkt neben der Fußgängerpromenade. Zum Abendessen braucht man nur in das Restaurant im Erdgeschoss zu gehen, das leckere mediterrane Gerichte serviert; Pensionsgäste erhalten 20 % Rabatt.

Parador de Jávea PARADOR €€€
(☎96 579 02 00; www.paradores.es; Avenida del Mediterráneo 233; DZ 113–206 €) Zwar ist dieser schachtelförmige, früher mal moderne *parador* nicht wirklich aufregend, dafür befindet er sich aber in herrlicher Lage auf einer Landzunge mit Blick auf die Bucht von El Arenal. Er bietet den Komfort, den man bei so einer Unterkunft erwartet.

Essen & Ausgehen

In der Altstadt gibt's ein paar verlockende Tapas-Bars. Restaurants und Bars säumen die Avenida de la Marina Española, die autofreie Promenade südlich vom Hafen. Am Paseo Marítimo beim Strand von El Arenal drängen sich die Cafés und Restaurants dicht an dicht.

Amarre 152 MODERNE SPANISCHE KÜCHE €€
(☎96 579 06 29; Port de la Fontana; Mahlzeiten ca. 30 €) Dieses wunderbare Juwel wartet mit einer Designerausstattung und einer kleinen Terrasse auf und liegt in der Nähe des Ankerplatzes 152. Hier bekommt man köstliche Reisgerichte und superfrischen Fisch.

El Posito MEDITERRAN €€
(☎96 579 30 63; Plaza Almirante Bastarreche 11; Menü 14 €, Mahlzeiten ca. 25 €) Früher war das hübsche blau-weiße Gebäude mit seiner ungewöhnlich breiten Terrasse, in dem sich auch eine Touristeninformation befindet, das Zentrum des sozialen Lebens der Fischer. Es gibt ein breites Angebot an Tapas und Sandwiches, das Menü ist ausgesprochen preiswert, außerdem kann man hier ganz entspannt etwas trinken.

Bar Imperial TAPAS
(☎96 646 11 81; Plaza de Baix 2) Die stimmungsvolle Bar in der Altstadt lohnt einen Besuch; hier gibt's Tapas und komplette Mahlzeiten.

La Rebotica TAPAS
(☎96 646 13 18; Calle San Bartolomeo 6) Im La Rebotica kann man ebenfalls entweder eine ganze Mahlzeit verputzen oder sich an Tapas gütlich tun.

Temptacions TAPAS €
(☎96 579 29 20; Plaza de la Iglesia 10) Für das gemütliche und einladende Lokal, das sich für Tapas oder einen Drink anbietet, wurden zwei alte Häuser umgewandelt (zwei Türbögen sind noch erhalten).

El Tropezón Valencian REGIONALE KÜCHE €€
(☎96 579 13 16; Calle Tossal de Dalt 3) Das relativ neue Restaurant befindet sich in einem typischen restaurierten Stadthaus und hat sich auf regionale Küche spezialisiert. Dank seiner Steinmauern und Balken wirkt der rechteckige Raum sehr gemütlich.

Praktische Informationen

Connections (Calle Cristo del Mar 29, El Puerto; 2,50 €/Std.; ⌚Mo–Sa 9.30–14 & 7–19 Uhr) Internetzugang.

Touristeninformationen (www.xabia.org; ⌚Mo–Fr 9–13.30 & 16–19.30 oder 16.30–20, Sa 10–13.30 Uhr) El Arenal (☎96 646 06 05; Carretera Cabo de la Nao); Altstadt (☎96 579 43 56; Plaza de la Iglesia); Hafen (☎96 579 07 36; Plaza Almirante Bastareche 11; ⌚auch Sa nachmittags & So vormittags)

Anreise & Unterwegs vor Ort

Jeden Tag fahren mindestens sechs Busse nach Valencia (10 €) und Alicante (8,50 €). Die Haltestelle liegt an der Avenida Óndara, die von der Rotonda del Olivo abzweigt; in ihrer Mitte steht ein Olivenbaum.

Xàbia's Bike Centre (☎96 646 11 50; www.xabiabike.com; Avenida Lepanto 21; pro Tag/Woche 7/42 €) vermietet im Hafenviertel Fahrräder.

Calpe

29 650 EW.

Der Peñon de Ifach, der wie ein riesiger Backenzahn aus dem Meer ragt, beherrscht das Seebad Calpe (auf Valencianisch Calp). An beiden Seiten erstrecken sich große Buchten: Hinter der Playa Arenal an der Südflanke liegt die Altstadt, während sich die Neubaugebiete an der Playa Levante im Norden befinden.

Ein ziemlich anstrengender Wanderweg führt von der **Aula de Naturaleza** (Naturzentrum) hinauf zum 332 m hohen Gipfel des Peñon. Hin und zurück benötigt man etwa 2½ Std. Am Ende der Strecke winkt hinter einem finsteren Tunnel ein fantastischer Blick aufs Meer. Im Juli und August dürfen Wanderer nur alle 20 Minuten in Zwanziger-Gruppen starten, deshalb sollte man besser eine kurze Wartezeit einplanen.

Schlafen

Hostal Terra de Mar BOUTIQUE-HOSTAL €€
(☎629 665124; www.hostalterrademar.com, auf Spanisch; Calle Paternina 31; EZ/DZ inkl. Frühstück 70/95 €; ❄) Besucher werden von einem riesigen Wandgemälde begrüßt und auf dem Tresen der Rezeption dieser stilvollen Unterkunft stehen immer frische Blumen. Jedes Stockwerk ist individuell gestylt: Man braucht nur die Treppe hochzugehen, um von Japan nach Marokko, Afrika oder Paris zu reisen. Es gibt zwölf Zimmer und der Nebensaisontarif (Okt.–Mai EZ/DZ mit Frühstück 35/55 €) ist ein Schnäppchen.

Hotel Esmeralda HOTEL €€
(☎96 583 61 01; www.rocaesmeralda.com; Calle Ponent 1; Zi. 84–195 €; ❄@🛜🏊) Am nördli-

chen Rand der Playa Levante liegt das riesige Esmeralda, das fast als Freizeitpark durchgehen könnte und vor allem Familien mit Kindern begeistert wird. Es verfügt über drei Pools und ein beheiztes Hallenbad sowie einen Fitnessraum, zwei Restaurants und ein Café.

Pensión Centrica BUDGETUNTERKUNFT €
(☎96 583 55 28; mjpiffet@hotmail.com; Plaza de Ifach 5; EZ/DZ 13/28 €) Dieses einladende, von Franzosen geführte Haus direkt an der Avenida Gabriel Miró hat 13 gepflegte Zimmer mit Deckenventilatoren, Bäder auf dem Flur und einen Leguan als Haustier. Hier herrscht eine wunderbar herzliche Atmosphäre und die Gäste können den Kühlschrank, die Mikrowelle und den Herd mitbenutzen.

Essen

Rund um die Plaza de la Constitución und an der Hauptstraße Avenida de Gabriel Miró stößt man auf eine ganze Reihe von Restaurants und Bars. Am Hafen befinden sich wunderbare Fischlokale.

Los Zapatos MODERNE EUROPÄISCHE KÜCHE €
(☎96 583 15 07; www.restauranteloszapatos.com; Calle Santa María 7; Menü 16 €, Gerichte 14,50–23 €; ⊙Do–Mo) Das empfehlenswerte Restaurant in deutscher Hand verfügt über eine kleine Spezialitätenkarte und eine erlesene Weinkarte mit vorwiegend spanischen Sorten. Zur Jagdsaison lockt das *menú caza y pescado* (Wild- und Fischmenü) mit Wildschwein und Fisch des Tages.

La Cambra SPANISCH €
(☎96 583 06 05; Calle Delfín 2; Gerichte 15–21 €; ⊙Mo–Do Mittagessen, Fr & Sa Mittag- & Abendessen) Das ganz in altem Holz und Kacheln gehaltene, traditionelle La Cambra hat sich auf Reisgerichte spezialisiert (ca. 12 €) und bietet eine große Auswahl an baskischen und valencianischen Gerichten.

Praktische Informationen

Librería Europa (www.libreria-europa-calpe.com; Calle Oscar Esplá 2) Literatur in europäischen Sprachen.

Touristeninformation (☎96 583 85 32; www.calpe.es; Plaza del Mosquit; ⊙Mo–Fr 9–14.30 & 16–19.30, Sa 10–13.30 Uhr) In der Altstadt.

An- & Weiterreise

BUS Es gibt Verbindungen nach Alicante (6,50 €, 1½ Std., 9-mal tgl.) und Valencia (12 €, 3½ Std., 6-mal tgl.). Der **Busbahnhof** (Avenida de la Generalitat Valenciana) liegt in der Nähe der Ringstraße.

ZUG Jede Stunde fahren Schmalspurbahnen Richtung Norden nach Denia (2,25 €, 40 Min.) und Richtung Süden nach Benidorm (2 €, 30 Min.), wo Anschluss an die Straßenbahn nach Alicante besteht.

Altea

11 900 EW.

Zwar trennt Altea und Benidorm nur die Sierra Helada, die sich wie ein breiter Keil zwischen beide Orte schiebt, aber trotzdem liegen Welten dazwischen. Im ruhigeren Altea gibt's vor allem Kiesel- und Felsstrände. Der moderne Stadtteil, der sich entlang der Küste erstreckt, erscheint wie ein durchschnittlicher Küstenferienort. Die Altstadt hingegen, die mit ihren weißgekalkten Häusern droben auf der Anhöhe zum Meer hinabschaut, gilt als hübschestes *pueblo* in der ganzen Comunidad Valenciana.

Das **Aparthotel & Restaurante Venus Albir** (☎96 686 48 20; www.venusalbir.com; Plaza Venus, Albir-Alfaz del Pi; DZ 47–90 €, 3BZ 63–120 €; ❄📶🏊) in Albir, das südlich an Altea anschließt, ist ein besonders umweltfreundliches Hotel. Es hat 24 komfortable, mit Miniküche, Bad und Balkon ausgestattete Apartments. Hier kann man verschiedenen Aktivitäten nachgehen. Im **Restaurant** (Gerichte 13,50–23 €) stammen alle Zutaten aus biologischem Anbau. Es bietet ein absolut hochwertiges viergängiges Mittagsmenü (14,50 € inkl. ein paar Gläsern Wein) und der kleine Laden verkauft organische Produkte, die in der Küche verarbeitet werden.

Rund um die Plaza de la Iglesia in Alteas Altstadt, ganz besonders entlang der Calle Mayor, stößt man auf niedliche Restaurants, von denen viele außerhalb der Hauptsaison nur abends geöffnet haben.

Die **Touristeninformation** (☎96 584 41 14; Calle San Pedro 9; ⊙Mo–Fr 10–14 & 17–19.30 oder 20, Sa 10–13 Uhr) befindet sich am Strand.

Benidorm

73 950 EW.

Über Benidorm kann man leicht die Nase rümpfen, denn es wird von Pauschaltouristen geradezu überrannt. Dennoch hat sich die Stadt, der in so vielen Sommernächten von lärmenden Zeitgenossen aus nördlicheren Gefilden so übel mitgespielt wird, eine gewisse Würde bewahrt. Besonders toll ist die vorgelagerte Küste: Die Zwillingsstrände Playa del Levante und die längere Playa del Poniente treffen unterhalb der Plaza del Castillo zusammen. Dort stößt das Land wie ein Schiffsbug in die Bucht hinein.

Im Winter hat die Hälfte der Besucher 60 Lenze bereits überschritten; viele von ihnen kommen aus Mittel- und Nordeuropa. Im Sommer zieht Benidorm Menschen jeden Alters an.

Sehenswertes & Aktivitäten

Terra Mítica THEMENPARK
(Mythical Land; www.terramiticapark.com; Erw./Kind 35/26,50 €; ⌚Mitte März–Sept. 10–mindestens 20 Uhr) Spaniens größter Freizeitpark ist die Antwort der Costa Blanca auf Disneyland. Wer Kinder hat, kann sich hier einen schönen Tag machen. Es gibt jede Menge furchterregende Fahrgeschäfte sowie Straßenanimation, und einzelne Bereiche sind auf die alten Ägypter, Griechen, Römer, Iberer und die spanischen Inseln zugeschnitten. Außerhalb der Hauptsaison sollte man sich vorher über die Öffnungszeiten informieren.

Terra Natura & Aqua Natura THEMENPARK
(www.terranatura.com; Erw./Kind 25/20 €; ⌚10 Uhr–Dämmerung) In diesem Themenpark leben über 1500 Tiere in Gehegen, die ihrer natürlichen Umgebung nachempfunden sind. Außerdem gibt's hier einen tollen **Wasserpark** (⌚Juni–Mitte Sept.; Aufschlag 6 €), in dem ganz Mutige die Gelegenheit haben, neben (kleinen und gutmütigen) Haien zu schwimmen!

Aqualandia WASSERPARK
(www.aqualandia.net, auf Spanisch; Erw./Kind 27/20 €; ⌚Mitte Mai–Mitte. Okt. 10 Uhr–Dämmerung) Dies ist der größte Wasserpark Europas. Gleich daneben liegt das **Mundomar** (☎96 586 01 00; www.mundomar.es, auf Spanisch; Erw./Kind 24/18 €; ⌚10 Uhr–Dämmerung), ein Zoo für Meeresbewohner und exotische Tiere. Er beherbergt Papageien, Delphine, Seelöwen und Fledermäuse. In den beiden Einrichtungen (Kombiticket Erw./Kind 35/25 €) kann man locker je einen Tag verbringen.

Excursiones Marítimas Benidorm BOOTSTOUREN
(www.excursionesmaritimasbenidorm.es, auf Spanisch) Hat stündliche Bootsfahrten (Erw./Kind hin & zurück 12,50/10 €) zur Isla de Benidorm, aber auch eine Kreuzfahrt nach Calpe (20/13 €) und einen netten Tagesausflug zur Insel Tabarca (s. S. 618; 25/16 €) im Angebot.

DIE SCHOKOLADENFABRIK

Auch wenn man nicht Charlie heißt und keine zwölf Jahre mehr alt ist, dürfte eine Führung durch das **Museo de Chocolate** (Schokoladenmuseum; www.valor.es; Calle Pianista Gonzalo Soriano 13; Eintritt frei; ⌚Mo–Fr 10–13 & 16–19, So 10–13 Uhr) in Villajoyosa, 14 km südlich von Benidorm, äußerst vergnüglich sein. Das Aushängeschild von Valor, der größten Schokoladenfabrik Spaniens, präsentiert alles rund um Kakao, Schokolade und den Prozess der Schokoladenherstellung sowie eine ganze Galerie voller Schokoladenskulpturen. Die Führung beinhaltet auch einen Besuch der Fabrik und des Ladens, wo man schon sehr willensstark sein muss, um den süßen Versuchungen zu widerstehen. Führungen beginnen zu jeder vollen Stunde.

Sierra Helada KÜSTENWANDERUNGEN
Wem die Hektik in Benidorm aufs Gemüt schlägt, der kann sich bei der Touristeninformation die kostenlose Broschüre *Routes Across Sierra Helada* mit Wanderwegen in der Sierra Helada holen und in den Bergen gleich nördlich von Rincón de Loix einen wunderbaren Blick auf die Bucht genießen.

Schlafen

LP TIPP **Villa Venecia** BOUTIQUE-HOTEL €€€
(☎96 585 54 66; www.hotelvillavenecia.com; Plaza San Jaime 1; Zi ab 185 €; ❄📶🏊) Hoch oben gegenüber der Kirche der Altstadt schaut dieses herrliche neue Fünf-Sterne-Hotel hinab auf die überfüllten Strände. Jedes der 25 Zimmer hat Meerblick, eine supermoderne Badewanne, tolle Duschen, große Flachbildfernseher und eine Kaffeemaschine vom Feinsten. Wenn man – vielleicht nach einem Besuch im Spa – neben dem kleinen Pool auf dem Dach relaxt, scheint Benidorm Welten entfernt zu sein. Die Bar und das hervorragende Restaurant Llum de Mar sind auch für Nichtgäste zugänglich.

Hotel La Santa Faç HOTEL €€
(☎96 585 40 63; www.santafazhotel.com, auf Spanisch; Calle Santa Faç 18; EZ 35–50 €, DZ 55–85 €; ⌚Mai–Okt.; ❄📶) Dieses alteingesesse-

PREISNACHLASS AUF UNTERKÜNFTE

Fast jeder Urlauber hier hat eine Pauschalangebot gebucht. Für Individualreisende kann die Übernachtung in Benidorm deshalb teuer werden. Deutlich billiger kommt man oft mit einer Online-Reservierung über **Benidorm Spotlight** (www.benidorm-spotlight.com) weg.

ne Hotel, das sich in der Altstadt zwischen zwei Straßen zwängt, verströmt eine freundliche Atmossphäre. Zu jedem Zimmer gehört ein Balkon, außerdem gibt's eine gut sortierte Bar mit Billiardtisch.

Hotel Colón HOTEL €€
(☎96 585 04 12; www.hotelcolon.net; Paseo de Colón 3; EZ 43–69 €, DZ 55–96 €; ⌚April–Okt.; ❄📶) Günstig am Schnittpunkt von Altstadt und Playa del Poniente gelegen. Hier stimmt auch außerhalb der Hochsaison das Preis-Leistungs-Verhältnis. Halbpension kostet nur 4 € mehr als eine Übernachtung mit Frühstück, allerdings sollte man keine allzu hohen Ansprüche an die Küche stellen. Die Zimmer nach Westen bieten einen tollen Blick auf die Playa del Poniente.

Hotel Iris BUDGETUNTERKUNFT €
(☎96 586 52 51; www.iris-hotel.net; Calle Palma 47; EZ 25–50 €, DZ 25–65 €; ❄@📶) Eine sympathische Budgetunterkunft in einer relativ ruhigen Straße. Fast alle Zimmer besitzen einen kleinen Balkon und die Zimmer ohne Klimaanlage haben Ventilatoren. Im Erdgeschoss gibt's eine gemütliche Bar mit Internetterminal. Während des Stadtfests übernachtet hier übrigens immer der Bürgermeister von Benidorm!

Gran Hotel Bali HOTEL €€
(☎96 681 52 00; www.granhotelbali.com; Calle Luis Prendes; Zi. inkl. HP pro Pers. 46,50–95 €; ❄@📶🏊) Europas höchstes Hotel: Der riesige Komplex ist 186 m hoch und spaltet den Himmel wie ein enormes Silbermesser. Seine Größe ist zwar nicht jedermanns Geschmack, aber immerhin in vielfacher Hinsicht rekordverdächtig. Es gibt 23 Aufzüge, 776 Zimmer für bis zu 1000 Gäste und zwei Restaurants.

Essen

Die Calle Santo Domingo, vor allem in Richtung Plaza de la Constitución, bietet in Benidorm die größte Dichte an Restaurants mit Tapas-Bars, die leckere spanische Gerichte servieren.

LP TIPP **La Cava Aragonesa** TAPAS-BAR €
(Plaza de la Constitución) An der Theke liegt eine wundervolle Auswahl an Tapas, Kanapees und 20 verschiedenen Aufschnittplatten aus, die auf Spanisch und Englisch beschriftet sind. Darüber hinaus gibt's gute offene Weine (ein anständiges Glas typischer katalanischer Sekt kostet nur 1 €). Nebenan befindet sich das **Restaurant** (☎96 680 12 06; Menü 10–13 €, Gerichte 10–18 €). Hier kann man 20 verschiedene Holzplatten mit gemischten Gerichten bestellen und sich zwischen 600 Weinen entscheiden.

Llum de Mar MODERNE MEDITERRANE KÜCHE €€
(☎96 585 54 66; Plaza San Jaime 1; Reisgerichte 12,50–15,50 €, Gerichte 18–22 €) Das Restaurant des Hotels Villa Venecia verfügt über etwa 30 Plätze und ist sehr gemütlich, auch wenn es mal wieder renoviert werden müsste. Es bietet eine hervorragende Auswahl von der Speisekarte und einen herrlichen Ausblick auf das Meer.

Ulía FISCH, REISGERICHTE €€€
(☎96 585 68 28; Calle Vicente Llorca Alós 15; ⌚Di–Sa Mittag- & Abendessen, So Abendessen) Bei den Einheimischen gilt dieses große Restaurant mit Aussicht auf die Playa del Poniente als das beste der Stadt für Reisgerichte und Fisch (empfehlenswert: die *chopitos frescos,* knusprige frittierte Baby-Tintenfische). Überall flitzen freundliche Kellner umher. Die ausgezeichnete Weinauswahl ist gut präsentiert.

Restaurante Marisquería Club Naútico MEDITERRAN €€
(☎96 585 54 25; Paseo de Colón; Menü 24 €, Gerichte 10–19 €) In dem eleganten Restaurant kann man Tapas essen, auf der großen Terrasse ein ganzes Mahl zu sich nehmen oder auch einfach nur bei einem Drink dasitzen und den Blick auf den Hafen genießen.

Casa de la Portuguesa MEDITERRAN €€
(☎96 585 89 58; Calle San Vicente 39; Gerichte 10–16 €) Wer in Benidorm Rang und Namen hat, kommt gern hierher, trotzdem sind die Preise in dem familiengeführten Restaurant moderat. Seinen guten Ruf verdankt es den großartigen Reisegerichten und dem frischen Fisch. Im Sommer werden draußen an der schmalen Straße weitere Tische aufgestellt.

La Rana SPANISCH €€
(☎96 586 81 20; Costero del Barco 6; Gerichte 5,50–17,50 €) Dieses familiengeführte Restaurant ist eines der ältesten in der Stadt (man beachte die alte Registrierkasse). „Der Frosch" (Hunderte Forschfiguren in allen Größen sind in einer Glasvitrine versammelt) bringt authentische spanische Küche mit frischen Zutaten aus dem einsehbaren gigantischen Kühlschrank auf den Tisch. Das Lokal liegt zwar gut versteckt in einem kopfsteingepflasterten Gässchen, aber die Suche lohnt sich.

Ausgehen & Unterhaltung

Wer sich in einer Stadt, die nicht gerade für ihren Feinsinn bekannt ist, einen gepflegten Drink genehmigen will, kann das **Fratelli** (Calle Doctor Orts Llorca; ⏲13–5 Uhr), eine elegant gestylte Cocktailbar ansteuern.

Am westlichen Ende der Playa del Levante liegen drei **Strandbars** (⏲10–17 Uhr), deren Inhaber in der Avenida de la Comunidad Valenciana am Stadtrand riesige *discotecas* betreiben. Diese sind wie andere Megaschuppen im Juli und August täglich geöffnet, ansonsten am Wochenende. Am Strand spielt das **Ku** (www.kubenidorm.es) mit seinen nachgemachten hinduistischen und buddhistischen Statuen die fernöstliche Karte aus. Ganz in der Nähe kommt im **km** (www.kmdisco.com) bis 18 Uhr ein buntes Musikdurcheinander aus den Boxen, ab dann nur noch House. Der **Beachclub Penelope** (www.penelopebeach.com, auf Spanisch) gleich daneben ist ein Ableger der Penelope-Kette, die man in ganz Europa findet. Tagsüber sind die drei Läden entspannte Cafés, doch bei Sonnenuntergang ändert sich das Tempo.

BENIDORM: STADT DER SUPERLATIVE

» 2009 wurden in Benidorm fast 10 Millionen Übernachtungen gebucht.

» Jährlich kommen etwa 5 Millionen Besucher hierher.

» Mit ihren 155 Wolkenkratzern wird die Stadt nur noch von New York übertroffen.

» In den 127 Hotels (die Apartmenthäuser noch gar nicht mitgezählt) stehen fast 40 000 Betten zur Verfügung. In Europa können das nur London und Paris toppen.

» Hier erstreckt sich ein 6 km langer Sandstrand.

Praktische Informationen

Touristeninformation (☎96 585 13 11; Avenida Martínez Alejos 16; ⏲Mo–Fr 9–21, Sa 10–15 Uhr) Am Busbahnhof, an der Avenida de Europa und in Rincòn de Loix gibt's weitere Infostände.

Vic Center (Calle Lepanto 9; 2 €/Std.; ⏲9.30–23 Uhr) Internetzugang.

An- & Weiterreise

BUS Vom Busbahnhof, den man mit den Linien 41 und 47 erreicht, bietet **ALSA** (☎96 680 39 55; www.alsa.es) Verbindungen zu folgenden Zielen an:

Alicante 4 €, 1 Std., häufig

Flughafen Alicante 8 €, 50 Min., stdl.

Valencia 15 €, 1¾ Std., 12-mal tgl.

Flughafen Valencia 17,50 €, 2¼ Std., 2-mal tgl.

STRASSENBAHN & ZUG Man kann auch mit der Straßenbahn Richtung Süden nach Alicante (4,40 €, 1 Std., alle 30 Min.) fahren oder mit dem kleinen Zug Denia (€3.30, 1¼ Std., stdl.) ansteuern.

Unterwegs vor Ort

BUS Die Bislinie 1 bedient Terra Mítica und Terra Natura und hält auch am Mundomar sowie am Aqualandia.

FAHRRADVERLEIH Bei Redaktionsschluss war die Stadt gerade dabei, ein flexibles Fahrradverleihsystem einzuführen. Räder kann man auch bei **Marco Polo** (☎96 586 33 99; Avenida de Europa 5; ½ Tag/Tag ab 5/9 €) leihen.

TAXI ☎96 586 18 18.

Alicante

335 000 EW.

In Alicante (auf Valencianisch Alacant) zählt nicht nur der Tourismus. Dieser dynamische, attraktive Ort ist die zweitgrößte Provinzstadt in der Region Valencia. Rund um die Catedral de Dan Nicolás erstrecken sich die engen Straßen der Altstadt. Wer das wilde spanische Nachtleben erleben will, sollte mindestens eine Übernachtung einplanen.

Sehenswertes & Aktivitäten

GRATIS **Castillo de Santa Bárbara** BURG
(⏲10–22 Uhr) Von der Burg aus dem 16. Jh. genießt man einen weiten Blick über die Stadt. Bald soll hier das neue **Museo de**

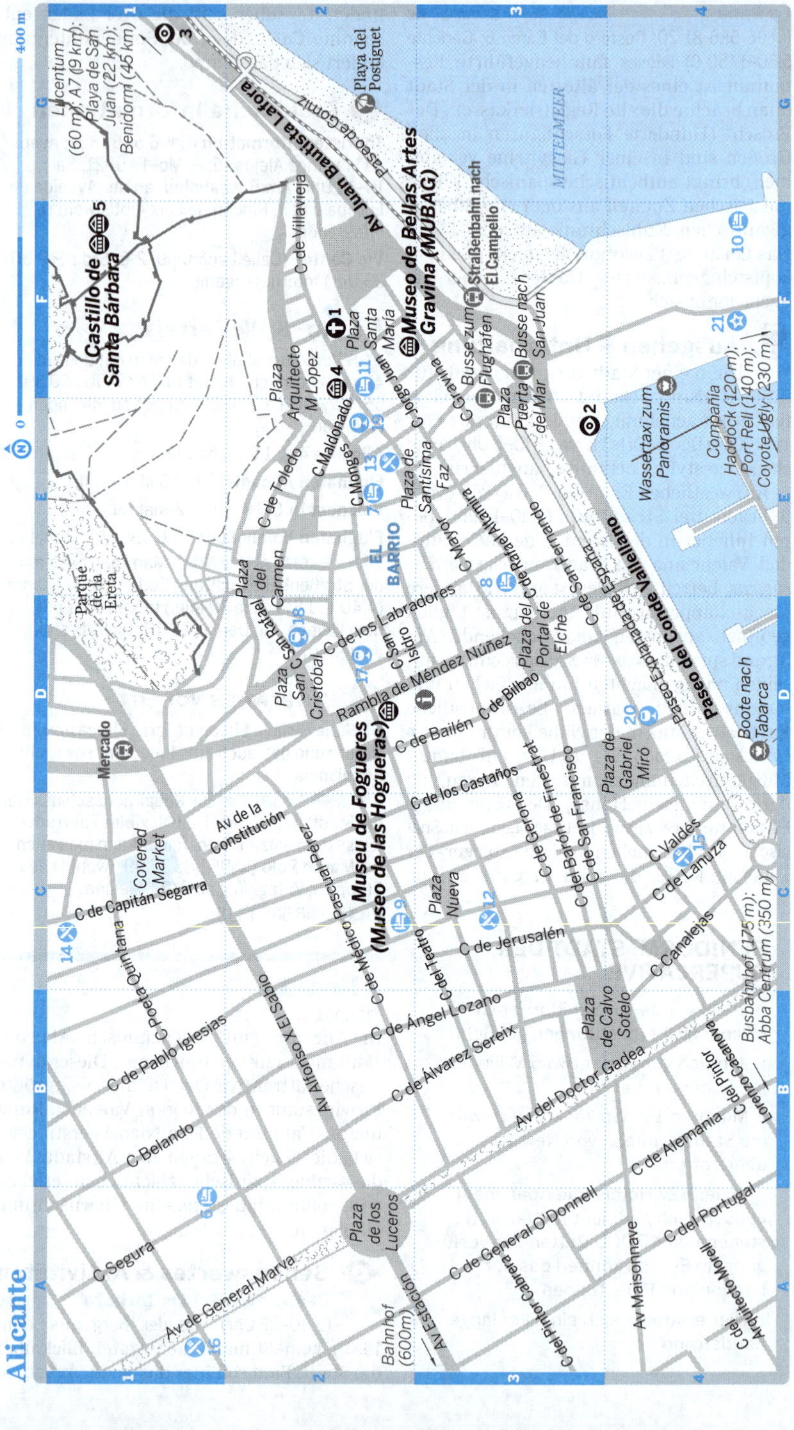
Alicante
400 m
Lucentum (60 m); A7 (9 km); Playa de San Juan (22 km); Benidorm (45 km)
Playa del Postiguet
Av Juan Bautista Lafora
Paseo de Gomiz
MITTELMEER
Straßenbahn nach El Campello
Castillo de Santa Bárbara
Museo de Bellas Artes Gravina (MUBAG)
C de Villavieja
Plaza Arquitecto M López
Plaza Santa María
C Jorge Juan
C Gravina
Busse zum Flughafen
Busse nach San Juan
Plaza Puerta del Mar
Wassertaxi zum Panoramis
Compañía Haddock (120 m); Port Rell (140 m); Coyote Ugly (230 m)
C Maldonado
C Monges
C de Toledo
Plaza de Santísima Faz
C Mayor
C Altamira
C de Rafael
Plaza del Portal de Elche
C de San Fernando
C de España
Paseo Explanada de España
Paseo del Conde Vallellano
Boote nach Tabarca
Parque de la Ereta
Plaza del Carmen
EL BARRIO
Plaza San Cristóbal
C San Rafael
C de los Labradores
C San Isidro
Rambla de Méndez Núñez
C de Bilbao
Mercado
Museu de Fogueres (Museo de las Hogueras)
C de Bailén
C de los Castaños
C de Gerona
C de Finestrat
C del Barón de Finestrat
C de San Francisco
Plaza de Gabriel Miró
C Valdés
C de Lanuza
Covered Market
C de Capitán Segarra
Av de la Constitución
C de Médico Pascual Pérez
C del Teatro
Plaza Nueva
C de Jerusalén
C Canalejas
C Poeta Quintana
C de Pablo Iglesias
Av Alfonso X El Sabio
C de Ángel Lozano
C de Álvarez Sereix
Plaza de Calvo Sotelo
Av del Doctor Gadea
Busbahnhof (175 m); Abba Centrum (350 m)
C del Pintor Lorenzo Casanova
C Belando
C de Alemania
C de General O'Donnell
C del Portugal
C Segura
Plaza de los Luceros
Av de General Marva
Av Estación
Bahnhof (600m)
C del Pintor Cabrera
Av Maisonnave
C del Arquitecto Morell

Alicante

Highlights

Castillo de Santa Bárbara F1
Museo de Bellas Artes Gravina (MUBAG) F2
Museu de Fogueres (Museo de las Hogueras) D2

Sehenswertes

1 Basílica de Santa María F2
2 Icarus E3
3 Aufzug zum Castillo de Santa Bárbara .. G1
4 Museo de Arte Contémporáneo de Alicante (MACA) F2
5 Museo de la Ciudad de Alicante (MUSA) F1

Schlafen

6 Guest House Antonio A1
7 Hostal Les Monges Palace E2
8 Hotel Amérigo E3
9 Hotel San Remo C2
10 Hotel Spa Porta Maris & Suites del Mar F4
11 Hostal La Milagrosa F2

Essen

12 Bíomenú C3
13 Cantina Villahelmy E2
14 El Trellat C1
15 One One C4
16 Tabulé A1

Ausgehen

17 Desafinado D2
18 Desdén Café Bar D2
19 La Bohemia E2
20 Z Club D4

Unterhaltung

21 Kasino F4

la Ciudad de Alicante (MUSA) einziehen und Alicantes Geschichte erzählen. Über eine Fußgängerbrücke gegenüber der Playa del Postiguet geht's zu einem Aufzug, der den Berg hinauffährt. Zurück kann man durch den Parque de la Ereta über die Calle San Rafael hinunter zur Plaza del Carmen schlendern.

LP TIPP **Museo de Arte Contémporaneo de Alicante (MACA)** KUNSTMUSEUM
(Plaza Sta María 3; Eintritt frei) Dieses schöne Museum war jahrelang geschlossen, weil die prächtige Casa de la Asegurade, in der es sich befindet, renoviert und erweitert wurde. Nun ist es wieder geöffnet und zeigt eine hervorragende Sammlung spanischer Kunst des 20. Jhs., darunter Werke von Dalí, Miró, Chillida, Sempere, Tàpies und Picasso.

Museo Arqueológico Provincial (MARQ) ARCHÄOLOGISCHES MUSEUM
(www.marqalicante.com; Plaza Doctor Gómez Ulla; Erw./Kind 3 €/frei; Di–Sa 10–19, So 10–14 Uhr) Das Museum bietet viel fürs Auge und jede Menge Hightech. Obwohl fast alles nur auf Spanisch erklärt ist, lohnt sich der Besuch. Vom Zentrum kann man problemlos zu Fuß herkommen oder die Buslinien 2, 6, 9, 20 und 23 nehmen.

GRATIS **Museu de Fogueres** VOLKSKUNDEMUSEUM
(auf Spanisch Museo de las Hogueras; Rambla de Méndez Núñez 29; Di–Sa 10–14 & 17–20 oder 18–21, So 10–14 Uhr) Neben einer Fülle an Fotos, Kostümen und *ninots* (kleine Figuren, die vor den Flammen gerettet wurden) zeigt das Museum in einer beeindruckenden audiovisuellen Präsentation, was den Einwohnern die Fiesta de Sant Joan mit ihrem Feuerzauber und ihren Partys bedeutet.

GRATIS **Museo de Bellas Artes Gravina (MUBAG)** GEMÄLDEGALERIE
(Calle Gravina 13–15; Mo–Sa 10–14 & 16–20 oder 17–21, So 10–14 Uhr) Im Palacio de Gravina, einer trutzigen Villa aus dem 18. Jh., kann man Gemälde vom Mittelalter bis zu den 1920er-Jahren bewundern. Das Gebäude und die Präsentation der Bilder sind großartig, vielleicht sogar schöner als die Werke selbst.

Panoramis FREIZEITKOMPLEX
Der Komplex mit Geschäften, Restaurants und hippen Bars liegt am westlichen Damm. Man erreicht ihn, indem man der Fußgängerstraße Paseo Explanada de España oder der Uferpromenade folgt (zwischen den beiden liegt eine scheußliche verkehrsreiche Straße).

Basílica de Santa María KIRCHE
(10–12.30 & 18–20.30 Uhr) Die auffällige Fassade aus dem 18. Jh. und das reich verzierte Altarbild bilden einen schönen Kontrast zum gotisch schlichten Kirchenschiff.

Kon Tiki BOOTSFAHRT
(☎96 521 63 96) Veranstaltet 45-minütige Bootsfahrten (Hin- & Rückfahrt 16 €) zur beliebten Insel Tabarca (S. 618).

Ikarus SKULPTUR
Die prächtige Bronzeskulptur eines glatzköpfigen Ikarus, der sich mit einem Surfbrett aus dem Wasser erhebt, stammt von der zeitgenössischen Bildhauerin Esperanza d'Ors.

Strände STRÄNDE
Gleich nördlich vom Hafen liegt die sandige **Playa del Postiguet**. Die **Playa de San Juan**, die man leicht mit der Straßenbahn erreicht, ist größer und meist nicht so überfüllt.

Feste & Events

Fiesta de Sant Joan MITTSOMMERNACHT
Das wichtigste Fest in Alicante ist die **Fiesta de Sant Joan**, der längste Tag des Jahres am 24. Juni, wenn die hiesige Ausgabe von Las Fallas (s. Kasten S. 586) steigt: Überall in der Stadt werden Feuerwerke gezündet und große satirische Figuren (auf Valencianisch *fogueres,* auf Spanisch *hogueras*) gehen in Flammen auf.

Schlafen

Hotel Amérigo HOTEL €€€
(☎96 514 65 70; www.hospes.es; Calle de Rafael Altamira 7; Zi ab 122 €; ❄@📶🏊) Das prächtige Fünf-Sterne-Hotel in einem alten Dominikanerkloster verbindet die Tradition harmonisch mit der Postmoderne. Hier kann man sich im Gourmetrestaurant **Monastrell** das Essen schmecken lassen, die Aussicht vom Dachpool – der selbst ein Kunstwerk ist – genießen oder im Fitnessbereich schwitzen, vorausgesetzt man kann sich von seinem gemütlichen, unglaublich durchgestylten Zimmer losreißen.

LP TIPP **Hostal Les Monges Palace** HOSTAL €
(☎96 521 50 46; www.lesmonges.net; Calle San Agustín 4; EZ 30–44 €, DZ 45–59 €; ❄@📶) Dieser skurrile Ort mit seinen verwinkelten Fluren, Kacheln, Mosaiken und antikem Mobiliar ist ein echtes Schmuckstück. Jeder Raum wurde individuell und geschmackvoll eingerichtet und die Rezeption könnte nicht einladender sein. Wer sich wirklich etwas gönnen möchte, sollte eines der beiden Zimmer mit Sauna und Whirlpool (98 €) buchen. Neben der Rezeption hängt ein kleines Original von Dalí.

Guest House Antonio BOUTIQUE-HOSTAL €
(☎650 718353; www.guesthousealicante.com; Calle Segura 20; EZ 35–40 €, DZ 45–50 €; ❄📶) Eine tolle Alternative für den kleinen Geldbeutel: Zu jedem der acht großen, toll eingerichteten Zimmer gehören ein Safe, ein Kühlschrank und eine Kaffeemaschine. Die fünf Apartments (70–80 €) verfügen über eine Miniküche und Waschmaschine und sind sehr günstig. Zwei von ihnen haben sogar einen eigenen Patio. Zum Antonio gehören noch zwei weitere Apartments, eines in der Nähe und eines nicht weit vom Busbahnhof.

Abba Centrum HOTEL €€
(☎96 513 04 40; www.abbahoteles.com, auf Spanisch; Calle del Pintor Lorenzo Casanova 31; Zi 77,50–125 €; ❄@📶) Eine überaus attraktive Unterkunft direkt am Busbahnhof und nur einen kurzen Fußweg vom Bahnhof entfernt. Sie erfreut sich bei Geschäftsreisenden großer Beliebtheit, sodass man ein Zimmer am Wochenende (auch im August) oft schon für einen Preis von 65 € bekommt. Ein kleiner Fitnessraum, eine Sauna und ein Hamam sind für Gäste kostenlos. Parken kostet 13 €.

Hotel Spa Porta Maris & Suites del Mar HOTEL, APARTMENTS €€€
(☎96 514 70 21; www.hotelspaportamaris.com; Plaza Puerta del Mar 3; Zi 100–150 €; ❄@📶🏊) Alle 142 Zimmer und 39 Suiten haben einen Balkon mit Blick auf den Strand oder auf den Yachthafen. Zu den vielen Extras in dem Vier-Sterne-Hotel gehören Pools, ein Fitnessraum und ein Wellnessbereich. Einfach nur zu faulenzen ist aber auch erlaubt.

Hostal La Milagrosa HOSTAL €
(☎96 521 69 18; www.hostallamilagrosa.com; Calle Villavieja 8; EZ/DZ 20/40 €, mit Bad 35/50 €; ❄@📶) Eine weitere großartige, preiswerte und zentral gelegene Unterkunft mit einfachen Zimmern, kleiner Gästeküche, Waschmaschine und Dachterrasse. Sie hat außerdem drei Apartments (60 €) für bis zu sechs Personen (20 € für jede weitere Pers.).

Hotel San Remo HOTEL €
(☎96 520 95 00; www.hotelsanremo.net; Calle Navas 30; EZ 35–40 €, DZ 45–55 €; ❄@📶) Die 27 Zimmer in diesem sympathischen Familienbetrieb sind schön herausgeputzt und gepflegt, wenn auch ein wenig klein. Frühstück gibt's leider nicht, aber aus dem Kaffeeautomaten bei der Rezeption kommt ein anständiges Gebräu.

Essen

Piripi LP TIPP VALENCIANISCH €€
(☎96 522 79 40; Avenida Oscar Esplá 30; Gerichte 12–26 €) Dieses Restaurant genießt einen hervorragenden Ruf, vor allem wegen seiner raffinierten Tapas und der Reis-, Meeresfrüchte- und Fischgerichte, täglich frisch von den Großmärkten in Denia und Santa Pola. Es gibt eine riesige Auswahl an Tapas (wir haben zehn verschiedene Sorten Salami und Wurst gesehen, die auf der Bar bereitgestellt waren, und einer der freundlichen Kellner ist ständig damit beschäftigt, hauchdünne Scheiben erstklassigen Schinkens zu schneiden). Jeden Tag ist eine andere regionale Spezialität im Angebot.

El Trellat MODERNE KREATIVE KÜCHE €
(☎965 20 62 75; Calle de Capitán Segarra 19; Mittagsmenü 10 , Abendmenü 10–25 €; ⌚Mo–Sa Mittagessen, Fr & Sa Abendessen) Das kleine, sympathische Lokal neben der Markthalle wartet mit kreativen Menüs auf. Der erste Gang kommt vom Büfett, dann folgt eine breite Auswahl von Hauptgerichten. Beim Dessert kann man sich auf Küchenchef und Besitzer Manuel verlassen; er hat früher in der besten Konditorei der Stadt gearbeitet.

Tabulé VEGETARISCH €
(☎96 513 34 45; Avenida Pérez Galdós 52; Menü 18 €; ⌚tgl. Mittagessen, Mi–Sa Abendessen; ✎) Ein vegetarisches Restaurant mit einem schnellen, guten Service. Das wöchentlich wechselnde Tagesmenü ist originell und einfallsreich und beinhaltet ein Getränk sowie Kaffee.

One One MEDITERRAN €€
(☎96 520 63 99; Calle Valdés 9; Mahlzeiten ca. 25 €; ⌚Di–Sa) Es hilft, wenn man in diesem herrlich exzentrischen kleinen Lokal mit seinen zahlreichen Stammkunden ein wenig Spanisch spricht, doch mit etwas *bravado* klappt es auch so – z. B. indem man den überschwänglichen Gastgeber nach seinen Reisen nach Peru fragt. Dies ist ein echtes Bistro, die Wände sind vor Fotos und Postern kaum zu erkennen, und eine Karte gibt's auch nicht, also sollte man sorgfältig zuhören, wenn Bartólome erzählt, was es gibt. Der Name des Ladens wird *„on-eh, on-eh"* ausgesprochen.

Cantina Villahelmy FUSIONSKÜCHE €€
(☎965 21 25 29; Calle Mayor 37; Gerichte 8–17 €; ⌚Di–Sa Mittag- & Abendessen, So Mittagessen) Kuschlig, abgefahren, angesagt: Eine Wand ist aus rustikalem Stein, eine andere hellorange und marineblau sowie mit Skeletten, Krabbelgetier und einem Vries mit klassischen Figuren bemalt. Die Cantina Villahelmy bietet alle möglichen Snacks, ausgezeichnete Salate und eine Speisekarte, die den Bogen von Couscous zum Oktopus spannt.

Bíomenú VEGETARISCH €
(☎96 521 31 44; Calle Navas 17; Gerichte 4,60–7 €, Salate 15 €; ⌚Mo–Sa 9.30–16.30 Uhr; ✎) Preiswert und zugleich ein vegetarischer Bioladen. An der Salattheke kann man sich seinen Teller füllen und zahlt nach Gewicht.

Selbstversorger können die riesige zweistöckige **Markthalle** (Avenida Alfonso X El Sabio) ansteuern.

Ausgehen

Im **La Bohemia** (Calle Villavieja 1; ⌚Di–So 8–13 & ab 17 Uhr; 📶), gleichzeitig Café und Cocktailbar, fühlt man sich stets willkommen. Hinten befindet sich die Chillout-Zone; hier flackern Kerzen in Nischen, die in den grobkörnigen Naturstein gehauen wurden. Jeden Freitag und Samstag gibt's Livemusik.

Im **alten Stadtviertel** rund um die Catedral de San Nicolás stößt man auf viele kleine Bars. Die sympathische **Desdén Café Bar** (Calle de los Labradores 22) macht schon früh auf und bietet sich an, um den Abend einzuläuten. Im **Desafinado** (Santo Tomas 6), einer gut besuchten Dancebar mit DJs, kommt auch auch gute Jazzmusik aus den Boxen. Nur einen kleinen Spaziergang entfernt befindet sich der **Z Club** (Calle Coloma; ⌚Di–So), eine schicke *discoteca*. Wer nicht alleine abzappeln möchte, braucht vor 3 Uhr gar nicht erst zu kommen.

Alternativ locken mehrere Läden am Meer. Am tagsüber so friedlichen **Paseo del Puerto** sind nachts auf zwei Etagen Bars, Cafés und nächtliche Diskos zu Hause. Und schließlich wirbt noch das **Semiramis**, das nur eine kurze Fährfahrt durch die Hafengewässer entfernt liegt, um die Gunst der Nachtschwärmer. Wenn nicht schon der Lärm aus der **Compañía Haddock** im Hafengebiet den Weg weist, dann auf alle Fälle der Pfeifenraucher aus Tim & Struppi. Direkt darüber befindet sich das **Port Rell**, in dem besonders gute Stimmung herrscht. Ein paar Türen weiter im **Coyote Ugly** ist es eigentlich immer rammelvoll und manchmal gibt's dort auch Livemusik.

☆ Unterhaltung

Kasino KASINO

(⏲Mo–Sa 16–4 Uhr) Die jüngste und auffälligste Attraktion der Stadt.

ℹ Praktische Informationen

Regionale Touristeninformation (☎96 520 00 00; Rambla de Méndez Núñez 23; ⏲Mo–Sa 9–20, So 10–14 Uhr)

Städtische Touristeninformation (www.alicanteturismo.com) Am Bahnhof und am Busbahnhof.

Xplorer Cyber Café (Calle de San Vicente 46; Internet 1,20 €/Std.; ⏲9–24 Uhr)

ℹ An- & Weiterreise

BUS Vom Busbahnhof geht's u. a. in die folgende Orte:

ZIEL	FAHRPREIS (€)	DAUER (STD.)	BUSSE PRO TAG
Benidorm	4	1	häufig
Madrid	27,50	5¼	mind. 10-mal
Murcia	5,50	1	mind. 7-mal
Valencia	21	2½	mind. 10-mal

FLUGZEUG Alicantes Flughafen El Altet, das Tor zur Costa Blanca, liegt etwa 12 km südwestlich vom Stadtzentrum. Aus ganz Europa landen hier Billigflieger, Charter- und Linienmaschinen.

STRASSENBAHN (www.fgvalicante.com) Die Straßenbahnlinie 1 nach Benidorm (4,40 €, 1 Std., alle 30Min.) fährt eine teilweise eindrucksvolle Küstenstrecke entlang. Man steigt entweder an der Bushaltestelle Mercado neben der Markthalle oder am Puerto Plaza del Mar ein und in La Isleta oder Lucentum um.

ZUG Vom Hauptbahnhof, dem **Renfe Estación de Madrid** (Avenida de Salamanca), bestehen Verbindungen nach:

Barcelona 55 €, 5 Std., 8-mal tgl.

Madrid 45 €, 3¾ Std., 7-mal tgl.

Murcia 4,50 €, 1¼ Std., stdl., via Orihuela und Elche

Valencia 29 €, 1¾ Std., 8-mal tgl., via Villena und Xàtiva

ℹ Unterwegs vor Ort

AUTOVERMIETUNG Am Flughafen haben einige zuverlässige und günstige spanische Autovermieter ihre Schalter, darunter:

Javea Cars (www.javeacars.com)

Solmar (www.solmar.es)

Victoria Cars (www.victoriacars.com)

FLUGHAFENBUS Bus C-6 (2,60 €, 30 Min., alle 20 Min.) verkehrt zwischen der Plaza Puerta del Mar und dem Flughafen und hält auch an der Nordseite des Busbahnhofs.

TAXI ☎96 525 25 11.

WASSERTAXI **Buquebus** (einfach/hin & zurück 2/2,50 €; ⏲Juni–Sept. Mo–Fr 19–2, Sa & So 12–2 Uhr) legt die Strecke vom Paseo del Puerto zum Panoramis in etwa zehn Minuten zurück.

Isla de Tabarca

Die Isla de Tabarca erstreckt sich 20 km Luftlinie südlich von Alicante und bietet sich für einen schönen Tagesausflug an – reizvoll ist sowohl die Überfahrt als auch die Insel selbst, die im Sommer manchmal vor Touristen überquillt. Unbedingt einpacken: Handtuch und Taucherbrille. Der größte Teil des Wassers rund um das Eiland (1800 m lang und bis zu 400 m breit) steht unter Naturschutz, deshalb darf man dort nicht schwimmen. Weil sich aber Fische kaum an die Grenzen von Schutzgebieten halten, gibt's auch in den freigegebenen Gewässern viel zu sehen.

Im Sommer kommen täglich Schiffe aus Alicante, Benidorm und Torrevieja hierher. Zu den übrigen Jahreszeiten sind die Überfahrten nicht ganz so häufig.

Torrevieja

101 800 EW.

Torrevieja liegt zwischen einer pink- und einer smaragdfarbenen Lagune und wartet mit schönen Stränden auf. Die Meersalzproduktion bildet nach wie vor einen wichtigen Wirtschaftspfeiler.

👁 Sehenswertes & Aktivitäten

Via Verde WANDERN, RADFAHREN

Der 6 km lange Wander- und Radweg Via Verde folgt alten Gleisen, auf denen vor über 50 Jahren das letzte Dampfross zu sehen war. Die Strecke führt an der Lagune und den Salinen vorbei und ist ein toller Halbtagsausflug.

Tagestour nach Tabarca BOOTSTOUR

(www.maritimastorrevieja.com; Hin- & Rückfahrt 21 €, Kind unter 8 J. frei; ⏲Mitte März–Mitte Nov.) An die Touristeninformation schließt sich südlich ein großer **Parkplatz** an. Dort befindet sich auch die Anlegestelle der Boote von Marítimas Torrevieja für die Tagesausflüge zur Insel Tabarca.

GRATIS **Museo del Mar y de la Sal** SALZMUSEUM

(Meer- & Salzmuseum; Calle Patricio Pérez 10; ⌚Di–Sa 10–13.30 & 17–21, So 10–13.30 Uhr) Dieses Durcheinander von Erinnerungsstücken und allerlei Kleinkram hilft zu verstehen, warum Salz für die *torrevejenses* noch immer so wichtig ist.

GRATIS **Centro de Interpretación de la Industria Salinera** SALZMUSEUM

(Avenida de la Estación; ⌚Mo–Fr 8.30–14 Uhr) Obwohl das Zentrum didaktischer aufgebaut ist als das Museo del Mar y de la Sal, hat es eine gewisse Leichtigkeit. Es befindet sich im alten Bahnhof der Stadt.

Aquópolis WASSERPARK

(www.aquopolis.es/torrevieja; Av Delfina Viudes; Erw./Kind 22/17 €; ⌚Juni–Mitte Sept. 11–18 Uhr) Der Name mag nicht jedermanns Geschmack sein, doch das Aquópolis ist ein lustiger Wasserpark am Stadtrand.

GRATIS **El Delfín** U-BOOT

(⌚Okt.–Mai Mi–So 17–22 Uhr, Juni–Sept. Mi–So 9–14 Uhr) In dem ausgemusterten Marine-U-Boot können Besucher nach Lust und Laune herumstreunen.

Schlafen

Hotel Masa Internacional HOTEL €€

(☎96 692 15 37; www.hotelmasa.com; Avenida Alfredo Nobel 150; EZ 60–93 €, DZ 83–111 €; ❄🏊📶) Das schicke Hotel ganz oben auf einer Klippe, 3,5 m nordöstlich von Torrevieja, ist eine hübsche Option unter den Luxusunterkünften und weit genug vom Betrieb der Innenstadt entfernt. Die Zimmer mit Meerblick kosten keinen Cent mehr, aber fürs Parken muss man 6 € zahlen.

Hotel Madrid HOTEL €€

(☎96 571 00 38; www.ansahotel.com, auf Spanisch; Calle Villa Madrid 15; inkl. Frühstück EZ 46–60 €, DZ 67–92 €; ❄@🏊) Ein sympathisches, familiengeführtes Hotel mit 40 gemütlichen, geräumigen Zimmern sowie einer behindertengerechten Unterkunft. Im obersten Stock gibt's einen Whirlpool und an der anderen Straßenseite liegt das hoteleigene Schwimmbecken. Gäste können für nur 6 € pro Tag ein Fahrrad leihen.

Hotel Cano HOTEL €

(☎96 670 09 58; www.hotelcano.com; Ecke Calle Zoa & Calle Antonio Machado; EZ 30–43 €, DZ 40–60 €; 📶❄) Fünf Straßen westlich vom Busbahnhof gelegen. Das Cano verfügt über 57 gepflegte, moderne Zimmer, viele davon mit Balkon. Die Zimmer im Neubauflügel sind mit moderneren Möbeln und jeder Menge hübscher Holzarbeiten eingerichtet.

Essen

Direkt am Meer bieten viele Restaurants günstiges Essen. Meistens verfügen sie über internationale Speisekarten. An der Plaza Isabel II kann man auf einer der Terrassen perfekt gegrillten frischen Fisch verspeisen.

Rincón de Capis GOURMETKÜCHE €€

(☎96 570 85 00; Calle San Gabriel 5; Gerichte 15–20 €; ⌚Mi–Mo Mittagessen, Fr & Sa Abendessen) Vier Geschwister und ein paar Schwager führen dieses großartige Restaurant. Hier kann man im oberen, mit sehr viel Lokalkolorit eingerichteten Bereich essen, an der Bar das Mittagsmenü (12 €) verspeisen oder sich das *menú de degustación* (50 €, inkl. der passenden Weine 60 €) mit acht Gängen gönnen.

Mesón de la Costa MEDITERRAN €€

(☎96 670 35 98; www.elmesondelacosta.com, auf Spanisch; Calle Ramón y Cajal 23; Mahlzeiten 20 €) Hier hängen jede Menge Schinken an der niedrigen Decke. Schon am Eingang begrüßen einen Tabletts und Schüsseln voller Hähnchen, Schnecken, gebratenem Gemüse, frischen Meeresfrüchten auf Eis sowie eine Vielfalt an Obst hinter den Glastüren des Kühlschranks. Die erstklassige Qualität der Zutaten ist der ganze Stolz dieses authentischen, verlockend spanischen Lokals einen Häuserblock hinter der Promenade.

Restaurante Vegetariano VEGETARISCH €

(☎96 670 66 83; Calle Pedro Lorca 13; Salate 5,50–9,50 €, Gerichte 10 €; ⌚Di–So; 🌶) Ein weiteres Restaurant unweit des Ufers. Das Vegetariano wird von einem spanisch-australischen Paar geführt und bietet Salate, Sandwichs, Pizzas, Pasta, Pasteten sowie leckere Hauptgerichte.

Mercado de Abastos MARKT

(Plaza Isabel II) Für Selbstversorger.

Praktische Informationen

Die **Touristeninformation** (☎96 570 34 33; Plaza de Capdepont; ⌚Mo–Fr 8.30–20.30, Sa 10–14 Uhr) liegt in der Nähe des Meeres.

An- & Weiterreise

Am **Busbahnhof** (Calle Antonio Machado) starten täglich acht Busse von Autocares Costa Azul nach Cartagena (4,20 €, 1½ Std.) und Alicante (3,65 €, 1 Std.).

DAS HINTERLAND DER COSTA BLANCA

Die Grenze zwischen der Küste und dem Hinterland bildet die Autobahn. Westlich der A7 eröffnet sich auf einmal eine andere, typisch spanische Welt. Mit einem eigenen fahrbaren Untersatz kann man die Gegend am besten erkunden.

Xàtiva

28 600 EW.

Xàtiva (auf Spanisch Játiva) liegt 50 km von Valencia entfernt und bietet sich für einen schönen Tagesausflug an. Die Stadt hat einen kleinen historischen Kern, ein Spielzeugmuseum und eine mächtige Burg, die oben auf dem Kamm der Sierra Vernissa thront. Unten im Tal schmiegt sie sich an die Berge.

Die Mauren errichteten hier die erste Papierfabrik Europas, außerdem wurden in dem Ort die Päpste Kalixt III. und Alexander VI. aus dem Adelsgeschlecht der Borgia geboren. Xàtivas Glanzzeit ging 1707 zu Ende, als König Felipe V. mit seinen Truppen den größten Teil der Stadt in Schutt und Asche legte.

Sehenswertes & Aktivitäten

Die interessanten Sehenswürdigkeiten befinden sich südlich und oberhalb der Alameda. In der Touristeninformation bekommt man die kostenlose Broschüre *Xàtiva: Monumental Town*.

Museo del Almudín MUSEUM

(Calle Corretgería 46; Erw./Kind 2,20/1,10 €; Di–Fr 10–14 & 16–18, Sa & So 10–14 Uhr; Mitte Juni–Mitte Sept. Di–Fr 9.30–14.30, Sa & So 10–14 Uhr) Im zweitletzten Stock befinden sich die spannendsten Stücke dieses Museums, darunter zwei wunderschöne Porträts von Ribera. Das Bildnis von Felipe V. kann man nicht übersehen: Als „Vergeltung" dafür, dass er die Stadt in Brand setzte, hat man es einfach verkehrt herum aufgehängt.

Colegiata Basílica KIRCHE

(Stiftskirche; 10.30–13 Uhr) Eigentlich beeindruckt die Basilika aus dem 16. Jh. nur durch ihre Größe. Draußen stehen einige schöne Skulpturen der beiden Borgia-Päpste von Xàtiva. Die Bildnisse aus dem 20. Jh. in zwei Seitenkapellen zeigen Kleriker, die im Spanischen Bürgerkrieg von Republikanern ermordet wurden.

Burg BURG

(Erw./Kind 2,10/1,10 €; Di–So 10–18 oder 19 Uhr) Der Aufstieg zur Burg ist lang, aber dafür entschädigt einen die sensationelle Aussicht. Unterwegs sieht man links die **Ermita de San José**, eine Kapelle aus dem 18. Jh., und rechts die hübsche romanische **Iglesia de Sant Feliu** (1269), Xàtivas älteste Kirche. Wem das etwas zu anstrengend ist, der nimmt die Touristenbummelbahn (hin & zurück 4 €), die um 12.30 und 17.30 Uhr (Mitte Sept.–Mitte Juni 16.30 Uhr) von der Touristeninformation aus hinauffährt, oder ein **Taxi** (96 227 16 81) zurück in die Stadt

Schlafen & Essen

Hostería Mont Sant LANDHOTEL €€

(96 227 50 81; www.mont-sant.com; EZ 90 €, DZ ab 102 €;) Das Hotel liegt sehr reizvoll zwischen weitläufigen Palmen und Orangenhainen an der Straße zur Burg. Gäste übernachten entweder im Hauptgebäude (einem alten Bauernhaus) oder in einer der geräumigen, modernen Holzhütten. Das ausgezeichnete Restaurant ist in kuschelige Nischen unterteilt. Den Sundowner gibt's auf dem *mirador* (Aussichtpunkt) mit Blick über die Ebene.

Hotel Huerto Virgen de las Nieves HOTEL €€

(96 228 70 58; www.huertodelavirgendelasnieves.com, auf Spanisch; Avenida Ribera 6; EZ 60–80 €, DZ 65–85 €;) Ein intimes Hotel mit neun gemütlichen, großen Zimmern. Diese sind mit traditionellen Möbeln und hellen zeitgenössischen Kunstwerken ausgestattet und haben kleine Bäder. Kopfsteingepflasterte Wege führen durch einen Garten mit Palmen und Zypressen.

Casa la Abuela KLASSISCHE MEDITERRANS KÜCHE €€

(96 228 10 85; Calle de la Reina 17; Gerichte 12–19 €, Menü 15–20 €) Das „Haus der Großmutter" hat sich mit seinen Reisgerichten einen Namen gemacht. Die Fleischspeisen wie das zarte *media paletilla de cordero confitada a bajo temperatura*, eine bei niedriger Temperatur stundenlang gegarte halbe Lammschulter, sind ebenfalls eine gute Wahl.

LP TIPP **Canela y Clavo** MODERNE MEDITERRANE KÜCHE €€

(96 228 24 26; www.canelayclavo.com; Alameda Jaume I 64; Gerichte 11–19 €) Unter den Restaurants an der breiten, baumgesäumten

Hauptstraße der Stadt ragt dieser moderne Laden mit seinen schwarz gekleideten Kellnern heraus. Es wartet mit kreativen Hauptgerichten, einem preisgünstigen, erstklassigen Mittagsmenü (16 €) und einer innovativen Auswahl an Tapas auf, die man in der hellen modernen Bar verspeisen kann.

Praktische Informationen

Touristeninformation (96 227 33 46; www.xativaturismo.com, auf Spanisch; Alameda Jaime I 50; Mitte Juni–Mitte Sept. Di–So 10–14.30 Uhr, ansonsten Di–Fr 10–13.30 & 16–18, Sa & So 10–13.30 Uhr) An der Alameda, einer schattigen Hauptstraße.

An- & Weiterreise

Am besten kommt man mit der Bahn voran. Regionalzüge verkehren zwischen Xàtiva und Valencia (3,45 €, 40 Min., alle 30 Min.), darüber hinaus halten hier die meisten Züge zwischen Valencia und Madrid und es gibt auch Verbindungen nach Alicante (10–21,50 €, 1½ Std., 6-mal tgl.).

Villena

35 200 EW.

Villena liegt an der N330 von Alicante nach Albacete und gilt als attraktivster Ort im Val de Vinalopó.

An der Plaza de Santiago mitten in der Altstadt erhebt sich der **Palacio Municipal** (Plaza de Santiago 2) aus dem 16. Jh. In dem Gebäude ist Villenas **Museo Arqueológico** (Eintritt frei; Di–So 10–14 Uhr) untergebracht. Ganzer Stolz der Sammlung sind 60 Goldgegenstände. Sie haben etwa 3000 Jahre auf dem Buckel, wiegen über 10 kg und wurden zufällig in einem alten Flussbett entdeckt. Hoch über der Stadt thront das **Castillo de la Atalaya** aus dem 12. Jh., das nachts prächtig beleuchtet wird. Dienstags bis sonntags finden jeden Vormittag drei Führungen auf Spanisch mit englischer Zusammenfassung statt.

Es gibt in der ganzen Stadt nur eine Unterkunft, das **Hotel Restaurante Salvadora** (96 580 09 50; www.hotelsalvadora.com, auf Spanisch; Ecke Calles Luis García & Jacinto Benavente; EZ/DZ 49/68 €;) mit einfachen, sauberen und preiswerten Zimmern, einer beliebten Bar mit einer großen Auswahl an Tapas und dem **Gourmetrestaurant** (Hauptgerichte 8–15 €, viergängiges menú degustación 25 €), in dem man die lokale Spezialität *triguico picao* (6,50 €) bekommt, einen dicken Brei aus Weizen, Bohnen, Schweinefleisch und Steckrüben.

Die **Touristeninformation** (96 615 02 36; www.turismovillena.com; Plaza de Santiago 5; Mo–Fr 10–14 Uhr, Sa & So 10.30–13.30 Uhr) liegt am Hauptplatz.

Elda

55 200 EW.

Elda wetteifert mit Elche um den Titel der Schuhhauptstadt Spaniens. Schuhfetischisten sollten auf gar keinen Fall das **Museo del Calzado** (Schuhmuseum; www.museocalzado.com; Avenida Chapí 32; Erw./Kind 2,40/1,20 €; Sept.–Juli Di–Sa 10–14 & 16–20, So 11–14 Uhr, Aug. Di–Fr 10–14 Uhr) verpassen. Über dem Zwischengeschoss, in dem die unmöglichsten Nietwerkzeuge, Punzierstempel und Nähmaschinen aufgereiht sind, sieht man Schuhe über Schuhe: Stiefel aus allen Epochen, Halbschuhe aus allen Teilen der Welt, abstruse Modelle, die beim Tragen garantiert wehtun, und ausgelatschte Treter von Prominenten, darunter Stierkämpfer, Flamenco-Tänzer, König Juan Carlos, Königin Sofia, Rafa Nadal und Fernando Alonso.

Novelda

27 150 EW.

Einst war Novelda eine wohlhabende Stadt, die ihren Reichtum dem lukrativen Handel mit Safran verdankte. Der Ort liegt nur etwa 25 km von Alicante entfernt und beherbergt viele sehenswerte modernistische Bauwerke.

GRATIS Das **Casa-Museo Modernista** (96 560 02 37; Calle Mayor 24; Führungen 9–14 & 16–19 Uhr zur vollen Stunde) ist eine bürgerliche Villa aus dem Jahr 1903. Ihre Buntglasarbeiten, die sanften Formen der Holzarbeiten, die Stilmöbel und die prächtige schmiedeeiserne Wendeltreppe sind einfach atemberaubend.

Noveldas **Touristeninformation** (96 560 92 28; www.novelda.es; Calle Mayor 6; Mo–Fr 9–14 & 16.30–18, Sa 10–14 Uhr) liegt im Centro Cultural, einem reizenden modernistischen Gebäude. Bewundernswert ist auch die schöne Fassade der **Casa Bonmati** (Plaza de España 9). Danach lohnt der kurze Abstecher zum prachtvollen **Santuario de Santa María Magdalena** (10–14 & 17–20 Uhr), dem mit größter Sorgfalt gebauten Miniaturpendant zu Gaudís berühmter Sagrada Família in Barcelona.

Alcoy

61 500 EW. / 565 M

54 km nördlich von Alicante macht die Industriestadt Alcoy (auf Valencianisch Alcoi) das Beste aus ihrem Erbe. In der Touristeninformation sollte man sich die Broschüre *Modernism in Alcoy* holen, ehe man zur Erkundung der schönen modernistischen Gebäude des Ortes aufbricht.

Am besten beginnt man mit der **Explora** (Calle Tints; Erw./Kind 3/1,50 €; ⌚Di–Sa 10–14 & 16–19, So 11–14 Uhr), einer neuen Hightech-Präsentation der Geschichte der Stadt von der prähistorischen Vergangenheit bis zum Industriezeitalter mit eigenen Abteilungen zum Modernisme und zu den Fiestas de Moros y Christianos.

Vom 22. bis 24. April findet in Alcoy das ausgelassene Fest **Moros y Cristianos** (siehe Kasten unten) statt. Das **Museu Alcoià de la Festa** (Calle Sant Miquel 60–62; Erw./Kind 3/1,50 €; ⌚Di–Sa 10–14 & 16–19, So 11–14 Uhr) vermittelt mit seinen zahlreichen Postern, Musikinstrumenten, prächtigen Kostümen und einem bewegenden 20-minütigen Film das Lebensgefühl dieser überschwänglichen Feier.

Bei einem Besuch des **Refugio de Cervantes** (Calle Els Alsamora 1; Erw./Kind 2/1 €; ⌚Di–Sa 10–14 & 16–19, So 11–14 Uhr) kann man die weitläufigen, atmosphärischen Gänge eines von 25 Luftschutzkellern erkunden, die während des Spanischen Bürgerkriegs unter der Stadt errichtet wurden. Heute ist hier ein kleines, aber gut dokumentiertes und illustriertes Museum untergebracht.

Einst war das ultramoderne **Hotel AC Ciutat d'Alcoi** (☎96 533 36 06; www.ac-hotels.com; Calle Colón 1; Zi 60–107 €; ❄@📶) ein Umspannwerk für Strom, auch wenn man das heute gar nicht mehr glauben kann. Das Schwarz und Kastanienbraun der Zimmermöbel kontrastiert angenehm mit den frischen weißen Laken. Zum Hotel gehört das großartige Restaurant **La Llum** (☎96 533 45 40; Menü 22,50 €, Gerichte 10,50–16 €; ⌚Mo–Sa). Parken kostet 10,50 €.

Gleich westlich der Plaza de España erstreckt sich die **Plaça de Dins** mit ihren Bogengängen. Hier drängen sich an lauen Sommerabenden zahlreiche Besucher. Alcoys **Touristeninformation** (☎96 553 71 55; www.alcoiturisme.com; Calle San Lorenzo 2; ⌚Mo–Fr 10–14 & 16–18, Sa & So 11–14 Uhr) liegt ebenfalls in der Nähe der Plaza de España.

Guadalest

230 EW.

Guadalest ist alles andere als ein weißer Fleck auf der Landkarte, denn jedes Jahr werden zwei Millionen Besucher Busladung um Busladung aus den Badeorten an der Costa Blanca herangekarrt. Wer früh genug kommt oder noch bleibt, wenn der letzte Bus wieder auf dem Heimweg ist, hat den Ort fast für sich allein.

MOROS Y CRISTIANOS

In über 80 Städten und Dörfern im Süden der Region Valencia feiern die Menschen mit dem Moros-y-Cristianos-Fest (Mauren-und-Christen-Fest) die Reconquista, also die Befreiung von der muslimischen Herrschaft.

Das größte und bekannteste Fest wird in Alcoy ausgerichtet (22.–24. April). Hunderte von Einheimischen werfen sich in fein ausgearbeitete traditionelle Gewänder, die verschiedene Gruppen repräsentieren: maurische und christliche Heere, Sklaven, Gilden, Ausrufer, Boten, Spielleute. Sie marschieren in farbenfrohen Umzügen durch die Straßen und stellen Kämpfe nach.

Auf dem Hauptplatz von Alcoy, wo eine riesige Festung aus Holz aufgebaut ist, kommen sie schließlich alle zusammen. Nun bricht ein mitreißendes Spektakel für Augen und Ohren los: Soldaten in glänzenden Rüstungen, maurische Krieger mit weißen Umhängen, Krummschwertern und Schilden, Araber mit einem Turban auf dem Kopf, leicht bekleidete Frauenzimmer, Fanfarenbläser, knallende Donnerbüchsen, Feuerwerk und Konfetti, das auf die Menge regnet.

Jede Stadt feiert das Fest auf ihre eigene Art, und zwar immer durchdrungen von den alten Überlieferungen der Ereignisse während der Reconquista. So finden beispielsweise in Villena (5.–9. September) mitternächtliche Umzüge statt, während in La Vila Joiosa (24.–31. Juli) bei Benidorm die Landung maurischer Schiffe am Strand nachgestellt wird.

Der Grund für den Rummel: Guadalest, das man durch einen natürlichen Tunnel erreicht und über dem das **Castillo de San José** aufragt, ist sehr hübsch, und es macht eine Menge Spaß, durch das verkehrsfreie Dorf zu bummeln.

Unter den neun kleinen Museen lohnen zwei einen Besuch.

GRATIS Das **Museo Etnológico** (Spenden willkommen; ⌚Juni–Okt. tgl. 10–18.30 Uhr, Nov.–Mai So–Fr 10–18.30 Uhr) zeigt in einer einfühlsamen kleinen Ausstellung, wie das Leben in Guadalest vor dem Touristenansturm aussah.

Allein schon wegen seiner Skurrilität sollte man im **Museo de Saleros y Pimenteros** (www.museodesalerosypimenteros.es, auf Spanisch; Erw./Kind 3 €/frei; ⌚10.30–19.30 Uhr) vorbeischauen. Es liegt neben der Touristeninformation und präsentiert mehr als 20 000 Salz- und Pfefferstreuer in allen erdenklichen Formen.

Die in Guadalest geborene und aufgewachsene Sofía und ihr Mann Toni betreiben in diesem großen, sorgsam renovierten Gebäude ein reizendes, einladendes B&B, das **Cases Noves** (☎076 01 01 71; www.casesnoves.es; inkl. Frühstück EZ 45–55 €, DZ 75–85 €; ❄@📶). Beide kennen die Gegend wie ihre Westentasche und geben gern Tipps zu Sehenswürdigkeiten und den ausgezeichneten Möglichkeiten zum Wandern und Radfahren in der hügeligen Umgebung, Außerdem verleihen sie Fahrräder. Alle Zimmer verfügen über sehr gute Duschen, einen Safe sowie einen DVD-Player und warten mit frischen Blumen auf. Zum Frühstück bekommen Gäste u. a. frisches Obst, Säfte und richtig guten Kaffee. Entspannung bieten das Lesezimmer, der Fernsehraum – hier hat man die Qual der Wahl zwischen 300 Spielfilmen – und das angrenzende Musikzimmer mit jeder Menge CDs. Im Winter kann man seine kalten Füße am offenen Kamin wärmen, während man im Sommer von der herrliche Terrasse tagsüber einen Blick auf das Meer und nachts auf das schön beleuchtete Dorf genießt.

Elche

233 250 EW.

23 km südwestlich von Alicante stößt man auf Elche (auf Valencianisch Elx), geteilt durch das kanalisierte Rinnsal des Río Vinalopó. Die Stadt gehört in zweifacher Hinsicht zum Unesco-Welterbe: einmal wegen des jährlich stattfindenden Mysterienspiels Misteri d'Elx und dann wegen der weiten Palmenhaine, den größten Europas, die von den Phöniziern gepflanzt und von den Mauren erweitert wurden. Das maurische Bewässerungssystem hat die Region in ein fruchtbares Ackergebiet verwandelt; noch heute wachsen hier Zitrusfrüchte, Feigen, Mandeln, Datteln und 85 % aller spanischen Granatäpfel.

Trotz ihrer seelenlosen Vororte ist das Herz dieser Stadt grün. Hier gibt es Parks, Dattelhaine und öffentliche Gärten. Alle Sehenswürdigkeiten sind auch auf Englisch ausgeschildert.

Sehenswertes & Aktivitäten

Etwa 200 000 Palmen, manche im Struwwelpeterlook, viele aber hübsch zurechtgestutzt und alle mit einer Lebenserwartung von etwa 250 Jahren, verwandeln das Zentrum der hektischen Industriestadt in eine Oase. Vom Museu del Palmerar führt ein 2,5 km langer, beschilderter **Wanderweg** durch die Haine. In der Touristeninformation gibt's dazu die Broschüre *Historic Palm Groves Route.*

Huerto del Cura GARTEN
(Porta de la Morera 49; Erw./Kind 5/2,50 €, Audioguide 2 €; ⌚10 Uhr–Sonnenuntergang) Gegenüber dem gleichnamigen Hotel erstreckt sich dieser reizende private Garten mit gepflegtem Rasen, farbenprächtigen Blumenbeeten, Kakteen und reihenweise Palmen.

Museu del Palmerar PALMENMUSEUM
(Porta de la Morera 12; Erw./Kind 1/0,50 €; ⌚Di–Sa 10–13.30 & 16.30–20, So 10.30–13.30 Uhr) In dem Museum dreht sich alles um Dattelpalmen und ihre raffiniert ineinander verschlungenen gebleichten Wedel, die am Palmsonntag eine wichtige Rolle spielen. Gleich daneben animieren ein herrlicher Palmenhain und Obstgarten mit glucksenden Bewässerungskanälen zum Spazierengehen.

Museo Arqueológico y de Historia de Elche ARCHÄOLOGISCHES MUSEUM
(MAHE; Diagonal del Palau 7; Erw./Kind 3/1 €; ⌚Di–Sa 10–13.30 & 16.30–20, So 10.30–13.30 Uhr) Anhand verschiedener Exponate, Touchscreens und riesiger Computeranimationen erzählt das Archäologische Museum die Geschichte von Elche (auf Spanisch und auf Englisch).

Centro de Visitantes AUDIOVISUELLE SHOW
(Eintritt frei; ⌚Mo–Sa 10–19, So 10–14 Uhr) Eine andere Möglichkeit, auf die Schnelle etwas

über die Stadt zu erfahren, bietet das im Park hinter der Touristeninformation gelegene Centro de Visitantes. In dem Gebäude im maurischen Stil wird alle halbe Stunde eine stimmungsvolle zehnminütige audiovisuelle Präsentation gezeigt.

Baños Árabes ARABISCHE BÄDER

(Arabische Bäder; ☎96 545 28 87; Passeig de les Eres de Santa Lucía 13; Erw./Kind 1/0,50 €; ⏲Di–Sa 10–13.30 & 16.30–20, So 10.30–13.30 Uhr) Auch in diesen Bädern aus dem 12. Jh. kann man eine ansprechende audiovisuelle Präsentation erleben, wahlweise auf Englisch.

Basílica de Santa María KIRCHE

(⏲7–13 & 17.30–21 Uhr) In der gigantischen Barockkirche wird das *Misteri d'Elx* (s. Kasten unten) aufgeführt. Vom **Turm** (Erw./Kind 2/1 €; ⏲11–18 o. 19 Uhr) genießt man einen herrlichen Rundblick über die Palmen.

Alcúdia ARCHÄOLOGISCHE STÄTTE

Diese gut beschilderte Ausgrabungsstätte befindet sich 3,5 km südlich vom Stadtzentrum. Hier wurde die Dama de Elche ausgegraben, ein Meisterwerk der iberischen Kunst, das jetzt zur Sammlung des Madrider Museo Arqueológico Nacional gehört (s. S. 75). Auf dem Gelände befindet sich auch das hervorragende **Museo Arqueológico** (www.laalcudia.ua.es, auf Spanisch; Erw./Kind 3/1 €; ⏲Di–Sa 10–17 oder 20, So 10–15 Uhr). Es zeigt die umfangreichen Funde einer Siedlung, die von der Jungsteinzeit bis zum Ende der Westgoten durchgehend bewohnt war.

Schlafen

Hotel Huerto del Cura HOTEL €€

(☎96 661 00 11; www.huertodelcura.com; Porta de la Morera 14; Zi Mo–Do 112 €, Fr–So 102–132 €; P❄@≋) Gäste des Hotels übernachten in gepflegten Bungalows, die in einem üppigen, von Palmen beschatteten Garten liegen. Die Unterkunft ist familiengeführt, hat einen Spielplatz, einen großen Pool und einen Kinderhort. Ein Abendessen im renommierten Hotelrestaurant **Els Capellans** macht das Verwöhnpaket in Elches ältester Luxusbleibe komplett. Parken kostet 12 €.

Pensión Faro PENSIÓN €

(☎96 546 62 63; Camí dels Magros 24; einfache EZ/DZ 15/30 €) Eine freundliche, familiengeführte Pension westlich des Río Vinalopó und nur einen kurzen Spaziergang vom historischen Zentrum entfernt. Die neun Zimmer sind einfach, blitzsauber, haben Deckenventilatoren und teilen sich die Gemeinschaftsbäder auf dem Flur.

Essen

Am Carrer Mare de Déu del Carmé (alias Calle Nuestra Señora del Carmen) reihen

MISTERI D'ELX

Jedes Jahr wird in der Basilica de Santa Maria von Elche das *Misteri d'Elx* aufgeführt, ein mittelalterliches lyrisches Drama in zwei Akten.

Vor langer Zeit, so will es die Legende, wurde bei Elche ein Schrein an Land gespült. In seinem Inneren waren eine Marienfigur und die *Consueta,* also Noten und Text eines Mysterienspiels über Tod, Himmelfahrt und Krönung der Muttergottes.

Die Geschichte erzählt, wie die Heilige Jungfrau, die ihren nahenden Tod spürt, Gott bittet, die Apostel ein letztes Mal sehen zu dürfen. Einer nach dem anderen kommen sie aus fernen Ländern angereist, und in ihrer Gegenwart kann sie in Frieden sterben. Sobald sie ins Paradies eingegangen ist, wird sie zur Königin des Himmels und der Erde gekrönt. Die Musik wird lauter, die Glocken läuten, alles jubelt und – denn man befindet sich ja schließlich gerade in der Region Valencia – ein spektakuläres Feuerwerk wird gezündet.

Die beiden Akte des Mysterienspiels, *La Vespra* (der Vorabend des Todes) und *La Festa* (die Feier der Himmelfahrt und der Krönung), werden von den Bürgern Elches selbst am 14. bzw. 15. August auf Valencianisch aufgeführt. Die öffentlichen Proben finden an den drei Tagen zuvor statt.

Eine Multimediashow (mit virtuellen Aposteln) bietet das **Museu de la Festa** (☎96 545 34 64; Carrer Major de la Vila 25; Erw./Kind 3/1 €; ⏲Di–Sa 10–13.30 & 16.30–20, So 10.30–13.30 Uhr) etwa einen Häuserblock westlich der Basilika. Sie dauert 35 Minuten und wird mehrmals täglich wiederholt. Wer will, kann einen Kommentar auf Englisch auswählen.

> **RADFAHREN RUND UM ELCHE**
>
> Elche verfügt über ein nagelneues, empfehlenswertes **Fahrradverleihsystem** (www.bicielx.es, auf Spanisch; 3 €/Tag). Man muss einfach nur den Kiosk am Busbahnhof ansteuern und kann von hier aus sofort losfahren. Eine Radtour ist die beste Möglichkeit, um die Palmenhaine zu erkunden und Alcudia zu besuchen.

sich mehrere günstige und einladende Lokale aneinander. Im Sommer werden fast überall in dieser kurzen Straße Tische nach draußen gestellt.

Restaurante Dátil de Oro MEDITERRAN €€
(☎96 545 34 15; www.datildeoro.com, auf Spanisch; Gerichte 12–20 €, Menü 16–25 €) In den riesigen Fresstempel mitten im Stadtpark passen fast 800 Gäste. Das Essen ist jedoch alles andere als Massenware: Hier locken Spezialitäten wie *arroz con costra* (Reis mit leckerer Eikruste) sowie Dattel-Quiches und sogar Datteleis.

El Granaíno SPANISCH €€
(☎96 666 40 80; Calle Josep María Buck 40; Gerichte ca. 18 €; ⌚Mo–Sa) Die gekachelte Fassade dieses alteingesessenen Favoriten weist bereits auf die klassische spanische Küche hin. In der eindrucksvollen langen Bar und der Weinkellerei lagern mehr als 7000 Flaschen.

Praktische Informationen

Die **Touristeninformation** (☎96 665 81 96; www.turismedelx.com; ⌚ Mo–Fr 9–19, Sa 10–19, So 10–14 Uhr) befindet sich an der Südostecke des üppig grünen Parque Municipal (Stadtpark).

Anreise & Unterwegs vor Ort

Der Bahnhof und der Busbahnhof liegen nebeneinander an der Avenida de la Libertad (auch Avenida del Ferrocarril genannt).

BUS

Alicante 1,90 €, 35 Min., alle 30 Min.

Valencia 11,75 €, 2½ hours, 4–6-mal tgl.

Murcia 3,95 €, 45 Min., 4–6-mal tgl.

ZUG Etwa 20 Züge halten täglich in Elche und fahren von hier aus sowohl nach Alicante (2,10 €) als auch via Orihuela (2,10 €) nach Murcia (2,95 €).

Orihuela

86 200 EW.

Orihuelas historisches Zentrum am Fuß eines kahlen Felsenbergs über dem Río Segura lohnt mit seinen Bauten im gotischen, Renaissance- und vor allem barocken Stil einen Abstecher.

Sehenswertes

Museo de la Muralla MUSEUM
(☎96 530 46 98; Calle del Río; Eintritt frei; ⌚Di–Sa 10–14 & 16–19 oder 17–20, So 10–14 Uhr) Wer das Museum besuchen möchte, muss durch den Haupteingang der Universidad Miguel Hernandez. Der spanischsprachige Rundgang (es gibt auch eine englischsprachige Broschüre) dauert etwa 20 Minuten und führt unterirdisch durch weitläufige Reste der Stadtmauer, arabische Bäder, Dienstbotenunterkünfte sowie in einen gotischen Palast.

Convento de Santo Domingo KLOSTER
(Calle Adolfo Claravana; ⌚Di–Sa 9.30–13.30 & 16–19 o. 17–20, So 10–14 Uhr) Das Kloster aus dem 16. Jh. hat zwei schöne Kreuzgänge im Renaissancestil und ein im 18. Jh. mit Kacheln geschmücktes Refektorium.

Catedral de San Salvador KIRCHE
(Calle Doctor Sarget; ⌚Di–Fr 10.30–14 & 16–18.30, Sa 10.30–14 Uhr) Ein weiteres großartiges kirchliches Gebäude. Die Kathedrale wurde im 14. Jh. im Stil der katalanischen Gotik errichtet und verfügt über drei kunstvoll geschnitzte Portale sowie einen reizenden kleinen Kreuzgang.

Iglesia de las Santas Justa y Rufina KIRCHE
(Plaza Salesas 1; ⌚wie Kathedrale) Die Renaissancefassade der Kirche und ihr gotischer Turm, der mit Wasserspeiern verziert ist, beeindrucken mit ihrer Schönheit.

Palacio Episcopal PALAST, MUSEUM
(Calle Ramón y Cajal) Hinter der nüchternen Barockfassade des Palastes finden Renovierungsarbeiten statt, denn hier soll das **Museo Diocesano** entstehen, zu dessen kostbarer Sammlung auch das Gemälde Die **Versuchung des** heiligen Thomas von Aquin von Velázquez gehört.

Zu den weiteren bemerkenswerten Gebäude in der Stadt gehören die ursprünglich aus dem 14. Jh. stammende **Iglesia de Santiago Apóstol** (Plaza de Santiago 2) und die

Ruinen einer **Burg** oben auf dem Berg, die von den Mauren errichtet wurde.

Schlafen & Essen

Hotel Melia Palacio de Tudemir HOTEL €€
(☎96 673 80 10; www.solmelia.com; Calle Alfonso XIII 1; Zi 89 €; ❄) „Palast" ist schon der passende Ausdruck für dieses geschmackvoll renovierte Haus aus dem 18. Jh. In dem netten Café (8–24 Uhr geöffnet) gibt's leckere Tapas und das Restaurant (*menú* 16 €, Gerichte 18 bis 21 €; nur mittags geöffnet) ist das beste unter den wenigen Lokalen in Orihuela.

Hostal Rey Teodomiro HOSTAL €
(☎/Fax 96 674 33 48; 1. OG, Avenida Rey Teodomiro 10; EZ/DZ 32/53,50 €; ❄) Im modernen Teil der Stadt und in praktischer Nähe zum Bahnhof und Busbahnhof wartet dieses *hostal* mit einem hervorragenden Preis-Leistungs-Verhältnis auf. Alle 23 Zimmer sind klimatisiert, und die Räume, die auf den grasbewachsenen Platz gehen, haben einen Balkon.

Barra Restaurante Joaquín MEDITERRAN €€
(☎96 674 34 15; Avenida Rey Teodomiro 18; Gerichte 15–21 €; ⏲ So & Mi abends geschl.) Hier werden die Speisen gegrillt, geröstet und höchstens mit einer einfachen *sauce meunière* serviert. Das Joaquin verdankt seinen Ruf der erstklassigen Qualität von frischem Fleisch, Fisch und Meeresfrüchten, die ohne Schnickschnack auf den Tisch kommen. Gäste können an der gemütlichen Bar oder im förmlicheren hinteren Teil des Restaurants essen.

Praktische Informationen

Die **Touristeninformation** (☎96 530 46 45; www.orihuelaturistica.es, auf Spanisch) befindet sich an der Plaza Marqués de Rafal.

An- & Weiterreise

Bahnhof und Busbahnhof liegen im Intermodal, einer luftigen Konstruktion am Ende der Avenida de Teodomiro. Orihuela befindet sich an der Bahnstrecke von Alicante nach Murcia. In beide Richtungen verkehren viele Züge, die auch in Elche halten.

Die Balearen

Inhalt »

Gut essen

» Cas Ferrer de Sa Font (S. 673)

» Mesón El Gallo (S. 671)

» Simply Fosh (S. 634)

» Restaurant Es Mirador (S. 650)

» Comidas Bar San Juan (S. 649)

Schön übernachten

» Es Petit Hotel (S. 638)

» Hotel Casal d'Artà (S. 644)

» Casa Alberti (S. 665)

» Fornalutx Petit Hotel (S. 641)

» Hotel Born (S. 633)

Auf zu den Balearen

Im Tramuntana-Gebirge und an der Nordküste Mallorcas gibt's fantastische Möglichkeiten zum Wandern und Radfahren, während Menorca mit seiner Vielfalt an prähistorischen Stätten und Festungen einstiger Eroberer lockt und Ibiza mit seinen Megaclubs, Boutiquen sowie der lässigen Stimmung prahlt. Landstraßen mit Ampeln und weiße Sandstrände sind typisch für Formentera.

Alle vier Inseln beklagen sich zu Recht über die schlechte Presse. Es stimmt, dass der Massentourismus in einigen Gegenden schlimme Spuren hinterlässt, aber trotzdem lohnt es sich, den Balearen auf halbem Weg entgegenzukommen. Das heißt nichts anderes, als dass man die guten öffentlichen Verkehrsmittel der Inseln nutzen oder ein Auto mieten sollte, um so die zahlreichen kleinen Buchten, Fischerdörfer, Strände, endlosen Oliven- und Mandelhaine sowie Gärten mit Zitrusfrüchten zu erkunden.

Reisezeit

Palma de Mallorca

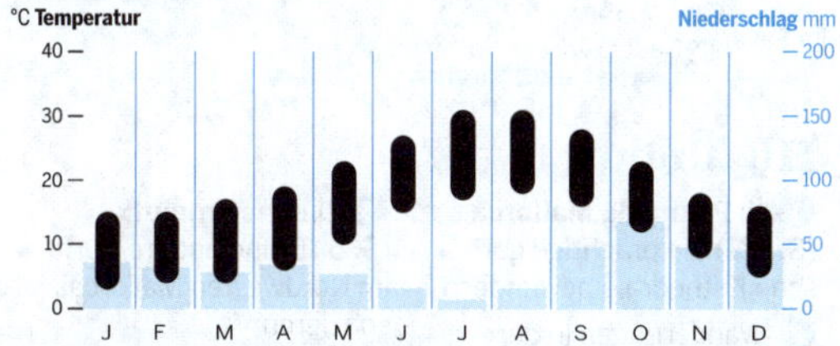

März & April In Mallorcas Serra de Tramuntana kann man nun wunderbare Wanderungen unternehmen

Juni–September Tagsüber Strand, nachts Party in den Clubs, so lautet das Motto auf Ibiza

Juli & August Fackelbeleuchtete Aufführungen in Maós historischen Festungen auf Menorca

An- & Weiterreise

FLUGZEUG

Im Sommer landen massenhaft Charter- und Linienmaschinen aus ganz Europa in Palma de Mallorca und auf Ibiza. Zu den größten Fluggesellschaften zählen **Iberia** (www.iberia.es), **Air Europa** (www.aireuropa.com), **Spanair** (www.spanair.com), **Air Berlin** (www.airberlin.com) und **Vueling** (www.vueling.com).

Die Preise für Verbindungen zwischen den Inseln mit einer Flugzeit von unter 30 Minuten sind sehr unterschiedlich. So kann ein Flug von Palma de Mallorca nach Maó oder Ibiza zwischen 30 und 170 € kosten.

SCHIFF/FÄHRE

Ein Preisvergleich lohnt sich. Günstige Angebote gibt's z. B. bei **Direct Ferries** (www.directferries.es).

Folgende Unternehmen steuern die Balearen an:

Acciona Trasmediterránea (☎902 454645; www.trasmediterranea.es)

Baleària (☎902 160180; www.balearia.com)

Cala Ratjada Tours (☎902 100444; www.calaratjadatours.es, auf Spanisch)

Iscomar (☎902 119128; www.iscomar.com)

Fährstrecken zum Festland:

Ibiza (Ibiza-Stadt) Von/nach Barcelona (Acciona Trasmediterránea, Baleària), Valencia (Acciona Trasmediterránea).

Ibiza (Sant Antoni) Von/nach Denia und Barcelona (Baleària), Valencia (Acciona Trasmediterránea, Baleària).

Mallorca (Palma de Mallorca) Von/nach Barcelona und Valencia (Acciona Trasmediterránea, Baleària), Denia (Baleària).

Menorca (Maó) Von/nach Barcelona und Valencia (Acciona Trasmediterránea, Baleària).

Fährstrecken zwischen den Inseln:

Ibiza (Ibiza-Stadt) Von/nach Palma de Mallorca (Acciona Trasmediterránea, Baleària).

Highlights

1. In **Palma de Mallorca** (S. 671) die prächtige gotische Kathedrale bewundern
2. Wanderungen in der **Serra de Tramuntana** (S. 640) unternehmen
3. Heiße Partys in **Ibizas** (S. 656) **Clubs feiern**
4. Bei Sonnenuntergang in der Blue Bar an der **Platja de Migjorn** (S. 662) chillen
5. Durch **Fornalutx** (S. 641) und andere Dörfer im Nordwesten Mallorcas spazieren
6. Das herrliche türkisblaue Meer rund um das **Cap de Formentor** (S. 643) bestaunen
7. In der Naveta des Tudons und an anderen prähistorischen Stätten rund um **Ciutadella** (S. 671) einen Blick in die Vergangenheit wagen
8. An der **Cala Macarelleta** und der **Cala en Turqueta** (S. 676) in Menorcas klares Wasser eintauchen
9. Nach drei Stoßgebeten die spektakuläre Straße nach **Sa Calobra** (S. 641) hinunterfahren

WEBSITES

Auf diesen Internetseiten erfährt man alles Wichtige über die Balearen:

» **www.illesbalears.es** Offizielle Website der Touristeninformation zu allen Inseln der Balearen.

» **www.platgesdebalears.com** Ein Überblick zu allen Stränden.

» **www.balearsculturaltour.com** Kunsthandwerk, Kultur und schöne Landschaften.

Mallorca (Cala Ratjada) Von/nach Ciutadella (Cala Ratjada Tours).

Mallorca (Palma de Mallorca) Von/nach Ibiza-Stadt (Acciona Trasmediterránea und Baleària) und Maó (Acciona Trasmediterránea, Baleària).

Mallorca (Port d'Alcúdia) Von/nach Ciutadella (Iscomar).

Menorca (Ciutadella) Von/nach Cala Ratjada (Cala Ratjada Tours) und Port d'Alcúdia (Iscomar).

Menorca (Maó) Von/nach Palma de Mallorca (Acciona Trasmediterránea, Baleària).

Infos zu Fähren zwischen Ibiza und Formentera siehe S. 663.

MALLORCA

1950 landete das erste Charterflugzeug auf Mallorca, der mit 3620 km² größten Insel der Balearen. Heute bewegt sich die Zahl der Gäste pro Jahr um die zehn Millionen – die meisten davon auf der Suche nach Sonne, Strand und Meer. Daneben gehen die 845 000 Insulaner beinahe unter, von denen die Hälfte in der Hauptstadt Palma de Mallorca lebt.

Doch Mallorca hat viel mehr zu bieten als Strandrummel. Die Inselhauptstadt Palma de Mallorca (oder einfach Palma) eignet sich z. B. wunderbar als Ausflugsziel. Sie ist fast eine Welt für sich: Die Einheimischen nennen Mallorca *Sa Roqueta* (Kleiner Fels) und alles, was hinter Palma liegt *part forana* (äußerer Teil). Die schöne Gegend um die spektakulär zerklüftete Nordwestküste mit ihren Olivenhainen, Kiefernwäldern und ockerfarbenen Dörfern wird von der Bergkette Serra de Tramuntana beherrscht.

Ein Großteil der besten Strände liegt an der Nord- und der Ostküste. Zwar sind viele von dichter touristischer Bebauung umzingelt, aber die ein oder andere Ausnahme findet man noch immer. Auch an der Südküste gibt's Gegenden mit einigen hübschen Sandstreifen.

Unterwegs vor Ort

AUTO & MOTORRAD Autos, Fahrräder und oft auch Motorräder kann man selbst in den kleinsten Orten mieten. Allein in Palma findet man etwa 30 Anbieter. Die großen Unternehmen haben ihre Büros am Flughafen und am Passeig Marítim, wo auch mehrere günstigere Firmen sitzen. Besonders gute Konditionen bietet **Hasso** (☎902 203012; www.hasso-rentacar.com).

BUS Von Palma aus sind fast alle Orte auf der Insel mit Bussen zu erreichen, die am oder in der Nähe des **Busbahnhofs** (Carrer d'Eusebi Estada) starten. Genauere Infos dazu bekommt man bei **Transport de les Illes Balears** (TIB; ☎971 17 77 77; http://tib.caib.es, auf Spanisch). Zu den Zielen ab Palma gehören Cala Ratjada (6 €), Ca'n Picafort (4,25 €), Port de Pollença (4,55 €) und Port d'Andratx (3,60 €).

SCHIFF/FÄHRE Palma und die größeren Badeorte und Strände auf der Insel sind mit Schiffen sowie mit Wassertaxis zu erreichen. Mehr darüber erfährt man in der Touristeninformation.

TAXI Die Insel lässt sich auch mit dem Taxi erkunden, allerdings reißt das ein großes Loch in die Reisekasse. In vielen Orten sind die Preise an zentraler Stelle angeschlagen. Vom Flughafen nach Cala Ratjada muss man mit 90 € rechnen; eine Fahrt von Palma nach Sóller kostet 34 €.

ZUG An Palmas Plaça d'Espanya starten zwei Züge. Die Fahrt mit der beliebten historischen Bahn nach Sóller ist besonders schön. Ein anderer Zug fährt ins Inselinnere nach Inca (1,80 €, 40 Min., alle halbe Std.), wo sich die Strecke teilt und entweder nach Sa Pobla (2,40 €, 1 Std., stündl.) oder Manacor (2,40 €, 1¼ Std., stündl.) führt.

WEBSITES

» **www.infomallorca.net** Mallorcas offizielles Tourismusportal.

» **www.abc-mallorca.com** Kompetente private Seite.

» **www.mallorcahotelguide.com** Onlinebuchungen.

» **http://tib.caib.es** Fahrplan der Busse auf der Insel (auf Spanisch).

Mallorca

Palma de Mallorca

401 000 EW.

Palma de Mallorca ist die einzige echte Stadt auf der Insel. Sie verfügt über einen attraktiven alten Ortskern voller Alleen, kopfsteingepflasterter Gassen, gotischer Kirchen, barocker Paläste, privater Patios und Designerbars.

Sehenswertes

STADTZENTRUM

Das Zentrum ist vor allem wegen seiner eleganten Innenhöfe, den *patis,* bekannt, die sich in vielen stattlichen Häusern und Villen verbergen. Zwar sind die meisten in Privatbesitz, aber man kann oft durch schmiedeeiserne Gitter einen Blick hineinwerfen.

Catedral KATHEDRALE

(La Seu; Carrer del Palau Reial 9; Erw./Kind 4/3 €; ⌚Mo–Fr 10–17.15, Sa 10–15 Uhr) Palmas gewaltige Kathedrale wird häufig mit einem riesigen Schiff verglichen, das am Rand der Stadt festgemacht hat. Die Arbeiten auf dem Gelände, auf dem einst die Hauptmoschee stand, begannen 1300, aber erst 1601 wurde der Bau vollendet. Mit Ausnahme der Hauptfassade, die nach einem Erdbeben 1851 ersetzt wurde, und Teilen im Innenraum, den Antoni Gaudí zu Beginn des 20. Jhs. im Stil des Modernisme renoviert hat, ist das Gebäude überwiegend gotisch.

Man betritt es durch ein kleines Museum, das in drei Räumen eine reiche Sammlung religiöser Kunst und kostbarer Gold- und Silbergegenstände präsentiert. Das Innere der Kathedrale ist beeindruckend. Schlanke Säulen stützen die hohe Decke und umrahmen die in drei Reihen schön ausgearbeiteten Buntglasfenster. Über dem vorderen Altar hängt eine leichte, in sich verdrehte Skulptur aus geschmiedetem Eisen von der Decke, eines der eher exzentrischen Werke Gaudís. Allerdings wird der Architekt hier ausnahmsweise einmal vom wichtigsten lebenden Künstler der Insel in den Schatten gestellt: Miquel Barceló. Dieser gestaltete die **Capella del Santíssim i Sant Pere** am Kopfende des südlichen Seitenschiffs vollkommen um; sein Keramikschmuck interpretiert fantasievoll die wundersame Vermehrung von Brot und Fisch.

Palau de l'Almudaina PALAST

(Carrer del Palau Reial; Erw./Kind 3,20/2,30 €, Audioguide 2,50 €; ⌚Mo–Fr 10–17.45, Sa 10–13.15 Uhr) Ende des 13. Jhs. wurde diese ehemalige maurische Burg zu einer Residenz der mallorquinischen Könige umgebaut. Der Palast wird noch heute gelegentlich für offizielle Feiern genutzt, wenn sich König Juan Carlos in Palma aufhält. In der restlichen Zeit kann man durch die nüchternen, höhlenartigen Räume laufen, eine Kapelle mit einem seltenen romanischen Eingang bewundern und im Obergeschoss die königlichen Apartments mit flämischen Wandteppichen und stilvollen Möbeln besichtigen.

Museu Diocesà DIÖZESANMUSEUM

(Carrer del Mirador 5; Erw./Kind 3/2 €; ⌚Mo–Sa 10–14 Uhr). Vom Ausgang der Kathedrale geht's um ihr östliches Ende zum Palau Episcopal (Bischofspalast), der eine umfassende Sammlung präsentiert. Nach dem Gedränge zwischen den zahlreichen Besuchern der Kathedrale kann man hier einen ruhigen und faszinierenden Ausflug in die christliche Kunstgeschichte Mallorcas unternehmen. Die aus allen Teilen der Insel stammenden Ausstellungsstücke werden gelungen in Szene gesetzt und beleuchtet.

Es Baluard KUNSTMUSEUM

(Museu d'Art Modern i Contemporani; www.esbaluard.org, auf Spanisch; Porta de Santa Catalina 10; Dauerausstellung Erw./Kind 6/4,50 €, Wechselausstellungen 4/3 €; ⌚Di–Sa 10–20 Uhr) Dieser Betonkomplex aus dem 21. Jh. hat sich in Palmas prächtigen Renaissance-Bastionen am Meer eingenistet. Ein Spiel aus Schatten und Licht, Oberflächen und Perspektiven bietet den perfekten Rahmen für die hier ausgestellten Werke. Neben katalanischen und anderen spanischen Künstlern, die im 19. und 20. Jh. auf Mallorca verweilten und ihrer Kreativität freien Lauf ließen, sind noch jede Menge anderer Größen des 20. Jh. von Oskar Kokoschka bis zu Amedeo Modigliani zu sehen. Die Aussicht von der Festungsmauer und vom Café ist herrlich.

Palau March KUNSTMUSEUM

(Carrer de Palau Reial 18; Erw./Kind 3,60 €/frei; ⌚Mo–Fr 10–18, Sa 10–14 Uhr) Eine der vielen Residenzen der schwerreichen Familie March. Die Terrasse des feudalen Hauses schmücken Skulpturen von Künstlern des 20. Jhs., darunter Henry Moore, Auguste Rodin, Barbara Hepworth und Eduardo Chillida. Innen befinden sich eine außergewöhnliche neapolitanische Krippendarstellung aus dem 18. Jh. und einige Druckgrafiken von Salvador Dalí.

GRATIS **Museu d'Art Espanyol Contemporani** KUNSTMUSEUM

(Museu Fundació Juan March; www.march.es/arte/palma; Carrer de Sant Miquel 11; ⌚Mo–Fr 10–18.30, Sa 10.30–14 Uhr) In der Villa aus dem 18. Jh. sind 70 Werke aus dem Besitz der Fundación Juan March zu sehen. Sie stammen von großen Künstlern des 20. Jhs., z. B. von Picasso, Miró, Juan Gris (berühmt für seine kubistischen Bilder), Salvador Dalí und dem Bildhauer Julio González.

Can Marquès HISTORISCHES GEBÄUDE

(Carrer de Ca'n Angluda 2A; Erw./Kind 6/5 €; ⌚Mo–Fr 10–15, Sa 11–14 Uhr) Eine erlesen möblierte Villa und die einzige dieser Art, die Besuchern offensteht. Sie verfügt über original erhaltene Elemente aus dem 14. Jh. und gibt auf faszinierende Weise Einblick in das Leben des reichen Bürgertums an der Wende vom 19. zum 20. Jh. Das Gebäude weist gotische, barocke und sogar modernistische Einflüsse auf.

Basílica de Sant Francesc KIRCHE

(Plaça de Sant Francesc 7; Eintritt 1 €; ⌚Mo–Sa 9.30–12.30 & 15.30–18, So 9.30–12.30 Uhr) Die Basílica de Sant Francesc, mit deren Bau 1281 in gotischem Stil begonnen wurde, gehört zu Palmas ältesten Kirchen. Ihre barocke Fassade kam 1700 hinzu. Über den schönen, zweistöckigen und trapezförmigen Kreuzgang gelangt man in das Gebäude und kann hier das Grab und das Denkmal Ramon Llulls, eines Gelehrten aus dem 13. Jh., besichtigen.

Casa-Museu Joaquim Torrents Lladó HISTORISCHES GEBÄUDE

(Carrer de la Portella 9; Erw./Kind 4/2,50 €; ⌚Di–Sa 10.30–14.30 Uhr) Früher war diese hübsche Villa mit Holzgalerie und einem Innenhof im Besitz des katalanischen Künstlers Joaquim Torrents Lladó (1946–93). Sie wurde weitgehend so erhalten, wie er sie zurückließ und zeigt viele seiner Werke.

Banys Àrabs ARABISCHE BÄDER

(Carrer de Serra 7; Erw./Kind 12 €/frei; ⌚9–19.30 Uhr) Die bescheidenen Überreste der arabischen Bäder gehören zu den wenigen

Palma de Mallorca

Zeugnissen der maurischen Herrschaft auf Mallorca. Es sind nur zwei unterirdische Räume übrig geblieben; einer hat eine Kuppeldecke, die von einem Dutzend Säulen getragen wird. Einige der Kapitelle stammen aus abgerissenen römischen Gebäuden.

Museu de Mallorca MUSEUM
(Carrer de la Portella 5) Lohnt den Besuch, ist aber wegen umfassender Renovierungsarbeiten mindestens noch bis 2012 geschlossen.

La Llotja KUNSTMUSEUM
(Plaça de la Llotja; ⏲Di–Sa 11–13.45 & 17–20.45, So 11–13.45 Uhr) Dieser großartige gotische Bau am Meer war einstmals eine Kaufmannsbörse. Heute beherbergt er Wechselausstellungen.

Museo de Muñecas MUSEUM
(Carrer del Palau Reial 27; Erw./Kind 3,50/2,50 €; ⏲Di–Sa 10–18 Uhr) Das Museum ganz in der Nähe der Kathedrale ist alten Puppen gewidmet und betreibt auch einen Shop.

Església de Santa Eulàlia KIRCHE
(Plaça de Santa Eulàlia 2; ⏲Mo–Fr 11–13 & 18–19.45 Uhr) Ein himmelsstürmendes gotisches Bauwerk mit einem riesigen frei stehenden barocken Altarbild. Es gehört zu den ältesten Kirchen von Palma.

IM WESTEN VON PALMA

Castell de Bellver BURG
(Erw./Kind 2,50/1 €; ⏲Mo–Sa 8.30–20.30, So 10–18.30 Uhr) Die ungewöhnliche kreisrunde Burg aus dem 14. Jh. wartet mit einem einzigartigen Rundturm auf und thront südlich des Poble Espanyol über einem hübschen Park. Im Juli dient sie als Kulisse für ein Klassik-Festival.

Fundació Pilar i Joan Miró KUNSTMUSEUM
(http://miro.palmademallorca.es; Carrer de Saridakis 29; Erw./Kind 6/3 €; ⏲Di–Sa 10–19, So 10–15 Uhr) 4 km südwestlich des Zentrums in

Palma de Mallorca

Highlights

Catedral	C4
Es Baluard	A3
Museu Diocesà	C4
Palau de l'Almudaina	B4

Sehenswertes

1	Banys Àrabs	C4
2	Basílica de Sant Francesc	D3
3	Can Marquès	C4
4	Casa-Museu Joaquim Torrents Lladó	C4
5	Església de Santa Eulàlia	C3
6	La Llotja	B4
7	Museo de Muñecas	C4
8	Museu d'Art Espanyol Contemporani	D2
9	Museu de Mallorca	C4
10	Palau March	C4

Schlafen

11	Hostal Brondo	C3
12	Hotel Born	B2
13	Hotel Dalt Murada	C4
14	Hotel Palacio Ca Sa Galesa	C4
15	Hotel San Lorenzo	A3
16	Hotel Santa Clara	C4
17	Misión de San Miguel	C2

Essen

18	13%	B3
19	Bon Lloc	B3
20	Ca'n Eduardo	A4
21	La Bodeguilla	B3
22	Mercat de l'Olivar	D2
23	Simply Fosh	C2
24	Taberna El Burladero	B2

Ausgehen

25	Abaco	B4
26	Café Cappuccino	C4
27	Ca'n Joan de S'Aigo	D3
28	Jazz Voyeur Club	B3
29	Neo Cultural	B4

Shoppen

30	Camper	B2
31	Vidrierias Gordiola	C3

Cala Major gelegen. Das Museum ist in einem modernen Gebäudekomplex untergebracht, der sich an der Stelle befindet, wo Joan Miró einst sein Atelier hatte. Es präsentiert Wechselausstellungen mit den Werken, die dort seit dem Tod des Künstlers gelagert werden. Die Busse 3 und 46 fahren von der Plaça d'Espanya hierher.

Poble Espanyol NACHBILDUNG
(Carrer del Poble Espanyol 55; Erw./Kind 8/5 €; ⌚9–19.30 Uhr) Die Nachbildung des gleichnamigen Dorfs in Barcelona umfasst berühmte Denkmäler und andere Bauten in typisch spanischem Stil sowie etliche Souvenirläden.

Schlafen

Es gibt in Palma durchaus Budgetunterkünfte, trotzdem sind sie meistens noch teurer als die üblichen Pauschalurlaubshotels, die in der Regel ein gutes Preis-Leistungs-Verhältnis bieten.

LP TIPP **Hotel Santa Clara** BOUTIQUE-HOTEL €€€
(☎971 72 92 31; www.santaclarahotel.es; Carrer de Sant Alonso 16; EZ/DZ ab 155/210 €; ❄@☜) In der behutsam umgebauten historischen Villa trifft Boutique-Flair auf antiken Charme. Gedämpfte Grautöne, eiskaltes Silber und Cremefarben harmonieren mit den warmen Steinmauern, den großen Flächen und hohen Decken des Ursprungsbaus. Die kleine schmucke Dachterrasse eignet sich perfekt zum Sonnen oder zum Genießen des Sonnenuntergangs. Gäste können das Spa kostenlos nutzen.

Misión de San Miguel BOUTIQUE-HOTEL €€€
(☎971 21 48 48; www.urbanrustichotels.com; Carrer de Can Maçanet 1; Zi. ab 150 €; ❄@☜) In einer Seitengasse des Carrer Oms gelegen. Das Hotel hat 32 geräumige ruhige Zimmer mit festen Matratzen und Duschen sowie einen romantischen Innenhof. Im Restaurant bekommt man ein großartiges Frühstück für 11 €.

Hotel Born HISTORISCHES HOTEL €€
(☎971 71 29 42; www.hotelborn.com; Carrer de Sant Jaume 3; mit Frühstück EZ 52 €, DZ mit Frühstück 76–97 €; ❄@☜) Eine hervorragende Bleibe mitten in der Stadt. Das Born ist in einem Palast aus dem 18. Jh. untergebracht. Die Zimmer verbinden Eleganz mit Geschichte und bieten doch jeden modernen Komfort. Von den besten genießt man eine tolle Aussicht auf den Innenhof mit Palmen.

EIN BETT FINDEN

Im Hochsommer (Ende Juni bis Mitte September) sind die Balearen oft unglaublich überlaufen. Allein in Palma de Mallorca starten und landen dann jeweils etwa 40 Maschinen am Tag. Die meisten Besucher haben im Vorfeld eine Pauschalreise mit Hotel gebucht. Bei der Masse an Touristen, die die Inseln bewältigen müssen, kann es für Individualreisende deshalb schwierig werden, eine Unterkunft zu bekommen. Wer einen ungemütlichen Urlaubsbeginn vermeiden möchte, sollte im Sommer zumindest für die ersten paar Nächte im Voraus einen Schlafplatz reservieren. Im Juli und August sind die Preise am höchsten. In diesem Kapitel nennen wir die Sommerpreise – mancherorts kommt man in ruhigeren Monaten also deutlich günstiger davon. Oft findet man auf den Websites der Hotels Sonderangebote und Rabatte.

Hotel San Lorenzo HISTORISCHES HOTEL €€€
(☎971 72 82 00; www.hotelsanlorenzo.com; Carrer de Sant Llorenç 14; EZ/DZ ab 145/155 €;) Dieses schön restaurierte Haus aus dem 17. Jh. liegt gut versteckt in der Altstadt. Es verfügt über einen fantastischen mallorquinischen Innenhof, eine Bar, einen Speisesaal und einen hübschen kleinen Garten mit Pool.

Hostal Corona KLASSISCHES HOTEL €
(☎971 73 19 35; www.hostal-corona.com; Carrer de Josep Villalonga 22; EZ 30 €, DZ 45–60 €) Früher war das Gebäude eine Privatvilla. Das kleine Hotel besitzt einen schönen großen mit Palmen und Pflanzen bewachsenen Innenhof, der sich abends in eine beliebte Chill-out-Bar verwandelt. Holzmöbel und alte Fliesenböden prägen die einfachen Zimmer. Die nächste Bushaltestelle befindet sich an der Avinguda de Joan Miró 24 (Bus 3 oder 46 ab der Plaça d'Espanya nehmen).

Hotel Dalt Murada HISTORISCHES HOTEL €€€
(☎971 42 53 00; www.daltmurada.com; Carrer de la Almudaina 6; DZ ab 148 €) Ein sorgfältig restauriertes altes Stadthaus mit einem mittelalterlichen Innenhof, 14 Zimmern, antiken Möbeln und Kunstwerken. Einige Räume werden von der freundlichen Familie genutzt, die das Hotel führt. Die Penthouse-Suite im Stil des 21. Jhs. bietet einen einzigartigen Blick zur Kathedrale.

Hostal Brondo FAMILIENHOTEL €€
(☎971 71 90 43; www.hostalbrondo.net; Carrer de Ca'n Brondo 1; DZ mit Bad 70 €, EZ/DZ ohne Bad 40/55 €;) Vom Innenhof geht's die Treppe hinauf in eine gemütliche Stube mit Aussicht auf das enge Gässchen. Sechs der zehn Zimmer mit hohen Decken (Nr. 6 hat zwei Balkone mit Glasgalerie) verfügen über private Bäder. Die Räume sind individuell eingerichtet (von mallorquinisch bis zu marokkanisch).

Hotel Palacio Ca Sa Galesa HISTORISCHES HOTEL €€€
(☎971 71 54 00; www.palaciocasagalesa.com; Carrer del Miramar 8; EZ/DZ 261/332 €;) Palmas Spitzenreiter in puncto Klasse. Die eleganten Zimmer in dem bezaubernden Herrenhaus aus dem 16. Jh. gruppieren sich rund um den kühlen Garten im Innenhof und warten mit einem vornehmen Flair auf: Jedes ist nach einem anderen berühmten Komponisten benannt und mit Antiquitäten, Kunstwerken sowie seidenen Bettüberwürfen ausgestattet. Den Gästen stehen drei Fahrräder gratis zur Verfügung.

Essen

Im Gassengewirr zwischen der Plaça de la Reina und dem Hafen liegen zahlreiche Restaurants und Bars. Gemütliche Fischlokale und lockere Kneipen findet man im Es-Molinar-Viertel am Meer rund um Es Portixol.

LP TIPP **Simply Fosh** INTERNATIONAL €€
(☎971 72 01 14; www.simplyfosh.com; Carrer de la Missió 7A; Gerichte 14–26 €, Abendmenü 52 €; ⏲Mo–Sa) Das Restaurant des mit einem Michelinstern ausgezeichneten britischen Chefkochs Marc Fosh bietet echte Gourmetküche aus den besten Zutaten und wartet mit einer tollen Inneneinrichtung auf: Alles ist ganz in Weiß, Schwarz und Kastanienbraun gehalten und auf jedem Tisch stehen frische Blumen.

La Bodeguilla SPANISCH €€
(☎971 71 82 74; www.la-bodeguilla.com; Carrer de Sant Jaume 3; Gerichte 17,50–19,50 €; ⏲Mo–Sa) Dieses Feinschmeckerlokal bringt kreativ leicht verfremdete Gerichte aus ganz Spanien auf den Tisch, z. B. *cochinillo* (Spanferkel) aus Segovia und *lechazo* (Milchlamm), das wie in Córdoba mit Rosmarin gebraten wird.

Bon Lloc VEGETARISCH €
(☎971 71 86 17; www.bonllocrestaurant.com, auf Spanisch; Carrer de Sant Feliu 7; Menü 13,50 €; ⏲Mo–Sa Mittagessen;) In dem freundlichen, luftigen, zu 100 % vegetarischen Lokal stammt jedes Produkt aus biologischem Anbau. Sich zu entscheiden, fällt nicht schwer, denn auf dem Speiseplan steht nur das sättigende viergängige *menú*. Reservierung empfohlen.

Ca n'Eduardo FISCH €€€
(☎971 72 11 82; www.caneduardo.com, auf Spanisch; Es Mollet; Gerichte 22,50–28,50 €) Gibt's einen besseren Ort für frischen Fisch als gleich hinter dem Fischmarkt? Im Ca n'Eduardo mit seiner hellen, modernen Einrichtung und einem traumhaften Blick auf den Hafen werden schon seit den 1940er-Jahren gute Gerichte zubereitet.

13% TAPAS €
(☎971 42 51 87; www.13porciento.com; Carrer de Sant Feliu 13A; Mahlzeiten ca. 15 €;) Das L-förmige, scheunenartige Lokal am ruhigeren Ende der Altstadt ist zugleich Wein- und Tapas-Bar. Fast alle Produkte sind aus biologischem Anbau, außerdem können sich Vegetarier über eine große Auswahl freuen. Weine werden auf Stellagen präsentiert. Man kann sie entweder an der Bar genießen oder zum Mitnehmen kaufen; Letzteres ist natürlich günstiger.

Taberna El Burladero TAPAS €
(☎971 71 34 59; Carrer de la Concepció 3B; www.tabernaelburladero.com; Tapas 3,50–4,50 €, Gerichte 5,50–12,50 €; ⏲Mo–Sa) Auf die abgedroschenen Poster von Stierkampfarenen und Matadoren an den Wänden sollte man einfach nicht achten. Das gilt auch für den ausgestopften Stierkopf, der von der Wand auf einen hinabstarrt! Trotz dieser schlechten ersten Eindrücke bekommt man in dem hochmodernen Lokal nämlich preisgünstig gute, authentische Tapas.

Mercat de l'Olivar MARKT €
Der städtische Markt ist eine gute Adresse für Selbstversorger.

Ausgehen & Unterhaltung

Nachts herrscht in der Altstadt eine lebhafte Stimmung. Besonders in den Gassen zwischen der Plaça de la Reina und der Plaça de la Drassana gibt's eine immense Auswahl an Bars, Kneipen und Bodegas (Weinkellern). Gute Anlaufstellen sind auch die Viertel Santa Catalina (vor allem der Carrer de Sant Magí) und Es Molinar. 2 km westlich der Altstadt rund um den Passeig Marítim (alias Avinguda de Gabriel Roca) reihen sich zudem etliche Tavernen, Girlie-Bars und Clubs aneinander: El Garito, King Kamehameha und Tito's zählen zu den beliebtesten. Einem normalerweise missachteten Gesetz zufolge sollten die Bars sonntags bis donnnerstags eigentlich bereits um 1 Uhr und freitags und samstags um 3 Uhr schließen.

In S'Arenal und Magaluf, Touristenorte am Meer bzw. westlich von Palma, befinden sich zahlreiche Bars und Diskos, die bis zum Bersten mit krebsroten Pauschaltouristen gefüllt sind.

Vamos 365 (www.vamosmallorca365.com), ein kostenloses, monatlich erscheinendes Magazin, informiert über aktuelle Veranstaltungen.

LP TIPP **Puro Beach** DESIGNERBAR
(www.purobeach.com; ⏲April–Okt. 11–14 Uhr) Diese lässige, ganz in Weiß gehaltene Bar an einer Landzunge ist einfach perfekt für einen Cocktail bei Sonnenuntergang, für DJ-Sessions oder für Ausflüge in die Fusionsküche. Sie liegt nur zwei Fußminuten östlich von Cala Estancia (das sich wiederum nur ein wenig östlich von Ca'n Pastilla befindet).

Ca'n Joan de S'Aigo CAFÉ
(Carrer de Can Sanç 10; ⏲Mi–Mo 8–21 Uhr) Ein hervorragender Ort, um eine köstliche heiße Schokolade (1,40 €) zu trinken, denn hier sieht es aus wie in einem mit Antiquitäten vollgestopften Milchladen aus dem Jahr 1700. Die Spezialität des Hauses ist *quarts,* ein federleichter Biskuitkuchen, zu dem Kinder am liebsten Eis mit Mandelgeschmack essen.

Café Cappuccino CAFÉ
(www.grupocappuccino.com; Carrer del Conquistador 13) Hier ist der Kaffee zwar teuer, aber etwas Besonderes. Es gibt auch tolles Frühstück (7–13 €) von leichten bis zu sehr sättigenden Varianten. Das Café ist eine von fast einem Dutzend hippen Filialen der mallorquinischen Kette Cappuccino.

Abaco DESIGNERBAR
(www.bar-abaco.com, auf Spanisch; Carrer de Sant Joan 1; ⏲ab 22 Uhr) Hinter alten Holztüren verbirgt sich diese ungewöhnliche Bar in einem mallorquinischen *pati,* einem von Kerzen beleuchteten Innenhof mit kunstvollen Pflanzenarrangements, hoch aufgestapelten frischen Früchten und bizarren Kunstwerken.

Jazz Voyeur Club MUSIKBAR
(www.jazzvoyeur.com; Carrer dels Apuntadors 5; ⏲ab 22 Uhr) Der kleine Club ist kaum größer als ein Wohnzimmer. Hier treten jede Nacht Jazzbands auf. Auf den Tischen brennen rote Kerzen und es stehen ein paar Plüschsitze herum. Am besten kommt man schon früh her, wenn man noch einen Platz ergattern will.

Neo Cultural COCKTAILBAR
(☎971 72 89 94; Carrer Boteria 8; ⏲ab 19 Uhr) Eine gute Adresse, um etwas zu Abend zu essen oder sich Tapas (Tapas 4,50–9,50 €; Menü 16,50–18,50 €) zu gönnen. Der Besuch lohnt sich vor allem wegen der großen Auswahl an Cocktails und der fachkundigen Angestellten, die tolle eigene Mischungen kreieren.

El Garito MUSIKBAR
(www.garitocafe.com; Dàrsena de Can Barberà; ⏲19–4.30 Uhr). DJs und Liveacts sorgen mit jedem erdenklichen Sound von Jazz-Rock über alte Diskoknaller bis zu elektronischen Beats dafür, dass ab 22 Uhr die Hütte brennt. Der Eintritt ist meist frei.

King Kamehameha CLUB
(Passeig Marítim 29) In dem bei jungen Leuten aus aller Welt beliebten Laden sind aktuelle Techno-Hits zu hören.

Tito's CLUB
(Passeig Marítim 33) Ein klassischer Club, der in der Nebensaison (Okt.–Mai) nur von Donnerstag bis Sonntag geöffnet ist.

Shoppen

Camper SCHUHE
(Avinguda de Jaume III 16) Mallorcas berühmteste Schuhmarke ist weltweit beliebt und ökologisch-schick.

Vidrierias Gordiola GLAS
(Carrer de la Victoria 8; ⏲Sa nachmittags geschl.) Der bekannteste Glasmacher der Insel stellt traditionelle Kelche und Gläser, überraschend moderne Kunstwerke und vieles mehr her.

Praktische Informationen

Azul Cybercafé (Carrer de la Soledat 4; Internetzugang 2,90 € pro Std.; ⏲Mo–Fr 9–13.30 & 15–19, Sa 12–16 Uhr)

Consell-de-Mallorca-Touristeninformation (☎971 71 22 16; www.infomallorca.net; Plaça de la Reina 2; ⏲Mo–Fr 8–20, Sa 9–14 Uhr) Infos zur ganzen Insel. Über kulturelle und sportliche Ereignisse informiert das vierteljährlich erscheinende Gratismagazin *On Anar*.

Städtische Touristeninformation (☎902 10 23 65; Casal Solleric, Passeig d'es Born 27; ⏲Mo–Sa 9–20 Uhr) Im Bahnhof gibt's eine Zweigstelle.

Touristeninformation am Flughafen (☎971 78 95 56; ⏲Mo–Sa 8–20, So 9–13.30 Uhr)

Visit Palma (www.visit-palma.com) Website des Hotelverbands von Palma.

Unterwegs vor Ort

Der Flughafen Sant Joan liegt 10 km östlich von Palma. Infos zu Zügen und Bussen in andere Gegenden der Insel siehe S. 629.

BUS Etwa 25 Stadtbuslinien der **EMT** (☎971 21 44 44; www.emtpalma.es) sind in Palma und den Vororten in der Bucht von Palma unterwegs. Eine einfache Fahrt kostet 1,10 €, eine Zehnerkarte 8 €. Bus 15 verkehrt von der Plaça d'Espanya zu den Stränden in S'Arenal.

VOM/ZUM FLUGHAFEN Bus 1 startet alle 15 Minuten am Flughafen Sant Joan und steuert die Plaça d'Espanya im Zentrum Palmas sowie den Fährhafen an. Ein Taxi kostet 15 bis 20 €.

TAXI ☎971 75 54 40.

ABSTECHER

MIT DEM BUMMELZUG NORDWÄRTS NACH SÓLLER

Diese hübsche Reise in die Vergangenheit ist zugleich eine angenehme Möglichkeit, um von Palma de Mallorca Richtung Norden nach Sóller zu gelangen. Seit 1912 zuckelt eine Schmalspurbahn mit holzverkleideten Wagen ab der Plaça de l'Estació (einfach/hin & zurück 10/17 €, 1¼ Std., bis zu 7-mal tgl.) über die kurvige 27 km lange Strecke. Sie fährt durch eine sich ständig wandelnde Landschaft, die weiter nördlich spektakulärer wird, wenn es über die Serra de Alfàbia geht. Abwärts zum Ziel genießt man schließlich einen fabelhaften Ausblick auf Sóller und das Meer.

Südwestküste

Eine Schnellstraße führt um die Badia de Palma herum zur Südwestküste Mallorcas. Auf dem Weg liegen die Badeorte **Cala Major**, **Ses Illetes** (schöne kleine Strände), **Palma Nova** und **Magaluf** (malerische lange Strände, fest in englischer Hand), die im

Grunde nur Ausläufer des Stadtgebiets von Palma sind. Von **Andratx**, das einen Besuch lohnt, um das Stadtleben im Inselinnern zu erleben – vor allem am frühen Abend, wenn die Bewohner auf den Terrassen an der Plaça d'Espanya und Plaça des Pou einen Drink zu sich nehmen –, führen zwei Straßen zur Küste hinunter: eine nach Port d'Andratx und eine nach Sant Elm.

PORT D'ANDRATX

Port d'Andratx erstreckt sich auf niedrigen Hügeln rings um eine schmale Bucht und ist bei Seglern beliebt. Hier gibt's auch ein paar Tauchschulen.

Etwa 200 m hinter dem Hafen stößt man auf das nette **Hostal-Residencia Catalina Vera** (☎971 67 19 18; www.hostalcatalinavera.es; Carrer Isaac Peral 63; EZ/DZ 44/68 €) mit Zimmern rund um einen ruhigen Hof samt Garten. Einige Räume haben einen Balkon. Die Preise sind über Jahre konstant geblieben.

Zwei Häuserblocks vom Meer entfernt liegt das **Restaurante La Gallega** (☎971 67 13 38; Carrer Isaac Peral 52; Mahlzeiten 30 €; ⏲Di–Sa, im Nov. geschl.), ein beliebtes Fischlokal. Ausländer übersehen es häufig und besuchen eher die teureren Alternativen am Wasser.

SANT ELM

Tagesausflügler aus Palma kommen gern in das kleine, am Meer gelegene Sant Elm. Auf den letzten 7 km von Andratx über das Dorf **S'Arracó** wird die Strecke immer spektakulärer und schlängelt sich in Kurven durch die grüne Berglandschaft. Wer hier lieber wandern möchte, nimmt den Linienbus nach Andratx (4 €, 20-mal tgl., 30 Min.).

Sant Elm hat einen hübschen Sandstrand, der allerdings manchmal aus allen Nähten platzt. Gleich vor der Küste liegt eine kleine Felsinsel. Wer fit ist, kann hinüberschwimmen. Weiter im Norden befindet sich eine Anlegestelle, von der **Glasbodenboote** starten. Man kann aber auch eine 15-minütige **Bootstour** (10 €, Feb.–Nov. 5-mal tgl.) zur beeindruckenden unbewohnten **Illa Sa Dragonera** unternehmen, die mit schönen Wanderwegen aufwartet.

Reizvolle Strecken führen Richtung Nordwesten nach **La Trapa**, einem ehemaligen Kloster, und zur Kiesbucht **Cala d'En Basset**. Auf beiden Wegen ist man ungefähr eine Stunde unterwegs.

Nordwestküste & Serra de Tramuntana

Das „andere Mallorca": Die Serra de Tramuntana beherrscht die Nordwestküste und ihr Hinterland. Hier gibt's keine Badeorte mit Sandstrand. Die Felsküste ist weitgehend unzugänglich und die Häuser in den Dörfern bestehen hauptsächlich aus Stein. Wanderer lieben das bergige Land wegen der hübschen Kiefernwälder, der Olivenhaine und der Wildblumen im Frühling. Im Sommer zeigt sich die Gegend von ihrer schönsten Seite, aber sie ist auch im übrigen Jahr sehr malerisch.

Die Hauptverbindung durch die Berge, die Ma10, verläuft zwischen Andratx and Pollença mehr oder weniger parallel zur Küste. Die Strecke ist atemberaubend schön und bei Radfahrern sehr beliebt, vor allem im Frühling, wenn vor der Bergkulisse mit ihren gedämpften Braun-, Grau- und Grüntönen gelb blühende Akazien, blutrote Mohnblumen und grelle Fahrradwesten leuchtende Farbtupfer setzen. Jede Menge gut gelegene *miradores* (Aussichtspunkte) bieten sich für eine Unterbrechung an.

ESTELLENCS

390 EW.

Estellencs ist ein hübsches Dorf, dessen steinerne Häuser auf lieblichen Hügeln unterhalb des **Puig Galatzó** (1025 m) verstreut liegen. Der Ort dient als sehr beliebte Aus-

EIN PLATZ AN DER SONNE ODER EIN VERSTECK AUF DEM LAND

Lange Zeit waren Apartments, Studios, Bungalows und Villen begehrte Mietobjekte, doch inzwischen erfreuen sich ländliche Unterkünfte (fast immer mit Pool), der größten Beliebtheit. Mallorca wartet mit einigen besonders schönen Optionen auf. Wir nennen in diesem Kapitel einige Beispiele. Etliche weitere findet man im Lonely Planet *Mallorca* sowie auf den folgenden Websites:

» www.fincas4you.com
» www.fincasinmallorca.com
» www.mallorca.co.uk
» www.rusticrent.com
» www.topfincas.com

gangsbasis für Wanderer und Radfahrer. Ein wilder 1 km langer Wanderweg führt hinunter zum „Strand“, einer kleinen Bucht mit kristallklarem Wasser.

Das verwinkelte, familiengeführte **Petit Hotel Sa Plana** (☎971 61 86 66; www.saplana.com; Carrer de Eusebi Pascual; EZ 75 €, DZ 90–110 €; ❄📶🅿) verfügt über einen etwas verwilderten Garten sowie fünf individuell und geschmackvoll eingerichtete Zimmer.

BANYALBUFAR

600 EW.

8 km nördlich von Estellencs stößt man auf Banyalbufar. Rund um den mit Steinmauern umgebenen Küstenort sind steile, landwirtschaftlich genutzte Terrassen in den Fels gehauen. Im Dorf gibt's mehrere Bars und Cafés sowie drei Hotels.

Die vier einfachen Gästezimmer des charmanten Steinhauses **Ca Madò Paula** (☎971 14 87 17; www.camadopaula.com; Carrer de la Constitució 11; DZ bis zu 110 €; ❄@📶) warten mit antiken Elementen auf und zwei bieten einen Blick aufs Meer. Der kleine Essraum ist angenehm altmodisch.

Der Bus zwischen Palma und Estellencs fährt täglich vier- bis neunmal und hält unterwegs in Banyalbufar.

VALLDEMOSSA

2000 EW.

Valldemossa ist eine attraktive Mischung aus Alleen, alten Steinhäusern und beeindruckenden neuen Villen. Seinen Ruhm verdankt der Ort der Tatsache, dass hier von 1838 bis 1839 der kränkliche Komponist Frédéric Chopin und seine Geliebte, die Schriftstellerin George Sand, lebten.

Sehenswertes & Aktivitäten

Real Cartuja de Valldemossa KLOSTER
(Erw./Kind 8,50/4 €; ⏲Mo–Sa 9.30–16.30, So 10–13 Uhr) Das berühmte Liebespaar wohnte in diesem großen Kloster, dessen Zellen vermietet wurden, nachdem man die Mönche 1835 vertrieben hatte. Ihre Zeit hier war eine nicht gerade glückliche Erfahrung. Sand beschrieb dies später in *Un Hiver à Mallorque* (Ein Winter auf Mallorca), was dazu führte, dass sie es sich mit den Mallorquinern auf ewig verscherzte.

Ausflugsbusse kommen in Scharen zum Kloster, einem attraktiven Gebäude mit einem hübschen Park und einer schönen Aussicht. In den Räumen des Paars sieht man Chopins Piano (das wegen Transportschwierigkeiten erst drei Wochen vor der Abreise eintraf), seine Totenmaske und mehrere Originalschriften. Ein 15-minütiges Klavierkonzert (bis zu 8-mal tgl.) sowie der Zutritt zum **Palau del Rei Sanxo** (Palast König Sanchos) aus dem 14. Jh. gleich nebenan und zum **Ortsmuseum** sind im Eintrittspreis enthalten.

Costa Nord MULTIMEDIASHOW
(Avenida de Palma 6; Erw./Kind 5 €/frei; ⏲Mo–Fr 9.30–17, Sa & So 9–13.30 Uhr) Nach einer 15-minütigen Vorführung zur Geschichte von Valldemossa – erzählt von Michael Douglas, der eine Villa vor Port de Valldemossa besitzt – kann man seine Seetüchtigkeit bei einer virtuellen Fahrt mit der *Nixe* testen, der Yacht des Erzherzogs Luis Salvador.

Camino del Archiduque WANDERN
Mehr Anstrengung erfordert diese 3½-stündige Rundwanderung mit schwindelerregend spektakulärem Ausblick auf die Küste und das Meer.

Port de Valldemossa WANDERN/FAHREN
Von Valldemossa führt ein anstrengender Weg 7 km herunter in diese Felsbucht mit etwa einem Dutzend Häusern.

Schlafen & Essen

LP TIPP **Es Petit Hotel** BOUTIQUE-HOTEL €€€
(☎971 61 24 79; www.espetithotel-valldemossa.com; Carrer d'Uetam 1; DZ ab 125 €; ❄) Das gastfreundliche familiengeführte Haus wurde in ein entzückendes Boutique-Hotel umgebaut. In dem schattigen Garten und auf der Terrasse mit einem Blick in eine von Menschen weitgehend ungestörte Landschaft fühlt man sich Welten entfernt vom Strom der Cartuja-Besucher, die am Haupteingang vorbeikommen (zu Spitzenzeiten wird sogar abgeschlossen, um die Horden fernzuhalten). Alles hier zeugt von Liebe zum Detail und von Komfort. Ebenfalls toll: das reichhaltige Frühstücksbüfett.

Restaurant Es Port SPANISCH €€
(☎971 61 61 94; Mahlzeiten 30–35 €; ⏲Feb.–Nov.) Ein beliebtes Lokal in der Felsbucht Port de Valldemossa.

An- & Weiterreise

Bus 210 fährt fünf- bis zwölfmal täglich von Palma nach Valldemossa.

MIRAMAR & CAN MARROIG

Miramar (www.sonmarroig.com, auf Spanisch; Erw./Kind 4 €/frei; ⏲9–16.45 Uhr) 5 km nördlich von Valldemossa liegt an der Straße nach Deià eine der früheren Residenzen des

Habsburger Erzherzogs Luis Salvador, erbaut auf dem Gelände eines Klosters aus dem 13. Jh. Heute ist nur noch ein kleiner Teil des Kreuzgangs übrig.

2 km weiter stößt man auf **Can Marroig** (Eintritt 4 €; ⏲Mo–Sa 9.30–19.30 Uhr), einen zweiten Sitz des Erzherzogs. Das prunkvollere, herrlich weitläufige Herrenhaus ist mit Möbeln und zeitgenössischen Gegenständen vollgestopft. Von hier aus genießt man eine traumhafte Aussicht. Ein 3 km langer Wanderweg führt hinunter zur Küste und nach **Foradada**, eine hohe durchlöcherte Felsformation, durch die man das Meer sieht.

DEIÀ

750 EW.

Deià ist vielleicht das berühmteste Dorf auf Mallorca. Die Umgebung ist idyllisch, hier und da duckt sich eine Gruppe von Steinhäusern in steile Flanken und auf den Terrassen werden Gemüse, Wein und Obst angebaut.

Diese Schönheit hat schon immer Leute angezogen, und so traf man in Deià früher zahlreiche internationale Schriftsteller, Schauspieler und Musiker, die in dem Ort ihre zweite Heimat gefunden hatten. Der berühmteste unter ihnen war der englische Autor Robert Graves, der hier 1985 starb und auf dem Friedhof am Berghang seine letzte Ruhe fand.

Sehenswertes & Aktivitäten

Die Ma10 verläuft quer durch die Ortsmitte. Mehrere teure Ateliers und Galerien verkaufen Werke lokaler Künstler.

Casa Robert Graves HISTORISCHES GEBÄUDE

(www.fundaciorobertgraves.com; Ca N'Alluny; Erw./Kind 5/2,50 €; ⏲Mo–Fr 10–16.15 Uhr, Sa 10–14 Uhr) Graves kam 1929 nach Deià, wo er sich ein Haus bauen ließ. Man erreicht es nach fünf Gehminuten entlang der Straße Richtung Sóller. Hier sieht immer noch alles so aus, als sei der Schriftsteller nur kurz für einen Spaziergang nach draußen gegangen. Zuerst kann man sich die audiovisuelle Vorführung ansehen und dann das Gebäude sowie den hübschen Garten erkunden.

Cala Deià STRAND

Dieser kurze Strand ist ein beliebter Badeplatz. Im Sommer werden hier einige lebhafte Bar-Restaurants betrieben. Von Deià aus braucht man für den steilen Fußweg etwa eine halbe Stunde. Man kann auch mit dem Auto hinfahren (3 km ab dem Zentrum von Deià), doch die Konkurrenz um einen Parkplatz (5 € für den Tag) kann groß sein.

> **MIT DEM BUS DURCH DEN NORDWESTEN**
>
> Zwischen April und Oktober startet täglich um 9 sowie um 15 Uhr jeweils ein Bus in Ca'n Picafort und in Port de Sóller. Bei Wanderern erfreut sich die Verbindung großer Beliebtheit. Im Folgenden ist die Fahrtdauer zwischen den Haltestellen angegeben:
>
> **Port de Sóller–Sóller** 10 Min.
>
> **Sóller–Monasteri de Lluc** 1 Std.
>
> **Monasteri de Lluc–Cala Sant Vicenç** 30 Min.
>
> **Cala Sant Vicenç–Port de Pollença** 15 Min.
>
> **Port de Pollença–Alcúdia** 15 Min.
>
> **Alcúdia–Port d'Alcúdia** 15 Min.
>
> **Port d'Alcúdia–Ca'n Picafort** 30 Min.

Küstenwanderweg WANDERN

In der Gegend erstrecken sich ein paar schöne Trekkingrouten, z. B. der einfache **Küstenwanderweg** zum sympathischen Örtchen **Lluc Alcari** (hin & zurück 3 Std.). Alternativ kann man auch den alten Maultierpfad zwischen Deià und Sóller nehmen (hin & zurück 2 Std.).

Pfarrkirche KIRCHE

Steile gepflasterte Gassen führen zu der Pfarrkirche mit angegliedertem **Museum**.

Schlafen

Hostal Miramar FAMILIENHOTEL €€

(☎971 63 90 84; www.pensionmiramar.com; Carrer de Ca'n Oliver; Zi. mit Frühstück mit/ohne Bad 84/75 €; ⏲März–Mitte Nov.) Das Steinhaus aus dem 19. Jh. mit Garten versteckt sich oberhalb der Hauptstraße und bietet einen Blick auf die Kirche am Hang und das Meer. Es ist ein schattiger Rückzugsort mit neun Zimmern. Im Laufe der Jahre hat hier so mancher Künstler übernachtet: Die Wände des Frühstücksraums kann man vor lauter Gemälden kaum mehr sehen.

S'Hotel des Puig HOTEL €€€

(☎971 63 94 09; www.hoteldespuig.com; Carrer des Puig 4; EZ/DZmit Frühstück 90/145 €; ⏲Feb.–Nov.; ❄📶🏊) Die acht Zimmer dieser netten Herberge mitten in der Altstadt sind moderner als es das alte Gemäuer vermu-

ABSTECHER

RUTA DE PEDRA EN SEC

Wanderer können die Serra de Tramuntana von Port d'Andratx nach Pollença in einer Woche überqueren. Meist geht's dabei über gepflasterte alte Maultierpfade. Man folgt dem teilweise fertiggestellten 135 km langen Fernwanderweg GR221 alias Ruta de Pedra en Sec (Route der Trockenen Steine). Der Begriff „trockener Stein" bezieht sich auf eine uralte Bautechnik auf der Insel. Landwirtschaftliche Terrassen, Häuser, Mauern und andere Bauwerke aus Stein ohne Mörtel prägen die Berglandschaft. Eines Tages soll der ausgeschilderte Weg aus acht Etappen bestehen und am Ende jedes Tages kann man dann in einem *refugi* (Berghütte) übernachten. Die bisherige Route ist in der Broschüre *GR221: Mallorca's Dry Stone Way* von Charles Davis detailliert beschrieben. Hilfreich ist auch die Website www.conselldemallorca.net/mediambient/pedra.

ten lässt. Auf der Rückseite des Hotels befinden sich ein toller Pool und eine ruhige Terrasse.

Hotel Costa d'Or HOTEL €€€
(☎97163 90 25; www.hoposa.com; EZ/DZ mit Frühstück ab 99/171 €; ⏰April–Okt.; ❄@📶🏊) Ein Hotel mit Designerzimmern in abgeschiedener Lage 3 km nördlich von Deià in der Ortschaft Lluc Alcari. Zimmer mit Meerblick kosten deutlich mehr, aber vom Restaurant, von der Terrasse und vom Pool aus genießt man eine ebenso schöne Aussicht. In 15 Minuten geht's durch Kiefernwald hinunter zum Kieselstrand mit dem glasklaren Wasser.

Essen

El Barrigón de Xelini TAPAS €
(Avinguda del Arxiduc Lluís Salvador 19; Mahlzeiten 20 €; ⏰Di–Sa) Hier weiß man eigentlich nie so genau, was einen erwartet, aber Tapas – über 50 Varianten aus allen Teilen Spaniens – gehören immer dazu. Auch Lammfleisch wird gern zubereitet. Im Sommer treten abends ab und zu Jazzbands auf.

Sebastian MEDITERRAN €€
(☎971 63 94 17; Carrer de Felip Bauzà 2; Hauptgerichte 23–27 €; ⏰Do–Di Abendessen) Mit seinen nackten Steinwänden und den weißen Tischtüchern bietet das Sebastian ein nobles Ambiente. Auf der Speisekarte stehen nur jeweils drei delikate Hauptgerichte mit Fisch oder Fleisch sowie einer köstlichen Sauce oder Püree.

ℹ Praktische Informationen

Deià Mallorca (www.deia.info) Website mit Infos zu Deià.

SÓLLER

13 950 EW.

In einer breiten Ebene vor der felsigen Serra de Tramuntana erstreckt sich zwischen Zitrusplantagen die schattige, ockerfarbene Stadt Sóller. Sie ist ein guter Ausgangspunkt, um den Nordwesten der Insel zu erkunden.

Der Hauptplatz Plaça de la Constitució liegt 100 m unterhalb des Bahnhofs, der mit ein paar beachtlichen **Ausstellungen** (⏰10–18.30 Uhr) spanischer Künstler aufwartet: In der Sala Picasso werden Keramiken präsentiert und in der Sala Miró Gemälde. Den Platz säumen Bars und Restaurants, das Rathaus und die große, überwiegend im barocken Stil gehaltene **Església de San Bartolomé** (⏰Mo–Do 11–13.15 & 15–17.15, Fr & Sa 11–13.15 Uhr). Ihre modernistische Fassade wurde von einem Schüler Antoni Gaudís entworfen, der auch die noch auffälligere Vorderfront der **Banco de Sóller** (heute Banco de Santander) rechts neben der Kirche gestaltet hat.

Ein 1 km langer Weg führt vom Platz aus nach Westen zum **Jardí Botànic** (www.jardibotanicdesoller.org; Erw./Kind 5 €/frei; ⏰Di–Sa 10–18, So 10–14 Uhr), einem friedlichen botanischen Garten mit Blumen und endemischen Pflanzen der Balearen.

Nicht verpassen sollte man eine Fahrt mit Sóllers seitlich offener historischer **Straßenbahn** (4 €) aus Holz, die 2 km hinab nach **Port de Sóller** an der Küste tuckert. Sie startet zwischen 7 und 20.30 Uhr jede halbe Stunde am Bahnhof.

In Sóller und Umgebung gibt's zahlreiche Boutique-Hotels in historischen Gebäuden und Landhäusern; viele findet man unter www.sollernet.com. Rechts neben dem Bahnhof liegt das familiengeführte **Hotel El Guía** (☎971 63 02 27; www.sollernet.com/elguia; Carrer del Castanyer 2; EZ/DZ 53/84 €) mit einem hauseigenen Restaurant. Wanderer treffen dort viele Gleichgesinnte. Die hellen einfachen Zimmer verfügen über schmucke Holzdekorationen und ein modernes Bad.

Das **Ca's Carreter** (☎971 63 51 33; Carrer del Cetre 9; Menü 12 €, Gerichte ca. 16 €; ⊙Di–Sa Mittag- und Abendessen, So Mittagessen), ein einladendes Lokal in einer ehemaligen Karrenwerkstatt, bietet einfache mallorquinische Küche, darunter fangfrischer Fisch und Gerichte aus lokalen Produkten.

Unter den etwa 40 Eissorten der **Sa Fabrica de Gelats** (www.gelatsoller.com; Plaça del Mercat) stechen die auf Basis von frischem Orangen- oder Zitronensaft hervor. Man kann das Eis mitnehmen oder gemütlich in dem ruhigen Innenhof probieren.

Die **Touristeninformation** (☎971 63 80 08; www.sollernet.com; ⊙Mo–Fr 9.45–14 & 15.15–17, Sa 9.15–15 Uhr) befindet sich in einem alten Zugwaggon neben dem Bahnhof. Wer Wanderungen im Talkessel von Sóller oder darüber hinaus plant, sollte hier die Broschüre *Sóller Bon Dia Senderismo* mitnehmen. Im Lonely Planet *Walking in Spain* sind drei herrliche Tageswanderungen beschrieben, die in diesem Ort beginnen.

BINIARAIX & FORNALUTX

Von Sóller aus führt ein schöner Weg 2 km zum Weiler Biniaraix hinauf, den man sowohl per Auto, Fahrrad oder auch zu Fuß zurücklegen kann. In dem Dorf beginnt eine klassische Wanderroute hinauf zum Barranc de Biniaraix. Sie folgt teilweise dem alten Pilgerweg zum Monestir de Lluc.

Richtung Norden windet sich die schmale Landstraße durch terrassenförmig angelegte Haine voller Orangen- und Zitronenbäume hoch bis Fornalutx, einem hübschen Ort mit markanten Häusern, die sich durch grüne Fensterläden, bunte Blumenkästen und gepflegte Gärten auszeichnen. Viele wurden inzwischen an Einwanderer verkauft.

Das **Fornalutx Petit Hotel** (☎971 63 19 97; www.fornalutxpetithotel.com; Carrer de l'Alba 22; EZ/DZ 80/145 €; ⊙Mitte Feb.–Mitte Nov.; ❄@🛜🏊), ein geschmackvoll umgebautes ehemaliges Kloster hinter dem Hauptplatz, ist nicht nur eine Boutique-Unterkunft, sondern auch eine Kunstgalerie. Jedes der acht Zimmer trägt den Namen eines zeitgenössischen mallorquinischen Malers, und die an den Wänden hängenden Gemälde sind zu verkaufen. Besonders bezaubernd ist die Suite (240 €) in der früheren Kapelle. Gäste dürfen die Sauna und den Whirlpool gratis nutzen. Von der herrlichen Terrasse blickt man über das fruchtbare Tal. Mit den Besitzern lassen sich wunderbar Reiseerlebnisse austauschen, weil das Ehepaar ganze drei Jahre lang um die Welt segelte.

Fürstlich speisen wie Königin Sofía, die hier tatsächlich schon zu Mittag aß, kann man im **Ca N'Antuna** (☎971 63 30 68; Carrer de Arbona Colom 14; Gerichte ca. 15 €; ⊙Di–Sa Mittag- und Abendessen, So Mittagessen) an der Ma2121. Von hier aus genießt man eine Aussicht auf das 500 m nordöstlich gelegene Dorf. Das Restaurant ist vor allem für seine Fleischgerichte bekannt, darunter z. B. *lechona asada* (knusprig gegrilltes Schweinefleisch) und *conejo con cebolla* (Kaninchen mit Zwiebeln).

SA CALOBRA

Die 12 km lange Straße von der Ma10 zum kleinen Hafen Sa Calobra ist spektakulär. Sie wurde durch bizarre Felsformationen gehauen und schlängelt sich durch schmale Grate in einer endlos scheinenden Folge von Haarnadelkurven zum Meer hinunter. Alleine ist man in Sa Calobra allerdings nicht. Ganze Reisebusarmeen und Ausflugsbootflotten spucken eine Touristenkompanie nach der anderen aus. Durch einen Felstunnel führt ein kurzer Pfad zu einer kleinen Bucht mit ein paar tollen, aber meist überfüllten Badestellen. Flussaufwärts geht's zu einer abenteuerlichen Schlucht, dem **Torrent de Pareis**.

Boote starten von Port de Sóller zu aufregenden Touren unter die Klippen von Sa Calobra; einige passieren die Cala Tuent.

DER EWIGE KAMPF ZWISCHEN MAUREN & CHRISTEN

Jedes zweite Maiwochenende fällt eine bunte Schar maurischer Piraten in Sóller ein. An der nachgestellten Schlacht zwischen *pagesos* (Einheimischen) und *moros* (Mauren), **Es Firó** genannt, nehmen über 1000 Einwohner teil. Bei den **Moros i Cristians** (Mauren und Christen) wird der berühmte Sieg bei einem maurischen Angriff am 11. Mai 1561 gefeiert. Zu diesem Anlass verkleiden sich die Einheimischen als Krummsäbel schwingende maurische Piraten, malen sich schwarz an und treten in mehreren nachgestellten Kämpfen mit viel Trommelwirbel und Geböller gegen Pfähle schleppende Verteidiger an.

ABSTECHER

CALA TUENT

Wer motorisiert ist und den Menschenmassen entgehen möchte, biegt 2 km vor dem Hafen Sa Calobra nach Westen zur Cala Tuent ab, einer ruhigen, smaragdgrünen Bucht mit Kieselstrand im Schatten des Puig Major.

MONESTIR DE LLUC

Einer Legende zufolge entdeckten irgendwann im 13. Jh. ein Schafhirte und ein Mönch an einem Bach eine kleine Statue der Heiligen Jungfrau und brachten sie in die Kirche der Gemeinde. Am nächsten Tag war die Figur verschwunden und lag wieder am Ufer des Bachs. Dies geschah noch zweimal, bis die Dorfbewohner die Botschaft verstanden hatten und eine Kapelle errichteten, um der Statue an ihrem Fundort Schutz zu bieten.

Kurz darauf wurde hier noch ein Kloster gebaut. Seither kommen jedes Jahr Tausende von Pilgern, um die Schwarze Madonna von LLuc, auch *La Moreneta* (die kleine Schwarze) genannt, zu verehren.

Montags bis freitags um 11.15 und um 16.45 Uhr sowie sonntags um 11 Uhr singt dort der berühmte Knabenchor *Els Blauets* (Die Blauen). Er wurde bereits vor 500 Jahren gegründet. Der Name stammt von der Farbe der Mönchskutten.

Das heutige **Klostergebäude** (www.lluc.net; Eintritt frei; ⌚8.30–20 Uhr), ein riesiger und überaus karger Komplex, stammt aus dem 18. Jh. Vom Innenhof aus gelangt man in die **Basílica de la Mare de Déu**; die Statue der Muttergottes steht im Chorumgang hinter dem Hauptaltar. Außerdem befindet sich hier ein **Museum** (Eintritt 4 €; ⌚So–Fr 10–14 Uhr) mit einigen Ausgrabungsfunden und einer bescheidenen Kunstsammlung.

Im Gästetrakt des Klosters, dem **Santuari de Lluc** (☎971 87 15 25; EZ/DZ 35/40 €), übernachten vor allem Schulklassen, Wanderer und Pilger. Die Räume unten sind düster und nicht besonders empfehlenswert. Sein Bett muss man selbst machen. Es gibt auch Apartments mit Kochgelegenheit (48 €) sowie mehrere nahe gelegene Restaurants und Cafés.

POLLENÇA

17 260 EW.

Das nächste Etappenziel auf einer Pilgerfahrt durch Mallorca ist diese attraktive Stadt abseits der Küste. Wer fromm genug ist, steigt die 365 Stufen vom Ort hoch zur Schreinkapelle auf dem **Calvari** (Kalvarienberg). Der Blick von dort oben entschädigt für die Anstrengung. Zum Relaxen lädt die Plaça Major ein, deren Cafés und Restaurants – darunter der Club Pollença, der vor Kurzem sein 100-jähriges Jubiläum feierte – mit breiten Terrassen aufwarten.

Wer am 2. August vor Ort ist und eine Horde wilder Bukaniere an Land stürmen sieht, sollte sich keine Sorgen machen: Pollença feiert mit seinem **Festes de la Patrona** (Patronatsfest) die Vertreibung der maurischen Eroberer im Jahr 1550.

Eine 1,5 km lange Straße, die man am besten zu Fuß bewältigt, führt südlich der Stadt hinauf zum ehemaligen Kloster **Santuari de la Mare de Déu des Puig** (☎971 18 41 32; DZ 22 €), wo man in einfachen früheren Mönchszellen übernachten kann. Unbedingt vorher reservieren! Auch wenn man auf diese asketische Erfahrung verzichten kann, lohnt sich der Aufstieg wegen des fantastischen Rundumpanoramas.

Das **Restaurant Eu Centro** (☎971 53 50 82; Carrer del Temple 3; Gerichte 9–13 €; ⌚Do–Di) ein wenig nördlich der Plaça Major serviert mallorquinische Küche und Tapas. Sehr beliebt sind *tumbet* (Gemüseauflauf) und *frit mallorquí* (Lamminnereien mit Gemüse).

CALA SANT VICENÇ

Die vier wie Juwelen aufgereihten Buchten machen Cala de Sant Vicent zu einem friedlichen Badeort in einer prächtigen Umgebung. Klar ist man auch hier nicht vor Bratwurst mit Sauerkraut und englischem Frühstück sicher, aber im Vergleich zu den großen Stränden weiter im Südosten lässt sich das noch gut ertragen. Außerdem ist das Wasser so klar, dass man meint, bis zum Mittelpunkt der Erde schauen zu können.

Etwas zurückgesetzt von der Straße liegt zwischen Cala Molins und Cala Carbo das **Hostal los Pinos** (☎971 53 12 10; www.hostallospinos.com; EZ/DZ mit Frühstück 44/70 €; ⌚Mai–Mitte Okt.; 🏊) mit zwei weißen Villen an einem grünen Hang. Die Superior-Doppelzimmer bieten teilweise einen Blick aufs Meer und haben einen getrennten Schlaf- und Wohnbereich sowie Balkone. Hier geht's entspannt und ruhig zu. Bis zum Strand sind es nur wenige Gehminuten.

PORT DE POLLENÇA

Dieser Badeort an der Nordküste der Badia de Pollença wird vor allem von britischen

Pauschalurlaubern angesteuert. Am Strand kann man Surfbretter und Yachten mieten. Richtung Süden wird die Küste immer felsiger und die Strände sind weniger hübsch.

CAP DE FORMENTOR

Eine herrliche Straße führt von Port de Pollença hinaus auf das felsige Cap de Formentor. Am **Mirador de Sa Creueta** (232 m) 3 km außerhalb von Port de Pollença lohnt sich ein Halt, weil man hier eine spektakuläre Aussicht genießt. Auf halber Strecke zum Kap stößt man auf das historische **Hotel Formentor** – ein echtes Schmuckstück aus der Zeit vor dem Zweiten Weltkrieg – und einen schattigen Strand namens **Platja de Formentor** (alias Platja del Pi). Von dort aus sind es noch 11 km bis zum Leuchtturm am Kap, Mallorcas nördlichstem Punkt.

Badia d'Alcúdia

Die langen breiten Strände dieser riesigen Bucht säumen die Nordostküste und erstrecken sich in einem weiten Bogen von Port d'Alcúdia bis Ca'n Picafort.

ALCÚDIA

19 100 EW.

Eingekeilt zwischen der Badia de Pollença und der Badia d'Alcúdia liegt die hektische Stadt Alcúdia, eine frühere römische Siedlung. Reste des römischen Theaters sind erhalten und Teile der mittelalterlichen (weitgehend nachgebauten) Mauer schützen noch immer die Altstadt. Gleich außerhalb der Mauer kann man durch die römischen Ruinen von **Pollentia** (www.pollentia.net; Erw./Kind 3/2 €; ⌚Di–Sa 9.30–20 Uhr) wandern. Auch das hübsche Stadtzentrum lohnt einen Besuch.

Die **Fonda Llabres** (☎971 54 50 00; www.fondallabres.com; Plaça de sa Constitució 6; EZ/DZ 30/36 €; ❄) befindet sich in zwei Gebäuden (eins ist das ehemalige Fernsprechamt) mitten im Dorf und verfügt über günstige, komfortable Betten sowie preiswertere Zimmer ohne Bad.

Bus 351 verkehrt stündlich von Palma (4,60 €, 1 Std.) nach Alcúdia.

PORT D'ALCÚDIA

Ein hübscher Sandstrand erstreckt sich sichelförmig südlich des großen Hafens, von dem täglich Bootsausflüge zu Zielen wie der **Platja de Formentor** beginnen. Das nahe gelegene **Cap des Pinar**, eine Halbinsel, lädt zum Radfahren und Wandern ein.

Ornithologen sollten sich den **Parc Natural de S'Albufera** (⌚9–17 Uhr), ein naturgeschütztes Feuchtgebiet gleich südlich von Port d'Alcúdia, nicht entgehen lassen, denn hier tummeln sich mehr als 300 Vogelarten. Von der Ma12 aus verläuft ein 1 km langer Fußweg am Kanal entlang zum Besucherzentrum. Von hier aus kann man drei kurzen ausgeschilderten Wegen von je ca. 750 m folgen, die zu Aussichtsplattformen führen.

Die 17 Doppelzimmer des kleinen gastfreundlichen **Hostal Vista Alegre** (☎971 54 73 47; www.hvista-alegre.com; Passeig Marítim 10; EZ/DZ 20/35 €; ❄) sind klimatisiert (5 € extra). Drei große Drei-Bett-Zimmer bieten einen Blick zum Hafen und verfügen über einen kleinen Balkon: Sie haben zwar keine Klimaanlage, doch wenn die Meeresbrise hineinweht, braucht man auch keine.

CA'N PICAFORT & UMGEBUNG

Ab Ca'n Picafort, sozusagen die kleinere Version von Port d'Alcúdia, trifft man inzwischen auf immer mehr Pauschalurlauber. Der Ort wirkt etwas rau und seelenlos, aber die Strände können sich sehen lassen. 5 km weiter südlich an der Küste liegt Son Serra de Marina mit einem schönen, zum Windsurfen geeigneten 2 km langen Strand.

Can Sol befindet sich südlich von Ca'n Picafort bei Kilometer 17,7 etwas von der Ma12 zurückversetzt. Von der Siedlung aus früheren Bauernhäusern führen drei ausgeschilderte Wege (2–3,5 km pro Strecke) hinunter zum Naturpark **Son Real** (⌚10–16 Uhr), der auch Mallorcas größte Nekropole ist. Im Hauptgebäude des Parks veranschaulicht eine empfehlenswerte, einfühlsam gemachte **Multimediashow** (Erw./Kind 5/2,50 €) Mallorcas traditionelles Landleben.

Ostküste

Viele Strände an Mallorcas Ostküste sind dem Wüten des Massentourismus zum Opfer gefallen. Hier stößt man auf zahlreiche Betonwüsten, die den schlimmsten Exzessen an der Costa del Sol auf dem spanischen Festland in nichts nachstehen. Weiter südlich ist die Küste zerklüfteter und die vielen kleinen Buchten und Häfen bewahren diesen Landstrich vor dem Schicksal der nördlichen Nachbarn.

ARTÀ

7400 EW.

Über das ruhige Städtchen Artà im Landesinneren wachen auf einer Anhöhe eine Festung aus dem 14. Jh. und die **Església de San Salvador**. Von dort oben bietet sich ein schöner Panoramablick über die Dächer, die Landschaft und das Meer.

An der Küste, 11 km südöstlich von Artà an der Grenze zur Ma4042, liegen tief in den Felsen die **Coves d'Artà** (www.cuevasdearta.com; Eintritt 10,50 €; ⏲10–17 Uhr). Die Höhlen konkurrieren mit Porto Cristos Coves del Drac, sind aber etwas weniger besucht. Alle halbe Stunde startet eine Führung.

LP TIPP Im **Hotel Casal d'Artà** (☎971 82 91 63; www.casaldarta.de; Carrer de Rafael Blanes 19; EZ/DZ mit Frühstück 55/91 €; ❄📶), einer wunderbaren Villa in der Ortsmitte erwartet einen in den Zimmern zur Begrüßung Obst, außerdem stehen auf dem Frühstückstisch stets frische Blumen. Von der bepflanzten Dachterrasse mit einem sprudelnden Brunnen genießt man einen einzigartigen Blick auf den Ort und das Meer. An der Bar neben der Rezeption kann man sich auf Vertrauensbasis selbst bedienen und das Geld einfach in das Sparschwein werfen. Am besten lässt man sich Zimmer 4 oder 8 geben: Beide haben fantastische Bäder in einem kleinen, prachtvollen Erker.

CALA RATJADA

6000 EW.

An den Hauptstraßen dieses quirligen, aber nicht unattraktiven Badeorts reiht sich ein Souvenirladen an den nächsten, und an den hübschen Stränden grillen Leiber dicht an dicht. Man sollte Strände außerhalb des Orts besuchen, z. B. die **Cala Mesquida**.

3 km im Inland thront das gut erhaltene **Castell de Capdepera** (Erw./Kind 3 €/frei, Audioguide 2 €; ⏲9–17 Uhr) über dem gleichnamigen Dorf. Man kann durch den Wehrgang spazieren und das kleine Museum zum Korbflechten aus Palmwedeln besuchen, womit einst die Einwohner ihren Lebensunterhalt verdienten. Das Auto lässt man unten stehen und legt das letzte steile Stück zu Fuß zurück.

Eine Unterkunft kann man online über die Website des lokalen Hotelverbands **First Sun Mallorca** (www.firstsunmallorca.com) buchen.

Bus 411 verbindet Palma de Mallorca mit Artà und Cala Ratjada (10 €, 5-mal tägl., 1¾ Std.). Im Sommer fahren Boote nach Ciutadella auf Menorca (s. S. 663).

COVES DEL DRAC & PORTO CRISTO

Die spektakulären und vielbesuchten **Coves del Drac** (Drachenhöhlen; www.cuevasdeldrach.com; Erw./Kind 11,50 €/frei; ⏲10–17 Uhr) erstrecken sich an der Südseite des Ortes. Wenn man der Menschenmenge 1 km folgt (begleitet von mehrsprachigen Erklärungen), gelangt man zu einem großen Amphitheater an einem See und kann ein kurzes klassisches Konzert genießen. Jede Stunde beginnt eine 60-minütige Führung. Kreditkarten werden nicht akzeptiert.

PORTOCOLOM

Portocolom ist ein ruhiger Hafenort, der dem Ansturm der Touristenmassen mit Würde trotzen konnte. Wenige Kilometer entfernt locken malerische Strände wie die unberührte Bucht **Cala Marçal**.

Das direkt am Meer gelegene **Hostal Porto Colom** (☎971 82 53 23; www.hostalportocolom.com; Carrer d'en Cristòfol Colom 5; EZ/DZ 55/90 €, Gerichte 15–20 €; ❄) hat freundlich eingerichtete luftige Zimmer mit Parkettböden und großen Betten. Unten gibt's ein cooles Restaurant und eine Loungebar.

Die Busse 490 und 491 verkehren täglich zwischen Portocolom nach Felanitx und Palma (5,50 €, 8-mal tgl., 1¾ Std.).

VON CALA D'OR BIS CALA MONDRAGÓ

Cala d'Or war einmal ein schönes altes Fischerdorf, doch heute ist es ein aufgeblasener Urlaubsort, in dem das Geld regiert. Im geschniegelten Yachthafen ankern Boote, denen man ihren Preis ansieht, und die Hügel der Umgebung sind voller weiß getünchter Villen.

Im Süden schließt sich das kleinere, ruhigere **Portopetro** an (eigentlich sind die Orte längst zusammengewachsen). Es ist von einer kleinen Bucht umgeben, in der Boote vor Anker liegen. Um Portopetro herum erstrecken sich Wohnsiedlungen, am Hafen liegen Bars und Restaurants, und in der Nähe gibt's ein paar kleine Strände.

Cala Mondragó, 2 km südlich von Portopetro, ist eine der attraktivsten Buchten der Ostküste: Sie verfügt über drei von Felsen abgeschirmte und von Kiefern umringte Strände, die durch Küstenwanderwege miteinander verbunden sind.

Das ruhige fünfgeschossige **Hotel Playa Mondragó** (☎971 65 77 52; www.playamondrago.com; Cala Mondragó; EZ/DZ inkl. Frühstück 63/96 €; ⏲Ostern–Okt.; ❄📶🏊) befindet sich kaum 50 m hinter dem am leichtesten zugänglichen Sandstreifen. Die besseren Zimmer warten mit Balkonen und einem schönen Meerblick auf.

NICHT VERSÄUMEN

TOP FIVE: STRÄNDE AUF MALLORCA

» **Platja de Formentor** (S. 643)
» **Cala Llombards** (siehe unten)
» **Cala Sant Vicenç** (S. 642)
» **Cala Deià** (S. 639)
» **Es Trenc** (siehe unten)

CALA FIGUERA

Hier sieht man noch echte Fischer: Vor Tagesanbruch segeln sie mit ihren Booten die schmale, gewundene Bucht hinaus, während die (vor allem deutschen) Touristen ihren Rausch vom Vorabend ausschlafen. Wahrscheinlich ist der Ort nur deshalb so authentisch, weil man mit dem Auto ein paar Kilometer nach Südwesten bis zum nächsten Strand, der hübschen **Cala Santanyí**, zurücklegen muss. Noch netter ist es an der **Cala Llombards**, die man von der Cala Santanyí zu Fuß erreicht (über eine nicht enden wollende Treppe). Wer mit dem Auto unterwegs ist, fährt über den Ort Santanyí: Erst folgt man der Beschilderung nach Llombards und hält sich dann Richtung Cala Llombards.

Das 300 m vom Hafen in Cala Figuera entfernte **Hostal Mar Blau** (☎971 64 52 27; www.marblau.eu; EZ 29–37 €, DZ 38–46 €; ⏲April–Okt.; ❄📶) ist eine gastfreundliche, überaus preisgünstige Unterkunft. Die Zimmer (die teureren haben Klimaanlage und Kühlschrank) sind blitzsauber. Wer unabhängig sein will, kann ein komplett ausgestattetes Apartment (46–80 €, Mindestaufenthalt 3 Tage) mieten; einige warten sogar mit einem Meerblick auf.

Bus 502 fährt zweimal täglich von Palma (6,50 €, 1¾ Std.) über Colònia de Sant Jordi hierher.

COLÒNIA DE SANT JORDI

Dieser Badeort ist nicht besonders aufregend, aber in der Nähe verstecken sich einige gute Strände, darunter vor allem **Ses Arenes** und **Es Trenc** (mit FKK-Bereich), beide ein paar Kilometer in Richtung Palma gelegen.

Auf der ehemaligen Gefängnisinsel Cabrera, 18 km vor der Küste, starben 5000 französische Soldaten, nachdem sie dort 1809 gegen Ende der Napoleonischen Kriege von ihren spanischen Geiselnehmern freigelassen wurden. Die Illa Cabrera und die umliegenden Inselchen bilden heute den **Parc Nacional Arxipèlag de Cabrera**.

Excursions A Cabrera (☎971 64 90 34; www.excursionsacabrera.com, auf Spanisch; Erw./Kind 38/20 €; ⏲April–Okt.) bietet Tagesausflüge zur Insel an, während **Marcabrera** (☎622 574806; www.marcabrera.com; Erw./Kind 38/30 €) zweistündige Schnellboottouren inklusive Landgang im Programm hat.

Das Landesinnere

Östlich der Serra de Tramuntana erstreckt sich Mallorcas Hinterland, eine fruchtbare Ebene ohne große Erhebungen. Die teils brachliegende Landwirtschaft und unspektakuläre Siedlungen prägen die Gegend. Hier ticken die Uhren anders und es gibt einige günstige Unterkünfte.

Mehrere größere Ortschaften sind berühmt für spezielle und erlesene Produkte. In **Binissalem** werden beispielsweise geringe Mengen hochwertiger Rot- und Weißweine hergestellt. **Felanitx** liegt im Zentrum eines weiteren Weinanbaugebiets und hat sich u. a. mit Keramikwaren einen Namen gemacht, während **Inca** eine führende Rolle in der spanischen Leder- und Schuhindustrie einnimmt. Hier locken zahlreiche Fabrikverkäufe und Läden, etwa an der Gran Via de Colom und der Avinguda del General Luque. Die melancholische Industriestadt **Manacor** ist für ihre Kunstperlen und ihre Möbelhersteller bekannt, außerdem erblickte dort Rafael Nadal das Licht der Welt. Gleich hinter dem Ortseingang an der Straße aus Palma stößt man auf eine Filiale der größten Majorica-Fabrik.

Nur 6 km östlich von Felanitx thront das festungsartige **Santuari de Sant Salvador** auf einem 510 m hohen Hügel. In dem Heiligtum leben schon lange keine Mönche mehr, aber das **Petit Hotel San Salvador** (☎971 51 52 60; www.santsalvadorhotel.com; EZ/DZ 45/68 €, Abendessen vom Büfett 15 €) hat seine früheren Zellen zu einfachen, adretten Zimmern mit tollem Panoramablick und Bad umgewandelt. Zum Hotel gehört ein hervorragendes Cafe (nicht zu verwechseln mit der düsteren Alternative im Kloster).

IBIZA

Für viele ist Ibiza (auf Katalanisch Eivissa) ein Sinnbild für endlose Partys in mediterranen Megaclubs. Doch die Insel zeigt sich auch von einer anderen Seite.

Die Griechen nannten Ibiza und Formentera *Pityusen* (Ficheninseln). Die Landschaft ist herb und felsig. Außer zähen Fichten wachsen hier vor allem Oliven-, Feigen- und Mandelbäume. Was nicht jeder weiß: Etwa die Hälfte der Insel, vor allem der unberührte Nordosten, ist nach wie vor mit dichten Wäldern bedeckt.

1956 gab es hier gerade einmal zwölf Autos. In den 1960er-Jahren entdeckten die ersten Hippies vom europäischen Festland die idyllischen Strände. Zum Unesco-Welterbe gehört Ibiza wegen der beeindruckenden Gebäude in seiner gleichnamigen Hauptstadt und der Artenvielfalt im Meer. Doch schon bald verlegte man sich auf die Geldmaschine Massentourismus. Heute werden die rund 117 700 Einheimischen der S'Illa Blanca (Weiße Insel) von Millionen Besuchern überschwemmt.

Von Ibiza ausgehend eroberte der Rave die Welt. Es gibt hier einige der bekanntesten und berüchtigtsten Clubs und Bars von ganz Spanien. Wo keine Partylocations zu finden sind, stößt man auf Wald, Küstenwanderwege und ruhige (wenn nicht gar verlassene) Strände. Wem die ständige Love-Parade-Stimmung zu viel wird, der kann dorthin flüchten.

Unterwegs vor Ort

AUTO & MOTORRAD Große Unternehmen betreiben Schalter am Flughafen und in Ibiza-Stadt, wo man vor allem rund um den Carrer de Felipe II und den Carrer de Carles III, gleich westlich des Hafens, fündig wird. Einheimische (oftmals günstigere) Anbieter verteilen sich über die ganze Insel.

BUS Normalerweise muss man für keine Strecke mehr als 3 € zahlen. In der Touristeninformation bekommt man den kostenlosen *Ibiza's Public Transport Guide*, der sämtliche Busrouten und Fahrzeiten auf der Insel enthält. Darüber hinaus kann man sich unter www.eivissabus.info informieren.

VON/ZUM FLUGHAFEN Bus 9 verkehrt von Sant Antoni alle 1½ Stunden zum Flughafen, Bus 10 startet alle 20 Minuten in Ibiza-Stadt und Bus 24 fährt alle zwei Stunden von Es Canar über Santa Eulària hierhin.

WEBSITES

www.ibiza.travel Die offizielle Website der Tourismusinformation.

www.eivissaweb.com Allgemeine Informationen.

www.ibiza-online.com Allgemeine Informationen.

www.ibizahotelsguide.com Der offizielle Internetauftritt des Hotelverbands von Ibiza.

www.ibiza-spotlight.com Gute Berichte zu Unterkünften und allgemeine Informationen.

www.casasruralesibiza.com (auf Spanisch), **www.ibizaruralvillas.com** Hier erfährt man alles über ländliche Gästehäuser und Fincas.

Ibiza-Stadt

44 800 EW.

Die Inselhauptstadt ist ein lebhafter, heiterer Ort mit einem faszinierenden alten Stadtkern und einigen tollen Nachtclubs.

Sehenswertes

D'ALT VILA & UMGEBUNG

Von Sa Penya aus geht's hinauf Richtung D'Alt Vila, dem alten Ortskern mit einer Stadtmauer, der zum Unesco-Welterbe gehört. Die Anhöhe ist bereits von den Römern mit einer Festung versehen worden, aber das heutige Bauwerk stammt aus dem 16. Jh. Felipe II. ließ es als Schutz vor einer Invasion durch französische und türkische Truppen errichten.

Festungsanlage STADTMAUER

Von der Plaça de Sa Font in Sa Penya führt eine Rampe hinauf zum **Portal de ses Taules**, dem Haupttor. Darüber erinnert eine Gedenktafel mit dem Wappen Felipes II. daran, dass die Festungsanlage (insgesamt sieben Geschützbasteien, die mit dicken, bis zu 22 m hohen Schutzmauern verbunden sind) 1585 fertiggestellt wurde. Besucher können auf den beeindruckenden Mauern im Renaissancestil einen **Spaziergang** unternehmen und dabei die herrliche Aussicht genießen.

Catedral KATHEDRALE

Die Kathedrale vereint auf elegante Weise mehrere Stile: Ursprünglich wurde sie im 14. Jh. im Stil der katalanischen Gotik erbaut, 1592 kam die Sakristei hinzu, und im 18. Jh. gestaltete man sie in großem Maßstab um, sodass sie ein barockes Gesicht erhielt. Im Inneren zeigt das **Museu Diocesà** (Eintritt 1,50 €; ⌚Di–Sa 9.30–13.30, Dez.–Febr. geschl.) religiöse Kunst aus mehreren Jahrhunderten.

Ibiza

Basteien FESTUNGSTÜRME

(Erw./Kind 2/1,50 €; ⌚Di–Sa 10–14 & 18–20, So 10–14 Uhr) Im **Baluard de Sant Jaume** sind militärische Exponate zu sehen, darunter Rüstungen von Soldaten, die man anprobieren kann (ganz schön schwer!) und Kanonenkugeln zum Hochheben. Eine Ausstellung im **Baluard de Sant Pere**, der nächsten Bastei in nördlicher Richtung, präsentiert Kriegsstrategien der Artillerie. Man lernt hier auch, wie man eine Kanone stopft und kann audiovisuell nachvollziehen, wie die Stadtmauern einstmals errichtet wurden.

Centre d'Interpretació Madina Yabisa MUSEUM

(Carrer Major 2; Erw./Kind 2/1,50 €; ⌚Di–Sa 10–14 & 18–20, So 10–14 Uhr) Dieses kleine Museum widmet sich der mittelalterlichen Madina Yabisa (Ibiza-Stadt unter den Mauren) vor der Einnahme durch katalanische Streitkräfte im Jahr 1235. Historische Gegenstände, audivisuelle Präsentationen und Karten veranschaulichen diese Epoche. Das Interpretationszentrum befindet sich an der Stelle, wo im 16. Jh. die Casa de la Cúria (Gerichtshof) stand. Teile des Gebäudes stammen von der originalen Verteidigungsmauer in maurischer Zeit. Vieles, was man heute besichtigen kann, wurde bei Ausgrabungen entlang des Carrer de Santa Maria zu Beginn dieses Jahrtausends entdeckt.

GRATIS **Necròpolis del Puig des Molins** BEGRÄBNISSTÄTTE

(Carrer de la Via Romana 31; ⌚Di–Sa 10–14 & 18–20, So 10–14 Uhr) Die frühesten Gräber dieser Nekropole stammen aus dem 7. Jh. v. Chr. und aus phönizischer Zeit. Vom Rundweg aus hat man Gelegenheit, in die Grabkammern zu blicken, die tief in den Berg getrieben wurden. Besucher können in mehrere miteinander verbundene *hypogea* (Grabhöhlen) hinabsteigen. Das Museum auf dem Gelände zeigt Funde, wie Amulette und Statuen aus Terrakotta. Man fand die Stücke in den 3000 Gräbern, die den Hügel wie Bienenwaben durchlöchern. Bei unserem Besuch waren die Nekropole und das Museum wegen Restaurierungsarbeiten geschlossen.

Museu Arqueològic MUSEUM

(Plaça de la Catedral 3; Erw./Kind 2,40 €/frei; ⌚Di–Sa 10–14 & 18–20, So 10–14 Uhr) Das Museum besitzt eine bedeutende Artefakt-Sammlung aus phönizischer und karthagischer Zeit sowie Exponate aus römischer und maurischer Zeit.

GRATIS **Museu d'Art Contemporani** MUSEUM

(Ronda de Narcís Puget; ⌚Di–Fr 10–13.30 & 16–18, Sa & So 10–13.30 Uhr) Normalerwei-

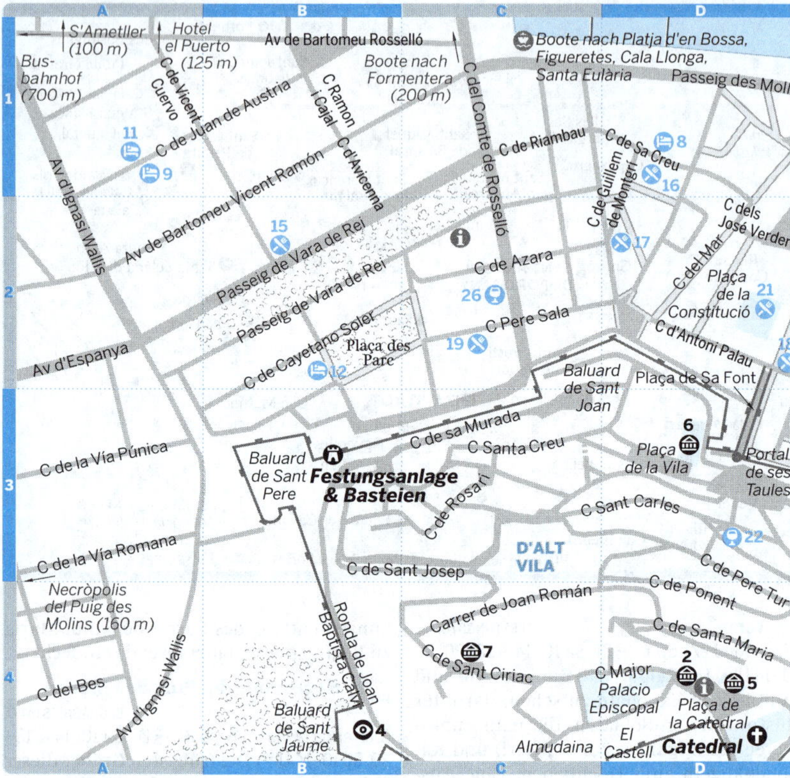

se ist die Sammlung dieses Museums im Zeughaus aus dem 18. Jh. untergebracht. Während der längeren Renovierungsphase kann man einige Stücke in der **Casa Consistorial** (Rathaus) an der Plaça d'Espanya bewundern.

GRATIS **Museu Puget** MUSEUM
(Carrer de Sant Ciriac 18; ⏲Di–Fr 10–13.30 & 17–20, Sa & So 10–13.30 Uhr) Diese historische Villa mit einem typischen spätgotischen Innenhof beherbergt rund 130 Gemälde des einheimischen Künstlers Narcís Puget Viñas (1874–1960) sowie seines Sohnes Narcís Puget Riquer (1916–83).

SA PENYA

Im Hafenviertel geht's immer sehr quirlig zu. Wer gern Leute beobachtet, ist hier richtig. Diese Gegend hat mit Sicherheit eine der höchsten Dichten von Selbstdarstellern und schrägen Vögeln in ganz Spanien.

Es gibt in Sa Penya zahlreiche abgefahrene und billige **Modeläden**; die heftige Konkurrenz zwischen einheimischen Produkten und Importware hält den Preis niedrig. Auf den sogenannten **Hippiemärkten**, den Buden rund um den Carrer d'Enmig, findet man alles, was man sich nur vorstellen kann.

Schlafen

Hotel Mirador de Dalt Vila
BOUTIQUE-HOTEL €€€
(☎971 30 30 45; www.hotelmiradoribiza.com; Plaça d'Espanya 4; EZ 305 €, DZ ab 450 €; ⏲Ostern–Dez.; ❄@📶🏊) Diese rosafarbene Villa ist im Besitz der Familie Fajarnés. Alle 13 Zimmer sind entzückend möbliert. In jedem Winkel der öffentlichen Bereiche entdeckt man Gemälde und erlesene Kunstgegenstände, die alle aus der privaten Sammlung der Inhaber stammen. Es gibt einen Spa und einen Pool mit einer Gegenstromanlage sowie ein hervorragendes Restaurant.

Hotel La Ventana HISTORISCHES HOTEL €€€
(☎971 30 35 37; www.laventanaibiza.com; Carrer de Sa Carrossa 13; DZ ab 165 €; ❄📶) Eine charmante Villa aus dem 15. Jh. auf einem Platz mit schattenspendenden Bäumen mitten in der Altstadt. Einige Zimmer verfügen über stilvolle Himmelbetten und Moskitonetze. Die Dachterrasse, der gepflegte Garten und das Restaurant sind zusätzliche Pluspunkte.

Hostal La Marina UNTERKUNFT IN HAFENNÄHE €€
(☎971 31 01 72; www.hostal-lamarina.com; Carrer de Barcelona 7; Zi. 68–125 €; ❄) In diesem Haus aus dem 19. Jh. mit Blick aufs Wasser und auf den Carrer de Barcelona mit seinen vielen Bars gibt's unterschiedlich eingerichtete, bunte Räume. Einige Einzel- und Doppelzimmer sind zur lauten Straße hin ausgerichtet, ansonsten haben die Gäste die Qual der Wahl vom schlichten Doppel- bis zum beeindruckenden Mansardenzimmer mit Terrasse und Hafen- und/oder Stadtpanorama. In derselben Straße findet man noch ein paar einfachere Unterkünfte.

Hostal-Residencia Parque KLEINES HOTEL €€
(☎971 30 13 58; www.hostalparque.com; Carrer de Vicent Cuervo 3; EZ 80 €, DZ 110–170 €) Die besten Doppelzimmer blicken auf die angenehme Plaça des Parc und sind sehr komfortabel, während die Einzelzimmer recht eng ausfallen. Am schönsten sind die drei Mansardenzimmer (130–170 €) mit eigener Terrasse und Blick auf die Altstadt.

Hotel El Puerto HOTEL, APARTMENTS €€
(☎971 31 38 12; www.ibizaelpuerto.com; Carrer de Carles III 22; EZ/DZ 90/140 €; ❄@📶🏊) Ein Hotel mit mehr als 90 Zimmern und einer Reihe Apartments (150 € für 2 Pers.). Es liegt knapp außerhalb der Altstadt (praktisch für die Fähre nach Formentera). Die Zimmer sind eher durchschnittlich, teilweise aber ziemlich geräumig. Ein großes Plus ist der Pool.

Hostal Las Nieves HOSTEL €€
(☎971 19 03 19; www.hostalibiza.com; Carrer de Juan de Austria 18; DZ mit Bad 75 €, EZ/DZ ohne Bad 30/60 €) Eines der schlichten *hostals* im Viertel El Pratet. Die Zimmer wirken spartanisch, allerdings warten einige mit einem Balkon auf, von dem man die belebte Straße überblickt. Das **Hostal Juanito** (DZ 50 €) in Haus Nr. 19 (gegenüber) wird von denselben Leuten geführt, hat aber keine Balkone.

Casa de Huéspedes Navarro BUDGETHOTEL €
(☎971 31 07 71; Carrer de Sa Creu 20; EZ/DZ ohne Bad 28/55 €; ⏲Mai–Okt.) Mittendrin im Geschehen. Diese einfache Bleibe verfügt über acht Zimmer, die am Ende einer langen Treppe liegen. Die vorderen blicken auf den Hafen, während die hinteren finster, aber im Sommer angenehm kühl sind. Darüber hinaus gibt's hier saubere Gemeinschaftsbäder sowie eine Sonnenterrasse auf dem Dach.

✕ Essen

LP TIPP **Comidas Bar San Juan** MEDITERRAN €
(☎971 31 16 03; Carrer de Guillem de Montgri 8; Mahlzeiten 15–20 €; ⏲Mo–Sa) Ein schlichter Familienbetrieb mit zwei kleinen Räumen, der viel fürs Geld bietet: Fischgerichte kosten ca. 10 € und viele kleine Gerichte gibt's schon für weniger als 6 €. Da keine Reservierung möglich ist, sollte man früh kommen.

Ibiza-Stadt

Restaurant Es Mirador GOURMETKÜCHE **€€**
(☎971 30 30 45; Plaça d'Espanya 4; Menü 45 €, Gerichte 26–30 €; ⏰Ostern–Dez.) In dem kleinen Restaurant mit Fässern an der Decke und Originalgemälden an den Wänden werden hervorragende sowie bezaubernd angerichtete Speisen zubereitet, außerdem ist das Personal diskret und sehr freundlich. Man sollte sich Zeit für den *aperitivo* an der gemütlichen Bar nehmen. Im Boden wurden aus dem Meer geborgene Antiquitäten eingearbeitet. Reservierung empfohlen

Can Costa IBIZENKISCH **€**
(☎971 31 08 65; Carrer de Sa Creu 19; Menü 10 €, Gerichte 6,50–12,50 €; ⏰Mo–Sa) Unter den vielen prätentiösen Adressen auf ein so schnörkelloses, einfaches spanisches Restaurant mit klassischen karierten Tischdecken und künstlichen Blumen zu stoßen, ist eine echte Überraschung. Hier arbeitet die Großmutter im Hintergrund und der Vater nimmt die Bestellungen mit einem Handtuch über den Schultern an. Als Vorspeise empfehlen wir die dicke *potaje de la casa* (Suppe des Hauses), danach kann man eines der außergewöhnlich preisgünstigen und reichlichen Hauptgerichte wählen. Zum Abschluss gibt's ein hausgemachtes Dessert, beispielsweise den reichhaltigen *flan de coco* (Pudding mit Kokos-Karamellsauce).

Ca n'Alfredo IBIZENKISCH **€€**
(☎971 31 12 74; Passeig de Vara de Rei 16; Menü 30 €, Gerichte 18–30 €; ⏰Di–Sa Mittag- und Abendessen, So Mittagessen) Schon seit 1934 kommen die Einwohner in Scharen hierher, deshalb sollte man auf jeden Fall reservieren. Statt neuartiger Fusionsküchenexperimente wird Handfestes kredenzt, z. B. fangfrischer Fisch. Besonders lecker sind die *filetes de gallo de San Pedro en salsa de almendras* (Fischfilets in Mandelsauce).

S'Ametller IBIZENKISCH **€€**
(☎971 31 17 80; www.restaurantsametller.com; Carrer de Pere Francesc 12; Menü 19,50 €, Mahlzeiten 30–35 €; ⏰Mo–Do Mittagessen, Fr & Sa Mittag- und Abendessen) Im „Mandelbaum" werden lokale Gerichte aus frischen Produkten vom Markt zubereitet. Das tägliche *menú* ist erfinderisch und sein Geld wert. Zum Nachtisch bestellt man am besten den hausgemachten *flaó* (Käsekuchen mit Minzaroma), eine Spezialität der Balearen. In einem der Kochkurse des S'Ametller erfährt man übrigens das Rezept dafür.

La Scala INTERNATIONALE KÜCHE **€€**
(☎971 30 03 83; www.la-scala.com; Plaça de sa Carrossa 7; Mahlzeiten 40 €; ⏰Mi–So Abendessen) Bei Kerzenschein wird Internationales mit mitteleuropäischem Schwerpunkt geboten. Zu den Highlights der Küche gehören die köstlichen Fleischgerichte. Der

Speisesaal ist gemütlich, aber die hübsche blumengeschmückte Terrasse kommt noch verlockender daher.

La Brasa GRILLFLEISCH €€
(☎971 30 12 02; Carrer Pere Sala 3; Menü 10,50 €, Gerichte 15–20 €) Hier gibt's auf dem Holzkohlegrill gebrutzelte Fisch- und Fleischgerichte. Weitere Pluspunkte erhält das Lokal für seinen Garten voller Bougainvilleen, Weinranken, Palmen und Bananenstauden.

Croissant Show CAFÉ €
(☎971 31 76 65; Plaça de la Constitució; ⏲6–23 Uhr) Dieser wunderbare Laden gegenüber dem Lebensmittelmarkt wartet mit einer beeindruckenden Auswahl an Gebäck und Leckereien für ein Frühstück nach einer durchzechten Nacht auf.

Mercat de Verdures LEBENSMITTELMARKT €
(Plaça de la Constitució; ⏲Mo–Sa 7–19 Uhr) Auf dem Markt gegenüber dem Haupttor der Altstadt kann man frisches Obst und Gemüse kaufen.

Ausgehen & Unterhaltung

Das Nachtleben von Ibiza-Stadt konzentriert sich auf Sa Penya. Dutzende Bars sorgen dafür, dass in der Hafengegend von Sonnenuntergang bis in die frühen Morgenstunden etwas los ist. Alternativ dazu bieten die Kneipen an der Platja d'En Bossa eine Kombination aus Sound, Sand, See und Sangria (und anderen Getränken). Später feiert man dann in den weltberühmten Diskos der Insel weiter.

Der **Discobus** (www.discobus.es; 3 €; ⏲Juni–Sept. 24–6 Uhr) bringt einen zu den angesagtesten Locations und Hotels von Ibiza-Stadt, der Platja d'en Bossa, Sant Rafel, Es Canar, Santa Eulària und Sant Antoni.

Bars

Der Carrer de Barcelona verläuft parallel zum Hafen und ist mit Bars gesäumt, in denen es richtig zur Sache geht. Viele haben Bistrotische auf die Straße gestellt und beschallen die Umgebung mit lauter Musik. Außerdem versuchen geschickte Überredungskünstler im Auftrag der Inhaber, Passanten auf einen Drink „einzuladen", manchmal locken sie auch mit Ermäßigungen für Clubs. Von Mai bis September haben alle Locations vom frühen Abend bis 3 oder 4 Uhr morgens geöffnet. Die Kneipen entlang dem Carrer de Garijo Cipriano kommen etwas weniger aufdringlich daher.

NICHT VERSÄUMEN

TOP FIVE: STRÄNDE AUF IBIZA

» **Cala Benirràs** (S. 655)
» **Cala Mastella** (S. 654)
» **Cala de Boix** (S. 654)
» **Cala Xarraca** (S. 655)
» **Cala Codolars** (S. 658)

KM5 CHILL-OUT-BAR
(www.km5-lounge.com; Carretera de Sant Josep, Km 5,6; ⏲Mai–Sept. 20–4 Uhr) Diese Bar ist nach ihrer Lage an der Landstraße nach Sant Josep benannt. Hier bringen sich die Leute in Stimmung und tanzen sich im Garten warm. Außerdem kann man in einem der mit Kerzen beleuchteten und mit Kissen ausgestatteten Zelte abhängen.

Teatro Pereyra MUSIKBAR
(☎971 30 44 32; www.teatropereyra.com; Carrer del Comte de Rosselló 3; ⏲20–4 Uhr) Eine atmosphärische Bar mit tragenden Balken aus gebeiztem Holz und Eisen, die etwas abseits vom Trubel direkt am Meer liegt. Einst diente der Laden als Foyer des seit Langem geschlossenen Theaters von 1893. Er füllt sich meist mit etwas elitärerem Publikum als der üblichen Meute vor dem Diskobesuch. Jeden Abend treten Livebands auf. Tagsüber kann man hier stilvoll etwas trinken oder eine Kleinigkeit essen.

Lola's Club KLASSISCHE BAR
(C Alfonso XII 10; ⏲1–6 Uhr) Wer Ibiza aus den 1980er-Jahren kennt, erinnert sich gern an das Lola's, einen der ersten Clubs hier. Er ist immer noch angesagt und zieht auch ein schwules Publikum an. Das **Lolita** (⏲19–3 Uhr), eine hippe kleine Terrasse, eignet sich hervorragend für einen Drink, bevor man die Stufen hochgeht, um bei der großen Schwester vorbeizuschauen.

Blu MUSIKBAR
(www.blu-ibiza.com; Carrer de Navarra 27, Figueretes; ⏲22–4 Uhr) Früher war das Blu ein Striplokal, heute lockt es viele junge Gäste an. Der Inhaber arbeitet mit einigen der wichtigsten Veranstalter der Insel zusammen, die ihm gute DJs empfehlen. Die Preise sind moderat – oft kann man schon für 15 € (inklusive des ersten Drinks) hinein. Das Blu liegt in Figueretes einen Häuserblock südlich der Avinguda d'Espanya den Carrer del País Basc hinunter.

> **RADTOUREN**
>
> In den Touristeninformationen bekommt man eine hervorragende kostenlose Broschüre mit Beschreibungen von insgesamt 23 Fahrradtouren, darunter leichte bis anstrengende Ausflüge, die von 45 Minuten bis zu acht Stunden reichen. Hier ist für jeden etwas dabei.

Bora Bora Beach Club STRANDBAR
(Mai–Sept. 12–4 Uhr) In der stylishen Bar an der Platja d'en Bossa 2 km von der Altstadt entfernt in der Nähe des Carrer del Fumarell erholen sich die Leute von ihrem letzten Kater und bereiten sich auf einen neuen vor. Man muss keinen Eintritt zahlen, die Atmosphäre ist locker und gedämpfte Musik weht über den Sand. Ab Mitternacht strömen alle Gäste in den Innenbereich.

Zoo Ibiza BAR
(www.zooibiza.com; Plaça d'Antoni Riquer) Eine beliebte Adresse am Carrer de Barcelona.

Bars für Schwule & Lesben

Die Schwulenszene ist am östlichen Rand von Sa Penyazu finden, vor allem am Ende des Carrer de la Mare de Déu sowie rund um den Carrer de Santa Llúcia. Viele der großen Clubs veranstalten Gay Nights. Mehr dazu auf www.gayibiza.net.

Anfora SCHWULENCLUB
(Carrer Sant Carles 7; www.disco-anfora.com; Eintritt 12–17 €; April–Okt.) Der angesagte Tanzschuppen weit oben in D'Alt Vila scheint direkt in den Fels gehauen zu sein. Hier sind auch Heteros willkommen.

Angelo SCHWULENBAR
(Carrer de Santa Llúcia 12) Eine lebhafte Schwulenbar mit mehreren Etagen im Schatten der alten Stadtmauer. Die Atmosphäre ist entspannt und es schauen auch viele Heteros vorbei. In der Nähe liegen mehrere weitere einschlägige Locations, z. B. das Soap.

Praktische Informationen

Touristeninformationen Ibiza-Stadt (971 39 92 32; www.eivissa.es; Plaça de la Catedral; Mo–Sa 10–14 & 17–21, So 10–14 Uhr); Büro für die gesamte Insel (971 30 19 00; www.ibiza.travel; Passeig de Vara de Rei 1; Mo–Sa 9–20, So 9–15 Uhr); Hafen (Carrer Antoni Riquer 2; Mo–Sa 9.30–18, So 10–13 Uhr) Verleiht kostenlose Audioguides für Stadtrundgänge (Personalausweis oder Reisepass mitbringen).

An- & Weiterreise

BUS Busse in andere Teile der Insel fahren an dem neuen Busbahnhof an der Avenida de la Pau nordwestlich des Zentrum ab (war bei unserem letzten Besuch fast fertig).

FLUGHAFEN Der Flughafen (Aeroport d'Eivissa) liegt 7 km südwestlich von Ibiza-Stadt. Hier kommen Direktflüge aus Spanien und ganz Europa an.

SCHIFF/FÄHRE Fähren nach Formentera haben 300 m nördlich vom Zentrum einen eigenen Terminal.

Aquabus Von Mai bis Oktober starten jede Stunde Fähren (einfach/hin- & zurück 3,50/6 €) zur Playa d'en Bossa und nach Figueretes.

Cruceros Santa Eulalia (www.ferrysantaeulalia.com) Von Mai bis Mitte Oktober geht's bis zu sechsmal täglich nach Cala Llonga, Santa Eulària d'es Riu und Es Canar (jeweils 13 € hin & zurück).

Unterwegs vor Ort

Bus 10 (3 €, alle 20 Min.) fährt vom Flughafen über die Platja d'en Bossa zum Hafengebiet im Zentrum. Man kann auch ein **Flughafentaxi** (971 39 84 83; ca. 15 €) nehmen.

Rund um Ibiza-Stadt

Die **Platja de ses Salines** und die **Platja d'es Cavallet**, direkt hinter dem Felsvorsprung an der südlichsten Spitze der Insel, sind die besten Strände in der unmittelbaren Umgebung von Ibiza-Stadt. Das Gebiet verdankt seinen Namen den Salinen, in denen seit karthagischen Zeiten Salz gewonnen wurde – bis zu den Anfängen des Tourismus ein gutes Geschäft.

Hinter den Dünen erstreckt sich eine sichelförmige Bucht mit einem breiten Sandstrand, der durch felsige Abschnitte unterbrochen wird. Mit seinen zahlreichen Open-Air-Strandbars ist er bei Ibizas Partyvolk sehr beliebt. **Sa Trinxa**, am Ostende des Strands, gilt nach wie vor als coolste Bar von Ses Salines. Hier bekommt man Snacks, Salate, Fruchtcocktails sowie alkoholische Getränke, und wenn der DJ in die Gänge kommt (ab 14 Uhr), steigt die Temperatur rasant an.

Die Platja d'es Cavallet, die nächste Bucht Richtung Osten, ist Ibizas offizieller FKK-Strand. Man kann ihn auch mit dem Auto erreichen.

Bus 11 fährt von Ibiza-Stadt bis zu zehnmal täglich nach Ses Salines. Ein Taxi kostet ca. 15 €.

Ostküste

Auf der viel befahrenen Schnellstraße C733 geht's schnell raus aus Ibiza-Stadt nach Norden Richtung Santa Eulària d'es Riu an der Ostküste. Landschaftlich reizvoller ist die Küstenstraße über Cala Llonga, die sich über kleinere Berge und durch Olivenhaine schlängelt. Unterwegs lohnen mehrere Strände einen Umweg, z. B. der hübsche **Sol d'en Serra**. Die Abzweigung dorthin befindet sich ein paar Kilometer nordwestlich von Ibiza-Stadt an der Strecke nach Jesús.

Cala Llonga, ein kleiner Ort mit zahlreichen Hotelburgen, liegt an einer malerischen Bucht mit einem schönen Sandstrand unter einer hohen, felsigen Steilküste.

SANTA EULÀRIA D'ES RIU

31 300 EW.

Ibizas drittgrößte Stadt ist sehr lebhaft und hat mehrere kinderfreundliche flache Strände, einen großen Hafen sowie jede Menge Ferienresorts.

Sehenswertes

Der **Puig de Missa**, ein Hügelchen weit weg vom Strand, bildet den ursprünglichen Ortskern. Neben der hübschen **Església de Santa Eulària** aus dem 16. Jh. beherbergt der Ort das **Museu Barrau** (Di–Sa 9.30–13.30 Uhr), das in einem weißen Haus mit blauen Fensterläden liegt und dem lokalen Künstler Laureà Barrau gewidmet ist, sowie das **Museu Etnogràfic** (971 33 28 45; Erw./Kind 3 €/frei; Mo–Sa 10–14, So 11–13.30 Uhr), das landwirtschaftliche Geräte und Haushaltsgegenstände ausstellt.

Schlafen & Essen

Am Strand drängen sich moderne Hotels und Apartments aneinander. Nicht weit vom Wasser entfernt findet man mehrere einigermaßen günstige *hostales*. Fast alle Restaurants und Cafés am Ufer sind unverschämt teuer, aber etwa vier Häuserblocks Richtung Zentrum gibt's am Carrer de Sant Vicent ein paar Lokale mit angemesseneren Preisen.

Ca's Català HOTEL €€
(971 33 10 06; www.cascatala.com; Carrer del Sol; EZ 55 €, DZ 80–118 €;) In dem freundlichen, britisch geführten Haus fühlt man sich wie in einer Privatvilla. Ein Großteil der zwölf geräumigen Zimmer bietet einen Ausblick auf den Garten im Hof mit Pool und Bar. Viele Schlafzimmer sind mit Ventilatoren ausgestattet; einige haben auch Klimaanlagen. Die attraktiv in Weißtönen gehaltenen Doppelzimmer verfügen über Himmelbetten.

Hostal-Residencia Sa Rota HOSTEL €€
(971 33 00 22; www.ibiza-hotels.com/sarota; Carrer de Sant Vincent 59; EZ/DZ 45/75 €;) Das ganzjährig geöffnete *hostal* wartet mit einem guten Preis-Leistungs-Verhältnis sowie geräumigen hellen Zimmern (insbesondere die Doppelzimmer) inklusive moderner Badewannen oder Duschen auf. Das Café im Erdgeschoss besitzt eine entspannende Freifläche; hier spendet eine efeubewachsene Pergola angenehmen Schatten.

El Naranjo FISCH €€
(971 33 03 24; Carrer de Sant Josep 31; Menü 15 €, Gerichte 19–23 €; Di–Sa Abendessen) Im schattigen Garten des „Orangenbaums" gibt's fangfrischen Fisch, der so exzellent gegart ist, dass er saftig bleibt. Das typisch spanische Gourmetrestaurant wird von vielen Einheimischen zu besonderen Anlässen besucht.

Unterhaltung

Guarana CLUB
(www.guaranaibiza.com; Passeig Marítim; 20–6 Uhr) Ein cooler Club am Yachthafen abseits der Strecke von Ibiza über Sant Rafel nach Sant Antoni.

Praktische Informationen

Touristeninformation (971 33 07 28; www.santaeulariadesriu.com; Carrer Marià Riquer Wallis 4; Mo–Fr 9.30–13.30 & 17–19.30, Sa 9.30–1 Uhr) Befindet sich direkt an der Hauptstraße.

BOOTSTOUREN VON SANTA EULÀRIA

Im Sommer steuern Boote von **Cruceros Santa Eulària** (www.ferrysantaeulalia.com) beispielsweise folgende Ziele an:

ZIEL	BOOTE PRO TAG	ERW./ KIND
Cala Llonga	9	10/5 €
Ibiza	6	15/7,50 €
Formentera	1	28/14 €

An- & Weiterreise

Zwischen Santa Eulària und Ibiza-Stadt, Sant Antoni sowie den nördlichen Stränden verkehren zahlreiche Busse.

VON SANTA EULÀRIA NACH S'AIGUA BLANCA

Sehenswertes & Aktivitäten

Sant Carles de Peralta DORF

Dieses verschlafene Nest liegt nordwestlich von Santa Eulària an der Hauptstraße. Kurz vor dem Ort wird bei Kilometer 12 der **Hippiemarkt Las Dalias** (www.lasdalias.es, auf Spanisch; Juni–Sept. Sa 10–20 & Mo 8–13.30) abgehalten.

Cala Llenya & Cala Mastella STRÄNDE

Eine Seitenstraße führt zur Cala Llenya, einer hübschen, von Pinien umstandenen Bucht mit einem breiten Sandstrand. Etwas weiter folgt die kleinere, ebenso schöne Cala Mastella. Von hier aus verläuft ein Fußweg an den Felsen vorbei bis zum östlichen Ende mit einem bröckelnden Betonweg, über den man eines der authentischsten Restaurants der Insel erreicht.

Cala de Boix, Es Figueral & S'Aigua Blanca STRÄNDE

Die Straße zur Cala Mastella führt nach einigen weiteren Kilometern zur Cala de Boix mit herrlich klarem Wasser.

Über die nächste Abzweigung gelangt man in den ruhigen Ort Es Figueral, der mit einem goldenen Sandstrand und türkisfarbenem Wasser aufwartet. Etwas weiter zweigt eine Straße zu den noch hübscheren FKK-Stränden von S'Aigua Blanca ab.

An den Wochenenden und im Juli und August kann es an all diesen Sandstreifen sehr voll werden.

Schlafen & Essen

Hostal Restaurante Es Alocs STRANDHOTEL €€

(☎971 33 50 79; www.hostalalocs.com; EZ/DZ 35/65 €; Mai–Okt.) Ein nettes Hotel mit zwei Etagen direkt an der Platja Es Figueral. Viele Zimmer haben einen kleinen Kühlschrank und einen Balkon. Das Bar-Restaurant verfügt über eine herrliche Terrasse mit jeder Menge Schatten von Wacholdersträuchern und Mönchspfeffer.

Can Curreu LANDHAUS €€€

(☎971 33 52 80; www.cancurreu.com; Carretera de Sant Carles Km 12; DZ mit Frühstück ab 275 €;) Rund um dieses aufwendig umgebaute ibizenkische Bauernhaus oberhalb von Terrassen mit Mandel- und Obstbäumen erstrecken sich geschnittene Rasenflächen, deren Ränder mit vielen verschiedenen Rosensorten bepflanzt sind. Das Hotel wartet mit insgesamt 17 hübsch dekorierten Zimmern auf. Im Preis inbegriffen ist der Zugang zum vielfältigen Wellnessbereich. Das mit „Casa Rural" ausgeschilderte Gebäude erreicht man nach einer kurzen Fahrt über einen Feldweg, der bei Kilometer 12 an der Straße 1,5 km südlich von Sant Carles abzweigt.

Hostal Cala Boix HOSTEL €€

(☎971 33 52 24; www.hostalcalaboix.com; DZ mit Frühstück 80 €; Mai–Okt.;) Etwas hinter der Cala de Boix den Berg hoch gelegen. In diesem Haus ist der Wahnsinn, der sonst auf Ibiza tobt, weit entfernt. Alle Zimmer haben Balkone und die meisten bieten einen Meerblick. Im **S'Arribiada**, dem hoteleigenen Restaurant, wird donnerstags Fleisch gegrillt und jeden Dienstag brutzeln Sardinen auf dem Grill.

Es Bigotes FISCH €€

(Mahlzeiten 25 €; Ostern–Okt. Mittagessen) Das einfache Lokal ist berühmt für *bullit de peix* (fangfrischer Fisch des Tages, gedünstet mit Kräutern, Gemüse und Kartoffeln in einem großen Topf) sowie *arròs caldós* (Safranreis, zubereitet in der Brühe des *bullit de peix*). Zum Abschluss gibt's *cafè de caleta* (Kaffee mit einem Hauch von Zitrone, Zimt und flambiertem Branntwein). Hier muss man im Juli und August einen Tag im Voraus persönlich vorbeikommen (es gibt kein Telefon), um einen Tisch zu reservieren. In den übrigen Monaten sollte es genügen, sich um 13 Uhr einzufinden. Wer mit dem Auto unterwegs ist, biegt links in die letzte Abzweigung vor der Cala Mastella ein.

Bar Anita BAR-RESTAURANT €

(☎971 33 50 90; Gerichte 8–16 €) In der Taverne gegenüber der Kirche von Sant Carles de Peralta ist die Zeit scheinbar stehen geblieben. Seit Jahrzehnten zieht diese Bar die unterschiedlichsten Leute an. Zu den beliebtesten Gerichten gehören Pizza, Pasta und Deftiges. Man kann hier aber auch einfach etwas trinken und quatschen.

CALA SANT VICENT

Der Pauschaltouristenort Cala Sant Vicent erstreckt sich um eine abgeschirmte Bucht an der Nordostküste. Hinter seinem langen Sandstrand reihen sich moderne, halbhohe Hotels aneinander. Hier kann man prima schwimmen. Eine Straße führt 2,5 km Richtung Norden durch eine begrünte Wohngegend hinauf zur **Punta Grossa** mit einem spektakulären Ausblick auf die Küste.

Nordküste & das Landesinnere

Die Landschaft im Norden ist sehr anziehend. Bei Wanderern und Radfahrern erfreuen sich vor allem die kleinen Nebenstraßen und die Berge an der Küste sowie im Landesinneren großer Beliebtheit.

PORTINATX

In Portinatx, dem größten Ferienort an der Nordküste, geht's lebhaft zu, trotzdem eignet sich die Gegend auch für Familien, denn im Vergleich zu den Megatouristenzentren rund um Ibiza-Stadt ist sie sehr angenehm. Die drei umliegenden Strände, **S'Arenal Petit**, **S'Arenal Gran** und **Platja Es Port**, sind schön, platzen aber oft aus allen Nähten.

Westlich von Portinatx erstreckt sich die **Cala Xarraca**, eine malersiche, teilweise naturgeschützte Bucht mit felsiger Küste und schwarzem Sandstrand. Die Bebauung beschränkt sich auf ein einziges Bar-Restaurant und ein paar private Häuser.

SANT MIQUEL DE BALANSAT & UMGEBUNG

Sant Miquel, eines der größten Dörfer im Inselinneren, verfügt über eine kubische, weiß glänzende **Kirche** (Di–Fr 9.30–13.30 & 16.30–19.30, Sa 9.30–12.30 Uhr) aus dem 14. Jh. Die restaurierten Fresken aus dem 17. Jh. in der Capella de Benirràs zeigen ein Meer von Blumen und verschlungenen Weinreben. Von Juni bis September werden jeden Donnerstag um 18.15 Uhr in dem hübschen Innenhof traditionelle Inseltänze vorgeführt.

Das Landhaus **Can Planells** (971 33 49 24; www.canplanells.com; Carrer de Venda Rubió 2; DZ mit Frühstück ab 185 €), nur etwa 1,5 km von Sant Miquel an der Straße nach Sant Mateu d'Aubarca gelegen, wartet mit einigen geschmackvollen Doppelzimmern und Suiten auf, von denen einige eine private Terrasse haben. Das Gebäude befindet sich in einem herrlichen Park mit Obsthainen.

An den schönen Stränden des lebhaften Resorts von **Port de Sant Miquel** erhebt sich der hohe Betonbau des Hotel Club San Miguel. In seiner hübschen, tief eingeschnittenen Bucht kann man **Wasserski** und **Kanu** fahren und sich eine **Schnorchelausrüstung** leihen, um die felsige Küste zu erkunden.

Eine Abzweigung nach rechts, kurz vor Port de Sant Miquel, führt um eine Landzunge herum zur **Cova de Can Marçà** (971 33 47 76; www.covadecanmarsa.com; Erw./Kind 8,50/4,50 €; 10.30–19.30 Uhr), unterirdische, spektakulär bunt ausgeleuchtete Höhlen. Führungen (in mehreren Sprachen) dauern ca. 30 bis 40 Minuten. Wenn man wieder ans Tageslicht kommt, gönnt man sich am besten eine Getränkepause auf der Terrasse und genießt das Panorama aus nacktem Fels und tiefblauem Meer.

Hinter den Höhlen führt ein unbefestigter Pfad noch 4 km an der Küste entlang zur unberührten Bucht **Cala Benirrás (mit weniger Rummel)**, zu der auch eine Asphaltstraße zwischen Sant Joan und Sant Miquel abbiegt. Am Strand gibt's einige bewaldete Felswände und ein paar Bar-Restaurants. Sonntagabends versammeln sich hier oft Hippies mit Bongos und begrüßen pünktlich zum Sonnenuntergang die Nacht, eine inzwischen jahrzehntelange Tradition.

SANT LLORENÇ DE BALÀFIA & UMGEBUNG

In dem ruhigen Dorf Sant Llorenç kann man eine glänzend weiße ibizenkische Festungskirche aus dem 18. Jh. bewundern. Damals bedrohten immer wieder maurische Piraten die Insel. Wer sich von hier 500 m gen Osten hält, erreicht die C733, die Richtung Norden verläuft. Neben dem Restaurant Balafía zweigt eine Seitenstraße von der C733 ab. Sie führt zu dem winzigen, ehemals befestigten Ort **Balàfia**. Heute sieht man in dem Weiler noch zwei Türme sowie viele Blumen und Schilder mit der Aufschrift *privado* an dem halben Dutzend Häuser, was einen jedoch nicht abschrecken sollte, die paar Gassen zu erkunden.

Einige Kilometer weiter nördlich ist an der C733 nach Kilometer 17 eine Abzweigung zum **Can Gall** (971 33 70 31; www.agrocangall.com; Zi. 215–255 €; Dez. geschl.;) ausgeschildert. Das ehemalige Bauernhaus mit neun Zimmern ist ein ruhiges Paradies inmitten von Zitrushainen. Man möchte die Zimmer am liebsten nicht mehr verlassen, sollte sich aber trotzdem losreißen, um im Pool zu planschen oder die kühle Brise auf der Terrasse zu genießen.

LP TIPP **La Paloma** (971 32 55 43; Gerichte 16–26 €; Mitte März–Nov. Di–Sa Abendessen), ein nachhaltig geführtes Restaurant, liegt von der Kirche in Sant Llorenç aus gesehen 100 m bergab. Es bietet kreative, mediterrane (insbesondere italie-

CLUBBING AUF IBIZA

Von Ende Mai bis Ende September ist der Westen der Insel rund um die Uhr in Tanz- und Partylaune. Geschäftstüchtige Einwohner haben beeindruckend viele Clubs eröffnet: riesige Tempel, in die Nacht für Nacht Tausende von Partyjüngern pilgern, um den Göttern des Hedonismus zu huldigen. 2009 wurden bei den International Dance Music Awards zwei Locations (Amnesia und Space) unter die weltweiten Top Five gewählt.

Die größten Läden haben jede Nacht (Juni–Sept.) von etwa 1 bis 6 Uhr geöffnet. Jeder bietet etwas anderes, z. B. Motto-, Kostüm- und Schaumpartys. Manche lassen auch Go-go-Tänzerinnen (und -Tänzer) auftreten, zeigen Striptease und angeblich sogar echten Sex auf der Bühne.

Unterhaltung à la Ibiza ist nicht gerade billig: Viele Clubs verlangen 25 bis 60 € Eintritt (Mixgetränke/Cocktails kosten 10–15 €). Vor den Bars in Sa Penya verteilen teilweise recht leicht bekleidete Leute im Auftrag Flyer, mit denen man billiger in die Clubs hineinkommt – allerdings nur an die Leute, die sie für würdig erachten.

Verschiedene DJ-Teams legen abwechselnd in den großen Diskos auf. **Manumission** (www.manumission.com) ist besonders angesagt. Er sorgt im Space mindestens einmal wöchentlich frühmorgens für Stimmung.

Space CLUB

(www.space-ibiza.es; ⌚Juni–Mitte Okt.) Das Space an der Platja d'en Bossa bietet Platz für 40 DJs und bis zu 12 000 Gäste. Hier geht's schon mitten am Nachmittag los; bei Tag verkehren regelmäßig Boote zwischen der Platja d'en Bossa und Ibiza-Stadt (6 € hin & zurück).

Pacha CLUB

(www.pacha.com; ⌚Juni–Sept. jede Nacht, Okt.–Mai Fr & Sa) Das Pacha an der Nordseite des Hafens ist bereits seit 1973 im Geschäft. Es hat 15 Bars und Tanzflächen für bis zu 3000 Besucher. Die Haupttanzfläche gleicht einem Meer aus Farben, Spiegelbällen und von der Decke hängenden Schleiern. In dieser Disko läuft rund um die Uhr Techno; wer davon eine Pause braucht, geht einfach auf die Terrasse, wo der Sound sanfter ist.

Amnesia CLUB

(www.amnesia.es; ⌚Anfang Juni–Sept.) In diesem Club 4 km vor der Stadt an der Straße nach Sant Rafel massiert der dröhnende Bass die Leiber kräftig durch. Eine riesige glashausartige Innenterrasse, gefüllt mit Palmen und Bars, umgibt die zentrale Tanzfläche, wo vor allem Leute um die 20 abtanzen. Es wird hier so heiß, dass die Betreiber ab und zu eiskalte Luft durchpumpen.

Es Paradis CLUB

(www.esparadis.com; Carrer de Salvador Espriu 2, Sant Antoni; ⌚Mitte Mai–Sept.) Ein weiterer Club mit einer beeindruckenden Beschallung sowie mit Springbrunnen und einer tollen Open-Air-Atmosphäre (es gibt zwar kein Dach, aber normalerweise regnet es im Sommer ja nicht). Dies ist eine der schönsten Locations der Insel mit viel Marmor, einer Glaspyramide und zahlreichen Pflanzen. Man sollte früh herkommen, denn die Warteschlange kann sehr lang sein. Das Paradis ist berühmt für seine wilden Wasserpartys, bei denen die Tanzfläche geflutet wird.

Privilege CLUB

(www.privilegeibiza.com) 1 km vom Amnesia entfernt liegt das Privilege mit 20 Bars, Innenpool und Platz für 10 000 Partypeople. Es bezeichnet sich selbst gern als der größte Club der Welt. Sein gewölbter Haupt-Tanztempel besteht aus einer riesigen Fläche und die Kabine des DJs hängt über dem Pool.

nische) Gerichte (Schinken und Salami werden aus der Toskana importiert) und verwendet Gemüse aus dem eigenen Garten.

Ganz in der Nähe gibt's im Schatten der begrünten Terrasse des einladenden und entspannten **Paloma Café** (Mahlzeiten 15–20 €; ⌚Mo–Sa 9–16 Uhr; [icons]) eine reichliche Auswahl von Quiche bis Karottenkuchen. Die Speisen bestehen vor allem aus lokal geernteten Biozutaten. Auf Nachfrage bereitet das freundliche junge Team auch gern Picknickkörbe vor.

Wer Gegrilltes mag, kann am **Balafía** (☎971 32 50 19; Mahlzeiten 25–30 €; ⊙Mitte Mai–Okt. Mo–Sa Abendessen, Nov.–Mitte Mai Mo–Sa Mittagessen) haltmachen. Es liegt unweit der C733 direkt hinter der Kreuzung mit der Straße nach Sant Llorenç und ist an dem Schild mit dem grellen rotgelben Sonnenuntergang zu erkennen.

SANTA GERTRUDIS DE FRUITERA

Nur einmal im falschen Moment geblinzelt, und schon ist das winzige Nest Santa Gertrudis südlich von Sant Miquel unbemerkt vorbeigezischt. Rund um die verkehrsberuhigte Plaça de l'Església in der Ortsmitte bieten mehrere **Kunsthandwerksläden** Antiquitäten und Krimskrams an. Außerdem gibt's hier mehrere gute Kneipen, beispielsweise die **Bar Costa** (Plaça de l'Església 11). An den Wänden der höhlenartigen Taverne hängen zahlreiche originale Gemälde.

Die Französin Anne betreibt mit der Hilfe ihrer Tochter und ihres Enkels seit über zehn Jahren das **Casi Todo** (☎971 19 75 23; Plaça de l'Església 20; Gerichte 11–15 €; ⊙Juni–Okt. So–Fr Abendessen, Nov.–Mai Mo–Fr Mittagessen). Sie bereitet einfache, aber sehr leckere Gerichte und fantastische hausgemachte Desserts zu.

Westküste

SANT ANTONI DE PORTMANY

21 850 EW.

Sant Antoni (auf Spanisch San Antonio) hat mit Spanien nicht mehr viel zu tun. Wer auf Besäufnisse und Prügeleien steht, ist hier richtig. Viele Besucher kommen aus Großbritannien.

Die einzige echte Sehenswürdigkeit ist die **Església de Sant Antoni** (Plaça de S'Església) aus dem 14. Jh. ein paar Häuserblocks von der Marina. Nicht weit im Norden von Sant Antoni erstrecken sich mehrere unverbaute Strände wie die **Cala Salada**, eine breite sandige Bucht mit einem Kiefernwald dahinter. Näher an Sant Antoni liegen die kuschelig kleine **Cala Gració** und die bezaubernde **Cala Gracioneta**, die ein Felsvorsprung voneinander trennt.

Schlafen & Essen

Hostal la Torre HOTEL AUF EINER FELSSPITZE €€
(☎971 34 22 71; www.hostallatorre.com; EZ mit Frühstück 75 €, DZ mit Frühstück 90–130 €; ⊙Ostern–Okt.) Das Hotel liegt zwar nur 2 km nördlich von Sant Antoni auf der Landzunge Cap Negret, ist aber Welten vom Trubel der Stadt entfernt. Der Ausblick auf das Meer von der Terrasse des Bar-Restaurants aus ist herrlich – und sogar noch besser von dem für Hotelgäste reservierten oberen Bereich. Fast alle der 18 Zimmer wurden kürzlich durch Renovierungsarbeiten aufgewertet.

Villa Mercedes FUSIONSKÜCHE €€
(☎971 34 85 43; www.villamercedesibiza.com; Molls dels Pescadors; Gerichte 13,50–23 €; ⊙19–3 Uhr; ✎) Dieses für Ibiza typische traditionelle Bürgerhaus sticht zwischen den teils fürchterlichen Gebäuden von Sant Antoni hervor. Es bietet einen Blick über den Yachthafen und tolle Gerichte, die von Gemüse aus dem Wok über Reis- und Nudelspeisen bis zum Fang des Tages reichen.

Ausgehen

In der Nähe des Hafens erstreckt sich ein kleiner felsiger und sandiger Abschnitt, an dem sich die Leute abends zu Hunderten einfinden, um den Sonnenuntergang von den gemütlichen Bars bei einem Drink zu beobachten. In allen Läden kann man auch etwas essen.

Das coole **Café del Mar** (www.cafedelmar.es; ⊙16–1 Uhr), eine echte Legende, feierte 2010 bereits seinen 30. Geburtstag. Zu den weiteren Locations zählen das **Café Mambo** (www.cafemamboibiza.com; ⊙13–2 Uhr) sowie das **Savannah** (www.savannahibiza.com; ⊙14–2 Uhr).

Harte Konkurrenz machen ihnen andere stilvolle Kneipen 300 m weiter nördlich am Fußgängerweg. Das **Coastline**, die **Sun Sea Bar**, das **Kasbah** und das **Kanya** warten mit Pools auf und locken jede Menge Besucher an. Wenn die Sonne untergegangen ist, wird von Juni bis September die Musik so richtig laut gestellt. Die Bässe hämmern nun bis weit in die Nacht.

Auf der anderen Seite der Bucht bei Cala de Bou kann man im **Kumharas** (www.kumharas.org; Carrer de Lugo 2) etwas essen und trinken und die letzten Sonnenstrahlen auf sich wirken lassen. Am besten kommt man sonntagnachts her, denn dann gibt's Liveauftritte, darunter vor allem Feuertänzer. Nach dem Schild „Rodeo Vaca Loca" an der Hauptstraße Ausschau halten und dann in den Carrer de Lugo Richtung Meer einbiegen.

WAS ISST MAN AUF DEN BALEAREN?

Fisch und Meeresfrüchte stehen ganz oben auf der Beliebtheitsskala. Im Marschland von S'Albufera im Osten Mallorcas bevorzugen die Einwohner Reis und Aale. Ersteres gehört zu vielen Gerichten, während Letzteres vor allem für *espinagada* verwendet wird, eine Pastete aus Aal und Spinat. Valldemossa ist berühmt für seine Zubereitung von *coca*, einem pizzaähnlichen Snack, den man überall auf den Balearen bekommt, insbesondere auf Mallorca. Eine weitere lokale Variante ist *coca de patata* (mit Kartoffeln). Menorca wartet mit leckerem Käse und *caldereta de llagosta* (saftiger Hummereintopf) auf. Auf Ibiza kommen häufig *frito de pulpo* (ein Gericht aus Oktopus, Kartoffeln, Paprika und Kräutern) und *bullit de peix* (Eintopf aus frischem Fisch und Kartoffeln) auf den Tisch.

Im Landesinneren von Mallorca wächst Wein. Zwei Gebiete, Binissalem und Pla i Llevant (mehr oder weniger der südöstliche Teil der Insel), besitzen sogar das Qualitätssiegel Denominación de Orígen (DO). Eingeschränkte Mengen, darunter einige sehr gute Weißweine, werden auch auf Menorca, Ibiza und Formentera produziert.

Praktische Informationen

Touristeninformation (☎971 34 33 63; Passeig de Ses Fonts; ⌚Mo–Fr 9.30–20.30, Sa & So 9.30–13 Uhr) Neben dem Hafen.

An- & Weiterreise

BUS Bus 3 fährt alle 15 bis 30 Minuten nach Ibiza-Stadt (40 Min.). Bus 8 (Juni–Okt. 8-mal tgl.) steuert die Cala Bassa an.

SCHIFF/FÄHRE Boote von **Cruceros Portmany** (www.crucerosportmany.com; Erw./Kind 9/4,50 €) starten etwa alle 30 Minuten zur Cala Bassa (20 Min.) und zur Cala Compte (30 Min.).

VON DER CALA BASSA ZUR CALA D'HORT

Wer sich von Sant Antoni aus Richtung Westen und Süden hält, gelangt zur beliebten Cala Bassa, einer hufeisenförmigen Sandbucht. In den nächsten paar Buchten an der Küste verstecken sich ein paar herrliche Strände wie die **Cala Compte** mit ihrem glasklaren Wasser und die kleine **Cala Codolars**. Alle sind von Sant Antoni aus mit dem Bus und/oder Boot zu erreichen. Weiter im Süden erstreckt sich der unaufdringliche Badeort **Cala Vedella** mit einem schönen Strand im Zentrum.

Eine hübsche Fahrt durch duftende Pinien führt zur wunderbaren Cala d'Hort mit einem Blick auf den emporragenden Fels der kleinen Insel **Es Vedrà**. Das Wasser hat einen einladenden Blauton, der lang gezogene Sandstrand ist mit Kieselsteinen und Felsen besprenkelt. Am besten gönnt man sich bei Sonnenuntergang ein Getränk auf der am Ufer gelegenen Terrasse des **El Carmen** (☎971 18 74 49; Zi. 75 €; ⌚Mitte März–Okt.). Das nette Bar-Restaurant verfügt zudem über sieben Zimmer mit Kühlschränken und einem spektakulären Blick aufs Wasser. Sechs davon haben auch große Balkone.

FORMENTERA

Formentera, mit 9500 Einwohnern und von Ost nach West knapp 20 km Länge, die kleinste und am wenigsten für den Tourismus erschlossene Insel der vier großen Balearen, liegt nur eine kurze Überfahrt südlich von Ibiza. Besucher genießen hier vor allem die Sandstrände und einige kurze Wander- und Radwege. Viele kommen auf einen Tagesausflug von Ibiza hierher. Dementsprechend kann es im Hochsommer ziemlich voll werden (dafür sorgen nicht zuletzt zahlreiche Italiener, für die Formentera schon fast zum eigenen Land gehört). Meistens ist es aber trotzdem möglich, einen einsamen Strand zu finden.

Insgesamt ist Formentera eher flach, felsig und zum Teil kahl. An der Küste wechseln sich zerklüftete Felswände und Strände hinter niedrigen Dünen ab. In der Inselmitte und im Osten verdienen sich ein paar Landwirte mit Mühe und Not ihren Lebensunterhalt, die anderen Gegenden bilden einen Flickenteppich aus Kiefernschonungen, von der Sonne ausgebleichten Salinen, niedrigen Steinmauern und weitgehend unbestellten Feldern.

Sehenswertes & Aktivitäten

Abgesehen vom Wandern, Radfahren und am Strand liegen gibt's nicht viel zu tun. Sehenswert sind mehrere zerfallende steinerne **Wachttürme** an der Küste, die **Ruine** einer römischen Festungsanlage (Fortificació Romà) an der Südküste und 40 kleinere Ausgrabungsstätten (meistens von der Hauptstraße aus beschildert).

Taucher können das Diving Center Formentera (www.blue-adventure.com; La Savina; Tauchgang mit Leihausrüstung 45 €) sowie mehrere andere Tauchzentren auf der Insel ansteuern. Wet4Fun (☎670 366314; www.wet4fun.com; ⏲Juni–Sept.), mit einer Hauptniederlassung in Es Pujols, bietet Wind- und Kitesurfkurse sowie Segel-, Kanu- und Kajaklehrgänge an.

PARQUE NATURAL DE SES SALINES

Der geschützte Ses-Salines-Naturpark beginnt gleich nördlich des Estany Pudent, der zu Recht „Stinkender See“ heißt. Er erstreckt sich an dem schmalen Finger, der Richtung Ibiza weist und reicht durch die schmale Meerenge bis zu dem Salzgewinnungsgebiet Ses Salines an Ibizas Südspitze. Die Platja de Llevant und die Platja de ses Illetes, zwei weiße Sandstrände, säumen die Landspitze. Ein 3 km langer, teilweise nicht asphaltierter Weg (Gebühr für Autos/Motorräder 4/2 €) führt von der Straße zwischen La Savina und Es Pujols nach Norden.

Von der Straße zwischen La Savina und Es Pujols zweigt ein 4 km langer Wanderweg ab, der bis zum Ende der kaum bebauten Landzunge verläuft. Dort kann man durch eine kleine Meerenge zur Illa s'Espalmador waten, einer winzigen, unbewohnten Insel mit wunderschönen ruhigen Stränden (das gilt vor allem für S'Alga an der Südostseite) und Schlammbädern. Wer sich auf den Weg dorthin macht, sollte aber unbedingt aufpassen, dass ihn nicht die Flut überrascht. Das Barca-Bahia-Boot (hin & zurück 15 €) schippert dreimal täglich vom Fährhafen in La Savina mit Anlegestopp an der Platja de ses Illetes zur Insel und zurück.

SANT FRANCESC XAVIER

Die größte Ansiedlung auf Formentera ist ein attraktives Dorf mit weiß gekalkten Häusern und einigen empfehlenswerten Cafés an kleinen, sonnigen Plätzen. Zu den älteren Gebäuden gehört eine Kapelle aus dem 14. Jh., eine Festung aus dem 18. Jh. und das Museu Etnològic (☎97132 26 70; Carrer de Jaume I 17; Eintritt frei; ⏲Mo–Fr 10–14 & 17–19 Uhr), ein bescheidenes ethnologisches Museum zu Landwirtschaft und Fischerei auf der Insel.

CALA SAONA

An der Straße, die südlich von Sant Francesc Xavier zum Cap de Barbaria führt, geht's

Formentera

NICHT VERSÄUMEN

DIE SCHÖNSTEN STRÄNDE AUF FORMENTERA

- » Platja de Migjorn
- » Cala Saona
- » Platja de Ses Illetes
- » Platja de Llevant

etwa nach einem Drittel der Strecke rechts ab zur hübschen Bucht Cala Saona. Der knapp 150 m lange Strand gehört zu den besten der Insel. Hier findet man ein großes Hotel und ein paar Bar-Restaurants sowie einige unaufdringliche Häuser. Das Wasser schillert hier in allen möglichen Blautönen.

CAP DE BARBARIA

Eine schmale Asphaltstraße verläuft von der Hauptstadt nach Süden, vorbei an Äckern und Steinmauern zum Cap de Barbaria, dem südlichsten Punkt der Insel. Am Ende der schönen Strecke stößt man auf einen einsamen weißen Leuchtturm. Hier kann man allerdings nicht viel mehr machen, als die Aussicht auf das Meer zu genießen. Vom *far* (Leuchtturm) führt ein zehnminütiger Fußweg nach Osten zum **Torre d'es Cap de Barbaria**, einem Wachtturm aus dem 18. Jh.

ES PUJOLS

Der Tourismus hat das ehemalige Fischerdorf Es Pujols vollkommen verändert. Noch immer stehen Reihen ausgebleichter Bootshütten am Strand, aber die modernen Hotels, Apartments und Restaurants überragen sie inzwischen. Wem die Strände zu überlaufen sind, kann auf abgelegenere Alternativen ausweichen, die man gut zu Fuß erreicht (einfach immer nach Nordwesten Richtung Platja de Llevant marschieren).

COVA D'EN XERONI

An der Hauptstraße im Osten von Sant Ferran geht's gleich hinter Kilometer 6 am Spar-Supermarkt rechts ab zur **Cova d'en Xeroni** (☎971 32 82 14; Erw./Kind 4/2,50 €; ⏲Mai–Okt. Mo–Sa 10–13.30 & 17–20 Uhr). 1975 entdeckte ein Landbesitzer die unterirdische Höhle mit zahlreichen Stalaktiten und Stalagmiten, als er einen Brunnen ausheben wollte. Da die Höhle von nur einer einzigen Person betreut wird, kann man sich nicht absolut auf die Öffnungszeiten verlassen. Wie viele Führungen täglich angeboten werden, hängt von der Nachfrage ab (meist um 13 und 18 Uhr) und davon, ob der Sohn des Höhlenentdeckers da ist.

PLATJA DE MIGJORN

Östlich von Sant Ferran Richtung Es Caló führen ein paar holprige Wege von der Hauptstraße zu den Stränden der Südküste, die zusammengenommen Platja de Migjorn genannt werden. Die besten liegen am östliche Ende bei **Es Arenals**. Es gibt hier einige Strandsiedlungen, die meistens aus nur wenigen Häusern und Apartments sowie ein paar Bar-Restaurants bestehen. Außerdem findet man in der Gegend ein schrulliges *hostal*.

ÖSTLICHES ENDE

Die Fischersiedlung Es Caló liegt an einer winzigen Felsbucht voller ausgebleichter Bootshütten. Am Westende des Ortes gibt's einige gute Badeplätze, Felsenpools sowie ein wenig Sand.

Von dem Dorf windet sich die Straße hinauf zum höchsten Punkt Formenteras. Fast ganz oben stößt man auf das **Restaurante El Mirador** mit einer spektakulären Aussicht über die ganze Insel, deren östliches Ende eine Hochebene aus Kalkstein ist. Man kann fast die gesamte Küste nur per Boot erreichen. Eine Straße führt schnurgerade zum östlichen Ende der Insel. Auf dem Weg dorthin gelangt man nach **Es Pilar de la Mola**, wo mittwochs und sonntags ein Hippiemarkt (16–21 Uhr) abgehalten wird. Am Ziel befinden sich der Leuchtturm **Far de sa Mola**, ein Denkmal für Jules Verne (er ewähnte diese Stelle in einem seiner Romane) und eine Bar. Außerdem ist der Blick auf das Meer sensationell.

Schlafen

Man darf auf der Insel nicht zelten. Viele Unterkünfte haben sich auf Pauschaltouristen eingerichtet, deshalb verlangen sie im Hochsommer eindeutig zu hohe Preise, sind aber trotzdem meist ausgebucht. Es gibt hier mehr Ferienwohnungen (ab einer Woche die bessere Alternative) als *hostales* und Hotels (insgesamt sind es 50). Auf www.formenterahotelsguide.com und www.guiaformentera.com erfährt man mehr darüber.

SANT FRANCESC XAVIER

In diesem freundlichen Ort verstecken sich einige *hostales*, deren Preise angemessener sind als vielerorts am Meer.

Die gastfreundliche, zweistöckige **Casa Rafal** (☎971 32 22 05; Carrer d'Isidoro Macabich 12; DZ mit Frühstück 70 €; ⊙Dez. & Jan. geschl.) in der Nähe der verschlafenen Plaça de Sa Constitució bietet hübsche saubere Zimmer mit Bad und Frühstück. Unten befindet sich ein Restaurant mit einer Terrasse.

CALA SAONA

Das **Hotel Cala Saona** (☎971 32 20 30; www.hotelcalasaona.com; EZ/DZ 160/180 €; ⊙Mai–Okt.;), ein kolossartiger weißer Bau, verfügt über 116 Zimmer, einen Pool, Tennisplätze und ein Restaurant. Von den besten Zimmern blickt man direkt auf den Strand und das Meer. Das am Strand gelegene Bar-Restaurant ist der perfekte Ort für eine Sangria bei Sonnenuntergang. In der Nebensaison halbieren sich die Preise.

ES PUJOLS

Das 100 m vom Strand entfernte ockerfarbene **Hostal Voramar** (☎971 32 81 19; www.hostalvoramar.com; Av Miramar 25–33; EZ/DZ mit Frühstück 115/150 €; ⊙Mai–Okt.;) hat komfortable Zimmer, die größtenteils mit Balkonen aufwarten, sowie einen kleinen Fitnessraum. Frühstück gibt's von 8.30 bis 12 Uhr. Das benachbarte **Fonda Pinatar** (EZ/DZ 88/112 €) gehört denselben Inhabern.

SANT FERRAN DE SES ROQUES

Das **Hostal Pepe** (☎971 32 80 33; Carrer Major 68; EZ/DZ mit Frühstück 45/65 €; ⊙Mai–Mitte Okt.;) ist bereits seit Jahrzehnten ein Klassiker. Es liegt an der hübschen, in Sommernächten sehr lebhaften Hauptstraße in der Nähe der alten Dorfkirche aus Sandstein. Das weiß getünchte Haus verfügt über 45 einfache Zimmer mit Balkonen.

PLATJA DE MIGJORN

An den Stränden im Süden der Insel stößt man immer wieder auf *hostales* und Ferienwohnungen, doch viele Häuser sind nur über Reiseveranstalter buchbar.

Zum **Hostal Ca Marí** (☎97132 81 80; Es Ca Marí; EZ/DZ 80/125 €;) gehören ein Garten, ein Bar-Restaurant am Strand, ein Pool und ein Lebensmittelladen, der sich in der gleichnamigen Siedlung befindet.

ES CALÓ

In dem winzigen Fischerdorf mit einem kleinen Hafen zwischen Felsen bietet das sympathische **Hostal Rafalet** (☎971 32 70 16; EZ/DZ 75/105 €) geräumige Zimmer, viele davon mit Meerblick. Unten befinden sich eine beliebte Bar und ein Fischrestaurant mit Terrasse zum Hafen hin.

Essen

Fast alle Restaurants liegen am Meer und bereiten die üblichen Meeresfrüchte- und Paella-Kreationen zu. Wenn nicht anders angegeben, haben die hier genannten Lokale nur von Mai bis Oktober geöffnet.

ES PUJOLS

1 km außerhalb von Es Pujols an der Straße nach La Savina bringt **El Caminito** (☎971 32 81 06; Carretera La Savina-Es Pujols; Mahlzeiten 40–50 €; ⊙April–Nov. Abendessen), ein wunderbares argentinisches Steakhouse, etwas Gaucho-Feeling ans Mittelmeer. Hier kommt saftiges Fleisch auf den Teller.

SANT FERRAN DE SES ROQUES

Viele der im Sommer geöffneten Restaurants befinden sich am verkehrsberuhigten Carrer Major.

Das familiengeführte **Can Forn** (☎971 32 81 55; Carrer Major 39; Mahlzeiten 30–35 €; ⊙So mittags geschl.) setzt den Schwerpunkt auf lokale Gerichte wie *calamar a la bruta* („dreckiger Tintenfisch" in eigener Tinte mit Kartoffeln und mallorquinischer Wurst). Es liegt am nördlichen Ende der Hauptstraße.

PLATJA DE SES ILLETES

Das **Es Molí de Sal** (☎971 18 74 91; Mahlzeiten 40–50 €) ist in einer geschmackvoll renovierten Mühle untergebracht. Es wartet mit einer hübschen Terrasse und einem fantastischen Meerblick auf und gilt als eines der besten Fischrestaurants auf Formentera. Am besten bestellt man eines der Reisgerichte oder die Spezialität des Hauses, *caldereta de llagosta* (Hummerragout).

PLATJA DE MIGJORN

Das **Vogamari** (☎971 32 90 53; Mahlzeiten 30–35 €; ⊙Di abends geschl.) thront mit seiner großen Veranda mitten auf einer begrünten Düne. Hier kommt einfache Inselküche auf den Tisch, darunter hervorragender fangfrischer Fisch, Paella und ordentliche Fleischgerichte. Bei Kilometer 9,5 von der PM820 abbiegen.

Einige Einwohner loben das **Sa Platgeta** (☎971 18 76 14; Platja de Migjorn, Es Ca Marí; Mahlzeiten 35 €; ⊙Mo–Sa) in den höchsten Tönen. Das einfache Fischlokal liegt 500 m westlich von Es Ca Marí zwischen Kiefern gleich hinter dem engen felsigen Strand und besitzt eine angenehm schattige Terrasse. Wer dort essen möchte, folgt einfach der Beschilderung in den Gassen oder spaziert am Kai entlang.

Am Ostende des Strands lockt das angesagte **Restaurante Es Cupiná** (☎971 32 72 21; Platja de Migjorn; Gerichte ca. 35 €). Es hat bereits vor 40 Jahren eröffnet und ist für seinen fangfrischen Fisch des Tages berühmt.

ES CALÓ

Das schattige **S'Eufabi** (☎971 32 70 56; km 12,5; Gerichte 10–18 €, Menü 11 €; ⏲tägl.) rund 1 km östlich von Es Caló serviert eine wunderbare Paella und köstliche *fideuá* (eine leckere Nudelvariante) zu akzeptablen Preisen. Wenn man über den sanften Anstieg Richtung Es Pilar de la Mola hierherkommt, liegt es auf der linken Seite.

ES PILAR DE LA MOLA

Ohne Zweifel ist das **Pequeña Isla** (☎971 32 70 68; www.pequenaisla.com; Avinguda del Pilar 101; Mahlzeiten 30–35 €), die „Kleine Insel", mit der schattigen Terrasse zur Straße das beste Restaurant des Ortes. In der Küche werden herzhafte Fleischgerichte, frischer Fisch vom Grill, Paella und andere Reisspeisen sowie verschiedene Inselspezialitäten wie Lammfleisch und Oktopus zubereitet.

☆ Unterhaltung

ES PUJOLS

Im Sommer tut sich was in Es Pujols mit seinem Durcheinander an Bars, die rund um den Carrer d'Espardell an der Küste ineinander übergehen und bis 3 oder 4 Uhr am Morgen geöffnet haben. Die Betreiber sind zu 90 % Italiener, deshalb glaubt man kaum, in Spanien zu sein! Seit 1994 ist das heißblütige **Indiana Café** mit seinen hohen Tischen und Stühlen ein Favorit vieler Einwohner und Touristen. Das ganz in Schwarz-Weiß gehaltene **Neroopaco** gleich nebenan hat niedrige Sitze und spielt vor allem House-Musik. Auch im nahen Carrer de Roca Plana gibt's ein paar Bars, von denen das laute **Pachanka** einen Besuch am späten Abend lohnt. Der **Vivi Club** (Avinguda Miramar) ist eine eine nette Musikbar mit Pinien im Garten. Das purpurne Licht strahlt alles an, sogar die Cocktails.

SANT FERRAN DE SES ROQUES

Fonda Pepe (Carrer Major 55; ⏲Mai–Okt.) ist *der* Klassiker auf der Insel und eine Bar für jede Gelegenheit. Das gleichnamige *hostal* auf der anderen Straßenseite gehört dazu. Seit Jahrzehnten schon wird hier *pomada* (Gin mit Limonade) ausgeschenkt. Der Laden zieht ein buntes Völkchen aus Einheimischen und Touristen, Alt und Jung, Freund und Feind an.

PLATJA DE SES ILLETES

Das **Bigsurlife** (⏲Mai–Okt. 10.30 Uhr–Sonnenuntergang) lockt vor allem gut aufgelegte, gut aussehende Italiener an, die sich auf einen Drink (Glaskrüge voll mit Mojito) zum Sonnenuntergang treffen. 20 m, bevor an der Straße von La Savina nach Es Pujols die Abzweigung nach Platja de ses Illetes folgt, ist links ein Parkplatz ausgeschildert. Von dort sind es noch 30 m bis zum Strand und zur Bar.

200 m weiter am Strand stößt man auf die Taverne **Tiburón** (⏲Mai–Okt. 10 Uhr–Sonnenuntergang). Sie wird eher von Einheimischen angesteuert, die Fisch, Salate, Sangría und natürlich den Sonnenuntergang genießen wollen.

PLATJA DE MIGJORN

Oberhalb des langen Strands reihen sich sowohl stilvolle, oft von Italienern betriebene Chill-Out-Cocktail-Läden als auch lebhafte Musikbars und Kneipen aneinander.

LP TIPP **Blue Bar** (www.bluebarformentera.com; ⏲April–Okt. 12–16 Uhr), eine alteingessene Location, bietet ihren Gästen gute Meeresfrüchte, Reisgerichte und jede Menge *buen rollito* (gute Stimmung). Sie gilt als die Chill-out-Bar schlechthin im Süden. Alles hier ist blau, egal, ob Sitze, Sonnenschirme, Tische, das Klo oder die Wände. Es wird sogar ein blauer Cocktail auf Curaçao-Basis gemixt! Bei Kilometer 8 den sandigen abzweigenden Weg nehmen.

Das **10.7** (www.10punto7.com; Mahlzeiten ca. 30 €; ⏲Mai–Sept.; 📶) ist ein cooles, schwarzweiß eingerichtetes italienisches Bar-Restaurant am Meer mit internationaler Weinkarte. Zu den Spezialitäten gehört auch Sushi. Seine lockere Atmosphäre lädt zum Chillen ein. Man erreicht den Laden über den Weg, der bei Kilometer 10,7 beginnt.

Möglicherweise ist die bei den Insulanern beliebte Strandbar am äußersten östlichen Ende, das **Xiringuito Bartolo** (⏲Mai–Okt.), die kleinste Bar der Welt, denn sie besteht aus nur zwei länglichen Tischen. Doch sie versorgt auch die Gäste mit Getränken und Snacks, die keinen Sitzplatz gefunden haben.

Praktische Informationen

Die Touristeninformation (☎971 32 20 57; www.formentera.es; ⌚Mo–Fr 10–20, Sa & So 10–15 Uhr) befindet sich neben dem Fähranleger in La Savina. In Es Pujols und gegenüber der Kirche in Sant Francesc Xavier gibt's kleinere Zweigstellen.

Anreise & Unterwegs vor Ort

AUTO & FAHRRAD Im Hafen von La Savina befinden sich zahlreiche Stände, an denen Autos oder Fahrräder vermietet werden. Ein Cityrad kostet pro Tag ca. 7 €, ein Mountainbike 10 €, ein Moped 25 € und ein Motorrad bis zu 55 €. Ein Auto bekommt man schon ab 35 € pro Tag, allerdings braucht man auf der winzigen Insel eigentlich keinen Wagen.

BUS **Autocares Paya** (☎971 32 31 81; www.autocarespaya.com, auf Spanisch) bietet regelmäßige Verbindungen zwischen größeren Dörfern an. Mit einem Motorrad oder Fahrrad ist man aber flexibler.

SCHIFF/FÄHRE Zwischen Ibiza-Stadt und La Savina verkehren zahlreiche Personenfähren (einfach/hin & zurück Erw. 25/45 €, Kind 15/30 €; pro Strecke 25–35 Min.).

Baleària-Trasmapi (www.balearia.com, www.trasmapi.com) Startet mindestens zehnmal täglich. Kleine Autos kosten 78 € pro Strecke, Motorräder 32 € und Fahrräder werden gratis mitgenommen.

Mediterranea-Pitiusa (www.medpitiusa.net) Nur für Fußgänger. Bietet täglich sechs Schnellverbindungen.

TAXI ☎971 32 23 42.

MENORCA

Menorca (90 240 Ew.) ist die am wenigsten überlaufene und ruhigste Insel der Balearen. 1993 erklärte die Unesco sie zum Biosphärenreservat, um ihre Natur, z. B. die Feuchtgebiete im Parc Natural S'Albufera d'es Grau und die einzigartigen Ausgrabungsstätten, zu erhalten.

Unberührte Strände, Buchten und Schluchten prägen die 216 km lange Küste. Kreuz und quer durch die Felder und grünen sanft gewellten Hügel des Inlands ziehen sich Steinmauern auf schätzungsweise 70 000 km Länge. Manche Leute sagen, die Insel habe Franco zu verdanken, dass sie nicht vom Tourismus überrollt worden ist. Während nämlich Mallorca schon kurz nach Beginn des Bürgerkriegs zu den Nationalisten überlief, leistete Menorca Widerstand. Franco „belohnte" Mallorca später mit einem Freibrief für jedes Bauvorhaben

WEBSITES

» **www.menorca.es** Offizielle Website der Touristeninformation.

» **www.visitmenorca.com** Internetauftritt des Hotelverbands.

» **www.menorcamonumental.org** Informiert über Sehenswürdigkeiten und historische Stätten.

» **www.tmsa.es** (auf Englisch und Spanisch) Busfahrpläne.

und „bestrafte" Menorca, indem er diese Entwicklung verhinderte.

Das Klima auf der zweitgrößten und nördlichsten Insel der Balearen ist feuchter und meist ein paar Grad kühler als auf den anderen Inseln. Vor allem außerhalb der Saison wird die „Insel des Windes" gnadenlos vom *tramuntana* aus dem Norden durchgeschüttelt.

Unterwegs vor Ort

AUTO & MOTORRAD Ein Kombi kostet etwa 35 bis 45 € pro Tag. Alle großen Mietunternehmen haben Schalter am Flughafen. In Maó empfehlen wir folgende Anbieter:

Autos Mahon Rent (☎971 36 56 66; www.autosmahonrent.com; Moll de Llevant 35–36)

Autos Valls (☎971 35 42 44; www.autosvalls.com; Plaça d'Espanya 13)

BUS Von Maó aus erreicht man die meisten Orte der Insel, allerdings fahren die Busse nur selten und kommen im Schneckentempo voran.

VON/ZUM FLUGHAFEN Bus 10 (1,60 €) pendelt alle halbe Stunde zwischen dem Flughafen 7 km südwestlich von Maó und dem Busbahnhof der Inselhauptstadt. Ein Taxi kostet ca. 15 €.

Maó

29 100 EW.

Die Briten sind bisher viermal in Menorca einmarschiert – wenn man den kleinen Feldzug mitrechnet, der 1953 mit dem ersten Charterflug aus London begann – und haben Maó (auf Spanisch Mahón) ihren Stempel aufgedrückt.

1713 machten die Briten den Ort zur Hauptstadt, und noch heute ist der Einfluss, den ihre fast 100-jährige Anwesenheit hatte (die Insel gehörte ab 1802 wieder zu Spanien), in den Bauten, den Traditionen und der Kultur sichtbar. Nach wie vor kommen die meisten Besucher aus Großbritannien.

Menorca

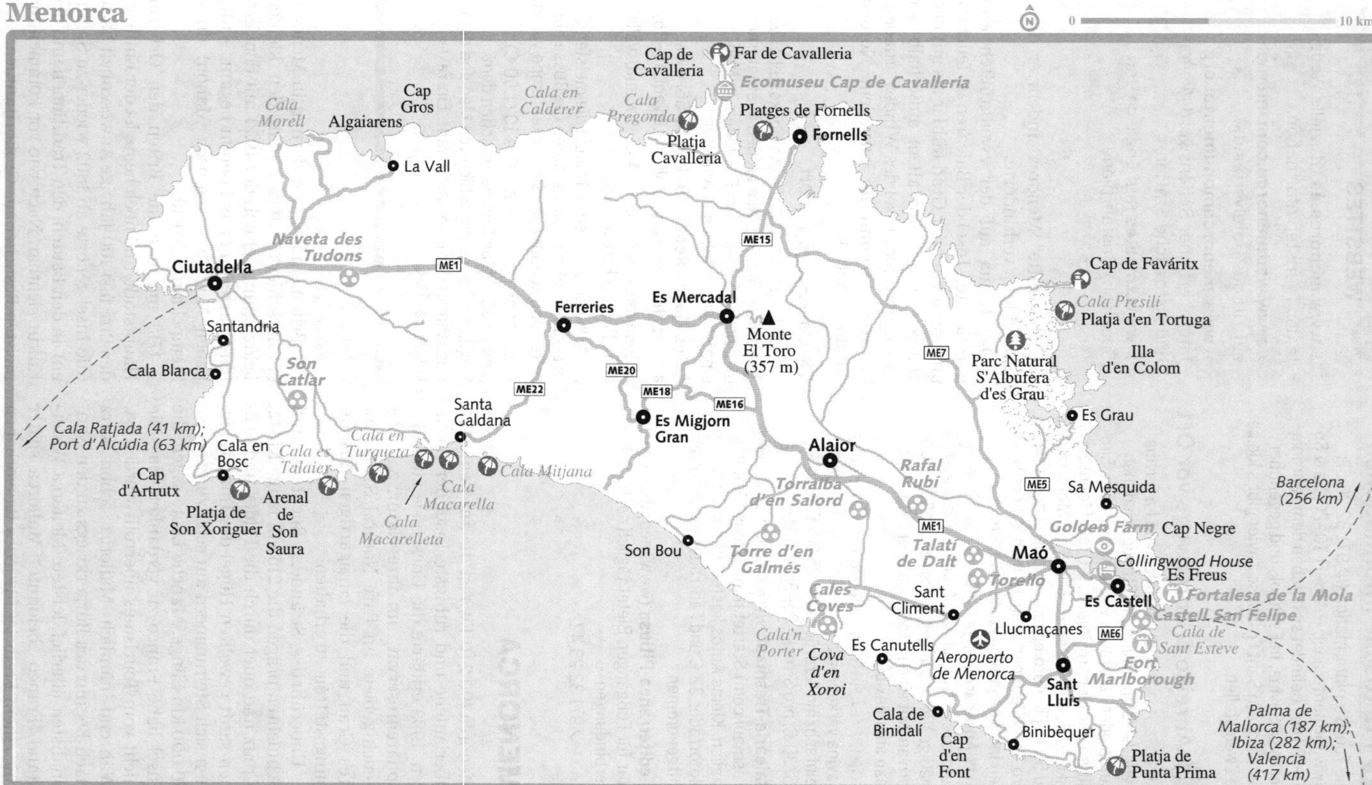
0
10 km
N
Cap de Cavalleria
Far de Cavalleria
Ecomuseu Cap de Cavalleria
Cala Pregonda
Platja Cavalleria
Platges de Fornells
Fornells
Cala en Calderer
Cap Gros
Algaiarens
Cala Morell
La Vall
Naveta des Tudons
ME1
Ciutadella
Santandria
Cala Blanca
Son Catlar
Cala Ratjada (41 km);
Port d'Alcúdia (63 km)
Cap d'Artrutx
Cala en Bosc
Platja de Son Xoriguer
Arenal de Son Saura
Cala es Talaier
Cala en Turqueta
Cala Macarelleta
Cala Macarella
Cala Mitjana
Santa Galdana
ME22
Ferreries
ME20
ME18
Es Migjorn Gran
ME16
Es Mercadal
Monte El Toro (357 m)
ME15
Son Bou
Alaior
Torralba d'en Salord
Torre d'en Galmés
Rafal Rubí
ME7
Cap de Favàritx
Cala Presili
Platja d'en Tortuga
Illa d'en Colom
Parc Natural S'Albufera d'es Grau
Es Grau
ME5
Sa Mesquida
Golden Farm
Cap Negre
Collingwood House
Es Freus
ME1
Talatí de Dalt
Torelló
Maó
Es Castell
Fortalesa de la Mola
Castell San Felipe
Cala de Sant Esteve
ME6
Fort Marlborough
Cales Coves
Cala'n Porter
Cova d'en Xoroi
Sant Climent
Llucmaçanes
Aeropuerto de Menorca
Es Canutells
Sant Lluís
Cala de Binidalí
Cap d'en Font
Binibèquer
Platja de Punta Prima
Barcelona (256 km)
Palma de Mallorca (187 km);
Ibiza (282 km);
Valencia (417 km)

Der 5 km lange Hafen ist nach Pearl Harbour der zweitgrößte natürliche Hafen der Welt. Seine strategisch geschützte Lage an der Kreuzung der Seewege über das Mittelmeer führte dazu, dass er wiederholt von den Spaniern, Franzosen und Briten besetzt wurde. Heute ist in dem tiefen, vom Seegang gut geschützten Wasser vom kleinen Fischerboot bis zum Tanker alles vertreten. Die Stadt selbst thront oben auf der Steilküste, die den südlichen Hafenrand bildet. Einige ältere Gebäude sind zwar noch vorhanden, aber viele Häuser weisen den zurückhaltenden georgianischen Stil des 18. Jhs. auf (hier sieht man überall die typischen englischen Schiebefenster).

Sehenswertes & Aktivitäten

Maós Hauptplatz, die große Plaça de s'Esplanada, ist ein ursprünglich von den Briten angelegter Paradeplatz. Jeden Dienstag und Samstag findet hier ein Kunsthandwerks- und Kleidermarkt statt.

Die engen Gassen im Osten sind die ältesten in Maó. Der **Arc de Sant Roc**, ein Torbogen aus dem 16. Jh., überspannt den Carrer de Sant Roc und ist der einzige Überrest der mittelalterlichen Stadtmauer um die Altstadt.

Die **Església de Santa Maria la Major** (Plaça de la Constitució) weiter im Osten, wurde 1287 fertiggestellt, aber im 18. Jh. neu errichtet. Sie beherbergt eine riesige Orgel aus Barcelona, die 1810 mit dem Schiff auf die Insel gebracht wurde. Am Nordende des Platzes erhebt sich das klassizistische **ajuntament** (Rathaus).

Plaça d'Espanya — PLATZ

Direkt oberhalb der Plaça d'Espanya liegt der **Mercat Claustre del Carme**. Einige Kreuzgänge wurden hier fantasievoll in einen Markt mit Einkaufszentrum umgewandelt. Oben gibt's wechselnde Kunstausstellungen und das **Museu Hernández Sanz Hernández Mora** (☎971 35 05 97; Eintritt frei; ⏲Mo–Sa 10–13 Uhr), das sich menorquinischen Themen widmet und Kunstwerke, Landkarten sowie dekorative Gegenstände aus dem 18. Jh. zeigt. Auf dem Platz kann man dem streng riechenden **Fischmarkt** (⏲Di–Sa bis 13 Uhr) in einem olivgrünen Holzhaus einen Besuch abstatten.

Museu de Menorca — MUSEUM

(Plaça de Sant Francesc; Erw./Kind 2,40 €/frei; ⏲Di–Sa 9.30–14 & 18–20.30, So 10–14 Uhr) Dieses einstige Franziskanerkloster aus dem 15. Jh. wurde bereits als Marineschule, öffentliche Bibliothek, Oberschule und Kinderheim genutzt. Seine gut auf Katalanisch, Spanisch und Englisch präsentierte Sammlung umfasst die Frühgeschichte der Insel sowie die römische, byzantinische und muslimische Epoche. Auch aus späteren Zeiten sind Gemälde, einige faszinierende frühe Karten und anderes zu sehen.

Xoriguer-Brennerei — SCHNAPSBRENNEREI

(Moll de Ponent 93; ⏲Mo–Fr 8–19, Sa 9–13 Uhr) In dem Vorführungsraum der Brennerei kann man aromantischen Gin aus Menorca probieren und kaufen. Von den zur Wahl stehenden Likören sollte man folgende Sorten probieren: den Hierba de Menorca auf Kamillebasis, den bitter nach Enzian schmeckenden Palo und den Calent, der mit Zimt parfümiert ist und traditionell heiß genossen wird.

Harbour Cruises — BOOTSFAHRTEN

Mehrere Unternehmen bieten einstündige **Ausflüge mit Glasbodenbooten** (Erw./Kind 10/5 €) durch den Hafen an. Der Blick unter die Wasseroberfläche ist zwar interessant, doch die fantastische Aussicht aufs Ufer macht ihm Konkurrenz.

Strände — STRÄNDE

Die der Hauptstadt am nächsten gelegenen schönen Strände sind **Es Grau** 10 km nördlich und die **Platja de Punta Prima** 8 km südlich. Von Maó fahren mehrere Busse hierhin.

Schlafen

Wer es historisch mag, sollte im Collingwood House (s. Kasten S. 668) übernachten, der früheren Residenz des britischen Admirals Collingwood, ehemals die rechte Hand von Lord Nelson.

LP TIPP Casa Alberti — HISTORISCHES HOTEL €€€

(☎971 35 42 10; www.casalberti.com; Carrer d'Isabel II 9; EZ/DZ mit Frühstück 122/145 €; ⏲Ostern–Okt.) Eine Villa aus dem 18. Jh. Über die Haupttreppe mit einem auffälligen schmiedeeisernen Geländer geht's zu den sechs großen Zimmern mit weißen Wänden und strahlend weißen Bettdecken. Diese sind traditionell möbliert, während die Bäder ein cooles modernes Design haben. Das kleine japanische Restaurant öffnet nur abends (Reservierung erforderlich). In der Nebensaison sinken die Preise erheblich.

Hostal-Residencia La Isla — FAMILIENHOTEL €

(☎971 36 64 92; www.hostal-laisla.com, auf Spanisch; Carrer de Santa Caterina 4; EZ/DZ mit Früh-

Maó

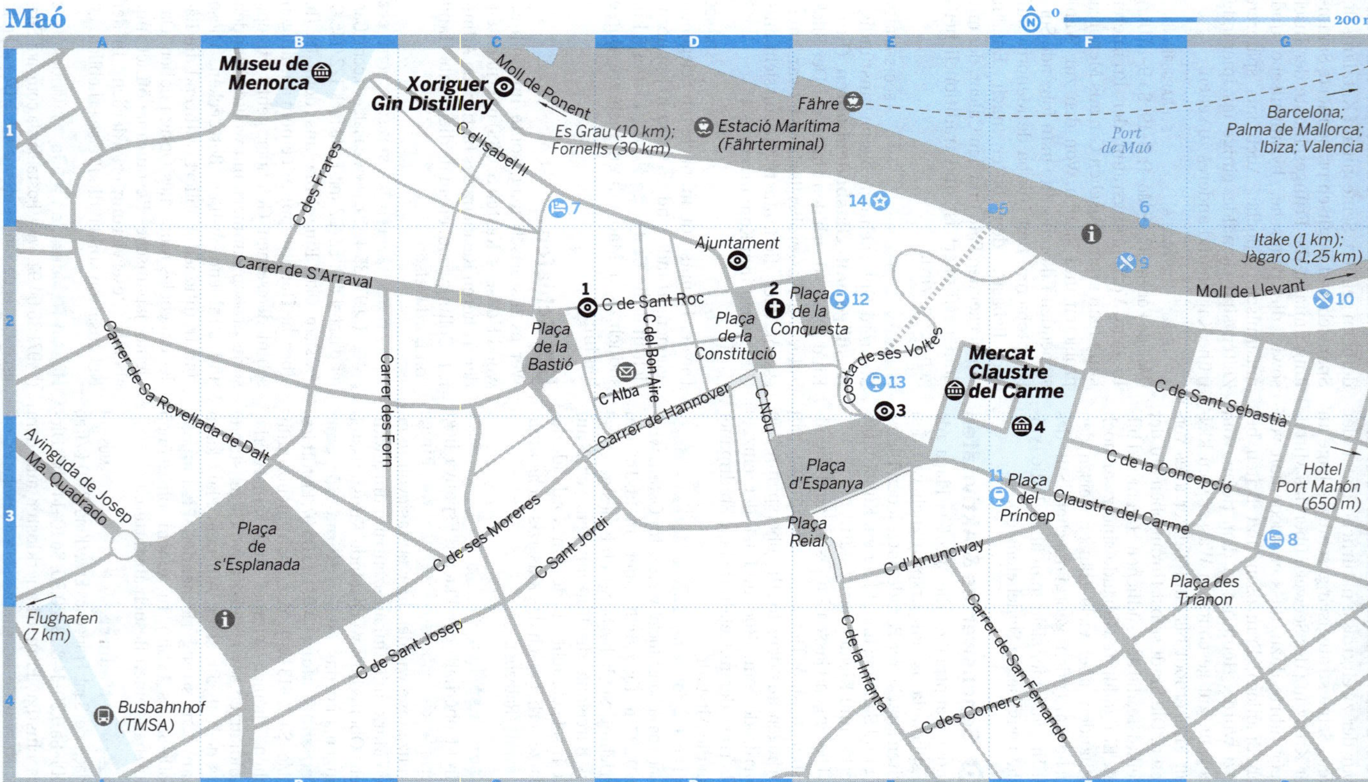
0
200 m
Museu de Menorca
Xoriguer Gin Distillery
Moll de Ponent
Es Grau (10 km); Fornells (30 km)
Estació Marítima (Fährterminal)
Fähre
Port de Maó
Barcelona; Palma de Mallorca; Ibiza; Valencia
Itake (1 km); Jàgaro (1,25 km)
Moll de Llevant
C d'Isabel II
C des Frares
Carrer de S'Arraval
Ajuntament
C de Sant Roc
Plaça de la Bastió
C del Bon Aire
C Alba
Plaça de la Constitució
Plaça de la Conquesta
Costa de ses Voltes
Mercat Claustre del Carme
C de Sant Sebastià
C de la Concepció
Plaça del Príncep
Claustre del Carme
Hotel Port Mahón (650 m)
Carrer de Hannover
C Nou
Plaça d'Espanya
Plaça Reial
C d'Anuncivay
Plaça des Trianon
C de la Infanta
Carrer de San Fernando
C des Comerç
Carrer de Sa Rovellada de Dalt
Carrer des Forn
Avinguda de Josep Ma. Quadrado
Plaça de s'Esplanada
C de ses Moreres
C Sant Jordi
C de Sant Josep
Flughafen (7 km)
Busbahnhof (TMSA)
1
2
3
4
5
6
7
8
9
10
11
12
13
14
A
B
C
D
E
F
G

Maó

Highlights

Mercat Claustre del Carme ... E2
Museu de Menorca ... B1
Xoriguer-Brennerei ... C1

Sehenswertes

1 Arc de Sant Roc ... C2
2 Església de Santa Maria la Major ... D2
3 Fischmarkt ... E2
4 Museu Hernández Sanz Hernández Mora ... F3

Aktivitäten, Kurse & Touren

5 Ticketschalter für Bootsfahrten ... F1
6 Bootsfahrten ... F1

Schlafen

7 Casa Alberti ... C1
8 Hostal-Residencia La Isla ... G3

Essen

9 El Varadero ... F2
10 La Minerva ... G2

Ausgehen

11 Ars Café ... F3
12 Corto Maltés ... E2
13 Mirador Café ... E2

Unterhaltung

14 Akelarre ... E1

stück 35/58 €;) Das große familiengeführte *hostal* bietet viel fürs Geld. Die kleinen Zimmer haben alle Privatbäder und einige sind klimatisiert. Die Einrichtung ist zwar nichts Besonderes, aber die Besitzer sind freundlich und betreiben unten ein lebhaftes Bar-Restaurant, das gern von den arbeitenden Anwohnern besucht wird.

Hotel Port Mahón MODERNES HOTEL €€€
(971 36 26 00; www.sethotels.com; Avinguda del Port de Maó; EZ/DZ ab 143/196 €;) Diese noble Fünf-Sterne-Bleibe hat 73 individuell eingerichtete Zimmer sowie acht luxuriöse Suiten, einen Pool, einen Garten und mehrere Restaurants. Die Zimmer mit Balkon (230 €) bieten einen großartigen Blick über den Hafen.

Essen

In den Fischrestaurants wird normalerweise gutes Essen serviert. Ebenso lohnt ein Besuch der Lokale am Wasser bei Cales Fonts, nur 3 km weiter in Es Castell.

Itake BASKISCH €
(971 35 45 70; Moll de Llevant 317; Mittag-/Abendessen Menü 16/19 €; Di–Sa Mittag- und Abendessen, So Abendessen;) Die Lampen über den Tischen passen nicht zusammen, ebenso wenig wie die Gläser und die Tische. Doch das macht nichts. Insbesondere das Abendessen ist ein Genuss. Hier hat man die Qual der Wahl, das gilt vor allem für die Desserts. Auch die Saucen sind köstlich, darunter eine auf Portweinbasis zum *pato Itake* (Ente nach Itake-Art). Sie werden aber sogar noch übertroffen von den weichen und cremigen lokalen Käsesorten, z. B. zum *filete de cerdo ibérico con queso de Menorca* (Schweinefilet).

El Varadero AM HAFEN €€
(971 35 20 74; Moll de Llevant 4; Gerichte 11,50–17 €; Ostern–Nov.) Von der Terrasse des Lokals genießt man einen fantastischen Blick auf den Hafen. Diese Tatsache könnte manch ein Lokal glatt dazu verleiten, sich auf diesen Lorbeeren auszuruhen. Nicht so das Varadero. Es kredenzt verlockende Reisgerichte und einige erlesene Fleisch- und Fischspeisen. Für den kleinen Hunger kann man auch ein oder zwei Tapas zum Wein bestellen.

La Minerva FISCH €€
(971 35 19 95; www.restaurantelaminerva.com, auf Spanisch; Moll de Llevant 87; Gerichte 15,50–42 €) Der klimatisierte Innenraum ist stilvoll nach dem Motto „Meer" eingerichtet – und zwar ohne klischeehafte Netzgirlanden. Noch romantischer speist man auf dem am Kai befestigten Boot. Das Essen ist in jedem Fall ein Genuss. Das günstige *menú* für 15 € gibt's sowohl mittags als auch abends.

MAYONNAISE

Die Bewohner Menorcas beanspruchen für sich, das Wort Mayonnaise erfunden zu haben, da es sich von *salsa mahonesa* „Sauce aus Mahón (Maó)" ableitet. Auch die Franzosen beanspruchen den Begriff für sich, aber die Inselbewohner argumentieren, er sei erst nach dem Sieg 1756 über die Briten von Truppen des Herzogs Richelieu auf das Festland gebracht worden. Ihre Erklärung klingt auf jeden Fall plausibel und wird von allen Anrainern des nördlichen Mittelmeers vertreten.

BURGEN & SCHLÖSSER

Die Briten besetzten Menorca vor allem, um den riesigen natürlichen Hafen von Maó in Besitz zu nehmen. Zu seiner Verteidigung und der des ebenfalls eroberten Castell San Filipe errichteten sie das **Fort Marlborough** (Erw./Kind 3/1,80 €; ⏲Ostern–Mitte Dez. 9.30–14.30 Uhr). Ein großer Teil dieses Gebäudes ist neben der hübschen smaragdfarbenen Bucht Cala de Sant Esteve (2,5 km hinter Es Castell – in der britischen Geschichte als Georgetown bekannt) in den Fels gehauen. Ein kurzes Video veranschaulicht den historischen Hintergrund für den Spaziergang durch die Tunnel, die durch Figuren, Explosionen und gute Erklärungen vom Band (u. a. auf Englisch) zum Leben erweckt werden. Von der Anhöhe in der Mitte bietet sich ein schöner Blick über die Cala de Sant Esteve, die knapp über der Erdoberfläche erhaltenen Überreste des Castell San Felipe und zum runden Torre d'en Penjat (Torre Stuart) im Süden.

Das **Castell San Felipe** (www.museomilitarmenorca.com; Erw./Kind 5/2,50 €) auf der anderen Seite der Bucht wurde im 16. Jh. erbaut und unter britischer Herrschaft zu einer der größten Festungen Europas erweitert. Als die Spanier die Insel zurückeroberten, ließ König Carlos III. das Fort fast ganz zerstören. Die labyrinthartigen unterirdischen Tunnel blieben jedoch mehr oder weniger erhalten. Manchmal werden Führungen angeboten (in der Regel ein- bis zweimal an Wochenenden); die aktuellen Zeiten erfährt man auf der Website. **Nächtliche Fackeltouren** (Erw./Kind 20/10 €; ⏲auf Spanisch Sa 8.30–23 Uhr, auf Englisch So Mitte Juni–Sept. 20.30–23 Uhr), bei denen sich Schauspieler als Soldaten verkleiden und der beißende Rauch von Schießpulver in der Luft liegt, führen einen in die Unterwelt der einst mächtigen Burg.

Wer tiefer in die koloniale Vergangenheit der Insel eindringen möchte, checkt im **Collingwood House** (Hotel del Almirante; ☎971 36 27 00; www.hoteldelalmirante.com; EZ/DZ mit Frühstück 80/105 €;) ein. Hier residierte einst Admiral Cuthbert Collingwood, der Mitstreiter Horatio Nelsons. In dem hübschen Hotel erinnert alles an die Seefahrt; zudem wartet es mit einem Pool, einer Terrasse, einer Bar und einem wunderschönen Blick über den Hafen auf. Dank der schweren Teppiche, der dunklen Holztüren und -möbel sowie der zahlreichen Bilder und Skizzen bedeutender Schiffe und Kapitäne wirkt das Haus wie ein kleines Museum. Wer hier übernachtet, sollte sich ein Zimmer im historischen Hauptgebäude geben lassen. Die Unterkunft befindet sich an der Hauptstraße auf halber Strecke zwischen Maó und Es Castell.

Im 19. Jh. befahl Königin Isabella II. den Bau einer neuen Festung. Die zwischen 1848 und 1875 errichtete, immense **Fortalesa de la Mola** (www.fortalesalamola.com; Erw./Kind 7/4,75 €, Audioguide 2 €; ⏲10–20 Uhr) thront auf dem gleichnamigen Kap am Nordufer der Bucht, mit dem Auto 12 km von Maó entfernt. Für die Besichtigung der Tunnel, Geschützstellungen und Kasernenbauten sollte man ein paar Stunden einplanen. Um 10.30 Uhr beginnt eine geführte Tour auf Spanisch und Englisch (Voranmeldung empfehlenswert). Im Juli und August organisiert das Personal zweimal pro Monat nächtliche Fackeltouren. Die einzige Anreisemöglichkeit besteht mit dem Auto, es sei denn man ruft ein **Wassertaxi** (☎616 428891, hin & zurück 10 €), das an mehreren Stellen in Maó und Es Castell Passagiere aufnimmt. Die Fahrt lohnt schon allein wegen der hübschen Aussicht.

Auf dem Rückweg nach Maó sieht man ein rosafarbenes Schlösschen in einem Park, die **Goldene Farm** (Granja Dorada; ⏲nicht zu besichtigen). Angeblich sollen Nelson und seine Geliebte Lady Hamilton hier 1799 ein Stelldichein gehabt haben.

Jàgaro MEERESFRÜCHTE €€€

(☎971 36 23 90; Moll de Llevant 334; Mahlzeiten 60 €) Im hintersten der vielen Speiselokale am Hafen kommen Reisgerichte, Fisch und vor allem Meeresfrüchte auf den Tisch. Abenteuerlustige können *ortiga de mar* (Seeanemone) oder *morena mansa* (Seegurke) probieren.

Ausgehen & Unterhaltung

Verglichen mit Mallorca und Ibiza kommt das Nachtleben in Maó eher bescheiden daher. Direkt am Meer ist am meisten los.

Mirador Café MUSIKBAR

(www.miradorcafe.com, auf Spanisch; Plaça d'Espanya 2; ⏲Mo–Sa 10–14 Uhr) In dieser kleinen beliebten Musikbar starren exotische Masken aus der Sammlung des Wirts auf die Gäste herab. Am besten sucht man einen Platz draußen und trinkt sein Bier mit Blick zum Hafen. Das Café liegt in einer kleinen Sackgasse am oberen Ende der Costa de ses Voltes.

Ars Café CAFÉ-RESTAURANT
(www.arscafe.info, auf Spanisch; Plaça del Príncep 12; Gerichte 7–12 €; ⊙Mo–Sa) Ein entspanntes Café mit einem künstlerischen und alternativen Flair. Überraschenderweise verfügt es über ultramoderne Toiletten mit großen Spiegeln auf ganzer Länge. Am besten genießt man das Ambiente vorne an der Bar – außer freitags und samstags nach Mitternacht, denn da heizen einem DJs und Livemusik im Keller ein.

Akelarre JAZZCLUB
(Moll de Ponent 41-43; ⊙15–4 Uhr) Bis in den frühen Morgen ertönen in dieser Kneipe, die schon durch ihr warmes Steingemäuer sehr einladend wirkt, Ambient und tanzbarer Jazz. Davor sorgt häufig Livemusik für Leben in der Bude (Beginn ist um 23 Uhr; Eintritt 10 €). Donnerstags wird in der Regel Blues gespielt.

Corto Maltés BAR MIT TERRASSE
(Plaça de la Conquesta 5; ⊙Mo–Sa 10–23.30 Uhr) Inhaber und Comicfan Pol serviert leckere Tapas zu einer guten Auswahl an Flaschenbieren. Auf dem großen Platz kann man sich zu Füßen der Statue von König Alfonso III. niederlassen, dessen Augen nichts zu entgehen scheint.

ℹ Praktische Informationen

Touristeninformation Stadt (☎971 36 74 15; Plaça S'Esplanada; ⊙Mo–Fr 9–13.30 & 17–19.30, Sa 9–14 Uhr); Flughafen (⊙7.30–22 Uhr); Hafen (Moll de Llevant 2; ⊙Di–Sa 8–20.30, Mo 8–13 Uhr) Von November bis April kürzer geöffnet.

ℹ An- & Weiterreise

AUTO **Autos Mahon Rent** (☎971 36 56 66; www.autosmahonrent.com; Moll de Llevant 35–36) vermietet Fahrräder (15 € pro Tag), Mofas und Autos.

BUS Expressbusse von **TMSA** (www.tmsa.es) verkehren stündlich (45 Min.) zwischen Maó und Ciutadella. Im Sommer gibt's mindestens acht Verbindungen nach Ciutadella über Alaior, Es Mercadal und Ferreries. Darüber hinaus fahren zahlreiche Busse zu den Stränden an der Südküste sowie ein paar nach Santa Galdana (1 Std.).

GIN AUS MENORCA

Zwar gibt's kein Dokument als Beweis, aber auf Menorca wurde bereits im 18. Jh. Gin destilliert, um den Durst der britischen und niederländischen Soldaten zu stillen. Man trinkt ihn entweder mit Tonic oder wie die Einheimischen. In dem Fall bestellt man *gin con limonada* (Gin mit Limonade), der hier auf der Insel auch *pomada* genannt wird. Wer einen starken Drink möchte, ordert *saliveta* („Speichel") und bekommt ein Gläschen puren Gin, dekoriert mit einer grünen Olive.

Fünf Busse von **Autos Fornells** (www.autosfornells.com) pendeln täglich zwischen Maó und Fornells (30 Min.).

Im Winter werden diese Verbindungen entweder ganz eingestellt oder reduziert.

Das Landesinnere – Von Maó nach Ciutadella

Die Me1 verbindet Maó und Ciutadella und teilt die Insel in einen nördlichen und einen südlichen Teil. Auf ihrem Weg durch Alaior, Es Mercadal und Ferreries zweigen immer wieder kleinere Straßen zu den Stränden und Badeorten ab.

An der Hauptstrecke sind viele archäologische Denkmäler ausgeschildert.

ALAIOR

In Alaior ist die lokale Käse- und Schuhindustrie zu Hause. **Coinga** (www.coinga.com; Carretera Nova; ⊙Mo–Fr 9–13 & 17–20, Sa 9–13 Uhr), die größte Käserei der kleinen Stadt, hat am Ortseingang aus Richtung Maó einen Präsentations- und Verkaufsraum. Fabrikbesichtigungen finden dienstags und donnerstags um 11.30 Uhr statt.

ES MERCADAL

Es Mercadal bei der Abzweigung von der Me1 nach Fornells Richtung Norden gehört zu den ältesten Dörfern auf der Insel. Seit 1300 wird dort ein Markt abgehalten. Von hier aus erreicht man die höchste Erhebung Menorcas, den **Monte El Toro** (er ragt immerhin 357 m in die Höhe). Eine gewundene Straße führt zum Gipfel, den sich eine **Kirche** mit einem ehemaligen **Augustinerkloster** (heute von Franziskanerinnen betrieben) aus dem 16. Jh., einer ganzen Reihe Satellitenschüsseln und Funktürmen sowie

ABSTECHER

MENORCAS GEHEIMNISSE DER VORZEIT

Schon 2000 v. Chr. haben sich Menschen an Menorcas schönen Stränden vergnügt, wenn sie mal gerade nicht mit jagen und sammeln beschäftigt waren. Im Inneren der Insel erinnern mehrere Stätten an diese Zeiten. Einige der bedeutendsten Orte sind kostenlos zugänglich. Im Winter ist ein Großteil der sonst gebührenpflichtigen Sehenswürdigkeiten unbeaufsichtigt und kann ebenfalls gratis besucht werden.

Die Monumente werden drei Epochen zugeordnet: dem Vor-Talayotikum (Jungsteinzeit) von 2000 bis 1300 v. Chr., dem Talayotikum (Bronzezeit) von 1300 bis 800 v. Chr. und der Eisenzeit von 800 bis etwa 100 v. Chr. Dementsprechend sind drei Arten von Bauten zu finden: *navetas, talayots* und *taulas*.

Navetas sind große bearbeitete Felsen, die aussehen wie umgedrehte Schiffsrümpfe. Sie waren vermutlich Grabstätten oder Versammlungsorte, vielleicht aber auch beides. Auf *talayots*, große Steinhügel, stößt man fast überall auf den Balearen. Möglicherweise dienten sie als Wachttürme oder symbolisierten Macht über die Umgebung. *Taulas* gibt's nur auf Menorca: Dabei handelt es sich um riesige hufeisenförmige Heiligtümer mit Pfeilern in T-Form in ihrer Mitte. Manche sagen, sie seien Opferaltare gewesen. Allerdings weiß man nicht so genau, wie die riesigen Steine an Ort und Stelle kamen und was sie bedeuten.

Südlich von Ciutadella (von der *ronda* – Ringstraße – der Route nach Cala Macarella folgen und nach 2,8 km rechts abbiegen) liegt **Son Catlar** (Eintritt frei; ⏲10 Uhr-Sonnenuntergang), die größte Stätte des Talayotikums auf den Balearen. Ihre fünf *talayots* und die Überreste der Behausungen bedecken eine Fläche von ca. 6 ha. Östlich von Ciutadella (nahe Kilometer 40), erstreckt sich die **Naveta des Tudons** (Erw./Kind 2/1,20 €;⏲Di–Sa 9.15–20.30, So & Mo 9.30–15 Uhr), eine steinerne Grabkammer, die um 1000 v. Chr. gebaut wurde.

Von Maó aus an der Me1-Schnellstraße nach Ciutadella sind die folgenden Stätten gut ausgeschildert:

3 km westlich von Maó in der Siedlung **Talatí de Dalt** (Erw./Kind 4 €/frei; ⏲10–Sonnenuntergang) aus dem Talayotikum trennen die Wurzeln wilder Olivenbäume die verwitterten Steine von dem zentralen *talayot*. Die *taula* ist besonders gut erhalten.

4 km weiter nördlich der Straße gelangt man zu Fuß durch die Felder zu zwei *navetas* der Grabstätte **Rafal Rubí**.

Nach weiteren 5 km geht's von der Me1 links ab nach **Torralba d'en Salord** (Erw./Kind 3,50 €/frei; ⏲Mo–Sa 10–20 Uhr), einer weiteren Siedlung aus dem Talayotikum mit einer beeindruckenden *taula*.

Wer nur eine Stätte aus dem Talayotikum besuchen möchte, sollte den **Torre d'en Galmés** (Erw./Kind 3/1,80 €; ⏲Di–Sa 9.15–20, So & Mo 9.15–15 Uhr) südwestlich von Alaior ansteuern. In dem kleinen Informationszentrum des Turms wird eine lehrreiche zehnminütige Videopräsentation gezeigt, dann kann man frei durch die Stätte streifen. Sie besteht aus drei *talayots* auf einer Anhöhe, mehreren ringförmigen Wohnanlagen, tiefen unterirdischen Vorratskammern und einem ausgeklügelten Sammelsystem für Wasser.

Weiter im Süden an der Küste erstrecken sich die rund 90 **Cales-Höhlen**, die offensichtlich für Bestattungsriten genutzt wurden. In neuerer Zeit haben sich hier Hippies niedergelassen. Tagsüber sehen sich Touristen die nahe gelegene große **Cova d'en Xoroi** (☎971 37 72 36; www.covadenxoroi.com, auf Spanisch; Cala'n Porter; Erw./Kind 7/3,50 €; ⏲Juni–Sept. 11.30–22 Uhr) an, die abends zum Club umfunktioniert wird. Gegen 20 Uhr kann man den Sonnenuntergang genießen und von Mitternacht bis 5 Uhr zur Diskomusik abtanzen. Im Sommer geben sich DJs aus dem Ausland die Klinke in die Hand. Im Eintritt ist ein Getränk inbegriffen.

einer Christusstatue teilt, die zu Ehren der Toten des Bürgerkriegs aufgestellt wurde. An einem klaren Tag genießt man einen Ausblick bis nach Mallorca.

Ein hübsches marmornes Treppenhaus führt zum **Restaurant N'Aguedet** (☎971 37 53 91; Carrer de Lepanto 30; Gerichte 11–25,50 €), einem eleganten Lokal, das so-

NICHT VERSÄUMEN

TOP FIVE: STRÄNDE AUF MENORCA

- » **Cala Macarelleta** (S. 676)
- » **Cala en Turqueta** (S. 676)
- » **Cala Pregonda** (S. 675)
- » **Cala Presili** (S. 675)
- » **Cala Morell** (S. 674)

gar der katalanische Starkoch Ferran Adrià (s. S. 336) schätzt. Es kredenzt die typischen Fleischgerichte der Insel, darunter das zarte *lechón* (Spanferkel) und *conejo con cebolla y alcaparras* (Kaninchen mit Zwiebeln und Kapern).

FERRERIES

Die höchstgelegene Stadt Menorcas ist ebenfalls ein Zentrum der Käse-, Schuh- und Lederwarenherstellung. Immer samstagmorgens verkaufen die Händler auf dem Markt frische Produkte sowie traditionelles menorquinisches Kunsthandwerk. Im Westen des Ortes zweigt eine Straße nach Santa Galdana ab.

Das schöne große, 200 Jahre alte weiß getünchte **Mesón El Gallo** (☎971 37 30 39; www.mesonelgallo.com; Gerichte 9–21 €; ⏲Feb.–Juni & Sept.–Nov. Di–Do & So Mittagessen, Fr & Sa Mittag- und Abendessen, Juli & Aug. Di–Fr Abendessen, Sa & So Mittag- und Abendessen) und sein hübscher Garten lohnen einen Besuch. Auf der weinberankten Terrasse und im rustikalen Speiseraum mit Balken und Terrakottaboden kommen Fleischgerichte vom Grill genau so wie vom Gast gewünscht auf den Tisch. Von Ferreries aus erreicht man das Restaurant an der Abzweigung Richtung Santa Galdana nach 1,5 km.

Ciutadella

29 150 EW.

Diese Stadt wurde von den Karthagern gegründet und von den Mauren Medina Minurqa genannt. Nach der Invasion der Türken 1558 wurde sie fast zerstört und im 17. Jh. größtenteils wiederaufgebaut. Bevor die Briten kamen, war Ciutadella die Hauptstadt Menorcas.

Der attraktive Ort mit dem Beinamen Vella i Bella (Alt und Schön) hat einen malerischen Hafen und eine ansprechende Altstadt. Ciutadella ist spürbar anders als Maó und das historische Zentrum kommt um einiges reizvoller daher.

Sehenswertes

Das Zentrum ist fast vollständig verkehrsberuhigt.

Plaça d'es Born HAUPTPLATZ

Rund um den Hauptplatz liegen hübsche Häuser aus dem 19. Jh., darunter das **ajuntament** (Rathaus) und der **Palau Torresaura**. Der **Obelisk** in der Mitte erinnert an jene Bürger der Stadt, die bei dem Versuch, den Angriff der Türken am 9. Juli 1558 abzuwehren, ums Leben kamen. Den schönsten Blick zum Hafen und zu den erhaltenen Bollwerken genießt man oben vom **Bastió d'Es Governador** (⏲Mo–Fr 9–13 Uhr) hinter dem Rathaus.

Ganz in der Nähe der erholsameren Plaça dels Pins mit mehreren schattenspendenden Pinien befinden sich ein netter Kinderspielplatz und ein Trimm-dich-Pfad mit Stangen und Balken für Klimmzüge und Dehnübungen.

Altstadt HISTORISCHES STADTVIERTEL

In den engen Kopfsteinpflastergassen zwischen der Plaça d'es Born und der Plaça de ses Palmeres (Plaça d'Alfons III) gibt's viel zu entdecken. Hier stehen einfache weiß getünchte Häuser neben prunkvollen Kirchen und eleganten Palästen. Hübsche Läden, Restaurants und Bars reihen sich unter den Arkarden des **Carrer ses Voltes** (Straße der Bögen). Der kleine **Fischmarkt** (⏲Di–Sa 7–13 Uhr) wird in einem modernistischen Gebäude von 1895 abgehalten.

Kathedrale & Kirchen SAKRALBAUTEN

Die **Kathedrale** (Plaça de la Catedral; ⏲Mo–Sa 10.30–13.30 & 16–19 Uhr) hat zwar eine barocke Fassade, wurde aber im 14. Jh. am früheren Standort der Hauptmoschee von Medina Minurqa im Stil der katalanischen Gotik errichtet.

In der Altstadt entdeckt man außerdem einige hübsche Barockkirchen aus dem 17. Jh. Die **Església del Roser** (Carrer del Roser) wird gelegentlich für Kunstausstellungen genutzt und die **Església dels Socors** (Carrer del Seminari 9) beherbergt das **Museu Diocesà** (Erw./Kind 3 €/frei; ⏲Mai–Okt. Di–Sa 10.30–13.30 Uhr), das zum Museu Municipal gehört und neben religiösen Ausstellungsstücken auch Weltliches zeigt.

Herrenhäuser GEBÄUDE

Prächtige Gebäude wie der **Palau Martorell** (Carrer del Santíssim 7) und der **Palau**

Ciutadella

Saura (Carrer del Santíssim 2) werden heute für Wechselausstellungen genutzt. Sie beeindrucken schon alleine mit ihren herrlichen Fassaden.

Museu Municipal MUSEUM
(☎971 38 02 97; Bastió de sa Font; Erw./Kind 2,25 €/frei; ⏲Di–Sa 10–14 & 18–21 Uhr) In dem überwölbten Aussstellungsraum des Stadtmuseums sind zahlreiche regionale Funde aus dem Talayotikum und der Römerzeit zu sehen. Am besten fragt man nach dem umfassenden Informationsmaterial auf Englisch.

Castell de Sant Nicolau HISTORISCHER WACHTTURM
(Plaça del Almirante Ferragut; Erw./Kind 1,50 €/frei; ⏲Juni–Aug. 17 Uhr–Sonnenuntergang) Am südlichen Ende der Hafeneinfahrt (westlich des Stadtzentrums) hält dieser gedrungene Turm aus dem 17. Jh. Wache. Von hier bietet sich ein schöner Blick über das Meer bis Mallorca und auf die Küste.

Aktivitäten

Menorca Blava BOOTSAUSFLÜGE
(www.menorcablava.com; Bootsausflug Erw./Kind 40/20 €) Bootstouren zu den Stränden der Südküste dauern von 10 Uhr bis 17 Uhr. Im Preis ist ein Paella-Mittagessen enthalten.

Diving Centre Ciutadella TAUCHSCHULE
(☎971 38 60 30; www.menorcatech.com; Plaça de Sant Joan 10; 45 € pro Tauchgang; ⏲Mai–Okt.) Eine von drei Tauchschulen in und um Ciutadella. Sie liegt direkt am Hafen.

Feste & Events

Um den 23. Juni feiert Ciutadella mehrere Tage lang die **Festes de Sant Joan**. Höhepunkt ist der Vorabend des Johannistags. Die Feierlichkeiten gehören zu den bekanntesten und traditionsreichsten Terminen im spanischen Veranstaltungskalender und umfassen große Prozessionen, tänzelnde Pferde sowie traditionelle Musik mit Tanz.

Ciutadella

Highlights
Kathedrale C3
Palau Torresaura B3
Ses Voltes C2

Sehenswertes
1 Bastió d'Es Governador B3
2 Església del Roser C3
3 Església dels Socors C3
4 Fischmarkt D3
Museu Diocesà .... (siehe 3)
5 Museu Municipal C1
6 Palau Martorell C3
7 Palau Saura C3

Aktivitäten, Kurse & Touren
8 Diving Centre Ciutadella B2
9 Menorca Blava A3

Schlafen
10 Hostal-Residencia Oasis C4
11 Hotel Gèminis D4

Essen
12 Bar Triton A3
13 Café Balear B2
14 Cas Ferrer de sa Font C1

Ausgehen
15 Café des Museu C3
16 La Margarete C3

Unterhaltung
17 Jazzbah B2

Shoppen
18 Ca Na Fayas D3
19 El Paladar D2

Schlafen

Hotel Sant Ignasi
LANDHAUS €€€

(☎971 38 55 75; www.santignasi.com; Carretera de Cala Morell; EZ/DZ mit Frühstück 170/275 €; ❄📶🏊) 3 km außerhalb von Ciutadella steht dieses Herrenhaus aus dem 18. Jh. zwischen schattenspendenden Olivenbäumen alleine mitten auf weiter Flur. Jedes der 20 Zimmer ist individuell eingerichtet, außerdem gibt's hier ein hervorragendes Restaurant. In den Wintermonanten fallen die Preise um 50 %. Von der Straße zur Cala Morell geht's 1,6 km einer mit „Hotel Rural" beschilderten schmalen Landstraße nach.

Hotel Gèminis
HOTEL €€

(☎971 38 46 44; www.hotelgeminismenorca.com; Carrer de Josepa Rossinyol 4; EZ/DZ 65/96 €; ❄📶🏊) Ein zweigeschossiges, in Rosa und Weiß gehaltenes Zwei-Sterne-Hotel an einer Nebenstraße. Das Gèminis ist vom Stadtzentrum leicht zu Fuß zu erreichen und wirkt sympathisch, stilvoll und ansprechend. Die Zimmer sind bequem, wenn auch etwas neutral; einige haben große Balkone.

Hostal-Residencia Oasis
BUDGETUNTERKUNFT €

(☎971 38 21 97; Carrer de Sant Isidre 33; EZ/DZ 35/45 €) Das ruhige Haus nahe dem Altstadtzentrum wird von einem netten älteren Pärchen geführt. Fast alle Zimmer verfügen über ein Privatbad und blicken auf einen großen Garten im Innenhof. Die Möbel sind zwar noch in Ordnung, aber schon ziemlich in die Jahre gekommen.

Essen

Im kleinen Hafen wimmelt es nur so von Restaurants und Cafés. Viele sind einfach in die alte Stadtmauer hineingebaut oder direkt in den Küstenfels gehauen worden.

LP TIPP Cas Ferrer de sa Font
MENORQUINISCH €€

(☎971 48 07 84; www.casferrer.com; Carrer del Portal de sa Font 16; Mahlzeiten 35 €; ⌚Di–Sa) Auf der Insel findet man nirgends sonst eine authentischere Küche. Fleisch und Gemüse stammen vom Biohof des Besitzers. Entweder setzt man sich in den hübschen Innenhof des charmanten Gebäudes aus dem 18. Jh. oder speist drinnen unter Balken und dem Gewölbe der früheren Werkstatt eines Schmieds.

Café Balear
MEERESFRÜCHTE €€

(☎971 38 00 05; www.cafe-balear.com; Plaça de Sant Joan 15; Mahlzeiten 25–30 €; ⌚Di–Sa) Manchmal ist das Altbewährte eben doch am besten. Dieser Klassiker unter den Fischlokalen liegt abseits der städtischen Restaurantszene. Gäste, die im Freien sitzen, können von hier die Altstadt bestaunen, während sie sich leckere Garnelen, *navajas* (Schwertmuscheln) oder fangfrischen Fisch vom eigenen Fischerboot des Café Balear schmecken lassen.

Bar Triton
MEERESFRÜCHTE, MEDITERRANE KÜCHE €

(☎971 38 00 02; Carrer de la Marina 55; Gerichte 11–15,50 €) Hier kehren Fischer und viele andere Besucher ein, um großzügige Portionen Fisch oder die Spezialitäten des Hauses wie *pilotes* (kleine Fleischbällchen in Tomatensauce) zu genießen.

Ausgehen & Unterhaltung

Das Nachtleben spielt sich vor allem am Wasser und rund um die Plaça de San Joan ab.

Café des Museu COCKTAILBAR
(Carreró d'es Palau 4; ⏲10–3.30 Uhr) In dieser charmanten Cocktailbar in einer versteckten Altstadtgasse wird gelegentlich Livemusik von Acid Jazz bis Bossa Nova gespielt.

Jazzbah LIVEMUSIK
(Plaça de San Joan 3; Eintritt 10 €; ⏲23–5 Uhr) Livekonzerte, tolle Hauspartys und eine chillige Terrasse.

La Margarete BAR
(Carrer de Sant Joan 6; ⏲23–3.30 Uhr) Eine stilvolle moderne Bar in einer Seitengasse. In warmen Nächten kann man sich auf dem gut gepflegten Rasen niederlassen.

Shoppen

Ciutadella wartet mit zwei herrlichen Delikatessenläden auf.

El Paladar FEINKOST
(Camì de Maó; www.elpaladar.es, auf Spanisch) Wein, Pâté und reifer lokaler Käse sowie Produkte vom Schwein. Der Besitzer war 2010 spanischer Meister im Schinkenschneiden.

Ca Na Fayas FEINKOST
(www.canafayas.es; Carrer Murada d'Artrutx 32 & Avinguda de Jaume I El Conqueridor 47) Ein weiteres hervorragendes Geschäft mit zwei Eingängen. Hier füllen ganze Käse das Schaufenster.

Praktische Informationen

Touristeninformation (☎971 38 26 93; Plaça de la Catedral 5; ⏲ 8.30–15 & 17–21 Uhr) Infos über die ganze Insel.

An- & Weiterreise

BUS Expressbusse von **TMSA** (www.tmsa.es) verkehren stündlich zwischen Ciutadella und Maó (45 Min.). Sie starten an der Plaça Menorca. Busse von Autocares Torres bedienen die Küste südlich von Ciutadella bis Son Xoriguer. Sie fahren an der Plaça dels Pins ab.

SCHIFF/FÄHRE Fähren nach Mallorca (Port d'Alcúdia und Cala Ratjada) legen an der Nordseite des Hafens von Ciutadella ab, bis der neue Hafen in Son Oleo im Süden der Stadt fertig wird. Siehe auch S. 663.

Unterwegs vor Ort

Autos Ciutadella (☎971 48 00 24; www.autosciutadella.com; Avinguda del Capità Negrete) Lokaler Autovermieter mit wettbewerbsfähigen Preisen.

Velos Joan (☎971 38 15 76; www.velosjoan.com; Carrer de Sant Isidre 30) Vermietet Fahrräder (10 € pro Tag).

Rund um Ciutadella

Nördlich von Ciutadella liegt das unaufdringliche Neubaugebiet **Cala Morell** mit weiß getünchten Villen. Steile Treppen führen zu dem kleinen Hafen, dem Strand und den vereinzelten Bar-Restaurants. Weitaus spannender ist die **Nekropole**, vorgeschichtliche Begräbniskammern, die in die Felswand am Meer gehauen wurden. Sie liegt an einem Weg, der gleich südlich hinter den Häusern beginnt.

Bevor man Cala Morell erreicht, geht's rechts ab nach **Algaiarens**. Nach 6 km erreicht man einen privat betriebenen Parkplatz. Von hier sind es noch rund 500 m bis zu ein paar halbmondförmigen weißen Sandstränden.

Nordküste

Die felsige und zerklüftete Nordküste wartet mit mehreren malerischen Buchten auf. Sie ist weniger gut erschlossen als der Süden, doch wer einen eigenen fahrbaren Untersatz hat und einigermaßen gut zu Fuß ist, entdeckt einige der schönsten abgelegenen Strände der Balearen.

SCHICKE SCHUHE

Zwar ist eher die Nachbarinsel Mallorca für ihre Schuhmachertradition bekannt (vor allem, seit Camper international immer erfolgreicher wird), aber auch auf Menorca gibt's schon lange eine ganze Reihe von Herstellern. Die beliebtesten menorquinischen Schuhe sind *avarques*: leichte, bequeme Sandalen mit geschlossenem Zehenraum und einem Riemen an der Ferse, manchmal mit Sohlen aus recycelten Autoreifen ausgestattet. Mehrere Fabriken in Ciutadella stellen sie her, aber man kann sie überall auf den Balearen kaufen.

ES GRAU

Das weiß getünchte Dorf erstreckt sich an einer offenen Bucht. **Menorca en Kayak** (☎669 097 977; www.menorcaenkayak.com; ⏲Ostern–Okt.) vermietet Kajaks bzw. Fahrräder, sodass man den Parc Natural S'Albufera d'es Grau vom Meer oder vom Land aus erkunden kann. Wegen des flachen Wassers ist der Strand bei Familien besonders beliebt.

Die einfache **Bar Es Moll** (Carrer d'es Pescadors 17; Mahlzeiten 15–20 €; ⏲April–Okt.) mit Plastiktischen und -stühlen serviert Tapas sowie frische Sardinen, Muscheln und Garnelen. Sie liegt oberhalb des Stegs, an dem die lokalen Fischer ihre Boote festmachen.

PARC NATURAL S'ALBUFERA D'ES GRAU

Landeinwärts von Es Grau erstreckt sich der **Parc Natural S'Albufera d'es Grau**. Die größte Süßwasserlagune auf den Balearen ist durch eine Kette von hohen Sanddünen von der Küste getrennt und die Heimat vieler Wasser- und Sumpfvögel sowie ein wichtiger Zwischenstopp für Zugvögel. Gemeinsam mit dem Ufergebiet gilt die Lagune als „Kernzone" des Biosphärenreservats Menorca und ist dadurch vor der drohenden Erschließung geschützt. Im **Informationsbüro** (⏲9–15 Uhr) des Parks kann man ein Fernglas ausleihen und eine von zwei einfachen Wanderrouten nehmen. Für beide braucht man weniger als eine Stunde. Die **Illa d'en Colom**, wenige 100 m vor der Küste, gehört ebenfalls zum Naturpark.

CAP DE FAVÀRITX

Ein echtes Highlight ist die Fahrt zum schmalen, felsigen Kap am Nordende des Parks. Die letzte Etappe führt durch eine Mondlandschaft aus schwarzem Fels. Wo die Straße endet – das Schild *propriedad privada* (Privatbesitz) kann man getrost ignorieren, denn das Gebiet ist öffentlich zugänglich –, wacht ein **Leuchtturm** über das Meer. Südlich des Kaps erstrecken sich einige schöne abgelegene Buchten und Strände, darunter die **Cala Presili** und die **Platja d'en Tortuga**, die man beide nur zu Fuß erreicht.

CAP DE CAVALLERIA & UMGEBUNG

3 km südlich von Fornells biegt man links ab und erreicht nach 7 km den Parkplatz der ausgeschilderten kleinen, zweifach sichelförmigen **Platja Cavalleria** (ca. 10 Gehminten entfernt) mit goldenem Sand.

ABSTECHER

CAMÍ DE CAVALLS

Der GR223, ein gut ausgeschilderter Wanderweg, folgt einer Verteidigungslinie aus dem 18. Jh. Sie verband Wachttürme, Festungen und Waffenlager entlang der Küste. Die Route (auf das Hufeisensymbol achten) führt 184 km an der Küste entlang und macht ab und zu einen Abstecher ins Inland. Man kann sie in leichte Abschnitte einteilen, die meist auch mit Mountainbikes befahrbar sind. Mehr darüber erfährt man in der Touristeninformation oder im *Guide of Camí de Cavalls: 20 Itineraries for Discovering Menorca* (21 €).

Das **Ecomuseu Cap de Cavalleria** (www.ecomuseudecavalleria.com; Erw./Kind 3 €/frei; ⏲April–Okt. 10–19 Uhr) ist ein kleines privates Museum 1 km nördlich dieses Parkplatzes. Schautafeln und Videos informieren über die Nordküste, ihre Fauna, den Leuchtturm, frühere Bewohner und die Zeit unter den Römern. Man kann sich den Hefter mit der kompletten englischen Übersetzung der Beschriftungen leihen. Außerdem verfügt das Museum über eine mehrsprachige Karte, *Les 7 Rutes,* auf der die Insel detailliert dargestellt ist.

Eine weitere spektakuläre Fahrt, 2 km weiter nach Norden, führt zum abrupt ins Meer mündenden felsigen Cap de Cavalleria. Hier stehen der **Far de Cavalleria** (Spaniens ältester Leuchtturm) und mehrere zerfallene Geschützstände der Republikaner aus dem Bürgerkrieg. Fährt man Richtung Süden zurück, erreicht man nach 3 km eine kleine Abzweigung zur **Cala Binimella**, einen netten Strand mit einem nahe gelegenen Bar-Restaurant. Von hier kann man einem Fußweg zur viel hübscheren **Cala Pregonda** folgen.

FORNELLS

950 EW.

Dieses malerische Dorf mit weiß getünchten Häusern liegt an einer weitläufigen, seichten Bucht, die zahlreiche Windsurfer anzieht. Fornells ist auch wegen seiner empfehlenswerten Fischrestaurants am Meer bekannt. In den meisten wird die teure lokale Spezialität *caldereta de llagosta* (Hummerragout) serviert.

Sehenswertes & Aktivitäten

Die geschützte Bucht ist ideal für Windsurf-Neulinge. Von Mai bis Oktober veranstaltet **Wind Fornells** (www.windfornells.com; für 2/3/4 zweistündige Kurse 130/180/224 €) Kurse für Anfänger und Fortgeschrittene.

Beim Anblick der auf den Wellen schaukelnden Fischerboote erwacht bei so manch einem Betrachter der innere Seebär. Wer mag, kann bei **Catamaran Charter** (www.catamarancharter.net; Passeig Marítim 69; Erw./Kind 60/35 €) an einer drei- bis vierstündigen Katamaranfahrt teilnehmen. Unter dem Namen **Katayak** (www.katayak.net, auf Spanisch) verleiht die Firma auchKajaks und Fahrräder. Für Unterwassersport ist das benachbarte **Diving Center Fornells** (www.divingfornells.com; Passeig Marítim 68) zuständig. Alle drei Unternehmen bieten ihre Dienste von April bis Oktober an.

Am Nordende des Orts erhebt sich der **Torre de Fornells** (Erw./Kind 2,40/1,45 €; Ostern–Okt. Di–Sa 10–15 Uhr), der 1801 von den Briten errichtet wurde. Von oben genießt man eine großartige Aussicht.

Schlafen & Essen

An der Plaça S'Algaret reihen sich mehrere nette *hostales* mit Bar und Pools aneinander. Außer im August (DZ 90–100 €) sind sie recht günstig.

Hostal La Palma HOTEL €
(971 37 66 34; EZ/DZ 25/50 €; Ostern–Okt.;) Eine Unterkunft mit angenehmen Zimmern samt Bad, Balkon und Ausblick auf die Landschaft. Im August werden keine Einzelzimmer vermietet. Zu der Bleibe gehört ein gleichnamiges Bar-Restaurant im selben Gebäude.

> **AN EINER ARCHÄOLOGISCHEN AUSGRABUNG TEILNEHMEN**
>
> Das Team des Ecomuseu Cap de Cavalleria gräbt die Überreste der nahe gelegenen römischen Siedlung **Sanisera** aus. Jedes Jahr können Studenten und Amateure, die etwas über Archäologie in der Praxis erfahren möchten, drei Wochen vor Ort an Projekten teilnehmen. Die Anleitungen werden auf Englisch und Spanisch gegeben. Weitere Infos findet man unter www.ecomuseudecavalleria.com.

Hostal S'Algaret HOSTEL €
(971 37 65 52; www.hostal-salgaret.com; EZ/DZ 25/50 €; Mai–Okt.;) Dieses schöne *hostal* wurde in den 1950er-Jahren eröffnet und verfügt über saubere Zimmer mit Balkonen. Das Restaurant ist wegen seiner köstlichen Meeresfrüchte beliebt.

Es Port MEERESFRÜCHTE €€
(971 37 64 03; Passeig Marítim 5; Mahlzeiten 30–35 €; Ostern–Okt. Sa–Do) Hier gibt's guten Fisch und Meeresfrüchte. Auf der Karte steht neben *caldereta de llagosta* (Hummerragout für 64 €) auch die günstigere *paella de llomanto* (Hummer-Paella; 35 €).

S'Ancora MEERESFRÜCHTE €€
(971 37 66 70; Passeig Marítim 7-8; Menü 11–17 €, Gerichte 12–23 €) Mit seinen dunkelbraunen Korbstühlen auf der Terrasse und der olivgrünen Inneneinrichtung macht „Der Anker" gleich neben dem Es Port einen gehobeneren Eindruck. Die Gerichte ähneln sich, werden aber etwas ansprechender präsentiert.

Südküste

An der Südküste liegen die besten Strände, deshalb gibt's hier auch mehr Neubaugebiete. In der zerklüfteten Küste versteckt sich hier und da eine kleine Bucht mit einem Sandstrand und einer Ansammlung weißer Villen im Hintergrund. Meist handelt es sich dabei um kleine Siedlungen im maurisch-mediterranen Stil.

VON CIUTADELLA NACH SON BOU

Bei den Badeorten **Santandria** und **Cala Blanca** macht die wilde Küste südlich von Ciutadella kleineren Stränden Platz. An der Südwestecke der Insel erstreckt sich der lebhafte große Urlaubsort **Cala en Bosc** mit Ausflugsbooten und Tauchzentren. Nicht weit östlich davon liegt die angesagte **Platja de Son Xoriguer**. Von Ciutadella fahren regelmäßig Busse dorthin.

Zwischen Son Xoriguer und Santa Galdana verstecken sich einige der am schwierigsten zugänglichen Buchten der Südküste. Eine enge Landstraße führt von Ciutadella nach Süden (dem Schild „Platjes" ab der *ronda* bzw. Ringstraße folgen) und fast ganz bis zu den naturbelassenen Stränden **Arenal de Son Saura**, **Cala en Turqueta**, **Cala des Es Talaier**, **Cala Macarelleta** und **Cala Macarella** (von West nach Ost).

Ab dem Parkplatz von Cala Macarella muss man noch eine Viertelstunde bis zum

ABSTECHER

PEDRERES DE S'HOSTAL

Wenn man hinunterschaut, wird einem in diesen riesigen **Steinbrüchen** (www.lithica.es; Camí Vell; Erw./Kind 4 €/frei; ⏲Mo–Sa 9.30–14.30 & 16.30–Sonnenuntergang, So 9.30–14.30 Uhr), die bis 1994 in Betrieb waren, wahrscheinlich richtig schwindelig. Der ausgebleichte *marés*, eine Sandsteinart, die hier und an anderen Stellen auf der Insel abgebaut wurde, war in der Geschichte Menorcas das Baumaterial Nummer eins. Über Jahrzehnte bohrten leistungsfähige Maschinen große hohle Würfel aus dem Gestein. Manchmal werden in den tiefen Gruben, die eine fantastische Akustik haben, Konzerte veranstaltet. In früheren Zeiten wurde der Fels mit menschlicher Muskelkraft abgebaut, was bizarre Formationen hinterließ. In dem von der Natur zurückeroberten Steinbruch hat die Freiwilligenvereinigung Lithica einen **botanischen Garten** mit endemischen Pflanzenarten sowie einen hübschen mittelalterlichen Garten mit einem Brunnen in der Mitte angelegt.

Um den Steinbruch zu durchstreifen, der sich in der Nähe der alten Straße nach Maó befindet, braucht man mindestens 45 Minuten. An der Ronda-Sur-Ringstraße fährt man zum Kreisverkehr Puerta del Mar mit der großen rechteckigen Skulptur. Von hier aus ist der Weg gut ausgeschildert.

Strand (mit Restaurant) laufen. Von dort ist es kein Problem, zur noch hübscheren Cala Macarelleta zu wandern oder zu schwimmen. Von der Cala Macarella zur Cala en Turqueta braucht man zu Fuß eine Stunde.

Der Badeort **Santa Galdana** südwestlich von Ferreries ist ideal für alle, die sich unter einem gelungenen Urlaub Karaoke, englische Pubs und Minigolf vorstellen. Aber um fair zu bleiben: Der Strand ist schön und es gibt wirklich schlimmere Orte als diesen. Ein Wanderweg führt nach Westen an der Küste entlang zur Cala Macarella (30 Min.). Östlich von Santa Galdana lockt die **Cala Mitjana**.

Den schattigen Zeltplatz **Camping S'Atalaia** (☎971 37 42 32; www.campingsatalaia.com; auf Spanisch, pro Pers./Zelt/Auto 7,50/ 10/3 €; ❄) passiert man nach zwei Dritteln der Strecke von Ferreries nach Santa Galdana.

Südlich von Alaior darf sich der Urlaubsort **Platges de Son Bou** rühmen, den längsten Strand auf der Insel zu haben – und das deprimierendste Neubaugebiet zu besitzen. Gleich hinter dem Strand stößt man auf die Ruinen einer **frühchristlichen Basilika** aus dem 5. Jh.

SÜDLICH VON MAÓ

Südlich von Maó ist ein Großteil der Küste dicht bebaut.

Das freundliche weiße, schachbrettartig angelegte **Sant Lluís** errichteten die Franzosen während ihrer kurzen Inselherrschaft von 1756 bis 1763. Hier lohnt sich ein Zwischenstopp, um die **Molí de Dalt** (☎971 15 10 84; Erw./Kind 1,20/0,60 €; ⏲Mo–Sa 10–14 Uhr) zu besuchen, die letzten erhaltenen Windmühlen (ebenfalls im Auftrag der Franzosen erbaut). Sie beherbergen ein kleines **Museum** mit landwirtschaftlichen Werkzeugen und Geräten.

Das Hotel Biniarroca (☎971 15 00 59; www.biniarroca.com; Zi. mit Frühstück 160–295 €; ⏲Ostern–Nov.; 📶❄) in Sant Lluís ist eine gemütliche, komfortable Bleibe auf dem Land. Es wird mit Elan von zwei britschen Künstlerinnen und Designerinnen geführt. Vor dem umzäunten hübschen Garten sieht man einige Enten und Schafe. Das Gourmet-**Restaurant** (⏲nur Abendessen) steht allen Gästen offen. Außerhalb der Saison sinken die Preise.

Platja de Punta Prima ist ein kleiner Ferienort mit einem malerischen 200 m langen Strand. Er liegt zwar im Schutz der Illa de l'Aire, aber trotzdem weht hier manchmal eine steife Brise. Von Maó aus fahren regelmäßig Busse zu dem Resort.

Richtung Westen stößt man auf **Binibèquer** (alias Binibeca), das wie ein altes Fischerdorf aussieht, aber erst in den frühen 1970er-Jahren entstand. Trotzdem sind die strahlend weißen Häuser, die engen Gassen und die Bucht mit ihrem klarem Wasser einfach bezaubernd.

Ein paar Kilometer weiter westlich folgt **Cala de Binidalí**. Der Ort ist nichts Besonderes und der Strand recht klein, aber das azurblaue Wasser erscheint so verlockend, dass man hier am liebsten sofort einen Tauchgang unternehmen und von der kleinen Bucht ins offene Meer hinausschwimmen möchte.

Murcia

Inhalt »

Gut essen

» Figón de Alfaro (S. 682)
» La Tartana (S. 686)
» Restaurante Juan de Toledo (S. 690)

Schön übernachten

» Hotel Casa Emilio (S. 682)
» Arco de San Juan (S. 682)
» Hotel Los Habaneros (S. 686)

Auf nach Murcia

Murcia kann sich nicht gerade über zu viel Aufmerksamkeit beklagen. Die Region zwischen den überfüllten Badeorten von Valencias Costa Blanca im Norden und den beliebten Stränden Almerías im Süden ist eines der am seltensten besuchten Gebiete Spaniens, dabei wartet sie mit einigen tollen Sehenswürdigkeiten, lebendigen Arbeiterstädten und der mit durchschnittlich 300 Sonnentagen im Jahr wahrhaft heißen Costa Cálida (Heiße Küste) auf.

Das wichtigste Standbein der Gegend ist die Landwirtschaft. Hier werden vor allem Zitrusfrüchte und Trauben angebaut, die man mithilfe von Aquädukten, Wasserrädern und Kanälen aus dem 11. Jh. bewässert.

Die wunderbare Hauptstadt samt ihrer prächtigen Kathedrale und den hervorragenden Tapas-Bars lohnt unbedingt einen Besuch, ebenso wie das quirlige Cartagena und das hübsche, für seine Prozessionen in der Karwoche bekannte Lorca. Naturliebhaber kommen dagegen in den beeindruckenden, unberührten Parks auf ihre Kosten.

Reisezeit

Murcia

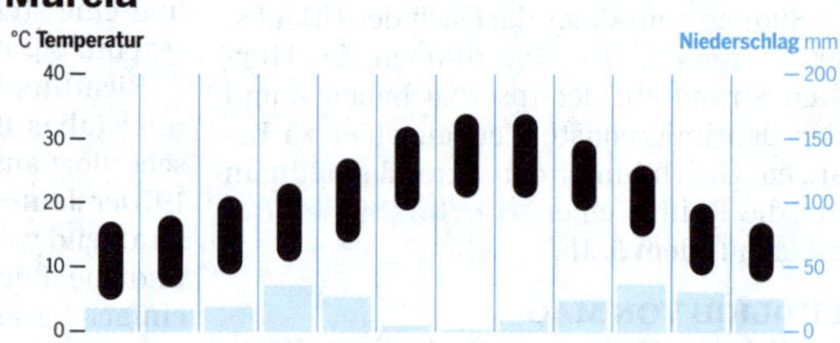

März & April Während der Karwoche finden in Lorca beeindruckende Prozessionen statt.

Mai & Juni An den Stränden der Costa Cálida ist es jetzt noch nicht zu heiß und zu voll.

September Beim *Carthagineses-y-Romanos*-Festival in Cartagenas Geschichte eintauchen.

Murcia-Stadt

434 000 EW.

Murcia ist zwar die Partnerstadt von Miami, hat mit dieser pulsierenden Metropole jedoch wenig gemein. Sie erwacht erst am Wochenende zum Leben, wenn viele Einwohner *paseos* (Spaziergänge) unternehmen. Obwohl die gemütliche Provinzhauptstadt von den meisten Touristen links liegen gelassen und von den Spaniern eher stiefmütterlich behandelt wird, lohnen ihr Fluss, die Kathedrale und die umliegende Fußgängerzone durchaus einen Besuch.

825 rückten die Mauren in die ehemalige römische Siedlung vor und gaben ihr den

Highlights

1. Bei Sonnenuntergang auf der Plaza del Cardenal Belluga in Murcia im Schatten der prächtigen **Kathedrale** (S. 681) einen Drink genießen
2. Die spektakulären **Semana-Santa-Prozessionen** in Lorca (S. 688) bestaunen
3. Cartagenas faszinierende **römische und karthagische Stätten** (S. 685) besuchen
4. Die Wanderschuhe schnüren und den unberührten **Parque Natural de Sierra Espuña** (S. 690) erkunden
5. Die Ornamente des Patio Arabe im **Real Casino** (S. 680) bewundern
6. Ein therapeutisches (und kostenloses) **Schlammbad** (S. 688) in der natürlichen Salzwasserlagune Mar Menor nehmen
7. Innovative, geschmacksintensive und ungewöhnliche **Tapas** (S. 686) probieren
8. Die außergewöhnlichen **pozos de la nieve** (Eishäuser, S. 691) im Parque Natural de Sierra Espuña besichtigen

Murcia-Stadt

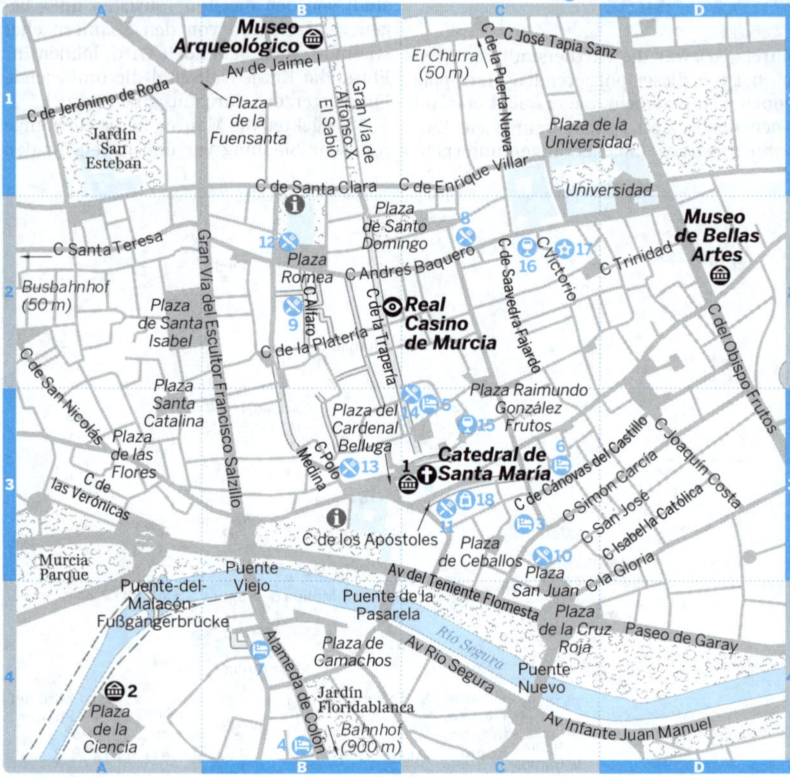

Namen „Mursiya". 1243 eroberte Alfonso X. von Kastilien-León den Ort. Sein verschrumpeltes Herz wird angeblich in der Kathedrale aufbewahrt. Im 18. Jh. erlebte Muscia dank der wachsenden Seidenindustrie und Landwirtschaft seine Blütezeit. Damals entstand auch die prächtige Barockfassade der Kathedrale.

1810 wurde die Stadt zuerst von napoleonischen Truppen geplündert und dann auch noch von Pest und Cholera heimgesucht. Im Spanischen Bürgerkrieg ein Jahrhundert später war sie Schauplatz erbitterter Kämpfe. Während dieser Zeit wurden zahlreiche Kirchen zerstört, aber die Kathedrale blieb glücklicherweise erhalten.

Sehenswertes

LP TIPP Real Casino de Murcia HISTORISCHE GEBÄUDE

(www.casinodemurcia.com; Calle Trapería 18; Eintritt 5 €; 11.30–21 Uhr) Das stattliche Kasino diente nach seiner Eröffnung 1847 zunächst als Herrenclub. Es wurde mit viel Liebe zum Detail restauriert, um wieder in seinem früheren Glanz zu erstrahlen. 2009 erfolgte die Wiedereröffnung durch König Juan Carlos. Das Gebäude vereint auf fantastische Weise historisches Design und Opulenz und ermöglicht einen Einblick in die vergangenen Zeiten aristokratischer Pracht. Jenseits der hübschen Fassade erstrecken sich ein traumhafter, maurischer Patio und ein Tanzsaal mit funkelnden Kronleuchtern. Außerdem findet man hier eine klassische Bibliothek im englischen Stil mit 20 000 Büchern (manche stammen aus dem 17. Jh.!) und einen unwiderstehlichen *tocador* (Frisiertoilette für die Damen), dessen Deckenfresko Cherubinen und eine geflügelte, in Flammen stehende Frau zeigt. Ebenso sehenswert sind der neoklassizistische *Patio Pompeyano* und die klassische, holzgetäfelte *sala de billar* (Billardzimmer).

Murcia-Stadt

Highlights

Catedral de Santa María C3
Museo Arqueológico B1
Museo de Bellas Artes D2
Real Casino de Murcia B2

Sehenswertes

1 Museo de la Catedral C3
2 Museo de la Ciencia y del Agua A4

Schlafen

3 Arco de San Juan C3
4 Hotel Casa Emilio B4
5 Hotel Hispano II C3
6 Hotel Rincón de Pepe C3
7 Pensión Segura B4

Essen

8 Alborado C2
9 Figón de Alfaro B2
10 La Parranda C3
11 Las Cadenas C3
12 Los Arroces del Romea B2
13 Los Zagales B3
14 Restaurante Hispano C3

Ausgehen

15 Fitzpatrick C3
La Muralla .... (siehe 6)
16 Mestizo C2

Unterhaltung

17 Sala Revolver C2

Shoppen

18 Paparajote C3

Catedral de Santa Maria KATHEDRALE

(Plaza del Cardinal Belluga; 7–13 & 17–20 Uhr) Murcias Kathedrale wurde 1394 errichtet. Zuvor befand sich an dieser Stelle eine Moschee. Bei einem Umbau 1748 hat man das ursprünglich gotische Antlitz des Gebäudes barocker, also etwas verspielter, gestaltet. Die Capilla de los Vélez aus dem 15. Jh. ist ein echter Blickfang. Ihre Kanneluren und Wölbungen sehen aus wie Zuckerguss. Das **Museo de la Catedral** (Eintritt frei; Di–Sa 10–12.30 & 17–20, So 10–14 Uhr) präsentiert eine Ausstellung über religiöse Artefakte. Besonderes Highlight des Museums sind jedoch die Ausgrabungen: Unter einem stabilen Weg aus Glas werden die Überreste einer maurischen Siedlung aus dem 11. Jh. und einer kleinen *mezquita* (Moschee) wirkungsvoll in Szene gesetzt.

GRATIS **Museo de Bellas Artes** KUNSTMUSEUM

(Calle del Obispo Frutos 12; Di–Sa 10–20.30, So 10–14 Uhr) Ein einladendes Museum mit Werken spanischer Künstler. In der Siglo-de-Oro-Galerie im 2. Stock kann man Gemälde von Murillo, Zurbarán und „Lo Spagnoletto", José (Jusepe) de Ribera, bewundern. Wer irgendwann von all der Frömmigkeit genug hat, sollte sich die herrlich kitschigen *señoritas* in der 3. Etage ansehen.

Museo Salzillo SKULPTURENMUSEUM

(www.museosalzillo.es, auf Span.; Plaza de San Agustín 1–3; Eintritt 5 €; Di–Fr 10–14 & 17–20, Sa 10–14 Uhr) Das Museum in der Barockkirche Ermita de Jesús widmet sich dem aus Murcia stammenden Bildhauer Francisco Salzillo (1707–83). Seine eindrucksvollen *pasos* (Figuren, die bei Semana-Santa-Prozessionen umhergetragen werden) und geschnitzten Krippenfiguren sind besonders eindrucksvoll. Um dorthin zu gelangen, geht man von der Gran Via del Escultor Francsico Salzillo auf der Calle Santa Teresa Richtung Westen.

Museo de la Ciencia y del Agua WISSENSCHAFTSMUSEUM

(Plaza de la Ciencia 1; Erw./Kind 1,20 €/frei; Di–Sa 10–14 & 17–20, So 11–14 Uhr) In diesem am Fluss gelegenen Museum sind zwar alle Ausstellungsstücke nur auf Spanisch erklärt, trotzdem ist dies ein guter Ort für Familien. Hier kann man nämlich jede Menge Knöpfe drehen und Schalter drücken, Aquarien anschauen und ein kleines Planetarium besuchen.

GRATIS **Museo Arqueológico** ARCHÄOLOGISCHES MUSEUM

(www.museoarqueologicomurcia.com; Avenida Alfonso X El Sabio 7; Di–Sa 10–20.30, So 10–14 Uhr) Auf zwei Stockwerken werden erstklassig dokumentierte Exponate präsentiert, z. B. mit audiovisuellen Darstellungen. Mit der Altsteinzeit geht's los.

Feste & Events

Semana Santa KARWOCHE

Die Osterprozessionen werden hier mit einer ähnlichen Inbrunst begangen wie in Lorca.

Bando de la Huerta FRÜHLINGSFEST

Zwei Tage nach Ostersonntag wechselt die Stadt in den Partymodus: Dann wird das jährliche Frühlingsfest mit Paraden, Essensständen, Folklore und jeder Menge Alkohol gefeiert.

Schlafen

LP TIPP **Hotel Casa Emilio** MODERNES HOTEL €
(☎968 22 06 31; www.hotelcasaemilio.com; Alameda de Colón 9; EZ/DZ 45/50 €; P ❄ ᯤ) Gegenüber dem Floridablanca-Park liegt ganz in der Nähe des Flusses dieses ansprechend aufgemachte, gepflegte Hotel mit geräumigen, hell beleuchteten Zimmern, großen Bädern und festen Matratzen. Parken kostet 9 €.

Arco de San Juan HISTORISCHES HOTEL €€
(☎968 21 04 55; www.arcosanjuan.com, auf Spanisch; Plaza de Ceballos 10; EZ/DZ 75/130 €; P ❄ ᯤ) Das Vier-Sterne-Hotel ist in einem ehemaligen Palast aus dem 18. Jh. untergebracht. Eine 5 m hohe Originaltür und einige massige Säulen erinnern an seine noble Vergangenheit. Alle Zimmer sind klassisch eingerichtet (Hartholzelemente, edle Stoffe) und komfortabel. Parken kostet 15,75 €.

Hotel Hispano II MODERNES HOTEL €€
(☎968 21 61 52; www.hotelhispano.net, auf Spanisch; Calle Radio Murcia 3; EZ/DZ inkl. Frühstück 48/58 €; P ❄ @) Das gepflegte, moderne Hotel Hispano II und die kürzlich renovierte Pensión Hispano I um die Ecke haben eine gemeinsame Garage (Parken 13 €). Zum Hotel gehört ein exzellentes gleichnamiges Restaurant, das sich bei Geschäftsreisenden großer Beliebtheit erfreut. Die traditionellen Zimmer warten mit polierten Möbeln aus dunklem Holz und feinen Stoffen auf.

INFOS & TICKETS FÜR TOURISTEN

Die Touristeninformation bietet zwei praktische Dienstleistungen, mit denen man Geld und Zeit sparen kann.

Puerto de Culturas
(www.cartagenapuertodeculturas.com) hat vier verschiedene Kombitickets für Sehenswürdigkeiten und Touren im Programm (11–20 €), die bei den jeweiligen Attraktionen und in der Touristeninformation verkauft werden. Informationen zur Stadt, z. B. zu Veranstaltungen und Aktivitäten, gibt's auch aufs Handy. Einfach eine SMS mit der Nachricht TOURISM an die Handynummer ☎609 031060 schicken oder das Formular auf der Tourismuswebsite www.cartagenaturismo.es ausfüllen.

Hotel Rincón de Pepe MODERNES HOTEL €€
(☎968 21 22 39; www.nh-hotels.com; Calle de los Apóstoles 34; Zi. 95–126 €; P ❄ @) Ein stilvolles Hotel mit einer riesigen Lobby aus Marmor. In den Zimmern erwarten einen glänzende Parkettböden und große, luxuriöse Bäder. Das hauseigene Restaurant verspricht ein kulinarisches Erlebnis der Extraklasse, außerdem befindet sich auf dem Gelände ein kleines Kasino.

El Churra MODERNES HOTEL €€
(☎968 23 84 00; www.elchurra.net; Avenida Marqués de los Vélez 12; EZ/DZ 54/75 €; P ❄ @ ᯤ) Ein perfekt geführtes Hotel mit hübsch eingerichteten Zimmern. Einfach auf der Calle de la Puerta Nueva Richtung Norden gehen.

Pensión Segura BUDGETHOTEL €
(☎968 21 12 81; Plaza de Camachos 14; EZ/DZ 36/44 €; ❄ @) Kleine Zimmer in Gelb und Weiß mit makellos sauberen Bodenfliesen sowie schmalen Garderoben und Bädern.

Essen

In Murcia gibt's ein paar herausragende Restaurants. Besonders viele Lokale findet man an den Plätzen Plaza San Juan und Plaza Romea. Scharen von Tapas-Bars verteilen sich rund um die Plaza de las Flores und die Plaza Santa Catalina.

Figón de Alfaro INNOVATIVE TAPAS €
(Calle Alfaro 7; Mahlzeiten 12–15 €; ⌚Mo–Sa Mittag- & Abendessen, So Mittagessen) Das bei Gästen jeglicher Alters- und Gehaltsklasse beliebte Figón de Alfaro verfügt über einen chaotischen Barbereich und einen etwas gediegeneren Speisesaal. Man hat die Wahl zwischen Hauptgerichten, saftigen *montaditos* (kleine Brötchen) und innovativen Leckerbissen wie *pasteles de berejena con salsa de calabacín* (Auberginenpastete mit Zucchinisauce).

La Parranda MEDITERRAN €€
(Calle San José 1; Mahlzeiten 15–20 €; ⌚Do–Di Mittag- & Abendessen) Eine herrlich energiegeladene *taberna* mit einem hellen, holzgetäfelten Speisesaal und traditionellen sowie moderne Tapas-Variationen, *raciones* (große Tapas-Portionen) und substantielleren Speisen. Man kann z. B. eine *brocheta de langostinas* (Garnelenspieß) bestellen und im Anschluss daran eine sahnige *panacotta* genießen. Ein Schwesterrestaurant befindet sich an der nahe gelegenen Plaza San Juan, einem Treffpunkt für Feinschmecker.

Los Zagales WIE BEI MUTTERN € (Calle Polo Medina 4; Mahlzeiten 10–15 €) Nicht weit von der Kathedrale entfernt (wer also anschließend schnell beichten möchte ...) werden die Gäste mit köstlichen, günstigen Tapas, *raciones, platos combinados* (gemischten Platten), hausgemachten Pommes frites und Desserts verwöhnt. Das 1926 eröffnete Lokal zieht zahlreiche Einheimische an, deshalb muss man eventuell eine Weile auf einen Sitzplatz warten. Aber das lohnt sich.

Restaurante Hispano INNOVATIVE SPANISCHE KÜCHE €€ (Calle Arquitecto Cerdán; raciones 7 €, Mahlzeiten 20–25 €; ⌚Mo–Sa Mittag- & Abendessen, So Mittagessen) In dem warmen, einladenden Barbereich gibt's kreative *raciones*, z. B. mit Artischocken und Zwiebeln sautierte kleine Saubohnen, während im eleganteren Restaurant dahinter traditionellere Speisen aufgetischt werden.

Los Arroces del Romea REISGERICHTE €€ (Plaza Romea; Mahlzeiten 20–25 €;) Hier kann man bei der Zubereitung der Spezialität des Hauses (Reisgerichte im Paella-Stil, eines davon vegetarisch) in riesengroßen Pfannen zusehen und dabei rundes, mit Olivenöl besprenkeltes *murciano*-Brot knabbern.

Alborado GEDIEGEN & MODERN €€ (Calle Andrés Baquero 15; Mahlzeiten 20–25 €;) Wartet mit Gourmetvariationen traditioneller Gerichte auf.

Las Cadenas TRADITIONELL & REGIONALTYPISCH €€ (☎968 22 09 24; Calle de los Apóstoles 10; Mahlzeiten 20–28 €; ⌚Mo–Sa) Traditionelle Küche und ein elegantes Ambiente. Reservierung empfohlen.

Ausgehen & Unterhaltung

In puncto Nachtleben ist die Gegend rund um die Universität die beste Anlaufstelle. Dort befinden sich ein paar gut besuchte Bars und Clubs, u. a. die **Sala Revolver** (Calle Victorio), wo man vor allem Latin Music und spanischen Rock hört, sowie das nahe gelegene **Mestizo** (Calle Victorio; ⌚Do–So 22 Uhr–open end), eine lebendige Studentenbar. Eine etwas gediegenere Atmosphäre bietet die Cocktailbar **La Muralla** (Calle de los Apóstoles 34; ⌚22.30 Uhr–open end) im Hotel Rincón de Pepe. Das **Fitzpatrick** (Plaza Cetina; ⌚15–3 Uhr) wartet mit einem netten Flair auf und versorgt die Gäste mit allen typischen Biersorten vom Fass.

STADTPARKS

Wer im Sommer anreist, findet in einem der schönen Stadtparks Zuflucht vor der brennenden Hitze, beispielsweise im herrlichen kleinen **Jardín Floridablanca**. Dort verteilen sich mehrere Banyan-Feigen, die an ihren dicken Luftwurzeln zu erkennen sind, sowie hübsche Jacaranden, Palmen, Rosenbüsche und schattige Bänke. Auf Letzteren kann man die Umgebung wunderbar auf sich wirken lassen. Üppig grün ist auch der etwas größere **Murcia Parque** gleich westlich der Fußgängerbrücke Puente del Malecón.

Shoppen

In der Gegend hergestelltes Kunsthandwerk zum Anschauen und Kaufen findet man im wunderbaren **Centro para la Artesanía** (Calle Francisco Rabal 8) gleich westlich der Plaza de la Fuensanta. Eine weitere gute Adresse ist **Paparajote** (Calle de los Apóstoles 14); dort bekommt man auch kulinarische Leckerbissen.

Praktische Informationen

Die Internetadresse der regionalen Touristeninformation von Murcia lautet www.murciaturistica.es.

Infostand (Calle de Santa Clara; ⌚Mo–Sa 10–14 & 17–20, So 10–14 Uhr) Nur im Sommer geöffnet.

Locutorio Viajacom (Plaza de Camachos; 1 € pro Std.; ⌚10–14 & 16.30–22 Uhr) Internetzugang.

Touristeninformation (☎968 35 87 49; www.murciaciudad.com; Plaza del Cardenal Belluga; ⌚Mo–Sa 10–14 & 17–21, So 10–14 Uhr)

An- & Weiterreise

BUS Mindestens 10 Busse pro Tag fahren nach Cartagena (3,95 €, 1 Std.) und Lorca (5,35 €, 1½ Std.).

FLUGZEUG Der Flughafen San Javier befindet sich neben dem Mar Menor und liegt somit näher an Cartagena als an Murcia. Er wird von zahlreichen Billigfliegern aus Europa angesteuert, darunter auch das deutsche Unternehmen **Air Berlin** (www.airberlin.com).

ZUG Jeden Tag verkehren bis zu fünf Züge zwischen Murcia und Madrid (44,60 €, 4¼ Std.). Außerdem bestehen stündliche Verbindungen nach Lorca (15,60 €, 1 Std.).

Cartagena

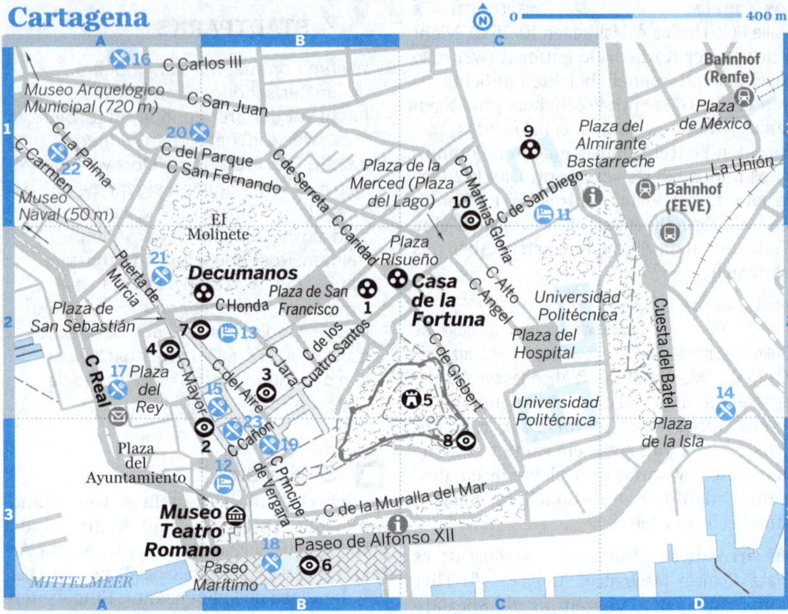

Unterwegs vor Ort

AUTO & MOTORRAD Nördlich des Zentrums, am Jardín San Esteban, befindet sich ein großer Parkplatz.

BUS Vom Busbahnhof gelangt man mit der Linie 3 in die Stadt, am Bahnhof nimmt man die Linie 9 oder 39.

TAXI Die Taxifahrt vom Flughafen in die Stadt kostet ca. 40 €.

DIE REGION MURCIA

Die Region besticht durch traumhafte Landschaften. An der Costa Cálida erstrecken sich tolle Strände und faszinierende mittelalterliche Städte. Wer die unberührte Schönheit des Hinterlands erleben möchte, benötigt allerdings einen eigenen fahrbaren Untersatz.

Cartagena

211 000 EW.

Wenn man durch diese Stadt wandelt, sollte man den Kopf in den Nacken legen, um die modernistischen pastellfarbenen Gebäude mit ihren Kuppeln und verwirbelten Verzierungen bestaunen zu können. Sie verleihen der hiesigen Architektur einen Hauch von Opulenz. Cartagena strotzt darüber hinaus nur so von archäologischen Stätten, exzellenten Restaurants und Bars.

Wirtschaftlich gesehen hat die Stadt eher durchwachsene Zeiten hinter sich. Von den positiven Auswirkungen des Bergbaubooms, der Ende des 19. Jhs. einsetzte, war Ende der 1920er-Jahre nichts mehr zu spüren, und die Zahl der spendierfreudigen Marinesoldaten auf Landurlaub ging zurück. Der Ort verkam zusehends und geschlossene Geschäfte sowie heruntergekommen Gebäude waren deutliche Zeichen einer starken Rezession.

Aber Cartagena kommt wieder auf die Beine, indem es tief in seine Vergangenheit eintaucht und sein lang verschüttetes römisches bzw. karthagisches Erbe erneut ans Tageslicht befördert.

Geschichte

223 v. Chr. marschierte Hasdrubal mit seinem Invasionsheer in die iberische Siedlung Mastia ein und taufte sie in Carthago Nova um. Während der römischen Besatzung florierte die Stadt, und unter muslimischer Herrschaft wurde daraus das unabhängige Emirat Cartadjanah. Die Araber verbesserten die Landwirtschaft und sicherten dem Ort den Ruf als Produktionsstätte von Kriegsschiffen, bevor sie

Cartagena

Highlights

Casa de la Fortuna B2
Decumanos B2
Museo Teatro Romano B3

Sehenswertes

1 Augusteum B2
2 Casa Cervantes B3
3 Casa Clares B2
4 Casa Llagostera A2
5 Castillo de la Concepción C2
6 Catamaran Tours B3
Centro de Interpretación de la Historia de Cartagena .... (siehe 5)
7 Gran Hotel A2
8 Aufzug zum Castillo de la Concepción C3
9 Muralla Púnica C1
10 Palacio Aguirre C1

Schlafen

11 Hotel Los Habaneros C1
12 Hotel NH Cartagena B3
13 Pensión Oriente B2

Essen

14 Casa del Pescador D2
15 Columbus B2
16 Überdachter Markt A1
17 Jie Ichiban A2
18 La Patacha B3
19 La Tagliatella B3
20 La Tapería A1
21 La Tartana A2
22 Restaurante Azafrán A1
23 Rincón Gallego B3

1242 von den Katholiken vertrieben wurden. Die Verteidigungsmauern stammen aus dem 18. Jh. Obwohl Cartagena während des Spanischen Bürgerkriegs stark zerstört wurde, konnte es in den 1950er- und 1960er-Jahren erneut eine florierende Wirtschaft und eine wachsende Bevölkerung verzeichnen.

Sehenswertes & Aktivitäten

LP TIPP **Museo Teatro Romano** THEATERMUSEUM
(Plaza del Ayuntamiento 9; Erw./Kind 5/2 €; Di–Sa 10–20, So 10–14 Uhr) Rafael Moneo, Gewinner des Pritzker-Preises, gestaltete das neueste Museum der Stadt. Die Führung beginnt an der Plaza del Ayuntamiento, dann geht's über Rolltreppen und eine Passage unter den Kathedralenruinen zum wunderschönen, kürzlich restaurierten römischen Theater aus dem 1. Jh. v. Chr. Der Rundgang und die Aufmachung des Museums sind darauf ausgerichtet, Cartagenas faszinierende Facetten und die Stadtgeschichte zu zeigen. Hier sieht man römische Statuen und Artefakte, Ausgrabungsgegenstände, die Krypta der Kathedrale und Überreste einer maurischen Behausung. Erklärungen dazu gibt's nur auf Spanisch und Englisch.

Roman Cartagena ARCHÄOLOGISCHE STÄTTE
Zu den weiteren Stätten der Römer gehören das **Augusteum** (Calle Caballero; Erw./Kind 2,50 €/frei; Di–So 16–19.30 Uhr) mit einer Ausstellung zum römischen Forum und das **Decumano** (Calle Honda; Erw./Kind 2 €/frei; Di–So 10–14.30 Uhr). Letzteres besticht mit den Überresten einer der wichtigsten römischen Straßen der Stadt, die zwischen dem Hafen und dem Forum verlief. Darüber hinaus umfasst es einen Bogengang und Thermalbäder. Die **Casa de la Fortuna** (Plaza Risueño; Erw./Kind 2,50 €/frei; Di–So 10–14.30 Uhr) wartet mit den Ruinen einer Aristokratenvilla aus der Römerzeit (erb. 2./3. Jh.) inklusive Wandbilder und Mosaiken sowie Teilen einer ausgegrabenen Straße auf. An der **Muralla Púnica** (Calle de San Diego; Erw./Kind 3,50 €/frei; 10–14.30 & 16–19.30 Uhr), der alten punischen Mauer, steht das karthagische und römische Erbe der Stadt im Mittelpunkt.

Modernistische Architektur MODERNISTISCHE ARCHITEKTUR
In Cartagena befinden sich jede Menge modernistische Gebäude. In den schönsten sind inzwischen Banken untergebracht. Besonders sehenswert sind die **Casa Cervantes** (Calle Mayor 11), die **Casa Llagostera** (Calle Mayor 25), das **Gran Hotel** (Calle del Aire) mit seinen Zinkkuppeln, die rosaweiße **Casa Clares** (Calle del Aire 4) und der als MURAM bekannte **Palacio Aguirre** (Plaza de la Merced), in dem moderne Kunst gezeigt wird.

Castillo de la Concepción BURG
Wer einen tollen Ausblick auf die Stadt genießen will, sollte das Castillo de la Concepción besuchen, entweder zu Fuß oder mit

dem Aufzug (1 €). Inmitten der Schlossgärten, in denen prächtige Pfauen herumstolzieren, befindet sich das **Centro de Interpretación de la Historia de Cartagena** (Erw./Kind 3,50/frei; 10–14.30 & 16–20.30 Uhr). Hier wird mittels Bildschirmen und eines zehnminütigen Films (auf Englisch oder Spanisch) ein Überblick zu Cartagenas Geschichte vermittelt.

GRATIS **Museo Arqueológico Municipal** ARCHÄOLOGISCHES MUSEUM
(Calle Ramón y Cajal 45; Di–Fr 10–14 & 17–20, Sa & So 11–14 Uhr) Früher erstreckte sich an dieser Stelle ein römischer Friedhof, heute sind hier arthagische, römische, westgotische und islamische Artefakte ausgestellt. Um zum Museum zu gelangen, geht's vom Zentrum aus Richtung Nordwesten die Calle La Palma entlang.

GRATIS **Museo Naval** SCHIFFFAHRTSMUSEUM
(Calle Menéndez Pelayo 8; Di–So 10–13.30 Uhr;) Wartet mit einer tollen Sammlung nautischer Karten und Nachbildungen von Booten auf. Das Museum liegt nordwestlich des Zentrums und ist über die Calle Real zu erreichen.

Feste & Events

Semana Santa KARWOCHE
Die Prozessionen sind genauso aufwendig wie in Andalusien.

La Mar de Músicas MUSIK
Ein internationales Musikfest in Cartagena! Schauplatz der jährlich stattfindenden Veranstaltung ist das Schlossauditorium (den Juli über).

Carthagineses y Romanos HISTORISCHES FESTIVAL
(www.carthaginesesyromanos.es) Die Stadtbewohner spielen Ende September zehn Tage lang Krieg. Im Rahmen der bunten Fiesta werden Schlachten zwischen den rivalisierenden Karthagern und Römern während des Zweiten Punischen Kriegs nachgestellt.

Schlafen

Hotel Los Habaneros MODERNES HOTEL €€
(968 50 52 50; www.hotelhabaneros.com, auf Spanisch; Calle de San Diego 60; EZ/DZ 55/68 €; P) Ein modernes Hotel gleich gegenüber der Murcia-Púnica-Touristeninformation. Die Zimmer haben eine vernünftige Größe und sind farblich in Cremetönen und Burgunderrot gehalten. Zu ihren Extras zählen Haartrockner, Satelliten-TV und große Wannen inklusive Duschen. Parken kostet 10,60 €.

Pensión Oriente BUDGETHOTEL €
(968 50 24 69; 2. OG, Calle Jara 27; EZ/DZ ohne Bad 25/34 €) Zwölf altmodische Zimmer mit hohen Decken, dunklem Holz und Ventilatoren. Manche sind außerdem mit Kühlschränken und/oder Balkons ausgestattet. Es gibt auch ein geräumiges Zimmer mit eigenem Bad (38 €), für das die paar Euros mehr als gut angelegt sind.

Hotel NH Cartagena MODERNES HOTEL €€
(968 12 09 08; www.nh-hotels.com; Calle Real 2; DZ 100 €; P) Die Betonfassade des Hotels, in dem früher Hafenbüros untergebracht waren, passt nicht gerade zur neoklassizistischen Architektur des nahe gelegenen Rathauses. Alle Zimmer entsprechen den Standards der NH-Hotelkette, sind also modern und stilvoll eingerichtet und verfügen über angenehme Extras wie Wasserkocher. Von den oberen Stockwerken genießt man einen tollen Blick auf die Bucht.

Essen

Rund um die Plaza del Ayuntamiento und entlang der Seitenstraßen, die von der Calle Mayor abgehen, findet man viele Bars und Restaurants. Selbstversorger können den praktischen überdachten Markt ansteuern.

LP TIPP **La Tartana** TAPAS €
(Puerta de Murcia 14; Tapas 1,50 €, raciones 4–8 €) Nirgendwo in der Stadt bekommt man bessere Tapas, *montaditos* und *raciones* (z. B. Klassiker wie frittierten Käse mit Himbeersauce) als in diesem ansprechen-

NICHT VERSÄUMEN

TAPAS

Murcia gilt als tolle Adresse für Tapas-Fans. Die Auswahl ist groß, auch für Vegetarier (!), und die Portionen sind großzügig. Zu fast allen der in diesem Kapitel genannten Restaurants gehört eine zusätzliche Tapas-Bar, außerdem servieren sie meist auch *raciones* (große Tapas-Portionen), die sich hervorragend zum Teilen in einer größeren Gruppe eignen. Insgesamt sind die Tapas aus der Region recht fantasievoll. Sie zeigen, was die hiesige Landwirtschaft zu bieten hat, denn die Zutaten sind wunderbar frisch.

KAVIAR MAL PREISWERT

Aus dem Mar Menor stammt eine Kaviarsorte namens *huevas de mújol*, die in fast allen lokalen Supermärkten in Gläsern verkauft wird und sehr preiswert ist. Der Geschmack ist überraschend authentisch. Lecker!

den modernistischen Gebäude an der breiten Fußgängerzone. Das Lokal platzt fast immer aus den Nähten und wartet mit einer fantastischen Atmosphäre auf, zudem lässt der Service nichts zu wünschen übrig. Den Inhabern gehört auch die **Tapería** (Calle del Parque 2) mit einem ähnlichen Angebot, aber einem gediegeneren Ambiente.

Restaurante Azafrán GEHOBEN & MODERN €€
(☎968 52 31 72; www.restauranteazafran.com; Calle La Palma 3; Mahlzeiten 35 €; ⏲Mo–Sa; ⊜) Das in einem Wohnviertel gelegene Saffron ist alles andere als häuslich-gemütlich: Fotos zieren die Wände, im Hintergrund läuft Jazzmusik und es gibt eine schattige Terrasse. Vorne befindet sich eine schicke Tapasbar, und man kann sowohl traditionelle als auch moderne Hauptgerichte bestellen. Reservierung empfohlen.

La Tagliatella ITALIENISCH €
(Calle Cañon 4; Pizza 11 €, Pasta 13 €; ⏲Di–Sa Mittag- & Abendessen, Mo Mittagessen; ⊠) Dieses einladende Lokal ist eine Spur besser als die übrigen italienischen Läden in der Gegend und toll, wenn man ein Pastagericht mit Hummer und Sahnesauce oder Pesto mit Walnüssen und Gorgonzola teilen möchte. Die Pizzas haben wunderbar knusprige Böden und sind reichhaltig belegt.

Rincón Gallego MEERESFRÜCHTE €€
(Calle Cañon 13; Mahlzeiten 15–25 €; ⏲Mo–Sa) Auf der umfangreichen Speisekarte stehen Fischgerichte und Oktopus, die Spezialität des Hauses. Einfach, aber köstlich: gegrillter Oktopus mit frischen Zitronen.

La Patacha MEERESFRÜCHTE €€
(☎968 10 39 71; Paseo de Alfonso XII; Mahlzeiten 25–38 €) Dieses Boot dient nur noch als Restaurant. Hier wird eine große Auswahl an Fisch und Meeresfrüchten geboten – was auch sonst? Reservierung empfohlen.

Columbus TRADITIONELLE REGIONALE KÜCHE €€
(Calle Mayor 18; Mahlzeiten 20–25 €) Das Restaurant befindet sich mitten im Geschehen gegenüber der Casa Cervantes. Der Schwerpunkt der Küche liegt auf regionaltypischen Gerichten.

Casa del Pescador MEERESFRÜCHTE €€
(Plaza de la Isla; Mahlzeiten 20–35 €; ⏲tgl. Mittagessen, ganzjährig Di–Sa Abendessen, im Aug. Di geschl.) Bekannt für leckere Meeresfrüchte.

Jie Ichiban JAPANISCH €€
(☎968 50 87 40; Plaza del Rey 6; Mahlzeiten 15–20 €) Ein gutes japanisches Lokal.

ℹ Praktische Informationen

Exit (Plaza del Rey 5; 2 € pro Std.; ⏲Mo–Sa 12–0, So 16–0 Uhr) Internetzugang.

Infostand (Paseo de Alfonso XII; ⏲Mo–Fr 10–14 & 16–18, Sa & So 10–13 Uhr)

Touristeninformation (☎968 50 64 83; www.cartagena.es; Plaza del Almirante Bastarreche; ⏲Mo–Fr 10–14 & 16–18, Sa 10–13 Uhr) Erstklassig.

ℹ An- & Weiterreise

BUS Jeden Tag starten acht Busse nach Alicante (7,25 €, 2 Std.) sowie zehn nach Murcia (3,95 €, 1 Std.) und La Manga (3,45 –4,25 €, 1 Std.).

TAXI Die Taxifahrt vom/zum Flughafen San Javier kostet ca. 40 €.

ZUG Wer ein Ziel am Renfe-Schienennetz erreichen will, muss in Murcia umsteigen (4,85 €, 50 Min., 4–7-mal tgl.). Man sollte besser den Nahverkehrszug nehmen als den Talgo-Express, der stolze 16 € verlangt. Lokale FEVE-Züge legen die kurze Strecke nach Los Nietos am Mar Menor zurück (2,25 €, 30 Min., alle 40 Min.).

Costa Cálida

Angesichts der mehr als 300 Sonnentage pro Jahr und einer durchschnittlichen Temperatur von 18° C ist der Name „Heiße Küste" absolut zutreffend.

MAR MENOR

Diese 170 km² große Salzwasserlagune, die gute 5° C wärmer ist als das offene Meer, eignet sich hervorragend für Sportarten wie Jetski, Kajak- oder Wasserskifahren. Mehr Infos dazu siehe www.marmenor.net. Zwischen der Lagune und dem Meer verläuft **La Manga** (Der Ärmel), eine 22 km lange Landzunge, die mit furchtbaren Hochhäusern zugepackt ist; die Welt würde keinen großen Schaden nehmen, wenn sich dieser Streifen Land eines Tages lösen und im Meer versinken würde.

KOSTENLOSES SCHLAMMBAD

Wellnessfans werden ein Highlight in Lo Pagán besonders zu schätzen wissen: die Möglichkeit, in Naturschlamm zu baden. Nördlich der Promenade beginnt ein 2 km langer Weg mit mehreren kurzen Holzstegen, die in die Lagune hinausführen. An der Westseite des Pfads kann man sich von oben bis unten mit Schlamm einschmieren, aber Vorsicht: *El lodo*, der pechschwarze, klebrige Matsch speichert Hitze. Zuerst lässt man ihn auf der Haut trocknen, dann wäscht man ihn ab und nimmt zuletzt noch ein Bad in der Salzwasserlagune gegenüber. Das macht nicht nur Spaß, sondern hat auch eine therapeutische Wirkung, denn der Schlamm weist einen hohen Salz- und Jodgehalt auf.

In **Cabo de Palos** am Südende der Halbinsel liegt ein kleiner Hafen, in dem sich Freizeitboote tummeln. Er wird von niedrigen Restaurants und Ferienwohnungen eingerahmt. Die Gewässer um die winzigen **Islas Hormigas** (Ameiseninseln) gehören zu einem Schutzgebiet und bieten sich zum Tauchen an. In den Tauchzentren **Atura-Sub** (www.aturasub.com; La Bocana 28) und **BuceaYa** (www.buceaya.com, auf Spanisch) beim Yachthafen werden Exkursionen ab 45 € inklusive Ausrüstung angeboten. Beide Zentren sind nur sporadisch besetzt, deshalb bucht man am besten online.

Am Nordrand der Lagune befindet sich der nette kleine Badeort **Lo Pagán** mit seiner langen Promenade, einem schönen Strand sowie vielen Bars und Restaurants. Während der Hochsaison (Juli und Aug.) sollte man den Ort allerdings meiden.

Gleich östlich von Lo Pagán erstrecken sich die **Salinas de San Pedro** (Salztonebenen). Von hier aus führt der gut beschilderte *senda verde* (Fußpfad) an zahlreichen, von Flamingoschwärmen bevölkerten Lagunen vorbei. Der 4 km lange Weg ist relativ leicht zu bewältigen.

Im Juni, Juli und August findet in **San Javier**, ca. 5 km südwestlich der Salzpfannen, das **Festival Internacional de Jazz** (Internationales Jazzfestival; www.jazzsanjavier.es) statt.

GOLFO DE MAZARRÓN

Die raue zerklüftete Westküste von Cartagena verfügt über viele kleine Buchten und unberührte Strände. Am besten erkundet man sie mit dem Auto. Im Landesinneren dominiert die industriell betriebene Landwirtschaft. Schimmernde Silberseen entpuppen sich bei näherer Betrachtung als gänzlich mit Plastikplanen bedeckte Täler, und in Treibhäusern wird Gemüse für den heimischen und den Exportmarkt hochgezüchtet.

Wer schnell sein will, kann über den gebührenpflichtigen Autobahnabschnitt AP7 fahren, ansonsten ist die malerische N332 schöner, die sich durch die Berge an der Küste windet. Beide Strecken führen nach **Puerto de Mazarrón**, einem lebendigen, netten Urlaubsort mit Geschäften und Restaurants. Westlich des Zentrums stößt man auf die schönsten Strände. An der **Playa La Ermita** bietet das direkt am Strand gelegene **Centro de Buceo del Sureste** (www.buceosureste.com) Unterwasserexkursionen ab 36 € an. 5 km weiter westlich, im winzigen **Bolnuevo**, kann man surreale Sandsteinformationen bestaunen, die im Laufe von Jahrmillionen durch Erosionsprozesse entstanden sind und als **Gredas de Bolnuevo** (Bolnuevo-Kreidefelsen) bezeichnet werden. Sie sind gut ausgeschildert. Der gegenüberliegende Strandabschnitt ist lang und sandig und wartet mit einem bekannten Meeresfrüchterestaurant auf, **La Siesta** (Mahlzeiten 20–25 €; ⌚Fr–Mi). Nur 1 km weiter westlich stößt man auf eine gut abgeschirmte Bucht für Anhänger der Freikörperkultur. Das etwa 30 km entfernte **Águilas** lädt mit seinen an die Stadt angrenzenden Stränden und Buchten dazu ein, relaxte Tage am Strand zu verbringen.

Lorca

89 900 EW. / 330 M

Das einladende Lorca ist Schauplatz einer der farbenprächtigsten Semana-Santa-Prozessionen (in der Karwoche) Spaniens. Wer diese nicht live miterleben kann, besucht am besten die beiden Museen, die sich mit dem Thema beschäftigen. Darüber hinaus lohnt es sich, die teilweise autofreie Altstadt mit ihren schönen Barockbauten und der Burg aus dem 13. Jh. zu besichtigen.

Nach wie vor sind die Schweinezucht und der Export entsprechender Produkte (Fleisch, Textilien) Lorcas wichtigster Wirtschaftsfaktor, auch wenn viele Touristen regelmäßig aus den umliegenden Badeorten vorbeischauen und der Ort gerade in der Osterzeit gute Umsätze macht.

Sehenswertes

Im **Centro de Visitantes** werden verschiedene Kombitickets für den Besuch diverser Attraktionen verkauft (12–24 €). Ein **Touristenzug** (Erw./Kind 3/2,30 €) garantiert einen muskelkaterfreien Aufstieg zur Burg. Er hält an einigen Sehenswürdigkeiten in der Stadt.

Semana-Santa-Museen — MUSEEN

In den beiden einzigartigen Museen zum Thema Semana Santa sind großartige Kostüme zu sehen, die während der Prozessionen in der Karwoche getragen werden. Die aus Seide gefertigten Umhänge (manche bis zu 5 m lang) wurden alle sorgfältig von Hand bestickt. Ihre Muster zeigen religiöse und historische Begebenheiten. Das **Museo de Bordados del Paso Azul** (Calle Nogalte 7; Erw./Kind 3 €/frei; Di–Sa 10–14 & 17–19.30, So 10–14 Uhr) rivalisiert in puncto Schönheit und Prunk mit dem **Museo de Bordados del Paso Blanco** (Calle Santo Domingo 8; Erw./Kind 3 €/frei; Di–Sa 10–14 & 17–19.30, So 10–14 Uhr), das an die Kirche Santo Domingo angrenzt. Mehr zur Semana Santa siehe Kasten links.

BUNTE SEMANA SANTA

In Lorca herrscht ein großer Konkurrenzkampf zwischen den Farben (Blau und Weiß) der rivalisierenden Bruderschaften, die seit 1855 darum wetteifern, wer die prächtigsten Prozessionen auf die Beine stellt.

Die Osterprozessionen dieser Stadt folgen einem anderen Rhythmus als die langsamen, ernsten Umzüge in Andalusien und in anderen Orten der Region Murcia. Sie sind ebenfalls von tiefer Demut geprägt, gleichzeitig aber voller Farbe und Leben, wobei Überlieferungen aus dem Alten und Neuen Testament mit der Passionsgeschichte verwoben werden.

Die Einwohner sind entweder leidenschaftlich Blanco (Weiß) oder Azul (Blau). Beide Bruderschaften besitzen eine Statue der Jungfrau Maria (natürlich trägt die eine einen blauen, die anderen einen weißen Umhang), ein Banner und ein spektakuläres Museum. Das Ergebnis dieses intensiven und zumeist freundschaftlichen ganzjährigen Wettstreits gehört zu den eindrucksvollsten Karwochenfeierlichkeiten in ganz Spanien.

Casa de Guevara — PALAST

(Calle Lope Gisbert; Erw./Kind 3/2,50 €) Hinter der barocken Fassade der aus dem 17. Jh. stammenden Casa de Guevara verbirgt sich ein beeindruckender Palast mit wunderschönem Innenhof, einer (hierher verlegten) Apotheke aus dem späten 19. Jh., komplett eingerichtet mit verschiedenen Heilmitteln der Zeit, darunter auch Kokain), sowie vornehmen Räumen mit erlesenen Gemälden, Möbeln und Kunstgegenständen.

Plaza de España — BAROCKE GEBÄUDE

Weitere barocke Prachtbauten verteilen sich rund um die Plaza de España, etwa der **Pósito**, ein ehemaliger Getreidespeicher aus dem 16. Jh., die **Casa del Corregidor** aus dem 18. Jh. und das Rathaus. Das auffälligste Gebäude am Platz ist jedoch die goldene, aus Kalkstein errichtete **Colegiata de San Patricio** (11–13 & 16.30–18 Uhr), eine Kirche mit barocker Fassade und einem hauptsächlich im Renaissancestil gestalteten Inneren.

La Fortaleza del Sol — BURG

(Erw./Kind 10 €/frei; Di–So 10.30–18.30 Uhr, Jan–März geschl.;) Die Burg wurde in einen Themenpark verwandelt und wartet nun mit Dioramen, kostümierten Darstellern und vielerlei Gerätschaften auf. Kinder dürften den bunten Trubel genießen, Erwachsene allerdings wohl eher den Tagen nachtrauern, als man La Fortaleza del Sol noch in aller Ruhe und ohne viel Tamtam erkunden konnte.

Museo Arqueológico — ARCHÄOLOGISCHES MUSEUM

(Plaza de Juan Moreno; Erw./Kind 2 €/frei; Di–Sa 10–14 & 17–19.30, So 10–14 Uhr) Lorcas Museo Arqueológico ist in der wunderbaren Casa de los Salazar aus dem 16. Jh. untergebracht und gewährt Einblicke in die frühen Anfänge der Stadt, die bis in die mittlere Altsteinzeit zurückreichen.

Schlafen & Essen

Pensión del Carmen — BUDGETHOTEL €

(968 46 64 59; Rincón de los Valientes 3; EZ/DZ 18/36 €;) Für den etwas kleineren Geldbeutel sehr zu empfehlen. Der herzliche Fa-

ABSTECHER

KUNSTZENTRUM IN EINER EHEMALIGEN KONSERVENFABRIK

Die Kunst spielt in diesen Breiten eine wichtige Rolle, denn die Region hat ein umfangreiches kulturelles Erbe: Man denke nur an die Höhlenmalereien aus der Jungsteinzeit, die in der Cueva de los Letreros jenseits der Grenze zu Andalusien bei Vélez Rubio entdeckt wurden, oder an die römischen Mosaiken in Cartagena. Im Mai 2009 öffnete **La Conservera Centro de Arte Contemporáneo** (http://laconservera.org/; Eintritt frei; ⌚Di–Sa 10–14 & 17–21 Uhr) in dem winzigen Dorf Ceutí 24 km nordwestlich von Murcia seine Pforten. Hier sind Arbeiten bekannter internationaler Künstler und Bildhauer ausgestellt. Das Zentrum ist in einer ehemaligen Konservenfabrik untergebracht. Alle Maschinen wurden entfernt und so entstand eine 4800 m² große Fläche – ausreichend Platz für die lichtdurchfluteten Galerien.

milienbetrieb mit jeweils sieben gepflegten Doppel- und Einzelzimmern ist an einem winzigen Platz unweit der Calle Nogalte zu finden.

Hotel Alameda HOTEL €€
(☎968 40 66 00; www.hotel-alameda.com; 1. OG, Calle Musso Valiente 8; EZ/DZ 35/55 €; P❄📶) Über die tristen Marmorböden und altmodisch geblümten Stoffe kann man getrost hinwegsehen, denn das Hotel hat große Zimmer, liegt schön zentral und bietet ein exzellentes Preis-Leistungs-Verhältnis. Gut, während der Semana Santa muss man noch eine Null an den Preis anhängen, aber dafür sitzt man dann auch in der ersten Reihe!

Restaurante Juan de Toledo REGIONALE KÜCHE €€
(☎968 47 02 15; Calle Juan de Toledo 14; Mahlzeiten 25 €; ⌚Di–Sa Mittag- & Abendessen, So Mittagessen) Ein Restaurant in einem alten, stimmungsvollen Gebäude. Das Tagesmenü ist fleischlastig und bodenständig. Auf der Karte steht z. B. *rabo de toro estofado* (Ochsenschanzeintopf) oder *solomillo a la brasa* (gegrilltes Filetsteak). Wer an seine Linie denkt, kann auch eine Schüssel *gazpacho* (kalte Gemüsesuppe) bestellen.

Jardines de Lorca MODERNES HOTEL €€€
(☎968 47 05 99; www.sercotelhoteles.com; Alameda de Rafael Méndez; EZ/DZ 140/165 €; P❄@🏊📶) Das kantige Hotel aus roten Ziegelsteinen verfügt über schicke Zimmer in einheitlichem Look und eine hervorragende Ausstattunge, darunter ein Spa.

Almond Tree Villa PENSION €€
(☎606 203963; www.almondtreevilla.com; EZ/DZ 35/50 €) 27 km südwestlich von Lorca lockt ein von Mandelbaumhainen umgebenes idyllische Landhaus mit einer entspannten Atmosphäre. Schwule und Lesben sind in der Unterkunft herzlich willkommen.

Shoppen

Im **Centro de Artesanía** (Calle Lope Gisbert) neben der Touristeninformation wird traditionelles Kunsthandwerk aus der Region verkauft.

Praktische Informationen

Centro de Visitantes (Besucherzentrum; ☎902 40 00 47; www.lorcatallerdeltiempo.com; ⌚Di–So 9.30–14 & 16–19 Uhr) Ist in einem früheren Kloster untergebracht. Die Multimediaausstellung (Erw./Kind 3 €/frei) beleuchtet Lorcas lange Geschichte.

Touristeninformation (☎968 46 61 57; www.lorca.es; Calle Lope Gisbert 10; ⌚Mo–Sa 9.30–14 & 17.30–19.30, So 10–15 Uhr) Hier gibt's jede Menge Infos zu Lorca und einen Stadtplan.

Anreise & Unterwegs vor Ort

AUTO & MOTORRAD 200 m westlich der Touristeninformation befindet sich eine große **Tiefgarage** (Plaza Colón).

BUS & ZUG Zwischen Lorca und Murcia verkehren stündlich Busse (5,35 €, 1½ Std.) und Züge (15,60 €, 1 Std.).

Parque Natural de Sierra Espuña

Dieser Park liegt 40 Fahrminuten südwestlich von Murcia Richtung Lorca, etwas nördlich der N340. Er umfasst mehr als 250 km² unberührtes Hochland mit angelegten Wegen und erfreut sich bei Wanderern und Bergsteigern großer Beliebtheit.

Über den ausgedehnten Wäldern erheben sich Kalksteinformationen und im Nordwesten des Parks stößt man auf 26 *po-*

zos de la nieve (Eishäuser), in denen bis zur Erfindung des Kühlschranks Schnee zu Eis gepresst und dann im Sommer in benachbarte Orte gebracht wurde.

Der beste Zugang zum Park ist der über Alhama de Murcia. Ein Zwischenstopp beim hervorragenden **Ricardo Codorniu Visitors Centre** (☎968 42 54 55; www.sierraespuna.com; ⏰Mo–Sa 10–14 & 17–19, So 10–14 Uhr), untergebracht in einem traditionellen Landhaus im Herzen des Parks, lohnt sich auf jeden Fall.

Im nahe gelegenen Dorf **El Berro** befinden sich einige Restaurants und der nette Zeltplatz **Camping Sierra Espuña** (☎968 66 80 38; www.campingsierraespuna.com; Stellplätze pro Pers./Zelt/Auto 4/4/4 €, 4-/6-Personen-Bungalow 75/84 €; 🏊) mit Grillplätzen, einem Swimmingpool, einer Minigolfanlage und einem Café.

Überwältigende Detailgenauigkeit

Die Architekturgeschichte in Spanien ist ein fortwährender Kampf zwischen strenger Einfachheit und überwältigender Dekoration, doch bislang scheint das Barocke und Kunstvolle die Nase vorn zu haben.

Alhambra, Granada

1 Der Höhepunkt der islamischen Architektur, die Alhambra, ist über und über mit Ornamenten verziert. Sie sind so kunstvoll in Stuck modelliert, dass sie an Spitze erinnern, darüber hinaus lassen die sich wiederholenden kalligrafischen Elemente die Wände wie Tapeten wirken. Die Keramikkacheln mit ihren wunderbaren Farben sind typisch für Andalusien.

Aljafería, Zaragoza

2 Holzdecken mit komplexen geometrischen Mustern wurden unter der islamischen Herrschaft vervollkommnet und von Mudéjar-Kunsthandwerkern in die Zeit der Reconquista übernommen. Am besten legt man sich in die Mitte des Raums und betrachtet die Decke von dort.

Park Güell, Barcelona

3 In Kataloniens Hauptstadt stößt man an jeder Ecke auf Antonio Gaudís Visionen, die sich besonders in den Kacheln im Park Güell zeigen. Struktur und Oberfläche sind perfekt miteinander verbunden und die Mosaiken scheinen nahezu aus den merkwürdigen Formen herauszuwachsen, an denen sie angebracht sind.

Monasterio de La Cartuja, Granada

4 Die Sakristei in diesem überwältigend barocken Kloster ist mit Spiegeln, Intarsienschränken und umwerfenden schwarzweißen Kacheln verkleidet.

Universidad Civil, Salamanca

5 Plateresque Bildhauer verzierten Salamancas schweren Sandstein fast zu Tode: Auf der Fassade tummeln sich z. B. Wappen, Löwen, Greife, Schädel, der Papst und ein kleiner Glück bringender Frosch.

Abbildungen

1. Alhambra, Granada (S. 799) 2. Aljafería, Zaragoza (S. 378) 3. Park Güell, Barcelona (S. 272)

DAN HERRICK

1

3

RACHEL LEWIS

2

Alhambra

ZEITACHSE

900 Erstmalige Erwähnung der auf Granadas Hügel El Sabika gelegenen *al-qala'at al-hamra* (rote Festung).

1237 Muhammad I., Begründer der Nasriden-Dynastie, zieht mit seinem Hof nach Granada um. Von christlichen Armeen bedroht, lässt er eine neue Festung, die Alcazaba, errichten **1**.

1302–09 Muhammad III. gibt den Bau des Generalife **2** in Auftrag, der ursprünglich als Mischung aus Sommerpalast und Landanwesen konzipiert ist.

1333–54 Yusuf I. beginnt mit dem Bau des Palacio Nazaríes **3**.

1350–60 Der Palacio de Comares **4** wird errichtet und treibt die Verschwendungssucht der Nasriden auf eine neue Spitze.

1362–91 Muhammad V. kommt nach Andalusien und gibt den Patio de los Leones **5** in Auftrag, der architektonisch noch brillanter ist.

1527 Die Christen errichten den Palacio de Carlos V **6**. Ein inspirierter Renaissancepalast oder ein Verbrechen gegen die maurische Kunst? Das müssen die Besucher selbst entscheiden.

1829 Washington Irving, ein amerikanischer Schriftsteller, „entdeckt" die halb vergessene Alhambra.

1954 Die Gärten des Generalife werden nach Süden hin erweitert, um Platz für ein Freilufttheater zu machen.

TIPPS

» **Wartezeiten vermeiden** Tickets werden auch unter www.alhambra-tickets.es angeboten.

» **Geld sparen** Wer die Alhambra durch die Puerta de Justica betritt, kann die öffentlichen Bereiche des Palastes jederzeit gratis besichtigen.

» **Über Nacht bleiben** Auf dem Gelände befinden sich zwei schöne Hotels: der Parador de Granada (teuer) und das Hotel América (preisgünstiger).

MICHAEL TAYLOR

Sala de la Barca
Die verzierte Decke im Vorraum des Comares-Palasts hat die Form eines aufgestellten Bootes. Sie wurde in den 1890er-Jahren durch ein Feuer zerstört, inzwischen jedoch restauriert.

Palacio de Carlos V
Die 1527 hinzugefügten stilistischen Vorzüge dieses Renaissancepalasts sind leicht zu übersehen, deshalb sollte man das Museo de la Alhambra im Erdgeschoss besuchen.

Alcazaba
Um die Türme der ursprünglichen Zitadelle zu erkunden, sollte man genügend Zeit einplanen. Der bedeutendste unter ihnen, der Torre de la Vela, führt über eine Wendeltreppe zum schönsten Aussichtspunkt der Alhambra.

DAVID TOMLINSON

JOHN ELK III

Patio de Arrayanes

Neben den Myrtenbüschen *(arrayanes)* rund um ein rechteckiges Wasserbecken kann man sich wunderbar entspannen. Schattige Säulengänge mit sieben harmonischen Bögen laden zu einem Spaziergang ein.

DAVID TOMLINSON

Palacio de Comares

Der größte Raum im Palast wartet mit einer reich verzierten geometrischen Decke auf und der Salón de los Embajadores, ein Meisterwerk der maurischen Architektur, diente einst als Verhandlungsraum.

JOHN ELK III

Sala de Dos Hermanas

Die *dos hermanas* (zwei Marmortafeln an jeder Seite des Brunnens), die reich verzierte Kuppel mit 5000 winzigen gegossenen Tropfsteinen und die poetischen Kalligrafien an den Wänden sollte man nicht verpassen.

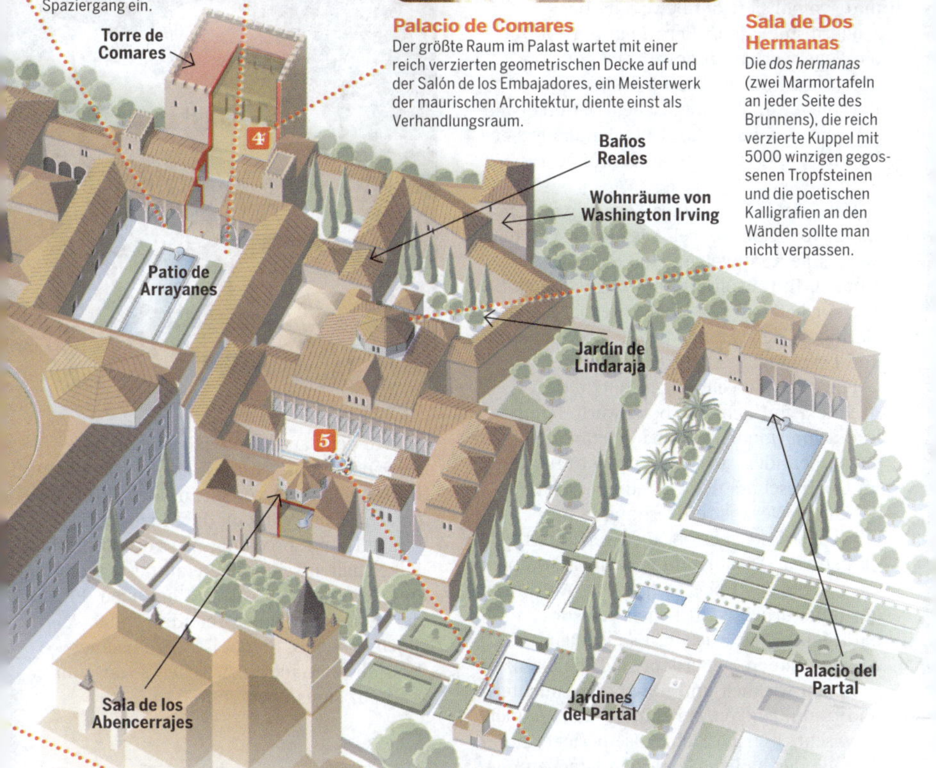

Patio de los Leones

In diesem Hof tragen zwölf Marmorlöwen einen sprudelnden Brunnen. Die grazilen Säulen und Bögen symbolisieren das islamische Paradies.

Generalife

Bei einer Besichtigung der Alhambra wird der „Architektengarten" meistens zuletzt besucht. Er entstand bereits unter den Nasriden, allerdings wurden die Wasserbecken und Arkaden erst Anfang des 20. Jhs. hinzugefügt.

DONALD C. & PRISCILLA

JOHN ELK III

Gaudí

Gaudís Name ist dank der einzigartigen architektonischen Werke dieses Genies zum Inbegriff für Barcelona geworden.

Antoni Gaudí i Cornet (1852–1926) kam in Reus zur Welt und wurde zunächst zum Metallarbeiter ausgebildet. Er personifiziert und symbolisiert die Bewegung des Modernisme, die in Barcelona um 1900 ein Feuerwerk an innovativer Größe hervorbrachte. Die Werke des gläubigen Katholiken und katalanischen Nationalisten sind ein bewusster Ausdruck katalanischer Identität und zum Teil auch großer Frömmigkeit.

Den letzten Teil seines Lebens widmete Gaudí vor allem Barcelonas Hauptsymbol, der bis heute unvollendeten Sagrada Família. Ihn inspirierte besonders die Gotik, doch er befasste sich auch intensiv mit der Harmonie der Natur, mied gerade Linien und bevorzugte kurvenreiche Formen.

Für seine Berechnungen nutzte der Architekt mit Senkblei beschwerte komplexe Schnurmodelle. Einige Exemplare davon befinden sich im winzigen Museum im Obergeschoss des La-Pedrera-Gebäudes.

Gaudís Werk ist erdverbunden und kraftvoll, wirkt aber oft auch verträumt und surreal. Der private Apartmentkomplex Casa Batlló zeigt beispielhaft den Aufruhr des unnatürlich Natürlichen bzw. des natürlich Unnatürlichen. Es gibt keine geraden Linien, außerdem sind die Grenzen zwischen wirklich und unwirklich, nüchtern und traumtrunken, vernünftig und verspielt verwischt. Je nach Sichtweise besiegt an der Fassade der heilige Georg den Drachen oder aber eine Reihe fleischloser Seeungeheuer, die aus der Mauer kommen.

Viel Spaß hatte Gaudí offenbar bei der Gestaltung der Dächer. Für La Pedrera und den Palau Güell schuf er fantastische mehrfarbige Kachelfiguren als Schornsteinaufsätze, irgendwo angesiedelt zwischen Pilzen aus *Alice im Wunderland* und imperialen Sturmtruppen aus *Star Wars*.

Abbildungen

1. Casa Batlló (S. 269) **2.** La Pedrera (S. 270) **3.** Palau Güell (S. 257)

KRZYSZTOF DYDYNSKI

1

Wie der Bau der unvollendeten La Sagrada Família ist auch Gaudís Geschichte noch lange nicht vorbei. Im März 2000 entschied der Vatikan, die Möglichkeit seiner Heilig-sprechung neu zu untersuchen. Pilger halten schon heute an der Krypta inne, um dem Künstler zu huldigen. Einer der besten Bildhauer der Kirche, der Japaner Etsuro Sotoo, ist wegen seiner Passion für Gaudí inzwischen sogar zum Katholizismus übergetreten.

GAUDÍS SCHÖNSTE WERKE

» **La Sagrada Família** (S. 267) Eine Sinfonie religiösen Glaubens.

» **La Pedrera** (S. 270) Der „Steinbruch" wird wegen seiner Fassade so genannt.

» **Casa Batlló** (S. 269) Ein märchenhaftes Gebäude.

» **Park Güell** (S. 272) Ein Park voller modernistischer Elemente.

» **Palau Güell** (S. 257) Gaudís erster Auftrag.

KIMBERLEY COOLE

2

3

La Sagrada Família

ZEITACHSE

1882 Francesc del Villar erhält den Auftrag zum Bau einer neogotischen Kirche.

1883 Antoni Gaudí übernimmt die Rolle als leitender Architekt und plant eine anspruchsvollere Kirche mit Platz für 13 000 Gläubige.

1926 Gaudí stirbt; die Arbeiten werden unter Domènec Sugrañes weitergeführt. Ein Großteil der Apsis 1 und der Geburtsfassade 2 ist vollendet.

1930 Die Glockentürme 3 der Geburtsfassade stehen.

1936 Bauunterbrechung aufgrund des Spanischen Bürgerkriegs; Anarchisten zerstören die Baupläne.

1939–40 Der Architekt Francesc de Paula Quintana i Vidal stellt die Krypta wieder her und baut viele von Gaudís verlorenen Modellen detailliert nach; einige sind heute im Museum 4 zu sehen.

1976 Fertigstellung der Passionsfassade 5.

1986–2006 Der Bildhauer Josep Subirachs bringt an der Passionsfassade plastische Details an, darunter Tafeln mit der Geschichte von den letzten Tagen Christi.

2000 Fertigstellung des Mittelschiffs 6.

2010 Die Überdachung steht und Papst Benedikt XVI. weiht die Kirche. Baubeginn des Tunnels für einen Hochgeschwindigkeitszug neben der Fassade der Herrlichkeit 7.

2020–2040 Voraussichtlicher Abschluss der Bauarbeiten.

TIPPS

» **Licht** Spätnachmittags fällt durch die Buntglasfenster der Passionsfassade das beste Licht ins Kircheninnere.

» **Zeit** Wer unter der Woche herkommt, umgeht die Besuchermassen.

» **Aussicht** Am besten genießt man die Aussicht von den Glockentürmen der Geburtsfassade, denn vor den Türmen der Passionsfassade bilden sich meist lange Schlangen.

KRZYSZTOF DYDYNSKI

Geburtsfassade
Für seine Skulpturen setzte Gaudí Anwohner und sogar den einen oder anderen Verstorbenen aus dem Leichenschauhaus als Modelle ein.

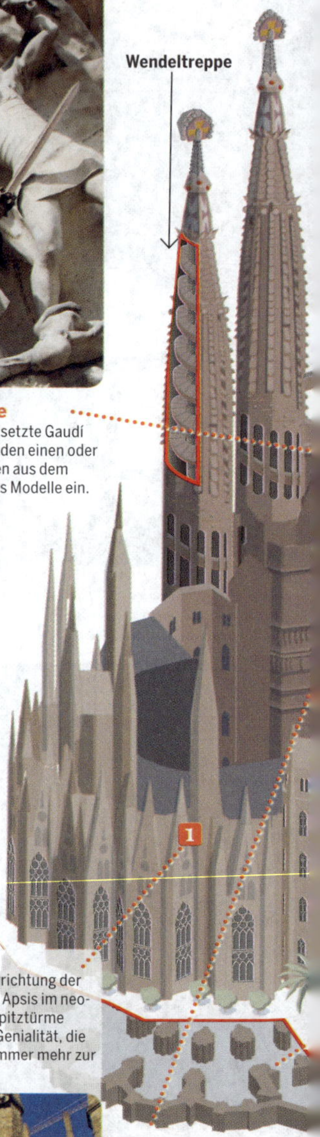

Apsis
Unmittelbar nach Errichtung der Krypta entstand die Apsis im neogotischen Stil. Die Spitztürme zeugen von Gaudís Genialität, die während des Baus immer mehr zur Geltung kam.

MICHELLE CHAPLOW/ALAMY

Glockentürme
Die Türme der drei Fassaden (bisher sind acht fertig) repräsentieren die zwölf Apostel. In jeweils einem Turm der Geburts- und der Passionsfassade gibt's einen Fahrstuhl, mit dem man nach oben fahren kann.

Passionsfassade

In einer s-förmigen Folge vom Boden bis zur Decke sind die letzten Tage Christi vom Abendmahl bis zur Grablegung zu sehen. Wenn man die Ziffern auf der Zahlentafel zusammenzählt, bekommt man als Ergebnis immer die 33, das Alter Jesu bei seinem Tod.

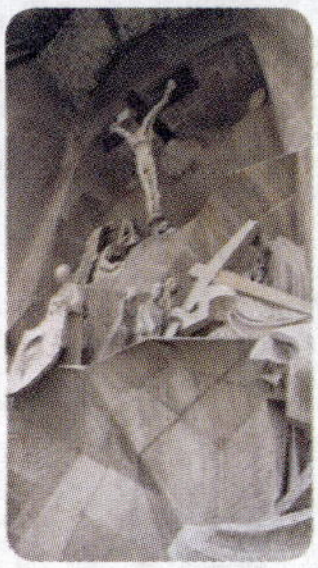

STEPHEN SAKS

Noch im Bau

Neben der Fassade der Herrlichkeit und ihren vier Türmen sind noch sechs weitere Türme im Bau, Symbole für die vier Evangelisten, Maria und Jesus. Letzterer wird mit 170 m das Querschiff und alle anderen überragen.

Krypta

Die größtenteils im neogotischen Stil gestaltete Krypta wurde zuerst fertiggestellt und liegt unter dem Querschiff. Vom Museu Gaudí aus kann man darin das Grab Gaudís sehen.

Museu Gaudí

Alte Fotos, Zeichnungen und Gipsmodelle erzählen von dem Leben des Architekten. Das Museum beherbergt auch ein ungewöhnliches Lotgerät, mit dem Gaudí seine Konstruktionen berechnete.

MANUEL COHEN/GETTY IMAGES

Fassade der Herrlichkeit

Dies wird die fantasievollste Fassade von allen sein. Dahinter will man eine Vorhalle mit 16 von Kegeln gekrönten Hyperboloid-Laternen errichten, die aussehen sollen wie eine Orgel aus schmelzendem Speiseeis.

Bögen, wohin man auch sieht

Hufeisenbögen, Muschelbögen, Parabelbögen, gotische Spitzbögen, romanische Bögen – der Bogen ist vielleicht das wichtigste kreative Element der spanischen Architektur.

Römischer Aquädukt, Segovia

1 Spätere Bögen sahen vielleicht eindrucksvoller aus, doch immerhin stammen die riesigen Wassersysteme in Segovia aus dem 1. Jh.! Allein in der Stadt umfasst der Aquädukt 167 Bögen.

Monasterio de Sigena, östlich von Zaragoza

2 Vielleicht ist der Eingang zu diesem Kloster das wunderbarste Beispiel für romanische Bögen, denn durch die 14 konzentrischen Halbkreise entsteht der sonderbare Eindruck einer zurückweichenden Perspektive.

La Mezquita, Córdoba

3 Die erste spanische Omaijaden-Moschee setzte den Standard für die Verwendung der Hufeisenbögen in der späteren islamischen Architektur. Kleeblattbögen sowie abwechselnd helle und dunkle Steine lassen das Ganze noch vergnüglicher aussehen.

Sinagoga de Santa María La Blanca, Toledo

4 Ein weiteres Musterbeispiel für Hufeisenbögen. Die Synagoge aus dem 13. Jh. zeigt, mit welcher Geschicklichkeit die Mudéjar-Architekten islamische Formen an eine andere Umgebung anpassten. Ihre runden Fenster sind hervorragend auf die Zentren der Bögen abgestimmt.

Mercat de Santa Caterina, Barcelona

5 Bis heute setzt sich die Leidenschaft der Architekten für Bögen fort. Dank Enric Miralles' Umbau erhielt die erste öffentliche Markthalle der Stadt eine spielerische, wellenförmige Dachlinie, die auch Gaudí begeistert hätte.

Abbildungen rechts

1. La Mezquita (S. 791) **2.** Aquädukt (S. 144), Segovia

WITOLD SKRYPCZAK

1

BRUCE BI

2

1

2

Moderne Wunder

Die zeitgenössische spanische Baukunst, zu der viele ausländische Architekten beigetragen haben, folgt zwar keiner einheitlichen Ästhetik, öffnet sich jedoch stets der Schönheit.

Torre Agbar, Barcelona

1 Jean Nouvel, ein französischer Architekt, entwarf diesen Turm als eine kreisförmige, an Gaudí erinnernde Parabel. Der mit schillerndem Glas verkleidete Torre Agbar hat die Form einer Patrone und 34 Etagen. Abends gibt's hier eine aufregende Lichtshow.

Ciudad de las Artes y las Ciencias, Valencia

2 Spaniens Stararchitekt Santiago Calatrava liebt Kurven und begeistert mit diesem riesigen Kunst- und Wissenschaftskomplex, der 1998 eröffnet wurde. Das Opernhaus erinnert an ein gigantisches Auge.

Palacio de Congresos, Zaragoza

3 Bei der Expo 2008 kamen brillante Baumeister aus der ganzen Welt zusammen. Fuensanta Nieto und Enrique Sobejano entwarfen das Hauptgebäude mit der verwinkelten Silhouette.

Kursaal Palace, San Sebastián

4 Die Bauten des spanischen Pritzker-Preisträgers Rafael Moneo sind von einer subtilen natürlichen Logik erfüllt. Dieses kantige gläserne Auditorium am Wasser spiegelt das Meer und die Berge wider und schafft zwischen ihnen eine Verbindung.

Camp Nou, Barcelona

5 Einer der aufregendsten Entwürfe, der ganz im Einklang mit den fortschrittlichen spanischen Architekturvisionen steht, muss noch realisiert werden: Norman Fosters Umbau des altehrwürdigen Stadions. Wenn dieser Reiseführer erscheint, sollte die in Regenbogenfarben schillernde Stadionhülle bereits zu sehen sein.

Abbildungen links

1. Torre Agbar (S. 271), Barcelona **2.** Hemisfèric (S. 576), Valencia

Mezquita

ZEITACHSE

600 Gründung der christlichen westgotischen St.-Vincent-Kirche auf dem Gelände der heutigen Mezquita.

785 Kalif Abd ar-Rahman I. rettet den Bau, indem er die Mezquita in eine Moschee umwandelt.

822–855 Unter Abd ar-Rahman II. wird die Moschee erweitert.

912–961 Abd ar-Rahman III. befiehlt den Bau eines Minaretts.

961–966 Al-Hakam II. vergrößert die Moschee und lässt den *mihrab* **1** ausschmücken.

987 Auch Al-Mansur Ibn Abi Aamir lässt die Moschee erweitern. Mit dem Bau des Patio de los Naranjos **2** erreicht das Gebäude seine heutige Größe.

1236 Nach der Rückeroberung Córdobas durch Fernando III. von Kastilien wird die Moschee in eine christliche Kirche umgewandelt.

1271 Anstatt die Moschee zu zerstören, beschließen die Christen, sie umzubauen. Alfonso X. gibt die Capilla de Villaviciosa **3** und die Capilla Real **4** in Auftrag.

1520er-Jahre Karl V. fügt ein Kirchenschiff im Renaissancestil **5** hinzu. Als er das Resultat sieht, klagt er: „Ich habe etwas Einzigartiges zerstört."

1664 Das Minarett wird nach etwa 70 Jahren Umbauzeit durch den barocken Torre del Alminar **6** ersetzt.

2004 Die spanischen Muslime bitten den Papst darum, wieder in der Mezquita beten zu dürfen, was dieser ablehnt.

TIPPS

» **Unter Orangenbäumen** Der Patio de los Naranjos kann jederzeit kostenlos besucht werden.

» **Frühaufsteher** Zwischen 8.30 und 10 Uhr (außer sonntags) wird kein Eintritt für die Mezquita verlangt.

» **Ruhe vor dem Sturm** Vor 10 Uhr morgens sind Gruppenbesuche verboten. Zu dieser Zeit herrscht hier eine ruhige, stimmungsvolle Atmosphäre.

SAMI SARKIS TRAVEL/ALAMY

Capilla de Villaviciosa
Ein früher christlicher Umbau von 1277. Die Kapelle kombiniert maurische Elemente mit gotischen Gewölbebögen und Säulen. Bis in die 1520er-Jahre diente sie als Capilla Mayor.

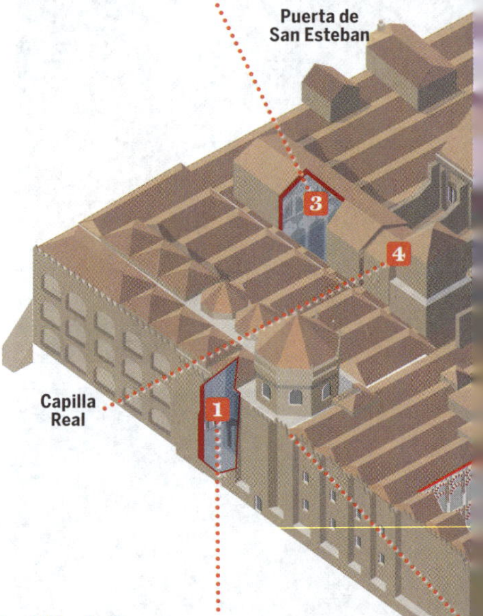

Der Mihrab
Im 10. Jh. wurde die muschelförmige Gebetsnische hinzugefügt, die in Richtung Mekka zeigt. Die goldenen Mosaikwürfel sind Arbeiten byzantinischer Bildhauer.

B. O'KANE/ALAMY

B. O'KANE/ALAMY

Altarraum der Kathedrale

Der beeindruckende coro (Chorraum) enstand in den 1750er-Jahren. Er wartet mit einer herrlichen Barockdecke und kunstvoll geschnitzten Chorstühlen aus Mahagoni auf, die einzelne Szenen aus der Bibel darstellen.

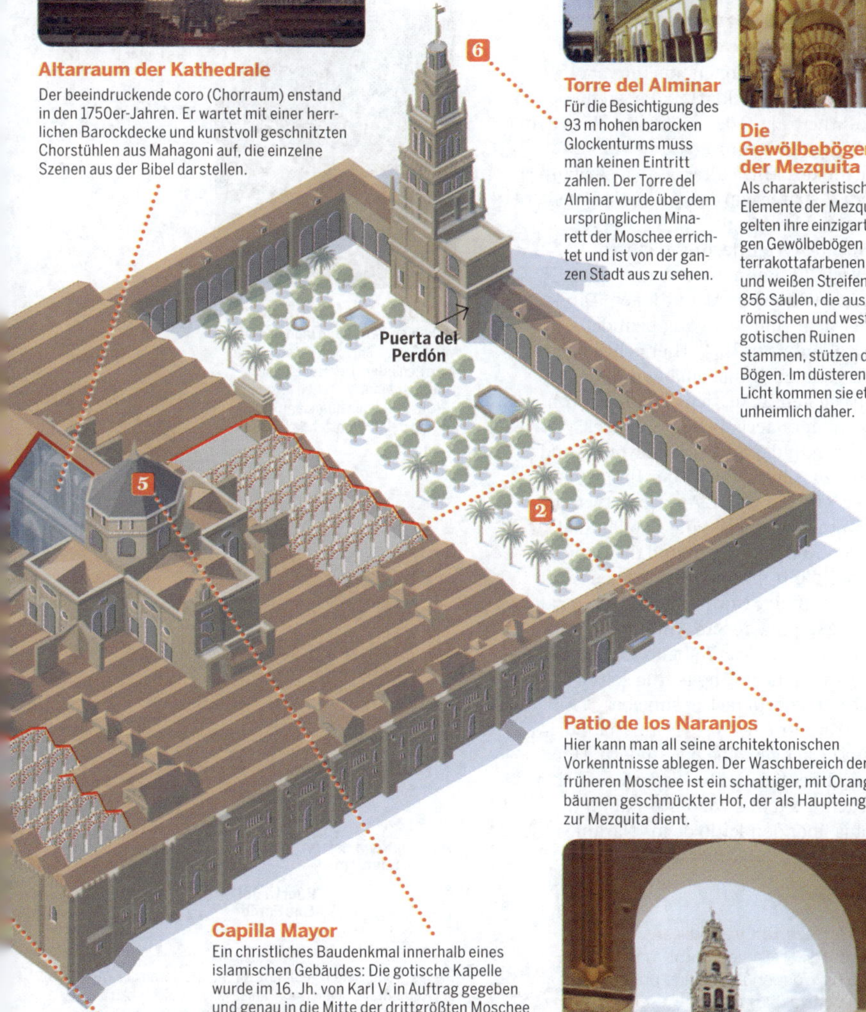

DONALD C. & PRISCILLA

Torre del Alminar

Für die Besichtigung des 93 m hohen barocken Glockenturms muss man keinen Eintritt zahlen. Der Torre del Alminar wurde über dem ursprünglichen Minarett der Moschee errichtet und ist von der ganzen Stadt aus zu sehen.

KARL BLACKWELL

Die Gewölbebögen der Mezquita

Als charakteristischste Elemente der Mezquita gelten ihre einzigartigen Gewölbebögen mit terrakottafarbenen und weißen Streifen. 856 Säulen, die aus römischen und westgotischen Ruinen stammen, stützen die Bögen. Im düsteren Licht kommen sie etwas unheimlich daher.

Patio de los Naranjos

Hier kann man all seine architektonischen Vorkenntnisse ablegen. Der Waschbereich der früheren Moschee ist ein schattiger, mit Orangenbäumen geschmückter Hof, der als Haupteingang zur Mezquita dient.

DWB/IMAGEBROCKER

Capilla Mayor

Ein christliches Baudenkmal innerhalb eines islamischen Gebäudes: Die gotische Kapelle wurde im 16. Jh. von Karl V. in Auftrag gegeben und genau in die Mitte der drittgrößten Moschee der Welt gesetzt.

PAUL KINGSLEY/ALAMY

Die Maksura

In diesem separaten Bereich beteten einst die Kalifen und ihr Gefolge. Die edlen Gewölbebögen der *maksura* wurden so gebaut, dass sie den Blick in Richtung des *mihrab* und Mekka lenkten.

Sevillas Kathedrale

DIE HIGHLIGHTS

„Wir bauen eine so große Kirche, dass künftige Generationen uns für verrückt halten werden", erklärten die Architekten der Kathedrale 1402, zu Beginn eines der gewaltigsten Bauprojekte in der Geschichte des Mittelalters. Etwa ein Jahrhundert später wurde ihre Verrücktheit triumphal bestätigt.

Damit die Orientierung nicht zu schwerfällt, hält man sich am besten an die wichtigsten Attraktionen. Direkt hinter dem Haupteingang befindet sich das Kolumbusgrab **1**. Hier geht's nach rechts zu den Kunstschätzen in der südöstlichen Ecke: den Gemälden von Goya in der Sacristía de los Cálices, von Zurbarán in der Sacristía Mayor **2** und zu Murillos hervorragender Inmaculada in der Sala Capitular. An der Ostwand der Kathedrale liegen die Capilla Real **3** mit den Königsgräbern und die Capilla Mayor **4** mit ihrem fantastischen Altargemälde. In der Nordwestecke versteckt sich die Capilla de San Antonio **5** mit einem Gemälde von Murillo. Die große Tür ganz in der Nähe ist die selten geöffnete Puerta de la Asunción **6**. Auf dem Weg zur Giralda **7** kann man das hohe Deckengewölbe bewundern. Hat man schließlich die Kathedrale von oben betrachtet, geht's wieder hinab und hinaus über den Patio de los Naranjos **8**.

TIPPS

» **Wartezeiten vermeiden** Eintrittskarten bekommt man bis zu sechs Wochen im Voraus unter www.servicaixa.com (kostet 1 € extra).

» **Zeiteinteilung** Der Alcázar und die Kathedrale sollten nicht an einem Tag besucht werden, denn dafür gibt's in beiden zu viel zu sehen.

» **Aussichtspunkte** Man sollte sich Zeit nehmen, das Bauwerk von außen zu bewundern. Besonders beeindruckend ist der Anblick bei Dunkelheit von der Plaza Virgen de los Reyes sowie von Triana auf der anderen Seite des Flusses.

ONTHEROAD/ALAMY

Capilla Mayor

Am bedeutendsten Ort der Kathedrale befindet sich auch ihr größter Schatz, ein vergoldetes Altargemälde mit Szenen aus dem Leben Jesu. Es ist das Lebenswerk des flämischen Künstlers Pieter Dancart.

Patio de los Naranjos

Im kühlen Patio kann man den Duft von 60 sevillanischen Orangenbäumen genießen. Der Hof ist der Überrest einer Moschee aus dem 12. Jh. Durch die hufeisenförmige Puerta del Perdón geht's hinaus.

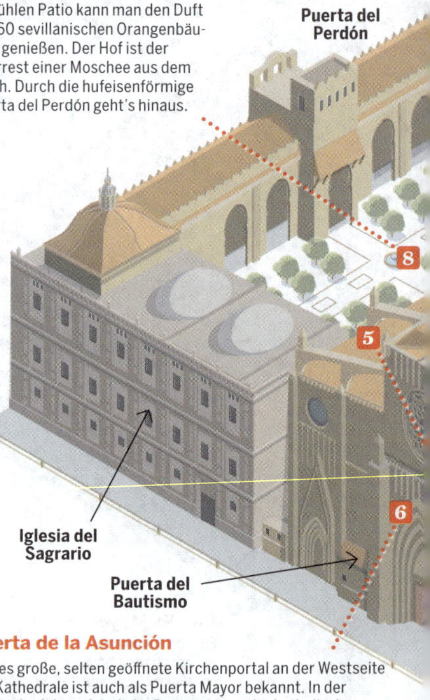

Puerta de la Asunción

Dieses große, selten geöffnete Kirchenportal an der Westseite der Kathedrale ist auch als Puerta Mayor bekannt. In der Karwoche führen feierliche Prozessionen der katholischen *hermanadades* (Bruderschaften) durch die Tür.

ADB TRAVEL/ALAMY

MARK DAFFEY

STUART CRUMP/ALAMY

Giralda

Über eine Rampe geht's hinauf auf dieses Minarett aus dem 11. Jh., das mit einem gotisch-barocken Glockenturm überbaut wurde. Es ist 104 m hoch und gilt als Wahrzeichen von Sevilla.

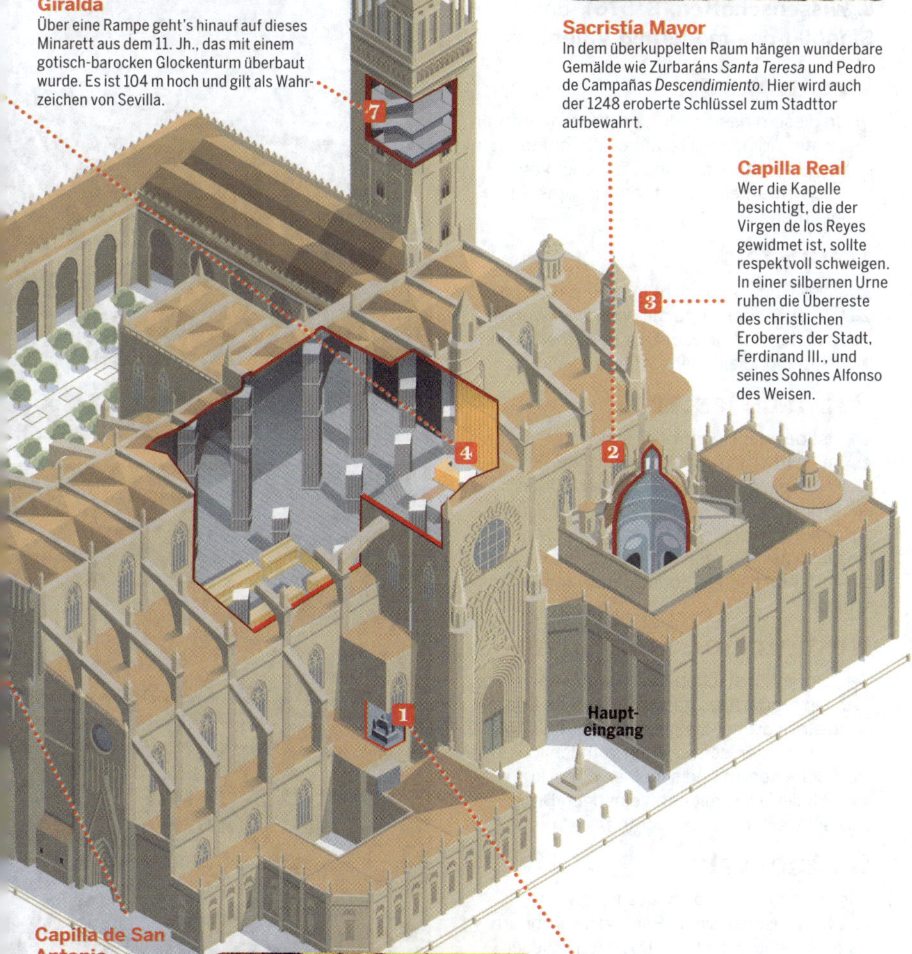

Sacristía Mayor

In dem überkuppelten Raum hängen wunderbare Gemälde wie Zurbaráns *Santa Teresa* und Pedro de Campañas *Descendimiento*. Hier wird auch der 1248 eroberte Schlüssel zum Stadttor aufbewahrt.

Capilla Real

Wer die Kapelle besichtigt, die der Virgen de los Reyes gewidmet ist, sollte respektvoll schweigen. In einer silbernen Urne ruhen die Überreste des christlichen Eroberers der Stadt, Ferdinand III., und seines Sohnes Alfonso des Weisen.

Capilla de San Antonio

Die Kapelle – eine von 80 in der Kathedrale – beherbergt ein Gemälde von Murillo aus dem Jahr 1666: *Die Vision des heiligen Antonius*. Das Werk wurde 1874 von Dieben beschädigt, aber später restauriert.

OLIVER STREWE

Kolumbusgrab

Christoph Kolumbus ist 1506 in Valladolid begraben worden, allerdings wurden seine Gebeine viermal verlegt und 1898 in einem kunstvoll geschnitzten Sarg nach Sevilla gebracht. Jedenfalls vielleicht. Seit Langem wird darüber gestritten, ob es tatsächlich die Überreste des Entdeckers waren oder ob diese sich aufgrund einer posthumen Verwechslung noch immer in der Dominikanischen Republik befinden.

Prachtvolle Zukunft

Auf einem früheren Flussbett erheben sich die gigantischen Gebäude der Ciudad de las Artes y las Ciencias (Stadt der Künste & Wissenschaften; S. 576), das Sinnbild des modernen Valencias.

Oceanogràfic

1 In diesem riesigen Aquarium, dem größten seiner Art, leben Ozeanbewohner aus sieben Meeren. Fische und Besucher können sich im Unterwassertunnel gegenseitig beobachten.

Hemisfèric

2 Das Hemisfèric sieht aus wie ein gigantisches Auge mit einem schweren Lid, das den See bewacht. Es beherbergt ein IMAX-Kino und ein Planetarium.

Palau de les Arts

3 Ist das der Helm von Darth Vader? Oder eine Rüstung von Außerirdischen? Vielleicht ein gewaltiges Gürteltier? Oder der größte Opernsaal der Welt, Sydney mal ausgenommen? Weiße *trencadis* (Mosaikfliesensplitter) sorgen dafür, dass die Hülle dieser fantastischen Konstruktion so herrlich schillert.

Restaurante Submarino

4 Unter künstlichen Seerosenblättern lockt ein großartiges gastronomisches Erlebnis in einzigartiger Umgebung: Mehr als 1000 silbrige Brassen schwimmen gemächlich um die Tische herum und scheinen dabei kummervoll die Teller mit ihren einstigen Brüdern und Schwestern zu betrachten.

L'Umbracle

5 Federgleiche Bögen aus Beton – so filigran, dass sie an Palmwedel erinnern – tragen das durchsichtige Dach über dieser 320 m langen Promenade. Im Sommer treffen sich hier viele schöne Menschen auf einen Cocktail, ehe sie sich in der zugehörigen *discoteca* vergnügen.

DAVID TOMLINSON

1

GREG ELMS

3

Abbildungen
1. Palau de les Arts Reina Sofía (S. 576) 2. L'Umbracle
3. Oceanogràfic (S. 576)

2

Andalusien

Inhalt »

Gut essen

» Catalina (S. 732)

» Restaurante Arrayanes (S. 808)

» Restaurante Virgen del Carmen (S. 749)

» El Jardín del Califa (S. 758)

Schön übernachten

» Hotel Costasol (S. 827)

» Hotel Hacienda Posada de Vallina (S. 794)

» Casa Morisca Hotel (S. 806)

Auf nach Andalusien

Man stelle sich vor ...

Sevilla, 8 Uhr: Die Giralda schimmert über dem Río Guadalquivir, ein verspäteter Angestellter eilt über die San-Telmo-Brücke und zwei *señoritas* in gepunkteten Kleidern stöckeln von der *feria* der letzten Nacht nach Hause.

Ronda, 15 Uhr: Ein Kellner lässt die Rollläden eines leeren Cafés herunter, eine magere Katze schleicht eine weiß getünchte Straße hinunter; nichts sonst bewegt sich und es ist verdammt heiß.

Cádiz, 1 Uhr: Wellen rauschen vor einem Flamenco-Club, von dem die Farbe abblättert, und drinnen singt ein Sänger schmerzvoll-bewegte Töne.

Die Bilder von Andalusien sind so ausdrucksstark und typisch spanisch, dass man manchmal eine Art Déjà-vu erlebt, als sei man schon einmal hier gewesen: bei einer feierlichen Osterprozession, einem wilden Frühlingsfest oder einer exotischen Nacht in der Alhambra. Diese Region ist einfach unwiderstehlich und voller Überraschungen.

Reisezeit

Sevilla

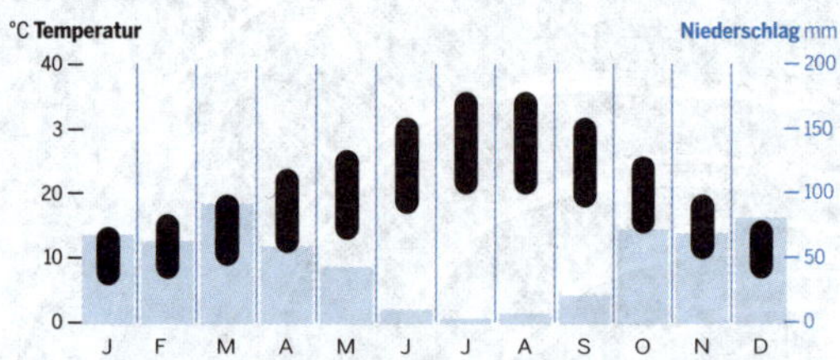

April Auf düstere Prozessionen in der Semana Santa folgen überschwängliche Frühlingsfeste.

Mai Es ist noch relativ kühl. Jetzt feiern viele Orte *romerías* (Wallfahrten mit Dorffesten).

Ende September Die Temperaturen sinken auf angenehme Werte und die Massen fahren nach Hause.

Romerías

Das spanische Wort *romería* heißt „Wallfahrt" oder „Ausflug". In der traditionellen andalusischen Folklore ist es eng mit der Romería del Rocío verbunden, der selbst ernannten Mütter aller Wallfahrten in El Rocío. Jedes Jahr im Mai treffen bis zu eine Million Menschen in einem großen Feuchtgebiet der Provinz Huelva zusammen, um eine kleine Statue der Jungfrau Maria zu verehren. Das Fest hat religiöse Ursprünge, auch wenn es heutzutage etwas weniger fromm begangen wird. In den Monaten Mai und Juni findet in fast jedem Dorf Andalusiens eine Kopie dieser Feier statt. Dabei gehen den farbenfrohen Prozessionen zu ähnlichen religiösen Stätten Festivitäten mit Musik, Trinkgelage, Ausschweifungen, Familientreffen und spontane Flamenco-Darbietungen voraus.

FEDERICO GARCÍA LORCA

Es lässt sich darüber streiten, ob man das moderne Andalusien verstehen kann, ohne Spaniens größten Dichter und Dramatiker Federico García Lorca wenigstens ansatzweise zu kennen. Lorca steht für viele der kraftvollen Eigenschaften Andalusiens, z. B. für Leidenschaft, Vieldeutigkeit, Überschwang und Erneuerung, die er in einer Reihe frühreifer Werke kunstvoll zum Leben erweckte, etwa im Drama *Bluthochzeit* und im Gedicht *Romancero Gitano*. Granada schuf, inspirierte und zerstörte Lorca letztendlich; hier ist sein Andenken am lebendigsten. Wer darauf achtet, spürt den Einfluss des Schriftstellers aber auch an fast jedem anderen Ort. Man kann sich eine Aufführung eines der Werke Lorcas ansehen, sein Geburtshaus in Fuente Vaqueros (S. 711) besuchen oder einfach beim Durchstreifen der Straßen und Felder von Granada und der Vega seiner eigenen poetischen Wege gehen.

Top Five: Flamenco

» **Peña Flamenca La Perla, Cádiz** (S. 745) *Alegrías* (fröhlicher Gesang), dargeboten von ebenso fröhlichen *gaditanos* (Bewohnern von Cádiz).

Casa Anselma, Sevilla (S. 727) *Sevillanas* (folkloristischer Gesang und Tanz) und spontaner Tanz, gemischt mit gelegentlichem inbrünstigem *soleá* (traurige Klage).

» **El Lagá Tio Parrilla, Jerez** (S. 753) Wie in Jerez üblich enden die Flamenco-Vorführungen immer mit einer stürmischen, temporeichen *bulería* (fröhlicher Gesang).

» **Peña de la Platería, Granada** (S. 809) Lokale, sehr verschnörkelte *granainas* (Gesang aus Granada) in Spaniens ältester *peña flamenca* (Flamenco-Club).

» **Peña El Taranto, Almería** (S. 828) Quelle des *taranto*, eine dezidiert östliche Variante des traditionellen Fandango.

SHERRY

In den Genuss von Sherry kommt man bei einer Bodega-Führung in einer der drei historischen Städte des „Sherry-Dreiecks": Jerez de la Frontera (S. 751), El Puerto de Santa María (S. 747) und Sanlúcar de Barrameda (S. 748).

Kurzinfos

» Einwohner: 8,2 Mio.

» Fläche: 87 268 km²

» Besucherzahl (2009): 14,7 Mio.

» Jahreseinkommen pro Kopf: 15 000 €

Reiseplanung

» Unterkünfte kann man auf http://hotels.lonelyplanet.com buchen.

» Andalusien wartet mit zahlreichen Festivals auf: Am besten informiert man sich darüber, wann sie stattfinden, und versucht, bei der einen oder anderen Veranstaltung dabei zu sein.

» Zugfahrpläne findet man unter www.renfe.es, Busfahrpläne unter www.movielia.es.

Infos im Internet

» www.andalucia.com

Highlights

1 Die über den Felsspitzen und Burgen des **Parque Natural Sierra de Grazalema** (S. 755) kreisenden Adler beobachten

2 Auf die Giralda steigen und Sevillas **Kathedrale** (S. 713) von oben bewundern

3 Sich im wenig besuchten **Jaén** (S. 818) durch die Tapas-Bar schlemmen

4 An einem der langen, breiten und einsamen Strände der **Costa de la Luz** (S. 758) relaxen

5 Nach **Granada** (S. 809) fahren und in den Gärten des

Generalife ein Stück von Frederico García Lorca sehen

6 Auf Schusters Rappen die besondere Welt der Täler der **Alpujarras** (S. 814) entdecken

7 In **Cádiz** (S. 740) zwischen bröckelndem Putz und der heranrollenden Brandung eine Flamenco-Show erleben, die man niemals mehr vergessen wird

8 Ein Fahrrad mieten und durch die weißen Dörfer rund um **Ronda** (S. 414) radeln

Geschichte

Um 900 v. Chr. bewogen Andalusiens landwirtschaftlicher Reichtum und Bodenschätze die Phönizier, an der Küste Handelsstädte wie Cádiz, Huelva und Málaga zu gründen. Im 8. und 7. Jh. v. Chr. entstand unter phönizischem Einfluss im westlichen Andalusien die geheimnisvolle Tartessos-Kultur.

In römischer Zeit (3. Jh. v. Chr.–5. Jh. n. Chr.) wurde Andalusien von Córdoba aus regiert und gehörte zu den kultiviertesten und wohlhabendsten Regionen des Reichs. Für die muslimischen Eroberer, die 711 unter dem arabischen Feldherrn Tariq ibn Ziyad von Afrika auf die Iberische Halbinsel kamen, bot sich Andalusien als Operationsbasis an: Rund 10 000 Kämpfer, größtenteils Berber (Nordafrikas Ureinwohner), landeten bei Gibraltar. Bis zum 11. Jh. war Córdoba die Hauptstadt des maurischen Spanien, dann folgte Sevilla bis zum 13. Jh. und schließlich Granada bis zum 15. Jh. Córdoba galt während seiner Blütezeit im 10. Jh. als die glanzvollste und kultivierteste Stadt in Westeuropa, berühmt für das friedliche Miteinander seiner „drei Kulturen" Islam, Judentum und Christentum. In Andalusien hielt sich die islamische Kultur länger als irgendwo sonst auf der Iberischen Halbinsel. Die heutige Bezeichnung der Region geht auf den mittelalterlichen Namen für die muslimischen Gebiete der Halbinsel zurück: Al-Andalus.

Das Emirat Granada, letztes Bollwerk von Al-Andalus, fiel erst 1492 an die Katholischen Könige Ferdinand und Isabella. Im selben Jahr landete Kolumbus in Amerika und bescherte damit zuerst Sevilla und später Cádiz märchenhaften Reichtum: Über die andalusischen Hafenstädte wurde der gesamte spanische Handel mit der Neuen Welt abgewickelt. Doch die kastilischen Eroberer ruinierten Andalusiens Wohlstand, indem sie große Teile des Landes ihren Adeligen überließen, die fruchtbare Äcker zu Schafweiden degradierten.

Im späten 19. Jh. wurde die Region zur Brutstätte anarchistischer Unruhen. Im Spanischen Bürgerkrieg war sie entlang der gesellschaftlichen Klassengrenzen gespalten; beide Seiten übertrafen sich an Gräueltaten. Dann kamen Spaniens „Hungerjahre", die hier im Süden besonders schlimm ausfielen. Zwischen 1950 und 1970 verließen rund 1,5 Mio. Andalusier ihre Heimat, um sich Arbeit in den Industriestädten Nordspaniens und in anderen europäischen Ländern zu suchen.

Ab 1960 ging es wieder bergauf – durch Tourismus, industrielles Wachstum und massive EU-Subventionen für die Landwirtschaft. Seit 1982 regiert in Andalusien der linksgerichtete Partido Socialista Obrero (PSOE; Sozialistische Spanische Arbeiterpartei). Mit der bittersten Armut ist es nun dank der wirtschaftlichen Entwicklung vorbei. Bildung und medizinische Versorgung wurden laufend verbessert. Außerdem schuf der PSOE in der Region Spaniens größtes Netz von Naturschutzgebieten, auch wenn sich die Partei erst in den letzten Jahren dazu durchrang, gegen die zügellose Bauwut an vielen Küsten vorzugehen.

Der wirtschaftliche Niedergang nach der Bankenkrise von 2008/09 traf Andalusien hart. Im Mai 2010 bekannt gewordene Zahlen beziffern die Arbeitslosenquote der Gegend für dasselbe Jahr auf sage und schreibe 27 %, also deutlich über dem (bereits hohen) nationalen Durchschnitt (fast 20 %). In Provinzen wie Cádiz und Málaga lag die Quote bei über 30 %. Stark betroffen waren auch die oftmals an der Costa del Sol lebenden Ausländer: Viele mussten ihre Sachen packen und wieder in ihr Heimatland ziehen.

Sevilla

703 000 EW.

Einige Städte bezaubern mit ihrer Schönheit. Andere haben Charakter. Und manche haben beides. Zum Beispiel Sevilla, wo sich Matadore und *cantadors* (Flamencosänger), Orangen und Oper, monumentale Gotik und filigraner Mudéjar-Stil zu einer temperamentvollen Mischung vereinen. Sevilla strahlt etwas feierlich Getragenes (das gilt z. B. für die traurig klagenden Flamenco-Gesänge), aber auch jede Menge Lebensfreude aus, etwa bei seinem zügellosen Frühjahrsfest. Doch am meisten beeindruckt die kapriziöse Note der Metropole. Wer im April erlebt, wie die tief bewegende Semana Santa (Karwoche) in die turbulente Feria de Abril (S. 721) übergeht, fragt sich, ob Bizets *Carmen* nicht eher Realität ist als Dichtung.

Mit Baudenkmälern, Kunst, einer Fülle an Festen und der größten gotischen Kathedrale der Welt zog Sevilla einige der ersten „Touristen" überhaupt an, darunter Richard Ford und Lord Byron. Seit dem 19. Jh. haben sich die prunkvollen Bauten nicht sehr verändert, aber dank der Verbesserung der Infrastruktur in der letzten Zeit, zu der eine neuen Straßenbahn-/Metrolinie, eine autofreie Innenstadt und zahlreiche Mietfahrräder zählen, kann man sie wesentlich angenehmer besichtigen.

Geschichte

Zur Römerzeit hieß Sevilla Hispalis und war eine bedeutende Hafenstadt am Guadalquivir, der bis zum 100 km entfernten Atlantik schiffbar war. Nach dem Zusammenbruch des Kalifats von Córdoba (1031) zerfiel das muslimische Spanien in diverse Teilkönigreiche. Sevilla, damals Ischbiliya, stieg zur mächtigsten dieser *taifas* auf. Im 12. Jh. übernahmen die Almohaden, eine strikt islamische Berberdynastie aus Marokko, das islamische Spanien und machten Sevilla zur Hauptstadt ihres ganzen Reichs. Sie bauten eine große Moschee an der Stelle, wo sich heute die Kathedrale erhebt. Doch auch die Macht der Almohaden bröckelte schließlich. 1248 wurde der Ort von Fernando III. (El Santo der Heilige) von Kastilien erobert.

Schon im 14. Jh. war Sevilla die bedeutendste Stadt Kastiliens und hatte ab 1503 das Monopol auf den spanischen Handel mit den amerikanischen Kolonien. Es mauserte sich rasch zu einer der kosmopolitischsten Metropolen der Welt. Im Verlauf der folgenden 300 Jahre allerdings trugen die Pest und das Versanden des Flusses zu seinem langem Niedergang bei. Am Beginn des Spanischen Bürgerkriegs, 1936, fiel der Ort schnell an die Nationalisten. Die 1980er-Jahre brachten die Wende zum Besseren: Sevilla wurde im nunmehr demokratischen Spanien Hauptstadt der neuen autonomen Region Andalusien und der *sevillano* (Einwohner Sevillas) Felipe González brachte es zum spanischen Ministerpräsidenten. 1992 bescherte die Expo Sevilla Millionen von Besuchern, acht neue Brücken über den Guadalquivir und die schnelle AVE-Zugverbindung nach Madrid. Momentan befindet sich die Stadt mit ihrem Mix aus Tourismus, Handel, Technologie und Industrie in stabilem Aufschwung. Und in einem neuen Jahrhundert, bei dem weniger mehr ist, experimentiert Sevilla schon mit grünen Initiativen wie einer Metro und Leihfahrrädern.

Sehenswertes

Sevillas bedeutendste Sehenswürdigkeiten – die Kathedrale, die Giralda und der Alcázar – liegen gleich östlich der Avenida de la Constitución sowie südlich des eigentlichen Stadtzentrums (El Centro). Aber hier und in der Umgebung gibt's noch viel mehr zu entdecken.

Catedral & Giralda KATHEDRALE
(Erw./unter 16 J. 8 €/frei; ⌚Sept.–Juni Mo–Sa 11–17.30, So 14.30–18.30 Uhr) Nachdem die Christen Sevilla 1248 erobert hatten, nutzten sie zunächst die Hauptmoschee als Kirche. 1401 war das Gebäude so marode, dass die Kirchenoberen beschlossen, es abzureißen, um Platz für die größte Kathedrale der Welt zu schaffen, eine Ikone der Gotik. Ihre Errichtung dauerte bis 1507. Das schöne Minarett der ursprünglichen Moschee, La Giralda, steht noch an ihrer Ostseite. Es gibt einen barrierefreien Zugang zur Kathedrale.

Sala del Pabellón

Der erste Raum hinter dem Ticketschalter zeigt ausgewählte Schätze aus der Kunstsammlung der Kathedrale.

Kapellen & Buntglasfenster

Der überreiche Schmuck im Innern – typisch für spanische Kathedralen – lenkt von der gewaltigen Größe des breiten fünfschiffigen Gebäudes ab. Am Westende der Nordseite liegt die **Capilla de San Antonio** mit Murillos großformatiger Darstellung der *Vision des heiligen Antonius von Padua* (1666). 1874 schnitten Diebe den knienden Heiligen aus dem Bild heraus, später wurde er jedoch in New York aufgefunden und wieder eingefügt.

Das Kolumbusgrab

Gleich hinter dem Südportal der Kathedrale steht das aufwendig gestaltete Grabmal von Christoph Kolumbus aus dem Jahr 1902. Dessen letzte Ruhestätte ist allerdings noch immer Gegenstand erhitzter Debatten; einige vertreten die Ansicht, der Entdecker sei in der Dominikanischen Republik begraben – jedenfalls größtenteils ... !

Capilla Mayor

Am Ostende des Hauptschiffs stößt man auf die Capilla Mayor. Ihr gotisches Retabel ist das Juwel der Kathedrale und gilt als größtes Altarbild der Welt. Es wurde 1482 von dem flämischen Bildhauer Pieter Dancart begonnen und bis 1564 von anderen Künstlern vervollständigt. Dieses Meer aus vergoldetem und bunt bemaltem Holz zeigt über 1000 geschnitzte biblische Gestalten.

Sakristei & Kapitelsaal

Die Räume südlich der Capilla Mayor bergen viele bedeutende Kunstschätze der Kathedrale. Am weitesten westlich befindet

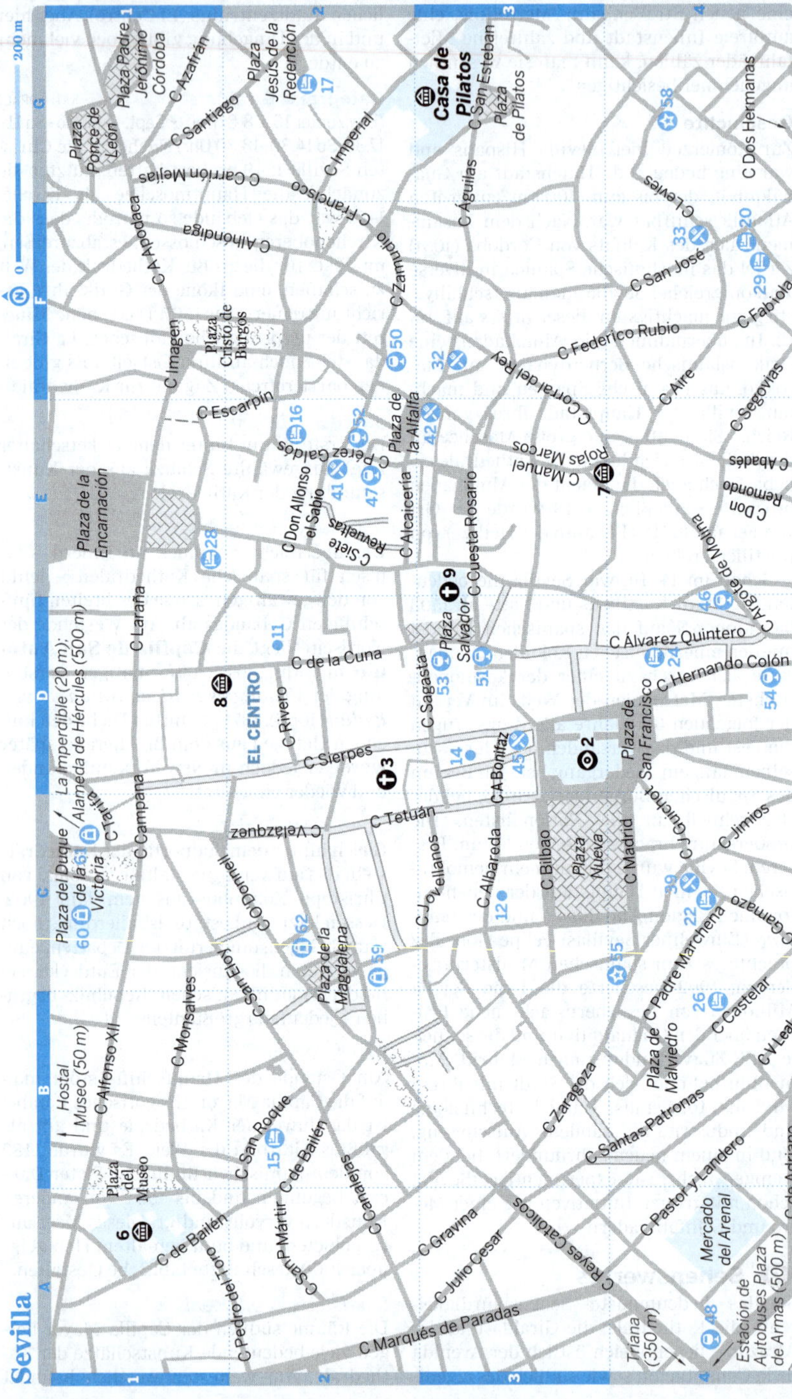
Sevilla
0
200 m
EL CENTRO
Casa de Pilatos
Plaza Padre Jerónimo Córdoba
Plaza Ponce de León
Plaza Jesús de la Redención
Plaza Cristo de Burgos
Plaza de la Encarnación
Plaza de la Alfalfa
Plaza Salvador
Plaza de San Francisco
Plaza Nueva
Plaza del Duque de la Victoria
Plaza de la Magdalena
Plaza del Museo
Plaza de Pilatos
Plaza de C Padre Marchena
Plaza de Malviedro
Mercado del Arenal
La Imperdible (20 m); Alameda de Hércules (500 m)
Hostal Museo (50 m)
Trelana (350 m)
Estación de Autobuses Plaza de Armas (500 m)
C Azafrán
C Santiago
C Imperial
C San Esteban
C Carrión Mejías
C Francisco
C Alhóndiga
C Zamudio
C Águilas
C A Apodaca
C Imagen
C Escarpín
C Pérez Galdós
C Don Alfonso el Sabio
C Siete Revueltas
C Alcaicería
C Cuesta Rosario
C Corral del Rey
C Federico Rubio
C San José
C Levíes
C Dos Hermanas
C Fabiola
C Aire
C Segovias
C Abades
C Don Remondo
C Manuel Rojas Marcos
C Argote de Molina
C Álvarez Quintero
C Hernando Colón
C Laraña
C de la Cuna
C Rivero
C Sierpes
C Sagasta
C A Bonifaz
C Tetuán
C Velázquez
C Campana
C Tarifa
C O'Donnell
C Jovellanos
C Albareda
C Bilbao
C Madrid
C J Guichot
C Jimios
C Gamazo
C Castelar
C V Leal
C Alfonso XII
C Monsalves
C San Eloy
C San Roque
C de Bailén
C San P Mártir
C Canalejas
C Zaragoza
C Santas Patronas
C Pastor y Landero
C de Adriano
C Reyes Católicos
C Gravina
C Julio César
C Pedro del Toro
C Marqués de Paradas

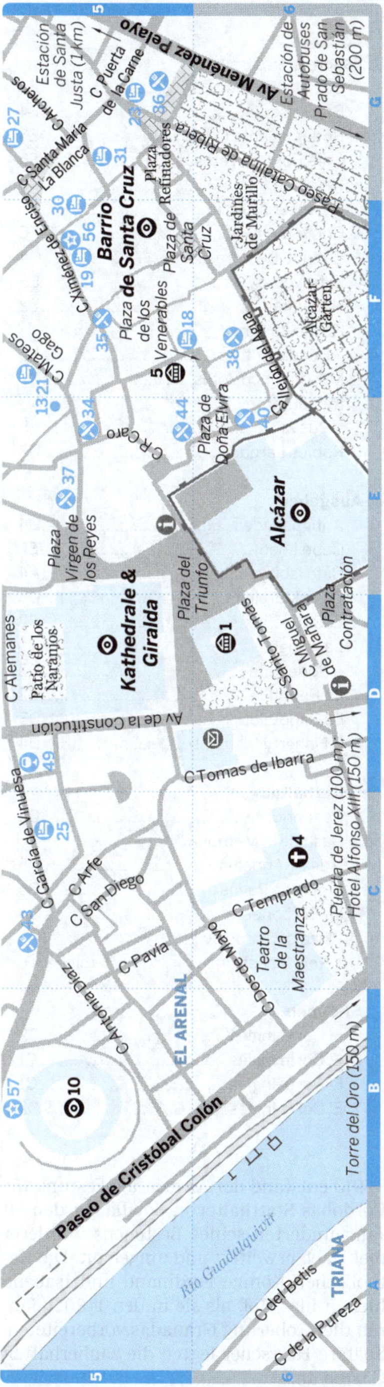

sich die **Sacristía de los Cálices** (Sakristei der Kelche). Über ihrem Altar hängt Goyas Gemälde *Santas Justa y Rufina* von 1817. Es zeigt die Märtyrerinnen von Sevilla, ein Töpferinnen-Schwesternpaar, das 287 von den Römern umgebracht wurde. Ein Löwe leckt Rufina die Füße, was angeblich geschah, als man sie den Raubtieren vorwarf. Das Herzstück des Raums ist die **Custodia de Juan de Arfe**. Die 475 kg schwere Silbermonstranz wurde um 1580 von dem Renaissance-Kunstschmied Juan de Arfe geschaffen. In einer Glasvitrine sind die Stadtschlüssel zu sehen, die 1248 dem Eroberer Fernando III. ausgehändigt wurden.

Der **Cabildo** (Kapitelsaal) mit herrlichem Kuppelgewölbe in der Südostecke der Kathedrale wurde zwischen 1558 und 1592 nach Plänen von Hernán Ruiz erbaut, ebenso wie der Glockenturm der Giralda. Hoch über dem Thron des Erzbischofs am Südende hängt das Meisterwerk *La Inmaculada* (Unbefleckte Empfängnis) von Murillo. Acht Heilige, ebenfalls von Murillo gestaltet, schmücken die Kuppeldecke.

Die Giralda

In der Nordostecke der Kathedrale liegt der Durchgang zur Giralda. Über Rampen, auf denen früher die Wachen hinaufritten, kommt man bis ganz nach oben, wo einen wunderbare Ausblicke erwarten.

Ursprünglich diente die damals schon über 90 m hohe Giralda als Minarett der Moschee, die vor dem Bau der Kathedrale an diesem Platz stand. Almohadenkalif Yusuf Yaqub al-Mansur ließ den Turm zwischen 1184 und 1198 als Ziegelkonstruktion errichten. Seine Proportionen, Verzierungen und Farben machen ihn zum wohl vollkommensten maurischen Bauwerk in ganz Spanien. Der obere Teil des Turms (ab dem Glockengestühl) stammt ebenso wie die oberste Spitze **El Giraldillo**, eine bronzene Wetterfahne, aus dem 16. Jh.; Letztere ist ein Sinnbild des Glaubens und Wahrzeichen von Sevilla.

Patio de los Naranjos

Dieser Hof ist mit mehr als 60 Orangenbäumen bepflanzt. Einst nutzten die Muslime ihn für rituelle Waschungen, bevor sie die Moschee betraten. An der Nordseite befindet sich die maurische Puerta del Perdón.

LP TIPP **Alcázar** BURG

(Eintritt Erw./Kind 7,50 €/frei; April–Sept. 9.30–19 Uhr) Südlich der Kathedrale erhebt sich auf der anderen Seite der Plaza

Sevilla

del Triunfo der beeindruckende Alcázar. Das Gebäude diente als Residenz vieler Generationen von Kalifen und Königen und ist Sevillas Antwort auf Granadas Alhambra. Die bemerkenswerte Anlage ist eng verbunden mit dem Leben und den Geliebten von Pedro I. von Kastilien (1350–1369). Sie verfügt über barrierefreie Zugänge für Rollstuhlfahrer.

913 entstand der Alcázar als Festung für Córdobas Statthalter in Sevilla. In den elf Jahrhunderten seines Bestehens wurde er mehrfach erweitert und umgebaut. Die Katholischen Könige Ferdinand und Isabella hielten hier Hof, als sie in den 1480er-Jahren die Eroberung Granadas vorbereiteten. Spätere Herrscher legten die zauberhaften Gärten an.

Patio del León

Der Löwenhof war der Garnisonshof des Al-Muwarak-Palasts. An ihm liegt die **Sala de la Justicia** (Saal der Gerechtigkeit) mit schönem Mudéjar-Stuckwerk. Sie wurde nach 1340 im Auftrag von Alfonso XI. gebaut, der sich hier mit seiner Geliebten Leonor de Guzmán vergnügte. Alfonsos Liebschaften bescherten seinem Erben Pedro I. (El Cruel/Justiciero) fünf Halbbrüder und jede Menge Geschwisterrivalität. Einer seiner Brüder, Don Fadrique, starb in der Sala de la Justicia. Der Saal führt in den hübschen **Patio del Yeso**, einen Teil des Almohadenpalasts aus dem 12. Jh., der im 19. Jh. rekonstruiert wurde.

Patio de la Montería

In den Räumen an der Westseite dieses Hofs war einstmals die Casa de la Contratación untergebracht. Diese Behörde gründeten die Katholischen Könige 1503 zur Abwicklung des Handels mit Amerika. Die **Sala de Audiencias** (Audienzsaal) hütet das früheste bekannte Gemälde der Entdeckung Amerikas (von Alejo Fernández um 1530): Es zeigt Maria als Schutzheilige der Seefahrer, die Kolumbus, Fernando El Católico, Carlos I., Amerigo Vespucci und die amerikanischen Ureinwohner schützend unter ihren Mantel nimmt.

Palacio de Don Pedro (Mudéjar-Palast)

Er mag zu Recht „der Grausame" genannt worden sein, aber zwischen 1360 und 1364 erbaute Pedro I. einen außergewöhnlichen Palast aus „vergänglicher" Keramik, Gipsputz und Holz und gehorchte so dem Verbot des Koran, „ewig währende" Bauten zu erschaffen, die allein dem Schöpfer vorbehalten seien.

In der Mitte des Palasts liegt der wundervolle **Patio de las Doncellas** (Hof der Jungfrauen) mit zahlreichen schönen Bögen, Stuckverzierungen und Kacheln. 2004 entdeckten Archäologen einen ursprünglichen Senkgarten unter einem Marmorboden aus dem 16. Jh.

Die **Cámara Regia** (Königliches Gemach) an der Nordseite des Hofs besteht aus zwei Räumen mit umwerfenden Decken. Gleich westlich davon befindet sich der kleine **Patio de las Muñecas** (Puppenhof), das Herz der Privatgemächer mit filigraner Dekoration im Granada-Stil. Seine Stuckornamente wurden im 19. Jh. aus der Alhambra hergeschafft. Der **Cuarto del Príncipe** (Prinzenzimmer) an seiner Nordseite verfügt über eine wundervolle Holzkuppeldecke, die den nächtlichen Sternenhimmel darstellt, und diente vermutlich als Schlafzimmer der Königin.

SEVILLA IN …

… zwei Tagen

Der erste Tag beginnt mit einem Besuch im **Alcázar**, dann erkundet man den **Barrio de Santa Cruz** und isst im **Corral del Agua zu Mittag**. Am Nachmittag geht's Richtung Río Guadalquivir zum **Museo de Bellas Artes**. Abends stehen die Tapas-Bars in der Nähe der Plaza de la Alfalfa auf dem Programm. Später kann man in der Gegend herumschlendern und in ein paar Clubs abfeiern.

Am zweiten Tag besichtigt man die **Kathedrale** und die **Giralda** und steuert danach den **Palacio de la Condesa de Lebrija** an. Anschließend lockt ein Bummel im Stadtzentrum. Am Abend geht's nach Triana auf der anderen Flussseite, wo in der Calle del Betis leckerer frischer Fisch zubereitet wird. Um Mitternacht kann man sich an der **Casa Anselma** anstellen, um eine der ebenso bizarren wie fantastischen Flamenco-Vorführungen zu erleben.

… vier Tagen

Wer in der vorherigen Nacht lange gefeiert hat, bekommt im **Horno de San Buenadventura** ein spätes Frühstück. Im grünen **Parque de María Luisa** kann man einen herrlich entspannten Tag verbringen und auch zwei Museen besuchen, wenn man dafür genügend Energie aufbringt. Abends gönnt man sich ein nobles Essen im **Restaurante Egaña Oriza**. Der vierte Tag beginnt mit der Besichtigung des **Museo del Baile Flamenco** und/oder der **Casa de Pilatos**. Im **Extraverde** gibt's leckere Snacks für den kleinen Hunger zwischendurch und abends kehrt man im **Restaurante La Cueva** ein. Zum Abschluss stürzt man sich auf der **Alameda de Hércules** ins Nachtleben.

Der spektakuläre **Salón de Embajadores** (Gesandtensaal) an der Westseite des Patio de las Doncellas war der Thronsaal Pedros I. Seine Türbogen im Stile des Kalifats stammen noch aus dem früheren Al-Muwarak-Palast. 1427 kam seine sagenhafte Holzkuppel mit komplexen Sternmustern, die das Universum symbolisieren, dazu. An der Westwand liegt der wunderschöne, mit Pfauenmotiven geschmückte **Arco de Pavones**, von dem man in den **Salón del Techo de Felipe II.** gelangt.

Salones de Carlos V.

Eine Treppe führt vom Patio de las Doncellas in die Gemächer des gotischen Palasts von Alfonso X. aus dem 13. Jh., die später gründlich umgebaut wurden. Hier versammelte der Herrscher die Geistesgrößen seines Hofs um sich. Ein Jahrhundert später brachte dort Pedro I. seine Geliebte María de Padilla unter. Die **Sala de las Bóvedas** (Gewölbesaal) ist mit schönen Kacheln aus der Zeit zwischen 1570 und 1580 geschmückt. Im **Salón de Tapices** (Gobelinsaal) zeigen Wandteppiche aus dem 18. Jh. die Eroberung von Tunis durch Carlos I. im Jahr 1535.

Gärten & Ausgang

Von den Salones de Carlos V. gelangt man in die große Parkanlage des Alcázar. Die Gärten direkt vor den Salones und dem Palacio de Don Pedro erhielten ihre heutige Form weitgehend im 16. und 17. Jh., während jene weiter östlich aus dem 20. Jh. stammen. Vom kleinen **Jardín de las Danzas** (Garten der Tänze) führt ein Durchgang unter den Salones de Carlos V. bis zur Grotte der **Baños de Doña María de Padilla**.

Aus den neuen Gärten geht's durch den **Apeadero**, eine Eingangshalle aus dem 17. Jh., und den **Patio de las Banderas** (Fahnenhof) zum Ausgang.

GRATIS Archivo de Indias — MUSEUM

(Calle Santo Tomás; ⌚ Mo–Sa 10–16, So & Fei 10–14 Uhr) An der Westseite der Plaza del Triunfo liegt das Archivo de Indias. In dem Zentralarchiv des hispano-amerikanischen Kolonialreichs lagern 80 Mio. Dokumentseiten von 1492 bis zum Ende des Kolonialreichs im 19. Jh. – ein eindrucksvolles Zeugnis von Spaniens Macht und Einfluss während seiner Blütezeit.

BARRIO DE SANTA CRUZ

Sevillas mittelalterliche *judería* (jüdisches Viertel) östlich von Kathedrale und Alcázar besteht aus einem Gewirr uriger, stimmungsvoller Gassen und zauberhafter begrünter, nach Orangenblüten duftender Plätze. Dazu zählen beispielsweise die **Plaza de Santa Cruz**, die diesem Stadtteil seinen Namen gab, und die romantische **Plaza de Doña Elvira**.

Hospital de los Venerables Sacerdotes — KUNSTAUSSTELLUNGEN

(Plaza de los Venerables 8; Erw./Kind 4,75 €/ frei, So nachmittags frei; ⌚10–13.30 & 16–19.30 Uhr) In der ehemaligen Residenz für alte Priester sind heute wechselnde Kunstausstellungen zu sehen. Das Gebäude aus dem 17. Jh. hat einen hübschen Innenhof.

EL CENTRO

Sevillas eigentliches Zentrum ist das dicht bebaute Viertel voller schmaler Sträßchen nördlich der Kathedrale.

Plaza de San Francisco & Calle Sierpes — PLATZ

Auf dem Hauptplatz der Stadt befindet sich das **ayuntamiento** (Rathaus), dessen Südfassade mit herrlichen Renaissanceverzierungen aus den 1520er- und 1530er-Jahren aufwartet.

Die Calle Sierpes, die von der Plaza nordwärts verläuft, und ihre Parallelstraße Calle Tetuán/Velázquez bilden das Herz von Sevillas schickster Shoppingzone. Zwischen den beiden Fußgängerzonen erhebt sich die **Capilla de San José** (Calle Jovellanos; ⌚8–12.30 & 18.30–20.30 Uhr) aus dem 18. Jh. mit einer atemberaubend üppigen Barockausstattung.

Einen Block östlich der Calle Sierpes stößt man auf den **Palacio de la Condesa de Lebrija** (Calle de la Cuna 8; Eintritt ganzes Gebäude/nur Erdgeschoss 8/4 €, Mi 9–12 Uhr Eintritt frei; ⌚Mo–Fr 10.30–19.30, Sa 10–14 & 16–18 Uhr) aus dem 16. Jh. Die Travellerin und Kunstkennerin Doña Regla Manjón, Gräfin von Lebrija, ließ das prächtige Gebäude 1914 umgestalten.

Plaza Salvador — PLATZ

Diese Plaza mit einigen beliebten Bars war einmal das Forum des römischen Hispalis. Heute thront hier die stattliche Barockkirche **Parroquia del Divino Salvador**. Sie entstand zwischen 1674 und 1712 auf dem ehemaligen Standort der Hauptmoschee des muslimischen Ischbiliya. Ihr Inneres birgt einen großen Reichtum an Schnitzereien und Vergoldungen. Bei Sonnenuntergang spielen die Farben der Buntglasfenster auf den Schnitzereien und betonen deren surreale Schönheit.

Casa de Pilatos MUSEUM

(Calle Águilas; Eintritt ganzes Gebäude/nur Erdgeschoss 8/5 €, EU-Bürger 13–17 Uhr & Mi 15–19 frei; ⌚April–Okt. 9–19 Uhr) Eines der schönsten **Adelshäuser** der Stadt liegt 500 m nordöstlich der Kathedrale. Es wird bis heute von der herzoglichen Familie Medinaceli bewohnt. Das weitläufige und prächtige Gebäude aus dem 16. Jh. weist einen Mix aus diversen Architekturstilen auf.

EL ARENAL

Etwas westlich der Avenida de la Constitución führt ein netter Fußweg am Ufer des Guadalquivir entlang. Zwischen ihm und der Avenida erstreckt sich das Viertel El Arenal mit einigen der interessantesten Sehenswürdigkeiten Sevillas.

Torre del Oro MUSEUM

(Erw./Stud. & Sen. 2/1 €; ⌚Di–Fr 10–13.30, Sa & So 10.30–13.30, Mo, an Feiertagen & im Aug. geschl.) Angeblich war die Kuppel des maurischen Wachtturms aus dem 13. Jh. früher einmal mit goldenen Kacheln verkleidet, daher stammt auch der Name „Goldturm". Im Innern des Bauwerks befindet sich ein kleines Schifffahrtsmuseum.

Museo del Baile Flamenco MUSEUM

(www.museoflamenco.com; Calle Manuel Rojas Marcos 3; Erw./Kind 10/6 €; ⌚9.30–19 Uhr) Das neueste Museum der Stadt geht auf die Initiative der Einwohnerin und Flamenco-Tänzerin Cristina Hoyos zurück. Es erstreckt sich über drei Stockwerke eines Palasts aus dem 18. Jh., ist aber mit 10 € überteuert. Zu den Ausstellungsstücken zählen Skizzen, Gemälde, Fotos früherer (und zeitgenössischer) Flamenco-Größen sowie eine Sammlung Kleider und Schals. Hier werden regelmäßig Vorführungen, Kurse und Workshops angeboten und es gibt auch einen Museumsshop.

Hospital de la Caridad KUNSTMUSEUM

(Calle Temprado 3; Eintritt mit Audioguide 5 €, So & an Feiertagen frei; ⌚Mo–Sa 9–13.30 & 15.30–19.30, So & Feiertage bis 13 Uhr) Ein wunderbares Vermächtnis aus Sevillas Blütezeit der Kunst schmückt die Kirche des **Hospital de la Caridad** eine Straßenecke vom Fluss entfernt. Miguel de Mañara ließ das „Hospital der Barmherzigkeit" im 17. Jh. errichten. Der Legende nach krempelte der notorische Wüstling sein Leben komplett um, nachdem er eine Vision seines eigenen Leichenzugs gehabt hatte. Zu den Meisterwerken aus dem 17. Jh. gehören das furchterregende *In ictu oculi* (In einem Wimpernschlag) und, gleich gegenüber, *Finis gloriae mundi* (Das Ende des irdischen Ruhms) von Valdés Leal.

Plaza de Toros de la Real Maestranza STIERKAMPFARENA, MUSEUM

(☎954 22 45 77; www.realmaestranza.es; Paseo de Cristóbal Colón 12; Führungen Erw./über 65 J./unter 12 J. 6/4/2,50 €; ⌚halbstündl. 9.30–20 bzw. 9.30–15 Uhr, wenn Stierkämpfe stattfinden) Sevillas **Stierkampfarena** ist eine der schönsten in Spanien und wahrscheinlich auch die älteste (Baubeginn war 1758). Hier und in der Arena von Ronda nahm der unberittene Stierkampf (statt dem vom Pferdesattel aus) im 18. Jh. seinen Anfang. Leider sind die obligatorischen Führungen nicht sehr mitreißend.

Museo de Bellas Artes KUNSTMUSEUM

(Plaza del Museo 9; Erw./EU-Bürger, Sen. & Stud. 1,50 €/frei; ⌚Di–Sa 9–20.30, So bis 14.30 Uhr, Mo geschl.) Das Museum ist in einem schönen alten Kloster untergebracht und macht klar, warum die Stadt in Spaniens Blütezeit der Kunst eine führende Rolle spielte. Es verfügt über barrierefreie Zugänge.

SÜDLICH DES ZENTRUMS

Hier erstreckt sich ein grünes Viertel mit romantischen Parks und den für die Weltausstellung 1929 errichteten Gebäuden.

GRATIS **Antigua Fábrica de Tabacos** UNIVERSITÄT

(Calle San Fernando; ⌚ Mo–Fr 8–21.30, Sa bis 14 Uhr) Sevillas ehemalige **Tabakfabrik**, der Arbeitsplatz von Bizets heißblütiger Opernheldin Carmen, stammt aus dem 18. Jh. Sie verfügt über barrierefreie Zugänge.

Hotel Alfonso XIII HISTORISCHES HOTEL

(Calle San Fernando 2) Ebenso ein Denkmal als auch ein Hotel. Zweifellos ist es günstiger, hier nur einen Café zu trinken, statt ein Zimmer zu mieten. Als das auffällige Gebäude 1928 zusammen mit der Plaza de España für die Weltausstellung von 1929 im klassischen Neo-Mudéjar-Stil mit Fliesen und Terrakotta-Ziegeln ausgestattet wurde, galt es als luxuriöseste Unterkunft Europas.

Parque de María Luisa & Plaza de España PARK

(⌚8–22 Uhr) Auf einem großen Gelände südlich der Tabakfabrik wurden 1929 für Sevillas internationale Ausstellung, die Exposición Iberoamericana, allerlei einzigartige Bauwerke errichtet. Viele davon erinnern an die verflossenen Glanzzeiten der Stadt oder ahmen Behausungen der Ureinwohner ehemaliger spanischer Kolonien nach. Mittendrin erinnert der große Parque de María Luisa an Sevillas maurische und christliche Vergangenheit.

Gleich auf der anderen Seite der Avenida de Isabel la Católica erstreckt sich die Plaza de España, ein Lieblingsziel Erholung suchender *sevillanos*. Hier sieht man das beeindruckendste Gebäude dieser Gegend, eine gewaltige halbkreisförmige Ziegel- und Kachelkonstruktion.

An der Plaza de América am Südende des Parks stößt man auf das **Museo Arqueológico** (Erw./EU-Bürger, unter 16 J. & Sen. 1,50 €/frei; ⏲Di–Sa 9–20.30, So & Feiertage bis 14.30 Uhr). Ihm gegenüber liegt das **Museo de Artes y Costumbres Populares** (Erw./EU-Bürger 1,50 €/frei; ⏲Di–Sa 9–20.30, So & Fei bis 14.30 Uhr). Beide sind für Rollstuhlfahrer zugänglich.

NÖRDLICH DES ZENTRUMS

Viele Besucher steuern die Alameda de Hércules erst nach Einbruch der Dunkelheit an, um hier zu feiern, aber es lohnt auch, die Promenade tagsüber mit Kindern zu erkunden.

Isla Mágica THEMENPARK
(☎902 16 17 16; www.islamagica.es; Tagesticket Erw./Kind 28/20 €; ⏲Mo–Fr & So 11–23, Sa bis Mitternacht, Nov.–März geschl.) Dieser Vergnügungspark bietet viel Spaß für Kids und Fans von rasanten Achterbahnfahrten. Vor einem Besuch sollte man auf der Website die aktuellen Öffnungszeiten überprüfen (sie ändern sich häufig). Zur Isla Mágica fahren die Busse C1 und C2.

Kurse

Es gibt hier viele Tanz- und Flamenco-Schulen. Mehr darüber erfährt man in den Touristeninformationen und im Stadtmagazin *El Giraldillo* (siehe unter „Praktische Informationen" S. 728). Zudem zählt Sevilla landesweit zu den beliebtesten Städten, um Spanisch zu lernen. Die besten Schulen bieten sowohl kurze als auch lange Kurse für Anfänger und Fortgeschrittene an.

Tanzzentrum von Sevilla FLAMENCO, TANZ
(☎954 38 39 02; Calle Miguel Cid 67; ⏲17.30–21 Uhr) Der Schwerpunkt liegt auf Hip-Hop, Jazzdance und Performance.

Espacio Meteora FLAMENCO, TANZ
(☎954 90 41 83; Calle Duque Cornejo 16A) Innovatives Kunst- und Kulturzentrum.

Fundación Cristina Heeren de Arte Flamenco FLAMENCO, TANZ
(☎954 21 70 58; www.flamencoheeren.com; Avenida de Jerez 2) Langzeitkurse für alle Spielarten des Flamenco und einmonatige Intensivkurse im Sommer.

Giralda Center SPANISCHKURS
(☎954 22 13 46, 954 21 31 65; www.giraldacenter.com; Calle Mateos Gago 17)

Carpe Diem SPANISCHKURS
(☎954 21 85 15; www.carpediemsevilla.com; Calle de la Cuna 13)

Lenguaviva SPANISCHKURS
(☎954 90 51 31; www.lenguaviva.net; Calle Viriato 24)

LINC SPANISCHKURS
(☎954 50 04 59; www.linc.es; Calle General Polavieja 13)

CLIC SPANISCHKURS
(☎954 50 21 31; www.clic.es; Calle Albareda 19)

Geführte Touren

Pferdekutschen findet man in der Nähe der Kathedrale, der Plaza de España und Puerta de Jerez. Sie kosten 50 € für bis zu vier Personen und eine einstündige Fahrt durch den Barrio de Santa Cruz sowie zum Parque de María Luisa.

Sevilla Tour BUSTOUR
(☎902 10 10 81; www.citysightseeing-spain.com) Einstündige Stadtrundfahrten in offenen Doppeldeckerbussen und umgebauten Straßenbahnen mit Audioguide in mehreren Sprachen. Ein Ticket kostet 16 € und ist 24 Stunden gültig. Der Ein- und Ausstieg erfolgt am Torre del Oro, der Avenida de Portugal hinter der Plaza de España oder auf der Isla de La Cartuja. Normalerweise verkehren die Busse von 7 bis 20 Uhr alle 30 Minuten.

Cruceros Turísticos Torre del Oro FLUSSFAHRTEN
(☎954 56 16 92; Erw./unter 14 J. 17 €/frei) Die einstündigen Bootsrundfahrten auf dem Guadalquivir starten ab 11 Uhr alle 30 Minuten vor dem Torre del Oro; die letzte Abfahrt erfolgt zwischen 18 Uhr im Winter und 21 Uhr im Sommer.

Sevilla Walking Tours STADTRUNDGANG
(☎902 15 82 26; www.sevillawalkingtours.com) Englischsprachige Stadtrundgänge (12 €) zu den Hauptsehenswürdigkeiten begin-

nen montags bis samstags jeweils um 10.30 Uhr und dauern etwa zwei Stunden. An der Plaza Nueva geht's los. Der Veranstalter bietet auch Führungen durch die Kathedrale und den Alcázar an.

Feste & Events

Sevillas Semana Santa mit ihren Karprozessionen und die Feria de Abril ein oder zwei Wochen später sind schon für sich eine Reise wert, ebenso wie die Bienal de Flamenco.

Semana Santa KARWOCHE

(www.semana-santa.org, auf Spanisch) Von Palmsonntag bis Ostersonntag werden Tag für Tag riesige Figuren und lebensgroße Tableaus der Passionsgeschichte aus Sevillas Kirchen durch die Straßen zur Kathedrale getragen, begleitet von langen Prozessionen. Über 50 verschiedene *hermandades* oder *cofradías* (Bruderschaften, denen teilweise auch Frauen angehören) organisieren die Umzüge. Sie tragen in der Regel je zwei *pasos* (Altarbühnen mit Szenen aus der Passionsgeschichte) durch die Stadt. Höhepunkt der Woche ist die *madrugada* (Morgenstunde) des Karfreitags. Dann ziehen einige der angesehensten Bruderschaften durch die Stadt. Die Kostüme der Büßer bestehen aus einem Gewand und einer spitzen Kapuze mit Schlitzen für die Augen. Diese Aufmachung wurde vom amerikanischen Ku-Klux-Klan imitiert, ein inhaltlicher Zusammenhang besteht aber nicht.

Termin- und Streckenpläne der Prozessionen sind während der Semana Santa fast überall erhältlich und man findet sie auch auf der Website. Für eine gute Sicht sollte man schon am frühen Abend zur Kathedrale kommen.

Feria de Abril FRÜHLINGSFEST

Die Feria de Abril in der zweiten Aprilhälfte ist das unbeschwerte Pendant der feierlichen Semana Santa. Andalusiens größte und farbenprächtigste Feier findet auf einem eigenen Gelände statt, El Real de la Feria im Bezirk Los Remedios südwestlich des Stadtzentrums. Der Startschuss für sechs Partynächte erfolgt durch die feierliche Einschaltung der Festbeleuchtung am Montagabend. Ein großer Teil des Geländes ist für private *casetas* (Festzelte) reserviert, es gibt aber auch öffentliche Zelte und einen großen Festplatz.

Nachmittags ab ca. 13 Uhr zieht alles, was Pferde und eine Kutsche hat, in vollem Feststaat über das Gelände (auch die Pferde werden herausgeputzt). In Sevilla ist die Zeit der *feria* zugleich die Hauptsaison für den Stierkampf.

Bienal de Flamenco FLAMENCO-FESTIVAL

(www.bienal-flamenco.org) Spaniens größtes Flamenco-Festival wird in geraden Jahren in Sevilla abgehalten und findet ansonsten in Málaga statt. Im ganzen Monat September wird vom Klassischen bis zum Experimentellen das Beste aus Musik und Tanz geboten.

SEVILLA MIT KINDERN

Viele Attraktionen in Sevilla sprechen auch Kinder an (allerdings unter anderen Gesichtspunkten als die Erwachsenen), etwa die Kathedrale und der Alcázar. Letzterer hat ein Magazin für die Kleinen herausgegeben, das man an den meisten Zeitungsständen kaufen kann. Darüber hinaus wartet die Stadt mit zahlreichen Grünflächen und Parks auf, darunter das Ufer des Guadalquivir, der Parque de María Luisa (S. 719) und die Jardines de Murillo, die oft über besondere Bereiche für Kinder verfügen. Cafés, in denen Eis und *churros* (frittierte Krapfenstangen) zum Angebot gehören, sind ebenfalls reichlich vorhanden. Als Alternative zu Tapas kann man ein gutes italienisches Lokal wie Cosa Nostra (S. 725) besuchen. Kids ab zehn Jahren sind die Zielgruppe des Themenparks Isla Mágica (S. 720). Auch Fahrten mit dem Boot, dem offenen Doppeldeckerbus oder einer Pferdekutsche erfreuen sich großer Beliebtheit.

Schlafen

In den drei attraktivsten Stadtvierteln, dem Barrio de Santa Cruz (nahe dem Alcázar und in Gehweite vom Busbahnhof Prado de San Sebastián), El Arenal (günstige Lage zum Busbahnhof Plaza de Armas) und El Centro, gibt's viele gute Unterkünfte.

Die hier aufgeführten Zimmerpreise gelten jeweils für die Hauptsaison von März bis Juni sowie von September bis Oktober. In der Semana Santa und zur Feria de Abril verdoppeln sie sich und alles ist ausgebucht. Für diese Zeit empfiehlt es sich, im Voraus zu buchen.

Günstige Möglichkeiten bieten Touristenapartments: Sie kosten normalerweise weniger als 100 € pro Nacht für vier Personen bzw. 30 bis 70 € für zwei Personen. Zu den besten Anbietern gehören **Apartamentos Embrujo de Sevilla** (☎627 56 99 19; www.embrujodesevilla.com) mit Apartments in historischen Stadtvillen und **Sevilla5.com** (☎637 01 10 91, 954 22 62 87; www.sevilla5.com).

BARRIO DE SANTA CRUZ

Das ehemalige Judenviertel wartet mit herrschaftlichen Villen, versteckten Innenhöfen und einigen atmosphärischen Unterkünften auf.

Un Patio en Santa Cruz HOTEL €€€
(☎954 53 94 13; www.patiosantacruz.com; Calle Doncellas 15; EZ/DZ 78/128 €; ❄📶) Das Zwei-Sterne-Hotel bietet blitzsaubere Zimmer, frisch duftende Bettwäsche, WLAN im Zimmer und morgens eine Tasse Kaffee in der Lobby. Seine Lage in Santa Cruz ist praktisch, aber es kann abends recht laut werden. Freundliches, effizientes Personal.

Hotel Amadeus HOTEL €€
(☎954 50 14 43; www.hotelamadeussevilla.com; Calle Farnesio 6; EZ/DZ 85/95 €; P❄📶) Eine Musikerfamilie verwandelte ihre Villa aus dem 18. Jh. in ein stilvolles Hotel mit 14 eleganten Zimmern, die Mozart mit Stolz erfüllt hätten. Einige neue Zimmer sind schalldicht, sodass man hier Klavier oder Geige üben kann.

Las Casas de la Judería HOTEL €€€
(☎954 41 51 50; www.casasypalacios.com; Callejón Dos Hermanas 7; EZ/DZ ab 140/175 €; P❄📶) Seine fünf Sterne hat dieses palastartige Gebäude mit zahlreichen Innenhöfen und Gängen wirklich verdient. Es besteht aus ursprünglich 18 Häusern. Von tröpfelnden Brunnen bis zu antiken Möbeln und Gemälden ist alles exquisit eingerichtet. Wer 140 € aufbringt, lebt hier wie ein maurischer Prinz.

Hotel Puerta de Sevilla HOTEL €€
(☎954 98 72 70; www.hotelpuertadesevilla.com; Calle Puerta de la Carne 2; EZ/DZ 66/86 €; P❄@📶) Azulejo-Kacheln, geblümte Textilien und schmiedeeiserne Betten prägen das kleine, auf Hochglanz polierte Hotel in toller Lage mit nur einem Stern. Einen weiteren Pluspunkt gibt's für den erstklassigen Service.

Hotel Alcántara HOTEL €€
(☎954 50 05 95; www.hotelalcantara.net; Calle Ximénez de Enciso 28; EZ/DZ 68/89 €; ❄📶) Dieses kleine, freundliche Hotel an einer Fußgängerzone verfügt über glänzende moderne Bäder, Fenster zum Innenhof und hübsche Blumenmotivvorhänge. Es liegt neben der Casa de la Memoria Al-Andalus (S. 727).

Pensión San Pancracio PENSIÓN €
(☎954 41 31 04; Plaza de las Cruces 9; EZ/DZ ohne Bad 25/35 €, DZ mit Bad 50 €) Das alte, weitläufige Familienanwesen ist eine wunderbare Budgetunterkunft mit ganz unterschiedlichen Zimmern und einem blumengeschmückten Patio. Freundlichkeit gleicht den fehlenden Luxus aus.

Hostería del Laurel HOTEL €€
(☎954 22 02 95; www.hosteriadellaurel.com; Plaza de los Venerables 5; EZ/DZ mit Frühstück 75/105 €; ❄) Über der gleichnamigen atmosphärischen alten Bar an der kleinen Plaza de Santa Cruz, einem der schönsten Plätze der Stadt, liegen geräumige, wenn auch karge Zimmer mit großzügigen Bädern.

Pensión Córdoba PENSIÓN €€
(☎954 22 74 98; www.pensioncordoba.com; Calle Farnesio 12; EZ/DZ ohne Bad 45/65 €, mit Bad 55/75 €; ❄) Liegt in einer ruhigen Fußgängerzone und wird seit den letzten 30 Jahren von einem freundlichen älteren Paar geführt. Die Zimmer sind einfach, aber sauber.

Hotel Goya HOTEL €
(☎954 21 11 70 www.hotelgoyasevilla.com; Calle Mateos Gago 31; EZ/DZ 40/60 €; ❄@📶) Überaus beliebt, deshalb muss man vorher reservieren. Haustiere sind willkommen.

EL ARENAL

Dieses Viertel überzeugt mit seiner zentralen Lage und einer guten Auswahl an Unterkünften.

Hotel Simón HOTEL €€
(☎954 22 66 60; www.hotelsimonsevilla.com; Calle García de Vinuesa 19; EZ 60–70 €, DZ 95–110 €; ❄) Dieses Hotel in einer typischem Stadtvilla aus dem 18. Jh. hat nur zwei Sterne, bietet aber mehr. Es verfügt über einen hübschen Patio und saubere, komfortable Zimmer, einige mit schönen Azulejo-Kacheln.

Hotel Vincci La Rábida HOTEL €€€
(☎954 50 12 80; www.vinccihoteles.com; Calle Castelar 24; EZ/DZ 159/195 €; P❄@📶) Ein Palast aus dem 18. Jh. mit einer prachtvollen vierstöckigen und atriumartigen Lounge. Das Haus hat seinen historischen Charme

und Charakter bewahrt, obwohl es zur spanischen Vinci-Kette gehört.

Hostal Museo HOTEL €
(☎954 91 55 26; www.hostalmuseo.com; Calle Abad Gordillo 17; EZ/DZ 40/60 €; ❄@📶) Die sauberen Zimmer sind mit Holzmöbeln und bequemen Betten ausgestattet.

B&B Naranjo HOTEL €€
(☎954 22 58 40; Calle San Roque 11; EZ/DZ 45/65 €; ❄@) Heimelige Kieferholzmöbel und ruhige Farben sorgen für eine warme Ausstrahlung.

Hotel Maestranza HOTEL €€
(☎954 56 10 70; www.hotel-maestranza.es; Calle Gamazo 12; EZ/DZ 53/87 €; ❄@📶) Das kleine, herzliche Hotel liegt an einer ruhigen Straße und hat schlichte, saubere Zimmer.

EL CENTRO

Neben einer zentralen Lage wartet dieses Viertel sowohl mit Luxushotels als auch mit einigen echten Schnäppchen auf.

Hospas Casas del Rey de Baeza HOTEL €€€
(☎954 56 14 96; www.hospes.es; Plaza Jesús de la Redención 2; Zi. ab 136 €; P❄@📶🏊) Das professionell geführte Hotel mit einem fantastischen Design residiert nahe der Calle Santiago in mehreren Gebäuden aus dem 18. Jh. Die großen Zimmer warten mit moderner Kunst, CD- und DVD-Playern sowie WLAN auf. Zum öffentlichen Bereich gehören Innenhöfe, eine Lounge und ein toller Swimmingpool.

Oasis Backpackers' Hostel HOSTEL €
(☎954 29 37 77; www.oasissevilla.com; Plaza de la Encarnación 29, B/DZ mit Frühstück 15/50 €; ❄@📶) Eine ausgefallene Backpackerbleibe mit kostenlosem Internetzugang. Das Hostel liegt an einer schmalen Gasse hinter der Anunciación-Kirche. Zu jedem Schlafsaalbett gehört ein eigenes Schließfach und auf dem Dach gibt's einen kleinen Pool. Keine Sperrstunde!

Casa Sol y Luna HOTEL €
(☎954 21 06 82; www.casasolyluna1.com; Calle Pérez Galdós 1A; DZ mit Bad 45 €, EZ/DZ/3BZ ohne Bad 22/38/60 €) Ein erstklassiges *hostal* (Budgetunterkunft) in einem wunderschön eingerichteten Altbau von 1911 (weiße Bettwäsche mit Stickerei) unweit der herrlichen Plaza de la Alfalfa. Reservierungen werden grundsätzlich innerhalb von 24 Stunden bestätigt.

Hotel San Francisco HOTEL €€
(☎/Fax 954 50 15 41; www.sanfranciscoh.com; Calle Álvarez Quintero 38; EZ/DZ 55/68 €; ⏲Aug. geschl.; ❄@📶) Das Hotel hat nur einen Stern und liegt an einer Fußgängerzone nahe der Kathedrale. Der Service ist unterschiedlich gut, je nachdem, mit wem man zu tun hat. Dunkle, aber saubere Zimmer. WLAN gibt's nur an der Rezeption.

NÖRDLICH VOM ZENTRUM

Von hier aus ist es recht weit bis zu vielen Sehenswürdigkeiten, deshalb sollte man nur in der Gegend übernachten, wenn man eine richtig gute Unterkunft findet.

Hotel San Gil HOTEL €€€
(☎954 90 68 11; www.hotelsangil.com; Calle Parras 28; EZ/DZ 141/176 €; P❄@📶🏊) Das renovierte Gebäude aus dem frühen 20. Jh. in der Nähe der Basílica de la Macarena beherzigt das maurische Konzept innerer Schönheit. Außen ist es schlicht, doch die Rezeption und der Hof sind hübsch. Für die zentrumsferne Lage entschädigen das Interieur und die großen Zimmer.

Essen

Den Wettbewerb, wo es die erfindungsreichsten Tapas Andalusiens gibt, gewinnt Sevilla spielend. Fast alle Tapas-Bars haben mittags und abends auf.

In Spanien isst man spät zu Abend, deshalb öffnen viele Restaurants erst um 21 und im Sommer sogar erst um 22 Uhr. Aber dank der zahlreichen Touristen findet man in der Stadt auch eine Menge Lokale, die ihre Pforten schon früher öffnen.

BARRIO DE SANTA CRUZ & UMGEBUNG

Hier gibt's überall gute Tapas-Bars. Am besten schlendert man in Ruhe durch die Gassen und lässt sich von der herrlichen Atmosphäre inspirieren.

LP TIPP **Catalina** TAPAS €
(Paseo Catalina de Ribera 4; raciones 10 €) Wer Tapas für einen besseren Imbiss hält, wird ob dem hiesigen kreativen Angebot aus fast allen Zutaten der iberischen Küche ins Staunen geraten. Mit Spezialitäten aus Ziegenkäse, Auberginen und Paprika macht man einen guten Anfang.

Bodega Santa Cruz TAPAS €
(Calle Mateos Gago; Tapas 1,50–2 €) Meistens ist dieser Laden gerammelt voll und es liegen Berge von Papier auf dem Boden. Hier genießt man seine Tapas und Geträn-

GEHEIMTIPP

TONI VILCHEZ: MANAGER DES EXTRAVERDE

Tony Vilchez ist der Manager des kürzlich eröffneten Extraverde (siehe unten). Hier sind seine kulinarischen Highlights der Provinz Sevilla:

Olivenöl

Von den vielen guten Olivenölen Sevillas ist eines etwas ganz Besonderes: das Gourmetöl Basilippo Extra Virgin, das früh und in begrenzter Menge geerntet wird. 2009 wählte das Comité Oleícola Internacional (COI) das aromatische, fruchtige, milde und schwere Öl mit Mandelgeschmack zum zweitbesten Olivenöl der Welt.

Wein

Die Provinz Sevilla ist nicht als Weinanbaugebiet bekannt. Der bekannteste der wenigen hier produzierten Sorten ist die Fragata, ein süßer, leichter Weißwein, der am besten zu Meeresfrüchten, Schinken und Wurst schmeckt.

Bester Käse

Mare Nostrum aus Castilblanco de los Arroyos, einer kleinen Stadt in der Sierra Norte de Sevilla, ist sicherlich der leckerste Käse der Provinz. Für die Qualität des aromatischen, starken und geruchsintensiven Käses sorgen handwerkliche Produktionstechniken, kleine, auf Milchwirtschaft spezialisierte Höfe und die Zugabe hochwertiger Ziegenmilch.

Bester Schinken

Jamón ibérico, der sogenannte Kaviar unter den Schinken, zählt zu Spaniens berühmtesten gastronomischen Exportartikeln. Vier Schlüsselfaktoren bestimmen seine kontinuierliche hohe Qualität: althergebrachte Traditionen, eine einzigartige ökologische Kultur der *dehesa* (Weideland unter Eichen), eine außergewöhnliche Schweinerasse und die von Generation zu Generation überlieferten Arbeitsprozesse. Kombiniert man sie, erhält man Jamones Sierra de Sevilla.

ke drinnen oder draußen im Stehen und weicht dabei den vielen Touristen aus, die sich durch die engen Gassen von Santa Cruz schieben.

Extraverde TAPAS €
(☎954 21 84 17; Plaza de Doña Elvira 8; Tapas 2,50–4 €; ⏲10.30–23.30 Uhr) Das Extraverde (siehe oben) ist neu in der Szene. Der einzigartige Laden mit Bar hat sich auf andalusische Produkte wie Olivenöl, Käse und Wein spezialisiert. Man kann im Stehen Gratishäppchen probieren oder man setzt sich nach draußen und bestellt eine ganze Tapa.

Restaurant La Cueva TRADITIONELL €€
(☎954 21 31 43; Calle Rodrigo Caro 18 & Plaza de Doña Elvira, 1; Gerichte 11–24 €, Menü 16 €) Etwas unfreundliche Bedienung, aber dafür gibt's hier hervorragende Paellas und eine furiose *zarzuela* mit Fisch (Kasserolle; 30 € für zwei Pers.). Drinnen hat man viel Platz und draußen genießt man einen Blick auf die traumhafte Plaza de Doña Elvira.

Restaurante Egaña Oriza MODERNE SPANISCHE KÜCHE €€€
(☎954 22 72 11; Calle San Fernando 41; Gerichte 22–32 €; ⏲Sa mittags & So geschl.) Eines der besten Restaurants Sevillas in praktischer Lage gegenüber dem Busbahnhof. Zum Angebot gehören auch kreative Tapas.

Café Bar Las Teresas TAPAS €
(Calle Santa Teresa 2; Tapas 2,20–4 €) In diesem Café nahe dem Santa-Cruz-Viertel mit einladend kühlem, gefliestem Interieur herrscht immer großer Andrang. Die Tapas sind sehr lecker.

Corral del Agua ANDALUSISCH €€€
(☎954 22 48 41; Callejón del Agua 6; Gerichte 16,50–22 Uhr; ⏲Mo–Sa Mittag- & Abendessen) Erfinderische maurische und traditionelle Küche in einem subtropischen Innenhof unter einem Blätterdach aus Wein und Jacaranda.

Cervecería Giralda TAPAS €
(Calle Mateos Gago 1; Tapas 3,50–5 €) Exotische Tapas-Variationen und traditionelle

Gerichte in einem ehemaligen maurischen Badehaus.

EL ARENAL

Das nachts überraschend lebhafte El Arenal wartet mit einigen guten Tapas-Lokalen auf. Einfach auf die Menschenansammlungen auf der Straße achten, dann kann man sie nicht verfehlen.

Mesón Cinco Jotas TAPAS €
(Calle Castelar 1; Tapas/media raciones 3,80/9,45 €) Hier gibt's den besten *jamón* der Stadt sowie leckeren *solomillo ibérico* (iberische Schweinelende) in Pedro-Ximénez-Süßwein.

Enrique Becerra ANDALUSISCH €€€
(☎954 21 30 49; Calle Gamazo 2; Gerichte 16,50–24 €; ⌚Sa & So geschl.) Ein schickes Highlight in El Arenal, das mit herzhaften andalusischen Gerichten lockt. Besonders lecker: mit Spinat und Pinienkernen gefülltes Lamm in Honigsauce.

EL CENTRO

Die Plaza de la Alfalfa hat viele Gesichter. Tagsüber ist sie das Zentrum der Tapas-Szene, am frühen Abend ein Treffpunkt für laute Familien und nach Einbruch der Dunkelheit das Reich der Nachtbars und Clubs. An und rund um den Platz gibt's auch einige gute italienische Restaurants.

Robles Laredo MODERNE SPANISCHE KÜCHE €€
(Plaza de San Francisco; raciones 9–12 €) Dieses kleine italienisch inspirierte Café-Restaurant hat zwei überproportionierte Lüster und präsentiert in Glaskästen eine riesige Auswahl leckerer Desserts. Auch die Tapas sind raffiniert. Unbedingt probieren: Foie gras, Rindfleischburger mit Trüffelsauce oder Austern und junge Sprotten.

Bar Alfalfa TAPAS €
(Ecke Calles Alfalfa & Candilejo; Tapas 2–3 €) Erstaunlich, wie viele Leute, Schinken, Weinflaschen und andere Dinge in einen so kleinen Raum passen. Wenn es zu voll wird, bestellt man einfach durch das Fenster. Die wundervolle italienisch-iberische *salmorejo*-Bruschetta mit einem Hauch von Tomate ist unvergesslich.

Horno de San Buenadventura KAFFEE, SNACKS €
(Plaza de la Alfalfa 10; Snacks 6–10 €) In Sevilla gibt's zwei dieser vergoldeten Kaffee-und-Kuchen- bzw. Snackbars; eine liegt hier an der Plaza de Alfalfa und die andere gegenüber der Kathedrale. Die kulinarische Auswahl ist riesig, aber am besten frühstückt man ausgiebig oder isst spontan am späten Abend noch Kuchen. Das Personal könnte etwas mehr auf Zack sein.

Bar Levíes INTERNATIONAL €
(Calle San José 15; Tapas 2–5 €) Die ultimative Tapas-Bar für Studenten (ausgesprochen günstig) platzt immer aus allen Nähten und besteht eigentlich aus zwei Bars. Man bekommt hier zahlreiche *raciones* (große Portionen Tapas), Bier, Pizza und Nachtisch. Das Essen ist durchschnittlich, die Atmosphäre mitreißend.

Habanita ANDALUSISCH, KUBANISCH €€
(☎606 71 64 56; Calle Golfo 3; raciones 8–15 €; ⌚So abends geschl.; 🖉) Dieses Top-Restaurant serviert eine einladende Vielfalt kubanischer, andalusischer und vegetarischer Küche. Sehr lecker: gebratene Yucca und gedünstetes Fleisch.

ALAMEDA DE HÉRCULES

Sevillas Partymeile wartet mit einigen guten Restaurants auf, von denen man einen hervorragenden Blick auf den verkehrsberuhigten Grünstreifen genießt.

Antigua Abacería de San Lorenzo FEINKOSTLADEN, TAPAS €
(☎954 38 00 67; www.antiguaabaceriadesanlorenzo.com; Calle Teodosio 53; Tapas 1–5 €; ⌚9.30–24 Uhr, Juni–Sept. Sa & So 17–20 Uhr geschl.) Eine Mischung aus Lebensmittel- und Feinkostladen, Tapas-Bar und Takeaway in einem wunderbar restaurierten Haus aus dem 17. Jh.

TRIANA

Gegen 23 Uhr laufen die Restaurants am Flussufer an der Calle del Betis zur Höchstform auf. Hier kann man draußen sitzen, frittierte Meeresfrüchte verspeisen und den sich im Fluss spiegelnden Torre del Oro betrachten.

Ristorante Cosa Nostra ITALIENISCH €
(Calle del Betis 52; Pizza 8,50–12 €; ⌚Mo geschl.) Den mafiösen Namen kann man getrost ignorieren. In diesem Lokal gibt's die beste italienische Küche in Sevilla und dafür lohnt sich der Weg auf die andere Seite des Flusses. Die Pizzas werden vor den Augen der Gäste zubereitet und an den reichhaltigen cremigen Risottos kann sich jeder Paella-Koch der Stadt ein Beispiel nehmen.

Casa Cuesta MODERNE SPANISCHE KÜCHE €
(☎954 33 33 37; Calle de Castilla 3–5; Gerichte 9–10 €) Der glänzende Holztresen und die

auf Hochglanz polierten Zapfhähne lassen erkennen, wie stolz die Betreiber auf ihr Restaurant sind. Und das zu Recht, denn es ist ein echter Geheimtipp für alle Freunde leckerer Küche und guten Weins.

Ausgehen

Viele Bars und Kneipen haben unter der Woche von 18 bis 2 Uhr und am Wochenende von 20 bis 3 Uhr geöffnet. Freitags und samstags (und bei großer Hitze) kommt Sevillas Partyszene erst gegen Mitternacht richtig in Schwung. Im Sommer gibt's an beiden Flussufern Dutzende Open-Air-Bars *(terrazas de verano).*

BARRIO DE SANTA CRUZ

Dieses Viertel wartet mit der höchsten Dichte an Bars in der ganzen Stadt auf und eignet sich somit wunderbar für eine Kneipentour.

P Flaherty Irish Pub PUB

(Calle Alemanes 7) Die Lage gleich neben der Kathedrale sorgt fast immer für ein volles Haus, außerdem ist der Irish Pub eine der lebhaftesten und größten Kneipen in der Gegend. Wenn gerade ein Fußballspiel läuft, herrscht besonders gute Stimmung.

Antigüedades BAR

(Calle Argote de Molina 40) Sanfte Beats und ein ausgefallenes Dekor: Die gekachelten Sitzplätze am Fenster mit Blick auf die lebhafte Straße eignen sich am besten für einen Drink.

EL ARENAL

El Arenal erwacht nach Einbruch der Dunkelheit zum Leben. Dann füllen sich die Straßen mit Leuten, die draußen etwas trinken und die Brise vom Fluss genießen.

Casa Morales BAR

(Garcia de Vinuesa 11) Viel hat sich in dieser tollen Bar seit ihrer Eröffnung 1850 nicht verändert. Wohin man auch blickt, entdeckt man charmante Anachronismen. Die Tapas-Auswahl des Tages ist mit Kreide auf *tinajas* aus Ton (Weinkrüge) geschrieben.

El Capote BAR

(Calle de Arjona) Strandfeeling unter Palmen für einen Drink im Freien gleich neben der Puente de Triana. Am Morgen stürmen verkaterte Nachtschwärmer die einladende *churrería (churros-*Café).

Café Isbiliyya BAR

(Paseo de Cristóbal Colón 2) In dieser Musikkneipe für Schwule stehen donnerstags und sonntags extravagante Travestieshows auf dem Abendprogramm.

EL CENTRO

Auf der Plaza del Salvador tobt das Nachtleben vom frühen Abend bis 1 Uhr morgens. Am besten besorgt man sich einen Drink bei **La Antigua Bodeguita** oder **La Sapotales** nebenan und setzt sich auf die Treppenstufen der Parroquia del Salvador.

In der Calle Pérez Galdós unweit der Plaza de la Alfalfa gibt's viele Kneipen, z. B. das kleine **Cabo Loco** (Calle Pérez Galdós 26) mit einer großen Auswahl preiswerter Schnäpse oder das im Stil der 1980er-Jahre gestylte **La Rebótica** (Calle Pérez Galdós 11), das etwa 50 alkoholhaltige Mischgetränke anbietet.

El Garlochi BAR

(Calle Boteros 4) Diese kultige Spelunke ist nach dem Wort der *gitanos* (Zigeuner) für „Herz" benannt und erschlägt einen beinahe mit Anspielungen auf die Semana Santa – Weihrauchwolken, den vielen Christus- und Marienbildern an den scharlachroten Wänden und hochprozentigen Cocktails mit Namen wie „Sangre de Cristo" (Blut Christi).

ALAMEDA DE HÉRCULES

Hipper und trendiger als auf der etwas heruntergekommenen Alameda geht's nirgendwo sonst in Sevilla zu. Hier schlägt auch das Herz der Schwulenszene.

Bulebar Café BAR

(Alameda de Hércules 83; ⌚16–spät) Am frühen Abend kommt der Laden noch zurückhaltend daher, aber nachts wird die Stimmung immer heißer. Nettes Personal.

Café Central BAR

(Alameda de Hércules 64) Eine der ältesten und beliebtesten Kneipen an dieser Straße mit gelben Lampen über dem Tresen und Holzstühlen vom Flohmarkt. Am Wochenende versammeln sich im Café Central wahre Menschenmassen, vorzugsweise draußen vor der Tür.

TRIANA

Wer Abwechslung von den Kneipen des Zentrums haben möchte, kann es am Flussufer dieses verwegenen Viertels versuchen. Die Mauer an der Calle del Betis bietet einen Blick auf das Wasser und eignet sich optimal als behelfsmäßige Bar. Dazu passende Drinks gibt's in den nahe gelegenen Läden, z. B. im **Alambique**, **Big Ben**, **Siroc-**

ca und **Muí d'Aquí**. Alle vier Kneipen liegen in der Calle del Betis 54 und haben ab 21 Uhr geöffnet.

☆ Unterhaltung

Sevilla erwacht nachts mit Livemusik, experimentellem Theater und aufregendem Flamenco zum Leben.

Clubs

Clubs eröffnen und schließen hier in erstaunlichem Tempo, aber ein paar Läden können sich über die Jahre halten. Abends geht's erst spät los, etwa ab 2 oder 3 Uhr. Dann ist schickere Kleidung angesagt (keine Sportklamotten), weil die Türsteher der Clubs ihre Gäste um einiges pingeliger auswählen.

Bestiario NACHTCLUB
(www.bestiario.net; Calle Zaragoza 33; Eintritt unterschiedlich; ⏲Do–Sa 23 Uhr bis spät) In dem sich drehenden Karussell der Clubs gehört das Bestiario zu den abgefahrensten Läden. Die Café-Bar ist bis Sonnenaufgang geöffnet und spielt vorwiegend Retro-Sound aus den 1980er-Jahren. Sie liegt neben der Plaza Nueva.

Boss NACHTCLUB
(Calle del Betis 67; Eintritt frei mit Flyer; ⏲Di–So 20–7 Uhr) Wer an den beiden ruppigen Rausschmeißern vorbeikommt, kann hier super zu gemischter Musik feiern. Im Vergleich zu den anderen Läden in Triana ist dieser Club relativ versnobt. Die Musik wechselt ständig.

Livemusik

Sevilla bietet die abwechslungsreichste Musikszene Andalusiens mit großen Namen aus Pop und Flamenco.

La Imperdible BAR
(☎954 38 82 19; www.imperdible.org; Plaza del Duque de la Victoria; Erw./Kind 12/5 €) Das Zentrum der experimentellen Kunstszene zeigt eine Menge zeitgenössischen Tanz, Theater und Flamenco, in der Regel ab 21 Uhr. Donnertags bis samstags ab ca. 23 Uhr werden in der Bar Konzerte veranstaltet.

Fun Club BAR
(Alameda de Hércules 86; Eintritt an Abenden mit Livemusik 3–6 €, an anderen Abenden gratis; ⏲Do–So 23.30 Uhr bis spät, Auftritte von Livebands ab 21.30 Uhr) Mit Funk-, Latino-, Hip-Hop- und Jazzbands auf der Bühne zieht der Fun Club ein alternatives Publikum an, das es an der Alameda de Hércules krachen lässt.

NICHT VERSÄUMEN

CASA DE LA MEMORIA DE AL-ANDALUS

Der **Flamenco-tablao** (Flamenco-Show; ☎954 56 06 70; Calle Ximénez de Enciso 28; Tickets 15 €; ⏲21 Uhr) in der Casa de la Memoria de Al-Andalus in Santa Cruz ist die wohl persönlichste und authentischste allabendliche Show der ganzen Stadt mit einem breiten Spektrum an Stilen. Es gibt nur 100 Plätze, deshalb sollte man sein Ticket im Voraus kaufen.

Flamenco

Soleares, der authentischste *cante jondo* (bewegender Gesang; ein Ausdrucksmittel für den Schmerz einer gesellschaftlichen Randgruppe), stammt aus Triana, wo man auch einige der besten Clubs findet. Nächtliche *tablaos* (Flamenco-Shows) werden in etwa sechs Locations in der Stadt gezeigt.

LP TIPP **La Carbonería** BAR
(Calle Levíes 18; ⏲ca. 20–4 Uhr) Tagsüber sieht dieser Laden eher aus wie eine Garage. Aber nach 20 Uhr wird der umfunktionierte Kohlenhof im Barrio de Santa Cruz zu einer guten Partylocation mit zwei großen Bars. Jede Nacht (23 & 24 Uhr) erlebt man hier kostenlose Flamenco-Shows.

Casa Anselma FLAMENCO-BAR
(Pagés de Corro 49; ⏲Mo–Sa Mitternacht bis spät) Wer sich an der fülligen Anselma (einer berühmten Flamenco-Tänzerin aus Triana) an der Tür vorbeigequetscht hat, merkt schnell: In diesem Schuppen ist alles möglich. Die Casa Anselma (ein Schild gibt's nicht, nur einen mit Kacheln geschmückten Torweg) ist das Gegenteil eines *tablao* für touristische Shows: Es herrscht dichtes Gedränge, dicker Zigarettenrauch wabert herum, es gibt keinen Verstärker, aber viele spontane Tänze. Die Bar liegt in Triana an der Ecke der Calle Alfarería, etwa 200 m westlich der Puente de Isabel.

Stierkämpfe

Ob der Stierkampf nun ein Sport für Mutige oder bloße Tierquälerei ist, steht immer wieder zur Debatte. Auf alle Fälle handelt es sich um einen wichtigen Bestandteil der spanischen Tradition. Die Stierkämpfe in Sevillas alter, eleganter **Plaza de Toros de la Real Maestranza** (Paseo de Cristóbal Colón

12; www.realmaestranza.com) mit 14 000 Plätze zählen zu den größten in Spanien und das hiesige Publikum gilt als überaus fachkundig, anspruchsvoll und kritisch. Die Saison läuft von Ostersonntag bis Anfang Oktober. In dieser Zeit finden jeden Sonntag Kämpfe statt, normalerweise um 19 Uhr, außerdem an allen Tagen der Feria de Abril und in der Woche davor.

Vom Saisonstart bis Ende Juni/Anfang Juli treten fast immer gestandene Matadore an. Sitzplätze kosten 32,50 bis 110 €. Wer keine Dauerkarte hat, kann froh sein, überhaupt noch billige *sol*-Sitzplätze zu ergattern, auf die zu Veranstaltungsbeginn die Sonne knallt. Den Rest der Saison werden vorwiegend *novilleras* (Kämpfe mit Jungstieren und Nachwuchsmatadoren) abgehalten, zum Ticketpreis von 5 bis 30 €. Die Eintrittskarten bekommt man im Vorverkauf bei **Empresa Pagés** (☎954 50 13 82; Calle de Adriano 37) und an den Kampftagen ab 16.30 Uhr in der Arena.

Weitere Informationen zum Stierkampf siehe S. 912.

Shoppen

Die Kunsthandwerksläden im Barrio de Santa Cruz haben natürlich die Touristen im Visier, bieten aber durchaus auch attraktive Keramik, Kacheln und Poster an.

Schuhfans sollten auf sich aufpassen: Sevilla wartet mit der größte Dichte an Schuhgeschäften des Planeten auf, besonders im Zentrum rund um die Calles Sierpes, de la Cuna, Velázquez und Tetuán. Handgearbeitete Flamenco-Gitarren findet man ein paar Straßenzüge weiter nördlich der Plaza de la Encarnación. Etwas weiter westlich an Plaza de la Magdalena und Plaza del Duque de la Victoria besetzt das Kaufhaus **El Corte Inglés** ganze vier Gebäude. In Triana, der traditionellen **Hochburg der Fliesen- und Kachelproduktion**, verkaufen rund um die Calle Alfarería und Calle Antillano Campos ein Dutzend Geschäfte und Werkstätten kunstvolle Keramikwaren.

LTC KARTEN
(Avenida Menéndez Pelayo 46; ⌚Sa geschl.) Andalusiens bestes Geschäft für Karten; praktisch, wenn man eine Reise durch die Region plant. Liegt von der Plaza San Sebastián aus 600 m weiter nordöstlich an der Avenida Menéndez Pelayo entlang.

Mercadillo FLOHMARKT
(Calle Feria; ⌚Do) Ein toller Flohmarkt in der Nähe der Alameda de Hércules.

Praktische Informationen

Geld

Im Zentrum gibt's jede Menge Banken und Geldautomaten. Letztere findet man darüber hinaus auch am Bahnhof Santa Justa, am Flughafen und an beiden Busbahnhöfen.

Infos im Internet

Ciber Alcázar (Calle San Fernando 35; ⌚Mo–Fr 10–23, Sa & So 12–23 Uhr) Günstige Telefongespräche ins Ausland und Internetzugang.

Internetia (Avenida Menéndez Pelayo 45; 2 € pro Std.; ⌚10–23 Uhr)

Medien

El Giraldillo Kostenloses andalusienweites Veranstaltungsmagazin mit Schwerpunkt auf Sevilla; in den Touristeninformationen und in einigen Hotels erhältlich.

Tourist Gratismagazin für Touristen mit nützlichen Informationen.

Welcome & Olé Ein weiteres kostenloses Magazin mit Touristeninformationen und Veranstaltungstipps.

Medizinische Versorgung

Centro de Salud El Porvenir (☎954 71 23 23; Ecke Avenidas Menéndez y Pelayo & de Cádiz) Öffentliches Krankenhaus mit Notaufnahme.

Hospital Virgen del Rocío (☎955 01 20 00; Avenida de Manuel Siurot) Das größte allgemeinmedizinische Krankenhaus der Stadt liegt 1 km südlich vom Parque de María Luisa.

Notfall

Krankenwagen (☎061)

Notdienst (☎112)

Policía Local (☎092)

Policía Nacional (☎091)

Post

Postamt (Avenida de la Constitución 32)

Telefon

Ciber Alcázar (Calle San Fernando 35; ⌚Mo–Fr 10–23, Sa & So 12–23 Uhr) Günstige internationale Telefongespräche.

Touristeninformation

Regionale Touristeninformationen Avenida de la Constitución 21 (⌚Mo–Fr 9–19, Sa 10–14 & 15–19, So 10–14 Uhr, an Feiertagen geschl.); Estación Santa Justa (⌚Mo–Fr 9–20, Sa & So 10–14 Uhr, an Feiertagen geschl.).

Turismo Sevilla (www.turismosevilla.org; Plaza del Triunfo 1; ⌚ Mo–Fr 10.30–19 Uhr)

Websites

Discover Sevilla (www.discoversevilla.com) Eine hervorragende englischsprachige Seite.

Sevilla Tourism (http://www.turismo.sevilla.org) Mehrsprachige offizielle Seite der städtischen Touristeninformation.

An- & Weiterreise

Bus

Von der **Estación de Autobuses Prado de San Sebastián** (Plaza San Sebastián) starten täglich mindestens zwölf Busse nach Cádiz (11,50 €, 1¾ Std.), Córdoba (10 €, 2 Std.), Granada (19 €, 3½ Std.), Jerez de la Frontera (8 €, 1¼ Std.), Ronda (11 €, 2½ Std., mind. 5-mal tgl.) und Málaga (15,75 €, 2¾ Std.). Außerdem geht's von dort in weitere Orte und Städte der Provinz Cádiz, in den Osten der Provinz Sevilla und zu Zielen an der Mittelmeerküste von der Costa del Sol bis nach Barcelona.

Von der **Estación de Autobuses Plaza de Armas** (Avenida del Cristo de la Expiración) gibt's Verbindungen nach Madrid (18,65 €, 6 Std., 14-mal tgl.), El Rocío (5,10 €, 1½ Std., 3–5-mal tgl.), Aracena (5,67 €, 1¼ Std., 2-mal tgl.) und in weitere Orten der Provinz Huelva, nach Mérida (13 €, 3 Std., 12-mal tgl.), Cáceres (15 €, 4 Std., 6-mal tgl.), in den Nordwesten Spaniens sowie nach Portugal. **ALSA** (www.alsa.es) bietet täglich zwei Verbindungen nach Lissabon (35 €, 7 Std. tgl.), eine über Badajoz und Évora, eine weitere (über Nacht) via Faro. **Casal** (www.autocarescasal.com) und **Damas** (www.damas-sa.es) steuern ebenfalls Lissabon sowie Lagos an. **Eurolines** (www.eurolines.es) verkehrt z. B. nach Deutschland.

Flugzeug

Am Flughafen **Aeropuerto San Pablo** (⏲24 Std.) gibt's zahlreiche internationale und innerspanische Verbindungen. **Iberia** (www.iberia.com) fliegt direkt nach Barcelona, Madrid und zu einem halben Dutzend weiterer spanischer Städte. **Spanair** (www.spanair.com) steuert Madrid und Barcelona an. **Air Europa** (www.air-europa.com) und **Vueling** (www.vueling.com) haben ebenfalls Flüge nach Barcelona im Programm. **Air Berlin** (www.airberlin.com) startet von mehreren deutschen, Schweizer und österreichischen Flughäfen nach Sevilla. Fluggesellschaften und -pläne ändern sich häufig, sodass man sich vor seiner Abreise am besten bei der jeweiligen Airline oder in größeren Online-Reisebüros informiert.

Zug

Die moderne und effiziente **Estación de Santa Justa** (Avenida Kansas City) liegt 1,5 km nordöstlich des Zentrums, wo man ein **Renfe-Ticketbüro** (Calle Zaragoza 29) findet.

Täglich rasen mindestens 20 schnelle AVEs mit 280 Stundenkilometer als Spitzentempo nach Madrid und zurück (80,70 €, 2½ Std.). Wer mit Altaria-Zügen reist, kommt zwar etwas langsamer voran, muss dafür aber weniger tief in die Tasche greifen (63,30 €, 3½ Std.). Zu den weiteren Zielen zählen Barcelona (61–88 €, 10½–13 Std., 3-mal tgl.; mit dem AVE 130 €, 6½ Std., 1-mal tgl.), Cádiz (12,75 €, 1¾ Std., 13-ml tgl.), Córdoba (16–32 €, 40 Min. bis 1½ Std., mind. 21-mal tgl.), Granada (24 €, 3 Std., 4-mal tgl.), Huelva (9,65 €, 1½ Std., 3-mal tgl.), Jerez de la Frontera (8,80 €, 1¼ Std., 9-mal tgl.), Málaga (19,10–36,40 €, 2–2½ Std., 5-mal tgl.) und Mérida (14 €, 5 Std., 1-mal tgl.).

Unterwegs vor Ort

Auto & Motorrad

Hotels mit Parkgelegenheiten verlangen normalerweise 12 bis 18 € pro Tag für diesen Service. Das ist nicht unbedingt billiger als in den städtischen Parkhäusern, aber dafür weiß man sein Auto wenigstens in der Nähe. **Parking Paseo de Colón** (Ecke Paseo de Cristóbal Colón & Calle Adriano; 1–10 Std. je 1,20 €, 10–24 Std. 13,50 €) ist eine relativ preiswerte Tiefgarage.

Bus

Die Busse C1, C2, C3 und C4 von **Tussam** (www.tussam.es), der städtische Verkehrsbetrieb von Sevilla, verbinden die wichtigsten Haltestellen und Bahnhöfe mit dem Zentrum. Linie C1 startet vor dem Bahnhof Santa Justa und verkehrt dann im Uhrzeigersinn über die Avenida de Carlos V (nahe am Busbahnhof Prado de San Sebastián und dem Barrio de Santa Cruz), die Avenida de María Luisa, Triana, die Isla Mágica und die Calle de Resolana. Linie C2 startet vor dem Busbahnhof Santa Justa in Richtung Westen und fährt die gleiche Strecke in die entgegengesetzte Richtung. Bus 32 fährt vom Busbahnhof Santa Justa zur Plaza de la Encarnación in El Centro und wieder zurück.

Bus C3 verkehrt im Uhrzeigersinn von der Puerta Carmona (nahe dem Busbahnhof Prado de San Sebastián und dem Barrio de Santa Cruz) zur Puerta La Carne und zum Puerto Jerez. Linie C4 bedient fast die gleiche Strecke in entgegengesetzter Richtung, fährt aber vom Busbahnhof Plaza de Armas südwärts über die Calle de Arjona und den Paseo de Cristóbal Colón statt nach Triana über den Fluss. Ein Einzelfahrschein kostet 1,20 €.

Fahrrad

SeVici (☎902 01 10 32; www.sevici.es; ⏲7–21 Uhr) ist eine tolle nachhaltige Idee der Stadtbehörde: Es handelt sich um ein Netzwerk für Mietfahrräder mit etwa 200 vollautomatischen Stationen zum Leihen und Abgeben, die sich über die ganze Stadt verteilen. Alle Stationen werden in einem handlichen Taschenfaltplan aufgelistet. Eine einwöchige Mitgliedschaft kostet 5 €. Die ersten 30 Minuten sind gratis, für die nächste Stunde zahlt man 1 € und für die zweite sowie alle folgenden Stunden je 2 €. Alternativ

SEVILLA SETZT AUF GRÜN

Wo einst ärgerliche Autofahrer hupten, erstreckt sich nun das Reich der Fahrräder, Fußgänger und der geräuschlosen Straßenbahn. Willkommen im neuen Sevilla, einer sauberen, grüneren Metropole, in der es sich besser atmen lässt und die dem organisierten urbanen Chaos, das man aus so vielen mediterranen Städten kennt, *Adiós* gesagt hat. Seit 2006 führte Sevilla zahlreiche umweltverbessernde Maßnahmen ein, darunter eine elektrische Straßenbahn, ein stadtweites Mietradsystem sowie eine neue Metrolinie (geplant sind drei weitere). Darüber hinaus wurden mehrere große Straßen im Zentrum für den Autoverkehr gesperrt. Das Ergebnis erinnert mehr an Amsterdam als an Andalusien, aber das ist kein Grund zur Klage. Der Lärmpegel ist gesunken, die Umweltverschmutzung reduziert, bedeutende historische Gebäude wie die Kathedrale wurden vom Ruß befreit und die Menschen nutzen statt ihrer Autos die öffentlichen Verkehrsmittel sowie – noch besser – Fahrräder. Am besten lässt man seinen Wagen am Stadtrand stehen und folgt ihrem Beispiel.

kann man 10 € für eine Jahresmitgliedschaft entrichten: Die Formulare dafür bekommt man bei der Touristeninformation oder online. In diesem Fall kostet die erste Stunde 0,50 € und alle weiteren Stunden 1 €. In den Büros der Touristeninformation gibt's übersichtliche Karten mit Fahrradwegen.

Das SeVici-Fahrradnetz ist eine Idee, deren Vorbild alle spanischen Städte folgen sollten, denn man bewegt sich ruhiger, sauberer und sehr viel stilvoller durch die Gegend als zwischen den Auspuffgasen des Verkehrs. Einziger Nachteil: die Kaution von 150 €, unabhängig davon, ob man das Fahrrad für kurze oder lange Zeit ausleiht.

Vom/Zum Flughafen

Der Flughafen liegt 7 km östlich vom Zentrum an der A4 nach Córdoba. **Los Amarillos** (www.losamarillos.es) bietet Busverbindungen zwischen dem Flughafen und der Avenida del Cid in der Nähe des Busbahnhofs San Sebastián (2,20–2,50 €, alle 15 und 45 Minuten nach der vollen Stunde, 5.45–0.45 Uhr; So weniger häufig). Ein Taxi kostet ca. 20 €.

Metro

Sevillas lang erwartete **Metro** (www.sevilla21.com/metro, auf Spanisch), die bereits seit den 1970er-Jahren geplant ist, eröffnete im April 2009. Linie 1 (drei weitere sind in Planung) fährt von Westen nach Süden, und zwar von der Ciudad Expo bis Olivar de Quinto (im Vorort Dos Hermanas). Auf der 18 km langen Strecke liegen 22 Haltestellen. Tickets kosten 1,30/1,55/1,75 € für die Zonen 1/2/3. Für eine Tageskarte zahlt man 4,50 €.

Straßenbahn

Tranvia (www.tussam.es, auf Spanisch), Sevillas schicke, umweltfreundliche Straßenbahnverbindung, wurde 2007 von Tussam eingerichtet. Bisher gibt's nur zwei Strecken, aber in den nächsten fünf Jahren sollen etliche neue entstehen. Die T1 und T4 fahren von der Plaza Nueva (in der Nähe des *ayuntamiento)* und entlang der Avenida de la Constitución zum Archivo de Indias sowie zur Puerta de Jerez, dann über die San Fernando zum Busbahnhof bei Prado de San Sebastian (insgesamt 1,4 km) und wieder zurück. Einzelfahrten kosten 1,20 €. An vielen Zeitungsständen und in Tabakläden kann man auch einen *Bono* (Sammelfahrschein für fünf Fahrten à 5 €) kaufen.

Rund um Sevilla

Die Provinz Sevilla lädt zu Tagesausflügen ein. Itálica hat die interessantesten römischen Ruinen Andalusiens zu bieten, zudem locken in der sanft gewellten, fruchtbaren Ebene östlich von Sevilla faszinierende alte Orte wie Carmona und Osuna.

CARMONA

27 950 EW. / 250 M

Carmona ist seit dem Neolithikum kontinuierlich besiedelt und schon seit dem 8. Jh. v. Chr. befestigt. Es liegt 38 km östlich von Sevilla auf einem Hügel voller ehrwürdiger Paläste und eindrucksvoller Geschichtszeugnisse.

Sehenswertes

Die Touristeninformation in der **Puerta de Sevilla**, dem Haupttor zur Altstadt, verkauft Eintrittskarten (Erw./Stud. & Sen., 2/1 €) für die interessanten oberen Stockwerke der Torburg.

Am Ende der Straße, die an der Iglesia de Santa Maria vorbeiführt, befindet sich die **Puerta de Córdoba** (Calle Dolores Quintanilla), ein prachtvoll restauriertes Tor aus der Römerzeit. Es rahmt Sevillas fruchtbare Landschaft, die sich im Hintergrund wie ein wertvoller verblasster Teppich entfaltet.

Weiter südlich stößt man auf die nackten Ruinen des **Alcázar**, einer Almohadenfestung, die Pedro I. in einen Landsitz verwandelte. Die Anlage wurde durch zwei Erdbeben 1504 und 1755 schwer beschädigt. Heute erhebt sich auf dem Gelände ein luxuriöser *parador* (ein staatlich geführtes Luxushotel).

Iglesia Prioral de Santa María KIRCHE
(Calle Martín López de Córdoba; Eintritt 3 €; ⌚Mo–Fr 10–14 & 17–19, Sa bis 14 Uhr) Diese wunderbare Kirche wurde größtenteils im 15. und 16. Jh. errichtet, aber ihr **Patio de los Naranjos** war ursprünglich der Innenhof einer Moschee; in eine der Säulen ist ein westgotischer Kalender geschnitzt. Besonders schön sind die beiden Bibeleinbände mit Intarsien und einer Prägung von ca. 1400.

GRATIS **Römische Nekropole** RÖMISCHE RUINEN
(Avenida de Jorge Bonsor; ⌚15. Juni–14. Sept. Di–Sa 9–14, Di–Fr bis 17 Uhr, Juli–Aug. in den Ferien geschl.) Etwas mehr als 1 km südwestlich der Puerta de Sevilla erstreckt sich Carmonas beeindruckende römische Nekropole. In einige der aus dem Fels gehauenen Familiengräber kann man sogar hineinschauen.

GRATIS **Ayuntamiento** RATHAUS
(Calle El Salvador; ⌚Mo–Fr 8–15 Uhr) Das Rathaus beeindruckt mit einem großen, wunderschönen römischen Mosaik der Gorgone Medusa.

Museo de la Ciudad MUSEUM
(Stadtmuseum; Calle San Ildefonso 1; Eintritt 3 €, Di frei; ⌚Di–So 11–19, Mo 11–14 Uhr) Gleich hinter der Iglesia Prioral de Santa María liefert dieses Museum einen kleinen geschichtlichen Abriss; die Exponate werden hier in chronologischer Abfolge präsentiert.

Schlafen & Essen

LP TIPP **Posada San Fernando** HOTEL €€
(☎954 14 14 08; www.posadasanfernando.com; Plaza de San Fernando 6; EZ/DZ/3-BZ 60/65/100 €; ❄📶) Die kürzlich eröffnete *posada* (ländliches Gästehaus) wurde mit Sinn für historische Details liebevoll eingerichtet und ist sehr preisgünstig. Ihre 18 hübsch möblierten Zimmer verströmen jede Menge Atmosphäre. Für Spanien untypisch: Hier gibt's Kaffee und Kuchen.

Parador Alcázar del Rey Don Pedro HISTORISCHES HOTEL €€€
(☎954 14 10 10; www.parador.es; Zi. 160–171 €; P❄@📶🏊) Carmonas luxuriös ausgestatteter *parador* wirkt durch die Ruinen des Alcázars auf dem Gelände sogar noch prunkvoller. Das elegante Hotelrestaurant (Gerichte 18–25 €) wartet mit gehobener andalusischer Küche auf.

Casa de Carmona HOTEL €€€
(☎954 19 10 00; www.casadecarmona.com; Plaza de Lasso 1; EZ/DZ/Suite mit Frühstück 155/160/225 €; P❄📶🏊) Dieses erstklassige Hotel ist in einem wunderschönen Palast aus dem 16. Jh. untergebracht und zeichnet sich durch eine Art aristokratisches Flair aus. Das elegante Restaurant (Gerichte 18–25 €, Menü 24–48 €) serviert Haute Cuisine mit andalusischen Akzenten.

Hospedería Palacio Marques de las Torres HOTEL, HOSTEL €
(☎954 19 62 48; www.hospederiamarquesdelastorres.com; Calle Fermin Molpeceres 2; B/EZ/DZ mit Frühstück 20/40/50 €; ❄📶🏊) Eine hübsche Mischung aus modernem Komfort und Charme des 18. Jhs. Neben zwei Apartments für vier Personen verfügt der umgebaute Palast über komfortable Zimmer mit eleganten Betten und einen sonnigen Garten mit einem herrlichen türkisfarbenen Pool.

NICHT VERSÄUMEN

ITÁLICA

Im Vorort Santiponce 8 km nordwestlich von Sevilla liegt **Itálica** (Erw./EU-Bürger 1,50 €/frei; ⌚April–Sept. Di–Sa 8.30–20.30, So 9–15 Uhr), Spaniens erste römische Siedlung. Sie entstand 206 v. Chr. und war auch der Geburtsort der römischen Kaiser Trajan und Hadrian, die im 2. Jh. regierten. Zu der teilweise rekonstruierten Ruinenstätte gehören ein großes römisches Amphitheater, breite gepflasterte Straßen, die Überreste mehrerer Häuser mit prachtvollen Mosaiken und ein Theater.

Busse fahren Montag bis Freitag von 6,35 bis 23 Uhr mindestens zweimal stündlich von Sevillas Busbahnhof Plaza de Armas nach Santiponce (1,30 €, 40 Min.). An Wochenenden verkehren sie etwas seltener. Sie halten direkt vor dem Eingang der Siedlung.

Für eine so kleine Stadt wartet Carmona mit zahlreichen guten Tapas-Bars auf. In der Touristeninformation bekommt man sogar eine „Tapas-Tour"-Karte. Man beginnt mit der lässigen, gastfreundlichen **Bar Goya** (Calle Prim 2; Tapas/raciones 2/8 €) unweit der Plaza San Fernando. Hier wird sevillanische Qualität geboten, aber weniger Wind darum gemacht als in der andalusischen Hauptstadt. Von hier kann man sich zu ca. 20 weiteren Tapas-Läden aufmachen, wenn der Magen mitspielt.

Praktische Informationen

Touristeninformation (www.turismo.carmona.org; Mo–Sa 10–15 & 16.30–18.00, So & Fei 10–15 Uhr) Liegt in der Puerta de Sevilla, dem Haupttor der Altstadt.

An- & Weiterreise

Die Busse nach Carmona starten in Sevilla an der Avenida de Portugal unweit des Busbahnhofs Prado de San Sebastián (2,55 €, 45 Min., Mo–Fr 20-mal tgl., Sa 10-mal, So 7-mal) und halten am Paseo del Estatuto 300 m westlich des Altstadttors.

OSUNA

18 000 EW. / 330 M

Osuna liegt 91 km von Sevilla entfernt direkt an der A92 nach Granada. Mit seinen glänzend erhaltenen Barockvillen und einem eindrucksvollen Kloster aus der spanischen Renaissance ist dies das hübscheste Landstädtchen der Provinz Sevilla. Einige der imposantesten Bauten entstanden im Auftrag der Herzogfamilie Osuna, die seit dem 16. Jh. zu Spaniens reichsten Geschlechtern zählt.

Sehenswertes

Die wuchtigen Gebäude auf dem Hügel über dem Zentrum repräsentieren die Macht verschiedener Autoritäten der spanischen Vergangenheit. Sehenswerte Säulenreihen mit dem Wappen der Familie Cepeda zieren den **Palacio de los Cepeda** (Calle de la Huerta) hinter dem Rathaus und die **Cilla del Cabildo Colegial** (Calle San Pedro 16) beherbergt eine geschnitzte Nachbildung der Giralda von Sevilla.

Colegiata de Santa María de la Asunción KUNSTMUSEUM

(954 81 04 44; Plaza de la Encarnación; Eintritt nur im Rahmen einer Führung 2,50 €; Mai–Sept. Di–So 10–13.30 & 16–19 Uhr) In dem Kunstmuseum der Stiftskirche aus dem 16. Jh. kann man die reiche Sakralkunstsammlung der Herzöge von Osuna bestaunen, darunter mehrere Gemälde von José de Ribera. Außerdem befindet sich hier der **Sepulcro Ducal**, die Familiengruft der Osunas.

Monasterio de la Encarnación MUSEUM

(Eintritt 2 €; Mai–Sept. Di–So 10–13.30 & 16–19 Uhr) Gleich gegenüber der Stiftskirche liegt ein ehemaliges Kloster, in dem Osunas Museum für Sakralkunst untergebracht ist. Es zeigt wunderbaren Kachelschmuck und eine umfangreiche Sammlung barocker Werke. Ein Stück die Straße hinunter sieht man die faszinierenden spitzen, blau-weiß gekachelten Türme der **Antigua Universidad**, die auch aus einem düsteren Märchen stammen könnten.

Schlafen

Hotel Palacio Marqués de la Gomera HISTORISCHES HOTEL €€

(954 81 22 23; www.hotelpalaciodelmarques.com; Calle San Pedro 20; EZ/DZ 94/115 €; P) Dieses reizvolle Luxushotel in einem der schönsten Barockpaläste der Stadt wartet mit geräumigen Zimmern auf. Zu dem Gebäude gehören außerdem eine reich verzierte Privatkapelle, eine gut sortierte Bibliothek und ein Billardzimmer.

Hostal Esmeralda HOTEL €

(955 82 10 73; Calle Tesorero 7; EZ/DZ 32/58 €; P) Das gepflegte, zentral gelegene, familiengeführte Esmeralda mit Bar und Innenhof erfüllt alle Standards einer Budgetunterkunft und bietet noch einiges mehr, z. B. eine heitere Atmosphäre.

Praktische Informationen

Oficina Municipal de Turismo (Calle Carnera 82; Di–Sa 9.30–13.30 & 16–18, So 9.30–13.30 Uhr) Hier bekommt man alle wichtigen Infos über die Stadt und einige hilfreiche Broschüren.

An- & Weiterreise

Der **Busbahnhof** (Avenida de la Constitución) liegt 500 m südöstlich der Plaza Mayor. Von hier bestehen täglich bis zu elf Verbindungen nach Sevilla (Prado de San Sebastián, 6,65 €, 1½ Std.). 1 km südwestlich vom Zentrum befindet sich der **Bahnhof** (Avenida de la Estación). Dort starten täglich sechs Züge nach Sevilla (8,80 €, 1 Std.).

PROVINZ HUELVA

Für Durchreisende ist die Provinz Huelva nur eine Etappe auf dem Weg nach Portugal. Wer hier jedoch etwas verweilt, entdeckt den besten andalusischen Schinken, den ausdrucksvollsten Fandango sowie Spaniens größte und überschwänglichste *romería*. Eine britische Bergbaugeschichte, Erinnerungen an Christoph Kolumbus und einer der schönsten Nationalparks des Landes machen die Gegend zu einem tollen Reiseziel jenseits der andalusischen Klischees.

Huelva

148 000 EW.

Einen Schönheitswettbewerb wird das mit Fabriken verschandelte Huelva wohl nicht gewinnen, dessen historisches Erbe bei dem Lissaboner Erdbeben von 1755 in Stücke zerfiel (und nicht wiederaufgebaut wurde). Durchreisende finden hier einige Hotels und einige einfache, aber prägnante Erinnerungen an Kolumbus, der seine ersten Entdeckungsfahrten von hier aus begann. Alternativ kann man die Sehenswürdigkeiten der Provinz Huelva auch in Tagesausflügen von Sevilla oder der vornehmeren Kleinstadt Aracena (S. 738) 100 km nördlich erkunden.

Sehenswertes

Es gibt in der Stadt nur ein Museum.

GRATIS **Museo Provincial** MUSEUM

(Alameda Sundheim 13; Di 14.30–20, Mi–Sa & So 9–20 Uhr) Präsentiert Kunstobjekte und Artefakte von archäologischen Fundstätten.

Schlafen & Essen

NH Luz Huelva HOTEL €€€

(959 25 00 11; www.nh-hotels.com; Alameda Sundheim 26; EZ/DZ 140/156 €; P ❄ @ WLAN) Für seine vier Sterne ist das Hotel zwar ein wenig funktional, aber trotzdem die beste Unterkunft in Huelva. Es hat einfache große Zimmer mit Blick über Apartmentblocks. Versteckte Extras gibt's nicht, außerdem kann man nur 30 Minuten umsonst surfen (über WLAN). In der Nebensaison sinken die Preise erheblich.

Albergue Juvenil de Huelva HOSTEL €

(959 65 00 10; www.inturjoven.com; Avenida Marchena Colombo 14; inkl. Frühstück pro Pers. 20–25 €; ❄ @) Die schnörkellosen Zimmer dieser guten, modernen und rollstuhlgerecht ausgestatteten Jugendherberge warten alle mit einem eigenen Bad auf. Das Hostel liegt 2 km nördlich vom Busbahnhof. Die Linie 6 fährt von dort zu einer Haltestelle in der Calle JS Elcano gleich um die Ecke des Hostels.

Hotel Los Condes HOTEL €€

(959 28 24 00; Alameda Sundheim 14; EZ/DZ mit Frühstück 59/71 €; P ❄ @ WLAN) Geräumige, helle und moderne Zimmer mit orangefarbenen Bädern, eine stylishe Rezeption, kostenloses Internet und Frühstück sorgen für ein gutes Preis-Leistungs-Verhältnis.

Mesón El Pozo TAPAS €€

(Calle Alonso Sánchez 14; Tapas 2,50 €, raciones ab 12 €; So & Aug. geschl.) Eine bei den Stadtbewohnern beliebte Bar in einer Nebenstraße. Auf der Speisekarte stehen vorwiegend Fischgerichte, so wie es sich für eine Stadt am Meer gehört.

Trattoria Fuentevieja ITALIENISCH €

(Avenida Martín Alonso Pinzón; Gerichte 6–11 €; So abends geschl.) Ein tolles italienisches Lokal mit Charakter ganz in der Nähe des Hauptplatzes. Hier gibt's leckere Salate, Pizza, Pasta und Fleischgerichte.

Praktische Informationen

Regionale Touristeninformation (Plaza Alcalde Coto Mora 2; Mo–Fr 9–19.30, Sa & So 10–14 Uhr) Außergewöhnlich gut. Sehr hilfsbereite Angestellte.

An- & Weiterreise

Am **Busbahnhof** (959 25 69 00) starten täglich mindestens 18 **Damas-Busse** (www.damassa.es) nach Sevilla (7,14 €, 1¼ Std.) und vier nach Madrid (21,80 €, 7 Std.). Zwei Busse verkehren jeden Tag (Okt.–Mai nur Mo–Fr, nicht an Feiertagen) via Faro und Albufeira nach Lagos (13–14 €, 4 Std.) in Portugal. Vom **Bahnhof** (902 24 02 02) bestehen jeden Tag drei Verbindungen nach Sevilla (9,65 €, 1½ Std.).

Lugares Colombinos

Als Lugares Colombinos (Kolumbus-Stätten) werden die drei Ortschaften La Rábida, Palos de la Frontera und Moguer bezeichnet. Sie liegen am Ostufer der Mündung des Río Tinto östlich von Huelva und spielten eine entscheidende Rolle bei der Entdeckung Amerikas. Am besten kommt man im Rahmen eines Tagesausflugs von Huelva, der Doñana-Region oder der nahen Küste hierher.

LA RÁBIDA

600 EW.

La Rabidas wichtigste Sehenswürdigkeit ist das **Monasterio de La Rábida** (Eintritt 3 €; Di–So 10–13 & 16–19 Uhr) aus dem 14. Jh.

Kolumbus stattete dem Kloster vor seiner großen Entdeckungsreise mehrere Besuche ab. Am Flussufer unterhalb des Gebäudes befindet sich die **Muelle de las Carabelas** (Mole der drei Karavellen; Eintritt 3,30 €; ⌚Juni–Sept. Di–Fr 10–14 & 17–21, Sa, So & Feiertage 11–20 Uhr). Hier können Nachbauten der drei Schiffe von Kolumbus' bescheidener Flotte besichtigt werden, die allerdings mit ziemlich albernen Puppen bemannt sind.

PALOS DE LA FRONTERA

8500 EW.

Rabidas Nachbarort wartet mit dem **Casa Museo Martín Alonso Pinzón** (Calle Colón 24; Eintritt frei; ⌚Di–Sa 10–14 Uhr) auf, dem früheren Heim des Kapitäns der *Pinta*. In derselben Straße befindet sich die **Iglesia de San Jorge** aus dem 15. Jh., wo Kolumbus und seine Männer vor ihrer großen Fahrt die Kommunion empfingen.

Wer in Palos de la Frontera übernachten möchte, sollte das **Hotel La Pinta** (☎959 53 05 11; Calle Rábida 79; EZ/DZ 41/67 €; P❄) ansteuern. Es hat eine große Bar, ein Restaurant mit Modellen der Schiffe von Kolumbus sowie angenehm geräumige und saubere Zimmer. Abends kann man im höhlenartigen, stimmungsvollen **El Bodegón** (Calle Rábida 46; Gerichte 10–23 €; ⌚Di geschl.) einkehren, das Fisch- und Fleischgerichte vom Holzkohlegrill serviert.

MOGUER

16 300 EW.

Viele Männer der Mannschaft von Kolumbus kamen aus dem verschlafenen Moguer. Im **Monasterio de Santa Clara** (☎959 37 01 07; Plaza de las Monjas; Führungen 3 €; ⌚Mo–Fr 11–14 & 17–19 Uhr) aus dem 14. Jh. durchwachte Kolumbus nach der Rückkehr von seiner ersten Reise im März 1493 betend die Nacht.

Die Mesón El Lobito (Calle Rábida 31; raciones 5–12 €; ⌚Mi geschl.) hat Charakter und bietet gute ländliche Küche.

Ein paar Ecken südlich der zentral gelegenen Plaza del Cabildo stößt man auf die empfehlenswerte **Touristeninformation** (Calle Castillo; ⌚Mo–Sa 10–14 & 17–19, So, Mo & Fei 10–15 Uhr), die in Moguers **Castillo** untergebracht ist. Die Festung verfügt über schmucklose Mauern und geht noch auf die Almohadenzeit zurück. Im 14. Jh. wurde sie erweitert.

ℹ An- & Weiterreise

Täglich fahren mindestens zehn Busse von Huelva nach La Rábida (1,31 €, 15 Min.). Die Hälfte davon steuert Palos de la Frontera (1,31 €, 20 Min.) und Moguer (1,31 €, 30 Min.) an. Alle anderen verkehren nach Mazagón.

Parque Nacional de Doñana

Der 1969 gegründete Doñana-Nationalpark ist Spaniens berühmtestes und in vieler Hinsicht bedeutendstes Tier- und Naturschutzgebiet sowie eines der letzten großen Feuchtgebiete Europas. Er erstreckt sich auf einer Fläche von 542 km² vom Südosten der Provinz Huelva bis in die angrenzende Provinz Sevilla und wurde von der Unesco zum Welterbe erklärt. Der Park dient als lebenswichtiges Rückzugsgebiet für gefährdete Tierarten, besteht aus einer einzigartigen Kombination von Ökosystemen und ist zugleich ein Ort unvergesslicher Schönheit, der den Weg hierher allemal lohnt. Betreten darf man ihn nur im Rahmen geführter Touren: Diese starten am Centro de Visitantes El Acebuche, in El Rocío oder in Sanlúcar de Barrameda (S. 748).

Etwa die Hälfte der Parkfläche besteht aus *marismas*, dem morastigen Marschland des Guadalquivir-Deltas, Europas größtes Sumpfgebiet. Von Juli bis Oktober liegt diese Gegend fast trocken und füllt sich erst im Herbst mit Wasser. Dann zieht sie Hunderttausende von Wasservögeln aus dem Norden an, die hier überwintern. Wenn das Wasser im Frühjahr zurückgeht, kommen andere Vögel wie Flamingos, Löffler und Störche. Viele von ihnen brüten hier. Zum Park gehört auch ein 28 km langes Stück Atlantikstrand. Zwischen ihm und den *marismas* befinden sich ein bis zu 5 km breiter Dünenstreifen sowie 144 km² *coto* (Wald und Gebüsch). Dort tummeln sich zahlreiche Säugetiere, u. a. Hirsche, Wildpferde und Wildschweine.

Rund um den Park erstrecken sich vier separate geschützte Zonen, die ebenfalls Bestandteil des Schutzgebiets sind.

EL ROCÍO

1200 EW.

Dieses Dorf schmiegt sich an die *marismas* in der Nordwestecke des Nationalparks. Seine sandigen Straßen tragen ebenso viele Huf- wie Reifenspuren und sind von meist leer stehenden Gebäuden mit großen Veranden gesäumt. Doch es handelt sich keineswegs um eine Geisterstadt: Ein Großteil der Häuser gehört den rund 90 *hermandades* (Bruderschaften), deren Anhänger alljährlich zu der außergewöhnlichen

ROMERÍA DEL ROCÍO

Jedes Jahr zu Pfingsten (am siebten Wochenende nach Ostern) wird El Rocío von bis zu einer Million feierlustiger Pilger aus ganz Spanien bevölkert, die sich hier zur **Romería del Rocío** (Wallfahrt von El Rocío) versammeln. Das Fest wird zu Ehren der kleinen Marienfigur Nuestra Señora del Rocío veranstaltet. Ein Jäger aus Almonte soll diese im 13. Jh. in einem Baum gefunden und mitgenommen haben. Als er jedoch auf dem Heimweg eine Pause einlegte, kehrte die Figur auf wundersame Weise zu ihrem Baum zurück. Es dauerte nicht lange, bis an dieser Stelle (im heutigen El Rocío) eine Kapelle erbaut wurde und die ersten Pilger herkamen.

Heute strömen alljährlich Anhänger von fast 100 *hermandades* (Bruderschaften) aus ganz Andalusien und darüber hinaus nach El Rocío: querfeldein zu Fuß, zu Pferd und in fröhlich bunten „Planwagen", die von Ochsen oder Pferden gezogen werden. Manche dieser Prozessionen bestehen aus Tausenden Männern und Frauen.

Als „ernst und getragen" kann man die urtypische andalusische Veranstaltung wirklich nicht bezeichnen, denn die „Pilger" werfen sich in farbenprächtige andalusische Trachten und singen, tanzen, trinken und flirten, was das Zeug hält.

Seinen ekstatischen Höhepunkt erreicht das Fest in den frühen Morgenstunden des Montags. Mitglieder der *hermandad* von Almonte, die eine Art Eigentumsanspruch auf die Marienfigur erhebt, stürmen die Kirche und schleppen die Statue auf einem Tragegestell hinaus. Nun folgen chaotische Szenen, weil auch andere um die Ehre rangeln, La Blanca Paloma herumtragen zu dürfen. Doch das tut der guten Laune keinen Abbruch. Die Marienfigur wird zu den Gebäuden jeder einzelnen Bruderschaften gebracht, bevor sie am Nachmittag wohlbehalten in die Ermita zurückkehrt.

Romería del Rocío im Ort herbeieilen. Sie kommen aber auch zu kleineren Ritualen an vielen anderen Wochenenden her und sorgen dabei stets für Partystimmung.

Sehenswertes & Aktivitäten

Wild und Pferde grasen in dem flachen Wasser vor dem Dorf und manchmal sieht man auch Flamingos durch die Luft fliegen. Die Brücke über den Fluss 1 km südlich vom Dorf auf der A 483 dient als guter Beobachtungspunkt.

Ermita del Rocío KIRCHE
(April–Sept. 8–22.30 Uhr, Okt.–März 8.30–20 Uhr) In dieser zentral gelegenen Wallfahrtskirche wird die hochverehrte Virgen del Rocío, eine kleine hölzerne Marienfigur mit einem langen, juwelenbesetzten Gewand, aufbewahrt. Jeden Tag kommen viele Gläubige hierher, um zu ihr zu beten.

Centro de Visitantes José Antonio Valverde BESUCHERZENTRUM
(671 564145; 10–19, April–Aug. bis 20 oder 21 Uhr) Verschiedene Unternehmen bieten Führungen durch das nördliche Gebiet des Nationalparks zum abgelegenen Besucherzentrum an. Dabei stehen die Chancen gut, Hirsche oder Wildschweine zu entdecken. Januar, April und Mai sind die besten Monate dafür.

Informationen zu empfehlenswerten Anbietern siehe S. 736.

Schlafen & Essen

Zur Zeit der Romería braucht man gar nicht erst versuchen, in Rocío noch irgendwo ein Zimmer zu finden.

Hotel & Restaurante Toruño HOTEL €€
(959 44 23 23; Plaza Acebuchal 22; EZ/DZ mit Frühstück 58/80 €; P ❄ @) Die attraktive Villa mit Blick auf die *marismas* hat insgesamt 30 gut ausgestattete Zimmer. Einige blicken auf die Sümpfe und so kann manch ein Gast Löfflern beim Frühstücken zusehen. Das Restaurant gegenüber (Gerichte 12–22 €) tischt großzügige Portionen traditioneller Speisen vom Land und von der Küste auf. Die stolze rote und wohlriechende *salmorejo*-Suppe ist wahrscheinlich die reichhaltigste und dickste Suppe in ganz Andalusien.

Camping La Aldea CAMPINGPLATZ €
(959 44 26 77; www.campinglaaldea.com; Carretera El Rocío km 25; Stellplatz pro Erw./Zelt/Auto 6,50/6,50/6,50 €, Hütte oder Bungalow für 4 oder 5 Pers. 100–180 €; P ❄ @ ≋) Der gut ausgestattete Campingplatz am Nordende des Dorfs wartet mit zahlreichen gemütlichen Hütten und Bungalows sowie 250 Stellplätzen auf.

Pensión Cristina HOTEL €
(☎959 44 24 13; Calle El Real 58; EZ/DZ 30/36 €) Gleich östlich der Ermita bietet diese Pension einigermaßen komfortable Zimmer für wenig Geld. Das hoteleigene Restaurant (Gerichte 5–15 €) serviert z. B. Paella, Wild und Meeresfrüchte.

Aires de Doñana ANDALUSISCH €€
(Avenida de la Canaliega 1; Gerichte 15–19 €; ⌚Mo geschl.) Verfügt über Panoramafenster mit Blick auf das Marschland, einen tollen Service und eine stilvolle Karte.

Praktische Informationen

Centro de Información La Rocina (⌚April–Aug. tgl. 9–15 & 16–19, 15. Juni–14. Sept. bis 20 oder 21, So bis 15 Uhr) Dieses Infozentrum 1 km südlich der Touristeninformation liegt an der A 483 und beantwortet Fragen zum Nationalpark. Von hier führen Wege zu getarnten Vogelbeobachtungsstellen.

Touristeninformation (www.turismodedonana.com; Avenida de la Canaliega; ⌚Mo–Fr 9.30–13.30 & 15–17 Uhr) An der Hauptstraße am westlichen Ortsende. Organisiert Ausflüge in den Park.

CENTRO DE VISITANTES EL ACEBUCHE

Zum Hauptbesucherzentrum des Nationalparks, **El Acebuche** (☎959 43 96 29; ⌚Mai–Sept. 8–21 Uhr, Okt.–April 8–19 Uhr), geht's von El Rocío 12 km auf der A483 nach Süden und dann 1,6 km nach Westen. Das Zentrum bietet eine interaktive Ausstellung über den Park, Wege zu getarnten Vogelbeobachtungsplätzen und zeigt einen Film über Pardelluchse aus der El-Acebuche-Aufzuchtstation (näher können Besucher den Tieren nicht kommen).

Parktouren

Wer von der Westseite ins Innere des Nationalparks vordringen möchte, kann dies nur im Rahmen von organisierten Touren tun. Die Ausflüge mit Geländefahrzeugen sind für Gruppen von bis zu 20 Personen ausgerichtet und starten vor dem El-Acebuche-Besucherzentrum. Sie müssen bei der **Cooperativa Marismas del Rocío** (☎959 43 04 32/51; www.donanavisitas.es; 4 Std. 26 € pro Pers.; ⌚Mitte Sept.–April Di–So 8.30 & 15 Uhr, Mai–Mitte Sept. Mo–Sa 8.30 & 17 Uhr) telefonisch gebucht werden. Im Frühling, Sommer, zu Ferienzeiten und rund um die Feiertage sollte man sich mindestens einen Monat im Voraus anmelden, ansonsten eine Woche vorher. Ins Reisegepäck gehören Trinkwasser (im Sommer), Insektenschutzmittel gegen die Mücken (außer im Winter) und nach Möglichkeit ein Fernglas. Viele Führer sprechen nur Spanisch. Zunächst geht's eine längere Strecke am Strand entlang, bevor man ins Landesinnere fährt. Die Wahrscheinlichkeit, Hirsche und Wildschweine zu sichten, ist groß, aber Vogelliebhaber sind manchmal enttäuscht, weil ihnen weniger geboten wird.

Darüber hinaus gibt's auch einige private Unternehmen mit spezialisiertem Tourenprogramm:

Discovering Doñana FACHKUNDIGE GUIDES
(☎959 44 24 66; www.discoveringdonana.com; Calle Águila Imperial 150, El Rocío; 6 Std. für 1–4 Pers. 120 €) Fachkundige englischsprachige Führer. Fast alle Ausflüge sind auf ein allgemeines Publikum zugeschnitten. Die Website zeugt vom Enthusiasmus und dem Engagement der Guides.

Doñana Nature FACHKUNDIGE GUIDES
(☎959 44 21 60; www.donana-nature.com; Calle Las Carretas 10, El Rocío; halbtägige Touren pro Pers. 25 €) Die spanisch-, englisch- und französischsprachigen Ausflüge (tgl. 8 & 18 Uhr, im Winter 15. 30 Uhr) sind für jeden geeignet, zudem können sich Vogelliebhaber über spezielle Angebote freuen.

Doñana Ecuestre REITAUSFLÜGE
(☎959 44 24 74; www.donanaecuestre.com; Avenida de la Canaliega; 1 Std./2 Std./halber Tag 20/30/40 €) Reitausflüge durch die Wälder westlich von El Rocío, die teilweise von Biologen begleitet werden.

MATALASCAÑAS & MAZAGÓN

Diese beiden Ferienresorts an dem langen Sandstrand, der sich vom Nationalpark nach Nordwesten erstreckt, bieten Übernachtungsalternativen zu El Rocío. Matalascañas ist ein trauriger Kontrast zur angrenzenden Wildnis. Mazagón, 28 km weiter die Küste hinauf, kommt weniger trist daher. An der **Cuesta de Maneli** zwischen den beiden Orten führt eine 1,2 km lange Holzpromenade von einem Parkplatz über 100 m hohe Dünen zwischen herrlichen Pinien und Wacholdersträuchern hindurch zum Strand.

Beide Orte haben große Campingplätze sowie einige Hotels:

Das **Hotel Albaida** (☎959 37 60 29; www.hotelalbaida.com; Carretera Huelva-Matalascañas, Mazagón; EZ/DZ mit Frühstück 55/75 €; P❄📶) punktet mit luftigen Zimmern und zuvorkommenden Angestellten. Es liegt in Strandnähe zwischen Pinien gleich neben der Schnellstraße. Rechtzeitig reservieren sollte man im **Hotel Doñana Blues** (☎959 44 98 17; www.donanablues.com; Sector I, Parcela 129, Matalascañas; Zi ab 65 €;), eine kleine, komfortable Bleibe in ansprechend rustikalem Stil mit hübschen Gärten.

Innen und außen passt sich der luxuriöse **Parador de Mazagón** (☎959 53 63 00; www.parador.es; Playa de Mazagón; Zi. 160–171 €;) 6 km östlich von Mazagóns Zentrum an die herrliche ländliche Umgebung an. Alle Zimmer haben Meerblick.

An- & Weiterreise

Zwischen Sevilla (Plaza de Armas) und Matalascañas (6,50 €, 1¾ Std.) pendeln täglich drei Busse mit Halt in El Rocío (6 €, 1½ Std.). Ein oder zwei Busse, die über die A483 zwischen Almonte und Matalascañas verkehren, halten ebenfalls in El Rocío und auf Wunsch auch an der Abzweigung zum Besucherzentrum El Acebuche.

In Huelva starten Busse nach Mazagón (2,10 €, 35 Min., bis zu 13-mal tgl.). Nur zwei davon fahren nach Matalascañas weiter (4,30 €, 50 Min.). Im Sommer werden manchmal zusätzliche Verbindungen angeboten. Wer mit dem Bus von Huelva nach El Rocío will, muss in Almonte umsteigen.

Minas de Riotinto

6200 EW. / 420 M

Gut versteckt am Rand der Berg- und Hügelregion in Huelvas Norden liegt eines der ältesten Bergbaureviere der Welt, eine gespenstische Landschaft, zerwühlt, vernarbt und doch irgendwie faszinierend. Hier buddelten Arbeiter schon vor 4000 Jahren nach Kupfer. Eisen wurde mindestens seit römischer Zeit abgebaut und im 19. Jh. verwandelte die britische Rio Tinto Company die Gegend in eines der weltweit größten Metallabbaugebiete. In dieser Gegend wurde so intensiv Bergbau betrieben, dass ein Großteil der Landschaft heute noch so aussieht, als sei man auf dem Mars und nicht auf der Erde. Ganze Dörfer wurden verlegt, Berge gesprengt und tiefe Löcher gegraben. Der Bergbau hatte große Auswirkungen auf die Umwelt. 2001 wurde die Arbeit jedoch eingestellt.

Minas de Riotinto ist das Zentrum der Region. Die Ortschaft liegt 68 km nordöstlich von Huelva.

Sehenswertes & Aktivitäten

Die Sehenswürdigkeiten der Gegend verwaltet der **Parque Minero de Riotinto** (☎959 59 00 25; www.parquemineroderiotinto.com) mit Hauptsitz im gut ausgeschilderten Museo Minero. Zur **Corta Atalaya** 1 km westlich von Minas de Riotinto bietet er leider keine Führungen an, Interessierte können aber auf eigene Faust einen Blick in die überwältigende Tagebauschlucht von 1,2 km Länge und 335 m Tiefe werfen. Am südwestlichen Ortseingang weist ein Schild den Weg.

Museo Minero MUSEUM
(Plaza Ernest Lluch; Erw./unter 13 J. 4/3 €; ⌚10.30–15 & 16–19 Uhr) Dieses fesselnde Museum war von 1873 bis 1954 das Krankenhaus der Riotinto-Gesellschaft und führt heute seine Besucher durch die einzigartige Geschichte der Riotinto-Region von Megalithgräbern über die Römerzeit und die britische Kolonialzeit bis zur Schließung der Kupfergruben 2001. Zu seinen Highlights gehören der 200 m lange Nachbau eines römischen Bergbaustollens und der Vagón del Maharajah, ein luxuriöser Eisenbahnwagen, in dem Alfonso XIII. die Minen besichtigte.

Ferrocarril Turístico-Minero TOURISTENZUG
(Erw./Kind 10/9 €) Auf ebenso bequeme wie lustige Weise kann man das Bergbaugebiet in restaurierten Waggons aus dem frühen 20. Jh. bei einer 22 km langen Fahrt (hin & zurück) durch die surreale Landschaft erkunden. Bei den Talleres Minas 2,5 km östlich von Minas de Riotinto geht's los. Die Abfahrtszeiten variieren (siehe Website); je nach Saison verkehren täglich ein bis zwei Züge (meist um 13 und 16.30 Uhr). Unbedingt vorher buchen.

Peña de Hierro MINEN
(Erw./Kind 8/7 €; ⌚12–13.30 & 17.30–19 Uhr) Eine andere Tour führt zu den alten Kupfer- und Schwefelgruben etwa 9 km von Minas de Riotinto, wo man die Quelle des Río Tinto, einen 85 m tiefen Tagebau und einen 200 m langen Untertagestollen besichtigen kann. Man sollte diesen Ausflug unbedingt im Voraus buchen. Die Abfahrtszeiten können variieren.

An- & Weiterreise

Täglich verkehren bis zu sechs Busse zwischen Huelva, Minas de Riotinto (5,50 €, 1½ Std.) und Nerva (6 €, 1¾ Std.). Darüber hinaus bietet **Casal** (☎954 99 92 62) jeden Tag drei Busverbindungen von Sevilla (Plaza de Armas) nach Nerva (4 €, 1½ Std.) und Minas de Riotinto (4,50 €, 1¾ Std.) an.

Aracena & Umgebung

6300 EW. / 730 M

Wer hätte es geahnt? Die hügelige Landschaft der nördlichen Provinz Huelva enthüllt einen weiteren Aspekt der ländlichen andalusischen Kultur: idyllische Blumenwiesen und geschützte Täler mit knorrigen Eichenbäumen und nach Futter suchenden Schweinen, die einen der besten Rohschinken des Landes liefern, den legendären *jamón iberico*. Sein Auto kann man hier getrost stehen lassen, denn die verschlafenen, beinahe in Vergessenheit geratenen Dörfer der Gegend sind durch gute Fußwege verbunden. Acarena, der weiß getünchte Hauptort, hat einen deutlich anderen Charakter als die traditionellen *pueblos blancos* (weiße Dörfer) weiter östlich. Mit 1840 km² Fläche ist der **Parque Natural Sierra de Aracena y Picos de Aroche** Andalusiens zweitgrößtes Naturschutzgebiet.

Sehenswertes & Aktivitäten

Am **Cerro del Castillo** befinden sich die Ursprünge der Altstadt. Man kann den Hügel erklimmen und sich das von den Portugiesen im 13. Jh. errichtete **Castillo** sowie die benachbarte **Iglesia Prioral** (9.30–19 Uhr) ansehen. An der Plaza Alta etwas weiter unten stößt man auf ein interessantes **Centro de Visitantes** (10–14 & 16–18 Uhr), das die Attraktionen des Naturparks präsentiert.

Gruta de las Maravillas HÖHLE

(Calle Pozo de la Nieve; Führung Erw./unter 19 J. 8,50/6 €; Führungen jede Std. oder jede ½ Std. 10–13.30 & 15–18 Uhr) Aracenas größte Attraktion, die „Höhle der Wunder", ist überaus malerisch und wartet mit einer schönen Beleuchtung auf.

Linares de la Sierra WANDERN

Die zahlreichen Trekkingwege in der Umgebung von Aracena sind selten überlaufen. Wer nur einen Tagesausflug von Sevilla aus unternimmt, kann die hügelige Strecke nach Linares de la Sierra zu Fuß zurücklegen und – falls die Zeit es erlaubt – weiter bis **Alájar** wandern (von Alájar fährt um 16 Uhr ein Bus nach Aracena zurück, wo um 17 Uhr eine Verbindung nach Sevilla besteht). Die ausgeschilderte Route findet man leicht. Sie beginnt im Südwesten des Ortes ca. 500 m hinter dem Schwimmbad. Man folgt dem breiten, idyllischen Pfad bis **Linares** (6 km), einem verschlafenen Dorf, das für seine *llanos* (Mosaiken im vorderen Patio) bekannt ist. Ab hier wird der Weg schmaler und schwieriger zu gehen, aber man sieht unterwegs grunzende Schweine und hübsche Wildblumen. Kurz vor dem Dorf Los Madroñeros geht's rechts auf den mit „Caracol" ausgeschilderten Weg, der einen eichenbewachsenen Hügel überquert und bis Alájar (Gesamtlänge 12 km) führt.

Wer in Alájar übernachten möchte, trifft mit **La Posada** (959 12 57 12; www.laposadadealajar.com; Calle Médico Emilio González 2, Alájar; EZ/DZ mit Frühstück 45/60 €), einem ausgesprochen gemütlichen Gasthof, eine gute Wahl. Die Besitzer sprechen Englisch und wandern sehr gern. Bevor es weitergeht, sollte man sich etwas im Dorf umsehen und den hervorragenden Schinken kaufen. Ein weiterer Wanderweg verläuft Richtung Nordwesten zum nächsten Dorf, Castaño de Robledo.

Schlafen & Essen

Hospedería Reina de los Ángeles HOTEL €

(959 12 83 67; www.hospederiareinadelosangeles; Avenida Reina de los Ángeles; EZ/DZ 30/50 €; @) Dieses frühere Schülerwohnheim am Ortsrand hat immer noch die Aura einer Erziehungseinrichtung. Es verfügt über 90 funktionale, saubere Zimmer mit Telefon und TV sowie über eine nette Café-Bar.

Molino del Bombo HOTEL €

(959 12 84 78; www.molinodelbombo.com, auf Spanisch; Calle Ancha 4; EZ/DZ 30/60 €; @) Rustikal wie ein heimeliges Bauernhaus: Das Molino am oberen Ende der Stadt wartet mit preisgünstigen, charmanten Zimmern auf.

Café-Bar Manzano ANDALUSISCH €€

(Plaza del Marqués de Aracena; Tapas 2–4 €, raciones 9–18 €; Mi–Sa & Mo 8–20 oder länger, So 10–20 Uhr) Ein tolles Plätzchen, um von der Terrasse das städtische Leben zu beobachten und sich dabei an abwechslungsreichen Tapas sowie *raciones* aus wilden Pilzen und anderen regionalen Speisen gütlich zu tun.

Mesón Aracena Jabujo ANDALUSISCH €€

(Calle San Pedro 38) Eines von zahlreichen Bar-Restaurants an der San-Pedro-Meile im Westen des Ortes, das auf *jamón ibérico* spezialisiert ist. Diesen Laden sollte man sich nicht entgehen lassen.

Praktische Informationen

Städtische Touristeninformation (959 12 82 06; Calle Pozo de la Nieve; 10–14 & 16–18.30 Uhr) Gegenüber dem Eingang zur

Provinz Cádiz

Gruta de las Maravillas. Verkauft auch Karten der Gegend.

An- & Weiterreise

Der **Busbahnhof** (Avenida de Sevilla) liegt am Südostrand des Ortes. Hier halten täglich zwei Busse aus Sevilla (Plaza de Armas; 5,67 €, 1¼ Std.), ein oder zwei aus Huelva (6,75 €, 2¼ Std.) und bis zu drei aus Minas de Riotinto (2,30 €, 1 Std.). Ein Casal-Bus fährt um 10.30 Uhr zur portugiesischen Grenze knapp hinter Rosal de la Frontera, wo man in einen Bus nach Lissabon umsteigen kann (Aracena-Lissabon 18,50 €, 9 Std.).

PROVINZ CÁDIZ

Wer nicht viel Zeit hat und sich ein authentisches Bild von Andalusien machen möchte, sollte die Provinz Cádiz besuchen. In einem Dreieck, das von Norden nach Süden keine 100 km lang ist, sind alle Topattraktionen der Gegend auf engem Raum vertreten. Vieles, das heute als typisch andalusisch gilt, stammt aus hiesigen Sherry-Bodegas, Roma-Vierteln, großen Stierkampfarenen und traditionellen Tapas-Bars. Außerdem findet man Spuren der Mauren in Zahara de la Sierra, römische Ruinen in Bolonia und die Anfänge der frühesten Besiedlung Europas in dem etwas maroden, aber fantastischen Cádiz bzw. Gadir, wie die Phönizier den Ort in der Antike nannten.

Menschheitsgeschichte und Natur gehen in der Provinz nahtlos ineinander über. Die ländlich geprägte Landschaft wartet mit zahlreichen *pueblos blancos*, zwei großen Naturparks (Grazalema und Alcornocales) und einer der schönsten Küsten Spaniens (die Costa de la Luz) auf, zu deren Highlights die lässige Surferstadt Tarifa gehört.

Darüber hinaus hat Cádiz noch eine weitere Sehenswürdigkeit zu bieten, auch wenn sie eigentlich gar nicht zu Spanien ge-

hört: den Fels von Gibraltar, ein surreales Bollwerk versnobter britischer Wesensart in der heißblütigen Mittelmeerregion.

Cádiz

128 600 EW.

Man könnte mehrere gewichtige Doktorarbeiten über Cádiz schreiben und würde dem Wesen dieser Stadt dennoch nicht gerecht. Ihr Alter trägt viel zu ihrer Komplexität bei. Cádiz gilt als die älteste kontinuierlich bewohnte europäische Siedlung. Die Altstadt ist so romantisch wie geheimnisvoll. Sie ist fast ganz vom Meer umgeben und die Wellen des Atlantiks brechen sich an bröckelnden Schutzmauern. Die Stadtstrände sind kilometerlang und in den Gassen hallt das Echo von Möwengeschrei wider. Nach Cádiz kommt man, um Meeresfrüchte zu essen und zu surfen und weil sich ein Besuch der hübschen Kirchen und Museen so gut wie gar nicht im Portemonnaie bemerkbar macht. Ein weiterer Grund für einen Besuch sind die offenen und geselligen *gaditanos* (Einwohner von Cádiz). Sie verwandelten die *alegrías* (fröhlicher Flamenco-Gesang) in eine ausdrucksstarke Kunstform.

Geschichte

Cádiz ist vielleicht die älteste Stadt Europas. Historiker datieren ihre Gründung auf die Ankunft phönizischer Händler im Jahr 800 v. Chr.

Seinen nächsten großen Boom erlebte der Ort nach der Entdeckung Amerikas. Von hier brach Kolumbus zu seiner zweiten und vierten Reise auf. Die Stadt lockte aber auch Spaniens Feinde an: 1587 machte sich Sir Francis Drake aus England auf, um „dem spanischen König den Bart anzusengen": Er überfiel den Hafen und vernichtete einen Teil der auslaufbereiten spanischen Armada. 1596 legten Engländer und Holländer fast ganz Cádiz in Schutt und Asche.

Im 18. Jh., als 75 % des spanischen Amerikahandels über den hiesigen Hafen abgewickelt wurden, erlebte der Ort seine Blütezeit. Damals stieg er zur reichsten und weltläufigsten Stadt Spaniens auf und brachte die erste progressive und liberale Mittelschicht in der Geschichte des Landes hervor. Während der Napoleonischen Kriege trotzte er von 1810 bis 1812 der französischen Belagerung, bis hier ein nationales Parlament Spaniens liberale Verfassung von 1812 verabschiedete, in der die Souveränität des Volkes festgeschrieben wurde.

Der Verlust der amerikanischen Kolonien im 19. Jh. stürzte Cádiz in eine wirtschaftliche Krise, von der es sich erst in der heutigen Zeit erholt hat – dank der bedeutenden Rolle des Tourismus.

2012 wird für die Stadt ein großes Jahr, denn sie bereitet sich auf das 200-jährige Bestehen von *La Pepa* vor. Die 1812 unterzeichnete Verfassung von Cádiz gilt als die erste freiheitliche Verfassung Spaniens und der Welt. Aus diesem Anlass sollen Konzerte, ein ibero-amerikanisches Theaterfestival, das Film Festival of the Atlantics (Alcanes), Straßenmärkte, Foren, Ausstellungen und vieles mehr veranstaltet werden Mehr darüber erfährt man unter www.bicentenariocadiz1812.es.

Sehenswertes & Aktivitäten

Barrios STADTVIERTEL

Am besten macht man sich als Erstes mit den *barrios* vertraut. Die Altstadt besteht aus dem **Barrio del Pópulo** mit der Kathedrale, Zentrum des einst wohlhabenden mittelalterlichen Ortes, und dem **Barrio de Santa María**, das alte Viertel der Roma und eine bedeutende Wiege des Flamencos. Der **Barrio de la Viña**, ein ehemaliger Weinberg, entwickelte sich zum bedeutendsten Fischerviertel der Stadt und das **Barrio del Mentidero** ist das Zentrum des modernen Nachtlebens sowie der hiesigen Bar-Szene.

Plaza San Juan de Dios & Umgebung PLATZ

An der weitläufigen Plaza San Juan de Dios liegen mehrere Cafés sowie das imposante klassizistische **ayuntamiento** (Rathaus) aus der Zeit um 1800. Zwischen dem Platz und der Kathedrale erstreckt sich der **Barrio del Pópulo**, Kern des mittelalterlichen Cádiz und Schwerpunkt eines städtischen Sanierungsprogramms. Im nahen **römischen Theater** (Campo del Sur; Eintritt frei; ⌚Mi–Mo 10–14.30 & 17–19 Uhr), 1980 durch Zufall entdeckt, kann man unterhalb der Sitzreihen durch einen Säulengang gehen.

Catedral KATHEDRALE

(Plaza de la Catedral; Erw./Stud. 5/3 €, Di–Fr 19–20 & So 11–13 Uhr frei; ⌚Mo–Sa 10–18.30, So 13.30–18.30 Uhr) Cádiz' Kathedrale mit der gelben Kuppel ist ein imposanter barocker und neoklassizistischer Bau, aber für spanische Verhältnisse sehr karg. Sie steht an einem großen, autofreien Platz. 1716 fiel die Entscheidung zum Bau der Kirche. Fertiggestellt wurde sie aber erst 1838. Bis dahin hatten allerlei klassizistische Elemente, darunter Kuppel, Türme und Hauptfassade, Vicente Aceros ursprünglichen Barockentwurf verwässert. Ein eigener Eingang führt von der Plaza de la Catedral zu den Treppen des **Torre de Poniente** (Westturm; Erw./Kind/Sen. 4/3/3 €; ⌚15. Juni–15. Sept. 10–18, bis 20 Uhr), von dem man einen herrlichen Panoramablick genießt.

Cádiz

Highlights
Barrio de Santa María ... E4
Kathedrale ... D4
Museo de Cádiz ... D2
Plaza de San Juan de Dios ... E3

Sehenswertes
1 Ayuntamiento ... E4
2 Baluarte de la Candelaria ... C1
3 Castillo de Santa Catalina ... A3
4 Mercado Central ... C3
5 Museo de las Cortes de Cádiz ... C3
6 Oratorio de San Felipe Neri ... C3
7 Römisches Theater ... E4
8 Torre Tavira ... C3

Aktivitäten, Kurse & Touren
9 Urban Bike ... D3

Schlafen
10 Casa Caracol ... E4
11 Hospedería Las Cortes de Cádiz ... D2
12 Hostal Bahía ... E3
13 Hostal Fantoni ... E3
14 Hotel Argantonio ... D2

Essen
15 Cafetería Las Nieves ... E3
16 El Aljibe ... E4
17 El Faro ... B4
18 El Fogón de Mariana ... E3
19 La Gorda Te Da De Comer ... D3
20 La Gorda Te Da De Comer ... D2
21 Taberna El Albero ... B4

Ausgehen
22 Café de Levante ... D3
23 El Teniente Seblon ... E4
24 Nahu ... D2
25 Quilla ... A3

Unterhaltung
26 Central Lechera ... D1
27 Centro Municipal de Arte Flamenco 'La Merced' ... E4
28 Gran Teatro Falla ... B2

Plaza de Topete & Umgebung PLATZ
Auf dem lebhaften Platz ein paar Gehminuten nordwestlich der Kathedrale stehen zahlreiche bunte Blumenstände, außerdem befindet sich hier der große, geschäftige **Mercado Central** (Hauptmarkt). Ein Stückchen weiter erhebt sich der **Torre Tavira** (Calle Marqués del Real Tesoro 10; Erw./Stud. 4/3,30 €; ⏲10–18, 15. Juni–15. Sept. bis 20 Uhr), der höchste der alten Wachttürme. Im 18. Jh. besaß Cádiz stolze 160 dieser Bauten, von denen die Einwohner ankommende und abfahrende Schiffe beobachten konnten, ohne sich zum Hafen bemühen zu müssen. Der Turm bietet nicht nur tollen Panoramablick, sondern auch eine **Camera obscura**, die Livebilder der Stadt auf eine Leinwand projiziert.

Das **Museo de las Cortes de Cádiz** (☎956 22 17 88; Calle Santa Inés 9; Eintritt frei; ⏲Di–Fr 9–13 & 16–19, Sa & So 9–13 Uhr) zeigt historische Erinnerungsstücke rund um das Parlament von 1812, u. a. ein tolles Stadtmodell aus den 1770er-Jahren, das für Carlos III. angefertigt wurde. Ein Stück die Straße hinauf stößt man auf den **Oratorio de San Felipe Neri** (Plaza de San Felipe Neri; Eintritt 2,50 €; ⏲Mo–Sa 10–13.30 Uhr), in dem einst die Cortes de Cádiz (das Parlament) tagten. Es handelt sich um eine der schönsten Barockkirchen von Cádiz mit einer herrlichen Kuppel, einem ungewöhnlichen ovalen Innenraum und einem Murillo-Gemälde, der *Inmaculada* (Unbefleckte Empfängnis) auf dem Hauptaltar.

LP TIPP **Museo de Cádiz** MUSEUM
(Plaza de Mina; EU-Bürger/andere frei/1,50 € ; ⏲Di 14.30–20.30, Mi–Sa 9–20.30, So 9.30–14.30 Uhr) Cádiz' hervorragendes und wichtigstes Museum befindet sich an einem der größten und grünsten Plätze der Stadt. Die Highlights der archäologischen Abteilung im Erdgeschoss sind zwei phönizische Marmorsarkophage in menschlicher Gestalt und eine Monumentalstatue aus Baelo Claudia, einer Siedlung des römischen Kaisers Trajan (S. 761). Die Abteilung für Schöne Künste im ersten Stock präsentiert 21 herrliche Gemälde von Francisco de Zurbarán und jenes Werk, das Murillo das Leben kostete: das Altarbild für den Convento de Capuchinas von Cádiz. Der Künstler starb 1682, nachdem er während seiner Arbeit vom Gerüst gestürzt war.

Uferspaziergang SPAZIERGANG
Dieser windige, 4,5 km lange Ausflug dauert mindestens 1¼ Stunden. Von der Plaza de Mina geht's nordwärts bis ans Wasser, wo man den Ausblick über die Bahía de

Cádiz genießt. Dann führt der Weg gen Westen an den **Alameda-Gärten** entlang zur **Baluarte de la Candelaria** und von dort südwestwärts zum **Parque del Genovés**, einem subtropischen Garten mit Wasserfällen und bizarr gestutzten Bäumen. Nächste Station ist das **Castillo de Santa Catalina** (Eintritt frei; ⏲10.30–20.30, Nov.–Feb. bis 19.45 Uhr), 1596 nach Plünderung der Stadt gebaut. Es beherbergt eine interessante Geschichtsausstellung über Cádiz und das Meer sowie eine Galerie.

Der Sandstrand **Playa de la Caleta** platzt im Sommer aus allen Nähten und trennt die Santa-Catalina-Burg vom **Castillo de San Sebastián** aus dem 18. Jh. Letzteres bleibt der Öffentlichkeit verschlossen, aber es lohnt sich, den oft windgebeutelten, 750 m langen Damm bis zu seinem Tor entlangzuschlendern. Anschließend spaziert man auf der breiten Promenade am **Campo del Sur** entlang zur Kathedrale.

Playa de la Victoria STRAND

Dieser breite feine Sandstrand beginnt 1,5 km hinter der Puerta de Tierra und erstreckt sich über 4 km. An Sommerwochenenden findet man hier kaum noch ein freies Plätzchen. Bus 1 (Plaza España-Cortadura) fährt von der Plaza de España hierher.

Feste & Events

Carnaval KARNEVAL

Keine andere spanische Stadt feiert ihren **Karneval** so begeistert und originell wie Cádiz: Die *gaditanos* machen daraus eine zehntägige Party über zwei Wochenenden hinweg. So gut wie niemand kann sich dem alkoholreichen Spaß entziehen. Sogenannte *murgas*-Gruppen ziehen zu Fuß oder auf Festwagen in tollen Kostümen durch die Stadt, singen satirische Liedchen, tanzen und führen Sketche auf. Zu den rund 300 offiziell zugelassenen *murgas*, die von einer Jury im Gran Teatro Falla bewertet werden, kommen noch die *ilegales* hinzu (Gruppen, die ihre Schauspiel- oder Sangeslust spontan auf der Straße ausleben).

Das feuchtfröhlichste Treiben herrscht im Arbeiterviertel Barrio de la Viña, in der Calle Ancha und der Calle Columela, den Lieblingstreffpunkten der *ilegales*.

Für die fünfte Jahreszeit sind die Unterkünfte in Cádiz schon Monate im Voraus ausgebucht (und doppelt so teuer wie in der Sommersaison). Wer kein Zimmer mehr ergattert, kann sich in der Umgebung einquartieren und von dort nach Cádiz fahren.

Schlafen

LP TIPP **Hotel Argantonio** HOTEL €€

(☎956 21 16 40; www.hotelargantonio.com; Calle Argantonio 3; EZ/DZ mit Frühstück 90/107 €; ❄@📶) Ansprechende Akzente im Mudéjar-Stil machen diese neue hübsche, kleine Unterkunft in der Altstadt sehr reizvoll. Das Personal ist sehr herzlich und die komfortablen Zimmer punkten mit WLAN und Plasmafernsehern.

Hospedería Las Cortes de Cádiz HOTEL €€€

(☎956 21 26 68; www.hotellascortes.com; Calle San Francisco 9; EZ/DZ mit Frühstück 107/148 €; P❄@📶) Das ausgezeichnete Altstadthotel residiert in einem umgebauten Palast aus der Mitte des 19. Jhs. Alle 36 Zimmer sind stilvoll und jeweils einer Persönlichkeit oder einem Ereignis der Cortes de Cádiz gewidmet. Sie verfügen über schöne Möbel und viel modernen Komfort. Darüber hinaus gibt's hier eine Dachterrasse, einen Whirlpool und einen kleinen Fitnessbereich.

Casa Caracol HOSTEL €

(☎956 26 11 66; www.caracolcasa.com; Calle Suárez de Salazar 4; B/Hängematte mit Frühstück 16/10 €; @📶) Die einzige Backpackerherberge in der Altstadt wartet mit der für Cádiz typischen Gastfreundlichkeit auf. Sie hat Schlafräume für vier oder acht Personen, eine Gemeinschaftsküche, kostenlosen Internetzugang und eine Dachterrasse mit Hängematten. Außerdem legen die Inhaber viel Wert auf ökologische Nachhaltigkeit. Dazu gehören Recycling, ein effizienter Wasserhaushalt und Pläne für Solarzellen. Da das Hostel oft ausgebucht ist, reserviert man am besten frühzeitig über www.hostelworld.com oder www.hostelbookers.com.

Hostal Fantoni HOTEL €€

(☎956 28 27 04; www.hostalfantoni.es; Calle Flamenco 5; EZ/DZ 45/65 €; ❄@) Zwölf saubere, aber zellenartige Zimmer ohne Fenster sowie klimatisierte Bereiche, eine hübsch gekachelte Lobby und eine luftige Dachterrasse.

Hostal Bahía HOTEL €€

(☎956 25 90 61; Calle Plocia 5; EZ/DZ 60/76 €; ❄@) Alle Zimmer sind sehr gepflegt, bieten einen schönen Ausblick und verfügen über Telefon, TV sowie einen großen Wandschrank. Schlicht und preisgünstig.

Essen

In Cádiz' Calle Virgen de la Palma im Viña-Viertel gibt's etliche einfache, aber gute Fischrestaurants, darunter das mit hübschen Keramiken geschmückte **El Faro** (Calle San Félix 15; Gerichte 15–25 €) und die **Taberna El Albero** (Ecke Calles San Félix & Virgen de la Palma). Rund um die Plaza de San Juan de Díos findet man weitere empfehlenswerte Lokale.

Arrocería La Pepa REISGERICHTE €€
(☎956 26 38 21; Paseo Marítimo 14; Paella pro Pers. 12–17 €) Für eine gute Paella muss man die Altstadt verlassen und sich ein paar Kilometer südöstlich an die Playa de la Victoria begeben. Entweder macht man einen appetitanregenden Spaziergang am Meer entlang – die Strecke ist auch bei Joggern beliebt – oder nimmt die Buslinie 1. Beides lohnt sich. Der Fisch in der Meeresfrüchte-Paella im La Pepa schmeckt, als sei er geradewegs vom 100 m entfernten Atlantik auf den Teller gesprungen.

El Fogón de Mariana FLEISCHGERICHTE €€
(Calle Antulo 2; Gerichte 11–19 €) Das zweistöckige El Fogón de Mariana hat sich auf iberische Fleischgerichte spezialisiert, serviert aber auch andere Köstlichkeiten. Es ist eines von zwei Lokalen der kleinen Montanera-Gruppe (das andere befindet sich in San Fernando). Dank der kreativen Küche und des freundlichen, effizienten Personals zählt es zu den besten Lokalen in Cádiz.

Cafetería Las Nieves KAFFEE, SNACKS €
(Plaza Mendizábal 4; Kaffee & Toasts 2 €; ⌚Mo–Fr 7.45–22, Sa 9–13.30 Uhr) Das nette Café nahe der Plaza San Juan de Dios ist mit Ziegelsteinen, Kacheln und Gemälden dekoriert. Hier bekommt man ein gutes einfaches Frühstück. Den Toast kann man mit *mermalada* oder wie die Spanier mit Olivenöl und Tomaten essen. Dazu schmecken Kaffee oder heiße Schokolade.

El Aljibe TAPAS €€
(www.pablogrosso.com; Calle Plocia 25; Tapas 2–3,50 €, Gerichte 10–15 €) In dieser Kellerbar mit Steinwänden wartet Pablo Grosso, der *gaditano*-Küchenchef, mit einer delikaten Mischung aus Tradition und Experimentierfreude auf. Lecker sind z. B. die mit Datteln gefüllte Fasanenbrust und *solomillo ibérico* (iberische Schweinelende) mit Emmentaler, Schinken und pikanter Paprika. Alle Kreationen kann man auch in Tapasform probieren.

La Gorda Te Da De Comer TAPAS
(Tapas 2–2,40 €, media raciones 6 €) Luque (Calle General Luque 1; ⌚Mo 9–23.30, Di–Sa 13.30–16 & 21–23.30 Uhr); Rosario (Ecke Calles Rosario & Marqués de Valdeiñigo; ⌚Di–Sa 13–16 & 21–23.30 Uhr) Beide Filialen sind sehr hip eingerichtet und bieten köstliche preisgünstige Speisen an, darunter *solomillo* in cremiger Pilzsauce oder Curryhuhnstreifen mit Sauce Marie-Rose.

🍷 Ausgehen

Bevorzugtes Revier der Nachtschwärmer in der Altstadt ist die Gegend rund um die Plazas de Mina, San Francisco und España. So richtig los geht's erst ab Mitternacht. In der ersten Wochenhälfte herrscht meist weniger Andrang.

Quilla CAFÉ
(Playa de la Caleta; ⌚10–24 Uhr; 📶) In der verträumten Café-Bar mit Blick auf die Playa de la Caleta gibt's Gebäck, Tapas, Wein, Kunstausstellungen und Gratis-WLAN, außerdem hat man von hier aus einen tollen Blick auf die Sonnenuntergänge.

Nahu BAR, CAFÉ
(www.nahucadiz.es; Calle Beato Diego 8; ⌚ab 17 Uhr) Ein beliebtes, afrikanisch inspiriertes Musikcafé, in dem jede Nacht andere DJs auflegen.

Café de Levante BAR
(www.cafelevante.com; Calle Rosario 35; ⌚ab 20 Uhr) Die gemütliche kleine Bar zieht ein künstlerisch orientiertes Publikum an. An den Wänden hängen jede Menge kuriose Fotos und Poster.

El Teniente Seblon BAR
(Calle Posadilla 4) Die schwulenfreundliche Bar gehört zu den lebhaftesten Locations im Barrio del Pópulo.

Ein Stück die Playa de la Victoria hinunter stößt man am Paseo Marítimo und rund um das Hotel Playa Victoria, 2,5 km von der Puerta de Tierra, auf weitere gute Läden. Zu den angesagtesten Bars gehört das glamouröse **Barabass** (www.barabass.es; Calle General Muñoz Arenillas 4–6; Eintritt inkl. Getränk 8 €; ⌚18–6 Uhr).

☆ Unterhaltung

Donnerstags bis samstags kann man an der Punta de San Felipe (auch kurz La Punta genannt) an der Nordseite des Hafens feiern, allerdings geht's hier erst spät los. Die Großraumdisko **Sala Anfiteátro** (Paseo Pascual Pery; Eintritt 6–8 €) platzt z. B. zwischen 3 und 6 Uhr morgens aus allen Nähten und

CÁDIZ KOSTENLOS

Zu den vielen Vorzügen von Cádiz gehört, dass man für zahlreiche Sehenswürdigkeiten nichts bezahlen muss. An folgenden Orten kann man sein Portemonnaie getrost im Hotelsafe lassen:

» Kathedrale (freier Eintritt Di–Fr 7–20 Uhr und So während der Messe)

» Spaziergang am Meer

» Mercado Central

» Strände

» Museo de Cádiz (Eintritt frei für EU-Bürger)

» Museo de las Cortes de Cádiz (Eintritt frei für EU-Bürger)

» Castillo de Santa Catalina

» Peña Flamenca La Perla

zieht vor allem 18- bis 25-Jährige an. Im **El Malecón** (Paseo Pascual Pery; Eintritt 8–10 €), einer Topadresse für Salsa, herrscht schon etwas früher tolle Stimmung. Samstags um Mitternacht werden dort kostenlose Tanzkurse geboten.

LP TIPP **Peña Flamenca La Perla** FLAMENCO-BÜHNE

(www.perladecadiz.com, auf Spanisch; Calle Carlos Ollero) Flamenco-Nächte in der Peña Flamenca La Perla, die unweit der Calle Concepción Arenal im Barrio de Santa María und romantisch nah an den rauschenden Wellen des Atlantiks liegt, beginnen freitags ab 22 Uhr und finden im Frühjahr bzw. Sommer häufiger statt. Sie sind kostenlos und unvergesslich. Ein Großteil des Publikums besteht aus *aficionados* (passionierte Anhänger) dieser Kunstform.

Centro Municipal de Arte Flamenco 'La Merced' FLAMENCO-BÜHNE

(☎956 28 51 89; Plaza de la Merced; ⌚Mo–Sa 10–14, 18–21 Uhr) Weniger gemütlich als La Perla. Das Zentrum bietet Kurse und regelmäßige Vorführungen an und befindet sich im Herzen des Barrio de Santa María, des alten Flamenco-Viertels.

Das **Gran Teatro Falla** (☎956 22 08 34; Plaza de Falla) und das **Central Lechera** (☎956 22 06 28; Plaza de Argüelles) warten mit einem abwechslungsreichen Theater-, Tanz- und Musikprogramm auf.

Praktische Informationen

An der Calle Nueva und der parallel verlaufenden Avenida Ramón de Carranza stößt man auf zahlreiche Geldautomaten.

Hospital Puerta del Mar (☎956 00 21 00; Avenida Ana de Viya 21) Das größte allgemeine Krankenhaus der Stadt liegt 2 km südöstlich der Puerta de Tierra.

Locutorio Telefónico (Calle Lázaro Dou 1; Internetzugang pro Std. 2 €; ⌚10–24 Uhr) Hier kann man telefonieren und Telefonkarten kaufen.

Regionale Touristeninformation (Avenida Ramón de Carranza; ⌚Mo–Fr 9–19.30, Sa, So & Feiertage 10–14 Uhr)

Städtische Touristeninformation (Paseo de Canalejas; ⌚Mo–Fr 8.30–18, Sa & So 9–17 Uhr)

Anreise & Unterwegs vor Ort

Auto & Motorrad

Die AP4 von Sevilla nach Puerto Real östlich der Bahía de Cádiz ist gebührenpflichtig (5,50 €), doch auf der kostenlosen Alternativroute A4 braucht man länger.

In Hafennähe gibt's eine praktisch gelegene **Tiefgarage** (Paseo de Canalejas; 9 €/24 Std.).

Bus

Comes (☎956 80 70 59; Plaza de la Hispanidad) bietet viele Verbindungen an, u. a. nach Sevilla (11 €, 1¾ Std., 10-mal tgl.), El Puerto de Santa María (2,10 €, 30–40 Min., 19-mal tgl.), Jerez de la Frontera (3 €, 40 Min., mind. 9-mal tgl.), Tarifa (8,46 €, 2 Std., 5-mal tgl.) und in weitere Küstenorte der Provinz Cádiz, nach Arcos de la Frontera (5,95 €, 1¼ Std., Mo–Fr 5-mal tgl., Sa & So 2-mal tgl.), Ronda (13 €, 3 Std., 2-mal tgl.), Málaga (20 €, 4 Std., 6-mal tgl.), Olvera (12,40 €, 3 Std.) sowie Granada (28 €, 5 Std., 4-mal tgl.).

Darüber hinaus fahren **Los-Amarillos-Busse** (www.losamarillos.es) vom Südende der Avenida Ramón de Carranza nach Arcos de la Frontera (5,65 €, 1¼ Std., 4-mal tgl.) und Sanlúcar de Barrameda (3,50 €, 1¼ Std., 13-mal tgl.). Samstags und sonntags verkehren sie seltener.

Fahrrad

Urban Bike (www.urbanbikecadiz.es; Calle Marques de Valderfigo 4; ⌚Mo–Fr 10–14 & 17.30–21, Sa 10–14 Uhr) Vermietet Fahrräder für 1/12/24 Std. (3/10/14 €).

Fähre

Einzelheiten zu Verbindungen über die Bucht nach El Puerto de Santa María siehe S. 747.

Zug

Am **Bahnhof** (☎902 24 02 02) starten Züge nach El Puerto de Santa María (3 €, 40 Min., bis zu 36-mal) und Jerez de la Frontera (4,80 €, 50 Min.), Sevilla (12,75 €, 2 Std., bis zu 15-mal). Außerdem gibt's täglich drei Verbindungen nach Córdoba (23,85–38,20 €, 3 Std.) und zwei nach Madrid (70 €, 5 Std.).

El Puerto de Santa María

85 100 EW.

El Puerto ist der zweite Zwischenstopp im Sherry-Dreieck und nach Ronda sowie Sevilla ein bedeutendes Zentrum des Stierkampfs. Bekanntheit erlangte es auch wegen seiner fangfrischen Fisch- und Meeresfrüchte-Gerichte und einiger schöner Strände. Von Cádiz erreicht man den Ort nach einer halbstündigen Bootsfahrt durch die Bucht. Im Sommer wartet El Puerto mit mehreren farbenfrohen Festivals auf, zu denen die *sevillanos* und Besucher aus der ganzen Provinz in Scharen anreisen.

Sehenswertes & Aktivitäten

Einst versorgten die vier Pumpen der **Fuente de las Galeras Reales** (Brunnen der königlichen Galeeren) am Muelle del Vapor die Mannschaften der Schiffe nach Amerika mit Wasser.

Der nächstgelegene Strand ist die piniengesäumte **Playa de la Puntilla** 30 Gehminuten südwestlich des Zentrums. Alternativ nimmt man Bus 26 (1 €) über die Avenida Aramburu de Mora. Im Hochsommer findet man an den entfernteren Sandstreifen wie der **Playa Fuenterrabía** meist noch mehrere freie Plätzchen. Man erreicht die Strände mit Bus 35, der im Stadtzentrum startet.

Castillo de San Marcos BURG
(☎956 85 17 51; Plaza Alfonso El Sabio 3; Eintritt Di/Do & Sa frei/5 €; ⏲Di Führungen 11.30, 12.30, 13.30, Do & Sa 10.30, 11.30, 12.30, 13.30 Uhr) An drei Tagen pro Woche wird das Castillo de San Marcos für halbstündige Führungen inklusive einer Kostprobe des Caballero-Sherrys (diesem Unternehmen gehört die Burg) geöffnet. Als absolutes Highlight gilt die innen erhaltene Moschee, die heute als Kirche genutzt wird und noch vor dem 13. Jh. errichtet wurde.

Fundación Rafael Alberti MUSEUM
(www.rafaelalberti.es; Calle Santo Domingo 25; Eintritt 5 €; ⏲Di–So 11–14.30 Uhr) Von der Burg aus ein paar Häuserblocks landeinwärts zeigt die Fundación Rafael Alberti eine interessante Ausstellung über Rafael Alberti (1902–99), einen großen Dichter der „Generación del 27", der hier seine Kindheit verbrachte. Praktischerweise gibt's hier Audioguides auf Deutsch (2 €).

GRATIS **Plaza de Toros** STIERKAMPFARENA
(☎956 54 15 78; Plaza Elías Ahuja; ⏲Di–So 11–13.30 & 17.30–19 Uhr) Vier Häuserblocks südwestlich der Iglesia Mayor Prioral liegt El Puertos berühmte große Stierkampfarena aus dem 19. Jh.. Im Juli und August kämpfen dort jeden Sonntag die besten Matadore. Einen Tag vor und nach einem Event bleibt die Arena geschlossen.

Sherry-Bodegas SHERRY-BODEGAS
Zu den bekanntesten der sieben Sherry-Kellereien in El Puerto gehören **Osborne** (☎956 86 91 00; www.osborne.es; Calle Los Moros 7; Führungen auf Deutsch/Englisch/Spanisch 6 €; ⏲Mo–Fr 10.30, 12 & 12.30, Sa 11 & 12) und **Terry** (☎956 15 15 00; Calle Toneleros 1; Führungen auf Englisch & Spanisch 8 €; ⏲Mo–Fr 10.30 & 12.30 Uhr). Im Sommer werden manchmal zusätzliche Führungen angeboten, z. B. samstags. Bei Osborne muss man sich vorher telefonisch anmelden.

Iglesia Mayor Prioral KIRCHE
(⏲tgl. 6–8.30, Mo–Fr 8.30–12.45, Sa 8.30–12, So 8.30–13.45 Uhr) El Puertos prunkvollste Kirche, die vom 15. bis 18. Jh. errichtete Iglesia Mayor Prioral, erhebt sich an der Plaza de España.

Schlafen

Als gute Hilfe dienen die Unterkunftsliste und die Website der Touristeninformation, die auch barrierefreie Hotels aufführen.

El Baobab Hostel HOSTEL €
(☎956 54 21 23; www.casabaobab.es, auf Spanisch; Calle Pagador 37; EZ/DZ/3-BZ mit Frühstück 20/40/60 €; P❄📶) Das preiswerte kleine, argentinisch geführte Hotel gegenüber der berühmten Stierkampfarena hat Platz für 40 Personen. Frühstück und WLAN sind gratis, und so zählt es zu den günstigsten Unterkünften der Stadt.

Hotel Monasterio San Miguel HOTEL €€€
(☎956 54 04 40; www.hotelesjale.com; Calle Virgen de los Milagros 27; EZ/DZ 105/140 €; P❄@📶🏊) Ein luxuriös umgebautes Kloster aus dem 18. Jh. , das mit einem Gourmet-Restaurant, einem Pool in einem subtropischen Garten und klassischen, eleganten Zimmer aufwartet.

Casa del Regidor Hotel HISTORISCHES HOTEL €€
(☎956 87 73 33; www.hotelcasadelregidor.com; Ribera del Río 30; EZ/DZ 65/95 €; P❄@📶)

Eine umgewandelte Villa aus dem 18. Jh. mit original erhaltenem Patio. Die hervorragenden Zimmer sind alle klimatisiert und das Wasser wird mithilfe von Solarzellen erwärmt.

Casa No 6 HOTEL €€
(☎956 87 70 84; www.casano6.com; Calle San Bartolomé 14; EZ/DZ/4-BZ mit Frühstück 70/80/140 €; P) In diesem wunderschön renovierten Haus aus dem 19. Jh. wird man herzlich empfangen. Die Casa No 6 verfügt über reizende, geräumige und saubere Zimmer. Im Sommer muss man mindestens drei Nächte buchen.

Essen

El Puerto hat eine gute Auswahl an Tapas-Bars, besonders in der Calle Luna, in den sich nördlich anschließenden Straßen Calle Misericordia und Ribera del Marisco sowie in den südlich gelegenen Avenidas Bajamar und Aramburu de Mora. Meeresfrüchte sind die lokale Spezialität. Das fantastische lokale Gebäck, darunter *carmelos*, kann man in der **Cafetería La Merced** (Calle Granada 46) probieren.

Romerijo MEERESFRÜCHTE €
(Plaza de la Herrería; Meeresfrüchte je 250 g ab 4,50 €) Dieses riesige Restaurant mit Resopaltischen ist in El Puerto schon seit Langem beliebt und besteht aus zwei Gebäuden: In dem einen werden Fische und Meeresfrüchte gekocht, in dem anderen gebraten. Was die Gäste aus den Auslagen wählen, bekommen sie im Pappkegel in die Hand gedrückt; abgerechnet wird immer pro Viertelkilo.

Casa Flores MEERESFRÜCHTE €€€
(☎956 54 35 12; www.casaflores.es; Ribera del Río 9; Gerichte 20–30 €) In diesem kachelgeschmückten Restaurant geht's recht vornehm zu. Fisch und Meeresfrüchte sind die Spezialität des Hauses, aber hier kommen auch Fleischesser auf ihre Kosten.

Casa Luís TAPAS €
(Ribera del Marisco; Tapas 3 €; ⌚Mo geschl.) In dem beliebten Lokal unweit des Flusses gibt's Fleisch- und Fischgerichte, darunter innovative Kreationen wie *paté de cabracho* (Paté vom Drachenfisch).

Ausgehen

Bodega Obregón BAR €
(Calle Zarra 51; ⌚Mo geschl.) Wer glaubt, Sherry sei nur ein Getränk für Großmütter, kann sich in rustikalen Bodegas eines Besseren belehren lassen, wo er direkt vom Fass ins Glas gefüllt wird. Sonntags zwischen 12.30 und 15 Uhr werden hier manchmal Flamenco-Shows geboten.

Praktische Informationen

Touristeninformation (☎956 54 24 13; www.turismoelpuerto.com; Calle Luna 22; ⌚Mai–Sept. 10–14 & 18–20 Uhr) Liegt von der Muelle del Vapor aus zweieinhalb Häuserblocks geradeaus.

An- & Weiterreise

Bus

Busse nach Cádiz (1,45 €, 30–40 Min.) verkehren im Halbstundentakt ab der Plaza de Toros. Vom Bahnhof (9–17-mal tgl.) und von der Stierkampfarena (6-mal tgl., nur Mo–Fr) bestehen Verbindungen nach Jerez de la Frontera (1,10 €, 20 Min.). Zudem geht's von der Arena nach Sanlúcar de Barrameda (2,05 €, 30 Min., 5–13-mal tgl.) und vom Bahnhof nach Sevilla (8,85 €, 1½ Std., 3-mal tgl.).

Schiff/Fähre

Die kleine Fähre *Adriano III*, bekannt als **El Vapor** (☎www.vapordeelpuerto.com), ist ein jahrzehntealtes Wahrzeichen von El Puerto. Sie verkehrt von Anfang Februar bis Anfang Dezember fünf- bis sechsmal täglich (Ende Sept.–Ende Mai nur Di–So) zwischen der Estación Marítima (Passagierhafen) in Cádiz und El Puerto (5 €, 45 Min.). Darüber hinaus bestehen von Cádiz (Terminal Marítima, in der Nähe des Bahnhofs) nach El Puerto (Mo–Fr 18-mal tgl., Sa 6-mal tgl., So & Feiertage 5-mal tgl.) Verbindungen mit dem schnelleren Katamaran (1,95 €, 25 Min.) des öffentlichen Verkehrsunternehmens **Consorcio de Transportes Bahía de Cádiz** (☎www.cmtbc.com). Diese Boote legen am Flussufer 400 m südwestlich (stromabwärts) der Muelle del Vapor an.

Zug

Täglich fahren bis zu 36 Züge nach Jerez de la Frontera (2,10 €, 15 Min.) und Cádiz (3,90 €, 40 Min.) und bis zu 15 nach Sevilla (10,65 €, 1½ Std.).

Sanlúcar de Barrameda

67 000 EW.

Sanlúcar gehört zu den weniger bekannten andalusischen Städten, die man aber trotzdem besuchen sollte. Warum? Zuallererst wegen seiner Gastronomie, denn an einer Straße am Meer namens Bajo de Guía werden die besten Meeresfrüchte der Region aufgetischt. Zweitens liegt Sanlúcar am nördlichen Ende des berühmten Sherry-Dreiecks. Die Bodegas in der verschlafenen

Altstadt sind weniger kommerziell und bieten eine gute Qualität. Drittens ist der Ort an der Mündung des Guadalquivir ein ruhigeres, weniger rummeliges Tor zu dem wundervollen Parque Nacional de Doñana, den man von hier vorzugsweise mit dem Boot besuchen kann.

Darüber hinaus blickt Sanlúcar auf eine stolze Seefahrtsgeschichte zurück. Sowohl Kolumbus (auf seiner dritten Seereise) als auch der Portugiese Ferdinand Magellan brachen von dieser Stadt zu ihren Entdeckungsreisen auf.

Man kann den verkehrstechnisch hervorragend angebundenen Ort auch gut im Rahmen eines Tagesausflug von Cádiz oder Jerez besuchen.

Sehenswertes

Palacio de Orleans y Borbón GRATIS PALAST
(Mo–Fr 10–14.30 Uhr) Von der Plaza del Cabildo geht's quer über die Calle Ancha zur Plaza San Roque und von hier die Calle Bretones hinauf, die sich in die Calle Cuesta de Belén verwandelt und zu diesem schönen Palast im Neo-Mudéjar-Stil führt. Das Gebäude wurde im 19. Jh. als Sommerresidenz für die Adelsfamilie Montpensier errichtet. Heute dient es als Rathaus.

Iglesia de Nuestra Señora de la O KIRCHE
(Messe 20 Uhr, Mo–Sa, 9, So 12 & 20 Uhr) Diese mittelalterliche Kirche einen Häuserblock linker Hand an der Calle Caballeros ist wegen ihres schönen gotischen Portals im Mudéjar-Stil (um 1360) und der reichen Innendekoration, darunter z. B. die reich verzierten Kassettendecken, eine echte Besonderheit unter Sanlúcars Kirchen.

Palacio de los Duques de Medina Sidonia PALAST
(956 36 01 61; www.fcmedinasidonia.com; Plaza Condes de Niebla 1; Führung 3 €; Mo–Sa 11 & 12) Die verschachtelte Residenz einer Adelsfamilie, die einst einen größeren Teil Spaniens besaß als irgendwer sonst, befindet sich neben der Iglesia de Nuestra Señora de la O. Das Gebäude stammt überwiegend aus dem 17. Jh. und beherbergt zahlreiche Antiquitäten sowie Gemälde von Goya, Zurbarán und anderen spanischen Meistern.

Castillo de Santiago BURG
(956 08 83 29; Plaza del Castillo; Führung 7 €; Di–Sa 10–13 Uhr) Von ihrem sechseckigen Torre del Homenaje (Wohnturm) bietet die restaurierte Burg aus dem 15. Jh. einen großartigen Blick. Sie liegt zwischen den Gebäuden des Sherry-Produzenten Barbadillo. Der Eintritt zum Patio de Armas ist kostenlos.

Geführte Touren

Sherry-Bodegas

Sanlúcar produziert eine eigene Sherry-ähnliche Weinsorte, den Manzanilla. Mehrere Bodegas veranstalten auch ohne Voranmeldung Führungen:

Barbadillo SHERRY-BODEGA
(956 38 55 00; www.barbadillo.com; Calle Luis de Eguilaz 11; Führungen 3 €; auf Englisch Di–Sa 11 Uhr, auf Spanisch Di–Sa 12 & 13 Uhr) Der älteste und größte Produzent. In der Bodega gleich neben der Burg gibt's ein gutes Manzanilla-Museum (Di–Sa 10–15 Uhr), das man unabhägig von einer Führung besichtigen kann.

Hidalgo-La Gitana SHERRY-BODEGA
(956 38 53 04; www.lagitana.es; Calzada del Ejército; Führungen auf Englisch & Spanisch 5 €; Mo–Fr 11 & 12, Sa 11 Uhr)

Pedro Romero SHERRY-BODEGA
(956 36 07 36; Calle Trasbolsa 84; Führungen 6 €; auf Englisch & Spanisch Mo–Sa 12, Di–Fr 17, Mo–Fr auf Deutsch 11 Uhr) Dienstags, donnerstags und samstags um 12 Uhr bietet die Bodega auch Verkostungen an (2½ Std., 20 € pro Pers.).

Parque Nacional de Doñana

Boote in den Nationalpark starten vom Bajo de Guía 750 m nordöstlich von La Calzada. Hier informiert das **Centro de Visitantes Fábrica de Hielo** (956 38 65 77; www.parquenacionaldonana.es; 9–20 Uhr) über das Schutzgebiet und zeigt Ausstellungen.

Von Bajo de Guía bieten die Unternehmen **Viajes Doñana** (956 36 25 40; Calle San Juan 20; Touren 36 € pro Pers.; Mo–Fr 9–14 & 17–20.30, Sa 10–13 Uhr) und **Viajes Correcaminos** (956 38 20 40; Calle Ramón y Cajal 4) 3½-stündige Touren in den Nationalpark an, und zwar jeweils dienstags und freitags um 8.30 und 14.30 Uhr (von Mai bis Mitte Sept. beginnen die Nachmittagsausflüge erst um 16.30 Uhr). Nach der Flussüberquerung steuert man in Geländefahrzeugen für bis zu 20 Personen mehr oder weniger dieselben Punkte an wie bei den Angeboten des El-Acebuche-Besucherzentrums. Unbedingt reichlich Mückenschutz mitnehmen!

Feste & Events

Der Sommer wird in Sanlúcar Ende Mai oder Anfang Juni mit der **Feria de la Man-**

zanilla eingeläutet und entfaltet sich im Juli und August zu voller Pracht mit Jazz-, Flamenco- und Klassikfestivals sowie Einzelkonzerten toller spanischer Bands. Im August findet hier ein einzigartiges Pferderennen statt, die **Carreras de Caballo** (www.carrerassanlucar.es): Bei den zwei- oder dreitägigen Veranstaltungen zu diesem Anlass donnern abends schnellfüßige Vollblüter über den Strand.

Schlafen

Wer zu Ferienzeiten in Sanlúcar übernachten möchte, sollte lange im Voraus buchen.

LP TIPP Hotel Posada de Palacio
HISTORISCHES HOTEL €€

(956 36 48 40; www.posadadepalacio.com; Calle Caballeros 11; EZ/DZ ab 88/109 €; P ❄ @ WLAN) Sanlúcars charmanteste Unterkunft befindet sich in einer weitläufigen Villa aus dem 18. Jh. und wartet mit hübschen Patios und Terrassen auf. Antiquitäten und einige historische Möbel schmücken die romantischen Zimmer.

Hotel Barrameda
HOTEL €€

(956 38 58 78; www.hotelbarrameda.com; Calle Ancha 10; EZ/DZ mit Frühstück 54/81 €; ❄ WLAN) Dieses Hotel mit 30 Zimmern liegt mitten im Zentrum. Die Rezeption grenzt an einen Patio und die Gästeräume verfügen über stilvolle, moderne Möbel, Marmorböden, gerahmte Kunstdrucke sowie WLAN. Außerdem gibt's eine Dachterrasse.

Tartaneros Hotel
HOTEL €€

(956 38 53 93; www.hoteltartaneros.com; Calle Tartaneros 8; EZ/DZ ab 85/100 €; P ❄) Am landwärtigen Ende der Calzada del Ejército steht diese rund 100 Jahre alte Industriellenvilla mit kuriosen Fin-de-Siècle-Artefakten und komfortablen Räumlichkeiten.

Hostal Blanca Paloma
HOTEL €

(956 3636 44; Plaza San Roque 15; EZ/DZ/3-BZ 18/30/45 €) Eine einfache Pension in toller Lage an der hübschen Plaza San Roque. Sie besitzt zehn saubere Zimmer mit zwei Gemeinschaftsbädern. In dem Café nebenan kann man gut frühstücken.

Essen

Zum Sonnenuntergang über dem Guadalquivir am Bajo de Guía fangfrische Meeresfrüchte zu schlemmen und dabei den Blick auf die Flussmündung in einem der guten Fischrestaurants zu genießen, die sich ca. 750 m nordöstlich des Zentrums aneinanderreihen – das ist ein kaum zu übertreffendes Reiseerlebnis in Spanien.

Rund um die Plaza del Cabildo und die dahinter liegende Plaza San Roque bieten etliche Cafés und Bars Manzanilla vom Fass, darunter die **Casa Balbino** (Plaza del Cabildo 11; Tapas 2–3 €), ein Muss für Tapas-Fans. Einen Besuch in der seit 1896 familiengeführten Eisdiele **Helados Artesanos Toni** (Plaza de Cabildo 2; www.heladostoni.com) sollte man sich ebenfalls nicht entgehen lassen. Hier veranschaulichen Filme, die auf einem Fernseher hinter der Theke gezeigt werden, die hohe Kunst des Eismachens.

LP TIPP Restaurante Virgen del Carmen
MEERESFRÜCHTE €€

(Bajo de Guía; Fischgerichte 9–15 €) Das vielleicht beste Restaurant am Bajo de Guía. Die riesige *parrillada de pescado* (Fisch- & Meeresfrüchte-Platte) kann man entweder *plancha* (gegrillt) oder *frito* (frittiert) bestellen. Sie enthält zahlreiche verschiedene Gerichte und kostet nur 28 € (für zwei Personen).

Cafetería Guzmán El Bueno
KAFFEE, SNACKS €

(Plaza Condes de Niebla 1; Gerichte 3–8 €; 8.30–21 Uhr, Sa & Juli–Aug. später) In dem Café des Palacio de los Duques de Medina Sidonia nimmt man zwischen antiken Möbeln und auf dicken, gemütlichen Kissen Platz. Das Angebot ist sehr einfach – es gibt Omeletts, Käse, Schinken –, aber dafür kommt man in den Genuss einer einzigartigen Atmosphäre.

Casa Bigote
MEERESFRÜCHTE €€

(Bajo de Guía 10; Fischgerichte 7–14 €; So geschl.) Das Essen in der Casa Bigote wird allseits über den grünen Klee gelobt, das gilt vor allem für die Spezialität des Hauses, *hamburguesas de bacalao con salsa* (Kabeljaufrikadellen mit Sauce) für 8,50 €.

Unterhaltung

Rund um die Calzada del Ejército und die Plaza del Cabildo stößt man auf einige muntere Musikkneipen, die im Sommer zahlreiche Konzerten veranstalten.

Praktische Informationen

Touristeninformation (www.turismosanlucar.com, auf Spanisch; Mo–Fr 10–14 & 18–20, Sa 10–12.45 & So 10–14 Uhr) Mehrsprachige und sehr hilfsbereite Mitarbeiter. Liegt an der Calzada del Ejército.

An- & Weiterreise

Von Sanlúcar fahren Busse nach El Puerto de Santa María (2,05 €, 30 Min., 5–12-mal tgl.), Cádiz (3,05 €, 1¼ Std., 5- bis 12-mal tgl.), Jerez de la Frontera (1,68 €, 30 Min., 7–15-mal tgl.) und Sevilla (7,55 €, 1½ Std., 5–10-mal tgl.).

Jerez de la Frontera

202 700 EW.

Was auch immer andere Städte für sich beanspruchen, Jerez repräsentiert Andalusien und Spanienkenner wissen das. Allerdings hat es nicht dasselbe Sendungsbewusstsein wie Sevilla und Granada. Daher besuchen viele Touristen eher berühmte Attraktionen wie die Giralda und Alhambra. Wenn sie nur wüssten, was sie verpassen! Jerez ist die Hauptstadt der andalusischen Pferdekultur, die Nummer eins im berühmten Sherry-Dreieck und – auch wenn Cádiz und Sevilla dies bestreiten – die Wiege des spanischen Flamencos. Die *bulería,* das hiesige witzige, ironische Pendant zu Sevillas tragischer *soleá,* hat ihren Ursprung in den legendären Roma-*barrios* Santiago und San Miguel. Wer dem ewig geheimnisvollen Andalusien auf die Spur kommen will, sollte seine Suche in diesen Stadtvierteln beginnen.

Sehenswertes

Real Escuela Andaluza del Arte Ecuestre — PFERDEVORFÜHRUNGEN

(☎956 31 80 08; www.realescuela.org; Avenida Duque de Abrantes; 👪) Die berühmte Königlich-Andalusische Schule der Reitkunst bildet Pferde und Reiter in der hohen Kunst des Dressurreitens aus, was man bei den öffentlichen **Trainingsstunden** (Erw./Kind 10/6 €; ⏲Sept.–Juli Mo, Mi & Fr 11–13 Uhr, Aug. Mo & Mi) miterleben kann. Darüber hinaus befindet sich hier das **Pferdekutschenmuseum** mit einer Jagdkutsche der Binder-Dynastie aus dem 18. Jh. Für die meisten Besucher ist jedoch die offizielle **exhibición** (Vorstellung; Erw./Kind 18/11,50 €, ⏲Sept.–Juli Di & Do 12 Uhr, Aug. Di, Do & Fr 12 Uhr) die Hauptattraktion, denn dann führen die imposanten Schimmel ihre Kunststückchen zu klassischer Begleitmusik vor. Tickets dafür gibt's auch online (lohnenswert wegen der starken Nachfrage).

Zoo Jerez — ZOO

(www.zoobotanicojerez.com; Calle Taxdirt; Erw./Kind 9/6 €; ⏲Okt.–April Di–So 10–18, Mai–Sept. Di–So 10–19 Uhr; 👪) In Jerez den Zoo zu besuchen ist etwa so wie in der Serengeti Flamingos beobachten zu wollen, aber falls die Kinder zu sehr quengeln: Dieser Tierpark 1 km nördlich des Stadtzentrums zählt immerhin zu den besseren in Andalusien. Hier sind 1300 Tiere untergebracht und es gibt eine Auffang- und Pflegestation für Wildtiere.

Altstadt

Alcázar — FESTUNG

(Alameda Vieja; Eintritt inkl./exkl. Camera obscura 5,40/3 €; ⏲Mo–Sa 10–20, So 10–15 Uhr) Als Startpunkt für einen Rundgang durch die Altstadt bietet sich diese Almohadenfestung aus dem 11. oder 12. Jh. an. Sie wartet mit einer schönen **Mezquita** (Moschee), die Alfonso X. 1264 zur Kapelle umbauen ließ, und eindrucksvollen **Baños Árabes** (Arabischen Bäder) sowie dem **Palacio Villavicencio** aus dem 18. Jh. auf. Im Palastturm liefert eine **Camera obscura** ein Livepanorama von Jerez mit mehrsprachigem Kommentar. Die Vorführungen laufen alle halbe Stunde bis 30 Minuten vor der Schließung.

Catedral — KATHEDRALE

(⏲Mo–Sa 11.30–13 & 18.30–20, Messe 11.30, 13.30, 19.30 & So 21 Uhr) Die Promenade rund um den Alcázar ist mit Orangenbäumen bepflanzt und bietet einen hervorragenden Blick auf die Kathedrale, die im 18. Jh. am ehemaligen Standort der Hauptmoschee von Sherish errichtet wurde.

Ein paar Straßenecken nordöstlich des Gebäudes erstreckt sich die Plaza de la Asunción mit dem ansehnlichen **Antiguo Cabildo** (Altes Rathaus) aus dem 16. Jh. und einer zauberhaften, im 15. Jh. entstandenen Mudéjar-Kirche, der **Iglesia de San Dionisio**.

LP TIPP Hammam Andalusi — HAMAM

(☎956 34 90 66; www.hammamandalusi.com; Calle Salvador 6; Bäder 18 €, mit 15 Min. Massage 28 €; ⏲10–24 Uhr) Der Hamam ist zwar nicht so authentisch wie ein marokkanisches Badehaus, punktet aber mit Innovationen wie einem Schokoladenbad (85 €). Einen Tag im Voraus reservieren.

Barrio de Santiago — VIERTEL

Nordwestlich der Plaza de la Asunción erstreckt sich das Barrio de Santiago mit seiner stattlichen *gitano*-Bevölkerung und dem hervorragenden **Museo Arqueológico** (☎956 35 01 33; Plaza del Mercado), das bei unserem Besuch noch restauriert wurde. Es soll jedoch bald wiedereröffnen. Dann kann man sich hier eine beeindruckende Sammlung lokaler Funde ansehen. Eines der Highlights ist ein griechischer Helm aus dem 7. Jh. v. Chr., der im Río Guadalete gefunden wurde. Außerdem beherbergt das Viertel das **Centro Andaluz de Flamenco** (Andalusisches Flamenco-Zentrum; http://caf.cica.es, auf Spanisch; Plaza San Juan 1; Eintritt frei; Mo–Fr 9–14 Uhr). Jerez liegt im Herzen der Achse Sevilla–Cádiz, der Wiege des Flamencos. Das Kulturzentrum dient gleichzeitig als Flamenco-Museum, -Bibliothek und -Schule und zeigt jeden Vormittag einen anderen thematisch passenden Film.

Keinesfalls verpassen sollte man die vielleicht schönste Kirche des Ortes, die gotische **Iglesia de San Miguel** (Plaza San Miguel; Messe Mo–Sa 20, So 9, 12, & 20 Uhr) aus dem 15./16. Jh. gleich südöstlich der Plaza del Arenal.

Sherry-Bodegas

Es gibt in Jerez etwa 20 Bodegas, die man fast alle auch besichtigen kann. Allerdings muss man sich bei vielen vorher telefonisch anmelden. Mehr darüber erfährt man in der Touristeninformation.

Bodegas González Byass SHERRY-BODEGA
(902 44 00 77; www.bodegastiopepe.com; Calle Manuel María González 12; Führung 10 €; 11–18 Uhr) Der Hersteller der Marke Tio Pepe und einer der größten Sherry-Produzenten residiert gleich westlich vom Alcázar. Sechs oder sieben Führungen werden täglich auf Englisch und Spanisch angeboten, ein paar auch auf Deutsch und Französisch. Man kann online reservieren.

Bodegas Tradición SHERRY-BODEGA
(956 16 86 28; www.bodegastradicion.com; Plaza Cordobeses 3; März–Juni Mo–Fr 9–18.30, Sa 10–14 Uhr, Juli & Aug. Sa 8–15 Uhr) Diese Bodega ist ebenfalls interessant, und zwar nicht nur wegen der lange gereiften Sherrys (mindestens 20 Jahre). Sie beherbergt die Colección Joaquín Rivera, eine private Kunstsammlung mit Werken von Goya, Velázquez und Zurbarán. Drei- bis viermal täglich werden Rundgänge angeboten.

Sandeman SHERRY-BODEGA
(956 31 29 95; www.sandeman.eu; Calle Pizarro 10; Führungen 6 €; Mo, Mi & Fr 11–14.15, Di & Do 10.15–14.15 Uhr) Hat täglich drei oder vier Führungen im Programm, u. a. auch auf Deutsch.

Feste & Events

In Jerez wird viel gefeiert. Einige der spektakulärsten Veranstaltungen:

Motorradrennen MOTORRADRENNEN
Der **Circuito Permanente de Velocidad** (Rennstrecke; 956 15 11 00; www.circuitodejerez.com) auf der A382, 10 km östlich der Stadt, ist jedes Jahr im März, April oder Mai Schauplatz mehrerer Motorrad- und Autorennen, darunter ein Grand-Prix-Rennen zur Motorrad-WM.

Festival de Jerez FLAMENCO
(www.festivaldejerez.es) Ende Februar oder Anfang März findet hier ein großes Flamenco-Festival statt.

Feria del Caballo PFERDE
Ende April oder in der ersten Maihälfte. Die einwöchige Pferdeschau gehört zu Andalusiens beeindruckendsten Festen. Dazu gehören Musik, Tanz, Stierkämpfe, Reiterwettbewerbe und Paraden.

Schlafen

Während der Feria del Caballo und dem Grand Prix zur Motorrad-WM verdoppeln viele Hotels ihre Preise. Ohne Reservierung geht gar nichts.

Nuevo Hotel HOTEL €
(956 33 16 00; www.nuevohotel.com; Calle Caballeros 23; EZ/DZ mit Frühstück 35/50 €;) Mit seinen komfortablen Zimmern zählt das Nuevo zu den schönsten familiengeführten Hotels in ganz Andalusien. Besonders spektakulär ist die *habitación* 208. Sie wartet mit Stuckarbeiten im islamischen Stil und Azulejos auf. Wenn man hier aufwacht, kommt man sich vor, als residiere man in der Alhambra.

Hotel Chancillería HOTEL €€
(956 30 10 38; www.hotelchancilleria.com; Calle Chancillería 21; EZ/DZ mit Frühstück 80/120 €;) Diese Unterkunft mit 14 Zimmern im atmosphärischen Barrio de Santiago ist eine großartige Ergänzung der Hotelszene von Jerez. Das mit hübschem Kunsthandwerk dekorierte Haus setzt u. a. mit aus Solarzellen beheiztem warmem Wasser und Brauchwasserrecycling auf Umweltfreundlichkeit. Außerdem ist es für Rollstuhlfahrer ausgestattet. Im Hotelrestaurant **Sabores** (956 32 98 35) hält ein hervorragender junger Küchenchef das Zepter in der Hand.

Hotel Casa Grande HOTEL €€€
(956 34 50 70; www.casagrande.com.es; Plaza de las Angustias 3; EZ/DZ/3-BZ 75/95/125 €;) In der sorgsam restaurierten und wunderbar dekorierten Villa aus den 1920er-Jahren gibt's individuell eingerich-

tete Zimmer, eine tolle Dachterrasse und ein leckeres Frühstück (10 €).

Hotel La Albarizuela HOTEL €€€
(956 34 68 62; www.hotelalbarizuela.com; Calle Honsario 6; EZ/DZ 99/139 €; P ❄) Vor allem bei einem Publikum unter 30 beliebt. Im Vergleich zu Unterkünften für eine ältere Zielgruppe wirkt das Hotel heller, minimalistischer und flippiger. Hier werden häufig erhebliche Preisnachlässe gewährt (von Mitte Okt.–Mitte April sind bis zu 60 % drin). Per E-Mail oder am Telefon bekommt man die besten Angebote.

Hotel Palacio Garvey HOTEL €€€
(956 32 67 00; www.sferahoteles.net; Calle Tornería 24; EZ/DZ 224/293 €; P ❄ @) Ein sensationell umgebauter klassizistischer Palast aus dem 19. Jh., der einer der Sherry-Familien aus Jerez gehörte und mit 16 luxuriösen Zimmern aufwartet.

Hostal/Pensión San Andrés
HOTEL, PENSIÓN €
(956 34 09 83; www.hotelsanandres.es, auf Spanisch; Calle Moreno 12; EZ/DZ 26/40 €; ❄) Diese gastfreundliche Bleibe hat drei hübsche Patios voller Pflanzen und zahlreiche Zimmer, darunter auch günstigere mit Gemeinschaftsbädern. Das *hostal* ist gemütlicher als die *pensión*.

Hostal Las Palomas HOTEL €
(956 34 37 73; www.hostal-las-palomas.com; Calle Higueras 17; EZ mit/ohne Bad 25/30 €, DZ mit/ohne Bad 25/35 €) Zu den Vorzügen des günstigen, gepflegten *hostal* mit Drei- und Vierbettzimmern zählen das dezente marokkanische Flair, künstlerische Akzente, erdige Farben und eine schöne Dachterrasse.

Essen

Durch den Handel mit Sherry flossen englische und französische Elemente in die Küche der Region ein. Jerez ist auch für sein geräuchertes und gegrilltes Fleisch sowie für seine köstlichen Fischgerichte bekannt. Im Stadtzentrum reiht sich eine gute Tapas-Bar an die andere. Am besten beginnt man mit den Fußgängerzonen nördlich der Plaza del Arenal. Etwa 500 m nördlich stößt man auf weitere hervorragende Lokale, die sich rund um die kleine Plaza Rafael Rivero verteilen. Hier kann man gegen Mittag oder ab 21.30 Uhr einkehren.

LP TIPP **Cruz Blanca** TAPAS €
(Plaza de la Yerva; Tapas 1,80/3 €) Fisch, Ei, Fleisch und Salat werden hier in Windeseile serviert. Die Tische des Restaurants stehen an einem ruhigen kleinen Platz. Der in Pesto marinierte Fisch zählt zum Besten, was man in Jerez essen kann.

La Carboná TRADITIONELL €€
(Calle San Francísco de Paula 2; Gerichte 10–16 €; Di geschl.) Dieses beliebte Lokal mit Höhlenatmosphäre, exzentrischer Speisekarte und jungen Angestellten ist in einer früheren Taverne mit Holzbalken untergebracht. Zu den Spezialitäten des Hauses gehören kantabrisches Fleisch vom Holzkohlegrill und frische Fischgerichte. Dank des vielen Sherrys geht's in dem Laden stets überaus lebhaft zu.

El Gallo Azul TRADITIONELL €€
(Calle Larga 2; raciones ab 11,50 €) El Gallo Azul (Der Blaue Hahn) befindet sich in einem Haus mit einem Sherry-Logo an seiner ringförmigen Fassade. Im ersten Stock liegt das Restaurant, im Erdgeschoss die Tapas-Bar. Man kann hier auch gut einen Kaffee trinken und ein Stück Kuchen essen, wenn die Stadt langsam aus der Siesta wiedererwacht.

Bar Juanito TAPAS €
(www.bar-juanito.com; Pescadería Vieja 8–10; Tapas ab 2,20 €, media-raciones 5–7 €) Diese Bar wetteifert mit El Gallo Azul um den Status des besten Lokals in Jerez und ist bereits seit 60 Jahren im Geschäft. Sie überzeugt mit ihrem ländlichen Ambiente und preisgekrönten Tapas (die mit Artischocken schmecken besonders lecker), sodass sie wahrscheinlich noch viele weitere gute Jahre vor sich hat.

Mesón del Asador FLEISCHGERICHTE €
(Calle Remedios 2; Tapas 2,15 €) Für Fleischliebhaber! Der Ochsenschwanz ist fantastisch, ebenso wie *solomillo* und *morcilla* (Blutwurst). An der Bar werden großzügige Tapas-Portionen serviert, aber man kann sich auch an einen der Tische setzen und sich eine komplette Mahlzeit gönnen.

La Casa del Arroz REISGERICHTE €€
(Calle Francos 10; Gerichte 9–14 €;) In diesem eleganten Laden gibt's kreativ verfeinerte Paella und andere Reisgerichte.

Mesón El Patio TRADITIONELL ANDALUSISCH €€
(Calle San Francisco de Paula 7; Gerichte 8–17 €; So abends & Mo geschl.) In dem gemütlich restaurierten Sherry-Lagerhaus mit kultiviertem Touch werden fantastische Fisch- und Fleischgerichte serviert.

Ausgehen

Ein paar Kneipen in den Gassen nördlich der Plaza del Arenal füllen sich vor allem mit Gästen unter 30: Besonders gut sind die Bierbar **Dos Deditos** (Plaza Vargas 1) und die Weinbar **La Carbonería** (Calle Letrados 7). An der **Plaza de Canterbury** (Ecke Calles Zaragoza & N de Cañas) nordöstlich des Zentrums befinden sich zwei beliebte Pubs (ein englischer und ein irischer). Spätnachts steuert das junge Publikum gern die Musikkneipen nordöstlich der Avenida de Méjico an.

Damajuana BAR
(www.damajuanacafebar.com; Calle Francos 18; ⏲Di–So 16.30–3 Uhr) Eine der beiden historischen Bars an der Calle Francos. Sie dient seit Urzeiten als Treffpunkt für Flamenco-Sänger und -Tänzer und bietet ein studentisches Ambiente, Ausstellungen sowie gelegentliche Livemusik.

Unterhaltung

Aktuelle Veranstaltungstipps gibt's bei der sehr hilfsbereiten Touristeninformation oder unter www.turismojerez.com, außerdem sollte man auf Plakate und Aushänge achten. Mehrere *peñas flamencas* (Flamenco-Lokale) heißen ernsthaft interessierte Besucher willkommen: Im Centro Andaluz de Flamenco (S. 751) kann man nach einer Liste fragen. In der wunderbaren **Peña Flamenca Los Cernicalos** (☎956 33 38 71; www.flamencodejerez.com; Calle Sancho Vizcaino 25) werden neben Vorführungen auch Gitarren- und Tanzkurse angeboten, die pro Tag/Woche 17/60 € kosten.

LP TIPP **El Lagá Tio Parrilla** FLAMENCO-BÜHNE
(Plaza del Mercado; Show & 2 Getränke 25 €; ⏲Mo–Sa 22.30 Uhr) Ein hoher Anteil an Roma unter den Darstellern und Zuschauern sorgt für die Qualität der regelmäßigen Darbietungen. Die beherzten Shows enden selten ohne fulminante Interpretationen der in Jerez allgegenwärtigen *bulería*.

Bereber FLAMENCO-BÜHNE
(www.tablaodelbereber.com; Calle Cabezas 10; ⏲16.30 Uhr–spät) Der wunderbar restaurierte Palast im Barrio de San Mateo bietet eine Mischung aus edlem und maurischem Stil sowie mehrere Patios, Räume und Bars, davon einige unter freiem Himmel. Die Show um 21 Uhr (70 €) beinhaltet ein Abendessen und Getränke.

Teatro Villamarta THEATER
(☎956 35 02 72; www.villamarta.com; Plaza Romero Martínez) Wartet mit einem abwechslungsreichen Programm von Bizet über Verdi bis zu Mozart und – natürlich – etwas Flamenco auf.

Discoteca Oxi NACHTCLUB
(www.oxixerez.es; Calle Zaragoza 20; ⏲Mi–Sa 21 Uhr–spät) Jerez' neueste Disko besetzt vier Räume und zieht ein junges Publikum an, das am Wochenende bis zum Sonnenaufgang (7 Uhr) abtanzt. Die Themennächte erfreuen sich besonders großer Beliebtheit.

Sala Audrey BAR
(www.salaaudrey.com; Calle Carmen 22; ⏲Mi–Sa 22 Uhr–spät) Eine angesagte kleine Bar, die Audrey Hepburn verehrt. DJs legen hier House, Funk oder Reggae auf.

Praktische Informationen

Ciberjerez (Calle Santa María 3, Internetzugang 1,80 € pro Std.; ⏲Mai–Sept. Mo–Sa 10–14.30 & 17.30–23, So 17–23 Uhr)

Städtische Touristeninformation (www.turismojerez.com; Alameda Cristina; ⏲Mo–Fr 9–15 & 17–18.30, Sa & So 9.30–14.30 Uhr) Kompetente mehrsprachige Mitarbeiter und eine informative Website.

Touristeninformation der Provinz (Flughafen; ⏲Mo–Fr 8.15–14 & 17–18.30 Uhr)

An- & Weiterreise

Bus

Jeden Tag verkehren 16 Busse (Sa & So 6-mal) vom Flughafen zum Busbahnhof in Jerez (1,30 €, 30 Min.). Drei davon fahren weiter zum Bahnhof von El Puerto de Santa María (vom Flughafen 1,10 €, 50 Min.) und mindestens sechs steuern den Busbahnhof Comes in Cádiz (2,85 €, 1¼ Std.) an.

Der **Busbahnhof** (☎956 33 91 61; Plaza de la Estación) befindet sich 1,3 km südöstlich vom Zentrum. Hier starten Busse nach Sevilla (7,50 €, 1¼ Std., mind. 11-mal tgl.), Sanlúcar de Barrameda (1,68 €, 30 Min., mind. 7-mal tgl.), El Puerto de Santa María (1,10 €, 20 Min., mind. 15-mal tgl.), Cádiz (2,85 €, 40 Min., mind. 9-mal tgl.), Arcos de la Frontera (2,40 €, 45 Min., mind. 13-mal tgl.), El Bosque (5,20 €, 2 Std., mind. 3-mal tgl.) und Ronda (19,50 €, 2½ Std., 3-mal tgl.).

Flughafen

Der **Flughafen** (☎956 15 00 00) liegt 7 km nordöstlich der Stadt an der NIV. Im Gebäude befinden sich Schalter von mindestens sechs Autovermietern. Zu den vielen Airlines, die hierherfliegen, gehört z. B. **Ryanair** (☎956 15 01 52) mit täglichen Verbindungen von Frankfurt und Madrid. **Iberia** (☎902 40 05 00), **Vueling**

(☎902 33 39 33) und **Spanair** (☎956 15 01 30) bieten Direktflüge von Madrid und Barcelona.

Zug

Der **Bahnhof** (☎956 34 23 19; Plaza de la Estación) liegt gleich neben dem Busbahnhof. Jeden Tag fahren bis zu 36 Züge nach El Puerto de Santa María (2,10 €, 15 Min.) und Cádiz (4,80 €, 50 Min.), außerdem gibt's zehn Verbindungen nach Sevilla (8,80 €, 1¼ Std.).

Arcos de la Frontera

29 900 EW. / 185 M

Welcher *pueblo blanco* einem am besten gefällt, ist nicht leicht zu entscheiden, denn sie sind alle sehr schön. Wenn man die Leute jedoch zu einer Antwort drängt, nennen viele Arcos, ein überdurchschnittlich großes weißes Dorf auf einem hohen, uneinnehmbaren Felsrücken, dessen schroffe Steilwände auf zwei Seiten senkrecht in die Tiefe stürzen. Neben seiner tollen Lage vor der fernen Kulisse der Sierra de Grazalema wartet es auch noch mit einer hübschen verschlafenen Altstadt, einem schicken *parador* und der bewegten Geschichte einer Grenzstadt auf. Der seltsame Touristenbus und die von ausländischen Unternehmen angebotenen Gastfamilienaufenthalte tun dem Ganzen keinen Abbruch.

Im 11. Jh. war Arcos für kurze Zeit ein unabhängiges Königreich der Berber, bevor es 1255 von dem christlichen König Alfonso X. für Sevilla erobert wurde.

Sehenswertes

In den Straßen östlich der Plaza del Cabildo sollte man sich Zeit für so schöne Bauwerke wie die **igiesia de San Pedro** (Calle Núñez de Prado; Eintritt 1 €; ⌚Mo–Sa 10–13 & 16–19, So 13.30 Uhr) nehmen. Die Kirche verfügt über gotische und barocke Stilelemente sowie ein wunderschönes Interieur und ist zudem nicht so deprimierend dunkel. Der benachbarte **Palacio Mayorazgo** aus dem 17. Jh., der heute als Gemeindezentrum dient, hat eine Renaissancefassade und hübsche Innenhöfe. Besucher dürfen gern einen Blick hineinwerfen.

Plaza del Cabildo PLATZ

Die Altstadt mit der Plaza del Cabildo im Zentrum ist geprägt von den Spuren aus vielen historischen Epochen, die das Auf und Ab der einst umkämpften Grenze zwischen christlichem und maurischem Gebiet dokumentieren. Den modernen Parkplatz sollte man einfach nicht beachten und sich stattdessen auf die schönen alten Gebäude in seiner Umgebung und den schwindelerregend hohen **mirador** (Aussichtspunkt) mit Blick über den Río Guadalete konzentrieren. Der **Castillo de los Duques** aus dem 11. Jh. ist nicht zu besichtigen, aber seine Außenwände prägen das klassische Bild von Arcos. An der Nordseite der Plaza liegt die **Basílica-Parroquia de Santa María** mit gotischen und barocken Stilelementen. Sie besitzt ein schönes Chorgestühl aus Stein und Deckenmaßwerk im isabellinischen Stil. Der **Parador Casa del Corregidor** an der Ostseite ist ein Nachbau des Hauses eines Richters aus dem 16. Jh. Hier genießt man – vorzugsweise bei einem *café con leche* (halb Kaffee, halb warme Milch) und einem Stück *torta* (Kuchen) – einen herrlichen Ausblick. Ihm gegenüber, am anderen Ende des Platzes, befindet sich ein weiterer spektakulärer *mirador*.

Geführte Touren

Einstündige Führungen zu den Baudenkmälern und hübschen Patios der Altstadt beginnen montags bis samstags jeweils um 11 Uhr vor der Touristeninformation.

Feste & Events

Semana Santa KARWOCHE

In der Karwoche ziehen Prozessionen durch die engen Gassen der Altstadt. Zu den Höhepunkten der Feierlichkeiten gehört ein haarsträubendes Stiertreiben am Ostersonntag.

Fiesta de la Virgen de las Nieves FLAMENCO

Teil der dreitägigen Festlichkeiten Anfang August ist ein toller Flamenco-Abend auf der Plaza del Cabildo.

Feria de San Miguel PATRONATSFEST

Arcos feiert Ende September seinen Schutzpatron, den heiligen Michael, mit einem viertägigen Volksfest.

Schlafen

LP TIPP **Parador Casa del Corregidor** HISTORISCHES HOTEL €€€

(☎956 70 05 00; www.parador.es; Plaza del Cabildo; Zi. ab 155 €; ❄@🛜) Das Highlight dieses Hotels ist das Restaurant in einem Innenhof voller Palmen und mit plätscherndem Wasser. Die Zimmer sind komfortabel, aber nicht pompös und der Blick von der Lounge und den teureren Räumlichkeiten geht scheinbar endlos in die Ferne.

Hotel El Convento HOTEL €€
(☎956 70 23 33; www.hotelelconvento.es; Calle Maldonado 2; EZ/DZ mit Frühstück ab 55/70 €; ❄@) Sicherlich haben die Nonnen, die früher in diesem wunderschönen Kloster aus dem 17. Jh. lebten, die umwerfende Aussicht genossen. Inzwischen wurde das Gebäude in ein etwas kitschiges Hotel umgewandelt, das über ein mit Azulejos gekacheltes Zimmer zu Ehren von Rick Steves verfügt.

Hotel Marques de Torresoto HOTEL €
(☎956 70 07 17; www.hotelmarquesdetorresoto.com; Calle Marqués de Torresoto 4; EZ/DZ 35/50 €; ❄) Ein echtes Schnäppchen. Hinter dem großen Eingang im dschungelähnlichen Hof liegen 15 preisgünstige einfache und kurios geschnittene Zimmer.

Hotel Real de Veas HOTEL €€
(☎956 71 73 70; www.hotelrealdeveas.com; Calle Corredera 12; EZ/DZ mit Frühstück 55/70 €; ❄@) Eine wunderbare Wahl. Das Hotel liegt in einem liebevoll restaurierten Haus und verfügt über einen glasüberdachten Patio, um den sich zwölf angenehm kühle und komfortable Zimmer gruppieren. Dies ist eine der wenigen Unterkünfte in Arcos, die gut mit dem Auto zu erreichen sind.

Hostal San Marcos HOTEL €
(☎956 70 07 21; Calle Marqués de Torresoto 6; EZ/DZ 35/45 €; ❄) Das schlichte *hostal* in der Altstadt hat vier hübsche Zimmer und eine Dachterrasse. Im dazugehörenden Restaurant trifft man auf herrlich schrullige Menschen.

Essen

LP TIPP La Taberna de Boabdil
MAROKKANISCH, INTERNATIONAL €€
(Paseo de los Boliches 35; Degustationsmenüs 18 €; ⌚10–24 Uhr, Di geschl.) Ein Besuch in Arcos lohnt sich schon allein wegen dieses atmosphärischen maurischen Restaurants in einer Höhle, die schon zu Urzeiten bewohnt war (nicht dass man dafür einen Vorwand bräuchte). Das Essen ist so erlesen wie die Einrichtung und die Atmosphäre wird mit fortschreitender Stunde immer besser.

Mesón Don Fernando ANDALUSISCH €
(Calle Boticas 5; Gerichte 9–11 €, ⌚Mo geschl.) Oben im Gassengewirr der Altstadt lockt diese Gaststätte mit einer lebhaften spanischen Atmosphäre. Hier kann man sich an Kanincheneintopf und Rehsteaks erfreuen und draußen an den Tischen die Abendbrise genießen. Nebenan befindet sich ein weiteres gutes Restaurant.

Praktische Informationen

Die **Touristeninformation** (Plaza del Cabildo; ⌚Mo–Fr 10–14.30 & 17.30–20, Sa 10.30–13.30 & 17–19, So 10.30–13.30 Uhr) liegt am Hauptplatz in der Altstadt. Darüber hinaus gibt's einen **Infostand für Touristen** (Paseo de Andalucía).

Banken und Geldautomaten findet man an der Calle Debajo del Corral und der Calle Corredera.

An- & Weiterreise

Vom **Busbahnhof** (Calle Corregidores) fahren Busse nach Jerez (2,48 €, 45 Min., 12–15-mal tgl.), Cádiz (5,59 €, 1¼ Std., 5-mal tgl.), Ronda (8,20 €, 2 Std., 3-mal tgl.) und Sevilla (7,65 €, 2 Std., 2-mal tgl.). Samstags und sonntags verkehren sie auf einigen Strecken seltener.

Parque Natural Sierra de Grazalema & Umgebung

Von allen andalusischen Naturschutzgebieten ist der Parque Natural Sierra de Grazalema am besten zugänglich und für Ausflüge aufs Land geeignet. Seine Hügel sind zwar nicht so beeindruckend hoch wie die Sierra Nevada, erheben sich aber urplötzlich aus der Ebene nordöstlich von Cádiz. Hier gibt's tiefe Schluchten, wilde Orchideen und heftige Regenfälle (neben Galicien und Kantabrien ist dies mit 2000 mm durchschnittlichem Niederschlag pro Jahr der feuchteste Teil Spaniens). Das Grazalema-Gebiet eignet sich auch wunderbar zum Wandern (vor allem im Mai, Juni, September und Oktober), außerdem können sich abenteuerlustige Traveller über zahlreiche Möglichkeiten zum Klettern, Erforschen von Höhlen, Kanufahren, Kajakfahren und Gleitschirmfliegen freuen.

Der Park erstreckt sich Richtung Nordwesten bis in die Provinz Málaga, deren Cueva de la Pileta (S. 786) ebenfalls noch dazu gehört. In El Bosque 20 km östlich von Grazalema bietet das **Centro de Visitantes** (☎956 72 70 29; www.juntadeandalucia.es; Avenida de la Diputación; ⌚Mo–Sa 10–14 & 18–20, So 9–14 Uhr) Informationen für Parkbesucher und zeigt ein paar Exponate.

GRAZALEMA

2240 EW. / 825 M

Grazalema ist vollkommen zu Recht die beliebteste Ausgangsbasis für Traveller in der Sierra. Das Dorf mit seinen roten Dächern, das sich unter einen riesigen Fels schmiegt, wartet mit einer geradezu märchenhaften Schönheit auf. Zu den typischen Handwerksprodukten der Gegend gehören Decken und Teppiche aus reiner Wolle.

Im Mittelpunkt des Ortes erstreckt sich die hübsche Plaza de España mit der Iglesia de la Aurora aus dem 18. Jh. und der **Touristeninformation** (☎956 13 20 73; ⊙10–14 & 16–21 Uhr). Letztere verfügt über einen Laden, in dem lokale Produkte verkauft werden. Auf dem Platz gibt's zwei Banken mit Geldautomaten.

Aktivitäten

Man befindet sich in einem Wandergebiet und sollte das auch nutzen. Gute Informationen zu Trekkingrouten bekommt man in der Touristeninformation. Vier der besten Wege (darunter die 12,5 km lange El-Pinsapar-Wanderung durch Spaniens am besten erhaltenen Tannenwald) verlaufen durch begrenzt zugängliche Gebiete, deshalb muss man sich vor einer Tour im Besucherzentrum von El Bosque anmelden. Die spektakulärste der frei zugänglichen Strecken ist der 7,2 km lange **Sendero Salto del Cabrero** zwischen Grazalema und Benaocaz. Er führt über den Puerto del Boyar und überquert die Westseite der Sierra del Endrinal. Unterwegs kann man nach seltenen wilden Orchideen Ausschau halten.

Horizon ABENTEUERTOUREN
(☎956 13 23 63; www.horizonaventura.com; Calle Corrales Terceros 29) Das Angebot des erfahrenen Veranstalters für Abenteuersportarten reicht von Klettertouren über Bungee-Jumping und Canyoning bis zu Höhlentouren, Paragliding und Wandern, alles auch mit englischsprachigen Führern. Zudem werden geführte Wanderungen über El Pinsapar sowie andere Strecken angeboten.

Schlafen & Essen

La Mejorana HOTEL €
(☎956 13 23 27; www.lamejorana.net; Calle Santa Clara 6; Zi. mit Frühstück 58 €; @) Liegt versteckt im oberen Teil des Dorfs und gilt als Traumhotel für ein romantisches Wochenende. Es gibt insgesamt fünf Zimmer mit einem wunderbar spanischen Flair. Unter schattigen Grünpflanzen versteckt sich ein einladender Pool.

Mesón El Simancón ANDALUSISCH €
(Plaza Asomaderos; Gerichte 6–15 €, Menü 12,90 €; ⊙Di geschl.) Rund um die Plaza de España und in der Calle Agua stößt man auf zahlreiche Lokale und Bars. Das Simancón befindet sich gleich am Parkplatz und wartet mit Leckereien wie Schinken, Rindfleisch, Wachteln, Reh, Wildschwein und verschiedenen *revueltos* (Gerichte mit Rührei) auf.

ZAHARA DE LA SIERRA

1600 EW. / 550 M

Das zerklüftete Zahara, das sich an einen schwindelerregenden Steilhang am Fuß der Sierra de Grazalema schmiegt, steckt voller maurischer Geheimnisse. Im 14. und 15. Jh. lag es mehr als 150 Jahre lang an der alten mittelalterlichen Grenze zum christlichen Olvera, das man in der Ferne sieht. Der Ort hat alle guten Eigenschaften eines klassischen weißen Dorfs und erfreut sich daher einer großen Beliebtheit. Wer allerdings in der Siesta-Zeit am Nachmittag herkommt, kann eine Stecknadel fallen hören.

Eine abschüssige Straße über den steilen, 1331 m hoch gelegenen Puerto de los Palomas (Pass der Tauben) verbindet Zahara mit Grazalema (18 km). Die aufregende Fahrt führt über ein paar spektakuläre Serpentinen (auch mit dem Fahrrad möglich).

Die Dorfgassen laden zur Erkundung ein: Überall locken schöne Ausblicke zwischen hohen Palmen, rosafarbenen Bougainvilleen und prallen Orangenbäumen. Der steile Weg schräg gegenüber dem Hotel Arco de la Villa führt in 10 bis 15 Minuten hoch zum **Burgturm** aus dem 12. Jh. 1481 eroberte Abu al-Hasan von Granada die Festung mit einem nächtlichen Blitzangriff von den Christen zurück. Das wiederum brachte die Katholischen Könige dazu, die letzte Phase der Reconquista einzuläuten, die mit dem Fall Granadas endete.

Al-qutun (☎956 13 78 82; www.al-qutun.com; Calle Arrabalería, Algodonales) in Algodonales, 7 km nördlich von Zahara, organisiert Abenteuertouren wie Canyoning, Wanderungen, Kajaktrips, Paragliding sowie Höhlen- und Kletterausflüge. Genaueres erfährt man beim Veranstalter. Ausritte können über **Rutas a Caballo Santiago** (☎608 840376; www.zaharadelasierra.info/caballos) organisiert werden.

Es gibt im Ort mehrere Übernachtungsmöglichkeiten, z. B. im **Hostal Marqués de Zahara** (☎/Fax 956 12 30 61; www.marquesdezahara.com; Calle San Juan 3; Zi. mit Frühstück 50 €), einer weitläufigen alte Herberge, die schon bessere Tage gesehen hat.

Die 17 Zimmer des modernen **Hotel Arco de la Villa** (☎956 12 32 30; www.tugasa.com; Paseo Nazarí; EZ/DZ 35/59 €; P), das teilweise in den Fels gebaut ist, bieten tolle Ausblicke, aber kaum ländliches Ambiente.

VÍA VERDE DE LA SIERRA

Eine der zukunftsweisenden Umweltinitiativen in Spanien sind die sogenannten Vía Verdes (Grüne Wege), alte Eisenbahnstrecken, die in verkehrsberuhigte Wege für Radfahrer, Wanderer, Reiter und Rollstuhlfahrer umfunktioniert wurden. In Andalusien gibt's derzeit zwölf Routen, wobei die **Vía Verde de la Sierra** zwischen Olvera und Puerto Serrano die größte Beliebtheit genießt. Neben einer wilden, felsigen Landschaft bietet sie auf 36 km vier spektakuläre Viadukte, 30 Tunnel und drei alte Bahnhöfe, die inzwischen als Hotels dienen. Paradoxerweise wurde die Eisenbahnlinie, der dieser grüne Weg folgt, nie fertiggestellt. Der Bau begann in den 1920er-Jahren auf der Strecke von Jerez nach Almargen. Während der Weltwirtschaftskrise 1929 machten die privaten Träger des Projekts pleite und die Strecke wurde nie in Betrieb genommen. Nachdem sie Jahrzehnte brachlag, wurde sie Anfang dieses Jahrtausends restauriert.

Das einzigartige **Hotel/Restaurant Estación Verde** (☎661 46 32 07; EZ/DZ/Apt. 30/50/130 €; Restaurant Mo geschl.) am Rand von Olvera ist ein idealer Startpunkt. Hier kann man für 15 € pro Tag Fahrräder mieten. Für weitere 15 € organisieren die Besitzer den Rücktransport mit dem Taxi vom anderen Ende.

Ein Highlight der Vía Verde ist der **Peñon de Zaframagon**, ein markanter Steilhang, an dem Gänsegeier nisten. Dank dem neuen **Informationszentrum** (Erw./Kind 2/1 €; ⏲10–16 Uhr) auf der Route kann man die Vögel aus der Nähe beobachten.

Im **Restaurante Los Naranjos** (Calle San Juan 12; Gerichte 8–12 €; ⏲9–23 Uhr) werden herzhafte Gerichte zubereitet, die man drinnen oder draußen unter den Orangenbäumen verspeisen kann. Das Lokal hat schon viele Wanderer und Radfahrer vor der kompletten Erschöpfung bewahrt.

Im Dorfzentrum erstreckt sich die Calle San Juan, an der man eine hilfreichen Infostelle des Naturparks **Punto de Información Zahara de la Sierra** (Plaza del Rey 3; ⏲9–14 & 16–19 Uhr) findet.

OLVERA

In Olvera, bis Mitte des 19. Jh. Zufluchtsort für viele Verbrecher, gibt's heute spanienweit die meisten Genossenschaften landwirtschaftlicher Familienbetriebe. Das weiße Dorf ist auch für das hier hergestellte Olivenöl, eine Kirche im Renaissancestil und eine bewegte Geschichte bekannt, die bis zu den Römern zurückgeht.

Die auf dem Standort einer älteren Kirche errichtete neoklassizistische **Iglesia Parroquial Nuestra Señora de la Encarnación** (Plaza de la Iglesia; ⏲So Messe) wurde von den Herzögen von Osuna in Auftrag gegeben und 1843 fertiggestellt. Über ihr thront eine Nasridenfestung aus dem 12. Jh., der **Castillo Árabe** (⏲Di, Do, Sa & So 9–14 Uhr). Im benachbarten **La Cilla** (⏲Di–So 10.30–14 & 16–18, Mai–Sept. bis 19 Uhr), einem alten Getreidespeicher, sind das faszinierende **Museo La Frontera y los Castillos**, das **Vía-Verde-de-la-Sierra-Interpretationszentrum**, das über die Geschichte des nahe gelegenen Fahrradwegs informiert, sowie die **Touristeninformation** untergebracht. Alle haben dieselben Öffnungszeiten.

Wer im Ort übernachten möchte, kann im **Hotel/Restaurant Estación Verde** einchecken. Bars und Restaurants findet man in der Avenida Julian Besteiro.

SETENIL DE LAS BODEGAS

Während sich die meisten anderen weißen Dörfer durch die Lage auf Felsmassiven Schutz versprachen, taten die Bewohner von Setenil das Gegenteil: Sie verbargen sich in den dunklen Höhlen neben den Steilhängen des Flusses Trejo. Ihre Strategie funktionierte recht gut: 15 Tage lang belagerte die christliche Armee 1484 den Ort, bevor die Mauren ihren gut verteidigten Standort aufgaben. Viele der früheren Höhlenwohnungen sind erhalten, einige werden als Bars und Restaurants genutzt. Weiter draußen kann man auf einem 6 km langen Weg (der Ruta de los Molinos) an mehreren alten Mühlen vorbei zum Dorf Alcalá del Valle wandern.

Nahe dem höchsten Punkt des Dorfs erhebt sich die **Burg** aus dem 12. Jh. (unregelmäßige Öffnungszeiten; bei der Touristeninformation nachfragen), die die Christen acht Jahre vor Granadas Fall einnahmen.

In Setenil gibt's erstklassige Tapas-Bars. Bei der Erkundung des einzigartigen Ortes kann man dort eine Pause einlegen. Am besten beginnt man im **Restaurante Palermo** (Plaza de Andalucía) und arbeitet sich von dort hinunter.

Die **Touristeninformation** (Calle Villa; ⌚Di–So 10–16 Uhr) befindet sich in der Casa Consistorial aus dem 16. Jh., die eine seltene Holzdecke im Mudéjar-Stil besitzt.

An- & Weiterreise

Busse von **Los Amarillos** (☎902 21 03 17) fahren von Jerez (5,75 €, 2 Std., 6-mal tgl.) und Arcos (2,55 €, 1 Std., 11-mal tgl.) nach El Bosque. Von hier geht's montags bis samstags um 15.30 Uhr weiter nach Grazalema (2,10 €, 30 Min.). Verbindungen von Grazalema nach Ronda (2,45 €, 45 Min.) bestehen um 8.15 und freitags um 16.15 Uhr.

Setenil de las Bodegas wird von Bussen aus Jerez (8,88 €, 2½ Std., 2-mal tgl.), Málaga (9,16 €, 2½ Std., 2-mal tgl.) und Olvera (1,17 €, 25 Min., 3-mal tgl.) angesteuert. Zudem fahren die Busse aus Jerez und Málaga auch nach Olvera. Zwischen Zahara und Grazalema gibt's keine Verbindung.

Südliche Costa de la Luz

Wenn man von der Costa del Sol an die Costa de la Luz kommt, ist das so ähnlich, als würde man in einem Raum voller Menschen ein Fenster öffnen, um das erste Sonnenlicht des Morgens hineinzulassen. Hier gibt's weder geschmacklose Ferienanlagen noch planlose Bebauung und urplötzlich kann man wieder frei atmen. Hier präsentiert sich das Land von seiner authentischen Seite. In der Gegend leben zahlreiche Bauern, die flache Kappen tragen, man sieht jede Menge Dominospieler und grasende Kühe, und nach der Sonntagsmesse ist ein trockener Sherry ein echtes Muss. Am besten fragt man nicht lange danach, warum diese breiten, goldgelben Sandstrände und spektakulär gelegenen weißen Dörfer so wenig Touristen anziehen, sondern kommt schnell hierher und genießt, solange das noch geht.

VEJER DE LA FRONTERA

12 800 EW. / 190 M

Für das zauberhafte Vejer gehen einem die Adjektive aus. Dieses ruhige, kompakte weiße Dorf, das oberhalb der stark befahrenen N 340 etwa 50 km südlich von Cádiz auf einem Felsen thront, ist etwas ganz Besonderes. Natürlich gibt's auch hier ein kühles Labyrinth aus verwinkelten Gassen, ein paar Aussichtspunkte und eine Burgruine. Aber Vejer hat noch etwas anderes an sich: Lebensfreude, ein geheimnisvolles Flair und einen kaum wahrnehmbaren Hauch *duende* (s. S. 810).

Sehenswertes

Auf der **Plaza de España** steht ein fantastischer gekachelter Brunnen im sevillanischen Terrakottastil. Außerdem stößt man hier auf ein paar überraschend gute Lokale.

GRATIS **Burg** BURG

(⌚Juni–Sept. ca. 10–21 Uhr) Vejers stark umgebaute Burg bietet von ihren Zinnen großartige Ausblicke. Das kleine Museum mit unregelmäßigen Öffnungszeiten zeigt einen der schwarzen Umhänge, den die Dorffrauen noch vor wenigen Jahrzehnten trugen. Diese verhüllten alles bis auf ihre Augen.

Casa de Mayorazgo BURG

(Calléjon de la Villa; Eintritt Spende erbeten) Von den zahlreichen Aussichtspunkten ist der Blick von diesen drei Türmen der beste. Zudem wartet die Casa de Mayorazgo mit einem hübschen Innenhof auf.

Schlafen & Essen

Drei weitere Gründe, um nach Vejer zu kommen:

LP TIPP **Hotel La Casa del Califa** HOTEL, MAROKKANISCH €€

(☎956 44 77 30; www.lacasadelcalifa.com; Plaza de España 16; EZ/DZ mit Frühstück 73/86 €; ❄@) Das hübsche mehrstöckige Hotel hat jede Menge Flair. Seine im maurischen Stil dekorierten Zimmer sind ruhig und komfortabel. Der spezielle „Emir"-Service (43 €) beinhaltet frische Blumen, Schokolade und Sekt. Unten befindet sich das erstklassige arabische Restaurant **El Jardín del Califa** (Gerichte 8–16 €; ✎).

La Botica de Vejer HOTEL €€

(☎956 45 02 25, 617 477636; www.laboticadevejer.com; Calle Canalejas 13; EZ/DZ mit Frühstück 80/90 €; ❄@) Man öffne die Fensterläden und schaue hinaus: Bei einem solchen Blick spielt die Einrichtung kaum eine Rolle, wobei sie in diesem Fall minimalistisch elegant ist. Unten gibt's einen stimmungsvollen Patio. Hier wird das Frühstück serviert und man kann sich mit den kenntnisreichen Besitzern unterhalten.

Restaurante Trafalgar ANDALUSISCH €€

(Plaza de España 31; Gerichte 11–18 €) Das Restaurant an der lebhaften Plaza de

España serviert Cádiz-typische Fisch-, Meeresfrüchte- und Fleischgerichte.

☆ Unterhaltung

Peña Cultural Flamenca „El Aguilar de Vejer" FLAMENCO-BAR
(Calle Rosario 29; Verzehr 3 €) Eines der Highlights von Vejer ist seine wundervolle Flamenco-Szene. Diese stimmungsvolle Altstadtbar wartet mit besonders guten Shows auf.

Praktische Informationen

Busse halten neben der **Touristeninformation** (www.turismovejer.com; Avenida Los Remedios 2; tgl. 10–14, ca. Mai–Okt. Mo–Sa 18–20 Uhr) etwa 500 m unterhalb des Ortszentrums. Hier gibt's auch einen großen kostenlosen Parkplatz.

An- & Weiterreise

Von der Avenida Los Remedios fahren fünf- bis sechsmal täglich Busse nach Cádiz (4,85 €, 50 Min.). Die Busse nach Tarifa (3,71 €, 45 Min., ca. 10-mal tgl.), Algeciras (5,84 €, 1¼ Std., 10-mal tgl.), Jerez de la Frontera (5,88 €, 1½ Std., 2-mal tgl.), Málaga (16 €, 2¾ Std., 2-mal tgl.) und Sevilla (12,59 €, 2¼ Std., 4-mal tgl.) halten in La Barca de Vejer, am Fuß des Bergs an der N340. Von dort sind es 20 anstrengende Gehminuten hinauf zur Stadt; eine Fahrt mit dem Taxi kostet 6 €.

LOS CAÑOS DE MECA

200 EW.

Dieses relaxte ehemalige Hippierefugium erstreckt sich entlang spektakulärer langer Strände südwestlich von Vejer und zieht als Schwulenhochburg mit FKK-Stränden immer noch ein sehr alternatives, hedonistisches Szenepublikum an, besonders im Sommer. Surfen, Reiten und Wandern im nahen Parque Natural de la Breña y Marismas de Barbate gehören zu den zahlreichen Möglichkeiten für Aktivurlauber.

Am Westende des Ortes führt eine Nebenstraße auf eine unscheinbare Landzunge zu einem Leuchtturm mit berühmtem Namen, dem **Cabo de Trafalgar**, der den Schauplatz der gleichnamigen Schlacht kennzeichnet. Der Strand unterhalb der Klippen, die **Playa del Faro**, ist bei Nudisten beliebt.

Der lange Sandstreifen in **El Palmar** etwa 5 km weiter an der Küste im Nordwesten von Los Caños wartet von Oktober bis Mai mit den besten Wellen für Surfer an der gesamten andalusischen Küste auf. Mehrere Anbieter verleihen Bretter und geben Kurse, z. B. die ganzjährig geöffnete **Escuela de Surf 9 Pies** (620 104241; www.9piesescueladesurf.com, auf Spanisch; Brett & Anzug für 2/4 Std. 12/20 €, Kurse 2/4 Std. 27/52 €) am nördlichen Strandende. **Trafalgar Surf** (666 942849; www.trafalgarsurftrip.com; Anfängerkurs ab 35 €) hat tagsüber Kurse auf Englisch im Programm. Teilnehmer werden von allen Standorten an der Küste zwischen Los Caños bis La Barrosa kostenlos abgeholt.

Schlafen & Essen

Unterkünfte findet man auch unter www.playasdetrafalgar.com oder www.placerdetrafalgar.com.

Hostal Mini-Golf HOTEL €€
(956 43 70 83; www.hostalminigolf.com; Avenida Trafalgar 251; EZ/DZ 50/70 €; P ❄) Ein günstiges Hotel gegenüber der Abzweigung zum Cabo de Trafalgar mit einem schlichten, authentischen Patio, einem Café, einem Minigolfplatz im Vorgarten und frischen, sauberen Zimmern inklusive Fernseher und Heizung.

Hotel Madreselva HOTEL €€
(956 43 72 55; www.madreselvahotel.com; Avenida Trafalgar 102; EZ/DZ mit Frühstück 80/98 €; Nov.–Febr. geschl.; P ❄) Die 18 Zimmer dieses künstlerisch gestalteten Hauses haben eigene Garten-Patios. Es gibt einen schönen Pool und man kann Mountainbiketouren, Ausritte sowie Surfausflüge buchen.

El Pirata MEERESFRÜCHTE €€
(Avenida Trafalgar 67; Gerichte 9–13 €; ganzjährig) So wie es aussieht, ist dieses Lokal am Strand ein Treffpunkt für alle Genießer in Caños. Mittags kommt man in den Genuss hervorragender Meeresfrüchte, während man hier abends Musik hört und tanzen kann. Die Tanzfläche erweitert sich oft bis zum Strand.

La Pequeña Lulu CAFÉ, BAR €
(Avenida Trafalgar 2; Gerichte 6–15 €) Eine hippe, französisch geführte Café-Bar am östlichen Ortsende, die auf einer hübschen Terrasse hervorragende leichte Gerichte von Crêpes bis zu Couscous serviert.

Ausgehen & Unterhaltung

Zu den besten Locations zählen das **Los Castillejos** (Ostern–Okt.) am östlichen Ende der Avenida Trafalgar und das relaxte **Las Dunas** (ganzjährig) an der Straße zum Cabo de Trafalgar. Ab Mitternacht wird in beiden Läden oft Livemusik geboten. Sie schließen um 2 oder 3 Uhr.

An- & Weiterreise

Montags bis freitags fahren zwei Comes-Busse von Cádiz (5 €, 1¼ Std.) nach El Palmar (4,53 €, 1¼ Std.) und Los Caños (4,99 €, 1½ Std.). Zudem verkehrt morgens ein Bus von Vejer nach Los Caños. Von Mitte Juni bis Anfang September gibt's oft zusätzliche Verbindungen nach Cádiz sowie nach Sevilla.

ZAHARA DE LOS ATUNES

1200 EW.

Zahara befindet sich in der Mitte eines breiten, 12 km langen Sandstrands. Hier stößt man auch auf den bröckelnden alten Castillo de las Almadrabas, eine frühere Zuflucht gegen Piratenangriffe und Lager der einheimischen Fischer. Heute liegt die nächste Thunfischflotte in Barbate. Mit seinem altmodischen Ortskern aus engen Gässchen rund um die Burgruine hat sich Zahara zum angesagten Sommerresort der Spanier gemausert, das ein familienfreundlicheres Ambiente hat als Los Caños de Meca. Das Südende dieses Dorfs, bekannt als Atlanterra, wurde nicht besonders hübsch ausgebaut, aber es lohnt sich trotzdem, die urigen Strände und Wanderwege dahinter zu erkunden.

Schlafen & Essen

Fast alle Restaurants im älteren Ortteil liegen in der Nähe der Plaza de Tamarón und des Hotel Doña Lola und bieten ganz ähnliche andalusische Gerichte an.

Hotels Almadraba & Almadrabeta HOTEL €€

(☎956 43 92 74; www.hotelesalmadraba.es; Calle María Luisa 13 & 15; EZ/DZ Almadraba 65/80 €, Almadrabeta 45/70 €; P ❄) Diese beiden benachbarten Hotels haben dasselbe Management und 25 schlichte, aber angenehme Zimmer mit TV und einer Heizung (für den Winter). Das Restaurant ist auf Fisch- und Fleischgerichte spezialisiert und zählt zu Zaharas besten Lokalen.

Camping Bahía de la Plata CAMPINGPLATZ €

(☎956 43 90 40; www.campingbahiadelaplata.com; Carretera de Atlanterra; Stellplatz pro Erw./Zelt/Auto 7/8/4,50 €, Bungalow 120 €) Ein guter, von Bäumen gesäumter Campingplatz in Strandlage am südlichen Ortsende.

Restaurante La Jabega MEERESFRÜCHTE €€€

(Calle Tomillo 7; raciones 10–13 €, Gerichte 9–30 €) Das Jabega liegt nördlich des Hotel Gran Sol hinter dem Strand und ist berühmt für seine leckeren Meeresfrüchte, darunter die köstlichen *albóndigas de choco* (Sepia-Bällchen).

An- & Weiterreise

Comes bietet Busverbindungen von Cádiz (6,55 €, 2 Std., mind. 3-mal tgl.) über Vejer de la Frontera und Barbate nach Tarifa (3,37 €, 40 Min.) an. Von Mitte Juni bis September verkehren die Busse häufiger.

Tarifa

17 200 EW.

Das kleine Tarifa an der südlichsten Spitze der Costa de la Luz stimmt ideal auf das Strand-Nirwana weiter nördlich ein. Es ist zwar kein unentdecktes Paradies, aber seine Besucher tragen wahrscheinlich eher Surfbretter als Bügelfalten, sodass die Stimmung locker ist und die Hotels und Restaurants preislich im Rahmen liegen. Tarifas windgepeitschte, labyrinthartige, weiß getünchte Altstadt hat ein wenig von einer marokkanischen Medina, während die Strände für Kitesurfer so viel bedeuten wie das Bernabéu-Stadion für Fans von Real Madrid. 15 km entfernt, auf der anderen Seite der Meerenge, liegt Afrika, das man in nur 35 Bootsminuten erreicht. Traveller, die das Land besuchen wollen, können einen kurzen, aber schönen Tagesausflug nach Tanger unternehmen.

Tarifa verdankt seinen Namen Tariq ibn Malik, der 710 n. Chr. einen muslimischen Angriff anführte, ein Jahr vor der großen islamischen Invasion zur Eroberung der Iberischen Halbinsel.

Sehenswertes

Altstadt ALTSTADT

Einen Bummel durch die engen Gassen der Altstadt, die größtenteils maurischen Ursprungs ist, stimmt auf Marokko ein. Die **Puerta de Jerez** im Mudéjar-Stil entstand nach der Reconquista und auch der kleine, wuselige **Markt** (Calle Colón) lohnt einen Besuch, bevor es durch die verwinkelten Gassen zur **Iglesia de San Mateo** (Calle Sancho IV El Bravo; ⏲9–13 & 17.30–20.30 Uhr) geht. Südlich von der Kirche bietet der **Mirador El Estrecho** auf der Burgmauer einen spektakulären Blick hinüber in das nur 14 km entfernte Afrika.

Castillo de Guzmán BURG

(Calle Guzmán El Bueno; Eintritt 2 €; ⏲11–16 Uhr) Die ursprünglich 960 auf Befehl des Kalifen von Córdoba Abd ar-Rahman III. erbaute Festung wurde nach Guzmán El Bueno be-

NICHT VERSÄUMEN

BAELO CLAUDIA

Das kleine **Bolonia** schmiegt sich an eine schöne Bucht 20 km nordwestlich von Tarifa. In dem Dorf findet man die vollständigsten Überreste einer römischen Siedlung in Spanien: **Baelo Claudia** (956 10 67 97; Erw./EU-Bürger 1,50 €/frei; Di–Sa 10–20, So & Feiertage 10–14 Uhr). Zu dieser Stätte, die einen hübschen Blick über das Meer nach Afrika bietet, gehören ein Theater, in dem manchmal Stücke aufgeführt werden, ein Markt, Forum, Tempel und Werkstätten zur Herstellung der Produkte, die Baelo Claudia in der römischen Welt berühmt machten: Salzfisch und *garum*, eine beliebte Sauce aus Fischinnereien. Vor Kurzem wurde hier außerdem ein gutes Museum eröffnet.

Baelo Claudia erlebte seine Blütezeit im 1. Jh. n. Chr. während der Regierungszeit von Kaiser Claudius (41–54 n. Chr.).

Eine hügelige, 7 km lange Nebenstraße nach Bolonia zweigt 15 km von Tarifa Richtung Westen von der N 340 ab. Einige Busse fahren im Juli und August täglich von Tarifa nach Bolonia.

nannt, einem Helden der Reconquista. Als die Muslime 1294 versuchten, Tarifa von den Christen zurückzuerobern und El Bueno mit dem Tod seines gefangen genommenen Sohns drohten, falls er die Burg nicht übergebe, warf er ihnen seinen eigenen Dolch hinunter, um damit die Tat zu vollbringen. Guzmáns Nachfahren waren die Herzöge von Medina Sidonia, eine der mächtigsten Familien in Spanien. Eintrittskarten für die Burg bekommt man in der Touristeninformation.

Aktivitäten

Strände — STRÄNDE

Auf der Landenge zur Isla de las Palomas liegt die kleine **Playa Chica**. Die **Playa de los Lances** ist um einiges spektakulärer. Sie erstreckt sich 10 km nordwestlich bis zu der großen Sanddüne an der Bucht **Ensenada de Valdevaqueros**.

Kite- & Windsurfen — KITESURFEN, WINDSURFEN

Am meisten los ist an der Küste zwischen Tarifa und Punta Paloma 11 km nordwestlich. Wo die besten Spots sind, hängt von den Winden und den Gezeiten ab. El Porro an der Ensenada de Valdevaqueros gehört zu den beliebtesten Stränden, denn hier gibt's genug Parkplätze. Wind- und Kitesurfen sind ganzjährig möglich, aber die beste Zeit ist von April bis Oktober.

Tarifa beherbergt rund 30 Wind- und Kitesurfschulen, viele haben ihre Büros oder Läden entlang der Calle Batalla del Salado oder an der Calle Mar Adriático. Andere liegen an der Küste. Ein Großteil der Unternehmen verleiht bzw. verkauft Ausrüstungen. Angehende Kitesurfer sollten unbedingt einen Kurs belegen. Ein achtstündiger Anfängerkurs in Gruppen mit bis zu vier Teilnehmern dauert in der Regel zwei Tage und kostet inklusive der Leihausrüstung rund 200 €. Die komplette Ausstattung kann man für etwa 80 € pro Tag leihen. Für zweistündige Surfkurse in Gruppen von bis zu vier Teilnehmern zahlt man um die 50 €. Brett und Segel lassen sich zu 2/4 Stunden für ungefähr 45/60 € leihen (60/75 € inklusive Neoprenanzug und Gurt). Folgende Schulen genießen einen guten Ruf:

Spin Out/Adrenalin — WINDSURFEN, KITESURFEN

Valdevaqueros (956 23 63 52; www.tarifaspinout.com; El Porro Beach, Ensenada de Valdevaqueros, N340, Km 75)

Club Mistral — WINDSURFEN, KITESURFEN

(www.club-mistral.com) Hurricane (956 68 90 98; Hurricane Hotel, N340, km 78); Valdevaqueros (619 340913; Cortijo Valdevaqueros, Ensenada de Valdevaqueros, N340, Km 75)

Tarifa Max — KITESURFEN

(696 558227; www.tarifamax.net) Im Ort (O'Neill Shop, Calle Tinto 1); N340 (Hotel Copacabana, N340 Km 75)

Hot Stick — WINDSURFEN, KITESURFEN

Im Ort (956 68 04 19; www.hotsticktarifa.com; Calle Batalla del Salado 41) Ein-/zweitägige Kurse für 70/130 €.

Reiten — REITEN

An der Playa de los Lances bieten **Aventura Ecuestre** (956 23 66 32; www.aventuraecuestre.com; Hotel Dos Mares, N340 km 79,5) und **Hurricane Hípica** (646 964279; Hurricane Hotel, N340 km 78) Ausritte mit gepflegten Pferden und hervorragenden Guides an. Ein einstündiger Ausritt am Strand kostet

30 €. Drei- oder vierstündige Ausritte ins Landesinnere schlagen mit 70 € zu Buche.

Wale beobachten WALBEOBACHTUNG
Die Straße von Gibraltar ist ein fantastischer Ort, um Wale und Delphine zu beobachten. Killerwale halten sich hier im Juli und August auf, große Pott- und Finnwale sieht man vom Frühjahr bis zum Herbst, Pilotwale sowie drei Delphinarten kann man ganzjährig entdecken. Mehrere Organisationen in Tarifa bieten täglich zwei- bis dreistündige Bootstouren an. Wenn man nicht wenigstens Delphine zu sehen bekommt, ist häufig eine kostenlose zweite Fahrt drin. Normalerweise kostet so ein Ausflug für über/unter 14-Jährige 30/20 €. Für spezielle 3½-stündige Killerwaltouren im Juli und August zahlt man etwa 40/25 €. In der Ferienzeit bucht man besser zwei oder drei Tage im Voraus. Ist der Seegang in der Meerenge zu stark, fahren die Boote manchmal in die Bahía de Algeciras, wo sich einige Delphingruppen tummeln.

firmm WALBEOBACHTUNG
(956 62 70 08; www.firmm.org; Calle Pedro Cortés 4; März–Okt.) Die Stiftung zur Erforschung und Information über Meeressäuger nutzt jede Tour, um Daten zu sammeln.

Turmares WALBEOBACHTUNG
(956 68 07 41; www.turmares.com; Avenida Alcalde Juan Núñez 3; Jan.–Nov.) Dieser Anbieter hat die größten Boote (darunter eines mit Glasboden), in denen 40 bzw. 60 Leute Platz finden.

Whale Watch España WALBEOBACHTUNG
(956 62 70 13; www.whalewatchtarifa.net; Avenida de la Constitución 6; April–Okt.)

Vögel beobachten VOGELBEOBACHTUNG
Von März bis Mai und August bis Oktober, wenn der *levante* (Ostwind) bläst oder nur wenig Wind herrscht, eignet sich die Gegend um Tarifa und vor allem der spektakuläre Aussichtspunkt Mirador del Estrecho wunderbar zur Beobachtung der Vögel, die über die Straße von Gibraltar hinwegziehen. Die von freiwilligen Helfern betriebene **Estación Ornitológica de Tarifa** (639 859350; cocn.tarifainfo.com; N340, km 78,5; Di–Sa 17–21, So 10–14 Uhr) 5 km nordwestlich der Stadt informiert umfassend über die Vögel der Gegend. **Andalucian Guides** (956 43 23 16; www.andalucianguides.com) bietet empfehlenswerte geführte Ausflüge für ein bis drei Personen an, die mindestens 135 € kosten.

Schlafen

Die Hauptsaison dauert von Anfang Juli bis Mitte September. Im August geht ohne vorherige Reservierung gar nichts.

IM ORT

Posada La Sacristía HISTORISCHES HOTEL €€€
(956 68 17 59; www.lasacristia.net; Calle San Donato 8; Zi. mit Frühstück 115–135 €) Tarifas eleganteste Unterkunft ist in einem hübsch restaurierten Stadthaus aus dem 17. Jh. untergebracht, das sowohl maurische als auch buddhistische Einflüsse aufweist. Die zehn weißen Zimmer verfügen über hübsche Details. Darüber hinaus gibt's hier ein neues Massage- und Therapiezentrum sowie zehn weitere Suiten, Zimmer und Apartments, die sich über die ganze Altstadt verteilen.

La Estrella de Tarifa HOTEL €€
(956 68 19 85; www.laestrelladetarifa.com; Calle San Rosendo 2; Zi. mit Frühstück 75–110 €, Suite 120–145 €) Dieses verwinkelte, kleine, komfortable Hotel mit einem maurischen, blau-weiß gehaltenen Dekor liegt in einem alten vierstöckigen Stadthaus.

Melting Pot HOSTEL €
(956 68 29 06; www.meltingpothostels.com; Calle Turriano Gracil 5; B/DZ mit Frühstück 25/55 €; @) In einer Nebenstraße der Alameda stößt man auf dieses gastfreundliche, gut ausgestattete Hostel. Die fünf Schlafsäle für fünf bis acht Personen haben Etagenbetten; einer ist ausschließlich für Frauen reserviert. Neben der gemütlichen Loungebar gibt's eine gute Küche und alle Gäste bekommen eigene Schlüssel.

Hostal Africa HOTEL €
(956 68 02 20; Calle María Antonia Toledo 12; EZ mit/ohne Bad 50/35 €, DZ mit/ohne Bad 65/50 €; 24. Dez.–31. Jan. geschl.) Die reiseerfahrenen Inhaber des aufgemöbelten Altbaus wissen genau, was Traveller brauchen. Alle Zimmer sind ansprechend und die weitläufige Terrasse bietet eine wunderbare Aussicht. Kurzfristige Unterbringungsmöglichkeiten für Surfbretter, Fahrräder und Gepäck sind ebenfalls vorhanden.

Posada Vagamundos HOTEL €€
(956 68 15 13; www.posadavagamundos.com; Calle San Francisco 18; DZ/Suite mit Frühstück 105/125 €) Ein sorgfältig renoviertes Klostergebäude aus dem 18. Jh. mitten im Zentrum. Es verfügt über elf exotische Zimmer mit afrikanisch-asiatisch-maurischem Dekor sowie ein Café mit WLAN-Verbindung.

AN DER KÜSTE

Sechs das ganze Jahr über geöffnete **Campingplätze** (www.campingsdetarifa.com) mit Platz für über 4000 Camper und eine Reihe teurer Hotels liegen direkt am Strand sowie an der bzw. rund um die N340 bis zu 10 km nordwestlich von Tarifa.

Arte Vida Hotel HOTEL €€€

(956 68 52 46; www.hotelartevidatarifa.com; N340, km 79,3; EZ/DZ mit Frühstück 120/140 €; P) Etwa 5 km vom Stadtzentrum bietet das Arte Vida nicht nur attraktive Zimmer von mittlerer Größe, sondern auch ein ausgezeichnetes Restaurant mit atemberaubender Aussicht. Der grasbewachsene Garten grenzt an den Strand.

Hurricane Hotel HOTEL €€€

(956 68 49 19; www.hotelhurricane.com; N340, km 78; Zi. inkl. Frühstück Land-/Meerseite 156/171 €; P) Ein nobles Hotel im marokkanischen Stil etwa 6 km außerhalb der Stadt. Diese Unterkunft ist die richtige Wahl, wenn Geld keine Rolle spielt. Sie wartet mit großen Zimmern, zwei Pools und zwei Restaurants sowie einer semitropischen Gartenanlage auf. Außerdem gibt's hier einen Reitstall und eine Surfschule. Nirgendwo sonst kommt man wohl in den Genuss eines so köstlichen Frühstücksbüfetts.

Hotel Dos Mares HOTEL €€€

(956 68 40 35; www.dosmareshotel.com; N340, km 79,5; Zi. oder Bungalow mit Frühstück 195 €; P@) Am Strand, 4,5 km von Tarifa entfernt, bietet das maurisch eingerichtete Dos Mares Zimmer und frei stehende Bungalows, Tennisplätze, Tischtennisplatten, einen Fitnessbereich und eigene Pferdeställe. Von der beliebten Bar reicht der Blick bis nach Afrika und am Strand lockt eine gute *chiringuito* (kleine Open-Air-Bar).

Essen

Tarifa wartet mit einigen hervorragenden Frühstückscafés und guten marokkanisch-arabisch inspirierten Restaurants auf. Am Paseo de la Alameda, der vom Hafen aus nach Nordwesten führt, reihen sich zahlreiche Restaurants aneinander.

LP TIPP **Café Azul** FRÜHSTÜCK €

(Calle Batalla del Salado 8; Frühstück 3,50–5 €; 9–15 Uhr) In dem kleinen italienischen Laden ist immer viel los, denn hier gibt's das beste Frühstück in Tarifa. Entweder entscheidet man sich für das üppige Müsli mit Obstsalat und Joghurt oder für einen der hervorragenden Crêpes. Außerdem gehören Kaffee und Shakes, *bocadillos* (Sandwiches) und Kuchen zum Angebot.

Bamboo FRÜHSTÜCK, BAR €

(Paseo de la Alameda 2; Snacks ab 4 €) Eine gute Adresse am Paseo de la Alameda. Das Bamboo zieht jede Menge coole Surfer an und serviert morgens ein tolles Frühstück mit Shakes und Smoothies. Abends gibt's Cocktails, Musik und DJs. Die Einrichtung (Sofas und Hocker) ist zusammengewürfelt.

Restaurante La Olla MEERESFRÜCHTE, PAELLA €

(Alcalde Juan Nuñez 7; Paella ab 10 €) Das am Hafen gelegene La Olla ist der richtige Ort für Paella und Meeresfrüchte, darunter *arroz negro* (schwarzer Reis) mit Tintenfisch. Es gibt auch ein Frühstücksbüfett und WLAN.

Chilimoso ARABISCH €

(956 68 50 92; Calle Peso 6; Gerichte 4–6 €;) Das kleine Lokal tischt leckere vegetarische und vegane Gerichte mit orientalischem Touch auf. Die Falafel mit Hummus, Tzatziki und Salat schmecken besonders lecker.

Mandrágora MAROKKANISCH, ARABISCH €€

(956 68 12 91; Calle Independencia 3; Gerichte 12–18 €; Mo–Sa ab 20 Uhr) Das Schild „listed in Lonely Planet" weist den Weg in das Lokal mit marokkanisch-arabischer Speisekarte. Wir empfehlen die saftige Lamm-Tagine und den Seeteufel in einer Sauce mit wilden Pilzen.

Bodega La Casa Amarilla TAPAS €€

(956 68 19 93; Calle Sancho IV El Bravo 9; Gerichte 14–18 €) Mit seinem attraktiven Patio voller Pflanzen, toll zubereitetem Grillfleisch und Fisch, guten *revueltos* (Omelettegerichte) und Tapas ist dieser Laden immer eine gute Wahl.

Ausgehen & Unterhaltung

Dank der großen, sich ständig verändernden Surfer- und Kitesurferszene gibt's in Tarifa zahlreiche Bars. Die Läden konzentrieren sich vor allem an der Calle Santísima Trinidad und der Calle San Francisco direkt östlich des Paseo de la Alameda. Vor 23 Uhr braucht man gar nicht erst losgehen. Tanzen kann man erst ab 2.30 Uhr, und wer Ausdauer hat, kann bis 8 Uhr morgens feiern. Sonntags bleiben viele Bars geschlossen. Etliche Kneipen liegen am südlichen Ende des Paseo de la Alameda. **La Ruina** mit gutem Elektrosound zum Tanzen und

AUSFLUG NACH AFRIKA

Von einem der beiden spanischen Häfen – Tarifa und Algeciras – kann man nach Marokko in Afrika reisen, entweder nach Tanger oder in die spanische Enklave Ceuta. Die Gesellschaft **FRS** (☎956 68 18 30; www.frs.es; Avenida Andalucía, Tarifa) hat die schnellsten und besten Verbindungen im Angebot. Fahrkarten bekommt man im Hafen oder in den Reisebüros an der Avenida de la Marina: Die Preise sind überall gleich.

Tarifa–Tanger	Passagier/Auto/Motorrad (einfache Strecke) 37/93/31 €	35 Min.	8-mal tgl.
Algeciras–Tanger	Passagier/Auto/Motorrad (einfache Strecke) 37/93/31 €	70 Min.	8-mal tgl.
Algeciras–Ceuta	EU-Bürger: Passagier/Auto/Motorrad (einfache Strecke) 33,50/84/31 €; Nicht-EU-Bürger: Passagier/Auto/Motorrad (einfache Strecke) 14/60/22 €	35 Min.	4-mal tgl.

FRS bietet auch Ausflüge nach Tanger inklusive Überfahrt, Fremdenführer und Mittagessen an. Sie kosten für ein/zwei Tage 65/96 €. Für eine dreitägige Tour in den nahen marokkanischen Küstenort Asilah bezahlt man 98 €. Nicht-EU-Bürger brauchen auf geführten Touren einen Reisepass. Für EU-Bürger reicht ein Personalausweis.

Bistro Point (Ecke Calles Santísima Trinidad & San Francisco) mit einem netten internationalen Publikum und leckeren Crêpes (2–4 €) sind gute Anlaufstellen.

Ein paar clubartige Bars haben etwas länger geöffnet. Weitere Läden liegen an der Playa de los Lances sowie außerhalb des Stadtzentrums.

Bar Misiana BAR
(Hotel Misiana, Calle Sancho IV El Bravo 18) Diese angesagte Bar im gleichnamigen Hotel gilt als einer *der* Orte zum Sehen und Gesehenwerden. DJs legen bis 3 oder 4 Uhr auf.

Café del Mar BAR
(Polígono La Vega; ⌚Mo–Sa ab 18 Uhr) Eine merkwürdig gelegene, von Ibiza inspirierte Location mit mehreren Bars, einem japanisch-peruanischen Restaurant und einem Nachtclub mit einheimischen Haus-DJs.

Bar Almedina BAR
(Calle Almedina) Diese in die alte Stadtmauer gebaute Bar hat etwas von einer Höhle. Jeden Donnerstag um 22.30 Uhr tritt hier vor einer begeisterten Menge ein Flamenco-Ensemble auf.

ℹ Praktische Informationen

Centro de Salud (Gesundheitszentrum; ☎956 02 70 00; Calle Amador de los Ríos) Hat einen Notdienst.

Pandora (Calle Sancho IV El Bravo 13A; Internetzugang pro Std. 2 €; ⌚10–14.30 & 17–21.30 Uhr)

Policía Local (☎956 61 21 74; Rathaus, Plaza de Santa María)

Touristeninformation (☎956 68 09 93; www.aytotarifa.com, auf Spanisch; Paseo de la Alameda; ⌚Juni–Sept. tgl. 10–14 Uhr & Mo–Fr 18–20 Uhr)

ℹ An- & Weiterreise

Comes (☎902 19 92 08, 956 68 40 38; Calle Batalla del Salado 13) bietet sechs Busverbindungen nach Cádiz (8,45 €, 1¾ Std.), Algeciras (2 €, 30 Min.) und La Línea de la Concepción (3,83 €, 45 Min.) sowie vier nach Sevilla (17,05 €, 3 Std.), je zwei nach Jerez de la Frontera (8,95 €, 2½ Std.) und Malaga (12,75 €, 2 Std.) und eine nach Zahara de los Atunes (3,37 €, 40 Min.).

Im Juli und August fahren etwa alle 1½ Stunden Nahverkehrsbusse die Westküste hinauf bis zum Campingplatz Jardín de las Dunas an der Ensenada de Valdevaqueros. Es gibt eine Bushaltestelle am unteren Ende des Paseo de Alameda und eine am Comes-Busbahnhof, wo die Fahrpläne und -preise aushängen.

Algeciras

111 300 EW.

Der wichtigste Fährhafen zwischen Spanien und Afrika ist eine hässliche Industriestadt mit Fischereihafen und der Heimatort des großartigsten zeitgenössischen

Flamenco-Gitarristen, Paco de Lucía, der hier 1947 geboren wurde. Neuankömmlinge fahren meist gleich mit der Fähre weiter nach Marokko. Wer dort nachts ankommt, sollte sich vorher ein paar Dirham besorgen. In Algeciras bieten die Banken die besten Wechselkurse. Banken und Geldautomaten gibt's in der Avenida Virgen del Carmen und rund um die Plaza Alta; ein paar weitere Geldautomaten findet man am Hafen.

Ebenso wie viele andere Hafenstädte ist auch Algeciras nicht völlig sicher; man sollte sich am Hafen, am Busbahnhof und auf dem Markt in Acht nehmen. Taschen kann man zur **Gepäckaufbewahrung** (Estación Maritima; pro Gepäckstück 2–3 €; ⌚7–21.30 Uhr) bringen oder in Schließfächern (3 €) verwahren. Im Busbahnhof kann man sein Gepäck ebenfalls abgeben. Die Angestellten in der **Touristeninformation** (Calle Juan de la Cierva; ⌚Mo–Fr 9–19.30, Sa & So 9.30–15 Uhr) sprechen Englisch.

Im Sommer geht's am Hafen hektisch zu, da Hunderttausende marokkanischer Arbeiter aus Europa für die Sommerferien nach Hause zurückkehren.

Der Busbahnhof liegt an der Calle San Bernardo. Busse von **Comes** (☎956 65 34 56) fahren alle halbe Stunde nach La Línea (2 €, 30 Min.), Tarifa (2 €, 30 Min., 13-mal tgl.), Cádiz (11 €, 2½ Std., 13-mal tgl.) und Sevilla (17 €, 2½ Std., 6-mal tgl.).

Vom benachbarten **Bahnhof** (☎956 63 10 05) bestehen Verbindungen nach Madrid (68,70 €, 6 oder 11 Std., 2-mal tgl.) und Granada (20,20 €, 4 Std., 3-mal tgl.).

La Línea de la Concepción

63 000 EW.

20 km östlich von Algeciras bildet La Línea das Tor nach Gibraltar. Vom Busbahnhof geht's links auf die Avenida 20 de Abril, die vom Hauptplatz, der Plaza de la Constitución, 300 m weit bis zur Grenze nach Gibraltar führt. Hier befindet sich auch die **städtische Touristeninformation** (Avenida Príncipe Felipe; ⌚Mo–Fr 8–20, Sa 9–14 Uhr).

Busse nach bzw. von Algeciras (1,86 €, 30 Min.) verkehren etwa alle 30 Minuten.

Um Warteschlangen zu vermeiden, parken viele Traveller in La Línea und überqueren die Grenze zu Fuß. Die Tiefgarage **Parking Fo Cona** in unmittelbarer Nähe der Avenida 20 de Abril ist eine sichere Möglichkeit, seinen Wagen unterzustellen.

AUF NACH MAROKKO?

Weitere Tipps, Empfehlungen und Berichte zum Nachbarland gibt's im Lonely Planet Reiseführer *Marokko*.

Gibraltar

30 000 EW.

Rote Briefkästen, Fish-and-Chips-Shops, britische Bobbys und Küstenhotels mit Möbeln aus den 1970er-Jahren – der englische Dichter Laurie Lee schrieb, Gibraltar sehe aus, als sei ein Stückchen von Portsmouth aufs Meer geschleppt und 500 Meilen südlich vor der Küste vertäut worden. Wie viele koloniale Außenposten kultiviert „the Rock", wie Gibraltar genannt wird, seine britische Wesensart über die Maßen. Dies ist ein Vorteil für Fans von Pubküche und Nachmittagstee, aber verwirrend für moderne Briten, die der Meinung sind, ihr Land habe sich seit den Tagen angestaubter Marine-Fotos und Lord-Nelson-Devotionalien weiterentwickelt. Das strategisch zwischen Europa und Afrika gelegene Gibraltar mit seiner palladianischen Architektur und seinen fotogenen Berberaffen ist eine willkommene Abwechslung von den Tapas-Bars und weißen Dörfern der Provinz Cádiz. In seiner bewegten lokalen Geschichte spielte es eine bewundernswerte Unterstützerrolle; schließlich war der Fels länger britisch als die USA amerikanisch.

Geschichte

711 landete Tariq ibn Ziyad, der muslimische Statthalter von Tanger, in Gibraltar, um von hier aus die islamische Eroberung der Iberischen Halbinsel zu starten. Der Name Gibraltar ist von Jebel Tariq (Tariqs Berg) abgeleitet.

1462 konnte Kastilien den Mauren das Gebiet wieder entreißen. Im Spanischen Erbfolgekrieg wurde Gibraltar 1704 von einer englisch-holländischen Flotte erobert. 1713 trat Spanien „the Rock" offiziell an Großbritannien ab, unternahm aber bis zum Scheitern der Großen Belagerung (1779–83) immer wieder Versuche, ihn zurückzuerobern. Großbritannien baute Gibraltar zum wichtigen Marinestützpunkt aus und importierte dazu eine große Zahl genuesischer Werftarbeiter. In der Franco-Zeit war es ein extrem heikler Zankapfel zwischen Großbritannien und Spanien:

Gibraltar

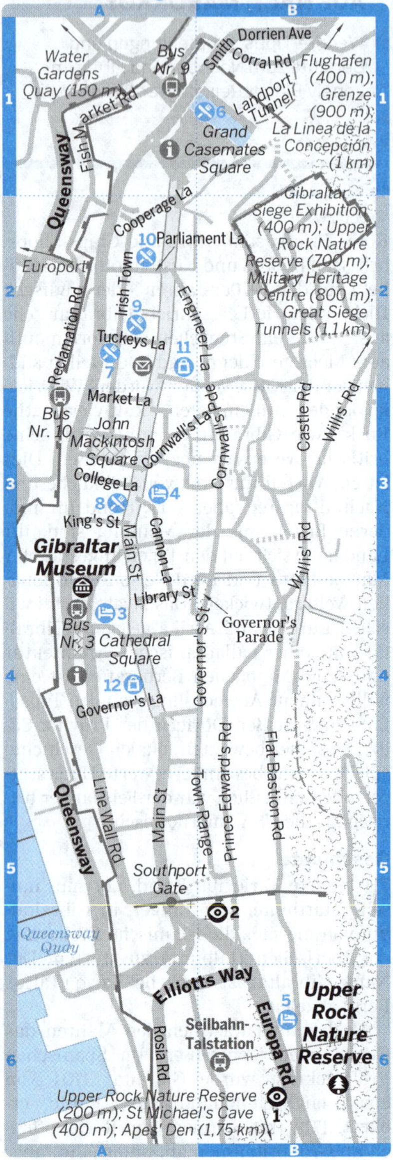

Gibraltar

Highlights

Gibraltar Museum A4
Upper Rock Nature Reserve B6

Sehenswertes

1 Alameda Botanic Gardens B6
2 Trafalgar Cemetery B5

Schlafen

3 Bristol Hotel A4
4 Cannon Hotel A3
5 Rock Hotel B6

Essen

6 Café Solo B1
7 Clipper A2
8 Gibraltar Arms A3
9 House of Sacarello A2
10 Star Bar A2

Shoppen

11 Bell Books A2
12 Gibraltar Bookshop A4

1967 bis 1985 blieb die Grenze zwischen den beiden Ländern geschlossen. 1969 entschieden sich die Gibraltarer mit 12 138 gegen 44 Stimmen für den Verbleib unter britischer Herrschaft und bekamen eine neue Verfassung, die ihnen die Selbstverwaltung einräumte. 2002 verhandelten Großbritannien und Spanien darüber, Gibraltar unter ihre gemeinsame Oberhoheit zu stellen. Die Einwohner aber taten ihre Meinung mal wieder per Volksentscheid kund – den allerdings weder Großbritannien noch Spanien anerkannte – und erteilten dieser Idee eine klare Abfuhr.

Im Dezember 2005 nahmen die Regierungen von Großbritannien, Spanien und Gibraltar einen neuen, dreiseitigen Dialog auf. Die drei Parteien sind sich in manchen Punkten einig geworden, aber es bleiben immer noch ein paar heikle Themen. Dazu gehören nicht zuletzt die britischen Militäranlagen und der Flughafen von Gibraltar. Die Einheimischen pochen auf Selbstbestimmung, wollen jedoch zugleich die britische Staatsbürgerschaft behalten, was eine gemeinsame britisch-spanische Oberhoheit ausschließen dürfte. Eine Änderung des Status quo ist kaum absehbar, aber zumindest haben sich die Beziehungen entspannt. Am 18. September 2006 unterzeichneten Spanien, Gibraltar und Großbritannien ein Abkommen über die Telekommunikation, den Flughafen und anderes, die Frage der Oberhoheit blieb jedoch ausgeklammert. Der Flughafen soll erweitert werden und 2006 wurden Direktflüge aus spanischen und anderen europäischen Städten eingeführt (bei unserem

Besuch hatte man sie allerdings wegen zu geringer Nachfrage wieder eingestellt). Im Dezember 2009 wurde eine Fährverbindung nach Algeciras auf dem Festland wieder in Betrieb genommen, die 40 Jahre lang nicht genutzt worden war.

Gibraltars Wirtschaft stützt sich in erster Linie auf den Tourismus, den Hafen und Finanzdienstleistungen. Die Investitionen gehen unterdessen ungebremst weiter: Derzeit entsteht an der Westküste ein gewaltiges Luxusbauprojekt. Ein Großteil der Nachfrage nach neuem Lebensraum wird durch extensive Landgewinnung gedeckt (das gewonnene Land umfasst derzeit ungefähr 10 % der Gesamtfläche des Gebiets).

Sehenswertes & Aktivitäten

IM ORT

Die Main Street ist eine Fußgängerzone mit Pubs, Statuen aus dem Empire und bekannten britischen Ladenketten. Hinter geschlossenen Fensterläden und in den engen Seitengassen hört man trotzdem oft Spanisch. Die zweisprachigen Einheimischen fangen ihre Sätze meist auf Englisch an und beenden sie auf Spanisch. Viele spanische und maurische Gebäude wurden bei Belagerungen im 18. Jh. zerstört, aber es gibt jede Menge britische Befestigungsanlagen, Tore und Geschützstellungen.

Gibraltar Museum MUSEUM

(Bomb House Lane; Erw./unter 12 J. 2/1 £; ⌚Mo–Fr 10–18, Sa bis 14 Uhr) Dieses schöne Museum mit mehreren großen und kleinen Räumen dokumentiert die Geschichte Gibraltars vom Neandertaler bis zu mittelalterlichen Fundstücken und Exponaten aus der späteren Militär- und Seefahrtsgeschichte. Unbedingt ansehen sollte man sich das gut erhaltene muslimische Badehaus: In den späten 1800er-Jahren wurde hier eine aufwendig bemalte ägyptische Mumie aus dem 7. Jh. v. Chr. angespült.

Trafalgar Cemetery FRIEDHOF

(Prince Edward's Rd; ⌚9–19 Uhr) Gibraltars Friedhof erinnert mit den Gräbern britischer Seeleute, die hier nach der Schlacht von Trafalgar 1805 starben, an ein dunkles Stück Geschichte.

GRATIS **Alameda Botanic Gardens** BOTANISCHER GARTEN

(Europa Rd; ⌚8 Uhr–Sonnenuntergang) Die üppig grüne Gartenanlage lädt zu einer erfrischenden Pause von dem unerklärlich hektischen Verkehr ein.

DER FELS

Upper Rock Nature Reserve NATURSCHUTZGEBIET

(Erw./Kind inkl. Attraktionen 10/5 £, Fahrzeug 2 £, Fußgänger ohne Attraktionen 0,50 £; ⌚9.30–19.15, letzter Einlass 18.45 Uhr) Am eindrucksvollsten an Gibraltar ist der Fels selbst. Der „Upper Rock" gleich oberhalb der Stadt dient größtenteils als Naturschutzgebiet mit spektakulären Ausblicken und mehreren interessanten Sehenswürdigkeiten. Eine besonders nette Möglichkeit dorthin zu gelangen, bietet die Seilbahn (S. 770). Bei Westwind eignet sich der Fels wunderbar, um Zugvögel auf ihrem Weg zwischen Afrika und Europa zu beobachten, vor allem Raubvögel und Störche. Von Januar bis Anfang Juni ist die Zeit der Vogelzüge Richtung Norden, von Ende Juli bis Anfang November geht's dann zurück nach Süden. Weißstörche überqueren die Straße von Gibraltar manchmal in Schwärmen von bis zu 3000 Vögeln.

Die berühmtesten Bewohner des Felsens sind Berberaffen, die einzigen wild lebenden Primaten in Europa. Sie wurden wahrscheinlich im 18. Jh. aus Nordafrika eingeführt. Einige davon treiben sich in der Umgebung der **Apes' Den** (Affenhöhle) an der Seilbahn-Mittelstation herum; andere halten sich in der Nähe der Bergstation oder der Belagerungstunnel auf. Sie sind auf ihre Weise rührend menschlich, pflegen ihre Jungen mit großer Hingabe, verspeisen schwarz verfärbte Bananenschalen, posieren vor den Kameras der Besucher und blicken sehnsüchtig auf das Meer hinaus. Dennoch darf man nicht vergessen, dass Affen wilde Tiere sind und gefährlich werden können, wenn man sich ihnen nähert. Man sollte sie unter keinen Umständen füttern.

Etwa 20 Gehminuten von der Seilbahn-Bergstation die Michael's Road hinunter (bzw. von der Affenhöhle 20 Min. bergauf) stößt man auf **St Michael's Cave**, eine große Tropfsteinhöhle, die im Neolithikum von Menschen bewohnt wurde. Gigantische Finger aus Stein fallen tief hinab bzw. ragen hoch empor. Die atmosphärische Beleuchtung sorgt auf dem Weg der 15-minütigen Tour für noch mehr Dramatik. 30 Gehminuten von der Bergstation Richtung Norden (bergab) stößt man auf die Princess Caroline's Battery mit dem **Military Heritage Centre**. Von hier führt eine Straße bergauf zu den eindrucksvollen **Great Siege Tunnels** (Belagerungstunnel). Diese wurden während der Großen Belagerung (1779–83) von den Briten in den Fels gehauen, um dort Geschützstellungen unterzubringen. Es handelt sich nur um einen kleinen Abschnitt der mehr als 70 km langen Tunnelanlagen von Gibraltar, von denen nicht alle zugänglich sind.

An der Willis' Road von der Princess Caroline's Battery zur Stadt hinunter befinden sich die Ausstellung **Gibraltar, A City under Siege** (Gibraltar, eine belagerte Stadt), die man am besten während der Dämmerung besucht, denn dann wirken die Wachsfiguren am gespenstischsten, und der **Tower of Homage** (Huldigungsturm) als letzter Rest von Gibraltars maurischer Burg aus dem Jahr 1333.

Geführte Touren

In der Bahía de Algeciras tummelt sich das ganze Jahr über eine stattliche Population von Delphinen. Von April bis September fahren mehrere Boote mindestens zweimal täglich zu Beobachtungstouren hinaus. Ansonsten findet täglich mindestens ein Ausflug statt. Man muss wirklich Pech haben, um dabei keinen dieser schönen Meeressäuger aus nächster Nähe zu sehen. Viele Boote legen am Watergardens Quay oder der benachbarten Marina Bay ab. Die Touren dauern eineinhalb Stunden und kosten für Erwachsene ca. 20 £. Mehr darüber erfährt man in den Touristeninformationen.

Schlafen

Bristol Hotel HOTEL €€
(76800; www.bristol hotel.gi; 10 Cathedral Sq; EZ/DZ/3-BZ 63/81/93 £; P) Ein in den 1970er-Jahren stecken gebliebenes Hotel mit knarrenden Holzböden, rot gemusterten Teppichen, einem hübschen ummauerten Garten, einem kleinen Pool und einer guten Lage ganz in der Nähe der Main Street.

Rock Hotel HOTEL €€€
(20 07 30 00; www.rockhotelgibraltar.com; 3 Europa Rd; DZ/Suite 160/195 £; P@) Gibraltars Grande Dame der Hotelszene ist inzwischen in die Jahre gekommen, aber die Zimmer warten trotzdem mit einem tollen Meerblick auf und den Gästen wird viel geboten, etwa ein Fitnessbereich, ein Pool, ein Willkommensdrink, Bademäntel und eine Hosenbügelanlage, die man dann allerdings meist doch nicht nutzt. Hier kann man sich unter Konferenzteilnehmer und pensionierte Marinekapitäne mischen und den Geist des Empire wieder aufleben lassen.

Cannon Hotel HOTEL €€
(51711; www.cannonhotel.gi; 9 Cannon Lane; EZ/DZ ohne Bad 26,50/38,50 £, DZ mit Bad 47 £, alle mit Frühstück) Mit seiner geblümelten Einrichtung erinnert das kleine, preisgünstige Hotel mitten in der Haupteinkaufszone an das Großbritannien vergangener Tage.

Essen

Vielleicht liegt es am britischen Einfluss, jedenfalls ist die Küche von Gibraltar nicht sonderlich berühmt. Es gibt zwar einige spanische Restaurants, aber viel mehr Pubs, die an der Main Street und in der Nähe liegen. Coolere und modernere Cafés gibt's am Casemates Square.

In den vielen britischen Kneipen kann man auch etwas essen. Dabei sollte man sich an die typische Pubkost (Roastbeef, Fisch and Chips etc.) halten und alles meiden, was exotisch klingt. Zu den besten Läden gehören das **Gibraltar Arms** (184 Main St), das den ganzen Tag über englisches Frühstück anbietet, und die **Star Bar** (12 Parliament Lane; Gerichte 5–11 £; 24 Std.), der älteste Pub auf dem Fels. Etwas nobler geht's im **Café Solo** (44449; Grand Casemates Sq 3; Pastas 8–12 £;) zu. Das Lokal bietet eine Auswahl interessanter Pastas und Salate sowie vegetarische Gerichte.

Clipper BRITISCH €€
(78B Irish Town; Hauptgerichte 3,50–9 £;) Das mit den allgegenwärtigen Marine-Utensilien angefüllte Clipper serviert echte Pubkost. Es wartet mit einem authentischen Ambiente auf. Hier hat man ein Stück Portsmouth an den Golf von Biskaya versetzt. Von 9.30 bis 11 Uhr gibt's englisches Frühstück und auf dem großen TV-Bildschirm laufen Fußballspiele.

House of Sacarello INTERNATIONAL €€
(57 Irish Town; Tagesgerichte 7–11,50 £; Mo–Fr 9–19.30, Sa 9–15 Uhr, So geschl.) Dieses verwinkelte Restaurant in einem umgebauten Kaffeelager hat ein paar leichte Mittagssnacks im Angebot, darunter Pastas, Salate, Quiche und Suppe. Von 15 bis 19.30 Uhr kommt man in den Genuss des englischen Nachmittagstees.

Shoppen

In Gibraltar stößt man auf zahlreiche Filialen britischer Ketten, z. B. Next, Marks & Spencer, Monsoon und Mothercare (alle in einer Nebenstraße nahe der Main Street) sowie einen großen Morrisons-Laden (im

Europort am Nordende des Haupthafens). Die Geschäfte haben montags bis freitags von 9 bis 19.30 und samstags von 9 bis 13 Uhr geöffnet. Es gibt auch einige gute Buchhandlungen wie das **Bell Books** (☎76707; 11 Bell Lane) und den **Gibraltar Bookshop** (☎71894; 300 Main St).

Praktische Informationen

Einreise

EU-Bürger und Schweizer brauchen zur Einreise nach Gibraltar nur einen Reisepass bzw. Personalausweis. Näheres erfährt man im **Immigration Department** (☎51725).

Geld

Hier kann man mit dem Gibraltar-Pfund (£) und dem britischen Pfund bezahlen; für beide Währungen gilt ein fester Umrechnungskurs von 1:1. Der Euro wird ebenfalls angenommen (außer bei Münzfernsprechern und bei der Post), aber die Umrechnungskurse sind schlecht. Übrig gebliebenes Gibraltar-Geld sollte man möglichst vor der Abreise zurücktauschen. In der Main Street gibt's mehrere Banken; sie sind montags bis freitags von 9 bis 15.30 Uhr geöffnet.

Internetzugang

Cyberworld (International Commercial Centre, Queensway; pro 30 Min. 2,50 £; ⌚12–24 Uhr)

Medizinische Versorgung

St Bernard's Hospital (☎79700; Europort) Bereitschaftsdienst rund um die Uhr.

Notfall

Notdienst (☎199) Um die Polizei oder einen Krankenwagen zu rufen.

Polizeistation (120 Irish Town)

Post

Postamt (104 Main St; ⌚Mo–Fr 9–16.30 & Sa 10–13, Mitte Juni–Mitte Sept. Mo–Fr nur bis 14.15 Uhr geöffnet)

Strom

Die Spannung beträgt 220 oder 240 V; Stecker haben drei flache Stifte. Man braucht also einen Adapter oder einen spanischen Mehrfachstecker, beides bekommt man für 3 bis 4 £ in einem der zahlreichen Elektrogeschäfte auf der Main Street.

Telefon

Um von Spanien nach Gibraltar zu telefonieren, muss man zuerst die Vorwahl ☎00350, dann die fünfstellige lokale Telefonnummer wählen. Aus Deutschland, Österreich und der Schweiz wählt man die internationale Vorwahl (☎00) plus die Landesvorwahl von Gibraltar (☎350) und die lokale Nummer. Von Gibraltar nach Spanien genügt die neunstellige spanische Telefonnummer.

Touristeninformation

Gibraltar hat mehrere hilfsbereite Touristeninformationen.

Gibraltar Tourist Board (www.gibraltar.gov.uk; Duke of Kent House, Cathedral Sq; ⌚Mo–Fr 9–17.30, Fr bis 17.15 Uhr)

Infoschalter Flughafen (Flughafen; ⌚Mo–Fr, nur vormittags); Customs House (Zollgebäude an der Grenze; ⌚Mo–Fr 9–16.30, Sa 10–13 Uhr)

Touristeninformation (Grand Casemates Sq; ⌚Mo–Fr 9–17.30, Sa 10–15, So & Feiertage 10–13 Uhr) Hat mehrere Infoschalter, an denen man alles erfährt, was man über Gibraltar wissen muss. Rund um den Grand Casemates Square reihen sich mehrere angenehme Cafés aneinander, in denen man die Broschüren ganz in Ruhe lesen kann.

An- & Weiterreise

Auto & Motorrad

Die Grenze ist rund um die Uhr offen, aber angesichts der langen Verkehrsstaus ist es unter Umständen einfacher, in La Línea zu parken und sich zu Fuß fortzubewegen. Wer unbedingt mit dem Auto einreisen will (kostenlos), braucht einen Versicherungsnachweis, Fahrzeugschein, Nationalitätenaufkleber oder -plakette und Führerschein.

Bus

Es gibt keine Linienbusse nach Gibraltar, aber der Busbahnhof von La Línea de la Concepción (S. 765) ist nur fünf Gehminuten von der Grenze entfernt.

Schiff/Fähre

Eine neue Fährverbindung von **Transcoma** (☎200 61720; www.transcomalines.com; Suite 22, 6 Watergardens Suite) hat im Dezember 2009 zwischen Algeciras und Gibraltar den Betrieb aufgenommen. Die Tickets kosten einfach/hin & zurück 8/14 €. Die Fähre verkehrt fünfmal täglich zwischen 9.30 und 18.30 Uhr.

Unterwegs vor Ort

Der 1,5 km lange Fußweg von der Grenze bis ins Stadtzentrum kreuzt die Start- und Landebahn des Flughafens von Gibraltar (wird nur von Fliegern aus Großbritannien angesteuert). Von der Corral Road führt eine Abzweigung nach links durch den Landport-Fußgängertunnel zum Grand Casemates Square. Von der Grenze fahren bis 21 Uhr mehrere lokale Buslinien (Erw./Kind/Sen. 0,70/0,50/0,40 £) etwa alle 15 Minuten in die Stadt (Sa & So alle 30 Min.). Bus 9 steuert den Market Place an, Bus 3 den Cathedral Square und die Talstation der Seilbahn. Bus 10, ein roter Doppeldecker, verkehrt zum Europort (wo er vor Morrisons hält) und fährt dann weiter zur Reclamation Road in der Nähe des Ortszentrums.

Ganz Gibraltar lässt sich zu Fuß erkunden. Je nach Wetterlage verkehrt auch eine **Seilbahn** (Red Sands Rd; Erw./Kind einfach/hin & zurück 8/4,50 £, mit Eintritt für das Naturschutzgebiet 16/12,50 £; ⌚Mo–Sa 9.30–20 Uhr alle paar Minuten; letzte Bergfahrt 19.15, letzte Talfahrt 19.45 Uhr, Okt.–April bis 17 Uhr). Wer zur Affenhöhle will, steigt an der Mittelstation aus.

PROVINZ MÁLAGA

Alte Männer sitzen mit verschleiertem Blick auf Parkbänken und erinnern sich an weiß getünchte Fischerdörfer, während blauäugige Eindringlinge aus dem Norden die Schlüssel zu ihren neuen Eigentumswohnungen an der Costa del Sol entgegennehmen. In der Provinz Málaga hatte Spaniens größtes Tourismusexperiment Erfolg. Seither bedeckt Beton die einst ruhige Küste und die lokale Bevölkerung kämpft darum, wenigstens etwas von ihrer traditionellen Kultur zu bewahren. Doch es gibt noch kuriose Überreste des ursprünglichen Lebens. Die Provinzhauptstadt Málaga ist eine Oase des althergebrachten Spaniens, während weiter im Hinterland in den hübschen Orten Antequera und Ronda äußere Eingriffe auf ein Minimum begrenzt sind. Darüber hinaus stößt man hier nach wie vor auf spektakuläre Naturlandschaften wie die Schlucht Garganta del Chorro.

Málaga

558 000 EW.

Die Costa del Sol kann völlig seelenlos wirken, bis man nach Málaga kommt, eine eindeutig spanische Metropole, die merkwürdigerweise von den meisten der elf Mio. Touristen ignoriert wird, die jährlich auf dem internationalen Flughafen Pablo Ruíz Picasso ankommen und zu den Golfplätzen und Stränden von „Torrie“ (Torremolinos) und Fuengirola gekarrt werden. Dass sie etwas verpassen, kann für die anderen Besucher von Vorteil sein. Málagas Geschichte ist so reich wie die hiesigen Parks grün sind, und die feierlustige Bevölkerung konkurriert mit den *sevillanos,* die ebenfalls dafür bekannt sind, dass sie rund um die Uhr feiern. *Malagueños* (Bewohner von Málaga) sind nicht gerade zurückhaltend. Sie setzten sich bis 1487 gegen die angreifenden christlichen Armeen zur Wehr und bewiesen auch gegenüber Francos Faschisten im Spanischen Bürgerkrieg Zähigkeit. In jüngerer Zeit konnte Málaga die unschönen Nebeneffekte des Massentourismus abwehren und hat sich intensiv darum beworben, 2016 europäische Kulturhauptstadt zu werden. Die Arbeiten zur Renovierung der maroden Hafengegend haben bereits begonnen.

Außerdem beehrte die Stadt die Welt mit einem weiteren unbezahlbaren Geschenk, denn Pablo Picasso, der bahnbrechendste Künstler des 20. Jhs., erblickte hier 1881 in einem kleinen Haus an der Plaza de Merced das Licht der Welt. Zwei hervorragende Museen erinnern an sein gigantisches Erbe.

Geschichte

Málaga wurde vermutlich von den Phöniziern gegründet und war von jeher ein bedeutendes Wirtschaftszentrum. Unter den Mauren gedieh die Stadt als Haupthafen des Emirats von Granada. Im 19. Jh. stieg sie zum unternehmerischen Zentrum auf, als hier ein dynamischer Mittelstand Textilmanufakturen, Zuckerfabriken, Stahlwerke und Werften gründete. Den lokalen Dessertwein liebte man schon im viktorianischen England. Im Bürgerkrieg war Málaga zunächst eine Hochburg der Republikaner. Hunderte von Sympathisanten der Nationalisten wurden getötet, bevor der Ort im Februar 1937 nach der Bombardierung durch italienische Flieger fiel. Die grausame Vergeltung folgte auf dem Fuß.

Seit Beginn des Tourismusbooms an der nahen Costa del Sol in den 1950er-Jahren ging es auch mit Málaga wirtschaftlich bergauf. So hat es sich in den vergangenen Jahren ebenfalls zu einem bedeutenden Reiseziel entwickelt.

Sehenswertes

LP TIPP **Museo Picasso Málaga**

KUNSTMUSEUM

(☎902 44 33 77; www.museopicassomalaga.org; Palacio de Buenavista, Calle San Agustín 8; Dauerausstellung 6 €, Wechselausstellung 4,50 €, Kombiticket 8 €; ⌚Di–Do & So 10–20, Fr & Sa bis 21 Uhr) In einer Fußgängerstraße der *judería,* des einstigen jüdischen Viertels der mittelalterlichen Stadt, versteckt sich Málagas interessanteste Touristenattraktion. Die Sammlung des Museo Picasso Málaga mit 204 Werken des Künstlers setzt sich teils aus Stiftungen, teils aus Leihgaben seiner Schwiegertochter Christine Ruiz-Picasso und seines Enkels Bernard Ruiz-Picasso zusammen. Außerdem veranstaltet das Museum hochklassige Sonderausstellungen zu Picasso-Themen. Die ausgestellten Gemälde, Zeichnungen, Stiche, Skulpturen und

FLAMENCO – EINIGE TIPPS

Es ist nicht einfach, authentische Flamenco-Shows zu finden. Echte Fans setzen auf Glück, Geduld und etwas Cleverness. Hier ein paar Tipps:

» Um herauszubekommen, wo die besten Flamencovorführungen geboten werden, sollte man nach Plakaten Ausschau halten, in Bars nachfragen, die lokalen Zeitungen lesen und zuhören, was sich die Leute auf der Straße erzählen.

» Flamenco lebt von Spontaneität – hervorragende Darbietungen erlebt man oft unangekündigt bei Festen, *romerías* und anderen Anlässen, bei denen Menschen zusammenkommen.

» Flamenco lebt vom Publikum: Die Gegenwart von vielen *aficionados* (passionierten Anhängern) bei einer Veranstaltung steigert die Stimmung und verbessert die Chancen, *duende* (s. Kasten S. 810) zu inspirieren.

» Flamenco-*peñas* sind private Clubs, aber sie bieten oft die besten Shows einer Stadt; man sollte versuchen, dorthin eingeladen zu werden.

» Für die besten Darbietungen muss man nur selten Eintritt zahlen. Gute Musik wird aus Leidenschaft und nicht aus Profitstreben gemacht.

» Flamenco war ursprünglich die Musik der Roma. Bessere Bühnen und Vorstellungen gibt's meist in den alten Roma-Vierteln wie Triana (Sevilla), San Miguel (Jerez), Santa María (Cádiz) und Sacromonte (Granada).

» Traditioneller Flamenco hat nichts mit einem normalen Konzert zu tun. Die Musiker spielen sich langsam warm, stimmen ihre Gitarren und singen sich ein, während sich die Zuhörer unterhalten. Es ist Sache der Tänzer/Musiker, die Aufmerksamkeit des Publikums zu gewinnen und es allmählich zu faszinieren. *Duende* ist das Ziel.

» Die regionalen Stilformen spielen eine große Rolle und spiegeln oft den Charakter ihres Herkunftsorts wider. So hört man in Cádiz fröhliche *alegrías*, in Jerez freche *bulerías*, in Sevilla tragische *soleares*, in Huelva klassische Fandangos, in Almería karge *tarantos* und in Granada pompöse *granainas*.

Keramiken Picassos (viele sind hier erstmals öffentlich zu sehen) umfassen fast alle Phasen und Einflüsse der bewegten Karriere des Künstlers – Blaue Periode, Kubismus, Surrealismus und vieles mehr – mit einem faszinierenden Schwerpunkt auf frühen, nachhaltig prägenden Arbeiten, darunter das beeindruckende *Niña con su muñeca* (Mädchen mit seiner Puppe). Das Museum ist im Palacio de Buenavista aus dem 16. Jh. untergebracht, der für 66 Mio. Euro restauriert wurde. Picasso kam 1881 in Málaga zur Welt, zog aber schon im Alter von neun Jahren mit seiner Familie nach Nordspanien.

Catedral KATHEDRALE

(www.3planalfa.es/catedralmalaga; Calle Molina Lario, Eingang Calle Cister; Eintritt 3,50 €; ⏲Mo–Fr 10–17.30, Fr bis 17 Uhr, So & Feiertage geschl.) Der Bau von Málagas wunderbarer Kathedrale begann im 16. Jh. am ehemaligen Standort einer Moschee und wurde nie vollendet. Aus diesem Grund verfügt das Gebäude über eine Mischung verschiedener Stilrichtungen. Das Nordportal **Portada de la Iglesia del Sagrario** ist beispielsweise gotisch, während der Innenraum mit der 40 m hoch aufragenden Kuppel sowohl gotische Elemente als auch Elemente im Renaissancestil aufweist und die Fassade aus dem Barock stammt. Die Kathedrale trägt den Spitznamen La Manquita (Die Einarmige), weil ihr Südturm nie fertiggestellt wurde. Besonders interessant ist das Chorgestühl aus dem 17. Jh. mit schönen Schnitzarbeiten des beliebten andalusischen Bildhauers Pedro de Mena, die so dunkel und glatt sind wie Schokolade. Die Kapellen übertreffen sich gegenseitig an Pracht. In der Kapelle der Jungfrau der Könige (im Kathedralenführer mit Nr. 18 bezeichnet) sollte man haltmachen und sich das große Gemälde anschauen, das die Enthauptung des heiligen Paul darstellt – brutal und trotzdem befremdend schön!

Alcazaba BURG

(Calle Alcazabilla; Eintritt 2,10 €, inkl. Castillo de Gibralfaro 3,40 €; ⏲April–Okt. Di–So 9.30–20 Uhr, Mo & an wichtigen Feiertagen geschl.) Am

westlichen, niedrigeren Ende des Gibralfaro-Hügels liegt die rollstuhlgerecht ausgestattete Alcazaba, die frühere Palastfestung der maurischen Herrscher aus dem Jahr 1057. Ein Steinweg führt bergauf zu der Burg. An vielen Stellen spenden Bögen und Steinmauern im Sommer erfrischend kühlen Schatten. Römische Artefakte und flüchtige Blicke auf den Hafen sorgen unterwegs für Abwechslung; Geißblatt, Rosen und Jasmin erfüllen die Luft mit ihren Düften. In den heißen Monaten geht man am besten vor 12 Uhr los. So vermeidet man die Menschenmassen und die schlimmste Hitzeperiode. Vorsicht, besonders mit Kindern, denn die Geländer sind niedrig und ungesichert. Von der Calle Guillén Sotelo befördert ein Fahrstuhl Besucher direkt ins Herz der Alcazaba.

Unterhalb der Festung befindet sich ein **römisches Theater**, das 1951 entdeckt und ausgegraben wurde.

Castillo de Gibralfaro — BURG

(Eintritt 2,10 €; ⏲April–Sept. 9–21 Uhr) Über der Alcazaba erhebt sich das Castillo de Gibralfaro. Es wurde im 8. Jh. von Abd ar-Rahman I., Emir von Córdoba, erbaut und im 14. und 15. Jh. umgestaltet. Von seinem Interieur blieb kaum etwas erhalten, aber immerhin bietet der Weg rund um die Ringmauer grandiose Ausblicke. Außerdem gibt's hier ein kleines **Museum** mit militärischem Schwerpunkt.

Wer die Burg zu Fuß besuchen will, nimmt die Straße gleich rechts vom Eingang der Alcazaba. Dort, wo sie links in einen Tunnel abbiegt, geht man die Stufen zur Rechten hoch. Eine Alternative ist die Buslinie 35, die von der Avenida de Cervantes startet (sie verkehrt etwa alle 45 Minuten). Die Wanderung ist lang und führt steil bergauf. Neben der Festung befindet sich ein kleines Café mit einem Außenbereich und Toiletten.

Noch mehr Museen MUSEEN

Casa Natal de Picasso (Plaza de la Merced 15; 1 €; ⏲9.30–20 Uhr, an Feiertagen geschl.) Picassos Geburtshaus dient heute als Zentrum für Ausstellungen und wissenschaftliche Forschung zur zeitgenössischen Kunst und zeigt ein paar faszinierende persönliche Erinnerungsstücke. Der zugehörige Shop ist gut sortiert.

Ein paar Türen weiter werden an der Plaza de la Merced 13 Wechselausstellungen präsentiert (bei unserem Besuch sah man hier eine große Sammlung Zeitschriftencover, die von Dalí gestaltet wurden). Mit dem Kombiticket für das Picasso-Museum kosten sie keinen Eintritt.

Eine geschickt umgebaute Markthalle aus den 1930er-Jahren beherbergt das **Centro de Arte Contemporáneo** (Calle Alemania; Eintritt frei; ⏲Di–So 10–14 & 17–21 Uhr), ein freches kleines Museum für internationale Kunst des 20. und 21. Jhs. Man erreicht es vom Zentrum aus in westlicher Richtung über die Alameda Principal. Wenn man am Río Guadalmedina ankommt, geht's links ab. Der abwechslungsreiche Museumsladen und ein guter starker Kaffee runden den Besuch ab.

Das in einem Gasthaus aus dem 17. Jh. untergebrachte **Museo de Artes y Costumbres Populares** (Museum für Volkskunst & Brauchtum; www.museoartespopulares.com; Pasillo de Santa Isabel 10; Erw./unter 14 J. 2 €/frei; ⏲Juni–Sept. Mo–Fr 10–13.30 & 16–19 Uhr, Okt.–Mai 10–13.30 Uhr, ganzjährig Sa 10–13.30 Uhr) veranschaulicht das ländliche und städtische Alltagsleben früherer Zeiten. Zu seinen Highlights gehören folkloristisch bemalte Tonfiguren *(barros)*. Man erreicht das Museum vom Zentrum aus Richtung Westen über die Alameda Principal. Am Río Guadalmedina geht's rechts ab.

Der **Palacio de la Aduana** (Paseo del Parque) soll bis 2012 zur dauerhaften Behausung des Stadtmuseums umgebaut werden. In der Zwischenzeit sind hier zwar keine Kunstausstellungen zu sehen, aber man kann einen der größten und prächtigsten Patios in Andalusien bewundern und unter Grünpflanzen mit breiten Blättern ein schattiges Plätzchen für eine Pause finden.

Strände STRÄNDE

Vom Hafen erstrecken sich sandige Strände über mehrere Kilometer in beide Richtungen. Die **Playa de la Malagueta**, die besonders günstig zum Stadtzentrum liegt, wartet mit ein paar nahe gelegenen ausgezeichneten Bars und Restaurants auf. Die **Playa de Pedregalejo** und die **Playa del Palo** 4 km östlich des Zentrums sind ebenfalls sehr beliebt und mit Bus 11 vom Paseo del Parque aus zu erreichen.

Jardín Botánico La Concepción BOTANISCHER GARTEN

(Erw./unter 16 J./Sen. 4/2/2 €; ⏲April–Sept. 9.30–20.30 Uhr (letzter Einlass um 19 Uhr), Mo geschl.) In der größtenteils tropisch geprägten Gartenanlage 4 km nördlich des Stadtzentrums wachsen majestätische Bäume (u. a. Hunderte von Palmen) und 5000 tropische Pflanzen, außerdem stößt man auf Wasserfälle und Seen und kann je nach Jahreszeit eine spektakuläre Blütenpracht bewundern. Am eindrucksvollsten sind die violetten Glyzinien im Frühjahr. Besucher können den Park auf eigene Faust erkunden oder sich einer 1½-stündigen Führung (auch auf Englisch) anschließen, die zusätzliche 2,50 € kostet.

Málaga

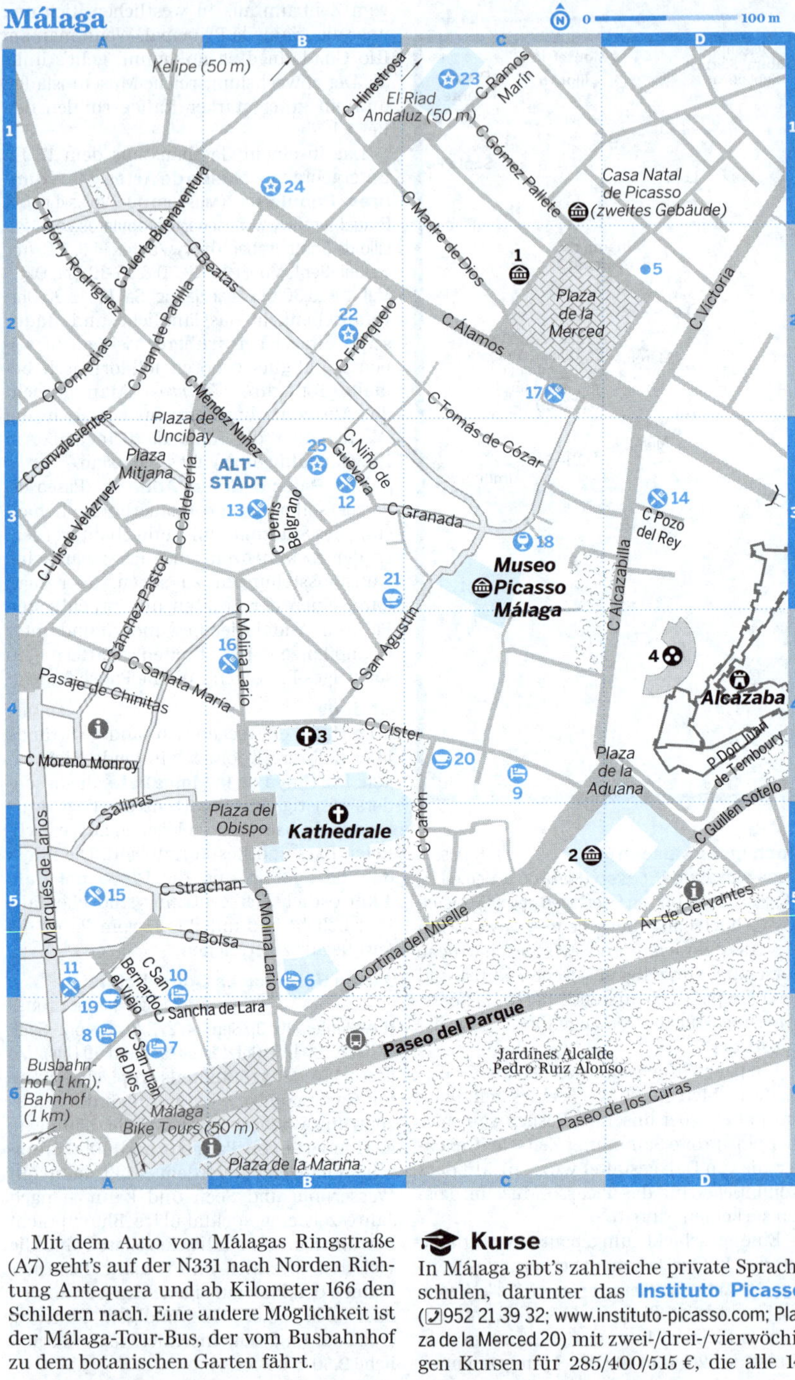

Mit dem Auto von Málagas Ringstraße (A7) geht's auf der N331 nach Norden Richtung Antequera und ab Kilometer 166 den Schildern nach. Eine andere Möglichkeit ist der Málaga-Tour-Bus, der vom Busbahnhof zu dem botanischen Garten fährt.

Kurse

In Málaga gibt's zahlreiche private Sprachschulen, darunter das **Instituto Picasso** (☎952 21 39 32; www.instituto-picasso.com; Plaza de la Merced 20) mit zwei-/drei-/vierwöchigen Kursen für 285/400/515 €, die alle 14

Málaga

Highlights

Alcazaba	D4
Kathedrale	B5
Museo Picasso Málaga	C3

Sehenswertes

1 Casa Natal de Picasso	C2
2 Palacio de la Aduana	C5
3 Portada de la Iglesia del Sagrario	B4
4 Römisches Theater	D4

Aktivitäten, Kurse & Touren

5 Instituto Picasso	D2

Schlafen

6 AC Málaga Palacio	B5
7 Hostal Derby	A6
8 Hostal Victoria	A6
9 Hotel Carlos V	C4
10 Hotel Don Curro	A5

Essen

11 Café Lepanto	A5
12 Clandestino	B3
13 Comoloco	B3
14 El Vegetariano de la Alcazabilla	D3
15 Gorki	A5
16 La Rebaná	B4
17 Lechuga	C2

Ausgehen

18 Bodegas El Pimpi	C3
19 Café Moka	A6
20 El Jardín	C4
21 La Tetería	B3

Unterhaltung

22 Amargo	B2
23 Teatro Cervantes	C1
24 Vino Mio	B1
25 Warhol	B3

Tage montags beginnen. Dazu gehören vier 50-minütige Unterrichtseinheiten pro Tag. Im Preis inbegriffen sind kulturelle Aktivitäten wie Flamenco- und Kochkurse. Die Schule vermittelt auch Unterkünfte.

Geführte Touren

Wer mit dem dachlosen **Malaga-Tourbus** (☎902 10 10 81; www.malaga-tour.com; Erw./Kind 16/8 €; ⏱9.30–20 Uhr alle 30 Min.) fahren will, sollte die Avenida Manuel Agustín Heredia oder das Ostende des Paseo del Parque ansteuern. Der Bus fährt einmal rund um die Stadt und hält an allen Sehenswürdigkeiten. Das Ticket ist 24 Std. gültig. Wer lieber mit dem Rad unterwegs ist, kann sich bei **Malaga Bike Tours** (☎606 978513; www.malagabiketours.eu; Calle Trinidad Grund 1; Touren 23 €) melden. Die Ausflüge beginnen täglich 9.50 Uhr vor der städtischen Touristeninformation auf der Plaza de la Marina. Sie sind 24 Stunden im Voraus buchbar. Man kann Malaga aber auch auf altmodische Art erkunden und sich mit dem **Pferdewagen** durch die Stadt kutschieren lassen. Die Tour dauert 45 Minuten und kostet 30 €. Die Kutschen warten an der Plaza de la Marina am Ende der Jardines Alcalde Pedro Ruiz Alonzo bzw. auf dem Paseo del Parque.

Feste & Events

Semana Santa KARWOCHE

Feierlich und überaus spektakulär geht es zu diesem Anlass zu: Die großen, schweren *tronos* (Tragegestelle) mit den Figuren der Heiligen erfordern bis zu 150 Träger. Von Palmsonntag bis Karfreitag werden allabendlich sechs oder sieben von ihnen durch die Stadt geschleppt, dabei säumen Menschenmassen den Weg. Am besten sieht man sich die Prozessionen zwischen 19 Uhr und Mitternacht auf der Alameda Principal an.

Feria de Málaga SOMMERFEST

Diese neuntägige *feria* ist das turbulenteste Volksfest in ganz Andalusien. Tagsüber, besonders an den Samstagen, wird mit Musik, Tanz und Pferden im Stadtzentrum gefeiert. Abends verlagert sich die Party 4 km in Richtung Südwesten auf das Festgelände Cortijo de Torres und lockt mit Kirmes, Musik und Tanz.

Schlafen

El Riad Andaluz HOTEL €€

(☎952 21 36 40; www.elriadandaluz.com; Calle Hinestrosa 24; EZ/DZ 70/86 €; ❄@📶) Das farbenfroh und exotisch restaurierte Kloster hat acht Zimmer in marokkanischem Dekor, die sich um einen stimmungsvollen Patio gruppieren; dort bekommt man den ganzen Tag über Tee und Kaffee. Es liegt im Centro Historico in bequemer Fußnähe zu hippen Bars und angesagten Restaurants. Der französische Besitzer und seine Familie verleihen dem Riad einen besonderen Zauber.

AC Málaga Palacio HOTEL €€€

(☎952 21 51 85; www.achotels.com; Calle Cortina del Muelle 1; DZ 137 €; P❄📶≋) Dieses Haus bietet eine sensationelle Aussicht auf das bunte Treiben am Hafen. Das Design in den öffentlichen Bereichen des eleganten, 15-stöckigen Hotels ist eher überkandidelt, aber die Zimmer haben Stil. Auf der Dachterrasse kann man etwas trinken und zu Abend essen, darüber hinaus gibt's jede Menge Wellness- und Kosmetikangebote.

Parador Málaga Gibralfaro HOTEL €€€

(☎952 22 19 02; www.parador.es; Castillo de Gibralfaro; Zi. 160–171 €; P❄📶≋) Malagas moderner, aber rustikaler *parador* befindet sich in unschlagbarer Lage am pinienbestandenen Gibralfaro-Hügel. Von den oberen Etagen, dem Terrassenrestaurant und dem Dachpool genießt man einen tollen Blick auf Stadt und Hafen.

Hotel Sur HOTEL €€

(☎952 22 48 03; www.hotel-sur.com; Calle Trinidad Grund 13; EZ/DZ/3BZ mit Bad 52/76/100 €; EZ/DZ ohne Bad 39/49 €; P❄📶) Seine gute Lage unweit der Plaza de la Marina verleiht dem schlichten, aber makellosen Hotel eine tolle Atmosphäre. Die Angestellten sind immer freundlich, außerdem haben alle Zimmer Internetzugang.

Hotel Carlos V HOTEL €

(☎952 21 51 20; www.hotel-carlosvmalaga.com; Calle Císter 10; EZ/DZ 36/59 €; P❄@) Das Hotel liegt ganz in der Nähe von Kathedrale und Picasso-Museum und erfreut sich zeitloser Beliebtheit. Seit der Renovierung 2008 funkeln die Bäder in ihrem neuen Outfit aus cremefarbenen und weißen Fliesen. Eine gute Wahl mit einem hervorragenden Preis-Leistungs-Verhältnis und hilfsbereitem Personal.

Hotel Don Curro HOTEL €€

(☎952 22 72 00; www.hoteldoncurro.com; Calle Sancha de Lara 7; EZ/DZ 63/74 €; P❄@📶) Groß, betriebsam, gut geführt, komfortabel und zentral gelegen. Darüber hinaus wartet das Don Curro mit geräumigen, toll ausgestatteten Zimmern auf. Im hauseigenen Café Moka gibt's ein üppiges Frühstück.

Hostal Derby HOTEL €

(☎952 22 13 01; www.hostalderbymalaga.com, auf Spanisch; Calle San Juan de Dios 1, 4. OG; EZ/DZ 36/48 €; @) Eine preiswerte Option. Das Derby hat geräumige Zimmer mit großen Fenstern, ein paar davon mit Hafenblick.

Hostal Victoria HOTEL €

(☎952 22 42 24; www.hostalvictoriamalaga.com; Calle Sancha de Lara 3; EZ/DZ 43/55 €; ❄) Populär, zentral und freundlich mit sauberen, gemütlichen Zimmern samt Badewanne.

Essen

Málagas Restaurants sind preiswert und bieten eine gute Qualität. Zu den lokalen Spezialitäten gehört kurz in Olivenöl frittierter Fisch. *Fritura malagueña* besteht aus frittiertem Fisch, Sardellen und Tintenfisch. Die besten Lokale liegen in den schmalen Gassen zwischen der Calle Marqués de Larios und der Kathedrale.

La Rebaná TAPAS €

(Calle Molina Lario 5; Tapas 4,20–8,50 €, raciones 7–11,50 €) Eine große, laute Tapas-Bar in der Nähe des Picasso-Museums und der Kathedrale. Dunkles Holz, große Fenster und freigelegte Ziegelmauern sorgen für eine moderne, minimalistische und entspannte Atmosphäre. Die einzigartigen Tapas mit Gänsestopfleber und gesalzenem Nougat sind einzigartig.

Gorki TAPAS €€

(Calle Strachan 6; platos combinados 7,50–16 €) Die beliebte, etwas noblere Tapas-Bar verfügt über einen Außenbereich mit Tischen. Im modernen Gastraum stehen Tische und Hocker aus Weinfässern. Hier werden kreative Tapas im sevillanischen Stil zubereitet. Das Publikum ist jung und hip.

Café Lepanto KAFFEE, SNACKS €

(Calle Marqués de Larios 7) Eine wunderbare italienische Kaffee- und Eisbar. Malagas älteste *confitería* (Konditorei) ist sehr beliebt, wahrscheinlich weil ihre Süßigkeiten so gut schmecken, dass sie einen süchtig machen. Die athletischen Kellner tragen Westen.

Comoloco MODERN SPANISCH €

(Calle Denis Belgrano 17; Salate 8–10 €, Pittas 5–6 €; ⏲13–1 Uhr, 🖉) Um die Mittagszeit platzt das Lokal mit den riesigen Fenstern zur Straße aus allen Nähten. Auf der Speisekarte stehen leckere vegetarische Salate und gefüllte Pitta-Wraps. Die Preise sind günstig und die Einrichtung ist funktional.

Clandestino INTERNATIONAL €

(Calle Niño de Guevara 3; Gerichte 9–17 €; ⏲13–1 Uhr; 🖉) Das Clandestino befindet sich in einem Lagerhaus und bereitet tolle Gerichte mit nordeuropäischem sowie lateinamerikanischem Einfluss zu. Darüber hinaus gibt's mehrere vegetarische Speisen, z. B. Falafel-Pastetchen auf einem Salatbett mit Alfalfa-Sprossen, Dill und einer Vinaigrette aus Dill und Joghurt.

Café de París INTERNATIONAL €€€
(☎952 22 50 43; www.Cafédeparis.com; Calle Velez-Málaga 8; Gerichte 12–36 €; ⊙Di–Sa 13.30–17 & 20.30–0.30 Uhr) Es gibt gute Gründe dafür, warum das Viertel La Malagueta als superschick gilt – und daran hat auch das Café de París seinen Anteil, das ein luxuriöses Pariser Flair verströmt. Der spanische Küchenchef wartet sogar mit einem Michelinstern auf.

Restaurante Antonio Martín MEERESFRÜCHTE €€€
(☎952 22 73 98; Playa de la Malagueta; Gerichte 22–29 €; ⊙Nov.–April geschl.) Ein etwas biederes Lokal mit einer großen Terrasse am Strand. Im Restaurant mit gestärkten Tischdecken werden gegrillte Fisch- und Fleischgerichte serviert. Wer nicht so viel Geld ausgeben will, geht die Promenade entlang und speist in einem der vielen anderen Restaurants.

Lechuga TAPAS, VEGETARISCH €
(Plaza de la Merced 1; Tapas 2,50–3,50 €, raciones 8–10 €; ✎) In dieser Oase der Ruhe dreht sich alles um Gemüse, aus dem der Küchenchef die tollsten Leckereien zaubert, darunter Hummus, indisch inspirierte *bhajis* und verschiedene kreative Salate.

El Vegetarischo de la Alcazabilla VEGETARISCH €€
(Calle Pozo del Rey 5; Hauptgerichte 9,50–12,50 €; ⊙ So geschl.; ✎) Das relaxte Restaurant für Vegetarier kombiniert freundlichen Service mit gutem Essen. Es ist heruntergekommen-schick und liegt unweit der Alcazaba. Tipp: die Seitan-Frikadellen probieren.

Ausgehen

Am Wochenende erwachen die Gassen nördlich der Plaza de la Constitución zum Leben. Die besten Bars findet man rund um die Plaza de la Merced, die Plaza Mitjana und die Plaza de Uncibay.

LP TIPP **Bodegas El Pimpi** BAR
(Calle Granada 62; ⊙11–2 Uhr) Die charmanten Räume und Minipatios dieser Kellerei sind eine Institution und locken mit Süßwein sowie traditioneller Musik ein partyfreudiges Völkchen aller Nationalitäten und Generationen an. Am letzten Montag im Monat finden Flamenco-Abende statt. An der Wand hängt ein Foto mit dem Autogramm von Tony Blair.

La Tetería TEESTUBE
(Calle San Agustín 9; Tees ab 2,50 €; ⊙9–24 Uhr) Diese einladende Teestube eifert den *teterías* in Granada nach und liegt unweit des Picasso-Museums. Hier gibt's eine große Auswahl an exotischen Teesorten, himmlische hausgemachte Kuchen und das beste Frühstücksmüsli der Welt.

Café Moka CAFÉ
(Calle San Bernardo El Viejo 2) Das lebhafte kleine Retro-Café in einer Nebenstraße der Calle Larios lockt zahlreiche Spanier an. Morgens gibt's für etwa 3,50 € ein Frühstück mit herzhaft gefüllten *molletes* (Rollen), Croissants und starkem Kaffee.

El Jardín CAFÉ, BAR
(Calle Cañón 1; Gerichte 12,50 €; ⊙Mo–Do 9–24, Fr & Sa 9–14 & 17–24, So 17–24 Uhr) Ein schönes Café im Wiener Stil neben den Palmengärten hinter der Kathedrale. In der Bar treffen sich viele ältere *malagueños*. Das Dekor im Art-nouveau-Stil und alte Fotografien sorgen für ein angenehmes Ambiente, allerdings ist das Essen nicht sonderlich gut. Stattdessen sollte man lieber Wein und Kaffee trinken und dem jung gebliebenen 70-jährigen Mann zuhören, der am Piano spielt.

☆ Unterhaltung

Málagas Flamenco-Erbe konzentriert sich rund um die Plaza de la Merced. Zu den Veranstaltungsorten zählt auch **Kelipe** (☎692 82 98 85; www.kelipe.net; Calle Peña 11), das von donnerstags bis samstags um 21.30 Uhr *muy-puro*-Aufführungen bietet. Im Eintrittspreis von 15 € sind ein Getränk und eine Tapa inbegriffen; unbedingt vorher reservieren. Darüber hinaus veranstaltet das Kelipe am Wochenende Gitarren- und Tanzkurse. **Amargo** (Calle Franquelo 3) wartet freitag- und samstagabends mit Shows auf. Das kleine Restaurant **Vino Mio** (Calle Álamos) hat eine internationale Speisekarte und unterhält seine Gäste mit Musikern und Tänzern.

Teatro Cervantes THEATER
(☎952 36 02 95; www.teatrocervantes.com; Calle Ramos Marín; ⊙Mitte Juli–Aug. geschl.) In dem prunkvollen Gebäude läuft ein gutes Programm mit Musik-, Theater- und Tanzdarbietungen.

Warhol NACHTCLUB
(Calle Niño de Guevara; ⌚Do–Sa 23 Uhr–open end) Ein hipper Schuppen für eine schwule Szene mit Hang zum gehobenen Ambiente. DJs mit Dreadlocks sorgen für funkige Housebeats.

ℹ Praktische Informationen

Banken mit Geldautomaten findet man in der Calle Puerta del Mar und der Calle Marqués de Larios sowie in den Ankunftshallen am Flughafen.

5 á Sec (Calle Granada 15) Wäscherei mit Trocken- und Bügelservice für etwa 10 € pro Ladung.

Ciberbocutorio (Calle Frailes 38; Internetzugang 0,50 €/30 Min.; ⌚9–24 Uhr) Hat zahlreiche Internetterminals.

Hospital Carlos Haya (☎951 03 01 00; Avenida de Carlos Haya) Das größte Krankenhaus der Stadt liegt ungefähr 2 km westlich des Zentrums.

Policía Local (☎952 12 65 00; Avenida de la Rosaleda 19)

Postamt (Avenida de Andalucía 1; ⌚Mo–Fr 8.30–20.30, Sa 9.30–14 Uhr)

Regionale Touristeninformation (Pasaje de Chinitas 4; www.andalucia.org; ⌚Mo–Fr 9–19.30, Sa 10–19, So 10–14 Uhr) Eine weitere Filiale befindet sich am Flughafen; beide bieten Informationen zu ganz Andalusien.

Städtische Touristeninformation (www.malagaturismo.com, auf Spanisch; ⌚März–Sept. 9–20 Uhr, Okt.–Feb. 9–18 Uhr) Plaza de la Marina (Plaza de la Marina); Casita del Jardinero (Avenida de Cervantes 1) Weitere Infoschalter findet man am Busbahnhof und in der ganzen Stadt verteilt.

ℹ An- & Weiterreise

Auto

Etliche internationale und heimische Autovermieter haben Schalter am Flughafen. Viele vermieten Kleinwagen für 170 € pro Woche.

Bus

Málagas **Busbahnhof** (Paseo de los Tilos) liegt nur 1 km südwestlich des Stadtzentrums. Von hier gibt's zahlreiche Verbindungen an der Küste entlang und sogar einige die ganze spanische Mittelmeerküste hoch. Außerdem fahren Busse nach Sevilla (16 €, 2½ Std., mind. 9-mal tgl.), Granada (9,75 €, 1½–2 Std., 17-mal tgl.), Córdoba (12,50 €, 2½ Std., 5-mal tgl.), Antequera (5 €, 1 Std., 13-mal tgl.), Ronda (9,50 €, 2½ Std., mind. 9-mal tgl.) und Madrid (21,50 €, 6 Std., 9-mal tgl.). Ein paar bedienen auch die spanische Mittelmeerküste und steuern internationale Ziele an.

Flugzeug

Der **Flughafen** (☎952 04 88 38) gilt als Andalusiens wichtigste internationale Verkehrsdrehscheibe und wird von vielen Airlines (Billigfliegern und anderen) aus ganz Europa angeflogen.

Schiff/Fähre

Trasmediterránea (☎952 22 74 77, 902 45 46 45; www.trasmediterranea.com; Estación Marítima, Local E1) betreibt ganzjährig täglich eine Schnellfähre (4 Std.) sowie eine langsamere Verbindung (7½ Std.) nach/von Melilla (Schnellfähre/Fähre 55/33,50 € pro Passagier; Schnellfähre/Fähre 174/156 € pro Auto).

Zug

Der **Málaga-Renfe-Hauptbahnhof** (Explanada de la Estación), der 2007 in María Zambrano umbenannt wurde, liegt um die Ecke vom Busbahnhof. AVE, der Hochgeschwindigkeitszug, fährt nach Madrid (76,40–85 €, 2½ Std., 6-mal tgl.). Darüber hinaus verkehren Züge nach Córdoba (21–44 €, 1 Std., 10-mal tgl.), Sevilla (19,10–36,40 €, 2–2½ Std., 5-mal tgl.) und Barcelona (62,70–138 €, 2-mal tgl.; der günstigere Zug braucht 13 Std., der teurere nur die Hälfte). Wer nach Granada (15 €, 2½ Std.) und Ronda (9,75 €, mind. 1½ Std.) reisen möchte, muss in Bobadilla umsteigen.

ℹ Unterwegs vor Ort

Vom/Zum Flughafen

Vom Flughafen sind es nur fünf Gehminuten bis zum Bahnhof Aeropuerto, von dem Verbindungen nach Fuengirola bestehen (von der Abflughalle den Schildern folgen). Zwischen 6.49 und 23.49 Uhr starten von dort etwa alle 30 Minuten Züge zum Hauptbahnhof Málaga-Renfe (2 €, 11 Min.) und zur Haltestelle Málaga-Centro. Züge aus der Stadt Richtung Flughafen verkehren zwischen 5.45 und 22.30 Uhr.

Bus 19 zum Stadtzentrum (1,10 €, 20 Min.) startet zwischen 6.35 und 23.45 Uhr alle 20 bis 30 Minuten an der „City Bus"-Haltestelle vor der Ankunftshalle. Er hält u. a. am Hauptbahnhof Málaga-Renfe und am Busbahnhof. Wer zum Flughafen möchte, kann den Bus am Westende des Paseo del Parque oder an einem der Bahnhöfe nehmen; in diese Richtung verkehrt er von 6.30 bis 23.30 Uhr etwa alle halbe Stunde.

Ein Taxi vom Flughafen ins Zentrum kostet 20 bis 24 €, je nach Verkehr und Ausgangspunkt.

Die Stadt hat auf ökologische Belange und den Druck der Bürger mit dem Bau eines eigenen Metronetzes reagiert, die **Metro Málaga** (www.metrodemalaga.info). Ein erster Linienabschnitt vom Flughafen bis ins Zentrum und zum Bahnhof ist bei Erscheinen dieses Reiseführers eventuell schon in Betrieb genommen worden.

Für kurze Fahrten innerhalb des Stadtzentrums (2,50 €), zum Strand (5 €) oder zum Bahnhof (7 €) kann man ein Trixi (dreirädriges Fahrrad mit einem Elektrohilfsmotor) von **Tricosol** (☎657 440605; www.bike2malaga.com; Calle Victoria 15, ⌚11–20 Uhr) mieten – eine umweltbewusste und angenehme Möglichkeit der Fortbewegung. Meistens stehen vor der Kathedrale ein paar Fahrer bereit, die in der Regel mehrere Sprachen beherrschen, u. a. auch Deutsch.

Costa del Sol

Die Costa del Sol erstreckt sich von Nerja im Osten bis nach Gibraltar im Westen. Sie ist nicht gerade für ihre zurückhaltende Eleganz bekannt und hebt sich sowohl von kitschigen (Torremolinos) als auch schicken (Marbella) Ferienresorts ab. Obwohl die wuchernden Vororte und zugebauten Strände bei Travellern sehr unterschiedliche Reaktionen hervorrufen, bietet die Region – um nur eines der von den Touristenbroschüren beworbenen Klischees zu nennen – wirklich „etwas für jeden". Wenn man sich unter einem guten Urlaub Sandstrände, belebte Nachtclubs und große, kinderfreundliche Vergnügungsparks vorstellt, wird man an der berühmten Küste garantiert fündig. Und wer schon bei der bloßen Erwähnung des Wortes „Torremolinos" in Depressionen verfällt, sollte wissen, dass es an der Costa del Sol, wo rund 70 % aller Touristen Andalusiens Urlaub machen, auch wunderbar ruhige Orte wie Tarifa, Vejer de la Frontera und Grazalema gibt.

Von Málagas Bahnhöfen Renfe und Aeropuerto verkehren Züge nach Torremolinos (1,35 €), Arroyo de la Miel (1,55 €) und Fuengirola (2,15 €). Darüber hinaus fahren Busse von Málaga aus zu allen Ferienanlagen sowie von den größten Resorts nach Ronda, Cádiz, Sevilla und Granada.

TORREMOLINOS

48 000 EW.

Torremolinos' Ruf eilt dem Ferienort wie ein zu oft abgelichteter, publicitysüchtiger Filmstar voraus. Man denkt unweigerlich an Sonnenbrände, Bier mit Fish and Chips sowie permanent betrunkene Männer zwischen 18 und 30. Doch obwohl der Ort die Zielscheibe von Monty-Python-Witzen und hysterischen Boulevardblättern ist, weigert sich „Terrible Torrie" zu sterben. Stattdessen erfindet es sich immer wieder neu. In den 1990er-Jahren stand es in dem Ruf, ausschließlich laute, Bier trinkende Rüpel anzuziehen, doch mittlerweile hat Torremolinos seine kitschige Seite ausgebaut und lockt auch ältere Gäste sowie zahlreiche Schwule an. Und so ist die Stadt der Türme *(torres)* und Windmühlen *(molinos)* immer noch voller Leben.

Sehenswertes & Aktivitäten

Torries **Strände** sind zwar breiter und länger als andere an der Costa del Sol, aber um einiges schlechter und überfüllter als die an der Costa de la Luz. Die weitab der Strand- und Barszene gelegenen lokalen Attraktionen kann man zumeist auch gut mit Kindern besuchen.

Sea Life AQUARIUM
(www.sealifeeurope.com; Erw./Kind 13.75/10.50 €; ⌚Juni 10–22 Uhr, Juli–Sept. 10–24 Uhr) Dieses moderne Aquarium liegt am luxuriösen Puerto Deportivo (Yachthafen) an der Benalmádena Costa südwestlich von Torremolinos. Es zeigt hauptsächlich mediterrane Meerestiere und veranstaltet organisierte Spiele sowie Haifütterungen.

Tivoli World FREIZEITPARK
(www.tivoli.es; Avenida de Tivoli; Eintritt 7 €; ⌚18–1 Uhr) Nur fünf Gehminuten vom Bahnhof Benalmádena-Arroyo de la Miel liegt der größte Vergnügungspark der Gegend. Die Supertivolino-Eintrittskarte (12 €) gewährt unbeschränkten Zugang zu mehr als 35 Fahrgeschäften.

Schlafen & Essen

Torremolinos listet in seinen Werbebroschüren, die in der Touristeninformation ausliegen, 55 Hotels auf. Neben Lokalen mit britischem Bier und Frühstück gibt's auch zahlreiche gute Meeresfrüchte-Restaurants; viele davon liegen am Paseo Marítimo in La Carihuela.

Hotel El Pozo HOTEL
(☎952 37 54 45; www.hotelelpozo.com; Avenida Los Manantiales 4; EZ 35–50 €, DZ 46–60 €; ❄📶🏊) Das Zwei-Sterne-Hotel mit schlichten, sauberen Zimmern befindet sich in der Nähe von Bahnhof und Strand. Hier kehren viele junge, europäische und budgetorientierte Gäste ein.

Unterhaltung

Torries Nachtleben ist berühmt. Besonders wild geht's im **Palladium** (Avenida Palma de Mallorca 36) zu, wo internationale DJs auflegen. Die Schwulenszene trifft sich in der trendigen **El Gato Lounge** (La Nogalera; ⌚16 Uhr–open end).

Praktische Informationen

Touristeninformation (www.ayto-torremolinos.org; Plaza Pablo Picasso; ⌚Juni–Sept.

10–14 & 18–20 Uhr) Im Rathaus. Weitere Büros findet man an der Playa Bajondillo (⏲10–14 Uhr) und der Playa Carihuela (⏲10–14 Uhr).

FUENGIROLA

65 000 EW.

Fuengirola liegt 18 km unterhalb von Torremolinos an der Küste und wird als familienfreundliche Alternative zu seinem aufstrebenden Zwillingsbruder beworben, ist letztlich aber dasselbe in Grün. Die Attraktionen sind entweder strand- oder familienorientiert.

Andalusiens führende Pferderennbahn mit regelmäßigen Wettkämpfen, das **Hipódromo Costa del Sol** (www.hipodromocostadelsol.es; Urbanización El Chaparral; Eintritt 5 €; ⏲Juli–Sept. 10–14 Uhr, Okt.–Juni So 11.30–16 Uhr), erstreckt sich am südwestlichen Ende von Fuengirola unweit der N340.

Wer über Nacht bleiben möchte, trifft mit dem **Hostal Marbella** (☎952 66 45 03; www.hostalmarbella.info; Calle Marbella 34; EZ/DZ 45/62 €; ❄@📶) eine gute Wahl. Das von einem engagierten schwedischen Paar betriebene Haus bietet viel für seinen Preis. Es hat blaue und gelbe Zimmer mit Internetzugang und Kaffeemaschinen und befindet sich im Zentrum nur wenige Minuten vom Strand entfernt.

Die **Touristeninformation** (Avenida Jesús Santos Rein 6; ⏲Mo–Fr 9.30–14 & 17–19, Sa 10–13 Uhr) liegt in der Nähe des **Bahnhofs** (Avenida Jesús Santos Rein), von dem alle 30 Minuten Züge nach Torremolinos und Málaga (Flughafen und Zentrum) starten.

MARBELLA

132 000 EW.

Marbella war lange Zeit ein beliebter Unterschlupf für Kriminelle. Die Stadt ist eine Mischung aus protzigen „Promis" und Golfplätzen und gilt als Gegenstück zum billigen Pauschaltourismus von Torremolinos. Immerhin sind die Ferienanlagen weiter östlich etwas authentischer, außerdem hat sich das hübsche Stadtzentrum etwas von seiner spanischen Identität bewahrt. Allerdings lassen sich die lokalen Politiker seit einigen Jahren korrumpieren und verteilen illegale Baugenehmigungen.

Sehenswertes & Aktivitäten

Die schöne **Plaza de los Naranjos** mit dem Rathaus aus dem 16. Jh. bildet den Mittelpunkt der weitgehend autofreien Altstadt. **Puerto Banús**, der protzigste Yachthafen der Costa del Sol, erstreckt sich 6 km westlich von Marbella. An der Uferpromenade liegen luxuriöse Boutiquen und überfüllte Restaurants.

In der Sierra Blanca erstrecken sich ein paar gute **Wanderrouten**, die am Refugio de Juanar etwa 17 km nördlich von Marbella beginnen.

Museo del Grabado Español Contemporáneo MUSEUM
(Museum für Moderne Spanische Drucke; Calle Hospital Bazán; Eintritt 3 €, Sa frei; ⏲Di–Fr 9–14 & 18–21, Mo & Sa 9–14 Uhr). Das Museum unweit der Plaza de los Naranjos hat wunderschöne Gewölberäume, in denen u. a. Werke von Picasso, Joan Miró und Salvador Dalí präsentiert werden.

Schlafen & Essen

Hostal/Restaurant El Gallo HOTEL €
(☎952 82 79 98; Calle Lobatas 46; EZ/DZ 35/55 €; ❄@) Ein Stück authentisches Marbella nur ein paar Straßen von der Plaza de los Naranjos entfernt. Im beliebten Restaurant gibt's tolle Hausmannskost, die mit viel Liebe zubereitet wird (alle Gerichte unter 10 €). Die Hotelzimmer bieten allen nötigen Komfort wie Internetzugang und Fernseher und die Besitzer sind überaus freundlich.

Hotel La Morada Mas Hermosa HOTEL €€
(☎952 92 44 67; www.lamoradamashermosa.com; Calle Montenebros 16A; Zi. 97 €; ❄@📶) Ein kleines, persönliches Nichtraucherhotel in einer ruhigen, blumengeschmückten Straße in der Altstadt mit sechs Zimmern. Eine Wendeltreppe führt zu den Bädern.

El Balcón de la Virgen ANDALUSISCH €€
(☎952 77 60 52; Calle Virgen de los Dolores; Gerichte 9–18 €; ⏲ So geschl.) Dies ist eines der besten Restaurants rund um die Plaza de los Naranjos. Es hat eine schöne Sommerterrasse, die von einer 300 Jahre alten trauernden Jungfrau und einer großen Bougainvillea bewacht wird. Die lebhaften Pinktöne bilden einen tollen Kontrast zum hellblauen Anstrich. Das Essen ist typisch andalusisch.

La Comedia INTERNATIONAL €€€
(www.lacomedia.net; Plaza de la Victoria; Gerichte 10,50–20 €) Von den Tischen im ersten Obergeschoss blickt man auf die Plaza, Kerzen beleuchten den charmanten Raum und an den Wänden hängt eine interessante Mischung aus Kunst und Fotografie. Die irischen Besitzer heißen ihre Gäste herzlich willkommen. Hier wird eine große Auswahl

ABSTECHER

MIJAS

Mijas, der traditionellste und schönste Ferienort an der Küste, bietet etwas Erholung von den lärmenden Städten der Costa del Sol. Sein Titel „weiße Stadt" begünstigt diesen Ruf, obwohl hier mittlerweile 70 000 Menschen leben. Umgeben von *urbanizaciones* (Wohnsiedlungen), Vergnügungsparks und sieben Golfplätzen (vier weitere sind in Arbeit), scheinen Mijas' Tage als Gegenstück zum lauten Pauschaltourismus bald gezählt zu sein. Bis dahin kann man aber noch dem Strandtourismus entkommen und durch die verwinkelten Straßen maurischen Ursprungs schlendern. Die **Casa Museo de Mijas** (Calle Málaga; Eintritt frei; ⌚Sept.–März 10–14 & 16–19 Uhr, April–Juni 17–20 Uhr, Juli–Aug. 18–21 Uhr) veranschaulicht, wie die Gegend vor dem Touristenansturm in den 1960er-Jahren aussah. Es gibt in der Stadt gute Hotels, zahlreiche Restaurants, Cafés und Kunstgewerbeläden. Zwischen Mijas und dem 8 km entfernten Fuengirola verkehren regelmäßig Busse.

spanischer und internationaler Speisen für Fleischesser sowie für Vegetarier geboten.

Ausgehen & Unterhaltung

Am Puerto Banús, wo sich jede Menge Kneipen und Tanzclubs in den Sträßchen hinter dem Yachthafen drängen, kann man am besten feiern.

Praktische Informationen

Städtische Touristeninformation (www.marbella.es, auf Spanisch; ⌚Mo–Fr 9–21, Sa 9.30–14.30 Uhr, So geschl.); Fontanilla (Glorieta de la Fontanilla); Naranjos (Plaza de los Naranjos 1)

Anreise & Unterwegs vor Ort

Busse nach Fuengirola (2,65 €, 1¼ Std.), Puerto Banús (1,10 €, 20 Min.) und Estepona (2,51 €, 1¼ Std.) starten alle 30 Minuten an der Avenida Ricardo Soriano. Vom **Busbahnhof** (Avenida Trapiche) 1,2 km nördlich der Plaza de los Naranjos werden Ziele in der Stadt bedient. Bus 7 (1,10 €) fährt von dort zur zentrumsnahen **Bushaltestelle Fuengirola/Estepona** (Avenida Ricardo Soriano). Vom Zentrum zum Busbahnhof nimmt man Bus 2 von der Avenida Ramón y Cajal.

Auf Marbellas Straßen herrscht ein ziemliches Verkehrschaos. Zum Glück gibt's ein paar kostenpflichtige Parkmöglichkeiten, sodass man seinen Wagen gleich nach der Ankunft sicher abstellen kann.

El Chorro & Bobastro

100 EW. (EL CHORRO)

50 km nordwestlich von Málaga schlängeln sich der Río Guadalhorce und die Haupteisenbahnstrecke der Stadt durch die atemberaubende **Garganta del Chorro** (El-Chorro-Schlucht): Die Schlucht ist 4 km lang, bis zu 400 m tief und stellenweise nur 10 m breit. Sie gilt als Dorado für Felskletterer und bietet Hunderte abwechslungsreicher Routen fast aller Schwierigkeitsgrade. Doch auch Nichtkletterer können hier einen guten Blick genießen, indem sie vom El-Chorro-Dorf an der Bahnstrecke entlanggehen (vor Ort nach dem Weg fragen). Allein die Aussicht verursacht schon einen prickelnden Adrenalinstoß.

Darüber hinaus ist die Schlucht für den **Camino del Rey** berühmt, einen 1 m breiten Wanderweg, der einer italienischen *via ferrata* gleicht und sich auf einem Felsvorsprung 100 m über der Tiefe durch die Steinwände windet. Er wurde 1905 im Auftrag von König Alfonso XIII. angelegt (und 1921 von diesem bewältigt: daher auch der Name „Königsweg"), war jedoch Ende der 1990er-Jahre stark verfallen. 2000 wurde er schließlich gesperrt, nachdem mehrere Touristen abgestürzt und dabei ums Leben gekommen waren, aber 2006 stellte die andalusische Regierung 7 Mio. € zur Verfügung, um den Pfad wieder instand zu setzen. Bei unserem Besuch waren die Sanierungsarbeiten noch im Gange.

Fans von Abenteuersportarten kehren gern in dem Basislager und Ferienresort **Finca La Campana** ein, das von einem Schweizer Pärchen betrieben wird. Zum Angebot gehören Kletterkurse (45 €), Höhlenexpeditionen (180 € für bis zu vier Personen), Kajak- (20 € pro Person) und Mountainbiketouren sowie ein Fahrradverleih (12–18 €/Tag).

Ganz in der Nähe von El Chorro stößt man auf **Bobastro**, die Bergfestung von Omar Ibn Hafsun. Dieser muslimische „Robin Hood" des 9. Jhs. führte eine langwierige Revolte gegen Córdobas Oberherrschaft. Zeitweise beherrschte er das ganze Gebiet von Cartagena bis zur Straße von Gibraltar. Von El Chorro folgt man der Straße die andere (westliche) Seite des Tals hinauf und nimmt nach 3 km die beschilderte Abzweigung nach Bobastro. 3 km später verweist das Schild „Iglesia Mozárabe" auf einen 500 m langen Fußweg zur Ruine einer mozarabischen Kirche, die in den Fels geschlagen wurde und im Lauf der Zeit so verwitterte, dass sie aussieht, als habe der Wind sie geformt. Es heißt, dass Ibn Hafsun vor seinem Tod 917 zum Christentum konvertierte, also Mozaraber wurde, und sich hier begraben ließ. Als Córdoba Bobastro 927 endlich eroberte, wurden seine Überreste zu einer grausamen posthumen Kreuzigung vor Córdobas Mezquita verschleppt. Die Hügelkuppe 2,5 km weiter die Straße hinauf bietet eine unglaubliche Aussicht und beherbergt die spärlichen Überbleibsel von Ibn Hafsuns rechteckigem Alcázar (muslimische Festung).

Rockfax gibt den umfassenden englischsprachigen Reiseführer *El Chorro* von Mark Glaister heraus, in dem die Schlucht und die Umgebung detailliert beschrieben werden. Der Autor listet Routen und Schwierigkeitsgrade auf und informiert über Zugangsmöglichkeiten.

Schlafen & Essen

LP TIPP Complejo Turistico Rural La Garganta APARTMENTS €
(☎952 49 50 00; www.lagarganta.com; 2-/4-Pers.-Apt. 75/115 €; Gerichte 12 €; P ❄ ≋) Dank ihrer hübsch eingerichteten Apartments und dem ausgezeichneten Essen ist diese umgebaute Getreidemühle die beste Adresse in El Chorro. Pluspunkte gibt's für den Außenpool mit Wasserfalldusche und den tollen Ausblick. Das Hotel arrangiert auch Ausflüge.

Finca La Campana HOSTEL, HÜTTEN €
(☎952 11 20 19; www.el-chorro.com; B 12 €, DZ 29 €, Apt. für 2–8 Pers. 42–96 €; ❄ ≋) Die Finca La Campana ist nicht bloß eine tolle Unterkunft in einer der eindrucksvollsten Landschaften Andalusiens, sondern auch ein wunderbarer Treffpunkt für Adrenalinjunkies. In der Klettersaison (Okt.–März) herrscht hier Hochbetrieb, deshalb ist eine Reservierung ratsam. Um hinzufinden, folgt man der Beschilderung von den Apartamentos La Garganta.

An- & Weiterreise

Züge nach El Chorro fahren von Málaga (4,05 €, 45 Min., 2-mal tgl. außer sonn- und feiertags), Ronda (6,40 €, 70 Min., 1-mal tgl. außer sonn- und feiertags) und Sevilla (15,90 €, 2 Std., 1-mal tgl.). Es gibt jedoch keine Busverbindungen hierhin. Mit dem Auto ist das Dorf über Álora (südlich von El Chorro) oder Ardales (westlich von El Chorro) zu erreichen.

Ronda

37 000 EW. / 744 M

Im zehnten Kapitel des Romans *Wem die Stunde schlägt* wird Ronda als Sündenbabel abgestempelt, dementsprechend zieht die Stadt viele Fans von Hemingway an, die hier nach den Bars suchen, in denen sich der Autor einst vergnügte. Aber das ist nur eine Nebensache gegenüber den wahren Attraktionen: Die schöne weiße Kleinstadt wartet mit einer tiefen Schlucht und einer Stierkampftradition auf, die von zwei streitlustigen Familien bewahrt wird – den Romeros und den Ordóñezes. Sie ist von hohen Bergen umgeben und war einst ein beliebter Unterschlupf für Banditen, Schmuggler und später auch raue Macho-Schriftsteller. Heute kommen vor allem Tagesausflügler hierher; wer wartet, bis der letzte Bus abgefahren ist, erhält einen Eindruck von der alten Magie, die dieser Ort ausstrahlt.

Den größten Teil der maurischen Ära war Ronda die Hauptstadt eines unabhängigen Zwergstaates. Dank seiner fast uneinnehmbaren Lage fiel es den Christen erst 1485 wieder in die Hände.

Sehenswertes

Plaza de España & Puente Nuevo PLATZ & BRÜCKE

Von der Plaza de España, dem Hauptplatz nördlich der Schlucht, spannt sich die 1793 errichtete majestätische Puente Nuevo (Neue Brücke) über den El Tajo. Der Legende nach soll Baumeister Martín de Aldehuela tödlich abgestürzt sein, als er versuchte, das Datum in die Seite der Brücke einzumeißeln. Kapitel 10 des Hemingway-Romans *Wem die Stunde schlägt* erzählt, wie zu Beginn des Spanischen Bürgerkriegs die „Faschisten" einer Kleinstadt von den Stadtbewohnern im Rathaus zusammengetrieben, auf dem „am Schluchtrand hoch über dem Fluss gelegenen Platz" niedergeknüppelt und danach in die Schlucht gestürzt wurden. Diese Episode basiert auf wahren Begebenheiten in Ronda, auch wenn die Rädelsführer aus Málaga stammten. Das Rathaus beherbergt heute einen *parador*.

La Ciudad ALTSTADT

Die verwinkelten Gässchen der maurischen Altstadt bewahren ihren typisch mittelalterlichen Charakter.

Nach Überquerung der Puente Nuevo führt die erste Abzweigung links zur **Casa del Rey Moro** (Calle Santo Domingo 17) hinunter. Das romantisch verfallene Haus aus dem 18. Jh., das angeblich auf den Überresten eines maurischen Palasts steht, ist für Besucher nicht zugänglich. Dafür kann man die **Gartenanlage** oben am Schluchtrand besichtigen und über die 200 spärlich beleuchteten Stufen von **La Mina** (Gärten & La Mina Erw./Kind 4/2 €; ⌚10–19 Uhr) hinabklettern, einer Felstreppe aus der maurischen Zeit, die bis auf den Grund der Schlucht führt (Vorsicht: Das ist ziemlich rutschig!).

Weiter oben bietet sich von der **Plaza María Auxiliadora** ein herrlicher Blick. Ganz in der Nähe erhebt sich der **Palacio de Mondragón** (Eintritt 3 €; ⌚Mo–Fr 10–19, Sa & So 10–15 Uhr), der 1314 für Abomelic, den Herrscher von Ronda, erbaut wurde. Heute ist darin ein interessantes Museum untergebracht. Von seinen drei Innenhöfen hat der Patio Mudéjar seine maurische Atmosphäre bewahrt. Ein Hufeisenbogen leitet zu einem kleinen Garten auf einem Felsvorsprung. Verschiedene Schaukästen geben einen Einblick in prähistorische Höhlen, wo amüsante Wachsfiguren frühe Lebensweisen veranschaulichen.

Eine Gehminute Richtung Südosten stößt man auf die Plaza Duquesa de Parcent mit der **Iglesia de Santa María La Mayor** (Erw./Rentner/Student 4/3/2 €; ⌚April–Okt. 10–20 Uhr), die so groß ist wie eine Kathedrale und auf dem Standort von Rondas einstiger Hauptmoschee errichtet wurde. Der Kirchturm thront auf den Grundmauern des ehemaligen Minaretts und die schönen Arkaden daneben stammen noch aus islamischer Zeit. Im Eingang der Kirche befindet sich ein Bogen mit arabischer Inschrift, der zum *mihrab* der Moschee gehörte.

Nicht weit entfernt liegt das **Museo del Bandolero** (Calle de Armiñán 65; Eintritt 3 €; ⌚April–Sept. 10.30–20 Uhr). Es widmet sich den Straßenräubern, für die Zentralandalusien im 19. Jh. berüchtigt war. Ein verwegenes Modell ähnelt Bryan Ferry und man sieht viele gestreifte Decken, Werkzeuge der Handel treibenden Banditen sowie einige Beutestücke. Das Museum verfügt über barrierefreie Zugänge.

Gleich neben dem Gebäude führt eine lange Flucht gepflasterter Treppenstufen zu einem eindrucksvollen Abschnitt der alten **Stadtmauer** hinunter. Besucher folgen dem Weg bergab zu dem schönen hufeisenförmigen Bogen der **Baños Árabes** (Arabische Bäder; Hoyo San Miguel; Eintritt 3 €, So Eintritt frei; ⌚Mo–Fr 10–19, Sa & So 10–15 Uhr) aus dem 13. und 14. Jh., den am besten erhaltenen Bädern der gesamten Iberischen Halbinsel. Von der Nordseite der nahe gelegenen **Puente Viejo** (Alte Brücke; 1616 erb.) geht's durch einen kleinen Park am Rand der Schlucht bergauf zur Plaza de España zurück.

Plaza de Toros & Umgebung STIERKAMPFARENA

(☎952 87 41 32; Calle Virgen de la Paz; Eintritt 6 €; ⌚April–Sept. 10–20 Uhr) Rondas elegante Arena von 1785 ist eine der ältesten in ganz Spanien und hat einige der wichtigsten Ereignisse der Stierkampfgeschichte erlebt. Hier begründeten drei Generationen der Familien Romero, Francisco, Juan und Pedro die Tradition des modernen unberittenen Stierkampfs. Das zugehörige Museum ist mit Erinnerungsstücken vollgestopft, darunter spektakuläre Matadorentrachten und Fotos berühmter Stierkampffans wie Hemingway und Orson Welles.

Der **Paseo de Blas Infante** hinter der Plaza de Toros und der nahe gelegene lauschige Park **Alameda del Tajo** bieten eine schwindelerregende Aussicht ins Tal.

Wanderungen WANDERUNGEN

Die Touristeninformation gibt eine Reihe von Broschüren (5 €) heraus, die acht Wanderrouten in der Umgebung von Ronda beschreiben. Die Wege sind 2,5 bis 9,1 km lang und passieren Aussichtspunkte, Einsiedlerklausen sowie Parks. Zu den besten Strecken zählt der 4,6 km lange SL-A38, der auf der Plaza Campillos unweit vom Palacio de Mondragón beginnt und bergabwärts bis zum Fuße der Schlucht führt (wo man das klassische Brückenfoto machen kann). Von hier aus schlängelt er sich an ein paar alten Mühlen vorbei und verläuft danach bergaufwärts zurück in die Neustadt.

Feste & Events

In den ersten beiden Septemberwochen wird Rondas wilde **Feria de Pedro Romero** gefeiert, zu der u. a. auch das bedeutende Festival de Cante Grande gehört, das ganz im Zeichen des Flamencos steht. Das Fest gipfelt in den Corridas Goyesca (Stierkämpfe zu Ehren des legendären Matadors Pedro Romero).

Schlafen

Hotel San Francisco HOTEL €

(☎952 87 32 99; www.hotelsanfranciscoronda.com; Calle María Cabrera 18; EZ/DZ inkl. Frühstück 38/60 €; ❄) Rondas vielleicht beste Budgetunterkunft empfängt ihre Gäste ausgesprochen herzlich. Sie wurde erst kürzlich renoviert und mit entsprechender (rollstuhlgerechter) Ausstattung vom *hostal* zum Hotel aufgewertet.

Hotel Alavera de los Baños HOTEL €€

(☎952 87 91 43; www.alaveradelosbanos.com; Hoyo San Miguel; EZ/DZ inkl. Frühstück 70/95 €; ❄🏊) Dieses bezaubernde Hotel greift Stilelemente des benachbarten arabischen Badehauses auf. Es ist sehr üppig dekoriert und hat einen Patio voller schöner Blumen sowie einen Pool. Die Bäder sind so groß, dass sie eines Sultans würdig wären, und mit einer Art Stuck verziert. Ihr Pinkton stammt von natürlichen Pigmenten. Ein Ort, um sich verwöhnen zu lassen. Hier sollte man es sich gemütlich machen, bis das Geld alle ist.

Jardín de la Muralla HOTEL €€

(☎952 87 27 64; www.jardindelamuralla.com; Calle Espíritu Santo 13; EZ/DZ inkl. Frühstück 85/95 €; P❄@🏊) Ein einzigartiges Privathaus, das aus der maurischen Zeit stammt und relativ neu in der Hotelszene Rondas ist. Es hat einen riesigen Terrassengarten mit Blick auf die *serranía* (Bergregion oder Hochland). Die sechs Zimmer sind mit Antiquitäten geschmückt, aber weder bieder noch überfüllt – ganz im Gegenteil. Das Hotel liegt zentral und ist sehr beliebt. Unbedingt im Voraus buchen.

Parador de Ronda HOTEL €€€

(☎952 87 75 00; www.parador.es; Plaza de España; Zi. 160–171 €; P❄@📶🏊) Hektarweise glänzender Marmor und Möbel mit tiefen Kissen verleihen diesem modernen *parador* das gewisse Etwas. Auf der Terrasse mit Aussicht auf die Schlucht kann man herrlich Kaffee oder Wein trinken, insbesondere bei Nacht.

Enfrente Arte HOTEL €€

(☎952 87 90 88; www.enfrentearte.com; Calle Real 40; Zi. inkl. Frühstück & allen Getränken ab 75–110 €; ❄@🏊) Alles an diesem bohemienhaften Hotel wirkt lebendig, von dem modern orientalisch angehauchten Dekor bis zu den Regenbogenfarben und der Vielfalt des (fantastischen) Frühstücks sowie den skurrilen Zimmern. Im Tierkäfig des Patios terrorisiert ein hellgrüner Sittich die weißen Kaninchen.

Hotel San Gabriel HOTEL €€

(☎952 19 03 92; www.hotelsangabriel.com; Calle José M Holgado 19; Zi. 82 €; ❄@📶) Das bezaubernde historische Hotel mit Landhausambiente wartet mit vielen Antiquitäten und Fotos auf, die Rondas Geschichte dokumentieren. Es gibt eine Lyriksammlung und tiefe Armsessel zum Lesen, zudem kann man in dem Minikino alte Filme anschauen und zum Frühstück Croissants aus einer Traditionsbäckerei genießen. Dieser Sinn für Details ist auch in den eleganten Zimmern zu spüren und vermittelt das Gefühl, sich an einem besonderen Ort aufzuhalten.

Hotel Morales HOTEL €

(☎952 87 15 38; www.hotelmorales.es; Calle de Sevilla 51; EZ/DZ 30/45 €; ❄) Kleines Hotel mit 18 netten Zimmern sowie einer Fülle von Infos zur Stadt und den nahe gelegenen Naturparks.

Essen

Die deftige Gebirgsküche mit einem Schwerpunkt auf Eintopfgerichten, Forelle, Wild (Kaninchen, Rebhuhn und Wachtel) und natürlich Ochsenschwanz ist typisch für Ronda. Viele Restaurants verteilen sich rund um die Plaza de España, aber es gibt auch südlich der Altstadt im Barrio San Francisco einige tolle Läden.

LP TIPP **Bodega San Francisco** TAPAS €€

(Calle Ruedo Alameda; raciones 6–10 €) Rondas bestes Restaurant, denn hier stimmen die Preise und die Qualität der Speisen. Die Gerichte treffen sowohl den Geschmack der Einheimischen als auch den der Touristen. Das San Francisco liegt im Barrio San Francisco gleich vor dem alten Carlos-V.-Tor und bekommt regelmäßig gute Bewertungen von Travellern.

Bar Restaurant Almocábar ANDALUSISCH €€€

(☎952 87 59 77; Calle Ruedo Alameda 5; Tapas 2 €, Gerichte 12–20 €; ⏱Mi–Mo 13.30–17 & 20–1 Uhr, im Aug. geschl.; 🖉) Liegt abseits der touristischen Pfade im Barrio San Francisco und bietet eine außergewöhnliche Küche mit einer überraschenden Auswahl an vegetarischen Salaten sowie klassischen Fleisch- und Fischgerichten. Besonders lecker: Salat mit Ziegenkäse, Walnüssen, Äpfeln und Mango. Abschließen kann man die

Mahlzeit mit einem Mandarinensorbet, das so intensiv schmeckt, als seien alle Mandarinensorbets der Welt in einem vereint worden. Vorher unbedingt reservieren!

Nonno Peppe ITALIENISCH €
(Calle Nueva 18; Pasta ab 6 €) Wer schon länger in Spanien unterwegs ist und mal etwas anderes als Tapas essen möchte, sollte das Nonno Peppe ansteuern. In dem preiswerten Restaurant, das von einem Paar aus Salerno (bei Neapel) geführt wird, gibt's authentische italienische Gerichte, darunter großartige *spaghetti alla vongole* (mit Muscheln), Pesto und Pizza. Auch der Service ist typisch italienisch.

Restaurante Tragabuches MODERNE SPANISCHE KÜCHE €€€
(☎952 19 02 91; Calle José Aparicio 1; Gerichte 27–32 €; ⏲Mo geschl.) Schick und modern. Das eleganteste Restaurant in Ronda ist für seine Kreativität bekannt und serviert z. B. Hirsch mit Süßkartoffeln oder Schweinsfüße mit Tintenfisch und Sonnenblumenkernen.

Restaurante Pedro Romero ANDALUSISCH €€€
(☎952 87 11 10; Calle Virgen de la Paz 18; Gerichte 17,50–22 €; ⏲Juli & Aug. So & Mo zum Abendessen geschl.) Das berühmte Lokal, in dem sich alles um den Stierkampf dreht, bereitet lokale Spezialitäten zu, z. B. *rabo de toro* (Ochsenschwanz).

Chocolat FRÜHSTÜCK, SNACKS €
(Carrera de Espinel 9; Frühstück ab 2,20 €) Ein stylishes Café mit einer großen Auswahl an Tee- und Kaffeesorten sowie zahlreichen Frühstücksgerichten, Kuchen und Gebäck. Wunderbar günstig.

Ausgehen

In der Calle Los Remedios ist die **Taberna del Antonio** (Calle Los Remedios 22) eine gute Anlaufstelle für ein kühles Bier. Weitere gute Cafés und Restaurants reihen sich an der Fußgängerstraße Calle Nueva in der Neustadt aneinander.

Tetería Al Zahra TEEHAUS
(Calle Las Tiendas 17; Tee ab 3 €) Ein dunkles, stimmungsvolles Teehaus mit süßen Desserts, Shishas und silbernen Teebechern voller exotischer Getränke.

Unterhaltung

Círculo de Artistas FLAMENCO-TABLAO
(Plaza de Socorro; Eintritt 25 €; ⏲Mo & Mi 22 Uhr) Rondas Flamenco-*tablao* ist recht teuer und nicht sehr authentisch. Die Shows finden zweimal wöchentlich statt.

Praktische Informationen

In der Calle Virgen de la Paz und auf der Plaza Carmen Abela gibt's mehrere Banken und Geldautomaten.

Regionale Touristeninformation (www.andalucia.org; Plaza de España 1; ⏲Mai–Sept. Mo–Fr 9–19.30, Sa 10–14 Uhr)

Städtische Touristeninformation (www.turismoderonda.es; Paseo de Blas Infante; ⏲Mai–Sept. Mo–Fr 10–19.30, Sa, So & Feiertage 10.15–14 & 15.30–18.30 Uhr) Hilfsbereite und freundliche Angestellte mit guten Infos über die Stadt und die Region.

Tintorería (Calle María Cabrera 14; ⏲Mo–Fr 10–13.30 & 17–20, Sa 10–13.30 Uhr) Waschen, Trocknen & Falten für 12 € pro Ladung.

Virtual Sytem Informática (Calle Sevilla 46; ⏲Mo–Fr 10–14, Sa 10.30–13 Uhr) Internetterminals.

An- & Weiterreise

Bus

Vom **Busbahnhof** (Plaza Concepción García Redondo 2) bietet **Los Amarillos** (☎952 18 70 61) Verbindungen nach Málaga (9,20 €, 2 Std., mind. 4-mal tgl.), Grazalema (2,47 €, 35 Min., 2-mal tgl.) und Sevilla (10,85 €, 2½ Std., 3- bis 6-mal tgl.). **Comes** (☎952 87 19 92) fährt täglich nach Arcos de la Frontera (8,14 €, 2 Std.), Jerez (10,75 €, 2½ Std.) und Cádiz (13,85 €, 2½ Std.) und **Portillo** (☎952 87 22 62) bedient Málaga (10,21 €, 1½ Std., mind. 3-mal tgl., via Marbella).

Zug

Der **Bahnhof** (Avenida de Andalucía) liegt an einer überaus malerischen Strecke. Züge verkehren von hier nach Algeciras (7,40–18,70 €, 1¾ Std., 6-mal tgl.) und Granada (13,50 €, 2½ Std., 3-mal tgl.) via Antequera, Córdoba (31,50 €, 2½ Std., 2-mal tgl.) und Málaga (9,75 €, 2 Std., 1-mal tgl. außer Sonntag). Wer nach Sevilla reist, muss in Bobadilla oder Antequera umsteigen.

Unterwegs vor Ort

Alle 30 Minuten fahren Minibusse von der Avenida Martínez Astein gegenüber dem Bahnhof zur Plaza de España.

Rund um Ronda

Rund um Ronda erstrecken sich beeindruckende Berge, außerdem ist der Ort eine tolle Ausgangsbasis für Ausflüge in die nahe gelegenen Parks und zu den weißen

Städten der Provinzen Málaga und Cádiz. Dafür kann man ein Auto oder – noch besser – ein Fahrrad mieten. **Cycle Ronda** (952 87 78 14; www.cycleronda.com; Calle Serrato 3, Ronda) hat gute Räder für etwa 20 € pro Tag im Angebot.

In der Gegend gibt's viele traditionelle Häuser, die zu zauberhaften Landhotels umgebaut wurden. Mehr darüber erfährt man in der städtischen Touristeninformation (siehe S. 785) oder unter www.serraniaronda.org.

CUEVA DE LA PILETA

Paläolithische Wandmalereien von Pferden, Ziegen, Fischen und sogar einer Robbe aus der Zeit vor 20 000 bis 25 000 Jahren kann man in dieser großen **Höhle** (952 16 73 43; www.cuevadelapilata.org; Erw./Student/Kind 8/5/5 €; stündliche Führungen 10–13 & 16–18 Uhr) 20 km südwestlich von Ronda bewundern. Besucher werden von der sachkundigen Familie Bullón vom Bauernhof unten im Tal mit einer Petroleumlampe geführt. Ein Mitglied der Familie entdeckte die Malereien 1905. Die Cueva de la Pileta liegt 4 km südlich von Benaoján, etwa 250 m (beschildert) von der Verbindungsstraße zwischen Benaoján und Cortes de la Frontera entfernt.

Die Guides sprechen ein bisschen Englisch. Bei großem Andrang ist mit einer Wartezeit zu rechnen, Besucher können aber telefonisch für einen bestimmten Zeitpunkt reservieren.

PARQUE NATURAL SIERRA DE LAS NIEVES

Diese Gegend wurde aufgrund ihrer seltenen biologischen Vielfalt von der Unesco zum Biosphärenreservat erklärt. Darüber hinaus blickt sie auf eine ungewöhnliche Vergangenheit zurück: Hunderte von Jahren, bevor es Kühlschränke gab, versammelten sich Schneeverkäufer der Region gegen Ende des Winters, um tonnenweise Schnee in Behälter zu schaufeln und sie zu riesigen Gruben zu transportieren, wo sie gepresst und zu kompakten Eisstücken geformt wurden. Bis zum Sommer brachten schwer bepackte Maultiergruppen große Eisblöcke in die benachbarten Kleinstädte, um sie dort zu astronomischen Preisen zu verkaufen. Heute wartet das 180 km² große Naturschutzgebiet südöstlich von Ronda mit einigen hervorragenden Trekkingrouten auf. Der Torrecilla, mit 1910 m höchster Gipfel in Andalusiens Westen, ist auf einer Rundwanderung von fünf bis sechs Stunden Dauer ab der Área Recreativa Los Quejigales zu erreichen. Hierher führt eine 10 km lange ungeteerte Straße, die von der A376 zwischen Ronda und San Pedro de Alcántara abzweigt.

Über dem weißen Dorf Tolox und gerade noch im Park stößt man auf das geschmackvolle Hotel **Cerro de Hijar** (952 11 21 11; www.cerrodehijar.com/eng; Carretera del Balneario, Sierra de las Nieves; DZ 80 €; P), das 650 m über dem Meeresspiegel liegt. Die Zimmer, die Einrichtung und der weite Ausblick zeugen ebenso von Großzügigkeit wie das Spektrum an Aktivitäten, das hier organisiert wird, darunter Mountainbiketouren, geführte Wanderungen und Jeepausflüge.

Antequera

43 000 EW. / 575 M

„*Y que salga el sol en Antequera*" („Lass die Sonne über Antequera aufsteigen") proklamierte König Ferdinand I. von Aragonien, als er die Stadt 1410 von den Mauren zurückeroberte. Und so geschah es. Dieser Ort verfügt über ganze 32 Kirchen und zwei Grabhügel aus der Bronzezeit. Zudem wartet Antequera mit der schönsten Mudéjar-Architektur der Region auf und lockt mit einer Umgebung, die aus skurrilen Karstformationen besteht.

Sehenswertes

Alcazaba & Umgebung FESTUNG

Der Hauptzugang zur **Alcazaba** (Eintritt frei; Di–Fr 10.30–14 & 16–18, Sa 10.30–14, So 11.30–14 Uhr) führt durch den **Arco de los Gigantes**. Dieser Bogen wurde 1585 gebaut und seine Steine tragen teils noch römische Inschriften. Von der Ruine der Alcazaba bietet sich ein grandioser Rundumblick. Gleich unterhalb befindet sich die **Colegiata de Santa María la Mayor** (Plaza Santa María; Di–Fr 10–14 & 16.30–18.30, Sa 10.30–14, So 11.30–14 Uhr), eine Kirche aus dem 16. Jh. mit einer Renaissancefassade.

Museo Municipal MUSEUM

(Plaza del Coso Viejo; Führung 3 €; Di–Fr 10–13.30 & 16.30–18.30, Sa 10–13.30, So 11–13.30 Uhr) Der ganze Stolz des Museums ist der *Efebo:* Diese schöne, 1,4 m große Bronzefigur zeigt wahrscheinlich den „Gespielen" eines Patriziers. Sie wurde in den 1950er-Jahren ganz in der Nähe ausgegraben und gehört zu den beeindruckendsten

Beispielen römischer Bildhauerkunst, die je in Spanien gefunden wurden.

Iglesia del Carmen KIRCHE

(Plaza del Carmen; Eintritt 2 €; ⌚Di–Fr 10.30–13.30 & 16.30–18, Sa & So 11–13.30 Uhr) Nur absolute Kulturbanausen bleiben unbeeindruckt von der Iglesia del Carmen und ihrem prachtvollen Retablo (Altaraufsatz). Letzterer wurde im 18. Jh. vom einheimischen Künstler Antonio Primo aus Rotkiefer geschnitzt und ist mit Engeln, Heiligen, Päpsten und Bischöfen verziert, die durch die Luft zu fliegen scheinen, so filigran sind ihre Gewänder.

GRATIS **Dolmen de Menga & Dolmen de Viera** MEGALITHGRÄBER

(⌚Di–Sa 9–17.45, So 9.30–14.15 Uhr) Am Stadtrand liegen einige der größten Hünengräber Europas. Die Dolmen befinden sich 1 km vom Stadtzentrum an der Straße, die nordostwärts zur A45 führt. Etwa 2500 oder 2000 v. Chr. schafften es die damaligen Bewohner der Gegend irgendwie, Dutzende gewaltiger Steinblöcke aus den nahen Bergen hierher zu transportieren, um die erdbedeckten Grabanlagen für ihre Anführer zu errichten. Menga ist 25 m lang, 4 m hoch und aus 32 Steinplatten gebaut, von denen die größte 180 t wiegt. Besucher können durch den modernen Innenhof spazieren, um dieses einfache, aber sehr imposante Relikt aus einer fernen Vergangenheit zu betreten.

Schlafen & Essen

Hotel San Sebastián HOTEL

(☎952 84 42 39; Plaza de San Sebastián 5; EZ/DZ 25/40 €; ❄@) Zentraler als in dieser eleganten Unterkunft kann man nicht wohnen. Abends setzt man sich am besten auf die Hotelterrasse und beobachtet die vorbeischlendernden Leute.

Hotel Coso Viejo HOTEL

(☎952 Calle Encarnación 9; www.hotelcosoviejo.es; EZ/DZ inkl. Frühstück 50/65 €; P❄@) In dem umgebauten klassizistischen Palast aus dem 17. Jh. im Herzen von Antequera sind die Zimmer rund um einen hübschen Patio mit Springbrunnen angeordnet. Außerdem gibt's eine nette Cafeteria und ein Restaurant.

Parador de Antequera HOTEL

(☎952 84 02 61; www.parador.es; Paseo García del Olmo; EZ/DZ 95/118 €; P❄) Dieser ultramoderne *parador* liegt inmitten lauschiger Gärten und bietet eine wunderbare Aussicht auf eine ruhige Gegend nördlich der Stierkampfarena.

LP TIPP **Restaurant La Espuela** MODERNE SPANISCHE KÜCHE

(☎952 70 30 31; Calle San Agustín 1; Gerichte 12–21 €; ⌚Mo geschl.) In einer verträumten Sackgasse abseits der Calle Infante Don Fernando serviert La Espuela zu sanfter Jazzmusik eine schöne Auswahl örtlicher Spezialitäten und internationaler Gerichte. Manchmal wird das Essen von schick gekleideten Köchen direkt vor den Augen der Gäste zubereitet.

Restaurante Plaza de Toros TRADITIONELL ANDALUSISCH

(Paseo María Cristina; Gerichte 12–22 €; ⌚So ab 12 Uhr geschl.) Traditionelle Küche in einmaliger Lage innerhalb der Stierkampfarena.

Praktische Informationen

Touristeninformation (www.antequera.es; Plaza de San Sebastián 7; ⌚Mo–Sa 11–14 & 17–20, So 11–14 Uhr)

An- & Weiterreise

Der **Busbahnhof** (Paseo Garcí de Olmo) liegt 1 km nördlich vom Stadtzentrum. Jeden Tag gibt's mindestens zwölf Verbindungen nach Málaga (5 €, 1 Std.) und je drei bis fünf nach Osuna (6,50 €, 1 Std.), Sevilla (Prado de San Sebastián; 12 €, 2 Std.), Granada (7,55 €, 1¼ Std.) und Córdoba (8,25 €, 1½ Std.). Die Fahrkartenschalter schließen zwischen 14 und 17 Uhr.

Der **Bahnhof** (Avenida de la Estación) befindet sich 1,5 km nördlich vom Zentrum. Hier starten täglich zwei bis vier Züge nach Granada (hin & zurück 19,90 €, 1½ Std.), Sevilla (hin & zurück 29,80 €, 1¾ Std.) und Ronda (hin & zurück 16,10 €, 1¼ Std.). Wer nach Málaga oder Córdoba fahren will, muss in Bobadilla umsteigen.

El Torcal

16 km südlich von Antequera haben Naturkräfte aus diesem 1336 m hohen **Berg** eine der bizarrsten Felsformationen modelliert, die man je zu Gesicht bekommen wird. Das 12 km² große Gebiet voll wild zerklüfteter Kalksteinbuckel und -türme war vor rund 150 Mio. Jahren mal ein Meeresboden.

Zwei markierte Wanderwege, die 1,5 km lange „Ruta Verde" (Grüne Route) und die 3 km lange „Ruta Amarilla" (Gelbe Route), beginnen und enden in der Nähe des Informationszentrums.

Östlich von Málaga

Die Küste östlich von Málaga, manchmal auch als Costa del Sol Oriental bezeichnet, ist weniger zubetoniert als die Küste im Westen, aber man hat das Gefühl, dass die Bulldozer nicht mehr allzu lange auf sich warten lassen.

Das Hinterland, das allmählich zu den Gebirgsketten entlang der Grenze zur Provinz Granada ansteigt, wird **La Axarquía** genannt und ist eine Region mit zahlreichen weißen Dörfern aus islamischer Zeit, die durch gewundene Bergstraßen miteinander verbunden sind. Hier kann man schöne Wanderungen unternehmen (am besten im April & Mai sowie von Mitte September bis Ende Oktober). Die ehemals verarmte und vergessene Gegend erlebte in den letzten Jahren eine Touristenschwemme und einen regen Zustrom ausländischer Neubürger.

NERJA

16 500 EW.

Nerja liegt 56 km östlich von Málaga. Hier wird die Costa del Sol etwas ansehnlicher: Die Küste fällt steil ab und die schönen Ausblicke vermitteln einen Eindruck davon, wie die Region einst aussah. Obwohl die Einheimischen sich von den lärmenden Resorts weiter westlich distanzieren, wird Nerja seit mehreren Jahren zunehmend von (hauptsächlich britischen) Touristen bevölkert. Wer Ruhe sucht, sollte woanders hinfahren.

Die Hauptattraktion der Stadt ist der spektakuläre **Balcón de Europa** im Zentrum, ein palmengesäumter Spazierweg, der direkt zum Ozean führt.

Schlafen & Essen

Die besseren Unterkünfte sind in den Sommermonaten oftmals schon lange im Voraus ausgebucht.

Hotel Carabeo HOTEL €€
(952 52 54 44; www.hotelcarabeo.com; Calle Carabeo 34; DZ/Suite inkl. Frühstück 75/110 €; P ❄ @ ≋) Für dieses Hotel wurde eine alte Schule liebevoll restauriert und umgebaut. Die sieben schicken Zimmer sind nach lokalen Höhlen benannt und die gepflegten Gärten liegen direkt auf den Klippen. Im angeschlossenen **Restaurante 34** (Gerichte 17,50–25,50 €; Nov.–April geschl.) werden vor einer beeindruckenden Kulisse mit Blick auf das Meer köstliche und exotische Gerichte aufgetischt.

Hotel Balcón de Europa HOTEL €€
(952 52 08 00; www.hotelbalconeuropa.com; Paseo Balcón de Europa 1; EZ/DZ 82/115 €; P ❄ @ ≋) Tolle Zimmer mit Balkonen und Blick auf einen schönen Strand bzw. das glitzernde Mittelmeer. Darüber hinaus lockt das Terrassenhotel mit einem Pool, einer Sauna, einer Pianobar und einem Restaurant.

Hostal Marissal HOTEL €
(952 52 01 99; www.hostalmarissal.com; Balcón de Europa; EZ/DZ 45/60 €; ❄ @) Wohltuend saubere, ruhige und komfortable Zimmer mit geschmackvoller Kunst sowie ein gutes Restaurant: Im Marissal wohnt man wie in einem Hotel – und das zu *hostal*-Preisen.

Merendero Ayo MEERESFRÜCHTE €€
(Playa Burriana; Gerichte 9–13 €) Eine der besten Adressen der Stadt. Das beliebte Open-Air-Lokal liegt an Nerjas schönstem Strand. Hier kommt die Paella direkt aus der großen brutzelnden Pfanne auf den Teller und auf Wunsch gibt's sogar kostenlosen Nachschlag.

Casa Luque MEDITERRAN €€€
(952 52 10 04; www.casaluque.com; Plaza Cavana 2; Gerichte 15–21 €; So mittags & Mi geschl.) Von ihrer Terrasse bietet die Casa Luque einen wunderbaren Panoramablick, außerdem wartet sie mit einer tollen Atmosphäre und einer wunderbaren mediterranen Haute Cuisine auf. Ein kühler und eleganter Zufluchtsort.

Praktische Informationen

Touristeninformation (www.nerja.org; Puerta del Mar; Mai–Okt. Mo–Sa 10–14 & 18–22, So 10–14 Uhr) Liegt an einer Nebenstraße direkt am Balcón de Europa, der einen tollen Ausblick auf die Küste bietet.

An- & Weiterreise

Von der N340 am oberen Ende der Calle Pintada fahren **Alsina-Graells-Busse** (952 52 15 04) nach Málaga (3,86 €, 1 Std., 14-mal tgl.), Almuñécar (2,50 €, 25 Min., bis zu 13-mal tgl.), Almería (12,15 €, 2½ Std., 9-mal tgl.) und Granada (9,20 €, 1½ Std., 2–3-mal tgl.).

RUND UM NERJA

Nerjas größte Touristenattraktion ist die **Cueva de Nerja** (952 52 95 20; www.cuevadenerja.es; Erw./Kind 8.50/4.50 €; 10–14 & 16–18.30, Juli & Aug. bis 19.30 Uhr) 3 km östlich der Stadt gleich neben der N340 an den Hängen der Sierra Almijara. Im Sommer wird die gigantische Höhle für viele Veranstaltungen genutzt, u. a. für Ballett und Flamenco. Von Málaga und Nerja fahren (außer sonntags) täglich etwa 14 Busse hierher. Alles wurde auf Massentourismus ausgerichtet, es gibt z. B. ein riesiges Restaurant und einen Parkplatz. Eine Führung dauert 45 Minuten.

Weiter östlich wird die Küste schroffer. Wer motorisiert ist, kann etwa 8 bis 10 km östlich von Nerja über Abzweigungen von der N340 die **Playa El Cañuelo** und andere reizvolle, wenn auch felsige Strände ansteuern.

CÓMPETA & UMGEBUNG

3500 EW. / 640 M

Das Bergdorf Cómpeta liegt 17 km landeinwärts und ist ein beliebter Ausgangspunkt für die Erkundung der Axarquía und der Berge. Allerdings läuft es akut Gefahr, von Baustellenverkehr und Immobilienmaklern überrollt zu werden, da der hemmungslose Bauboom inzwischen von der Küste auf die Täler des Hinterlands übergreift. Besonders großer Beliebtheit erfreut sich der Ort bei Sommerhausbesitzern aus Nordeuropa, darunter eine stattliche dänische Gemeinde.

Sehenswertes & Aktivitäten

Einige Kilometer talabwärts von Cómpeta erhebt sich neben der Kirche von **Árchez** ein schönes Minarett aus der Almohadenzeit. Hier schlängelt sich eine Straße 8 km südwestwärts nach **Arenas**, wo wiederum ein steiler, aber befahrbarer Weg zur Ruine des maurischen **Castillo de Bentomiz** auf einer Hügelkuppe führt. **Los Caballos del Mosquín** (☎608 658108; www.horseriding-andalucia.com) gleich außerhalb von Canillas de Albaida und 2 km nordwestlich von Cómpeta bietet Ausritte in die Berge von einer Stunde (30 €) bis zu drei Tagen (565 €) an. Eine herrliche Wanderroute führt auf den dramatischen Gipfel des **El Lucero** (1779 m); an klaren Tagen reicht der Blick bis nach Granada und Marokko. Von Cómpeta ist dies eine anspruchsvolle Tageswanderung, aber man kann auch über einen etwas schwierigen Bergpfad von Canillas de Albaida bis zum Puerto Blanquillo (1200 m) hinauffahren. Einen Kilometer bergab, an einem Steinbruch vorbei, zweigt der Weg zum Gipfel (1½ Std.) nach rechts über ein schmales Flussbett ab.

Schlafen & Essen

Häuser, Apartments und Zimmer kann man bei **Cómpeta Direct** (www.competadirect.com) buchen.

Das **El Pilón** (www.elpiloncompeta.com; Calle Laberinto; Gerichte 11–18,50 €; ⌚20–24 Uhr) und das **Cortijo Paco** (Avenida Canillas 6; Gerichte 10–15 €; ⌚20–24 Uhr, Mo geschl.) bereiten exzellente und kreative spanische bzw. internationale Gerichte zu. Im Sommer sollte man nach einem Tisch auf den Terrassen im Obergeschoss fragen.

Hotel Balcón de Cómpeta HOTEL €€
(☎952 55 35 35; www.hotel-competa.com; Calle San Antonio 75; EZ/DZ 51/73 €; P ❄ ≋) Cómpetas einziges Hotel verfügt über komfortable Zimmer mit Balkonen, ein gutes Restaurant, eine Bar, einen großen Pool und einen Tennisplatz, außerdem ist es rollstuhlgerecht ausgestattet. Das freundliche, hilfsbereite Personal spricht gut Englisch.

Praktische Informationen

Touristeninformation (Avenida de la Constitución; ⌚Mi–So 10–14 & 15–18 Uhr, Juli–Sept. Di–Sa) Bei der Bushaltestelle am Dorfeingang.

An- & Weiterreise

Von Málaga (3,50 €, 2 Std.) gibt's täglich drei oder vier Busverbindungen nach Cómpeta (via Torre del Mar).

PROVINZ CÓRDOBA

Diese Provinz erstreckt sich von La Mancha, dem Fenster zu Nordandalusien, über die gesamte Sierra Morena. Die überwiegend ländliche Region ist vor allem für ihre Olivenöle und Weine bekannt. Darüber hinaus beherbergt sie die von den Römern gegründete Stadt Córdoba, die in ihrer Blütezeit als Hauptstadt von Al-Andalus und Sitz des glanzvollen Hofes von Abd ar-Rahman III. diente.

Córdoba

306 000 EW. / 110 M

Man stelle sich eine Großstadt mit edler Architektur und einem florierenden Wirtschaftsleben sowie zahlreichen Universitäten und Bibliotheken vor, in denen gebildete Künstler und weise Philosophen studieren. Ein islamisches Kalifat, fortgeschrittener und moderner als der Rest der Welt – das war Córdoba im Jahr 975.

Auch heute noch zählt dieser Ort zu den drei größten Attraktionen Andalusiens. In seinem Zentrum liegt die gewaltige Mezquita, ein architektonisches Unikat und einer der wenigen Plätze in der Welt, wo Got-

Córdoba

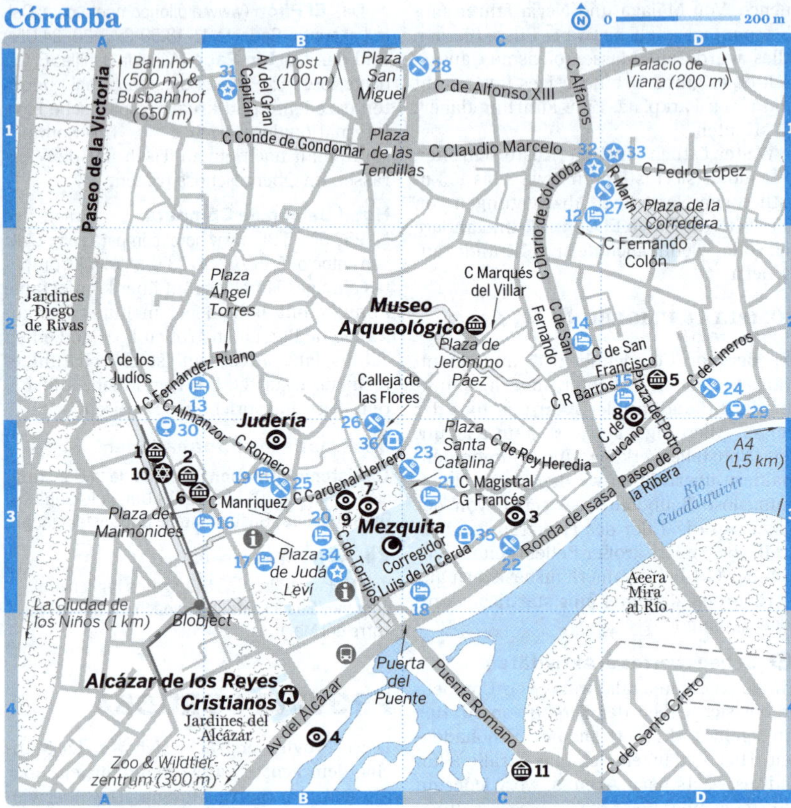

tesdienste in einer Moschee abgehalten werden. Sie ist von einem Netz verwinkelter Gassen, Häusern mit Blumenkästen voller Geranien und kühlen intimen Innenhöfen umgeben.

Geschichte

Die römische Kolonie Corduba, 152 v. Chr. gegründet, wurde Hauptstadt der Provinz Baetica, die den größten Teil des heutigen Andalusiens umfasste. 711 fiel sie an die muslimischen Eroberer und wurde bald darauf zur maurischen Hauptstadt der Iberischen Halbinsel. Hier ließ sich Abd ar-Rahman I. 756 als Emir von Al-Andalus nieder.

Seine Glanzzeit erlebte der Ort unter Abd ar-Rahman III. (912–61). Damals wartete die größte Stadt in Westeuropa mit grandiosen Moscheen, Bibliotheken, Sternwarten, Aquädukten, einer Universität und ungemein kunstfertigen Meistern des Leder-, Metall-, Textil- und Kachelhandwerks auf. Am multikulturellen Hof Abd ar-Rahmans III. verkehrten sowohl jüdische als auch arabische und christliche Gelehrte.

Gegen Ende des 10. Jhs. riss der furchterregende Feldherr Al-Mansur (alias Almansor) die Herrschaft an sich und versetzte das christliche Spanien mit mehr als 50 *razzias* (Kriegszügen) in 20 Jahren in Angst und Schrecken. Nach seinem Tod wurde Córdoba von Berberhorden terrorisiert und das Kalifat stürzte ins Chaos.

Córdobas geistige Tradition aber lebte weiter. Im 12. Jh. brachte der Ort zwei der berühmtesten Denker von Al-Andalus hervor: den muslimischen Averroës (Ibn Rushd) und den jüdischen Maimonides. Diese Gelehrten wurden am bekanntesten durch ihr philosophisches Bemühen, den religiösen Glauben mit der Vernunft in Einklang zu bringen.

1236 eroberte Fernando III. von Kastilien die Stadt, die nun allmählich zur unbedeutenden Provinzstadt verkam. Erst mit Beginn der Industrialisierung im 19. Jh.

Córdoba

Highlights

Alcázar de los Reyes Cristianos	B4
Judería	B3
Mezquita	B3
Museo Arqueológico	C2

Sehenswertes

1	Casa Andalusí	A3
2	Casa de Sefarad	A3
3	Hammam Baños Árabes	C3
4	Maurisches Wasserrad	B4
	Museo de Bellas Artes	(siehe 5)
5	Museo Julio Romero de Torres	D2
6	Museo Taurino	A3
7	Patio de los Naranjos	B3
8	Posada del Potro	D2
9	Puerta del Perdón	B3
10	Sinagoga	A3
11	Torre de la Calahorra	C4

Schlafen

12	Casa de Los Azulejos	C1
13	Hostal el Reposo de Bagdad	A2
14	Hostal La Fuente	C2
15	Hotel Maestre	D2
16	Hotel Amistad Córdoba	B3
17	Hotel González	B3
18	Hotel Hacienda Posada de Vallina	C3
19	Hotel Lola	B3
20	Hotel Maimonides	B3
21	Hotel Mezquita	C3

Essen

22	Amaltea	C3
23	Bar Santos	C3
24	Bodega Campos	D2
25	Casa Pepe de la Judería	B3
26	Mesón de las Flores	B3
27	Taberna Salinas	D1
28	Taberna San Miguel El Pisto	C1

Ausgehen

29	Amapola	D2
30	Bodega Guzmán	A3

Unterhaltung

31	Gran Teatro de Córdoba	B1
32	Jazz Café	C1
33	Mesón La Bulería	D1
34	Tablao Cardenal	B3

Shoppen

35	Ghadamés	C3
36	Meryan	B3

gab es einen neuen Aufschwung. Al-Andalus' Kultur, Artefakte und Traditionen weckten zunehmend das Interesse von Wissenschaft und Öffentlichkeit, was Córdoba neben 14 anderen spanischen Städten – darunter auch Málaga – mit seiner Bewerbung als europäische Kulturhauptstadt 2016 für sich nutzen kann. Den aktuellen Stand der Kampagne kann man unter www.cordoba2016.es nachlesen.

Sehenswertes & Aktivitäten

Die Öffnungszeiten der Sehenswürdigkeiten ändern sich häufig (am besten fragt man in der Touristeninformation nach den aktuellen Zeiten). Viele Attraktionen – mit Ausnahme der Mezquita – haben montags zu. Im Winter schließen sie generell ein oder zwei Stunden früher als im Sommer.

LP TIPP **Mezquita** KIRCHE, MOSCHEE

(Erw./Kind 8/4 €, Mo–Sa 8.30–10 Uhr Eintritt frei; April–Okt. Mo–Sa 10–19 Uhr, So ganzjährig 9–10.45 & 13.30–18.30 Uhr) Córdobas gewaltige Moschee wurde 785 gegründet und ist eine architektonische Mischung, die zwei „moderne" Veränderungen erlebt hat: eine genau in die Mitte hineingeklotzte Kathedrale aus dem 16. Jh. und die Schließung der 19 einst bedeutenden Türen, durch die seinerzeit Licht in die Mezquita fiel.

Man betritt das Gebäude durch die **Puerta del Perdón**, ein Mudéjar-Portal aus dem 14. Jh. an der Calle Cardenal Herrero. Gleich dahinter befinden sich die Kassenschalter. Neben der Puerta del Perdón steht der Glockenturm aus dem 16. und 17. Jh., der um die Überreste des Minaretts herumgebaut wurde. Hinter dem Tor liegt der **Patio de los Naranjos** (Orangenhof), der seinem Namen alle Ehre macht. In diesem Hof vollzogen die Muslime ihre rituellen Waschungen. Von hier führt eine Tür in den Gebetsraum.

Besucher blicken geradeaus bis zum *mihrab*, der Gebetsnische in der *qibla* (Mauer in Richtung Mekka). Die ersten zwölf „Querschiffe" hinter dem Eingang, ein Wald aus Säulen und Bögen, entsprechen der ursprünglichen **Moschee** aus dem 8. Jh. Alle Säulen tragen doppelstöckige Bögen, ein notwendiger Kunstgriff, um dem Gebäu-

CÓRDOBA MIT KINDERN

Wer sich mit seinen Kindern nicht noch mehr alte Gemäuer ansehen will, sollte aus der Stadt herausfahren und die Vergangenheit hinter sich lassen. Südwestlich von Córdoba liegen der **Zoo** und das **Wildtierzentrum** (Avenida de Linneo; Erw./Kind 4/2 €; ⌚April & Mai Di–So 10–19 Uhr, Juni–Aug. bis 20 Uhr, Sept. bis 19 Uhr) sowie **La Ciudad de los Niños** (☎663 035709; Avenida Menéndez Pidal; Eintritt frei; ⌚Juni–Mitte Sept. 10–14 & 19–23 Uhr), Córdobas Kinderstadt mit kunterbunten Klettergerüsten. Im Sommer wird hier ein Veranstaltungsprogramm für Vier- bis Zwölfjährige geboten; Details erfährt man auf der Website oder in der Touristeninformation. Vom Zentrum aus fahren die Busse 2 und 5 (Richtung Krankenhaus Reina Sofia) hierher.

de so die gewünschte Höhe und Offenheit zu geben.

In der Mitte befindet sich die christliche Kathedrale. Gleich hinter ihrem westlichen Ende liegt der Zugang zum *mihrab*, der sich durch massivere, aufwendiger gestaltete Bögen auszeichnet. Unmittelbar vor der Gebetsnische stößt man auf den **maksura**, den Gebetsraum des Kalifen (heute von einem Geländer umschlossen), mit kunstvoll verflochtenem Bogenwerk und üppig ausgeschmückten Kuppeldecken, nach 960 unter Kalif Al-Hakam II. entstanden. Das **Mihrab-Portal** ist mit 1600 kg Mosaiksteinen aus echtem Gold geschmückt, einem Geschenk des christlichen Kaisers von Byzanz, Nikephoros II. Phokas. Sie verleihen der Mezquita an dieser Stelle die Aura einer byzantinischen Kirche.

Nach der Eroberung Córdobas durch die Christen wurde die Moschee als Kirche genutzt. Im 16. Jh. riss man das Mittelstück des Gebäudes heraus, um dort eine Kathedrale zu errichten. Dazu gehören die **Capilla Mayor** mit einem prächtigen Altaraufsatz in Jaspis und Marmor aus dem 17. Jh. und der **coro** (Chor) mit einem schön geschnitzten Mahagonigestühl aus dem 18. Jh.

Judería — STADTVIERTEL

Die Juden gehörten zu den aktivsten und zahlreichsten Mitbürgern des islamischen Córdoba. Ihr mittelalterliches Viertel erstreckt sich von der Mezquita in Nordwestrichtung fast bis zur Avenida del Gran Capitán. Es beherbergt ein Gewirr aus engen Gassen voller weiß getünchter Häuser mit Blumenkästen an den Fenstern.

Die hübsche **Sinagoga** (Calle de los Judíos 20; Erw./EU-Bürger 0,30 €/frei; ⌚Di–Sa 9.30–14 & 15.30–17.30, So & Feiertage 9.30–13.30 Uhr) aus dem 14. Jh. ist eine von nur drei mittelalterlichen Synagogen, die in Spanien überdauert haben. Ende 1400 diente sie als Krankenhaus, in dem Wasserphobien behandelt wurden. Übersetzte hebräische Inschriften, die mitten im Satz durch Erosion zu Schaden kamen, zeugen von einer untergegangenen Gesellschaft. Erhalten blieben die Frauenempore der Synagoge sowie die hebräischen Inschriften und Mudéjar-Muster in Stuck. Die **Casa Andalusí** (Calle de los Judíos 12; Eintritt 2,50 €; ⌚April–Okt. 10.30–20.30 Uhr, Nov.–März 10.30–18.30 Uhr) aus dem 12. Jh. ist mit Gegenständen aus der maurischen Kultur des mittelalterlichen Córdoba ausgestattet, aber im Keller sieht man auch ein römisches Mosaik.

Im Herzen des Viertels stößt man auf die **Casa de Sefarad** (www.casadesefarad.es; Eintritt 4 €; ⌚Mo–Sa 10–18, So 11–14 Uhr) aus dem 14. Jh., die früher durch einen unterirdischen Tunnel mit der Synagoge verbunden war. 2008 wurde an der Ecke der Calle Judios und der Calle Averroes ein kleines Museum eröffnet, das sich dem wiederauflebenden Interesse für die spanische Tradition der sephardischen Juden annimmt. Ein Schwerpunkt liegt auf Musik, häuslichen Bräuchen und intellektuellen Frauen – Dichterinnen, Sängerinnen und Denkerinnen – aus Al-Andalus. Das Museum beherbergt eine auf sephardische Geschichte spezialisierte Buchhandlung und einen gut sortierten Souvenirshop. Außerdem gibt's hier das ganze Jahr über von Livemusik begleitete Vorträge und Lesungen.

In der Nähe huldigt das **Museo Taurino** (Stierkampfmuseum; ☎957 20 10 56; Plaza de Maimónides) Córdobas legendären Toreros und wartet mit eigenen Räumen für El Cordobés und Manolete auf. Hier ist sogar die klägliche Haut des Stiers Islero ausgestellt, dessen Hörner Manolete 1947 ins Jenseits beförderten. Bei unserem Besuch war das Museum aufgrund von Renovierungsarbeiten geschlossen.

Alcázar de los Reyes Cristianos — BURG

(Campo Santo de Los Mártires; Erw./Kind 4/2 €, Fr Eintritt frei; ⌚Mai–Juni & Sept.–Mitte Okt. 10–14 & 17.30–19.30 Uhr, Juli & Aug. Di–Sa 8.30–14.30 Uhr, ganzjährig So & Feiertage 9.30–14.30 Uhr) Gleich südwestlich der Mezquita erhebt sich der Alcázar (Festung der Katholischen Könige). Er begann sein Dasein im 13. Jh. als Palast und Festung für Alfonso X. Von 1490 bis 1821 diente er als Sitz der Inquisition. Heute zählen seine Gärten zu den schönsten in ganz Andalusien. Das Gebäude beherbergt ein altes königliches Badehaus, die Baños Califales. Besucher sollten sich Zeit nehmen, um sich den römischen Sarkophag aus dem 3. Jh. mit seinen Betrachtungen zu Leben und Tod zu bewundern.

Puente Romano & Umgebung RÖMISCHE BRÜCKE

Südlich der Mezquita führt die gründlich restaurierte **Puente Romano** (Römische Brücke) über den Guadalquivir. Gleich stromabwärts ist am Nordufer ein rekonstruiertes **maurisches Wasserrad** zu sehen.

Am Südende der Brücke erhebt sich der **Torre de la Calahorra** (☎957 29 39 29; Puente Romano; Erw./Kind 4,50/3 €; ⏲10–18 Uhr). In dem Turm aus dem 14. Jh. ist das kuriose Museum der drei Kulturen von der Stiftung Roger Garaudy untergebracht, das intellektuelle Errungenschaften des islamischen Córdoba präsentiert.

Plaza del Potro PLATZ

Dieser autofreie Platz 400 m nordöstlich der Mezquita diente im 16. und 17. Jh. als Treffpunkt für Händler und Abenteurer. Miguel de Cervantes wohnte einige Zeit in der **Posada del Potro** (Plaza del Potro 10; Eintritt frei; ⏲Di–Fr 17–21, Sa 10–14 Uhr), die er in *Don Quichotte* als „Räuberhöhle" bezeichnete. Heute dient die ehemalige Unterkunft als Ausstellungszentrum.

In einem ehemaligen Hospital ist das **Museo Julio Romero de Torres** (Plaza del Potro 1; Eintritt 4 €, Fr Eintritt frei; ⏲Di 14.30–20.30, Mi–Sa 9–20.30, So & Feiertage bis 14.30 Uhr) untergebracht. Es zeigt Werke des einheimischen Künstlers Julio Romero de Torres (1873–1930) und ist das meistbesuchte Museum der Stadt. Romero de Torres malte vor allem sinnliche, aber wohlwollende Porträts einheimischer Frauen. Im gleichen Gebäude residiert das **Museo de Bellas Artes** (Museum der Schönen Künste; Erw./EU-Bürger 1,50 €/frei; ⏲Di 14.30–20.30, Mi–Sa 9–20.30, So & Feiertage bis 14.30 Uhr), das vorwiegend Werke lokaler Künstler aus dem 14. bis 20. Jh. präsentiert.

Hammam Baños Árabes HAMAM

(☎957 48 47 46; www.hammamspain.com/cordoba; Calle Corregidor Luis de la Cerda 51; Bad 26 €, Bad & Massage 33 €; ⏲zweistündige Sessions 10, 12, 14, 16, 18, 20 & 22 Uhr) Einen Hauch von mittelalterlichem Córdoba erlebt, wer seine Sinne in diesen renovierten arabischen Bädern verwöhnen lässt. Hier kann man Aromatherapiemassagen buchen und im Café Tee, Wasserpfeifen und arabische Süßigkeiten bestellen.

Palacio de Viana MUSEUM

(☎957 49 67 41; Plaza de Don Gome 2; Eintritt gesamtes Haus/nur Höfe 6/3 €; ⏲Mo–Fr 10–13 & 16–18, Sa 10–13 Uhr) Córdoba ist berühmt für seine Innenhöfe – und wo könnte man sie besser besichtigen als in diesem Renaissancepalast! Das prachtvolle Gebäude wartet mit einem Dutzend friedlicher Patios, einem gut gepflegten Garten und einem vergoldeten Haus auf (nur im Rahmen einer Führung zugänglich). Es liegt 500 m nördlich der Plaza de la Corredera. Im Juli und August hat es länger geöffnet.

Museo Arqueológico MUSEUM

(Plaza de Jerónimo Páez 7; Erw./EU-Bürger 1,50 €/frei; ⏲Di 15–20, Mi–Sa 9–20, So & Feiertage 9–15 Uhr) Das ausgezeichnete Archäologische Museum bietet interessante Einblicke in das Córdoba aus vorislamischer Zeit in der passenden historischen Umgebung eines Renaissancepalasts.

Feste & Events

Im Frühjahr und Frühsommer ist hier am meisten los.

Concurso & Festival de Patios Cordobeses HÖFE

(Anfang Mai) Ein Wettbewerb um den „besten Innenhof"; viele private Patios sind nun für die Öffentlichkeit geöffnet. Begleitend gibt's ein Kulturprogramm.

Feria de Mayo FRÜHJAHRSFEST

(Letzte Maiwoche/erste Junitage) Zehn Tage Riesenparty mit einem gigantischen Volksfest, Konzerten und Stierkämpfen.

Festival Internacional de Guitarra MUSIK

(Ende Juni/Anfang Juli) Zweiwöchiges Festival zu Ehren der Gitarre mit Livekonzerten in den Sparten Klassik, Flamenco, Rock und Blues. Die Topstars treten abends in den Gärten des Alcázar auf.

Semana Santa KARWOCHE

Während der Karwoche werden jeden Abend zwischen 20 und 24 Uhr bis zu zwölf *pasos* (Heiligenfiguren) auf einer offiziellen Strecke durch die Stadt getragen. Viele Prozessionen finden am Karfreitag zwischen 16 und 18 Uhr statt.

Schlafen

Budgetunterkünfte gibt's hier wie Sand in der Stierkampfarena, Einzelzimmer zu vernünftigen Preisen sind allerdings Mangelware. Eine Reservierung ist von März bis Oktober ratsam und während der großen Feste ein Muss.

LP TIPP **Hotel Hacienda Posada de Vallina** HOTEL €€
(☎957 49 87 50; www.hhposadadevallinacordoba.com; Corregidor Luís de la Cerda 83; EZ/DZ 50/70 €; P ❄ @ ≋) Liegt in einer hübschen, einsamen Ecke an der ruhigen Seite der Mezquita (das Gebäude ist sogar noch älter als die Kathedrale) und wurde liebevoll restauriert. Porträts und Antikmöbel sorgen für ein schickes und modernes Interieur. Das Hotel hat zwei Etagen mit Blick auf einen schönen Innenhof; die Zimmer sind komfortabel, aber córdobagemäß im mittelalterlichen Stil eingerichtet. Angeblich hat hier schon Kolumbus übernachtet.

Hotel Amistad Córdoba HOTEL €€€
(☎957 42 03 35; www.nh-hoteles.com; Plaza de Maimónides 3; EZ/DZ 125 €; P ❄ @ ≋) Besteht aus zwei Villen mit Mudéjar-Höfen aus dem 18. Jh. und ist Teil der NH-Kette. Es hat elegante Zimmer und Luxuseinrichtungen wie einen Babysitter-Service. Bei unserem Besuch war es gerade geschlossen, allerdings sollte die Renovierung bei Erscheinen des Reiseführers abgeschlossen sein.

Hostal La Fuente HOTEL €
(☎957 48 78 27; www.hostallafuente.com; Calle de San Fernando 51; EZ/DZ 35/50 €; ❄ @ ≋) Ein Hotel für Handwerksgesellen, was in Córdoba bedeutet, dass die Gäste einen luftigen Innenhof, Azulejos-Fliesen, freigelegte Ziegelmauern und interessante architektonische Details bewundern können. Die Zimmer sind sauber und komfortabel und das Personal ist hilfsbereit. Man hört zwar den Straßenlärm, aber das trägt nur noch mehr zu den Reizen dieser Unterkunft bei.

Hotel Maimonides HOTEL €€
(☎957 47 15 00; Calle de Torrijos 4; Zi. ab 65 €; P ❄ @) Näher an der Mezquita kann man nicht wohnen. Das Maimonides verströmt eine eher businessmäßige Atmosphäre und verfügt über saubere, komfortable Zimmer, ein Café und einen Geschenkeladen, Minibars, Zeitungen sowie Haartrockner.

Hotel Mezquita HOTEL €€
(☎957 47 55 85; hotelmezquita.com; Plaza Santa Catalina 1; EZ/DZ 42/74 €; ❄) Eine der besten und günstigsten Optionen der Stadt. Die im 16. Jh. errichtete Villa liegt direkt gegenüber der Mezquita und bietet glänzende Bäder sowie elegante Zimmer, einige davon mit Blick auf die große Moschee.

Casa de los Azulejos HOTEL €€
(☎957 47 00 00; www.casadelosazulejos.com; Calle Fernando Colón 5; EZ/DZ 90/110 €; ❄ @) „Andalusien trifft Mexiko" könnte das Motto dieses stilvollen Hotels lauten. Der Patio wartet mit Bananenbäumen, wuchernden Farnen und schlanken Palmen auf, die Zimmer sind im Kolonialstil eingerichtet und im Erdgeschoss befindet sich ein gutes mexikanisches Restaurant.

Hotel Lola HOTEL €€
(☎957 20 03 05; www.hotelconencantolola.com; Calle Romero 3; DZ inkl. Frühstück 119 €; P ❄ ≋) Ein schrulliges Hotel mit großen alten Betten und allem möglichen Schnickschnack, den man am liebsten mit nach Hause nehmen möchte. Frühstück wird auf der Dachterrasse mit Blick auf den Glockenturm der Mezquita serviert.

Hotel Maestre HOTEL €
(☎957 47 24 10; www.hotelmaestre.com; Calle Romero Barros 4; EZ/DZ 38/52 €, Apt. 58 €; P ❄ @) Gemütliche Zimmer mit allem modernen Komfort, obwohl die Bäder Platz und Ausstattung vermissen lassen. Das Personal an der Rezeption spricht etwas Englisch.

Hotel González HOTEL €€
(☎957 47 98 19; www.hotel-gonzalez.com; Calle Manríquez 3; EZ/DZ 40/70 €; ❄ @ ≋) Üppiges Barockdekor verleiht diesem preisgünstigen Hotel ein vornehmes Ambiente. Das Restaurant ist im blumengeschmückten Patio untergebracht und die sympathischen Inhaber sprechen gut Englisch.

Hostal El Reposo de Bagdad HOTEL €
(☎957 20 28 54; Calle Fernández Ruano 11; EZ/DZ 30/45 €) Aufregend maurisch. Dieses 200 Jahre alte Haus befindet sich in einem winzigen Gässchen der *judería*. Die Zimmer sind schlicht, aber sauber.

Essen

Zwei Gerichte stehen in fast jedem Restaurant auf der Speisekarte: *salmorejo,* eine dickflüssige kalte Gemüsesuppe auf Tomatenbasis, und *rabo de toro* (Ochsenschwanz). Manche Läden tischen auch Spezialitäten aus dem alten Al-Andalus auf, z. B. Knoblauchsuppe mit Rosinen, Lamm mit Honig oder Fleisch mit Dattel-Nuss-

Füllung. Zu den beliebtesten Getränken gehört Wein aus dem nahen Montilla und Moriles; er hat Ähnlichkeit mit Sherry, ist aber nicht derart alkoholreich.

Es gibt jede Menge Lokale in unmittelbarer Nähe der Mezquita, allerdings sind einige teuer und einfallslos.

LP TIPP **Taberna San Miguel El Pisto** TAPAS €€

(Plaza San Miguel 1; Tapas €3, media raciones 5–10 €; ⏲So & Aug. geschl.) Platz da, Sevilla! Edler Wein, die großartige Atmosphäre, professionelle, altmodische Kellner ohne überhebliches Gebaren und ein hübsches Dekor machen das El Pisto (Das Fass) zu einer klassischen andalusischen Tapas-Bar. Man kann sich an die Theke quetschen oder einen Krug Wein bestellen und sich einen Tisch im hinteren Bereich schnappen.

Bodega Campos ANDALUSISCH €€€

(☎957 49 75 00; Calle de Lineros 32; Tapas/raciones 6,50–16 €, Gerichte 17,50–29 €; ⏲So abends geschl.) Eine stimmungsvolle Kombination aus Weinkellerei und Restaurant. Die Bodega Campos verfügt über zahlreiche Räume und gilt als kulinarisches Highlight der Stadt. An den Wänden türmen sich Eichenfässer, die von der spanischen Königsfamilie und Tony Blair sowie weiteren Berühmtheiten signiert sind. Hier wird hauseigener Montilla ausgeschenkt.

Mesón de las Flores TAPAS €

(Calleja de las Flores; Tapas 2–5 €, media raciones 5–10 €) Das Flores liegt versteckt in einer Seitenstraße des *judería* und wird von den Touristen, die die Mezquita besichtigen, oft gar nicht bemerkt. Es macht einfach so weiter wie immer, ganz als ob es Francos Tourismusprojekte nie gegeben hätte. In diesem Laden gibt's die besten Tapas der Stadt, darunter köstliche Garnelen.

Taberna Salinas TAPAS €

(Calle Tundidores 3; Tapas/raciones 2,50/8 €; ⏲So & Aug. geschl.) In dem großen Restaurant von 1879 herrscht immer großer Andrang, wohl auch wegen der herrlichen Auberginen mit Honig oder der Kartoffeln mit Knoblauch. Der Tavernenbereich ist am frühen Abend ruhiger und das freundliche Barpersonal füllt einem gerne das Glas mit lokalem Montilla nach.

Casa Pepe de la Judería ANDALUSISCH €€€

(☎957 20 07 44; Calle Romero 1; Tapas/media raciones 2,50–9,50 €, Gerichte 11–18 €, menús 27 €) Draußen gibt's eine fabelhafte Dachterrasse mit Blick auf die Mezquita, drinnen ein Labyrinth aus gut besuchten Speiseräumen. Bevor die Gäste bei den Spezialitäten des Hauses wie Ochsenschwanz oder Hirschfilet tüchtig zulangen, dürfen sie sich mit einem Gläschen Montilla aufs Haus stärken.

Bar Santos TORTILLAS €

(Calle Magistral González Francés 3; Tortillas 2,50 €) Das legendäre Santos serviert die größte *tortilla de patata* (Omelett aus Kartoffeln und Zwiebeln) der Stadt – gegessen wird mit Plastikgabeln auf Papptellern und mit Blick auf die Mezquita. Ein Muss!

Amaltea INTERNATIONAL, VEGETARISCH €€

(Ronda de Isasa 10; Gerichte 8–16 €; ⏲Mo & So ab mittags geschl; ✎) Das wohl beste Restaurant für Vegetarier in ganz Córdoba, obwohl das Fleisch auch gut schmeckt. Die Inhaber legen viel Wert auf Bioprodukte. Wir empfehlen das libanesische Tabuleh. Das Amaltea liegt unten am Fluss.

Ausgehen & Unterhaltung

Die quirligeren Bars liegen hauptsächlich in den neueren Stadtvierteln und erwachen am Wochenende erst ab 23 Uhr zum Leben. Viele Läden im mittelalterlichen Zentrum schließen bereits um Mitternacht.

Amapola BAR

(Paseo de la Ribera 9; ⏲Mo–Fr 9–15, Sa & So 17–4 Uhr) Hier fläzen sich die Jungen und Schönen auf grünen Ledersofas und schlürfen raffinierte Cocktails, während der DJ für Stimmung sorgt. Hier feiert man stilvoll und lange.

Bodega Guzmán BAR, KNEIPE

(Calle de los Judíos 7) Unbedingt einen Besuch wert ist diese stimmungsvolle Kneipe in der Altstadt mit Montilla vom Fass.

GRATIS **Jazz Café** BAR

(Calle Espartería; ⏲8 Uhr–open end) Eine tolle, höhlenartige Bar mit zahlreichen Schwarz-Weiß-Fotos von Jazzmusikern sowie regelmäßigen Liveauftritten und Jamsessions. Im Café kann man ab 8 Uhr wunderbar seinen Kater kurieren.

Gran Teatro de Córdoba THEATER

(☎957 48 02 37; www.teatrocordoba.com, auf Spanisch; Avenida del Gran Capitán 3) Bietet ein breit gefächertes Veranstaltungsprogramm von Konzerten über Theater und Tanz bis zu Filmvorführungen an, die sich vorwiegend an ein spanisches Publikum richten.

NICHT VERSÄUMEN

MEDINA AZAHARA

Selbst im Lärm der Zikaden an einem heißen und stillen Sommernachmittag vermittelt **Medina Azahara** (Madinat al-Zahra; ☎957 32 91 30; Erw./EU-Bürger 1,50 €/frei; ⊙Di–Sa 10–18.30 Uhr, Mai–Mitte Sept. 10–20.30, So 10–14 Uhr) die Macht und Visionskraft ihres Gründers Abd ar-Rahman III. Der selbst ernannte Kalif begann etwa 936 mit dem Bau einer grandiosen neuen Hauptstadt 8 km westlich von Córdoba. 945 war sie schließlich bezugsfertig.

Doch die neue Stadt war erstaunlich kurzlebig. Als das Kalifat zwischen 1010 und 1013 zerfiel, wurde Medina Azahara von Berbersoldaten zerstört. Obwohl bis heute nicht einmal ein Zehntel der Anlage ausgegraben wurde und davon wiederum nur ein Viertel für Besucher zugänglich ist, bleibt dies ein faszinierender Ort.

Der Besucherrundgang führt hinunter zum **Dar al-Wuzara** (Haus der Wesire), einem stattlichen Gebäude mit mehreren Hufeisenbögen und quadratischem Vorgarten, und dann weiter zu dem eindrucksvollsten Bauwerk der Stätte, dem sorgfältig restaurierten **Salón de Abd ar-Rahman III.** (Thronsaal des Kalifen). Seine kunstvollen Hufeisenbögen, die aufwendige Gärten rahmten, und das exquisit modellierte Stuckwerk waren von einer Pracht, wie man sie bis dahin in der islamischen Welt noch nie gesehen hatte.

Medina Azahara ist von der Avenida de Medina Azahara ausgeschildert, die von Córdoba nach Westen zur A431 führt.

Ein Taxi kostet hin und zurück 37 € inklusive einer Stunde Wartezeit für die Besichtigung. Viele Hotels in Córdoba bieten dreistündige Bustouren nach Medina Azahara für 6,50 bis 10 € an.

FLAMENCO

Córdoba wartet mit zwei Veranstaltungsorten für Flamenco auf.

Tablao Cardenal FLAMENCO-TABLAO
(Calle de Torrijos 10; Eintritt inkl. Getränk 20 €; ⊙Mo–Sa 22.30 Uhr–open end) In einem alten Gebäude gegenüber der Mezquita bietet diese Bühne eine abwechslungsreiche Mischung aus Musik und Tanz. Sehr touristenfreundlich gelegen.

Mesón La Buiería FLAMENCO-TABLAO
(Calle Pedro López 3; Eintritt inkl. 1 Getränk 12 €) Etwas weniger bekannt, aber ausgefallener und preiswerter. Die Shows beginnen jeden Abend um 22.30 Uhr.

Shoppen

Córdoba ist berühmt für seine geprägten Lederwaren *(cuero repujado)*, seinen filigranen Silberschmuck und seine attraktive Keramik. Viele Kunsthandwerksläden drängen sich rund um die Mezquita. **Meryan** (Calleja de las Flores) verkauft hochwertige geprägte Lederwaren, die leider in einer Fabrik produziert werden – aber immerhin nicht massenweise.

Ghadamés LEDERWAREN
(www.cuerrosghadames.com; Corregidor Luis de la Cerda 52; ⊙10–13 & 17.30–20, April–Sept. 10–13 Uhr) Der Werkstattverkauf von Rafael Varo, einem der wenigen Handwerker, die sich der verlorenen Kunst der *guadamecíes* widmen. Die Technik wurde im 13. Jh. in Córdoba erfunden. Dabei wird das Leder so bearbeitet, dass man es bemalen, gravieren oder mit komplizierten Einlegearbeiten versehen kann. Ein Stück ist ab etwa 200 € erhältlich.

Praktische Informationen

Die meisten Banken und Geldautomaten verteilen sich rund um die Plaza de las Tendillas und die Avenida del Gran Capitán. In den Bus- und Bahnhöfen gibt's ebenfalls Geldautomaten.

Ch@t (Calle Claudio Marcelo 15; 1,80 € pro Std.; ⊙April–Okt. 9.30–13.30 & 17.30–20.30, Sa 10–13.30 Uhr) Viele Terminals und schneller Internetzugang (allerdings nicht für Macs).

Hospital Reina Sofia (☎957 21 70 00; Avenida de Menéndez Pidal) 1,5 km südwestlich der Mezquita.

Policía Nacional (☎95 747 75 00; Avenida Doctor Fleming 2)

Post (Calle José Cruz Conde 15)

Regionale Touristeninformation (☎957 35 51 79; Calle de Torrijos 10; ⊙Mo–Fr 9–19.30, Sa, So & Feiertage 9.30–15 Uhr) Gegenüber der Westseite der Mezquita befindet sich dieses hilfreiche Büro mit Informationen über die Stadt und die Umgebung.

Städtische Touristeninformation (Plaza de Judá Levi; ⌚Mo–Fr 8.30–14.30 Uhr)

An- & Weiterreise

Bus

Der Busbahnhof (Glorieta de las Tres Culturas) befindet sich 1 km nordwestlich der Plaza de las Tendillas, hinter dem Bahnhof. Von hier aus geht's nach Sevilla (10,36 €, 1¾ Std., 6-mal tgl.), Granada (12,52 €, 2½ Std., 7-mal tgl.), Málaga (12,75 €, 2¾ Std., 5-mal tgl.) und Baeza (10 €, 3 Std., 1-mal tgl.).

Zug

Córdobas **Bahnhof** (Avenida de América) wird u. a. von dem Hochgeschwindigkeitszug AVE angesteuert. Es gibt Verbindungen nach Sevilla (10,60–32,10 €, 40–90 Min., 23-mal tgl. oder öfter), Madrid (52–66,30 €, 1¾–6¼ Std., 23-mal tgl. oder öfter), Málaga (21–39,60 €, 1–2½ Std., 9-mal tgl.), Barcelona (59,40–133 €, 10½ Std., 4-mal tgl.) und Jaén (11,45 €, 1½ Std., 1-mal tgl.). Wer nach Granada reist (34,30 €, 4 Std.), muss in Bobadilla umsteigen.

Unterwegs vor Ort

Bus 3 (1,20 €) fährt von der Straße zwischen Zug- und Busbahnhof zur Plaza de las Tendillas und weiter die Calle de San Fernando östlich der Mezquita entlang. Wieder zurück geht's von der Ronda-de-Isasa-Haltestelle gleich südlich der Mezquita.

Ein Taxi vom Bus- oder Zugbahnhof zur Mezquita kostet etwa 6 €.

Córdobas Einbahnstraßensystem ist der Albtraum aller Autofahrer, aber die Anfahrtswege zu vielen Hotels und *hostales* sind gut ausgeschildert und mit einem „P" versehen, sofern sie Parkplätze anbieten. Hotels kassieren dafür 12 bis 18 € pro Tag.

Der flotte rundliche **Blobject** (☎957 76 00 33; www.blobject.es; Avenida Dr. Fleming; Miete ab 30 € für die ersten 2 Std.) ist ein in den USA produziertes Elektroauto (max. Tempo 30 km/h) mit GPS-Technologie und einem USB-Port, der digitale Wegbeschreibungen in der gewählten Sprache anzeigt. Es handelt sich um eine sichere, umweltfreundliche und lustige Möglichkeit, die Stadt zu erkunden. Man kann Blobjects für ein, zwei und vier Fahrgäste an mehreren bedeutenden touristischen Punkten in ganz Córdoba mieten und zurückgeben. Details erfährt man in der Touristeninformation. Dasselbe Unternehmen experimentiert mit dem seltsamen, aber niedlichen Segway, einem elektrischen Scooter, der durch Bewegungen des Fahrers gesteuert wird. Vor dem Start muss man ein paar Übungsfahrten absolvieren und bekommt Schutzhelme.

PROVINZ GRANADA

Wer bereist schon Granada, ohne zuerst die gleichnamige Stadt zu besuchen? Nachdem man sich Lorca, das Albaicín und die geckenhaften Geister der Alhambra angesehen hat, wartet eine völlig andere Welt auf einen, nämlich eine zerklüftete und bergige Region. In Granada gibt's die höchsten Berggipfel des spanischen Festlands (die Sierra Nevada) und die einzige Skistation Andalusiens. Im Süden der Provinz erstrecken sich die wunderschönen, verschlafenen Täler von Las Alpujarras, die von verschlungenen Wanderwegen durchzogen sind und zeitlose weiße Dörfer beherbergen. Granadas Küste, die Costa Tropical, liegt bei Almuñécar, einer interessanten, aber kaum besuchten Stadt.

Granada

300 000 EW. / 685 M

Boabdil der Maure war nicht der letzte Traveller, der beim Verlassen Granadas eine Träne vergoss. Die Stadt besteht aus sonnengebleichten Straßen und trockener Erde, unterbrochen von saftigen Grünanlagen sowie den Wäldern und Gärten der Alhambra. Wer Granada näher kennenlernen will, auf den warten noch wesentlich mehr Highlights. Besucher können den Reiseführer getrost beiseitelegen und sich einfach von ihrer Intuition leiten lassen. Dabei geht's durch mysteriöse Labyrinthstraßen und schattige marokkanische *teterías* zu kaum bekannten Flamenco-Bars und dem *duende*-erfüllten Kokon des Albaicín.

Was Granada so interessant macht, ist das völlige Fehlen von Gradlinigkeit. Hier eröffnet sich eine traditionelle Stadt voller interkultureller Bohemiens, ein Ort, wo moderne Graffitis provokativ auf 500 Jahre alte Mauern gesprüht werden. Fast jeder verliebt sich in diese Region, obwohl man oft gar nicht weiß, warum. Aber darüber sollte man nicht nachdenken, sondern einfach in die Pracht eintauchen und die poetischen Gedichte den anderen überlassen: „Dein Klagelied, Granada, wird von den Sternen gesungen, die dein schwarzes Herz vom Himmel aus beleuchten", schrieb Federico García Lorca, Granadas berühmtester Schriftsteller. Der perfekte Schlusssatz.

Geschichte

Granadas Geschichte liest sich wie ein Thriller. Keimzelle der Stadt war eine ibe-

Granada

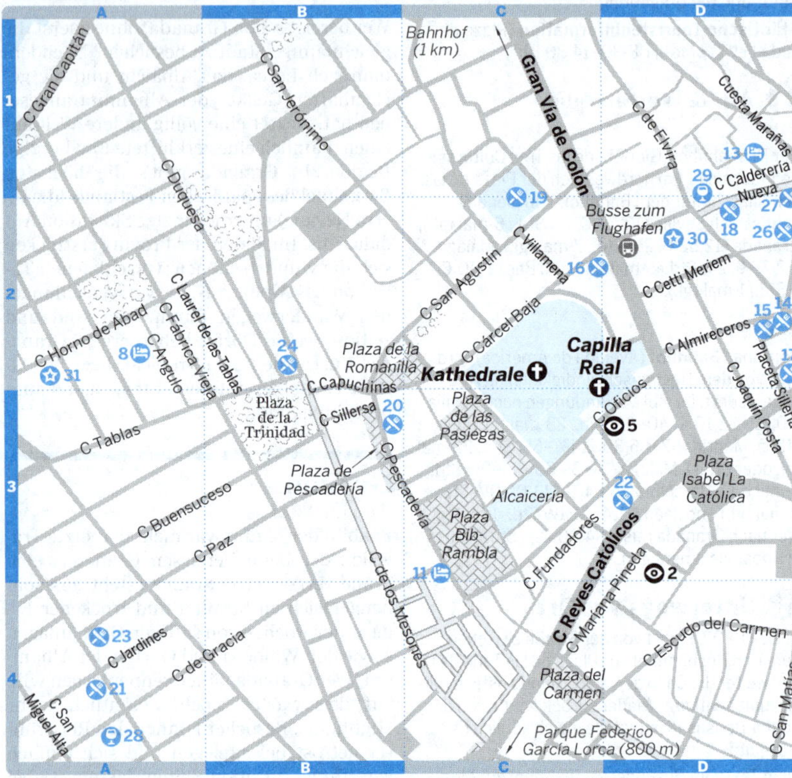

rische Siedlung am Standort des Albaicín. Eine muslimische Armee rang sie 711 den Westgoten ab. Ihren heutigen Namen „Granada" verdankt sie dem jüdischen Viertel rund um den Fuß des Alhambra-Hügels, das damals Garnata al-Jahud hieß. Granada ist außerdem das spanische Wort für den Granatapfel, der das Stadtwappen ziert.

Nach dem Fall der Städte Córdoba (1236) und Sevilla (1248) suchten viele Muslime Zuflucht in Granada, wo Mohammed ibn Yusuf ibn Nasr ein unabhängiges Emirat gegründet hatte. Das Nasridenreich war der letzte Überrest von Al-Andalus: Es erstreckte sich von der Straße von Gibraltar bis zum östlichen Almería und wurde 250 Jahre lang von der immer luxuriöser ausgebauten Alhambra aus regiert. Mit seinen zahllosen Kaufleuten und Handwerkern wurde Granada zu einer der reichsten Städte im mittelalterlichen Europa. Seine zwei Jahrhunderte künstlerischer und wissenschaftlicher Blüte erreichten im 14. Jh. unter den Emiren Yusuf I. und Muhammad V. ihren absoluten Höhepunkt.

Doch im 15. Jh. erlahmte die Wirtschaft und es brachen erbitterte Thronfolgestreitigkeiten aus. Eine Seite unterstützte den Emir Muley Hassan und seine bevorzugte Haremsdame Soraya, die anderen standen Boabdil, Muley Hassans Sohn, mit seiner Gemahlin Aischa bei. 1482 rebellierte Boabdil und löste damit einen wirren Bürgerkrieg aus. Das machten sich christliche Armeen zunutze, die in das Emirat einrückten, dessen Städte belagerten, das Land verwüsteten und 1491 auch Granada einkesselten. Nach acht Monaten bot Boabdil die Übergabe der Stadt an. Er verlangte dafür die Alpujarrastäler, 30 000 Goldmünzen sowie politische und religiöse Freiheit für seine Untertanen. Am 2. Januar 1492 zogen die siegreichen Katholischen Könige, Isabella und Ferdinand, in Grana-

da ein, wo sie mehrere Jahre in der Alhambra Hof hielten.

Juden und Muslime wurden beharrlich verfolgt und bis zum 17. Jh. vertrieben. Mit der Stadt ging es erst wieder bergauf, als die Romantikbewegung der 1830er-Jahre den Weg für die Sanierung des islamischen Kulturerbes und den nachfolgenden Touristenboom bereitete.

Als Nationalisten den Ort zu Beginn des Bürgerkriegs einnahmen, ermordeten sie etwa 4000 *granadinos* (Bewohner Granadas) aus linken und liberalen Kreisen, darunter Granadas berühmtesten Schriftsteller, Federico García Lorca. Granada gilt als politisch konservativ.

Sehenswertes & Aktivitäten

Die meisten großen Sehenswürdigkeiten erreicht man vom Zentrum aus zu Fuß. Wer nicht bergauf gehen möchte, kann auch den Bus nehmen.

LP TIPP **Alhambra** PALASTKOMPLEX
(Karte S.802; ☎902 441221; Ticketvorverkauf: www.alhambra-tickets.es & www.servicaixa.com; Erw./EU-Rentner & EU-Student 12/9 €, nur Generalife 6 €; ⏲März–31. Okt. 8.30–20 Uhr, 25. Dez. & 1. Jan. geschl.) Die Alhambra thront auf einem Hügelrücken namens El Sabika und ist eine märchenhafte Anlage. Von außen wirken die roten Festungstürme und -mauern zwischen Zypressen- und Ulmenhainen und vor der prachtvollen Kulisse der Sierra Nevada schlicht, aber imposant. Frühmorgens (8.30 Uhr) und am späten Nachmittag geht's hier am ruhigsten zu. Der Besuch des Palacio Nazaríes bei Nacht gilt als eine wahrhafte magische Erfahrung.

Die beiden herausragenden Bauwerke des Palastkomplexes sind der Palacio Nazaríes und die Alcazaba (Zitadelle). Zur Anlage gehören außerdem der Palacio de Carlos V, die Iglesia de Santa María de la Alhambra, zwei Hotels, mehrere Buchshops, Souvenirläden und zauberhafte Gärten, darunter der unübertreffliche Generalife.

Es gibt mehrere Cafés neben dem Ticketschalter, die kleine Snacks anbieten. Wer richtig Hunger hat, sollte dagegen eines der beiden Hotelrestaurants ansteuern.

Die Alhambra – vom arabischen *al-qala'at al-hamra* (rote Burg) – wurde im 9. Jh. als Festung errichtet. Die Nasridenemire des 13. und 14. Jhs. bauten sie zu einer Palastanlage mit Städtchen *(medina)* aus. Von Letzterem blieben nur Ruinen übrig. Yusuf I. (reg. 1333–54) und Muhammad V. (reg. 1354–59 und 1362–91) ließen zudem den prachtvollen Palacio Nazaríes errichten.

Nach der Eroberung durch die Christen wurde die Moschee der Alhambra durch eine Kirche ersetzt. Außerdem baute man das Kloster Convento de San Francisco (der heutige Parador de Granada). Carlos I., der Enkel von Isabella I. und Ferdinand II., ließ einen Flügel des Palacio Nazaríes abreißen, um Platz für den gewaltigen Palacio de Carlos V (nach seinem Titel als Kaiser des Heiligen Römischen Reichs) im Renaissancestil zu schaffen.

Im 18. Jh. überließ man die Alhambra Dieben und Bettlern. Während der napoleonischen Besatzung diente sie als Kaserne und wäre um ein Haar gesprengt worden. 1870 erklärte man sie zum Nationaldenkmal, nachdem sich Schriftsteller der Romantik, wie Washington Irving, für sie starkgemacht hatten. Dieser wohnte in den

Granada

Highlights

Albaicín ... E1
Alhambra ... F2
Capilla Real ... C2
Kathedrale ... C2

Sehenswertes

1 Alminar de San José ... E1
2 Corral del Carbón ... D3
3 Hammans de Al-Andalus ... F2
4 Iglesia de Santa Ana ... F2
5 La Madraza ... D3

Aktivitäten, Kurse & Touren

6 Centro de Lenguas Modernas ... F4

Schlafen

7 Hostal Landázuri ... F3
8 Hostal Meridiano ... A2
9 Hotel Carmen de Santa Inés ... F1
10 Hotel Casa del Capitel Nazarí ... F1
11 Hotel Los Tilos ... C3
12 Hotel Zaguán del Darro ... F1
13 Oasis Backpackers' Hostel ... D1

Essen

14 Antigua Castañeda ... D2
15 Bodegas Castañeda ... D2
16 Café Gran Via Colón ... C2
17 Café Lisboa ... D2
18 Kasbah ... D2
19 Mercado Central San Agustín ... C2
20 Oliver ... B3
21 Om-Kalsum ... A4
22 Pastelería López-Mezquita ... D3
23 Poë ... A4
24 Reca ... B2
25 Restaurante Arrayanes ... E1
26 Samarkanda ... D2
27 Tetería Nazarí ... D2

Ausgehen

Antigua Castañeda ... (siehe 14)
28 Bar Pacurri ... A4
Bodegas Castañeda ... (siehe 15)
29 Taberna El Espejo ... D1

Unterhaltung

30 Granada 10 ... D2
31 Planta Baja ... A2

Shoppen

Artespaña ... (siehe 2)

1820er-Jahren einige Zeit im Palacio Nazaríes und verfasste dort seine bezaubernden *Erzählungen von der Alhambra*. Danach wurde die Burg von Grund auf restauriert. Heute stehen Alhambra, Generalife und Albaicín als Weltkulturerbe unter dem Schutz der Unesco.

Alcazaba

Von der Zitadelle sind nur noch die Festungsmauern und einige Türme übrig. Am wichtigsten ist der **Torre de la Vela** (Wachtturm). Eine Wendeltreppe führt auf die oberste Plattform mit einem herrlichen Rundblick. Hier wurden im Januar 1492 das Kreuz und die Banner der Reconquista aufgerichtet. Einst regelte das Glockengeläut des Turms die Bewässerungssysteme der fruchtbaren Vegaebene rund um Granada.

Palacio Nazaríes

Dies ist das wahre Glanzstück der Alhambra, das großartigste islamische Bauwerk in Europa mit perfekt proportionierten Räumen und Höfen, fein modellierten Stuckwänden, herrlichem Kachelschmuck, geschnitzten Holzdecken und aufwendigen *muqarnas*-Kuppeln (Stalaktitengewölben) samt symbolisch-geometrischen Mustern. Im Stuckwerk kann man zahlreiche eingearbeitete arabische Inschriften sehen.

Der **Mexuar** dient als Palasteingang zum Palast. Er stammt aus dem 14. Jh. und wurde als Ratskammer und Vorzimmer für Audienzen beim Emir genutzt. Weiter als hierher kam das gemeine Publikum nicht.

Vom Mexuar geht's in den **Patio del Cuarto Dorado**, einen Innenhof, wo die Emire Audienzen gewährten. Zur Linken liegt das **Cuarto Dorado** (Goldenes Zimmer). Ihm gegenüber befindet sich der Eingang zum Palacio de Comares in einer herrlichen Fassade aus glasierten Kacheln, Stuck und geschnitztem Holz.

Der **Palacio de Comares** wurde als Privatresidenz für Emir Yusuf I. gebaut. Er umschließt den zauberhaften **Patio de los Arrayanes** (Myrtenhof) mit rechteckigem Wasserbecken. Das Südende des Hofs wird von den Mauern des Palacio de Carlos V beschattet. An der Nordseite steht der **Torre de Comares** (Comaresturm). In seinem Inneren leitet die **Sala de la Barca** (Saal des

Segens) mit wunderschöner Holzdecke in den **Salón de los Embajadores** (Saal der Botschafter) über; dort verhandelten die Emire mit den christlichen Abgesandten. Die prachtvolle Kuppeldecke des Raums besteht aus mehr als 8000 Zedernholzteilen und verkörpert mit ihrem Sternenmuster die sieben Himmel des Islams.

Der Patio de los Arrayanes führt in den **Palacio de los Leones** (Löwenpalast), der unter Muhammad V. gebaut wurde – als königlicher Harem, wie manche glauben. Seine Zimmer gruppieren sich rund um den berühmten **Patio de los Leones** (Löwenhof) mit einem marmornen Brunnen, dessen Wasser durch die Mäuler von zwölf Marmorlöwen fließt. Der Palast steht für das islamische Paradies, das durch Flüsse (Wasserrinnen, die vom Brunnen ausstrahlen) in vier Teile geteilt wird.

Zu den vier Sälen rund um den Hof gehört die **Sala de los Abencerrajes** auf der Südseite. Sie war angeblich der Schauplatz des Massakers an der Adelsfamilie der Abencerrajen, deren Oberhaupt sich erdreistet haben soll, mit Muley Hassans Lieblingskonkubine Soraya zu schäkern. Am Ostende des Hofs liegt die **Sala de los Reyes** (Saal der Könige) mit lederbezogenen Decken, die im 14. Jh. von christlichen Künstlern bemalt wurden. Seinen Namen verdankt der Raum dem Deckengemälde des mittleren Alkovens, das vermutlich zehn Nasridenemire zeigt. An der Nordseite des Saals erstreckt sich die üppig dekorierte **Sala de las dos Hermanas** (Saal der zwei Schwestern), die wahrscheinlich nach den beiden weißen Marmorplatten zu beiden Seiten ihres Brunnens benannt ist. Ihre fantastische *muqarnas*-Kuppeldecke mit zentralem Stern und 5000 winzigen „Zellen" erinnert an den Sternenhimmel. Vielleicht war es das Zimmer der Lieblingskonkubine des Emirs. An seinem hinteren Ende stößt man auf die **Sala de los Ajimeces**, durch deren tiefe Fenster die jeweilige Favoritin von ihren Ottomanen und Kissen auf den Albaicín und die Landschaft ringsum blicken konnte.

Von der Sala de las dos Hermanas führt ein Durchgang zu den **Estancias del Emperador** (Kaiserlichen Gemächern), die in den 1520er-Jahren für Carlos I. gebaut und später von Washington Irving bewohnt

EINTRITT ZUR ALHAMBRA

Einige Bereiche der Alhambra kann man jederzeit ohne Eintrittskarte besuchen, aber die eigentlichen Highlights sind nur mit Ticket zugänglich. Pro Tag werden bis zu 6600 Karten ausgegeben. Mindestens ein Drittel davon kommen am jeweiligen Tag am Ticketschalter in den Verkauf. Allerdings sind sie in der Osterwoche und im Juni, Juli, August und September immer sehr früh ausverkauft. Wer also nicht reserviert hat, stellt sich zu dieser Zeit dementsprechend am besten schon ab 7 Uhr früh an. Es empfiehlt sich, bis zu drei Monate im Voraus zu buchen (1 € pro Ticket), und zwar bei folgenden Adressen:

Alhambra Advance Booking (☎902 88 80 01 für Anrufe aus Spanien, 0034 934 92 37 50 für internationale Gespräche; ⌚8–20 Uhr)

Servicaixa (www.servicaixa.com) Onlinebuchung nur auf Spanisch und Englisch. Man kann auch an den Geldautomaten der Servicaixa Tickets kaufen, allerdings nur auf dem **Gelände der Alhambra** (⌚März–Okt. 8–19 Uhr, Nov.–Feb. 8–17 Uhr).

Für die Buchung per Internet oder Telefon benötigt man eine Visa-, Master- oder Eurocard. Das Ticket kann dann am Besuchstag am Ticketschalter der Alhambra gegen Vorlage der zugeteilten Reservierungsnummer, des Reisepasses oder Personalausweises und der Kreditkarte abgeholt werden.

Auf jedem Ticket steht ein halbstündiger Zeitraum, innerhalb dessen der Inhaber den Palacio Nazaríes betreten muss. Entweder kauft man ein *billete de mañana* (Vormittagsticket), mit dem man den Generalife oder die Alcazaba von 8.30–14 Uhr betreten darf, oder ein *billete de tarde* zum Eintritt nach 14 Uhr.

Der Palacio Nazaríes wird auch **spätabends** (⌚März–Okt. Di–Sa 22–23.30 Uhr) geöffnet. Die Tickets dafür kosten ebenso viel wie tagsüber. Der Schalter macht 30 Minuten vor Öffnung des Palasts auf und macht 30 Minuten nach der Schließung zu. Abendbesuche können ebenfalls im Voraus gebucht werden.

Alhambra & Generalife

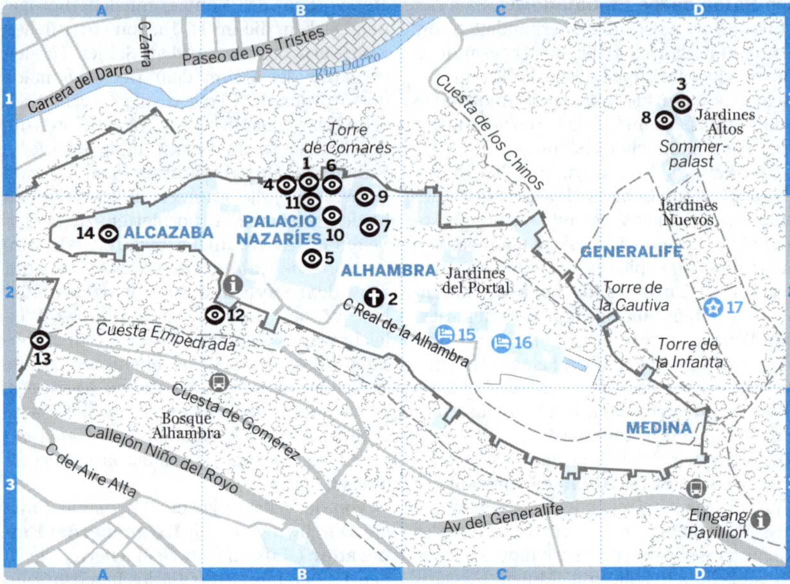

Alhambra & Generalife

Highlights

Convento de San Francisco....(siehe 16)
1 Cuarto Dorado B1
2 Iglesia de Santa María B2
3 Jardín de la Sultana D1
4 Mexuar B1
Museo de Bellas Artes .... (siehe 5)
Museo de la Alhambra .... (siehe 5)
5 Palacio de Carlos V B2
6 Palacio de Comares B1
7 Palacio de los Leones B2
8 Patio de la Acequia D1
9 Patio de Lindaraja B2
10 Patio de los Arrayanes B2
11 Patio del Cuarto Dorado B2
12 Puerta de la Justicia B2
13 Puerta de las Granadas A2
14 Torre de la Vela A2

Schlafen

15 Hotel América C2
16 Parador de Granada C2
Puerta de las Granadas .... (siehe 13)

Essen

Parador de Granada .... (siehe 16)

Unterhaltung

17 Teatro del Generalife D2

wurden. Von hier geht's zum **Patio de la Reja** (Gitterhof) und zum **Patio de Lindaraja** hinunter und in die Terrassengärten der **Jardines del Partal**. Verlassen kann man diese durch ein Tor zum Palacio de Carlos V oder über einen Weg zum Generalife.

Palacio de Carlos V

Das imposante quadratische Gebäude umschließt einen überraschenden runden, zweigeschossigen Innenhof mit 32 Säulen.

Im Erdgeschoss zeigt das **Museo de la Alhambra** (☎958 22 75 27; Eintritt frei; ⏲Di–Sa 9–14.30 Uhr) eine fesselnde Sammlung muslimischer Hinterlassenschaften aus der Alhambra, der Provinz Granada und Córdoba mit Erläuterungen auf Spanisch und Englisch.

Im Obergeschoss lockt das **Museo de Bellas Artes** (☎958 22 48 43; Erw/EU-Bürger 1,50 €/frei; ⏲März–Okt. Di 14.30–20, Mi–Sa 9–20, So & Feiertage 9–14.30 Uhr) mit eindrucksvollen Gemälden und Skulpturen, die einen Bezug zu Granada aufweisen.

Weitere christliche Bauwerke

Zwischen 1581 und 1617 erbaute man die **Iglesia de Santa María** am einstigen Standort der Palastmoschee. Der **Convento de San Francisco**, heute das Luxushotel Parador de Granada (S. 806), entstand auf den

Grundmauern eines islamischen Palasts. Isabella und Ferdinand wurden zunächst in dessen Patio bestattet und erst später in die Capilla Real überführt.

Generalife

Der Name Generalife bedeutet „Architektengarten". Innerhalb des Palasts liegt der **Patio de la Acequia** (Hof der Wassergräben). Sein langes Wasserbecken wird umrahmt von Blumenbeeten und Fontänen aus dem 19. Jh., die die Form der Bogengänge an beiden Enden auf raffinierte Weise nachzeichnen. Neben dem Hof erstreckt sich der **Jardín de la Sultana** (Garten der Sultana) mit dem Stumpf einer 700 Jahre alten Zypresse, unter der Muley Hassan seine Haremsdame Soraya mit dem Oberhaupt der Abencerrajensippe erwischt haben soll, was zum Blutbad in der Sala de los Abencerrajes führte.

Realejo STADTVIERTEL

Realejo befindet sich unterhalb der südlichen Flanke des Alhambra-Hügels. Hier stößt man auf schöne Häuser und das Kloster **Carmen de los Martires** (Paseo de los Martires; Eintritt frei; ⌚Juni–Sept. Mo–Fr 10–14 & 16–20 Uhr), auf dessen Gelände romantisch zerzauste Gärten aus dem 19. Jh. und ein restauriertes Herrenhaus liegen, in dem oft Hochzeiten gefeiert werden.

Capilla Real KAPELLE, MAUSOLEUM

(Karte S. 798; www.capillareal.granada.com; Calle Oficios; Eintritt 3,50 €; ⌚April–Okt. Mo–Sa 10.30–13.30 & 16–19.30, So 11–13.30 & 16–19 Uhr) Die Königliche Kapelle, die sich seitlich an die Kathedrale schmiegt, ist Granadas herausragendstes christliches Bauwerk. Fans der spanischen Geschichte dürften sich für ihre besondere Verbindung mit den Katholischen Königen, Isabella und Ferdinand, interessieren, die das Gebäude im üppigen Stil der isabellinischen Gotik als ihr Mausoleum in Auftrag gaben. Da die Fertigstellung bis 1521 dauerte, mussten die Monarchen zunächst provisorisch im Convento de San Francisco bestattet werden.

Sie liegen in schlichten Bleisärgen in der Krypta, unterhalb ihrer Marmorstatuen an der Kanzel, die von einem schmiedeeisernen, vergoldeten Wandschirm umgeben ist, der 1520 von Bartolomé de Jaén geschaffen wurde. Die Sakristei beherbergt ein kleines, aber eindrucksvolles **Museum** mit Ferdinands Schwert und Isabellas Zepter, Silberkrone und privater Kunstsammlung. Letztere ist überwiegend flämisch geprägt, umfasst aber auch Botticellis *Christus am Ölberg*. Zwei schöne Statuen von Felipe de Vigarnis aus dem frühen 16. Jh. zeigen die Katholischen Könige im Gebet.

Direkt gegenüber liegt **La Madraza** (Karte S. 798; Eintritt frei; ⌚8–22 Uhr), 1349 von Sultan Yusuf I. als Schule und Universität gegründet. Besucher können in die herrliche Gebetshalle mit ihrem aufwendigen *mihrab* schauen. Das Licht hier erscheint besonders sanft. Bei Redaktionsschluss war das Gebäude aufgrund von Renovierungsarbeiten geschlossen.

Kathedrale KATHEDRALE

(Karte S. 798; Eintritt 3,50 €; ⌚Mo–Sa 10.45–13.30 & 16–20, So 16–20 Uhr, Nov.–März bis 19 Uhr) Die gewaltige höhlenartige Kathedrale im Mix aus Gotik- und Renaissancestil grenzt an die Capilla Real, besitzt aber einen separaten Eingang an der Gran Vía de Colón. Ihr Bau begann 1521 und wurde erst im 18. Jh. abgeschlossen. Von 1528 bis 1563 lag die Verantwortung in den Händen von Diego de Siloé. Die Hauptfassade zur Plaza de las Pasiegas mit vier massigen Stützpfeilern, die drei große Bogenfelder bilden, wurde im 17. Jh. von Alonso Cano entworfen.

Alcaicería & Plaza Bib-Rambla PLATZ

Gleich südlich der Capilla Real stößt man auf die **Alcaicería**, eine ehemalige muslimische Seidenbörse. Sie wurde nach einem Brand im 19. Jh. rekonstruiert und beherbergt nun zahlreiche Souvenirshops. Südwestlich davon erstreckt sich die pittoreske **Plaza Bib-Rambla.** Der nahe gelegene **Corral del Carbon** (Karte S. 798; Calle Mariana Pineda) aus dem 14. Jh. mit seinem Hufeisenbogen diente einst als Gasthaus für Kohlehändler (daher der heutige Name „Kohlenhof"). Heute findet man hier den staatlichen Kunsthandwerksladen **Artespaña** (S. 809).

Albaicín STADTVIERTEL

Auf dem Hügel gegenüber der Alhambra, auf der anderen Seite des Darrotals, erstreckt sich Granadas altes maurisches Viertel, der Albaicín, eine Art Open-Air-Museum, in dem man einen ganzen Vormittag verbummeln kann. Die kopfsteingepflasterten Gässchen säumen entzückende *cármenes* (große Villen mit ummauerten Gärten, vom arabischen *karm* für „Garten"). Das Viertel überlebte noch mehrere Jahrzehnte nach der christlichen Eroberung im Jahre 1492 als muslimischer Stadtteil.

Die Plaza del Salvador liegt unweit der Spitze des Albaicín und wird von der **Colegiata del Salvador** (Eintritt 0,75 €; ⌚Mo–Sa 10.30–13 & 16.30–19.30 Uhr) dominiert, einer Kirche aus dem 16. Jh. auf dem einstigen Standort einer Moschee; Überreste von dem früheren Bauwerk – der kühle und friedliche, mit hufeisenförmigen Bögen versehene Patio – sind noch am westlichen Ende der Kirche zu sehen.

Der **Arco de las Pesas** befindet sich etwas abseits der Plaza Larga. Hierbei handelt es sich um einen beeindruckenden Torbogen in der Verteidigungsmauer des Viertels aus dem 11. Jh. Wer von dieser Stelle aus der Callejón de San Cecilio folgt, stößt auf den **Mirador San Nicolás**, den ersten (und teilweise überfüllten) Aussichtspunkt des Albaicín, der einen tollen Ausblick auf die Alhambra und die Sierra Nevada bietet. Ein toller Ort, um den Sonnenuntergang zu beobachten – aber Vorsicht: Es sind viele Taschendiebe unterwegs!

Östlich des Mirador San Nicolás, unweit der Cuesta de las Cabras, liegt die **Mezquita Mayor de Granada** (⌚Gärten 11–14 & 18–21.30 Uhr). Sie ist die erste Moschee des Albaicín seit 500 Jahren und wurde für die wachsende muslimische Einwohnerzahl Granadas gebaut.

Von der **Placeta de San Miguel Bajo**, die mit vielen lebhaften Café-Restaurants aufwartet, genießt man ebenfalls eine herrliche Aussicht. In der Nähe des Platzes, gleich bei der Callejón del Gallo, thront am Ende einer kurzen Gasse der im 15. Jh. errichtete **Palacio de Dar-al-Horra** (Callejón de las Monjas; Eintritt frei; ⌚Mo–Fr 10–14 Uhr). Einst war die romantische, etwas ungepflegte Mini-Alhambra die Residenz der Mutter Boabdils, Granadas letzten muslimischen Herrschers.

Unterhalb der Placeta de San Miguel Bajo erstreckt sich die Calle San José mit dem zauberhaften Minarett **Alminar de San José** (Karte S. 798), dem Überrest einer Moschee aus dem 11. Jh. Nach einiger Zeit trifft sie auf die **Calle Caldereria Nueva**. Die schmale Gasse ist berühmt für ihre *teterías*, außerdem kann man hier Wasserpfeifen, Schmuck und nordafrikanische Keramiken kaufen. Das Gewirr der zahlreichen Geschäfte erinnert an einen marokkanischen Basar.

Die Buslinien 30 und 32 verkehren von 7.15 bis 23 Uhr alle sieben Minuten von der Plaza Nueva zu verschiedenen Zielen im Albaicín.

Plaza de Santa Ana — PLATZ

Die Plaza Nueva erstreckt sich nordöstlich bis zur Plaza de Santa Ana mit der **Iglesia de Santa Ana** (Karte S. 798), deren Glockenturm aus einem umgebauten Minarett besteht. An der schmalen Carrera del Darro liegen ein muslimisches Badehaus aus dem 11. Jh., die **Baños Árabes El Bañuelo** (Carrera del Darro 31; Eintritt frei; ⌚Di–Sa 10–14 Uhr), und das **Museo Arqueológico** (Carrera del Darro 43; Erw./EU-Bürger 1,50 €/frei; ⌚Di 14.30–20.30, Mi–Sa 9.30–20.30, So bis 14.30 Uhr) mit Fundstücken aus der Provinz Granada.

LP TIPP Hammams de Al-Andalus — HAMAM

(☎902 33 33 34; www.granada.hammamspain.com; Calle Santa Ana 16; Bad/Bad & Massage 21/30 €) Granadas bestes Badehaus ist zwar weit entfernt von den intimen Hamams von Fez und Marrakesch, aber exotischer als die üblichen Spas, in denen man zu Hause seinen Stress abbaut. In den sanft beleuchteten Untergrundpools kann man sich dem Luxus hingeben, Minztee trinken und sich wie Alec Guinness in *Lawrence von Arabien* fühlen. Unbedingt im Voraus reservieren und Badekleidung tragen.

Monasterio de San Jerónimo — KLOSTER

(Calle Rector López Argueta 9; Eintritt 3,50 €; ⌚April–Okt. 10–14 & 16–19.30 Uhr) In diesem Kloster aus dem 16. Jh., 500 m westlich der Kathedrale, ist El Gran Capitán Gonzalo Fernández de Córdoba bestattet, die militärische rechte Hand der Katholischen Könige. Fans der Gotik und Renaissance sowie der Bildhauerei kommen hier voll auf ihre Kosten. Die geometrischen Gärten sind immer einen Besuch wert, egal, ob im Sommer oder im Winter.

Monasterio de La Cartuja — KLOSTER

(Paseo de la Cartuja; Eintritt 3,50 €; ⌚April–Okt. 10–13 & 16–20 Uhr) Ein weiteres architektonisches Highlight befindet sich 2 km nordwestlich des Stadtzentrums und ist mit Bus 8 von der Gran Vía de Colón zu erreichen. Das Kloster entstand zwischen dem 16. und dem 18. Jh. und wartet mit einer Kirche voller Gold, Marmor und Skulpturen sowie einer barocken Sakristei auf.

LP TIPP Huerta de San Vicente — MUSEUM

(☎958 25 84 66; Calle Virgen Blanca; Eintritt 3 €; ⌚geführte Rundgänge 10.15, 11, 11.45, 12.30, 17.15, 18, 18.45, 19.30 Uhr) Das Haus, in dem Federico García Lorca manch einen Sommer verbrachte und einige seiner bekanntesten Werke verfasste, liegt 15 Gehminuten südlich vom Stadtzentrum, verströmt aber noch die Aura eines Landhauses aus dem frühen 20. Jh. Heute trennt der moderne **Parque Federico García Lorca** das Sommerhaus vom Verkehrsgetöse.

Um hierherzukommen, muss man von der Puerta Real 700 m die Calle de las Recogidas hinuntergehen, nach rechts in die Calle del Arabial abbiegen und dann an der ersten Abzweigung nach links die Calle Virgen Blanca nehmen.

Kurse

Granada ist ein guter Ort, um Spanisch zu lernen. Außerdem gibt's hier diverse spanische Tanzschulen. Die Touristeninformation der Provinz hält Listen mit verschiedenen Anbietern bereit. Noch mehr erfährt man unter www.granadaspanish.org und www.spanishcourses.info.

Escuela Carmen de las Cuevas SPANISCHE SPRACHE
(☎958 22 10 62; www.carmencuevas.com; Cuesta de los Chinos 15, Albaicín) Engagement und Begeisterung von Schülern und Lehrern sind außergewöhnlich. Die Schule unterrichtet spanische Sprache und Kultur sowie Flamenco-Tanz und -Gitarre für Anfänger und Fortgeschrittene. Ein zweiwöchiger Sprachintensivkurs (40 Stunden) kostet 330 €.

Centro de Lenguas Modernas SPANISCHE SPRACHE
(Zentrum für moderne Sprachen; ☎958 21 56 60; www.clm-granada.com; Placeta del Hospicio Viejo) Die neusprachliche Abteilung der Universität Granada bietet eine Reihe beliebter spanischer Sprachkurse an, die mindestens 381 € für zehn Tage (40 Unterrichtsstunden) kosten.

Geführte Touren

Granada Tapas-Touren TAPAS-TOUREN
(☎619 444984; www.granadatapastours.com) Der nette Guide führt die Teilnehmer in spontan ausgewählte Lieblingsbars, um dort etwas zu trinken, Tapas zu essen und mehr über die Stadt zu erfahren. Für die Tour zahlt man inklusive zwei Tapas und Getränken etwa 65 €.

Busrundfahrten durch Granada BUSTOUREN
(☎902 10 10 81) Die Granada-Stadtrundfahrt im Doppeldeckerbus umfasst 20 Stopps vor den Hauptsehenswürdigkeiten. Fahrgäste können nach Belieben aus- und zusteigen; das Ticket (16 €) ist 24 Stunden gültig.

GRANADA MIT KINDERN

Mit vier Gebäuden und acht interaktiven Ausstellungsbereichen sollte Granadas beliebter **Parque de las Ciencias** (☎958 13 19 00; www.parqueciencias.com; Avenida del Mediterráneo; Erw./Pers. unter 18 Jh. 6/5 €; ⌚Di–Sa 10–19, So & Feiertage 10–15 Uhr) Kinder mehrere Stunden glücklich beschäftigen können. Schachspiele mit Riesenfiguren und das Pflanzenlabyrinth sind nur zwei von zahlreichen Möglichkeiten. Der Park liegt 900 m südlich der Stadtmitte in der Nähe des Konferenzzentrums Palacio de Congresos.

Mit einer erholsamen, offenen Grünfläche und breiten, gepflasterten Wegen wartet der **Parque Federico García Lorca** (S. 812) auf. Er bietet eine gute Gelegenheit, *granadinos* (Einwohner Granadas) in ihrer Freizeit zu beobachten.

Feste & Events

Semana Santa KARWOCHE
Die Semana Santa und die Feria de Corpus Christi sind die beiden wichtigsten Feste der Stadt. Für die Zuschauer der Karprozessionen werden Bänke auf der Plaza del Carmen aufgestellt.

Día de la Cruz RELIGIÖS
(Tag des Kreuzes) Plätze, Innenhöfe und Balkone werden am 3. Mai mit Blumenkreuzen (Cruces de Mayo) geschmückt. Ansonsten herrscht der übliche andalusische Festtrubel – mit Alkohol, Pferden, getupften Kleidern und *sevillanas* (traditionellen andalusischen Tänzen mit wirbelnden Handbewegungen hoch über dem Kopf).

Feria de Corpus Christi FRÜHJAHRSFEST
(Fronleichnamsfeiern) Festzelte, Stierkämpfe und noch mehr Alkohol und *sevillanas*. Wird die nächste Male am 7. Juni 2012 und 30. Mai 2013 gefeiert.

Festival Internacional de Música y Danza MUSIK, TANZ
(www.granadafestival.org) Findet von Ende Juni bis Anfang Juli statt und dauert 2½ Wochen. Vorwiegend klassische Konzerte und Tanzdarbietungen, einige davon gratis, viele an geschichtsträchtigen Orten. Am besten informiert man sich frühzeitig auf der

Website, denn die beliebten Veranstaltungen sind schnell ausverkauft.

Schlafen

Granadas maurisches Erbe zeigt sich auch an den Hotels, die oftmals in alten mittelalterlichen Villen untergebracht sind und im marokkanischen Stil renoviert wurden. Viele Unterkünfte dieser Art findet man im Stadtviertel Albaicín. Ähnlich schön sind die wenigen restaurierten *cármen*es der Stadt.

Wie in allen andalusischen Städten ist es empfehlenswert, für Aufenthalte in der Karwoche und an Weihnachten im Voraus zu buchen.

LP TIPP Casa Morisca Hotel HISTORISCHES HOTEL €€€
(958 22 11 00; www.hotelcasamorisca.com; Cuesta de la Victoria 9; DZ innen/außen 118/148 €;) Mit seinen 14 von der Alhambra inspirierten Zimmern in einem zauberhaften Stadthaus aus dem späten 15. Jh. könnte das Morisca jederzeit mit den schönsten Riads Marrakeschs konkurrieren. Alles konzentriert sich auf den stimmungsvollen Innenhof mit Pool und Holzgalerien. Das Highlight des Hotels ist die exquisite Mirador-Suite mit Blick auf den großen Palast.

Carmen de la Alcubilla HISTORISCHES HOTEL €€
(958 21 55 51; www.alcubilladelcaracol.com; Aire Alta 12; EZ/DZ 100/120 €;) Auf dem Realejo-Hügel liegt diese restaurierte *cármene* mit Terrassengarten, üppigen Jasminpflanzen und Zitronenbäumen. Das Haus strahlt eine friedvolle Schönheit aus und ist (fast schon erfrischend) nur mit wenigen Antiquitäten ausgestattet. Darüber hinaus bietet es einen tollen Ausblick auf die Sierra Nevada und einen reibungslosen Service.

Parador de Granada HISTORISCHES HOTEL €€€
(Karte S. 802; 958 22 14 40; www.parador.es; Calle Real de la Alhambra; Zi. 315 €; P) Spaniens teuerster *parador* verfügt über eine unschlagbare Lage in der Alhambra und eine interessante Geschichte (es war früher ein Kloster). Hier lebt man wie die nasridischen Könige – zumindest eine oder mehrere Nächte lang. Unbedingt im Voraus buchen!

Palacio de Los Patos BOUTIQUE-HOTEL €€€
(902 29 22 93; www.ac-hotels.com; Solarillo de Gracia 1; Zi. ab 200 €; P) Das Fünf-Sterne-Hotel vereint neoklassischen Traditionalismus mit modernem Industriedesign. Für den fürstlichen Preis gibt's ein Spa, ein schickes Restaurant, üppige Gärten und einen Pool. Auf den edlen roten Bettdecken kann man die Siesta wunderbar genießen.

Hotel Guadalupe HOTEL €€
(958 22 34 23; www.hotelguadalupe.es; Avenida Los Alixares; EZ/DZ 75/92 €; P) Das Guadelupe liegt in der Nähe der Alhambra und wartet mit einer heiteren Atmosphäre auf. Die Zimmer sind unaufdringlich und elegant in Orange- und Cremetönen eingerichtet und bieten einen tollen Blick auf Olivenhaine oder die Alhambra. In der Nebensaison sinken die Preise.

Hotel Zaguán del Darro HISTORISCHES HOTEL €€
(Karte S. 798; 958 21 57 30; www.hotelzaguan.com; Carrera del Darro; EZ 55 €, Zi. 95 €;) Ein restauriertes Gebäude aus dem 16. Jh. am Fuß des Alhambra-Hügels ohne die üblichen Boutique-Preise. Dieses Angebot sollte man sich schnappen!

Hostal Molinos HOTEL €
(958 22 73 67; www.hotelmolinos.es; Calle Molinos 12; EZ/DZ/3BZ 29/32/45 €;) Von dem Titel „schmalstes Hotel der Welt" (laut dem *Guinnessbuch der Rekorde*) darf man sich nicht abschrecken lassen, denn die neun Zimmer sind sehr geräumig. Das Molinos befindet sich in zentraler Lage am Fuß des Realejo und wartet mit einer herzlichen Atmosphäre auf.

Oasis Backpackers' Hostel HOSTEL €
(Karte S. 798; 958 21 58 48; www.oasisgranada.com; Placeta Correo Viejo 3; B/DZ 18/40 €;) Ein lässiges Hostel in einem unkonventionellen Viertel. Man muss nur einmal umfallen, schon steht man vor den *teterías* und Bars an der Calle Elvira. Zu den Extras dieser wunderbaren Bleibe gehören der kostenlose Internetzugang, eine Dachterrasse und Schließfächer.

Camping Sierra Nevada CAMPINGPLATZ €
(958 15 00 62; www.campingsierranevada.com; Avenida de Madrid 107; 5,95/5,05/5,95 € pro Erw./Kind/Zelt;) Der Campingplatz in der Nähe einer Bushaltestelle 2,5 km nordwestlich vom Zentrum ist groß, hübsch und gepflegt. Er verfügt über schlichte Bäder, saubere Waschräume und einen Waschsalon. Von Mitternacht bis 7 Uhr wird der Platz abgeschlossen. Bus 3 fährt von hier ins Zentrum.

Hotel Carmen de Santa Inés HISTORISCHES HOTEL €€
(Karte S. 798; ☎958 22 63 80; www.carmensantaines.com; Placeta de Porras 7; EZ/DZ 85/95 €, Zi. mit Wohnzimmer 140 €; ❄) Im 16. und 17. Jh. wurde das maurische Haus mehrfach erweitert. Von seinem reizenden Patio, in dem das Frühstück serviert wird, blickt man in einen Garten mit Myrten, Obstbäumen und Springbrunnen.

Hotel Casa del Capitel Nazarí HISTORISCHES HOTEL €€
(Karte S. 798; ☎958 21 52 60; www.hotelcasacapitel.com; Cuesta Aceituneros 6; EZ/DZ 88/110 €; ❄@📶) Ein 1503 erbauter bezaubernder Renaissancepalast mit Flair, einer architektonischen Geschichte und luxuriöser Ausstattung. Die Zimmer sind im marokkanischen Stil eingerichtet und im Innenhof gibt's Kunstausstellungen.

Hotel América HOTEL €€
(Karte S. 802; ☎958 22 74 71; www.hotelamericagranada.com; Calle Real de la Alhambra 53; DZ 81–116 €; ⏱März–Nov.; ❄@📶) Obwohl sich das Gebäude aus dem 19. Jh. auf dem Alhambra-Gelände befindet, geht's hier recht ruhig zu. Da das Hotel nicht allzu viele Zimmer besitzt, ist eine frühzeitige Reservierung nötig.

Hotel Los Tilos HOTEL €€
(Karte S. 798; ☎958 26 67 12; www.hotellostilos.com; Plaza Bib-Rambla 4; EZ/DZ/3BZ 50/80/90 €; ❄@📶) Eine kürzlich restaurierte, gute, aber uninspirierte Unterkunft mit Dachterrasse.

Puerta de las Granadas HOTEL €€
(Karte S. 802; ☎958 21 62 30; www.hotelpuertadelasgranadas.com; Calle Cuesta de Gomérez 14; DZ 104–170 €; ❄@📶) Das Gebäude aus dem 19. Jh. wurde im modern-minimalistischen Stil renoviert und verfügt über hölzerne Fensterläden sowie eine elegante Einrichtung.

Hostal Landázuri HOTEL €
(Karte S. 798; ☎958 22 14 06; www.hostallandazuri.com; Cuesta de Gomérez 24; EZ/DZ 36/45 €, EZ/DZ ohne Bad 24/34 €, 3BZ 60 €, 4BZ 70 €; P10 €) Die heimelige Herberge besitzt eine Terrasse mit Blick auf die Alhambra sowie ein Café. Hier arbeiten Mutter und Tochter im Team; beide sind sehr hilfsbereit.

Hostal Meridiano HOTEL €
(Karte S. 798; ☎958 25 05 44; www.hostalpensionmeridiano.com; Calle Angulo 9; Zi. 38 €, EZ/DZ ohne Bad 17/27 €, DZ/3BZ mit Bad 40/60 €; P❄@) Das dynamische Pärchen, das diese Unterkunft betreibt, steht Gästen gern mit Rat und Tat zur Verfügung.

Hostal La Ninfa HOTEL €€
(☎958 22 79 85; www.hostallaninfa.net; Calle Campo del Príncipe; EZ/DZ 46/70 €; ❄📶) Innen und außen ist das rustikale Hotel mit vielen bunten Keramiksternen und -tellern geschmückt. Es wird von netten Leuten geführt und wartet mit sauberen, gemütlichen Zimmern sowie einem hübschen Frühstücksraum auf.

Essen

In Granada wird noch der fantastische Brauch der Gratis-Tapas zu jedem Drink gepflegt. Außerdem gibt's ein paar marokkanische und orientalische Restaurants, besonders im Albaicín. Wieder in Mode sind die *teterías*, die leichte Desserts und manchmal auch ganze Mahlzeiten anbieten.

RUND UM DIE PLAZA NUEVA

Die Plaza Nueva ist voller Restaurants mit Außenbereichen. Die Lokale in der Nähe der Sehenswürdigkeiten können sehr touristisch sein. Bessere Läden findet man in den Nebenstraßen oder im oberen Bereich der Carrera del Darro.

Frisches Obst und Gemüse gibt's im **Mercado Central San Agustín** (Karte S. 798; Calle San Agustín; ⏱Mo–Sa 8–14 Uhr) westlich der Kathedrale.

Parador de Granada INTERNATIONAL €€€
(Karte S. 802; ☎958 22 14 40; Calle Real de la Alhambra; Gerichte 19–22 €; ⏱8–23 Uhr) In dieser traumhaften Umgebung werden selbst Zyniker zu Romantikern. Das Essen ist marokkanisch und französisch inspiriert und schmeckt umso besser, weil es auf dem Gelände der Alhambra serviert wird.

Bodegas Castañeda TAPAS €€
(Karte S. 798; Calle Almireceros; raciones ab 6 €) Eine echte Institution und die älteste Bar in Granada. In typischer Bodega-Atmosphäre wird Traditionelles aufgetischt. Die kostenlose Paella-Tapa reicht fast für eine leichte Mahlzeit. Man sollte vor 14 Uhr herkommen, wenn man noch einen freien Platz ergattern möchte. In der Nähe liegt die nicht ganz so authentische **Antigua Castañeda** (Karte S. 798; Calle de Elvira; raciones 8–16 €).

Café Lisboa BACKWAREN €
(Karte S. 798; Ecke Calle Reyes Catolicos & Plaza Nueva) Riesige Gebäckteilchen.

ALBAICÍN

In den Gässchen des verwinkelten Albaicín verstecken sich zahlreiche Lokale. Die Calle Caldereria Nueva bietet ein faszinierendes Durcheinander aus *teterías,* Ledergeschäften und arabisch angehauchten Imbissbuden.

LP TIPP Restaurante Arrayanes MAROKKANISCH €€

(Karte S. 798; ☎958 22 84 01; Cuesta Marañas 4; Gerichte 8,50–19 €; ⊙ab 20 Uhr) Wo gibt's das beste marokkanische Essen in einer Stadt, die für ihre maurischen Wurzeln bekannt ist? Im Arrayanes! Hier genießt man toll angerichtete Speisen, darunter die reichhaltigen, fruchtigen Tagine-Kasserolen. In dem Lokal wird kein Alkohol ausgeschenkt.

Samarkanda LIBANESISCH €€

(Karte S. 798; Calle Calderería Vieja 3; Gerichte 12–16 €) Während die meisten ihre arabischen Gelüste in den maurischen *teterías* stillen, besuchen nur wenige Traveller dieses tolle, familiengeführte libanesische Restaurant mit Innen- und Außenbereichen. Die Auberginendips, Avocadosalate, Falafel und Zimthähnchenpasteten verlocken dazu, eine Reise nach Beirut zu planen.

El Ají MODERN €€

(San Miguel Bajo 9; Gerichte 12–20 €; 🖉) Das winzige Ají ist so anders, wie es nur Granada sein kann. Es bietet ein kühles, modernes Interieur, sanfte Jazzklänge und eine Speisekarte mit zeitgemäßen Fleisch- sowie vegetarischen Gerichten.

Kasbah GEBÄCK €

(Karte S. 798; Calle Calderería Nueva 4; Gerichte 8–12 €) Eine ungewöhnliche *tetería,* die auch leichte Snacks serviert. Die kunstvollen Stuckbögen und die intimen Sitzbereiche sind einfach wundervoll.

Tetería Nazarí GEBÄCK €

(Karte S. 798; Calle Calderería Nueva 13) Wartet mit aromatischem Tee und leckerem arabischem Gebäck auf.

PLAZA BIB-RAMBLA & UMGEBUNG

Dieser Platz und die nahe gelegenen Straßen bieten etwas für ganz verschiedene Geschmäcker und Budgets. Unbedingt die ausgezeichneten Eiscremes und *churros* (frittierte Krapfenstangen) probieren.

Pastelería López-Mezquita GEBÄCK €

(Karte S. 798; Calle Reyes Católicos 39; Gebäck 2–6 €; ⊙Mo–Fr 9–18.30 Uhr) In der Bäckerei mit angeschlossenem Café werden Snacks zum Mitnehmen verkauft. Hier kann man den Blick auf die Plaza Bib-Rambla genießen und dabei einen *empanadilla* mit Schinken und Datteln genießen. Toll!

Poë ANGOLANISCH, BRASILIANISCH €

(Karte S. 798; Calle Paz; media raciones 3–5 €) Brasilianische Gerichte wie *feijoada* oder Schmorhühnchen mit Polenta in einem Laden mit hipper, multikultureller Atmosphäre.

Om-Kalsum ARABISCH €

(Karte S. 798; Calle Jardines 17; media raciones 3–6 €) Nur ein paar Schritte vom Poë entfernt kredenzt das Om-Kalsum arabisch beeinflusste Gerichte, darunter Lamm-Tagines und Hühnchen-Kebab.

Reca TAPAS €€

(Karte S. 798; Plaza de la Trinidad; raciones 8 €; ⊙Di geschl.) Ein Tapas-Klassiker, der berühmt für seinen *salmorejo* ist. Nachmittags geöffnet.

Oliver MEERESFRÜCHTE €€

(Karte S. 798; Calle Pescadería 12; Gerichte 12–18 €; ⊙So geschl.) Liegt zwischen den Plazas Bib-Rambla und Trinidad und ist besonders bei Büroangestellten beliebt, die hier mittags gebratenen Fisch verspeisen.

Café Gran Vía de Colón FRÜHSTÜCK €

(Karte S. 798; Gran Via 13) Tolle Frühstücksgerichte.

Café Fútbol GEBÄCK €

(Plaza Mariana Pineda 6, gegenüber der Touristeninformation) Bietet ein schönes modernes Dekor und frische *churros.*

Ausgehen

Die beste Kneipenmeile ist die ziemlich verwahrloste Calle Elvira. Wir empfehlen vor allem die überdurchschnittlich gute **Taberna El Espejo** in Hausnummer 40. Weitere coole Bars säumen den Río Darro am Fuß des Albaicín. Ein etwas anspruchsvolleres Publikum tummelt sich im Campo del Príncipe.

Die gemütliche **Bodegas Castañeda** (Karte S. 798; Calle Almireceros) und das **Antigua Castañeda** (Karte S. 798; Calle de Elvira) halten ihre Gäste mit Wein vom Fass und großzügigen Tapas bei Laune.

Bar Pacurri BAR

(Karte S. 798; Calle de Gracia 21; Tapas 2,50–5 €; ⊙13–1 Uhr) Eine Bar mit Künstlerflair. Hier kann man zu erlesenen Weinen überdurchschnittlich leckere Tapas verspeisen.

Unterhaltung

Das ausgezeichnete Monatsmagazin *Guía de Granada* (1 €) wird an vielen Kiosken verkauft. Es informiert über das Nachtleben, Restaurants und Tapas-Bars.

Clubs

Am besten achtet man auf Plakate und Handzettel, die überall in der Stadt für Livemusik und Flamenco der nicht touristischen Art werben.

Planta Baja NACHTCLUB
(Karte S. 798; Calle Horno de Abad 11; www.plantabaja.net; Eintritt 5 €; ⌚Di–Sa 12.30–6 Uhr) Offenbar ist die Popularität dieses Schuppens unerschütterlich. Eigentlich kein Wunder, denn er zieht ein sehr gemischtes Publikum an und beschäftigt Top-DJs wie Vadim. Unten hört man Old School, Hiphop, Funk und Elektroglam, während im Obergeschoss Chill-out-Musik ertönt.

Granada 10 NACHTCLUB
(Karte S. 798; Calle Cárcel Baja; Eintritt 6 €; ⌚ab Mitternacht, Mitte Juli & Aug. geschl.) Das wunderbar renovierte Kino ist Granadas Topclub für die Schickimickiszene, die sich hier auf goldenen Sofas lümmelt und zu schmalzigem spanischem Pop abtanzt.

Afrodisia BAR, NACHTCLUB
(www.afrodisiaclub.com; Edificio Corona, Calle Almona del Boquerón; Eintritt frei; ⌚23 Uhr–open end) Hier trifft sich Granadas Kifferszene. Die DJs beglücken ihr Publikum mit Hip-Hop, Ska und Reggae, Funk und sonntags sogar mit Jazz.

Flamenco

Sacromonte, Granadas jahrhundertealtes *gitano*-Viertel, liegt über dem Zentrum im Nordwesten und bietet einen Panoramablick über die Alhambra. Die Höhlen hier beherbergen touristische Flamenco-Lokale. Tickets für Events gibt's bei Hotels und Reisebüros, die teilweise auch kostenlosen Transport anbieten. Ein im wahrsten Sinne mitreißendes Erlebnis sind die Mitternachtsshows freitags und samstags im **Los Tarantos** (☎958 22 45 25 tagsüber, 958 22 24 92 nachts; Camino del Sacromonte 9; Eintritt 24 €).

Peña de la Platería FLAMENCO-CLUB
(Placeta de Toqueros 7) Ein einzigartiger Club mit riesigem Außenhof tief im Stadtviertel Albaicín. Die beeindruckenden Shows finden donnerstags bis samstags (jeweils 21.30 Uhr) in einem Nebenraum statt und kosten 12 €.

El Eshavira MUSIKCLUB
(Postigo de la Cuna 2; ⌚ab 22 Uhr) Eine gespenstische Seitengasse führt zu dieser düsteren Höhle voller Flamenco- und Jazzklänge. Donnerstags und sonntags gibt's Shows, dann ist der Laden rappelvoll.

Noch mehr Unterhaltung

Teatro del Generalife THEATER
(Karte S. 802; Generalife-Gärten, Alhambra) Dieses Freilufttheater entstand 1954, als die Gärten des Generalife nach Süden hin erweitert wurden. Im Sommer gibt's regelmäßige Aufführungen von Theaterstücken Lorcas oder Liveshows mit bekannten Größen wie Paco de Lucía.

Teatro Alhambra THEATER
(☎958 22 04 47; Calle de Molinos 56) Sowohl das Teatro Alhambra als auch das zentraler gelegene **Teatro Isabel La Católica** (☎958 22 15 14; Acera del Casino) bieten ein vielseitiges Programm mit Theaterstücken und Konzerten (manchmal auch Flamenco); ab und zu werden hier auch Stücke von Lorca aufgeführt.

Centro Cultural Manuel de Falla KONZERTHAUS
(☎958 22 00 22; Paseo de los Mártires) Das Konzerthaus unweit der Alhambra ist ein Paradies für Fans klassischer Musik. In friedvoller Umgebung finden jede Woche Orchesterkonzerte statt.

Shoppen

Lokale Produkte wie geprägtes Leder, *taracea* (Intarsienarbeiten), blau-weiß glasierte Keramik, Gitarren, Schmiedeeisen, Messing-, Kupfer- und Korbwaren sowie Textilien findet man in der Alcaicería, im Albaicín, in der Cuesta de Gomérez und im staatlichen Kunstgewerbeladen **Artespaña** im Corral del Carbón (Karte S. 798).

Um die Plaza Nueva drängen sich zahlreiche Schmuckverkäufer, die ihre Produkte auf Teppichen auf dem Boden ausbreiten, sowie allerlei Läden mit exotischen Klamotten.

Für ein ganz normales Shoppingerlebnis sorgen die Fußgängerzone Calle de los Mesones und das große Kaufhaus El Corte Inglés.

Praktische Informationen

Gefahren & Ärgernisse

Obwohl das Albaicín-Viertel charmant und schön ist, tummeln sich in den schmalen Straßen leider auch viele Diebe und Straßenräuber. Manchmal kommt es zu gewalttätigen Raubüberfällen, deshalb sollte man seine Wertsachen nicht offen präsentieren und vor allem während der Siesta aufpassen (15–17 Uhr).

Geld

Banken und Geldautomaten findet man in der Gran Vía de Colón, der Plaza Isabel La Católica und der Calle Reyes Católicos.

Internetzugang

60 000 Studenten sei Dank: Granadas Internetcafés sind billig und haben bis spätabends geöffnet.

Cyberlocutorio (Puerta Elvira, Plaza del Triunfo 5; Internetzugang 1 € pro Std.; ⌚Mo–Do 9–0, Fr 9–14 & 16–24, Sa, So & Feiertage 11–24 Uhr)

Cyberlocutorio Alhambra (Calle Joaquin Costa 40; Internetzugang 1,50 € pro Std.; ⌚10.30–24 Uhr)

Medien

Where2 Magazine Eine hervorragende kostenlose englischsprachige Broschüre zu Granada, die zweimal im Monat erscheint. Sie steckt voller Infos darüber, was man in Granada unternehmen kann. Man bekommt sie in den Touristeninformationen und an größeren Sehenswürdigkeiten.

Medizinische Versorgung

Hospital Ruiz de Alda (☎958 02 00 09, 958 24 11 00; Avenida de la Constitución 100) Das Krankenhaus verfügt über eine zentrale Lage und gute Notfalleinrichtungen.

Notfall

Policía Nacional (☎958 80 80 00; Plaza de los Campos) Eine zentral gelegene Polizeistation.

Post

Postamt (Puerta Real; ⌚Mo–Fr 8.30–20.30, Sa 9.30–14 Uhr) Hier stehen oft viele Leute an.

Touristeninformation

Regionale Touristeninformation Plaza Nueva (Karte S. 798; Calle Santa Ana 1; ⌚Mo–Sa 9–19.30, So & Feiertage 9.30–15 Uhr); Alhambra (Karte S. 802; Gebäude des Ticketschalters, Avenida del Generalife; ⌚Mo–Fr 8–19.30, Sa & So 8–14 & 16–19.30, Feiertage 9–13 Uhr) Informationen über ganz Andalusien.

Städtische Touristeninformation (www.granadatur.com; Calle Almona del Campillo, 2; ⌚Mo–Fr 9–19, Sa 9–18, So & Feiertage 10–14 Uhr) Ein schickes, effizientes Zentrum gegenüber dem Parque Federico García Lorca.

Touristeninformation der Provinz Granada (www.turismodegranada.org; Plaza de Mariana Pineda 10; ⌚Mai–Sept. Mo–Fr 9–20, Sa 10–14 & 16–19, So 10–15 Uhr) Nur ein paar Gehminuten östlich der Puerta Real. Die hilfsbereiten Angestellten erteilen Auskünfte über die gesamte Region.

Websites

Where2 (www.where2.es) Eine umfassende englischsprachige Website mit Infos zu Restaurants, Unterkünften, Bars und Clubs.

Turismo de Granada (www.turismodegranada.org) Ein guter Internetauftritt, auch wenn die Informationen eher oberflächlich sind.

DUENDE

„Es gibt weder Karten noch Übungen, die uns helfen, *duende* zu finden", schrieb der spanische Poet Federico García Lorca in den 1920er-Jahren, um die Kartografen, Rationalisten und zukünftigen Reisebuchautoren zurechtzuweisen. *Duende* ist ein mehrdeutiger Begriff, den man nicht direkt ins Deutsche übersetzen kann – es fesselt und verblüfft die Besucher Andalusiens seit Jahrhunderten. Flamenco-Puristen bezeichnen es als den musikalischen Geist, der die Seele des Tänzers und der Zuschauer während einer ekstatischen Live-Performance berührt; Goethe bezog es auch auf andere Dinge und beschrieb es als die „physische Kraft, die jeder fühlen, aber keine Philosophie erklären kann".

Die Schönheit von *duende* besteht darin, dass kein Buch und keine Person genau voraussagen kann, wann oder wo es erscheinen wird. Dieses Undefinierbare ist Teil seiner mystischen Anziehungskraft. Manche finden *duende* im Klang eines Chores, der sich bis unter das Dach einer Kathedrale im Renaissancestil erhebt; andere im Zusammenspiel von Licht und Wasser in einem Hof der Alhambra; wieder andere in der hypnotischen Fusion von Gitarrenspiel und Tanz in einer Dorf-*romería*. Fakt ist: Egal, ob es in Cádiz, Córdoba, Almería oder Arcos de la Frontera geschieht, *duende* ist eine kraftvolle und einzigartige andalusische Form der Magie. Wer seine Macht einmal verspürt hat, für den gibt's kein Zurück mehr: Andalusien (und all seine kulturelle Exotik) hat ihn für immer verzaubert.

ANREISE ZUR ALHAMBRA

Die Busse 30 und 32 (1,10 €) verkehren zwischen der Plaza Nueva und dem Kartenbüro der Alhambra (alle 5–10 Min. von 7.15 bis 23 Uhr).

Wer von der Plaza Nueva die Cuesta de Gomérez hinaufgeht, kommt bald zur **Puerta de las Granadas** (Granatapfeltor), das Carlos I. erbauen ließ. Darüber liegt das Wäldchen Bosque Alhambra. Hat man sein Alhambra-Ticket schon in der Tasche, kann man die Cuesta Empedrada zur Linken erklimmen und die Alhambra durch das strenge **Puerta de la Justicia** (Tor der Gerechtigkeit) betreten, das 1348 als Haupteingang der Palastanlage gebaut wurde.

Wer zum Ticketschalter im **Pabellón de Acceso** (Eingangspavillon) will, muss von der Puerta de las Granadas noch etwa 900 m weiterlaufen. Vom Pabellón de Acceso geht's in den Generalife und von dort weiter in die anderen Bereiche der Anlage.

Autofahrer werden durch „Alhambra"-Schilder von den Zufahrtsstraßen nach Granada auf verschlungenen Wegen zu den **Parkplätzen** (1,40/14 € pro Std./Tag) an der Avenida de los Alixares oberhalb des Ticketschalters gelotst.

An- & Weiterreise

Auto

Autovermietungen sind teuer. **ATA** (☎958 22 40 04; Plaza Cuchilleros 1) hat Kleinwagen (z. B. Renault Clio) für etwa 75/48/36 € pro Tag bei 1/2/7 Tagen im Programm. Am besten nimmt man ein Taxi zum Flughafen (18–22 €); dort findet man vier oder fünf Fahrzeuganbieter.

Bus

Der **Busbahnhof** (Carretera de Jaén) liegt 3 km nordwestlich des Stadtzentrums. Hier starten alle Busse außer ein paar lokalen Linien wie die nach Fuente Vaqueros. **Alsina Graells** (☎902 42 22 42; www.alsa.es) fährt nach Córdoba (12,52 €, 2¾ Std., 9-mal tgl.), Sevilla (19,32 €, 3 Std., 8-mal tgl.), Málaga (9,75 €, 1½ Std., 16-mal tgl.), Las Alpujarras und bedient Ziele in den Provinzen Jaén, Granada, Málaga und Almería sowie Madrid (16,30 €, 5–6 Std., 10- bis 13-mal tgl.). Außerdem gibt's Verbindungen nach Barcelona (68,65 €, 7–10 Std., 4-mal tgl.) und zu internationalen Zielen.

Flugzeug

Iberia (☎902 40 05 00; www.iberia.com) fliegt täglich nach Madrid und Barcelona, **Ryanair** (www.rynanair.com) nach Mailand und Bologna.

Zug

Der **Bahnhof** (Avenida de Andaluces) liegt 1,5 km westlich des Zentrums bei der Avenida de la Constitución. Täglich verkehren Züge nach Sevilla (23,85 €, 3 Std.) und Almería (15,90 €, 2¼ Std.) via Guadix sowie nach Antequera (19,90 €, 1½ Std., 6-mal tgl.). Darüber hinaus bestehen jeden Tag drei Verbindungen nach Ronda (13,50 €, 3 Std.) und Algeciras (20,10 €, 4½ Std.). Wer nach Málaga (15 €, 2½ Std.) oder Córdoba (34,30 €, 2½ Std.) reist, nimmt einen Zug in Richtung Algeciras und steigt in Bobadilla (9 €, 1½ Std.) um. Pro Tag geht's ein- oder zweimal nach Madrid (66,80 €, 4–5 Std.), Valencia (50,60 €, 7½–8 Std.) und Barcelona (62,10 €, 12 Std.).

Unterwegs vor Ort

Auto & Motorrad

Die Zufahrt zum Bereich um die Plaza Nueva wird durch rote Lichter und kleine schwarze Pfosten *(pilonas)* geregelt, die bestimmte Straßen zu bestimmten Tageszeiten sperren. Gäste der Hotels rund um die Plaza Nueva drücken einfach den Knopf mit dem Namen des jeweiligen Hotels neben den *pilonas,* um mit der Rezeption zu sprechen und weiterfahren zu können.

Viele Hotels, vor allem von der Mittelklasse aufwärts, haben eigene Parkplätze. Zentral gelegene Tiefgaragen sind z. B. der **Parking San Agustín** (Calle San Agustín; 1/16 € pro Std./Tag), **Parking Neptuno** (Calle Neptuno, A 44–E 902, Ausfahrt 129) und **Parking Plaza Puerta Real** (Acera del Darro; 1/12 € pro Std./Tag). An der Alhambra gibt's einige kostenlose Parkplätze.

Bus

Stadtfahrten kosten 1,10 €. In den Touristeninformationen bekommt man ein Infoblatt mit allen Strecken. Bus 3 verkehrt zwischen Busbahnhof und dem Konferenzzentrum Palacio de Congresos über die Gran Vía de Colón. Um vom Bahnhof ins Zentrum zu kommen, geht man bis zur Avenida de la Constitución und nimmt einen der Busse mit den Nummern 4, 6, 7, 9 oder 11, die Richtung Osten (also nach rechts) abbiegen. Vom Zentrum (Gran Vía de Colón) zum Bahnhof kommt man mit den Linien 3, 4, 6, 9 und 11. Die 30, 31, 32 und 34 sind spezielle Kleinbusse für Touristen, die zur und um die Alhambra sowie im Albaicín verkehren. Mit der 33 erreicht man den Busbahnhof. Sie fährt durch die Innenstadt und nach Nordosten in Richtung Sierra Nevada.

Vom/Zum Flughafen

Der **Flughafen** (☎958 24 52 23) liegt 17 km westlich vom Stadtzentrum an der A92. **Autocares J González** (☎958 49 01 64) bietet Busverbindungen zwischen dem Flughafen und einer Haltestelle in der Nähe des Palacio de Congresos (3 €, 5-mal tgl.). Die Busse halten auch im Zentrum an der Gran Vía de Colón – an der Haltestelle gegenüber der Kathedrale hängt ein Fahrplan aus – sowie am Eingang des Busbahnhofs. Eine Fahrt mit dem Taxi kostet 18 bis 22 €, je nach Verkehrssituation und Ausgangspunkt.

Taxi

Wer ein Taxi sucht, wird wahrscheinlich beim zentralen Taxistand auf der Plaza Nueva fündig. Die meisten Fahrten innerhalb der Stadt kosten zwischen 4,50 und 8,50 €.

Rund um Granada

Granada liegt in der fruchtbaren Ebene La Vega, die mit Pappelhainen und Agrarprodukten von Melonen bis Tabak bepflanzt ist. Die Landschaft war eine Inspirationsquelle für Federico García Lorca, der hier zur Welt kam und starb. Der **Parque Federico García Lorca** zwischen den Dörfern Víznar und Alfacar (von beiden etwa 2,5 km entfernt) kennzeichnet den mutmaßlichen Ort, an dem Lorca und Hunderte, vielleicht auch Tausende anderer Menschen zu Beginn des Bürgerkriegs von Nationalisten erschossen und verscharrt wurden.

FUENTE VAQUEROS

In diesem ansonsten wenig bemerkenswerten Vorort 17 km westlich von Granada erblickte Lorca 1898 das Licht der Welt. Sein rührend bescheidenes Geburtshaus beherbergt heute das **Casa Museo Federico García Lorca** (☎958 51 64 53; www.museogarcialorca.org, auf Spanisch; Calle Poeta Federico García Lorca 4; Eintritt 1,80 €; geführte Rundgänge Di–Sa stündlich 10–14 & 17–19 Uhr). Das Museum erweckt Lorcas Geist mit vielen bezaubernden Fotos, Plakaten und Kostümen aus seinen Bühnenstücken sowie Gemälden zum Leben. Ein kurzer Videofilm zeigt den Schriftsteller auf einer Tournee mit dem Teatro Barraca.

Ureña (☎958 45 41 54) bietet wochentags ungefähr einmal pro Stunde ab 9 Uhr und am Wochenende sowie an Feiertagen um 9, 11, 13 und um 17 Uhr Busverbindungen von Granada nach Fuente Vaqueros (1,55 €, 20 Min.). Die Fahrzeuge starten in der Avenida de Andaluces vor dem Bahnhof.

Sierra Nevada

Spaniens höchste Berge ragen wie eisige Wachtposten hinter Granada auf. Sie werden überragt vom Mulhacén (3479 m), dem höchsten Gipfel des spanischen Festlands. Doch die schneebedeckten Gipfel, die man im Hintergrund vieler Postkarten der Alhambra schimmern sieht, sind nur die Spitze des Eisbergs. Das Gebirge erstreckt sich rund 75 km in West-Ost-Richtung bis in die Provinz Almería hinein. Seine beeindruckendsten Gipfel (mind. 3000 m) liegen alle am Westende in der Nähe von Granada. Die höheren Regionen des Gebirges bilden den 862 km² großen **Parque Nacional Sierra Nevada**, Spaniens größten Nationalpark. In dieser außergewöhnlichen Hochgebirgslandschaft sind rund 2100 von Spaniens 7000 Pflanzenarten beheimatet. Dazu kommt Andalusiens größte Steinbockpopulation (etwa 5000 Tiere). Auf geringerer Höhe befindet sich der 848 km² große **Parque Natural Sierra Nevada**. Sowohl die Berge als auch die Alpujarras-Täler gehören zu Spaniens spektakulärsten Landschaften. Darüber hinaus bietet die Region hervorragende Möglichkeiten zum Wandern, Reiten, Klettern und Mountainbiken und im Winter ein gutes Ski- und Snowboardrevier.

ESTACIÓN DE ESQUÍ SIERRA NEVADA

Die **Sierra-Nevada-Skistation** (www.sierranevadaski.com; ⏲10–14 & 16–18 Uhr) in Pradollano, 33 km südöstlich von Granada, gehört zu Spaniens größten und geschäftigsten Skiorten. An Wochenenden und Feiertagen wird es hier oft richtig voll. Normalerweise geht die Saison von Dezember bis April.

Das Skigebiet hat 70 markierte Pisten (vorwiegend rote und blaue, außerdem ein paar schwarze und grüne) von insgesamt über 80 km Länge, ein Snowboardgelände und ein paar Langlaufloipen. Einige Abfahrten fangen fast auf dem Gipfel des Veleta an, des zweithöchsten Berges der Sierra Nevada. Ein Tagespass ist je nach Piste für 37 bis 41 € zu haben. Dazu kommt noch die Leihgebühr für Skier bzw. Snowboard, Schuhe und Stöcke. Es gibt mehrere Ski- und Snowboardschulen am Ort: Ein fünftägiger Gruppenskikurs schlägt mit rund 130 € zu Buche.

Wer hier nicht Ski fahren möchte, kann mit der Kabinenseilbahn von Pradollano (2100 m) nach Borreguiles (2645 m) hinauffahren (hin & zurück 10 €), um dort Schlittschuh zu laufen, Hundeschlitten zu fahren

Westliche Sierra Nevada & Las Alpujarras

oder Schneeschuhwanderungen zu unternehmen. Eine der Seilbahnen verfügt über eine rollstuhlgerechte Ausstattung. Außerhalb der Skisaison bietet **Sierra Nevada Activa** (www.sierranevadaactiva.com, auf Spanisch) reichlich Betätigungsmöglichkeiten wie Mountainbiken, Wandern, Reiten und Canyoning.

Zur Skistation gehören rund 20 Hotels, *hostales* und Apartmenthotels. Billig ist das alles nicht (DZ kosten normalerweise mindestens 80 €) und eine Reservierung ist immer ratsam. Günstigere Unterkünfte findet man erst wieder in Granada. Pauschalangebote für Skiurlauber, die bei der Station online oder telefonisch zu buchen sind, beginnen bei etwa 150 € pro Person für zwei Tage und zwei Nächte inklusive Halbpension und Liftpass. Am besten bucht man zwei Wochen im Voraus.

Das Hostel **Instalación Juvenil Sierra Nevada** (958 57 51 16; Calle Peñones 22; B inkl. Frühstück pro Person unter/über 26 J. 25/30 €; P) hat Mehrbettzimmer für zwei bis vier Personen; sechs Doppelzimmer sind rollstuhlgerecht ausgestattet. Es wirkt nüchtern-modern und wird von vielen Schulklassen frequentiert. Die **Albergue Universitario** (958 48 01 22; Peñones de San Francisco, Monachil; B 40 €, DZ mit Halbpension 45 €; ganzjährig; P), ein großes *hostal* im Chaletstil, verfügt über eine schlichte komfortable Unterkunft in entlegener Umgebung. Gäste können hier Abenteuerausflüge buchen. Im **Hotel Apartamentos Trevenque** (958 48 08 62; www.cetursa.es; Plaza de Andalucía 6; Studios ab 80 €; P) gibt's Apartments für zwei Personen mit einer Küchenzeile, TV und DVD-Player sowie leckeres Essen und schöne Aussichten.

Praktische Informationen

Das **Centro de Visitantes El Dornajo** (958 34 06 25; 9.30–14.30 & 16.30–19.30 Uhr) liegt etwa 23 km von Granada an der A395 (in Richtung der Skistation) und hält viele Infos zur Sierra Nevada bereit. Hier arbeiten kompetente, englischsprachige Angestellte, die Besuchern gern weiterhelfen.

An- & Weiterreise

Während der Skisaison fahren täglich drei Busse (am Wochenende vier) des Unternehmens **Autocares Bonal** (958 46 50 22) vom Busbahnhof in Granada zur Skistation (einfache Fahrt/hin & zurück 4,50/8 €, 1 Std.). Außerhalb der Saison verkehrt nur ein Bus pro Tag (9 Uhr ab Granada, 17 Uhr ab Pradollano). Ein Taxi von Granada zur Skistation kostet ungefähr 65 €.

Es gibt eine Straße, die von der Skistation direkt über die Sierra Nevada zum Dorf Capileira in den Alpujarras, auf der Südseite des Gebirges, führt. Sie ist allerdings meist schneebedeckt und ohnehin zwischen Hoya de la Mora (2550 m), 3 km oberhalb von Pradollano, und Hoya del Portillo (2150 m), 12,5 km oberhalb von Capileira, für Privatfahrzeuge gesperrt. Von Ende Juni bis Ende Oktober betreibt der Nationalpark einen Shuttlebusservice für Wanderer: den Servicio de Interpretación Ambiental Altas Cumbres. Dieser fährt von Hoya de la Mora etwa 6 km die Straße hinauf (bis nach Las Posiciones del Veleta, auf 3020 m) und von Capileira etwa 21 km (zum Mirador de Trevélez, auf 2680 m). Fahrkarten (einfache Fahrt/hin & zurück 4,80/8 €) und genauere Auskünfte dazu bekommt man bei den Informationsstellen des Nationalparks in Hoya de la Mora (in der Busbetriebssaison ca. 8.30–14.30 & 15.30–19.30 Uhr) und in Hoya del Portillo, **Capileira** (ganzjährig ca. 9–14 & 16.30–19.30 Uhr).

Las Alpujarras

Unterhalb der Südflanke der Sierra Nevada erstreckt sich die 70 km lange Ansammlung von Tälern, die man Las Alpujarras nennt. Hier wechseln sich kahle Hänge und tiefe Schluchten mit oasenähnlichen weißen Dörfchen ab, die an reißenden Bächen inmitten von Gärten, Obstplantagen und Waldland liegen. Zahlreiche Wanderwege verbinden die Orte miteinander und führen weiter in die Berge hinauf. Am angenehmsten ist es hier von April bis Mitte Juni und von Mitte September bis Anfang November.

Der Tourismusboom der letzten Jahre, New-Age-Hippies und ausländische (vor allem britische) Zuzügler haben der Region eine neue Charakterfacette beschert.

Geschichte

Im 10. und 11. Jh. dienten die von den Berbern besiedelten Alpujarras als große Seidenraupenzucht für die Webereien in Almería. Doch als Granada 1492 an Ferdinand und Isabella fiel, war diese Ära zu Ende und viele Dörfer wurden verlassen.

Der Engländer Gerald Brenan lebte in den 1920er- und 1930er-Jahren im Alpujarras-Dorf Yegen und zeichnete in *Südlich von Granada* ein faszinierendes Bild dieser damals weltfernen und abergläubischen Ecke Spaniens. Chris Stewart, ebenfalls ein Brite, ließ sich vor nicht gar so langer Zeit als Schafbauer bei Órgiva nieder. Sein amüsanter Bestseller *Unter den Zitronenbäumen* schildert das Leben eines Einwanderers in den Alpujarras der 1990er-Jahre.

LANJARÓN

Seine Blütezeit erlebte das als „Tor zu den Alpujarras" bekannte Lanjarón Ende des 19. und Anfang des 20. Jhs.; damals war es als *balneario* bzw. Badekurort in Mode. Heute wird das Wasser der Gegend zwar in ganz Spanien verkauft, aber das Spa **Balneario** (☎958 77 00 137; www.balneariodelanjaron.com; Avenida de la Constitución; Bad 25 € pro Std.) zieht vorwiegend ältere spanische Kurgäste an. Dennoch verströmt die Kleinstadt einen authentischen Charme. Zwischen ihren Hauptstraßen, der Avenida Alpujarra und der Avenida Andalucía, führen die Einwohner ein traditionelles Leben. Das kürzlich eröffnete **Museo de Agua** (Wassermuseum; ⌚Di–So 10–14 & 16–21 Uhr) erläutert die Bedeutung des Wassers für Landwirtschaft, Industrie und Gesundheit. Es gibt hier eine Ausstellungshalle und eine Audiovisionsshow.

Wer im Ort übernachten möchte, hat viele Möglichkeiten. Das **Hotel Andalucía** (☎958 77 01 36; www.hotelandalucia.com; Avenida de la Alpujarra 15-17; Zi ab 54 € P❄@≋) liegt unweit des *balneario* und ist eine gute Budgetoption mit sauberen, aber langweiligen Zimmern und einem Außenpool. Im Meeresfrüchte-Restaurant **Los Mariscos** (Avenida de la Alpujarra) werden alle Gerichte mit frischen Zutaten zubereitet.

Wer mehr über die Outdoor-Aktivitäten und Unterkünfte in der Umgebung erfahren möchte, sollte die **Touristeninformation** (Avenida de la Alpujarra) gegenüber dem *balneario* ansteuern.

ÓRGIVA

6500 EW. / 725 M

Der Hauptort der westlichen Alpujarras ist etwas verwahrlost, aber sehr lebendig. Hier trifft man zahlreiche New-Age-Hippies. Gut essen kann man z. B. im **El Limonero**, wo lokale Zutaten verwendet werden. In einem Orangenhain serviert **La Almazara** (Avenida González Robles; Menü 12 €) den ganzen Sommer über kreative Gerichte und hervorragende Pizzas, und im einladenden **Café Libertad** in der Calle Libertad locken ein leckerer vegetarischer Brunch sowie ein gutes Mittagessen.

Übernachten kann man im **Hotel Taray Botánico** (☎958 78 45 25; www.hoteltaray.com; A348, Km 18,5; EZ/DZ 60/79 €; P❄@☰≋), wo man spürt, dass die Besitzer ihr Hotel lieben. Es liegt zwischen üppigen Gärten etwas südlich des Zentrums, hat rustikal eingerichtete Zimmer, ein empfehlenswertes Restaurant und zwei große Pools. Im Sommer muss man weit im Voraus reservieren. Eine günstigere Alternative bietet der **Camping Puerta de las Alpujarras** (☎958 78 44 50; www.campingpuertadelaalpujarra.com; A348 Carretera Lanjarón-Orgiva; Stellplatz 5/3,50/9,50 pro Erw./Kind unter 11 J./Zelt & Auto) in praktischer Lage für Ausflüge in die Alpujarras. Er verfügt über einen geräumigen Pool und ein nettes Restaurant.

PAMPANEIRA, BUBIÓN & CAPILEIRA

1270 EW. / 1200–1440 M

Diese kleinen Dörfer, die 14 bis 20 km nordöstlich von Órgiva an der Seitenwand des tiefen Tals Barranco de Poqueira kleben, gehören mit ihrer wildromantischen Lage zu den hübschesten (und touristischsten) Orten der Alpujarras. Capileira gilt als beste Ausgangsbasis für Wanderer.

Sehenswertes & Aktivitäten

In allen drei Dörfern befinden sich stattliche **Mudéjar-Kirchen** (⌚während der Gottesdienste) aus dem 16. Jh. Außerdem haben sie **Webereien**, in denen die Textiltradition der islamischen Zeit fortgeführt wird, sowie zahlreiche **Kunsthandwerksläden**. In Bubión bietet das ausgezeichnete Volkskundemuseum **Casa Alpujarreña** (Calle Real; Eintritt 2 €; ⌚So–Do 11–14, Fr, Sa & Feiertage 11–14 & 17–19 Uhr) neben der Kirche wunderbare Einblicke in das frühere Alltagsleben der Alpujarras.

Im wunderschönen Barranco de Poqueira sind acht **Wanderrouten** von 4 bis 23 km Länge (2–8 Std.) mit kleinen, farbcodierten Pfosten markiert. Ihre Ausgangspunkte sind teilweise etwas schwer zu finden, aber alle auf der Karte *Sierra Nevada, La Alpujarra* von Editorial Alpina verzeichnet und beschrieben. **Nevadensis** (☎958 76 31 27; www.nevadensis.com) in Pampaneira organisiert Wanderungen, Allradtouren, Ausritte sowie Mountainbike-, Kletter- und Canyoningtouren mit erfahrenen Führern.

Schlafen & Essen

Unterkünfte für die Zeit um Ostern und von Juli bis September muss man unbedingt rechtzeitig reservieren. In vielen Dörfern werden auch Apartments und Häuser vermietet: Wer mehr darüber erfahren möchte, sollte in den Touristeninformationen nachfragen oder Websites wie **Turgra-**

DER GR7 DURCH LAS ALPUJARRAS

Viele Traveller wissen nicht, dass eine der malerischsten Straßen Europas direkt durch Las Alpujarras führt. Der E4 (oder GR7, wie man ihn in Spanien nennt) ist ein länderübergreifender Wanderweg von Tarifa in Spanien nach Athen in Griechenland, der unterwegs ganze acht Staaten passiert.

Der kleine Abschnitt des GR7 zwischen Lanjarón und Pitres bietet eine tolle Möglichkeit, sich die Alpujarras auf einem einfachen Tagesausflug von Granada aus anzusehen. Am besten lässt man sich einfach treiben, denn in den tiefen Tälern verstecken sich schöne Wasserfälle, einsame Bauernhöfe und kaum besuchte Dörfer.

Nach einem ordentlichen Frühstück in Lanjarón begibt man sich zum östlichen Ende der Stadt, wo direkt hinter dem Museo de Agua (S. 815) eine Brücke den Fluss überquert. Hier folgt man der Straße rund 300 m und biegt an der Ausschilderung zum E4/GR7 links ab. Anfangs geht's steil bergauf, aber bald hat man eine flachere Etappe vor sich. Der Weg schlängelt sich durch die buschbewachsenen Hügel und bietet unterwegs spektakuläre Aussichten. Regelmäßige rot-weiße Schilder zeigen einem, wo es langgeht. Bald kommt man ins erste Dorf, Cáñar, eine Mischung aus verwinkelten Gassen und Arkaden sowie Häusern mit integrierten Tierställen. 5 km weiter erreicht man Soportújar. Nach der Überquerung des **Dique-24-Staudamms**, der 1942 errichtet wurde, um Überflutungen vorzubeugen, betritt man den magischen Barranco de Poqueira. Hier befinden sich die drei Dörfer Pampaneira, Bubión und Capileira, die im Schatten der höchsten Berge Spaniens liegen. In diesen Orten kann man übernachten und etwas essen, außerdem fahren von dort mehrere Busse nach Granada (spätnachmittags/frühabends). Wer den Ausflug verlängern möchte, wandert über einen zerklüfteten Bergzug bis ins ländliche La-Taha-Tal. Die Tour endet am nächsten Tag im verschlafenen Dörfchen Pitres.

nada (www.turgranada.es) und **Rustic Blue** (www.rusticblue.com) besuchen.

PAMPANEIRA

Am Ortseingang stößt man auf das preisgünstige **Hostal Pampaneira** (☎958 76 30 02; www.hostalpampaneira.com; Avenida Alpujarra 1; EZ/DZ/3BZ inkl. Frühstück 31/42/49 €), das von einem freundlichen Einheimischen geführt wird. Das **Restaurante Casa Diego** (Plaza de la Libertad 3; Gerichte 6,50–13,50 €) ein Stückchen weiter verfügt über eine hübsche Terrasse im Obergeschoss. Es serviert Forellen und Schinken aus der Region.

BUBIÓN

Das **Hostal Las Terrazas** (☎958 76 30 34; www.terrazasalpujarra.com; Plaza del Sol 7; EZ/DZ 22/31 €, 2-/4-/6-Pers.-Apt. 45/55/72 €; 📶) liegt unterhalb der Hauptstraße in der Nähe des Parkplatzes. Im traditionellen **Teide Restaurant** (Carretera de Sierra Nevada 2; Menü 10 €) bereitet man ein gutes *menú del dia* zu. Das **Estación 4** (Calle Estación 4; Gerichte 7–12 €) ist in einem alten Dorfhaus untergebracht.

CAPILEIRA

Traveller mit begrenztem Reisebudget können das **Hostal Atalaya** (☎958 76 30 25; www.hostalatalaya.com; Calle Perchel 3; EZ/DZ mit Ausblick 30/38 €, ohne Ausblick 18/30 €) ansteuern. Die **Finca Los Llanos** (☎958 76 30 71; www.hotelfincalosllanos.com; Carretera de Sierra Nevada; EZ/DZ 53/75 €; P @ 🏊) wartet mit geschmackvollen Zimmern, einem Pool und einem guten Restaurant auf. Darüber hinaus dient sie als offizielle Touristeninformation. Im renovierten Bauernhaus **Cortijo Catifalarga** (☎958 34 33 57; www.catifalarga.com; DZ 76–104 €, Apt. für 2/4/6 Pers. 99/118/141 €; P 🖉) gibt's leckere Gerichte für 9 bis 17 €. Die Zufahrt zu dem Restaurant befindet sich 750 m oberhalb Capileiras von der Straße in die Sierra Nevada. Sowohl der Blick als auch die vielfältige Küche lohnen den Weg hierher. Im **Restaurante Ibero-Fusión** (Calle Parra 1; Salate 7–10 €, Gerichte 10–12,50 €; ⏲Abendessen, Di geschl.; 🖉) gleich unterhalb der Kirche wird eine seltene Mischung andalusischer, arabischer und indischer Fusionsküche serviert, außerdem wartet das Lokal mit einer Riesenauswahl für Vegetarier auf. Die Aussicht aus dem schönen Speisesaal im Obergeschoss ist einfach großartig.

ℹ Praktische Informationen

Geldautomaten findet man am Eingang zum Parkplatz in Pampaneira sowie am **La General** (Calle Doctor Castilla) in Capileira.

Punto de Información Parque Nacional de Sierra Nevada (www.nevadensis.com; Plaza de la Libertad, Pampaneira; ⌚Okt.–März Di–Sa 10–14 & 16–18, So & Mo 10–15 Uhr) Bietet umfassende Infos über Las Alpujarras und die Sierra Nevada und verkauft Outdoor-Ausrüstung, Landkarten und Bücher.

Servicio de Interpretación de Altos Cumbres (⌚ca. 9–14 & 16.30–19.30 Uhr) An der Hauptstraße in Capileira; informiert hauptsächlich über den Nationalpark, aber auch über Las Alpujarras.

PITRES & LA TAHA

800 EW.

Pitres (1245 m) bietet eine Erholungspause vom Touristenrummel und den Souvenirläden der Dörfer in der Poqueira-Schlucht. Besonders faszinierend ist das schöne Tal unterhalb des Ortes mit fünf idyllischen Dörfern (Mecina, Mecinilla, Fondales, Ferreirola und Atalbéitar). Sie bilden zusammen mit Pitres die *municipio* (Gemeinde) La Taha. Die uralten Fußpfade sind ein Eldorado für Wanderer.

Oberhalb von Pitres liegt im winzigen Dorf Capilerilla am Wanderweg E4 das **Hotel Maravedi** (☎958 76 62 92; www.hotelmaravedi.com; EZ/DZ/3BZ 60/80/102 €; P ❄ 📶), eine rustikale Unterkunft mit allem Komfort wie Satelliten-TV und einem privaten Bar-Restaurant für die Hotelgäste. Im nahe gelegenen Mecina befindet sich das einladende, französisch geführte Gästehaus **L'Atelier** (☎958 85 75 01; www.ivu.org/atelier; Calle Alberca 21, Mecina; EZ/DZ inkl. Frühstück 35/50 €; ⌚Mi–Mo Abendessen; 🖉). Es ist in einem alten Dorfhaus untergebracht, serviert auch vegetarische/vegane Mahlzeiten und wartet mit einer Kunstgalerie auf. Darüber hinaus veranstalten die Besitzer vegetarische Kochkurse (50 € pro Tag). Im friedlichen Ferreirola bietet das **Sierra y Mar** (☎958 76 61 71; www.sierraymar.com; Calle Albaicín, Ferreirola; EZ/DZ/3BZ inkl. Frühstück 42/62/84 €) neun Zimmer. Das Hotel verfügt über einige Innenhöfe und Gärten.

TREVÉLEZ

1150 EW. / 1476 M

Trevélez befindet sich in einem Tal, das fast so eindrucksvoll ist wie die Poqueira-Schlucht. Es rühmt sich, Spaniens höchstgelegenes Dorf zu sein (allerdings wird es von Valdelinares in Aragonien mit seinen 1700 m übertrumpft) und ist bekannt für seinen *jamón serrano*.

Auf einem baumbestandenen, terrassierten Hang westlich von Trevélez erstreckt sich der **Camping Trevélez** (☎/Fax 958 85 87 35; www.campingtrevelez.net; Carretera Trevélez-Órgiva Km 1; 4,50/5/3,80/19 € pro Erw./Zelt/Auto/Hütte; ⌚Jan.–Mitte Feb. geschl.; P @ ✱). Der Platz wartet mit umweltbewussten Besitzern und einem preiswerten Restaurant auf. Wanderer übernachten gern im **Hotel La Fragua I** (☎958 85 86 26; Calle San Antonio 4; EZ/DZ 33,50/45 €; @), das Zimmer mit Kiefernholzmöbeln anbietet. Komfortabler ist der Anbau **La Fragua II** (DZ/3BZ 55/72 €). Das Restaurant **Mesón La Fragua** (Gerichte 7,50–12,50 €) ein paar Häuser weiter gehört zu den besten Lokalen vor Ort. Das zentraler gelegene **Hotel Pepe Álvarez** (☎958 85 85 03; www.hotelpepealvarez.es; Plaza Francisco Abellán; EZ/DZ 25/45 €; 📶) hat mehrere Terrassen mit Blick auf die betriebsame Plaza und serviert auch Mahlzeiten (Gerichte 6–11 €).

ÖSTLICH VON TREVÉLEZ

Östlich von Trevélez wird die Landschaft schroffer und kahler, auch wenn die Dörfer immer noch von grünen Oasen umgeben sind. Die zentralen und östlichen Alpujarras haben ihren eigenen Zauber, locken aber viel weniger Touristen an als die westlichen Ortschaften.

ℹ An- & Weiterreise

Alsina Graells (☎958 18 54 80) bietet täglich drei Busverbindungen von Granada nach Órgiva (4,38 €, 1½ Std.), Pampaneira (5,17 €, 2 Std.), Bubión (5,25 €, 2¼ Std.), Capileira (5,25 €, 2½ Std.) und Pitres (5,80 €, 2¾ Std.) an. Zwei Busse fahren weiter nach Trevélez (6,85 €, 3¼ Std.) und Bérchules (8,10 €, 3¾ Std.). Die Rückfahrt erfolgt von Bérchules aus um 5 und um 17 Uhr sowie von Pitres aus um 15.30 Uhr. Außerdem verkehren zweimal täglich Busse von Granada nach Cádiar (7,50 €, 3 Std.) und Yegen (8,50 €, 3½ Std.).

Die Küste

Granadas 80 km lange Küstenlinie voll schroffer Felsen hat etwas vom Flair Amalfis und wartet mit einer typisch spanischen Atmosphäre auf. Einige Strandorte werden jeden Tag von mehreren Bussen aus Granada, Málaga und Almería angesteuert.

ALMUÑÉCAR

23 000 EW.

Almuñécar ist interessanter und zweifellos spanischer als die gesamte Costa del Sol. Von Granada oder Málaga aus kann man den Ort wunderbar im Rahmen eines Tagesausflugs besuchen. Die attraktive Altstadt, die dicht an der Küste inmitten von kleinen Buchten und steilen Klippen liegt, beherbergt das **Castillo de San Miguel** (Santa Adela Explanada; Erw./Kind 2,35/1,60 €; ⏲Di–Sa 10.30–13.30 & 16–18.30, So 10.30–14 Uhr) aus dem 16. Jh. und das **Museo Arqueológico** (Calle San Joaquín), das im Keller eines alten römischen Bauwerkes untergebracht ist (gleiche Öffnungszeiten/Preise wie im Castillo de San Miguel). Das Meeresufer ist ein toller Ort für einen *dar un paseo* (Abendspaziergang). Außerdem sollte man sich die steile Landzunge **Peñon del Santo** ansehen, die die beiden Strände teilt.

Hinter der Playa de San Cristóbal stößt man auf ein tropisches Vogelgehege, den **Parque Ornitológico Loro-Sexi** (Erw./Kind 4/2 €; ⏲ganzjährig 11–14 Uhr, Juli–Mitte Sept. 11–14 & 18–21 Uhr, Sept.–Okt. & April–Juni 17–19 Uhr).

Sportfans können in und um Almuñécar sowie bei La Herradura paragliden, windsurfen, tauchen, segeln, reiten oder in Schluchten absteigen. Infos dazu liefern die Touristeninformation und ihre Websites.

Direkt an der kurvigen Küstenstraße N340 liegt das **Hostal California** (☎958 88 10 38; www.hotelcaliforniaspain.com; Carretera N340 Km 313; EZ/DZ 43/58 €; P) mit marokkanisch-bunten Akzenten und einer guten Küche, die auch Vegetarier zufriedenstellt. Eine Besonderheit sind die Pauschalangebote für Paraglider, da der Besitzer selbst ein begeisterter Experte dieser Sportart ist. Das **Hotel Casablanca** (☎958 63 55 75; www.hotelcasablancaalmunecar.com; Plaza de San Cristóbal 4; EZ/DZ 50/64 €; P) wurde im Stil von Al-Andalus möbliert; einige Zimmer haben Meerblick.

Das beste Essen gibt's am östlichen Strand, z. B. bei **La Última Ola** (Paseo Puerta del Mar 4–6; Gerichte 15–24 €), das köstlichen gegrillten Seeteufel mit Pilzen und Mandeln serviert.

Die **Touristeninformation** (www.almunecar.info; Avenida Europa; ⏲ganzjährig 10–14 Uhr, Juli–Mitte Sept. 10–14 & 18–21 Uhr, Mitte Sept.–Mitte Okt. 10–14 & 17–20 Uhr) ist 1 km südwestlich hinter der Playa de San Cristóbal im pinkfarbenen neomaurischen **Palacete La Najarra** untergebracht. Der **Busbahnhof** (Avenida Juan Carlos I 1) befindet sich südlich der N340.

An- & Weiterreise

ALSA (☎902 42 22 42; www.alsa.es) bietet täglich zwölf Busverbindungen nach Granada (7,20 €, 1½ Std.) an. Es gibt auch regelmäßige Verbindungen in westliche Richtung die Küste entlang nach Málaga (6,35 €, 2 Std., 9-mal tgl.) via Nerja.

PROVINZ JAÉN

Die Provinz Jaén steht nur selten auf dem Reiseplan von Andalusienbesuchern, obwohl sie ein toller Ort für Liebhaber von Olivenöl, Architektur im Renaissancestil und zerklüfteten Bergregionen mit seltenen Pflanzen und Tieren ist. Die schönsten Bauwerke findet man in Baeza und Úbeda, außerdem lockt hier der Parque Natural de Cazorla, Spaniens größtes Naturschutzgebiet. Olivenbäume sind hingegen überall zu sehen, da es in Jaén unzählige Plantagen gibt (die Provinz ist mit einem internationalen Marktanteil von 10 % der weltgrößte Produzent von Olivenöl).

Jaén

120 000 EW. / 575 M

Man muss kein Genie sein, um sich vorzustellen, was Jaéns wirtschaftliche Hauptsäule ist. Dank der Olivenhaine, die fast die Grenzen der Stadt sprengen, füllt das „flüssige Gold" schon seit Langem die hiesigen Kassen. Darüber hinaus wartet der Ort mit wunderbaren Tapas-Bars, einer trutzigen Burg und einer prachtvollen Kathedrale auf, die einer doppelt so großen Stadt würdig wäre. Hier erstrecken sich zahlreiche schmale Gassen mit verrauchten Bars, höhlenartigen Tavernen und viel *mucho alegría* (Freude). Willkommen in Andalusiens unaufdringlicher Kernregion!

Sehenswertes

Catedral KATHEDRALE
(Erw./Kind 5/1,50 €; ⏲Mo–Sa 10–18, So 10–12 Uhr) Jaéns riesige Kathedrale entstand im 16. und 17. Jh. nach den Renaissanceentwürfen von Andrés de Vandelvira, obwohl die Südwestfassade zur Plaza de Santa María hin über üppig barocken Skulpturenschmuck verfügt.

GRATIS **Palacio de Villardompardo** PALAST
(Plaza de Santa Luisa de Marillac; Eintritt mit Reisepass frei; ⏲Di–Fr 9–20, Sa & So 9.30–14.30 Uhr, an Feiertagen geschl.) Ein echtes Renaissanceschmuckstück. Der **Palacio de Villardompardo** kann drei besondere Attraktionen vorweisen: die schönen **Baños Árabes** (Arabischen Bäder) aus dem 11. Jh., begehbar über einen transparenten Weg,

Provinz Jaén

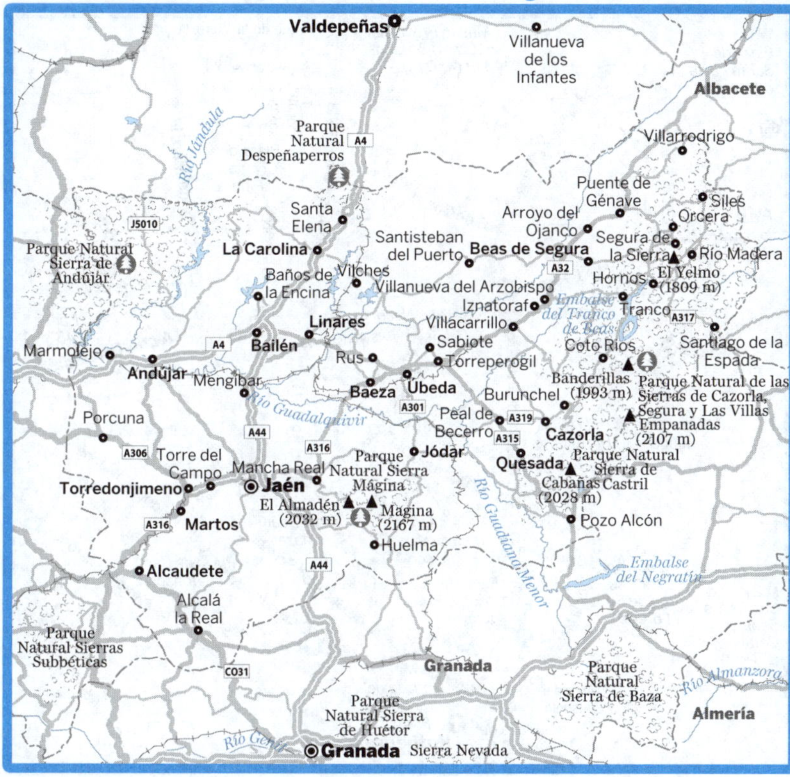

der einen Blick auf die Ausgrabungen ermöglicht; das **Museo de Artes y Costumbres Populares**, das Zeugnisse des harten Landlebens in der Provinz in vorindustrieller Zeit präsentiert, und das **Museo Internacional de Arte Naïf** mit einer großen internationalen Sammlung farbenfroher und amüsanter naiver Kunst. Besucher können beim Betrachten der Details ganze Stunden verbringen.

Museo Provincial MUSEUM

(Paseo de la Estación 27; Erw./EU-Bürger 1,50 €/frei; ⏲Di 14.30–20.30, Mi–Sa 9–20.30, So 9–14.30 Uhr) Dieses Museum verfügt über Spaniens schönste Sammlung iberischer Skulpturen aus dem 5 Jh. v. Chr. Die Exponate wurden in Porcuna gefunden und lassen in ihren fließenden, anmutigen Formen griechische Einflüsse erkennen.

Castillo de Santa Catalina BURG

(Eintritt 3 €; ⏲April–Sept. Di–So 10–14 & 17–21 Uhr, Okt.–März Di–So 15.30–19 Uhr) Das Eindrucksvollste an Jaén ist die Kuppe des Cerro de Santa Catalina mit dieser Festung, die von Granada 1246 nach sechsmonatiger Belagerung an Fernando III. ausgeliefert wurde. Ein Rundgang durch Wehrturm, die Kapelle und das Verlies wird von allerlei audiovisuellem Schnickschnack aufgelockert. Wer keinen fahrbaren Untersatz für die 4 km vom Stadtzentrum zur Burg hinauf hat (ein Taxi kostet 6,50 €), kann sie auch zu Fuß erreichen – über einen steilen Pfad schräg gegenüber dem oberen Ende der Calle de Buenavista.

Schlafen

Parador Castillo de Santa Catalina HOTEL €€€

(☎953 23 00 00; www.parador.es; Zi. 160 €; P ❄ @ 📶 ≈) Dieser *parador* thront oben auf dem Cerro de Santa Catalina gleich neben der Burg und verfügt über wunderbare Gewölbedecken. Alle Zimmer sind luxuriös und mit Himmelbetten ausgestattet. Abge-

Jaén

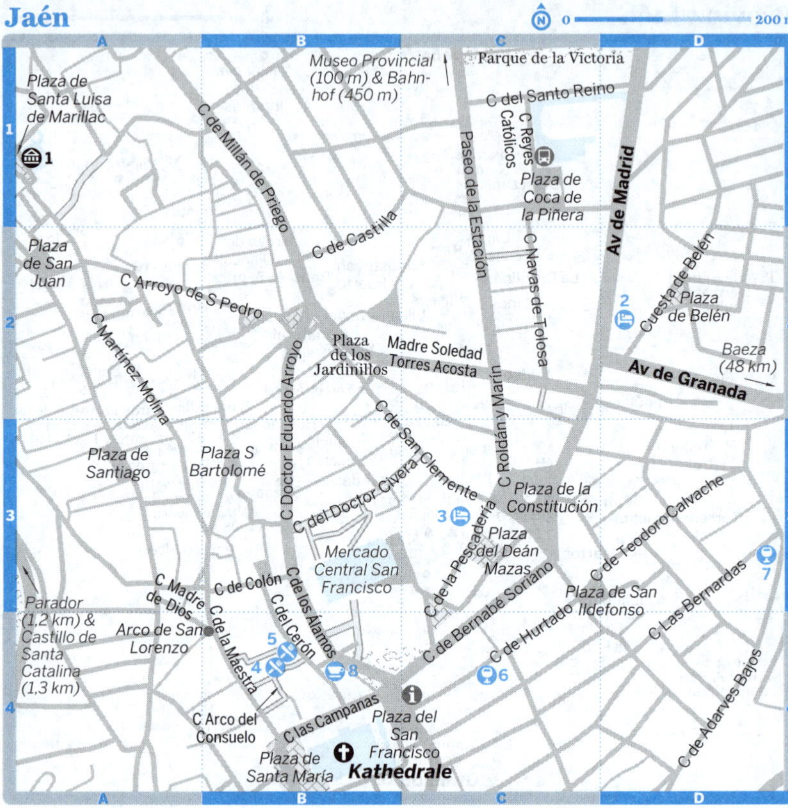

rundet wird der gute Eindruck durch ein tolles Restaurant (Gerichte 17–32 €).

Hostal Carlos V HOTEL €

(☎953 22 20 91; Avenida de Madrid 4, 2. OG; EZ/DZ ohne Bad 24/38 €; ❄@) Jaéns beste Budgetunterkunft liegt in der Nähe des Busbahnhofs. Die netten Zimmer der familienbetriebenen Herberge haben schmiedeeiserne Bettgestelle und Fernseher. Am Straßeneingang klingeln.

Hotel Xauen HOTEL €€

(☎953 24 07 89; www.hotelxauenjaen.com; Plaza del Deán Mazas 3; EZ/DZ 66/89 €; P❄@WLAN) Die 35 Zimmer dieses Businesshotels in zentraler Lage sind für eine Übernachtung in Ordnung, allerdings etwas überteuert.

Essen

Eine Tapas-Tour durch Jaén birgt viele angenehme Überraschungen, vor allem entlang der winzigen Calle del Cerón und dem Arco del Consuelo.

Taberna Casa Gorrión TAPAS €€

(www.tabernagorrion.es, auf Spanisch; Calle Arco del Consuelo 7; ⌚Di, Mi, Do 13.30–17, So & Mo 8–12.30 Uhr) Mit original gefliestem Boden, Kupferwaschbecken und einer langen Theke gilt die Taberna Casa Gorreón bereits seit 1888 als Institution in Jaén. Viele der geselligen Gäste kommen wegen des quietschgelben *queso manchego* (Manchego-Käse) und der süßen Weine hierher, die in den Fässern der Taverne heranreifen.

Taberna La Manchega TAPAS €€

(Calle Bernardo López 12; platos combinados 7,50 €; ⌚Mi–Mo Mittag- & Abendessen) Nur wer sich bis hinter die Theke dieser verrauchten und überfüllten Altstadttaverne durchquetschen kann, erreicht eine Treppe, die zum ebenfalls belebten, aber überaus gemütlichen Speiseraum hinunterführt.

Jaén

Ausgehen

Zu den besten Kneipen gehören das trendige **El Azulejo** (Calle de Hurtado 8) mit Musikprogramm von Pop über Elektronik bis Jazz und das **Iroquai** (Calle de Adarves Bajos 53), wo donnerstags meistens Livemusik gespielt wird (Rock, Blues, Flamenco oder Fusion). Im italienisch angehauchten Café **La Columbiana** (Calle La Parra) gibt's Espresso, Mokka und Frappuccino.

Praktische Informationen

Rund um die Plaza de la Constitución findet man jede Menge Geldautomaten.

Cyber Cu@k (Calle de Adarves Bajos 24; 1,20 €/30 Min.; Mo–Fr 10.30–15 & 17–1, Sa & So 11–15 & 16.30–24 Uhr)

Touristeninformation (Calle Ramón y Cajal 1; Mo–Fr 10–20 Uhr, Okt.–März bis 19 Uhr, Sa, So & Feiertage 10–13 Uhr) Die hilfsbereiten Angestellten sprechen mehrere Sprachen und warten mit vielen kostenlosen Broschüren über die Stadt und die Umgebung auf.

An- & Weiterreise

Der **Busbahnhof** (Plaza de Coca de la Piñera) liegt 250 m nördlich der Plaza de la Constitución. Von hier geht's nach Granada (7,60 €, 1½ Std., 14-mal tgl.), Baeza (5 €, 45 Min., bis zu 11-mal tgl.), Úbeda (5,50 €, 1¼ Std., bis zu 12-mal tgl.), Córdoba (8,22 €, 1½ Std., 7-mal tgl.) und Cazorla (7,85 €, 2 Std., 2-mal tgl.).

An den meisten Tagen fahren nur fünf Züge vom **Bahnhof** (902 24 02 02) ab; einer fährt um 8 Uhr nach Córdoba (11,45 €, 1½ Std.) und Sevilla (22,25 €, 3 Std.), die anderen vier bedienen Madrid (30,20 €, 4 Std.).

Baeza

17 000 EW. / 790 M

Baeza war einer der ersten Orte, aus denen die Mauren sich zurückzogen und wirkt daher an vielen Stellen eher italienisch als andalusisch. Es besitzt eines der vollständigsten Ensembles von Renaissancegebäuden in Andalusien, wenn nicht sogar in ganz Spanien. Die Stadt liegt auf einem gut geschützten Steilhang und bietet beeindruckende Ausblicke auf endlose Olivenhaine, die sich in Richtung der Sierra del Mágica erstrecken – ein Name, der sehr gut zu dieser Region passt.

Sehenswertes

Die Öffnungszeiten mancher Gebäude ändern sich häufig.

Mitten auf der schönen **Plaza del Pópulo** steht der **Fuente de los Leones** (Löwenbrunnen). Die antike Statue stellt angeblich die iberische Prinzessin Imilce dar, die mit Hannibal verheiratet war. An der Südseite des Platzes befindet sich die **Casa del Pópulo** im plateresken Stil. Sie wurde gegen 1540 errichtet und beherbergt heute die Touristeninformation.

Catedral KATHEDRALE
(Plaza de Santa María; Spenden erwünscht; April–Sept. 10.30–13 & 17–19 Uhr) Baezas Kathedrale weist verschiedene Stile auf, wobei Renaissanceelemente aus dem 16. Jh. dominieren. Ihr Inneres wurde von Andrés de Vandelvira und Jerónimo del Prado gestaltet. In einer Kapelle ist eine lebensgroße Szene des Letzten Abendmahls mit filigranen Wachsfiguren und einer Maria in viktorianischen Volants aus cremefarbener Spitze und Perlen zu sehen.

GRATIS **Antigua Universidad** ALTE UNIVERSITÄT
(Calle Beato Juan de Ávila; Do–Di 10–13 & 16–18 Uhr) 1538 wurde die Antigua Universidad gegründet, in der heute ein Gymnasium untergebracht ist. Rund um den Hauptpatio erstrecken sich elegante Renaissancebögen.

GRATIS **Palacio de Jabalquinto** PALAST
(Plaza Santa Cruz; Mo–Fr 9–14 Uhr) Gleich um die Ecke von der Universität stößt man auf diese prachtvolle Villa aus

dem 16. Jh. mit einer extravaganten Fassade im Stil der isabellinischen Gotik sowie einem reizenden Renaissancepatio samt grandioser Barocktreppe.

Iglesia de la Santa Cruz KIRCHE
(⌚Mo–Sa 11–13 & 16.30–18, So 11–13 Uhr) Die Kirche aus dem 13. Jh. gilt als eines der ersten andalusischen Gotteshäuser, die nach der Reconquista gebaut wurden. Sie ist womöglich die einzige romanische Kirche in Andalusien.

Ayuntamiento RATHAUS
(Paseo del Cardenal Benavides 9) Einen Block nördlich vom Paseo de la Constitución liegt das Rathaus, das über eine herrliche platereske Fassade verfügt.

Schlafen & Essen

Dank seines reichen architektonischen Erbes bietet Baeza eine große Auswahl an Hotels, die in schön restaurierten Gebäuden untergebracht sind. Restaurants findet man vor allem auf dem Paseo de la Constitucíon, aber es gibt auch einige hervorragende Lokale in der Altstadt.

Hotel Palacete Santa Ana
HISTORISCHES HOTEL €€
(☎953 74 16 57; www.palacetesantana.com; Calle Santa Ana Vieja 9; EZ/DZ 45/70 €; ❄📶) Im 16. Jh. diente das Gebäude als Nonnenkloster. Das Hotel wurde bei Redaktionsschluss gerade renoviert, nahm aber trotzdem Gäste auf. Wenn die Umbauten beendet sind, wird es ein eigenes Museum und Restaurant besitzen. Die Zimmer sind etwas karg, aber sauber, und der Besitzer ist ein enthusiastischer Geschichtsfan.

Hotel Puerta de la Luna HOTEL €€
(☎953 74 70 19; www.hotelpuertadelaluna.com, auf Spanisch; Calle Canónigo Melgares Raya; EZ/DZ Mo–Do 75/95 €, Fr–So 105/129 €; P❄@📶🏊) Mit seinem laternenbeleuchteten Innenhof und dem phosphoreszierenden Pool beweist diese Unterkunft, dass die Christen der Reconquista das Paradies ebenso gut kopieren konnten wie die Nasridenkönige der Alhambra.

Hospedería Fuentenueva HOTEL €€
(☎953 74 31 00; www.fuentenueva.com; Calle del Carmen 15; EZ/DZ inkl. Frühstück 55/78 €; ❄@📶🏊) Das Fuentenueva ist in einem ehemaligen Frauengefängnis untergebracht und verfügt über große, schöne Zimmer mit Duschräumen aus schwarzem Schiefer.

La Góndola ANDALUSISCH €€
(☎953 74 29 84; Portales Carbonería 13, Paseo de la Constitución; Gerichte 12–20 €) Wer Herzhaftes mag, ist hier richtig. Der glühende Holzfeuergrill, das fröhliche Personal und das leckere, gesunde Essen sorgen für eine schöne, regionstypische Atmosphäre. Das nussige Olivenöl, der reichhaltige Rotwein und die Gemüsegerichte schmecken einfach wunderbar.

Torre Al Bayyassa ANDALUSISCH €
(Comendadores 6; Menü 9 €; ⌚Mo abends & Di geschl.) Das beste Restaurant der Altstadt liegt in der Nähe der Kathedrale, ist aber nicht so maurisch wie der Name suggeriert. Hier gibt's traditionelles andalusisches Essen im Stil von Baeza: Kabeljau in *baezana*-Sauce und *rabo-de-toro*-(Ochsenschwanz-) Kroketten.

Praktische Informationen

Touristeninformation (Plaza del Pópulo; ⌚April–Sept. Mo–Fr 9–19.30, Sa, So & Feiertage 9.30–15 Uhr) Ist südwestlich des Paseo de la Constitución im früheren Gerichtsgebäude Casa del Pópulo aus dem 16. Jh. untergebracht.

An- & Weiterreise

Nach seiner kürzlichen Verlegung befindet sich der **Busbahnhof** (Paseo Arco del Agua) nun weiter östlich an der Avenida Puche Pardo neben dem Krankenhaus. Er soll komplett neu gestaltet werden. Von hier geht's nach Jaén (5 €, 45 Min., 11-mal tgl.), Úbeda (1,20 €, 30 Min., 15-mal tgl.), Cazorla (4,80 €, 2¼ Std., 2-mal tgl.) und Granada (11,34 €, 2¼ Std., 5-mal tgl.).

Der **Bahnhof Linares-Baeza** (☎953 65 02 02) liegt 13 km weiter nordwestlich. Montags bis samstags fahren Busse von dort in die Stadt. Ein Taxi kostet 15 €.

Úbeda

35 000 EW. / 760 M

Nur 9 km östlich von Baeza versucht Úbeda seine Nachbarstadt mit einer noch tolleren Architektur zu übertreffen. Im 16. Jh. wurde ein einheimischer Edelmann namens Francisco de los Cobos y Molina oberster Sekretär von Carlos I. Später erbte sein Neffe Juan Vázquez de Molina den Posten und behielt ihn auch unter Felipe II. Beide gaben ihr Geld verschwenderisch für zahlreiche Renaissancepaläste und -kirchen aus, mit deren Bau häufig Jaéns großer Architekt Andrés de Vandelvira (1509–1575) beauftragt wurde.

Sehenswertes

Plaza Vázquez de Molina PLATZ

Rund um die schöne Plaza verteilen sich prächtige Gebäude aus dem 15. und 16. Jh.

Die **Capilla del Salvador** (Eintritt 3 €; Mo–Sa 10–14 & 16–18.30, So 11.15–14 & 16–19 Uhr) befindet sich am Ostende der Plaza. Francisco de los Cobos y Molina ließ sie in den 1540er-Jahren als Grabkirche für seine Familie errichten. Dies war das erste von zahlreichen weiteren Bauprojekten Vandelviras in Úbeda. Der Grundentwurf stammte von Diego de Siloé, dem Architekten der Kathedrale von Granada, aber Vandelvira verwirklichte zusätzlich viele eigene Ideen, darunter die aufwendige Hauptfassade. Sie gilt als herausragendes Beispiel des plateresken Stils und ist nachts wunderbar beleuchtet. Ein Porträt von Francisco de los Cobos y Molina schmückt die Sakristei, die ebenfalls von Vandelvira gestaltet wurde. Unter dem Kirchenschiff liegt die Familienkrypta der Cobos.

Neben der Capilla de El Salvador stößt man auf die ehemalige Behausung des Kaplans, den wunderbaren **Palacio del Deán Ortega**, in dem heute ein *parador* untergebracht ist.

Die harmonischen Proportionen des italienisch beeinflussten **Palacio de Vázquez de Molina** (Mo–Fr 8–20, Sa 10–14 Uhr) am Westende des Platzes machen ihn zu einem der schönsten Gebäude der Stadt. Der Palast wurde von Vandelvira um 1562 für Juan Vázquez de Molina errichtet, dessen Wappen über der Tür zu sehen ist. Inzwischen beherbergt er das Rathaus.

Plaza 1 de Mayo & Umgebung PLATZ

Einst wurde die Plaza 1 de Mayo als Marktplatz und Stierkampfarena genutzt. Dort, wo heute der Kiosk steht, pflegte man früher Ketzer zu verbrennen. Die Stadthonoratioren hatten von der Galerie des eleganten **Antiguo Ayuntamiento** (Altes Rathaus) aus dem 16. Jh. in der Südwestecke den besten Blick auf das grausame Treiben. An der Nordseite des Platzes befindet sich die **Iglesia de San Pablo** (Mo–Sa 11–13.30 & 19–20 Uhr) mit einem schönen spätgotischen Portal von 1511.

Das **Museo de San Juan de la Cruz** (Calle del Carmen 13; Eintritt frei; Di–So 11–13 & 17–19 Uhr) widmet sich dem Mystiker und Reformator, der hier 1591 starb. Mönche führen Besucher durchs Gebäude; sie sprechen nur Spanisch, aber hier erklärt sich vieles von selbst.

GRATIS **Hospital de Santiago** KULTURZENTRUM

(Calle Obispo Cobos; Mo–Fr 8–14.30 & 15.30–22, Sa & So 10–14.30 & 16–21.30 Uhr) Andrés de Vandelviras letztes Bauwerk wurde 1575, also im Jahr seines Todes, fertiggestellt. Es liegt im Westteil der Stadt. Das imposante Meisterstück der Spätrenaissance wird auch als „Andalusiens Escorial" bezeichnet. Der Patio ist im typischen Stil des Architekten von doppelstöckigen Arkaden umgeben. Hier befinden sich eine zum Auditorium umfunktionierte Kapelle und eine Treppe mit bunten Wandmalereien.

Schlafen & Essen

LP TIPP **Palacio de la Rambla** HISTORISCHES HOTEL €€

(953 75 01 96; www.palaciodelarambla.com; Plaza de Marqués 1; EZ/DZ inkl. Frühstück 96/120 €;) Wer in diesem prachtvollen, stillen Palast übernachtet, macht aus seinem Aufenthalt in Úbeda ein echtes Erlebnis. Das Hotel verfügt über insgesamt acht Gästezimmer, einen efeubewachsenen Hof sowie jede Menge Ritterrüstungen und Antiquitäten. Das reichhaltige Frühstück ist im Preis inbegriffen. Hier legt man viel Wert auf Privatsphäre

Parador Condestable Dávalos HISTORISCHES HOTEL €€€

(953 75 03 45; www.parador.es; Plaza Vázquez de Molina; Zi. 171 €;) Das Hotel bietet einen Blick über die Plaza Vázquez de Molina und beherbergt ein hervorragendes Restaurant (Gerichte 14–22 €). Zu den lokalen Spezialitäten zählen z. B. *carruécano* (grüne Paprika mit Rebhuhnfüllung) und *cabrito guisado con piñones* (geschmortes Zicklein mit Pinienkernen).

Museo Agrícola Restaurant/La Posada de Úbeda HOTEL, ANDALUSISCH €€

(953 79 04 73; Calle San Cristóbal 18; Zi. ab 80 €;) Das Hotelrestaurant ist wunderbar rustikal und hat einen Außenhof, der gleichzeitig als Landwirtschaftsmuseum dient. Im Obergeschoss liegen sieben komfortable Zimmer.

Hotel El Postigo BOUTIQUE-HOTEL €€

(953 79 55 50; www.hotelelpostigo.com; Calle Postigo 5; EZ/DZ 60/90 €;) Eine schicke, moderne und freundliche Bleibe mitten in der Altstadt. Das Postigo punktet mit seinem schönen Design und einigen tollen Extras, darunter ein kleiner Swimmingpool, ein Garten und ein privater Salon mit Kamin.

Taberna Zayta TAPAS €
(Calle Cronista Pascual 6; Tapas 2–3 €, raciones 6–9 €) Eine von mehreren guten Tapas-Bars unweit der Stierkampfarena. Hier hängen Schinken von der Decke und es gibt ein herausragendes Gericht: *andrajos* (Kabeljau, Tintenfisch, Pasta und Brühe).

Mesón Restaurante Navarro TAPAS €€
(Plaza del Ayuntamiento 2; raciones 6–14 €) In dem schnörkellosen, bei den Einheimischen beliebten Lokal muss man sich einfach wohlfühlen. Wir empfehlen die *tortitas de camarones* (knusprig gebratene Miniomeletts mit Garnelen).

La Imprenta MODERN €€€
(☎953 75 55 00; Plaza del Doctor Quesada 1; Hauptgerichte 16–25 €; ⏲Di geschl.) In Úbedas ehemaligem Druckereigebäude werden kreative Fusionsgerichte zubereitet.

Shoppen

Die typische smaragdgrüne Glasur der attraktiven Töpferwaren von Úbeda geht noch auf die Zeit der Mauren zurück. Mehrere Läden in der Cuesta de la Merced und Calle Valencia im Barrio San Millán, dem Töpferviertel nordöstlich der Altstadt, verkaufen ihre Erzeugnisse an Ort und Stelle. Manche Töpfer erklären Interessierten gerne die alten Techniken, nach denen sie arbeiten. Die **Alfarería Tito** (Plaza del Ayuntamiento 12) bietet ebenfalls ein großes Keramiksortiment, darunter die beliebten blau-cremefarbenen Stücke, die in der Herstellung einen großen Aufwand erfordert.

Praktische Informationen

Touristeninformation (Calle Baja del Marqués 4; ⏲Mo–Fr 9–14.45 & 16–19, Sa 10–14 Uhr) Befindet sich in der Altstadt im Palacio Marqués de Contadero aus dem 18. Jh.

An- & Weiterreise

Der **Busbahnhof** (Calle San José 6) liegt im neuen Teil der Stadt. Von hier geht's u. a. nach Baeza (1,20 €, 30 Min., 15-mal tgl.), Jaén (5,50 €, 1¼ Std., bis zu 12-mal tgl.), Cazorla (3,60 €, 45 Min., bis zu 10-mal tgl.) und Granada (11,34 €, 2¾ Std., 7-mal tgl.).

Cazorla

8173 EW. / 885 M

Zu den liebsten Hobbys der Bewohner dieses zauberhaften Ortes etwa 45 km östlich von Úbeda gehört die Jagd. Cazorla liegt am Fuß eines Berges und ist ein guter Ausgangspunkt, um den größten Naturpark Spaniens zu besuchen.

Sehenswertes

An einem Ende der **Plaza de Santa María** erhebt sich die Ruine der **Iglesia de Santa María**. Sie wurde im 16. Jh. von Andrés de Vandelvira errichtet und später von Napoleons Truppen zerstört. Hier beginnt ein 3,5 km langer Rundweg zur **Ermita San Sebastión**. Unterwegs kann man viele Vogelarten beobachten. Alternativ nimmt man den kürzeren Wanderweg zum **Castillo de la Yedra**, in dem das **Museo del Alto Guadalquivir** (Erw./EU-Bürger 1,50 €/frei; ⏲Di 14.30–20, Mi–Sa 9–20, So & Feiertage 9–14 Uhr) untergebracht ist, das Relikte aus der lokalen Geschichte präsentiert.

Schlafen & Essen

In Cazorla werden wundervolle Tapas zubereitet, z. B. *rin-ran* (gesalzener Kabeljau mit Kartoffeln und roter Paprika), *talarines* (Pasta), *gachamiga* (eine Art spanische Polenta), *carne de monte* (Fleisch, meist Wild), außerdem kann man das herrliche Olivenöl der Sierra de Cazorla probieren; es hat einen fruchtigen, leicht bitteren Geschmack.

Hotel Guadalquivir HOTEL €
(☎953 72 02 68; www.hguadalquivir.com, auf Spanisch; Calle Nueva 6; EZ/DZ 35/48 €; ❄📶) Ein familiengeführtes 17-Zimmer-Hotel unweit des Zentrums mit komfortablen Zimmern und großen Bädern. Die neuen Bodenfliesen und Flachbildfernseher verleihen der Unterkunft einen modernen Touch.

Hotel Ciudad de Cazorla HOTEL €€
(☎953 72 17 00; Plaza de la Corredera 9; EZ/DZ inkl. Frühstück 61/70 €; P❄@📶🏊) Traditionsbewusste Einheimische haben gegen den Bau dieser modernen Bleibe an der villengesäumten Plaza de Corredera protestiert, aber irgendwie passt sie trotzdem hierher. Das Hotel punktet mit geräumigen Zimmern, einem Restaurant und einem Außenpool.

Bar Las Vegas TAPAS €
(Plaza de la Corredera 17; raciones 8 €) Auf den drei Hauptplätzen des Ortes gibt's mehrere gute Tapas-Bars, aber diese ist am beliebtesten. Mittags platzt sie stets aus allen Nähten.

Mesón Don Chema FLEISCHGERICHTE €€
(Calle Escaleras del Mercado 2; Gerichte 10–18 €) In dem Restaurant am Ende einer Gasse unweit der Calle Doctor Muñoz werden –

wie es sich für eine jagdbesessene Stadt gehört – klassische lokale Wildgerichte serviert. Störend sind nur die ausgestopften Tiere an den Wänden.

Praktische Informationen

Oficina de Turismo Municipal (Paseo del Santo Cristo 19; ⌚10–13 & 17–19.30 Uhr) 200 m nördlich der Plaza de la Constitución.

An- & Weiterreise

Alsina Graells bietet Busverbindungen nach Úbeda (3,60 €, 45 Min., bis zu 10-mal tgl.), Jaén (7,88 €, 2 Std., 2-mal tgl.) und Granada (15 €, 3½ Std., 2-mal tgl.) an. Cazorlas wichtigste Haltestelle befindet sich auf der Plaza de la Constitución; Fahrpläne gibt's in der Touristeninformation.

Parque Natural de Cazorla

Der **Parque Natural de las Sierras de Cazorla, Segura y Las Villas** nimmt fast den ganzen Ostteil der Provinz Jaén ein und besteht aus schroffen Bergketten mit Hochebenen und tiefen, bewaldeten Tälern. Mit seinen 2143 km² ist er das größte Naturschutzgebiet des Landes und eine der besten Gegenden in Spanien, um die heimische Tierwelt zu beobachten. Hier hat man gute Chancen, Wildschweine, Rot- und Damhirsche, Steinböcke und Mufflons (Wildschafe) zu entdecken. Außerdem wachsen in dem Park ganze 2300 Pflanzenarten.

Andalusiens längster Fluss, der Guadalquivir, entspringt im Süden des Parks. Von dort fließt er zuerst nordwärts in den Stausee Embalse del Tranco de Beas und dann westwärts Richtung Atlantik.

Die spektakuläreren Abschnitte und Wanderrouten des Parks sind leider nur mit einem privaten Fahrzeug zu erreichen. Am besten plant man seinen Besuch zwischen Ende April und Juni oder im September und Oktober, denn dann herrschen hier milde Temperaturen. In der Semana Santa (Karwoche) sowie im Juli und August kommen die meisten Touristen.

Sehenswertes & Aktivitäten

Cazorlas Touristeninformation verfügt über Karten und Beschreibungen von sechs Wanderwegen (8–23 km) und sieben Autorouten.

WANDERROUTE RÍO BOROSA

Auch wenn auf dieser Route an Wochenenden, Feiertagen und in der Ferienzeit ziemlich viel los ist, erfreut sich die rund siebenstündige Wanderung (hin & zurück, ohne Pausen) nicht ohne Grund so großer Beliebtheit. Sie folgt dem Lauf des Río Borosa zu zwei schönen Bergseen und steigt auf der 12 km langen Wegstrecke vom Torre del Vinagre 500 m an. Wer mit dem Bus zu dem Turm fährt, kann die Tour auch als Tagesausflug von Cazorla aus unternehmen (vor dem Aufbruch sollte man unbedingt die aktuellen Abfahrtszeiten checken). Flaschen können unterwegs mit dem Quellwasser aufgefüllt werden; die letzte Möglichkeit dazu besteht am Wasserkraftwerk Central Eléctrica.

Gegenüber dem Torre del Vinagre überquert die Straße mit dem „Central Eléctrica"-Schild den Guadalquivir und erreicht nach 1 km den markierten Startpunkt des Wanderwegs rechts vom Río Borosa. Das erste Stück ist unbefestigt und führt über mehrere Brücken. Wenn der Weg 4 km weiter nach links anzusteigen beginnt, nimmt man den Pfad, der rechts abzweigt. Nun folgt ein schöner 1,5 km langer Abschnitt, auf dem sich das Tal zur Schlucht **Cerrada de Elías** verengt und der Weg zu einem Holzsteg wird, sodass man nicht im Wasser umherwaten muss. Danach geht's wieder auf einen befestigten Pfad, der nach 3 km das Central-Eléctrica-Kraftwerk erreicht. Gleich dahinter zeigt ein Wegweiser bergauf zur Laguna de Valdeazores. Wer ihm folgt, kommt durch eine dramatische Berglandschaft und zwei Tunnel, die Wasser zum Kraftwerk leiten (aber trockenen Fußes zu passieren sind), bis sich vor einem die **Laguna de Aguas Negras**, ein Stausee, und die natürliche **Laguna de Valdeazores** erstrecken.

HORNOS & EL YELMO

Das Dörfchen Hornos thront auf einem hohen Felsmassiv mit einer romantischen Burgruine und einem traumhaften Blick auf das Nordende des Stausees Embalse del Tranco. Die südliche Anfahrt ist respekteinflößend. 10 km nordöstlich von Hornos gelangt man zum Pass Puerto de Horno de Peguera mit einer Abzweigung. 1 km nördlich von hier führt eine unbefestigte Straße nach links zum Gipfel des El Yelmo (1809 m), einem der markanteren Berge im Nordteil des Parks. Bis ganz nach oben sind es 5 km bei einem Höhenunterschied von 360 m. Die Strecke dorthin ist befahrbar, aber nicht so lohnenswert wie der Wanderweg, der mit einer tollen Aussicht lockt und die Chance bietet, Gänsegeier zu sehen (am

Wochenende gesellen sich Paraglider und Drachenflieger dazu). An der Gabelung nach 1,75 km muss man sich rechts halten.

SEGURA DE LA SIERRA

Das spektakulärste Dorf im Park thront 20 km nördlich von Hornos auf einem 1100 m hohen Berg und wartet mit einer Burg auf. Segura wurde schon 1214 von den Rittern des Santiagoordens eingenommen und gehörte damit zu den ersten christlichen Rückeroberungen in Andalusien.

Auf dem Weg in den oberen Ortsteil stößt man auf die **Touristeninformation** (10.30–14 & 18.30–20.30 Uhr) neben der Puerta Nueva. Die beiden Hauptattraktionen des Ortes haben normalerweise jeden Tag durchgehend geöffnet, aber zur Sicherheit fragt man besser vorher nach.

Der **Baño Moro** (Maurisches Badehaus; Calle Caballeros Santiaguistas) wurde um 1150 errichtet und verfügt über drei elegante Räume (für kalte, lauwarme und heiße Bäder) mit Hufeisenbögen und Gewölben voller Oberlichter. Die **Burg** am oberen Ende von Segura ist maurischen (oder vielleicht noch früheren) Ursprungs. Von ihrem dreistöckigen Wehrturm genießt man einen herrlichen Blick zum El Yelmo hinüber und weit nach Westen.

Geführte Touren

Verschiedene Veranstalter bieten Touren in einige schwerer zugängliche Ecken des Parks an und organisieren viele weitere Aktivitäten. Hotels und Campingplätze im Park können oft die Abholung ihrer Gäste arrangieren.

Excursiones Bujarkay OUTDOOR-AKTIVITÄTEN
(953 72 11 11; www.guiasnativos.com; Calle Martinez Falero, 28, Cazorla) Wanderungen, Ausritte sowie Allrad- und Radtouren mit einheimischen Führern.

Tierraventura OUTDOOR-AKTIVITÄTEN
(953 72 20 11/953 71 00 73; www.aventuracazorla.com, auf Spanisch; Calle Ximénez de Rada 17, Cazorla) Hat beispielsweise Flussabfahrten im Kanu, Wandern und Felsklettern im Angebot.

Schlafen & Essen

Es gibt eine Menge Unterkünfte im Park; die meisten liegen an der A319 nördlich von Empalme del Valle. In der Hauptsaison reserviert man besser frühzeitig. Wildes Zelten ist verboten. Viele Restaurants gehören zu Hotels oder *hostales*.

Parador de Cazorla HOTEL €€€
(953 72 70 75; www.parador.es; EZ/DZ 109/128 €; P) Dieser *parador* im Jagdhausstil liegt am Ende der JF7094 bei Vadillo und wartet mit einem hübschen Garten, einem Pool und einem reizvollen Kiefernwald auf. Leider bieten nur neun der 33 Zimmer eine schöne Aussicht.

Complejo Puente de las Herrerías CAMPINGPLATZ €
(953 72 70 90; www.puentedelasherrerias.com; nahe Vadillo Castril; Stellplatz 5,15/4,70/4,70 € pro Erw./Zelt/Auto, Wohnwagen 5,56–6,64 €, Hütte für 2 Pers. 51,36 €, EZ/DZ 36,40/53,30 €; P) Der größte Campingplatz im Park kann rund 1000 Gäste aufnehmen und verfügt über ein Restaurant und einen Pool. Außerdem werden hier Ausritte, Kanu-, Canyoning- und Klettertouren angeboten. Der Platz hat von Ostern bis zum 1. November geöffnet.

Los Huertos de Segura APARTMENTS €
(953 48 04 02; www.loshuertosdesegura.com; Calle Castillo 11, Segura de la Sierra; 2-/4-Personen-Apt. 58/78 €; P) Die freundlichen Besitzer dieser hervorragenden Apartments informieren ihre Gäste gern über Ausflüge und Wanderungen in der Region. Sie sprechen sehr gut Englisch.

Praktische Informationen

16 km nördlich von Empalme del Valle an der A319 befindet sich das informative **Centro de Interpretación Torre del Vinagre** (953 71 30 40; April–Juni 10–14 & 16–19 Uhr, Juli–Aug. 10–14 & 17–20 Uhr). Kinder werden die interaktiven Exponate zur Flora und Fauna des Parks mögen. In einem Nebengebäude zeigt das **Museo de Caza** (Jagdmuseum) ausgestopfte Tiere, außerdem erstreckt sich ganz in der Nähe ein **botanischer Garten**.

Die besten Karten sind die von Editorial Alpina im Maßstab 1:40 000. *Sierra de Cazorla* deckt die Südhälfte des Parks ab, *Sierra de Segura* den nördlichen Teil. Auf beiden sind Wanderrouten markiert, die in den Begleitheftchen beschrieben werden. Manchmal bekommt man die Karten direkt vor Ort, allerdings sollte man sich nicht darauf verlassen.

An- & Weiterreise

Carcesa (953 72 11 42) bietet täglich (außer sonntags) zwei Busverbindungen von Cazorlas Plaza de la Constitución nach Empalme del Valle (2 €, 30 Min.), Arroyo Frío (2,40 €, 45 Min.), Torre del Vinagre (3,60 €, 1 Std.) und Coto Ríos (3,60 €, 70 Min.) an. Aktuelle Fahrpläne liegen in der Touristeninformation in Cazorla aus.

PROVINZ ALMERÍA

Weiter östlich liegt an der schönsten Küstenlinie Andalusiens die Provinz Almería. Sie blickt auf eine stark maurisch geprägte Geschichte zurück und ist bisher vom zerstörerischen Tourismus der Costa del Sol verschont geblieben. Clint Eastwood drehte hier in den 1960er-Jahren seine berühmte Western-Trilogie und die Landschaft erinnert tatsächlich eher an den Wilden Westen als an Südspanien. Da Almería im Regenschatten der Sierra Nevada liegt, ist dies die sonnigste und trockenste Gegend der Iberischen Halbinsel und Standort der einzigen Wüste Europas. Unter Verwendung moderner landwirtschaftlicher Techniken wird sie seit einiger Zeit zu einem riesigen Garten- sowie Obst- und Gemüseanbaugebiet umgewandelt, in dem viele Einwanderer arbeiten.

Almería

188 000 EW.

Man sollte Almería nicht unterschätzen, denn die zähe Küstenstadt wartet mit einer schillernden Vergangenheit und bedeutenden Bauwerken auf. Während die Leute vor Granadas Alhambra Schlange stehen, kommen nur wenige Traveller hierher, um die ebenso beeindruckende Alcazaba-Festung zu besuchen. Im 10. Jh. diente der Ort als Haupthafen für das Kalifat in Córdoba. Heute ist Almería ein wohlhabendes Hafenzentrum mit einer florierenden Agrarindustrie und einer starken Flamenco-Tradition, die in den unverwechselbaren *tarantos* zelebriert wird.

Sehenswertes & Aktivitäten

Alcazaba BURG

(Calle Almanzor; Erw./EU-Bürger 1,50 €/frei; ⌚April–Okt. Di–So 9–20.30 Uhr, Nov.–März Di–So 9–18.30 Uhr) Mit dem Bau der Alcazaba im Jahr 955 durch den Kalifen von Córdoba, Abd ar-Rahman III., wurde Almería zum Haupthafen von Al-Andalus. Noch heute thront die Festung triumphierend über Steilfelsen und bietet einen atemberaubenden Rundumblick, auch wenn ihr prachtvolles Inneres von Erdbeben und dem Zahn der Zeit abgenagt wurde.

Der unterste der drei Burgbezirke ist der Primer Recinto. Er diente ursprünglich als Heerlager bei Belagerungen. Der Segundo Recinto bildete das Herz der Alcazaba. An seinem Ostende befindet sich die **Ermita de San Juan**. Sie wurde von einer Moschee zur Kapelle umfunktioniert, nachdem die Katholischen Könige Almería 1489 erobert hatten. An der Nordseite des Burghofs stößt man auf die Ruine des maurischen Herrscherpalasts **Palacio de Almotacín**. Die Festung des Tercer Recinto am oberen Ende der Alcazaba wurde im Auftrag der Katholischen Könige angebaut.

Catedral KATHEDRALE

(Plaza de la Catedral; Eintritt 3 €; ⌚Mo–Fr 10–14 & 16–17.30, Sa 10–14 Uhr) Almerías Kathedrale befindet sich im Herzen der Altstadt unterhalb der Alcazaba. Mit ihrem Bau begann man 1524. Ihre wehrhafte Erscheinung mit sechs Türmen diente dem Schutz vor Überfällen durch nordafrikanische Piraten.

Der Innenraum verfügt über ein gotisches Rippengewölbe und ist mit Jaspis sowie Marmor ausgeschmückt. Die Kapelle hinter dem Hauptaltar beherbergt das Grab von Bischof Diego Villalán, dem Stifter der Kathedrale. Sein Bildnis mit der gebrochenen Nase stammt von Juan de Orea. Er gestaltete auch die Sacristía Mayor mit ihren schönen Steinmetzarbeiten.

GRATIS **Centro Andaluz de Fotografía** GALERIE

(Andalusisches Fotografiezentrum; Calle Pintor Diaz Molina, 9; ⌚11–14 & 17.30–21.30 Uhr) Die ausgefallenen Fotos gefallen sowohl Laien als auch Fachleuten.

Museo Arqueológico MUSEUM

(Carretera de Ronda 91; Erw./EU-Bürger 1,50 €/frei; ⌚Di 14.30–20.30, Mi–Sa 9–20.30, So 9–14.30 Uhr) Präsentiert Artefakte maurischer und römischer Zivilisationen sowie Relikte aus der Kupferzeit unter Verwendung von interessanten Multimediatechnologien.

Spaziergänge SPAZIERGÄNGE

Die Touristeninformation gibt eine Karte mit vier Stadtrundgängen heraus, darunter eine maurische, eine christliche und eine Filmroute (hier entstanden Teile von *Lawrence von Arabien* und *Patton*).

Strände STRÄNDE

Ein langer, grauer Sandstrand erstreckt sich vor dem palmengesäumten Paseo Marítimo östlich des Stadtzentrums.

Schlafen

LP TIPP **Hotel Costasol** HOTEL €

(☎950 23 40 11; www.hotelcostasol.com; Paseo de Almería 58; Zi. 54 €; P ❄ @ ≋) Es ist erstaunlich, was rote Farbakzente und eine flippige Sanierung bewirken können. Das Hotel besitzt eine schicke Rezeption, riesige Bäder (für spanische Verhältnisse), geräumige Gemeinschaftsbereiche und ein stilvolles Kellerrestaurant – für diesen Preis bekommt man in ganz Andalusien nichts Besseres.

Hotel Catedral BOUTIQUE-HOTEL €€€
(950 27 81 78: www.hotelcatedral.net; Plaza de la Catedral 8; EZ/DZ 110/140 €;) Dieses elegante, aber etwas protzige Haus aus dem 19. Jh. verfügt über eine tolle Lage, geräumige Zimmer mit Satelliten-TV und ein stilvolles Bar-Restaurant, in dem mediterrane Gerichte zubereitet werden.

Hotel Torreluz HOTEL €€
(950 23 43 99; www.torreluz.com; Plaza de las Flores 2 & 3; 2 Sterne EZ/DZ 39/64 €, 3-Sterne-EZ/DZ 56/74 €;) Pflaumenfarbene Wände, bequeme Betten und faire Preise. Ein echtes Schnäppchen.

Hotel Sevilla HOTEL €
(950 23 00 09; www.hotelsevillaalmeria.es; Calle de Granada 23; EZ/DZ 32/40 €;) Almerías beste Budgetunterkunft wartet mit einer zentralen Lage, sauberen Zimmern und kleinen, modernen Bädern auf.

Essen

Viele gute Tapas-Bars liegen im Dreieck zwischen der Plaza Pablo Cazard, der Puerta de Putchería und der Kathedrale.

LP TIPP **Tetería Almedina** MAROKKANISCH €
(629 277827; Calle Paz 2; Tee 2–3 €, Gerichte 7–10 €; 11–23 Uhr) Ein beliebter Laden in der Altstadt, der mit jeder *tetería* in Granada mithalten kann. Hier gibt's auch etwas zu Essen, z. B. Couscous. Das Interieur ist cool und maurisch geprägt.

Casa Puga TAPAS €€
(Calle Jovellanos 7; Tapas ab 2 €, raciones ab 8 €) Im Herzen der Altstadt liegt eines der besten Restaurants der Stadt mit einer Bar, in der Tapas serviert werden, und einem Lokal, das reichhaltigere Gerichte wie geräucherte Fischrogen auftischt. Es platzt stets aus allen Nähten.

Plaza de Cañas TAPAS €€
(Calle Martín 20; Tapas 2,20 €, raciones 6–12 €; Mo & im Sept. geschl.) Wer genug von verräucherten, höhlenartigen Tapas-Bars hat, sollte diesen Laden ansteuern: Das Cañas ist eine aktuelle und stilvolle Version schinkenbehangener Oasen aus der Vergangenheit. Essen, Service und Ambiente sind definitiv hochmodern. Am besten setzt man sich an einen der Tische auf dem Platz.

Casa Joaquín MEERESFRÜCHTE €€
(950 26 43 59; Calle Real 111; Gerichte 14–21 €; Sa abends, So & Sept. geschl.) Das am Meerufer gelegene Restaurant hat sich auf ungewöhnliche Fischgerichte spezialisiert. Entweder schnappt man sich einen Sitzplatz oder quetscht sich in die Bar, wo Gratis-Kostproben verteilt werden.

La Charka TAPAS €€
(Calle Trajano 8; Tapas ab 2 €) Eine beliebte Bar in Almerías belebtestem Viertel, die von Tellergeklirr und den Stimmen des jugendlichen Publikums erfüllt ist.

Ausgehen & Unterhaltung

El Quinto Toro BAR
(Calle Juan Leal 6; 12–16 & 20–24 Uhr, Sa abends & So geschl.) Eine Tapas-Bar mit Stierkampf-Flair. Der freundliche Besitzer führt das 1947 eröffnete Lokal bereits in der dritten Generation.

Peña El Taranto FLAMENCO-CLUB
(950 23 50 57; Calle Tenor Iribarne 20) Almerías bester Flamenco-Club versteckt sich in den renovierten Aljibes Árabes (Arabische Zisternen). Am Wochenende gibt's Liveshows (20 €). Manchmal tritt hier auch der lokal berühmte Tomatito auf.

Peña Flamenco „El Morato“ FLAMENCO-CLUB
(950 25 09 14; www.elmorato.com; Calle Manuel Vicente; 22 Uhr–open end) Dieser authentische, familiäre Club liegt in einer Höhle am Stadtrand und wartet am Wochenende mit Shows auf. Es gibt Tapas und Wein.

Praktische Informationen

Auf dem Paseo de Almería reihen sich mehrere Banken aneinander.

Hauptpost (hinter der Plaza Ecuador)

Policía Local (950 21 00 19; Calle Santos Zárate)

Regionale Touristeninformation (950 27 43 55; Parque de Nicolás Salmerón; Mo–Fr 9–19, Sa & So 10–14 Uhr)

An- & Weiterreise

Bus

Vom sauberen, effizienten **Busbahnhof** (950 26 20 98) bestehen Verbindungen nach Granada (13,45 €, 2¼ Std., 10-mal tgl.), Málaga (16 €, 3¼ Std., 10-mal tgl.), Murcia (17,25 €, 2½ Std., 10-mal tgl.), Madrid (25 €, 7 Std., 5-mal tgl.) und Valencia (35,65 €, 8½ Std., 5-mal tgl.).

Flugzeug

Almerías **Flughafen** (☎950 21 37 00) liegt 10 km östlich des Stadtzentrums. Hier landen täglich Maschinen aus verschiedenen europäischen Ländern. **Air Berlin** (www.airberlin.com) bietet Verbindungen von zahlreichen deutschen sowie einigen österreichischen und Schweizer Städten an, während **Iberia** (www.iberia.com) Barcelona, Madrid und Melilla bedient.

Schiff/Fähre

Trasmediterránea (☎950 23 61 55; www.trasmediterranea.es; Estación Marítima) verkehrt einmal pro Tag nach Melilla und startet von Juni bis September sogar meist zweimal täglich. Die Reise mit der langsamen Fähre dauert bis zu acht Stunden und die mit der Schnellfähre drei Stunden. Für eine *butaca* (Sitzplatz) zahlt man 33,20 € pro Strecke. Autos mit Fahrer kosten je nach Größe mindestens 189,20 €. Drei marokkanische Fähren steuern Nador an, die marokkanische Nachbarstadt von Melilla; Taktfrequenz und Preise sind ähnlich wie bei Trasmediterránea. Im Sommer bietet Trasmediterránea auch Verbindungen nach Ghazaouet in Algerien an.

Zug

Täglich verkehren vier Züge nach Granada (15,90 €, 2¼ Std.) und Sevilla (38,15 €, 5½ Std.) und zwei nach Madrid (44,10 €, 6¾ Std.).

ℹ Unterwegs vor Ort

Der Flughafen liegt etwa 8 km östlich der Stadt. Bus 20 (0,90 €), Fahrtrichtung Alquián, fährt zwischen 6.35 und 22.40 Uhr alle 40 bis 50 Minuten (Sa & So seltener) von der Calle Doctor Gregorio Marañón hierher. Die letzte Verbindung zurück besteht um 22.33 Uhr (Sa & So um 22.22 Uhr).

Rund um Almería

Hinter Benahadux, nördlich von Almería, verwandelt sich die Landschaft in eine Ansammlung von Schluchten und felsigen Einöden, die sehr an die Wüsten Arizonas erinnern. In den 1960er- und 1970er-Jahren wurden hier rund 150 Western gedreht.

Die Filmbranche hinterließ drei Wildwestkulissen. **Mini Hollywood** (☎950 36 52 36; Erw./Kind 19/9 €; ⏲April–Okt. 10–21 Uhr), 25 km von Almería an der N340 nach Tabernas, ist die bekannteste. Dort wurden Szenen für mehr als 100 Western gedreht, darunter *Für eine Handvoll Dollar* (1964) und *Zwei glorreiche Halunken* (1966). Täglich um 17 Uhr (von Mitte Juni–Mitte Sept. auch um 20 Uhr) gibt's einen Banküberfall mit wüster Schießerei (und spanischen Dialogen). Die Eintrittskarte gilt übrigens auch für den benachbarten Safaripark **Reserva Zoológica**. Wenn man die beiden Sehenswürdigkeiten von Almería aus besuchen will, braucht man ein eigenes Fahrzeug.

Cabo de Gata

Wer noch weiß, wie die Costa del Sol aussah, bevor die Bulldozer anrückten, würde wahrscheinlich sagen, dass sie ein wenig dem Cabo de Gata glich. Einige der schönsten und einsamsten Strände Spaniens erstrecken sich zwischen spektakulären Steilfelsen und Kaps östlich von Almería-Stadt, wo Hügel aus Vulkangestein zum türkisfarbenen Meer abfallen. Der Cabo de Gata ist zwar kein Geheimtipp mehr, hat aber immer noch etwas Wildes und Ursprüngliches. Bis auf wenige Ausnahmen im Juli und August warten die Fischerdörfer mit einer unaufdringlichen Atmosphäre auf. Man kann den ganzen Weg von Retamar im Nordwesten bis nach Agua Amarga im Nordosten (61 km) an der Küste (bzw. knapp dahinter) auch zu Fuß zurücklegen.

Um Ostern und im Juli sowie August ist es ratsam, Unterkünfte rechtzeitig telefonisch zu reservieren.

Zum **Parque Natural de Cabo de Gata-Níjar** gehören 60 Küstenkilometer um den Cabo de Gata und ein breiter Streifen des Hinterlands. Informationen darüber bekommt man im **Centro de Interpretación Las Amoladeras** (☎950 16 04 35; ⏲Mitte Juli–Mitte Sept. 10–14 & 17.30–21 Uhr, Mitte Sept.–Mitte Juli Di–So 10–15 Uhr) 2,5 km westlich von Ruescas.

SAN MIGUEL DE CABO DE GATA

Dieses verwahrloste Dorf liegt an einem langen Strand und ist nicht gerade die beste Einführung für einen Besuch des Parks. Es besteht größtenteils aus Ferienhäusern und ähnelt einem Vorort Almerías. Am besten reist man gleich weiter zum Faro de Cabo de Gata, einem Leuchtturm, und beginnt seine Wanderung in San José.

Südlich der Stadt erstrecken sich die **Salinas de Cabo de Gata**, Lagunen zur Meersalzgewinnung. Im Frühjahr sieht man hier Flamingos und viele andere Vögel. Ende August tummeln sich vor Ort sogar bis zu 1000 Flamingos. Ein 11 km langer Wanderweg mit mehreren Aussichtspunkten umrundet die Salinen. Wenn die Salzfelder im Winter trockengelegt werden, sieht man allerdings keine Vögel. Man sollte unbedingt ein gutes Fernglas mitnehmen.

Cabo de Gata

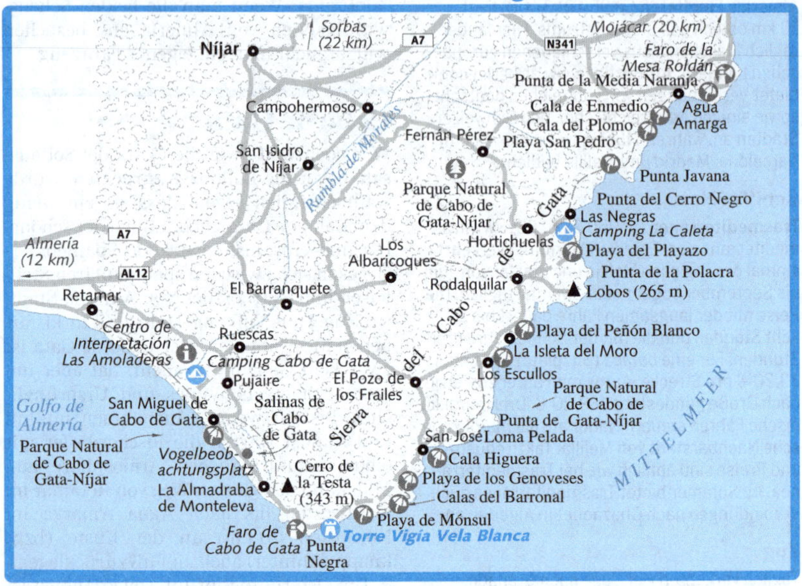

Es gibt in San Miguel ein paar gute Unterkünfte: Das **Hostal Las Dunas** (☎950 37 00 72; www.lasdunas.net; Calle Barrio Nuevo 58; EZ/DZ 40/55 €; P), ein freundliches, familiengeführtes Hotel, verfügt über modern ausgestattete Zimmer mit geräumigen Bädern und mit Pflanzen berankten Balkongeländern. Campern sei der exzellente **Camping Cabo de Gata** (☎950 16 04 43; Stellplatz 17,28 € pro Erw., Wohnwagen, Auto & Stromversorgung, Bungalow 71–112 €; P) 1 km vom Strand bzw. 2,5 km nördlich des Dorfs empfohlen. Er wartet mit zahlreichen Annehmlichkeiten auf, darunter auch ein Restaurant. Von San Miguel führen unbefestigte Straßen dorthin.

El Naranjero (Calle Iglesia 1; Gerichte 12–27 €; ⊙So geschl.) liegt direkt am Ortseingang und serviert Fisch und Meeresfrüchte.

FARO DE CABO DE GATA & UMGEBUNG

Hinter den Salinas de Cabo de Gata schlängelt sich eine schmale Straße an der Steilküste entlang zum **Faro de Cabo de Gata**, dem Leuchtturm auf der Spitze des Kaps. Beim Café Bar El Faro kurz vor dem Leuchtturm führt eine Abzweigung zum **Torre Vigía Vela Blanca**. Der Wachtturm aus dem 18. Jh. thront auf einem 200 m hohen Küstenfelsen und bietet eine atemberaubende Aussicht. Hier endet die Straße, aber ein Fuß- und Radweg führt weiter zur Playa de Mónsul hinunter (zu Fuß 1 Std.).

SAN JOSÉ

550 EW.

Dieses nette Dorf mit niedriger Bebauung liegt an einer Bucht an der Ostseite des Cabo de Gata und ist im Sommer ein einigermaßen schicker Strandort sowie eine gute Ausgangsbasis für allerlei Aktivitäten. Außerhalb der Saison verirren sich nur wenige Besucher hierher.

Die Straße aus dem Norden wird im Ort zur Avenida de San José. Strand und Hafen befinden sich ein paar Ecken weiter links.

Einige der besten Strände am Cabo de Gata erstrecken sich an einem unbefestigten Weg südwestlich von San José. Bis zur **Playa de los Genoveses**, einem Sandstreifen von rund 1 km Länge mit seichtem Wasser, sind es 4,5 km. Die **Playa de Mónsul**, 2,5 km weiter, ist ein kürzeres Strandstück mit grauem Sand vor wuchtigen Vulkanfelsen. Abseits der Straße wartet die Küste zwischen diesen beiden Stränden mit einer Reihe einsamer, sandiger Buchten auf, den **Calas del Barronal**, die nur zu Fuß erreichbar sind.

An der Avenida de San José befinden sich das **Informationsbüro des Naturparks**

(Avenida de San José 27; ⌚10–14 & 17–20 Uhr), eine Bank und ein Geldautomat. In Ersterem kann man z. B. nach einem Fahrradverleih, Reitausflügen, Bootstouren und Tauchmöglichkeiten fragen.

Schlafen & Essen

Santuario San José HOTEL €€
(☎902 87 73 88; www.elsantuariosanjose.es; Camino de Calahiguera 9; EZ/DZ 64/79 €; P ❄) Ein glänzend weißes, frisch renoviertes Hotel mit 28 Zimmern, einem minimalistischen, aber freundlichen Design und schönen Terrassen. Das hauseigene Restaurante Aniceto (Gerichte 15–24 €) genießt bei den Einheimischen einen sehr guten Ruf.

Hostal Sol Bahía HOTEL €€
(☎950 38 03 07; Avenida de San José; DZ 40–70 €; ❄) Das Sol Bahía und das dazugehörige Hostal Bahía Plaza auf der anderen Straßenseite sind helle, moderne Gebäude mit funktionalen, sauberen Zimmern im Zentrum von San José.

Hotel Cortijo el Sotillo HOTEL €€
(☎950 61 11 00; www.cortijoelsotillo.com; Carretera Entrada a San José; Zi. 75 €; P ❄ 📶 🏊) Dieser abwechslungsreiche Komplex ist ein beliebtes Familienhotel mit einem tollen Angebot an Aktivitäten, Reitmöglichkeiten und einem ausgezeichneten Restaurant (Gerichte 15–25 €).

Camping Tau CAMPINGPLATZ €
(☎950 38 01 66; www.campingtau.com; Stellplatz 6,50/9,50/6 € pro Erw./Zelt/Auto; ⌚April–Sept.) Ein kleiner, schattiger Platz 250 m vom Strand, der vor allem Familien anzieht.

Restaurante Mediterraneo MEERESFRÜCHTE €€
(☎950 38 00 93; Puerto Deportivo de San José; Gerichte 10–22 €) Dies ist das letzte in der Reihe guter Meeresfrüchte-Restaurants ganz in der Nähe des Yachthafens. Hier arbeiten besonders freundliche Angestellte, außerdem herrscht in dem Lokal eine weniger hektische Atmosphäre als bei den Nachbarn.

VON SAN JOSÉ NACH LAS NEGRAS

An der zerklüfteten Küste nordöstlich von San José passiert man auf dem Weg nach Las Negras (17 km Luftlinie von San José entfernt) zwei Siedlungen sowie ab und zu eine Festung und ein paar Strände. Die Straße in das Dorf biegt unterwegs immer wieder ins Landesinnere ab.

Das kleine Los Escullos hat einen kurzen Strand. Man erreicht den Ort von San José aus zu Fuß über einen Wanderweg, der an der Cala Higuera beginnt. 1 km hinter Los Escullos folgt La Isleta del Moro, ein winziges Dorf mit einem Strand und ein paar Fischerbooten. Die Casa Café de la Loma (☎950 38 98 31; www.degata.com/laloma; EZ/DZ 40/60 €), auf einem kleinen Hügel oberhalb des Ortes und etwa fünf Gehminuten vom Ufer entfernt, ist eine 200 Jahre alte, im Al-Andalus-Stil restaurierte Herberge mit luftigen Räumen und einer fantastischen Aussicht. Von hier führt der Weg landeinwärts an dem gespenstischen früheren Goldgräberort Rodalquilar vorbei, der einen Abstecher lohnt. 1 km hinter Rodalquilar zweigt eine 2 km lange, ebene Piste zur hübschen Playa del Playazo ab, die sich zwischen zwei Landzungen erstreckt. Ein Fußpfad in Küstennähe verläuft weiter zum Ferienort Las Negras mit einem Kiesstrand.

An der Hauptstraße von Las Negras stößt man auf das Hostal Arrecife (☎950 38 81 40; Calle Bahía 6, Las Negras; EZ/DZ 28/40 €), das über kühle, ruhige, gepflegte Zimmer verfügt; von einigen blickt man direkt auf das Meer. Der Camping La Caleta (☎950 52 52 37; www.vayacamping.net/la caleta; Stellplatz 5,60/6,70/5,60 € pro Erw./Zelt/Auto; ⌚ganzjährig; P 🏊) liegt an einer kleinen Bucht 1 km südlich von Las Negras. Im Sommer kann es dort sehr heiß werden, aber dafür wartet der Platz mit einem schönen Pool auf. Ansonsten gibt's in Las Negras nur Ferienhäuser. Im Restaurante La Palma (Gerichte 12–24 €) mit Strandblick und guter Musik werden leckere, günstige Fischgerichte zubereitet.

VON LAS NEGRAS NACH AGUA AMARGA

An diesem abgeschiedenen Steilküstenabschnitt gibt's zwar keine Straße, aber einen 11 km langen auf- und absteigenden Wanderweg mit Zugang zu mehreren Stränden. An der Playa San Pedro, etwa 60 Minuten von Las Negras entfernt, liegt ein verlassener Ort mit einer Burg, der gelegentlich von Hippies und FKK-Anhängern bewohnt wird. Von hier sind es 1½ Stunden bis zur Cala del Plomo, ebenfalls mit einer winzigen Siedlung, und dann noch einmal 1½ Stunden bis nach Agua Amarga.

Mit dem Auto geht's von Las Negras zunächst landeinwärts über Hortichuelas. Vom Bushäuschen in Fernán Pérez führt eine größtenteils unbefestigte Straße querfeldein Richtung Nordosten. Wer stets der Hauptroute folgt, erreicht nach 10 km die asphaltierte Straße, die einen von der N341 nach Agua Amarga lotst, einem ehemaligen Fischerdorf an einem langen Sandstrand.

Das luftige, am Strand gelegene **Hostal Restaurante La Palmera** (☎950 13 82 08; www.hostalrestaurantelapalmera.com; Calle Aguada; DZ Nach-/Hochsaison 60/90 €; ❄) verfügt über zehn helle Zimmer und ein beliebtes Restaurant (Gerichte 11–19 €).

Das schicke **MiKasa Suites & Spa** (☎950 13 80 73; www.mikasasuites.com; Carretera Carboneras; DZ inkl. Frühstück 125–240 €; P❄📶 🏊), ein romantischer Schlupfwinkel, zieht vor allem betuchte Wochenendurlauber an und wartet mit einem Pool sowie dem empfehlenswerten hauseigenen **Restaurante La Villa** (☎950 13 80 73) auf. Im angeschlossenen Spa bekommt man noch teureres „Essen" – schon mal etwas von Kaviarmasken oder Algenwickeln gehört?

Die leckersten Gerichte gibt's aber im minimalistischen, freundlichen **Restaurante Playa** (Gerichte 8–23 €; ⏲Jan. & Feb. geschl.) mit einer Terrasse direkt am Strand. Zu den Spezialitäten des Hauses gehören Reisgerichte und der Fang des Tages.

An- & Weiterreise

Von Almerías Busbahnhof fahren Busse nach El Cabo de Gata (2 €, 30 Min., 10-mal tgl.), San José (3,16 €, 1¼ Std., Mo–Sa 4-mal tgl.), Las Negras (4,25 €, 1¼ Std., Mo–Sa 1-mal tgl.) und Agua Amarga (4,95 €, 1¼ Std., Mo–Fr 1-mal tgl.).

Mojácar

Mojácar liegt isoliert in einer der abgeschiedensten Regionen Spaniens und war Mitte des 20. Jhs. schon halb verwaist, als der Bürgermeister auf die Idee kam, Künstler und andere Interessenten mit Immobilien zu Schleuderpreisen zu ködern. Obwohl heute viele Touristen in die Stadt kommen, hat sich der Ort seinen ursprünglichen Charakter bewahrt.

Er besteht eigentlich aus zwei Teilen: Das alte Mojácar Pueblo ist ein Durcheinander aus weißen Hauswürfeln auf einer Anhöhe 2 km vom Meer, während Mojácar Playa als moderner Strandort daherkommt.

Sehenswertes & Aktivitäten

In Mojácar Pueblo kann man nicht viel mehr tun, als durch die labyrinthartigen Gassen mit ihren blumengeschmückten Balkonen zu bummeln und die Kunsthandwerksläden, Galerien und Boutiquen zu besuchen. Einen guten Ausblick von der höchsten Stelle des Orts bietet der **Mirador El Castillo**. Die trutzige **Iglesia de Santa María** (Calle Iglesia) stammt aus dem Jahr 1560 und war früher vielleicht einmal eine Moschee.

Am eindrucksvollsten ist der **Fuente Mora** (Maurenbrunnen; Calle La Fuente) im unteren Teil der Altstadt. Gute Ausrüstung zum Windsurfen (12 €/Std.) sowie Angebote für Kanuten, Segler und Wasserskiläufer (20 € pro Fahrt) gibt's bei **Samoa Surf** (☎666 442263; Playa de las Ventánicas) in Mojácar Playa.

Schlafen & Essen

El Mirador del Castillo HOTEL
(☎950 47 30 22; www.elcastillomojacar.com; Mirador El Castillo; DZ 60–68 €; @📶🏊) Ein entspanntes *hostal* mit einer unkomplizierten, lockeren Atmosphäre und einem fantastischen Ausblick.

La Taberna TRADITIONELL ANDALUSISCH
(Plaza del Cano 1; Tapas & platos combinados ab 4 €; 🌿) Das belebte kleine Lokal verfügt über höhlenartige Räume und serviert leckere Gerichte, darunter viele vegetarische Optionen.

Praktische Informationen

Touristeninformation (☎950 61 50 25; www.mojacar.es; Calle Glorieta 1; ⏲Mo–Fr 10–14 & 17–19.30, Sa 10.30–13.30 Uhr) Die hilfreiche Touristeninformation liegt in einer Nebenstraße unweit der Plaza Nueva.

Anreise & Unterwegs vor Ort

Zwischen Mojácar Pueblo und Mojácar Playa verkehren alle 30 Minuten lokale Busse. Darüber hinaus gibt's Verbindungen nach Murcia (10,17 €, 2½ Std., 5-mal tgl.), Almería (6,67 €, 1¾ Std., 2-mal tgl.), Granada (15 €, 4 Std., 2-mal tgl.) und Madrid (34,13 €, 8 Std., 2-mal tgl.).

Extremadura

Inhalt »

Gut essen

» Restaurante La Troya (S. 851)

» Mesón El Asador (S. 846)

» Restaurante Torre de Sande (S. 846)

» Tabula Calda (S. 856)

Schön übernachten

» Parador Jarandilla (S. 836)

» Hospedería del Real Monasterio (S. 853)

» Hotel Casa Don Fernando (S. 845)

» La Flor de al-Andalus (S. 855)

» Hotel Adealba (S. 856)

» Posada Dos Orillas (S. 849)

Auf in die Extremadura

Wer diese Region besucht, unternimmt eine Reise durch die Geschichte Spaniens. Hier kann man beeindruckende römische Ruinen und mittelalterliche Städte und Dörfer erkunden, die inzwischen längst im 21. Jh. angekommen sind. Mérida, Cáceres und Trujillo gehören zu den besterhaltenen historischen Siedlungen des Landes, und die *extremeño*-Dörfer von den abgeschiedenen Ortschaften im Norden bis zum bezaubernden Zafra am Scheitelpunkt zum südlichen Andalusien verströmen einen zeitlosen Charme.

In der Extremadura erstrecken sich scheinbar endlose Landstriche mit vereinzelten Bauernhöfen, außerdem wird die Region von bewaldeten Gebirgszügen im Norden, Osten und Süden gerahmt. Der Parque Nacional de Monfragüe gilt als besonders spektakuläres Reiseziel.

Man trifft nur wenige ausländische Touristen, aber viele Spanier, die u. a. das leckere Essen genießen wollen. Ganz oben auf der Beliebtheitsskala stehen gegrilltes Fleisch und der kräftige, cremige Torta-de-Casar-Käse.

Reisezeit

Cáceres

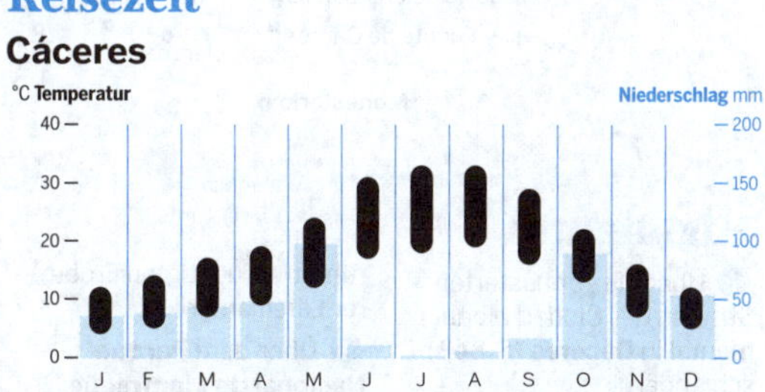

April Am letzten Wochenende im April findet in Trujillo die Feria del Queso (Käsemesse) statt.

Mai Im Frühjahr ist das Valle del Jerte Schauplatz der Kirschernte.

Juli–August Méridas römisches Theater dient als Bühne für das Festival de Teatro Clásico.

DER NORDEN DER EXTREMADURA

Die westlichen Ausläufer der Cordillera-Central-Gebirgskette reichen von der Sierra de Gredos im Osten bis zur Sierra de Gata im Westen und schlagen dabei einen weiten Bogen um die Stadt Plasencia. Im Nordosten erstrecken sich drei Täler: La Vera, Valle del Jerte und Valle del Ambroz mit zahlreichen Bergbächen, alten Dörfern, herrlichen Wanderstrecken und tollen Unterkünften.

Die einst abgelegene Las-Hurdes-Gebiet im äußersten Norden der Extremadura ist von herber Schönheit, während die Sierra de Gata im Nordwesten etwas anmutiger daherkommt.

Highlights

1 Über die gepflasterten Straßen der Ciudad Monumental in **Cáceres** (S. 843) schlendern

2 Spaniens schönste römische Ruinen in **Mérida** (S. 854) bestaunen

3 Einen Ausflug nach **Trujillo** (S. 848) unternehmen, die Heimat der berühmt-berüchtigten Eroberer Lateinamerikas

4 Über dem **Parque Nacional de Monfragüe** (S. 841) jede Menge majestätische Raubvögel kreisen sehen

5 Durch **Zafra** (S. 860), eine blendend weiße Stadt im Süden, spazieren

6 Sich den Pilgern auf dem Weg nach **Guadalupe** (S. 851) anschließen, dessen außergewöhnliches Kloster sich in ein Tal schmiegt

7 Die Fachwerkdörfer von **La Vera** (S. 835) erkunden, die am wenigsten besuchten Orte Spaniens

La Vera

Das üppige La Vera an der Nordseite des Río-Tiétar-Tals ist von Bergen umgeben, die oft bis in den Mai hinein mit Schnee bedeckt sind. In dieser Gegend werden Himbeeren, Spargel und vor allem *pimentón* (Paprika) angebaut und in schönen altmodischen Blechbüchsen verkauft. Typisch für La Vera sind auch die schiefen Fachwerkhäuser, deren herausragende obere Stockwerke von Holz- oder Steinsäulen abgestützt werden.

Sehenswertes & Aktivitäten

Pasarón de la Vera DORF

Dieses bezaubernde, ruhige Dorf liegt in einem Tal 32 km nordöstlich von Plasencia. Hier befindet sich der beeindruckende Palast Condes de Osorno aus dem 16. Jh., der über offene, mit Medaillons verzierte Arkadengänge verfügt.

Cuacos de Yuste DORF

Auf dem Weg Richtung Nordosten sieht man in Cuacos de Yuste viele für La Vera typische Fachwerkhäuser. Besonders hübsch sind die **Plaza Fuente Los Chorros**, deren Häuser sich um einen Brunnen aus dem 16. Jh. gruppieren, und die auf einem Felsen gelegene **Plaza Juan de Austria** mit einer Büste von Carlos I.

Monasterio de Yuste KLOSTER

(☏927 17 21 97; Eintritt frei, 30-minütige Führung auf Spanisch 2,50 €; ⏲Di–So 10–18.15 Uhr Uhr, Okt.–März Di–So 10.30–17.30 Uhr) Das Monasterio de Yuste befindet sich 2 km nordwestlich von Cuacos. Der gichtgeplagte Carlos I. von Spanien (er wird verwirrenderweise und ebenso häufig auch Carlos V., Kaiser des Heiligen Römischen Reichs, genannt) zog sich 1557 in das Kloster zurück, um hier seinen Lebensabend zu verbringen. Sein Reich, immerhin das größte der Welt, hatte er zwischen seinem Bruder Ferdinand und seinem ehelichen Sohn Felipe II. aufgeteilt. Heute leben in dem Gebäude Mönche des Hieronymus-Ordens. Besucher können sich die abseits gelegene **Kirche** mit ihren gotischen und plateresken Wandelgängen und die schlichte **Kammer** des kränkelnden Monarchen ansehen, die diesem einen direkten Blick auf den Altar gewährte.

Garganta la Olla DORF

Hinter dem Kloster führt eine 7 km lange schmale Straße mit grandiosen Ausblicken bis nach Garganta de Olla, einem malerischen Dorf an einem Steilhang. Die alten Türbalken der Häuser im Ort sind mit Baudaten aus dem 16. Jh. und den Namen des ersten Besitzers beschriftet. Die **Casa de las Muñecas** (Haus der Puppen) in der Nr. 3 erhielt ihren Namen nach der arg verwitterten weiblichen Gestalt am steinernen Torbogen. Zur Zeit Carlos' I. war das blau getünchte Gebäude ein Bordell, heute ist darin ein eher langweiliger Souvenirshop untergebracht. In der ebenfalls erwähnenswerten **Casa de Postas Posada de Viajeros** (erkennbar an der Gedenktafel am oberen Ende der Straße), einer Unterkunft für Reisende, soll schon Carlos I. übernachtet haben. Von Garganta de Olla führt eine herrliche Autoroute über den 1269 m hohen **Puerto-de-Piornal-Pass** ins Valle del Jerte.

Jarandilla de la Vera DORF

Auf der Plaza de la Constitución in Jarandilla de la Vera, 10 km nordöstlich von Cua-

ÖSTERLICHES LEIDEN

Am Gründonnerstag verwandelt sich Villanueva de la Vera zum Schauplatz einer der kuriosesten religiösen Feierlichkeiten Spaniens: **Los Empalaos** (wörtlich „Die Gepfählten"). Mehreren reuigen Sündern werden die Arme an einen Balken (eines Pflugs) gebunden, ihre fast nackten Körper von der Taille bis zu den Achseln und die Arme bis zu den Fingerspitzen eng mit Stricken umwickelt. Die „wandelnden Kruzifixe" gehen von der Menge beobachtet barfuß und mit zwei Schwertern auf den Rücken gebunden, verschleiert und mit Dornenkronen einen schmerzhaften Kreuzweg. Von den Balken hängen Eisenketten, die während des qualvollen Gangs der Sünder unheilvoll rasseln. Gelegentlich kommen sich die *empalaos*, geführt von *cirineos* (die den Weg beleuchten und den Pilgern nach einem Sturz aufhelfen) in die Quere. In solchen Fällen knien sie kurz nieder, bevor sie ihren mühsamen Weg fortsetzen. Es stehen übrigens jederzeit Ärzte bereit, da die enge Umschnürung nicht gerade gut für den Kreislauf ist.

Nordöstliche Extremadura

cos de Yuste, befinden sich eine befestigte Kirche aus dem 15. Jh. und ein prachtvoller *parador* (siehe unten).

Ruta del Emperador — WANDERWEG

Die Ruta del Emperador, ein 10 km langer Wanderweg, folgt den Spuren der Eroberer von Jarandilla zum Monasterio de Yuste. An der Kirche unterhalb des *parador* beginnt die Beschilderung und an einer Straßeneinmündung geht's rechts über die Calle Marina aus der Stadt raus.

Valverde de la Vera & Villanueva de la Vera — DÖRFER

Diese beiden Dörfer warten mit wunderschönen traditionellen Gebäuden auf. Valverde de la Vera ist besonders bezaubernd: Rund um die hübsche Plaza de España liegen Häuser mit Holzbalkonen und in den Rinnen der Kopfsteinpflastergassen strömt Wasser hinab.

Schlafen & Essen

Viele Orte verfügen über ausgeschilderte Campingplätze. *Casas rurales* (Landhäuser) sind eine nette Alternative.

Parador Jarandilla — HOTEL €€

(927 56 01 17; www.parador.es; Avenida de García Prieto 1, Jarandilla de la Vera; DZ 70–137 €; P) In dem stilvollen Burghotel aus dem 15. Jh. fühlt man sich wie ein echter Kaiser! Carlos I. soll sich hier monatelang aufgehalten haben, bis die Bauarbeiten in seinem Kloster beendet waren. Innerhalb der dicken Mauern und Türme verbergen sich schön möblierte Räume sowie ein klassischer Innenhof mit einem erstklassigen Restaurant.

La Vera de Yuste — CASA RURAL €€

(927 17 22 89; www.laveradeyuste.com, auf Spanisch; Calle Teodoro Perianes 17, Cuacos de Yuste; EZ/DZ 40/60 €) Eine herrliche Bleibe, die aus zwei typischen Häusern aus dem 18. Jh. besteht und in der Nähe der Plaza Major liegt. In den hellen Zimmern stehen wuchtige Holzmöbel und es gibt einen Garten mit Rosenbüschen, einen kleinen Innenhof sowie ein Gemüsebeet. Wer möchte, kann hier auch zu Abend essen.

La Casa de Pasarón — HOTEL €€

(927 46 94 07; www.pasaron.com; Calle de La Magdalena 18, Pasarón de la Vera; DZ 80–95 €; P) Hinweisschilder im Dorf führen zu dieser familiären Unterkunft, deren Erdgeschoss noch aus dem Jahre 1890 stammt. Die Zimmer verfügen über Terrakottafliesen und sind lichtdurchflutet. Das Restaurant ist sehr gut, öffnet aber nur, wenn sich genug Gäste einfinden. Alternativ kann man eine der kleinen Bars im Ort aufsuchen.

Casa Rural Parada Real — CASA RURAL €

(927 17 96 05; www.paradareal.com; Calle Chorrillo 28, Garganta La Olla; EZ/DZ 40/50 €) Diese attraktive neue *casa rural* am Ende der Hauptstraße ist in einem dunklen Pinkton angestrichen und hat schmiedeeiserne Balkone, freundliche, praktische Zimmer sowie ein empfehlenswertes Restaurant (Mahlzeiten 15–20 €).

Hotel Don Juan de Austria — HOTEL €€

(927 56 02 06; www.donjuandeaustria.com; Avenida Soledad Vega Ortiz 101, Jarandilla de la Vera; DZ ab 60 €; @) Dieses traditionelle Haus verfügt über einen Wellnessbereich mit Whirlpool, eine finnische und eine tür-

kische Sauna und Massageangebote. Die 2007 renovierten Zimmer des Hauses sind in warmen Cremefarben gehalten und haben gediegene Möbel sowie Holzfußböden.

Camping Jaranda CAMPING €
(☎927 56 04 54; www.campingjaranda.es; Jarandilla de la Vera; Stellplatz pro Erw./Zelt/Auto 4,70/4,80/4,80 €; ⌚Mitte März–Mitte Sept.; 🏊) 1,25 km westlich von Jarandilla erstreckt sich an einem plätschernden Bach dieser empfehlenswerte Campingplatz. Wer die Gegend zu Fuß erkunden möchte, bekommt hier Kartenskizzen mit Wanderrouten, außerdem wartet der Platz mit einem Restaurant samt Terrasse, jeder Menge Schatten sowie Bungalows und Hütten (64–104 €) auf.

Praktische Informationen

Asociación de Turismo de la Vera (www.aturive.com) Eine nützliche Website für Aktivitäten.

Comarca de la Vera (www.comarcadelavera.com; auf Spanisch) Ebenfalls informativ.

Touristeninformation (☎927 56 04 60; www.jarandilla.com, auf Spanisch; Plaza de la Constitución 1, Jarandilla de la Vera; ⌚Di–So 10–14 & 16–18 Uhr)

An- & Weiterreise

Bis zu drei Busse verbinden die unteren Dörfer von La Vera täglich mit Plasencia. Ein Bus fährt jeden Tag von Plasencia nach Madrigal de la Vera (7,85 €, 1¾ Std.), dem entferntesten Ort.

Valle del Jerte

Etwa die Hälfte aller spanischen Kirschen wächst in dem von La Vera durch die Sierra de Tormantos getrennten Tal, das im Frühjahr mit einem weißen Blütenmeer aufwartet. Ab Mai werden die leckeren reifen Früchte geerntet.

Sehenswertes & Aktivitäten

Piornal DORF
Piornal (1200 m) an der Südostseite des Tals ist berühmt für seinen Serranoschinken und ein guter Ausgangspunkt für Wanderungen in der Sierra de Tormantos.

Cabezuela del Valle DORF
In Cabezuela del Valle säumen schöne Häuser mit überhängenden Balkonen die Gassen rund um die Plaza de Extremadura. Eine malerische Straße führt nördlich von Cabezuela etwa 35 km über den 1430 m hohen Puerto de Honduras nach Hervás im Valle del Ambroz.

Jerte DORF
Von Jerte kann man Wanderungen ins **Reserva Natural de la Garganta de los Infiernos** („Höllenschlucht") unternehmen. Das **Centro de Interpretácion de la Naturaleza** (☎927 01 49 36; ⌚April–Sept. 9–14 & 17–20 Uhr) neben dem Campingplatz Valle del Jerte verfügt über eine illustrierte Anzeigetafel und Karten mit zwölf Wanderwegen. Eine leichte 1½-stündige Rundtour über 7 km führt bis nach **Los Pilones** mit seinen merkwürdigen, glatten Felsformationen, durch die sich ein saphirblauer kristallklarer Bach schlängelt.

Tornavacas DORF
In Tornavacas beginnt die **Ruta de Carlos V** (www.rutadelemperador.com, auf Spanisch). Diese 28 km lange Strecke (PR1) folgt dem Weg, auf dem Carlos I. über die Berge via Jarandilla de la Vera nach Cuacos de Yuste getragen wurde. Sie ist an einem Tag zu bewältigen – das schafften sogar schon Carlos' Träger in den 1550er-Jahren. Die Route überquert die Sierra de Tormantos über den 1479 m hohen Collado (oder Puerto) de las Yeguas.

Schlafen & Essen

Camping Río Jerte CAMPING €
(☎927 17 30 06; www.campingriojerte.com; Stellplatz pro Erw./Zelt/Auto 4,60/4,60/4,60 €, Bungalow für 4–6 Pers. 64–105 €; 🏊) Zu den Einrichtungen des 1,5 km südwestlich of Navaconcejo gelegenen Campingplatzes gehört u. a. ein Volleyballplatz. Abkühlung verschaffen das Naturbecken am Fluss oder der Swimmingpool.

El Cerezal de los Sotos CASA RURAL €€
(☎927 47 04 29; www.elcerezaldelossotos.net, auf Spanisch; Calle de las Vegas, Jerte; DZ mit Frühstück 76 €; P ❄) Das Tal ist berühmt für *casas rurales (Landhäuser)* wie dieses gemütliches Steinhaus von 1890, das oberhalb des Flusses inmitten von Kirschbäumen und Wiesen liegt, einen offenen Feuerplatz hat und seinen Gästen geräumige, attraktive Zimmer mit Holzbalken bietet. Einfach den Schildern über der Brücke von Jerte und der N110 folgen. Man kann hier auch zu Abend essen (19 €).

Valle del Jerte TRADITIONELL €€
(☎927 47 04 48; Gargantilla 16, Jerte; Mahlzeiten 25–30 €) In dem familiengeführten, traditionellen Restaurant werden wunderbare lo-

kale Spezialitäten wie Forelle und *cabrito* (Zicklein) zubereitet. Außerdem gibt's Kuchen, der aus Kirschen, Ziegenkäse und Honig mit Kirscharoma besteht.

Praktische Informationen

Touristeninformation (☎927 47 25 58; www.turismovalledeljerte.com, auf Spanisch; ⌚Mo–Fr 10–17.30, Sa & So bis 14 Uhr) 600 m nördlich von Cabezuela del Valle an der N110 gelegen. Hier erfährt man alles Wissenswerte über das Tal.

Valle del Jerte Tourism (www.elvalledeljerte.com) Eine nützliche Website.

An- & Weiterreise

Werktags gibt's eine Busverbindung von Plasencia nach Piornal (2,80 €, 1 Std.), außerdem fahren fünf Busse durch das Tal nach Tornavacas (3,25 €, 1 Std. 20 Min.).

Valle del Ambroz

Dieses breitere Tal westlich des Valle del Jerte wurde einst von der römischen Vía de la Plata durchschnitten. Heute verläuft hier die A66. Die **Touristeninformation** (☎927 47 36 18; www.valleambroz.com; Calle Braulio Navas 6; ⌚Di–Fr 10–14 & 16.30–19.30, Sa & So 10–14 Uhr) der Gegend liegt in Hervás.

HERVÁS

4130 EW.

Sehenswertes & Aktivitäten

Hervás beherbergt den besterhaltenen **barrio judío** (jüdisches Viertel) der Extremadura, das bis zur Vertreibung der Juden im Jahr 1492, als viele Familien nach Portugal flohen, sehr wohlhabend war und immer weiter anwuchs. Die Calles Rabilero und Cuestecilla sind besonders sehenswert. Viele Straßenschilder in diesem Viertel haben einen Davidstern neben dem Namen. Hoch oben von der **Iglesia de Santa María**, die auf dem ehemaligen Standort einer Tempelritterburg errichtet wurde, genießt man eine herrliche Aussicht.

Museo Pérez Comendador-Leroux KUNSTMUSEUM

Im Museo Pérez Comendador Leroux (☎927 48 16 55; Calle Asensio Neila; Eintritt 1,20 €; ⌚Di 16–20, Mi–Fr 11–14 & 16–20, Sa & So 10.30–14 Uhr), das in einem prächtigen Gebäude aus dem 18. Jh. untergebracht ist, werden Werke des im 20. Jh. in Hervás geborenen Bildhauers Enrique Pérez Comendador und seiner Frau, der französischen Malerin Magdalena Leroux, gezeigt.

Museo de la Moto Clásica AUTOMUSEUM

(☎927 48 12 06; www.museomotoclasica.com; Carretera de la Garganta; Erw./12–25 J./unter 12 J. 10/5 €/frei; ⌚Mo–Fr 10.30–13.30 & 17–21, Sa & So 10.30–21Uhr; 👪) In einigen unverwechselbaren Gebäuden etwa 200 m nördlich vom Fluss mit kegelförmigen Dächern kann man Autos, Kutschen und Motorräder bewundern.

Schlafen & Essen

Albergue de la Via de la Plata HOSTEL €

(☎927 47 34 70; www.alberguesviaplata.es; Paseo de la Estación; 18–20 € pro Pers.; P @) Besitzer Carlos führt seine angenehme Herberge mit viel Herz und Enthusiasmus. Das Hostel befindet sich in einem wunderbar umgebauten Bahnhof und blickt auf die überwucherten Gleise, die schon seit 1984 nicht mehr befahren werden. Die Zimmer und der Aufenthaltsraum sind mit hellen Möbeln ausgestattet, außerdem gibt's eine Bar und Einrichtungen für Selbstversorger.

El Jardín del Convento HOTEL €€

(☎927 48 11 61; www.eljardindelconvento.com, auf Spanisch; Plaza del Convento 22; Zi. 60–90 €, Ferienhaus 110 €; P ❄ 📶) Das schön restaurierte ehemalige Kloster von 1860 besitzt nur sechs Zimmer sowie ein angeschlossenes kleines Ferienhaus. Alle Räume warten mit Holzböden, Steinwänden, Stilmöbeln und Fernsehern auf. Einige bieten einen Blick auf den Garten mit Rosen- und Gemüsebeeten und vielen ruhigen Sitzgelegenheiten. Im Sommer wird auf Wunsch auch Abendessen zubereitet.

An- & Weiterreise

Bis zu fünf Busse fahren täglich auf ihrem Weg zwischen Cáceres, Plasencia und Salamanca durch das Valle del Ambroz und halten auch in Hervás (3,15 €).

GRANADILLA

25 km westlich von Hervás erstreckt sich das malerische Dorf **Granadilla** (Eintritt frei; ⌚10–13 & 16–20 Uhr) mit Blick auf den Embalse de Gabriel y Galán. Es ist ein wunderbares Beispiel dafür, wie die Orte der Extremadura in alten Tagen ausgesehen haben müssen. Nachdem es 1170 gegründet und in den 1960er-Jahren nach dem Bau des angrenzenden Stausees verlassen wurde, wird es nun dank eines engagierten Studentenprojekts nach und nach restauriert. Viele der Studenten leben heute in dem Dorf.

Wer sich Granadilla ansehen möchte, betritt das Dorf durch die **Puerta de Villa**, schlendert dann die gepflasterte **Calle Mayor** hoch zur rustikalen **Plaza Mayor** und geht von dort zurück zum **Torre de Defensa** aus dem 15. Jh. Von der Turmspitze sieht man auf das Dorf, die **Almoraviden-Mauern** und die Pinienwälder der Umgebung hinab.

Las Hurdes

Es dauerte fast ein Jahrhundert, bis das entlegene Las Hurdes sein Image, das von Armut, Krankheit und gruseligen Geschichten geprägt war, abschütteln konnte. 1922 veranlasste das erbärmliche Dasein der *hurdanos* Alfonso XIII. während eines Reitausflugs sogar zu dem Ausruf „Ich kann es nicht mehr mit ansehen!"

Das herbe, felsige Terrain lässt nur kleine Flächen kultivierbaren Lands an den Flussufern zu und die wenigen verbliebenen originalen Steinhäuser ähneln eher schiefergedeckten Schafställen als menschlichen Behausungen. In der hügeligen Landschaft sind Esel und Maultiere weitaus praktischer als Traktoren. An manchen Stellen wird in Bienenkorbkolonien hochwertiger Honig produziert.

Im Herzen von Las Hurdes liegt das Tal des Río Hurdano, das sich ab Vegas de Coria nordwestlich erstreckt und von der EX204 durchschnitten wird. Von **Nuñomoral** 7,5 km taleinwärts verläuft eine Straße westlich ein Seitental hoch nach **El Gasco**. Von dort führt eine besonders schöne Wanderung von einer Stunde (hin und zurück) zu dem 70 m hohen Wasserfall **El Chorro de la Meancera**. In diesem Seitental, dem malerischsten der Gegend, wurden mühselig Terrassenfelder aus den steilen Wänden der Schlucht herausgehauen. Traditionelle Steinhäuser mit Schieferdächern drängen sich aneinander und bilden so kleine Siedlungen wie **Cottolengo** und **La Huetre**.

Wer einen Eindruck von Las Hurdes und dem ihm eigenen Rhythmus gewinnen will, unternimmt am besten eine Tageswanderung auf dem PR40, einem Rundweg von 28 km, der von **Casares de las Hurdes** nach **Las Heras** führt.

Weitere faszinierende (und isolierte) Dörfer sind **Riomalo de Arriba**, **Ladrillar**, **Cabezo** und **Las Mestas** an der Kreuzung der waldgesäumten Straße, die in die Peña de Francia Richtung La Alberca (S. 141) führt. Das winzige Las Mestas behauptet stolz von sich, den besten Honig der Welt

ABSTECHER

SIERRA DE GATA

Die Sierra de Gata verfügt über eine sehr abgeschiedene Lage. Aus bewaldeten Tälern und Hügeln ragen beeindruckende Granitfelsen empor, das bevorzugte Baumaterial für die Häuser der Gegend.

Hoyos, die einstige Sommerresidenz der Bischöfe von Coria, wartet mit ein paar eindrucksvollen *casas señoriales* (Herrenhäuser) auf. Die Iglesia de Nuestra Señora del Buen Varón wurde im 16. Jh. errichtet und besteht aus Sandstein. Sie ist an drei Seiten von weitläufigen Plätzen umgeben, deren umliegende Balkone üppig bepflanzt sind.

In **Santibáñez el Alto** hoch oben auf einem einsamen windigen Grat im Osten befindet sich neben ein paar schön gepflasterten Straßen eine teilweise verfallenen Burg aus dem 13. Jh.

Von all den Dörfern in der Sierra ist **San Martín de Trebejo** das angenehmste: Traditionelle Häuser mit Balken- und Steinstützen säumen die Kopfsteinpflastergassen mit ihren Wasserrinnen. Die beste aller *casas rurales* im alten Ortszentrum ist die **Casa Antolina** (☎927 51 05 29; www.casa-antolina.com, auf Spanisch; Calle La Fuente 1; EZ/DZ/Suite 60/65/95 €) mit geschmackvoll restaurierten, rustikalen Zimmern. Am Nordrand des Dorfs verläuft eine alte römische Straße. Hier und in den beiden nächsten Ortschaften Richtung Westen, **Elvas** und **Valverde del Fresno**, sprechen die Leute einen ganz eigenen Dialekt, eine ziemlich merkwürdige Mischung aus Spanisch und Portugiesisch. Zu weiteren schönen Dörfern in der Gegend gehören**Trebejo** und **Torre de San Miguel**.

Von Coria nach Hoyos sowie von Plasencia nach Valverde del Fresno, San Martín de Trevejo, Hoyos und Santibáñez El Alto fahren täglich mehrere Busse.

zu produzieren; mehrere Läden bieten ihn in Gläsern zum Verkauf an.

Über Hotels und *casas rurales* erkundigt man sich am besten auf der Website der **Touristeninformation** (☎927 43 53 29; www.todohurdes.com; Avenida de Las Hurdes, Caminomorisco; ⏲Di–Sa 10–14 & 16.30–19, So 11–13.30 Uhr) oder man besucht sie gleich in Caminomorisco.

Wieder von hier wegzukommen ist nicht ganz einfach. Unter der Woche verkehrt täglich ein Bus zwischen Plasencia, Vegas de Coria (5,95 €, 1½ Std.) und Casares de las Hurdes (7,25 €, 2¼ Std.). Ein weiterer Bus fährt von Riomalo de Arriba nach Vegas de Coria (3,20 €, 30 Min.) mit Anschluss nach Plasencia. Zwei Busse, die zwischen Coria und Salamanca pendeln, halten montags bis samstags in Caminomorisco, wo werktags eine Verbindung nach Plasencia besteht.

Coria

12 900 EW.

Dieses schöne Marktstädtchen liegt südlich der Sierra de Gata. Wuchtige und weitgehend intakte Schutzmauern mit vier Toren umgeben die Altstadt. Die Römer nannten den Ort Caurium. Nach einer Periode des Niedergangs blühte er unter den Mauren wieder auf, die hier für kurze Zeit die Hauptstadt eines kleinen maurischen Herrschaftsgebiets errichteten. Heute ist Coria wieder ein eher bescheidener Ort.

Sehenswertes & Aktivitäten

GRATIS **Catedral** KATHEDRALE
(Plaza de la Catedral; ⏲10.30–14 & 16.30–19 Uhr) Das Nordportal der gotischen Kathedrale weist komplexe platereske Muster auf. Daran angegliedert ist ein kleines **Kirchenmuseum** (Eintritt 2 €). Auf der Fläche darunter steht einsam eine schöne Steinbrücke, die im 17. Jh. vom Río Alagón im Stich gelassen wurde, als dieser sich ein neues Flussbett weiter südlich suchte.

Museo de la Carcel Real MUSEUM
(Calle de las Monjas 2; Eintritt 1,50 €; ⏲Mi–So 10.30–14 & 17.30–20.30 Uhr) In dem ehemaligen Gefängnis kann man sich die finstere, enge *celda del castigo* (Strafzelle) ansehen und den Unterschied zwischen den bequemen Zellen im ersten Stock und denen des einfachen Volkes darunter entdecken.

Convento de la Madre de Dios KLOSTER
(Calle de las Monjas; Eintritt 1,50 €; ⏲So–Fr 10–12.45 & 16.15–18.45, Sa 16.15–18.45 Uhr) Der Convento de la Madre de Dios, ein Kloster aus dem 16. Jh. mit einem eleganten Kreuzgang, verkauft köstliche hausgemachte Süßigkeiten und Kuchen.

Schlafen & Essen

Palacio Coria HOTEL €€
(☎927 50 64 49; www.hotelpalaciocoria.es; Plaza de la Catedral; EZ/DZ ab 70/85 €; P ❄ 📶) Anfang 2008 wurde der Bischofspalast aus dem 17. Jh. gleich neben der Kathedrale zu einer luxuriösen Herberge umfunktioniert. Die Unterkunft bietet allen modernen Komfort und ein historisches Ambiente. An den Wochenenden gibt's oft Preisnachlässe.

El Bobo de Coria TRADITIONELL EXTREMEÑO €€
(Calle de las Monjas 6; Mahlzeiten 25–30 €; ⏲Di–So) „Der Idiot von Coria" (nach einem Velazquez-Gemälde benannt) serviert in rusikalem Ambiente Pilzgerichte (saisonal) sowie diverse regionale Spezialitäten.

Praktische Informationen

Touristeninformation (☎927 50 13 51; http://turismo.coria.org, auf Spanisch; Avenida de Extremadura 39; ⏲Mo–Fr 9.30–14 & 17–19, Sa & So 10–14 Uhr)

An- & Weiterreise

Der **Busbahnhof** (☎927 50 01 10; Calle de Chile) befindet sich im neuen Teil der Stadt. Von hier bestehen Verbindungen nach Plasencia (5,35 €, 50 Min., 3-mal tgl.) und Cáceres (7,15 €, 3½ Std., 5-mal tgl.).

Plasencia

41 150 EW.

Die freundliche, lebhafte Stadt an einer Biegung des Río Jerte ist das natürliche Zentrum der nördlichen Extremadura. Plasencia, dessen Festungsmauer in weiten Teilen erhalten blieb, wurde 1186 von Alfonso VIII. von Kastilien gegründet und erst im 19. Jh. von Cáceres als bedeutendster Ort der Region abgelöst. Besonders hübsch ist die Altstadt mit ihren engen Straßen und prächtigen Steingebäuden, von denen viele noble Wappen aufweisen. Mit den vielen Bars, die hauptsächlich im historischen Ortskern liegen, scheint Plasencia Madrid Konkurrenz machen zu wollen.

Sehenswertes

Plaza Mayor PLATZ
Die belebte, arkadengesäumte Plaza Mayor, in die zehn Straßen münden, ist das Herz

der Stadt. Seit dem 12. Jh. findet hier jeden Dienstag ein Bauernmarkt statt. Der kleine Kerl, der auf der Spitze des überrestaurierten gotischen **Rathauses** die Stunde schlägt, heißt El Abuelo Mayorga (Opa Mayorga) und ist Plasencias inoffizielles Wahrzeichen.

Catedral KATHEDRALE

(Plaza de la Catedral; ⌚Mo–Sa 9–13 & 17–19, So 9–13 Uhr) Eigentlich besteht die Kathedrale aus zwei einzelnen Gebäuden. Die **Catedral Nueva** (wurde bei Redaktionsschluss gerade restauriert) aus dem 16. Jh. weist überwiegend gotische Elemente auf und hat eine schöne platereske Fassade. In der romanischen **Catedral Vieja** (Eintritt 1,50 €; ⌚9–13 & 17–19 Uhr) erstrecken sich klassische Kreuzgänge aus dem 13. Jh. rund um einen tröpfelnden Brunnen und Zitronenbäume. Außerdem befindet sich hier die hohe achteckige Capilla de San Pablo mit dem dramatischen Caravaggio-Gemälde (1569), das Johannes den Täufer zeigt.

GRATIS **Centro de Interpretación Torre Lucia** MULTIMEDIA

In der Nähe der Avenida del Ejército widmet sich das Centro de Interpretación Torre Lucia (☎927 41 68 40; Calle Torre Lucia; Eintritt frei; ⌚Di–Sa 10–14 & 17–19 Uhr;) mit Videos, Modellen und Artefakten dem mittelalterlichen Plasencia und bietet einen Zugang zu der begehbaren Stadtmauer.

Schlafen

Parador HOTEL €€

(☎927 42 58 70; www.parador.es; Plaza San Vicente Ferrer; EZ/DZ 70/135 €;) Ein Klassiker. Der *parador* strahlt mit massiven Steinsäulen, hohen Decken und einem traditionellen Kreuzgang im Renaissancestil noch die nüchterne Atmosphäre des einstigen Klosters aus dem 15. Jh. aus. Doch die Zimmer sind wahrlich keine Mönchszellen, sondern luxuriös möbliert und mit Teppichen und Stoffen versehen.

Hotel Rincón Extremeño HOTEL €

(☎927 41 11 50; www.hotelrincon.com, auf Spanisch; Calle Vidrieras 6; EZ/DZ 35/45 €;) Das schlichte Hotel liegt in der Nähe der Plaza Mayor und verfügt über saubere, einfache Zimmer sowie ein beliebtes Restaurant (Mahlzeiten 25 €), das auch mit Ausgefallenerem wie Froschschenkeln und weißen Trüffeln mit Knoblauch aufwartet.

Essen

Mittags und abends füllen sich die Bars und Restaurants rund um die Plaza Mayor mit fröhlichen Gästen, die eine *caña* (ein kleines gezapftes Bier) oder den lokalen Rotwein *pitarra* mit dazugehörigen *pinchos* (Tapas) genießen.

Corral TRADITIONELL EXTREMEÑO €

(☎927 41 52 69; Calle Vidrieras 11; Mahlzeiten 10 €) Ein hell erleuchtetes Restaurant mit Papiertischdecken und gutem, preiswertem Essen, z. B. *sopa extremeño* mit Knoblauch, Brot, Spargel und Ei (4 €).

Casa Juan EXTREMEÑO, FRANZÖSISCH €€

(☎927 42 40 42; Calle Arenillas 5; Mahlzeiten 25–30 €; ⌚Fr–Mi) Die in einer stillen, gepflasterten Gasse gelegene Casa Juan wartet mit hervorragenden *extremeño*-Fleischgerichten wie Lammschulter oder Spanferkel auf. Auch die hausgemachte Foie gras und die authentischen Pariser Schnecken zergehen einem auf der Zunge. Gäste essen entweder im riesigen Speiseraum oder auf der nach hinten gelegenen kleineren Terrasse.

Praktische Informationen

Regionale Touristeninformation (☎927 01 78 40; www.turismoextremadura.com; Calle Torre Lucia; ⌚Mo–Fr 9–14 & 16–18, Sa & So 9.45–14 Uhr)

Städtische Touristeninformation (☎927 42 38 43; www.aytoplasencia.es/turismo, auf Spanisch; Calle Santa Clara 2; ⌚Mo–Fr 9–14 & 16–21, Sa & So 10–14 & 16–20 Uhr)

An- & Weiterreise

Der **Busbahnhof** (☎927 41 45 50; Calle de Tornavacas 2) liegt 750 m östlich der Plaza Mayor und der **Bahnhof** befindet sich hinter der Straße nach Cáceres 1 km südwestlich der Stadt.

Bis zu fünf Busse fahren täglich nach Cáceres (4,05 €m, 50 Min.), Madrid (28,08 €, 5½ Std.) und Salamanca (8,43 €, 2½ Std.). Werktags verkehren Regionalbusse nach La Vera, Hervás, Coria, Hoyos, Caminomorisco und Valverde del Fresno.

Darüber hinaus gibt's Zugverbindungen von Plasencia nach Madrid (20.15 €, 3–3½ Std., 2–6-mal tgl.), Cáceres (5,55 €, 1½ Std., bis zu 5-mal tgl.) und Mérida (8,75 €, 2½ Std., 2–3-mal tgl.).

Parque Nacional de Monfragüe

Spaniens 14. und jüngster Nationalpark wurde 2007 eröffnet und ist ein hügeliges Paradies für Vogelfreunde. In dem Gebiet beidseitig des Tajo-Tals nisten einige Raubvogelkolonien und 75 % aller geschützten

Spezies des Landes. Zu den 175 gefiederten Arten gehören 300 Mönchsgeierpaare (die stärkste Population des größten europäischen Raubvogels) und Kolonien zweier weiterer seltener Großvögel: des Spanischen Kaiseradlers und des Schwarzstorchs. Am besten besucht man den Park zwischen März und Oktober, da die Störche und etliche Raubvögel in Afrika überwintern.

Ausgeschilderte Wanderwege, für die man jeweils etwa 2½ bis 3½ Stunden einplanen sollte, sowie einige kürzere Strecken führen kreuz und quer durch den Park. Karten bekommt man beim Informationszentrum im schönen Dörfchen Villareal de San Carlos. Weil die EX208 von Plasencia nach Trujillo ebenfalls durch den Park verläuft, kann man zu mehreren Beobachtungsständen fahren, z. B. zum **Castillo de Monfragüe**, der hoch gelegenen Ruine einer maurischen Festung aus dem 9. Jh. Man erreicht sie auch zu Fuß in 1½ Stunden ab Villareal über einen attraktiven Spazierweg. Am schönsten ist der **Mirador del Salto del Gitano**, ein Aussichtspunkt an der Hauptstraße. Von hier genießt man einen traumhaften Blick über die Schlucht zum Peña Falcón, einem Felsen, und kann Lämmergeier, Schwarzstörche, Mönchsgeier, Schmutzgeier, Wanderfalken, Steinadler und Uhus beobachten.

Nach wie vor wird untersucht, ob der gefährdete Iberische Luchs (von dem es bislang nur zwei kleine Populationen in Andalusien geben soll) in dem Park lebt.

Geführte Touren

Das Centro de Información in Villareal de San Carlos bietet freitags, samstags und sonntags kostenlose Touren von zwei bis drei Stunden an, die man im Vorfeld telefonisch reservieren muss.

Viele Hotels und *casas rurales* rund um den Park organisieren Ausflüge mit Geländewagen oder zu Fuß. Einige empfehlenswerte private Veranstalter:

Birding in Extremadura VOGELBEOBACHTUNG
(☎609 684719; www.birdingextremadura.com) Betreiber ist der englische Ornithologe Martin Kelsey.

Iberian Nature VOGELBEOBACHTUNG
(☎676 784221; www.extremadurabirds.net)

Monfragüe Natural VOGELBEOBACHTUNG, TIERE & PFLANZEN
(☎638 520891; www.monfraguenatural.com, auf Spanisch)

Monfragüe Vivo VOGELBEOBACHTUNG
(☎620 941778; www.monfraguevivo.com, auf Spanisch)

Rutas Dehesas de Monfragüe WANDERN, VOGELBEOBACHTUNG
(☎605 732252; www.rutasdehesasdemonfrague.com, auf Spanisch)

Schlafen

Casa Rural Monfragüe CASA RURAL €
(☎927 19 90 02; www.monfraguerural.com, auf Spanisch; Calle de Villareal 15, Villareal de San Carlos; DZ inkl. Frühstück ab 55 €; ❄📶) 2008 wurde diese beliebte *casa rural* direkt gegenüber der Parkinformation eröffnet. Die großen Zimmer in dem hübschen Steinhaus sind in hellen Farben dekoriert, außerdem gibt's unten ein Bar-Restaurant. Ein paar Häuser weiter betreiben die Inhaber noch eine weitere Unterkunft.

Hospedería Parque de Monfragüe HOTEL €€
(☎927 45 52 78; www.hospederiasdeextremadura.es; km 37, Torrejón el Rubio; DZ inkl. Frühstück 63–132 €; ❄📶🏊) Dieses ruhige Vier-Sterne-Hotel am Nordrand des Torrejón el Rubio bietet einen tollen Ausblick zum Nationalpark und wartet mit einem ansprechenden Restaurant auf. Alle Zimmer (die meisten mit Aussicht) haben Schieferwände und sind mit modernen Möbeln ausgestattet.

Camping Monfragüe CAMPING €
(☎927 45 92 33; www.campingmonfrague.com, auf Spanisch; Malpartida de Plasencia; Stellplatz pro Erw./Zelt/Auto 4,20/4,20/3,80 €, 4-Pers.-Bungalow 90 €; ⏲ganzjährig; 🏊) 14 km nördlich von Villarreal an der EX208 erstreckt sich dieser schattige Campingplatz mit Restaurant, Shop, Pool, gemütlichen Bungalows samt Veranden. Darüber hinaus kann man hier Fahrräder leihen und eine günstige vierstündige Parksafari im Jeep mit Picknick (25 €) unternehmen.

Praktische Informationen

Centro de Información del Parque Nacional de Monfragüe (☎927 19 91 34; www.monfrague.com, auf Spanisch; Villareal de San Carlos; ⏲9.30–19.30 Uhr) Neben dieser Hauptstelle gibt's mehrere Infozentren im Park.

An- & Weiterreise

Der öffentliche Verkehr beschränkt sich auf eine **Busverbindung** am Montag und Freitag zwischen Plasencia und Torrejón el Rubio via Villareal de San Carlos. Der nächste **Bahnhof** liegt in Monfragüe 18 km nördlich von Villareal de San

Carlos. Freitags, samstags, sonntags und an Feiertagen verkehrt ein kostenloser **Minibus** zwischen Villareal de San Carlos und Castillo de Monfragüe. Er startet um 10, 12, 15 und 17 Uhr, zurück geht's jeweils 30 Minuten später.

DAS ZENTRUM DER EXTREMADURA

Wer wenig Zeit hat und nur eine einzige Region in der Extremadura besuchen kann, sollte sich für diese entscheiden, denn hier liegen ihre schönsten Städte: Cáceres, Trujillo und Guadalupe.

Cáceres

93 130 EW.

In der größten Stadt dieser Region (nach Badajoz) geht's lebhaft zu: Cáceres beherbergt eine ziemlich große Studentengemeinde und tolle Restaurants und überrascht mit einem dynamischen Nachtleben. Wirklich außergewöhnlich ist die Ciudad Monumental (Altstadt) mit ihren engen, gepflasterten Straßen, Palästen und Villen. Die Skyline schmücken Türme, Wasserspeier und Storchennester. Dank der Festungsmauern blieb Cáceres seit seiner Blütezeit im 16. Jh. fast original erhalten. Gegründet haben es die Römer, dann kamen die Mauren und schließlich im Zuge der Reconquista Adelige aus León, wodurch die Altstadt Zeugnisse aller drei Kulturen widerspiegelt. Zu ihren Füßen breitet sich die arkadengesäumte Plaza Mayor aus, einer von Spaniens schönsten öffentlichen Plätzen. Sobald die Sonne untergegangen ist, und die vielen Besucher wieder ausgeflogen sind, fühlt man sich wie ins Mittelalter zurückversetzt.

Sehenswertes

„Monumentale Stadt" trifft es auf den Punkt. Die Kirchen, Paläste und Türme der Ciudad Monumental sind wirklich gewaltig und höchst eindrucksvoll. Allerdings lebt hier kaum jemand und man stößt nur gelegentlich mal auf eine Bar oder ein Restaurant.

Plaza de Santa María ÖFFENTLICHER PLATZ

Wer die Plaza Mayor durch den **Arco de la Estrella** aus dem 18. Jh. betritt, der seinerzeit wegen der Fuhrwerke so breit gebaut wurde, erblickt als Erstes die **Concatedral de Santa María** (Plaza de Santa María; Eintritt 1 €; Mo–Sa 9.30–14 & 17.30–20.30, So 9.30–11.50 & 17.30–19.15 Uhr), Cáceres' gotische Kathedrale aus dem 15. Jh. An ihrer Südwestecke befindet sich eine moderne Statue von San Pedro de Alcántara, eines *extremeño*-Asketen aus dem 16. Jh. (seine Zehen sind von den Händen und Lippen der Gläubigen ganz blank poliert). Im Innern beeindruckt das prächtige aus Zedernholz geschnitzte Altarbild aus dem 16. Jh. Außerdem entdeckt man einige schöne Adelsgräber und ein kleines Kirchenmuseum. Wer zum **Glockenturm** (1 €) hinaufsteigt, wird mit einer fantastischen Aussicht belohnt.

Darüber hinaus gruppieren sich rund um die Plaza der **Palacio Episcopal** (Bischofspalast), der **Palacio de Mayoralgo** und der **Palacio de Ovando**, alle im Renaissancestil des 16. Jhs. Hinter der Nordostecke des Platzes stößt man auf den **Palacio Carvajal** (927 25 55 97; Calle de l'Amargura 1; Eintritt frei; Mo–Fr 9–21, Sa 10–14 & 17–20, So 10–14 Uhr). Die Zimmer dieses Prachtbaus aus dem späten 15. Jh. sind mit stilvollen Möbeln sowie Kunstwerken ausgestattet.

Gleich westlich der Plaza erhebt sich der gewölbte **Palacio Toledo-Moctezuma** (Calle Canilleros). Einst lebte dort die Tochter des Aztekenherrschers Moctezuma, nachdem sie als Braut eines der Eroberer hierhergebracht worden war. Heute beherbergt der Palast das Stadtarchiv. Zu einem Aufstieg lädt der **Torre de Bujaco** (Plaza Mayor; Erw./Kinder unter 12 J. 2 €/frei; Mo–Sa 10–14 & 17.30–20.30 Uhr) aus dem 12. Jh. ein. Von seiner Spitze lässt sich die Vogelperspektive auf die Plaza Mayor genießen.

Plaza de San Jorge PLATZ

Südöstlich der Plaza de Santa María, hinter dem renaissancezeitlichen **Palacio de la Diputación**, erstreckt sich die Plaza de San Jorge mit der **Iglesia de San Francisco Javier** (Iglesia de la Preciosa Sangre; Plaza de San Jorge; Erw./unter 12 J. 1 €/frei; Mo–Sa 10–14 & 17.30–20.30 Uhr) aus dem 18. Jh. Die Aussicht vom Turm der Jesuitenkirche wäre sicher wunderbar, gäbe es nicht den schrecklichen Maschendrahtzaun. Gleich um die Ecke liegt das **Centro Divulgación Semana Santa** (Cuesta de la Compañía; Eintritt frei; 10–14 & 17.30–20.30 Uhr). Es präsentiert Ausstellungsstücke zu den Osterfeierlichkeiten in Cáceres und Zisternen aus dem 18. Jh. Östlich der Plaza an der Cuesta del Marqués erhebt sich der **Arco del Cristo**, ein römisches Tor.

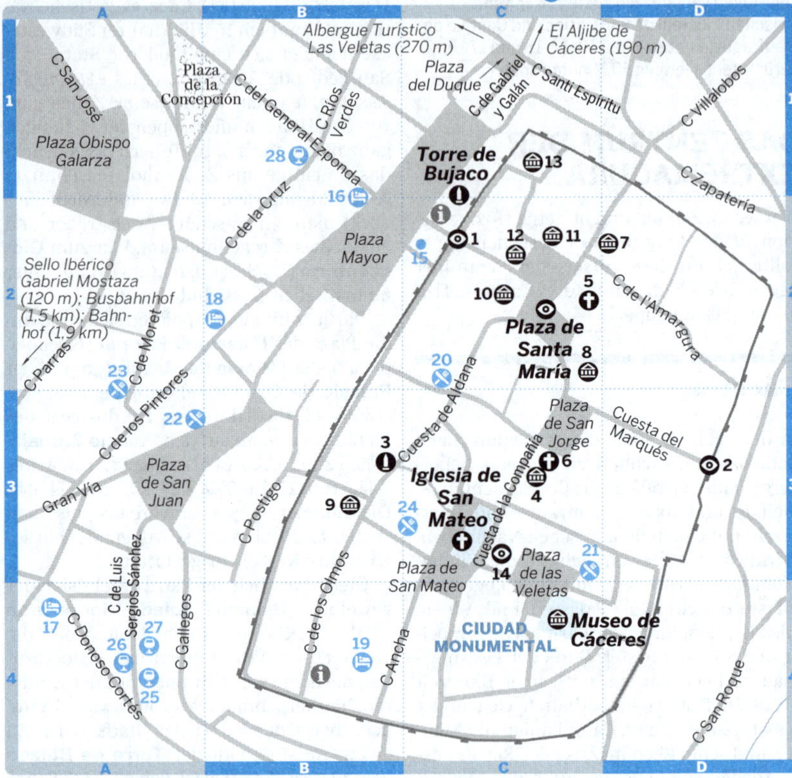

Plaza de San Mateo & Plaza de las Veletas PLÄTZE

Die Cuesta de la Compañía steigt ab der Plaza de San Jorge hoch zur Plaza de San Mateo und der **Iglesia de San Mateo**, der traditionellen Kirche des Landadels; diese wurde an dem einstigen Standort der maurischen Moschee errichtet.

Gleich östlich davon stößt man auf den **Torre de las Cigüeñas** (Storchenturm), Cáceres' einzigen Turm, der seine Zinnen behalten durfte. Allen anderen Bauwerken wurden diese Ende des 15. Jhs. gestutzt.

Unterhalb des Platzes befindet sich das hervorragende **Museo de Cáceres** (Plaza de las Veletas 1; Nicht-EU-/EU-Bürger 1,20 €/frei; ⌚Di–Sa 9–14.30 & 17–20.15, So 10.15–14.30 Uhr). Das Herrenhaus aus dem 16. Jh. wurde über einer eleganten *aljibe* (Zisterne) aus dem 12. Jh., dem einzig verbliebenen Element der maurischen Burg, erbaut. Es beherbergt eine eindrucksvolle archäologische Abteilung sowie eine gute Kunstausstellung mit Werken von Picasso, Miró, Tàpies und anderen berühmten spanischen Malern und Bildhauern.

Zu den weiteren nahe gelegenen Gebäuden an der Westseite der Ciudad Monumental gehört der **Palacio de los Golfines de Arriba** (Calle de los Olmos 2), in dem Franco 1936 zum Staatsoberhaupt ernannt wurde. Zudem lohnt die **Casa Mudéjar** (Cuesta de Aldana 14) mit ihren muslimischen Einflüssen im Mauerwerk und den Fensterbögen im ersten Stock einen Blick.

Aktivitäten

El Aljibe de Cáceres HAMAM

(☎927 22 32 56; www.hammamcaceres.com; Calle de Peña 5; ⌚So–Do 10–14 & 18–22, Fr & Sa 10–14 & 18–24 Uhr) Hier kann man wunderbar im maurischen Ambiente entspannen, die Architektur ist so wohltuend wie die Auswahl an Anwendungen. Das einfache Ther-

Cáceres

Highlights

malbad mit Aromatherapie kostet mindestens 15 €, eine zusätzliche Massage 22 €.

Geführte Touren

Asociación de Guías Turísticas STADTSPAZIERGANG

(Verein der Touristenführer; ☎927 21 72 37; Plaza Mayor 2) Die Asociación de Guías Turísticas bietet regelmäßige 1½- bis 2-stündige Führungen durch die Ciudad Monumental an (5 €). Es gibt von Dienstag bis Samstag mindestens zwei Führungen täglich, am Sonntag nur eine am Morgen. Treffpunkt ist das Büro an der Plaza. Touren in Fremdsprachen müssen im Vorfeld reserviert werden.

Cáceres de Leyenda NÄCHTLICHE TOUR

(www.caceresdeleyenda.com) Im Mai und Juni 2010 hat Cáceres de Leyenda bis zu fünf hervorragende Nachttouren (20 €) durch die Ciudad Monumental angeboten. Los ging es am Arco de la Estrella, es gab Straßentheater von Schauspielern in historischen Kostümen und abschließend konnte man lokale Speisen probieren. Auf der Website kann man sich darüber informieren, ob bzw. wann die Touren angeboten werden.

Feste & Events

Womad WORLD MUSIC

(World of Music, Arts and Dance; www.womadcaceres.com, auf Spanisch) An drei Tagen Anfang Mai tobt auf den Plätzen der Altstadt die spanische Version der Womad. Auf den Altstadtplätzen treten internationale Bands auf.

Fiesta de San Jorge FEST DES SCHUTZHEILIGEN

Vom 21. bis zum 23. April feiert die Stadt die Fiesta de San Jorge zu Ehren ihres Schutzheiligen.

Schlafen

Hotel Casa Don Fernando HOTEL €€

(☎927 21 42 79; www.casadonfernando.com; Plaza Mayor 30; DZ 60–140 €; P❄📶) Das Boutique-Hotel ist die wohl klassischste Mittelklasseunterkunft vor Ort. Sie liegt an der Plaza Mayor direkt gegenüber dem Arco de la Estrella. Die Designerzimmer sind auf vier Stockwerken verteilt, die Bäder geschmackvoll eingerichtet, und auf jeder Etage gibt's Zimmer mit Blick auf den Platz. Parken kostet 9 €.

Hotel Don Carlos HOTEL €€

(☎927 22 55 27; www.hoteldoncarloscaceres.net, auf Spanisch; Calle Donoso Cortés 15; EZ 39–48, DZ 56–74 €; P❄📶) Lange stand das einstige Privathaus aus dem 19. Jh. leer. Es wurde liebevoll restauriert und bietet seinen Gästen geschmackvolle, mit naturbelassenen Steinwänden versehene Zimmer an. Da zur Familie zwei Künstler zählen, gibt es einige originale Kunstwerke zu sehen. Parken kostet 9 €.

Hotel Iberia HOTEL €
(☎927 24 76 34; www.iberiahotel.com, auf Spanisch; Calle de los Pintores 2; EZ/DZ 46/60 €; ❄) Dieses familiengeführte Hotel mit 36 Zimmern ist in einem Palast aus dem 18. Jh. nahe der Plaza Mayor untergebracht. Die Gemeinschaftsräume sehen aus wie ein Antiquitätenmuseum und sind mit alten Möbeln bestückt. Die Gästezimmer verfügen über Parkettböden, cremefarbene Wände und mattgrau gekachelte Bäder. Eine gute Wahl, auch wegen der günstigen Lage.

Alameda Palacete HOTEL €€
(☎927 21 16 74; www.alamedapalacete.com; Calle General Margallo 45; EZ/DZ/Suite 50/65/85 €; ❄) Zwei Löwenstatuen begrüßen die Gäste dieses geschmackvoll restaurierten Stadthauses aus dem frühen 20. Jh. mit prächtigen, orginalen Bodenfliesen. Die Zimmer sind hell und haben hohe Decken. Von hier ist es nur ein kurzer Fußweg zur Ciudad Monumental.

Albergue Turístico Las Veletas HOSTEL €
(☎927 21 12 10; lasveletas@hotmail.com; Calle del General Maragallo 36; B 18 €; @) Das moderne Hostel mit einem gemütlichen Garten voller Blumen besitzt annehmbare Zimmer für drei bis sechs Personen. Eine rechtzeitige Reservierung ist ratsam, besonders außerhalb der Saison, da hier hauptsächlich Gruppen einchecken.

Parador de Cáceres HOTEL €€€
(☎927 21 17 59; www.parador.es; Calle Ancha 6; P ❄) Ein großartiges, frisch renoviertes gotisches Steinhaus aus dem 14. Jh. gleich gegenüber der Touristeninformation.

Essen

Von den Restaurants und Cafés an der Plaza Mayor kann man die Schwalben und Störche rund um die Türme der Altstadt beobachten. Bei einem Drink und einer einfachen Tapa sollte man es aber belassen, denn das Essen ist leider nur durchschnittlich und ziemlich teuer.

Mesón El Asador TRADITIONELL EXTREMEÑO €€
(☎927 22 38 37; Calle de Moret 34; raciones 6–8 €, Mahlzeiten 20–30 €, Menü 15–26 €; So geschl.) An einer Wand in dem gut besuchten Speisesaal hängen Schinkenkeulen; hier bekommt man das beste Schweine- und Lammfleisch der Stadt. In der Bar kann man sich dagegen mit *bocadillos* (belegte Baguettes) und diversen *raciones* stärken. Wir empfehlen das *menú especial* (26 €).

Restaurante Torre de Sande EXTREMEÑO-FUSIONSKÜCHE €€
(☎927 21 11 47; www.torredesande.com, auf Spanisch; Calle Condes 3; Mahlzeiten 35–45 €; Di–Sa mittags & abends, So abends) Im Innenhof dieses eleganten Gourmettempels werden Gerichte, wie *salmorejo de cerezas del jerte con queso de cabra* (kalte Kirschsuppe mit Ziegenkäse) und *raviolis de perdiz* (Rebhuhn), serviert. Einen Drink plus Tapa bekommt man in der angeschlossenen Tapería für 4,50 €. Die beste Wahl innerhalb der Ciudad Monumental.

El Corral de las Cigüeñas CAFÉ €
(www.elcorralcc.com, auf Spanisch; Cuesta de Aldana 6; Mo & Di 8–13, Mi–Fr 8–13 & 19–3, Sa 10–15 & 18–3, So 17–23 Uhr) Ein geschlossener Innenhof mit riesigen Palmen und efeubewachsenen Mauern gleich innerhalb der Ciudad Monumental – ideal für das supergünstigste Frühstück. Zur Wahl stehen sechs Varianten, darunter das einfache *madrileño* (frischer Orangensaft, Kaffee und *porras,* donutartiges Gebäck) für nur 2,20 €. Zu anderen Tageszeiten gibt's ebenfalls Snacks und abends manchmal Livemusik.

El Racó de Sanguino EXTREMEÑO FUSIONSKÜCHE €€
(☎927 22 76 82; www.racodesanguino.es, auf Spanisch; Plaza de las Veletas 4; Mahlzeiten 35–40 €; Di–Sa mittags & abends, So abends) Tische und Korbstühle, und eine Holzdecke erwarten einen im Innenbereich, während man draußen bei romantischem Kerzenlicht speist. Carlos Sanguino bietet traditionelle *extremeño*-Kost, darunter Wildschwein mit Kartoffelbrei und Olivenöl mit Thymiangeschmack.

Figón de Eustaquio TRADITIONELL EXTREMEÑO €€
(☎927 24 43 62; Plaza de San Juan 14; Menü 17–19 €, Mahlzeiten 30–40 €) Ein tolles Restaurant mit mehreren Räumen. An den Wänden hängen Fotos berühmter Gäste, darunter die spanische Königsfamilie. Es gibt *solomillo de cerdo a la Torta de Casar* (Schweinelende mit cremigem Käse aus der Region) sowie mehrere Menüs wie das *menú regional* (22 €) mit typischen Speisen der Extremadura.

Ausgehen

In den Straßen nördlich der Plaza Mayor reihen sich lebhafte Bars aneinander.

RUTA DE LA PLATA

Der Name der historischen Straße, auch Vía de la Plata genannt, leitet sich vom arabischen *bilath* ab, was so viel wie „gefliest" oder „gepflastert" heißt. Doch tatsächlich waren es die Römer, die im 1. Jh. diesen 1000 km langen Verkehrsweg anlegten, der Sevilla im Süden mit der kantabrischen Küste und dem Golf von Biskaya verband. Warenladungen, Soldaten, Traveller und Händler reisten über diese Straße, die später als Nebenstrecke für Pilger auf ihrem Weg von Andalusien nach Santiago de Compostela diente.

Heute verläuft die A66 dicht neben der alten Route, trotzdem wurde ein Großteil der ursprünglichen Straßenführung erhalten und durch alternative Wanderstrecken ergänzt. Der Weg beginnt in der Extremadura südlich von Zafra, führt durch Mérida, Cáceres und Plasencia sowie durch Salamanca in Kastilien-León.

Als der Autoverkehr überhandnahm, wurde die Route vernachlässigt; heute aber fördert man sie wieder. Mehr darüber erfährt man auf der Website www.rutadelaplata.com und in der Broschüre (3 €), die in allen Touristeninformationen ausliegt. Und für den Fall, dass die Wanderfüße jucken, empfehlen wir den Titel *Walking the Vía de la Plata* von Ben Cole und Bethan Davies.

Gleich hinter der Mauer an der Südseite der Ciudad Monumental stößt man auf einige beliebte Läden, die alle etwa zwischen 16 und 3 Uhr morgens geöffnet sind. Viel Atmosphäre und gelegentliche Livemusik bietet **El Corral de las Cigüeñas**. Auch in der Neustadt ist viel los. Die Clubs findet man im La-Madrila-Viertel rund um die Calle Doctor Fleming.

La Traviata BAR
(Calle de Luis Sergios Sánchez) Blumentapeten, originale Kacheln, ein Gewölbe und eine Terrasse.

María Mandiles BAR
(Calle de Luis Sergios Sánchez) Ein rotes Interieur und flippige Kunst.

Babel Café-Bar CAFÉ, BAR
(Calle de Luis Sergios Sánchez 7) Verschiedene Kaffeesorten, Cocktails, Kunstausstellungen und je nach Tag und Uhrzeit Filmvorführungen.

Room CAFÉ, BAR
(Calle de la Cruz) Das Room liegt einen Häuserblock von der Plaza Mayor entfernt und ist der Babel Café-Bar sehr ähnlich.

Shoppen

Viele Läden verkaufen den Käse der Extremadura, vor allem den kräftigen, cremigen Torta de Casar, geräuchertes Fleisch und andere Produkte.

Sello Ibérico Gabriel Mostaza DELIKATESSEN
(927 24 28 81; www.gabrielmostazo.com; Calle de San Antón 6; Mo–Sa 9–14 & 17–20.30, So 10–14 Uhr) Ein überaus empfehlenswertes Feinkostgeschäft.

Praktische Informationen

Städtische Touristeninformation (927 25 58 00; Calle de los Olmos 3; 10–14 & 16.30–19.30 Uhr)

Touristeninformation der Junta de Extremadura (927 01 08 34; www.turismoextremadura.com; Plaza Mayor 3; Mo–Fr 8.30–14.30 & 16–18, Sa & So 10–14 Uhr)

An- & Weiterreise

Vom **Busbahnhof** (927 23 25 50; Carretera de Sevilla) gibt's Verbindungen nach Trujillo (4,19 €, 40 Min., 8-mal tgl.), Plasencia (4,05 €, 50 Min., bis zu 5-mal tgl.), Guadalupe (10,55 €, 2½ Std., 1-mal tgl.) und Mérida (5,35 €, 50 Min., 2–4-mal tgl.).

Bis zu fünf Züge fahren nach Madrid (25,80–38,50 €, 4 Std.), Plasencia (5,55 €, 1½ Std.) und Mérida (ab 4,30 €, 1 Std.).

Unterwegs vor Ort

Vom Bahnhof (unweit des Busbahnhofs) fährt der Bus L-1 zur zentralen Plaza Obispo Galarza.

Valencia de Alcántara

6180 EW.

Dieses hübsche Örtchen liegt 7 km vor der portugiesischen Grenze. Über der gut erhaltenen Altstadt, einem ungewöhnlichen Labyrinth aus weiß getünchten Häusern und Prachtbauten, wachen die Ruinen einer mittelalterlichen Burg und die **Iglesia de Rocamador**.

Die ländliche Umgebung ist vor allem für ihre Korkherstellung und die mehr als fünfzig in der Landschaft verteilten vorzeitlichen Dolmen bekannt.

Von Cáceres fahren täglich drei Busse hierher (5 €, 1½ Std.).

Alcántara

1650 EW.

Westlich der Stadt, unterhalb des riesigen Embalse de Alcántara (arabisch für „die Brücke"), überspannt eine sechsbogige **römische Brücke** – 204 m lang, 61 m hoch und über die Jahrhunderte oftmals verstärkt – den Río Tajo. Eine Inschrift an einem kleinen römischen Tempel am linken Flussufer ehrt den Architekten der Brücke, Caius Julius Lacer.

In Alcántara selbst haben sich ein Teil der alten Mauer, die Ruinen einer Burg und einige imposante Stadthäuser den Zeichen der Zeit widersetzt. Ab 1218 diente der Ort als Hauptquartier des Ordens de Alcántara, einer ritterlichen Bruderschaft der Reconquista, die über einen Großteil der westlichen Extremadura als eine Art Privatlehen herrschte.

Zwischen Alcántara und Cáceres verkehren täglich bis zu vier Busse (5,10 €, 1½ Std.).

Trujillo

9820 EW.

Beim Spaziergang über die Plaza Major wähnt man sich plötzlich in einer Art Mittelalterfilm. Den Platz säumen Steinhäuser aus der Zeit des Barocks und der Renaissance, dahinter erheben sich Türme, Erker, Kuppeln, Zinnen und Storchennester. Trujillo ist mit seinem Labyrinth aus terrakottagedeckten Häusern und Prachtbauten, schattigen Innenhöfen, Obstgärten, Kirchen und Klöstern eine der reizvollsten und einnehmendsten Kleinstadt in ganz Spanien.

Die Blütezeit des Ortes begann erst nach der Eroberung Amerikas. In jener Zeit bereicherten Francisco Pizarro und Konsorten Trujillo mit einem prachtvollen neuen Platz und grandiosen Renaissancebauten.

Sehenswertes

Plaza Mayor

Pizarro STATUE

Die große Pizarro-Reiterstatue des Amerikaners Charles Rumsey thront über der Plaza Mayor. Es heißt, dass Rumsey ursprünglich Hernán Cortés abgebildet habe und die Figur Mexiko schenken wollte. Weil dieses Land allerdings nichts für Cortés übrig hatte, lehnte es das Kunstwerk ab. So wurde die Statue Trujillo als Pizarro überreicht

Palacio de la Conquista VILLA

Eine Ecke des Palastes aus dem 16. Jh. an der Südseite des Platzes ist mit Reliefs von Pizarro und seiner Geliebten Inés Yupanqui (Schwester des Inkaherrschers Atahualpa) geschmückt. Rechts ist ihre Tochter Francisca Pizarro Yupanqui mit ihrem Mann (und Onkel) Hernando Pizarro abgebildet. Das Haus wurde in den 1560er-Jahren für Hernando und Francisca erbaut, nachdem Hernando – Pizarros einziger Bruder, der nicht gewaltsam in Peru starb – nach 20 Jahren aus dem Gefängnis entlassen wurde, wo er wegen Mordes eingesessen hatte. Weiter oben zeigt ein Flachrelief das Wappen der Pizarros (zwei Bären und eine Fichte), die Mauern von Cuzco (heute Peru), Pizarros Schiffe und mehrere Indianerhäuptlinge.

GRATIS **Palacio Juan Pizarro de Orellana** VILLA

(Mo–Sa 10–13 & 16.30–18.30, So 10–12.30 Uhr) Über eine gewundene Gasse oberhalb des Palacio de la Conquista geht's zum Palacio Juan Pizarro de Orellana, der von einem Pizarro-Vetter aus einer winzigen Festung in einen Renaissancebau umgewandelt wurde. Die Terrasse schmücken Wappen der berühmtesten Familien der Region: der Pizarros und der Orellanas (Francisco Orellana war der erste Europäer, der den Oberlauf des Amazonas erkundete).

Iglesia de San Martín KIRCHE

(Erw./unter 12 J. 1,40 €/frei; 10–14 & 16–19 Uhr) Über der Nordostecke der Plaza Mayor erhebt sich die Iglesia de San Martín aus dem 16. Jh. mit filigranen gotischen Gewölben, beachtlichen Buntglasfenstern und einer großen Orgel (den besten Blick hat man von der Chorempore). Sie gehört zu den wenigen Kirchen Trujillos, die noch immer als Gotteshaus genutzt werden.

Palacio de los Duques de San Carlos VILLA, KLOSTER

(Eintritt 1,40 €; Mo–Sa 9.30–13 & 16.30–18.30, So 10–12.30 Uhr) Gleich gegenüber liegt der massive Palacio de los Duques de San Carlos aus dem 16. Jh., heute ein Kloster des Hieronymus-Ordens, das Besuchern offensteht und in dem selbst gebackene Kekse verkauft werden. Es wartet mit einer schlichten klassischen Terrasse, einer prächtigen Granittreppe und einem Gemälde des Familienwappens (ein zweiköpfiger Adler) auf. Die markanten Ziegelsteinkamine wurden im Stil des späten Mudéjar und der Gotik errichtet.

Noch mehr Sehenswertes

Stadtmauer STADTMAUER

Die 900 m lange Mauer rund um die Oberstadt stammt aus muslimischen Zeiten. Nach der Reconquista bauten die zugezogenen Adelsfamilien hier ihre Paläste und Kirchen. Durch die **Puerta del Triunfo** (Triumphtor) am westlichen Ende sollen 1232 die siegreichen christlichen Truppen einmarschiert sein, nachdem sie den Muslimen die Stadt entrissen hatten.

Iglesia de Santiago KIRCHE

(Erw./unter 12 J. 1,40 €/frei; ⏲10–14 & 16–19 Uhr) Von der Plaza Mayor geht's durch die **Puerta de Santiago**, zu deren Rechten die säkularisierte Iglesia de Santiago steht. Sie wurde im 13. Jh. von Rittern des Santiagoordens (auf das Jakobsmuschelemblem achten) errichtet. Hier entdeckt man archäologische Objekte, die hauptsächlich aus der Bronzezeit stammen, sowie römische Artefakte aus der Umgebung. Besucher können den Glockenturm hinaufsteigen.

Iglesia de Santa María la Mayor KIRCHE

(Erw./unter 12 J. 1,40 €/frei; ⏲10–14 & 16–19 Uhr) Das Kirchenschiff der Iglesia de Santa María la Mayor aus dem 13. Jh. ist überwiegend gotisch, während der Turm (106 Stufen), von dessen Spitze sich ein herrlicher Blick bietet, im romanischen Stil gestaltet wurde. In der Kirche befinden sich die Gräber der führenden Familien Trujillos im Mittelalter, darunter das von Diego García de Paredes (1466–1530), einem Krieger von legendärer Stärke, der laut Cervantes ein Mühlrad mit einem Finger anhalten konnte. Über dem herrlichen Altar prangt ein Retabel aus dem 15. Jh. mit 25 Gemälden im flämischen Stil.

Burg BURG

(Erw./unter 12 J. 1,40 €/frei; ⏲10–14 & 16–19 Uhr) Trujillos eindrucksvolle Burg aus dem 10. Jh. liegt auf der Spitze des Hügels und ist muslimischen Ursprungs (ersichtlich am hufeisenförmigen Tor im Haupteingang). Von den Christen wurde sie später befestigt. Abgesehen von einem einsamen Feigenbaum ist sie völlig kahl. Von den Zinnen schweift der Blick um 360 Grad in die Ferne. Einer der Türme beherbergt die Klause von Unserer Frau des Sieges, der Schutzpatronin von Trujillo.

TICKETS, TOUREN & TERMINE

Trujillos Touristeninformation verkauft **Kombitickets** (4,70–5,30 €), zu denen eine umfassende Broschüre gehört (auf Spanisch, mit einigen englischen Erläuterungen auf der Rückseite). Das Ticket gilt für die meisten Sehenswürdigkeiten, darunter die Burg, das Museo de Queso y el Vino sowie die Iglesia de Santiago. 7,95 € kosten die **geführten Touren** (auf Spanisch). Sie starten täglich um 11 und um 16.30 Uhr vor der Touristeninformation.

Im Sommer sind die Sehenswürdigkeiten später und nachmittags länger geöffnet als hier angegeben (d. h. von 17–20.30 Uhr).

Museo de Queso y el Vino KÄSE- & WEINMUSEUM

(www.quesovino.com, auf Spanisch; Calle de la Encarnación; Eintritt 2,30 €; ⏲11–15 & 18–20 Uhr) Liebhaber von spanischem Käse und Wein werden sich für dieses Musem begeistern, wo man beides probieren kann und viele Infos erhält (auf Spanisch). Es ist in einem schönen alten Kloster untergebracht, in dem auch das 4 m große, dreidimensionale Bild eines lustigen Don Quichotte zu sehen ist, das der hiesige Künstler Francisco Blanco schuf. Zum Museum ist es nur ein kurzer Fußweg von der Plaza Mayor abwärts nach Süden.

Feste & Events

Feria del Queso KÄSEMESSE

Am letzten Wochenende im April kommen Käsehersteller aus ganz Spanien zur Feria del Queso (Käsemesse) nach Trujillo.

Fiestas de Trujillo STADTFEST

Die Fiestas de Trujillo werden mit Musik, Theater und ausgiebigen Partys an mehreren Tagen rund um den ersten Samstag im September gefeiert.

Schlafen

Posada dos Orillas HOTEL €€

(☎927 65 90 79; www.dosorillas.com; Calle de Cambrones 6; DZ 69,55–107 €; ❄📶) Dieses geschmackvoll renovierte Haus aus dem

Trujillo

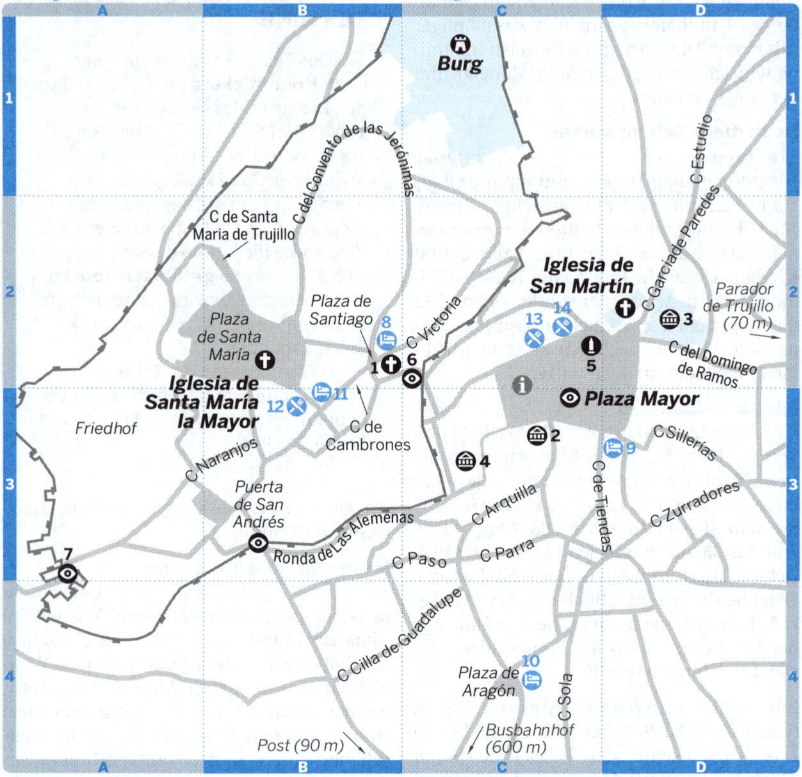

16. Jh. war einst eine Seidenweberei. Seine Doppelzimmer sind dem spanischen Kolonialstil nachempfunden. Jene im älteren Flügel wurden nach den „sechs Trujillos" in Extremadura und in Amerika benannt. Die „Extremadura"-Räume fallen besonders groß und luxuriös aus. Im Innenhof gibt's ein angenehmes Restaurant.

Parador de Trujillo HOTEL €€
(☎927 32 13 50; www.parador.es; Calle Santa Beatriz de Silva 1; DZ ab 90 €; P ⊖ ❄ ☜ ≋) Ein ehemaliges Kloster (16. Jh.). Es liegt in den gewundenen Nebenstraßen der Altstadt östlich der Plaza Mayor und verfügt über einen Kreuzgang mit sanft sprudelnden Brunnen. Die großzügig geschnittenen Zimmer haben Terracottaböden und einen dezenten historischen Touch.

El Mirador de las Monjas HOSTERÍA €€
(☎927 65 92 23; www.elmiradordelasmonjas.com, auf Spanisch; Plaza de Santiago 2; EZ/DZ inkl. Frühstück ab 50/60 €; ❄) In der Altstadt bietet diese moderne *hostería* sechs große, minimalistisch eingerichtete Zimmer mit klaren Linien und stilvollen Bädern.

Isla del Gallo HOTEL €€
(☎927 32 02 43; www.isladelgallo.com; Plaza de Aragón 2; DZ 65–75 €; ❄ ≋) Ein weiteres ehemaliges Kloster aus dem 17. Jh., das nun ein stilvolles Hotel beherbergt. Sämtliche Zimmer sind mit Parkettböden, schmiedeeisernen Betten und dunklen Holzmöbeln ausgestattet und in warmen Erdtönen gehalten. Im ruhigen Innenhof stehen schattenspendende Zitronen- und Olivenbäume.

Hostal Nuria HOSTAL €
(☎927 32 09 07; www.hostal-nuria.com; Plaza Mayor; EZ/DZ 30/45 €, Apt. 60–90 €; ❄) Die Unterkunft ist nichts Besonderes, aber die Lage an der Plaza Mayor ist nahezu unschlagbar. Von den Zimmern mit den Nummern 204 und 205 genießt man einen tollen Ausblick auf den Platz. Unten gibt's ein lebhaftes Bar-Restaurant.

Trujillo

Highlights
Burg C1
Iglesia de San Martín D2
Iglesia de Santa María la Mayor B2
Plaza Mayor C3

Sehenswertes
1 Iglesia de Santiago B2
2 Palacio de la Conquista C3
3 Palacio de los Duques de San Carlos D2
4 Palacio Juan Pizarro de Orellana C3
5 Pizarro Statue C2
6 Puerta de Santiago C2
7 Puerta del Triunfo A3

Schlafen
8 El Mirador de las Monjas B2
9 Hostal Nuria D3
10 Isla del Gallo C4
11 Posada Dos Orillas B3

Essen
12 Mesón Alberca B3
Posada Restaurante dos Orillas (siehe 11)
13 Restaurante La Troya C2
14 Restaurante Pizarro C2

Essen

Restaurante La Troya TRADITIONELL €
(Plaza Mayor 10; Menü 15 €) Dieses Restaurant und seine Gründerin, die verstorbene Concha Álvarez, haben sich in der Extremadura einen Namen gemacht. Besucher werden in einen der verschiedenen Essbereiche geführt und bekommen ohne Vorwarnung einen Teller mit Tortilla, Chorizo, Käse und Salat, gefolgt von einem dreigängigen Menü (mit gigantischen Portionen) inklusive Wein und Wasser. Die Hausmannskost kommt an, und vor allem an Wochenenden bilden sich lange Warteschlangen. Wem das zu viel ist, der bestellt am besten einfach ein paar Tapas an der Theke (2 €).

Restaurante Pizarro TRADITIONELL €€
(☎927 32 02 55; Plaza Mayor 13; Mahlzeiten 30–40 €; ⌚Mi–Mo) In dem Lokal neben dem La Troya geht's um einiges ruhiger zu, und hier wird noch besseres Essen zubereitet. Seit 1985 hat das Pizarro schon mehrere Gastronomiepreise gewonnen. Der Speiseraum ist unprätentiös, doch auf der Karte stehen Gerichte, wie mit Trüffeln gefülltes Hühnchen und *frito de cordero* (Lammragout).

Posada Restaurante Dos Orillas MODERN €€
(www.dosorillas.com; Calle de Cambrones 6; Mahlzeiten 25–30 €; ⌚Di–Sa mittags & abends, So mittags) Passt zu dem wunderbaren Hotel und bietet sowohl draußen auf der Terrasse als auch im unaufdringlichen Speisesaal Sitzgelegenheiten. Zu den frisch zubereiteten Gerichten gehören z. B. Zucchinis mit Pilzen und Garnelen.

Mesón Alberca TRADITIONELL €€
(Calle de Cambrones 8; Mahlzeiten 30–40 €, Menü 15–24,50 €; ⌚Do–So) Die hübsche, efeubewachsene Terrasse und die dunklen Holztische mit Karotischdecken schaffen den richtigen Rahmen, um regionale Spezialitäten wie Braten aus dem Ofen und *solomillo ibérico con Torta del Casar* (Schweinefleischfilets mit cremigem Schafskäse) zu kosten.

Praktische Informationen

Touristeninformation (☎927 32 26 77; www.trujillo.es, auf Spanisch; Plaza Mayor; ⌚10–14 & 17–20 Uhr)

An- & Weiterreise

Der **Busbahnhof** (☎927 32 12 02; Avenida de Miajadas) liegt 750 m südlich der Plaza Mayor. Von hier gibt's Verbindungen nach Madrid (19,34–31,40 €, 3–4¼ Std., 5-mal tgl.), Guadalupe (6,25 €, 1½ Std., 2-mal tgl.), Cáceres (4,19 €, 40 Min., 8-mal tgl.) und Mérida (8,15 €, 1½ Std., 3-mal tgl.).

Guadalupe

2100 EW.

Dieses weiße Dorf erscheint wie ein leuchtendes Juwel in der grünen Krone der Berge und den Höhen der Sierra de Villuercas. Dichte Kastanien-, Eichen- und Korkwälder gehen über in Olivenhaine und Weingärten. Guadalupe (arabisch für „verborgener Fluss") taucht wie aus dem Nichts auf, zusammengedrängt um den massiven Steinkoloss des Real Monasterio de Santa María de Guadalupe. Dies ist ein kleiner Ort mit Pflasterstraßen, dessen Sehenswürdigkeiten höchstens einen Tag in Anspruch nehmen.

Sehenswertes

Real Monasterio de Santa María de Guadalupe KLOSTER & KIRCHE, MUSEUM
(☎927 36 70 00; www.monasterioguadalupe.com, auf Spanisch; Plaza Santa María de Guadalu-

EXTREMADURA & AMERIKA

Extremeños ergriffen nach Kolumbus' Entdeckung von Amerika im Jahr 1492 die Gelegenheit beim Schopf.

1501 wurde Fray Nicolás de Ovando aus Cáceres zum Gouverneur aller Westindischen Inseln ernannt. Als Hauptstadt erwählte er Santo Domingo auf der Karibikinsel Hispaniola. 2500 Gefolgsleute gingen mit ihm, viele aus der Extremadura, darunter Francisco Pizarro, der illegitime Sohn einer kleinadligen Familie aus Trujillo. 1504 traf auch Hernán Cortés, Spross einer ähnlichen Familie in Medellín, in Santo Domingo ein.

Beide Männer machten Karriere. Cortés nahm 1511 an der Eroberung Kubas teil und ließ sich dort nieder. Pizarro begleitete 1513 Vasco Núñez de Balboa (aus Jerez de los Caballeros) nach Darién (Panama), wo sie den Pazifik entdeckten. 1519 führte Cortés eine kleine Expedition ins heutige Mexiko, das Gerüchten zufolge voller Gold und Silber gewesen sein soll, und 1524 unterwarfen er und seine Männer mit vereinter Kraft, List, Glück und Skrupellosigkeit das Aztekenreich. Zwar wurde Cortés zunächst zum Gouverneur all seiner eroberten Länder ernannt, doch bald schon trafen königliche Beamte ein, die ihn absetzten. Daraufhin kehrte er nach Spanien zurück. Bevor Pizarro nach Panama aufbrach, besuchte er Trujillo, wo ihm ein Heldenempfang bereitet wurde und er seine vier Halbbrüder und andere Verwandte und Freunde abholte. Ihre Expedition starteten sie 1531 in Panama; sie bestand aus nur 180 Mann und 37 Pferden. Pizarro schaffte es, den Inkaherrscher Atahualpa trotz dessen 30 000 Mann starker Armee gefangen zu nehmen. Das Inkareich mit der Hauptstadt Cusco reichte von Kolumbien bis nach Chile. Es leistete bis 1545 Widerstand, als Pizarro bereits tot war (er wurde in der Kathedrale von Lima in Peru bestattet).

Im 16. Jh. machten sich etwa 600 Menschen aus Trujillo auf den Weg nach Amerika. Kein Wunder also, dass es mindestens fünf weitere Trujillos in Nord-, Mittel- und Südamerika gibt. Es gibt sogar noch mehr Guadalupes, da Eroberer und Siedler aus ganz Spanien den Kult der Virgen de Guadalupe aus der östlichen Extremadura mitbrachten, der noch immer in ganz Lateinamerika verbreitet ist.

pe; ⌚8.30–21 Uhr) 1340 wurde die Real Monasterio de Santa María de Guadalupe von Alfonso XI. an der Stelle errichtet, wo der Legende nach ein Schäfer ein Bildnis der Jungfrau gefunden hatte, welches Christen auf ihrer Flucht vor Muslimen Jahre zuvor versteckt hatten. Es ist noch heute eine der bedeutendsten Pilgerstätten Spaniens.

Im 16. Jh. verehrte man die Jungfrau von Guadalupe so sehr, dass sie zur Schutzheiligen aller spanischen Territorien in der Neuen Welt ernannt wurde. Am 29. Juli 1496 taufte Kolumbus seine indianischen Diener im Brunnen vor dem Kloster, ein Ereignis, das Eingang ins erste Taufbuch des Klosters fand. Die Jungfrau von Guadalupe, Schutzheilige der Extremadura, ist noch heute eine bedeutsame Gestalt für viele Katholiken Südamerikas.

Das Bildnis der Jungfrau in der **Kirche** (Eintritt frei) hat den Ehrenplatz im hochragenden *retablo* (Altaraufsatz) erhalten. Es gibt eine fünfminütige Audio-Erklärung in mehreren Sprachen für 1 € (rechts am Eingang) sowie eine 45-minütige **Führung** (Erw./unter 12 J. 3 €/frei; ⌚Führungen auf Spanisch 9.30–13 & 15.30–18.30 Uhr). Wer mehr erfahren will, kann sich vor Ort auch das deutschsprachige Begleitbuch kaufen *(Guadalupe: Wallfahrtsort und Kloster)*.

Im Zentrum des Klosters befindet sich der Mudéjar-Kreuzgang aus dem 15. Jh., um den sich drei Museen gruppieren. Das **Museo de Bordados** stellt herrlich bestickte Altartücher und Messgewänder aus, die zwischen dem 14. und 18. Jh. vor allem in Klöstern angefertigt wurden. Im **Museo de Libros Miniados** ist eine wunderbare Sammlung illuminierter Chorgesangsbücher ab dem 15. Jh. zu sehen, und das **Museo de Pintura y Escultura** birgt drei Gemälde von El Greco, einen Goya und ein wunderschönes kleines Elfenbeinkruzifix, das Michelangelo zugeschrieben wird.

In der kunstvoll geschmückten barocken **sacristía** (Sakristei) hängen acht Porträts (1638–47) führender Mönche des Hieronymus-Ordens von Francisco de Zurbarán.

Das **Relicario-Tesoro** birgt zahlreiche weitere Schätze, etwa einen Umhang für die Jungfrau aus 200 000 Perlen. Endpunkt der Tour ist die **camarín**, eine Kammer hinter dem Altaraufsatz, wo die Statue der Jungfrau für die Gläubigen zur direkten Anbetung umgedreht wird, wobei man auch ein Stückchen ihres Umhangs küssen kann.

Aktivitäten

Die Touristeninformation stellt Karten für kürzere und leichtere Rundwege von drei bis fünf Stunden zur Verfügung.

Ruta de Isabel la Católica WANDERN

Eine großartige Möglichkeit zum Wandern bietet eine Fahrt mit dem Bus von Madrid nach Miajadas bis zum Dorf **Cañamero**, von wo ein gut markierter, 17 km langer Weg, wieder zurück nach Guadalupe führt. Die Ruta de Isabel la Católica folgt den Spuren früherer Pilger (unter ihnen waren auch Isabella und Ferdinand nach der Einnahme des maurischen Granada).

Feste & Events

In der Karwoche, zwischen dem 6. und 8. September zu Ehren der Jungfrau von Guadalupe und am 12. Oktober, dem Día de la Hispanidad, der in der ganzen spanischsprachigen Welt gefeiert wird, kann man hier farbenprächtige Prozessionen bewundern. Mittwochs ist Markttag.

Schlafen

LP TIPP **Hospedería del Real Monasterio** HOSPEDERIÁ €€

(927 36 70 00; www.monasterioguadalupe.com; Plaza Juan Carlos I; EZ/DZ/3BZ 45,50/65/87 €; P ❄) Dank der hohen, luxuriösen, individuell gestalteten Zimmer und dem schönen gotischen Klosterkreuzgang aus dem 16. Jh. ist dies die beste Bleibe in der Stadt. Die Preise sind erstaunlich moderat und die öffentlichen Bereiche wie der blumenbewachsene Innenhof gleich außerhalb der Lobby einfach herrlich.

Posada del Rincón HOTEL €€

(927 36 71 14; www.posadadelrincon.com, auf Spanisch; Plaza Mayor 11; EZ 45–49 €, DZ 68–75 €; ❄) Hinter der winzigen Fassade der Posada del Rincón, die erstmals Ende des 15. Jhs. erwähnt wurde, verbergen sich 20 in warmen Farben dekorierte Zimmer mit freigelegtem Mauerwerk, dunklen Holzmöbeln und Eichendecken. Von den Nummern 3, 4 und 5 genießt man einen Blick auf den kleinen Innenhof.

Parador de Guadalupe HOTEL €€

(927 36 70 75; www.parador.es; Calle Marqués de la Romana 12; DZ 90–137 €; P ❄ 🏊) Diese auch als Parador Zurbarán bekannte Unterkunft liegt in einem umgewandelten Hospiz (15. Jh.) sowie einer Religionsschule (16. Jh.) gleich gegenüber dem Kloster. Die geräumigen Zimmer verfügen über eine geschmackvolle Einrichtung, und der gepflasterte, von einem klosterähnlichen Säulengang umgebene Innenhof wartet mit Zitronen- und Orangenbäumen auf.

Camping Las Villuercas CAMPINGPLATZ €

(927 36 71 39; Stellplatz pro Erw./Zelt/Auto 3,50/3,50/3 €; April–Dez.; 🏊) 3 km südlich von Guadalupe. Zu den Einrichtungen dieses Campingplatzes gehören ein Schwimmbad, eine Restaurant-Bar, ein Tennisplatz und schattenspendende hohe Bäume. Man erreicht ihn über die EX102.

Cerezo II HOSTAL €

(927 15 41 77; www.hostalcerezo2meson.com; Plaza Mayor 23; EZ/DZ 35/48 €; ❄) Direkt am Hauptplatz. Alle Zimmer sind ansprechend und modern eingerichtet, in warmen Erdtönen gehalten und mit edlen Steppdecken ausgestattet.

Essen

Neben den hier aufgelisteten Läden warten auch die Restaurants des Parador de Guadalupe und der Posada del Rincón mit einem hochwertigen Angebot auf. Rund um die Plaza Major gibt's verführerische Bäckereien, die z. B. frische *tortas de anis* (Anis-Kekse) verkaufen.

Panadería Nuestra Señora de Guadalupe BÄCKEREI €

(Calle Alfonso el Onceno 11)) In der 1933 eröffneten Backstube anzustehen lohnt sich. Hier bekommt man herrliche traditionelle Kuchen, Gebäck und frisches Brot.

La Marina ZENTRALSPANISCH €

(927 36 71 30; Gregorio López 21; Mahlzeiten 15–20 €, Gerichte 4,80–9 €) Ein einfaches, lässiges Restaurant, dessen Wände Eberköpfe und Geweihe schmücken. Es gibt herzhafte Gerichte wie *lentejas estofadas* (Linseneintopf) und *garbanzos guisados con chorizo* (Kichererbsen mit Blutwurst) sowie paar gute Weine.

Hospedería del Real Monasterio TRADITIONELL EXTREMEÑO €€

(927 36 70 00; www.monasterioguadalupe.com; Plaza Juan Carlos I; Mahlzeiten 25–35 €) In diesem Laden sitzt man unter den Bögen

des prächtigen gotischen Kreuzgangs oder im Speisesaal, der mit antiken Keramiken und Holzmöbeln aus dem 17. Jh. dekoriert ist. Die Fleisch- und Fischgerichte zeugen von Kompetenz und die meisten Desserts sind hausgemacht.

Praktische Informationen

Touristeninformation (☎927 15 41 28; www.puebladeguadalupe.net; Plaza Mayor; ⏲Mo–Fr 10–14 & 16–18 Uhr)

An- & Weiterreise

Busse halten unweit des Rathauses in der Avenida Conde de Barcelona, etwa zwei Gehminuten von der Plaza Mayor entfernt. **Mirat** (☎927 23 48 63) fährt zweimal täglich via Trujillo (6,25 €) nach Cáceres (10,55 €, 2½ Std.). **La Sepulvedana** (☎902 222282) bietet jeden Tag zwei Verbindungen nach Madrid (16 €, 3¾ Std.). Fahrpläne hängen im Fenster der Touristeninformation aus.

DER SÜDEN DER EXTREMADURA

Die flache Landschaft dieser Region ist wie ein betörendes Bild, das nach Süden hin noch sanfter und idyllischer wird. Ihre Hauptattraktion ist die römische Stadt Mérida, doch auch die schönen Städte Olivenza und Zafra lohnen einen Besuch.

Mérida

56 400 EW.

Mérida ist für die beeindruckendsten und größten römischen Ruinen ganz Spaniens bekannt. Diese verteilen sich über die ganze Stadt, auch an vielen unerwarteten Stellen – es ist schon erstaunlich, was unter dem modernen Ort so alles verborgen liegt. Ansonsten gibt's hier noch einige beschauliche Straßen, die sich rund um die schöne Plaza de España erstrecken.

Sehenswertes

Römische Ruinen

Teatro Romano THEATER, AMPHITHEATER

(Calle Álvarez Sáenz de Buruaga; Erw./unter 12 J. 8 €/frei; ⏲9.30–19.30 Uhr) Das Teatro Romano, umgeben von schönen Gärten, entstand um 15 v. Chr. und fasst 6000 Zuschauer. Die zweistufigen, korinthischen Säulenreihen sind besonders gut erhalten. Die Bühnenfassade *(scaenae frons)* wurde 105 n. Chr. eröffnet. Als einziges römisches Gebäude in Mérida hat das Gebäude bis heute seine ursprüngliche Funktion erhalten, denn es ist jeden Sommer Schauplatz des Festival del Teatro Clásico. 14 000 Zuschauer kommen im angrenzenden **Anfiteatro** – für Gladiatorenkämpfe 8 v. Chr. eröffnet – unter. In der nahe gelegenen **Casa del Anfiteatro**, der Ruine einer Villa aus dem 3. Jh., kann man die originalen Bodenmosaiken bewundern.

Los Columbarios GRÄBER

(Calle del Ensanche; Erw./unter 12 J. 4 €/frei; ⏲9.30–13.45 & 17–19.15 Uhr) Diese römische Grabstätte ist gut dokumentiert und illustriert. Ein Fußweg verbindet sie mit der **Casa del Mitreo** (Calle Oviedo; Erw./unter 12 J. 4 €/frei; ⏲9.30–13.45 & 17–19.15 Uhr), einem Römerhaus aus dem 2. Jh., das mehrere komplexe Mosaiken wie das besonders sehenswerte *mosaico cosmológico* und ein wunderbares Fresko enthält.

Puente Romano BRÜCKE

Eine der längsten Brücken, die von den Römern gebaut wurde, ist die 792 m lange, spektakuläre Puente Romano mit 60 Granitbögen über den Río Guadiana. Die nordwestlich gelegene moderne Hängebrücke des spanischen Architekten Santiago Calatrava bietet einen beeindruckenden Blick auf ihr römisches Pendant.

Arco de Trajano MONUMENTALER TORBOGEN

Vermutlich diente der 15 m hohe Arco de Trajano über der Calle de Trajano als Eingang zum Provinzforum, von dem aus Lusitania regiert wurde.

Templo de Diana TEMPEL

(Calle de Sagasta) Der Templo de Diana gehörte einst zum Stadtforum, in dem Méridas Verwaltung saß. Teile davon wurden im 16. Jh. bei dem Bau einer Villa verwendet. Heute liegt er umgeben von modernen Häusern in einer ruhigen Straße, in der sich auch der restaurierte **Pórtico del Foro**, die Säulenhalle des Forums, befindet.

GRATIS **Centro de Interpretación Las VII Sillas** AUSSTELLUNGSZENTRUM

(Calle de José Ramón Mélida 20; ⏲9.30–14 & 17–19.30 Uhr) Im Centro de Interpretación Las VII Sillas sind die Reste einer Villa und ein beträchtliches Stück einer römischen, westgotischen und arabischen Mauer zu sehen. Eine 13-minütige DVD auf Spanisch führt virtuell durch die römische Stadt.

Circo Romano HIPPODROM

(Avenida Juan Carlos; Erw./Kind 4 €/frei; ⏲9.30–13.45 & 17–19.15 Uhr) Nordöstlich des Amphitheaters liegen die Reste des Circo Romano aus dem 1. Jh. Dabei handelt es sich um das einzige erhaltene Hippodrom dieser Art in Spanien. Einst bot es Platz für 30 000 Zuschauer. Hier wird ein kurzer Film über Diocles gezeigt, einen meisterhaften *auriga* (Rennwagenfahrer), der in Mérida sein Handwerk lernte, bevor er in Rom zu einem der Rennstars aufstieg.

Acueducto de Los Milagros AQUÄDUKT
(Calle Marquesa de Pinares) Weiter westlich versorgte der Acueducto de Los Milagros die römische Stadt mit Wasser vom Lago Proserpina, der sich 5 km außerhalb der Stadt erstreckt. Das Bauwerk ist mittlerweile ein beliebter Nistplatz für Störche.

Noch mehr Sehenswertes

Museo Nacional de Arte Romano ARCHÄOLOGISCHES MUSEUM
(http://museoarteromano.mcu.es; Calle de José Ramón Mélida; Erw./Kind, EU-Sen.& Stud. 3 €/frei; ⌚Di–So 9.30–15.30 & 17.30–20.30 Uhr) Dieses Museum verfügt über eine hervorragende Sammlung von Statuen, Mosaiken, Fresken, Münzen und anderen römischen Artefakten. Das stattliche Ziegelgebäude des Architekten Rafael Moneo verleiht den Exponaten einen passenden Rahmen.

Alcazaba FESTUNG
(Calle Graciano; Erw./Kind 4 €/frei; ⌚9.30–13.45 & 17–19.15 Uhr) 835 wurde die riesige maurische Festung an der Stelle eines bereits bestehenden römischen und westgotischen Baus errichtet. Die *aljibe* (Zisterne) enthält Marmor- und Steinplatten mit westgotischer Dekoration, die von Muslimen recycelt wurden. Von den Mauerspitzen streift der Blick über den Guadiana und herunter zu den Gärten des Alcazaba. Heute dient das Kloster aus dem 15. Jh. an ihrer Nordostecke als präsidialer Amtssitz der Junta de Extremadura.

Basílica de Santa Eulalia RUINEN, KIRCHE
(Avenida de Extremadura; Erw./Kind 4 €/frei; ⌚Mo–Sa 9.30–13.45 & 17–19.15 Uhr) Ursprünglich wurde die Basílika im 5. Jh. zu Ehren der Schutzheiligen Méridas errichtet, dann aber im 13. Jh. komplett umgebaut. Ein benachbartes Museum und offene Ausgrabungsstätten lassen römische Häuser, einen christlichen Friedhof aus dem 4. Jh. und die originale Basilika aus dem 5. Jh. erkennen.

GRATIS **Museo de Arte Visigodo** ARCHÄOLOGISCHES MUSEUM
(Calle de Santa Julia; ⌚Mo–Sa 10–14 & 17–19, So 10–14 Uhr) Viele der in Mérida ausgegrabenen westgotischen Objekte sind in diesem Museum nahe der Plaza de España zu sehen, das einen faszinierenden Einblick in eine wenig bekannte spanische Periode ermöglicht.

KOMBITICKET

Am besten besorgt man sich für den Besuch der römischen Stätten in Mérida das Kombiticket „Entrada Conjunta" (12 €), das am Kartenschalter des Teatro Romano verkauft wird. Darin enthalten sind der Eintritt zum Teatro Romano und Anfiteatro (Einzeleintritt 8 €) sowie zu den folgenden Sehenswürdigkeiten: Casa del Anfiteatro, Los Columbarios, Casa del Mitreo, Alcazaba, Circo Romano, Basílica de Santa Eulalia und Zona Arqueológica de Morería (Einzeleintritt jeweils 4 €). Darüber hinaus ist auch eine gut verständliche Broschüre (auf Englisch erhältlich) zu den jeweiligen Monumenten inbegriffen. Wichtig: Das Kombiticket ist nicht für das Museo Nacional de Arte Romano und das Museo de Arte Visigodo gültig.

Zona Arqueológica de Morería RUINEN
(Avenida de Roma; Erw./Kind 4 €/frei; ⌚9.30–13.45 & 17–19.15 Uhr) Zu dem ausgegrabenen maurischen Viertel gehören die Reste eines Friedhofs und Häuser aus der römischen bis zur nachmaurischen Zeit.

Feste & Events

Festival de Teatro Clásico KLASSISCHES THEATER
(www.festivaldemerida.es, auf Spanisch; Eintritt 12–39 €; ⌚Juli & Aug. etwa ab 23 Uhr in den meisten Nächten) Das renommierte Sommerfest im römischen Theater und Amphitheater bietet neben Musik- und Tanzdarbietungen auch griechische und neuere klassische Dramen.

Feria de Septiembre STADTFEST
Mérida tobt sich auf seiner Feria de Septiembre (Septemberjahrmarkt; 1.–15. September) später aus als die übrige Extremadura.

Schlafen

La Flor de al-Andalus HOSTAL €
(☎924 31 33 56; www.laflordeal-andalus.es, auf Spanisch; Avenida de Extremadura 6; EZ/DZ 33/45 €; ❄📶) Wenn doch nur alle *hostales*

Mérida

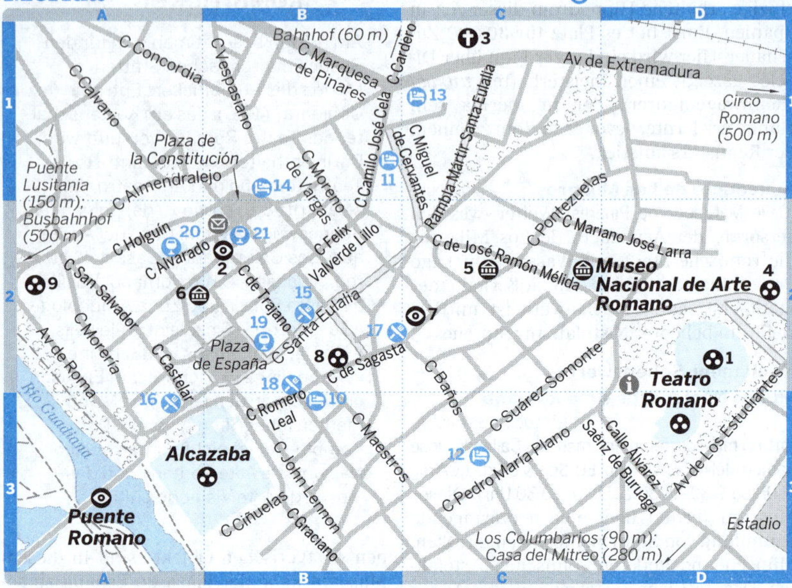

so gut wären wie dieses, das im Mai 2010 seine Pforten öffnete. Es hat schön eingerichtete Zimmer im andalusischen Stil, der Service ist freundlich und die Hauptsehenswürdigkeiten liegen in Fußnähe. Das Frühstückbüfett kostet nur 3 €.

Hotel Adealba BOUTIQUE-HOTEL €€
(☎924 38 83 08; www.hoteladealba.com; Calle Romero Leal 18; DZ inkl. Frühstück ab 96,30 €;) Das Stadtzentrum musste lange auf ein Boutique-Hotel der Mittelklasse warten, doch seit 2009 ist es endlich da. Diese wunderbare, klassisch-moderne Unterkunft in der Nähe des Templo de Diana ist in einem Stadthaus aus dem 19. Jh. untergebracht und verfügt über Designerzimmer mit starken, kontrastreichen Farben und vielen Kopfkissen. Parken kostet 12 €.

Parador Vía de la Plata HOTEL €€
(☎924 31 38 00; www.parador.es; Plaza de la Constitución 3; DZ 90–137 €;) Dieser *parador* befindet sich an dem ehemaligen Standort eines römischen Tempels in einem ehemaligen Klostergebäude (das Foyer war früher die Kapelle), das später als Hospital und Gefängnis genutzt wurde. Im Zeitraffer führen die römischen, westgotischen und Mudéjar-Überreste im Garten durch Méridas Architekturgeschichte. Von den hinteren Zimmern genießen die Gäste einen Blick darauf.

Hotel Nova Roma HOTEL €€
(☎924 31 12 61; www.novaroma.com, auf Spanisch; Calle Suárez Somonte 42; EZ/DZ 72/89 €;) Ein Hotel mit einer eher schlichten Fassade und einer Lobby aus Marmor samt pseudorömischem Dekor (kopflose Statuen inklusive). Die ansprechenden Zimmer wirken teils modern und geräumig, teils etwas älter, aber trotzdem annehmbar Alle Bäder sind hervorragend. Im Vergleich zum sonstigen Preis-Leistungs-Verhältnis ist der Internetzugang (2 € für drei Stunden) teuer.

Hotel Cervantes HOTEL €€
(☎924 31 49 61; www.hotelcervantes.com; Calle Camilo José Cela 8; EZ 45–55 €, DZ 65–75 €;) Allmählich kommen die Zimmer in die Jahre, doch der Preis ist in Ordnung und der Service freundlich. In der Restaurant-Bar gibt's zum Frühstück Eier mit Schinken.

Essen

Tabula Calda TRADITIONELL €€
(www.tabulacalda.com; Calle Romero Leal 11; Mahlzeiten 20–25 €; Mo–Sa mittags & abends, So mittags) Ein einladendes Restaurant mit Fliesen und viel Grün, das typisch spanische günstige Gerichte (darunter Tages-

Mérida

menüs für 12–24,50 €) serviert. Die wunderbare Hausmannskost hat eine leicht innovative Note.

Convivium TAPAS, TRADITIONELL SPANISCH €
(Calle de Sagasta 21; tortillinas 1 €, Mahlzeiten 15–20 €; 📶) In dem schönen Innenhof des Lokals stehen die Tische unter einem großen Zitronenbaum. Die Spezialität des Hauses sind die *tortillinas* (Mini-Omelettes, u.a. gefüllt mit Kabeljau, Salami, Spinat, Auberginen und Garnelen). Für eine *tortillina,* eine Gazpacho und ein Getränk zahlt man nur 2,50 € – das ist unschlagbar günstig. Die *raciones* sind etwas traditioneller.

Casa Nano TRADITIONELL EXTREMEÑO €€
(Calle San Salvador Castelar 3; Mahlzeiten 25–35 €; ⏲Mo–Sa) Unweit der Plaza de España kredenzt das sympathische Team der Casa Nano Gerichte wie *cordero a la ciruela* (Lamm mit Pflaumen; 18 €) und *patatas al rebujón* (große Stücke Kartoffelomelettes). Wir empfehlen auch das dreigängige *menú extremeño* (23 €). Gäste können im hell erleuchteten Speisesaal oder draußen an einer ruhigen Fußgängerstraße Platz nehmen.

Casa Benito TRADITIONELL €€
(Calle San Francisco 3; Tapas 2,60 €) Stierkampffans kauern sich auf winzige Hocker im holzgetäfelten Speiseraum, lehnen sich an die Bar oder entspannen auf der sonnigen Terrasse mit Tapas und *raciones.* Die Wände des Restaurants sind gepflastert mit Fotos, Postern und Andenken aus der Arena. Im angeschlossenen *asador* wird vor allem Fleisch serviert, darunter natürlich auch *rabo de toro* (Ochsenschwanz; 13,75 €).

Ausgehen

Der beste Ort für einen ersten Drink am Abend ist eine der vier Kiosk-Bars an der Plaza de España. Mehr Auswahl gibt's rund um die Plaza de la Constitución.

La Moett KIOSK-BAR
(Plaza de España 2; ⏲16 Uhr–spät) Unter den Arkaden des *ayuntamiento* (Rathaus) an der nordöstlichen Seite der Plaza de España befindet sich das La Moett, eine einigermaßen stilvolle Wahl, mit Tischen auf dem Platz.

La Tahona Nueva BAR, LIVEMUSIK
(Calle Alvarado 5; ⏲17 Uhr–spät) Im herrschaftlichen Innenhof dieser höhlenartigen Bar wachsen Bougainvilleen und auf der Bühne spielen Livebands regelmäßig Flamenco, Blues oder Jazz.

Raw Café-Club LIVEMUSIK
(Plaza de la Constitución 2A; ⏲Di–Sa 19–3.30 Uhr) Der hektische, leicht versiffte Laden passt nicht so richtig in das historische Stadthaus. Am späten Abend wartet er mit Livemusik auf. Das Publikum ist zwischen 15 und 25.

Jazz Bar BAR, LIVEMUSIK
(Calle Alvarado 10; ⏲Di–Sa 16–2 Uhr) Diese gediegenere Jazzbar veranstaltet regelmäßig Ausstellungen. Livemusik gibt's einbis zweimal pro Woche ab 22 Uhr.

Praktische Informationen

Städtische Touristeninformation (☎924 33 07 22; www.merida.es, auf Spanisch; Calle Álvarez Sáenz de Buruaga; ⏲9.30–14 & 17–19.30 Uhr) Am Teatro Romano.

EMERITA AUGUSTA

Die römische Stadt Emerita Augusta, die sich früher dort erstreckte, wo heute Mérida liegt, wurde von Kaiser Augustus 25 v. Chr. als Veteranenkolonie der römischen Soldaten in Cantabria gegründet. Der Name lässt sich grob in „Bachelors" oder „Soldaten a. D." der Armee von Augustus übersetzen. Die Wahl des Standorts diente nicht zuletzt dazu, einen nahe gelegenen Pass und die Brücke über den Río Guadiana zu schützen. Der Ort blühte auf und entwickelte sich zur Hauptstadt der römischen Provinz Lusitania sowie zu einem der wichtigsten kulturellen und politischen Zentren des Imperiums mit bis zu 40 000 Bewohnern. Nach dem Untergang des Weströmischen Reichs machten die Westgoten die Metropole im 6. Jh. zur Hauptstadt Hispanias und die Monumente blieben weitgehend intakt. Im 8. Jh. übernahmen die Mauren die Kontrolle, bis die Stadt 1230 schließlich an die Christen überging. Während der Invasion Napoleons im 19. Jh. wurden viele Monumente zerstört.

Anreise & Unterwegs vor Ort

Vom **Busbahnhof** (☎924 37 14 04; Avenida de la Libertad) auf der anderen Seite des Flusses über die Puente Lusitania geht's u. a. nach Badajoz (4,46 €, 1 Std., 5–9-mal tgl.), Sevilla (13,10 €, 2½ Std., 5-mal tgl.), Cáceres (5,35 €, 50 Min., 2–4-mal tgl.), Trujillo (8,15 €, 1¼ Std., 3-mal tgl.) und Madrid (22.15–27 €, 4–5 Std., 8-mal tgl.).

Züge fahren nach Madrid (31.80–36,30 €, 4½–6½ Std., 5-mal tgl.), Cáceres (ab 4,30 €, 1 Std., 6-mal tgl.) und Sevilla (14,10 €, 4 Std., 1-mal tgl.) über Zafra (4,60 €).

Badajoz

148 330 EW.

Die ausgedehnte Industriestadt 4 km vor der portugiesischen Grenze ist nicht gerade der schönste Ort der Extremadura, doch in ihrem Zentrum liegt die historische Alstadt mit der Alcazaba sowie einigen interessanten Museen und Monumenten. Vielleicht fährt man nicht quer durch Spanien, um Badajoz zu sehen, aber als Übernachtungsort auf dem Weg nach Portugal lohnt sich der Aufenthalt zweifellos.

Nachdem die Stadt im 9. Jh. von den Mauren gegründet wurde, war sie über Jahrhunderte Austragungsort von Kämpfen und Invasionen: Hier wüteten Portugiesen, Franzosen, Spanier und Engländer. Im Spanischen Bürgerkrieg verübten die Nationalisten bei Bajadoz' Einnahme 1936 grauenhafte Massaker.

Sehenswertes

Alcazaba FESTUNG

Auf einem Hügel nördlich des Zentrums thront die wunderbare Alcazaba. Am besten spaziert man über den Festungswall des 8 ha großen Geländes, auf dem sich einst zahlreiche *medinas*, Bäder, Moscheen und Häuser verteilten. Über allem wacht der von den Arabern errichtete **Torre Espantaperros** (Wachhundturm), Bajadoz' Wahrzeichen. Im 16. Jh. erweiterte man das Bauwerk mit einem Mudéjar-Glockenturm. Zu seinen Füßen erstreckt sich die herausgeputzte **Plaza Alta** aus dem Jahr 1681 mit Häusern, deren Fassaden in intensivem Burgunderrot, Grau und leuchtendem Weiß erstrahlen. Ein restaurierter Renaissancepalast auf dem Festungsareal beherbergt das **Museo Arqueológico Provincial** (Eintritt frei; ⌚Di–So 10–15 Uhr), das Artefakte aus prähistorischen, römischen, muslimischen und christlich geprägten Phasen des Mittelalters präsentiert.

Catedral de San Juan KATHEDRALE

(Plaza de España; ⌚Messe 10–10.30 Uhr) Die Catedral de San Juan wurde im 13. Jh. am ehemaligen Standort einer Moschee gebaut und in der Folgezeit häufig verändert. Das **Museo Catedralicio** (Eingang an der Calle de San Blas; Erw./Stud. 3/1 €; ⌚ Di–Sa 11–13 & 17–19 Uhr) ist eine Schatzkammer voller religiöser Objekte und Kunstwerke.

GRATIS **Museo Extremeño e Iberoamericano de Arte Contemporáneo** MUSEUM FÜR ZEITGENÖSSISCHE KUNST

(MEIAC; www.meiac.es; Calle Virgen de Guadalupe 7; ⌚Di–Sa 10–13.30 & 17–20, So 10–13.30 Uhr) Dieses auffällige, moderne Gebäude ist der ganze Stolz der Stadt. Es zeigt spanische, portugiesische und lateinamerikanische zeitgenössische Kunst mit einer breit gefächerten Sammlung avantgardistischer Gemälde und Skulpturen.

GRATIS **Museo de Bellas Artes** KUNSTMUSEUM
(Calle del Duque de San Germán 3; ⏲Di–Fr 10–14 & 16–18, Sa & So 10–14 Uhr) In dem ausgezeichneten Museum hängen Werke von Zurbarán, Morales, Picasso und Dalí sowie faszinierende Arbeiten des im 19. Jh. in Badajoz geborenen Künstlers Felipe Checa.

Lusiberia FREIZEITPARK
(www.lusiberia.com; Avenida de Elvas, Antigua Frontera de Caya; Erw./Kind 15/11 €; ⏲11.30–20.30 Uhr) Diese gigantische Freizeitanlage mit einem Wasserpark (nur im Sommer) liegt direkt an der portugiesischen Grenze.

Aktivitäten

Baraka Al Hammam HAMAM
(☎924 25 08 26; www.baraka-al-hammam.com, auf Spanisch; Plaza de la Soledad 14; ⏲10–14 & 17–22 Uhr) Dieses wunderschöne Bad im arabischen Stil wartet mit einem breiten Angebot auf. Das Paket aus 30-Minuten-Bad, Aromatherapie-Behandlung und Massage ist für 30 € zu haben.

Feste & Events

Feria de San Juan STADTFEST
Die größte Party der Stadt wird um den 24. Juni eine Woche lang gefeiert.

Carnaval KARNEVAL
Die Feierlichkeiten zu Karneval kurz vor Beginn der Fastenzeit zählen zu den aufwendigsten in ganz Spanien.

Schlafen

Hotel Husa Zurbarán HOTEL €€
(☎924 00 14 00; www.husa.es; Paseo Castelar; DZ 55–100 €; P ❄) Von der Straße aus sieht das Vier-Sterne-Hotel eher wie ein Betonmonster aus, aber drinnen ist es deutlich attraktiver. Fast alle Räume sind geschmackvoll in leuchtendem Weiß und mit warmen Erdtönen renoviert worden. Das angeschlossene Restaurant Los Monjes ist hervorragend.

Hostal Niza II HOSTAL €
(☎924 22 31 73; www.hostal-niza.com; Calle del Arco Agüero 45; EZ/DZ 27/43 €; ❄) Über die langweiligen Marmorflure und die blassen Farben dieser Bleibe sollte man großzügig hinwegsehen, denn die Zimmer sind sauber und komfortabel. Das Hostal Niza I auf der anderen Straßenseite (Nr. 34) in einem neueren Gebäude hat identisch eingerichtete Zimmer.

Essen

Gran Café Victoria CAFÉ €
(Calle Obispo San Juan de Ribera 3; Frühstück 2–3 €) Mit dem riesigen zentralen Beleuchtungsarrangement, hohen dunklen Säulen und weinroten Sofas bietet das Café ein gediegenes Ambiente für einen morgendlichen Kaffee mit Croissant. Später kann man aber auch noch in aller Ruhe ein Getränk zu sich nehmen.

El Claustro TAPAS-BAR €€
(☎924 20 17 21; Plaza de Cervantes 13A; Tapas ab 2,50 €, Mahlzeiten 25–30 €; ⏲Mo–Sa 12–24 Uhr) An den Steinwänden dieser Tapas-Bar hängen ausgefallene Bilder. Das Claustro bietet großzügig portionierte, innovative Snacks. Größere, ebenfalls sehr leckere Portionen bekommt man im gediegeneren, von Kerzenlicht beleuchteten Speisesaal.

Taberna La Casona Alta TAPAS, IBERISCH €€
(Plaza Alta; raciones ab 6,50 €, Mahlzeiten 25–30 €; ⏲Mo–Sa mittags & abends, So mittags) Essen kann man entweder draußen auf dem Platz oder im Innenbereich mit Fässern als Tischen. Zur Auswahl stehen mehrere *raciones*. Im unten gelegenen Restaurant im maurischen Stil gibt's auch sättigendere Gerichte wie portugiesischen *bacalao* (Kabeljau), der jeden Tag anders zubereitet wird.

Ausgehen

Viele Bars liegen in der Gegend rund um die Kathedrale.

Espantaperros Café JAZZCAFÉ
(Calle Hernán Cortés 14; ⏲Mo–Do 19–3, Fr–So 16–4 Uhr) Einer der lebhaftesten Läden in der ganzen Stadt. Hier treten jede Nacht Jazzbands auf.

El Arrabal BAR
(Calle de San Blas 14; ⏲Mo–Fr 10–2.30, Sa 18–2.30 Uhr) Das anspruchsvolle Arrabal hat eine Gartenbar.

Samarkanda BAR
(www.cafesamarkanda.com, auf Spanisch; Calle Virgen de la Soledad 9; ⏲16.30–2.30 Uhr) Eine lustige Buddha-Statue, ein dunkelroter Anstrich und gemütliche Kissen.

AUF NACH PORTUGAL?

Wer ins Nachbarland weiterreisen möchte, dem bietet der Lonely Planet Reiseführer Portugal Tipps, Empfehlungen und mehr.

Blues Center BAR, LIVEMUSIK
(www.bluescenter.es; Calle de San Juan Bautista 8; ⏲16-4.30 Uhr) Livemusik.

Praktische Informationen

La Guía de Badajoz (www.laguiadebadajoz.com) Ein nützlicher Online-Guide zur Stadt.

Städtische Touristeninformation (☎924 22 49 81; www.turismobadajoz.es; Pasaje de San Juan; ⏲Mo–Fr 10–14 & 16–18, Sa 10–14 Uhr)

Anreise & Unterwegs vor Ort

Busse fahren von hier nach Mérida (4,46 €, 1 Std., 5–9-mal tgl.), Madrid (ab 27 €, 4½–5½ Std., 9-mal tgl.), Lissabon (31 €, 3 Std., 3-mal tgl.) und Sevilla (14,50 €, 3 Std., 6-mal tgl.) über Zafra (6 €, 1¼ Std.).

Rund um Badajoz

ALBUQUERQUE

5700 EW.

Hoch über der kleinen Stadt 38 km nördlich von Badajoz thront das gewaltige **Castillo de la Luna** (Eintritt frei; ⏲Führungen auf Spanisch Di–So 11–13 & 16–18 Uhr). Es ist das Herzstück eines komplexen Verteidigungssystems aus Burgen entlang der Grenze. Die Festung wurde im 13. Jh. am Standort ihrer muslimischen Vorgängerin errichtet und später noch erweitert. Der Blick von der Spitze hat die portugiesische Grenze im Visier (die Portugiesen konnten die Stadt Anfang des 18. Jhs. für ein paar Jahre einnehmen). In einem der Türme sieht man ein merkwürdiges Loch, das die Burgherren als Toilette benutzten – von der sie bei Belagerungen einen unerfreulichen Gruß an die Feinde schickten.

Die Busse zwischen Badajoz und San Vicente de Alcántara halten bis zu viermal täglich in Albuquerque (4,15 €, 45 Min.).

OLIVENZA

11 850 EW.

Das hübsche Olivenza liegt 24 km südlich von Badajoz und hält an seinem portugiesischen Erbe fest: Es ist nämlich erst seit 1801 spanisch. Weiß getünchte Häuser, Verteidigungstürme sowie eine Vorliebe für blaue und weiße Kacheln prägen den gepflasterten Ortskern.

Mitten im Zentrum erhebt sich die **Burg** aus dem 14. Jh. mit ihrem 37 m hohen **Torre del Homenaje**, der herrliche Aussichten bietet. Der Turm beherbergt das **Ethnografische Museum** (☎924 49 02 22; Eintritt 1 €; ⏲Di–Fr 11–14 & 16–19, So 10–14 Uhr) mit einer Spielzeugautosammlung im ersten Stock. Am eindrucksvollsten ist der Abschnitt der **Festungsmauer** rund um die **Puerta del Calvario** aus dem 18. Jh. an der Westseite der Stadt.

Das **Restaurante Hostal Dosca** (☎924 49 10 65; www.hoteldosca.com; Plaza de la Constitución 15; EZ/DZ 40/50 €; ❄@) befindet sich an der Ecke eines der schönsten Plätze Olivenzas und bietet mittags gute Menüs (*menú del día* 13–26 €). Wer will, kann hier auch übernachten. Die Zimmer sind hübsch möbliert und warten zumeist mit einer schönen Aussicht auf.

Busse nach Badajoz (1,40 €, 30 Min.) fahren werktags fast stündlich vom Busbahnhof in der Calle Avelino, fünf Gehminuten von der Plaza de España entfernt.

Zafra

16 420 EW.

Das strahlend weiße Zafra ähnelt einem andalusischen *pueblo blanco,* allerdings ist das Meer 160 km weit entfernt. Enge Straßen führen an barocken Kirchen, altmodischen Läden und traditionellen Häusern vorbei, die mit hellroten Geranien geschmückt sind. Ursprünglich war Zafra eine maurische Siedlung. Auf dem Weg von Mérida nach Sevilla ist es ein angenehmer, wunderschöner Zwischenstopp. Die moderne Neustadt dehnt sich etwas aus, doch ist man erst einmal in der Altstadt, erschließt sich einem eine völlig andere Welt.

Sehenswertes

Die **Burg** aus dem 15. Jh. beherbergt heute einen *parador* und wurde auf dem ehemaligen Standort des muslimischen Alcázar gebaut. Auf der **Plaza Grande** und der angrenzenden **Plaza Chica** mit ihren Arkaden und Bars spielt sich das städtische Leben ab. Hier sieht man alte Männer mit flachen Hüten Domino spielen, Kinder herumtoben und zahlreiche *pipas*-Hülsen (Sonnenblumenkerne) auf dem Boden. Lohnend sind ein Blick in den Hof des **ayuntamiento** (Rathaus; Plaza Pilar Redondo) mit seinen Backsteinbögen, die von schlanken Säulen gestützt werden, und ein Abstecher in die **Iglesia de la Candelaria** (Calle Tetuán; ⏲Mo, Di & Do–Sa 10.30–13 & 17.30–19.30, So 11–13 Uhr) aus dem 16. Jh., die schöne Altarbilder besitzt. Das **Museo Santa Clara** (Eintritt frei; ⏲Di–So 10.30–13.30 & 16.30–18.15 Uhr) verfügt über eine vergoldete Kapelle und ein interessantes Video über das Klosterleben. Die ansässigen Nonnen verkaufen hier ihr selbst hergestelltes Gebäck.

Schlafen

Hotel Plaza Grande HOTEL €€
(☎924 56 31 63; www.hotelplazagrande.com; Calle Pasteleros 2; EZ inkl. Frühstück 35–55 €, DZ inkl. Frühstück 55–75 €;) Der neue Besitzer hat mit dem Plaza Grande ein echtes Schmuckstück geschaffen. Vom Eckbalkon des Zimmers 108 genießt man einen tollen Blick auf den Platz (Nr. 208 ist ganz ähnlich, hat aber Fenster statt einem Balkon). Die Einrichtung setzt auf Terrakotta mit beigefarbenen und gedämpften erdigen Tönen. Unten gibt's ein Restaurant und eine Bar.

Parador Hernán Cortés HOTEL €€
(☎924 55 45 40; www.parador.es; Plaza Corazón de María 7; DZ 90–155 €;) Große Zimmer mit burgunderroten Möbeln und Antiquitäten, ein fantastischer Innenhof mit Marmorsäulen, ein schöner Pool, der von Efeu und Türmchen umgeben ist, sowie ein ausgezeichnetes Restaurant.

Hotel Huerta Honda HOTEL €€
(☎924 55 41 00; www.hotelhuertahonda.com; Calle López Asme 1; EZ 59 €, DZ 74–96 €, Suite 120–150 €; P) Die Standardzimmer mit Braun- und Beigetönen sind modern eingerichtet, während die gehobeneren Zimmer über herrliche Himmelbetten, Holzdecken und Antiquitäten verfügen. Vom Innenhof mit Bougainvilleen sieht man die Burg. Parken kostet 5 €.

Albergue Convento San Francisco HOSTEL €
(☎924 02 98 17; Calle Ancha 1; B 18–32 €; @) In dem ehemaligen Kloster kommen vorzugsweise Wanderer der Ruta Vía de la Plata (s. Kasten S. 847) unter. Es gibt angenehme, hübsch ausgestattete Schlafsäle oder Doppelzimmer mit Bad.

Essen

Gastro-Bar Baraka TAPAS €
(Plaza Grande 20; Mahlzeiten 15–20 €; Mo–Mi 19–24, Do 19–3, Fr–So 13–3 Uhr) Dieses 2009 eröffnete Lokal bereichert die Plaza Grande mit seinem gehobenen Flair. Hier kann man z. B. kreative *tostas* (2,85–3,75 €) oder reichhaltige *raciones* bestellen, darunter Schweinefilet in einer cremigen Torta-de-Casar-Sauce auf einem Bett mit hauchdünnen Kartoffelscheiben (8,75 €). Am besten genießt man die Speisen an einem lauen Sommerabend mit einem Glas Rotwein an dem von Lampen beleuchteten Platz. Unten gibt's eine groovige Bar (geöffnet Do–So) mit einer Zisterne aus dem 15. Jh.

La Rebotica TRADITIONELL SPANISCH €€
(☎924 55 42 89; Calle Boticas 12; Mahlzeiten 35 €; Di–Sa mittags & abends, So mittags) Traditionelle Fleischgerichte wie *rabo de toro* (Ochsenschwanz) und Schweinefilets in fünf verschiedenen Varianten, alles zubereitet vom holländischen Küchenchef Rudy Koster. Das Restaurant befindet sich ganz in der Nähe der schönen Plaza Chica.

Praktische Informationen

Städtische Touristeninformation (☎924 55 10 36; www.turismodezafra.blogspot.com, auf Spanisch; Plaza de España 8A; Mo–Fr 9.30–14 & 16–19, Sa & So 10–13.30 & 17–19 Uhr)

An- & Weiterreise

Zafra liegt an der Busstrecke zwischen Sevilla und Mérida (5,35 €, 65 Min.) sowie Badajoz (6 €, 1¼ Std.). Darüber hinaus gibt's mehrere Zugverbindungen.

Rund um Zafra

Die Straßen durch die hügelige Sierra Morena nach Andalusien führen südwestlich durch Fregenal de la Sierra in die nördliche Provinz Huelva und südöstlich in den Parque Natural Sierra Norte in der Provinz Sevilla.

Zu den Highlights von **Fregenal de la Sierra** zählen die Burg aus dem 13. Jh. mit sieben Türmen sowie die benachbarte Santa-María-Kirche. Dienstags und freitags findet auf dem Hauptplatz ein lebhafter Markt statt. Aus dem ummauerten und auf einem Hügel thronenden **Jerez de los Caballeros** 42 km westlich von Zafra stammten viele Eroberer Lateinamerikas. Hier erheben sich eine Tempelritterburg und mehrere schöne Kirchen, drei mit Türmen, die der Giralda in Sevilla ähneln. Über dem stillen **Burguillos del Cerro** südwestlich von Zafra wacht auf einem grasbewachsenen Hügel eine Burg aus dem 15. Jh. An der Guadalcanal-Straße nahe der **Casas de Reina** entdeckt man prächtige Reste eines römischen Theaters und einer muslimischen Burg.

Werktags verkehren Busse zwischen Zafra und Fregenal de la Sierra (3,25 €, 1 Std.), Jerez de los Caballeros (3,45 €, 1 Std.) und Burguillos del Cerro (1,85 €, 30 Min.).

Teatro Romano (S. 854), Mérida
Das Teatro Romano wurde um 15 v. Chr. erbaut und ist das einzige Bauwerk aus der Römerzeit in Mérida, das noch seinem ursprünglichen Zweck dient.

Spanien verstehen

Bevölkerung pro km²

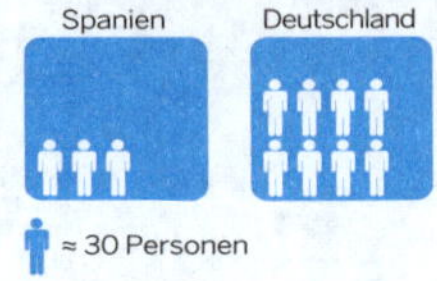

Spanien aktuell

Boom & Baisse

Es ist noch gar nicht lang her, da war Spanien das Paradebeispiel für ein blühendes, aufstrebendes Europa, nachdem es jahrzehntelang hinter den übrigen Mitgliedsstaaten der EU hergehinkt war. Doch dann kam der tiefe Fall. 2008 ging das Wirtschaftswachstum in besorgniserregendem Maße zurück und die Arbeitslosigkeit stieg von ca. 6 % auf fast 20 %. Selbst die Regierung räumte ein, dass es sich um die „schlimmste Rezession seit 50 Jahren" handelt. Die wichtigsten Säulen der spanischen Wirtschaft, die Baubranche (16 % des BIP) und der Tourismus (5 %), sind stark von der jeweiligen Wirtschaftslage abhängig, was darauf schließen lässt, dass die Ökonomie auch in den kommenden Jahren Spaniens Sorgenkind und Herausforderung Nummer eins sein wird.

- » Bevölkerung: 46 Mio. (2010)
- » BIP: 1,466 Bio. €
- » BIP pro Kopf (2009): 23 600 €
- » Jährliche Inflation (2009): –0,8 %
- » Arbeitslosigkeit (2009): 18 %
- » Domain-Endung: .es
- » Fläche: 505 370 km²

Spanien neu erschaffen

Die sozialistische Regierung, die 2004 an die Macht kam und 2008 bestätigt wurde, hat aus dem einst stockkatholischen Land eine der liberalsten Nationen Europas gemacht. Homosexuelle dürfen heiraten, die Scheidungs- und Abtreibungsregelungen wurden gelockert und die mächtige katholische Kirche wird bei der Erstellung der Lehrpläne in den Schulen nicht mehr einbezogen. Ein Großteil der spanischen Bevölkerung begrüßte die Entwicklungen. Kontroverser wird derweil diskutiert, ob es eine gute Entscheidung war, die während des Bürgerkriegs und der folgenden Diktaturjahre unter Franco verübten Verbrechen neu zu untersuchen. Auch der Kurs hin zu mehr Autonomie für die nach Unabhängigkeit strebenden Provinzen hinterlässt bei vielen Spaniern ein ungutes Gefühl. Der Widerstand der Opposition war so heftig, dass der Eindruck entsteht, das Land könnte heutzutage gespaltener sein als in den vergangenen Jahrzehnten.

Top-Bücher

Ghosts of Spain (Giles Tremlett) Spanien von heute und „Überbleibsel" von damals.
Der Umweg nach Santiago (Cees Nooteboom) Eine Reise auf dem Jakobsweg.
A Handbook for Travellers (Richard Ford) Dieser Klassiker von 1845 ist geistreich, informativ und geradezu dreist.
Between Hopes and Memories: A Spanish Journey (Michael Jacobs) Amüsante Beschreibung des Landes.
Zwei Esel auf dem Jakobsweg (Tim Moore) Sehr lustig.

Top-Filme

Willkommen, Mr. Marshall! (1952)
Jamón, Jamón (1992)
Flamenco (1995)
Alles über meine Mutter (1999)
Das Meer in mir (2004)
Volver (2006)
Alatriste (2006)

Religiöse Gruppen
(% der Bevölkerung)

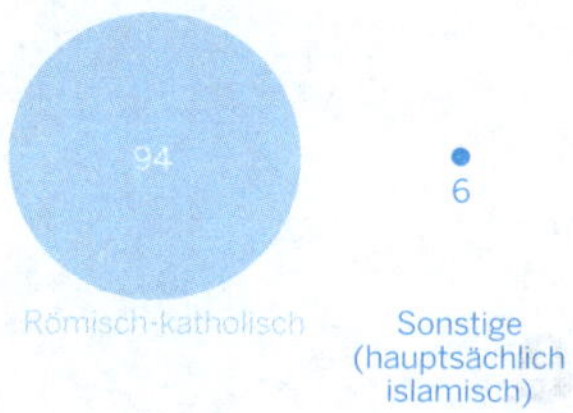

Wenn in Spanien nur 100 Personen leben würden

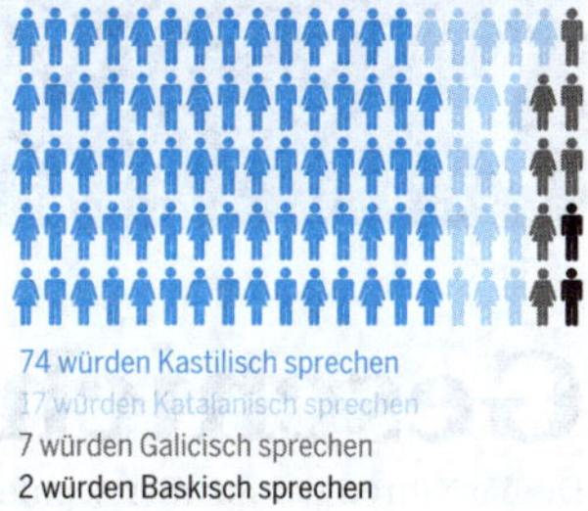

Terrorismus

Am 11. März 2004 detonierten in vier Madrider Pendelzügen zur Hauptverkehrszeit zehn Bomben des Terrornetzwerks Al Kaida. 191 Menschen starben, fast 1800 wurden verletzt. Während des anschließenden Prozesses behaupteten die spanischen Staatsanwälte, dass der Angriff als Vergeltungsschlag einzuschätzen sei, da Spanien zu den Unterstützern des Irakkriegs gehört hatte – und das, obwohl es nur wenige Befürworter innerhalb der Bevölkerung gab. Es war der schlimmste Terrorakt in der Geschichte des Landes und versetzte die Menschen in Angst und Schrecken, die gewalttätige Übergriffe bereits von der ETA kannten.

In der EU und den USA gilt die ETA als Terrororganisation. Sie hat in den letzten Jahren an Einfluss verloren, stellt aber unverändert eine potenzielle Gefahr dar. Am 30. Dezember 2006 kamen zwei Menschen bei einem Bombenanschlag am Madrider Flughafen Barajas ums Leben und während des Wahlkampfs 2008 wurde ein ehemaliger baskischer Stadtrat ermordet. Man wird dennoch kaum einen Spanier treffen, der sich akut von der ETA oder einer anderen terroristischen Organisation bedroht fühlt, denn die Wahrscheinlichkeit, Opfer eines Anschlags zu werden, ist hier nicht höher als in jedem anderen westlichen Land.

Sportliche Erfolge

Einige Sportler haben ihren Fans Grund zum Jubeln gegeben: Besonders hervorzuheben sind Rafael Nadal, der 2008 und 2010 in Wimbledon triumphierte, und die Fußballnationalmannschaft, die erst die EM 2008 für sich entschied und dann auch noch 2010 den WM-Titel einheimste. Sie einten ihre Heimat auf noch nie da gewesene Weise, wenngleich auch nur für kurze Zeit.

- » Höchste Erhebung auf dem Festland: Mulhacen (3479 m)
- » Anzahl der Nationalparks: 14
- » Gesamtlänge der Küste: 4964 km
- » Längste Grenze: 1214 km (mit Portugal)
- » Kürzeste Grenze: 1,2 km (Gibraltar)

Top-Flamenco

Una Leyenda Flamenca (El Camarón de la Isla) Tolle Musik eines zeitlosen Meisters.
Canciones Hondas (Ketama) Flamenco-Fusion.
Lágrimas Negras (Diego El Cigala) Flamenco mit kubanischen Rhythmen.
Flamenco (Enrique Morente) Der kreative Kopf der modernen Szene.
Paco de Lucía Antología (Paco de Lucía) Das Lebenswerk des großen Flamenco-Gitarristen.
Flamenco Chill (Chambao) Überaus entspannt.

Top-Themen

Einwanderer In den letzten 15 Jahren ist der Prozentsatz der Einwanderer in der Bevölkerung von 2 % auf 12 % gestiegen.
Wirtschaft Wie konnte alles bloß so schnell so schiefgehen?
Die WM 2010 Ein grandioser Triumph.

Geschichte

Die Vorfahren der Spanier schufen zwischen 15 000 und 10 000 v. Chr. in der Cueva de Altamira und an anderen Stätten einige der weltweit beachtlichsten prähistorischen Felsmalereien. Nach 1000 v. Chr. gründeten phönizische und griechische Händler aus der östlichen Mittelmeerregion Siedlungen an der südlichen und östlichen Küste Spaniens. Sie wurden von den Karthagern abgelöst, die wiederum den Römern weichen mussten. Rom kontrollierte die Iberische Halbinsel (Spanien und Portugal) von etwa 200 v. Chr. bis 400 n. Chr. und sorgte für Stabilität und Wohlstand. Nach dem Zerfall des Römischen Reichs übernahm der germanische Stamm der Westgoten die Kontrolle über die spanische Halbinsel, bis muslimische Streitkräfte aus Nordafrika im Jahr 711 n. Chr. eindrangen und das gesamte Gebiet in kürzester Zeit überrannten. Die Muslime (häufig als Mauren bezeichnet) entwickelten sich zu den dominanten Herrschern während der nächsten vier Jahrhunderte und blieben noch vier weitere Jahrhunderte stark. Politische Macht und kulturelle Blüte konzentrierten sich ursprünglich auf Córdoba (756–1031), dann Sevilla (1040–1248) und schließlich Granada (1248–1492). Zwischen Kriegen und Rebellionen entwickelte sich unter der muslimischen Herrschaft die gebildetste Gesellschaft des mittelalterlichen Europas.

Einen guten Überblick bietet Walther Berneckers Buch *Spanische Geschichte: Von der Reconquista bis heute.*

Von Asturien an der spanischen Nordküste aus eroberten die christlichen Königreiche León, Castilla (Kastilien), Aragón (Aragonien) und Portugal in einer rund acht Jahrhunderte dauernden Reconquista die Gebiete zurück. Das letzte muslimische Königreich Granada fiel 1492 an die Reyes Católicos (Katholischen Könige) Isabella von Kastilien und Ferdinand von Aragonien, deren Heirat die beiden mächtigsten christlichen Reiche vereint hatte. Im selben Jahr stieß der Genuese Christoph Kolumbus (auf Spanisch Cristóbal Colón) bei einer Entdeckungsfahrt, die von der spanischen Krone finanziert wurde, auf mehrere karibische Inseln. Dies führte zur spanischen Eroberung großer Teile Lateiname-

ZEITACHSE

ca. 1,2 Mio. v. Chr.

In der Sima del Elefante bei Atapuerca, nahe der im Norden gelegenen Stadt Burgos, hinterlassen die ersten in Europa bekannten Menschen ihre versteinerten Überreste.

ca. 22 000 v. Chr.

Auf der Iberischen Halbinsel stirbt der Neandertaler aus. Mögliche Gründe dafür sind klimatische Veränderungen während der letzten Eiszeit und die Ankunft des Homo sapiens aus Afrika.

ca. 15 000–10 000 v. Chr.

Im Paläolithikum (Altsteinzeit) verzieren Jäger der Magdalénian-Kultur mit schönen, anspruchsvollen Tierbildern die Höhlenwände in Altamira und anderen Höhlen der Nordküste Spaniens.

rikas und das neue Imperium lieferte Spanien eine große Menge Silber. Im 16. Jh. war das Land unter den Königen Carlos I. und Felipe II., die auch über weite Teile Europas herrschten, auf der Höhe seiner Macht.

Im 17. Jh. ließen die Silberlieferungen der Schiffe nach Spanien drastisch nach, ein 300 Jahre andauernder Niedergang begann. In dieser Zeit verlor das Land alle seine ausländischen Besitztümer. Interne Kriege und eine immer stärkere Kluft zwischen Arm und Reich führte Ende des 19. und Anfang des 20. Jhs. zu sozialen Unruhen und politischer Radikalisierung. Während der Zweiten Republik (1931–36) war Spanien heillos polarisiert zwischen einem rechten und einem linken Lager. Dies führte zum Bürgerkrieg (1936–39), in dessen Verlauf die rechtsgerichteten Nationalisten unter General Francisco Franco die linksgerichteten Republikaner besiegten. Franco regierte als Diktator bis zu seinem Tod im Jahr 1975, danach leitete König Juan Carlos I. die Rückkehr zur Demokratie ein. Die Folge war ein drei Jahrzehnte anhaltendes, stetiges Wirtschaftswachstum.

Prähistorische Stätten

- » Cueva de Altamira, in der Nähe von Santillana del Mar
- » Atapuerca, in der Nähe von Burgos
- » Cueva de Tito Bustillo, Ribadesella
- » Dolmen, Antequera
- » Cueva de la Pileta, in der Nähe von Ronda

Die ersten Spanier

2007 entdeckten Archäologen Ansammlungen von Knochen und Steinwerkzeugen an der Sima del Elefante (Elefantenschlucht). Diese befindet sich in der Sierra de Atapuerca, ganz nahe der im Norden gelegenen Stadt Burgos. Es stellte sich heraus, dass der Kieferknochen, die Armknochen und die Zähne rund 1,2 Mio. Jahre alt und somit die ältesten jemals in Europa gefundenen menschlichen Überreste sind. Wissenschaftler vertreten die Meinung, dass diese Knochen von der Spezies *Homo antecessor* stammen, aus dem wiederum der Neandertaler bzw. Homo sapiens hervorging. Fraglich bleibt, ob diese ersten Einwanderer direkt aus Afrika oder über Asien nach Spanien kamen, doch solange es keine älteren Funde gibt, kann Spanien für sich in Anspruch nehmen, die Wiege der europäischen Menschheit zu sein. Mehr über Atapuerca siehe S. 189.

1848 wurde auf der Iberischen Halbinsel ein bedeutender Fund gemacht, denn man entdeckte den Schädel einer Neandertalerin, genannt die „Gibraltar-Frau".

Im ganzen Land liefern Höhlen und archäologische Stätten – viele können heute besichtigt werden, darunter auch Atapuerca – Erkenntnisse über Spaniens prähistorische Bewohner. Die gut besuchte Cueva de Nerja war einer von vielen Aufenthaltsorten des ersten modernen Menschentyps in Iberien: der Cro-Magnon-Menschen, die wahrscheinlich vor 35 000 Jahren aus Afrika kamen. Die großartigsten Hinterlassenschaften dieser prähistorischen Menschen sind die wunderbaren Höhlenmalereien aus dem Paläolithikum (Altsteinzeit) in Nordspanien. Dabei stammen die schönsten Beispiele von den Kulturen Solutréen und Magdalénien aus der Zeit von rund 20 000 bis 15 000 und 15 000 bis 10 000 v. Chr. Altamiras fein ausgearbeitete Darstellungen von Bisons, Hirschen, Wildschweinen und Pferden sind die beachtlichsten

MICHAL BOUBIN/ALAMY

» Cueva de Altamira (S. 495)

ca. 3000–1900 v. Chr.

Spanier entdecken das Metallhandwerk. In Los Millares bei Almería schmilzt man Kupfer ein und bearbeitet dieses. Später wird in El Argar Kupfer mit Zinn vermischt. Das Bronzezeitalter ist eingeläutet.

ca. 800–600 v. Chr.

Die Tartessos-Kultur im westlichen Andalusien erblüht unter dem Einfluss phönizischer und griechischer Händler. Die Phönizier im Süden und die Kelten im Norden des Landes leiten die Eisenzeit ein.

von 18 unterschiedlichen paläolithischen Höhlenmalereien entlang der Nordküste Spaniens und Teil des Unesco-Welterbes (s. S. 495).

Nach dem Ende der letzten Eiszeit (ca. 8000 v. Chr.) folgten ihnen weitere, vermutlich aus Nordafrika stammende Völker. Die Höhlenmalereien mit Darstellungen von Jägern und Sammlern, Kämpfen, dem täglichen Leben und der Mythologie, die entlang der Ostseite Spaniens erhalten geblieben sind, veranschaulichen auf einzigartige Weise das Leben in der Steinzeit in den nun folgenden 5000 Jahren. Mehr als 700 verschiedene Stätten mit Felsmalereien von Aragonien bis Andalusien gehören zu einer weiteren Welterbeliste.

Neolithische (Neusteinzeitliche) Kulturen aus Mesopotamien und Ägypten erreichten Spanien um 6000 v. Chr. und brachten revolutionäre Neuerungen wie den Pflug, Feldfrüchte, Vieh, Keramik, Textilien und feste Siedlungen hervor. An mehreren Orten auf der Halbinsel zeugen aus großen Felsbrocken errichtete Großsteingräber (Dolmen) von Kontakten zu nordeuropäischen Völkern. Sie entstanden zwischen 3000 und 2000 v. Chr. Besonders beeindruckt zeigen sich viele Betrachter von den Dolmen im andalusischen Antequera. Etwa zur gleichen Zeit verzeichnet man in der Provinz Almería im Südosten die Anfänge des Metallhandwerks, das die Kupfer- und dann die Bronzezeit einläutete.

Die ersten Händler & Eroberer

Spaniens Reichtum an Bodenschätzen und die Sesshaftigkeit seiner Bewohner lockten mehrere fortschrittlichere Kulturen rund um das Mittelmeer an. Zwischen 1000 v. Chr. und 600 nach Chr. sorgten diese für gewaltige technologische, gesellschaftliche und politische Veränderungen. Sie hinterließen einige beachtliche Monumente und prägten die spanische Lebensart nachhaltig. Zunächst kamen sie als Händler, doch den späteren aufstrebenden Mächten am Mittelmeer ging es schon bald nicht mehr nur um den Reichtum Spaniens, sondern auch um die militärische Kontrolle über das Land.

Phönizier, Griechen & Kelten

Etwa um 1000 v. Chr. bestand im westlichen Andalusien bereits eine blühende Kultur. Viehhaltung, Landwirtschaft und Metallhandwerk spielten eine große Rolle. Die Phönizier, ein Volk der semitischen Sprachfamilie aus dem heutigen Libanon, kamen ursprünglich auf die Halbinsel, um Parfüm, Elfenbein, Schmuck, Öl, Wein und Textilien gegen spanisches Silber und Bronze einzutauschen Bald jedoch gründeten sie an der Küste Handelskolonien in Cádiz (das sie Gadir nannten), Huelva (Onuba), Málaga (Malaka) und Almuñécar (Ex oder Sex). Heute sind in den Museen dieser Städte viele phönizische Gegenstände zu sehen. Im 7. Jh. v. Chr. erreichten auch griechische Händler Spanien und

6. Jh. v. Chr.

Karthago, eine frühere phönizische Kolonie in Nordafrika, löst die Phönizier und Griechen als größte Handelsmacht im westlichen Mittelmeerraum ab.

218 v. Chr.

Mit der Ankunft römischer Legionen während des Zweiten Punischen Kriegs beginnt Roms 600 Jahre dauernde Besatzung der Iberischen Halbinsel.

1.–3. Jh. n. Chr.

Die Pax Romana (Römischer Friede) ist eine Phase der Stabilität und des Wohlstands. Die Iberische Halbinsel wird in drei Provinzen aufgeteilt: Baetica, Lusitania und Tarraconensis.

53

Der zukünftige römische Kaiser Trajan wird in Itálica als Sohn eines reichen Senators geboren. Unter seiner imperialistischen Herrschaft, die 98 beginnt, erfährt das Römische Reich seine größte Ausdehnung.

boten überwiegend dieselben Waren wie die Phönizier an. Dank ihnen entstanden viele Siedlungen an der Mittelmeerküste – die größte war Emporion (Empúries) bei L'Escala in Katalonien.

Die von Phöniziern und Griechen beeinflusste sogenannte Tartessos-Kultur mit phönizischen Gottheiten entwickelte sich im westlichen Andalusien im 8. und 7. Jh. In dieser Kultur wurde die Goldverarbeitung verbessert, doch es war das Eisen, das die Bronze ersetzte und zum wichtigsten Metall wurde. Griechische, römische und biblische Schreiber mythologisierten Tartessos als unvorstellbar reich. Nicht bekannt ist, ob der Name eine Stadt, ein Staatswesen oder einfach nur ein Gebiet bezeichnete. Einige glauben an eine Handelsniederlassung in der Nähe des heutigen Huelva, für andere liegt der Ort unter den Sümpfen an der Mündung des Río Guadalquivir.

Neben Eisen brachten Phönizier und Griechen noch weitere Dinge hierher, die inzwischen oft als typisch spanisch empfunden werden, z. B. Olivenbäume, Wein und Esel. Außerdem lernten die Einheimischen nützliche Fähigkeiten wie das Schreiben und andere Neuheiten wie Münzen, Töpferscheiben sowie Geflügelzucht kennen.

Ungefähr zu der Zeit, als die Menschen im Süden Spaniens erstmals mit Eisen in Berührung kamen, verbreiteten die ursprünglich aus Mitteleuropa stammenden Kelten ihre Metallverarbeitungstechniken (und nicht zu vergessen Methoden zur Bierherstellung) bei ihrer Überquerung der Pyrenäen auch im Norden. Anders als die dunklen Iberer waren sie hellhaarig. Auf der *meseta* (Hochebene in Zentralspanien) vermischten sie sich zu den Keltiberern. Die Kelten lebten in Nordwestspanien üblicherweise in größeren Hügelfestungen, den *castros*, von denen man noch einige besichtigen kann.

CÁDIZ

Cádiz geht auf das 9. Jh. v. Chr. zurück und ist die älteste, kontinuierlich bewohnte Stadt der gesamten Iberischen Halbinsel.

Die Karthager

Ab dem 6. Jh. v. Chr. verdrängten die Karthager die Phönizier und Griechen aus der westlichen Mittelmeerregion; die Siedler einer ehemaligen phönizischen Kolonie im heutigen Tunesien errichteten eine blühende Siedlung auf Ibiza.

Doch sie konnten nicht mit Rom, der nächsten aufsteigenden Macht aus dem Mittelmeerraum, mithalten. Nach ihrer Niederlage im Ersten Punischen Krieg (264–241 v. Chr.), bei dem es um die Vorherrschaft in Sizilien ging, nahmen die Karthager 237 v. Chr. die Iberische Halbinsel ein. Der Zweite Punische Krieg (218–201 v. Chr.) brachte den Elefantentrupp des karthagischen Generals Hannibal über die Alpen Richtung Rom, aber auch römische Legionen nach Spanien. Mit dem Sieg der Römer in Ilipa bei Sevilla 206 v. Chr. erhielten sie die Kontrolle über die Iberische Halbinsel. Die erste römische Stadt in Spanien, Itálica, wurde schon bald danach in der Nähe des Schlachtfelds gegründet.

4.–7. Jh.

Germanische Stämme beenden die Pax Romana. Die Westgoten sichern sich die Kontrolle und bringen 200 Jahre lang relative Stabilität, in der die hispano-römische Kultur überleben kann.

711

Muslime aus Nordafrika dringen nach Iberien vor und erobern das Gebiet innerhalb weniger Jahre. Sie bestimmen fast 800 Jahre lang die Geschicke der Halbinsel mit, die ersten 400 Jahre davon als Machthaber.

718

Pelayo, ein westgotischer christlicher Adliger, gründet das Königreich Asturien. Mit einem Sieg über maurische Streitkräfte in der Schlacht von Covadonga um das Jahr 722 beginnt die Reconquista.

756

Abd ar-Rahman I. ernennt sich selbst zum Emir von Córdoba und beherrscht von dort aus Al-Andalus, die islamischen Gebiete der Halbinsel. Córdoba bleibt fast drei Jahrhunderte lang das Zentrum der Macht.

Die Römer

Die Römer beherrschten Iberien zwar mehr als 600 Jahre, doch die stärksten Stämme konnten sie erst nach 200 Jahren unterwerfen. Ein Großteil der Bewohner Hispaniens (der römische Name der Halbinsel) hatte um 50 n. Chr. bereits die Lebensart der Eroberer übernommen. Eine bedeutende Ausnahme waren die Bewohner des Baskenlands.

Das Erbe der Römer war sehr vielfältig. Sie hinterließen ein Straßennetz, Aquädukte, Tempel, Amphitheater, Badehäuser und natürlich das Christentum. Mehrere der heute auf der Halbinsel gesprochenen Sprachen – Spanisch, Katalanisch, Galicisch und Portugiesisch – basieren auf dem von römischen Legionären und Kolonisten verwendeten umgangssprachlichen Latein. Allerdings begannen die Römer auch als Erste damit, die weitläufigen Wälder der *meseta* abzuholzen (für Häuser, Waffen und als Brennmaterial). Ein weiteres wichtiges Ereignis während ihrer Zeit war die Ankunft der Juden auf der Halbinsel, denn diese sollten in den nächsten 1000 Jahren eine bedeutende Rolle spielen. Hispanien selbst lieferte Rom Gold, Silber, Getreide, Wein, Soldaten, Kaiser (Trajan, Hadrian, Theodosius) und die Schriften von Seneca, Martial, Quintilian und Lucan. Von hier stammt auch *garum*, eine pikante, zum Würzen verwendete Fischsauce.

Römische Ruinen

- Mérida
- Segovia
- Itálica
- Tarragona
- Baelo Claudia, Bolonia
- Lugo

Als die germanischen Stämme der Franken und Alemannen im späten 3. Jh. über die Pyrenäen auf die Halbinsel gelangten und dort marodierten, begann die Pax Romana (der „römische Frieden", eine lange Zeit des Wohlstands und der Stabilität unter den Römern) in Spanien zu bröckeln. Ein Jahrhundert später brachte der Vormarsch der asiatischen Hunnen nach Osteuropa einige germanische Völker dazu, nach Westen zu wandern. Unter ihnen waren die Sueben und Vandalen, die um 410 die Iberische Halbinsel überrannten.

Die Westgoten

Die germanischen Westgoten nahmen Rom 410 ein. Doch schon ein paar Jahre später wurden sie zu römischen Verbündeten und erhielten Vasallenland im südlichen Gallien (Frankreich), wo sie als kaiserliche Krieger gegen die barbarischen Eindringlinge in Hispanien kämpfen sollten. Als sie im 6. Jh. von den germanischen Franken verdrängt wurden, ließen sie sich auf der Iberischen Halbinsel nieder und erkoren Toledo zu ihrer Hauptstadt.

Die Herrschaft der ungefähr 200 000 langhaarigen Westgoten mit einer Vorliebe für auffälligen Schmuck über die millionenstarken und weitaus kultivierteren Hispano-Römer gestaltete sich schwierig und wurde zudem durch Konflikte in den eigenen Reihen unterminiert. Immer noch kontrollierten die Hispano-Römer das Steuerwesen und in den Städten hatten ihre Bischöfe das Sagen. Was die Bindung zwischen

801

Barcelona wird von fränkischen Truppen erobert und zum Puffer zwischen den Christen im Norden und den Mauren im Süden.

929

Abd ar-Rahman III. gründet das Kalifat von Córdoba. Die Stadt zählt fast eine halbe Million Einwohner und ist Europas größte und kulturell am höchsten entwickelte Metropole.

1031

Das Kalifat von Córdoba zerfällt nach einem verheerenden Bürgerkrieg in Dutzende *taifas* (kleine Königreiche): Zu den mächtigsten gehören Sevilla, Granada, Toledo und Zaragoza.

OLIVER STREWE

» Alcázar (S. 715), Sevilla

dem westgotischen Hochadel und den Hispano-Römern jedoch festigte, war 587 die Konvertierung König Rekkareds I. vom westgotischen Arianismus (der die göttliche Natur Jesu ablehnte) zum römisch-katholischen Glauben. Kulturell eiferten die Westgoten den Römern nach und hinterließen so nur wenige bleibende Eindrücke. Allerdings gilt die westgotische Kirche von Baños de Cerrato nahe Palencia aus dem Jahr 661 als die älteste noch bestehende Kirche des Landes. Der wichtigste Beitrag der Westgoten zur spanischen Geschichte war, dass der westgotische Hochadel einem kleinen christlichen Königtum vorstand, das die Eroberung der Muslime im Jahr 711 überstand. Hier begann die acht Jahrhunderte andauernde Reconquista, die schließlich zur Vormachtstellung der Christen auf der gesamten Iberischen Halbinsel führte. Noch heute erinnern gängige Namen an die westgotischen Ursprünge und ihre Rolle in der spanischen Geschichte, darunter Fernando, Roderigo, Fernández und Rodríguez.

Das maurische Spanien

Nach dem Tod des Propheten Mohammed 632 verbreiteten sich arabische Stämme im Nahen Osten und in Nordafrika. Nachdem das westgotische Königreich wegen Hungersnöten, Krankheiten und der Zerstrittenheit des Adels zusammengebrochen war, bot das Land eine ideale Angriffsfläche. Der Legende nach waren an der Ankunft der Muslime in Spanien die erotischen Abenteuer des letzten westgotischen Königs Roderich schuld. Er hatte angeblich Florinda, die Tochter des westgotischen Statthalters Julian, im nordafrikanischen Ceuta verführt. Ihr rachsüchtiger Vater soll sich daraufhin mit den Muslimen verbündet haben. So landete im Jahr 711 der muslimische Statthalter von Tanger, Tariq ibn Ziyad, mit 10 000 Mann, meist nordafrikanischen Berbern, in Gibraltar und vernichtete Roderichs Armee. Der Herrscher selbst soll auf der Flucht ertrunken sein. Die überlebenden Westgoten flohen gen Norden. Nach nur wenigen Jahren hatten die Muslime bis auf einige Flecken in den asturischen Bergen die gesamte Iberische Halbinsel erobert. Lediglich die Franken konnten ihnen bei ihrem Vormarsch durch Europa 732 in der Schlacht von Poitiers die Stirn bieten.

André Clots *Das maurische Spanien* nimmt den Leser mit auf einen Streifzug durch Al-Andalus, die muslimischen Gebiete der Halbinsel.

Dem muslimischen Teil der Halbinsel wurde der Name Al-Andalus gegeben. Allerdings verschoben sich die Grenzen des Gebiets ständig, weil die Christen während der 800 Jahre dauernden Reconquista (Wiedereroberung) eifrig Territorium zurückeroberten. Bis Mitte des 11. Jhs. zog sich die Grenze durch den Norden der Halbinsel, etwa von Südkatalonien bis zum Norden Portugals, mit einem Hakenschlag in die zentralen Pyrenäen. Politische Macht und kulturelle Blüte konzentrierten sich ursprünglich auf Córdoba (756–1031), dann Sevilla (1040–1248) und schließlich Granada (1248–1492). In diesen Städten entstanden wun-

1035

Kastilien, ein Gebiet des nördlichen, christlichen Königreichs von León (Nachfolger des Königreichs Asturias), erreicht seine Unabhängigkeit und wird zur führenden Kraft der Reconquista.

1085

Kastilien erobert die muslimische Hochburg Toledo in Zentralspanien, weil die *taifas* durch Kämpfe untereinander geschwächt worden sind.

1091

Die muslimischen Almoraviden aus Nordafrika besetzen und vereinen Al-Andalus, regieren es von Marrakesch aus und stoppen die christliche Ausbreitung. In den 1140er-Jahren zerfällt Al-Andalus in *taifas*.

1137

Ramón Berenguer IV. von Katalonien heiratet Petronella, die Erbin von Aragonien. So entsteht ein wichtiges neues christliches Reich im Nordosten: das Königshaus von Aragonien mit Barcelona als Machtzentrum.

derschöne Paläste, Moscheen und Gärten, Universitäten, öffentliche Bäder und lebhafte *zocos* (Märkte). Die Herrscher von Al-Andalus erwiesen sich gegenüber Juden und Christen (Mozaraber genannt; spanische Christen unter maurischer Herrschaft) als relativ tolerant. Juden erging es dabei gut, Christen mussten jedoch eine Sondersteuer zahlen, was dazu führte, dass sie entweder zum Islam übertraten (sie wurden dann *muladíes* oder *muwallad* genannt) oder in den christlich geprägten Norden flohen. Die Mauren selbst bildeten keineswegs eine homogene Gruppe, sondern bestanden überwiegend aus einem Berbervolk, das wiederum einer arabischen Herrscherklasse unterstand. In ständigen Aufständen offenbarten sich die Reibungen zwischen den beiden.

Das Emirat & Kalifat von Córdoba

Anfänglich gehörte Al-Andalus zum Kalifat von Damaskus, das damals die muslimische Welt beherrschte. Die Dynastie des Omaijaden-Kalifats von Damaskus wurde 750 vom rivalisierenden Clan der Abbasiden gestürzt, die das Kalifat nach Bagdad verlegten. Einzig der adelige Omaijade Abd ar-Rahman I. schaffte es, nach Spanien zu gelangen und sich 756 als unabhängiger Emir von Al-Andalus in Córdoba zu behaupten. Er ließ die Mezquita von Córdoba errichten, ein beeindruckendes Bauwerk der muslimischen Welt. Unter seiner Herrschaft blieb Al-Andalus weitgehend und für einen langen Zeitraum befriedet. 929 verlieh sich der Herrscher Abd ar-Rahman III. selbst den Titel des Kalifen und schuf somit das Kalifat Córdoba (929–1031), das Al-Andalus Glanz und Glorie verlieh. Córdoba war in jener Zeit die größte und strahlendste Stadt im westlichen Europa. Astronomie, Medizin, Mathematik und Botanik gediehen, zudem wurde in der Stadt eine der besten Bibliotheken der muslimischen Welt begründet.

Im 10. Jh. schließlich sorgte der grausame Feldherr Al-Mansur (Almanzor) mit mehr als 50 Raubzügen 20 Jahre lang für Furcht und Schrecken im christlichen Norden. 997 zerstörte er die Kathedrale von Santiago de Compostela im Nordwesten des Landes und zwang christliche Sklaven, ihre Tore und Glocken nach Córdoba zu schleppen, wo sie in die große Moschee eingebaut wurden. Nach Al-Mansurs Tod brach ein vernichtender Bürgerkrieg aus und das Kalifat zersplitterte schließlich 1031 in etliche *taifas* (Kleinkönigreiche).

Maurische Monumente

- » Alhambra, Granada
- » Mezquita, Córdoba
- » Albayzín, Granada
- » Alcázar, Sevilla
- » Giralda, Sevilla
- » Aljafería, Zaragoza
- » Alcazaba, Málaga

Almoraviden & Almohaden

Die Ankunft der Almoraviden, streng muslimische Sahara-Nomaden, die Nordafrika unter ihre Herrschaft gebracht hatten, sorgte 1091 für politische Einheit in Al-Andalus. Ursprünglich kamen sie als Unterstützer der *taifa* von Sevilla gegen die zunehmende christliche Bedrohung aus dem Norden. 70 Jahre später wurden sie in Marokko vom

1160–73
Die Almohaden, eine strikt muslimische Dynastie aus Nordafrika, erobern Al-Andalus. Sie machen Sevilla zu ihrer Hauptstadt und beleben Kunst und Wissenschaft.

1195
Die Almohaden schlagen Alfonso VIII. von Kastilien in der Schlacht von Alarcos nahe Ciudad Real vernichtend – es ist die letzte Niederlage der Christen im Verlauf der Reconquista.

1212
Gemeinsame Armeen der nördlichen christlichen Königreiche besiegen die Almohaden im andalusischen Las Navas de Tolosa und wenden dadurch das Blatt entscheidend zugunsten der Christen.

1218
Alfonso IX., König von León, gründet die Universität von Salamanca, die älteste und bis heute renommierteste Hochschule des Landes.

DAS ERBE DER MAUREN

Die Herrschaft der Mauren sollte Spanien nicht nur eine geschichtliche Sonderrolle in Europa eintragen, sondern dem Land auch seinen unauslöschlichen Stempel aufdrücken. In Al-Andalus wurde die fortschrittlichste Kultur im mittelalterlichen Europa entwickelt. Großartige architektonische Monumente wie die Alhambra in Granada und die Mezquita (Moschee) in Córdoba gelten als Glanzstücke des maurischen Erbes. Die typischen engen, verschlungenen Straßen in vielen spanischen Städten und Dörfern, insbesondere im Süden, sind auf die Mauren zurückzuführen. Zudem verbesserten diese die hispano-römische Landwirtschaft durch Bewässerung und indem sie neue Obstarten sowie Feldfrüchte einführten. In der spanischen Sprache gibt's viele geläufige Wörter arabischen Ursprungs, so etwa die Namen der neuen Nutzpflanzen: *naranja* (Orange), *azúcar* (Zucker) und *arroz* (Reis). Schon kurz nach der Eroberung begannen sich Mauren und Einheimische zu vermischen, was den spanischen Genpool noch weiter vergrößerte. Über Al-Andalus erreichten darüber hinaus die Lehren der alten Griechen, aufgegriffen von den Arabern im östlichen Mittelmeerraum, das christliche Europa.

Berberstamm der Almohaden besiegt, die anschließend ebenfalls auf die Halbinsel vordrangen. Beide Stämme schlugen die christlichen Armeen vernichtend.

Die Almohaden brachten Sevilla einen kulturellen Aufschwung. Mit seinen Kommentaren zu Aristoteles vereinte der bedeutende cordobanische Philosoph Averroës (1126–98) Wissenschaft und Religion und übte so auf das mittelalterliche Christentum einen großen Einfluss aus.

Spanische Burgen im Web

» www.castillosnet.org

» www.castlesofspain.co.uk (auf Englisch)

» http://spainforvisitors.com/archive/features/castlesinspain.htm (auf Englisch)

Granada, die letzte Festung

Interne Auseinandersetzungen und der Vormarsch der Christen führten schließlich zur Auflösung der Almohadenherrschaft. 1248 wurde Sevilla von den Christen erobert und das muslimische Reich fand sich auf der Iberischen Halbinsel auf das Emirat von Granada reduziert, das etwa dem halben heutigen Andalusien entsprach. Die Nasridendynastie regierte das Emirat von der prachtvollen Alhambra aus und in Granada kam es zur letzten kulturellen Blüte des muslimischen Spaniens, besonders im 14. Jh. unter Yusuf I. und Muhammad V., die zur Pracht der Alhambra beitrugen.

Die Reconquista

Die christliche Rückeroberung der Iberischen Halbinsel begann um 722 bei Covadonga in Asturien und endete 1492 mit dem Fall Granadas. Sie erfolgte schrittweise, ausgeführt von christlichen Staaten, die unterei-

1229–38

Katalonien erlebt unter König Jaume I. von Aragonien, der die Balearischen Inseln und Valencia den Muslimen entreißt und Katalonien zur größten Macht im westlichen Mittelmeerraum macht, seine Blütezeit.

1248

Fernando III. von Kastilien nimmt Córdoba ein und erobert 1260 nach einer zweijährigen Belagerung Sevilla. So bleibt das Nasridenemirat von Granada als letzter muslimischer Staat der Halbinsel übrig.

1366–69

Pedro (von seinen Freunden „der Gerechte", von seinen Feinden „der Grausame" genannt) kämpft gegen seinen Halbbruder Enrique um den Thron von Kastilien und wird von diesem getötet.

1469

Die Heirat der 18-jährigen Isabella, Erbin Kastiliens, mit dem ein Jahr jüngeren Ferdinand, Erbe von Aragonien, vereint Spaniens mächtigste christliche Staaten.

nander ebenso oft im Krieg lagen wie mit den Muslimen. Im Norden entstanden die Königreiche Asturien, León, Navarra, Kastilien und Aragonien sowie Portugal im Südwesten. Es gelang den Christen schließlich, den römisch-katholischen Glauben dauerhaft auf der gesamten Iberischen Halbinsel zu etablieren. Heute erinnert in Spanien viel an die Zeit der Reconquista, vor allem die vielen Tausend bildschönen Burgen und Kirchen.

Der Kult um Santiago (Jakobus), einen der zwölf Apostel, spielte bei der Rückeroberung eine wesentliche Rolle. Im Jahr 813 wurde in Galicien das angebliche Grab des Heiligen entdeckt. Daraufhin entstand rund um Jakobus' letzte Ruhestätte die Stadt Santiago de Compostela, die nach Rom und Jerusalem zum drittbeliebtesten Pilgerort des mittelalterlichen Christentums wurde. Bei bevorstehenden Schlachten gegen die Muslime hatten christlichen Feldherren häufig Visionen mit dem Heiligen. Jakobus wurde zum Quell der Inspiration und zum Schutzpatron der Reconquista-Soldaten, was ihm den Beinamen *matamoros* (Maurenschlächter) eintrug. Heute ist er der Schutzheilige Spaniens.

Mittelalterliche Atmosphäre

» Sos del Rey Católico, Aragonien
» Albarracín, Aragonien
» Santiago de Compostela
» Morella, Valencia
» La Taha, Las Alpujarras
» Santo Domingo de la Calzada, La Rioja
» Ávila

Der Aufstieg Kastiliens

Im asturischen Covadonga suchten zahlreiche westgotische Adlige nach der maurischen Eroberung Zuflucht. Christliche Versionen der Schlacht von Covadonga berichten in der Regel von einer kleinen Gruppe Kämpfer unter dem Anführer Pelayo, die eine riesige Streitmacht besiegte. Muslimische Darstellungen deuten eher auf ein nebensächliches Scharmützel hin. Wie auch immer es wirklich gewesen sein mag: 757 hatten die Christen jedenfalls fast ein Viertel der Iberischen Halbinsel erobert.

Das asturische Königreich verlegte seinen Hauptsitz nach León, die Speerspitze der Reconquista, bis im 10. Jh. Al-Mansur die Christen in die Defensive drängte. Kastilien spaltete sich als kleines Fürstentum vom Königreich León ab und entwickelte sich zur vorherrschenden Macht der Reconquista, als das Niemandsland des Duero-Beckens von Abenteurern besiedelt werden konnte, die durch Landzuweisungen und andere *fueros* (Rechte und Privilegien) angelockt wurden. Als Alfonso VI. von Kastilien 1085 Toledo einnahm, riefen die Muslime von Sevilla die Almoraviden aus Nordafrika zu Hilfe.

Alfonso I. von Aragonien, neben Kastilien die zweite christliche Macht mit Territorium an der Südflanke der Pyrenäen, führte den Gegenangriff gegen die Almoraviden an und nahm 1118 Zaragoza ein. Nach seinem Tod wurde Aragonien durch eine königliche Heirat mit Katalonien vereint, wodurch eine ernstzunehmende neue Macht entstand, das Königreich von Aragonien.

1478

Isabella und Ferdinand, die Reyes Católicos (Katholischen Könige), rufen in ihrem blinden religiösen Eifer die spanische Inquisition hervor, durch die bis zu ihrer Abschaffung 1834 Tausende den Tod finden werden.

1492 (Januar)

Nach langer Belagerung erobern Isabella und Ferdinand Granada und schließen so die Reconquista ab.

1492 (April)

200 000 Juden werden von Isabella und Ferdinand vertrieben. Sie gründen im Mittelmeerraum jüdische Gemeinden; Spaniens Wirtschaft leidet unter dem Verlust von deren geschäftlichem Know-how.

1492 (Oktober)

Christoph Kolumbus landet auf den Bahamas und macht den Weg für die spanische Kolonisierung Amerikas frei. Der größte Teil des Seehandels wird vom Mittelmeer an die Häfen des Atlantiks verlegt.

1212 besiegten die vereinten christlichen Streitkräfte bei Las Navas de Tolosa in Andalusien eine gewaltige Almohadenarmee. Das war Al-Andalus' Anfang vom Ende: León bemächtigte sich 1229 und 1230 der Schlüsselstädte in der Extremadura, Aragonien nahm in den 1230er-

DIE KATHOLISCHEN MONARCHEN

Nur wenige Persönlichkeiten, gleich welcher Zeitepoche, hatten einen so starken Einfluss auf die Geschichte ihres Landes wie Spaniens Reyes Católicos (Katholische Könige), Isabella (Isabel) von Kastilien und Ferdinand (Fernando) von Aragonien. Spanien verdankt seine Existenz ihrer Heirat im Jahr 1469, wodurch die beiden großen christlichen Königreiche der Iberischen Halbinsel praktisch vereint wurden. 1492 eroberten sie Granada und annektierten 1512 Navarra.

Während Isabella der Überlieferung nach fromm, aufrichtig, tugendhaft und sehr entschlossen war, galt Ferdinand als cleverer politischer Stratege. In Fragen der Religion und Abstammung waren die beiden in keiner Weise tolerant (Spanien befand sich im achten Jahrhundert anhaltender Kämpfe), allerdings führten sie schon in dieser frühen Zeit eine Ehe auf Augenhöhe. Ihr Motto lautete: *Tanto monta, monta tanto, Isabel como Fernando* (grob übersetzt: „Isabella und Ferdinand sind gleichberechtigt"). Vor ihrer nahezu heimlich geschlossenen Ehe mit Ferdinand in Valladolid, den sie kurz zuvor erst kennengelernt hatte, konnte sich Isabella immer wieder ihrer Familie widersetzen, die sie mit einem halben Dutzend Prinzen in Europa verheiraten wollte. Ferdinand und Isabella waren Cousins zweiten Grades, sie war 18, er 17 Jahre alt. Isabella übernahm die kastilische Krone 1474, Fernando die von Aragonien 1479. Als Isabella 1504 starb, hatte das Paar

» die spanische Inquisition eingeführt (1478),

» die Reconquista mit der Einnahme Granadas abgeschlossen (1492),

» alle Juden (1492) und Muslime (1500), die nicht zum Christentum konvertierten, des Landes verwiesen,

» die Reise von Kolumbus nach Amerika finanziert (1492) und damit für Spanien den Zugang zu einem gewaltige Gebiet in Übersee eröffnet,

» die Macht des rebellischen Hochadels in Kastilien gebrochen.

Kastiliens Thron ging von Isabella auf ihre Tochter Juana über, genannt Juana la Loca (die Wahnsinnige), die sich als unfähige Regentin erwies. Deren Ehemann, Felipe El Hermoso (Philipp der Schöne), Erbe der Niederlande und der Gebiete der mächtigen Habsburger-Familie in Zentraleuropa, übernahm den Thron, verstarb aber 1506, weshalb Ferdinand bis zu seinem Tod 1516 die Regentschaft übernahm.

Isabella und Ferdinand fanden ihre letzte Ruhe neben Juana und Felipe in der Capilla Real, der schönen gotischen Kirche in Granada, die sie zu ihrem Mausoleum erkoren hatten.

1494

Im Vertrag von Tordesillas wird die Aufteilung Amerikas zwischen Spanien und Portugal geregelt und den Spaniern die Kontrolle über weite Teile des neu entdeckten Kontinents zugesprochen.

1500

Die Verfolgung von Muslimen im ehemaligen Emirat von Granada führt zu Rebellionen. Daraufhin müssen die Muslime den christlichen Glauben annehmen oder das Land verlassen. 300 000 lassen sich taufen.

1512

Ferdinand, der nach Isabellas Tod im Jahr 1504 regiert, nimmt Navarra ein. Damit ist Spanien erstmals seit den Römern wieder unter einer Herrschaft vereint.

1517–56

Herrschaft von Carlos I., Spaniens erstem Habsburgerkönig. Während dieser Zeit wird das Land Teil eines riesigen Reichs, das weite Gebiete in Europa sowie Süd- und Mittelamerika umfasst.

Jahren Valencia ein, Kastiliens Fernando III. (Ferdinand der Heilige) eroberte 1236 Córdoba und 1248 Sevilla. 1249 vertrieb Portugal die Muslime. Der einzig verbliebene muslimische Staat der Halbinsel war nun das Emirat von Granada.

Das Patt

Der Sohn Fernandos III., Alfonso X. der Weise (El Sabio; reg. 1252–84), erklärte Kastilisch zur offiziellen Sprache seines Reichs und umgab sich mit Gelehrten aller Religionen, besonders mit Juden, die Arabisch und Lateinisch sprachen. Alfonso fand sich jedoch Aufständen und Verschwörungen ausgesetzt, sogar aus der eigenen Familie. Tatsächlich forderte der kastilische Adel die Krone bis ins 15. Jh. wiederholt heraus. In einem Klima der Ausländerfeindlichkeit (resultierend aus dem Kampf gegen die Mauren) entwickelte sich auch eine intolerante Haltung gegenüber den Juden und Genuesern, die Kastiliens Handel und Finanzen in der Hand hielten, während der Adel sich um die wenig aufwendige, aber lukrative Wollproduktion kümmerte. Die antijüdische Stimmung kulminierte in den 1390er-Jahren in Pogromen auf der gesamten Halbinsel.

Seit dem 14. Jh. hatten Kastilien und Aragonien unter unfähigen Monarchen gelitten – bis zur Herrschaft Isabellas und Ferdinands, deren Heirat 1469 die beiden Königreiche vereinte. 1474 trat Isabella die Nachfolge auf den kastilischen Thron an, 1479 wurde Ferdinand Herrscher über Aragonien. Gemeinsam sollten die beiden zu einem unschlagbaren Team werden.

Der Fall Granadas

1476 verweigerte Granadas Emir Abu al-Hasan weitere Tributzahlungen an Kastilien, was Isabella und Ferdinand dazu veranlasste, den letzten Kreuzzug der Reconquista gegen Granada zu starten. Ihr Heer finanzierten sie überwiegend mittels jüdischer Kredite sowie mithilfe der katholischen Kirche. Die Christen machten sich einen Bürgerkrieg innerhalb des Emirats von Granada zunutze und am 2. Januar 1492 zog das Königspaar schließlich in die Stadt ein. Damit begann das, was sich als folgenschwerstes Jahr der spanischen Geschichte herausstellen sollte.

Die Kapitulationsbedingungen waren recht großzügig. Boabdil, der letzte Emir, erhielt die Bergregion der Alpujarras südlich von Granada sowie 30 000 Goldstücke. Allen verbliebenen Muslimen sicherte man außerdem zu, dass ihre Religion, Kultur und ihr Besitz respektiert würden. Lange gehalten wurde dieses Versprechen allerdings nicht.

Die Vertreibung von Juden & Muslimen

In ihrem christlichen Übereifer gründeten die Katholischen Könige die Spanische Inquisition und verfolgten fortan alle „Ungläubigen". Zu-

1520–21

Carlos I. unterwirft rebellische kastilische Städte während der Guerra de las Comunidades (Krieg der Städte) und etabliert damit endgültig die Macht der Habsburger in Spanien.

1521

Hernán Cortés aus Medellín in der Extremadura erobert mit einer kleinen Gruppe Eroberer im Namen der spanischen Krone das Azteken-Reich im heutigen Mexiko und Guatemala.

1533

Francisco Pizarro aus Trujillo in der Extremadura unterwirft mit einer kleinen Gruppe Eroberer im Namen der spanischen Krone das Inka-Reich in Südamerika.

1556–98

Herrschaft von Felipe II. und Zenit der spanischen Macht. Amerikanische Territorien werden ausgeweitet und der aus den Kolonien gewonnene Reichtum in die Errichtung monumentaler Bauwerke investiert.

nächst konzentrierte man sich auf *conversos* (zum Christentum übergetretene Juden), denen man vorwarf, ihre Religion heimlich weiter auszuüben. Im April 1492 befahlen Isabella und Ferdinand unter dem Einfluss des Großinquisitors Tomás de Torquemada (S. 156) die Ausweisung aller Juden, die sich nicht taufen ließen. Bis zu 100 000 konvertierten, aber etwa 200 000 – die ersten sephardischen Juden – flohen in andere Regionen rund um das Mittelmeer. Daraufhin konfiszierte die bankrotte Monarchie ihre zurückgelassenen Besitztümer. Die wertvolle und vielversprechende Mittelschicht ging verloren.

Kardinal Cisneros, Isabellas Beichtvater und Wächter der Inquisition, wollte die gesamte muslimische Kultur ausrotten. Im einstigen Emirat von Granada zwang er die Bevölkerung zu Massentaufen, verbrannte islamische Bücher und verbot die arabische Sprache. Nach einem Aufstand in Andalusien im Jahr 1500 mussten die Muslime entweder zum Christentum konvertieren oder das Land verlassen. Viele von ihnen (um die 300 000) ließen sich taufen – allerdings oft nur zum Schein – und blieben. Sie wurden *moriscos* genannt. Weil ihre Assimilation fehlschlug, jagte man sie zwischen 1609 und 1614 schließlich aus dem Land.

Mittelalterliche jüdische Stätten

- » *Judería* (Judenviertel), Toledo
- » Call, Girona
- » Ribadavia, Galizien
- » *Judería*, Córdoba
- » Hervás, Extremadura

Spanien & die neue Welt

Im dem Jahr, als Granada fiel, brach Christoph Kolumbus nach Indien auf und entdeckte bekanntlich Amerika. Der Kontinent bescherte Spaniens militärischen Kräften und Verfechtern des Kreuzzugs ein neues Terrain sowie scheinbar unversiegbare neue Geldquellen. Von Letzteren profitierten die spanische Krone (kostspielige europäische Kriege), der Adel und die Kirche (opulente Paläste, Kathedralen und Klöster) sowie ausländische Händler (Beteiligung am spanischen Handel). Die große Mehrheit der Bevölkerung zog daraus allerdings nur wenig Nutzen. Viele unter denen, die in Amerika eine neue christliche Gesellschaft aufbauen wollten, mussten zudem bald feststellen, dass sie alles andere als willkommen waren.

Die Eroberung der neuen Welt

Im April 1492 bewilligten die Katholischen Könige dem aus Genua stammenden Seefahrer Christoph Kolumbus (auf Spanisch Cristóbal Colón) die Mittel für seine Reise über den Atlantik, um eine neue Handelsroute nach Indien zu finden.

Am 3. August 1492 legte Kolumbus mit drei kleinen Schiffen und 120 Mann im andalusischen Palos de la Frontera ab. Nachdem es an Bord zunächst beinahe zu einer Meuterei gekommen wäre, weil das erhoffte Land einfach nicht in Sicht kam, landete Kolumbus schließlich auf der Bahamas-Insel Guanahaní und entdeckte Kuba sowie Hispaniola. Acht

OLIVER STREWE

» Grab des Kolumbus, Kathedrale von Sevilla (S. 713)

1561

Der König macht das eher unbedeutende Madrid zur Hauptstadt seines Reichs. Auch wenn der Adel im Eiltempo angemessene Residenzen baut, bleibt das Stadtbild von Elend geprägt.

1571

Die Flotte der Heiligen Liga, geführt von Spanien und Venedig unter dem Kommando von Don Juan de Austria schlägt die osmanische Flotte bei Lepanto und stoppt damit die osmanische Ausdehnung nach Europa.

Monate nach seiner Abfahrt kehrte er als gefeierter Held nach Barcelona zurück. Auf drei weiteren Reisen gründete er die Stadt Santo Domingo auf Hispaniola, stieß auf Jamaika, Trinidad und andere karibische Inseln und erreichte die Mündung des Orinoko sowie die Küste von Mittelamerika. Trotzdem starb er 1506 verarmt in Valladolid – noch immer im Glauben, den Seeweg nach Asien ausfindig gemacht zu haben.

Skrupellose Eroberer wie Hernán Cortés und Francisco Pizarro nutzten Kolumbus' Route und annektierten weite Teile des amerikanischen Festlands für Spanien. Mit ihrer eigenartigen Mischung aus Brutalität, Mut, Goldgier und Frömmigkeit waren diese Männer die natürlichen Nachfolger der Kreuzritter der Reconquista. Schon 1600 beherrschte Spanien Florida, alle großen karibischen Inseln, fast das gesamte Gebiet des heutigen Mexiko und Mittelamerikas sowie einen großen Teil Südamerikas. Aus den neuen Kolonien wurden gewaltige Ladungen Silber, Gold und anderer Reichtümer ins Heimatland verschifft. Die Krone hatte das Recht, ein Fünftel der Barren (das *quinto real* oder königliche Fünftel) einzukassieren. Sevilla besaß das Handelsmonopol und entwickelte sich zu einer der reichsten Städte Europas.

Von der neuen Welt inspiriert

» Trujillo, Extremadura

» Lugares Colombinos, in der Nähe von Huelva

» Casa-Museo de Colón, Valladolid

» Das Grab von Kolumbus, Kathedrale von Sevilla

» Tordesillas, in der Nähe von Valladolid

» Palacio de Sobrellano, Comillas

Europäische Verwicklungen

Ferdinand und Isabella banden Spanien durch die Einheirat ihrer vier Kinder in die Königshäuser von Portugal, Burgund und England in die europäische Geschichte ein. Als Isabella 1504 starb, übernahm ihr Enkel Carlos I. (Karl I.) den Thron, der 1517 siebzehnjährig von Flandern nach Spanien kam. 1519 erbte Carlos auch die habsburgische Krone in Österreich und wurde zum Kaiser des Heiligen Römischen Reichs gewählt (als Karl V.). Nun herrschte er über ganz Spanien, die Niederlande, Österreich, mehrere italienische Fürstentümer und Teile von Frankreich und Deutschland sowie über die wachsenden spanischen Kolonien auf dem amerikanischen Kontinent.

Er verbrachte nur 16 Jahre seiner 40-jährigen Regentschaft in Spanien. Zunächst hatten die Spanier für ihren König, der kein Kastilisch sprach, genauso wenig übrig wie dafür, dass er ihre Reichtümer einforderte. 1520 bis 1521 revoltierten die kastilischen Städte („Guerra de las Comunidades" oder „Krieg der Städte"), wurden aber besiegt. Weil sich Carlos jedoch gegen den aufkommenden Protestantismus stellte und Kastilisch lernte, erwärmten sich die Spanier schließlich doch noch für ihren Herrscher.

Die Finanzierung europäischer Auseinandersetzungen schluckte den Großteil des neuen Reichtums. Kriegsmüde dankte Carlos kurz vor seinem Tod 1556 ab und zog sich in das Kloster Yuste in der Extremadura zurück. Er teilte seine zahlreichen Besitztümer zwischen seinem Sohn Felipe (Philipp II.; reg. 1556–98) und dessen Bruder Fernando auf. Feli-

1580

Nach dem Tod des portugiesischen Königs sichert sich Spanien die Herrschaft über das Nachbarland. Über die Frage der Thronfolge kommt es zu Streitigkeiten. Johann IV. macht Portugal 1640 wieder unabhängig.

1588

Die spanische Armada von Felipe II. wird als Teil einer Invasionsarmee in den Krieg gegen England geschickt. Englische Angriffe und ungünstiges Wetter zerstören fast die Hälfte der Flotte.

ca. 1600–1660

Spanien erlebt mit Literaten wie Cervantes und Künstlern wie Velázquez, Zurbarán und El Greco eine kulturelle Blütezeit. Zugleich wird der Niedergang des spanischen Weltreichs eingeläutet.

1609–14

Im Zuge einer letzten gegen Nichtchristen gerichteten Säuberungsaktion vertreibt man die *moriscos* endgültig aus Spanien, wodurch die taumelnde Wirtschaft weiter geschwächt wird.

pe erhielt den Löwenanteil inklusive von Spanien, den Niederlanden und den amerikanischen Kolonien. Unter seiner Herrschaft erreichte Spanien den Zenit seiner Macht, auch wenn Felipes Regentschaft von inneren Gegensätzen gekennzeichnet war. Er erweiterte die amerikanischen Kolonien und erhob 1580 nach dem Tod des portugiesischen Königs Anspruch auf dessen Reich, verlor aber Holland nach einer langwierigen Rebellion. Seine Flotte besiegte 1571 bei Lepanto die Ottomanen, doch die Spanische Armada wurde 1588 von England vernichtet. Felipe war ein fanatischer Katholik, der Inquisitoren zu erneuten Verfolgungen anspornte. Gleichzeitig verband er sich ohne Skrupel mit dem protestantischen England gegen das katholische Frankreich. Und obwohl ihm mehr amerikanisches Silber denn je zufloss, ging er trotzdem bankrott. Er starb in einem Kloster, im gewaltigen San Lorenzo de El Escorial, das er selbst errichten ließ und das als düsteres Monument für seine Regierungszeit steht.

Die Hoffnung der Katholischen Könige auf eine dauerhafte Bindung zwischen Spanien und England ging verloren, als es zur Scheidung ihrer jüngsten Tochter Catalina (Katharina von Aragonien) von Englands Heinrich VIII. kam.

Der lange Niedergang

Spaniens Unfähigkeit, mit den neuen Reichtümern sinnvoll umzugehen, wirkte sich im 17., 18. und 19. Jh. deutlich aus. Unter einer Reihe von erstaunlich unfähigen Königen verlor das Land nahezu alle ausländischen Besitztümer und versank in wirtschaftliche Armut und internen Kriegen. Das Land blieb rückständig, unberührt von den Entwicklungen Westeuropas in den Bereichen Industrie und Demokratie, nationale Einheit und koloniale Expansion. Die Folge waren soziale Unruhen, politische Polarisierung und schließlich der Spanische Bürgerkrieg in den 1930er-Jahren.

Glücklose Habsburger

Im 17. Jh. glich Spanien einer Art Kunstwerkstatt, in der Architektur, Bildhauerei, Malerei und Schmiedearbeiten 5 % des nationalen Einkommens ausmachten. Jene Zeit wurde durch Künstler wie Velázquez, El Greco, Zurbarán und Murillo, Miguel de Cervantes (der Autor von *Don Quichotte*) sowie den erfolgreichen Dramatiker Lope de Vega unsterblich. Doch während Spanien in der Kunst ihre Blütezeit erlebte, verursachten ein Trio schwacher, rückwärtsgewandter Habsburger Könige, die konservative Kirche und der träge Adel wirtschaftliche Stagnation und Hungersnöte. Felipe III. (Philipp III.; reg. 1598–1621) überließ die Regierung dem selbstsüchtigen Herzog von Lerma. Felipe IV. (Philipp IV.; reg. 1621–65) – dessen Hofstaat der Maler Velázquez auf unnachahmliche Weise porträtierte – konzentrierte sich auf seine Mätressen und überließ die Staatsgeschäfte dem Count-Duke Olivares, der sein Bestes versuchte, sich aber 1643 als gebrochener Mann zurückzog. Spanien verlor Portugal und musste sich mit Revolten in Sizilien, Nea-

1676
Die verheerenden Auswirkungen der dritten Pestwelle treffen Spanien besonders hart. Insgesamt sterben im 17. Jh. über 1,25 Mio. Einheimische an den Folgen der Krankheit und an Hungersnöten.

1701
Nach dem Tod Carlos' II. wird Felipe V. Spaniens erster bourbonischer König. Er steht an zweiter Stelle in der französischen Thronfolge, was in ganz Europa Besorgnis auslöst.

1702–13
Der Spanische Erbfolgekrieg bricht aus. England unterstützt Karl, Erzherzog von Österreich. 1713 bestätigt der Vertrag von Utrecht den Thronanspruch Felipes V., doch Spanien verliert Gibraltar und die Niederlande.

1761
Spanien kämpft im Siebenjährigen Krieg (1756–63) auf französischer Seite. Nach Kriegsende muss das Land Florida an das siegreiche England abtreten.

BAUBOOM

Die Geschichte wiederholt sich manchmal auf eigenartige Weise. Als Spanien im 16. und 17. Jh. immense Reichtümer durch das Gold und Silber aus Amerika anhäufte, versäumte es auf ganzer Ebene, diesen Reichtum in anhaltenden Wohlstand zu investieren. Nicht in die frühen Industriezweige und den aufblühenden Handel floss das Vermögen, sondern in eine Reihe teurer und erfolgloser europäischer Kriege und in den Bau zahlreicher aufwendiger Paläste, Villen, Kathedralen und Klöster (von denen heute viele zu den beachtlichsten Monumenten gehören). So wurde gewitzelt, Spanien habe damals die ebenso magische wie kontraproduktive Formel entwickelt, Silber in Stein zu verwandeln. Der Adel hatte überhaupt kein Interesse daran, seine Hände mit so Bescheidenem wie Industrie, Handel oder gar Landwirtschaft schmutzig zu machen. Die Konsequenz war, dass das Land drei Jahrhunderte eines wirtschaftlichen Niedergangs erlebte.

Der nächste Geldregen für Spanien ließ auf sich warten – er kam erst im späten 20. Jahrhundert, nachdem das Land 1986 der EU beigetreten war. Es wurde mit Subventionen überschüttet und erlebte zwei lange wirtschaftliche Blütezeiten. Der zweite Boom hielt ein ganzes Jahrzehnt, bis zur internationalen Finanzkrise 2008. Und welcher Wirtschaftszweig boomte vor dem Einbruch mit Abstand am meisten? Die Baubranche. An den Küsten und rund um die Städte standen Kräne bis zum Horizont. Entwickler und Investoren gaben Milliarden für neue Wohn- und Bürogebäude aus, nach dem Motto: jede Fläche ist bebaut mehr wert als unbebaut, ganz egal, ob das irgendjemand braucht. Zwischen 1997 und 2008 entstanden vier Millionen neue Eigenheime und trotz des Überangebots verdoppelten sich die spanischen Immobilienpreise. Rund ein Fünftel aller neuen Jobs in dieser Zeit entstanden in der Bauwirtschaft. Als die Immobilienblase 2008 platzte, war der ökonomische Niedergang Spaniens entsprechend dramatisch. 2010 standen geschätzte 1,5 Millionen Neubauten leer. Wieder einmal wurde also Silber zu Stein – besser gesagt, zu Beton.

pel und Katalonien auseinandersetzen. Die Silberlieferungen aus Amerika nahmen drastisch ab. Der kränkliche Carlos II. (Karl II.; reg. 1665–1700), El Hechizado (der Verhexte) genannt, hatte keine Kinder, ein Umstand, der zum Spanischen Erbfolgekrieg führte.

Aufgeklärte Bourbonen

Carlos II. vermachte den Thron seinem jungen Verwandten Felipe V. (Philipp V.; reg. 1700–46), der auch an zweiter Stelle der französischen Thronfolge stand. Der österreichische Kaiser Leopold wollte jedoch seinen eigenen Sohn Karl, einen Neffen von Carlos II., auf dem spanischen Thron sehen. Der daraus entstehende Spanische Erbfolgekrieg (1701–13) war ein Kampf um den Machtausgleich in Europa. Spanien verlor seine

1793
Nach der Guillotinierung Ludwigs XVI. erklärt Spanien Frankreich den Krieg, aber nur wenige Jahre später unterstützt das Land die Franzosen gegen die Engländer.

1805
Die spanisch-französische Armada wird von der englischen Flotte unter Führung von Admiral Nelson in der Schlacht von Trafalgar vernichtend geschlagen. Spanien verliert seine vormals starke Stellung als Seemacht.

1808–13
Carlos IV. dankt ab. Es beginnt die französische Besetzung unter König Joseph I., Napoleons Bruder. Aus dem Unabhängigkeitskrieg gegen Frankreich geht Spanien mithilfe britischer Streitkräfte siegreich hervor.

DENNIS JOHNSON

» Trafalgar Cemetery (S. 767)

letzten niederländischen Besitzungen an Österreich und Gibraltar sowie Menorca an England. Felipe V. verzichtete auf den französischen Thron, behielt aber Spanien. Er war der Erste aus der Dynastie der Bourbonen, die auch heute noch amtiert.

Es war die Zeit der europäischen Aufklärung, doch Spaniens mächtige Kirche und die Inquisition sperrten sich gegen den Rationalismus, der aus Frankreich kam. Zwei Drittel des Landes war in der Hand des Adels sowie der Kirche und lag weitgehend brach, viele Männer waren arbeitsunwillig, vom Adeligen bis zum Landstreicher.

Unter Fernando VI. (Ferdinand VI.; reg. 1746–59) erblühte die Wirtschaft dank einer Revitalisierung Kataloniens und der baskischen Schiffbauindustrie wieder. Die Agrarländer Kastilien und Andalusien blieben allerdings aufgrund ausbleibender Landreformen zurück. Der aufgeklärte Despot Carlos III. (Karl III.; reg. 1759–88) vertrieb die rückschrittlichen Jesuiten, gestaltete die Hauptstadt Madrid um, ließ neue Straßen bauen und versuchte die Landwirtschaft zu verbessern, doch der Mangel an Nahrung löste weiterhin Unruhen in der Bevölkerung aus.

Bauwerke der Bourbonen

- » Palacio Real, Madrid
- » Palacio Real, Aranjuez
- » La Granja de San Ildefonso, nahe Segovia

Der Unabhängigkeitskrieg

Carlos IV. (Karl IV.; reg. 1788–1808) stand unter der Fuchtel seiner italienischen Frau Maria Luisa von Parma, die dafür sorgte, dass der ihr äußerst wohlgesonnene königliche Gardist Manuel Godoy zum Staatsminister ernannt wurde. Dieses unheilvolle Trio war nicht in der Lage, mit der aus der Französischen Revolution 1789 resultierenden Krise umzugehen. Als Ludwig XVI. von Frankreich, ein Cousin Carlos', 1793 guillotiniert wurde, erklärte Spanien Frankreich den Krieg. Bereits zwei Jahre später schloss Godoy wieder Frieden, indem er militärische Hilfe gegen England versprach. 1805 wurde die spanisch-französische Flotte von den Briten unter Admiral Nelson vor dem Cabo de Trafalgar (Kap Trafalgar, südlich von Cádiz) geschlagen. Spaniens Seemacht war damit am Ende.

1807 beschlossen Napoleon Bonaparte und Godoy, den englischen Verbündeten Portugal unter sich aufzuteilen. Französische Truppen marschierten auf ihrem angeblichen Weg zu Spaniens Nachbarn ins Land ein. Tatsächlich besetzten sie jedoch Spanien, sodass Carlos 1808 schließlich zugunsten von Napoleons Bruder Joseph Bonaparte (José I.) zur Abdankung gezwungen wurde. In Madrid rebellierte das Volk und im ganzen Land schlossen sich Einheimische Guerillakriegern an, verstärkt von englischen und portugiesischen Truppen unter Führung des Herzogs von Wellington. Ein nationales Cortes (Parlament) in Cádiz verfasste 1812 eine neue, liberale Verfassung für Spanien, gestützt auf den Prinzipien der Amerikaner und Franzosen. Die Franzosen wurden 1813 nach ihrer Niederlage bei Vitoria schließlich vertrieben.

Zeugnisse der Napoleonischen Kriege

- » Cabo de Trafalgar, Los Caños de Meca
- » Friedhof von Trafalgar, Gibraltar
- » Museo de las Cortes de Cádiz, Cádiz
- » Xardín de San Carlos, A Coruña

1809–24

Viele amerikanische Kolonien Spaniens erlangen die Unabhängigkeit, da Spanien sich auf den Kampf gegen die französische Besatzung konzentriert.

1814

Fernando VII. wird König und widerruft die Verfassung von Cádiz – ein Versuch konstitutionelle Reformen einzuführen – nur wenige Wochen nach seinem Versprechen, sich nach dieser zu richten.

1833–39

Der Erste Karlistenkrieg bricht aufgrund von Streitigkeiten über die Thronfolge zwischen Isabel, der Tochter von Fernando II., und dessen Bruder Carlos aus. Isabel besteigt den Thron.

1860er-Jahre

Anarchistisches Gedankengut erreicht Spanien und erlangt rasch eine große Anhängerschaft. 1868 wird die schwache Isabel II. von den Liberalen gestürzt und geht nach Paris ins Exil.

Mein Thron – nein, meiner!

Das zunehmend rückständige und isolierte Spanien vergeudete seine Energien mit internen Konflikten zwischen Liberalen (die halbherzig Demokratisierungsprozesse vorantrieben) und Konservativen (Kirche, Adel und andere Anhänger des früheren Status quo). Das Land geriet in einen Teufelskreis von Ausbeutung und Verarmung, sodass soziale Unruhen weiter geschürt wurden.

Fernando VII. (Ferdinand VII.; reg. 1814–33) hob die Verfassung von Cádiz auf, verfolgte die Liberalen und führte die Inquisition wieder ein. Währenddessen machten sich Spaniens amerikanische Kolonien diese Probleme zunutze und erlangten ihre Unabhängigkeit.

Fernandos Unentschlossenheit über seine Nachfolge führte zum Ersten Karlistenkrieg (1833–39) zwischen den Anhängern seines Bruders und denen seiner Tochter Isabel. Carlos wurde von den sogenannten Karlisten unterstützt – von der Kirche und anderen Konservativen sowie regionalen Rebellen. Die Isabel-Fraktion fand Rückhalt bei den Liberalen und der Armee.

In der Ersten Republik ernannten sich einige Städte selbst zu unabhängigen Staaten. Einige Orte, z. B. Sevilla und Utrera, erklärten sich nun sogar gegenseitig den Krieg.

Während des Kriegs brach der Antiklerikalismus mit aller Gewalt hervor. Religiöse Orden wurden geschlossen, ihre Besitztümer 1836 durch die Säkularisierung von Kircheneigentum und -ländereien eingezogen und von der Regierung versteigert. Aus diesem Zwist ging die Armee siegreich hervor.

1843 erklärte sich die gerade erst 13-jährige Isabel (Isabella II., reg. 1843–68) zur Königin. Das Banken- und Finanzwesen, der Bergbau und der Bau von Schienenwegen brachten wirtschaftliche Teilerfolge, doch dies hielt radikale Liberale und unzufriedene Soldaten nicht davon ab, Isabel schließlich in der Septemberrevolution von 1868 zu stürzen.

Spanien wünschte sich jedoch noch immer einen Monarchen. 1870 nahm ein liberaler italienischer Prinz, Amadeo von Savoyen, diese Aufgabe an. Der spanische Adel war mit dieser Wahl natürlich nicht einverstanden und es kam zum Zweiten Karlistenkrieg (1872–76), bei dem sich drei gegnerische Parteien gegenüberstanden. Im Februar 1873 floh Amadeo aus Spanien und das überwiegend liberale Parlament erklärte das Land zur föderalistischen Republik. Nach weniger als zwei Jahren verlor diese Erste Republik die Kontrolle über die verschiedenen Regionen allerdings wieder und die Armee setzte, in Koalition mit Kirche und Großgrundbesitzern, Alfonso XII. (Alfons XII., reg. 1874–85) auf den Thron.

Die tiefe Spaltung

Im späten 19. Jh. erreichte die Industrialisierung schließlich Barcelona, Madrid und einige baskische Städte, die massenweise Leute vom Land anzogen. Sie brachte Wohlstand, aber auch armselige Slums. In ländlichen Gebieten herrschte weiterhin Armut, da nach wie vor die alten

1872–76

Der Zweite Karlistenkrieg zwischen drei unterschiedlichen monarchistischen Fraktionen bringt nach der chaotischen Phase der Ersten Republik 1873 Isabels Sohn Alfonso XII. auf den Thron.

1888

Eine neue Arbeiterklasse entwickelt sich in Industriestädten wie Madrid, Bilbao und Barcelona. Es kommt zur Gründung der sozialistischen Unión General de Trabajadores (UGT; Generalunion der Arbeiter).

1898

Spanien verliert im Spanisch-Amerikanischen Krieg seine restlichen Kolonien. Die USA begründen ihre Kriegserklärung mit der Unterstützung der kubanischen Unabhängigkeit.

1909

In Barcelona kommt es zur Semana Trágica, als die Armee katalanische Reservisten zum Kampf in Marokko abkommandieren will. Ein Generalstreik artet in Gewalt aus und Dutzende Zivilisten werden getötet.

Probleme der Unterproduktion und der Großgrundbesitzer-Oligarchie bestanden. Viele Spanier emigrierten nach Lateinamerika. Wer blieb, war extrem empfänglich für revolutionäre Ideen aus anderen Teilen Europas. Gesellschaft und Politik spalteten sich immer mehr in einen rechten und einen linken Flügel auf.

Revolutionäre & Separatisten

Die anarchistischen Gedanken des Russen Michail Bakunin erreichten Spanien in den 1860er-Jahren und fanden rasch Anhänger. Bakunin strebte eine freie Gesellschaft an, in der Menschen freiwillig zusammenarbeiteten. Dieser Zustand sollte durch Streiks, Sabotage und Rebellion hergestellt werden. Anarchismus fand bei Land- und Stadtarbeitern Anklang. In den 1890er- und 1900er-Jahren zerbombten seine Anhänger das Opernhaus Liceu in Barcelona, ermordeten zwei Premierminister und töteten im Mai 1906 auf der Hochzeit von Alfonso XIII. und Victoria Eugénie von Battenberg mit einer Bombe 24 Menschen. 1910 organisierten sich die anarchistischen Gewerkschaften in der machtvollen Confederación Nacional del Trabajo (CNT; nationales Arbeiterbündnis).

Wegen seiner weniger radikalen Strategie der beständigen gesellschaftlichen Umformung mit parlamentarischen Mitteln entwickelte sich der Sozialismus langsamer als der Anarchismus. Die 1888 gegründete Unión General de Trabajadores (UGT; allgemeiner Arbeiterbund) war gemäßigt und diszipliniert.

Mit dem Aufstieg der Linken wuchsen auch der baskische und katalanische Separatismus. In Katalonien standen dahinter Wirtschaftsinteressen. Als Reaktion auf eine Flut kastilischer Arbeiter, die in baskischen Betrieben Beschäftigung suchten, erstarkte im Baskenland der 1890er-Jahre der Nationalismus, da ein Teil der Einheimischen in den Migranten eine Bedrohung ihrer Identität sah.

1909 töteten Berber im spanischen Marokko mehrere Soldaten, woraufhin die Regierung katalanische Reservisten einberief, die dort kämpfen sollten. Das löste die sogenannte Semana Trágica (tragische Woche) in Barcelona aus, die mit einem Generalstreik begann und in einem Gewaltrausch endete. Die Regierung reagierte mit der Exekution zahlreicher Arbeiter.

Im Ersten Weltkrieg blieb Spanien neutral und erlebte einen Wirtschaftsboom. Doch die Zahl der Anarchisten und Sozialisten wuchs. Politische Gewalt und Chaos setzten sich besonders in Barcelona fort.

Die erste Diktatur

Alfonso XIII. (reg. 1902–30) mischte sich ständig in die Politik ein (während seiner Herrschaft gab es 33 verschiedene Regierungen). Als 1921 etwa 10 000 spanische Soldaten im marokkanischen Anual von einer

Spanien vor dem Bürgerkrieg

» *As I Walked Out One Midsummer Morning* – Laurie Lee

» *Südlich von Granada* – Gerald Brenan

» *Die Geschichte Spaniens* – Gerald Brenan

» *Modern Spain, 1875–1980* – Raymond Carr

1910

Anarchistische Gewerkschaften gründen die mächtige Confederación Nacional del Trabajo (CNT; Nationaler Arbeiterverband). Der Anarchismus behält seine große Bedeutung bis zum Bürgerkrieg.

1914–18

Spanien bleibt während des Ersten Weltkriegs neutral. Die Beschleunigung des Wandels von einer landwirtschaftlich geprägten zu einer industriellen Wirtschaft löst einen Wirtschaftsboom aus.

1923–30

General Miguel Primo de Rivera gelingt mithilfe von König Alfonso XIII. ein Putsch. Er ernennt sich selbst zum Diktator. 1930 zieht er sich zurück und stirbt.

1931

Alfonso XIII. geht ins Exil, nachdem die Republikaner bei Kommunalwahlen erhebliche Gewinne erzielen. Spaniens Zweite Republik wird eingeführt und linksgerichtete Parteien gewinnen die landesweiten Wahlen.

kleinen Berberstreitmacht getötet wurden, gab man ihm die Schuld. 1923 führte General Miguel Primo de Rivera, ein exzentrischer andalusischer Aristokrat, mit Unterstützung des Königs einen Militärputsch aus und errichtete seine eigene milde, sechsjährige Diktatur.

Als Zentralist zensierte Primo zwar die Presse und verstimmte die Intellektuellen, doch konnte er die sozialistische UGT für sich gewinnen. Die Anarchisten gingen in den Untergrund. Primo gründete Betriebe, verbesserte Straßen, sorgte für Pünktlichkeit im Zugverkehr und baute Dämme sowie Kraftwerke. Doch in der Wirtschaftskrise nach dem Wallstreet-Crash im Oktober 1929 und aufgrund der wachsenden Opposition ergriff Alfonso seine Chance und entließ den General.

Der Oscar-prämierte Film *Belle Epoque* erzählt die Geschichte eines spanischen Kriegsdienstverweigerers, der seine große Liebe im ländlichen Spanien der 1930er-Jahre findet. Gedreht wurde der Streifen jedoch in Portugal.

Die zweite Republik

Als eine neue republikanische Bewegung 1931 in den Kommunalwahlen überwältigende Erfolge erlangte, ging der König ins italienische Exil. Die folgende stürmische Zweite Republik – von ihren Anhängern La Niña Bonita (Schönes Mädchen) genannt – führte zu einer tiefen Spaltung der spanischen Gesellschaft und endete im Bürgerkrieg.

Die Wahlen von 1931 brachten eine Regierung aus Sozialisten, Republikanern und Zentristen. Eine neue Verfassung verlieh Frauen im gleichen Jahr das Wahlrecht, gestand dem autonomiebestrebten Katalonien ein eigenes Parlament zu, legalisierte die Scheidung, schaffte den Katholizismus als offizielle Staatsreligion ab und verbot den Priestern die Lehrtätigkeit.

1933 verlor die linksgerichtete Regierung die Wahlen. Anarchistische Provokationen, eine Wirtschaftskrise, die Entfremdung der Großunternehmen, das Frauenwahlrecht und die Uneinigkeit der Linken trugen zu ihrer Niederlage bei und die rechtsgerichteten Parteien errangen die Mehrheit. Zu den neuen rechten Kräften gehörte auch die faschistische Falange von José Antonio Primo de Rivera, dem Sohn des Diktators der 1920er-Jahre.

1934 eskalierte die Gewalt. Katalonien erklärte seine Unabhängigkeit (innerhalb der vermeintlich föderalen Republik) und Arbeiterräte ergriffen nach Attacken auf Polizei- und Militärposten die Macht in der Bergbauregion Asturien. Die spanische Fremdenlegion (in den 1920er-Jahren zur Bekämpfung kriegerischer Volksgruppen in Marokko gegründet) ging unter der Führung der Generäle Francisco Franco und José Millán Astray gewaltsam gegen die asturischen Arbeiter vor und spalteten das Land in Linke und Rechte.

Bei den Wahlen vom Februar 1936 wurde die rechte Nationale Front nur knapp von der Volksfront, einer Linkskoalition unter kommunistischer Führung, geschlagen. Die Gewalt ging auf beiden Seiten weiter. Extremistische Gruppen fanden Zulauf und die Landarbeiter standen

1933–35

Die nächste Wahl gewinnen rechtsgerichtete Parteien. Als die Armee rücksichtslos gegen asturische Arbeiter vorgeht, ist Spanien unwiderruflich in ein linkes und ein rechtes Lager gespalten.

1936

Die linksgerichtete Nationale Front gewinnt die Wahlen. Nationalistische Rebellen unter General Francisco Franco erheben sich, der Spanische Bürgerkrieg bricht aus.

1936–39

Die nationalistischen Rebellen unter Franco bekommen Unterstützung von Deutschland und Italien und besiegen die von der UDSSR unterstützen Republikaner. 350 000 Spanier sterben.

1937

Deutsche Bomber greifen die baskische Stadt Guernica an und töten 1645 Bewohner. Guernica wird später das Thema von Pablo Picassos berühmtestem Bild.

kurz vor der Revolution, doch der tatsächliche Aufstand am 17. Juli 1936 kam vom anderen Ende des politischen Spektrums. An jenem Tag revoltierte die spanische Garnison im nordafrikanischen Melilla gegen die linke Regierung, am Tag darauf gefolgt von Garnisonen im Mutterland. Fünf Generäle führten das Komplott an, darunter auch Francisco Franco. Der Bürgerkrieg hatte begonnen.

Der Spanische Bürgerkrieg

Einige Historiker vertreten die Meinung, dass es ohne die Weltwirtschaftskrise möglicherweise nicht zum Ausbruch des Bürgerkriegs gekommen wäre. Primo de Rivera wäre wahrscheinlich an der Macht geblieben und hätte Spanien irgendwie zusammengehalten. Andere sehen in dem Krieg die logische Konsequenz einer jahrelangen verfehlten Politik; so wurde es versäumt, Modernisierungsmaßnahmen durchzuführen und auch diejenigen am Reichtum teilhaben zu lassen, die nicht zur herrschenden Schicht gehörten. Aufgrund der extremen Polarisierung von Gesellschaft und Politik zu Beginn des 20. Jhs. war eine wie auch immer geartete Eskalation zu erwarten.

Der Bürgerkrieg entzweite Gemeinden, Familien und Freunde. Es wurden schätzungsweise 350 000 Spanier (einige Quellen sprechen von bis zu 500 000) getötet und eine schier unbeschreibliche Not kam über das Land. Beide Seiten verübten grauenhafte Massaker und Vergeltungsaktionen und setzten Todesschwadronen zur Ausschaltung ihrer Gegner ein. Die Rebellen, die sich Nationalisten nannten, erschossen oder erhängten Zehntausende Anhänger der Republik. Diese wiederum taten das Gleiche mit Franco-Sympathisanten, darunter mehr als 7000 Priester, Mönche und Nonnen.

Zu Kriegsbeginn schloss sich ein großer Teil des Militärs und der Guardia Civil den Nationalisten an, deren Kampf rasch den Beigeschmack eines Kreuzzugs gegen Nicht-Katholiken hatte. In den republikanischen Gebieten übernahmen Anarchisten, Kommunisten oder Sozialisten die Führung in etlichen Städten; eine Sozialrevolution war die Folge.

Bücher über den Bürgerkrieg

- *Wem die Stunde schlägt* – Ernest Hemingway
- *Mein Katalonien* – George Orwell
- *Der Spanische Bürgerkrieg* – Hugh Thomas

Nationalistischer Vormarsch

Die grundlegenden Schlachtlinien standen innerhalb einer Woche nach dem Aufstand in Marokko fest. Viele Garnisonsstädte fielen sofort in die Hand der Nationalisten: fast das gesamte Gebiet nördlich von Madrid außer Katalonien und der Nordküste sowie Teile Andalusiens. Francos Truppe aus Legionären und marokkanischen Söldnern wurde im August von der deutschen Luftwaffe nach Sevilla geflogen. Sie marschierte gen Norden durch die Extremadura nach Madrid, was maßgeblich für den Erfolg der Revolte war, und schlug unterwegs Wider-

BRUCE BI

» Centro de Arte Reina Sofía (S. 69), Madrid

1938

Die Nationalisten schlagen die letzte große Offensive der Republikaner im Ebrotal nieder, dabei sterben 20 000 Spanier. Die Sowjetunion stellt die Hilfe für die Republikaner ein.

1939

Im Januar nehmen die Nationalisten Barcelona ein. Die republikanische Regierung flieht, ihre Truppen lösen sich auf und die Nationalisten marschieren am 28. März in Madrid ein. Franco verkündet am 1. April das Kriegsende.

ständler nieder. Im Oktober brachte Franco in Salamanca alle Nationalisten auf seine Linie.

Madrid verteidigte sich im November mithilfe der ersten Bataillone der Internationalen Brigaden (von Kommunisten organisierte bewaffnete ausländische Idealisten und Abenteurer) und erduldete unter kommunistischem Einfluss eine zweijährige Belagerung.

Ausländische Intervention

Die Internationalen Brigaden setzten sich aus gerade einmal 20 000 Mann zusammen und konnten das Blatt gegen die besser bewaffneten und organisierten Nationalisten kaum wenden.

Hitler und Mussolini unterstützten die Nationalisten mit Flugzeugen, Waffen und Kämpfern (75 000 aus Italien, 17 000 aus Deutschland), was einen Testlauf für den Zweiten Weltkrieg bedeutete. Die Republikaner erhielten Flugzeuge, Panzer, Artillerie und Berater von den Sowjets, doch der Rest der internationalen Gemeinschaft verweigerte jegliche Beteiligung (obwohl 25 000 Franzosen auf der Seite der Republikaner kämpften).

Republikanische Querelen

Ende 1936 veranlasste Madrids Belagerung die republikanische Regierung im Bemühen, die unterschiedlichen politischen Gruppen – Anarchisten, Kommunisten, gemäßigte Demokraten und regionale Separatisten – unter einen Hut zu bekommen, zum Umzug nach Valencia.

Im April 1937 bombardierten deutsche Flugzeuge die baskische Stadt Guernica (auf Baskisch Gernika), ein Angriff, der viele zivile Opfer forderte. Picasso machte dies zum Thema seines berühmten Pazifismusgemäldes. Im selben Jahr fiel die gesamte Nordküste an die Nationalisten, die somit die Kontrolle über die baskische Industrie erlangten. Republikanische Gegenangriffe bei Madrid und in Aragonien schlugen fehl.

Im Mai 1937 entluden sich die Spannungen unter den Republikanern in erbitterten Straßenkämpfen in Barcelona, wobei sowjetisch orientierte Kommunisten die Anarchisten und Trotzkisten, die fast ein Jahr lang die Kontrolle über die Stadt gehabt hatten, komplett zerschlugen. Daraufhin zog die republikanische Regierung im Herbst 1937 nach Barcelona.

Sieg der Nationalisten

Anfang 1938 schlug Franco in Teruel in Aragonien eine republikanische Offensive zurück, eilte anschließend mit 100 000 Mann, 1000 Flugzeugen und 150 Panzern ostwärts und schnitt Barcelona von Valencia ab. Im Juli starteten die Republikaner im Ebrotal eine letzte Offensive ge-

1939–50

Franco etabliert eine rechtsgerichtete Diktatur; Hunderttausende werden inhaftiert. Spanien bleibt im Zweiten Weltkrieg neutral, wird aber später von der Nato und der Uno ausgeschlossen.

1955–65

Spanien akzeptiert die US-Basen im Land und wird von der Uno wieder aufgenommen. Die Wirtschaft boomt durch US-Hilfsleistungen sowie den Massentourismus an der Costa Brava und der Costa del Sol.

1959

Die ETA wird gegründet: Ihr Ziel ist die Schaffung eines unabhängigen baskischen Staats. Bis 2008 kostet die terroristische Organisation über 800 Menschen das Leben, darunter 1973 Francos Premierminister.

1975

Franco stirbt, sein Nachfolger ist König Juan Carlos I. Franco hatte den Monarchen instruiert, seine Politik fortzusetzen, doch schon bald zeigt sich Juan Carlos' Wille zu einem Wandel.

gen die Nationalisten. Dieses von den Letzteren gewonnene blutige Gefecht hatte 20 000 Tote zur Folge.

Nachdem sich die UdSSR im September 1938 aus dem Krieg zurückzog und die Nationalisten im Januar 1939 Barcelona kampflos einnehmen konnten, flohen die republikanische Regierung und Hunderttausende ihrer Anhänger nach Frankreich.

Die Republikaner hielten Valencia und Madrid und hatten noch 500 000 Mann unter Waffen, trotzdem lösten sich ihre Truppen letztendlich einfach auf. Am 28. März 1939 hielten die Nationalisten in Madrid Einzug. Franco erklärte am 1. April das Ende des Krieges.

Francos Spanien

Franco zeigte sich zu Beginn seiner 36 Jahre dauernden Regierungszeit gnadenlos. Schätzungsweise 100 000 Menschen wurden nach dem Krieg getötet oder starben im Gefängnis. Unter den Hunderttausenden Gefangenen befanden sich viele Intellektuelle und Lehrer; andere flohen ins Ausland, was Spanien eine ganze Generation an Wissenschaftlern, Künstlern, Schriftstellern, Lehrenden usw. entzog. Zuletzt hatten sogar Francos Befürworter genug von seinem absoluten Führungsanspruch und intoleranten Regierungsstil. Als der Diktator 1975 starb, war das Land mehr als reif für einen Übergang zur Demokratie. Bis zu diesem Zeitpunkt war Francos Herrschaft jedoch absolut. Seine Macht beruhte darauf, dass er keiner der großen Gruppen wie Kirche, Movimiento Nacional (die einzige legale politische Partei), Armee, Monarchisten oder Bankiers zu viel Spielraum zum Agieren gab. Regionale Autonomiebestrebungen wurden nicht geduldet.

Viele Minister der Regierung waren Militärs und erfreuten sich eines großzügigen Budgets. Die Vormachtstellung des Katholizismus wurde vollständig wiederhergestellt und Gymnasien den Jesuiten unterstellt, Scheidungen waren illegal und kirchliche Trauungen Pflicht. Franco gewann einige Unterstützung in der Arbeiterklasse, indem er sichere Arbeitsplätze und bezahlten Urlaub in Aussicht stellte. Ein Recht auf Streik gab es jedoch nicht.

FRANCO

Franco bezeichnete sich selbst als Generalísimo (oberster General) und später als *caudillo* (Führer).

Der Zweite Weltkrieg & die Hungerjahre

Ein paar Monate nach Ende des Bürgerkriegs entbrannte der Zweite Weltkrieg. Franco stellte Hitler ein Bündnis in Aussicht, legte sich aber nie auf ein Datum fest. 1944 startete die spanische Linke von Frankreich aus einen fehlgeschlagenen Angriff auf Franco. Kleine Guerillaeinheiten setzten im Norden, in der Extremadura und in Andalusien bis in die 1950er-Jahre einen hoffnungslosen Kampf fort.

Nach dem Zweiten Weltkrieg wurde Spanien aus der Uno und Nato ausgeschlossen und litt unter einem von der Uno veranlassten Handels-

1976
Juan Carlos ernennt Adolfo Suárez zum Premierminister, der die Rückkehr zur Demokratie möglich macht. Das Verbot linksgerichteter Parteien wird aufgehoben und 1977 gibt es freie Wahlen.

1978
Die neue Verfassung wird per Referendum von einer überwältigenden Mehrheit angenommen. Spanien bekommt eine parlamentarische Demokratie ohne Staatsreligion und mit dem König als Oberhaupt.

1981
Am 23. Februar initiieren bewaffnete Angehörige der Guardia Civil unter Antonio Tejero einen Putschversuch und besetzen das Parlamentsgebäude. Der König verurteilt ihr Vorgehen und die Gruppe scheitert.

1982–96
Spanien wird von der Mitte-Links-Partei Partido Socialista Obrero Español (PSOE) unter Felipe González regiert. Das Land erlebt einen Wirtschaftsboom, doch die Regierung verstrickt sich in Skandale.

boykott, der in den 1940er-Jahren zu Spaniens *años de hambre* (Hungerjahre) beitrug. Mit Beginn des Kalten Kriegs bemühten sich die USA allerdings um Militärbasen in Spanien; vier davon wurden gegen Zahlungen üppiger Hilfsgelder an Franco errichtet. 1955 durfte Spanien schließlich der Uno beitreten.

Filme über Spanien unter Franco

» *Pans Labyrinth* (2006)

» *Willkommen, Mr. Marshall!* (1952)

» *Las 13 Rosas* (Die 13 Rosen; 2007)

Wirtschaftswunder

1959 erarbeitete eine neue Gattung von Technokraten, die mit der katholischen Gruppe Opus Dei verbunden und an der Regierung beteiligt waren, einen Stabilisierungsplan, was schließlich den Wirtschaftsaufschwung brachte. Tausende junger Spanier gingen nun zum Lernen ins Ausland. Moderne Maschinen, Technologien und Marketingmethoden wurden eingeführt und das Transportwesen modernisiert. Zudem ermöglichten neue Dämme Bewässerung und Wasserkraftwerke.

Der Wirtschaftsboom wurde teilweise durch US-Gelder und Geldsendungen von mehr als einer Million im Ausland arbeitenden Spaniern, hauptsächlich aber durch den Tourismus finanziert, der sich zunächst an der andalusischen Costa del Sol und der katalanischen Costa Brava entwickelte. 1965 kamen bereits jährlich 14 Mio. Touristen nach Spanien.

Aus den verarmten ländlichen Regionen zogen die Menschen gleich massenweise in die Städte und Touristenorte. Viele Andalusier gingen nach Barcelona. Es entstanden elegante Vororte, aber auch Slums und Hochhausblöcke.

Das letzte Jahrzehnt

1964 feierte Franco 25 Jahre Frieden, Ordnung und materiellen Fortschritt. Die Gefängnisse jedoch waren noch immer mit politischen Gefangenen gefüllt, zudem wurden umfängliche Garnisonen vor jeder größeren Stadt beibehalten. Im folgenden Jahrzehnt wuchs die Unzufriedenheit unter den Arbeitern und in den Universitäten, und sogar beim Militär und in der Kirche gärte der Unmut.

Paul Preston lässt in der lesenswerten Biografie *Franco. Caudillo de España* kaum ein gutes Haar an dem Diktator.

Auch regionale Probleme tauchten wieder auf. Die baskisch-nationalistische Terroristengruppe Euskadi Ta Askatasuna (ETA; Baskenland und Freiheit) sorgte zwischen 1962 und 1975 sechsmal für den Ausnahmezustand.

Franco wählte Prinz Juan Carlos, den in Spanien erzogenen Enkel von Alfonso XIII., zum Nachfolger. 1969 leistete Juan Carlos den Treueid auf Franco und den Movimiento Nacional. Vorsichtige Reformen des letzten Premierministers unter Franco, Carlos Arias Navarro, riefen bei den rechten Extremisten heftigen Widerstand hervor. Das Land schien im Chaos zu versinken, als der Diktator am 20. November 1975 starb.

1986

Das Land tritt der Europäischen Gemeinschaft bei. Zusammen mit der Nato-Mitgliedschaft seit 1982 ist dies eine Wende für das Land: Erstmals seit der Franco-Zeit ist Spanien international rehabilitiert.

1992

Barcelona richtet die Olympischen Spiele aus, was das Land in den Fokus des internationalen Interesses rückt und seine Entwicklung unterstreicht.

1996

Die Mitte-Rechts-Partei Partido Popular (PP) gewinnt unter José María Aznar die Wahl und es beginnt eine Dekade des Wirtschaftswachstums.

2000

Die PP unter Aznar gewinnt zum zweiten Mal die Wahl. Die PSOE wählt einen jungen Anwalt aus Valladolid zum neuen Parteichef, José Luis Rodríguez Zapatero.

Der Übergang zur Demokratie

Zwei Tage nach Francos Tod bestieg der 37-jährige Juan Carlos I. den Thron. Die Verbindung des neuen Königs mit dem Diktator flößte einem Volk, das nun nach Demokratie schrie, wenig Vertrauen ein. Juan Carlos hatte jedoch mit verdeckten Karten gespielt und so ist der erfolgreiche Übergang zur Demokratie weitgehend ihm zu verdanken. Im Juli 1976 ernannte er Adolfo Suárez zum Premierminister, einen 43-jährigen ehemaligen Franco-Apparatschik mit blendendem Aussehen. Zur allgemeinen Überraschung gelang es Suárez, die Zustimmung des franquistischen Parlaments zu einem parlamentarischen System mit zwei Häusern zu erlangen. 1977 legalisierte man schließlich alle politischen Parteien sowie Gewerkschaften und Streiks. Der Movimiento Nacional wurde abgeschafft.

Adolfo Suárez' zentristische Partei, die UCD (Demokratische Zentrumsunion), errang 1977 im neuen Parlament fast die Hälfte der Sitze. 1978 verabschiedete das Parlament eine neue Verfassung, die Spanien zur parlamentarischen Monarchie ohne Staatsreligion erklärte. Als Reaktion auf die Autonomiebestrebungen gestand die Verfassung den spanischen Regionen außerdem Unabhängigkeit von der Zentralregierung zu. 1983 war das Land in 17 „autonome Gemeinschaften" mit eigenen Regionalregierungen aufgeteilt, die über eine Reihe politischer Maßnahmen entschieden.

Nach Franco erfuhr das persönliche und soziale Leben eine rasante Emanzipation. Verhütungsmittel, Homosexualität und Scheidung wurden legalisiert und die Madrider Party- und Kunstszene, *la movida*, wurde zum Epizentrum eines hemmungslosen Hedonismus, der noch heute in Spanien spürbar ist.

Die erste Verordnung der neuen Regierung unter Suárez war eine Generalamnestie für alle Taten, die im Bürgerkrieg und unter Francos Diktatur begangen worden waren. Es gab weder Tribunale noch Prozesse für die Gewalttäter. In den folgenden drei Jahrzehnten blickte das Land kaum zurück auf seine Vergangenheit. Die Spanier schienen instinktiv übereingekommen zu sein, die alten Differenzen zu begraben, um gemeinsam für eine bessere Zukunft zu sorgen. Erst in den letzten Jahren sind einige Verbrechen aus der Bürgerkriegszeit wieder öffentlich diskutiert worden.

Mit der neuen Verfassung und einem Mehrparteiensystem wurde Spanien in den 1980er- und 1990er-Jahren reicher, gebildeter und liberaler als jemals zuvor. Allerdings gab es auch Probleme. Der Terror der ETA kostete viele Hundert Menschen das Leben (mehr über die ETA s. S. 427), der wirtschaftliche Aufschwung ging gelegentlich mit Korruption einher und das Gerangel zwischen Madrid und dem Baskenland sowie Katalonien um die Autonomie der Regionen schien kein Ende zu nehmen. Doch Spaniens Regierungswechsel verlief einwandfrei, die Wirtschaftsdaten verbesserten sich und der Lebensstandard der einfachen Leute erhöhte sich ständig.

Bücher über das heutige Spanien

- *Spaniens Geschichte seit dem Bürgerkrieg* – Walther Bernecker
- *Ghosts of Spain* – Giles Tremlett
- *The New Spaniards* – John Hooper

PSOE & PP

1982 brach Spanien endgültig mit seiner Vergangenheit, als der Partido Socialista Obrero Español (PSOE; Spanische Sozialistische Arbeiterpartei) bei den Wahlen die klare Mehrheit errang. Felipe González war für die nächsten 14 Jahre Premierminister. Die junge und gebildete Parteiführung des PSOE entstammte der Generation, die Ende der 1960er- und Anfang der 1970er-Jahre die Brüche des Franco-Regimes erweitert hatte. Sie überredete die Gewerkschaften zur Akzeptanz von Lohneinfrierung und Arbeitsplatzverlusten, um die Wirtschaft zu rationalisieren. Die Arbeitslosigkeit stieg 1986 von 16 auf 22 %. Im gleichen Jahr trat Spanien der Europäischen Gemeinschaft (heute EU) bei, was einen

SPANIEN ERFINDET SICH NEU

Das heutige Spanien wäre für die meisten Bewohner am Ende der Diktatur Francos 25 Jahre zuvor unvorstellbar gewesen. Dem Land gelang der Schritt in die Moderne mit glänzenden Einkaufszentren, Hochgeschwindigkeitszügen, schnellen Autobahnen, Internet, Mobiltelefonen, Geldautomaten, Reality-TV, globalem Business, fantastischer zeitgenössischer Architektur, figurbetonter Mode und wilden Nachtclubs. Nun durften die Einwohner verhüten, sich scheiden lassen und auch gleichgeschlechtlich leben, ohne dabei das Gesetz zu brechen. Sie hatten bessere Schulen und eine bessere medizinische Betreuung. Die Universitäten füllten sich, in den Kirchen wurde es leerer. Frauen bekamen weniger Kinder und mehr Jobs. Große Gebiete des Landes wurden unter Naturschutz gestellt. Die Spanier verließen ihre Heimat nicht mehr als Arbeitsmigranten, sondern als Touristen, und es kamen immer mehr Besucher hierher – als Urlauber *und* auf der Suche nach Jobs. Unter den Hunderttausenden ins Land strömenden Afrikanern, Lateinamerikanern und Europäern waren auch viele Muslime, die in den letzten 500 Jahren kaum mehr eine Rolle gespielt hatten. Die Kultur blühte angesichts neuer Freiheiten und staatlicher Subventionen auf. Wenn es jemanden gibt, der diese Zeit am besten repräsentiert, dann der Oscar-Preisträger und Filmemacher Pedro Almodóvar. Seine abgedrehten, farbenfrohen und provokativen Filme über Leidenschaft, Sexualität und persönliche Identität wären im alten Spanien unvorstellbar gewesen.

fünf Jahre andauernden Wirtschaftsboom mit sich brachte. Die Mittelschicht verbreiterte sich, der PSOE führte eine nationale Gesundheitsfürsorge ein und verbesserte das öffentliche Bildungssystem; spanische Frauen konnten endlich höhere Bildungswege einschlagen und bessere Jobs ergattern.

Mitten im Boom bekam der Wohlstand Dämpfer. Es blieb nicht verborgen, dass die Neureichen ihr Geld mit Grundstücks- oder Aktienspekulationen oder schlicht Korruption machten. 1992 – zum 500. Jahrestag der Eroberung Granadas und Kolumbus erster Reise nach Amerika – war Spanien mit der Ausrichtung der Olympischen Spiele in Barcelona und der Expo in Sevilla in der modernen Welt angekommen. Die Wirtschaft befand sich zu diesem Zeitpunkt aber bereits in der Rezession und der PSOE wurde von Skandalen geschüttelt. 1996 war die Arbeitslosenquote mit 23 % die höchste in Westeuropa. Den größten Schaden brachte die Affäre um die Grupos Antiterroristas de Liberación (GAL), Todesschwadronen, die Mitte der 1980er-Jahre in Frankreich 28 mutmaßliche ETA-Terroristen (von denen mehrere unschuldig waren) ermordet hatten. Immer neue Anschuldigungen gegen die GAL führten schließlich 1996 zur Wahlniederlage des PSOE. 1998 wurden ein Dutzend Polizeioffiziere und PSOE-Mitglieder im Zusammenhang mit dieser Affäre zu Gefängnisstrafen verurteilt.

Die Website der spanischen Regierung lautet www.la-moncloa.es, die des Königs Juan Carlos www.casareal.es.

Die Wahlen von 1996 gewann die Mitte-Rechts-Partei Partido Popular (PP; Volkspartei) mit dem Spitzenkandidaten José María Aznar, einem ehemaligen Finanzbeamten aus Kastilien-León. Die Partei war von dem ehemaligen Franco-Minister Manuel Fraga gegründet worden, woran ihre Gegner sie stets erinnerten. Aznar kündigte eine etwas eintönige Politik an, die er schließlich auch umsetzte, aber unter seiner Führung machte die Wirtschaft solide Fortschritte – und so gewann er die Wahlen im Jahr 2000 erneut.

Der PP kürzte öffentliche Investitionen, privatisierte Staatsunternehmen und liberalisierte verschiedene Bereiche wie die Telekommunikation. Während der Regierung Aznars war das jährliche Wirtschaftswachstum weit höher als der EU-Durchschnitt und die Zahl der Arbeitslosen ging deutlich zurück.

Architektur

Wenn man zu den Bögen des großen römischen Aquädukts in Segovia emporblickt, glaubt man fast, dass man gerade die Zenturios darunter entlangmarschieren sieht. Wie aus einem Traum beschwört die Alhambra mit dem sanften Blubbern ihrer kühlen Springbrunnen Spaniens muslimisches Zeitalter herauf. Schlendert man an einem ungemütlichen grauen Wintertag durch die gespenstisch widerhallenden Kreuzgänge des romanischen Monasterio de Santo Domingo de Silos, hat man das Gefühl, vom Mittelalter mit seiner ganzen mystischen Kraft eingeholt zu werden. Darüber hinaus ragen von Katalonien bis Kastilien an vielen Orten halb verfallene Burgruinen aus der Landschaft. Wer den Blick gen Himmel zu den gotischen Kathedralen von Burgos, Palma de Mallorca oder Toledo hebt, kann die Ehrfurcht förmlich spüren, die sie bei ihrem Bau hervorgerufen haben müssen. Und wer ist nicht von Gaudís eigenwilligen modernistischen Schöpfungen hingerissen, die Barcelonas Straßen schmücken?

Spaniens Architektur ist eine der reichsten und vielfältigsten in der europäischen Baukunst. Sie beginnt mit den einfachen Steinhäusern der keltiberischen Stämme. In Westeuropa einzigartig ist die lange islamische Geschichte des Landes. Die Fusion der nahöstlichen und der europäischen Ästhetik auf der Halbinsel führte zur Entwicklung ganz eigener Stilrichtungen, sowohl während der Blütezeit der Mauren als auch nach der Reconquista, als die Architekten eifrig bestrebt waren, den islamischen Stilen mit strengen romanischen Bauwerken zu begegnen. Andere hatten dieses Erbe dagegen in der Zwischenzeit geschickt integriert, etwa im mozarabischen und Mudéjar-Stil. Die Liebe zum Ornamentalen, die während der islamischen Ära geprägt worden war, wurde in die Renaissance hinübergenommen, als spanische Künstler den dekorativen plateresken Stil entwickelten, der wiederum den Weg für die überwältigenden Bauwerke des Barocks ebnete. Im späten 19. Jh. zwangen die modernistischen Genies in Barcelona die Wände und Decken in völlig neue Formen und bereiteten damit den Boden für die zeitgenössische Architekturszene, die sowohl spanischen als auch ausländischen Architekten freie Hand dabei lässt, ihre verrücktesten Visionen zu verwirklichen.

210 v. Chr–409 n. Chr.
Römischer Stil

Brücken, Wassersysteme, Mauern, Städte – die Römer bauen für die Ewigkeit und inspirieren spätere Stilformen.

409–711
Westgotischer Stil

Die Eindringlinge aus dem Norden errichten grobe Steinkirchen mit einfachen Zierelementen und Hufeisenbögen.

711–1492
Mauren

Hufeisenbögen, Minarette mit quadratischem Grundriss, kunstvolle geometrische Muster – die Synthese von Stilen des gesamten islamischen Reichs führt auch zum mozarabischen Stil (islamisch aussehende Bauwerke in christlichen Gebieten).

1100–1700
Mudéjar-Stil

Von Muslimen geschaffene Bauwerke, die nach der Reconquista entstehen – sie behalten die maurische Tradition der Dekoration bei und passen sie an verbreitetere Baumaterialien an.

1100–1300
Romanik

Ihrem Wesen nach antimaurisch mit sparsamen Verzierungen, ihre Proportionen gehen auf byzantinische Kirchen zurück. Typisch sind schwere, perfekt halbrunde Bögen.

1200–1600
Gotik

Die Kirchen streben in den Himmel: Strebebögen ermöglichen hohe Decken und die Bögen werden so sehr spitz.

Das antike Spanien

Die Stämme, die ursprünglich die Iberische Halbinsel bewohnten, sind als Keltiberer bekannt. Sie hinterließen bleibende Spuren im Land, als sie erst einmal ihre Höhlenbehausungen verlassen hatten. Die sogenannte *castro*-Kultur der Bronzezeit (9. Jh. v. Chr.) im Nordwesten des Landes (und in Portugal) erhielt ihren Namen nach der gängigsten Wohnform: einem Wehrdorf aus steinernen Rundhäusern, die eng zusammengedrängt lagen. Zu den am besten erhaltenen gehören die *castro*-Ruinen von A Guarda an Galiciens Südküste und jene bei Coaña in Asturien.

Als um 500 v. Chr. die Griechen und etwa 200 v. Chr. die Karthager eintrafen, blieben sie vor allem an der Küste; von ihnen ist kaum etwas erhalten. Die Römer hinterließen nach dem 2. Jh. v. Chr. schon mehr Spuren quer über die Halbinsel, sowohl in der Architektur als auch anderweitig. Der im 1. Jh. lebende Kaiser Trajan, der die Grenzen des Römischen Reichs am weitesten ausdehnte und viele bedeutende Bauwerke in Rom hinterließ, wurde in Itálica in der Nähe des heutigen Sevilla geboren. Augusta Emerita (das jetzige Mérida) in der Extremadura war eine der einflussreichsten Städte des Weströmischen Reiches und behielt seine Vormachtstellung, bis es 713 von den Arabern erobert wurde. Hier finden sich die längste erhaltene römische Brücke, noch immer funktionierende Wasserspeicher und ein riesiges Amphitheater.

Römische Relikte

- » Aquädukt, Segovia
- » Brücke, Alcántara
- » Stadtmauern, Lugo, Galicien
- » Tarraco (Tarragona), Katalonien
- » Itálica, Sevilla
- » Sagunto, Valencia

Die westgotische Periode

Nicht einmal ganz drei Jahrhunderte lang, zwischen den letzten Tagen des Römischen und dem Beginn des islamischen Reichs ab 711, waren die Westgoten an der Macht. Auch ihr architektonisches Erbe ist gering, denn kaum etwas blieb davon erhalten. Während der islamischen Herrschaft wurden viele Kirchen vernachlässigt und die katholische Reconquista sorgte dafür, dass noch mehr davon zerstört wurden, um Platz für grandiosere Bauwerke zu schaffen.

Doch das wenige, was überdauert hat, zeugt von einem bemerkenswert attraktiven Stil: bescheidener als der römische, doch solider gebaut aus gut bearbeiteten glatten Steinen, die mit Reliefs aus abstrakten Pflanzenformen und Kreuzen verziert sind und an den byzantinischen Stil erinnern. Ein anderes Merkmal dieser Periode sind Bögen, die sich unten leicht nach innen wenden und dadurch leicht hufeisenförmig aussehen. Später werden sie ausschließlich mit der maurischen Architektur in Verbindung gebracht, denn auch syrische Baumeister entwickelten den Hufeisenbogen.

Ildefonso Falcones Bestseller *Die Kathedrale des Meeres* erzählt die Geschichte vom Bau der Kathedrale Santa María del Mar in Barcelona im 13. Jh.

Die Basílica de San Juan in Baños de Cerrato in der Provinz Palencia soll die älteste westgotische Kirche Spaniens sein. Sie wurde 661 gebaut und von König Recceswinth geweiht. Die Kirche besitzt eine Eingangstür in Hufeisenbogenform und Friese mit verschlungenen Kreisen. Wahrscheinlich ist die Ermita de Santa María de Lara bei Quintanilla de las Viñas in der Provinz Burgos das letzte von den Westgoten errichtete Gotteshaus; Archäologen datieren es auf die Zeit um 700. Nur ein Drittel davon ist noch erhalten, doch in der Gliederung des Bauwerks erkennt man zahlreiche kleinere Räume, was ebenfalls typisch für den westgotischen Stil ist.

Der Islam hält Einzug

Etwa 70 Jahre nach dem ersten islamischen Einfall in Spanien war Córdoba als neue Hauptstadt am westlichen Rand des Reichs etabliert. 784 begannen syrische Architekten mit dem Bau der grandiosen Mezquita. Details wie delikate Hufeisenbögen und kunstvoll verzierte Fliesen mit Blumenmotiven, die an die Omaijaden-Moschee in Damaskus erinnern, sollten die Heimat heraufbeschwören. Doch die islamische Architektur war in Spanien von Anfang an eine Synthese: Das auffälligste Merkmal des Bauwerks sind die über 500 Säulen, die das Innere der Moschee füllen, und die stammen aus römischen und westgotischen Ruinen.

In den folgenden Jahrhunderten nahm die maurische Architektur Trends aus dem gesamten islamischen Reich auf. Die Technik der überaus fein gearbeiteten Stuckverzierungen wurde im 9. Jh. im Irak entwickelt und die *muqarnas*-Wölbungen kamen im 10. Jh. aus Ägypten. Minarette mit quadratischem Grundriss wie die Giralda in Sevilla (heute ein Kirchturm) gelangten im 12. Jh. mit dem Eroberungszug der Almohaden aus Marokko ins Land.

Die eindrucksvollsten Überbleibsel der islamischen Ära findet man in Andalusien, Aljafería in Zaragoza bildet eine schöne Ausnahme. Das vielleicht prächtigste Bauwerk ist das Kernstück der Alhambra in Granada, der Palacio Nazaríes. Bei seinem Bau vom 13. bis zum 15. Jh. schwangen sich die Architekten zu ganz neuen Höhen der Eleganz auf und schufen ein Meisterstück der Balance zwischen dem Innen und Außen, Licht und Schatten, Schlichtheit und komplizierter Dekoration. Doch letztlich führte das Bauwerk auch in eine stilistische Sackgasse. Es vermied Innovationen und verfeinerte stattdessen bewährte Formen – als ob die Zeit angehalten und der Zusammenbruch der maurischen Macht aufgehalten werden sollte, die zu jener Zeit auf der Halbinsel unaufhaltsam zerfiel.

1400–1600
Der platereske Stil
Der Höhepunkt der spanischen Renaissance, verwirrend schnörkelhafte Reliefkunst an Fassaden.

1650–1750
Churrigueresque
Spaniens spezielle Form des Barocks – gedrehte Säulen sind groß in Mode und alles wird mit Blattgold verziert.

1888–1911
Modernismus
Die spanische Variante des Jugendstils nimmt in Barcelona eine brillante Wendung und verändert die Stadt für immer.

Mischstile: Mozarabischer & Mudéjar-Stil

Die wahre Kreativität in der Architektur war ein Nebenprodukt der *convivencia* (Koexistenz), als sich die islamische, die christliche und die jüdische Kultur gegenseitig befruchteten. Im 10. Jh. hatte die maurische Herrschaft eine gesellschaftliche Klasse hervorgebracht, deren Mitglieder Mozaraber genannt wurden: praktizierende Christen, die im islamischen Herrschaftsgebiet lebten und Arabisch sprachen. Wenn mozarabische Kunsthandwerker nach Norden ins christliche Spanien zogen oder reisten, brachten sie klassische islamische Elemente der Baukunst mit. So imitiert z. B. die 913 gebaute Iglesia de San Miguel de Escalada östlich von León mit ihren Hufeisenbögen über blattverzierten korinthischen Kapitellen, die aus römischen Bauwerken stammen, die Mezquita. Viele Bögen sind im oberen Teil von einem *alfiz* umgeben, einem rechteckigen, rahmenartigen Schmuckelement, das meistens mit geometrischen oder abstrakten pflanzlichen Ornamenten gefüllt ist. Es wurde zu einem Kennzeichen der mozarabischen Architektur.

Die im 11. Jh. errichtete Ermita de San Baudelio bei Berlanga de Duero in der Provinz Soria erinnert mit ihrem beengten Grundriss an die westgotischen Kirchen, die ebenfalls keinen großen Kirchenraum aufwiesen. Doch sie war aufwendig mit Fresken geschmückt, die Motive aus dem Nahen Osten wie Kamele und Elefanten beinhalten, aber auch Jagdszenen, die an Fresken in den alten syrischen Omaijaden-Palästen erinnern (die meisten Fresken wurden inzwischen entfernt und in Museen gebracht). Weil diese mozarabischen Bauwerke die religiösen Grenzen überschritten, könnte man sie als Ausdruck des ersten wirklich spanischen Architekturstils nach dem Aufstieg des Islams bezeichnen.

Nur ein widerspenstiges Gebiet in Nordspanien, im heutigen Asturien, wurde niemals von den Arabern erobert. Im 9. Jh. entwickelte sich hier ein einzigartiger Baustil, der die westgotischen Traditionen noch übertrieb. Der Palacio de Santa María del Naranco z. B. weist dramatisch verlängerte Proportionen, kunstvolle Reliefschnitzereien und hohe, dünne Bögen auf.

Nachdem die Reconquista an Boden gewonnen hatte, bildete sich eine weitere Klasse, die bisherige Grenzen überschritt: die der Mudéjaren, also Muslime, die im nunmehr katholischen Spanien geblieben waren. Die weitgehend entrechteten Kunsthandwerker der Mudéjaren waren billige Arbeitskräfte mit großem Talent. Der fundamentalistische Charakter der katholischen Kampagne führte zu dem Eindruck, dass Spanien wieder zu einem im Wesentlichen christlichen Land wurde, doch die Mudéjar-Architektur dieser Periode erzählt eine andere Geschichte: Die *convivencia* sollte niemals vollständig verschwinden.

Der Mudéjar-Stil, der ab dem 12. Jh. deutlich sichtbar wird, zeichnet sich zunächst durch die Nutzung relativ billiger Baumaterialien aus. Die Tage der üppigen Regierungsaufträge waren vorüber und die Steine der Römer alle verwendet worden. Stattdessen baute man nun mit Backstein, Kacheln und Gips, erzeugte dabei jedoch mit unglaublicher Geschicklichkeit den Eindruck von Pracht. Einige der besten erhaltenen Beispiele befinden sich in Aragonien und Kastilien. Besonders die Stadt Teruel ist geradezu gespickt mit kunstvollen Backsteintürmen, die mit glasierten Kacheln verziert sind.

Der Jakobsweg ist auch eine architektonische Pilgerreise, denn er führt an romanischen Meisterwerken wie dem Monasterio de Santo Domingo de Silos, dem kleineren Kreuzgang im Monasterio de las Huelgas in Burgos sowie der restaurierten Iglesia de San Martín in Frómista vorbei bis hin zur Kathedrale selbst in Santiago de Compostela.

Ein anderes typisches Mudéjar-Merkmal sind die aufwendigen und detailreichen Holzdecken, dieser Stil wird *artesonado* genannt. Manchmal handelt es sich um Tonnengewölbe, doch am typischsten sind flache Holzdecken, die aus miteinander verbundenen Balken bestehen, zwischen denen sich mehrfarbige hölzerne Kassetten mit geometrischen Mustern befinden. In der Alhambra sind die Decken, die erst später von katholischen Bewohnern angebracht wurden, vielleicht nicht so komplex wie die ursprünglichen islamischen Arbeiten im gleichen Bereich, doch der Stil ist bemerkenswert beständig, obwohl schon das Wappen der neuen Herrscher eingearbeitet wurde.

Von der Romanik zur Gotik

Während sich das Schicksal gegen die Muslime wendete, eroberte die Romanik das mittelalterliche Europa. In Spanien fasste sie wahrscheinlich Fuß, weil sie das ästhetische Pendant zum islamischen Stil darstellte. Der Architekt und Kunsthistoriker Josep Puig i Cadafalch postuliert, dass jedes romanische Detail eine systematische Entgegnung auf ein islamisches Detail war. Die Bauwerke waren schlicht, eckig und streng und von den Proportionen der klassischen Bauten beeinflusst. Die vom 12. Jh. an errichteten romanischen Kirchen, Klöster, Brücken und Pilgerherbergen erfüllten ihre beabsichtigte Funktion, sollten aber gleichzeitig auch den Erfolg der Reconquista sichtbar machen.

Besonders bemerkenswert sind die perfekt halbrunden Bögen der romanischen Gebäude – ein Gegenstück zu den stilvollen Hufeisenbögen aus der Zeit davor. In den Kirchen zeigen sie sich in der halbzylindrischen (oft auch dreifachen) Apsis, deren Form schon in byzantinischen Kirchen vorkommt. Die Bögen schmückten auch Türen, Fenster, Kreuzgänge und Kirchenschiffe. Eingänge trugen zahlreiche konzentrische Bögen, die umso mehr auffielen, als sie oft das einzige schmückende Element waren. Später im 12. Jh. begannen die Spanier diese Halbkreise zu modifizieren und näherten sich dabei dem gotischen Stil an, indem sie Spitzbögen und Kreuzrippengewölbe hinzufügten. Das Monasterio de la Oliva in Navarra war eines der ersten Bauwerke mit diesen Merkmalen und in den Kathedralen von Ávila, Sigüenza, Tarragona und Tudela sind zumindest einige Übergangselemente sichtbar.

Derweil bewunderte jedermann in Nordeuropa die hoch aufragenden Kathedralen, deren Höhe durch die neumodischen Strebepfeiler ermöglicht wurde. Diese Idee setzte sich in Spanien während des 13. Jhs. durch, als die neuen Kathedralen in Burgos, León und Toledo gebaut wurden. Sie beruhten hauptsächlich auf französischen Vorlagen, doch die Spanier führten bald einige weitere Elemente ein. Einige Veränderungen waren sehr subtil, etwa die Platzierung des Chorgestühls im Zentrum des Kirchenschiffs, eine andere hingegen war unübersehbar: der hoch aufragende, dekorative *retablo* (Altaraufsatz), der die neuen Kirchen schmückte. Spanische Architekten der Gotik entwickelten auch das Sterngewölbe, eine Methode zur Gewichtsverteilung über Rippengewölbe, die von einem zentralen Punkt ausgehen.

Viele große Bauwerke, die in der Hochphase der Romanik begonnen wurden, konnten erst lange nach dem Siegeszug der Gotik fertiggestellt werden. Die Kathedrale in Burgos wurde z. B. 1221 als recht nüchternes Bauwerk begonnen, doch ihre Türme aus dem 15. Jh. sind das Ergebnis spätgotischer Ideen aus Deutschland. Auch Mudéjar-Einflüsse machten sich geltend, besonders in der Verwendung von Backstein anstelle von Stein. In Toledo gibt es viele original erhaltene großartige Gebäude im Gotik-Mudéjar-Mischstil, ebenso in Teilen Aragoniens, wo die Unesco die fantasievollen Backsteinbauten zum Weltkulturerbe erklärte.

Die Gotik entwickelte eigenartige regionale Varianten. Der katalanische Stil war eher nüchtern und verzichtete auf Zinnen. Architekten entwarfen unglaublich breite Gewölbe, die nicht gestützt wurden und ohne die Hilfe von Strebepfeilern auskamen. Die isabellinische Gotik, inspiriert von der Königin, ist dagegen ein dekoratives Mischmasch und spiegelt Isabellas Vorliebe für Exotisches und Wappenbilder wider. Sehen kann man sie in Toledo in der Kirche San Juan de los Reyes, wo die gotischen Bögen auf außerordentlich kunstvoll geschnitzte und bemalte Holzdecken treffen, und in der Capilla Real in Granada, wo Isabella und König Ferdinand begraben sind. Ihre Initialen bilden an der Außenseite ein dekoratives Band, das möglicherweise von der Kalligrafie in der Alhambra beeinflusst war.

Eine Nachbildung der Giralda in Sevilla stand in den 1920er-Jahren am Madison Square in New York, sie wurde jedoch später abgerissen. Besser erging es einem weiteren Nachbau: Er erhebt sich noch immer über Kansas City, Missouri, einer Partnerstadt von Sevilla.

Nicht nur religiöse Bauwerke schossen während dieser Periode aus dem Boden. Auch die meisten der unzähligen Burgen im Land stammen aus der gotischen Ära. Viele wurden nie bewohnt und waren auch gar nicht dafür ausgelegt – die prächtige Burg in Coca, Segovia, ist ein schönes Beispiel dafür. In Barcelona sind einige großartige gotische Konstruktionen zu bewundern, u. a. der Saló del Tinell im früheren Königspalast im Barri Gòtic sowie die Reials Drassanes, die mächtigen ehemaligen Werftbauten, die heute das Museu Marítim beherbergen. Die gotische Periode dauerte demnach bis ins 16. Jh. an, in dem die reine Gotik noch einmal eine Renaissance erlebte. Das vielleicht beste Beispiel hierfür ist die Neue Kathedrale in Salamanca, obwohl die Kathedrale in Segovia wohl das letzte und wahrscheinlich reinste gotische Gebäude sein dürfte, das in Spanien gebaut wurde.

Renaissance & der platereske Stil

Gegen Ende des 15. Jhs. zeigten sich in Spanien die Auswirkungen der Renaissance, die ganz Europa erfasst hatte. Diese intellektuelle Blütezeit führte zwar nicht zu einem einheitlichen Stil, doch sie inspirierte die einzigartige platereske Bauweise, die teils von italienischen Stilformen beeinflusst war, teils aus Elementen der isabellinischen Gotik erwuchs. Diese Fassadendekoration war so kunstvoll und fein, dass sie aussah, als wäre sie von *plateros* (Silberschmiede) gearbeitet worden – daher auch der Name. Salamanca, wo die spanische Renaissance zuerst Wurzeln schlug, bietet eine geballte Dosis der prächtigsten Arbeiten dieses Genres. Die Fassade der Universität ist ein virtuoses Meisterwerk aus Büsten, Medaillons und üppigen floralen Mustern, die sich wie ein Teppich auf der Wand ausbreiten. In puncto Intensität steht ihr die Fassade des Convento de San Esteban in fast nichts nach: Der Hauptbogen ist mit Tausenden blumenartigen Formen bedeckt, die im warmen Sandstein dieser Gegend leuchten. Nur wenige der Werke können einem bestimmten Künstler zugeordnet werden, aber allem Anschein nach war der Hauptvertreter des plateresken Stils, Alonso de Covarrubias, zur Zeit ihrer Entstehung mehr in seiner Heimatstadt Toledo mit dem Alcázar und der Capilla de los Nuevos Reyes in der Kathedrale beschäftigt.

In Andalusien überwog hingegen ein reinerer Renaissancestil, der die in Italien und Frankreich bereits etablierten klassischen Proportionen und Stilausprägungen widerspiegelt. Diese Ästhetik fand physisch und symbolisch ihren Höhepunkt im Palacio de Carlos V, den der Herrscher direkt in der Mitte der maurischen Paläste in Granadas Alhambra errichtete. Es ist das einzige spanische Renaissancebauwerk in Form eines Kreises innerhalb eines Quadrats.

Ein Außenseiter in der Renaissance war Juan de Herrera, dessen Werk fast keine Ähnlichkeit mit anderen für diese Zeit typischen Bauwerken zeigt, weil es außerordentlich streng wirkt. Sein Meisterwerk ist der Palast- und Klosterkomplex von San Lorenzo de El Escorial, dessen zentrales Thema der Kubus war (über eben dieses Thema hatte der Architekt ein Buch geschrieben). Er verwarf die typischen klassischen Dekorationsvorschriften und ließ riesige Granitflächen unbearbeitet. Dieses Aussehen wurde mehr als ein Jahrhundert lang von zahlreichen Klöstern übernommen.

Barocke Spielereien

- » Monasterio de Nuestra Señora de la Asunción, Granada
- » Plaza Mayor, Salamanca
- » Fassade der Kathedrale, Santiago de Compostela
- » Kathedrale, Murcia
- » Real Academia de Bellas Artes de San Fernando, Madrid

Barock & Churriguerismus

Ab dem späten 17. Jh. verwendeten spanische Architekten in großem Stil den pompösen Zierrat des Barocks. Abgesehen von der im späten 18. Jh. errichteten Kathedrale in Cádiz gibt's in Spanien allerdings kaum reine Barockgebäude. Das spielt jedoch keine Rolle, denn die übertriebene Dekoration zieht die Aufmerksamkeit so unverhohlen auf sich, dass das darunter verborgene nüchternere Gebäude kaum ins Auge fällt. Die führenden Vertreter dieses oftmals überladenen Stils waren die Churriguera-Brüder, die drei Söhne eines geachteten Bildhauers, der sich auf *retablos* spezialisiert hatte, also auf riesige hölzerne Altaraufsätze mit Schnitzarbeiten. José Benito, Joaquín und Alberto nahmen den Stil ihres Vaters auf und bearbeiteten bzw. verfeinerten ihn. José Benito war von 1690 bis 1702 Hofarchitekt von Carlos II. In seinem Nachruf wurde er als „spanischer Michelangelo" bezeichnet.

Kennzeichen des Churriguerismus ist die sogenannte salomonische Säule, eine wunderbar gedrehte Säule, die sich – besonders wenn sie mit Blattgold oder Weinranken geschmückt ist – geradewegs in den Himmel zu winden scheint. Gegen Ende seines Lebens wurden José Benitos Entwürfe allerdings etwas nüchterner. So war er etwa ein Wegbereiter der strengeren *estipite*-Säule, die wie ein umgekehrter Kegel geformt ist.

Spätere Baumeister nahmen die Neuerungen der Brüder auf und arbeiteten damit. Die Kartäusermönche von Granada bauten z. B. das Monasterio de Nuestra Señora de la Asunción (besser bekannt als Monasterio de la Cartuja) mit eigenen Händen auf. Ihre *sancta sanctorum* (Allerheiligstes) rund um den Tabernakel ist mit einer überwältigenden Fülle von Heiligen, vergoldeten Schädeln und komplizierten Marmorintarsien geschmückt. Als Meisterwerk des Spätbarocks gilt auch das mit Blattgold verzierte Altarbild in der Kathedrale von Toledo, eine Arbeit von Narciso Tomés. Weil es von einem Oberlicht erhellt wird, erhielt es den Spitznamen „El Transparente".

Modernismus & Art déco

Katalonien war Ende des 19. Jhs. das Zentrum des Landes. Barcelonas Blütezeit bewirkte auch eine der innovativsten Epochen der spanischen Architektur. Die hiesigen Architekten, „Modernistas" genannt, ließen sich von zeitgenössischen Trends des Jugendstils, aber auch von früheren spanischen Stilformen inspirieren. Ihr führender Kopf war Antoni Gaudí, der Barcelona mit den Glanzstücken seiner einzigartigen Fantasie geradezu spickte. Sie reichen von der riesigen und noch immer unvollendeten Sagrada Família bis hin zu der ganz einfach skurrilen Casa Batlló und der kaum weniger ausgefallenen La Pedrera. Wenngleich Gaudí meistens mit einem gewissen Kitsch in Verbindung gebracht wird, so basiert sein struktureller Ansatz doch eher auf der nüchternen Ära der katalanischen Gotik, die seine eigene erfindungsreiche Arbeit mit parabelförmig gekrümmten Bögen beeinflusste.

Zwei andere katalanische Architekten, Lluís Domènech i Montaner und Josep Puig i Cadafalch, sind zwar nicht so bekannt, ihre Werke gelten jedoch als Wahrzeichen von Barcelona. Der Palau de la Música Catalana von Domènech i Montaner kann es in seiner Überschwänglichkeit und der Verwendung dekorativer Kacheln durchaus mit Gaudí aufnehmen. Puig i Cadafalch, der bei Domènech i Montaner studierte, entwarf Stadthäuser wie die Casa Amatller, aber auch das Café Els Quatre Gats, wo die Modernistas mit rauchenden Köpfen diskutierten, bis es 1903 seine Türen schloss (1989 wurde es schließlich wiedereröffnet).

Während sich in Barcelona alles um Wellen drehte, machte sich Madrid den starren Glanz des Art déco zu eigen. Dieser weltweit sich entfaltende Stil erreichte Spanien gerade, als in Madrid die Gran Vía angelegt wurde, und der Boulevard war das perfekte unbeschriebene Blatt für kreative Architekten. Eine der überwältigendsten Launen dieser Ära ist der Palacio de Comunicaciones an der Plaza de la Cibeles.

Modernisme und Art déco fanden mit ihrer spielerischen Natur kurz nach Francos Machtübernahme 1936 ein rasches Ende und die architektonische Kreativität wurde für Jahrzehnte unterdrückt.

Zeitgenössische Innovationen

Nach dem Ende des Franco-Regimes hat Spanien die verlorene Zeit wieder aufgeholt. Ambitionierte Sanierungsprogramme führten zur Umgestaltung ganzer Stadtlandschaften, etwa in Barcelona, wo die Olympischen Spiele 1992 Gelegenheit zum Umbau und zur Neustrukturierung des Hafens boten. In Madrid entstanden in jüngster Zeit im Geschäftsareal Cuatro Torre Business Area (CTBA) mehrere Wolkenkratzer internationaler Stararchitekten wie César Pelli (vor allem bekannt für die Petronas Towers in Kuala Lumpur) und den Spaniern Carlos Rubio Carvajal und Enrique Álvarez-Sala Walter.

Zu den einheimischen Stars gehört auch Santiago Calatrava, der seinen Ruf mit spektakulären weißen Brücken erwarb. 1996 entwarf er die gesamte futuristische Ciudad de las Artes y las Ciencias (Stadt der Künste und der Wissenschaften) in Valencia. 2000 zeichnete er außerdem für den Sondika-Flughafen in Bilbao verantwortlich, der wegen seiner flügelartigen, mit Aluminium überzogenen Bögen auch La Paloma (Taube) genannt wird.

Dem Katalanen Enric Miralles war nur eine kurze Karriere vergönnt, er starb 2000 im Alter von 45 Jahren an einem Gehirntumor. Doch sein Mercat de Santa Caterina in Barcelona zeigt eine brillante Farbgebung und die einfallsreiche Verwendung von Bögen. Sein Hochhaus für die spanische Gasgesellschaft Gas Natural, ebenfalls in Barcelona, ist ein poetisch wirkender Wolkenkratzer, der nicht nur vertikal, sondern auch horizontal sehr ausladend ist. Beide Bauwerke wurden nach seinem Tod von seiner Witwe, der italienischen Architektin Benedetta Tagliabue, fertiggestellt.

Die Expo 2008 in Zaragoza war für die spanischen Architekten eine großartige Möglichkeit, ihre Arbeit zu zeigen. Zu den vielen teilweise geradezu verrückten Gebäuden, die eigens für die Weltausstellung errichtet wurden, gehören der glitzernde Torre del Agua von Enrique de

Barcelona von Robert Hughes ist eine fundierte, anspruchsvolle Geschichte der Stadt mit besonderer Betonung der Architektur. Das Kapitel zu Gaudí bietet interessante Einblicke in die erstaunlich konservative Haltung des Architekten.

Rafael Moneo ist außerhalb Spaniens am besten bekannt für die 2002 erbaute Cathedral of Our Lady of Angels im Zentrum von Los Angeles, Kalifornien.

MONEO

Teresa und Julio Martínez Calzón, dessen Grundriss einem Wassertropfen ähnelt, und der Palacio de Congresos des Madrider Architektenpaars Fuensanta Nieto und Enrique Sobejano, der mit seinem schwungvollen, aufstrebenden Profil wie eine skurrile Miniaturskyline wirkt.

Rafael Moneo gewann 1996 den Pritzker-Preis, den renommiertesten internationalen Preis für lebende Architekten. Geehrt wurde er vor allem für seine langjährigen Beiträge zur Stadtlandschaft von Madrid wie den Umbau des Bahnhofs Atocha. Seine Verwandlung des Palacio Villahermosa in das Museum Thyssen-Bornemisza in Madrid fügt sich harmonisch in die städtische Struktur ein. Der unübersehbare Kursaal Palace in San Sebastián, 1999 fertiggestellt, ist zwar streng funktional, glänzt aber wie zwei riesige Steine, die das Meer an Land gespült hat.

Moneo ist bisher der einzige spanische Pritzker-Preisträger, doch das ganze Land hat etwas von einer Art Pritzker-Spielwiese. Vielleicht ist es die Offenheit für äußere Kreativität (oder auch der Hunger danach), die die bauliche Situation des Landes heute kennzeichnet. Norman Foster entwarf Bilbaos 1995 in Dienst genommenes Metrosystem; die transparenten, wurmähnlichen schützenden Eingänge der Stationen werden inzwischen *fosteritos* genannt. Doch erst Frank Gehrys Museo Guggenheim entzündete 1998 den Funken, der die Begeisterung für verrückte Bauwerke so richtig entflammen ließ. Die Liste moderner städtebaulicher Wahrzeichen umfasst inzwischen auch das tiefblaue Edifici Fòrum von Herzog & de Meuron an Barcelonas Wasserlinie, Jean Nouvels glitzernden, gurkenförmigen Torre Agbar, ebenfalls in Barcelona, Richard Rogers verträumtes, wellenförmiges Terminal 4 im Madrider Flughafen Barajas, Oscar Niemeyers an eine fliegende Untertasse erinnerndes Centro Cultural Internacional in Asturien und Zaha Hadids walförmigen Brückenpavillon, der für die Expo in Zaragoza entstand.

Vor der globalen Wirtschaftskrise 2008 wurde Spanien hinsichtlich der Zahl der im Bau befindlichen Gebäude nur von China übertroffen. Seitdem hat man viele ambitionierte Projekte zurückgezogen oder auf Eis gelegt. Doch wenn es darum geht, das Land aus der Krise zu holen, sollte man auch nach Barcelona schauen. Dort sind im Moment zahlreiche Projekte in Planung oder im Bau, darunter Norman Fosters Umbau des Stadions Camp Nou, wo eine moderne Kathedrale aus farbigem Glas entstehen soll, und Zaha Hadids Universitätsgebäude, der Spiral Tower, der einem kunstvoll ausbalancierten Stapel viereckiger Teller ähneln wird.

Die spanische Küche

Die spanische Küche ist ganz einfach großartig. Paella, La-Rioja-Weine und Tapas gelten in Restaurants rund um den Globus als Verkaufsschlager, spanische Spitzenköche sind unbestrittene Superstars und nur wenige Länder können mit den hiesigen Köstlichkeiten, der gastronomischen Vielfalt und den Innovationen mithalten.

Spanier lieben es, innerhalb ihres Landes umherzureisen und währenddessen nach perfekt zubereiteten Speisen zu suchen. Erzählt man einem Einheimischen, dass man ein bestimmtes Reiseziel vor Augen hat, wird ihm deshalb wahrscheinlich schon beim Gedanken an die lokalen Spezialitäten das Wasser im Munde zusammenlaufen. Essen nimmt in Spanien also einen extrem hohen Stellenwert ein. Es ist zudem ein großes, freudiges soziales Ereignis, für das man sich viel Zeit lässt und das gemeinsam mit Freunden genossen wird.

Wenn man in wenigen Regeln zusammenfassen müsste, wie man aus der reinen Nahrungsaufnahme ein Reise-Highlight macht, wären das folgende: Stets nach der lokalen Spezialität fragen; sich vor seiner Entscheidung nie scheuen, zu schauen, was andere bestellt haben, immer den Kellner nach seiner Empfehlung fragen und das Essen zum Tagesmittelpunkt machen. *¡Buen provecho!* (Guten Appetit!)

Comida! Eine kulinarische Reise durch Spanien von Paul Richardson (2007) erzählt witzige Anekdoten und gewährt tiefe Einblicke. Es ist zweifelsohne das beste Buch über spanisches Essen.

Die Gesetze der spanischen Küche

Die wichtigste Regel der spanischen Küche ist denkbar einfach: Es werden nur die frischesten Zutaten verwendet und diese so wenig wie möglich verändert. Während der Rest der Welt ausgefallene Saucen kreierte, experimentierten spanische Chefköche eher mit Fingerspitzengefühl und schufen Kombinationen, bei denen der Eigenge-

PRAKTISCHE INFORMATIONEN

Die Reihenfolge der Restaurants in diesem Band richtet sich nach den Vorlieben der Autoren. Darüber hinaus sind die Lokale mit einem der folgenden Preissymbole versehen:

- € <20 € pro Gericht und Person
- €€ 20–50 € pro Gericht und Person
- €€€ >50 € pro Gericht und Person

Eine Mahlzeit umfasst nach unserer Definition drei Gänge inklusive Dessert und Hauswein. Spanische Restaurants sind mittags meistens von 13 bis 16 Uhr und abends von 20.30 Uhr bis Mitternacht oder länger geöffnet.

KLEINE BAR- & RESTAURANTKUNDE

Viele Lokale, die ihren Gästen Mahlzeiten, Snacks und Getränke anbieten, werden als *bar* oder *restaurante* bezeichnet, können aber auch folgendermaßen genannt werden:

» *asador:* Restaurant, das vor allem Grillgerichte serviert.

» *bar de copas:* Erst gegen Mitternacht geht's richtig los und es gibt hauptsächlich Hochprozentiges.

» *cervecería:* Der Schwerpunkt liegt auf *cerveza* (Bier) und die Auswahl ist groß.

» *horno de asador:* Restaurant mit Holzofen.

» *marisquería:* Bar oder Restaurant mit Spezialisierung auf Meeresfrüchte.

» *tasca:* Tapas-Bar.

» *terraza:* Open-Air-Bar für sonnig-warme Tage.

» *taberna:* Ein eher rustikales Lokal, das Tapas und *raciones* (Tapas als ganze Portion) serviert. Die Innendeko besteht hauptsächlich aus zu Tischen umfunktionierten Weinfässern und an den Wänden hängenden Fliesen.

» *vinoteca:* Weinlokal der gehobeneren Klasse, in dem es auch offene Weine gibt.

schmack der Zutaten zählte. Nirgends wird das offensichtlicher als bei der schlichten Kunst der Tapas, also mundgerechten Häppchen, die zwar simpel, aber deshalb geradezu genial sind. Sorgfältig ausgewählte Räucherwaren, Meeresfrüchte oder Gemüse stehen im Mittelpunkt und sprechen für sich selbst.

Obwohl die hiesige Küche prinzipiell sehr schlicht ist, erlangten die Köche mit ihren innovativen Gerichten und einer landeseigenen Version der Nouvelle Cuisine trotzdem Weltruhm. Die Stars unter ihnen entwickelten ihre eigenen kulinarischen Versuchslabors und experimentieren nach wie vor mit allem Neuen, verlieren dabei aber nie die Prinzipien aus den Augen, auf denen die traditionelle spanische Küche basiert.

Typisches & Spezialitäten

Das *desayuno* (Frühstück) wird meistens im Vorübergehen in einer Bar auf dem Weg zur Arbeit eingenommen. Es besteht typischerweise aus einem *café con leche* (halb Kaffee, halb Milch) und einem *bollo* (Gebäckstück). Croissants und cremegefülltes Backwerk sind ebenfalls sehr beliebt. Manch einer bevorzugt aber auch einen herzhaften Start in den Tag mit einem *sandwich mixto* (getoastetes Schinken-Käse-Sandwich) oder einfach einer schlichten *tostada* (Toast mit Butter). Besonders gut nach einer langen durchfeierten Nacht schmeckt übrigens der spanische Klassiker *churros y chocolate,* frittiertes Spritzgebäck, das in puddingdicke heiße Schokolade getaucht wird.

Die typische *carta* (Speisekarte) beginnt mit Vorspeisen wie *ensaladas* (Salaten), *sopas* (Suppen) und *entremeses* (Vorspeisen). Letztere reichen von einem Berg Kartoffelsalat mit Oliven, Spargel, Anchovis und einer Auswahl von kaltem Fleisch – an sich schon eine vollständige Mahlzeit – bis hin zu simpleren kalten Fleischgerichten, ein paar Scheiben Käse oder Oliven.

Die Hauptzutaten weiterer Gänge lassen sich grob in folgende Kategorien einteilen: *pollo* (Huhn), *carne* (Fleisch), *mariscos* (Meeresfrüchte), *pescado* (Fisch) und *arroz* (Reis). Fleisch gibt es in den Varianten *cerdo* (Schwein), *ternera* (Kalb) und *cordero* (Lamm). Wer dazu eine *guarnición* (Beilage) wie *verduras* (Gemüse) haben möchte, muss sie separat bestellen.

Als Fischsorten besonders gefragt sind *bonito* (Thunfisch), *sardinas* (Sardinen), *anchoas* (Anchovis), *merluza* (Seehecht), *dorada* (Brasse) und *lenguado* (Seezunge) sowie Schalentiere. Doch das Fischgericht, mit dem die Spanier historisch am meisten verbinden, ist *bacalao* (Kabeljau als Stockfisch). Seit vielen Jahrhunderten fangen spanische Fischer den Kabeljau in Neufundland und Norwegen, salzen ihn ein und bringen ihn so in die Heimat. Nach dieser Behandlung gleicht der Fisch allerdings mehr einem Stein als etwas Essbarem. Durch mehrmaliges Wässern bekommt er wieder seine pralle Form und verliert einen Großteil des Salzes, was ihn schmackhafter und zarter macht. Ursprünglich galt Stockfisch als Armeleuteessen und hieß bei manchen „Karfreitagsfleisch", weil er häufig in der Fastenzeit auf den Tisch kam. Am besten schmeckt er im Baskenland, wo dieses Gericht zu den absoluten Favoriten zählt. Wer einmal mit Stockfisch gefüllte rote Paprika gegessen hat, weiß wieso.

Im Landesinneren sind *legumbres* (Hülsenfrüchte) wie *garbanzos* (Kichererbsen), *judías* (Bohnen) und *lentejas* (Linsen) weitverbreitet. Ungekrönter König unter den Eintopfgerichten ist die *fabada* (Schweinefleisch-Bohnen-Eintopf) aus Asturien, obwohl *cocido*, ein Eintopf aus Nudelbrühe, Karotten, Kohl, Kichererbsen, Huhn, *morcilla* (Blutwurst), Rindfleisch und Speck das Lieblingsgericht in Madrid und León ist. Zu den weiteren typischen Spezialitäten des spanischen Hinterlandes gehören *cordero asado* (Lammbraten), *cochinillo asado* (gebratenes Spanferkel) und *patatas con huevos fritos* (Bratkartoffeln mit Spiegelei).

Die Küche Spaniens & Portugals von Elisabeth Luard (2005) verrät so manches Geheimnis über bestimmte Gerichte und Weine verschiedener spanischer Regionen. Neben 180 Rezepten beschreibt die Autorin liebevoll, wie diese entstanden.

Tapas

Für viele sind Tapas das große kulinarische Geschenk Spaniens an die Welt. Natürlich haben Verfechter von Paella und *jamón* auch gute Argumente, mit dem Facettenreichtum der leckeren Häppchen können sie jedoch nicht mithalten.

Eine Tapa kann so gut wie alles sein, eine Handvoll Oliven, eine Scheibe Schinken, ein Stück Käse auf Brot oder auch ein Stück *tortilla de patatas* (Kartoffel- und Zwiebelomelette). Außerdem üblich sind *boquerones en vinagre* (frische Anchovis in einer Marinade aus weißem Essig, eine scharfe Köstlichkeit), *boquerones fritos* (gebratene frische Anchovis), *albóndigas* (Fleischklöße), *pimientos de Padrón* (kleine grüne Paprikaschoten aus Galicien – mal feurig scharf, mal milder), *gambas* (Hummerkrabben, entweder *al ajillo,* mit Knoblauch, oder *a la plancha,* gegrillt), *chipirones* (Baby-Tintenfisch, auf verschiedene Arten zubereitet), *calamares a la Romana* (frittierte Calamaresringe) und noch vieles mehr.

Das Tapas-Mekka Spaniens ist zweifellos das Baskenland und insbesondere San Sebastián, wo die Häppchen *pintxos* genannt werden. Gute Tapas findet man ansonsten überall, besonders lecker sind sie z.B. in Madrid (siehe Kasten S.902), Zaragoza und den meisten andalusischen Städten.

Die Kunst, Tapas zu bestellen

Zu viele Traveller lassen sich leider die Freuden von Tapas („feine Küche in Miniaturform", wie manche Restaurants sie gerne bezeichnen) entgehen, weil ihnen das Bestellen aufgrund ihrer fehlenden Sprachkenntnisse wie ein unüberwindbares Hindernis erscheint. Doch keine Angst – es ist längst nicht so schwierig, wie es manchmal aussieht.

Im Baskenland, in Zaragoza sowie vielen Bars in Madrid, Barcelona und anderswo wird eine Vielzahl verschiedener Tapas auf der Theke angerichtet. Gäste nehmen sich entweder einen kleinen Teller und bedienen sich selbst oder zeigen auf die Tapas, die sie gerne hätten. Dabei

DER URSPRUNG DER TAPAS

Um die Entstehung der Tapas ranken sich viele Geschichten.

Am weitesten verbreitet ist folgende Erklärung: Das mittelalterliche Spanien war nichts weiter als ein loser Zusammenschluss einzelner Gehöfte; dazwischen zogen Händler, Pilger, Emigranten und Reisende umher, die auf dem Weg in andere Länder das einsame spanische Hochplateau durchqueren mussten. Unterwegs kehrten sie in Gasthöfen ein. Da die Wirte befürchteten, die Männer könnten anschließend sturzbetrunken aus dem Dorf reiten, verfielen sie darauf, jedes Glas Wein oder Bier mit einem essbaren „Deckel" *(tapa)* zu versehen. Dieser sollte zwar auch Insekten fernhalten, hauptsächlich aber die Gäste davon abbringen, auf nüchternen Magen zu trinken.

Eine andere Theorie besagt, im 13. Jh. hätten Ärzte König Alfonso X. geraten, sein Gläschen Wein zwischen den Mahlzeiten mit kleinen Häppchen einzunehmen. Dem Monarchen gefiel die Idee so gut, dass er per Gesetz alle Bars dazu verpflichtete, entsprechende Snacks anzubieten.

Besonders in Andalusien führt man die Tatsache, dass sich der Begriff „Tapa" ab Anfang des 20. Jhs. immer mehr durchsetzte, auf König Alfonso XIII. zurück, der damals in einer Strandbar in der Provinz Cádiz eine Pause einlegte. Als eine starke Windböe Sand in Richtung des Königs wehte, bedeckte ein Kellner geistesgegenwärtig dessen Glas Sherry mit einer Scheibe *jamón*. Der König war von dieser Idee (und dem *jamón*) so angetan, dass er – ob mit oder ohne Wind – noch eine Portion bestellte, und der Name war geboren.

muss man darauf achten, wie viele man davon isst (z. B. durch das Aufbewahren der Holzspieße), um hinterher beim Bezahlen die Menge angeben zu können. Zahlreiche Lokale haben auch Tapas-Karten oder eine Tafel hinter der Bar mit dem aktuellen Angebot. Wer sich nicht entscheiden kann, fragt am besten nach *la especialidad de la casa* (Spezialität des Hauses), denn die schmeckt fast immer. *Raciones* (Portionen; große Portion Tapas) oder *media raciones* (halbe Portionen; kleinere Portion Tapas) zu bestellen bietet sich an, wenn man irgendetwas besonders gern mag und mehr als nur ein Stück davon möchte. Nach ein paar *raciones* ist man ziemlich sicher satt, wohingegen sich die *media ración* dafür eignet, verschiedene Geschmacksrichtungen auszuprobieren. Zu Tapas wird immer etwas getrunken und meistens werden die Häppchen stehend an der Bar verzehrt. In manchen Lokalen bekommt man eine kleine (kostenlose) Tapa dazu, wenn man ein Getränk bestellt.

OLIVENÖL

Spanien ist der weltgrößte Produzent von Olivenöl. Italienisches Öl besteht oft aus spanischen Oliven.

Jamón

Vom spanischen Tisch nicht wegzudenken ist auch luftgetrockneter Schinken aus der Hochebene, bekannt als *jamón*. Jede *tasca* (Tapas-Bar) führt ihn. Besonders angesehen ist der *jamón* aus der Extremadura oder aus Salamanca, doch die Gegend um Teruel in Aragonien erhebt zu Recht ebenfalls den Anspruch, zu dieser Elite zu zählen. Chorizo, *salchichón* und *lomo* (verschiedene Würste) stammen ebenso wie der *jamón* von mit Eicheln gefütterten Schweinen.

Jamón – ein Dauerbrenner

Anders als der italienische Prosciutto ist der spanische *jamón* tiefrot, fettdurchsetzt und riecht im besten Fall nach Fleisch, Wald und Feldern. Wie Wein und Olivenöl unterliegt er strikten Klassifizierungen. Als *jamón serrano* wird Schinken aus sogenannten „weißen Schweinen" bezeichnet, die hier seit den 1950er-Jahren zu finden sind. Nachdem sie gesalzen und in den kalten trockenen Winden der spanischen *sierra* halbgetrocknet wurden, durchlaufen die meisten Sorten einen ähnlichen Prozess: Sie werden geräuchert und in einem klimakontrollierten Raum etwa ein Jahr lang gelagert. Der *jamón serrano* macht etwa 90 % des spanischen Räucherschinkens aus.

Teurer ist der Mercedes unter den einheimischen Schinken, der *jamón ibérico*. Er wird aus dem Fleisch von schwarzen Schweinen hergestellt, die auf der Iberischen Halbinsel zu finden sind und vom Wildschwein abstammen. Ihr Fleisch schmeckt besonders lecker, da es sehr fettdurchsetzt ist. Nimmt ein Schwein während der Eichelsaison mindestens 50 % seines Körpergewichts zu, kann es als *jamón ibérico de bellota* klassifiziert werden, die höchste Auszeichnung für Schinken.

Das Rezept für Räucherwaren wie *jamón* (Schinken) verdankt man dem römischen Edelmann Cato dem Älteren, der mit seinem Buch *De Re Rustica* Spaniens kulinarische Geschichte revolutionierte.

Paella

Es mag überraschen, doch es ist nicht immer einfach, in spanischen Restaurants eine *wirklich* gute Paella zu bekommen. Warum? Zum einen ist Safran extrem teuer, sodass viele Restaurants Abstriche machen und gelbe Lebensmittelfarbe verwenden. Hinzu kommt, dass zahlreiche Geschäftsführer davon ausgehen, dass zwar jeder zweite Spanienbesucher eine Paella bestellt, solange er im Land umherreist, dass aber nur wenige wissen, wie diese eigentlich schmecken sollte. Einheimische sind sehr wählerisch, wenn es um diese traditionelle Speise geht, deshalb sollte man ein Auge auf die Gäste werfen, bevor man sich hinsetzt und bestellt. Sind viele Spanier dort, ist das ein gutes Zeichen. Alle hier aufgeführten Lokale, deren Paella wir empfehlen, gehören zu den besseren Restaurants.

Die Grundlage dieses Gerichts besteht aus Rundkornreis, Knoblauch, Petersilie, Olivenöl und Safran. Am besten eignet sich die Reisart *bomba*: Die Körner öffnen sich beim Kochen ähnlich wie ein Akkordeon und ermöglichen so eine maximale Saugfähigkeit, obwohl sie dabei fest bleiben. Die Paella wird in einer flachen großen Pfanne zubereitet, weil sich auf diese Weise die meisten Aromen absetzen. Besonders wichtig für den authentischen Geschmack sind die Reiskörner am Boden der Pfanne, die eine knusprig-sanfte Kruste namens *socarrat* haben sollten. Als die zwei wichtigsten Paella-Arten gelten die *paella valenciana* (hat ihren Ursprung in Valencia, wo die Speise mit Hähnchen, Bohnen und manchmal auch Kaninchen zubereitet wird) sowie die weiter verbreitete *paella de mariscos* (Meeresfrüchtepaella), die bis an den Rand mit Schalentieren gefüllt ist.

Regionale Spezialitäten

Baskenland & Katalonien

Was die Qualität ihres Essens betrifft, sind das Baskenland und Katalonien Spaniens unangefochtene Superstars. Das liegt zum Teil an ihrer innovativen gastronomischen Szene: Avantgarde-Köche wie Ferran Adrià, Sergi Arola, Mari Arzak, Oriol Balaguer und Pedro Subijana erlangten Weltruhm für ihre Experimente, Hingabe an die Kochkunst und Improvisationen auf Basis der traditionellen Küche. Doch die beiden Regionen gelten auch deshalb als Paradiese für Feinschmecker, weil die Küche hier fast jeden kulturellen Aspekt beeinflusst. Basken und Katalanen sind von ihr geradezu besessen und können endlos darüber sprechen. Außerdem planen sie ihren Tagesablauf nach dem Essen und verbringen ihre übrige Zeit damit, von den Speisen zu träumen.

Das Zusammentreffen von Bergen und Meer beschert dem Baskenland wunderbare Köstlichkeiten. Legendäre *anchoas*, *gambas* und *bacalao* findet man ebenso wie Steaks und *jamón*, wobei diese Zutaten oft auf überraschende Weise kombiniert werden. Außergewöhnlich ist die Küche zwar überall, doch vor allem in San Sebastián wird deutlich, wie

TOP FIVE: BASKISCHE KÜCHENERLEBNISSE

» **Pintxos** (baskische Tapas; S. 448) In den Bars von San Sebastiáns Parte Vieja und dazu einen *txacoli* (trockener lokaler Weißwein).

» **Bacalao al pil-pil** (gesalzener Kabeljau und Knoblauch in Olivenölsauce).

» **Chipirones en su tinta** (Baby-Kalmar in eigener Tinte).

» **Chuleton de buey** (große Steaks) In verschiedenen *sidrerías* (Apfelweinbars) in den Bergen rund um San Sebastián.

» **Nueva cocina vasca** (baskische Nouvelle Cuisine) Im Arzak, einem der besten Restaurants Spaniens.

tief das Thema Essen in der baskischen Kultur verwurzelt ist. Dort gibt's quasi alles, was das Herz begehrt, von geheimen gastronomischen Gesellschaften und exklusiven gehobenen Restaurants mit Michelinsternen bis hin zu *pintxos*-Bars der Parte Vieja. Die Stadt steht für Kreativität, Vielfalt und Attraktivität der baskischen Küche, denn in San Sebastián entstand die *nueva cocina vasca* (baskische Nouvelle Cuisine), mit der Spanien sich als Land der Hochgenüsse etablieren konnte. Die Ergebnisse sind schlicht grandios.

Viele Einheimische sind der Ansicht, dass der baskischen Küche höchstens die katalanische das Wasser reichen kann. In ihr mischen sich regionale Aromen und eine ungewöhnliche Vielfalt mit einer Offenheit für Einflüsse aus anderen europäischen Ländern (also Eigenschaften, die in Barcelona mittlerweile zum Lifestyle gehören). Alle Arten von Meeresfrüchten, Paella, Reis und Pastagerichte – meist mit einem kreativen lokalen Touch – gehören auf katalanischen Speisekarten zum Standard und auf Saucen wird hier mehr Wert gelegt als anderswo in Spanien. Je weiter man ins Landesinnere vordringt, desto eher begegnet man Klassikern der Pyrenäenküche, z. B. *jabalí* (Wildschwein), *conejo* (Kaninchen), *caracoles* (Meeresschnecken, besonders in Lleida) und Leckerbissen wie *suquet* (Eintopf aus Fisch und Kartoffeln). Möchte man sich lieber selbst mit den besten landestypischen Produkten verpflegen, wird man auf Barcelonas Mercat de la Boqueria, dem zweifellos besten Lebensmittelmarkt Spaniens, fündig. Hier gibt's u. a. *botifarra* (die lokale Variante geräucherter Wurst vom Schwein) und *garrotxa,* einen wundervollen katalanischen Käse. Etwas Besonderes sind auch die Desserts, so etwa die *crema catalana* (die katalanische Variante der Crème brûlée). Mehr zur katalanischen Küche siehe Kasten S. 319.

Kulinarische Feste

» Feria del Queso, Trujillo (April)

» Fiesta de la Sidra Natural, Gijón (August)

» Fiesta de San Mateo, Logroño (September) Anlässlich der Weinernte in La Rioja

Im Landesinneren

Auf eine ganz eigene Esskultur stößt man in der *meseta* (Hochebene) Zentralspaniens. Der beste *jamón ibérico* kommt aus der Extremadura und Salamanca. *Cordero asado lechal* (Milchlammbraten) sowie *cochinillo asado* (Spanferkel) sind hier so bedeutende Wintergerichte, dass Einheimische an Wochenenden auf ihrer Suche nach einer perfekt zubereiteten Speise stundenlange Fahrten auf sich nehmen.

Neben diesen Klassikern wartet jede Region mit eigenen Spezialitäten auf: In Aragonien dreht sich fast alles um Fleisch, wobei die Vorliebe für *ternasco* (Lammfleisch als Steak oder Rippchen, häufig mit Kartoffeln serviert) geradezu einer religiösen Verehrung gleichkommt. Ein weiterer Klassiker, insbesondere in Teruel, sind *jarretes* (geschmorte mozarabische Lammkeulen). Teruels *jamón* gilt als eine Delikatesse und die Küche der Pyrenäen im Norden ähnelt sehr der des benachbarten Katalonien. Mehr über die aragonischen Speisen siehe Kasten S. 381.

In der Extremadura sollte man auf jeden Fall *solomillo ibérico con Torta del Casar* (Schweinelendenstück mit cremigem Torta del Casar, einem Schafskäse) probieren. Weitere Köstlichkeiten sind *frito de cordero* (Lammeintopf), *migas* (Brotkrumen, oft mit geräuchertem Fleisch gebraten und mit Trauben serviert) und Froschschenkel.

Kastilien-La Mancha ist für seinen *queso manchego* (ein harter Schafskäse; s. Kasten S. 224) bekannt, ebenso wie für Schnecken und gefülltes Brot mit Sardinen, das man in Alcalá de Júcar findet. Auch in Kastilien-León ist man verrückt nach Fleisch, weshalb nahezu jede Bar und jedes Restaurant der Region *carnes asadas* (Rindersteakgerichte) und *embutidos* (Räucherwaren) anbietet. Weitere Infos zur Küche in Kastilien und León gibt's auf S. 128.

In Madrid genießt man mit Begeisterung *cocido a la madrileña* (Eintopf mit Fleisch und Kichererbsen). Sein Pendant *cocido maragato* wird in Astorga im nördlichen Kastilien-León serviert, wobei man die Bestandteile (Suppe, Fleisch etc.) in umgekehrter Reihenfolge verspeist. *Madrilenen* bevorzugen zudem alle Arten von Fisch und Meeresfrüchten. In der Metropole treffen täglich jede Menge frische Meeresfrüchte vom Atlantik und Mittelmeer ein. Tatsächlich ist der Fischmarkt in Madrid (trotz des fehlenden Meerzugangs) nach dem Tokioter Pendant der zweitgrößte der Welt.

Im Januar präsentieren Spaniens Starköche während des gastronomischen Highlights Madrid Fusion (www.madridfusion.net) die angesagtesten Neuheiten der spanischen Küche.

Galicien & der Nordwesten

Ihr Verhältnis zum Meer prägt die *gallegos* (Galicier) vielleicht mehr als alle anderen Spanier. Fischfang spielt eine große Rolle, sodass sowohl Küche als auch Feste und Alltag davon beeinflusst werden. Die Einheimischen sind ebenfalls stolz auf ihre *empanadas* (herzhafte Teigtaschen) und *pimientos de padron* (gebratene, oft scharfe, grüne Paprikaschoten), doch trotzdem kommt nichts an das Highlight, *pulpo gallego* (scharfer, gekochter Oktopus), heran. Die Zutaten, Oktopus, Öl, Paprika und Knoblauch, erscheinen simpel, aber die Zubereitung ist vertrackt: Der Tintenfisch wird ins kochende Wasser getaucht, herausgezogen und wieder eingetaucht, bis er schließlich gar ist. Zu weiteren galicischen Spezialitäten gehören Schalentiere wie *navajas* (Messermuscheln), *coquinas* (Cádiz-Muscheln), *percebes* (Entenmuscheln), *mejillones* (Miesmuscheln), *berberechos* (Herzmuscheln), *almejas* (Venusmuscheln) und *vieiras* (eine Jakobsmuschelart).

Auch die Nachbarn Asturien und Kantabrien zaubern einige köstliche Gerichte mit Meeresfrüchten auf den Tisch. Sieht man irgendwo in Spanien *anchoas de santoña* auf der Speisekarte, sollte man keine Sekunde mehr zögern und das Gericht bestellen. Am besten schmeckt es übrigens in Santoña.

Im Hochgebirge der Cordillera Cantábrica – das liegt im Hinterland der Küste – kommen die Zutaten sowohl von Bergwiesen als auch aus dem Wasser. Neben Flussfischen ist besonders Käse begehrt, vor allem die rohe Kuhmilchvariante namens *queso de Cabrales*. Wirklich ins Schwärmen geraten *asturianos* (Asturier) aber über *fabada asturiana* (ein Eintopf aus Schweinefleisch, Blutwurst und weißen Bohnen). Dieses Wintergericht gehört zu der Sorte von Mahlzeiten, nach der man mit schweren Beinen vom Tisch aufsteht und sich nach einer ausgedehnten Siesta sehnt. Die „Rettung" besteht im frischen Geschmack des *sidra* (Apfelwein) direkt vom Fass. Mehr über die asturische bzw. kantabrische Küche siehe Kastentexte S. 513 und S. 489.

Über die Hälfte aller spanischen Weine stammt aus Kastilien-La Mancha, auf den Plätzen zwei bis vier folgen Katalonien, die Extremadura und die Region Valencia. Die bekannteren Weingegenden La Rioja und Kastilien-León kommen nur auf den fünften und sechsten Platz.

Valencia, Murcia & die Balearen

Diese Regionen haben sehr viel mehr zu bieten als nur Orangen und Paella, doch diese beiden Produkte sind ihre Markenzeichen und ver-

KÄSE VOM ATLANTIK

In dem feuchtkühlen Klima Nordwestspaniens wächst üppiges Gras, das die Kühe hier fett und zufrieden macht sowie für aromatische Milch sorgt. Diese Käsesorten gehören zu den bekanntesten:

» **San Simón** Leicht geräucherter galicischer Bergkäse mit dichter Konsistenz, gelb und cremig.

» **Cabrales** Ein cremiger, starker Blauschimmelkäse aus Asturien, der in kühlen, tiefen Höhlen der Picos de Europa reift.

» **Afuega'l Pitu** Stammt aus den Tälern Asturiens, ist trockener und nussiger als die meisten hiesigen Käsesorten und wird manchmal mit Paprika verfeinert.

» **Tetilla** Wörtlich „Zitze"; der Name dieses galicischen Käses kommt von dessen Ähnlichkeit mit einer Brust. Er ist mild, süß und cremig.

» **Ahumado de Aliva** Der kantabrische Käse wird über Wacholderholz geräuchert und hat einen milden, rauchigen Geschmack.

Ein seriöses, umfassendes Onlinemagazin zum Thema spanische Gastronomie ist www.spaingourmetour.com (auf Englisch) mit zahlreichen Rezepten und Ideen für kulinarische Entdeckungsreisen.

An Weihnachten ist *turrón* ein landesweiter Renner. Es handelt sich um eine spanische Nougatspezialität aus Honig, Mandeln und Zucker, deren Rezept bis ins 14. Jh. zurückreicht.

körpern das Wesen der mediterranen Küche. Es passt wohl kaum ein Gericht besser zu einem Sommernachmittag mit Freunden und Blick aufs Wasser als eine aromatische Paella mit leckeren Meeresfrüchten. In Spanien kommt man zwar so gut wie überall in den Genuss des Nationalgerichts, aber für ein wirklich tolles Geschmackserlebnis sollte man eines der Restaurants in Valencias Strandviertel Las Arenas oder in La Albufera besuchen. Als erste Wahl für *fideuá* (Nudeln mit Fisch und Schalentieren), das viele Traveller mit etwas *aioli* (Knoblauchmayonnaise) bevorzugen, gilt das Restaurante Emilio in Gandia. Mehr über die valencianische Küche siehe Kasten S. 590.

Im Wesentlichen basiert die balearische Küche auf ihrer wasserreichen Umgebung sowie kulturellen Ähnlichkeit mit Katalonien und Valencia. Daher sind Paella, Reisgerichte und jede Menge frischer Fisch die Hauptbestandteile vieler Gerichte; hinzu gesellen sich Besonderheiten wie Aal, der manchmal in überraschenden Kombinationen wie dem mallorquinischen *espinagada* (einer Pastete aus Aal und Spinat) auf den Tisch kommt. Auf Ibiza wird einem die lokale Spezialität *arròs caldós* (in der Brühe lokaler Fischarten gekochter Safranreis, Kräuter und Kartoffeln) serviert. Details zur balearischen Küche verrät der Kastentext auf S. 658.

Die Küstenregion Murcia wird auch als „La Huerta" (der Garten) bezeichnet, so gehört sie seit maurischen Zeiten zu einem der fruchtbarsten Anbaugebiete für Obst und Gemüse. Neben Orangen werden hier Reis, Tomaten, Paprika und Oliven geerntet. Platten mit gebratenem Gemüse sind Standardgerichte, ergänzt durch schmackhaften *arroz caldoso* (in Fischbouillon gekochter Reis), *arroz con conejo* (Reis mit Kaninchen) und *zarangollo* (in Olivenöl gebratenes Omelette mit Zucchini, Zwiebeln und Kartoffeln).

Andalusien

Es ist nicht leicht, eine so große und vielfältige Region wie Andalusien in wenigen Worten zu beschreiben. Überall an der Küste dominieren Meerestiere die Speisekarten, zudem erreichen die regionalen Fischereiflotten auch die tiefen Gewässer des Atlantiks. Hier werden sowohl die bekannten mediterranen Fischgerichte als auch *pez espada* (Schwertfisch), *cazón* (Katzenhai oder Hai, der dank seiner Nahrung, die aus Schalentieren besteht, intensiv und fast süß schmeckt), *salmonetes* (Meerbarbe) und *tortilla de camarones* (mit gebratenen Krabben) aufgetischt.

Außerdem beeinflusst die Küche der Umstand, dass Temperaturen fast nie unter ein erträgliches Maß absinken und es im Sommer so kochend heiß wird wie nirgends sonst auf der spanischen Halbinsel. Sich Kühle zu verschaffen, zählt deshalb zu den vorrangigen Beschäftigungen der Einheimischen, wobei dies wohl am besten mit einer *gazpacho andaluz* gelingt, einer kalten Suppe, die es in zahlreichen Varianten gibt. Sie basiert auf Tomaten, Essig und Olivenöl, enthält aber oft auch grüne Paprika sowie eingeweichtes Brot; manche Köche verwenden für sie ausschließlich Sherry. Doch egal, welche Variante man letztendlich auswählt: Sie schmeckt immer. Zu den weiteren regionaltypischen Kaltsuppen zählen *ajo blanco* (weiße, mit Mandeln gekochte Gazpacho ohne Tomaten) sowie *salmorejo cordobés* (eine kalte Tomatensuppe aus Córdoba mit viel eingeweichtem Brot). Zum Schluss noch eine Bemerkung: Ja, so eine Suppe *muss* kalt sein! Deshalb bitte niemals zum Aufwärmen zurückgehen lassen ...

Stierkämpfe genießen in Andalusien ein hohes Ansehen. Während der Saison von Mai bis September werben Bars ebenso wie Restaurants stolz mit *hay rabo de toro* (Stierpenis). Denkt man nicht über die Herkunft dessen nach, was man da gerade isst, schmeckt es aber eigentlich recht gut.

Zu den Klassikern der Semana Santa gehören *monas de pascua* (Schokoladenfiguren), *torta pascualina* (Spinatkuchen mit Ei) und *torrija* (ähnlich wie „Arme Ritter"). Ein auf Mallorca beliebtes Ostergericht ist *flan de pascuas* (österlicher Quarkpudding), überall sonst wird üblicherweise *cordero pascual* (Frühlingslamm) aufgetischt.

Vegetarier & Veganer

Die Spanier, das gilt insbesondere für ältere Generationen, sind derart versessen auf Fleisch, Fisch und Meeresfrüchte, dass sie für Vegetarier nur wenig Verständnis aufbringen. Deshalb sind fleischlose Restaurants außerhalb von Großstädten nach wie vor dünn gesät.

Auf Vegetarier und erst recht auf Veganer kommen also möglicherweise ziemlich harte Zeiten zu. Beispielsweise kann gekochtes Gemüse manchmal auch Schinken enthalten. Allerdings ändern sich die spanischen Essgewohnheiten allmählich. Vor allem in Barcelona und Madrid finden sich inzwischen zahlreiche vegetarische Restaurants; Lokale mit einem guten Angebot erkennt man in diesem Buch leicht am 🌶-Symbol.

Eine gute Wahl trifft man in anderen Lokalen eigentlich immer mit Salaten, die oft als eigenständige Mahlzeit gelten. Hin und wieder gibt es auch vegetarische Paella, außerdem Gerichte wie *verduras a la plancha* (gegrilltes Gemüse), *garbanzos con espinacas* (Kichererbsen mit Spinat) sowie zahlreiche Kartoffelspeisen, z. B. *patatas bravas* (gebratene Kartoffelstückchen in würziger Tomatensauce) und *tortilla de patatas*. Weil Hülsenfrüchte sehr gebräuchlich sind, bekommt man fast überall *lentejas* und *judías,* außerdem *pan* (Brot), *queso* (Käse), *al-*

BEI TRAVELLERN BELIEBT: DAS MENÚ DEL DÍA

Dank des dreigängigen *menú del día* mit mehreren Möglichkeiten zum Zusammenstellen sowie Wasser, Brot und Wein kommen Reisende von Montag bis Freitag in den Genuss eines preisgünstigen Mittagessens. Menüs gibt's schon ab 10 €, rechnen muss man jedoch eher mit 12 € und mehr. Auswählen kann man aus fünf bis sechs Vorspeisen, ebenso vielen Hauptgerichten und ein paar Desserts; man darf zwei Vorspeisen bestellen, jedoch nicht zwei Hauptspeisen. Das *menú del día* ist zweifellos gut gegen den Hunger, enthält jedoch selten kreativere Gerichte, die man normalerweise à la carte bestellen muss.

In erster Linie richtet sich das *menú del día* an Berufstätige, von denen die meisten mittags keine Zeit haben, zu Hause zu essen. Es ist nicht üblich, seine eigene Mittagsmahlzeit mit zur Arbeit zu nehmen, deshalb gehen viele Menschen in Restaurants. Die Drei-Gänge-Menüs sind bodenständig und sprengen nicht das Budget.

cachofas (Artischocken) und *aceitunas* (Oliven). *Tascas* haben sogar oft ein größeres Angebot für Vegetarier als Restaurants.

Da schon Vegetarier in Spanien eine Art Außenseiterrolle einnehmen, fühlen sich Veganer fast wie Wesen von einem anderen Stern. Um Missverständnissen vorzubeugen, unbedingt fragen, ob die Gerichte *huevos* (Eier) oder *productos lácteos* (Milchprodukte) enthalten.

The New Spain – Vegetarian & Vegan Restaurants von Jean Claude Juston ist für Vegetarier und Veganer ein absolutes Muss und bei L'Atelier (www.ivu.org/atelier) erhältlich.

Esskultur

Spanische Kellner gelten als eine ganz besondere Spezies. In den feineren Lokalen sind sie oft jung, aufmerksam und um das Wohl ihrer Kunden bemüht. In traditionelleren Läden müssen sich die Servicekräfte jedoch erst hocharbeiten und werden zudem oft schlecht bezahlt. Deshalb sind viele der mit einem weißen Jackett sowie einer Fliege ausgestatteten Männer schon recht alt und manchmal ziemlich mürrisch – Lächeln gehörte ganz eindeutig nicht zur Stellenbeschreibung. In solchen Lokalen schlurfen die Bedienungen so müde an die Tische, als würden sie die ganze Last der Welt auf ihren Schultern tragen und Sisyphusarbeit verrichten. Ihre Aufmerksamkeit zu gewinnen, kann zu einer echten Herausforderung werden. Andererseits kennen sie die Karte in- und auswendig, und wenn man ein paar Brocken Spanisch spricht, können sie einem bei der Bestellung wirklich sehr helfen.

Spanische Barkeeper sind dagegen ebenso lässig wie gut informiert, brüllen gern Bestellungen in die Küche und sorgen für Hektik.

In einfacheren Restaurants benutzen die Gäste über die gesamte Menüfolge hinweg dasselbe Besteck. Also nach jedem Gang einfach Messer und Gabel beiseitelegen und die Teller abräumen lassen.

Viele Spanienbesucher beklagen sich weniger über die Qualität des spanischen Essens als über die Zeiten. *Comida/almuerzo* (Mittagessen) ist die genüsslich eingenommene Hauptmahlzeit des Tages, die selten vor 14 Uhr stattfindet (die Küche bleibt meistens bis 16 Uhr geöffnet). Zur *cena* (Abendessen) kämen wohl nur wenige Spanier auf die Idee, vor 21.30 Uhr aufzukreuzen. Für den Hunger zwischendurch servieren

KOCHKURSE

In ganz Spanien kann man viele tolle Kochkurse belegen:

Alambique (S. 82) Wunderbare Kochkurse in Madrid mit spanischen und internationalen Schwerpunkten.

Apunto – Centro Cultural del Gusto (S. 82) Für die verschiedenen unterhaltsamen Kurse in Madrid ist ein passables Spanisch von Nutzen.

Catacurian (Spanien ☎93 802 2660; www.catacurian.com; Carrer del Progres 2, El Masroig, Tarragona, Catalonia) In der ländlichen Weinregion Priorat werden ein- bis sechstägige Wein- und Kochkurse veranstaltet. Die katalanische Köchin Alicia Juanpere und ihr amerikanischer Partner Jonathan Perret organisieren geführte Touren und unterrichten Gruppen in englischer Sprache.

Cook and Taste (S. 283) Eine der besten Kochschulen Barcelonas; zum Programm gehören halbtägige Kurse.

Cooking Club (☎91 323 29 58; www.club-cooking.com, auf Spanisch; Calle de Veza 33, Madrid) Der regelmäßige, beliebte Kurs führt Teilnehmer in eine Vielzahl von Kochstilen ein.

Dom's Gastronom Cookery School (☎93 674 51 60; www.domsgastronom.com; Passeig del Roser 43, Valldoreix, Barcelona) Meisterkoch Dominique Heathcoate bietet das ganze Programm an: katalanische, spanische und französische Küche.

L'Atelier (S. 817) Der vielfach ausgezeichnete vegetarische Koch Jean-Claude Juston (früher bei Neal's Yard Bakery und anderen gefeierten Veggie-Tempeln in London) veranstaltet Kochkurse in seinem einladenden kleinen Gästehaus im zauberhaften Alpujarras-Tal in Andalusien.

zahlreiche Bars tagsüber Tapas und *raciones* (Tapas als ganze Mahlzeit). *Bocadillos* (belegte Brötchen) sind eine weitere Option. Wer mit der kompletten Speisekarte überfordert ist, wählt einen *plato combinado,* der aus Fleisch und drei Gemüsesorten besteht.

Als Trinkgeld hinterlassen viele Spanier ein paar Münzen auf dem Tisch oder geben ca. 1 € pro Person.

Wein

Für viele Spanier gehört spanischer Wein grundsätzlich zum Essen dazu, denn sie sind sehr stolz auf ihre Weinberge, deren Erzeugnisse eine hervorragende Qualität aufweisen.

Der hier wahrscheinlich am weitesten verbreitete rote Tafelwein ist der Rioja aus dem Norden. Seine wichtigste Traube heißt Tempranillo, angeblich eine Abart des Pinot Noir. Dieser Wein schmeckt weich, fruchtig und nur selten so trocken wie sein französisches Gegenstück. Wer auf ein „DO Rioja"-Siegel achtet, kann mit einem guten Tropfen rechnen. Gleich dahinter folgen Weingegenden wie Ribera del Duero (Kastilien-León), Navarra, Somontano in Aragonien (s. Kasten S. 402) sowie das Gebiet von Valdepeñas (s. Kasten S. 228) im südlichen Kastilien-La Mancha, das zwar eher für Masse als Klasse bekannt ist, dafür aber gute Preise und populäre Weine bietet.

Unter den Weißweinen haben sich die Ribeiro-Weine aus Galicien (S. 567) einen guten Namen gemacht. Aus derselben Gegend stammt außerdem der seltene Albariño (S. 554). Der herb-trockene, erfrischende Weißwein gehört zu den besten des Landes. Sein Name leitet sich nicht von der Region, sondern von der Rebsorte ab. Das Anbaugebiet Penedès in Katalonien produziert ebenfalls Weiß- sowie Schaumweine wie den *cava,* das traditionelle, sektähnliche Getränk zum Anstoßen, das sich besonders an Weihnachten großer Beliebtheit erfreut.

Sherry, der einzigartige Starkwein aus Andalusien, gilt als eine Art spanisches Nationalgetränk. Er wird in nahezu jeder Bar, jeder *tasca* und jedem Restaurant des Landes serviert. Trockener Sherry, der sogenannte *fino,* ist ein ganz gewöhnlicher Weißwein aus der Palomino-Traube, der allerdings mit Weinbrand verstärkt wird. Das stoppt den Gärungsprozess und verleiht dem Wein Geschmacks- und Geruchsbestandteile, die ihn zu etwas Einzigartigem heranreifen lassen. Getrunken wird er als *aperitivo* (Aperitif) oder Tafelwein zu Meeresfrüchten. Amontillado und Oloroso sind süßere Sherry-Sorten, die vor allem nach dem Essen getrunken werden. Manzanilla gibt's nur in Sanlúcar de Barrameda an der Küste Südwestandalusiens. Er entwickelt eine leicht salzige Geschmacksnote, die sehr appetitanregend ist. Beim Bestellen *vino de Manzanilla* verlangen, *manzanilla* allein bedeutet nämlich Kamillentee.

Ein weiteres, sehr beliebtes weinhaltiges Getränk ist Sangria. Beim Trinken sollte man jedoch nicht vergessen, dass es ursprünglich dazu diente, schlechten Wein aufzumotzen. Meistens handelt es sich um Rotwein, gemischt mit Zitronensaft und -schale, etwas Zimt, manchmal Rum und fast immer diabetesverdächtigen Zuckermengen.

Klassifizierung spanischer Weine

Spaniens autonome Regionen besitzen mit Ausnahme von Asturien und Kantabrien anerkannte Weinanbaugebiete. Weil es so viele verschiedene Gegenden gibt und ein Großteil der hiesigen Weine statt nach Rebsorte nach Anbaugebiet oder Klassifizierung etikettiert wird, kann ein wenig Hintergrundwissen sehr hilfreich sein.

Spanische Weine unterliegen einem komplizierten Einordnungssystem mit einer Reihe von Bezeichnungen, die auf der Flasche angegeben werden. Diese reichen von *vino de mesa* (Tafelwein) bis zu *vino de la*

Wines from Spain (www.winesfromspain.com) ist die beste englischsprachige Website zu spanischen Weinen. Hier findet man detaillierte, gut verständliche Texte zur Geschichte, zu verschiedenen Rebsorten und allen Weingegenden des Landes.

Der spanische Weinbau blickt auf eine lange Tradition zurück, so wurden die ersten Reben etwa 1100 v. Chr. von den Phöniziern nach Andalusien gebracht.

SPANIENS BESTE WEINMUSEEN

Zwar können Touristenbüros in Spaniens großen Weinregionen bei der Suche nach Bodegas (Weingütern) behilflich sein und Ausflüge dorthin organisieren, doch um einen Einblick in die regionale Weinproduktion zu erhalten, sollte man seine Entdeckungstour in einem der unten aufgelisteten Museen starten. Viele davon machen ihre Besucher mit den verschiedenen Aromen der Trauben vertraut und bieten Weinproben an. Zudem erfährt man überall den geschichtlichen Hintergrund des Weinguts, das man gerade erkundet.

» Museo del Vino, Haro (S. 477) – La Rioja

» Dinastía Vivanco, Briones (Museo de la Cultura del Vino; S. 479) – La Rioja

» Quaderna Via, Estella (siehe Kasten S. 478) – Navarra

» Museo de la Viña y el Vino de Navarra, Olite (S. 469) – Navarra

» Museo Provincial del Vino, Peñafiel (S. 186) – Ribera del Duero

» Espacio de Vino, Barbastro (S. 401) – Somontano, Aragonien

» Museo del Vino, Cariñena (S. 383) – Cariñena, das größte Weinanbaugebiet in Aragonien

tierra, das einen Wein aus einem offiziell anerkannten Anbaugebiet bezeichnet. Wird ein solches Gebiet über eine vorgegebene Zeitspanne den strengen Anforderungen gerecht, indem es alle Aspekte des Pflanzens, Kultivierens und Reifens erfüllt, bekommt es den Status Denominación de Origen (DO; Herkunftsbezeichnung). Derzeit gibt's in Spanien über 60 Bezirke mit anerkannter Herkunftsbezeichnung.

Eine hervorragende Weinregion erhält die heiß begehrte Bezeichnung Denominación de Origen Calificada (DOC). Es handelt sich um eine umstrittene Klassifizierung, weil einige Winzer der Ansicht sind, dass diese nur bestimmten Weinen verliehen werden sollte und nicht jedem Wein einer bestimmten Region. Derzeit stammen die einzigen DOC-Weine aus La Rioja im Norden Spaniens sowie dem kleinen katalonischen Priorat (s. Kasten S. 363).

Ein wichtiges Kriterium für die Qualität eines guten Tropfens ist auch seine Reifedauer, besonders wenn er in Eichenfässern gelagert wird. Deshalb tragen die besten Weine oft die Bezeichnungen *crianza* (ein Jahr im Eichenfass gereift), *reserva* (zwei Jahre gereift, davon mindestens ein Jahr im Eichenfass) und *gran reserva* (zwei Jahre im Eichenfass gereift, drei Jahre in der Flasche).

Sport & Kultur

Land der Flamenco-Tänzer, Stierkämpfer und verrückten Künstler – das ist das typische Spanienklischee. In der Realität liegt diese Vorstellung jedoch ziemlich weit daneben. Es stimmt zwar, dass die Flamenco-Musik in Spanien und in der Welt auf dem Vormarsch ist, aber im Radio wird man genauso oft amerikanische oder englische Musik hören. Der Stierkampf spielt für viele Spanier überhaupt keine Rolle und der eigentliche Lieblingssport ist der Fußball. Was die Kunst angeht, so sind die Tage der künstlerisch angehauchten *movida* (Bar- und Clubszene) der späten 1970er-Jahre längst vorbei und die Wirtschaftskrise dürfte wohl das Ende einer Periode von kühnen, aber teuren Museumsneubauten wie dem Guggenheim in Bilbao bedeuten.

Einige der spanischen Leidenschaften und der Klischees über das Land wollen wir in diesem Kapitel genauer unter die Lupe nehmen.

Fußball

Fútbol scheint der wichtigste Zeitvertreib vieler Spanier zu sein. Hunderttausende Fans besuchen die Spiele der *primera divisíón* (Erste Liga), die von September bis Mai jedes Wochenende stattfinden, und darüber hinaus sehen sich Millionen weitere Menschen die Spiele im Fernsehen an.

Als Spanien bei der Europameisterschaft 2008 im Finale gegen Deutschland gewann – der erste EM-Titel seit dem Sieg gegen die Sowjetunion 1964 –, wähnten sich die spanischen Fußballfans schon auf dem Gipfel des Glücks. Es kam aber noch besser: Das ganze Land verfiel in einen kollektiven Taumel, als Spanien nach einem Sieg gegen die Niederlande 2010 Fußballweltmeister wurde. Das Ereignis hatte eine solche Dimension, dass viele Kommentatoren laut darüber nachdachten, wie es dazu beitragen könnte, die jüngste Wirtschaftskrise zu überwinden, und wie eine Welle des spanischen Nationalstolzes vielleicht sogar die alten regionalen Differenzen überwinden würde.

Fast alle Spiele der Ersten Liga sind sehenswert, und ein Besuch lohnt schon deswegen, um die spanischen Fans zu erleben. Besonders leidenschaftlich geht es bei den Spielen zwischen den Erzrivalen Real Madrid und FC Barcelona zu. Die beiden Clubs haben fast schon ein Monopol auf den silbernen Pokal: Bereits 51-mal machten sie die spanische Meisterschaft unter sich aus. 31-mal gewann Real Madrid, wo seit 2010 mit Mesut Özil und Sami Khedira zwei Deutsche feste Größen sind. In den letzten Jahren hatte jedoch Barcelona die Oberhand und holte sowohl 2009 als auch 2010 den Titel. 2009 gewann der FC Barcelona als erste Mannschaft der Welt alle sechs möglichen Titel (Spanische Meisterschaft, Spanischer Pokal, Spanischer Superpokal, Champions League, UEFA Super Cup, FIFA-Klub-Weltmeisterschaft).

Andere führende Fußballclubs sind der FC Valencia, Atletico Bilbao, Deportivo La Coruña, der FC Sevilla, Málaga und Real Sociedad (San Sebastián).

REAL MADRID

Die FIFA wählte Real Madrid zum erfolgreichsten Fußballverein des 20. Jhs. Der Club ist zudem der zweitreichste der Welt (nach Manchester United) und hat weltweit schätzungsweise 283 Millionen Fans.

Die spanische Tierschutzorganisation Asociación para la Defensa de los Derechos del Animal (ADDA; www.addaong.org) setzt sich gegen den Stierkampf ein. Andere Anti-Stierkampf-Organisationen sind die World Society for the Protection of Animals (WSPA; www.wspa.de) und People for the Ethical Treatment of Animals (PETA; www.peta.de).

Stierkampf

Ein episches Drama mit Blut und Sand oder ein grausamer Sport, der im modernen Spanien keinen Platz mehr hat? Der Stierkampf, die hartnäckigste und umstrittenste spanische Tradition, ist beides und gleichzeitig viel mehr; er ist fesselndes Theater und uraltes Ritual, bei dem in Spanien jedes Jahr in etwa 1000 Kämpfen 40 000 Stiere getötet werden. Am besten hat es vielleicht Ernest Hemingway ausgedrückt, der selbst begeisterter Stierkampfanhänger war und ihn einen „wundervollen Albtraum" nannte.

La lidia, wie die Kunst des Stierkampfs auch genannt wird, kam Mitte des 18. Jhs. auf. König Carlos III. ließ sie zwar gegen Ende des Jahrhunderts verbieten, seine Nachfolger hoben das Verbot aber wieder auf. Mitte des 19. Jhs. hatten Züchter die ersten zuverlässigen Arten des *toro bravo* (Kampfstier) gezüchtet und in Sevilla wurde eine Stierkampfschule gegründet.

Die Saison beginnt in der ersten Februarwoche mit den Fiestas in Valdemorillo und Aljavir in der Nähe von Madrid anlässlich des Festtags von San Blas. Im ganzen Land, besonders aber in Kastilien-León, Kastilien-La Mancha und Andalusien sind *corridas* (Stierkämpfe) und *encierros* (Stierläufe) wie in Pamplona Teil der Stadtfeste.

Der Matador ist der Star des Teams. Mehr als alles andere reißen seine gekonnte Beinarbeit, seine Geschicklichkeit und sein Mut gegenüber dem Stier das Publikum zu Beifallsstürmen oder Wutausbrüchen hin, je nach seiner (bzw. sehr selten ihrer) Leistung.

Die einzelnen Kämpfe können 20 bis 30 Minuten dauern und folgen einem komplizierten Ablauf. *Peones* (Helfer der Matadore, deren Job es ist, die Stiere zu reizen), springen mit großen Umhängen vor dem Stier umher, berittene *picadores* (Zureiter) treiben Lanzen in seine Nackenmuskulatur und *banderilleros* greifen das Tier direkt an und versuchen, ihm *bandilleras* (mit Bändern versehene Spieße) in den Hals zu stechen. Schließlich tötet der Matador den Stier, falls er nicht von diesem außer Gefecht gesetzt wird, was gelegentlich vorkommt.

José Tomás aus Madrid ist gegenwärtig der herausragendste Matador. Nachdem er sich fünf Jahre lang aus dem Stierkampf zurückgezogen hatte, erbeutete er am 5. Juni 2008 bei der Fiesta de San Isidro in Madrid vier Stierohren – so etwas hatte es seit Jahrzehnten nicht gegeben. Der nüchterne Tomás sagte nur: „Leben ohne Stierkampf ist kein Leben." Zwei Wochen später wurde er bei einem anderen dramatischen Kampf dreimal schwer am Oberschenkel verletzt. Nachdem er sich davon erholt hatte, kehrte er wieder in die Arena zurück und begeisterte die Zuschauer aufs Neue. Doch im April 2010 wurde er bei einem Stierkampf in Mexiko erneut schwer verletzt, als ihn ein Stier in der Leistengegend aufspießte. Bei Redaktionsschluss war er noch nicht vollständig wieder genesen.

Manolete (2008) mit Adrien Brody und Penélope Cruz ist ein wunderbares Filmporträt über die tragischen letzten Lebenstage des legendären Matadors Manuel Laureano Rodríguez Sánchez (Manolete). Antistierkampfgruppen forderten einen Boykott des Films.

Zu den weiteren berühmten Matadoren zählen El Cordobés, El Juli, Manuel Jesú (El Cid) und Miguel Ángel Perera.

Bei *la lidia* geht es um Dinge wie Tod, Mut und Leistung. Der Kampf ist zweifellos blutig und grausam, doch *aficionados* (Stierkampffans) sagen, es sei besser für das Tier, durch den Matador zu sterben als im *matadero* (Schlachthof). Wer sich ein solches Spektakel anschaut, muss es deswegen nicht gleich mögen, er bekommt jedoch so vielleicht einen Einblick in die Tradition und das Denken hinter *la lidia.*

Das weitverbreitete Klischee will uns gern glauben machen, dass alle Spanier eingefleischte Stierkampffans sind, doch die Wahrheit sieht ganz anders aus. In einigen Teilen des Landes, besonders in Andalusien, spielt der Stierkampf nach wie vor eine große Rolle, in Galicien, Kantabrien und anderen Gegenden im Norden gehörte er dagegen nie wirklich zur regionalen Kultur. Bisher wurden nur wenige Umfragen zur

SPANISCHES KINO & ALMODÓVAR

Eine andere große Leidenschaft der Spanier ist das Kino. Die staatliche Unterstützung hält sich zwar in Grenzen und nur 15 % der Spanier schauen sich spanische Filme an, dennoch hat sich die Filmindustrie des Landes in jüngster Zeit so fantastisch entwickelt, dass die hiesigen Produktionen Programmkinos in der ganzen Welt füllen. Dieser Erfolg ist zu einem Großteil einem einzigen Mann zu verdanken: Pedro Almodóvar (geb. 1949). Der kastilische Regisseur mit dem wilden Haarschopf, dessen persönliches, theatralisches Kino in den aufregenden Tagen der Madrider *movida* (Bar- und Clubszene) nach Francos Tod seinen Ursprung nahm, hat einen unnachahmlichen Stil.

Almodóvars erste Werke waren ausschließlich Kurzfilme ohne Ton zu provokanten sexuellen Themen, die mit einer Super-8-Handkamera gedreht wurden. 1978 entstand sein erster Streifen in Spielfilmlänge (allerdings immer noch als Stummfilm): *Folle, Folle, Fólleme, Tim* (Fick mich, fick mich, fick mich, Tim), ein Melodrama im Magazinstil. Sein erster richtiger Spielfilm war 1980 *Pepi, Luci, Bom y Otras Chicas del Montón* (Pepi, Luci, Bom und andere Mädchen der Bande). Er entstand mit einem derart kleinen Budget, dass Almodóvar an den Wochenenden mit einem Team von Freiwilligen arbeitete.

2000 erhielt Almodóvar für sein vielleicht bestes Werk *Alles über meine Mutter* (1999) als einer von wenigen Spaniern einen Oscar. Zu den weiteren Klassikern des Regisseurs gehören *Sprich mit ihr*, über zwei Männer, die Freunde werden, während sie sich um eine im Koma liegende Frau kümmern, die sie beide lieben, und *Volver* (2006), eine typische verstörende Geschichte, die wie immer in Madrid spielt und mit einigen von Almodóvars Lieblingsschauspielerinnen (darunter Carmen Maura und Penélope Cruz) besetzt ist. Sein jüngster Film, *Los Abrazos Rotos* (Zerbrochene Umarmungen) erzählt die tragische Geschichte eines ehemaligen Filmregisseurs. Bei Redaktionsschluss arbeitete Almodóvar schon an seinem nächsten Projekt, *La Piel que Habito* (Die Haut, in der ich wohne).

Anzahl der Stierkampffans in Spanien durchgeführt. Eine Umfrage von Gallup ergab 2006 jedoch, dass 72 % der Spanier „kein Interesse" am Stierkampf haben und nur gut 7 % „großes Interesse". Die Umfrage zeigte auch, dass es in der älteren Generation viel mehr Anhänger gibt als bei den Jüngeren.

Heute gibt's in Spanien eine große, wachsende Anti-Stierkampf-Bewegung. Die gegenwärtige Regierung hat den Besuch von Stierkämpfen für Kinder unter 14 Jahren verboten, und das staatliche Fernsehen zeigt keine Liveübertragungen mehr (allerdings läuft im staatlichen Sender TVE noch immer die wöchentliche Stierkampfsendung *Tendido Cero*, eine Art Magazin, und mehrere private Sender übertragen Stierkämpfe weiterhin live). Die Welt des Stierkampfs musste eine weitere Niederlage einstecken, als die katalanische Regierung ihn 2010 in ganz Katalonien verbot. Auf der anderen Seite hat der Stierkampf auch sehr weit oben ein paar Unterstützer. 2008 erhielten Stierzüchter insgesamt etwa 600 Mio. € öffentliche Fördergelder, darunter auch Subventionen der EU, und König Juan Carlos sagte: „Der Tag, an dem die EU den Stierkampf verbietet, ist der Tag, an dem Spanien die EU verlässt."

Malerei

Vor mindestens 14 500 Jahren entstanden in Spanien die ersten von Menschen geschaffenen Bilder, wie die Höhlenmalereien in Altamira beweisen. Heute blickt das Land auf ein weltweit einzigartiges künstlerisches Erbe zurück.

Angesichts einer solch großartigen Tradition gibt's viele Anwärter auf den Titel „Meister", doch sechs Künstler übertreffen mit ihrem Talent alle anderen und sollen hier vorgestellt werden.

Das goldene Jahrhundert – Velázquez & Zurbarán

Der Star der Kunstszene des 17. Jhs., das als die Blütezeit der Kunst in die spanische Geschichte einging, war Diego Rodríguez de Silva Velázquez (1599–1660), der geniale Hofmaler aus Sevilla. Mit ihm verschwanden alle Spuren der idealisierenden Steifheit, die den seelenlosen Manierismus des 16. Jhs. geprägt hatte. Realismus wurde die zentrale Idee, und seine königlichen Modelle erhielten ihre Würde durch Velázquez' Fähigkeit, das Wesen jeder Person einzufangen, ob es der König oder die *infanta* (Prinzessin) war, und seine detaillierte Darstellung der prächtigen äußeren Erscheinung. Zu seinen Meisterwerken gehören *Las Meninas* (Die Hoffräulein) und *La Rendición de Breda* (Die Übergabe von Breda), die beide im Museo del Prado hängen.

Ein anderer großer Meister dieser Periode war Francisco de Zurbarán (1598–1664), der vor allem für die faszinierende Klarheit und das großartige Licht in seinen Mönchsporträts berühmt ist. Trotz seines Talents erlebte Zurbarán in den 1640er-Jahren schwere Zeiten. Wegen der Pest musste er aus Sevilla fliehen und starb später verarmt in Madrid.

VELÁZQUEZ

Velázquez wünschte sich so sehr, zum Ritter von Santiago geschlagen zu werden, dass er sich auf seinem Gemälde *Las Meninas* ganz frech mit dem Santiago-Kreuz auf der Weste porträtierte – lange bevor sein Wunsch schließlich in Erfüllung ging.

Goya & das 19. Jahrhundert

Francisco José de Goya y Lucientes (1746–1828), ein Hinterwäldler aus Fuendetodos in Aragonien, ging nach Madrid, um als Zeichner in der Real Fábrica de Tapices zu arbeiten. 1792 wurde er nach einer Krankheit taub, was nach Ansicht vieler Kritiker für seinen wilden, unbarmherzigen Stil verantwortlich war, mit dem er sich immer mehr von den Konventionen befreite. Trotzdem berief Carlos IV. ihn 1799 zum Hofmaler.

Mehrere herausragende Serien und Einzelbilder zeigen die Entwicklung von Goyas Leben und seiner Arbeit. Am Ende des 18. Jhs. malte er Meisterwerke wie *La Maja Vestida* und *La Maja Desnuda,* zwei identische Porträts einer unbekannten Frau, die sich nur dadurch unterscheiden, dass diese einmal bekleidet und einmal nackt ist. Etwa zur selben Zeit entstanden *Los Caprichos,* 80 Radierungen, die die Ausschweifungen des Lebens am Hof und die Ignoranz des Klerus karikierten.

Der Einfall der Franzosen und der Krieg von 1808 beeinflussten die Arbeit des Künstlers stark. Er schuf mit *El Dos de Mayo* und dem noch dramatischeren *El Tres de Mayo*, das die Hinrichtung von Madrider Rebellen durch französische Truppen zeigt, erbarmungslose Bilder von der Brutalität des Krieges. Beide Bilder hängen im Prado in Madrid.

Picasso, Dalí & die anderen – der Schock des Neuen

Wie ein Blitz schlug das unkonventionelle Genie des *malagueños* (Einwohner Málagas) Pablo Ruiz Picasso (1881–1973) ein. Als Kind zog Picasso mit seiner Familie nach Barcelona und wurde von der avantgardistischen Freiheit des Modernismus geprägt.

GOYAS SCHWARZE BILDER

Goya hob sich seine verstörendsten Bilder bis zum Schluss auf. Nachdem er sich in der Quinta del Sordo (Haus der Tauben) in Madrid zur Ruhe gesetzt hatte, schuf er die albtraumhaften *Pinturas Negras* (Schwarze Bilder), die heute im Museo del Prado in Madrid zu sehen sind. Das Gemälde *Saturno Devorando a Su Hijo* (Saturn verschlingt eines seiner Kinder) fängt das Wesen seines Genies ein. *La Romería de San Isidro* und *El Aquelarre (El Gran Cabrón)* sind ausgesprochen beunruhigende Werke. Ersteres zeigt einen gequälten, sich krümmenden menschlichen Körper, Letzteres wird von den fesselnden individuellen Gesichtern der verdammten Seelen beherrscht.

PICASSOS GUERNICA

Am 26. April 1937 war im kleinen baskischen Ort Guernica Markttag. Zur selben Zeit, als die Leute morgens aus den umliegenden Dörfern herbeiströmten, war auch eine Flugzeugstaffel auf dem Weg nach Guernica. In den folgenden Stunden warf Hitlers Legion Condor in Übereinkunft mit Franco Hunderte Bomben auf die Stadt und tötete etwa 1645 Zivilisten.

Bald darauf erhielt Picasso, der damals in Paris lebte, von der republikanischen Regierung den Auftrag, die Gemälde für den spanischen Beitrag zur Weltausstellung in Paris zu schaffen. Während die Nachrichten von den Bombardements allmählich das Ausland erreichten, drückte Picasso seinen Zorn auf der Leinwand aus und malte ein ergreifendes Mahnmal für diesen Einsatz der Militärflugzeuge, der so verheerende Auswirkungen hatte. Sein Werk *Guernica* hängt im Centro de Arte Reina Sofía in Madrid.

Picasso muss einer der rastlosesten Künstler aller Zeiten gewesen sein. Während er sich von einer Schaffensphase zur nächsten weiterentwickelte, revolutionierte er sein Werk immer wieder aufs Neue. Von der melancholischen Blauen Periode zur heitereren Rosa Periode bis zum Kubismus an der Seite des Künstlers Juan Gris (1887–1927) aus Madrid steckte Picasso immer wieder voller Überraschungen.

Mitte der 1920er-Jahre versuchte er sich im Surrealismus. Sein bekanntestes Werk ist *Guernica*, ein komplexes Gemälde, das die Schrecken des Kriegs darstellt. Bis zu seinem Tod schuf Picasso mit nicht nachlassender Energie Gemälde, Skulpturen, Keramiken und Skizzen. Eine schöne Auswahl seiner frühen Werke ist in Barcelona im Museu Picasso zu sehen. Andere Arbeiten findet man in verschiedenen weiteren Museen und Galerien, insbesondere im Centro de Arte Reina Sofía in Madrid.

Zwei Künstler, die nur eine Generation von Picasso trennte, verstärkten die Reihen der Katalanen als Avantgarde der Kunst des 20. Jhs.: Dalí und Miró. Salvador Dalí (1904–1989) experimentierte zwar anfangs mit dem Kubismus, doch identifizierte er sich rasch mit den Surrealisten. Seine komplexen „handgemalten Traumfotografien", wie er selbst sie nannte, sind virtuose Bilder mit zahlreichen kunstvollen Details und albtraumhaften Motiven, die sich aus Fieberträumen und von Freud inspirierten Visionen speisten. Picassos Ruhm ließ Dalí keine Ruhe, und so erwarb er sich einen Ruf als exzentrischer Unterhalter und schamloser Selbstdarsteller. Die beste Ausstellung seiner Werke kann man in Figueres im Teatre-Museu Dalí sehen.

Der in Barcelona geborene Joan Miró (1893–1983) fasste nicht ganz so schnell in der Kunstwelt Fuß und entwickelte einen fröhlichen, fast kindlichen Stil, der ihm zu dem vom französischen Schriftsteller André Breton verliehenen Attribut „der Surrealistischste von uns allen" verhalf. Am bekanntesten ist seine späte Periode, die sich durch die einfache Verwendung leuchtender Farben und klarer Formen in Verbindung mit Symbolen, die Frauen, Vögel (als Bindeglied zwischen Himmel und Erde) und Sterne (die den unerreichbaren Himmel und die Quelle der Fantasie verkörpern) repräsentierten, sowie mit einer Art Netz auszeichnet, das all diese kosmischen Ebenen umfasst. Ausstellungen seiner Werke gibt's in Barcelona und Palma de Mallorca.

Robert Hughes ermöglicht dem Leser in seiner fesselnden Biografie *Goya. Der Künstler und seine Zeit* einen Einblick in die gequälte Seele eines der größten spanischen Künstler.

GOYA

Die besten zeitgenössischen Künstler

Francos Tod wirkte auf die spanische Kunstbewegung wie ein Katalysator. Neue Talente schossen wie Pilze aus dem Boden und die Museen und Galerien stürzten sich begeistert auf alles Revolutionäre, Widersprüchliche oder Freche. In den 1970er- und -80er-Jahren herrschte eine schon fast kindliche Zügellosigkeit. Seitdem ist die Kunstszene wieder etwas ruhiger geworden, doch nach wie vor ist viel Aktivität zu spüren.

Die Basken Eduardo Chillida (1924–2002) und Jorge Oteiza (1908–2003) zählten zu Spaniens führenden modernen Bildhauern und waren bis ins hohe Alter aktiv.

Joan Hernández Pijuan (1931–2005) gehörte in den letzten Jahrzehnten des 20. Jhs. zu den wichtigsten abstrakten Malern Barcelonas.

Luis Gordillo (geb. 1934) aus Sevilla begann seine künstlerische Karriere als Surrealist, schlug dann aber den Weg zur Pop-Art und Fotografie ein. Sein späteres Werk zeichnet sich besonders durch Serien verschiedener Variationen des gleichen Motivs aus.

Antonio López (geb. 1936) gilt als Vater des sogenannten Madrider Hyperrealismus. Eines seiner großartigsten Werke ist das unglaublich detailreiche *Madrid desde Torres Blancas* (Madrid von den Torres Blancas aus gesehen).

Die interessante Website www.arteespana.com (auf Spanisch) beschäftigt sich mit verschiedenen Bereichen der spanischen Kunstgeschichte. Man kann dort auch Bücher und sogar Modelle von Bauwerken kaufen.

Die künstlerische Karriere des Mallorquiners Miquel Barceló (geb. 1957) gilt als eine der großen Erfolgsgeschichten des Landes. Barcelós Arbeiten sind ausgesprochen expressionistisch, berühren aber klassische Themen von Selbstporträts bis zu Architekturbildern.

Susana Solano (geb. 1946) stammt aus Barcelona und ist in erster Linie Bildhauerin, malt aber auch. Sie zählt zu bedeutendsten zeitgenössischen Künstlerinnen des Landes.

Der vielleicht beste spanische Bildhauer der Gegenwart ist Jaume Plensa (geb. 1955), dessen Arbeiten bei Ausstellungen in der ganzen Welt zu sehen sind.

Curro González (geb. 1960) aus Sevilla produziert große Leinwände voller halluzinatorischer Figuren, Allegorien und Anspielungen auf die moderne Gesellschaft. Zu seinen Stilmitteln gehören Verzerrung, Surrealismus und eine ordentliche Portion Ironie.

Die weibliche Gestalt steht im Mittelpunkt der neueren Werke des Künstlers José Manuel Merello (geb. 1960) aus Madrid. Typisch für ihn sind breite Pinselstriche, Primärfarben und verwischte Details.

Flamenco

Der Flamenco, Spaniens herzergreifender Beitrag zur Welt der Musik, dient als allgegenwärtiger Soundtrack des spanischen Lebens. Wer je die melancholischen Klänge in einer überfüllten spanischen Bar oder bei einem bewegenden Livekonzert gehört hat, versteht die Leidenschaft des Flamencos. Auf der anderen Seite kann er auch als völlig unzugängliche Welt der wissenden, aber schweigsamen Kenner erscheinen. Ob man die Musik nun liebt oder nicht – ein Künstler, der seine Leidenschaft meisterhaft ausdrückt, reißt sein Publikum so mit, dass es wie gebannt an seinen Lippen hängt. Die Gabe, Zuhörer auf diese Weise zu fesseln, wird *duende* (Seele) genannt.

Die Ursprünge

Die Wurzeln des Flamencos liegen im Dunkeln. Manche führen die Kunstform auf byzantinische Gesänge zurück, die in den westgotischen Kirchen verbreitet waren. Die meisten Musikhistoriker vermuten jedoch, dass der Flamenco auf einer Verschmelzung der *gitano*-Lieder, die die Roma nach Spanien brachten, und der Musik und Verse, die von Nordafrika ins mittelalterliche muslimische Andalusien gekommen waren, beruht. Der Flamenco, wie wir ihn heute kennen, entwickelte sich erst im 18. und frühen 19. Jh. bei den *gitanos* im unteren Guadalquivir-Tal im Westen Andalusiens. In der Gegend rund um Sevilla, Jerez de la Frontera und Cádiz stand die Wiege des Flamencos; sie gilt immer noch als sein Kernland. Puristen zufolge kann man nur hier wirklich authentischen Flamenco erleben.

DIE GARNELE VON DER INSEL

Der vielleicht bedeutendste Flamenco-Sänger aller Zeiten, José Monge Cruz oder Camarón de la Isla (Garnele von der Insel), trug in den letzten 30 Jahren mehr als irgendjemand sonst dazu bei, diese Kunstform bekannt zu machen. Seine Eltern waren *gitanos* (Roma), und Camarón trat schon sehr jung in Bars auf. Schließlich begegnete er dem anderen berühmten Flamenco-Künstler dieser Zeit, dem Gitarristen Paco de Lucía. Die beiden nahmen zwischen 1969 und 1977 neun hochgelobte Alben auf. Später in seiner Karriere arbeitete Camarón mit einem von Pacos Schülern, Tomatino, zusammen.

Camarón war ausgesprochen introvertiert und hasste die Öffentlichkeit, doch sein Talent war so groß, dass die Menschen ihn verfolgten, wo immer er auftauchte. Viele sagen, das war der Grund für seinen wilden Lebensstil nach dem Motto „Live fast, die young", der zu seinem frühen Tod führte. Wegen seiner Stimme war er das Idol von Flamenco-Fans auf der ganzen Welt, seine *gitano*-Gefährten erhoben ihn fast zu einem Gott. Es heißt, *gitano*-Frauen hätten ihre Kinder zu ihm gebracht in der Hoffnung, dass er sie berühren und etwas von seiner Magie auf sie übertragen würde.

Schließlich mündete Camaróns Leben in eine Abwärtsspirale von Drogen und Selbstzerstörung und 1992 starb er mit nur 42 Jahren an Lungenkrebs.

Zu den besten Aufnahmen der „Garnele " zählen *La Leyenda del Tiempo, Soy Gitano* und *Una Leyenda Flamenca*.

Die wichtigsten Elemente

Flamenco-Sänger nennt man *cantaor* (Mann) oder *cantaora* (Frau), die Tänzer *bailaor* oder *bailaora*. Fast alle Lieder und Tänze werden von mitreißenden Gitarrenklängen des *tocaors* oder der *tocaora* (Flamenco-Gitarrist oder -Gitarristin) begleitet und der Rhythmus durch stampfende Füße, Klatschen, manchmal auch durch Kastagnetten erzeugt. Es gibt viele verschiedene Typen von *coplas* (Lieder), die von der wütenden *soleá* und der abgrundtief verzweifelten *siguiriya* bis zur lebhafteren *alegría* oder der fröhlichen *bulería* reichen. Als Frühform des Flamencos gilt der *cante jondo* (tiefer Gesang), der dem Leid einer Gruppe am Rand der Gesellschaft Ausdruck verlieh. *Jondura* (Tiefgang) bildet noch immer das wesentliche Element des unverfälschten Flamencos.

Das traditionelle Kostüm dieser Kunstform stammt aus dem Andalusien des späten 19. Jhs. Bei den Frauen besteht es aus einem Schal, einem Fächer und einer langen, mit Rüschen besetzten *bata de cola* (Schleppenkleid), während die Männer einen flachen Hut und enge schwarze Hosen tragen.

Die *sevillana,* ein beliebter Tanz mit hohen, wirbelnden Armbewegungen, ist – zumindest in den Augen der Puristen – kein Flamenco. Sie besteht aus vier Teilen, die jeweils abrupt enden, und ist wahrscheinlich die andalusische Version eines kastilischen Tanzes, der *seguidilla.*

Viele der talentiertesten Flamenco-Stars waren schon im Gefängnis. Aus diesem Grund veranstaltet die spanische Gefängnisbehörde jedes Jahr den *El Concurso de Cante Flamenco del Sistema Penitenciario* (Gefängnis-Flamenco-Wettbewerb).

Legenden des Flamencos

Silverio Franconetti und La Niña de los Peines aus Sevilla sowie Antonio Chacón und Manuel Torre aus Jerez de la Frontera waren die großen Sänger des 19. und frühen 20. Jhs. Es heißt, Torres Gesang habe die Leute dazu gebracht, sich die Kleider aufzureißen und Tische umzuwerfen.

Der dynamische Tanz und der wilde Lebensstil von Carmen Amaya (1913–1963) aus Barcelona machte sie zur größten *gitana*-Tanzlegende aller Zeiten. Ihr langjähriger Partner Sabicas war der Vater der modernen Flamenco-Sologitarre. Auf ihn gehen zahlreiche neue Techniken zurück, die heute unverzichtbar geworden sind.

In der Mitte des 20. Jhs. erlebte der Flamenco einen Tiefpunkt; *tablaos* (Touristenshows, die sexuelle und Showaspekte betonen) schienen den *flamenco puro* zu verdrängen. Doch in den 1970er-Jahren erweckten Sänger wie Terremoto, La Paquera, Enrique Morente, Chano Lobato und vor allem El Camarón de la Isla aus San Fernando nahe Cádiz (sein richtiger Name war José Monge Cruz) die Kunstform zu neuem Leben. El Camaróns unglaubliche Stimme, sein emotionales Ausdrucksvermögen und sein unberechenbarer Lebensstil machten ihn schon vor seinem tragischen frühen Tod 1992 zur Legende.

Manche halten Diego El Cigala (geb. 1968) aus Madrid für El Camaróns Nachfolger. Die erfolgreichsten Alben des Sängers mit der kraftvollen Stimme sind *Lágrimas Negras* (Schwarze Tränen; 2003) und *Dos Lágrimas* (Zwei Tränen; 2008), in denen er den Flamenco mit kubanischen Einflüssen mischt.

Paco de Lucía, 1947 in Algeciras geboren, ist der Altmeister der Flamenco-Gitarristen. Er war so talentiert, dass seine Lehrer, als er erst 14 Jahre alt war, schon eingestanden, sie könnten ihm nichts mehr beibringen. De Lucía verwandelte die Flamenco-Gitarre in ein eigenständiges Soloinstrument mit neuen Techniken, Tonleitern, Melodien und Harmonien, die weit über die traditionellen Grenzen hinausgehen.

Flamenco heute

Der Flamenco war wohl selten so populär wie heute – und niemals so innovativ. Gestandene Sänger wie Enrique Morente (der auch treibende und inspirierende Kraft beim Mix des Flamencos mit anderen Musikstilen ist), Carmen Linares und José Menese stehen an der Spitze der Flamenco-Künstler, während neue Generationen gleichzeitig ein immer breiteres Publikum gewinnen.

Ein uneingeschränkt gefeierter Künstler ist José Mercé aus Jerez. Estrella Morente aus Granada (Enrique Morentes Tochter), die als die Stimme des Films *Volver* von 2006 international bekannt wurde, Miguel Poveda aus Barcelona und La Tana aus Sevilla sind junge Sänger, die unaufhaltsam ihrem Platz in den Reihen der Spitzenkünstler zustreben.

In Form des Tanzes konnte der Flamenco stets am leichtesten Grenzen überwinden. Joaquin Cortés, 1969 in Córdoba geboren, eroberte hier ganz neue Horizonte. Er mischt den Flamenco mit zeitgenössischem Tanz, Ballett und Jazz und zeigt diesen Stilmix in spektakulären Shows mit Musik in Rockkonzert-Lautstärke. Das aufregendste junge Tanztalent ist Farruquito (Juan Manuel Fernández Montoya), der 1993 in eine legendäre Flamenco-Familie hineingeboren wurde.

FLAMENCO

Sevillas neues Museo del Baile Flamenco bietet eine Reise durch die Vergangenheit und Gegenwart des Flamencos. Bei den regelmäßig stattfindenden Kursen kann man seine *sevillana*-Künste verbessern.

MEHR ZUM THEMA FLAMENCO

» Flama (www.guiaflama.com, auf Spanisch) Konzerttermine und Hintergrundinformationen.

» *Duende* (Jason Webster, auf Englisch) Die fesselnde Reise des Autors in die verborgene Welt des Flamencos.

» *Camarón* (Regie Jaime Chávarri; 2005) Eine großartige Filmbiografie über El Camarón de la Isla.

» *Bluthochzeit* (1981) und *Flamenco* (1995) Diese beiden Filme von Carlos Saura sind echte Klassiker; der erste ist eine Filmversion des gleichnamigen Dramas von Federico García Lorca.

» Centro Andaluz de Flamenco (www.juntadeandalucia.es/cultura/centroandaluz flamenco, auf Spanisch) Website des andalusischen Zentrums für Flamenco.

HERVORRAGENDE FLAMENCO- & FUSION-ALBEN

- *Paco de Lucía Antología* – Paco de Lucía (1995)
- *Una Leyenda Flamenca* – El Camarón de la Isla (1993)
- *Cañailla* – Niña Pastori (2000)
- *Del Amanecer* – José Mercé (1999)
- *Niña de Fuego* – Concha Buika (2008)
- *Noche de Flamenco y Blues* – Raimundo Amador, B. B. King u. a. (1998)
- *Blues de la Frontera* – Pata Negra (1986)
- *Cositas Buenas* – Paco de Lucía (2004)
- *Lágrimas Negras* – Bebo Valdés und Diego El Cigala (2003)
- *Sueña La Alhambra* – Enrique Morente (2005)
- *Flamenco Chill* – Chambao (2002)
- *Malamarismo* – Mala Rodríguez (2007)

Zu den bemerkenswertesten Gitarristen zählen Manolo Sanlúcar aus Cádiz und Tomatito aus Almería sowie Vicente Amigo aus Córdoba und Moraíto Chico aus Jerez, die die besten Sänger der Gegenwart begleiten.

Flamenco-Fusion

Es begann mit den musikalischen Experimenten Paco de Lucías. Inzwischen haben Musiker den Flamenco mit Jazz, Rock, Blues, Rap und anderen Musikstilen gemischt. Diese „Flamenco-Fusion" hat Spanien im Sturm erobert und bietet neuen Künstlern vielleicht den einfachsten Einstieg – auch wenn hartgesottene Puristen empört sind.

Bahnbrechend war 1977 das Flamenco-Folk-Rock-Album *Veneno* (Gift) der gleichnamigen Gruppe um Kiko Veneno und Raimundo Amador aus Sevilla. Kiko, bis heute eine Ikone der Flamenco-Fusion, kombiniert Rock, Blues und afrikanische Rhythmen mit Flamenco und witzigen Texten zu alltäglichen Themen. Amador gründete später die Gruppe Pata Negra, die vier schöne Flamenco-Jazz-Blues-Alben produzierte, und trat schließlich als Solist auf.

Flamenco World (www.flamenco-world.com) ist ein Onlineshop, bei dem es einfach alles gibt, was mit Flamenco zu tun hat. Außerdem findet man auf der Website zahlreiche Interviews und Beiträge zu aktuellen Themen.

Die Gruppe Ketama stammt ursprünglich aus Granada und mixt Flamenco seit zwei Jahrzehnten erfolgreich mit afrikanischen, kubanischen, brasilianischen und anderen Rhythmen. Ende der 1990er-Jahre erschien Niña Pastori aus Cádiz auf der Bildfläche. Mit ihrer rauen, eindringlichen Stimme singt sie von Jazz und Latin beeinflussten Flamenco.

Die elfköpfige Band Ojos de Brujo aus Barcelona verbindet Flamenco mit Reggae, asiatischen Klängen und sogar Clubdance-Rhythmen.

Auf Alben wie *Flamenco Chill* (2002) und *Pokito a Poko* (Stück für Stück; 2005) kombiniert die Band Chambao aus Málaga den Flamenco erfolgreich mit elektronischen Beats. 2009 veröffentlichte sie ihr jüngstes Album, *En el Fin del Mundo.*

Die Mallorquinerin Concha Buika hat ihre Wurzeln in Äquatorialguinea und besitzt eine wunderbare, sinnliche Stimme. Ihre Alben *Buika* (2005) und *Mi Niña Lola* (2006) sind eine fesselnde Mischung aus afrikanischen Rhythmen, Soul, Jazz, Hip-Hop, Flamenco und anderen Musikstilen.

Wohl niemand brachte die Puristen so sehr in Rage wie Mala Rodríguez mit ihrer Kombination aus Flamenco und Rap zu sozialen Themen. Zu den Klassikern ihres einzigartigen Musikstils zählt *Malama-*

rismo (2007). Das jüngst erschienene *Dirty Bailarina* (2010) scheint an ihre früheren Erfolge anzuknüpfen.

Flamenco erleben

Sevilla, Jerez de la Frontera, Granada und Madrid sind gute Orte, um Flamenco-Shows zu besuchen. Zu den besten Orten für einen Liveauftritt gehören neben umfangreich beworbenen Konzerten in großen Arenen die *peñas* (Clubs, in denen sich Flamenco-Fans treffen). Dort ist die Atmosphäre authentisch und oft sehr intim, was belegt, dass der Flamenco von einer kenntnisreichen Anhängerschaft lebt. In den meisten andalusischen Städten gibt's Dutzende von *peñas*, und viele Touristeninformationen haben Listen von den Clubs, die öffentlich zugänglich sind. Einfacher ist es, eine Vorstellung in einem *tablao* zu besuchen, wo regelmäßig Shows veranstaltet werden, die sich an weniger kundige Touristen richten. Darüber sollte man aber nicht grundsätzlich die Nase rümpfen, denn die Qualität kann in einem *tablao* erstklassig sein, auch wenn die herbe Atmosphäre der *peñas* fehlt.

In vielen Städten im Süden sind Flamenco-Aufführungen ein Bestandteil der sommerlichen *ferias* (Volksfeste). Einige Orte warten sogar mit speziellen Festivals auf, die die ganze Nacht dauern. Zu den besten zählen:

» Festival Flamenco, Madrid (Februar)
» Festival de Jerez, Jerez de la Frontera (Februar bis März)
» Suma Flamenca, Madrid (Mai)
» Festival Internacional de la Guitarra, Córdoba (Juni bis Juli)
» Festival Internacional del Cante de las Minas, La Unión, Murcia (August)
» Bienal de Flamenco, Sevilla (September)

Praktische Informationen

Allgemeine Informationen A–Z

Arbeiten in Spanien

EU-Bürger und Schweizer können ohne Weiteres in Spanien arbeiten. Oft kümmert sich der Arbeitgeber um den nötigen Papierkram.

Wer die Sprache gut beherrscht, kann sein Glück als Übersetzer oder Dolmetscher versuchen.

Es gibt hier außerdem Au-pair-Stellen, allerdings ist es nicht besonders sinnvoll, sich erst vor Ort darum zu bemühen. Anlaufstellen im Internet sind die Seiten des internationalen Au-pair-Verbands **IAPA** (www.iapa.org), auf denen man auch Agenturen aus Deutschland und Österreich findet.

Als gute Adresse für Jobs im Ausland gilt u. a. **career-contact.de** (www.career-contact.de).

Bootspersonal

Man kann z. B. auf Yachten und Kreuzfahrtschiffen unterkommen, vor allem in den Häfen von Palma de Mallorca, Gibraltar und Puerto Banús (in dieser Reihenfolge).

Im Sommer sind die meisten Schiffe nur auf dem Mittelmeer unterwegs, verkehren aber zwischen November und Januar manchmal auch in Richtung Karibik. Weil es für diese (im Normalfall unbezahlte) Arbeit keine Vermittlungsstelle gibt, sollte man sich einfach an den Docks durchfragen. Bezahlt wird man üblicherweise nur für Reparatur- und Reinigungsarbeiten bzw. für die Instandhaltung eines Bootes im Hafen. Der Verdienst ist gering, und viele tun es nur, um günstig um die Welt zu segeln.

Jobs in Ferienorten

Im Sommer kann man auch an der Mittelmeerküste jobben. Wer gleich zu Beginn der Saison auftaucht und genügend Zeit mitbringt, hat die besten Chancen. Zahlreiche Bars, Restaurants und andere Läden sind in ausländischer Hand. Kleinanzeigen für Kellner, Babysitter, Köche, Putzhilfen usw. findet man oft auch in fremdsprachigen Zeitschriften (z. B. in *Sur In English* an der Costa del Sol, in der *Mallorca Zeitung* und im *Mallorca Magazin*).

Sprachunterricht

Deutsch gilt zwar nicht als allererste Wahl vieler Spanier, aber gerade in Tourismusgebieten ist die Sprache recht wichtig. Wer bereits Deutsch als Fremdsprache unterrichtet hat, kann hier also sein Glück versuchen. Schulen gibt's jedenfalls wie Sand am Meer (in den Gelben Seiten findet man sie unter *Academias de Idiomas*). Wer lieber Privatstunden anbieten will, muss sich auf eine längere Durststrecke einstellen.

Informationen für angehende Deutschlehrer (ob an einer Sprachschule oder privat) bekommt man im Goethe-Institut, in internationalen Buchläden sowie in den Unis und den Schulen selbst. Oft hilft dort auch das Schwarze Brett weiter.

Botschaften & Konsulate

Alle Botschaften befinden sich in Madrid. Konsulate gibt's in einigen größeren Städten wie Barcelona.

Deutschland Madrid (☎91 557 90 00; www.madrid.diplo.de; Calle de Fortuny 8); Barcelona (☎93 292 10 00; www.barcelona.diplo.de; Passeig de Gràcia 111) Weitere Vetretungen in Málaga, Palma de Mallorca, Sevilla, Valencia und in 14 anderen Städten.

Österreich Madrid (☎91 556 56 05; www.bmeia.gv.at/botschaft/madrid.html; Paseo de la Castellana 91) Weitere Vertretungen in Barcelona, Bilbao, Málaga, Palma de Mallorca, Sevilla und Valencia

Schweiz Madrid (☎91 436 39 60; www.eda.admin.ch/madrid; Calle Núñez de Balboa 35) Weitere Vetretungen in Algeciras, Barcelona, Málaga, Palma de Mallorca, San Sebastián und Valencia

Einreisebestimmungen

EU-Bürger und Schweizer brauchen für die Einreise nur einen Personalausweis oder Reisepass. Da Spanien dem Schengener Abkommen beigetreten ist, finden bei der Einreise über Frankreich oder Portugal keine Grenzkontrollen mehr statt. Wer aus Gibraltar oder Marokko einreist, muss allerdings seinen Ausweis vorzeigen.

Elektrizität

Wie überall in Europa sind die Steckdosen in Spanien zweipolig und teilweise rund. Die untere Darstellung gilt für Gibraltar (S. 769).

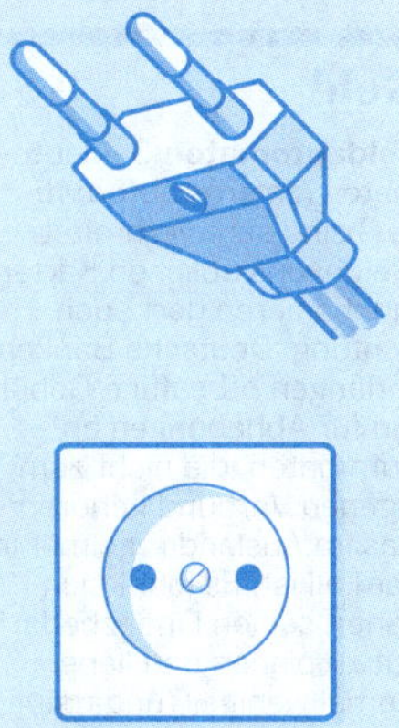

220 V/50 Hz

240 V/50 Hz

PRAKTISCH & KONKRET

» **Wichtige Zeitungen**: die Mitte links gerichtete *El País* (www.elpais.com, auf Spanisch), die Mitte rechts gerichtete *El Mundo* (www.elmundo.es, auf Spanisch) und die rechts orientierte *ABC* (www.abc.es, auf Spanisch). Die auflagenstarke englischsprachige Zeitung *International Herald Tribune* enthält eine achtseitige Beilage mit ins Englische übersetzten Artikeln aus *El País* (www.elpais.com/misc/herald/herald.pdf).

» **Radio**: Radio 1 vom staatlichen Radio Nacional de España (RNE) bringt ein massentaugliches Programm mit aktuellen Nachrichten, Radio 5 konzentriert sich eher auf Sport und Entertainment, und Radio 3 („Radio d'Espop") bietet Pop und Rock. Übers Zeitgeschehen berichten u. a. die linksgerichtete Cadena und der rechtsgerichtete Kanal COPE. Die angesagtesten kommerziellen Sender sind 40 Principales, Kiss FM, Cadena 100 und Onda Cero.

» **Fernsehen**: Auf dem Fernsehschirm laufen die staatlichen Sender von Televisión Española (TVE1 und La 2) und die unabhängigen, kommerziellen Kanäle Antena 3, Tele 5, Cuatro und La Sexta. Die Regionalregierungen haben ihre eigenen Stationen, z. B. Telemadrid (Madrid), TV-3 und Canal 33 (Katalonien, die Sendungen werden auf Katalanisch ausgestrahlt), TVG (Galicien), ETB-1 und ETB-2 (Baskenland), Canal 9 (Valencia) und Canal Sur (Andalusien). Kabel- und Satellitenfernsehen kommt immer mehr in Mode.

Ermäßigungen

In Museen bekommen Studenten, junge Erwachsene, Kinder, Familien und Senioren oft Rabatte. Am besten fragt man einfach nach.

Jugendkarten Mit einer Euro<26-Karte (www.euro26.org), in Spanien als Carnet Joven bekannt, gibt's Ermäßigungen in Verkehrsmitteln, Sehenswürdigkeiten und Jugendherbergen. Die International Youth Travel Card (IYTC; www.istc.org) bietet ähnliche Vorteile.

Senioren Verschiedene Museen und andere Sehenswürdigkeiten gewähren Senioren ab 60, 63 oder 65 Jahren Ermäßigungen. Manchmal bekommen sie auch in Bussen und Bahnen Rabatte.

Studenten Der Studentenrabatt beträgt meist die Hälfte des normalen Eintrittspreises, wobei ein Nachweis wie eine International Student Identity Card (www.isic.org) gefordert wird; diese ist allerdings nicht überall gültig.

Feiertage & Ferien

Urlaub machen viele Spanier vor allem während der Semana Santa (Karwoche) und im August. Dann herrscht in den Ferienorten oft Mangel an freien Betten, außerdem sind die Züge voll. Gegenden außerhalb der klassischen Urlaubsgebiete verwaisen dann allerdings regelrecht.

In Spanien gibt's offiziell 14 Feiertage pro Jahr – manche davon gelten im ganzen Land, andere nur in einzelnen Orten. Fällt ein Feiertag auf einen Dienstag oder

Donnerstag, nehmen sich viele Spanier einen Brückentag (der auf Spanisch *puente*, Brücke, heißt; wenn man eine ganze Woche frei nimmt, in der mehrere Feiertage liegen, dann sagt man dazu *acueducto*, Aquädukt). Landesweit gelten folgende Feiertage:

Año Nuevo (Neujahr) 1. Januar

Viernes Santo (Karfreitag) März/April

Fiesta del Trabajo (Tag der Arbeit) 1. Mai

La Asunción (Mariä Himmelfahrt) 15. August

Fiesta Nacional de España (Spanischer Nationalfeiertag) 12. Oktober

La Inmaculada Concepción (Fest der Unbefleckten Empfängnis) 8. Dezember

Navidad (Weihnachten) 25. Dezember

Dazu kommen fünf Feiertage, die von den Regionalregierungen festgelegt werden; für zwei weitere sind die Kommunen zuständig. In vielen Gegenden handelt es sich dabei um folgende Termine:

Epifanía (Erscheinung des Herrn) oder **Día de los Reyes Magos** (Dreikönigstag) 6. Januar

Día de San José (Josefstag) 19. März

Jueves Santo (Gründonnerstag) März/April. Nicht in Katalonien und Valencia.

Corpus Christi (Fronleichnam) Juni

Día de San Juan Bautista (Johannistag) 24. Juni

Día de Santiago Apóstol (Jakobstag) 25. Juli

Día de Todos los Santos (Allerheiligen) 1. November

Día de la Constitución (Tag der Verfassung) 6. Dezember

Frauen unterwegs

Spanien ist für Touristinnen genauso unkompliziert zu bereisen wie alle anderen westlichen Länder. Die Wahl der Unterkunft sollte überdacht werden, wenn es sich z. B. um eine verwanzte Billigabsteige handelt, wo nur Männer zu sehen sind. In der Nacht ist umsichtiges Verhalten auch in der Stadt geboten – einsame Straßen und Gassen sollte frau besser meiden. Trampen ist natürlich möglich, aber riskant.

Männer unter 40 wuchsen nach der Franco-Ära auf. Ihre Vorstellungen von Geschlechterrollen sind nicht mehr so eingefahren wie bei ihren älteren Geschlechtsgenossen. Allerdings herrscht in dieser Frage nach wie vor ein Nord-Süd- und ein Stadt-Land-Gefälle.

Die sozialistische Regierung von José Luis Rodríguez Zapatero hat Maßnahmen zur Förderung der Gleichbehandlung eingeleitet. 2008 ernannte Zapatero acht Ministerinnen (gleichzeitig gab es nur sieben Minister). Außerdem machte er erstmals in der spanischen Geschichte eine Frau zur Verteidigungsministerin. Dennoch schaffen es nach wie vor nur wenige Frauen bis in die oberen Etagen und Männer erhalten noch immer mehr Geld für dieselbe Arbeit.

Freiwilligenarbeit

In Spanien gibt's mehrere Projekte, bei denen Freiwillige mitarbeiten können. Deutsche Staatsbürger bis maximal 26 Jahren können außerdem ein **Freiwilliges Soziales Jahr** oder ein **Freiwilliges Ökologisches** Jahr antreten. Infos hierzu bekommt man auf den Seiten des **Bundesfamilienministeriums** (www.bmfsfj.de).

Career-Contact (www.career-contact.de) Eine deutsche Webseite mit vielen Infos.

Earthwatch Institute (www.earthwatch.org) Manchmal hat die Organisation Umweltschutzprojekte in Spanien im Programm.

Global Vision International (www.gvi.co.uk) Hier kann man Bartgeier in Andalusien beobachten oder an Forschungsprojekten zu Walen und Delphinen teilnehmen.

Go Abroad (www.goabroad.com) Bei Redaktionsschluss konnte man zwischen 52 Links zu Projekten in Spanien wählen. **Transitions Abroad** (www.transitionsabroad.com) Eine gute Ausgangsbasis für jede Suche.

Geld

Geldautomaten Geldautomaten *(cajeros automáticos)* sind sehr verbreitet. Die bei uns üblichen Karten funktionieren dort auch. Achtung: Deutsche Banken verlangen oft saftige Gebühren für Abhebungen an Automaten, die nicht zum eigenen Verbund gehören – was im Ausland regelmäßig der Fall ist. Es lohnt sich daher, seinen Finanzbedarf gut zu planen und lieber einmal weniger (und dafür einen größeren Betrag) abzuheben.

Kredit- & Geldkarten werden fast überall akzeptiert. Oft wird ein Ausweis verlangt. Am weitesten verbreitet sind Visa, MasterCard, American Express, Cirrus, Maestro, Plus, Diners Club und JCB. Falls eine Karte verloren geht (oder vom Geldautomaten verschluckt wird), sollte sie sofort gesperrt werden. Von Spanien aus geht das gebührenfrei unter den folgenden Nummern: **Amex** (☎902 375 637 oder 900 994 426), **Diners Club** (☎901 101 011), **MasterCard** (☎900 971 231) und **Visa** (☎900 991 216, 900 991 124).

Steuern Die spanische Mehrwertsteuer heißt IVA (*i-wa; impuesto sobre el valor añadido*).

Trinkgeld In den Preisen auf den Speisekarten ist das

Geld für die Bedienung bereits enthalten. Viele lassen etwas Kleingeld liegen, wenn sie zufrieden waren – 5 % genügen normalerweise, 10 % sind sehr großzügig. Die Rechnung aufrunden und dem Ober sagen, auf wie viel er herausgeben soll, ist jedoch unüblich. Kofferträger sind in der Regel mit 1 € zufrieden. Taxifahrern muss man kein Trinkgeld geben, aber sie freuen sich trotzdem, wenn man den Fahrpreis aufrundet.

Gesundheit

Spanien bietet eine gute medizinische Versorgung.

Medizinische Versorgung & Kosten

Die Ambulanz erreicht man unter der Nummer ☎061. Bei Notfällen macht man sich zur *urgencias* (Notaufnahme) des nächsten Krankenhauses auf.

Farmacias (Apotheken) bieten nützliche Informationen und verkaufen rezeptfreie Medikamente. Wie in vielen Ländern Europas gibt's auch in Spanien überall Bereitschaftsapotheken (*farmacias de guardia*); wie üblich hängen die entsprechenden Adressen an jeder Apotheke aus.

Die medizinischen Kosten sind in Spanien etwas niedriger als in vielen anderen Ländern Europas. Seit 2004 gilt die Europäische Krankenversicherungskarte in allen EU-Staaten sowie weiteren Ländern (u. a. der Schweiz), seit 2006 ist sie in Deutschland bei gesetzlich Versicherten in die übliche Versicherungskarte integriert. Sie garantiert medizinische Versorgung in der gesamten EU. Wer möchte, kann noch eine zusätzliche Auslandskrankenversicherung abschließen.

Bisse & Stiche

Bienen- und Wespenstiche können nur für Allergiker (in Form einer Anaphylaxie) wirklich gefährlich werden. Diese sollten für den Notfall eine Adrenalinspritze oder Ähnliches mit sich führen.

Vor der Hut sein muss man außerdem vor der haarigen, rotbraunen Raupe des Prozessionsspinners. Eine Berührung mit ihren Härchen ruft eine starke allergische Hautreaktion hervor. Die Bisse einiger Tausendfüßler sind ebenfalls äußerst unangenehm. Darüber hinaus gibt's hier Skorpione, deren Stich zwar sehr schmerzhaft, jedoch nicht tödlich ist.

Quallen werden an der Mittelmeerküste zunehmend zu einem Problem.

Die einzige Giftschlange, auf die man häufiger stößt, ist die Stülpnasenotter. Sie hat einen herzförmigen Kopf, wird bis zu 75 cm lang, weist eine graue Färbung mit Zickzackmuster auf und lebt in trockenen felsigen Gebieten, weit von Menschen entfernt. Ihr Biss kann tödlich sein und muss mit einem Antiserum behandelt werden, das staatliche Krankenhäuser in größeren Städten auf Lager haben.

Höhenkrankheit

Bei Wandertouren in großer Höhe kann diese Krankheit zu einem Problem werden. Viele Menschen spüren ab 2500 m Folgen des Sauerstoffmangels. Symptome entwickeln sich meist während der ersten 24 Stunden, die man sich in der Höhe aufhält, können jedoch auch noch bis zu drei Wochen danach auftreten. Zu den leichten Symptomen gehören Kopfschmerzen, Trägheit, Schwindel, Schlafstörungen und Appetitlosigkeit. Ganz plötzlich kann sich der Zustand des Betroffenen jedoch dramatisch verschlechtern, dann treten eventuell Atemnot, trockener, irritativer Husten (in schweren Fällen von rosafarbenem, schaumigem Auswurf begleitet), starke Kopfschmerzen, Koordinations- und Gleichgewichtsstörungen, Desorientiertheit, irrationales Verhalten, Brechanfälle, Benommenheit bis hin zur Bewusstlosigkeit auf. Ab welcher Höhe es gefährlich werden kann, ist nicht genau zu sagen, denn es gab schon Fälle mit tödlichem Ausgang auf 3000 m. Normalerweise tritt die Höhenkrankheit jedoch zwischen 3500 und 4500 m auf.

Bei leichten Symptomen sollte man auf der erreichten Höhe bleiben, bis man sich erholt hat (ein bis zwei Tage). Gegen Kopfschmerzen helfen Paracetamol oder Aspirin. Halten die Symptome an oder verschlechtern sich, ist ein Abstieg notwendig; manchmal helfen bereits 500 m. Man sollte niemals Medikamente einnehmen, um den Abstieg zu vermeiden bzw. um weiter aufzusteigen.

Unterkühlung

Im spanischen Gebirge kann das Wetter jederzeit und urplötzlich umschlagen. Die richtige Vorbereitung vermindert die Gefahr der Unterkühlung. So sollte man stets wasserfeste Kleidung bei sich haben und andere über seine Reisepläne informieren.

Die ersten Symptome einer Unterkühlung sind Schüttelfrost, Beeinträchtigung des Urteilvermögens und Ungeschicklichkeit. Werden keine Gegenmaßnahmen getroffen, reagiert der Betroffene zunehmend teilnahmslos und verwirrt und fällt schließlich ins Koma. Um Schlimmeres zu verhindern, helfen ein Unterschlupf, warme trockene Kleidung, süße Heißgetränke und Körperkontakt.

Wasser

Normalerweise kann man das Leitungswasser in Spanien bedenkenlos trinken. Wer

Zweifel hat, kann folgende Frage stellen: *¿Es potable el agua (de grifo)?* (Kann man das (Leitungs-)Wasser trinken?). Fluss- oder Seewasser sollte man nicht trinken, da es Bakterien oder Viren enthalten kann, die Durchfall oder Brechanfälle auslösen.

Internetzugang

WLAN Mittlerweile verfügen fast alle Hotels sowie einige Cafés, Restaurants und Flughäfen über ein drahtloses Netzwerk. Meistens ist die Nutzung für Gäste kostenlos. Die Geschwindigkeit variiert oft schon von einem Hotelzimmer zum anderen, man sollte sich also vor dem Einchecken danach erkundigen. Hotels, die über WLAN verfügen, sind in diesem Band mit einem 🛜-Symbol gekennzeichnet, während ein @ für einen öffentlich nutzbaren Computer steht.

Internetcafés Gute Internetcafés mit schnellen Verbindungen sind nicht einfach zu finden; am besten fragt man in der jeweiligen Touristeninformation nach. Pro Stunde muss man zwischen 1,50 und 3 € zahlen.

Karten

Straßenkarten

Zu den besten gehören die Karten von Michelin: Neben der Übersichtskarte von Spanien und Portugal im Maßstab 1:1 000 000 sind sechs Regionalkarten im Maßstab 1:400 000 auf dem Markt, die zusammen das ganze Land abdecken. Sie werden regelmäßig aktualisiert, sind recht detailgenau (bis hin zur Beschaffenheit von Nebenstraßen). Ebenfalls empfehlenswert ist die GeoCenter-Reihe des deutschen RV-Verlags.

Península Ibérica, Baleares y Canarias gilt als beste physische Karte. Sie wird vom **Centro Nacional de Información Geográfica** (CNIG, www.cnig.es) für das **Instituto Geográfico Nacional** (IGN, www.ign.es) herausgegeben und in guten Buchläden verkauft.

TIPPS ZUM REISEN MIT KINDERN

Einige unserer Autoren sind mit ihren Kindern durch Spanien gereist und geben hier ein paar hilfreiche Hinweise:

» Man sollte sich darauf einstellen, dass mindestens einmal am Tag jemand die Kinder abknutscht, ihnen Süßigkeiten anbietet, in ihre Backen kneift oder ihnen durch die Haare streicht (insbesondere, wenn diese auch nur eine Nuance heller als schwarz sind).

» In Bars nach Extra-Tapas wie Oliven oder Möhrenstückchen fragen.

» Die Kinder so schnell wie möglich an den spanischen Lebensrhythmus (d. h. an lange Nächte) gewöhnen, damit sie nicht die Hälfte verpassen.

» Seit 2011 gilt in Bars und Restaurants im ganzen Land Rauchverbot – ein Segen für Familien mit Kindern.

» Wer Geld sparen möchte, kann mit seinen Kindern auch einfach in einem Bett schlafen, denn Extrabetten kosten meist 20 bis 30 € zusätzlich.

» Die Touristeninformationen informieren über Spielplätze in der Nähe.

Wanderkarten

Für mehrere Gegenden, vor allem für die Pyrenäen, haben sich die Serien *Guía Cartográfica* und *Guía Excursionista y Turística* von Editorial Alpina bewährt. Die detaillierten Karten im Maßstab zwischen 1:25 000 und 1:50 000 beinhalten Miniführer auf Spanisch (und manchmal Katalanisch). Trotz der einen oder anderen Ungenauigkeit sind sie für Wanderer unverzichtbar. Wer im katalanischen Teil der Pyrenäen wandert, ist mit den Karten des Institut Cartogràfic de Catalunya oft besser beraten als mit denen von Alpina. Unbedingt beachten sollte man, dass zum Wandern nur ein Maßstab von 1:25 000 wirklich sinnvoll ist. Karten vom CNIG in diesem Maßstab gibt's fast für ganz Spanien.

Buchhandlungen in der Nähe von Wandergebieten haben meist sowohl Karten von Editorial Alpina als auch von CNIG vorrätig, die man normalerweise ebenfalls in spezialisierten Buchläden erhält, etwa bei:

Altaïr (☎93 342 71 71; www.altair.es; Gran Via de les Corts Catalanes 616, Barcelona)

La Tienda Verde (☎91 535 38 10; tiendaverde.es; Calle Maudes 23, Madrid)

Librería Desnivel (☎902 248 848; www.libreriadesnivel.com, auf Spanisch; Plaza de Matute 6, Madrid)

Quera (☎93 318 07 43; www.llibreriaquera.com; Carrer de Petritxol 2, Barcelona)

Kinder

Spanien ist ein sehr kinder- und familienfreundliches Reiseland, entsprechend groß ist das Angebot. Über das ganze Land verteilt findet man Zoos, Themenparks und geeignete Strände: In diesem Band wurden speziell die in Madrid (s. Kasten

S. 85), Barcelona (s. Kasten S. 286), Valencia (s. Kasten S. 577), Sevilla (s. Kasten S. 721), Córdoba (s. Kasten S. 792) und Granada (s. Kasten S. 805) erwähnt. Im Kastentext auf S. 445 sind außerdem Attraktionen für Kinder im Baskenland, in Navarra und La Rioja aufgelistet.

Für einen Familienausflug eignen sich auch Port Aventura in Katalonien (S. 370), Terra Mítica in Benidorm (S. 610) sowie Mini Hollywood (S. 829) und verschiedene Westernfilmkulissen in der Almería-Wüste.

Daneben gibt's verschiedene „konventionelle" Programmpunkte wie Burgen, Pferdeshows, Fiestas und *ferias* (Jahrmärkte), interaktive Museen, Flamenco-Shows und die Prozessionen während der Semana Santa (Karwoche). Verschiedene Sehenswürdigkeiten wie die Alhambra und die meisten Kunstgalerien bieten darüber hinaus spezielle Infobücher für Kinder an.

Praktisch & Konkret

Fast alle Hotels verfügen über Kinderbetten, *hostales* und andere Budgetunterkünfte bieten allerdings nur selten welche an. Meist ist die Anzahl begrenzt, deswegen sollte man sie vorher reservieren. Gehobene Unterkünfte organisieren Betreuer für die Kleinen und warten manchmal sogar mit eigenen Babysitteragenturen auf.

Restaurants besitzen oftmals Hochstühle, Wickelräume sind dagegen rar gesät. Nur in wenigen spanischen Lokalen werden Familien mit Kindern nicht gern gesehen.

Bei vielen Autovermietern können Kindersitze mitgebucht werden, am besten im Voraus.

Im öffentlichen Transport und bei Sehenswürdigkeiten gibt's Ermäßigungen für Kinder (meist unter 12 Jahren). Kinder bis zu vier Jahren müssen im Allgemeinen nichts zahlen.

Babyfertignahrung (auch zum Anrühren) und Mittel zum Sterilisieren von Fläschchen bekommt man in Apotheken *(farmacías)*, außerdem haben zahlreiche Supermärkte und *farmacías* Wegwerfwindeln im Sortiment. In kleineren Ortschaften wird manchmal nur H-Milch verkauft.

In diesem Reiseführer wurden kinderfreundliche Sehenswürdigkeiten und Unterkünfte mit einem 👪-Symbol versehen. Allerdings bedeutet das nicht, dass sich andere im Buch genannte Einrichtungen abweisend gegenüber dem Nachwuchs verhalten. Ein Großteil der Restaurants heißt Familien herzlich willkommen, auch wenn nur einige wenige spezielle Kindergerichte anbieten – deshalb haben nicht alle ein Symbol.

Mehr zum Thema findet man im Lonely Planet *Travel with Children* und im Internet, z. B. unter www.eltern family.de.

Öffnungszeiten

In diesem Buch sind nur dann Öffnungszeiten angegeben, wenn sie von folgenden Angaben abweichen. Sie gelten für die Hauptsaison, in der Nebensaison sind sie verkürzt. In den Regionalkapiteln sind die jeweiligen Hauptreisezeiten aufgeführt.

Banken Mo–Fr 8.30–14 Uhr; manche zusätzlich Do 16–19 & Sa 9–13 Uhr

Geschäfte 10–14 & 16.30–19.30 oder 17–20 Uhr; große Supermärkte und Kaufhäuser: Mo–Sa 10–22 Uhr

Hauptpostämter Mo–Fr 8.30–21.30, Sa 8.30–14 Uhr

Nachtclubs 24 oder 1–5 oder 6 Uhr

Restaurants mittags: 13–16 Uhr, abends: 20.30–24 Uhr oder länger

Post

Die spanische Post, **Correos** (☎902 197 197; www.correos.es), arbeitet normalerweise zuverlässig, wenn auch manchmal etwas langsam.

Sendungen ins Ausland

Wie lange ein Brief benötigt, bis er im Heimatland ankommt, ist schwer zu sagen. Für das westeuropäische Ausland sind drei bis zehn Tage normal.

Sendungen nach Spanien

Jedes Postamt nimmt postlagernde Sendungen *(lista de correos)* an. Briefe, die so gekennzeichnet werden, kommen am Hauptpostamt des Ortes an, der in der Adresse genannt ist – sofern kein anderes Postamt auf dem Umschlag steht. Zum Abholen postlagernder Briefe ist ein Ausweis erforderlich. Die Anschrift auf einem postlagernden Brief könnte z. B. so aussehen:

Miriam Müller
Lista de Correos
28014 Madrid
Spanien

Briefe nach Spanien brauchen ähnlich lange wie Sendungen von Spanien ins Ausland. Die Postleitzahlen sind fünfstellig.

Tarife

Sellos (Briefmarken) bekommt man in fast allen *estancos* (Tabakläden, die man an einem „Tabacos"-Schild mit gelben Buchstaben auf braunem Hintergrund erkennt) sowie in Postämtern.

Eine Ansichtskarte oder ein Brief bis 20 g ins europäische Ausland kostet 1,07 €. Eine Preisliste für Einschreiben *(certificado)* und Expressversand *(urgente)* gibt's auf www.correos.es (auf Spanisch) unter dem Button „Calculador de Tarifas".

Rechtsfragen

Jeder, der festgenommen wird, bekommt einen kostenlosen Pflichtanwalt *(abogado de oficio)* gestellt, der aber unter Umständen nur Spanisch spricht. Wenn ein deutscher oder österreichischer Staatsbürger verhaftet wird, muss außerdem umgehend das Konsulat informiert werden. Auch ein Anruf, etwa um Angehörige zu benachrichtigen, ist gestattet. Kommt es zum Richtertermin, wird ein Dolmetscher organisiert.

Seinen Personalausweis oder Reisepass sollte man theoretisch ständig dabeihaben, falls man ihn bei einer Polizeikontrolle vorzeigen muss. Viele Traveller lassen ihren Ausweis allerdings lieber im Hotelsafe, was nur selten ein Problem darstellt.

Auf lokaler Ebene kümmert sich die *Policía Local* oder *Policía Municipal* um Verkehrssünder und kleinere Gesetzesübertretungen. Die **Policía Nacional** (☎091), also die staatliche, landesweite Polizei, ist für die Verbrechensbekämpfung zuständig und vor allem in größeren Städten zu finden. Gegen das organisierte Verbrechen wurde im 19. Jh. die militärisch organisierte *Guardia Civil* gegründet . Heute überwacht sie Landstraßen sowie Staatsgrenzen und ist für Sicherheit, Bekämpfung von schweren Verbrechen und Terrorismus zuständig. Manche Regionen haben noch eine eigene Regionalpolizei, z. B. die *Mossos d'Esquadra* in Katalonien und die *Ertaintxa* im Baskenland.

Weitere Rechtsfragen:

Mindestalter für Geschlechtsverkehr Die Altersgrenze für hetero- und homosexuelle Beziehungen beträgt 13 Jahre. Allerdings betrifft diese Regelung nur den Geschlechtsverkehr zwischen Minderjährigen, beim Sex zwischen Erwachsenen und Jugendlichen liegt der Fall anders. Grundsätzlich sollten Traveller immer daran denken, dass sie nach den Gesetzen ihres Heimatlandes bestraft werden können, auch wenn sie sich im Ausland aufhalten.

Drogen Cannabis ist eine legale Droge, das gilt allerdings nur für den Eigenbedarf in sehr kleinen Mengen. In der Öffentlichkeit darf man keine Drogen konsumieren. Wer aus Marokko einreist (vor allem mit einem Fahrzeug), muss sich auf strenge Kontrollen an der Grenze einstellen.

Gesetzliches Wahlalter: 18

Gesetzliches Mindestalter für den Führerscheinbesitz: 18

Gesetzliches Mindestalter für Alkoholkonsum: 18

Reisen mit Behinderung

Spanien hat nicht überall Einrichtungen für Behinderte, aber langsam ändert sich etwas an dieser Situation. Beispielsweise führt ein grundsätzliches Umdenken dazu, dass manche Museen, Behörden und Hotels nachträglich mit barrierefreien Zugängen ausgestattet werden. In den großen Städten stellt man sich darüber hinaus allmählich im öffentlichen Nahverkehr und bei den Taxis auf Fahrgäste mit Behinderung ein, so gibt's mancherorts behindertengerechte „Eurotaxis". Neue Hotels verfügen größtenteils über behindertengerechte Zimmer. Weisen sich ältere Hotels auf ihren Websites als rollstuhltauglich aus, ist allerdings ein wenig Vorsicht geboten, denn mitunter handelt es sich dabei nur um breitere Zimmer- oder Badtüren oder um ähnliche, eher symbolische Anstrengungen.

Organisationen

Accessible Barcelona (☎93 428 52 27; www.accessiblebarcelona.com) Diese hauptsächlich auf Barcelona spezialisierte Seite wird von dem querschnittsgelähmten Craig Grimes betreut, der leidenschaftlich gerne reist. Er nennt die besten für Rollstuhlfahrer geeigneten Wege in der Stadt und gibt außerdem Tipps für das Umland.

Madrid Accessible (www.esmadrid.com) Die Seite ist nicht etwa das Madrider Pendant von Accesible Barcelona, sondern ein Service der Website der Madrider Touristeninformation. Dieser umfasst eine Liste von behindertengerechten Hotels, die man downloaden kann, sowie die PDF-Datei „Lugares Accesibles", die behindertengerechte Restaurants, Einkaufszentren und Museen aufführt.

rfb-Touristik (☎02166-618 9020; www.rfb-touristik.de; Reisebüro Clemens, Lufthansa City Center, Marktstr. 5, 41236 Mönchengladbach) Dieser Veranstalter hat sich auf Reisen für Behinderte spezialisiert.

ONCE (☎91 436 53 00; www.once.es; Calle de José Ortega y Gasset 18, Madrid) Der spanische Blindenbund bringt ein paar Stadtführer in Blindenschrift heraus, z. B. für Madrid und Barcelona. Allerdings werden sie nicht jedes Jahr aktualisiert.

Schwule & Lesben

In Spanien ist Homosexualität legal, das gesetzliche Mindestalter liegt bei 13 Jahren. 2005 hat der sozialistische Präsident José Luis Rodríguez Zapatero die katholisch-konservativ geprägten Grundfeste des Landes erschüttert, als er die Ehe für gleichgeschlechtliche Paare erlaubte.

Außer in den Städten sind Schwule und Lesben in der Öffentlichkeit kaum zu sehen. Am lebhaftesten ist die Szene in Madrid (s. Kasten

S. 99), Barcelona (s. Kasten S. 296), Sitges, Torremolinos und Ibiza. Viele Schwule auf der ganzen Welt favorisieren Sitges, das gilt vor allem für die ausschweifenden Karnevalsfeiern. Am letzten Samstag im Juni findet in Madrid der Umzug zum Christopher Street Day statt, und auch in anderen Städten gehen um diesen Termin herum Schwule und Lesben auf die Straße (S. 85).

Nützliche Infoquellen

Neben der folgenden Auswahl veröffentlicht die Touristeninformation in Barcelona zweimal jährlich *Barcelona – The Official Gay and Lesbian Tourist Guide*; auf der Website der Madrider Touristeninformation wiederum hilft der Button „Gay & Lesbian Madrid" (www.esmadrid.com) weiter.

Chueca (www.chueca.com, auf Spanisch) Foren, Aktuelles und Bewertungen.

Coordinadora Gai-Lesbiana (www.cogailes.org, auf Englisch) Gute Website der größten lesbischschwulen Organisation in Barcelona. Hinter den Links verstecken sich u. a. detaillierte Infos zu Bars, Saunas und Hotels in ganz Spanien, aber auch Kontaktanzeigen.

GayBarcelona (www.gaybarcelona.com) Meldungen, Meinungen und ein großer Adressbereich mit Bars, Saunas, Läden usw. in Barcelona und Sitges.

Gay Madrid 4 U (www.gaymadrid4u.com, auf Englisch) Ein guter Überblick über die Bars und Nachtclubs der Schwulenszene.

Guía Gay de España (guia.universogay.com, auf Spanisch) Landesweite Adressen.

LesboNet (www.lesbonet.org, auf Spanisch) Lesbische Website mit Kontaktanzeigen, Forum und Adressen.

Night Tours.com (www.nighttours.com/madrid, auf Englisch) Gute Infos über das Nachtleben der Schwulenszene und weitere Attraktionen in Madrid.

Orgullo Gay (www.orgullogay.org, auf Spanisch) Website zum Gay & Lesbian Pride sowie Links zu Organisationen im ganzen Land.

Shangay (www.shangay.com, auf Spanisch) Aktuelles, Veranstaltungen und Kontakte. Zudem veröffentlicht Shangay alle zwei Wochen das Magazin *Shanguide* mit Adressen in Madrid (u. a. von Saunas und Hardcore-Clubs) und Kontaktanzeigen. In dem Ableger *Shangay Express* findet man eher Artikel sowie eine Handvoll Adressen und Kontaktanzeigen. Beide Zeitschriften sind in Buchläden und Bars für Schwule erhältlich.

Organisationen

Casal Lambda (☎93 319 55 50; www.lambdaweb.org; Carrer de Verdaguer i Callis 10) Kulturelles Informationszentrum und Treffpunkt in Barcelona für Schwule und Lesben.

Colectivo de Gais y Lesbianas de Madrid (☎91 522 45 17, 91 523 00 70; www.cogam.es; Calle de la Puebla 9, Madrid) Hat ein Informationsbüro und einen Treffpunkt; betreibt außerdem eine Infohotline (☎91 523 00 70; ⏰Mo–Fr 17–21 Uhr).

Coordinadora Gai-Lesbiana (☎93 298 00 29; www.cogailes.org; Carrer de Violant d'Hongria 156, Madrid) Barcelonas wichtigster Koordinator für Lesben- und Schwulenvereinigungen; betreibt außerdem eine Infohotline, die Línia Rosa (☎900 60 16 01).

Federación Estatal de Lesbianas, Gays, Transexuales & Bisexuales (Felgt; ☎91 360 46 05; www.felgt.org; 1. OG, Calle de las Infantas 40, Madrid) Die Vereinigung setzte sich intensiv für die Einführung der gleichgeschlechtlichen Ehe ein.

Fundación Triángulo (☎91 593 05 40; www.fundaciontriangulo.es; 1. OG, Calle de Melendez Valdés 52, Madrid) Eine weitere gute Infoquelle; betreibt außerdem eine Infohotline namens Información LesGai (☎91 44 66 394).

> **REISEHINWEISE**
>
> Auf den folgenden Regierungswebsites sind Reise- und Sicherheitshinweise aufgeführt:
>
> » **Deutschland** (www.auswaertiges-amt.de)
>
> » **Österreich** (www.bmeia.gv.at)
>
> » **Schweiz** (www.eda.admin.ch)

Sicherheit

Im Großen und Ganzen ist Spanien sicher. Touristen müssen sich in erster Linie vor Kleindiebstählen in Acht nehmen (aus Sicht der Bestohlenen handelt es sich natürlich um keine „Kleinigkeit", wenn Ausweis, Geld oder Kamera futsch sind). Viele Besucher machen nur gute Erfahrungen, aber es kann selbstverständlich immer irgendetwas passieren. Aus diesem Grund sind ein paar deutliche Warnhinweise angebracht – Panik allerdings nicht.

Abzocke

Wahrscheinlich gibt's mehr als 50 Möglichkeiten, im Urlaub sein Geld zu verlieren. Taschendiebe haben diesbezüglich einige Tricks auf Lager: Sie arbeiten meistens in Gruppen und lenken so ihre Opfer ab. Besonders einfallsreiche Gauner lassen von einem Balkon aus einen Klacks Milchbrei auf ihr Opfer fallen. Sofort kommt ein „hilfsbereiter" Zeitgenosse daher, um den vermeintlichen Vogeldreck wegzuwischen. Dass dabei auch die Jackentasche gründlich gereinigt wird, geht in der ganzen Aufregung unter.

Nicht allen Dieben steht ihr „Beruf" ins Gesicht geschrieben. Ein Klassiker sind z. B. alte Frauen, die versuchen, Blumen zu verkaufen: Bei einem scheinbar netten Gespräch plündern sie ihre Opfer gleichzeitig aus.

Auch an manchen Autobahnen treiben Banden ihr Unwesen, vor allem an der AP7 von der französischen Grenze nach Barcelona. Vorsicht bei Leuten, die auf Rastplätzen ein Gespräch anfangen wollen. Manche fahren auch neben arglosen Touristen her und fuchteln mit den Händen herum, als ob sie etwas signalisieren wollten. Dann nicht in Panik verfallen und anhalten, weil etwas mit dem Auto nicht in Ordnung sein könnte. Denn während einer der „Helfer" zusammen mit dem Opfer das Autoheck inspiziert, räumen seine Kameraden den Wagen aus. Einige stechen auf Rastplätzen einen Reifen an, folgen dem Auto dann und bieten auf dem Standstreifen ihre „Hilfe" beim Reifenwechsel an. Bevorzugtes Ziel sind Mietwagen und solche mit ausländischem Nummernschild. An Rastplätzen sollte man immer möglichst nahe am Gebäude parken und keine Wertsachen offen liegen lassen. Wer anhält, um einen Reifen zu wechseln und unerwünschte Hilfe bekommt, sollte sichergehen, dass alle Türen geschlossen sind und man sich nicht ablenken lässt.

Auch das Parken birgt Gefahren. In einigen Stadtzentren sind zwielichtige selbsternannte Parkwächter unterwegs. Sie versuchen, Ortsfremde auf Teufel komm raus irgendwohin zu lotsen, wo sie parken können. Am besten ist es, sie zu ignorieren und selbst weiterzusuchen. Aber wenn es gar nicht anders geht, ist ein kleiner Geldbetrag beim „Parkwächter" gut angelegt, damit das Auto hinterher nicht zerkratzt oder sonstwie beschädigt ist. Auf gar keinen Fall sollte dann irgendetwas sichtbar im Wagen herumliegen. Auch den Kofferraum aufzumachen, weil man einen Koffer drin verstauen will, ist keine gute Idee.

Diebstahl

Am gefährdetsten sind Touristen in den Urlaubsorten und großen Städten. Kritisch ist auch die erste Zeit im Land oder in der neuen Stadt, denn so mancher passt vor lauter Eindrücken nicht richtig auf. Wer mit seinem ganzen Gepäck Richtung Hotel unterwegs ist (oder von dort wieder abreist), gibt ein besonders leichtes Opfer ab. Den schlimmsten Ruf in puncto Diebstahl haben Barcelona, Madrid und Sevilla, wo Touristen auf der Straße vereinzelt auch richtig ausgeraubt werden.

Am Strand verschwinden Dinge manchmal in Sekundenschnelle. Nachts hält man sich besser von zwielichtigen, menschenleeren Gassen fern – und überhaupt von allem, was einem nicht geheuer vorkommt.

Für eine Anzeige *(denuncia)* wegen Diebstahls ist die Landespolizei zuständig. Zwar bekommt man die Sachen kaum zurück, aber die Versicherung braucht die Anzeige als Beleg. Die Anzeige kann auch telefonisch (☎902 102 112; mehrsprachig) oder im Internet unter www.policia.es (Link „Denuncias") erstattet werden. Am nächsten Tag liegt sie dann fix und fertig zur Unterschrift beim gewünschten Polizeirevier bereit: Anstellen ist nicht mehr nötig.

Terrorismus

Trotz des Terroranschlags in Madrid im März 2004, bei dem 191 Menschen ums Leben kamen, ist die Gefahr, zur falschen Zeit am falschen Ort zu sein, in Spanien nicht größer als in jedem anderen westlichen Land.

Die baskische Untergrundorganisation ETA macht immer wieder mit der finsteren Warnung auf sich aufmerksam, Touristen sollten sich aus dem Land fernhalten. In der letzten Zeit war es jedoch recht ruhig um sie.

Sprachkurse

Zu den beliebtesten Zielen von Sprachstudenten gehören Barcelona (S. 283), Granada (S. 805), Madrid (S.482), Salamanca (S. 134) und Sevilla (S. 720). Dort und in verschiedenen anderen Städten bieten Universitäten gute Kurse an.

Die **Escuela Oficial de Idiomas** (EOI; www.eeooiinet.com, auf Spanisch) ist in zahlreichen größeren Städten zu finden. Sie hat Kurse für Spanisch und andere Regionalsprachen im Programm, die in der Regel nicht die Welt kosten. Allerdings sind die Klassen teilweise recht groß. Klickt man auf der Website unter der Rubrik „Comunidad" auf den Button „Centros" und dann auf „Centros en la Red", wird eine Liste der Schulen angezeigt.

Privatschulen und Unis haben das ganze Jahr über ein breit gefächertes Angebot, was Kursdauer, Intensität, Sprachniveau und Teilnahmevoraussetzungen angeht. Oft werden auch kulturelle Inhalte vermittelt. Viele Hochschulkurse dauern ein Semester, es gibt aber auch welche, die nur über zwei Wochen oder aber ein ganzes Jahr gehen. Private Institute sind da meist flexibler. Einen guten Ruf hat **Don Quijote** (www.donquijote.com)

in Barcelona, Granada, Madrid, Salamanca und Valencia.

Manche Kurse führen auf einen Abschluss hin. Das *Diploma de Español como Lengua Extranjera* (DELE) wird vom spanischen Bildungs- und Wissenschaftsministerium anerkannt.

Telefon

In den allgegenwärtigen blauen Telefonhäuschen sind Inlands- und Auslandsgespräche problemlos möglich. Es gibt hier sowohl Münz- als auch Kartentelefone. Einige funktionieren auch mit Kreditkarten. Telefonkarten *(tarjetas telefónicas)* werden von dem spanischen Konzern Telefónica vertrieben. Generell ist das Telefonieren per Internet immer noch am billigsten, beispielsweise über Skype.

Handys

Man kann sich für sein eigenes Mobiltelefon (Dual- oder Tribandhandy mit GSM-Standard) SIM- und Prepaid-Karten kaufen. Dies funktioniert allerdings nur, wenn es nicht blockiert ist. Ein Vertrag lohnt sich nur bei einem längeren Aufenthalt.

Alle spanischen Mobiltelefonanbieter (Telefónicas MoviStar, Orange und Vodafone) bieten *prepagado*-Tarife (Prepaid-Tarife) für Handys an. SIM-Karten gibt's ab 50 € inklusive Freiminuten in Telefonläden im ganzen Land. Man kann die Karten in den jeweiligen Handyshops oder in anderen Verkaufsstellen wie Tabakläden *(estancos)* oder Zeitungsständen aufladen.

In Spanien gilt wie im restlichen Europa der GSM-900/1800-Standard.

Am 1. Juli 2010 trat eine neue EU-Richtlinie zu Roaminggebühren in Kraft, die Reisende vor astronomischen Handyrechnungen schützen soll. Für Handytelefonate aus dem europäischen Ausland gilt nun eine Obergrenze von 0,43 € pro Minute, nach Deutschland sind es maximal 0,39 €. Die genauen Tarife erfragt man beim jeweiligen Anbieter.

Nützliche Telefonnummern

Auslandsauskunft ☎11825 (Ein Anruf kostet ganze 2 €!)

Inlandsauskunft ☎11818

Inlandsvermittlung ☎1009 (Hier kann man auch R-Gespräche innerhalb Spaniens anmelden.)

Notruf ☎112

Vermittlung für Gespräche ins europäische Ausland ☎1008

R-Gespräche

Für internationale R-Gespräche *(llamadas a cobro revertido)* wählt man einfach ☎99 00 und die jeweilige Ländervorwahl:

Deutschland ☎900 99 00 49

Österreich ☎900 99 00 43

Schweiz ☎900 99 00 41

Telefonkarten

Verbilligte Telefonkarten sind eine preiswerte Alternative für Auslandsgespräche. Sie werden in *estancos*, kleinen Lebensmittelläden, *locutorios* (Telefonzentren) und Zeitungsständen in größeren Städten und Urlaubsorten verkauft. Ein Preisvergleich lohnt sich, denn die Leistungen sind nicht immer identisch. Angebote von Privatanbietern kosten oftmals weniger als die von Telefónica. Sogenannte *locutorios*, in denen man günstig ins Ausland telefonieren kann, schießen in den Innenstädten wie Pilze aus dem Boden. Auch hier sollte man die Preise vergleichen. In der Regel sind Telefonkarten günstiger und praktischer.

Vorwahlen

Bei Handynummern steht die 6 an erster Stelle. Nummern, die mit 900 beginnen, sind kostenlos; bei 901 bis 906 fallen unterschiedliche Kosten an. Die 902 kommt recht häufig vor, kann allerdings nur von Spanien aus gewählt werden. Ähnlich ist es bei den Nummern 800, 803, 806 und 807.

Internationale Telefonvorwahl ☎00

Spanische Ländervorwahl ☎34

Ortsvorwahlen Siehe Auflistungen in den einzelnen Kapiteln

Touristeninformation

Im Ausland

Informationen über Spanien erhält man in den Filialen des Spanischen Fremdenverkehrsamtes:

Deutschland (☎030-882 6543; berlin@tourspain.es; Kurfürstendamm 63, 10707 Berlin) Weitere Filialen in Düsseldorf, Frankfurt am Main und München.

Österreich (☎01-512 9580; viena@tourspain.es; Walfischgasse 8 (MZZ), 1010 Wien)

Schweiz (☎044-253 6050; zurich@tourspain.es; Seefeldstrasse 19, 8008 Zürich) Es gibt noch eine weitere Filiale in Genf.

In Spanien

In jeder größeren Stadt (und in vielen kleineren) gibt's eine *oficina de turismo* oder *oficina de información turística*. Einige Provinzhauptstädte haben sogar mehrere davon: eine für die Stadt selbst und eine andere mit Informationen zur Provinz oder Region. Zahlreiche National- und Naturparks warten zudem mit Besucherzentren auf.

Turespaña (www.spain.info) ist das staatliche Tourismusamt.

Unterkunft

In Spanien findet man jede Menge ausgezeichnete Unterkünfte von kleinen familiengeführten *hostales* bis zu luxuriösen *paradores*.

Offiziell gibt's drei Kategorien: *hoteles* (1–5 Sterne), *hostales* (1–3 Sterne) und *pensiones* (kleine, familienbetriebene Hotels; 1–2 Sterne). Diese Kategorien stehen so auch im Hotelführer *Guía Oficial de Hoteles*, der jährlich aktualisiert wird und praktisch alle Unterkünfte mit ungefähren Preisen aufführt, ausgenommen Pensionen, die nur einen Stern besitzen.

Meistens muss man bis 12 Uhr auschecken.

Reservierungen

Außerhalb der Hochsaison ist eine Reservierung im Allgemeinen nicht notwendig. Schaden kann es trotzdem nicht, allein schon um sich die ermüdende Suche nach einem geeigneten Quartier zu ersparen. Meist ist zum Reservieren eine Kreditkartennummer vonnöten, manche Unterkünfte geben das jeweilige Zimmer auch ab 18 Uhr wieder frei, es sei denn, man sagt Bescheid, dass man später kommt.

Reisezeit

In diesem Reiseführer nennen wir die Preise, die während der Hauptsaison gelten. Zu anderen Zeiten winkt also vielleicht eine angenehme Überraschung. Wann Hauptsaison ist, hängt u. a. von der Region ab. In Barcelona oder Madrid ist dies fast das ganze Jahr über der Fall, vor allem während der wichtigsten Messen. Im August wirken große Städte manchmal wie ausgestorben. Im Winter ist in den Pyrenäen Hochsaison, während zu dieser Zeit auf den Balearen überhaupt nichts los ist (sie scheinen zwischen November und Ostern komplett dichtzumachen). Im Juli und im August warten die Inseln dagegen mit viel Sonne und einer ausgelassenen Stimmung auf – ohne Buchung ein Bett zu finden kann dann so gut wie unmöglich sein. Zahlreiche kleine Hotels und *casas rurales* (ländliche Unterkünfte) platzen an Wochenenden aus allen Nähten, wohingegen die Luxusschuppen in Madrid und Barcelona gleichzeitig fast leerstehen und deshalb mit den Zimmerpreisen deutlich runtergehen.

Preise

Die Reihenfolge der Unterkünfte in diesem Buch richtet sich nach den Vorlieben der Autoren, außerdem sind die Hotels mit einem der folgenden Preissymbole versehen (der Preis gilt für ein Doppelzimmer mit eigenem Bad):

€ <60 € für ein Doppelzimmer (<70 € in Madrid & Barcelona)

€€ 60–120 € für ein Doppelzimmer (70–200 € in Madrid & Barcelona)

€€€ >120 € für ein Doppelzimmer (>200 € in Madrid & Barcelona)

Im untersten Preissegment erwarten Reisende Schlafsäle (ab 17 € pro Person) in Hostels oder Privatzimmer mit Gemeinschaftsbädern. Für ein paar Euro mehr gibt's gute gemütliche Zimmer mit eigenem Bad. In untouristischen oder ländlichen Gegenden locken einige Boutique-Hotels und andere schickere Nachtquartiere mit niedrigen Preisen, insbesondere in der Nebensaison.

Im mittleren Preissegment gibt's generell jede Menge ausgezeichnete Hotels. Die Zimmer verfügen über eigene Bäder und manchmal ist im Preis ein Frühstück inbegriffen. Boutique-Unterkünfte, viele davon in wunderschön umgebauten historischen Gebäuden, sind größtenteils in der mittleren Preiskategorie anzusiedeln und fast immer eine ausgezeichnete Wahl.

Zum Schluss noch eine Anmerkung zur Terminologie: In einem *habitación doble* (Doppelzimmer) stehen oft zwei getrennte Betten, die man jedoch häufig einfach zusammenschieben kann. Wer auf ein richtiges Doppelbett Wert legt, sollte ausdrücklich eine *cama matrimonial* verlangen!

Kategorien

Apartments, Villas & Casas Rurales

Apartments und Ferienhäuser kann man fast überall für nur eine einzige Nacht mieten. An den touristisch geprägten Küsten und in den beliebten Urlaubsgebieten im Landesinneren findet man zahlreiche Villen und Ferienhäuser.

Ein schlichtes Apartment in einem Küstenort mit einem Schlafzimmer für zwei bis drei Personen ist teils schon für 30 € zu haben, aber oftmals läuft es auf das Doppelte hinaus – zur Hauptsaison wird es sogar noch teurer. Luxuriösere Alternativen mit Swimmingpool kosten 200 bis 400 € (für 4 Pers.).

In den letzten Jahren wurde der Landtourismus immer beliebter. Viele neue und teils sehr anheimelnde *casas rurales* nehmen Gäste auf; in der Regel handelt es sich dabei um renovierte, komfortable Bauernhäuser oder Häuser in einem Dorf mit einer Handvoll Zimmer. Sie werden oft unter anderen Namen geführt, etwa *cases de pagès* in Katalonien, *casas de aldea* in Asturien oder *posadas* und *casonas* in Kantabrien. Manchmal bieten die Eigentümer nur eine Übernachtung an und gelegentlich ist die Verpflegung inbegriffen oder die Gäste können die Küche benutzen. Am unteren Ende der Preisskala werden um die 30/50 € (EZ/DZ) pro Nacht fällig, während stilvolle kleine Häuser gut und gerne 100 € oder mehr fürs Doppelzimmer verlangen. Häufig vermieten die Besitzer nur wochenweise.

Agenturen, die Apartments anbieten:

Apartments-Spain (www.apartments-spain.com)

Associació Agroturisme Balear (www.agroturismo-balear.com)

Atlas Rural (www.atlasrural.com, auf Spanisch)

Cases Rurals de Catalunya (www.casesrurals.com)

Fincas 4 You (www.fincas4you.com)

Guías Casas Rurales (www.guiascasasrurales.com)

Ruralka (www.ruralka.com)

Rustic Rent (www.rusticrent.com)

Rusticae (www.rusticae.es)

Secret Places (www.secret-places.com)

Top Rural (www.toprural.com)

Traum-Ferienwohnungen (www.traum-ferienwohnungen.de)

Campingplätze

Spanien hat rund 1000 offizielle *campings* (Campingplätze). Einige liegen schön im Wald oder in der Nähe von Stränden und Flüssen. Andere wiederum zwängen sich am Stadtrand an eine Fernstraße. In Innenstadtnähe gibt's nur wenige Plätze, und wer auf öffentliche Verkehrsmittel angewiesen ist, für den ist Campen keine besonders komfortable Angelegenheit. Fremdenverkehrsbüros informieren über die nächstgelegenen Plätze.

Die offizielle Klassifizierung für Campingplätze kennt drei Kategorien: 1., 2. und 3. Klasse (1ªC, 2ªC, 3ªC). Manche fallen in überhaupt keine offizielle Einteilung; sie entsprechen dann zumeist der dritten Klasse. Die Ausstattung reicht von passabel bis sehr gut, allerdings werden einige Zeltplätze in der Hauptferienzeit ziemlich voll und sind dann entsprechend laut (vor allem im Juli und August). Campingplätze der dritten Kategorie bieten ebenfalls Warmwasserduschen, Stromanschluss und eine Cafeteria. Die besten *campings* warten mit beheizten Swimmingpools, Supermärkten, Restaurants, Wäschediensten, Kinderspielplätzen und Tennisplätzen auf.

Zeltplätze rechnen in der Regel nach Anzahl der Personen, Zelte und Autos ab (üblich sind jeweils etwa 5–9 €). Kinder müssen häufig weniger zahlen. Viele Plätze schließen zwischen Oktober und Ostern.

Hier und da gibt's eine *zona de acampada* oder *área de acampada* – ländlich gelegene Campingplätze mit minimaler Ausstattung (beispielsweise fließendes Wasser und ein paar Grillstellen). Sie sind kaum beaufsichtigt und kosten wenig oder gar nichts. Manche liegen in einem Naturschutzgebiet, deshalb braucht man unter Umständen die Erlaubnis der örtlichen Umweltbehörde.

Wildes Zelten ist mit Einschränkungen gestattet – Verbote gelten an vielen Stränden, in Naturschutzgebieten, in manchen Gemeinden und überall dort, wo ein offizieller Zeltplatz weniger als 1 km entfernt liegt. Üblicherweise stößt man in diesen Fällen auf Verbotsschilder. Im Zweifel hilft aber auch die Touristeninformation weiter. Wer auf Privatgrund campen möchte, braucht dazu eine Erlaubnis.

Nützliche Websites:

Guía Camping (www.guiacampingfecc.com) Onlineversion des jährlich erscheinenden *Guía Camping* (13,60 €), der in Buchläden im ganzen Land erhältlich ist.

Campinguía (www.campinguia.com) Bewertungen (meist auf Spanisch) und Links.

Campings Online (www.campingsonline.com/espana) Buchungsservice.

Camas, Fondas & Hospedajes

Viele Budgetunterkünfte verwenden die verschiedensten Eigenbezeichnungen. Im Allgemeinen ist es dort am billigsten, wo nur *camas* (Betten), *fondas* (eigentlich ein einfaches Gasthaus mit Fremdenzimmer, oft aber nur eines von beiden), *casas de huéspedes* oder *hospedajes* (Gästehaus) angeschrieben steht. Diese Bleiben sind schlicht und schmucklos und haben meistens ein Etagenbad, wobei einige auch Zimmer mit einem eigenen Waschbecken *(lavabo)* anbieten. Im Winter sollte man ruhig nach Extradecken fragen.

Pensiónes

Eine *pensión* ist meistens eine Stufe besser und teurer. Billige Einrichtungen vergessen schon mal Seife, Toilettenpapier oder Handtücher hinzulegen (einfach nachfragen).

Hostales

Hostales zählen ungefähr zur gleichen Kategorie, sind allerdings eine kleine Stufe über den *pensiónes* einzuordnen. Die besseren Pensionen und *hostales* sind freundlich und angenehm, und zu den Zimmern gehört ein richtiges Bad (*baño completo*, größtenteils mit einer *ducha*, Dusche, aber ohne Badewanne), meist ein Fernseher sowie Klimaanlage und/oder Heizung.

UNTERKUNFT ONLINE BUCHEN

Weitere Hotelbeschreibungen von Lonely Planet Autoren gibt's unter hotels.lonelyplanet.com/spain. Dort findet man unabhängige Kritiken und Empfehlungen zu den besten Unterkünften, außerdem kann man sie gleich online buchen.

Hotels

Alle anderen Häuser nennen sich *hoteles* und decken die ganze Qualitätsskala ab: vom schlichten, faden, aber sauberen Etablissement an der Landstraße über schnucklige kleine Läden bis hin zum superluxuriösen Schuppen. Selbst in den billigsten Unterkünften haben die Zimmer normalerweise ein eigenes Bad und es gibt ein Restaurant im Haus.

Reizvoll für alle mit einer etwas dickeren Brieftasche sind die rund 90 **paradores** (☎in Spanien 902 547 979; www.parador.es). Sie gehören zur gleichnamigen staatlichen Hotelkette und sind oft in beeindruckenden Gebäuden wie einem hohen Turm oder einem mittelalterlichen Kloster untergebracht. Einige restaurierte Landsitze und alte Stadtvillen beherbergen ebenfalls hübsche Hotels, die nicht einmal besonders teuer sein müssen. Die ganze Palette topmoderner, eleganter Designerunterkünfte findet sich in den großen Städten und den wichtigsten Urlaubszentren am Meer. Gehobenere Hotels verlangen mehr für ein Zimmer mit Aussicht, insbesondere bei Meerblick und wenn man einen *balcón* hat. Oft kann man außerdem Suiten mieten.

Schön für Familien ist, dass sie für Dreibett-, Vierbett- und Familienzimmer pro Person häufig weniger zahlen müssen als für ein Einzel- und Doppelzimmer. Viele Hotels kann man online unter den in der Kategorie „Apartments, Villas & Casas Rurales" aufgelisteten Websites buchen.

Klöster

Wer das Ungewöhnliche liebt, kann in einem Kloster übernachten. Die Orden wurden zwar im 19. Jh. enteignet und haben im 20. Jh. teilweise ziemlich schlecht gewirtschaftet, trotzdem gibt's noch jede Menge davon. Ein paar bieten einfache Übernachtungsmöglichkeiten in kargen Mönchszellen.

In den Gebäuden herrscht eine strenge Geschlechtertrennung. Außerdem sind die Klöster in der Regel Orte der stillen Besinnung und der Meditation. Dort, wo noch nach alter Tradition Ackerland, Obstgärten und/oder Weinberge bestellt werden, hat man eventuell die Möglichkeit, mitzuarbeiten.

Nützliche Quellen:

Guía de Monasterios (www.guiasmonasterios.com, auf Spanisch)

Alojamientos Monásticos de España Klosterführer von Javier de Sagastizabal und José Antonio Egaña, der allerdings ein Update nötig hätte.

Refugios

Wo viele Bergwanderer und Bergsteiger unterwegs sind (vor allem in den Pyrenäen), ist die nächste Berghütte *(refugio)* meist nicht weit; außer in Andalusien, denn dort gibt's nur eine Handvoll dieser Unterkünfte. Ein Großteil der Hütten wird von Wander- oder Alpenvereinen betrieben. In ein paar *refugios* kann man zwar einen Schlafplatz reservieren (häufig Stockbetten), aber ansonsten gilt das Motto „Wer zuerst kommt, mahlt zuerst". Zur Hauptsaison (Juli/August) sind die Hütten schnell voll, und wer dann am frühen Nachmittag noch nicht dort sein kann, sollte vielleicht doch versuchen, vorher zu buchen. Pro Person kostet die Übernachtung zwischen null und 15 €. Viele Hütten bieten etwas zu essen und zu trinken an; ein Abendessen gibt's für 8 bis 12 €. Oft ist auch eine Kochgelegenheit (ohne Kochgeschirr!) vorhanden. Decken werden gestellt, alles andere müssen die Gäste selbst mitbringen. Eine Taschenlampe kann von Vorteil sein.

In den Aragonischen Pyrenäen verteilen sich zahlreiche *refugios*; bei der Suche sind folgende Adressen hilfreich:

Albergues & Refugios de Aragón (www.alberguesyrefugiosdearagon.com, auf Spanisch) Reservierungen für *refugios* und *albergues*.

Federación Aragonesa de Montañismo (FAM; ☎976 22 79 71; www.fam.es, auf Spanisch; 4. OG, Calle Albareda 7, Zaragoza) Informiert und stellt FAM-Karten aus, mit denen man beträchtliche Rabatte auf *refugio*-Übernachtungen bekommt.

Jugendherbergen

Es gibt in Spanien rund 250 Jugendherbergen *(albergues juveniles). Hostales* gehören nicht dazu, denn dabei handelt es sich eher um Pensionen. Für Alleinreisende sind die Hostels oft die günstigste Option, aber zu zweit kann man sich über Alternativen zu einem ähnlichen Preis freuen.

Die Qualität der Unterkünfte variiert stark. Manche sind nur in Maßen ihr Geld wert: Sie bieten keine Privatsphäre, werden häufig von Schulklassen bevölkert und haben eine Sperrstunde. Zudem gibt's in einigen Häusern keine Kochgelegenheit (allerdings ist dann meistens eine Cafeteria vorhanden). Doch wir kennen auch Gegenbeispiele in günstiger Lage, die rund um die Uhr geöffnet haben und mit Doppelzimmern oder kleineren Schlafsälen aufwarten, die in der Regel auch noch mit eigenem Bad ausgestattet sind. Immer häufiger werden auch behindertengerechte Zimmer angeboten. Einige Jugendherbergen sind darüber hinaus sogar in schönen alten Gemäuern untergebracht.

Ein Großteil der spanischen Hostels ist dem **Red Española de Albergues Juveniles** (REAJ, Spanischer Jugendherbergsverband; www.reaj.com) angeschlossen, dem spanischen Ableger des internationalen Jugendherbergsverbands **Hostelling**

International (HI; www.hihostels.com).

Daneben gehören die meisten REAJ-Mitglieder dem Verband der jeweiligen Region an (Andalusien, Katalonien, Valencia usw.). Jede Region bestimmt ihre Preisstruktur selbst und bietet eine zentrale Buchungsmöglichkeit an, darunter:

Andalusien (☎902 510 000; www.inturjoven.com, auf Spanisch)

Katalonien (☎93 483 83 41; www.xanascat.cat, auf Englisch)

Valencia (☎902 225 552; www.ivaj.es, auf Spanisch)

Oft sind die Kosten saisonabhängig; sie bewegen sich zwischen 15 und 21 € für Gäste unter 26 Jahren (und für Besitzer einer ISIC-Karte, s. S. 923) Alle anderen zahlen 18 bis 28 €. Manchmal ist dann das Frühstück schon dabei. In ein paar Häusern müssen Gäste, die keinen eigenen Schlafsack mitbringen, Bettwäsche mieten (etwa 2–5 € pro Aufenthalt).

Für fast alle Hostels benötigt man einen internationalen Jugendherbergsausweis oder einen Ausweis des heimischen Verbands. Ersterer ist in den meisten Jugendherbergen in Spanien erhältlich.

Eine wachsende Zahl von ähnlichen Einrichtungen, die nichts mit HI oder REAJ zu tun haben, verfügen häufig über individuelle Räume sowie Schlafsaalbetten. Preise können stark variieren, da diese Unterkünfte sich an kein festes Preissystem halten müssen. Die Website von **Hostel World** (www.hostelworld.com) führt Herbergen unabhängig davon auf, ob sie organisiert sind oder nicht.

Außerdem gibt's ein paar unabhängige *albergues*, in denen die einfache Übernachtung im Schlafsaal zwischen 10 und 18 € kostet. Oftmals befinden sie sich in Gegenden, in denen viele einheimische Wanderer und Bergsteiger unterwegs sind. Diese Häuser sind keine echten Jugendherbergen (auch wenn die Gäste meist die 35 noch nicht erreicht haben), sondern eine Mischung aus Hostel und *refugio*. Einige verleihen gegen eine kleine Gebühr Bettwäsche.

Versicherung

Eine Reiseversicherung, die den Diebstahl und Verlust von Wertsachen sowie Gepäck genauso abdeckt wie medizinische Notfälle und Reiseausfälle oder Schäden durch Verspätungen, kann nicht schaden. Flugtickets, die per Kreditkarte bezahlt wurden, beinhalten oft schon eine begrenzte Reiseunfallversicherung. Außerdem ist es dann einfacher, sein Geld zurückzufordern, wenn der Veranstalter seinen Verpflichtungen nicht nachkommen sollte. Unter www.lonelyplanet.com/travel_services kann man jederzeit online eine Versicherung abschließen, erweitern und, wenn etwas passiert ist, in Anspruch nehmen – auch unterwegs.

Infos zu Autoversicherungen siehe S. 939.

Zeit

Zeitzone Es gilt dieselbe Zeit wie in Mitteleuropa; auch die Sommer- und Winterzeit wird gleichzeitig mit Deutschland, Österreich und der Schweiz umgestellt.

Marokko In Marokko gilt ganzjährig die Westeuropäische Zeit (Greenwich Mean Time); also liegt das Land während der mitteleuropäischen Sommerzeit zwei Stunden hinter Spanien zurück, im Winter jedoch nur eine Stunde.

Zoll

Aus anderen EU-Staaten können 110 l Bier, 90 l Wein, 10 l Spirituosen, 800 Zigaretten und 200 Zigarren ein- bzw. ausgeführt werden. Wer aus anderen Ländern einreist, beispielsweise aus Marokko, darf 2 l Wein (oder 1 l Spirituosen und 1 l Wein) und 200 Zigaretten (oder 50 Zigarren oder 250 g Tabak) mitbringen.

Verkehrsmittel & -wege

AN- & WEITERREISE

Spanien ist eines der beliebtesten Ferienländer Europas und per Flugzeug, Zug und Auto gut zu erreichen. Zwischen Spanien und Marokko verkehren regelmäßig Autofähren und Tragflügelboote und es gibt Fährverbindungen vom spanischen Festland nach Großbritannien, Italien, zu den Kanaren und nach Algerien.

Flüge, Touren und Zugtickets können online unter www.lonelyplanet.com/bookings gebucht werden.

Einreise

Reisedokumente

Bürger der Europäischen Union (EU) und der Schweiz benötigen für die Einreise nur ihren Personalausweis. Staatsangehörige anderer Länder brauchen einen gültigen Reisepass.

In Spanien ist man per Gesetz verpflichtet, zu allen Zeiten seinen Personalausweis oder Pass bei sich zu tragen, obwohl es nur selten Personenkontrollen gibt. Auch beim Einchecken im Hotel ist die Vorlage eines Ausweises erforderlich.

Flugzeug

Von vielen deutschen, österreichischen und Schweizer Städten gibt's Direktverbindungen nach Spanien. Als Hauptsaison wird die Zeit rund um Weihnachten und Neujahr, Ostern sowie von Juni bis September bezeichnet. Je nach Reiseziel kann das allerdings etwas variieren. Manchmal gibt's z. B. im August relativ günstige Flüge zu Zielen wie Madrid, da es dort zu dieser Zeit sehr heiß ist und viele Einwohner in die Berge oder ans Meer geflüchtet sind. Im Allgemeinen muss man zwischen November und März am wenigsten für Flüge nach Spanien zahlen. Die restlichen Monate gelten als Zwischensaison.

Flughäfen & Fluglinien

Alle spanischen Flughäfen verfügen über benutzerfreundliche Websites. Die nationale Flugbehörde **Aena** (☎902 40 47 04; www.aena.es) gibt telefonisch Auskünfte über Verbindungen und listet auf ihrer Homepage sämtliche Flughäfen des Landes auf. Außerdem bekommt man dort detaillierte praktische Informationen über Parkplätze und den öffentlichen Verkehr sowie eine komplette Liste und Links aller Airlines, die den jeweiligen Flughafen nutzen.

Madrids Aeropuerto de Barajas ist der verkehrsreichste Flughafen Spaniens (auf Platz 4 in Europa). Barcelonas Aeroport del Prat und die Flughäfen von Palma de Mallorca, Málaga, Alicante, Girona, Valencia, Ibiza, Sevilla und Bilbao sind ebenfalls recht groß. Auch A Coruña, Almería, Asturien, Jerez de la Frontera, Murcia, Reus und Sevilla haben eigene Flughäfen.

Auf dem Landweg

Spanien grenzt an Frankreich, Portugal und Andorra.

Eurolines (www.eurolines.de, www.eurolines.at, www.eurolines.ch) und Partnerbusunternehmen wie die Deutsche Touring GmbH (www.deutsche-touring.de) bieten zahlreiche Verbindungen in viele westeuropäische Länder und nach Marokko.

Abgesehen von den Zuverbindungen zwischen Spanien und Frankreich gibt's Direktverbindungen zwischen Zürich und Barcelona (über Bern, Genf, Perpignan und Girona) sowie zwischen Mailand und Barcelona (über Turin, Perpignan und Girona). Mehr darüber erfährt man auf der Website von **Renfe** (für Fahrten ins Ausland ☎902 24 34 02; www.renfe.com), Spaniens staatlicher Bahngesellschaft.

Andorra

Von Andorra gibt's regelmäßige Busverbindungen nach Barcelona (z. B. Skibusse im Winter und direkte Zubringer zum Flughafen) sowie in andere spanische Städte (beispielsweise Madrid) und nach Frankreich. Darüber hinaus verkehren mehrere Busse zwischen Andorra und dem Busbahnhof Estació

KLIMAWANDEL & REISEN

Der Klimawandel stellt eine ernste Bedrohung für unsere Ökosysteme dar. Zu diesem Problem tragen Flugreisen immer stärker bei. Lonely Planet sieht im Reisen grundsätzlich einen Gewinn, ist sich aber der Tatsache bewusst, dass jeder seinen Teil dazu beitragen muss, um die globale Erwärmung zu verhindern.

Fliegen & Klimawandel

Fast jede Art der motorisierten Fortbewegung erzeugt CO_2 (die Hauptursache für die globale Erwärmung), doch Flugzeuge sind mit Abstand die schlimmsten Klimakiller – nicht nur wegen der großen Entfernungen und der entsprechend großen CO_2-Mengen, sondern auch weil sie diese Treibhausgase direkt in hohen Schichten der Atmosphäre freisetzen. Die Zahlen sind erschreckend: Zwei Personen, die von Europa in die USA und wieder zurück fliegen, erhöhen den Treibhauseffekt in demselben Maße wie ein durchschnittlicher Haushalt in einem ganzen Jahr.

Emissionsausgleich

Die englische Website www.climatecare.org und die deutsche Internetseite www.atmosfair.de bieten sogenannte CO_2-Rechner. Damit kann jeder ermitteln, wie viel Treibhausgase seine Reise produziert. Das Programm errechnet den zum Ausgleich erforderlichen Betrag, mit dem der Reisende nachhaltige Projekte zur Reduzierung der globalen Erwärmung unterstützen kann, beispielsweise Projekte in Indien, Honduras, Kasachstan und Uganda.

Lonely Planet unterstützt gemeinsam mit Rough Guides und anderen Partnern aus der Reisebranche das CO_2-Ausgleichs-Programm von climatecare.org. Alle Reisen von Mitarbeitern und Autoren von Lonely Planet werden ausgeglichen.

Weitere Informationen findet man unter www.lonelyplanet.com.

d'Autobusos de Sants (21 €, 3¼–4 Std.).

Frankreich

AUTO & MOTORRAD

Die Hauptroute von Frankreich nach Spanien hinein ist die französische Autobahn A9 am Ostrand der Pyrenäen. Sie setzt sich in Spanien als mautpflichtige AP7 fort und führt an der Küste entlang nach Süden. Bei Barcelona zweigt die AP2 ab, die über Zaragoza nach Madrid verläuft. Es gibt noch weitere Strecken von Frankreich (und Andorra) nach Spanien über die Pyrenäen, etwa ganz im Westen die Autobahn von Biarritz ins spanische Baskenland.

BUS

Eurolines (www.eurolines.fr) bietet Verbindungen von Paris und 20 weiteren französischen Städten nach Spanien. Die Fahrt von Paris nach Madrid dauert 17¾ Stunden, nach Barcelona 14¾ Stunden. Zu den wichtigsten Zielen fährt mindestens ein Bus pro Tag.

ZUG

Die wichtigsten Grenzübergänge an der französisch-spanischen Grenze sind Port Bou an der Mittelmeerküste sowie Irún im Baskenland. Eine weitere Bahnstrecke verläuft im Landesinneren durch die Pyrenäen von Latour-de-Carol nach Barcelona. Von Portugal aus führt die Hauptstrecke von Lissabon durch die Extremadura nach Madrid.

Es gibt weitere, weniger teure Möglichkeiten. Zwei oder drei TGVs (Hochgeschwindigkeitszüge) fahren täglich vom Pariser Bahnhof Montparnasse nach Irún, wo man in einen normalen Zug in Richtung Baskenland oder nach Madrid umsteigen kann. Bis zu drei TGVs befördern Fahrgäste nach Barcelona (vom Pariser Gare de Lyon), mit Umsteigen in Montpellier oder Narbonne. Weitere Informationen über Zugverbindungen von Frankreich aus findet man auf der Website der **SNCF** (www.voyages-sncf.com).

Für 2012 ist ein Schnellzug zwischen Madrid und Paris geplant. Bis dahin sind folgende Verbindungen am gängigsten:

Von Paris-Austerlitz nach Madrid-Chamartín (Platz/Schlafplatz 166,50/194,20 €, 13½ Std., 1-mal tgl.) Das *Trenhotel Francisco de Goya* fährt über Orléans, Blois, Poitiers, Vitoria, Burgos und Valladolid.

Von Paris-Austerlitz nach Barcelona-Estacio de Franca (Schlafplatz 188 €, 12 Std., 1-mal tgl.) *Trenhotel Joan Miró* fährt über Orléans, Limoges, Figueres und Girona.

Von Montpellier nach Valencia (ab 82 €, 7¾ to 9¾ Std., 2-mal tgl.) Der Talgo fährt an der Mittelmeerküste entlang und hält in Girona, Barcelona, Tarragona und Valencia.

BUSPÄSSE

Für alle, die eine größere Europatour inklusive Spanienfahrt planen, könnte einer der folgenden Buspässe interessant sein:

Busabout (☎084 5026 7514 in Großbritannien; www.busabout.com; 7-11 Bressenden Place, London) bietet jungen Reisenden den Service, an festen Orten beliebig ein- und aussteigen zu können. Die Firma hat Pässe verschiedener Gültigkeitsdauer im Angebot, mit denen ein Netz von 36 Städten in elf Ländern bereist werden kann. Die Hauptpässe kommen nur für Leute in Frage, die auch außerhalb von Spanien (dort gibt's vier Stopps) viel unterwegs sein möchten. Ein Pass für eine westliche Schleife (Erw./Stud. 399/385 €) geht durch Spanien und Frankreich, aber auch Pässe für anderen Länder in Westeuropa sind zu haben.

Eurolines (www.eurolines.com) bietet einen Nebensaisonpass (Jan.–März und Nov.–Mitte Dez.) an; 15/30 Tage kosten 205/310 €. Mit diesem Pass kann man unbegrenzt zwischen 40 europäischen Städten reisen. Die einzigen Haltepunkte in Spanien sind allerdings Barcelona und Madrid. In der Hochsaison von Mitte/Ende Juni bis Mitte September betragen die Preise 375/455 €.

Portugal

AUTO & MOTORRAD

Von Lissabon führt die A6 nach Badajoz in Spanien; von dort verläuft die mautfreie A5 weiter nach Madrid. Entlang der Grenze zwischen Spanien und Portugal gibt's jede Menge Straßenverbindungen.

BUS

Avanza (☎in Spanien & Portugal 902 02 09 99; www.avanzabus.com) bietet täglich zwei Verbindungen zwischen Lissabon und Madrid an (55,25 €, 7½–9 Std.).

Eine andere Verbindung führt Richtung Norden über Porto nach Tui, Santiago de Compostela und A Coruña in Galicien. Nahverkehrsbusse fahren von Städten wie Huelva in Andalusien, Badajoz in der Extremadura und Ourense in Galicien über die Grenze nach Portugal.

ZUG

Von Lissabon aus geht's durch die Extremadura nach Madrid.

Von Lissabon nach Madrid (Platz/Schlafplatz 58,60/83,20 €, 10½ Std., 1-mal tgl.)

Von Lissabon nach Irún (Platz/Schlafplatz 68,80/96,60 €, 14½ Std., 1-mal tgl.)

Auf dem Seeweg

Zwischen dem spanischen Festland und den Kanarischen Inseln, Italien, Nordafrika (Algerien, Marokko und den spanischen Enklaven Ceuta und Melilla) sowie Großbritannien bestehen regelmäßige Fährverbindungen. Viele werden von der staatlichen spanischen Fährgesellschaft **Acciona Trasmediterránea** (☎902 45 46 45; www.trasmediterranea.es) angeboten. Auf den folgenden Strecken kann man ein Fahrzeug mitnehmen.

Algerien

Acciona Trasmediterránea pendelt von Ende Juni bis Mitte September zwischen Almería und Ghazaouet (8 Std., 4-mal pro Woche); siehe auch S. 829.

Italien

Mehr zu den folgenden Anbietern siehe S. 307.

Von Genua nach Barcelona (18 Std., 3-mal pro Woche)

Von Civitavecchia (nahe Rom) nach Barcelona (20½ Std., 6–7-mal pro Woche)

Von Livorno (Toskana) nach Barcelona (19½ Std., 3-mal pro Woche)

Von Porto Torres (Sardinien) nach Barcelona (12 Std., 1-mal tgl.)

Marokko

Abgesehen von den folgenden Verbindungen gibt's auch Verbindungen zu den spanischen Enklaven Melilla (ab Almería und Málaga) und Ceuta (ab Algeciras). Details hierzu siehe S. 829, S. 778 und S. 764.

Von Tanger nach Algeciras (70 Min., bis zu 8-mal tgl.) Siehe Kastentext S. 764. Busse von mehreren marokkanischen Orten aus fahren nach Tanger, setzen mit der Fähre über nach Algeciras und steuern dann die großen spanischen Städte an.

Von Tanger nach Barcelona (24 Std., wöchentlich) Siehe S. 306.

Von Tanger nach Tarifa (35 Min., bis zu 8-mal tgl.) Siehe Kasten S. 764.

Von Nador nach Almería (5–8 Std., bis zu 3-mal tgl.) Siehe S. 829.

UNTERWEGS VOR ORT

Spaniens Zug- und Busnetz gehört zu den besten Europas und so erreicht man mit diesen Verkehrsmitteln so gut wie jedes Ziel in Europa. Auch das Netz des spanischen Hochgeschwindigkeitszugs wird jedes Jahr weiter ausgebaut. Viele In-

INTERRAIL

Der InterRail-Pass ist in verschiedenen Varianten an den meisten größeren Bahnhöfen und in Studentenreisebüros erhältlich.

Bei **InterRail** (www.interrail.net) ist Europa in Zonen aufgegliedert; die westlichste umfasst Spanien, Portugal und Marokko. Der Pass ist eigentlich für Traveller unter 26 Jahren gedacht, aber es gibt auch eine teurere Variante für Ältere, InterRail 26+. Es werden drei Versionen angeboten: 16 Tage in einer Zone unter 12 J./unter 26 J./über 26 J. für 143/195/286 €, 22 Tage in zwei Zonen für 198/275/396 € und ein Monat in allen Zonen für 273/385/546 €. In dem Land, in dem der Pass gekauft wird, gibt's eine Fahrpreisermäßigung.

landsflüge sind auf längeren Strecken unkomplizierter als der Weg über Land.

Auto & Motorrad

Wer sein eigenes Auto dabeihat, muss unbedingt dafür sorgen, dass seine Papiere in Ordnung sind und er eine gültige Versicherung hat. Ein Warndreieck und eine reflektierende Jacke (bei Pannen) sind Pflicht.

Automobilclubs

Der spanische Automobilclub heißt **Real Automóvil Club de España** (RACE; ☎902 40 45 45; www.race.es; Calle de Eloy Gonzalo 32, Madrid). Im Notfall kann er weiterhelfen, doch vor der Fahrt nach Spanien sollte man sich mit der eigenen Versicherung in Verbindung setzen oder bei einem der heimischen Vereine (www.adac.de, www.avd.de, www.oeamtc.at, www.acs.ch) einen Auslandsschutzbrief erwerben. Die Automobilclubs haben eigene Notrufnummern.

Führerschein

In Spanien werden die nationalen Führerscheine der EU-Mitgliedsstaaten anerkannt. Wer keinen besitzt, sollte sich einen zwölf Monate gültigen Internationalen Führerschein besorgen, der von den Automobilclubs ausgestellt werden kann. Personen, die seit mehr als einem Jahr in Spanien leben, brauchen einen spanischen Führerschein.

Kraftstoff & Ersatzteile

Gasolina (Benzin) ist in Spanien billiger als in Deutschland und in Österreich. Es gibt hier etwa 30 Tankstellenbetreiber, darunter mehrere ausländische, aber die beiden größten sind die einheimischen Unternehmen Repsol und Cepsa.

Benzin ist in Gibraltar 10 % günstiger als in Spanien, in Andorra 15 %. In den steuerfreien nordafrikanischen Enklaven Ceuta und Melilla spart man sogar etwa 35 %.

An vielen Tankstellen werden die gängigen Kreditkarten akzeptiert.

Mietwagen

Wer in Spanien ein Auto mieten möchte, muss einen Führerschein haben, mindestens 21 Jahre alt sein und am besten eine Kredit- oder EC-Karte besitzen. Kleinere Anbieter in Gegenden, wo besonders viele Fahrzeuge gemietet werden (etwa auf den Balearen), verzichten manchmal auf die Kreditkarte.

Hier eine Auswahl internationaler und spanischer Autoverleiher; im Internet gibt's zudem zahlreiche Mietwagenportale, darunter z. B. die Websites www.holidayauto.de, www.cardelmar.de, www.sunnycars.de)

Avis (☎01805 217702 in Deutschland; www.avis.de)

Budget (☎01805 244388 in Deutschland; www.budget.de)

Europcar (☎01805 in Deutschland; www.europcar.de)

Hertz (☎01805 938814 in Deutschland; www.hertz.de)

National/Atesa (☎902 100101 in Spanien; www.atesa.es)

Pepecar (☎807 414243 in Spanien; www.pepecar.com) Ein günstiges lokales Unternehmen.

Sixt (☎01805 252525 in Deutschland; www.e-sixt.de)

Verkehrsregeln

Die **Blutalkoholgrenze** liegt bei 0,5 Promille. Kontrollen werden recht häufig durchgeführt. Wer zu viel getrunken hat, kann innerhalb von 24 Stunden zu einer Geldstrafe verurteilt werden und seinen Führerschein verlieren. Für schwere Verstöße gibt es Bußgelder bis zu 600 €. Nicht in Spanien ansässige Ausländer müssen sofort zahlen (mit 30 % Rabatt auf den vollen Bußgeldbetrag). Mangelnde Sprachkenntnisse vorzuschieben hat keinen Zweck, denn der Verkehrspolizist hält den Sündern daraufhin eine Liste mit Verstößen und Strafen in allen möglichen Sprachen vor die Nase. Das Fahrzeug wird beschlagnahmt, wenn man nicht bezahlt und auch keinen Spanier kennt, der für einen bürgen kann.

Geschwindigkeitsbegrenzung: Innerhalb geschlossener Ortschaften beträgt die zulässige Höchstgeschwindigkeit 50 km/h (in einigen Fällen wie in der Innenstadt von Barcelona 30 km/h),

ENTFERNUNGEN (km)

	Alicante	Badajoz	Barcelona	Bilbao	Córdoba	Granada	A Coruña	León	Madrid	Málaga	Oviedo	Pamplona	San Sebastián	Sevilla	Toledo	Valencia	Valladolid
Badajoz	696																
Barcelona	515	1022															
Bilbao	817	649	620														
Córdoba	525	272	908	795													
Granada	353	438	868	829	166												
A Coruña	1031	772	1118	644	995	1043											
León	755	496	784	359	733	761	334										
Madrid	422	401	621	395	400	434	609	333									
Málaga	482	436	997	939	187	129	1153	877	544								
Oviedo	873	614	902	304	851	885	340	118	451	995							
Pamplona	673	755	437	159	807	841	738	404	407	951	463						
San Sebastián	766	768	529	119	869	903	763	433	469	13	423	92					
Sevilla	609	217	1046	933	138	256	947	671	538	219	789	945	1007				
Toledo	411	368	692	466	320	397	675	392	71	507	510	478	540	458			
Valencia	166	716	349	633	545	519	961	685	352	648	803	501	594	697	372		
Valladolid	615	414	663	280	578	627	455	134	193	737	252	325	354	589	258	545	
Zaragoza	498	726	296	324	725	759	833	488	325	869	604	175	268	863	396	326	367

außerhalb von Ortschaften 90 km/h, auf gut ausgebauten Landstraßen 100 km/h und auf den *autovías* und *autopistas* (gebührenfreie bzw. gebührenpflichtige Autobahnen) 110 km/h. Für Wohnwagengespanne gilt eine Höchstgeschwindigkeit von 80 km/h.

Kreisverkehr: Im Kreisverkehr hat man Vorfahrt.

Mindestalter für den Autoführerschein: 18

Mindestalter für Fahrten mit Motorrädern & Roller: 16 (80 cm und mehr) oder 14 (50 cm und weniger). Ein Führerschein ist Vorschrift.

Motorräder: Ab 125 cm müssen die Scheinwerfer beim Fahren immer leuchten und der Helm getragen werden.

Überholen: Spanische Lkw-Fahrer zeigen oft mit ihrem rechten Blinker an, dass die Straße vor ihnen für ein Überholmanöver frei ist (und mit dem linken, dass sie nicht frei ist, falls man zum Überholen ansetzt).

Versicherung

Eine Kfz-Haftpflichtversicherung ist in ganz Europa Pflicht. Es lohnt sich, bei seiner Versicherung einen Europäischen Unfallbericht zu besorgen, der die Abwicklung eines Unfalls sehr erleichtern kann. Auch ein Schutzbrief eines der Automobilclubs im Heimatland gilt als gute Investition.

Alle Autovermieter bieten die mindestgeforderte Haftpflichtversicherung, außerdem haben einige Unternehmen auch eine Vollkaskoversicherung ohne Selbstbeteiligung bei einem Schadensfall im Angebot. Traveller sollten sich unbedingt über die genaue Höhe der Schadensdeckungssumme und der Selbstbeteiligung sowie die Mietdetails informieren.

Bus

Es gibt eine Vielzahl von Busunternehmen, die von Nahverkehrsbussen zwischen einzelnen Dörfern bis hin zu Schnellbussen zwischen den Großstädten alles abdecken. Es ist zwar weniger komfortabel, aber häufig billiger, mit dem Bus zu fahren als mit dem Zug, das gilt vor allem für längere Strecken.

Mit Nahverkehrsbussen erreicht man so gut wie jedes Ziel, allerdings sind zahlreiche Fahrzeuge, die Dörfer und Provinzstädte ansteuern, nicht auf die Bedürfnisse von Touristen eingestellt. Am Wochenende verkehren sie oft deutlich seltener oder es fährt an Werktagen zwischen zwei kleineren Orten nur ein Bus und sonntags gar keine Linie. Normalerweise muss man nicht reservieren, sondern nur früh genug da sein, um einen Platz zu bekommen.

Bei vielen regelmäßigen Verbindungen wie der von Madrid nach Toledo gilt das gekaufte Ticket für den Bus, der als Nächstes abfährt, und kann *nicht* für eine spätere Verbindung benutzt werden. In solchen Fällen ist auch der Kauf einer Fahrkarte für einen späteren Bus nicht möglich.

Für längere Strecken wie beispielsweise die von Madrid nach Sevilla oder an die Küste sowie während der Hochsaison kann und sollte der Fahrschein im Voraus gekauft werden. Auf einigen Routen hat man die Wahl zwischen Expressbussen und solchen, die überall halten.

In den meisten größeren Orten und Städten gibt's einen Busbahnhof *(estación de autobuses)*. In kleineren Orten fahren die Busse häufig an einer bestimmten Straße oder einem bestimmten Platz ab, der aber nicht immer als Abfahrtspunkt gekennzeichnet ist. Einheimische können in diesen Fällen weiterhelfen. Normalerweise bekommt man Fahrkarten in einem bestimmten Café, mitunter aber auch erst im Bus selbst.

Busfahren ist einigermaßen erschwinglich. Für eine einfache Fahrt von Madrid nach Barcelona zahlt man etwa 29 €. Von Barcelona nach Sevilla – mit 15 bis 16 Stunden eine der längsten möglichen Strecken – kostet eine schnelle Verbindung maximal etwa 89 €.

Bei längeren Fahrten sollten sich Traveller unter 26 Jahren nach Ermäßigungen erkundigen. Manchmal ist es billiger, gleich die Rückfahrt mitzubuchen, als zwei einfache Tickets zu kaufen.

Unter den zahlreichen Busgesellschaften in Spanien sind diese am größten:

ALSA (☎902 42 22 42; www.alsa.es) Die mit Abstand größte Busgesellschaft ist im ganzen Land unterwegs.

Avanza (☎902 02 09 99; www.avanzabus.com) Verbindungen von Madrid in die Extremadura, ins westliche Kastilien-León und nach Valencia über das östliche Kastilien-La Mancha (u. a. Cuenca), häufig in Verbindung mit anderen Busunternehmen.

Socibus & Secorbus (☎902 22 92 92; www.socibus.es) Diese beiden Unternehmen bieten gemeinsam Busverbindungen zwischen Madrid und Westandalusien an, z. B. nach Cádiz, Córdoba, Huelva und Sevilla.

Fahrrad

In den letzten Jahren wurde das Straßennetz gründlich verbessert, deshalb ist das Radfahren in Spanien heute sehr viel angenehmer als früher. Es gibt jede Menge Möglichkeiten, in die Pedale zu treten, vom Mountainbiken in den Pyrenäen bis zu Radtouren entlang der Küsten.

Wer eine Pause einlegen möchte, kann sein Rad oft mit in den Zug nehmen. Alle Regionalbahnen verfügen über Plätze für Fahrräder (der entsprechende Waggon weist ein Fahrradsymbol auf). Auch in den meisten *cercanías* (Vorortzüge im Umkreis großer Städte wie Madrid oder Barcelona) ist die Mitnahme erlaubt. In Fernzügen gibt's allerdings mehr Beschränkungen. Normalerweise muss man über Nacht in einem Schlaf- oder Liegewagen reisen, damit das (auseinandergebaute) Rad als normales Gepäck akzeptiert wird. Ansonsten kann es nur separat als Paket geschickt werden. Oft können Räder in Bussen mitgenommen werden – in der Regel muss nur das Vorderrad abgeschraubt werden.

In Deutschland informiert der **Allgemeine Deutsche Fahrrad-Club** (ADFC; ☎0421 346290 in Deutschland; www.adfc.de) über die Anreise nach Spanien bzw. Radstrecken im Land. Darüber hinaus gibt er einen Katalog mit organisierten Reisen diverser Veranstalter heraus. Wer den ADFC unterstützen möchte: Eine Mitgliedschaft kostet 38 € (ermäßigt 25 €) pro Jahr. Einige kleinere Reiseveranstalter bieten unter dem gemeinsamen Logo **Bike & Bus** (www.bike-und-bus.de) die Möglichkeit, nur die Busfahrt inklusive Radmitnahme zu buchen. In Spanien steuert Bike & Bus Figueras in Katalonien an.

Leihen & Kaufen

Fahrradverleihe gibt es in Spanien nicht gerade wie Sand am Meer. Etwas häufiger findet man sie für Mountainbikes *(bici todo terreno)* sowie in bevorzugten Urlaubsregionen wie Andalusien und Küstenregionen, z. B. rund um Barcelona. Die Kosten schwanken erheblich; Durchschnittspreise liegen bei etwa 10 € pro Stunde, 15 bis 20 € pro Tag und 50 bis 60 € für eine Woche.

Städte wie Zaragoza und Sevilla verfügen über ein öffentliches Fahrradsystem mit Dutzenden automatisierten Stationen. Gegen eine kleine Gebühr kann man das Fahrrad an einer Stelle mitnehmen und woanders wieder abstellen.

In größeren Städten werden alle Arten von Fahrrädern verkauft; die Preise entsprechen etwa dem europäischen Durchschnitt.

Flugzeug

Spanien hat ein umfassendes Streckennetz für Inlandsflüge. Betreiber sind sowohl spanische Airlines als auch eine Handvoll günstiger internationaler Gesellschaften, darunter:

Air Berlin (☎902 320 737; www.airberlin.com) Deutsche Billigfluglinie mit Verbindungen von Madrid nach Valencia, Palma de Mallorca, Sevilla, Jerez de la Frontera und Asturien

Air Europa (☎902 401 501; www.aireuropa.com) Dutzende Inlandflüge

EasyJet (☎807 260 026; www.easyjet.com) Von Madrid und Bilbao nach Ibiza

Iberia (☎902 400 500; www.iberia.es) Spaniens staatliche Fluggesellschaft und ihre Tochtergesellschaft Iberia Regional-Air Nostrum decken ein ausgedehntes Streckennetz innerhalb Spaniens ab

Ryanair (☎807 220 032; www.ryanair.com) Mehr als ein Dutzend Inlandsflüge

Spanair (☎902 131 415; www.spanair.com) Zahlreiche Inlandsverbindungen

Vueling (☎807 200 200; www.vueling.com) Spanische Billigfluglinie mit vielen Verbindungen innerhalb des Landes

Nahverkehr

In den meisten größeren Städten gibt's ein hervorragendes Netz an öffentlichen Verkehrsmitteln. Madrid und Barcelona haben ein dichtes Bus- und Metronetz, und auch die anderen großen Städte profitieren von einem zumeist effizienten öffentlichen Personennahverkehr.

Bus

Groß- und Provinzhauptstädte verfügen über halbwegs gute Busnetze. Einzelfahrkarten (für rund 1 €, je nach Stadt) bekommt man in den Bussen selbst oder in Tabakläden, allerdings ist es in Städten wie Madrid oder Barcelona besser, eine Zehnerkarte (siehe rechts, Metro) zu kaufen, die man in Bussen und Metros nutzen kann und die pro Fahrt billiger sind als Einzelfahrscheine. Man erhält sie an allen Metrostationen.

Normale Busse fahren von 6 Uhr bis kurz vor Mitternacht und einige sogar bis 2 Uhr morgens. In den Großstädten verkehren in den frühen Morgenstunden Nachtbusse auf ausgewählten Linien. In Madrid werden diese *búhos* (Uhus) genannt, in Barcelona prosaischer *nitbusos* (Nachtbusse).

Metro

Madrid hat das ausgedehnteste U-Bahnnetz Spaniens. Danach folgen Barcelona mit einem einigermaßen dichten und dabei effektiven Streckennetz sowie Valencia, Bilbao und Palma de Mallorca. Fahrkarten erhält man an den Metrostationen (am Schalter oder an Automaten) und manchmal auch in *estancos* (Tabakläden) oder Zeitungskiosken. Einzelfahrscheine kosten dasselbe wie für Busse, also rund 1 €. Für Besucher, die einige Tage in diesen Städten herumfahren möchten, sind die Zehnerkarten am günstigsten: In Madrid heißen sie Metrobús (9 €), in Barcelona T-10 (7,85 €). Darüber hinaus gibt's Monats- und Saisonkarten.

Straßenbahn

Straßenbahnen wurden vor Jahrzehnten aus den spanischen Städten verbannt, aber inzwischen wagen einige ein verhaltenes Comeback. In Barcelona verkehren ein paar Vorortbahnen sowie die für Touristen betriebene Tramvia Blau nach Tibidabo. Valencia betreibt einige Straßenbahnen, mit denen man praktischerweise zum Strand gelangt. In Sevilla, Bilbao und Murcia gibt's ebenfalls mehrere kurze Strecken, die für Besucher jedoch wenig interessant sind.

Taxi

Taxistände findet man an Bahn- und Busbahnhöfen. Alternativ bestellt man telefonisch ein Fahrzeug. In vielen Metropolen gibt es zusätzliche Stände im Zentrum oder man hält einfach ein Taxi an der Straße an, wobei ein grünes Licht und/oder ein *Libre*-Zeichen auf der Beifahrerseite der Windschutzscheibe die Verfügbarkeit anzeigen. In größeren Orten stehen ausreichend Taxis zur Verfügung, obwohl es freitag- oder samstagabends in Städten wie Madrid oder Barcelona schwer sein kann, eines zu ergattern. Es dürfen nicht mehr als vier Personen gleichzeitig befördert werden.

Die Grundgebühr beträgt tagsüber bis 22 Uhr 1,40 bis 2,05 €. Danach sowie an Wochenenden und Feiertagen (z. B. in Madrid und Barcelona) steigt diese bis auf 3,10 €. Hinzu kommen je nach Tageszeit bis zu 1 € pro Kilometer. Außerdem gibt es Flughafen- und Gepäckzuschläge. Eine Fahrt quer durch eine größere Stadt kostet vielleicht 5 bis 8 € (erstaunlich günstig für europäische Verhältnisse), eine Fahrt zwischen Innenstadt und Flughafen in Madrid oder Barcelona mit Gepäck etwa 25 bis 30 €.

Schiff/Fähre

Fähren und Tragflächenboote verbinden das Festland (La Península) mit den Balearen (s. S. 652) und den nordafrikanischen spanischen Enklaven Ceuta und Melilla; Näheres zu den Verbindungen siehe S. 829, S. 778 und S. 764.

Die größte staatliche Fährgesellschaft ist **Acciona Trasmediterránea** (☎902 45 46 45; www.trasmediterranea.es). Sie unterhält eine Flotte aus langsameren Autofähren sowie modernen, schnellen Personenfähren und Tragflächenbooten. In den Nachtfähren zwischen dem Festland und den Balearen haben die Passagiere die Wahl zwischen Sitzplätzen und Kabinenschlafplätzen.

Trampen

Trampen ist in keinem Land wirklich sicher und deshalb nicht empfehlenswert. Wer sich trotzdem dafür entscheidet, muss sich drüber im Klaren sein, dass er ein kleines, aber potenziell schwerwiegendes Risiko eingeht. Etwas sicherer ist das Ganze, wenn man nicht alleine unterwegs ist und jemanden über seine Reisepläne in Kenntnis setzt.

Auf *autopistas* und *autovías* ist Trampen verboten und auf anderen größeren Fernstraßen schwierig. Anhalter sollten sich auf Schnellstraßen Stellen an den Auffahrten aussuchen, wo Autofahrer sicher stoppen können, oder alternativ auf kleinere Straßen ausweichen. Allerdings kann auf Letzteren das Vorankommen langwierig werden, da oft nur wenig Verkehr herrscht.

EINE DENKWÜRDIGE ZUGREISE DURCH DEN NORDEN

Auf Romantiker wartet in Nordspanien folgendes nostalgisches Bahnabenteuer:

Der **Transcantábrico** (www.transcantabrico.feve.es) befährt eine malerische Schmalspurstrecke von Santiago de Compostela über O Ferrol, Oviedo und Santander an der Küste entlang nach Bilbao und dann eine lange Strecke im Landesinneren nach León. Die Fahrt (3500/5200 € pro Einzel-/Doppelkabine, rund zwei Abfahrten pro Monat von April–Okt.) kann auch in entgegengesetzter Richtung unternommen werden und dauert acht Tage. Im Gesamtpaket enthalten sind Abstecher zu verschiedenen Sehenswürdigkeiten und Orten entlang der Route, z. B. ein Besuch des Guggenheim-Museums in Bilbao sowie der Höhlen von Altamira, von Santillana del Mar und der Covadonga-Seen in den Picos de Europa. Genauso unvergesslich wie die Sehenswürdigkeiten ist das Essen; einige Mahlzeiten werden an Bord des Zuges eingenommen, andere in Restaurants.

Nachts fährt der Zug nicht, sodass man gut schlafen oder noch ausgehen kann.

Zug

Die staatliche Eisenbahngesellschaft **Renfe** (☎902 24 02 02; www.renfe.com) bedient zahlreiche Strecken im Inland. Daneben gibt's eine Handvoll kleiner Privatbahnen, die an den entsprechenden Stellen im Buch erwähnt werden.

In allen größeren Bahnhöfen findet man *consignas* (Gepäckschließfächer), die normalerweise von 6 bis 24 Uhr zugänglich sind und 3 bis 4,50 € pro Gepäckstück kosten.

In Spanien sind verschiedene Züge unterwegs. Vor allem die Langstreckenzüge (*largo recorrido* oder *Grandes Líneas*) haben unterschiedliche Namen.

Alaris, Altaria, Alvia, Arco und Avant Langstrecken-Schnellzüge.

Cercanías Nahverkehrszüge für Strecken zu den Außenbereichen und Satellitenstädten von Madrid, Barcelona und elf weiteren Orten.

Euromed Wie der AVE verbindet dieser Zug Barcelona mit Valencia und Alicante.

Regionales Züge innerhalb einer jeweiligen Region mit vielen Haltestellen.

Talgo und Intercity Langsamere Langstreckenzüge.

Tren de Alta Velocidad Española (AVE) Hochgeschwindigkeitszug mit Verbindungen zwischen Madrid und Barcelona, Burgos, Córdoba, Cuenca, Huesca, Lerida, Málaga, Sevilla, Valencia, Valladolid und Zaragoza. Es gibt auch eine Verbindung zwischen Barcelona und Sevilla. In den kommenden Jahren sollen die Strecken Madrid–Cádiz sowie Madrid–Bilbao eröffnet werden.

Trenhotel Nachtzug mit Schlafkojen.

Klassen & Preise

Alle Fernzüge verfügen über eine erste und zweite Klasse, *preferente* bzw. *turista*. Die erste Klasse ist etwa 20 bis 40 % teurer. Manche Züge bieten eine noch höhere Klasse mit der Bezeichnung *club*. Fahrpreise hängen stark von der Zugart ab und bei manchen Zügen wie dem AVE auch von Reisetag und Reisezeit. Tickets für den AVE sind am teuersten.

Eine einfache Fahrt in der zweiten Klasse kostet von Madrid nach Barcelona (kein anderer Zug bedient diese Strecke) bis zu 115 € (bei Onlinebuchung etwas günstiger).

Kinder im Alter von vier bis zwölf Jahren bekommen eine Ermäßigung von 40 % und Kinder unter vier Jahren fahren kostenlos mit (außer in Hochgeschwindigkeitszügen, wo ein Einheitspreis für alle bis zu 12 Jahren gilt). Wer eine Rückfahrkarte kauft, spart 10 bis 20 %. Studenten und Personen unter 26 Jahren, die eine Euro<26 Card (in Spanien Carnet Joven) besitzen, erhalten auf zahlreiche Fahrkarten einen Nachlass von 20 bis 25 %.

Bei Fahrten mit innerspanischen Nachtzügen *(trenhoteles)* lohnt es sich, ein wenig mehr für einen *litera* (Liegewagenplatz in einem 4- oder 6-Bettabteil) auszugeben. In machen Nachtzügen gibt's auch Einzel- und Doppelkabinen der Klassen *preferente* oder *gran clase*.

Zugstrecken

Preise hängen von Zugart und Reiselänge ab. Die Züge verkehren auf den Strecken Madrid–La Coruña, Barcelona–Córdoba–Sevilla, Barcelona–Madrid (und weiter bis Lissabon) sowie Barcelona–Málaga. Nach Frankreich gibt's ebenfalls Verbindungen.

Reservierungen

Für längere Strecken sind Platzreservierungen auf jeden Fall ratsam; sie können an den Bahnhöfen, in den Renfe-Büros, in Reisebüros und übers Internet getätigt werden (allerdings ist Letzteres manchmal ein bisschen kompliziert). In immer mehr Bahnhöfen besteht die Möglichkeit, an Maschinen vorgebuchte Tickets zu ziehen.

Sprache

NOCH MEHR?

Wer sich noch intensiver mit der Sprache beschäftigen möchte, legt sich am besten den praktischen Lonely Planet *Sprachführer Spanisch* zu.

Spanisch *(español)* bzw. Kastilisch *(castellano)* wird in ganz Spanien gesprochen. Daneben gibt es drei wichtige Regionalsprachen: Katalanisch *(català;* wird in Katalonien, auf den Balearen und in Valencia gesprochen), Galicisch *(galego;* in Galicien) und Baskisch *(euskara;* im Baskenland und in Navarra).

Viele Buchstaben sind von ihrer Aussprache ganz ähnlich wie im Deutschen. In diesem Kapitel wird das th wie ein gelispeltes „s" und das r mit einem starken Rollen gesprochen.

Einige spanische Wörter haben einen Akzent (z. B. *días*) , der eine betonte Silbe anzeigt (sind im Folgenden kursiv gekennzeichnet).

Es gibt im Spanischen nur zwei grammatische Geschlechter für Substantive: männlich oder weiblich. Feminine Nomen enden in der Regel auf einem *-a*, maskuline auf einem *-o*. Die Endungen der Adjektive ändern sich entsprechend dem Geschlecht des Substantivs. Wenn beide Formen vorkommen, haben wir die Endungen in diesem Kapitel mit einem Schrägstrich getrennt und beginnen mit der maskulinen Form, z. B. *perdido/a* (m/f).

Endet ein Substantiv oder Adjektiv auf einem Vokal, hängt man im Plural ein *-s* an. Endet das Wort auf einem Konsonanten, wird ein *-es* angehängt.

Die informelle Anrede *tú* (du) und die höfliche Anrede *Usted* (Sie) sind mit den Abkürzungen „inf." und „höfl." gekennzeichnet.

ESSEN & TRINKEN

Was würden Sie empfehlen?
¿Qué recomienda? ke re·ko·*mjen*·da

Was ist in diesem Gericht?
¿Que lleva ese plato? ke *lje*·wa e·se *pla*·to

Ich esse kein ...
No como ... no *ko*·mo ...

Das war lecker!
¡Estaba buenísimo! es·*ta*·ba bue·*ni*·si·mo

Bitte bringen Sie die Rechnung.
Por favor nos trae la cuenta. por fa·*wor* nos *tra*·e la *kuen*·ta

Prost/Zum Wohl!
¡Salud! sa·*lud*

Ich möchte einen Tisch reservieren für ...	*Quisiera reservar una mesa para ...*	ki·*sje*·ra re·ser·*war u*·na *me*·sa *pa*·ra ...
(acht) Uhr	*las (ocho)*	las (*o*·tscho)
(zwei) Personen	*(dos) personas*	(dos) per·*so*·nas

Grundlegendes

Abendessen	*cena*	*the*·na
Bar	*bar*	bar
Café	*café*	ka·*fe*
Flasche	*botella*	bo·*te*·lja
Frühstück	*desayuno*	de·sa·*ju*·no
Gabel	*tenedor*	te·ne·*dor*
Glas	*vaso*	*wa*·so
Hauptgericht	*segundo plato*	se·*gun*·do *pla*·to
heiß (warm)	*caliente*	ka·*ljen*·te
Hochstuhl	*trona*	*tro*·na
(zu) kalt	*(muy) frío*	(muj) *fri*·o
Kindermenü	*menú infantil*	me·*nu* in·fan·*til*

Lebensmittel	*comida*	ko·*mi*·da
Löffel	*cuchara*	ku·*tscha*·ra
Messer	*cuchillo*	ku·*tschi*·ljo
mit/ohne	*con/sin*	kon/sin
Mittagessen	*comida*	ko·*mi*·da
Markt	*mercado*	mer·*ka*·do
Restaurant	*restaurante*	res·tau·*ran*·te
Schüssel	*bol*	bol
Speisekarte (auf Deutsch/ Englisch)	*menú (en alemán/ (inglés)*	un me·*nu* (en a·le·*man*/ in·*gles*)
Supermarkt	*supermercado*	su·per·mer·*ka*·do
Teller	*plato*	*pla*·to
vegetarische Mahlzeit	*comida vegetariana*	ko·*mi*·da we·che·ta·*rja*·na
Vorspeise	*aperitivos*	a·pe·ri·*ti*·wos

Fisch & Fleisch

Ente	*pato*	*pa*·to
Fisch	*pescado*	pes·*ka*·do
Huhn	*pollo*	*po*·ljo
Kalb	*ternera*	ter·*ne*·ra
Lamm	*cordero*	kor·*de*·ro
Rindfleisch	*carne de vaca*	*kar*·ne de *wa*·ka
Schwein	*cerdo*	*ther*·do
Truthahn	*pavo*	*pa*·wo

Obst & Gemüse

Ananas	*piña*	*pi*·nja
Apfel	*manzana*	man·*tha*·na
Aprikose	*albaricoque*	al·ba·ri·*ko*·ke
Artischocke	*alcachofa*	al·ka·*tscho*·fa
Banane	*plátano*	*pla*·ta·no
Bohnen	*judías*	chu·*di*·as
Erbsen	*guisantes*	gi·*san*·tes
Erdbeere	*fresa*	*fre*·sa
Gemüse	*verdura*	wer·*du*·ra
Gurke	*pepino*	pe·*pi*·no
Karotte	*zanahoria*	tha·na·o·rja
Kartoffel	*patata*	pa·*ta*·ta
Kirsche	*cereza*	the·re·tha
Kohl	*col*	kol
Kürbis	*calabaza*	ka·la·*ba*·tha
Linsen	*lentejas*	len·*te*·chas
Mais	*maíz*	ma·*ith*
Nüsse	*nueces*	*nue*·thes
Obst	*fruta*	*fru*·ta
Orange	*naranja*	na·*ran*·cha
(roter/grüner) Pfeffer	*pimiento (rojo/verde)*	pi·*mjen*·to (*ro*·cho/*wer*·de)
Pfirsich	*melocotón*	me·lo·ko·*ton*
Pflaume	*ciruela*	thir·*ue*·la
Pilz	*champiñón*	tscham·pi·*njon*
Sellerie	*apio*	*a*·pjo
Spargel	*espárragos*	es·*pa*·ra·gos
Spinat	*espinacas*	es·pi·*na*·kas
Tomate	*tomate*	to·*ma*·te
Trauben	*uvas*	*u*·was
Salat	*lechuga*	le·tschu·ga
Wassermelone	*sandía*	san·*di*·a
Zitrone	*limón*	li·*mon*
Zwiebel	*cebolla*	the·*bo*·lja

Anderes

Brot	*pan*	pan
Butter	*mantequilla*	man·te·*ki*·lja
Ei	*huevo*	*ue*·wo
Essig	*vinagre*	wi·*na*·gre
Honig	*miel*	mi·el
Käse	*queso*	*ke*·so
Marmelade	*mermelada*	mer·me·*la*·da
Öl	*aceite*	a·*thej*·te
Pasta	*pasta*	*pas*·ta
Reis	*arroz*	a·*roth*
Salz	*sal*	sal
Zucker	*azúcar*	a·*thu*·kar

Getränke

Bier	*cerveza*	ther·*we*·tha
Kaffee	*café*	ka·*fe*
Milch	*leche*	*le*·tsche
(Orangen-) Saft	*zumo (de naranja)*	*thu*·mo (de na·*ran*·cha)
Tee	*té*	te
(Mineral-) Wasser	*agua (mineral)*	*a*·gua (mi·ne·*ral*)
(Rot-) Wein	*vino (tinto)*	*wi*·no (*tin*·to)
(Weiß-) Wein	*vino (blanco)*	*wi*·no (*blan*·ko)

Fragewörter

Wann?	*¿Cuándo?*	*kuan*·do
Warum?	*¿Por qué?*	por ke
Was?	*¿Qué?*	ke
Wer?	*¿Quién?*	kjen
Wie?	*¿Cómo?*	*ko*·mo
Wo?	*¿Dónde?*	*don*·de

KONVERSATION & NÜTZLICHES

Hallo.	*Hola.*	o·la
Auf Wiedersehen.	*Adiós.*	a·djos
Wie geht's?	*¿Qué tal?*	ke tal
Gut, danke.	*Bien, gracias.*	bjen gra·thjas
Entschuldigen Sie.	*Perdón.*	per·don
Entschuldigung.	*Lo siento.*	lo sjen·to
Ja./Nein.	*Sí./No.*	si/no
Bitte.	*Por favor.*	por fa·wor
Danke.	*Gracias.*	gra·thjas
Gern geschehen.	*De nada.*	de na·da

Ich heiße ...
Me llamo ... me lja·mo ...

Wie heißen Sie/heißt du?
¿Cómo se llama Usted? ko·mo se lja·ma u·ste (höfl.)
¿Cómo te llamas? ko·mo te lja·mas (inf.)

Sprechen Sie/sprichst du (Deutsch)?
¿Habla (alemán)? a·bla (ale·man) (höfl.)
¿Hablas (alemán)? a·blas (ale·man) (inf.)

Ich verstehe (nicht).
Yo (no) entiendo. jo (no) en·tjen·do

NOTFÄLLE

Hilfe!	*¡Socorro!*	so·ko·ro
Geh weg!	*¡Vete!*	be·te
Rufen Sie ...!	*¡Llame a ...!*	lja·me a ...
einen Arzt	*un médico*	un me·di·ko
die Polizei	*la policía*	la po·li·thi·a

Ich habe mich verlaufen.
Estoy perdido/a. es·toj per·di·do/a (m/f)

Ich hatte einen Unfall.
He tenido un accidente. e te·ni·do un ak·thi·den·te

Ich bin krank.
Estoy enfermo/a. es·toj en·fer·mo/a (m/f)

Es tut hier weh.
Me duele aquí. me due·le a·ki

Ich bin allergisch gegen (Antibiotika).
Soy alérgico/a a (los antibióticos). soj a·ler·chi·ko/a a (los an·ti·bjo·ti·kos) (m/f)

SHOPPEN & SERVICE

Ich möchte ... kaufen.
Quisiera comprar ... ki·sje·ra kom·prar ...

Ich schaue mich nur um.
Sólo estoy mirando. so·lo es·toj mi·ran·do

Darf ich das mal sehen?
¿Puedo verlo? pue·do wer·lo

Es gefällt mir nicht.
No me gusta. no me gus·ta

Wie viel kostet das?
¿Cuánto cuesta? kuan·to kues·ta

SCHLÜSSELSÄTZE

Mit den folgenden Sätzen sollte man sich gut verständigen können:

Wann geht (der nächste Flug)?
¿Cuándo sale (el próximo vuelo)? kuan·do sa·le (el prok·si·mo wue·lo)

Wo ist (die Haltestelle)?
¿Dónde está (la estación)? don·de es·ta (la es·ta·thjon)

Wo kann ich (eine Fahrkarte kaufen)?
¿Dónde puedo (comprar un billete)? don·de pue·do (kom·prar un bi·lje·te)

Haben Sie (eine Karte)?
¿Tiene (un mapa)? tje·ne (un ma·pa)

Gibt es (eine Toilette)?
¿Hay (servicios)? ai (ser·vi·thyos)

Ich möchte (einen Kaffee).
Quisiera (un café). ki·sje·ra (un ka·fe)

Ich möchte (ein Auto mieten).
Quisiera (alquilar un coche). ki·sje·ra (al·ki·lar un ko·tsche)

Kann ich (hereinkommen)?
¿Se puede (entrar)? se pue·de (en·trar)

Könnten Sie mir bitte (helfen)?
¿Puede (ayudarme), por favor? pue·de (a·ju·dar·me) por fa·wor

Benötige ich (ein Visum)?
¿Necesito (obtener un visado)? ne·the·si·to (ob·te·ner un wi·sa·do)

Das ist zu teuer.
Es muy caro. es muj ka·ro

Können Sie mit dem Preis noch etwas heruntergehen?
¿Podría bajar un poco el precio? po·dri·a ba·char un po·ko el pre·thjo

In der Rechnung ist ein Fehler.
Hay un error en la cuenta. ai un e·ror en la kuen·ta

Bankautomat	*cajero automático*	ka·che·ro au·to·ma·ti·ko
Internetcafe	*cibercafé*	thi·ber·ka·fe
Kreditkarte	*tarjeta de crédito*	tar·che·ta de kre·di·to
Post	*correos*	ko·re·os
Touristeninformation	*oficina de turismo*	o·fi·thi·na de tu·ris·mo

UHRZEIT & DATUM

Wie spät ist es?	*¿Qué hora es?*	ke o·ra es
Es ist (zehn Uhr).	*Son (las diez).*	son (las djeth)
Es ist halb (zwei).	*Es (la una) y media.*	es (la u·na) i me·dja

Morgen	*mañana*	ma·nja·na
Nachmittag	*tarde*	tar·de
Abend	*noche*	no·tsche
gestern	*ayer*	a·jer
heute	*hoy*	oj
morgen	*mañana*	ma·nja·na

Montag	*lunes*	lu·nes
Dienstag	*martes*	mar·tes
Mittwoch	*miércoles*	mjer·ko·les
Donnerstag	*jueves*	chu·e·bes
Freitag	*viernes*	bjer·nes
Samstag	*sábado*	sa·ba·do
Sonntag	*domingo*	do·min·go

Januar	*enero*	e·ne·ro
Februar	*febrero*	fe·bre·ro
März	*marzo*	mar·tho
April	*abril*	a·bril
Mai	*mayo*	ma·jo
Juni	*junio*	chu·njo
Juli	*julio*	chu·ljo
August	*agosto*	a·gos·to
September	*septiembre*	sep·tjem·bre
Oktober	*octubre*	ok·tu·bre
November	*noviembre*	no·wjem·bre
Dezember	*diciembre*	di·thjem·bre

UNTERKUNFT

Ich möchte ein Zimmer buchen.
Quisiera reservar una habitación. — ki·sje·ra re·ser·war u·na a·bi·ta·thjon

Wie viel kostet es pro Nacht/ pro Person?
¿Cuánto cuesta por noche/persona? — kuan·to ku·es·ta por no·tsche/per·so·na

Ist das mit Frühstück?
¿Incluye el desayuno? — in·klu·je el de·sa·ju·no

Campingplatz	*terreno de cámping*	te·re·no de kam·ping
Hotel	*hotel*	o·tel
Pension	*pensión*	pen·sjon
Jugendherberge	*albergue juvenil*	al·ber·ge chu·we·nil

Ich möchte ein ... Zimmer.	*Quisiera una habitación ...*	ki·sje·ra u·na a·bi·ta·thjon ...
Einzel-	*individual*	in·di·wi·du·al
Doppel-	*doble*	do·ble

Badezimmer	*baño*	ba·njo
Bett	*cama*	ka·ma

Zahlen

1	*uno*	u·no
2	*dos*	dos
3	*tres*	tres
4	*cuatro*	kua·tro
5	*cinco*	thin·ko
6	*seis*	sejs
7	*siete*	sje·te
8	*ocho*	o·tscho
9	*nueve*	nu·e·be
10	*diez*	djeth
20	*veinte*	bäin·te
30	*treinta*	träin·ta
40	*cuarenta*	kua·ren·ta
50	*cincuenta*	thin·ku·en·ta
60	*sesenta*	se·sen·ta
70	*setenta*	se·ten·ta
80	*ochenta*	o·tschen·ta
90	*noventa*	no·ben·ta
100	*cien*	thjen
1000	*mil*	mil

Fenster	*ventana*	wen·ta·na
Klimaanlage	*aire acondicionado*	ai·re a·kon·di·thjo·na·do

VERKEHRSMITTEL & -WEGE

Öffentliche Verkehrsmittel

Bus	*autobús*	au·to·bus
Flugzeug	*avión*	a·wjon
Schiff	*barco*	bar·ko
Straßenbahn	*tranvía*	tran·wi·a
Zug	*tren*	tren

erste	*primer*	pri·mer
letzte	*último*	ul·ti·mo
nächste	*próximo*	prok·si·mo

Ich möchte nach ...
Quisiera ir a ... — ki·sje·ra ir a ...

Hält er/sie/es in (Madrid)?
¿Para en (Madrid)? — pa·ra en (ma·dri)

Welche Haltestelle ist das?
¿Cuál es esta parada? — kual es es·ta pa·ra·da

Um wie viel Uhr fährt er/sie/es ab/ kommt er/sie/es an?
¿A qué hora llega/sale? — a ke o·ra lje·ga/sa·le

Können Sie mir sagen, wann wir in (Sevilla) ankommen?

¿Puede avisarme cuando lleguemos a (Sevilla)?	pue·de a·wi·*sar*·me kuan·do lje·*ge*·mos a (se·*wi*·lja)

I möchte hier aussteigen.

Quiero bajarme aquí.	*kje*·ro ba·*char*·me a·*ki*

eine Fahrkarte für	*un billete de ...*	un bi·*lje*·te de ...
1. Klasse	*primera clase*	pri·*me*·ra *kla*·se
2. Klasse	*segunda clase*	se·*gun*·da *kla*·se
einfache	*ida*	*i*·da
Hin- und Rück-	*ida y vuelta*	*i*·da i *wu*·*el*·ta

Bahnhof	*estación de trenes*	es·ta·*thjon* de *tre*·nes
Fahrplan	*horario*	o·*ra*·rjo
Fahrkarten-schalter	*taquilla*	ta·*ki*·lja
Fensterplatz	*asiento junto a la ventana*	a·*sjen*·to *chun*·to a la wen·*ta*·na
Gangplatz	*asiento de pasillo*	a·*sjen*·to de pa·*si*·ljo
gestrichen	*cancelado*	kan·the·*la*·do
Gleis	*plataforma*	pla·ta·*for*·ma
verspätet	*retrasado*	re·tra·*sa*·do

Autofahren & Radfahren

Ich möchte ein(en) ... mieten	*Quisiera alquilar ...*	ki·*sje*·ra al·*ki*·lar ...
Allradwagen	*un todo-terreno*	un to·do·te·*re*·no
Auto	*un coche*	un *ko*·tsche
Fahrrad	*una bicicleta*	*u*·na bi·thi·*kle*·ta
Motorrad	*una moto*	*u*·na *mo*·to

Benzin	*gasolina*	ga·so·*li*·na
Diesel	*gasóleo*	ga·*so*·leo
Helm	*casco*	*kas*·ko
Kindersitz	*asiento de seguridad para niños*	a·*sjen*·to de se·gu·ri·*da* *pa*·ra *ni*·njos
Mechaniker	*mecánico*	me·*ka*·ni·ko
Tankstelle	*gasolinera*	ga·so·li·*ne*·ra

Schilder

Abierto	Offen
Cerrado	Geschlossen
Entrada	Eingang
Hombres	Herren
Mujeres	Damen
Prohibido	Verboten
Salida	Ausgang
Servicios/Aseos	Toiletten

Ist das die Straße nach ...?

¿Se va a ... por esta carretera?	se wa a ... por es·ta ka·re·*te*·ra

(Wie lange) Kann ich hier parken?

¿(Por cuánto tiempo) Puedo aparcar aquí?	(por *kuan*·to *tjem*·po) *pu*·e·do a·par·*kar* a·*ki*

Das Auto ist (in Valencia) liegen geblieben.

El coche se ha averiado (en Valencia).	el *ko*·tsche se a·be·*ria*·do (en va·*len*·thia)

Ich habe einen platten Reifen.

Tengo un pinchazo.	*ten*·go un pin·*tscha*·tho

Mir ist das Benzin ausgegangen.

Me he quedado sin gasolina.	me e ke·*da*·do sin ga·so·*li*·na

WEGWEISER

Wo ist ...?

¿Dónde está ...?	*don*·de es·*ta* ...

Wie lautet die Adresse?

¿Cuál es la dirección?	*kual* es la di·rek·*thjon*

Können Sie das bitte aufschreiben?

¿Puede escribirlo, por favor?	*pue*·de es·kri·*bir*·lo por *fa*·wor

Können Sie mir das (auf der Karte) zeigen?

¿Me lo puede indicar (en el mapa)?	me lo *pue*·de in·di·*kar* (en el *ma*·pa)

an der Ecke	*en la esquina*	en la es·*ki*·na
an der Ampel	*en el semáforo*	en el se·*ma*·fo·ro
hinter ...	*detrás de ...*	de·*tras* de ...
weit entfernt	*lejos*	*le*·chos
vor ...	*enfrente de ...*	en·*fren*·te de ...
links	*izquierda*	ith·*kjer*·da
in der Nähe von	*cerca*	*ther*·ka
neben ...	*al lado de ...*	al *la*·do de ...
gegenüber ...	*frente a ...*	*fren*·te a ...
rechts	*derecha*	de·*re*·tscha
geradeaus	*todo recto*	*to*·do *rek*·to

Soweit nicht anders angegeben, handelt es sich bei den Begriffen um kastilisches Spanisch.

agroturismo – Agrartourismus bzw. Agrotourismus; siehe auch *turismo rural*
ajuntament – Katalanisch für *ayuntamiento*
alameda – Allee
albergue – Herberge
albergue juvenil – Jugendherberge
alcázar – maurische Festung
aljibe – Zisterne
artesonado – Kassettendecke (die sich kreuzenden Balken lassen gleich große Zwischenräume, die dekorativ gefüllt werden können)
autonomía – autonome Gemeinschaft oder Region: Spaniens 50 *provincias* sind in 17 autonome Gemeinschaften und Regionen gegliedert
autopista – Autobahn
autovía – gebührenfreie Schnellstraße
AVE – Tren de Alta Velocidad Española; Hochgeschwindingkeitszug
ayuntamiento – Rathaus

bailaor – Flamenco-Tänzer
bailaora – Flamenco-Tänzerin
baile – Tanz (einer der drei Bestandteile des Flamenco)
balneario – Badeort, Kurort
barrio – Stadtviertel
biblioteca – Bibliothek, Bücherei
bici todo terreno (BTT) – Mountainbike
Bodega – Weinhandel, -lokal oder -keller
búhos – Nachtbusse

cabrito – Kitz, Zicklein
cala – Bucht
calle – Straße
callejón – Gasse
cama – Bett
cambio – Geldwechsel
caña – kleines Glas Bier
capilla – Kapelle
capilla mayor – Kapelle, in der sich der Hochaltar einer Kirche befindet
carmen – Landhaus mit Garten (in Granada)
Carnaval – Karneval
carretera – Schnellstraße
carta – Speisekarte
casa de huéspedes – Pension; siehe auch *hospedaje*
casa de pagès – *casa rural* in Kantabrien
casa rural – Land- oder Bauernhaus mit Zimmervermietung
casco – wörtlich „Helm"; ein häufig verwendeter Ausdruck für eine Altstadt *(casco antiguo/histórico/viejo)*
castellano – Kastilisch; die offizielle spanische Sprache
castellers – Katalanisch für Gruppen, die Pyramiden aus Menschen bauen
castillo – Burg
castro – befestigte keltische Siedlung
català – Katalanisch; Katalane
catedral – Kathedrale
cercanías – Nahverkehrszüge
cervecería – Bierkneipe
churrigueresco – schnörkelhafter Barockstil in der Architektur, benannt nach den Brüdern Alberto und José Churriguera
ciudad – Stadt
claustro – Kreuzgang
CNIG – Centro Nacional de Información Geográfica; stellt qualitativ hochwertige Landkarten her
cofradía – siehe *hermandad*
colegiata – Stiftskirche
coll – Katalanisch für *collado*
collado – Gebirgspass
comarca – Stadtteil; Landstrich, der sich aus mehreren Gemeinden *(municipios)* zusammensetzt
comedor – Speisesaal
completo – ausgebucht
comunidad – feste Gebühr für die Pflege von Unterkünften (manchmal in der Miete enthalten); Gemeinde
comunidad autónoma – siehe *autonomía*
conquistador – Eroberer
copa – Getränk; wörtlich „Glas"
cordillera – Bergkette
coro – Chor: Teil einer Kirche, der normalerweise in der Mitte liegt
correos – Postamt
Cortes – Parlament
costa – Küste
cruceiro – Kruzifixe, die man an vielen Wegkreuzungen in Galicien findet
cuesta – Weg an einem Abhang oder Gefälle
custodia – Monstranz

día del espectador – Kinotag; wörtlich „Tag des Zuschauers"
dolmen – prähistorische Megalithanlage

embalse – Stausee
encierro – Eintreiben von Stieren in die Stierkampfarena von Pamplona und vielen anderen Orten in Spanien
entrada – Eingang
ermita – Einsiedelei oder Kapelle
església – Katalanisch für *iglesia*
estació – Katalanisch für *estación*
estación – Station, Bahnhof
estación de autobuses – Busbahnhof
estación de esquí – Skistation, Skigebiet
estación marítima – Fährhafen
estany – See
Euskadi Ta Askatasuna (ETA) – baskische Terrororganisation; der Name bedeutet „Baskenland und Freiheit"
extremeño – Einwohner der Extremadura

fallas – riesige, kunstvoll gefertigte Figuren aus Kunststoff oder Pappmaschee, die zum Las-Fallas-Fest in Valencia errichtet werden
farmacia – Apotheke
faro – Leuchtturm
feria – Messe, Jahrmarkt; kann sich auch auf einen Stierkampf oder ein Festival beziehen
ferrocarril – Eisenbahn
festa – Katalanisch für *fiesta*
FEVE – Ferrocarriles de Vía Estrecha; private Eisenbahngesellschaft der Schmalspurbahn in Nordspanien
Fiesta – Fest, Feiertag
fútbol – Fußball

gaditano – Einwohner von Cádiz
gaita – traditioneller galicischer Dudelsack
gallego – Einwohner von Galicien
gitanos – Angehörige des Roma-Volks (ehemals als „Zigeuner" bezeichnet)
glorieta – großer Kreisverkehr
Gran Vía – Hauptstraße
GRs – (senderos de) Gran Recorrido; Fernwanderweg
guardia civil – Gendarmerie

hermandad – Bruderschaft (Frauen sind aber ebenfalls zugelassen), die u. a. an religiösen Prozessionen teilnimmt
hórreo – traditioneller Maisspeicher in Galicien oder Asturien
hospedaje – Pension
hostal – günstiges Hotel
hostal-residencia – *hostal* ohne Restaurant
huerta – Obst- und Gemüsegarten

iglesia – Kirche
infanta/infante – Prinzessin/Prinz
IVA – *impuesto sobre el valor añadido;* spanische Mehrwertsteuer

jai-alai – baskischer Begriff für das Pelota-Spiel *(pelota vasca)*
jardín – Garten
judería – jüdischer *barrio* (Viertel) im mittelalterlichen Spanien

levante – Ostwind
librería – Buchhandlung
lidia – Stierkampf
locutorio – privates Telefoncenter

madrileño/a – Einwohner von Madrid
manchego – Einwohner von La Mancha
marcha – Action, Highlife, „die Szene"
marismas – Feuchtgebiete, Sumpfland
marisquería – Meeresfrüchterestaurant
medina – Arabisch für Stadt oder Innenstadt
mercado – Markt
mercat – Katalanisch für *mercado*
meseta – Hochebene in Zentralspanien
mihrab – Gebetsnische in einer Moschee, die nach Mekka weist
mirador – Aussichtspunkt
Modernismus – vom Art Nouveau beeinflusster architektonischer und künstlerischer Stil, der auch als katalanischer Jugendstil bezeichnet wird; Hauptvertreter dieses Stils war Antoni Gaudí
modernista – ein Vertreter des Modernismus
monasterio – Kloster
morería – früheres islamisches Viertel einer Stadt
movida – die *zona de movida* oder *zona de marcha* ist das Viertel, in dem sich die Leute zum Trinken und Feiern treffen
Mozaraber – Christ unter islamischer Herrschaft im mittelalterlichen Spanien
mozarabischer Stil – ein von Mozarabern entwickelter Baustil, der christliche und maurische Elemente miteinander verbunden hat
Mudéjar – Muslim unter christlicher Herrschaft im mittelalterlichen Spanien; namensgebend für den dekorativen Architekturstil der Mudejaren
muelle – Kai, Mole
municipio – Gemeinde, Gemeindebezirk, unterste kommunale Verwaltungseinheit in Spanien
muralla – Stadtmauer
murgas – verkleidete Gesangsgruppe
museo – Museum
museu – Katalanisch für *museo*

nitbus –Katalanisch für Nachtbus

oficina de turismo – Touristeninformation; auch *oficina de información turística*

Pantocrator – „Allesbeherrscher", Titel für Jesus Christus; ein zentrales Emblem in der Romanik
parador – Haus der staatlichen Luxushotelkette Paradores Nacionales; oft handelt es sich dabei um historische Gebäude
parque nacional – Nationalpark
parque natural – Naturpark
paseo – Promenade oder Boulevard
paso – Gebirgspass
pasos – Heiligenfiguren, die während der Karwochenprozessionen umhergetragen werden
pelota vasca – baskischer Nationalsport, der auch einfach als Pelota oder unter der baskischen Bezeichnung *jai-alai* bekannt ist
peña – Club, meistens für Flamenco- oder für Fußballfans
pensión – eine kleine private Unterkunft
pincho – Snack
pintxos – baskische Tapas

piscina – Schwimmbad; Swimmingpool
plaça – Katalanisch für *plaza*
plateresk – Architekturstil aus der Frührenaissance mit besonders verzierten Fassaden
platja – Katalanisch für *playa*
playa – Strand
plaza – Platz
plaza de toros – Stierkampfarena
poniente – Westwind
port – Katalanisch für *puerto*
PP – Partido Popular (Volkspartei)
PRs – *(senderos de) Pequeño Recorrido;* Kurzstreckenwanderweg
PSOE – Partido Socialista Obrero Español (Sozialistische Arbeiterpartei Spaniens)
pueblo – Dorf
puente – Brücke; Brückentag zwischen einem Feiertag und dem Wochenende
puerta – Tor, Tür
puerto – Hafen, Bergpass
punta – Punkt

rambla – Boulevard, Flussbett
rastro – Flohmarkt; Verkauf aus dem Kofferraum
REAJ – Red Española de Albergues Juveniles, Spanisches Jugendherbergswerk
real – königlich
Reconquista – Wiedereroberung der von Muslimen beherrschten Iberischen Halbinsel (8.–15. Jh.) durch die Christen
refugi – Katalanisch für *refugio*
refugio – Schutzhütte mit einfacher Schlafmöglichkeit
Renfe – Red Nacional de los Ferrocarriles Españoles; staatliche spanische Eisenbahn
retablo – Retabel (Altaraufsatz)
Reyes Católicos – Katholische Könige; Isabella von Kastilien und Ferdinand II. von Aragonien
ría – trichterförmige Flussmündung
río – Fluss
riu – Katalanisch für *río*
rodalies – Katalanisch für *cercanías*
romería – eine festliche Pilgerfahrt oder eine Prozession
ronda – Umgehungsstraße

sacristía – Sakristei; Raum innerhalb einer Kirche, in dem Gewänder und andere wertvolle Dinge aufbewahrt werden
sala capitular – Kapitelsaal
salinas – Salzlagunen, Salinen
santuario – Altarraum oder Heiligtum
Semana Santa – Karwoche
sephardische Juden – Juden, deren Vorfahren bis 1942 in Spanien oder Portugal ansässig waren
serranía – Berg- oder Hochlandregion
seu – Katalanisch für Kathedrale
sidra – Apfelwein, Cidre
sidrería – Cidre-Bar
sierra – Gebirgszug
s/n – sin número (ohne Nummer), Adresszusatz bei fehlender Hausnummer
tablao – touristische Flamenco-Vorführung
taifa – kleines muslimisches Königreich im mittelalterlichen Spanien
tasca – Tapas-Bar
techumbre – Dach
teleférico – Seilbahn; auch *funicular aereo* genannt
terraza – Terrasse; Straßencafé
terrazas de verano – Open-Air-Bars, die bis spät in die Nacht geöffnet haben
tetería – Teehaus im orientalischen Stil mit niedrigen Sitzen und Tischen
toreros – Stierkämpfer
torre – Turm
trascoro – Umfassungswand des *coro*
turismo – kann sowohl den Tourismus als auch eine Limousine meinen; *el turismo* kann auch eine Touristeninformation bezeichnen
turismo rural – Agrartourismus bzw. Agrotourismus; bezieht sich in der Regel auf die Unterbringung in einer *casa rural* mit entsprechenden Aktivitäten wie Wandern oder Reiten

urbanización – Neubaugebiet, Wohnsiedlung
urgencia – Notfall

vall – Katalanisch für *valle*
valle – Tal
villa – kleine Ortschaft
VO – *versión original;* ausländischer Film in Originalfassung

zarzuela – volkstümlicher spanischer Mix aus Theater, Musik und Tanz

Hinter den Kulissen

WIR FREUEN UNS ÜBER IHR FEEDBACK

Post von Travellern zu bekommen ist für uns ungemein hilfreich – Kritik und Anregungen halten uns auf dem Laufenden und helfen, unsere Bücher zu verbessern. Unser reiseerfahrenes Team liest alle Zuschriften genau durch, um zu erfahren, was an unseren Reiseführern gut und was schlecht ist. Wir können solche Post zwar nicht individuell beantworten, aber jedes Feedback wird garantiert schnurstracks an die jeweiligen Autoren weitergeleitet, rechtzeitig vor der nächsten Nachauflage.

Wer uns schreiben will, erreicht uns über www.lonelyplanet.de/kontakt.

Hinweis: Da wir Beiträge möglicherweise in Lonely Planet Produkten (Reiseführer, Websites, digitale Medien) veröffentlichen, ggf. auch in gekürzter Form, bitten wir um Mitteilung, falls ein Kommentar nicht veröffentlicht oder ein Name nicht genannt werden soll. Wer Näheres über unsere Datenschutzpolitik wissen will, erfährt das unter www.lonelyplanet.com/privacy.

UNSERE LESER

Vielen Dank an die Traveller, die unsere letzte Ausgabe genutzt und uns hilfreiche Hinweise, Ratschläge und interessante Geschichten geschickt haben.

Leon Alsemgeest, Javier Anton, Mona Arain Crites, Chiara Architta, Manuela Arigoni, Karine Baillet, Reinier Bakels, Lina Bangash, Terri Baumgart, Irene Billeter Sauter, Natalie Bladon, Scott Blake, Lena Bledau, Robert Blom, Miquel Bosch, Marinus Bosters, Mark Brayne, Paul Bristow, Joshua Brower, Birgit Cachet, Paolo Campegiani, Tristan Cano, Nerea Casas, Deep Charan, Alba Codes, Aisling Collins, Stephen Daly, Peter Damm, Juan de Antonio Rubio, Jose Antonio Díaz, Elske van Dijk, Marie Dumonceau, Lisa Duncan, Frank Eisenhuth, Ana Eraso de Castro, Carmen Espinosa Vilar, Kate Evans, Jim Eychaner, Mario Falzon, Lorenzo Fragola, Mandy Gaggero, Caroline Garrido, Antoine Gautier, David Glass, Alison Godlewski, Mercedes Gomez, Isabel Gomis Tatay, Miren Gonzalez, Jim Green, Tom Haesebrouck, Doug Hall, Emma Haller, Jane Hawkins, Keith Hughes, Laura Jörger, Kr Kaffenberger, Bie de Keulenaer, Alex Klaushofer, Stephan Koetting, Gayle Lanthier, Joe Ledesma, Alan Leigh, Rodrigo Lema, Wade Letts, David Lewis, Eduardo Licciardi, Liliam, Jill Linderwell, James Luce, Vincent Mahon, Laura Manganotti, Zaida Mantis, Maricruz, David Martin, Paqui Martín, Sergi Maya Agusti, Claire McGinley, Martin McNally, Mary Metzger, Zoe Meyer, Adrián Milá, Nicholas Milner, Alba Monedero, Frances Morris, Maureen Moss, Beba Naveira, Dirk van Norren, Rob van Oijen, John Oliden, Carlos Ortiz, Martin Page, Despoina Papadopoulou, Nadia Parbo, Trent Paton, Clive Paul, Nieves Pérez, Susan Permut, Kerstin Pohle, Jamie Poole, David Radin, Jorge Ramos, Paul Rankin, Laura Raurell, Javier Re, Joy Rennie, Desiree de los Reyes, Amanda Rice, Emilio Robres, Jos Rooijackers, Malcolm Rushan, Mazinka Rutherford, Emma Rutledge, Paul Sampson, Sandra Schmidt, Johannes Schuler, Don Shirley, Mara Smaldone, Art Smith, Michael Sonsini, Max de Stefani, Mary Stewart, Kerry Strom, Joao Teixeira, Dan Tomas, Tracy Tomlin, Iñigo Ullmann, Cecce & Enrico Ullmann, Amalia Vidal Vázquez, Vincenzo Vigilante, Paul Wagner, Yvonne Welzen, Thomas Wetzer, Marc Wisselo, Robert Wouterlood, Sana Younis

DANK DER AUTOREN

Anthony Ham

In den acht Jahren, in denen ich in Madrid lebte, haben mich mehr Menschen willkommen geheißen und mir geholfen, als ich hier aufzählen könnte. Ein riesiges Dankeschön geht an meine Koautoren sowie an Lucy Monie und Joe Bindloss von Lonely Planet. Es eine glückliche Fügung, dass ich eine Woche nach meiner Ankunft in der spanischen

Hauptstadt meine Frau und Seelenverwandte getroffen habe, durch die Madrid einen festen Platz in meinem Herzen bekommen hat. Meinen Töchtern Carlota und Valentina: Ihr seid wahrhaftig das größte Geschenk Madrids.

Stuart Butler

Zuallererst möchte ich wieder meiner Frau Heather danken – für alles, was sie tut, und dafür, dass sie uns Jake, unseren Sohn, geschenkt hat. Außerdem möchte ich allen meinen Freunden im Baskenland für ihre Hilfe und Ratschläge danken, ganz besonders Olatz. In Katalonien geht mein Dank an Imma Masià Idiarte im Ebrodelta, außerdem muss ich noch Cristina Joher-Fita in Girona nennen, deren Hilfe weit über das normale Maß hinausging.

John Noble

Ich danke den Leuten im Nordwesten für ihre herzerwärmende gute Laune, ihre Höflichkeit und ihr herzliches Willkommen – und das selbst während des stärksten Regens, den Asturien seit Beginn der Wetteraufzeichnungen erlebte! Radfahrer J. P. Chamness – schön, dass ich dir begegnet bin (ganze fünf Mal!). Danke an das gesamte Team von Lonely Planet – die Zusammenarbeit mit euch war ein Vergnügen –, und an alle meine Vorgänger für euer gesammeltes Wissen und eure Weisheit. Und danke, Jack, dass du dich mit meiner Abwesenheit abgefunden hast. Zudem danke ich Jack, Izzy und Sarah für eure Unterstützung und Ermutigung.

Zora O'Neill

Danke an Lucy Monie für die Möglichkeit, Bilder der schönsten Bauwerke Spaniens zu sehen, sowie an Heidi Liebes, weil sie sich so sehr für *fosteritos* und Jean Nouvel begeistern konnte. Natürlich danke ich auch den Redaktionsmitarbeitern von Lonely Planet, vor allem Barbara Delissen, die das ganze Projekt zusammengehalten hat.

Josephine Quintero

Mein besonderer Dank geht an die außerordentlich hilfsbereiten Touristeninformationen in Cuenca, Burgos und Salamanca sowie an die lokalen Experten in León, die mir ein paar tolle Orte gezeigt haben und mir unbezahlbare Ratschläge gaben. Danke auch an Isabel und Luís für ein Bett und ihre Insiderinformationen über Segovia, sowie an Robin für seine großartigen Korrekturvorschläge und das Kartenlesen und dafür, dass er am Ende vieler langer Tage eine Flasche Wein mit mir geteilt hat. Ein riesiges *gracias* auch an Anthony Ham, der als Hauptautor einfach fantastisch war.

ÜBER DIESES BUCH

Dies ist die 3. deutsche Auflage von *Spanien*, basierend auf der 8. englischen Auflage von *Spain*, die von mehreren engagierten Autoren verfasst wurde. Anthony Ham leitete das Team, zu dem Damien Simonis, Miles Roddis, Stuart Butler, John Noble, Josephine Quintero, Brendan Sainsbury und Zora O'Neill (Architekturkapitel) gehörten. Anthony, Damien, Miles, Stuart, John und Josephine arbeiteten bereits an den vorangegangenen Auflagen mit, ebenso wie Sarah Andrews, Arpi Armenakian Shively, Susan Forsyth, Fiona Adams, Mark Armstrong, Fionn Davenport, Tim Nollen, Andrea Schulte-Peevers, Corinne Simcock, Daniel C. Schecter, Des Hannigan, Richard Sterling, Elizabeth Swan und Dr. Caroline Evans. Dieser Reiseführer wurde vom Lonly Planet Büro London in Auftrag gegeben und von folgenden Personen produziert:

Verantwortliche Redakteure Joe Bindloss, Lucy Monie, Dora Whitaker

Leitende Redakteurin Barbara Delissen

Leitender Kartograf Andras Bogdanovits

Leitender Layoutdesigner Paul Iacono

Redaktion Imogen Bannister, Sasha Baskett

Kartografie David Connolly, Amanda Sierp, Herman So

Layoutdesign Indra Kilfoyle

Redaktionsassistenz Holly Alexander, Andrew Bain, Andrea Dobbin, Elizabeth Harvey, Kim Hutchins, Robyn Loughnane, Katie O'Connell, Susan Paterson, Simon Sellars, Elizabeth Swan, Angela Tinson

Kartografieassistenz Sonya Brooke, Hunor Csutoros, Corey Hutchison, Jennifer Johnston, Jolyon Philcox, Peter Shields

Layoutdesignassistenz Kerrianne Southway

Umschlagrecherche Naomi Parker

Interne Bildrecherche Sabrina Dalbesio

Illustrator Javier Zarracina

Redaktion Sprachführer Branislava Vladisavljevic

Dank an Mark Adams, Jane Atkin, Stefanie Di Trocchio, Janine Eberle, Brigitte Ellemor, Joshua Geoghegan, Mark Germanchis, Michelle Glynn, Liz Heynes, Lauren Hunt, Laura Jane, David Kemp, Lisa Knights, Nic Lehman, Alison Lyall, John Mazzocchi, Annelies Mertens, Wayne Murphy, Trent Paton, Adrian Persoglia, Piers Pickard, Lachlan Ross, Michael Ruff, Julie Sheridan, Laura Stansfeld, John Taufa, Sam Trafford, Juan Winata, Emily K. Wolman, Celia Wood, Nick Wood

Miles Roddis

Danke an Ingrid für ihre Chauffeursdienste und ihre Hilfe beim Korrekturlesen sowie an Marcos Puig und Julia, die ihre Menorca-Geheimnisse mit mir geteilt haben. Außerdem danke ich den kenntnisreichen Mitarbeitern vieler Touristeninformationen: Teresa Dolz (Vinaros), Ester und Marisa (Peñiscola), Guillem Monferrer (Vilafranca), Pilar und Vanessa (Morella), Iván (Sant Mateu), Raquel Moreno (Benicàssim), Sylvia (Oropesa), Marta (Castellón), María (Segorbe), Carolina (Elche), Begoña (Novelda), Luis-Ángel Ruiz (Alicante), Carmen (Orihuela), José-Manuel Gomez (Torrevieja), Virginia (Benidorm), Mari-Carmen (Denia), Miguel (Xàbia), Amparo (Alcoy), Manuca (Xàtiva), Laura und Carlos (Ciutadella), Marián (Maó), Rafa (Palma de Mallorca) und Lorena (Ibiza).

Brendan Sainsbury

Vielen Dank an die vielen namenlosen Busfahrer, freiwilligen Mitarbeiter der Touristeninformationen, Restaurantbesitzer, Flamenco-Liebhaber und die zufällig Anwesenden, die mir während meiner Recherchen geholfen haben. Dank gebührt auch Lucy Monie, die mir den Job überhaupt erst angeboten hat, Joe Bindloss, der für einen reibungslosen Ablauf sorgte, und Anthony Ham, den Hauptautor, der mich sehr unterstützt hat. Darüber hinaus danke ich besonders Toni Vilchez in Sevilla sowie meiner Frau Liz und meinem vierjährigen Sohn Kieran für ihre Gesellschaft in unzähligen Bars, Bussen, Musikclubs und Hotelzimmern.

Damien Simonis

Danke an meine Freunde für die angenehme Gesellschaft und die guten Tipps. Dazu gehören: Alexa Botines, Sandra Canudas, Josep Cerdà & Maite Zaldivia, Dominique Cerri, Rebecca & Elsa Daraspe, Oscar Elias, Ferran Esteves, Ralf Himburg & Lilian Müller, Edith López García, Teresa Moreno Quintana & Carlos Sanagustín, Steven Muller, Sonja Müller, Nicole Neuefeind, Brian O'Hare, Cristina Pedraza, Susana Pellicer, Gemma Sesplugues, Peter Sotirakis, Armin Teichmann, José María Toro, Joan Trujillo, Michael van Laake, Nuria Vilches, Simona Volonterio und Sarah Whitehouse.

QUELLENNACHWEISE

Klimakartendaten von Peel, M. C., Finlayson, B. L. & McMahon T. A. (2007) „Updated World Map of the Köppen-Geiger Climate Classification", *Hydrology and Earth System Sciences*, 11, 163344.

Illustrationen S. 198–199, S. 204–205, S. 694–695, S. 698–699, S. 702–703 und S. 704–705 von Javier Zarracina.

Umschlagfoto: Werbeschild, Toledo, Spanien, Felix Stenson/Photolibrary. Viele Fotos in diesem Reiseführer können bei Lonely Planet Images, www.lonelyplanetimages.com, auch lizenziert werden.

Register

A

Verweise auf Karten **000**
Verweise auf Fotos **000**

B

Verweise auf Karten **000**
Verweise auf Fotos 000

C

Verweise auf Karten **000**
Verweise auf Fotos **000**

Verweise auf Karten **000**
Verweise auf Fotos 000

L

Verweise auf Karten **000**
Verweise auf Fotos **000**

M

N

T

Verweise auf Karten **000**
Verweise auf Fotos 000

REGISTER T–V

Auf einen Blick

Folgende Symbole helfen sich im Verzeichnis zurechtzufinden:

- Sehenswertes
- Aktivitäten
- Kurse
- Touren
- Feste & Events
- Schlafen
- Essen
- Ausgehen
- Unterhaltung
- Shoppen
- Praktisches/ Transport

Weitere hilfreiche Symbole:

- Telefonnummer
- Öffnungszeiten
- Parkmöglichkeiten
- Nichtraucher
- Klimaanalage
- Internetzugang
- WLAN
- Swimmingpool
- Vegetarisches Angebot
- Englische Speisekarte
- Familienfreundlich
- Tierlieb
- Bus
- Fähre
- Metro
- U-Bahn
- London Tube
- Straßenbahn
- Zug

Die Einträge unter „Schlafen", „Essen" usw. sind nach den Vorlieben der Autoren geordnet.

Empfehlungen von Lonely Planet:

- LP TIPP – Das empfiehlt unser Autor
- GRATIS – Hier bezahlt man nichts
- Nachhaltig und umweltverträglich

Für die Sehenswürdigkeiten, Unterkünfte, Organisationen und Restaurants mit diesen Symbolen ist Verantwortungsbewusstsein nicht nur eine Marketingfloskel, deshalb wurden sie von den Lonely Planet Autoren ausgewählt. Sie unterstützen z. B. lokale Erzeuger, haben vor allem regionale Produkte auf ihrer Speisekarte oder setzen sich für die Erhaltung der Umwelt ein.

Kartenlegende

Sehenswertes
- Strand
- Buddhistisch
- Burg/Festung
- Christlich
- Hinduistisch
- Islamisch
- Jüdisch
- Denkmal
- Museum/Galerie
- Ruine
- Weingut/Weinberg
- Zoo
- Noch mehr Sehenswertes

Aktivitäten, Kurse & Touren
- Tauchen/Schnorcheln
- Kanu-/Kajakfahren
- Skifahren
- Surfen
- Schwimmen/Pool
- Wanderweg
- Windsurfen
- Noch mehr Aktivitäten/Kurse/Touren

Schlafen
- Hotels/Pensionen
- Camping

Essen
- Restaurants

Ausgehen
- Bars/Kneipen
- Cafés

Unterhaltung
- Theater/Museen

Shoppen
- Geschäfte

Praktisches
- Postamt
- Touristeninformation

Transport
- Flughafen
- Grenzübergang
- Bus
- Seilbahn
- Fahrradweg
- Fähre
- Metro
- Eisenbahn eingleisig
- Parkplatz
- S-Bahn
- Taxi
- Eisenbahn
- Straßenbahn
- Tube Station
- U-Bahn
- Noch mehr Transportmittel

Verkehrswege
- Mautstraße
- Autobahn
- Hauptstraße
- Landstraße
- Verbindungsstraße
- Sonstige Straße
- Unbefestigte Straße
- Platz/Fußgängerzone
- Stufen
- Tunnel
- Fußgängerbrücke
- Wanderung
- Wanderung mit Abstecher
- Pfad

Grenzen
- Internationale Grenze
- Bundesstaatengrenze/Provinzgrenze
- Umstrittene Grenze
- Regionale Grenze/Vorortgrenze
- Meerespark
- Klippen
- Mauer

Städte
- Hauptstadt
- Landeshauptstadt
- Großstadt
- Ort/Dorf

Landschaften
- Hütte
- Leuchtturm
- Aussichtspunkt
- Berg/Vulkan
- Oasen
- Park
- Pass
- Raststelle
- Wasserfall

Gewässer
- Fluss/Bach
- Periodischer Fluss
- Sumpf/Mangrove
- Riff
- Kanal
- Wasser
- Trocken-/Salz-/Periodischer See
- Gletscher

Gebietsformen
- Strand/Wüste
- Christlicher Friedhof
- Weiterer Friedhof
- Park/Wald
- Sportanlage
- Sehenswerte Bebauung
- Highlights (Bebauung)

UNSERE AUTOREN

Anthony Ham

Hauptautor, Madrid, Aragonien, Extremadura 2002 landete Anthony ohne Rückflugticket in Madrid und bezeichnet die spanische Hauptstadt seither als seine Heimat. Von seiner Wohnung aus können er, seine Frau, eine *madrileña*, und die beiden Töchter direkt auf ihren Lieblingsplatz blicken. Anthony hat bereits an über 50 Lonely Planet Reiseführern mitgewirkt, darunter *Spanien* und *Madrid,* außerdem schreibt und fotografiert er für Zeitungen und Magazine auf der ganzen Welt. Während der Recherche für dieses Buch konnte er seine Wahlheimat ganz neu entdecken (jetzt ist Malasaña sein Lieblings-*barrio)* und fand es besonders schön, sich in den Straßen von Albarracín zu verlieren, sobald die Reisebusse abgezogen waren.

Stuart Butler

Katalonien, Baskenland, Navarra & La Rioja, Outdoor-Aktivitäten, Sport & Kultur Stuarts erste Kindheitserinnerungen an Spanien (d. h. an den Parque Nacional de Doñana und Familienurlaube an der Nordküste) haben einen bleibenden Eindruck hinterlassen. Als er älter war, verbrachte er deshalb jeden Sommer an den Stränden des Baskenlandes, bis er sich zuletzt gar nicht mehr davon losreißen konnte. Und so ist er einfach geblieben! Wenn Stuart nicht gerade für Lonely Planet unterwegs ist, sucht er nach neuen Surfgebieten. Seine neuesten Erkenntnisse werden häufig in internationalen Fachzeitschriften abgedruckt. Mehr über Stuarts Hobby erfährt man auf seiner Website www.oceansurfpublications.co.uk.

John Noble

Geschichte, Kantabrien & Asturien, Santiago de Compostela & Galicien John kommt ursprünglich aus England, lebt aber bereits seit 1995 in einem andalusischen Bergdorf. Seither hat er ganz Spanien bereist und war an allen Lonely Planet Auflagen von *Spanien* und *Andalusien* beteiligt. Er liebt es, in die entlegenen Regionen des Landes vorzudringen, z. B. nach Galicien oder an die Nordküste, denn das erinnert ihn daran, wie abwechslungsreich die Kultur, die Landschaft und das Klima Spaniens sind. Allzu lange kann er der Sonne Andalusiens jedoch nie fernbleiben.

Mehr Informationen über John unter:
lonelyplanet.com/members/ewoodrover

Zora O'Neill

Architektur Zora hat andalusisch-arabische Literatur des 11. Jhs. studiert, und als sie nach Córdoba kam, glaubte sie fast in ein Gedicht einzutauchen. Die Vielseitigkeit des modernen Spanien findet sie aber genauso faszinierend, vor allem, weil Stadtbummel, kulinarische Erlebnisse und traumhafte Architektur Teil der kulturellen Erfahrung sind. Seit 2003 arbeitet sie als Autorin für Reiseführer und 2009 wirkte sie an *Andalusien* sowie *Hiking in Spain* mit; Letzteres war eine ganz neue Erfahrung für die erklärte Städterin. Zora lebt in New York City und hat einen Blog: www.rovinggastronome.com.

Mehr Informationen über Zora unter:
lonelyplanet.com/members/zoraoneill

Josephine Quintero

Kastilien-Léon, Kastilien-La Mancha, Murcia Josephine Quintero zog nach siebenjährigem Aufenthalt in Kuwait, wo sie bis zur Invasion der irakischen Truppen Redakteurin des *Kuwaiti Digest* war, nach Spanien. Zwei Jahrzehnte später genießt sie noch immer den entspannten Lebensstil der Andalusier.
Sie liebt es, das Land zu erkunden, in einsame Ecken vorzudringen, unbekannte Sehenswürdigkeiten kennenzulernen und außergewöhnliche Menschen zu treffen. Ihr Highlight bei den Recherchen zu diesem Buch war die Entdeckung einer wenig beachteten archäologischen Stätte der Römer auf einem Feld bei Cuenca.

Mehr Informationen über Josephine unter
lonelyplanet.com/members/josephinequintero

Miles Roddis

Valencia & die Costa Blanca, die Balearen Seit fast 20 Jahren lebt Miles mit seiner Frau Ingrid in einem winzigen Apartment im Barrio del Carmen, dem ältesten und lebendigsten Viertel von Valencia. Er schreibt vor allem über Spanien, Frankreich und Italien und hat an mehr als 50 Lonely Planet Bänden mitgearbeitet, darunter *Valencia & the Costa Blanca, Valencia Encounter, Walking in Spain, Canary Islands* und sechs Auflagen des vorliegenden Reiseführers.

DIE LONELY PLANET STORY

Ein uraltes Auto, ein paar Dollar in den Hosentaschen und Abenteuerlust, mehr brauchten Tony und Maureen Wheeler nicht, als sie 1972 zu der Reise ihres Lebens aufbrachen. Diese führte sie quer durch Europa und Asien bis nach Australien. Nach mehreren Monaten kehrten sie zurück – pleite, aber glücklich –, setzten sich an ihren Küchentisch und verfassten ihren ersten Reiseführer *Across Asia on the Cheap*. Binnen einer Woche verkauften sie 1500 Bücher und Lonely Planet war geboren. Seit 2011 ist BBC Worldwide der alleinige Inhaber von Lonely Planet. Der Verlag unterhält Büros in Melbourne (Australien), London und Oakland (USA) mit über 600 Mitarbeitern und Autoren. Sie alle teilen Tonys Überzeugung, dass ein guter Reiseführer drei Dinge tun sollte: informieren, bilden und unterhalten.

Brendan Sainsbury

Andalusien Während seines Aufenthalts in Spanien hat Brendan eine Menge erreicht: Er traf seine zukünftige Frau, lernte Flamenco-Gitarre spielen, verdingte sich als Reiseführer und stellte fest, dass Granada seine absolute Lieblingsstadt ist. In den 1980er-Jahren bereiste er das Land mit dem Zug, kehrte dann in den 1990er-Jahren mit dem Rad zurück und leitete Anfang des neuen Jahrtausends Wandertouren in Andalusien. Bei der Recherche für dieses Buch wurde er von seiner Frau und seinem vierjährigen Sohn begleitet.

Mehr Informationen über Brendan unter:
lonelyplanet.com/members/brendansainsbury

Damien Simonis

Barcelona Damien hielt sich 1990 in Barcelona auf, als sich die Stadt gerade auf die Olympischen Spiele vorbereitete. Die Metropole beeindruckte ihn nachhaltig und so quartierte er sich acht Jahre später für einen Lonely Planet Job in einer *pensión* an der Rambla ein. Seit 2000 hat er sich ganz in der Stadt niedergelassen und sowohl den gleichnamigen Lonely Planet Guide verfasst als auch regelmäßig aktualisiert. Zudem war er lange als Hauptautor des *Spanien-Bandes tätig. Ihn begeistert insbesondere, wie viel Neues man entdecken kann, wenn man hinter Barcelonas Kulissen* blickt – z. B. das hervorragende Restaurant Cerveseria Gallega, das ihm zuvor noch nie aufgefallen war.

Mehr Informationen über Damien unter:
lonelyplanet.com/members/damiensimonis

Lonely Planet Publications,
Locked Bag 1, Footscray, Melbourne, Victoria 3011, Australia

Verlag der deutschen Ausgabe: MAIRDUMONT,
Marco-Polo-Straße 1, 73760 Ostfildern, www.mairdumont.com,
lonelyplanet@mairdumont.com

Chefredakteurin deutsche Ausgabe: Birgit Borowski
Übersetzung: Julie Bacher, Tobias Büscher, Britt Maaß, Claudia Riefert, Petra Sparrer, Katja Weber
Redaktion: Meike Etmann, Marion Krause, Isolde Bacher, Angelika Brunke, Isabelle Oster (Verlagsbüro Wais & Partner, Stuttgart)
Mitarbeit: Sarah Kohl, Maria Onken
Technischer Support: Primustype, Notzingen

Spanien

3. deutsche Auflage August 2011, übersetzt von *Spain 8th edition*, März 2011, Lonely Planet Publications Pty

Printed in China